Der Apostolische Stuhl 1991

Der Apostolische Stuhl 1991

Ansprachen, Predigten und
Botschaften des Papstes
Erklärungen der Kongregationen

Vollständige Dokumentation

Libreria Editrice Vaticana · Verlag J. P. Bachem

CIP-Kurztitelaufnahme der Deutschen Bibliothek

Ecclesia Catholica / Curia Romana:
Der Apostolische Stuhl ...: Ansprachen, Predigten u. Botschaften des Papstes, Erkl. d. Kongregationen; vollst. Dokumentation / Hrsg.: Sekretariat d. Dt. Bischofskonferenz in Zusammenarbeit mit d. Red. d. dt.-sprachigen L'Osservatore Romano. –
[Città del Vaticano]: Libreria Editrice Vaticana;
Köln: Bachem
Erscheint jährl.
Forts. von: Wort und Weisung

1982 (1990) –

NE: Ecclesia Catholica / Papa; HST

ISBN 3-7616-1287-7
Printed in Germany

Herausgeber:
Sekretariat der Deutschen Bischofskonferenz in Zusammenarbeit mit der Redaktion des deutschsprachigen L'Osservatore Romano
Verlag:
J. P. Bachem, Köln, und Liberia Editrice Vaticana
Druck: Druckerei J. P. Bachem GmbH & Co KG Köln

Vorwort

Der Dokumentationsband „Der Apostolische Stuhl 1991" ist der zehnte Band in der 1982 begonnenen Reihe. Die Zusammenstellung der Ansprachen, Predigten, Botschaften und Enzykliken des Papstes erhebt nicht den Anspruch einer wissenschaftlichen Ausgabe. Es geht vielmehr darum, die Dokumente mit Hilfe eines ausführlichen Registers zugänglich zu machen.

Die Übersetzungen sind weitgehend der deutschen Ausgabe des „L'Osservatore Romano" entnommen. Sofern Texte dort nicht erschienen sind, wurden sie eigens für diesen Band übersetzt.

Zur Vervollständigung der Reihe „Der Apostolische Stuhl" können die Bände der Jahre 1982 bis 1990 noch beim Verlag bezogen werden.

Inhaltsverzeichnis

I. Ansprachen bei den Generalaudienzen und beim Angelus

Januar

Februar

II. Predigten und Ansprachen bei den Reisen

1. Pastoralbesuch in der mittelitalienischen Region Marken (18./19. März)

2. Pastoralbesuch in der süditalienischen Region Basilikata (27./28. April)

III. Ansprachen, Predigten, Botschaften und Rundschreiben

Januar

Oktober

IV. Ad-limina-Besuche

V. Erklärungen der Kongregationen

VI. Anhang

I.

Generalaudienzen und Angelus

Bleibe bei uns, Mutter des Friedensfürsten!

Angelus am 1. Januar

1. „Du bist gebenedeit unter den Frauen, und gebenedeit ist die Frucht deines Leibes, Jesus."

Liebe Brüder und Schwestern!

Sehr passend sprechen wir heute, am liturgischen Hochfest der göttlichen Mutterschaft Marias diese Worte des Engels.
Ja, wir feiern Maria als „Mutter Gottes", jungfräuliche Mutter des menschgewordenen Wortes, wie es uns das Wort der Offenbarung und die Lehre der Kirche sagen. Aus ihrer Mutterschaft entspringen für sie die einzigartigen Privilegien der Unbefleckten Empfängnis und der leiblichen Aufnahme in den Himmel.
Ein Echo auf den Gruß des Engels ist das Gebet des christlichen Volkes: „Heilige Maria, Mutter Gottes, bitte für uns Sünder!"
Mutter Gottes und Mutter der Menschheit, Mutter der Kirche und Mutter eines jeden von uns: niemand nimmt zu dir vergeblich seine Zuflucht; niemand wird von dir enttäuscht, vergessen, verlassen! Wir rufen dich daher kindlich, vertrauensvoll und innig an. Bleibe bei uns! Du bist ja unsere Mutter!

2. Heute ist wieder der Welttag des Friedens. In diesem Jahr lautet sein Thema: „Willst du den Frieden, so achte das Gewissen eines jeden Menschen."
Das Hochfest der göttlichen Mutterschaft Marias erinnert uns auch daran, daß Christus in seiner Menschwerdung sich zum Licht des Geistes und des Gewissens der Menschen gemacht hat. Dank seiner kann der Mensch mit Hoffnung in die Zukunft blicken, dank seiner wird er des Verzeihens und der Liebe fähig. In Christus, und nur in ihm, findet der Gläubige den Weg, der zur echten Versöhnung mit dem Vater und mit den Brüdern führt; und hier ist die Quelle des Friedens.

3. „Christus ist unser Friede!" (*Eph* 2,14). An einem so einzigartigen Tag wünsche ich jedem diesen Frieden, den zu bringen Christus gekommen ist. Der Friede herrsche im Herzen der Menschen und in den Familien, an den Orten der Arbeit und denen der Ruhe, in den Gemeinschaften und in den Nationen. Frieden wünsche ich der lieben Stadt und Diözese Rom. Friede sei mit allen Völkern. Mögen dank des Einsatzes all derer, auf denen die Verantwortung für das Wohl der Nationen lastet, die Anstrengungen zugunsten des Friedens erfolgreich sein.
Mit tiefer Betrübnis wendet sich mein Wunsch dem Mittleren Osten zu: Möge 1991 für alle ein Jahr des Friedens und nicht des Krieges sein. Mein Wunsch wird zum Gebet, das ich der Fürsprache der Heiligen Jungfrau anvertraue. Von ihr erflehe ich für alle friedvolles Wohlergehen in diesem neuen Jahr, das die Vorsehung uns schenkt.

Nach dem Angelusgebet sagte der Papst:

Ich muß noch meinem großen Kummer und meinem Schmerz Ausdruck geben über das unmenschliche Los einiger unserer unschuldigen Mitmenschen, die schon allzu lange aus Gründen der Erpressung gefangengehalten werden. Die Traurigkeit ist noch bedrückender geworden bei der Nachricht, daß noch in den letzten Tagen weitere Entführungen vorgekommen sind. Das alles quält das Herz, denn es handelt sich nicht nur um ein soziales Übel, sondern auch und vor allem um eine schwere Sünde, über die vor Gott Rechenschaft abzulegen ist.
Ich fordere alle auf, mit mir zu beten, damit derartige Gewaltakte sich nicht wiederholen. Möge der Herr das Herz derer anrühren, die für solche unzulässige Erpressungen, die ihr Gewissen als Menschen und als Bürger einer zivilen Gemeinschaft entehren und entwürdigen, verantwortlich sind. Er führe sie dazu, ihre verbrecherischen Absichten aufzugeben und die entführten und so hart geprüften Menschen der Liebe ihrer Familien und der Freiheit, auf die sie ein Recht haben, zurückzugeben.

Der Heilige Geist macht die Kirche katholisch

Ansprache bei der Generalaudienz am 2. Januar

1. Im Glaubensbekenntnis bekräftigen wir, daß die Kirche eine ist, daß sie heilig, katholisch und apostolisch ist. Das sind die Kennzeichen der Kirche. Die Katholizität wird der Kirche auch zuerkannt in eben dieser Bezeichnung, die man für sie gebraucht, wenn man von der katholischen Kirche spricht.
Diese Katholizität hat ihren Ursprung im Heiligen Geist, der „den Erdkreis erfüllt" (*Weish* 1,7) und das allumfassende Prinzip der Kommunikation und der Gemeinschaft ist. Die „Kraft des Heiligen Geistes" drängt zur Ausbreitung des Glaubens an Christus und des christlichen Lebens „bis an die Grenzen der Erde" (*Apg* 1,8), um die Heilsgüter der Erlösung auf alle Völker auszudehnen.

2. Vor dem Kommen des Heiligen Geistes war die Gemeinschaft mit dem wahren Gott in dem von Gott geschlossenen Bund nicht allen Völkern in gleicher Weise zugänglich. So sagt der Brief an die Epheser, der sich an die Christen wendet, die aus heidnischen Völkern kamen: „Erinnert euch also, daß ihr einst Heiden wart und von denen, die äußerlich beschnitten sind, Unbeschnittene genannt wurdet. Damals wart ihr von Christus getrennt, der Gemeinde Israels fremd und von dem Bund der Verheißung ausgeschlossen; ihr hattet keine Hoffnung und lebtet ohne Gott in der Welt" (*Eph* 2,11-12). Um auf eine gewisse Weise in den Bund mit Gott einzutreten, mußte man sich der Beschneidung unterziehen und die Gesetze des jüdischen Volkes annehmen, vom eigenen Volk also Abstand nehmen.
Jetzt hingegen stellt die Gemeinschaft mit Gott nicht mehr solche einschränkenden Bedingungen, denn sie erfolgt „durch den Geist". Jetzt gibt es keine Diskriminie-

rung mehr aufgrund von Rasse oder Nation. Alle Menschen können „im Geist zu einer Wohnung Gottes" werden (*Eph* 2,22).
Diese Änderung der Lage war von Jesus in seinem Gespräch mit der Samariterin angekündigt worden: „Die Stunde kommt - so sagte er - und sie ist schon da, zu der die wahren Beter den Vater anbeten werden im Geist und in der Wahrheit; denn so will der Vater angebetet werden" (*Joh* 4,23-24). Das war die Antwort Jesu auf die Frage über den Ort der wahren Gottesverehrung: für die Samariter war das der Berg Garizim und für die Juden Jerusalem. Die Antwort Christi wies hin auf eine andere Dimension der wahren Gottesverehrung, nämlich auf die innere („im Geist und in der Wahrheit"), bei der die Verehrung nicht an einen bestimmten Ort, ein nationales Heiligtum gebunden war und die deshalb eine universale Anbetung darstellte. Diese Worte an die Samariterin öffneten den Weg zu jener Universalität, die eine grundlegende Eigenschaft der Kirche als neuer Tempel, neues Heiligtum ist, gegründet und bewohnt vom Heiligen Geist. Dies ist die tiefe Wurzel der Katholizität.

3. Aus dieser Wurzel erwächst die äußere, sichtbare Katholizität, die wir die gemeinschaftsbildende und soziale nennen können. Sie ist der Kirche wesentlich eigen schon durch die Tatsache, daß Jesus den Aposteln und ihren Nachfolgern geboten hat, das Evangelium „allen Völkern" (*Mt* 28,19) zu bringen. Diese Universalität der Kirche unter dem Einfluß des Heiligen Geistes hat sich schon im Augenblick ihrer Geburt am Pfingsttag gezeigt. Die Apostelgeschichte bestätigt ja, daß an diesem Ereignis in Jerusalem „Juden, fromme Männer aus allen Völkern unter dem Himmel" (*Apg* 2,5) teilnahmen, die in der heiligen Stadt anwesend waren, und mit ihnen die Proselyten, das heißt, die Heiden, die das Gesetz des Mose angenommen hatten. Die Apostelgeschichte zählt die Namen einiger Länder auf, aus denen die einen wie die andern kamen, doch in noch allgemeinerer Weise spricht sie von „allen Völkern unter dem Himmel". Das ist ein Zeichen für das Bewußtsein der Urkirche - deren Sprecher und Zeuge Lukas ist -, daß die „Taufe mit dem Heiligen Geist" (*Apg* 1,5), die der Urgemeinde der Kirche zuteil geworden war, eine wirklich universale Bedeutung hatte und daß die Kirche aus ihr mit dem Kennzeichen der Katholizität, das heißt der Universalität, hervorging.

4. Zu dieser Universalität, die der Heilige Geist bewirkte, gesellt sich schon am ersten Pfingsttag ein eindringlicher Hinweis auf das, was „Besonderheit" ist, sei es bei den Menschen, sei es bei den einzelnen Völkern und Nationen. Das geht aus der Tatsache hervor, die Lukas in der Apostelgeschichte anmerkt, daß die Kraft des Heiligen Geistes sich kundtut durch die Gabe der Sprachen, in denen die Apostel redeten, so daß „jeder [der Anwesenden] sie in seiner Sprache reden" hörte (*Apg* 2,4-6). Hier können wir beobachten, daß der Heilige Geist Liebe ist, denn Liebe heißt Achtung vor allem, was ein Vorzug der geliebten Person ist. Das gilt vor allem für die Sprache, für deren Respektierung man im allgemeinen sehr feinfühlig und anspruchsvoll ist, aber es gilt auch für die Kultur, die Geistigkeit, für Sitten und Bräuche. Im Pfingstereignis wird diesem Anspruch Aufmerksamkeit geschenkt, wird die Einheit der Kirche in der Vielfalt der Völker und der Vielgestaltigkeit der Kultu-

ren offenbar. Die Katholizität der Kirche schließt die Achtung vor den Werten aller ein. Man kann sagen, daß das jeweils Eigene nicht vom Universalen zunichte gemacht wird.

5. Die Tatsache der Vielfalt der Sprachen am Pfingstfest sagt uns, daß in der Kirche die Sprache des Glaubens - die universal ist als Ausdruck der durch das Wort Gottes geoffenbarten Wahrheit - ihre menschliche Übersetzung in den verschiedenen Sprachen findet; wir können sagen: in allen und in jeder. Das beweist die christliche Geschichte schon an ihrem Anfang. Man weiß, daß die Sprache, die Jesus sprach, das damals in Israel gebräuchliche Aramäisch war. Als die Apostel sich auf die Wege in die Welt machten, um die Botschaft Christi zu verbreiten, war das Griechische zur Umgangssprache im griechisch-römischen Bereich - in der „Ökumene" - geworden, und es wurde deshalb zur Sprache der Evangelisierung. Es wurde auch zur Sprache des Evangeliums und aller anderen Schriften des Neuen Testaments, die unter der Inspiration des Heiligen Geistes verfaßt wurden. In diesen Schriften haben sich nur wenige aramäische Worte erhalten. Das beweist, daß die von Christus verkündete Wahrheit von Anfang an den Weg sucht, alle Sprachen zu erreichen, zu allen Völkern zu sprechen. Die Kirche suchte im Apostolat diesem methodischen und didaktischen Grundsatz zu folgen, und sie tut es auch weiterhin, je nach den Möglichkeiten, die sich in den verschiedenen Zeitaltern bieten. Heute wird, wie wir wissen, der Anspruch, den die Katholizität in dieser Hinsicht stellt, besonders empfunden, und, Gott sei Dank, wird die dementsprechende Praxis auch erleichtert.

6. In der Apostelgeschichte finden wir noch eine andere bezeichnende Tatsache. Sie spielte sich noch vor der Bekehrung und der Predigt des Paulus, des Apostels der Katholizität, ab. In Cäsarea am Meer hatte Petrus einen römischen Hauptmann, Kornelius, und seine Familie in die Kirche aufgenommen und getauft, die ersten Heiden also. Die sehr ins einzelne gehende Beschreibung, die Lukas von diesem Ereignis gibt, weist u.a. auf die Tatsache hin, daß, als der Heilige Geist auf alle herabgekommen war, welche die Unterweisung des Apostels anhörten, „die gläubig gewordenen Juden, die mit Petrus gekommen waren ... es nicht fassen [konnten], daß auch auf die Heiden die Gabe des Heiligen Geistes ausgegossen wurde" (*Apg* 10,44-45). Doch Petrus selbst zögerte nicht zu bekennen, daß er unter dem Einfluß des Heiligen Geistes gehandelt habe: „Der Geist sagte mir, ich solle ohne Bedenken mit ihnen gehen" (*Apg* 11,12).

7. Dieser Durchbruch auf die Universalität des Glaubens hin findet bald eine weitere Bestätigung, als es sich darum handelt, über die apostolische Tätigkeit des Paulus von Tarsus und seiner Gefährten ein Urteil zu fällen. Die Versammlung in Jerusalem (die man als das erste „Konzil" zu betrachten pflegt) bestätigt diese Richtung in der Entwicklung der Evangelisierung und der Kirche. Die in dieser Versammlung vereinten Apostel sind sich gewiß, daß diese Ausrichtung vom Heiligen Geist kommt. Vielsagend sind und bleiben stets ihre Worte, die man für den ersten Konzilsausspruch halten kann: „Der Heilige Geist und wir haben beschlossen ..." (*Apg* 15,28).

Es sind Beschlüsse hinsichtlich des Weges der Universalität, den die Kirche gehen soll.
Es besteht kein Zweifel, daß dies der Weg ist, dem die Kirche damals und die Jahrhunderte hindurch gefolgt ist. Die Apostel und die Missionare haben das Evangelium allen Nationen verkündet, sie sind so tief wie möglich in die verschiedenen Gesellschaften und Milieus eingedrungen. Den Möglichkeiten der Zeit entsprechend hat die Kirche versucht, das Wort des Heils in alle Kulturen einzupflanzen (Inkulturation), und dabei hat sie ihnen zugleich geholfen, ihre eigenen echten Werte im Licht der Botschaft des Evangeliums besser zu erkennen.

8. Dies hat das Zweite Vatikanische Konzil als ein grundlegendes Gesetz der Kirche festgelegt, als es schrieb: „Zum neuen Gottesvolk werden alle Menschen gerufen. Darum muß dieses Volk ein einziges bleiben und sich über die ganze Welt und durch alle Zeiten hin ausbreiten ... Dazu sandte nämlich Gott seinen Sohn ... Dazu sandte Gott schließlich den Geist seines Sohnes, den Herrn und Lebensspender, der für die ganze Kirche und die Gläubigen einzeln und insgesamt der Urgrund der Vereinigung und Einheit in der Lehre der Apostel und in der Gemeinschaft, im Brotbrechen und im Gebet ist (vgl. *Apg* 2,42)" (*Lumen Gentium*, Nr. 13). Mit diesen Worten verkündet das Konzil sein eigenes Bewußtsein von der Tatsache, daß der Heilige Geist die Ursache und die Quelle der Universalität der Kirche ist.

In deutscher Sprache sagte der Papst:

Liebe Brüder und Schwestern in Christus!

Im Glaubensbekenntnis bekennen wir unseren Glauben an die eine, heilige, katholische und apostolische Kirche; das sind die Kennzeichen der Kirche. Wir sprechen auch oft von der katholischen Kirche.
Die Katholizität der Kirche hat ihren Ursprung im Wirken des Heiligen Geistes, im Geist der Gemeinschaft, durch dessen Kraft der Glaube an Christus bis an die Grenzen der Erde dringen konnte (vgl. *Apg* 1,8).
Vor dem Kommen des Geistes war die Gemeinschaft mit dem wahren Gott auf den Bund mit dem Volk Israel beschränkt. Seit dem Kommen des Geistes gibt es aber keinen Ausschluß und keine Diskriminierung mehr aufgrund von Rasse und Nation. Alle Menschen können „im Geist zu einer Wohnung Gottes" werden (*Eph* 2,22). Aus diesem Geist erwächst wie aus einer Wurzel die äußere, alle umfassende Universalität, die zum Wesen der Kirche gehört, schon allein aufgrund der Worte Jesu, nach denen die wahre Anbetung nicht an einen physischen Ort gebunden sei, zum Beispiel, an Jerusalem, sondern „im Geist und in der Wahrheit" vollzogen werde (vgl. *Joh* 4,23). Auch hat Jesus seinen Aposteln den Auftrag gegeben, das Evangelium „allen Völkern" zu verkünden (*Mt* 28,19).
Die Katholizität, dieses alle Menschen umfassende Kennzeichen der Kirche, hat sich bereits in ihrer Geburtsstunde deutlich gezeigt, als am Pfingstfest die in Jerusalem versammelten Juden und Heiden verschiedener Sprachen und Nationen die

Predigt der Apostel über Jesu Worte und Taten - in der je eigenen Sprache - verstehen konnten (vgl. *Apg* 2,4-6).
Die von Christus verkündete Wahrheit suchte von Anfang an den Weg zu allen Sprachen und Völkern.
Diese universale Sendung der Kirche durch den Heiligen Geist wurde bereits im „Konzil" von Jerusalem, im sogenannten Apostelkonzil, deutlich herausgestellt, als sich die Apostel von der Bindung an jüdische Religionsvorschriften losgesagt hatten: „Der Heilige Geist und wir haben entschieden" (*Apg* 15,28). Auch das Zweite Vatikanische Konzil hebt ausdrücklich hervor: „Alle Menschen sind berufen, das Volk Gottes zu bilden ... zu diesem Zweck sandte Gott den Geist seines Sohnes, den Herrn und Lebensspender" (*Lumen Gentium*, Nr. 13).
Einen ganz herzlichen Willkommensgruß möchte ich an alle Pilger und Besucher aus den Ländern deutscher Sprache richten. Besonders grüße ich die Mitglieder der Choralschola der Pfarrei St. Petrus und Paulus aus Lüdenscheid, und die Pilgergruppe der Erzpfarre Maria Himmelfahrt - Deutschorden Lana aus der Provinz Bozen, und ich danke den beiden Gruppen für ihren schönen Gesang.
Euch allen aus den Ländern deutscher Sprache, euren Familien, euren Gemeinden, wünsche ich von Herzen den Frieden des Herrn und ein von Gott gesegnetes neues Jahr, und erteile allen meinen besonderen Apostolischen Segen.

An der Schwelle der dritten Republik

Geistlicher Besuch in Jasna Góra

1. „Als aber die Zeit erfüllt war, sandte Gott seinen Sohn, geboren von einer Frau" (*Gal* 4,4).
Wir verbinden diese Worte des hl. Paulus aus dem Brief an die Galater mit dem ersten Tag des neuen Jahres. Er ist zugleich der Oktavtag von Weihnachten und das Hochfest der Gottesmutterschaft, jener „Frau", von der der ewige Sohn Gottes geboren wurde, der einzige Sohn, den der Vater an die Menschheit als Retter der Welt hingegeben hat.
Wir verbinden diese Worte vor allem mit dir, du Frau, du Mutter Gottes, Jungfrau, von Gott verherrlicht, die du für unsere Vorfahren zum Zeichen dafür geworden bist, daß „die Zeit erfüllt" und diese „Fülle" in die Geschichte unseres Landes eingegangen war.

2. Aus dieser „Fülle" entfaltet sich die Zeit, in der der Mensch lebt, die geschichtliche Zeit, die erfüllt ist von der Geschichte der Völker und der Nationen.
Wir danken dir, Mutter Gottes, Jungfrau, für die geschichtliche Zeit unserer Heimat, die begonnen hat mit der Taufe unter der Herrschaft Mieszkos im Jahr 966 und nun schon mehr als tausend Jahre andauert.
Wir danken dir für das neue Jahr, für das Jahr des Herrn 1991. Es ist zugleich das erste Jahr der dritten Republik.

Die erste Republik erhob sich aus dem Erbe der Piasten und bildete sich, beginnend am Ende des 14. Jahrhunderts, als Gemeinschaft aus drei Nationen (und sie war auch das gemeinsame Haus von vielen Nationen). Sie hat uns das „goldene Zeitalter" angeboten, doch später begann sie in Verfall zu geraten.
Aber vor ihrem Niedergang durch die eigenen Schwächen und die Gewalt der Besetzenden hat sie die Verfassung hinterlassen: ein Testament und zugleich ein Hinweis für die Zukunft. In diesem Jahr sind es zweihundert Jahre seit der Verkündigung der Verfassung vom 3. Mai.

3. Die zweite Republik ging aus den furchtbaren Mühen, Kämpfen und Leiden der Teilung Polens hervor, die mehr als hundert Jahre andauerte. In diesen Mühen, Kämpfen und Leiden hat sich erneut der Wille der Unabhängigkeit gefestigt, den dann weder die Grausamkeit des Zweiten Weltkriegs noch der Urteilsspruch von Jalta beugen konnten.
An der Schwelle der dritten Republik rufen wir die ganze Zeit der Geschichte in Erinnerung, die in jener „Fülle der Zeit" verläuft, die von Gott selbst kommt und an der, dank der Menschwerdung des Wortes, die Menschheit Anteil hat.

4. Wir glauben, daß du, Mutter und Königin Polens, diese ganze Zeit „in deinem Herzen bewahrst ... und darüber nachdenkst", in unserem Heiligtum von Jasna Góra. Und darum wiederholen wir vor dir in Gedanken an die Heimat und an die Republik das Wort aus der Liturgie des Neujahrstages, das einmal an die Kinder Israels gerichtet war: „Der Herr segne dich und behüte dich. Der Herr lasse sein Angesicht über dich leuchten und sei dir gnädig. Der Herr wende sein Angesicht dir zu und schenke dir Frieden" (*Num* 6,24-26).
Er segne dich, Polen, meine Heimat, an der Schwelle des neuen Abschnitts deiner Geschichte!

Gleichgewicht der Gesellschaft

Angelus am Dreikönigsfest, 6. Januar

Liebe Schwestern und Brüder!

1. Das Epiphaniefest lenkt unsere Aufmerksamkeit wieder auf die universale Berufung der Menschen zum Reich Christi. Die heutige Weihe von dreizehn neuen Bischöfen aus allen Teilen der Welt bestätigt die weltumspannende Weite der christlichen Botschaft. Während wir den Neugeweihten unsere besten Glückwünsche aussprechen, knien wir mit den Sterndeutern vor dem Kind, das in der Krippe liegt.
Es ist der König der Welt, auf die Erde gekommen, um den Menschen zu retten. Jenseits der ethnischen, kulturellen und sozialen Unterschiede sucht Christus den Menschen in seiner Natur, seiner Fähigkeit zum Wahren und Guten, in seinem Zustand als Geschöpf, das der Vergebung und des Heils bedarf. Er sucht den Men-

schen, der, wie das II. Vatikanische Konzil sagt, „die einzige von Gott um ihrer selbst willen gewollte Kreatur ist" (*Gaudium et spes*, Nr. 24). Durch seine Menschwerdung macht der Sohn Gottes „dem Menschen den Menschen selbst voll kund und erschließt ihm seine höchste Berufung" (*ebd.*, Nr. 22).

2. Im Licht dieser universalen Berufung und Rettung ist die beständige Lehre der Kirche zu erklären und zu verstehen, die von Anfang an die religiöse Parteilichkeit ablehnt und sich für die Evangelisierung aller Völker einsetzt; so legt sie den Grund für eine weltweite und weltumfassende Denkweise auf religiöser, kultureller und sozialer Ebene.
Auch die von Leo XIII. in der Enzyklika *Rerum novarum* gelehrte Solidarität unter den Menschen der Arbeitswelt kommt aus jener christlichen Botschaft der Ursprünge. Das heißt nicht, daß Papst Leo das komplexe Gefüge dieser Welt und die Probleme verkennt, mit denen sie sich auseinandersetzen muß. Wenn er auch die ungerechten Mißverhältnisse und Ungleichheiten in Betracht zieht, die die Arbeitssituation kennzeichnen, so bekräftigt er doch, daß im Licht des Evangeliums die Vorstellung nicht richtig ist, „daß die eine Schicht gleichsam von selbst in einem Gegensatz gegen die andere Schicht sei, gerade so, als ob die Natur die besitzende und die nichtbesitzende Klasse zu einem andauernden Zweikampf bestimmt habe". Hingegen, ähnlich wie es unter den verschiedenen Gliedern des menschlichen Leibes geschieht, „hat die Natur auch das Leben des Staates derart eingerichtet, daß jene zwei Klassen einträchtig zusammenwirken und in ihrer gegenseitigen Entsprechung eine Gleichgewichtslage der Gesellschaft herbeiführen sollen. Die eine bedarf durchaus der anderen". Die Kirche ihrerseits will, „daß beide Teile sich zu enger Gemeinschaft und zu einem freundschaftlichen Verhältnis zusammenschließen".

3. Nach hundert Jahren können wir uns der Weisheit bewußt werden, mit der Leo XIII. den sozialen Frieden lehrte entgegen den Theorien des Klassenkampfes und der systematischen und ständigen Konflikte. Nach so vielen Leiden der einzelnen und der Völker zeichnet sich eine allgemeine Ausrichtung auf neue Formen der Zusammenarbeit und Solidarität ab. Auf dieser Linie kann die volle soziale Gerechtigkeit im Kontext einer echten menschlichen Brüderlichkeit gesucht werden.
Wünschen wir uns heute am Epiphaniefest, daß auf die Fürsprache der seligsten Jungfrau sich dieses Gefühl der universalen Brüderlichkeit unter den Menschen verstärke und tröstliche Früchte wirksamer Eintracht bringe.

Der Geist macht die Kirche apostolisch

Ansprache bei der Generalaudienz am 9. Januar

1. Während wir das Handeln des Heiligen Geistes als Seele des „Leibes Christi" darlegten, sahen wir in den vorhergegangenen Katechesen, daß er Quelle und Ursprung der Einheit, der Heiligkeit und der Katholizität (Universalität) der Kirche ist. Heute können wir hinzufügen, daß er auch Quelle und Ursprung der Apostolizi-

tät ist, die die vierte Eigenschaft und das Kennzeichen der Kirche ist: „die eine, heilige, katholische und apostolische Kirche", wie wir im *Credo* bekennen. Dank des Heiligen Geistes ist die Kirche apostolisch, das heißt, „sie ist aufgebaut auf dem Fundament der Apostel", dessen Schlußstein Christus selbst ist, wie der Apostel Paulus sagt (*Eph* 2,20). Es ist ein sehr interessanter ekklesiologischer Aspekt in pneumatologischer Sicht (vgl. *Eph* 2,22).

2. Der heilige Thomas von Aquin stellt ihn heraus in seiner Katechese über das Glaubensbekenntnis der Apostel, wo er schreibt: „Das Hauptfundament der Kirche ist Christus, wie der heilige Paulus im ersten Brief an die Korinther bekräftigt (3,11): ‚Denn einen anderen Grund kann niemand legen als den, der gelegt ist: Jesus Christus'. Aber es gibt ein zweites Fundament, das heißt die Apostel und ihre Lehre. Deshalb sagt man apostolische Kirche" (*In: Symb. Apost.*, a.9).
Der Text des heiligen Thomas von Aquin bestätigt nicht nur seine eigene alte Auffassung und die des Mittelalters von der Apostolizität der Kirche, sondern ruft uns die Gründung der Kirche und die Beziehung zwischen Christus und den Aposteln in Erinnerung. Diese Beziehung geschieht im Heiligen Geist. So zeigt sich die theologische und offenbarte Wahrheit einer Apostolizität, deren Ursprung und Quelle der Heilige Geist ist in seiner Eigenschaft als Urheber der Gemeinschaft in der Wahrheit, die die Apostel an Christus bindet und durch ihr Wort die christlichen Generationen und die Kirche in allen Jahrhunderten ihrer Geschichte.

3. Wir haben mehrmals die Ankündigung Jesu an die Apostel beim letzten Abendmahl wiederholt: „Der Beistand aber, der Heilige Geist, den der Vater in meinem Namen senden wird, der wird euch alles lehren und euch an alles erinnern, was ich euch gesagt habe" (*Joh* 14,26). Diese Worte Christi, vor seinem Leiden gesprochen, finden ihre Erfüllung im Lukastext, wo man liest, daß Jesus „in den Himmel aufgenommen wurde. Vorher hat er durch den Heiligen Geist den Aposteln ... Anweisungen gegeben" (*Apg* 1,2). Der Apostel Paulus seinerseits schrieb an Timotheus (im Hinblick auf seinen Tod) und empfahl ihm: „Bewahre das dir anvertraute kostbare Gut durch die Kraft des Heiligen Geistes, der in uns wohnt" (*2 Tim* 1,14). Es ist der Pfingstgeist, der Geist, der die Apostel und die apostolischen Gemeinden erfüllt, der Geist, der die Weitergabe des Glaubens in der Kirche gewährleistet von Generation zu Generation, indem er den Nachfolgern der Apostel in der Bewahrung des „kostbaren Gutes" der von Christus offenbarten Wahrheit beisteht, wie Paulus sagt.

4. Wir lesen in der Apostelgeschichte das Vermächtnis einer Begebenheit, aus der diese Wahrheit der Apostolizität der Kirche in ihrer pneumatologischen Dimension sehr klar hervorgeht. Und zwar dort, wo der Apostel Paulus, wie er sagt: „gebunden durch den Geist", nach Jerusalem zieht, fühlend und wissend, daß die, die er in Ephesus evangelisiert hatte, ihn „nicht mehr von Angesicht sehen werden" (*Apg* 20,25). Er wendet sich dann an die Ältesten der Gemeinde in dieser Stadt, die sich um ihn versammelt hatten, mit folgenden Worten: „Gebt acht auf euch und auf die ganze Herde, in der euch der Heilige Geist zu Bischöfen bestellt hat, damit ihr als Hirten für die Kirche Gottes sorgt, die er sich durch das Blut seines eigenen

Sohnes erworben hat" (*Apg* 20,28). „Hirten" sind Verwalter und Führer: bestellt zu sorgen, indem sie auf dem Fundament der apostolischen Wahrheit bleiben, die nach der Vorhersage des Paulus Schmeicheleien und Drohungen von seiten der Verkünder „falscher Lehren" (vgl. *Apg* 20,30) ausgesetzt sein wird, die dahin zielen, die Jünger von der durch die Apostel verkündeten Wahrheit des Evangeliums zu lösen. Paulus ruft die Hirten auf, über die Herde zu wachen in der Gewißheit, daß der Heilige Geist, der sie als „Bischöfe" eingesetzt hat, stützt und ihnen hilft, während er selbst ihre Nachfolge an die Apostel weiterführt im „munus", in der Vollmacht und in der Verantwortung, die Wahrheit zu bewahren, die sie durch die Apostel von Christus empfangen haben: mit der Gewißheit, daß es der Heilige Geist ist, der die Wahrheit selbst und das Bleiben des Volkes Gottes in ihr sicherstellt.

5. Die Apostel und ihre Nachfolger haben außer der Aufgabe des Bewahrens auch jene, die Wahrheit Christi zu bezeugen; auch bei dieser Aufgabe handeln sie mit dem Beistand des Heiligen Geistes - wie Jesus zu den Aposteln vor seiner Himmelfahrt gesagt hat: „Ihr werdet meine Zeugen sein in Jerusalem und in ganz Judäa und Samarien und bis an die Grenzen der Erde" (*Apg* 1,8). Es ist eine Berufung, die die Apostel an die Sendung Christi selbst bindet, der in der Geheimen Offenbarung „der treue Zeuge" (*Offb* 1,5) genannt wird. In seinem Gebet für die Apostel sagt er zum Vater: „Wie du mich in die Welt gesandt hast, so habe auch ich sie in die Welt gesandt" (*Joh* 17,18); und während seiner Erscheinung am Osterabend, bevor er sie anhauchte mit dem Heiligen Geist, wiederholte er: „Wie mich der Vater gesandt hat, so sende ich euch" (*Joh* 20,21). Aber das Zeugnis der Apostel, die die Sendung Christi weiterführen, ist an den Heiligen Geist gebunden, der seinerseits Zeugnis für Christus gibt: „Der Geist der Wahrheit, der vom Vater ausgeht, wird dann Zeugnis für mich ablegen. Und auch ihr sollt Zeugnis ablegen, weil ihr von Anfang an bei mir seid" (*Joh* 15,26-27). Diese Worte Jesu beim letzten Abendmahl finden Widerhall in jenen, die er noch vor der Himmelfahrt an die Apostel richtet, als er im Licht des ewigen Plans vom Tod und der Auferstehung Christi sagt: „In seinem Namen wird man allen Völkern ... verkünden, sie sollen umkehren, damit ihre Sünden vergeben werden. Ihr seid Zeugen dafür. Und ich werde die Gabe, die mein Vater verheißen hat, zu euch herabsenden" (*Lk* 24,48-49). Und endgültig verkündet er: „Ihr werdet die Kraft des Heiligen Geistes empfangen, der auf euch herabkommen wird; und ihr werdet meine Zeugen sein" (*Apg* 1,8). Es ist die Verheißung von Pfingsten, nicht nur im geschichtlichen Sinn, sondern als innere und göttliche Dimension des Zeugnisses der Apostel und damit sozusagen der Apostolizität der Kirche.

6. Die Apostel sind sich dessen bewußt, daß sie beim „Zeugnis geben" für den gekreuzigten und auferstandenen Christus an den Heiligen Geist gebunden sind, wie aus der Antwort klar hervorgeht, die Petrus und seine Gefährten den Hohenpriestern geben, die ihnen Schweigen über Christus auflegen wollen: „Der Gott unserer Väter hat Jesus auferweckt, den ihr ans Holz gehängt und ermordet habt. Ihn hat Gott als Herrscher und Retter an seine rechte Seite erhoben, um Israel die Umkehr und Vergebung der Sünden zu schenken. Zeugen dieser Ereignisse sind wir und der Heilige

Geist, den Gott allen verliehen hat, die ihm gehorchen" (*Apg* 5,30-32). Auch die Kirche hat im gesamten Ablauf ihrer Geschichte das Bewußtsein, daß der Heilige Geist bei ihr ist im Zeugnis für Christus. Wenn sie auch die Begrenzungen und Schwächen ihrer Menschen feststellt und sich in der Suche und Wachsamkeit bemüht, die Paulus den „Bischöfen" beim Abschied von Mileto empfiehlt, weiß die Kirche doch, daß der Heilige Geist sie behütet und verteidigt vor dem Irrtum im Zeugnis ihres Herrn und in der Lehre, die sie von ihm empfängt, um sie der Welt zu verkünden. Das Zweite Vatikanische Konzil sagt: „Diese Unfehlbarkeit, mit welcher der göttliche Erlöser seine Kirche bei der Definierung einer Glaubens- und Sittenlehre ausgestattet sehen wollte, reicht so weit wie das Depositum der göttlichen Offenbarung, welche rein bewahrt und getreulich ausgelegt werden muß, es erfordert" (*Lumen Gentium*, Nr. 25). Der Konzilstext stellt klar, in welcher Weise diese Unfehlbarkeit dem ganzen Bischofskollegium und insbesondere dem Bischof von Rom in ihrer Eigenschaft als Nachfolger der Apostel zusteht, die in der Wahrheit bleiben, die sie kraft des Heiligen Geistes ererbt haben.

7. Der Heilige Geist ist deshalb das Lebensprinzip dieser Apostolizität. Dank ihm kann die Kirche sich in der ganzen Welt im Laufe der verschiedenen Geschichtsepochen verbreiten und in den so unterschiedlichen Kulturen und Zivilisationen einpflanzen, wobei sie immer die eigene Identität gemäß dem Evangelium bewahrt hat. Wie wir im Dekret *Ad gentes* desselben Konzils lesen: „Um dies zu vollenden, hat Christus vom Vater her den Heiligen Geist gesandt, der sein Heilswerk von innen her wirken und die Kirche zu ihrer eigenen Ausbreitung bewegen soll ... Der Herr Jesus selbst aber hat, ehe er sein Leben freiwillig für die Welt hingab, den apostolischen Dienst so geordnet und die Sendung des Heiligen Geistes verheißen, daß beide sich darin zusammenfinden, das Werk des Heiles immer und überall zur Fruchtbarkeit zu bringen. Der Heilige Geist eint die ganze Kirche alle Zeiten hindurch ... wobei er die kirchlichen Einrichtungen gleichsam als Seele belebt, und senkt den gleichen Geist der Sendung, von dem Christus getrieben war, in die Herzen der Gläubigen ein" (*Ad gentes*, Nr. 4). Und die Konstitution *Lumen Gentium* unterstreicht: „Jene göttliche Sendung, die Christus den Aposteln anvertraut hat, wird bis zum Ende der Welt dauern (vgl. *Mt* 28,20). Denn das Evangelium, das sie zu überliefern haben, ist für alle Zeiten der Ursprung jedweden Lebens für die Kirche" (*Lumen Gentium*, Nr. 20).
Wir werden in der nächsten Katechese sehen, daß bei der Erfüllung dieser Sendung des Evangeliums der Heilige Geist zu Hilfe kommt, indem er der Kirche eine Gewähr für den Himmel gibt.

In deutscher Sprache sagte der Papst:

Liebe Schwestern und Brüder!

Als wir in den vorausgehenden Katechesen das Handeln des Heiligen Geistes als Seele des „Leibes Christi" erläutert haben, haben wir gesehen, daß Er Quelle und Ursprung der Einheit, der Heiligkeit und der Katholizität (Universalität) der Kirche ist. Heute können wir hinzufügen, daß Er auch Quelle und Ursprung jener Apostolizität ist, die die vierte Eigenschaft der Kirche darstellt: „die eine, heilige, katholische und apostolische Kirche”, die wir im Credo bekennen. Es ist der Heilige Geist, der die Apostolizität der Kirche wirkt; dies bedeutet: „sie ist aufgebaut auf dem Fundament der Apostel”, dessen Schlußstein Christus selbst ist, wie der heilige Apostel Paulus sagt (*Eph* 2,20).

Der Heilige Geist schafft die Gemeinschaft in der Wahrheit, die die Apostel und durch deren Wort die christlichen Generationen und die Kirche in all den Jahrhunderten ihrer Geschichte an Christus bindet. Es ist der Geist von Pfingsten, der Geist, der die Apostel und die apostolischen Gemeinschaften erfüllt; der Geist, der die Vermittlung des Glaubens in der Kirche sichert.

Als der Apostel Paulus Abschied von Ephesus nahm, wandte er sich an die Ältesten der Gemeinde mit folgenden Worten: „Gebt acht auf euch und auf die ganze Herde, in der euch der Heilige Geist zu Bischöfen bestellt hat, damit ihr als Hirten für die Kirche Gottes sorgt, die er sich durch das Blut seines eigenen Sohnes erworben hat” (*Apg* 20,28). „Bischöfe” bedeutet Wächter und Leiter, die auf dem Fundament der apostolischen Wahrheit bleiben.

Die Apostel und ihre Nachfolger haben außer dem Wächteramt auch die Aufgabe des Zeugnisses von der Wahrheit Christ; und auch in dieser Funktion wirken sie mit dem Beistand des Heiligen Geistes.

Mit dieser kurzen Betrachtung grüße ich alle deutschsprachigen Pilger und Besucher sehr herzlich. Euch allen, euren lieben Angehörigen in der Heimat sowie den mit uns über Radio und Fernsehen verbunden Gläubigen erteile ich von Herzen meinen Apostolischen Segen.

Sendung der Kirche in Polen

Geistlicher Besuch in Jasna Góra

1. Unsere Liebe Frau von Jasna Góra! Heute stehen wir vor dir im Licht der Epiphanie. Sie umfaßt das ganze Geheimnis der Menschwerdung, die Nacht von Betlehem, die Huldigung der Hirten, die Ankunft der Sterndeuter aus dem Orient und auch die Flucht nach Ägypten und das verborgene Leben Jesu in Nazaret bis zur Taufe im Jordan. Unsere Brüder im Osten stellen vor allem gerade den Jordan, die Taufe und die messianische „Investitur” Jesu von Nazaret, heraus.

2. Epiphanie heißt Offenbarung: in Jesus von Nazaret wurde das unergründliche Geheimnis Gottes offenbar. Und zugleich konnte der Mensch sich davon überzeugen, daß er seinen Platz in diesem Geheimnis hat und von Ewigkeit her darin eingeschrieben ist. Deshalb lehrt auch das II. Vatikanische Konzil: „Tatsächlich klärt sich nur im Geheimnis des fleischgewordenen Wortes das Geheimnis des Menschen wahrhaft auf ... Christus, der neue Adam, macht eben in der Offenbarung des Geheimnisses des Vaters und seiner Liebe dem Menschen den Menschen selbst voll kund und erschließt ihm seine höchste Berufung” (*Gaudium et spes*, Nr. 22).

3. Deshalb stehen wir vor dir, Liebe Frau von Jasna Góra, Mutter Gottes und Jungfrau unserer Geschichte, mit der ganzen Wahrheit über den Menschen, der seit tausend Jahren diese Geschichte in sich trägt, ähnlich der Geschichte so vieler Völker und Nationen auf der ganzen Erde. Die Epiphanie des Menschen in Christus hat eine universale Dimension. Wir möchten teilhaben an der weltweiten Berufung des Menschen gemäß dem Maß unserer Tradition, unserer geschichtlichen Identität und der Herausforderung der Geschichte Europas und der Welt von heute.

4. Vor dieser Fülle der Wahrheit über den Menschen, der sich durch Christus offenbart, bekräftigt die Kirche ein weiteres Mal ihre wesentliche Sendung gegenüber der Nation und dem Staat. „Die Kirche, die in keiner Weise hinsichtlich ihrer Aufgabe und Zuständigkeit mit der politischen Gemeinschaft verwechselt werden darf noch an irgendein politisches System gebunden ist, ist zugleich Zeichen und Schutz der Transzendenz der menschlichen Person" (*Gaudium et spes*, Nr. 76).
Die Kirche in Polen bittet, daß gerade in dieser Weise ihre Sendung verstanden wird und auch ihr Beitrag zur gesamten tausendjährigen Geschichte der Nation, insbesondere zu den vergangenen fünfzig Jahren. Und gleichzeitig bittet die Kirche dich, Liebe Frau von Jasna Góra, daß ihre Mission und ihr Beitrag zu diesem neuen Zeitabschnitt, vor dem die ganze Gesellschaft steht, so verstanden werden.
„Du, die du seit Jahrhunderten Königin Polens bist, nimm die ganze Nation unter deinen Schutz, nimm sie, damit sie herrlich wachse."

Krieg löst die Probleme nicht

Angelus am 13. Januar

Liebe Schwestern und Brüder!

Unser Herz und das von Millionen Menschen in der Welt ist voll Angst und Sorge angesichts der drohenden Gefahr, daß in der Golfregion ein Waffenkonflikt ausbrechen, der nach Meinung aller verheerende Folgen haben könnte.
Abgesehen von den Kampfhandlungen, wie viele Zivilisten, Kinder, Frauen, Alte würden unschuldige Opfer einer solchen Katastrophe.
Wer kann die Zerstörung und Umweltschäden vorhersehen, die nicht nur in jenem Gebiet entstünden?
Vom Beginn der Krise an und noch eindringlicher in den vergangenen Tagen empfand ich das Bedürfnis, die für das Schicksal der Völker Verantwortlichen aufzufordern, über die äußerste Notwendigkeit nachzudenken, dem Dialog und der Vernunft den Vorrang zu geben und die Gerechtigkeit und internationale Ordnung zu wahren, ohne auf Waffengewalt zurückzugreifen.
Unter den heutigen Umständen würde ein Krieg die Probleme nicht lösen, sondern nur erschweren. Die Lösung kann in hochherzigen Friedensvorschlägen von der einen und anderen Seite gefunden werden.

In dieser für die Geschicke der Menschen und Völker so entscheidenden Stunde fühle ich mich verpflichtet, diesen Appell an alle beteiligten Parteien zu richten.
Es ist ein Appell, den ich an alle beteiligten Staaten richte, daß sie ihrerseits eine Friedenskonferenz einberufen, die dazu beitrage, alle Probleme eines friedlichen Zusammenlebens im Mittleren Osten zu lösen. Inzwischen müssen wir unsererseits weiter beten, daß der Herr alle Oberhäupter der Nationen erleuchte, die daran interessiert sind, Wege zu suchen, die wirklich zum Frieden führen können, so daß der Menschheit die tragische Erfahrung eines neuen Krieges erspart werde.
Als Glaubende dürfen wir nie die Hoffnung verlieren und müssen auf die Allmacht und Barmherzigkeit Gottes vertrauen, der Geist und Herz der Menschen erleuchten und ihren guten Willen stärken kann.
Mit lebendigem Glauben bitten wir weiterhin den Herrn, er möge die uns drohende Gefahr abwenden; am heutigen Sonntag, der dem Gebet für den Frieden gewidmet ist, werde unsere Bitte zusammen mit der aller Christen ein einmütiger, flehentlicher Ruf um das große Geschenk des Friedens.
Ich bin gewiß, daß sich mit dieser auch die Stimme vieler an Gott Glaubenden vereint in der Überzeugung, daß die höchsten Güter des Friedens und der Gerechtigkeit zusammen bestehen können und müssen, denn sie entsprechen den tiefsten Bedürfnissen der Menschen und Völker.
Herr, erhöre uns!
Dir, Maria Königin des Friedens, empfehlen wir voll Glauben unsere Sorge und unser Gebet: das die Menschen vertrauensvoll und entschlossen den Weg des Friedens einschlagen! Es ist heute der einzige Weg, um die Gerechtigkeit siegen zu lassen!
Es ist der einzige Weg, der der Gesellschaft würdig ist!
Herr, gib uns den Frieden!

Weitergabe der Offenbarung durch den Geist

Ansprache bei der Generalaudienz am 16. Januar

1. Die Apostolizität der Kirche ist ihrem tiefsten Sinn nach das Ausharren der Hirten und der Gläubigen insgesamt in der Wahrheit, die sie durch die Apostel und deren Nachfolger empfangen haben mit einer Einsicht, die ihrem Gehalt und ihrer Bedeutung für das Leben immer angemessener ist. Es ist eine Wahrheit göttlichen Ursprungs über Geheimnisse, die das Begreifen und die Sicht des menschlichen Verstandes übersteigen, so daß sie nur durch das Wort Gottes - gerichtet an den Menschen mit begrifflichen und sprachlichen Analogien seiner Ausdrucksweise - erfaßt, gepredigt, geglaubt und treu befolgt werden kann. Eine rein menschlich bedeutende Autorität genügte nicht, die Authentizität der Überlieferung dieser Wahrheit und folglich ebensowenig die tiefe Dimension der Apostolizität der Kirche zu gewährleisten.

2. Gemäß der Konstitution *Dei Verbum* ist es Jesus Christus, der „durch die Sendung des Geistes der Wahrheit die Offenbarung erfüllt und abschließt und durch göttliches Zeugnis bekräftigt, daß Gott mit uns ist, um uns aus der Finsternis von Sünde und Tod zu befreien und zu ewigem Leben zu erwecken" (*Dei Verbum*, Nr. 4). Dieser Abschnitt der Konzilskonstitution über die göttliche Offenbarung findet seine Berechtigung in den Worten, die Christus an die Apostel im Abendmahlssaal richtet und die vom Evangelisten Johannes wiedergegeben werden: „Noch vieles habe ich euch zu sagen, aber ihr könnt es jetzt nicht tragen. Wenn aber jener kommt, der Geist der Wahrheit, wird er euch in die ganze Wahrheit führen. Denn er wird nicht aus sich selbst heraus reden, sondern er wird sagen, was er hört" (*Joh* 16,12-13). Der Heilige Geist wird deshalb den Aposteln Licht schenken, damit sie „die ganze Wahrheit" des Evangeliums Christi verkünden können, „indem sie [die Apostel und offensichtlich ihre Nachfolger in dieser Sendung] zu allen Völkern gehen und alle Menschen zu seinen Jüngern machen" (vgl. *Mt* 28,19).

3. Die Konstitution *Dei Verbum* fährt fort und sagt, daß der Befehl, das Evangelium zu verkünden, „treu ausgeführt worden [ist], und zwar sowohl durch die Apostel, die durch mündliche Predigt, durch Beispiel und Einrichtungen weitergaben, was sie aus Christi Mund, im Umgang mit ihm und durch seine Werke empfangen oder was sie unter der Eingebung des Heiligen Geistes gelernt hatten, als auch durch jene Apostel und apostolischen Männer, die unter der Inspiration des gleichen Heiligen Geistes die Botschaft vom Heil niederschrieben" (*Dei Verbum*, Nr. 7). Wie man sieht, bezieht sich der Konzilstext auf die Versicherung der geoffenbarten Wahrheit durch den Heiligen Geist, sei es durch ihre gesprochene Weitergabe (Ursprung der Tradition), sei es durch die Niederschrift, die davon unter der Inspiration und dem göttlichen Beistand in den Büchern des Neuen Testamentes gemacht wurde.

4. Wir lesen weiter: „Der Heilige Geist, durch den die lebendige Stimme des Evangeliums in der Kirche und durch sie in der Welt widerhallt, führt die Gläubigen in alle Wahrheit ein und läßt das Wort Christi in Überfülle unter ihnen wohnen (vgl. *Kol* 3,16)" (*Dei Verbum*, Nr. 8). „Denn die Heilige Schrift ist Gottes Rede, insofern sie unter dem Anhauch des Heiligen Geistes schriftlich aufgezeichnet wurde. Die Heilige Überlieferung aber gibt das Wort Gottes, das von Christus, dem Herrn, und vom Heiligen Geist den Aposteln anvertraut wurde, unversehrt an deren Nachfolger weiter, damit sie es unter der erleuchtenden Führung des Geistes der Wahrheit in ihrer Verkündigung treu bewahren, erklären und ausbreiten" (*Dei Verbum*, Nr. 9).
Auch „die Aufgabe ..., das geschriebene oder überlieferte Wort Gottes verbindlich zu erklären, ist nur dem lebendigen Lehramt der Kirche anvertraut, dessen Vollmacht im Namen Jesu Christi ausgeübt wird. Das Lehramt ... lehrt [nichts], als was überliefert ist, weil es das Wort Gottes aus göttlichem Auftrag und mit dem Beistand des Heiligen Geistes voll Ehrfurcht hört, heilig bewahrt und treu auslegt und weil es alles, was es als von Gott geoffenbart zu glauben vorlegt, aus diesem einen Schatz des Glaubens schöpft" (*Dei Verbum*, Nr. 10).

Es besteht deshalb eine enge Verbindung zwischen der Heiligen Schrift, der Überlieferung und dem Lehramt der Kirche. Dank diesem innigen Zusammenhang gewährleistet der Heilige Geist die Weitergabe der göttlichen Offenbarung und folglich die Identität des Glaubens in der Kirche.

5. Insbesondere hinsichtlich der Heiligen Schrift sagt uns das Konzil: „aufgrund apostolischen Glaubens gelten unserer heiligen Mutter, der Kirche, die Bücher des Alten wie des Neuen Testamentes in ihrer Ganzheit mit allen ihren Teilen als heilig und kanonisch, weil sie, unter der Einwirkung des Heiligen Geistes geschrieben (vgl. *Joh* 20,31; *2 Tim* 3,16; *1 Petr* 1,19-21; 3,15-16), Gott zum Urheber haben und als solche der Kirche übergeben sind ... Alles, was die inspirierten Verfasser oder Hagiographen aussagen, [hat] als vom Heiligen Geist ausgesagt zu gelten" (*Dei Verbum*, Nr. 11). Folglich muß „die Heilige Schrift in dem Geist gelesen und ausgelegt werden ..., in dem sie geschrieben wurde" (*Dei Verbum*, Nr. 12). „Denn was die Apostel nach Christi Gebot gepredigt haben, das haben später unter dem Anhauch des Heiligen Geistes sie selbst und Apostolische Männer uns als Fundament des Glaubens schriftlich überliefert: das viergestaltige Evangelium nach Matthäus, Markus, Lukas und Johannes" (*Dei Verbum*, Nr. 18).
„Die Apostel haben nach der Himmelfahrt des Herrn das, was er selbst gesagt und getan hatte, ihren Hörern mit jenem volleren Verständnis überliefert, das ihnen aus der Erfahrung der Verherrlichung Christi und aus dem Licht des Geistes der Wahrheit zufloß" (*Dei Verbum*, Nr. 19).

6. Diese enge Verbindung zwischen dem Heiligen Geist, der Offenbarung und der Weitergabe der göttlichen Wahrheit ist das Fundament des apostolischen Auftrags der Kirche und der entscheidende Grund unseres Glaubens an das Wort, das die Kirche uns vermittelt. Weiter sagt das Konzil noch, daß der Heilige Geist auch bei der inneren Grundlegung des Glaubens in der Seele des Menschen wirkt. Denn „dem offenbarenden Gott ist der ‚Gehorsam des Glaubens' (*Röm* 16,26; vgl. *Röm* 1,5; *2 Kor* 10,5-6) zu leisten. Darin überantwortet sich der Mensch Gott als ganzer in Freiheit, indem er sich ‚dem offenbarenden Gott mit Verstand und Willen voll unterwirft' und seiner Offenbarung willig zustimmt. Dieser Glaube kann nicht vollzogen werden ohne die zuvorkommende und helfende Gnade Gottes und ohne den inneren Beistand des Heiligen Geistes, der das Herz bewegen und Gott zuwenden, die Augen des Verstandes öffnen und ‚es jedem leicht machen muß, der Wahrheit zuzustimmen und zu glauben'. Dieser Geist vervollkommnet den Glauben ständig durch seine Gaben, um das Verständnis der Offenbarung mehr und mehr zu vertiefen" (*Dei Verbum*, Nr. 5).

7. Es handelt sich hier um den Glauben der Kirche in ihrer Gesamtheit und um den jedes einzelnen Gläubigen in der Kirche. Es handelt sich auch um das rechte „Verständnis" der göttlichen Offenbarung, die immer durch den Heiligen Geist aus dem Glauben kommt, und um die „Entfaltung" des Glaubens durch das „vertiefte Nachdenken" der Gläubigen. Während es nämlich von der „apostolischen Überlieferung" spricht, sagt das Konzil, daß diese „in der Kirche unter dem Beistand des

Heiligen Geistes einen Fortschritt [kennt]: es wächst das Verständnis der überlieferten Dinge und Worte durch das Nachsinnen und Studium der Gläubigen, die sie in ihrem Herzen erwägen (wie Maria: vgl. *Lk* 2,19.51), durch innere Einsicht, die aus geistlicher Erfahrung stammt, durch die Verkündigung derer, die mit der Nachfolge im Bischofsamt das sichere Charisma der Wahrheit empfangen haben" (*Dei Verbum*, Nr. 8). Und über die Heiligen Schriften sagt es, daß „sie, von Gott eingegeben und ein für alle Male niedergeschrieben, das Wort Gottes selbst unwandelbar vermitteln und in den Worten der Propheten und der Apostel die Stimme des Heiligen Geistes vernehmen lassen" (*Dei Verbum*, Nr. 21). Deshalb bemüht sich „die Braut des fleischgewordenen Wortes, die Kirche, vom Heiligen Geist belehrt, zu einem immer tieferen Verständnis der Heiligen Schriften vorzudringen" (*Dei Verbum*, Nr. 23).

8. Darum „verehrt" die Kirche die Heiligen Schriften, von ihnen nährt sie sich wie von einem „Brot des Lebens", und sie sieht in ihnen „die höchste Richtschnur ihres Glaubens" (*Dei Verbum*, Nr. 21). Und weil die Kirche „im Gang der Jahrhunderte ständig der Fülle der göttlichen Wahrheit entgegenstrebt, bis an ihr sich Gottes Worte erfüllen" (*Dei Verbum*, Nr. 8), wird das ganze Leben der Kirche vom Geist beseelt, mit dem sie die Wiederkunft Christi in Herrlichkeit herbeiruft. So lesen wir in der Geheimen Offenbarung: „Der Geist und die Braut sagen: Komm!" (*Offb* 22,17). In bezug auf diese Fülle der Wahrheit leitet und gewährleistet der Heilige Geist die Weitergabe der Offenbarung, indem er die Kirche und in der Kirche alle und jeden einzelnen von uns auf das endgültige Kommen des Herrn vorbereitet.

In deutscher Sprache sagte der Papst:

Liebe Schwestern und Brüder in Christus!

Im Glaubensbekenntnis bekennen wir unseren Glauben an die „apostolische" Kirche. Die Apostolizität der Kirche ist ihrem tiefsten Sinne nach das Ausharren der Hirten und der Gläubigen in der von Christus durch die Apostel und deren Nachfolger überkommenen Wahrheit. Die Glaubwürdigkeit dieser Wahrheit, die alles menschliche Begreifen übersteigt, ist durch den Heiligen Geist gegeben, wie dies Jesus im Abendmahlssaal den Aposteln sagte: „... wenn der Geist der Wahrheit kommt, wird er euch in die volle Wahrheit führen" (*Joh* 16,12-13).

Die Kirche, der allein die Auslegung des Wortes Gottes von Jesus anvertraut worden ist, nimmt ihren Lehrauftrag unter dem Beistand des Heiligen Geistes wahr. Diese Verbindung, die zwischen dem Wirken des Heiligen Geistes, der Offenbarung und der Weitergabe der göttlichen Wahrheit besteht, ist das Fundament des apostolischen Auftrags und die Grundlage unseres Glaubens an das Wort Gottes, das die Kirche verkündet.

Darüber hinaus wirkt der Heilige Geist auch bei der inneren Grundlegung des Glaubens in der Seele des Menschen, „um ihn zum Gehorsam des Glaubens zu führen", wie der heilige Paulus schreibt (*Röm* 16,26). Dieser Glaube soll vertieft und gefe-

stigt werden durch Nachdenken über das Wort Gottes und durch die Verkündigung der Offenbarung, wie sie uns in der Heiligen Schrift überliefert ist. Aus diesem Grunde „verehrt die Kirche die Schriften" und nimmt sie wie das Brot des Lebens und reicht sie den Glaubenden - und dies immer unter dem Beistand des Heiligen Geistes.
Mit diesen Worten grüße ich alle Pilger und Besucher aus den deutschsprachigen Ländern.
Euch allen, euren Angehörigen und euren Gemeinden wünsche ich den Frieden des Herrn für das neue Jahr und erteile von Herzen meinen Apostolischen Segen.

Die Familie Zukunft der Nation

Geistlicher Besuch in Jasna Góra

1. Unsere Liebe Frau von Jasna Góra! Auch heute stehen wir noch vor dir im Licht der Epiphanie. Die Weihnachtszeit offenbart uns das Geheimnis der Heiligen Familie. Schauen wir auf sie in der Nacht von Betlehem - in dieser unaussprechlichen Nacht, als der Sohn Gottes Kind wird in der Menschenfamilie. In dieser Familie ist er zur Welt gekommen.
An sie band er dreißig Jahre seines verborgenen Lebens in Nazaret. Und wenn „sich nur im Geheimnis des fleischgewordenen Wortes das Geheimnis des Menschen wahrhaft aufklärt" - so das II. Vatikanische Konzil (vgl. *Gaudium et spes*, Nr. 22) -, wie groß ist dann die Rolle, die der Familie zusteht: dieser Heiligen Familie Jesu Christi in Nazaret!

2. Wie menschlich ist dieses göttliche Geheimnis! Sein Weg geht über die Familie wie der Weg jedes Menschen. Deshalb ist es sehr bedeutungsvoll, daß man im Heiligtum von Jasna Góra den Pilgern das Evangelium vom Wunder in Kana in Galiläa vorliest. Dieser Text zeigt Jesus zusammen mit seiner Mutter und den ersten Jüngern, die zur Hochzeit geladen waren. So beginnt der Erlöser der Welt seine messianische Sendung auf dem „Weg" einer menschlichen Eheschließung: Er selbst ist der heiligste Bräutigam der ganzen Menschheit in seiner Kirche.

3. Dieser Weg führt immer in die Zukunft. Die Zukunft der ganzen Menschheit geht über die bräutliche Liebe der Eheleute, die den Anfang der Familie setzt. Die Familie ist die Zukunft des Menschen, denn in ihr werden neue Menschen geboren. Die Familie ist auch die Zukunft der Nation - unserer Nation. Von ihr hängt vor allem diese Zukunft ab.
Mutter von Kana in Galiläa! Ich wünsche dir, daß zahlreiche Familien zu deinem Heiligtum in Jasna Góra kommen. Sie haben diese Wallfahrt so sehr nötig! Wie viele Trennungen, wie viele Krisen sind entstanden! Es ist sehr notwendig, daß sie von dir diese Worte mütterlicher Sorge hören: „Was er euch sagt, das tut!" (*Joh* 2,5). Es ist so notwendig, daß sie die Gnade des Ehesakramentes erneuern, das sie im Herzen deines Sohnes ererbt haben.

4. Sprich zu ihnen, Mutter von Jasna Góra, durch das Wort der Liturgie der Kirche: „Liebt einander, denn die Liebe ist das Band, das alles zusammenhält ... In eurem Herzen herrsche der Friede Christi ... Das Wort Christi wohne mit seinem ganzen Reichtum bei euch ... dankt Gott, dem Vater!" (*Kol* 3,14-16).
Königin von Jasna Góra! An der Schwelle des neuen Jahres, im Glanz der Epiphanie von Nazaret empfehle und vertraue ich dir aus tiefstem Herzen alle Eheleute und Familien unseres polnischen Landes an!

Nie wieder Krieg!

Gebet für den Frieden

Gott unserer Väter,
groß und voll Erbarmen,
Vater aller.
Du hegst Pläne des Friedens
und nicht des Leides,
du verdammst die Kriege
und drückst den Stolz der
Gewalttätigen nieder.
Du hast deinen Sohn Jesus
gesandt,
den Nahen und Fernen
Frieden zu verkünden
und die Menschen aller
Rassen und jeder Herkunft
in einer einzigen Familie zu
sammeln.
Höre den einmütigen Ruf
deiner Söhne und Töchter,
die dringende Bitte der
ganzen Menschheit:
Nie wieder Krieg, ein
Abenteuer ohne Umkehr,
nie wieder Krieg, eine
Spirale der Trauer und
Gewalt;
Nie mehr dieser Krieg im
Persischen Golf,
eine Bedrohung für alle
Geschöpfe
im Himmel, zu Wasser und
zu Land.
In Gemeinschaft mit Maria,
der Mutter Jesu,
bitten wir dich wieder:
Sprich zu den Herzen der
Verantwortlichen
für die Geschicke der
Völker,
halt auf die Logik der Rache
und Vergeltung,
gib durch deinen Geist den
Antrieb zu neuen Lösungen,
zu hochherzigen und
ehrenvollen Gesten,
zu Räumen des Dialogs und
geduldigen Wartens,
die fruchtbarer sind als
überstürzte Kriegstermine.
Gib unserer Zeit Tage des
Friedens.
Nie wieder Krieg. Amen.

Das Geschenk der Einheit erflehen

Angelus am 20. Januar

1. „Lobet den Herrn, alle Völker" (*Ps* 117,1).
Liebe Schwestern und Brüder, dieser Aufruf, den allmächtigen Vater aller Menschen zu loben, ist an jeden Glaubenden gerichtet und wird zur besonders dringenden Aufforderung während der Gebetswoche für die Einheit der Christen, die alljährlich vom 18. bis 25. Januar stattfindet.
Bitten, damit wir Christen „eins seien" (vgl. *Joh* 17,21), ist eine Pflicht, denn es entspricht einer förmlichen Weisung Christi selbst; aber es ist noch mehr geboten in diesen Tagen, die ausdrücklich dieser edlen Sache gewidmet sind. In der Tat, die während der Jahrhunderte entstandenen Spaltungen widersprechen dem Plan des Herrn, der gewollt hat, daß die Gemeinschaft seiner Jünger eins und heilig sei: eins, weil heilig, und heilig, weil sie eins ist.
Die Einheit suchen ist deshalb eine dringende Aufforderung für die Glaubwürdigkeit und „Bestimmung" des christlichen Lebens durch das Evangelium.

2. Zu dieser Suche drängen uns auch die gegenwärtigen Bedingungen der Welt: Von den Christen wird heute ein lebendiger Beitrag von Einheit und Solidarität zum Aufbau einer neuen und solidarischeren Gesellschaft gefordert.
Es ist ihre Aufgabe, zusammen in überzeugender Weise Zeugnis zu geben von den gemeinsamen Werten des Glaubens und der Liebe, die ihr Leben inspirieren. Wie in den Anfängen der Kirche müssen sie bereit sein, jedem Rede und Antwort zu stehen, der nach der Hoffnung fragt, die sie erfüllt (vgl. *1 Petr* 3,15). Ein gesellschaftliches und politisches Zusammenleben, das den Menschen und die seinem Wesen innewohnenden Bedürfnisse achten will, kann nicht von der religiösen Inspiration absehen. Und diesbezüglich hat die christliche Gemeinschaft ganz genaue Verpflichtungen und Aufgaben.

3. Im gegenwärtigen Kontext ist die Gebetswoche für die Einheit der Christen ein wiederholter Appell an unser Gewissen als Glaubende und Jünger Christi.
In diesem Jahr sind wir eingeladen, über die Bedeutung nachzudenken, die das Lob Gottes beim Aufbau der gewünschten Einheit hat. Jeder Mann und jede Frau wirken, indem sie den Herrn nicht nur mit den Lippen, sondern durch ihr ganzes Sein und Handeln loben, an einem vielstimmigen Lobgesang des Glaubens und Lebens mit, der aufsteigt, um das Geschenk der Versöhnung und des Friedens für die Christen und die gesamte Welt zu erflehen.
Ich erneuere deshalb an alle die Aufforderung zum Gebet: Ich lade euch, die ihr mich hört, ebenso alle über die ganze Erde verstreuten Katholiken dazu ein. Möge jeder die eigene Stimme mit jener der Schwestern und Brüder vereinen, um das Geschenk der Einheit zu erflehen: „Alle sollen eins sein, damit die Welt glaubt!" (vgl. *Joh* 17,21).

Die Gottesmutter Maria, an die wir uns mit dem Angelusgebet wenden, bekräftige durch ihre mütterliche Fürsprache unsere Bitte und mache sie beim Thron Gottes wirksam.

Waffen erzeugen weitere Spannungen

Gebetsaufruf nach dem Angelus

Schwestern und Brüder, ich kann jetzt nicht versäumen, daran zu erinnern, daß seit einigen Tagen in der Golfregion ein Krieg im Gang ist, der allen Sorge und Schmerz bereitet. Mit so vielen Menschen guten Willens habe ich alles getan, was ich konnte, damit diese tragische Erfahrung vermieden werde.
Der riesige Einsatz von Mitteln und Waffen läßt an sehr schwere Folgen denken; aber ein Grund zu weiterer Angst ist die mögliche fortschreitende Ausdehnung des Konflikts auf den ganzen Mittleren Osten und die Einbeziehung von Ländern, die bis jetzt, Gott sei Dank, Abstand davon genommen haben, direkt an den Kampfhandlungen teilzunehmen.
Leider ist es die schreckliche Logik des Krieges, die dahin tendiert, andere Staaten in den Konflikt zu verwickeln und auch die Zivilbevölkerung ohne Unterschied zu bedrohen. Die beklagenswerten Bombardierungen, von denen wir gehört haben, sind ein schmerzlicher Beweis. In Wirklichkeit hat jede Zivilbevölkerung auf der einen wie der anderen Seite das Recht, respektiert und nicht in Militärhandlungen verwickelt zu werden.
Außerdem zeigt die tragische Realität dieser Tage noch deutlicher, daß die Probleme mit Waffen nicht gelöst, sondern neue und größere Spannungen zwischen den Völkern geschaffen werden.
Ich wende mich deshalb voll Vertrauen an die Beteiligten, damit sie den Konflikt rasch beenden und dann die Ursachen zu beseitigen versuchen, die ihn hervorgerufen haben.
Ich empfehle dem Herrn diesen Appell und lade alle ein, ihn in inständiges Gebet umzusetzen.
Die seligste Jungfrau Maria tröste alle, die aufgrund dieses Krieges leiden!

Nehmt einander an zur Ehre Gottes

Ansprache bei der Generalaudienz am 23. Januar

1. „Darum nehmt einander an, wie auch Christus uns angenommen hat, zur Ehre Gottes" (*Röm* 15,7).
Die Ermahnung, liebe Schwestern und Brüder, ist in dem Teil des Briefes des heiligen Paulus an die Römer enthalten, der in diesem Jahr während der Gebetswoche für die Einheit der Christen zum allgemeinen Nachdenken vorgelegt wird.

Die Perspektive, in die die Gebetswoche gestellt wird, ist die einer Menschheit, die einmütig im Lobpreis des Herrn, des Schöpfers des Menschen und dessen Erlösers, den im Brief des heiligen Paulus zitierten Psalm betet: „Lobet den Herrn, alle Völker" (*Ps* 117,1; *Röm* 15,5-13). Ein grundlegender Beitrag zur Verwirklichung eines solchen universalen Lobpreises wird gewiß durch die Wiederherstellung der Einheit der Jünger Christi geboten.
Die „unter der Einwirkung der Gnade des Heiligen Geistes sich von Tag zu Tag ausbreitende Bewegung" (*Unitatis redintegratio*, Nr. 1), die sich die Wiederherstellung der vollen Einheit der Christen zum Ziel setzt, ist ihrem Wesen nach sehr komplex. Sie schließt eine tiefe geistige Motivation mit ein, eine Haltung religiösen Gehorsams gegenüber den Anforderungen des Evangeliums, das anhaltende Gebet, den brüderlichen Kontakt mit den anderen Christen, um durch den Dialog der Wahrheit und unter Achtung der Reinheit des Glaubens die bestehenden Unterschiede zu überwinden, und nicht zuletzt die Zusammenarbeit in den verschiedenen Bereichen, die Möglichkeit bieten für ein gemeinsames Zeugnis.
Diese Suche nach der Einheit im Glauben und im christlichen Zeugnis findet beim heiligen Paulus eine realistische, äußerst fruchtbare und immer aktuelle Anweisung: die gegenseitige Annahme unter den Christen. Der Apostel empfiehlt: „Nehmt einander an, wie auch Christus uns angenommen hat, zur Ehre Gottes" (*Röm* 15,7).
Der Geist der Annahme ist eine wesentliche und einende Dimension der gesamten ökumenischen Bewegung; er ist ein lebendiger Ausdruck der Anforderung der Gemeinschaft. Der heilige Paulus wies auf einige wichtige Bausteine dieser Annahme hin: sie muß eine Annahme im Glauben an Jesus Christus und sie muß gegenseitig sein und sich zur Ehre Gottes verwirklichen.

2. Wie Christus euch annahm - sagt der heilige Paulus -, so nehmt euch untereinander an im aufrichtigen Verzeihen und in brüderlicher Liebe. Im Glauben an Christus sammelt sich die christliche Gemeinde. Im Feld der gemeinsamen Taufe kann die gegenseitige Annahme auf die verbindende Kraft der Gnade zählen, deren Wirksamkeit trotz der schweren bestehenden Glaubensunterschiede andauert. Dies betont das II. Vatikanische Konzil, wenn es bekräftigt: „Denn wer an Christus glaubt und in der rechten Weise die Taufe empfangen hat, steht dadurch in einer gewissen, wenn auch nicht vollkommenen Gemeinschaft mit der katholischen Kirche" (*Unitatis redintegratio*, Nr. 3). Deshalb „sind sie durch den Glauben in der Taufe gerechtfertigt und Christus eingegliedert, darum gebührt ihnen der Ehrenname des Christen, und mit Recht werden sie von den Söhnen der katholischen Kirche als Brüder im Herrn anerkannt" (*ebd.*).

3. Um wirklich Gemeinschaft zu schaffen, muß die Annahme unter den Christen auch gegenseitig sein: (*Röm* 15,7). Das setzt die gegenseitige Anerkennung und Bereitschaft voraus, die von den anderen authentisch gelebten und entfalteten Werte hochzuschätzen und anzunehmen. Dies ruft das II. Vatikanische Konzil auch in Erinnerung: „Auf der anderen Seite ist es notwendig, daß die Katholiken die wahrhaft christlichen Güter aus dem gemeinsamen Erbe mit Freude anerkennen und

hochschätzen, die sich bei den von uns getrennten Brüdern finden. Es ist billig und heilsam, die Reichtümer Christi und das Wirken der Geisteskräfte im Leben der anderen anzuerkennen, die für Christus Zeugnis geben, manchmal bis zur Hingabe des Lebens: Denn Gott ist immer wunderbar und bewunderungswürdig in seinen Werken" (*ebd.*, Nr. 4). Das Konzil geht noch weiter, indem es hinzufügt, „daß alles, was von der Gnade des Heiligen Geistes in den Herzen der getrennten Brüder gewirkt wird, auch zu unserer eigenen Auferbauung beitragen kann" (*ebd.*, Nr. 4). Es ist deshalb unsere Pflicht, alles, was sich unter den anderen Christen als authentisch dem Evangelium entsprechend verwirklicht, zu schätzen. „Denn was wahrhaft christlich ist, steht niemals im Gegensatz zu den echten Gütern des Glaubens, sondern kann immer dazu helfen, daß das Geheimnis Christi und der Kirche vollkommener erfaßt werde" (*ebd.*).
Hier entspringt die „goldene Regel" des Ökumenismus, das heißt das Prinzip der legitimen Verschiedenheit, wenn sie nicht der Reinheit des Glaubens schadet (vgl. *ebd.*, Nr. 16-17). Denn einige Aspekte des geoffenbarten Mysteriums, wie das Konzil in bezug auf die Orientalischen Kirchen sagt, können manchmal besser von der einen Seite als von der anderen verstanden werden (vgl. *ebd.*, Nr. 17). Die offene Annahme der anderen mit ihrem christlichen Erbe zeigt sich so als der Weg, um besser aus dem überfließenden Reichtum der Gnade Gottes zu schöpfen.

4. Daraus folgt, wie der heilige Paulus sagt, daß alles „zur Ehre Gottes" geschieht (*Röm* 15,7). In der christlichen Gemeinschaft, vereint im Namen Christi und geleitet vom Wort des Evangeliums, spiegelt sich das Handeln Gottes zugunsten der Menschheit wider und erstrahlt in gewisser Weise seine Herrlichkeit. Das offenbart Jesus selbst, als er im hohepriesterlichen Gebet an den Vater für die Einheit seiner Jünger bekräftigt: „Und ich habe ihnen die Herrlichkeit gegeben, die du mir gegeben hast; denn sie sollen eins sein" (*Joh* 17,22).
Die gegenseitige Annahme zur Ehre Gottes zeigt sich uns besonders in zwei Momenten: im Gebet, das die Christen zusammen zum gemeinsamen Lobpreis an den Herrn richten, und in dem einmütigen Zeugnis der Nächstenliebe, durch die die liebevolle Sorge Christi für die Menschen unserer Zeit hindurchscheint.

5. Wenn man heute die ökumenische Situation im Licht der Erfordernisse der gegenseitigen Annahme betrachtet, müssen wir Gott die Ehre geben für die neuen Bedingungen christlicher Brüderlichkeit, die sich gefestigt haben. Die langsam und manchmal mühevoll vorangetriebenen Kontakte, der immer schwierige und anspruchsvolle theologische Dialog, die Gelegenheiten zu pastoraler Zusammenarbeit und praktischer Kooperation haben eine wirklich neue Situation unter den Christen geschaffen. Es wurde klar spürbar, daß die Spaltung dem Evangelium entgegengesetzt ist, und man sucht gemeinsam, die Einheit in der Treue wiederherzustellen.
Der theologische Dialog unter den Christen erreicht wichtige Ziele für die Klärung der gegenseitigen Positionen und gelangt zu einigen Übereinstimmungen über Themen, die in der Vergangenheit streng angefochten wurden. Aber der Dialog muß weitergehen, um das Ziel zu erreichen: die volle Übereinstimmung über das gemein-

same Bekenntnis des Glaubens. Dazu möchte ich meine Hochschätzung und Dankbarkeit gegenüber den katholischen Theologen und denen der anderen Kirchen und kirchlichen Gemeinschaften aussprechen, die im Bereich der verschiedenen gemischten Kommissionen ihre Aufmerksamkeit und ihre Bemühungen der Suche nach dem Weg widmen, um die von der Geschichte ererbten Verschiedenheiten zu überwinden und so dem Lehramt der Kirche die Erfüllung der Pflicht zu erleichtern, die ihm im Dienst der offenbarten Wahrheit zusteht. Also eine wertvolle Arbeit der Theologen, die anerkannt und mit dem Gebet unterstützt wird.

6. Das Thema der gegenwärtigen Gebetswoche für die Einheit der Christen steht in der Perspektive des universalen Lobgesangs, der sich von allen Völkern zum Lobpreis des einen Herrn erheben muß.
Jeder fühle sich aufgefordert, dazu entsprechend seinen Möglichkeiten beizutragen. Das beständige Gebet wird nicht verfehlen, die Wiederherstellung der vollen Einheit aller Christen in der einen Kirche Christi zu beschleunigen. Sprechen deshalb auch wir mit dem Psalmisten:
„Lobet den Herrn, alle Völker, preist ihn, alle Nationen! Denn mächtig waltet über uns seine Huld, die Treue des Herrn währt in Ewigkeit. Halleluja!" (*Ps* 117,1-2). Amen.

In deutscher Sprache sagte der Papst:

Liebe Schwestern und Brüder in Christus!

„Nehmt einander an, wie auch Christus uns angenommen hat" (*Röm* 15,7). Mit diesen Worten des hl. Paulus grüße ich euch in der „Gebetswoche um die Einheit der Christen"
Diese Gebetswoche beinhaltet ein zentrales Anliegen der Jünger Jesu Christi: die Festigung der Einheit im Glauben für alle, die sich Christen nennen.
Durch die Gnade des Heiligen Geistes entstanden, schließt dieses Streben nach der Einheit im Glauben die gegenseitige Annahme unter den Christen aller Konfessionen ein. Deshalb mahnt der Apostel: „Nehmt einander an."
Dies ist die Voraussetzung für jedes echte ökumenische Streben: eine Annahme durch aufrichtige Vergebung, durch brüderliche Liebe und durch den Glauben an Christus, der in der gemeinsamen Taufe begründet ist.
Diese Annahme unter den Christen soll - ihrem Wesen nach - gegenseitig sein: „Nehmt einander an." Sie schließt nicht nur die Kenntnis, sondern auch die gegenseitige Anerkennung und das Schätzen all jener echten christlichen Werte ein, die von den Christen anderer Konfessionen entwickelt worden sind und gelebt werden. Hierin gründet die „goldene Regel" der Ökumene: die Anerkennung der legitimen Verschiedenartigkeit in der Einheit des Glaubens - „zur Ehre Gottes" (*Röm* 15,7).
Wenn wir die Ökumene von heute im Lichte dieser gegenseitigen Annahme betrachten, müssen wir Gott für die in unserer Zeit erfolgte Festigung der christlichen Brüderlichkeit danken.

Die pastorale Zusammenarbeit, das gemeinsame Gebet und der Dialog müssen jedoch fortgesetzt werden, bis wir das Ziel, die volle Gemeinsamkeit im Bekenntnis unseres Glaubens erreicht haben. Sprechen wir deshalb mit dem Psalmisten:
„Lobet den Herrn ihr Völker, rühmt ihn alle Nationen. Denn mächtig waltet seine Güte über uns, die Treue des Herrn währt auf ewig" (vgl. *Ps* 117,1-2).
Mit dieser kurzen Betrachtung grüße ich alle Pilger und Besucher aus den deutschsprachigen Ländern. Ein besonderer Willkommensgruß gilt der Gruppe deutschsprachiger Schwestern verschiedener Kongregationen, die an einem geistlichen Kurs in La Storta teilnehmen. Euch allen, euren Angehörigen und euren Gemeinden wünsche ich den Frieden des Herrn für das neue Jahr und erteile von Herzen meinen Apostolischen Segen.

Eins werden im Glauben

Geistlicher Besuch in Jasna Góra

1. Unsere Liebe Frau von Jasna Góra! Die gesamte Kirche betet für die Einheit der Christen. Wir beten zusammen mit unseren Brüdern und Schwestern des Westens und des Ostens. Du, Mutter, wiederhole mit uns für Polen die Worte Christi im Abendmahlssaal: „Vater, alle sollen eins sein" (vgl. *Joh* 17,21).

2. Ich möchte heute vor den Pilgern dieses besondere Zeugnis geben, das mit dem Pastoralbesuch in Skandinavien und besonders in Schweden verbunden ist. In der altehrwürdigen Kathedrale von Uppsala sagte ich: „Liebe Freunde, ich bin in euer Land gekommen im Geist der Liebe als euer Bruder in Christus ... als Diener und Zeuge Christi, als Hirte seiner Herde ... Hier in Uppsala, in dieser großen Kathedrale bitte ich als Bruder Protestanten wie Katholiken eindringlich, ‚den guten Kampf des Glaubens zu kämpfen' (*1 Tim* 6,12) und enger zu Jesus Christus hin zu wachsen, der gestorben ist, ‚um die versprengten Kinder Gottes wieder zu sammeln' (*Joh* 11,52). Auf diese Weise werden wir auch enger zueinander wachsen" (9. Juni 1989).
Zur Veranschaulichung dieser Worte dient das, was ich bei der Feier der heiligen Eucharistie für die katholische Gemeinde in Schweden erleben konnte. Der Erzbischof von Uppsala, der Primas der Lutherischen Kirche in Schweden, reihte sich bei der Kommunion mit denen ein, die die Eucharistie empfangen wollten; er legte die Hand auf sein Herz, um anzudeuten, daß er, obwohl er in diesem Moment sich nicht mit uns in der sakramentalen Kommunion vereinen konnte, sich jedoch mit dem Herzen vereinte! Nie werde ich diese Geste vergessen!
Heute, während wir für die Einheit aller Jünger und Gläubigen der Kirche beten, steht dieses Bild mit neuer Kraft vor meinen Augen.

3. Unsere Liebe Frau von Jasna Góra! In dem unvergeßlichen Jahr „der Sintflut" belagerte das Heer des schwedischen Königs dein Kloster. Du hast ihnen damals nicht erlaubt, in unser Heiligtum einzudringen.

Heute bitte ich dich, daß wir zusammen eintreten können. Ich bitte dich, daß wieder diese Einheit des Glaubens reife, die den seit Jahrhunderten „getrennten" Brüdern erlaubt, sich von neuem zusammen in der Einheit der eucharistischen Kommunion wiederzufinden.
„Alle sollen eins sein", wie der Sohn im Vater und der Vater im Sohn ist, damit wir durch die Kraft des Heiligen Geistes in ihnen eins seien. Damit die heutige und zukünftige Welt durch unsere Einheit wieder Christus erkennt!

Solidarisch mit Israel

Aufruf zum Friedensgebet bei der Generalaudienz

Während in der Golfregion und im Baltikum die Gewaltanwendung fortdauert mit ihren dramatischen und schmerzlichen Folgen, rufe ich euch, liebe Schwestern und Brüder, zum ständigen Gebet und Opfer auf, damit der Herr allen Gefühle des Friedens und den Willen zum Dialog eingebe. Ich bitte, daß die so großen Leiden abgekürzt werden. Vor allem denke ich an die Gefallenen, die Kriegsgefangenen und die vielen Opfer unter der Zivilbevölkerung.
Insbesondere bringe ich meine Solidarität mit denen im Staat Israel zum Ausdruck, die unter den verwerflichen Bombardierungen in den vergangenen Tagen und gestern gelitten haben.
In gleicher Weise bin ich den Völkern des Irak und der anderen betroffenen Länder nahe, die auch diesen schrecklichen Prüfungen unterworfen sind.
Unser Herr, der Friedensfürst, helfe uns bei der Suche nach menschenwürdigen Lösungen.
Dafür beten wir jetzt das Vaterunser.

Den menschenunwürdigen Weg verlassen

Angelus am 27. Januar

Liebe Schwestern und Brüder!

1. Angst und Trauer, leider bereits mehrmals zum Ausdruck gebracht wegen des in der Golfregion stattfindenden Krieges, werden weiter durch die fortdauernden Kämpfe genährt, zu denen jetzt auch katastrophale Gefahren für die Umwelt kommen.
Die Opfer unter dem Militär und der Zivilbevölkerung und die riesigen Zerstörungen vertiefen und verstärken den Schmerz immer mehr; wir alle sind aufgerufen, uns mit größerer Eindringlichkeit und Glauben an den Herrn zu wenden: er ist die große Zuflucht, die dem zur Verfügung steht, der an das göttliche Erbarmen glaubt und darauf hofft.

2. Wir beten vor allem für den Frieden: daß Gott ihn uns möglichst bald gewähre, indem er die Verantwortlichen erleuchtet, damit sie umgehend diesen der Menschheit unwürdigen Weg verlassen und vertrauensvoll die Gerechtigkeit suchen durch Dialog und Verhandlungen! Mögen die Anstrengungen derer Erfolg haben, die weiterhin hochherzig Initiativen zur Unterbrechung des Konfliktes vorschlagen!
Beten wir für die Zivilbevölkerung, die unter den Bombardierungen leidet oder gezwungen ist, zu Hunderttausenden ihre Häuser und ihr Land zu verlassen und die tragische Erfahrung von Flüchtlingen zu machen: Gott schenke ihnen Trost und inspiriere die ganze Menschheit mit Gefühlen und Initiativen konkreter Solidarität!
Ich meinerseits habe bereits veranlaßt, daß sich innerhalb des Päpstlichen Rates *Cor Unum* eine Kommission bildet mit dem Auftrag, bei den Initiativen mitzuarbeiten, die im internationalen Bereich entstehen, um den Flüchtlingen im Mittleren Osten zu helfen.
Beten wir, daß die sich vollziehende Tragödie nicht noch erschwert und unmenschlicher wird durch Handlungen, die sowohl aufgrund der natürlichen Ethik als auch der geltenden internationalen Verträge unannehmbar sind. Anlaß zu schwerer Bitterkeit sind insbesondere die Nachrichten über das Schicksal der Kriegsgefangenen und hinsichtlich der Gefahr des bewaffneten Terrorismus. Gott halte fern von allen die Versuchung zum Einsatz solcher Mittel, die den elementarsten moralischen Prinzipien widersprechen und die das internationalen Recht verurteilt!

3. Wir bitten noch für und mit allen Glaubenden, die den drei Religionen angehören, die im Mittleren Osten ihre geschichtlichen Wurzeln haben: Juden, Christen und Muslime. Der Glaube an denselben Gott darf nicht Grund zu Konflikt und Rivalität sein, sondern Verpflichtung, im Dialog und Verhandeln die bestehenden Gegensätze zu überwinden. Daß die unendliche Liebe des Schöpfers allen helfe, die Sinnlosigkeit eines Krieges in seinem Namen zu begreifen und dem Herzen jedes einzelnen wahre Gefühle des Vertrauens, des Verständnisses und der Zusammenarbeit zum Wohl der gesamten Menschheit einflöße!
Wir empfehlen der seligsten Jungfrau, der Königin des Friedens, vertrauensvoll diese Anliegen.

Nach dem Angelusgebet sagte der Papst:

Heute wird der Weltlepratag begangen mit dem Ziel, die Gewissen anzuregen zu einem verstärkten Einsatz brüderlicher Solidarität bei der Bekämpfung eines Übels, das zwar schwer, aber heilbar ist.
Auch ich schließe mich dem Gebet an, daß der heutige Gedenktag die Ergebnisse zeitige, die er sich vornimmt, um zur Pflege so vieler unserer Schwestern und Brüder beizutragen, die von dieser Krankheit betroffen sind.

Der Heilige Geist - Quelle des sakramentalen Lebens

Ansprache bei der Generalaudienz am 30. Januar

1. Der Heilige Geist, Quelle der Wahrheit und Lebensprinzip der Identität der einen, heiligen, katholischen und apostolischen Kirche, ist auch Quelle und Ursprung des sakramentalen Lebens, durch das die Kirche von Christus Kraft erhält, an seiner Heiligkeit Anteil hat, sich von seiner Gnade nährt, wächst und auf dem Weg in die Ewigkeit fortschreitet. Der Heilige Geist, der am Anfang der Menschwerdung des Wortes steht, ist die lebendige Quelle aller von Christus eingesetzten und in der Kirche wirkenden Sakramente. Gerade durch die Sakramente gibt er den Menschen das „neue Leben", indem er die Kirche als Mitwirkende in diesem Heilswerk an sich bindet.

2. Wir möchten jetzt nicht das Wesen, die Eigenschaft und den Zweck der Sakramente erläutern, denen wir - so Gott will - andere Katechesen in Zukunft widmen werden. Aber wir können immer auf die einfache und klare Formel des alten Katechismus zurückgreifen, nach dem „die Sakramente die von Jesus Christus eingesetzten Gnadenmittel sind, um uns zu retten". Und wir wiederholen noch einmal, daß der Urheber, Spender und gleichsam das Wehen der Gnade Christi in uns der Heilige Geist ist. In der gegenwärtigen Katechese werden wir sehen, wie diese Verbindung anhand der Texte des Evangeliums in den einzelnen Sakramenten zu erkennen ist.

3. Besonders deutlich ist diese Verbindung in der Taufe, die im Gespräch mit Nikodemus von Jesus als „Wiedergeburt aus dem Wasser und dem Heiligen Geist" beschrieben wird: „Was aus dem Fleisch geboren ist, das ist Fleisch; was aber aus dem Geist geboren ist, das ist Geist ... Ihr müßt von neuem geboren werden" (*Joh* 3,5-7).
Johannes der Täufer hatte Christus schon angekündigt und vorgestellt als den, „der mit dem Heiligen Geist tauft" (*Joh* 1,33), „mit dem Heiligen Geist und mit Feuer" (*Mt* 3,11). In der Apostelgeschichte und in den Schriften der Apostel wird dieselbe Wahrheit in verschiedener Weise ausgedrückt. Am Pfingsttag fühlen die Hörer der Botschaft des Petrus sich aufgefordert: „Jeder von euch lasse sich auf den Namen Jesu Christi taufen zur Vergebung seiner Sünden; dann werdet ihr die Gabe des Heiligen Geistes empfangen" (*Apg* 2,38). In den paulinischen Briefen spricht man von einem „Bad der Wiedergeburt und der Erneuerung im Heiligen Geist, ausgegossen durch Jesus Christus, unseren Retter" (vgl. *Tit* 3,5-6); und den Getauften wird in Erinnerung gerufen: „Ihr seid reingewaschen, seid geheiligt, seid gerecht geworden im Namen Jesu Christi, des Herrn, und im Geist unseres Gottes" (*1 Kor* 6,11). Und weiter wird ihnen gesagt: „Durch den einen Geist wurden wir in der Taufe alle in einen einzigen Leib aufgenommen" (*1 Kor* 12,13). In der Lehre des Paulus wie im Evangelium werden der Heilige Geist und der Name Jesu Christi miteinander verbunden bei der Ankündigung und Spendung der Taufe und dem Hinweis auf sie als

Quelle der Heiligung und Rettung: jenes neuen Lebens, von dem Jesus zu Nikodemus spricht.

4. Die Firmung, das mit der Taufe verbundene Sakrament, wird in der Apostelgeschichte in Form der Handauflegung dargestellt, durch die die Apostel die Gabe des Heiligen Geistes mitteilten. Den neugetauften Christen „legten sie ... die Hände auf, und sie empfingen den Heiligen Geist" (*Apg* 8,17). Dasselbe wird vom Apostel Paulus über die anderen Neugetauften gesagt: „Paulus legte ihnen die Hände auf, und der Heilige Geist kam auf sie herab" (*Apg* 19,6).
Durch den Glauben und die Sakramente empfangen wir also „das Siegel des verheißenen Heiligen Geistes ... Der Geist ist der erste Anteil des Erbes, das wir erhalten sollen" (*Eph* 1,13-14). An die Korinther schreibt Paulus: „Gott aber, der uns und euch in der Treue zu Christus festigt und der uns alle gesalbt hat, er ist es auch, der uns sein Siegel aufgedrückt und als ersten Anteil [am verheißenen Heil] den Geist in unser Herz gegeben hat" (*2 Kor* 1,21-22; vgl. *1 Joh* 2,20.27; 3,24). Der Brief an die Epheser fügt die bedeutsame Mahnung hinzu, den Heiligen Geist nicht zu beleidigen, „dessen Siegel ihr tragt für den Tag der Erlösung" (*Eph* 4,30).
Aus der Apostelgeschichte ist zu entnehmen, daß das Sakrament der Firmung durch die Handauflegung nach der Taufe „auf den Namen Jesu, des Herrn" gespendet wurde (vgl. *Apg* 8,15-17; 19,5-6).

5. Im Sakrament der Versöhnung (oder Buße) wird die Verbindung mit dem Heiligen Geist durch die Macht der Worte Christi, gesprochen von ihm selbst nach der Auferstehung, hergestellt. In der Tat bezeugt Johannes, daß Jesus die Apostel anhauchte und zu ihnen sprach: „Empfangt den Heiligen Geist! Wem ihr die Sünden vergebt, dem sind sie vergeben; wem ihr die Vergebung verweigert, dem ist sie verweigert" (*Joh* 20,22-23). Und diese Worte können auch auf das Sakrament der Krankensalbung bezogen werden, über das wir im Brief an Jakobus lesen: „Die Ältesten der Gemeinde ... sollen Gebete über ihn sprechen und ihn im Namen des Herrn mit Öl salben. Das gläubige Gebet wird den Kranken retten, und der Herr wird ihn aufrichten; wenn er Sünden begangen hat, werden sie ihm vergeben" (*Jak* 5,14-15). In dieser Salbung und diesem Gebet hat die christliche Tradition eine anfängliche Form des Sakraments gesehen (vgl. Thomas von Aquin, *Contra Gentes*, IV, c.73), und diese Identifizierung wurde im Konzil von Trient bekräftigt (vgl. *DS* 1695).

6. In bezug auf die Eucharistie wird im Neuen Testament die Beziehung zum Heiligen Geist wenigsten indirekt im Text des Johannesevangeliums angegeben, das die Ankündigung wiedergibt, die Jesus in der Synagoge von Kapharnaum über die Einsetzung des Sakramentes von seinem Leib und seinem Blut macht; eine Ankündigung, der die bedeutsamen Worten folgen: „Der Geist ist es, der lebendig macht; das Fleisch nützt nichts. Die Worte, die ich zu euch gesprochen habe, sind Geist und sind Leben" (*Joh* 6,63). Sowohl das Wort wie auch das Sakrament erhalten Leben und Wirksamkeit vom Heiligen Geist.

Die christliche Tradition ist sich dieser Verbindung zwischen Eucharistie und Heiligem Geist bewußt und brachte und bringt dies auch heute in der Feier der heiligen Messe zum Ausdruck, wenn die Kirche bei der Epiklese um Heiligung der von ihr auf dem Altar dargebrachten Gaben bittet: „Heilige unsere Gaben durch deinen Geist" (Kanon III), „sende deinen Geist auf diese Gaben herab und heilige sie" (Kanon II) oder „... segne sie" (Kanon I). Die Kirche unterstreicht die geheimnisvolle Macht des Heiligen Geistes zur Erfüllung der eucharistischen Konsekration, zur sakramentalen Wandlung des Brotes und des Weines in den Leib und das Blut Christi und zur Ausstrahlung der Gnade auf die, die daran teilhaben und auf die ganze christliche Gemeinschaft.

7. Auch in bezug auf das Weihesakrament spricht der heilige Paulus vom „Charisma" (oder von der Gabe des Heiligen Geistes), das aus der Handauflegung hervorgeht (vgl. *1 Tim* 4,14; *2 Tim* 1,6), und er bekräftigt, daß es der Heilige Geist ist, der die Bischöfe in der Kirche „bestellt" (vgl. *Apg* 20,28). Andere Abschnitte der paulinischen Briefe und der Apostelgeschichte geben Zeugnis von einer besonderen Beziehung zwischen dem Heiligen Geist und den Dienern Christi, das heißt den Aposteln und ihren Mitarbeitern und dann Nachfolgern als Bischöfe, Priester und Diakone, Erben nicht nur ihrer Sendung, sondern auch der Charismen, wie wir in der nächsten Katechese sehen werden.

8. Zum Schluß will ich an das Ehesakrament erinnern, dieses „tiefe Geheimnis in bezug auf Christus und die Kirche" (vgl. *Eph* 5,32), in dem im Namen und durch Christus der Bund zweier Personen, eines Mannes und einer Frau, als Liebesgemeinschaft vollzogen wird, die Leben schenkt: Dieses Sakrament ist die menschliche Teilhabe an jener göttlichen Liebe, die „ausgegossen [ist] in unsere Herzen durch den Heiligen Geist" (*Röm* 5,5). Die dritte Person der Heiligsten Dreifaltigkeit, die nach Augustinus in Gott die „wesensgleiche Gemeinschaft" (communio consubstantialis) des Vaters und des Sohnes ist (vgl. *De Trinitate*, VI, 5.7, *PL* 42,928), bildet durch das Ehesakrament die menschliche „Personengemeinschaft" des Mannes und der Frau.

9. Zum Abschluß dieser Katechese, mit der wir die Wahrheit der wirksamen Gegenwart des Heiligen Geistes im sakramentalen Leben der Kirche wenigstens angedeutet haben, wie es aus der Heiligen Schrift, der Tradition und insbesondere der sakramentalen Liturgie besonders zu entnehmen ist, kann ich nicht umhin, die Notwendigkeit zu betonen, diese herrliche Lehre ständig zu vertiefen; und allen möchte ich empfehlen, sich um eine Sakramentenpraxis zu bemühen, die bewußt dem Heiligen Geist immer gehorsamer und treuer ist, der besonders durch die „von Jesus Christus eingesetzten Heilsmittel" die Sendung vollendet, die der Kirche als Mitwirkende an der Erlösung der Welt anvertraut ist.

In deutscher Sprache sagte der Papst:

Liebe Schwestern und Brüder!

Als Quelle der Wahrheit und lebendiges Prinzip der einen, heiligen, katholischen und apostolischen Kirche ist der Heilige Geist auch Ursprung ihres sakramentalen Lebens. Durch diesen Geist empfängt die Kirche Kraft von Christus, hat Anteil an seiner Heiligkeit, wird von seiner Gnade genährt, wächst und geht sie auf ihrem Weg der Ewigkeit entgegen. Der Heilige Geist ist die lebendige Quelle aller Sakramente, die von Christus eingesetzt sind und in der Kirche wirken.

Dies wird in besonderer Weise bei der Taufe deutlich, durch die der Mensch „aus Wasser und Geist geboren wird", wie Jesus im Gespräch mit Nikodemus sagt (*Joh* 3,5-7). Die paulinischen Briefe sprechen vom „Band der Wiedergeburt und der Erneuerung im Heiligen Geist" (*Tit* 3,5). Stets werden bei der Verkündigung und Spendung der Taufe der Heilige Geist und der Name Jesu zusammen genannt: denn sie ist Quelle der Heiligung und des neuen Lebens in Christus Jesus.

Auch in der Firmung, dem mit der Taufe eng verbundenen Sakrament, wirkt nach dem Zeugnis der Schrift der Heilige Geist; denn nachdem sie auf den Namen Jesu, des Herrn, getauft waren, legten die Apostel ihnen die Hände auf, und sie empfingen den Heiligen Geist (vgl. *Apg* 8,17; 19,6).

Schließlich sei an das Sakrament der Eucharistie erinnert. Nach ältester christlicher Tradition bittet die Kirche in der Feier der heiligen Messe bei der Epiklese um Heilung der von ihr auf dem Altar dargebrachten Gaben: „Sende deinen Geist auf diese Gaben herab und heilige sie" (*2. Hochgebet*), „heilige unsere Gaben durch deinen Geist" (*3. Hochgebet*). Durch diese Worte hebt die Kirche die wunderbare Kraft des Geistes hervor für die sakramentale Wandlung von Brot und Wein in Leib und Blut Christi, aber auch für das Ausgießen der Gnade in denen, die an der Eucharistie teilnehmen, ja für die ganze christliche Gemeinde.

Indem ich zum Schluß der heutigen kurzen Betrachtung dazu einlade, diese kostbare Lehre weiter zu vertiefen, vor allem durch eine gläubige Mitfeier der Sakramente der Kirche, grüße ich alle anwesenden deutschsprachigen Pilger und Besucher sehr herzlich. Möge der Heilige Geist euch stets neue Kraft schenken und euch im Glauben stärken. Dazu erteile ich euch, euren Angehörigen daheim sowie allen, die uns über Rundfunk und Fernsehen verbunden sind, von Herzen meinen Apostolischen Segen.

Das Recht auf Leben schützen

Geistlicher Besuch in Jasna Góra

1. „Schwestern und Brüder! Es ist notwendig, eingehender über das Problem des Rechtsschutzes des menschlichen Lebens nachzudenken. Wir sind überzeugt, daß es sich nicht nur um eine Frage handelt, die unsere Nation betrifft, sondern darum, auch das Gewissen der anderen Nationen zu erschüttern. Das Synonym der Rückkehr zu Europa kann nicht der Verzicht auf das göttliche Gesetz sein. Wenn wir zu

Europa zurückkehren, möchten wir uns der Gruppe der moralisch gefestigten Länder anschließen, die das Gesetz beachten und auch mit unserer Hilfe die Achtung der Menschenrechte gewährleisten."

Vor dir, Wächterin von Jasna Góra über das göttliche und menschliche Leben in unserem Land, lese ich diese Worte des Briefes der polnischen Bischöfe zum Sonntag der Heiligen Familie. In diesem Brief legen sie dir, Mutter, die Probleme der Familien unseres Vaterlandes vor, unter ihnen die grundlegende Sorge: „Das Recht jedes Polen - auch des ungeborenen - auf Leben."

Die Bischöfe schreiben: „Die medizinischen Wissenschaften und auch die pränatale Psychologie bestimmen eindeutig die Frage des Menschseins dieses kleinen Wesens, das sich mit Hilfe der Mutter auf ein unabhängiges Leben vorbereitet." Sie führen weiter aus: „Das göttliche Gebot ‚Du sollst nicht töten' betrifft jeden Menschen und verpflichtet jeden Menschen unabhängig von seiner religiösen Überzeugung, denn es ist das Gesetz, das vom Schöpfer ins Gewissen des Menschen als natürliches Gesetz eingeschrieben ist. (Und weil wir vor der echten Möglichkeit zu einer vollen Verwirklichung des Begriffes ‚zivile Gesellschaft' stehen ..., bauen wir unser gemeinsames Haus so, daß in ihm nicht das menschliche Leben nach der Empfängnis zerstört wird)."

2. Diese Sorge der polnischen Bischöfe ist zugleich meine. Und es ist auch mein tägliches Gebet, mein täglicher Ruf zu dir, Mutter und Wächterin in Jasna Góra.

Ich vereine mich mit meinen Brüdern im Hirtenamt und mit allen, die im Herzen das Problem des Lebens der ungeborenen Kinder und des Gesetzes tragen, „das den Rechtsschutz des Lebens von der Empfängnis an sicherstellt."

Dankbar denke ich an das gute Beispiel, das vor nicht allzu langer Zeit der König von Belgien gegeben hat, als er sich weigerte, das Gesetz zu unterzeichnen, das das Recht der ungeborenen Kinder auf Leben beeinträchtigte.

Mutter meiner Nation, zu deinen Füßen kniend bitte ich darum, daß die Familie in Polen moralisch gesund und stark sei, daß sie „stark in Gott" sei.

Dringend Frieden fordern

Aufruf zum Gebet für den Frieden

Zu dieser Stunde, in der weitere besorgniserregende Nachrichten über die dramatischen Entwicklungen des Konflikts in der Golfregion eintreffen, kann ich nicht umhin, den zahlreichen Botschaften Stimme zu verleihen, die ununterbrochen bei mir ankommen: Es sind Forderungen um Frieden, Rufe um Hilfe und Solidarität für die Familien der Opfer, die Zivilbevölkerung, die Flüchtlinge und die Gefangenen.

Ich mache mir diese dringenden Appelle zu eigen, und indem ich mich noch einmal mit Vertrauen an die Beteiligten wende, übermittle ich ihnen diese Forderungen um Frieden und Solidarität.

Sie werden jetzt zu innigem und brüderlichen Gebet:

- Daß Gott diesen Ruf um Erbarmen erhöre!

- Daß Gott unser Gebet und das aller Glaubenden annehme, die sich gläubig und aufrichtigen Herzens an ihn wenden!
- Daß Gott uns erleuchte und uns verstehen helfe, was wir konkret für den Frieden tun und wie wir unseren Schwestern und Brüdern helfen können!

Zu diesem Zweck beten wir gemeinsam das Vaterunser.

Du sollst nicht töten!

Angelus am 3. Februar

Liebe Schwestern und Brüder!

1. Heute wird in Italien der „Tag für das Leben" begangen, ein traditioneller Anlaß nachzudenken und zu beten, ein konkreter Aufruf, sich für den Schutz und die Förderung des Lebens des Menschen von seinem Beginn bis zu seinem natürlichen Ende einzusetzen. Ich fühle das Bedürfnis, meine Stimme mit jener der italienischen Bischöfe zu vereinen, um ein weiteres Mal klar und mutig zu wiederholen, daß „das göttliche Gesetz ‚Du sollst nicht töten!' jeden Menschen betrifft und jeden Menschen verpflichtet, unabhängig von seinen religiösen Überzeugungen, denn es ist ein Gesetz, eingeschrieben in sein Gewissen vom Schöpfer als natürliches Gesetz" (*Generalaudienz* vom 30. Januar 1991). Deshalb müssen die Politiker, die Amtsträger und Verantwortlichen für die sozialen und Gesundheitsdienste in der Liebe zum Leben „die Voraussetzung und den grundlegenden Inhalt der Förderung des Gemeinwohls [anerkennen] und nichts unversucht lassen, damit die wirtschaftlichen sozialen und kulturellen Bedingungen einer wirklichen Freiheit gegenüber dem Leben sichergestellt werden" (Auszug aus der *Botschaft der italienischen Bischöfe zum Tag für das Leben*).

2. „Liebe zum Leben, Wahl der Freiheit." So lautet das Thema dieses Tages, das uns drängt, das unzertrennliche Wortpaar Leben und Freiheit zu betrachten.

Wie kann es Freiheit geben, wenn das Leben, jedes menschliche Leben, nicht angenommen und geliebt wird? Wie kann es wahren sozialen Fortschritt geben, wenn die Angriffe und Bedrohungen auf das Leben des Menschen, das freie Geschenk der Liebe und Vorsehung Gottes, gerechtfertigt und legalisiert werden? Wenn es keine Achtung vor dem Leben gibt, ist man schon im Reich des Todes: des Todes der Gefühle, die vom ungezügelten und entfremdenden Hedonismus ausgelöscht sind; des Todes des moralischen Sinnes, der vom sterilen und zerstörerischen Egoismus besiegt ist, während das Gewissen Gefahr läuft, sich der Wahrheit zu verschließen und Mühe hat, das Gute zu erkennen, das allein den Menschen glücklich macht.

Das Leben muß immer verteidigt, mit Liebe angenommen und mit ständiger Achtung begleitet werden.

Als Menschen und Glaubende dürfen wir nie aufhören, die Kultur des Lebens gegenüber der Kultur des Todes zu fördern. Wir müssen die Unantastbarkeit des Rechts auf Leben - auf Leben in Würde - verkünden gegen die Abtreibung, ein anomales Verbrechen, das in sich die Züge des totalitären Systems trägt gegenüber dem Schutzlosesten der Menschenwesen. Wir müssen dieses Recht verkünden gegenüber jeder genetischen Manipulation, die die Entwicklung der Person gefährdet; gegen die Euthanasie und die praktische Ablehnung der Schwächeren; gegen den Rassismus und die tödliche Gewalt aller Art. Wir müssen dieses Recht gegen den Krieg verkünden - gegen diesen Krieg, der in der Region des Persischen Golfes mit wachsender Bedrohung für die gesamte Menschheit weitergeführt wird.

3. Maria, Mutter der Menschen, nimm unser Gebet an, in dem der Angstschrei der Opfer der Abtreibung, des Hasses, des Krieges und so vieler Angriffe auf das Leben widerhallt. Stütze die Schwachen und tröste die, die zu Unrecht leiden.
Rühre das Herz dessen, der das Licht der Wahrheit verweigert und, indem er tötet, sein eigenes Menschsein leugnet.
Wir nehmen vertrauensvoll unsere Zuflucht zu dir, Mutter der Barmherzigkeit, Mutter des Lebens.

Der Heilige Geist - Beistand der kirchlichen Dienste

Ansprache bei der Generalaudienz am 6. Februar

1. Für die volle Verwirklichung des Glaubenslebens, die Vorbereitung auf den Empfang der Sakramente und als ständige Hilfe für die einzelnen und die Gemeinschaft entsprechend der Gnade, die durch diese „Heilsmittel" geschenkt wird, gibt es in der Kirche eine Struktur der Dienste (= Dienstämter und -organe, Diakonien), von denen einige göttlichen Ursprungs sind. Dies ist vor allem das Amt des Bischofs, des Priesters und des Diakons. Bekanntlich richtete Paulus an die „Presbyter" der Kirche von Ephesus folgende Worte, die in der Apostelgeschichte wiedergegeben sind: „Gebt acht auf euch und auf die ganze Herde, in der euch der Heilige Geist zu Bischöfen bestellt hat, damit ihr als Hirten für die Kirche Gottes sorgt, die er sich durch das Blut seines eigenen Sohnes erworben hat" (*Apg* 20,28). In dieser Mahnung des Paulus wird auf die Verbindung hingewiesen, die zwischen dem Heiligen Geist und dem hierarchischem Dienstamt in der Kirche besteht. Der Heilige Geist, der in der Kirche ständig am Werk ist und ihr hilft, in der von den Aposteln ererbten Wahrheit Christi zu bleiben und der auf ihre Glieder den ganzen Reichtum des sakramentalen Lebens ausgießt, ist auch derjenige, der „die Bischöfe bestellt", wie wir in der Apostelgeschichte gelesen haben. Sie bestellen heißt nicht einfach sie ernennen oder ernennen lassen, sondern von Anfang an das Lebensprinzip ihres Heilsdienstes in der Kirche sein. Dies gilt für die Bischöfe ebenso wie für die anderen untergeordneten Dienste. Der Heilige Geist ist Urheber und Geber der göttlichen, der geistlichen und der pastoralen Kraft der gesamten Dienststruktur, mit der Christus, der Herr, seine auf den Aposteln aufgebauten Kirche ausgestattet hat. In ihr, sagt Paulus im ersten Brief an die Korinther, „gibt es verschiedene Dienste, aber nur den einen Herrn" (*1 Kor* 12,5).

2. Die Apostel waren sich dieser Wahrheit wohl bewußt, die sie als erste in ihrer gesamten Evangelisierungs- und Leitungsarbeit betraf. So erinnert Petrus, als er sich an die in den verschiedenen Gebieten der heidnischen Welt verstreuten Gläubigen wendet, diese daran, daß die Verkündigung des Evangeliums „in der Kraft des vom Himmel gesandten Heiligen Geistes" (*1 Petr* 1,12) vollbracht wurde. Auch der Apostel Paulus offenbart mehrmals dasselbe Bewußtsein in seinen Briefen. So schreibt er im 2. Brief an die Korinther: „Doch sind wir dazu nicht von uns aus fähig, als ob wir uns selbst etwas zuschreiben könnten; unsere Befähigung stammt vielmehr von Gott. Er hat uns fähig gemacht, Diener des Neuen Bundes zu sein, nicht des Buchstabens, sondern des Geistes" (*2 Kor* 3,5-6). Nach dem Apostel wird der „Dienst des Neuen Bundes" vom Heiligen Geist belebt, kraft dessen die Verkündigung des Evangeliums und das ganze Werk der Heiligung geschieht, das Paulus besonders unter den Nichtisraeliten zu entfalten berufen ist. Deshalb stellt er sich selbst den Römern vor als einer, der die Gnade empfangen hat, „als Diener Christi Jesu für die Heiden zu wirken und das Evangelium Gottes wie ein Priester zu verwalten; denn die Heiden sollen eine Opfergabe werden, die Gott gefällt, geheiligt im Heiligen Geist" (*Röm* 15,16).
Aber das ganze Apostelkollegium wußte sich vom Heiligen Geist im Dienst der Gläubigen inspiriert, geleitet und angetrieben, wie aus der Schlußerklärung des Konzils der Apostel und ihrer engeren Mitarbeiter, der „Presbyter", in Jerusalem hervorgeht: „Der Heilige Geist und wir haben beschlossen" (*Apg* 15,28).

3. Der Apostel Paulus bekräftigt mehrmals, daß der Dienst, den er kraft des Heiligen Geistes ausübte, „mit dem Erweis von Geist und Kraft verbunden" war. In seiner Botschaft „war nicht Überredung durch gewandte und kluge Worte" (*1 Kor* 2,4), denn als Apostel redet er „nicht mit Worten, wie menschliche Weisheit sie lehrt, sondern wie der Geist sie lehrt, indem wir den Geisterfüllten das Wirken des Geistes deuten" (*1 Kor* 2,13). Und hier macht er jene so bedeutsame Unterscheidung zwischen dem „irdisch gesinnten Menschen", der das, „was vom Geist Gottes kommt", nicht versteht, und dem „geisterfüllten Menschen", der „über alles urteilt" (vgl. *1 Kor* 2,14-15) im Licht der von Gott offenbarten Wahrheit. Der Apostel kann von sich - wie von den anderen Verkündern des Wortes Christi - schreiben: „Denn uns hat es Gott [in bezug auf die göttlichen Geheimnisse] enthüllt durch den Geist. Der Geist ergründet nämlich alles, auch die Tiefen Gottes" (*1 Kor* 2,10).

4. Aber dem Bewußtsein von der Kraft des Heiligen Geistes, der in seinem Dienst gegenwärtig und am Werk ist, entspricht bei Paulus die Auffassung seines Apostolats als Dienst. Wir erinnern uns jener schönen Zusammenfassung über sein ganzes Dienstamt: „Wir verkünden nämlich nicht uns selbst, sondern Jesus Christus als den Herrn, uns aber als eure Knechte um Jesu willen" (*2 Kor* 4,5). Diese Worte, die Denken und Absicht im Herzen des Paulus zum Ausdruck bringen, sind zu allen Zeiten entscheidend für die Anlage jedes Dienstes der Kirche und in der Kirche. Sie sind der wesentliche Schlüssel, um ihn dem Evangelium entsprechend zu verstehen. Sie sind die Grundlage der Spiritualität selbst, die in den Nachfolgern der Apostel

und in ihren Mitarbeitern aufblühen soll: der demütige Dienst der Liebe, wenn auch im Bewußtsein, das der Apostel Paulus selbst im ersten Brief an die Thessalonicher kundtut, wo er bekräftigt: „Wir haben euch das Evangelium nicht nur mit Worten verkündet, sondern auch mit Macht und mit dem Heiligen Geist und mit voller Gewißheit" (*1 Thess* 1,5). Wir könnten sagen, daß sie wie zwei Bezugspunkte sind, die erlauben, die Stellung des Dienstamtes in der Kirche gut zu erkennen: den Geist des Dienstes und das Bewußtsein der Kraft des Heiligen Geistes, der in der Kirche am Werk ist. Demut zum Dienst und Herzenskraft, erwachsen aus der persönlichen Überzeugung, daß der Heilige Geist im Dienst beisteht und hilft, wenn man seinem Wirken in der Kirche gehorsam und treu ist.

5. Paulus war überzeugt, daß sein Handeln jener transzendenten Quelle entsprang. Und er zögerte nicht, an die Römer zu schreiben: „In Christus Jesus kann ich mich also vor Gott rühmen. Denn ich wage nur von dem zu reden, was Christus, um die Heiden zum Gehorsam zu führen, durch mich in Wort und Tat bewirkt hat, in der Kraft von Zeichen und Wundern, in der Kraft des Geistes Gottes" (*Röm* 15,17-19). Und weiter, nachdem er, wie schon angedeutet, zu den Thessalonichern gesagt hatte: „Wir haben euch das Evangelium nicht nur mit Worten verkündet, sondern auch mit Macht und mit dem Heiligen Geist und mit voller Gewißheit; ihr wißt selbst, wie wir bei euch aufgetreten sind, um euch zu gewinnen", glaubt Paulus, ihnen dieses schöne Zeugnis geben zu können: „Und ihr seid unserem Beispiel gefolgt und dem des Herrn; ihr habt das Wort trotz großer Bedrängnis mit der Freude aufgenommen, die der Heilige Geist gibt. So wurdet ihr ein Vorbild für alle Gläubigen in Mazedonien und in Achaia" (*1 Thess* 1,6-7). Es ist der herrlichste Ausblick und muß der stärkste Vorsatz all derer sein, die berufen sind, Dienste in der Kirche auszuüben: wie Paulus zu sein, nicht nur Verkünder, sondern auch Glaubenszeuge und Lebensvorbild, und danach zu streben, daß auch die Gläubigen es füreinander im Bereich derselben Kirche und unter den einzelnen Teilkirchen werden.

6. Das ist die wahre Herrlichkeit des Dienstes, der nach dem Auftrag Jesu an die Apostel dazu dienen soll, zu „verkünden, sie sollen umkehren, damit ihre Sünden vergeben werden" (*Lk* 24,47). Ja, es ist ein demütiger, aber auch ruhmvoller Dienst. Alle, die berufen sind, ihn in der Kirche auszuüben, können sich die Gefühle des Paulus zu eigen machen und mit ihm sprechen: „Das alles kommt von Gott, der uns durch Christus mit sich versöhnt und uns den Dienst der Versöhnung aufgetragen hat. Ja, Gott war es, der in Christus die Welt mit sich versöhnt hat ... Wir sind also Gesandte an Christi Statt, und Gott ist es, der durch uns mahnt. Wir bitten an Christi Statt: Laßt euch mit Gott versöhnen!" (*2 Kor* 5,18-20). Der andere Text ist der, wo Paulus, indem er den „Dienst des Neuen Bundes" als einen „Dienst des Geistes" betrachtet (vgl. *2 Kor* 3,6) und ihn mit dem vergleicht, den Mose auf dem Sinai als Mittler des Alten Gesetzes (vgl. *Ex* 24,12) feststellt: wenn dieser „so herrlich war, daß die Israeliten das Gesicht des Mose nicht anschauen konnten, weil es eine Herrlichkeit ausstrahlte, die doch vergänglich war, wie sollte da der Dienst des

Geistes nicht viel herrlicher sein?" Ja, er spiegelt die „überschwengliche Herrlichkeit [des Evangeliums]" wider (vgl. *2 Kor* 3,7-10).
Es ist die Herrlichkeit der in Christus geschehenen Versöhnung. Es ist die Herrlichkeit des Dienstes an den Brüdern durch die Verkündigung der Heilsbotschaft. Es ist die Herrlichkeit, „nicht uns selbst, sondern Jesus Christus als den Herrn" (*2 Kor* 4,5) verkündet zu haben. Wiederholen wir es jetzt und immer: Es ist die Herrlichkeit des Kreuzes!

7. Die Kirche hat von den Aposteln das Bewußtsein der Gegenwart und des Beistandes des Heiligen Geistes geerbt. Dies bestätigt das II. Vatikanische Konzil, wenn es in der Konstitution *Lumen Gentium* schreibt: „Der Geist wohnt in der Kirche und in den Herzen der Gläubigen wie in einem Tempel (vgl. *1 Kor* 3,16; 6,19), in ihnen betet er und bezeugt ihre Annahme an Sohnes Statt (vgl. *Gal* 4,6; *Röm* 8,15-16.26). Er führt die Kirche in alle Wahrheit ein (vgl. *Joh* 16,13), eint sie in Gemeinschaft und Dienstleistung, bereitet und lenkt sie durch die verschiedenen hierarchischen und charismatischen Gaben und schmückt sie mit seinen Früchten (vgl. *Eph* 4,11-12; *1 Kor* 12,4; *Gal* 5,22)" (*Lumen Gentium*, Nr. 4).
Aus diesem innersten Bewußtsein erwächst der Sinn für den Frieden, den die Hirten der Herde Christi auch in den Stunden bewahren, in denen sich über der Welt und der Kirche ein Sturm entfesselt. Sie wissen, daß sie weit über ihre Grenzen und ihre Unzulänglichkeiten hinaus auf den Heiligen Geist zählen können, der die Seele der Kirche ist und die Geschichte lenkt.

In deutscher Sprache sagte der Papst:

Liebe Schwestern und Brüder!

Zur vollen Verwirklichung des Glaubenslebens, zur Vorbereitung auf den Empfang der Sakramente und als Hilfe für die einzelnen und die Gemeinschaft besitzt die Kirche eine Struktur der Dienste, von denen einige göttlichen Ursprungs sind. Dies ist vor allem das Amt des Bischofs, des Priesters und des Diakons. Ihr kennt sicher die Worte, die Paulus an die „Presbyter" der Gemeinde von Ephesus gerichtet hat: „Gebt acht auf euch und auf die ganze Herde, in der euch der Heilige Geist zu Bischöfen bestellt hat, damit ihr als Hirten für die Kirche Gottes sorgt, die er sich durch das Blut seines eigenen Sohnes erworben hat" (*Apg* 20,28). In dieser Mahnung des Paulus kommt die Verbindung zum Ausdruck, die zwischen dem Heiligen Geist und dem hierarchischen Dienst der Kirche besteht. Der Heilige Geist ist Urheber und Geber der göttlichen, der spirituellen und der pastoralen Kraft der ganzen Struktur der Dienste, wie sie der Herr seiner Kirche gestiftet hat, die auf den Aposteln aufgebaut ist.
Das ganze Kollegium der Apostel war sich der Inspiration bewußt, die ihm vom Heiligen Geist zum Dienst an den Gläubigen übertragen wurde, wie aus der Schlußerklärung des Apostelkonzils hervorgeht: „Der Heilige Geist und wir haben beschlossen" (*Apg* 15,18)

Paulus stellt wiederholt fest, daß er mit dem Amt, das er kraft des Heiligen Geistes ausübt, „den Geist und dessen Kraft zeigen" will. Diesem Bewußtsein von der Kraft des Heiligen Geistes, die im Amt gegenwärtig und wirksam ist, entspricht bei Paulus das Konzept seines Apostolates als Dienst.
Die Kirche hat von den Aposteln das Bewußtsein der Gegenwart und des Beistandes des Heiligen Geistes geerbt. Dies bestätigt das Zweite Vatikanische Konzil in der Konstitution *Lumen Gentium* (Nr. 4). Aus diesem innersten Verständnis heraus kommt der Sinn für den Frieden, den die Hirten der Herde Christi auch in den Stunden bewahren, in denen sich über die Welt und die Kirche ein Sturm entfesselt.
Mit dieser kurzen Betrachtung grüße ich alle deutschsprachigen Pilger und Besucher sehr herzlich. Mein besonderer Gruß gilt den pfarrlichen Mitarbeitern aus dem Dekanat Stockerau in der Erzdiözese Wien, die unter Leitung von Herrn Weihbischof Florian Kuntner an einem Kurs für Neuevangelisierung teilnehmen. Ferner grüße ich die Pilgergruppen aus Feldkirch unter der Leitung von Herrn Altbischof Bruno Wechner sowie aus Baden bei Wien.
Beten wir in diesen Tagen, in denen viele Menschen unter den Folgen des Unrechts und des Krieges zu leiden haben, daß der Friede und das Recht bald wiederhergestellt werden.
Euch allen und Euren lieben Angehörigen in der Heimat sowie den mit uns über Radio und Fernsehen verbundenen Gläubigen erteile ich von Herzen meinen Apostolischen Segen.

Die Welt in Christus heilen

Geistlicher Besuch in Jasna Góra

1. Wir stehen heute vor dir, Mutter von Jasna Góra, mit dem prophetischen Zeugnis des greisen Simeon im Tempel von Jerusalem. Am Tag, den wir traditionsgemäß „Mariä Lichtmeß" nennen, kommen wir mit der Kerze in der Hand, um zu verkünden, daß Christus das „Licht zur Erleuchtung der Heiden" ist.
Wir danken für dieses Licht, das unseren Seelen das Leben gibt; dies hat bereits seit vielen Jahren in Polen in der Bewegung „Licht und Leben" Ausdruck gefunden. Wir danken für diese Bewegung, für ihren Gründer seligen Angedenkens, Don Franciszek Blachnicki, für ihre Animatoren - und für alle, die aus dem „Oase"-Bereich „Licht und Leben" empfangen haben und weiter empfangen.

2. Indem wir aus dem Licht und dem Leben Jesu Christi schöpfen, „besiegen wir das Reich der Sünde in uns selbst, und indem wir Christus in den anderen dienen, führen wir auch sie zu ihm hin" (vgl. *Lumen Gentium*, Nr. 36). Daran erinnert das II. Vatikanische Konzil in seiner Lehre über das Apostolat der Laien. „Christus dienen bedeutet herrschen" (vgl. *ebd.*). Dienen heißt auch, durch die eigene Tätigkeit „einen gültigen Beitrag leisten, daß die geschaffenen Güter gemäß der Ordnung des Schöpfers ... durch menschliche Arbeit, Technik und Kultur ... dem allgemeinen Fortschritt dienen" (vgl. *ebd.*).

Was heißt dienen noch?
Lesen wir weiter in der dogmatischen Konstitution *Lumen Gentium*: „Außerdem sollen die Laien, auch in Zusammenarbeit, die Einrichtungen und Verhältnisse der Welt, da wo Gewohnheiten zur Sünde aufreizen, zu heilen suchen ... Auf diese Weise erfüllen sie die Kultur und die menschlichen Leistungen mit sittlichem Wert" (Nr. 36).
Wir bitten dich, Unsere Liebe Frau von Jasna Góra, um ein solches Eindringen der sittlichen Werte in die Kultur und das Leben unserer Gesellschaft.

3. Die prophetischen Worte Simeons über Christus, der das Licht der Welt ist, verkünden zugleich, daß er das „Zeichen des Widerspruchs" sein werde. Wir wissen, daß es so war. Wir wissen auch, „daß ein Schwert durch die Seele der Mutter drang, damit die Gedanken vieler Menschen offenbar werden" (vgl. *Lk* 2,35).
Mutter von Jasna Góra!
Wie oft hat dieses Schwert deine Seele aufgrund unserer Schuld durchdrungen! Wir bitten dich - gerade aufgrund dieses Schwertes bitten wir dich - darum, daß in uns das Licht Christi siege!

Keine neuen Todeswaffen anwenden!

Gebetsaufruf für den Frieden in der Golfregion

Unser aller Gedanken richten sich weiterhin voll tiefer Trauer auf die Golfregion, wo der Krieg nunmehr seit zwanzig Tagen andauert.
Zwanzig Tage heftiger Kämpfe!
Laßt uns gemeinsam beten, während wir aller Opfer dieses Krieges gedenken und Gott inständig bitten, ihn so bald wie möglich enden zu lassen.
Schwestern und Brüder, ich rufe euch auf, euch mit mir an den Herrn zu wenden, damit in diesem schrecklichen Konflikt nicht neue Todesinstrumente angewandt werden. Ich denke insbesondere an die chemischen und bakteriologischen Waffen, deren Anwendung mehrmals angedroht wurde und so sehr gefürchtet ist.
Eine solche furchtbare Anwendung von Mitteln, die in jeder Hinsicht unannehmbar und zu verdammen sind, würde die Verneinung jeder elementaren Achtung der Menschenwürde bedeuten.
Der Gott des Erbarmens erhöre unser Flehen.
Darum sprechen wir jetzt das Vaterunser.

Rechte der Arbeiter unantastbar

Angelus am 10. Februar

Liebe Schwestern und Brüder!

1. Häufig ist heute die Rede von der „Zivilisation der Arbeit”, die, ausgenommen von jeder rhetorischen Betonung und ohne jeden demagogischen Bezug, eine klare, gewiß positive Bedeutung hat. Denn sie besagt, daß die Arbeit, ihrem wahren Wesen entsprechend verstanden und verwirklicht, einen der grundlegenden Faktoren der menschlichen Zivilisation darstellt. Am Beginn des Prozesses, der in der jüngeren Zeit zur Aufwertung und Erhebung der Arbeit geführt hat, steht nicht nur die Anstrengung des Menschen, sondern auch und entscheidend der Einfluß der Offenbarung, enthalten im Alten und im Neuen Testament. Daraus gewinnt man eine ganze Reihe von programmatischen Richtlinien, die wohl als „Evangelium der Arbeit” anerkannt werden können (vgl. Enzyklika *Laborem exercens*, Nr. 25 f.).
Welcher Art die Tätigkeit, die der Mensch ausübt, auch sein mag, sie hat immer eine ihr innewohnende Würde, die weit über den ökonomischen und produktiven Rahmen hinausgeht aufgrund der menschlichen und moralischen Werte, die sie zum Ausdruck bringt und verkörpert. Deshalb ist es notwendig, daß der Mensch der Arbeit eine klare und erleuchtete Auffassung von der Arbeit hat, die er ausübt, und ebenso notwendig ist es, daß die Bedingungen, unter denen er sie tut, den Erfordernissen seiner Person entsprechen.
Darauf wollte Papst Leo XIII. hinweisen, als er in der Enzyklika *Rerum novarum* die Würde der Arbeit bekräftigte und hervorhob und damit die Achtung der Rechte jedes Arbeiters einprägte.

2. Zweifellos hatte die „Arbeiterfrage” im geschichtlichen Rahmen des ausgehenden 19. Jahrhunderts großes Gewicht im sozialen Leben, indem sie die Gemüter erregte und bisweilen zu auflehnenden Haltungen gegen Formen und Strukturen des Arbeitszyklus führte, die die klaren Rechte beschnitten.
Es war ein sehr unterschiedliches Bild gegenüber dem heutigen. Aber was zählt, ist, daß der Papst schon damals die unantastbaren Rechte der Arbeiter anerkannte und den Arbeitgebern die schwere Pflicht, Gerechtigkeit zu üben, in Erinnerung rief.
Zugleich versäumte er nicht, alle auf die Würde der Arbeit und die Bedeutung des Maßhaltens und Sparens hinzuweisen. Er schrieb, daß vor Gott „die Armut nicht als eine Schande erachtet wird, und daß niemand sich zu schämen habe, der mit seiner Arbeit sich den Lebensunterhalt sucht”; und er wies auf das Beispiel Jesu hin, der „als Sohn eines Handwerkers (vgl. *Mk* 6,3) gelten und angesehen werden [wollte], obwohl er der Sohn Gottes und Gott selbst war; ja, er hat sogar nicht verschmäht, den größten Teil seines Lebens in einer Werkstatt zuzubringen”.

3. Heute sind die ökonomischen und sozialen Bedingungen der Arbeitswelt sehr verschieden von denen zur Zeit Leos XIII. Aber, wie ihr wißt, gibt es leider eine dritte und eine vierte Welt, wo ausgedehnte Gebiete der Armut und des Elends

bestehen mit Lebensbedingungen, die manchmal schlechter sind als jene der Arbeiterklasse des vergangenen Jahrhunderts. Für diese Länder behalten die Aussagen des großen Papstes ihre ganze Aktualität und Anwendbarkeit. Für die hochentwickelten Länder gilt aber immer noch seine Weisung hinsichtlich des Adels der Arbeit und der Notwendigkeit, daß sie der Wahrheit des Menschen entspricht, der nach dem Willen des Schöpfergottes sich die Erde unterwirft und sich gleichzeitig vervollkommnet.
Maria mache uns mit diesen Gedanken vertraut und forme uns nach ihnen, denn sie widmete sich im Schoß der Familie einer ständigen und verborgenen Arbeit neben ihrem Bräutigam Josef und dem göttlichen Sohn Jesus.

Weg des Dialogs suchen

Gebetsaufruf für den Frieden

„Auch heute rufe ich euch Anwesenden beim Angelus und alle Zuhörer dazu auf, sich meinem glühenden und vertrauensvollen Gebet an Gott, den Vater der gesamten Menschheit, anzuschließen, damit er unsere dringende Bitte um Frieden annehme.
Er möge die beteiligten Parteien dazu inspirieren, mit Mut und Hoffnung den konkreten Weg des Dialogs zu suchen, damit die tragische Anwendung von Waffen beendet und eine Lösung der vielen und beängstigenden Probleme des Mittleren Ostens gefunden werde.
Maria, Königin des Friedens, bitte für uns!"

Eine gerechte und brüderliche Welt aufbauen

Ansprache bei der Generalaudienz am 13. Februar

1. „Kehrt um und glaubt an das Evangelium" (*Mk* 1,15).
Mit dieser Aufforderung wendet sich die Aschermittwochsliturgie an die Christen, um sie in die Fastenzeit einzuführen, die ein Weg der inneren Umkehr, der Buße und der Nächstenliebe ist.
Die ernste Zeremonie der Auflegung des Aschenkreuzes heute erinnert uns daran, daß unsere Bestimmung als Menschen keine irdische ist: Wir sind nur vorübergehend auf der Erde, und das Leben - ein kostbares Geschenk Gottes, das zu pflegen, zu schützen und zu achten ist - entfaltet sich als Pilgerweg in die Ewigkeit, zur Begegnung mit Gott. „Denn wir haben hier keine Stadt, die bestehen bleibt, sondern wir suchen die künftige" (*Hebr* 13,14), stellt der Autor des Briefes an die Hebräer fest und fordert uns auf: „Auch wir [wollen] alle Last und die Fesseln der Sünde abwerfen. Laßt uns mit Ausdauer in dem Wettkampf laufen, der uns aufgetragen ist, und dabei auf Jesus blicken, den Urheber und Vollender des Glaubens" (*Hebr* 12,1-2).

Indem sie den pädagogischen und formenden Wert der Fastenzeit unterstreicht, lädt uns die Kirche ein, Geist und Herz auf das Geheimnis des lebendigen Gottes zu lenken, der sich den Menschen in seiner Gerechtigkeit und seinem Erbarmen offenbart. Sie erinnert uns an die Vergänglichkeit des sterblichen Lebens und spornt uns an, nicht in der Sünde und Gleichgültigkeit zu verharren, sondern aus dem Schlaf der Gewohnheit zu erwachen, um auf das Ziel zuzugehen, wo unsere Hoffnung Erfüllung finden wird. Den Worten „Bedenke Mensch, daß du Staub bist und wieder zum Staub zurückkehren wirst" steht die Mahnung gegenüber: „Kehrt um und glaubt an das Evangelium!"

2. Umkehren! Das ist die Pflicht, auf die die Fastenzeit mit besonderer Eindringlichkeit zurückkommt. Vor allem zur Wahrheit umkehren, die Jesus Christus, das Licht der Welt, ist. Gott hat sich der Menschheit endgültig in seinem eingeborenen Sohn, dem menschgewordenen Wort, offenbart, der gestorben und auferstanden ist, um den Menschen zu retten und zu seiner ursprünglichen Würde zurückzuführen. Durch die Kirche, die Gemeinschaft der Erlösten, fährt Christus fort, seinen Heilsplan unter den Männern und Frauen aller Generationen zu entwickeln. Er will ihn auch zugunsten unserer Generation verwirklichen, die an der Schwelle des dritten Jahrtausends steht.
Wie ich in der Enzyklika *Redemptoris Missio* geschrieben habe, „ist das Reich Gottes nicht eine Anschauung, eine Doktrin, ein Programm, das man frei ausarbeiten kann, es ist vor allem eine Person, die das Antlitz und den Namen Jesu von Nazaret trägt, Abbild des unsichtbaren Gottes." Man kann „das Reich nicht von der Kirche loslösen. Gewiß, sie ist nicht selbst Ziel, da sie auf das Reich Gottes hingeordnet ist, dessen Wirklichkeit sie keimhaft und zeichenhaft darstellt und dessen Werkzeug sie ist. Aber bei aller klaren Unterscheidung zwischen Kirche einerseits und Christus und Reich andrerseits, bleibt die Kirche doch untrennbar mit beiden verbunden" (Nr. 18).

3. Die zweite Umkehr, die es zu verwirklichen gilt, ist die zur Heiligkeit. Das ist in der Tat der Willen Gottes: unsere Heiligung! Der hl. Paulus schreibt an die Thessalonicher: „Der Gott des Friedens heilige euch ganz und bewahre euren Geist, eure Seele und euren Leib unversehrt, damit ihr ohne Tadel seid, wenn Jesus Christus, unser Herr, kommt" (*1 Thess* 5,23). Das ganze Leben muß auf die geistliche Vervollkommnung ausgerichtet sein. In der Fastenzeit jedoch wird der Aufruf noch verstärkt, aus einer Situation der Gleichgültigkeit und des Fernstehens zu einer überzeugteren religiösen Praxis überzugehen; von der Mittelmäßigkeit und Lauheit zu einem tiefer empfundenen Eifer; von einer schüchternen Ausdrucksweise des Glaubens zum offenen und mutigen Bekenntnis des eigenen „Credo".
Die Fastenzeit ist wirklich dazu geeignet, mit Liebe den Willen Gottes und sein Erbarmen zu verstehen und anzunehmen. Deshalb besteht die Liturgie in dieser Zeit auf der Verkündigung der Umkehr und der Vergebung. „Ja, Gott war es, der in Christus die Welt mit sich versöhnt hat", betont der Apostel. „Wir sind also

Gesandte an Christi Statt, und Gott ist es, der durch uns mahnt. Wir bitten an Christi Statt: Laßt euch mit Gott versöhnen!" (*2 Kor* 5,18-20).

4. Daraus folgt die dritte Umkehr, zu der die Fastenzeit uns einlädt: die der Versöhnung. Meine Lieben, niemandem entgeht die Dringlichkeit dieser Einladung in Anbetracht der schmerzlichen Ereignisse, die die Menschheit unserer Tage erlebt. Sich mit Gott versöhnen lassen ist eine Pflicht, die allen auferlegt ist, denn sie ist die notwendige Voraussetzung, um die persönliche Ausgeglichenheit, die innere Freude, das brüderliche Einvernehmen mit den anderen und folglich den Frieden in der Familie, Gesellschaft und Welt wiederzuerlangen.
Gott zeigt seine Liebe durch die Vergebung, und er gewährt sie dem, der in seinem Leben den Erlöser des Menschen, Jesus Christus, annimmt, der zum Heil der ganzen Menschheit am Kreuz gestorben ist.

5. In dieser Zeit, gekennzeichnet durch den Konflikt im Mittleren Osten, einer Zeit voll Angst und Sorge, stellt die Fastenzeit eine Gelegenheit zur inneren Einkehr und zum Gebet für den Frieden in der Welt dar. Die Geschichte lehrt, daß „die Kraft der Vernunft" nicht immer genügt, Streitigkeiten abzuwenden und Konflikte zu besänftigen. Auch genügt nicht der gute Willen und Einsatz einiger weniger, denn häufig scheinen die Kräfte des Bösen überhandzunehmen und jeden Widerstand zu überwinden. Nur Gott kann die Herzen rühren und sie von feindseligen Gefühlen befreien; nur er kann das menschliche Denken umkehren zur Erkenntnis des wahren Guten und zu den notwendigen Entscheidungen, um eine gerechtere und brüderlichere Welt aufzubauen. Die Fastenliturgie wiederholt uns jeden Tag die Mahnung, die Stimme des Herrn zu hören; sie mahnt uns, mit allen Kräften gegen den Egoismus, die Wurzel des Übels, anzukämpfen, und sie spornt uns an, in uns und um uns Eintracht und Frieden aufzubauen.
Indem sie auf das Ostergeheimnis blickt, das Hauptgeschehen unserer Geschichte, läßt die Kirche nicht nach in ihrer Einladung an uns, das Geschenk der Versöhnung zu Eintracht durch das unermüdliche Gebet, die Buße und den schlichten und tatkräftigen Dienst an den Brüdern, besonders den ärmsten, zu erflehen. In diesem Sinn ist die Fastenzeit eine Schule der Nächstenliebe, die bis zur freien Selbsthingabe an die anderen reicht und ein brüderliches Verhältnis zu allen fördert, besonders zu denen, die am Rand der Gesellschaft leben.

6. In der Schule Mariens, die das christliche Volk immer begleitet, besonders in den schwierigsten Augenblicken seiner Geschichte, werden wir, liebe Schwestern und Brüder, gehorsame Jünger des Wortes Gottes und überzeugte Zeugen der Kraft der Liebe, die unser Leben erneuert.
Ich fordere deshalb alle Gläubigen auf, diese Tage, die uns auf Ostern vorbereiten, zu einer Zeit besonderen geistlichen Bemühens zu machen. Die dramatische Situation, die wir erleben, mahnt unser Gewissen und rüttelt unseren Willen auf.
Der Frieden erfordert unseren persönlichen Beitrag durch Gebet und Buße, innere Umkehr und hochherzige Solidarität. Einen Beitrag, der in der konkreten Versöhnung und in der Suche nach allen nur möglichen Wegen Ausdruck findet, um das

Massaker der Menschenleben zu beenden, das man im jetzigen Krieg zu verüben im Begriff ist. Jede Anstrengung der Fastenzeit werde so eine demütige, dringende, flehentliche Bitte um Frieden.

In deutscher Sprache sagte der Papst:

Liebe Schwestern und Brüder!

„Kehrt um und glaubt an das Evangelium” (*Mk* 1,15).
Die Liturgie des heutigen Aschermittwoch lädt uns zu innerer Bekehrung, zu Buße und Nächstenliebe ein. Das Aschenkreuz, das wir empfangen, erinnert uns daran, daß unser Ziel kein irdisches ist; wir sind auf dem Weg zur Ewigkeit, zur Begegnung mit Gott, wie der Hebräerbrief schreibt: „Wir haben keine Stadt, die bestehen bleibt, sondern suchen die künftige” (*Hebr* 13,14).
Die Kirche ruft uns in dieser österlichen Bußzeit auf, über die Vergänglichkeit des irdischen Lebens nachzudenken und nicht länger in der Sünde und in der Gleichgültigkeit Gott gegenüber zu verharren. Den Worten: „Bedenke Mensch, daß du Staub bist und wieder zum Staub zurückkehren wirst”, wird bewußt die Mahnung gegenübergestellt: „Kehrt um und glaubt an das Evangelium”. Umkehren bedeutet: sich hinwenden zu der Wahrheit, die Jesus Christus ist als das Licht der Welt. Die zweite Umkehr, die es zu verwirklichen gilt, ist das Streben nach Heiligkeit. Das ganze Leben eines Christen soll auf diese geistliche Vervollkommnung ausgerichtet sein, die vor allem durch ein überzeugtes Christsein und durch einen größeren Eifer im furchtlosen Bekenntnis des Glaubens angestrebt sein soll.
Zu Beginn der Heiligen vierzig Tage mahnt uns der Apostel Paulus: „Laßt euch mit Gott versöhnen” (*2 Kor* 5,20). Unsere Umkehr kann erst durch das Erbarmen Gottes zu existentieller Wirklichkeit werden. Gott offenbart seine Liebe zum Menschen durch die Vergebung, die er allen zuteil werden läßt, die in ihrem Leben den gekreuzigten und auferstandenen Christus annehmen. Lassen wir uns doch in dieser Zeit, die vom schweren Konflikt im Mittleren Orient gezeichnet ist, vom Geist dieser vierzig Tage zu innigerem Gebet und zu heilsamer Buße anspornen. Die Geschichte der Menschheit beweist zur Genüge, daß die Kraft der Vernunft nicht immer genügt, um Konflikte zu bannen, ja, daß nicht einmal der gute Wille immer dazu imstande ist. Gott allein vermag die Herzen der Menschen zu berühren, feindselige Gefühle auszuräumen und die Herzen zur Erkenntnis des wahren Guten zu bewegen. Deshalb hört die Kirche nicht auf, uns im Blick auf das Ziel dieser österlichen Bußzeit, nämlich auf das zentrale Ereignis unserer Geschichte einzuladen: die Auferstehung Jesu, Gott um die Gabe der Versöhnung und des Friedens anzuflehen.
Mit diesen Gedanken zu Beginn der Fastenzeit grüße ich alle deutschsprachigen Pilger und Besucher sehr herzlich. Mein besonderer Gruß gilt einer Gruppe Ordensschwestern, die an einem theologischen Kurs am Päpstlichen Institut „Regina Mundi” in Rom teilnehmen, sowie der Kindervolkstanzgruppe aus der Pfarre St. Josef in Klagenfurt; für Eure Darbietung danke ich Euch sehr.

Euch allen und euren lieben Angehörigen in der Heimat sowie den mit uns über Radio und Fernsehen verbundenen Gläubigen erteile ich von Herzen meinen Apostolischen Segen.

Grußwort an Soldatenmütter

Ein besonderes Grußwort richte ich auch an die Gruppe der Mütter von Soldaten, die zur Zeit im Golfkrieg eingesetzt sind. Durch euch möchte ich allen Familien, die in verschiedener Weise in den so besorgniserregenden Konflikt verwickelt sind, meine herzlichste Solidarität zum Ausdruck bringen; von Herzen wünsche ich, unterstützt vom inständigen Gebet, daß Gott der Menschheit neue Leiden und weiteres Blutvergießen erspare.

Fastenzeit - Zeit der Gnade

Geistlicher Besuch in Jasna Góra

1. „Bedenke Mensch, daß du Staub bist und wieder zum Staub zurückkehren wirst." Heute haben wir diese Worte des Buches Genesis (vgl. 3,19) in der gesamten Kirche gehört. Es ist Aschermittwoch, Beginn der Fastenzeit. Viele gehen an diesem Tag in die Kirche, um das Zeichen der Buße zu empfangen: das Aschenkreuz. Das Symbol des Todes, dem jeder Mensch seit der Erbsünde unterliegt.

2. Der erste Tag der Fastenzeit erhält in der Kirche seine rechte Bedeutung im Ausblick auf die Auferstehung Christi, auf die uns dieser ganze Zeitabschnitt geistlich vorbereitet. Zu Beginn muß man in das Geheimnis des Todes eintreten, um sich am Ende im Angesicht des Lebens, das Gott ist, wiederzufinden. Eben dieses Leben hat sich in Christus mächtiger als der Tod erwiesen; es hat sich als „Tod" des mit der Sünde auf alle Menschen vererbten „Todes" offenbart. Die Fastenzeit ist der Weg, der uns hinführt zu dem „Tag, den der Herr gemacht hat" (vgl. *Ps* 118,24). An diesem Tag sollen wir vor dem auferstandenen Menschensohn stehen, um an das Leben zu glauben. In Christus wird dieses Leben von Gott allen Töchtern und Söhnen des Menschengeschlechtes angeboten.

3. „Gott hat kein Gefallen am Tod des Schuldigen, sondern daran, daß er auf seinem Weg umkehrt und am Leben bleibt" (*Ez* 33,11). Daß er umkehrt ... Es ist Zeit der Umkehr.
Es ist eine besondere „Zeit der Gnade", wie die heutige Liturgie verkündet, der „Tag der Rettung" (vgl. *2 Kor* 6,2). In dieser Zeit müssen wir uns wieder in die umwälzende Wahrheit über Gott und über Christus versenken: „Er hat den, der keine Sünde kannte, für uns zur Sünde gemacht, damit wir in ihm Gerechtigkeit Gottes würden" (*2 Kor* 5,21).
Eine umwälzende Wahrheit. An der Schwelle des neuen Lebens, an der Schwelle der Auferstehung Christi steht das Kreuz, auf dem Gott seinen ewigen Sohn mit der Sünde der Menschheit beladen hat.

4. Mutter von Jasna Góra! In allen Kirchen, Kapellen, Heiligtümern, wo heute meinen Landsleuten das Aschenkreuz, das Zeichen des Todes, aufgelegt wird, möge die große Fastenzeit der Umkehr aller Gewissen, jedes Menschen, jeder Gemeinschaft, der ganzen Gesellschaft beginnen; daß wir dieses Zeichen nicht vergebens empfangen (vgl. *2 Kor* 6,1).
„Hilf deinem Volk, das fällt, aber doch immer danach strebt, wiederaufzustehen."

Gerechtigkeit gegenüber den Schwächeren

Angelus am 17. Februar

1. In der Enzyklika *Rerum novarum* zögerte Leo XIII. nicht, von den „Rechten der Arbeiter" zu sprechen, obwohl er sie im weiteren Rahmen der entsprechenden Pflichten behandelte. So erkannte er, daß diese Rechte in der Gesellschaft, die sich damals unter dem Antrieb der industriellen Revolution abzeichnete, nicht selten vernachlässigt und sogar verletzt wurden.
Getreu dem immerwährenden Ruf des Evangeliums nahm der Papst die Verteidigung der damals besonders schwierigen Arbeiterlage auf sich. Er tat dies nicht nur aufgrund der gebührenden Achtung der Erfordernisse der Gerechtigkeit, sondern auch aus dem Bewußtsein heraus, daß in jedem leidgeprüften Menschen sich noch mehr das Bild Christi widerspiegelt (vgl. *Mt* 25,31 f.).
„Die Rechte eines jeden, wer immer er auch sei, sind heilig zu halten", schrieb er. „Die öffentliche Gewalt muß dafür sorgen, daß jedem das Seine bleibt ... die Gruppe der Reichen braucht weniger den öffentlichen Schutz ...; aber das kleine Volk, durch keine eigenen Mittel gesichert, hat eben im Schutz des Staates seine Stütze. Daher muß der Staat die Lohnarbeiterschaft, diese große Menge bedürftiger Menschen, mit besonderem Interesse und besonderer Sorgfalt bedenken."

2. Wir sind heute imstande, den Mut und die Weitsicht dieser päpstlichen Weisung gut zu bewerten, die tatsächlich die nachfolgende Formung eines sozialen Bewußtseins begünstigte, das den Erfordernissen der Arbeiter mehr Aufmerksamkeit schenkte. Und heute hat sich die Situation positiv gewandelt: Die vertragliche Kraft der Welt der Arbeit ist gewachsen, und ihr Gewicht in den politischen und sozialen Beziehungen ist beachtenswert. Aber es bleiben auch in den hochentwickelten Ländern Schichten von Menschen, die aus verschiedenen Gründen, aber vor allem infolge der Arbeitslosigkeit und Unterbeschäftigung an den Rand gedrängt sind: für sie bewahrt der Grundsatz Leos XIII. von der Gerechtigkeit gegenüber den Schwächeren auch heute seine ganze Aktualität.
In den vergangenen Jahren ist die Sensibilität der öffentlichen Meinung ihnen gegenüber glücklicherweise gewachsen. Die Mitglieder der Gesellschaft sind sich dessen bewußt, daß sie alle durch eine wechselseitige Abhängigkeit miteinander verbunden sind, so daß sich das Mißbehagen einer Kategorie unausweichlich auf die anderen auswirkt. Es ist deshalb im Interesse aller, den sozialen Aufstieg eines jeden Bür-

gers zu fördern. So versteht die Gemeinschaft in der Aufmerksamkeit für die Letzten die eigene Berufung zur Solidarität, der Tugend, die unerläßlich ist, um eine erneuerte Welt aufzubauen, in der jeder angenommen, geachtet und geschützt wird, weil er nach dem Bild Gottes geschaffen wurde (vgl. *Gen* 1,26).

3. Die soeben begonnene Fastenzeit ist eine Gelegenheit zu intensiverem Gebet und hochherziger Buße, um von Gott die Gnade der Umkehr der Herzen und das Geschenk des Friedens in Gerechtigkeit für alle Völker zu erflehen.
Ich bitte alle Gläubigen der katholischen Kirche - die Diözesen, die Pfarreien und verschiedenen kirchlichen Vereinigungen -, diese Zeit der österlichen Vorbereitung dem Gebet für den Frieden zu widmen und konkrete Gesten brüderlicher Sorge gegenüber denen zu setzen, die durch den Krieg und die bestehenden Ungerechtigkeiten in der weiten und geprüften Region des Mittleren Ostens leiden.
Außerdem richte ich eine besondere und dringende Einladung an die Gemeinschaften des kontemplativen Lebens, die einmal als das Herz der Kirche bezeichnet wurden. Diesen Frauen und Männern, die Gott und ihren Brüdern und Schwestern alles geschenkt haben, vertraue ich die Menschheit an. Möge aus jedem Kloster und Konvent, wo die Ängste und Hoffnungen der Kirche und der Welt zusammenschmelzen, ein ununterbrochenes Gebet aufsteigen! Möge jede dem Gebet geweihte Person sich tief mit allen Glaubenden verbunden fühlen, die sich in dieser Zeit an den barmherzigen Gott wenden und um Erleuchtung für die Regierenden und Frieden für die Welt bitten.
Die Jungfrau Maria möge vom Himmel her unsere Bitten annehmen und mit ihrer mütterlichen Fürsprache bekräftigen.

Konkrete Zeichen des Teilens setzen

Angelus am 24. Februar

Liebe Schwestern und Brüder!

1. In einem Abschnitt der Enzyklika *Rerum novarum*, deren Hauptpunkte wir in diesen Monaten behandeln, hält Leo XIII. es für illusorisch, daß der Staat leichter und schneller die soziale Gerechtigkeit verwirklichen könne, indem er die Verwaltung des Gemeinwohls und des Arbeitsverhältnisses monopolisiert.
Die Geschichte unseres Jahrhunderts und besonders die der letzten Jahren bekräftigt die Wahrheit dieser - man könnte sagen - prophetischen Meinung des Papstes. Er schreibt, es sei ein Recht, „sich in Vereinigungen zusammenzuschließen", denn „wenn einmal der Mensch die Schwäche seiner eigenen Kraft erfahren hat, so treibt dies ihn mächtig an, daß er sich mit anderen zur gegenseitigen Hilfe verbindet ... Wie nun durch diese natürliche Neigung der Mensch zum Staatsverband hingeführt wird, so treibt es ihn auch an, andere Vereinigungen mit den Mitbürgern einzugehen"; sie können vom Staat nicht verboten werden, denn „die Vereinigungsfreiheit beruht auf dem Naturrecht; dieses aber kann der Staat nicht zerstören, im Gegenteil,

es ist seine Aufgabe, das Naturrecht zu sichern. Wenn ein Staat trotzdem solche Vereinigungen verbietet, so verstößt er gegen sein eigenes Prinzip, da er ja selbst ebenso wie die privaten Vereinigungen der Staatsbürger lediglich aus dem Naturtrieb der Menschen zur gegenseitigen Vereinigung stammt" (*Rerum novarum*, Nr. 38).

2. Diesbezüglich erinnert Papst Leo XIII. an einige in der Vergangenheit entstandene Vereinigungen, die damals besonders aktiv waren und deren Aufgabe auch heute noch gültig ist, wie zum Beispiel „die Vereinigungen zur gegenseitigen Unterstützung", die „Einrichtungen zum Schutz der Kinder, Jugendlichen und Erwachsenen", die „Korporationen der Gewerbetreibenden" und die „Handwerkerinnungen". „In einer Zeit nun, die durch eine breitere Schulbildung, durch neue Lebensgewohnheiten und auch durch eine erhöhte Lebenshaltung gekennzeichnet ist, müßten natürlich die Korporationen der Werktätigen dem Bedürfnis der Gegenwart angepaßt werden. Erfreulicherweise schließt man sich mehr und mehr zu derartigen Vereinigungen zusammen, sei es, daß sie nur aus Arbeitern bestehen, sei es, daß sie paritätisch aus Arbeitgebern und Arbeitnehmern zusammengesetzt sind" (*ebd.*). Pflicht der Bürger ist es, sie in voller Freiheit zu schaffen und tätig werden zu lassen, denn die lebendige Bewegung erwächst aus einem ihr innewohnendem Prinzip, und der Druck von außen erstickt es, während es Aufgabe des Staates ist, sie zu achten und zu schützen. Die Vereinigungen brauchen jedoch eine angemessene Organisation und Regelung, damit Einheit in der Tätigkeit herrscht und sie dadurch ihr Ziel erreichen, über dem Wohl der Vereinsmitglieder das der ganzen Gesellschaft zu fördern.

3. In den Worten Leos XIII. ist die volle Berechtigung der Gewerkschaften und ähnlicher Vereinigungen zu lesen; seine Ausführungen habe ich selbst in der Enzyklika *Laborem exercens* (vgl. Nr. 20) aufgegriffen. Er schlägt auch eine weise Regel vor, die in bezug auf ihre Organisation und Tätigkeit zu befolgen ist. Diese für die Gläubigen konkrete Weisheit ist mit dem Glauben verbunden, der dazu antreibt, den Nächsten als Schwester und Bruder anzunehmen und ihm zu dienen. Nur aus der Liebe, aufgebaut Tag für Tag durch konkrete Zeichen des Teilens und der Vergebung, erwachsen Gerechtigkeit und Frieden, wie die Tage der Fastenzeit es uns in Erinnerung rufen.
Maria, Mutter der Einheit und Königin des Friedens, führe uns alle auf diesem Weg der Bekehrung und Hoffnung.

Vernunft über Leidenschaften stellen

Erneuter Friedensappell

Nie so wie in diesen Stunden erscheint der Krieg als Keim des Todes. Nie so wie in diesen Tagen ist der Mensch aufgerufen, die Vernunft über die Leidenschaften zu stellen. Nie so wie heute werden die Verantwortlichen der Nationen, Diener des Gemeinwohls, vom eigenen Gewissen herausgefordert.

Der Apostolische Stuhl seinerseits hat alles in seiner Macht Stehende getan, um diesen schrecklichen Krieg zu vermeiden. Jetzt bleibt uns nur noch, zu arbeiten und darum zu beten, daß er so bald wie möglich beendet wird und ähnliche schmerzliche Tragödien vom Horizont der Menschheit verschwinden.
Maria, Königin des Friedens, bitte für uns.

Vernachlässige die Gnade in dir nicht

Ansprache bei der Generalaudienz am 27. Februar

1. Wir haben die vorhergehende Katechese mit einer Aussage des II. Vatikanischen Konzils beendet, die wir als Ausgangspunkt für die jetzige Katechese wieder aufgreifen müssen. Wir lesen in der Konstitution *Lumen Gentium*: „Der Geist wohnt in der Kirche und in den Herzen der Gläubigen wie in einem Tempel (vgl. *1 Kor* 3,16; 6,19), in ihnen betet er und bezeugt ihre Annahme an Sohnes Statt (vgl. *Gal* 4,6; *Röm* 8,15-16.26). Er führt die Kirche in alle Wahrheit ein (vgl. *Joh* 16,13), eint sie in Gemeinschaft und Dienstleistung, bereitet und lenkt sie durch die verschiedenen hierarchischen und charismatischen Gaben und schmückt sie mit seinen Früchten (vgl. *Eph* 4,11-12; *1 Kor* 12,4; *Gal* 5,22)" (*Lumen Gentium*, Nr. 4).
Nachdem wir in der vorhergehenden Katechese über den vom Heiligen Geist bestellten und getragenen Aufbau der Dienste in der Kirche gesprochen haben, betrachten wir jetzt, der Linie des Konzils folgend, die geistlichen Gaben und Charismen, die er über die Kirche als „dator munerum", Geber der Gaben, ausgießt, wie es in der Anrufung der Pfingstsequenz heißt.

2. Auch hier können wir aus den Briefen des heiligen Paulus die Lehre schöpfen, die wir in zusammenfassender und der Katechese entsprechender Form darlegen. Wir lesen im ersten Brief an die Korinther:
„Es gibt verschiedene Gnadengaben, aber nur den einen Geist. Es gibt verschiedene Dienste, aber nur den einen Herrn. Es gibt verschiedene Kräfte, die wirken, aber nur den einen Gott: Er bewirkt alles in allem" (*1 Kor* 12,4-6). Die Aufzählung der Vielfalt der Charismen, der Dienste und Wirkweisen in diesem Text zeigt uns, daß der Heilige Geist der Geber eines vielfältigen Reichtums von Gaben ist, der die Dienste und das Leben aus dem Glauben, der Liebe, der Gemeinschaft und brüderlichen Zusammenarbeit der Gläubigen begleitet, wie man bereits in der Apostelgeschichte und den christlichen Urgemeinden sieht.
Der heilige Paulus unterstreicht ausführlich die Vielfalt der Gaben: „Dem einen wird vom Geist die Gabe geschenkt, Weisheit mitzuteilen, dem andern durch den gleichen Geist die Gabe, Erkenntnis zu vermitteln, dem dritten im gleichen Geist Glaubenskraft, einem andern - immer in dem einen Geist - die Gabe, Krankheiten zu heilen, einem andern Wunderkräfte, einem andern prophetisches Reden ... einem andern verschiedene Arten von Zungenrede" (*1 Kor* 12,8-10). Hier ist festzustellen, daß die Aufzählung des Apostels keine Einschränkung bedeutet: Paulus weist auf

die in der Kirche damals besonders bedeutsamen Gaben hin, auf Gaben, die sich auch in den nachfolgenden Epochen unaufhörlich kundtaten, ohne daß weder am Anfang noch in der Folge der ganze Raum ausgeschöpft wurde, der offen ist auf immer neue Charismen hin, die der Heilige Geist entsprechend neuer Bedürfnisse geben kann. „Jedem aber wird die Offenbarung des Geistes geschenkt, damit sie anderen nützt" (*1 Kor* 12,7), wenn neue Anforderungen und neue Probleme der „Gemeinschaft" entstehen, dann bestätigt uns die Kirchengeschichte die Existenz neuer Gaben.

3. In jedem Fall, wie immer auch die Gaben sein mögen, auch wenn sie vor allem der Person zu dienen scheinen, die sie besitzt (zum Beispiel bei der Zungenrede, von der der Apostel spricht: vgl. *1 Kor* 14,5-18), sie alle fließen in irgendeiner Weise zum allgemeinen Nutzen zusammen und dienen zum Aufbau des „einen Leibes": „Durch den einen Geist wurden wir in der Taufe alle in einen einzigen Leib aufgenommen ... und alle wurden wir mit dem einen Geist getränkt" (*1 Kor* 12,13). Daher empfiehlt Paulus den Korinthern: „Da ihr nach Geistesgaben strebt, gebt euch Mühe, daß ihr damit vor allem zum Aufbau der Gemeinde beitragt" (*1 Kor* 14,12). In demselben Zusammenhang steht die Mahnung, „Strebt ... vor allem nach der prophetischen Rede!" (*1 Kor* 14,1), die für die Gemeinschaft „nützlicher" ist als in Zungen zu reden. „Denn wer in Zungen redet, redet nicht zu Menschen, sondern zu Gott; keiner versteht ihn: Im Geist redet er geheimnisvolle Dinge. Wer aber prophetisch redet, redet zu Menschen: er baut auf, ermutigt, spendet Trost ... baut die Gemeinde auf" (*1 Kor* 14,2-3).
Offenbar zieht Paulus die aufbauenden Charismen, wir könnten sagen: die des Apostolats, vor. Jedoch über alle Gaben hinaus empfiehlt er jene, die noch mehr dem Gemeinwohl dient: „Jagt der Liebe nach!" (*1 Kor* 14,1). Die in der Gottesliebe verwurzelte Nächstenliebe ist der „Weg, der alles übersteigt"; ihn will Paulus aufzeigen und hervorheben in einem Hymnus von höchster Lyrik und erhabenster Spiritualität (vgl. *1 Kor* 13,1-13).

4. Das II. Vatikanische Konzil greift die paulinische Lehre über die geistlichen Gaben und besonders über die Charismen auf und erklärt: „Solche Gnadengaben, ob sie nun von besonderer Leuchtkraft oder aber schlichter und allgemeiner verbreitet sind, müssen mit Dank und Trost angenommen werden, da sie den Nöten der Kirche besonders angepaßt und nützlich sind. Außerordentliche Gaben soll man aber nicht leichthin erstreben. Man darf auch nicht vermessentlich Früchte für die apostolische Tätigkeit von ihnen erwarten. Das Urteil über ihre Echtheit und ihren geordneten Gebrauch steht bei jenen, die in der Kirche die Leitung haben und denen es in besonderer Weise zukommt, den Geist nicht auszulöschen, sondern alles zu prüfen und das Gute zu behalten (vgl. *1 Thess* 5,12.19-21)" (*Lumen Gentium*, Nr. 12). Es ist ein Text voll pastoraler Weisheit, der sich in die Reihe der Weisungen und Normen einreiht, die, wie wir sahen, der heilige Paulus den Korinthern gegeben hat, um ihnen bei einer rechten Bewertung der Charismen und der notwendigen Unterscheidung der wahren Gaben des Geistes zu helfen.

Immer gemäß dem Konzil sind diejenigen Charismen von besonderer Bedeutung, die der Fülle des geistlichen Lebens dienen, besonders jene, die in den verschiedenen Formen des „geweihten" Lebens nach den evangelischen Räten Ausdruck finden, die der Heilige Geist seit jeher unter der Gläubigen weckt. Wir lesen in der Konstitution *Lumen Gentium*: „Die evangelischen Räte der Gott geweihten Keuschheit, der Armut und des Gehorsams sind, in Wort und Beispiel des Herrn begründet und von den Aposteln und den Vätern wie auch den Lehrern und Hirten der Kirche empfohlen, eine göttliche Gabe, welche die Kirche von ihrem Herrn empfangen hat und in seiner Gnade immer bewahrt. Die Autorität der Kirche selbst hat unter Leitung des Heiligen Geistes für ihre Auslegung, die Regelung ihrer Übung und die Festsetzung entsprechender dauerhafter Lebensformen gesorgt ... der Ordensstand ... zeigt auch allen Menschen die überragende Größe der Herrscherkraft Christi und die wunderbare, unbegrenzte Macht des Heiligen Geistes in der Kirche auf. Der Stand, der durch das Gelöbnis der evangelischen Räte begründet wird, ist also zwar nicht Teil der hierarchischen Struktur der Kirche, gehört aber unerschütterlich zu ihrem Leben und ihrer Heiligkeit ... Sie [die kirchliche Hierarchie] nimmt auch in gelehriger Gefolgschaft gegenüber den Antrieben des Heiligen Geistes die von vortrefflichen Männern und Frauen vorgelegten Regeln entgegen ... und erkennt sie authentisch an" (*Lumen Gentium*, Nr. 43-45).
Besonders wichtig ist diese Vorstellung vom Ordensstand als Werk des Heiligen Geistes, durch das die dritte Person der Dreifaltigkeit das Handeln gleichsam sichtbar macht, das sie in der ganzen Kirche entfaltet, um die Gläubigen zur Vollkommenheit der Liebe zu führen.

5. Deshalb ist es berechtigt, die handelnde Gegenwart des Heiligen Geistes zu erkennen im Einsatz derer - der Bischöfe, Priester, Diakone und Laien aller Stände -, die sich bemühen, in ihrer eigenen Lebenslage gemäß dem Evangelium zu leben. Es handelt sich um „verschiedene Ordnungen" - wie das Konzil sagt (*Lumen Gentium*, Nr. 13) -, die alle die „vielfältige Gnade Gottes" zum Ausdruck bringen. Für alle zählt, daß „jeder mit der Gabe, die er empfangen hat", den anderen dient (vgl. *1 Petr* 4,10). Aus der Fülle und Vielfalt der Gaben erwächst die Gemeinschaft der einen und universalen Kirche in der Verschiedenheit der Völker, Traditionen, Berufe und geistlichen Erfahrungen.
Das Handeln des Geistes zeigt und wirkt sich aus in der Vielfalt und im Reichtum der Charismen, die die Dienste begleiten, die in den verschiedenen Formen und Maßen entsprechend der Bedürfnisse nach Zeit und Ort geleistet werden: zum Beispiel durch die Hilfe für die Armen, die Kranken, die Verunglückten und die in verschiedener Weise „Behinderten"; oder, auf höherer Ebene, durch Rat, geistliche Führung, Friedenstiften zwischen den Streitenden, Bekehrung der Sünder, Hinführung zum Wort Gottes, Wirken in Wort und Schrift, Erziehung im Glauben, Ansporn zum Guten usw. Es ist ein weiter Fächer von Charismen, durch die der Heilige Geist der Kirche seine Liebe und Heiligkeit mitteilt entsprechend dem allgemeinen Schöpfungsplan, nach dem - so sagt der heilige Thomas - das einzigartige

Sein Gottes den Dingen seine unendliche Vollkommenheit mitteilt (vgl. *Summa theol.*, II-II,q.183, a.2).

6. Diese Charismen dürfen den Diensten hierarchischer Natur und den „Ämtern" im allgemeinen nicht entgegensetzt werden, die auch für die Einheit, die gute Arbeitsweise und die Schönheit der Kirche festgelegt sind. Auch die hierarchische Ordnung und die ganze Amtsstruktur der Kirche steht unter der Wirkung der Charismen, wie aus den Worten des Paulus in den Briefen an Timotheus hervorgeht: „Vernachlässige die Gnade nicht, die in dir ist und die dir verliehen wurde, als dir die Ältesten aufgrund prophetischer Worte gemeinsam die Hände auflegten" (*1 Tim* 4,14); „Darum rufe ich dir ins Gedächtnis: Entfache die Gnade Gottes wieder, die dir durch die Auflegung meiner Hände zuteil geworden ist" (*2 Tim* 1,6). Es gibt also ein Charisma Petri, es gibt die Charismen der Bischöfe, der Priester, der Diakone; es gibt ein Charisma, das dem geschenkt wird, der berufen ist, ein kirchliches Amt, eine Dienstaufgabe zu bekleiden. Es handelt sich darum, diese Charismen ohne Anmaßung zu entdecken, zu erkennen und zu unterstützen. Deshalb schreibt der Apostel an die Korinther: „Auch über die Gaben des Geistes möchte ich euch nicht in Unkenntnis lassen, meine Brüder" (*1 Kor* 12,1). Und hier beginnt Paulus mit seinem Unterricht über die Charismen, um den Bekehrten von Korinth eine Verhaltensweise zu lehren; denn als sie noch Heiden waren, zog es sie „mit unwiderstehlicher Gewalt zu den stummen Götzen" (eine anomale Kundgebung, vor der sie nunmehr fliehen mußten). „Darum erkläre ich euch: ... keiner kann sagen: Jesus ist der Herr!, wenn er nicht aus dem Heiligen Geist redet" (*1 Kor* 12,3). Es handelt sich um eine Wahrheit, die mit jener der Dreifaltigkeit grundlegend ist für den christlichen Glauben. Das Bekenntnis des Glaubens an diese Wahrheit ist ein Geschenk des Heiligen Geistes, deshalb steht es weit höher als ein Akt rein menschlicher Erkenntnis. Schon in diesem Glaubensakt, der auf den Lippen und im Herzen aller wahren Glaubenden ist und sein muß, „offenbart" sich der Heilige Geist (vgl. *1 Kor* 12,7). Es ist die erste und elementarste Verwirklichung dessen, was Jesus beim letzten Abendmahl sagte: „Er [der Heilige Geist] wird mich verherrlichen; denn er wird von dem, was mein ist, nehmen und es euch verkünden" (*Joh* 16,14).

In deutscher Sprache sagte der Papst:

Liebe Schwestern und Brüder!

Nachdem wir in der letzten Katechese vor der Fastenzeit über den vom Heiligen Geist bestellten und getragenen Aufbau der Dienste in der Kirche gesprochen haben, betrachten wir heute die Gaben und Charismen, die er über die Kirche ausspendet. Auch hier können wir uns auf die Briefe des hl. Paulus berufen. Im ersten Brief an die Korinther lesen wir: „Es gibt verschiedene Gnadengaben, aber nur den einen Geist. Es gibt verschiedene Dienste, aber nur den einen Herrn. Es gibt verschiedene Kräfte, die wirken, aber nur den einen Gott: Er bewirkt alles in allem" (*1 Kor* 12,4-6). Dies bedeutet, daß der Heilige Geist der Geber eines vielfältigen

Reichtums von Gaben ist, der die Dienste und das Leben des Glaubens, der Liebe, der Gemeinschaft und des brüderlichen Zusammenhalts der Gläubigen begleitet.
Der Apostel Paulus unterstreicht auch die Vielfalt der Gaben, wobei die Aufzählung keinen eingrenzenden Charakter besitzt; er will vielmehr nur die Gaben aufzeigen, die von besonderer Bedeutung sind. Die Kirchengeschichte bestätigt uns außerdem die Existenz von neuen Gaben für den Fall, daß neue Probleme in der „Gemeinschaft" entstehen.
Paulus empfiehlt über all den Gaben jene, die dem Gemeinwohl am meisten dient: „Jagt der Liebe nach" (*1 Kor* 14,1).
Das Zweite Vatikanische Konzil nimmt in der Konstitution *Lumen Gentium* die paulinische Lehre von den Geistesgaben und im besonderen von den Charismen wieder auf (vgl. *Lumen Gentium*, Nr. 12). Von besonderer Bedeutung sind dabei jene Charismen, die der Fülle des geistlichen Lebens dienen, vor allem jene, die in den verschiedenen Formen des „Gott-geweihten" Lebens nach den evangelischen Räten ihren Ausdruck finden.
Mit dieser kurzen Betrachtung grüße ich alle Pilger und Besucher deutscher Sprache sehr herzlich. Mein besonderer Gruß gilt der Gruppe von Ordensschwestern aus verschiedenen Kongregationen, die an einem geistlichen Kurs in La Storta teilnehmen, sowie den Ordensfrauen von der Kongregation „Schwestern der Christlichen Liebe", die an einem Erneuerungskurs in Rom teilnehmen. Das eben erwähnte Verständnis des Ordensstandes als Werk des Heiligen Geistes ist für euch von besonderer Bedeutung. Durch dieses Wirken macht die Dritte Person der Heiligsten Dreifaltigkeit das Handeln gleichsam beispielhaft sichtbar, durch das alle Gläubigen zur Vollkommenheit der Liebe gelangen sollen.
Ferner begrüße ich die Reiseleiter des Bayerischen Pilgerbüros und die Gruppe von Theologiestudenten aus verschiedenen deutschsprachigen Diözesen, die sich in Rom zum Freisemester aufhalten. Die dankenswerte Aufgabe, die Pilger auch geistlich zu betreuen und sie hinzuführen zu den Stätten, die dem Christentum und der Kirche durch die Geschichte eine entscheidende Prägung gegeben haben, ist eine wesentliche Voraussetzung dafür, daß die Romreise zu einem wirklichen religiösen Erlebnis wird. Dafür danke ich von Herzen.
Euch allen und euren lieben Angehörigen in der Heimat sowie den mit uns über Radio und Fernsehen verbundenen Gläubigen erteile ich meinen Apostolischen Segen.

Das Gewissen reift in der Wahrheit

Geistlicher Besuch in Jasna Góra

1. „Der Mensch hat ein Gesetz, das von Gott seinem Herzen eingeschrieben ist, dem zu gehorchen eben seine Würde ist und gemäß dem er gerichtet werden wird. Das Gewissen ist die verborgenste Mitte und das Heiligtum im Menschen, wo er allein ist mit Gott, dessen Stimme in diesem seinem Innersten zu hören ist" (*Gaudium et spes*, Nr. 16).

Unsere Liebe Frau von Jasna Góra! Die Lehre des Konzils - und insbesondere die Pastoralkonstitution über die Kirche in der Welt von heute - erinnert uns an die Wahrheit über das Gewissen. Heute lese ich zusammen mit den Pilgern, die aus meiner Heimat gekommen sind, die Worte dieser Konzilslehre. Wir lesen sie erneut, denn sie sind in der Fastenzeit besonders wichtig. Sie sind immer wichtig, aber in dieser Zeit sind sie es in ganz besonderer Weise. Da wir in diesem Zeitabschnitt der Aufforderung zur Buße, das heißt zur Umkehr folgen müssen, ist es notwendig, beim Gewissen anzufangen: bei der Gewissenserforschung.

2. Das ist für jeden von uns wichtig. Es ist für jeden Menschen wichtig. Das Gewissen ist an das Menschsein des Menschen selbst gebunden. Es entscheidet über seine Würde. Es bedingt schließlich die moralische Lebensordnung jeder menschlichen Gesellschaft und jeder Nation.
„Je mehr also das rechte Gewissen sich durchsetzt, desto mehr lassen die Personen und Gruppen von der blinden Willkür ab und suchen sich nach den objektiven Normen der Sittlichkeit zu richten" (*ebd.*).
Das rechte Gewissen! Ein besonderes Gut des Menschen und der menschlichen Gemeinschaften ist eben das rechte Gewissen, das Gewissen, das in der Wahrheit handelt. Das Gewissen, das in der Wahrheit heranreift. Das Gewissen reift in der Wahrheit. Im Gegensatz dazu steht die „blinde Willkür".

3. Aber das Gewissen kann irren. Im Konzilstext lesen wir weiter: „Nicht selten jedoch geschieht es, daß das Gewissen aus unüberwindlicher Unkenntnis irrt, ohne daß es dadurch seine Würde verliert. Das kann man aber nicht sagen, wenn der Mensch sich zuwenig darum müht, nach dem Wahren und Guten zu suchen, und das Gewissen durch Gewöhnung an die Sünde allmählich fast blind wird" (*ebd.*).
Königin von Polen, Liebe Frau von Jasna Góra! Was können wir anderes von dir erbitten wenn nicht die Rechtschaffenheit der Gewissen meiner Schwestern und Brüder? Was kann gefährlicher sein als die Blindheit der Gewissen?
Zum Schluß möge noch unser Dichter zu uns sprechen: „... Aber der vergiftete Geist der Nation - das ist wirklich der Schmerz der Schmerzen!" (Zygmunt Krasinński, *Psalmy Przyzlości, III Psalm Milości*, V. 218-219).

Gerechter und dauerhafter Frieden in der Golfregion

Mit äußerster Sorge verfolgen wir alle in diesen Tagen die Entwicklung der Situation in der Golfregion.
Unsere Gedanken gehen besonders zu denen, die unter den Folgen des Konflikts am meisten leiden: zu den Verwundeten, den Gefangenen, den Flüchtlingen und ganzen Zivilbevölkerungen.
Wir richten unser Gebet an den barmherzigen Gott, daß diese Leiden so rasch wie möglich ein Ende nehmen und allen Völkern des Mittleren Ostens jener gerechte und dauerhafte Frieden zuteil werde, der ein kostbares Geschenk Gottes und die tiefe Sehnsucht des Menschenherzen ist.

Ich fordere alle auf, in diesem Anliegen besonders zu Gott zu beten, damit das Treffen am kommenden Montag und Dienstag, zu dem ich die Patriarchen der orientalischen Kirchen und die Vorsitzenden, der unmittelbar in den Konflikt verwickelten Länder, eingeladen habe, dazu beitragen möge, Entscheidungen reifen zu lassen, die für das Wohl der so schwergeprüften Völker nützlich sind.
In dieser Meinung beten wir jetzt gemeinsam das Vaterunser.

Gerechtigkeit und Solidarität

Angelus am 3. März

Liebe Schwestern und Brüder!

1. Gerechtigkeit und Liebe verflechten sich harmonisch in der Enzyklika *Rerum novarum*, inspiriert von einem Gesellschaftsbild, das seinen Mittelpunkt im Begriff des Gemeinwohls hat. Leo XIII. macht sich die vom hl. Thomas von Aquin festgelegte Unterscheidung in bezug auf den Besitz und Gebrauch der Güter zu eigen. Wenn der Privatbesitz der Güter legitim ist, kann ihr Gebrauch hingegen nie zum ausschließlichen und unbegrenzten Vorteil des Eigentümers sein (vgl. *Summa theol.*, II, II, q. 66, a. 2). Was man von Gott erhalten hat, was Frucht der eigenen Arbeit ist, soll nicht nur für sich selbst, sondern zugunsten des Nächsten verwandt werden. Wir sind nicht absolute Eigentümer, sondern Verwalter der Güter, die die göttliche Vorsehung schenkt.
Die Würde, Verantwortung und Ausübung dieses „Dienstes der Vorsehung" werden in besonderer Weise in Unternehmen und Unternehmer augenscheinlich, die unter dem Antrieb und gemäß der Staatsordnung berufen sind, eine unersetzliche soziale Rolle in bezug auf das Gemeinwohl zu spielen.

2. Der Staat ist es - fügt Papst Leo XIII. hinzu -, der die gerechten Interessen der Arbeiter schützen muß durch geeignete Maßnahmen und indem er den Beitrag aller zu einer angemessenen Lösung der sozialen Frage verlangt. Es ist seine Aufgabe, die Gemeinschaft zu ordnen und zu verwalten, so daß die Bürger in der Lage sind, die für ihre Gesamtentwicklung unerläßlichen Rechte zu genießen.
Neben der staatlichen Verpflichtung jedoch ist ebenso die freie und ständige Zusammenarbeit der verschiedenen privaten Institutionen und die der Einzelmenschen notwendig. Mit allen Mitteln zu verteidigen sind die Würde der Arbeit und ihre soziale Rolle. Wie auch die Pflichten eingefordert werden müssen, die alle, einschließlich der Arbeiter, betreffen. Das Gemeinwohl verfolgen steht über jedem wenn auch berechtigten Privatinteresse: daraus erwächst die Aufforderung der Enzyklika *Rerum novarum* zu einer gewissenhaften Achtung der „gegenseitigen Pflichten" jedes Mitglieds der Gesellschaft. Denn nur unter dieser Bedingung ist es möglich, ein menschenwürdiges Umfeld zu schaffen, in dem jede Person angenommen und aufgewertet und den Schwächsten und weniger Begüterten besondere Aufmerksamkeit zuteil wird.

3. In diese Richtung drängt uns auch das Gebot der Liebe, das Christus seinen Jüngern anvertraut hat. Sie verpflichtet die Glaubenden dazu, mutig die vielen Schranken des Unverständnisses und Egoismus niederzureißen, die die Menschen trennen. Das Evangelium, die Botschaft von der Befreiung und Rettung, verlangt von den Christen, konkret dahinzuwirken, daß sich die höchsten Werte der Gerechtigkeit, der Solidarität und des Friedens festigen.
Maria, Mutter der Menschen, führe die Gesellschaft hin zu diesem Ziel eines echten christlichen Humanismus.

Die trennende Wand der Feindschaft niederreißen

(Zum Abschluß der Konferenz der Patriarchen und Bischöfe der Golfregion)

Ansprache bei der Generalaudienz am 6. März

Ehrwürdige Patriarchen,
liebe Mitbrüder im Bischofsamt,
Brüder und Schwestern!

„Euch aber lasse der Herr wachsen und reich werden in der Liebe zueinander und zu allen ..." (*1 Thess* 3,12).
Zusammen mit euch hier versammelten Pilgern möchte ich von neuem einen Gruß an die ehrwürdigen Patriarchen der katholischen Kirchen des Nahen und Mittleren Ostens und an die Präsidenten der Bischofskonferenzen der Länder richten, die unmittelbar am jüngsten Golfkrieg beteiligt waren.
Liebe Brüder, eure Anwesenheit hier heute morgen ist wie die Verlängerung der Konferenz, die gestern und vorgestern stattfand und die ich einberufen hatte zum Zweck eines Informationsaustausches, einer gemeinsamen Bewertung der Folgen des Konfliktes für die Völker der Region des Nahen und Mittleren Ostens und die christlichen Gemeinschaften, die dort leben, und für den Dialog zwischen den monotheistischen Religionen. Dieser Gedanke wurde vor allem getragen von dem lebhaften Wunsch, gemeinsam festzustellen, welche Initiativen der katholischen Kirche am geeignetsten seien, um diese negativen Auswirkungen zu überwinden und die Erzielung eines dauerhaften Friedens in Gerechtigkeit und gegenseitigem Verständnis zu fördern.
Unsere Begegnung war vor allem eine tiefe Erfahrung kirchlicher Gemeinschaft, begünstigt von der gegenseitigen Offenheit und Verantwortung, die aus dem uns von Christus anvertrautem Dienst erwachsen. Denn er hat zu seinen Jüngern gesagt: „Geht zu allen Völkern, und macht alle Menschen zu meinen Jüngern ... und lehrt sie, alles zu befolgen, was ich euch geboten habe" (*Mt* 28,19-20).
Diese Einheit zwischen den Hirten der Teilkirchen, die das Evangelium bezeugen im Westen und im Osten in Gesellschaften von so unterschiedlicher Ausprägung, soll für euch ein erprobter Ausgangspunkt sein, richtungweisend für die Gläubigen, die eurer Hirtensorge anvertraut sind, und ein Kennzeichen wahrer Versöhnungsbereit-

schaft unter den Völkern. Jenen Völkern, die der jüngste Krieg gegeneinander gestellt sah oder die von den anhaltenden Problemen des Nahen und Mittleren Ostens weiterhin gegeneinander stehen.
Von eurer Seite wurden viele Situationen des Leides und der Gefahren dargestellt, die entstanden sind aus den immer noch bestehenden Spannungen und dem mangelnden Verständnis, die wachsen könnten, wenn nicht ein rascher Einsatz aller im Dialog und gegenseitigen Vertrauen zum Tragen kommt. All das hat unserem Herzen Trauer und Sorge bereitet und die Überzeugung bestärkt, daß ohne wahre Gerechtigkeit kein Frieden herrschen und die Gerechtigkeit nur mit friedlichen Mitteln erreicht werden kann.
Der Golfkrieg hat Tod, Zerstörung und riesigen Schaden für die Wirtschaft und die Umwelt mit sich gebracht. Wir haben die Hoffnung ausgesprochen, daß der Wille zum materiellen Wiederaufbau im Volk von Kuwait, in der Bevölkerung des Irak und in all ihren Nachbarvölkern begleitet werde von dem Wunsch nach aufrichtiger Zusammenarbeit miteinander und mit der großen Familie aller Nationen. Es wird notwendig sein, den Groll und die kulturellen Trennungen zu überwinden, insbesondere jene, die zwischen den verschiedenen Religionen entstanden sind. Diese Hoffnung findet ihr tiefstes Fundament im gemeinsamen Glauben dieser Völker an Gott, den Schöpfer, und im Vertrauen auf sein Geschöpf, den Menschen, der von ihm berufen ist, die Welt zu bewahren und zu verbessern.
Unsere Hoffnung und unsere konkreten Absichten waren auch auf die schwierigen Situationen gerichtet, in denen sich andere Teile der Region befinden.
Wir haben vom Heiligen Land gesprochen, wo zwischen zwei Völkern, dem palästinensischen und dem des Staates Israel, seit Jahrzehnten Feindschaft herrscht, die die Spannungen und Ängste vermehrt und bis jetzt unheilbar schien. Die Ungerechtigkeit, deren Opfer das palästinensische Volk ist, erfordert den Einsatz aller und insbesondere der Verantwortlichen der Nationen und der internationalen Gemeinschaft. Nur durch die intensive Suche nach einem baldigen Lösungsbeginn kann dieses Volk endlich in seiner Würde anerkannt werden und auch selbst ein Garant der Sicherheit für alle sein.
Die Bezugnahme auf das Land, wo Christus geboren wurde, hat unsere Gedanken auf die Stadt gelenkt, wo er gepredigt hat, gestorben und auferstanden ist: auf Jerusalem mit seinen auch den Juden und den Muslimen heiligen Stätten und mit seinen Gemeinden. Diese Stadt, berufen, Kreuzungspunkt des Friedens zu sein, kann nicht weiterhin Grund zu Zwietracht und Diskussionen sein. Ich hoffe lebhaft, daß die Umstände es mir eines Tages erlauben werden, in diese auf der Welt einmalige Stadt pilgern zu können, um von dort aus zusammen mit den gläubigen Juden, Christen und Muslimen die Botschaft und die Friedensbitte zu wiederholen, die bereits am 27. Oktober 1986 in Assisi an die ganze Menschheitsfamilie gerichtet wurde.
Unsere Gedanken wandten sich dann dem lieben und so schwergeprüften Libanon zu, wo eine weitere Situation der Ungerechtigkeit seit mehr als 15 Jahren auf der gesamten Bevölkerung lastet. Auch dort ist die internationale Ordnung gestört und

ein souveränes Land seiner vollen Unabhängigkeit beraubt. Auch kann die ganze Welt so viel Leid nicht ignorieren und vor allem nicht riskieren, eine so reiche Erfahrung der Begegnung und Zusammenarbeit zwischen verschiedenen Kulturen und Religionen zu verlieren.

Seit Jahren leiden in jener Region andere Länder und andere Völker unter Spannungen aufgrund von ungelösten oder vielleicht vergessenen Situationen, wie zum Beispiel die in Zypern und die des leidgeprüften kurdischen Volkes.

Es handelt sich um sehr komplexe und schwierige Probleme, die einen großen Einsatz derjenigen erfordern, die für das Schicksal der Welt verantwortlich sind und in deren Händen die wirkliche Möglichkeit liegt, sie in Angriff zu nehmen und zu lösen, indem sie sich auf diese Weise zu wahren Friedensstiftern machen.

Was können die katholischen Gemeinschaften des Ostens und des Westens tun? Die Christen des Ostens sind oft aufgerufen, ihren Glauben in Gesellschaften zu bezeugen, wo sie in der Minderheit sind: ihr Bestreben ist, dies mit Mut zu tun, indem sie sich vollgültig als Bauleute und Teilhaber der Gesellschaft fühlen, der sie angehören. Dies führt vor allem zu einem aufrichtigen und ständigen Dialog mit den jüdischen und islamischen Brüdern und zu einer authentischen Religionsfreiheit auf der Grundlage gegenseitiger Achtung und Wechselbeziehung.

In diesem Sinn habe ich bereits am 1. Januar dieses Jahres die Feier des Weltfriedenstages dem Thema gewidmet: „Wenn du den Frieden willst, achte das Gewissen jedes Menschen."

Eure Gemeinschaften werden sich der tiefen, konkreten Pflicht zu einer Bewegung echter Solidarität gegenüber denen nicht entbinden können, die aufgrund des Krieges oder der traurigen Umstände, die ihre Länder getroffen haben, leiden, ärmer geworden und in großer Not sind. Ich bin sicher, daß die Katholiken der ganzen Welt mit eurer Hilfe und eurem Ansporn diesen Hilferuf zu hören und so in echter Weise ihre Verbundenheit mit der Lehre Christi zu bezeugen wissen.

Pflicht des Apostolischen Stuhls wird es sein, die im Laufe dieses Treffens empfangenen Anregungen vor allem zu bewerten und aufzunehmen und - soweit er zuständig ist - in seinen diplomatischen Kontakten fortzufahren und von den politischen Instanzen und den internationalen Organisationen einen erneuten Einsatz zugunsten der Gerechtigkeit und des Friedens zu fordern.

Oftmals wandte ich mich während des Golfkrieges an die Gesamtkirche und rief alle dazu auf, Gott mit Hilfe des Gebetes und Opfers um das Geschenk des Friedens zu bitten. Die innigen Fürbitten, die wir jetzt gemeinsam an den Herrn richten, seien auch die Erneuerung jenes Gebetsaufrufs, den ich an alle Mitbrüder im Bischofsamt, an die Priester, Ordensmänner und -frauen und an die gesamte Gemeinschaft der Gläubigen richtete.

„Denn er ist unser Friede. Er vereinigte die beiden Teile [Juden und Heiden] und riß ... die trennende Wand der Feindschaft nieder" (*Eph* 2,14).

Ohne Gerechtigkeit kein Frieden

Appell an die Welt zur Hilfe für den Nahen Osten und die Golfregion

„Euch aber lasse der Herr wachsen und reich werden in der Liebe zueinander und zu allen ...” (*1 Thess* 3,12).

Liebe Schwestern und Brüder!

Zusammen mit Euch, die Ihr als Pilger hierher gekommen seid, darf ich meinen Gruß erneuern an die Patriarchen der katholischen Kirchen im Nahen und Mittleren Osten sowie an die Präsidenten der Bischofskonferenzen der Länder, die unmittelbar am jüngsten Golfkrieg beteiligt waren.

Die Zusammenkunft der letzten beiden Tage diente einer gemeinsamen Wertung der Folgen des Konflikts für die Völker im Nahen und Mittleren Osten, für die christlichen Gemeinschaften, die dort leben, sowie für den Dialog zwischen den monotheistischen Religionen. Die Idee wurde vor allem getragen vom sehnlichen Wunsch, einen dauerhaften Frieden in Gerechtigkeit und im gegenseitigen Verständnis zu erreichen.

Es wurden viele Situationen des Leides und der Gefahren dargestellt, die entstanden sind aus den immer noch bestehenden Spannungen, aus dem mangelnden Verständnis, das sich noch steigern könnte, wenn nicht ein rascher Einsatz aller zum Dialog und zum gegenseitigen Vertrauen zum Tragen kommt. Dies alles führte zu Trauer und Besorgnis und hat die Überzeugung noch verstärkt, daß ohne eine wirkliche Gerechtigkeit kein Friede herrschen kann und daß man Gerechtigkeit nur mit friedlichen Mitteln erreichen kann. Dies gilt sowohl für die leidgeprüften Völker in Kuwait und im Irak wie auch für das Heilige Land, wo seit Jahrzehnten zwischen zwei Völkern, nämlich dem palästinensischen und dem des Staates Israel, immense Spannungen und Auseinandersetzungen herrschen. Dies gilt auch für das leidgeprüfte Volk im Libanon wie für die Zyprioten und die Kurden.

Während des Golfkrieges habe ich oftmals alle Gläubigen eingeladen, zum Gebet ihre Zuflucht zu nehmen, um von Gott das Geschenk des Friedens zu erflehen. Diese inständige Fürbitte wollen wir nun alle an unseren Herrn richten.

Gerechtigkeit bei der Güterverteilung

Angelus am 10. März

1. Man kann die Bedeutung der Enzyklika *Rerum novarum* nicht erfassen, wenn man nicht die ethischen Grundsätze berücksichtigt, die im vergangenen Jahrhundert der Kirche den Antrieb gaben, gegenüber den ökonomischen Theorien Stellung zu nehmen, die mit direktem Einfluß im sozialen Bereich entwickelt wurden. Leo XIII. lehnte die Lehre und geschichtliche Praxis des klassischen Liberalismus entschieden ab; dieser hatte, indem er das Einzelinteresse den Grenzen entzog, die aus der sozialen Zielsetzung der Güter erwuchsen, zur Bildung einer Minderheit von äußerst Rei-

chen geführt und „der unendlichen Mehrheit von Proletariern beinahe das Joch der Knechtschaft" auferlegt.
Andrerseits lehnte er mit gleicher Entschiedenheit die Lösung der Arbeiterfrage ab, die von denen am gegenüberliegenden Ufer unterstützt wurde, die, „indem sie den Haß der Armen gegen die Reichen schürten", die Abschaffung des Privateigentums und die Kollektivierung der Güter verfochten und den Staat zum einzigen und unbestreitbaren Herrn machten.

2. Nach einem Jahrhundert können wir die Weisheit der Lehre Leo XIII. bemessen. Aber schon vor ihm, im Jahr 1848 (dem Jahr des „Manifestes" von Marx) war die katholische Lehre über die wirtschaftlichen Beziehungen von dem herausragenden Mainzer Bischof Wilhelm E. von Ketteler genau dargelegt worden; dieser hatte dann 1867 (im Jahr des „Kapitals") vorgeschlagen, die Frage beim kommenden I. Vatikanischen Konzil zu behandeln, indem er sagte, daß „die Begierde nach Reichtümern und deren Mißbrauch, der Zustand der Verarmung, in dem sich die Arbeiter befanden, und die unmenschliche Härte, mit der sie behandelt wurden unter offener Verletzung des fünften und siebten Gebotes, die Fehler und die Wirkung des Sozialismus außerordentlich begünstigen" (vgl. Mansi, *Sacr. Conciliorum nova et amplis. coll.*, t.53, col. 569).
Indem er eine Wirtschaft wünschte, die den Menschen - den Arbeitgeber wie den Arbeitnehmer - mehr achtete, unterstützte Papst Leo XIII. die Achtung der freien Initiative besonders in der Produktion, aber im Rahmen von Gesetzen und Verwaltungseinrichtungen, die dahin zielten, „den allgemeinen und den privaten Wohlstand" zu erlangen, und immer von der äußersten Gerechtigkeit in der Verteilung inspiriert wurden.

3. Die Wirtschaftstheorie von Leo XIII. war gewiß nicht neu, sondern die Bestimmung der ethischen Linie, die im Licht des gesunden Menschenverstandes und der göttlichen Offenbarung zu verfolgen war. In Übereinstimmung mit diesem Lehramt steht der Begriff der „Solidarität", den ich in der Enzyklika *Sollicitudo rei socialis* dargelegt und empfohlen habe als moralische Grundhaltung, die notwendig ist, um die neuen und dringenden Probleme der internationalen Gesellschaft in Angriff zu nehmen und zu lösen (vgl. Nr. 38-40).
Bitten wir die seligste Jungfrau, damit sie das Gefühl der Solidarität in die Herzen der Menschen von heute einsenke und sie dazu anrege, ihre Kräfte in den Dienst der Entwicklung und des Friedens zu stellen.

Nach dem Angelusgebet sagte der Papst:

Litauen feierte am Montag der vergangenen Woche das Fest seines Schutzherrn, des hl. Kasimir.
Die gesamte Kirche hat sich geistig mit den litauischen Gläubigen zu diesem Anlaß vereint und für diese geliebte Nation gebetet.
Im Herzen und im Gebet bin ich Litauen täglich nahe, und der Heilige Stuhl hat immer verfolgt und verfolgt mit großer Aufmerksamkeit den schwierigen Weg und

die Leiden dieser Nation mit dem Wunsch, daß die Bestrebungen aller litauischen Bürger eine rechte Verwirklichung finden mögen in einer Atmosphäre sozialer Eintracht und gegenseitiger Achtung innerhalb des Landes und im internationalen Kontext.

In den vergangenen Tagen wurde die Aufmerksamkeit aller auf das schwere humanitäre Problem der albanischen Flüchtlinge gelenkt.

Angesichts so vieler Menschen in leidvollen Situationen kann niemand gleichgültig bleiben.

Unser Herr erleuchte die Verantwortlichen bei der Suche nach gerechten Lösungen, die immer von der Achtung der Würde des Menschen inspiriert seien!

Der Heilige Geist - Beistand und Trost

Ansprache bei der Generalaudienz am 13. März

1. Bei der Abschiedsrede an die Apostel während des letzten Abendmahls am Vorabend seines Leidens verhieß Jesus: „Ich werde den Vater bitten, und er wird euch einen anderen Beistand geben, der für immer bei euch bleiben soll" (*Joh* 14,16). „Beistand" ist hier die Übersetzung für das griechische Wort „Parakletos", mit dem Jesus den Heiligen Geist benannte. Denn „Beistand" ist eine der möglichen Bedeutungen für Paraklet. In der Rede im Abendmahlssaal legt Jesus diese Bedeutung nahe, weil er den Jüngern die ständige Gegenwart des Geistes verspricht als Hilfe gegen die Trauer, die durch sein Weggehen hervorgerufen wird (vgl. *Joh* 16,6-8).

Der vom Vater gesandte Heilige Geist ist „ein anderer Beistand", er ist gesandt im Namen Christi, dessen messianische Sendung mit seinem Fortgehen aus dieser Welt und der Rückkehr zum Vater endet. Dieses Fortgehen, das durch den Tod und die Auferstehung geschieht, ist notwendig, damit der „andere Beistand" kommen kann. Jesus bekräftigt das klar, als er sagt: „Wenn ich nicht fortgehen, wird der Beistand nicht zu euch kommen" (*Joh* 16,7). Die Konstitution *Dei Verbum* des II. Vatikanischen Konzils stellt diese Sendung des „Geistes der Wahrheit" als Abschluß der Offenbarung und Erlösung entsprechend dem ewigen Plan Gottes dar (*Dei Verbum*, Nr. 4). Und wir alle rufen ihn in Pfingstsequenz an: „Veni ..., Consolator optime!"

2. In den Worten Jesu über den Tröstergeist hört man den Widerhall des Alten Testamentes und besonders des „Buches zum Trost Israels", enthalten in den unter dem Namen des Propheten Jesaja gesammelten Schriften: „Tröster, tröstet mein Volk, spricht euer Gott. Redet Jerusalem zu Herzen und verkündet der Stadt, daß ihr Frondienst zu Ende geht, daß ihre Schuld beglichen ist" (*Jes* 40,1-2). Und danach: „Jubelt, ihr Himmel, jauchze, o Erde, freut euch, ihr Berge! Denn der Herr hat sein Volk getröstet und sich seiner Armen erbarmt" (*Jes* 40,13). Der Herr ist für Israel wie eine Frau, die ihren Sohn nicht vergessen kann. Ja, Jesaja besteht darauf,

indem er den Herrn sagen läßt: „Und selbst wenn sie ihn vergessen würde: ich vergesse dich nicht" (*Jes* 49,15).
In der objektiven Zielsetzung der Prophetie Jesajas umfaßt der verheißene „Trost" außer der Ankündigung der Rückkehr Israels aus dem Exil nach Jerusalem einen messianischen Inhalt, den die frommen Juden, dem Erbe ihrer Väter getreu, bis zur Schwelle des Neuen Testamentes gegenwärtig hielten. So erklärt sich das, was wir im Lukasevangelium über den greisen Simeon lesen: Er „wartete auf die Rettung Israels, und der Heilige Geist ruhte auf ihm. Vom Heiligen Geist war ihm offenbart worden, er werde den Tod nicht schauen, ehe er den Messias des Herrn gesehen habe" (*Lk* 2,25-26).

3. Nach Lukas, der von Ereignissen spricht, die sich im Zusammenhang mit dem Geheimnis der Menschwerdung vollzogen und berichtet wurden, erfüllt der Heilige Geist die prophetische Verheißung, die mit dem Kommen des ersten Beistandes, des Christus, verbunden ist. Der Heilige Geist ist es, der in Maria die Empfängnis Jesu, des menschgewordenen Wortes, bewirkt (vgl. *Lk* 2,27); in ihm erklärt Christus zu Beginn seines messianischen Dienstes unter Bezugnahme auf den Propheten Jesaja: „Der Geist des Herrn ruht auf mir; denn der Herr hat mich gesalbt. Er hat mich gesandt, damit ich den Armen eine gute Nachricht bringe; damit ich den Gefangenen die Entlassung verkünde und den Blinden das Augenlicht; damit ich die Zerschlagenen in Freiheit setze" (*Lk* 4,18; vgl. *Jes* 61,1 f.).
Der Beistand, von dem Jesaja in prophetischer Sicht sprach, ist derjenige, der die gute Nachricht von Gott bringt und sie durch „Zeichen", das heißt Werke, bekräftigt, die die Heilsgüter der Wahrheit, Gerechtigkeit, Liebe und Befreiung enthalten: die „Rettung Israels". Und als Jesus Christus, nachdem er sein Werk vollendet hatte, diese Welt verläßt, um zum Vater zu gehen, verkündet er „einen anderen Beistand", das heißt den Heiligen Geist, den der Vater im Namen des Sohnes senden wird (vgl. *Joh* 14,26).

4. Der Beistand, der Heilige Geist, wird mit den Aposteln sein, wenn Christus nicht mehr auf der Erde weilt; er wird in den langen Zeiten der Bedrängnis dasein, die Jahrhunderte dauern werden (vgl. *Joh* 16,17 f.). Er wird deshalb mit der Kirche und in der Kirche besonders in den Zeiten des Kampfes und der Verfolgung sein, wie Jesus selbst den Aposteln verheißt mit den Worten, die in den synoptischen Evangelien wiedergegeben werden: „Wenn man euch vor die Gerichte der Synagogen und vor die Herrscher und Machthaber schleppt, dann macht euch keine Sorgen, wie ihr euch verteidigen oder was ihr sagen sollt. Denn der Heilige Geist wird euch in der gleichen Stunde eingeben, was ihr sagen müßt" (*Lk* 12,11-13; vgl. *Mk* 13,11): „Nicht ihr werdet dann reden, sondern der Geist eures Vaters wird durch euch reden" (*Mt* 10,20). Worte, die zu beziehen sind auf die Bedrängnisse, die die Apostel und Christen der von ihnen gegründeten und geleiteten Gemeinden erlitten, aber auch all jene, die - an welchem Ort der Erde auch immer - während der ganzen Jahrhunderte für Christus leiden sollten. Und in Wirklichkeit gibt es viele, die zu allen, auch in jüngsten, Zeiten diese Hilfe des Heiligen Geistes erfahren haben. Und

sie wissen und können es bezeugen, welche Freude der geistliche Sieg ist, den der Heilige Geist ihnen erlaubt zu erringen. Die ganze Kirche heute weiß es und ist Zeugin dafür.

5. Von Anfang an fehlt es der Kirche in Jerusalem nicht an Widerstreit und Verfolgungen. Aber wir lesen bereits in der Apostelgeschichte: „Die Kirche in ganz Judäa, Galiläa und Samarien hatte nun Frieden; sie wurde gefestigt und lebte in der Frucht vor dem Herrn. Und sie wuchs durch die Hilfe des Heiligen Geistes" (*Apg* 9,31). Es war der von Jesus verheißene Tröstergeist, der die Apostel und anderen Jünger Christi in den ersten Prüfungen und Leiden unterstützte und der Kirche auch weiterhin in den Zeiten der Ruhe und des Friedens seinen Beistand gewährte. Von ihm kam dieser Frieden und dieses Wachstum der Menschen und der Gemeinschaften in der Wahrheit des Evangeliums. So sollte es immer in den Jahrhunderten sein.

6. Eine große „Hilfe" für die Urkirche war die Bekehrung und Taufe des römischen Hauptmanns Kornelius (vgl. *Apg* 10,44-48). Er war der erste von Petrus getaufte „Heide", der sich zusammen mit seiner Familie der Kirche anschloß. Von dem Augenblick an bekehrten sich immer mehr Heiden, besonders durch die apostolische Tätigkeit des Paulus von Tarsus und seiner Gefährten, und verstärkten die Schar der Christen. In seiner Rede vor der Versammlung der Apostel und Ältesten in Jerusalem erkannte Petrus in dieser Tatsache das Werk des Tröstergeistes: „Brüder, wie ihr wißt, hat Gott schon längst hier bei euch die Entscheidung getroffen, daß die Heiden durch meinen Mund das Wort des Evangeliums hören und zum Glauben gelangen sollen. Und Gott, der die Herzen kennt, bestätigte dies, indem er ihnen ebenso wie uns den Heiligen Geist gab" (*Apg* 15,7-9). Der „Beistand" für die apostolische Kirche bestand auch darin, daß - wie Petrus sagt - „Gott keinerlei Unterschied zwischen uns und ihnen machte; denn er hat ihre Herzen durch den Glauben gereinigt" (vgl. *Apg* 15,28). Als der Brief mit der Mitteilung der rettenden Beschlüsse von Jerusalem vor der Gemeinde in Antiochia verlesen wurde, „freuten sich [alle] über die Ermunterung" (griechisch: „paraklesei") (*Apg* 15,31).

7. Eine andere „Hilfe" des Heiligen Geistes war für die Kirche die Niederschrift des Evangeliums als Text des Neuen Bundes. Wenn die vom Heiligen Geist inspirierten Texte des Alten Testamentes für die Kirche schon eine Quelle der Geduld und des Trostes sind -, wie der heilige Paulus zu den Römern sagt (*Röm* 15,4).
Ein dem Heiligen Geist zuzuschreibender Trost (vgl. *1 Petr* 1,12) ist andrerseits die Verwirklichung der Vorhersage Jesu: „Dieses Evangelium vom Reich wird auf der ganzen Welt verkündet werden, damit alle Völker es hören" (*Mt* 24,14). Unter diesen „Völkern" aller Epochen sind auch jene der heutigen Welt, die so unaufmerksam und verwirrt zu sein scheint inmitten der Erfolge und Attraktionen ihres zu einseitigen Fortschritts zeitlicher Ordnung. Auch auf diese Völker - und auf uns alle - erstreckt sich das Werk des Helfergeistes, der nicht aufhört, durch die „gute Heilsnachricht" Beistand und Trost zu sein.

In deutscher Sprache sagte der Papst:

Liebe Schwestern und Brüder!

Im Abschiedsgebet für seine Apostel, in der Nacht vor seinem Leiden, hat Jesus verheißen: „Ich werde den Vater bitten, und er wird euch einen anderen Beistand geben, der für immer bei euch bleiben soll" (*Joh* 14,16), - eine Verheißung, in der sich die Worte des Propheten widerspiegeln: „der Herr wird sein Volk trösten" (*Jes* 49,13).
Nach dem Evangelisten Lukas ist es der Heilige Geist, durch den die prophetischen Aussagen über das Kommen des ersten Beistandes, Christus, in Erfüllung gehen. Durch diesen Heiligen Geist ist Gottes ewiger Sohn Mensch geworden, und über ihn hat Jesus zu Beginn seines öffentlichen Wirkens verkündet: „Der Geist Gottes ruht auf mir, damit ich den Armen eine gute Nachricht bringe" (*Lk* 4,18). Und als Jesus nach Vollendung seines Erlösungswerkes diese Welt verläßt, spricht er von einem „anderen Beistand", also vom Heiligen Geist, den der Vater senden wird.
Dieser Beistand, der Heilige Geist, wird mit den Aposteln sein; er wird mit und in der Kirche sein und in ihr wirken, besonders in den Zeiten des Kampfes und der Verfolgungen, die durch Jahrhunderte über die Kirche hereinbrechen werden. So ermuntert Jesus seine Jünger, in den schweren Stunden der Heimsuchung ganz auf die Eingebungen dieses Geistes zu vertrauen (vgl. *Mt* 10,20).
Ein überaus deutliches Zeichen der bleibenden Gegenwart des Geistes in der Kirche ist die von ihm gewirkte Entstehung des Evangeliums, der Frohen Botschaft des Neuen Bundes über Jesu Worte und Taten. Ebenso kann und soll es als Werk des Heiligen Geistes bezeichnet werden, daß die Voraussage Jesu über die weltweite Verkündigung des Evangeliums an alle Völker (vgl. *Mt* 24,14) in Erfüllung gegangen ist. Unter diesen „Völkern" befinden sich auch jene der heutigen Welt, ja, wir alle, die diese Gute Nachricht des Heiles durch das Wirken des Heiligen Geistes erreicht hat.
Indem ich zum Schluß dieser kurzen Betrachtung dazu einlade, die gegenwärtige Fastenzeit durch den Beistand des Heiligen Geistes zu einer Zeit der Besinnung und Umkehr werden zu lassen, grüße ich alle deutschsprachigen Pilger und Besucher sehr herzlich.
Mein besonderer Gruß gilt einer Gruppe von Priesteramtskandidaten aus dem Erzbistum Köln sowie der Pilgergruppe aus Neukirchen, Erzdiözese Wien.
Euch allen und Euren lieben Angehörigen in der Heimat sowie den mit uns über Radio und Fernsehen verbundenen Gläubigen erteile ich von Herzen meinen Apostolischen Segen.

Umkehr - Bruch mit der Sünde

Geistlicher Besuch in Jasna Góra

1. „Obwohl in Gerechtigkeit von Gott begründet, hat der Mensch unter dem Einfluß des Bösen gleich von Anfang der Geschichte an durch Auflehnung gegen Gott und

den Willen, sein Ziel außerhalb Gottes zu erreichen, seine Freiheit mißbraucht. ‚Obwohl sie Gott erkannten, haben sie ihn nicht als Gott verherrlicht, sondern ihr unverständiges Herz wurde verfinstert, und sie dienten den Geschöpfen statt dem Schöpfer'" (*Gaudium et spes*, Nr. 13).
Vor dir, Liebe Frau von Jasna Góra, entfalten wir Woche für Woche unseren Fastenzyklus. Nach der Meditation über das Gewissen folgt heute jene über die Sünde. Wir tun dies, indem wir die Texte des II. Vatikanischen Konzil von neuem lesen. Wesentliche und knappe Sätze, die auf den Grund gehen, zu den Quellen der Offenbarung. „Was uns aus der Offenbarung Gottes bekannt ist, steht mit der Erfahrung in Einklang" (*Gaudium et spes*, Nr. 13).
In der Tat, „der Mensch erfährt sich, wenn er in sein Herz schaut, auch zum Bösen geneigt und verstrickt in vielfältige Übel". Und dieses Böse, das moralisch Böse, die Sünde, kann „nicht von seinem guten Schöpfer herkommen" (vgl. *Gaudium et spes*, Nr. 13), von Gott, denn - wie Christus uns lehrt - „nur einer ist ‚der Gute'" (*Mt* 19,17).

2. Was also müssen wir uns bei diesen Fastenexerzitien zu Herzen nehmen? Wobei müssen wir deine Hilfe suchen, Mutter unseres Vertrauens?
Es ist notwendig, daß wir das Gute als gut und das Böse als böse zu nennen wissen. Die Umkehr bedeutet den Bruch mit dem Bösen, den Bruch mit der Sünde. Wir sehen, daß sie sehr tief verwurzelt ist in der Geschichte des Menschen. In jedem von uns hat sie ihre „Erb"-Dimension. Und den Beginn der heiligmachenden Gnade, die wir durch die Taufe empfangen, macht uns nicht sündenfrei. In jedem bleibt der Keim der Sünde, das, was Johannes die Begierde der Augen, die Begierde des Fleisches und das Prahlen mit dem Besitz nennt (vgl. *1 Joh* 2,16); das bleibt in uns. Aus diesem Keim erwächst jede Sünde. Die persönliche Sünde, für die ich allein verantwortlich bin und die „meine" Sünde ist. Es ist notwendig, daß wir diese Sünde beim Namen nennen, indem wir uns wie König David vor Gott stellen: „Gegen dich allein habe ich gesündigt, ich habe getan, was dir mißfällt. Gott, sei mir gnädig" (*Ps* 51,6.3).
Das II. Vatikanische Konzil sagt: „Die Sünde mindert den Menschen selbst, weil sie ihn hindert, seine Erfüllung zu erlangen" (*Gaudium et spes*, Nr. 13).
Das Konzil sagt auch, daß die Sünde Quelle der inneren Spaltung ist und daß das ganze (sowohl einzelne wie auch kollektive) menschliche Leben sich „als Kampf darstellt, und zwar als einen dramatischen, zwischen Gut und Böse, zwischen Licht und Finsternis" (*Gaudium et spes*, Nr. 13).
Wie stellt sich unser polnisches Leben dar?

3. In diesen Märztagen pilgern wir zum Grab des heiligen Kasimir in Wilna. Mit der ganzen litauischen Nation, deren Patron der heilige Kasimir ist, vereinen wir uns in dem starken Bemühen um die legitimen Rechte dieses Brudervolkes.

Soziale Beziehungen neu regeln

Angelus am 17. März

1. Wer die Enzyklika *Rerum novarum* liest, stellt fest, daß die ganzen Überlegungen Leo XIII. in bezug auf die Arbeiterfrage und ihre angemessenen Lösungen sich im Rahmen der Moralordnung entwickeln, genauer: entsprechend dem in den Zehn Geboten zusammengefaßten göttlichen Gesetz; den in Gerechtigkeit erlassenen menschlichen Gesetzen, den persönlichen und sozialen Tugenden, die zu üben sind; den Verpflichtungen zu Nächstenliebe und Gerechtigkeit, die den Arbeitgebern wie auch den Arbeitnehmern auferlegt sind; der Liebe zu den Armen und der christlichen Brüderlichkeit.
Bekanntlich wurde das Rundschreiben des Papstes von einigen als „moralistisch" und abstrakt beurteilt, daß heißt als fernstehend von der „Geschichtlichkeit" der Probleme und der umstrittenen Streitfragen in der Gesellschaft am Ende des 19. Jahrhunderts. Aber wir können heute vielleicht mehr als gestern sehen, wie wichtig und passend der Hinweis Papst Leos auf die moralischen Grundsätze war: Man hat in der Tat erlebt, zu welchen unheilvollen Folgen ein unabhängiger und amoralischer Ansatz der Wirtschaft und der Politik führt, und heute wird von neuem die Notwendigkeit spürbar, daß die Ethik die sozialen Beziehungen regeln müsse.

2. Der Sinn der Enzyklika Leo XIII. war, den im sozialen Konflikt einander gegenüberstehenden Parteien - Arbeitern und Arbeitgebern - und dem Staat als Hüter des Gemeinwohls den rechten Weg zu weisen für den Aufbau einer Gesellschaft nach dem Maß des Menschen, insbesondere einer Gesellschaft, in der „Arbeitgeber die Arbeiter nicht durch zu schwere Lasten bedrücken oder sie unter Arbeitsbedingungen stellen, die menschenunwürdig sind"; einer Gesellschaft, in der der Staat die Aufgabe hat, „die Rechte eines jeden ... heilig zu halten ..., daß jedem das Seine bleibt" und „ganz besonders auf die Interessen der Kleinen und Schwachen Rücksicht zu nehmen; den Arbeitern zu helfen, „in anständiger Arbeit" ihre Lage zu verbessern, indem sie vor den Angleichungen der Demagogie und den Versuchungen der Gewalt geschützt werden.
So erklärt sich der Hinweis des Papstes auf die „Güter" der Seele und insbesondere die Grundlage jeden Rechtes, das Abbild Gottes im menschlichen Geist, durch das „alle Menschen gleich sind und weder zwischen Reichen und Armen, Herren und Dienern, Hohen und Niedrigen ein Unterschied besteht" und alle der Achtung, Liebe und Hilfe würdig sind.
Heute fragt man sich, ob die gewünschte „Rückkehr" zu einer Ethik ohne eine religiöse Bezugnahme möglich sei, die man - wenigstens stillschweigend - in der Anerkennung der absoluten Werte hat, die das Erbe der großen, aus dem Monotheismus hervorgegangenen Zivilisationen bilden. Ja, man muß mit Leo XIII. hinzufügen, daß „die bürgerliche Gesellschaft reformieren will, so kann die Reform allein in der Rückbesinnung auf die christlichen Grundsätze liegen".

3. Wir dürfen nicht vergessen, daß Christus das ewige Wort Gottes ist, das die menschliche Natur angenommen hat, um die Weltordnung zu retten und zu vollenden. Die Menschwerdung ist das entscheidende geschichtliche Ereignis, von dem das Heil nicht nur des einzelnen, sondern der Gesellschaft in all ihren Erscheinungsformen abhängt. Ohne Ihn fehlt der Weg, die Fülle der Erhebung und der Verwirklichung des Menschen in all seinen Ausdrucksweisen - einschließlich der sozialen und politischen - zu erreichen.
Bitten wir die seligste Jungfrau, sie möge für alle Menschen und Völker jene Gnade Christi erlangen, die auf sichtbaren und unsichtbaren Wegen zum wahren Wohl des Menschen führt, auch in seiner gesellschaftlichen Dimension.

Der Geist Gottes ist in uns gegenwärtig

Ansprache bei der Generalaudienz am 20. März

1. In einer der vorherigen Katechesen hatte ich angekündigt, daß wir auf die Themen über die Gegenwart und das Wirken des Heiligen Geistes in der Seele zurückkommen. Theologisch begründete und geistlich reichhaltige Themen, die eine Anziehungskraft ausüben und - man könnte sagen - einen übernatürlichen Reiz auf die Seelen, die nach Innenleben verlangen, aufmerksam und fügsam gegenüber der Stimme dessen, der in ihnen wie in einem Tempel wohnt und sie aus dem Innern erleuchtet und stützt auf den Wegen der Nachfolge entsprechend dem Evangelium. Auf diese Seelen zielte mein Vorgänger Leo XIII., als er die Enzyklika *Divinum illud* über den Heiligen Geist (9. Mai 1897) und später das Breve *Ad fovendum* über die Verehrung der dritten göttlichen Person durch das christliche Volk (18. April 1902) schrieb, wobei er die Feier einer besonderen Novene zu Ehren des Heiligen Geistes festsetzte mit dem besonderen Ziel, das Gut der Einheit unter den Christen zu erlangen („ad maturandum Christianae unitatis bonum"). Der Papst der Enzyklika *Rerum novarum* war auch der Papst der Verehrung des Heiligen Geistes und wußte, aus welcher Quelle man die Kraft schöpfen mußte, um das wahre Wohl auch auf sozialer Ebene zu verwirklichen. Auf dieselbe Quelle wollte ich die Aufmerksamkeit der Christen unserer Zeit durch die Enzyklika *Dominum et vivificantem* (18. Mai 1986) lenken und ihr jetzt den abschließenden Teil der pneumatologischen Katechese widmen.

2. Wir können sagen, daß einem von Innerlichkeit, Gebet und Gottverbundenheit gekennzeichneten christlichen Leben eine Wahrheit zugrundeliegt, die wie die ganze pneumatologische Theologie und Katechese den Texten der Heiligen Schrift und besonders den Worten Christi und der Apostel entspringt: jene Wahrheit über das Innewohnen des Heiligen Geistes als göttlicher Gast in der Seele des Gerechten.
Der Apostel Paulus fragt in seinem *ersten Brief an die Korinther* (3,16): „Wißt ihr nicht, daß ... der Geist Gottes in euch wohnt?" Gewiß ist der Heiligen Geist in der ganzen Kirche gegenwärtig und am Werk, wie wir in den vorhergehenden Kateche-

sen gesehen haben; aber die konkrete Verwirklichung seiner Gegenwart und Wirkung geschieht in der Beziehung zum Menschen, zur Seele des Gerechten, in dem Er seine Wohnstatt errichtet und das von Christus durch die Erlösung erhaltene Geschenk ausspendet. Das Wirken des Heiligen Geistes dringt in das Innere des Menschen, in das Herz der Gläubigen, und verbreitet das Licht und die Gnade, die Leben gibt. Das erbitten wir in der Sequenz der Messe vom Pfingstfest: „Komm, o du glückselig Licht, fülle Herz und Angesicht, dring bis auf der Seele Grund."

3. In der Rede vom Pfingsttag, nachdem er die Zuhörer zur Umkehr und zur Taufe aufgerufen hatte, fügt der Apostel Petrus die Verheißung hinzu: „Dann werdet ihr die Gabe des Heiligen Geistes empfangen" (*Apg* 2,38). Aus dem Zusammenhang ergibt sich, daß die Verheißung jeden Bekehrten und Getauften persönlich betrifft. Denn Petrus wendet sich ausdrücklich an „jeden" der Anwesenden (2,38). Später, als Simon der Zauberer die Apostel bittet, ihm ihre sakramentale Macht mitzuteilen, sagt er: „Gebt auch mir diese Macht, damit jeder, dem ich die Hände auflege, den Heiligen Geist empfängt" (8,19). Das Geschenk des Geistes wird als eine den Einzelpersonen gewährte Gabe verstanden. Dieselbe Feststellung zeigt sich in dem Bericht von der Bekehrung des Kornelius und seiner Familie: Während Petrus ihnen das Geheimnis Christi erklärte, „kam der Heilige Geist auf alle herab, die das Wort hörten" (10,44). Der Apostel erkennt also, daß „Gott ihnen ... die gleiche Gabe verliehen hat wie uns" (11,17). Nach Petrus bedeutet die Herabkunft des Heiligen Geistes seine Gegenwart in denjenigen, denen er sich mitteilt.

4. In bezug auf diese Gegenwart des Heiligen Geistes im Menschen muß man die Folge der Art und Weise göttlicher Gegenwart in der Heilsgeschichte in Erinnerung rufen. Im Alten Bund ist Gott gegenwärtig und zeigt diese Gegenwart zunächst im „Offenbarungszelt" in der Wüste, später im „Heiligtum" des Tempels von Jerusalem. Im Neuen Bund verwirklicht und identifiziert sich diese Gegenwart durch die Menschwerdung des Wortes: Gott ist unter den Menschen gegenwärtig in seinem ewigen Sohn, durch seine Menschheit, von Ihm angenommen in Einheit der Person mit seiner göttlichen Natur. Durch diese sichtbare Gegenwart in Christus bereitet Gott durch Ihn eine neue, unsichtbare Gegenwart vor, die sich durch das Kommen des Heiligen Geistes verwirklicht. Ja, die Gegenwart Christi „inmitten" der Menschen öffnet den Weg für die Gegenwart des Heiligen Geistes, die eine innere Gegenwart, eine Gegenwart in den menschlichen Herzen ist. So erfüllt sich die Verheißung *Ezechiels*: „Ich schenke euch ein neues Herz und lege einen neuen Geist in euch ... Ich lege meinen Geist in euch"(36,26-27).

5. Jesus selbst kündigt am Vorabend seines Scheidens aus dieser Welt, um durch den Kreuzestod und die Himmelfahrt zum Vater zurückzukehren, den Aposteln das Kommen des Heiligen Geistes an: „Und ich werden den Vater bitten, und er wird euch einen anderen Beistand geben, der für immer bei euch bleiben soll. Es ist der Geist der Wahrheit, ... [der] in euch sein wird" (*Joh* 14,16-17). Aber er selbst sagt, daß diese Gegenwart des Heiligen Geistes, sein Innewohnen und das des Vaters und des Sohnes im Herzen des Menschen von der Liebe bedingt wird: „Wenn jemand

mich liebt, wird er an meinem Wort festhalten; mein Vater wird ihn lieben, und wir werden zu ihm kommen und bei ihm wohnen" (*Joh* 14,23).
Die Bezugnahme auf den Vater und den Sohn in der Rede Jesu schließt den Heiligen Geist mit ein, dem der heilige Paulus und die patristische und theologische Tradition das dreifaltige Innewohnen zuschreibt, weil er die Liebe als Person ist und andrerseits die innere Gegenwart notwendigerweise geistlich ist. Die Gegenwart des Vaters und des Sohnes verwirklicht sich durch die Liebe und deshalb im Heiligen Geist. Im Heiligen Geist teilt sich Gott in seiner dreifaltigen Einheit dem Geist des Menschen mit.
Der heilige Thomas von Aquin sagt, daß diese Art göttlicher Gegenwart - durch das Innewohnen - nur im Geist des Menschen (und des Engels) möglich ist, denn nur das vernunftbegabte Geschöpf ist befähigt, zur Erkenntnis, zur bewußten Liebe und zur Freude Gottes als Seelengast erhoben zu werden: Und das geschieht durch den Heiligen Geist, der deshalb das erste und grundlegende Geschenk ist (*Summa theol.*, I, q. 38, a. 1).

6. Durch dieses Innewohnen werden die Menschen zu „Tempeln Gottes", des dreifaltigen Gottes, denn „der Geist Gottes wohnt in euch", schreibt der Apostel an die Korinther (*1 Kor* 3,16). Und Gott ist heilig und macht heilig. Ja, derselbe Apostel stellt kurz danach heraus: „Oder wißt ihr nicht daß euer Leib ein Tempel des Heiligen Geistes ist, der in euch wohnt und den ihr von Gott habt?" (*1 Kor* 6,19). Deshalb bringt das Innewohnen des heiligen Geistes eine besondere Weihe der gesamten menschlichen Person (Paulus unterstreicht deren körperliche Dimension) ähnlich des Tempels mit sich. Diese Weihe ist heiligend. Sie ist das Wesen der Heilsgnade selbst, durch die der Mensch Anteil erhält am dreifaltigen Leben Gottes. So öffnet sich im Menschen eine innere Quelle der Heiligkeit, aus der das Leben „aus dem Geist" erwächst, wie Paulus im *Brief an die Römer* (8,9) schreibt: „Ihr seid nicht vom Fleisch, sondern vom Geist bestimmt, da ja der Geist Gottes in euch wohnt." Und darin ist die Hoffnung auf die leibliche Auferstehung begründet, den „wenn der Geist dessen in euch wohnt, der Jesus von den Toten auferweckt hat, dann wird er, der Christus Jesus von den Toten auferweckt hat, auch euren sterblichen Leib lebendig machen, durch seinen Geist, der in euch wohnt" (*Röm* 8,11)

7. Zu beachten ist, daß das Innewohnen des Heiligen Geistes, das den ganzen Menschen, Leib und Seele, heiligt, dem Menschen eine höhere Würde verleiht und den zwischenmenschlichen, auch leiblichen Beziehungen einen neuen Sinn gibt, wie der heilige Paulus in dem obengenannten ersten Brief an die Korinther betont (*1 Kor* 6,19).
So steht der Christ durch das Innewohnen des Heiligen Geistes in einer besonderen Beziehung zu Gott, die sich auch auf alle zwischenmenschlichen Beziehungen im Bereich der Familie und Gesellschaft erstreckt. Wenn der Apostel empfiehlt: „Beleidigt nicht den Heiligen Geist Gottes" (*Eph* 4,30), spricht er aufgrund dieser offenbarten Wahrheit: der persönlichen Gegenwart eines Gastes im Innern, der nicht „beleidigt" werden darf durch die Sünde, durch keine Sünde, denn diese steht immer

im Widerspruch zur Liebe. Ja, er selbst schafft als Liebe in Person, indem er im Menschen wohnt, in der Seele gleichsam eine innere Notwendigkeit, in der Liebe zu leben. Dies meint der heilige Paulus, wenn er an die Römer schreibt, daß die „Liebe Gottes [das heißt der mächtige Strom der Liebe, der von Gott kommt] ausgegossen ist in unsere Herzen durch den Heiligen Geist, der uns gegeben ist" (*Röm* 5,5).

In deutscher Sprache sagte der Papst:

Liebe Schwestern und Brüder!

Im Laufe der Heilsgeschichte hat sich den Menschen die Nähe Gottes auf verschiedenste Weise mitgeteilt. Während er im Alten Testament im Bundeszelt und im Tempel von Jerusalem angebetet wurde, zeigt sich seine Gegenwart im Neuen Bund im fleischgewordenen Wort des Vaters: Gott wohnt unter den Menschen in seinem ewigen Sohn. In der Ankunft des Heiligen Geistes bereitet er sodann seine dauernde und unsichtbare Gegenwart vor, er nimmt Wohnung im Innersten, im Herzen des Menschen. Damit erfüllt sich das Wort des Propheten *Ezechiel*: „Ich schenke euch ein neues Herz und lege einen neuen Geist in euch" (36,26-27).
Am Abend vor seinem Leiden hat Jesus selbst seinen Aposteln das Kommen des Geistes angekündigt: „Ich werde den Vater bitten, und er wird euch einen anderen Beistand geben, der für immer bei euch bleiben soll. Es ist der Geist der Wahrheit, ... er bleibt bei euch und wird in euch sein" (*Joh* 14,16-17). Am Pfingsttag kann Petrus dann seine Zuhörer zu Umkehr und Taufe einladen und hinzufügen: ‚Empfangt den Heiligen Geist' (vgl. *Apg* 2,38). Die Gabe des Geistes wird von den biblischen Zeugnissen als Geschenk für jeden einzelnen Menschen verstanden, die Herabkunft des Heiligen Geistes bedeutet seine bleibende Gegenwart in jedem, dem er sich mitgeteilt hat.
Durch das Ausgießen des Geistes werden die Menschen selbst „Tempel Gottes", denn es ist „der Geist Gottes, der in euch wohnt" (*1 Kor* 3,16), wie Paulus im ersten Korintherbrief schreibt. Und da Gott es ist, der allein heilig ist und heilig macht, gewinnt der Mensch von innen her durch ihn Anteil am Leben des dreifaltigen Gottes. Das Innewohnen des Heiligen Geistes schenkt der menschlichen Person somit eine neue, unvergleichliche Würde, weil sie von nun an aus der Quelle der göttlichen Liebe lebt: „Denn die Liebe Gottes ist ausgegossen in eure Herzen durch den Heiligen Geist, der uns gegeben ist" (*Röm* 5,5).
Mit dieser kurzen Betrachtung grüße ich alle deutschsprachigen Pilger und Besucher sehr herzlich. Ein besonderer Willkommensgruß gilt dem Männerchor „Chorsänger 1791" aus der Pfarrei Geinsheim sowie der Blasmusikkapelle der Pfarreien Kreuzerhöhung in Pamhagen und St. Matthäus in Wallern. Mögen die Tage eures Aufenthaltes in Rom euch auch Hilfe sein zu einem tieferen Verständnis der geheimnisvollen Kraft des Heiligen Geistes und euch hinführen zur fruchtbaren Mitfeier der bevorstehenden Tage von Leiden, Tod und Auferstehung unseres Herrn.
Dazu erteile ich euch, euren lieben Angehörigen daheim sowie allen Gläubigen, die uns über Rundfunk und Fernsehen verbunden sind, von Herzen meinen Apostolischen Segen.

Kein Gewissen darf sich verschließen

Geistlicher Besuch in Jasna Góra

1. In dieser Fastenzeit, der Zeit der geistlichen Exerzitien, stehen wir vor dir, Liebe Frau von Jasna Góra, und nehmen das nachsynodale Schreiben über Versöhnung und Buße (*Reconciliatio et paenitentia*) zur Hand. Es helfe uns bei der Gewissenserforschung, bei der Reue, dem entschiedenen Vorsatz, nicht mehr zu sündigen, der Beichte und der Buße.

2. „Wenn die Kirche von Situationen der Sünde spricht oder bestimmte Verhältnisse und gewisse kollektive Verhaltensweisen von mehr oder weniger breiten sozialen Gruppen oder sogar von ganzen Nationen und Blöcken von Staaten als soziale Sünden anklagt, dann weiß sie und betont es auch, daß solche Fälle von sozialer Sünde die Frucht, die Anhäufung und die Zusammenballung vieler personaler Sünde sind.
Es handelt sich dabei um sehr persönliche Sünden dessen, der Unrecht erzeugt, begünstigt oder ausnutzt; der, obgleich er etwas tun könnte, um gewisse soziale Übel zu vermeiden, zu beseitigen oder wenigstens zu begrenzen, es aus Trägheit oder Angst, aus komplizenhaftem Schweigen oder geheimer Beteiligung oder aus Gleichgültigkeit doch unterläßt; der Zuflucht sucht in der behaupteten Unmöglichkeit, die Welt zu verändern, und der sich den Mühen und Opfern entziehen will, indem er vorgebliche Gründe höherer Ordnung anführt. Die wirkliche Verantwortung liegt also bei den Personen" (*Reconciliatio et paenitentia*, Nr. 16).

3. Ein langes Zitat, gehaltvoll in bezug auf den vaterländischen Inhalt, der sowohl die polnische Vergangenheit als auch die heutige Zeit betrifft.
Man darf jedoch diesen Worten nicht ausweichen. Man kann nicht so tun, als wüßte man sie nicht. Kein Gewissen kann sich ihnen verschließen. Man muß diese Worte allen - auch der gesamten Gesellschaft - in Erinnerung rufen. Es handelt sich um die rechte Bedeutung der „sozialen Sünde".

4. Ein weiteres Zitat, das das Problem deutlich macht:
„Von sozialer Sünde sprechen heißt vor allem anerkennen, daß die Sünde eines jeden einzelnen kraft einer menschlichen Solidarität ... sich in irgendeiner Weise auf die anderen auswirkt. Das ist die Kehrseite jener Solidarität, die sich ... im Geheimnis der Gemeinschaft der Heiligen darstellt, derentwegen jemand sagen konnte, daß „jede Seele, die sich selbst emporhebt, die Welt emporhebt" (*Reconciliatio et paenitentia*, Nr. 16).
Unsere Liebe Frau von Jasna Góra! Wir bitten dich, daß diese Fastenzeit den entscheidenden Anfang setze für das Gesetz des Emporhebens in uns selbst, in unseren Gemeinschaften, in unserer Nation.

Gott ist der Vater aller

Angelus am Palmsonntag, 24. März

1. Vor dem Angelusgebet möchte ich einen Gruß an die vielen Jugendlichen richten, die an dieser feierlichen Palmsonntagsliturgie teilgenommen und so auch den Weltjugendtag begangen haben.
Danke, liebe Jugendliche, für eure so spontane und lebendige Teilnahme! Der Papst zählt auf euch! Seid Christus, unserem Erlöser und Meister, immer treu! Er besitzt den Schlüssel zu eurem Leben und zur gesamten Menschheitsgeschichte; er hat gesagt: „Ich bin der Weg und die Wahrheit und das Leben" (*Joh* 14,6). Die Botschaft Christi ist anspruchsvoll, aber sie ist die einzige, die euch gestattet, das in euch pulsierende Streben nach Wahrem und Gutem voll zu verwirklichen.

2. „Ihr habt den Geist empfangen, der euch zu Söhnen macht" (*Röm* 8,15). Diese Worte des Apostel Paulus, bilden das Thema des nächsten Weltjugendtages; sie verpflichten uns dazu, verantwortungsbewußt das gesamte Erbe anzunehmen, das mit der uns in der Taufe geschenkten Gotteskindschaft verbunden ist. Dieses Erbe umfaßt auch die Liebe zum Nächsten, den Sinn für Solidarität, die Leidenschaft für den Frieden.
Wie aktuell ist diese Botschaft in der Welt von heute, die tief zerrissen ist durch Krieg, Zwietracht und Gewalt aller Art! Aufgabe der Christen, eure Aufgabe, liebe Jugendliche, ist es, der Menschheit durch Wort und Beispiel zu zeigen, daß Gott der Vater aller ist und daß wir alle Brüder und Schwestern sind.

3. Schon jetzt verabrede ich mich mit euch in Tschenstochau, wo uns die Gottesmutter in ihrem altehrwürdigen Heiligtum auf dem Berg Jasna Góra erwartet. Wer kann uns besser lehren als sie, was es heißt, „den Geist, der uns zu Söhnen und Töchtern macht", empfangen zu haben? Wer kann uns dazu erziehen, untereinander in echtem Familiengeist zu leben? Ihrem Mutterherzen, das alle und jeden umfängt, empfehle ich Vorbereitung und Verlauf des nächsten Weltjugendtages.
Schwarze Madonna vom „Hellen Berg", richte deinen mütterlichen Blick auf die hier anwesenden Jugendlichen und auf alle jungen Menschen in der Welt, auf die, die schon an deinen Sohn glauben, und auf die, die ihm auf ihrem Weg noch nicht begegnet sind. Höre, Maria, auf ihre Wünsche, kläre ihre Zweifel, bestärke sie in ihren Vorsätzen, mach, daß sie in ihrem Innern von den Gefühlen des wahren Geistes, der sie zu Söhnen und Töchtern macht belebt werden, damit sie wirksam zum Aufbau einer gerechteren Welt beitragen. Du siehst ihre Bereitschaft, du kennst ihr Herz. Du bist die Mutter aller!

In deutscher Sprache sagte der Papst:

„Ihr habt den Geist empfangen, der euch zu Kindern Gottes macht" (vgl. *Röm* 8,15). Mit dem Leitwort des diesjährigen Weltjugendtages richte ich einen besonderen Willkommensgruß an euch, liebe Jugendliche aus den deutschsprachigen Ländern.

Herzlich lade ich euch dazu ein, euch eurer christlichen Berufung zur Gotteskindschaft immer mehr bewußt zu werden. Strebt danach, den Beistand des Geistes die Früchte dieses tiefen Geheimnisses, Heiligkeit, Brüderlichkeit und Freiheit, in eurem Leben überzeugend zu verwirklichen.
Dazu möge euch die Mitfeier der Karwoche und des Festes der Auferstehung unseres Herrn Kraft schenken und Stärkung sein.

Ostern - Höhepunkt des liturgischen Jahres

Ansprache bei der Generalaudienz am 27. März

Liebe Schwestern und Brüder!

1. Wir stehen nun am Vorabend des Heiligen Triduums, des lebendigen Gedenkens der Hauptereignisse unseres Glaubens: des Leidens, des Todes und der Auferstehung Christi. Die heutige Begegnung bietet uns Gelegenheit, gemeinsam über die Tragweite und den Sinn nachzudenken, damit wir daraus Licht und Kraft für unser geistliches Leben und für die Weltgeschichte schöpfen. Denn Ostern ist der zentrale Höhepunkt des liturgischen Jahres, das Hochfest, auf das alle anderen Feste zustreben: es ist die Feier der historischen Ereignisse und außerordentlichen göttlichen Wunder. In Erfüllung seiner Mission auf Erden übergibt Jesus sich in Liebe dem Vater: „Vater, in deine Hände lege ich meinen Geist" (*Lk* 23,46). Der Vater nimmt das Opfer Jesu an und, indem er ihn am dritten Tag vom Tod auferweckt, werden die Glaubenden von ihm neu geboren, damit sie „eine lebendige Hoffnung haben und das unzerstörbare, makellose und unvergängliche Erbe empfangen" (*1 Petr* 1,3-4).
Zum Abschluß der Fastenzeit, die am Aschermittwoch begonnen hat, bereiten wir uns jetzt darauf vor, im Gebet und im Hören der Heiligen Schriften die abschließenden Phasen des Opfertodes des Erlösers zu erleben: Es sind Etappen des Schmerzes und der Einsamkeit, in der ein Geheimnis der Liebe und der Vergebung wiederauflebt, das als Ziel den Sieg des Erbarmens über den Egoismus und die Sünde hat.

2. Damit die Begegnung mit dem gestorbenen und auferstandenen Christus fruchtbar wird, ist es gut, sich darauf vorzubereiten und die Höhepunkte der kommenden Kartage in Erinnerung zu rufen. Sie beginnen mit dem Gründonnerstag, an dem der Einsetzung der Eucharistie gedacht wird. Bevor er sich selbst am Kreuz dem Vater darbringt, wie er vorhergesagt und gelehrt hatte, nimmt er dieses Opfer beim letzten Abendmahl vorweg. Er bietet sich selbst als Lebensspeise den Jüngern und durch ihren Dienst jedem Menschen an.
Die Eucharistie ist ein unvergleichliches Geheimnis! Vor ihm verneigt sich der menschliche Verstand: „Credo quidquid dixit Dei Filius - nil hoc verbo veritatis verius!": „Ich glaube alles, was der Sohn Gottes gesagt hat, nichts ist wahrer als dieses Wort der Wahrheit." Ein zugleich tröstliches Geheimnis! Indem er das Prie-

stertum einsetzte, hat Christus seinen Opfertod für immer gegenwärtig gemacht, bis an das Ende der Zeiten. Zu den Aposteln sagt er: „Tut dies zu meinem Gedächtnis!" Und durch die Eucharistie hinterläßt er uns das Liebesgebot, das neue Gesetz, das die Gemeinschaft seiner Gläubigen lenkt. Durch die bedeutungsvolle Geste der Fußwaschung verkündet Jesus den Vorrang der konkreten Liebe, die zum Dienst an allen, besonders den Ärmsten wird.
Deshalb ist der Gründonnerstag eine dringende Einladung, die Verehrung und Hochschätzung für die Eucharistie zu vertiefen, würdig und bewußt an der heiligen Messe teilzunehmen, für die Priester und die Priesterberufe zu beten und das eigene Herz zur Liebe zu bekehren, die das Dasein erneuert und die kirchliche Gemeinschaft aufbaut. Der Gründonnerstag und jede Eucharistiefeier sind eine einzigartige Teilnahme an der innigen Vertrautheit des letzten Abendmahls und an dem Drama von Golgota.

3. Ein Tag des übermenschlichen Leidens und der geheimnisvollen Gegenüberstellung zwischen der unendlichen Liebe Gottes und der Sünde des Menschen ist der Karfreitag, der das dramatische Leiden Christi in Erinnerung ruft, das bereits am Vorabend mit der Todesangst am Ölberg begonnen hat und mit seinem Tod am Kreuz endet.
Für den Christen kann dieser Tag nur voll tiefer Anteilnahme sein: Nachdem er Jesus vom Ölberg zu den religiösen und zivilen Gerichtshöfen gefolgt ist und ihn, der mit dem Kreuz beladen war, auf dem Weg nach Golgota begleitet hat, bleibt der Glaubende mit dem Apostel Johannes, mit Maria und den Frauen zu seinen Füßen auf Golgota stehen, um über diese dramatischen und zugleich erhebenden Ereignisse nachzudenken. Wenn man den Gekreuzigten betrachtet, kann man die Worte Jesu bis auf den Grund ermessen: „Denn Gott hat die Welt so sehr geliebt, daß er seinen einzigen Sohn hingab, damit jeder, der an ihn glaubt, nicht zugrunde geht, sondern das ewige Leben hat. Denn Gott hat seinen Sohn nicht in die Welt gesandt, damit er die Welt richtet, sondern damit die Welt durch ihn gerettet wird" (*Joh* 3,16-17).
Das Kreuz ist das Geheimnis der Sühne: Jesus läßt sich grausam verurteilen und töten, um sowohl die von den Stammeltern begangene „Ursünde" als auch den schrecklichen Sündenstrom zu sühnen, der die gesamte Geschichte der Menschen durchfließt. Was auf Golgota geschieht, offenbart sich so als äußerster Akt der Liebe; deshalb kann jeder mit dem Apostel sprechen: „Der Sohn Gottes hat mich geliebt und hat sich für mich hingegeben" (vgl. *Gal* 2,20).

4. Die große Vigil der Osternacht ist gekennzeichnet von dem inständigen Ruf nach Licht, nach Leben, das der wahren Taufquelle, dem gestorbenen und auferstandenen Christus, entspringt durch das verlängerte Hören der Schriften, die die gesamte Heilsgeschichte durchlaufen, und durch den freudenvollen Gesang des Halleluja. Um so intensiver wird die Osterfreude sein, je tiefer die Vorbereitung auf das Leiden Christi durch Buße und Gebet, Fasten und Nächstenliebe gewesen ist.
Deshalb ist es sehr gut, daß der Vigil das eindrucksvolle Schweigen des Karsamstags vorausgeht, das an die geheimnisvolle und heilige Zeit erinnert, in der der

Leichnam Jesu im Grab verblieb. Der Karsamstag, der Tag des Schweigens und der Erwartung, soll in der Betrachtung mit Maria gelebt werden, die neben ihren Söhnen und Töchtern wacht und sich vertrauensvoll dem Willen des Vaters überläßt.

5. In den kommenden Tagen begleite uns die Aufforderung Jesu: „Wachet und betet!" Man muß wachen und beten während seiner Todesangst, seinem Leiden, seinem Tod, seiner Auferstehung. Wachen und beten, damit unsere Zustimmung zu seinem Willen bereitwillig und endgültig ist; damit unsere Herzen seine Einladung zur universalen Liebe und zum Dienst nicht verweigern; damit wir bereit sind, ihm auf dem Weg des Gehorsams zu folgen „bis zum Tod und bis zum Tod am Kreuz".
Nur auf diese Weise wird unsere Gemeinschaft mit Christus so sein, daß sie uns „unzertrennlich mit Ihm verbindet, der, wie er bekräftigt hat, der Weg, die Wahrheit und das Leben ist. Der Weg heiliger Lebensweise, die Wahrheit der göttlichen Lehre, das Leben in ewiger Seligkeit" (Leo d. Gr., *Predigt über die Auferstehung*).
Mit diesen Gefühlen entbiete ich euch allen die besten Wünsche für ein wirklich heiliges Triduum und ein frohes, tröstliches Ostern!

In deutscher Sprache sagte der Papst:

Liebe Schwestern und Brüder!

Die bevorstehende Feier der Kartage lädt dazu ein, uns mit der heutigen Betrachtung in die zentralen heilsgeschichtlichen Ereignisse unseres Glaubens, das Leiden, den Tod und die Auferstehung Jesu zu vertiefen. Das Osterfest ist wahrhaft der Höhepunkt des ganzen liturgischen Jahres.
Um die Begegnung mit dem gekreuzigten und auferstandenen Herrn für uns fruchtbar werden zu lassen, laßt uns ein wenig bei den herausragenden Geschehnissen dieser Heiligen Drei Tage verweilen.
Morgen, am Gründonnerstag, begehen wir das Gedächtnis der Einsetzung der heiligen Eucharistie. Sie bedeutet: Rettung von allem, was uns knechtet, von Angst, Schuld und Tod. Durch den Auftrag Jesu an die Apostel: "Tut dies zu meinem Gedächtnis", wird die Eucharistie zu einem immerwährenden Opfer, dargebracht durch den sich in der Person des Priesters immer neu opfernden Christus. Ein unermeßlich großes Geheimnis, das uns dringend mahnt, die Eucharistie bewußter mitzufeiern, für Priester und Priesterberufe zu beten und das eigene Herz zur Nächstenliebe anzuspornen, die das Leben im Geiste Christi erneuert.
Übermorgen feiern wir Karfreitag. Diese geheimnisvolle Gegenüberstellung von der grenzenlosen Liebe Gottes und der Sünde des Menschen führt uns das dramatische und grausame Leiden Christi vor Augen. Wir sind im Geiste bei ihm in seiner Verlassenheit am Ölberg, vor dem Hohen Rat, vor dem Gericht des Pilatus und auf dem Kalvarienberg, wo wir uns angesichts des Gekreuzigten der Worte des Apostels neu bewußt werden: „Der Sohn Gottes hat mich geliebt und sich für mich hingegeben" (*vgl. Gal* 2,20).
Und schließlich ruft uns die Feier der Osternacht zum wahren Licht und zur Quelle neuen Lebens, die im Taufbrunnen entspringt und uns an der Auferstehung des

Herrn teilhaben läßt. Mögen uns in diesen Tagen die eindringlichen Worte des Herrn: „Wachet und betet", begleiten, damit wir dem Sieger über Sünde und Tod dann auch mit dem österlichen Halleluja huldigen können.
Mit diesen Gedanken grüße ich alle deutschsprachigen Pilger und Besucher sehr herzlich. Ein besonderer Gruß gilt einer Gruppe der Kongregation der Armen Schulschwestern von Unserer Lieben Frau, die aus Anlaß des 25jährigen Profeßjubiläums in Rom weilen.
Euch allen und euren lieben Angehörigen in der Heimat sowie den mit uns über Radio und Fernsehen verbundenen Gläubigen erteile ich für reiche österliche Gnaden von Herzen meinen Apostolischen Segen.

Wir sind für den Tod Christi verantwortlich

Geistlicher Besuch in Jasna Góra

1. „Kreuzige ihn, kreuzige ihn!" (*Lk* 23,21).
Die Heilige Woche des Leidens unseres Herrn. Karfreitag. Diese Worte kehren wieder für uns in den liturgischen Lesungen. Christus, Sohn Gottes, von den Menschen verurteilt: Ans Kreuz mit ihm!
Einige Tage zuvor, als er in Jerusalem einzog, riefen sie: „Gesegnet sei er, der kommt im Namen des Herrn. Hosanna in der Höhe!" (*Mt* 21,9).
Heute: „Kreuzige ihn!"

2. Die Liturgie ruft dieses Urteil nicht nur in Erinnerung. Die Liturgie setzt es gegenwärtig. Pascal schrieb, daß die Todesangst Christi bis zum Ende der Welt andauert (vgl. B. Pascal, „Le Mystère de Jésus").
Und ermutigte nicht der heilige Paulus dazu, im irdischen Leben das, was an den Leiden Christi noch fehlt, zu ergänzen? (vgl. *Kol* 1,24).
Mutter von Jasna Góra! Mutter der Schmerzen, du bist von Verehrung und Liebe zu deinem Gnadenbild umgeben. Aber wir müssen dich immer zu Füßen des Kreuzes sehen.
Und die Heilige Woche, der Karfreitag, macht diese Wirklichkeit besonders gegenwärtig.

3. Unter den Töchtern und Söhnen dieser Nation, wo du seit Jahrhunderten wohnst, erheben sich nicht von neuem die Stimmen: „Kreuzige ihn", „wir wollen nicht, daß er unser König wird" (vgl. *Lk* 19,14), „kreuzige ihn"?
Wir wissen, daß alle Menschen für den Tod Christi, der durch die Sünde verursacht wurde, verantwortlich sind. Er ist für unsere Sünden gestorben, er ist aus Liebe gestorben, damit wir das Leben haben.
Damit wir aus Liebe die Leiden Christi, unseres Herrn, ergänzen: damit wir das Leben haben in Ihm.

Engel verkünden die Auferstehung

Regina Caeli in Castel Gandolfo am Ostermontag, 1. April

Heute ist der zweite Tag der Osteroktav. Gestern war das Osterfest, heute ist der Ostermontag. In Italien wird dieser Tag traditionsgemäß „Pasquetta" genannt, aber ich will nicht über die „Pasquetta" sprechen. Es gibt auch einen anderen Namen für diesen Tag: der Tag oder das Fest „des Engels". Und das ist eine sehr schöne Tradition, die den biblischen Quellen über die Auferstehung tief entspricht. Wir denken an den Bericht der synoptischen Evangelien, als die Frauen zum Grab gehen und es offen finden. Sie fürchteten, nicht hineingehen zu können, denn das Grab war durch einen großen Stein verschlossen. Aber es ist offen, und aus dem Innern hören sie die Worte: „Jesus von Nazaret ... ist nicht hier."

Zum ersten Mal werden die Worte ausgesprochen: „Er ist auferstanden." Die Evangelisten sagen uns, daß diese Worte von den Engeln gesprochen wurden. Diese Anwesenheit der Engel und diese Verkündigung durch sie ist von tiefer Bedeutung: Wie es bei der Verkündigung der Menschwerdung des Wortes, des Sohnes Gottes, nur ein Engel, Gabriel, sein konnte, ebensowenig genügte ein Mensch, das Wort eines Menschen, um zum ersten Mal die Worte „Er ist auferstanden", die Auferstehung, zum Ausdruck zu bringen. Es bedurfte eines höheren Wesens, denn für den Menschen ist diese Wahrheit und sind die Worte, die die Wahrheit vermitteln: „Er ist auferstanden", diese Wahrheit selbst, so umwälzend, so unglaublich, daß vielleicht kein Mensch sie auszusprechen gewagt hätte.

Nach dieser ersten Ankündigung beginnt man zu wiederholen: „Der Herr ist auferstanden und dem Simon Petrus erschienen." Aber die erste Verkündigung erforderte ein übermenschliches Verständnis. So ist dieses Fest des Engels - ich wenigstens verstehe es in dieser Weise - eine Vervollkommnung der Osteroktav. In den Bibellesungen und in den Berichten der Evangelien ist immer von diesen Engeln zu lesen, aber das italienische Fest betont den Augenblick dieser Anwesenheit der Engel; es unterstreicht sie nicht nur, sondern erklärt auch den Grund für diesen Augenblick der Auferstehung. Über die menschliche Feststellung hinaus, daß das Grab leer war, war eine weitere, übermenschliche Feststellung notwendig: „Er ist auferstanden."

Eine neue Lebensordnung für unsere Herzen

Ansprache bei der Generalaudienz am 3. April

1. Der Heilige Geist, der „Seelengast", ist die innerste Quelle des neuen Lebens, an dem Christus die an ihn Glaubenden teilhaben läßt: einem Leben nach dem „Gesetz des Geistes", das kraft der Erlösung über die Macht der Sünde und des Todes, der im Menschen nach dem ersten Sündenfall wirksam ist, gesiegt hat. Der Apostel identifiziert sich selbst in diesem dramatischen Konflikt zwischen dem innersten

Empfinden des Guten und der Anziehungskraft des Bösen, zwischen dem Bestreben der „Vernunft", dem Gesetz Gottes zu dienen, und der Herrschaft des „Fleisches", die es der Sünde unterwirft (vgl. *Röm* 7,14-23). Und er ruft aus: „Ich unglücklicher Mensch! Wer wird mich aus diesem dem Tod verfallenen Leib erretten?" (*Röm* 7,24).
Hier nun die neue innere Erfahrung, die der über das Heilswirken der Gnade offenbarten Wahrheit entspricht: „Jetzt gibt es keine Verurteilung mehr für die, welche in Christus Jesus sind. Denn das Gesetz des Geistes und des Lebens in Christus Jesus hat dich frei gemacht vom Gesetz der Sünde und des Todes" (*Röm* 8,1-2). Eine neue Lebensordnung hat in unseren Herzen begonnen „durch den Heiligen Geist, der uns gegeben ist" (*Röm* 5,5).

2. Das ganze christliche Leben vollzieht sich im Glauben und in der Übung aller Tugenden unter dem inneren Wirken dieses erneuernden Geistes, von dem die Gnade ausgeht, die rechtfertigt, belebt und heiligt, und mit der Gnade kommen alle neuen Tugenden, die das Gewebe des übernatürlichen Lebens bilden. Es handelt sich um das Leben, das sich nicht nur aus den natürlichen Fähigkeiten des Menschen - Verstand, Willen, Gefühl - entwickelt, sondern auch aus den neuen, durch die Gnade hinzugekommenen (superadditae) Befähigungen, wie der heilige Thomas von Aquin erklärt (*Summa theol.*, I-II, q.62, aa.1,3). Sie ermöglichen dem Verstand, an Gott, die Wahrheit, zu glauben; dem Herzen, ihn zu lieben durch die Liebe, die im Menschen gleichsam „eine Teilhabe [ist] an der göttlichen Liebe, dem Heiligen Geist, selbst" (II-II, q.23, a.3, ad 3). Sie ermöglichen es allen Kräften der Seele und in gewisser Weise auch des Leibes, an dem neuen Leben teilzuhaben durch ein Handeln, das dem Zustand von Menschen würdig ist, die dazu erhoben wurden, durch die Gnade an der göttlichen Natur Anteil zu erhalten: „consortes divinae naturae", wie der heilige Petrus sagt (*2 Petr* 1,4).
Es ist gleichsam ein neuer, innerer Organismus, in dem sich das Gesetz der Gnade offenbart: das Gesetz, mehr in die Herzen als auf steinerne Tafeln oder papierene Gesetzbücher geschrieben; das Gesetz, das der heilige Paulus - wie wir gesehen haben - „das Gesetz des Geistes und des Lebens in Christus Jesus" nennt (*Röm* 8,2; vgl. Augustinus, *De spiritu et littera* c.24: *PL* 44,225; Thomas v. Aquin, *Summa theol.*, I-II, q.106, a.1).

3. In den vorausgegangenen Katechesen, die dem Einfluß des Heiligen Geistes auf das Leben der Kirche gewidmet waren, haben wir die Vielfalt der Gaben hervorgehoben, die von ihm für die Entwicklung der ganzen Gemeinschaft geschenkt werden. Dieselbe Vielfalt zeigt sich im persönlichen christlichen Leben: Jeder Mensch empfängt die Gaben des Heiligen Geistes in seiner konkreten Existenz nach Maßgabe der Liebe Gottes, von dem die Berufung, der Weg, die geistliche Geschichte des einzelnen ausgehen.
Wir lesen es im Bericht vom Pfingsttag, an dem der Heilige Geist die ganze Gemeinschaft, aber auch jeden Anwesenden erfüllt. Denn während vom Wind, der den Geist kennzeichnet, gesagt wird, er „erfüllte das ganze Haus, in dem sie waren"

(*Apg* 2,2), wird von den Feuerzungen, einem anderen Symbol des Geistes, klargestellt: „auf jeden von ihnen ließ sich eine nieder" (2,3). „Alle wurden mit dem Heiligen Geist erfüllt" (2,4). Die Fülle ist jedem gegeben; und diese Fülle bringt eine Vielfalt von Gaben für alle Aspekte des persönlichen Lebens mit sich.
Unter diesen Gaben wollen wir hier an jene erinnern und sie kurz erläutern, die im Katechismus wie auch in der theologischen Tradition insbesondere Gaben des Heiligen Geistes genannt werden. Es ist wahr, daß alles Geschenk ist, sowohl in der Ordnung der Gnade als auch in jener der Natur und ganz allgemein in der ganzen Schöpfung. Aber die Bezeichnung „Gaben des Heiligen Geistes" wird in der theologischen und katechetischen Sprache den auserlesenen göttlichen Kräften vorbehalten, die der Heilige Geist zur Vervollkommnung der übernatürlichen Tugenden in die Seele eingießt, um dem menschlichen Geist die Fähigkeit zu verleihen, in göttlicher Weise zu handeln (vgl. *Summa theol.,* I-II, q.68, aa.1,6).

4. Zu sagen ist, daß sich im Alten Testament eine erste Beschreibung und Aufzählung der Gaben findet, und zwar im Buch des Jesaja, wo der Prophet dem messianischen König den „Geist der Weisheit und der Einsicht, den Geist des Rates und der Stärke, den Geist der Erkenntnis und der Gottesfurcht" zuschreibt und dann ein zweites Mal die sechste Gabe nennt, indem er sagt, daß der König „den Geist der Gottesfurcht" besitzt (*Jes* 11,2-3).
In der griechischen Version der Septuaginta und in der lateinischen Vulgata des heiligen Hieronymus wird die Wiederholung vermieden; als sechste Gabe wurde „die Frömmigkeit" anstelle der „Gottesfurcht" genannt, so daß der Spruch mit den Worten endet: „Geist der Wissenschaft und der Frömmigkeit, und er wird voll des Geistes der Gottesfurcht sein" (vv. 2-3). Aber man kann sagen, daß die Trennung in Gottesfurcht und Frömmigkeit, keineswegs fern der biblischen Tradition über die Tugenden der großen Gestalten des Alten Testamentes, in der christlichen theologischen, liturgischen und katechetischen Tradition ein von der auf den Messias angewandten Verheißung erfüllteres Lesen und eine Bereicherung seines Wortgehaltes erlaubt. Jesus selbst wendet in der Synagoge von Nazaret auf sich einen anderes messianischen Wort von Jesaja an (*Jes* 61,1): „Der Geist des Herrn ruht auf mir" (*Lk* 4,18), das dem Anfang des vorgenannten Spruchs entspricht, der mit den Worten beginnt: „Der Geist des Herrn läßt sich nieder auf ihm" (*Jes* 11,2). Gemäß der vom heiligen Thomas zusammengefaßten Tradition werden die Gaben des Heiligen Geistes „von der Schrift so genannt, wie sie in Christus entsprechend dem Text des Jesaja waren", aber sie finden sich durch die Herleitung von Christus in der christlichen Seele (vgl. *Summa theol.*, I-II, q.68, a.1).
Die soeben angedeutete biblische Bezugnahme wurde den Grundhaltungen der menschlichen Seele, betrachtet im Licht der übernatürlichen Erhebung und derselben eingegossenen Tugenden, gegenübergestellt. So entwickelte sich die mittelalterliche Theologie der sieben Gaben: obwohl sie keinen absoluten dogmatischen Charakter hat und folglich keine zahlenmäßige Beschränkung der Gaben oder der spezifischen Kategorien vorschreibt, in der sie verteilt werden können, war und ist sie von großem Nutzen sowohl für das Verständnis der Vielfalt der Gaben selbst in

Christus und in den Heiligen als auch für den Beginn zur guten Ordnung des geistlichen Lebens.

5. Der heilige Thomas (vgl. *ebd.* I-II, q.68, aa.4,7) und die anderen Theologen und Katecheten haben dem Jesaja-Text selbst den Hinweis auf eine Verteilung der Gaben in bezug auf das geistliche Leben entnommen, indem sie eine Darstellung vorlegten, die hier nur zusammengefaßt werden kann:

1) Da ist vor allem die Gabe der Weisheit, durch die der Heilige Geist den Verstand erleuchtet, indem er ihm die „höchsten Gründe" der Offenbarung und des geistlichen Lebens erkennen läßt und in ihm eine gesunde und rechte Urteilskraft hinsichtlich des Glaubens und der christlichen Lebensweise formt: die eines „geisterfüllten" Menschen (pneumaticós) und nicht nur eines „irdisch gesinnten" (psychicós) oder sogar „fleischlich gesinnten" Menschen, wie der heilige Paulus sagen würde (vgl. *1 Kor* 2,14-15; *Röm* 7,14).
2) Dann gibt es die Gabe des Verstandes als vom heiligen Geist verliehener Scharfsinn, um das Wort Gottes in seiner Höhe und Tiefe zu erfassen.
3) Die Gabe der Wissenschaft ist die übernatürliche Fähigkeit, den Inhalt der Offenbarung und der Unterscheidung zwischen den Dingen und Gott durch die Kenntnis vom Universum recht zu sehen und zu bestimmen.
4) Mit der Gabe des Rates schenkt der Heilige Geist eine übernatürliche Fähigkeit, wie man sich im persönlichen Leben zu verhalten hat in den schwer erfüllbaren Aufgaben und den schwierigen Entscheidungen wie auch in der Leitung und Führung der anderen.
5) Mit der Gabe der Stärke unterstützt der Heilige Geist den Willen und macht ihn bereit, wirksam und beharrlich für die Bewältigung von Schwierigkeiten und auch äußerster Leiden, wie es vor allem beim Martyrium geschieht: im blutigen, aber auch in dem des Herzens und dem durch Krankheit, Schwachheit und Gebrechlichkeit.
6) Durch die Gabe der Frömmigkeit lenkt der Heilige Geist das Herz des Menschen mit seinen Gefühlen, Zuneigungen, Gedanken und Gebeten, die die Kindschaft gegenüber dem von Christus offenbarten Vater ausdrücken, auf Gott hin. Sie läßt uns in das Geheimnis des „Gott mit uns" eindringen und es aufnehmen besonders in der Verbindung mit Christus, dem fleischgewordenen Wort, in den kindlichen Beziehungen zur seligen Jungfrau Maria, in Gesellschaft der Engel und Heiligen des Himmels und in Gemeinschaft mit der Kirche.
7) Mit der Gabe der Gottesfurcht gießt der Heilige Geist in die christliche Seele den Sinn tiefer Achtung vor dem Gesetz Gottes und den Geboten, die für die christliche Lebensführung daraus folgen, indem sie sie von den Versuchungen der „knechtischen Furcht" befreit und mit der von Liebe erfüllten „kindlichen Furcht" bereichert.

6. Diese Lehre über die Gaben des Heiligen Geistes bleibt für uns eine überaus nützliche Lehre geistlichen Lebens zu unserer eigenen Ausrichtung und zur Anleitung unserer Brüder und Schwestern, für die wir erzieherische Verantwortung tra-

gen, zu einem ununterbrochenen Dialog mit dem Heiligen Geist und einer vertrauens- und liebevollen Hingabe an seine Führung. Sie ist mit dem messianischen Text des Jesaja verbunden und immer auf ihn zurückzuführen; auf Jesus angewandt, spricht er von der Größe seiner Vollkommenheit; auf die christliche Seele angewandt, kennzeichnet er die grundlegenden Momente der Dynamik ihres inneren Lebens: verstehen (Weisheit, Wissenschaft und Verstand), entscheiden (Rat und Stärke), ausharren und wachsen in der persönlichen Beziehung zu Gott, sowohl im Gebetsleben als auch im guten Verhalten, entsprechend dem Evangelium (Frömmigkeit, Gottesfurcht).
Deshalb ist es von grundlegender Wichtigkeit, sich mit dem Geist, dem ewigen Beistand, in Einklang zu bringen, wie er uns durch die Offenbarung im Alten und im Neuen Testament bekannt gemacht wird: als eine einzigartige, unendliche Liebe, die sich uns durch eine Vielfalt und Verschiedenheit von Erscheinungsweisen und Gaben mitteilt im Einklang mit dem allgemeinen Schöpfungsplan.

In deutscher Sprache sagte der Papst:

Liebe Schwestern und Brüder!

Der Heilige Geist ist die innerste Quelle des neuen Lebens, an dem Christus all diejenigen teilhaben läßt, die an ihn glauben: ein Leben nach dem „Gesetz des Geistes", das kraft der Erlösung über die Macht der Sünde und des Todes gesiegt hat.
Das ganze christliche Leben vollzieht sich im Glauben und in der Liebe sowie in der Übung aller Tugenden unter Führung dieses erneuernden Geistes. Von ihm geht die Gnade aus, die rechtfertigt, belebt und heiligt. Mit der Gnade kommen alle Tugenden, die das Gewebe des übernatürlichen Lebens bilden.
In den vorausgegangenen Katechesen, die dem Einfluß des Heiligen Geistes auf das Leben der Kirche gewidmet waren, habe ich die Vielfalt der Gaben betont, die von Ihm für die Entwicklung der ganzen Gemeinschaft geschenkt werden. Die gleiche Vielfalt stellt sich im persönlichen christlichen Leben dar: Jeder Mensch empfängt die Gaben des Heiligen Geistes in seiner je konkreten Existenz nach Maßgabe der Liebe Gottes. Wir können dies im Pfingstbericht nachlesen; es heißt dort, daß der Heilige Geist die ganze Gemeinde erfüllt, aber auch jede anwesende Person. In der Tat, vom Wind, der den Geist symbolisiert, wird gesagt, daß er „das ganze Haus erfüllte, in dem sie waren" (*Apg* 2,2).
Unter diesen Gaben möchte ich besonders an jene erinnern, die im Katechismus wie auch in der theologischen Tradition unter dem Namen der Gaben des Heiligen Geistes dargestellt werden. Eine erste Beschreibung und Auflistung dieser Gaben findet sich im Alten Testament im Buch Jesaja, wo der Prophet dem messianischen König den „Geist der Weisheit und der Einsicht, den Geist des Rates und der Stärke, den Geist der Erkenntnis und der Gottesfurcht" zuschreibt, um dann ein zweites Mal die sechste Gabe zu nennen, wenn er sagt, daß der König „den Geist der Gottesfurcht" besitzt (*Jes* 11,2-3).

Diese Lehre von den Gaben des Heiligen Geistes bleibt für uns wesentlicher und nützlicher Bestandteil unseres spirituellen Lebens, um uns und andere auf einen beständigen Dialog mit dem Heiligen Geist hin zu orientieren und uns vertrauensvoll seiner Leitung zu überlassen.
Mit dieser kurzen Betrachtung grüße ich alle deutschsprachigen Pilger und Besucher sehr herzlich. Mein besonderer Gruß gilt den Teilnehmern an der Osterromfahrt der Jugend der Diözese Regensburg. Ferner grüße ich die Teilnehmer an der Studienfahrt des katholischen Bildungswerkes Marktredwitz, die Pilgergruppe katholischer Soldatenfamilien aus Shape in Belgien sowie die Pilgergruppe der katholischen Militärseelsorge Klosterlechfeld bei Augsburg.
Die Botschaft von Ostern, die wir in den letzten Tagen neu vernommen haben, möge euch allen Mut machen, Zeugnis zu geben von Jesu Auferstehung inmitten einer säkularisierten Welt. Was euch trägt auf den Durststrecken des Alltags, ist der Glaube an die Auferstehung, die begonnen hat kraft der Taufe, durch die wir Christus einverleibt sind. Was Gott an Jesus in der Auferstehung getan hat, das kommt auch uns zugute, denn er hat uns „dazu bestimmt, an Wesen und Gestalt seines Sohnes teilzuhaben, damit dieser der Erstgeborene unter vielen Brüdern sei" (*Röm* 8,25). Auch uns ist durch die Auferweckung Jesu endgültige Hoffnung in Aussicht gestellt.
Euch allen und euren lieben Angehörigen in der Heimat sowie den mit uns über Radio und Fernsehen verbundenen Gläubigen erteile ich von Herzen meinen Apostolischen Segen.

Schlüssel zur Zivilisation der Liebe

Geistlicher Besuch in Jasna Góra

1. „Tod und Leben stehen im Zweikampf."
Am Tag der Auferstehung singt die Kirche mit diesen Worten den Lobpreis des österlichen Opfers. „Victimae Paschali."
Die Kirche verkündet den Sieg des Gekreuzigten durch den Kampf bis zum Tod. Das ist der Kampf, der tödliche Zweikampf (duellum), zwischen dem Leben und dem Tod.
Ostern ist der Tag der kosmischen Sonnenwende: Das Leben hat den Sieg errungen. Christus ist das Leben, der Weg und die Wahrheit (vgl. *Joh* 14,6).

2. Im gekreuzigten und auferstandenen Christus wird den Menschen der Schlüssel gegeben: der göttliche Schlüssel. Es ist der Schlüssel zu einer Zivilisation der Liebe, der Schlüssel zu einer Zivilisation des Lebens durch die Wahrheit und die Liebe.
Unsere Liebe Frau von Jasna Góra!
Meine Nation wie auch die anderen benachbarten und verwandten Nationen stehen an der Schwelle einer neuen Zeit, die die Aufgabe hat, die Baumeister ihrer Zukunft hervorzubringen.
Mit welchem Schlüssel müssen sie diese Zukunft öffnen?

Mutter Christi, der die Wahrheit und das Leben ist, nimm ihnen den Schlüssel aus der Hand, der zur Zivilisation des Todes führt. Festige in ihren Händen den Schlüssel der Zivilisation des Lebens.

3. Im Laufe vieler Generationen inspirierte uns die Auferstehung Christi dazu, den Tod der Nation durch den Willen zum Leben zu überwinden.
Laß nicht zu, daß wir jetzt nachgeben. Laß nicht zu, daß wir unsere Zukunft mit der Zivilisation des Todes verbinden!
„Dux Vitae - mortuus - regnat Vivus."

Versöhnung und Zusammenarbeit

Regina Caeli am 7. April

1. Einer der Gründe, weshalb das Aufwerfen der „Arbeiterfrage" im vergangenen Jahrhundert die politischen und gesellschaftlichen Mächte der damaligen Zeit in Unruhe versetzte, war der Konflikt, in dem die Beziehungen zwischen den Klassen gelebt wurden.
Das „neuerwachte Gefühl der eigenen Kraft" und „der engere Zusammenschluß unter ihnen" veranlaßten die Arbeiter - entsprechend der Ausführungen Leo XIII. in der Enzyklika *Rerum novarum* -, die eigenen Rechte auf Würde und gerechten Lohn für die Arbeit besonders energisch einzufordern, wobei sie manchmal jenes Extrem erreichten, das immer eine Versuchung war für den, der gegen wirkliche oder angenommene Ungerechtigkeiten protestiert. So bewahrheitete sich ein immer gültiges, trauriges Gesetz: Der „in den Armen angestachelte Haß gegen die Reichen" löste, indem er zur Verletzung anderer Gesetze und zur Verwirrung der sozialen Ordnung führte, neue Nachteile für die Gesellschaft und besonders für die Arbeiter selbst aus, anstatt zur Lösung der Streitfrage beizutragen.

2. Der Auffassung von Auseinandersetzung und schließlich des „unversöhnlichen Zweikampfes zwischen Reichen und Armen, als sei eine Klasse naturgemäß Feindin der andern", setzte Leo XIII. den Gedanken der Versöhnung und Zusammenarbeit entsprechend dem Evangelium entgegen, indem er die einen und die anderen an die „wechselseitigen Pflichten" erinnerte und alle einlud, nicht den Weg der Gewalt, sondern des Rechts und damit der gesetzlichen und institutionellen Erneuerung zu beschreiten im Hinblick auf ein besseres Gleichgewicht im Innern des Sozialkörpers.
Zu diesem Zweck beklagte der Papst - während er die Arbeiter aufrief, „vollständig und treu die freiwillig und gemäß der Gleichheit beschlossene Arbeit zu leisten" und „von Gewaltakten bei der Verteidigung der eigenen Rechte" abzusehen - jeden Mißbrauch, der gegen sie von Arbeitgebern begangen wurde, die ihrer Würde und ihren körperlichen und moralischen Anforderungen nicht Rechnung trugen.
Denn auch diese waren Formen der Gewalt, die - so der Papst - auszuschließen waren, „indem man jedem den gerechten Lohn gibt", „die Notleidenden und Be-

nachteiligten nicht zum eigenen Nutzen unterdrückt" und „die geringen Ersparnisse des Arbeiters weder durch Gewalt noch durch offene oder verdeckte Wucherzinsen schädigt".

3. Ein Jahrhundert nach der Enzyklika *Rerum novarum* können wir mit Befriedigung feststellen, daß im Ansatz der sozialökonomischen Beziehungen der legislative und institutionelle Fortschritt bemerkenswert und in den Arbeitern und ihren Vereinigungen der Wunsch gewachsen ist, die Gewalt zu vermeiden. Ja, die Methode der Gewaltlosigkeit hat sogar im politischen Feld so weit Zustimmung erfahren, daß jede Form von Terrorismus und die Zuhilfenahme von Gewalt für die Lösung von Konflikten zwischen den Völkern und Staaten wie ein Aufwallen von Barbarei erscheint.

Es ist jedoch notwendig, auf diesem Weg auch in den Beziehungen mit Arbeitern und Bürgern fortzuschreiten, die verschiedenen Gruppen, Rassen und Nationen angehören, und daß man mit klugen und gleichwertigen legislativen Maßstäben neue, weitreichende Institutionen schafft, die dem Prozeß der kulturellen, sozialen und politischen Einigung entsprechen, der in der Welt im Gang ist.

Wir vertrauen der Fürsprache der seligsten Jungfrau den Einsatz der Katholiken und jedes Menschen guten Willens für die Verwirklichung dieser weitreichenden Erneuerung an, von der in nicht geringem Maße die wirksame Eintracht der Bürger und der soziale Frieden abhängen.

Das Überleben der Kurden ist gefährdet

Appell zugunsten der leidenden Völker

Zu dieser Zeit, in der das Osterlicht die Welt erleuchtet und die Hoffnung in den Herzen der Menschen stärkt, möchte ich euch einladen, für die vielen zu beten, die leiden.

Ich erinnere vor allem an diejenigen, die ihrer Freiheit beraubt sind durch die grausame und böse Praxis der Entführung: ich denke an die Personen, die in Italien noch von ihren Entführern festgehalten werden, und ich denke an einige Länder des Nahen Ostens, insbesondere an den Libanon und den Irak, wo zahllose Menschen in Gefängnissen eingeschlossen sind, ohne daß man von ihnen Nachricht hat.

Dann erinnere ich an die Völker, die im Sudan nach jahrelangen harten Prüfungen durch den Krieg nun weiter aufgrund einer dramatischen Hungersnot leiden und zu Millionen vom Hungertod bedroht sind. Der Herr unterstütze die Anstrengungen der humanitären Organisationen, die im Land tätig sind, und erleuchte die Verantwortlichen der verschiedenen beteiligten Gruppen, auf daß das lobenswerte Werk der Solidarität erleichtert werde auch durch die Schaffung entsprechender „Friedenskorridore" mit dem Ziel, der leidenden Bevölkerung rasch zu helfen.

Nicht vergessen kann ich in diesem Zusammenhang die Völker von Somalia und Äthiopien, die noch vom Krieg und dem Mangel an notwendigsten Hilfsmitteln bedroht sind.

Ein ganz besonderer Gedanke gilt dem geprüften kurdischen Volk des Irak, das sich in einer dramatischen Situation befindet. Denn nicht nur Tausende von Kindern, Frauen und alten Menschen laufen Gefahr, durch Hunger und Kälte zu sterben, sondern das Überleben der gesamten Gemeinschaft ist gefährdet.
Ich appelliere an das Gewissen der Verantwortlichen der Nationen und all jener, denen das Schicksal der Völker am Herzen liegt, damit diese Tragödie beendet werde, indem man eine gerechte und angemessene Lösung findet. Der Hilferuf so vieler Unschuldiger bleibe nicht ungehört!
Wir vertrauen unsere Bitten der seligsten Jungfrau, der Mutter der Barmherzigkeit, an.

Laßt euch vom Geist entflammen!

Ansprache bei der Generalaudienz am 10. April

1. Der heilige Paulus sprach zu uns in der vorausgegangenen Katechese vom „Gesetz des Geistes und des Lebens in Christus Jesus" (*Röm* 8,2): einem Gesetz, nach dem man leben muß, will man „aus dem Geist leben" (*Gal* 5,25), indem man die Werke des Geistes und nicht jene des „Fleisches" tut.
Der Apostel hebt den Gegensatz zwischen „Fleisch" und „Geist" hervor und zwischen zwei Wirk-, Denk- und Lebensweisen, die davon abhängen: „Denn alle, die vom Fleisch bestimmt sind, trachten nach dem, was dem Fleisch entspricht, alle, die vom Geist bestimmt sind, nach dem, was dem Geist entspricht. Das Trachten des Fleisches führt zum Tod, das Trachten des Geistes aber zu Leben und Frieden" (*Röm* 8,5-6).
Der Anblick der „Werke des Fleisches" und des Zustandes geistlicher und kultureller Dekadenz, den der „homo animalis" erreicht, ist traurig. Er darf jedoch nicht die ganz andere Wirklichkeit des Lebens „aus dem Geist" vergessen lassen, die doch auch in der Welt gegenwärtig ist und sich dem Ausbreiten der Kräfte des Bösen widersetzt. Der heilige Paulus spricht davon in dem Brief an die Galater, indem er den „Werken des Fleisches", die vom „Reich Gottes" ausschließen (vgl. 5,19-21), die „Frucht des Geistes" gegenüberstellt, die „Liebe, Freude, Friede, Langmut, Freundlichkeit, Güte, Treue, Sanftmut und Selbstbeherrschung" ist (5,22). Diese Dinge - so der heilige Paulus - werden dem Glaubenden von seinem Innern vorgeschrieben, das heißt vom „Gesetz des Geistes" (*Röm* 8,2), das in ihm ist und ihn in seinem inneren Leben leitet (vgl. *Gal* 5,18.25).

2. Es handelt sich also um ein Prinzip des geistlichen Lebens und der christlichen Haltung, die innerlich und zugleich transzendent ist, wie man bereits aus den Worten Jesu an die Jünger entnimmt: „Der Geist der Wahrheit, den die Welt nicht empfangen kann, weil sie ihn nicht sieht und nicht kennt, ... [wird] in euch sein" (*Joh* 14,17). Der Heilige Geist kommt von oben, dringt aber in uns ein und wohnt in uns, um unser inneres Leben zu beseelen. Jesus sagt nicht nur, daß „er bei euch

bleibt", was an ein Gegenwärtig- und nur Nahesein denken ließe, sondern er fügt hinzu, daß es sich um eine Gegenwart in uns handelt (vgl. *Joh* 14,17). Der heilige Paulus seinerseits wünscht den Ephesern, „der Vater möge ihnen schenken, daß sie in ihrem Innern durch seinen Geist an Kraft und Stärke zunehmen" (vgl. *Eph* 3,16): im Innern des Menschen, das sich nicht mit einem äußeren, oft oberflächlichen Leben zufrieden gibt, sondern in den „Tiefen Gottes" leben will, die „der Geist ergründet" (vgl. *1 Kor* 2,10).
Der Unterschied, den Paulus zwischen dem „irdisch gesinnten" und dem „geisterfüllten" Menschen macht (vgl. *1 Kor* 2,13-14), hilft uns den Unterschied und die Distanz verstehen, die zwischen dem Reifen, das den Fähigkeiten der menschlichen Seele eigen ist, und der besonderen christlichen Reife besteht, die die Entwicklung des Lebens des Geistes, das Reifen des Glaubens, der Hoffnung und der Liebe einschließt. Das Bewußtsein dieser göttlichen Wurzel des geistlichen Lebens, das sich aus dem Innern der Seele auf alle auch äußeren und sozialen Lebensbereiche erstreckt, ist ein grundlegender und erhabener Aspekt der christlichen Anthropologie. Grundlage dieses Bewußtseins ist die Wahrheit des Glaubens, aufgrund dessen ich glaube, daß der Heilige Geist in mir wohnt (*1 Kor* 3,16), in mir betet (*Röm* 8,26; *Gal* 4,6), mich leitet (*Röm* 8,14) und bewirkt, daß Christus in mir lebt (*Gal* 2,20).

3. Auch das von Jesus im Gespräch mit der Samariterin am Jakobsbrunnen verwendete Bild vom „lebendigen Wasser", das er dem geben wird, der glaubt, vom Wasser, das „in ihm zur sprudelnden Quelle werden wird und ewiges Leben schenkt" (vgl. *Joh* 4,14), bedeutet die innere Quelle des geistlichen Lebens. Das stellte Jesus selbst beim Laubhüttenfest klar (vgl. *Joh* 7,2), als er rief: „Wer Durst hat, komme zu mir, und es trinke, wer an mich glaubt. Wie die Schrift sagt: Aus seinem Inneren werden Ströme von lebendigem Wasser fließen." Und der Evangelist Johannes fügt hinzu: „Damit meinte er den Geist, den alle empfangen sollten, die an ihn glauben" (*Joh* 7,37-39).
Der Heilige Geist entwickelt im Glaubenden die ganze Dynamik der Gnade, die das neue Leben schenkt, und der Tugenden, die diese Lebenskraft in Früchte des Guten umsetzt. Vom „Herzen" des Glaubenden aus wirkt der Heilige Geist auch als Feuer gemäß einem anderen Bild, das verwandt wurde von Johannes dem Täufer in bezug auf die Taufe: „Er wird euch mit dem Heiligen Geist und mit Feuer taufen" (*Mt* 3,11) und von Jesus selbst in bezug auf seine messianische Sendung: „Ich bin gekommen, um Feuer auf die Erde zu werfen" (*Lk* 12,49). Deshalb weckt der Geist ein Leben, beseelt von dem Eifer, den der heilige Paulus im *Brief an die Römer* empfiehlt: „Laßt euch vom Geist entflammen" (12,11). Es ist die „lebendige Flamme der Liebe", die reinigt, erleuchtet, brennt und verzehrt, wie der heilige Johannes vom Kreuz so gut dargestellt hat.

4. Im Glaubenden entwickelt sich so unter dem Wirken des Heiligen Geistes eine ursprüngliche Heiligkeit, die die Persönlichkeit des Einzelnen annimmt, erhebt und zur Vollkommenheit führt, ohne sie zu zerstören. So hat jeder Heilige seine eigene

Gestalt. „Stella differt a stella", kann man mit dem heiligen Paulus sagen: „Die Gestirne unterscheiden sich durch ihren Glanz" (*1 Kor* 15,41): nicht nur in der „zukünftigen Auferstehung", auf die sich der Apostel bezieht, sondern auch im gegenwärtigen Zustand des Menschen, der nicht nur irdisch (mit natürlichem Leben ausgestattet), sondern geistlich (vom Heiligen Geist erfüllt) ist (vgl. *1 Kor* 15,44 f.).
Die Heiligkeit besteht in der Vollkommenheit der Liebe. Sie unterscheidet sich jedoch durch die Vielfalt von Aspekten, unter denen die Liebe in den verschiedenen Umständen des persönlichen Lebens in Erscheinung tritt. Unter dem Wirken des Heiligen Geistes besiegt jeder den Egoismus durch die Liebe und entwickelt die besten Kräfte in seiner ursprünglichen Weise, sich zu schenken. Wenn die Ausdrucks- und Ausdehnungskraft der Ursprünglichkeit besonders gewaltig ist, bewirkt der Heilige Geist, daß sich um diese Menschen (auch wenn sie manchmal verborgen bleiben) Gruppen von Jüngern und Anhängern scharen. So entstehen Strömungen geistlichen Lebens, Schulen der Spiritualität, Ordensgemeinschaften, deren Vielfalt in der Einheit das Ergebnis jenes göttlichen Eingriffs ist. Der Heilige Geist ist es, der in den Einzelnen und Gruppen, in den Gemeinschaften und Institutionen, unter den Priestern und Laien die Fähigkeiten aller aufwertet.

5. Aus der inneren Quelle des Geistes erwächst auch der neue Wert der Freiheit, der das christliche Leben kennzeichnet. Wie der heilige Paulus sagt: „Wo der Geist des Herrn wirkt, da ist Freiheit" (*2 Kor* 3,17). Der Apostel bezieht sich direkt auf die von den Anhängern Christi erworbene Freiheit gegenüber dem jüdischen Gesetz im Einklang mit der Lehre und Haltung Jesu. Der Grundsatz, den er verkündet, ist allgemein gültig. Denn er spricht mehrmals von der Freiheit als Berufung des Christen: „Ihr seid zur Freiheit berufen, Brüder" (*Gal* 5,13). Und er erklärt, um was es sich handelt. Nach dem Apostel lebt derjenige in Freiheit, der „sich vom Geist leiten läßt", denn er steht nicht mehr unter der bedrückenden Knechtschaft des Fleisches: „Laßt euch vom Geist leiten, dann werdet ihr das Begehren des Fleisches nicht erfüllen" (*Gal* 5,16). „Das Trachten des Fleisches führt zum Tod, das Trachten des Geistes aber zu Leben und Frieden" (*Röm* 8,6).
Die „Werke des Fleisches", von denen der dem Geist getreue Christ befreit ist, sind die des Egoismus und der Leidenschaften, die den Zugang zum Reich Gottes verhindern. Die Werke des Geistes hingegen sind die der Liebe: „dem allem widerspricht das Gesetz nicht", schreibt der heilige Paulus (vgl. *Gal* 5,18).
Daraus folgt, nach dem Apostel: „Wenn ihr euch aber vom Geist führen laßt, dann steht ihr nicht unter dem Gesetz" (*Gal* 5,18). Während er an Timotheus schreibt, zögert er nicht zu sagen, „daß das Gesetz nicht für den Gerechten bestimmt ist" (*1 Tim* 1,9). Und der heilige Thomas erläutert: „Über die Gerechten hat das Gesetz keine zwingende Gewalt wie über die Bösen" (*Summa theol.*, I-II, q.96, a.5, ad 1), denn die Gerechten tun nichts, was gegen das Gesetz ist. Ja, vom Heiligen Geist geleitet, tun sie freiwillig mehr, als das Gesetz fordert (vgl. *Röm* 8,4; *Gal* 5,13-16).

6. Das ist die wunderbare Versöhnung der Freiheit und des Gesetzes, der Frucht des Heiligen Geistes, die im Gerechten wirkt, wie Jeremia und Ezechiel vorhergesagt

hatten, als sie die Verinnerlichung des Gesetzes des Neuen Bundes ankündigten (vgl. *Jer* 31,31-34; *Ez* 36,26-27).
„Ich lege meinen Geist in euch" (*Ez* 36,27). Diese Prophetie hat sich bewahrheitet und verwirklicht sich immer weiter in den Christgläubigen und in der Kirche insgesamt. Der Heilige Geist gibt die Möglichkeit, nicht einfache Befolger des Gesetzes zu sein, sondern frei, eifrig und treu den Plan Gottes zu verwirklichen. So erfüllt sich, was der Apostel sagt: „Denn alle, die sich vom Geist Gottes leiten lassen, sind Söhne Gottes. Denn ihr habt nicht einen Geist empfangen, der euch zu Sklaven macht, so daß ihr euch immer noch fürchten müßtet, sondern ihr habt den Geist empfangen, der euch zu Söhnen macht, den Geist, in dem wir rufen: Abba, Vater!" (*Röm* 8,14-15). Es ist die Freiheit von Söhnen und Töchtern, die von Jesus als die wahre Freiheit verkündet wurde (vgl. *Joh* 8,36). Es ist eine innere, grundlegende Freiheit, immer ausgerichtet auf die Liebe, die den Zugang zum Vater in dem einen Geist möglich und beinahe selbstverständlich macht (vgl. *Eph* 2,18). Es ist die geführte Freiheit, die im Leben der Heiligen erstrahlt.

In deutscher Sprache sagte der Papst:

Liebe Schwestern und Brüder!

In der vorausgegangenen Katechese hat der hl. Paulus zu uns vom Gesetz des Geistes gesprochen, das das Leben in Christus Jesus gibt. Nach diesem Gesetz sollen wir Christen leben, wenn wir die Werke des Geistes und nicht die „des Fleisches" (*Gal* 2,25) tun wollen. Denn „das Trachten des Fleisches" führt zum Tod, „das Trachten des Geistes aber zu Leben und Frieden" (*Röm* 8,6).
Es geht also um den Geist als den Ursprung geistlichen Lebens und christlicher Lebensweise. Dieser Geist wirkt im Inneren des Menschen, damit er an Kraft und Stärke zunimmt (vgl. *Eph* 3,16). Der Geist, so lesen wir beim hl. Paulus, wohnt in uns, betet in uns, leitet uns und bewirkt, daß Christus in uns lebt.
Auch das von Jesus im Gespräch mit der Samariterin verwendete Bild vom „lebendigen Wasser" (*Joh* 4,14), das er denen schenkt, die an ihn glauben, weist deutlich auf diesen inneren Lebensquell hin.
Der Geist bewirkt im Glaubenden eine ursprüngliche Heiligkeit, die er dann zur Vervollkommnung erhebt, ohne dabei die Persönlichkeit des Einzelnen zu beeinträchtigen. Diese Heiligkeit besteht in der Vollkommenheit der Liebe; sie nimmt aber vielfältige Gestalt an je nach den verschiedenen Voraussetzungen des persönlichen Lebens. In dieser Liebe vermag der Glaubende, geführt vom Heiligen Geist, den Egoismus zu überwinden und zur christlichen Freiheit zu gelangen, da er sich nicht mehr unter das niederdrückende Joch des Fleisches beugt (vgl. *Gal* 5,16). Diese Freiheit kennzeichnet nach dem hl. Paulus das christliche Leben: „Ihr seid zur Freiheit berufen" (*Gal* 5,13).
Indem ich zum Schluß dieser Betrachtung dazu einlade, nach dem Geist der Osterzeit hoffnungsvoll in der neuen Wirklichkeit des Auferstehungsglaubens zu wandeln, grüße ich alle deutschsprachigen Pilger und Besucher sehr herzlich. Ein besonderer Gruß gilt der Pilgergruppe der Pfarrgemeinde Christus König in Halver,

den Pilgergruppen aus den Pfarreien St. Kunibert in Heimerzheim und St. Martinus, Ollheim sowie der Pilgergruppe aus der Pfarrei Heilige Familie in Goldberg.
Euch allen und euren lieben Angehörigen in der Heimat sowie den mit uns über Radio und Fernsehen verbundenen Gläubigen erteile ich für reiche österliche Gnaden von Herzen meinen Apostolischen Segen.

Die Liebe ist stärker als der Haß

Geistlicher Besuch in Jasna Góra

1. „Im Namen Jesu Christi, des Gekreuzigten und Auferstandenen, im Geist seiner messianischen Sendung, die in der Geschichte der Menschheit fortdauert, erheben wir unsere Stimme und bitten, daß sich in diesem Abschnitt der Geschichte jene Liebe, die im Vater ist, noch einmal offenbare und durch das Wirken des Sohnes und des Heiligen Geistes ihre Anwesenheit in der Welt von heute deutlich mache und sich stärker als jedes Übel erweise: stärker als die Sünde und der Tod. Darum bitten wir durch die Fürsprache jener, die das ‚Erbarmen von Geschlecht zu Geschlecht' unaufhörlich verkündet, und auch all jener, an denen sich die Worte der Bergpredigt bis zur Vollendung verwirklicht haben: ‚Selig die Barmherzigen; denn sie werden Erbarmen finden'" (*Dives in misericordia*, Nr. 15).

2. Unsere Liebe Frau von Jasna Góra! Die Worte der Enzyklika über das göttliche Erbarmen (Dives in misericordia) liegen uns besonders nahe. Sie erinnern an die Gestalt der Dienerin Gottes Sr. Faustina Kowalska. Diese einfache Ordensfrau hat die österliche Botschaft des barmherzigen Christus in besonderer Weise Polen und auch der Welt nahegebracht.
Es geschah vor dem Zweiten Weltkrieg mit all seinen Grausamkeiten. Angesichts aller gegen den Menschen organisierten Verachtung wurde die Botschaft vom gemarterten und auferstandenen Christus für so viele Menschen in Polen und auch über seine Grenzen hinaus bis in andere Kontinente eine Quelle der Hoffnung und der Kraft, die für das Überleben erforderlich waren.

3. Und heute? Ist es denn auch „in unserer Welt von heute" - in unserem Vaterland, in der Gesellschaft, unter den Menschen, die in einen neuen Abschnitt der Geschichte eingetreten sind - nicht notwendig, daß die Liebe sich als stärker erweist als der Haß und Egoismus? Müssen wir nicht die Worte des Evangeliums: „Selig die Barmherzigen; denn sie werden Erbarmen finden" (*Mt* 5,7), in die Sprache der Generation von heute umsetzen?
Mutter, du verkündest das göttliche Erbarmen „von Geschlecht zu Geschlecht" (*Lk* 1,50), hilf unserer Generation, sich aus der moralischen Krise zu erheben. Das neue Gebot Christi: „Liebt einander!" (*Joh* 13,34) möge unter uns immer voller das Bürgerrecht erlangen.

Frieden in Gerechtigkeit

Regina Caeli am 14. April

1. Zur Zeit Papst Leo XIII. war der Sinn für internationale Solidarität bei der Bewältigung sozialökonomischer Probleme noch nicht so ausgeprägt: sei es der Probleme von weltweitem Interesse, sei es jener, die einzelne Völker oder Völkergruppen betrafen. Leider bedurfte es der Prüfungen zweier Weltkriege - besonders des letzten -, um einen entscheidenden Antrieb zu geben für die Verwirklichung eines Plans der internationalen Gerichtsbarkeit, der die Voraussetzung und Grundlage eines wahren Friedens war.
Die Zeiten sind gereift, und die Kirche konnte - durch die Lehre der Päpste, die mir vorausgegangen waren und denen auch ich meine Stimme hinzufügte - die sozialethischen Grundsätze Leo XIII. in ihrer zusammenhängenden internationalen und weltweiten Dimension entwickeln und anwenden. Besonders die Ethik der ganzheitlichen Entwicklung des Menschen und die Werte der Solidarität gegenüber den armen Ländern in allen Teilen der Welt sind die Grundlagen der Soziallehre, die die Kirche durch ihr Lehren und Wirken einzupflanzen versucht, obwohl sie jeden Tag die Beschränktheit ihrer Mittel erfährt. Aber diese Erfahrung wird Teil des lebendigeren Bewußtseins, das die Kirche davon hat, daß sie arm inmitten der Armen ist, wie es ihr Stifter Jesus Christus war: arm unter allen Armen der Welt - unabhängig von ihren ethnischen und religiösen Unterschieden -, um wie Christus unter ihnen umherzuziehen und „Gutes zu tun": pertransit benefaciendo (*Apg* 10,38).

2. Leo XIII. seinerseits hatte in der Enzyklika *Rerum novarum* nachdrücklich die Erfahrungen der Gemeinschaft und Liebe der urchristlichen Zeiten hervorgehoben, als die Glaubenden fast durch eine natürliche Bewegung ihres Geistes danach strebten, sich gegenseitig zu helfen und sogar „alles gemeinsam" zu haben (vgl. *Apg* 4,10); und die Apostel schufen die erste caritative Einrichtung, die Diakone, denen „das Amt zustand, die tägliche Wohltätigkeit auszuüben"; während der heilige Paulus „nicht zögerte, beschwerliche Reisen zu unternehmen, um die von ihm gesammelten Almosen mit eigener Hand den armen Christen zu überbringen"; und in den verschiedenen Gemeinschaften wurde zu spontanen Opfergaben der Gläubigen ermutigt, von Tertullian „Schatz der Barmherzigkeit" genannt (vgl. *Apologet.*, II, 39). So hatte sich ein Patrimonium der Kirche gebildet, das, wie Papst Leo schreibt, von ihr „mit religiöser Sorge als Patrimonium der armen Leute betrachtet wurde". Der von der ersten Christengemeinde unternommene Weg wurde nicht mehr verlassen: in den nachfolgenden Jahrhunderten führte die Kirche ihre Wohltätigkeit in vielfältigen Formen fort. Sie konnte nicht umhin, es zu tun, betont der große Papst, denn sie wurde dazu angetrieben von der Liebe, „die aus dem heiligsten Herzen Jesu Christi strömt".

3. Es ist dieses in der Kirche immer gegenwärtige göttliche Herz, das der Braut Christi heute den Pulsschlag eines neuen Bewußtseins von der internationalen und weltweiten Dimension der Liebe eingibt und sie antreibt zu bitten - wie es bereits

Leo XIII. tat -, daß die Staaten „die Gesamtheit der Gesetze und politischen Institutionen" den Bedürfnissen der Gemeinschaft aller Armen der Welt anpassen.
Das wird der Weg sein, auf dem die Menschheit nach Überwindung der wiederholten Versuchungen des Krieges das unschätzbare Gut des Friedens auf dem ganzen Erdkreis erreichen kann.
Wir vertrauen der heiligen Maria, der Mutter der Menschen und der Nationen, diese gemeinsame Sehnsucht an, damit sie durch ihre Fürsprache den Anbruch einer Zeit echten Friedens herbeiführe, die auf der Gerechtigkeit und internationalen Solidarität gründet.

Nach dem österlichen Marienlob sagte der Papst in deutscher Sprache:

Ein herzlicher Willkommensgruß gilt der ökumenischen Pilgergruppe der „Bruderhilfe" aus Kassel. Mögen euch die Tage in Rom auch Zeiten der Besinnung schenken und euch Stärkung sein für ein lebendiges Zeugnis des gemeinsamen Glaubens.

Der Heilige Geist - Urheber des Gebets

Ansprache bei der Generalaudienz am 17. April

1. Die erste und wichtigste Form inneren Lebens ist das Gebet. Die geistlichen Lehrer und Meister sind davon so überzeugt, daß sie das innere Leben als Gebetsleben darstellen. Der Haupturheber dieses Lebens ist der Heilige Geist, wie er es schon in Christus war. So lesen wir im Lukasevangelium: „In dieser Stunde rief Jesus, vom Heiligen Geist erfüllt, voll Freude aus: Ich preise dich, Vater, Herr des Himmels und der Erde" (*Lk* 10,21). Es ist ein Lob- und Dankgebet, das - so der Evangelist - aus diesem „vom Heiligen Geist erfüllten" Freudenruf Jesu erwächst.
Wir wissen, daß der Meister während seines messianischen Wirkens sich wiederholt in die Einsamkeit zurückzog, um zu beten, und daß er ganze Nächte im Gebet verbrachte (vgl. *Lk* 6,12). Für dieses Gebet bevorzugte er abgelegene Orte, die zum Gespräch mit Gott einladen, entsprechend dem Bedürfnis und der Neigung jedes für das Geheimnis der göttlichen Transzendenz empfänglichen Geistes (vgl. *Mk* 1,35; *Lk* 5,16). Ähnliches taten Mose und Elia, wie aus dem Alten Testament hervorgeht (vgl. *Ex* 34,28; *1 Kön* 19,8). Das Buch des Propheten Hosea gibt uns zu verstehen, daß an abgelegenen Orten eine besondere Inspiration zum Gebet besteht; denn Gott will den Menschen „in die Wüste hinausführen und ihn umwerben" (vgl. *Hos* 2,16).

2. Auch in unserem Leben wie in Jesu Leben offenbart sich der Heilige Geist als Gebetsgeist. Das sagt uns der Apostel Paulus deutlich in einem Abschnitt des Briefes an die Galater, den wir schon früher zitiert haben: „Weil ihr aber Söhne seid, sandte Gott den Geist seines Sohnes in unser Herz, den Geist, der ruft: Abba, Vater" (*Gal* 4,6). In gewisser Weise verlegt der Heilige Geist das Gebet des Sohnes, das zum Vater ruft, in unsere Herzen. Deshalb kommt auch in unserem Gebet

die „Gotteskindschaft" zum Ausdruck, die uns in Christus und durch Christus verliehen ist (vgl. *Röm* 8,15). Das Gebet bekennt unseren Glauben im Bewußtsein der Wahrheit, daß „wir Kinder Gottes", „Erben Gottes" und „Miterben Christi" sind. Das Gebet erlaubt uns, diese übernatürliche Wirklichkeit zu leben dank dem Wirken des Heiligen Geistes, der sie „selber unserem Geist" bezeugt (*Röm* 8,16-17).

3. Seit den Anfängen der Kirche lebten die Jünger schon in diesem Glauben, der auch in der Todesstunde zum Ausdruck gebracht wurde. Wir kennen das Gebet des Stephanus, des ersten Märtyrers, eines Mannes, „erfüllt vom Heiligen Geist", der während der Steinigung seine besondere Verbundenheit mit Christus bewies, indem er wie sein gekreuzigter Meister in bezug auf seine Mörder rief: „Herr, rechne ihnen diese Sünde nicht an!" Und betend sah er „Jesus zur Rechten Gottes stehen ... und rief: Herr Jesus, nimm meinen Geist auf!" (*Apg* 7,55-60). Dieses Gebet war Frucht des Wirkens des Heiligen Geistes im Herzen des Märtyrers.
Auch in der Geschichte des Martyriums anderer Bekenner Christi findet sich dieselbe innere Gebetsinspiration. Auf diesen Seiten kommt das christliche Bewußtsein zum Ausdruck, geformt in der Schule des Evangeliums und der Apostelbriefe und Bewußtsein der Kirche selbst geworden.

4. Der Heilige Geist erscheint in Wirklichkeit, vor allem in der Lehre des heiligen Paulus, als der Urheber des christlichen Gebetes, vor allem weil er zum Gebet antreibt. Er ist es, der das Bedürfnis und den Wunsch hervorruft, das „Wachet und betet" zu befolgen, das Christus besonders in der Stunde der Versuchung empfiehlt, denn „der Geist ist willig, aber das Fleisch ist schwach" (*Mt* 26,41). Ein Echo dieser Aufforderung scheint in den Worten des Briefes an die Epheser zu erklingen: „Hört nicht auf, zu beten und zu flehen! Betet jederzeit im Geist; seid wachsam, harrt aus und bittet ..., daß Gott mir das rechte Wort schenkt, wenn es darauf ankommt, mit Freimut das Geheimnis des Evangeliums zu verkünden" (*Eph* 6,18-19). Paulus erkennt sich in der Lage der Menschen, die das Gebet brauchen, um der Versuchung zu widerstehen und nicht ihrer menschlichen Schwäche zum Opfer zu fallen und um die Sendung zu erfüllen, zu der sie berufen sind. Er hat den ihm gegebenen Auftrag, in der Welt, besonders unter den Heiden, Zeuge Christi und des Evangeliums zu sein, immer gegenwärtig und empfindet ihn manchmal geradezu dramatisch. Und er weiß, daß das, was er zu tun und zu sagen berufen ist, auch und vor allem Werk des Geistes der Wahrheit ist, von dem Jesus gesagt hat: „Er wird von dem, was mein ist, nehmen und es euch verkünden" (*Joh* 16,14). Weil es sich um eine „Sache Christi" handelt, die der Heilige Geist nimmt, um „ihn zu verherrlichen" durch die missionarische Verkündigung, kann der Mensch nur durch sein Eintreten in den Kreis jener Beziehung zwischen Christus und seinem Geist und damit in das Geheimnis der Einheit mit dem Vater eine solche Sendung durchführen: Der Weg, der zu solcher Gemeinschaft führt, ist das in uns vom Geist hervorgerufene Gebet.

5. Mit besonders eindringlichen Worten zeigt der Apostel im Brief an die Römer, „wie sich auch der Geist unserer Schwachheit annimmt. Denn wir wissen nicht, worum wir in rechter Weise beten sollen; der Geist selber tritt jedoch für uns ein mit

Seufzen, das wir nicht in Worte fassen können" (*Röm* 8,26). Ein ähnliches Seufzen hört Paulus in gewisser Weise aus dem Innern der Schöpfung selbst aufsteigen, die „sehnsüchtig auf das Offenbarwerden der Söhne Gottes" wartet und in der Hoffnung, „von der Sklaverei und Verlorenheit befreit" zu werden, „seufzt und in Geburtswehen liegt" (*Röm* 8,19.21-22). Und auf diesem geschichtlichen und geistlichen Schauplatz wirkt der Heilige Geist: „Und Gott, der die Herzen erforscht, weiß, was die Absicht des Geistes ist: Er tritt so, wie Gott es will, für die Heiligen ein" (*Röm* 8,27).
Wir sind hier an der innersten und tiefsten Wurzel des Gebets. Paulus weist uns auf sie hin und läßt uns deshalb verstehen, daß uns der Heilige Geist nicht nur zum Gebet antreibt, sondern selbst in uns betet!

6. Der Heilige Geist steht am Anfang des Gebets, das in vollkommenster Weise die zwischen den göttlichen Personen der Dreifaltigkeit bestehende Beziehung widerspiegelt: das Gebet des Lobpreises und der Danksagung, durch das der Vater und mit ihm der Sohn und der Heilige Geist verehrt wird. Dieses Gebet war auf den Lippen der Apostel am Pfingsttag, als sie „Gottes große Taten verkündeten" (vgl. *Apg* 2,11). Dasselbe geschah im Haus des Hauptmanns Kornelius, als auf die Anwesenden während der Rede des Petrus „die Gabe des Heiligen Geistes ausgegossen wurde" und „sie Gott priesen" (vgl. *Apg* 10,45-47).
Diese erste christliche Erfahrung, die zum Allgemeingut in der Urkirche wurde, interpretiert der heilige Paulus, als er in dem Brief an die Kolosser - nach dem Wunsch: „Das Wort Christi wohne mit seinem ganzen Reichtum bei euch" (*Kol* 3,16) - die Christen auffordert, im Gebet auszuharren und sich selbst zu belehren und zu ermahnen durch „Psalmen, Hymnen und Lieder, wie der Geist sie eingibt" (*ebd.*). Und er bittet sie, daß dieser Stil des Gebetslebens auf alles, „was ihr in Worten und Werken tut", übertragen werde: „Alles ... geschehe im Namen Jesu, des Herrn. Durch ihn dankt Gott, dem Vater! (3,17).
Hier tritt die trinitarische Dimension des christlichen Gebets zutage nach der Lehre und Aufforderung des Apostels. Man sieht auch - so der Apostel -, daß es der Heilige Geist ist, der zu solchem Gebet antreibt und es im Herzen des Menschen formt. Das Gebetsleben der Heiligen, der Mystiker, der Schulen und Strömungen der Spiritualität, das sich in den christlichen Jahrhunderten entwickelt hat, steht auf der Linie der Erfahrung der Urgemeinden. An diese Linie hält sich die Liturgie der Kirche, wie es zum Beispiel deutlich wird im „Gloria in excelsis Deo", wenn wir sprechen: „Wir sagen dir Dank für deine große Herrlichkeit"; so auch im „Te Deum", in dem wir Gott loben und als Herrn bekennen. Dann, in den *Präfationen*, kehrt die beständige Aufforderung wieder: „Lasset uns danken dem Herrn, unserm Gott", und die Gläubigen sind eingeladen, zuzustimmen und teilzunehmen mit der Antwort: „Das ist würdig und recht." Wie schön ist es auch, mit der betenden Kirche am Ende jedes Psalms und bei so vielen anderen Gelegenheiten die so knappe, dichte und herrliche Doxologie des „Gloria Patri" zu wiederholen: „Ehre sei dem Vater und dem Sohn und dem Heiligen Geist ..."

7. Die Verherrlichung des einen und dreifaltigen Gottes unter dem Wirken des Heiligen Geistes, der in uns und für uns betet, geschieht hauptsächlich im Herzen, übersetzt sich aber auch in Lobgesang aus einem Bedürfnis nach persönlicher und gemeinschaftlicher Ausdrucksform bei der Feier der Wundertaten Gottes. Die Seele, die Gott liebt, drückt sich selbst in den Worten und leicht auch im Gesang aus, wie es in der Kirche seit den ersten Christengemeinden immer geschehen ist. Der heilige Augustinus berichtet uns, daß „der heilige Ambrosius in der Kirche in Mailand den Gesang einführte" (vgl. *Bekenntnisse*, 9, c.7: *PL* 32,769), und er erinnert sich, daß er weinte „bei den Hymnen und Gesängen auf Dich, mächtig bewegt vom Wohllaut dieser Lieder Deiner Kirche" (vgl. *Bekenntnisse*, 9, c.6; *PL* 32,769). Auch der Klang kann beim Lobpreis Gottes hilfreich sein, wenn die Musikinstrumente dazu dienen, „die menschlichen Gefühle in die Höhe zu führen (rapere in celsitudinem)" (Thomas von Aquin, *Expositio in Psalmos*, 32,2). So erklärt sich der Wert der Lieder und Klänge in der Liturgie der Kirche, weil „sie dazu dienen, das Gefühl zu Gott zu erheben [auch] durch die verschiedenen Klangmodulationen ..." (Thomas v. Aquin, II-II, q.92, a.2; vgl. Augustinus, *Bekenntnisse*, 10, c.22: *PL* 32,800). Wenn die liturgischen Richtlinien beachtet werden, kann man auch heute das erfahren, was der heilige Augustinus in einem andern Abschnitt seiner *Bekenntnisse* erwähnt (9, c.6, n.8): „Wie hab ich, mein Gott, zu dir gerufen, als ich die Psalmen Davids las, Lieder des Vertrauens, fromme Weisen ... Wie rief ich auf zu dir mit diesen Psalmen, wie entflammte ich an ihnen für dich und erglühte vor Verlangen, sie dem ganzen Erdkreis, hätt ich's nur gekonnt, zu verkünden ..." All das geschieht, wenn sowohl die einzelne Seele als auch die Gemeinschaft das Wirken des Heiligen Geistes im Innern unterstützen.

In deutscher Sprache sagte der Papst:

Liebe Schwestern und Brüder!

Die erste und wichtigste Form geistlichen Lebens ist das Gebet. Während seines irdischen Wirkens hat sich Jesus wiederholt in die Einsamkeit zurückgezogen, um zu beten. Er bevorzugte dabei vor allem abgelegene Gegenden, ja selbst die Wüste. Schon große Gestalten des Alten Testaments wie Mose und Elija wußten, daß eine solche Abgeschiedenheit das Gespräch mit Gott sehr erleichtert und hier die Wirklichkeit der göttlichen Transzendenz deutlicher erfahren werden kann. In der Tat ist es Gott selber, der den Suchenden in die Wüste führt und ihm „zu Herzen redet" (vgl. *Hos* 2,16).

Wie für Jesus, so ist es auch in unserem Leben der Heilige Geist, der sich als Geist des Gebetes erweist und zum Beten anspornt. Vor allem in der Verkündigung des Apostels Paulus erscheint der Heilige Geist als Ursprung christlichen Betens. Er selbst ist es, der das Verlangen und die Bitte nach dem „Wachet und betet" Jesu hervorruft, gerade in schweren Stunden der Verlassenheit und Bewährung: denn „der Geist ist willig, aber das Fleisch ist schwach" (*Mt* 26,41). Mit besonders eindringlichen Worten spricht Paulus im Römerbrief vom Geist, der sich unserer Schwachheit annimmt. „Denn wir wissen nicht, worum wir in rechter Weise beten

sollen; der Geist selber jedoch tritt für uns ein" (*Röm* 8,26). Hier nun erschließt uns der Völkerapostel die eigentlichen und tiefsten Wurzeln des Gebetes: der Heilige Geist ist nicht nur Urheber echten Betens, er selber ist es, der in uns spricht!
Recht verstandenes Gebet aus „Geist und Wahrheit" (*Joh* 4,23) ist aber nicht nur Flehen und Fürbitte, sondern vor allem Lobpreis und Danksagung. So preisen die Apostel am Pfingsttag „Gottes große Taten" (*Apg* 2,11), und so empfangen, während der Rede des Petrus im Haus des heidnischen Hauptmanns, die Anwesenden die „Gabe des Heiligen Geistes" und beginnen Gott zu preisen (vgl. *Apg* 10,44-47).
Es bleibt schließlich der auch an uns gerichtete Wunsch des Paulus an die Kolosser, das Wort Christi möge mit seinem ganzen Reichtum in uns wohnen (vgl. *Kol* 3,16), im inständigen Gebet zu verharren und Gott mit Psalmen, Hymnen und Liedern voll Dank im Herzen Lob zu singen.
Mit dieser kurzen Betrachtung grüße ich alle deutschsprachigen Pilger sehr herzlich. Ein besonderer Willkommensgruß gilt der Gruppe aus den Dekanaten Egeln und Strassfurt, der Pfarrgemeinde Heilige Familie in Zwickau, den Jubilarinnen der Barmherzigen Schwestern vom hl. Vinzenz von Paul in Untermarchtal, den Ordensschwestern aus verschiedenen Kongregationen, die an einem geistlichen Kurs in La Storta teilnehmen, sowie der sorbischen Pilgergruppe aus Balbitz in der Lausitz.
Euch allen, euren lieben Angehörigen daheim sowie den über Radio und Fernsehen mit uns Verbundenen erteile ich von Herzen meinen Apostolischen Segen.

Die Frau erste Verkünderin des Lebens

Geistlicher Besuch in Jasna Góra

1. Unsere Liebe Frau von Jasna Góra!
Heute lese ich vor dir zusammen mit den Audienzteilnehmern die mit dem Marianischen Jahr verbundenen Worte, die in dem Apostolischen Schreiben *Mulieris dignitatem* (über die Würde und Berufung der Frau) von 1988 stehen.
„Vom Beginn der Sendung Christi an zeigt die Frau ihm und seinem Geheimnis gegenüber eine besondere Empfänglichkeit, die einem Wesensmerkmal ihrer Fraulichkeit entspricht. Ferner muß gesagt werden, daß sich das besonders beim Ostergeheimnis bestätigt, nicht nur unter dem Kreuz, sondern auch am Morgen der Auferstehung.
Die Frauen sind als erste am Grab. Sie sind die ersten, die es leer finden. Sie sind die ersten, die vernehmen: „Er ist nicht hier; denn er ist auferstanden, wie er gesagt hat" (*Mt* 28,6) ... Ihnen wird als ersten aufgetragen, den Jüngern diese Wahrheit zu verkünden (vgl. *Mt* 28,1-10; *Lk* 24,8-11)" (Nr. 16).

2. Wie bedeutsam ist dieser Vorzug! Die Auferstehung ist die Wahrheit über Gott, der das Leben ist und das Leben liebt. Sie ist die letzte Wahrheit über das Leben, das Gott in Jesus Christus dem Menschen bestimmt hat ... über die Grenzen des Todes hinaus.

Die Frau ist im Evangelium die erste Verkünderin dieses Lebens. Sie ist die erste Zeugin des menschlichen Lebens, das in ihr empfangen wird. Sie ist die erste Verkünderin dieses Lebens, das sich uns in der Auferstehung Christi offenbart hat.
Wie tief ist die Bedeutung dieser Tatsache! Welch eine Logik hat das Evangelium!
Ich wäre meinen Landsleuten dankbar, wenn sie über das Schreiben *Mulieris dignitatem* in dieser Zeit nachdenken würden, in der in bezug auf das Recht des ungeborenen Kindes auf Leben die Rechte der Frau und Mutter ernstlich überdacht werden müssen.

3. Mutter von Jasna Góra!
Das Schreiben *Mulieris dignitatem* wurde eine Ergänzung der Enzyklika *Redemptoris Mater*. Es ist nicht möglich, an das Leben und die Berufung aller Frauen der Welt zu denken, ohne den Blick auf dich zu richten - immer und besonders in unserer Zeit, in der der „einseitige Fortschritt auch zu einem schrittweisen Verlust der Sensibilität für den Menschen, für das eigentlich Menschliche, führen. In diesem Sinne erwartet vor allem unsere Zeit, daß jener ‚Genius' der Frau zutage trete, der die Sensibilität für den Menschen, eben weil er Mensch ist, unter allen Umständen sicherstellt und so bezeugt: ‚Die Liebe ist am größten' (vgl. *1 Kor* 13,13)" (Nr. 30).

RERUM NOVARUM - Zeichen für die Wende

Regina Caeli am 21. April

1. Als Leo XIII. die Enzyklika *Rerum novarum* schrieb, gab es keine richtige und eigentliche Soziallehre der Kirche im Sinn eines organischen Ganzen von Grundsätzen und Ausrichtungen in bezug auf die rechte Lösung der sogenannten „Arbeiterfrage". Gewiß gab es ein reiches religiöses und moralisches Erbe, erwachsen aus der Botschaft Jesu, der Lehre der Apostel und der kirchlichen Tradition, aus dem es möglich war, Inspiration und praktische Kriterien für diese Frage zu schöpfen. In der Enzyklika mangelt es wirklich nicht an Hinweisen auf die Evangelien, die Apostelgeschichte und die Apostelbriefe und auf die alten Kirchenväter und -lehrer, besonders auf den heiligen Thomas von Aquin als Quellen für die Lehre, die damals vom Papst maßgebend erteilt wurde. Forschungen im Archiv haben erlaubt, den Zeichen der sorgfältigen Vorbereitungsarbeit für die Abfassung dieses Dokumentes nachzugehen, das den bedeutendsten Theologen der damaligen Zeit und verschiedenen Professoren von Fakultäten und Universitätsinstituten anvertraut war. Der Papst, der das Werk dieser Mitarbeiter anspornte und verfolgte, bestätigte die Ergebnisse mit seiner Autorität, als er am 15. Mai 1891 die Enzyklika veröffentlichte.

2. Dieses Datum eröffnete einen Prozeß des Nachdenkens und der wissenschaftlichen Vertiefung auf dem weiten Sozialfeld, wie es sich vielleicht wenige vorgestellt hatten: Die Enzyklika *Rerum novarum* war wirklich das Zeichen für eine Wende. Das Lehramt der Kirche - ohne die notwendige politische Bezugnahme zu

vergessen - sollte dann den sozialen Themen entsprechend den neuen Erfordernissen der Zeit den Vorrang geben und diejenigen erleuchten und unterstützen, die eine ausgewogene menschliche und christliche Lösung für die schwierigen Probleme der Gesellschaft suchten.
So zeichneten sich aus als Entwickler der Soziallehre der Kirche und zugleich als Unterstützer der Tätigkeit der Katholiken im sozialen Bereich: Pius XI. durch *Quadragesimo anno*; Pius XII. durch die *Botschaft* von Pfingsten 1951 und andere grundlegende Botschaften; Johannes XXIII. durch *Mater et Magistra* und *Pacem in terris*; Paul VI. durch *Populorum progressio* und *Octogesima adveniens*. Auch das II. Vatikanische Konzil leistete einen großen Beitrag zu dieser Lehre, besonders durch die Pastoralkonstitution *Gaudium et spes*.

3. Als Erbe dieses Lehramtes habe auch ich die Probleme des sozialen Lebens und der modernen Ökonomie entsprechend den neuen, in diesen Jahren von ihnen erreichten Dimensionen aufgegriffen. Ich bin voll überzeugt von der Notwendigkeit und Aktualität der Soziallehre, an deren Entwicklung der Papst und die Bischöfe als Hirten des Volkes Gottes an erster Stelle beteiligt sind. Aber diese Lehre wird auch erstellt mit dem Beitrag sowohl der Theologen und der Moraltheologen als auch der Experten der Ökonomie, Soziologie und Staatswissenschaften usw.: In den Instituten und Studienzentren, in Büchern und Zeitschriften, in Tagungen oder Sozialen Wochen sind alle aufgerufen, bei der Suche nach einer klugen und nützlichen Antwort auf die alten und neuen Fragen mitzuarbeiten, die heute von den Menschen und Gesellschaften gestellt werden.
Während ich von Herzen alle lobe und segne, die auf diesem Gebiet tätig sind, vertraue ich sie der mütterlichen Sorge der seligsten Jungfrau Maria an, damit sie sie erleuchte und stütze in ihrem Einsatz, der für das Leben der Völker und die Sache des Friedens so wichtig ist.
Bevor wir das Regina Caeli sprechen, gedenken wir, meine Lieben, heute am Gebetstag für Priester und Ordensberufe in der Kirche, aller Seminaristen in der Welt, aller Seminare, wo sie sich vorbereiten; wir denken an das große Werk der letzten Bischofssynode, die der Priesterausbildung gewidmet war. Und dann denken wir an die Notwendigkeit der Priesterberufe, der weiblichen und männlichen Ordensberufe in aller Welt und bitten nicht nur heute, sondern jeden Tag inständig darum, daß Gott Arbeiter in seine Ernte sende.

Nach dem österlichen Marienlob sagte der Papst:

Einen besonderen Gruß richte ich an die Ordensfrauen und Gläubigen, die nach Rom gekommen sind, um an der Seligsprechung teilzunehmen, die ich zu meiner Freude soeben in der Petersbasilika vorgenommen habe.
Ich rufe euch auf, ihrem Beispiel der Hingabe, der Treue zu Gott und des hochherzigen Dienstes am Nächsten zu folgen.
Allen Anwesenden wünsche ich einen guten Sonntag und eine gute Woche. Vergessen wir nicht, daß die Gegenwart des guten Hirten heute und während der ganzen Osterzeit besonders bedeutsam ist.

Zusammenleben in gegenseitiger Achtung

Appell an die Völker Jugoslawiens

Während wir die Königin des Himmels grüßen, lade ich euch heute ein, euer Gebet mit meinem für die Völker Jugoslawiens zu vereinen, die der Kultur, dem Glauben, der Geschichte und Sprache nach verschieden und auf der Suche nach neuen Beziehungen in Freiheit, Gleichheit und Gerechtigkeit sind unter Achtung der Rechte der Menschen und Nationen.
Gerade heute macht das kroatische Volk eine Bußwallfahrt zum Heiligtum Unserer Lieben Frau von Rémete („Majka Bozja Rémetska") in der Nähe von Zagreb, um für den Frieden und die Eintracht in Kroatien und im ganzen Land zu beten.
Der Jungfrau unter dem Titel „Treueste Fürsprecherein von Kroatien" vertrauen wir diese unsere Brüder und Schwestern an, damit sie in der ganzen jugoslawischen Gesellschaft „Baumeister des Friedens" seien. Daß allen Volksgruppen die Achtung ihrer Identität gesichert werde und alle gemeinsam den Weg zum Gemeinwohl finden mögen!
Am Schluß richte ich einen dringenden Appell an die Gläubigen dieses geliebten Landes, an die Christen und Muslime, damit sie im Namen Gottes, des gemeinsamen Vaters, sich vereinen und erneut dafür einsetzen, um die günstigen Bedingungen für ein Zusammenleben in gegenseitiger Achtung und Liebe zu schaffen.

Der Heilige Geist - Quelle der Erkenntnis

Ansprache bei der Generalaudienz am 24. April

1. Das geistliche Leben bedarf der Erleuchtung und Führung. Deshalb hat Jesus, als er die Kirche gründete und die Apostel in die Welt sandte, ihnen den Auftrag gegeben, alle Völker zu lehren, wie wir im *Evangelium nach Matthäus* lesen (28,19-20), aber auch, „das Evangelium allen Geschöpfen" zu verkünden, wie der Text des *Markusevangeliums* (16,15) lautet. Auch der heilige Paulus spricht vom Apostolat als einer „Enthüllung" des Geheimnisses Gottes gegenüber allen (vgl. *Eph* 3,9).
Aber dieses Werk der Kirche als Verkünderin und Lehrerin gehört zum Dienst der Apostel und ihrer Nachfolger und unter anderem Namen zu allen Gliedern der Kirche, damit das Werk Christi, des „einen Meisters" (vgl. *Mt* 23,8), der der Menschheit die Fülle der Offenbarung Gottes gebracht hat, immer weitergeführt werde. Es bleibt die Notwendigkeit eines geistlichen Lehrers, der die Lehre Jesu in den Geist und das Herz der Menschen eindringen läßt. Es ist der Heilige Geist, den Jesus selbst den „Geist der Wahrheit" nennt und den er verheißt als denjenigen, der zur ganzen Wahrheit führen wird (vgl. *Joh* 14,17; 16,13). Wenn Jesus von sich gesagt hat: „Ich bin die Wahrheit" (*Joh* 14,6), ist es diese Wahrheit, die der Heilige Geist ausbreitet und uns erkennen läßt: „Er wird nicht aus sich selbst heraus reden, sondern er wird sagen, was er hört ... Er nimmt von dem, was mein ist, und wird es

euch verkünden" (*Joh* 16,13-14). Der Geist ist das Licht der Herzen: „Lumen cordium", wie wir ihn in der Pfingstsequenz anrufen.

2. Der Heilige Geist war inneres Licht und Führer für die Apostel, die Christus gründlich kennen mußten, um die Aufgabe seiner Verkünder zu erfüllen. Er war und ist es für die Kirche und in der Kirche für die Glaubenden aller Generationen und in besonderer Weise für die Theologen und geistlichen Führer, für die Katecheten und die Verantwortlichen der Christengemeinschaften. Er war und ist es auch für all jene, die inner- und außerhalb der sichtbaren Grenzen der Kirche ehrlichen Herzens den Wegen Gottes folgen wollen und ohne ihre Schuld niemanden finden, der ihnen hilft, die Rätsel der Seele zu entziffern und die offenbarte Wahrheit zu entdecken. Der Herr gewähre all unseren Brüdern und Schwestern, Millionen und sogar Milliarden von Menschen, die Gnade der inneren Sammlung und Fügsamkeit gegenüber dem Heiligen Geist in Augenblicken, die für ihr Leben entscheidend sein können.
Das Lehren des Heiligen Geistes in unserem Innern ist für uns Christen eine frohe Gewißheit, die auf dem Wort Christi vom Kommen des „andern Beistands" gründet, den - wie er sagte - „der Vater in meinem Namen senden wird, der wird euch alles lehren und euch an alles erinnern, was ich euch gesagt habe" (*Joh* 14,26). „Er wird euch in die ganze Wahrheit führen" (*Joh* 16,13).

3. Wie aus diesem Text hervorgeht, vertraut Jesus sein Wort nicht nur dem Gedächtnis seiner Zuhörer an: Dieses Gedächtnis wird vom Heiligen Geist unterstützt, der in den Aposteln ständig die Erinnerung an die Ereignisse und den Sinn der Geheimnisse des Evangeliums wachhalten wird.
Tatsächlich hat der Heilige Geist die Apostel in der Vermittlung des Wortes und des Lebens Jesu geleitet und sowohl ihre mündliche Predigt und ihre Schriften als auch die Abfassung der Evangelien inspiriert, wie wir seinerzeit in der Katechese über den Heiligen Geist und die Offenbarung gesehen haben.
Aber er ist es auch, der den Lesern der Schrift hilft, den göttlichen Sinngehalt des Textes zu verstehen, dessen hauptsächlicher Inspirator und Autor er selbst ist: Er allein kann „die Tiefen Gottes" erkennen lassen (*1 Kor* 2,10), die in dem heiligen Text enthalten sind; er, der gesandt wurde, um die Jünger in der Lehre ihres Meisters zu unterweisen (vgl. *Joh* 16,13).

4. Von diesem Lehren des Heiligen Geistes im Innern berichten uns die Apostel selbst, die ersten Übermittler des Wortes Christi. Der heilige Johannes schreibt: „Ich schreibe euch nicht, daß ihr die Wahrheit nicht wißt, sondern ich schreibe euch, daß ihr sie wißt und daß keine Lüge von der Wahrheit stammt" (*1 Joh* 2,21). Nach den Kirchenvätern und der Mehrzahl der modernen Exegeten bezeichnet diese „Salbung" (chrisma) den Heiligen Geist. Der heilige Johannes bekräftigt sogar, daß diejenigen, die nach dem Geist leben, keine anderen Lehrer brauchen: „Für euch aber gilt: Die Salbung, die ihr von ihm empfangen habt, bleibt in euch, und ihr braucht euch von niemand belehren zu lassen. Alles, was seine Salbung euch lehrt, ist wahr und keine Lüge. Bleibt in ihm, wie es euch seine Salbung gelehrt hat" (*1 Joh* 2,27).

Auch der Apostel Paulus spricht von einem Verständnis nach dem Geist, das nicht Frucht menschlicher Weisheit, sondern göttliche Erleuchtung ist: „Der irdisch gesinnte Mensch (psichicòs) aber läßt sich nicht auf das ein, was vom Geist Gottes kommt. Torheit ist es für ihn, und er kann es nicht verstehen, weil es nur mit Hilfe des Geistes beurteilt werden kann. Der geisterfüllte Mensch (pneumaticòs) urteilt über alles, ihn aber vermag niemand zu beurteilen" (*1 Kor* 2,14-15).
Deshalb besitzen die Christen, weil sie den Heiligen Geist, die Salbung Christi, empfangen haben, in sich selbst eine Erkenntnisquelle der Wahrheit, und der Heilige Geist ist der höchste Lehrer, der sie erleuchtet und führt.

5. Wenn sie seinem göttlichen Lehramt folgen und treu sind, bewahrt sie der Heilige Geist vor dem Irrtum und läßt sie siegen in dem ständigen Kampf zwischen dem „Geist der Wahrheit" und dem „Geist des Irrtums" (vgl. *1 Joh* 4,6). Der Geist des Irrtums, der Christus nicht erkennt (vgl. *1 Joh* 4,3), wird von den „falschen Propheten" verbreitet, die in der Welt immer gegenwärtig sind, auch unter dem christlichen Volk, durch ein manchmal unverhülltes, ja sogar aufsehenerregendes, dann wieder hinterhältiges und schleichendes Wirken. Wie Satan tarnen sie sich manchmal als „Engel des Lichtes" (vgl. *2 Kor* 11,14) und treten mit augenscheinlichen prophetisch und apokalyptisch inspirierten Charismen auf. Das geschah schon zur Zeit der Apostel. Deshalb warnt der heilige Johannes: „Traut nicht jedem Geist, sondern prüft die Geister, ob sie aus Gott sind; denn viele falsche Propheten sind in die Welt hinausgezogen" (*1 Joh* 4,1). Der Heilige Geist, wie das II. Vatikanische Konzil gesagt hat (vgl. *Lumen Gentium*, Nr. 12), schützt den Christen vor dem Irrtum, indem er ihn unterscheiden läßt zwischen dem, was echt und dem, was falsch ist. Von seiten des Christen bedarf es immer guter Urteilsmaßstäbe hinsichtlich der Dinge, die er hört oder liest auf dem Gebiet der Religion, der Heiligen Schrift, der Kundgabe des Übernatürlichen usw. Diese Maßstäbe sind: die Übereinstimmung mit dem Evangelium, denn der Heilige Geist kann nicht anders als „von Christus nehmen"; der Übereinklang mit der Lehre der Kirche, die von Christus gegründet und gesandt ist, seine Wahrheit zu verkünden; die Rechtschaffenheit des Lebens dessen, der spricht oder schreibt; die Früchte der Heiligkeit, die aus dem erwachsen, was dargelegt oder vorgeschlagen wird.

6. Der Heilige Geist lehrt den Christen die Wahrheit als Lebensprinzip. Er zeigt die konkrete Anwendung der Worte Jesu im Leben des einzelnen. Er läßt die Aktualität des Evangeliums und seine Bedeutung für alle menschlichen Situationen entdecken. Er paßt die Vernunft der Wahrheit jedem Umstand an, damit diese Wahrheit nicht nur abstrakt und spekulativ bleibt, sondern den Christen von den Gefahren der Zweideutigkeit und der Heuchelei befreit.
Deshalb erleuchtet der Heilige Geist jeden persönlich, um ihn in seinem Verhalten zu leiten,, den zu gehenden Weg zu weisen und ihm wenigstens einige Zeichen zu geben über den Plan des Vaters für sein Leben. Es ist die große Gnade der Erleuchtung, die der heilige Paulus für die Kolosser erbat: „die Einsicht", die sie befähigte, seinen göttlichen Willen zu verstehen. Deshalb versicherte er ihnen: „Wir hören

nicht auf, inständig für euch zu beten, daß ihr in aller Weisheit und Einsicht, die der Geist schenkt, den Willen des Herrn ganz erkennt. Denn ihr sollt ein Leben führen, das des Herrn würdig ist und in allem sein Gefallen findet. Ihr sollt Frucht bringen in jeder Art von guten Werken und wachsen in der Erkenntnis Gottes" (*Kol* 1,9-10). Für uns alle ist diese Gnade der Einsicht notwendig, um den Willen Gottes in bezug auf uns gut zu erkennen und imstande zu sein, unsere persönliche Berufung voll zu leben.
Es fehlt nie an Problemen, die manchmal unlösbar scheinen. Aber der Heilige Geist hilft in den Schwierigkeiten und erleuchtet. Er kann die göttliche Lösung offenbaren, wie im Augenblick der Verkündigung bei dem Problem, die Mutterschaft mit dem Wunsch nach Bewahrung der Jungfrauenschaft zu vereinbaren. Auch wenn es sich nicht um ein so einzigartiges Geheimnis wie das des Eingreifens Marias in die Menschwerdung des Wortes handelt, kann man sagen, daß der Heilige Geist eine unendliche Einfallskraft besitzt, die dem Denken Gottes eigen ist, der auch die Schwierigkeiten der kompliziertesten und undurchdringlichsten menschlichen Schicksale zu lösen weiß.

7. All das wird vom Heiligen Geist in der Seele geschenkt und gewirkt mit Hilfe seiner Gaben, durch die es möglich ist, ein gutes Urteil zu treffen, nicht nach den Maßstäben der menschlichen Weisheit, die vor Gott Torheit ist, sondern der göttlichen, die vor den Augen der Menschen Torheit scheinen kann (vgl. *1 Kor* 1,18-25). In Wirklichkeit „ergründet" nur der Geist „alles, auch die Tiefen Gottes" (*1 Kor* 2,10-11). Und wenn zwischen dem Geist der Welt und dem Geist Gottes Widerspruch besteht, erinnert Paulus die Christen: „Wir aber haben nicht den Geist der Welt empfangen, sondern den Geist, der aus Gott stammt, damit wir das erkennen, was uns von Gott geschenkt worden ist" (*1 Kor* 2,12). Zum Unterschied des „irdisch gesinnten Menschen" ist der „geisterfüllte" Mensch (pneumaticos) wahrhaft offen für den Heiligen Geist und fügsam und treu gegenüber seinen Eingebungen (vgl. *1 Kor* 2,14-16). Deshalb hat er gewöhnlich die Fähigkeit eines rechten Urteils unter der Führung der göttlichen Weisheit.

8. Ein Zeichen echten Kontaktes mit dem Heiligen Geist im Urteil ist und wird immer die Verbindung mit der offenbarten Wahrheit sein, wie sie vom Lehramt der Kirche dargelegt wird. Der innere Lehrer inspiriert nicht zum Dissens, zum Ungehorsam oder auch nur zum ungerechtfertigten Widerstand gegenüber den Hirten und Lehrern, die von ihm selbst in der Kirche festgelegt wurden (vgl. *Apg* 20,29). Wie das Konzil in der Konstitution *Lumen Gentium* (Nr. 12) sagt, steht es der Leitung der Kirche zu, „den Geist nicht auszulöschen, sondern alles zu prüfen und das Gute zu behalten (vgl. *1 Tess* 5,12.19-21)". Es ist die Linie der kirchlichen und seelsorglichen Weisheit, die auch vom Heiligen Geist kommt.

In deutscher Sprache sagte der Papst:

Liebe Schwestern und Brüder!

Das geistliche Leben bedarf der Erleuchtung und Führung. Deswegen hat Jesus den Aposteln die Aufgabe übertragen, alle Völker zu lehren, wie wir im Matthäus-Evangelium lesen (vgl. *Mt* 29,19-29), aber auch das „Evangelium allen Geschöpfen zu verkünden", wie es bei *Markus* heißt (16,15).

Der Heilige Geist war Licht und Lehrer für die Apostel, die Christus erkennen mußten, um die Aufgabe der Verkündigung des Evangeliums wahrnehmen zu können. Der Heilige Geist war und ist dies für die Kirche und in der Kirche, für die Gläubigen aller Generationen; in besonderer Weise ist er es für die Theologen und Fachleute der Spiritualität, für die Katecheten und Verantwortlichen der christlichen Gemeinschaften.

Jesus vertraut sein Wort nicht nur dem Gedächtnis seiner Zuhörer an: Das Gedächtnis wird vom Heiligen Geist wachgerufen, der in den Aposteln ständig in Erinnerung an die Ereignisse und den Sinn für die Geheimnisse des Evangeliums lebendig erhält. In der Tat hat der Heilige Geist die Apostel in der Vermittlung des Wortes und des Lebens angeleitet, indem er sie bei der Predigt und beim Verfassen der Evangelien inspiriert hat. Er ist es außerdem, der den Lesern der Schrift hilft, die Texte zu verstehen, deren Urquell und Hauptautor er ist: Nur er kann die „Tiefen Gottes" (*1 Kor* 2,10) erkennen lassen.

Der Heilige Geist lehrt den Christen die Wahrheit als Lebensprinzip und führt sie hin zur konkreten Anwendung des Wortes Jesu im Leben. Der Geist erleuchtet jeden einzelnen, um ihm in seinem Verhalten beizustehen.

Ein Zeichen echter Beziehung zum wahren Geist Gottes zeigt sich stets in der Zustimmung zur geoffenbarten Wahrheit, wie sie vom Lehramt der Kirche dargestellt wird. Der Heilige Geist will nicht den Dissens, den Ungehorsam oder auch nur den ungerechtfertigten Widerstand gegen die Hirten und Lehrer, die von ihm selbst in der Kirche eingesetzt wurden (vgl. *Apg* 20,29).

Mit dieser kurzen Betrachtung grüße ich alle deutschsprachigen Pilger und Besucher sehr herzlich.

Mein besonderer Gruß gilt den zahlreichen Pilgern der Marianischen Bürgersodalität Trier und den Pilgergruppen des Militärordinariats Wien sowie der Salesianer und ihrer Mitarbeiter aus München; ferner begrüße ich die Pilger der Pfarrgemeinden aus Fürstenwalde an der Spree, aus Schwarzenberg und aus Beuren.

Euch allen, euren lieben Angehörigen in der Heimat sowie den mit uns über Rundfunk und Fernsehen verbundenen Gläubigen erteile ich für reiche österliche Gnaden aus der Kraft des Auferstandenen von Herzen meinen Apostolischen Segen.

Einmütig für das Evangelium kämpfen

Geistlicher Besuch in Jasna Góra

1. Aus der Lesung zum Fest des hl. Adalbert, des Patrons von Polen:
„Ob ich komme und euch sehe oder ob ich fern bin, ich möchte hören, daß ihr in dem einen Geist feststeht, einmütig für den Glauben an das Evangelium kämpft und euch in keinem Fall von euren Gegnern einschüchtern laßt" (*Phil* 1,27-28).
Mit diesen Worten des Völkerapostels spricht der Märtyrer und Bischof Adalbert seit fast einem Jahrtausend zu uns. Im Jahr 1997 vollenden sich tausend Jahre seit seinem Märtyrertod in der Nähe des Baltischen Meeres.

2. Gottesmutter, Jungfrau, von Gott verherrlicht!
Wir danken dir für diesen heiligen Patron, der am Anfang der Geschichte unseres Vaterlandes in unser Land gekommen ist. Wir danken dir, zusammen mit unseren südlichen Brüdern. Adalbert, Bischof von Prag in Böhmen, wurde ein großer Apostel seiner Nation und nach seinem Exil auch Apostel der Nachbarnationen, besonders der Ungarn und der Polen. Er fand Aufnahme am Hof von Boleslaw I. Chrobry. Von dort zog er ins Baltikum. Der polnische König erwarb dann seinen Märtyrerleichnam und ließ ihn nach Gnesen bringen.

3. Wenn man heute so viel spricht über die Notwendigkeit, die Einheit der Völker in Europa zu bauen, ist es schwer, nicht an jenes Treffen zu denken, das in Gnesen bei den Reliquien des Märtyrers Adalbert im Jahr 1000 stattfand. Kaiser Otto III., die Legaten Papst Silvester II. und unser König Boleslaw I. Chrobry schöpften aus der Sendung des hl. Adalbert die gemeinsame Inspiration. Damals wurde der erste polnische Metropolitansitz in Gnesen errichtet und die Grundlagen für das zukünftige Zusammenleben der Nationen im Licht des Evangeliums gelegt.
Das Weizenkorn, das in die Erde fiel und starb (vgl. *Joh* 12,24) in der Nähe des Baltischen Meeres, bringt die Frucht österlicher Erneuerung.

4. Am Fest des hl. Adalbert vereinen wir uns mit der Kirche in Prag, von wo der Aufruf zur gemeinsamen Vorbereitung auf die Tausendjahrfeier des Todes dieses Heiligen ausgegangen ist.
Und in Polen bitten wir, daß wir feststehen in einem Geist und einmütig für den Glauben an das Evangeliums kämpfen und uns durch nichts einschüchtern lassen.
So lehrt es der hl. Paulus, der Apostel Jesu Christi.
So lehrt es der Apostel, der heilige Märtyrer und Bischof Adalbert, der Patron unseres Vaterlandes.

Eine Gesellschaft der Solidarität und Liebe

Ansprache bei der Generalaudienz am 1. Mai

1. In diesem Monat Mai jährt sich der 100. Jahrestag der Veröffentlichung der Enzyklika *Rerum novarum*. Wie ihr wißt, wollte ich diesem Jahrestag ein Dokument, eine neue Enzyklika, widmen, die morgen veröffentlicht wird; damit will ich, aus dem Schatz der Tradition und des Lebens der Kirche schöpfend, einige Richtlinien und Ausblicke zeigen und den immer schwierigeren sozialen Fragen entsprechen, so wie sie sich in unserer Zeit darstellen. Denn die Kirche blickt gewiß nicht in die Vergangenheit, um den Herausforderungen der Gegenwart auszuweichen, sondern um aus den gefestigten Werten und der Betrachtung dessen, was der Geist in ihr gewirkt hat und wirkt, neue Kraft und neues Vertrauen zu schöpfen für ihre Tätigkeit, die sie heute unter den Menschen fortsetzen muß. Die Kirche begegnet den Herausforderungen der Zeit, die von der Leos XIII. so verschieden ist; aber sie tut es in demselben Geist: sie tut es entsprechend dem Geist Gottes, dem mein Vorgänger gehorchte in dem Bemühen, auf die Hoffnungen und Erwartungen seiner Zeit zu antworten. Dasselbe versuche auch ich zu tun in bezug auf die Hoffnungen und die Erwartungen der heutigen Zeit.

2. Ein Ereignis scheint die schwierige Zeit zu beherrschen, in der wir leben: Das Ende einer Epoche in der Geschichte Europas und der Welt zeichnet sich ab.
Das marxistische System hat versagt, und gerade aus dem Grund, den *Rerum novarum* bereits klar und fast prophetisch herausgestellt hatte. In diesem Scheitern einer ideologischen und ökonomischen Macht, die dazu bestimmt schien, den religiösen Sinn im Bewußtsein der Menschen zu überwinden und auch auszulöschen, sieht die Kirche - jenseits aller soziologischen und politischen Antriebe - das Eingreifen der Vorsehung Gottes, der allein die Geschichte führt und über sie herrscht.
Die vollzogene Befreiung so vieler Völker, hervorragender Kirchen und der Einzelpersonen darf sich jedoch nicht in unangemessene Zufriedenheit und unberechtigten Triumph verwandeln.
Jenes System ist, wenigstens zum Teil, überwunden; aber in verschiedenen Regionen der Welt herrscht weiter äußerste Armut; ganzen Völkern bleiben die elementarsten Rechte versagt, und es stehen ihnen nicht die notwendigen Mittel zur Verfügung, um die menschlichen Grundbedürfnisse zu befriedigen; in den reicheren Ländern spürt man oft eine Art existentieller Verwirrung, eine Unfähigkeit zu leben und in rechter Weise den Sinn des Lebens zu genießen; trotz der Überfülle materieller Güter macht sich eine Entfremdung und ein Verlust der Menschlichkeit in vielen Personen bemerkbar, die sich in die Rolle eines Getriebes im Mechanismus der Produktion und des Konsums gedrängt fühlen und nicht den Weg finden, die eigene Würde von Menschen, geschaffen als Bild und Gleichnis Gottes, zu bekräftigen.
Ein System ist zu Ende gegangen; aber die Probleme und Situationen von Ungerechtigkeit und menschlichem Leiden, woraus es sich nährte, sind leider nicht über-

wunden. Nachdem eine ungenügende Antwort untergegangen war, bleibt doch die Frage immer noch aktuell und dringend, auf die jene Antwort gegeben worden war. Die Kirche stellt mit der neuen Enzyklika nicht nur diese Frage an das Gewissen der gesamten Menschheit, sondern bietet einen Vorschlag für angemessene Lösungen. Es handelt sich um die erneute Frage der sozialen Gerechtigkeit, der Solidarität unter den Menschen der Arbeit, der Würde der menschlichen Person; es handelt sich darum, nicht der Ausbeutung und Armut gegenüber zu resignieren, nie auf die transzendente Dimension des Menschen zu verzichten, der auch seine Arbeit in den Mittelpunkt des Aufbaus der Gesellschaft stellen will und muß.

3. Die Soziallehre der Kirche hat immer das Recht des Einzelnen auf das Privateigentum der Produktionsmittel anerkannt und in diesem Recht einen Schutz der Freiheit gegen jede mögliche Unterdrückung gesehen. Die Verteilung des Eigentums in den Händen vieler bewirkt außerdem, daß jeder zur Befriedigung seiner Bedürfnisse auf die Mitarbeit der anderen zählen muß, während der unerläßliche soziale Austausch durch Verträge geregelt wird, in denen der freie Wille des einen mit dem des andern zusammentrifft. Zum Unterschied einer bürokratisierten und zentralisierten Wirtschaftssteuerung setzt die freie und sozial inspirierte Wirtschaft wirklich freie Menschen voraus, die für sich genaue Verantwortung übernehmen, treu die Verpflichtungen gegenüber den Mitarbeitern achten und ständig das Gemeinwohl berücksichtigen.
Deshalb ist es recht, den ethischen Wert des freien Marktes anzuerkennen und innerhalb dessen die des Unternehmergeistes, der Fähigkeit, „die Begegnung zu organisieren" zwischen den Bedürfnissen der Verbraucher und den Mitteln, die geeignet sind, sie durch freie Verhandlung zufriedenzustellen. In diesem Punkt hat Leo XIII., indem er sich den kollektiven Doktrinen widersetzte, die Rechte der Einzelinitiative im Rahmen des notwendigen, der Gemeinschaft zu leistenden Dienstes eingefordert.

4. Aber die katholische Kirche hat sich immer geweigert und weigert sich auch heute noch, den Markt zum Hauptregler und beinahe zum Modell oder zur Synthese des sozialen Lebens zu machen.
Es gibt etwas, das dem Menschen gebührt, weil er Mensch ist, aufgrund seiner Würde und Gottähnlichkeit, unabhängig von seiner An- oder Abwesenheit auf dem Markt, das heißt von dem, was er besitzt und folglich verkaufen kann oder von den Mitteln zum Ankauf, über die er verfügt. Dieses Etwas darf nie außer acht gelassen werden, sondern erfordert Achtung und Solidarität, sozialen Ausdruck der Liebe, die die einzige angemessene Haltung vor dem Menschen ist. Es gibt menschliche Bedürfnisse, die aufgrund natürlicher und sozialer Hindernisse keinen Zugang zum Markt finden, aber gleichermaßen befriedigt werden müssen.
Tatsächlich ist es Pflicht der nationalen und internationalen Gemeinschaft, eine Antwort für diese Bedürfnisse anzubieten oder ihnen direkt abzuhelfen, wenn ein Hindernis zum Beispiel unüberwindlich ist, oder Wege für einen rechten Zugang zum Markt, zur Produktions- und Konsumwelt zu schaffen, wenn dies möglich ist.

Die wirtschaftliche Freiheit ist ein Aspekt der menschlichen Freiheit, die von den anderen Aspekten nicht getrennt werden kann und zur vollen Verwirklichung der Menschen beitragen muß mit dem Ziel, eine wahrhaft menschliche Gemeinschaft zu bilden.

5. Zweifellos muß man im Zusammenhang mit dem Eigentum des Einzelnen die universale Bestimmung der Güter der Erde bekräftigen. Wer deren Eigentümer ist, muß sich dieser Bestimmung erinnern; so dienen sie, während sie seine Freiheit sicherstellen, dazu, auch die der anderen zu schützen und zu entfalten. Wenn er hingegen die Güter dieser zusätzlichen und mitwesentlichen Rolle entzieht, entzieht er sie folglich dem Gemeinwohl, indem er den Zweck verfehlt, zu dem sie ihm anvertraut wurden. Keine freie Wirtschaft kann auf die Dauer funktionieren und den Bedingungen eines menschenwürdigeren Leben entsprechen, wenn sie nicht von festen rechtlichen und politischen Strukturen umrahmt und vor allem von einem starken ethischen und religiösen Bewußtsein unterstützt und „belebt" wird.
Dieser ideelle und zugleich reale Ansatz wurzelt in der menschlichen Natur selbst. Der Mensch ist in der Tat die einzige Kreatur, die „sich nur durch die aufrichtige Hingabe seiner selbst vollkommen finden kann" (*Gaudium et spes*, Nr. 24). Er ist ein einmaliges und unwiederholbares Subjekt, das nie in einer unterschiedslosen Menschenmasse aufgehen kann, und erfüllt trotzdem voll seine Bestimmung, wenn er über sein begrenztes Einzelinteresse hinauszugehen und sich mit den anderen Menschen durch vielfältige Bande zu verbinden weiß. So entsteht die Familie, so entsteht die Gesellschaft.
Auch die Arbeit erschließt durch die ihr innewohnende Struktur die Selbständigkeit der Person und die Notwendigkeit, sich mit der Arbeit der anderen zu verbinden. Der Mensch arbeitet zusammen mit den anderen, durch die Arbeit tritt er mit ihnen in Beziehung: eine Beziehung, die Gegensatz, Wettstreit oder Unterdrückung sein kann, aber auch Mitarbeit und Zugehörigkeit zu einer solidarischen Gemeinschaft.
Außerdem arbeitet der Mensch nicht nur für sich allein, sondern auch für die anderen, angefangen bei der eigenen Familie bis zur Ortsgemeinschaft, zur Nation und zur ganzen Menschheit. Diesen Wirklichkeiten muß die Arbeit dienen: auch durch die Arbeit findet das freie und fruchtbare Geschenk seiner selbst Ausdruck. Indem sie deshalb die enge Verbindung zwischen dem Eigentum des Einzelnen und der universalen Bestimmung der Güter betont, tut die Soziallehre der Kirche nichts anderes, als die ökonomische Tätigkeit in den höheren und weiteren Rahmen der allgemeinen Berufung des Menschen zu stellen.

6. Die Geschichte hat immer neue Versuche gekannt, eine bessere und gerechtere Gesellschaft in Zeichen der Einheit, des Verständnisses, der Solidarität aufzubauen. Viele dieser Versuche sind gescheitert, während andere sich gegen den Menschen selbst wandten.
Die menschliche Natur, die auf Gemeinschaftlichkeit hingeordnet ist, scheint zugleich Zeichen der Spaltung, Pflichtverletzung und Haß zu offenbaren. Aber gerade deshalb hat Gott, der Vater aller, seinen eingeborenen Sohn Jesus Christus in die

Welt gesandt, um diese immer drohenden Gefahren zu überwinden und um durch das Geschenk seiner Gnade das Herz und den Sinn des Menschen umzuwandeln.
Liebe Schwestern und Brüder!
Um eine gerechtere und menschenwürdigere Gesellschaft aufzubauen, ist ein gewaltiger Einsatz auf politischer, wirtschaftlich-sozialer und kultureller Ebene erforderlich. Aber das genügt nicht! Der entscheidende Einsatz muß auf das Herz des Menschen selbst abzielen, auf das Innerste seines Gewissens, wo er über sich selbst entscheidet. Nur auf dieser Ebene kann der Mensch eine echte, tiefe und positive Wandlung seiner selbst bewirken, und das ist die unverzichtbare Voraussetzung, um zur Veränderung und Verbesserung der gesamten Gesellschaft beizutragen.
Wir bitten die Mutter Gottes und unsere Mutter in diesem ihr geweihten Monat, sie möge unsere persönlichen Anstrengungen und unseren solidarischen Einsatz unterstützen und uns so helfen, in der Welt gerechtere und brüderlichere Strukturen für eine neue Gesellschaft zu bauen. Für die Gesellschaft der Solidarität und Liebe.

In deutscher Sprache sagte der Papst:

Liebe Brüder und Schwestern!

In diesem Monat begehen wir den hundertsten Jahrestag der Enzyklika „Rerum novarum".
Diesem Anlaß habe ich, wie Ihr wißt, ein Dokument widmen wollen, das morgen veröffentlicht wird. Die Kirche blickt auf das Vergangene zurück, nicht um den Herausforderungen des Heute zu entgehen, sondern um aus den gefestigten Werten und durch die Betrachtung dessen, was der Geist in ihr gewirkt hat, neues Vertrauen auf Gottes Beistand in unserer Zeit zu schöpfen.
Ein Ereignis scheint unsere schwierige Zeit besonders zu beherrschen: das Ende einer Epoche in der Geschichte Europas und der Welt zeichnet sich ab. Das marxistische System, das die ideologische Macht und die Bestimmung zu besitzen schien, die Religiosität des Menschen auszurotten, hat versagt. Zahlreiche Völker und namhafte Kirchen haben die Freiheit wiedererlangt.
Diese Feststellung darf jedoch nicht zu ungerechtfertigter Genugtuung führen, denn in verschiedenen Ländern sind Armut und Elend weiterhin beheimatet, und ganzen Völkern bleiben die elementarsten Menschenrechte versagt.
Ja, ein System ist gescheitert; die Probleme aber und die Situationen von Ungerechtigkeit und menschlicher Not, auf die es sich stützte, sind bei weitem noch nicht überwunden.
In der neuen Enzyklika will die Kirche über diese Beobachtungen hinaus nicht nur das Gewissen der gesamten Menschheit ansprechen, sondern einen Weg weisen: den Weg der sozialen Gerechtigkeit, der Solidarität unter den Arbeitern und der Anerkennung der Würde der Person.
Die Soziallehre der Kirche hat im Zusammenhang mit der deutlichen Bejahung des Eigentumsrechtes ebenso die universale Bestimmung der Güter dieser Erde für alle Menschen betont und dabei hervorgehoben, daß der Eigentümer - dieser Hinordnung stets eingedenk - für die Verwirklichung einer menschenwürdigen Gesellschaft

mitverantwortlich ist. Der Mensch ist in der Tat ein Wesen, das erst in der Selbsthingabe sich zu verwirklichen vermag (vgl. *Gaudium et spes*, Nr. 24).
Indem ich mit diesen Worten dazu einlade, zu Beginn des Marienmonats Mai auf die Fürbitte der Gottesmutter und durch ein Engagement des Herzens sowie mit persönlichem Einsatz zum Aufbau brüderlicher und gerechter Strukturen in dieser Welt beizutragen und damit eine Zivilisation der Solidarität und der Liebe aufzubauen, grüße ich alle deutschsprachigen Pilger und Besucher sehr herzlich.
Mein besonderer Gruß gilt den Pilgern der katholischen Männerbewegung „Logos" in Graz, der kroatischen Pfarrei Sankt Johannes in Zagersdorf, den Kirchenchören aus den Pfarreien St. Mariä Geburt, Elsdorf, und St. Lucia, Angelsdorf, sowie den Schülerinnen der Mädchen-Realschule der Dominikanerinnen in Diessen am Ammersee.
Euch allen, euren lieben Angehörigen in der Heimat sowie den mit uns über Rundfunk und Fernsehen verbundenen Gläubigen erteile ich von Herzen meinen Apostolischen Segen.

Leben und Kraft aus den Wurzeln

Geistlicher Besuch in Jasna Góra

1. „Große Mutter des Gottmenschen, heiligste Jungfrau!
Ich, Johann Kasimir, König aus Barmherzigkeit deines Sohnes, des Königs der Könige und meines Herrn; König um deiner Barmherzigkeit willen, hier zu deinen heiligsten Füßen kniend, nehme dich heute als meine Schutzherrin und Königin meiner Länder."
Wir erinnern uns dieser Worte des Königs, des Gelöbnisses Johann Kasimirs, abgelegt am 1. April 1656 in der Kathedrale von Lemberg vor dem Gnadenbild der gütigen Mutter.

2. Wir denken auch an die anderen Worte, die vor 200 Jahren gesprochen wurden: „Im Namen des einen Gottes in der Heiligsten Dreifaltigkeit. Stanislaw August, König von Gottes Gnaden und durch den Willen der polnischen Nation ..., zusammen mit den verbündeten Klassen, die die beiden Teile der polnischen Nation vertreten ... wir proklamieren zum Heil unseres Vaterlandes und seiner Grenzen diese Verfassung mit der höchsten Entschlossenheit des Geistes und erklären sie insgesamt heilig und unverrückbar ..."
Mit diesen feierlichen Worten beginnt das „Regierungsdekret", das heißt die am 3. Mai 1791 proklamierte Verfassung.

3. Derselbe Tag des 3. Mai wurde das Patrozinium zu Ehren Marias, der Königin von Polen, und Jahrestag der Konstitution von 1791. Diese beiden geschichtlichen Strömungen treffen am gleichen Tag zusammen, so wie sie von neuem miteinander verflochten wurden nach der Wiedererlangung der Unabhängigkeit des Vaterlandes an der Schwelle der II. Republik nach der siegreichen Schlacht bei Warschau im Jahr 1920.

Diese in der Geschichte tief verwurzelten Strömungen, gerettet aus der Überflutung schwerer Erfahrungen, bleiben in unseren Tagen vereint. Sie sind wie die Wurzeln eines am Wasserlauf gepflanzten Baumes. Dieser Baum, so verkündet der Psalmist (vgl. *Ps* 1,3), hört nicht auf, Frucht zu bringen, auch unter Schwierigkeiten.
An diesem Tag, dem 3. Mai 1991, halten wir uns noch einmal deutlich jene Ereignisse vor Augen. Bitten wir die Mutter Gottes, unsere heiligen Mitpatrone Adalbert und Stanislaus, daß der tausendjährige Baum unseres Vaterlandes an den Wurzeln selbst Leben und Kraft schöpfe.

Den Armen verpflichtet

Regina Caeli am 5. Mai

1. Die Jahrhundertfeier der von Leo XIII. am 15. Mai 1891 verkündeten Enzyklika *Rerum novarum* hat zahlreiche Initiativen in Rom und in verschiedenen Teilen der Welt hervorgerufen. Unter diesen möchte ich die Gedenkfeier nennen, die am 15. Mai vom Päpstlichen Rat für Gerechtigkeit und Frieden veranstaltet wird.
Alle diese Initiativen sind wie die bereits in den vergangenen Jahrzehnten verwirklichten ein konkreter Ausdruck jener Wahrheit, durch die die Kirche in der Welt präsent ist, um den Menschen zu dienen und sie auf ihrem Weg zur Ewigkeit zu begleiten.

2. Für die geschichtliche und menschliche Wirklichkeit hat sich die Kirche immer gebührend interessiert im Bewußtsein der eigenen Heilssendung nicht nur gegenüber den einzelnen, sondern auch gegenüber der Gesellschaft, insbesondere gegenüber jenen, die auf Grund ihrer wirtschaftlichen und sozialen Lage Hilfe brauchen, um für ihr Leben sorgen zu können entsprechend ihrer Würde als Gotteskinder. Indem sie das tut, will sie das Verhalten ihres Gründers Jesus Christus nachahmen, der in besonderer Weise die „Armen" geliebt und bevorzugt hat.

3. In den Evangelien und anderen Texten des Neuen Testamentes wird die Armut nicht einfach als ein Lebensumstand dargestellt, sondern als eine Dimension des Geistes; daraus ergibt sich die Verpflichtung für die Anwesenheit der Kirche in der Welt der Armen; die Anwesenheit, die von Beginn an und im Laufe der Jahrhunderte sich in konkreten Initiativen der Liebe ausgedrückt hat.
All das hat den Anfang zur „Soziallehre" der Kirche gesetzt, deren Grundgedanken in den Worten „Gemeinschaft, Verteilung, Solidarität" zusammengefaßt werden kann.
Bitten wir darum, daß der Herr auch den Christen und der Kirche unserer Zeit die Gnade zur Loslösung von den Reichtümern und zu einem immer hochherzigen Zeugnis der Gerechtigkeit und Liebe schenke.

4. Zu diesem Zeugnis sind wir auch in diesen Tagen gerufen, in denen die Menschheit von Amerika bis Asien von einer Reihe von Naturkatastrophen betroffen wurde,

die Zerstörung und Tod gesät haben: die Erdbeben in Mittelamerika, in Georgien und Armenien, der Wirbelsturm, der mit ungewöhnlicher Heftigkeit auf die Bevölkerung von Bangladesch niederging, die schon durch die große Armut in den Lebensbedingungen so hart geprüft ist. Zu den zahlreichen Opfern dieser schrecklichen Katastrophen sind dann die Opfer der politischen Gewalt hinzugekommen: Armenier in Aserbeidschan, Kroaten und Serben in Jugoslawien.
Der Schmerzensschrei so vieler Schwestern und Brüder findet tiefen Widerhall in meinem Herzen. Während ich mein Trostwort an die Angehörigen der Opfer richte, rufe ich alle Menschen guten Willens zu Gesten der Solidarität mit den Völkern auf, die von diesen Tragödien heimgesucht wurden. Ich wiederhole außerdem den dringenden Appell, daß die ethnischen Konflikte enden und die Anstrengungen verstärkt werden, um gerechte und friedliche Lösungen für die bestehenden Probleme zu finden.
Maria, Königin der Betrübten, bitte für uns und erlange uns den so heiß ersehnten Frieden.

Glaube erfordert ein Leben nach der Wahrheit

Ansprache bei der Generalaudienz am 8. Mai

1. Die grundlegende Gabe, die der Heilige Geist für das übernatürliche Leben schenkt, ist der Glaube. Auf dieses Geschenk weist der Autor des Hebräerbriefes besonders hin, wenn er an die verfolgten Christen schreibt: „Glaube aber ist: Feststehen in dem, was man erhofft, Überzeugtsein von Dingen, die man nicht sieht” (*Hebr* 11,1). Bekanntlich wurde in diesem Text des Hebräerbriefes eine Art theologischer Definition des Glaubens gesehen, der - so erklärt der heilige Thomas, während er ihn zitiert - als Gegenstand nicht die Wirklichkeiten hat, die mit dem Verstand gesehen oder mit den Sinnen gespürt werden, sondern die übernatürliche Wahrheit Gottes (Veritas Prima), die uns in der Offenbarung vorgelegt wird (vgl. *Summa theol.,* II-II, q.1, aa.4; und a.1).
Um die Christen zu ermutigen, weist der Autor des Briefes auf das Beispiel der Glaubenden des Alten Testamentes hin und faßt gleichsam die Beschreibung aus dem *Buch Jesus Sirach* (44-50) zusammen, um zu sagen, daß sich alle auf den Unsichtbaren hinbewegten, weil sie vom Glauben gestützt wurden. Insgesamt 17 Beispiele werden in dem Brief genannt: „Im Glauben lebten Abel ... Noach ... Abraham ... Mose ...” und wir können hinzufügen: Im Glauben lebten Maria ... Josef ... Simeon und Anna ... Im Glauben lebten die Apostel, die Märtyrer, die Bekenner, die Jungfrauen und die Bischöfe, die Priester, die Ordensleute und die Laien aller christlichen Jahrhunderte ... Im Glauben ging die Kirche in den Jahrhunderten und geht heute auf den Unsichtbaren zu, unter dem Wehen und der Führung des Heiligen Geistes.

2. Die übernatürliche Tugend des Glaubens kann charismatische Formen annehmen als außerordentliches Geschenk, das nur einigen vorbehalten ist (vgl. *1 Kor* 12,9). Aber in sich selbst ist er eine Tugend, die der Geist allen anbietet. Als solche ist er deshalb kein Charisma, das heißt eine der besonderen Gaben, die der Geist „einem jeden ... zuteilt, wie er will" (vgl. *1 Kor* 12,11; *Röm* 12,6); aber er ist eine der für alle Christen notwendigen geistlichen Gaben, von denen die höchste die Liebe ist: „Für jetzt bleiben Glaube, Hoffnung, Liebe, diese drei; doch am größten unter ihnen ist die Liebe" (*1 Kor* 13,13).

Fest steht, daß der Glaube, obwohl eine Tugend, nach der Lehre des heiligen Paulus vor allem ein Geschenk ist: „Denn euch wurde die Gnade zuteil ..., an ihn [Christus] zu glauben" (*Phil* 1,29); und er wird vom Heiligen Geist im Herzen hervorgerufen (vgl. *1 Kor* 12,3). Er ist sogar eine Tugend, insofern er eine „geistliche" Gabe, eine Gabe des Heiligen Geistes ist, die den Menschen befähigt, zu glauben. Er ist es vom ersten Anfang an, wie das Konzil von Orange (529) festgelegt hat, als es versicherte: „... auch der Anfang des Glaubens, ja selbst die fromme Glaubensbereitschaft ... [ist] in uns kraft eines Gnadengeschenks, d. h. durch Eingebung des Heiligen Geistes, der unsern Willen vom Unglauben zum Glauben bringt" (can. 5: *DS* 375). Dieses Geschenk hat endgültigen Wert, wie der heilige Paulus sagt: „es bleibt". Und es ist dazu bestimmt, das ganze Leben des Menschen zu beeinflussen, bis zur Todesstunde, wenn der Glaube seine Reifung durch den Übergang zur seligen Schau findet.

3. Der Bezug des Glaubens auf den Heiligen Geist wird von Paulus in seinem Brief an die Korinther bekräftigt, die er darauf hinweist, daß ihr Zutritt zum Evangelium durch die Predigt geschah, in der der Geist am Werk war: „Meine Botschaft und Verkündigung [das heißt die Predigt des Paulus] war nicht Überredung durch gewandte und kluge Worte, sondern war mit dem Erweis von Geist und Kraft verbunden" (*1 Kor* 2,4). Der Apostel bezieht sich nicht nur auf die Wunder, die seine Predigt begleitet haben (vgl. *2 Kor* 12,12), sondern auch auf die anderen Ausgießungen und Kundgebungen des Heiligen Geistes, den Jesus vor der Himmelfahrt verheißen hatte (vgl. *Apg* 1,8). Dem Paulus gab der Geist in besonderer Weise, in seiner Verkündigung „nichts zu wissen außer Jesus Christus, und zwar als den Gekreuzigten" (*1 Kor* 2,2). Der Heilige Geist drängte Paulus, Christus als wesentliches Glaubensobjekt vorzustellen, gemäß dem von Jesus in der Rede im Abendmahlssaal genannten Grundsatz: „Er wird mich verherrlichen" (*Joh* 16,14). Der Heilige Geist gibt deshalb die Inspiration zur apostolischen Predigt. Das sagt klar der heilige Petrus in seinem Brief: Die Apostel haben „in der Kraft des vom Himmel gesandten Heiligen Geistes das Evangelium gebracht" (*1 Petr* 1,12).

Der Heilige Geist ist auch der, der es bekräftigt, wie uns die Apostelgeschichte es uns bestätigt hinsichtlich der Verkündigung des Petrus an Kornelius und seine Gefährten: „Der Heilige Geist [kam] auf alle herab, die das Wort hörten" (*Apg* 10,44). Und Petrus beruft sich auf diese Bestätigung wie auf eine Zustimmung zu seinem Wirken im Hinblick auf die Zulassung der Nichtjuden zur Kirche. Der Geist selbst hat in jenen Heiden die Annahme des Wortes hervorgerufen und sie in den Glauben der Christengemeinde eingeführt. Und wiederum ist es Er, der - wie in Paulus so in Petrus - Jesus Christus in den Mittelpunkt der Verkündigung stellen läßt. Petrus erklärt zusammenfassend: „Gott [hat] Jesus von Nazaret gesalbt mit dem Heiligen Geist und mit Kraft ... Und wir sind Zeugen für alles, was er ... getan hat" (*Apg* 10,38-39). Jesus Christus wird als der vorgestellt, der mit dem Geist gesalbt den Glauben fordert.

4. Der Heilige Geist beseelt das Bekenntnis des Glaubens an Christus. Nach dem heiligen Paulus steht vor und über allen besonderen „Charismen" der Glaubensakt, von dem er sagt: „Keiner kann sagen: Jesus ist der Herr!, wenn er nicht aus dem Heiligen Geist redet" (*1 Kor* 12,3). Die Anerkennung Christi und damit die Christusnachfolge, das Zeugnis für ihn ist Werk des Heiligen Geistes. Diese Lehre findet sich im Konzil von Orange, das wir genannt haben, und im I. Vatikanischen Konzil (1869-1870), nach dem niemand „der Predigt der Heilsbotschaft zustimmen kann ..., ohne Erleuchtung und Eingebung des Heiligen Geistes, der allen die Süßigkeit der Zustimmung und Glaubenshinnahme verleiht" (Konst. *Dei Filius*, c.3: *DS* 3010).

Der heilige Thomas zitiert das Konzil von Orange und erklärt, daß der Glaube von seinem ersten Anfang an Geschenk Gottes ist (vgl. *Eph* 2,8-9); denn „der Mensch wird in der Zustimmung zur Glaubenswahrheit über seine Natur hinaus erhoben ... und das kann nicht anders als kraft eines übernatürlichen Prinzips geschehen, das ihn aus dem Innern heraus bewegt, das heißt durch Gott. Deshalb kommt der Glaube von Gott, der im Innern durch die Gnade wirkt" (*Summa theol.*, II-II, q.6, a.1).

5. Nachdem der Glaube seinen Anfang genommen hat, entwickelt er sich unter der Einwirkung des Heiligen Geistes. Vor allem die ständige Vertiefung des Glaubens, die zur immer besseren Erkenntnis der geglaubten Wahrheiten führt, ist Werk des Heiligen Geistes, der dem Herzen immer neuen Scharfsinn gibt, um in das Geheimnis einzudringen (vgl. *ebd.* II-II, qq.8, aa.1.5). Dies schreibt der heilige Paulus in bezug auf „die Weisheit, die nicht von dieser Welt ist" und die denen verliehen wird, die auf dem Weg der Übereinstimmung mit den Erfordernissen des Evangeliums wandeln. Indem er einige Stellen aus dem Alten Testament zitiert (vgl. *Jes* 64,3; *Jer* 3,16; *Sir* 1,8), will er zeigen, daß die Offenbarung, die er und die Korinther empfangen hatten, sogar die höchsten menschlichen Erwartungen übersteigt: „Was kein Auge gesehen und kein Ohr gehört hat, was keinem Menschen in den Sinn gekommen ist: das Große, das Gott denen bereitet hat, die ihn lieben. Denn uns hat es Gott enthüllt durch den Geist. Der Geist ergründet nämlich alles, auch die Tiefen Gottes" (*1 Kor* 2,9-10). „Wir aber haben nicht den Geist der Welt empfangen, sondern den Geist, der aus Gott stammt, damit wir das erkennen, was uns von Gott geschenkt worden ist" (*1 Kor* 2,12). Deshalb „verkünden wir Weisheit" (*2 Kor* 2,6) unter den Gereiften im Glauben unter dem Wirken des Heiligen Geistes, der zu einer immer neuen Entdeckung der im Geheimnis Gottes enthaltenen Wahrheiten führt.

6. Der Glaube erfordert ein Leben entsprechend der Wahrheit, die wir erkannt haben und bekennen. Nach Paulus ist der Glaube „in der Liebe wirksam" (*Gal* 5,6). Indem er sich auf diesen paulinischen Text bezieht, erklärt der heilige Thomas, daß „die Liebe eine Form des Glaubens ist" (*ebd.* II-II, q.4, aa.3): das heißt das antreibende, lebenspendende Lebensprinzip. Von ihm hängt es ab, daß der Glaube eine Tugend ist (*ebd.*, a.5) und in der wachsenden Verbundenheit mit Gott und der Anwendung im Verhalten und in den mitmenschlichen Beziehungen unter der Führung des Geistes andauert.
Das II. Vatikanische Konzil ruft es uns in Erinnerung, wenn es schreibt: „Durch jenen Glaubenssinn nämlich, der vom Geist der Wahrheit genährt wird, hält das Gottesvolk unter der Leitung des heiligen Lehramtes ... den Glauben unverlierbar fest. Durch ihn dringt es mit rechtem Urteil immer tiefer in den Glauben ein und wendet ihn im Leben voller an" (*Lumen Gentium*, Nr. 12). Deshalb versteht man die Aufforderung des heiligen Paulus: „Laßt euch vom Geist leiten" (*Gal* 5,16). Man versteht die Notwendigkeit des Gebetes zum Heiligen Geist, damit er uns die Gnade der Erkenntnis, aber auch der Übereinstimmung des Lebens mit der erkannten Wahrheit schenke. So bitten wir ihn einerseits im Hymnus „Veni, Creator Spiritus": „Per te sciamus da Patrem" ... „Laß gläubig uns den Vater sehn, sein Ebenbild, den Sohn, verstehn"; aber wir rufen anderseits: „Accende lumen sensibus" ... „Entflamme Sinne und Gemüt, daß Liebe unser Herz durchglüht und unser schwaches Fleisch und Blut in deiner Kraft das Gute tut. Die Macht des Bösen banne weit, schenk deinen Frieden allezeit. Erhalte uns auf rechter Bahn, daß Unheil uns nicht schaden kann." Und in der Pfingstsequenz bekennen wir ihm: „Ohne dein lebendig Wehn kann im Menschen nichts bestehn, kann nichts heil sein noch gesund"; und wir bitten ihn dann: „Was befleckt ist, wasche rein, Dürrem gieße Leben ein, heile du, wo Krankheit quält. Wärme du, was kalt und hart, löse, was in sich erstarrt, lenke, was den Weg verfehlt ...". Im Glauben stellen wir unser ganzes Leben unter die Wirkkraft des Heiligen Geistes.

In deutscher Sprache sagte der Papst:

Liebe Schwestern und Brüder!

Die grundlegendste Gabe des Heiligen Geistes für das übernatürliche Leben ist der Glaube. Auf dieses göttliche Geschenk weist der Autor des Hebräerbriefes besonders hin, wenn er sich an die Christen in den Wirrnissen der Verfolgung wendet und schreibt: Glaube ist Festhalten an dem, was man erhofft und Überzeugtsein von Dingen, die man nicht sieht (vgl. *Hebr* 11,1).
Die göttliche Tugend des Glaubens kann als außergewöhnliches Geschenk nur wenigen in charismatischer Form zuteil werden (vgl. *1 Kor* 12,9). Doch im eigentlichen Sinn ist der Glaube ein Gut, das der Heilige Geist in jedem wirkt; er ist für alle Christen eine der notwendigen Geistesgaben, von denen die größte die Liebe ist: „Für jetzt bleiben Glaube, Hoffnung und Liebe, diese drei; doch am größten unter ihnen ist die Liebe" (*1 Kor* 13,31).

Paulus weist in seinem Brief an die Korinther ausdrücklich darauf hin, daß die Gemeinde den Zugang zum Glauben durch seine Predigt aus der Eingebung des Heiligen Geistes gewonnen habe: „Meine Botschaft und Verkündigung war nicht Überredung durch gewandte und kluge Worte, sondern war mit Erweis von Geist und Kraft verbunden" (*1 Kor* 2,4)

Der Geist also schenkt die Gnade des Glaubens und wirkt das Bekenntnis zu Christus. Wiederum ist es Paulus, der uns daran erinnert, daß vor und über jedem besonderen „Charisma" der Akt des Glaubens steht, von dem er sagt: „Keiner kann sagen: ‚Jesus ist der Herr', wenn er nicht aus dem Heiligen Geist redet" (*1 Kor* 12,3). Denn Christus zu erkennen, ihm zu folgen und für ihn Zeugnis abzulegen ist ein Werk des Geistes. So verlangt der Glaube von uns, ein Leben zu führen gemäß der Wahrheit, die wir erkannt haben und die wir im Leben bekennen sollen. So laßt uns unsere ganze Existenz unter die Kraft und das Wirken des Heiligen Geistes stellen und mit den Worten des Pfingstsequenz beten: „Was befleckt ist, wasche rein, Dürrem gieße Leben ein, heile du, wo Krankheit quält. Wärme du, was kalt und hart, löse was in sich erstarrt, lenke, was den Weg verfehlt."

Mit dieser Betrachtung richte ich einen herzlichen Willkommensgruß an die deutschsprachigen Pilger und Besucher. Besonders heiße ich die Eltern, Angehörigen und Freunde der neuvereidigten Rekruten der Päpstlichen Schweizergarde willkommen, die Abiturienten des Gymnasium Johanneum in Homburg sowie die Soldaten des 2. Gebirgsjägerbataillons in Strub.

Euch allen, euren lieben Angehörigen, daheim sowie den uns über Radio und Fernsehen verbundenen Gläubigen erteile ich von Herzen meinen Apostolischen Segen.

Hl. Stanislaus - Patron der moralischen Ordnung

Geistlicher Besuch in Jasna Góra

1. Das Fest des heiligen Bischofs und Märtyrers Stanislaus, des Patrons von Polen, am 8. Mai steht am Ende der drei Patronatsfeste: Muttergottes - Königin Polens, der heilige Adalbert und der heilige Stanislaus.

Der Patron der moralischen Ordnung, so nannte der Primas des Millenniums gewöhnlich den heiligen Stanislaus. Diese Eigenschaft betrifft die Grundthemen unserer ganzen Geschichte. Sie ist in unserer Zeit besonders aktuell. Denn dies ist die Zeit der Überwindung vielfältiger Krisen, nicht nur der ökonomischen und sozialen, sondern auch und sogar vor allem der moralischen Krisen.

Der Patron der moralischen Ordnung wache über dem, was in unserem polnischen Leben am wichtigsten ist, über dem, was ihm zugrunde liegt.

2. In ihrem letzten Appell von Jasna Góra schreiben die polnischen Bischöfe: „Es gibt Gesetze, die nicht vom Menschen geschaffen sind, und deshalb kann der Mensch sie nicht ändern." So schreiben sie in bezug auf das Recht des Menschen auf Leben vom Augenblick der Empfängnis an bis zum natürlichen Tod. Die Bischöfe fügen hinzu: „Dieses Recht wird von den positiven Geboten Gottes

bestärkt und darunter von dem grundlegenden Gesetz der Zehn Gebote: „Du sollst nicht töten!"
Die moralische Ordnung im Leben des einzelnen und der Gesellschaft verbindet sich wesentlich mit diesem unveräußerlichen Recht, das heißt dem Maßstab, der klar das Gute vom Bösen unterscheidet. Diesem Maßstab folgend, machen der Mensch und auch jede menschliche Gemeinschaft - die Gesellschaft, die Nation - rechten Gebrauch von ihrer Freiheit. Er handelt in würdiger Weise und verwirklicht seine menschliche Würde. „Dann werdet ihr die Wahrheit erkennen, und die Wahrheit wird euch befreien" (*Joh* 8,32), sagt Christus.
Das ist der Schlüssel jeder moralischen Ordnung. Nur auf diesem Weg kann das menschliche Verhalten in jeder Dimension frei sein vom Relativismus, Utilitarismus und Egoismus, die verschiedene Formen der Verkürzung zur moralischen Knechtschaft darstellen.

3. In der Prozession mit den Reliquien des heiligen Stanislaus, die durch die Straßen der Krakauer Altstadt zieht, vom Wawel-Hügel zur Skalka, können wir besonders das Fortschreiten unserer Geschichte sehen. Nicht nur weil die Prozession seit so vielen Jahrhunderten stattfindet, sondern mehr noch, weil sich in ihr in bezug auf die Tragödie des Jahres 1079 die Geschichte der Sünden und der Bekehrungen, umfangen von der Erlösung durch Christus, ausdrückt.
Diese Geschichte weist auch unserer Generation den Weg.
Heiliger Stanislaus, unser Schutzpatron, bitte für uns!

Friedensdialog verstärken

Aufruf zum Gebet für den Frieden in Jugoslawien

Heute wird das Bittgebet zu Unserer Lieben Frau vom Rosenkranz von Pompei gesprochen; wir bitten die Königin des Friedens, mit barmherzigen Augen auf die zu oft von Haß und Gewalt zerrissene Menschheit zu blicken.
Ich lade euch ein, euch diesem Gebet anzuschließen und die heilige Maria besonders für die meinem Herzen so nahestehenden Völker von Jugoslawien zu bitten.
Gestern wurden die Anstrengungen verstärkt, um eine friedliche Lösung für die in Kroatien entstandene schwierige Situation zu finden infolge der blutigen Auseinandersetzungen in den vergangenen Tagen.
Ich erhebe noch einmal meine Stimme mit der Bitte, daß brudermörderische Zusammenstöße zwischen dem serbischen und dem kroatischen Volk vermieden und Gewaltanwendung abgewehrt werden. Mit aller Kraft bitte ich die für die Geschicke dieser beiden Völker Verantwortlichen, guten Willen und Verantwortungsbewußtsein zu beweisen, um eine gerechte und friedliche Lösung für Probleme zu finden, die die Gewalt der Waffen nie wird lösen können. Ich lade vor allem die Verantwortlichen der christlichen Gemeinden ein, die Versöhnung zu fördern und jenen Friedensdialog zu verstärken, der gestern zwischen der Delegation der serbisch-orthodoxen Kirche unter der Leitung des Patriarchen Pavle und der Delegation

der katholischen Kirche unter Leitung von Kardinal Kuharić, Erzbischof von Zagreb und Präsident der Jugoslawischen Bischofskonferenz, begonnen hat.
In dieser für Jugoslawien dramatischen Stunde bitten wir die Königin des Friedens, die Geister zu erleuchten und die Anstrengungen jener zu unterstützen, die ehrlich danach suchen, ein gesellschaftliches Zusammenleben in gegenseitiger Achtung und im Verständnis füreinander wiederherzustellen.

Eine Frau, mit der Sonne bekleidet

Ansprache bei der Generalaudienz am 15. Mai

1. Ich möchte der barmherzigen göttlichen Vorsehung dafür danken, daß es mir gegeben war, am Tag des 13. Mai inmitten einer riesigen Pilgerschar im Heiligtum der Gottesmutter in Fatima zu weilen. Diese große jährliche Pilgerversammlung bezieht sich auf die Erscheinungen, die dort im Jahr 1917 stattgefunden haben. Die Wallfahrt in diesem Jahr hatte einen besonderen Zweck: zu danken für die Rettung des Lebens des Papstes am 13. Mai 1981, also genau vor zehn Jahren. Diese ganzen zehn Jahre betrachte ich als ein mir von der göttlichen Vorsehung in besonderer Weise gemachtes Geschenk; deshalb wurde mir insbesondere die Aufgabe anvertraut, das Petrusamt auszuüben, solange ich der Kirche noch dienen kann. „Die Huld des Herrn ist nicht erschöpft, sein Erbarmen ist nicht zu Ende" (*Klgl* 3,22).
Die Botschaft Mariens von Fatima kann man in diesen ersten und klaren Worten Christi zusammenfassen: „Das Reich Gottes ist nahe. Kehrt um, und glaubt an das Evangelium" (*Mk* 1,15). Die Ereignisse, die sich in diesem Jahrzehnt auf unserem europäischen Kontinent, besonders in Mittel- und Osteuropa vollzogen haben, verleihen diesem Ruf des Evangeliums an der Schwelle des dritten Jahrtausends neue Aktualität. Diese Ereignisse zwingen uns auch, in besonderer Weise an Fatima zu denken. Das Herz der Mutter Gottes ist das Herz der Mutter, die sich nicht nur um die Menschen sorgt, sondern auch um die ganzen Völker und Nationen. Dieses Herz widmet sich ganz der Heilssendung des Sohnes: Christi, des Erlösers der Welt, des Erlösers des Menschen.

2. Ich möchte meinen herzlichen Dank aussprechen für die Einladung zum Portugalbesuch in diesen Tagen. Meinen Dank richte ich an meine Mitbrüder des portugiesischen Episkopats mit dem Kardinal-Patriarchen von Lissabon. Mein Dank gilt gleichzeitig dem Herrn Präsidenten der Republik und allen staatlichen und örtlichen Obrigkeiten. Ich danke für die so herzliche Gastfreundschaft, die mir überall im Verlauf meiner Pilgerfahrt zuteil wurde. Ich danke für die Vorbereitung der liturgischen Feiern und für die gläubige Teilnahme am Sakramentendienst, für das mit offenem Sinn und Herzen aufgenommene Wort Gottes. Damit beziehe ich mich auf die Priester und die Gemeinschaften der Ordensmänner und Ordensfrauen. Ich wende mich damit an alle Generationen, von den Ältesten bis zu den Kindern (gerade Kindern wurde die Botschaft von Fatima im Jahr 1917 anvertraut). Ich

wende mich außerdem an die Kranken und die Gesunden, an die Eheleute, die Familien und die Jugend. Gott vergelt's ihnen!
Portugal, an der Westküste des europäischen Kontinents gelegen, hat eine lange und reiche Geschichte. Vor 500 Jahren waren die Portugiesen unter den ersten Pionieren der geographischen Entdeckungen, die den Lauf der Geschichte auf der Erde geändert haben. Damit haben sich neue Felder für die Evangelisierung eröffnet. Entdeckt wurde die „große Ernte", und es fanden sich „die Arbeiter", die „der Herr für seine Ernte aussendet" (vgl. *Mt* 9,38). Obwohl es nicht möglich ist, alles zu nennen, muß man wenigstens die Erstevangelisierung von Angola in Afrika und auch von Brasilien in Südamerika vor genau 500 Jahren erwähnen.

3. Aus diesem Grund begann also meine Pilgerfahrt mit dem heiligen Meßopfer, das in der Hauptstadt Lissabon zum Dank für die 500jährige Teilnahme Portugals am Evangelisierungsauftrag der Kirche gefeiert wurde. Diese Danksagung ist zugleich Anruf und glühendes Gebet für die Neuevangelisierung, das heißt für die, die sich unsere Zeit erwartet. Von ihr spricht in so überzeugender Weise die jüngste Enzyklika *Redemptoris missio*. Diesbezüglich führte mich der Weg von Lissabon zu den portugiesischen Inseln: Sie waren gleichsam ein erster Abschnitt jenes missionarischen Epos, das vor 500 Jahren auf dem Boden der alten portugiesischen Kirche entstand: zuerst die Inselgruppe der Azoren und dann Madeira inmitten des Atlantischen Ozeans. An beiden Orten lebt die Kirche seit Jahrhunderten eingewurzelt, vereint um ihre Bischöfe: die Diözese Angra auf den Azoren und die Diözese Funchal von Madeira. Ich war Gast der Oberhirten und der lebensvollen kirchlichen Gemeinschaften während der Vorbereitungszeit auf das Pfingstfest, an dem die Sendung der Apostel und die Lebenskraft sich besonders erneuern, die die Kirche ständig durch das Kommen des Beistandes, des Geistes der Wahrheit, empfängt.
Es ist schwer, sich an alle Einzelheiten zu erinnern. Tief eingeprägt hat sich in meinem Herzen der Wortgottesdienst zu Ehren des „Ecce Homo" (des Heiligen Christus) in Ponta Delgada auf den Azoren. Dann die Insel Madeira mit ihrem herrlichen Landschaftsbild und mildem Klima; sie ist der Ort, der zahlreiche Besucher aus Nordeuropa, vor allem der älteren Generation, beherbergt. Die Kathedrale im gotischen Stil, erbaut zwischen Ende des 15. und Beginn des 16. Jahrhunderts, gibt Zeugnis von der großen missionarischen Vergangenheit dieses Bischofssitzes, der Mutter verschiedener Kirchen der Neuen Welt (insbesondere in Brasilien).

4. Um noch einmal auf Fatima zurückzukommen, das der letzte Besuchsabschnitt in Portugal war: es ist schwer, dem tiefen Eindruck des Glaubens und des Vertrauens jener Menge von einer Million Menschen zu widerstehen, die sich am Abend zur Gebetswache versammelt und am folgenden Tag, dem 13. Mai, den weiten Platz um die Wallfahrtskirche während der eucharistischen Konzelebration noch mehr gefüllt hat. Außer den Oberhirten der Kirche von Portugal waren fast der gesamte Episkopat von Angola und auch viele weitere Kardinäle und Bischöfe anwesend, die aus verschiedenen europäischen Ländern und den einzelnen Kontinenten gekommen waren.

Inmitten dieser großen Gebetsgemeinschaft fühlten wir in besonderer Weise „die großen Taten Gottes" (vgl. *Apg* 2,11), die die Vorsehung in die Geschichte des Menschen einschreibt, indem sie sich der demütigen „Magd des Herrn" (vgl. *Lk* 1,38) bedient. Sie vertraut jedoch ihre mütterliche Botschaft des Evangeliums sehr gern den einfachen und reinen Seelen an: drei armen Kindern. Gerade dies fand in Fatima statt. Etwas, was zuvor in Lourdes geschehen war: „Denn Menschen wie ihnen gehört das Himmelreich" (*Mt* 19,14) nach den Worten des Herrn. Wie kann man nicht darüber staunen?
In diesem Jahr nahm die Erfahrung von Fatima, beginnend mit der Danksagung, gleichzeitig die Form der glühenden Bitte an. Denn die Zeiger, die auf der Uhr der Jahrhunderte dem Jahr 2000 zueilen, zeigen nicht nur die providentiellen Wandlungen in der Geschichte ganzer Nationen, sondern auch die neuen und alten Bedrohungen. Es genügt, an jene zu erinnern, die vor einigen Wochen im außerordentlichen Konsistorium der Kardinäle in Rom behandelt wurden. In der Liturgie von Fatima stellt uns das Buch der Offenbarung nicht nur „eine Frau, mit der Sonne bekleidet" (vgl. *Offb* 12,1) vor Augen, sondern gleichzeitig dieselbe „Frau", wie sie alle tödlichen Bedrohungen ihrer Kinder teilt, die sie unter Schmerzen gebiert. Denn die Mutter Gottes ist, wie das jüngste Konzil sagte, das Urbild der Mutter Kirche.

5. Mutter der Kirche, dein Diener auf dem Stuhl Petri dankt dir für all das Gute, das trotz so vieler Bedrohungen das Angesicht der Erde erneuert. Er dankt dir auch für alle diese Jahre des „Petrusdienstes", in denen du durch deine Fürsprache bei Christus, dem einzigen und ewigen Hirten der Geschichte des Menschen, zu Hilfe kommen wolltest.
Ihm sei Ehre in Ewigkeit!

In deutscher Sprache sagte der Papst:

Liebe Schwestern und Brüder!

Tiefe Dankbarkeit erfüllt mich gegenüber der göttlichen Vorsehung darüber, daß ich mich am 13. dieses Monats inmitten einer unübersehbaren Menge in Fatima aufhalten durfte. Diese Wallfahrt hatte ihren besonderen Charakter in der Danksagung für die Rettung des Lebens des Papstes vor genau zehn Jahren.
Die Botschaft, die uns Fatima verkündet, kann in den ersten Jesus-Worten zusammengefaßt werden: „Das Reich Gottes ist nahe; kehrt um und glaubt an das Evangelium" (*Mk* 1,15). Durch die jüngsten geschichtlichen Ereignisse in Mittel- und Osteuropa bekommt dieser Ruf - angesichts des herannahenden dritten Jahrtausends - herausragende Aktualität.
„In der großen Gebetsgemeinschaft haben wir in einzigartiger Weise „die Großtaten Gottes" (*Apg* 2,11) verspüren können, die die Vorsehung in der Geschichte der Menschen schreibt, indem sie sich „der demütigen Magd des Herrn" (*Lk* 1,18) bedient; sie vertraut ihre biblische und zugleich mütterliche Botschaft den einfachen und reinen Seelen an: drei armen Kindern.

Meine Pilgerreise diente neben dem Dank auch einer flehentlichen Bitte; denn das ausgehende zweite Jahrtausend ist nicht nur durch providentielle Veränderungen, sondern auch durch neue und alte Bedrohungen gekennzeichnet.
Mutter der Kirche, dein Diener auf den Thron Petri dankt Dir für all das Gute, das trotz so vieler Bedrohungen das Angesicht der Erde erneuert, und für Deine Fürsprache bei Christus, dem ewigen Hirten der Menschen. Ihm sei die Ehre in Ewigkeit.
Indem ich angesichts des herannahenden Pfingstfestes dazu einlade, die Gaben des heiligen Geistes zu erflehen, grüße ich alle deutschsprachigen Pilger und Besucher sehr herzlich. Mein besonderer Gruß gilt den Mitgliedern der Katholischen Arbeitnehmerbewegung aus allen deutschen Diözesen sowie aus der Republik Österreich und dem Großherzogtum Luxemburg, die aus Anlaß des 100. Jahrestages der Veröffentlichung der Enzyklika *Rerum novarum* nach Rom gekommen sind und so ihren Willen bekunden, durch persönlichen Einsatz zum Aufbau einer Zivilisation der Solidarität und der Liebe beizutragen.
Einen herzlichen Gruß möchte ich weiter an eine große Gruppe von Pilgern aus den neuen Ländern der Bundesrepublik Deutschland richten, darunter zahlreiche Pfarrhaushälterinnen und Angestellte im kirchlichen Dienst, die eine Pilgerreise nach Rom unternommen haben, um Gott für den Frieden und die neu gewonnene Freiheit zu danken. Ebenso heiße ich die Mitglieder des „Ruhrkohle-Chors" aus Essen und des Bergwerkorchesters „Wujek" aus Katowice herzlich willkommen.
Euch allen, euren lieben Angehörigen in der Heimat sowie den mit uns über Rundfunk und Fernsehen verbundenen Gläubigen erteile ich von Herzen meinen Apostolischen Segen.

Glaubt an das Evangelium!

Geistlicher Besuch in Jasna Góra

1. „Das Reich Gottes ist nahe. Kehrt um, und glaubt an das Evangelium!" (*Mk* 1,15).
Vor zehn Jahren wurde ich in die von der Kirche erlebte Erfahrung von Fatima einbezogen. Das geschah am Nachmittag des 13. Mai auf dem Petersplatz: durch das Attentat auf das Leben des Papstes. Zur gleichen Zeit gedachten die Pilgerscharen in Fatima des Ereignisses, das dort am 13. Mai 1917 stattgefunden hatte.

2. Im Jahr, in dem die bolschewistische Revolution dem Zarenreich ein Ende setzte, gab die demütige „Magd des Herrn" zu erkennen, daß sie die Mutter der Menschen und der Völker ist, besonders auf unserem Kontinent. Die Botschaft von Fatima, einfachen Kindern übermittelt, ist in ihrem wesentlichen Inhalt eine Überlieferung der obengenannten Worte Christi: „Kehrt um, und glaubt an das Evangelium; das Reich Gottes ist nahe." Der Ruf zur Umkehr, zur Buße und zum Gebet ist eine grundlegende Wahrheit des Evangeliums. Das bestätigt die Kirche. Deshalb hat die Botschaft von Fatima ihre Zustimmung. Im Umfeld dieser Tatsache hat sich in unse-

rem Jahrhundert die von der Kirche gemachte Fatima-Erfahrung entwickelt, verbunden mit einer besonderen Weihe an das Herz der Mutter des Erlösers.

3. Die göttliche Vorsehung hat mir erlaubt, in besonderer Weise Zeuge dieser Erfahrung zu werden. Am zehnten Jahrestag des Ereignisses vom 13. Mai auf dem Petersplatz war es mir vergönnt, inmitten einer großen Pilgerschar zu sein und an ihrem innigen Gebet teilzunehmen. Ich weiß, daß das mir vor zehn Jahren wiedergeschenkte Leben mir von der barmherzigen Vorsehung Gottes gegeben wurde. Vergessen wir nicht die großen Taten Gottes (vgl. *Ps* 78,7).

4. „Das Reich Gottes ist nahe. Kehrt um, und glaubt an das Evangelium!" Wenn Gott mir erlaubt, in Kürze nach Polen zu kommen, ist nur dies und nichts anderes das Ziel meines Dienstes.
Maria, Königin Polens, ich bin bei dir, ich denke an dich, ich wache.

Soziale Frage ist immer aktuell

Regina Caeli am 19. Mai

Zum Abschluß dieser Pfingstliturgie ist der Augenblick gekommen, das *Regina Caeli* zu beten, und ich möchte alle Arbeiter grüßen, die aus allen Teilen der Welt zusammengeströmt sind, um Gott während der Hundert-Jahr-Feier der Enzyklika *Rerum novarum* zu danken.
Ich begrüße die Autoritäten und an erster Stelle den italienischen Staatspräsidenten, die an dieser Feier teilnehmen wollten. Ich begrüße die zahlreichen italienischen Arbeiter und rufe sie auf, die Kirche zu lieben, denn im Namen Christi hat sie sich bemüht und bemüht sich, den Weg des Menschen in den Wechselfällen der Geschichte sich zu eigen zu machen. Wie am Ende des vergangenen Jahrhunderts wollte die Kirche den Gegensatz zwischen Kapital und Arbeit erhellen, indem sie nachdrücklich die Würde und die Rechte der Arbeiter verteidigte, so wie sie sich heute berufen fühlt, den Menschen als solchen in den Mittelpunkt des komplexen Beziehungsnetzes der modernen Gesellschaften zu stellen. Die Kirche geht mit euch, liebe Arbeiter, und sie geht sicheren Schrittes, denn sie weiß, daß sie auf diesem Weg neben sich den hat, der, als er Mensch wurde, es nicht verschmähte, „Sohn des Zimmermanns" genannt zu werden (*Mt* 13,55; vgl. *Mk* 6,3).

In deutscher Sprache sagte der Papst:

Zum Ende dieses feierlichen Gottesdienstes grüße ich alle deutschsprachigen Pilger sehr herzlich, besonders die Mitglieder der Katholischen Arbeitnehmer-Bewegung, die zu einem Kongreß nach Rom gekommen sind, um aus Anlaß des hundertjährigen Jubiläums der Enzyklika *Rerum novarum* der Bedeutung und Aktualität der sozialen Frage erneut besonderes Gewicht zu verleihen. Mein Vorgänger Leo XIII. hat grundlegende Prinzipien für die Lösung der Arbeiterfrage ausgesprochen, die wiederzuentdecken und für die heutige Zeit sowie für die Zukunft umzusetzen auch

Ziel eures Kongresses in Rom war. Mittels eurer Bildungsarbeit und der verbandlichen Aktivitäten möge die christliche Überzeugung von der Würde des Menschen und einer menschenwürdigen Gesellschaft auch für die Zukunft ihren Niederschlag finden.

Der Geist - Lebensprinzip der Liebe

Ansprache bei der Generalaudienz am 22. Mai

1. Im Herzen des Christen gibt es eine neue Liebe, durch die er an der Liebe Gottes selbst Anteil hat: „Die Liebe Gottes ist ausgegossen in unsere Herzen durch den Heiligen Geist, der uns gegeben ist", bekräftigt der heilige Paulus (*Röm* 5,5). Es ist eine Liebe göttlicher Natur, die deshalb die angeborenen Fähigkeiten des menschlichen Herzens weit übersteigt. Im theologischen Sprachgebrauch wird sie „Caritas" genannt. Diese übernatürliche Liebe spielt im christlichen Leben eine grundlegende Rolle, wie zum Beispiel der heilige Thomas feststellt, der klar hervorhebt, daß die „Caritas" nicht nur „die edelste aller Tugenden" ist („excellentissima omnium virtutum"), sondern auch „die Form aller Tugenden, denn durch sie ist ihr Handeln auf das gebührende und letzte Ziel hingeordnet" (*Summa theol.*, II-II, q.23, aa.6 und 8). Die Liebe zum Nächsten („Caritas") ist deshalb der Hauptwert des neuen Menschen, „der nach dem Bild Gottes geschaffen ist in wahrer Gerechtigkeit und Heiligkeit" (*Eph* 4,24; vgl. *Gal* 3,27; *Röm* 13,14). Wenn man das christliche Leben mit einem Hausbau vergleicht, ist es leicht, im Glauben das Fundament aller Tugenden zu erkennen, aus denen er sich zusammensetzt. Nach der Lehre des Konzils von Trient ist „der Glaube der Beginn des menschlichen Heils, die Grundlage und Wurzel jeder Rechtfertigung" (vgl. *DS* 2532). Aber die Einheit mit Gott durch den Glauben hat als Ziel die Einheit mit Ihm in der Liebe (Caritas), der göttlichen Liebe, die dem menschlichen Herzen mitgeteilt wird als wirkende und einende Kraft.

2. Indem er der Seele seinen Lebensantrieb vermittelt, befähigt der Heilige Geist sie dazu, kraft der übernatürlichen Liebe das von Jesus Christus gegebene zweifache Gebot der Liebe zu Gott und zum Nächsten zu beobachten.
„Du sollst den Herrn, deinen Gott, lieben mit ganzem Herzen ..." (*Mk* 12,30; vgl. *Dtn* 6,4-5). Der Heilige Geist gibt der Seele Anteil an der kindlichen Hingabe Jesu zum Vater, so daß „alle, die sich vom Geist Gottes leiten lassen, Söhne Gottes sind", sagt der heilige Paulus (*Röm* 8,14). Den Vater lieben, wie der Sohn ihn geliebt hat, das heißt mit einer Sohnesliebe, die sich in dem Ruf „Abba" ausdrückt (vgl. *Gal* 4,6; *Röm* 8,15), aber sich auf das ganze Verhalten derer erstreckt, die im Geist Kinder Gottes sind. Unter dem Einfluß des Geistes wird das ganze Leben ein Geschenk an den Vater, voll Ehrerbietung und Kindesliebe.

3. Vom Heiligen Geist kommt auch die Beobachtung des anderen Gebotes: der Liebe zum Nächsten. „Liebt einander, wie ich euch geliebt habe", befiehlt Jesus seinen Aposteln und allen seinen Jüngern. In diesen Worten: „wie ich euch geliebt

habe" wird der neue Wert der übernatürlichen Liebe deutlich, die Teilhabe an der Liebe Christi zu den Menschen ist und folglich an der ewigen Liebe, in der die Tugend der Liebe ihren Ursprung hat. Der heilige Thomas von Aquin schreibt: „Das Wesen Gottes ist von sich aus Liebe, wie es Weisheit und Güte ist. Wie man also sagen kann, daß wir aus der Güte, die Gott ist, gut sind und weise aus der Weisheit, die Gott ist - denn die Güte, die uns zum Guten formt, ist die Güte Gottes, und die Weisheit, die uns zum Weisen formt, ist eine Teilhabe an der göttlichen Weisheit -, so ist die Liebe, mit der wir den Nächsten ausdrücklich lieben, eine Teilhabe an der göttlichen Liebe" (*ebd.* II-II, q.23, a.2, ad 1). Und diese Teilhabe geschieht durch den Heiligen Geist, der uns so befähigt, nicht nur Gott, sondern auch den Nächsten zu lieben, wie Jesus Christus ihn geliebt hat. Ja, auch den Nächsten: Denn weil es die Liebe Gottes ist, die in unsere Herzen ausgegossen ist, können wir durch sie die Menschen lieben und in gewisser Weise auch die nicht mit Vernunft begabten Geschöpfe selbst (vgl. *ebd.* II-II, q.3), wie Gott sie liebt.

4. Die geschichtliche Erfahrung lehrt uns, wie schwer die konkrete Anwendung dieses Gebotes ist. Und doch steht es im Mittelpunkt der christlichen Ethik als ein Geschenk, das vom Geist kommt und das man von ihm erbitten muß. Das betont der heilige Paulus, der im Brief an die Galater diese auffordert, in der vom neuen Liebesgebot geschenkten Freiheit zu leben: „Nur nehmt die Freiheit nicht zum Vorwand für das Fleisch, sondern dient einander in Liebe!" (*Gal* 5,13). „Denn das ganze Gesetz ist in dem einen Wort zusammengefaßt: Du sollst deinen Nächsten lieben wie dich selbst! (*Gal* 5,14). Und nachdem er empfohlen hatte: „Darum sage ich: Laßt euch vom Geist leiten, dann werdet ihr das Begehren des Fleisches nicht erfüllen" (*Gal* 5,16), nennt er die Liebe zum Nächsten (agape) erste „Frucht des Geistes" (*Gal* 5,22). Der Heilige Geist ist es also, der uns in der Liebe fortschreiten läßt und uns befähigt, alle Widerstände gegen die Liebe zu überwinden.

5. Im ersten Brief an die Korinther scheint der heilige Paulus die bei der Aufzählung und Beschreibung der Eigenschaften der Liebe zum Nächsten verweilen zu wollen. Denn nach seiner Empfehlung, „nach den höheren Gnadengaben" zu streben (*1 Kor* 21,31), lobt er die Liebe als etwas für das christliche Leben Grundlegenderes und weit Höheres als alle außerordentlichen Gaben, die der Heilige Geist schenken kann. So kommt aus seinem Mund und Herzen das Hohelied der Liebe, das als ein Hymnus auf den Einfluß des Heiligen Geistes auf das menschliche Verhalten betrachtet werden kann. In ihm zeigt sich die Liebe in einer ethischen Dimension mit konkret wirksamen Eigenschaften: „Die Liebe ist langmütig, die Liebe ist gütig. Sie ereifert sich nicht, sie prahlt nicht, sie bläht sich nicht auf. Sie handelt nicht ungehörig, sucht nicht ihren Vorteil, läßt sich nicht zum Zorn reizen, trägt das Böse nicht nach. Sie freut sich nicht über das Unrecht, sondern freut sich an der Wahrheit. Sie erträgt alles, glaubt alles, hofft alles, hält allem stand" (*1 Kor* 13,4-7).
Beim Aufzählen der „Früchte des Geistes" (*Gal* 5,22) könnte man sagen, daß der heilige Paulus abwechselnd zu dem Hymnus einige wesentliche Verhaltensweisen der Liebe nennen wollte, unter ihnen:

1) Vor allem die „Langmut" (vgl. „Die Liebe ist langmütig": *1 Kor* 13,4). Man könnte sagen, daß der Geist selbst das Beispiel der Langmut gibt gegenüber den Sündern und ihrem fehlerhaften Verhalten, wenn man in den Evangelien über Jesus liest, er sei „Freund der Zöllner und Sünder" genannt worden (*Mt* 11,19; *Lk* 7,34). Sie ist ein Widerschein der Liebe Gottes selbst, „der aus Liebe Erbarmen übt, weil er uns liebt als Teil seiner selbst", bemerkt der heilige Thomas (*Summa theol.*, II-II, q.30, a.2, ad 1).
2) Eine Frucht des Geistes ist dann die „Güte" (vgl. „Die Liebe ist gütig": *1 Kor* 13,4). Auch sie ist ein Widerschein der göttlichen Güte gegenüber den anderen, die mit Sympathie und Verständnis betrachtet und behandelt werden.
3) Dann ist hier das „Wohlwollen" (vgl.: die Liebe „sucht nicht ihren Vorteil": *1 Kor* 13,5). Es handelt sich um eine Liebe, die bereit ist, hochherzig zu geben wie die des Heiligen Geistes, der seine Gaben vervielfältigt und den Glaubenden die Liebe des Vaters mitteilt.
4) Endlich die „Sanftmut" (vgl.: die Liebe „läßt sich nicht zum Zorn reizen": *1 Kor* 13,5). Der Heilige Geist hilft den Christen, die Haltung des „gütigen und demütigen Herzens" (vgl. *Mt* 11,29) Christi nachzuahmen und die Seligpreisung der von ihm verkündeten Sanftmut (vgl. *Mt* 5,5) zu verwirklichen.

6. Mit der Aufzählung der „Werke des Fleisches" (vgl. *Gal* 5,19-21) stellt der heilige Paulus die Anforderungen der Liebe dar, aus denen ganz konkrete Pflichten erwachsen im Gegensatz zu den Neigungen des „homo animalis", der Opfer seiner Leidenschaften ist. Im einzelnen: Eifersucht und Neid vermeiden, den Nächsten lieben; Feindschaften, Uneinigkeiten, Spaltungen, Streit vermeiden, indem man alles fördert, was zur Einheit führt. Darauf spielt der Vers des paulinischen Hohenliedes an: Die Liebe „trägt das Böse nicht nach" (*1 Kor* 13,5). Der Heilige Geist inspiriert zur Hochherzigkeit, erlittene Beleidigungen und Unrecht zu verzeihen; dazu befähigt er die Gläubigen und läßt sie als Geist des Lichtes und der Liebe die unbegrenzten Anforderungen der Liebe entdecken.

7. Die Geschichte bestätigt die Wahrheit dieser Ausführungen: Die Liebe leuchtet im Leben der Heiligen und Kirche auf seit dem Pfingsttag bis heute. Alle Heiligen, alle Epochen der Kirche tragen die Zeichen der Liebe und des Heiligen Geistes. Man könnte sagen, daß in einigen Geschichtsperioden die Liebe, unter der Inspiration und Führung des Geistes, Formen angenommen hat, die besonders von den wirksamen hilfreichen und organisatorischen Aktionen gegen Hunger, Krankheit und alte und neue Epidemien gekennzeichnet sind. So hat es die „Heiligen der Nächstenliebe" gegeben, wie sie besonders im 18. und in unserem Jahrhundert genannt wurden. Es sind Bischöfe, Priester, Ordensmänner und -frauen, Laienchristen: alle „Diakone" der Nächstenliebe. Viele sind von der Kirche verherrlicht worden, viele andere von den Biographen und Geschichtsschreibern, denen es gelingt, die wahre Größe jener Jünger Christi und Diener Gottes mit ihren Augen zu sehen und in den Dokumenten zu entdecken. Und doch bleiben die meisten in jener Anonymität der Liebe, die die Welt ständig und wirksam mit Gutem erfüllt. Ehre sei

diesen unbekannten Kämpfern, diesen stillen Zeugen der Liebe! Gott kennt sie, Gott verherrlicht sie wirklich! Wir müssen ihnen dankbar sein, auch weil sie der geschichtliche Beweis der „Liebe Gottes" sind, die durch den Heiligen Geist, dem Urheber und Lebensprinzip der christlichen Liebe, „in die Menschenherzen ausgegossen ist".

In deutscher Sprache sagte der Papst:

Liebe Brüder und Schwestern!

„Die Liebe Gottes ist ausgegossen in unsere Herzen durch den Heiligen Geist, der uns gegeben ist" (*Röm* 5,5). Nach diesen Worten des Apostels Paulus gibt es also im Menschen eine neue Liebe, die Anteil hat an der Liebe Gottes selber. Durch diese göttliche Tugend wird der Mensch befähigt, sein Leben nach dem Doppelgebot der Liebe auszurichten: „Du sollst den Herrn, deinen Gott, lieben mit ganzem Herzen ..." (*Mk* 12,31).
„Liebt einander, wie ich euch geliebt habe", ruft Jesus den Aposteln und all denjenigen, die ihm nachfolgen wollen, zu. In den Worten „wie ich euch geliebt habe" wird der neue Wert der übernatürlichen Liebe deutlich, die Teilhabe an der Liebe Christi zu den Menschen ist und ihren Ursprung in der ewigen Liebe Gottes hat.
Die tägliche Erfahrung lehrt uns, wie schwer die Verwirklichung dieses Gebotes ist, das doch trotz aller Hindernisse in der alltäglichen Umsetzung der Mittelpunkt unserer christlichen Ethik ist und bleibt: eine Gabe, die vom Heiligen Geist kommt und von ihm stets neu erbeten werden will.
Die Liebe zum Nächsten bezeichnet Paulus als die höchste der Gnadengaben (vgl. *Kor* 13,13), und er benennt zugleich ihre wesentlichen Eigenschaften: Die Liebe ist geduldig, langmütig, die Liebe ist gütig, sie sucht nicht ihren Vorteil, sie läßt sich nicht zum Zorn reizen und - schließlich - sie trägt das Böse nicht nach (vgl. *1 Kor* 13,4-5), denn der Geist schenkt mit ihr zugleich die Bereitschaft zur Versöhnung und Vergebung für getanes Unrecht und läßt als Geist des Lichtes und der Liebe den Glaubenden die grenzenlose Hoffnung und Sehnsucht im Mitmenschen entdecken.
Mit dieser kurzen Betrachtung grüße ich alle deutschsprachigen Pilger und Besucher sehr herzlich. Ein besonderer Willkommensgruß gilt der Pilgergruppe der Katholischen Arbeitnehmerbewegung Pressath, den Ministranten aus der Diözese Eichstätt, der Pilgergruppe der Pfarrei Kirchenlaibach sowie den Teilnehmern an der Dankpilgerreise für den Frieden und die neu gewonnene Freiheit in den neuen Ländern der Bundesrepublik Deutschland.
Euch allen, Euren lieben Angehörigen daheim wie auch den uns über Radio und Fernsehen verbundenen Gläubigen erteile ich von Herzen meinen Apostolischen Segen.

Zur Freiheit befreit

Geistlicher Besuch in Jasna Góra

1. Liebe Schwestern und Brüder, Pilger aus Polen!
Am Vorabend seines Opfertodes am Kreuz sagte Christus zu den Jüngern im Abendmahlssaal: „Es ist gut für euch, daß ich fortgehe. Denn wenn ich nicht fortgehe, wird der Beistand nicht zu euch kommen; gehe ich aber, so werde ich ihn zu euch senden. Und wenn er kommt, wird er die Welt überführen (und aufdecken), was Sünde, Gerechtigkeit und Gericht ist" (*Joh* 16,7-8).
Mutter, du warst zusammen mit den Aposteln im Abendmahlssaal von Jerusalem am Pfingsttag anwesend! Mutter, du bist in Jasna Góra, in diesem besonderen Abendmahlssaal unserer Geschichte, anwesend. Wir bitten dich, daß der Heilige Geist auf uns alle, Söhne und Töchter Polens, herabkomme. Daß Er besonders in unsere Zeit als „Parácletos", als der Tröster, komme; damit er uns überführe und aufdecke, „was Sünde, Gerechtigkeit und Gericht ist".

2. Er überführt uns hinsichtlich der Sünde, nicht um den Menschen anzuklagen und zu verdammen, sondern um ihn zu bekehren, zu reinigen, geistlich zu erheben und zu befreien. Wir brauchen ein solch heilsames „Überführtwerden". Jeder einzelne braucht es, und alle zusammen brauchen es. Die gesamte Gesellschaft bedarf einer Erneuerung des Geistes, einer moralischen Erneuerung.
Darauf weisen auch die von den polnischen Bischöfen gewählten Worte als Leitspruch für den Besuch des Papstes in seinem Vaterland hin: „Dankt für alles - Löscht den Geist nicht aus!" (vgl. *1 Thess* 5,18-19). Daß sich in euch nicht die gefährlichste Sünde einwurzele, die nach den Worten Christi die Lästerung gegen den Heiligen Geist ist (vgl. *Mt* 12,31).

3. Deshalb bitten wir die jungfräuliche Mutter Gottes, anwesend in Jasna Góra im Abendmahlssaal unserer Geschichte und an so vielen Orten des Heimatlandes, daß „wir uns vom Geist führen lassen" (vgl. *Gal* 5,19-21).
„Die Frucht des Geistes aber ist Liebe, Freude, Friede, Langmut, Freundlichkeit, Güte, Treue, Sanftmut und Selbstbeherrschung" (*Gal* 5,22-23).
Denn dazu dient unsere Freiheit! „Zur Freiheit hat uns Christus befreit. Bleibt daher fest und laßt euch nicht von neuem das Joch der Knechtschaft auflegen!" (*Gal* 5,1).

Die Dreifaltigkeit: ein verborgener Gott

Angelus am 26. Mai

1. „Die Gnade Jesu Christi, des Herrn, die Liebe Gottes und die Gemeinschaft des Heiligen Geistes sei mit euch allen! (*2 Kor* 13,13).
Liebe Schwestern und Brüder, an diesem Sonntag, dem liturgischen Fest der Heiligsten Dreifaltigkeit, richte auch ich an euch alle den dreifaltigen Gruß, den der heilige Paulus an die Christen in Korinth sandte. Ich richte ihn besonders an die

neugeweihten Priester, denen ich vor kurzem zu meiner Freude die Hände auflegen konnte, indem ich sie im Namen der Heiligsten Dreifaltigkeit für den Dienst der Kirche weihte.
Heute sind wir eingeladen, über die höchste Wirklichkeit Gottes nachzudenken, die uns vom menschgewordenen Wort offenbart wurde. Indem wir auf das göttliche Wort Jesu vertrauen, glauben wir an Gott den Vater, der die absolute und ewige Schöpferkraft ist; wir glauben an Gott den Sohn, eines Wesens mit dem Vater; indem er im Schoß der Jungfrau Maria Mensch wurde, nahm er wie wir eine Seele und einen Leib an; er starb am Kreuz zur Rettung der Menschheit; wir glauben an Gott den Heiligen Geist, Person, nichtgeschaffen, die vom Vater und vom Sohn als ihre ewige Liebe ausgeht; er ist der „Beistand", den Jesus seiner Kirche auf dem Pilgerweg in der Welt verheißen hat.
Heiligste Dreifaltigkeit, wir danken dir für diese höchste und unvergleichliche Offenbarung!

2. Das Geheimnis bleibt jedoch in sich selbst unergründlich und unzugänglich: Geheimnis der Liebe, Geheimnis des Lichtes, aber auch Geheimnis unendlicher Transzendenz: „Wahrhaftig, du bist ein verborgener Gott" (*Jes* 45,15). Deshalb müssen Betrachtung und Erkenntnis immer von der Anbetung begleitet sein; diese muß sich ihrerseits in das Zeugnis der brüderlichen Gemeinschaft umsetzen, in der die Glaubenden „eins sein sollen". Denn wir alle erinnern uns des inständigen Gebets Jesu: „Wie du, Vater, in mir bist und ich in dir bin, sollen auch sie in uns sein, damit die Welt glaubt, daß du mich gesandt hast" (*Joh* 17,21).

3. Heilige Maria - zu der wir jetzt gemeinsam beten und die gewiß die vollkommenste Anbeterin der Heiligsten Dreifaltigkeit war -, erleuchte, stärke, begleite unseren Glauben!
Den Neupriestern, die für immer zu Dienern des einen dreifaltigen Gottes geweiht wurden, gilt mein Wunsch, ständig mit Eifer Maria nachzuahmen in der Anbetung der Dreifaltigkeit und in ihrer Verkündigung an die Brüder.
Allen wünsche ich von Herzen, die seligste Jungfrau führe ihre Hände, während sie das Kreuzzeichen machen und den erhabenen und geheimnisvollen Namen des Vaters, des Sohnes und des Heiligen Geistes aussprechen!

Begrüßung der Angehörigen der neugeweihten Priester:

Jetzt richte ich einen Gruß an die Verwandten und Freunde der Neupriester, die soeben in der Petersbasilika geweiht wurden; möge die Freude dieses Tages neue Berufungen für die entsprechenden Diözesan- und Ordensgemeinschaften ankünden.

Eine neue Zeit des Friedens

Aufruf zum Gebet für Liberia und Äthiopien

Bei diesem marianischen Gebet rufe ich auch auf, an unsere Schwestern und Brüder des afrikanischen Kontinents zu denken, der immer noch von schmerzlichen Konflikten heimgesucht wird.
Der Bruderkrieg in Liberia, der bereits so viele unschuldige Opfer gefordert hat, droht sich auch auf das benachbarte Sierra Leone auszudehnen. Wieder laufen arme und wehrlose Völker Gefahr, Objekt von Gewalt und Zerstörung zu sein. Möge Gott den Sinn derer erleuchten, die bewirken können, daß der Friede in jener Region zurückkehrt und so viele Leiden gelindert werden.
Ich lade euch ebenfalls ein, all denen geistig nahe zu sein, die in Äthiopien für den Frieden in ihrem heimgesuchten Land beten. Möge der Dialog zwischen den streitenden Parteien mit hohem Verantwortungsbewußtsein geführt werden und jenen geliebten Völkern, die seit so vielen Jahren harte Prüfungen erleiden, eine neue Zeit des Friedens bringen.

Friede - die Sehnsucht der Menschheit

Ansprache bei der Generalaudienz am 29. Mai

1. Der Frieden ist die große Sehnsucht der Menschheit unserer Zeit. Er ist es in zwei Hauptformen: im Ausschluß des Krieges als Lösungsmittel der Streitigkeiten zwischen den Völkern oder zwischen Staaten und in der Überwindung der sozialen Konflikte durch die Verwirklichung der Gerechtigkeit. Wie könnte man leugnen, daß schon die Verbreitung dieser Gefühle einen Fortschritt der sozialen Psychologie, der politischen Mentalität und der Organisation des nationalen und internationalen Zusammenlebens selbst darstellt? Die Kirche, die besonders angesichts der jüngsten dramatischen Erfahrungen nichts anderes tut, als den Frieden zu verkünden und herbeizurufen, kann nicht umhin, sich zu freuen, wenn sie die neuen Errungenschaften des Rechtes, der sozialen und politischen Institutionen und noch tiefer des menschlichen Bewußtseins vom Frieden feststellt.
Trotzdem gibt es auch in der Welt von heute tiefe Konflikte, die die Ursache vieler ethnischen und kulturellen wie auch ökonomischen und politischen Streitigkeiten sind. Wenn man realistisch sein und bei der Wahrheit bleiben will, muß man die Schwierigkeit, ja die Unmöglichkeit erkennen, den Frieden bewahren zu können ohne ein höheres Prinzip, das tief in der Seele des Menschen mit göttlicher Kraft wirkt.

2. Nach der offenbarten Lehre ist dieses Prinzip der Heilige Geist, der den Menschen den geistigen Frieden mitteilt, den inneren Frieden, der sich als Frieden in der Gesellschaft ausbreitet.

Es ist Jesus selbst, der, als er zu den Jüngern im Abendmahlssaal spricht, seinen Frieden ankündet („Meinen Frieden gebe ich euch": *Joh* 14,27): den Frieden, der den Jüngern durch das Geschenk des Heiligen Geistes mitgeteilt wird, der in den Herzen diesen Frieden errichtet. Denn im Text des Johannes folgt die Verheißung des Friedens auf die Verheißung vom Kommen des Beistandes (vgl. *Joh* 14,26). Das friedenbringende Werk Christi wird durch den Heiligen Geist verwirklicht, der gesandt ist, die Mission des Erlösers zur Vollendung zu führen.

3. Zu bemerken ist, daß der Frieden Christi in Verbindung mit dem Nachlaß der Sünden angekündigt und angeboten wird, wie aus den Worten des auferstandenen Jesus an die Jünger zu ersehen ist: „Friede sei mit euch! .. Empfangt den Heiligen Geist! Wem ihr die Sünden vergebt, dem sind sie vergeben" (*Joh* 20,21-23). In der Tat handelt es sich um den Frieden, der die Wirkung des am Kreuz vollzogenen Erlösungsopfers ist, das mit der Verherrlichung Christi seine Vollendung findet.
Dies ist die erste Form des Friedens, dessen die Menschen bedürfen: der Frieden, errungen durch die Überwindung des Hindernisses der Sünde. Es ist ein Frieden, der nur von Gott kommen kann mit der Vergebung der Sünden durch den Opfertod Christi. Der Heilige Geist, der in den einzelnen diese Vergebung verwirklicht, ist für die Menschen Wirkursache des grundlegenden Friedens, des Friedens der Versöhnung mit Gott.

4. Nach dem heiligen Paulus ist der Frieden „Frucht des Heiligen Geistes, die an die Liebe gebunden ist: „Die Frucht des Geistes aber ist Liebe, Freude, Friede ..." (*Gal* 5,22). Sie steht im Gegensatz zu den Werken des Fleisches, unter denen - nach dem Apostel - „Feindschaften, Streit, Eifersucht, Jähzorn, Eigennutz, Spaltungen, Parteiungen, Neid ..." (*Gal* 5,20) sind. Es handelt sich um ein Gesamt von besonders inneren Hindernissen, die den Frieden der Seele und den sozialen Frieden behindern. Gerade weil er die innersten Neigungen umwandelt, ruft der Heilige Geist eine grundlegende Haltung des Friedens auch in der Welt hervor. Paulus sagt von Christus: „Er unser Friede" (*Eph* 2,14) und erklärt, daß Christus Frieden gestiftet hat, indem er alle Menschen mit Gott durch seinen Opfertod versöhnt hat, aus dem ein einziger neuer Mensch geboren wurde aus der Asche der Spaltungen und Feindschaften unter den Menschen. Aber der Apostel selbst fügt hinzu, daß dieser Frieden im Heiligen Geist Wirklichkeit wird: „Durch ihn [Christus] haben wir beide in dem einen Geist Zugang zum Vater" (*Eph* 2,18). Es ist immer der eine wahre Frieden Christi, wird aber unter dem Antrieb des Heiligen Geistes in die Herzen eingegossen und in ihnen gelebt.

5. Im Brief an die Philipper spricht der Apostel vom Frieden als von einem Geschenk, das denen gegeben wird, die doch in jeder Lebenslage „betend und flehend ihre Bitten mit Dank vor Gott" bringen, und er versichert: „Der Friede Gottes, der alles Verstehen übersteigt, wird eure Herzen und eure Gedanken in der Gemeinschaft mit Christus Jesus bewahren" (*Phil* 4,6-7).
Das Leben der Heiligen ist ein Zeugnis und ein Beweis dieses göttlichen Ursprungs des Friedens. Sie stehen vor unseren Augen, innerlich gelassen inmitten der

schmerzlichsten Prüfungen und Stürme, die sie umzuwerfen scheinen. Etwas und sogar Jemand ist gegenwärtig und handelt in ihnen, um sie nicht nur vor den Wogen der äußeren Geschehnisse, sondern auch vor ihrer eigenen Schwäche und Angst zu schützen. Es ist der Heilige Geist, Urheber jenes Friedens, der Frucht der von ihm in die Herzen eingegossenen Liebe ist (vgl. Thomas v. Aquin, *Summa theol.*, II-II, q.29, aa. 3-4).

6. Tatsächlich ist nach dem hl. Paulus das Reich Gottes „Gerechtigkeit, Friede und Freude im Heiligen Geist" (*Röm* 14.17). Der Apostel formuliert dieses Prinzip, wenn er die Christen mahnt, die Schwächeren unter ihnen nicht mißgünstig zu beurteilen, die sich nicht frei machen konnten von einer gewissen auferlegten Askesepraxis, gegründet auf einer falschen Vorstellung von Reinheit, z. B. das Verbot, Fleisch zu essen und Wein zu trinken, wie es bei einigen Heiden (wie den Pythagoreern) und einigen Juden (wie den Essenern) üblich war. Paulus ruft dazu auf, der Richtschnur eines erleuchteten und sicheren Gewissens zu folgen (vgl. *Röm* 14,5-6.23), aber vor allem der Eingebung der Liebe, die das Verhalten der Starken regeln muß: „An sich [ist] nichts unrein ... Wenn wegen einer Speise, die du ißt, dein Bruder verwirrt und betrübt wird, dann handelst du nicht mehr nach dem Gebot der Liebe. Richte durch deine Speise nicht den zugrunde, für den Christus gestorben ist" (*Röm* 14,14-15).
Paulus empfiehlt also, in der Gemeinschaft keine Unruhe zu stiften, keine Konflikte hervorzurufen und bei den anderen kein Ärgernis zu erregen: „Laßt uns also nach dem streben, was zum Frieden und zum Aufbau (der Gemeinde) beiträgt" (*Röm* 14,19), betont er. Jeder soll dafür sorgen, die Harmonie zu wahren und nicht die Freiheit des Christen in tendenziöser Weise zu nutzen, die für den Nächsten ein Ärgernis ist oder ihm schadet. Das vom Apostel genannte Prinzip lautet: Die Liebe muß die Freiheit regeln und ordnen. Bei der Behandlung eines besonderen Problems verkündet Paulus das allgemeine Prinzip: „Das Reich Gottes ist Frieden im Heiligen Geist."

7. Im Christen muß also das Bemühen dasein, das Wirken des Heiligen Geistes zu unterstützen und in der Seele „das Trachten des Geistes ... zu Leben und Frieden" zu nähren (*Röm* 8,6). Daher die wiederholten Aufforderungen des Apostels an die Gläubigen, „die Einheit des Geistes zu wahren durch den Frieden, der euch zusammenhält" (*Eph* 4,3), „demütig, friedfertig und geduldig" zu sein und „einander in Liebe" zu ertragen (*Eph* 4,2), immer mehr vom „Trachten des Fleisches" abzusehen, das „Feindschaft gegen Gott" ist und im Gegensatz steht zum „Trachten des Geistes", das „zu Leben und Frieden" führt (*Röm* 8,6-7). Nur wenn sie im „Band des Friedens„ vereint sind, zeigen sich die Christen „in der Einheit des Geistes" und als wahre Jünger dessen, der in die Welt gekommen ist, um den Frieden zu bringen.
Der Wunsch des Apostels ist, sie mögen von Gott das große Geschenk erhalten, das ein wesentlicher Baustein des Lebens im Geist ist: „Der Gott der Hoffnung aber erfülle euch mit aller Freude und mit allem Frieden im Glauben ... in der Kraft des Heiligen Geistes" (*Röm* 15,13).

8. Zum Abschluß dieser Katechese möchte auch ich allen Christen, allen Menschen den Frieden im Heiligen Geist wünschen und noch einmal daran erinnern, daß nach der Lehre des Apostels Paulus und dem Zeugnis der Heiligen der Heilige Geist seine Inspirationen durch den inneren Frieden zu erkennen gibt, den sie im Herzen tragen. Die Eingebungen des Heiligen Geistes gehen in der Richtung des Friedens, nicht in jener der Unruhe, der Zwietracht, des Widerstandes und der Feindschaft gegenüber dem Guten. Man kann auch einen legitimen Meinungsunterschied über besondere Punkte und Mittel haben, um ein gemeinsames Ziel zu erreichen: Aber die Liebe, die Teilhabe des Heiligen Geistes, drängt zur Eintracht und zur tiefen Einheit im vom Herrn gewollten Guten. Der hl. Paulus sagt eindeutig: „Gott ist nicht ein Gott der Unordnung, sondern ein Gott des Friedens” (*1 Kor* 14,33).
Das gilt offensichtlich für den Frieden der Seelen und der Herzen innerhalb der christlichen Gemeinschaften. Aber wenn der Heilige Geist in den Herzen herrscht, treibt er dazu an, alle Anstrengungen zu unternehmen, um den Frieden in den Beziehungen mit den anderen auf allen Ebenen herzustellen: auf familiärer, bürgerlicher, sozialer, politischer, ethnischer, nationaler und internationaler Ebene (vgl. *Röm* 12,18; *Hebr* 12,14). Insbesondere regt er die Christen zu einem Werk weiser Vermittlung zur Versöhnung unter streitenden Völkern an und zur Anwendung des Dialogs als Mittel, das zu verwenden ist gegen die Versuchungen und Gefahren des Krieges. Beten wir, daß die Christen, die Kirche und alle Menschen guten Willens sich immer mehr im treuen Gehorsam gegenüber dem Geist des Friedens einsetzen!

In deutscher Sprache sagte der Papst:

Liebe Brüder und Schwestern!

Der Friede ist die große Sehnsucht der Menschheit unserer Zeit. Er ist dies in zweifacher Weise: im Ausschluß des Krieges als Mittel der Lösung von Auseinandersetzungen zwischen den Völkern und Staaten und in der Überwindung sozialer Konflikte durch die Verwirklichung der Gerechtigkeit.
Auch in der Welt von heute gibt es tiefe Konflikte, die außer den ökonomischen und politischen auch viele ethnische und kulturelle Ursachen haben. Wenn man realistisch sein will, darf man die Schwierigkeit, ja sogar die Unmöglichkeit nicht übersehen, den Frieden bewahren zu können ohne ein höheres Prinzip, das tief in der Seele des Menschen mit göttlicher Kraft wirkt.
Gemäß der offenbarten Lehre ist dieses Prinzip der Heilige Geist, der den Menschen den inneren Frieden schenkt, der sich als Friede auf die Gesellschaft auswirkt. Jesus selbst kündet den Jüngern im Abendmahlssaal seinen Frieden an („meinen Frieden gebe ich euch” *Joh* 14,27). Dieser Friede Christi wird angekündigt in Verbindung mit dem Nachlaß der Sünden, wie aus den Worten des auferstandenen Herrn an seine Jünger zu ersehen ist: „Friede sei mit euch! ... Empfangt den Heiligen Geist! Wem ihr die Sünden vergebt, dem sind sie vergeben” (*Joh* 20,21-23).
Nach dem heiligen Paulus ist der Friede „Frucht des Heiligen Geistes”, die an die Liebe gebunden ist: „Die Frucht des Geistes aber ist Liebe, Freude, Friede ...” (*Gal* 5,22).

Auch ich erbitte allen Christen und Menschen den Frieden im Heiligen Geist. Die Eingebungen des Geistes erfolgten im Sinne des Friedens und nicht im Sinne der Zwietracht, des Streits und der Feindseligkeit gegenüber dem Guten.
Mit dieser kurzen Betrachtung grüße ich alle deutschsprachigen Pilger und Besucher sehr herzlich. Mein besonderer Gruß gilt den Studentinnen und Studenten der Katholischen Schule für Sozialpädagogik in Stuttgart sowie der Gruppe angehender Religionslehrer, die an einem Missio-Kurs, ebenfalls in Stuttgart, teilnehmen.
Beten wir alle zusammen, daß die Christen, die Kirche und alle Menschen guten Willens sich immer mehr einsetzen in treuem Gehorsam für den Geist des Friedens.
Dazu erteile ich euch allen, euren lieben Angehörigen in der Heimat sowie den mit uns über Rundfunk und Fernsehen verbundenen Gläubigen von Herzen meinen Apostolischen Segen.

Hirtendienst im Vaterland

Geistlicher Besuch in Jasna Góra

1. „Dir, unserem ewigen Herrn, sei Ehre und Ruhm."
Mir kommt dieses wunderschöne polnische Fronleichnamslied in den Sinn. Morgen kehren die eucharistischen Prozessionen auf den Straßen der Städte, der Wohnviertel und auf den Dorfwegen wieder.
In diesem Zusammenhang denke ich an meine vorhergegangene Pilgerfahrt in die Heimat und insbesondere an die große Eucharistiefeier in Danzig, im Stadtteil Zaspa. Es war im Juni 1987.
Gerade dort, im Stadtteil Zaspa, begann ich die Predigt mit diesen Worten: „Dir, unserem ewigen Herrn, sei Ehre und Ruhm."

2. Unsere Liebe Frau von Jasna Góra, wenn ich wieder im Begriff bin, nach Polen zu fahren, verweile ich zuerst am Grab deines großen Dieners: des Primas des Millenniums. Und zusammen mit so vielen Landsleuten wiederhole ich: „Schau auf seinen heroischen Glauben, auf die totale Hingabe an dich, auf seine Furchtlosigkeit angesichts der Widerstände und Verfolgungen, die er für deinen Namen ertrug. Denk daran, wie sehr er die Kirche deines Sohnes geliebt, wie treu er das Vaterland und jeden Menschen geliebt hat, indem er seine Würde und seine Rechte verteidigt, den Feinden verziehen und das Böse durch das Gute überwunden hat."

3. Während ich wieder in Polen sein muß, bitte ich Gott, er möge seinen Diener, Kardinal Stefan Wyszynski, zum Fürsprecher meines Hirtendienstes im Vaterland machen.
Auf den Spuren dieser Pilgerfahrt sei mit uns, Liebe Frau von Jasna Góra, zusammen mit allen Heiligen und Seligen, den Schutzpatronen des Volkes Gottes in Polen, damit wir der Welt diese Liebe, die Gott ist, näherbringen.
„Dir, unserem ewigen Herrn, sei Ehre und Ruhm."

Dank für die Pilgerfahrt nach Polen

Ansprache bei der Generalaudienz am 12. Juni

1. „Dankt Gott für alles ... Löscht den Geist nicht aus" (*1 Thess* 5,18-19).
Ich möchte heute, diesem Leitsatz folgend, der göttlichen Vorsehung demütig danken für die Wallfahrt nach Polen vom 1. bis 9. Juni. Dem Vorschlag des Episkopats entsprechend, war dies vor allem eine „Dankwallfahrt". Die Ereignisse der letzten Jahre - besonders die des Jahres 1989 (fünfzig Jahre nach dem Ausbruch des Zweiten Weltkriegs, der mit der Invasion Polens durch Hitler und zugleich durch Stalin begann) - wurden zum Beginn einer neuen Situation. Das Jahr 1989 bleibt ein wichtiges Datum, nicht nur für mein Vaterland, sondern auch für Gesamteuropa, insbesondere für die Länder Mittel- und Osteuropas.
Deshalb danke ich für die Einladung: sowohl dem Episkopat mit dem polnischen Primas als Vorsitzenden der Bischofskonferenz wie auch den staatlichen Obrigkeiten, dem Präsidenten der Republik, der Regierung und den beiden Kammern des Parlaments („Sejm" und Senat).

2. Der gesamte Verlauf dieser Pilgerfahrt berücksichtigte die Danksagung („Dankt Gott für alles") und gleichlaufend die Erneuerung des Lebens in der Gesellschaft durch den Dienst der Kirche. Der Reiseplan führte von Köslin-Kolberg ans Baltische Meer, dann in den Südosten des Landes: Rzeszow, Przemysl, von dort nach Kielce, Sandomiers/Radom, mehr zentral in Polen gelegen, und wieder nach Nordosten: Lomza, Bialystok, Allenstein im Ermland, dann weiter durch die alten Städte und Bischofssitze, die an der Weichsel liegen: Wloclawek (Leslau) und Plock, nach Warschau, der Landeshauptstadt.
Während dieser Wallfahrt konnte ich drei neue Selige zur Ehre der Altäre erheben: in Rzeszow den Bischof der Diözese Przemysl, Joseph Sebastian Pelczar; in Bialystok die Ordensfrau Boleslawa Lament, die auf karitativem und ökumenischem Gebiet hervorgetreten war: in Warschau den Franziskanerpater Rafael Chylinski, ein herausragender Vater der Armen und Kranken.
Während dieser Wallfahrt konnte der Papst erstmals die an der Ostgrenze der Republik gelegenen Kirchen besuchen, was auch die Teilnahme vieler Gruppen aus dem Ausland ermöglichte: aus der Ukraine, aus Weißrußland, auch aus Litauen und sogar aus den noch weiter östlich gelegenen Gebieten.
Man muß Gott auch danken für die Teilnahme der Bischöfe jener Länder (die Bischöfe kamen bis aus Karaganda/Kasachstan und aus Moskau) wie der Kardinäle und Bischöfe von Europa: der österreichischen, deutschen, italienischen, spanischen und französischen, tschechischen und slowakischen, ungarischen und rumänischen; aber auch aus Afrika (Elfenbeinküste) und den USA: Die Wallfahrt hatte europäische Dimension in dem Sinn, in dem Europa sich auch durch die Geschehnisse der letzten Jahre geöffnet hat.

3. „Dankt Gott für alles": Wir müssen Gott danken für die Begegnungen zwischen den Nationen: was besonders hervorgehoben wurde in Lomza in bezug auf die

Litauer und auch in Przemysl und Lubaczów hinsichtlich der Ukrainer und in Bialystok gegenüber den Weißrussen. In Przemysl wurde in Anwesenheit von Kardinal Lubachivsky und der Bischöfe des ukrainisch-byzantinischen Ritus die Wiedererrichtung der Eparchie von Przemysl jenes Ritus in Polen mit der Einsetzung der eigenen Bischofskirche bestätigt. Errichtet wurden auch die Diözesen und Bischofskirchen in Bialystok und Drohiczyn in Verbindung mit der Erstehung der Hierarchie in Wilna und Pinsk auf der anderen Seite der Grenze.

4. Zu unterstreichen ist gleichzeitig die ökumenische Dimension der Pilgerreise: das gemeinsame Gebet in der orthodoxen Kathedrale St. Nikolaus in Bialystok, das Treffen mit dem Polnischen Ökumenischen Rat und das gemeinsame Gebet in dem bekannten lutherischen Gotteshaus, das der Heiligsten Dreifaltigkeit in Warschau geweiht ist. Schließlich das Treffen in der Nuntiatur mit den Vertretern der polnischen Juden, mit denen Polen durch jahrhundertelange Bande verknüpft ist durch das Zusammenleben im gleichen Land und seit den Zeiten des letzten Krieges durch die Tragödie des Holocaust, hervorgerufen durch das rassistische Programm des Totalitarismus von Hitler. Das Treffen des Papstes mit den Juden in Polen ist immer besonders herzlich, denn es bringt in Erinnerung und erneuert auch die persönlichen Bindungen aus der Jugendzeit und aus den schwierigen Jahren der Besatzung.

5. „Dankt Gott für alles ... Löscht den Geist nicht aus." Die Pilgerfahrt nach Polen fand während des 200jährigen Jubiläums der Verfassung vom 3. Mai (1791) statt, die ein großer Akt von Klugheit und politischer Verantwortlichkeit war. Dieser Akt, obwohl er zu spät geschah und die Tragödie der Teilung Polens nicht hatte verhindern können, wurde trotzdem für die zukünftigen Generationen gleichsam ein Zeugnis der Souveränität der Gesellschaft und der Kompaß, der die Richtung zur Wiedergewinnung der Unabhängigkeit wies. Die Unabhängigkeit wurde nach dem I. Weltkrieg 1918 verwirklicht. Unter diesem Gesichtspunkt waren die Begegnung im Königsschloß und das „Te Deum" in der dem hl. Johannes dem Täufer geweihten Kathedrale von Warschau bedeutsam, wie es vor 200 Jahren geschehen war. Die Konstitution wird wieder der Bezugspunkt für die 3. Republik, auf Grund des Aufbaus der tragenden institutionellen und rechtlichen Struktur der neuen Gesellschaft. Das Werk von „Solidarnośc" war es, die Gesellschaft aus den totalitären Schranken des Systems herauszuholen, das der Nation infolge des einseitigen Jaltapaktes nach 1945 gegen ihren Willen aufgezwungen worden war. Es ist notwendig, daß auf diesem so vorbereiteten Boden der volle souveräne und rechtmäßige Staat errichtet wird.
Der Leitsatz „Löscht den Geist nicht aus" wird in diesem Zusammenhang besonders aktuell. Ihm folgend, habe ich meine Katechese in Polen auf die Zehn Gebote und das Gebot der Liebe nach dem Evangelium konzentriert und gegründet. Es scheint, daß dies der beste Weg ist zum Wiederaufbau aufgrund derselben Prinzipien, auf denen man in rechter Weise den Wiederaufbau des Lebens der Menschen und der seit tausend Jahren mit dem Christentum verbundenen Nation fortführen kann. Die Lehre des Zweiten Vatikanischen Konzils erleichtert die Verwirklichung dieser

Aufgabe: Das gesamte Programm der Menschenrechte, angefangen vom Recht auf Gewissensfreiheit und Religionsfreiheit und dem Recht auf Leben. So findet der Schutz des ungeborenen Kindes die Fundamente im Naturgesetz, bekräftigt von den Zehn Geboten und dem Evangelium.

6. Im Laufe meiner Pilgerreise war ich Zeuge vieler Begebenheiten, die „die Neuheit des Lebens" beweisen. Erstmals war es mir in meinem Vaterland gegeben, mich zum gemeinsamen Gebet mit dem Polnischen Heer zu treffen, das bereits seinen Militärbischof und seine Militärseelsorger hat. Zum ersten Mal konnte man bei einer Begegnung auch ein Thema behandeln über die systematische Religionslehre (Katechese) in der Schule. Eine absolute Neuheit war das Treffen mit dem Diplomatischen Korps in der Apostolischen Nuntiatur in Warschau, das erste in der Geschichte meiner Reisen in die Heimat. Erstmals konnte ich auch die Häftlinge in der Strafvollzugsanstalt besuchen. Die Polizei sorgte allerorts zusammen mit den anderen Kräften unter der Leitung der kirchlichen Amtsträger für die Ordnung. Zu unterstreichen ist hier, daß sowohl das Heer als auch die Polizei klar ihre Teilnahme an der Liturgie zeigen konnten, indem sie in Uniform die Kommunion empfingen und sich an der Gabenprozession beteiligten.
Ich danke allen meinen Mitbrüdern im polnischen Episkopat. Ich danke allen Priestern, den unermüdlichen Hirten, und den Gemeinschaften der Ordensmännern und der Ordensfrauen. Ich danke der riesigen Schar meiner Landsleute, die an so vielen Orten meine Wallfahrt mit ihrem Gebet begleiteten. Ich danke allen Bewegungen und den Organisationen des Laienapostolats; den Vertretern der Regierung und des Parlaments zusammen mit dem Präsidenten der Republik. Alle wollen wir vereint bleiben angesichts der gemeinsamen Aufgaben und treu gegenüber diesem wirklich prophetischen Ruf: „Dankt Gott für alles ... Löscht den Geist nicht aus!"

In deutscher Sprache sagte er Papst:

Liebe Brüder und Schwestern!

„Dank Gott für alles ... Löscht den Geist nicht aus" (*1 Thess* 5,18-19). Mit diesen Worten des Apostels möchte ich heute der göttlichen Vorsehung für die Wallfahrt nach Polen vom 1. bis 9. Juni danken. Die Ereignisse der letzten Jahre, besonders die von 1989, sind zum Auftakt einer ganz neuen Situation nicht nur in meiner Heimat, sondern auf dem ganzen Kontinent und insbesondere in den Ländern von Mittel- und Osteuropa geworden.
Der gesamte Verlauf meiner Pilgerfahrt stand unter dem Leitwort: „Dankt Gott für alles", verbunden mit der Aufforderung zur Erneuerung des gesellschaftlichen Lebens durch den Dienst der Kirche.
Zum ersten Mal konnte der Papst den jenseits der Ostgrenze der Republik lebenden Kirchen begegnen in Anwesenheit zahlreicher kirchlicher Persönlichkeiten und Gläubigen aus dem Westen Europas. „Dankt Gott für alles" ... Dankt für jenes Zusammensein der Nationen mit wahrhaft europäischer Dimension.

Ebenso muß aber auch die ökumenische Bedeutung des Pastoralbesuches hervorgehoben werden, vor allem das gemeinsame Gebet mit Vertretern der Orthodoxen Kirche und in der lutherischen Kirche zu Warschau sowie die Begegnung mit dem Polnischen Ökumenischen Rat und den Mitgliedern der jüdischen Gemeinschaft.
„Löscht den Geist nicht aus!" Angesichts des im Wiederaufbau begriffenen souveränen Staates hat diese Mahnung von Paulus eine überaus aktuelle Bedeutung. So habe ich die Verkündigung des Gotteswortes auf die Zehn-Gebote und auf das im Evangelium verankerte Gebot der Nächstenliebe aufgebaut und dabei betont, daß diese Liebe in erster Linie die Achtung des Rechtes auf das menschliche Leben, auch auf das ungeborene, erfordert. „Dankt Gott für alles ... Löscht den Geist nicht aus."
Indem ich dazu einlade, Gott für die erwiesenen Wohltaten zu danken, grüße ich alle deutschsprachigen Pilger und Besucher sehr herzlich. Mein besonderer Gruß gilt einer Pilgergruppe der Diözese Münster, der Gruppe der Inspektorenanwärter des gehobenen Verwaltungsdienstes aus Sigmaringen/Baden-Württemberg, den Pilgern der katholischen Pfarrgemeinde St. Maria, Perleberg, und Hl. Kreuz, Wittstock, sowie der Pilgergruppe der katholischen Pfarrgemeinde Fürstenwalde/Spree.
Euch allen, Euren lieben Angehörigen in der Heimat wie auch den mit uns über Radio und Fernsehen verbundenen Gläubigen erteile ich von Herzen meinen Apostolischen Segen.

Treue zum Evangelium

Ankündigung einer Sondersynode für den Libanon während der Generalaudienz am 12. Juni

Liebe Schwestern und Brüder!

Jetzt lade ich euch ein, gemeinsam mit mir und den hier anwesenden lieben katholischen Patriarchen des Libanon den Herrn um seinen besonderen Beistand zu bitten für eine Initiative, die ich heute der ganzen Kirche bekanntgeben möchte: Es handelt sich um die künftige Einberufung einer Sonderversammlung der Bischofssynode für den Libanon.
Es ist der lebhafte Wunsch, daß dieses außerordentliche Ereignis die ganze katholische Kirche miteinbezieht: darauf weist die Form der Sonderversammlung der Bischofssynode selbst hin, die vom Motu Proprio *Apostolica sollicitudo* vorgesehen ist, mit dem mein Vorgänger Paul VI. seligen Andenkens am 15. September 1965 diese neue Institution kirchlicher Gemeinschaft unter dem Vorsitz des Papstes ins Leben rief.
Es handelt sich um eine Sonderversammlung, weil sie die katholische Kirche eines bestimmten Landes betrifft, obwohl sie indirekt alle Gläubigen der Gesamtkirche miteinbeziehen soll.

Es wird eine Pastoralsynode sein, bei der die katholischen Kirchen des Libanon vor dem Herrn sich selbst befragen müssen über ihre Treue zur Botschaft des Evangeliums und über ihre Verpflichtung, dementsprechend konsequent zu leben.
Die ganze Kirche ist aufgerufen, diese Initiative im Geist tiefer Solidarität zu leben, indem sie den Beistand des Heiligen Geistes auf die Synodenväter herabfleht wie auch auf die Priester, Ordensmänner und Ordensfrauen und Laien des Libanon, die eine Periode tiefen Nachdenkens zur geistlichen Erneuerung ihrer Gemeinschaft in Angriff nehmen müssen.
Die katholischen Hirten und Gläubigen des Libanon vor allem sind aufgerufen, diesen besonderen Augenblick der Gnade vorzubereiten und intensiv zu leben.
Dieser Zeitabschnitt wird jeden Bereich der libanesischen katholischen Kirchen bemüht sehen, die Wurzeln des Glaubens wiederzufinden und nach der authentischsten Weise zu suchen, ihn zu bezeugen in einer Gesellschaft, die seit sechzehn Kriegsjahren so tiefgehend erschüttert ist.
Zu diesem Zweck vertraue ich auch auf die Hilfe der Brüder der anderen christlichen Kirchen des Libanon: insbesondere vertraue ich auf ihr Gebet, aber auch auf jene vom gemeinsamen Glauben an Christus inspirierten Anregungen und konkreten Beiträge des Nachdenkens.
Gemeinsam mit den Bischöfen wende ich mich auch an die Libanesen des islamischen Glaubens und lade sie ein, diese Anstrengung ihrer katholischen Mitbürger zu würdigen und in ihr den Wunsch zu sehen, ihnen immer näher zu kommen in einer Gesellschaft echten Zusammenlebens und aufrichtiger Zusammenarbeit für den Aufbau des Landes.
Ich vertraue diese Initiative der seligsten Jungfrau, Unserer Lieben Frau vom Libanon und Mutter vom guten Rat, an.

Herz Jesu - Quelle der Gnade

Angelus am 16. Juni

Liebe Schwestern und Brüder!

1. Im Monat Juni lenkt die christliche Volksfrömmigkeit unseren Geist entsprechend einer schönen Tradition auf das Geheimnis des Herzen Jesu, dessen Fest wir am Freitag der vorletzten Woche gefeiert haben.
Bei diesem Thema möchte ich heute mit euch verweilen und nehme zum Ausgangspunkt das Tagesgebet von diesem Sonntag, mit dem die Kirche sich an Gott wendet, „Stärke" dessen, der auf ihn hofft im Bewußtsein der eigenen „Schwäche" und der Tatsache, daß „man nichts vermag ohne seine Hilfe". Es wendet sich an Gott, bestärkt durch die förmliche Verheißung Christi, die die Bedeutung und die Erhörung des in seinem Namen gesprochenen Gebetes garantiert (vgl. *Joh* 14,13 f.).

In diesem Augenblick der Sammlung wenden wir uns im Vertrauen auf die Liebe unseres Herrn Jesus und die Liebe seines Herzens an Gott Vater und sagen zu ihm: „Komm uns zu Hilfe mit deiner Gnade.”

2. Das Herz Jesu bietet sich uns als lebendiges Zeugnis des Willens Gottes an, der uns retten und bewirken will, daß wir ihm „in unseren Absichten und unseren Werken” seinem heiligen Willen entsprechend gefallen können.
Wenn es in jedem Menschen die schmerzliche Erfahrung des moralisch Bösen gibt, der Schuld, die vom Herrn wegführt, des Ungehorsams gegenüber seinem Willen, so wissen wir, daß nur die Liebe des Herzens Christi uns aus einer solchen Situation befreien kann.
Reich an Erbarmen für all jene, die von der Sünde belastet sind, ist das Heiligste Herz Jesu Anfang und Fundament des Friedens und der wahren Hoffnung. Jesus führt jeden Menschen zur Gemeinschaft mit dem Vater und zieht vom Kreuz aus den Blick all derer auf sich, die das Heil suchen (vgl. *Joh* 19,37). Sein durchbohrtes Herz ist unversiegbare Quelle der göttlichen Gnade, die vergibt, die erneuert, die das Leben schenkt.

3. Zu diesem Herzen, Versöhnung für die Sünden der Welt, führe uns Maria. Möge sie ihm jede Seele nahebringen, die leidet aus Trauer über das Böse und vielleicht nicht mehr hofft, die Freundschaft Gottes wiederzuerlangen.
Unbeflecktes Herz Mariä, bringe uns dem Heiligsten Herzen deines Sohnes Jesu nahe!

Der Heilige Geist: Quelle der wahren Freude

Ansprache bei der Generalaudienz am 19. Juni

1. Wir haben schon mehrmals vom heiligen Paulus gehört, daß „die Freude die Frucht des Geistes ist” (*Gal* 5,22), wie es die Liebe und der Frieden sind, die wir in den vorangegangenen Katechesen behandelt haben. Es ist klar, daß der Apostel von der wahren Freude spricht, die das Menschenherz erfüllt, und nicht von einer oberflächlichen und vorübergehenden Freude, wie es oft die weltliche ist.
Für einen Beobachter, der sich auch nur auf der Ebene der Psychologie und Erfahrung bewegt, ist es nicht schwer festzustellen, daß der Verfall im Bereich des Genusses und der Liebe proportional der Leere ist, die im Menschen von den flüchtigen und enttäuschenden Freuden zurückbleibt, die gesucht wurden in den „Werken des Fleisches”, wie der heilige Paulus sie nennt: „Unzucht, Unsittlichkeit, ausschweifendes Leben ... Trink- und Eßgelage und ähnliches mehr” (*Gal* 5,19.21). Zu diesen falschen Freuden kann man jene hinzufügen - und sie sind mit ihnen oft verbunden -, die im Besitz und übermäßigen Gebrauch des Reichtums, im Luxus, im ehrgeizigen Streben nach Macht gesucht werden, in jener Leidenschaft und beinahe Gier nach irdischen Gütern, die leicht den Sinn verfinstert, wie der heilige Paulus mahnt (vgl. *Eph* 4,18-19) und Jesus beklagt (vgl. *Mk* 4,19).

2. Paulus bezog sich auf die Situation der heidnischen Welt, um die Bekehrten zu ermahnen, sich vor Ausschweifungen zu hüten: „Das aber entspricht nicht dem, was ihr von Christus gelernt habt. Ihr habt doch von ihm gehört und seid unterrichtet worden in der Wahrheit, die Jesus ist. Legt den alten Menschen ab, der in Verblendung und Begierde zugrunde geht, ändert euer früheres Leben, und erneuert euren Geist und Sinn! Zieht den neuen Menschen an, der nach dem Bild Gottes geschaffen ist in wahrer Gerechtigkeit und Heiligkeit" (*Eph* 4,20-24). Er ist die „neue Schöpfung" (vgl. *2 Kor* 5,17), die als Werk des Heiligen Geistes in der Seele und in der Kirche gegenwärtig ist. Deshalb schließt der Apostel seinen Aufruf zur guten Lebensführung und zum Frieden mit folgenden Worten: „Beleidigt nicht den Heiligen Geist Gottes, dessen Siegel ihr tragt für den Tag der Erlösung" (*Eph* 4,30).
Wenn der Christ den in der Seele lebenden Heiligen Geist „beleidigt", kann er gewiß nicht hoffen, die wahre Freude zu besitzen, die von ihm kommt: „Die Frucht des Geistes aber ist Liebe, Freude, Friede ..." (*Gal* 5,22). Nur der Heilige Geist schenkt die tiefe, volle und dauerhafte Freude, nach der sich jedes Menschenherz sehnt. Der Mensch ist für die Freude geschaffen, nicht für die Trauer. Das rief Paul VI. den Christen und allen Menschen unserer Zeit mit dem Apostolischen Schreiben *Gaudete in Domino* in Erinnerung. Und die wahre Freude ist ein Geschenk des Heiligen Geistes.

3. Im Text des Briefes an die Galater sagte uns Paulus, daß die Freude an die Liebe gebunden ist (vgl. *Gal* 5,22). Sie kann deshalb keine egoistische Erfahrung und Frucht einer ungeordneten Liebe sein. Die wahre Freude schließt die Gerechtigkeit des Reiches Gottes ein, von dem der heilige Paulus sagt, daß es „Gerechtigkeit, Friede und Freude im Heiligen Geist" ist (*Röm* 14,17).
Es handelt sich um die Gerechtigkeit nach dem Evangelium, die Übereinstimmung mit dem Willen Gottes, Gehorsam gegenüber seinen Geboten und persönliche Freundschaft mit ihm ist. Außerhalb dieser Freundschaft gibt es keine wahre Freude. Ja, „die Trauer als Übel und Mangel wird durch die ungeordnete Liebe zu sich selbst hervorgerufen, die die Hauptwurzel der Laster ist", erklärt der hl. Thomas (*Summa theol.*, II-II, q.28, a.4, ad 1; vgl. I-II, q.72, a.4). Die Sünde vor allem ist Quelle der Traurigkeit, denn sie ist eine Fehlleitung und beinahe eine Abkehr der Seele von der rechten Ordnung Gottes, die dem Leben Festigkeit gibt. Der Heilige Geist, der im Menschen die neue Gerechtigkeit in der Liebe bewirkt, löscht die Traurigkeit und schenkt die Freude: jene Freude, die wir im Evangelium aufblühen sehen.

4. Das Evangelium ist eine Einladung zur Freude und eine Erfahrung der wahren und tiefen Freude. So wird Maria bei der Verkündigung zur Freude aufgefordert: „Freu dich (Khaire), du Begnadete" (vgl. *Lk* 1,28). Es ist die Krönung einer ganzen Reihe von Aufforderungen, die die Propheten im Alten Testament formulierten (vgl. *Sach* 9,9; *Zef* 3,14-17; *Joël* 2,21-27; *Jes* 54,1). Die Freude Marias verwirklicht sich durch das Herabkommen des Heiligen Geistes, das Maria als Grund des „Freu dich" angekündigt wird.

Beim Besuch Marias wird Elisabeth vom Heiligen Geist und von der Freude erfüllt, als sie in natürlicher und übernatürlicher Weise teilnimmt am Frohlocken ihres Sohnes, den sie noch im Schoß trägt: „Das Kind [hüpfte] vor Freude in meinem Leib" (*Lk* 1,44). Elisabeth spürt die Freude ihres Kindes und bringt sie zum Ausdruck, aber es ist der Heilige Geist, der nach dem Evangelisten beide mit dieser Freude erfüllt. Maria ihrerseits fühlt in ihrem Herzen das Freudenlied aufsteigen, das die schlichte, reine und tiefe Freude ausdrückt, die sie gleichsam als Verwirklichung des „Freu dich" des Engels erfüllt: „Meine Seele preist die Größe des Herrn, und mein Geist jubelt über Gott, meinen Retter" (*Lk* 1,47). Auch in diesen Worten hallt die Freudenstimme der Propheten wider, die im Buch Habakuk erklingt: „Dennoch will ich jubeln über den Herrn und mich freuen über Gott, meinen Retter" (*Hab* 3,18).
Eine Verlängerung dieser Freude sieht man während der Darstellung des Kindes Jesu im Tempel, als Simeon ihm begegnet und sich freut unter dem Antrieb des Heiligen Geistes, der in ihm den Wunsch, den Messias zu sehen, geweckt und ihn zum Tempel getrieben hatte (vgl. *Lk* 2,26-32); und Hanna - der Evangelist nennt sie Prophetin und stellt sie vor als eine Frau, die sich Gott geweiht hat und seine Gedanken und Gebote entsprechend der Tradition Israels auslegt (vgl. *Ex* 15,20; *Rich* 4,9; *2 Kön* 22,14) - bringt durch den Lobpreis Gottes die innere Freude zum Ausdruck, die auch in ihr vom Heiligen Geist kommt (vgl. *Lk* 2,36-38).

5. In den Seiten des Evangeliums, die das öffentliche Leben Jesu betreffen, lesen wir, daß er selbst in einem gewissen Augenblick „vom Heiligen Geist erfüllt, voll Freude ausrief" (*Lk* 10,21). Jesus bringt Freude und Dankbarkeit in einem Gebet zum Ausdruck, das die Güte des Vaters preist: „Ich preise dich, Vater, Herr des Himmels und der Erde, weil du all das den Weisen und Klugen verborgen, den Unmündigen aber offenbart hast. Ja, Vater, so hat es dir gefallen" (*ebd.*). Bei Jesus zeigt die Freude ihre ganze Kraft in der Hinwendung zum Vater. Dies gilt für die Freuden, die vom Heiligen Geist im Leben der Menschen geweckt und bestärkt werden: ihre verborgene Lebenskraft lenkt sie im Sinn einer Liebe, die voll des Dankes gegenüber dem Vater ist. Jede wahre Freude hat als letztes Ziel den Vater.
Jesus lädt die Jünger ein, sich zu freuen, der Versuchung zur Trauer über den Weggang des Meisters zu widerstehen, denn dieser Weggang ist die im göttlichen Plan vorgesehene Bedingung für das Kommen des Heiligen Geistes: „Es ist gut für euch, daß ich fortgehe. Denn wenn ich nicht fortgehe, wird der Beistand nicht zu euch kommen; gehe ich aber, so werde ich ihn zu euch senden" (*Joh* 16,7). Das Geschenk des Geistes wird in den Jüngern eine überaus große, ja die Fülle der Freude hervorrufen, entsprechend der von Jesus ausgesprochenen Absicht. Denn nachdem er die Jünger aufgefordert hatte, in seiner Liebe zu bleiben, fügte der Erlöser hinzu: „Dies habe ich euch gesagt, damit meine Freude in euch ist und damit eure Freude vollkommen wird" (*Joh* 15,11; vgl. 17,13). Der Heilige Geist legt den Jüngern dieselbe Freude Jesu ins Herz, die Freude über die Treue zur Liebe, die vom Vater kommt.
Der heilige Lukas bestätigt, daß die Jünger, die im Augenblick der Himmelfahrt die Verheißung des Geschenks des Heiligen Geistes empfangen hatten, „in großer

Freude nach Jerusalem zurückkehrten. Und sie waren immer im Tempel und priesen Gott" (*Lk* 24,52-53). Aus der Apostelgeschichte geht hervor, daß nach dem Pfingsttag in den Aposteln eine Atmosphäre tiefer Freude entstanden war, die auf die Gemeinde überging in Form von Jubel und Begeisterung für die Annahme des Glaubens, den Empfang der Taufe und das Leben in Gemeinschaft, wie die Worte beweisen: „Sie ... hielten miteinander Mahl in Freude und Einfalt des Herzens. Sie lobten Gott und waren beim ganzen Volk beliebt" (*Apg* 2,46-47). Die Apostelgeschichte vermerkt: „Und die Jünger waren voll Freude und erfüllt vom Heiligen Geist" (*Apg* 13,52).

6. Bald sollten Bedrängnisse und Verfolgungen kommen, wie Jesus sie gerade bei der Ankündigung des Kommens des Tröster-Geistes vorhergesagt hatte (vgl. *Joh* 16,1 ff.). Aber nach der Apostelgeschichte dauert die Freude auch in der Prüfung an: Denn dort ist zu lesen, daß die Apostel, nachdem sie vor den Hohen Rat geführt, ausgepeitscht, ermahnt und freigelassen worden waren, weggingen „und sich freuten, daß sie gewürdigt worden waren, für seinen Namen Schmach zu erleiden. Und Tag für Tag lehrten sie unermüdlich im Tempel und in den Häusern und verkündeten das Evangelium von Jesus, dem Christus" (*Apg* 5,41-42).
Das ist im übrigen der Zustand und das Schicksal der Christen, wie es der heilige Paulus den Thessalonikern in Erinnerung ruft: „Und ihr seid unserem Beispiel gefolgt und dem des Herrn; ihr habt das Wort trotz großer Bedrängnis mit der Freude aufgenommen, die der Heilige Geist gibt" (*1 Thess* 1,6). Nach Paulus wiederholen die Christen in sich das Ostergeheimnis Christi, dessen Fundament das Kreuz ist. Aber seine Krönung ist „die Freude des Heiligen Geistes" für diejenigen, die in den Prüfungen ausharren. Es ist die Freude der Seligpreisungen und insbesondere der Seligpreisung der Trauernden und der Verfolgten (vgl. *Mt* 5,4.10-12). Bekräftigte denn nicht der Apostel Paulus: „Jetzt freue ich mich in den Leiden, die ich für euch ertrage" (*Kol* 1,24)? Und Petrus seinerseits schrieb: „... freut euch, daß ihr Anteil an den Leiden Christi habt; denn so könnt ihr auch bei der Offenbarung seiner Herrlichkeit voll Freude jubeln" (*1 Petr* 4,13).
Bitten wir den Heiligen Geist, daß er in uns immer mehr die Sehnsucht nach den himmlischen Gütern entzünde und sie uns eines Tages in Fülle genießen lasse: „Laß uns in der Zeit bestehen, deines Heils Vollendung sehn und der Freuden Ewigkeit." Amen.

In deutscher Sprache sagte der Papst:

Liebe Schwestern und Brüder!

Schon wiederholt haben wir vom hl. Paulus vernommen, daß „die Freude die Frucht des Geistes ist" (*Gal* 5,22), ebenso wie die Liebe und der Friede, wie wir in den vorangegangenen Katechesen gesehen haben. Es ist klar, daß der Apostel von der wirklichen Freude spricht, die das Herz erfüllt, und nicht von einer oberflächlichen und vergänglichen Freude, wie sie oft jene weltliche ist.

Nur der Heilige Geist verleiht jene tiefe, volle und dauerhafte Freude, die jedes Menschenherz erstrebt. Der Mensch ist für die Freude bestimmt, und nicht für die Trauer. Paul VI. hat die Christen und alle Menschen unserer Zeit mit dem Apostolischen Schreiben *Gaudete in Domino* daran erinnert. Die wahre Freude ist Geschenk des Heiligen Geistes.

Paulus hat uns darauf hingewiesen, daß die Freude an die Liebe gebunden ist. Sie kann deswegen nicht eine egoistische Erfahrung und Frucht einer ungeordneten Liebe sein. Das Evangelium ist eine Einladung zur Freude und eine Erfahrung wahrer und tiefer Freude. In der Verkündigung des Engels wird Maria zur Freude eingeladen; und die Freude Mariens wird Wirklichkeit mit der Herabkunft des Heiligen Geistes.

Im Hinblick auf das öffentliche Leben Jesu lesen wir, daß er selbst „im Heiligen Geist jubelte" (*Lk* 10,21). Die Jünger lädt Jesus ein sich zu freuen, um die Versuchung der Traurigkeit wegen des Weggangs des Meisters zu besiegen: denn der Weggang ist im göttlichen Heilsplan Voraussetzung für das Kommen des Heiligen Geistes.

Bald nach dem Pfingstereignis sollten Bedrängnisse und Verfolgungen kommen, wie sie von Jesus bei der Ankündigung des Trösters vorhergesagt wurden. Aber nach der Apostelgeschichte dauert die Freude an, auch in Augenblicken der Prüfung.

Mit dieser kurzen Betrachtung grüße ich alle deutschsprachigen Pilger und Besucher sehr herzlich. Mein besonderer Gruß gilt den Mitgliedern des Berg- und Hüttenvereins St. Barbara aus Schwalbach, die Ihr aus Anlaß des 125-jährigen Vereinsjubiläums nach Rom gekommen seid, sowie den Senioren der Deutschen Bundespost aus Augsburg.

Bitten wir den Heiligen Geist, daß er in uns immer mehr die Sehnsucht nach den himmlischen Gütern entfache und wir uns eines Tages ihrer in Fülle erfreuen können. Hierfür erteile ich Euch allen, Euren lieben Angehörigen in der Heimat sowie den mit uns über Rundfunk und Fernsehen verbundenen Gläubigen von Herzen meinen Apostolischen Segen.

Teilhaben an der Kraft Gottes

Ansprache bei der Generalaudienz am 26. Juni

1. Eine Gabe, die die Menschen von heute brauchen, die den Angriffen, Gefahren und Verführungen der Welt besonders ausgesetzt sind, ist die Stärke: das heißt die Gabe des Mutes und der Standhaftigkeit im Kampf gegen den Geist des Bösen, der den auf Erden lebenden Menschen belagert, um ihn vom Weg des Himmels abzubringen. Vor allem in den Stunden der Versuchung und des Leidens laufen viele Gefahr, zu wanken und nachzugeben. Auch für die Christen besteht immer das Risiko dieses Fallens aus der Höhe ihrer Berufung, dieses Abgleitens von der Logik der Taufgnade, die ihnen geschenkt wurde als ein Same des ewigen Lebens. Eben deshalb wurde uns von Jesus der Heilige Geist offenbart und verheißen als Trost und

Beistand (vgl. *Joh* 16,5-15). Von ihm wird uns die Gabe der übernatürlichen Stärke mitgeteilt, was in uns ein Teilhaben an derselben Kraft und Festigkeit Gottes ist (vgl. *Summa theol.*, I-II, q.61, a.5; q.68, a.4).

2. Schon im Alten Testament finden wir viele Zeugnisse des Wirkens des göttlichen Geistes, der die einzelnen Personen, aber auch das ganze Volk im schwierigen Verlauf ihrer Geschichte stützte. Aber vor allem im Neuen Testament offenbart sich die Macht des Heiligen Geistes, und den Glaubenden wird seine Gegenwart und sein Handeln in jedem Kampf bis zum endgültigen Sieg verheißen. Wir haben mehrmals in den vorhergegangenen Katechesen davon gesprochen. Hier beschränke ich mich auf den Hinweis, daß der Heilige Geist der Jungfrau Maria bei der Verkündigung als „Kraft des Höchsten" offenbart und gegeben wird, die beweist: „für Gott ist nichts unmöglich" (*Lk* 1,35-37).
Und am Pfingsttag, als der Heilige Geist seine Kraft durch das symbolische Zeichen des heftigen Sturmes manifestiert (vgl. *Apg* 2,2), teilt er den Aposteln und allen, die mit ihnen „am gleichen Ort" waren (*Apg* 2,1), die neue Kraft mit, die Jesus in der Abschiedsfeier (vgl. *Joh* 16,8-11) und kurz vor der Himmelfahrt verheißen hatte: „... ihr werdet die Kraft des Heiligen Geistes empfangen, der auf euch herabkommen wird" (*Apg* 1,8; vgl. *Lk* 24,49).

3. Es handelt sich um eine innere Kraft, in der Liebe verwurzelt (vgl. *Eph* 3,17), über die der heilige Paulus an die Gläubigen von Ephesus schreibt: Der Vater „möge euch aufgrund des Reichtums seiner Herrlichkeit schenken, daß ihr in eurem Innern durch seinen Geist an Kraft und Stärke zunehmt" (*Eph* 3,16). Paulus bittet den Vater, den Empfängern seines Briefes diese höchste Kraft zu schenken, die die christliche Tradition zu den „Gaben des Heiligen Geistes" zählt, abgeleitet vom Text des Jesaja, der sie als Eigenschaften des Messias nennt (vgl. *Jes* 11,2 f.). Der Heilige Geist teilt den Jüngern Christi unter den Gaben, von denen seine heiligste Seele voll ist, auch die Stärke mit, die er in seinem Leben und seinem Tod meisterhaft bewiesen hat. Man kann sagen, daß dem im „geistlichen Kampf" stehenden Christen die Kraft des Kreuzes mitgeteilt wird!
Der Geist greift durch ein tiefgehendes Wirken ein und führt es fort in allen Augenblicken und unter allen Aspekten des christlichen Lebens, um die menschlichen Wünsche in die rechte Richtung zu lenken: in die der hochherzigen Liebe zu Gott und den Nächsten nach dem Beispiel Jesu. Zu diesem Zweck stärkt der Heilige Geist den Willen, indem er den Menschen befähigt, den Versuchungen zu widerstehen, aus den inneren und äußeren Kämpfen siegreich hervorzugehen, die Macht des Bösen und besonders Satan zu überwinden wie Jesus, als er vom Geist in die Wüste getrieben wurde (vgl. *Lk* 4,1), und sein Leben nach dem Evangelium zu gestalten.

4. Der Heilige Geist gibt dem Christen die Kraft der Treue, der Langmut und der Beharrlichkeit auf dem Weg des Guten und im Kampf gegen das Böse. Schon im Alten Testament verkündete der Prophet Ezechiel dem Volk die Verheißung Gottes: „Ich lege meinen Geist in euch", mit dem Ziel, die Treue des Volkes im Neuen Bund zu halten (vgl. *Ez* 36,27). Im Brief an die Galater zählt der heilige Paulus zu

den „Früchten des Heiligen Geistes" die „Langmut", die „Treue", die „Selbstbeherrschung" (*Gal* 5,22). Diese Tugenden sind notwendig für ein kohärentes christliches Leben. Von ihnen unterscheidet sich die „Langmut", die eine Eigenschaft der Liebe ist (vgl. *1 Kor* 13,4) und vom Heiligen Geist mit der Liebe selbst in die Seele eingegossen wird (vgl. *Röm* 5,5) als Teil des Starkultes, der geübt werden soll, wenn die Übel und Leiden des Lebens und des Todes zu bewältigen sind. Dazu gesellt sich die „Beharrlichkeit", die Kontinuität im Tun von guten Werken, wobei die Schwierigkeiten zu überwinden sind, die sich durch die lange Dauer des Weges ergeben, den man gehen muß. Ähnlich ist die „Beständigkeit", die am Guten festhalten läßt gegen alle äußeren Hindernisse: beide sind Frucht der Gnade, die es dem Menschen ermöglicht, bis zu seinem Lebensende auf dem Weg des Guten zu gehen (vgl. hl. Augustinus *De Perseverantia*, c1: *PL* 45,993; *De corrept. et gratia*, c.12: *PL* 44,937).
Diese mutige Übung der Tugend wird von jedem Christen gefordert, der trotz des Einwirkens der Gnade die Zerbrechlichkeit der Freiheit bewahrt, wie der heilige Augustinus in seiner Auseinandersetzung mit den Anhängern des Pelagus unterstrich (vgl. *De corrept. et gratia*, c.12 cit.): aber der Heilige Geist ist es, der die übernatürliche Kraft gibt, den göttlichen Willen zu erfüllen und das Leben nach den von Christus gegebenen Geboten zu formen. Der heilige Paulus schreibt: „Das Gesetz des Geistes und des Lebens in Christus Jesus hat dich frei gemacht vom Gesetz der Sünde und des Todes." So haben die Christen die Möglichkeit, „nach dem Geist zu leben" und „die Forderung des Gesetzes", das heißt den göttlichen Willen zu erfüllen (vgl. *Röm* 8,2-4).

5. Der Heilige Geist gibt auch die Kraft, die apostolische Sendung zu erfüllen, die den beauftragten Verkündern des Evangeliums und in gewissem Maß allen Christen anvertraut ist. Als er seinen Jüngern den Sendungsauftrag gibt, bittet Jesus sie, bis zum Pfingsttag zu warten, damit sie die Kraft des Heiligen Geistes empfangen: „Ihr werdet die Kraft des Heiligen Geistes empfangen, der auf euch herabkommen wird" *Apg* 1,8). Nur mit dieser Kraft werden sie Zeugen des Evangeliums bis an die Grenzen der Erde sein können, entsprechend dem Auftrag Jesu. Zu allen Zeiten und bis heute ist es der Heilige Geist, der die Kraft gibt, alle Fähigkeiten und Möglichkeiten auszuschöpfen und alle Talente zu nutzen, das ganze Leben entsprechend der empfangenen Sendung einzusetzen und, wenn nötig, hinzugeben. Der Heilige Geist wirkt Wunder im apostolischen Handeln der Männer und Frauen Gottes und der Kirche, die von ihm erwählt und bewegt werden. Der Heilige Geist gewährleistet vor allem die Wirksamkeit eines solchen Handelns, wie immer das Maß menschlicher Fähigkeit der Berufenen sein mag. Das sagte der heilige Paulus im ersten Brief an die Korinther, als er von seiner eigenen Predigt wie von einem „Erweis von Geist und Kraft" sprach (*1 Kor* 2,4), also von einem Apostolat, vollbracht „in Wort und Tat ..., in der Kraft von Zeichen und Wundern, in der Kraft des Geistes Gottes" (*Röm* 15,18-19). Paulus schreibt dieser Kraft des Geistes die Bedeutung seines Evangelisierungswerkes zu.

Auch unter manchmal ungeheuren Schwierigkeiten, denen man im Apostolat begegnet, verleiht der Heilige Geist die Kraft auszuharren, indem er neuen Mut schenkt und denen beisteht, die versucht sind, die Erfüllung ihrer Sendung aufzugeben. Diese Erfahrung wurde bereits in der ersten Christengemeinde gemacht, wo die Brüder, den Verfolgungen der Glaubensgegner ausgesetzt, beten: „Doch jetzt, Herr, sieh auf ihre Drohungen und gib deinen Knechten die Kraft, mit allem Freimut dein Wort zu verkünden" (*Apg* 4,29). Und dann: „Als sie gebetet hatten, bebte der Ort, an dem sie versammelt waren, und alle wurden mit dem Heiligen Geist erfüllt, und sie verkündeten freimütig das Wort Gottes" (*Apg* 4,31).

6. Der Heilige Geist unterstützt die Verfolgten, denen Jesus selbst verheißt: „... der Geist eures Vaters wird durch euch reden" (*Mt* 10,20). Besonders das Martyrium, das das Zweite Vatikanische Konzil „hervorragendes Geschenk und höchsten Erweis der Liebe" nennt, ist ein heroischer Akt des Starkmuts, inspiriert vom Heiligen Geist (vgl. *Lumen Gentium*, Nr. 42). Dies beweisen die heiligen Märtyrerinnen und Märtyrer aller Zeiten, die den Tod annahmen aus überströmender Liebe, die in ihren Herzen brannte. Der heilige Thomas v. Aquin, der eine große Anzahl von Fällen von Märtyrern und Märtyrerinnen (letztere auch im zarten Mädchenalter) und die betreffenden Texte der Väter untersucht, kommt zu dem Schluß, daß das Martyrium „der vollkommenste menschliche Akt" ist, weil er aus der Nächstenliebe erwachsen ist und deren Vollkommenheit in höchster Weise vor Augen führt (vgl. *Summa theol.*, II-II, q.124, a.3). Dies bekräftigt Jesus selbst im Evangelium: „Es gibt keine größere Liebe, als wenn einer sein Leben für seine Freunde hingibt" (*Joh* 15,13).
Geboten ist zum Schluß ein Hinweis auf die Firmung, das Sakrament, in dem das Geschenk des Heiligen Geistes „ad robur: zur Stärkung, gespendet wird. Es dient dazu, den Starkmut mitzuteilen, der erforderlich ist im christlichen Leben und im Apostolat des Bezeugens und Handelns, zu dem alle Christen berufen sind. Bedeutsam ist, daß der Segen der Firmung auf die Salbung anspielt, die den Märtyrern vom Heiligen Geist gegeben wird. Das Martyrium ist die höchste Form des Zeugnisses. Die Kirche weiß es und vertraut dem Geist die Aufgabe an, das Zeugnis der Gläubigen wenn nötig bis zum Heroismus zu führen.

In deutscher Sprache sagte der Papst:

Liebe Brüder und Schwestern!

Wenn wir uns mit der heutigen Katechese unter den Gaben des Heiligen Geistes besonders der „Stärke" zuwenden, von der in so vielfältiger weise in den Zeugnissen der Heiligen Schrift und der geistlichen Tradition die Rede ist, so hat dieser Aspekt des Wirkens des Geistes für unsere Zeit besondere Bedeutung. Gerade heute sind die Menschen zahlreichen Nachstellungen und Übergriffen der Welt ausgesetzt, die Mut und Standhaftigkeit im Kampf gegen den irdischen Ungeist verlangen, der vom rechten Weg und der Ausrichtung auf das Himmlische ablenken will. Insbesondere in Zeiten der Prüfung und des Leidens drohen manche zu schwanken und abzuweichen. Auch für die Christen besteht die Gefahr, von der Höhe und Größe ihrer Berufung abzufallen und sich von dem in der Taufgnade für das ewige Leben empfangenen Keim loszusagen. Doch dazu hat der Herr den Heiligen Geist als Stütze und Beistand verheißen (vgl. *Joh* 16,5-15), eine Teilhabe an der Kraft und Festigkeit des göttlichen Seins.

Diese Gabe des Geistes ist eine innere Kraft, die ihren Ursprung in der Liebe hat, wie Paulus an die Epheser schreibt: der Vater „möge euch aufgrund des Reichtums seiner Herrlichkeit schenken, daß ihr in eurem Inneren durch seinen Geist an Kraft und Stärke zunehmt" (*Eph* 3,16).

So begleitet der Heilige Geist mit seinem unergründlichen Wirken in allen Augenblicken und Situationen des christlichen Lebens die Gläubigen, um das menschliche Tun und Handeln auf den rechten Weg zu bringen, den Weg der großzügigen Liebe zu Gott und den Menschen, nach dem Beispiel Jesu.

Im Empfang des Firmsakramentes schließlich wird die Gabe des Geistes erneut verliehen und bekräftigt; die Firmung will die Stärkung vermitteln, die notwendig sein wird im Leben eines jeden Christen, um den Glauben zu bezeugen, zu dem wir gerufen sind.

Mit dieser kurzen Betrachtung richte ich einen herzlichen Willkommensgruß an die deutschsprachigen Pilger und Besucher. Ein besonderer Gruß gilt den Lesern der Kirchenzeitung des Bistums Berlin, den Seniorengruppen aus Bad Bertrich und aus Ulmen und Umgebung sowie den Schülerinnen des Mallinckrodt-Gymnasiums in Dortmund. Möge euer Aufenthalt in Rom euch auch ein geistliches Erlebnis sein und euch im Glauben stärken. Dazu erteile ich euch, euren lieben Angehörigen daheim, sowie den uns über Radio und Fernsehen verbundenen Gläubigen von Herzen meinen Apostolischen Segen.

Treue zur apostolischen Sendung

Angelus am Fest Peter und Paul, 29. Juni

1. Heute ist das Fest der heiligen Apostel Petrus und Paulus. Wie ihr wißt, wird das Fest in der ganzen Weltkirche gefeiert, aber mit besonderer Freude und einer außerordentlichen Verpflichtung wird es in der römischen Ortskirche begangen, die ihrem Blutzeugnis die eigene Herkunft verdankt.

Wenn Rom Grund hat, sich zu freuen über die Ehre, die ihm aus dem ruhmvollen apostolischen Erbe erwächst, muß es sich aber gleichzeitig gerufen fühlen zur vorbildlichen Übung der christlichen Tugenden, um die Gläubigen nicht zu enttäuschen, die aus allen Teilen der Welt auf die Ewige Stadt schauen.

Das Fest heute wird so zur Feier der Einheit der Herde Christi, die in der Gemeinschaft mit dem Römischen Apostolischen Stuhl den sicheren Maßstab dafür hat, in der reinen Tradition des Evangeliums zu bleiben.

Auch die Schar der gestern im Konsistorium kreierten neuen Kardinäle zeigt und bekräftigt es. Sie kommen aus allen Kontinenten: Würdenträger, die sich um die

Kirche verdient gemacht haben im Dienst des Apostolischen Stuhls oder der Pastoral, und manchmal haben sie die Treue zu ihrer Sendung mit schwerem Leiden bezahlen müssen.

Während wir der seligsten Jungfrau die neuen Purpurträger und ihre Gemeinden anvertrauen, bitten wir sie, bei ihrem Sohn Fürsprache einzulegen, damit alle Völkerfamilien „in Friede und Eintracht glückselig zum einen Gottesvolk versammelt werden, zur Ehre der heiligsten und ungeteilten Dreifaltigkeit" (*Lumen Gentium*, Nr. 69).

Rechte der Völker nicht mit Gewalt niederdrücken

Appell an die Völker Jugoslawiens

Mein Gedanke wendet sich heute insbesondere an die lieben Völker von Kroatien und Slowenien. Ich bin denen nahe, die über ihre Toten und Verwundeten weinen, und allen, die in Schmerz und Angst leben.

Ich wiederhole ein weiteres Mal: Die Rechte und legitimen Bestrebungen der Völker können und dürfen nicht mit Gewalt niedergedrückt werden; und so möchte ich all jene Initiativen bekräftigen, die dahin zielen, gerechte Lösungen zu finden: die einzigen, die den Frieden und ein brüderliches Zusammenleben unter den Völkern gewährleisten können.

Deshalb appelliere ich von neuem an die Autoritäten der Republik Jugoslawiens, sie mögen einen konstruktiven Willen zum Dialog und weitblickende Klugheit beweisen.

Diese Absichten des Wohls und des Friedens für alle Völker Jugoslawiens vertraue ich der mütterlichen Fürsprache Marias und der Fürsprache der heiligen Apostel Petrus und Paulus an.

Jeder hat teil am Leiden Christi

Angelus am 30. Juni

Liebe Schwestern und Brüder!

1. Während des Monats Juni, der heute zu Ende geht, hatten wir Gelegenheit, über das Geheimnis der Liebe Gottes nachzudenken, das sich der Welt im Herzen Christi gezeigt hat; und eben an diesem Festtag haben wir „die großen Taten" gefeiert, die von diesem Herzen für uns vollbracht worden sind. Wir wissen und glauben, daß Jesus, der Herr, uns geliebt hat und uns liebt mit einer ewigen und erbarmenden Liebe und uns deshalb mit allen Gnadengaben erfüllt.

Heute beim Angelusgebet wollen wir verweilen, um die Berufung des Christen als Antwort auf diese Liebe zu betrachten. Diese Antwort verwirklicht sich vor allem durch das Gebet und Sühneleiden.

2. Das Geheimnis der Erlösung, das sich im Kreuz verwirklicht, bleibt in der Kirche immer lebendig; sie ist sich dessen bewußt, daß jedes ihrer Kinder seinen Teil des Leidens auf sich nehmen muß, um zusammen mit Christus die Sünden der Welt zu sühnen. Während die Kirche der Menschheit die Reichtümer des Herzens Jesu verkündet und dazu einlädt, voll Vertrauen zum Thron der Gnaden hinzuzutreten, um Hilfe zur rechten Zeit zu finden (*Hebr* 4,16), bittet sie die Christen auch, die unendliche Liebe des Erlösers zu teilen und an seinem Werk für das Heil der Welt teilzuhaben.
Wieviel hochherzige Christen, von dieser Einladung berührt, wußten und wissen sich anzubieten in Einheit mit Christus als Opfer für das Heil der Schwestern und Brüder und vervollständigen am eigenen Fleisch das, was an seinem Leiden fehlt, zugunsten seines Leibes, der Kirche (vgl. *Kol* 1,24)! Ihr Beispiel im Laufe der ganzen Geschichte der Kirche ist so immer noch gültig und anregend.

3. Dieser kurze Hinweis auf die wesentliche Bedeutung, die das Herz Jesu im Heilsplan hat, möge uns dahin führen, die Verpflichtung zur Sühne der Gott zugefügten Beleidigungen besser zu verstehen. Die Betrachtung des Herzens Christi, das geduldig und voller Erbarmen ist, bewege uns zu jenem höchsten Maß der Liebe, die ihren Ausdruck findet in der Mitbeteiligung am Leiden und im Einsatz zur Sühne.
Maria, die Jungfrau, die unter dem Kreuz stand, ist für uns alle das höchste Vorbild durch ihre unmittelbare Teilhabe am Leiden Christi, aus dessen durchbohrtem Herzen sich die Heilsgnade über die Welt ergießt.

Die Hoffnung läßt nicht zugrunde gehen

Ansprache bei der Generalaudienz am 3. Juli

1. Eine der wichtigsten Gaben, die der heilige Paulus den Korinthern als bleibend nennt, ist die Hoffnung (vgl. *1 Kor* 12,31). Sie spielt im Christenleben eine grundlegende Rolle, wie der Glaube und die Liebe, wenn auch „am größten unter ihnen die Liebe ist" (vgl. *1 Kor* 13,13). Es ist klar, daß die Hoffnung nicht im engeren Sinn als besonderes und außerordentliches Geschenk zu verstehen ist, das nur einigen zum Wohl der Gemeinschaft verliehen wird, sondern als Geschenk des Heiligen Geistes an jeden Menschen, der sich Christus im Glauben öffnet. Dieser Gabe ist besondere Aufmerksamkeit zu schenken, vor allem in unserer Zeit, wo viele Menschen und nicht wenige Christen hin- und herschwanken zwischen der Illusion und dem Mythos einer grenzenlosen Fähigkeit zur Selbsterlösung und Selbstverwirklichung einerseits und der Versuchung zum Pessimismus in der ständigen Erfahrung von Enttäuschungen und Niederlagen andererseits.
Die christliche Hoffnung, die zwar die psychische Bewegung des Geistes einschließt, der unter Beschwernis nach dem Guten strebt, findet sich jedoch auf der übernatürlichen Ebene der Tugenden, die der Gnade entspringen (vgl. *Summa*

theol., III, q.7, a.2), als Geschenk, das Gott dem Glaubenden macht in Hinordnung auf das ewige Leben. Sie ist deshalb eine typische Tugend des „homo viator", des Menschen auf dem Pilgerweg, der, obwohl er Gott und die ewige Berufung durch den Glauben kennt, noch nicht zur Anschauung gelangt ist. Die Hoffnung reicht in gewisser Weise hinein „in das Innere hinter dem Vorhang", wie der Brief an die Hebräer sagt (vgl. *Hebr* 6,19).

2. Wesentlich in dieser Tugend ist deshalb die eschatologische Dimension. Am Pfingsttag ist der Heilige Geist gekommen, um die in der Heilsbotschaft enthaltenen Verheißungen zu erfüllen, wie wir in der Apostelgeschichte lesen: „Nachdem er [Jesus] durch die rechte Hand Gottes erhöht worden war und vom Vater den verheißenen Heiligen Geist empfangen hatte, hat er ihn ausgegossen" (*Apg* 2,33). Aber diese Erfüllung der Verheißung richtet sich auf die Geschichte bis zum Ende der Zeiten. Für diejenigen, die den Glauben an das Wort Gottes, in Christus erklungen und von den Aposteln gepredigt, besitzen, hat die Eschatologie begonnen sich zu verwirklichen, ja, man kann sagen, sie ist in ihrem Grundaspekt schon verwirklicht: der Gegenwart des Heiligen in der Geschichte des Menschen, die vom Pfingstereignis an Bedeutung und Lebensschwung gewinnt in bezug auf das göttliche Ziel jedes einzelnen und der gesamten Menschheit. Während die Hoffnung des Alten Testamentes als Grundlage die Verheißung der immerwährenden Gegenwart und Vorsehung Gottes hatte, die im Messias erscheinen sollte, bringt im Neuen Testament die Hoffnung durch die Gnade des Heiligen Geistes (dem sie entspringt) bereits den vorweggenommenen Besitz der zukünftigen Herrlichkeit mit sich.

3. Die vom Heiligen Geist im Christen entzündete Hoffnung hat auch eine - man könnte sagen - kosmische Dimension, die die Erde und den Himmel, das Erfahrbare und das Unerforschliche, das Bekannte und das Unbekannte einschließt. Dazu schreibt der heilige Paulus: „Die ganze Schöpfung wartet sehnsüchtig auf das Offenbarwerden der Söhne Gottes. Die Schöpfung ist der Vergänglichkeit unterworfen, nicht aus eigenem Willen, sondern durch den, der sie unterworfen hat; aber zugleich gab er ihr Hoffnung: Auch die Schöpfung soll von der Sklaverei und Verlorenheit befreit werden zur Freiheit und Herrlichkeit der Kinder Gottes. Denn wir wissen, daß die gesamte Schöpfung bis zum heutigen Tag seufzt und in Geburtswehen liegt. Aber auch wir, obwohl wir als Erstlingsgabe den Geist haben, seufzen in unserem Herzen und warten darauf, daß wir mit der Erlösung unseres Leibes als Söhne offenbar werden" (*Röm* 8,19-23). Der Christ erfaßt im Bewußtsein der Berufung des Menschen und der Bestimmung des Universums den Sinn dieses universalen Entstehens und entdeckt, daß es sich um die Gotteskindschaft aller Menschen handelt, die berufen sind, an der Herrlichkeit Gottes teilzuhaben, die in der ganzen Schöpfung aufscheint. Der Christ weiß, daß er im Heiligen Geist schon „Angeld" dieser Gotteskindschaft besitzt und schaut deshalb mit froher Hoffnung auf das Schicksal der Welt, trotz der Bedrängnisse in der Zeit.

Vom Glauben erleuchtet, versteht er die Bedeutung und spürt beinahe die Wahrheit des folgenden Abschnitts des Römerbriefs, wo der Apostel uns versichert, daß „sich auch der Geist unserer Schwachheit annimmt. Denn wir wissen nicht, worum wir in rechter Weise beten sollen; der Geist selber tritt jedoch für uns ein mit Seufzen, das wir nicht in Worte fassen können. Und Gott, der die Herzen erforscht, weiß, was die Absicht des Geistes ist: Er tritt so, wie Gott es will, für die Heiligen ein. Wir wissen, daß Gott bei denen, die ihn lieben, alles zum Guten führt, bei denen, die nach seinem ewigen Plan berufen sind" (*Röm* 8,26-28).

4. Wie man sieht, lebt, bittet und wirkt der Heilige Geist im Innersten der Seele und läßt uns immer deutlicher den Ausblick auf das letzte Ziel, Gott, erkennen, indem er unser ganzes Leben seinem Heilsplan entsprechend formt. Deshalb läßt er selbst uns bitten, indem er in uns bittet, mit Gefühlen und Worten der Kinder Gottes (vgl. *Röm* 8,15.26-27; *Gal* 4,6; *Eph* 6,18) und in enger geistlicher und eschatologischer Verbindung mit Christus, der zur Rechten Gottes sitzt, wo er für uns eintritt (vgl. *Röm* 8,34; *Hebr* 7,25; *1 Joh* 2,1). So rettet er uns vor den Illusionen und den falschen Heilswegen, während er unser Herz auf das wahre Ziel des Lebens hin bewegt und uns dadurch vom Pessimismus und Nihilismus befreit - von besonders heimtückischen Versuchungen für den, der nicht von der Voraussetzung des Glaubens oder wenigstens aufrichtiger Suche nach Gott ausgeht.
Hinzuzufügen ist, daß auch der Leib in diese dem Menschen vom Heiligen Geist gegebene Dimension der Hoffnung miteinbezogen ist. Wiederum sagt es uns der heilige Paulus: „Wenn der Geist dessen in euch wohnt, der Jesus von den Toten auferweckt hat, dann wird er, der Christus Jesus von den Toten auferweckt hat, auch euren sterblichen Leib lebendig machen, durch seinen Geist, der in euch wohnt" (*Röm* 8,11; vgl. *1 Kor* 5,5). Für jetzt geben wir uns damit zufrieden, daß wir diesen Aspekt der Hoffnung in ihrer anthropologischen und persönlichen, aber auch in der kosmischen und eschatologischen Dimension dargestellt haben; wir werden auf sie zurückkommen in den Katechesen, die wir, so Gott will, zu gegebener Zeit diesen faszinierenden und grundlegenden Artikeln des christlichen Credo widmen werden: der Auferstehung von den Toten und dem ewigen Leben des gesamten Menschen, Seele und Leib.

5. Eine letzte Bemerkung: Der irdische Ablauf des Lebens findet ein Ende, das, wenn in der Freundschaft mit Gott erreicht, mit dem ersten Augenblick der Seligkeit zusammenfällt. Auch wenn die Seele im Durchgang zum Himmel die Reinigung von den letzten Schlacken mit Hilfe des Fegfeuers erleiden müßte, ist sie schon erfüllt vom Licht, von der Gewißheit und Freude, weil sie weiß, für immer ihrem Gott anzugehören. Auf diesen Höhepunkt wird die Seele vom Heiligen Geist geführt, dem Urheber und Spender nicht nur der „ersten Gnade", die gerecht macht, und der heiligmachenden Gnade während des ganzen irdischen Lebens, sondern auch der Gnade der Verherrlichung „in hora mortis". Es ist die Gnade der Standhaftigkeit bis zum Ende, entsprechend der Lehre des Konzils von Orange (vgl. *DS* 183, 199) und des Konzils von Trient (vgl. *DS* 806, 809, 832), gegründet auf der Weisung des Apostels, nach der es Gott ist, der „das Wollen und das Vollbringen bewirkt"

(*Phil* 2,13), und der Mensch muß um die Gnade bitten, das Gute zu tun bis zum Ende (vgl. *Röm* 14,4; *1 Kor* 10,12; *Mt* 10,22; 24,13).

6. Die Worte des Apostels Paulus lehren uns, im Geschenk der dritten göttlichen Person die Gewähr für die Erfüllung unseres Strebens nach Heil zu sehen: „Die Hoffnung aber läßt nicht zugrunde gehen; denn die Liebe Gottes ist ausgegossen in unsere Herzen durch den Heiligen Geist, der uns gegeben ist" (*Röm* 5,5). Folglich: „Was kann uns scheiden von der Liebe Christi?" Die Antwort ist eindeutig: Nichts kann „uns scheiden von der Liebe Gottes, die die in Christus Jesus ist, unserem Herrn" (*Röm* 8,35.39). Deshalb ist es der Wunsch des Paulus, daß wir reich werden an Hoffnung in der Kraft des Heiligen Geistes" (*Röm* 15,13). Hier hat der christliche Optimismus seine Wurzeln: der Optimismus hinsichtlich der Bestimmung der Welt, der Möglichkeit zur Rettung des Menschen zu allen Zeiten, auch in den schwierigsten und härtesten, und hinsichtlich der Entfaltung der Geschichte auf die vollkommene Verherrlichung Christi zu („Er wird mich verherrlichen": *Joh* 16,14) und die volle Teilhabe der Glaubenden an der Herrlichkeit der Kinder Gottes.
Mit dieser Aussicht kann der Christ sein Haupt erheben und in den Ruf einstimmen, der nach der Offenbarung der tiefste, vom Heiligen Geist in der Geschichte hervorgerufene Seufzer ist: „Der Geist und die Braut aber sagen: Komm!" (*Offb* 22,17). Und hier am Ende der Offenbarung und des Neuen Testamentes die Aufforderung: „Wer hört, der rufe: Komm! Wer durstig ist, der komme. Wer will, empfange umsonst das Wasser des Lebens ... Komm, Herr Jesus!" (*Offb* 22,17.20).

In deutscher Sprache sagte der Papst:

Liebe Schwestern und Brüder!

Gerade in einer Zeit wie der unsrigen, wo zahlreiche Menschen - darunter nicht wenige Christen - zwischen der Illusion und dem Mythos einer grenzenlosen Fähigkeit zur Selbstverwirklichung und Selbsterlösung einerseits und der Versuchung zum Pessimismus in den ständig wiederkehrenden Erfahrungen von Niederlage und Enttäuschung andererseits hin- und herschwanken, gewinnt die christliche Tugend der Hoffnung besondere Bedeutung. Die Hoffnung ist eine Gabe des Geistes, die jeder Mensch empfängt, der sich im Glauben an Christus öffnet.
Obwohl die christliche Hoffnung durchaus auch die psychologische Bewegung des Geistes einschließt, der unter Beschwernis nach dem Guten strebt, so ist sie dennoch auf der übernatürlichen Ebene der Tugenden anzusiedeln, die aus der Gnade hervorgehen, ein Geschenk also in Hinordnung auf das ewige Leben, das die Glaubenden von Gott empfangen. Die Hoffnung ist also die typische Tugend des Menschen auf dem Weg, des Pilgers, der - auch wenn er Gott schon kennt und die ewige Berufung durch den Glauben bereits empfangen hat - noch nicht zur Anschauung Gottes gelangt ist.
So ist die eschatologische Dimension dieser Tugend wesentlich. Doch ist in der vom Herrn verheißenen Sendung des Geistes schon der vorweggenommene Besitz der ewigen Herrlichkeit mit enthalten. Daher kann Paulus zu den Ephesern vom

„Angeld" sprechen, wenn es heißt: „Durch ihn habt ihr das Siegel des verheißenen Heiligen Geistes empfangen. Der Geist ist der erste Anteil des Erbes, das wir erhalten sollen, der Erlösung, durch die wir Gottes Eigentum werden, zum Lob seiner Herrlichkeit" (*Eph* 1,13-14).

Hier liegen die Wurzeln des christlichen Optimismus über das Ziel der Welt, über die Möglichkeit des Heils für den Menschen zu allen Zeiten, auch in den schweren und harten, über die Entwicklung der Geschichte einer vollkommenen Verherrlichung Christi entgegen und einer vollen Teilhabe der Glaubenden an der Herrlichkeit des Sohnes Gottes.

Mit dieser kurzen Betrachtung heiße ich alle deutschsprachigen Pilger und Besucher herzlich willkommen. Ein besonderer Gruß gilt den Kirchenchören aus dem Dekanat Troisdorf, den Schülerinnen und Schülern der 11. Klasse des Gymnasiums in Eschenbach sowie der Pilgergruppe aus Zalaegerszeg in der Diözese Steinamanger. Euch allen, euren lieben Angehörigen daheim sowie den uns über Radio und Fernsehen verbundenen Gläubigen erteile ich von Herzen meinen Apostolischen Segen.

Dem Bruderkrieg Einhalt gebieten

Appell an die Gläubigen zum Gebet für den Frieden in Jugoslawien

Liebe Schwestern und Brüder, ich lade euch heute ein, mit mir gemeinsam zu beten, um vom Herrn den Frieden in Slowenien, Kroatien und in ganz Jugoslawien zu erflehen.

Bitten wir Gott, unseren Vater, er möge den Völkern Jugoslawiens, die uns so nahe sind, neue, unschuldige Opfer ersparen und allen Trauernden und Leidenden Trost spenden.

Das Recht des Stärkeren versucht, von neuem sich gegenüber dem Recht der Vernunft durchzusetzen, indem es versucht, die Anstrengungen derer zunichte zu machen, die sich auf nationaler und internationaler Ebene um eine friedliche Lösung der schweren Probleme bemühen.

Die internationale Gemeinschaft wiederholt ihre Appelle, um einem unnötigen Bruderkrieg Einhalt zu gebieten. Wir begleiten diese Anstrengungen mit dem Gebet. Möge Gott alle Verantwortlichen erleuchten und dazu bewegen, die Stimme der Völker des Landes zu hören und ihre Rechte und legitimen Bestrebungen zu achten. Möge die Königin des Friedens die zivilen Obrigkeiten zu Initiativen inspirieren, die imstande sind, die Ordnung wiederherzustellen und neue Dialogsbedingungen zu schaffen, um die höllische Spirale der Gewalt und des Hasses aufzuhalten.

Ich appelliere an alle Gläubigen von Jugoslawien, damit sie ihre Kräfte und ihre Gebete vereinen, um das zu erlangen, was heute absoluten Vorrang hat: die Beendigung eines Bürgerkrieges, der noch schwerere Ausmaße annehmen könnte.

Stimme des Menschen in Not

Angelus am 7. Juli

Liebe Schwestern und Brüder!

1. An diesem ersten Julisonntag, an dem man bereits Ferienluft atmet, und die Hitze von längeren Anstrengungen abrät, beschränke ich mich auf eine kurze Betrachtung des Themas, das schon mehrmals berührt worden ist: die Soziallehre der Kirche.
Bei der Erfüllung der Heilssendung, die ihr von ihrem Gründer anvertraut wurde, hat die Kirche den Armen immer einen bevorzugten Raum vorbehalten und gegen jede Form der Menschenausbeutung gekämpft. Sie hat nicht aufgehört das zu üben, was man heute die bevorzugte Option für die Armen nennt, und die Menschen zu den ewigen Werten der Liebe nach dem Evangelium zu erziehen.

2. Durch diese Hirtensorge hat sich ein reiches Erbe von Reflexionen und Weisungen gefestigt, das unter dem Namen „Soziallehre der Kirche" geläufig ist.
Von *Rerum novarum* an wurden die Weisungen der Päpste und Bischöfe immer häufiger, und ihre Lehre drang in die Gewissen der Gläubigen, dank der theologischen Reflexion, der Katechese und dem Einsatz aller kirchlichen Glieder. Als Lehrerin der Wahrheit, die die Nächstenliebe übt, macht die Kirche sich so zur Stimme dessen, der aufgrund von Armut, Krankheit und Ausgeschlossensein in Not ist.
Die selige Jungfrau Maria, Sitz der Weisheit und Mutter des Guten Rates, die wir jetzt beim Angelusgebet anrufen, lasse uns immer besser unsere kirchliche Verpflichtung verstehen und mache uns offen für den Ruf der Armen, der sich aus so vielen Teilen der Erde zum Himmel erhebt, besonders dort, wo die Bedingungen des Lebensunterhalts schwieriger sind.

Nach dem Angelusgebet sagte der Papst:

Alle hier auf dem Petersplatz versammelten Pilger möchte ich herzlich grüßen und wünsche ihnen schöne Ferien, die für die wohlverdiente Ruhe nützlich sein mögen, aber auch für eine gebotene Pause des Nachdenkens und Gebets in Gemeinschaft mit Gott.

Die eine, heilige, katholische und apostolische Kirche

Ansprache bei der Generalaudienz am 10. Juli

1. Wir beginnen heute einen neuen Katechesezyklus, der Kirche gewidmet, von der das Nizäno-Konstantinopolitanische Glaubensbekenntnis uns sprechen läßt: „Ich glaube an die eine, heilige, katholische und apostolische Kirche." Dieses Glaubensbekenntnis wie auch das vorhergegangene sogenannte Apostolische verbindet mit dem Heiligen Geist unmittelbar die Wahrheit über die Kirche: „Ich glaube an den

Heiligen Geist, die heilige katholische Kirche." Dieser Übergang vom Heiligen Geist zur Kirche hat seinen Grund, den der hl. Thomas zu Beginn seiner Katechese über die Kirche erklärt, wenn er schreibt: „So wie wir sehen, daß in einem Menschen nur eine Seele und nur ein Leib ist und es trotzdem verschiedene Glieder dieses Leibes gibt, so ist die katholische Kirche ein Leib und hat viele Glieder. Die Seele, die diesen Leib lebendig macht, ist der Heilige Geist. Und deshalb wird uns nach dem Glauben an den Heiligen Geist geboten, an die heilige katholische Kirche zu glauben" (vgl. *In Symbolum Apostolorum Expositio*, art.9, edit. taur. Nr. 971).

2. Im Nizäno-Konstantinopolitanischen Glaubensbekenntnis spricht man von der „einen, heiligen, katholischen und apostolischen" Kirche. Es sind die sogenannten „Kennzeichen" der Kirche, die eine gewisse einführende Erklärung erfordern, auch wenn wir in den nachfolgenden Katechesen auf ihre Bedeutung zurückkommen werden.
Hören wir, was die beiden jüngsten Konzilien darüber sagen.
Das I. Vatikanische Konzil beschreibt mehr mit Worten die Einheit der Kirche: „... der ewige Hirt [hat] ... beschlossen, die heilige Kirche zu bauen. In ihr sollten alle Gläubigen wie im Haus des lebendigen Gottes durch das Band des einen Glaubens und der einen Liebe umschlossen sein" (vgl. *DS*, 3050).
Das II. Vatikanische Konzil seinerseits bekräftigt: „Der einzige Mittler Christus hat seine heilige Kirche, die Gemeinschaft des Glaubens, der Hoffnung und der Liebe, hier auf Erden als sichtbares Gefüge verfaßt und trägt sie als solches unablässig." Und weiter: „... die irdische Kirche und die mit himmlischen Gaben beschenkte Kirche ... bilden eine einzige komplexe Wirklichkeit, die aus menschlichem und göttlichem Element zusammenwächst ... Dies ist die einzige Kirche Christi, wie wir im Glaubensbekenntnis ... bekennen" (*Lumen Gentium*, Nr. 8). Über diese Kirche lehrt das Konzil auch, daß sie „in Christus gleichsam das Sakrament, das heißt Zeichen und Werkzeug für die innigste Vereinigung mit Gott wie für die Einheit der ganzen Menschheit" ist (*Lumen Gentium*, Nr. 1).
Es ist klar, daß die Einheit der Kirche, die wir im Credo bekennen, der Gesamtkirche eigen ist, und daß die Teil- (oder Orts-) Kirchen als solche an dieser Einheit teilhaben. Sie wurde anerkannt und verkündet als eine Eigenschaft der Kirche von Anfang an, das heißt seit dem Pfingsttag. Sie ist deshalb eine erstrangige und dem Wesen der Kirche entsprechende Wirklichkeit, nicht nur ein Ideal, das es anzustreben gilt in der Hoffnung, es in einer fernen Zukunft zu erreichen. Diese Hoffnung und Suche kann die geschichtliche Verwirklichung einer vollen Vereinigung der an Christus Glaubenden betreffen, ohne jedoch die im *Brief an die Epheser* verkündete Wahrheit zu leugnen: „Ein Leib und ein Geist, wie euch durch eure Berufung auch eine gemeinsame Hoffnung gegeben ist" (4,3-4). Das ist die Wahrheit der Anfänge, die wir im Glaubensbekenntnis bekennen: „Ich glaube an die eine ... Kirche."

3. Die Geschichte der Kirche hat sich jedoch von Anfang an unter Spannungen und Antrieben entfaltet, die die Einheit gefährdeten, bis sie Mahnungen und Verweise der Apostel auf sich zog, insbesondere des Paulus, der sogar ausrief: „Ist denn

Christus zerteilt?" (*1 Kor* 1,13). Es war und ist die Kundgabe der menschlichen Neigung, im Gegensatz zueinander zu stehen. Es ist als müßte (und wollte) man die eigene Rolle im Plan der Spaltung spielen, der in den Seiten der Bibel über Babel deutlich dargestellt wird. Aber die Väter und Hirten der Kirche haben immer zur Einheit gerufen, zum Licht des Pfingsttages, das Babel gegenübergestellt wurde. Das II. Vatikanische Konzil sagt: „Der Heilige Geist, der in den Gläubigen wohnt und die ganze Kirche leitet und regiert, schafft diese wunderbare Gemeinschaft der Gläubigen und verbindet sie in Christus so innig, daß er das Prinzip der Einheit der Kirche ist" (*Unitatis redintegratio*, Nr. 2). Und für die Kirche kann es nur Grund zur Freude, zur Hoffnung und zum Gebet sein vor allem heute zu erkennen, daß vom Heiligen Geist auch alle ehrlichen Anstrengungen kommen, die auf die Überwindung aller Spaltungen und auf die Einheit der Christen (Ökumenismus) hinzielen.

4. Im Glaubensbekenntnis wird auch gesagt, daß die Kirche „heilig" ist. Man muß sofort klarstellen, daß sie es kraft ihres göttlichen Ursprungs und ihrer Stiftung ist. Heilig ist Christus, der die Kirche gestiftet hat, indem er für sie durch das Kreuzesopfer das Geschenk des Heiligen Geistes erworben hat, der die unerschöpfliche Quelle der Heiligkeit der Kirche wie auch das Prinzip und Fundament ihrer Einheit ist. Heilig ist die Kirche durch ihre Bestimmung: die Verherrlichung Gottes und die Rettung der Menschen; heilig ist sie durch die Mittel, die zu diesem Zweck verwandt werden und die in sich die Heiligkeit Christi und des Heiligen Geistes enthalten. Sie sind: die Lehre Christi, zusammengefaßt in der Offenbarung der Liebe Gottes zu uns und im zweifachen Liebesgebot; die sieben Sakramente und der ganze Gottesdienst (die Liturgie), besonders die Eucharistie; das Gebetsleben. Das alles ist eine göttliche Lebensordnung, in der der Heilige Geist durch die Gnade wirkt, die in die Gläubigen eingegossen ist und in den Glaubenden genährt und mit vielfältigen Charismen bereichert wird zum Wohl der ganzen Kirche.

Auch das ist eine im Credo bekannte Grundwahrheit, schon bekräftigt im Brief an die Epheser, wo der Grund dieser Heiligkeit erklärt wird: „Christus [hat] die Kirche geliebt und sich für sie hingegeben ..., um ... sie heilig zu machen" (*ebd.* 5,25-26). Er hat sie heilig gemacht durch die Ausgießung seines Geistes, wie das II. Vatikanische Konzil sagt: „Am Pfingsttag [wurde] der Heilige Geist gesandt, auf daß er die Kirche immerfort heilige" (*Lumen Gentium*, Nr. 4). Das ist das ontologische Fundament, auf dem unser Glaube an die Heiligkeit der Kirche beruht. Die vielen Weisen, in denen sich diese Heiligkeit im Leben der Christen und im Verlauf des religiösen und gesellschaftlichen Geschehens der Geschichte manifestiert, sind eine ständige Bekräftigung der im Credo enthaltenen Wahrheit; sie gilt es empirisch zu entdecken und gewissermaßen eine Gegenwart nachzuweisen, an die wir glauben. Ja, tatsächlich stellen wir fest, daß viele Glieder der Kirche heilig sind. Viele besitzen wenigstens jene allgemeine Heiligkeit, die vom Stand der heiligmachenden Gnade kommt, in dem wir leben. Aber immer größer wird die Zahl derjenigen, die die Zeichen der Heiligkeit bis zum heroischen Grad vorweisen. Die Kirche ist sehr glücklich, eine solche Heiligkeit so vieler Dienerinnen und Diener Gottes, die bis

zum Tod treu geblieben sind, erkennen und rühmen zu können. Es ist gleichsam ein soziologischer Ausgleich für die Gegenwart der armen Sünder und eine Aufforderung an sie (und damit an uns alle), den Weg der Heiligen zu beschreiten.
Aber wahr bleibt, daß die Heiligkeit zur Kirche gehört aufgrund ihrer göttlichen Stiftung und der ständigen Ausgießung von Gaben, die der Heilige Geist in den Gläubigen und im gesamten „Leib Christi" seit dem Pfingsttag vollbringt. Das schließt nicht aus, daß sie für jeden einzelnen und für alle das Ziel ist, das es in der Nachfolge Christi zu erreichen gilt (vgl. *Lumen Gentium*, Nr. 40).

5. Ein anderes Kennzeichen der Kirche, an die wir zu glauben bekennen, ist die „Katholizität". Die Kirche ist tatsächlich durch göttliche Stiftung „katholisch", das heißt „universal" (griechisch: Kath'hólon = das Gesamt betreffend). Soweit bekannt, wurde dieser Ausdruck erstmals vom hl. Ignatius von Antiochien verwandt, als er an die Gläubigen von Smyrne schrieb: „Wo Jesus Christus ist, dort ist die katholische Kirche" (*Ad Smirn.*, 8). Die ganze Tradition der Kirchenväter und -lehrer wiederholt diese Definition, die dem Evangelium entspringt, bis zum II. Vatikanischen Konzil, das lehrt: „Diese Eigenschaft der Weltweite, die das Gottesvolk auszeichnet, ist Gabe des Herrn selbst. In ihr strebt die katholische Kirche mit Tatkraft und Stetigkeit danach, die ganze Menschheit ... unter dem einen Haupt Christus zusammenzufassen in der Einheit seines Geistes" (*Lumen Gentium*, Nr. 13).
Diese Katholizität ist eine tiefe Dimension, gegründet auf der universalen Macht des auferstandenen Christus (vgl. *Mt* 28,18) und auf der weltweiten Ausbreitung des Handelns des Heiligen Geistes (vgl. *Weish* 1,7) und der Kirche durch göttliche Stiftung mitgeteilt. Tatsächlich war die Kirche bereits am ersten Tag ihres geschichtlichen Bestehens, vom Pfingstmorgen an, katholisch. „Universalität" bedeutet für sie offen sein für die ganze Menschheit, für alle Menschen und alle Kulturen, weit über die engen räumlichen, kulturellen und religiösen Grenzen hinaus, an die die Mentalität einiger ihrer Glieder, der sogenannten „Judenfreunde", gebunden sein konnte. Jesus hatte den Aposteln den hohen Auftrag gegeben: „Geht zu allen Völkern, und macht alle Menschen zu meinen Jüngern" (*Mt* 28,19); und er hatte gesagt und verheißen: „Ihr werdet meine Zeugen sein in Jerusalem und in ganz Judäa und Samarien und bis an die Grenzen der Erde" (*Apg* 1,8). Auch hier steht man vor einer Gründungsform der Sendung und nicht vor einer einfachen empirischen Tatsache der Ausbreitung der Kirche unter den Menschen „aller Völker" und schließlich unter allen Menschen. Die Universalität ist eine weitere Eigenschaft, die die Kirche aufgrund ihres Wesens selbst und kraft ihrer göttlichen Stiftung besitzt. Es handelt sich um eine konstitutive Dimension, die die Kirche als „eine und heilige" besitzt und die nicht als das Ergebnis einer „Summe" aller Teilkirchen aufgefaßt werden kann. Aufgrund ihrer Dimension göttlichen Ursprungs ist sie Gegenstand des Glaubens, den wir im Credo bekennen.

6. Mit demselben Glauben bekennen wir schließlich, daß die Kirche Christi „apostolisch" ist, das heißt errichtet auf den Aposteln, von denen sie die von Christus und in Christus offenbarte göttliche Wahrheit empfangen hat. Die Kirche

ist apostolisch, weil sie diese apostolische Tradition bewahrt und als ihren kostbarsten Schatz hütet.
Die beauftragten und bevollmächtigten Wächter dieses Schatzes sind die Nachfolger der Apostel unter dem Beistand des Heiligen Geistes. Aber zweifellos haben alle Glaubenden, verbunden mit ihren rechtmäßigen Hirten und folglich mit der Gesamtkirche, teil an der Apostolizität der Kirche, das heißt an ihrer Verbundenheit mit den Aposteln und durch diese mit Christus. Deshalb ist die Kirche nicht auf eine reine kirchliche Hierarchie zu verkürzen. Ohne Zweifel ist dies das institutionelle Fundament. Aber alle Glieder der Kirche (Hirten und Gläubige) gehören zu dem einen Volk Gottes; sie sind berufen, eine aktive Rolle im Volk Gottes zu spielen, das von Ihm das Geschenk der Verbundenheit mit den Aposteln und mit Christus im Heiligen Geist empfängt. Wir lesen im Brief an die Epheser: „Ihr seid auf das Fundament der Apostel und Propheten gebaut; der Schlußstein ist Jesus Christus selbst ... Durch ihn werdet auch ihr im Geist zu einer Wohnung Gottes erbaut" (*ebd.* 2,20-22).

In deutscher Sprache sagte der Papst:

Liebe Schwestern und Brüder!

Heute beginnen wir mit einer neuen Folge der Katechesen, die der Kirche gewidmet sind, von der es im Nizäisch-Konstantinopolitanischen Glaubensbekenntnis heißt: „Ich glaube an die eine, heilige, katholische und apostolische Kirche". Es geht dabei sozusagen um die „Kennzeichen" der wahren Kirche. Das II. Vatikanische Konzil verkündet: „... die irdische und die der himmlischen Güter bereits teilhaftige Kirche bilden ein Ganzes, nämlich die Kirche Jesu Christi" (*Lumen Gentium*, Nr. 1).
Diese Einheit ist der Gesamtkirche eigen, und sie ist in den Ortskirchen nur insofern und in dem Maße vorhanden, als sie an dieser Einheit teilhaben. Angesichts der Spannungen und Rückschläge, die dieser Einheit von Anbeginn an Schaden zugefügt haben, wendet sich Paulus mit Vorhaltungen an die Gemeinde Korinth: „Ist denn Christus zerteilt"? (*1 Kor* 1,13). Auch die Kirchenväter und Bischöfe haben sich immer wieder auf die Einheit berufen im Lichte des Pfingstfestes, das Babel entgegengesetzt wird.
Im Glaubensbekenntnis sprechen wir auch von der „heiligen" Kirche. Sie ist heilig kraft ihres göttlichen Ursprungs, da sie von Christus gegründet wurde, der ihr durch seinen Kreuztod den Heiligen Geist als den Lebensquell erworben hat. Die Kirche ist heilig aufgrund ihrer Bestimmung: der Verherrlichung Gottes und des Heiles der Menschen.
Ein weiteres „Kennzeichen" der Kirche ist die „Katholizität". „Katholisch" bedeutet: allgemein, die ganze Menschheit umfassend, und gründet auf dem universalen Sendungsauftrag des auferstandenen Christus (vgl. *Mt* 28,18-19) und auf dem allgegenwärtigen Wirken des Heiligen Geistes (vgl. *Weish* 1,7).
Und letztlich bekennen wir uns zu der „apostolischen" Kirche, das heißt, gebaut auf das Fundament der Apostel, von dem sie die Wahrheit der göttlichen Offenbarung

empfing, deren Wächter die Nachfolger der Apostel sind durch den Beistand des Heiligen Geistes (vgl. *Eph* 2,20-22).
Indem ich nach dieser Betrachtung dazu einlade, den Beistand des Heiligen Geistes auch für die Kirche in unserer Zeit zu erflehen, richte ich einen besonderen Willkommensgruß an die deutschsprachigen Pilger und Besucher. Mein besonderer Gruß gilt der Gruppe neugeweihter Ständiger Diakone mit ihren Ehefrauen aus des Bistum Graz; für ihren Dienst an der Kirche erbitte ich Gottes Kraft und weise Führung. Ebenso grüße ich die Pilger des Kreiskrankenhauses Neumarkt, die Schüler des Johannes-Kepler-Gymnasiums in Weiden in der Oberpfalz sowie die Mitglieder der Pfarrgemeinde St. Stephan aus Frankfurt-Niedereschbach.
Euch allen, euren lieben Angehörigen daheim sowie den mit uns über Radio und Fernsehen verbundenen Gläubigen erteile ich von Herzen meinen Apostolischen Segen.

Die Kirche - der neue Bund mit Gott

Ansprache bei der Generalaudienz am 20. Juli

1. In der heutigen Katechese, immer noch in Phase der Einführung in die Ekklesiologie, wollen wir den Namen der Kirche kurz analysieren, wie er uns vom Evangelium, ja vom Wort Christi selbst überliefert wird. Wir folgen so einer klassischen Sachstudienmethode, bei der der erste Schritt die Erforschung der Bedeutung der verwandten Ausdrücke ist, mit denen sie benannt werden. Für eine große und altehrwürdige Einrichtung wie die Kirche, die uns hier interessiert, ist es wichtig zu wissen, wie sie der Gründer nannte, denn dieser Name sagt bereits etwas über sein Denken, seinen Plan, seine schöpferische Vorstellung aus.
Aus dem Matthäusevangelium wissen wir, daß Jesus, als er das Bekenntnis des Glaubens des Petrus beantwortete und die Errichtung „seiner Kirche" ankündigte („auf diesen Felsen werde ich meine Kirche bauen": *Mt* 16,18), sich eines Ausdrucks bediente, dessen allgemeiner Gebrauch in jener Zeit und das Vorhandensein selbst in verschiedenen Abschnitten des Alten Testamentes uns erlauben, die semantische Bedeutung zu entdecken. Man muß sagen, daß der griechische Text des Matthäusevangeliums hier den Ausdruck „mou ten ekklesian" anwendet. Dieses Wort „ekklesia" wurde von der Septuaginta verwandt, das heißt in der griechischen Version der Bibel im 2. Jahrhundert n. Chr., um das jüdische *gahàl* und das entsprechende aramäische *gahalà* zu übersetzen, das Jesus wahrscheinlich bei seiner Antwort an Simon Petrus gebrauchte. Und diese Tatsache ist bereits der Ausgangspunkt für unsere lexikale Analyse der Ankündigung Jesu.

2. Sowohl das jüdische Wort *gahàl* als auch das griechische *ekklesia* bedeutet „Zusammenkunft, Versammlung". *Ekklesia* ist etymologisch mit dem griechischen Wort *kalein* verwandt, das „rufen" bedeutet. In der semitischen Sprache hatte das Wort praktisch die Bedeutung von „Versammlung" (Zusammenruf) und wurde im

Alten Testament verwandt, um die „Gemeinschaft" des auserwählten Volkes, besonders in der Wüste (vgl. *Dtn* 4,10; *Apg* 7,38) zu bezeichnen.
Zur Zeit Jesu war das Wort in Gebrauch. Man kann insbesondere feststellen, daß in einer Schrift der Sekte von Qumran, die den Krieg der Söhne der Finsternis betrifft, der Ausdruck *gehàl 'El* „Versammlung Gottes", unter anderen auf Militärfahnen verwandt wurde (*1 QM* 5,10). Auch Jesus benützt dieses Wort, um von „seiner" messianischen Gemeinschaft zu sprechen, von jener neuen Versammlung, zusammengerufen durch den Bund in seinem Blut, den im Abendmahlssaal angekündigten Bund (vgl. *Mt* 26,28).

3. Sowohl im semitischen also auch im griechischen Sprachgebrauch war die Versammlung vom Willen dessen gekennzeichnet, der sie einberief, und vom Zweck, zu dem er sie einberief. Tatsächlich fanden sowohl in Israel als auch in den antiken Stadt-Staaten der Griechen (Pòleis) Versammlungen verschiedenster Art statt, auch heidnischer (politischer, militärischer oder beruflicher) neben den religiösen und liturgischen Zusammenkünften.
Auch das Alte Testament erwähnt Versammlungen verschiedener Art. Aber wenn es von der Gemeinschaft des auserwählten Volkes spricht, unterstreicht es die religiöse und sogar theokratische Bedeutung des auserwählten und zusammengerufenen Volkes, indem es ausdrücklich seine Zugehörigkeit zu dem einen Gott verkündet. Es betrachtet und nennt das ganze Volk Israel als das *gahàl* Jahwes, gerade weil es „sein besonderes Eigentum unter allen Völkern" ist (vgl. *Ex* 19,5). Das ist eine Zugehörigkeit und ganz besondere Beziehung zu Gott, gegründet auf dem mit ihm geschlossenen Bund und auf der Annahme der Gebote, übergeben durch die Mittler zwischen Gott und dem Volk, im Augenblick seiner Berufung, den die Heilige Schrift „Tag der Versammlung" („Jòm haggahàl": *Dtn* 9,10; 10,4) nennt. Das Gefühl dieser Zugehörigkeit geht durch die ganze Geschichte Israels und dauert an, trotz der wiederholten Untreue und den häufigen Krisen und Niederlagen. Es handelt sich um eine theologische, in der Geschichte enthaltene Wahrheit, auf die die Propheten zurückgreifen können in den Augenblicken der Trostlosigkeit, wie Jesaja (der zweite), der zu Israel im Namen Gottes gegen Ende des Exils sagt: „Fürchte dich nicht, denn ich habe dich ausgelöst, ich habe dich beim Namen gerufen, du gehörst mir" (*Jes* 43,1). Als wollte er ankündigen, daß er kraft des Alten Bundes bald kommen wird, um sein Volk zu befreien.

4. Dieser Bund mit Gott, der auf seiner Erwählung beruht, verleiht dem ganzen Volk Israel religiösen Charakter und seiner ganzen Geschichte, die sich unter teils glücklichen teils traurigen irdischen Wechselfällen entwickelt, eine transzendentale Bestimmung, so daß sich die Ausdrucksweise der Bibel erklärt, wenn sie Israel „Gemeinde Gottes" („gehal Elohìm": vgl. *Neh* 13,1; und öfter „gehal Jahwe": vgl. *Dtn* 23,2-4.9). nennt. Es ist das ständige Bewußtsein einer Zugehörigkeit, gegründet auf der Erwählung Israels, die Gott als erster vorgenommen hat: „... ihr [werdet] unter allen Völkern mein besonderes Eigentum sein ... ihr aber sollt mir als ein Reich von Priestern und als ein heiliges Volk gehören" (*Ex* 19,5-6).

Hier ist bei der Sprachanalyse noch ganz kurz daran zu erinnern, daß unter dem Volk des Alten Testamentes aufgrund der großen Achtung für den Namen Gottes „gehal Jahwe" als „gehal Adonai", das heißt „Versammlung des Herrn", gelesen wurde. Deshalb ist auch in der griechischen Version der Septuaginta „ekklesia Kyrìou" übersetzt; wir würden sagen „die Kirche des Herrn".

5. Festzustellen ist auch, daß die Verfasser des griechischen Textes des Neuen Testamentes der Version der Septuaginta folgten, und diese Tatsache kann uns erklären, warum sie das neue Volk Gottes (das neue Israel) „ekklesia" nennen wie auch ihre Bezugnahme der Kirche auf Gott. Der hl. Paulus spricht oft von der „Kirche Gottes" (vgl. *1 Kor* 1,2; 10,32; 15,9; *2 Kor* 1,1; *Gal* 1,13) oder von den „Kirchen Gottes" (vgl. *1 Kor* 11,16; *1 Thess* 2,14; *2 Thess* 1,4). Dadurch unterstreicht er die Kontinuität des Alten und des Neuen Testamentes, und zwar so weit, daß er die Kirche Christi „das Israel Gottes" nennt (*Gal* 6,16). Bald jedoch vollzieht sich im hl. Paulus der Übergang zu einer Formulierung der Wirklichkeit der von Christus gegründeten Kirche: so wenn er von der Kirche „in Gott, dem Vater, und in Jesus Christus, dem Herrn" (*1 Thess* 1,1) spricht, oder von den „Gemeinden Gottes ..., die sich zu Christus Jesus bekennen" (*1 Thess* 2,14). Im *Brief an die Römer* spricht der Apostel sogar von den „Gemeinden Christi" (16,16) in der Mehrzahl, während er die christlichen Ortskirchen, entstanden in Palästina, Kleinasien und Griechenland, im Sinn (und vor seinen Augen) hat.

6. Diese fortschreitende Entwicklung der Sprache beweist uns, daß in den ersten Christengemeinden allmählich die in den Worten Christi enthaltene Neuheit geklärt wird: „Auf diesen Felsen werde ich meine Kirche bauen" (*Mt* 16,18). Auf diese Kirche werden jetzt in neuem Sinn und in vertiefter Weise die prophetischen Worte Jesajas angewandt: „Fürchte dich nicht, denn ich habe dich ausgelöst, ich habe dich beim Namen gerufen, du gehörst mir" (*Jes* 43,1). Die „göttliche Versammlung" ist das Werk Jesu Christi, des menschgewordenen Gottessohnes; er gründet und baut „seine" Kirche als „Versammlung aller Menschen im neuen Bund". Aus dieser Kirche wählt er das sichtbare Fundament und gibt ihm den Auftrag, sie zu leiten. Diese Kirche gehört Ihm und wird immer seine Kirche sein. Das ist die Überzeugung der ersten Christengemeinden, das ist ihr Glauben an die Kirche Christi.

7. Wie ersichtlich, erwachsen bereits aus der Sprach- und Begriffsanalyse, die man über die Texte des Neuen Testamentes anstellen kann, einige Ergebnisse für die Bedeutung der Kirche. Wir können sie schon jetzt in der folgenden Feststellung zusammenfassen: Die Kirche ist die neue Gemeinschaft der Menschen, die von Christus als eine „Versammlung" all derer eingerichtet wurde, die berufen sind, am neuen Israel teilzuhaben, um das göttliche Leben zu leben entsprechend den Gnaden und den Anforderungen des im Kreuzesopfer geschlossenen Bundes. Die Versammlung bedeutet für alle und für jeden einzelnen ein Ruf, der eine Antwort des Glaubens und des Mitwirkens erfordert für das Ziel der neuen Gemeinschaft, das von dem, der ruft, angegeben wurde: „Nicht ihr habt mich erwählt, sondern ich habe euch erwählt und dazu bestimmt, daß ihr euch aufmacht und Frucht bringt"

(*Joh* 15,16). Daraus erwächst die der Kirche wesenseigene Dynamik, die ein riesiges Wirkungsfeld hat, denn es ist der Ruf, dem anzuhangen, der „in Christus alles vereinen" will (*Eph* 1,10).

8. Zweck der Versammlung ist die Einführung in die göttliche Gemeinschaft (vgl. *1 Joh* 1,3). Um dieses Ziel zu erreichen, ist der erste Schritt das Hören auf das Wort Gottes, das die Kirche empfängt, liest und lebt im Licht, das von oben kommt als Geschenk des Heiligen Geistes, entsprechend der Verheißung Christi an die Apostel: „Der Beistand aber, der Heilige Geist, den der Vater in meinem Namen senden wird, der wird euch alles lehren und euch an alles erinnern, was ich euch gesagt habe" (*Joh* 14,26). Die Kirche ist berufen und gesandt, allen das Wort Christi und das Geschenk des Geistes zu bringen: dem ganzen Volk, das das „neue Israel" sein wird, angefangen von den Kindern, über die Jesus sagte: „Laßt die Kinder zu mir kommen" (*Mt* 19,14). Aber alle sind gerufen, groß und klein; und unter den Großen Menschen aller Klassen: Wie der hl. Paulus sagt, „gibt es nicht mehr Juden und Griechen, nicht Sklaven und Freie, nicht Mann und Frau; denn ihr alle seid „einer" in Christus Jesus" (*Gal* 3,28).

9. Der Zweck der Versammlung ist schließlich eine eschatologische Bestimmung, denn das neue Volk ist ganz auf die himmlische Gemeinschaft ausgerichtet, wie es die ersten Christen wußten und fühlten: „Denn wir haben hier keine Stadt, die bestehen bleibt, sondern wir suchen die künftige" (*Hebr* 13,14). „Unsere Heimat aber ist im Himmel. Von dorther erwarten wir auch Jesus Christus, den Herrn, als Retter" (*Phil* 3,20).
Zu diesen jenseitigen und übernatürlichen Gipfel hat uns die Analyse des Namens geführt, den Jesus seiner Kirche gegeben hat: Das Geheimnis einer neuen Gemeinschaft des Volkes Gottes, das, verbunden in der Gemeinschaft der Heiligen, alle Gläubigen umfaßt, die Christus auf dem Weg des Evangeliums nachfolgen, und darüber hinaus diejenigen, die ihre Reinigung im Fegfeuer vervollständigen, sowie die Heiligen des Himmels. All diese Punkte werden wir in den folgenden Katechesen eingehender besprechen.

In deutscher Sprache sagte der Papst:

Liebe Schwestern und Brüder!

In der Einführungsphase unserer Katechese über die Ekklesiologie wollen wir eine kurze Untersuchung des Namens „Kirche" anstellen, der vom Evangelium und aus den Worten Christi selbst kommt. Für eine große und altehrwürdige Institution wie die Kirche ist es wichtig zu wissen, wie sie der Gründer nannte. Denn schon jener Name sagt etwas aus über sein Denken, seinen Plan und sein schöpferisches Konzept.
Aus dem Matthäusevangelium geht hervor, daß Jesus, als er auf das Messiasbekenntnis des Petrus antwortete, die Gründung „seiner Kirche" ankündigte („Auf diesen Felsen werde ich meine Kirche bauen", *Mt* 16,18). Dabei bediente er sich eines Ausdrucks, dessen allgemeiner Gebrauch in der damaligen Zeit und dessen

Vorhandensein in verschiedenen Stellen des Alten Testamentes uns erlauben, seinen wortgeschichtlichen Stellenwert zu entdecken. Der griechische Text des Matthäusevangelium verwendet das Wort „ekklesia", wie es in der griechischen Fassung der Bibel des 2. Jahrhunderts vor Christus gebraucht wird, um das hebräische Wort gahàl und das ihm entsprechende aramäische Wort gahalà zu übersetzen, das Jesus in seiner Antwort an Petrus benützt haben dürfte.
Der Bund mit Gott, begründet auf einer Auserwählung, verleiht dem ganzen Volk Israel eine religiöse Ausrichtung und eine transzendentale Zielsetzung in seiner ganzen Geschichte, so daß man die Sprache der Bibel verstehen kann, wenn Israel als „Gottes Gemeinde" bezeichnet wird.
Die Verfasser des griechischen Textes des Neuen Testamentes nennen das neue Volk Gottes (das neue Israel) „ekklesia". Deswegen wird die Kontinuität des Alten und des Neuen Testamentes derart unterstrichen, daß die Kirche Christi „das Israel Gottes" genannt wird. (*Gal* 6,16).
Diese fortschreitende Entwicklung des Sprachgebrauchs bestätigt uns, daß die in den Worten Christi „Auf diesen Felsen werde ich meine Kirche bauen" enthaltene Neuheit sich in den ersten christlichen Gemeinden schrittweise klärt.
Mit dieser kurzen Betrachtung grüße ich alle deutschsprachigen Pilger und Besucher sehr herzlich. Euch allen wünsche ich im Urlaub und in den Ferien gute Erholung an Leib und Seele, und erteile euch, euren lieben Angehörigen in der Heimat sowie in den mit uns über Rundfunk und Fernsehen verbundenen Gläubigen von Herzen meinen Apostolischen Segen.

Totaler Gehorsam gegenüber dem Papst

Appell nach dem Angelus in Castel Gandolfo am 21. Juli

1. Das Ignatianische Jahr, das gefeiert wurde, um des 500. Geburtstags des herausragenden Gründers der Gesellschaft Jesu zu gedenken, geht dem Ende zu.
Christus zu dienen war das hohe Ideal, dem Ignatius von Loyola nach seiner Bekehrung sein ganzes Leben weihte. Von der göttlichen Vorsehung nach Rom geführt, verstand er, daß dieses Ideal nur im Dienst der Kirche voll verwirklicht werden konnte. Es waren damals die Jahre, in denen sich in so vielen Teilen Europas die protestantische Reformation verstärkte und verbreitete. Ignatius reagierte auf das Drama dieser Risse im lebendigen Gewebe der Kirche, indem er seine Treue zu ihr betonte und alle seine Kräfte einsetzte, um in ihrem Innern einen neuen Geist der Heiligkeit und des Apostolats zu erwecken.
Besonders überzeugt von der wesentlichen Rolle, die der Nachfolger des Petrus für die Einheit der Kirche zu spielen berufen ist, wünschte Ignatius für sich und für seine Gefährten ein eigenes Gehorsamsgelübde gegenüber den Weisungen des Papstes und setzte fest: „Alles, was der derzeitige Papst und seine Nachfolger, die weiteren römischen Päpste, anordnen werden als dem Heil der Seelen und der Ver-

breitung des Glaubens gebührend ..., werden wir umgehend ohne Widerrede und Ausflüchte verpflichtet sein, soweit es an uns liegt, durchzuführen."

2. Dies war eine sehr mutige Haltung, die von den Mitgliedern der neuen Ordensgemeinschaft eine große innere Bereitschaft und einen starken Glaubensgeist erforderte und für immer erfordern sollte. Jahrhunderte später können wir mit Freude feststellen, welcher Reichtum an Früchten daraus für die apostolische Tätigkeit der Gesellschaft Jesu und für das Leben der gesamten Christengemeinschaft erwachsen ist.

Das Jubiläum, das in diesem Jahr gefeiert wird, ist für die Jesuiten ein Aufruf, die ursprüngliche Inspiration des Gründers voll wiederzugewinnen; an alle ist es eine Aufforderung, die Bedeutung der echten Verbundenheit mit dem Stuhl Petri wiederzuentdecken für ein authentisches christliches und darum glaubwürdiges Zeugnis.

Die Jungfrau Maria, die sich selbst Magd des Herrn nannte, sporne nicht nur die Söhne des hl. Ignatius, sondern auch alle Christgläubigen an zu einer Haltung kohärenter kirchlicher Gemeinschaft in der Einheit des Glaubens und der Liebe und in Treue zum Stuhl Petri, der Anfang und Fundament ist.

In deutscher Sprache sagte der Papst:

Herzlich grüße ich auch alle Pilger und Besucher deutscher Sprache. Möge euer Aufenthalt in Rom und Italien der geistigen und physischen Erholung dienen. Dazu wünsche ich euch auch die Zeit der Begegnung mit Gott und einige Augenblicke der Stille, die hierfür notwendig sind. Euch allen sowie euren lieben Angehörigen in der Heimat erteile ich von Herzen meinen Apostolischen Segen.

Die Katastrophe um jeden Preis vermeiden!

Appell an die Völker Jugoslawiens

Heute richte ich ein weiteres Mal meine Gedanken auf das nahe Jugoslawien, von dem zusammen mit ermutigenden Nachrichten über die Lage in Slowenien das Echo schwerer Spannungen und terroristischer Akte kommt, die in Kroatien den Tod säen. Diese Spirale der Gewalt kann nicht zur Lösung der heiklen Probleme der Beziehungen zwischen den verschiedenen Völkern des Landes, insbesondere zwischen den Kroaten und Serben, führen.

Heute ist mehr denn je Vorsicht und Klugheit von seiten der Verantwortlichen dieser beiden Völker geboten, um mit Zähigkeit und guten Willen in der Suche nach Vereinbarungen fortzufahren, die die Rechte gewährleisten und den berechtigten Bestrebungen der einen und der anderen Seite entsprechen. Ein bewaffneter Zusammenstoß größeren Ausmaßes zwischen diesen beiden Völkern wäre tatsächlich eine unnütze Katastrophe für Jugoslawien, die in Europa schwere Auswirkungen haben könnte. Eine Katastrophe, die um jeden Preis vermieden werden muß! Es ist notwendig, eine Bewegung der Befriedung unter den beiden serbischen und kroatischen Völkern zu fördern, damit sie durch Überwindung des Mißtrauens und der Gegnerschaft in der Vergangenheit dahin gelangen können, ihre Herzen zu entwaffnen und den Friedenskuß zu tauschen. Diese Bewegung der Versöhnung sollte vom Gebet unterstützt werden, das dem christlichen Glauben entspringt. Deshalb lade ich die Christen, Katholiken und Orthodoxe, dieses geliebten Landes ein, sich als Brüder und Schwestern in Christus zu erkennen und aus dem gemeinsamen Glauben die Kraft zu schöpfen, um Spaltungen und Gegensätze zu überwinden. Mögen die Königin des Friedens durch ihre mütterliche Fürsprache jede Initiative begünstigen, die die Gefühle der Brüderlichkeit in Achtung und Eintracht fördern soll.

Ja zur Kirche - ja zu Christus

Ansprache bei der Generalaudienz am 24. Juli

1. Wir nähern uns dem Zyklus der Katechesen, die der Kirche gewidmet sind. Wir haben bereits dargelegt, daß das Bekennen dieser Wahrheit im Glaubensbekenntnis ein besonderes Merkmal ist, weil die Kirche nicht nur Gegenstand, sondern auch Subjekt des Glaubens ist: Wir selbst sind die Kirche, an die wir zu glauben bekennen; wir glauben an die Kirche und sind gleichzeitig die glaubende und betende Kirche. Wir sind die Kirche in ihrer Sichtbarkeit, die ihren Glauben an ihre gleiche Wirklichkeit als Kirche, die göttlich und menschlich ist, ausdrückt: zwei voneinander so unzertrennliche Dimensionen, daß, wenn eine davon einstürzte, die ganze Wirklichkeit der Kirche, von Jesus Christus so gewollt und gegründet, ausgelöscht würde.
Diese göttlich-menschliche Wirklichkeit der Kirche ist organisch mit der gottmenschlichen Wirklichkeit Christi selbst verbunden. Die Kirche ist im gewissen Sinn die Fortsetzung des Geheimnisses der Menschwerdung. Deshalb sagte der Apostel Paulus von der Kirche, daß sie der Leib Christi ist (vgl. 1 Kor 12,27; Eph 1,23; Kol 1,24), wie Jesus das christ-kirchliche „Ganze" mit der Einheit des Weinstocks und seiner Reben verglich (vgl. Joh 15,1-5).
Daraus ergibt sich, daß der Glaube an die Kirche, das Ja-Sagen zu ihr in der Annahme des Glaubens, eine logische Konsequenz des gesamten Credo und insbesondere des Bekenntnisses des Glaubens an Christus, den Gottmenschen, ist. Es ist eine innere, logische Anforderung an das Credo, die wir uns besonders in der heutigen Zeit vor Augen halten müssen, wenn wir viele hören, die Christus von der Kirche trennen und sogar einander gegenüberstellen, indem sie zum Beispiel sagen: „Christus - ja, die Kirche - nein". Eine nicht ganz neue Gegenüberstellung, die in einigen Kreisen der Welt von heute wiederaufgegriffen wird. Deshalb ist es gut, in der heutigen Katechese die Bedeutung unseres Ja zur Kirche, auch in bezug auf die vorgenannte Gegenüberstellung, einer ausgewogenen und genauen Prüfung zu unterziehen.

2. Wir können zugeben, daß diese Gegenüberstellung „Christus - ja, Kirche - nein" aus dem Grund jener besonderen Komplexität unseres Glaubensaktes erwächst, mit dem wir sprechen: „Credo Ecclesiam." Man kann sich fragen, ob es erlaubt ist, unter die göttlichen Glaubenswahrheiten eine sichtbare, geschichtliche und menschliche Wirklichkeit wie die Kirche einzureihen; eine Wirklichkeit, die wie jede menschliche Sache Grenzen, Unvollkommenheiten und Sündhaftigkeiten an den Menschen aufweist, die ihrer institutionellen Struktur auf allen Ebenen angehören: sowohl an den Laien als auch den Geistlichen, sogar an uns Hirten der Kirche, ohne irgendeinen von diesem traurigen Erbe Adams auszuschließen.
Wir müssen jedoch feststellen: Jesus Christus selbst hat gewollt, daß unser Glaube an die Kirche diese Schwierigkeit in Angriff nimmt und überwindet, als er Petrus zum „Felsen" erwählte, „auf dem er seine Kirche bauen wollte" (vgl. *Mt* 16,18). Man weiß aus dem Evangelium, das die Worte Jesu wiedergibt, wie menschlich unvollkommen und zerbrechlich der auserwählte Felsen war, was Petrus im Augenblick der großen Prüfung zeigte. Und doch bezeugt uns das Evangelium selbst, daß die von Petrus dreimal vollzogene Verleugnung, kurz nachdem er dem Meister seine Treue versprochen hatte, seine Erwählung von seiten Christi nicht ausgelöscht hat (vgl. *Lk* 22,32; *Joh* 21,15-17). Hingegen kann man feststellen, daß Petrus durch die Reue über seine Sünde eine neue Reife erlangt, so daß er nach der Auferstehung Christi seine dreifache Verleugnung durch das dreifache Bekenntnis: „Herr, du weißt, daß ich dich liebe" (*Joh* 21,15) ausgleichen und vom auferstandenen Christus die dreifache Bestätigung seines Hirtenauftrags der Kirche erhalten kann: „Weide meine Schafe" (*Joh* 21,15-17). Petrus bewies dann, daß er Christus „mehr als diese" liebte (vgl. *Joh* 21,15), indem er in der Kirche seinem Apostolats- und Leitungsauftrag entsprechend diente bis zum Märtyrertod, seinem endgültigen Zeugnis für den Aufbau der Kirche.
Wenn man über Leben und Tod des Simon Petrus nachdenkt, ist es leichter, von der Gegenüberstellung „Christus - ja, Kirche - nein" zu der Überzeugung „Christus - ja und Kirche - ja" als Verlängerung des Ja zu Christus überzugehen.

3. Die Logik des Geheimnisses der Menschwerdung, zusammengefaßt in dem Ja zu Christus, bringt die Annahme all dessen mit sich, was in der Kirche menschlich ist, aufgrund der Tatsache, daß der Sohn Gottes die menschliche Natur angenommen hat aus Solidarität mit der im Adamsgeschlecht von der Sünde befleckten Natur. Obwohl er ganz ohne Sünde war, nahm er die Sünde der Menschheit auf sich: „Agnus Dei qui tollit peccata mundi." Der Vater hat ihn „für uns zur Sünde gemacht", schrieb der Apostel Paulus im *2. Brief an die Korinther* (5,21). Deshalb darf die Sündhaftigkeit der Christen (von denen man manchmal nicht ohne Grund sagt, daß „sie nicht besser als die andern sind"), die Sündhaftigkeit der Geistlichen selbst, keine pharisäische Haltung der Trennung und Ablehnung hervorrufen, sondern muß uns vielmehr zu einer hochherzigeren und vertrauensvolleren Annahme der Kirche drängen, zu einem überzeugteren und zu ihren Gunsten verdienstvolleren Ja, denn wir wissen, daß gerade in der Kirche und durch die Kirche diese Sündhaftigkeit Gegenstand der göttlichen Erlösungsmacht wird; dies geschieht unter dem

Wirken jener Liebe, die die Umkehr des Menschen, die Rechtfertigung des Sünders, die Lebensänderung und den Fortschritt im Guten manchmal bis zum Heroismus, das heißt zur Heiligkeit möglich macht und verwirklicht. Wie kann man verneinen, daß die Geschichte der Kirche voll von bekehrten und reuigen Sündern ist, die, einmal zu Christus bekehrt, ihm bis zum Ende treu gefolgt sind?

Eines ist gewiß: Der Weg, den Jesus Christus - und die Kirche mit ihm - dem Menschen vorschlägt, stellt hohe moralische Anforderungen, die zum Guten bis zum äußersten Heroismus verpflichten. Man muß deshalb darauf achten, ob man, wenn man ein Nein zur Kirche spricht, nicht in Wirklichkeit vor diesen Anforderungen fliehen will. In diesem Fall würde das Nein zur Kirche mehr als in einem anderen Fall einem Nein zu Christus gleichen. Leider lehrt die Erfahrung, daß es oft so ist.

Andrerseits ist zu beobachten, daß die Kirche trotz aller menschlichen Schwächen und Sünden ihrer Glieder insgesamt Christus treu bleibt und viele ihrer Söhne und Töchter, die die Verpflichtungen ihrer Taufe versäumt hatten, zu Christus zurückführt: dies geschieht dank der „Kraft aus der Höhe" (vgl. *Lk* 24,49), dem Heiligen Geist, der sie belebt und führt auf ihrem gefahrvollen Weg in der Geschichte.

4. Wir müssen jedoch hinzufügen, daß das Nein zur Kirche manchmal nicht auf den menschlichen Fehlern der Glieder der Kirche gründet, sondern auf einem allgemeinen Grundsatz, der die Vermittlung verweigert. Es gibt tatsächlich Leute, die die Existenz Gottes zugeben und mit ihm eine ausschließlich persönliche Beziehung anknüpfen wollen, ohne daß sie irgendeine Vermittlung zwischen dem eigenen Gewissen und Gott annehmen und folglich zuallererst die Kirche ablehnen.

Man beachte jedoch: Die Wertung des Gewissens liegt auch der Kirche am Herzen, die sich sowohl in der moralischen Ordnung als auch besonders auf religiöser Ebene als Sprecherin Gottes zum Wohl des Menschen betrachtet und deshalb das menschliche Gewissen erleuchten, formen und ihm dienen will. Ihre Aufgabe ist, den Zugang des Verstandes und des Gewissens zur Wahrheit Gottes zu fördern, die sich in Christus offenbart hat, der den Aposteln und der Kirche dieses Dienstamt, diese „Diakonie" der Wahrheit in der Liebe anvertraut hat. Jedes von aufrichtiger Liebe zur Wahrheit beseelte Gewissen muß das wissen und folglich wenigstens hören wollen, was das von der Kirche verkündete Evangelium zum Menschen sagt zu seinem Wohl.

5. Aber oft wird das Problem des Ja und Nein zur Kirche gerade an dieser Stelle schwierig, denn es ist die Vermittlung Christi und seines Evangeliums selbst, die verweigert wird, so daß es sich mehr um ein Nein zu Christus als zur Kirche handelt. Eine solche Tatsache ist von demjenigen ernsthaft in Erwägung zu ziehen, der glaubt, ein Christ zu sein und es sein will. Er kann das Geheimnis der Menschwerdung nicht verkennen, durch das Gott selbst dem Menschen die Möglichkeit gegeben hat, nur durch Christus, dem menschgewordenen Wort, eine Beziehung herzustellen, von dem der hl. Paulus sagt: „Einer [ist] auch Mittler zwischen Gott und den Menschen: der Mensch Christus Jesus" (*1 Tim* 2,5). Und seit Anfang der Kirche verkündeten die Apostel, daß „uns Menschen kein anderer Name [außer Christus]

unter dem Himmel gegeben [ist], durch den wir gerettet werden sollen" (*Apg* 4,12), und daß Christus die Kirche als eine Gemeinschaft des Heils errichtet hat, in der seine Heilsvermittlung kraft des von ihm gesandten Heiligen Geistes bis zum Ende der Zeiten fortdauert. Der Christ weiß deshalb, daß der Mensch, der gerade als Person ein soziales Wesen ist, dem Willen Gottes entsprechend berufen ist, die Beziehung mit ihm eben in der Gemeinschaft der Kirche zu verwirklichen. Und es ist nicht möglich, die Vermittlung von der Kirche zu trennen, die teilhat an der Mittler-Rolle Christi zwischen Gott und den Menschen.

6. Wir können schließlich nicht übersehen, daß das Nein zur Kirche oft noch tiefere Wurzeln hat sowohl in den Einzelpersonen als auch in Gruppen und Bereichen (besonders in gewissen Sektoren echter oder vorgegebener Kultur), wo es nicht schwer ist, heute vielleicht mehr denn je Haltungen der Ablehnung oder geradezu der Feindschaft anzutreffen. Im Grunde handelt es sich um eine Psyche, die von dem Willen zu einer totalen Autonomie, geboren aus dem Bewußtsein persönlicher oder kollektiver Unabhängigkeit, gekennzeichnet ist; man hält sich deshalb für unabhängig von dem übermenschlichen Wesen, das angeboten oder auch im Innern entdeckt wird als Urheber und Herr des Lebens, des grundlegenden Gesetzes, der moralischen Ordnung und folglich als Quelle der Unterscheidung zwischen dem Guten und dem Bösen. Es gibt Menschen, die von sich aus festsetzen wollen, was gut oder böse ist, und sich deshalb weigern, von einem anderen geleitet zu werden - weder von einem transzendentalen Gott noch von einer Kirche, die ihn auf Erden vertritt.
Diese Haltung kommt im allgemeinen von einer großen Unkenntnis der Wirklichkeit. Gott wird als ein Feind der menschlichen Freiheit begriffen, als ein Tyrann, während gerade er die Freiheit erschaffen und deren authentischster Freund ist. Seine Gebote haben keinen anderen Zweck, als den Menschen zu helfen, die schlimmste und schändlichste der Knechtschaften zu vermeiden: die der Unmoral, und die Entfaltung der wahren Freiheit zu fördern. Ohne eine vertrauensvolle Beziehung zu Gott ist es dem Menschen nicht möglich, das eigene geistliche Wachstum voll zu verwirklichen.

7. Es ist deshalb kein Wunder, wenn man beobachtet, daß eine Haltung radikaler Autonomie leicht viel schlimmere Formen der Unterjochung als die gefürchtete „Fremdgesetzlichkeit" hervorbringt: das heißt die Abhängigkeit von Meinungen anderer, von ideologischen und politischen Bindungen, von Pressionen der Gesellschaft oder von eigenen Neigungen und Leidenschaften. Wie oft erweist sich jemand, der glaubt und sich rühmt, ein unabhängiger, von jeder Versklavung freier Mensch zu sein, dann so unterwürfig gegenüber der öffentlichen Meinung und den anderen alten und neuen Herrschaftsformen über den menschlichen Geist! Es ist leicht festzustellen, daß der Versuch, ohne Gott auszukommen, oder die Vorgabe, von der Vermittlung Christi und der Kirche abzusehen, einen sehr hohen Preis haben. Es war notwendig, die Aufmerksamkeit auf dieses Problem zu lenken zum Abschluß unserer Einführung in den Zyklus der ekklesiologischen Katechesen, die

wir nun beginnen werden. Heute wiederholen wir noch einmal: Ja zur Kirche gerade aufgrund unseres Ja zu Christus.

In deutscher Sprache sagte der Papst:

Liebe Schwestern und Brüder!

Aus der vorangegangenen Katechese über die Kirche geht folgendes hervor: Wir selber sind die Kirche, die wir unseren Glauben bekennen; wir glauben an die Kirche und sind zugleich die glaubende und betende Kirche, die organisch mit der gottmenschlichen Natur Christi verbunden ist.

Die Kirche ist in einem gewissen Sinn die Fortsetzung des Geheimnisses der Menschwerdung, wie sie der hl. Paulus nennt: „Leib Christi" (vgl. *1 Kor* 12,27). Der Glaube an die Kirche, das „Ja-Sagen" zu ihr ist eine logische Konsequenz des gesamten „Glaubensbekenntnisses". Dies muß besonders unserer Zeit vor Augen gehalten werden, in der öfter als in der Vergangenheit die Gegenüberstellung zu vernehmen ist: „Christus: ja, Kirche: nein".

Ist es aber zu rechtfertigen, so kann man fragen, wenn unter den göttlichen Glaubenswahrheiten auch eine menschliche, geschichtliche und sichtbare Wirklichkeit, wie es die Kirche ist, einbezogen wird; eine Wirklichkeit, die - wie alles menschliche - Grenzen, Unvollkommenheiten und Sündhaftigkeit in den Personen aufweist, die zu den einzelnen Ständen ihrer institutionellen Struktur gehören: in den Laien und Geistlichen, bis hin zu den Hirten der Kirche.

Die Folgerichtigkeit des Geheimnisses der Menschwerdung, die im „Ja zu Christus" zusammengefaßt ist, enthält die Annahme alles dessen, was in der Kirche menschlich ist, und zwar dadurch, daß der Sohn Gottes unsere menschliche Natur angenommen und die Sünden der ganzen Menschheit auf sich genommen hat: „Lamm Gottes, das die Sünde der Welt hinwegnimmt".

Ein Christ darf nicht verkennen: „Einer ist der Mittler zwischen Gott und den Menschen" (*1 Tim* 2,5), aber zugleich darf er auch nicht übersehen, daß diese Mittler-Rolle auch der Kirche zusteht, die ja teilhat am Erlösungswerk Christi, des einzigen Mittlers.

Indem ich nach diesen Worten herzlich einlade, den Herrn zu bitten, uns in unserem „Ja" zur Kirche zu bestärken, grüße ich alle deutschsprachigen Pilger und Besucher sehr herzlich. Ein besonderer Gruß gilt der Gruppe von behinderten Jugendlichen und jungen Erwachsenen mit ihren Begleitern aus Köln.

Es möge euch allen in Rom erlebnisreiche und erholsame Ferientage beschieden sein.

Euch allen, euren lieben Angehörigen in der Heimat sowie den mit uns über Radio und Fernsehen verbundenen Gläubigen erteile ich von Herzen meinen Apostolischen Segen.

Widersteht der Gewalt!

Liebe Jugendliche von Kroatien, ich grüße euch herzlich!

Während euer Vaterland trotz großer Schwierigkeiten sich anstrengt, die Freiheit und die Demokratie zu verteidigen, sollt ihr die menschliche und christliche Würde zu wahren wissen. Widersteht deshalb der Versuchung zu Gewalt und jeder Form der Provokation, die Verneinung der Menschlichkeit und Zivilisation sind.
Der einzige Weg, der in die Zukunft und zum friedlichen Zusammenleben führt, sind gegenseitige Achtung, aufrichtiger Dialog und wirksame Zusammenarbeit bei der Lösung der bestehenden Probleme.
Und hört nicht auf, gemeinsam Maria, die Königin des Friedens, zu bitten, „denn für Gott ist nichts unmöglich!" (*Lk* 1,37).
Ich rufe auf euch und euer Land Kroatien den Segen und den Frieden Gottes herab.
Gelobt seien Jesus und Maria!

Ignatius: Kontemplation und Apostolat

Angelus in Castel Gandolfo am 28. Juli

1. Es nähert sich das Fest des heiligen Ignatius von Loyola, des Gründers der Gesellschaft Jesu, dessen 500. Geburtstag eben in diesem Jahr gefeiert wird.
Während wir das von ihm vollbrachte Werk in seiner Gesamtheit betrachten, können wir fragen: Was war das Geheimnis des außerordentlichen Einflusses, den dieser Meister der katholischen Reform ausübte? Die Antwort läßt keine Zweifel zu: Das Geheimnis ist in seinem tiefen Innenleben zu finden. Seine feste Überzeugung war, daß der Apostel, jeder Apostel, eng mit Gott vereint sein muß, um „sich von seiner göttlichen Hand leiten zu lassen" (*Konstitut.*, X).
An diesen Vorrang des Innenlebens hielt er sich ständig, trotz der vielfachen Verpflichtungen und verschiedenen Tätigkeiten, die seine Tage füllten. Er war wirklich „ein in der Tätigkeit Kontemplativer", und so wollte er, daß die Mitglieder des von ihm gegründeten Ordens sein sollten. Die Kontemplation war und blieb für ihn die unverzichtbare Voraussetzung zu jedem fruchtbaren Apostolat.

2. Die Wirksamkeit dieser vom Gebet genährten Verbundenheit mit Gott wird bezeugt von der übernatürlichen Fruchtbarkeit der Evangelisierungstätigkeit der ersten Jesuiten, geformt in der Schule des Ignatius und von ihm selbst gesandt in die verschiedenen Teile Europas, Asiens bis in den Fernen Osten und in die neuentdeckten Länder Amerikas.
Nach diesem edelsten Zeugnis müssen sich heute sowohl die Jesuiten als auch die hochherzigen und für die Apostolatsarbeit offenen Christen mit aufmerksamer Sorge ausrichten. Die Sendung, das Evangelium zu verbreiten, ist komplex und anspruchsvoll. Deshalb ist es notwendig zu bekräftigen, daß die Dringlichkeit des apostolischen Einsatzes nicht die vorrangige Notwendigkeit des Gebets und der Kontem-

plation vergessen lassen darf. Die Kirche braucht heute mehr als gestern Apostel, die es verstehen, wie der heilige Ignatius in der Tätigkeit Kontemplative zu sein.
Die Jungfrau Maria, die wahrhaft kontemplativ war und in ihrem Herzen die Geheimnisse ihres Sohnes Jesus bewahrte und betrachtete (vgl. *Lk* 2,19.51), bitten wir, in uns den Gebetsgeist zu nähren, damit unser christliches Zeugnis glaubwürdig, überzeugend und damit geistlich fruchtbar sein kann.

In deutscher Sprache sagte der Papst:

„Der Engel des Herrn brachte Maria die frohe Botschaft." Diese Worte des Gebetes, das wir eben gesprochen haben, möchte ich euch, liebe Pilger und Besucher aus den deutschsprachigen Ländern, auf euren Weg mitgeben. Möge die Botschaft der Erlösung und des Heils euch im Alltag froh machen und mit Hoffnung und Zuversicht erfüllen. Indem ich euch noch erlebnisreiche und erholsame Ferientage wünsche, erbitte ich euch und euren Angehörigen Gottes treuen Schutz und Segen.

Die Kirche im Heilsplan Gottes

Ansprache bei der Generalaudienz am 31. Juli

1. Die Kirche ist eine historische Tatsache, deren Ursprung nachweisbar und nachgewiesen ist, wie wir zu gegebener Zeit sehen werden. Aber zu Beginn eines theologischen Katechesezyklus über die Kirche wollen wir von der bedeutendsten und authentischsten Quelle der christlichen Wahrheit, der Offenbarung, ausgehen, wie es auch das II. Vatikanische Konzil getan hat. Dieses hat in der Konstitution *Lumen Gentium* die Kirche in ihrem ewigen Fundament betrachtet, das der vom Vater im Schoß der Dreifaltigkeit gefaßte Heilsplan ist. Das Konzil schreibt ja, daß „der ewige Vater die ganze Welt nach dem völlig freien, verborgenen Ratschluß seiner Weisheit und Güte erschaffen hat. Er hat auch beschlossen, die Menschen zur Teilhabe an dem göttlichen Leben zu erheben. Und als sie in Adam gefallen waren, verließ er sie nicht, sondern gewährte ihnen jederzeit Hilfen zum Heil um Christi, des Erlösers, willen" (*Lumen Gentium*, Nr. 2).
Im ewigen Heilsplan Gottes ist die Kirche in Christus und mit Christus ein wesentlicher Teil der universalen Heilsökonomie, in der die Liebe Gottes weitergegeben wird.

2. In diesem ewigen Plan ist die Bestimmung der Menschen enthalten, die als Abbild Gottes geschaffen, zur Würde der Kinder Gottes berufen und als Kinder vom himmlischen Vater in Jesus Christus angenommen sind. Wie wir im Brief an die Epheser lesen, hat uns Gott „aus Liebe [erwählt und] im voraus dazu bestimmt, seine Söhne zu werden durch Jesus Christus und nach seinem gnädigen Willen zu ihm zu gelangen, zum Lob seiner herrlichen Gnade. Er hat sie uns geschenkt in seinem geliebten Sohn" (*Eph* 1,4-6). Und im Brief an die Römer heißt es: „denn alle, die er [Gott] im voraus erkannt hat, hat er auch im voraus dazu bestimmt, an Wesen

und Gestalt seines Sohnes teilzuhaben, damit dieser der Erstgeborene von vielen Brüdern sei" (*Röm* 8,29).
Um deshalb zu einem guten Verständnis des Anfangs der Kirche als Gegenstand unseres Glaubens (des „Geheimnisses der Kirche") zu gelangen, ist es notwendig, an den Grundsatz des heiligen Paulus anzuknüpfen: allen Menschen zu „enthüllen, wie jenes Geheimnis Wirklichkeit geworden ist, das von Ewigkeit her in Gott, dem Schöpfer des Alls, verborgen war. So sollen jetzt die Fürsten und Gewalten des himmlischen Bereichs durch die Kirche Kenntnis erhalten von der vielfältigen Weisheit Gottes, nach seinem ewigen Plan, den er durch Christus Jesus, unseren Herrn, ausgeführt hat" (*Eph* 3,9-11). Wie aus diesem Text hervorgeht, gehört die Kirche zum christozentrischen Plan, der von Ewigkeit her in der Absicht Gottes des Vaters liegt.

3. Dieselben paulinischen Texte betreffen die Bestimmung des Menschen, der zur Gotteskindschaft erwählt und berufen ist nicht nur als einzelner, sondern in der gemeinschaftlichen Dimension der Menschheit. Gott denkt, schafft und ruft zu sich eine Personengemeinschaft. Dieser Plan Gottes wird näher erklärt in einem wichtigen Abschnitt des *Briefes an die Epheser*: Er „hat uns das Geheimnis seines Willens kundgetan, wie er es gnädig im voraus bestimmt hat: Er hat beschlossen, die Fülle der Zeiten heraufzuführen, in Christus alles zu vereinen, alles, was im Himmel und auf Erden ist" (1,9-10). In dem ewigen Heilsplan Gottes wird die Kirche als Einheit der Menschen in Christus, dem Haupt, in einen Plan eingefügt, der die ganze Schöpfung umfaßt, man kann sagen, in einen „kosmischen" Plan, alles in Christus, dem Haupt, zu vereinen. Der Erstgeborene der ganzen Schöpfung wird zum Anfang der „Zusammenfassung" dieser Schöpfung, „damit Gott herrscht über alles und in allem" (*1 Kor* 15,28). Christus ist also der Schlußstein des Universums. Die Kirche, lebendiger Leib derer, die ihm in der Antwort auf die Berufung zu Kindern Gottes folgen, ist im Mittelpunkt des universalen Erlösungsplans mit ihm verbunden als Teilhaberin und Dienerin.

4. Das II. Vatikanische Konzil stellt erklärend das „Geheimnis der Kirche" vor diesen Hintergrund der paulinischen Vorstellung, in der sich die biblische Vision der Welt widerspiegelt und deutlich abzeichnet. Das Konzil sagt: „Die aber an Christus glauben, beschloß er [der Vater] in der heiligen Kirche zusammenzurufen. Sie war schon seit dem Anfang der Welt vorausbedeutet; in der Geschichte des Volkes Israel und im Alten Bund wurde sie auf wunderbare Weise vorbereitet, in den letzten Zeiten gestiftet, durch die Ausgießung des Heiligen Geistes offenbart, und am Ende der Weltzeiten wird sie in Herrlichkeit vollendet werden. Dann werden, wie bei den heiligen Vätern zu lesen ist, alle Gerechten von Adam an, ‚von dem gerechten Abel bis zum letzten Erwählten', in der allumfassenden Kirche beim Vater versammelt werden" (*Lumen Gentium*, Nr. 2). Besser und in wenigen Zeilen konnte man die ganze Heilsgeschichte nicht zusammenfassen, wie man sie in den heiligen Büchern ablaufen sieht, und die ekklesiologische Bedeutung bestimmen, die von den

Vätern gemäß den Angaben der Apostel und Jesu selbst bereits formuliert und erläutert wurde.

5. In der Perspektive des ewigen Plans des Vaters gesehen, erscheint die Kirche von Anfang an im Denken der Apostel und der ersten christlichen Generationen als Frucht der unendlichen göttlichen Liebe, die den Vater mit dem Sohn in der Dreifaltigkeit verbindet: In der Tat wollte der Vater aufgrund dieser Liebe die Menschen in seinem Sohn vereinen. Das „mysterium Ecclesiae" entspringt so dem „mysterium Trinitatis". Auch hier müssen wir wie in der heiligen Messe, wenn sich das eucharistische Opfer erneuert, wo sich ihrerseits die Kirche versammelt, ausrufen: „mysterium fidei!"

6. Jener ewigen Quelle entspringt auch ihre missionarische Dynamik. Die Sendung der Kirche ist gleichsam die Verlängerung oder geschichtliche Ausweitung der Sendung des Sohnes und des Heiligen Geistes und damit sozusagen eine lebendige Teilhabe in Form des gemeinsamen Dienstes am dreifaltigen Wirken in der menschlichen Geschichte.
In der Konstitution *Lumen Gentium* (vgl. Nr. 1-4) spricht das II. Vatikanische Konzil ausführlich von der Sendung des Sohnes und des Heiligen Geistes. Im Dekret Ad gentes erläutert es den Gemeinschaftscharakter der Teilhabe des Menschen am göttlichen Leben, wenn es schreibt, daß der Plan Gottes der „‚quellhaften Liebe', dem Liebeswollen Gottes des Vaters [entspringt]. Er, der ursprungslose Ursprung, aus dem der Sohn gezeugt wird und der Heilige Geist durch den Sohn hervorgeht, hat uns in seiner übergroßen Barmherzigkeit und Güte aus freien Stücken geschaffen und überdies gnadenweise gerufen, Gemeinschaft zu haben mit ihm in Leben und Herrlichkeit. Er hat die göttliche Güte freigebig ausgegossen und gießt sie immerfort aus, so daß er, der Schöpfer von allem, endlich ‚alles in allem' (*1 Kor* 15,28) sein wird, indem er zugleich seine Herrlichkeit und unsere Seligkeit bewirkt. Es hat aber Gott gefallen, die Menschen nicht bloß als einzelne, ohne jede gegenseitige Verbindung, zur Teilhabe an seinem Leben zu rufen, sondern sie zu einem Volk zu bilden, in dem seine Kinder, die verstreut waren, in eins versammelt werden sollen (vgl. *Joh* 11,52)" (*Ad gentes*, Nr. 2).

7. Das Fundament der von Gott gewollten Gemeinschaft in seinem ewigen Plan ist das Werk der Erlösung, das die Menschen von der durch die Sünde hervorgerufenen Spaltung und Verstreuung befreit. Die Bibel läßt uns die Sünde als Quelle der Feindschaft und Gewalt erkennen, wie sie bereits in dem von Kain begangenen Brudermord aufscheint (vgl. *Gen* 4,8); und auch als Quelle jener Zersplitterung der Völker, die in den negativen Aspekten ihren beispielhaften Ausdruck im Bericht über den Turmbau von Babel findet. Gott wollte die Menschheit aus diesem Zustand durch Christus befreien. Sein Heilswille scheint in der Rede des Kajaphas vor dem Hohen Rat widerzuhallen, von der der Evangelist Johannes schreibt: „weil er der Hohepriester jenes Jahres war, sagte er aus prophetischer Eingebung, daß Jesus für das Volk sterben werde. Aber er sollte nicht nur für das Volk sterben, sondern auch, um die versprengten Kinder Gottes wieder zu sammeln" (*Joh* 11,51-52). Kajaphas

sprach diese Worte mit dem Ziel, den Hohen Rat zu überzeugen, Christus zum Tod zu verurteilen unter dem Vorwand der politischen Gefahr, in die er die Nation stürzte angesichts der Römer, die Palästina besetzt hielten. Aber Johannes wußte wohl, daß Jesus gekommen war, um die Sünde der Welt hinwegzunehmen und die Menschen zu retten (vgl. *Joh* 1,29), deshalb zögerte er nicht, jenen Worten Kajaphas eine prophetische Bedeutung als Offenbarung des göttlichen Heilsplans beizumessen. Denn in jenem Plan stand geschrieben, daß Christus durch sein Erlösungsopfer, das im Kreuzestod gipfelte, die Quelle einer neuen Einheit der Menschen wurde, die in ihm, Christus, berufen sind, die Würde der Kinder Gottes wiederzuerlangen.
In jenem Opfer am Kreuz ist der Ursprung der Kirche als Heilsgemeinschaft.

In deutscher Sprache sagte der Papst:

Liebe Schwestern und Brüder!

Die Kirche ist eine historische Tatsache, deren Ursprung nachweisbar - und auch nachgewiesen - ist. Um theologische Überlegungen über die Kirche anzustellen, wollen wir von den bedeutendsten und authentischsten Quellen der christlichen Wahrheit ausgehen, nämlich der Offenbarung, wie dies auch das II. Vatikanische Konzil getan hat. In der Konstitution *Lumen Gentium* heißt es in der Tat, daß „der ewige Vater die ganze Welt nach dem völlig freien, verborgenen Ratschluß seiner Weisheit und Güte erschaffen hat. Er hat auch beschlossen, die Menschen zur Teilhabe an dem göttlichen Leben zu erheben. Und als sie in Adam gefallen waren, verließ er sie nicht, sondern gewährte ihnen jederzeit Hilfen zum Heil um Christi, des Erlösers, willen" (*Lumen Gentium*, Nr. 2)
Im ewigen Heilsplan Gottes stellt die Kirche in Christus einen wesentlichen Teil der universalen Heilsökonomie dar, in der die Liebe Gottes weitergegeben wird.
In jenem ewigen Heilsplan ist die Bestimmung der Menschen enthalten, die nach Gottes Ebenbild geschaffen und zur Würde der Kinder Gottes berufen sind, als Kinder vom himmlischen Vater in Jesus Christus angenommen. Wir wir im Brief an die Epheser lesen, hat uns Gott erwählt „aus Liebe [und] im voraus dazu bestimmt, seine Söhne zu werden durch Jesus Christus und nach seinem gnädigen Willen zu ihm zu gelangen, zum Lob seiner herrlichen Gnade. Er hat sie uns geschenkt in seinem geliebten Sohn" (*Eph* 1,4-6).
Die Bestimmung des Menschen zur Gotteskindschaft bezieht sich nach den paulinischen Texten nicht nur auf das Individuum, sondern auch auf die gemeinschaftliche Dimension der Menschheit.
Durch das Erlösungsopfer, das im Kreuzestod gipfelt, ist Christus die Quelle einer neuen Einheit der Menschen geworden, die in Christus berufen sind, die Würde der Kinder Gottes wiederzuerlangen.
In jenem Opfer am Kreuz liegt der Ursprung der Kirche als Heilgemeinschaft.
Mit dieser kurzen Betrachtung grüße ich alle deutschsprachigen Pilger und Besucher sehr herzlich. Mein besonderer Gruß gilt der Brass Band Ermensee, die die diesjährige Bundesfeier der Schweizergarde im Rahmen der 700-Jahr-Feier der Schweize-

rischen Eidgenossenschaft mitgestaltet. Ebenso herzlich begrüße ich die Gruppe von Mitgliedern des Zentralvorstandes der Vereinigung ehemaliger Schweizergardisten. Ferner begrüße ich die Pilgergruppe der Regens-Wagner-Stiftung in Hohenwart.
Euch allen sowie Euren lieben Angehörigen und den mit uns über Rundfunk und Fernsehen verbundenen Gläubigen erteile ich gerne meinen Apostolischen Segen.

Kraft und Leuchten der Lehre Christi

Angelus in Castel Gandolfo am 4. August

Liebe Brüder und Schwestern!

1. Übermorgen, am 6. August, feiern wir in der Liturgie die Verklärung des Herrn. Ich möchte euch auf dieses bedeutende Ereignis im Leben des Herrn aufmerksam machen, dessen die Kirche in festlicher Feier gedenkt.
Das Evangelium erzählt, daß Jesus Petrus, Jakobus und Johannes beiseite nahm und mit ihnen auf einen hohen Berg stieg. Während er dort betete, verwandelte sich sein Gesicht und leuchtete in hellem Licht, seine Kleider wurden strahlend weiß; Mose und Elija erschienen und kamen mit ihm ins Gespräch. Petrus sagte zu Jesus: „Meister, es ist gut, daß wir hier sind. Wir wollen drei Hütten bauen, eine für dich, eine für Mose und eine für Elija." Er hatte noch nicht zu sprechen aufgehört, als eine lichte Wolke ihren Schatten auf sie warf, und aus der Wolke hörte man eine Stimme: „Das ist mein geliebter Sohn; auf ihn sollt ihr hören!" (*Mk* 9,7).
In diesem wunderbaren Ereignis offenbart unser Herr Jesus Christus den Aposteln seine Gottheit, seine messianische Identität und seine Sendung als Erlöser.
Unser ganzer Glaube gründet sich in der Tat auf die klare und feste Überzeugung von der Gottheit Christi, des Gottessohnes, der, in diese Welt gekommen, zum leidenden Gottesknecht und Erlöser der Welt wurde. Möge das Fest der Verklärung des Herrn in euch allen den wahren Glauben an Christus festigen und den Wunsch verstärken, ihn als den geliebten Sohn Gottes, der für uns Weg, Wahrheit und Leben wurde, noch besser kennenzulernen!

2. Mit dem Gedanken an die außergewöhnliche Vision auf dem Berg Tabor verbindet sich auch die Erinnerung an den Jahrestag des Todes von Paul VI. vor dreizehn Jahren, am Abend des 6. August, des Festes der Verklärung des Herrn. Wenn auch die Jahre dahingehen, die Erinnerung an diesen Papst bleibt in der Kirche lebendig. Sein großes apostolisches Verlangen ist in unser aller Gedanken noch gegenwärtig, seine Überzeugung, daß die Kirche „da ist, um zu evangelisieren, d. h. um zu predigen und zu unterweisen, Mittlerin des Geschenkes der Gnade zu sein, die Sünder mit Gott zu versöhnen, das Opfer Christi in der heiligen Messe immer gegenwärtig zu setzen" (*Evangelii nuntiandi*, Nr. 14). In seiner letzten Audienz am 2. August, wenige Tage vor seinem Tod, äußerte er einen Satz, der seine Spiritualität und die Botschaft seiner Lehre wunderbar zusammenfaßt. Er sagte: „Die Kirche verkündet und lehrt eine verläßliche und sichere Lehre ... Sie verkündet ein Wort, das aus dem

transzendenten Gedanken Gottes fließt. Darin besteht die Kraft und das Leuchten dieser Lehre ... Christus ist unser Lehrer geworden, um uns Wahrheiten zu lehren, die ihrem Wesen nach unsere Verständnisfähigkeit übersteigen. Nur die Demütigen nehmen sie an und leben so in einer Atmosphäre der Weisheit und höheren Ordnung" (*Wort und Weisung*, 1978, S. 89).

3. Während wir im Licht des verklärten und auferstandenen Christus bewundernd zu diesem großen Papst aufschauen und im Gebet um seine Fürsprache bitten, wenden wir uns vertrauensvoll an die heilige Jungfrau, die Königin der Apostel und Mutter der Kirche, daß sie diese unsere Bitten erhöre.

In deutscher Sprache sagte der Papst:

„Maria sprach: Ich bin die Magd des Herrn" (*Lk* 1,38). Diese Antwort der Muttergottes auf die Botschaft des Engels, die wir, liebe Pilger und Besucher aus den deutschsprachigen Ländern, im vertrauten Gebet wiederholt haben, möge uns helfen, im Geiste der demütigen „Magd des Herrn" unseren Dienst an Gott und den Mitmenschen treu und freudig zu erfüllen und darin unsere christliche Lebensaufgabe zu sehen.
Möge Euch der Ferienaufenthalt in der Ewigen Stadt an Leib und Seele stärken.
Von Herzen erbitte ich Euch und allen, die Euch nahestehen, für den weiteren Lebensweg Gottes Beistand und erteile meinen Apostolischen Segen.

Wurzeln der Kirche im Volk des Alten Bundes

Ansprache bei der Generalaudienz am 7. August

1. Die Offenbarung des ewigen Heilsplans Gottes bezüglich aller Menschen, die berufen sind, in Christus seine angenommenen Kinder zu werden, hat ihre Vorstufe bereits im Alten Testament, der ersten Phase des Gotteswortes an die Menschen, für uns Christen: des ersten Teils der Heiligen Schrift. Darum muß die Katechese über den geschichtlichen Ursprung der Kirche vor allem in den heiligen Büchern, die wir mit dem alten Israel gemeinsam haben, nach Ankündigungen über das kommende Gottesvolk forschen. Das II. Vatikanische Konzil gibt uns diese Spur an, der wir folgen sollen, wenn es schreibt, daß der Vater die Kirche, in welcher er die an Christus Glaubenden zusammenzurufen beschloß, „in der Geschichte des Volkes Israel und im Alten Bund ... auf wunderbare Weise vorbereitet" hat (*Lumen Gentium*, Nr. 2). So wollen wir in dieser Katechese sehen, wie sich im Alten Testament der ewige Plan des Vaters vor allem als Offenbarung eines zukünftigen „Reiches Gottes" zu erkennen gibt, das in der messianischen und eschatologischen Phase der Heilsökonomie Wirklichkeit wird.

2. „Der Herr soll über euch herrschen", lesen wir im *Buch der Richter* (8,23). Es sind die Worte, die Gideon nach seinem Sieg über die Midianiter an Israeliten aus der Gegend von Sichem richtete, die ihn als Herrscher, ja als Begründer einer

Dynastie gewünscht hätten (vgl. *Ri* 8,22). Diese Antwort Gideons, die Zurückweisung des Königtums, muß vielleicht zu den antimonarchischen Strömungen in einem anderen Teil des Volkes in Beziehung gesetzt werden (vgl. *1 Sam* 8,4-20). Doch sie ist vielsagend als Ausdruck dessen, was Gideon und ein großer Teil Israels über das alleinige Königtum Gottes dachten: „Ich will nicht über euch herrschen, und auch mein Sohn soll nicht über euch herrschen; der Herr soll über euch herrschen" (*Ri* 8,23).
Diese zweifache Tendenz wird sich weiterhin in der Geschichte Israels finden, in der es immer Gruppen gibt, die ein Reich im irdischen und politischen Sinn begehren. Nach dem Versuch der Söhne Gideons selbst (vgl. *Ri* 9,1 ff.) wandten sich, wie wir aus dem ersten Buch Samuel wissen, die Ältesten Israels an den bereits alt gewordenen Richter mit der Forderung: „Gib uns einen König, der uns regieren soll" (*1 Sam* 8,6). Samuel hatte seine Söhne als Richter eingesetzt; aber diese hatten die ihnen übertragene Gewalt mißbraucht (vgl. *1 Sam* 8,1-3). Es bekümmerte Samuel jedoch vor allem, weil er in dieser Forderung einen erneuten Versuch sah, Gott die Ausschließlichkeit seiner Herrschaft über Israel streitig zu machen. Deshalb wandte er sich an Gott und fragte ihn im Gebet um Rat. Und das Buch Samuel fährt fort: „Der Herr sagte zu Samuel: Hör auf die Stimme des Volkes in allem, was sie zu dir sagen. Denn nicht dich haben sie verworfen, sondern mich haben sie verworfen: Ich soll nicht mehr ihr König sein" (*1 Sam* 8,7). Wahrscheinlich stand man vor einer neuen Auseinandersetzung zwischen den beiden Tendenzen, für und gegen die Monarchie, in jener Periode, in der sich Israel als Volk einte und auch politisch zusammenschloß. Interessant ist aber das zum Teil erfolgreiche Bemühen Samuels, der nicht mehr Richter, sondern Prophet war, das Verlangen nach einer irdischen Monarchie mit den Forderungen der absoluten Königsherrschaft Gottes, die zumindest bei einem Teil des Volkes in Vergessenheit geraten war, in Übereinstimmung zu bringen: er salbt die Könige, die Israel gegeben werden, zum Zeichen ihrer religiösen Funktion, die ihnen über die politische hinaus zukommt. König David wird zum Sinnbild dieser beiden miteinander verbundenen Aspekte und Rollen, ja er wird aufgrund seiner großen Persönlichkeit der Gesalbte schlechthin, Vorbild des kommenden Messias und Königs des neuen Volkes, Jesus Christus.

3. Wir müssen aber den Kreuzungspunkt dieser beiden Dimensionen von Reich und Herrschaft, wie er sich schon im Alten Testament findet, beachten: der zeitlichen und politischen Dimension einerseits und der transzendenten und religiösen andererseits. Der Gott Israels ist König im religiösen Sinn, auch dann, wenn diejenigen, die in seinem Namen das Volk regieren, politische Führer sind. Der Gedanke, daß Gott als Schöpfer König und Herr aller Dinge ist, kommt in den heiligen Büchern, den geschichtlichen wie den prophetischen und den Psalmen, immer wieder vor. So spricht das Buch des Propheten Jeremia von Gott mehrmals als „König, Herr der Heere ist sein Name" (*Jer* 46,18; 48,15; 51,57), und nicht wenige Psalmen verkünden, daß „der Herr König ist" (*Ps* 92/93,1; 95/96,10; 96/97,1; 98/99,1).
Dieses transzendente und universale Königtum hatte erstmals Ausdruck gefunden im Bund mit Israel, einem Akt, der die eigene und einmalige Identität dieses Volkes

grundlegte, das Gott auserwählt und mit dem er den Bund geschlossen hat. So lesen wir im Buch Exodus: „Jetzt aber, wenn ihr auf meine Stimme hört und meinen Bund haltet, werdet ihr unter allen Völkern mein besonderes Eigentum sein. Mir gehört die ganze Erde, ihr aber sollt mir als ein Reich von Priestern und als ein heiliges Volk gehören" (*Ex* 19,5-6).
Daß Israel Gott als sein Volk zu eigen ist, verlangt von ihm Gehorsam und Liebe im absoluten Sinn: „Darum sollst du den Herrn, deinen Gott, lieben mit ganzem Herzen, mit ganzer Seele und mit ganzer Kraft" (*Dtn* 6,5). Dieses erste und höchste Gebot stellt das wahre, grundlegende Prinzip des Alten Bundes dar. Dieses Gebot bezeichnet die Bestimmung und die Berufung Israels.

4. Israel ist sich dessen bewußt und lebt seine Beziehung zu Gott als Unterordnung des Volkes unter seinen König. So heißt es im Psalm 47: „Der Berg Sion ... ist die Stadt des großen Königs" (*Ps* 47/48,3). Auch als Jahwe Israel die Einsetzung des Königs und des Herrscherhauses im politischen Sinn gewährt, weiß Israel, daß diese Institution weiterhin theokratischen Charakter behält. Samuel bezeichnet auf göttliche Eingebung hin zuerst Saul als König (vgl. *1 Sam* 10,24) und dann David (vgl. *1 Sam* 16,12-13), mit dem die davidische Dynastie beginnt. Wie uns aus den Büchern des Alten Testamentes bekannt ist, haben sich die Könige Israels und dann die Judas, oftmals gegen die Gebote, die Grundprinzipien des Bundes mit Gott, verfehlt. Gegen solche Untreuen schritten die Propheten mit ihren Mahnungen und Vorwürfen ein. Aus diesen geschichtlichen Erscheinungen wird klar, daß es zwischen dem Reich im irdischen und politischen Sinn und den Herrschaftsansprüchen Gottes Unstimmigkeiten und Gegensätze gibt. So erklärt es sich, daß, wenn Jahwe auch die Treue hinsichtlich der David und seinen Nachkommen gegebenen Verheißungen hält (vgl. *2 Sam* 7,12), die Geschichte dennoch von Verschwörungen „gegen das Königtum des Herrn, das in der Hand der Söhne Davids liegt" (*2 Sam* 13,8), berichtet. Das ist ein Gegensatz, in welchem sich immer deutlicher der messianische Sinn der göttlichen Verheißungen abzeichnet.

5. In der Tat verstärkt sich in Israel - gewissermaßen als Reaktion auf die Enttäuschung über die politischen Könige - die Hoffnung auf einen Messias-König als höchstes Ideal, wovon wir bei den Propheten lesen. So heißt es besonders bei Jesaja: „Seine Herrschaft ist groß, und der Friede hat kein Ende. Auf dem Thron Davids herrscht er über sein Reich; er festigt und stützt es durch Recht und Gerechtigkeit, jetzt und für alle Zeiten" (*Jes* 9,6). Jesaja verweilt noch eingehender in der Vorausschau auf diesen Herrscher, dem er die Namen „Wunderbarer Ratgeber, Starker Gott, Vater in Ewigkeit, Fürst des Friedens" gibt (*ebd.* 9,5), und dessen Reich er wie die Utopie eines irdischen Paradieses beschreibt: „Gerechtigkeit ist der Gürtel um seine Hüften, Treue der Gürtel um seinen Leib. Dann wohnt der Wolf beim Lamm, der Panther liegt beim Böcklein ... Man tut nichts Böses mehr und begeht kein Verbrechen ... denn das Land ist erfüllt von der Erkenntnis des Herrn, so wie das Meer mit Wasser gefüllt ist" (*ebd.* 11,5-6.9). Das sind bildliche Reden, die das wesentliche Element der Prophezeiungen über das messianische Reich deut-

lich machen sollen: einen neuen Bund, in welchem Gott den Menschen in wohltuender und heilbringender Weise an sich ziehen wird.

6. Nach dem Exil und der Knechtschaft in Babylon nimmt die Vision eines „messianischen" Königs noch deutlicher den Sinn einer unmittelbaren Herrschaft Gottes an. Als wolle es alle Enttäuschungen überwinden, die es an seinen politischen Herrschern erlebt hat, richtet Israel seine von den Propheten unterstützte Hoffnung auf ein Reich, in dem Gott selbst König sein wird. Es wird ein universales Reich sein: „Dann wird der Herr König sein über die ganze Erde. An jenem Tag wird der Herr der einzige sein und sein Name der einzige" (*Sach* 14,9). Selbst in seiner Universalität wird jenes Reich mit Jerusalem verbunden bleiben. So sagt Jesaja voraus: „Der Herr der ist König auf dem Berg Sion und in Jerusalem" (*Jes* 24,23). Er „wird auf diesem Berg ... ein Festmahl geben mit den feinsten Speisen, mit besten, erlesenen Weinen" (*Jes* 25,6). Auch hier kommt, wie man sieht, in Bildersprache neue Freude in der Erfüllung alter Hoffnungen zum Ausdruck.

7. Die eschatologische Dimension des Gottesreiches zeichnet sich immer deutlicher ab, je mehr die Zeit der Ankunft Christi näherrückt. Vor allem das Buch Daniel hebt in den Visionen, die es beschreibt, diese Bedeutung des kommenden Zeitalters hervor. So lesen wir: „Immer noch hatte ich die nächtlichen Visionen: Da kam mit den Wolken des Himmels einer wie ein Menschensohn. Er gelangte bis zu dem Hochbetagten und wurde vor ihn geführt. Ihm wurden Herrschaft, Würde und Königtum gegeben. Alle Völker, Nationen und Sprachen müssen ihm dienen. Seine Herrschaft ist eine ewige, unvergängliche Herrschaft. Sein Reich geht niemals unter" (*Dan* 7,13-14).
Nach Daniel also ist dieses zukünftige Reich eng an eine Person gebunden, die als einem „Menschensohn" ähnlich vorgestellt wird. Hier liegt der Ursprung des Titels, den Jesus selbst sich beilegen wird. Zugleich schreibt Daniel: „Die Herrschaft und Macht und die Herrlichkeit aller Reiche unter dem ganzen Himmel werden dem Volk der Heiligen des Höchsten gegeben" (*Dan* 7,27). Dieser Text erinnert an einen andern im Buch der Weisheit: „Die Gerechten ... werden Völker richten und über Nationen herrschen, und der Herr wird ihr König sein in Ewigkeit" (*Weish* 3,1.8).

8. Das alles sind Blicke auf die Zukunft, Spalte, die sich auf das Geheimnis hin öffnen, dem die Geschichte des Alten Bundes entgegengeht. Sie scheint nun reif für das Kommen des Messias, der sie zur Erfüllung bringt. Hinter all diesen Rätseln, Träumen und Visionen zeichnet sich immer deutlicher ein Geheimnis ab, auf das sich alle Hoffnung, auch in den dunkelsten Stunden der Niederlage und sogar der Knechtschaft und der Verbannung richtet.
Was in diesen Texten am meisten Interesse und Bewunderung hervorruft, ist, daß die Hoffnung auf das Reich Gottes sich immer mehr klärt und läutert hin auf eine unmittelbare Herrschaft des transzendenten Gottes. Wir wissen, daß dieses von den Propheten vorausgeschaute Reich, das die Person des Messias und die Menge der an ihn Glaubenden umfaßt, auf Erden in seinen geschichtlichen Dimensionen eine anfanghafte und unvollkommene Verwirklichung gefunden hat. Unaufhörlich aber

spannt sie sich aus nach der vollen und endgültigen Verwirklichung in der Ewigkeit Gottes. Auf diese Enderfüllung geht die Kirche des Neuen Bundes zu, an der als Kinder Gottes, Erben des Reiches und Mitarbeiter dieser von Christus in Erfüllung der alten Prophezeiungen und Verheißungen gegründeten Kirche Anteil zu haben, alle Menschen berufen sind. Die Menschen sind also zur Teilhabe an diesem Reich berufen, das für sie bestimmt ist und das sich in gewissem Sinn auch durch sie verwirklicht, also auch durch uns alle, die wir zu Mitarbeitern am Aufbau des Leibes Christi berufen sind (vgl. *Eph* 4,12). Eine große Aufgabe!

In deutscher Sprache sagte der Papst:

Liebe Schwestern und Brüder!

Die Offenbarung des ewigen Heilsplans Gottes bezüglich aller Menschen, die berufen sind, in Christus seine angenommenen Kinder zu werden, hat ihre Vorstufe bereits im Alten Testament, der ersten Phase des Gotteswortes an die Menschen. Aus diesem Grunde soll unsere Katechese über den Ursprung der Kirche vor allem den Aussagen über das Reich Gottes in den Heiligen Büchern nachgehen, die wir mit dem alten Israel gemeinsam haben, wie dies auch das II. Vatikanische Konzil betont.

„Der Herr soll über euch herrschen" (*Ri* 8,23), antwortet Gideon den Israeliten, die ihn nach seinem Sieg über die Midianiter zu ihrem König machen wollen.

Wir müssen jedoch zwischen der zeitlich-politischen und der übernatürlich-religiösen Dimension des Reiches und des Herrschens im Alten Testament unterscheiden. Der Gott Israels ist König in religiösem Sinn, auch dann, wenn diejenigen, die in seinem Namen herrschen, politische Führer sind. Der Gedanke an Gott als König und Herr aller Dinge und insofern als Schöpfer, zieht sich durch alle Bücher des Alten Bundes.

Israel besitzt dieses Bewußtsein und lebt seine Beziehung zu Gott in Form einer dem eigenen König gebührenden Untergebung. Die Könige von Israel und später die von Juda sind sich des theokratischen Charakters ihres Herrschertums bewußt. Als sie sich gegen die Gebote Gottes, das Fundament des Bundes mit Gott, immer wieder vergangen hatten, wurden sie von den Propheten getadelt und gewarnt.

In der Tat, als Reaktion auf die Enttäuschung über die politischen Könige zeichnet sich in Israel immer mehr die Hoffnung auf einen „messianischen" König ab; und nach dem babylonischen Exil nimmt diese Vorstellung den Sinn einer direkten Herrschaft Gottes an: „Dann wird der Herr König sein über die ganze Erde. An jenem Tag wird der Herr der einzige sein und sein Name der einzige" (*Sach* 14,9).

Diese endzeitliche Dimension des Reiches Gottes wird im Hinblick auf das Kommen Christi mehr und mehr in den Vordergrund gerückt, und wir wissen, daß dieses Reich, dem Christus und die an ihn Glaubenden angehören, seine - wenn auch vorerst unvollkommene - Erfüllung hier auf Erden erfahren hat.

Indem ich nach dieser Betrachtung dazu einlade, für das Kommen und die Vollendung des Gottesreiches im „Vaterunser" inständig zu beten, grüße ich alle deutsch-

sprachigen Pilger und Besucher sehr herzlich. Ein besonderer Gruß gilt der Gruppe der Katholischen Pädagogischen Fachschule in Lingen-Laxten.
Euch allen, euren lieben Angehörigen in der Heimat sowie den mit uns über Radio und Fernsehen verbundenen Gläubigen erteile ich von Herzen meinen Apostolischen Segen.

Bitte um Schutz und Beistand

Angelus in Castel Gandolfo am 11. August

Liebe Brüder und Schwestern!

1. Die ganze christliche Gemeinschaft blickt mit Vertrauen auf das Heiligtum von Tschenstochau, wo bekanntlich am 14. und 15. August der 6. Weltjugendtag stattfindet.
In Jasna Góra, auf dem „hellen Berg" treffen laufend Tausende von Jugendlichen aus allen Teilen der Welt ein. Es ist eine Wallfahrt des Glaubens, eine Kundgebung glühender Hoffnung und Ausdruck einmütiger Einsatzbereitschaft der Jugend innerhalb der Kirche.
Mein Gedenken gilt darum denen, die in diesen Tagen im Schatten des Heiligtums der Schwarzen Muttergottes beten, nachdenken und spürbar die Geschwisterlichkeit erleben, die dem Hören auf das Evangelium und der Nachfolge des Erlösers entspringt. Von Herzen grüße ich sie alle, zusammen mit den Verantwortlichen des Päpstlichen Rates für die Laien und den Brüdern und Schwestern der Kirche Polens, die mit großzügiger Verfügungsbereitschaft sich der organisatorischen Fragen angenommen haben. Ich möchte auch meiner großen Freude über die Arbeiten des Internationalen Forums der Jugend Ausdruck geben, die dem Thema gewidmet waren: „Der Geist der Kinder Gottes - Geist der Freiheit". Jungen und Mädchen aus mehr als 74 Nationen haben sich daran beteiligt.
Ich lade euch zur Teilnahme an dieser intensiven geistlichen Vorbereitung auf den Weltjugendtag ein und bitte euch, ihn mit eurem Gebet zu unterstützen. Am kommenden Dienstag werde ich in Polen sein. Ich bitte alle, mich zu begleiten mit ihrem Gebet an den Herrn und seine heilige Mutter, damit ein so bedeutender Abschnitt des Weges der Kirche auf das dritte Jahrtausend hin in reichem Maß durch geistliche Früchte ausgezeichnet werde.

2. Ich lade euch ferner ein, auch für meinen Pastoralbesuch in Ungarn zu beten, den ich, so Gott will, gleich nach dem Abschluß des Weltjugendtages anzutreten die Freude haben werde. Es ist das erste Mal, daß ein Nachfolger des Petrus zu den Brüdern und Schwestern dieser von so vielen Leiden geprüften Kirche kommt.
Möge Maria, die vom ungarischen Volk unter dem Titel „Große Schirmherrin der Ungarn" angerufen und verehrt wird, dieser Reise beistehen und die Gläubigen jener Nation immer beschützen.

Und nun fordere ich noch zu einem besonderen Gedenken für unsere albanischen Brüder und Schwestern auf. Niemand kann diesen dramatischen Bildern von Männern, Frauen und ganzen Familien, die an den Küsten Süditaliens landen, teilnahmslos gegenüberstehen. Wir wollen Gott auf die Fürsprache der heiligsten Jungfrau bitten, daß es so vielen Menschen, die sich in Not befinden, nicht an der dringenden menschlichen und christlichen Hilfe fehle.
Möge die internationale Gemeinschaft es verstehen, Albanien in konkreter Weise Solidarität zu bezeigen, indem sie ihm hilft, den begonnenen Weg fortzusetzen und für all seine Söhne und Töchter bessere Lebensbedingungen im eigenen Land sicherzustellen.
Die katholischen Organisationen mögen alle mögliche Hilfe aufbieten, um diesen unseren Brüdern und Schwestern ihre Leiden zu erleichtern.

In deutscher Sprache sagte der Papst:

„Maria sprach: Ich bin die Magd des Herrn; mir geschehe, wie du es gesagt hast" (*Lk* 1,38).
Mit diesen Worten Mariens, die wir im „Engel des Herrn" gesprochen haben, bekunden wir unsere christliche Bereitschaft, uns dem Wort Gottes zu öffnen, unser Leben nach ihm auszurichten und den Willen Gottes in unserem Alltag zu erfüllen. Dabei wollen wir die Mahnung des hl. Paulus beherzigen, das Gotteswort nicht nur zu hören, sondern es auch zu tun (vgl. *Röm* 2,13).
Indem ich euch, liebe Schwestern und Brüder aus den deutschsprachigen Ländern, einen erholsamen Ferienaufenthalt wünsche, erbitte ich euch, euren Angehörigen und Freunden Gottes treuen Schutz und Beistand und erteile von Herzen meinen Apostolischen Segen.

Ost und West gemeinsam in die Zukunft

Ansprache bei der Generalaudienz am 21. August

Liebe Brüder und Schwestern!

1. „Ihr habt den Geist empfangen, der euch zu Söhnen macht" (*Röm* 8,15). Das Echo dieser Worte des Apostels Paulus, Thema des Weltjugendtages, der in den letzten Tagen in Tschenstochau gefeiert wurde, ist noch in uns allen lebendig. Der Geist des Herrn wehte mit Macht in seiner neuschaffenden Kraft; davon waren wir alle Zeugen. Die Zahl der Jugendlichen, die zum Heiligtum, der hohen Feste von Jasna Góra, zusammengeströmt war, übertraf jede Erwartung. Und viele waren es auch, die von jedem Winkel der Welt aus an dieser so bedeutungsvollen kirchlichen Feier geistig Anteil genommen haben. Zum ersten Mal in der Geschichte haben sich Vertretungen von Jugendlichen aus aller Welt unter dem Blick der Gottesmutter um Christus zusammengefunden. Zum ersten Mal haben wir einem außergewöhnlichen Treffen von Jugendlichen aus dem Westen und dem Osten Europas beigewohnt mit

gegenseitigem Austausch des apostolischen Zeugnisses zwischen zahlreichen Gemeinschaften von Glaubenden. Es war eine Begegnung ohne Grenzen, eine erstaunliche Kundgebung des Glaubens, ein ermutigendes Erlebnis der Solidarität, ein einmaliges Zeichen an der Wegstrecke der Kirche im letzten Jahrzehnt dieses Jahrhunderts, am Vorabend des dritten christlichen Jahrtausends. Das ganze Treffen war von einer unvergleichlichen Atmosphäre des Gebetes und zugleich der Freude getragen.

Die Kirche geht mit den Jugendlichen; die immer wiederkehrenden Weltjugendtage erweisen es und geben auch den Schritt dafür an. Mit den Jugendlichen blickt die Kirche vertrauend den kommenden Jahren entgegen, mit ihnen ist sie schon jetzt dabei, eine bessere Zukunft in Geschwisterlichkeit und Frieden für die ganze Menschheit aufzubauen.

Der zweite Teil meiner Pastoralreise, die gestern abend zum Abschluß kam, war ein Besuch der ungarischen Nation und der Kirche in Ungarn. Doch von dieser, an tiefen Erlebnissen reichen Pilgerfahrt möchte ich am nächsten Mittwoch sprechen. Heute möchte ich noch beim Welttreffen der Jugend verweilen, um mit euch zusammen dem himmlischen Vater zu danken, der uns „als Erstlingsgabe auserwählt hat aufgrund der Heiligung durch den Geist" und alle berufen hat, „die Herrlichkeit Jesu Christi, unseres Herrn" zu erlangen (*2 Thess* 2,13-14).

2. Ihr habt den Geist empfangen, der euch zu Söhnen macht, den Geist, in dem wir rufen: „Abba, Vater!" (*Röm* 8,15). Wie man es sich nur wünschen konnte, war der Welttag der Jugend ein wirkliches Glaubenszeugnis und eine Freiheits-Pilgerfahrt. Im einen Glauben zusammengekommen, fühlten die Jugendlichen sich mit Macht dazu aufgerufen, dem Erlöser des Menschen aufgeschlossen, in Treue zum Evangelium und zu allen Anforderungen, die es stellt, zu folgen. Bei dem unvergeßlichen Treffen von Tschenstochau, wie auch im Verlauf der intensiven geistlichen Vorbereitung, die ihm vorausging, wurde die Aufforderung des Heiligen Geistes, mit Christus zu „leiden, um mit ihm auch verherrlicht zu werden" (*Röm* 8,17), zum dringenden Anruf im Herzen eines jeden. Ermutigend und tröstend für jene, die lange Jahre den hinterhältigen Widerstreit des aufgezwungenen Atheismus ertragen mußten, spornte er die anderen an, sich hochherzig der geschwisterlichen Aufnahme zu öffnen. Alle erinnerte er daran, daß der Christ zum Heroismus der Heiligkeit berufen ist, und daß das christliche Leben ein beständiger Weg des Glaubens, der Bekehrung und der Rückkehr zum Wesentlichen ist; daß es heißt: „hoch fliegen" (vgl. *Botschaft zum Weltjugendtag*, 15. August 1990; *O.R. dt.*, 31.8.1990). Christus braucht junge Menschen, die ihm ohne Bedenken und ohne Furcht ihr Dasein weihen. Aus dem bereitwilligen Hinhören auf den Heiligen Geist, der unserem Geist bezeugt, „daß wir Kinder Gottes sind" (*Röm* 8,16), geht der konkrete Einsatz hervor, der innere Entschluß, sich in den Dienst der Kirche, der weltweiten Familie der Glaubenden zu stellen. Der Weltjugendtag dieses Jahres hielt die Linie der früheren ein, die seit 1985 den Weg verfolgen, die jedem jungen Glaubenden angebotene Botschaft des Evangeliums zu vertiefen, damit er sich seiner eigenen grundlegenden Rolle bei der Neuevangelisierung der Menschheit bewußt werden kann. Bekanntlich

entstand die Idee eines Welttages, der ganz den Jugendlichen gewidmet ist, sozusagen unter den jungen Leuten selbst, als die am Palmsonntag 1984 in sehr großer Zahl aus aller Welt nach Rom gekommen waren, um, gewissermaßen zum feierlichen Abschluß des Heiligen Jahres der Erlösung, an der Heiligjahrfeier der Jugend teilzunehmen. Die Weltjugendtage wurden dann abwechselnd in einem Jahr auf Diözesanebene und im folgenden Jahr mit einer Kundgebung internationalen Charakters gehalten. Sie fördern den Dialog zwischen den jungen Menschen in der Kirche. Sie lassen erleben, daß die kirchliche Gemeinschaft aufmerksam ist auf die Stimme des Herrn und in der Erwartung seiner Wiederkehr lebt. Sie geben ferner der Gesellschaft, die sich zu oft von irdischen Interessen gefangennehmen läßt, einen konkreten Beweis ab für die Notwendigkeit, den neuen Generationen gültige Lebensideale vorzustellen. Denn nur wenn die Jugendlichen zutiefst von geistigen Werten angeregt werden, können sie, die ja die Zukunft der Menschheit bilden, sich fest für den Aufbau einer gerechteren und wirklich freien Welt einsetzen. 1987 hat in Buenos Aires, Argentinien, das Thema „Wir haben die Liebe, die Gott zu uns hat, erkannt und daran geglaubt" dazu aufgefordert, in der Liebe Gottes die tiefsten Gründe für unsere Hoffnung und für die apostolische Tätigkeit zu entdecken. 1989 konzentrierte sich in Santiago de Compostela, Spanien, die Aufmerksamkeit auf Christus als die einzige Antwort auf das Verlangen des Menschen: „Ich bin der Weg, die Wahrheit, das Leben."

3. Nach dem Treffen in Santiago de Compostela, einem Heiligtum, das in früheren Jahrhunderten ein Leuchtturm geistiger Ausstrahlung des Christentums und ein Wallfahrtszentrum war, wurde im Gefolge der Ereignisse von 1989 der Vorschlag gemacht, der Weltjugendtag möge dieses Jahr beim Heiligtum von Jasna Góra stattfinden, das die uralte Ikone der „Schwarzen Madonna" hütet.

Die Wallfahrtskirche und ihr heiliges Bildnis sind so sehr ein Teil der Wirklichkeit und des Geistes der polnischen Nation, daß wir in der Geschichte des Heiligtums wie in einem Spiegel den Widerschein der Geschichte des polnischen Volkes, seiner freudvollen und leidvollen Augenblicke, seiner Hoffnungen und Befürchtungen sehen.

Die Wahl des Heiligtums von Tschenstochau ließ die Jugendlichen gemeinsam den Augenblick eines geschichtlichen Wendepunktes erleben und nach den Prüfungen unseres Jahrhunderts und dem Zusammenbrechen von Ideologien zu den christlichen Wurzeln Europas zurückkehren.

Das Treffen von Tschenstochau war ein Ereignis, das vielsagend die Universalität der Kirche lebendig werden ließ.

Zum ersten Mal konnten Jungen und Mädchen aus den Ländern Osteuropas in bedeutender Zahl am Weltjugendtag teilnehmen. Jugendliche aus dem Osten und aus dem Westen sind zusammengetroffen. Welch ein großes Geschenk des Herrn! In den Annalen der Geschichte des europäischen Kontinents und unserer Zeit wurde eine ganz neue Seite geschrieben. Millionen von Gläubigen haben gemeinsam frei ihren Glauben bekannt. Die Kirche hat ihr Zeugnis als kostbaren Schatz angenommen. Es ist, wie ich bei der Eucharistiefeier am 15. August sagte, „ein Zeugnis, für das ein manchmal sehr hoher Preis an Leiden: Abgeschobensein, Verfolgung und Gefängnis gezahlt werden mußte".

Wir stehen am Beginn einer neuen geistigen Periode der Menschheit. Wie offensichtlich hat sich das Verlangen nach Solidarität und Frieden in den verschiedenen Äußerungen der Teilnehmer am Treffen von Tschenstochau gezeigt! Die Jugendlichen aus dem Osten haben es nach der langen, aufgezwungenen Isolierung nötig, sich als ein zugehöriger Teil des weltweiten christlichen Volkes zu fühlen; die aus dem Westen können im Beispiel dieser ihrer Brüder den Ansporn finden, dem Ruf Christi aufs neue mit mutiger Treue zu folgen. Die jungen Menschen aus dem Westen konnten tatsächlich feststellen, daß auch ihre Altersgenossen aus Osteuropa Gott suchen und daß sie mehr denn je das Bedürfnis nach jenen Werten empfinden, die ihre Quelle in Christus haben.

Gemeinsam und frei den Weg gehen, Hemmendes und Trennendes zwischen den Völkern und Rassen überwinden, um eine wirklich geschwisterliche Welt aufzubauen, um überall die befreiende Botschaft des Evangeliums zu verkünden: das ist die Sendung, die euch jetzt erwartet, ihr Jugendlichen aus aller Welt! Ich denke an die anderen Treffen, die diesen ersehnten Weg der Entwicklung und der Evangelisierung abstecken sollen. Ich denke vor allem an die nächste außerordentliche Versammlung der Bischofssynode, bei der die Konsequenzen deutlich werden sollen, die sich aus den jüngsten politischen und sozialen Umwälzungen ergeben, und bei der eine ausgeprägtere Missionierung Europas geplant werden soll.

Die Aussicht auf ein „neues gemeinsames Haus" ermutigt und begeistert. Doch es genügt nicht, Mauern niedergerissen und die Grenzen zwischen den Staaten geöffnet zu haben. Die letzten Vorkommnisse von gewaltsamen Auseinandersetzungen zwischen Völkern und die schwierigen Verhältnisse, die das Leben von so vielen Bevölkerungsteilen noch kennzeichnen, bezeugen, daß innere Schranken niedergelegt werden müssen, um die Herzen für eine echte und dauerhafte Solidarität zu öffnen.

Der „Geist von Söhnen", den wir vom Heiligen Geist empfangen haben, macht alle zu Brüdern in der gemeinsamen Sendung zum Dienst am Menschen, um mit den Beitrag aller - der staatlichen Stellen, der kulturellen Institutionen, der privaten Körperschaften und jeder einzelnen Person - eine Gesellschaft nach wirklich menschlichem Maß aufzubauen.

4. Es war gerade deshalb mein Wunsch, daß der Weltjugendtag eine Pilgerfahrt zum „Hellen Berg" sei, um Maria das neue Kapitel der Geschichte anzuvertrauen, das sich unter dem Zeichen der Hoffnung und der Freiheit auftut. Ihr habe ich die Jugendlichen jeder Nation und ihre legitimen Bestrebungen anvertraut. „Maria, Mutter der Kirche, ich bin dir nahe, ich gedenke deiner, ich wache!"

Auch jetzt spreche ich der Muttergottes meine kindliche Dankbarkeit aus in erneutem Bekenntnis der vollen, liebenden Hingabe. Ich rufe sie voll Vertrauen an, daß das Feuer des Geistes, das sie im Herzen der Jugendlichen in Tschenstochau entzündet hat, nicht erlösche. Möge es immer mehr auflodern und mit Freude in alle Winkel der Erde getragen werden. Und möge die Kirche, jung und missionarisch, wachend und betend um Maria geschart, die Neuheit des Geistes bezeugen und ein neues Pfingsten erleben, um die ersehnte „Zivilisation der Wahrheit und der Liebe” zu errichten.

In deutscher Sprache sagte der Papst:

Liebe Schwestern und Brüder!

Ihr habt den Geist empfangen, der euch zu Kindern Gottes macht (vgl. *Röm* 8,15): Das Echo dieser Worte des Apostels Paulus, die das Thema des vor wenigen Tagen in Tschenstochau gefeierten 6. Weltjugendtages gebildet haben, klingt in uns allen noch nach. Die erneuernde Kraft des Geistes Gottes hat mächtig gewirkt: Wir alle sind Zeugen davon gewesen. Die Zahl der beim Heiligtum von Jasna Góra zusammengekommenen Jugendlichen hat jede Erwartung weit übertroffen, aus allen Teilen der Erde hatten sie sich zu dieser denkwürdigen kirchlichen Feier auf den Weg gemacht. Zum ersten Mal in der Geschichte waren Jugendvertreter des ganzen Erdkreises um Christus und unter dem Bild der Muttergottes versammelt. Erstmals konnten wir einer solchen außergewöhnlichen Begegnung junger Menschen aus dem Westen und Osten Europas beiwohnen, mit dem Austausch vielfältiger Glaubenszeugnisse aus unterschiedlichen Gemeinschaften und geistlichen Traditionen.
Es war eine Begegnung ohne Grenzen, eine großartige Bezeugung des Glaubens und die Erfahrung ermutigender Solidarität, die den besonderen Abschnitt im Leben der Kirche während des letzten Jahrzehnts kennzeichnet, am Vorabend des dritten christlichen Jahrtausends. Eine unvergleichliche Atmosphäre des Gebetes und ebenso der Freude hat diese Tage geprägt.
Auch heute möchte ich dieses Bekenntnis der Liebe und Hingabe an Maria erneuern und die Mutter des Herrn bitten, das Feuer des von ihr entfachten Geistes in den Herzen der Jugendlichen niemals verlöschen zu lassen. Es brenne vielmehr auch weiterhin und möge mit Freude in alle Welt weitergetragen werden, um Zeugnis von der stets jungen und missionarischen Kirche zu geben und so in einem neuen Pfingsten die verheißene „Zivilisation der Wahrheit und der Liebe” zu verwirklichen.
Mit dieser kurzen Rückbesinnung auf meine jüngste Begegnung mit den Jugendlichen aus aller Welt bei der „Schwarzen Madonna” von Tschenstochau grüße ich euch, liebe Schwestern und Brüder in deutscher Sprache. Ein besonderer Willkommensgruß gilt dem Münsterchor aus Schwäbisch Gmünd.
Herzlich lade ich euch alle dazu ein, euch stets der Würde und Auszeichnung der Gotteskindschaft bewußt zu bleiben und euch dem mütterlichen Schutz Mariens vertrauensvoll anheimzustellen. Dazu erteile ich euch, euren Angehörigen daheim sowie den uns über Radio und Fernsehen verbundenen Gläubigen von Herzen meinen Apostolischen Segen.

Perspektiven der Hoffnung

Angelus in Castel Gandolfo am 25. August

1. Morgen, am 26. August, ist das Fest der Muttergottes von Tschenstochau. Bewegten Herzens denke ich an das unvergeßliche Erlebnis zu Füßen der „Schwarzen Madonna" beim kürzlich gefeierten Weltjugendtag.
„Maria, Königin der Welt und Mutter der Kirche, ich bin bei dir, ich gedenke deiner, ich wache!" So haben wir am 14. August bei der eindrucksvollen Vigil gebetet und über die Worte des „Appells von Jasna Góra" nachgedacht. Mit Zuversicht haben sich die Jugendlichen, die von allen Kontinenten kamen, erneut der Jungfrau-Mutter vom „Hellen Berg" anvertraut. Ihr, der „Königin der Welt und Mutter der Kirche", haben sie ihre Bereitschaft angeboten, eine gerechtere und geschwisterlichere Welt aufzubauen, eine durch das Feuer des Heiligen Geistes erneuerte und von der Kraft der Liebe umgestaltete Welt. Ihr haben sie erneut ihren Willensentschluß kundgetan, Christus und seinem Reich zu dienen.
Am Morgen des 15. August war dann die festliche Eucharistiefeier auf dem weiten Platz vor dem Heiligtum für alle Anwesenden der Höhepunkt eines reich erfüllten und intensiven kirchlichen Ereignisses.

2. Der 6. Welttag der Jugend bildete zweifellos eine bevorzugte Etappe auf dem Weg der Neuevangelisierung. Es waren ja zum ersten Mal jugendliche Vertreter der Länder Mittel-Osteuropas in beachtlicher Zahl anwesend und konnten mit ihren Altersgenossen aus den anderen Teilen der Welt ihre Erwartungen, ihre Fragen, Enttäuschungen und Hoffnungen austauschen.
Unter den Augen der hl. Jungfrau haben sie sich mit dem Wort Gottes konfrontiert. So haben sie die Gegenwart Jesu, des Herrn, erfahren, der heute wie gestern „der Lebendige" ist (vgl. *Offb* 1,18), und haben festgestellt, daß die Kirche jung ist, da sie ja unaufhörlich vom Heiligen Geist Leben empfängt, der den Gläubigen neu zum Bewußtsein bringt, daß sie wirksame Kinder des himmlischen Vaters sind.
Angesichts der außerordentlichen Perspektiven, die sich durch die jüngsten sozialen und politischen Umgestaltungen eröffnet haben, sind sie sich aufs neue bewußt geworden, wie dringend notwendig es ist, daß die an Christus Glaubenden heute ihre Kräfte vereinen, um der Welt die einzige Wahrheit zu bringen, die fähig ist, die Herzen zu befreien und sie auf die Hoffnung hinzulenken, die nicht enttäuscht.

3. So hat sich der Weltjugendtag als das Fest der Jugend der Kirche erwiesen, der Kirche, die sich anschickt, die Schwellen des dritten christlichen Jahrtausends zu überschreiten, in ihren Händen die leuchtende Fackel des Evangeliums und das heilige Brot des unsterblichen Lebens.
Liebe Brüder und Schwestern, ich danke dem Herrn für die geistigen Gaben, die er während dieses kirchlichen Ereignisses so reich ausgeteilt hat, und zugleich lade ich euch ein, mit mir die Jungfrau Maria, Stern der Evangelisation und Mutter Christi, des „neuen Menschen", anzurufen, daß sie unseren Glaubensweg auf den Straßen unserer heutigen Welt begleite und in besonderer Weise die Entschlüsse und den

Einsatz der Jugendlichen unterstütze, die die Hoffnung der Kirche und der Menschheit sind.

In deutscher Sprache sagte der Papst:

„Und das Wort ist Fleisch geworden und hat unter uns gewohnt" (*Joh* 1,14).
Mit diesen Worten aus dem Johannes-Evangelium haben wir soeben im Gebet des „Engel des Herrn" der Menschwerdung Jesu aus der Jungfrau Maria gedacht. Das Fleisch gewordene Wort Gottes hat unsere menschliche Natur angenommen, um unser irdisches Schicksal zu teilen und uns durch die Erlösung Anteil zu geben an der Herrlichkeit des Himmels. Möge die Mutter Jesu, die auch unsere Mutter ist, uns auf unserem Lebensweg stets Schutz und Beistand sein.
Dazu erteile ich Euch, liebe Schwestern und Brüder aus den deutschsprachigen Ländern, sowie Euren Angehörigen daheim von Herzen meinen Apostolischen Segen.

Ungarns Streben nach geistiger Erneuerung

Ansprache bei der Generalaudienz am 28. August

1. „Gaude, Mater Hungaria!" Mit diesen Worten frohlockt die Kirche Ungarns in der feierlichen Vesper am Fest des hl. Stephan. Auch ich möchte heute meiner Freude darüber Ausdruck geben, daß ich gerade am Hochfest des hl. Schutzpatrons, dem 20. August, und an den vorausgehenden Tagen in Ungarn weilen durfte. So hat sich nach vielen Jahren der Wunsch erfüllt, diese Nation zu besuchen, die vom Beginn ihrer jüngeren Geschichte an durch ein besonderes Band eng mit dem Stuhl Petri verbunden war. Zeichen dafür sind die Taufe und die Königskrone, die der hl. Stephan im Jahre 1000 von Papst Silvester II. empfing. Die Krone des hl. Königs von Ungarn verkörperte im Verlauf der Geschichte die nationale und politische Identität des Landes, sowie die Einheit mit der Kirche. In den Tagen vom 16. bis 20. August konnte der Nachfolger des Petrus durch den Besuch, den er dem Erbe des hl. Stephan abstattete, dieses Band festigen.

2. Das alles läßt die providentiellen Veränderungen in Erscheinung treten, die in der Gesellschaft und in der Kirche vor sich gegangen sind. Die Verhältnisse, die vorausgingen und die seit dem Ende des Zweiten Weltkriegs bestanden, waren den Ungarn durch die Entscheidungen von Jalta auferlegt worden. Sie ließen gewiß noch keine Möglichkeit zu einem solchen Besuch durchblicken, obschon er sicherlich erwartet wurde. Kardinal Jozsef Mindszenty ist Symbol für das, was die ungarische Kirche und Nation seit 1945 durchgemacht haben. 1956 wurde der Aufbruch zur Freiheit zunichte gemacht durch den Einmarsch von Besatzungstruppen und die Festigung der aufgezwungenen politischen Bedingungen. Die Tätigkeit der Kirche blieb in der Folgezeit eingeschränkt und den staatlichen Programmen zur Einführung des Atheismus in der Gesellschaft unterworfen. In dem es dem Volk gelang, sich

von dem ihm aufgenötigten System zu befreien und zur Demokratie und den normalen bürgerlichen Rechten - einschließlich des Rechtes auf Religionsfreiheit - zurückzukehren, haben sich neue Möglichkeiten für eine geregelte Tätigkeit der Kirche eröffnet.
Und so war es möglich, daß ich in dem prachtvollen Parlamentsgebäude in Budapest, dem Regierungssitz der Republik, empfangen wurde, wo ich dem Präsidenten Ungarns, dem Ministerpräsidenten und allen Regierungsvertretern für die Einladung gedankt habe. Bei den einzelnen Etappen meines Besuches habe ich sodann den örtlichen Obrigkeiten in Pécs, Nyiregyháza, Debrecen und Szombathely meine Dankbarkeit zum Ausdruck gebracht.

3. Beim Besuch Ungarns wird man sich der ganzen Vergangenheit dieses Landes bewußt, einer geschichtsträchtigen Vergangenheit, die bis in die Zeit der Römer zurückreicht. Schon vor der Ankunft der Ungarn lag dieses Land im Strahlungsbereich der christlichen Evangelisierung. Man braucht nur daran zu erinnern, daß die Ebene Pannoniens im 4. Jahrhundert die Heimat des hl. Martin, des späteren Bischofs von Tours, war. Unter der großmährischen Herrschaft gelangten Missionare aus der Gruppe um die hll. Kyrill und Method in das Land. Von der Anwesenheit slawischer Bewohner in der Donaugegend zeugt der Name der Stadt Visegrad (Wyszehrad). Schon zu der Zeit, in der dieses Gebiet sich unter der Dynastie der Arpad im 10.-13. Jahrhundert zur ungarischen Nation heranbildete, entfalteten der hl. Gerhard und der hl. Adalbert, Bischof von Prag, hier eine eifrige missionarische Tätigkeit.
Aber die Persönlichkeit, die ohne Zweifel innerhalb des ganzen Jahrtausends bei der Bekehrung der Ungarn und ihrer Verbindung mit der katholischen Kirche von entscheidendem Einfluß gewesen ist, war der hl. Stephan. Er hat den christlichen Glauben an die unmittelbaren und die entfernten Erben der Krone weitergegeben. Unter ihnen finden wir eine Reihe von Heiligen, wie den hl. Imre, den hl. Stephan, den hl. Ladislaus, die hl. Elisabeth und die hl. Margareta. Gerade an die hl. Margareta haben sich die Jugendlichen beim Treffen am Abend des 19. August gewandt. Diese Heilige des 13. Jahrhunderts, die nach der Invasion der Tataren lebte, ist zum geistigen Bezugspunkt für die Wiedergeburt des Landes geworden. Im Blick auf sie wollten die Jugendlichen die Aufgabe deutlich machen, die die jetzige Generation nach der geistigen und moralischen Zerstörung der letzten Jahrzehnte vor sich hat.

4. Diese Aufgabe war praktisch das hauptsächliche und bei allen Abschnitten meines Pastoralbesuches in Ungarn immer wiederkehrende Gebetsanliegen. Es wurde zuerst in Esztergom bei der Eucharistiefeier zum Ausdruck gebracht, der früheren Hauptstadt und bis heute Sitz des Primas von Ungarn; es wurde wieder aufgenommen bei der Begegnung mit der Welt der Kultur und der Wissenschaft; es wurde schließlich beim Treffen mit der Bischofskonferenz, mit den Diözesanpriestern und den Ordensleuten, auch mit der jungen Generation, den Seminaristen und den Novizinnen, in der St. Matthiaskirche hervorgehoben. Auch bei der Begegnung mit den Kranken kam man auf diese Aufgabe zurück: Das Opfer des Leidens sollte

zusammen mit dem Gebet, in besonderer Gemeinschaft mit dem Geheimnis der Erlösung Christi, zur geistlichen Erneuerung beitragen. Zahlreich waren die Teilnehmer bei der Eucharistiefeier und der byzantinischen Liturgie in ungarischer Sprache im Heiligtum von Mariapócs. Es waren dazu auch Katholiken des östlichen Ritus aus den Nachbarländern gekommen, aus der Slowakei, dem Karpatengebiet, der Ukraine und aus Rumänien.

5. Im Leben der Kirche und der Gesellschaft in Ungarn ist zweifellos das Problem des Ökumenismus von Bedeutung, da etwa 30 Prozent der Bevölkerung im 16. Jahrhundert das reformierte Christentum angenommen haben, vor allem den Calvinismus. Aus diesem Grund war auch beim Papstbesuch die Begegnung in Debrecen von bemerkenswertem Interesse. Diese Stadt ist nämlich das historische Zentrum des ungarischen Calvinismus, der zur Geschichte der Nation und der magyarischen Kultur, vor allem im östlichen Teil, seinen Beitrag geleistet hat.
Viele Menschen sind zum ökumenischen Gottesdienst und zum Gebet um die Einheit der Christen gekommen. Wir wollen dem Herrn für dieses Ereignis danken. In Zeiten, die noch nicht lange zurückliegen, wäre ein solches Treffen unmöglich gewesen.
Ich erinnere ferner daran, daß das Programm des gleichen Tages, Sonntag, 18. August, auch eine Begegnung mit den Vertretern der jüdischen Gemeinde in Budapest brachte.

6. Auf jedem Abschnitt meiner apostolischen Pilgerfahrt haben auch Pilger aus Nachbarländern an den Liturgiefeiern teilgenommen: Kardinäle und Bischöfe, Priester und Laien aus Österreich und Deutschland, aus der Slowakei, aus Jugoslawien, vor allem aus Kroatien und Slowenien, aber auch aus Polen. Besonders zahlreich war die Anwesenheit dieser Pilger am Fest des hl. Stephan und bei der hl. Messe, die auf dem Heldenplatz gefeiert wurde: es war die Versammlung, die bei meinem ganzen Besuch die größte Teilnehmerzahl aufwies. So hat sich bestätigt, daß die Krone des hl. Stephan lebendiges Erbe der ungarischen Nation und der ungarischen Kirche geblieben ist.
In der Erinnerung und im Gebet umarme ich das ganze Volk in seiner Heimat und auch die Millionen von Ungarn, die im Ausland leben. Mögen sie alle das geistliche Erbe des hl. Stephan ans Herz drücken, und mögen zugleich Liebe und Verehrung der heiligsten Jungfrau, der „Magna Domina Hungarorum", in ihnen wachsen.

In deutscher Sprache sagte der Papst:

Liebe Schwestern und Brüder!

„Gaude, Mater Hungaria." Mit diesen Worten verleiht die Kirche Ungarns bei der feierlichen Vesper am Fest des hl. Stephan ihrer Freude Ausdruck. Auch ich möchte meine Freude darüber kundtun, daß es mir möglich war, gerade an jenem Tag (dem 20. August) und an den Tagen, die dem Hochfest des Heiligen vorausgingen, in Ungarn weilen zu dürfen. Nach so vielen Jahren hat sich die Sehnsucht verwirklicht, jene Nation zu besuchen, die seit dem Beginn ihrer Geschichte in besonderer Weise

mit dem Stuhl Petri verbunden war. Zeichen dieses Bandes sind die Taufe und die Königskrone, die der hl. Stephan von Ungarn aus der Hand von Papst Silvester II. erhalten hat. Diese Krone hat über die ganze Geschichte Ungarns hinweg die nationale und politische Identität sowie die Einheit mit der Kirche verkörpert.
Die Person von Jozef Kardinal Mindszenty ist Symbol dessen, was die ungarische Kirche und Nation nach dem zweiten Weltkrieg als Folge der Entscheidungen von Jalta erfahren und ertragen mußten.
Nachdem die Ungarn sich vom auferlegten System befreit haben, bleibt - nach der seelischen-moralischen Zerstörung der letzten Jahrzehnte - ihre geistig-geistliche Erneuerung die Hauptaufgabe. Dieses Problem war der wesentliche Inhalt des Gebets in allen Phasen des Besuches in Ungarn.
Von besonderer Bedeutung in jenem Land ist auch der Ökumenismus; dem diente die Begegnung mit den reformierten Christen in Debrecen, dem historischen Zentrum des ungarischen Calvinismus. Danken wir dem Herrn für dieses Ereignis, das vor nicht allzu langer Zeit unmöglich gewesen wäre.
Mit der Erinnerung an den Besuch und mit meinem Gebet umarme ich das ganze ungarische Volk, das im Vaterland lebt, wie auch einige Millionen von Ungarn im Ausland. Alle möge das geistliche Erbe des hl. Stephan sowie die Verehrung der Gottesmutter verbinden: Magna Domina Hungarorum!
Mit dieser kurzen Rückbesinnung grüße ich alle deutschsprachigen Pilger und Besucher sehr herzlich. Mein besonderer Gruß gilt den Priestern des Weihejahrgangs 1956 aus dem Collegium Germanicum et Hungaricum, unter ihnen Bischof Anton Schlembach aus Speyer; ferner einer Gruppe von Priestern der Diözese Regensburg, die am nunmehr schon Tradition gewordenen Rom-Seminar der Diözese teilnehmen, sowie der Studiengruppe „Christliche Kunst und Kultur" aus Regensburg-Stadtamhof.
Aus der Republik Österreich begrüße ich die Mitglieder der Katholischen Frauenbewegung der Diözese Feldkirch, die Pilgergruppe des Katholischen Bildungswerks der Diözese Graz-Seckau sowie die Mitglieder der Bewegung „Für eine bessere Welt" aus der Diözese Innsbruck.
Euch allen, euren lieben Angehörigen in der Heimat, den eurer Sorge anvertrauten Gläubigen und allen Mitchristen, die mit uns über Rundfunk und Fernsehen verbunden sind, erteile ich von Herzen meinen Apostolischen Segen.

RERUM NOVARUM - eine immer gültige Enzyklika

Angelus in Castel Gandolfo am 1. September

Liebe Schwestern und Brüder!

1. Heute morgen war ich in Carpineto Romano, wo ich das Geburtshaus meines Vorgängers Leo XIII., des Papstes der Enzyklika *Rerum novarum*, besuchte in der

Absicht, auch auf diese Weise den gebührenden Dank zu bezeigen, den die gesamte Kirche diesem großen Papst schuldet.
Unsere heutige Überlegung bei diesem Treffen zum Angelusgebet kann nicht umhin, bei dem reichen Gewinn an Lehre und Weisung zu verweilen, die Papst Leo XIII. in jenem grundlegenden Dokument unter dem Licht der „neuen Realitäten" der modernen Zeiten erarbeitet und vorgelegt hat.

2. In den vorhergegangenen Geschichtsepochen hatte es soziale und wirtschaftliche Änderungen gegeben. Es genügt, an die politischen Wandlungen zu denken, die nach dem Ende des römischen Reiches erfolgten; an die verschiedenen landwirtschaftlichen Reformen; an den Übergang von der Sklaverei zur „Leibeigenschaft" und von dieser zum Leben in Freiheit; an das Aufblühen der vielfältigen Formen von Kunstgewerbe; an die Entfaltung von Handelsunternehmen auf dem Land und dem Meer auf internationaler und interkontinentaler Ebene. Bedeutende Wandlungen, die die Kirche immer zu verfolgen und lenken suchte, indem sie sich an den ewigen Werten der Botschaft des Evangeliums inspirierte.
Aber die moderne industrielle Revolution, bestimmt durch die Einführung der Maschinen, hatte eine „soziale Frage" von unbekannten Ausmaßen geschaffen, die ihre „Auslegung" und vor allem ihre Lösung unter voller Achtung des Menschen und seiner Rechte wirklich schwer machten.
Es war notwendig, die alten, aus dem Evangelium abgeleiteten Regeln zu bekräftigen und zu verbreiten und auf ihrer Grundlage die neuen Erscheinungen zu beurteilen, sowie die Glaubenden und alle Menschen guten Willens in ihren Entscheidungen und ihrem Verhalten zu erleuchten.

3. Eben diesem Erfordernis wollte Leo XIII. durch seine unsterbliche Enzyklika entsprechen, indem er eine reichhaltige und anregende Lehre anbot, die seine Nachfolger im Laufe eines Jahrhunderts dann weiter entwickelt und genauer festgelegt haben.
Praktisch handelte es sich darum, ein neues Kapitel der Moral abzufassen, das zum Beispiel zum Gegenstand hatte: die Beziehungen zwischen Kapital und Arbeit oder die gerechte Entlohnung, die wirtschaftlichen, gesundheitlichen und geistigen Bedingungen der Arbeiter, den Schutz ihrer Würde, ihres Versammlungsrechtes, um die eigenen Belange zu verteidigen, die Folgen der wachsenden Automatisierung und der neuen Produktionsmethoden. Komplexe und schwierige Fragen, die gestern und auch heute analysiert und möglichst objektiv und ausgewogen beurteilt werden müssen, indem man die Gebote der Gerechtigkeit zu entdecken sucht, ohne die inspirierende Nächstenliebe nach dem Evangelium zu vernachlässigen.
Dies war die Absicht Papst Leo XIII. Dies bleibt auch hundert Jahre später die Absicht seines gegenwärtigen Nachfolgers.
Bitten wir die seligste Jungfrau Maria, das strahlende Vorbild wahrer Gerechtigkeit, „Speculum iustitiae", sie möge den Menschen von heute helfen, das zu hören und anzunehmen, was die Kirche zum Wohl aller verkündet!

In deutscher Sprache sagte der Papst:

Herzlich begrüße ich alle deutschsprachigen Pilger und Besucher. Euch allen wünsche ich noch frohe und erholsame Urlaubstage, in denen euch auch die Begegnung mit Gott ein Anliegen sein möge, damit ebenso die Seele Atem holen kann. Hierfür segne ich euch und eure Lieben in der Heimat.

Krieg löst keine Probleme

Der 1. September erinnert uns wieder daran, daß am gleichen Tag vor 52 Jahren mit der Invasion Polens der zweite Weltkrieg begann.
Nach einem halben Jahrhundert sind die Wunden noch nicht ganz verheilt, die durch jene Katastrophe geschlagen wurden, die Europa und die ganze Welt betraf, indem sie Trauer, Zerstörung und Leiden aller Art säte. Aber was noch trauriger ist: In demselben Europa wird trotz der von den Staaten gemachten Anstrengungen, endgültig das Schreckgespenst des Krieges zu bannen, heute noch zu den Waffen gegriffen als Mittel, Spannungen zwischen den Völkern zu lösen.
Der Herr helfe, eine Lehre aus der Geschichte zu ziehen: Der Krieg löst die Probleme nicht, sondern schafft neue und schwerere!
Vereinen wir unser Gebet und die Bitten, die sich aus allen Teilen Europas und der Welt zum Gott des Friedens erheben. Maria lindere den Schmerz all derer, die heute noch Opfer der Gewalt und des Hasses sind! Ihre mütterliche Fürsprache helfe ihren Töchtern und Söhnen, immer wie Brüder und Schwestern zu leben!

Das Reich Gottes ist das Reich Christi

Ansprache bei der Generalaudienz am 4. September

1. Wir lesen in der Konstitution *Lumen Gentium* des II. Vatikanischen Konzils: „Die aber an Christus glauben, beschloß er [Gott] in der heiligen Kirche zusammenzurufen ... in der Geschichte des Volkes Israel und im Alten Bund wurde sie auf wunderbare Weise vorbereitet ... [und] durch die Ausgießung des Heiligen Geistes offenbart" (*Lumen Gentium*, Nr. 2). Dieser Vorbereitung der Kirche im Alten Bund haben wir die vorhergegangene Katechese gewidmet; wir haben gesehen, daß in dem wachsenden Bewußtsein, das Israel vom Plan Gottes durch die Offenbarungen der Propheten und der geschichtlichen Tatsachen selbst entfaltete, der Begriff eines künftigen Gottesreiches immer klarer hervortrat, das weit höher und universaler als jede Voraussicht auf die Geschicke des Königshauses David war. Heute wollen wir eine andere historische Tatsache von großer theologischer Bedeutung betrachten: Jesus Christus beginnt seine messianische Sendung mit der Ankündigung: „Die Zeit ist erfüllt, das Reich Gottes ist nahe" (*Mk* 1,15). Diese Worte bezeichnen den Eintritt „in die Fülle der Zeit", wie der hl. Paulus sagen würde (vgl. *Gal* 4,4), und bereiten den Übergang zum Neuen Bund vor, gegründet auf dem Geheimnis der erlösen-

den Menschwerdung des Sohnes und dazu bestimmt, ewiger Bund zu sein. Im Leben und in der Sendung Jesu Christi ist das Reich Gottes nicht nur „nahe" (*Lk* 10,9), sondern schon in der Welt gegenwärtig und handelt bereits in der Geschichte des Menschen. Jesus selbst sagt: „Das Reich Gottes ist mitten unter euch" (*Lk* 17,21).

2. Die unterschiedliche Ebene und Qualität zwischen der Zeit der Vorbereitung und der Zeit der Erfüllung - zwischen dem Alten und dem Neuen Bund - wird von Jesus selbst hervorgehoben, als er unter Hinweis auf seinen Vorläufer Johannes den Täufer spricht: „Amen, das sage ich euch: Unter allen Menschen hat es keinen größeren gegeben als Johannes den Täufer; doch der Kleinste im Himmelreich ist größer als er" (*Mt* 11,11). Johannes hat vom Ufer des Jordan (und seinem Gefängnis) aus gewiß mehr als jeder andere, auch mehr als die Propheten (vgl. *Lk* 7,26-27) zur unmittelbaren Vorbereitung der Wege des Messias beigetragen. Trotzdem bleibt er in gewissem Sinn noch an der Schwelle des neuen Reiches, das mit dem Kommen Christi in die Welt eingetreten ist und sich durch seinen messianischen Dienst fortlaufend offenbart. Nur durch Christus werden die Menschen wahre „Kinder des Reiches": das heißt des neuen Reiches, das jenes weit übersteigt, von dem die damaligen Juden glaubten, die natürlichen Erben zu sein (vgl. *Mt* 8,12).

3. Das neue Reich hat wesentlich geistlichen Charakter. Um dort einzutreten, muß man sich bekehren und an das Evangelium glauben, sich von den Mächten des Geistes der Finsternis befreien und sich der Macht des Geistes Gottes unterwerfen, den Christus den Menschen bringt. Wie Jesus sagt: „Wenn ich aber die Dämonen durch den Geist Gottes austreibe, dann ist das Reich Gottes schon zu euch gekommen" (*Mt* 12,28; vgl. *Lk* 11,20).
Das geistliche und transzendente Wesen dieses Reiches wird auch in dem entsprechenden Wort „Himmelreich" ausgedrückt, das wir im Text des Evangeliums finden. Ein herrliches Bild, das den Ursprung und das Ziel des Reiches, den „Himmel", und die göttlich-menschliche Würde dessen durchblicken läßt, in dem das Reich Gottes durch die Menschwerdung in der Geschichte konkrete Gestalt annimmt: in Christus.

4. Diese Transzendenz des Reiches Gottes ergibt sich aus der Tatsache, daß es nicht einer rein menschlichen Initiative entspringt, sondern dem Plan und dem Willen Gottes selbst. Jesus Christus, der ihn in der Welt gegenwärtig macht und verwirklicht, ist nicht nur einer der von Gott gesandten Propheten, sondern der Sohn eines Wesens mit dem Vater, der durch die Inkarnation Mensch geworden ist. Das Reich Gottes ist das Reich Christi; es ist das Reich des Himmels, der sich über der Erde geöffnet hat, um den Menschen den Eintritt in diese neue Welt der Spiritualität und Ewigkeit zu ermöglichen. Jesus bekräftigt: „Mir ist von meinem Vater alles übergeben worden ... niemand kennt den Vater, nur der Sohn und der, dem es der Sohn offenbaren will" (*Mt* 11,27). „Denn wie der Vater das Leben in sich hat, so hat er auch dem Sohn gegeben, das Leben in sich zu haben. Und er hat ihm Vollmacht gegeben, Gericht zu halten, weil er der Menschensohn ist" (*Joh* 5,26-27).

Zusammen mit dem Vater und dem Sohn wirkt auch der Heilige Geist für die Verwirklichung des Reiches schon in dieser Welt. Jesus selbst offenbart es: Der Menschensohn treibt „die Dämonen durch den Geist Gottes aus", und deshalb „ist das Reich Gottes schon zu euch gekommen" (*Mt* 12,28).

5. Das Reich Gottes hat, obwohl es sich in dieser Welt verwirklicht und entfaltet, sein Ziel im „Himmel". Seinem Ursprung nach transzendent, ist es dies auch seinem Ziel nach, das man in der Ewigkeit erreicht unter der Bedingung, daß man im gegenwärtigen Leben und im Laufe der kommenden Zeit Christus treu bleibt. Jesus weist darauf hin, als er sagt, daß der Menschensohn gemäß seiner Vollmacht, „Gericht zu halten" (*Joh* 5,27), am Ende der Welt befehlen wird, „aus seinem Reich alle zusammenzuholen, die andere verführt und Gottes Gesetz übertreten haben", das heißt, alle Sünden im Bereich des Reiches Christi begangen haben. Jesus fügt hinzu: „Dann werden die Gerechten im Reich ihres Vaters wie die Sonne leuchten" (*Mt* 13,41.43). Das wird die volle und endgültige Verwirklichung des „Reiches des Vaters" sein, dem der Sohn die Auserwählten unterwerfen wird, die von ihm durch die Erlösung und das Werk des Heiligen Geistes gerettet wurden. Das messianische Reich wird sich dann als identisch mit dem Reich Gottes offenbaren (vgl. *Mt* 25,34; *1 Kor* 15,24).
Es gibt also einen historischen Zyklus des Reiches Christi, des menschgewordenen Wortes, aber das Alpha und das Omega dieses Reiches, ja, man könnte sagen: der Grund, in dem es sich öffnet, lebt, entfaltet und seine volle Erfüllung findet, ist das „mysterium Trinitatis". Wir haben schon gesagt und werden zu gegebener Zeit noch sehen, daß in diesem Geheimnis das „mysterium Ecclesiae" wurzelt.

6. Verbindungs- und Übergangspunkt von einem Geheimnis zum andern ist Christus, der bereits im Alten Bund angekündigt und erwartet wurde als der Messias und König, mit dem sich das Reich Gottes identifizierte. Im Neuen Bund identifiziert Christus das Reich Gottes mit der eigenen Person und der eigenen Sendung. In der Tat verkündet er nicht nur, daß mit ihm das Reich Gottes in die Welt gekommen ist, sondern er lehrt, „um des Reiches Gottes willen" alles zu verlassen, was dem Menschen lieb ist (vgl. *Lk* 18,29-30), und an anderer Stelle, alles zu verlassen „um seines Namens willen" oder „um meinetwillen und um des Evangeliums willen" (*Mk* 10,29).
Das Reich Gottes ist also identisch mit dem Reich Christi. Es ist gegenwärtig in ihm, und es verwirklicht sich in ihm. Und von ihm geht es durch seine Initiative über auf die Apostel und mit ihnen auf all jene, die an ihn glauben: „Darum vermache ich euch das Reich, wie es mein Vater mir vermacht hat" (*Lk* 22,29). Es ist ein Reich, das in einer Expansion Christi selbst in der Welt, in der Geschichte der Menschen besteht als neues Leben, das man aus ihm schöpft und das den Glaubenden durch den von ihm gesandten Beistand, den Heiligen Geist, mitgeteilt wird (vgl. *Joh* 1,16; 7,38-39: 15,26; 16,7).

7. Das von Christus in der Welt verwirklichte messianische Reich wird im Zusammenhang mit dem Leiden und Tod am Kreuz offenbar und zeigt seine endgültige

Bedeutung. Bereits beim Einzug in Jerusalem geschieht etwas von Christus Vorgegebenes, das Matthäus als die Verwirklichung einer prophetischen Vorhersage darstellt: der des Sacharja über den „König, der auf einem Esel, auf dem Fohlen, dem Jungen einer Eselin, reitet" (vgl. *Sach* 9,9; *Mt* 21,5). Im Denken des Propheten, in der Absicht Jesu und in der Auslegung des Evangelisten bedeutete der Esel Milde und Demut. Jesus war der milde und demütige König, der in die Stadt Davids eintrat, wo er durch seinen Opfertod die Prophetien über das wahre messianische Königtum verwirklichen sollte.
Dieses Königtum wird wohl klar während des Verhörs, dem Jesus vor Gericht bei Pilatus unterzogen wurde. Die Anklagen gegenüber Jesus lauten: daß er „unser Volk verführt, es davon abhält, dem Kaiser Steuer zu zahlen, und behauptet, er sei der Messias und König" (*Lk* 23,2). Deshalb fragt Pilatus den Angeklagten, ob er ein König sei. Und hier die Antwort Christi: „Mein Königtum ist nicht von dieser Welt. Wenn es von dieser Welt wäre, würden meine Leute kämpfen, damit ich den Juden nicht ausgeliefert würde. Aber mein Königtum ist nicht von hier." Der Evangelist fährt fort: „Pilatus sagte zu ihm: Also bist du doch ein König? Jesus antwortete: Du sagst es, ich bin ein König. Ich bin dazu geboren und dazu in die Welt gekommen, daß ich für die Wahrheit Zeugnis ablege. Jeder, der aus der Wahrheit ist, hört auf meine Stimme" *(Joh* 18,36-37).

8. Es ist eine Erklärung, die die gesamte althergebrachte Prophetie abschließt, die die ganze Geschichte Israels begleitet und in Christus Wirklichkeit und Offenbarung wird. Die Worte Jesu lassen uns die Lichtstrahlen erhaschen, die das Dunkel des Geheimnisses durchbrechen, das in den drei Begriffen: Reich Gottes, messianisches Reich, in der Kirche zusammengerufenes Volk Gottes, enthalten ist. In diesem prophetischen und messianischen Licht können wir die Worte des Gebets klarer und besser verstehen und wiederholen, das uns Jesus gelehrt hat: „Dein Reich komme!" (*Mt* 6,10). Es ist das mit Christus in die Welt eingetretene Reich des Vaters; es ist das messianische Reich, das sich durch das Wirken des Heiligen Geistes im Menschen und in der Welt entwickelt, um in den Schoß des Vaters, in die Herrlichkeit des Himmels, aufzusteigen.

In deutscher Sprache sagte der Papst:

Liebe Schwestern und Brüder!

In den vorausgegangenen Katechesen haben wir über die Vorstellung vom Reich Gottes im Alten Bund gesprochen. Heute wollen wir eine andere historische Tatsache von großer Bedeutung betrachten: Jesus Christus beginnt seine messianische Sendung mit der Ankündigung: „Die Zeit ist erfüllt, das Reich Gottes ist nahe" (*Mk* 1,15). Diese Worte bezeichnen den Eintritt „in die Fülle der Zeit", wie sich der heilige Paulus ausdrückt (vgl. *Gal* 4,4), und bereiten den Übergang zum Neuen Bund vor. Im Leben und in der Sendung Jesu Christi ist das Reich Gottes nicht nur „nahe" (*Lk* 10,9), sondern es ist schon in der Welt gegenwärtig und handelt bereits in der Geschichte des Menschen. Jesus selbst sagt dies: „Das Reich Gottes ist mitten unter euch" (*Lk* 17,21).

Der Unterschied zwischen dem Alten und dem Neuen Bund im Hinblick auf die Zeit der Vorbereitung und die Zeit der Erfüllung wurde von Jesus selbst hervorgehoben, als er von seinem Vorläufer Johannes dem Täufer sprach: „Amen, das sage ich euch: Unter allen Menschen hat es keinen größeren gegeben als Johannes den Täufer; doch der Kleinste im Himmelreich ist größer als er" (*Mt* 11,11).

Das neue Reich besitzt einen ausgesprochen geistlichen Charakter. Um dort einzutreten, muß man sich bekehren und an das Evangelium glauben, sich befreien von der Macht des Geistes der Finsternis und sich der Macht des Geistes Gottes unterwerfen, den Christus zu den Menschen bringt. Das messianische Reich offenbart seine Identität mit dem Reich Gottes.

„Dein Reich komme". Es ist das Reich des Vaters, das mit Christus in die Welt eingetreten ist. Es ist das messianische Reich, das sich durch das Wirken des Heiligen Geistes im Menschen und in der Welt entwickelt, um in den Schoß des Vaters zurückzukehren, in der Herrlichkeit des Himmels.

Mit dieser Betrachtung grüße ich alle deutschsprachigen Pilger und Besucher sehr herzlich. Mein besonderer Gruß gilt den Ordensschwestern aus verschiedenen Kongregationen, die an einem geistlichen Kurs in La Storta teilnehmen; ferner den Teilnehmern an der Pilgerfahrt des Bistumsblattes der Diözese Trier „Paulinus", der Pilgergruppe der Pfarreien Astheim, Rimpar, Volkach und Juliusspital Würzburg, dem Chor der Bayerwerke aus Wuppertal sowie der Pilgergruppe des Turn- und Sportvereins Pressath.

Aus der Republik Österreich begrüße ich die Alumnen des Priesterseminars in Linz, die Mitglieder der Katholischen Männerbewegung aus Graz und Umgebung sowie die Pilgergruppe der Bewegung „Für eine bessere Welt" aus der Erzdiözese Salzburg.

Euch allen, Euren lieben Angehörigen in der Heimat sowie den mit uns über Rundfunk und Fernsehen verbundenen Gläubigen erteile ich von Herzen meinen Apostolischen Segen.

Kirche - Gemeinschaft des Glaubens und des Heils

Ansprache bei der Generalaudienz am 11. September

1. Die Kirche, nach dem ewigen Plan des Vaters als Reich Gottes und seines Sohnes Jesus Christus, des fleischgewordenen Wortes, gewollt und grundgelegt, verwirklicht sich in der Welt als eine geschichtliche Tatsache; in ihrem Ursprung und, man kann sagen, im Laufe ihrer ganzen Geschichte ist sie zweifellos von Geheimnis umhüllt und von Wundern begleitet, dennoch gehört sie in den Bereich der feststellbaren, erfahrbaren und dokumentierbaren Tatsachen.

Unter diesem Aspekt nimmt die Kirche ihren Anfang mit der Gruppe der zwölf Jünger, die Jesus selbst unter der großen Schar seiner Anhänger auswählt (vgl.

Mk 3,13-19; *Joh* 6,70; *Apg* 1,2) und die Apostel genannt werden (vgl. *Mt* 10,1-5; Lk 6,13). Jesus ruft sie, formt sie in besonderer Weise und sendet sie schließlich in die Welt als Zeugen und Verkünder seiner Botschaft, seines Leidens und Sterbens und seiner Auferstehung; somit sind sie Gründer der Kirche als Reich Gottes, die dennoch immer ihr Fundament in ihm, Christus, hat (vgl. *1 Kor* 3,11; *Eph* 2,20).
Nach der Himmelfahrt schart sich eine Gruppe von Jüngern um die Apostel und Maria in Erwartung des von Jesus verheißenen Heiligen Geistes. Angesichts der „Verheißung des Vaters", die, während sie bei Tisch saßen, wiederum von Jesus verkündet wurde - eine Verheißung, die eine „Taufe im Heiligen Geist" betraf (*Apg* 1,4-5) -, fragten sie den auferstandenen Meister: „Herr, stellst du in dieser Zeit das Reich für Israel wieder her?" (*Apg* 1,6). Offensichtlich wirkten sich auf ihre Psyche noch die Hoffnungen auf ein messianisches Reich aus, das in der zeitlichen Wiederherstellung des Reiches Davids bestand und von Israel erwartet wurde (vgl. *Mk* 11,10; *Lk* 1,32-33). Jesus hatte ihnen diese Erwartung ausgeredet und die Verheißung wiederholt: „Aber ihr werdet die Kraft des Heiligen Geistes empfangen, der auf euch herabkommen wird; und ihr werdet meine Zeugen sein in Jerusalem und in ganz Judäa und Samarien und bis an die Grenzen der Erde" (*Apg* 1,8).

2. Am Pfingsttag, der ursprünglich das Fest der Ernte (vgl. *Ex* 23,16) und für Israel auch das Fest der Bundeserneuerung geworden war (vgl. *2 Chr* 15,10-13), erfüllt sich die Verheißung Christi in der bekannten Weise: Unter dem Wirken des Heiligen Geistes wird die Gruppe der Apostel und Jünger gestärkt, und um sie scharen sich die ersten, die sich durch die Verkündigung der Apostel und besonders des Petrus bekehrt hatten. So beginnt das Wachstum der ersten Christengemeinde (*Apg* 2,41), und die Kirche von Jerusalem wird gegründet (vgl. *Apg* 2,42-47); sie vergrößert sich rasch und breitet sich auch auf andere Städte, Gebiete, Nationen - bis nach Rom! - aus, sei es durch die eigene, innere Dynamik, die ihr vom Heiligen Geist eingeprägt wurde, sei es durch die Umstände, die die Christen zwingen, aus Jerusalem und Judäa zu fliehen und sich in verschiedenen Orten zu verbreiten, sei es durch den Eifer, mit dem besonders die Apostel den Sendungsauftrag Christi zur weltweiten Evangelisierung ausführen wollen.
Das ist die geschichtliche Tatsache des Anfangs, von Lukas in der Apostelgeschichte beschrieben und von anderen christlichen und nichtchristlichen Texten bestätigt, die die Verbreitung des Christentums und die Existenz der verschiedenen Kirchen im ganzen Mittelmeerraum und darüber hinaus innerhalb der letzten Jahrzehnte des ersten Jahrhunderts n.Chr. dokumentieren.

3. Im geschichtlichen Erscheinungsbild dieser Tatsache ist das geheimnisvolle Element der Kirche enthalten, von dem das II. Vatikanische Konzil spricht, wenn es schreibt: „Um den Willen des Vaters zu erfüllen, hat Christus das Reich der Himmel auf Erden begründet, uns sein Geheimnis offenbart und durch seinen Gehorsam die Erlösung gewirkt. Die Kirche, das heißt das im Mysterium schon gegenwärtige Reich Christi, wächst durch die Kraft Gottes sichtbar in der Welt" (*Lumen Gentium*, Nr. 3). Diese Worte sind die Zusammenfassung der vorausgegangenen Katechese

über den Beginn des Reiches Gottes auf Erden, in Christus und durch Christus, und sie deuten gleichzeitig darauf hin, daß die Kirche von Christus ins Leben gerufen wurde, damit dieses Reich in ihr und durch sie fortdauere und sich entfalte im Laufe der Geschichte des Menschen auf Erden.

Jesus Christus, der vom Beginn seiner messianischen Sendung an die Bekehrung verkündete und zum Glauben aufrief: „Kehrt um und glaubt an das Evangelium!" (*Mk* 1,15), hat den Aposteln und der Kirche den Auftrag gegeben, die Menschen in der Einheit dieses Glaubens zu sammeln und sie einzuladen, in die von ihm gegründete Gemeinschaft des Glaubens einzutreten.

4. Die Gemeinschaft des Glaubens ist zugleich eine Gemeinschaft des Heils. Jesus wiederholte mehrmals: „Der Menschensohn ist gekommen, um zu suchen und zu retten, was verloren ist" (*Lk* 19,10). Er wußte und erklärte von Anfang an, daß es seine Sendung war, „den Armen eine gute Nachricht zu bringen; den Gefangenen die Entlassung zu verkünden und den Blinden das Augenlicht" (vgl. *Lk* 4,18). Er wußte und sagte, daß er vom Vater als der Retter gesandt worden war (vgl. *Joh* 3,17; 12,47). Von daher kommt seine besondere Sorge um die Armen und die Sünder.

Folglich sollte auch seine Kirche als eine Gemeinschaft des Heils entstehen und sich entwickeln. Dies unterstreicht das II. Vatikanische Konzil im Dekret *Ad gentes*: „Was aber vom Herrn ein für allemal verkündet oder in ihm für das Heil des Menschengeschlechts getan worden ist, muß ausgerufen und ausgesät werden bis ans Ende der Erde (*Apg* 1,8), beginnend von Jerusalem aus (vgl. *Lk* 24,47). So soll, was einmal für alle zum Heil vollzogen worden ist, in allen im Ablauf der Zeiten seine Wirkung erlangen" (*Ad gentes*, Nr. 3). Auf dieser Notwendigkeit der Heilsausdehnung, die im Evangelium und in der Apostelgeschichte zum Ausdruck kommt, beruhen die Sendung und die Missionen der Kirche in der gesamten Welt.

5. Die Apostelgeschichte bestätigt uns, daß in der Urkirche, der Gemeinde von Jerusalem, ein eifriges Gebetsleben herrschte und daß die Christen sich zum „Brechen des Brotes" versammelten (*Apg* 2,42 f.): ein Wort, das im christlichen Sprachgebrauch die Bedeutung einer anfänglichen Eucharistiefeier hatte (vgl. *1 Kor* 10,16; 11,24; *Lk* 22,19; usw.).

Tatsächlich hatte Jesus gewollt, daß seine Kirche die Gemeinschaft des Gottesdienstes im Geist und in der Wahrheit ist. Dies war die neue Bedeutung des von ihm gelehrten Gottesdienstes: „Aber die Stunde kommt, und sie ist schon da, zu der die wahren Beter den Vater anbeten werden im Geist und in der Wahrheit; denn so will der Vater angebetet werden" (*Joh* 4,23). Das hatte Jesus im Gespräch mit der Samariterin gesagt. Aber dieser Gottesdienst im Geist und in der Wahrheit schloß den sichtbaren Aspekt nicht aus, schloß folglich die liturgischen Zeichen und Riten nicht aus, zu denen sich die ersten Christen sowohl im Tempel (vgl. *Apg* 2,46) als auch in den Häusern (vgl. *Apg* 2,46; 12,12) versammelten. Jesus selbst hatte im Gespräch mit Nikodemus auf den Taufritus angespielt: „Amen, amen, ich sage dir: Wenn jemand nicht aus Wasser und Geist geboren wird, kann er nicht in das Reich

Gottes kommen" (*Joh* 3,5). Es war das erste Sakrament der neuen Gemeinschaft, in der die Wiedergeburt aus dem Heiligen Geist und der Eintritt in das Reich Gottes erfolgte unter dem Zeichen des sichtbaren Ritus der Waschung mit Wasser (vgl. *Apg* 2,38.41).

6. Der Höhepunkt des neuen Gottesdienstes - im Geist und in der Wahrheit - war die Eucharistie. Die Einsetzung dieses Sakramentes war der Kernpunkt in der Formung der Kirche. In bezug auf das Paschamahl Israels hatte Jesus es als ein Mahl vorgefaßt und verwirklicht, in dem er sich unter den Gestalten von Speise und Trank: Brot und Wein schenkte, den Zeichen des Mit-Teilens seines göttlichen Lebens, des ewigen Lebens, mit den Mahlteilnehmern. Der heilige Paulus bringt den kirchlichen Aspekt der Teilhabe an der Eucharistie gut zum Ausdruck, als er an die Konrinther schreibt: „Ist der Kelch des Segens, über den wir den Segen sprechen, nicht Teilhabe am Blut Christi? Ist das Brot, das wir brechen, nicht Teilhabe am Leib Christi? Ein Brot ist es. Darum sind wir viele ein Leib; denn wir alle haben teil an dem einen Brot" (*1 Kor* 10,16-17).
Die Kirche verstand von Anfang an, daß die Einsetzung des Sakramentes beim letzten Abendmahl die Einführung der Christen in die Mitte des Reiches Gottes selbst bedeutete, das Christus durch seine erlösende Menschwerdung in der Geschichte des Menschen begonnen und errichtet hatte. Die Christen wußten von Anfang an, daß dieses Reich in der Kirche besonders durch die Eucharistie andauert. Und sie war und ist als Sakrament der Kirche auch der Höhepunkt jenes Gottesdienstes im Geist und in der Wahrheit, den Jesus im Gespräch mit der Samariterin erwähnt hatte. Das Sakrament der Eucharistie war und ist gleichzeitig ein Ritus, den Jesus eingesetzt hatte, damit er von der Kirche gefeiert wird. Denn beim letzten Abendmahl hatte er gesagt: „Tut dies zu meinem Gedächtnis" (*Lk* 22,19; vgl. *1 Kor* 11,24-25). Es sind Worte, die am Vorabend des Leidens und Sterbens am Kreuz gesprochen wurden im Laufe einer Rede an die Apostel, in der Jesus sie unterwies und auf seinen Opfertod vorbereitete. Sie verstanden seine Worte in diesem Sinn. Die Kirche zog daraus die Lehre und Praxis der Eucharistie als unblutige Erneuerung des Kreuzesopfers. Dieser grundlegende Aspekt des eucharistischen Sakramentes wurde vom heiligen Thomas von Aquin in der bekannten Antiphon ausgedrückt: „O sacrum convivium, in quo Christus sumitur, recolitur memoria passionis eius" („O heiliges Gastmahl, wo Christus die Speise!"); und er fügte hinzu, was die Eucharistie in den Teilnehmern des heiligen Mahls bewirkt, entsprechend der Verkündigung Jesu über das ewige Leben: „mens impletur gratia, et futurae gloriae nobis pignus datur" („Gnadenfülle der Seele, unser Unterpfand einstiger Glorie!").

7. Das II. Vatikanische Konzil faßt die Lehre der Kirche über diesen Punkt wie folgt zusammen: „Sooft das Kreuzesopfer, in dem Christus, unser Osterlamm, dahingegeben wurde (*1 Kor* 5,7), auf dem Altar gefeiert wird, vollzieht sich das Werk unserer Erlösung. Zugleich wird durch das Sakrament des eucharistischen Brotes die Einheit

der Gläubigen, die einen Leib in Christus bilden, dargestellt und verwirklicht (*1 Kor* 10,17)" (*Lumen Gentium*, Nr. 3).
Wie das Konzil lehrt, ist das letzte Abendmahl der Augenblick, in dem Christus durch die Vorwegnahme seines Kreuzestodes und seiner Auferstehung den Anfang der Kirche setzt: die Kirche wird mit der Eucharistie geboren, denn sie ist „zu dieser Einheit mit Christus gerufen, der das Licht der Welt ist: Von ihm kommen wir, durch ihn leben wir, zu ihm streben wir hin" (*Lumen Gentium*, Nr. 3). Das ist Christus vor allem in seinem Erlösungsopfer. Da verwirklicht er voll die einmal gesprochenen Worte: „Der Menschensohn ist nicht gekommen, um sich dienen zu lassen, sondern um zu dienen und sein Leben hinzugeben als Lösegeld für viele" (*Mk* 10,45; *Mt* 20,28). Er verwirklicht dann den ewigen Plan des Vaters, nach dem Christus sterben sollte, „um die versprengten Kinder Gottes wieder zu sammeln" (*Joh* 11,51-52). Und deshalb ist Christus im Kreuzesopfer der Mittelpunkt der Einheit der Kirche, wie er gesagt hatte: „Und ich, wenn ich über die Erde erhöht bin, werde alle zu mir ziehen" (*Joh* 12,32). Christus im Kreuzesopfer, das auf dem Altar erneuert wird, bleibt die ewige Mitte, die die Kirche zeugt, in der die Menschen berufen sind, an seinem ewigen Leben teilzuhaben, um eines Tages zur Teilhabe an seiner ewigen Herrlichkeit zu gelangen. „Et futurae gloriae nobis pignus datur."

In deutscher Sprache sagte der Papst:

Liebe Schwestern und Brüder!

Die Kirche ist nach dem ewigen Plan des Vaters als Reich Gottes und des in seinem Sohn Jesus Christus Fleisch gewordenen Wortes gewollt und grundgelegt, und dennoch bildet sie in der Welt eine geschichtliche Realität. Unter diesem Gesichtspunkt ist ihr Ursprung mit der Gruppe der zwölf Jünger verbunden, die Jesus selbst aus seinen zahlreichen Anhängern ausgewählt hat und die Apostel genannt werden. Jesus hat sie berufen, er hat sie in besonderer Weise unterwiesen und sie schließlich in die Welt gesandt als Verkünder seiner Botschaft und als Zeugen seines Leidens und Sterbens und seiner Auferstehung; so wurden sie Gründer der Kirche als Reich Gottes, die dennoch ihr Fundament in Christus selbst hat.
Am Pfingsttag erfüllt sich dann die Verheißung Jesu: „Ihr werdet den Heiligen Geist empfangen, der auf euch herabkommen wird; und ihr werdet meine Zeugen sein in Jerusalem und in ganz Judäa und Samarien und bis an die Grenzen der Erde" (*Apg* 1,8). Durch das Handeln des Geistes werden die Jünger gestärkt, und die ersten Bekehrten schließen sich ihnen an. So beginnt das Wachstum der Kirche, die sich über Jerusalem hinaus ausweitet durch ihre innere Kraft und vor allem durch den Eifer der Apostel, die den von Christus empfangenen Auftrag zur Evangelisierung aller Völker erfüllen. Durch sie verbreitet sich der Ruf Jesu Christi, der von Beginn seiner messianischen Sendung an zu Umkehr und Glaube aufgerufen hat: „Kehrt um und glaubt an das Evangelium" (*Mk* 1,15). Den Aposteln und der ganzen Kirche hat der Herr die Aufgabe anvertraut, die Menschen in der Einheit dieses Glaubens zusammenzuführen und sie einzuladen, in die von ihm gegründete Gemeinschaft des Glaubens einzutreten.

Mit dieser kurzen Betrachtung richte ich einen herzlichen Willkommensgruß an die deutschsprachigen Pilger und Besucher. Mein besonderer Gruß gilt der Gruppe der Pfarrbrief-Redakteure aus der Erzdiözese Köln sowie den Schülerinnen des Katholischen Clara-Fey-Gymnasiums in Bonn.
Euch allen, euren lieben Angehörigen daheim sowie den uns über Radio Vatikan und Fernsehen verbundenen Gläubigen erteile ich von Herzen meinen Apostolischen Segen.

Mit Maria vor dem Gekreuzigten verweilen

Angelus in Castel Gandolfo am 15. September

1. „Stabat Mater dolorosa ... Christi Mutter stand mit Schmerzen bei dem Kreuz und weint von Herzen, als ihr lieber Sohn da hing."
Heute, am 15. September, kehrt im liturgischen Kalender der Gedenktag der Schmerzen Mariens wieder. Ihm voraus geht das Fest der Kreuzerhöhung, das wir gestern gefeiert haben.
Welch erschütterndes Geheimnis ist das Kreuz! Nachdem er lange darüber nachgedacht hatte, schrieb der heilige Paulus an die Christen in Galatien: „Ich aber will mich allein des Kreuzes Jesu Christi, unseres Herrn, rühmen, durch das mir die Welt gekreuzigt ist und ich der Welt" (*Gal* 6,14).
Auch die seligste Jungfrau hätte die gleichen Worte und mit noch größerer Wahrheit wiederholen können. Während sie auf Golgota den sterbenden Sohn betrachtete, verstand sie, daß der „Vorzug" ihrer Gottesmutterschaft in diesem Augenblick seinen Höhepunkt erreichte und daß sie unmittelbar am Erlösungswerk teilhatte. Sie verstand auch, daß das menschliche Leiden, das der gekreuzigte Sohn sich zu eigen gemacht hatte, nunmehr einen unschätzbaren Wert erlangte.

2. Die Schmerzensmutter, aufrecht stehend neben dem Kreuz, spricht heute mit der stummen Ausdruckskraft des Beispiels vom Sinn des Leidens im göttlichen Heilsplan.
Sie konnte und wollte als erste am Heilsmysterium teilhaben, denn „ihre Vereinigung mit dem Sohn hielt sie in Treue bis zum Kreuz, wo sie ... mit ihrem Eingeborenen litt und sich mit seinem Opfer in mütterlichem Geist verband, indem sie der Darbringung des Schlachtopfers, das sie geboren hatte, liebevoll zustimmte" (*Lumen Gentium*, Nr. 58). Innerlich bereichert durch diese unaussprechliche Erfahrung, steht sie jedem bei, der leidet, nimmt ihn an der Hand und lädt ihn ein, mit ihr nach Golgota zu gehen und vor dem Gekreuzigten zu verweilen.
In diesem gequälten Leib ist die einzige überzeugende Antwort auf die Fragen, die gebieterisch aus dem Herzen aufsteigen. Und mit der Antwort kommt auch die notwendige Kraft, um den eigenen Platz in jenem Kampf einzunehmen, in dem die Kräfte von Gut und Böse einander gegenüberstehen - wie ich in dem Apostolischen Schreiben *Salvifici doloris* betonte (vgl. Nr. 27). Und ich fügte hinzu: „Wer an den

Leiden Christi teilhat, bewahrt in seinen Leiden einen ganz besonderen Teil des unendlichen Schatzes der Erlösung der Welt und kann ihn mit den anderen teilen" (*ebd.*).

3. Wir bitten die Schmerzhafte Muttergottes, in uns die Festigkeit des Glaubens und die Glut der Liebe zu nähren, um mutig unser tägliches Kreuz tragen zu können (vgl. *Lk* 9,23) und so wirksam am Werk der Erlösung teilzuhaben.
„Fac ut ardeat cor meum ... Daß mein Herz von Lieb' entbrenne, daß ich nur noch Jesus kenne, daß ich liebe Gott allein!" Amen.

In deutscher Sprache sagte der Papst:

Einen herzlichen Willkommensgruß richte ich an alle deutschsprachigen Pilger und Besucher. Möge die Schmerzensmutter Maria, deren Gedenktag wir heute feiern, Fürsprecherin bei ihrem Sohn und unserem Herrn Jesus Christus sein, dessen Segen ich auf euch und eure lieben Angehörigen und Freunde daheim von Herzen herabrufe.

Europa kann sich der Verantwortung nicht entziehen

„Ungerechten und grausamen Krieg beenden"

An diesem Tag der dem Gedenken an die Schmerzhafte Muttergottes gewidmet ist, denke ich besonders an die Schwestern und Brüder von Kroatien, die Stunden des Schreckens erleiden aufgrund des Krieges, der ihr Vaterland mit Blut befleckt. Sie alle sollen wissen, daß die Kirche ihnen nahe ist in dieser schweren Stunde ihrer Geschichte.
Zugleich bitte ich ein weiteres Mal die Verantwortlichen der jugoslawischen Regierung, diesem tragischen und absurden Konflikt ein Ende zu setzen. Nein, nicht mit Waffen können Streitigkeiten unter den Völkern gelöst werden!
Noch einmal richte ich dann einen Appell an die Regierenden aller friedliebenden Länder, damit sie ihre Anstrengungen verstärken und dazu beitragen, einen ungerechten und grausamen Krieg zu beenden. Insbesondere wende ich mich an die europäischen Länder, die sich der schweren Verantwortung nicht entziehen können, die sie angesichts dieses Dramas haben.
O Schmerzensmutter, trockne die Tränen derer, die weinen, und erlange uns vom Herrn Frieden und Freiheit für alle Völker!

Das Himmelreich hat keinen Preis

Ansprache bei der Generalaudienz am 18. September

1. Die Texte des Evangeliums dokumentieren die Lehre Jesu vom Reich Gottes in bezug auf die Kirche. Sie dokumentieren auch, wie die Apostel es verkündeten und wie es in der Urkirche verstanden und geglaubt wurde. In diesen Texten scheint das

Geheimnis der Kirche als Reich Gottes auf. Das II. Vatikanische Konzil schreibt: „Das Geheimnis der heiligen Kirche wird in ihrer Gründung offenbar. Denn der Herr Jesus machte den Anfang seiner Kirche, indem er frohe Botschaft verkündigte ... Dieses Reich aber leuchtet im Wort, im Werk und in der Gegenwart Christi den Menschen auf" (*Lumen Gentium*, Nr. 5). Wir fügen dem, was wir diesbezüglich in den vorhergegangenen Katechesen und besonders in der letzten gesagt haben, heute einige weitere Überlegungen über die Lehre hinzu, die Jesus vom Reich Gottes in den Gleichnissen erteilt, vor allem in denen, die in besonderer Weise dazu dienen sollen, seinen Sinn, seine wesentliche Bedeutung verständlich zu machen.

2. Jesus sagt: „Mit dem Himmelreich ist es wie mit einem König, der die Hochzeit seines Sohnes vorbereitete" (*Mt* 22,2). Das Gleichnis vom Hochzeitsmahl stellt das Reich Gottes dar als eine königliche und damit souveräne Initiative Gottes selbst. Sie schließt auch das Thema Liebe ein, genau gesagt, die bräutliche Liebe: Der Sohn, für den der Vater das Hochzeitsmahl bereitet, ist der Bräutigam. Wenn auch in diesem Gleichnis der Name der Braut nicht genannt wird, weisen doch die Umstände auf ihre Anwesenheit hin und geben gut zu verstehen, wer sie ist. Das scheint klar in anderen Texten des Neuen Testamentes auf, die die Kirche mit der Braut identifizieren (*Joh* 3,29; *Apg* 21,9; *2 Kor* 11,2; *Eph* 5,23-27.29).

3. Dagegen ist im Gleichnis klar der Hinweis auf den Bräutigam enthalten, den Christus, der den neuen Bund des Vaters mit der Menschheit verwirklicht. Es ist ein Bund der Liebe, und das Reich Gottes selbst erscheint als eine Gemeinschaft (Gemeinschaft der Liebe), die der Sohn nach dem Willen des Vaters verwirklicht. Das „Hochzeitsmahl" ist Ausdruck dieser Gemeinschaft. Im Zusammenhang des vom Evangelium beschriebenen Heilsplans ist es nicht schwer, in diesem Hochzeitsmahl einen Bezug auf die Eucharistie zu sehen: das Sakrament des neuen und ewigen Bundes, das Sakrament der Hochzeit Christi mit der Menschheit in der Kirche.

4. Auch wenn die Kirche als Braut im Gleichnis nicht genannt wird, finden sich in diesem Zusammenhang andere Elemente, die an das erinnern, was das Evangelium uns über die Kirche als Reich Gottes sagt. So die Universalität der göttlichen Einladung: „Der König ... sagte ... zu seinen Dienern: ... ladet alle, die ihr trefft, zur Hochzeit ein" (*Mt* 22,9). Unter den Hochzeitsgästen des Sohnes fehlen die, die als erste erwählt waren: diejenigen, die der Tradition des Alten Bundes entsprechend Gäste sein sollten. Sie weigern sich, zum Hochzeitsmahl des Neuen Bundes zu gehen und geben verschiedene Vorwände an. Daraufhin läßt Jesus den Hausherrn, den König, sagen: „Viele sind gerufen, aber nur wenige auserwählt" (*Mt* 22,14). An ihrer Stelle werden viele andere eingeladen, die den Hochzeitssaal füllen. Dieses Detail erinnert an jenes andere mahnende Wort, das Jesus gesprochen hatte: „Ich sage euch: Viele werden von Osten und Westen kommen und mit Abraham, Isaak und Jakob im Himmelreich zu Tisch sitzen; die aber, für die das Reich bestimmt war, werden hinausgeworfen" (*Mt* 8,11-12). Hier sieht man gut, wie die Einladung

universal wird: Gott will den Neuen Bund in seinem Sohn nicht mehr mit dem auserwählten Volk allein, sondern mit der gesamten Menschheit schließen.

5. Die Fortsetzung des Gleichnisses weist darauf hin, daß die endgültige Teilnahme am Hochzeitsmahl an gewisse wesentliche Bedingungen geknüpft ist. Es genügt nicht der Eintritt in die Kirche, um des ewigen Heils gewiß zu sein: „Mein Freund, wie konntest du hier ohne Hochzeitsgewand erscheinen?" (*Mt* 22,12) fragt der König einen der Gäste. Das Gleichnis, das hier von der Frage der historischen Verweigerung der Erwählung von seiten des Volkes Israel auf das individuelle Verhalten dessen überzugehen scheint, der gerufen und über den Gericht gehalten wird, erklärt nicht näher die Bedeutung dieses „Hochzeitsgewandes". Aber man kann sagen, daß sich die Erklärung im Zusammenhang der gesamten Lehre Christi findet. Das Evangelium, insbesondere die Bergpredigt, spricht von dem Gebot der Liebe, das das Prinzip des göttlichen Lebens und der Vollkommenheit nach dem Vorbild des Vaters ist: „Ihr sollt also vollkommen sein, wie es auch euer himmlischer Vater ist" (*Mt* 5,48). Es handelt sich um jenes „neue Gebot", das, wie Jesus lehrt, darin besteht: „Wie ich euch geliebt habe, so sollt auch ihr einander lieben" (*Joh* 13,34). Es scheint, daß man daraus schließen kann, daß das „Hochzeitsgewand" als Voraussetzung für die Teilnahme am Hochzeitsmahl eben diese Liebe ist.
Das wird durch ein anderes großes Gleichnis bestätigt, das das Endgericht betrifft und deshalb eschatologischen Charakter hat. Nur diejenigen, die das Gebot der Liebe in den Werken der geistlichen und leiblichen Barmherzigkeit gegenüber den Nächsten anwenden, können am Hochzeitsmahl des Reiches Gottes teilhaben: „Kommt her, die ihr von meinem Vater gesegnet seid, nehmt das Reich in Besitz, das seit der Erschaffung der Welt für euch bestimmt ist" (*Mt* 25,34).

6. Ein anderes Gleichnis gibt uns zu verstehen, daß es nie zu spät ist für den Eintritt in die Kirche. Der Ruf Gottes kann an den Menschen bis zum letzten Augenblick seines Lebens gerichtet werden. Es ist das bekannte Gleichnis von den Arbeitern im Weinberg: „Denn mit dem Himmelreich ist es wie mit einem Gutsbesitzer, der früh am Morgen sein Haus verließ, um Arbeiter für seinen Weinberg anzuwerben" (*Mt* 20,1). Er ging dann noch einige Male zu verschiedenen Stunden hinaus, bis zur letzten Stunde. Und allen wurde ein Lohn gegeben, mit dem der Gutsherr über die Grenzen des Verhältnisses reiner Gerechtigkeit hinaus seine ganze hochherzige Liebe bekunden wollte.
Diesbezüglich kommt die rührende Begebenheit in den Sinn, die der Evangelist Lukas über den „guten Schächer" erzählte, der neben Jesus auf Golgota gekreuzigt wurde. Ihm hat sich der Ruf als barmherzige Initiative Gottes offenbart, während er fast sterbend sagte: „Jesus, denk an mich, wenn du in dein Reich kommst." Er hörte aus dem Mund des zum Kreuzestod verurteilten Erlösers und Bräutigams: „Amen, ich sage dir: Heute noch wirst du mit mir im Paradies sein" (*Lk* 23,42-43).

7. Wir zitieren noch ein Gleichnis Jesu: „Mit dem Himmelreich ist es wie mit einem Schatz, der in einem Acker vergraben war. Ein Mann entdeckte ihn, grub ihn aber wieder ein. Und in seiner Freude verkaufte er alles, was er besaß, und kaufte den

Acker" (*Mt* 13,44). Ebenso ist es „mit dem Kaufmann, der schöne Perlen suchte. Als er eine besonders wertvolle Perle fand, verkaufte er alles, was er besaß, und kaufte sie" (*Mt* 13,45). Dieses Gleichnis prägt den Berufenen eine große Wahrheit ein: Um der Einladung zum Hochzeitsmahl des Bräutigams würdig zu sein, muß man Verständnis beweisen für den höchsten Wert dessen, was angeboten wird. Daher auch die Bereitschaft, alles für das Himmelreich zu opfern, das mehr als alles wert ist. Kein Preis irdischer Güter ist mit ihm vergleichbar. Alles kann man verlassen, ohne Verlust zu erleiden, wenn man nur am Hochzeitsmahl Christi, des Bräutigams, teilhat.
Die wesentliche Bedingung ist Loslösung und Armut und wird uns mit all den anderen von Jesus aufgezeigt, sei es, wenn er die selig nennt, „die arm sind vor Gott", „die keine Gewalt anwenden" und „die um der Gerechtigkeit willen verfolgt werden; denn ihnen gehört das Himmelreich" (vgl. *Mt* 5,3.10); sei es, wenn er ein Kind als den „Größten im Himmelreich" vorstellt: „Wenn ihr nicht umkehrt und wie die Kinder werdet, könnt ihr nicht in das Himmelreich kommen. Wer so klein sein kann wie dieses Kind, der ist im Himmelreich der Größte" (*Mt* 18,2-4).

8. Mit dem II. Vatikanischen Konzil können wir abschließend sagen, daß in den Worten und Werken Christi, besonders im Lehren anhand der Gleichnisse „das Reich Gottes den Menschen aufgeleuchtet ist" (vgl. *Lumen Gentium*, Nr. 5). Indem er die Ankunft jenes Reiches verkündete, gründete er seine Kirche und offenbarte ihr innerstes, göttliches Geheimnis (vgl. *Lumen Gentium*, Nr. 5).

In deutscher Sprache sagte der Papst:

Liebe Schwestern und Brüder!

Im Mittelpunkt unserer heutigen Katechese steht die Bedeutung des Reiches Gottes in den biblischen Gleichnissen. Die heilige Schrift berichtet ausdrücklich davon, daß Jesus zu der Menschenmenge durch Gleichnisse sprach, ja „er redete nur in Gleichnissen zu ihnen" (*Mt* 13,34).
So sucht der Herr seinen Zuhörern das Wesen des Reiches Gottes etwa in dem bekannten Gleichnis vom Hochzeitsmahl zu verdeutlichen. „Mit dem Himmelreich ist es wie mit einem König, der die Hochzeit seines Sohnes vorbereitet" (*Mt* 22,2). Das Reich Gottes wird hier als königliches und somit souveränes Handeln Gottes vorgestellt. Doch ist darin auch der Aspekt der gegenseitigen Hingabe mit enthalten. Der Sohn, für den das Mahl bereitet wird, ist der Bräutigam; die Braut, auch wenn sie nicht ausdrücklich genannt wird, ist nach anderen biblischen Zeugnissen in der Kirche selbst zu sehen. Damit wird zugleich die Universität der göttlichen Einladung mit ausgesagt. Da die zunächst Erwählten des Alten Bundes zurückweisen, wendet sich der Gastgeber an alle Menschen: „Geht also hinaus auf die Straßen, und ladet alle, die ihr trefft, zur Hochzeit ein (*Mt* 22,9).
Doch darf nicht vergessen werden, daß die Teilnahme am Hochzeitsmahl an eine wesentliche Voraussetzung gebunden ist. Es reicht nicht, der Kirche anzugehören, um des ewigen Lebens gewiß sein zu können. „Freund, wie konntest du hier ohne

Hochzeitsgewand erscheinen" (*Mt* 22,12)? Auch wenn die Bedeutung dieses „Gewandes" nicht näher erläutert wird, so handelt es sich doch im Zusammenhang der gesamten Botschaft Jesu zweifellos um die Liebe, das Prinzip der Vollkommenheit und des göttlichen Lebens. „Seid vollkommen, wie auch euer himmlischer Vater vollkommen ist" (*Mt* 5,48).

In den Worten und im Handeln Jesu, besonders in der Verkündigung mit Hilfe von Gleichnissen, wird den Menschen das Reich Gottes vor Augen gestellt. Indem Christus die Ankunft des Reiches Gottes predigt, gründet er seine Kirche und offenbart ihr innerstes Geheimnis.

Mit dieser kurzen Betrachtung grüße ich alle deutschsprachigen Pilger und Besucher sehr herzlich. Mein besonderer Willkommensgruß gilt den Missionsschwestern der Kongregation „Dienerinnen des Heiligen Geistes", die an einem Erneuerungskurs in Spiritualität in Nemi teilnehmen, der Gruppe der Bildungsakademie des Österreichischen Cartellverbandes sowie den Mitarbeitern kirchlicher Gerichte aus Berlin und den östlichen Bundesländern, die zu einem kanonistischen Fortbildungskurs gekommen sind, und nicht zuletzt den zahlreichen Schülerinnen und Schülern, die an dieser Audienz teilnehmen.

Euch allen, euren lieben Angehörigen daheim sowie den mit uns über Radio und Fernsehen verbundenen Gläubigen erteile ich von Herzen meinen Apostolischen Segen.

Erwartungen der Völker nicht enttäuschen

Unter den letzten Nachrichten, die aus Jugoslawien kommen, ist eine, die zur Hoffnung berechtigt: Ein Waffenstillstandsabkommen sei von den beteiligten Parteien erzielt worden dank des eifrigen Bemühens der internationalen Gemeinschaft um Vermittlung.

Ich möchte an das Verantwortungsbewußtsein dessen appellieren, der sein Wort gegeben hat, damit die Erwartungen der Völker, die Opfer der Angst und des Leidens sind, nicht enttäuscht werden.

Indem wir dem Herrn für diese neuen Entwicklungen danken, bitten wir Ihn, den guten Willen so vieler zu unterstützen und allen Gedanken des Friedens einzugeben.

Ohne Gerechtigkeit kein Frieden

Aufruf zur Beendigung des Bürgerkrieges in Jugoslawien beim Angelus am 22. September

Liebe Schwestern und Brüder!

1. Der Mensch betrachtet den Frieden als ein Grundgebot des eigenen Daseins. Denn in ihm findet er die wesentlichen Bedingungen für die volle Selbstverwirklichung. Es ist deshalb nicht zu verwundern, daß heute angesichts der schweren

Bedrohungen, denen der Frieden ausgesetzt ist, sich besorgte Stimmen in den verschiedenen nationalen und internationalen Bereichen mit zunehmender Eindringlichkeit erheben, die die Menschen guten Willens auffordern, sich dringend um den Schutz des Friedens zu bemühen. Wenn es einen Ort gibt, wo diese Aufforderung positiven Widerhall und hochherzige Antwort finden soll, dann ist es gewiß das Herz jedes religiösen Menschen. Denn die Sehnsucht nach dem Frieden muß als Erwartung und Hoffnung von dem empfunden werden, der aufrichtig nach dem Absoluten strebt. Der Versuch, in Beziehung zu dem transzendenten Geheimnis Gottes zu treten, setzt eine innere Haltung des Sich-Loslösens, Sich-Öffnens und Hörens voraus, die die Einleitung zu einem wahren und dauerhaften Frieden darstellt.

2. Dies gilt in besonderer Weise für den Christen: Durch seinen Glauben hat er Gott als den erkannt, der „die Völker zerstreut, die Lust haben am Krieg" (vgl. *Ps* 68,31), und der „alles liebt, was ist, und nichts von allem verabscheut, was er gemacht hat" (vgl. *Weish* 11,24). Der Christ konfrontiert sich auch ständig mit dem Programm der Bergpredigt: „Selig, die keine Gewalt anwenden; denn sie werden das Land erben ... Selig, die Frieden stiften; denn sie werden Söhne Gottes genannt werden" (*Mt* 5,5.9).
Er weiß auch, wo die unversiegbare Quelle ist, aus der er die notwendige Kraft schöpfen kann, um ein authentischer „Friedensstifter" zu sein. Sie quillt aus dem Herzen dessen, der in die Welt gekommen ist, damit die Menschen „das Leben haben und es in Fülle haben" (*Joh* 10,10). Der Frieden will aus dem Herzen Christi als ein Fluß neuen Lebens in die Herzen der Menschen guten Willens strömen.

3. Der Christ, vom Glauben gestärkt, bemüht sich darum, die Bedingungen zu einem wahren Frieden zu schaffen. Sie werden bereits in der knappen Zusammenfassung des Propheten Jesaja genannt, die mein Vorgänger Pius XII. als Leitspruch seines Pontifikats wählte: „Opus iustitiae pax", „Der Frieden ist das Werk der Gerechtigkeit" (vgl. *Jes* 32,17).
Ohne Gerechtigkeit kein Frieden! Die Gerechtigkeit ist das Bewußtsein des eigenen Platzes in der Welt und zugleich des Platzes, der Gott und den anderen Menschen eingeräumt werden muß. Nur in der wirksamen Achtung der Würde jedes Menschen, jeder Gemeinschaft und jeden Volkes liegt der Weg, um die Beziehungen eines ruhigen Zusammenlebens aufzubauen und die Versuchungen zur Anwendung des falschen Rechtes der Gewalt zu zügeln.
Deshalb wird unser Gebet für den Frieden in Jugoslawien noch intensiver. Mit tiefer Trauer muß man erkennen, daß das für den Waffenstillstand gegebene Wort nicht eingehalten worden ist.
Darum ist der Augenblick gekommen, um zu sagen, daß das, was in jenen Ländern geschieht, nicht des Menschen würdig ist, nicht Europas würdig ist!
In dieser dramatischen Stunde möchte ich deshalb die internationalen Institutionen und alle Menschen guten Willens, die diesen Krieg aufhalten können, inständig

bitten, alles in ihren Kräften Stehende zu tun, damit der brudermörderischen Gewalt, die die wehrlosen Völker Blut vergießen läßt, ein Ende gesetzt wird.
Ich bete für die Opfer. Ich bin den Familien nahe, die ihre Toten und Verwundeten beweinen, sowie allen Menschen, die gezwungen sind, ihr Land zu verlassen. Ich teile auch den tiefen Schmerz der wohlverdienten kroatischen Bischöfe, die sehen, wie ihre Herde sich zerstreut, die Kirchen zerstört und so viele Werke und Einrichtungen ausgelöscht werden.
Mögen alle beteiligten Parteien den Waffenstillstand einhalten.
Möge die internationale Gemeinschaft jenen Völkern helfen, in Frieden und Freiheit zu leben!
O heilige Maria, erhöre unser Gebet und hilf allen Christen, Friedensstifter zu sein!

Gottes Reich wächst auf Erden

Ansprache bei der Generalaudienz am 25. September

1. Wie wir in der vorausgegangenen Katechese gesagt haben, ist es nicht möglich, den Ursprung der Kirche zu verstehen, ohne all das zu berücksichtigen, was Jesus gelehrt und gewirkt hat (vgl. *Apg* 1,1). Und gerade zu diesem Thema gab er seinen Jüngern und hinterließ uns allen eine grundlegende Lehre durch die Gleichnisse vom Reich Gottes. Unter ihnen haben jene besondere Bedeutung, die uns den Wesenszug der geschichtlichen und geistlichen Entwicklung schildern und deutlich machen, der der Kirche nach dem Plan ihres Stifters selbst eigen ist.

2. Jesus sagt: „Mit dem Reich Gottes ist es so, wie wenn ein Mann Samen auf seinen Acker sät; dann schläft er und steht wieder auf, es wird Nacht und wird Tag, der Samen keimt und wächst, und der Mann weiß nicht, wie. Die Erde bringt von selbst ihre Frucht, zuerst den Halm, dann die Ähre, dann das volle Korn in der Ähre. Sobald aber die Frucht reif ist, legt er die Sichel an; denn die Zeit der Ernte ist da" (*Mk* 26-29). Das Reich Gottes wächst also hier auf Erden, in der Geschichte der Menschheit, kraft einer ursprünglichen Aussaat, das heißt einer Gründung, die von Gott kommt, und eines geheimnisvollen Wirkens Gottes selbst, der für die Kirche durch die Jahrhunderte hindurch ständig Sorge trägt. Im Handeln Gottes ist in bezug auf das Reich auch die „Sichel" des Opfers gegenwärtig: Die Entwicklung des Reiches verwirklicht sich nicht ohne Leiden. Das ist der Sinn des Gleichnisses, das im Markusevangelium berichtet wird.

3. Wir finden denselben Begriff auch in anderen Gleichnissen, besonders in denen, die im *Matthäustext* zusammengefaßt sind (13,3-50).
In diesem Evangelium lesen wir: „Mit dem Himmelreich ist es wie mit einem Senfkorn, das ein Mann auf seinen Acker säte. Es ist das kleinste von allen Samenkörnern; sobald es aber hochgewachsen ist, ist es größer als die anderen Gewächse und wird zu einem Baum, so daß die Vögel des Himmels kommen und in seinen Zweigen nisten" (*Mt* 13,31). Es ist das Wachstum des Reiches in seiner „Ausdehnung".

Ein anderes Gleichnis hingegen zeigt sein Wachstum an „Intensität" oder Qualität, indem es das Reich vergleicht „mit dem Sauerteig, den eine Frau unter einen großen Trog Mehl mischte, bis das Ganze durchsäuert war" (*Mt* 13,33).

4. Im Gleichnis vom Sämann und der Saat erscheint das Wachstum des Reiches Gottes gewiß als Frucht der Arbeit des Sämanns, aber die Saat trägt dem Erdreich und den klimatischen Bedingungen entsprechend Frucht: „teils hundertfach, teils sechzigfach, teils dreißigfach" (*Mt* 13,8). Der Boden bedeutet die innere Bereitschaft der Menschen. Nach Jesu Worten also wird das Wachstum des Reiches Gottes auch vom Menschen bedingt. Der freie Wille des Menschen ist verantwortlich für dieses Wachstum. Deshalb empfiehlt Jesus allen zu beten: „Dein Reich komme" (vgl. *Mt* 6,10; *Lk* 11,2): Es ist eine der ersten Bitten des Vaterunsers.

5. Eines der von Jesus erzählten Gleichnisse über das Wachsen des Reiches Gottes auf Erden führt uns mit viel Realismus die Art des Kampfes vor Augen, den das Reich mit sich bringt durch die Anwesenheit und das Handeln eines „Feindes", der „Unkraut unter den Weizen sät". Jesus sagt: „Als die Saat aufging und sich die Ähren bildeten, kam auch das Unkraut zum Vorschein." Die Knechte des Gutsherrn möchten es ausreißen, aber der Gutsherr erlaubt es ihnen nicht: „Sonst reißt ihr zusammen mit dem Unkraut auch den Weizen aus. Laßt beides wachsen bis zur Ernte. Wenn dann die Zeit der Ernte da ist, werde ich den Arbeitern sagen: Sammelt zuerst das Unkraut und bindet es in Bündel, um es zu verbrennen; den Weizen aber bringt in meine Scheune" (*Mt* 13,24-30). Dieses Gleichnis erklärt das Nebeneinander, ja die häufige Verwicklung des Guten mit dem Bösen in der Welt, in unserem Leben, in der Geschichte der Kirche selbst. Jesus lehrt uns, die Dinge mit christlichem Realismus zu sehen und jedes Problem nach klaren Grundsätzen, aber auch mit Klugheit und Geduld zu behandeln. Das setzt eine transzendente Sicht der Geschichte voraus, wo man weiß, daß alles Gott gehört und jedes endgültige Resultat ein Werk seiner Vorsehung ist. Das in eschatologischer Dimension endgültige Schicksal der Guten und der Bösen bleibt jedoch nicht verborgen: Es wird dargestellt durch das Einbringen des Weizens in die Scheune und das Verbrennen des Unkrauts.

6. Die Erklärung des Gleichnisses vom Unkraut unter dem Weizen gibt Jesus selbst, auf Wunsch der Apostel (vgl. *Mt* 13,36-43). Aus seinen Worten geht die sowohl zeitliche als auch eschatologische Dimension des Reiches Gottes hervor.
Er sagt zu den Seinen: „Euch ist das Geheimnis des Reiches Gottes anvertraut" (*Mt* 4,11). Er belehrt sie über dieses Geheimnis, und mit seinem Wort und seinem Werk „vermacht er ihnen das Reich, wie es sein Vater ihm vermacht hat" (vgl. *Lk* 22,29). Von diesem Erbe ist auch nach seiner Auferstehung die Rede: Denn wir lesen in der Apostelgeschichte: „Vierzig Tage hindurch ist er ihnen erschienen und hat vom Reich Gottes gesprochen" (*Apg* 1,3). bis zu dem Tag, an dem „er in den Himmel aufgenommen wurde und sich zur Rechten Gottes setzte" (vgl. *Mk* 16,19). Es waren die letzten Weisungen und Anordnungen an die Apostel über das, was sie

nach der Himmelfahrt und nach Pfingsten tun sollten, um durch die Geburt der Kirche einen konkreten Anfang für das Reich Gottes zu setzen.

7. Auch die an Petrus bei Cäsarea Philippi gerichteten Worte prägen sich in den Bereich der Lehre vom Reich ein. Denn Jesus sagt zu ihm: „Ich werde dir die Schlüssel des Himmelreichs geben" (*Mt* 16,19), gleich nachdem er ihn Petrus (Felsen) genannt hatte, auf dem er seine Kirche bauen wollte, die „die Mächte der Unterwelt nicht überwältigen werden" (vgl. *Mt* 16,18). Es ist eine Verheißung, damals in der Zukunftsform: „ich werde bauen" gesprochen, denn die endgültige Gründung des Reiches Gottes in dieser Welt sollte sich erst durch den Opfertod am Kreuz und den Sieg der Auferstehung erfüllen. Danach besitzt Petrus mit den anderen Aposteln das lebendige Bewußtsein ihrer Berufung, „die großen Taten dessen zu verkünden, der sie aus der Finsternis in sein wunderbares Licht gerufen hat" (vgl. *1 Petr* 2,9). Zugleich werden alle auch das Bewußtsein der Wahrheit haben, die aus dem Gleichnis vom Sämann hervorgeht, das heißt, wie der heilige Paulus schreibt: „So ist weder der etwas, der pflanzt, noch der, der begießt, sondern nur Gott, der wachsen läßt" (1 Kor 3,7).

8. Der Autor der Offenbarung bringt dasselbe Bewußtsein vom Reich zum Ausdruck, wenn er das an das Lamm gerichtete Lied wiedergibt: „... denn du wurdest geschlachtet und hast mit deinem Blut Menschen für Gott erworben aus allen Stämmen und Sprachen, aus allen Nationen und Völkern, und du hast sie für unsern Gott zu Königen und Priestern gemacht" (*Offb* 5,9-10). Der Apostel Petrus betont, daß sie dazu gemacht wurden, „um durch Jesus Christus geistige Opfer darzubringen, die Gott gefallen" (*1 Petr* 2,5). All dies sind Ausdrucksformen der Wahrheiten Jesu, der in den Gleichnissen vom Sämann, vom Weizen und Unkraut, vom Senfkorn, das gesät wird und dann ein großer Baum wird, von einem Reich Gottes sprach, das unter dem Wirken des Geistes in den Herzen wächst, dank der Lebenskraft, die seinem Tod und seiner Auferstehung entspringt: ein Reich, das wächst bis zu der von Gott selbst vorgesehenen Zeit.

9. „Danach", so verkündet der heilige Paulus, „kommt das Ende, wenn er jede Macht, Gewalt und Kraft vernichtet hat und seine Herrschaft Gott, dem Vater, übergibt" (*1 Kor* 15,24). „Wenn ihm dann alles unterworfen ist, wird auch er, der Sohn, sich dem unterwerfen, der ihm alles unterworfen hat, damit Gott herrscht über alles und in allem" (*1 Kor* 15,28).
In einer wunderbaren eschatologischen Perspektive des Reiches Gottes wird das Dasein der Kirche vom Anfang bis zum Ende beschrieben, und ihre Geschichte entwickelt sich vom ersten bis zum letzten Tag.

In deutscher Sprache sagte der Papst:

Liebe Schwestern und Brüder!

Den Ursprung der Kirche können wir nur verstehen - so haben wir in der vorausgegangenen Katechese betont -, wenn wir all das vor Augen haben, was Jesus predigte

und wirkte. Und gerade über das Reich Gottes hat er uns in seinen Gleichnissen belehrt.
Er sagt: „Mit dem Reich Gottes ist es so, wie wenn ein Mann Samen auf seinen Acker sät: ... die Erde bringt von selbst ihre Frucht, zuerst den Halm, dann die Ähre, dann das volle Korn in der Ähre. Sobald aber die Frucht reif ist, legt er die Sichel an, denn die Zeit der Ernte ist da" (*Mk* 4,26-29). Demnach wächst das Reich Gottes auf der Erde und in der Geschichte der Menschheit kraft einer ursprünglichen Aussaat, das heißt: der Gründung, die von Gott und seinem geheimnisvollen Wirken kommt und die die Kirche durch alle Jahrhunderte weiter pflegt.
Im Gleichnis des *Matthäus-Evangeliums* (13,1-50) wird das Gedeihen der Saat auch als Frucht der Arbeit des Sämanns herausgestellt, das zugleich von der klimatischen Beschaffenheit der Erde abhängt. So ist nach den Worten Jesu das Wachstum des Reiches Gottes durch den Menschen, durch seine innere Bereitschaft bedingt: der freie menschliche Wille ist für das Wachsen verantwortlich.
Im selben Gleichnis (*Mt* 13,24-30) spricht der Herr von einem Feind, der Unkraut unter den Weizen sät, so daß beides zusammen wachsen muß und erst bei der Ernte voneinander getrennt wird. Damit erklärt Jesus das Nebeneinander von Gut und Böse in der Welt, in unserem Leben, ja selbst in der Geschichte der Kirche. Er lehrt uns, die Dinge mit christlichem Realismus zu sehen, aber auch mit Klugheit und Geduld. Dies setzt eine transzendente Sicht der Geschichte voraus, nach der alles Gott gehört und jegliches Ende ein Werk seiner Vorsehung ist. Dies verkündet der heilige Paulus, wenn er schreibt: „Danach kommt das Ende, wenn Christus jede Macht, Gewalt und Kraft vernichtet hat und seine Herrschaft Gott, dem Vater, übergibt" (*1 Kor* 15,24).
Indem ich am Ende dieser meiner Worte dazu einlade, für das Kommen des Reiches Gottes zu beten und auf die göttliche Vorsehung zu vertrauen, grüße ich alle deutschsprachigen Pilger und Besucher sehr herzlich. Mein besonderer Willkommensgruß gilt den Mitgliedern des Caritas-Helferkreises der Pfarrei St. Peter und Paul in Erlangen, dem Musikkreis „Lassus" aus München, den Seminaristen aus dem Bischöflichen Priesterseminar in Trier und der Gruppe „Frauenselbsthilfe nach Krebs", Neuwied.
Euch allen, euren lieben Angehörigen in der Heimat sowie den mit uns über Fernsehen und über Radio Vatikan verbundenen Gläubigen erteile ich von Herzen meinen Apostolischen Segen.

Maria wacht über eure Familien

Angelus in Latina am 29. September

Liebe Schwestern und Brüder!

1. In diesem Augenblick richten sich unsere Gedanken natürlich an die Gottesmutter, die vom Volk eurer Diözese Latina, Terracina, Sezze und Priverno mit Vertrauen angerufen und verehrt wird.
Viele Pfarreien haben sie unter verschiedenen und bedeutsamen Namen als Patronin. Oder sie tragen wie die Konkathedralen von Priverno und Sezze und die antike Mutterkirche in Cisterna einfach den Namen „Santa Maria".
Zu nennen sind auch die drei Wallfahrtskirchen, die durch ihre unterschiedliche geographische Lage die segnende Gegenwart der himmlischen Mutter in der gesamten Diözesangemeinschaft unterstreichen.
Ich denke an das Heiligtum der Madonna della Delibera in Terracina, erbaut im 15. Jahrhundert; an das der Mutter von der Immerwährenden Hilfe in Cori aus dem 16. Jahrhundert und an die Kirche der Madonna della Sorresca in Sabaudia am Paola-See, erbaut im 12. Jahrhundert.
Die Gottesmutter wacht über euer Haus und eure Familie, eure Felder und Werkstätten, über die Pontinische Ebene und über die Hügel, über die Meeresküste und über das Landesinnere dieser fleißigen und aufnahmebereiten Region.
Diese Marienverehrung, von einer Generation auf die andere zeitlich überliefert, hat tiefverwurzelte religiöse Traditionen hervorgebracht und gefestigt, die in so vielen Familien und Pfarrgemeinden fortleben.

2. Diese vertrauensvolle Liebe zur Königin des Himmels hat in den vergangenen Jahren neuen Auftrieb erfahren. Ausgehend vom jüngsten Marianischen Jahr, habt ihr die Absicht, in Latina eine neue Wallfahrtskirche zu bauen, die Maria, Mutter der Kirche, geweiht ist. Am 8. März 1988 hatte ich die Freude, die Marienstatue zu weihen, die den Zügen der „Mater Ecclesiae" getreu nachgebildet ist, dem Mosaik, das sich an der Mauer des Apostolischen Palastes auf dem Petersplatz befindet.
Diese Statue hat bereits die ganze Diözese in frommer Pilgerschaft durchwandert und reiche geistliche Früchte gebracht.
Liebe Schwestern und Brüder, jetzt lade ich euch ein, im Angelusgebet die Mutter des Herrn vertrauensvoll anzurufen, damit eure Diözesangemeinschaft durch die sorgfältige Bewahrung der christlichen Werte, die der heiligen Maria Goretti erlaubten, ihre Liebe zu Christus durch das Martyrium zu bezeugen, in der authentischen Treue zum Evangelium weiterwächst.

Das Wirken des Geistes am Ursprung der Kirche

Ansprache bei der Generalaudienz am 2. Oktober

1. Wir haben in den voraufgegangenen Katechesen mehrmals auf das Wirken des Heiligen Geistes am Ursprung der Kirche hingewiesen. Es ist gut, daß wir diesem so schönen und wichtigen Thema jetzt eine eigene Katechese widmen.
Jesus selbst sagt vor seiner Himmelfahrt zu den Aposteln: „Ich werde die Gabe, die mein Vater verheißen hat, zu euch herabsenden. Bleibt in der Stadt, bis ihr mit der Kraft aus der Höhe erfüllt werdet" (*Lk* 24,49). Jesus will die Apostel direkt auf die Erfüllung der „Verheißung des Vaters" vorbereiten. Der Evangelist Lukas wiederholt dieselbe Empfehlung des Meisters auch in den ersten Versen der Apostelgeschichte: „Beim gemeinsamen Mahl gebot er ihnen: Geht nicht weg von Jerusalem, sondern wartet auf die Verheißung des Vaters, die ihr von mir vernommen habt" (*ebd.* 1,4).
Während seines ganzen messianischen Tuns bereitete Jesus, indem er über das Reich Gottes sprach, „die Zeit der Kirche" vor, die nach seinem Weggehen ihren Anfang nehmen sollte. Als der Weggang nahe war, verkündete er, daß der Tag, an dem diese Zeit beginnen sollte (vgl. *Apg* 1,5), das heißt der Tag der Herabkunft des Heiligen Geistes, kurz bevorstehe. Und mit dem Blick in die nahe und ferne Zukunft fügte er hinzu: „Aber ihr werdet die Kraft des Heiligen Geistes empfangen, der auf euch herabkommen wird; und ihr werdet meine Zeugen sein in Jerusalem und in ganz Judäa und Samarien und bis an die Grenzen der Erde" (*Apg* 1,8).

2. Als der Pfingsttag gekommen war, erhielten die Apostel, die mit der Mutter des Herrn im Gebet versammelt waren, den Beweis, daß Jesus Christus so handelte, wie er angekündigt hatte: das heißt, daß sich die „Verheißung des Vaters" erfüllte. Dies verkündete Simon Petrus als erster unter den Aposteln, als er zu den Versammelten sprach. Petrus erinnerte in seiner Rede zuerst an den Kreuzestod und ging dann auf das Zeugnis der Auferstehung und die Ausgießung des Heiligen Geistes über: „Diesen Jesus hat Gott auferweckt, dafür sind wir alle Zeugen. Nachdem er durch die rechte Hand Gottes erhöht worden war und vom Vater den verheißenen Heiligen Geist empfangen hatte, hat er ihn ausgegossen" (*Apg* 2,32-33).
Petrus beteuert vom ersten Tag an, daß die „Verheißung des Vaters" sich als Frucht der Erlösung erfüllt, denn Christus, der „zur Rechten Gottes" erhöhte Sohn, sendet kraft seines Kreuzestodes und seiner Auferstehung den Geist, wie er bereits vor seinem Leiden, beim Abschied im Abendmahlssaal, angekündigt hatte.

3. Der Heilige Geist setzte so den Anfang zur Sendung der Kirche, die für alle Menschen errichtet worden ist. Aber wir dürfen nicht vergessen, daß der Heilige Geist als „unbekannter Gott" (vgl. *Apg* 17,23) bereits vor dem Pfingsttag am Werk war. Er wirkte in besonderer Weise im Alten Bund, indem er das auserwählte Volk erleuchtete und auf den Weg führte, der die Geschichte der Antike auf den Messias hinlenkte. Er wirkte in der Botschaft der Propheten und in den Schriften aller erleuchteten Autoren. Er war besonders bei der Menschwerdung des Sohnes am

Werk, wie es das Evangelium der Verkündigung und die Geschichte der darauffolgenden Ereignisse bezeugen, die mit dem Kommen des ewigen Wortes in die Welt, das die menschliche Natur angenommen hatte, verbunden sind. Der Heilige Geist wirkte im Messias und um den Messias herum vom Augenblick an, als Jesus seine messianische Sendung in Israel begann; so geht es hervor aus den Berichten des Evangeliums über die Theophanie bei der Taufe im Jordan und seine Erklärungen in der Synagoge von Nazaret. Aber von dem Augenblick an und während des ganzen Lebens Jesu wuchs die Erwartung und erneuerten sich die Verheißungen über ein zukünftiges, endgültiges Kommen des Heiligen Geistes. Johannes der Täufer verknüpfte die Sendung des Messias mit einer neuen Taufe „im Heiligen Geist". Jesus verhieß denen, die an ihn glaubten, „Ströme lebendigen Wassers": eine Verheißung aus dem Evangelium des Johannes, der sie so erläutert: „Damit meinte er den Geist, den alle empfangen sollten, die an ihn glauben; denn der Geist war noch nicht gegeben, weil Jesus noch nicht verherrlicht war" (*Joh* 7,39). Am Pfingsttag ließ Christus, nunmehr verherrlicht nach der endgültigen Erfüllung seiner Sendung, aus seiner Brust „Ströme lebendigen Wassers" fließen und sandte den Geist, um die Apostel und alle Glaubenden mit göttlichem Leben zu erfüllen. Diese konnten so „mit dem einen Geist getränkt" werden (vgl. *1 Kor* 12,13). Und das war der Beginn des Wachstums der Kirche.

4. Wie das II. Vatikanische Konzil schreibt, „hat Christus vom Vater her den Heiligen Geist gesandt, der sein Heilswerk von innen her wirken und die Kirche zu ihrer eigenen Ausbreitung bewegen soll. Ohne Zweifel wirkte der Heilige Geist schon in der Welt, ehe Christus verherrlicht wurde. Am Pfingsttag jedoch ist er auf die Jünger herabgekommen, um auf immer bei ihnen zu bleiben (vgl. *Joh* 14,16). Die Kirche wurde vor der Menge öffentlich bekanntgemacht, die Ausbreitung des Evangeliums unter den Heiden durch die Verkündigung nahm ihren Anfang, und endlich wurde die Vereinigung der Völker in der Katholizität des Glaubens vorausbezeichnet, die sich durch die Kirche des Neuen Bundes vollziehen soll, welche in allen Sprachen spricht, in der Liebe alle Sprachen versteht und umfängt und so die babylonische Zerstreuung überwindet" (*Ad gentes*, Nr. 4).
Der Konzilstext hebt hervor, worin das Wirken des Heiligen Geistes in der Kirche besteht, beginnend am Pfingsttag. Es handelt sich um ein inneres Heilswirken, das zugleich äußerlich zum Ausdruck kommt durch das Entstehen der Gemeinschaft und Institution des Heils. Diese Gemeinschaft, die Gemeinschaft der ersten Jünger, ist ganz von der Liebe durchdrungen, die alle Unterschiede und Spaltungen irdischer Ordnung übersteigt. Zeichen dafür ist das Pfingstereignis, ein Ausdruck des Glaubens an Gott, für alle verständlich, trotz der unterschiedlichen Sprachen. Die Apostelgeschichte bestätigt, daß die um die Apostel versammelten Leute bei der ersten öffentlichen Manifestation der Kirche voll Staunen sagten: „Sind das nicht alles Galiläer, die hier reden? Wieso kann sie jeder von uns in seiner Muttersprache hören" (*Apg* 2,7-8).

5. Die am Pfingsttag durch den Heiligen Geist so geborene Kirche zeigt sich sofort der Welt. Es ist keine geschlossene Gemeinschaft, sondern eine offene, man könnte sagen: weit geöffnete - auf alle Nationen hin „bis an die Grenzen der Erde" (*Apg* 1,8). Diejenigen, die durch die Taufe in diese Gemeinschaft eintreten, werden kraft des Heiligen Geistes der Wahrheit Zeugen der Frohbotschaft, bereit, sie den anderen mitzuteilen. Sie ist deshalb eine dynamische, apostolische Gemeinschaft: die Kirche „im Missionszustand".
Der Heilige Geist selbst gibt als erster „Zeugnis" für Christus (vgl. *Joh* 15,26), und dieses Zeugnis durchdringt Seele und Herz derjenigen, die an Pfingsten teilnehmen und ihrerseits Zeugen und Verkünder werden. Die „Zungen wie von Feuer" (*Apg* 2,3), die sich auf jeden einzelnen niederließen, sind das äußere Zeichen der Begeisterung, die der Heilige Geist in ihnen entzündete. Dieser Enthusiasmus geht von den Aposteln auf ihre Zuhörer über, so daß bereits am ersten Tag nach der Rede des Petrus „ihrer Gemeinschaft etwa dreitausend Menschen hinzugefügt" wurden (*Apg* 2,41).

6. Die ganze Apostelgeschichte ist eine großartige Beschreibung des Wirkens des Heiligen Geistes bei den Anfängen der Kirche, die „gefestigt wurde und in der Furcht vor dem Herrn lebte: und sie wuchs durch die Hilfe des Heiligen Geistes" (*Apg* 9,31). Man weiß, daß innere Schwierigkeiten und Verfolgungen nicht fehlten, und es gab die ersten Blutzeugen. Aber die Apostel hatten die Gewißheit, daß der Heilige Geist sie leitete. Diese Gewißheit wurde in dem Schreiben am Ende der Versammlung von Jerusalem formuliert, deren Beschlüsse mit den Worten beginnen: „Der Heilige Geist und wir haben beschlossen" (*Apg* 15,28). Die Gemeinde bewies auf diese Weise ihr Bewußtsein, unter dem Wirken des Heiligen Geistes zu stehen.

In deutscher Sprache sagte der Papst:

Liebe Schwestern und Brüder!

In den voraufgegangenen Katechesen haben wir des öfteren auf das Wirken des Heiligen Geistes am Ursprung der Kirche hingewiesen.
Jesus selbst verkündet vor seiner Auffahrt in den Himmel: „Und ich werde die Gabe, die mein Vater verheißen hat, zu euch herabsenden" (*Lk* 24,49). Zugleich gebietet er den Aposteln: „Geht nicht weg von Jerusalem, sondern wartet auf die Verheißung des Vaters" (*Apg* 1,4). Am Pfingsttag wurde diese „Gabe", der Heilige Geist, dann über sei ausgegossen.
Der Heilige Geist hat so den Anfang für die Sendung der Kirche gesetzt, aber er wirkte immer schon als „unbekannter Gott" (*Apg* 14,23) auch vor dem Pfingstfest, in besonderer Weise bereits im Alten Testament, indem er das auserwählte Volk auf den Weg zum Messias führte. Durch diesen Geist hat Jesus, Gott ewiger Sohn, Fleisch angenommen; der gleiche Geist kam bei seiner Taufe im Jordan auf ihn herab und war danach mit ihm bei der Erfüllung seiner messianischen Sendung;

denselben Geist sollen nach den Worten Jesu alle Glaubenden empfangen (vgl. *Joh* 7,38-39).
Der Heilige Geist ist am Pfingstfest über die erste Gemeinde „aus allen Völkern unter dem Himmel" (*Apg* 2,5) herabgekommen und wurde durch die Verkündigung der Jünger „bis an die Grenzen der Erde" (*Apg* 1,8) offenbar. Der Geist „legt Zeugnis" (*Joh* 15,26) von Christus ab und festigt die neu entstandene Kirche durch alle inneren Schwierigkeiten und Verfolgungen hindurch (vgl. *Apg* 9,31).
Die Apostel sind sich dieser stärkenden Kraft bewußt, wenn sie im Konzil zu Jerusalem bekennen: „... der Heilige Geist und wir haben beschlossen" (*Apg* 15,28).
Indem ich am Ende dieser kurzen Betrachtung dazu einlade, den Heiligen Geist zu bitten, daß er unseren Glauben an die Kirche vermehren und stärken möge, grüße ich alle deutschsprachigen Pilger und Besucher sehr herzlich. Mein besonderer Gruß gilt der Pilgergruppe erwachsener Behinderter aus den Schweizer Diözesen „Rom im Rollstuhl", den Teilnehmern des Regensburger Dom-Seminars für Journalisten unter Leitung von Bischof Manfred Müller sowie einer Gruppe von Mitgliedern des Bayerischen Landtags.
Euch allen, euren lieben Angehörigen in der Heimat sowie den mit uns über Radio und Fernsehen verbundenen Gläubigen erteile ich von Herzen meinen Apostolischen Segen.

Gute Aufnahme für den Codex der Ostkirchen

Bekanntlich ist gestern, am Patrozinium der seligsten Jungfrau Maria, der „Theotokos", das in vielen Orientalischen Kirchen gefeiert wird, der neue Codex der Canones der Orientalischen Kirchen in Kraft getreten, der am 18. Oktober des vergangenen Jahres während der Bischofssynode veröffentlicht wurde.
Ich wünsche von Herzen, daß dieser Codex in seiner Gesamtheit und in jedem seiner Canones angenommen werde mit ausgewogenem Sinn und dem Vertrauen, daß seine Befolgung gewiß auf alle Orientalischen Kirchen jene himmlischen Gnaden herabrufen wird, die so notwendig sind für einen immer größeren Aufschwung und stärkere geistige Kraft bei dem Einsatz, das Evangelium in der Welt zu bezeugen.

Der Rosenkranz ein Gebet des Herzens

Angelus auf der Piazza Farnese am 6. Oktober

Liebe Schwestern und Brüder!

1. Wir haben soeben die Eucharistiefeier anläßlich der sechshundertjährigen Heiligsprechung der heiligen Birgitta von Schweden beendet.
Wiederum danken wir dem Herrn, daß er der Kirche, Europa und der gesamten Menschheit eine Frau geschenkt hat, die sich durch ihren Glauben und apostolischen Eifer so einzigartig ausgezeichnet hat.

Wir danken Gott, weil auf dem Weg dieser treuen Glaubenszeugin auch heute noch so viele Frauen und Männer gehen, die von der gleichen Sehnsucht nach christlicher Vollkommenheit beseelt sind.
Voll Bewunderung denken wir an die verschiedenen Klostergemeinschaften des Erlöserordens, verstreut in aller Welt, und an den „schwedischen Zweig", der sich, ausgehend von diesem Haus auf der Piazza Farnese, nunmehr in vielen Nationen ausgebreitet hat. Dem Beispiel der heiligen Gründerin folgend, hört die geistliche Birgittenfamilie nicht auf, sich der Sache Christi und der Kirche zu widmen, unterstützt durch die mütterliche Hilfe Marias, „der Mutter und Lehrerin aller".

2. Wie entscheidend war die Gegenwart der Gottesmutter auf dem asketischen und missionarischen Weg der heiligen Birgitta!
Die Liebe zur Jungfrau war das Geheimnis ihres Zeugnisses für das Evangelium und ihrer ausdauernden Nachfolge des Erlösers.
Birgitta schaute auf Maria als ihr Vorbild und ihre Hilfe während ihres ganzen Lebens. Sie verkündete entschieden die göttliche Erwählung der Unbefleckten Empfängnis. Sie betrachtete dabei die staunenswerte Mission der Mutter des Erlösers. Sie rief sie an als die Unbefleckte, die Schmerzensreiche und die Miterlöserin, indem sie ihre einzigartige Rolle in der Heilsgeschichte und im Leben des christlichen Volkes hervorhob.
„Wie der Magnet den Stahl anzieht, so tut es die selige allzeit reine Jungfrau Maria, indem sie die Herzen anzieht", schreibt die Heilige.

3. Liebe Schwestern und Brüder, die heilige Birgitta lädt uns ein, sie nachzuahmen, dadurch daß auch wir uns Maria anvertrauen. Sie lädt uns ein, der Gottesmutter unsere Familien, die Hoffnungen der Kirche, die Erwartungen der Welt anzuvertrauen.
Und das nahe Fest Unserer Lieben Frau vom Rosenkranz, die besonders im Heiligtum von Pompei verehrt wird, regt uns zum einfachen und tiefen Gebet an, geeignet, diese innige Gemeinschaft mit Maria wachsen zu lassen, die die Quelle hochherziger Hingabe an das Werk ihres Sohnes Jesus ist.
Es ist das Rosenkranzgebet, das uns eine Zusammenfassung des Evangeliums bietet und uns auf leichte und allen zugängliche Weise zum Gebet des Herzens führt.
Wenden wir uns voll Vertrauen an unsere himmlische Mutter, und bitten wir sie jetzt mit dem Angelusgebet um ihre Hilfe.

Krieg ist nicht des Menschen würdig

Aufruf zum Gebet für die Völker in Jugoslawien

Von neuem rufe ich zum Gebet für Jugoslawien auf, wo ein Krieg im Gang ist, der die wehrlose Zivilbevölkerung nicht schont und historische Bauwerke, Stätten des Gottesdienstes und des Gebetes, das Erbe jener Völker und der Menschheit, zerstört. Wie ich bereits sagte, ist „das, was in jenen Ländern geschieht, nicht des Menschen würdig, nicht Europas würdig". In diesem kritischen Augenblick muß

man für diese Völker, diese Länder, unseren Kontinent beten; bitten wie die heilige Birgitta, die mit allen europäischen Ländern, mit allen Völkern so sehr verbunden ist.
Wir danken noch einmal für diese uns von der Vorsehung gebotene Gelegenheit, wir danken all unseren erlauchten Gästen, unseren Gästen, den Brüdern im christlichen Glauben und im Dienst an der Kirche; wir kommen von dieser Gebetsgemeinschaft, die sich an der heiligen Patronin von Schweden inspiriert hat, und sind von dieser Begegnung mit einer größeren Hoffnung erfüllt, die uns Getauften, uns Christen alle, herausfordert zum Einsatz für die Einheit der Christenheit und der Kirche entsprechend dem Gebet des Erlösers: „Ut unum sint." In diesem Geist laßt uns vor dem Schlußsegen der Messe den „Engel des Herrn" beten.

Die Kirche - Sakrament der Liebe Gottes

Ansprache bei der Generalaudienz am 9. Oktober

1. Das Zweite Vatikanische Konzil schließt in der Konstitution *Lumen Gentium* den ersten Teil seiner Ausführungen über die Kirche mit einem zusammenfassenden und geheimnisvollen Satz des hl. Cyprian: „So erscheint die ganze Kirche als ‚das von der Einheit des Vaters und des Sohnes und des Heiligen Geistes her geeinte Volk'" (*Lumen Gentium*, Nr. 4). Dem Konzil nach ist also die Kirche in ihrem innersten Wesen ein Geheimnis des Glaubens, tief verbunden mit dem unendlichen Geheimnis der Dreifaltigkeit. Diesem Geheimnis im Geheimnis sollen wir nun unsere Überlegungen widmen, nachdem wir in den vorausgegangenen Katechesen die Kirche dargestellt haben in der Lehre Jesu und im österlichen Erlösungswerk, von ihm vollbracht durch Leiden, Tod und Auferstehung und mit der Krönung am Pfingsttag durch die Herabkunft des Heiligen Geistes auf die Apostel. Nach der Lehre des II. Vatikanischen Konzils, dem Erben der Tradition, ist das Geheimnis der Kirche im dreifaltigen Gott verwurzelt und hat deshalb als erste und grundlegende Dimension die dreifaltige, insofern die Kirche von ihrem Ursprung bis zu ihrem geschichtlichen Ende und ihrer ewigen Bestimmung in der Dreifaltigkeit Bestand und leben hat (vgl. hl. Cyprian, *De oratione dominica*, 23: *PL* 4,553).

2. Diese trinitarische Perspektive der Kirche wird von Jesus mit den Worten eröffnet, die er vor seiner endgültigen Rückkehr zum Vater zuletzt zu den Aposteln sagte: „Geht zu allen Völkern und macht alle Menschen zu meinen Jüngern; tauft sie im Namen des Vaters und des Sohnes und des Heiligen Geistes" (*Mt* 28,19). „Alle Völker", eingeladen und gerufen, sich in dem einen Glauben vereinen, sind vom Geheimnis des dreieinigen Gottes gekennzeichnet. Alle sind zur Taufe eingeladen und gerufen, das heißt zur Einführung in das Geheimnis des göttlichen Lebens der Heiligsten Dreifaltigkeit durch die Kirche der Apostel und ihrer Nachfolger, sichtbares Fundament der Gemeinschaft der Glaubenden.

3. Diese trinitarische Perspektive, auf die Christus hinwies, indem er die Apostel aussandte, die gesamte Welt zu evangelisieren, findet ihren Ausdruck in dem Gruß, den Paulus der Gemeinde von Korinth entbietet: „Die Gnade Jesu Christi, des Herrn, die Liebe Gottes und die Gemeinschaft des Heiligen Geistes sei mit euch allen" (*2 Kor* 13,13). Es ist derselbe Gruß, den der Zelebrant in der nach dem II. Vatikanischen Konzil erneuerten Meßliturgie an die Gemeinde richtet, so wie der Apostel Paulus es einst mit den Gläubigen von Korinth tat. Der Gruß bringt den Wunsch zum Ausdruck, daß alle Christen an den Gaben teilhaben, die dem Vater, dem Sohn und dem Heiligen Geist zugeschrieben werden: an der Liebe des Vaters und Schöpfers, an der Gnade des Sohnes, des Erlösers, an der Einheit in der Gemeinschaft des Heiligen Geistes, dem Band der Liebe der Dreifaltigkeit, an dem die Kirche teilhat.

4. Dieselbe trinitarische Ausrichtung findet sich in einem anderen paulinischen Text, der unter dem Gesichtspunkt der Sendung der Kirche große Bedeutung hat: „Es gibt verschiedene Gnadengaben, aber nur den einen Geist. Es gibt verschiedene Dienste, aber nur den einen Herrn. Es gibt verschiedene Kräfte, die wirken, aber nur den einen Gott: Er bewirkt alles in allen" (*1 Kor* 12,4-6). Die Einheit der Kirche spiegelt zweifellos die Einheit Gottes wider, aber gleichzeitig schöpft sie Lebenskraft aus der Dreifaltigkeit des Vaters, des Sohnes und des Heiligen Geistes, die sich im Reichtum des kirchlichen Lebens widerspiegelt. Die Einheit ist fruchtbar an vielfältigen Erscheinungsweisen des Lebens. Über dem ganzen Geheimnis der äußerst reichen Einheit der Kirche erstreckt sich überragend das Geheimnis des einen und dreifaltigen Gottes.

5. Im Leben der Kirche ist es möglich, den Widerschein der Einheit und der göttlichen Dreifaltigkeit zu entdecken. Am Ursprung dieses Lebens sieht man vor allem die Liebe des Vaters, der die Initiative sowohl zur Schöpfung als auch zur Erlösung besitzt, für die er die Menschen als Kinder in seinem eingeborenen Sohn sammelt. Deshalb ist das Leben der Kirche das Leben Christi selbst, der in uns lebt, indem er uns die Teilhabe an der eigenen Gottessohnschaft schenkt. Und diese Teilhabe wird vom Heiligen Geist bewirkt, der es ermöglicht, daß wir wie Christus und mit Christus zu Gott sagen: „Abbá, Vater!" (*Röm* 8,15).

6. In dieser Anrufung findet das neue Bewußtsein der Teilhabe des Menschen an der Sohnschaft des Gottessohnes durch den Heiligen Geist, der die Gnade schenkt, eine Formulierung göttlichen - und dreifaltigen! - Ursprungs. Derselbe Gott verwirklicht durch die Gnade die Verheißung Christi über die Einwohnung des dreifaltigen Gottes in den Gotteskindern. In der Tat wird die von Jesus verkündete Verheißung: „Wenn jemand mich liebt, wird er an meinem Wort festhalten; mein Vater wird ihn lieben, und wir werden zu ihm kommen und bei ihm wohnen" (*Joh* 14,23) im Evangelium von einer vorhergehenden Verheißung erhellt: „Wenn ihr mich liebt, werdet ihr meine Gebote halten. Und ich werde den Vater bitten, und er wird euch einen anderen Beistand geben, der für immer bei euch bleiben soll" (*Joh* 14,15-16). Eine ähnliche Lehre wird uns vom hl. Paulus gegeben, der den Christen sagt, daß sie

„Tempel Gottes” sind, und diesen herrlichen Vorrang mit den Worten erklärt: „Der Heilige Geist wohnt in euch” (*1 Kor* 3,16; vgl. *Röm* 8,9; *1 Kor* 6,19; *2 Kor* 6,16). Und nun erscheint in diesen Texten eine große Wahrheit: Der Mensch, die Person, ist in der Kirche die Wohnung des dreifaltigen Gottes, und die ganze Kirche, bestehend aus Personen, in denen die Dreifaltigkeit wohnt, ist in ihrem Gesamt die Wohnung, der Tempel der Dreifaltigkeit.

7. In dem dreifaltigen Gott findet sich auch die wesentliche Quelle der Einheit der Kirche. Dies zeigt das hohepriesterliche Gebet Christi im Abendmahlssaal: „Alle sollen eins sein: Wie du, Vater, in mir bist und ich in dir bin, sollen auch sie in uns sein, damit die Welt glaubt, daß du mich gesandt hast. Und ich habe ihnen die Herrlichkeit gegeben, die du mir gegeben hast; denn sie sollen eins sein, wie wir eins sind, ich in ihnen und du in mir. So sollen sie vollendet sein in der Einheit, damit die Welt erkennt, daß du mich gesandt hat und die meinen ebenso geliebt hast wie mich” Joh 17,21-23). Das ist die Quelle und auch das Modell für die Einheit der Kirche. Denn Jesus sagt: Sie sollen eins sein „wie wir”. Aber die Verwirklichung dieser Gottähnlichkeit vollzieht sich im Innern der Einheit der Dreifaltigkeit: „sie in uns”. Und in dieser dreifaltigen Einheit bleibt die Kirche, die von der Wahrheit und der Liebe des Vaters, des Sohnes und des Heiligen Geistes lebt. Und die Quelle aller Anstrengungen, die auf die Wiedervereinigung der Christen in der Einheit der Kirche hinzielen, die in der menschlichen und geschichtlichen Dimension der Einheit verwundet ist, besteht immer in der einen und unteilbaren Dreifaltigkeit. Das Fundament des wahren Ökumenismus ist diese Wahrheit von der kirchlichen Einheit, die, wie uns das hohepriesterliche Gebet Christi offenbart, aus der Dreifaltigkeit hervorgeht.

8. Auch die Heiligkeit der Kirche - und jede Heiligkeit in der Kirche - hat ihre Quelle in der Heiligkeit des dreifaltigen Gottes. Der Übergang von der dreifaltigen Heiligkeit zur kirchlichen Heiligkeit geschieht vor allem in der Menschwerdung des Sohnes Gottes, wie aus den Worten der Verkündigung an Maria hervorgeht: „Deshalb wird auch das Kind heilig sein” (vgl. *Lk* 1,35). Dieser „Heilige” ist Christus, der Sohn, geweiht durch die Salbung des Heiligen Geistes (vgl. *Lk* 4,18), der Sohn, der durch sein Opfer sich selbst weiht, um seinen Jüngern die eigene Weihe und die eigene Heiligkeit mitteilen zu können: „Und ich heilige mich für sie, damit auch sie in der Wahrheit geheiligt sind” (*Joh* 17,19). Verherrlicht vom Vater durch diese Weise (vgl. *Joh* 13,31; 17,1-2), teilt der auferstandene Christus seiner Kirche den Heiligen Geist mit (vgl. *Joh* 20,22; 7,39), die sie heilig macht (vgl. *1 Kor* 6,11).

9. Abschließend möchte ich betonen, daß diese unsere eine und heilige Kirche ins Leben gerufen und in die Welt gestellt ist als Ausdruck jener Liebe, die Gott ist: „Gott ist die Liebe”, schreibt der Apostel Johannes (*1 Joh* 4,8). Und wenn Gott Vater und Sohn und Heiliger Geist ist, ist das unendliche Leben der Erkenntnis und Liebe der göttlichen Personen die transzendente Wirklichkeit der Dreifaltigkeit.

Eben diese „Liebe Gottes ist ausgegossen in unsere Herzen durch den Heiligen Geist, der uns gegeben ist" (*Röm* 5,5).
Die Kirche, „das von der Einheit des Vaters und des Sohnes und des Heiligen Geistes her geeinte Volk", wie uns der hl. Cyprian sagte, ist also das „Sakrament" der dreifaltigen Liebe. Gerade darin besteht ihr tiefstes Geheimnis.

In deutscher Sprache sagte der Papst:

Liebe Schwestern und Brüder!

Im Laufe unserer Katechesen über die von Christus gegründete Kirche wollen wir heute über deren trinitarische Ausrichtung nachdenken. Vor seiner Rückkehr zum Vater sagt der Herr den Aposteln: „Geht zu allen Völkern und macht alle Menschen zu meinen Jüngern; tauft sie im Namen des Vaters und des Sohnes und des Heiligen Geistes" (*Mt* 28,19).
„Alle Völker", eingeladen und gerufen, sich in dem einen Glauben zu vereinen, sind vom Geheimnis des dreieinigen Gottes gekennzeichnet. Dies findet auch im Grußwort des Apostels Paulus an die Gemeinde von Korinth seinen Ausdruck: „Die Gnade Jesu Christi, des Herrn, die Liebe Gottes und die Gemeinschaft des Heiligen Geistes sei mit euch allen" (*2 Kor* 13,13).
Gewiß, die Einheit der Kirche spiegelt die Einheit Gottes wider, aber zugleich schöpft sie ihre Lebenskraft aus der Einheit des Vaters mit dem Sohn und dem Heiligen Geist.
Im Leben der Kirche können wir den Abglanz der göttlichen Dreieinigkeit entdecken. Am Ursprung sehen wir besonders die Liebe des Vaters bei der Schöpfung wie auch bei der Erlösung, durch die er die Menschen als Kinder in seinem eingeborenen Sohn eint. So ist das Dasein der Kirche das Leben Christi selber, der in uns lebt und uns die Teilhabe an seiner eigenen Gottessohnschaft schenkt. Diese Gabe wird vom Heiligen Geist gewirkt, den der auferstandene und verherrlichte Christus seiner Kirche sendet. Paulus begründet diese wunderbare innere Ausstattung mit den Worten: „Der Geist Gottes wohnt in euch" (*Röm* 8,9).
In der göttlichen Dreieinigkeit finden wir auch die wesentliche Quelle der Einheit der Kirche, wie es Jesus in seinem Hohenpriesterlichen Gebet sagt: „Damit alle eins seien, wie du Vater in mir bist und ich in dir bin, sollen auch sie in uns sein, damit die Welt glaubt, daß du mich gesandt hast" (*Joh* 17,21). Diese unsere eine und heilige Kirche ist berufen, die Liebe, die Gott selber ist (vgl. *1 Joh* 4,8), in der Welt sichtbar werden zu lassen.
Indem ich nach diesen meinen Worten dazu einlade, den dreieinigen Gott zu bitten, er möge die Kirche in der Einheit bestärken und festigen, grüße ich alle deutschsprachigen Pilger und Besucher sehr herzlich. Mein ganz besonderer Willkommensgruß gilt den Diakonen des Päpstlichen Collegium Germanicum et Hungaricum, die am morgigen Tag das Sakrament der Priesterweihe empfangen; von Herzen erbitte ich Euch, liebe Weihekandidaten, reiche Gnaden für Gottes weise Führung auf Eurem priesterlichen Lebensweg, damit Ihr unerschrocken das Evangelium Christi verkündet und so den Menschen den Weg weist, „damit sie das Leben haben und es

in Fülle haben" (*Joh* 10,10). Zugleich begrüße ich eure lieben Eltern, eure Angehörigen und Freunde sowie die Mitglieder eurer Heimatpfarreien.
Ein weiterer Gruß gilt einer Gruppe evangelischer Vikare und Vikarinnen aus Lübeck und den Firmlingen der Pfarrei St. Marien, Wädenswil.
Euch allen, euren lieben Angehörigen daheim sowie den mit uns über Fernsehen und über Radio Vatikan verbundenen Gläubigen erteile ich von Herzen meinen Apostolischen Segen.

Wichtiger Schritt auf dem Weg zur Einheit

Dankbaren Herzens gegenüber Gott denke ich an die ökumenische Feier vom vergangenen Samstag in der Petersbasilika, wo ich die Freude hatte, der Abendvesper vorzustehen, begleitet von den lutherischen Erzbischöfen von Uppsala und Turku, Bertil Werkström und John Vikström, und vom lutherischen Bischof von Oslo, Andreas Aarflot, anläßlich der 600. Wiederkehr der Heiligsprechung der Birgitta von Schweden.
Diese Begegnung kann als ein weiterer und wichtiger Schritt auf dem Weg zur Einheit zwischen Katholiken und Lutheranern angesehen werden. Der Ökumenismus ist eine Reise, die man zusammen unternimmt, „eine Reise über Hügel und Täler", wie Erzbischof Vikström sagte.
Ich bin sicher, daß die ökumenische Feier vom 5. Oktober den einen und den anderen neuen Antrieb geben wird mit dem Ziel, die noch bestehenden Hindernisse zu beseitigen. Ich vertraue darauf, daß der Herr selbst uns den Weg zeigen wird, der uns zur vollen Wiederherstellung der Einheit führen wird, entsprechend seinem Gebet beim letzten Abendmahl: „Alle sollen eins sein ..., damit die Welt glaubt, daß du mich gesandt hast" (*Joh* 17,21).

In tiefer Liebe verbunden

Gedenken an den verstorbenen Patriarchen Dimitrios I.

Ich möchte heute mit euch des jüngst verstorbenen Patriarchen von Konstantinopel, Dimitrios I., gedenken.
Eine Delegation des Heiligen Stuhls hat am Begräbnis dieses lieben Bruders teilgenommen, dem ich in tiefer Liebe verbunden war.
Vor vier Jahren, anläßlich des Besuches beim Stuhl Petri, betonte Patriarch Dimitrios, daß er uns die Umarmung und Liebe der orthodoxen Brüder überbringe. Gern möchte ich deshalb mit euch an seinen damals öffentlich ausgesprochenen Wunsch erinnern, „daß baldmöglichst der Tag unserer vollen und vollendeten Einheit in dem einen Glauben und in der gemeinsamen Feier der Sakramente der Kirche anbreche".
Während ich den Herrn bitte, er schenke ihm die ewige Ruhe in der Herrlichkeit des Himmels, lade ich euch ein, auch für die Schwesterkirche von Konstantinopel zu beten und schon jetzt den Heiligen Geist anzurufen, damit er die Mitglieder des

Heiligen Synods bei der Wahl des neuen Ökumenischen Patriarchen auf dem altehrwürdigen Stuhl des Apostels Andreas erleuchte und leite.

Die Kirche - Ort der Begegnung aller Menschen

Ansprache bei der Generalaudienz am 23. Oktober

1. „Para onde vais?" „Wohin geht ihr?" In dieser Frage war das Leitmotiv des Eucharistischen Kongresses enthalten, der in Fortaleza im Jahr 1980 stattfand, als ich die Freude hatte, zum ersten Mal die Kirche in Brasilien zu besuchen. Obwohl seit jenem Besuch bereits elf Jahre vergangen sind, ist es notwendig, auf diese Frage nach der Pastoralreise vom 12.-21. Oktober d. J. zurückzukommen.
Ich möchte der Brasilianischen Bischofskonferenz danken für die Einladung, ebenso den zivilen Obrigkeiten: dem Präsidenten der Republik, dem Außenminister und all denen, die im Verlauf der Pilgerreise des Papstes herzliche Gastfreundschaft und eifrige Mitarbeit bewiesen haben. Ich möchte insbesondere meinen Mitbrüdern im Bischofsamt danken, nicht nur für die verschiedenen Begegnungen, sondern auch für das ganze Programm, das in seiner Gesamtheit wie eine Antwort auf die vor elf Jahren gestellte Frage „Wohin geht ihr?" erschien. Die Oberhirten in Brasilien haben den Weg gezeigt, auf dem die Kirche geht und auf dem sie entschlossen fortschreiten will in der Erfüllung der von Christus, dem Erlöser, erhaltenen Sendung.

2. Diese Sendung offenbart sich, zusammengefaßt, im Leitmotiv des diesjährigen Eucharistischen Kongresses, zu dem sich die Kirche Brasiliens in der Erzdiözese Natal versammelt hat. Diese Erzdiözese hatte den Auftrag übernommen, den jüngsten Eucharistischen Kongreß nach denen von Fortaleza (1980) und von Aparecida (1985) zu veranstalten. Das Leitwort: „Eucharistie und Evangelisierung" war der Ausgangspunkt für die Inspiration und Entwicklung der einzelnen Themen des Papstbesuches, die vor allem in den Predigten während der Eucharistiefeier (oder des Wortgottesdienstes) in den jeweiligen Reiseetappen Ausdruck fanden.
Ein kurzer Blick auf die Themen erlaubt uns, die wichtigsten Probleme in der Arbeit der Kirche in Brasilien zu erhaschen. Ich möchte sie in der Reihenfolge nennen, in der sie in den Reiseplan eingegliedert wurden.
So konzentrierte sich das Thema Evangelisierung in São Luis do Maranhão (Nordosten) auf die besonders dringenden Probleme: „Land - Gerechtigkeit und Agrarreform." Vom Nordosten führte unser Weg in das Landesinnere und vor allem in die Hauptstadt Brasilia, wo das Thema der Predigt „die Notwendigkeit der Erziehung zum Glauben für eine neue Gesellschaft" betraf. Während des Besuches in Goiânia wurde ein ähnliches Thema angeschnitten: „Die Kirche als Gemeinschaft und Teilhabe."

3. Brasilien ist ein riesiges Land, eines der größten Länder der Erde. Die Kirche dort lebt und entfaltet ihre Sendung in 210 Diözesen. Das örtliche Reiseprogramm wurde als Vervollständigung des vorhergegangenen Besuches von 1980 geplant. Erstmals

eingeschlossen in des Programm wurde der westliche Teil Brasiliens, der Staat Mato Grosso, mit den beiden Erzdiözesen Ciuabá (im Norden, in der Nähe des Amazonasgebietes) und Campo Grande (im Süden). Die Themen der Predigten waren: „Evangelisierung: Migranten und Ökologie" (in Cuiabá) und „Familie und Berufungen" (in Campo Grande). Der Staat Mato Grosso ist das Gebiet der jüngsten Wanderbewegungen, hauptsächlich der im Inland, und der großen ethnischen Unterschiede.
Die Kirche bleibt für alle verschiedenen Gruppen ein Ort der Begegnung. Ort der Begegnung ist sie auch, und ich würde sagen, in bemerkenswerter Weise, für die Ureinwohner dieses Gebietes, die brasilianischen Indios, die ihre ethnischen Rechte verteidigen und vor allem das Recht auf Land.
Die Reiseroute führte dann in den Staat Santa Catarina im Süden des Landes. In der Stadt Florianópolis lautete das Thema der Predigt: „Christliche Berufung zur Heiligkeit"; es wurde im Zusammenhang mit der Seligsprechung von Mutter Paulina, der Gründerin der Kongregation der Kleinen Schwestern von der Unbefleckten Empfängnis, behandelt.

4. Von Florianópolis ging die Pilgerreise während der letzten beiden Tage Richtung Norden, entlang der Küste des Atlantischen Ozeans. Die Predigt vom Samstag, gehalten in der Erzdiözese Votira (im Staat Espirito Santo), hatte als Hauptthema: „Maria im Leben der Kirche." Die heilige Messe endete mit der Weihe an die seligste Jungfrau.
Am Stadtrand von Vitoria kehrte das soziale Thema wieder anläßlich des Besuches in der „Favela do Lixão de São Pedro". Die Aufmerksamkeit, die dort auf den Gegensatz zwischen Zivilisation der Liebe und Zivilisation des Egoismus gelenkt wurde, ließ einen der qualifiziertesten Punkte des Programms der Evangelisierung verzeichnen. Dieses Thema kehrte anläßlich des Besuches in der Erzdiözese Maceió (im Staat Alagöas) wieder. Indem sie den Bedürfnissen der Ärmsten entgegenkommt, nimmt die Kirche die Kernprobleme „Arbeit und Unterkunft" in Angriff, die in dieser Region besonders schmerzlich zu spüren sind.
Zur selben Themengruppe gehört die Katechese, die in São Salvador da Bahia während der Begegnung mit den Kindern gehalten wurde. Denn auch die Kinder sind, leider, Opfer so vieler Ungerechtigkeiten, die sich in dem ungeordneten Familienleben und in der mangelnden angemessenen Sorge für die Familie widerspiegeln.
Auf dem gesamten brasilianischen Leben lastet die ungleiche Güterverteilung: Ein Abgrund besteht zwischen einer kleinen Gruppe sehr reicher Menschen und der übergroßen Mehrheit der „Entrechteten". Die Kinder, die Opfer dieser Ungerechtigkeit sind, müssen eine besondere Zielgruppe im Einsatz für die Evangelisierung der Gesellschaft werden.

5. São Salvador da Bahia, die ehemalige Hauptstadt Brasiliens und Sitz des Primas der Kirche dieses Landes, war die letzte Etappe dieser Pilgerfahrt. In dieser Stadt, in der so viele herrliche Kirchen die Vergangenheit der brasilianischen Kultur bezeu-

gen, mußte das Thema der kurz bevorstehenden „500-Jahr-Feier der Evangelisierung Amerikas" (1992) aufgegriffen werden.
Das Thema der Predigt: „Evangelisierung und Sendung zu den Völkern" hat uns nicht nur an die Vergangenheit erinnert, sondern hat auch den Reifungsprozeß der Kirche auf dem „Kontinent der Hoffnung" aufgezeigt in bezug auf die missionarische Verpflichtung. Denn die Kirche ist immer und überall eine große Vermittlerin der Mission. Das Programm der vorgesehenen Begegnungen auf dem Reiseweg in Brasilien war so geplant, daß die einzelnen Träger der Mission nacheinander an die Reihe kamen. Begonnen wurde mit der Begegnung mit den Bischöfen und dann mit den Priestern (in Natal) sowie den Männer- und Frauenordensgemeinschaften (in Florianópolis), wobei dann über das Problem der Berufungen und der Priesterseminare (in Brasilia) konzentrierte. Zugleich boten die einzelnen Etappen Gelegenheit für die Begegnungen mit der Laienschaft (in Campo Grande), mit der Jugend (in Cuiabá) und mit der Welt der Kultur (in São Salvador da Bahia).
Durch diese Kreise geht der Strom der Evangelisierung, der darauf abzielt, die brasilianische Welt entsprechend dem Geist des Evangeliums Christi umzuwandeln.
Die Evangelisierung verwirklicht sich auch durch den ökumenischen Dialog: Dieser fand Platz im Programm des Brasilienbesuches in der Stadt Florianópolis. Es fand auch eine Begegnung mit der jüdischen Gemeinde (in Brasilia) statt.

6. So hat also die Frage „Wohin geht ihr?", an die Gesellschaft und Kirche Brasiliens gerichtet, im Rahmen dieses Papstbesuches eine überlegte und geordnete Antwort gefunden.
Einen besonderen Hinweis verdient die Tatsache, daß zum ersten Mal in Brasilien eine Seligsprechung stattgefunden hat. Die selige Mutter Paulina ist das erste Zeichen der Evangelisierung in ihrer endgültigen und vollen Dimension. Das ist die Dimension der Berufung zur Heiligkeit. Durch diese Dimension offenbart die Kirche in jedem Land und in jeder Nation ihre christliche Reife. Der erste brasilianische Selige war der Missionar José de Anchieta (Jesuit aus dem 16. Jahrhundert), der aus seinem Geburtsort Tenerife in den neuen Kontinent kam. Die selige Mutter Paulina ist zur Heiligkeit herangereift, während sie auf dem geistlichen Boden der brasilianischen Kirche heranwuchs. Sie ist die erste Selige Brasiliens! Es fehlt jedoch nicht an Hoffnung, daß dieses große und ethnisch vielfältige Volk Gottes in Brasilien noch viele weitere Früchte reifer Heiligkeit birgt, die in Zukunft immer mehr in Erscheinung treten werden. Auf diese Weise erfüllen sich die Worte Christi an die Apostel: „Macht euch auf und bringt Frucht, und eure Frucht möge bleiben" (vgl. *Joh* 15,16). Zu diesem Ziel führt in der Tat immer und überall der Weg der Eucharistie und der Evangelisierung.

In deutscher Sprache sagte der Papst:

Liebe Schwestern und Brüder!

„Wohin geht ihr?" Diese Frage war das Leitmotiv des Eucharistischen Kongresses 1980 in Fortaleza, als ich zum ersten Mal die Kirche auf brasilianischem Boden

besuchen durfte. Auch wenn seit jenem Besuch schon elf Jahre vergangen sind, ist es angebracht, nach meiner jüngsten Pastoralreise nach Brasilien auf diese Frage zurückzukommen.
Mein Dank für die Einladung gilt der Brasilianischen Bischofskonferenz sowie den zivilen Behörden des Landes. Besonders danken möchte ich jedoch meinen Mitbrüdern im Bischofsamt, nicht nur für die verschiedenen Begegnungen, sondern auch für das ganze Programm, das in seiner Gesamtheit wie eine Antwort erschien auf die vor elf Jahren gestellte Frage: „Wohin geht ihr?"
Der von Christus übertragene Sendungsauftrag schlägt sich in synthetischer Form im Leitspruch des diesjährigen Eucharistischen Kongresses nieder, der die ganze brasilianische Kirche in der Erzdiözese Natal vereint hat. Das Leitwort: „Eucharistie und Evangelisierung" stellte den Ausgangspunkt dar für die Inspiration und die Entwicklung der einzelnen Themen meines Besuches, die für die Kirche im Land von besonderer Bedeutung sind: „Land - Gerechtigkeit und Agrarreform" „die Notwendigkeit der Erziehung zum Glauben für eine neue Gesellschaft", Evangelisierung: Umsiedler und Ökologie", „Die Familie und die Berufungen". Im Zusammenhang mit der Seligsprechung von Mutter Paulina in Florianópolis habe ich über die „Christliche Berufung zur Heiligkeit" gesprochen. Der Gegensatz zwischen Zivilisation der Liebe und Zivilisation des Egoismus wurde besonders deutlich anläßlich des Besuches in der „Favela do Lixão de São Pedro" und bei der Begegnung mit den Kindern in São Salvador da Bahia. Eine Folge dieses Gegensatzes ist ebenso die ungleiche Verteilung der Güter.
In São Salvador da Bahia, der alten Hauptstadt und dem Sitz des Primas von Brasilien, war es naheliegend, das Thema des nunmehr nahe bevorstehenden 500. Jahrestages der Evangelisierung Amerikas (1992) anzusprechen.
Die „Evangelisierung und die Sendung zu den Völkern" offenbart in jedem Land und jeder Nation die Frucht einer reifen Heiligkeit, wie sie uns die erste Selige Brasiliens beispielhaft aufgezeigt hat. Mögen viele weitere Selige und Heilige folgen, auf daß sich das Wort Christ an die Apostel erfülle: Macht euch auf und bringt Frucht und eure Frucht bleibe" (vgl. *Joh* 15,16).
Mit dieser Rückbesinnung grüße ich alle deutschsprachigen Pilger und Besucher sehr herzlich. Mein besonderer Gruß gilt den Teilnehmern an der Diözesanwallfahrt des Bistums Münster unter der Leitung des Herrn Weihbischofs Friedrich Ostermann sowie den Pilgern, die an der von der Kirchenzeitung des Bistums Speyer durchgeführten Romreise teilnehmen; außerdem einer Gruppe von Ständigen Diakonen mit ihren Ehefrauen und Kindern aus dem Erzbistum Paderborn.
Ferner heiße ich die Stadtratsfraktion der Christlich-Demokratischen Union von Mainz herzlich willkommen sowie den Bürgermeister, den Stadtdirektor und die Mitglieder des Rates und der Verwaltung der Stadt Erkelenz.
Besonders grüße ich auch eine Besuchergruppe des Predigerseminars der Evangelischen Kirche von Westfalen sowie evangelische Pfarrer und Pfarrerinnen mit ihren Ehepartnern, die sich auf einer vom Amt für Fortbildung der evangelisch-lutherischen Landeskirche in Braunschweig durchgeführten Romreise befinden.

Schließlich gilt mein Gruß den Pilgern der Pfarrei Sankt Kunibert aus Swisttal-Heimerzheim.
Wir alle bereiten uns in diesen Tagen auf die Seligsprechung des Dieners Gottes Adolph Kolping vor. Möge dieses für Deutschland, aber auch für die Weltkirche wichtige Ereignis uns allen Anlaß sein, uns unserer Verantwortung für die Welt zu erinnern und diese wahrzunehmen - ein jeder an seinem Platz.
Euch allen und Euren lieben Angehörigen zu Hause sowie den mit uns über Radio Vatikan und das Fernsehen verbundenen Gläubigen erteile ich von Herzen meinen Apostolischen Segen.

Dem Krieg in Kroatien Einhalt gebieten

Appell an die internationale Gemeinschaft

Einen herzlichen, väterlichen Gruß richte ich an euch alle, liebe Kroaten!
Auch heute wiederhole ich meinen Aufruf an die internationale Gemeinschaft, daß sie fortfahre in ihrem Bemühen, dem Krieg gegen euer liebes Vaterland Kroatien Einhalt zu gebieten und allen Völkern des Balkans ein Leben in dauerhaftem Frieden sicherzustellen. Der blutige Krieg, der in Kroatien in Gang ist, und die sehr ernsten Spannungen in Bosnien-Herzegowina und in Kosovo rufen auch die Christen auf den Plan, die sich nicht der schweren Pflicht entziehen können, tatkräftig zur Lösung dieser Krise beizutragen und die tragischen Folgen zu erleichtern.
Gott segne alle, die sich für den Frieden einsetzen, und schenke allen Trauernden und Heimatlosen Trost.
Gelobt seien Jesus und Maria!

Friedensverträge Zeichen der Hoffnung

Appell an die Verantwortlichen in Kambodscha

Jetzt rufe ich euch auf, für Kambodscha zu Gott dem Herrn zu beten, denn heute werden nach zwölf Jahren tragischen Bruderkriegs die Friedensverträge in Paris unterzeichnet, die den Beginn einer neuen Geschichtsperiode dieses Landes kennzeichnen sollten.
Mein Wunsch ist, daß die Verantwortlichen den feierlich übernommenen Pflichten treu nachkommen und daß sie mit der Hilfe der internationalen Gemeinschaft, die sie auf diesem langen und mühsamen Weg des Friedens begleitet hat, eifrig und mutig den Wiederaufbau ihres geliebten Landes in Angriff nehmen und im Dialog und gegenseitigen Vertrauen die vielfältigen Schwierigkeiten überwinden.
Gern sende ich einen herzlichen Gruß an alle Kambodschaner, besonders an die Flüchtlinge, die nach so vielen Prüfungen und Leiden mit verstärkter Hoffnung in die Zukunft blicken können.

Ein besonderer Gruß gilt der mir lieben, kleinen katholischen Gemeinde, die mit Gottes Hilfe die schweren Prüfungen zu überwinden wußte und nun bereit ist, den eigenen hochherzigen Beitrag zur Wiedergeburt des Landes anzubieten.
Wir vertrauen diese Gebete und diese Wünsche Maria, der Königin des Friedens, an.

Die Kirche kann sich vor der sozialen Frage nicht zurückziehen

Angelus am 27. Oktober

Liebe Schwestern und Brüder!

Adolph Kolping, heute zur Ehre der Altäre erhoben, war ein Wegbereiter der katholischen Soziallehre. Als während der beginnenden Industrialisierung noch an soziale Gesetzgebung nicht zu denken war, bereitete er als Priester den Boden dafür, daß Betroffene durch Erziehung und Bildung dahin geführt wurden, selbst einen Beitrag zur Lösung der „Sozialen Frage" zu leisten. Er wußte, daß christliche Positionen in der Welt nur dann Wirkungen zeigen und erzielen, wenn Christen im Lebensalltag Zeugnis ablegen von ihrem Glauben und diese Ziele praktisch umsetzen.
Der neue Selige selbst hat gesagt: „Die Kirche kann und darf sich von der sozialen Frage nicht zurückziehen, sie darf das bürgerliche Leben ihren geborenen und geschworenen Feinden nicht allein überlassen, sie muß ins Leben hineintreten und den Kampf mit ihren Widersachern nicht scheuen."
Unerschütterlicher Glaube, grenzenloses Gottvertrauen und inständiges Beten waren für Kolping unabdingbare Voraussetzungen und tragfähige Grundlagen für sein soziales Handeln.
Sein eigener Werdegang hat ihn davor bewahrt, soziale Utopien oder unrealistische Reformvorstellungen zu verkünden oder zu übernehmen. Er hat Christi Gebot vorgelebt: Wenn Du die Welt verändern willst, fange bei Dir selbst und nicht bei anderen an. Damit motivierte er auch Gesellen und Arbeiter, aus dem Geiste des Evangeliums die sozialen Strukturen zu erneuern und es nicht allein bei christlicher Barmherzigkeit bewenden zu lassen. Bei allen von ihm vorbereiteten sozialen Leistungen hatte er die Verwirklichung einer Gerechtigkeit im Auge, die diesen Namen verdient, weil sie glaubwürdiges Zeichen für gelebtes Christentum ist. Wir müssen das Christentum dem Geist und der Praxis nach in die Welt tragen. Damit verändert sich die Welt und wir können „das Angesicht der Erde erneuern".
Geht im Bewußtsein dieses Auftrags in euren Alltag!

Marias Schutz für Kuba

Zur Vorbereitung auf die 500-Jahr-Feier der Evangelisierung Lateinamerikas möchte ich meine geistliche Wallfahrt zu den Marienheiligtümern dieses Kontinents wieder

aufnehmen und heute mein Gebet an die „Jungfrau der Liebe von Cobre” richten, die in Kuba als Hauptpatronin der Nation verehrt wird.
Von dem Tag an, als zu Beginn des 17. Jahrhunderts das Gnadenbild von drei Jugendlichen im Meer gefunden wurde, hat das kubanische Volk sich zu den Füßen der seligsten Jungfrau in dem „El Cobre” genannten Ort versammelt und immer die Wohltaten ihres mütterlichen Schutzes in jedem Augenblick seiner Geschichte, besonders in den schwierigsten Stunden, verspürt.
An einem Tag wie heute, am 27. Oktober vor 499 Jahren, wurde auf dieser Insel zum ersten Mal das Kreuz Christi errichtet. Seitdem wird Maria dort als Mutter Christi und der Christen, eng verbunden mit dem Geheimnis der Erlösung, verehrt. In ganz Kuba wird sie besonders unter dem Namen „Jungfrau der Liebe” verehrt. Ihr vertraue ich das Leben, die Schwierigkeiten und die Hoffnungen aller Söhne und Töchter der geliebten kubanischen Erde an und sende ihnen von Herzen meinen Apostolischen Segen.

Das Volk Gottes im Alten Testament

Ansprache bei der Generalaudienz am 30. Oktober

1. Nach der Aussage des II. Vatikanischen Konzils, das den Text des hl. Cyprian zitiert, über den wir in der voraufgegangenen Katechese nachgedacht haben, „erscheint die ganze Kirche als ‚das von der Einheit des Vaters und des Sohnes und des Heiligen Geistes her geeinte Volk‘” (*Lumen Gentium*, Nr. 4; vgl. hl. Cyprian, *De oratione dominica*, 23: *PL* 4,553). Wie wir erläutert haben, lehrt das Konzil mit diesen Worten, daß die Kirche vor allem ein in der göttlichen Dreifaltigkeit gründendes Geheimnis ist. Ein Geheimnis, dessen erste und grundlegende Dimension die dreifaltige ist. In Verbindung mit der Dreifaltigkeit, der ewigen Quelle, der sie entspringt, „erscheint die Kirche als Volk” (vgl. *Lumen Gentium*, Nr. 4). Sie ist also das Volk Gottes, des einen und dreifaltigen Gottes. Diesem Thema wollen wir uns heute und in den folgenden Katechesen widmen, immer als Leitfaden der Lehre des Konzils folgend, die ganz von der Heiligen Schrift inspiriert ist.

2. Das Konzil erklärt: „Gott hat es aber gefallen, die Menschen nicht einzeln, unabhängig von aller wechselseitigen Verbindung, zu heiligen und zu retten, sondern sie zu einem Volk zu machen, das ihn in Wahrheit anerkennen und ihm in Heiligkeit dienen soll” (*Lumen Gentium*, Nr. 9). Dieser Plan Gottes zeigte sich seit der Geschichte Abrahams durch die ersten Worte, die Gott an ihn richtet: „Der Herr sprach zu Abram: Zieh weg aus deinem Land, von deiner Verwandtschaft und aus deinem Vaterhaus in das Land, das ich dir zeigen werde. Ich werde dich zu einem großen Volk machen, dich segnen und deinen Namen groß machen” (*Gen* 12,1-2). Diese Verheißung wurde dann mit einem Bund bekräftigt (*Gen* 15,18; 17,1-14) und nach Abrahams Opfer feierlich verkündet. Abraham war bereit, der Forderung Gottes zu entsprechen und ihm seinen einzigen Sohn zu opfern, den der Herr ihm

und seiner Frau Sarah im Alter geschenkt hatte. Aber Gott wollte nur seinen Glauben auf die Probe stellen. Isaak erlitt bei diesem Opfer nicht den Tod, sondern blieb am Leben. Abraham hatte jedoch in seinem Herzen dem Opfer zugestimmt, und dieses Opfer des Herzens, Beweis eines großen Glaubens, erlangte ihm die Verheißung einer zahlreichen Nachkommenschaft: „Ich habe bei mir geschworen - Spruch des Herrn: Weil du das getan hast und deinen einzigen Sohn mir nicht vorenthalten hast, will ich dir Segen schenken in Fülle und deine Nachkommen zahlreich machen wie die Sterne am Himmel und den Sand am Meeresstrand" (*Gen* 22,16-17).

3. Die Verwirklichung dieser Verheißung sollte verschiedene Abschnitte umfassen. Abraham war in der Tat dazu bestimmt, „Vater aller Glaubenden" zu werden (vgl. *Gen* 15,6; *Gal* 3,6-7; *Röm* 4,16-17). Der erste Abschnitt verwirklichte sich in Ägypten, wo „die Söhne Israels fruchtbar waren, so daß das Land von ihnen wimmelte. Sie vermehrten sich und wurden überaus stark; sie bevölkerten das Land" (*Ex* 1,7). Der Stamm Abrahams war „das Volk der Israeliten" geworden (*Ex* 1,9). Es befand sich aber in einer demütigenden Lage der Knechtschaft. Seinem Bund mit Abraham getreu, rief Gott Mose und sprach zu ihm: „Ich habe das Elend meines Volkes in Ägypten gesehen, und ihre laute Klage ... gehört ... Ich bin herabgestiegen, um sie ... aus jenem Land hinaufzuführen ... Und jetzt geh! ... Führe mein Volk ... aus Ägypten heraus!" (*Ex* 3,7-10).
So wurde Mose gerufen, um dieses Volk aus Ägypten herauszuführen. Mose war aber nur der Ausführende des Planes Gottes, das Werkzeug seiner Macht: Denn nach der Bibel ist es Gott selbst, der Israel von der Knechtschaft Ägyptens befreit. „Als Israel jung war, gewann ich ihn lieb, ich rief meinen Sohn aus Ägypten", lesen wir im *Buch des Propheten Hosea* (11,1). Israel ist also das von Gott auserwählte Volk: „Nicht weil ihr zahlreicher als die anderen Völker wäret, hat euch der Herr ins Herz geschlossen und ausgewählt; ihr seid das kleinste unter allen Völkern. Weil der Herr euch liebt und weil er auf den Schwur achtet, den er euren Vätern geleistet hat" (*Dtn* 7,7-8). Entscheidend für die Tatsache, daß Israel das Volk Gottes ist, sind nicht seine menschlichen Eigenschaften, sondern nur die Initiative Gottes.

4. Die göttliche Initiative, die hoheitliche Wahl des Herrn nimmt Bundesform an. So geschah es in bezug auf Abraham. So geschieht es nach der Befreiung Israels aus der ägyptischen Knechtschaft. Der Mittler dieses Bundes zu Füßen des Berges Sinai ist Mose: „Mose kam und übermittelte dem Volk alle Worte und Rechtsvorschriften des Herrn. Das ganze Volk antwortete einstimmig und sagte: Alles, was der Herr gesagt hat, wollen wir tun. Mose schrieb alle Worte des Herrn auf. Am nächsten Morgen stand er zeitig auf und errichtete am Fuß des Berges einen Altar und zwölf Steinmale für die zwölf Stämme Israels." Dann wurden Opfer dargebracht, und Mose besprengte mit der Hälfte des Blutes der Opfertiere den Altar. „Darauf nahm er die Urkunde des Bundes und verlas sie vor dem Volk", während er von den Anwesenden noch einmal das Gelöbnis des Gehorsams gegenüber den Worten Gottes erhielt. Am Ende besprengte er mit dem übrigen Blut das Volk (vgl. *Ex* 24,3-8).

5. Im Buch Deuteronomium wird die Bedeutung dieses Ereignisses erklärt: „Heute hast du der Erklärung des Herrn zugestimmt. Er hat dir erklärt: Er will dein Gott werden, und du sollst auf seinen Wegen gehen, auf seine Gesetze, Gebote und Rechtsvorschriften achten und auf seine Stimme hören. Und der Herr hat heute deiner Erklärung zugestimmt. Du hast ihm erklärt: Du möchtest das Volk werden, das ihm persönlich gehört, wie er es dir zugesagt hat" (*Dtn* 26,17-18). Der Bund mit Gott ist für Israel eine besondere „Erhebung". Auf diese Weise wird Israel „ein Volk, das ihm, dem Herrn, seinem Gott, heilig ist" (vgl. *Dtn* 26,19). Dies bedeutet eine besondere Zugehörigkeit zu Gott. Mehr noch: Es handelt sich um eine gegenseitige Zugehörigkeit: „Dann will ich euer Gott sein, und ihr sollt mein Volk sein" (*Jer* 7,23). Das ist die göttliche Bereitschaft. Gott verpflichtet sich selbst in dem Bund. Alle Verfehlungen des Volkes im Verlauf seiner Geschichte berühren nicht die Treue Gottes zu dem Bund. Man könnte höchstens sagen, daß sie in gewissem Sinn den Weg bereiten für den neuen Bund, der im Buch des Propheten Jeremia angekündigt wird: „Denn das wird der Bund sein, den ich nach diesen Tagen mit dem Haus Israel schließe ... Ich lege mein Gesetz in sie hinein und schreibe es auf ihr Herz" (*Jer* 31,33).

6. Ein Volk wird durch die göttliche Initiative im Bund Volk Gottes, und als solches ist es heilig, das heißt, Gott dem Herrn heilig: „Denn du bist ein Volk, das dem Herrn, deinem Gott, heilig ist" (*Dtn* 7,6; vgl. *Dtn* 26,19). Im Sinn dieses Heiligseins werden auch die Worte aus dem Buch Exodus klar: „Ihr aber sollt mir als ein Reich von Priestern und als ein heiliges Volk gehören" (*Ex* 19,6). Obwohl dieses Volk im Laufe seiner Geschichte viele Sünden begeht, hört es nicht auf, Volk Gottes zu sein. Deshalb wendet sich Mose, während er sich auf die Treue des Herrn zu dem von ihm geschlossenen Bund beruft, an ihn mit der bewegenden Bitte: „Bring nicht das Verderben über dein Volk und deinen Erbbesitz", wie wir im *Deuteronomium* (9,26) lesen.

7. Gott seinerseits läßt nicht nach, sein Wort an das auserwählte Volk zu richten. Er spricht zu ihm viele Male durch die Propheten. Das Hauptgebot bleibt immer das der Liebe zu Gott über alles andere: „Darum sollst du den Herrn, deinen Gott, lieben mit ganzem Herzen, mit ganzer Seele und mit ganzer Kraft" (*Dtn* 6,5). Mit diesem Gebot ist das Gebot der Liebe zum Nächsten verbunden: „Du sollst deinen Nächsten nicht ausbeuten ... An den Kindern deines Volkes sollst du dich nicht rächen und ihnen nichts nachtragen. Du sollst deinen Nächsten lieben wie dich selbst. Ich bin der Herr" (*Lev* 19,13.18).

8. Ein weiteres Element tritt aus den biblischen Texten zutage: Gott, der mit Israel den Bund schließt, will unter seinem Volk gegenwärtig sein: in besonderer Weise gegenwärtig. Diese Gegenwart kommt während der Wüstenwanderung Israels durch das Bundeszelt zum Ausdruck, später durch den Tempel, den König Salomon in Jerusalem baut.

Über das Bundeszelt lesen wir im Buch Exodus: „Wenn Mose zum Zelt hinausging, erhob sich das ganze Volk. Jeder trat vor sein Zelt, und sie schauten Mose nach, bis er in das Zelt eintrat. Sobald Mose das Zelt betrat, ließ sich die Wolkensäule herab und blieb am Zelteingang stehen. Dann redete der Herr mit Mose. Wenn das ganze Volk die Wolkensäule am Zelteingang stehen sah, erhoben sich alle und warfen sich vor ihren Zelten zu Boden. Der Herr und Mose redeten miteinander Auge in Auge, wie Menschen miteinander reden" (*Ex* 33,8-11). Das Geschenk einer solchen Anwesenheit war ein besonderes Zeichen göttlicher Erwählung, das in symbolischen Formen und gleichsam als Vorahnung eine zukünftige Wirklichkeit zum Ausdruck brachte: den Bund Gottes mit seinem neuen Volk in der Kirche.

In deutscher Sprache sagte der Papst:

Liebe Schwestern und Brüder!

Nach den Worten des Zweiten Vatikanischen Konzils „erscheint die ganze Kirche als ‚das von der Einheit des Vaters und des Sohnes und des Heiligen Geistes her geeinte Volk'" (*Lumen Gentium,* Nr. 4). Diesem Thema der Kirche als das Volk Gottes, das im Geheimnis der göttlichen Dreifaltigkeit gründet, wollen wir uns heute und in den folgenden Katechesen widmen.

Wie ebenfalls das jüngste Konzil betont, entspricht es dem Heilsplan Gottes, „die Menschen nicht einzeln, unabhängig von aller wechselseitigen Verbindung, zu heiligen und zu retten, sondern sie zu einem Volk zu machen, das ihn in Wahrheit anerkennen und ihm in Heiligkeit dienen soll" (*Lumen Gentium,* Nr. 9). Am Anfang des Weges Gottes mit seinem Volk steht die Verheißung an Abraham, den Vater aller Glaubenden, ihn zu einem großen Volk zu machen, ihn zu segnen und seinen Namen groß zu machen (vgl. *Gen* 12,2); diese Zusage wurde durch den Bundesschluß bekräftigt (vgl. *Gen* 15,18) und trotz zahlreicher Verfehlungen Israels von Gott die ganze Geschichte hindurch in Treue erfüllt. So hat der Herr sein Volk durch Mose mit starker Hand aus der Knechtschaft Ägyptens befreit und seinen Bund am Sinai erneuert, wodurch zwischen dem Gott Israels und seinem Volk das Band eines gegenseitigen und ewigen Bundes entstand: „Dann will ich euer Gott sein, und ihr sollt mein Volk sein" (*Jer* 7,23).

Dabei ist Jahwe kein fremder Gott, er will vielmehr unter seinem Volk gegenwärtig sein. Diese Gegenwart kommt während der Wüstenwanderung Israels durch das Bundeszelt zum Ausdruck, später dann durch den Tempel Salomos in Jerusalem. Das Buch Exodus berichtet sogar darüber, wie Mose mit Gott im Bundeszelt redete, „Auge in Auge, wie Menschen miteinander reden" (*Ex* 33,11).

Das Geschenk einer solchen unmittelbaren Gegenwart war im Alten Bund ein besonderes Zeichen göttlicher Erwählung, das in symbolischen Formen und gleichsam als Vorahnung eine zukünftige Wirklichkeit zum Ausdruck bringt: den Bund Gottes mit seinem neuen Volk in der Kirche.

Mit dieser kurzen Betrachtung grüße ich alle deutschsprachigen Pilger und Besucher sehr herzlich. Mein besonderer Gruß gilt den Ordensschwestern aus verschiedenen Kongregationen, die an einem geistlichen Kurs in La Storta teilnehmen, sowie die Schwestern vom Heiligen Kreuz. Außerdem begrüße ich die Pilgergruppen der Katholischen Militärgemeinde aus Regensburg sowie der Pfarrei Sankt Alfons aus

Würzburg; schließlich die Mitglieder des Ortsverbandes der Sozialdemokratischen Partei Deutschlands aus Laudenbach.
Euch allen und Euren lieben Angehörigen in der Heimat sowie den mit uns über das Fernsehen und Radio Vatikan verbundenen Gläubigen erteile ich von Herzen meinen Apostolischen Segen.

Die Heiligen haben die Bergpredigt verwirklicht

Angelus am Fest Allerheiligen, 1. November

Liebe Schwestern und Brüder!

1. Heute, am Fest Allerheiligen, erheben wir unsere Gedanken zum Himmel und rufen innig all jene an, die bereits die ewige Glückseligkeit Gottes im himmlischen Paradies genießen.
Der heilige Johannes bekräftigt im Buch der Offenbarung, daß er eine große Schar aus allen Nationen und Stämmen, Völkern und Sprachen sah, die niemand zählen konnte (vgl. *Offb* 7,9): das ist das Bild des Himmels von der Universalität der Erlösung.
Die Vision des heiligen Johannes tröstet uns, denn sie läßt uns über das unendliche Erbarmen des Allerhöchsten nachdenken, der für alle, die an Christus glauben, eine so erhabene Bestimmung bereitet hat.
Die Liturgie dieses Hochfestes bringt die äußerste Gewißheit der ewigen Herrlichkeit zum Ausdruck, die von Christus durch sein Leiden, seinen Tod und seine Auferstehung erlangt wurde.
All jene, die den von den Seligpreisungen des Evangeliums gewiesenen Weg gehen, ruft Gott zu einer tiefen Gemeinschaft mit ihm. Tatsächlich sind die Heiligen diejenigen, die das Programm der Bergpredigt verwirklicht haben und um seines Namens willen arm, einfach, barmherzig, nächstenliebend, geduldig, reinen Herzens und Friedensstifter geworden sind. So müssen auch wir uns verhalten, wenn wir ihrer Bestimmung der Seligkeit ohne Ende folgen wollen.

2. Das Fest Allerheiligen führt uns auch ein in den Gedenktag Allerseelen, aller verstorbenen Gläubigen, die noch nicht in der vollen Anschauung Gottes sind, diese aber in einer geheimnisvollen Reinigung sehnsüchtig erwarten. Während wir die Friedhöfe heute und morgen besuchen, beten wir für unsere lieben Verstorbenen, damit sie bald in das Licht und den Frieden eingehen können. Heute Nachmittag besuche auch ich den römischen Friedhof „Prima Porta", wo ich für die Seelen im Fegefeuer die heilige Eucharistie feiern werde. Ich lade euch ein, euch meinem Gebet für die Seelen anzuschließen, die unserer geistlichen Solidarität bedürfen, und diese beiden Tage in christlicher Frömmigkeit zu verleben.

3. Wir empfehlen der seligsten Jungfrau, die wir als „Königin aller Heiligen" anrufen, die Seelen unserer Lieben. Durch sie, deren Bild sich oft auf den christlichen

Gräbern befindet, empfehlen wir der Barmherzigkeit Gottes alle Seelen, die darauf warten, in die ewigen Wohnungen aufgenommen zu werden.

Beten für die Europa-Synode

Angelus am 3. November

Liebe Schwestern und Brüder!

1. Heute möchte ich euch auffordern, eure Aufmerksamkeit auf die Sonderversammlung der Bischofssynode für Europa zu richten, die Ende des Monats beginnen und bis zum 14. Dezember dauern wird. Es handelt sich um ein Ereignis von großer Bedeutung für das Leben der gesamten Kirche.
Unter den heute veränderten sozialen Situationen und angesichts des neuen Bedürfnisses nach Solidarität und Frieden ist Europa, gezeichnet vom Zeugnis der Märtyrer und Heiligen, gerufen, seine Sendung im Dienst des Evangeliums weiterzuführen. Und Europa kann das dank der eigenen christlichen Identität, wenn es nicht den Mut der Treue zu Christus verliert; wenn es den Geist des Herrn in den Personen und Strukturen wirksam handeln läßt.
Mit diesem Ausblick wird die Bischofssynode den Hirten der Kirchen des Ostens und des Westens Europas eine wichtige Gelegenheit bieten, sich zu treffen, miteinander die jeweiligen geistlichen Reichtümer auszutauschen und die notwendigen Wege der Neuevangelisierung dieses altehrwürdigen Kontinents aufzuzeigen, in dem die Völker eine wahre Erneuerung anstreben.

2. Die Synodalversammlung will außerdem durch Gebet und Dialog die erforderliche Gemeinschaft im Glauben und Leben unter allen Christen fördern.
Zu diesem Zweck habe ich mit dem jüngst an die europäischen Bischöfe gerichteten Schreiben alle christlichen Gemeinschaften eingeladen, sich am kommenden 7. Dezember zu einem besonderen Gebetstreffen zu vereinen, während ich selbst an einem ökumenischen Gottesdienst zusammen mit den Vertretern der bei der Synode anwesenden Schwesterkirchen teilnehmen werde. „Wacht und betet!" (*Mt* 26,41) lautet das Gebot des Herrn.
Beten wir, damit Gott uns im Licht der vergangenen Erfahrungen unsere gemeinsame Zukunft verstehen helfe und uns die Kraft schenke, vereint weiterzugehen. Deshalb bitten wir um die Fürsprache der heiligen Patrone Europas: Benedikt, Cyrill und Method, und um die so vieler europäischer heiliger Frauen und Männer.
Bitten wir durch das Angelusgebet vor allem um den besonderen Schutz der Gottesmutter, die mit beharrlichem Vertrauen von allen Völkern des europäischen Kontinents verehrt wird.

Die Kirche - Wohnung Gottes unter den Menschen

Ansprache bei der Generalaudienz am 6. November

1. Wir können auch diese Katechese nach dem Programm und der Methode, die wir uns vorgenommen haben, mit der Lesung eines Abschnittes aus der Konzilskonstitution *Lumen Gentium* beginnen, der lautet: „Gott hat es aber gefallen, die Menschen nicht einzeln, unabhängig von aller wechselseitigen Verbindung, zu heiligen und zu retten, sondern sie zu einem Volk zu machen, das ihn in Wahrheit anerkennen und ihm in Heiligkeit dienen soll. So hat er ... mit ihm einen Bund geschlossen und es Stufe für Stufe unterwiesen. Dies tat er, indem er sich und seinen Heilsratschluß in dessen Geschichte offenbarte und sich dieses Volk heiligte" (*Lumen Gentium*, Nr. 9). Gegenstand der voraufgegangenen Katechese war dieses Gottesvolk des Alten Bundes. Aber das Konzil fügt gleich hinzu: „Dies alles aber wurde zur Vorbereitung und zum Vorausbild jenes neuen und vollkommenen Bundes, der in Christus geschlossen, und der volleren Offenbarung, die durch das Wort Gottes selbst in seiner Fleischwerdung übermittelt werden sollte" (*Lumen Gentium*, Nr. 9). Der ganze zitierte Abschnitt aus der Konzilskonstitution über die Kirche findet sich zu Beginn des II. Kapitels unter dem Titel „Das Volk Gottes". Denn nach der Lehre des Konzils ist die Kirche das Volk Gottes des Neuen Bundes. Es ist der bereits von Petrus an die ersten christlichen Gemeinden weitergegebene Gedanke: „Einst wart ihr nicht sein Volk, jetzt aber seid ihr Gottes Volk" (*2 Petr* 2,10).

2. In ihrer geschichtlichen Wirklichkeit und in ihrem theologischen Geheimnis geht die Kirche aus dem Volk Gottes des Alten Bundes hervor. Wenn auch mit dem Namen gahal (Versammlung) bezeichnet, geht aus dem Neuen Testament doch klar hervor, daß es das Volk Gottes ist, durch Christus und kraft des Heiligen Geistes in neuer Weise gebildet.
Der heilige Paulus schreibt im 2. Brief an die Korinther: „Wir sind doch der Tempel des lebendigen Gottes; denn Gott hat gesprochen: Ich will unter ihnen wohnen und mit ihnen gehen. Ich werde ihr Gott sein, und sie werden mein Volk sein" (*2 Kor* 6,16). Das Volk Gottes wird auf neue Weise gebildet, denn zu ihm gehören alle an Christus Glaubenden, „ohne Unterschied" zwischen den Juden und den Nichtjuden (vgl. *Apg* 15,9). Petrus sagt es klar in der Apostelgeschichte und berichtet, „daß Gott selbst zuerst eingegriffen hat, um aus den Heiden ein Volk für seinen Namen zu gewinnen" (*Apg* 15,14). Und Jakobus erklärt: „Damit stimmen die Worte der Propheten überein" (*Apg* 15,15).
Eine weitere Bestätigung dieser Betrachtungsweise liefert Paulus während seines ersten Aufenthaltes in der heidnischen Stadt Korinth, als er die Worte Christi hört: „Fürchte dich nicht! Rede nur ... Viel Volk nämlich gehört mir in dieser Stadt" (*Apg* 8,9-10). In der Geheimen Offenbarung wird am Ende verkündet: „Seht die Wohnung Gottes unter den Menschen! Er wird in ihrer Mitte wohnen, und sie werden sein Volk sein" (*Offb* 21,3).

Aus all dem geht das Bewußtsein hervor, das die Kirche von Anfang an in bezug auf die Kontinuität und gleichzeitige Neuheit der eigenen Wirklichkeit als Volk Gottes hat.

3. Bereits im Alten Testament hatte Israel es einer Erwählung und einer göttlichen Initiative zu verdanken, daß es das Volk Gottes war. Es war jedoch auf eine einzige Nation beschränkt. Das neue Volk Gottes übersteigt diese Grenze. Es umfaßt Menschen aller Nationen, Sprachen und Rassen. Es hat universalen, das heißt katholischen Charakter. Das Konzil sagt: „Diesen neuen Bund hat Christus gestiftet, das Neue Testament nämlich in seinem Blut (vgl. *1 Kor* 1,25). So hat er sich aus Juden und Heiden ein Volk berufen, das nicht dem Fleische nach, sondern im Geiste zur Einheit zusammenwachsen und das neue Gottesvolk bilden sollte" (*Lumen Gentium*, Nr. 9). Das Fundament dieser Neuheit, die Universalität, ist die von Christus gewirkte Erlösung. Er hat, „um durch sein eigenes Blut das Volk zu heiligen, außerhalb des Tores gelitten" (*Hebr* 13,12). „Darum mußte er in allem seinen Brüdern gleich sein, um ein barmherziger und treuer Hoherpriester vor Gott zu sein und die Sünden des Volkes zu sühnen" (*Hebr* 2,17).

4. So bildete sich das Volk des Neuen Bundes. Dieser Bund war von den Propheten des Alten Testamentes angekündigt worden, insbesondere von Jeremia und Ezechiel. Wir lesen bei Jeremia: „Seht, es werden Tage kommen - Spruch des Herrn -, in denen ich mit dem Haus Israel und dem Haus Juda einen neuen Bund schließen werde" (*Jer* 31,31). „Denn das wird der Bund sein, den ich nach diesen Tagen mit dem Haus Israel schließe - Spruch des Herrn: Ich lege mein Gesetz in sie hinein und schreibe es auf ihr Herz. Ich werde ihr Gott sein, und sie werden mein Volk sein" (*Jer* 31,33).
Der Prophet Ezechiel läßt noch mehr die Aussicht auf eine Ausgießung des Heiligen Geistes durchblicken, in der der Neue Bund seine Erfüllung finden wird: „Ich schenke euch ein neues Herz und lege einen neuen Geist in euch. Ich nehme das Herz von Stein aus eurer Brust und gebe euch ein Herz von Fleisch. Ich lege meinen Geist in euch und bewirke, daß ihr meinen Gesetzen folgt und auf meine Gebote achtet und sie erfüllt" (*Ez* 36,26-27).

5. Das Konzil schöpft vor allem aus dem ersten Petrusbrief seine Lehre über das Volk Gottes des Neuen Bundes, das Erbe des Volkes Gottes des Alten Bundes ist: „Die an Christus glauben, werden nämlich durch das Wort des lebendigen Gottes (vgl. *1 Petr* 1,23) wiedergeboren, nicht aus vergänglichem, sondern aus unvergänglichem Samen, nicht aus dem Fleische, sondern aus dem Wasser und dem Heiligen Geist (vgl. *Joh* 3,5-6), schließlich gemacht zu ‚einem auserwählten Geschlecht, einem königlichen Priestertum ..., einem heiligen Stamm, einem Volk der Erwerbung ... Die einst ein Nicht-Volk waren, sind jetzt Gottes Volk' (*1 Petr* 2,9-10)" (*Lumen Gentium*, Nr. 9).
Wie man sieht, unterstreicht die Konzilslehre mit Petrus die Kontinuität des Volkes Gottes nach dem des Alten Bundes, hebt aber auch die in gewissem Sinn absolute

Neuheit des neuen Volkes hervor, das kraft der Erlösung durch Christus gebildet und durch das Blut des Lammes gerettet (angenommen) wurde.

6. Das Konzil beschreibt diese Neuheit des „messianischen Volkes", das „zum Haupte Christus [hat], ‚der hingegeben worden ist wegen unserer Sünden und auferstanden ist um unserer Rechtfertigung willen' (*Röm* 4,25) und jetzt voll Herrlichkeit im Himmel herrscht, da er den Namen über allen Namen erlangt hat. Seinem Stande eignet die Würde und die Freiheit der Kinder Gottes, in deren Herzen der Heilige Geist wie in einem Tempel wohnt. Sein Gesetz ist das neue Gebot (vgl. *Joh* 13,34), zu lieben, wie Christus uns geliebt hat. Seine Bestimmung endlich ist das Reich Gottes, das von Gott selbst auf Erden grundgelegt wurde, das sich weiter entfalten muß, bis es am Ende der Zeiten von ihm auch vollendet werde, wenn Christus, unser Leben (vgl. *Kol* 3,4), erscheinen wird und ‚die Schöpfung selbst von der Knechtschaft der Vergänglichkeit zur Freiheit der Herrlichkeit der Kinder Gottes befreit wird' (*Röm* 8,21)" (*Lumen Gentium*, Nr. 9).
Diesem grundlegenden und interessanten Thema werden wir die nächste Katechese widmen.

In deutscher Sprache sagte der Papst:

Liebe Schwestern und Brüder!

Nach seinem Heilsplan will Gott die Menschen zu einem Volk machen, um sie auf diese Weise zu retten und zu heiligen: Diese Glaubenswahrheit bildete den Inhalt unserer letzten Katechese. Bereits im Alten Testament entstand ein Band ewigen Bundes zwischen Gott und dem Volk Israel, wie es das Zweite Vatikanische Konzil lehrt und gleichzeitig betont, daß dieses Bündnis durch Christus, das menschgewordene Wort Gottes selber, seiner Vollendung entgegengeht.
Das Volk Gottes des Neuen Bundes, das die Kirche ist und dem alle an Christus Glaubenden angehören, ist nicht mehr auf eine einzige Nation begrenzt, wie Petrus in der Apostelgeschichte berichtet: „... Gott selbst hat zuerst eingegriffen, um aus den Heiden ein Volk für seinen Namen zu gewinnen" (*Apg* 14,15).
Gestiftet von Christus in seinem Blute (vgl. *1 Kor* 11,15), schließt das neue Volk Gottes, die Kirche, alle Nationen, Sprachen und Rassen ein. Es hat einen universalen Charakter, - alle umfassend, „katholisch"; in ihm wachsen alle, die an Christus glauben, nicht dem Fleische nach, sondern im Geiste zur Einheit zusammen (vgl. *Joh* 3,5-6).
Dieses „messianische Volk" (*Lumen Gentium,* Nr. 9) hat zum Haupt Christus, „der hingegeben worden ist wegen unserer Sünden und auferstanden ist um unserer Rechtfertigung willen" (*Röm* 4,25). Seinem Stande eignet die Würde und die Freiheit der Kinder Gottes, in deren Herzen der Heilige Geist wie in einem Tempel wohnt. Sein Gesetz ist das neue Gebot (vgl. *Joh* 13,14), zu lieben, wie Christus uns geliebt hat; seine Bestimmung schließlich ist das Reich Gottes, „das von Gott selbst auf Erden grundgelegt wurde, das sich weiter entfalten muß, bis es am Ende der

Zeiten von ihm auch vollendet werde, wenn Christus, unser Leben (vgl. *Kol* 3,4), erscheinen wird" (*Lumen Gentium*, Nr. 9).
Am Ende dieser meiner Worte möchte ich dazu einladen, aus der Kraft der göttlichen Gnade danach zu streben, daß wir nicht nur Volk Gottes heißen, sondern es in Wahrheit auch sind. Zugleich begrüße ich alle deutschsprachigen Pilger und Besucher sehr herzlich. Mein besonderer Gruß gilt den Lesern der Kirchenzeitung für das Bistum Aachen, den Pilgern der Militärgemeinde Brannenburg/Inn und der Gruppe von österreichischen Ärzten.
Euch allen und Euren lieben Angehörigen in der Heimat sowie den mit uns über Radio und Fernsehen verbundenen Gläubigen erteile ich von Herzen meinen Apostolischen Segen.

Die Zeichen der Zeit erkennen

Angelus am 10. November

Liebe Schwestern und Brüder!

1. Wie ihr wißt, wird Ende dieses Monats November hier im Vatikan die Sonderversammlung der Bischofssynode für Europa stattfinden. Schon am vergangenen Sonntag habe ich auf dieses kurz bevorstehende Ereignis hingewiesen und daran erinnert, daß es notwendig ist, Gott um die Gnade zu bitten, damit wir die Vergangenheit verstehen und gemeinsam in die Zukunft gehen.
Bitten wir darum, die Vergangenheit zu verstehen! Es ist nicht leicht, die Ereignisse zu erkennen, mit denen die Geschichte durchflochten ist.
Für den, der dem Herrn in Treue und Zeugnis folgt, hat alles, was geschieht, eine Bedeutung. Deshalb ist eine aufmerksame Haltung notwendig, das heißt: die Augen zu öffnen, um zu sehen und das Denken zu erweitern, um zu verstehen.

2. Tatsächlich verlieren die Ereignisse der Geschichte in den Augen der Berufenen ihre scheinbare Neutralität oder Gleichgültigkeit. „Wir wissen, daß Gott bei denen, die ihn lieben, alles zum Guten führt, bei denen, die nach seinem ewigen Plan berufen sind" (*Röm* 8,28). Deshalb wiederhole ich jetzt, was ich bei der Ankündigung der Sondersynode am 22. April des vergangenen Jahres in Velehrad gesagt habe: Es ist unerläßlich, „auf den Lauf der Zeit zu achten, um ihre Zeichen zu erkennen".
Damit dieses Schauen und Nachdenken über die geschichtlichen Ereignisse in der Wahrheit geschieht, ist es unsere Pflicht, das Licht des Geistes Gottes, der die Geschichte bewegt, trägt und führt, zu Hilfe zu nehmen.
Wir erleben einen für Europa und die Welt besonders bedeutsamen und folgenreichen geschichtlichen Augenblick. Menschliche Beobachtungsgabe und Vorausschau allein genügen nicht, um zu einer vertieften Deutung zu gelangen. Es ist notwendig, sich an den zu wenden, der allein weiß, „was im Menschen ist" (*Joh* 2,25). Er kann uns verstehen helfen, wie und warum Nationen und ganze Völker sich plötzlich von Grund auf erhoben, Gewohnheiten unterbrochen, Ketten abgeworfen

und Mauern niedergerissen haben. Als der Apostel Petrus im Kerker sah, wie die Ketten von seinen Händen fielen, glaubte er zuerst, er habe eine Vision; er hatte Mühe zu glauben, daß das, was geschah, Wirklichkeit war. Der Engel des Herrn befreite ihn aus dem Gefängnis. Da raffte Petrus sich auf, kam zu sich und sagte: „Nun weiß ich wahrhaftig, daß der Herr seinen Engel gesandt hat" (*Apg* 12,11).

3. Über diese Worte des Petrus denken wir heute nach, um uns auf die nächste Synode vorzubereiten. Auch wir wünschen uns jenes „Wissen", jene Fähigkeit, die Dinge bis auf den Grund zu erkennen, die damals dem Apostel gegeben wurde. Bitten wir die Jungfrau Maria um dieses Geschenk: sie erkannte zusammen mit den Aposteln, „einmütig im Gebet" (*Apg* 1,14) verharrend, alles durch das Geschenk des Geistes des auferstandenen Sohnes.

Die Universalität des Volkes Gottes

Ansprache bei der Generalaudienz am 13. November

1. Die Kirche ist das Volk Gottes des Neuen Bundes, wie wir in der vorhergehenden Katechese gesehen haben. Dieses Volk Gottes hat eine universale Dimension: sie ist heute das Thema der Katechese. Nach der Lehre des II. Vatikanischen Konzils ist „dieses messianische Volk, obwohl es tatsächlich nicht alle Menschen umfaßt und gar oft als kleine Herde erscheint, für das ganze Menschengeschlecht die unzerstörbare Keimzelle der Einheit, der Hoffnung und des Heils" (*Lumen Gentium*, Nr. 9). Diese Universalität der Kirche als Volk Gottes steht in enger Verbindung mit der offenbarten Wahrheit über Gott als Schöpfer all dessen, was ist, Erlöser aller Menschen, Urheber der Heiligkeit und des Lebens in allen durch die Kraft des Heiligen Geistes.

2. Wir wissen, daß der Alte Bund nur mit einem von Gott auserwählten Volk, Israel, geschlossen wurde. Aber schon im Alten Testament fehlt es nicht an Texten, die die zukünftige Universalität ankündigen. Sie wird angedeutet in der Verheißung Gottes an Abraham: „Durch dich sollen alle Geschlechter der Erde Segen erlangen" (*Gen* 12,3), eine Verheißung, die „allen Völkern der Erde" (*Gen* 18,18) gegenüber mehrmals wiederholt und auf sie ausgedehnt wurde. Andere Texte sagen aus, daß dieser universale Segen durch die Nachkommen Abrahams (*Gen* 22,18), Isaaks (*Gen* 26,4) und Jakobs (*Gen* 28,14) vermittelt wird. Derselbe Ausblick wird mit anderen Worten von den Propheten aufgegriffen, hauptsächlich im Buch von Jesaja: „Am Ende der Tage - schreibt er - wird es geschehen: Der Berg mit dem Haus des Herrn steht fest gegründet als höchster der Berge; er überragt alle Hügel. Zu ihm strömen alle Völker. Viele Nationen machen sich auf den Weg. Sie sagen: Kommt, wir ziehen hinauf zum Berg des Herrn und zum Haus des Gottes Jakobs. Er zeige uns seine Wege, auf seinen Pfaden wollen wir gehen ... Er spricht Recht im Streit der Völker, er weist viele Nationen zurecht" (*Jes* 2,2-4). „Der Herr der Heere wird auf diesem Berg für alle Völker ein Festmahl geben mit feinsten Speisen, ein Gelage

mit erlesenen Weinen ... Er zerreißt auf diesem Berg die Hülle, die alle Nationen verhüllt, und die Decke, die alle Völker bedeckt" (*Jes* 25,6-7). Vom Deuterojesaja stammen die Vorhersagen über den „Gottesknecht": „Ich, der Herr, ... habe dich geschaffen und dazu bestimmt, der Bund für mein Volk und das Licht für die Völker zu sein" (*Jes* 42,6). Bedeutsam ist auch das Buch des Jonas, wenn es die Sendung des Propheten in Ninive, über den Bereich Israels hinaus, beschreibt (vgl. *Jona* 4,10-11).
Diese und andere Abschnitte lassen uns verstehen, daß das auserwählte Volk des Alten Bundes eine Darstellung und eine Vorbereitung des zukünftigen Volkes Gottes war, das von weltumspannender Weite sein sollte. Deshalb wird nach Jesu Auferstehung die Frohe Botschaft vor allem Israel verkündet (*Apg* 2,36, 4,10).

3. Jesus Christus war der Gründer des neuen Volkes. Der greise Simeon hatte schon in ihm als Neugeborenen die Bestimmung entdeckt, „das Licht für die Völker zu sein", entsprechend der vorgenannten Prophezeiung des Jesaja (*Jes* 42,6). Er öffnete den Weg der Völker zur Universalität des neuen Volkes Gottes, wie der heilige Paulus schreibt: „Denn er ist unser Friede. Er vereinigte die beiden Teile (Juden und Heiden) und riß durch sein Sterben die trennende Wand der Feindschaft nieder" (*Eph* 2,14). Deshalb „gibt es nicht mehr Juden und Griechen ..., denn ihr alle seid ‚einer' in Christus Jesus" (*Gal* 3,28). Der Apostel Paulus war der Hauptbote der universalen Reichweite des neuen Volkes Gottes. Besonders aus seiner Lehre und seinem Tun, von Jesus selbst kommend, entwickelte sich in der Kirche die starke Überzeugung von der Wahrheit, daß in Jesus Christus alle, ohne Unterschied von Nation, Sprache oder Kultur erwählt sind. Wie das II. Vatikanische Konzil sagt, ist „das messianische Volk", das aus dem Evangelium und der Erlösung durch das Kreuz hervorgeht, eine „unzerstörbare Keimzelle" der Einheit, der Hoffnung und des Heils für das ganze Menschengeschlecht (vgl. *Lumen Gentium*, Nr. 9).
Die Bekräftigung dieser Universalität des Volkes Gottes im Neuen Bund trifft, um sie aus der Höhe zu erleuchten, mit den Bestrebungen und Anstrengungen zusammen, mit denen besonders die Völker unserer Zeit Einheit und Frieden suchen, indem sie vor allem im Bereich des internationalen Lebens und seiner tatkräftigen Organisationen wirken. Die Kirche muß sich in einem solch geschichtlichen Augenblick miteinbezogen fühlen kraft ihrer Berufung und ursprünglichen Sendung.

4. Tatsächlich sagt das Konzil weiter, daß das messianische Volk, die Kirche, „von Christus als Gemeinschaft des Lebens, der Liebe und der Wahrheit gestiftet, von ihm auch als Werkzeug der Erlösung angenommen und als Licht der Welt und Salz der Erde (vgl. *Mt* 5,13-16) in alle Welt gesandt wird" (*Lumen Gentium*, Nr. 9). Diese Öffnung zur ganzen Welt, zu allen Völkern und zu allem, was menschlich ist, gehört zum Wesen der Kirche selbst. Sie geht hervor aus der Universalität der im Kreuz und in der Auferstehung Christi gewirkten Erlösung (vgl. *Mt* 28,19; *Mk* 16,15). Sie findet ihre Weihe am Pfingsttag durch die Herabkunft des Heiligen Geistes auf die Apostel und die Gemeinde von Jerusalem, den Urkern der Kirche.

Von diesen Tagen an hat die Kirche das Bewußtsein der universalen Berufung der Menschen, zum Volk des Neuen Bundes zu gehören.

5. Gott hat die ganze Gemeinschaft derer, die zu Jesus als dem Urheber des Heils und dem Ursprung der Einheit und des Friedens glaubend aufschauen, zu seinem Volk zusammengerufen. Diese „versammelte Gemeinschaft" ist die Kirche, gestiftet, „damit sie allen und jedem das sichtbare Sakrament dieser heilbringenden Einheit sei. Bestimmt zur Verbreitung über alle Länder, tritt sie in die menschliche Geschichte ein und übersteigt doch zugleich Zeiten und Grenzen der Völker" (*Lumen Gentium*, Nr. 9). Das Konzil lehrt weiter: „Wie aber schon das Israel dem Fleische nach auf seiner Wüstenwanderung Kirche Gottes genannt wird (*2 Esr* 13,1; vgl. *Num* 20,4; *Dtn* 23,1 ff.), so wird auch das neue Israel, das auf der Suche nach der kommenden und bleibenden Stadt (vgl. *Hebr* 13,14) in der gegenwärtigen Weltzeit einherzieht, Kirche Christi genannt (vgl. *Mt* 16,18). Er selbst hat sie ja mit seinem Blut erworben (vgl. *Apg* 20,28), mit seinem Geiste erfüllt und mit geeigneten Mitteln sichtbarer und gesellschaftlicher Einheit ausgerüstet" (*Lumen Gentium*, Nr. 9).

6. Dieser Heilswille Gottes des Vaters ist Grund und Zweck des Wirkens, das die Kirche von Anfang an entwickelt, um ihrer Berufung als messianisches Volk des Neuen Bundes zu entsprechen mit einer auf die Universalität ausgerichteten Dynamik, wie Jesus selbst es zeigt in dem Auftrag und dem Versprechen, das er dem Völkerapostel Paulus von Tarsus gibt: „Ich will dich vor dem Volk und den Heiden retten, zu denen ich dich sende, um ihnen die Augen zu öffnen. Denn sie sollen sich von der Finsternis zum Licht und von der Macht des Satans zu Gott bekehren und sollen durch den Glauben an mich die Vergebung der Sünden empfangen und mit den Geheiligten am Erbe teilhaben" (*Apg* 26,17-18).

7. Der Neue Bund, zu dem die Menschheit berufen ist, ist auch ein ewiger Bund (vgl. *Hebr* 13,20), und deshalb ist das messianische Volk durch eine eschatologische Berufung gekennzeichnet. Dies wird uns in besonderer Weise im letzten Buch des Neuen Testamentes, in der Offenbarung, bestätigt, die den universalen Charakter einer Kirche hervorhebt, die sich über die Zeit und über diese hinaus in die Ewigkeit erstreckt. In der großen himmlischen Vision, die in der Offenbarung den an die sieben Kirchen gerichteten Briefen folgt, wird das Lamm feierlich gepriesen, weil es geschlachtet wurde und mit seinem Blut „Menschen aus allen Stämmen und Sprachen, Nationen und Völkern für Gott erworben und sie für unsern Gott zu Königen und Priestern gemacht hat" (vgl. *Offb* 5,9-10). In einer folgenden Vision sieht Johannes „eine große Schar aus allen Nationen und Stämmen, Völkern und Sprachen; niemand konnte sie zählen. Sie standen in weißen Gewändern vor dem Thron und vor dem Lamm" (*Offb* 7,9): Kirche auf Erden und Kirche im Himmel, Kirche der Apostel und ihrer Nachfolger und Kirche der Seligen, Kirche der Kinder Gottes in der Zeit und in der Ewigkeit: Es ist eine einzige Wirklichkeit des messianischen Volkes, die sich über alle Grenzen von Raum und

Geschichtsepoche hinaus ausdehnt, entsprechend dem göttlichen Heilsplan, der sich in der Katholizität widerspiegelt.

In deutscher Sprache sagte der Papst:

Liebe Schwestern und Brüder!

Im Laufe unserer Katechesen über das Volk Gottes wenden wir uns heute dem Gedanken der Universalität der Kirche zu. Den Alten Bund hat Gott mit nur einem Volk, mit Israel, geschlossen. Und doch fehlt es nicht an alttestamentlichen Zeugnissen, die die zukünftige Universalität bereits andeuten. Denken wir nur an Abraham, dem Gott verheißt, daß durch ihn „alle Geschlechter der Erde Segen erlangen" sollen (*Gen* 12,3). Das Volk des Alten Bundes war gleichsam eine Vorbereitung auf das zukünftige Volk Gottes, das durch Christus seine volle Universalität erlangt hat, auch wenn nach seiner Auferstehung die Verkündigung der Frohen Botschaft zunächst Israel galt (vgl. *Apg* 2,36.)
Jesus Christus also steht am Anfang des neuen Volkes. Schon in dem Neugeborenen konnte der greise Simeon das „Licht" erkennen, „das die Heiden erleuchtet" (*Lk* 2,32). In der Tat vermochte er allen Völkern den Weg zur Universalität des neuen Gottesvolkes zu erschließen, wie Paulus im *Epheserbrief* schreibt: „Er ist unser Friede. Er vereinigt die beiden Teile - Juden und Helden - und reißt durch sein Sterben die trennende Wand der Feindschaft nieder" (2,14). Mit dem Zweiten Vatikanischen Konzil können wir sagen, daß die Kirche als messianisches Volk, obwohl sie oft nur eine kleine Herde ist und nicht alle Menschen umfaßt, „für das ganze Menschengeschlecht die unzerstörbare Keimzelle der Einheit, der Hoffnung und des Heiles ist" (*Lumen Gentium*, Nr. 9).
Dieser Neue Bund, zu dem die ganze Menschheit berufen wurde, ist ein ewiger; an das messianische Volk ist ein eschatologischer Ruf ergangen. Dies bezeugt in besonderer Weise die Apokalypse, die den universalen Charakter der Kirche und ihre Ausdehnung in der Zeit und über die Zeitlichkeit hinaus in die Ewigkeit hervorhebt. In einer großartigen himmlischen Vision sieht Johannes eine „große Schar, die niemand zählen konnte, aus allen Nationen und Stämmen, Sprachen und Völkern" vor dem Thron Gottes und des Lammes stehen (*Offb* 7,9), die irdische und die himmlische Kirche, die Kirche der Apostel und ihrer Nachfolger, die Kirche der Heiligen und die Kirche der Kinder Gottes in Zeit und Ewigkeit: alles als eine einzige Wirklichkeit des messianischen Gottesvolkes, das sich über die Grenzen von Raum und Zeit hinaus erstreckt gemäß dem göttlichen Heilsplan, der sich in der Katholizität widerspiegelt.
Mit dieser kurzen Betrachtung richte ich einen herzlichen Willkommensgruß an alle deutschsprachigen Pilger und Besucher. Mein besonderer Gruß gilt einer Gruppe von Priestern aus verschiedenen Pfarreien Deutschlands, den Teilnehmern der Studienreise der Katholischen Akademie Hamburg sowie den anwesenden Mitgliedern der Schönstattbewegung.

Euch allen, Euren lieben Angehörigen in der Heimat und all den Gläubigen, die uns über Radio und Fernsehen verbunden sind, erteile ich von Herzen meinen Apostolischen Segen.

Der Tragödie ein Ende setzen!

Bitte an das jugoslawische Bundesheer, die Angriffe in Kroatien einzustellen

Liebe Gläubige von Kroatien, ich begrüße euch herzlich!
Die schmerzlichen Nachrichten, die täglich aus eurem Vaterland kommen, betrüben weiterhin tief mein Herz. Der Schrei des Schmerzes und der Angst, der aus Kroatien aufsteigt, kann und darf keinen Christen oder Menschen guten Willens gleichgültig lassen.
In den vergangenen Tagen fanden Angriffe von unerhörter Gewalt in ganz Kroatien, aber besonders gegen Dubrovnik und Vukovar statt. In Dubrovnik wurden unter anderem Hotels und Krankenhäuser, überfüllt mit Flüchtlingen und Verwundeten, getroffen. Diese Angriffe müssen ein Ende haben!
Ich vereine meine Stimme der Verurteilung und Bitte zugleich mit der Stimme so vieler Menschen, die leiden und sterben, sowie mit der Stimme all derer in der Welt, die mit Schrecken die Grausamkeiten des Krieges in Kroatien mißbilligen. Ich bitte das jugoslawische Bundesheer inständig, das Leben der wehrlosen Bürger zu schonen und die Zerstörungswut gegen Privatwohnungen und öffentliche Gebäude, mache von ihnen von unschätzbarem Kunstwert, zu zügeln.
Die internationale Gemeinschaft kann nicht akzeptieren, daß die Gewalt das Mittel wird, mit dem man Streitigkeiten unter den Völkern bewältigt; daß die Verhaltensgrundregeln, bekräftigt von internationalen Vereinbarungen und Konventionen, mit Füßen getreten werden. Einer solchen Tragödie, die Europa und die Welt entehrt, muß ein Ende gesetzt werden!
Gott der Allmächtige schenke allen seinen Frieden und seinen Segen.
Gelobt seien Jesus und Maria!

Die Schranken des Hasses überwinden

Angelus am 17. November

1. Dies ist, liebe Schwestern und Brüder, die Stunde des Mariengebetes, und heute führt uns Pater Raphael Kalinowski, den ich soeben die Freude hatte, in das Verzeichnis der Heiligen einzuschreiben, in das Gebet ein. Die Erfahrung einer besonderen Gegenwart der seligsten Jungfrau auf seinem Bekehrungsweg und der nachfolgende Eintritt in den Karmel, der der erklärte „Orden Marias" ist, machten den neuen Heiligen zu einem treuen, anhänglichen Sohn der Gottesmutter. Möge das Zeugnis des heiligen Raphael Kalinowski auf die Fürsprache der seligsten Jungfrau alle Christen von heute und insbesondere die Mitglieder des ehrwürdigen Karme-

litenordens dazu veranlassen, ihren Glauben intensiver zu leben und ihn mit mutiger Konsequenz durch die hochherzige Bereitschaft gegenüber den Mitmenschen zu bezeugen.

2. Heute feiert die Diözese Rom einen Gebetstag, um von Gott das Geschenk des Friedens für die Kroaten und die anderen Völker Jugoslawiens zu erflehen.
Vereinen auch wir uns mit den Gebeten, die inständig aus den Herzen so vieler unserer von Angst und Schmerz erfüllten Schwestern und Brüder in diesen geliebten Ländern aufsteigen; wir bitten um Frieden und Gerechtigkeit für alle, ohne Unterschied von Nationalität oder Religion!
Die Sorge des Apostolischen Stuhls, vor und nach Beginn dieses ungerechten und grausamen Krieges, war auf alle Völker Jugoslawiens gerichtet. Beharrlich forderte der Heilige Stuhl die Achtung der Rechte und der legitimen Bestrebungen aller. Inständig bat er die Parteien, nicht der Versuchung zur Gewaltanwendung nachzugeben, sondern mit Geduld und gutem Willen sich weiterhin anzustrengen und neue Beziehungen friedlichen Zusammenlebens aufzubauen. Der Heilige Stuhl hat die Anwendung der Waffengewalt verurteilt und in jeder Weise versucht, die schreckliche Spirale des Bruderhasses zu durchbrechen.

3. Aber wie kann man schweigen angesichts dieses fortdauernden Krieges, der in dem lieben Land Kroatien so viele Tote hervorruft? Ich denke heute an alle, die aufgrund dieses Konfliktes am meisten leiden. An alle richte ich wiederum einen neuen, dringenden Appell, den Krieg zu beenden und endlich ehrliche Verhandlungen über eine globale Lösung der gegenwärtigen Tragödie zu beginnen. Heute ist es an der Zeit, der Geschichte mit neuen Haltungen zu begegnen, um nicht die Fehler der Vergangenheit zu wiederholen. Diese haben im Gedächtnis der Völker überlieferten Groll angehäuft. Wir aber müssen dahin wirken, daß die Schranken des Hasses überwunden werden, indem wir die Herzen der von Christus gebrachten Neuheit öffnen, wie sie der Prophet Ezechiel verkündete: „Ich schenke euch ein neues Herz und lege einen neuen Geist in euch. Ich nehme das Herz von Stein aus eurer Brust und gebe euch ein Herz von Fleisch" (*Ez* 36,26).
Vereint mit Maria, der Mutter Christi und Mutter aller, wie die Apostel im Abendmahlssaal, beten wir für unsere Schwestern und Brüder von Jugoslawien um das Geschenk des Geistes, der die Herzen zur Umkehr bewegt.

Die Kirche ist der mystische Leib Christi

Ansprache bei der Generalaudienz am 20. November

1. Um die Kirche darzustellen, verwendet der heilige Paulus den Vergleich mit dem Körper. „Durch den einen Geist - schreibt er - wurden wir in der Taufe alle in einen einzigen Leib aufgenommen, Juden und Griechen, Sklaven und Freie; und alle wurden wir mit dem einen Geist getränkt" (*1 Kor* 12,13). Das ist ein neues Bild. Während der Begriff „Volk Gottes", den wir in den vergangenen Katechesen erklärt

haben, dem Alten Testament angehört und im Neuen Testament wieder aufgegriffen und angereichert wird, ist das Bild vom „Leib Christi", das auch vom II. Vatikanischen Konzil in den Aussagen über die Kirche verwendet wird, im Alten Testament ohne Beispiel. Es findet sich in den paulinischen Briefen, auf die wir in der heutigen Katechese vor allem zurückgreifen werden. Exegeten und Theologen unseres Jahrhunderts untersuchten es auf seinen paulinischen Ursprung, auf die davon hergeleitete patristische und theologische Tradition und auf die Gültigkeit hin, die es besitzt, um auch die Kirche von heute darzustellen. Das Vergleichsbild wurde ebenfalls vom päpstlichen Lehramt angenommen: Papst Pius XII. widmete ihm eine denkwürdige Enzyklika unter dem Titel *Mystici Corporis Christi* (1943).
Wir müssen noch anmerken, daß wir in den paulinischen Briefen nicht die Eigenschaft „mystisch" finden, die erst später hervortritt; in den Briefen spricht man einfach vom „Leib Christi" und vergleicht ihn realistisch mit dem menschlichen Leib. Der Apostel schreibt: „Denn wie der Leib eine Einheit ist, doch viele Glieder hat, alle Glieder des Leibes aber, obgleich es viele sind, einen einzigen Leib bilden: so ist es auch mit Christus" (*1 Kor* 12,12).

2. Der Apostel will mit diesen Worten die Einheit und zugleich Vielfalt hervorheben, die der Kirche eigen ist. „Denn wie wir an dem einen Leib viele Glieder haben, aber nicht alle Glieder denselben Dienst leisten, so sind wir, die vielen, ein Leib in Christus, als einzelne aber sind wir Glieder, die zueinander gehören" (*Röm* 12,4-5). Man könnte sagen, daß der Begriff „Volk Gottes" die Vielfalt betont, hingegen das Konzept vom „Leib Christi" die Einheit in dieser Vielfalt unterstreicht und vor allem auf den Ursprung und Quell dieser Einheit, auf Christus, hinweist. „Ihr aber seid der Leib Christi, und jeder einzelne ist ein Glied an ihm" (*1 Kor* 12,27). „So sind wir, die vielen, ein Leib in Christus, als einzelne aber sind wir Glieder, die zueinander gehören" (*Röm* 12,5). Es betont also die Einheit Christi mit der Kirche und die Einheit der vielen Glieder der Kirche untereinander kraft der Einheit des gesamten Leibes mit Christus.

3. Der Leib ist der Organismus, der eben als Organismus das Bedürfnis nach Zusammenarbeit der einzelnen Organe und Glieder in der Einheit des Gesamten ausdrückt, das nach Paulus so zusammengesetzt und geordnet ist, „damit im Leib kein Zwiespalt entstehe, sondern alle Glieder einträchtig füreinander sorgen" (*1 Kor* 12,25). „Im Gegenteil, gerade die schwächer scheinenden Glieder des Leibes sind unentbehrlich" (*1 Kor* 12,22). Denn wir sind, fügt der Apostel sogar hinzu, „Glieder, die zueinander gehören" (*Röm* 12,5) im Leib Christi, der Kirche. Die Vielfalt der Glieder, die Verschiedenheit der Funktionen können die Einheit nicht beeinträchtigen, so wie andererseits die Einheit die Vielfalt und die Verschiedenheit der Glieder und der Funktionen nicht auslöschen oder zerstören kann.

4. Es ist ein Erfordernis natürlicher Harmonie des menschlichen Organismus, das, analog auf die Ekklesiologie übertragen, die Notwendigkeit der Solidarität unter allen Gliedern der kirchlichen Gemeinschaft deutlich macht. In der Tat schreibt der

Apostel Paulus: „Wenn ein Glied leidet, leiden alle Glieder mit; wenn ein Glied geehrt wird, freuen sich alle anderen mit ihm" (*1 Kor* 12,26).

5. Man kann also sagen, daß der Begriff der Kirche als „Leib Christi" zum Begriff „Volk Gottes" komplementär ist. Es handelt sich um dieselbe Wirklichkeit, die entsprechend den beiden Aspekten der Einheit und der Vielfalt in zwei verschiedenen Analogien zum Ausdruck gebracht wird.
Die Ähnlichkeit des Körpers hebt vor allem die Einheit des Lebens hervor: Die Glieder der Kirche sind untereinander verbunden aufgrund des Prinzips der Einheit im gleichen Leben, das von Christus kommt. „Wißt ihr nicht, daß eure Leiber Glieder Christi sind?" (*1 Kor* 6,15). Es handelt sich um das geistliche Leben, ja um das Leben im Heiligen Geist. Wir lesen in der Konzilskonstitution über die Kirche: „Indem er [Christus] nämlich seinen Geist mitteilte, hat er seine Brüder, die er aus allen Völkern zusammenrief, in geheimnisvoller Weise gleichsam zu seinem Leib gemacht" (*Lumen Gentium*, Nr. 7). So ist Christus selbst „das Haupt des Leibes, der Leib aber ist die Kirche" (*Kol* 1,18). Die Voraussetzung, am Leben des Leibes teilzuhaben, ist die Verbundenheit mit dem Haupt, das heißt mit dem, „von dem aus der ganze Leib durch Gelenke und Bänder versorgt und zusammengehalten wird und durch Gottes Wirken wächst" (*Kol* 2,19).

6. Das paulinische Konzept vom Haupt (Christus, das Haupt des Leibes, der Kirche) bedeutet vor allem die Macht über den Körper, die ihm zusteht: eine höchste Macht; diesbezüglich lesen wir im Brief an die Epheser, daß Gott „ihm alles zu Füßen gelegt und ihn, der als Haupt alles überragt, über die Kirche gesetzt hat" (vgl. *Eph* 1,22). Als Haupt durchdringt Christus den Leib, die Kirche, mit seinem göttlichen Leben: „Durch ihn wird der ganze Leib zusammengefügt und gefestigt in jedem einzelnen Gelenk. Jedes trägt mit der Kraft, die ihm zugemessen ist. So wächst der Leib und wird in Liebe aufgebaut" (*Eph* 4,15-16).
Als Haupt der Kirche ist Christus der Ursprung und Quell des Zusammenhaltes unter allen Gliedern des Leibes (vgl. *Kol* 2,19). Er ist Urgrund und Quelle des Wachsens im Heiligen Geist: durch seine Kraft „wächst der Leib und wird in Liebe aufgebaut" (*Eph* 4,16). Deshalb mahnt uns der Apostel, daß wir uns „von der Liebe geleitet an die Wahrheit halten" (*Eph* 4,15). Das geistliche Wachstum des Leibes der Kirche und ihrer einzelnen Glieder ist ein Wachstum „aus Christus" (dem Ursprung) und zugleich „auf Christus hin" (das Ziel). Das sagt uns der Apostel, wenn er sein Schreiben mit folgenden Worten beendet: „Wir wollen uns, von der Liebe geleitet, an die Wahrheit halten und in allem wachsen, bis wir ihn erreicht haben. Er, Christus, ist das Haupt" (*Eph* 4,15).

7. Wir müssen noch hinzufügen, daß die Lehre der Kirche als Leib Christi, des Hauptes, eng mit der Eucharistie verbunden ist. In der Tat fragt der Apostel: „Ist der Kelch des Segens, über den wir den Segen sprechen, nicht Teilhabe am Blut Christi? Ist das Brot, das wir brechen, nicht Teilhabe am Leib Christi?" (*1 Kor* 10,16). Es handelt sich offensichtlich um den personalen Leib Christi, den wir als Sakrament in der Eucharistie unter der Gestalt des Brotes empfangen. Aber

der heilige Paulus führt weiter aus und gibt auf die gestellte Frage Antwort: „Ein Brot ist es. Darum sind wir viele ein Leib; denn wir alle haben teil an dem einen Brot" (*1 Kor* 10,17). Und dieser „eine Leib" sind alle Glieder der Kirche, geistlich vereint mit dem Haupt, das, wie wir soeben gesehen haben, Christus in Person ist.
Die Eucharistie formt als Sakrament des personalen Leibes und Blutes Christi die Kirche, die der soziale Leib Christi in der Einheit aller Glieder der kirchlichen Gemeinschaft ist. Begnügen wir uns für jetzt mit dieser Kostprobe einer wunderbaren christlichen Wahrheit, über die wir - so Gott will - noch sprechen werden, wenn wir das Thema Eucharistie behandeln.

In deutscher Sprache sagte der Papst:

Liebe Schwestern und Brüder!

Während im Mittelpunkt der Katechese am vergangenen Mittwoch die Kirche als „Volk Gottes" stand, wollen wir uns heute ihrer Deutung als „Leib Christi" zu wenden. Diese finden wir vor allem bei Paulus, der damit neben der Einheit gleichzeitig die Vielfalt zum Ausdruck bringen will, die der Kirche eigen ist: „Denn wie wir an dem einen Leib viele Glieder haben, aber nicht alle Glieder denselben Dienst leisten, so sind wir, die vielen, ein Leib in Christus, als einzelne aber sind wir Glieder, die zueinander gehören" (*Röm* 12,4-5). Überträgt man die Erfordernisse der natürlichen Harmonie des menschlichen Körpers in analoger Weise auf die Ekklesiologie, so wird die Notwendigkeit der inneren Solidarität zwischen allen Gliedern der kirchlichen Gemeinschaft deutlich. In der Tat schreibt auch Paulus: „Wenn ein Glied leidet, leiden alle Glieder mit; wenn ein Glied geehrt wird, freuen sich alle anderen mit ihm" (*1 Kor* 12,26).
Die Beschreibung der Kirche als „Leib Christi", so können wir sagen, ergänzt das Konzept vom „Volk Gottes". Es geht um dieselbe Wirklichkeit, die gemäß der beiden Aspekte „Einheit" und „Vielfalt" mit je eigenen Analogien zum Ausdruck gebracht wird. Die Vorstellung vom Leib, dessen Haupt Christus selber ist (vgl. *Kol* 1,18), unterstreicht als Bedingung, um am Leben des Körpers teilhaben zu können, die Verbundenheit mit dem Haupt, „von dem aus der gesamte Leib durch die Gelenke und Sehnen versorgt und zusammengehalten wird und sein göttliches Wachstum erhält" (*Kol* 2,19). Christus selbst also ist als Haupt der Kirche Ursprung und Quell allen Zusammenhaltens unter den Gliedern des Körpers sowie Urgrund des Wachsens im Heiligen Geist: von ihm empfängt der Leib Kraft zu seiner Entfaltung und wird so „in Liebe aufgebaut" (*Eph* 4,16).
Zum Schluß sei noch hinzugefügt, daß die kirchliche Lehre vom Leib und dessen Haupt Christus in enger Verbindung steht mit der Eucharistie. Erinnern wir uns an das Pauluswort: „Ist das Brot, das wir brechen, nicht Teilhabe am Leib Christi?" (*1 Kor* 10,16). Es handelt sich offenkundig um den persönlichen Leib des Herrn, den wir in der heiligen Kommunion in sakramentaler Weise unter der Gestalt des Brotes empfangen. So sind alle Glieder der Kirche in diesem einen Leib, dessen Haupt Christus selbst ist, geistlich verbunden.

Mit dieser kurzen Betrachtung über die Kirche, die der mystische Leib Christi ist, grüße ich alle deutschsprachigen Pilger und Besucher sehr herzlich. Mein besonderer Willkommensgruß gilt den Schülerinnen und Schülern des Maria-Theresia-Gymnasiums mit ihren Eltern und Lehrern aus Augsburg.
Euch allen, Euren lieben Angehörigen und Freunden daheim sowie den mit uns über Fernsehen und Radio Vatikan verbundenen Gläubigen erteile ich von Herzen meinen Apostolischen Segen.

Der Papst ist euch nahe

An kroatische Flüchtlinge aus Vukovar

Liebe kroatische Pilger!
Mit tiefer Bewegung begrüße ich die hier anwesende Flüchtlingsdelegation aus Kroatien, insbesondere einige Verwundetet aus der gemarterten Stadt Vukovar, Menschen, die sichtbar die Zeichen des Dramas tragen, das dort in den letzten Wochen hereingebrochen ist.
Liebe Schwestern und Brüder, ihr wißt, daß der Papst euch im Gebet und in der Liebe nahe ist; er ist auch denen nahe die aufgrund dieses unsinnigen Krieges in eurem geliebten Land leiden.
Wir hören nicht auf, den Herrn zu bitten, daß so viel Leid und Schmerz baldmöglichst ein Ende nehmen und die internationale Solidarität diesen geliebten Völkern zu Hilfe komme.
Gelobt seien Jesus und Maria!

Hören, was der Geist uns sagen will

Angelus am 24. November

Liebe Schwestern und Brüder!

1. Heute, am letzten Sonntag des liturgischen Jahres, feiern wir das Fest vom Königtum Christi. Die Liturgie lädt uns ein, über die zentrale Rolle unseres Herrn in der Menschheitsgeschichte nachzudenken: Wie die Offenbarung uns sagt, ist er „das Alpha und das Omega ..., der ist und der war und der kommt, der Herrscher über die ganze Schöpfung" (*Offb* 1,8).
Nichts, was in der Welt geschieht, entgeht seinem höchsten Einfluß: „Sein ist die Zeit und die Ewigkeit. Sein ist die Macht und die Herrlichkeit in alle Ewigkeit." So spricht der Priester während der Osternachtsmesse am Karsamstag, wenn er die entsprechende Jahreszahl auf die Osterkerze schreibt. Dies ist eine Geste, die eine Tatsache ausdrücken möchte: Die Menschheitsgeschichte entwickelt sich dem Augenschein zum Trotz nach einem Plan der Vorsehung, der das Reich Christi zum endgültigen Ziel hat.

2. Das heutige Fest geht der Sonderversammlung der Bischofssynode für Europa durch einen besonderen Zufall kurz voraus: am kommenden Donnerstag, 28. November, beginnt in der Tat dieses wichtige kirchliche Ereignis, das dann bis zum 14. Dezember dauern wird.
Es werden Tage des Nachdenkens sein, an denen sich die Bischöfe im Licht des Wortes Gottes befragen über den tiefen Sinn der jüngsten Ereignisse auf dem europäischen Kontinent und über die Hinweise, die daraus für den Einsatz der Christen in der unmittelbaren Zukunft folgen.
Zu den Ereignissen von gestern kommen gerade in diesen Tagen andere, die die Fragen und Sorgen vermehren. Man kann nicht untätig bleiben angesichts der stürmischen Aufeinanderfolge von Ereignissen, die, obwohl sie ermutigende Aussichten bieten, nicht frei von äußerst negativen Aspekten sind. Es ist notwendig, auf das, was der Geist unter den gegenwärtigen Umständen der Kirche sagen will, zu hören, um dann einen verantwortlichen Dienst am göttlichen Heilsplan anzubieten.
Ich lade alle Gläubigen ein, mit ihrem Gebet die Arbeit der Väter während der bevorstehenden Synode zu unterstützen und die nächsten Wochen in enger Gemeinschaft des Glaubens mit ihnen zu erleben: Nur dank der einmütigen Bitte, die aus der ganzen Kirche zu Gott aufsteigen wird, können Initiativen beschlossen werden, die für die Neuevangelisierung des Kontinentes nützlich sind.

3. Auch auf dem synodalen Weg der Kirche ist Maria Leitfigur und Vorbild derer, die glauben und in ihrem Herzen über die Geheimnisse Gottes und die geschichtlichen Ereignisse nachzudenken wissen.
Bitten wir die Jungfrau der Verkündigung, sie möge uns die Ereignisse des gegenwärtigen Augenblicks deutlich verstehen lassen, damit wir einen wirksamen Beitrag zum Aufbau einer Zukunft leisten, die der ruhmvollen christlichen Traditionen Europas würdig ist.

Die Kirche - Sakrament der Einheit

Ansprache bei der Generalaudienz am 27. November

1. Gemäß dem II. Vatikanischen Konzil ist „die Kirche ... in Christus gleichsam das Sakrament, das heißt Zeichen und Werkzeug für die innigste Vereinigung mit Gott wie für die Einheit der ganzen Menschheit" (*Lumen Gentium*, Nr. 1). Diese Lehre, bereits von Anfang an in der Dogmatischen Konstitution über die Kirche dargelegt, erfordert eine nähere Erläuterung, die wir in der heutigen Katechese durchführen wollen. Wir beginnen mit der Feststellung, daß der soeben zitierte Text über die Kirche als „Sakrament" in der Konstitution Lumen Gentium im ersten Kapitel steht, das den Titel trägt: „*Das Mysterium der Kirche*" („*De Ecclesiae Mysterio*"). Es ist deshalb notwendig, die Erklärung für diese Sakramentalität, die der Kirche vom Konzil zuerkannt wird, im Zusammenhang mit dem Geheimnis („mysterium") zu suchen, wie es im ersten Kapitel der Konstitution zu verstehen ist.

2. Die Kirche ist göttliches Geheimnis, weil sich in ihr der Heilsplan Gottes für die Menschheit verwirklicht, das heißt „das Geheimnis des Reiches Gottes", offenbart im Wort und im Dasein Christi selbst. Dieses Geheimnis wird von Jesus zuerst den Aposteln offenbart: „Euch ist das Geheimnis des Reiches Gottes anvertraut; denen aber, die draußen sind, wird alles in Gleichnissen gesagt" (*Mk* 4,11).
Die Bedeutung der Gleichnisse des Reiches, denen wir eine vorhergehende Katechese gewidmet haben, findet bereits ihren ersten grundlegenden Ausdruck in der Menschwerdung und ihre Erfüllung in der Zeitspanne vom Ostern des Kreuzes und der Auferstehung Christi bis zum Pfingsten in Jerusalem, wo die Apostel und Mitglieder der ersten Gemeinde die Taufe des Geistes der Wahrheit erhielten, der sie befähigte, Zeugnis für Christus abzulegen. In der gleichen Zeit nahm das ewige Geheimnis des göttlichen Heilsplans für die Menschheit die sichtbare Form der Kirche, des neuen Volkes Gottes, an.

3. Die paulinischen Briefe bringen es in besonders klarer und wirksamer Weise zum Ausdruck. Denn der Apostel verkündet Christus „gemäß der Offenbarung jenes Geheimnisses, das seit ewigen Zeiten unausgesprochen war" (*Röm* 16,25-26); „jenes Geheimnis, das seit ewigen Zeiten und Generationen verborgen war. Jetzt wurde es seinen Heiligen offenbart; Gott wollte ihnen zeigen, wie reich und herrlich dieses Geheimnis unter den Völkern ist: Christus ist unter euch, er ist die Hoffnung auf Herrlichkeit" (*Kol* 1,26-27): dies ist das Geheimnis, das offenbar wurde, um die Herzen zu trösten, daß sie in der Liebe zusammenhalten und eine tiefe Einsicht und Erkenntnis seines Inhaltsreichtums erlangen (vgl. *Kol* 2,2). Und gleichzeitig bittet der Apostel die Kolosser, zu beten, „damit Gott uns eine Tür öffnet für das Wort und wir das Geheimnis Christi predigen können", während er sich selbst wünscht, „daß ich es wieder offenbaren und verkündigen kann, wie es meine Pflicht ist" (*Kol* 4,3-4).

4. Wenn auch dieses göttliche Geheimnis, das heißt das Geheimnis vom Heil der Menschheit in Christus vor allem das Geheimnis Christi ist, ist es doch „für die Menschen" bestimmt. Denn wir lesen im Brief an die Epheser: „Den Menschen früherer Generationen war es nicht bekannt; jetzt aber ist es seinen heiligen Aposteln und Propheten durch den Geist offenbart worden: daß nämlich die Heiden Miterben sind, zu demselben Leib gehören und an derselben Verheißung in Christus Jesus teilhaben durch das Evangelium. Ihm diene ich dank der Gnade, die mir durch Gottes mächtiges Wirken geschenkt wurde" (*Eph* 3,5-7).

5. Diese Lehre des Apostels Paulus wird vom II. Vatikanischen Konzil aufgegriffen und neu dargelegt: „Christus hat, von der Erde erhöht, alle an sich gezogen (vgl. *Joh* 12,32 griech.). Auferstanden von den Toten (vgl. *Röm* 6,6), hat er seinen lebendigmachenden Geist den Jüngern mitgeteilt und durch ihn seinen Leib, die Kirche, zum allumfassenden Heilssakrament gemacht" (*Lumen Gentium*, Nr. 48). Und weiter: „Gott hat die Versammlung derer, die zu Christus als dem Urheber des Heils und dem Ursprung der Einheit und des Friedens glaubend aufschauen, als

seine Kirche zusammengerufen und gestiftet, damit sie allen und jedem das sichtbare Sakrament dieser heilbringenden Einheit sei" (*Lumen Gentium*, Nr. 9).
Die ewige Initiative des Vaters also, die den der Menschheit in Christus offenbarten und verwirklichten Heilsplan faßt, bildet das Fundament des Geheimnisses der Kirche; in ihr wird das Geheimnis den Menschen, angefangen von den Aposteln, durch den Heiligen Geist mitgeteilt. Durch diese Teilhabe am Geheimnis Christi ist die Kirche der Leib Christi. Das paulinische Bild und Verständnis vom „Leib Christi" drückt zugleich die Wahrheit des Geheimnisses der Kirche und die Wahrheit ihrer sichtbaren Gestalt in der Welt und in der Menschheitsgeschichte aus.

6. Das griechische Wort *mysterion* wurde ins Lateinische mit *sacramentum* übersetzt. In diesem Sinn verwendet es die Konzilslehre in den obengenannten Texten. In der lateinischen Kirche hat das „Sacramentum" eine in den sieben Sakramenten genauer umrissene Bedeutung angenommen. Es ist klar, daß diese Bedeutung nicht anders als in analoger Weise auf die Kirche angewandt werden kann.
Nach der Lehre des Konzils von Trient ist ein Sakrament „sinnfälliges Zeichen einer heiligen Sache und sichtbare Gestalt der unsichtbaren Gnade" (vgl. *DS*, 1639). Zweifellos kann diese Definition dementsprechend auf die Kirche bezogen werden. Jedoch ist zu beachten, daß diese Definition nicht genügt, um das auszudrücken, was die Kirche ist. Sie ist Zeichen, aber nicht nur Zeichen; sie ist auch in sich selbst Frucht des Heilswerkes. Die Sakramente sind Mittel der Heiligung; die Kirche ist hingegen die Versammlung der geheiligten Menschen; sie ist deshalb das Ziel des Heilsgeschehens (vgl. *Eph* 5,25-27).
Nach diesen Klarstellungen kann die Bezeichnung „Sakrament" auf die Kirche angewandt werden. Die Kirche ist in der Tat Zeichen des Heils, von Christus vollbracht und für alle Menschen bestimmt durch das Wirken des Heiligen Geistes. Das Zeichen ist sichtbar: Die Kirche als Gemeinschaft des Volkes Gottes hat sichtbaren Charakter. Das Zeichen ist auch wirksam, insofern die Zugehörigkeit zur Kirche den Menschen die Verbundenheit mit Christus und alle zum Heil notwendigen Gnaden verschafft.

7. Wenn man von den Sakramenten als wirksame Zeichen der Heilsgnade spricht, die von Christus gestiftet und in seinem Namen von der Kirche gefeiert werden, bleibt die Analogie der Sakramentalität in bezug auf die Kirche durch das organische Band zwischen Kirche und Sakramenten, aber man muß berücksichtigen, daß es sich nicht um eine Wesensgleichheit handelt. Denn man kann dem Gesamt der Handlungen und Dienste der Kirche nicht die göttliche Einsetzung und die Wirksamkeit der sieben Sakramente zuschreiben. Außerdem gibt es in der Eucharistie eine substantielle Gegenwart Christi, die man gewiß nicht auf die ganze Kirche ausdehnen kann. Wir stellen die nähere Erläuterung dieser Unterschiede bis zu einem späteren Zeitpunkt zurück. Aber wir können diese Katechese abschließen mit der frohen Bemerkung, daß das organische Band zwischen der Kirche als Sakrament und den einzelnen Sakramenten gerade in bezug auf die Eucharistie besonders eng und wesentlich ist. Inwieweit nämlich die Kirche (als Sakrament) die Eucharistie

feiert, insoweit verwirklicht die Eucharistie die Kirche und macht sie gegenwärtig. Die Kirche bringt sich in der Eucharistie zum Ausdruck, und die Eucharistie schafft Kirche. Besonders in der Eucharistie ist und wird die Kirche immer mehr das Sakrament der „innigsten Vereinigung mit Gott" (vgl. *Lumen Gentium*, Nr. 1).

In deutscher Sprache sagte der Papst:

Liebe Schwestern und Brüder!

„Die Kirche ist ja in Christus gleichsam das Sakrament, das heißt Zeichen und Werkzeug für die innigste Vereinigung mit Gott wie für die Einheit der ganzen Menschheit" (*Lumen Gentium*, Nr. 1) Dieser Lehraussage des Zweiten Vatikanischen Konzils wollen wir in der Reihe unserer Katechesen über die Kirche die heutige Betrachtung widmen. Ja, so lehrt das Konzil, die Kirche ist ein Geheimnis, und in ihr verwirklicht sich Gottes Heilsplan für die Menschen, wie Jesus im Evangelium sagt: „Euch ist das Geheimnis des Reiches Gottes anvertraut; denen aber, die draußen sind, wird alles in Gleichnissen gesagt" (*Mk* 4,11).

Das griechische Wort für Geheimnis, *mysterion*, wird im Lateinischen mit *sacramentum* übersetzt; ein Sakrament ist nach der Lehre des Konzils von Trient ein äußeres sichtbares Zeichen, das Heiliges und Geheimnisvolles andeutet und zugleich bewirkt.

Diese Deutung ist zwar zunächst den sieben Sakramenten eigen, doch kann man sie in analoger Weise auch auf die Kirche anwenden: Die Kirche ist ein Zeichen des von Christus vollbrachten Heiles, das durch Wirken des Heiligen Geistes für alle Menschen bestimmt ist. Jenes Zeichen ist nach außen hin erkennbar, da die Kirche als Gemeinschaft des Gottesvolkes sichtbaren Charakters ist, und es ist zugleich wirksam, insofern die Zugehörigkeit zur Kirche die Menschen mit Christus verbindet.

Nach diesen meinen Worten begrüße ich alle deutschsprachigen Pilger und Besucher sehr herzlich mit dem innigen Wunsch, es möge euer Glaube an die Kirche als Zeichen und Vermittlerin des Heiles erstarken. Dazu erteile ich euch, euren lieben Angehörigen daheim und allen mit uns über Radio und Fernsehen verbundenen Gläubigen von Herzen meinen Apostolischen Segen.

Maria zeige Europa die Wege

Angelus am 1. Dezember

Liebe Schwestern und Brüder!

1. Heute, am ersten Adventssonntag, beginnt das neue liturgische Jahr. Von jeher wollte die Kirche in ihrer pastoralen Sorge den Ablauf der Zeit mit der Feier der Haupteereignisse des Lebens Jesu und der Heilsgeschichte begleiten. Auf diese Weise will sie den Christen auf seinem Lebensweg erleuchten, ihn bei der täglichen

Arbeit unterstützen und ihn in eine übernatürliche Atmosphäre erheben und seine Erwartung auf die endgültige Begegnung mit Christus, unserm Herrn, lenken.
Liebe Gläubige, nehmen wir die Einladung der heiligen Liturgie an und bemühen wir uns, diese erste „starke Zeit" zur Vorbereitung auf Weihnachten intensiv zu leben.

2. Wir bereiten uns in der Tat darauf vor, der Geburt Jesu zu gedenken, die das zentrale Ereignis der Geschichte schlechthin ist, in dem die vorausgegangenen Geschehnisse der Menschheit konvergieren und von dem ihre nachfolgenden Entwicklungen ausgehen.
Das große Thema, das der Advent uns zur Betrachtung vorstellt, besteht darin, die entscheidende Bedeutung des Kommens Christi in die Welt mit neuer Aufmerksamkeit zu überdenken. Denn der Advent ist die günstigste Zeit, mit Freude die Gewißheiten unseres Glaubens wiederzuentdecken: Jesus ist für uns Mensch geworden. Er ist auch in der Welt von heute gegenwärtig und lebendig und wirkt weiter durch die Kraft seines Geistes im Innern der Herzen, um sie für die Aufnahme der Heilsbotschaft zu bereiten.

3. In dieses Werk ist jeder von uns miteinbezogen: dem Willen Christi entsprechend, hängt das Heil der Welt auch von unserer Mitarbeit ab. An diese Verantwortung will uns das kirchliche Ereignis erinnern, das in diesen Tagen stattfindet: Die Sonderversammlung der Bischofssynode für Europa unter dem Thema „Wir sind Zeugen Christi, der uns befreit hat" berät über die konkreten Verpflichtungen, die sich heute für die Christen dieses Kontinents aus ihrer Glaubenstreue ergeben.
Wir bitten Maria, den „Sitz der Weisheit", unter den Synodenvätern anwesend zu sein, wie sie es im Abendmahlssaal unter den Aposteln und Jüngern nach der Auferstehung des Herrn war. Sie zeige die Wege, die es in dieser entscheidenden Stunde Europas zu gehen gilt, um den Erwartungen seiner Völker zu entsprechen und mit neuer Kraft den Frauen und Männern, die heute auf diesem Erdteil leben, das befreiende Wort des Evangeliums zu verkünden.

Aufruf an die Gläubigen zum Gebet für die Bevölkerung in Haiti:

Die Nachrichten aus Haiti bieten Anlaß zu Sorge und Schmerz: Viele Landesbewohner, bereits jahrelang in äußerster Armut lebend, sind jetzt noch härteren Lebensbedingungen ausgesetzt.
Dies haben die haitianischen Bischöfe jüngst in einem dringenden Appell an die internationale Gemeinschaft bekundet, indem sie sich zu Fürsprechern ihrer leidenden Landsleute machten.
Deshalb lade ich euch ein, mit mir den Herrn durch die Fürsprache Marias zu bitten, daß diese lieben Völker bald ihr berechtigtes Streben nach menschenwürdigen Lebensbedingungen im Geist der Eintracht und des friedlichen Zusammenlebens erfüllt sehen.

Die Kirche - Braut Christi

Ansprache bei der Generalaudienz am 4. Dezember

1. Bereits im Alten Testament spricht man von einer Art ehelichem Bund zwischen Gott und seinem Volk, das heißt Israel. So lesen wir im dritten Teil des Propheten Jesaja: „Denn dein Schöpfer ist dein Gemahl, ‚Herr der Heere' ist sein Name. Der Heilige Israels ist dein Erlöser, ‚Gott der ganzen Erde' wird er genannt" (*Jes* 54,5). Unsere Katechese über die Kirche als „Sakrament der innigsten Vereinigung mit Gott" („mysterium Ecclesiae": *Lumen Gentium*, Nr. 1) führt uns zu jener alten Tatsache des Bundes Gottes mit Israel, dem auserwählten Volk, der die Vorbereitung auf das fundamentale Geheimnis der Kirche war, die Verlängerung des Geheimnisses der Menschwerdung selbst. Wir haben das in den vorhergehenden Katechesen gesehen. Bei der heutigen Betrachtung wollen wir unterstreichen, daß der Bund Gottes mit Israel von den Propheten als Ehebund dargestellt wird.

Auch dieser besondere Aspekt der Beziehung Gottes zu seinem Volk hat bildlichen und vorbereitenden Wert für das eheliche Band zwischen Christus und der Kirche, dem neuen Volk Gottes, dem neuen Israel, das von Christus durch seinen Opfertod am Kreuz gebildet wurde.

2. Im Alten Testament finden wir außer dem anfangs zitierten Text von Jesaja auch andere, besonders in den Büchern Hoseas, Jeremias und Ezechiels, in denen der Bund Gottes mit Israel ähnlich der Eheschließung der Brautleute verstanden wird. Und aufgrund dieses Vergleichs erheben diese Propheten gegen das auserwählte Volk die Anklage, wie eine untreue und ehebrecherische Frau zu sein. So sagt Hosea: „Verklagt eure Mutter, verklagt sie! Denn sie ist nicht meine Frau, und ich bin nicht ihr Mann" (*Hos* 2,4). Desgleichen Jeremia: „Doch wie eine Frau ihres Freundes wegen treulos wird, so seid auch ihr mir treulos geworden, ihr vom Haus Israel" (*Jer* 3,20). Und während Jeremia die Untreue Israels gegenüber dem Gesetz des Bundes und besonders die wiederholten Sünden des Götzendienstes vor Augen hat, fügt er den Vorwurf hinzu: „Du aber hast mit vielen Freunden gebuhlt, und da solltest du zu mir zurückkehren dürfen? - Spruch des Herrn" (*Jer* 3,1). Schließlich Ezechiel: „Doch dann hast du dich auf deine Schönheit verlassen, du hast deinen Ruhm mißbraucht und dich zur Dirne gemacht. Jedem, der vorbeiging, hast du dich angeboten, jedem bist du zu Willen gewesen" (*Ez* 16,15; vgl. 16,29.32).

Trotzdem muß man sagen, daß die Worte der Propheten keine absolute und endgültige Verweigerung gegenüber der ehebrecherischen Frau enthalten, sondern eine Einladung zur Umkehr und das Versprechen, die Bekehrte wieder anzunehmen. So Hosea: „Ich traue dich mir an auf ewig; ich traue dich mir [wieder] an um den Brautpreis von Gerechtigkeit und Recht, von Liebe und Erbarmen, ich traue dich mir an um den Brautpreis meiner Treue: Dann wirst du den Herrn erkennen" (*Hos* 2,21-22).

Ähnlich Jesaja: „Nur für eine kleine Weile habe ich dich verlassen, doch mit großem Erbarmen hole ich dich heim. Einen Augenblick nur verbarg ich vor dir mein

Gesicht in aufwallendem Zorn; aber mit ewiger Huld habe ich Erbarmen mit dir, spricht dein Erlöser, der Herr" (*Jes* 54,7-8).

3. Diese Ankündigungen der Propheten gehen über die geschichtliche Grenze Israels und die ethnische und religiöse Dimension des Volkes hinaus, das den Bund nicht gehalten hat. Sie müssen in die Perspektive eines neuen Bundes gesetzt werden, der als zukünftiges Geschehnis dargestellt wird. Man vergleiche insbesondere Jeremias: „Denn das wird der Bund sein, den ich nach diesen Tagen mit dem Haus Israel schließe ... Ich lege mein Gesetz in sie hinein und schreibe es auf ihr Herz. Ich werde ihr Gott sein, und sie werden mein Volk sein" (*Jer* 31,33). Ähnliches kündigt Ezechiel an, nachdem er den Verschleppten die Rückkehr in die Heimat verheißen hatte: „Ich schenke ihnen ein anderes Herz und schenke ihnen einen neuen Geist. Ich nehme das Herz von Stein aus ihrer Brust und gebe ihnen ein Herz von Fleisch, damit sie nach meinen Gesetzen leben und auf meine Rechtsvorschriften achten und sie erfüllen. Sie werden mein Volk sein, und ich werde ihr Gott sein" (*Ez* 11,19-20).

4. Die Verwirklichung dieser Verheißung des neuen Bundes nimmt ihren Anfang in Maria. Die Verkündigung ist die erste Offenbarung dieses Beginns. In jenem Augenblick hören wir tatsächlich die Jungfrau von Nazaret im Glaubensgehorsam antworten auf den ewigen göttlichen Plan zur Rettung des Menschen durch die Fleischwerdung des Wortes: Diese Menschwerdung des Sohnes Gottes bedeutet die Erfüllung der messianischen Ankündigungen und zugleich den Anfang der Kirche als Volk des Neuen Bundes. Maria ist sich der messianischen Dimension der Verkündigung, die sie empfängt, und des Ja, mit dem sie darauf antwortet, bewußt. Der Evangelist Lukas will scheinbar diese Dimension durch die Beschreibung der Einzelheiten des Dialogs zwischen dem Engel und der Jungfrau und dann durch den Wortlaut des Magnifikats hervorheben.

5. In dem Dialog und Lobpreis scheint die Demut Marias hindurch, aber auch die Intensität, mit der sie in ihrem Geist die Erwartung der Verwirklichung der messianischen Verheißung gelebt hat, die Israel gemacht worden war. Die Worte der Propheten über den ehelichen Bund Gottes mit dem auserwählten Volk, die sie in ihrem Herzen bewahrte und erwog in den von Lukas berichteten entscheidenden Augenblicken, finden in ihrem Herzen Widerhall. Sie selbst will in sich das Bild der dem göttlichen Bräutigam vollkommen treuen und ganz sich schenkenden Braut verkörpern; deshalb wird sie in ihrem bräutlichen Herzen zum Anfang des neuen Israel, das heißt jenes vom Gott des Bundes gewollten Volkes. Maria, die sowohl im Dialog als auch in dem Lobpreis keine Worte gebraucht, die vom Vergleich mit dem Ehebund geprägt sind, tut viel mehr: Sie bekräftigt und festigt eine bereits bestehende Weihe, die zu ihrem gewohnten Lebenszustand wird. Denn sie antwortet dem Engel der Verkündung: „Ich erkenne keinen Mann" (vgl. *Lk* 1,34). So als würde sie sagen: Ich bin eine Gott geweihte Jungfrau und will diesen Bräutigam nicht verlassen, denn ich glaube nicht, daß Gott dies will: Er, der so eifersüchtig gegenüber Israel ist, so streng gegenüber dem, der ihn betrogen hat, so beharrlich in seinem erbarmenden Ruf zur Versöhnung!

6. Maria ist sich der Untreue ihres Volkes wohl bewußt, und sie will persönlich eine Braut sein, die dem über alles geliebten göttlichen Bräutigam treu ist. Und der Engel kündigt ihr an, daß sich in ihr der neue Bund Gottes mit der Menschheit in einer unvorstellbaren Dimension verwirklicht, als jungfräuliche Mutterschaft durch den Heiligen Geist. „Der Heilige Geist wird über dich kommen, und die Kraft des Höchsten wird dich überschatten" (*Lk* 1,35). Die Jungfrau von Nazaret wird durch das Wirken des Heiligen Geistes in jungfräulicher Weise Mutter des Sohnes Gottes. Das Geheimnis der Menschwerdung schließt in seinen Bereich diese Mutterschaft Marias ein, die kraft des Heiligen Geistes göttlich gewirkt wurde. Hier ist also der Beginn des Neuen Bundes, in dem Christus als göttlicher Bräutigam die Menschheit mit sich vereinigt, die berufen ist, seine Kirche als universales Volk des Neuen Bundes zu sein.

7. Bereits im Augenblick der Menschwerdung wird Maria als Jungfrau und Mutter zum Bild der Kirche in ihrem jungfräulichen und zugleich mütterlichen Wesen. Das II. Vatikanische Konzil sagt: „Im Geheimnis der Kirche, die ja auch selbst mit Recht Mutter und Jungfrau genannt wird, ist die selige Jungfrau Maria vorangegangen, da sie in hervorragender und einzigartiger Weise das Urbild sowohl der Jungfrau wie der Mutter darstellt" (*Lumen Gentium*, Nr. 63). Aus gutem Grund grüßt der von Gott gesandte Bote Maria vom ersten Augenblick an mit dem Wort *Chaire* (= Freu dich). In diesem Gruß erklingt das Echo so vieler prophetischen Worte des Alten Testaments: „Juble laut, Tochter Zion! Jauchze, Tochter Jerusalem! Siehe, dein König kommt zu dir. Er ist gerecht und hilft" (*Sach* 9,9).„Juble, Tochter Zion! Jauchze, Israel! Freu dich, und frohlocke von ganzem Herzen, Tochter Jerusalem! ... der Herr ist in deiner Mitte ... Fürchte dich nicht, Zion! ... ein Held, der Rettung bringt, ... erneuert seine Liebe zu dir, er jubelt über dich und frohlockt" (*Zef* 3,14-17). „Fürchte dich nicht, fruchtbares Land! Freu dich und juble; denn der Herr hat Großes getan ... Jubelt, ihr Söhne Zions, und freut euch über den Herrn, euren Gott!" (*Joël* 2,21-23).
Maria und die Kirche sind also das verwirklichte Ziel dieser Prophetien an der Schwelle des Neuen Testamentes. Ja, man kann sogar sagen, daß an dieser Schwelle die Kirche sich in Maria und Maria sich in der Kirche und als Kirche finden. Dies ist eine der wunderbaren Taten Gottes, die Gegenstand unseres Glaubens sind.

In deutscher Sprache sagte der Papst:

Liebe Schwestern und Brüder!

Wenn wir uns in einer weiteren Katechese über die Kirche heute dem Gedanken des Volkes Gottes als Braut des Herrn im Alten Testament zuwenden, so stehen uns sogleich zahlreiche biblische Zeugnisse vor Augen, die dieses Bild aufgreifen. Dabei verwenden die Propheten den Vergleich zwischen dem ehelichen Bund und demjenigen zwischen Gott und seinem Volk Israel, um dem auserwählten Volk seine Treulosigkeit Gott gegenüber vorzuhalten. „Doch wie eine Frau ihres Freundes

wegen treulos wird, so seid auch ihr mir treulos geworden, ihr vom Haus Israel" (*Jer* 3,20). Doch klingt in den prophetischen Worten immer schon an, daß Gott seine Braut nicht endgültig verstoßen wird, sondern vielmehr dazu einlädt, umzukehren: „Ich traue dich mir an auf ewig; ich traue dich mir an um den Brautpreis von Gerechtigkeit und Recht, von Liebe und Erbarmen, ich traue dich mir an um den Brautpreis meiner Treue. Dann wirst du den Herrn erkennen" (*Hos* 2,21-22).
Diese Verheißung hat an der Schwelle zum Neuen Testament ihre Verwirklichung in Maria gefunden. Sie, die sich in ihrer Jungfräulichkeit ganz dem Willen Gottes ergeben wollte, hat im Augenblick der Verkündigung ihre Antwort zum ewigen Heilsplan Gottes aus dem Gehorsam des Glaubens gegeben, um durch die Menschwerdung des göttlichen Wortes der Welt das Heil zu bringen. Diese Menschwerdung des Wortes Gottes bedeutet also die Erfüllung der messianischen Ankündigungen und zugleich den Ursprung der Kirche als den Neuen Bund.
Nach dieser kurzen Betrachtung richte ich einen herzlichen Willkommensgruß an die deutschsprachigen Pilger und Besucher. Verbunden mit dem Wunsch, daß Ihr Eure Berufung zu Gliedern des Gottesvolkes stets in Treue lebt und im Alltag glaubwürdig verwirklicht, erteile ich Euch, Euren lieben Angehörigen daheim sowie den mit uns über Radio und Fernsehen Verbundenen von Herzen meinen Apostolischen Segen.

Tota pulchra es, Maria!

Angelus am 8. Dezember

1. „Tota pulchra es, Maria!" Du bist ganz schön, Maria! Heute, am 8. Dezember, liebe Schwestern und Brüder, wenden wir uns mit inniger Freude an Maria und betrachten die wunderbare Gnadenprivileg ihrer Unbefleckten Empfängnis.
Wir glauben, daß sie im Mutterleib ohne den Schatten der Erbsünde empfangen wurde, das heißt ohne jene Sünde, die vom „Anfang" an die Menschheit von Gott entfernt hat. Im Hinblick auf die zukünftige Gottesmutterschaft besaß die seligste Jungfrau vom ersten Augenblick ihres Daseins an die Fülle der heiligmachenden Gnade und hatte so im höchsten Grad teil am Leben Gottes.

2. Die auserlesene Schönheit der Immakulata ist ein besonderer Augenblick im Lauf der Heilsgeschichte, jener geheimnisvollen, aber wirklichen Geschichte, die mit der Erschaffung der Welt und der Stammeltern beginnt, dann weitergeht durch die Sünde ihrer Auflehnung gegen Gott, in die die gesamte Menschheit miteinbezogen wurde, und in der Erlösung gipfelt, deren Früchte sich durch den Heiligen Geist auf alle Glaubenden ergießen bis zur Wiederkunft Christi in Herrlichkeit.
Die Unbefleckte Empfängnis betrifft deshalb über das einzigartige Ereignis Marias hinaus die ganze Kirche und lädt uns alle ein, über den Schöpfungs- und Erlösungswillen Gottes und das Drama der Menschheitsgeschichte tief nachzu-

denken, die nur im Licht der Offenbarung einen sicheren Ausblick auf Vollendung findet.

3. Deshalb wollen wir heute mit besonderem Eifer und tieferem Vertrauen zur Immakulata, der Mutter Jesu und unserer Mutter, beten. „Vor allen Heiligen ist sie ein Vorbild der Heiligkeit, ihre Fürsprache erfleht uns deine Gnade" (*Präfation*): Im ständigen Widerspruch zwischen Gut und Böse, zwischen Licht und Finsternis, zwischen Wahrheit und Irrtum, die die Geschichte der Menschheit und jedes einzelnen kennzeichnen, bitten wir Maria um Hilfe. Sie kennt in der Tat unsere Schwachheit und unsere Hoffnung.
O Unbefleckte Jungfrau Maria, wir bitten dich mit kindlicher Liebe: erleuchte, führe und rette die durch Christus, deinen Sohn und unseren Bruder, erlöste Menschheit! Rufe die Fernstehenden, bekehre die Sünder, stärke die Leidenden, hilf und tröste den, der dich bereits kennt und liebt!
„Großes hat man von dir gesagt, Maria, denn aus dir ging hervor die Sonne der Gerechtigkeit, Christus, unser Gott."

Nicht schweigen vor unmenschlichem Schauspiel in Kroatien!

Aufruf nach dem Angelusgebet

Während wir Maria in ihrer Unbefleckten Empfängnis betrachten und uns mit ihr darauf vorbereiten, den Friedensfürsten zu empfangen, muß ich ein weiteres Mal die schrecklichen Bombenangriffe beklagen, die in den vergangenen Tagen Tod und Zerstörung in Kroatien und besonders in der Stadt Dubrovnik gesät haben.
Niemand kann schweigen oder resignieren angesichts eines so unmenschlichen Schauspiels: schuldlose Bürger, die getötet oder verletzt werden; obdachlose Familien, zerstörte Baudenkmäler und Gotteshäuser.
Beten wir, daß Gott, der Herr, allen Gefühle des Friedens und Mitleids eingebe! Bitten wir, daß er die Regierenden erleuchte, die sich in Maastricht darum bemühen, die Grundlagen des Zusammenlebens in Europa für heute und morgen zu festigen! Maria erlange von ihrem Sohn, daß der europäische Kontinent, von zu vielen Kriegen gestern und heute mit Blut durchtränkt, endlich ein Land von Brüdern und Schwestern werde!

Bereit sein zur Begegnung mit Gott

Ansprache bei der Generalaudienz am 11. Dezember

1. „Denn dein Schöpfer ist dein Gemahl, ‚Herr der Heere' ist sein Name. Der Heilige Israels ist dein Erlöser" (*Jes* 54,5). Wir zitieren diese Worte von Jesaja noch einmal, um daran zu erinnern, daß die Propheten des Alten Testaments in Gott den Gemahl des auserwählten Volkes sahen. Israel wurde dargestellt als eine Braut, die durch ihre Sünden, besonders ihren Fall in den Götzendienst oft untreu war. Der

Herr der Heere jedoch blieb dem auserwählten Volk treu. Er blieb immer der „Heilige Israels, der Erlöser".
Auf dem von den Propheten bereiteten Boden stellt das Neue Testament Jesus Christus als Gemahl für das neue Volk Gottes dar: er ist der seit langem vorhergesehene und angekündigte „Erlöser, der Heilige Israels"; in ihm, dem Christ-Gemahl, haben sich die Prophezeiungen erfüllt.

2. Der erste, der Jesus in diesem Licht vorstellt, ist Johannes der Täufer in seiner Predigt am Ufer des Jordan: „Ich bin nicht der Messias - sagt er zu seinen Zuhörern -, sondern nur ein Gesandter, der ihm vorausgeht. Wer die Braut hat, ist der Bräutigam; der Freund des Bräutigams aber, der dabei steht und ihn hört, freut sich über die Stimme des Bräutigams" (*Joh* 3,28-29). Wie man sieht, findet die eheliche Tradition des Alten Testaments Widerhall in dem Bewußtsein, das der strenge Bote des Herrn von seiner Mission in bezug auf die Identität des Christus hat. Er weiß, wer er ist und „was ihm vom Himmel gegeben ist". Sein ganzer Dienst inmitten des Volkes ist auf den Gemahl ausgerichtet, der kommen soll. Johannes selbst stellt sich als „Freund des Bräutigams" vor und bekennt, daß seine größte Freude darin besteht, daß er seine Stimme hören konnte. Um dieser Freude willen ist er bereit, selbst „kleiner zu werden", das heißt, dem Platz zu machen, der sich offenbaren muß und der größer ist als er; für ihn will Johannes sein Leben hingeben, denn er weiß, daß nach dem göttlichen Heilsplan jetzt der Bräutigam, der „Heilige Israels", wachsen muß: „Er muß wachsen, ich aber muß kleiner werden" (*Joh* 3,30).

3. Jesus von Nazaret wird deshalb in sein Volk als der von den Propheten angekündigte Bräutigam eingeführt. Er selbst bekräftigt es, als er auf die Frage der Jünger des Johannes: „Warum fasten deine Jünger nicht?" antwortet: „Können denn die Hochzeitsgäste fasten, solange der Bräutigam bei ihnen ist? Solange der Bräutigam bei ihnen ist, können sie nicht fasten. Es werden aber Tage kommen, da wird ihnen der Bräutigam genommen sein; an jenem Tag werden sie fasten" (*Mk* 2,19-20). Mit dieser Antwort gibt Jesus zu verstehen, daß die Ankündigung der Propheten über Gott, den Gemahl, über den „Heiligen Israels, den Erlöser", in ihm selbst Erfüllung findet. Er offenbart, daß er sich dessen bewußt ist, der Bräutigam unter den Jüngern zu sein, denen aber zum Schluß „der Bräutigam genommen" wird. Er ist sich sowohl der Messianität als auch des Kreuzes bewußt, auf dem er sein Opfer im Gehorsam zum Vater vollbringen wird, wie von den Propheten vorhergesagt (vgl. *Jes* 42,1-9; 49,1-7; 50,4-11; 52,13-53,12).

4. Was aus der Erklärung des Johannes am Jordanufer und auch aus der Antwort Jesu auf die Frage der Jünger des Täufers hervorgeht, das heißt, daß der von den Propheten angekündigte Bräutigam nun gekommen ist, wird auch in den Gleichnissen bestätigt. In ihnen ist das Bild des ehelichen Motivs indirekt angedeutet, aber es scheint hindurch. Jesus sagt: „Mit dem Himmelreich ist es wie mit einem König, der die Hochzeit seines Sohnes vorbereitete" (*Mt* 22,2). Das ganze Gleichnis gibt zu verstehen, daß Jesus von sich selbst spricht, aber er tut es in dritter Person, wie es dem Reden in Gleichnissen eigen ist. Im Zusammenhang des Gleichnisses vom

König, der zum Hochzeitsmahl seines Sohnes einlädt, hebt Jesus mit dem Vergleich des Hochzeitsmahls die Wahrheit vom Reich Gottes hervor, die er selbst in die Welt bringt, und die Menschen, die von Gott eingeladen sind zum Gastmahl des Bräutigams, das heißt zur Annahme der Botschaft Christi in der Gemeinschaft des neuen Volkes, das - wie es in dem Gleichnis dargestellt wird - zur Hochzeit geladen ist. Aber er fügt den Hinweis auf die Verweigerung der Einladung hinzu, die Jesus wirklich unter vielen seiner Zuhörer vor Augen hat. Er fügt auch für alle Eingeladenen seiner Zeit und aller Zeiten hinzu, daß es notwendig ist, eine der empfangenen Berufung würdige Haltung zu haben, die mit dem „Hochzeitsgewand" verglichen wird, das alle tragen müssen, die am Gastmahl teilnehmen wollen; wer es nicht anhat, wird vom König hinausgewiesen, das heißt von Gott dem Vater, der zum Fest seines Sohnes in der Kirche ruft.

5. Es scheint, daß in der Welt Israels bei großen Festessen am Eingang zum Gastmahl den Geladenen die Gewänder zur Verfügung gestellt wurden, die sie tragen sollten. Das macht die Bedeutung dieser Einzelheit des Gleichnisses Jesu noch verständlicher: das heißt die Verantwortung nicht nur dessen, der die Einladung verweigert, sondern auch derer, die teilnehmen, aber nicht die Bedingungen erfüllen wollen, die erforderlich sind, um der Einladung würdig zu sein. So ist es bei dem, der sich für einen Jünger Christi und ein Glied der Kirche hält und dies bekennt, ohne daß er das „Hochzeitsgewand" der Gnade anhat, die den lebendigen Glauben, die Hoffnung und Liebe erzeugt. Es ist wahr, daß dieses mehr innere als äußere Gewand von Gott, dem Urheber der Gnade und allen Seelenheils, gegeben wird. Aber das Gleichnis unterstreicht die Verantwortung jedes Geladenen, gleich welcher Herkunft, in bezug auf das Ja, das er dem Herrn geben muß, der ruft, und in bezug auf die Annahme seines Gesetzes, auf die totale Erfüllung der Anforderung der christlichen Berufung und auf die immer vollere Teilhabe am Leben der Kirche.

6. Auch in dem Gleichnis von den zehn Jungfrauen, „die ihre Lampen nahmen und dem Bräutigam entgegengingen" (*Mt* 25,1), findet sich der von Jesus verwandte eheliche Vergleich, um sein Denken über das Reich Gottes und die Kirche, in der es Gestalt annimmt, verständlich zu machen. Hier findet man auch sein Dringen auf die Notwendigkeit der inneren Bereitschaft wieder, ohne die man nicht am Hochzeitsmahl teilnehmen kann. In diesem Gleichnis weist Jesus auf das Bereitsein, die Wachsamkeit und den eifrigen Einsatz in Erwartung des Bräutigams hin. Von den zehn Jungfrauen hatten nur fünf dafür gesorgt, daß ihre Lampen bei der Ankunft des Bräutigams brannten. Den anderen, den törichten, fehlte das Öl. Der Bräutigam kam, und „die Jungfrauen, die bereit waren, gingen mit ihm in den Hochzeitssaal, und die Tür wurde zugeschlossen" (*Mt* 25,10). Es ist ein zarter, aber unmißverständlicher Hinweis auf das Schicksal dessen, dem die innere Bereitschaft zur Begegnung mit Gott fehlt und folglich die Sehnsucht und Beharrlichkeit in der Erwartung; also ein Hinweis auf das Risiko, vor verschlossener Tür zu stehen. Wieder einmal finden wir den Hinweis auf das Verantwortungsbewußtsein gegenüber der christlichen Berufung.

7. An dieser Stelle, während wir vom Gleichnis zum Tatsachenbericht des Evangeliums zurückkehren, müssen wir uns an das Hochzeitsmahl in Kana in Galiläa erinnern, zu dem Jesus zusammen mit den Jüngern eingeladen wurde (vgl. *Joh* 2,1-11). Nach dem Bericht des Evangelisten Johannes wirkte Jesus bei jener Gelegenheit das erste Wunder, das heißt das erste Zeichen, das seine messianische Sendung bestätigte. Man darf diese Geste von ihm so interpretieren, als wollte er indirekt zu verstehen geben, daß der von den Propheten angekündigte Bräutigam unter seinem Volk Israel gegenwärtig war. Der ganze Zusammenhang der Hochzeitszeremonie erhält in diesem Fall eine besondere Bedeutung. Wir stellen vor allem fest, daß Jesus sein erstes „Zeichen" auf die Bitte seiner Mutter hin wirkt. Wir erinnern hier gern an das, was wir in der vorhergehenden Katechese gesagt haben: Maria ist das Urbild der Kirche als Braut des Neuen Bundes.
Wir schließen, indem wir die Worte von Johannes am Ende des Kapitels lesen: „So tat Jesus sein erstes Zeichen, in Kana in Galiläa, und offenbarte seine Herrlichkeit, und seine Jünger glaubten an ihn" (*Joh* 2,11). In jenem „So" wird bekräftigt, daß der Bräutigam schon am Werk ist. Und neben ihm beginnt sich die Gestalt der Braut des Neuen Bundes, die Kirche, abzuzeichnen, die in Maria und in den Jüngern beim Hochzeitsmahl anwesend war.

In deutscher Sprache sagte der Papst:

Liebe Schwestern und Brüder!

„Denn den Schöpfer ist dein Gemahl, ‚Herr der Heere' ist sein Name. Der Heilige Israels ist den Erlöser" (*Jes* 54,5). Diese Worte aus dem Buch Jesaja erinnern daran, daß die Propheten des Alten Testaments in Gott den Gemahl des auserwählten Volkes sahen. Israel wurde als Braut bezeichnet, die durch ihre Sünden, besonders durch ihren Götzendienst, untreu wurde. Der Herr aber blieb dem auserwählten Volk treu.
Auf dem von den Propheten bereiteten Weg stellt das Neue Testament Jesus Christus als Gemahl für das neue Volk Gottes dar: Er ist jener „Erlöser, der Heilige Israels", seit langem angekündigt und erwartet; in ihm haben sich die Prophezeiungen erfüllt: der Christ-Gemahl.
Der erste, der Jesus in diesem Licht darstellt, ist Johannes der Täufer in seiner Predigt am Ufer des Jordan, wie wir es in der Lesung aus der Heiligen Schrift vernommen haben. Johannes stellt sich selbst als „Freund des Bräutigams" dar.
Dieses Motiv wird etwa in der Erzählung von der Hochzeit zu Kana aufgegriffen (vgl. *Joh* 2,1-11). Der von den Propheten angekündigte Bräutigam war inmitten seines Volkes Israel anwesend.
Mit dieser kurzen Betrachtung grüße ich alle deutschsprachigen Pilger und Besucher sehr herzlich. Mein besonderer Gruß gilt einer Gruppe von Vorsitzenden Katholischer Vereinigungen und Organisationen für die Familie aus ganz Europa. Euch gilt mein aufrichtiger Dank für die hingebungsvolle Vorbereitungsarbeit im Zusammenhang mit dem Internationalen Jahr der Familie 1994. Euch allen wünsche ich noch besinnliche Adventstage in der Erwartung der Ankunft unseres Erlösers. Dazu

erteile ich euch, euren Lieben in der Heimat sowie den mit uns über das Fernsehen und Radio Vatikan verbundenen Gläubigen von Herzen meinen Apostolischen Segen.

Zeugen der Wunden des Vaterlandes

Grußwort an eine kroatische Pilgergruppe

Liebe Pilger aus Kroatien.

Herzlich begrüße ich euch alle, insbesondere die Mitglieder des kroatischen Nationaltheaters von Split.
Ihr seid nach Rom gekommen als Zeugen der noch frischen Wunden eures Vaterlandes, das in einen grausamen Krieg verwickelt ist. Ich möchte, daß ihr nach Kroatien Zeichen der Solidarität bringt mit allen, die leiden, und Zeichen der christlichen Hoffnung, die die Gläubigen auch in den dunkelsten Augenblicken der Menschheitsgeschichte ermutigt. Die Kirche lädt uns ein, in dieser Adventszeit das Haupt zu erheben, denn unsere Erlösung naht.
Gelobt seien Jesus und Maria!

Einsicht und Hoffnung

Angelus am 15. Dezember

Liebe Schwestern und Brüder!

1. Im Evangelium dieses Adventssonntags haben wir über die Predigt Johannes des Täufers nachgedacht, der am Jordanufer die Gegenwart des Messias in der Welt verkündet.
Wie ihr wißt, ist der Advent die Zeit der Einsicht und der Hoffnung: Einsicht gewinnen heißt beobachten, fragen, um zu erkennen und um weiter zu hoffen. Die vielen Menschen, die zu Johannes liefen, stellten ihm Fragen, denn sie erwarteten etwas oder, besser, jemanden: Was sollen wir tun? Bist du vielleicht der Christus? Sie wollten erkennen und wollten wissen, und zwar nicht aus reiner Neugierde. Die Leute, die Johannes den Täufer suchten, gehörten zu der Nation, die seit Jahrhunderten die „Hoffnung Israels" im Herzen trug und vertrauensvoll auf die Ankunft des Christus wartete: Ihr höchstes Ziel war, mit eigenen Augen „das Heil Gottes" (salutare tuum) zu sehen, Licht, das die Heiden erleuchtet, und Herrlichkeit für das Volk Israel (vgl. *Lk* 2,30-32).

2. Einsicht und Hoffnung müssen auch unsere Haltung bestimmen: In die Geschichte eingetaucht, müssen auch wir wachsam sein und beobachten, um die Zeichen des „Heils Gottes" zu erkennen und daraus den Grund zu unerschütterlichem Vertrauen in den Lauf der unterschiedlichsten Ereignisse zu schöpfen.

Bekanntlich wurde gestern die Sonderversammlung der Bischofssynode für Europa beendet: Die außerordentlichen Wandlungen auf unserem Kontinent in der jüngsten Zeit haben uns veranlaßt und beinahe dazu verpflichtet, sie einzuberufen. Nun hat diese Versammlung ihre Arbeiten mit Einsicht und Hoffnung ausgeführt, und das ist jetzt für uns ein Erbe, das es zu bewahren und auszuwerten gilt zum geistlichen Wohl des ganzen Kontinents.

3. Die Bischöfe haben aus den Dingen, die geschehen sind, bereits einen starken Antrieb gewonnen, der sie drängte und sie auch weiterhin drängen wird, ihr wachsames Augenmerk auf die Ereignisse zu richten, die ethischen und religiösen Probleme zu untersuchen und angemessene Lösungen zu planen, um das christliche Antlitz Europas zu wahren und gegebenenfalls neu zu entwerfen.
Die soeben beendete Synode ruft uns auf, die Augen zu öffnen, um zu sehen und die Herzen stark zu machen, um voll Hoffnung die entsprechenden Initiativen zu ergreifen.
Maria, die wir als „Mutter der heiligen Hoffnung" verehren, helfe uns bei diesem suchenden Bemühen und erleuchte unseren Weg ins dritte christliche Jahrtausend.

Christus ist das Haupt der Kirche

Ansprache bei der Generalaudienz am 18. Dezember

1. Der heilige Paulus schreibt an die Epheser: „Christus [hat] die Kirche geliebt und sich für sie hingegeben" (*Eph* 5,25). Wie man sieht, stellt der Apostel Paulus denselben Vergleich mit der ehelichen Liebe an, der, von den Propheten des Alten Bundes ererbt, in der Predigt Johannes des Täufers wiedererschien, von Jesus aufgegriffen wurde und ins Evangelium überging. Johannes der Täufer und das Evangelium stellen Christus als Bräutigam vor. Wir haben es in der vorhergehenden Katechese gesehen: Bräutigam des neuen Volkes Gottes, das die Kirche ist. Jesus und sein Vorläufer verwandten den vom Alten Bund übernommenen Vergleich, um anzukündigen, daß die Zeit seiner Verwirklichung gekommen war. Das Ostergeschehen gab ihm den vollen Sinn. Gerade in bezug auf dieses Geschehen kann der Apostel im Brief an die Epheser schreiben, daß „Christus die Kirche geliebt und sich für sie hingegeben hat". In diesen Worten ist der Widerhall der Propheten, die im Alten Bund den Vergleich verwandten, um von der ehelichen Liebe Gottes zum auserwählten Volk Israel zu sprechen; hier ist stillschweigend angedeutet, daß Jesus den Vergleich auf sich bezog, indem er sich als der Bräutigam vorstellte, wie es den ersten Gemeinden, in denen die Evangelien entstanden, von den Aposteln berichtet worden war; hier gibt es eine Vertiefung der Heilsdimension der Liebe Jesu Christi, die zugleich bräutlich und erlösend ist: „Christus hat sich für die Kirche hingegeben", sagt der Apostel.

2. Dies tritt noch klarer hervor, wenn man bedenkt, daß der Brief an die Epheser die bräutliche Liebe Christi zur Kirche in direkten Bezug zum Sakrament setzt, das

Mann und Frau als Ehepaar vereint, indem es ihre Liebe segnet. Denn wir lesen: „Ihr Männer, liebt eure Frauen, wie Christus die Kirche geliebt und sich für sie hingegeben hat, um sie im Wasser und durch das Wort (Bezug auf die Taufe) rein und heilig zu machen. So will er die Kirche herrlich vor sich erscheinen lassen, ohne Flecken, Falten oder andere Fehler; heilig soll sie sein und makellos" (*Eph* 5,25-27). Ein wenig weiter im Brief unterstreicht der Apostel selbst das große Geheimnis der ehelichen Vereinigung, denn er „bezieht es auf Christus und die Kirche" (*Eph* 5,32). Die wesentliche Bedeutung seiner Rede ist, daß sich in der Ehe und in der christlichen ehelichen Liebe die bräutliche Liebe des Erlösers zu seiner Kirche widerspiegelt: die rettende Liebe, voll Heilsmacht, wirksam im Geheimnis der Gnade, durch die Christus den Gliedern seines Leibes das neue Leben mitteilt.

3. Deshalb greift der Apostel, während er sein Thema entwickelt, auf den Abschnitt der Genesis zurück, wo die Rede ist von der Vereinigung des Mannes mit der Frau und es heißt: „... die zwei werden ein Fleisch sein" (*Eph* 5,31; *Gen* 2,24). Inspiriert von dieser Aussage, schreibt der Apostel: „Darum sind die Männer verpflichtet, ihre Frauen so zu lieben, wie ihren eigenen Leib. Wer seine Frau liebt, liebt sich selbst. Keiner hat je seinen eigenen Leib gehaßt, sondern er nährt und pflegt ihn, wie auch Christus die Kirche" (*Eph* 5,28-29).
Man kann sagen, daß im Denken des Paulus die eheliche Liebe zu einem Gesetz der Gleichheit gehört, das Mann und Frau in Jesus Christus verwirklichen (vgl. *1 Kor* 7,4). Wenn jedoch der Apostel feststellt: „Der Mann ist das Haupt der Frau, wie auch Christus das Haupt der Kirche ist; er hat sie gerettet, denn sie ist sein Leib" (*Eph* 5,23), wird die Gleichheit, die zwischenmenschliche Gleichstellung überwunden, denn es gibt eine Ordnung in der Liebe. Die Liebe des Mannes zur Frau ist Teilhabe an der Liebe Christi zur Kirche. Nun war Christus, der Bräutigam der Kirche, der erste in der Liebe, denn er hat das Heil gewirkt (vgl. *Röm* 5,6; *1 Joh* 4,19). Er ist also zugleich „Haupt" der Kirche, seines „Leibes", den er rettet und nährt; für den er mit unaussprechlicher Liebe sorgt.
Diese Beziehung zwischen Haupt und Leib löscht die eheliche Gegenseitigkeit nicht aus, sondern stärkt sie. Gerade der Vorrang des Erlösers in bezug auf die Erlösten (und damit der Kirche) macht diese eheliche Gegenseitigkeit möglich durch die Gnade, die Christus selbst spendet. Das ist das Wesen des Geheimnisses der Kirche als Braut Christi, des Erlösers; eine vom hl. Paulus wiederholt bezeugte und gelehrte Wahrheit.

4. Der Apostel ist kein fernstehender und uninteressierter Zeuge, als spräche oder schreibe er als Lehrer oder Anwalt. In seinen Briefen zeigt er sich tief überzeugt in dem Bemühen, diese Wahrheit einzupflanzen. So schreibt er an die Korinther: „Denn ich liebe euch mit der Eifersucht Gottes; ich habe euch einem einzigen Mann verlobt, um euch als reine Jungfrau zu Christus zu führen" (*2 Kor* 11,2). In diesem Text stellt Paulus sich selbst als Freund des Bräutigams dar, dessen brennendste Sorge ist, die vollkommene Treue der Braut gegenüber dem Ehebund zu fördern. In der Tat schreibt er weiter: „Ich fürchte aber, wie die Schlange einst durch ihre

Falschheit Eva täuschte, könntet auch ihr in euren Gedanken von der aufrichtigen und reinen Hingabe an Christus abkommen" (*2 Kor* 11,3). Das ist die Eifersucht des Apostels!

5. Auch im ersten Brief an die Korinther lesen wir dieselbe Wahrheit des Briefes an die Epheser und des zweiten Briefes an die Konrinther, die vorher zitiert wurden. Der Apostel schreibt: „Wißt ihr nicht, daß eure Leiber Glieder Christi sind? Darf ich nun die Glieder Christi nehmen und zu Gliedern einer Dirne machen? Auf keinen Fall!" (*1 Kor* 6,15). Auch hier ist leicht ein Widerhall der Propheten des Alten Bundes festzustellen, die das Volk der Prostitution beschuldigten, besonders durch seinen Fall in den Götzendienst. Zum Unterschied der Propheten, die von der Prostitution im bildlichen Sinn sprachen, um jede schwere Schuld der Untreue gegenüber dem Gesetz Gottes anzuprangern, spricht Paulus tatsächlich von Geschlechtsbeziehungen mit Prostituierten und erklärt sie als absolut unvereinbar mit dem Christsein. Es ist nicht denkbar, Glieder Christi zu nehmen und sie zu Gliedern einer Prostituierten zu machen. Paulus stellt dann einen wichtigen Punkt klar: Während die Beziehung eines Mannes mit einer Prostituierten nur auf fleischlicher Ebene stattfindet und folglich eine Scheidung zwischen Fleisch und Geist bewirkt, verwirklicht sich die Vereinigung mit Christus auf der Ebene des Geistes und entspricht folglich allen Erfordernissen der echten Liebe. So schreibt der Apostel: „Wißt ihr nicht: Wer sich an eine Dirne bindet, ist ein Leib mit ihr? Denn es heißt: Die zwei werden ein Fleisch sein. Wer sich dagegen an den Herrn bindet, ist ein Geist mit ihm" (*1 Kor* 6,16-17). Wie man sieht, dient hier dem Apostel der Vergleich, den die Propheten verwandten, um die Entweihung, den Verrat der ehelichen Liebe Israels zu seinem Gott so leidenschaftlich zu verdammen, dazu, die Verbindung mit Christus herauszustellen, die das Wesen des Neuen Bundes ist, und die Anforderungen der christlichen Lebensführung genau zu nennen: „Wer sich an den Herrn bindet, ist ein Geist mit ihm."

6. Notwendig war die „Erfahrung" des Ostern Christi, notwendig war die „Erfahrung" des Pfingsttages, um dem von den Propheten ererbten Vergleich der ehelichen Liebe einen solchen Sinn zu geben. Paulus kannte diese zweifache Erfahrung der Urgemeinde, die von den Jüngern nicht nur die Unterweisung, sondern die lebendige Mitteilung dieses Geheimnisses erhalten hatte. Er hatte diese Erfahrung neu erlebt und vertieft, und machte sich seinerseits dann zum Apostel für die Gläubigen von Korinth, von Ephesus und aller Kirchen, an die er schrieb. Es war eine höchste Übertragung seiner Erfahrung mit der bräutlichen Verbindung Christi und der Kirche: „Oder wißt ihr nicht, daß euer Leib ein Tempel des Heiligen Geistes ist, der in euch wohnt und den ihr von Gott habt? Ihr gehört nicht euch selbst" (1 Kor 6,19).

7. Schließen auch wir mit dieser Glaubensfeststellung, nach der wir diese wunderbare Erfahrung machen möchten: Die Kirche ist die Braut Christi. Als Braut gehört sie ihm durch den Heiligen Geist, der, „aus den Quellen des Heils" schöpfend, (*Jes* 12,3) die Kirche heiligt und befähigt, die Liebe mit Liebe zu erwidern.

In deutscher Sprache sagte der Papst:

Liebe Schwestern und Brüder!

Das Bild von Jesus Christus als Bräutigam des Gottesvolkes, das von den Evangelisten aus dem Alten Testament aufgegriffen wird, wie uns unsere letzte Katechese vor Augen gestellt hatte, wird von hl. Paulus erweitert und vertieft. Er vergleicht die Liebe, die zwischen Bräutigam und Braut besteht, mit derjenigen, die Christus mit dem Volk Gottes, der Kirche, verbindet.
Ja, diese innige Verbundenheit wird in unmittelbaren Zusammenhang mit dem Sakrament gesetzt, das Mann und Frau als Vermählte eint und ihre Liebe heiligt. So kann der Apostel schreiben: „Darum sind die Männer verpflichtet, ihre Frauen zu lieben wie ihren eigenen Leib. Wer seine Frau liebt, liebt sich selbst. Keiner hat je seinen eigenen Leib gehaßt, sondern er nährt und pflegt ihn, wie auch Christi die Kirche" (*Eph* 5,28-29). Diese bräutliche Liebe Christus zu der Kirche liegt in der Hingabe des Erlösers für die Welt begründet, wie wir in der Lesung gehört haben. Durch die Oster- und Pfingstereignisse wurde sie dann der jungen Gemeinde geoffenbart und „erfahrbar". Eingedenk der Worte des Paulus lassen wir uns einladen, als Volk Gottes und Kirche Jesu Christi für die Liebe zu danken, mit der er uns liebt und eint. Damit begrüße ich alle deutschsprachigen Pilger und Besucher sehr herzlich. Mein Willkommensgruß gilt der Musikkapelle St. Michael aus Eppan, für deren musikalische Darbietung ich sehr danke.
Möge der Herr, auf dessen Ankunft wir warten, unser Herz für das Geschenk der Erlösung bereit machen, damit Weihnachten für uns alle ein Tag der Freude und der Zuversicht werde. Dazu erteile ich Euch, Euren Lieben in der Heimat sowie den mit uns über Radio und Fernsehen verbundenen Gläubigen von Herzen meinen Apostolischen Segen.

Weihnachten - Fest der Wahrheit

Angelus am 22. Dezember

„Schon ist nahe der Herr, kommt, laßt uns anbeten!"

1. Weihnachten, liebe Brüder und Schwestern, ist bereits nahe, und auch wir gehen mit Maria und Josef im Geiste nach Betlehem, um den Retter Jesus, der für uns geboren wurde, anzubeten. Das tun wir, indem wir über das außerordentliche und einzigartige Ereignis der Fleischwerdung des Sohnes Gottes nachdenken: wir glauben, daß jenes in einer Hütte geborene und in eine Futterkrippe gelegte Kind der Emmanuel, der Gott mit uns, ist, der von den Propheten des Volkes Israel angekündigt und viele Jahrhunderte lang erwartet wurde. Angesichts der geheimnisvollen und großartigen Realität des Weihnachtsereignisses wird der heilige *Johannes im Prolog seines Evangeliums* schreiben: „Am Anfang war das Wort, und das Wort war bei Gott, und das Wort war Gott ... Und das Wort ist Fleisch geworden und hat

unter uns gewohnt" (1,1.14). Daher ist jenes Kind, wie der Verfasser des Hebräerbriefs anmerken wird, „der Abglanz" der „Herrlichkeit [Gottes] und das Abbild seines Wesens"; es „trägt das All durch sein machtvolles Wort" (1,3). Im Bewußtsein dessen machen wir uns nach Betlehem auf, um vor dem niederzuknien, der die Welt trägt und in sich die ganze Geschichte der Menschheit vereint.

2. Wir müssen aber auch über den Grund der Fleischwerdung nachdenken: warum hat der Sohn die menschliche Natur angenommen und ist so in unsere Geschichte getreten - er, der die unendliche Transzendenz ist -, sich allen Grenzen der Zeit und des Raumes unterwerfend? Die Antwort gibt Jesus selbst im Gespräch mit Pilatus: „Ich bin dazu geboren und dazu in die Welt gekommen, daß ich für die Wahrheit Zeugnis ablege. Jeder, der aus der Wahrheit ist, hört auf meine Stimme" (*Joh* 18,37). Der Wahrheit widersetzt sich in der Tat die Sünde, die in ihrer tiefsten Wurzel Lüge ist (vgl. *Joh* 8,44); die Erlösung von der Sünde hat man daher mit der Wiederherstellung der Wahrheit in der Beziehung zwischen dem Menschen und Gott. Jesus ist in die Welt gekommen, um diese Grundwahrheit wiederherzustellen. Weihnachten ist also auch das Fest der Wahrheit! Deshalb wird das Kind, das in Betlehem geboren wird, eines Tages sagen: Ich bin die Wahrheit! Ich bin das Licht der Welt! (vgl. *Joh* 14,6; 8,12). Das Weihnachtsfest würde seine wahre, zugleich historische und transzendente Bedeutung verlieren, wenn es nicht als Feier der Wahrheit verstanden und gelebt würde.

3. Gerade weil es Fest der Wahrheit ist, ist Weihnachten auch die Ablehnung von allem Flitterglanz und falschem Anschein, mit dem sich die menschliche Eitelkeit oft bedeckt. Bezeichnenderweise wählt Jesus, in der Armut einer Hütte geboren zu werden. Damit will er uns lehren, daß die Wege Gottes über die Demut, das Schweigen, das Opfer, die Selbstverleugnung aus Liebe zu Gott und zum Nächsten führen. Wir rufen Maria die Allerheiligste an, daß sie uns erleuchte und uns helfe, die großen Lektionen des Weihnachtsereignisses zu verstehen: das Geheimnis der Fleischwerdung Gottes in ihr sei für alle Grund zur Freude und Ansporn zur Güte, zur Liebe, zur Barmherzigkeit. Das ist der Wunsch, den ich euch für Weihnachten mitgebe: Kommt, laßt uns anbeten! Gott liebt uns und ist für uns in Betlehem geboren. Lieben wir uns also, wie er uns geliebt hat!

Das ganze Geheimnis Christi

Angelus in Castel Gandolfo am 26. Dezember

Gelobt sei Jesus Christus!

Ich möchte alle hier im Hof von Castel Gandolfo Anwesenden grüßen. Ich denke auch an die, die sich in diesem Augenblick auf dem Petersplatz befinden, und an andere, die mit uns über Radio und Fernsehen verbunden sind. Wir müssen uns vorbereiten, um alle miteinander den Engel des Herrn zu beten, am zweiten Tag in

der Weihnachtsoktav. An diesem zweiten Tag, der dem ersten Märtyrer, dem Erzmärtyrer Stephanus, gewidmet ist.
Es besteht ein tiefer Zusammenhang, wenn man die Worte dieses Erzmärtyrers, Diakons von Jerusalem, nimmt, der den Himmel offen sieht und den Menschensohn, das heißt Jesus, zur Rechten des Vaters. Wir blicken zur Krippe und sehen in dieser Krippe das neugeborene Kind, und wir sind bewegt von dieser Szene von Betlehem, die so ergreifend ist. Doch sofort führt uns die Liturgie der Kirche an diesem zweiten Tag zur Zukunft desselben Kindes, desselben neugeborenen Jesus. Der, der von Josef, von Maria, von den Hirten umgeben, sich jetzt in der Wiege von Betlehem befindet, ist derselbe, der sich nach seiner messianischen Sendung, nach seinem Kreuz und seiner Auferstehung zur Rechten des himmlischen Vaters befinden wird. Es ist derselbe Jesus.
Der zweite Tag der Weihnachtsoktav erschließt uns gleich das ganze Geheimnis Christi und lädt uns ein, mit großer Freude auf die Krippe zu schauen, auf den Neugeborenen, mit derselben Freude, mit derselben Zuneigung, mit der Maria, Josef, die Hirten, die Magier aus dem Orient ihn ansahen. Gleichzeitig aber lädt uns die Liturgie ein, auf das ganze Geheimnis Jesu zu blicken, von diesem Anfang bis zu seiner himmlischen Krönung, denn heute ist Jesus der, der sich zur Rechten des Vaters befindet. Dieser Jesus führt uns durch die Freuden seines irdischen Weihnachtens zu jenem himmlischen, endgültigen Weihnachten, zu dem wir alle eingeladen sind, gerufen sind als Kinder im Sohn.
Mit diesen Überlegungen, mit diesen Gedanken beten wir jetzt wie üblich den Engel des Herrn.

Die Heilige Familie als Vorbild

Angelus am 29. Dezember

Liebe Brüder und Schwestern!

1. Wir feiern heute das Fest der Heiligen Familie, und die ruhige und frohe Atmosphäre von Weihnachten noch im Herzen, wollen wir geistig in das Haus von Nazareth eintreten, um über die Lehren nachzudenken, die wir aus ihm erhalten.
Der Sohn Gottes hat sich, als er für unser Heil Fleisch wurde, eine Familie gewählt und uns auf diese Weise gezeigt, daß Ehe und Familie zum Heilsplan gehören und daß ihnen eine einzigartige Rolle zum Wohl der Person und der menschlichen Gesellschaft zukommt. Daß ist der tiefe Grund, weshalb die Kirche gegenüber den heutigen Anfechtungen „um so stärker und drängender ihre Sendung [fühlt], allen den Plan Gottes für Ehe und Familie zu verkünden, um deren volle Lebenskraft und menschlich-christliche Entfaltung zu sichern und so zur Erneuerung der Gesellschaft und des Volkes Gottes beizutragen" (*Familiaris consortio*, Nr. 3).
In dieser Perspektive wird sie nicht müde, allen, die andersartige Vorschläge äußern, zu wiederholen: „Am Anfang war das nicht so" (*Mt* 19,8). Gott, der Liebe

ist und in sich selbst ein Geheimnis interpersonaler Gemeinschaft lebt, hat „der Menschennatur des Mannes und der Frau die Berufung und daher auch die Fähigkeit und die Verantwortung zu Liebe und Gemeinschaft" eingeprägt (*Familiaris consortio*, Nr. 11).

Die wahre Gattenliebe ist so in die göttliche Liebe hineingenommen, woraus sich die Verpflichtung einer unauflösbar treuen und großherzig fruchtbaren Schenkung herleitet. Eine wahrlich nicht leichte Verpflichtung, zu deren Erfüllung allerdings die von Christus bewirkte Erlösung und das Heilswirken der Kirche beitragen. Gerade deshalb schreiten die Mitglieder der Familie in dem Maß, wie sie ihrer Aufgabe treu bleiben, auf dem Weg der Heiligkeit voran, werden Zeugen der Barmherzigkeit des himmlischen Vaters und tragen bei zum Aufbau einer Welt, wo der Geist des Dienstes, der Aufnahme und der Solidarität herrscht.

2. Da wir heute die Heilige Familie in der Einfachheit des Lebens von Nazaret betrachten, so möchte ich die christlichen Familien ermuntern, derem Beispiel nachzufolgen, immer mehr „Gemeinschaft der Liebe" zu sein, in der in jedem Moment der „Schutz des Lebens" Gültigkeit hat (*Gaudium et spes*, Nr. 47). Ich möchte sie einladen, sich der Bedeutung bewußtzuwerden, die ihnen in der Kirche und in der Gesellschaft hinsichtlich der neuen Evangelisierung zukommt. Damit das Evangelium tief in jeden Gesellschaftsbereich eindringt, ist es nämlich wichtig, vor allem die Familie, Grundzelle der Gemeinschaft der Menschen, zu evangelisieren und allen zersetzenden Impulsen und den vielfältigen Bedrohungen, die die Festigkeit der moralischen und geistlichen Werte gefährden, Widerstand zu leisten. Unter diesem Gesichtspunkt wird es sehr nützlich sein, immer wieder auf die „Charta der Familienrechte" Bezug zu nehmen, die der Heilige Stuhl im November 1983 „allen Personen, Institutionen und Autoritäten" vorgelegt hat, „die mit der Sendung der Familie in der heutigen Welt befaßt sind".

3. Ich wünsche von Herzen euch hier Anwesenden, liebe Brüdern und Schwestern, und allen christlichen Familien, lebendige Gemeinschaften des Glaubens und des Gebets zu sein, willig im Gehorsam gegenüber dem göttlichen Willen und bereit in der Verfügbarkeit für die Brüder.

Dafür rufen wir inständig Maria die Allerheiligste, Mutter Jesu und unsere Mutter, und den heiligen Josef, ihren Mann, an, den das Evangelium ausdrücklich mit der Bezeichnung „gerecht" (vgl. *Mt* 1,19) versieht, indem wir darum bitten, sie mögen alle Familien der Welt und die jungen Leute, die sich auf die Ehe vorbereiten, erleuchten, ermutigen und leiten.

II.

Predigten und Ansprachen bei den Reisen

1. Pastoralbesuch in der mittelitalienischen Region Marken (18./19. März)

Ohne moralische Abrüstung gibt es keinen Frieden

Ansprache an die Bürger von San Severino (Marken) am 18. März

Herr Bürgermeister,
Brüder und Schwestern!

1. Es freut mich, daß ich meinen Pastoralbesuch in eurer alten und treuen Diözese mit der Begegnung mit euch beginnen kann.
Ich grüße euch alle herzlich und danke euch für den warmen Empfang, den ihr dem Nachfolger des Petrus vorbehalten habt, der euch im Glauben bestärken sowie euch zur Hoffnung und zur Liebe ermuntern möchte.
Besonders danke ich dem Herrn Bürgermeister, Professor Alduino Pelagalli, für seine Worte des Willkommens. Zugleich grüße ich alle anderen anwesenden Autoritäten und richte einen besonderen Gruß an Herrn Abgeordneten Arnaldo Forlani.

2. Die Tatsache, daß eure Vorfahren im Stadtwappen die Fassade des Domes darstellen wollten, zeigt nicht nur eine lobenswerte Bereitschaft zur Zusammenarbeit zwischen Kirche und staatlichen Autoritäten an, sondern zugleich eine Ausrichtung des Denkens und des Verhaltens, das die Grundlage jedes gemeinschaftlichen Zusammenlebens sein muß. Stellt man nicht Gott in die Mitte des Lebens, dann verfällt die Gesellschaft, weil ihr die Grundlage fehlt. Unvermeidlich kommt es dann zum Triumph des Egoismus und der Gewalttätigkeit.
In San Severino/Marche war es nicht so, und ich bin sicher, daß es auch in Zukunft nicht so sein wird. Am Ort der Reliquien des heiligen Bischofs, von dem sie ihren Namen hat, entstanden, war die Stadt immer ein blühendes Zentrum des religiösen und sozialen Lebens. Ihr ganzes Stadtbild wird von Sakralbauten bestimmt; sie bilden gleichsam Bezugspunkte im täglichen Ablauf des städtischen Lebens. Es genügt, an den alten und an den neuen Dom, als sichtbare Zeichen einer intensiven christlichen Lebenskraft zu denken.
Der Herr Bürgermeister hat eben daran erinnert, daß die Geschichte von San Severino/Marche seit ältesten Zeiten von einem ständigen Zusammengehen der bürgerlichen Gesellschaft und der Ortskirche gekennzeichnet ist. Tatsächlich steht die Zusammenarbeit, welche die Kirche von den Regierenden fordert und ihnen anbietet, im Dienst für den Menschen. „Wurzelgrund ..., Träger und Ziel aller gesellschaftlichen Institutionen ist und muß auch sein die menschliche Person, die ja von ihrem Wesen selbst her des gesellschaftlichen Lebens durchaus bedarf" (*Gaudium et spes*, Nr. 25).

Wenn ich euch zu diesem gemeinsamen Vorgehen beglückwünsche, ermuntere ich zugleich einen jeden von euch, die Autoritäten ebenso wie jeden einzelnen Bürger, in Fortsetzung der Tradition eurer Stadt die Voraussetzungen für ein brüderliches Zusammenleben zu schaffen, immer im Zeichen der Gerechtigkeit, der Wahrheit und der Liebe. Die Stadt ist zweifellos besser, wenn Gott als erster Bürger anerkannt ist und die Einwohner sich als Brüder und Schwestern betrachten.

3. Niemand übersieht, daß wir in einer Zeit großer Wandlungen leben. Die Welt hat gerade einen Krieg mit dem Einsatz raffiniertester Waffen hinter sich, die auf dem Schlachtfeld zahlreiche Opfer und unüberschaubare Schäden und Ruinen hinterlassen haben. Ich weiß, daß eure christliche Gemeinschaft während der Tage des Konfliktes eifrig zur heiligen Jungfrau gebetet hat; in eurem Dom befindet sich ein sehr schönes Bild von ihr, das sie gerade als Königin des Friedens darstellt. Erneut rufe ich gemeinsam mit euch vertrauensvoll die heilige Jungfrau an, daß es in Zukunft zu keinem Rückgriff auf den Einsatz der Waffen mehr kommen, sondern auf der Erde in Gerechtigkeit und Solidarität Frieden herrschen möge.
Damit dies geschehen kann, müssen notwendig vor allem die Herzen entwaffnet werden. Ohne moralische Abrüstung wird es nie Frieden geben. Das aber wird nur möglich, wenn man das Evangelium Jesu annimmt und ihm treu folgt, wenn man seine Aufforderung hört, Gott als gemeinsamen Vater zu betrachten, die Nächsten aber als ebensoviele Brüder und Schwestern.
Die Kirche möchte den Frieden aufbauen und sich für die Lösung der großen Probleme einsetzen, die auf der Gesellschaft lasten. Sie möchte dazu beitragen, auf allen Ebenen eine echte Kultur des Dialogs und der Solidarität zu schaffen. Sie interessiert sich für den Menschen und achtet immer auf seine Bedürfnisse; sie ist überzeugt, daß man nur in einer von Ungerechtigkeit befreiten Gesellschaft, die die Würde einer jeden Person achtet, auf eine bessere Zukunft hoffen kann. Deshalb läßt sie ihre Stimme vernehmen und äußert sich mit Autorität zum Schutz der Rechte des Menschen, wie es zum Beispiel Papst Leo XIII. mit der Enzyklika *Rerum novarum*, deren Veröffentlichung vor hundert Jahren wir in diesem Jahre begehen, für die Welt der Arbeit getan hat. Das Wirken der Kirche begleitet weiterhin den Weg der Gesellschaft, indem sie deren gerechte Bestrebungen unterstützt und ihre Entscheidungen mit dem Licht der Wahrheit des Evangeliums erhellt. Sie bietet das als echten Dienst für ihren integralen Fortschritt an und zwingt es nie auf. Bei dieser anspruchsvollen Aufgabe aber ist jeder Gläubige aufgerufen, seinen eigenen besonderen Beitrag zu leisten.

4. Niemand darf nämlich am Rand stehenbleiben, wir sind vielmehr alle zu diesem Bemühen aufgerufen, das uns miteinander verbrüdert. Jeder hat seinen Beitrag für die Lösung der zahlreichen Probleme der eigenen Stadt, seiner Region und der ganzen Menschheit zu leisten. Ein jeder trägt, wenn er die Umwelt, in der er lebt, verbessert, zur Erneuerung der Welt bei. In den vergangenen Jahrhunderten sind aus eurer Heimat, den Marken, zahlreiche bedeutende Missionare hervorgegangen, um die Wahrheit des Christentums in ferne Länder zu tragen. Möge dieser Strom hoch-

herziger Hingabe an das Evangelium nicht versiegen! Die Kirche vertraut auf euch. Auch wenn heute, wie anderswo, die Berufungen zum Priester- und Ordensstand wenige sind, gebt den Mut nicht auf. Hört vielmehr die Stimme eures Erzbischofs, des lieben Msgr. Francesco Gioia, den ich herzlich grüße, denn er macht sich mit Recht Sorge und empfiehlt euch nachdrücklich das Gebet zum Herrn, daß er „Arbeiter in seine Ernte" sende (vgl. *Mt* 9,38).
Ich teile seine pastorale Sorge und möchte meine Aufforderung an alle mit der seinen verbinden, die Gesundheit und Heiligkeit der Familie zu wahren, um so ein fruchtbares Erdreich für Berufungen und das Wohl der ganzen Gesellschaft zu sichern. Es gibt nämlich keine gesunde Gesellschaft ohne gesunde Familien.
Ihr Jugendlichen aber, Jungen und Mädchen, schenkt eurem Leben Sinn und Wert; vergeudet es nicht und lauft nicht leeren Versprechungen nach. Die Zukunft der Gesellschaft hängt von den Entscheidungen ab, die ihr heute fällt.
Ein herzliches Wort richte ich an euch, Brüder und Schwestern, die von Schmerz und Krankheit getroffen sind. Euer Leid möge zur Opfergabe an Gott für eine bessere Zukunft der Kirche und der Menschheit werden. Mit eurem schweigenden Zeugnis tragt ihr zum Wandel der Welt bei.
Noch einen herzlichen Gruß an eure Diözesan- und Ordenspriester und an eure Ordensfrauen, die hier anwesenden oder in der Nähe weilenden Schwestern. Und einen Gruß an euch alle, die ihr hier seid. Ich danke für diese liebevolle Aufnahme, für eure so zahlreiche Anwesenheit, und ich möchte allen von Herzen meinen Segen erteilen.

Der Betrieb ist ein Ort der Begegnung vieler Menschen

Ansprache an die Arbeiter des Industriekomplexes Merloni in Fabriano (Marken) am 19. März

Liebe Brüder und Schwestern des Industriekomplexes Merloni!

1. Von Herzen danke ich dem Herrn für die mir geschenkte Gelegenheit, bei Gelegenheit meines Pastoralbesuches in der Diözese das Hochfest des hl. Josef gemeinsam mit euch, den Arbeitern des Industriekomplexes Merloni sowie aller anderen Firmen und Unternehmen zu begehen, die in Fabriano Arbeit anbieten. Der heutige Tag ist im bürgerlichen Kalender kein Festtag mehr, wohl ist er immer noch der Verehrung des großen Heiligen geweiht, dessen Fürsorge der Sohn Gottes, der um unseres Heiles willen Mensch geworden ist, anvertraut war.
Durch euch, liebe Brüder und Schwestern, möchte ich die Welt der Arbeit in den Marken grüßen, die sich durch einen erheblichen wirtschaftlichen Wohlstand auszeichnet. Ich grüße den Hirten eurer Diözese Bischof Luigi Scuppa und die Priester, die ihm bei seinem pastoralen Dienst, und zumal in der Welt der Arbeit zur Seite stehen; ich grüße Herrn Gerardo Bianco, Minister für das staatliche Unterrichtswesen und Vertreter der italienischen Regierung, sowie den Bürgermeister von Fabri-

ano: ich danke ihnen beiden für die freundlichen Worte des Willkommens; ich grüße die Herren Präsidenten der Region und der Provinz, Herrn Arnaldo Forlani, den politischen Sekretär der Democrazia Cristiana und alle anwesenden Autoritäten.
Mein herzlicher Dank gilt dem Präsidenten der Stiftung Merloni und eurem Betriebsvertreter, die mir in liebenswürdiger Weise die Tätigkeit und Entwicklungsaussichten des Industriekomplexes Merloni, eure Arbeit und die Schwierigkeiten, vor denen ihr steht, geschildert haben. Ein herzliches Wort richte ich auch an die Verwaltungskräfte des Industriekomplexes Merloni und alle Führungskräfte, an eure Familien und die Bevölkerung eurer arbeitsamen Stadt.
Der materielle Fortschritt, den ihr in diesen Jahren erfahren habt, möge euch zu ständiger Dankbarkeit gegen die göttliche Vorsehung anregen und euch nie ablenken von der inneren Treue zu den absoluten und transzendenten Werten, auf denen allein sich ein echtes Leben des Menschen aufbauen läßt. Das Dasein ist ein Geschenk, es ist Berufung und Dienst; es darf sich also nicht auf das reine Anstreben nur materieller, wenn auch nützlicher Güter beschränken, die ja nicht in der Lage sind, den Durst unseres Herzens nach dem Unendlichen zu befriedigen. Der Arbeitseinsatz darf also nicht allein alle physische und geistige Kraft im Dienst des materiellen Auskommens beanspruchen; er muß vielmehr als Teilnahme am Werk des Schöpfers und in gewissem Sinne als dessen Weiterentwicklung und Ergänzung im Hinblick auf eine vernünftige Verwendung der in der Schöpfung vorhandenen Güter und Werte verstanden werden (vgl. *Laborem exercens*, Nr. 25).
In dieser Haltung hat Josef, der heilige Handwerker, an dessen Aufgabe als treuer Hüter des Erlösers wir heute denken, seine tägliche Mühe auf sich genommen.

2. Die Sorge des hl. Josef für den, den die Zeitgenossen für seinen Sohn hielten (vgl. *Mt* 13,55; *Lk* 3,23) machte es erforderlich, durch seine Arbeit als Zimmermann im Dorf Nazaret für seinen Unterhalt aufzukommen.
Auf diese Weise kam zur ursprünglichen Würde der Arbeit als „fundamentale Dimension der Existenz des Menschen auf Erden" (*Laborem exercens*, Nr. 4) eine weitere hinzu: durch seine tägliche Arbeit verschaffte der Bräutigam Mariens der Familie von Nazaret als Urbild aller Familien den notwendigen Lebensunterhalt.
Es ist daher berechtigt, liebe Brüder und Schwestern, in Josef dem Arbeiter, das Vorbild für jede menschliche Arbeit zu sehen, mit der der unerläßliche Lebensunterhalt für den einzelnen und seine Angehörigen beschafft wird, und wobei sich zugleich persönliche Veranlagungen, Talente und Fähigkeiten auswirken können. Die Gegenüberstellung wird noch überzeugender, wenn man bedenkt, daß, wie es nicht selten auch heute noch geschieht, der Sohn in die Fußstapfen des Pflegevaters tritt und von ihm die Technik seines Handwerks erlernt. Es ist ja bekannt, daß die Leute von Nazaret Jesus als den Zimmermann (vgl. *Mk* 6,3), gleich Josef betrachteten.
Diese Feststellungen helfen uns verstehen, wie groß die Würde der menschlichen und christlichen Berufung des arbeitenden Menschen ist. Wir brauchen hier nicht auf abwegige Ideologien zurückzugreifen, um der menschlichen Arbeit die ihr zukommende Bedeutung zu geben. Es genügt, bei der Betrachtung des gewöhnlichen Ablaufs des Familienlebens im Haus von Nazaret zu verweilen, um in der Tiefe den

Adel, die Rechte und Pflichten zu verstehen, die mit dem menschlichen Mühen verbunden sind und es auszeichnen.
Es hilft uns bei dieser geistlichen Vertiefung auch das heutige Hochfest, das wir nach Gottes Willen gemeinsam feiern.

3. Ich muß hier unbedingt an ein Ereignis erinnern, das die Kirche im Verlauf dieses Jahres in Erinnerung rufen will. Ich meine die hundert Jahre seit der Enzyklika *Rerum novarum*, die Papst Leo XIII. am 15. Mai 1891 veröffentlicht hat.
Mit zahlreichen Veranstaltungen wollen an dieses Jahresgedächtnis etliche italienische und internationale Organisationen, Gewerkschaften und Arbeiterverbände, Universitäten und andere Institutionen erinnern. Vor hundert Jahren erhob die Kirche in einer Stunde, da der moderne Prozeß der Industrialisierung begann, der sich um die menschliche Würde der Arbeit wenig kümmerte und deswegen Männer und Frauen und sogar Kinder ausbeutete, mutig ihre Stimme, um die menschliche Person zu verteidigen. Sie hat deutlich die „Lage der Arbeiter" angeprangert, die in unmenschlichen Verhältnissen und ohne jeden rechtlichen und sozialen Schutz zu arbeiten gezwungen waren. Sie ließ es sich ferner angelegen sein, ihre Würde gegenüber den Bedrohungen der Welt der Arbeit durch atheistische und materialistische Ideologien zu verteidigen, die zwar lobenswert den Kampf gegen die Mißbräuche und Ungerechtigkeiten aufnahmen, aber unter Rückgriff auf Grundsätze und Methoden, die mit der Freiheit und Würde des Arbeiters unvereinbar sind. Das Eingreifen Leo XIII. war eindeutig prophetisch, und es hat im Verlauf der vergangenen Jahrzehnte ein weites Echo gefunden. Ich selbst habe die Hauptthemen in der Enzyklika, *Laborem exercens* wieder aufgegriffen und möchte in einer weiteren Enzyklika, die ich vorbereite, auf das Thema zurückkommen.

4. Gewiß hat sich heute die Lage der Arbeiter erheblich verbessert, wenigstens in den Ländern, die Nutzen ziehen aus dem vielversprechenden technischen Fortschritt, begleitet von entsprechenden Gesetzen und geeigneten Verwaltungsmaßnahmen, die das Wachsen einer Kultur der Berücksichtigung und der Achtung für den Arbeiter begünstigt haben. Nicht vergessen darf man freilich zahlreiche andere Arbeiter und Arbeiterinnen, die, zumal auf der südlichen Halbkugel der Welt, noch immer vergebens darauf warten, daß ihre elementarsten Bedürfnisse befriedigt werden, so daß sie in ihrer Personenwürde beeinträchtigt sind.
Es seien auch jene nicht vergessen, die in den sogenannten industrialisierten Nationen und auch hier in Italien sich noch nicht der Rechte des arbeitenden Menschen erfreuen. Ich denke zum Beispiel an die Frauen, die bei ihrer Anstellung diskriminiert werden, an die Kinder, die man ausbeutet, an die arbeitslosen Jugendlichen, an die Arbeiter, die von der Ausgleichskasse leben müssen, an die praktisch an den Rand gedrängten Behinderten, an die in ihren berechtigten Erwartungen nicht befriedigten Einwanderer. Sind sie nicht alle machtlose Opfer des Egoismus und des hemmungslosen Profitstrebens, oder wenigstens der Gleichgültigkeit und Unbekümmertheit jener, die nur an das eigene Wohlergehen denken?

Ich fühle mich ferner denen nahe, die leiden, weil sie ihrer elementaren Rechte beraubt sind, obwohl diese in internationalen Erklärungen, Abmachungen und Verträgen verbrieft sind. Gemeinsam mit euch spreche ich ihnen meine Solidarität und die Solidarität der Kirche aus und hoffe, daß sich dank der Bemühungen aller bald diese Ungleichgewichte überwinden lassen, die die Würde der Person beeinträchtigen.

5. Eure Gruppe, vor etwa 60 Jahren aufgrund einer unternehmerischen Initiative entstanden, die verschiedene originelle Züge aufweist, hat, wie mir mitgeteilt wurde, immer versucht, sich menschen- und umweltgerecht zu entfalten. Die Industrieanlage lehnt das Modell der großen Fabrik ab und verteilt Betriebe mittlerer Ausdehnung auf ein weites Gebiet, und zwar immer in der Nähe der Wohnungen der Arbeiter, nach dem Grundsatz, daß die Arbeit zu den Menschen kommen muß und nicht umgekehrt. Das hat Firmenergebnisse von erheblichem Interesse erzielen lassen, und es wurden zugleich die Werte der Einheit der Familie gewahrt und geschützt; die Zerstörung der sozialen und natürlichen Umwelt aber, wie sie oft von großen industriellen Ballungszentren verursacht werden, wurden vermieden. Wir stehen also vor einem kräftigen sozialen Bemühen, das keineswegs die Wirksamkeit der wirtschaftlichen Führung sowie die Produktivität der Arbeit und der Investitionen beeinträchtigt hat. Dies zeigt, daß Gewinn und soziale Verträglichkeit nicht nur miteinander vereinbar sind, sondern Aspekte bieten, die sich zum Vorteil des Unternehmens gegenseitig ergänzen können.

Jede menschliche Institution kann freilich verbessert werden, daher auch ein modernes Unternehmen wie das eure, das trotz der großen erreichten Fortschritte sich noch weiter entwickeln läßt. Es ist gewiß ein Anliegen, die wirtschaftlichen und technischen Kapazitäten zu steigern. Ja, es besteht sogar die moralische Verpflichtung, für eine gute Politik der Investitionen und der Verbesserung der Qualität der Produkte oder Dienstleistungen und die Erneuerung der technischen Anlagen zu sorgen. Doch geht damit auch eine moralische Pflicht einher, die Umwelt zu respektieren und die Naturschätze vernünftig zu verwenden, zumal, wenn sie sich nicht erneuern lassen.

Wenn das Wohlergehen der Firma die Übernahme dieser Grundsätze nahelegt, so stammt der tiefere Grund für ihre Annahme aus der Tatsache, daß sie nicht lediglich ein auf Gewinn ausgerichtetes Unternehmen ist, vielmehr eine Gemeinschaft, die aus Personen besteht, deren Würde niemals mißachtet werden darf.

Liebe Arbeiter, ich möchte diesen mir besonders wichtig erscheinenden Punkt deutlich betonen: der Betrieb darf nie als lediglich von oben her organisierte Organisation betrachtet werden, in der einige Personen ausschließlich im Dienst der Ziele anderer Personen und ihres wirtschaftlichen Vorteils stehen. Sie muß vielmehr als ein Ort der Begegnung vieler Personen angesehen werden, die sich gemeinsam um die Produktion von Gütern oder Dienstleistungen zum Wohle aller bemühen.

6. Nur in einem als Gemeinschaft angelegten Betrieb läßt sich die wahre Würde der Arbeit und der Arbeiter wahren. Die Arbeitsfähigkeit eines Menschen ist keine Ware, die man verkauft und erwirbt; sie ist im Gegenteil etwas Eigenes, ja etwas

Heiliges, das Gott einem jeden vor allem zu seiner Selbstverwirklichung als Person schenkt.
Ein solches Geschenk ist kein Tauschobjekt und kann es nicht sein. Es läßt sich dagegen mit dem Arbeitseinsatz anderer verbinden, um gegen gerechte Entlohnung das zu produzieren, was die Gesellschaft braucht.
Dies gibt der Arbeitstätigkeit ihre moralische Würde zurück, und die Firma wird nicht zum Ort der Auseinandersetzung, sondern ein Ort der Begegnung; nicht der Schauplatz ständiger Konflikte, sondern ein Bereich bereitwilliger Zusammenarbeit; nicht ein Mittel, um wenigstens zeitweise die Arbeitslosigkeit zu beseitigen, sondern ein konkreter Horizont für die Verwirklichung seiner selbst und der anderen.
Jedes Unternehmen müßte sich ständig im Licht der Grundsätze, auf die ich angespielt habe, prüfen, um immer besser der eigenen Aufgabe gerecht zu werden und vor allem die ihm eigene Aufgabe durchzuführen, nämlich eine Gemeinschaft von Personen zu werden, die gemeinsam leben und arbeiten.

7. Der hl. Josef, den wir gemeinsam anrufen, möge allen helfen, je nach der Verantwortlichkeit eines jeden, diese Aufgabe zu erfassen und in die Praxis umzusetzen. Dann wird es möglich sein, aus jeder Stätte der Arbeit ein gutes Umfeld für das Wachsen der Person und ein Werkzeug zum Wohl der Gesellschaft zu machen.
Bei dieser Aufgabe möge euch mein Segen ermutigen und helfen.

Die Arbeit - ein Weg zur persönlichen Heiligung

Predigt beim Pastoralbesuch in Camerino/San Severino (Marken) am 19. März

1. „Josef tat, was der Engel ihm befohlen hatte" (vgl. *Mt* 1,24).
Am Vorabend des Hochfestes des hl. Josef, des Pflegevaters des Erlösers, lädt die Kirche uns ein, über sein einzigartiges Beispiel des Gehorsams nachzudenken: „Als guter und getreuer Knecht" (*Eingangslied*) und Haupt der Familie von Nazaret hörte er auf den göttlichen Ruf, ein aufmerksamer und sorgsamer Schützer der kostbarsten Schätze Gottes zu sein: des menschgewordenen Sohnes und der Jungfrau-Mutter des menschgewordenen Wortes. Er vermochte so an die göttliche Verheißung für das auserwählte Volk zu glauben, die sich gerade in seiner Familie erfüllte: Sein Haus sollte „auf ewig Bestand haben" (*2 Sam* 7,16), weil in ihm der „Gott mit uns", der Emmanuel lebte; in ihm sollte die Erwartung Israels Wirklichkeit werden, in ihm sich das Reich Gottes erfüllen.
Wie die großen Zeugen der religiösen jüdischen Überlieferung hat Josef „gegen alle Hoffnung ... voll Hoffnung geglaubt" (*Röm* 4,18), mit der Demut des Gerechten, im Bewußtsein der Gabe Gottes, die jede menschliche Erwartung übersteigt und den Menschen große Dinge vollbringen läßt.

2. Ich bin Gott dankbar für die mir geschenkte Möglichkeit, an diesem Abend die Eucharistie im Verlauf meines Pastoralbesuches in dieser lieben Diözese Camerino-San Severino Marche am Hochfest des hl. Josef feiern zu können.

Das Fest des hl. Josef ist allen lieb und teuer, weil er der Patron der Kirche ist, Beschützer und Beispiel für das aus der Predigt Christi hervorgegangen Volk und Vorbild der Weisheit für die Gläubigen. Wir rufen ihn in den Schwierigkeiten und Wirren unserer Zeit an, die für die Sendung der Christen echte Herausforderungen sind. Wir lassen uns von ihm anregen, um unsererseits treue Hüter des Evangeliums Christi zu sein.
Wenn die Kirche ihn als Schutzherrn der Arbeiter und Handwerker hingestellt hat, so hat sie ihn zum Bezugspunkt und Vorbild für viele Menschen gemacht, die einen Großteil ihrer Zeit scheinbar profanen Tätigkeiten widmen. Der Bräutigam Mariens lehrt aber, daß das Tun des Menschen nie aus dem Plan Gottes herausfällt. Aus der Arbeit entspringt die Heiligung, wenn der Arbeiter in Übereinstimmung mit dem Schöpfer tätig ist, wie es Josef als schweigsamer Arbeiter im Haus von Nazaret getan hat.

3. Wenn Jesus mit Josef und Maria die tägliche Mühe der ganz gewöhnlichen Arbeiten geteilt hat, beleuchtet er die Tatsache, daß jede Arbeit, wie bescheiden und verborgen sie auch sein mag, den Menschen dem Geheimnis des Kreuzes nahebringt: sie ist ein Werk, das erlöst, Notwendigkeit und Befreiung und zugleich Offenbarung der dem Menschen gegebenen Möglichkeit, sich die Erde untertan zu machen. Arbeit macht das Leben menschlicher, wenn sie zum Aufbau einer neuen und vollkommeneren Welt beiträgt. Die Arbeit trägt als solche die Botschaft in sich, daß die Menschheit einem neuen Himmel und einer neuen Erde entgegengeht, wie sie mit der Auferstehung Christi im Voraus angekündigt sind.

4. An all das möchte ich die hier anwesenden Arbeiter erinnern, jene, die sich ständig auf diesem Boden mühen und neue und bessere Lebensverhältnisse schaffen: die Bebauer des Bodens sowie die Arbeiter in der Klein- und Großindustrie, alle, die handwerklich tätig sind sowie alle, die alte und traditionelle Künste pflegen, die Arbeitsuchenden und die Migranten, die, welche in ihrer Arbeit die örtlichen Traditionen bewahren, wie auch die Liebhaber der modernsten Technik. Alle möchte ich daran erinnern, daß die zuweilen als Verdammnis und Knechtschaft hingestellte Arbeit von Christus hingegen als Teil der Erlösung und Botschaft der Befreiung übernommen wurde. Sie ist ein Weg zu persönlicher Heiligung und zum Heil. Sie ist ein konstruktives Werk brüderlicher Solidarität. Jeder Beruf kann so als besondere Berufung verstanden werden, die dem Schaffen des Menschen eine höhere Würde und kraft der geistlichen Vereinigung mit Christus einen transzendenten Wert verleiht.

5. „Du sollst ihm den Namen Jesus geben" (vgl. *Mt* 1,21). Aus diesem Namen, den du, Josef, als Vater dem Sohn Gottes geben wirst, geht klar hervor, daß er, Christus, „sein Volk von seinen Sünden erlösen" wird (*Mt* 1,21). Durch diesen Akt des Gehorsams gegen den göttlichen Willen wirst du zum Boten des Evangeliums. Aus deinem „gesetzlichen" Tun als Vater, der dem Sohn den Namen gibt, läßt sich die Sendung des Erlösers erkennen: Jesus, der das Heil Gottes für uns ist und „sein Volk von seinen Sünden erlösen" wird.

Dies ist die Botschaft, liebe Brüder und Schwestern, die sich heute auch an die Diözese Camerino-San Severino Marche richtet. Sie betrifft die Zukunft eurer Ortskirche und rechnet mit eurer Treue zu Christus, mit dem apostolischen Eifer, der von eurer Kirche gefordert ist, dem Einsatz dafür, daß mutig und konsequent der Name Jesus verkündet wird, damit durch eine neue Evangelisierung alle die Möglichkeit bekommen, dem Erlöser persönlich zu begegnen.

Die Sendung der Kirche zur Evangelisierung ist von Gott der freien und hochherzigen Mitarbeit der Menschen anvertraut. Zu jedem sagt der Herr: „Du sollst mein Diener und Zeuge sein". Die menschliche Vermittlung betrifft eng den Dienst und damit das Problem einer jeden Berufung zum Apostolat: sie macht seine Durchführung möglich, bereichert und festigt seinen Weg, angefangen mit dem Vernehmen der Zeichen, bis zu seiner vollen Erfüllung. Jedem Christen ist die Aufgabe anvertraut, seiner grundlegenden Berufung, die von der Taufe herkommt und sich in den verschiedenen besonderen Berufungen ausfaltet, „einen Namen zu geben". Das geschieht auf unterschiedlichen Lebenswegen, auf denen der Mensch seine eigene Geschichte mit der Geschichte Gottes verknüpft, indem er für die Liebe zum himmlischen Vater und zum Dienst für die Brüder und Schwestern radikal verfügbar wird. „Du sollst ihm den Namen geben." Jede Ortskirche, jede Pfarrei und Familie ist aufgerufen, dem Eifer des Christen einen Namen zu geben, damit er von den ersten Jahren seiner Kindheit an seine Kenntnis Christi vertieft, den Heiland zu lieben und ihm nachzufolgen lernt und sich mit ebenso offenem wie hochherzigem Geist nach dem Willen Gottes fragt, seine eigene Sendung entdeckt und sie mit Freude und Ausdauer erfüllt. Hier liegt auch der Weg, wie dem Problem der Krise der Berufungen zu begegnen ist, das eurer Diözese so viel Sorge macht.

Die Christen müssen wissen, daß die Berufungen in lebendigen, eifrigen und dem Evangelium treuen Gemeinschaften entstehen und sich entfalten; in Gemeinschaften, die beharrlich sind im Gebet, in der Katechese und im Austauschen ihrer Glaubenserfahrung; in Gemeinschaften, die bereit sind, einen Lebensplan totaler Hingabe um Christi willen zu unterstützen. Die Berufung, jede Berufung ist immer Frucht des Glaubens und der hochherzigen Liebe des Volkes Gottes.

6. Voll Freude grüße ich euch alle, die Gemeinschaft der Christen, die in Camerino-San Severino lebt und das Evangelium von der Barmherzigkeit verkündet. Ich werde mit euch immerfort dem Herrn Dank sagen (vgl. *Ps* 89,2). Mit euch will ich daran festhalten, daß die Treue Gottes im Himmel begründet ist und daher eure Kirche als auserwählter Teil des Volkes Gottes vom Herrn geliebt und von ihm berufen ist, ihm die Jahrhunderte hindurch mit kindlicher Treue zu dienen.

Ich grüße Erzbischof Francesco Gioia, der seit fast einem Jahr eure Diözese leitet. Ich grüße alle hier anwesenden Brüder im Bischofsamt, ich grüße die Priester, die fleißigen und geduldigen Diener der Seelen, zuweilen von Mühen und Schwierigkeiten geprüft. Allen sage ich: habt Vertrauen und wißt, daß kein Wort aus eurem Mund, wenn es ein Wort des Evangeliums ist, ohne Frucht zu euch zurückkehrt. Habt Vertrauen und verausgabt euch für euer Volk mit großer Demut und Hochherzigkeit und bezeugt jene Heiligkeit des Lebens und die geistliche Liebe, die Christus

von euch erwartet. Ihr müßt als Seelsorger die ersten sein, die getreu an der Erfüllung des Heilswerkes mitarbeiten (vgl. *Tagesgebet*). Ich grüße die Ordensmänner und Ordensfrauen, die hier anwesend sind, aber auch jene, die in den zahlreichen Klöstern Tradition und Ruhm eurer Region - im Schweigen ihre ungeteilte Liebe zu Christus bezeugen und im unablässigen Gebet die Gnade Gottes für jeden Menschen herabrufen.
Ich grüße die staatlichen Autoritäten, die an diesem Gottesdienst teilnehmen wollten und spreche ihnen meinen aufrichtigen Dank aus für den mir bereiteten herzlichen Empfang. Ich versichere sie meines Gebetes, daß der Herr ihr Wirken mit besonderen Gaben der Weisheit im Dienst an dieser Gemeinschaft begleiten möge.

7. „Fest gegründet ist das Herz des Gerechten, der auf den Herrn vertraut." So haben wir zur Vorbereitung auf das Anhören des Evangeliums gesungen.
Fest gegründet ist das Herz eines Menschen, der in seinem Leben den Weg Gottes anerkennt, der auf Gottes Verheißung baut und in seinem Leben wie Josef die Haltung der „Gerechten" einnimmt, von der die Schrift spricht.
„Auf den Herrn vertraut" der, der in die Mitte seines Lebens das Wort Gottes stellt und immer wie Josef und Maria es zu hören und ihm gelehrig zu folgen bereit ist.
Auf den Herrn vertraut und fürchtet sich nicht, wer vor dem Höchsten nicht bestürzt, sich in sein eigenes Ich verschließt.
Auf den Herrn vertraut, wer treu und gerecht ist.
Er vertraut auf den Herrn und fürchtet sich nicht, den Weg zu beschreiten, den Er vorgezeichnet hat.
Er vertraut und handelt, wie Gott es ihm aufgetragen hat. Dies ist das Beispiel, das uns für immer der hl. Josef, der Zimmermann von Nazaret, hinterlassen hat, der Gemahl der Gottesmutter auf dieser Erde. Amen!

Der Primat des Menschen muß betont werden

Ansprache an der Universität von Camerino (Marken) am 19. März

Herr Minister, Herr Rector magnificus, Dozenten und Studenten der Universität von Camerino, Professoren und Vertreter der Universitäten von Ancona, Macerata und Urbino!

1. Ich danke dem Herrn Minister und dem Herrn Rektor für die edlen Worte, die sie an mich gerichtet haben, und ich erwidere sie mit einem herzlichen und ergebenen Gruß an einen jeden von Ihnen im gleichen Geist, wie Sie sie in Ihrer aller Namen ausgesprochen haben.
Meine Präsenz hier weckt in mir lebhafte Erinnerungen an weit zurückliegende Jahre, als ich selbst im Hochschuldienst tätig war. Dann hat mir die Vorsehung aber die Aufgabe anvertraut, den Völkern das Evangelium zu verkünden, das Jesus dem Petrus und den übrigen Aposteln anvertraut hat, und vor allem deswegen habe ich gern Ihrer Einladung entsprochen.

Ich weiß, daß Ihr akademischer Senat die weise Entscheidung getroffen hat, hier einen Lehrstuhl für die Soziallehre der Kirche einzurichten, in glücklichem Zusammentreffen mit der Jahrhundertfeier von *Rerum novarum*, der denkwürdigen Enzyklika, die die Grundzüge dieser Lehre vorgezeichnet hat. Ich sehe in Ihrer ehrenden Geste nicht nur eine besondere Aufmerksamkeit gegenüber dem Papst, sondern auch einen Ausdruck der Anerkennung für die Kirche und die Rolle, die sie bei der Förderung des Wissens und der Wissenschaft gespielt hat und heute noch spielt. Ich muß auch persönlich danken, weil ich die Ehre habe, wie Sie mir geschrieben haben, die erste Vorlesung dieses neuen Kurses der Soziallehre zu halten, der gerade am Tag des hl. Josef, des Patrons der Welt der Arbeit, beginnt.

2. Vor hundert Jahren leitete Papst Leo XIII. mit seiner Enzyklika, die Begriffe und Weisungen von seiner Seite und von seinen Vorgängern aufgriff, ein vertieftes Nachdenken über ein Thema ein, das sich nach und nach als immer wichtiger innerhalb der Dynamik des sozialen Lebens erwies: das der Arbeit und des Lebens des Arbeiters. Es stellten sich damals neue und schwere Probleme. Während sich die Arbeit bis dahin im Rahmen der gewohnten Formen der individuellen und handwerklichen Tätigkeit vollzogen hatte, mußte sie sich nun in den neuen sozialen Verhältnissen in ein Wirtschaftssystem einfügen, in dem nicht immer dem Menschen dienliche Gesetze herrschten, vielmehr die Grundsätze der Produktivität und des Gewinns den Ausschlag gaben. Daher war es häufig zu wirtschaftlich-sozialen Krisen gekommen, die nicht so sehr in spärlichen Mitteln oder Naturkatastrophen, sondern in organisatorischen und Verteilungsproblemen begründet waren, wobei man wenig auf die Bedürfnisse des Menschen oder moralische Forderungen achtete, zumal auch die rechtlichen und gesetzlichen Regelungen noch fehlten.
Die Logik des Profits galt als wesentliches Element des wirtschaftlichen Fortschritts, und sie hatte begrenzte Klassen und Bezirke des Wohlstandes innerhalb eines immer ausgedehnteren Bereichs des Elends geschaffen, was die Spannungen zwischen den Gruppen verschärfte und für die ganze Gesellschaft eine schwere Gefahr bedeutete.

3. Seit jener Zeit sind viele Probleme gelöst worden, und gewiß ist das Geflecht der Beziehungen zwischen den Klassen in einer Gesamtschau der jeweiligen Rechte und Pflichten viel klarer und besser juridisch geregelt. Wahr ist auch, daß dank der Lehre der römischen Päpste und dem tatkräftigen Beitrag vieler edler Geister zahlreiche Verzerrungen korrigiert und positive Lösungen erarbeitet wurden. Doch bleibt die Gesamtsituation der Welt voller Gefahren, weil nach Überwindung bestimmter Probleme andere und komplexere bzw. umfassendere aufgekommen sind. Die Kirche hat kein eigenes Wirtschaftssystem vorzulegen, sie trifft auch keine Entscheidungen auf technischem Gebiet; wohl hat sie eine umfassende Soziallehre erarbeitet und klar ihre Stellungnahme zu Problemen der sozialen Ordnung geäußert. Ausgehend von der Botschaft, deren Trägerin sie ist, hat sie zur Endbestimmung des Menschen und der Bedeutung Stellung genommen, die dabei das Leben auf dieser Erde hat.

Wie Sie gut wissen, umfaßt der Begriff „Arbeit” im heute üblichen Verständnis jede menschliche Tätigkeit und fällt mit deren verschiedenen wirtschaftlichen, handwerklichen und industriellen Ausdrucksformen als Dienstleistung und Beschäftigung, Forschung und Studium zusammen. Entsprechend dem Wort von der Herrschaft des Menschen über die Schöpfung auf der ersten Seite der Bibel, nimmt die Arbeit am schöpferischen Wirken Gottes teil, der den Menschen „in den Garten von Eden setzte, damit er ihn bebaue und hüte” (vgl. *Gen* 1,28; 2,15).
Auf diesen Prozeß der Umformung des Geschaffenen, zu dem der Mensch aus Berufung aufgefordert ist, bezieht sich die Soziallehre der Kirche. Ohne je die übernatürliche Bestimmung des Menschen zu vergessen, verzichtet die Kirche nie darauf, ihn auch auf diese seine irdische Aufgabe hinzuweisen, und setzt sich für die nötige Verbindung zwischen dem Irdischen und dem Transzendenten ein. Sie wirkt nicht auf der technisch-strukturellen Ebene der Gesellschaft, vielmehr auf jener Ebene, die die menschliche Kultur gestaltet als das Gesamt der Werte, auf die sich der Sinn des Lebens selbst gründet. Sie ist bemüht, in das menschliche Kulturschaffen die übernatürliche Komponente einzubringen.

4. Doch welche Probleme müssen heute gelöst werden, und welche neuen und umfassenderen Fragen stellen sich, über die die Kirche einen Dialog zumal mit den Zentren der Kultur anknüpfen möchte? Sie ergeben sich gerade aus den erreichten wertvollen Errungenschaften.
Die Eroberung des Weltraums ist die Krönung eines technischen, bisher unerreichten Fortschritts, der grenzenlose Aussichten eröffnet. Die zunächst im Dienst des Todes verwendete Atomenergie bewegt sich, wenn auch unter wahrlich mehr als hypothetischen Gefahren, auf eine Produktion zu, die die wachsenden Bedürfnisse befriedigen kann. Bekanntlich hat sich auch das Problem der Verschmutzung und der Zerstörung der Umwelt ergeben, doch ist sich der Mensch dessen bewußt geworden, und er wird Sicherheitsmaßnahmen ergreifen. Ähnlich ist die Wissenschaft heute in der Lage, in die Dynamik der Genetik einzugreifen, doch erscheinen die Ergebnisse zweideutig, sowohl positiv wie negativ, ein Vorteil und eine Gefahr für das menschliche Leben von seinem Entstehen an. Informatik und Automation verstärken das Schaffen des Menschen und vermindern drastisch die Anstrengung auf vielen Gebieten.
Dies sind einige Marksteine auf dem Weg des Menschen an die Schwelle des Jahres 2000. Wir brauchen hier nicht auf Unglückspropheten zu hören, die hinter jeder Ecke Katastrophen wittern. Gewiß besitzt der Mensch die Fähigkeit, sein eigenes Leben zu zerstören, ja sogar jede Form des Lebens auf der Erde, doch verstärkt die christliche Sicht die edelsten Bestrebungen der menschlichen Natur, bietet Grund zu unwandelbarer Hoffnung und stützt die Gründe für den Optimismus, weil sie an die gnädige Präsenz des Vatergottes in der Welt glaubt und an die seines Sohnes, unseres Heilands.
Die Kirche „erfährt ... sich mit der Menschheit und ihrer Geschichte wirklich engstens verbunden” (*Gaudium et spes*, Nr. 1) und möchte daher ihren eigenen Beitrag zur Vorbereitung der Menschen für den Eintritt ins neue Jahrtausend leisten.

5. Den neuen Menschen schaffen: ist das nicht der Traum vieler Ideologien gewesen, die im Verlauf der Jahrhunderte aufeinander gefolgt sind und die ebenso oft zu Füßen dieses Menschen zusammenbrachen, der jeder von uns ist! Sie zeigen nur die dramatische Macht und zugleich Gebrechlichkeit seines Daseins an.
Diesem Menschen hat Gott den Sinn seiner Existenz und seines Lebens offenbart und machte ihn damit zu einem neuen Geschöpf, einem neuen Menschen (vgl. *2 Kor* 5,17; *Gal* 6,15; *Eph* 2,15; vgl. *Gaudium et spes*, Nrn. 55-56). Gewiß sind auch außerhalb der christlichen Offenbarung die letzten Fragen immer lebendig geblieben, wie die Religionen, Philosophien und Schöpfungen der Literatur zeigen. Im Dialog mit diesen kulturellen Gegebenheiten legt die Kirche immer wieder ihre Botschaft vor, ihr Verständnis des Menschen und der menschlichen Wirklichkeiten. Man denke an die apostolische Kirche und ihr Verhältnis zum Judentum, an das Konzil von Jerusalem, an die Öffnung zu den Heiden, die ebenfalls zum Heil berufen sind. Man denke an die Auseinandersetzung mit der hellenistischen Kultur und an das wunderbare Aufblühen in der Zeit der Väter. Die Kirche hat immer den Dialog mit der geschichtlichen Wirklichkeit, in der sie lebte, gesucht. Auch im Mittelalter hat sie im Gefolge des antiken philosophischen Wissens neue Wertsysteme auf wissenschaftlicher Ebene gefördert und neue Strukturen für das Zusammenleben der Völker angeregt.

6. Die Kultur bildet im Reich der Werte keinen absoluten Wert, sie ist nur ein Weg zum Absoluten hin. Auch die Kirche bleibt aufgrund ihrer unverzichtbaren Berufung auf ihr großes Ziel hin unterwegs und darf daher die Wirklichkeiten, die ihr auf diesem Weg begegnen, nicht übergehen. Was waren denn die von ihr gegründeten Universitäten anders als Stätten der Auseinandersetzung und des Dialogs zwischen Glauben und Wissen? Wie der Name „Universitas studiorum" sagt, soll hier das Zusammenkommen der verschiedenen Zweige des Wissens in einer höheren Synthese angestrebt werden, die dem Menschen und seinem Geschick Sinn gibt.
Camerino war einer der ältesten Sitze ähnlicher Laboratorien der Kultur: wenn man schon zu Beginn des 14. Jahrhunderts von seiner „Universitas studii" sprach, so stammt die von Papst Gregor XI. an die Stadtverwaltung gerichtete Bulle, in der ihr ein „Studium generale" mit allen Privilegien und Rechten zugebilligt wurde, aus dem Jahre 1377. Wie die eure, so sind zahlreiche andere Universitäten von Anfang an mit dem Wirken der Kirche verbunden gewesen, und auch später wurde dieses Verhältnis nie zerstört.
An der Universität von Pavia habe ich gesagt: „Es gibt keine Konkurrenz zwischen Wissenschaft und Glauben, was den Menschen angeht; beide ergänzen sich vielmehr, weil die Wissenschaft allein dem Bedürfnis nach dem Absoluten nicht genügen kann, das ununterdrückbar im Herzen des Menschen lebt."
Ein fester Punkt in der Soziallehre der Kirche betont, daß sich der Mensch nicht einzig vom „Brot ernährt, das er der Arbeit seiner Hände verdankt ... sondern auch von dem Brot der Wissenschaft und des Fortschritts, der Zivilisation und der Kultur" (*Laborem exercens*, Nr. 1). Wir müssen also dafür Sorge tragen, daß jene Hindernisse und Diskriminierungen abgeschafft werden, die den Zugang zur Kultur

versperren, die, richtig und geordnet, auch ein Werkzeug der christlichen Botschaft sein kann.

7. Die modernen Probleme und Errungenschaften, auf die ich oben angespielt habe, können neue Formen des Dialogs zwischen Kultur und Glauben fördern. Von der Ökologie bis zur Bioethik und den Wissenschaften der Informatik her ergeben sich Möglichkeiten, die wir nicht mißachten dürfen. Die Kirche hat den Eindruck, in einer geschichtlichen Stunde zu leben, die mehr als je reich an Neuem ist, und der Begriff der Kultur selbst hat sich ausgeweitet. Deshalb muß sich auch die Soziallehre der Kirche kreativ bemühen, originelle Versuche zu wagen. Man denke zum Beispiel an die großen Ströme der Migrationen, bei denen sich viele Millionen von Personen verschieben, die ein in Jahrhunderten gereiftes Erbe mitbringen und entschlossen sind, es nicht in einem Prozeß der Entkulturisierung und Assimilierung in den Zielländern sich auflösen zu lassen. Muß man nicht die Notwendigkeit bedenken, gewisse Verschiedenheiten zu bewahren und aufzuwerten, wenn sie sich als originell und fruchtbar angesichts der Einebnung und der Verallgemeinerungen erweisen? Bei den sozialen Strukturen erblickt man bereits multikulturelle Gesellschaftsformen, die die traditionellen geographischen und politischen Grenzen überschreiten.

8. Welche Richtung will nun die Kirche angesichts so vieler bereichernder Elemente einschlagen, die mit Beiträgen aus allen Völkern und Kulturen zu einer Synthese verschmolzen werden müssen?
Es ist die schon immer geltende Richtung: im Licht Gottes muß der Primat des Menschen betont werden. Der einzelne Mensch ist als Person die höchste Wirklichkeit innerhalb des Geschaffenen wegen der Werte, mit denen Gott, der Schöpfer, ihn begabt und wegen der transzendenten Bestimmung, die er ihm gegeben hat. Dieser Wirklichkeit muß sich auch die Kultur anpassen und dem Menschen und der Wahrheit des Menschen treu bleiben. Sie muß zweckdienlich bleiben nicht nur für den Menschen als Einzelperson, sondern auch als Kollektiv und Gesellschaft. Da die Kultur der Raum des Geistes ist, muß sie „dazu fähig sein ... das Leben des einzelnen Menschen und seiner Gemeinschaften von Drohungen zu befreien, die auf ihm lasten" (*Ansprache an die UNESCO*, Nr. 4). Sie muß die Angst überwinden helfen, die der Mensch oft angesichts seiner eigenen wissenschaftlichen Errungenschaften hat, weil sie Werkzeuge der Zerstörung werden könnten. Diese Errungenschaften können dagegen wirksame Werkzeuge werden, um zahlreiche Plagen, wie Krankheit, Hunger, Gewalttätigkeit und Herrschaft des einen Menschen über den anderen, zu bezwingen und damit den kommenden Generationen ein würdigeres Leben anzubieten.

9. In diesem Prozeß ersucht die Kirche um Raum für ihr orientierendes und förderndes Wirken, denn sie hat ein wichtiges Wort bei den neuen unaufschiebbaren Synthesen für eine geordnete Entwicklung des sozialen Lebens zu sagen. Sie wird nicht müde werden, „den Menschen um seiner selbst willen, und aus keinem anderen Motiv oder Grund zu bejahen: einzig der Mensch selbst ist der Grund!" Sie wird

darüber hinaus ferner wiederholen, daß „wir den Menschen lieben müssen, weil er Mensch ist; wir müssen Liebe für den Menschen beanspruchen wegen der einzigartigen Würde, die er besitzt" (*ebd.*, Nr. 10).
Gehen wir von der Ebene der Grundsätze zur Praxis über, will die Kirche die Zeugnisse erneuern, die ihre Geschichte schon kennzeichnen und ihr solidarisches Wirken mit den Armen, Randexistenzen und den Ausgeschlossenen entfalten, um die echt menschlichen Werte zu fördern, den Zugang zum Genuß der Kultur zu erweitern, damit die Menschen durch jenes Mehr, das die Kultur garantiert, mehr frei und geistig reicher werden.
Gewiß besitzt die Kirche in ihrer Soziallehre kein Füllhorn für die Lösung der Probleme. Auch sie muß suchen, sich auseinandersetzen und prüfen: doch hat sie als sicheres Geleit auf ihrem Weg das Licht und die Kraft ihres Gründers Jesus Christus bei sich. Folgt sie Christus treu nach im demütigen Hören auf den Geist Christi, dann kann sie weiter die ewig bleibende Botschaft vom Heil verkünden, die wie ein Echo auf den Gesang der Engel von Bethlehem ist: „Ehre sei Gott in der Höhe, und Friede auf Erden den Menschen, die guten Willens sind". Friede als Vorbereitung auf das ewige Glück, jedoch für die Menschen guten Willens.
An der Schwelle des dritten Jahrtausends der Erlösung wünsche ich der Universität von Camerino wie auch den anderen Universitäten der Region, es möge ihnen die Heranbildung von Menschen guten Willens gelingen!

Der Schutz der Person ist unerläßlich

Ansprache in der Fabrik „Confezioni di Matelica" (Marken) am 19. März

Liebe Brüder und Schwestern!

1. Ich begrüße euch sehr herzlich und danke euch für die freundliche Aufnahme. Ich begrüße euren Hirten, Bischof Luigi Scuppa, die Behördenvertreter und den Vorstand der Fabrik. Mein besonderes Gedenken gilt jedoch euch, den Arbeiterinnen der Fabrik „Confezioni di Matelica", der größten Produktionsstätte des Hinterlandes der Marken, mit fast ausschließlich weiblichem Personal. Ich danke eurer Vertreterin, die mir soeben euer Empfinden zum Ausdruck gebracht hat.
Ihre Darlegung ließ mich euer tägliches Leben, eure Probleme, Hoffnungen und Sorgen besser kennenlernen. Ich schätze es hoch ein, daß man sich bemüht hat, die Arbeit in der Fabrik so zu organisieren, daß sie sich mit den häuslichen Pflichten vereinbaren läßt, und ich stelle mit Freuden fest, daß der Einfluß des Evangeliums und der Wunsch, seine Lehren zu verwirklichen, tief in eurer Tradition verankert sind.
Ich freue mich, in eurer Mitte weilen zu können, und zwar auch deshalb, weil ich fast nie Gelegenheit habe, ein Unternehmen zu besuchen, das nur Frauen beschäftigt. So habe ich denn hier Gelegenheit, einige - wenn auch nur kurze - Erwägungen über eure Rolle im Arbeitsmilieu und in der Gesellschaft vorzubringen.

2. Matelica, das zweite Industriezentrum im oberen Esinotal, hat in der Nachkriegszeit seine Einwohnerzahl verdoppelt und ist neben Fabriano die einzige Stadt dieses Gebietes am Fuß der Hügel, die im Wachsen begriffen ist. Das Ende der Auswanderungswelle und die gesteigerte Entwicklung auf Ortsebene waren dank der Initiative einiger eurer - euch wohlbekannten - Mitbürger möglich, die mit Mut und unternehmerischem Talent eine Industrie aufgebaut haben, deren Größe dieser Gegend angepaßt ist und die auch der Familie gerecht wird.
Dieser Fortschritt und diese Entwicklung zogen den Übergang von der Agrar- zur Industrie- und Arbeitergesellschaft nach sich. Die soziale Umgestaltung ist noch im Gang, sie hat den Lebensstandard im allgemeinen gehoben, jedoch andere Erfordernisse und neue Probleme und Gegensätze aufkommen lassen. Auf diese gilt es zu reagieren, ohne deshalb die Sorge um die tiefste und endgültige Bestimmung des Menschen aus dem Auge zu verlieren; vielmehr gilt es, die geistliche Sehnsucht und den religiösen Lebenssinn, die seit jeher so tief in der christlichen Gemeinde Matelicas verwurzelt sind, weiterhin hochzuhalten. Es genügt, an die uralten Traditionen zu erinnern; Matelica war schon im fünften christlichen Jahrhundert Diözese und seine Bischöfe nahmen an den ökumenischen Konzilien der ersten Jahrhunderte teil. Es genügt, sich das Zeugnis der Heiligen in Erinnerung zu rufen, die hier gelebt oder sich vorübergehend hier aufgehalten haben, wie der hl. Bernardin von Siena, der hl. Jakob von den Marken, der hl. Gaspare del Bufalo und Kinder eurer Erde, wie der sel. Gentile Finaguerra und die sel. Mattia Nazzarei.

3. Zur Umwandlung der traditionellen Lebensweise eurer Stadt hat sicher auch der Eintritt der Frauen in die Fabrik beigetragen, welcher der Ehefrau und Mutter teilweise die Aufgaben der Kindererziehung und der Haushaltsführung entzogen hat, die einst nur ihr oblagen. Die von den Erfordernissen des Unternehmens bestimmten Arbeitsrhythmen, die längere Abwesenheit von zu Hause sowie die größere wirtschaftliche und psychologische Unabhängigkeit haben auf die bis vor wenigen Jahrzehnten vorherrschenden Einstellungen und Gewohnheiten tiefgreifenden Einfluß ausgeübt. All das hatte nicht nur positive Folgen: nicht selten zahlte die Frau schließlich dem modernen Fortschritt einen hohen Preis. Es ist unbedingt nötig, daß sie sich im gewandelten gesellschaftlichen Milieu für die Wiederentdeckung und erneute Behauptung der tiefen Wurzeln ihrer Fraulichkeit einsetzt. Die Persönlichkeit der Frau trägt, wie ich in der Enzyklika *Mulieris dignitatem* schrieb, zwei Dimensionen in sich: die Mutterschaft und die Jungfräulichkeit. Sie stellen die beiden Wege ihrer persönlichen Berufung dar und ergänzen einander. Nur wenn man die Wahrheit über die Person des Menschen, der „sich selbst nur durch die aufrichtige Hingabe seiner selbst vollkommen finden kann" (*Gaudium et spes*, Nr. 24), tief erfaßt, kann sich der „Weg zu einem vollen Verständnis der Mutterschaft der Frau" (*Mulieris dignitatem*, Nr. 18) auftun. Diese Mutterschaft spiegelt, gemeinsam mit der Vaterschaft des Mannes, das ewige Geheimnis der Zeugung wider, das in Gott selbst ruht. Obwohl Vater und Mutter die Eltern ihrer Kinder sind, stellt „die Mutterschaft der Frau einen besonderen Anteil dieser gemeinsamen Elternschaft, ja deren anspruchsvolleren Teil dar" (*ebd.*). Tatsächlich muß „die Frau ... unmittelbar

für dieses gemeinsame Hervorbringen neuen Lebens ‚bezahlen', das buchstäblich ihre leiblichen und seelischen Kräfte aufzehrt" (*ebd.*), und der Mann übernimmt der Frau gegenüber eine besondere Schuldverpflichtung. Im Licht dieser Erwägung wird es klar, daß kein Programm für die Gleichberechtigung von Frauen und Männern Gültigkeit erlangen kann, wenn es diesem Umstand nicht wirklich Rechnung trägt. Es würde sich tatsächlich zum Nachteil der Frauen auswirken, die zu fördern und zu schützen es vorgibt.

4. Die Zeiten und die Art und Weise der Organisation der Gesellschaft ändern sich, der Produktionsrhythmus wird beschleunigt, doch die Würde und die Ordnung der Liebe müssen unverändert bleiben. Die Frau stellt „einen Eigenwert dar als menschliche Person und gleichzeitig als jene konkrete Person in ihrem Frausein"; ihre Würde „wird von der Ordnung der Liebe bestimmt, die im wesentlichen eine Ordnung von Gerechtigkeit und Nächstenliebe ist" (*ebd.*, Nr. 29).

Wenn in einem Unternehmen die Umgestaltungen so rasch vor sich gehen, daß den dort Beschäftigten eine entsprechende Vorbereitung unmöglich ist, können die Erfordernisse der Produktion mächtiger sein als die der Personen. Daraus ergeben sich Krisen auf dem Gebiet der moralischen Grundsätze und hinsichtlich der ethischen Bezugspunkte, die für den Schutz der Person unerläßlich sind; gleichzeitig schwindet auch die Achtung vor ihrer unberührbaren Würde. Das gilt wahrscheinlich nicht für eure Fabrik, wo man bestrebt ist, den Arbeitsrhythmus euren Verpflichtungen als Frauen und Familienmütter anzupassen, doch weiß heute jeder, daß es Arbeitsmilieus gibt, in denen die Würde der Frau bedroht ist. Sie muß die ihr eigene Rolle wiedergewinnen und sich der Gefahr entziehen, fast als Objekt der Produktion betrachtet zu werden.

Die Arbeit als persönliche Teilnahme an der Umgestaltung der Welt und als Quelle eines würdigen Lebensunterhalts darf der Frau und Mutter nicht die Möglichkeit nehmen, den ihr eigenen familiären und gesellschaftlichen Aufgaben nachzukommen, da sie nur so ihrer menschlichen Berufung auch unter dem Gesichtspunkt ihrer Fraulichkeit gerecht werden kann. Eine Beschäftigung, die den Wirkungsbereich der Frau einengt und ihr, indem sie sie ihrer Rolle als Liebende entfremdet, eine vollendete Selbstverwirklichung unmöglich macht, würde die menschliche und christliche Gemeinschaft einer für ihre Entwicklung und ihr kulturelles Wachstum unerläßlichen Protagonistin berauben.

Wie notwendig ist demnach eine neue Evangelisierung, begleitet von einer qualifizierten und wirksamen Pastoral der Arbeitswelt, um entsprechend und konkret auf die Erfordernisse der modernen Organisation der Arbeit eingehen zu können! Nur so wird es möglich, der Frau in ihrer Rolle als Ehegattin, Mutter und Erzieherin tatsächlich Raum zu geben und sie zu fördern. Nur unter diesen Bedingungen wird die Familie nicht unter dem Fehlen der ihr zustehenden Funktionen zu leiden haben und werden die Kinder nicht der mütterlichen Liebe und Unterstützung beraubt werden, die für ihr harmonisches Wachstum und für eine ausgeglichene Entwicklung der Familie unerläßlich sind.

5. Der Fortschritt gereicht in seiner tatsächlichen Gestalt einigen zum Vorteil, während er anders ausgrenzt. Es besteht die Gefahr, beobachten zu müssen, daß allmählich und fast unmerklich die Aufmerksamkeit für all das schwindet, was den Menschen und seine Interessen betrifft. Was ich als Abschluß der Enzyklika *Mulieris dignitatem* sagte, bleibt daher durchaus aktuell: „In diesem Sinne erwartet vor allem unsere Zeit, daß jener ‚Genius' der Frau zutage trete, der die Sensibilität für den Menschen, eben weil er Mensch ist, unter allen Umständen sicherstellt und so bezeugt: ‚Die Liebe ist am größten'" (*ebd.*, Nr. 30).
Mein Wunsch ist es, jede von euch, liebe Arbeiterinnen, die ihr um eure Sendung in Familie, Kirche und Gesellschaft wißt, möge alle Hindernisse und Schwierigkeiten überwinden und diese Sendung hochherzig erfüllen. Dafür rufe ich auf euch und auf eure Arbeit den mütterlichen Schutz der Jungfrau von Nazaret herab, die Mutter Gottes geworden ist.
Und ich tue dies am Fest des hl. Josef. In dieser Ansprache habe ich den hl. Josef nicht erwähnt, weil er eher der Patron der Arbeiter zu sein scheint. Doch er ist ganz allgemein der Patron der menschlichen Arbeit. Und dann hat er, der in seiner Arbeit, in seiner Sendung, in seiner Berufung Maria so nahestand, ja auch viel für die Welt der Frau getan. Vielleicht denkt man zu wenig daran: der hl. Josef hat sicherlich das Grundanliegen der Würde der Frau weit voran gebracht, und er bringt es immer noch weiter voran - das ist meine Erfahrung und mein Gebet: „Mulieris dignitatem".
Euch allen, die ihr hier anwesend seid, erteile ich meinen Segen.

Familie und Arbeit dürfen nicht getrennt werden

Predigt bei der Messe in Fabriano (Marken) am 19. März

1. „Wußtet ihr nicht, daß ich in dem sein muß, was meinem Vater gehört?" (*Lk* 2,49).
Mit diesen Worten des zwölfjährigen Jesus an Maria und Josef spreche ich euch, liebe Brüder und Schwestern, meine Freude darüber aus, das heutige Hochfest mit euch feiern zu können.
Ich grüße euren Bischof, Luigi Scuppa, und danke ihm für die an mich gerichtete Einladung, eure Diözesangemeinschaft zu besuchen, die ich lebendig und voll Glauben vorfinde.
Ich grüße die Bischöfe der Region und die emeritierten Hirten eurer Diözesen: ich danke ihnen allen für ihre brüderliche Gemeinschaft. Mein Gruß gilt auch allen Anwesenden: den staatlichen und militärischen Autoritäten, den Priestern, den Ordensmännern und Ordensfrauen, den Verbänden und kirchlichen Bewegungen, den Familien, den Jugendlichen, den Kranken, kurz allen!
Wir haben eben den Abschnitt aus dem Evangelium des Lukas gehört, in dem die Geschichte des jungen Jesus im Tempel erwähnt wird. Während der Pilgerreise nach Jerusalem verläßt Jesus Maria und Josef, um an dem Unterricht teilzunehmen, der den Israeliten im Tempel durch die Lehrer der Tora erteilt wurde. Maria und

Josef sind gezwungen, zurückzukehren, um ihn zu suchen. Der Unterricht über die Dinge Gottes hat Jesus vollständig erfüllt.
Als sie ihn nämlich „im Tempel fanden, saß er mitten unter den Lehrern ... Alle, die ihn hörten, waren erstaunt über sein Verständnis und seine Antworten” (vgl. *Lk* 2,46-47).

2. Auf die Frage der Mutter: „Kind, wie konntest du uns das antun? Dein Vater und ich haben dich voll Angst gesucht” (*Lk* 2,48), antwortet Jesus: „Warum habt ihr mich gesucht? Wußtet ihr nicht, daß ich in dem sein muß, was meinem Vater gehört?” (*Lk* 2,49).
Der Evangelist fügt hinzu, daß Maria und Josef nicht verstanden, „was er damit sagen wollte” (*Lk* 2,50). Doch gleich darauf heißt es deutlich: „Er kehrte mit ihnen nach Nazaret zurück und war ihnen gehorsam” (vgl. *Lk* 2,51). Die Kirche ehrt heute in feierlicher Weise den hl. Josef. Doch die Bedeutung dieser Persönlichkeit, wie die Lesungen sie zeigen, läßt sich nur erfassen, wenn man die ganze Wahrheit über Jesus ergründet. Nur in der Begegnung mit dem menschgewordenen Wort, dem Erlöser der Welt, in seinem Geheimnis voll Licht und Wahrheit. Das gleiche gilt für Maria, die Mutter Jesu. Dies habe ich in der Enzyklika *Redemptoris mater* und im Apostolischen Schreiben *Redemptoris custos* zu zeigen versucht. Das heutige Hochfest des hl. Josef hat daher ebenso wie die marianischen Feste einen eminent christologischen Charakter.

3. Zugleich ist die Gestalt des Zimmermanns von Nazaret, des Bräutigams der Mutter Gottes und Hüters des Sohnes des Allerhöchsten, bedeutungsvoll für die Kirche, die als Gemeinschaft berufen ist, die Fülle des Geheimnisses des Menschen zu leben, die sich nach der Aussage des Zweiten Vatikanischen Konzils einzig in Christus verwirklicht. So bringen die Mutter Jesu und der hl. Josef in besonderer Weise das Geheimnis des menschgewordenen Wortes den Grundproblemen der menschlichen Existenz nahe.
Es geht im wesentlichen um zwei Wirklichkeiten: die Familie und die Arbeit, zwei Wirklichkeiten, die man nicht trennen darf, die vielmehr gegenseitig eng verbunden sind.
Die Familie und die Arbeit.
Gerade dies machte das Leben von Nazaret während jener dreißig Jahre aus, von denen der Evangelist zusammenfassend sagt: „Jesus kehrte mit ihnen [also mit Maria und Josef] nach Nazaret zurück und war ihnen gehorsam” (vgl. *Lk* 2,51).
Dieses kurze Wort unterstreicht gut das zwischen Familie und Arbeit bestehende Band. Was ich in den Enzykliken *Laborem exercens* und *Sollicitudo rei socialis* behandelt habe, vertiefe ich jedes Jahr bei Gelegenheit der Besuche, die ich an verschiedenen Orten Italiens am Tag des heiligen Josef mache.

4. Familie und Arbeit! Im Licht des Evangeliums und der Überlieferung der Kirche, die nicht nur in ihrer ständigen Lehre, sondern auch in der christlichen Praxis des Lebens und der Moral zum Ausdruck kommt, stellen diese beiden wichtigen Wirklichkeiten die richtige Hierarchie der Werte heraus; sie betonen, daß der Primat dem

Menschen als Person und als Gemeinschaft von Personen, an erster Stelle also der Familie zukommt. Jede Arbeit, und vor allem die physische Arbeit bindet den Menschen an die Welt der Dinge, an die ganze „Ordnung" der Dinge. Die Welt ist dem Menschen vom Schöpfer als Auftrag, als seine irdische Aufgabe anvertraut: „Macht euch die Erde untertan!" Die Worte des Buches *Genesis* (vgl. 1,28) zeigen gerade diese Unterordnung der Dinge unter die Person. Die sichtbare Welt ist für den Menschen da. Die Dinge stehen im Dienst der Person.

Diese Ordnung muß verstanden und beachtet werden! Möge sie nie verletzt, und erst recht nicht umgestoßen werden! Der moderne Fortschritt bringt, genau betrachtet, eine Gefahr dieser Art mit sich. Die Kultur des Fortschritts wird leicht zu einer Kultur, bei der mehr die Dinge als die Personen im Vordergrund stehen, es sei denn, die Projekte dienen in echtem Sinne dem Menschen. Es gibt so viele Dinge, die man tun kann, und der Druck der Werbung und Propaganda wird so groß, daß man davon leicht überwältigt ist. Auch wenn man es nicht will, wird man schließlich zum Sklaven der Dinge und der Sucht nach dem Haben. Ist der sogenannte Konsumismus nicht Ausdruck einer „Ordnung" oder besser „Unordnung", bei der das Haben wichtiger wird als das Sein? Ist es nicht bezeichnend, daß der Mensch auf dieser Bahn der herrschenden Kultur sich manchmal dem werdenden Leben gegenüber feindlich einstellt, als ob dieses menschliche Wesen, das ins Dasein treten möchte, für den Besitz und den Gebrauch der Dinge ein Hindernis wäre?

Groß ist die Gefahr, daß hier die eigentliche Würde der Person beleidigt wird, wenn man sich ihrer Autonomie und ihrer tiefsten Freiheit entgegenstellt.

5. Unterwerft euch die Erde!

Liebe Brüder und Schwestern, nehmt das Wort auf, das die Liturgie uns heute anbietet und öffnet das Herz für die Kraft der Liebe, die die Schranken des Egoismus und der Gleichgültigkeit überwindet. Seid keine Sklaven des egoistischen Besitzes, vielmehr Diener des solidarischen Teilens! Richtet die Augen eures Geistes auf die Heilige Familie, und auf die Fürbitte des hl. Josef, seid mit einem vom Glauben erleuchteten Willen, mutig und beharrlich, im Guten!

Ihr Priester, Diener der Heilsgaben Gottes, stützt die eurer pastoralen Sorge anvertraute Herde durch Gebet, Unterweisung, und durch euer Beispiel; teilt mit ihr brüderlich die Hoffnungen und Schwierigkeiten! Möge in der christlichen Familie, ja in jeder Familie eurer Diözese nach dem Vorbild des Hauses von Nazaret ein Klima des gegenseitigen Verstehens, der Gemeinschaft, der Einfachheit und der Dienstbereitschaft lebendig bleiben.

Ich wende mich vor allem an die Laien und alle, die in den verschiedenen kirchlichen Bewegungen und Verbänden mitmachen.

Ich wende mich ferner an alle, die von Gott zum gottgeweihten Leben berufen und zu Zeugen für einen gänzlichen und ausschließlichen Dienst für den Herrn und die Mitmenschen bestellt sind. Bleibt alle eurer besonderen Berufung treu!

Ihr Jugendlichen, nährt die Hoffnungen eurer Gegenwart und Zukunft in der Schule der Wahrheit, die nicht täuscht und in der Schule des Lebens, das nicht vergeht.

Wieviel leichter könnte die Gesellschaft Lösungen finden für die Probleme, die sie plagen, wenn sie auf das schlichte, aber beredte Zeugnis der Liebe schauen, wenn das tägliche Tun als kostbare Möglichkeit verstanden würde, den Schöpfer zu loben und den Mitmenschen zu dienen!

6. Die Familie von Nazaret und in besonderer Weise die Gestalt des hl. Josef haben eine tiefe Beziehung zu dieser umfassenden Problematik, mit der es der Mensch zu tun hat, und die die „Ordnung" sichtbar macht, für die sich alle einsetzen müssen. Diese Ordnung betrifft die Personen, die Familien und die Gesellschaft, sie betrifft die Welt der Arbeit und die Gesetzgebung. Es geht um das Hauptproblem für den Menschen und seine Zukunft.

Mit seiner Antwort an Maria und Josef: „Ich muß mich mit dem beschäftigen, was meinem Vater gehört", zeigt Jesus, daß die menschliche Ordnung im Bereich von Familie und Arbeit letztlich ein göttliches Fundament hat: den dienstbereiten Eifer für den Vater. Deswegen lebt Jesus, nach Nazaret zurückgekehrt, in kindlichem Gehorsam.

Hier haben wir eins der Elemente vor uns, die zum Leben und zur Arbeit einer jeden menschlichen Familie gehören: der Eifer für den Dienst des Vaters, die vertrauensvolle Hingabe an die göttliche Vorsehung.

Nach dreißig Jahren wird für Christus die Zeit seiner messianischen Sendung kommen. Von diesem Augenblick an bis zum Ende wird der Sinn der Worte offenbar, die Jesus als Zwölfjähriger gesprochen hat.

Der Gehorsam des jungen Menschen in Nazaret erweist sich als der erlösende Gehorsam des Sohnes Gottes gegenüber seinem Vater, als Gehorsam bis zum Tod.

Der Gehorsam Gott gegenüber, in dem „jede Vaterschaft im Himmel und auf Erden" (vgl. *Eph* 3,15) Ursprung und Vorbild hat; in diesem Gehorsam hat auch die Arbeit ihren Ursprung und ihr Vorbild.

Der Vater „wirkt" (vgl. *Joh* 5,17) unablässig zusammen mit dem Sohn. Gott verleiht jedem menschlichen Tun und jedem Wirken des Menschen auf Erden letzten Sinn und volle Würde.

Inbegriff dieses Sinns und dieser Würde ist der Sohn Gottes. Es ist Christus, der mit dem Zimmermann Josef zusammengearbeitet hat. Er hat im Haus von Nazaret am gleichen Arbeitsplatz mit ihm geschafft.

Zum Schluß möchte ich eurer Diözese einen guten Beginn und einen guten Ausgang der Diözesansynode wünschen, die euch heute der Bischof von Fabriano-Matelica angekündigt hat. Amen.

Die Jugend braucht neues Vertrauen

Ansprache an die Arbeiter der Papierfabrik Miliani in Fabriano (Marken) am 19. März

1. Mit großer Freude habe ich die Einladung zum Besuch der Papierfabriken dieser Stadt angenommen. Ihr Eifer und unternehmerischer Einsatz sind geradezu zu deren Symbol und Wahrzeichen geworden.
Sehr herzlich begrüße ich den Vertreter der italienischen Regierung und danke für seine Anwesenheit. Ich begrüße den Bürgermeister von Fabriano, den Präsidenten der Stiftung „Merloni", den Verwaltungsbeauftragten eurer Firma sowie die Verantwortlichen und Mitarbeiter des ganzen Unternehmens. Allen wünsche ich, daß sie ihre Pläne für die weitere Entwicklung, die allen daran Beteiligten so sehr am Herzen liegen, erfolgreich verwirklicht sehen mögen.
Die Geschichte eurer Fabrik reicht weit zurück, da die Herstellung und Ausfuhr von Papier mit der schon im 14. Jahrhundert blühenden „Pia Universitá dei Cartai" im Zusammenhang stehen. Mit der Verbreitung des Buchdrucks, die um die Mitte des 15. Jahrhunderts begann, erwarb sich Fabriano mit Recht den Namen „Papierstadt". Auch dem Apostolischen Stuhl gereichte eure Arbeit stets zum Nutzen, da er sich der Qualitätserzeugnisse der Papierfabriken von Fabriano bedient.
Ich bin heute in eurer Mitte, um dankbar eurer täglichen Arbeit zu gedenken, die in aller Welt anerkannt und geschätzt ist.
Eure Arbeit ist heikel; nur wenige wissen etwas davon. Ihr erzeugt den Rohstoff für alles Gedruckte. Das Endprodukt ist Gegenstand der Bewunderung und Wertschätzung, doch ist man nicht immer in der Lage, die Geduld wahrzunehmen, die für seine Herstellung erforderlich und die immer das Ergebnis besonderer, im Lauf der Jahrhunderte erworbener handwerklicher Fähigkeiten und Erfahrungen ist.
Dank des Papiers hatte die Menschheit die Möglichkeit, ein Werkzeug in Händen zu haben, das die Kommunikation leicht macht, das Buch. Noch heute nimmt es einen bedeutenden Platz auf dem Markt ein und kann weithin mit anderen, moderneren Mitteln der Information die Konkurrenz aufnehmen.
Seine Verbreitung hat sicher die Ausdehnung der Kultur ermöglicht, hat zum Wachstum des Wohlstandes beigetragen und hat sicher keinen geringen Einfluß auf das Verhalten und auf die ethischen Entscheidungen des Menschen ausgeübt. Gerade um dieser großen Möglichkeit willen, die das bedruckte Papier im Zusammenhang mit der kulturellen und ethischen Bildung der einzelnen und der Völker hat, setzt eure Arbeit, Ausbildung, Kompetenz und Verantwortungsbewußtsein voraus.

2. Die Kirche hat die vom Menschen mit Intelligenz und Sorgfalt vollbrachte Arbeit immer hoch eingeschätzt, da sie nicht nur die allgemeinen Lebensbedingungen verbessert, sondern auch die Teilnahme des Menschen am Schöpfungswerk Gottes zum Ausdruck bringt. Als erster Mitarbeiter Gottes trägt der Mensch mit seinem Einsatz zum Fortschritt der Gesellschaft bei, indem er sich der Reichtümer der Schöpfung

bedient. Er macht auf diese Weise sein Können und die Fülle der geistlichen und materiellen Gaben fruchtbar, die er vom Schöpfer empfangen hat.
Seid daher stolz auf eure Arbeit und betrachtet sie als Mittel zur Verwirklichung eurer Berufung als Menschen und Arbeiter; seid auch dem Herrn für die euch gebotene Möglichkeit dankbar, mit eurer Arbeit das für den Unterhalt eurer Familien Nötige erwerben zu können.
Vergeßt nicht, daß ein gutes und freundschaftliches Arbeitsmilieu dazu beiträgt, die Voraussetzungen für ein harmonisches Zusammenleben von Mitbürgern zu schaffen: der Arbeitsplatz wird so zum Ort interessanter Begegnungen, des Reifens und Ausarbeitens neuer Pläne. Wenn es hingegen an Verständnis und Dialog mangelt, entstehen Streitigkeiten und Widerwärtigkeiten, Spannungen, Mißverständnisse und Frustrationen, die sich unvermeidlich auf das Leben in Familie und Gemeinschaft auswirken.

3. Ich lade euch ein, die Arbeit im Licht des Glaubens zu leben. Bei diesem Bemühen sollt ihr fühlen, daß Papst und Kirche jedem von euch nahe sind, insbesondere in diesem Jahr, in dem das hundertjährige Jubiläum der Enzyklika *Rerum novarum* gefeiert wird, die, von meinem Vorgänger Leo XIII. verfaßt, ein Meilenstein der Soziallehre der Kirche ist.
Leo XIII. prangerte unter anderem die Ausbeutung und die Mißachtung der Würde der Arbeiter an und umschrieb einen allgemeinen Rahmen, innerhalb dessen sich die Sozialpartner bewegen müssen, um das gegenseitige achtungsvolle Zusammenleben zu festigen.
In unseren Tagen hat sich alles beträchtlich verbessert. Dennoch ist es der Wunsch der Kirche, daß das Bemühen um Wohlstand sich immer unter Achtung für alle an der Arbeit Beteiligten und zum Vorteil und Wohl aller abspiele.

4. In einer unruhigen Welt, die manchmal von Gewalt und Egoismus beherrscht ist, sollt ihr Baumeister konkreter Solidarität sein: Jesus, an der Seite des Zimmermanns von Nazaret aufgewachsen, ist gekommen, um der menschlichen Existenz neues Leben zu schenken, die jedoch oft nur mühsam den Richtlinien der Liebe folgt. Allzu viele Interessen lenken sie von einem echten ethischen und gesellschaftlichen Wachstum ab! Durch das Gesetz der Arbeit zusammengeführt, sollt ihr, liebe Arbeiter, es verstehen, Hindernisse und Schwierigkeiten zu überwinden, um mit Hingabe und Kompetenz euer Möglichstes zu tun, damit die tägliche Mühe sich in eine für den wahren Fortschritt der Gesellschaft verausgabte Energie verwandle.
So wird der Ort, an dem ihr arbeitet und einen großen Teil des Tages verbringt, eure zweite Familie. Ihr könnt dort eure beruflichen Wünsche verwirklichen und ein Klima gegenseitiger Achtung und echten Vertrauens schaffen. Auf diese Weise werdet ihr wirklich eine Gemeinschaft ins Leben rufen, in der die unterschiedlichen Rollen und Aufgaben nicht Schranken sind, sondern zu konstruktiver und brüderlicher Verbundenheit im Namen einer gemeinsamen Sache - der Sache der Arbeit - führen. Während ich zu euch, den Arbeitern spreche, denke ich an die zahlreichen Jugendlichen, denen es oft nicht gelingt, eine Arbeit zu finden, so daß sie Gefahr

laufen, Opfer trügerischer Vorspiegelungen zu werden. Die Welt der Jugendlichen braucht neues Vertrauen! Die Gesellschaft muß bestrebt sein, die arbeitssuchenden Jugendlichen in ihre aktiven Strukturen einzugliedern, damit sie nicht Gefahr laufen, den Versuchungen der Gleichgültigkeit und der Abwegigkeit nachzugeben. Nur so ist es möglich, eine bessere Zukunft für die ganze Gesellschaft aufzubauen.

5. Da wir gemeinsam den hl. Josef verehren, den Schutzpatron der Arbeiter, der die Mühe der täglichen Arbeit kannte, möchte ich ihm eure Sorgen anvertrauen, insbesondere jene, welche die Probleme des Unternehmens, die Erfordernisse der Familie und die Jugendarbeitslosigkeit betreffen. Darüber hinaus möge der hl. Josef euch helfen, eine von echten menschlichen und christlichen Werten - Menschenwürde, Ehrlichkeit, Verantwortungsbewußtsein, Solidarität und Glaubensgeist - durchdrungene Gesellschaft ins Leben zu rufen.
Mein aus ganzem Herzen gespendeter Segen sei euch Ermutigung und begleite euch.

2. Pastoralbesuch in der süditalienischen Region Basilikata (27./28. April)

Leben ist ein Wert in sich selbst

Ansprache im Altenheim „Brancaccio", Matera (Basilikata) am 27. April

Liebe Brüder und Schwestern!

1. Es ist mir eine Freude, anläßlich meines Pastoralbesuches in der Stadt Matera in eurer Mitte weilen zu können, und ich begrüße euch alle sehr herzlich. Ich danke eurem Hirten, dem geliebten Erzbischof Ennio Appignanesi, den Behördenvertretern, die hierher kommen wollten, sowie allen, die unsere heutige Begegnung vorbereitet haben. Ich danke euch auch für eure Gastfreundschaft und für das Mittagsmahl, das ich mit euch teilen konnte.
Mein besonderer Gruß gilt den Ordensschwestern, ihren Mitarbeitern und freiwilligen Helfern, die mit ihrem täglichen Dienst bestrebt sind, aus diesem Zentrum eine Oase des Friedens und ein Milieu zu machen, in dem echte Geschwisterlichkeit, Aufnahmebereitschaft und Menschlichkeit herrschen. Ihr Wirken ist deshalb besonders verdienstvoll, weil sie sich bemühen, Menschen, die der Liebe bedürfen, die Wärme einer neuen Familie zu bieten.
Liebe Brüder und Schwestern, stellt diesen Gästen, in denen Christus selbst anwesend ist, weiterhin eure Zeit und eure Fürsorge großmütig und eifrig zur Verfügung. Wenn der christliche Glaube echt und überzeugungstreu sein will, muß er in konkreten Gesten zum Ausdruck kommen, wie schon der Apostel Jakob schrieb: „Ihr seht, daß der Mensch aufgrund seiner Werke gerecht wird, nicht durch den Glauben allein" (*Jak* 2,24).
Das Altenheim „Brancaccio" erinnert an die große Aufmerksamkeit gegenüber den Armen, die im 18. Jahrhundert das Wirken eines Erzbischofs von Acerenza und Matera, Antonio Maria Brancaccio, und seiner Nachfolger erfüllte. Dieses Haus ist auch ein beredtes Zeugnis für die Offenheit den Nöten der Gesellschaft gegenüber, die eure christliche Gemeinde kennzeichnet.
Möge diese verdienstvolle Institution - heute ausgedehnt, gut organisiert und mit allem ausgestattet, was für eine entsprechende Betreuung alter Menschen erforderlich ist - mehr und mehr zu einem Ort echter menschlicher und christlicher Solidarität werden.

2. Ich wende mich jetzt an euch, liebe Gäste dieses Hauses. Der hl. Paulus schrieb an die Korinther: „Wenn auch unser äußerer Mensch aufgerieben wird, der innere wird Tag für Tag erneuert" (*2 Kor* 4,16). Das ist eine an alle gerichtete Einladung, den Geist jung zu erhalten, den Blick auf Gott zu richten und mehr und mehr des

liebevollen Planes bewußt zu werden, den er für jeden von uns bereithält. Nehmt ruhig eure Lage an, das zunehmende Alter und die mit ihm verbundenen Probleme. Liebt im Vertrauen auf die göttliche Hilfe weiterhin das Leben, denn es ist eine Gabe Gottes. Die heutige Kultur verherrlicht oft auf übertriebene Weise die Werte der Jugend, der Schönheit und des erfolgreichen Wirkens. So kann es geschehen, daß die älteren Menschen inneres Unbehagen, zunehmendes Leid, Einsamkeit und Trostlosigkeit verspüren. Das Leben jedoch ist ein Wert in sich selbst. Der Herr hat es uns mit Vertrauen und Liebe geschenkt. Es ist nicht immer leicht, mit ungetrübter Ruhe die Ereignisse anzunehmen, und man steht dem Willen des Herrn oft sprachlos gegenüber! Es ist schwer, ihn zu begreifen. Dann muß man es also verstehen, sich seinem Heilsplan zu überlassen, selbst wenn uns dieser geheimnisvoll und dunkel erscheint. Seid bestrebt, euch in der Zeit, die ihr hier verbringt, Tag für Tag in der Güte, der Geduld und der geschwisterlichen Liebe zu erneuern. Bemüht euch, zu tun, was euch möglich ist, um einander nützlich zu sein und dem entgegenzukommen, was jeder braucht. Vor allem jedoch erfüllt eure Tage mit viel Gebet: betet für euch selbst, für eure Angehörigen, für die Notwendigkeiten der Kirche und für die ganze Menschheit.

Vergeßt nie, daß wir für die Ewigkeit geschaffen sind. Gott hat uns diese irdischen Tage als Übergang zum ewigen Dasein geschenkt: „Wir haben hier keine Stadt, die bestehen bleibt, sondern wir suchen die künftige" (*Hebr* 13,14), schrieb der Verfasser des Hebräerbriefes. Wenn der Gedanke an den Himmel das Leben des Christen begleitet, gibt er all seinen Plänen und Programmen Sinn und Antrieb und erfüllt ihn mit geistlicher Freude und großem apostolischem Eifer.

3. Zum Abschluß unserer Begegnung danke ich aus ganzem Herzen allen, die in diesem Altenheim tätig sind. Ich grüße euch alle sehr herzlich, wünsche euch Freude und Mut und versichere euch meines Gedenkens im Gebet. Ich empfehle euch alle dem mütterlichen Schutz Mariens, der Mutter der Menschheit. Mein besonderer Segen stärke euch. Er gilt allen Gästen dieses Hauses, ihren Angehörigen, den Ordensschwestern und all jenen, die sich dem Dienst an euch widmen.

Jeder hat ein Anrecht auf Arbeit

Ansprache bei der Begegnung mit Industrie- und Landarbeitern in Matera (Basilikata) am 27. April

Liebe Brüder und Schwestern!

1. Es ist mir eine Freude, euch, Männern und Frauen, welche die breitgestreute Arbeitswelt Lukaniens vertreten, begegnen zu können. Dieses Treffen bietet uns allen Gelegenheit, im Licht der Prinzipien der Soziallehre der Kirche und im klaren Wissen um eure konkreten Probleme über die vielschichtige Wirklichkeit der Arbeit in eurer Region nachzudenken.

Herzlich begrüße ich Erzbischof Michele Scandiffio von Acerenza, den Beauftragten der regionalen Bischofskonferenz für die Welt der Arbeit. Ich danke für die Grußworte, die er an mich gerichtet hat, und für das Aufzeigen der verschiedenen Initiativen, welche die Kirche in diesem Bereich ergriffen hat. Ferner begrüße ich die anwesenden Bischöfe und Behördenvertreter, die Vertreter der Unternehmer, der Arbeiter und der Landwirte, die das Wort ergriffen haben, um mir die Lage der Arbeit in eurer Region darzulegen und eure gemeinsamen Hoffnungen und Sorgen zum Ausdruck zu bringen.

Auch möchte ich die Forscher und Techniker begrüßen, die im Zentrum für Weltraumgeodäsie der Italienischen Raumforschungsbehörde - für die Koordinierung der Raumforschung in Italien verantwortlich - tätig sind. Ich möchte ihnen meine aufrichtige Bewunderung aussprechen für ihre Tätigkeit, einschließlich der Beobachtungen der Erde und der Umwelt, sowie die aufrichtigsten Wünsche, vor allem für die Durchführung der Forschungsprogramme, die fortgeschrittenste Grenzfragen im wissenschaftlichen und technologischen Bereich betreffen.

Mit dem Beginn und der Entwicklung der Industrialisierung vor allem der letzten Jahre und mit den neuesten Bemühungen um die industrielle Umschichtung hat sich in eurer Region eine wahre kulturelle Revolution vollzogen. Während die jungen Menschen in der Vergangenheit nur auf die landwirtschaftliche Arbeit vorbereitet wurden, haben sie sich nunmehr in kurzer Zeit eine bemerkenswerte „industrielle Kultur" angeeignet, und die ganze Gegend wurde mit modernen Infrastrukturen ausgestattet. Gleichzeitig jedoch traten neue Probleme und andersartige Erfordernisse an den Tag. Mit der Entwicklung der Gesellschaft stand die Kirche neuen Fragen gegenüber, die entsprechende pastorale Antworten forderten.

2. Obwohl die Kirche keine technischen, wirtschaftlichen und politischen Lösungen vorzuschlagen hat, kann sie konkreten Problemen nicht gleichgültig gegenüberstehen.

Trotz aller Aufmerksamkeit, die sie der transzendenten Dimension des Menschen schenkt, ist sie weit davon entfernt, sich von der Sorge um das irdische Schicksal derer ablenken zu lassen, die sich „im Schweiße des Angesichts" (vgl. *Gen* 3,19) das Lebensnotwendige verdienen müssen; diese Aufmerksamkeit weckt in ihr, ganz im Gegenteil, besondere Wachsamkeit und Sorge und veranlaßt sie, im Rahmen ihrer Sendung zur Lösung der verschiedenen Schwierigkeiten beizutragen, die sie direkt herausfordern. Alles, was den Menschen betrifft, berührt sie zutiefst. Auch die Arbeit.

Die Arbeit ist tatsächlich das vom Schöpfer gegebene Mittel, mit dessen Hilfe jeder sich selbst und seine Familie erhalten und seinen Brüdern und Schwestern dienen kann.

Jesus, zu unserer Erlösung in die Welt gekommen, wurde „in allem", ausgenommen die Sünde (*Hebr* 2,17), den Menschen gleich; er wurde für uns „Arbeiter", „Zimmermann" (vgl. *Mt* 13,55).

In Treue zu dem von ihrem göttlichen Meister empfangenen Auftrag verkündet die Kirche „grundsätzliche Überlegungen, Kriterien zur Beurteilung und Richtlinien

zum Handeln" (*Octogesima adveniens*, Nr. 4), von denen alle praktischen Lösungen ausgehen müssen. Die Welt der Arbeit erwartet auch, davon bin ich überzeugt, daß die Kirche nie auf diesen besonderen Dienst verzichte.
Auf dieser Linie liegt die heutige Begegnung, die im Rahmen des hundertjährigen Jubiläums der ersten großen Sozialenzyklika unserer Zeit, *Rerum novarum* von Leo XIII., von besonderer Bedeutung ist. Diese Enzyklika ist, wie bekannt, der in der damaligen Zeit recht dürftigen Lage der Arbeiter gewidmet.
Die zahlreichen Initiativen zu diesem Jubiläum, die in vielen Teilen der Welt auch außerhalb des kirchlichen Rahmens ergriffen wurden, rücken die Aktualität der Soziallehre der Kirche ins Licht und lassen die Gültigkeit und Notwendigkeit ihres Einsatzes für die Verteidigung und die Aufwertung der Arbeit und des Arbeiters klar in Erscheinung treten.
Die italienischen Bischöfe haben bereits in dem bekannten Dokument *Entwicklung und Solidarität: Die italienische Kirche und der Süden des Landes* (18.10.1989) ihre Stimme erhoben, mit dem sie die allgemein gültigen Grundsätze, Kriterien und Richtlinien der christlichen Lehre auf die konkrete Situation Italiens anwenden wollten.

3. Wie ich bei meiner Vorbereitung auf diesen Pastoralbesuch und jetzt, durch die Worte eurer verschiedenen Vertreter, feststellen konnte, weist die Lage der Arbeiter und der Arbeitnehmer in eurer Gegend verschiedene Licht- und Schattenseiten auf. Manchmal scheinen sogar die letzteren zu überwiegen.
Die Fortschritte in der Landwirtschaft - noch immer der wichtigste Zweig der Wirtschaft in eurer Region -, in der Industrie - in diesen Jahren auf der Suche nach umfangreichen neuen Investitionen - sowie im Handwerk sind ermutigend. Manchmal sind diese Fortschritte bescheiden, manchmal bedeutsamer, wie z.B. im Bereich der Landwirtschaft, wo eure lobenswerten technischen Fähigkeiten in modernsten Arbeitsmethoden zum Ausdruck kommen. Ihr stellt jedoch heute auch das Auftreten von Schwierigkeiten, Risiken und Unzulänglichkeiten fest, die eure Zukunft verunsichern. Dazu zählt nicht an letzter Stelle die schon feststellbare sowie die latente Bedrohung der Umwelt.
Die bisher erbrachten Leistungen beweisen jedoch, daß man mit gutem Willen, mit verantwortungsbewußter Aufmerksamkeit für die Personen, mit klugen unternehmerischen Tätigkeiten und der Anwendung einer Technologie, welche die Qualität der Umwelt und des Lebens schützt, immer ermutigendere Resultate erzielen kann. Es gibt daher keine Verurteilung zu Unterentwicklung, Arbeitslosigkeit und Ausgrenzung!
Eure Erde kann neben ihren natürlichen Reichtümern auch mit einem bemerkenswerten menschlichen Kapital rechnen, das unvergleichlich wichtiger ist als alle anderen Naturschätze.
Allen sind die Gaben des Fleißes, der christliche Sinn für Arbeit und Mühe und der Wille zum Fortschritt bekannt, die euch auszeichnen und aus euch ein unbeugsames und großzügiges Volk machen.

Gemeinsam mit den italienischen Bischöfen (vgl. *Entwicklung und Solidarität*, 38) möchte ich heute eine Botschaft der Hoffnung verkünden. Der Süden Italiens „trägt seinen großen menschlichen Reichtum und die Frische seines Geistes in sich" (*ebd.*).
Auf diesen Reichtum und diese Frische möchte ich hinweisen, euch selbst und alle, von denen hier und in anderen Regionen Italiens, in Europa und in aller Welt eure Entwicklung auf irgendeine Weise abhängt. Kein Teil der Menschheit ist von den anderen unabhängig. Auch wenn die Entscheidungen anderswo und vielleicht weit entfernt von euch getroffen werden, wirken sie sich schließlich in eurem täglichen Leben aus. Es ist daher eine Pflicht, euch nie zu vergessen.

4. Es handelt sich um ein Recht, das euch zusteht! Wenn man bedenkt, daß die Basilikata trotz der Bemühungen der örtlichen Politiker und Unternehmer sich, was die Arbeitsplätze betrifft, in einer heiklen Lage befindet; wenn man gezwungen ist, eine hohe Arbeitslosenzahl bei Erwachsenen und Jugendlichen festzustellen; wenn man in Betracht zieht, daß manche von ihnen sich vielleicht dem Pensionsalter nähern, ohne je eine ernstzunehmende Erfahrung der Arbeit und der Freude, die sie schenkt, gemacht zu haben (oder zumindest, ohne eine dauerhafte Arbeitserfahrung gemacht zu haben), dann muß mit Nachdruck betont werden, daß jeder Mann und jede Frau Anrecht auf eine Arbeit hat, die den nötigen Unterhalt für sich und die Familie gewährleistet. Es obliegt sicher der Kirche, auf diesem Recht zu bestehen (vgl. *Laborem exercens*, Nr. 16) und der ihr eigenen Kompetenz entsprechend zu einer Verwirklichung beizutragen; es ist jedoch Aufgabe der Verantwortlichen auf den verschiedenen Ebenen, dahin zu wirken, daß dieses Recht kein leeres Wort bleibe.
Die Schwierigkeiten sind zahlreich und scheinen manchmal unüberwindlich zu sein. Jedes Bemühen wird jedoch zu einem unentbehrlichen Element verpflichtender gegenseitiger Solidarität, in deren Rahmen die mehr Begüterten mit jenen teilen, die weniger oder gar nichts besitzen. Dazu verpflichtet die Achtung, die man jedem Menschen schuldig ist. Unterstützt wird diese Haltung durch den christlichen Glauben: Er verwehrt es den Glaubenden, Situationen dieser Art gleichgültig oder teilnahmslos gegenüberzustehen.
Rasche Hilfe in Notlagen ist nützlich und in manchen Fällen unerläßlich, kann jedoch nie umfassende und dauerhafte Lösungen ersetzen.
Die Bevölkerung der Basilikata benötigt nicht eine „verkrampfte, unselbständige und gelenkte" Entwicklung (vgl. *Entwicklung und Solidarität*, 12-13), sondern eine „selbst gewollte" und ganzheitliche (*ebd.*, 12); eine Entwicklung, die den Aufstieg in allen Bereichen fördert, gegründet auf die Hoffnung, daß alle betroffenen Gesellschaftsstrukturen mitwirken und für echte Solidarität offenstehen. Von der systematischen Unterstützung muß zur Suche nach neuen Formen des wirtschaftlichen Aufschwungs übergegangen werden, und dabei müssen die Strukturen der Zusammenarbeit, der Dienstleistungssektor und die sozialen Dienste entsprechend aufgewertet werden.

5. Liebe Brüder und Schwestern, die Träger der Entwicklung eures Gebietes seid vor allem ihr selbst.
Ich wiederhole, was ich schon bei anderen Gelegenheiten sagte (vgl. *Sollicitudo rei socialis*, Nr. 28): eine Entwicklung, die mehr auf das „Haben” als auf das „Sein” ausgerichtet ist, ist des Menschen unwürdig. Der sicher notwendige materielle Fortschritt allein ist nicht imstande, den Menschen voll und ganz zu befriedigen. Deshalb liegt es besonders an euch, den christlichen Arbeitnehmern, die Werte und Grundsätze des Evangeliums in eurem Wirkungsbereich zu verbreiten, damit die Welt der Produktion sich leichter für die Lehre der Kirche öffne und die Kirche selbst der Problematik der Beschäftigung größere und qualifiziertere Aufmerksamkeit schenke.
Tut alles euch Mögliche, um nie den Weg aus den Augen zu verlieren, der zum echten Fortschritt führt! Seid Protagonisten eures Geschicks und nehmt eure Zukunft in eure Hände, nehmt sie als Anliegen in euren Geist und eure Herzen auf.

6. Ich habe gesagt, in eure Hände, euren Geist und eure Herzen, weil es sich in erster Linie um euch selbst, um eure Lebensqualität und eure organisatorischen Fähigkeiten, um eure Wahl und eure Entscheidungen handelt.
Möge euch auf diesem Weg nie die Überzeugung verlassen, daß ihr Kinder Gottes seid, dazu berufen, durch die Arbeit die euch von der Vorsehung anvertraute Sendung zu verwirklichen.
Dann werdet ihr an die Probleme herantreten können, die euch heute ängstigen, und werdet in der Lage sein, sie zu lösen; ihr werdet die Möglichkeit haben, einen namhaften Beitrag zum wirtschaftlichen und sozialen Fortschritt in Italien, in Europa und in den verschiedenen Teilen der Welt zu leisten, die Ziele der Auswanderung so vieler eurer Mitbürger waren. Der vom Evangelium ausgehende Ansporn zur Solidarität wird euch veranlassen, aufmerksam auf die Nöte der Einwanderer zu blicken, die aus Ländern mit viel ernsteren Problemen zu euch gekommen sind, um eventuelle Unterhaltsquellen für sich und ihre Familien zu finden.
Von festem Vertrauen auf den Herrn und von der Tugend der christlichen Hoffnung erfüllt, vergeßt nie, Gott für die Gaben zu danken, die er euch Tag für Tag spendet, und ruft auf euch, auf eure Familien und auf eure tägliche Arbeit seinen Schutz herab.
Ich segne euch aus ganzem Herzen.

Christus - der „Held, der Rettung bringt”

Predigt in Matera (Basilikata) am 27. April

1. „Selig ist die, die geglaubt hat” (*Lk* 1,45).
Mit diesen Worten möchte ich gemeinsam mit euch die Mutter Gottes im Geheimnis ihres Besuches bei Elisabeth ehren. Ich möchte sie zugleich bitten, mit ihrem himm-

lischen Schutz diesen meinen Besuch bei euch, liebe Brüder und Schwestern, zu begleiten und ihn fruchtbar zu machen.
„Maria ging in das Haus des Zacharias und begrüßte Elisabeth" (vgl. *Lk* 1,40). Wenn ich in euer „Haus" komme, möchte auch ich meinen Pastoralbesuch mit dem Gruß im Namen des dreieinigen Gottes, im Namen des auferstandenen Christus und im Namen Marias, seiner und unserer Mutter beginnen.
Mein Gruß gilt vor allem eurem Erzbischof, meinem lieben Bruder Msgr. Ennio Appignanesi und der ganzen Priesterschaft, die unter seiner Führung dem Volk Gottes in dieser Stadt und in der ganzen Diözese dient.
Ich begrüße die anwesenden staatlichen und militärischen Autoritäten und bin ihnen dankbar für alles, was sie getan haben, um meine Pastoralreise nach Lukanien möglich zu machen und für ihren geordneten Ablauf zu sorgen.
Ich begrüße die männlichen und weiblichen Ordensgemeinschaften, die beim Apostolat und auf den Wegen der Evangelisierung mitarbeiten, die Säkularinstitute sowie die Mitglieder aller Laiengruppen, die für eine christliche Prägung ihrer Umwelt tätig sind, zumal die Katholische Aktion und alle Bewegungen, die in verschiedener Weise das Evangelium in jedem Bereich der Gesellschaft präsent machen: in der Welt der Arbeit und der verschiedenen Berufe, in Schule und Familie. Ein Gruß besonderer Wertschätzung und Verbundenheit gilt endlich den in der Erzdiözese lebenden kontemplativen Ordensgemeinschaften.
Euch allen, die ihr hier versammelt seid, um mit mir in dieser eindrucksvollen Liturgiefeier das eucharistische „Brot zu brechen" (vgl. *Apg* 2,42), gilt mein herzlicher und froher Gruß.

2. „Selig ist die, die geglaubt hat, daß sich erfüllt, was der Herr ihr sagen ließ."
Die beim Besuch gesprochenen Worte sind wie ein Echo der prophetischen Worte im Alten Bund.
Sie wurden von den Propheten gesprochen im Gedenken an die göttliche Verheißung des Anfangs, nach der Sünde der Stammeltern. Es sind Worte, die das Heil ankündigten, das von Gott kommt.
Der große Prophet Jesaja hat gesagt: „Ja, Gott ist meine Rettung; ihm will ich vertrauen und niemals verzagen. Denn meine Stärke und mein Lied ist der Herr. Er ist für mich zum Retter geworden" (*Jes* 12,2).
Die Jungfrau von Nazaret, Tochter Zion, Tochter Jerusalems, hat die Wahrheit dieser Worte stets gelebt. Ihre jungfräuliche Seele war für den Tag ihres Besuches bei Elisabeth vorbereitet.
Diese Worte sind Wirklichkeit geworden. Elisabeth zeigt das während des Besuches, wenn sie vom Geist erfüllt ausruft: „Gesegnet bist du mehr als alle anderen Frauen, und gesegnet ist die Frucht deines Leibes. Wer bin ich, daß die Mutter meines Herrn zu mir kommt?" (*Lk* 1,42-43). Wem verdanke ich das?

3. Nach ihrem Besuch bei Elisabeth geht Maria den begonnenen Weg des Glaubens weiter in Demut und Beharrlichkeit. Die Propheten des Alten Bundes und Gott selbst haben sie auf diesen Weg geführt.

Wir kennen die einzelnen Abschnitte dieses Weges: die Weihnachtsnacht in Betlehem, die Darstellung im Tempel, die Ankunft der Weisen aus dem Morgenland und die Flucht nach Ägypten wegen der Grausamkeit des Herodes. Dann die Rückkehr nach Nazaret und die Jahre des verborgenen Lebens.
Danach begann Jesus seine messianische Wirksamkeit. Das, was er tat und lehrte, wird durch eine weitere Weissagung des Jesaja bestätigt:
„Ihr werdet Wasser schöpfen voll Freude aus den Quellen des Heils ... Jauchzt und jubelt, ihr Bewohner von Zion; denn groß ist in eurer Mitte der Heilige Israels" (*Jes* 12,3.6).

4. Es kam dann freilich der Tag, da „der Heilige Israels" angeklagt, als schuldig erklärt und zum Tod am Kreuz verurteilt wurde.
Maria, die Tochter Zion, die Mutter Christi, die ständig auf dem Weg des Glaubens ging, gelangte an den Fuß des Kreuzes auf Golgota, wo sie nach den Worten des Konzils „nicht ohne göttliche Absicht stand" (*Lumen Gentium*, Nr. 58).
Woher hatte Maria die innere Kraft, den Todeskampf und den schmachvollen Tod ihres Sohnes zu ertragen?
Vielleicht haben sich gerade damals die Worte des Propheten Zefanja erfüllt:
„An jenem Tag wird man zu Jerusalem sagen: Fürchte dich nicht, Zion! Laß die Hände nicht sinken! Der Herr, dein Gott, ist in deiner Mitte, ein Held, der Rettung bringt. Er freut sich und jubelt über dich, er erneuert seine Liebe zu dir, er jubelt über dich und frohlockt, wie man frohlockt an einem Festtag" (*Zef* 3,16-17).
Niemand hätte vermuten können, daß sich in der Stunde, da Christus am Kreuze starb, die Worte des Propheten erfüllten. Wie konnte man im Gekreuzigten einen „Held, der Rettung bringt" sehen, da er doch von allem entblößt und bis zum Tod gehorsam geworden war? Und doch haben sich gerade da diese Worte erfüllt, und die Stunde der Offenbarung der Macht Gottes war gekommen.

5. Die Kirche lebt jetzt in der Osterzeit. Gemeinsam mit der Mutter Gottes sind wir Zeugen der Auferstehung. Der „Held, der Rettung bringt", hat sich in Wahrheit geoffenbart, um seine unendliche und ewige Liebe zum Menschen zu zeigen. So hat die Kirche am Ostertag ihren Freudenruf erhoben: „Selig ist die, die geglaubt hat, daß sich erfüllt, was der Herr ihr sagen ließ".
Selig bist du, Maria! Freue dich!
Die Worte der Propheten haben sich in dir erfüllt: „Der Mächtige hat Großes an mir getan, und sein Name ist heilig ... Er vollbringt mit seinem Arm machtvolle Taten" (*Lk* 1,49.51).
Die österliche Kirche freut sich gemeinsam mit Maria. Gemeinsam mit ihr betet sie den auferstandenen Herrn an, der „auf die Niedrigkeit seiner Magd geschaut hat und sich von Geschlecht zu Geschlecht erbarmt (vgl. *Lk* 1,48.50).

6. Wir sind die österliche Kirche, die sich gemeinsam mit der Tochter Zion, gemeinsam mit der Himmelskönigin freut.
Wir sind die am Kreuz Christi und aus seiner Auferstehung geborene Kirche, geboren in der Kraft des Heiligen Geistes.

Für uns gelten die Worte des Propheten: „Preist den Herrn; denn herrliche Taten hat er vollbracht" (*Jes* 12,5). So singen wir gemeinsam mit Maria; und zugleich vereinigen wir uns mit ihr auf dem Weg des Glaubens, der uns von Geschlecht zu Geschlecht führt und erleuchtet. Und wir nehmen seine österliche Aufforderung an: „Macht seine Taten unter den Völkern bekannt, verkündet: Sein Name ist groß und erhaben" (*Jes* 12,4).

Kirche von Matera, geboren aus dem Kreuze Christi und seiner Auferstehung, mach auch du „unter den Völkern" die Großtaten des Herrn bekannt. Ahme die Jungfrau nach bei ihrem Besuch bei Elisabeth; ahme sie nach in ihrer Treue zur Frohen Botschaft und im Dienst für die Armen:

Nimm mit Freude das Leben als Gabe Gottes an, von seinem Anfang bis zu seinem Ende. Im Kind wie im Greis offenbart sich ja das gleiche Geheimnis der Liebe und erfüllt sich die gleiche Absicht Gottes.

Öffne dein Herz den Leidenden. Im Elenden und Verlassenen, im Letzten und in dem an den Rand Gedrängten begegnest du Christus, dem übernatürlichen Weg der echten Erneuerung des Herzens.

Gehe deinen Weg voll Vertrauen zusammen mit Maria, der Madonna der Bruna. Schreite mit ihr voran auf den Wegen der Liebe; verkünde mit ihr das Evangelium, die Wahrheit ewigen Heiles in einer neuen und kraftvollen Evangelisierung.

Bei ihr findest du in Stunden der Prüfung und Müdigkeit Zuflucht; bei ihr findest du in den Tagen der Mühsal und des Zweifels den Halt und die Stütze einer Mutter.

Laß' Maria, die Madonna der Bruna, deine Mutter sein. Ihr vertraue ich deine Hoffnungen und Wünsche an.

Schöpfe vertrauensvoll aus dem Geheimnis ihres Glaubens, mache dir den Plan ihrer Liebe zu eigen.

Ja, die Kirche macht sich den Glauben der Mutter Gottes zu eigen und möchte die Wundertaten Gottes allen bekannt machen, damit alle zu den Wassern des Heiles Zugang finden und sie mit Freude genießen können. Amen, Amen!

Führe alle zum Glauben

Weihe der Stadt Matera und der Diözese Matera an die Mutter Gottes am 27. April

Glorreiche und gebenedeite Jungfrau, erhabene Mutter Gottes, heilige Maria, wende dein Antlitz dieser Diözesangemeinschaft zu. Aufgefordert durch die Worte deines Sohnes Jesus am Kreuz: „Siehe, deine Mutter" (*Joh* 19,27), möchte sie sich deinem himmlischen Schutz anvertrauen. Diese Diözese der Heimsuchung und des Magnifikat hat seit den ältesten Zeiten dein ständiges mütterliches Wohlwollen bezeugt, und die Stadt hat sich den Titel „Stadt Mariens" gegeben.

Nun aber, Mutter der Kirche und unsere Mutter, weiht diese Gemeinschaft sich dir und opfert dir auf: die Unschuld der Kinder, die Hochherzigkeit und die Begeisterung der Jugend, die Leiden der Kranken und die Einsamkeit der Alten, die Mühsal

der Arbeiter und die Ängste der Arbeitslosen, die Liebe, die in den Familien geübt wird.
Blicke, du Mutter, auf alle, die nach dem Sinn ihres Daseins suchen, auf die Reue aller, die sich in der Sünde verloren haben, auf die Anliegen und Hoffnungen aller, die die Liebe des Vaters suchen und in ihr leben, auf die Treue und Hingabe der Priester, auf die Gebete und den Dienst der Ordensschwestern und den Eifer aller, die im Apostolat und in den Werken der Barmherzigkeit eifrig tätig sind.
Du selige Jungfrau, „die dem Wort des Herrn geglaubt hat" (vgl. *Lk* 1,45), mache uns zu mutigen Zeugen Christi: laß unsere Liebe echt sein, um die Ungläubigen zum Glauben zu führen und alle zu erreichen. Gewähre, Maria, der bürgerlichen Gemeinde Fortschritt in Solidarität und Gerechtigkeit und laß sie ständig in der Brüderlichkeit wachsen. Hilf uns, immer weiter zu hoffen, bis wir die ewige Erfüllung im Himmel finden.
Heilige Jungfrau, wir weihen uns dir und rufen dich an: Hilf der Kirche von Matera-Irsina, bei all ihren Entscheidungen das Evangelium zu bezeugen, zum Aufbau des Reiches Jesu Christi, der lebt und herrscht in alle Ewigkeit. Amen.

Alle Gesellschaftsschichten müssen zusammenarbeiten

Ansprache bei dem Zusammentreffen mit Politikern und Verwaltungsbeamten in Potenza (Basilikata) am 28. April

Sehr geehrte Herren!

1. Mit großer Freude treffe ich mit Ihnen, den Verwaltungsbeamten dieser Stadt, der Gemeinden und der Region zusammen. Ich danke dem Herrn für diese Versammlung, die im Rahmen meines Pastoralbesuchs in der Basilikata stattfindet.
Meine herzlichen Grüße richte ich an den Herrn Bürgermeister von Potenza, an die Präsidenten der Region und der Provinzen, an die Parlamentarier und an alle diejenigen, die zu Vertretern im staatlichen Verwaltungswesen gewählt worden sind. Ihnen allen gilt mein aufrichtiger Dank für ihre Bereitschaft, bei der heutigen Veranstaltung anwesend zu sein.
Ich danke dem Herrn Abgeordneten Emilio Colombo für seine freundlichen Begrüßungsworte und dem Herrn Präsidenten der Region, der die gemeinsame Gesinnung zum Ausdruck gebracht hat. Möge Ihnen allen innere Ruhe und Frieden beschieden sein. Ich hoffe von Herzen, daß jede Ihrer Initiativen in allen Gemeinschaften, für die Sie auf verschiedene Arten verantwortlich sind, stets einen Beitrag zur Förderung einer integralen, reichen und menschlichen Entwicklung sein möge. Mit den wirtschaftlichen Anforderungen möge die echte Realität und „Berufung des Menschen in seiner gesamten Existenz", die sich mißt an „einer Art von Maßstab, der ihm selbst innewohnt" (*Sollicitudo rei socialis*, Nr. 29), nicht außer acht gelassen, sondern hervorgehoben werden.

2. Ihre Region ist in diesen Jahren einen weiten Weg gegangen, mit dem Ziel, neue Lebensformen anzustreben und Verhältnisse der Armut und der Unzulänglichkeit zu überwinden.
Wenn auch einerseits das Erdbeben von 1980 das ganze Gebiet einer harten Prüfung unterzogen hat, so haben Sie während der Wiederaufbauarbeiten für das umfangreiche, von koordinierten Maßnahmen gegenüber den dringenden Bedürfnissen der Bevölkerung gekennzeichnete Wiederaufleben eine führende Rolle gespielt. Wie Sie bereits unterstrichen haben, muß diese Arbeit sowohl auf materieller als auch auf moralischer Ebene fortgesetzt werden, um die regionale Wirtschaft, zum Wohl eines jeden Bürgers, noch ertragreicher zu machen.
Dies setzt natürlich eine sorgfältige Planung voraus, und zwar nicht nur zum Bau von Häusern und Strukturen, sondern auch um den Abstand zu verringern, der leider zwischen der Basilikata und dem übrigen Teil des Landes, besonders hinsichtlich der Beschäftigungsquote besteht. Zu diesem Zweck ist es notwendig, neue Berufsmöglichkeiten zu schaffen, fähig, die hilfsbedürftige und abhängige Wirtschaft in eine echte Triebkraft der Entwicklung zu verwandeln, so daß die Leistungsfähigkeit der Bevölkerung und der Region voll zur Geltung kommt.

3. Dies ist ein Programm, das natürlich nicht nur Sie und die Initiativen, die Sie in die Tat umsetzen werden, betrifft. Es verlangt die aktive und verantwortungsvolle Bereitschaft, Zusammenarbeit und Beteiligung aller Gesellschaftsschichten. Es muß gelingen, die Unruhen, die ihren Ursprung in atavistischen Ängsten und Mißtrauen haben, zu beseitigen. Notwendigerweise muß sachlichen Modernisierungsvorschlägen und der rationalen Aufwertung der verschiedenen beruflichen Aktivitäten Platz gemacht werden.
Von großer Hilfe für Ihre Bemühungen können die Hinweise auf die Solidarität sein, die die Soziallehre der Kirche fortwährend bekräftigt, so daß wirkungsvolle Ergebnisse erzielt und der gesamten lukanischen Gemeinschaft Hoffnung gegeben werden kann. Bisher sind bemerkenswerte Ziele verwirklicht worden: die Isolierung der Region und besonders das Übel des Analphabetentums sind praktisch verschwunden; in der Landwirtschaft vollzieht sich ein zügiger Wandlungs- und Modernisierungsprozeß; die Emigration ist nicht mehr die einzige Alternative, der Arbeitslosigkeit zu entkommen. Auch wenn vieles noch zu tun bleibt, so entspricht es doch der Wahrheit, daß die in die Tat umgesetzte Wandlung, die die Mentalität der Bevölkerung betrifft und alle zu größerer Hilfsbereitschaft veranlaßt, ein hoffnungsvoller Antrieb ist, in dieser Richtung weiterzugehen. Die Herausforderungen sind weiterhin zahlreich und dringend, aber im Bewußtsein wächst das Verlangen nach Gerechtigkeit, nach Transparenz und erprobter Kompetenz. All dies erfordert von Ihnen als Politiker und Verwaltungsbeamte ein klares und konsequentes Beispiel und eine großzügige und kontinuierliche Dienstleistung.

4. Wenn man in den Strukturen, in den Organen der Mitbeteiligung und den Institutionen eine positive Entwicklung beobachten kann, so läßt sich daraus schließen, daß der Gemeinschaftssinn der Menschen Fortschritte macht, während sich ein

ständig klareres Bewußtsein und starkes moralisches Empfinden gegenüber dem sozialen Engagement festigt. Dies weist auch darauf hin, daß heute das Recht und die Pflicht der „Mitsprache" eher verstanden wird, und somit das Ziel einer politischen, rechtlichen und wirtschaftlichen Ordnung zur besseren Verteidigung der menschlichen Person erreicht werden kann. Die Wahrung der Menschenrechte ist nicht ausschließlich Ihre Aufgabe, sondern die aller, um den Bürgern, sowohl dem einzelnen als auch den in Gruppen und Verbänden vereinten, das Recht zur aktiven Teilnahme am Leben und an der Verwaltung des Staates zu sichern (vgl. *Gaudium et spes*, Nr. 73). Dieser Schutz ermöglicht es, noch größere Verantwortung in der Organisation des Gemeinschaftslebens auf sich zu nehmen und auf angemessene Weise an der Realisierung des Gemeinwohls mitzuwirken.
Es ist offensichtlich, wie sehr all dies zur Würde des einzelnen und der Familie, der primären Zelle der Gesellschaft, beiträgt; außerdem ist bekannt, wie sehr dadurch die Art der Beziehungen zwischen den Bürgern und denjenigen, die zur Ausübung der Staatsgewalt berufen sind, beeinflußt wird.
Sehr geehrte Herren, ich fordere Sie auf, den Ihnen anvertrauten Auftrag mit Hochherzigkeit auszuüben, und möge es Ihnen im Bewußtsein Ihrer Verantwortung gelingen, jede Schwierigkeit mutig zu überwinden, und vor allem sich von den Fesseln zu befreien, die es Ihnen verwehren könnten, die Berufung des Politikers und des Verwalters voll auszuüben.

5. Wer im öffentlichen Dienst tätig ist, muß gegenüber jenen negativen Situationen wachsam sein, die ich in der Enzyklika *Sollicitudo rei socialis* in einer allgemeinen Definition „Strukturen der Sünde" (vgl. Nr. 36) genannt habe. In gewisser Weise sind sie die Summe der Faktoren, die gegen die Verwirklichung des Gemeinwohls und gegen die Achtung der menschlichen Würde arbeiten. Man erliegt jenen Versuchungen, wenn man z.B. ausschließlich seine eigenen Vorteile oder die einer Gruppe wahrnimmt, anstatt an die Interessen aller zu denken; wenn die Gesetze der Klientelenwirtschaft die Gewährleistung der Verwaltungsjustiz unterdrücken; wenn ein übermäßiger Hang zur Macht das tatsächliche Nachrücken der jungen Generationen verhindert; wenn die Parteien, von ihren eigenen Interessen gefangengehalten, jeder Art von Zusammenarbeit ausweichen und somit das notwendige Heranreifen einer Gemeinschaftsmentalität nicht fördern.
Seien diese Gefahren weit von Ihnen entfernt und sei hingegen die Vertrauensbeziehung, die Sie mit der Bevölkerung verbindet, der Sie mit Kompetenz und hohem Pflichtbewußtsein dienen sollen, um so enger. Dies verlangt von Ihnen Ihre Aufgabe als Diener des Staates; dies verlangt von Ihnen auch der christliche Glaube, nach dem viele unter Ihnen ihr Leben ausrichten. Ich fordere Sie mit Nachdruck auf, jener edlen Tradition folgend, die Ihre Heimat kennzeichnet, all die menschlichen und christlichen Tugenden, die Teil ihres ideellen und geistlichen Erbes sind, immer und in vollem Maße auszuwerten. An den Quellen Ihrer Kultur, zutiefst durch den Sauerteig des Evangeliums bereichert, werden Sie stets den begeisterten Einsatz und den freudigen Dienst am Nächsten neu beleben können. Mögen die Worte Christi: „Denn auch der Menschensohn ist nicht gekommen, um sich dienen zu lassen, son-

dern um zu dienen" (*Mt* 20,28), ein deutliches Echo finden. Jesus von Nazaret, das Beispiel des treuen Dieners, der sein Leben für seine Freunde hingegeben hat, kann in Ihnen die Fähigkeit wecken, „welche die Kräfte aller Bürger auf das Gemeinwohl lenkt, nicht bloß durch die Automatismen des Institutionellen oder durch brutale Gewalt, sondern vor allem als moralische Macht, die sich stützt auf die Freiheit und auf das Bewußtsein einer übernommenen Verantwortung" (*Gaudium et spes*, Nr. 74).
Möge die Wahrheit des Evangeliums, die in dieser liturgischen Zeit von der Osterfreude durchstrahlt ist, Sie in allen Tätigkeiten leiten; möge Ihr Gewissen, durch das Wort Christi belebt, Sie zu Boten der Wahrheit und Dienern der Liebe machen. So werden Sie Urheber des Friedens und einer harmonischen, integralen Entwicklung in der gesamten Region sein.
Mit diesen Wünschen erteile ich Ihnen, die Sie hier anwesend sind, Ihren Familien, Ihren Mitarbeitern und den Ihnen anvertrauten Gemeinschaften meinen Apostolischen Segen.

Sich der Wahrheit verpflichten, die uns wirklich frei macht

Ansprache an die Universität von Potenza (Basilikata) am 28. April

1. Sehr geehrter Herr Rektor, liebe Professoren, Dozenten und Studenten dieser akademischen Gemeinschaft!
Ich danke von Herzen für die an mich gerichteten Worte und für die Einladung, die erste Zehnjahresfeier der Universität der Basilikata einzuleiten.
Herzlich begrüße ich die Dozenten der Universität, die hier anwesenden bürgerlichen Autoritäten, die Verantwortlichen der Grundschulen und weiterführenden Schulen und alle, die Interesse an dieser Einrichtung und ihrer Sendung in der lukanischen Region, an der Entwicklung und dem Wachstum dieser Universität bekunden.
Ich freue mich, hier bei euch zu sein, um Einblick in die interessante Forschungsarbeit zu gewinnen, die euch alle einbezieht. Mit Anerkennung würdige ich die von eurer Universität in den vergangenen zehn Lebensjahren erworbenen Verdienste und blicke gemeinsam mit euch einer Zukunft entgegen, von der ich wünsche, sie möge fruchtbar werden.

2. Die neue Entwicklung, nach der das lukanische Volk strebt, hat in dieser Einrichtung eine ihrer eindrucksvollsten Symbole, und sie ist das ausgezeichnetste Mittel zur Analyse und zur Reflexion.
In diesem Jahrzehnt hat sich die Universität mit der Dynamik der örtlichen Einrichtungen zusammengetan und sich als Infrastruktur in der Region vorrangig gezeigt hinsichtlich ihrer Aufmerksamkeit und ihres Respekts vor der Zivilisation und Kultur der Menschen in der Basilikata.

Die Entscheidung für die nunmehr eingerichteten vier Fakultäten entspricht den Erfordernissen und Bedürfnissen der Region.

3. Zahlreich sind jedoch auch ihre Probleme. Sie beziehen sich auf kulturelle Inhalte, auf die Strukturen, auf ihre Autonomie und die notwendige Beziehung zur Gemeinschaft und zu den Arbeitstätigkeiten.
Das wesentliche Ziel bleibt das der Vorbereitung tüchtiger Fachkräfte, die, zur Erforschung und Kenntnis der wahren menschlichen und sozialen Werte herangebildet, hochherzig und kompetent bereit sind, den Weg und den wahren Fortschritt der Gesellschaft zu fördern.

4. Selbstverständlich widmet sich die Universität der Kultur in ihrer bewußtesten und aktivsten Form. Sie hat daher eine natürliche und wesentliche Beziehung zum Menschen. Kulturelle Forschung als ausgesprochener Vermenschlichungsprozeß bezieht alle Realitäten ein, von der Person bis zur Gemeinschaft, von der Natur bis zur Technik, von den Sozialstrukturen bis zu den Institutionen, in der Absicht, sie stets menschlicher zu gestalten, das heißt, mehr der Würde und der Freiheit des Menschen angepaßt.
Infolgedessen stellt der Mensch den Grundwert dar, welcher der Universitätstätigkeit Bedeutung verleiht: der konkrete Mensch als Person und die Gemeinschaft, insofern sie von Menschen gebildet wird, von freien Menschen, die dem Recht unterliegen und nicht von unterdrückenden Strukturen gefesselt werden, Menschen, die ein vollständiges und solidarisches wahres Wachstum anstreben.

5. Unsere Zeit zeichnet sich oft durch einen zweideutigen Humanismus aus, der von inneren Spannungen zerrissen ist. Sie reichen von der Vergötterung des Menschen bis zu seiner Verachtung. Es ist ein Humanismus, der den Menschen als einzigen Schöpfer und Demiurg der Geschichte und als Mittelpunkt der Welt betrachtet (vgl. *Gaudium et spes*, Nr. 20). Gott wird hierbei zuweilen wie ein Rivale betrachtet, der ausgeschaltet werden muß oder verkannt wird.
Das Ergebnis und die Folge eines solchen Humanismus ist eine Kultur, die zum moralischen und körperlichen Tod des Menschen führt. Eine Kultur, die Gewalt, Aggression und Unterwerfung des anderen, der als Gegner oder Hindernis angesehen wird, rechtfertigt und verherrlicht. Wird nicht in einer solchen Kultur die Ausschaltung von menschlichem Leben noch vor der Geburt als gesetzlich möglich betrachtet? Und wird es nicht in einer solchen Kultur für rechtmäßig gehalten, das natürliche Ende des Menschen zu beschleunigen?

6. Die Kultur, die aus dem christlichen Humanismus hervorgeht, spricht hingegen auf andere Weise vom Menschen. Sie hält mit ihm Zwiesprache, liebt ihn und dient ihm, denn „der Ruhm Gottes ist der lebendige Mensch, und das Leben des Menschen ist es, das Gott im Blick hat" (hl. Irenäus, *Adversus haereses*, L. 4,20).
Gott die Ehre geben heißt auch, die Würde des Menschen fördern und verteidigen. Jesus Christus, gekreuzigt und auferstanden, ist der Erstgeborene einer neuen Menschheit, und in sein Geheimnis fügt sich die von der Vorsehung gewollte Soli-

darität des himmlischen Vaters mit dem Menschen, mit jedem Menschen und insbesondere dem schwachen, armen und leidenden Menschen ein (vgl. *Mt* 25,35). Mit Christus steht der Mensch nicht am Rand, sondern in der Mitte, neben Gott selbst.

7. Aus dem Evangelium geht eine Anschauung vom Menschen hervor, deren Hauptlinien das „Vater unser" zeichnet. Es ist ein Bild vom Menschen - des Einzelmenschen, wie der Gemeinschaft -, der dem Dialog mit Gott, dem Vater, und mit den Brüdern nicht verschlossen, sondern offen ist.
Angenommen, es gäbe nach der menschlichen Ordnung für die Person keinen rechtlich geschützten Bereich, dann würde schon allein diese freie Anrede an den Vater ausreichen, um eine solidarische Beziehung zwischen den Menschen herzustellen; sie würde jeden dazu anleiten, ein alle verbindendes Band der Brüderlichkeit anzuerkennen. Es hat seinen Grund in dem väterlichen Bild des Schöpfers der gesamten Menschheit.

8. Müßte die streng wissenschaftliche Forschung, das bewußte Erforschen des Wirklichen nicht darauf ausgerichtet sein, diese gemeinsamen Wurzeln, die die Menschen zu Brüdern machen, tiefer zu ergründen?
Ja, sie ist dazu berufen, sich der wahren Weisheit zu öffnen, das heißt zur konstanten und verpflichtenden Aufnahme jener Wahrheit, die uns frei macht und dem Leben und der Geschichte einen Sinn gibt. Jene Wahrheit, die für die anderen das Herz öffnet und die sich in gegenseitige Solidarität umsetzt. Die Wahrheit, die sich auch in interdisziplinärer Zusammenarbeit und wissenschaftlichem Einsatz ausdrückt, welche vorrangige Mittel im Dienst am Menschen und der gesamten Gemeinschaft geworden sind.

9. Nicht nur die Universität, sondern die Schule insgesamt trägt also dazu bei, den Weg für die integrale Eigenentwicklung eurer Region abzustecken. Dies ist ein vorrangiges Ziel, das all denen am Herzen liegt, die eine bessere Zukunft für euer Land vorbereiten wollen.
Nachdem die traurige Plage des Analphabetismus beseitigt ist, wird nun jedem Bürger die Möglichkeit zu einer Grundausbildung angeboten. In eurer Region gibt es auch die verschiedenen Formen der höheren Schulen, und deren Schülerzahl ist angestiegen. Das Recht der Menschen auf Erziehung „kraft ihrer Personenwürde" (*Gravissimum educationis*, Nr. 1), verlangt Erziehungsprogramme, die der kulturellen Entwicklung beständig angepaßt werden und sich nach dem Weg richten, der sich den Jugendlichen in der nächsten Zukunft auftut. Europa - das wissen wir - wird den Jugendlichen gehören; doch den Jugendlichen, die fähig sind, darin zu leben und zu arbeiten. Die Rolle der Schule zeigt sich also, gemeinsam mit den anderen Einrichtungen und Erziehungsformen, ganz klar und entscheidend. Es muß ein konkretes Bild von ihr entworfen werden, das ihre Ziele beleuchtet, ausgehend von der Überzeugung, daß sie gleichsam der Mittelpunkt ist, in welchem zahlreiche persönliche und soziale Verantwortlichkeiten zusammentreffen sollen.
Im Rahmen des demokratischen Zusammenlebens ist für eine Schulordnung, die für alle offen ist, ein Klima echter Freiheit erforderlich. Es darf niemals die Aufnahme

und Achtung der grundsätzlichen Werte verletzen, die die notwendigen Bezugspunkte für jedes Menschenleben bilden.

10. So wird die Schule auf ihre Weise wahre Menschlichkeit vermitteln können. Sie wird zu einem Werkzeug werden können, von der Vorsehung dazu bestimmt, die Begegnung mit der Botschaft des Evangeliums zu ermöglichen, das stets von der Kirche gepredigt wird und „dessen Grundsätze ein Teil vom geschichtlichen Erbe des italienischen Volkes sind" (*Acc. di Mod. del Conc. Lat.* art. 9 c. 2). In der Schule wird denen, die schon ein religiöses Leben führen, ein wachsendes Bewußtsein ihrer Glaubenserfahrung angeboten werden können, und denen, die auf der Suche danach sind, wird ein erster Einblick in die christliche Lehre und ein erster Kontakt mit dem christlichen Leben ermöglicht.

Die Erneuerung der Kultur ist für unsere Zeit ein entscheidendes und dringliches Unternehmen; doch damit dies zur erwünschten Erneuerung der Gesellschaft führt, muß die Kraft der Botschaft Christi, des Erlösers des Menschen, stets lebendig sein (vgl. *Insegnamenti*, IX,1986,S.1379).

Mit diesen Gedanken rufe ich auf alle Anwesenden den Schutz des allmächtigen Gottes, der Quelle aller Weisheit, herab. Ich bitte ihn, diese Universität möge zu einer wahren kulturellen und moralischen Förderung für alle jene werden, die, ihrer Würde und ihrer Aufgaben bewußt, aktiv am Sozialleben, am kulturellen Weg und an der wirtschaftlichen und politischen Entwicklung der Region teilhaben möchten.

Der Segen, den ich allen von Herzen erteile, beschenke euch mit himmlischen Gaben.

Das Kreuz ist Quelle der Vergebung

Predigt bei der Eucharistiefeier in Potenza (Basilikata) am 28. April

1. „Herr Jesus, lehre uns die Schrift kennen" (*Vers zum Evangelium*, vgl. *Lk* 24,32).

Die Kirche bereitet für uns den Tisch des Wortes Gottes. Sie tut das Tag für Tag und ganz besonders jeden Sonntag. Heute bittet sie inständig den auferstandenen Christus: Lehre uns die Heilige Schrift kennen und laß unser Herz sich entzünden, während du zu uns sprichst!

Mein brüderlicher Gruß gilt in erster Linie dem geliebten Erzbischof Giuseppe Vairo von Potenza. Ich danke ihm für den freundlichen Willkommensgruß, den er im Namen der kirchlichen Gemeinden der ganzen Region an mich gerichtet hat. Ich danke den Bischöfen, die an dieser feierlichen eucharistischen Konzelebration teilnehmen. Mit ihnen grüße ich alle kirchlichen Gemeinschaften der Basilikata: Potenza-Muro Lucano, Marsico Nuovo, Matera, Acerenza, Melfi, Rapolla-Venosa-Tricarico, Tursi-Lagonegro. Mein respektvoller Gruß gilt den anwesenden Behördenvertretern sowie allen, die zum guten Erfolg meines Pastoralbesuches beigetragen haben. Ich begrüße euch, die Priester, Ordensleute und Laien, die ihr lebendige Glieder des christlichen Volkes seid, von Gott dazu berufen, für die Auferstehung

des Herrn Zeugnis abzulegen und sie zu verkünden. Ganz besonders gedenke ich euer, liebe Kranke, die ihr zutiefst mit dem Ostergeheimnis verbunden seid, sowie euer, junge Menschen der Basilikata, auf denen die Hoffnungen der Kirche und der Gesellschaft ruhen.
Herr, lehre uns die Schriften kennen, und laß unser Herz brennen, wenn du zu uns sprichst!
So beten wir heute, in der „Piana di Tito" zur Eucharistiefeier versammelt. Alle haben wir ein tieferes Verständnis des Wortes Gottes nötig, damit die eucharistische Speise, die wir empfangen, in uns eine immer lebendigere Teilnahme am göttlichen Leben bewirke.
Mögen uns auf diesem Weg die Jünger von Emmaus führen. Sie hörten die Worte Jesu und erkannten ihn, „als er das Brot brach" (*Lk* 24,35). Als Christus, den sie sahen, ohne ihn zu erkennen, ihren Blicken entschwand, sagten sie zueinander: „Brannte uns nicht das Herz in der Brust, als er unterwegs mit uns redete und uns den Sinn der Schrift erschloß?" (*Lk* 24,32).

2. Was sich auf der Straße nach Emmaus ereignet hat, setzte sich im Abendmahlssaal in Jerusalem fort. Christus selbst erscheint inmitten der Apostel und begrüßt sie: „Friede sei mit euch!" Und später wiederholt er, was er auf dem Weg nach Emmaus gesagt hat. Er erinnert die Apostel an das, was er vor seinem Leiden, als er noch bei ihnen weilte, mehrmals vorhergesagt hatte (vgl. *Lk* 24,24). Tatsächlich heißt es „im Gesetz des Mose, bei den Propheten und in den Psalmen ... Der Messias wird leiden und am dritten Tag von den Toten auferstehen" (*Lk* 24,44.46).
All das hat sich verwirklicht, und sie betrachten diese Tatsache. Dennoch handelt es sich um etwas so Unglaubliches, so Unwahrscheinliches, das jede menschliche Fassungskraft übersteigt: es übersteigt die Wahrnehmungskraft der Augen und der Vernunft!
Aus diesem Grund sind die Apostel erschrocken, und ihre Freude ist mit Mißtrauen gepaart; sie sind fast der Meinung, sie sähen „einen Geist" (*Lk* 24,37).
Christus zeigt seine Hände und Füße und sagt zu ihnen wie zu Thomas: „Seht meine Hände und meine Füße ... Kein Geist hat Fleisch und Knochen, wie ihr es bei mir seht" (*Lk* 24,39). Um sie noch mehr zu überzeugen, bittet er sie um etwas zu essen. Er nimmt es und verzehrt es vor den verblüfften Jüngern (vgl. *Lk* 24,41-42).

3. Wir wissen, wie notwendig die vierzig Tage nach der Auferstehung waren, damit die Apostel, nun restlos von ihrem Glauben überzeugt, zu dessen Zeugen würden.
Das Prophetenwort über den Messias mußte notwendigerweise zum konkreten Anblick des Auferstandenen hinzukommen. Diese ungewöhnliche österliche Katechese erteilte Christus selbst. Er stand vor den Aposteln wie ein lebendiger Schlüssel zum Verständnis des geoffenbarten Wortes. Er kündigte ihnen nicht nur den Pfingsttag an, an dem sie den Heiligen Geist empfangen würden, sondern bereitete selbst den Boden für dessen göttliches Zeugnis vor: „Er [wird] Zeugnis für mich ablegen. Und auch ihr sollt Zeugnis ablegen, weil ihr von Anfang an bei mir seid" (*Joh* 15,26-27). Nicht nur „vom Anfang" der messianischen Verkündigung des

Evangeliums, sondern auch vom „Neubeginn", vom Osterfest Christi an: von Kreuz und Auferstehung an.
Ja, „wunderbar handelt der Herr an den Frommen" (*Ps* 4,4).

4. Die Lesung aus der Apostelgeschichte zeigt uns bereits das Zeugnis, das die Apostel nach der Herabkunft des Heiligen Geistes gaben. Hören wir auf Simon Petrus, der am Pfingsttag zum versammelten Volk spricht: „Der Gott Abrahams, Isaaks und Jakobs, der Gott unserer Väter, hat seinen Knecht Jesus verherrlicht, den ihr verraten ... habt ... Den Urheber des Lebens habt ihr getötet, aber Gott hat ihn von den Toten auferweckt. Dafür sind wir Zeugen ... Nun, Brüder, ich weiß, ihr habt aus Unwissenheit gehandelt, ebenso wie eure Führer. Gott aber hat auf diese Weise erfüllt, was er durch den Mund aller Propheten im voraus verkündigt hat: daß sein Messias leiden werde" (*Apg* 3,13.15.17-18).
Bei diesen Worten kann man sich kaum des Staunens erwehren. Es sind die ersten Worte, welche die am Pfingsttag geborene und in die Welt hinausgegangene Kirche verkündet. In dem, was der Apostel Petrus sagt, vernehmen wir fast das Echo der wunderbaren Katechese, die Christus selbst den Aposteln nach der Auferstehung gegeben hat, als er ihnen „die Augen für das Verständnis der Schrift" (*Lk* 24,45) öffnete. Jetzt, nach der Herabkunft des Heiligen Geistes, sind sie selbst mutig geworden, verstehen restlos und können vor „allen Völkern, angefangen in Jerusalem" (*Lk* 24,47), Zeugnis ablegen.

5. Dieses Zeugnis, dieses Verständnis wird unablässig vertieft. Christus ist für die Sünden gestorben. Sein Kreuzesopfer ist ein ständiger Aufruf, zur Sünde „nein" zu sagen, ist ein Aufruf zur Bekehrung. Diese grundlegende evangelische Wahrheit wird vom Apostel Johannes mit den Worten des Briefes weiterentwickelt, den wir in der heutigen Liturgie lesen: „Ich schreibe euch dies, damit ihr nicht sündigt" (*1 Joh* 2,1). Nicht sündigen heißt, die Gebote befolgen, die Christus durch die Lehre seines Kreuzes neu bestätigt hat. Der Apostel schreibt daher weiter: Wir kennen Christus, wenn wir seine Gebote befolgen. „Wer sagt: Ich habe ihn erkannt!, aber seine Gebote nicht hält, ist ein Lügner, und die Wahrheit ist nicht in ihm" (*1 Joh* 2,4). Nur „wer sich ... an sein Wort hält, in dem ist die Gottesliebe wahrhaft vollendet" (*1 Joh* 2,5).
Das Kreuz ist ein Aufruf zum Bruch mit der Sünde und gleichzeitig Quelle der Vergebung der Sünden: die immer lebendige, unerschöpfliche, universale Quelle!
Der Apostel schreibt: „Wenn aber einer sündigt, haben wir einen Beistand beim Vater: Jesus Christus, den Gerechten. Er ist die Sühne für unsere Sünden, aber nicht nur für unsere Sünden, sondern auch für die der ganzen Welt" (*1 Joh* 2,1-2).

6. „Herr Jesus, lehre uns die Schrift kennen!" (*Vers zum Evangelium*).
Dieses lukanische Land hat es nötig, dein Wort, Jesus, aufs neue zu vernehmen, damit es sich, nach Überwindung der harten Prüfung des Erdbebens von 1980 und aufmerksam für die Zeichen der Zeit dem Vertrauen und der Solidarität öffne. Es braucht dich, o Herr, es braucht diese vom Heiligen Geist, dem Beistand, beseelte

Kirche, um mit Optimismus, auf die Gewißheit deiner Gegenwart gestützt, in die Zukunft zu blicken.
Du, der Auferstandene, gehst mit ihr! Entzünde die Herzen derer, die an dich glauben, dich suchen und sich für die Verkündigung deiner Wahrheit einsetzen.
Zeige auch heute noch den richtigen Weg und gewähre deiner Herde die übernatürliche Hilfe deiner Gnade.
Sei deinen Priestern nahe, damit sie überall und immer dem Evangelium dienen! Mögen die Prüfungen sie nicht entmutigen, möge die Einsamkeit sie nicht bedrücken und die Mühe sie nicht erlahmen lassen.
Sprich zu den Herzen der Gottgeweihten; unterstütze alle, die mit äußerster Liebe dein Erbarmen den verlassensten und elendsten Menschen verkünden. Stärke sie mit deinem Wort, das Frieden schenkt.
Herr, mache die Schrift denen verständlich, die du als Boten der Wahrheit und des Lebens in die Familie, die Kultur, das gesellschaftliche Leben und die Politik entsendest. Mögen die Herzen der Jugendlichen brennen, wenn du ihre frischen und großmütigen Energien mit der Kraft des Geistes erfüllst. Dein Aufruf zur Evangelisierung gilt für alle.
Du, Kirche Lukaniens, dieses lichtvollen Landes, gehe einig der Vervollkommnung in der Liebe entgegen. Befolge das Wort des Auferstandenen! Dein Herz wird bei jedem Schritt deines täglichen Lebens von Hoffnung glühen. Das Kreuz wird dir zur unversiegbaren Quelle ehrlicher Bekehrung, von Freude und Geschwisterlichkeit, von Gemeinschaft im Geist und Heiligkeit.
Herr Jesus, lehre uns die Schriften verstehen; laß unser Herz brennen, wenn du zu uns sprichst! Amen.

Maria lehrt uns das Kreuz tragen

Regina Caeli in Potenza (Basilikata) am 28. April

Liebe Schwestern und Brüder!

1. Eure Region ist von Maria gesegnetes Land. Die zahlreichen Heiligtümer, die sie kennzeichnen, sind ständiges Ziel des Volkes Gottes, das als Pilger zu Füßen der Jungfrau in ihr Frieden und Stütze im christlichen Leben findet.
Gern erinnere ich an einige dieser Oasen der Meditation und marianischen Frömmigkeit, in denen die Gottesmutter unter verschiedenen Titeln verehrt wird. In der Erzdiözese Matera-Irsina: Santa Maria di Picciano in Matera, Maria SS.ma del Casale in Pisticci und Maria, Mutter der Vorsehung, in Irsina. In der Diözese Tursi-Lagonegro: Maria Regina di Anglona in Tursi, Maria SS.ma del Sirino in Lagonegro und die Madonna del Pollino in San Severino Lucano. In der Diözese Tricarico: Maria SS.ma di Fonti in Tricarico. In der Diözese Melfi-Rapolla-Venosa: Maria SS.ma del Monte Pierno in San Fele, die Madonna von Konstantinopel in Barile und Maria SS.ma del Principio in Lavello. In der Erzdiözese Acerenza: die Madonna

von Belvedere in Oppido Lucano und Maria SS.ma di Monte Saraceno in Calvello. Schließlich in der Erzdiözese Potenza-Muro Lucano-Marsico Nuovo: die Madonna delle Grazie in Capodigiano di Muro, die Madonna vom Karmel in Avigliano und Maria vom Heiligen Berg in Viggiano.
Der Heilige Berg von Viggiano führt mich im Geist zum Heiligtum von Jasna Góra in meinem Heimatland, wo ich am kommenden 14. und 15. August mit Jugendlichen aus aller Welt den Weltjugendtag feiern werde. Das Gnadenbild, das in Viggiano verehrt wird und mit dem eure Volksfrömmigkeit besonders verbunden ist, befindet sich heute hier bei uns.

2. Vor kurzem habe ich die kostbaren Kronen gesegnet und sie in eurem Namen Maria, der Mutter und Königin, dargebracht.
„Gegrüßet seist du, Königin, Mutter der Barmherzigkeit", lautet eine bekannte und eindrucksvolle marianische Antiphon.
Eine barmherzige Mutter ist die Jungfrau, Stütze der Glaubenden und Trösterin der Betrübten. Eine Mutter vor allem der Leidenden, der Kranken, der Sehgeschädigten, der Behinderten und der Alten, die bei unserer Liturgiefeier anwesend sind.
Maria, wir bitten dich vertrauensvoll für die unterdrückten Völker und die Opfer menschlicher Ungerechtigkeit; für die vom Hungertod Bedrohten und für die ihrer Freiheit Beraubten oder die an ihrer Glaubenspraxis Gehinderten. Wir bitten dich um Frieden für die Welt.
Wir bitten dich für diese Stadt und für diese lukanische Erde, die schon immer Mühe und Leid gekannt hat, aber im Vertrauen auf Gott nie den Mut und die Hoffnung verloren hat.

3. Maria, treue Jüngerin deines Sohnes Jesus, lehre uns, das Kreuz zu tragen; lehre uns, dieses Kreuz zu lieben, „das Fleisch und Welt denen auf die Schultern legen, die Frieden und Gerechtigkeit suchen" (*Gaudium et spes*, Nr. 38).
Maria, Königin und Mutter der Barmherzigkeit, öffne denen, die ihre Kräfte erlahmen fühlen unter der Last des Kreuzes, den Horizont des österlichen Halleluja.

Stütze und Halt sei die christliche Hoffnung

Ansprache an die Jugendlichen in Potenza (Basilikata) am 28. April

Liebe junge Freunde!

1. Zum Abschluß dieses Pastoralbesuches, der es mir erlaubt hat, mit der gesellschaftlichen Wirklichkeit eurer Region Kontakt aufzunehmen und die Lebenskraft eurer kirchlichen Gemeinden hochzuschätzen, durfte eine Begegnung mit euch nicht fehlen. Ich umarme euch alle und möchte jedem von euch sagen, daß ich mich freue, heute in diesem Stadion der Stadt bei euch zu sein. Ich begrüße euch herzlich und danke für die freundliche Aufnahme. Insbesondere begrüße ich den Hirten der Diözese, Erzbischof Giuseppe Vairo, und die Priester, die euch auf eurem Bil-

dungsweg zur Seite stehen. Ich begrüße Bischof Rocco Talucci von Tursi-Lagonegro, von der regionalen Bischofskonferenz für die Jugendpastoral beauftragt, und danke ihm für seine Grußadresse. Ganz besonders jedoch danke ich eurem Vertreter, der mir soeben die Lage der Jugendlichen in dieser Region beschrieben hat.

2. Ihr wißt um das reiche Erbe an Werten, das die kulturelle und spirituelle Tradition eurer Dörfer kennzeichnet, doch kennt ihr auch die oft unerträgliche Last von Schwierigkeiten und von sozialer und wirtschaftlicher Rückständigkeit, die neben dieser Tradition einhergeht. Ihr blickt sorgenvoll auf die Zukunft, seid jedoch von dem starken Willen erfüllt, für eine gerechtere und geschwisterlichere Gesellschaft zu kämpfen. Ihr liebt keine Kompromisse und Ungerechtigkeiten; ihr strebt danach, die Baumeister einer Welt mit menschlichem Antlitz zu sein, in der der Mensch Schutz und Achtung genießt. Ihr wollt euch von allem befreien, was euren hohen Idealen abträglich ist, und seid entschlossen, euch für die Entwicklung eurer Heimat einzusetzen, ohne anderswo nach illusorischen und manchmal trügerischen Erfolgen zu suchen. Ihr wollt eine Saat lebendiger Hoffnung für eure Region werden, die euch oft vergessen zu sein scheint. Ihr bietet eure jugendliche Lebenskraft Christus an, damit er euch zu Aposteln seines Evangeliums mache, das Licht und Sauerteig für echte menschliche und geistliche Erneuerung ist. Die freudige Botschaft vom Tod und der Auferstehung des Herrn, die die Liturgie uns in dieser Zeit in vollen Zügen erleben läßt, klingt weiter in euren mit der Tradition der Apostel verbundenen und für die grenzenlosen Horizonte der Missionstätigkeit offenen Gemeinschaften. Auch jetzt ruft Christus seine Freunde, ihr Leben dafür einzusetzen, daß die Welt das Heil erkenne und aufnehme; er ruft euch, damit ihr mutig die Macht des Heiligen Geistes verkündet, der in der Fülle der Wahrheit und der Liebe den Frieden schenkt.

3. Das, liebe Jugendliche, ist also euer apostolisches Programm, ein Programm, das euch herausfordert und ermutigt, mit Vertrauen auf die nächste Zukunft zu blicken. Laßt euch nie von Mutlosigkeit und Angst überwältigen; gebt nie der Versuchung zu Mittelmäßigkeit und rein äußerlicher Gewohnheit nach. Pflegt in eurem Innern hohe und großmütige Wünsche; folgt den Spuren des göttlichen Meisters, der euch zu seinen Zeugen machen will. Die christliche Hoffnung sei euch Stütze und Halt.
„Wenn man die heutige Welt oberflächlich betrachtet [- schrieb ich kürzlich in der Enzyklika *Redemptoris missio* -], ist man nicht wenig betroffen von den negativen Tatsachen, die zum Pessimismus führen können. Aber dieses Gefühl ist nicht gerechtfertigt: wir glauben an Gott, den Vater und Herrn, an seine Güte und Barmherzigkeit. Unmittelbar vor Anbruch des dritten Jahrtausends der Erlösung ist Gott dabei, einen großen christlichen Frühling zu bereiten, dessen Morgenröte man schon ahnend erkennen kann" (*Redemptoris missio*, Nr. 86).
Liebe Jugendliche, eure nach Leben und Liebe dürstende Generation muß Gott entdecken! Ihr seid berufen, in dieser an Spannungen, aber auch an vielversprechenden Anzeichen für einen religiösen Aufbruch reichen Zeit die Apostel eurer Altersgenossen zu sein. Nur Jesus kann voll und ganz den Hunger nach der Unendlichkeit stil-

len, den ihr in euch tragt. Nur auf ihm wird man die Zivilisation der Gerechtigkeit und des Friedens aufbauen können, nach der ihr euch sehnt.
Das Evangelium entdecken und dem Herrn begegnen ist sicher ein wunderbares Abenteuer. Es genügt jedoch nicht, ihm begegnet zu sein: er muß anderen bekanntgemacht, sein Wort muß verbreitet, seine Botschaft, welche die Herzen befreit, muß verkündet werden. Das ist also eure Aufgabe: ein Einsatz und ein Unternehmen, die euch zu neuen, mutigen, unerschrockenen, demütigen und hochherzigen Menschen machen. Wenn Christus in euch lebt, wird sein Reich dort Wirklichkeit, wo euer Leben verläuft: wo ihr arbeitet und studiert, wo ihr irgendwie tätig seid. Christus ist mit euch bis zum Ende der Zeiten! Kein Hindernis soll euch den Weg versperren! Nichts darf euch von der Liebe Gottes trennen!

4. Ich weiß sehr gut, wie vielschichtig die Probleme und Schwierigkeiten sind, denen ihr begegnet. Der Strukturmangel und das sich aus ihm ergebende Fehlen von Anreiz und von Möglichkeiten für eine aktive, persönliche Präsenz macht es euch schwer, typisch jugendliche Erfahrungen zu machen, und erlaubt es euch nicht, euren Unternehmungsgeist und die Hochherzigkeit, die ihr im Herzen tragt, genügend zum Ausdruck zu bringen. Manche sind angesichts der unzulänglichen Bedingungen in eurer Region mehr oder weniger bewußt in Gefahr, sich resigniert in ihr Schicksal zu fügen. Das macht sie sicher nicht glücklich. Die Zukunft, vor allem die drohende Arbeitslosigkeit, macht euch Sorge. Einsamkeit und Unbefriedigtsein treiben manche - zum Glück nur wenige - auf gefährliche Abwege und in die Ausgrenzung.
Seid der kirchlichen Gemeinde für die wichtige Rolle dankbar, die sie bei der Förderung des Dialogs zwischen euch und der Welt der Erwachsenen spielt. Sie bietet euch verschiedene Möglichkeiten der Teilnahme und Aufwertung an. Aber ihr erwartet von dieser Gemeinde noch mehr Hilfe, um euch mutig und verantwortungsbewußt in die gesellschaftliche Wirklichkeit einfügen zu können, fühlt ihr doch das dringende Bedürfnis, zur Erneuerung der Gesellschaft, in der ihr lebt, auch euren Beitrag leisten zu können.
Die Werte der Familie, der Freundschaft und der Verfügbarkeit euren Mitmenschen gegenüber sind fest in euch verankert. Sie helfen euch, das Risiko der Einsamkeit und des Individualismus zu überwinden, und geben dem Verlangen nach Freiheit und Selbstverwirklichung, das euch auszeichnet, konkreten Ausdruck.
Liebe Jugendliche aus Lukanien, ihr tragt das starke Verlangen in euch, an Gott zu glauben. Viele von euch gehen den Weg religiöser Weiterbildung, indem sie sich die geistlichen Erfahrungen von Vereinigungen und Bewegungen - insbesondere der Katholischen Aktion - zunutze machen. Und wie könnten die unerwähnt bleiben, die ihr Glaubensleben in die Praxis umsetzen wollen, indem sie sich in den verschiedenen freiwilligen Diensten ihren Mitmenschen zur Verfügung stellen?

5. Das Gebiet, das eurem Apostolat offensteht, ist wirklich sehr weit. Ich bin zu euch gekommen, um euch auf eurem Glaubensweg zu ermutigen und zu unterstützen. Öffnet Herz und Geist für die Sendung, die Gott euch anvertraut! Habt Ver-

trauen! Fühlt euch mit Jesus als echte Vorkämpfer der Liebe, die zum Dienst drängt: in der Familie, in der Kirche und in der gesamten Gesellschaft. Euer jugendlicher begeisterter und selbstloser Dienst wird gebraucht. Der Papst ist euch nahe, achtet euch und hat euch gerne.

Wenn ihr den Eifer des Apostels und die Dynamik des Zeugen in euch tragt und das Verlangen habt, das Licht und die Freude des Glaubens an andere weiterzugeben, werdet ihr den vergänglichen Lockungen der Konsumgesellschaft widerstehen können. Dann wird sich auch der Horizont eures Geistes erweitern. Wer voll und ganz seine Treue zu Christus lebt, erfährt die immer neue Frische der göttlichen Gnade, die tröstet und erneuert, den Geist stärkt und befriedigt. Um nicht den Versuchungen zu erliegen und um in der Kenntnis Christi fortzuschreiten, muß man ständig den Geist des Gebetes pflegen, den unbedingt notwendigen Dialog der Liebe mit dem Herrn, der Frieden und übernatürlichen Trost schenkt. Man muß treu zu den Sakramenten gehen, insbesondere zum Bußsakrament und zur Eucharistie, um im geistlichen Leben wachsen und allen Schlichen des Bösen widerstehen zu können.

„Wir haben nicht gegen Menschen aus Fleisch und Blut zu kämpfen [- mahnt der Apostel Paulus -] sondern gegen die Fürsten und Gewalten, gegen die Beherrscher dieser finsteren Welt, gegen die bösen Geister des himmlischen Bereichs" (*Eph* 6,12).

Vergeßt nie, daß „jeder Gläubige ... zur Heiligkeit und zur Mission berufen" ist und daß „die missionarische Spiritualität der Kirche ... ein Weg zur Heiligkeit" ist (*Redemptoris missio*, Nr. 90).

Liebe Jugendliche aus Potenza und der ganzen Region, euch gilt die Einladung Christi, ihm auf dem Weg der Heiligkeit und der Mission nachzufolgen. Ihr seid die Hoffnung dieser Kirche, die zweitausend Jahre alt und dennoch immer jung ist. Er ruft euch und vertraut jedem eine spezifische Rolle für den Aufbau seines Reiches an. Ihr sollt, wie die ersten Christen, Begeisterung und Mut ausstrahlen. Werdet nie müde, Gott und eure Brüder und Schwestern zu lieben. Seid lebendige Zeichen des Absoluten auf dieser Erde; seid Sauerteig der Neuheit für die ganze Welt.

Zur Bekräftigung eurer Einsatzbereitschaft und damit ihr auch nach diesem Besuch noch spürt, daß ich euch von Herzen zugetan bin und euch unablässig ermutigen möchte, vertraue ich euch ein Gnadenbild der Heiligen Jungfrau von Tschenstochau an. In Gedanken soll es euch mit jenem Wallfahrtsort verbinden, an dem im August das Welttreffen der Jugend stattfinden wird. Auch übergebe ich zwei Vertretern jeder eurer Diözesen einen Rosenkranz. So möchte ich die gesamte Jugend Lukaniens unter den besonderen Schutz Marias stellen. Am 15. August versammeln wir uns im Geist bei Maria, wie auch ich euch im Geist nahe sein werde, wenn ihr in den verschiedenen Ortskirchen unter dem wachsamen Blick Marias euren Tag der Jugend feiert.

Ahmt die demütige Verfügbarkeit der Mutter Gottes nach, und sagt auch ihr mit kindlicher Hingabe euer „ja" zum Herrn, der euch liebt und euch aussendet, damit ihr allen Jugendlichen der Basilikata mitteilt, daß Christus wahrhaft auferstanden und bis ans Ende der Welt bei uns ist (vgl. *Mt* 28,20). In seinem Namen segne ich euch von Herzen.

Schwestern machen die Wärme der Liebe Gottes erfahrbar

Ansprache an die Ordensschwestern in Potenza (Basilikata) am 28. April

Liebe Schwestern!

1. Für mich bedeutet diese Begegnung in der Kathedrale mit euch Ordensschwestern und Mitgliedern der Säkularinstitute eine tiefe Freude, seid ihr doch von Gott berufen, in dieser Region ein Zeichen zu setzen, „das alle Glieder der Kirche ... zur eifrigen Erfüllung der Pflichten ihrer christlichen Berufung hinziehen kann und soll" (*Lumen Gentium*, Nr. 44). Die über 50 Ordensfamilien, denen ihr angehört, leisten, dem ihnen je eigenen Charisma entsprechend, dem Volk Gottes einen wesentlichen Dienst durch ihre aktive Beteiligung an seiner Sendung und hochherziges Mittragen jeder apostolischen Initiative.
Einen herzlichen Gruß richte ich an Bischof Francesco Zerrillo von Tricario, den Beauftragten der regionalen Bischofskonferenz für das Ordensleben, und eure Vertreterin. Ich danke beiden für die Worte, mit denen sie mir die Tätigkeit der verschiedenen in den sechs Diözesen der Region arbeitenden Ordensgemeinschaften vorgestellt haben. Ich grüße die anwesenden Bischöfe und höheren Oberinnen der verschiedenen Institute, ich grüße euch alle.
Die Basilikata bildet mit ihren nicht leichten Problemen, aber auch mit ihren ermutigenden Aussichten ein für die Evangelisierung und die Förderung des Menschen recht günstiges Arbeitsfeld: Umfangreich ist hier euer Wirkungsbereich und zugleich die euch anvertraute missionarische Verantwortung. Ihr müßt verfügbar und fachkundig den geistigen und oft auch den materiellen Bedürfnissen eurer Mitmenschen abhelfen: von der Hilfe in der Pfarrei bis zur Jugendkatechese, von den Aufnahmezentren für Kinder aus in Schwierigkeiten geratenen Familien bis zu den Hospitälern und Krankenhäusern, von den Kindergärten bis zu den Altenheimen. Viele von euch arbeiten ferner in den staatlichen sozialen Hilfsdiensten, zumal in der Krankenbetreuung.
All das ist zwar anspruchsvoll und mühsam, muß euer Herz aber doch unbedingt mit Freude erfüllen und euch das einzigartige Geschenk des gottgeweihten Lebens wertschätzen lassen. Da ihr euch für den Dienst an den Ärmsten entschieden habt, schreibt ihr jeden Tag Seiten voll Hoffnung in die hier gewiß vorliegenden Frontbereiche hinein, und da ihr gut in die Pastoral der Diözese eingefügt seid, verkündet ihr zugleich wirksam das Evangelium der Barmherzigkeit und Brüderlichkeit.

2. Die Schwierigkeiten, die euch begegnen, wenn ihr eurer religiösen Berufung voll und ganz leben wollt, sind mir bekannt. Ich weiß auch, daß der Personalmangel euch drastische Einschränkungen der Werke aufzwingt, während andererseits die Nöte, denen man abhelfen müßte, größer werden.

Die Leute schätzen eure Präsenz, und die Hirten betrachten sie als „Geschenk" des Herrn. Wenn ihr schwesterlich zusammenlebt und die Leiden und Freuden der Letzten teilt, verkündet ihr durch die Tat, daß der himmlische Vater den Menschen in den verschiedenen Lebensverhältnissen nie vergißt. Ihr spielt eine wahrhaft einzigartige Rolle: ihr macht die Kirche in äußerst komplexen und heiklen Situationen präsent; ihr macht die Wärme der Liebe Gottes erfahrbar für jene, die sich einsam und wenig geliebt vorkommen. Ihr bietet also den lebendigen Beweis dafür, daß Gott jeden Menschen liebt, zumal den schwächsten und schutzlosesten.
In dieser Region, der die Natur übel mitgespielt hat und die noch von der Erinnerung an das letzte Erdbeben gezeichnet ist, übt ihr zugleich eine ergänzende providentielle Tätigkeit aus. Ihr seid eine lebendige Stimme des Evangeliums im Dienste der Kleinen und Letzten, die der Herr bevorzugt liebt! Ihr gebt dem Herrn die Ehre, indem ihr euch ohne irdischen Lohn in ihren Dienst stellt, ihre Wünsche anhört und mit den euch verfügbaren Mitteln versucht, ihren Bedürfnissen entgegenzukommen, vor allem aber indem ihr ihnen das Licht des Glaubens anbietet, der sie für das Vertrauen und die transzendente Dimension des Lebens öffnet. Seid immer bereit, „jedem Rede und Antwort zu stehen, der nach der Hoffnung fragt, die euch erfüllt" (*1 Petr* 3,15).

3. Die Profeß der evangelischen Räte zeigt nach den Worten des letzten Konzils „allen Menschen die überragende Größe der Herrscherkraft Christi und die wunderbare, unbegrenzte Macht des Heiligen Geistes in der Kirche auf" (*Lumen Gentium*, Nr. 44). Wenn es auch nicht die hierarchische Struktur der Kirche betrifft, so gehört das gottgeweihte Leben doch untrennbar zu ihrer Struktur und ihrer Heiligkeit.
Es hat prophetischen Charakter: Wenn die gottgeweihten Menschen nämlich dem keuschen, gehorsamen und armen Christus nachfolgen, nehmen sie die Ankunft des Reiches vorweg und betonen den Primat Gottes über alles andere noch so berechtigte menschliche Interesse. Es ist Antwort auf den inneren Zuspruch, dem göttlichen Meister auf dem engen Pfad der Seligpreisungen in Jungfräulichkeit und ausschließlicher Hingabe seiner selbst an Gott zu folgen. Es ist eine Schule gänzlicher Treue zu Christus und aufmerksamer Verfügbarkeit für den Menschen. Treue zu Christus und Treue zum Menschen: Das sind die Bezugspunkte, die euch beim Suchen und Beschreiten neuer Wege der Evangelisierung und der Förderung des Menschen leiten. Dabei habt ihr einen weiten missionarischen Atem und seid der Worte des Konzils eingedenk, das euch einlädt, sorgfältig darauf zu achten, daß durch euch „die Kirche wirklich von Tag zu Tag mehr den Gläubigen wie den Ungläubigen Christus sichtbar mache" (*ebd.*, Nr. 46).
Dabei ist es wichtig, daß jede von euch geförderte und ergriffene Initiative immer in Abstimmung und Gemeinschaft mit der Diözese erfolgt.

4. Ihr könnt nicht alles Gute tun, das ihr tun möchtet, denn ihr stellt realistisch fest, daß ihr leider immer weniger seid und kaum gute Aussichten auf neue Berufungen habt. Aber habt keine Angst! Wenn ihr Christus wahrhaft liebt, läßt er es euch an den notwendigen Kräften nicht fehlen. Er wird auch nicht zulassen, daß seine Werke

ohne gediegene Fortsetzer bleiben. Ihr selbst müßt freilich dem gegebenen Wort treu bleiben! Widmet jeden Tag eine längere Zeit der inneren geistlichen Begegnung mit eurem mystischen Bräutigam! Bleibt ihm nahe, dann werdet ihr die ganze Fülle der Gabe erfassen, die euch geschenkt wurde und das große Privileg hochschätzen, daß ihr in den Armen Ihm dienen dürft. Seid beharrlich im Lob, in der Liebe und in der Freude, mit demütigem und dankbarem Herzen.

Wenn euer Herz durch die Kraft des Geistes weit geworden ist, könnt ihr kaum anders, als euch die Stimme des leidenden Menschen zu Herzen zu nehmen; ihr müßt seinen Schrei des Schmerzes und der Verzweiflung hören. Wenn ihr euch in die Wirklichkeit inkarniert, die euch umgibt, wird es euch leicht gelingen, die Schwierigkeiten, die die Leute im Leben und im Befolgen des Evangeliums haben, zu verstehen.

Ich ermuntere euch besonders: Laßt in dem weiten Arbeitsfeld, das vor euch liegt, alle den Wert der Brüderlichkeit und Solidarität erfahren als wirksame Gegenmittel gegen die bösen Dinge, die sich vor allem in der Welt der Jugendlichen ihre Opfer holen, wenn die Aussicht, leicht zu Geld zu kommen, die jungen Leute verlockt, und wenn sie sich von der Droge und anderen gefährlichen Fluchtwegen verwirren lassen, und manchmal auch, wenn sie gedemütigt sind, weil ihnen ein sicherer Arbeitsplatz fehlt. Eure Häuser sollen aufnahmewillig sein, und der Stil eurer Arbeit soll das Zeichen fröhlicher und selbstloser Hingabe an sich tragen. Wenn ihr in ständiger Verbindung mit den anderen Kräften der Kirche arbeitet, werdet ihr um euch her mit Sicherheit vielfältig erfahren, daß Jugendliche und Freiwillige mitmachen: lebendige und hochherzige Kräfte, denen ihr Anregung und Weisung bei der universalen missionarischen Aufgabe geben sollt.

Auch wenn ihr wenig zahlreich seid, werdet ihr dann eine bedeutsame Rolle beim Aufbau einer Kultur spielen, die für die grenzenlosen Möglichkeiten der Annahme anderer und der Solidarität mit ihnen offen ist.

5. Liebe Schwestern, macht allen die Freude eurer Weihe an Gott sichtbar; dient Christus in den Mitmenschen mit heiterem Antlitz. Macht eure typische Spiritualität fruchtbar und seid innerhalb der Gesellschaft ein Sauerteig apostolischer Erneuerung.

Maria, die Jungfrau und Mutter der Kirche, sei euer Vorbild und euer ständiger Schutz.

Voll Hochachtung ermuntere auch ich euch, euer Wirken weiterzuführen, und ich segne euch alle von Herzen.

Priesterschaft als Ganzes ein Vorbild für das Volk Gottes

Ansprache zur Eröffnung des neuen Seminars in Potenza (Basilikata) am 28. April

Liebe Brüder im Bischofsamt!
Liebe Brüder und Schwestern!

1. Die Einweihung des neuen interdiözesanen Seminars, ein großzügiges Geschenk des verstorbenen Marchese Alessandro Gerini von Rom, bietet mir Gelegenheit, mich mit euch Priestern der sechs Diözesen der Basilikata als den direkten Mitarbeitern der Bischöfe im seelsorglichen Dienst sowie mit euch Seminaristen als der Hoffnung der Kirche in Lukanien zu unterhalten. Es hat Bedeutung, daß diese Begegnung gerade im eben erst vollendeten Regionalseminar stattfindet, in dem die künftigen Apostel des Evangeliums und Diener des Altares herangebildet werden.
Herzlich begrüße ich die anwesenden Bischöfe. Ein dankbares Gedenken gilt den Wohltätern und allen, die es durch ihre konkrete Solidarität ermöglicht haben, dieses schon lange gewünschte Projekt zu verwirklichen. Ich begrüße euch, liebe Priester, die ihr euch heute um den Nachfolger des Petrus versammelt habt, aber auch euch, liebe Seminaristen, begleitet von euren Familienangehörigen, denen ich ebenfalls herzlich verbunden bin. Ich grüße die Arbeiterschaft und alle, die an der heutigen Kundgebung teilnehmen wollten. Ein besonderer Dank gilt Bischof Vincenzo Cozzi von Melfi-Rapolla-Venosa, Beauftragter der regionalen Bischofskonferenz für den Klerus, der so herzliche Willkommensworte an mich gerichtet hat, sowie dem Rektor des Seminars, der die gemeinsamen Empfindungen zum Ausdruck brachte.
Für eure kirchlichen Gemeinschaften ist heute gewiß eine historische Stunde, und sie bietet uns Gelegenheit zum Dank an den Herrn für das unschätzbare Geschenk des Amtspriestertums, das er der Menschheit gemacht hat. Sie gestattet uns ferner, gemeinsam, wenn auch kurz, über die Gestalt des Priesters innerhalb der sozialen Wirklichkeit eures Gebietes nachzudenken.

2. Die Basilikata war in der Vergangenheit immer reich an Priestern, von denen einige an Heiligkeit und Bildung hervorragten und Beispiele aufbauender Tugend hinterließen. Es waren Priester, die das Volk liebte, weil sie ganz in die soziale Wirklichkeit eingefügt waren; Ratgeber und Freunde der einfachen und armen Leute. Ihnen verdanken wir das moralische, soziale und christliche Wachstum der Gemeinden. Sie haben auch zahlreiche Jugendliche für das Apostolat herangebildet, die heute verantwortungsvolle staatliche Stellen bekleiden und bedeutsame Verwaltungsaufgaben wahrnehmen. Die Arbeit dieser Priester erfolgte oft in der Stille und ging ins einzelne. Dabei waren die Verhältnisse heikel, denn sie mußten gegen den schweren und anhaltenden sozio-kulturellen und wirtschaftlichen Niedergang ankämpfen. Sie waren aber auf Opfer vorbereitet worden und hatten vor dem Fehlen von Strukturen und vor der Armut keine Angst. Sie haben sich durch ihren ständigen Dienst für alle ausgezeichnet, einzig darum besorgt, jedem die Wahrheit des Evangeliums zu bringen.

3. Wie die jüngste Bischofssynode betont hat, bleiben die Priester im heutigen Kontext an der Schwelle des dritten Jahrtausends Männer, die Gott geweiht sind, „zur Verkündigung der Frohbotschaft, zum Hirtendienst an den Gläubigen und zur Feier des Gottesdienstes ... wirkliche Priester des Neuen Bundes" (*Lumen Gentium*, Nr. 28). Sie nehmen auf ihrer Dienstebene am Amt des einen Mittlers Christus teil (vgl. *1 Tim* 2,5) und verkünden allen das Wort Gottes. Bestellt zur Verkündigung der lebendigen Präsenz Christi unter den Menschen, üben sie durch die Sakramente und zumal in der Eucharistiefeier ihren heiligen Dienst aus und vereinen die Gebete der Gläubigen mit dem Opfer des Herrn. Sie widmen sich mit Hingebung der Predigt und Lehre, „glauben, was sie im Gesetz des Herrn meditierend gelesen haben, lehren, was sie glauben, verwirklichen, was sie lehren" (*ebd.*, 28).
Sie geben allen das Zeugnis der Wahrheit und des Lebens und sind berufen, heute wie in der Vergangenheit Zeugen des Glaubens, Wegbereiter der Liebe und Männer der Hoffnung zu sein. Sie tragen Christus in die Welt und die Welt zu Christus.

4. Als Diener Christi spürt ihr, wie dringend in euren Gemeinschaften der Übergang von einer individualistischen Kultur mit ihren tiefreichenden Wurzeln, die zu negativen Entscheidungen und Verhaltensweisen führen kann, zu einer Kultur der Gemeinschaft und Solidarität gefördert werden muß. Es müssen notwendig neue Menschen, neue Initiatoren herangebildet werden, die in ihrem Volk verwurzelt und sich der Werte ihrer Geschichte bewußt sind. Sie müssen in hochherziger Hingabebereitschaft im Heute auf die Zukunft hinarbeiten. Diese wünschenswerte Erneuerung hängt vom Beitrag aller, an erster Stelle aber von euch Priestern, ab.
Es ist daher wichtig, daß ihr eine immer mehr solidarische Sicht des priesterlichen Dienstes pflegt. Der Einsatz von isolierten Priestern genügt nicht, denn nur die Gemeinschaft aller Priester kann einen neuen Weg eröffnen.
Die Priesterschaft als Ganzes ist ein Vorbild für das Volk Gottes. Wenn auch jeder Priester die Aufgabe hat, für die seiner Sorge anvertrauten Gläubigen ein Zeuge zu sein, so geht es doch ebenso die Gemeinschaft der Priester an, durch das Beispiel ihres gegenseitigen Verstehens und ihrer Brüderlichkeit die Einheit der ganzen Kirche sichtbar zu machen.
Für den Priester ist also ein neuer Bildungsweg unbedingt notwendig, ein Weg des Glaubens und des Miteinander-Teilens. Er soll zur pastoralen Liebe, zur Annahme anderer, sowie zum Verständnis und zur Wertschätzung der anderen hinführen, zur brüderlichen Hilfe, zum Sich-Hinschenken ohne Lohn, zum Geist der Dienstbereitschaft, zum Vermittelnkönnen, zur geistlichen Leitung anderer und zum Dialog mit den Jugendlichen.
Damit zeigt sich ein neues Priesterbild für unsere Zeit und für die nächste Zukunft. Es wird ein Priester sein, der sich das beste geistige Erbe dieses Landes zu eigen macht, aber die Versuchung der individualistischen Pflege der eigenen Innerlichkeit überwindet und sich der echten Liebe für die Brüder öffnet; er nimmt als Fachmann in Menschlichkeit an den teilweise dramatischen Schicksalen der Menschen Anteil; er baut Eintracht auf, fügt eventuelle Risse wieder zusammen und fördert die gemeinsame Absprache aller. Es ist vor allem seine Aufgabe, den Primat Gottes im

Leben des Menschen zu bezeugen und seine Mitmenschen in das Geheimnis Christi und der Kirche einzuführen. Liebt daher euer Priestertum, liebt Christus und liebt die Kirche! Seid vereint mit eurem Bischof! Nährt euer Leben mit dem Gebet und dem Hören auf Gott.

5. Nun ein Wort für euch, liebe Seminaristen, die ihr euch hier auf euren künftigen Dienst vorbereitet. Das Seminar ist euer Heim, in dem ihr an menschlicher Weisheit und in der geistlichen Vollkommenheit wachsen sollt. Es trennt euch nicht von der Wirklichkeit, führt euch im Gegenteil dahin, immer innerlicher die Probleme eures Landes zu teilen. Es ist eine Schmiede der Ausbildung und eine Schule des Evangeliums, die euch zur Nachfolge Christi hinführt. Hier könnt ihr brüderliche Gemeinschaft und geistigen Austausch miteinander erfahren.
Christus ruft euch! So antwortet ihm hochherzig! Liebt das Opfer und flieht ein Leben der Bequemlichkeit, richtet euch auf die bevorzugte Liebe zu den einfachen Leuten und den Armen aus.
Zum Abschluß lege ich euch Folgendes nahe: Lebt die Zeit der Vorbereitung auf den priesterlichen Dienst als eine Sendung. Jede Aufgabe, die die Kirche euch morgen anvertrauen mag, werdet ihr mit bereitwilliger und hochherziger Hingabe erfüllen, wenn ihr euch jetzt schon an das Ja zum göttlichen Willen gewöhnt und einzig damit zufrieden seid, Christus in euren Brüdern und Schwestern zu dienen.
Maria, die Mutter der Kirche, möge euch allen, den Priestern und den Seminaristen, helfen, aus eurem Leben ein bedingungsloses Geschenk an Gott und an die Mitmenschen in eurer Heimat zu machen.
Ich segne euch alle von Herzen.

Der Glaube ist Werk Gottes

Ansprache bei der Begegnung mit den Vertretern der Diözesansynode in Potenza (Basilikata) am 28. April

Lieber Bruder im erzbischöflichen Dienst, liebe Priester, Ordensmänner und Ordensfrauen und im Dienst dieser Ortskirche engagierte Laien, die ihr zur Synode versammelt seid!

1. Mein aufrichtiger und herzlicher Gruß soll euch allen heute bezeugen, daß ich mich als Hirte mit der ganzen Gemeinschaft der Christen in Potenza verbunden fühle, die sich auf ihrem Weg des Glaubens dafür einsetzt, das Evangelium Christi zu verkündigen und es durch das eigene Leben zu bezeugen.
Ich grüße euren Erzbischof, den lieben Msgr. Giuseppe Vairo und danke ihm für die Worte, die mir einen besseren Einblick in die Lage eurer Kirche gegeben haben. Zugleich konnte ich ihnen eure treue Verbundenheit mit Christus und seinem Evangelium entnehmen. Ich grüße die bei dieser Begegnung anwesenden Prälaten und jeden einzelnen von euch, die ihr an der so wichtigen Synodenversammlung teilnehmt.

Mit Freude richte ich an euch die Wünsche, mit denen der Apostel Petrus ermutigt und zur Hoffnung einlädt: „Die Erprobung eures Glaubens, viel kostbarer als vergängliches Gold, das durch Feuer erprobt wird, erweise sich zu Lob und Herrlichkeit und Ehre bei der Offenbarung Jesu Christi" (vgl. *1 Petr* 1,7).
Dies ist ja das Ziel eures Lebens, zugleich auch das Programm der jetzigen Synode: den Glauben bezeugen, den Glauben, den die Kirche schon immer predigt und verkündet. Dieser Glaube ist Werk Gottes, wie ihr gut aus dem Evangelium wißt: „Das ist das Werk Gottes, daß ihr an den glaubt, den er gesandt hat" (*Joh* 6,29). Es ist ein lebendiger Glaube, dessen Lebendigkeit ihr als erste erfahrt. Er öffnet sich für die Liebe Gottes und weiß sich ihm in Freiheit zu übereignen, ihm mit Verstand und Willen voll unterworfen zu sein und das lebenspendende Wirken des Heiligen Geistes anzuerkennen. Mit einem Wort ein Glaube, der sich auf Christus gründet und den man innerlich umfängt und liebt.

2. Die Synode bietet Gelegenheit, den apostolischen Eifer zu erneuern, sie ist aber zugleich der beste Augenblick, die Beteiligung der gesamten Gemeinschaft der Diözese am pastoralen Dienst ernsthaft zu überprüfen. Auf der Synode übt der Bischof seine Aufgabe als Führer der Ortskirche aus, vollzieht sein Hirtenamt und entwirft im gelehrigen Hören auf den Heiligen Geist die pastoralen Programme und Schwerpunkte, die den Weg des ihm anvertrauten Volkes Gottes abstecken sollen.
Die Synode ist die Stunde der Gemeinschaft, weil jede Entscheidung aus einem gemeinsamen Verantwortungsbewußtsein und einer gemeinschaftlichen Überprüfung der konkreten Situationen entsteht. Ihre Entscheidungen gehen vor allem aus einem wirklichen Akt der Solidarität der Diözese mit ihrem Hirten hervor.
Wenn es stimmt, daß die Synode - jede Synode - Gesetze zu erlassen und geeignete Normen für eine organische Pastoral aufzustellen hat, um neuen Eifer für die Evangelisierung und ein Zeugnis im Sinn des Evangeliums anzuregen und zu fördern, so stimmt es ebenfalls, daß sie in einem jeden vor allem den missionarischen Eifer, der die Kirche stets beseelt, neu beleben muß. Das geistliche Erbe der Apostel ist allen Glaubenden zugedacht und treibt sie an, ihrerseits Jünger der Wahrheit und des Wortes zu sein, in echter Bruderschaft verbunden.
Möge diese pastorale Liebe als Frucht des Gebetes und Gabe des Geistes in euch wachsen!
Die Synode wird dann für die Erzdiözese Potenza zu einer von der Vorsehung geschenkten Gelegenheit, das geistliche Klima der Urkirche wieder aufleben zu lassen, die „gefestigt wurde und in der Furcht vor dem Herrn lebte. Und sie wuchs durch die Hilfe des Heiligen Geistes" (vgl. *Apg* 9,31).

3. Bei der Vorbereitung dieser Versammlung habt ihr ernst und aufmerksam die Wirklichkeit untersucht. Ihr habt mit geistiger Offenheit die Pastoralvisitation des Erzbischofs angenommen und die Bevölkerung zu Gebet und Nachdenken aufgefordert. Es war euch ferner ein Anliegen, die grundlegenden Themen des Glaubens durch eine besondere Mission ins Gespräch zu bringen.

So konntet ihr unter anderem die Werte der Familie und der Volksfrömmigkeit herausstellen, die wesentlich zum Leben eurer Kirche gehören und ein kostbares, in der überlieferten Kultur Lukaniens verankertes Erbe bilden. Gleichzeitig habt ihr ohne Furcht die zahlreichen Aufgaben zusammengestellt, die die rasche Entwicklung der Gesellschaft heute dem Christentum stellt. Ihr habt ferner für die neue Formulierung eines Pastoralprogramms gesorgt, das die bereits eingeleiteten Bemühungen aufgreift und den Weg der Gesellschaft nach dem traurigen Erdbeben des Jahres 1980 neu vorantreibt.

4. Dabei ist euch sofort klargeworden, daß unverzüglich einige Initiativen zu ergreifen sind; es geht um dringende seelsorgliche Bemühungen, über deren Notwendigkeit keine Zweifel bestehen.
Ihr betrachtet zum Beispiel positiv und als ein Zeichen der Hoffnung die Tatsache, daß eure Gesellschaft das Bedürfnis nach Förderung einer Entwicklung empfindet, die mehr auf die Bedürfnisse einer jeden Person achtet und daher bevorzugt Programme für die Beschäftigung der Jugendlichen und zur Einschränkung der erzwungenen Auswanderung entwirft. Günstig habt ihr auch das Bemühen aufgenommen, neue landwirtschaftliche Kulturen anzulegen, mit denen die Landarbeiter aus ihren derzeitigen Schwierigkeiten herauskommen können.
Doch neben dieser ermutigenden sozialen Entwicklung wird auch das Bedürfnis nach einem tieferen Kennenlernen des Christentums empfunden, und die religiöse Praxis müßte von echteren Motiven getragen werden. Es geht darum, das Evangelium dauerhaft in Leben, Kultur und Strukturen zu verwurzeln. Nur wenn man ihnen tiefere Gründe für ihren Glauben vorlegt, können die Jugendlichen zum Beispiel auf die Fragen antworten, die die Vernunft ihnen schrittweise bewußt macht, aber auch auf die Anregungen, die die kulturelle Entwicklung unserer Zeit ihnen ständig bietet.
In einer Zeit rascher Wandlungen, wie der unseren, wird ein sorgfältiger Umgang mit der Volksfrömmigkeit notwendig, die recht lebendig ist, aber im Licht der Weisungen des Zweiten Vatikanischen Konzils doch Korrekturen bedarf. Die liturgische, biblische und pastorale Erneuerung hilft mit, in Achtung vor der reichen Erfahrung der Vergangenheit der Religiosität eures Volkes ein neues Antlitz zu geben. So wird das gewünschte apostolische Erwachen der christlichen Gemeinden, in denen das ständig Neue des Evangeliums lebt, möglich sein, ohne Wunden aufzureißen.

5. Was die Jugendlichen und die Heranwachsenden angeht, sind euch die beiden Wege für ihre geistige Bildung bekannt, und ihr wollt sie systematisch und koordiniert aufgreifen, nämlich die Katechese und das liturgische Leben. Ihr wünscht eine auf die Zukunft hin entworfene Katechese, die sich nicht auf die traditionellen Stufen des Sakramentenempfangs beschränkt, von der Taufe bis zur Erstkommunion, von der Firmung bis zur Eheschließung. Sie soll vielmehr einen Weg eröffnen, der das ganze Leben begleitet, von der Geburt über die Jugend zum Erwachsenenalter. Bevorzugter Ort für diesen Weg des Glaubens bleibt die Familie, die in eurem Gebiet einen gediegenen idealen Bezugspunkt für die ganze Struktur der Gesellschaft bildet. Außerdem bekommen die liturgischen Feiern, vor allem die Eucha-

ristiefeier, im Leben eurer Pfarrgemeinschaften eine entscheidende Rolle. Die heilige Messe wird Wegweisung zur Begegnung mit Gott, zur lebendigen Gegenwart Christi, zur Gemeinschaft mit ihm und seinem Geist, zum Tisch des Wortes. Sie wird also selbst zu einer Katechese, die durch den Vollzug der heiligen Geheimnisse verkündet wird.

6. Beim Erarbeiten dieser eurer apostolischen und missionarischen Strategie möge euch immer die Gewißheit tragen, daß Gott mit euch ist. Habt Vertrauen auf seine Hilfe. Rechnet mit der Kraft des Heiligen Geistes und mit seinem ständigen Beistand. Habt keine Angst und weicht vor Schwierigkeiten und Mißtrauen nicht zurück. Laßt nichts unversucht. Es geht ja um das Werk des Herrn, um eine neue und notwendige Evangelisierung. Denkt an die Worte der Schrift: Laßt uns „auf Jesus [Christus] blicken, den Urheber und Vollender des Glaubens; er hat angesichts der vor ihm liegenden Freude das Kreuz auf sich genommen, ohne auf die Schande zu achten, und sich zur Rechten von Gottes Thron gesetzt" (*Hebr* 12,2).

Allen spreche ich meine lebhafte Wertschätzung und meine herzlichste Ermunterung aus. Ihr seid zur Diözesansynode zusammengerufen worden, und es erwartet euch keine leichte Arbeit. Ihr habt kein einfaches Programm vor euch, und es ist euch kein irdischer Erfolg verheißen, weil das Volk Gottes auf dem Weg des Kreuzes voranschreitet, und der ist eng (vgl. *Ad gentes*, Nr. 1). Wie der Verfasser des Hebräerbriefes im Licht des Zeugnisses des Herrn, so muß auch ich euch Mühe und Leiden ankündigen, muß euch hochherzige Hingabe und Opfer abfordern; doch ich kann euch ebenfalls mit Christus in Sicherheit und Liebe sagen: „Habt Mut: Ich habe die Welt besiegt" (*Joh* 16,33).

Die heilige Jungfrau und Mutter des Erlösers, die ihr in der Kathedrale unter dem Namen „Maria Maggiore" verehrt, möge euch zur Seite stehen.

Beschützen und stärken mögen euch mit ihrem Beispiel die alten Märtyrer und Heiligen, die ihr in Potenza verehrt. Besonders sei euch der hl. Bischof Gerhard, der Patron der Diözese, nahe.

Zum Schluß dieses Treffens möchte ich von Herzen alle Anwesenden segnen, eure Versammlung, euren synodalen Weg, eure Diözese, eure Priester, Ordensfrauen und Ordensmänner und vor allem euren Erzbischof. Ihn und alle anwesenden Bischöfe lade ich ein, den Schlußsegen mit mir zusammen zu erteilen.

3. Pastoralbesuch in Portugal (10. bis 13. Mai)

Ein neues Morgenrot zieht herauf

Ansprache bei der Ankunft auf dem Flughafen in Lissabon am 10. Mai

Herr Präsident der Republik,
Herr Premierminister,
Herr Kardinal-Patriarch von Lissabon,
meine Herren Bischöfe,
liebe Brüder und Schwestern!

1. Mit großer Freude kehre ich in das geliebte Portugal zurück und nehme von Herzen die Einladung der Zivilbehörden, des Herrn Präsidenten der Republik und des Herrn Kardinal-Patriarchen - im Namen der portugiesischen Bischöfe - an, einige Gegenden dieses Landes zu besuchen, insbesondere die Diözesen Angra do Heroismo auf den Azoren und Funchal auf Madeira, die ich 1982 nicht kennenlernen konnte.
Ich begrüße Sie alle mit Verehrung und Freundschaft. Im Geist besuche ich alle Orte und alle Söhne und Töchter dieser marianischen Erde: alle sollen fühlen, daß ich ihnen nahe bin, ihrer Person und ihrem Leben, und daß ich als Bote des Heils und der Liebe Gottes zu ihnen komme. Vor allem den Armen, den Kranken, den Betagten und den Verlassensten mögen meine herzlichen Wünsche und mein Gebet Trost schenken. Sie alle umarme ich von hier aus.
Der Aufforderung gehorchend, die Jesus Christus an den Apostel Petrus richtete - nämlich seine Herde zu weiden (vgl. *Joh* 21,16) -, komme ich, um in erster Linie den geistlichen und religiösen Anliegen der Menschen - aller Männer und Frauen - zu dienen, die hier unter der Vatersorge Gottes ihre Berufung in der Geschichte verwirklichen. Ich komme, um der Kirche zu dienen, die in dieser Nation die katholische Einheit des Volkes Gottes aufbaut und festigt durch die Verkündigung und Verwirklichung der transzendenten Würde und der herrlichen Freiheit der Kinder Gottes. Ich komme, um meine Brüder zu stärken (vgl. *Lk* 22,32); um sie im festen Glauben zu bewahren, sie in der Hoffnung zu ermutigen und ihre Bande der Liebe zu kräftigen.

2. Besonders freut es mich, daß ich mit den erwähnten autonomen Regionen Portugals direkten Kontakt aufnehmen kann. Sie wurden von den genialen portugiesischen Seefahrern entdeckt, die das Licht des Evangeliums mit sich trugen, ein Licht, das die Träume, die Erfahrungen und Initiativen früherer Generationen erleuchtete. Es stärkte die Wurzeln des Glaubens und der vor Jahrhunderten von der gemein-

samen Heimat ererbten Kultur, wie es sich weiterhin in den großen Mühen des Alltags bei der heutigen Generation bestätigt.
Ja, die Völker machen Fortschritte dank der Arbeit, der Solidarität, der Treue zu den Gesetzen des Blutes und durch die Gnade, und je mehr sie die großen Werte achten, in denen sie erzogen wurden, desto harmonischer und friedlicher wird ihre Entwicklung sein.

3. Portugal wurde christlich geboren! Die Generationen eurer Vorfahren haben ihr Leben vom Evangelium durchdringen lassen. Sie haben euch eine Kultur überliefert, die bereichert wurde durch die ständige Begegnung des christlichen Glaubens mit den verschiedenen Völkern, welche die Geschichte Europas und der Welt gestalteten. Möge mit Gottes Hilfe der Besuch, den ich nun beginne, euch Gelegenheit geben, die christliche Botschaft mit besonderer Aufmerksamkeit zu vernehmen und euer persönliches, familiäres und gesellschaftliches Leben durch die Kraft der Wahrheit und die erhabenen Ideale, die eine Nation adeln, zu erneuern.
Portugal war einst die Kanzel der Frohbotschaft Jesu Christi für die Welt. Auf unsicheren Schiffen trugen geisterfüllte Herolde diese Botschaft in die Ferne. Heute bin ich gekommen, um von der gleichen Kanzel aus das ganze Volk Gottes zur Evangelisierung aufzufordern, sei es, um jene, die den Herrn bereits kennen, ihm immer ähnlicher zu machen, sei es als Erstverkündigung an die zahllosen Männer und Frauen, die das Heil in Christus noch nicht kennen.
Liebe Brüder und Schwestern, könntet ihr, deren Leben seit Jahrhunderten vom Christentum erhellt wird, heute zögern, euch mit Christus für eine neue ruhmreiche Seite eurer Geschichte zu engagieren? Wenn ihr fern von Gott nicht glücklich sein könnt, dann könnt ihr es auch fern von den Menschen nicht sein. Möge heute jeder von euch in der Begegnung mit den vielen nach Gott hungernden Menschen zum mutigen Zeugen des Evangeliums Jesu Christi werden! Portugal, ich rufe dich zur Mission auf!

4. Angesichts der Umwälzungen, die vielerorts die einzelnen Kontinente erschüttern, und des beschleunigten Rhythmus der Umwertung aller Dinge, wodurch die Sicherheit und sogar das Leben der Nationen bedroht werden, mache ich mir die Hoffnung zu eigen, die den hl. Augustinus beim Angriff der Vandalen auf die Stadt Hippo erfüllte: „Habt keine Angst, liebe Söhne und Töchter [versicherte ihnen der heilige Bischof], das ist nicht der Untergang einer alten Welt, sondern der Beginn einer neuen Welt!"
Am Himmel der Geschichte scheint ein neues Morgenrot heraufzuziehen, das die Christen einlädt, in einer Welt, die ein ungeheures Bedürfnis nach Christus, dem Erlöser, hat, Licht und Salz zu sein.

5. Ich bin auch nach Portugal gekommen, um zum zweiten Mal Fatima zu besuchen und der Muttergottes für den Schutz zu danken, den sie während dieser Jahre, in denen sich rasche und tiefgreifende gesellschaftliche Umgestaltungen vollzogen, der Kirche gewährte, so daß sich jetzt für viele von atheistischen Ideologien unter-

drückte Völker, denen die Ausübung ihres Glaubens verwehrt war, neue Hoffnungen auftun.
Zu diesem Heiligtum drängt mich darüber hinaus das Verlangen, der Jungfrau-Mutter nochmals für den besonderen Schutz zu danken, der mir beim Attentat auf dem Petersplatz vor genau zehn Jahren, am 13. Mai 1981, das Leben rettete.
Mit Freude werde ich gemeinsam mit Maria mein *Magnifikat* zum Herrn der Geschichte aufsteigen lassen, der sich „von Geschlecht zu Geschlecht über alle [erbarmt], die ihn fürchten" (*Lk* 1,50).
Schon jetzt danke ich aus ganzem Herzen allen, die mich - in der Nähe oder in der Ferne - zu den Füßen der Muttergottes begleiten werden, um über die Botschaft von Fatima nachzusinnen: sie ist eine Einladung zur Bekehrung der Herzen, zur Reinigung von der Sünde, zum Gebet und zur Heiligkeit des Lebens.
Der Herrin und Mutter aller Generationen vertraue ich die guten Vorsätze und den Lebensweg unserer Generation - der des 20. und 21. Jahrhunderts - an, damit sie sich entschieden für die Erneuerung ihres Glaubens einsetze. Ich segne euch alle und bitte meinerseits jene, die dazu in der Lage sind, sich meinen Gebeten anzuschließen, damit die Welt erneut dem Evangelium begegnen und Gott über allen Völkern das klare Licht Jesu Christi aufleuchten lasse.

Die Achtung des Gewissens ist ein absolutes Prinzip

Ansprache an das Diplomatische Korps in der Nuntiatur in Lissabon am 10. Mai

Exzellenzen,
meine Damen und Herren!

1. Der Wunsch, die oft wiederholte Einladung der christlichen Gemeinden der Azoren und Madeiras anzunehmen, hat mich erneut in dieses Land geführt, das uns heute seine Gastfreundschaft beweist. Im Rahmen der Fünfhundertjahrfeier der Evangelisierung und der Begegnung der Kulturen besuche ich freudig und bewegt diese westlichsten Gebiete Europas, von denen in den ersten Jahren des 15. Jahrhunderts die Seefahrten in den Südatlantik und nach Amerika ausgingen.
Besondere Bedeutung messe ich dieser Begegnung mit Ihnen, den akkreditierten Gestaltern der guten Beziehungen zwischen den Völkern bei. Der Heilige Stuhl betrachtet Ihre vornehmen und vielschichtigen Aufgaben - die Förderung immer menschlicherer internationaler Beziehungen - mit Sympathie und fühlt sich verpflichtet, an Ihrer diplomatischen Sendung Anteil zu nehmen und sie zu unterstützen. Ich danke Ihrem Dekan, Erzbischof Luciano Angeloni, für den herzlichen Willkommensgruß und für die höflichen Wünsche, die er an mich gerichtet hat. Mein respektvoller und solidarischer Gruß gilt den Staaten, deren würdige Vertreter im Ausland Sie sind; außerdem grüße ich alle hier anwesenden Damen und Herren.

2. Ich danke Ihnen für die Aufmerksamkeit und das freundschaftliche Verständnis, das Sie dem Wirken des Hl. Stuhles zur Förderung der internationalen Beziehungen,

wie auch den grundlegenden Prinzipien geschenkt haben, die es leiten. Diese Grundsätze fügen sich in den umfassenderen Rahmen der Soziallehre der Kirche ein. Das Jahr 1991, in dem wir das hundertste Jubiläum der Enzyklika *Rerum novarum* unseres verehrten Vorgängers Leo XIII. feiern, ist dieser Soziallehre ganz besonders gewidmet. Die Enzyklika *Rerum novarum* war das grundlegende Dokument für die Entwicklung der Soziallehre und der sozialen Pastoral der Kirche in unserer Zeit. Der jüngste Ausdruck dafür ist die kürzlich veröffentlichte Enzyklika *Centesimus annus.*
Unser Lehramt gründet sich in sozialen Belangen auf den Menschen, inspiriert sich an ihm und betrachtet ihn als Protagonisten für den Aufbau der Gesellschaft. Es handelt sich also um den nach Gottes Bild und Gleichnis geschaffenen Menschen, der dazu berufen ist, im persönlichen und gesellschaftlichen Leben dieses Bild wiederzugeben. So betrachtet, stellt die Kirche ein Ideal der auf den Menschen hingeordneten, solidarischen Gesellschaft dar, für die Transzendenz geöffnet, so daß ihm geholfen wird, die Wahrheit zu entdecken, die ihn inmitten der verschiedenen Programme der vorherrschenden Ideologien glücklich macht.

3. Der Einsatz und die Sendung der Kirche im Interesse einer ausgeprägteren politischen Ethik - heute umso notwendiger, als man über die verschiedensten technischen Mittel verfügt - veranlaßt mich, Ihnen die persönlichen und gesellschaftlichen Rechte des Menschen in Erinnerung zu rufen. Die Respektierung dieser Rechte muß immer restlos gewährleistet sein, nicht nur aus politischen Gründen, sondern aufgrund der hohen Achtung, die jedem gebührt, weil er Geschöpf Gottes ist, mit einzigartiger Würde ausgestattet und für eine transzendente Bestimmung ausersehen! Jede Beleidigung eines Menschen ist gleichzeitig eine Beleidigung Gottes, für die man vor ihm, dem gerechten Richter aller Handlungen und Absichten, Rechenschaft ablegen muß.
Was die Rechte des Menschen betrifft, so möchte ich das Recht der Gewissensfreiheit hervorheben. Es ist einzig an die Wahrheit gebunden, die natürliche und die geoffenbarte Wahrheit. In einigen Ländern nämlich treten neue Formen von Fundamentalismus und Intoleranz in Erscheinung. Im Namen pseudoreligiöser, rassischer und auch staatlich bedingter Beweggründe verletzen sie die Würde der Person, die Glaubensfreiheit und die kulturelle Identität und beeinträchtigen somit das gegenseitige menschliche Verstehen. „In einer Welt wie der unseren, in der die Bevölkerung eines Landes selten nur einem Volk oder nur einer Religion angehört, ist es für den inneren und internationalen Frieden äußerst wichtig, daß die Achtung vor dem Gewissen eines jeden als absolutes Prinzip gilt". (*Neujahrsansprache an das Diplomatische Korps beim Hl. Stuhl 1991, O.R., dt.*, 18.1.1991, 8). Ihre Länder werden erstarken, wenn sie die Achtung anderer, sowie die Kenntnis anderer Kulturen und Religionen und ein ausgewogenes Verständnis für die bestehenden Verschiedenheiten durch eine sorgsame Erziehung fördern.

4. Exzellenzen, meine Damen und Herren!
Meine herzlichsten Wünsche gelten den Völkern, die Sie vertreten, den Autoritäten, von denen Sie ernannt wurden, Ihnen selbst, Ihren Mitarbeitern und Ihren Familien. Ich versichere Sie meines Gebetes zu Gott, dem Vater aller Menschen, damit das Licht und die Kraft des Allerhöchsten die großmütige Zusammenarbeit der Kräfte des Geistes, des Willens und der Kreativität möglich machen, die das heutige Zusammenspiel der Nationen erfordert.

Die Gesellschaft muß erneut verchristlicht werden

Predigt im Restelo-Stadion in Lissabon am 10. Mai

1. „Mir ist alle Macht gegeben im Himmel und auf der Erde" (*Mt* 28,18).
Christus sprach diese Worte am Ende seiner messianischen Sendung auf Erden, im Augenblick seiner Rückkehr zum Vater. Er ist der Menschensohn, der Sieger über den Tod, der ihm von den Menschen am Holz des Kreuzes auferlegt worden war. Wir sehen ihn jetzt auf dem Berg der Himmelfahrt als Auferstandenen. An der durchbohrten Seite, an Händen und Füßen trägt er noch die Zeichen seiner Kreuzigung. Gerade sie sind Zeichen seiner Macht.
Diese seine Macht läßt sich nicht mit den Maßstäben irdischer Macht messen. „Mein Königtum ist nicht von dieser Welt" (*Joh* 18,36), sagte er zu Pilatus. Damit bejahte er gleichzeitig, daß er König war, seine Untertanen jedoch die Jünger der Wahrheit waren: „Jeder, der aus der Wahrheit ist, hört auf meine Stimme" (*Joh* 18,37).
In dem Augenblick, in dem er die Welt verließ, um zum Vater zurückzukehren, offenbarte er den Jüngern die Ausschließlichkeit seines Reiches, das keine Grenzen kennt: die „Macht im Himmel und auf der Erde" gehört restlos und ausschließlich ihm! Als Gott besitzt er sie seit ewig; als Mensch, als Menschensohn und Erlöser der Welt hat er sie erworben.

2. Liebe Brüder und Schwestern, in der Ausübung und kraft dieser seiner Macht sendet der Herr die Apostel in alle Welt hinaus: „Geht zu allen Völkern, ... tauft sie auf den Namen des Vaters und des Sohnes und des Heiligen Geistes, und lehrt sie, alles zu befolgen, was ich euch geboten habe." Und er fügt hinzu: „Ich bin bei euch alle Tage bis zum Ende der Welt" (*Mt* 28,19-20).
Die Eucharistie - Gedächtnis und Vergegenwärtigung der Anwesenheit Christi inmitten der Seinen bis zu seiner glorreichen Wiederkunft -, die hier, in der Hauptstadt Portugals, gefeiert wird, bietet uns heute eine gute Gelegenheit, um dem Vater dafür zu danken, daß er uns seinen Sohn geschenkt und daß er in dieser Nation - die vor allem in missionarischer Hinsicht wirklich ruhmreich ist - seine Macht so wunderbar entfaltet hat. Große Freude und Hoffnung erfüllen meine Seele, wenn ich euch, die Erben der ersten Aussaat des Evangeliums, betrachte, die in allen fünf Erdteilen

reiche Frucht getragen hat, weshalb man von den portugiesischen Christen sagen kann: „Ihre Botschaft geht in die ganze Welt hinaus" (*Ps* 19,5).
Mein achtungsvoller Gruß gilt dem Herrn Präsidenten der Republik und den anwesenden Autoritäten. Ich danke dem Herrn Kardinal-Patriarchen für die Worte des Willkommens, die eure Gefühle und Absichten zum Ausdruck bringen. Ihn und die anderen Mitbrüder im Bischofsamt, die an dieser Konzelebration teilnehmen, umarme ich in Liebe und Freude. Auch begrüße ich sehr herzlich jeden und jede einzelne von euch, liebe Brüder und Schwestern, die ihr im Restelo-Stadion anwesend seid: die Priester, Ordensleute, Diakone und Laien sowie alle, die sich uns über Radio und Fernsehen anschließen. Schließlich möchte ich allen Portugiesen, die fern ihrer Heimat und ihrer Familie leben, Hochachtung und Solidarität aussprechen: den Emigranten, den Missionaren und ihren Mitarbeitern in den verschiedenen, von Portugal getragenen Diensten: Der Papst wünscht euch in Christus das größtmögliche Glück.

3. Liebe Brüder und Schwestern! Beim auferstandenen Herrn waren die elf Apostel auf dem Berg in Galiläa. Er hatte ihnen im Abendmahlssaal mit folgenden Worten das Kommen des Heiligen Geistes versprochen: „Johannes hat mit Wasser getauft, ihr aber werdet schon in wenigen Tagen mit dem Heiligen Geist getauft" (*Apg* 1,5).
Die Apostel bewahrten die Taufe des Johannes und die von ihm im Volk wachgerufenen Erwartungen in Erinnerung. Als Kinder ihrer Nation verläßt sie der Gedanke an die Wiedererrichtung des Reiches Israel nicht. In jenem Augenblick, in dem sie den Herrn vom Reiche Gottes sprechen hören (vgl. *Apg* 1,3), fragen sie nach dessen Beginn: Wann wird dieses Reich kommen? Jesus lenkt jedoch ihre Gedanken auf ein anderes Reich. Es ist das ewige Reich Gottes, das mit dem Kommen des Messias in die Geschichte der Menschheit eingetreten ist und mit seinem Kreuz und seiner Auferstehung seine Gegenwart in dieser Geschichte bekräftigt.
Dieses Reich „im Himmel und auf Erden" erwartet die neue Taufe - die Taufe im Heiligen Geist: „Ihr werdet die Kraft des Heiligen Geistes empfangen, der auf euch herabkommen wird; und ihr werdet meine Zeugen sein in Jerusalem und in ganz Judäa ... und bis an die Grenzen der Erde" (*Apg* 1,8).

4. Ihr werdet meine Zeugen sein ... Das Reich Gottes, in Christus geoffenbart und durch sein Kreuz in der Geschichte der Menschheit verwurzelt, bedarf der Zeugen.
Die ersten Zeugen sind die Apostel. Nach ihnen kommen andere, so daß das apostolische Zeugnis für Christus, aus der Kraft des Geistes der Wahrheit gegeben, immer weitere Kreise zieht.
Eines Tages wurden auch eure Vorfahren in den Kreis der Evangelisierung miteinbezogen. Tatsächlich war die Kirche anscheinend schon um die Mitte des dritten Jahrhunderts hier regulär aufgebaut, was darauf schließen läßt, daß die Verkünder der Frohbotschaft sehr bald euer Land erreichten und seine Bewohner im christlichen Glauben unterrichteten; sie wurden nach der Taufe durch die Kraft des Heiligen Geistes - d. h. durch die Kraft jener Macht, die Christus, der Erlöser des Menschen, im Himmel und auf Erden hat - in das trinitarische Leben Gottes eingeführt.

Die Familien nahmen den christlichen Glauben an, und durch sie wurde die ganze Gesellschaft christlich.
Dann kam der Augenblick, in welchem die Söhne und Töchter eures Landes dank des empfangenen Glaubens zu Verkündern der Frohbotschaft an andere Völker wurden. „In vorher nie befahrenen Meeren" (Luis de Camões *Os Lusîadas*, I,1) zeichneten sie neue Routen in westlicher und südlicher Richtung vor, umsegelten das Kap der Guten Hoffnung und landeten im Orient, wo sie Völkern und Kulturen begegneten, denen sie ihre christliche Seele mitteilten: auf den Kapverdischen Inseln, in Guinea, Angola, São Tomé und Prîncipe, Mosambik, Indien, Brasilien, China, Japan, Malaysien und Indonesien.
Trotz der Verschiedenheit der Berufung, welche die Kirche und die zeitliche Gesellschaft voneinander unterscheidet (vgl. *Gaudium et spes*, Nr. 39), können wir sagen, daß damals die Geschichte der Nation zugleich Geschichte des Heils war. Dank der Macht des auferstandenen Herrn „fehlte es in diesem kleinen lusitanischen Haus nicht an mutigen Gesten" (*Os Lusîadas*, VII,14). Sie wurden von den neuen Jüngern des Herrn vollzogen: vom hl. Johannes de Brito, dem hl. Franz Xaver, dem sel. Ignaz de Azevedo und seinen Schülern, dem sel. Josef von Anchieta, dem ehrw. Gonçalo da Silveria, den Priestern Manuel da Nóbrega und Anton Vieira und vielen anderen, insbesondere von Mitgliedern der verschiedenen Ordensfamilien, die sich der Evangelisierung widmeten. Von der Kraft des Heiligen Geistes angespornt, wurden sie zu Zeugen des Heilsgeschehens. Sie gingen hinaus und verkündeten fernen Völkern und Ländern: „Jauchzt vor Gott, alle Länder der Erde! Spielt zum Ruhm seines Namens" (*Ps* 66,1-2). Diese unsere Konzelebration fügt sich gut in das Gedenken der fünfhundertjährigen Evangelisierung und Begegnung der Kulturen ein, die zur Bildung der großen, weltumspannenden Familie beitrugen, einer Familie, die in unseren Tagen eine immer greifbarere Wirklichkeit wird.
Der Same des Evangeliums hat tatsächlich in der Erde Portugals tiefe Wurzeln geschlagen und reiche Früchte getragen. Den Blick auf die „,äußersten Enden der Erde' [gerichtet, die] ... sich immer mehr entfernen" (*Redemptoris missio*, Nr. 40), möchte der Nachfolger Petri in dieser Stadt - die fünfhundert Jahre lang so viele Missionare und Missionarinnen abreisen sah - seine geliebten portugiesischen Brüder und Schwestern teilnehmen lassen an seiner Sorge und seinem Mitleid mit den nach Christus hungernden Menschenmengen.
Heute seid ihr die Zeugen des auferstandenen Christus: ihr, die ihr, jeder seiner Berufung gemäß, das Wort Gottes vernehmt und aufnehmt, die ihr so oft schweigend für die Frohbotschaft Jesu, unseres Herrn, Zeugnis ablegt, für Christus den König, der mit seinen ausgebreiteten Armen die müden Schritte der Menschen unseres Jahrhunderts auf sein gütiges und demütiges Herz (vgl. *Mt* 11,29) hinweisen will; haben doch diese Menschen sehr oft, um alles zu haben, Gott vergessen! Der Weg, der zum Geist und zum Herzen der Menschen führt, unterliegt der Macht Jesu Christi, ihm, der an der Seite, an den Händen und Füßen die Zeichen seines Erlösertodes am Kreuz trägt.

5. Das Evangelium ist in euer Land gekommen und hat es nie mehr verlassen. In alle Welt und zu anderen Völkern hinausgetragen, ist es dennoch bei euch geblieben. Wir nehmen jedoch heute, nach so vielen Jahrhunderten, überall und besonders in Europa die Notwendigkeit einer Rückkehr des Evangeliums wahr. Das Gesellschaftsgefüge muß erneut verchristlicht werden. Wir sind überzeugt, daß das tiefste Sehnen des Menschen in Christus - und nur in ihm - eine entsprechende und volle Erfüllung finden kann.
Die katholische Kirche kann sich dem ausdrücklichen Auftrag Christi, die Liebe Gottes zu den Menschen und ihr Heil in Jesus Christus, seinem Sohn, zu verkünden, nicht entziehen. Sie erfüllt diesen Auftrag, indem sie sich „an den Menschen im vollen Respekt vor seiner Freiheit [wendet]. Die Mission bezwingt die Freiheit nicht, sondern begünstigt sie. Die Kirche schlägt vor, sie drängt nichts auf. Sie respektiert die Menschen und Kulturen, sie macht Halt vor dem Heiligtum des Gewissens. Vor denen, die sich unter den verschiedensten Vorwänden der Missionstätigkeit widersetzen, wiederholt die Kirche: Öffnet Christus die Türen!" (*Redemptoris missio*, Nr. 39). Er verkündete ohne Zaudern, daß er die Wahrheit war (vgl. *Joh* 14,6) und gab die Gewähr, daß diese Wahrheit uns befreien würde (vgl. *Joh* 8,32). Wir wissen, daß durch Jesus, der gekreuzigt wurde, gestorben und auferstanden ist, die vollständige und echte Befreiung vom Bösen, von Sünde und Tod Wirklichkeit wird. In ihm schenkt Gott das „neue", göttliche und ewige Leben. Das ist die „Frohe Botschaft", die den Menschen und die Geschichte der Menschheit umgestaltet und die zu kennen ein Recht aller Völker ist.

6. Einst konnte es den Anschein haben, als ob die Evangelisierung eine irgendwie den Missionaren vorbehaltene Aufgabe sei. Das II. Vatikanische Konzil, das die Evangelisierung als das Herzstück des kirchlichen Lebens betrachtete, wollte alle Gemeinden und alle Christen für die verantwortlich machen: „Die ... Kirche ist ihrem Wesen nach ‚missionarisch'" (*Ad gentes*, Nr. 2), und deshalb sollen „alle, die an Christus glauben, ... die apostolische Verantwortung als einen integrierenden Teil ihres Glaubens spüren, [um] anderen die Freude und das Licht zu vermitteln. Diese Verantwortung muß gewissermaßen zum Hunger und Durst werden, den Herrn bekanntzumachen, sobald sich der Blickwinkel auf die weiten Teile der nichtchristlichen Welt ausweitet" (*Redemptoris missio*, Nr. 40).
Ich fordere die christlichen Gemeinden - die Pfarreien, Gruppen und apostolischen Bewegungen - und alle ihre Mitglieder auf, die Dynamik der Evangelisierung zu intensivieren und nicht ihre Pflicht zu vernachlässigen, das Evangelium Christi den Personen und Milieus zu bringen, die es noch entbehren. Ihr müßt mutige Gläubige werden, von einem unzerstörbaren Glauben beseelt, den ein tiefes Innenleben ständig bereichert und der das Licht Christi mit immer größerer Intensität vor den Menschen aufleuchten läßt.

7. Ich bitte euch, ebenso kühn zu sein wie die Missionare der Vergangenheit und mit der gleichen Aufgeschlossenheit auf die Stimme des Geistes zu hören.

In diesen Tagen kehrt die Kirche in den Abendmahlssaal zurück. Dort, wo die Apostel gemeinsam mit Maria, der Mutter des Herrn, im Gebet versammelt waren (vgl. *Apg* 1,14), findet sich die ganze Kirche ein, die sich auf die Taufe vorbereitet: „In wenigen Tagen werdet ihr im Heiligen Geist getauft werden." Diese Taufe wird am Pfingstfest in Erinnerung gerufen und gelebt. „Auch wir, mehr noch als die Apostel, müssen vom Geist verwandelt und geführt werden" (*Redemptoris missio*, Nr. 92). Wir müssen erneut diese „Macht" erfahren, die Christus „im Himmel und auf der Erde" hat: die Macht, die in seinem Kreuz und seiner Auferstehung offenbar wurde. Wir müssen nochmals dieser heilbringenden „Macht" begegnen, damit sie vor unseren Augen die göttliche und menschliche Größe des Ostergeheimnisses des Erlösers offenbare.
Während das Jubiläum des Jahres 2000 näherrückt, müssen wir uns in den Dienst einer neuen Missionierung stellen in einer Welt, die den verschiedensten und oft tragischen historischen Ereignissen ausgesetzt ist. Christus lebt bei den Menschen; jenseits der Zeit und der Vergänglichkeit unserer menschlichen Welt, hat er uns doch versichert: „Ich bin bei euch alle Tage bis zum Ende der Welt."
Er ist bei uns. Amen.

Stark sein im Kampf gegen den Urheber des Bösen

Predigt beim Wortgottesdienst in Ponta Delgada, Insel Sankt Michael (Azoren) am 11. Mai

1. „Maria hat das Bessere gewählt, das soll ihr nicht genommen werden" (*Lk* 10,42).
Seit vielen Generationen ist das erwähnte „Bessere" auch euer Anteil geworden, und ihr nennt es begeistert und vertrauensvoll „den Herrn Christus, den Heiligen, den Herrn der Wunder" (*Ecce Homo*). Die Liebe und Anbetung, die ihr unserem Erlöser unter dem Bild des *Ecce Homo* entgegenbringt, hat sich immer mehr in eurem Leben verwurzelt - und es sind bereits fünfeinhalb Jahrhunderte, daß ihr mit dem Herrn Christus, dem Heiligen, zusammenlebt, der bei euch eine anziehende Bleibe findet ähnlich der im Haus des Lazarus und der beiden Schwestern Martha und Maria.
Von hier und diesem „Campo di San Francesco" aus richte ich mit dem Blick auf das Heiligtum des Herrn Christus, des Heiligen, meinen freundschaftlichen Gruß an alle Bewohner von San Michele und der übrigen Azoreninseln. Ich begrüße bei diesem Wortgottesdienst alle Anwesenden und wende mich vor allem ergeben an den Herrn Präsidenten der Republik und die örtlichen Autoritäten; brüderlich umarme ich auch euren Bischof Don Aurelio, dem ich von Herzen für seine Worte voll Zuneigung und Hoffnung für die Herde danke, die er in eurem Namen eben an mich gerichtet hat. Herzlich begrüße ich die Priester und die Ordensmänner und Ordensfrauen, sowohl jene, die ihre hochherzige Hingabe an Gott in eurer Mitte leben, als auch jene, die von hier aufgebrochen sind, um dem Gottesreich bei anderen zu die-

nen, die noch auf dieses Reich warten. Gestattet mir ein besonderes Wort des Segens und der Ermunterung an die Hospitalorden der Brüder vom heiligen Johannes von Gott und der Schwestern vom heiligsten Herzen Jesu in den fünf Jahren des Jubiläums, das sie bejahen, damit sie nie müde werden in der Verwirklichung und Verkündigung des Aufrufs zur Liebe, den der heilige Johannes von Gott, euer Mitbürger aus dem 16. Jahrhundert, ihnen hinterlassen hat: „Tut Gutes, Brüder!".
Doch wenn ich auf die zahlreichen Jugendlichen schaue, die hergekommen sind, um den Papst zu sehen und zu hören, so umfangen mein Herz und mein Wort sie in besonderer Weise: liebe Jugendliche, die ihr die Jünger Jesu des dritten Jahrtausends seid, ich umarme euch alle und einen jeden von euch und versichere euch gleich jetzt, daß die Botschaft, die ich euch bringe, mir vom Geist des Herrn eingegeben worden ist angesichts der Erwartungen und Bestrebungen zahlloser Jugendlichen aus aller Welt, die nach dem Glück suchen.

2. „Maria setzte sich dem Herrn zu Füßen und hörte seinen Worten zu" (*Lk* 10,39).
Das Evangelium bezeugt, daß große Massen zusammenströmten, um das Wort des „großen Propheten, den Gott seinem Volk gesandt hatte" (vgl. *Lk* 7,16) zu hören, so daß der Herr sogar die Notwendigkeit spürte, der offensichtlichen Not dieser Massen entgegenzukommen: „Sie sind schon drei Tage bei mir und haben nichts mehr zu essen. Wenn ich sie hungrig nach Hause schicke, werden sie unterwegs zusammenbrechen; denn einige von ihnen sind von weither gekommen" (*Mk* 8,2-3).
Die Lesung des heutigen Evangeliums bietet uns eine andere Szene: der Meister betritt ein Haus, wo er sich von Freunden aufgenommen weiß, um auszuruhen. Maria ist von seinen Worten beeindruckt, setzt sich zu seinen Füßen und hört ihn an und scheint dabei die häuslichen Aufgaben zu vergessen, in denen sie sicher tüchtig war, denn Martha zögert nicht, sich über diese Unterlassung zu beklagen. Jesus von Nazaret fühlte sich bei beiden Schwestern wohl, und er spricht in seiner Antwort an Martha von einem „besseren Teil", von Werten und Gedanken, die besser sind, weil niemand sie rauben kann: „Maria hat das Bessere gewählt, das soll ihr nicht genommen werden" (*Lk* 10,42).
Liebe Jugendliche, im Licht dieser Werteskala Jesu fordere ich euch auf, mit mir eure Bestrebungen zu prüfen, weil euch „großartige Vorschläge" gemacht werden, die sich in nichts auflösen und euch enttäuscht zurücklassen; auf der anderen Seite sind aber Aufgaben da, für die man gewiß schwierige Wege beschreiten muß, aber in der Gewißheit, dort etwas mehr Personalität zu gewinnen, die niemand euch rauben kann! Die Jugend ist eine Zeit des Sammelns für das Leben, eine Zeit der Ausbildung für die großen verantwortlichen Aufgaben von morgen. Hütet euch vor den Aufrufen einer Welt, die euer aufrichtiges und hochherziges Suchen nach Glück und Ausrichtung ausnützen und manipulieren möchte!

3. „Maria hat das Bessere gewählt, das soll ihr nicht genommen werden" (*Lk* 10,42).
Wieviel unnütze Anstrengungen, wieviel Enttäuschungen und Niederlagen sind zu beklagen, weil man sein Vertrauen und den Mittelpunkt seines Lebens außerhalb

Gottes verlegt hat! Er ist das Bessere. Wieviele Jugendliche suchen verzweifelt nach Glück, ohne sich bewußt zu werden, daß Gott allein das menschliche Herz wahrhaft sättigen kann. „Du hast uns für dich geschaffen, Herr - ruft der heilige Augustinus aus - und unruhig ist unser Herz, bis es ruht in dir” (*Bekenntnisse* I, 1). Dies ist die große Wahrheit, die dem Leben Sinn gibt, denn wir entstammen den Händen Gottes, und daher kann unsere Seele nur in Gott Ruhe und Glück finden.

Liebe Jugendliche, verlaßt auf eurem Lebensweg nicht den Herrn, der euch begleitet! Mein größter Wunsch für einen jeden von euch besteht darin, die Wege eurer Jugend mögen auf Christus treffen, „den wahren ebenso demütigen wie weisen Helden, den Propheten der Wahrheit und der Liebe, den Gefährten und Freund der Jugendlichen” (*Botschaft des Zweiten Vatikanischen Konzils an die Jugend*), den einzigen, der euch glücklich machen kann. Verlaßt ihn nicht, um falsche Götter anzubeten, die ohnmächtig sind und von euren Sorgen und Unruhen nichts wissen.

Jesus von Nazaret, und nur er kann diesen Hunger nach dem Absoluten, der in euren Herzen lebt, sättigen. Wenn ihr unbefangen an seiner Seite geht, wird sein Blick voll Liebe (vgl. *Mk* 10,21) auf euch ruhen. Und ihr braucht diesen seinen liebevollen Blick: er ist das schönste Fenster, das sich auf das Paradies hin öffnet. Ihr werdet dann die Erfahrung machen, daß ihr von Ewigkeit her geliebt seid, und euer Leben beginnt gleichsam neu: ihr werdet im Kontakt mit Gott wachsen. Der Weg dahin aber ist das Gebet. Lernt das Beten und betet; öffnet euer Herz und euer Bewußtsein für ihn, der euch noch besser kennt als ihr selbst. Sprecht mit ihm. Vertieft euch in das Wort Gottes, lest und meditiert die Heilige Schrift. So wie Maria, die „sich dem Herrn zu Füßen setzte und seinen Worten zuhörte” (vgl. *Lk* 10,39).

4. Durch euren Dialog mit Jesus, der „weiß, was im Menschen ist” (vgl. *Joh* 2,25), könnt ihr ebenso unbeschwert wie tief euren konkreten Lebensplan verstehen: „Was muß ich tun, damit mein Leben seinen vollen Wert und seine Bedeutung gewinnt?” Das ist eine grundlegende Frage, die sich allmählich einem jeden für sein Leben gerade in der Jugend stellt. Diese Frage solltet ihr euch selbst sowie euren Eltern und Erziehern stellen. „Ihr stellt euch solche Fragen manchmal ungeduldig und versteht gleichzeitig selbst, daß die Antwort darauf nicht übereilt oder oberflächlich sein darf ... Es geht hier um eine Antwort, die das ganze Leben betrifft” (*Apostolisches Schreiben zum internationalen Jahr der Jugend*, Nr. 3). Entzieht euch nicht dieser Frage, und unterdrückt sie nicht in eurem Leben, denn in ihr erfahrt ihr euch als Herren und Gestalter eures Schicksals. Sie ist Ausdruck eurer Entwicklung.

In der Botschaft, die ich in diesem Jahr an euch gerichtet habe, habe ich euch aufgefordert, eure Würde und Größe als Kinder Gottes zu betrachten: „Ihr habt den Geist empfangen, der euch zu Söhnen macht, den Geist, in dem wir rufen: Abba, Vater (*Röm* 8,15). Wie sollte man nicht angesichts dieser atemberaubenden Berufung staunen! Der Mensch - ein geschaffenes und begrenztes Wesen, ja ein Sünder - ist dazu bestimmt, Kind Gottes zu sein! ... Laßt euch von diesem heiligen Staunen durchdringen, und ein jeder von euch soll immer kindlicher Gott, unserem Vater anhangen” (*Botschaft an die Jugendlichen zum 6. Welttag der Jugend*, 1991, Nr. 1). Im Bewußtsein der Tatsache, daß Gott euer Schöpfer und Vater ist, müßt ihr ihn nach eurem Lebensplan fragen: „Was muß ich tun? Welches ist dein Plan für mein Leben, dein Entwurf als Schöpfer und Vater? Welches ist dein Wille für mich? Ich möchte ihn erfüllen". So wird die Lebensentscheidung, die ihr vorbereitet und überlegt, aus eurem tiefsten Inneren hervorgehen und der Berufung entsprechen, die Gott euch geschenkt hat, denn da das Leben ein Geschenk des Allerhöchsten ist, kann es sich nur in der Antwort auf einen Ruf von oben, der sich im Geheimnis eures jugendlichen Herzens vernehmen läßt, ganz verwirklichen.

5. Welches kann nun die Botschaft sein, die Gott eurem Herzen zuspricht?
Hört den Liebesjünger Christi, den Apostel Johannes, der in den eben vernommenen Worten seines Briefes sagt: „Ich schreibe euch, ihr Kinder, daß ihr den Vater erkannt habt ... Ich schreibe euch, ihr jungen Männer, daß ihr stark seid, daß das Wort Gottes in euch bleibt und daß ihr den Bösen besiegt habt" (*1 Joh* 2,14). Diese fast zweitausend Jahre alten Worte sind kräftig; sie wollen euch ermuntern und gleichzeitig herausfordern.
Tatsächlich lebt in euren Herzen das Verlangen nach echter Brüderlichkeit unter den Menschen: der Mensch ist der Nächste des anderen; er ist Bruder und Schwester für den Mitmenschen! Dieses euer Verlangen nach Brüderlichkeit bezeugt aber nun die Tatsache, daß ihr „den Vater erkannt habt", denn nur dann sind die Menschen Brüder, wenn es einen Vater gibt; dies aber hat uns Jesus Christus kundgemacht, als er uns aufforderte zu beten: „Vater unser im Himmel" (vgl. *Mt* 6,9). Das Gebet des Vaterunsers faßt die Frohbotschaft Jesu von Nazaret zusammen, die wundersamer Weise in den tiefsten und umfassendsten Bestrebungen der heutigen Menschheit Leben gewinnt. Der Apostel schreibt, daß ihr jungen Männer stark seid, weil das Wort Gottes in euch bleibt und in eure Herzen Liebe eingießt, Wohlwollen, Achtung vor dem Mitmenschen, seinem Leben, seiner Würde und seinem Gewissen. Wenn „ihr den Vater kennt", seid ihr stark, denn ihr vermögt unter den Menschen Brüderlichkeit aufzubauen.
Ihr seid stark auch für den Kampf: nicht für den Kampf gegen den Menschen, wohl aber gegen das Böse, oder besser, um ihn beim Namen zu nennen, gegen den ersten Urheber des Bösen: ihr seid stark für den Kampf gegen den Bösen. Seine Taktik besteht darin, daß er sich nicht offen zeigt, damit „das von ihm von Anfang an eingepflanzte Böse sich durch den Menschen selbst entwickelt, durch seine Systeme und die zwischenmenschlichen Beziehungen unter den Klassen und Nationen ... um immer mehr auch zur strukturellen Sünde zu werden. Damit sich der Mensch also in einem gewissen Sinn von der Sünde ‚befreit' fühlt und zugleich immer mehr in ihr versinkt" (*Apostolisches Schreiben zum Internationalen Jahr der Jugend*, Nr. 15). Wir müssen notwendig ohne Unterlaß zu den Wurzeln des Bösen und der Sünde hinabsteigen und ihre verborgenen Mechanismen aufdecken. Jugendliche, ihr seid stark, und ihr werdet den Bösen besiegen, wenn „das Wort Gottes in euch bleibt". Auf diese Weise wird es euch schrittweise gelingen, die Welt zu ändern und umzuwandeln, so daß sie menschlicher und brüderlicher wird und auf eine Kultur der Liebe hinsteuert.

6. Liebe Jugendliche, meine Freunde, wenn ihr zwischen Liebe und Egoismus zu wählen habt, erinnert euch an das Beispiel Christi und entscheidet euch mutig für die Liebe. So wird eure Lebensentscheidung nach dem Willen Gottes eure Berufung zur Liebe verwirklichen ... Die Liebe ist die einzige Berufung des Menschen, und sie kann entweder in der Ehe oder in der gänzlichen Hingabe seiner selbst für das Himmelreich verwirklicht werden. Ich wiederhole heute erneut, was ich in Santiago de Compostela gesagt habe: „Jugendliche, fürchtet euch nicht, Heilige zu sein! Wagt den Höhenflug und gehört zu denen, die für Kinder Gottes würdige Ziele anstreben" (*Botschaft an die Jugendlichen zum 6. Welttag der Jugend*, 1991, Nr. 3). Im Mittelpunkt eures Tuns soll Christus stehen! Folgt ihm und ahmt ihn nach!
Mit ihrem in den Herrn verliebten und von ihm angezogenen Herzen spüren einige von euch, daß Jesus sie zu seiner engeren Nachfolge einlädt und alles von ihnen fordert. Habt keine Angst, und wenn er es von euch will, schenkt ihm euer Herz und euer ganzes Leben. Kirche und Welt von heute haben einen enormen Bedarf an der Zeugniskraft einer bräutlichen Liebe zu Christus. Dem entsprechen die Berufungen zu einer besonderen Weihe an Gott, zum Priestertum und zum Leben nach dem Evangelium mit seiner Radikalität der Keuschheit, der Armut und des Gehorsams, sowie zur Weihe für das missionarische Leben. In diesen Berufungen übernehmen Mann oder Frau aus Liebe zum Reiche Gottes als ihr persönliches Lebensprogramm das Programm, das Christus selbst auf Erden verwirklicht hat.
Euch allen und einem jeden von euch Jugendlichen möchte ich sagen: Sollte ein solcher Ruf dein Herz treffen, unterdrücke ihn nicht, höre auf den Meister, der sagt: „Folge mir nach!" Du hast dann ein begeisterndes Leben, reich an Früchten, vor dir, eben das „Bessere, das niemand dir nehmen kann"!

7. Christus - Ecce Homo: „Der Herr Christus, der Heilige, der Wunder tut", hat „Worte ewigen Lebens" (*Joh* 6,68). Sie bekräftigen die von jedem Menschen erfahrene Wahrheit: die Wahrheit von der Hinfälligkeit der Welt. Zugleich aber zeigen diese Worte und vor allem sein Kreuz und seine Auferstehung die Wahrheit vom ewigen Leben: „Wer ... den Willen Gottes tut, bleibt in Ewigkeit" (*1 Joh* 2,17).
Liebe Brüder und Schwestern, wenn ich euch für die heutige Begegnung danke, ist es mein tiefer Wunsch, daß ihr nicht taub bleibt für den Anruf, der euch vom Wort Gottes her erreicht. Mögen eure Herzen für das Leben in Gott reif werden, dieses „Bessere", das euch niemand nehmen kann. Amen.

Die Kirche lebt von der Eucharistie

Predigt bei der heiligen Messe in Angra auf der Azoreninsel Terceira am 11. Mai

1. „Da gingen ihnen die Augen auf, und sie erkannten ihn" (*Lk* 24,31).
In der Osterzeit kommt die Kirche häufig auf den Weg nach Emmaus zurück. Heute führt uns auch hier auf den Azoren die Liturgie dorthin, und die Worte des Evangeliums lassen uns an die Stunde denken, da sich auch unsere Augen geöffnet und

Jesus Christus erkannt haben. Liebe Brüder und Schwestern, es sind bereits fünf Jahrhunderte vergangen, seit eure Vorfahren als Jünger Jesu diese Inseln erreicht und bevölkert und damit den Weg nach Emmaus mit dem auferstandenen Herrn bis hierher verlängert haben, denn Er war der Führer, die Wahrheit und der Lehrmeister ihres Abenteuers, hinter dem das Drama und die Herrlichkeit des Kreuzes standen. Auch hier erkannten sie Jesus beim Brotbrechen und gaben diese Erkenntnis dann von Geschlecht zu Geschlecht weiter durch die christlichen Familien und Gemeinschaften, die hier Wurzel faßten.

So erhebt sich in meinem Herzen ein lebhafter Dank gegen Gott, weil es mir endlich möglich wurde, euch zu sehen und mit euch diesen Emmausweg zu gehen, der in der Eucharistiefeier seinen Höhepunkt findet. Einen dankbaren Gruß richte ich an die anwesenden Autoritäten, zumal an den Herrn Präsidenten der Republik und die Organe der regionalen Verwaltung, sowie an alle Menschen, die in dieser autonomen Region der Azoren mitten im atlantischen Ozean wohnen. Ich umarme besonders herzlich den Bischof Don Aurelio, dem ich meinen lebhaften Dank ausspreche, weil er mich zu einem Besuch bei euch eingeladen, aber auch weil er so herzliche Worte gefunden hat, als er eben eure Empfindungen und Wünsche aussprach. Ein herzlicher und brüderlicher Gruß gilt dann euch allen, liebe Bewohner der Azoren, die ihr gekommen seid, um mich zu empfangen und allen, die uns von nah und fern über die Medien der sozialen Kommunikation folgen. In euch grüße ich die Erben des geistigen und kulturellen Reichtums, den der Glaube an den auferstandenen Christus von Geschlecht zu Geschlecht immer mehr mit der Gnade des Evangeliums geprägt hat, und heute ermuntere ich euch, dieses Erbe zu bewahren und es als Sauerteig des Reiches Gottes in die Stadt der Menschen einzubringen.

2. Die Emmausgeschichte zeigt, wie die Wahrheit von der Auferstehung sich nur unter Schwierigkeiten ihren Weg bahnte auch in der Mentalität derer, die Jünger Christi waren. Sie verließen Jerusalem und „sprachen ... über all das, was sich ereignet hatte" (*Lk* 24,14); all das aber, was geschehen war, erfüllte sie mit Trauer und tiefer Enttäuschung. „Wir ... hatten gehofft, daß er der sei, der Israel erlösen werde" (*Lk* 24,21). Ihre Hoffnungen auf Jesus von Nazaret waren auf diese Erde beschränkt. Das gleiche Empfinden hatten auch all jene, die in seiner Nähe lebten. Die Lage ihres damals von den Römern beherrschten Vaterlandes ließ sie die Sendung des Messias in dieser Perspektive sehen: Er werde Israel von der fremden Besatzungsmacht befreien. Das war es, was sie von Jesus erwarteten, hatten sie doch die göttliche Kraft kennengelernt, die sich in seinen Werken und Worten machtvoll kundtat.

Dachten etwa die Autoritäten der Nation anders? Es genügt, an die Versammlung des Hohen Rates zu denken, in der das Todesurteil über Jesus gefällt wurde: Er schien ihnen gefährlich, weil er ein hartes Eingreifen der römischen Macht hätte verursachen können. „Ihr bedenkt nicht, daß es besser für euch ist, wenn ein einziger Mensch für das Volk stirbt, als wenn das ganze Volk zugrunde geht" (*Joh* 11,50).

3. Bei den Jüngern, die ihn nicht erkannt hatten, als er auf dem Weg zu ihnen kam, versucht Jesus im Gespräch vor allem, ihre rein menschliche Denkweise zu ändern. Dazu greift er auf das „Wort der Propheten" zurück (vgl. *Lk* 24,25), angefangen mit Mose. Das Alte Testament zeigt, daß der Messias notwendig „all das erleiden mußte, um so in seine Herrlichkeit zu gelangen" (vgl. *Lk* 24,26). Die Heiligen Schriften enthalten das Wort Gottes: versucht daher, die Ereignisse der letzten Tage im Licht dieses Wortes zu verstehen, und deutet sie nicht mehr bloß menschlich.
Das Wort Gottes kündigte den Messias im voraus als den leidenden Knecht an, auf dem die Sünden aller Menschen lasteten. Dieses sühnende Leiden, das am Kreuz von Golgota seinen Höhepunkt erreichte, ist die volle Erfüllung des Wortes Gottes, wie es im Alten Testament geschrieben steht: es war notwendig, daß er all diese Leiden ertrug, um in seine Herrlichkeit einzugehen. Welches ist aber die Herrlichkeit des gekreuzigten Messias? Es ist die Herrlichkeit der Auferstehung von den Toten am dritten Tage, die Herrlichkeit des Triumphes über Sünde und Tod. Christus lebt bereits in der Herrlichkeit, auch wenn die Augen der Jünger noch unfähig waren, ihn zu erkennen.
Diese Situation der Blindheit bleibt bei den Jüngern von Emmaus bestehen bis zu dem Augenblick, da er auf ihre inständigen Bitten einging, mit ihnen ins Haus trat, sich zu Tisch setzte und das Brot mit ihnen brach. „Da gingen ihnen die Augen auf, und sie erkannten ihn" (*Lk* 24,31). Nun wurde es ihnen klar, daß sie mit dem auferstandenen Jesus gesprochen hatten, und sie sprachen zueinander: „Brannte uns nicht das Herz in der Brust, als er unterwegs mit uns redete und uns den Sinn der Schrift erschloß" (*Lk* 24,32)?

4. In der Geschichte der Emmausjünger zeigt sich das Wesentliche im Leben der Kirche: sie lebt von der Eucharistie und vom Wort Gottes. Das Wort Gottes ist Vorbereitung, um die Eucharistie tiefer zu leben, die Eucharistie aber bildet das „Sakrament der vom Glauben geöffneten Augen", das Sakrament des Glaubens an das Geheimnis Gottes, wie es in Christus geoffenbart ist. Diese „offenen Augen" für den Glauben an die Horizonte und Pläne Gottes führen auch euch zum Verständnis und zur vollen Erfüllung eurer Berufung und Sendung zum Dienste Christi in der Welt. Sie offenbaren euch eure Aufgabe und den Platz, der euch als Baumeister und Mitarbeiter Gottes beim Aufbau seines Reiches auf Erden zukommt.
Liebe Brüder und Schwestern, ich ermuntere euch, immer aktivere Mitglieder eurer kirchlichen Gemeinschaft zu werden. So entsprecht ihr eurer Berufung als Christen, die die Grundlagen ihres Glaubens bedenken und vertiefen. Die Aufgaben, die den Christen heute obliegen, sind zahlreich: wir alle müssen uns zusammentun, um der Welt ein glaubwürdiges Zeugnis vom Evangelium zu geben, um sichtbar die Gemeinschaft zu zeigen, zu der Christus die Glieder seines Leibes beruft.
Die Emmauserzählung endet mit der Rückkehr der beiden Jünger in den Abendmahlssaal. Enttäuscht hatten sie die Gemeinschaft verlassen, nun aber brachen sie „noch in derselben Stunde ... auf und kehrten nach Jerusalem zurück, und sie fanden die Elf und die anderen Jünger versammelt ... Da erzählten auch sie, was sie unterwegs erlebt ... hatten" (*Lk* 24,33-35). Wieviel haben diese brennenden Herzen nun

zu erzählen, wieviel können sie anbieten! Von den Christen von heute ist die gleiche Umwandlung des Lebens verlangt. Und für diese Region hier wünsche ich mir brennend, daß euer Diözesankongreß der Laien Mitte nächsten Jahres auch ein „Weg nach Emmaus" wird, um mit neuen Kräften und Mitteln gemeinsam die eine und gemeinsame Sendung aufzugreifen, nämlich das Evangelium zu verkünden und zu leben.

5. Liebe gläubige Laien, ihr besitzt eine besondere Berufung, die sich nicht in der Erfüllung der unerläßlichen Mindestforderungen an getaufte Christen erschöpft. Als gläubige Laien seid ihr berufen, Salz, Licht und Seele der Welt zu sein, ob ihr nun Familienväter und -mütter seid, Arbeiter, Professoren oder Studenten, Bauern, Fischer oder in irgendeinem anderen Beruf beschäftigt. So leben und arbeiten alle übrigen Männer und Frauen, nur daß ihr in der Erfüllung eurer Sendung bemüht seid, dabei für die Ewigkeit offen zu sein, darin den Willen Gottes zu erfüllen, eure Arbeit auf das Himmelreich auszurichten und sie in den Dienst des Menschen zu stellen, um endlich zu jener Fülle zu gelangen, die von Christus kommt, und den Bruch zwischen Evangelium und Leben zu überwinden. „Den Laien ist es aufgegeben, eine lebensmäßige Synthese zwischen dem Evangelium und den täglichen Pflichten ihres Lebens zu schaffen. Diese wird zum leuchtendsten und überzeugendsten Zeugnis dafür, daß nicht die Angst, sondern die Suche nach Christus und der Anschluß an ihn entscheidend sind für das Leben und Wachsen des Menschen sowie für das Entstehen neuer Lebensmodelle, die seiner Würde entsprechen" (*Christifideles laici*, Nr. 34).
Angesichts des materiellen Fortschritts, der die Stimme und den Anruf des Geistes auszulöschen droht, sollt ihr eure reiche Überlieferung an menschlicher Erfahrung und christlicher Weisheit bekräftigen. Ich denke an die grundlegende Rolle der Familie, an die Achtung vor den Alten, an die Sorge für die Kranken, an die Annahme anderer und die gegenseitige Solidarität, ich denke vor allem an die christliche Erziehung, an das Gebet in der Familie, an das tägliche Gebet des Rosenkranzes in euren Häusern ... Dieses menschliche und christliche Erbe hat bereits ganze Generationen geprägt und Heilige hervorgebracht. Denken wir an den Patron eurer Diözese, den seligen Giovanni Battista Machado. In der Bischofsstadt Angra getauft, verkündete er das Evangelium in Japan und bezeugte es dort durch sein Martyrium im Jahre 1617. Wie sollten wir ferner nicht an Bruder Bento de Gois denken, auch er ein Einwohner der Azoren, und an seine Reisen als echter Pionier in die geheimnisvollen Gegenden Tibets?

6. Was auf dem Weg nach Emmaus geschehen ist, kann auch als Einleitung zu dem gesehen werden, was die erste Lesung der heutigen Liturgiefeier aus der Apostelgeschichte uns über das Leben der christlichen Urgemeinde in Jerusalem sagt: „Sie hielten an der Lehre der Apostel fest ..., am Brechen des Brotes und an den Gebeten" (*Apg* 2,42).
Diese Gemeinde hatte sich nach dem Pfingsttag gebildet, als der Heilige Geist Augen und Herz öffnete, zuerst den Aposteln und dann durch ihr Zeugnis den neuen

Jüngern Christi. Von ihnen heißt es: Sie „bildeten eine Gemeinschaft ... Sie verkauften Hab und Gut und gaben davon allen, jedem so viel, wie er nötig hatte" (*Apg* 2,44-45). Von der sozialen Botschaft des Evangeliums angetrieben, verteilten sie ihre Güter unter die Armen in der Überzeugung, daß die Worte des Herrn: „Was ihr für einen meiner geringsten Brüder getan habt, das habt ihr für mich getan" (vgl. *Mt* 25,40), nicht bloß ein frommer Wunsch bleiben dürfen, vielmehr zu einer konkreten Tat des Lebens werden müssen. Der Sohn Gottes wählte den Tod und rettete alle Menschen; zugleich vereinte er sie untereinander und machte sie füreinander verantwortlich, denn keiner darf sich gegenüber dem Schicksal eines jeden anderen Gliedes der Menschheitsfamilie fremd oder gleichgültig fühlen.
Der heute verbreiteten individualistischen Mentalität müssen wir unsere konkrete Solidarität und Liebe entgegensetzen, die im Schoß der Familie mit der gegenseitigen Unterstützung der Eheleute beginnt und sich fortsetzt in der Aufmerksamkeit der einen Generation für die andere. Die Familie ist als Solidaritätsgemeinschaft gekennzeichnet. Oft kommt es freilich vor, daß ihr dann, wenn sie sich zum vollen Ja zur eigenen Berufung entscheidet, die ausreichenden Mittel und die wirksame Unterstützung für die Erziehung ihrer Kinder fehlen, oder daß sie das Notwendige für die Betreuung der Alten entbehrt, die sie, um die Bande zwischen den Generationen zu verstärken, im Schoß der Familie behalten möchte (vgl. *Centesimus annus*, Nr. 49).
Außer der Familie erfüllen zahlreiche Zwischeninstanzen erstrangige Aufgaben und bilden spezifische Netze der Solidarität, die das soziale Geflecht dynamischer machen und verhindern, daß jemand ins Anonyme fällt oder ein Opfer des Massenbetriebs wird, wie er in der modernen Gesellschaft leider häufig anzutreffen ist. Bei der Verteilung der Güter wird besonders der „Letzten" gedacht, derer, die Jesus, der Herr, besonders liebte und die auch die Kirche mit Vorzug betreut.

7. „Danket dem Herrn, denn er ist gütig, denn seine Huld währt ewig" (*Ps* 118,1). Heute singen wir gemeinsam hier auf den Azoren diesen österlichen Psalm der Kirche. Ihn haben schon die Jünger von Emmaus in ihren Herzen auf dem Rückweg nach Jerusalem gesungen, nachdem sie den auferstandenen Herrn beim Brotbrechen erkannt hatten. Später sangen ihn die Christen der Urgemeinde von Jerusalem um die Apostel geschart und nach ihnen die folgenden Gemeinschaften, die in der ganzen damals bekannten Welt entstanden. Von Geschlecht zu Geschlecht wurde dieser Kreis weiter. Das Christentum erreichte die iberische Halbinsel schon zur Zeit der Apostel, und viele Jahrhunderte später brachen von dort die Missionare zur neuen Welt auf. Dabei entfalteten sie zunächst auf diesen Inseln hier, die den äußersten Punkt Europas bilden, ein fruchtbares Wirken.
An zahlreichen Orten und in vielen Gemeinschaften findet immer wieder die Begegnung des Herrn mit den Jüngern auf dem Weg nach Emmaus statt. Die Kirche lebt vom Wort Gottes und der Eucharistie: die Augen des Herzens öffnen sich und erkennen den Herrn. Und wenn sie sich so für den Herrn öffnen, dann singen die Menschen einmütig das Osterlied der ganzen Kirche: „Danket dem Herrn, denn er ist gütig, denn seine Huld währt ewig."

Christus befreit die Menschen aus ihren Grenzen

Predigt bei der Eucharistiefeier in Funchal (Madeira) am 12. Mai

1. „Vom Vater bin ich ausgegangen und in die Welt gekommen; ich verlasse die Welt wieder und gehe zum Vater" (*Joh* 16,28). Dies sind Worte, die Christus am Tag vor seinem Leiden und Sterben am Kreuz gesprochen hat, als er sich im Abendmahlssaal von den Aposteln verabschiedete. „Ihnen hat er nach seinem Leiden durch viele Beweise gezeigt, daß er lebt" (*Apg* 1,3). Heute begeht die Kirche feierlich das Andenken an den vierzigsten Tag, der in dieser Liturgiefeier von Christi Himmelfahrt aktuell wird, wie wir im Antwortpsalm rufen: „Gott stieg empor unter Jubel" (*Ps* 47,6).

Die Rückkehr Christi zum Vater wird von den heiligen Schriftstellern zusammenfassend beschrieben. Nach dem hl. Markus wurde „Jesus, der Herr, ... in den Himmel aufgenommen und setzte sich zur Rechten Gottes" (*Mk* 16,19). In der Apostelgeschichte schreibt der Evangelist Lukas: Er wurde „vor ihren Augen emporgehoben, und eine Wolke nahm ihn auf und entzog ihn ihren Blicken" (*Apg* 1,9). Im Alten Testament war die Wolke ein Zeichen der Präsenz Gottes (vgl. *Ex* 13,21-22; 40,34-35), nun aber, da Jesus die sichtbare Welt verläßt, wird er von dieser Präsenz Gottes eingehüllt. Sein sichtbares Leben auf Erden ist zu Ende, und der menschgewordene eingeborene Sohn lebt nun im Schoß der heiligen Dreifaltigkeit mit dem Vater und dem Heiligen Geist.

Der hl. Paulus erläutert seinerseits im Epheserbrief das Geheimnis der Himmelfahrt wie folgt: „Wenn er aber hinaufstieg, was bedeutet das anderes, als daß er auch zur Erde herabstieg? Derselbe, der herabstieg, ist auch hinaufgestiegen bis zum höchsten Himmel, um das All zu beherrschen" (*Eph* 4,9-10). So erfüllten sich die Worte des Herrn: „Vom Vater bin ich ausgegangen und in die Welt gekommen; ich verlasse die Welt wieder und gehe zum Vater."

2. In der Himmelfahrt steigt Jesus hinauf, um alle Dinge zu erfüllen: die ganze Welt, und alle Geschöpfe, auch die Geschichte des Menschen.

So erklärt sich der letzte Auftrag, den Christus vor seiner Rückkehr zum Vater den Aposteln gab: „Geht hinaus in die ganze Welt, und verkündet das Evangelium allen Geschöpfen" (*Mk* 16,15). So schreibt der heilige Evangelist Markus, während der hl. Lukas in der Apostelgeschichte berichtet: „Wir sind Zeugen für alles, was er im Land der Juden und in Jerusalem getan hat" (*Apg* 10,39). Das Evangelium predigen bedeutet von Christus Zeugnis geben: von Ihm, der „umherzog, Gutes tat und alle heilte" (*Apg* 10,38), von Ihm, der für die Sünden der Welt gekreuzigt wurde, von Ihm, der auferstanden ist und für immer lebt.

Die Predigt des Evangeliums oder das Zeugnisgeben für Christus ist eine Verpflichtung aller im Heiligen Geist Getauften. Vor seinem Abschied betont der Herr Jesus ausdrücklich diese Tatsache, wenn er den Aposteln aufträgt, die Erfüllung der Verheißung des Vaters abzuwarten: „Johannes hat mit Wasser getauft, ihr aber werdet schon in wenigen Tagen mit dem Heiligen Geist getauft ... Ihr werdet die Kraft des

Heiligen Geistes empfangen, der auf euch herabkommen wird; und ihr werdet meine Zeugen sein" (*Apg* 1,5.8).

Die Kirche kann nur in der Kraft des Heiligen Geistes von Christus Zeugnis geben. Nur dank seiner Kraft kann sie wirksam das Evangelium allen Geschöpfen verkünden.

Die Himmelfahrt des Herrn ist innerlich mit Pfingsten verknüpft, und die Kirche widmet jedes Jahr die Tage zwischen den beiden Ereignissen der Novene zum Heiligen Geist, die im Abendmahlssaal zu Jerusalem begonnen hat. Dort haben die Apostel als Erste vereint mit der Mutter des Herrn diese Novene gehalten.

3. Jesus Christus ist in den Himmel aufgefahren, damit alle Dinge von ihm erfüllt würden. Diese Fülle der geschaffenen Welt kommt durch die Macht des Heiligen Geistes zustande, sie geschieht aber innerhalb der irdischen Geschichte der Menschen und Nationen: der Heilige Geist gestaltet in unsichtbarer, aber realer Weise das, was der hl. Apostel Paulus den Leib Christi nennt, von dem er folgendes sagt: „Ein Leib und ein Geist, wie euch durch eure Berufung auch eine gemeinsame Hoffnung gegeben ist; ein Herr, ein Glaube, eine Taufe, ein Gott und Vater aller, der über allem und durch alles und in allem ist" (*Eph* 4,4-6).

Auf diese Weise ist die Himmelfahrt des Herrn kein bloßer Abschied, sie ist vor allem der Beginn einer neuen Präsenz und eines neuen Heilshandelns: „Mein Vater ist noch immer am Werk, und auch ich bin am Werk" (vgl. *Joh* 14,10). Dieses Wirken in der Kraft des Heiligen Geistes, des Tröstergeistes, der am Pfingstfest herabkam, verleiht dem irdischen Leben der Menschheit in der sichtbaren Kirche göttliche Kraft. In der Kraft des Heiligen Geistes bestellt der zur Rechten des Vaters erhöhte Christus als Herr der Kirche die einen zu Aposteln, „andere setzt er als Propheten ein, andere als Evangelisten, andere als Hirten und Lehrer, um die Heiligen für die Erfüllung ihres Dienstes zu rüsten, für den Aufbau des Leibes Christi" (*Eph* 4,11-12).

4. Dies sind die wesentlichen Zeichen für die ständige Lebenskraft der Kirche. In den Worten des Paulusbriefes muß die Kirche aller Zeiten und überall ihre tiefste Identität finden.

In diesen Worten spiegelt sich die ehrwürdige Kirche von Funchal wider, die viele Jahre hindurch Mutter der christlichen Gemeinden gewesen ist, die in den Gebieten entstanden, wohin die portugiesischen Missionare kamen: in Afrika, im Orient und in Brasilien. Aus der Kathedralkirche von Funchal sind in diesen Jahren zahlreiche Ortskirchen hervorgegangen, die im Verlauf der Jahrhunderte und bis heute die Verkündigung des Evangeliums weiterführen und Christus in der Welt anwesend machen.

Der Papst umarmt heute herzlich diese liebe Diözese Funchal, die seit vielen Jahren - wie eben bemerkt wurde - mit allen Anwesenden darauf gewartet hat. Ich richte meinen ergebenen und dankbaren Gruß an die anwesenden Autoritäten, in besonderer Weise an den Präsidenten der Republik und die Organe der regionalen Verwaltung. Ich grüße euren Hirten, Don Teodoro, in ehrwürdiger Freundschaft und tiefer

Dankbarkeit für seine Einladung und die ausdrucksvollen Begrüßungsworte, die er zu Beginn dieser Feier an mich gerichtet hat. Herzlich grüße ich die Priester, die männlichen und weiblichen Ordensleute, die gläubigen Laien sowie alle Söhne und Töchter des Archipels von Madeira, die hier leben oder in die Fremde ausgewandert sind.
Als Touristenzentrum überall als „Perle des Atlantiks" bekannt wegen der großen Schönheit, mit der der Schöpfer die Landschaft dieser Inseln ausgestattet hat, aber auch wegen der gastfreundlichen Herzen ihrer Einwohner und des Geschenks von Ruhe und Gesundung, die man hier finden kann, ist euer Land für zahlreiche Männer und Frauen verschiedener Herkunft, Überlieferungen und Glaubensauffassungen ein begehrtes Ziel. Das bietet euch die Möglichkeit, das Leben dieser Menschen in ihrer Freizeit auf das Absolute Gottes auszurichten, auf das, „was im Himmel ist, wo Christus zur Rechten Gottes sitzt" (*Kol* 3,1). Die Christen haben nämlich eine grundlegende Rolle zu spielen, wo es darum geht, die Freizeit in den rechten und geistigen Rahmen zu stellen, so daß sie der Entfaltung der menschlichen Werte und dem Suchen nach Gott und der Betrachtung Gottes dient.

5. Es ist gewiß nicht ohne Bedeutung, daß der Herr der Geschichte der Menschheit unseres Jahrhunderts den Eintritt in die „Freizeitkultur" gestattet hat, die vielen die Möglichkeit neuer Lebensperioden neben der Zeit der Arbeit bietet, nämlich die Freizeit, die in vielen Ländern dank des Zeitalters der Technik an Dauer und Bedeutung bereits die Arbeitszeit übertrifft.
Der nach dem Bild Gottes geschaffene Mensch ist berufen, in seinem Leben sowohl die aktive Dimension des Schöpfers zu verwirklichen als auch die der ruhigen, fröhlichen und festlichen Begegnung mit seinen Werken: „Gott sah alles, was er gemacht hatte: Es war sehr gut ... Am siebten Tag vollendete Gott das Werk, das er geschaffen hatte, und er ruhte am siebten Tag" (*Gen* 1,31; 2,2). Wir können feststellen, daß unser Jahrhundert sich in der ersten Dimension als gewaltig erwiesen hat, in der zweiten aber viel zu wünschen übrig läßt. Daher hat sich der von der Technik geschaffene Fortschritt fast ausschließlich auf die „Beherrschung" der Natur und ihrer Schätze beschränkt, aber nicht in gleicher Weise die „Beherrschung" erreicht, zu welcher der Mensch im Hinblick auf sein eigenes Schicksal berufen ist. Wir stellen im Gegenteil einen ausgeprägten Verlust des Bewußtseins für das eigene Ich und seine Würde fest.
Leider tendieren gewisse Formen der produktiven Arbeit dahin, der Arbeit zugunsten ihrer technischen Effizienz ihre menschliche Dimension zu nehmen. Sie wird zu einer leblosen Praxis, beschränkt auf automatische Gesten und mechanische Bewegungen, die in einem verpflichtenden Rhythmus erfolgen müssen. Es fehlen die menschlichen Beziehungen, und in einer solchen Welt wird es schwierig, seine eigene Identität auszudrücken. So wird es unerläßlich, daß die Freizeit die Dimensionen des Menschlichen zurückgewinnt, die bei der Arbeit verlorengingen.

6. Die Freizeit muß dem Menschen vor allem die Möglichkeit bieten, echtes Menschsein auszuprägen, jenes des österlichen Menschen, den die Kirche verkündet

und bezeugt. In ihm leuchtet das neue Leben auf, das ihn von der Sünde befreit und ihm die Horizonte der Ewigkeit eröffnet, und er findet in Gott Ruhe nach dem Maß seines eigenen unruhigen Herzens (vgl. Augustinus, *Bekenntnisse* I, 1). Der Herr ruht ja als absolut gutes Sein in sich selbst, in seiner Fülle; der Mensch aber kann als Bild Gottes nur in Gott zur Ruhe kommen, in ihm findet er seinen Sinn und seine Heiligkeit.

Der österliche Mensch braucht keine falschen unendlichen Dinge oder Superlative des Allerschönsten, des Größten und des Aufregendsten, denn er weiß, daß seine unbegrenzte Freiheit in der Feier des Osterereignisses beschlossen und enthalten ist: Ostern enthält und schenkt jene Freiheit, die als innerstes Prinzip die Freizeit trägt. Aus solch österlichen Freiheit entsteht die Überlegenheit christlichen Lebens, die Ruhe verbreitet und schenkt bzw. zur Ruhe hinführt und sie anregt. „Als von Christus erlöst und im Heiligen Geist zu einem neuen Geschöpf gemacht, kann und muß der Mensch die von Gott geschaffenen Dinge lieben. Von Gott empfängt er sie, er betrachtet und schätzt sie als Gaben aus Gottes Hand. Er dankt seinem Wohltäter für die Gaben; in Armut und Freiheit des Geistes gebraucht und genießt er das Geschaffene; so kommt er in den wahren Besitz der Welt als einer, der nichts hat und doch alles besitzt. ‚Alles gehört euch, ihr aber gehört Christus und Christus Gott' (*1 Kor* 3,22-23)" (*Gaudium et spes*, Nr. 37).

So überläßt sich der neue Mensch in Würde, Kontemplation und Anbetung vertrauensvoll Gott in einem großen Fest der ganzen erneuerten Schöpfung. Er feiert den erneuerten Glanz und das volle Gutsein der Welt in Gott: der auferstandene Christus befreit in seiner unendlichen Gnade die Menschen aus ihren Grenzen. Ostern ist die Neuschöpfung der Welt und des Menschen. Das alles aber feiern wir sonntags in der Eucharistie: das Neue, das Schöpferische und das Ruhe Schenkende, bis zum „Kommen unseres Erlösers Jesus Christus" (Ordinarium der hl. Messe, nach dem Vaterunser).

7. „Ihr Männer von Galiläa, was steht ihr da und schaut zum Himmel empor? Dieser Jesus, der von euch ging und in den Himmel aufgenommen wurde, wird ebenso wiederkommen, wie ihr ihn habt zum Himmel hingehen sehen" (*Apg* 1,11).

Mit diesen Worten endet der Bericht über die Himmelfahrt des Herrn. Erst hatte Christus gesagt: „Ich werde euch nicht als Waisen zurücklassen, sondern ich komme wieder zu euch" (*Joh* 14,18), was man einzig auf die Erscheinungen während der vierzig Tage nach der Auferstehung beziehen könnte. Doch nein! Denn als er endgültig zum Vater aufstieg, sagte er: „Seid gewiß: Ich bin bei euch alle Tage bis zum Ende der Welt" (*Mt* 28,20).

Dieses „Ich bin bei euch" hat die Kraft des Namens Gottes. „Ich bin bei euch" als der Sohn des Vaters (oder zur Rechten des Vaters), und „Ich bin bei euch (das heißt bei der Kirche und der Welt) in der Kraft des Heiligen Geistes. Dank dieser Kraft hat unser Verbleiben im christlichen Glauben den Charakter des Wartens auf seine Wiederkunft: auf die zweite und endgültige Ankunft Christi, des Erlösers.

Dieses Warten ist aber nicht passiv zu verstehen: es bedeutet den Aufbau des Leibes Christi. Die Menschheit muß diesen endgültigen und eschatologischen „Leib" jenem

geben, der Leibesgestalt annahm als er im Schoß der Jungfrau Maria Mensch wurde. Wir warten daher nicht passiv auf seine Wiederkunft. In jedem Augenblick, ob du arbeitest oder Freizeit hast, daheim bist oder nach irgendwohin unterwegs, wenn du andere aufnimmst oder ihre Gastfreundschaft annimmst, immer bist du als Herold Christi unterwegs. Wir müssen „alle zur Einheit im Glauben und in der Erkenntnis des Sohnes Gottes gelangen, damit wir zum vollkommenen Menschen werden und Christus in seiner vollendeten Gestalt darstellen" (*Eph* 4,13).
Die Himmelfahrt des Herrn ist im Licht der heutigen Liturgie das Hochfest der Reifung im Heiligen Geist zur Fülle Christi. Jesus führt uns zum Vater: Er selbst bleibt der Ewige Hirte unserer Seelen (vgl. *1 Petr* 2,25). Er sei gepriesen in Ewigkeit. Amen.

Der Mutter des Herrn vertrauen

Regina Caeli in Funchal (Madeira) am 12. Mai

Liebe Schwestern und Brüder!

1. Zum Abschluß unserer Eucharistiefeier am Fest Christi Himmelfahrt richten sich unsere Gedanken auf die Jungfrau Maria, als kehrten wir gemeinsam zurück auf den Weg des Abendmahlssaals. Es ist das traditionelle Gebet zu Maria in der österlichen Form des Regina Caeli.
Ihr wurden von fernster Zeit an die Söhne und Töchter der Diözese Funchal anvertraut, wie eure Kathedrale Mariä Himmelfahrt bezeugt, indem sie eure wertvollsten Schätze sicherstellt: den Glauben und die Christengemeinde, wo ihr die Heilsquellen gefunden habt. Das bezeugen Nischen und Kapellen an den Kreuzungen. Aber in besonderer Weise ist es Unsere Liebe Frau vom Berg, die von der Höhe aus über die Herzen der Bewohner von Madeira wacht und sie aufnimmt. Die Menschen brauchen Maria! In ihr finden wir in der Tat Zutritt zum Herzen ihres Sohnes, dem einzigen Ort, wo unsere Unruhe Frieden finden kann, wo unser Leid und Schmerz Trost sowie unsere Vorsätze für ein kohärentes Leben nach den Werten des Evangeliums Kraft und Beständigkeit finden werden.
Bittet innig die seligste Jungfrau Maria! Spürt sie an eurer Seite und weiht euch ihr, indem ihr während des Tages euer Vertrauen und eure Liebe ihr gegenüber erneuert, damit sie euch in den täglichen Angelegenheiten begleite. Ihr Bild sei lebendig in den Familien, besonders beim täglichen Rosenkranzgebet. Es ist eine tägliche Begegnung, die sie und ich nicht verfehlen: Wenn ihr dem Herzen des Papstes für einige Augenblicke nahe sein wollt, schlage ich euch die Stunde des Rosenkranzes vor, in der ich euch alle der Jungfrau Maria anvertraue; und ich wäre euch dankbar, wenn ihr mich Maria in der gleichen Weise empfehlen würdet.

2. Von diesem „Stadion dos Barreiros" aus vervielfacht und dehnt sich auf die ganze Welt der Akt der Gemeinschaft und Solidarität aus, den wir in Gottes Gegenwart hier zugunsten der Menschen verwirklichen. Es ist das tägliche Wunder,

hervorgerufen durch die sozialen Kommunikationsmittel, das „die Menschheit immer mehr eint und - wie man zu sagen pflegt - zu einem 'Weltdorf' macht" (*Redemptoris missio*, Nr. 37).
Gerade heute feiert die Kirche den 25. Welttag der sozialen Kommunikationsmittel und hebt in diesem Jahr besonders hervor, daß sie der wahren Einheit und dem Fortschritt der Menschheitsfamilie dienen sollen. Aber das verpflichtet nicht nur jene, die in diesem Bereich arbeiten, sondern auch die Empfänger der Botschaft zu einer klaren Unterscheidung und zu moralischem Verantwortungsbewußtsein.
Ich rufe vor allem die in diesem Bereich Tätigen auf, das ethische Gebot zu achten, das ihn zum Dienst an den Menschen legitimiert: Uns zu einer größeren Brüderlichkeit und zu gegenseitigem Verständnis zu führen und uns zu helfen, in der Suche nach unserer menschlichen Bestimmung als von Gott geliebte Töchter und Söhne fortzuschreiten.

3. Wir empfehlen alle, die im Gebrauch der Massenmedien engagiert oder miteinbezogen sind, der Jungfrau Maria, der Mutter Gottes und Mutter der Menschen, die vom christlichen Volk als „Pforte des Himmels" gegrüßt wird, weil sie würdig war, in ihrem Schoß denjenigen zu tragen, der den Tod besiegt und durch die „Hülle" seines Fleisches einen neuen und lebendigen Weg geöffnet hat, damit die Menschen mit begründeter Hoffnung zum Vater hinzutreten können (vgl. *Hebr* 10,19-20). Ihr widmen wir unseren frohen Osterhymnus, den wir an allen Enden der Erde widerhallen lassen wollen.

Fatima bedeutet: Bekehrung zu Gott

Ansprache bei der Marienvigil in Fatima am 12. Mai

Herr Bischof von Leiria-Fatima, Dom Alberto,
meine Herren Kardinäle, Erzbischöfe und Bischöfe,
liebe Brüder und Schwestern, Pilger
zu Unserer Lieben Frau von Fatima!

Hier im Haus Marias fühlen wir uns wohl ... Diese unermeßliche Menge von Pilgern mit den angezündeten Kerzen des Glaubens und dem Rosenkranz in der Hand macht mir klar, daß ich nach Fatima, zum Heiligtum der Mutter Gottes und der Menschen gekommen bin. Dom Alberto steht als dem Leiter dieser gesegneten Diözese die Rolle des Hausherrn zu. Ich bin ihm sehr dankbar für den herzlichen Willkommensgruß.
Ich komme her, um noch einmal zu Füßen Unserer Lieben Frau von Fatima niederzuknien und ihr Dank zu sagen für ihre Sorge, mit der sie über den Weg der Menschen und Nationen wacht, sowie für die Wundertaten und Segnungen, die der Allmächtige durch sie, die fürbittende Allmacht vollbracht hat. Immer soll in euren Herzen Jesus Christus leben als das große Licht, das den Weg zum verheißenen Land weist.

1. „Gruß dir, heilige Mutter, du hast den König geboren, der Himmel und Erde regiert in Ewigkeit" (Hochfest der Mutter Gottes, *Eingangslied*).
An jenem denkwürdigen Tag, dem 25. März 1984, hast du, heilige Mutter, uns die Gnade deines Besuches in unserem Haus, der Peterskirche, geschenkt, damit wir unseren Akt der Weihe der Welt, der großen Menschheitsfamilie und aller Völker deinem Herzen anvertrauen konnten.
Heute bin ich mit diesen zahlreichen Brüdern und Schwestern zu deinem Thron gekommen, um dir zuzurufen: Sei gegrüßt, heilige Mutter! Sei gegrüßt, du sichere Hoffnung, die nie enttäuscht! Ich bin ganz dein, o Mutter! Dank dir, himmlische Mutter, daß du mit mütterlicher Zuneigung die Völker zur Freiheit geführt hast! Dich, Maria, ganz von Gott abhängig und an der Seite seines und deines Sohnes ganz auf ihn ausgerichtet, dich grüßen wir als „das vollkommenste Bild der Freiheit und der Befreiung der Menschheit und des Kosmos" (Kongregation für die Glaubenslehre, *Instruktion über die christliche Freiheit und die Befreiung*, Nr. 97)!

2. Liebe Brüder und Schwestern!
Auf dem Weg zum Jenseits, unaufhörlich vom Druck der Zeit getrieben, müssen wir unsere Orientierung überprüfen, um zu erkennen, was Gott uns bedeutet, damit unsere Pilgerschritte nicht aufgehalten werden oder vom Weg abirren, und damit unsere Schultern keine andere Last als die Jesu Christi tragen. Wir brauchen eine Pause, einen Augenblick der Sammlung, der persönlichen Umwandlung und inneren Erneuerung. Fatima, seine Botschaft und seine Segnungen bedeuten Bekehrung zu Gott. Hier spürt und bezeugt man die Erlösung des Menschen auf die Fürbitte und mit der Hilfe jener Frau, die mit ihrem jungfräulichen Fuß von jeher den Kopf der alten Schlange zertreten hat und das weiterhin tun wird.
Hier läßt sich der Bezugspunkt für das Zeugnis vieler Männer und Frauen finden, die in schwierigen Verhältnissen und oft sogar unter Verfolgung und Schmerzen Gott treu geblieben sind, weil sie Augen und Herz auf die Jungfrau Maria gerichtet, auf jene, welche hervorragt „unter den Demütigen und Armen des Herrn ..., die das Heil mit Vertrauen von ihm erhoffen und empfangen" (*Lumen Gentium*, Nr. 55).
Unsere Liebe Frau war ja wegen ihrer Treue für die Menge der so hart im Elend geprüften Gläubigen stets das Unterpfand und das Zeichen für die Gewißheit des Heiles, denn „Evas wegen war die Tür des Himmels den Menschen verschlossen, doch um Marias willen wurde sie erneut für alle geöffnet" (Laudes des Offiziums von der Muttergottes, *Antiphon zum Benedictus*).
Tatsächlich „wurde der Knoten des Ungehorsams Evas durch den Gehorsam Marias aufgelöst, und was Eva durch ihren Unglauben gebunden hatte, hat die Jungfrau Maria durch ihren Glauben befreit" (Irenäus, *Adversus haereses*, III,22,4). Ja, durch ihren Glauben an das Wort Gottes, einen bedingungslosen, bereitwilligen und freudigen Glauben, den die Verkündigungsszene besonders beredt sichtbar macht: „Ich bin die Magd des Herrn; mir geschehe, wie du es gesagt hast" (*Lk* 1,38). Und das Wort ist Fleisch geworden und hat unter uns gewohnt. Die Jungfrau Maria gebar einen Sohn, den die Heiligen Schriften als Emmanuel, das heißt Gott mit uns, grüten (vgl. *Jes* 7,14; *Mt* 1,21-23).

3. O Mutter des Emmanuel, „zeige uns Jesus, die gebenedeite Frucht deines Leibes!"
Das ganze Leben Marias, aus deren Schoß „das wahre Licht, das jeden Menschen erleuchtet" (*Joh* 1,9) hervorbrach und leuchtete, entfaltet sich in inniger Gemeinschaft mit Jesus. „Während sie auf Erden ein Leben wie jeder andere verbrachte, voll von Sorge um die Familie und von Arbeit, war sie doch immer innigst mit ihrem Sohn verbunden" (*Apostolicam actuositatem*, Nr. 4), innigst verbunden mit dem Geheimnis des Erlösers. Auf diesem Weg der Mitarbeit am Werk der Erlösung „erfuhr die Mutterschaft Marias ihrerseits eine einzigartige Umwandlung, indem sie sich immer mehr mit einer ‚brennenden Liebe' zu all denjenigen anfüllte, denen die Sendung Christi galt" (*Redemptoris Mater*, Nr. 39), und für die und von dem sie unter dem Kreuz zur Mutter geweiht wird: „Siehe deinen Sohn!" Da sie nämlich Christus, das Haupt des mystischen Leibes, geboren hatte, mußte sie auch die Glieder dieses Leibes gebären. „Deshalb umfängt Maria mit ihrer neuen Mutterschaft im Geiste alle und jeden ... durch die Kirche" (*Redemptoris Mater*, Nr. 47), und die Kirche hört ihrerseits nicht auf, sie ihr alle zu weihen.
Ich ermuntere euch, liebe Brüder und Schwestern, bei dieser Marienverehrung zu bleiben. Je mehr wir leben und wachsen in der Bereitschaft, uns ihr anzuvertrauen, desto mehr bringt uns Maria den „unerforschlichen Reichtümern Christi" (vgl. *Eph* 3,8) nahe und macht uns damit fähig, immer mehr in ihrer ganzen Fülle unsere Würde und den letzten Sinn unserer Berufung zu erkennen, denn nur Christus „macht ... dem Menschen den Menschen selbst voll kund" (*Gaudium et spes*, Nr. 22). In der geistlichen Mutterschaft Marias werden wir als Söhne im Sohn angenommen, im Erstgeborenen unter vielen Brüdern. Wachsen wir also über uns selbst hinaus und befreien wir uns, um eine Familie zu bilden, eine echt menschliche Familie, die auf ihr letztes Ziel ausgerichtet ist - wo Gott „alles in allen" (vgl. *1 Kor* 15,28) sein wird.
Maria, hilf deinen Kindern in diesen Jahren des Advents des dritten Jahrtausends, damit sie in Christus den Weg zur Rückkehr in das Haus des gemeinsamen Vaters finden!

4. „Sei gegrüßt, heilige Mutter: Du hast den König geboren, der Himmel und Erde regiert in Ewigkeit."
In dieser Vigilfeier erhebt die Kirche, die brennenden Kerzen des Glaubens in Händen, zu dir ein inniges Gebet für die Menschen, damit sie in demütiger Bereitschaft und mutigem Vertrauen sich auf dem Weg des Heiles orientieren können. Liebe Mutter, hilf uns in dieser Wüste ohne Gott, in der sich unsere Generation und die Generation ihrer Kinder scheinbar verloren hat, damit sie am Ende die göttlichen Quellen ihres Lebens wiederfinden und dort ausruhen.
In Achtung vor unseren christlichen Wurzeln und im tiefen Verlangen nach Jesus Christus, das sich aus den Herzen der Menschen erhebt, möchten wir nun die Wege finden, den die Völker des ganzen europäischen Kontinents gehen müssen. Mutter der Kirche und Liebe Frau von Fatima, segne die kommende Sonderversammlung der Bischofssynode für Europa.

Die Tatsache, daß Unsere Liebe Frau dieses Land gewählt hat, um ihren mütterlichen Schutz für die Menschheit zu zeigen, ist ein Unterpfand dafür, daß Portugal immer sein kostbarstes Erbe, den Glauben, bewahren wird. Er ist das größte Licht der Menschheit. Möge dieses Licht immer stärker leuchten und in die Tiefen der Herzen dieses geliebten Volkes sowie in seine verschiedenen sozio-kulturellen Lebensbereiche eindringen! Mögen alle - Erwachsene und Alte, Jugendliche und Kinder - sich dafür einsetzen, sich ein reines und gutes Herz wie dein unbeflecktes Herz im Dienst für das Evangelium zu bewahren!
Nimm an, Mutter Gottes und Mutter aller Kinder Evas, diese Gebetsvigil zu deiner Ehre und zum Ruhm der heiligsten Dreifaltigkeit! Sie ist das Licht, das keinen Untergang kennt, und das unsere angstvollen und oft unsicheren Schritte suchen. Jungfrau von Fatima, geh mit uns! Bitte für uns Sünder, jetzt und in der Stunde unseres Todes. Amen.

Die Kirche - Expertin der Menschlichkeit

Ansprache an die Portugiesische Bischofskonferenz am 13. Mai

Liebe verehrte Mitbrüder,
ihr Bischöfe von Portugal!

1. In eurer Gegenwart möchte ich von Herzen Jesus Christus, dem Guten Hirten (vgl. *Joh* 10,11) danken für euer beständiges Wirken im Dienst der Gemeinschaften, denen ihr in apostolischer Liebe zur Verfügung steht. Ich danke dem Herrn Kardinal-Patriarchen, der in seinen Worten an mich die ganze Fülle der Liebe, die kollegiale Einheit und den Dienst gänzlicher Hingabe an das Reich Gottes anklingen ließ. Einem jeden einzelnen von euch, liebe Brüder, und der Ortskirche, die ihr betreut, gilt mein dankbarer und brüderlicher Gruß: auch ihre Priester, die Ordensleute und die gläubigen Laien grüße ich von ganzem Herzen und segne sie im Herrn.
Voll Vertrauen bitte ich den Herrn, daß uns diese Begegnung die Fülle des pastoralen Eifers und der Hoffnung im Herrn Jesus schenkt, dem alle Macht im Himmel und auf Erden gegeben wurde (vgl. *Mt* 28,18), damit alle verstreuten Kinder Gottes zur Einheit versammelt werden (vgl. *Joh* 11,52) und in Ihm ein einziger neuer Mensch entsteht (vgl. *Eph* 2,15).
Deutliche Zeichen dieses Weges der Zusammenfassung, die durch Christus und in Christus erfolgt ist, waren eure diözesanen und nationalen Kongresse für die Laien; ebenso die Bischofssynode über die Laien mit dem Apostolischen Schreiben *Christifideles laici,* das deren Ergebnisse bestätigte. Von diesen kirchlichen Erfahrungen ausgehend habt ihr die ganze darin enthaltene apostolische Dynamik für die Zukunft zusammengefaßt und in eurem Hirtenbrief über *Die christlichen Laien in der Gemeinschaft und Sendung der Kirche in Portugal* dargelegt. Dieser stellt wirklich einen Akt des Glaubens dar und bildet ein kostbares Ergebnis des Hörens auf den Heiligen Geist, den ihr gemeinsam angerufen habt. Ihr stellt darin die Kirche, die ihr

seid und sein wollt, dar mit den Worten: „Unsere grundlegende pastorale Option ist der Aufbau von Gemeinschaften, die lebendig im Glauben, in der Liebe und im missionarischen Eifer sind" (Nr. 6).

2. Solche Gemeinschaften werden die reife Frucht der pastoralen Ausrichtung sein, der ihr folgen wolltet, wie ihr nach meinem Besuch im Jahre 1982 erklärt habt, und ich ermuntere euch dringend, ihr weiter zu folgen: „Evangelisieren und den Glauben des christlichen Volkes erneuern in Treue zu den Weisungen des Konzils und den Bedürfnissen unserer Zeit" (*Hirtenbrief über die Erneuerung der Kirche in Portugal*, Nr. 7), damit die ganze Kirche mit neuer Kraft das dritte Jahrtausend der christlichen Ära beginnen kann.

Die jüngste Enzyklika *Redemptoris missio* entwirft das Bild dieser Kirche, wie es der Heilige Geist mit seinem fruchtbaren und mächtigen Wirken heute immer intensiver in unseren kirchlichen Gemeinschaften entstehen läßt und das man wie folgt kennzeichnen kann:

- eine Kirche, gesegnet und überfließend von Gnade aus dem Geheimnis der Gemeinschaft der Heiligsten Dreifaltigkeit;
- eine Kirche, die die Jahrhunderte durchschreitet, nicht als historisches Relikt, sondern als lebendige Person, die in ihr inkarniert ist, Gestalt annimmt und ihr immerwährende Jugend sichert;
- eine menschlich begrenzte Kirche, arm und aus Sündern bestehend, die sich aber mit all ihren Kräften dem Wirken des Heiligen Geistes überläßt, der sie im Sakrament der Versöhnung erneuert und heiligt, in der Eucharistiefeier zu ihr spricht und sie nährt;
- eine Kirche, die in jedem ihrer Kinder wachsen möchte und welche die Einheit, Gemeinschaft und Solidarität des einen Leibes Christi, den sie weiht, vermittelt und verkündet, zur Norm ihres inneren Lebens und zur sichtbaren Gestalt macht, in der sie der Welt erscheint;
- eine Kirche mit der Verschiedenheit der Dienste und Charismen als Gaben des einen Schöpfers und Vaters, vom einen Geist ausgeteilt, wie es ihm gefällt, um mitten in der Zeit den einen Leib Christi aufzubauen, wobei es den Hirten der Herde zusteht, die Unterscheidung zu treffen und die Sendung zu erteilen;
- eine Kirche, die nicht von dieser Welt ist, weil sie Jesus Christus, der sie sich zu eigen erworben, Liebe und Treue geschworen hat, die aber in dieser Welt lebt als Seele und Gewissen der Völker, um sie mit Achtung vor der transzendenten Würde der menschlichen Person und der Rechte Gottes zu erfüllen;
- eine Kirche, die sich bewußt ist, Trägerin der absolut notwendigen Frohbotschaft zu sein: der Frohbotschaft vom Erlöser Jesus Christus; die keine anderen Bedingungen stellt als die, die notwendig sind, um diese Frohbotschaft von den Dächern der Stadt der Menschen aus verkünden zu können;
- eine Kirche, die ihre Freiheit im Dienst an ihren Brüdern und Schwestern lebt und die umso mehr frei ist, je mehr sie dient und desto mehr dient, je mehr man ihr dazu die Freiheit läßt;

- eine Kirche die „Expertin in Menschlichkeit" ist und die Stimme der Menschen zu Gehör bringen möchte, wo immer deren Rechte mißachtet oder verletzt werden, zumal die Rechte derer, die keine Stimme haben;
- eine Kirche, die dem Menschen den Vorrang vor den Dingen gibt, und welche die Dinge unterordnet und verfügbar macht für das Überleben, die Festigung und das Wachstum des Menschen auf die Vollgestalt Christi hin;
- eine Kirche endlich, die täglich ihrem Bräutigam in den Armen, den Randexistenzen, den Traurigen und vom Wege Abgekommenen entgegenzugehen weiß (vgl. *Mt* 25,40) in der Gewißheit, daß der Heilige Geist die Welt vom ersten Kommen Christi überzeugen wird, und die daher in jubelnder Hoffnung nach der Wiederkunft Christi, des Erlösers, ausschauen kann, der wie der Blitz von Osten nach Westen über der ganzen Schöpfung aufleuchten wird.

3. Diese Kirche des dritten Jahrtausends wird aus der neuen Evangelisierung, die ihr durchführen wollt, entstehen. Doch damit dieser neue Abschnitt kirchlichen Einsatzes bei euch wahrhaft wirksam wird, müßt ihr vor allem echte christliche Gemeinschaften formen nach dem Bild der apostolischen Urgemeinde (vgl. *Apg* 2,42-47; 4,32-36). Ich bitte euch daher, eine tiefreichende Erneuerung aller Gemeinschaften und zumal der Pfarrgemeinschaften zu fördern, wie ihr es euch im übrigen ja auch vorgenommen habt. „Es ist mit Sicherheit notwendig, überall die christliche Substanz der menschlichen Gesellschaft zu erneuern. Voraussetzung dafür ist aber die Erneuerung der christlichen Substanz der Gemeinden, die in diesen Ländern und Nationen leben" (*Christifideles laici*, Nr. 34).

Mit Geduld und als väterliche Erzieher müßt ihr auf dem Weg einer ständigen Katechese und in voller Bereitschaft, auf die Zeichen der Zeit zu achten, diese Massen von Getauften betreuen, die die religiöse Praxis aufgegeben haben oder gar ohne jede christliche Initiation und Katechese geblieben sind: helft ihnen, sich in ihrem Bewußtsein wieder als Glieder der Kirche zu erkennen und die Kirche als ihre Familie, ihre Heimat und den besonderen Ort für ihre Begegnung mit Gott zu betrachten, um sich in ihre eigene christliche Gemeinde wieder voll einzufügen. Das Mitleid mit ihrem Schicksal soll euch rühren, denn diese Massen mit ihrem durch Unwissenheit und kirchliches Randdasein geschwächten Glauben sind leichter vom Angriff des Säkularismus und vom Proselytentum der Sekten zu verwunden, die sich vor allem jenen Getauften zuwenden, die ungenügend evangelisiert oder der sakramentalen Praxis entfremdet sind, doch weiter religiös interessiert bleiben.

Tatsächlich zeigen uns die Überlieferung und die Jahrtausende alte Erfahrung der Kirche, daß der in der Liturgie und in der Liebestätigkeit aktiv gefeierte und angewandte Glaube die Gemeinschaft der Jünger des Herrn nährt und stark macht. Daher müssen der Dienst des Wortes, die Eucharistie und die Buße wieder zum dynamischen Zentrum des Gemeinschaftslebens der Kirche werden, die hier ihre Eigensendung nach dem Vorbild Christi, des Guten Hirten, erkennt. Keine andere pastorale Aufgabe, wie dringend oder wichtig sie auch immer erscheinen mag, darf die Liturgie aus ihrer zentralen Stellung entfernen: „Wir ... wollen beim Gebet und beim Dienst am Wort bleiben" (*Apg* 6,4). Laßt nicht ab, euren Priestern dringend nahezulegen, daß sie mit allem Eifer die Praxis des Bußsakramentes fördern, denn dies ist eine pastorale Aufgabe von größter Wichtigkeit für das ganze Leben der Kirche.

4. Ihr, liebe Brüder, müßt unter Mitwirkung eurer Priester, der wichtigsten Mitarbeiter bei der Ausübung eures pastoralen Dienstes, die euch anvertrauten Gemeinden zu neuen und anspruchsvollen apostolischen Zielen hinführen und anleiten, zu denen die heutige Zeit die Gläubigen aufruft. Vor unseren Augen eröffnet sich hier ein weites Arbeitsfeld und grenzenlose missionarische Arbeit, zumal nach den raschen sozialen Wandlungen in Europa und in der Welt, deren Zeugen wir alle gewesen sind.
So wird die Aufforderung Christi, des Guten Hirten, seine Herde zu weiden, immer dringender in unserer Gesellschaft, die durch Ängste und Hoffnungen, Wirren und Schwierigkeiten gekennzeichnet ist. Europa sehnt sich als altes und neues Gebiet für die Evangelisierung, zuweilen ohne es zu wissen, nach mehr Spiritualität; es ruft nach Christus, dem einzigen Erlöser des Menschen.

5. Hat nicht Fatima als Ort, der so tiefgreifende Aufrufe übernatürlicher Art empfangen hat, vielleicht bei der Durchführung dieser neuen und notwendigen Evangelisierung eine Rolle zu spielen? Und seid ihr, die Bischöfe von Portugal, vielleicht nicht berufen, einen besonderen Beitrag für diese missionarische Aufgabe zu leisten?
Im Jahre 1917 empfahl Unsere Liebe Frau hier in Fatima mit mütterlichem Nachdruck der ganzen Menschheit Bekehrung und Gebet. Nach 75 Jahren haben sich seitdem zahlreiche Elemente auf europäischer und Weltebene gewandelt, und es hat sich im Verlauf dieses Jahrhunderts, zumal in den letzten beiden Jahren, viel ereignet. Fatima, in seinem es kennzeichnenden schweigenden Hören auf Gott verharrend, bleibt weiterhin ein Bezugspunkt für den Aufruf, nach dem Evangelium zu leben. Auf dieses Heiligtum und die Jungfrau von Fatima haben meine Vorgänger und ich selbst ständig den Blick gerichtet. Wie sollten wir uns nicht an den feierlichen Akt der Weihe der Welt an Maria während des Heiligen Jahres der Erlösung auf dem Petersplatz vor dem Bild unserer Herrin erinnern, das gerade aus diesem Anlaß von Fatima hergebracht worden war?
Von der Cova da Iria scheint sich ein hoffnungsvolles Licht zu verbreiten, das Achtung vor den Ereignissen weckt, die das Ende dieses zweiten Jahrtausends kennzeichnen. Dieses Licht erfaßt an erster Stelle euch, die Hirten der Kirche in Portugal, einem Land im äußersten Westen Europas, das sich auf den weiten atlantischen Ozean hin öffnet. Es fordert euch auf, euch mutig für die neue Evangelisierung des europäischen Kontinents einzusetzen, der von einer weit verbreiteten Bewegung des theoretischen und praktischen Atheismus versucht wird und scheinbar eine neue materialistische Kultur aufbauen möchte. Es wird also notwendig sein, in all euren Gemeinschaften ein lebendiges missionarisches Bewußtsein zu wecken und zu nähren, damit jedes Mitglied des Volkes Gottes sich der empfangenen Gaben bewußt wird und Jesus Christus eine umfassende Antwort gibt nach dem Beispiel Marias, der Patronin eures Landes.

6. So bereitet ihr eure Einzelkirchen zugleich vor, auf bestmögliche Weise die kommende Sonderversammlung der Bischofssynode für Europa mitzuleben, die vom 28. November bis zum 14. Dezember dieses Jahres in Rom stattfindet.
Niemandem entgeht, liebe Brüder, daß es sich um eine wahrhaft historische kirchliche Initiative handelt, sowohl vom Standpunkt der Menschheitsgeschichte aus, als auch in der Perspektive des göttlichen „Kairos", der bereits jetzt in unser irdisches Leben eingeschrieben ist. Die europäische Versammlung der Bischofssynode findet ja im Gefolge der Ereignisse statt, die das Jahr 1989 und die ersten Monate des Jahres 1990 gekennzeichnet haben. Sie führten eine echte historische Wende im schwierigen 20. Jahrhundert herbei, und nun eröffnet sich eine unerhörte Perspektive für den Weg der Nationen, nachdem die Spaltung in zwei soziale, auf gegenteilige ideologische und sozio-ökonomische Prinzipien gegründete Blöcke überwunden ist.
Der europäische Osten wie der Westen sind vom Lebenssaft des Christentums geprägt und brauchen die gegenseitige geistige Bereicherung, auch damit sich in allen Teilen des Kontinents die Verkündigung Christi entfalten kann. Sie können dann auch der Einheit näherkommen im Gedanken an das Gebet des Herrn: Sie sollen „vollendet sein in der Einheit, damit die Welt erkennt, daß du mich gesandt hast" (*Joh* 17,23). In diesem Zusammenhang bilden die Arbeiten der kommenden Synodenversammlung einen wichtigen Schritt für die Entfaltung der Evangelisierung in Europa.
Euer Beitrag zu dieser so dringenden missionarischen Aufgabe wird in dem Maße nützlich sein, wie ihr, im Gedanken an eure bereits über tausend Jahre alte katholische Tradition und erfüllt von den Gaben, die ihr im Lauf der Jahrhunderte vom Herrn erhalten habt, mit neuem Eifer das Begeisternde des Glaubens entdeckt, der durch das Leben verkündet wird, und wie ihr in eurer Gemeinschaft den Aufruf zur Treue gegenüber der göttlichen Heilsbotschaft lebendig haltet. All das wird euch umso leichter, wenn ihr die Gläubigen auffordert, das Gleiche zu tun, und wenn ihr die Botschaft von Fatima in eurem Leben Gestalt gewinnen laßt, die ja nur ein Echo des Aufrufs aus dem Evangelium ist: „Die Zeit ist erfüllt, das Reich Gottes ist nahe. Kehrt um, und glaubt an das Evangelium" (*Mk* 1,15).
Wachen und beten, Gebet und Buße. Dies ist zusammengefaßt die Botschaft, die die heilige Jungfrau uns von Fatima aus unablässig vorträgt. Gebet und Buße sind nach dem Apostel Paulus zugleich die Waffen des Christen in seinem geistigen Kampf „gegen die Fürsten und Gewalten, gegen die Beherrscher dieser finsteren Welt, gegen die bösen Geister des himmlischen Bereichs" (*Eph* 6,12).

7. Liebe Brüder, möge euer Eifer auch eure Priester, die Ordensmänner und Ordensfrauen sowie die Mitglieder der Verbände und Bewegungen des Laienapostolates erfassen. Wir müssen in uns selbst das Bild des Guten Hirten ausprägen, der seinen Schafen vorangeht und sie auf sicheren Wegen führt, zu den Quellen lebendigen Wassers, wobei er alle mit der Liebe eines Vaters umfängt. Die Erfahrung lehrt uns unzählige Male, daß nichts das Lebenszeugnis des Hirten ersetzen kann; heute viel-

leicht weniger denn je, da die Menschen heute für Echtheit und Konsequenz ein besonderes Empfinden haben.
Zum Ende unserer Begegnung soll uns eine Szene aus dem Leben Jesu mit den Aposteln Mut machen, als er „sah, wie sie sich beim Rudern abmühten und auf dem See zu ihnen ging" (vgl. *Mk* 6,48-51). Er ist bei uns, er erfüllt uns mit Vertrauen und Dankbarkeit, wenn er sagt: „Ich bin es, fürchtet euch nicht!" Es sind Worte, die uns der Herr heute weiter zuspricht; er wiederholt sie unablässig, wenn unsere Kräfte erlahmen. Er befindet sich mit uns im Schiff, und wenn er uns zum Rudern auffordert, gibt er uns die Sicherheit, daß das Schiff nicht untergeht, weil er mit seiner ganzen Macht da ist. Auf ihn und nur auf ihn müssen wir unseren Glauben gründen und unsere Hoffnung setzen nach dem Beispiel der Jungfrau, der Mutter Gottes und Mutter des Menschen, der ich eure Arbeiten und eure Gläubigen anvertraue, damit durch euren Dienst der Tröstergeist die Kirche leite und sie zu jener Gemeinschaft zusammenführe, die von der Einheit der heiligsten Dreifaltigkeit selbst stammt.

Mutter des Erlösers, Mutter unseres Jahrhunderts!

Predigt bei der heiligen Messe in Fatima am 13. Mai

1. „Siehe, deine Mutter!" (*Joh* 19,27).
Liebe Brüder und Schwestern, die Liturgie stellt uns heute einen großen Überblick über die Geschichte des Menschen und der Welt vor Augen. Die Worte aus dem Buch Genesis führen unser Denken zum Ursprung des Weltalls und zum Schöpfungswerk zurück; vom ersten Buch gehen wir dann zum letzten, der Apokalypse, um mit den Augen des Glaubens „einen neuen Himmel und eine neue Erde [zu betrachten], denn der erste Himmel und die erste Erde sind vergangen" (*Offb* 21,1). Wir erblicken den Anfang und das Ende; das Alpha und das Omega (vgl. *Offb* 21,6). Doch dieses Ende ist ein neuer Beginn, weil es die Vollendung des Ganzen in Gott ist: „Die Wohnung Gottes unter den Menschen" (*Offb* 21,3).
Damit verläuft die Geschichte des Menschen, der von Gott „nach seinem Bild" geschaffen wurde, zwischen dem ersten Anfang und diesem neuen und endgültigen Beginn. Das Wort des Herrn sagt: „Gott schuf den Menschen als sein Abbild; als Abbild Gottes schuf er ihn. Als Mann und Frau schuf er sie" (*Gen* 1,27).

2. Im Mittelpunkt der Geschichte des Menschen und der Welt erhebt sich das Kreuz Christi auf Golgota. Der Mensch, als Mann und Frau geschaffen, findet in diesem Kreuz die wahre Tiefe seines eigenen Geheimnisses, das sich in den Worten des Mannes der Schmerzen an seine Mutter, die unter dem Kreuz stand, offenbart: „Frau, siehe, dein Sohn!" Und dann sprach er zum Jünger, den er liebte: „Siehe, deine Mutter!" (*Joh* 19,26-27).
Der als Bild Gottes geschaffene Mensch ist die Krone der ganzen Schöpfung. Von seiner Größe erschüttert, rief der Psalmist aus:

„Du hast ihn nur wenig geringer gemacht als Gott, hast ihn mit Herrlichkeit und Ehre gekrönt. Du hast ihn als Herrscher eingesetzt über das Werk deiner Hände, hast ihm alles zu Füßen gelegt: ... Herr, unser Herrscher, ... Was ist der Mensch, daß du an ihn denkst, des Menschen Kind, daß du dich seiner annimmst?" (*Ps* 8,6.7.2.5).

Was ist der Mensch?

Die Frage des Psalmisten weckt noch tieferes Staunen angesichts des Geheimnisses, das seinen Höhepunkt auf Golgota findet: Was ist der Mensch, wenn das Wort, der wesensgleiche Sohn des Vaters Mensch wird, ein Menschenkind, geboren aus der Jungfrau Maria durch das Wirken des Heiligen Geistes?

Was ist der Mensch ..., wenn der eigene Sohn Gottes und zugleich wahrer Mensch die Sünden aller Menschen auf sich nimmt und sie als Mann der Schmerzen trägt, als Lamm Gottes, das die Sünden der Welt auf dem Altar des Kreuzes hinwegnimmt?

Was ist der Mensch?

Das Staunen des Psalmisten angesichts der geheimnisvollen Größe des Menschen, wie sie ihm vom Schöpfungswerk her erscheint, wird bei uns noch größer, wenn wir das Werk der Erlösung betrachten.

Was ist der Mensch?

3. Von Anfang an war er zum Herrn der Erde bestellt, zum Herrn der sichtbaren Schöpfung. Doch seine Größe zeigt sich kaum in der Tatsache, daß er die Erde sich unterwerfen und beherrschen kann (vgl. *Gen* 1,28). Die eigentliche Dimension seiner Größe ist die Verherrlichung Gottes: wie der hl. Irenäus später schreiben sollte: „Der Ruhm Gottes ist der lebendige Mensch, doch das Leben des Menschen besteht in der Betrachtung Gottes" (*Adv. Haer.* IV,20,7). Der Mensch steht im Mittelpunkt der Welt der sichtbaren und unsichtbaren Geschöpfe, alle aber sind vom Ruhm des Schöpfers erfüllt und verkünden seine Herrlichkeit.

Und so erhebt sich durch die Geschichte des sichtbaren (und unsichtbaren) Kosmos hindurch wie ein gewaltiger Tempel ein Entwurf des ewigen Reiches Gottes. Der Mensch - Mann und Frau - war von Anfang an in die Mitte dieses Tempels gestellt. Gerade er wurde in seiner zentralen und eigentlichen Dimension zur „Wohnung Gottes unter den Menschen", denn aus Liebe zum Menschen trat Gott selbst in die geschaffene Welt ein.

Liebe Brüder, die „Wohnung Gottes unter den Menschen" fand ihren Gipfel in Christus. Er ist „das neue Jerusalem" (vgl. *Offb* 21,2) für alle Menschen und Völker, da ja alle in ihm zur ewigen Gemeinschaft mit Gott auserwählt wurden. Er ist zugleich der Beginn des ewigen Reiches Gottes in der Geschichte des Menschen, und dieses Reich ist in Ihm und durch Ihn die endgültige Wirklichkeit von Himmel und Erde. Er ist „der neue Himmel und die neue Erde", in welchem „der erste Himmel und die erste Erde" ihre volle Erfüllung finden werden.

4. Dies bezeugt das Kreuz von Golgota, das das Kreuz unserer Erlösung ist. Am Kreuz liegt die ganze Geschichte des Menschen offen, die zugleich eine Geschichte

der Sünde und des Leidens ist. Sie ist gekennzeichnet durch Tränen und Tod, wie das Buch der Geheimen Offenbarung berichtet: wieviel Tränen füllen die Augen der Menschen, wieviel Trauer und Klage, wieviel muß sich der Mensch mühen (vgl. *Offb* 21,4)! Am Ende des irdischen Lebens aber steht der Tod. Damit verschwanden zunehmend „der erste Himmel und die erste Erde", die ja unter dem Erbe der Sünde standen.
Ist nicht gerade dies die Wahrheit der ganzen Geschichte? Und wird diese Wahrheit nicht in besonderer Weise in unserem Jahrhundert bestätigt, das bereits, wie auch das zweite Jahrtausend der Geschichte nach Christus, seinem Ende zugeht?

5. Das Kreuz Christi hört nicht auf, dies zu bezeugen! Allein dieses Kreuz Christi aber hat - die Geschichte des Menschen hindurch als Zeichen der Gewißheit unserer Erlösung - Bestand.
Durch das Kreuz seines Sohnes wiederholt Gott von Geschlecht zu Geschlecht seine Wahrheit über die Schöpfung: „Seht, ich mache alles neu" (*Offb* 21,5). Der erste Himmel und die erste Erde vergehen weiter ... Vor ihnen bleibt der schutzlose Christus, in Todesqualen von allem entblößt, der gekreuzigte Menschensohn! Und dennoch hört er nicht auf, das Zeichen der sieghaften Gewißheit des Lebens zu sein. Durch seinen Tod wurde die unbesiegliche Kraft des neuen Lebens in den Schoß der Erde gesät; sein Tod ist der Beginn der Auferstehung:
„Tod, wo ist dein Sieg? Tod, wo ist dein Stachel?" (*1 Kor* 15,55).
Durch das Kreuz auf Golgota steigt von Gott her in die Geschichte der Menschheit, in die Geschichte eines jeden Jahrhunderts, „die heilige Stadt, das neue Jerusalem ... [herab] wie eine Braut, die sich für ihren Mann geschmückt hat" (*Offb* 21,2).

6. Als Pilger, liebe Brüder und Schwestern, der mit euch unterwegs ist zum neuen Jerusalem, staune ich tief bewegten Herzens über den Schöpfungs- und Heilsplan Gottes und seine volle Durchführung, zu der er uns berufen hat, und ich ermahne euch, die Gnade anzunehmen und den Aufruf zu hören, die an diesem Ort greifbarer und eindringlicher werden, und eure Wege den Wegen Gottes anzupassen. Ich grüße euch alle, liebe Pilger Unserer Herrin von Fatima, die ihr physisch oder geistig hier anwesend seid. Doch in besonderer Weise gilt mein herzlicher und ergebener Gruß dem Herrn Präsidenten der Republik, des Landes der hl. Maria. Herzlich grüße ich sodann den Herrn Bischof von Leiria-Fatima, Dom Albert - dem ich für die liebenswürdigen Willkommenswünsche danke - sowie die übrigen hier anwesenden Brüder im Bischofsamt. Ein brüderlicher Gruß voll Hoffnung und Ermunterung gilt auch der Kirche in Angola, die hier in der Person ihrer Hirten und einer beachtlichen Zahl ihrer Diözesanen vertreten ist, um ihrer Patronin im Jubiläumsjahr ihrer Evangelisierung Dank zu sagen, die ja in Soyo begann, dem Ort, wo im 15. Jahrhundert die Portugiesen zum erstenmal die heilige Messe feierten und die ersten Eingeborenen des Landes tauften.
Schließlich möchte ich im Anschluß an das Wort Gottes in dieser Eucharistiefeier - „als Mann und Frau schuf er sie" (*Gen* 1,27) - gern den Familien meinen Gruß aussprechen als Unterpfand für alle Segnungen Gottes für euer Heim, eure Kinder

und euer Zusammenleben. Eure Grundaufgabe besteht die Geschichte hindurch in der Verwirklichung des ursprünglichen Segens des Schöpfers: „Wachset und mehret euch" (vgl. *Gen* 1,28), - indem ihr das Bild-Gottes-Sein an die kommende Generation weitergebt.

Liebe Familien, euer hochherziger und das Leben achtender Dienst ist heute wie immer nur möglich, wenn ihr euch in die Betrachtung der menschlichen und übernatürlichen Würde der Kinder, die ihr hervorbringt, vertieft. Jeder Mensch ist Objekt der unendlichen Liebe Gottes, die ihn sich erkauft hat. Familien, die sich ihren mit der Fortpflanzung verbundenen Pflichten nicht entziehen - innerhalb eines entsprechenden Empfindens für verantwortliche Elternschaft und eines großen Vertrauens auf die göttliche Vorsehung -, geben der Welt ein unersetzliches Zeugnis von höchstem Wert. Dies bildet eine Herausforderung für die herrschende geburtenfeindliche Mentalität und bedeutet ihre gerechte Verurteilung, weil sie auf ihre Weise das Leben ablehnt und es in vielen Fällen schon im Mutterschoß durch Abtreibung opfert, was nach der Erklärung des Konzils (vgl. *Gaudium et spes*, Nr. 27) ein schlimmes Verbrechen ist. Ich bitte euch, liebe Familien, also um diesen hochherzigen Dienst, der das Leben achtet. „Gegen Pessimismus und Egoismus, die die Welt verdunkeln, steht die Kirche auf der Seite des Lebens; in jedem menschlichen Leben weiß sie den Glanz jenes ‚Ja', jenes ‚Amen' zu entdecken, das Christus selbst ist (vgl. *2 Kor* 1,19; *Offb* 3,14). Dem ‚Nein', das in die Welt einbricht und einwirkt, setzt sie dieses lebendige ‚Ja' entgegen und verteidigt so den Menschen und die Welt vor denen, die das Leben bekämpfen und ersticken" (*Familiaris consortio*, Nr. 30).

7. „Frau, siehe deinen Sohn! - Siehe deine Mutter!" Das Heiligtum von Fatima ist ein bevorzugter Ort von besonderem Wert: es enthält eine wichtige Botschaft für die Zeit, in der wir leben. Es ist, als wenn hier zu Beginn unseres Jahrhunderts wie ein neues Echo die auf Golgota gesprochenen Worte erklungen wären.

Maria, die unter dem Kreuz ihres Sohnes stand, mußte einmal mehr den Willen Christi, des Sohnes Gottes, annehmen. Während ihr Sohn aber damals auf Golgota ihr nur einen Menschen, nämlich Johannes, seinen Liebesjünger, bezeichnete, mußte sie nun uns alle annehmen. Wir alle, die Menschen dieses Jahrhunderts mit seiner schwierigen und dramatischen Geschichte, sind Maria anvertraut.

Im Menschen des 20. Jahrhunderts offenbart sich in gleicher Größe seine Fähigkeit, sich die Erde untertan zu machen, wie auch seine Freiheit, vor dem Auftrag Gottes zu fliehen oder - infolge des Erbes seiner Sünde - ihn abzulehnen. Das Erbe der Sünde zeigt sich wie ein unsinniges Bestreben, die Welt so aufzubauen - eine für den Menschen geschaffene Welt -, als ob es Gott nicht gäbe. Als ob es ferner das Kreuz von Golgota nicht gäbe, wo „Tod und Leben sich einen einzigartigen Kampf lieferten" (*Ostersequenz*), um deutlich zu machen, daß die Liebe mächtiger ist als der Tod und der Ruhm Gottes der lebendige Mensch ist.

Mutter des Erlösers, Mutter unseres Jahrhunderts!

Zum zweitenmal weile ich vor dir in diesem Heiligtum, um deine Hände zu küssen, weil du starkmütig unter dem Kreuz deines Sohnes gestanden hast, dem Kreuz der gesamten Geschichte des Menschen und auch unserer Zeit.
Du standest und stehst weiter dort und richtest dein Auge auf unsere Herzen, die Herzen von Söhnen und Töchtern, die schon dem 3. Jahrtausend angehören. Du standest und stehst weiter dort, um auf tausend mütterlichen Wegen das Licht Christi im Schoß der Völker und Nationen zu enthüllen und es durch deine mächtige Fürbitte vor allem zu schützen, was es bedroht.
Du stehst und bleibst dort, denn der eingeborene Sohn Gottes, dein Sohn, hat dir alle Menschen anvertraut, als er sterbend am Kreuz uns in eine neue Grundlage für alles, was existiert, einführte. Deine universale Mutterschaft, Jungfrau Maria, ist der sichere Anker des Heiles für die ganze Menschheit.
Mutter des Erlösers! Sitz der Gnade! Ich grüße dich, Mutter, auf die alle Menschengeschlechter ihr Vertrauen setzen!

Heilige Mutter des Erlösers

Weiheakt an Unsere Liebe Frau von Fatima am 13. Mai

1. „Heilige Mutter des Erlösers, Du Himmelspforte und Meeresstern, komm zu Hilfe deinem Volk, das wieder auferstehen möchte." Wieder einmal wenden wir uns an dich, Mutter Christi und der Kirche, die wir zu deinen Füßen in der Cova da Iria versammelt sind, um dir für all das zu danken, was du in diesen schwierigen Jahren für die Kirche, für jeden von uns und für die ganze Menschheit getan hast.

2. „Monstra te esse Matrem!"
Wie oft haben wir dich angerufen!
Und heute sind wir hier, um dir zu danken, denn du hast uns stets erhört.
Du hast dich als Mutter gezeigt:
als Mutter der missionarischen Kirche auf den Wegen der Erde hin zum erwarteten dritten christlichen Jahrtausend;
als Mutter der Menschen,
durch deinen immerwährenden Schutz, der uns vor Unheil und nicht mehr gutzumachenden Zerstörungen bewahrt und den Fortschritt und die modernen sozialen Errungenschaften begünstigt hat;
als Mutter der Nationen,
durch die unverhofften Wandlungen, die den zu lange schon unterdrückten und gedemütigten Völkern Vertrauen gegeben haben;
als Mutter des Lebens,
durch die zahlreichen Zeichen, mit denen du uns begleitet und uns vor dem Bösen und der Macht des Todes verteidigt hast;
als meine Mutter von jeher,
und besonders an jenem 13. Mai 1981, an dem ich neben mir deine rettende Gegenwart gespürt habe;
als Mutter eines jeden Menschen,
der um das Leben kämpft, das nicht vergeht;
als Mutter der Menschheit,

die durch das Blut Christi erlöst wurde,
als Mutter der vollkommenen Liebe, der Hoffnung und des Friedens,
heilige Mutter des Erlösers.

3 „Monstra te esse Matrem!"
Ja, zeige dich weiterhin als Mutter aller, denn die Welt braucht dich.
Die neuen Situationen der Völker und der Kirche sind immer noch heikel und ungefestigt. Es besteht die Gefahr, daß der Marxismus von einer anderen Form des Atheismus abgelöst wird, die der Freiheit schmeichelt und darauf aus ist, die Wurzeln der menschlichen und christlichen Moral zu zerstören.
Mutter der Hoffnung, geh mit uns!
Geh mit dem Menschen dieses ausgehenden zwanzigsten Jahrhunderts, mit dem Menschen jeder Rasse und Kultur, jeden Alters und Milieus.
Geh mit den Völkern, der Solidarität und der Liebe entgegen, geh mit der Jugend, den Trägern zukünftiger Tage des Friedens.
Die Nationen brauchen dich,
die in jüngster Zeit ihren Freiheitsraum wiedererlangt haben und nun daran sind, ihre Zukunft aufzubauen.
Europa braucht dich,
das vom Osten bis zum Westen sein wahres Wesen nicht wiederfinden kann, ohne die gemeinsamen christlichen Wurzeln neu zu entdecken.
Die Welt braucht dich,
um die vielen großen Konflikte zu lösen, die sie immer noch bedrohen.

4. „Monstra te esse Matrem!"
Zeige dich als Mutter der Armen,
derer, die vor Hunger und an Krankheit sterben,
derer, die Unrecht und Mißbrauch erleiden,
derer, die keine Arbeit, kein Heim und keine Zufluchtsstätte finden,
derer, die unterdrückt und ausgenutzt werden,
derer, die verzweifeln oder fern von Gott vergeblich nach Ruhe suchen.
Hilf uns, das Leben zu verteidigen, den Widerschein der göttlichen Liebe, hilf uns, es immer zu verteidigen, vom Beginn an bis zu seinem natürlichen Verlöschen.
Zeig dich als Mutter der Einheit und des Friedens.
Mögen überall Gewalt und Ungerechtigkeit aufhören, mögen in den Familien Eintracht und Einheit wachsen, und unter den Völkern Achtung und Verständnis;
möge auf der Erde Friede herrschen, wahrer Friede!
Maria, schenke unserer Welt Christus, unseren Frieden!
Mögen die Völker keine neuen Gräben des Hasses und der Rache aufreißen, möge die Welt nicht den Verlockungen eines falschen Wohlstandes erliegen, der die Würde des Menschen verletzt und für immer die Reichtümer der Schöpfung aufs Spiel setzt.
Zeige dich als Mutter der Hoffnung!
Wache über die Straße, die uns noch erwartet.
Wache über die Menschen und über die neuen Situationen der Völker, die noch von Kriegsgefahr bedroht sind.
Wache über die Verantwortlichen der Nationen und über diejenigen, die das Los der Menschheit in ihren Händen haben.
Wache über die Kirche, die stets vom Geist der Welt gefährdet wird.

Wache vor allem über die nächste Sonderversammlung der Bischofssynode, eine wichtige Etappe auf dem Weg der neuen Evangelisierung in Europa.
Wache über mein Petrusamt im Dienst des Evangeliums und des Menschen, ausgerichtet auf die neuen Ziele der Missionstätigkeit der Kirche.
Totus tuus!

5. In kollegialer Einheit mit den Bischöfen, in Gemeinschaft mit dem gesamten Gottesvolk, das über die ganze Erde verstreut ist, erneuere ich dir auch heute den Weiheakt der Söhne und Töchter der Menschheit.
Dir überantworten wir uns mit Vertrauen.
Mit dir möchten wir Christus folgen, dem Erlöser des Menschen:
Müdigkeit soll uns nicht beschweren, Anstrengung uns nicht aufhalten, Schwierigkeiten sollen nicht den Mut auslöschen und Trauer nicht die Freude im Herzen.
Du, Maria, Mutter des Erlösers, zeige dich auch weiterhin als Mutter aller, wache über unseren Weg, mach, daß wir voll Freude deinen Sohn im Himmel sehen. Amen!

Portugal - das Land Mariens

Abschiedsgruß auf dem Flughafen Lissabon am 13. Mai

Exzellenz, Herr Präsident der Republik, sehr geehrter Herr Ministerpräsident, Eminenz, Herr Kardinal-Patriarch von Lissabon, meine Herren Bischöfe, liebe Brüder und Schwestern!

1. Am Ende meines Aufenthaltes in Portugal möchte ich allen für die Liebe danken, mit der ihr mich aufgenommen habt. In diesen Tagen durfte ich die geistige Dynamik eurer Gemeinschaften kennenlernen, die menschliche und christliche Wärme eures Empfangs empfinden und den Eifer der Autoritäten feststellen, die mit ihrem Volk den Weg des solidarischen und menschlichen Fortschritts beschreiten, und ich habe auch neue Aspekte eurer Geographie und eurer Geschichte kennengelernt. Ich schätze euch sehr und wünsche euch allen alles Gute, die ihr zum Empfang des Papstes eure Herzen geöffnet habt.
Mit meinem Wort, meiner Präsenz und meinem Gebet wollte ich euch im Glauben bestärken und die Lehren erläutern, die uns vom Evangelium her zufließen und die christlichen Weisungen mit all ihren Folgerungen für das Leben jedes einzelnen und der Gesellschaft als ganzer unterstreichen. Ich wollte euch in der Hoffnung befestigen, in der wahren Hoffnung, die uns von Jesus Christus her erreicht. Nichts, was ihr im Leben oder in Projekten unternehmt, darf ihn beiseitelassen, denn sonst trägt es - wie grandios es auch immer erscheinen mag - die Wunde des Todes an sich und erweist sich als Illusion. Glaubt an das Leben! Glaubt an Gott und dient ihm mit allen euren Kräften. Christus, der Erlöser der Menschen, geht mit euch: Bringt eure Schritte mit den seinen in Übereinstimmung, um als seine Mitarbeiter eine Welt

nach Menschenmaß, eine auf der Achtung vor Gott und dem Nächsten gegründete Gesellschaft aufzubauen.

2. Das erbitte ich für Portugal und die ganze Welt zu Füßen Unserer Lieben Frau von Fatima auf der unvergeßlichen Pilgerreise zu ihrem Heiligtum, von dem aus für alle Kontinente die Strahlen der Gnade, die Aufrufe und prophetischen Hinweise der Mutter Gottes und der Menschen ausgehen.
Das habe ich soeben auch bei meinem Besuch der Azoren und von Madeira empfunden, Teilen von Portugal, in denen die Fatima-Verehrung sich schnell verwurzelt und ausgebreitet hat, weil ja die marianische Umgebung dafür günstig war. Sie hat diese schönen Inseln im Atlantik seit der ersten Berührung mit dem Christentum dafür geneigt gemacht: man denke zum Beispiel an die Azoren, die unter dem Schutz Unserer Lieben Frau in die Geschichte eintraten, wie noch heute der Name der ersten Insel - „Santa Maria" - beweist, die gerade am Fest der „heiligen Maria vom August" entdeckt wurde, wie man damals den 15. August des Monats bezeichnete. Die segensreiche Auswirkung von Fatima erfaßte sämtliche portugiesischen Provinzen des Kontinents, die als erste das Glück hatten, die Wege kennenzulernen, die große Massen zur gesegneten Cova da Iria führen.
Fatima ist immer neu für den, der die Serra de Aire hinaufsteigt und der immer tiefer einzudringen sucht in die Geheimnisse der Botschaft Unserer Lieben Frau, „die ganz in Weiß gekleidet" war bei ihren Erscheinungen von 1917 vor den drei Hirtenkindern, den Empfängern und Verkündern ihres mütterlichen Wohlwollens. Sagen wir Dank für das Geschenk Jesu Christi, das der Menschheit dieses Jahrhunderts an der Schwelle des dritten Jahrtausends zuteilgeworden ist. Geben wir zu, daß die machtvolle Sorge Marias es uns zukommen ließ und sich darin offenbarte. Wie euer verstorbener Kardinal Cerejeira einmal gesagt hat, „war es nicht die Kirche, die Fatima zur Geltung gebracht hat, es war vielmehr Fatima, das sich der Kirche empfahl". Es empfahl sich der Kirche und den Menschen guten Willens, die trotz der erstaunlichen Fortschritte der modernen Wissenschaften weiter den großen Werten des Geistes anhangen, ohne die es keine Erklärung für die wichtigsten Lebensprobleme gibt.

3. Als Papst Pius XII. glorreichen Andenkens in der Botschaft vom 31. Oktober 1942 die Welt dem Herzen Mariens, der Königin des Friedens weihte, unterließ er nicht den Hinweis auf die heroische Geste Portugals als gläubiges und missionarisches Volk, das mit seinem Wissen über die Schiffahrt und „christlichen Wagemut" neue Wege über das Meer bis zu den Grenzen der Erde fand und damit für immer in die Geschichte der Kultur einging.
Wenn ich nach Rom zurückkehre, trage ich lebendig die Erinnerung an das im Herzen, was Portugal zum Wohl der Christenheit und der Menschheitsfamilie getan hat. Portugal, möge Gott dich glücklich machen, wenn du deine heroischen christlichen Taten weiterführst!

4. Im Augenblick meines Abschieds bewegen mich tiefempfundene Gefühle und ich möchte allen sagen: vielen Dank! Ich spreche meinen herzlichsten Dank denen aus,

die die Durchführung dieses Pastoralbesuches durch eine bis in die kleinsten Einzelheiten gehende Organisation möglich gemacht haben. Dankbar rufe ich mir die Herzlichkeit des Empfangs sowie die freundliche Begleitung auf den verschiedenen Abschnitten der Reise in Erinnerung, die mir der verehrte Herr Präsident der Republik zuteil werden ließ. Ich danke dem Herrn Ministerpräsidenten und den übrigen Mitgliedern der Regierung, den zivilen und militärischen Autoritäten, die bei jedem Abschnitt meiner Reise mir Achtung und Höflichkeit zeigten. Meinen brüderlichen Dank richte ich ferner an den verehrten Episkopat, den ich in seiner Treue und seinem pastoralen Eifer sehr bewundere. Endlich danke ich aus vollem Herzen für die Äußerungen des Wohlwollens, mit denen mich das gute Volk des Marienlandes, zumal auf den Azoren und auf Madeira erfreuen wollte. Liebe Brüder und Schwestern von Portugal: der Papst geht jetzt weg, er nimmt in seinem Herzen aber euch alle mit!

Auf alle Portugiesen jedes sozialen Standes, von den Vertretern der Kultur bis zu den Arbeitern auf dem Land, in den Fabriken und Dienstleistungen, von den Alten bis zu den Kranken in den Hospitälern oder daheim und den Schulkindern, von den Ehegatten in den verschiedensten Abschnitten ihres Lebens bis zu den Jugendlichen, die von Leben und Liebe träumen, rufe ich den Segen des Himmels herab. Eure Häuser und euer Leben seien in Christus verwurzelt und mit Frieden und Liebe gesegnet! Und so spreche ich meinen Wunsch aus, daß euch alles Gute zuteil werden möge, und als Unterpfand dafür erteile ich euch meinen Apostolischen Segen im Namen des Vaters und des Sohnes und des Heiligen Geistes. Auf Wiedersehen!

4. Pastoralbesuch in Polen (1. bis 9. Juni)

Nach dem Niedergang des Totalitarismus - ein souveränes Polen

Ansprache bei der Begrüßungszeremonie am Tag der Ankunft in Köslin (Koszalin) am 1. Juni

Herr Präsident der Republik!
Hochwürdigster Primas!

1. In Ihren Begrüßungsworten hörte ich wieder die Stimme meines Vaterlandes. Dies ist eine neue Stimme. Sie gibt Zeugnis von der Republik einer souveränen Nation und Gesellschaft. Viele Jahre hindurch warteten wir darauf, daß diese Stimme in ihrer ganzen Authentizität erklingen könne, daß sie zum Ausdruck der historischen Verwirklichung dessen werde, was so viele Mühen und Opfer gekostet hat.
Gestatten Sie, daß ich in Erwiderung Ihrer Worte gleichzeitig allen jenen Söhnen und Töchtern unseres Vaterlandes huldige, die um dieser großen Sache willen sich selbst nicht geschont haben. Man müßte ein großes Buch der Geschichte aufschlagen, angefangen vom 1. September 1939, um sie alle hier zu beschwören. Ein Buch der Erinnerung, das nie veraltet. Ein Vermächtnis des Heroismus. Ein unzerstörbares Erbe. „Die Seelen der Gerechten sind in Gottes Hand" (*Weish* 3,1).

2. Der Ort, an dem wir zu Beginn meiner vierten päpstlichen Pilgerreise in das Vaterland einander begegnen, ist besonders beredt. Wir sind hier mit einem wesentlichen Ausschnitt unserer Geschichte, mit dem Beginn eben dieser Geschichte selbst, konfrontiert. Die Stadt Kolberg (Kolobrzeg) ist mit bedeutsamen Ereignissen des Jahres 1000 verbunden.
Es fiele mir schwer, an diese Ereignisse nicht zu erinnern, die verbunden sind mit dem Namen eines Boleslaus des Kühnen, (Boleslaw Chrobry), des ersten mit der Königskrone geschmückten Herrschers von Polen. Gerade er - der Sohn und Nachfolger Mieszkos - stellte, als er die Form des Piastenstaates umriß, dieses Gebiet und diese Stadt heraus: Kolberg (Kolobrzeg).
Dies geschah in Fortsetzung der Taufe, die Polen im Jahre 966 in der Person seines ersten geschichtlichen Herrschers angenommen hatte. Dies geschah als eine Frucht, die die apostolische Mission Adalberts (Wojciechs), des Bischofs von Prag, krönte, des Sohnes aus dem stammverwandten tschechischen Volk. Der Missionar fiel unter dem Schwert der heidnischen Pruzzen an den Gestaden der Ostsee im Jahre 997. Am Grabe des Märtyrers in Gnesen fand das historische Treffen statt, auf dem Kaiser Otto III. sowie der Legat Papst Silvesters II. - als Frucht der Bemühungen Boleslaws - die erste Kirchenprovinz auf polnischem Gebiet bestätigten.

Die Kirchenprovinz Gnesen wurde zu einem Fundament der Organisation - nicht nur der Kirche, sondern auch des Piastenstaates. Dieses Fundament hat bisher gehalten: über tausend Jahre. Neben Krakau und Breslau (Wroclaw) und neben Posen, wo ein Bistum seit der Zeit der Christianisierung bestand, ging in diese grundlegende Struktur damals - im Jahre 1000 - auch Kolberg (Kolobrzeg) ein.
Möge diese Erinnerung aus der entfernten Vergangenheit der im Zentrum Europas liegenden Nationen heute erneut zu einem Wunsch und einer Ankündigung europäischer Zukunft an der Schwelle eines neuen Jahrtausends werden. Möge der Geist Kaiser Ottos und König Boleslaws, durch das Gedächtnis des heiligen Adalberts (Wojciechs) in gegenseitiger Brüderlichkeit und Achtung verbunden, in unsere Geschichte als Eckstein des Friedens und der Zusammenarbeit eingehen.

3. Herr Präsident! Hochwürdigster Primas! Alle hochwürdigen Teilnehmer dieser Begegnung - meine Damen und Herren! Alle meine Brüder im bischöflichen und priesterlichen Dienst! Schon bei meiner letzten Pilgerreise in das Vaterland vor vier Jahren war es mir vergönnt, die Ostseeküste aufzusuchen, insbesondere Stettin (Szczecin) und Danzig (Gdańsk). Diese Besuche stehen ständig in meiner Erinnerung. Heute komme ich auf sie zurück, denn sie wurden gleichsam zu einer Ankündigung bedeutsamer und umbruchhafter Ereignisse, die sich im Laufe von vier Jahren nicht nur in Polen, sondern auch bei unseren Nachbarn in ganz Mitteleuropa, ja auch im europäischen Osten, vollziehen sollten. Diese Ereignisse vollzogen sich, aber in gewissem Maße vollziehen sie sich weiterhin. Dies ist ein immenser geschichtlicher Prozeß mit mannigfaltigem Charakter. Ein Niedergang des Totalitarismus. Ein Wandel der sozio-politischen und sozio-ökonomischen Systeme, in deren Zentrum sich jeder Mensch als Subjekt wiederfindet, das über das Gemeinwohl im Namen objektiver Rechte des bürgerlichen Zusammenlebens mit entscheidet. In der Person Herrn Lech Walesas als ersten Präsidenten der III. Republik grüße und begrüße ich alle Landsleute, die mein Heimatland bewohnen: von der Ostsee bis zu den Karpaten, von Ost bis West - alle: jede und jeden begrüße ich mit dem christlichen Friedenskuß.
Ich freue mich über dieses große Gute, das geschehen ist und immer noch geschieht in meinem Vaterland. Mein herzlicher Wunsch ist es, meinen Landsleuten Frieden zu verkünden. Den Frieden, der den Zweifel mindert, die Eintracht wiederherstellt und zur Liebe anregt. Dies ist der Frieden, den Christus gibt - und den ich in Christi Namen durch meinen Hirtendienst im Vaterland bringen möchte. In brüderlicher Vereinigung mit der Polnischen Bischofskonferenz, die - gemäß einer tausendjährigen Tradition - der Primas anführt: der Erzbischof von Gnesen.

4. Ich bitte alle, daß sie mich auf dem Wege dieser meiner päpstlichen Pilgerreise durch ihr Gebet unterstützen. Möge die Fürsprache der Gottesmutter und unserer heiligen Patrone uns das Licht und die Kraft des Geistes der Wahrheit erwirken.
„Sende aus deinen Geist! ... Und erneuere das Gesicht der Erde! Dieser Erde!" So betete ich bei der ersten Pilgerreise in das Vaterland auf dem Siegesplatz in Warschau (2. Juni 1979). Heute wiederhole ich diesen Ruf zu Beginn einer neuen Ge-

schichtsperiode Polens: „Sende aus deinen Geist und erneuere die Erde." Erneuere sie! Dieses Land braucht sehr die Erneuerung: die Erneuerung in der Kraft des Geistes der Wahrheit, denn „der Geist (selber) nimmt sich unserer Schwachheit an" (vgl. *Röm* 8,26).

Das Land braucht starke Priesterpersönlichkeiten

Ansprache bei der Weihe des Priesterseminars in Köslin (Koszalin) am 1. Juni

1. „Die erstrebte Erneuerung der gesamten Kirche hängt zum großen Teil vom priesterlichen Dienst ab, der vom Geist Christi belebt ist; dessen ist sich die Heilige Synode voll bewußt. Deshalb unterstreicht sie die entscheidende Bedeutung der priesterlichen Ausbildung und weist einige grundlegende Leitsätze auf; durch sie sollen die schon durch Jahrhunderte praktisch bewährten Gesetze bestätigt und Neuerungen in sie eingeführt werden" (*Optatam totius*, Vorwort).
Ich zitiere den obigen Text, der das Vorwort zum Konzilsdekret *Optatam totius* darstellt, welches der Ausbildung der Priester - und im Rahmen dieses umfassenderen Problems- den Geistlichen Seminaren gewidmet ist. Dieses Konzilsthema hat nach 400 Jahren voller Erfahrungen, die seit der historischen Entscheidung eines früheren Konzils, nämlich des Tridentinischen Konzils, verflossen sind, in jeder Generation eine genauso große und zugleich immer wieder neue Bedeutung. Eine Bestätigung dessen mag die Tatsache sein, daß 25 Jahre nach Beendigung des Vaticanum II und seit Verabschiedung des Dekrets *Optatam totius* die Bischofssynode auf ihrer ordentlichen Sitzung im Herbst vergangenen Jahres sich erneut mit dem Thema der Priesterausbildung befaßte. Die Vorschläge der Synode stellen die Grundlage eines entsprechenden Dokuments dar, das in Kürze erscheinen wird.

2. Der Patron eures Seminars ist der heilige Jan Kanty. Euer Bischof erinnerte mich kürzlich daran, daß ich ihm vor Jahren verehrungswürdige Reliquien dieses Heiligen schenkte. Damals hatte mir euer Bischof, Bischof Ignacy, traurig gesagt, daß er kein eigenes Seminar besitze. „Du wirst es haben", tröstete ich ihn. Und heute hat die Diözese Köslin/Kolberg (Koszalin/Kolobrzeg) schon ein eigenes Seminar. Deo gratias!
Der heilige Jan Kanty, ein großer Professor der Universität Krakau, ein Theologe, Seelsorger und Beschützer der Armen, möge über diesem Haus des Studiums, einem Haus der Arbeit an sich selbst, des Gebets, der Einübung in ein Leben in Gemeinsamkeit und Solidarität, wachen.

3. Wir alle sind uns dessen bewußt, wie groß die Bedeutung des Geistlichen Seminars im Leben jeder Kirche ist. Und deshalb möchte ich meine Freude darüber zum Ausdruck bringen, daß es mir zu Beginn meines jetzigen Besuchs in der Heimat vergönnt ist, das Seminar der Diözese Köslin/Kolberg (Koszalin/Kolobrzeg) zu weihen. Ich freue mich in gemeinsamer Freude mit euch allen, die ihr das Gottesvolk dieser Kirche an der Ostsee seid - einer Kirche, die an die Tradition des

Bistums in Kolberg (Kolobrzeg) vor fast tausend Jahren anknüpft. Ich freue mich über deine Freude, werter Bruder, Bischof Ignacy. Vor 25 Jahren war es mir vergönnt, Zeuge und Teilnehmer eines Neuanfangs dieses uralten Bistums zu sein. Heute kann ich teilnehmen an der Weihe des Seminars, welches das Konzil - mit der ganzen Tradition - als „Pupilla oculi" des Bischofs und seiner Kirche bezeichnet. Ich freue mich schließlich über eure Freude, ihr Oberen, Professoren und Alumnen des Geistlichen Seminars von Köslin/Kolberg.
Ich danke heute Christus, dem Ewigen Priester, für die zahlreichen Priesterberufe in dieser Diözese, die so sehr den Sämann des göttlichen Wortes benötigt, denn es ist ja noch gewissermaßen Missionsland, wo sehr häufig ein Priester mehrere Pfarreien seelsorglich betreut. Und wenn nicht Pfarreien, so zumindest Kirchen und Kapellen.
Vertrauen wir auf Gott, daß aus diesem Seminar gute Priester hervorgehen werden - stark im Geiste, im Denken und im Gebet, voll ehrlicher Liebe zu Gott und zu den Menschen, die in diesem Gebiet von Kolberg und Köslin leben. Ihr werdet diese Kirche zum dritten Jahrtausend führen.
Kardinal Stefan Wyszyński sagte in seiner Ansprache in der Konzilsaula zum 400. Jahrestag des Dekrets des Tridentinischen Konzils über die Geistlichen Seminare, daß Jesus, der Herr, das erste Geistliche Seminar für seine Jünger selber gründete und führte, denn sie waren Zeugen seiner apostolischen Arbeit und seiner Lehrtätigkeit, zugleich wurden sie von ihm vertraulich belehrt und hatten die Möglichkeit, ihm Fragen zu stellen (vgl. z.B. *Mt* 13,36).
Jesus, der Herr, „er, der bei euch das gute Werk begonnen hat, wird es auch vollenden" (vgl. *Phil* 1,6).
Die Worte aus der Weiheliturgie sind der Wunsch, den ich für das neue Geistliche Seminar an der Ostsee ausspreche. Möge Christus, der Friedensfürst, der Herr der Geschichte, der gute Hirte, in euch und durch euch - von Generation zu Generation - dieses Werk vollenden, das er selber heute hier durch den Dienst des Bischofs von Rom, eures Landsmannes und Bruders, bewirkt.
Unter der Obhut der Gottesgebärerin und eurer heiligen Patrone. Zum Ruhme Gottes, dem Einen in der heiligsten Dreifaltigkeit.

Ohne Gott bleiben nur Ruinen menschlicher Moral

Predigt auf dem Platz an der Heilig-Geist-Kirche in Köslin (Koszalin) am 1. Juni

1. „Ich bin Jahwe, dein Gott, der dich aus Ägypten geführt hat ... Du sollst neben mir [keinen anderen Gott] keine anderen Götter haben!" (*Dekalog*, vgl. *Ex* 20,23).
Gott wählte einen Ort in der Wüste - den Berg Sinai - er wählte ein Volk, dem er sich als Retter aus ägyptischer Sklaverei geoffenbart hatte -, und er wählte einen Menschen, dem er seine Gebote anvertraute: Mose.
Zehn schlichte Worte. Der Dekalog. Das erste von ihnen eben lautet so: „Du sollst neben mir keine anderen Götter haben."

2. Teure Söhne und Töchter dieses Gebietes an der Ostsee. Nicht selten schaut ihr zusammen mit eurem Bischof zum Berg von Chelm hin, der eine nicht sehr große Erhebung in der Nähe des Meeres ist, der sich aber vor dem Hintergrund der ausgedehnten pommerschen Ebene deutlich abhebt.
Erklangen die auf dem Sinai gesprochenen Worte Gottes als fernes Echo nicht auch hier, auf diesem Berg? Einst kannten die fernen Vorfahren, die hier an der Ostsee lebten, den lebendigen und wahren Gott nicht. Sie suchten ihn gewissermaßen „tastend" (vgl. *Apg* 17,27) in ursprünglichen Kulten und Opfern. Und als die Zeit kam, wo Gottes Wort hier in Kolberg zu Zeiten Boleslaus des Kühnen (Boleslaw Chrobrys) seinen Platz fand, da wurde nach recht wenigen Jahren der erste Bischof Reinbern verjagt - und das Alte kehrte für noch mehrere Generationen zurück. Erst ein Missionar - Bischof Otto von Bamberg - festigte das Christentum an der Ostsee und im ganzen westlichen Pommern.
Viele Jahrhunderte trennen uns von jenen Zeiten. Ihr selber seid ja hier erst seit einigen Dutzend Jahren - und euer Bischof Ignacy ist (seit 1972) gerade der zweite Bischof in Kolberg nach Reinbern.

3. „Du sollst neben mir keine anderen Götter haben." Dies ist das erste Wort des Dekalogs, das erste Gebot, von dem alle weiteren Gebote abhängen. Das ganze Gesetz Gottes, einst auf steinerne Tafeln geschrieben, gleichzeitig ewig in die menschlichen Herzen eingeschrieben. So daß auch jene, die den Dekalog nicht kennen, seinen wesentlichen Inhalt kennen. Gott verkündet das moralische Gesetz nicht nur mit den Worten des Bundes - des Alten Bundes vom Berg Sinai und des Evangeliums Christi, er verkündet es durch die innere Wahrheit dieses vernünftigen Geschöpfes, das der Mensch ist.
Dieses moralische Gesetz Gottes ist dem Menschen aufgegeben und gleichzeitig für den Menschen gegeben: um seines Wohles willen. Ist es nicht so? Ist nicht jedes dieser Gebote vom Berge Sinai für den Menschen da: „Du sollst nicht töten - du sollst nicht die Ehe brechen - du sollst nicht falsch gegen deinen Nächsten aussagen - ehre deinen Vater und deine Mutter" (vgl. *Ex* 20,13-14.16.12). Christus umfaßt dies alles mit einem einzigen Liebesgebot, das ein doppeltes ist: „Du sollst den Herrn, deinen Gott, lieben mit ganzem Herzen, mit ganzer Seele und mit all deinen Gedanken - du sollst deinen Nächsten lieben wie dich selbst" (vgl. *Mt* 22,37).
Auf diese Weise wurde der Dekalog - das Erbe des Alten Bundes Gottes mit Israel - im Evangelium als moralisches Fundament des Neuen Bundes in Christi Blut bestätigt.
Dieses moralische Fundament kommt von Gott, es wurzelt in seiner schöpferischen, väterlichen Weisheit und Vorsehung. Gleichzeitig ist dieses moralische Fundament des Bundes mit Gott für den Menschen da, für sein wahres Wohl. Wenn der Mensch dieses Fundament zerstört, schadet er sich selbst: er zerstört die Ordnung des Lebens und des menschlichen Zusammenlebens in jeder Dimension. Angefangen von der kleinsten Gemeinschaft, wie es die Familie ist, über die Nation bis hin zu dieser allgemeinmenschlichen Gemeinschaft, zu der Milliarden menschlicher Geschöpfe gehören.

Wie sehr das moralische Gesetz, die Gebote Gottes, für den Menschen da sind, darauf verweist in besonders beredter Weise Jesus Christus selber (in der heutigen Perikope des Evangeliums), wenn er zu den verwunderten, ja sogar entrüsteten Wächtern des Gesetzesbuchstabens sagt: „Der Sabbat ist für den Menschen da, nicht der Mensch für den Sabbat" (*Mk* 2,27).

4. Ja. „Der Menschensohn ist Herr über den Sabbat" (vgl. *Mk* 2,28). Er ist auch Herr und Garant dieses göttlichen Bundes mit dem Menschen, dieses alten, neuen und ewigen Bundes.
Der Menschensohn. Jesus Christus. In ihm vollendete sich die neue Schöpfung. „Gott, der der Finsternis befahl, daß Licht werde" (so spricht das *Buch Genesis* vom Werk der Schöpfung, vgl. 1,3), „ist in unseren Herzen aufgeleuchtet ... auf dem Antlitz Christi" (*2 Kor* 4,6). Der einzige, wahre und unfaßbare Gott gab sich, sein unergründliches Geheimnis, in Jesus Christus zu erkennen. Er - Christus - ist das sichtbare Bild des unsichtbaren Gottes. Er ist der wesensgleiche Sohn, der Mensch geworden ist - der Menschensohn, geboren aus Maria der Jungfrau durch den Heiligen Geist. Er - „Gott von Gott, Licht vom Lichte" (*Credo*) „ist in unseren Herzen aufgeleuchtet, damit wir erleuchtet werden zur Erkenntnis des göttlichen Glanzes auf dem Antlitz Christi" (*2 Kor* 4,6).
Einst ist hier, an der Ostsee, dieses gleiche Licht in den Herzen der Menschen zu Beginn unseres Jahrtausends aufgeleuchtet. Heute leuchtet es in euren Herzen.
Wir alle, getauft im Namen der heiligsten Dreifaltigkeit, kraft der Erlösung Christi durch das Kreuz, „sind dem Tode ausgeliefert", so wie Christus den Tod am Kreuz annahm - „damit ... das Leben Jesu an unserem sterblichen Fleisch offenbar wird" (*2 Kor* 4,11). Ja. Das Leben Christi. Seine Auferstehung. Angefangen vom Sakrament der Taufe, nehmen wir teil am erlösenden Tod und an der Auferstehung Christi.
Wir tragen also einen Schatz in uns, einen unaussprechlichen Schatz göttlichen Lebens. Das ist ein „Übermaß an Kraft, das von Gott und nicht von uns kommt" (vgl. *2 Kor* 4,7). Eine solche Kraft ist die Gnade der Taufe, die uns in Christus zu erwählten Söhnen Gottes macht.
Als erwählte Söhne Gottes begeben wir uns auf unseren Berg Chelm an der Ostsee, dort wo einst unsere fernen Vorfahren in diesem Lande „Gott suchten, ob sie ihn ertasten und finden könnten". Wir kommen mit dem Licht des Glaubens dorthin. Wir kommen dorthin, wobei wir „an unserem Leib das Todesleiden Jesu tragen, damit auch das Leben Jesu an unserem Leib sichtbar wird" (vgl. *2 Kor* 4,10).

5. Dennoch, teure Brüder und Schwestern, „tragen wir diesen Schatz in zerbrechlichen Gefäßen" (vgl. *2 Kor* 4,7). Die Zeit, in der wir leben, die heutige Menschheit, die europäische Zivilisation und der Fortschritt haben dieses tastende Suchen nach Gott schon hinter sich - das jedoch ein Suchen war und das gewissermaßen zu Ihm führte. Alle erbten den Schatz. In Christus erhielten sie mehr noch als den Dekalog. Wer jedoch bestätigt mehr als der gekreuzigte und auferstandene Christus die Kraft

jenes ersten Wortes des Dekalogs: „Du sollst neben mir keine anderen Götter haben”?
Und auch nur in der Kraft dieses ersten Gebots kann man an einen wahren Humanismus denken. Nur dann „kann der Sabbat für den Menschen da sein” und bestätigt und verwirklicht sich die ganze humanistische Moral.
„Das Geschöpf sinkt ohne den Schöpfer ins Nichts”, verkündet das Konzil (*Gaudium et spes*, Nr. 36). Ohne Gott bleiben Ruinen menschlicher Moral übrig. Jedes wahre Gut für den Menschen - und das ist der eigentliche Kern der Moral - ist nur dann möglich, wenn über ihm dieser Eine wacht, der „allein gut ist” (wie einst Christus zum Jüngling sagte, vgl. *Mk* 10,18).

6. Von hier, von der Ostsee, bitte ich euch, alle meine Landsleute, Söhne und Töchter des gemeinsamen Vaterlandes, daß ihr nicht zulaßt, daß dieses Gefäß zerschlagen wird, das Gottes Wahrheit und Gottes Gesetz enthält. Bitte, laßt es nicht zerstören. Daß ihr es wieder zusammenfügt, wenn es zersprungen ist.
Daß ihr nie vergeßt: „Ich bin Jahwe, dein Gott, der dich aus Ägypten geführt hat, aus dem Sklavenhaus. Du sollst neben mir keine anderen Götter haben!”
- Du sollst den Namen des Herrn, deines Gottes, nicht mißbrauchen.
- Gedenke des Sabbats: Halte ihn heilig!
- Ehre deinen Vater und deine Mutter.
- Du sollst nicht töten.
- Du sollst nicht die Ehe brechen.
- Du sollst nicht stehlen.
- Du sollst nicht falsch aussagen.
- Du sollst nicht nach der Frau deines Nächsten verlangen.
- Du sollst nicht nach irgend etwas verlangen, das deinem Nächsten gehört.

Das ist der Dekalog: Zehn Worte. Von diesen zehn schlichten Worten hängt die Zukunft des Menschen und der Gesellschaften ab. Die Zukunft der Nation, des Staates, Europas, der Welt.
„Dein Wort, Herr, ist Wahrheit. Heilige uns in der Wahrheit” (vgl. *Joh* 17,17). Amen.

Gemeinschaft - Lebensgesetz der Kirche

Betrachtung beim Rosenkranz in Köslin (Koszalin) am 1. Juni

Wir preisen Christus hier in diesem Gotteshaus, das als Kathedrale die Mutter aller Kirchen eurer Diözese Köslin-Kolberg (Koszalin-Kolobrzeg) ist. Ich erinnere mich, wie es mir in den ersten Monaten nach der kirchenrechtlichen Errichtung der Diözese Köslin-Kolberg vergönnt war, hier mit eurem Bischof an diesem Altar die heilige Messe zu feiern. Heute denke ich an die Jahre, die vergangen sind, die aber nicht nur ein Vorüberziehen, sondern auch ein Schaffen darstellten, denn geschaffen wurde die Kirche der Diözese von den Fundamenten her. Ich möchte alle, die bei diesem Werk Hand anlegten, in besonderer Weise begrüßen, ihnen ein „Vergelt's Gott” sagen, angefangen von den Autochthonen über alle, die aus verschiedenen Regionen in diese Gebiete kamen und neue Umgebungen, neue Gemeinden, neue Pfarreien schufen, neue Kirchen erbauten, sie noch immer schaffen und noch immer erbauen. Ein ständiger, noch gar nicht so lange dauernder Prozeß, aber wieviel Früchte hat er schon gezeitigt!

Ich möchte in besonderer Weise, zusammen mit eurem Bischof, dem Hirten dieser Diözese und seinen beiden Mitarbeitern im Bischofsamt, die Priester begrüßen, sowohl jene, die in der Vergangenheit hierherkamen und von außen kamen, aus den verschiedenen polnischen Diözesen als eine Art Fidei donum, wie auch jene, die hier ausgebildet wurden, die schon von hier sind, die von Anfang an Kösliner sind. Ich freue mich gemeinsam mit euch über diese besondere Ernte, die auf dem göttlichen Boden eurer Kirche in dieser Weise spürbar wurde und Früchte bringt.

Ich wende mich auch herzlich an die Ordensfamilien, sowohl an die Männerorden, die in bedeutendem Maße mit den Diözesanpriestern die Arbeit in der Seelsorge teilen, wie auch die Ordensfrauen, die hier, in dieser Kathedrale, besonders zahlreich vertreten sind. Ich danke euch für das Zeugnis des Lebens im Evangelium, für das eschatologische Zeugnis, das gleichzeitig jedoch mit dem Irdischen, mit der Gegenwart sehr verknüpft ist. Es schafft ständig unsere menschliche, christliche Gegenwart, unser Heute unter dem Gesichtspunkt unserer ewigen Bestimmungen in Gott, es schafft dies gemeinsam mit Christus. Als Bräute Christi seid ihr besonders dazu berufen, dies ist eurer besonderes Charisma. Gott segne eure Tätigkeit.

Wir beteten gemeinsam den Rosenkranz. Dieser Rosenkranz wurde von Radio Vatikan in die ganze Welt übertragen, überall dorthin, wo Radio Vatikan empfangen wird. Und er wurde ganz gewiß parallel in verschiedenen Sprachen gebetet. Ich freue mich sehr, daß der Rosenkranz in dieser weltweiten Verbreitung auch Ausdruck gab von der universalen, allgemein kirchlichen Einbindung eurer Kirche von Köslin-Kolberg. Ihr seid in der großen Gemeinschaft des Gottesvolkes, in dieser großen Gemeinschaft der Kirchen, die auf der ganzen Welt eine Kirche bilden, eine Kirche Christi, die eine apostolische und katholische Kirche, die heilige Kirche.

Diese Gemeinschaft ist durch euch bereichert worden und bereichert sich ständig. Gleichzeitig werdet ihr, indem ihr aus dieser Gemeinschaft schöpft, reicher und reifer. Das ist das Lebensgesetz der Kirche, das Gesetz der Communio; und die höchste Quelle dieses Gesetzes ist in Gott, der die Communio ist, die Gemeinschaft der Personen in der göttlichen Einheit. Das ist das höchste Urbild, gleichzeitig aber die tiefste Quelle unseres christlichen Lebens, unseres kirchlichen Lebens, unseres Kirche-Seins.

Jetzt möchte ich allen den Segen erteilen, sowohl den in der Kathedrale Versammelten und den um die Kathedrale Stehenden, wie auch den Teilnehmern des Rosenkranzes, den der Papst wie gewöhnlich am ersten Samstag des Monats über Radio Vatikan betet; allen, die sich mit ihm auf der ganzen Welt verbinden.

Auf das Erbe der Toleranz besinnen

Ansprache beim Besuch der Prokathedrale in Lubaczów am 2. Juni

Hochwürdige und liebe Brüder und Schwestern!
Erzbischof Marian - Nachfolger des apostolischen Erbes des seligen Jakub Strzemie!

1. Sehr bewegt trete ich an diesem Sonntagabend im Juni über die Schwelle der Prokathedrale in Lubaczów! Diese Rührung kommt auch aus persönlichen Motiven - und gestattet, daß ich dem zuvor Ausdruck gebe.
Zum ersten Mal war ich hier am 15. September des Jahres 1958, als ich am Silbernen Weihejubiläum des verstorbenen Erzbischofs Eugeniusz Baziak, des Metropoliten von Lemberg, teilnahm. In den letzten Monaten des Zweiten Weltkrieges hatte der Erzbischof die Nachfolge für die Kirchenprovinz in Lemberg von seinem verstorbenen Vorgänger, Erzbischof Woleslaw Twardowski, übernommen. Er übernahm eine über die Maßen schwierige, man möchte sagen, dramatische Nachfolge. Ja. Sein bischöflicher Dienst wurde von der göttlichen Vorsehung zu einem großen geschichtlichen Drama gemacht. War nicht ein solches Drama das, was im Gefolge der Beschlüsse von Jalta erfolgte? War ein solches Drama für den Oberhirten nicht der Zwang, den altehrwürdigen Sitz der lateinischen Metropoliten, die ehrwürdige Kathedrale von Lemberg und so viele prächtige Gotteshäuser dieser Stadt sowie der ganzen Erzdiözese zu verlassen?
Ich erinnere mich, als wir in Lubaczów das 25jährige Jubiläum seiner Bischofsweihe feierten, da verband der Erzbischof seinen bischöflichen Lebensweg mit dem liturgischen Geheimnis des Tages: dem 15. September - Fest der schmerzhaften Muttergottes, Maria, die unter dem Kreuz ihres Sohnes steht. Zugleich der Festtag des Bischofs, der unter dem Kreuz seiner Kirche stehen sollte.
Ich selber habe großen Dank dem Metropoliten von Lemberg abzustatten. Zwei Wochen nach jener Begegnung in der Prokathedrale von Lubaczów war es mir vergönnt, aus seinen Händen die Bischofsweihe in der Kathedrale auf dem Wawel zu empfangen, um als Bischof den Hirtendienst von Erzbischof Eugeniusz bis zu seinem Tode im Juni 1962 zu unterstützen.

2. Diese Erinnerung läßt uns zum unmittelbaren Anfang des Christentums und der Kirche in diesen Gebieten kommen, die wir, entsprechend der historischen Tradition, gewohnt sind die Grody Czerwienskie zu nennen. Eine zweite Bezeichnung dafür ist das Gebiet von Halicz, von der Stadt Halicz, die - noch früher als Lemberg - hier ein Zentrum von politischer sowie kirchlicher Bedeutung war.
Als König Kazimierz d.G. in diesen Gebieten ein lateinisches Bistum einrichtete, das später von Halicz nach Lemberg verlegt wurde, gab es hier schon ein Bistum des byzantinisch-slawischen Ritus, das mit der Metropolie Kiew verbunden war. Deshalb befinden wir uns von Anfang an auf einem Gebiet der Begegnung zweier christlicher Traditionen und zweier Kulturen: der mit der Rus' verbundenen byzantinischen und der mit Polen verbundenen lateinischen, das erst von den Piasten,

später von den Jagiellonen regiert war. Das, was sich zur multinationalen Republik entwickelte, hat gerade in der Kirchenprovinz Lemberg seinen Bezugspunkt, ebenso wie das historische Erbe der Piasten seinen Bezugspunkt in der Kirchenprovinz Gnesen hatte.

3. Die Bedeutung dieses „zweiten Anfangs" in der Geschichte ist kaum zu überschätzen - sowohl in politischer, national-gesellschaftlicher wie auch kirchlicher Hinsicht. Hier wurde begonnen, ein großes Kapitel der Geschichte unserer Völker, aber auch der Geschichte des Christentums zu schreiben, das - besonders nach der Taufe Litauens - in diesen Nationen dauerhaft eingewurzelt wurde.
Man darf auch nicht vergessen, daß diese Geschichte im Verlauf vieler Jahrhunderte gekennzeichnet war durch die Übereinkunft, durch das Bündnis und die Union, durch Zusammenwirken und gemeinsames Gestalten - und dies bei der Besonderheit der differenzierten Glieder der großen Republik. Gemeinsames Erbe aller war - trotz der Feudalstrukturen des Staates und der Gesellschaft - der Geist der Toleranz und der inneren Freiheit. In einer Epoche, in der im Westen religiöse Spannungen, verbunden mit der Reformation, zu langwierigen Konflikten führten, blieben in diesem multinationalen und multikonfessionellen Organismus die Worte des letzten Jagiellonenherrschers in Kraft: „Ich bin nicht der Herr eurer Gewissen."
Das alles muß man auch im 20. Jahrhundert vor Augen haben, auch in der Perspektive des 3. Jahrtausends nach Christus. Denn hier geht es um Werte, die im Leben jeder der Nationen der alten Republik überdauern müssen - auch jetzt, wo sie (jenseits der östlichen Grenze des heutigen Polens) den Wiederaufbau ihrer eigenen Autonomie und Souveränität betreiben. Wir dürfen nicht vergessen, daß diese Werte und Prinzipien einst gemeinsam geschaffen wurden. Sie stellen also für jede unserer Nationen ein zugleich heimisches, eigenes und doch gemeinsames Erbe und Eigentum dar. Hier, an dieser Stelle, muß man in besonderer Weise den Herrn der Geschichte durch die Mittlerschaft der heiligen Patrone Polens, Litauens und der Rus' bitten, daß das verbindende Gute sich stets als stärker erweise als alles, was im Laufe der Geschichte, insbesondere in letzter Zeit, unterschied und trennte - mitunter bis zum Blutvergießen. Und daß auf all das - auf unsere ganze Gegenwart und Zukunft - Marias mütterliche Augen aus ihrem altertümlichen Bild in der Kathedrale von Lemberg schauen, wo König Jan Kazimierz, nach den Prüfungen der „Sintflut", im Jahre 1656 seine historischen Gelübde ablegte.

4. Ja. Gewaltig ist die Aussage dieser Prokathedrale in Lubaczów. Ihre Bedeutung wird noch durch die Tatsache vermehrt, daß hier in den letzten Monaten des vergangenen Jahres die irdischen Überreste des verstorbenen Kardinals Wladyslaw Rubin beigesetzt wurden.
Das ist eine weitere Dimension des Symbols, das dieses Gotteshaus in sich birgt. In Rom nach langer und beschwerlicher Krankheit verstorben, kehrte der Kardinal an den Ort zurück, von dem aus seine Lebenswanderung während des Zweiten Weltkriegs begonnen hatte. Er begann sie als einer von so vielen in die Tiefe der Sowjetunion deportierten Landsleute, um gemeinsam mit der Armee des Generals Anders

nach Westen aufzubrechen. Der Weg der in Lemberg begonnenen priesterlichen Berufung reifte im Libanon heran, um einen künftigen Bischof für die Polen im Exil und dann den ersten Generalsekretär der Bischofssynode heranzubilden - und im gewissen Sinne den Organisator dieser bedeutsamen Institution der Kirche nach dem Zweiten Vatikanischen Konzil.
Dies ist die andere Dimension des Symbols, das sich hier abzeichnet. Und es ist gut, daß dieser Mensch - ein Symbol des kämpfenden und leidenden, des über die Welt zerstreuten Polens, zugleich ein Symbol des Beitrags und der Teilhabe Polens am Werk der zeitgenössischen Erneuerung der Kirche und des Christentums ist, es ist gut, daß dieses Symbol mit der Prokathedrale in Lubaczów verbunden ist.

5. „Über deine Huld, o Gott, denken wir nach in deinem heiligen Tempel. Wie dein Name, Gott, so reicht dein Ruhm bis an die Enden der Erde; deine rechte Hand ist voll von Gerechtigkeit. Umkreist den Zion, umschreitet ihn, zählt seine Türme ..., damit ihr dem kommenden Geschlecht erzählen könnt: ‚Das ist Gott, unser Gott für immer und ewig.'" (*Ps* 48[47],10-11.13-15). Amen.

Militärseelsorge - endlich in Polen wieder möglich

Ansprache bei einer Begegnung mit der Polnischen Armee in Köslin (Koszalin) am 2. Juni

Herr Präsident der Republik, Herr Minister für nationale Verteidigung,
liebe Soldaten, Unteroffiziere, Offiziere, Generäle,
lieber Militärbischof der Polnischen Armee!

1. „Wer ... im Dienst des Vaterlandes steht, betrachte sich als Diener der Sicherheit und Freiheit der Völker" (*Gaudium et spes*, Nr. 79).
Zum ersten Mal ist es mir - bei einem Besuch in meinem Vaterland - vergönnt, zu Soldaten bei einer besonderen Begegnung zu sprechen. Das weckt in mir eine Reihe von Erinnerungen, Reflexionen und Gefühlen, die tief in die Vergangenheit reichen - in meine eigene sowie in die Geschichte meiner Nation, in die Geschichte Polens.
Als Papst hatte ich Gelegenheit, viele Länder zu besuchen. Fast überall dort traf ich - bei der Begrüßung, aber auch bei der Verabschiedung - auf Ehrenkompanien. Genauso war es übrigens auch bei den vorherigen Besuchen in Polen 1979, 1983 sowie 1987. Die Anwesenheit des Militärs und die militärischen Ehren sind Ausdruck dessen, wovon der zuvor zitierte Konzilstext spricht. Mehr noch: Die Ehrenkompanie, die das Staatsbanner hochhält, wird zum besonderen Ausdruck der Souveränität des Staates. Bei der Begrüßung verneigt sich der ein bestimmtes Land besuchende Gast vor dieser Fahne. Auf diese Weise erweist er einer Gesellschaft die Ehre, die in dieser Fahne ihre Identität ausdrückt. Die Fahne in jeder militärischen Formation ist ein besonderes Symbol nicht nur der gegebenen Einheit, sondern auch des Vaterlandes, dessen Sache jene, die den Militärdienst leisten, besonders ergeben sind.

2. Im Laufe der vergangenen zwölf Jahre wurde ich recht häufig von einzelnen Gruppen der italienischen Armee eingeladen (der Bischof vom Rom ist nach Tradition auch Primas von Italien). Manche von diesen Begegnungen blieben mir besonders in Erinnerung, wie z.B. die heilige Messe in den Dolomiten auf den Spuren des Ersten Weltkrieges oder auch die Begegnungen mit der Flotte in zahlreichen Hafenstädten Italiens.

Oft nahmen auch einzelne Gruppen, insbesondere Ausbildungsgruppen, an den Mittwochsaudienzen teil. Das bezieht sich nicht nur auf italienische Formationen, sondern auch auf andere westliche Länder. Nicht selten baten sie um die Feier einer heiligen Messe, an der sie teilnehmen könnten. In Italien besuchte ich auch Garnisonspfarreien, wobei ich ständigen Kontakt mit dem Militärbischof sowie den Militärgeistlichen hielt. Von ihnen - ebenso wie von den Militärbischöfen anderer Länder - erfuhr ich viel über die Bedeutung der Militärseelsorge.

Alles das hat mich - in gewissem Sinne - auf das heutige Treffen vorbereitet. Ich muß hinzufügen, daß ich auf diesen Augenblick gewartet habe und daß ich mit Bedauern daran dachte, daß ich ähnliche Kontakte mit meinen Landsleuten nicht haben konnte.

Wenn es heute dazu kommt, dann leben in meiner Erinnerung die Worte auf: „aus italienischem Land nach Polen". Diese Worte bestätigen sich, wie man sieht, auch beim Papst, wenn es um das Treffen mit dem Militär geht.

3. Man kann schwerlich umhin, an die Vergangenheit zu denken. Die Geschichte zeugt davon, daß die Polen stets ein ritterliches Volk waren. Sie suchten keinen Krieg, sie führten im allgemeinen keine Eroberungskriege, aber sie vermochten, heldenhaft zur Verteidigung der bedrohten Freiheit und Unabhängigkeit zu kämpfen. Siege der polnischen Waffen bedeuten einzelne Etappen unserer Geschichte, von der Piastenepoche über Grunwald bis nach Wien im Jahre 1683. Die Ritter- und Soldatentradition ging an die Aufständischen in der Periode der Teilungen über.

Diese Tradition lebte mit neuer Kraft an der Schwelle unseres Jahrhunderts auf. Die Unabhängigkeit der Republik wurde mit der Waffe in der Hand erkämpft, und der Abschluß dieses soldatischen Epos war die siegreiche Schlacht bei Warschau am 15. August 1920. Sie hatte nicht nur eine umwälzende Bedeutung für Polen, sondern auch für Europa. Man vergleicht sie (in dieser Hinsicht) mit dem Sieg von Wien und, früher noch (zur Piastenzeit), mit der Schlacht bei Liegnitz im 13. Jahrhundert, als die Tatarenflut zurückgedrängt wurde, die sich von Asien nach Europa bewegte.

Der letzte, der Zweite Weltkrieg, ist eine weitere Fortsetzung dieses soldatischen Epos. Es beginnt im September 1939 über Narwik, Frankreich, England und anderseits aus den Gebieten Rußlands sowie aus der Tiefe Asiens über den Nahen Osten bis hin nach Montecassino und zum schweren Kampf um den Pommernwall bis zur Beteiligung an der endgültigen Niederzwingung des Hitlerfaschismus. Gleichzeitig gab es in dem von zwei Seiten besetzten Land - zusammen mit der ganzen Struktur eines Untergrundstaates - die Armia Krajowa (Heimatarmee). Zum Gipfel dieses heldenhaften, doch gleichzeitig tragischen Bemühens wurde der Warschauer Aufstand im Jahre 1944.

4. In diesem ganzen Geschichtsprozeß hemmte etwas die Periode, die 1945 begann. Es blieb zwar die Militärdienstpflicht, die jungen Polen traten in die Armee ein, indem sie den Beruf des Soldaten wählten, aber es fehlte ein prinzipieller Bezug. Es ist das Bewußtsein, dem Vaterland zu dienen: „Im Dienst des Vaterlandes stehen" (wie der Konzilstext sagt).
Der Militärdienst ist nicht nur Beruf oder Pflicht. Er muß auch ein inneres Gebot des Gewissens, ein Gebot des Herzens sein. Die soldatischen Traditionen der Polen verbanden über Jahrhunderte den Militärdienst mit der Liebe zum Vaterland.
Die Ereignisse von 1989, der Beginn der III. Republik, sie bedeuten einen „neuen Anfang" für die ganze Nation. Doch, ähnlich wie auf so vielen anderen Gebieten, muß auch dieser „neue Anfang" erst reifen und sich in unseren Haltungen, im gemeinschaftlichen Bewußtsein festigen.

5. Die Militärseelsorge, die mit der Ernennung eines Militärbischofs verbunden ist, besitzt für diese Entwicklung große Bedeutung. So war es in der Vergangenheit, denn die Geschichte zeigt nicht nur prächtige Gestalten heldenhafter Soldaten und Befehlshaber, sondern auch heldenhafte Militärgeistliche. Als Symbol mag Priester Skorupka aus dem Jahre 1920 dienen, aber es gibt ihrer viele in der ferneren und näheren Vergangenheit. In diesem Zusammenhang sollte man vielleicht daran erinnern, daß im Rahmen der religiösen Toleranz sowie der Glaubensfreiheit in der Armee aus der Zeit der Verfassung des 3. Mai Militärgeistliche dreier Bekenntnisse Dienst taten. In der Truppe der II. Republik konnten die Militärgeistlichen aller anerkannten Bekenntnisse ohne Hindernisse den religiösen Dienst gemäß den Bedürfnissen der Soldaten ausüben. Aus der letzten Zeit wollen wir an Erzbischof Stanislaw Gall sowie an den heimatlosen Erzbischof Józef Gawlina erinnern. Jetzt freue ich mich, daß hier der erste Militärbischof der Polnischen Armee der III. Republik, General Slawoj Leszek Głódź, anwesend ist.
Die Erfahrung der Kirche weist die Militärseelsorge als unerhört wichtiges Gebiet aus. Als ich Priester und Bischof in der Erzdiözese Krakau war, hat es mich immer sehr geschmerzt, daß es bei uns praktisch keine Militärseelsorge gab. Bisweilen führte man in der Armee Anti-Seelsorge besonderer Art durch: man entfernte nicht nur alle Zeichen religiösen Lebens aus den Kasernen, sondern man erschwerte es den Soldaten, ihren Glauben sogar außerhalb der Kasernen zu praktizieren, während man in den Kasernen vielfach eine intensive atheistische Propaganda durchführte. Um so größer ist meine Freude, daß sogar viele Berufssoldaten dieser Atmosphäre nicht erlagen und daß sie trotz so ungünstiger Umstände es vermochten, zusammen mit ihren Familien im Glauben auszuharren und ein normales religiöses Leben zu führen. Diesen allen, die unter schwierigen Bedingungen, unter Verzicht auf verschiedene Privilegien, ja sogar auf die Möglichkeit schnellerer Beförderung, den christlichen Werten treu blieben und nicht zögerten, davon Zeugnis zu geben, drücke ich meine Anerkennung und meinen Dank aus.
Die Wiederherstellung der Militärseelsorge beseitigt ganz sicher eine Mauer, mit der man das Militär von der Gesellschaft zu trennen versuchte. Eine Armee, die es dem Soldaten erleichtert, ihn jedenfalls nicht daran hindert, sich diesen Werten zu-

zuwenden, die in seinem Elternhaus besonders wichtig waren, kann von der Nation leichter als die eigene Armee, als lebendiger und integraler Bestandteil der Gesellschaft anerkannt werden.

Deshalb freue ich mich hauptsächlich euretwegen, liebe Soldaten, über die Rückkehr der Militärgeistlichen in die Kasernen. Ein junger Mensch, der in dem für seine Entwicklung entscheidenden Lebensabschnitt zum Militärdienst einberufen wird, erweist sich als besonders offen für all das, was der priesterliche und seelsorgliche Dienst mit sich bringt. Der militärischen Disziplin unterworfen, spürt er gleichzeitig stärker die Fragen seines Inneren und sucht gewissermaßen spontan nach einer inneren Ordnung und Einordnung. Zahlreiche Bischöfe und Militärgeistliche aus der ganzen Welt haben mir davon berichtet. Es gibt eine besondere Möglichkeit der Evangelisierung, der Katechese, der Annäherung an das Gebet und an das sakramentale Leben.

Und das religiöse Leben ist ja für die meisten jungen Männer die Schwelle zu reifen und zu entscheidenden Entschlüssen für das ganze Leben zu gelangen.

Wenn man sich vom Glauben leiten läßt, vermeidet man leichter Fehler oder sogar einen geistigen Schiffbruch.

Möge dieses erste Treffen mit der Armee - des Papstes aus Polen mit der Polnischen Armee - zum Zeichen des „neuen Anfangs” im Leben der Gesellschaft und der Nation werden, deren Sohn ich bin. Und als Pole weiß ich, was ich im Verlauf der ganzen Geschichte, aber auch im Verlauf meines eigenen Lebens denen verdanke, die - in oft heroischer Weise - „sich als Diener der Sicherheit und Freiheit des Vaterlandes betrachteten”.

Ihr, meine Herren Generäle, Offiziere, Unteroffiziere und Soldaten, seid Nachfolger jener Soldaten. Möge folglich auch für euch die Liebe zum Vaterland, das Gerechtigkeitsgefühl, die Sorge um die Sicherheit und Freiheit Polens den Sinn eures militärischen Dienstes bestimmen.

Zum Schluß möchte ich noch einmal auf das Zweite Vatikanische Konzil zurückkommen. Es lehrt: „Solange die Gefahr von Krieg besteht und solange es noch keine zuständige internationale Autorität gibt, die mit entsprechenden Mitteln ausgestattet ist, kann man, wenn alle Möglichkeiten einer friedlichen Regelung erschöpft sind, einer Regierung das Recht auf sittlich erlaubte Verteidigung nicht absprechen” (*Gaudium et spes*, Nr. 79).

Jetzt bleibt mir nur zu wünschen, daß die Möglichkeiten einer friedlichen Regelung stets erfolgreich sind und den Frieden bringen. Den Frieden für die ganze Welt. Ich wünsche, daß die Polnische Armee und alle anderen Armeen ihren Nationen und Vaterländern im Frieden dienen können.

Neuer Glaube, neue Hoffnung, neue Liebe werden gebraucht

Predigt in Rzeszów am 2. Juni

1. „Nicht jeder, der zu mir sagt: Herr! Herr!, wird in das Himmelreich kommen, sondern nur, wer den Willen meines Vaters im Himmel erfüllt" (*Mt* 7,21).
Am heutigen festlichen Tag tritt die römische Kirche, insbesondere aber die Stadt Rzeszów, vor das Geheimnis des Himmelreiches - dieses Königreiches, das der Gottessohn, Jesus Christus, seinen Aposteln und Jüngern überliefert hat. Die Kirche, die durch dieses Vorkarpatenland pilgert, lebt in der Hoffnung des Himmelreiches. Am heutigen Tag aber freut sie sich in besonderer Weise, wenn die Erhebung des seligen Józef Sebastian zur Ehre der Altäre in allen diese Hoffnung erneuert und festigt.
Dies ist ein Mensch, der „den Willen des Vaters erfüllte", der nicht nur sagte: Herr! Herr!, sondern den Willen des Vaters so erfüllte, wie Jesus Christus uns diesen Willen geoffenbart hat. Wie er ihn durch sein eigenes Leben und durch sein Evangelium gezeigt hat.

2. Dieser Mensch - der selige Józef Sebastian Pelczar - war euer Bischof. Er war ein Sohn dieser Erde. Hier wurde er geboren. Hier, in seiner Familie und Pfarrei in Korćzyn, vernahm er die Stimme seiner Berufung zum Priestertum. Als Priester absolvierte er seine Studien in Rom, anschließend an der Jagiellonen-Universität in Krakau - er war auch Rektor dieser altehrwürdigen Hochschule -, um dann zu euch zurückzukehren. Er war euer Bischof in Przemyśl in der Zeit vor dem Ersten Weltkrieg und während des Krieges, der auch hier seine Spuren hinterlassen hat. Und er war es auch nach dem Kriege in dem seit 1918 wieder unabhängigen Polen bis zu seinem Tode 1924.
3. Doch der Pilgerweg eines Menschen, der nicht nur sagt: Herr! Herr!, sondern den Willen des Vaters tut, führt weiter als auf den Professorenstuhl, weiter als auf den bischöflichen Stuhl - er führt in das „Himmelreich", das Christus, der Sohn des Vaters uns als Ziel irdischer Pilgerschaft gewiesen hat, als letztes Ziel, an dem sich vollends die Berufung der menschlichen Person erfüllt, die nach dem Bild und Gleichnis Gottes selbst geschaffen wurde.
Wie groß ist meine Freude, daß ich am heutigen Tag, da ich die Diözese Przemyśl besuche, den Diener Gottes, Józef Sebastian Pelczar, einen Sohn dieser Region und Bischof in Przemyśl seligsprechen kann.

4. Dieser feierliche Akt hat für uns alle eine bedeutende Aussage. Die Heiligen und Seligen sind ein lebendiges Zeugnis für den Weg, der zum Himmelreich führt. Es sind Menschen, wie jeder von uns, die im Laufe ihres irdischen Lebens diesen Weg gingen - und die ihn zu Ende gingen. Menschen, die ihr Leben auf einem Fels errichteten, wie dies der Psalm der heutigen Liturgie besagt: auf Fels, nicht auf flüchtigem Sand (vgl. *Ps* 30/31,3-4). Was ist dieser Fels? Es ist der Wille des Vaters, der sich im Alten und Neuen Bund ausdrückt. Er kommt zum Ausdruck in den Geboten des

Dekalogs. Er kommt im ganzen Evangelium zum Ausdruck, besonders in der Bergpredigt, in den acht Seligpreisungen.
Heilige und Selige - das sind Christen im Vollsinn dieses Wortes. Christen nennen wir uns alle, die wir getauft sind und an Christus, den Herrn, glauben. Schon in dieser Bezeichnung selbst ist die Anrufung des Namens des Herrn enthalten. Das zweite Gebot Gottes sagt: „Du sollst den Namen des Herrn, deines Gottes, nicht mißbrauchen." Wenn du also Christ bist, dann soll dein Anruf des Namens des Herrn kein Mißbrauch sein. Sei wirklich Christ, nicht nur dem Namen nach; sei kein oberflächlicher Christ! „Nicht jeder, der zu mir sagt: Herr! Herr! ... sondern nur, wer den Willen meines Vaters im Himmel erfüllt."
Betrachten wir Gottes zweites Gebot noch von einer positiveren Seite: „So soll eurer Licht vor den Menschen leuchten", sagt Christus, der Herr, zu uns, „damit sie eure guten Werke sehen und euren Vater im Himmel preisen" (*Mt* 5,16).
Das ist ein kräftiges Fundament, auf dem ein umsichtiger Mensch das Haus seines ganzen Lebens errichtet. Von einem solchen Haus sagt Jesus: „Als nun ein Wolkenbruch kam und die Wassermassen heranfluteten, als die Stürme tobten und an dem Haus rüttelten, da stürzte es nicht ein; denn es war auf Fels gebaut" (*Mt* 7,25).
Dennoch ist der „Fels" nicht nur Gottes Wort, nicht nur der Dekalog oder die Bergpredigt, die Gebote oder die Seligpreisungen. Der „Fels" - das ist vor allem Christus selbst. Józef Sebastian Pelczar errichtete das Haus seines irdischen Lebens und seiner Berufung vor allem auf Christus. Auf ihm selbst, denn in ihm hat sich bis zur Vollendung Gottes Gerechtigkeit geoffenbart, von der der Apostel sagt: Obwohl sie „vom Gesetz und von den Propheten" bezeugt ist, sei sie dennoch von diesem Gesetz „unabhängig" (*Röm* 3,21).
Diese Gerechtigkeit Gottes, die den Menschen vor Gott rechtfertigt, die in Gottes Augen den Menschen endgültig „gerecht" macht, ist Christus selbst. Der Mensch baut das Haus seines irdischen Lebens auf ihm: er baut es auf der Erlösung, die in Christus ist, er baut es auf dem Kreuz, an dem Christus durch seinen Erlösertod mit seinem Blut die Sünden der ganzen Welt hinweggenommen hat: den Tod der Sünde zerstörte er durch seinen eigenen Tod. Der Mensch baut also jenes „Haus des Himmelreiches" in seinem irdischen Dasein durch den Glauben.
Gerade so hat Józef Sebastian gebaut. Und deshalb hat das Haus seines irdischen Lebens bei allen Stürmen und Prüfungen sich behauptet. Er reifte zu jenem Ruhm heran, den ein Menschengeschöpf nur im lebendigen Gott finden kann. Das eben ist jene Fülle, zu der wir alle in Jesus Christus berufen sind.

5. Die Diözese Przemyśl hat eine Geschichte von über sechs Jahrhunderten. Der heutige Festtag ist gleichsam die Krönung dieser langen Geschichte. Es ist eine Krönung, denn die Kirche als das um den Preis von Christi Blut erlöste Volk des lebendigen Gottes ist ganz zur Heiligkeit berufen. Die Teilhabe an der Heiligkeit Gottes selbst ist die Berufung aller, eines jeden und einer jeden! Diese Berufung wurde Bischof Józef Sebastian zuteil, aber außer ihm gibt es auch andere Diener Gottes aus der letzten Zeit, die sich durch besondere Heiligkeit des Lebens ausgezeichnet haben. Erwähnen wir nur den seligen Rafal Kalinowski, der bald in Rom

heiliggesprochen wird, aber auch die Ordensfrau Boleslawa Lament oder den Franziskaner Rafal Chyliński, die zur Ehre der Altäre zu erheben ich bei meiner jetzigen Pilgerreise ins Vaterland das Glück haben werde.
Erwähnen wir auch die mit dem Gebiet von Rzeszów verbundenen Söhne und Töchter: Priester Jan Balicki, Bronislaw Markiewicz, Leonia Nastalówna, Kolumba Bialecka, Wenanty Katarzyniec, August Czartoryski. Erwähnen wir noch Schwester Faustyna Kowalska, Aniela Salawa, Stanislawa Leczszyńska aus Lodz, Pater Jan Beyzym, Jerzy Ciesielski, Erzbischof Antoni Nowowiejski, Bischof Szczesny Feliński, Erzbischof Józef Bilczewski, Zygmunt Loziński, Wladyslaw Kornilowicz, Wincenty Frelichowski. Das sind nur einige von denen, die auf die feierliche Bestätigung ihrer Heiligkeit durch die Kirche warten, dabei kennt doch jeder und denkt jetzt an einen ihm Nahestehenden, der seine christliche Berufung in heroischer Weise verwirklicht hat. Und in den vergangenen Jahrhunderten - in jenen sechs Jahrhunderten Geschichte - gab es mit Sicherheit nicht wenige Personen im Gottesvolk eurer Diözese, die den gleichen Weg gingen und ihr Haus auf dem Fels des Glaubens errichteten, indem sie den Willen Gottes erfüllten, der die Heiligung des Menschen darstellt.
Alle diese Söhne und Töchter der altehrwürdigen Kirche von Przemyśl haben wir heute in lebendiger Erinnerung, westlich und östlich des Sans, längs der Bergketten der Bieszczady nach Süden, längs der Flußtäler zur Weichsel hin nach Norden. Für sie alle danken wir Gott.

6. Hochwürdigster Bischof Ignacy, lieber Bruder im apostolischen Dienst! Ich weiß sehr wohl - und alle wissen das in Polen (ja auch jenseits seiner Grenzen): seitdem du das Hirtenamt über diese Kirche übernommen hast, konzentrierte sich deine ganze inbrünstige Tätigkeit auf dieses „Haus", das der Jünger Christi auf Fels errichten soll. In der Tat hat dich der „Eifer nach dem Haus Gottes" verzehrt. Du spartest keinerlei Mühen, du kanntest keine Hindernisse, wenn es darum ging, die Stätten der Verehrung und die Zentren göttlichen Lebens in dem ausgedehnten Gebiet deiner Diözese zu vermehren. Du wußtest, die „sichtbare Kirche" - das Haus der Pfarrfamilie - ist Zeugnis und zugleich die Aufforderung, das menschliche Leben auf diesem Felsen, der Christus ist, zu errichten.
Ich hatte selbst Gelegenheit, aus der Nähe deine bischöfliche Tätigkeit zu bewundern. Häufig wurde ich übrigens von Krakau aus hierher eingeladen, zum Beispiel zur Einweihung des monumentalen Gotteshauses in Stalowa Wola. Heute, anläßlich dieses Besuches und bei der Seligsprechung deines Vorgängers auf dem Bischofsstuhl von Przemyśl, möchte ich die besonderen Bande erneuern, die mich mit diesem Gebiet, mit seiner reichen Natur, mit seiner eifrigen Priesterschaft und Bevölkerung verbunden haben.
Es gibt viele Orte in eurem Gebiet, die ich ständig in der Erinnerung und im Herzen trage, zu denen ich im Gebet zurückkehre. Ich möchte, daß alles das noch einen neuen Ausdruck beim heutigen Papstbesuch finden möge.

Lieber Bischof Ignacy! Im Laufe der Jahre deines Dienstes wurdest du vor der Kirche und vor der um ihre souveränen Rechte kämpfenden Gesellschaft zum Sachwalter, zum Zeugen und zur Autorität.
Ich baue darauf, daß auch jetzt - in der neuen Situation - dein Zeugnis unabdingbar ist. Heute braucht es neuen Glauben, neue Hoffnung und neue Liebe. Man muß das Bewußtsein für Gottes Gesetz und für die Erlösung in Christus erneuern. Gleichzeitig möchte ich alle Weihbischöfe aus Przemyśl begrüßen: angefangen bei dem Gedenken an den verstorbenen Bischof Stanislaw, an den ich mich gut erinnere; ich begrüße die zwei Bischöfe, die noch meine Kollegen im polnischen Episkopat waren, und jene, die später hinzukamen, denn die Diözese ist groß und erfordert einen großen pastoralen Einsatz.
Ja, liebe Brüder und Schwestern, man muß das Bewußtsein für Gottes Gesetz und für die Erlösung in Christus erneuern, man muß so rufen wie die heutige Liturgie: „Zeige mir, Herr, deine Wege, lehre mich deine Pfade! Führe mich in deiner Treue" (vgl. *Ps* 25,4-5).
Möge das Haus unseres Lebens - der Personen, der Familien, der Nation und der Gesellschaft - „auf Fels gebaut" bleiben (vgl. *Mt* 7,25). Mögen wir es nicht auf flüchtigem Sand errichten, sondern auf Fels. Auf dem Fels der Gebote Gottes, auf dem Fels des Evangeliums. Auf dem Fels, der Christus ist.
„Jesus Christus ist derselbe gestern, heute und in Ewigkeit" (*Hebr* 13,8). Amen.

Schmückt die Mutter der Kirche

Angelus in Rzeszów am 2. Juni

1. Die festliche Eucharistiefeier geht zu Ende. Um diese Mittagsstunde verbinden wir den liturgischen Schlußsegen mit dem Angelusgebet.
Täglich, und insbesondere heute, führt uns dieses Gebet in das Geheimnis der Menschwerdung des ewigen Wortes. „Ich bin die Magd des Herrn; mir geschehe, wie du es gesagt hast" (*Lk* 1,38) - sagt die Jungfrau von Nazaret zu dem Boten Gottes. Bei der Betrachtung dieser Antwort Marias, in der das Licht und die Macht des Heiligen Geistes zum Ausdruck kam, neigen wir uns in tiefster Ehrfurcht vor dem Geheimnis: „Das Wort ist Fleisch geworden und hat unter uns gewohnt" (*Joh* 1,14).
An wieviel Orten eures Landes, in wievielen Marienheiligtümern findet dieser heilbringende Augenblick der Verkündigung seine Fortsetzung! Wieviele Lippen wiederholen die Worte der Jungfrau und Gottesmutter! „Ich grüße dich, Jesus, Sohn Marias, du wahrer Gott in der heiligen Hostie!" - in dieser Eucharistie, die wir gefeiert haben.

2. „Ich grüße dich, Jesus! Ich grüße dich, göttliches Herz des Menschensohnes." Dir ist dieses Gotteshaus in der Stadt Rzeszów geweiht, vor dem heute ein Sohn eures

Landes seliggesprochen wurde, ein Priester und Bischof eurer Kirche: Józef Sebastian Pelczar.
Sei gepriesen, du Haus Gottes, das mit dem göttlichen Herzen verbunden ist, wie der selige Sebastian Pelczar mit ihm verbunden war!
Christus sprach zu ihm, wie er auch zu uns spricht: „Lernt von mir; denn ich bin gütig und von Herzen demütig" (*Mt* 11,29). Wie oft hat dieser Priester, der spätere Bischof von Przemyśl, wiederholt: „Mach' mein Herz dem deinen ähnlich!" Dieses Gebet bekundete das Geheimnis des Fortschreitens in der Heiligkeit, die ihre Quelle im Herzen Christi hat, der „Quelle des Lebens und der Heiligkeit".
Sei gepriesen, Mutter des Gottessohnes! Sei gepriesen, Mutter des Herzens Christi! Führe uns alle hin zu deinem Sohn, bringe uns jenem Herzen nahe, das das „Sühnopfer für unsere Sünden" ist (*Herz-Jesu-Litanei*, vgl. *1 Joh* 2,2; *Röm* 3,29).

3. Als ich meinen Dienst auf dem Sitz des hl. Petrus in Rom begann, bat ich meine Landsleute inständig, sich im Angelusgebet mit mir zu verbinden. Von Herzen danke ich allen, die das getan haben und es noch tun. „Bóg zaplac!"
Und nun lade ich wiederum alle Anwesenden ein, alle, die aus verschiedenen Gegenden, auch außerhalb eurer Diözese, gekommen sind, von jenseits der Weichsel, jenseits des San und jenseits des Gebirges - alle. Und auch alle, die im Geist mit uns verbunden sind, bitte ich, durch dieses gemeinsame Gebet die Stirne der Gottesmutter, der Mutter des menschgewordenen Wortes, der Mutter der Kirche und unserer Mutter mit einer auserlesenen Krone zu schmücken!

Einheit im Pluralismus der Riten und Nationen

Ansprache in der südostpolnischen Bischofsstadt Przemyśl am Grabe des seligen Józef Sebastian Pelczar am 2. Juni

1. „... jeder Hohepriester wird aus den Menschen ausgewählt und für die Menschen eingesetzt zum Dienst vor Gott" (*Hebr* 5,1).
Gewissermaßen spontan kommen mir diese Worte aus dem Briefe des Apostels in den Sinn, wenn wir uns hier am Grab des seligen Józef Sebastian Pelczar befinden. Diese Worte gelten für jeden Priester. In besonderer Weise gelten sie für diesen Priester, den die Kirche von heute an als Seligen verehrt.
Sind wir denn nicht, wenn wir vor diesem Grabmal stehen, Zeugen jenes überaus wunderbaren Weges, den Gott selber einen Menschen führt, indem er ihn als Priester aus der Mitte seines Volkes nimmt, um ihn diesem Volke wiederzugeben? Es kommt vor, daß dies das Gottesvolk in entfernten Ländern, in den Missionen ist, immer jedoch und überall ist es das gleiche Volk, das durch das Blut des makellosen Opferlammes erlöst wurde. Im Falle Józef Sebastians ist dies jedoch sein eigenes Volk - das, aus dem er einst genommen und berufen wurde. Zu ihm kehrte er als Bischof wieder, als „großer Priester, der in seinen Tagen Gott gefallen hat".

Und er wurde hier in Przemyśl zum Zeugen dieser väterlichen und erlösenden Liebe, mit der Gott dieses sein einfaches Volk hier, auf seiner heimischen Erde, liebt. Jahrhundertealte Bande verbinden die Pfarrei in Korćzyn, wo Józef Sebastian auf die Welt kam und durch die Taufe in das Geheimnis von Christi Tod und Auferstehung eingebunden wurde, mit dem Bischofsstuhl in Przemyśl. Wahrlich, Gott erlaubte es unserem Seligen, „in sein eigenes Volk hineinzuwachsen" - hineinzuwachsen durch sein ganzes Leben: indem er für seine ferneren und näheren Landsleute zum „Diener Christi und Verwalter von Geheimnissen Gottes" wurde (vgl. *1 Kor* 4,1).
Wir alle, die wir hier versammelt sind, wollen der allerheiligsten Dreifaltigkeit Dank sagen für das Geschenk dieses Priesters und Bischofs: für seinen ganzen Lebensweg im Heiligen Geist, für diesen Weg, der ihn einst zum Altar als Diener der Eucharistie führte - und der es uns heute erlaubt, ihn auf den Altären der Kirche von Przemyśl zu verehren. Wahrlich: gesegnet ist Gott in seinen Heiligen - voll Huld in all seinem Wirken (vgl. *Ps* 145[144],13.17).

2. Ich hatte den großen Wunsch, am heutigen Tage in der Kathedrale von Przemyśl, am Grabe eures seligen Bischofs, zu sein und diese Worte der Verehrung auszusprechen, der Verehrung für die überaus wunderbare göttliche Vorsehung. Sie führte aus eurer Mitte, teure Söhne und Schwestern dieses uralten Landes, den Priester und Apostel seiner Zeit heraus. Denn Józef Sebastian war mit ganzer Seele „jeglichem apostolischen Dienst" ergeben. Diesem Dienst dienten die vielfältigen Aufgaben, die er übernahm, die Studien, denen er sich widmete, die Arbeiten, die er mit großem Nutzen veröffentlichte. Und seine Publikationen betrafen verschiedene wesentliche Dinge im Leben dieser Gesellschaft, aus der er von Gott „ausgewählt wurde". In bedeutendem Maße betrafen sie das priesterliche Leben, insbesondere das innere Leben der Priester. Seine „Prinzipien des inneren Lebens" werden noch heute in den geistlichen Seminaren und Noviziaten gelesen. Der Dienst am geschriebenen Wort ging Hand in Hand mit seiner Tätigkeit am Lehrstuhl für Pastoraltheologie an der Jagiellonen-Universität, wo er auch die Würde eines Rektors in den Jahren 1882-1883 innehatte.
Und als er vom Lehrstuhl an der Universität und aus der Schar des hochwürdigsten Domkapitels auf dem Wawel (in Krakau) auf den bischöflichen Stuhl in Przemyśl berufen wurde, da fand sein apostolischer Dienst eine neue Dimension, der er sich restlos hingab.
Wir sind hier versammelt in Gegenwart des hochwürdigsten Nachfolgers von Bischof Józef Sebastian, seiner bischöflichen Mitarbeiter, vieler Gäste, die die Polnische Bischofskonferenz vertreten, an ihrer Spitze der Kardinal-Primas, des hochwürdigsten Gastes, Kardinal Lubachivsky, des Großerzbischofs von Lemberg (Swów), um gemeinsam mit den Priestern, mit den Ordensfamilien der Brüder und Schwestern sowie mit der ganzen zahlreichen Gesellschaft des Gottesvolks von Przemyśl und der Diözese dem Guten Hirten für das apostolische Werk im Leben unseres Seligen zu danken.

3. Unter allen Anwesenden möchte ich ein besonderes Wort an euch, ihr Dienerinnen des Allerheiligsten Herzens unseres Herrn Jesus, an die teuren Herz-Jesu-Schwestern richten. Ihr seid gleichsam ein lebendiges Zeugnis und ein dauerhaftes Testament, ein geistiges Vermächtnis eures seligen Gründers. Dies ist ein Vermächtnis für die Kirche in Polen - in Korćzyn, in Przemyśl, Krakau und an so vielen anderen Orten, aber auch außerhalb Polens: in Rom, in Europa, in Nord- und Lateinamerika, zuletzt in Afrika.

Ein besonderes Vermächtnis, denn das Charisma der Ordensberufung, des geweihten Lebens, das in der Kirche und in der Welt ein lebendiges Zeugnis dieser nie sterbenden Liebe bleibt, ist ein besonderes Geschenk des Erlöserherzens. Euer Gründer wies euch von Anfang an auf den apostolischen Dienst hin, insbesondere unter der weiblichen Jugend. Ihr tragt also in eurem Ordenscharisma gleichsam für immer eingeschrieben die große Sache der Würde und Berufung der Frau (wie ich dies in meinem Apostolischen Schreiben *Mulieris dignitatem* im Rahmen des Marianischen Jahres 1987/88 ausdrücken wollte). Der selige Józef Sebastian erkannte die Bedeutung dieser Frage im Herzen Jesu entsprechend seiner Zeit. Ihr müßt es verstehen, diese gleiche Bedeutung entsprechend der neuen Zeit zu finden, entsprechend den neuen Möglichkeiten, aber auch den neuen Schwierigkeiten, den Herausforderungen des zu Ende gehenden Jahrtausends.

Eure Kongregation, so möchte ich sagen, nimmt ihren Anfang gewissermaßen aus Maria und findet ihre Fülle im Herzen Jesu. Sie entstand ja aus der Vereinigung von der allerheiligsten Jungfrau Maria, der Königin Polens. Euer seliger Gründer war ein großer Verehrer der Gottesgebärerin, was er in seinem Bischofswappen und Leitspruch „Ave Maria" deutlich machte.

Ihr müßt also ständig mit dem Gedanken und mit dem Herzen zu jenen Anfängen zurückkehren, um von dort geistige Kraft zu schöpfen. Ihr müßt an diesen Quellen die Geheimnisse eurer Spiritualität und eurer Identität des Herzens Jesu auffrischen. Die Spiritualität des seligen Józef Sebastian war eng verwoben mit der Muttergottesverehrung. Häufig „beriet er sich mit ihr, wie das weitere Leben einzurichten" sei, und den Rosenkranz betrachtete er als immer aktuelles Gebet des Menschen. „Der Fortschritt wird dem Menschen Gott nicht ersetzen ... er gibt dem aufgewühlten Herzen keinen Frieden. Immer wird der Mensch Gott suchen, sich nach Hoffnung sehnen ... die Hände zum Kreuz ausstrecken - er wird nach dem Rosenkranz greifen. Die Kraft des Rosenkranzes ist groß. Maria brachte der Kirche den Rosenkranz wie einen Friedenszweig" (*Gebet des seligen Józef Sebastian Pelczar zur allerheiligsten Jungfrau Maria*).

In der Marienandacht sah er die Quelle für die Erneuerung des Herzens eines jeden Menschen, die Quelle geistiger Kraft, die Quelle für die Einheit, für die Solidarität und - daraus folgend - für die moralische Erneuerung der ganzen polnischen Nation. Möge dieser marianische Zug sich in eurem spirituellen Leben mit der Liebe zum göttlichen Herzen verflechten. Verkündet den Ruhm des göttlichen Herzens durch das Wort des Lebens, durch die dienende Haltung gegenüber allen, die geistige,

moralische oder materielle Hilfe nötig haben. Lernt vom göttlichen Herzen, jeden Menschen mit eurem Herzen zu umfassen.
Der selige Ordensgründer erbitte euch die Gnade schöpferischer Treue zum Charisma eurer Kongregation, er helfe euch, der ersten Magd des Herzens Christi nachzufolgen, er berufe in eure Gemeinschaft Jugendliche, die bereit sind, bei diesem Erlösungswerk zu dienen.

4. In großer Liebe erfasse ich mit Herz und Blick Przemyśl, die altehrwürdige Stadt am San. Über die Jahrhunderte der Geschichte hinweg, die sich hier eingeschrieben haben, empfehle ich der göttlichen Vorsehung die Stadt, das Land, die Diözese, die Bischöfe und das Gottesvolk beider Riten, das Volk, aus dem der Priester und Bischof „ausgewählt" wurde, um als Seliger weiterhin „in seinem Volk zu wachsen".
Möge sich hier, in dieser Diözese, das Modell für das Zusammenleben und für die Einheit im Pluralismus herausbilden. Möge hier die christliche Zivilisation der Liebe wachsen. Möge die Liebe, das Wohlwollen und das gegenseitige Verständnis sich stärker erweisen als alle künstlichen Trennungslinien und Widrigkeiten. Diese schwierigen Fragen bringen wir vor Gott durch die Fürsprache des seligen Józef Sebastian Pelczar, des Sohnes und Hirten dieser Kirche, dieser Diözese Przemyśl.
Teure Brüder und Schwestern, zum Abschluß dieser Begegnung, vor den Reliquien des seligen Bischofs Sebastian, dessen heiligmäßige Hirtenmission so sehr mit dieser Stadt, mit dieser Kathedrale und Diözese verbunden war, möchte ich seiner Fürsprache alle Probleme der Kirche von Przemyśl empfehlen. Der selige Sebastian liebte über alles Christus und seine Kirche, er war ein Mensch der Versöhnung, ein Sämann der brüderlichen Einheit. Sein Nachfolger auf diesem Sitz, Bischof Ignacy, führt mit gewaltiger Hingabe das Werk seines seligen Vorgängers weiter, indem er sich in besonderer Weise um neue Kirchen, um die religiös-moralische Wiedergeburt der ganzen Diözese bemüht. Ich wünsche euch allen, daß ihr das Böse durch das Gute mutig und ausdauernd überwindet, und ich verleihe eurem Oberhirten, Bischof Ignacy Tokarczuk, die Würde eines Erzbischofs.

Aufruf an Polen und Ukrainer zur Versöhnung

Ansprache bei der Begegnung mit den Gläubigen des byzantinisch-ukrainischen Ritus in der Herz-Jesu-Kirche in Przemyśl am 2. Juni

Auf ukrainisch begann der Papst wie folgt:

Liebe Brüder und Schwestern!

Ich bin sehr erfreut über diese Begegnung mit den Gläubigen des byzantinisch-ukrainischen Ritus und richte an euch einen herzlichen Willkommensgruß.

Anschließend fuhr der Papst auf polnisch fort:

1. „Vor eintausend Jahren umfing der allmächtige Gott, der Herrscher der Welt und der Herr der Geschichte aller Völker, mit seiner unendlichen Liebe das Volk der Rus' von Kiew und führte es zum Lichte des Evangeliums seines Sohnes, Jesus Christus, des Erlösers der Welt. Von den Ufern des Jordans gelangte das Werk der Erlösung nach fast zehn Jahrhunderten durch die Kraft des Heiligen Geistes an die Ufer des Dnjepr-Flusses, wo der Herr sich Olga und Wladimir als seine Diener erwählte, um ihrem Volk die Gnade der heiligen Taufe zu schenken. Seit damals singen die Kirchen, die aus jener Taufe zu Kiew hervorgegangen sind, voll Dankbarkeit ihren Lobpreis zu Ehren der Heiligsten Dreifaltigkeit" (*Magnum Baptismi Donum*, Nr. 1).

2. Diese Worte stammen aus dem päpstlichen Schreiben *Magnum Baptismi Donum*, das an alle Glieder der katholischen Gemeinschaft des griechisch-katholischen Ritus gerichtet war, der heute den Namen byzantinisch-ukrainischer Ritus trägt. Sie sehen, wie auch ihre orthodoxen Brüder, in der Taufe des heiligen Wladimir im Jahre 988, den Beginn ihres Glaubens und ihrer Kirche.
Ihr hier Versammelten gehört zu ebendieser Gemeinschaft. Neun Jahre vor dem Datum der Tausendjahrfeier der Taufe wandte ich mich an Kardinal Josef Slipyj mit einem Brief zur Eröffnung der Jahresnovene, mit der sich die gesamte Gemeinschaft eures Ritus auf die Festlichkeiten der Tausendjahrfeier der Christianisierung vorbereiten sollte. Eine ähnliche Novene hatte die Kirche in Polen für ihr Millennium im Jahre 1966 vorbereitet. Nach den Gedanken Kardinal Slipyjs sollte sich eure Gemeinschaft, sowohl in der Verfolgung in der Ukraine wie auch in der Emigration auf den verschiedenen Kontinenten, über neun Jahre hin geistig auf die Tausendjahrfeier der Taufe von Kiew im Jahre 1988 vorbereiten. Der weitere Verlauf der Ereignisse läßt die Schlußfolgerung zu, daß dies eine providentielle Novene war. Die Tausendjahrfeier der Taufe der Rus' setzte den Anfang in besonderer Weise für die religiöse Freiheit eures Ritus, der aus den Katakomben hervorkommen und erneut die ihm eigene Tätigkeit aufnehmen konnte.

3. Die feierliche Liturgie der Tausendjahrfeier der Taufe der Rus', die ich in der Petersbasilika in Rom anführen durfte, wurde gleichsam zu einer Vorankündigung dieser Umwälzungen. Und obwohl in eurem Heimatland die katholische Kirche des byzantinisch-ukrainischen Ritus ihrer Millenniumsfreude noch nicht öffentlich Ausdruck geben konnte, so wird doch diese Feierlichkeit in der Erinnerung der Gläubigen sowohl eures Ritus wie auch des lateinischen Ritus bleiben, die im September 1988 auf Jasna Góra stattfand.
In der Geschichte der Verfolgungen der Kirche des byzantinisch-ukrainischen Ritus auf den von den Kommunisten regierten Gebieten war eure Lage in Polen sicher etwas anderes. Zwar war euer Ritus offiziell von den Staatsbehörden nicht anerkannt. Aus diesem Grunde konntet ihr offiziell nicht einmal einen eigenen Bischof haben, dieser aber konnte arbeiten, wobei er die Gastfreundschaft, häufig auch die Obhut der Kirche des lateinischen Ritus, nutzte. Dies war eine Situation, die weit

entfernt war von einer wünschenswerten und diesem Ritus gerechterweise zukommenden Lage. Dennoch war diese Situation bedeutend besser als in der Ukraine selbst. Eben deshalb feierte die byzantinisch-ukrainische Kirche, die 1988 das Fest der Tausendjahrfeier der Taufe der Rus' im eigenen Vaterland nicht begehen konnte, dieses auf Jasna Góra, in Polen.
In dem Telegramm, das ich damals nach Jasna Góra an meine byzantinisch-ukrainischen Brüder und Schwestern schickte, die die Jahrtausendfeier der Taufe ihres Vaterlandes begingen, schrieb ich: „Indem ich die Fürsprache der Gottesmutter herbeirufe, empfehle ich ihrem mütterlichen Herzen die geistigen Söhne und Töchter des heiligen Wladimir in Polen, in der Ukraine und in der ganzen Welt, und ich bete, daß sie im kommenden Jahrtausend die Gnade einer neuen Blüte erfahren."
So schrieb ich im September 1988. Nicht einmal in kühnsten Träumen hätte man damals wohl vorhersehen können, daß diese Kirche noch am Ende des zweiten Jahrtausends ihre Freiheit sowie ihr Recht auf Leben und Entfaltung wiedergewinnen wird. Gott dem Allerhöchsten sei Dank für dieses Wunder seiner Macht und Barmherzigkeit!
Wie herzlich wünschte ich, Brüder und Schwestern, daß sich jene Feiern der byzantinisch-ukrainischen Kirche von Jasna Góra noch in einer weiteren Hinsicht als prophetisch erweisen würden: daß es Gott gefiele, sie als symbolisches Siegel der Versöhnung und wahrer Brüderlichkeit zwischen Ukrainern und Polen anzunehmen. Soviel Bitternis und Leid ist über unsere beiden Nationen im Laufe der letzten Jahrzehnte hinweggegangen. Möge diese Prüfung als Reinigung dienen, die es erleichtert, mit Distanz auf die alten Streitigkeiten, auf alten Groll und gegenseitiges Mißtrauen zu schauen, vor allem möge sie das wechselseitige Verzeihen alten Unrechts erleichtern. Heute ruft buchstäblich alles - vor allem aber der gemeinsame Glaube an Jesus Christus - zur Versöhnung, zu Brüderlichkeit und gegenseitiger Hochachtung auf und dazu, das Verbindende zu suchen. Das Schüren der alten Nationalismen und Abneigungen wäre ein Wirken gegen die christliche Identität; es wäre auch ein offenkundiger Anachronismus, der beider großer Völker unwürdig ist.
Oh, wie wünsche ich von Herzen, daß die Katholiken beider Riten einander liebten! Heute früh vollzog ich den Akt der Seligsprechung Józef Sebastian Pelczars, des Bischofs der Diözese Przemyśl für den lateinischen Ritus. Bei seiner kürzlich erfolgten Amtsübernahme erinnerte euer Bischof, Jan Martyniak, an den weisen und brüderlichen Brief, den Bischof Józef Pelczar unmittelbar am Beginn seiner Hirtentätigkeit an den Bischof der Diözese Przemyśl des griechisch-katholischen Ritus, Konstantyn Czechowicz, gesandt hatte. „Ich wünsche von Herzen", schrieb der selige Józef Sebastian, „daß, wie einst Kardinal Oleśnicki in der Krakauer Kathedrale den (Kiewer) Metropoliten Isidor begrüßte ... und ihn wie einen Bruder umarmte, so auch heute nicht nur die Hirten, sondern auch ihre Herden sich den Kuß des Friedens und der Liebe gäben."

4. Heute, Brüder und Schwestern, haben wir uns versammelt, um Gott dafür zu danken, daß die Kirche in der Ukraine aus den Katakomben hervorkommen konnte. Ich meine, wir finden keine besseren Worte, um unserer Verehrung für Gott und

unserem Dank Ausdruck zu geben, als jene Worte, die die Gottesgebärerin beim Besuch Elisabeths im Haus des Zacharias aussprach.
„Meine Seele preist die Größe des Herrn, und mein Geist jubelt über Gott, meinen Retter" (*Lk* 1,46-47) - so ruft die heiligste Mutter, und so ruft heute die hier, in Przemyśl, um den Nachfolger Petri versammelte byzantinische-ukrainische Kirche.
„Denn auf die Niedrigkeit seiner Magd hat er geschaut" (*Lk* 1,48). In der Tat, große Erniedrigung durchlebte die byzantisch-ukrainische Kirche in ihren heimatlichen Gebieten im Laufe von 45 Jahren der Verfolgung. Alle ihre Bischöfe, ohne eine einzige Ausnahme, kamen in Gefängnisse. Hunderte Priester und Tausende der eifrigsten Gläubigen wurden verhaftet und zu Arbeitslager und lebenslänglicher Mißhandlung verurteilt. Man nahm dieser Kirche alle Gotteshäuser, Seminare und Publikationen, man vernichtete alle kirchlichen Strukturen. Man nahm ihr sogar das Recht auf den eigenen Namen. Der Name dieser Kirche tauchte öffentlich nur dann auf, wenn man sie mit Verleumdungen bewarf.
Und wir müssen Gott dafür lobpreisen, daß sich diese Kirche - in ihrer Gesamtheit - in ihrer Erniedrigung als wahre Magd des Herrn bewahrt hat. Kein einziger Bischof dieser Kirche verleugnete seinen Glauben oder wich von der Einheit mit dem Felsen Petri ab, auch wenn die Verfolger sich so sehr darum bemühten. In den Verfolgungen brachte diese Kirche Hunderte und Tausende Märtyrer hervor. Viele von ihnen kennen wir mit Namen, aber die Namen vieler anderer sind nur Gott allein bekannt.
Der barmherzige Gott erlaubte es der Kirche des byzantinisch-ukrainischen Ritus, sogar in den Verfolgungen ihre beiden Merkmale zu bewahren, die für ihre kirchliche Identität entscheidend sind: die volle Treue zur östlichen Tradition des Christentums sowie die volle Einheit mit dem Heiligen Stuhl. Wie wahr klingen doch die Worte, die mein hochwürdigster Bruder im Bischofsamt, Kardinal Myroslav Lubachivsky, vor einem Jahr im Vatikan beim Treffen aller Bischöfe dieser Kirche äußerte: „Unsere Einheit mit dem Apostolischen Stuhl darf nicht als Vorwand dazu dienen, unsere Kirche in Verruf und Mißverständnisse zu bringen. Wir sind ein unabtrennbarer Teil der Gesamtkirche, wir sind eine Kirche der Tradition von Kiew in Einheit mit dem Felsen Petri, mit dem alle orthodoxen Kirchen in den ersten tausend Jahren des Christentums in Einheit verbunden waren" (*O.R. dt.*, Nr. 29/1990, S. 6).

5. Und der Herr „hat auf die Niedrigkeit seiner Magd ... geschaut. Großes hat der Mächtige an ihr getan ... Er erhöht die Niedrigen. Die Hungernden beschenkt er mit seinen Gaben ... Er denkt an sein Erbarmen" (vgl. *Lk* 1,48-54). Welche ungewöhnliche Ähnlichkeit zur Gottesgebärerin muß es an eurer Gemeinschaft geben, Brüder und Schwestern, wenn diese Worte, die sich ja auf Maria beziehen, auch in bezug auf euch so wahr sind. Diese Ähnlichkeit wurde dem Antlitz des byzantinisch-ukrainischen Ritus durch das Kreuz eingeprägt, das so zahlreiche Hirten und Gläubige in den Verfolgungen auf sich nehmen mußten.
Das Kreuz, getragen im Geiste Christi, ist stets eine Quelle des Lebens. Schon bei dem kurz zuvor erwähnten römischen Treffen mit allen Bischöfen eures Ritus bezeugte ich meine Überzeugung, daß eure wiedergewonnene Freiheit aus dem Opfer vieler Märtyrer sowie anderer Glaubenszeugen erwuchs, die für Christus und für

ihre Einheit mit dem Heiligen Stuhl gelitten haben. „Im Geist sind sie", ich wiederhole die Worte, die ich damals sagte, „mitten unter uns. Wir glauben, daß ihr Opfer und ihr Gebet uns die Gnade dieses Augenblicks, dieses neuen Anfangs erwirkt haben" (*O.R. dt.*, Nr. 29/1990, S. 6).
Brüder und Schwestern, ihr habt Gottes große Barmherzigkeit erfahren! Gemeinsam mit euch lobpreise ich den, der „sich erbarmt von Geschlecht zu Geschlecht über alle, die ihn fürchten" (vgl. *Lk* 1,50). Der sieghafte Christus hat bewirkt, daß eurer Kummer sich in Freude verwandelt (vgl. *Joh* 16,20).
Eurer Freude schließen sich auch eure Brüder im Glauben an, die Katholiken des lateinischen Ritus.

6. Wenn wir uns im Geiste der Danksagung hier, in Przemyśl, treffen, dann wollen wir uns mit allen euren Brüdern und Schwestern in der Gemeinschaft der Kirche vereinigen: innerhalb der Grenzen Polens, in der Ukraine und im Exil, insbesondere mit Kardinal Lubachivsky, mit allen Erzbischöfen, Bischöfen, Priestern, männlichen und weiblichen Orden, mit den Seminaren. Mit dem ganzen Gottesvolk der Ukraine und der Diaspora.

Auf ukrainisch sagte der Papst nun den folgenden Satz:

Wenn mir der Herrgott einst erlauben wird nach Lemberg zu kommen, dann werde ich mehr in ukrainischer Sprache sagen.

Dann sprach er auf polnisch weiter:

7. Die Freude der heutigen Begegnung, teure Brüder und Schwestern, ist auch eine Freude der Nachfolger des heiligen Petrus. Viele Male gaben meine Vorgänger, und ich selber, dem Ausdruck, daß die historische Treue der Bekenner und Märtyrer eures Ritus für uns eine heilige Verpflichtung darstellt. Der Hirte muß seiner Herde treu sein, wenn diese Herde unter Schwierigkeiten, Prüfungen und Verfolgungen ihm nachfolgt.
Dies ist also eine Freude jener „Communio", in der das Geheimnis der Kirche, das seine tiefste Quelle in der göttlichen Dreifaltigkeit hat, zutage tritt.
Diese Communio verschließt sich nicht in sich selbst. Indem wir uns von ganzem Herzen allen durch die Gnade der Taufe gekennzeichneten Bekennern Christi öffnen, öffnen wir uns in besonderer Weise den brüderlichen orthodoxen Kirchen des christlichen Ostens.
Ich vertraue darauf, daß sie - offen für die historischen Gründe, die in ihren Wurzeln bis zu der noch nicht geteilten Kirche zurückreichen, und für die moralischen Gründe der Existenz eurer Kirche - sich ebenfalls dieser unserer Freude anschließen werden. Ich vertraue darauf, daß ihr euch so über eure Freiheit freuen werdet, daß dies nicht den so wertvollen ökumenischen Frieden mit der orthodoxen Kirche trüben oder stören wird.
Wir beten zusammen mit ihnen um diese Einheit, um die Christus den Vater am Vortag seines Leidens bat (vgl. *Joh* 17,12.21).

Mögen die Worte dieses hohepriesterlichen Gebets aus dem Abendmahlssaal ihre Erfüllung finden, da die ganze Menschheit sich dem Beginn des dritten Millenniums nach Christus nähert.

8. Beim Besuch sagte Elisabeth zu Maria: „Selig bist du, die du geglaubt hast, daß sich erfüllt, was der Herr dir sagen ließ" (vgl. *Lk* 1,45).
Möge unser Glaube Inspiration schöpfen aus dem Glauben der Mutter Gottes.
Es erfülle sich auch an uns dieser Ruf Christi nach der Einheit, der seine Quelle im Vater und im Sohn und im Heiligen Geist hat: So „wie du, Vater, in mir bist und ich in dir bin, sollen auch sie in uns eins sein, damit die Welt glaubt, daß du mich gesandt hast" (vgl. *Joh* 17,21).
Teure Brüder und Schwestern, Erzbischof Ignacy Tokarczuk, Oberhirte der Diözese Przemyśl für den lateinischen Ritus, übergibt in Sorge um die Lösung des Problems einer Kathedralkirche für euren Ritus, im Geiste der im Februar dieses Jahres unterzeichneten Vereinbarungen zu meinen Händen diese dem heiligsten Herzen unseres Herrn Jesus geweihte Kirche. Bischof, mit großer Freude und Dankbarkeit nehme ich dieses Geschenk Deiner Diözese und der ganzen Kirche des lateinischen Ritus an. Ich übergebe dieses Gotteshaus als ewiges Eigentum euch, teure Brüder und Schwestern des griechisch-katholischen, byzantinisch-ukrainisch genannten, Ritus statt der Kirche, die entsprechend der genannten Absprache gebaut werden sollte. Diese Kirche bestimme ich heute zur Kathedrale der Diözese und des Bischofs eures Ritus.
Ich möchte sehr, daß dieses Gotteshaus, in dem bis vor kurzem die irdischen Überreste des heute seliggesprochenen Bischofs Józef Sebastian ruhten, des großen Apostels der Versöhnung und der harmonischen Zusammenarbeit zweier Riten, zur Herausforderung für alle Generationen werde: gemeinsam gilt es, die eine, heilige, allgemeine und apostolische Kirche zu bauen, unabhängig von der Zugehörigkeit zum Ritus.
Herz Jesu, geduldig und von großem Erbarmen, Quelle des Lebens und der Heiligkeit, segne diese geliebte Stadt, bei der die Geschichte nicht an schmerzhaften Erfahrungen gespart hat, aber auch nicht an prächtigen Zeichen der Brüderlichkeit und der christlichen Solidarität.
Herz Jesu. Quelle aller Tröstung, Dir weihe ich die weitere Pilgerschaft in diesem Gebiet - im Glauben, in der Liebe und in der Hoffnung künftiger Generationen.

Gott nicht aus dem Staat hinauswerfen

Predigt bei der Eucharistiefeier in Lubaczów am 3. Juni

1. „Du bist der Stolz unseres Volkes" (vgl. *Jdt* 15,9).
Diese Worte ertönen von der Höhe von Jasna Góra am Patronatsfest der Königin Polens. „Du bist die Zuversicht unserer Nation", so sangen wir heute. Diese Worte gehen mit dem seit so vielen Jahren in der heimatlichen Sprache gesprochenen

Gebet einher: „Gegrüßet seist du Maria, voll der Gnade, der Herr ist mir dir, du bist gebenedeit unter den Frauen, o Gottesgebärerin."
In unserer Geschichte haben wir viele Male die besondere mütterliche Obhut der Mutter Christi erfahren. Kazimierz der Erneuerer ruft die Gottesgebärerin an und erlangt das verlorene Erbe wieder. Lokietek hört in Wi'slica die Worte: „Steh auf, hab Vertrauen, du wirst siegen" - mit diesen Worten bestärkt die Muttergottes den König, der das Land aus der Zersplitterung herausführte. Die umwälzenden Siege in der Geschichte von Liegnitz (Legnica) bis Chocim und Wien - und in unserem Jahrhundert das Jahr 1920 - verknüpften wir alle mit dem Eintreten der Gottesgebärerin. Und insbesondere diesen erstaunlichen Sieg der Klosterfestung auf Jasna Góra im Jahre 1655.
Von dort auch, von der Höhe von Jasna Góra, ertönen am Patronatsfest der Königin Polens die Worte dieses biblischen Rufs: „Du bist der Stolz unseres Volkes."

2. Als - einige Monate nach der Verteidigung von Jasna Góra - König Jan Kazimierz sein ganzes multinationales Erbe der Gottesgebärerin als der Königin weihte - da kam es zu einer besonderen Vermählung.
Dies war eine Vermählung mit der göttlichen Weisheit, die in prophetischer Weise in den Worten des *Buches Jesus Sirach* festgehalten sind: „Ich ging aus dem Mund des Höchsten hervor, und wie Nebel umhüllte ich die Erde" (24,3): Dies ist die ewige Dimension der Ewigen Weisheit. Und danach nimmt diese Dimension Wohnung in der Geschichte des Menschen: „In Jakob sollst du wohnen, in Israel sollst du deinen Erbbesitz haben" (*Sir* 24,8). Und siehe, die Weisheit „faßte Wurzel bei einem ruhmreichen Volk, im Eigentum des Herrn, in seinem Erbbesitz" (vgl. *Sir* 24,12), um zur Nahrung und zum Trank für die Menschen zu werden: „Wer mich genießt, den hungert noch, wer mich trinkt, den dürstet noch" (*Sir* 24,21).
König Jan Kazimierz fügt sich, als er in der Kathedrale von Lemberg vor dem Bild der „Muttergottes von der Gnade" kniete, in die vielen Generationen jener ein, die hungern und dürsten nach Gottes Weisheit - um seiner selbst willen, um seines Königreiches willen, um seiner Völker willen, für die er durch göttliche Vorsehung die königliche Herrschaft in besonders schwierigen Zeiten ausüben sollte.

3. Die Vermählung mit der göttlichen Weisheit, die das Ewige Wort ist, findet ihren evangeliumsgemäßen Ausdruck in Kana in Galiläa. Das Wort ist Fleisch geworden, indem es aus Maria der Jungfrau durch den Heiligen Geist geboren wurde. Das Geheimnis der Fleischwerdung des Wortes ist das Geheimnis der Vermählung der Gottheit mit der Menschheit. Als Mensch wird der Sohn Gottes, Jesus von Nazaret, zusammen mit seiner Mutter und den Jüngern zu einer Hochzeit eingeladen.
Was im Laufe der Geschichte auf unseren Gebieten Ausdruck finden sollte, können wir schon dort, schon in Kana in Galiläa, erkennen.
Maria, die so viele Male im Laufe der Geschichte zu Christus von verschiedenen Nöten der Menschen und Nationen sprach, sie sagte zum erstenmal in Kana, als den Gastgebern der Hochzeitsfeier der Wein ausgegangen war: „Sie haben keinen Wein mehr" (*Joh* 2,3).

Wie nichtig mag doch diese Not im Vergleich zu anderen erscheinen. Laßt sie uns jedoch als Urbild für alle Nöte und Bedürfnisse des Menschen, der Nationen, der Menschheit nehmen. Die Mutter Christi tritt in die Mitte zwischen jeder dieser Nöte und Christus, dem Gottessohn, dem Ewigen Wort und der Weisheit, die sich der Geschichte des Menschen vermählt hat und in ihr wirken will.

4. Zu Füßen der Gottesgebärerin in der Kathedrale von Lemberg dachte König Jan Kazimierz über die Nöte seines Reiches nach, über die Gefahren, die ihm drohten. Er trug sie alle in seinem königlichen Herzen. Er hatte sie am eigenen Leib erfahren, als er beim Schwedenansturm das Land verlassen und in Schlesien Zuflucht suchen mußte. Er fühlte jedoch, daß das Maß der Nöte noch größer sei, daß es noch tiefer reichte. Daß die Bedrohung nicht nur von außen kam, sondern auch von innen. Er gab dem Ausdruck, als er das Gelübde ablegte: „Ich verspreche ... und gelobe, daß ich nach Anbruch des Friedens gemeinsam mit allen Ständen alle Mittel gebrauchen werde, um das Volk meines Königreiches von ungerechten Lasten und Bedrückungen zu befreien."
Dies ist ein erster Abriß eines Programms der gesellschaftlichen Erneuerung, das von Generation zu Generation wachsen wird - bis in unser Jahrhundert.
Deshalb war es gut so, daß diese königlichen Gelübde aus der Lemberger Kathedrale zu verschiedenen Augenblicken der Geschichte erneuert und aktualisiert wurden. Aus ihnen entstand in unserem Jahrhundert - im Zusammenhang mit der Tausendjahrfeier der Christianisierung Polens - das Millenniumsgelübde.

5. Hier betreten wir schon die Geschichte unserer Generation. Was ist diese größte Not, mit der wir das mütterliche Herz der Gottesgebärerin zu beunruhigen wagen dürften? Es gibt sicher viele solcher Bedürfnisse, aber berühren wir das, das unter ihnen als das wesentlichste erscheint. Es verbindet sich mit der grundlegenden Rangordnung der Werte: Für den Menschen, für die menschlichen Gemeinschaften, die Nationen und Gesellschaften ist „Sein" wichtiger als „Haben". Wichtiger ist es, wer man ist, als das, wieviel man besitzt.
Gott hat uns so geschaffen, daß wir verschiedene Dinge benötigen. Sie sind zur Befriedigung unserer elementaren Bedürfnisse für uns notwendig, aber auch dafür, daß wir verstehen, miteinander zu teilen, und daß wir mit ihrer Hilfe den Raum unseres menschlichen „Seins" errichten. Unser himmlischer Vater weiß sehr wohl davon, daß wir verschiedene materielle Dinge benötigen. Aber wir sollen verstehen, sie im Einklang mit seinem Willen zu suchen und zu gebrauchen. Werte, die man „haben" kann, dürfen nie zu unserem letzten Ziel werden. Unser himmlischer Vater schenkt sie uns, damit sie uns helfen, immer mehr zu „sein".
Deshalb muß man vor dem Fehler konsumgesteigerter Haltungen auch arme Völker warnen. Nie darf man in solcher Weise nach materiellen Gütern streben noch sie in solcher Weise gebrauchen, als wären sie Ziel und Zweck an sich. Deshalb muß die Wirtschaftsreform, die sich in unserem Vaterland vollzieht, begleitet werden von einem wachsenden sozialen Sinn, von einer immer allgemeineren Sorge um das Gemeinwohl, von der Beachtung der Ärmsten und Notleidendsten, aber auch von

dem Wohlwollen für die Ausländer, die auf der Suche nach Brot hierherkommen. Besonders heute, in der Zeit der Wirtschaftsreform, müssen wir aufmerksam auf die Worte Christus des Herrn hören: „Macht euch also keine Sorgen und fragt nicht: Was sollen wir essen? Was sollen wir trinken? Was sollen wir anziehen? ... Euer himmlischer Vater weiß, daß ihr das alles braucht. Euch aber muß es zuerst um sein Reich und um seine Gerechtigkeit gehen; dann wird euch alles andere dazugegeben" (*Mt* 6,31-33).
Wurden wir aber nicht doch beherrscht von dem, was trotz allem weniger wichtig ist? War und ist dies nicht weiterhin spürbar? Welche Anstrengung benötigen wir, um auf diesem Gebiet die richtigen Proportionen wiederzufinden?

6. Bei der Hochzeit in Kana in Galiläa sagt die Mutter Christi zu den Dienern: „Was er euch sagt, das tut"(*Joh* 2,5). Ein großes Bedürfnis unserer Zeit ist es, an das zu erinnern, was Gott sagt: von neuem das anzunehmen, was Christus lehrt: „Was er euch sagt, das tut!"
Deshalb kommen wir auf dieser Pilgerreise ständig auf die Zehn Gebote zurück. Wenn Gott sagt: „Gedenke des Sabbats: Halte ihn heilig!", dann betrifft sein Wort nicht nur einen Tag in der Woche. Es bezieht sich auf den ganzen Charakter unseres Lebens. In unserem menschlichen Leben ist die Dimension der Heiligkeit unabdingbar. Sie ist unabdingbar für den Menschen, damit er mehr „ist" - damit er in vollerer Weise sein Menschsein verwirklicht. Und diese Dimension ist auch unabdingbar für die Nationen und Völker.
Der Glaube und die Suche nach Heiligkeit ist nur in dem Sinne eine Privatangelegenheit, als niemand den Menschen in seiner persönlichen Begegnung mit Gott vertritt, als Gott sich nicht anders suchen und finden läßt als in wahrer innerer Freiheit. Aber Gott sagt zu uns: „Seid heilig, weil ich heilig bin" (*Lev* 11,44). Er will mit seiner Heiligkeit nicht nur den einzelnen Menschen erfassen, sondern auch ganze Familien und andere menschliche Gemeinschaften, auch ganze Nationen und Völker.
Deshalb ist die Forderung nach weltanschaulicher Neutralität in dem Bereich hauptsächlich berechtigt, in dem der Staat die Gewissens- und Religionsfreiheit aller seiner Bürger unabhängig davon schützen muß, zu welcher Religion oder Weltanschauung sie sich bekennen. Aber die Forderung, die Dimension der Heiligkeit dürfe in keiner Weise zum gesellschaftlichen und staatlichen Leben zugelassen werden, ist ein Postulat, den Staat und das gesellschaftliche Leben atheistischer zu machen, und dies hat mit weltanschaulicher Neutralität wenig gemein.
Es bedarf viel gegenseitigen Wohlwollens und guten Willens, um solche Formen der Gegenwart dessen, was im gesellschaftlichen Leben heilig ist, zu erarbeiten, die niemanden verletzen und niemanden zu einem Fremden im eigenen Vaterland machen, und dies haben wir leider in den letzten Jahrzehnten erlebt. Wir erlebten dieses große, katholische Getto, ein Getto im Maßstab der Nation. Zugleich bitten wir Katholiken, daß man unseren Gesichtspunkt in Betracht zieht: daß sehr viele von uns sich in einem Staat unbehaglich fühlen würden, aus dessen Strukturen man Gott hinausgeworfen hätte - und das unter dem Vorwand weltanschaulicher Neutralität.

Der Primas sagte dazu bei der diesjährigen Stanislausfeier: „In einer Zeit der Systemveränderungen werden wir vor die Aufgabe gestellt, die Beziehungen zwischen Kirche und Staat neu und seriös zu gestalten. Dies setzt eine Reihe neuer Formulierungen und einzigartiger Beschlüsse voraus, solcher, die dem zahlenmäßigen Stand der Gläubigen und dem Niveau des religiösen Lebens entsprechen. Dies erfordert beiderseitiges Bemühen und demütige Suche nach der Wahrheit. Manchmal beobachtet man gleichsam eine Lust zu leichter und mechanischer Nachahmung einerseits der Modelle des Westens, anderseits zur Annahme gewisser Formen, die in der Epoche des Totalitarismus angewandt wurden" (Krakau, 12. Mai 1991).
Das dritte göttliche Gebot verlangt, daß man an noch ganz elementare Dinge denkt. Es gefiel dem Ewigen Vater, zum Mittler unserer Erlösung seinen eingeborenen Sohn zu machen, der für uns Mensch geworden ist. Deshalb ist der Sonntag sein Auferstehungstag; für uns, die wir an Christus glauben, ein besonders heiliger Tag. An diesem Tag versammeln wir uns alle um den Altar, um aus der Heiligkeit Christi zu schöpfen und um unsere ganze Woche heilig zu machen. Hier, bei der heiligen Messe, wird diese unbegreifliche Liebe in realer Weise gegenwärtig, die uns durch Christi Kreuz erwiesen wurde. „Gott hat die Welt so sehr geliebt, daß er seinen einzigen Sohn hingab, damit jeder, der an ihn glaubt, nicht zugrunde geht, sondern das ewige Leben hat" (*Joh* 3,16). „Daran haben wir die Liebe erkannt, daß Er sein Leben für uns hingegeben hat" (*1 Joh* 3,16).
Heute, da ein Teil der Katholiken die sonntägliche heilige Messe zu vernachlässigen beginnt, müssen wir uns besonders an das Geheimnis dieser göttlichen Liebe erinnern, mit der wir in Christus beschenkt wurden und die auf seinem Altar gegenwärtig wird. Täuschen wir uns nicht: wer sich von den Quellen der Liebe und Heiligkeit entfernt, entfernt sich von Christus selbst.

7. Wir verweilten heute bei den Worten der königlichen Gelübde von Jan Kazimierz, von denen uns mehr als drei Jahrhunderte trennen.
Wenn wir uns von dieser Station der päpstlichen Pilgerreise zu unseren Aufgaben und Bestimmungen auf den Weg machen, dann wollen wir die ewige Weisheit Gottes nicht vergessen, die über die Wahrheit und über die Bedeutung der menschlichen Existenz in jeder Zeit und an jedem Ort entscheidet.
Lassen wir uns nicht jene Wurzeln entreißen, die Gottes Liebe in unsere Geschichte und in unsere Seelen gesenkt hat.
Laßt uns das Erbe nicht verlieren, auf dem das Zeichen des ewigen Heils ruht. „Groß ist der Herr und hoch zu preisen in der Stadt unseres Gottes. Sein heiliger Berg ragt herrlich empor; er ist die Freude der ganzen Welt ... Gott lasse sie ewig bestehen" (vgl. *Ps* 48 [47],2-3.9).

Dank für die Universalität der Kirche

Grußwort am Ende der Messe in Lubaczów am 3. Juni

Liebe Brüder und Schwestern!

Bevor ich diesen Ort verlasse, zu dem ich täglich im Gebet pilgere, bevor ich mich aufmache, um meine Pilgerreise durch Polen fortzusetzen, laßt mich euch alle hier Versammelten noch einmal grüßen. Euch alle in diesem Teil der früheren Erzdiözese Lemberg (Luwow), die Jahrzehnte lang den Titel Erzdiözese in Lubaczów trug. Sie hatte ihre eigenen Oberhirten, Kapitelvikare und apostolischen Administratoren, Träger des Erbes, der apostolischen Sukzession dieser uralten, im 14. Jahrhundert gegründeten Metropolitankirche in Lemberg.
Euch alle aus dieser Erzdiözese Lubaczów begrüße ich hier herzlich, zusammen mit den Vertretern der Behörden von Przemyśl und Lubaczów. Ich begrüße alle Pfarreien, ich begrüße euren neuen Administrator, der die Jurisdiktion aus den Händen des gegenwärtigen Erzbischofs von Lemberg übernommen hat. Ich begrüße auch alle und danke allen, die aus ganz Polen hier sind, vor allem aus der Nachbarschaft: aus Przemyśl, aus Lublin - mit den Hirten dieser Kirchen.
Ich begrüße den ganzen Episkopat, an der Spitze den Primas, den ganzen polnischen Episkopat, der heute hier mit mir konzelebriert und mit mir durch Polen pilgert unter dem Leitspruch: „Dankt Gott für alles, löscht den Geist nicht aus."
Aber, liebe Brüder und Schwestern, wie sollte man von hier nicht mit besonderer Liebe alle jene umfassen, wie sollte man nicht mit besonderer Offenheit des Herzens die aufnehmen, die von dort, von jenseits der politischen Grenze hierherkamen, alle unsere Brüder und Schwestern beider Riten, und sie wanderten bisweilen zu Fuß, unter Schwierigkeiten, um hier an diesem Ort zu sein und an dieser historischen Begegnung teilzuhaben. Unter uns sind ferner Vertretungen der katholischen und kirchlichen Hochschulen und Akademien, aus Lublin, Krakau und Warschau. Ihnen danken wir sehr für ihre Anwesenheit, insbesondere, da der Gastgeber dieser Begegnung, der gegenwärtige Erzbischof von Lemberg so lange Jahre Rektor der Theologischen Akademie in Krakau gewesen ist. Deshalb grüßen wir diese unsere Brüder und Schwestern besonders herzlich, wir umarmen sie, möchte ich sagen, hier in dieser altehrwürdigen und zugleich neugestalteten kirchlichen Gemeinschaft.
In besonderer Weise grüßen wir alle Priester, alle Ordensschwestern und -brüder, die dort drüben bereits von Grund auf die Arbeit zur Evangelisierung in Katechese und Seelsorge beginnen. Gott segne sie bei dieser Pionierarbeit. Schließlich schätzen wir die Anwesenheit der Bischöfe aus jener Gegend hoch, die heute mit uns konzelebrieren. Wie beredt ist für uns die Tatsache, daß wir seit kurzem dank der neuen rechtlichen und internationalen Situation wieder ein Bistum in Kamieniec Podolski, in Zytomierz haben. Und mit dem Erzbischof von Lemberg sind hier zwei Mitarbeiter in seiner bischöflichen Sendung. Ich möchte zuerst den älteren begrüßen. Wer kennt ihn nicht: Pater Rafal! Über so viele Jahre, Jahrzehnte, durch so viele Leiden und Demütigungen hindurch blieb er ein treuer Wächter dieses Schat-

zes, des Zeichens der Identität der Kirche, wie es die altehrwürdige Lemberger lateinische Kathedrale ist. Der andere ist jung. Wir freuen uns darüber, daß er da ist. Alle pflegen ihn „Priester Marek" zu nennen, also werde auch ich ihn so nennen, wenngleich sein wahrer Name wohl etwas anders klingt!

Ich weiß nicht, wann es mir vergönnt sein wird, Lemberg und jene Gebiete und jene Kirche dort zu besuchen, aber ich weiß sicher, daß ihr, liebe Brüder, mit eurem neuen Erzbischof, dem neuen und zugleich alten, eine gewaltige Arbeit vor euch habt. „Die Ernte ist groß, aber es gibt nur wenig Arbeiter", aber freuen wir uns, daß es diese Ernte gibt, daß nicht alles restlos sich ausrotten ließ, daß alle neu keimt, wächst, Frucht bringt und auf die Arbeiter der Ernte wartet. Gott segne euch bei der ganzen Arbeit in dem altehrwürdigen Weinberg des Herrn, der sich erneuert und den man neu bestellen muß. Wir werden mit euch sein und sind mit euch. Hier, von dieser Seite aus, denn das Himmelreich überschreitet alle Grenzen, ist universal!

Laß uns dem höchsten Herrn dafür danken, daß diese Universalität der Kirche, in der das Gottesreich sich in der Welt vorbereitet, daß diese Universalität jenseits unserer östlichen Grenze nicht nur hier sichtbar werden konnte, im Süden, sondern auch weiter im Norden, in Weißruthenien und in Rußland selbst, sowohl im europäischen wie im asiatischen Rußland, und in Kasachstan. Mit Erstaunen erfahren wir, daß es dort Bischöfe gibt, und wenn es sie gibt, so bedeutet es, daß dort Herden sind, daß dort Gemeinden sind, daß sie auf diese Bischöfe warten, so wie sie auf Priester warten. Das sind die großen Werke Gottes.

Mit Gewißheit ist bei diesem großen Werk Gottes, so wie auch bei diesem kleinen in Kana in Galiläa, wo der Wein ausging, unsere Liebe Frau von der Gnade gegenwärtig, die Muttergottes von der Gnade aus der Kathedrale von Lemberg. Du, Mutter aus so vielen Heiligtümern in den uralten Ländern der Rus und tief in Rußland, unter diesen deinen Ikonen bist du anwesend und wachst, du läßt nicht zu, daß sie untergehen, und du lebst wieder auf und du erstehst neu und bahnst auf mütterliche Weise deinem Sohn die Wege, wobei du immerzu wiederholst: „Was er euch sagt, das tut!" Es beginnt eine Epoche, in der der Osten, der Nahe und der Ferne Osten, dieses Wort aus Kana aus Galiläa zu hören beginnt, das wir ständig wiederholen, insbesondere aus Jasna Góra: „Was er euch sagt, das tut!" Man beginnt diesem Wort zu lauschen, es anzunehmen, ihm zu folgen: „Zu wem sollen wir gehen, Herr, zu wem sollen wir gehen? Du allein hast Worte des ewigen Lebens!"

Der Mensch ist überall für das ewige Leben geschaffen und wartet auf die Sendung des ewigen Lebens. Je mehr man ihm die Horizonte dieses Lebens verengt, beschränkt hat auf das Irdische, auf die Dimension des Materialismus, auf den obligatorischen Materialismus, den administrativen Materialismus, um so mehr öffnet er sich für das Bedürfnis des ewigen Lebens: „Du allein hast Worte des ewigen Lebens." Wir sind Gott und den Menschen dankbar dafür, daß diese Wahrheit über den Menschen, die so große, zugleich so grundlegende und so lange Zeit übersehene Wahrheit, Verständnis gefunden hat. Und die Kirche ist universal.

Seit gestern erleben wir hier die große Freude der Begegnung mit unseren katholischen Brüdern des östlichen Ritus, früher sagte man „griechisch-katholischer", jetzt byzantinisch-ukrainischer Ritus. Wir freuen uns, daß wir seit gestern zusammen mit ihnen in Przemyśl sein konnten, wo sie seit sechs Jahrhunderten ihren eigenen Bischofssitz haben, und daß wir heute mit ihnen zusammensein können, daß hier ihr Vertreter ist, der uns treue Bischof Sofron Dmyterko aus Stanislawow. Gestern waren mehr von ihnen hier, an ihrer Spitze Großerzbischof Kardinal Lubachiwsky, sowohl in Przemyśl wie auch hier in Lubaczów. Wir freuen uns darüber, liebe Brüder, unsere Brüder in der Einheit der Kirche, nicht nur in der Einheit des Glaubens an Christus, sondern in der Einheit der Kirche, in der Einheit, deren Zeichen Petrus und seine römische Sukzession ist, daß ihr, liebe Brüder, auch aus den Katakomben hervorkamt und daß ihr euer kirchliches Leben wiederaufbaut. Wir wünschen euch den Segen Gottes dazu und das gleiche, was wir der lateinischen Kirche jenseits von San, von Zbrucz und überall dort wünschen, wo diese Kirche wieder zum Leben zurückkehrt, wo sie ihre Sendung wiederfindet, wo sie jene wiederfindet, die gesandt wurden, jene, die dem Evangelium Christi dienen, wo sie auch Herzen findet, die offen sind, die Worte der göttlichen Wahrheit zu hören. Wir freuen uns und wir danken allen.

Hier möchte ich- denn dieser Ort fordert dies besonders - auch meine Freude und Dankbarkeit zum Ausdruck bringen, daß als höchster Vertreter der Österreichischen Bischofskonferenz der Kardinal Erzbischof von Wien mit seinem Weihbischof hier bei uns ist. Vergelt's Gott, Herr Kardinal!

Ich spreche weiter nicht von Rom, von den Mitarbeitern beim Hl. Stuhl, angefangen vom Staatssekretär, denn sie sind überall bei mir, auf Schritt und Tritt, sie verlassen mich nicht, weder in Rom noch in der Welt.

Vergelt's Gott allen. Lobpreis sei dieser ewigen Weisheit Gottes, die gleichzeitig die Vorsehung ist, die Vorsehung, welche alles umfaßt, von einem Ende zum anderen. Hier, an diesem Ende, geschahen Werke und machten die Zeichen dieser göttlichen Vorsehung offenbar. Ruhm sei dir, Vater, Sohn und Heiliger Geist! Diesen unseren Lobpreis möge am vollsten jene ausdrücken, die zum Hort göttlicher Weisheit wurde, unsere Liebe Frau und Mutter voller Gnade - voller Gnade für uns.

Große Probleme warten auf die Orden in Polen

Ansprache an die polnischen Ordensfrauen und -männer in Kielce am 3. Juni

Liebe Brüder und Schwestern!

1. Ich grüße und begrüße euch aufs herzlichste mit der ganzen Tiefe, Kraft und Glut der paulinischen Worte aus dem *Brief an die Kolosser* (3,1-4.12-17). Tatsächlich läßt sich wohl kaum ein Text finden, der ebenso reich und ebenso an euch adressiert wäre, die ihr die Ordensfamilien aus ganz Polen vertretet. Wohl schwerlich kann man diese geisterfüllten Worte lesen, ohne daß „das Herz uns in der Brust brennt" (vgl. *Lk* 24,32) aus Liebe und Dankbarkeit zum Vater, der „uns fähig gemacht hat, Anteil zu haben am Los der Heiligen, die im Licht sind" (vgl. *Kol* 1,12).

Dieses „Los der Heiligen" - das ist ja eure besondere Berufung. Denn obwohl sie allgemein und an das ganze Gottesvolk gerichtet ist, so bezieht sie sich in besonderer Weise auf euch. Man kann sagen, daß Heiligkeit, das Streben nach Heiligkeit, die besondere Daseinsberechtigung eurer Gemeinschaften und jeder gottgeweihten Person in diesen Gemeinschaften ist.

2. Die Weihe an Gott. Hier berühren wir einen Schlüsselbegriff. Denn wenn sich das Wort des Apostels - „Er hat uns der Macht der Finsternis entrissen und aufgenommen in das Reich seines geliebten Sohnes" (*Kol* 1,13) - auf alle Menschen, mehr noch auf alle Getauften bezieht, so betrifft es doch euch in besonderer Weise.
Die Weihe eines Menschen an Gott - die Ordensprofeß - ist eine besondere „Verwurzelung in Christus" (vgl. *Kol* 2,7), um das ganze Leben und Verhalten „auf ihn zu gründen" (vgl. *ebd.*). Wenn Christus sagt: „Folge mir nach" (vgl. *Mt* 19,21), so bedeutet dies gerade: „Bleib in mir verwurzelt". Ich will die fruchtbare Scholle deines Wachsens, deines Aufbaus im Geiste sein. In mir ist „Erlösung", ist „Vergebung der Sünden" als Prozeß der geistigen Reife des Menschen: Erlösung als „neue Schöpfung", sind alle diese „Schätze der Weisheit und Erkenntnis", die ganze „Fülle der Gnade und der Wahrheit", dank deren jeder Mensch zum „wahren Anbeter des Vaters" werden kann: zu einem, der Gott „im Geist und in der Wahrheit" anbetet (vgl. *Joh* 4,23).

3. Der Apostel weist auf die besondere Intensität dessen hin, was sich zu Beginn durch die Taufe verwirklicht: „Ihr seid gestorben, und euer Leben ist mit Christus verborgen in Gott" (*Kol* 3,3). Ja, jeder Mensch wird in sakramentaler Weise zum Teilhaber des Erlösertodes, um an seiner Auferstehung teilzuhaben: am neuen Leben, das diese Auferstehung des Herrn offenbart.
Was in der Taufe Sakrament ist, sakramentaler Beginn des Lebens in Christus, das wird in der Ordensprofeß zum besonderen Programm des Lebens. Es wird zur Regel und zum Charisma. Wird zum Zeugnis und Apostolat. Es bedeutet, Jesus nicht nur mit dem Wort, sondern durch die unmittelbare Wahl des Lebens zu verkünden, eine Wahl, die die tiefsten Wegweisungen des Evangeliums erfaßt: „Wenn du vollkommen sein willst, geh, verkauf deinen Besitz und gibt das Geld den Armen ... dann komm und folge mir nach." (*Mt* 19,21): in Armut, in Gehorsam, in Reinheit.
„Ihr seid gestorben, und euer Leben ist ... verborgen in Gott" schreibt der Apostel (*Kol* 3,3). Und gleichzeitig: „Ihr seid mit Christus von den Toten auferweckt ... Richtet euren Sinn auf das Himmlische und nicht auf das Irdische" (vgl. *Kol* 3,1-2).
Ihr seid Zeugen des Reiches, das nicht von dieser Welt ist. Ihr gehört zur Familie derer, die „um des Himmelreiches willen" alles aufgegeben haben, die allen und überall bezeugen: „die Gestalt dieser Welt vergeht" (*1 Kor* 7,31), „Himmel und Erde werden vergehen, aber Gottes Wort wird nicht vergehen" (vgl. *Mk* 13,31; *Lk* 21,33).
Euch allen einen Gruß, Brüder und Schwestern, die der Heilige Geist in der Welt Zeugen des lebendigen Gottes sein läßt.

4. Ich wünsche euch, daß ihr ein fruchtbares Zeugnis gerade hier gebt, in polnischem Land, in diesem Gebiet, das über Generationen euch soviel verdankt - und das, in der jetzigen Etappe seiner Geschichte, so sehr euer Zeugnis benötigt.
Man kann nicht Gottes Zeuge sein, wenn man ihm nicht mit ganzem Herzen gehört. So bemüht euch vor allem, Jesus Christus nachzufolgen in seiner völligen Hingabe an den Ewigen Vater. Die Nachfolge Christi ist - wie das letzte Konzil lehrt - ja die höchste und entscheidende Norm für alle katholischen Orden (vgl. *Perfectae caritatis*, Nr. 2).
Folgt also Jesus Christus selbst nach, so, wie er absolut auf den Willen des Vaters hört: „Es geht mir nicht um meinen Willen, sondern um den Willen dessen, der mich gesandt hat" (vgl. *Joh* 5,30), sagte Jesus von sich. Folgt Jesus nach in seinem Gebet während der langen Stunden, die er in der Einsamkeit vor dem Angesicht des Vaters verbrachte (vgl. *Mt* 14,23; *Lk* 6,12; 11,1). Folgt ihm in seiner vollkommenen Hingabe an den Vater, bis hinein in die Nacht am Ölberg (vgl. *Mt* 26,39) und in die Stunde von Kalvaria (vgl. *Lk* 23,46).
Noch einmal wünsche ich euch von Herzen - jeder und jedem von euch wie allen euren Gemeinschaften -, daß ihr gute Zeugen Gottes seid. „So soll euer Licht vor den Menschen leuchten, damit sie eure guten Werke sehen und euren Vater im Himmel preisen" (*Mt* 5,16).

5. Viel beschwerliche Arbeit wartet heute auf euch, geliebte Schwestern und geliebte Brüder. Jene von euch, die Katecheten und Katechetinnen sind, wissen sehr gut, daß die Rückkehr des Religionsunterrichts in die Schulen von euch eine wesentliche Vertiefung sowohl der Qualifikation als Lehrer wie auch des seelsorgerischen Eifers erfordert. Mögt ihr dieser Aufgabe gerecht werden!
Besonders viel von eurer Opferwilligkeit verlangt heute die Kirche auf karitativem Gebiet. Ich begreife wohl, daß es nicht leicht ist, das wiederaufzubauen, was vor einigen Dutzenden Jahren zerstört wurde. Im übrigen haben die Zeiten sich gewandelt: Zu manchen früheren Formen lohnt es nicht mehr zurückzukehren; es sind neue Notwendigkeiten und Bedürfnisse erwachsen, die oft sehr spürbar sind (z. B. die Notwendigkeit, sich mit Drogenabhängigen oder Aidskranken zu befassen). Es gibt aber auch Bedürfnisse, die wir heute besser als früher wahrnehmen: z. B. die Notwendigkeit, der schwangeren Frau die Hand zu reichen, der es schwerfällt, ihr empfangenes Kind mit Freude anzunehmen. Eines ist sicher: die Orden, insbesondere jene, zu deren Berufung die karitative Tätigkeit oder die Beschäftigung mit schwierigen Jugendlichen gehört, erwartet eine gewaltige Anstrengung, wenn es darum geht, ihr Charisma zu verwirklichen. Ich baue darauf, daß es euch an Verständnis und Hilfe sowohl bei den Hirten der Kirche wie auch bei den Gläubigen nicht fehlt.
Auch die Orden, die besonders zur Verkündigung des Gotteswortes und zur Seelsorgearbeit berufen sind, brauchen eine Erneuerung ihres Charismas. Die Pfarreien sind nicht immer imstande, allen religiösen Bedürfnissen gerecht zu werden, denen die Kirche begegnen muß. Gerade dafür hat Gott, unter anderem, in seiner Kirche so

zahlreiche Orden berufen, daß niemand von denen, die in der Kirche geistige Hilfe suchen, enttäuscht wird.
Viele Menschen in Polen sehnen sich nach einem tieferen Gebetsleben. Wo, wenn nicht in den Klöstern, sollen sie Lehrer des Gebetes und geistige Führer finden? Ich wünsche darüber hinaus den polnischen Ordensfrauen und -männern, daß sie sich Gedanken machen über die Erneuerung der traditionellen klösterlichen Gastfreundschaft, die darin bestand, die Pforte für Menschen zu öffnen, die geistige Erneuerung und Vertiefung suchen.
Ein besonderes Wort richte ich an die streng kontemplativen Frauen- und Männerorden. Ihr habt einen besonderen Anteil an der Tätigkeit und am Leben der glaubenden und betenden Kirche. Ihr seid gleichsam auf den Spuren der Apostel, die, während sie auf die Herabkunft des Heiligen Geistes warteten, „einmütig im Gebet verharrten mit Maria, der Mutter Jesu" (vgl. *Apg* 1,14); auf den Spuren der Gottesmutter selbst, welche die Dinge ihres Sohnes in ihrem Herzen bewahrte und darüber nachdachte (vgl. *Lk* 2,19.51).
Eure Hingabe an Gott, euer ganzes Leben als eine besondere Art von Gebetswache und Askese zeigt und bringt das tiefste Wesen christlicher Berufung zum Ausdruck. Dies ist eine große Gnade für den, dem sie gegeben wird, eine große Gnade für die Kirche, denn die Kontemplation und Askese der Ordensleute ist eine besondere Kraft und ein Garant für die Wirksamkeit ihres Apostolats. Eben deshalb nennt das II. Vaticanum euch „eine Zier der Kirche und Quelle himmlischer Gnade" (vgl. *Perfectae caritatis*, Nr. 7).

6. Über zwei Dimensionen eurer Ordensberufung habe ich schon gesprochen; es bleibt noch eine dritte Dimension. Ich sprach von der Nachfolge Christi des Herrn in seinem Gehorsam gegen den Willen Gottes.
Daraus ergibt sich für euch die Pflicht ständiger Sorge um das eigene geistliche Leben, die Notwendigkeit zu ständiger Bildung und Arbeit an euch selbst - einer Arbeit, deren erster Urheber der Heilige Geist ist und die ihre Wirkung aus dem göttlichen Wort und aus den Sakramenten schöpft.
Es gibt noch eine andere, nicht weniger wichtige Dimension der Ordensberufung. Die Kirche müßt ihr bauen, liebe Schwestern, liebe Patres und Fratres, nicht nur in eurem Inneren und nicht nur in äußerer Arbeit, sondern auch in den eigenen Ordensgemeinschaften. Daran erinnerte uns der Apostel Paulus in dem Teil des Kolosserbriefes, den wir gerade gelegen haben: „Ihr seid von Gott geliebt, seid seine auserwählten Heiligen. Darum bekleidet euch mit aufrichtigem Erbarmen, mit Güte, Demut, Milde, Geduld" (*Kol* 3,12).
Versucht, diese Worte als Wegweisung Gottes anzunehmen, mit der ihr die Wirklichkeit eurer Ordensgemeinschaften vergleichen könnt, um euch den Erwartungen Gottes immer mehr anzunähern. Dieser Gott, der uns berufen hat, weiß sehr wohl, daß wir schwache Menschen sind.
Es geht jedoch darum, daß ihr euch bemüht, „euch gegenseitig zu ertragen und einander zu vergeben", denn auch „der Herr hat euch vergeben" (vgl. *Kol* 3,13). Vor allem aber bemüht euch um „die Liebe, das Band, das alles zusammenhält" (vgl.

Kol 3,14). Und noch eines: „In euren Herzen herrsche der Friede Christi" (vgl. *Kol* 3,15). Wenn ihr das alles annehmt und euch zu Herzen nehmt, dann werdet ihr trotz eurer Schwäche wahrhaft Ordensgemeinschaften sein.
Liebe Brüder und Schwestern, so große Ziele erreicht man nicht nur durch Beschlüsse. Euch muß die ständige Offenheit für Gottes Gaben kennzeichnen. „Das Wort Christi wohne mit seinem ganzen Reichtum bei euch" (*Kol* 3,16), mahnt der Apostel. Und wir dürfen das Wort Gottes nicht nur für uns selbst behalten, wir müssen es mit unseren Brüdern und Schwestern teilen: „Belehrt und ermahnt einander in aller Weisheit" (vgl. ebd.) Eine unschätzbare Rolle beim Aufbau einer wahren Gemeinschaft des Glaubens erfüllt hier der ganze Rhythmus der Liturgie und des Gebets, der jedes Ordenshaus beleben soll. Für den hl. Paulus ist es selbstverständlich, daß „Psalmen, Hymnen und Lieder, wie sie der Geist eingibt", in den einzelnen Gliedern der Gemeinschaft innere Freude schaffen.

7. In der Tat, herrlich sind Gottes Gaben! Jesus Christus, dessen Name unser ganzes Leben umfaßt und durch den wir zum Vater kommen, ist ja der Sohn Gottes, und „alles ist durch ihn und auf ihn hin geschaffen ... in ihm hat alles Bestand" (vgl. *Kol* 1,16-17). Wenn wir also von Christus erfüllt sind - und Ordensleute will Christus besonders erfüllen -, dann sind wir „durch ihn erfüllt" (vgl. *Kol* 2,10) mit all dem, was ihm gehört, das heißt mit dem ganzen Reichtum Gottes, mit der Schöpfung.
Dies ist der tiefste Sinn des Armutsgelübdes. Dafür habt ihr, Brüder und Schwestern, auf das Eigentum an materiellen Dingen verzichtet, damit die ganze Welt in Christus gewissermaßen euer Eigentum wird: nicht mehr ein Eigentum, das den Zugang zu Gott erschwert, sondern ein Eigentum nach Gottes ursprünglichem Plan. Wer nach Gottes Willen arm ist, erhält die ganze Welt als Ort seines Ursprungs mit Gott. Denn die ganze Welt ist durch Christus geschaffen, und Christus „trägt das All durch sein machtvolles Wort" (*Hebr* 1,3). Wenn ihr also zu Christus gehört, „gehört euch alles" (vgl. *1 Kor* 3,22).
So möge dieses heutige Treffen mit dem Papst euch, Schwestern und Brüder - ich sage Schwestern zuerst, denn von ihnen sind mehr, viel mehr hier -, helfen, eure Ordensgelübde neu zu beleben. Versteht es, auch das ganze Werk der Schöpfung als herrliche Gabe Gottes anzunehmen.

8. Ein gottgeweihter Mensch, der durch Christus mit dem ganzen Schöpfungswerk in dessen ursprünglicher Tiefe und im ursprünglichen Reichtum in Berührung ist, ist durch Christus auch tief in die Kirche „eingewurzelt".
Christus ist ja „das Haupt des Leibes, der Leib aber ist die Kirche" (*Kol* 1,18). Die Kirche, die unterwegs ist zur eschatologischen Vollendung: Christus „ist der Ursprung, der Erstgeborene der Toten; so hat er in allem den Vorrang. Gott wollte mit seiner ganzen Fülle in ihm wohnen, um durch ihn alles zu versöhnen ... [Christus] hat Friede gestiftet am Kreuz durch sein Blut" (vgl. *Kol* 1,18-20).

9. Liebe Brüder und Schwestern. Wir hörten die geisterfüllten Worte des Kolosserbriefes. Wie herrlich ist doch - in deren Licht - die Berufung jedes Christen! Wie herrlich ist eure Berufung!
Tut alles, damit das Auge eurer Seele immer mehr für diese „Schätze der Weisheit und Erkenntnis" (*Kol* 2,3) offen sei. Fleht auch auf den Knien um die Gnade, daß ihr es versteht, diese Schätze anderen nahezubringen - den Jungen und Mädchen -, damit sie ihren Weg in der Nachfolge Christi finden. So viele „erntereife" Felder stehen offen. So sehr bedarf es der Erntehelfer. Bittet darum! Inständig „bittet ... den Herrn der Ernte, Arbeiter für seine Ernte auszusenden" (*Lk* 10,2).
Heute traf ich in Lubaczów nicht nur die dortige Gemeinde, sondern auch viele Ankömmlinge aus dem Ausland, sogar aus fernen Gebieten. Und dort wurde es mir in besonderer Weise bewußt. Schade, daß ihr nicht dort wart - zumindest bringe ich euch hier das Echo jenes Treffens und jener Erfahrung, die nicht nur für Lubaczów gilt, nicht nur lokalen Charakter hat -, sie reicht in den ganzen Osten, der durch Jahre von einer systematischen brutalen Atheisierung heimgesucht wurde und der große Erwartungen hegt, der hungert und dürstet. Übrigens nicht nur der Osten, aber wir sind ja hier dem Osten näher.
Das Zeugnis eures Lebens sei durchsichtig und anziehend! Es sei erlösend - hier in diesem Gebiet, und überall, wo der Herr der Ernte euch hinschicken will!

Die Gesellschaft braucht Freiheit

Predigt bei der Hl. Messe auf dem Flugplatz in Kielce am 3. Juni

1. „Da sind deine Mutter und deine Brüder" (vgl. *Mt* 12,47).
Die Worte, die jemand aus der Schar jener sagt, die Christus zuhören, wie er lehrt, erinnern ihn an die Familie. Er kam auf die Welt wie jeder Mensch - Er, der Menschensohn -, eine Mutter empfing ihn und brachte ihn zur Welt. Ihre jungfräuliche Mutterschaft war verhüllt durch die Herabkunft des Heiligen Geistes - für die Menschen blieb sie unbekannt. Nur Josef wußte davon, der in den Augen aller als der Vater des Jesus von Nazaret galt.
Marias und Josefs Verwandte, die ebenfalls aus dem Stamme Davids kamen, wurden, wie es Sitte war, Jesu Brüder und Schwestern genannt.
So vollzieht sich also die Erlösung der Welt zuerst durch die Familie. Der Neue Bund verbindet sich mit dem Alten auf der Grundlage jenes Gebots, das die Heiligkeit der Familie und der ihr entsprechenden Pflicht hervorhebt: „Ehre deinen Vater und deine Mutter." In Gottes Gesetz, im Dekalog, folgt dieses Gebot unmittelbar nach den drei ersten, die die Beziehung des Menschen zu Gott bestimmen. Es ist das erste unter den Geboten, die das Verhältnis zu Gott mit dem Verhältnis zum Menschen verbinden, die Gebote der ersten und die Gebote der zweiten Tafel, vom vierten bis zum zehnten.

2. Schon das allein verweist auf die zentrale Bedeutung der Familie. Das Gebot, das den Menschen zur Ehre der Eltern, des Vaters und der Mutter, verpflichtet, sichert ein grundlegendes Gut der menschlichen Gemeinschaft. Denn die Familie liegt allen menschlichen Gemeinschaften, allen, allen Gemeinschaften und Gesellschaften, zugrunde. Dem gibt Gott als Oberster Gesetzgeber Ausdruck im Bund vom Sinai, und das Evangelium bestätigt und vertieft die moralische Wahrheit des Dekalogs über die Familie.
Denn die Familie ist unter dem Gesichtspunkt des zwischenmenschlichen Bandes die vollkommenste Gemeinschaft. Es gibt keine Bindung, die Personen enger bände als das Band von Ehe und Familie. Es gibt keine andere, die man mit so voller Berechtigung als „Communio" bezeichnen könnte. Es gibt auch keine andere, in der die wechselseitigen Verpflichtungen so tiefgehend und ganzheitlich wären und deren Verletzung das menschliche Empfinden schmerzhafter träfen: die Frauen, die Männer, die Kinder, die Eltern.
Die Worte des 4. Gebots sind an die Kinder gerichtet, an die Söhne und Töchter. Sie besagen: „Ehre deinen Vater und deine Mutter." Mit gleicher Kraft beziehen sie sich jedoch auf die Eltern: „Denke daran, daß du diese Ehre wirklich verdienen mögest." Sei des Vaternamens würdig! Sei des Mutternamens würdig!

3. Bezeichnend ist Christi Antwort auf diesen Zuruf aus der Menge, der ihn an seine Mutter, an seine Familie erinnert. Da stellt Jesus die Frage: „Wer ist meine Mutter, und wer sind meine Brüder?" (*Mt* 12,48). Diese Frage mochte die Zuhörenden überraschen. Christus stellt jedoch diese Frage, damit die Antwort, die er selbst zu geben beabsichtigt, stärkeres Gewicht hat. Diese Antwort lautet: „Wer den Willen meines himmlischen Vaters erfüllt, der ist für mich Bruder und Schwester und Mutter" (*Mt* 12,50).
Eine außergewöhnliche, doch zugleich ganz eindeutige Antwort. So wie der Hinweis auf die ihn umgebenden Jünger außergewöhnlich und zugleich eindeutig ist: „Das hier sind meine Mutter und meine Brüder."

4. Wir befinden uns im eigentlichen Zentrum des Evangeliums. Jesus von Nazaret, der Menschensohn, geboren aus Maria der Jungfrau, ist gekommen, um der Menschheit die Vaterschaft Gottes zu offenbaren. Er kam, um die Vaterschaft zu offenbaren, die Er allein kennt; als der dem Vater wesensgleiche Sohn. Er kam also, um die Menschheit in die eigentliche ewige und göttliche Dimension jeglicher Vaterschaft und Elternschaft in der geschaffenen Welt einzuführen. Auch jeglicher Ordnung, für die die familiäre Dimension grundlegend ist.
Bedeutet „offenbaren" nur erinnern: Nein, mehr. Offenbaren bedeutet: wiedergeben. Christus ist gekommen, um der Menschheit, der riesigen Menschheitsfamilie, Gottes Vaterschaft wiederzugeben. Nur er allein konnte dies in vollendeter Form tun. Um aber den Menschen Gottes Vaterschaft wiederzugeben, mußte Christus die Menschen Gott als dem Vater wiedergeben. Und das war seine wesentliche Mission. Diese Mission erfüllte er nicht nur durch seine Lehre allein. Diese Mission erfüllte

er bis zur Vollendung erst durch das Kreuz: „Er war gehorsam bis zum Tod, bis zum Tod am Kreuz" (vgl. *Phil* 2,8).

5. War es nötig, der Menschheit Gottes Vaterschaft wiederzugeben? Eine ergreifende Antwort auf diese Frage erteilt der Apostel Paulus im *Römerbrief*: „Wie durch den Ungehorsam des einen Menschen die vielen zu Sündern wurden, so werden auch durch den Gehorsam des einen die vielen zu Gerechten gemacht werden" (5,19).

Der Apostel erklärt das Geheimnis der Erbsünde, dieser Zurückweisung der Vaterschaft Gottes, die die ganze Geschichte des Menschen von Anfang an belastete. Man muß nur die Aufzeichnung im Buch Genesis aufmerksam lesen und bedenken, um zu begreifen, daß jener von Paulus genannte ursprüngliche „Ungehorsam" eben gerade die Zurückweisung der göttlichen Vaterschaft ist. Aber das, was Christus vollbrachte, seine Heilstat auf dem Berg der Kreuzigung, sein „Gehorsam bis zum Tode", geht an die unmittelbare Wurzel der Sünde und des Bösen in der Menschheitsgeschichte.

Die messianische, erlösende Tat des mit dem Vater wesensgleichen Sohnes gibt der Menschheit Gottes Vaterschaft zurück. Sie gibt auch der Vaterschaft Gottes in seinem eingeborenen Sohn, im Erlöser der Welt, die Menschheit zurück.

Das Konzil lehrt: „Obwohl in Gerechtigkeit von Gott begründet, hat der Mensch unter dem Einfluß des Bösen gleich von Anfang der Geschichte an durch Auflehnung gegen Gott und den Willen, sein Ziel außerhalb Gottes zu erreichen, seine Freiheit mißbraucht. ‚Obwohl sie Gott erkannten, haben sie ihn nicht als Gott verherrlicht, sondern ihr unverständiges Herz wurde verfinstert, und sie dienten den Geschöpfen statt dem Schöpfer' (vgl. *Röm* 1,21-25)" (*Gaudium et spes*, Nr. 13).

6. Wenn Jesus zu der Menge sagt: „Wer den Willen meines himmlischen Vaters erfüllt, der ist für mich Bruder und Schwester und Mutter", dann bestätigt er zutiefst die Schlüsselbedeutung dieses Gebotes aus dem Dekalog, das die irdischen Eltern, den Vater und die Mutter, zu ehren gebietet.

Er bestätigt zutiefst die Schlüsselbedeutung der Familie für die ganze moralische Ordnung: in den Dimensionen der Beziehungen zwischen Personen und in den Dimensionen der Gesellschaft.

Wir wissen aus der Erfahrung dieses Landes, insbesondere aus der Erfahrung der vergangenen Periode, daß jenes Erbübel, das in der Seele jedes Menschen schlummert und das grundlegend der Zurückweisung der göttlichen Vaterschaft gleichkommt, besonders häufig, besonders leicht durch die Verletzung der moralischen Ordnung von Ehe und Familie spürbar wird. Das sind gleichsam besonders bedrohte Gebiete. Der Mensch erliegt besonders leicht da, wo soviel von Liebe, von wahrer Liebe abhängt, dem Egoismus, und er macht die anderen - die Nächsten! - zum Opfer dieses Egoismus.

7. Diese Krise hat auch die Familie nicht verschont, sie hat leider die polnische Familie nicht verschont! Sie bewirkt so viele Beleidigungen Gottes, sie ist die Ursache für viel Unglück und Böses. Deshalb ist sie Gegenstand besonderer Sensibilität

und Sorge der Kirche. Hinter den Ziffern aber, hinter den Analysen und Beschreibungen, steht hier lieber ein lebendiger Mensch, die Tragödie seines Herzens, seines Lebens, seiner Berufung. Die Scheidungen ... die hohe Zahl der Scheidungen. Die langandauernden Entzweiungen und Konflikte in vielen Familien, auch die langwierigen Trennungen, weil eines der Eheleute ins Ausland geht. Immer häufiger kommt es auch dazu, daß die Familie sich nur noch verschließt in den eigenen Dingen, es kommt zu einer Art Unfähigkeit, sich für andere zu öffnen, für die Probleme des anderen Menschen oder einer anderen Familie. Mehr noch, mitunter schwindet die wahre Bindung innerhalb der Familie selbst: Es fehlt manchmal sogar an tieferer Liebe zwischen Eltern und Kindern oder unter den Geschwistern. Und wie viele Familien kranken und leiden, weil einige ihrer Mitglieder Alkoholmißbrauch betreiben!

Im Apostolischen Schreiben *Familiaris consortio* zitierte ich Worte aus der Botschaft der 6. Bischofssynode an die christlichen Familien. „Eine weitere Aufgabe der Familie", so sagen die Bischöfe der Kirche, „ist die Heranbildung von liebesfähigen Menschen und die Ausübung der Liebe in allen zwischenmenschlichen Beziehungen. So darf sie sich nicht in sich selbst verschließen, sondern muß offen bleiben für die Gesellschaft und sich vom Sinn für Gerechtigkeit und für die Sorge um den Mitmenschen sowie von der Verpflichtung der eigenen Verantwortung für die Gesamtgesellschaft leiten lassen" (Nr. 64).

Die Älteren werden sich erinnern, welche gewaltige Anstrengung die Kirche bei der Vorbereitung auf das große Millennium der Taufe unseres Vaterlandes machte, wie sehr wir damals darum beteten, die Familie, die polnische Familie, möge in Gott stark sein.

„Liebe Brüder ... die Liebe ist aus Gott", schreibt der hl. Johannes (*1 Joh* 4,7). Das gestörte Familienband wird nicht wiederhergestellt, die aus menschlichen Schwächen und aus der Sünde herrührenden Sünden werden nicht geheilt ohne Rückkehr zu Christus, zum Sakrament. „Darum rufe ich dir ins Gedächtnis", schreibt der hl. Paulus an den von ihm geweihten Bischof Timotheus: „Entfache die Gnade Gottes wieder, die dir durch die Auflegung meiner Hände zuteil geworden ist" (*2 Tim* 1,6).

Auch ich rufe euch, Brüder und Schwestern, zu, entfacht wieder das göttliche Charisma der Eheleute und Eltern, das ihr durch das Sakrament der Ehe erhalten habt. Nur gestützt auf die Gnade dieses Sakraments, ist volle Verzeihung, Versöhnung und erneuter Aufbruch zu einem gemeinsamen Weg möglich. Durch sie wird menschliche Liebe und Identität und die Wahrhaftigkeit menschlicher Versprechen erneuert und wiederbelebt. Das Charisma des Ehesakraments ist auch ein Charisma, eine Gnade und Gabe des Lebens.

„Ehre deinen Vater und deine Mutter", sagt das 4. Gebot Gottes. Aber damit Kinder ihre Eltern ehren können, müssen sie als Geschenk Gottes angesehen und angenommen werden. Ja, jedes Kind ist ein Gottesgeschenk. Ein Geschenk, das manchmal schwer anzunehmen, das aber immer von unschätzbarem Wert ist. Man muß zuerst die Einstellung zum empfangenen Kind verändern.

Selbst wenn es unerwartet kommt - man sagt so: „unerwartet" -, es ist nie ein Eindringling oder Angreifer. Es ist eine menschliche Person, also hat es ein Recht darauf, daß die Eltern ihm das Geschenk ihrer selbst nicht vorenthalten, selbst wenn das von ihnen besondere Aufopferung verlangt.
Die Welt würde sich in einen Alptraum verwandeln, sähen Eheleute, die in materiellen Schwierigkeiten sind, in ihrem empfangenen Kind nur eine Last und Gefahr für die Stabilisierung ihrer Verhältnisse; sähen die gut situierten Eheleute im Kind ein unnützes, aber kostspieliges Beiwerk zum Leben. Denn dies würde bedeuten, daß Liebe nicht mehr zählt im menschlichen Leben.
Dies würde bedeuten, daß die große Würde des Menschen, seine wahre Berufung und letztliche Bestimmung ganz vergessen wäre. Grundlage wahrer Liebe zum Kind ist die echte Liebe zwischen den Eheleuten, Grundlage aber sowohl der ehelichen wie der elterlichen Liebe ist der Rückhalt in Gott, eben die Vaterschaft Gottes.
Wenn die Eheleute sich darum bemühen, einander selbst zum Geschenk zu machen, dann bilden sie in sich auf diese Weise richtige elterliche Haltungen heraus. In der Erziehung des Kindes geht es ja nicht nur darum, sich ihm zuzuwenden. Es geht darum, sich ihm in kluger Weise zuzuwenden - so, damit man es zu wahrer Liebe erzieht. - Zu wahrer Liebe erzieht man auch durch Anforderungen, aber nur wenn man liebt, kann man Anforderungen stellen. Man kann fordern, wenn man von sich selbst fordert. Deshalb ist es um des Wohls der kommenden Generation willen wichtig, daß die Eheleute ihre gegenseitige Liebe festigen, veredeln und vertiefen. Dann werden auch ihre Kinder imstande sein, einst wahrhaft christliche Familien zu gründen und ihre Eltern zu lieben.

8. Diese meine - vierte - Pilgerreise in das Vaterland bewegt sich auf den Spuren des Dekalogs. Und deshalb führt uns die Betrachtung der göttlichen Worte, die eine unverletzliche Ordnung der menschlichen Moral darstellen, auf jeder Etappe zu einem tieferen Verständnis für das Geheimnis Jesu Christi - d. h. der eigentlichen Wirklichkeit des Christentums, unseres Glaubens und Lebens aus dem Glauben, d. h. unserer Moral.
Ich möchte alle hier fragen, die für diese Ehe- und Familienmoral Verantwortung haben, sie alle: Darf man leichtsinnig die polnischen Familien der weiteren Zerstörung aussetzen?
Man kann hier nicht von Freiheit des Menschen sprechen, denn dies ist eine Freiheit, die versklavt, ja, es bedarf der Erziehung zur Freiheit, es bedarf der reifen Freiheit. Nur auf einer solchen lassen sich die Gesellschaft, die Nation, alle Gebiete ihres Lebens gründen. Aber man darf keine Fiktion der Freiheit schaffen, die vorgeblich den Menschen befreit, während sie ihn in Wirklichkeit versklavt und demoralisiert. Darüber muß man an der Schwelle der 3. Republik eine Gewissenserforschung anstellen.
„Das hier sind meine Mutter und meine Brüder." Vielleicht spreche ich deshalb so, wie ich spreche, weil dies meine Mutter ist, dieses Land! Das ist meine Mutter, dieses Vaterland! Das sind meine Brüder und Schwestern! Und versteht, ihr alle, die ihr leichtsinnig an diese Dinge herangeht; begreift, daß diese Dinge mich etwas ange-

hen müssen, mich schmerzen müssen. Auch euch sollten sie schmerzen! Es ist leicht, zu zerstören, es ist schwieriger, wieder aufzubauen. Zu lange Zeit wurde zerstört! Man muß intensiv wieder aufbauen. Man darf nicht weiter leichtsinnig zerstören! „Das hier sind meine Mutter und meine Brüder."
Ja. Das polnische Land ist in besonderer Weise durch die Gegenwart der Mutter Christi gezeichnet. Sie ist - eben als die Mutter des Gottessohnes - die erste unter denen, die Gottes Willen erfüllen.
Möge sich deshalb - durch ihre mütterliche Gegenwart - bei uns das Bewußtsein von der Vaterschaft Gottes erneuern. Möge eine Generation von Brüdern und Schwestern des Gottessohns, des Sohns Mariens, wieder erstehen.
„Selig, die das Wort Gottes hören und es treu bewahren" (*Akklamation zum Evangelium*).
Möge in Gott menschliche Vater- und Mutterschaft wieder erstehen, möge die Familie wiedergeboren werden, die polnische Familie, der besondere Ort des Bundes Gottes mit den Menschen: die Hauskirche.

Ihr habt jahrelang um das Kreuz gekämpft

Ansprache vor dem Schlußsegen der Messe in Kielce am 3. Juni

Liebe Brüder und Schwestern!

Ich danke der göttlichen Vorsehung, daß ich hier, im Lande des Heiligen Kreuzes, die Eucharistie feiern durfte. (Anmerkung: Es ist das Gebiet der Góry Świetokrzyskie, deutsch: Heilig-Kreuzer Berge). In dieses Gebiet kam das Christentum sehr früh. Im uralten Wiślica empfing der Fürst der Wiślanen die Taufe bereits im 9. Jahrhundert. Dieses Gebiet wurde durch eine Reliquie des Kreuzes Christi schon in den Zeiten eines Boleslaw Chrobry (des Kühnen) geehrt.
Das Kreuz ist euch teuer. Um dieses Kreuz habt ihr jahrelang gekämpft. Ihr tatet alles, damit es in euren Häusern, Schulen und Betrieben bliebe, daß es vor allem in euren Herzen bliebe.
Als Motto der Begegnung mit dem Papst wähltet ihr die Worte: „Im Kreuz ist die Lehre der Liebe." Laßt uns, wenn wir das Kreuz betrachten und uns hineinversenken, die Liebe lernen - die soziale, die familiäre und die eheliche Liebe.
In diesem Zusammenhang ist es unerläßlich, an die tragischen Ereignisse zu erinnern, deren Zeuge die Stadt Kielce im Juli 1946 war. Damals starben durch verbrecherische Hände viele jüdische Brüder. Wir empfehlen Gott ihre Seelen. Wir beten darum, daß die Liebe in unserem Vaterland und in der Welt die Menschen aller Nationen, Rassen, Religionen und Überzeugungen verbinde. „Im Kreuz ist die Lehre der Liebe."
In der Kathedrale sprach ich vom Kreuzweg eurer Bischöfe in den vergangenen Jahren. Jetzt erweisen wir Ehre auch den Priestern und Laien, die ein erbauliches Zeugnis der Einheit mit den Bischöfen gaben. Wir danken Gott, daß die Kirche von

Kielce aus dieser großen Prüfung siegreich hervorging, als man versuchte, ihre Einheit zu zerschlagen.
Ich krönte das seit Jahrhunderten verehrte Bild der Muttergottes von der Gnade in der Kathedrale von Kielce. Diese Krönung fällt genau auf den 820. Jahrestag der Weihe eurer Kathedrale. In die mütterlichen Hände der Muttergottes von der Gnade gebe ich dieses Gebiet und seine Bewohner.
Heute erhielt ich den Ehrentitel eines Führers für die Heilig-Kreuzer Berge. Es ist gut, daß dies ein Ehrentitel ist.
Die Heilig-Kreuzer Berge sind uns allen teuer. Auch wegen der Erinnerung an jene, die in der Zeit des letzten Krieges die Waffen nicht niederlegten, sondern gegen die Okkupanten kämpften. Viele von ihnen gaben in diesem Kampf ihr Leben für das Vaterland. Die Heilig-Kreuzer Berge sind mir deshalb besonders teuer, weil sie ein Land des Heiligen Kreuzes sind. Es ist gut, daß ich diesen Titel eines Führers erhielt, denn was soll der Papst sein, wenn nicht Führer in das Geheimnis des Heiligen Kreuzes? Nur das Kreuz ist die göttliche Kraft und die göttliche Weisheit, wie der hl. Paulus gesagt hat. Ich sage also Dank, ich werde mich bemühen, weiterhin in allem ein demütiger Diener dieses Geheimnisses zu sein, aber auch, soweit die Kräfte des Geistes es mir gestatten, ein Führer in dieses Geheimnis für meine Brüder und Schwestern überall, wohin mich meine Sendung führt.
Und schließlich noch: Es hat mit einem schrecklichen Gewitter und Regen begonnen. Wir haben es durchgestanden! Dank sei Gott! Jetzt möchte ich zum Abschluß dieser gemeinsamen Eucharistiefeier allen den Segen geben.

Ein Jahr des Glaubens und der Familie

Ansprache zum Abschluß der Diözesansynode in Kielce am 3. Juni

1. Kirche von Kielce, die du hier in der Kathedralbasilika durch deinen Hirten und seine Weihbischöfe, durch sehr zahlreiche Vertreter des örtlichen Klerus sowie durch zahlreiche Repräsentanten von einer Million gläubiger Laien anwesend bist. Zuerst möchte ich sagen, daß ich mich freue, heute hier mit euch zusammen zu sein. Mehrere Male habe ich Kielce besucht, als ich Metropolit von Krakau war. Zu Beginn dieses Amtes, im August 1963, nahm ich am Begräbnis Bischof Czeslaw Kaczmareks teil, dessen Gestalt immer noch zum Nachdenken anregt. Wenn ich heute in die Kathedrale von Kielce komme, dann nehme ich die Nachricht mit Genugtuung zur Kenntnis, daß Bischof Czeslaw Kaczmarek, der einst ungerecht und grundlos in einem ungerechten Spruch verurteilt wurde, jetzt im freien Polen voll rehabilitiert ist. Die zuständigen Behörden erklärten, daß das Urteil ohne jede Grundlage war.
Am 9. Oktober 1975 leitete ich die Feierlichkeiten zum Goldenen Priesterjubiläum des damaligen Hirten der Diözese Kielce, des Bischofs Jan Jaroszewicz, dessen unbeugsame Haltung und Hirteneifer ich stets bewunderte. Auch ihm blieb das Leid auf verschiedenen Etappen seines priesterlichen Weges nicht erspart. Das war eine

für die Kirche in Polen schwierige Zeit. Der Hirte von Kielce hatte seinen Anteil an den Prüfungen, die Gott dem polnischen Episkopat schickte, besonders dem Primas des Millenniums und Bischof Czeslaw Kaczmarek.
Ich erinnere mich gut an meinen Aufenthalt in Kielce zum 250. Jubiläum des Priesterseminars (17.-18. April 1978). Damals war ich in Kielce als Nachfolger Bischof Konstanty Szaniawskis, der dieses Seminar ins Leben rief, wenngleich damals noch keine Diözese Kielce bestand.

2. Doch meine heutige Begegnung mit der Kirche von Kielce, hier in der Kathedralbasilika, hat wegen des Abschlusses der Pastoralsynode einen besonderen Charakter. Ich richte Dankesworte an euren Hirten, den lieben Bischof Stanislaw, der die Initiative hatte, die Synode einzuberufen und durchzuführen, die eine Antwort lebendigen Glaubens auf die gleichsam neue Saat der Gnade des Heiligen Geistes werden soll, wie sie sich in unserer Zeit dank dem Zweiten Vatikanischen Konzil vollzog.
Ich freue mich, daß die Synode von Kielce nicht nur Arbeiten von Kommissionen umfaßte, die vom Hirten der Diözese einberufen wurden, sondern daß sie auch die Synodenpastoral verwirklichte, was ein wesentliches Moment zur Einbeziehung der ganzen Gemeinschaft in das Leben einer Ortskirche darstellt. Das kam in unterschiedlicher Form zum Ausdruck, unter anderem durch die seelsorgerische Tätigkeit im Rahmen einzelner Synodaljahre, um auf diese Weise sehr konkrete Programme zu verwirklichen. Es gab also ein Jahr des Glaubens, ein Jahr der Familie und ein eucharistisches Jahr. Im Rahmen der Synodenseelsorge richtete man größeres Augenmerk auf die kinderreichen Familien, auf die Institution der Ehe und auf den Schutz des ungeborenen Lebens. Ich nutze diese Gelegenheit, weil ich allen Familien, vor allem jenen Eltern, die sich für die Mühe der Kindererziehung entscheiden, sagen will, daß der Papst besonders an sie denkt und sie von Herzen segnet.
Die Seelsorgeaktion erstreckte sich auch auf die Kranken und Leidenden. Ihre Lage ist oft sehr bedauerlich, schmerzvoll, manchmal geradezu demütigend, und deshalb brauchen sie die besondere Liebe der Kirche. Ihr, liebe Kranke und Leidende, seid mir nicht nur wegen dieser Liebe, die wir alle einander schulden, teuer, sondern auch, weil ihr in größerem Maße als andere am Geheimnis des Kreuzes und der Erlösung teilhabt. Ihr seid mir teuer, weil das Leid euch eine Würde verleiht, die besondere Zuneigung verdient.
Es war gut, daß die Synode von Kielce sich auch mit den Kindern und Jugendlichen befaßte. Ich denke hier an die „Olympiade" über die Kenntnisse vom Leben der Ortskirche.

3. Die zu Ende gehende Synode ist der Beginn einer großen gemeinsamen Anstrengung der ganzen Diözese. Die Kirche von Kielce ist also vor eine neue Arbeitsetappe gestellt, gekennzeichnet durch das Schlußdokument der Synode, welches die Hinweise und Begründungen für christliche Haltungen sowie die Anregung zu ihrer Verwirklichung enthält. Mit vollem inneren Engagement müssen die Beschlüsse der Synode mit Leben gefüllt, muß die begonnene Synodenseelsorge fortgesetzt werden.

Diese Synode ist eine sehr wichtige Etappe, da es um die Ausrichtung der Neuevangelisierung für unsere Zeit geht. Wir kennen die neuen Probleme, die sich der Kirche heute stellen. Mit dieser Synode, mit ihrem Dokument und ihren Wegweisungen, vor allem mit ihren Früchten, geht die Gemeinschaft der Kirche von Kielce in das dritte Jahrtausend des Christentums. Deshalb ist es so wichtig, daß sich darin „Altes und Neues begegnet".

Die Last der Verwirklichung dieser Synode obliegt allen, die durch die Taufe in besonderer Weise in das Geheimnis Christi eingefügt sind. In einer Weise den Laien und in anderer Weise den Priestern oder Ordensfamilien, ist sie aber allen aufgegeben. Zusammen mit eurem Hirten und seinen Weihbischöfen sollt ihr nicht nur Führer, sondern gleichzeitig lebendige Vorbilder für die Herde sein (vgl. *1 Petr* 5,3), indem ihr auf Christus, den guten Hirten, schaut. Er hat euch aus dem Volk ausgewählt, damit ihr, erfüllt vom Heiligen Geist, eifrige Hirten der euch anvertrauten Gemeinden von Gläubigen seid.

Ich freue mich, daß tatsächlich eine große Zahl gläubiger Laien an dieser Abschlußsession der Synode von Kielce teilnimmt. Wie ich erfahre, nahmen sie während der ganzen Synodendauer an ihr lebendigen Anteil, sowohl durch die Arbeit von Pfarrsynodengruppen wie auch an den Plenarsitzungen, in denen sie häufig das Wort ergriffen.

Vertrauen wir darauf, daß sich darin eine größere Annäherung eurer Pfarrgemeinden an das Ideal der christlichen Communio ankündigt - an eine Gemeinschaft, in der niemand passiver Empfänger von Gaben ist, weil alle sich bemühen, auch etwas beizutragen; eine Gemeinschaft, für die alle Mitglieder sich verantwortlich fühlen. Zur Gestaltung dieses neuen Modells, Mitglied der Pfarrgemeinde zu sein, werden sicher die pastoralen Ratschläge eurer Synode beitragen.

4. Um an den Besuch des Papstes in der Kirche von Kielce sowie an den Abschluß der Pastoralsynode zu erinnern, hat die Diözesangemeinde ein Kreuz gestiftet. Es steht an einem Feldaltar, um den sich die Pilger versammeln werden, die hierher kommen, um die Muttergottes von der Gnade zu ehren, deren Bild ich heute nachmittag krönen werde. Die Stiftung dieses Kreuzes erinnert uns daran, daß wir durch das kostbare Blut des Gottessohnes erlöst wurden. Sie hat auch einen unmittelbaren Zusammenhang mit der Kirche von Kielce, deren Hauptstadt im Herzen der Region Swietokrzyski (Heilig-Kreuz-Region) liegt. So werde ich mit wirklicher Freude dieses Kreuz weihen.

Beginnt mit dem Zeichen des Kreuzes euren Weg zur Verwirklichung der Synode. Zu der euch erwartenden Mühe segne ich euch alle von Herzen.

Das 5. Gebot und der große Friedhof der Ungeborenen

Predigt bei der hl. Messe auf dem Militärflughafen in Radom am 4. Juni

1. „Selig, die hungern und dürsten nach der Gerechtigkeit" (*Mt* 5,6).
Mit dem Evangelium der acht Seligpreisungen Christi aus der Bergpredigt begrüße ich die Stadt Radom. Ich begrüße auch die Kirche der Diözese Sandomierz-Radom. Ich begrüße herzlich alle hier Versammelten.
Mit besonderer Hochachtung wende ich mich an das uralte Sandomierz - jene Stadt, in die seit ältesten Zeiten Polens Geschichte - die Geschichte der Nation und der Kirche - eingeschrieben ist.
Ich begrüße dieses ganze Gebiet, wobei ich mich mit Dankbarkeit an seine frühere und jüngere Vergangenheit erinnere. Es ist ein Gebiet von Heiligen - angefangen bei den Märtyrern von Sandomierz, beim seligen Wincenty Kadlubek, bei Ladyslaw von Gielniów, bei Salomea bis hin zum heiligen Kazimir, der als Königssohn das polnische Königreich in Vertretung seines Vaters, Kazimir des Jagiellonen, gerade von Radom aus regierte. Auf dem Wawel geboren, kehrte er als Heiliger nach Wilna zurück, um dem Gottesvolk Litauens Patron zu sein.
Ich begrüße die Heimat des Jan Kochanowski, des Jan Dlugosz und so vieler anderer Menschen, die sich um die polnische Kultur und Wissenschaft verdient gemacht haben. Ich erinnere an die Helden der nationalen Aufstände, wobei ich zugleich die Befehlshaber und Soldaten des letzten Krieges grüße, insbesondere aus der Untergrundarmee, denen wir den Platz Polens auf der Landkarte Europas verdanken.

2. Beim heutigen Besuch blieb ich am Gedenkstein mit der Aufschrift stehen: „Zur Erinnerung an die Menschen, die im Zusammenhang mit den Arbeiterprotesten des Jahres 1976 Unrecht erlitten." Das sind nahe Zeiten, die sich in Radoms und ganz Polens Erinnerung tief eingeprägt haben. Man kann sagen, das Jahr 1976 wurde zur Einleitung der weiteren Ereignisse der achtziger Jahre. Sie kosteten viele Opfer, Verhaftungen, Demütigungen, Folterungen (besonders jene, die unter der Bezeichnung „Gesundheitspfade" praktiziert wurden), Todesfälle (unter anderem einer der Seelsorger von Sandomierz) - und sie bahnten mit alledem dem menschlichen Wunsch nach Gerechtigkeit den Weg.
„Selig, die hungern und dürsten nach der Gerechtigkeit; denn sie werden satt werden" (*Mt* 5,6).
Drückt sich Hunger und Durst nach Gerechtigkeit auch in Protest aus? Im Protest der Arbeiter, wie 1976? Durst und Hunger nach Gerechtigkeit bedeutet sicher ein Streben nach Überwindung alles dessen, was Ungerechtigkeit und zugefügtes Leid, was Verletzung der Menschenrechte ist.

3. Auf dem Weg meiner Pilgerreise durch Polen begleitet mich der Dekalog: die mit Macht auf dem Sinai gesprochenen Zehn Gebote Gottes, die von Christus in der Bergpredigt im Zusammenhang der acht Seligpreisungen bestätigt wurden. Ein Fundament menschlicher Moral, dem Menschen vom Schöpfer aufgegeben. Der Schöpfer ist zugleich der Oberste Gesetzgeber. Denn indem er den Menschen nach seinem

Bild und Gleichnis schuf, schrieb er in dessen Herz die ganze Wahrheitsordnung hinein, die die Bedingung für das Gute und die moralische Ordnung und deshalb auch die Grundlage für die Würde des Menschen - des Abbildes Gottes - ist. Unmittelbar im Zentrum dieser Ordnung liegt das Gebot „Du sollst nicht töten" - ein entschiedenes und absolutes Verbot, das gleichzeitig das Recht jedes Menschen auf Leben bekräftigt: vom ersten Augenblick der Empfängnis bis zum natürlichen Tod. Dieses Recht nimmt in besonderer Weise die unschuldigen und wehrlosen Menschen in Schutz.
„Hungern und dürsten nach der Gerechtigkeit" - das bedeutet alles tun, damit dieses Gesetz beachtet wird, daß kein Mensch Opfer eines Angriffs auf sein Leben oder seine Gesundheit werde: daß er nicht unschuldigerweise getötet, gefoltert, gequält, bedroht werde.
Christus erweitert in der Bergpredigt noch den Bereich des 5. Gebotes im Dekalog auf alle Handlungen gegen den Nächsten, die aus Haß oder Rachsucht entstehen (selbst wenn sie nicht bis zur Tötung gehen: „Jeder, der seinem Bruder auch nur zürnt", so sagt Christus in der Bergpredigt.)

4. Menschliche Gesetzbücher verteidigen das Leben und strafen die Totschläger. Gleichzeitig kann man schwerlich umhin festzustellen, daß unser Jahrhundert mit dem Tod von Millionen unschuldiger Menschen belastet ist. Dazu trug die neue Art der Kriegsführung bei, die in einer massenweisen Bekämpfung und Vernichtung der nicht am Krieg aktiv beteiligten Bevölkerung besteht. Man muß nur an die Bombardements (bis hin zum Gebrauch der Atombombe) denken, andererseits an die Konzentrationslager, die Massendeportationen der Bevölkerung, die mit dem Tod von Millionen unschuldiger Opfer endeten. Unter den Völkern Europas hat unsere Nation an dieser Hekatombe besonderen Anteil. Auf unseren Gebieten wurde das Gebot „Du sollst nicht töten" in Millionen verbrecherischer Akte verletzt.
Unter diesen Verbrechen sind die systematischen Morde an ganzen Nationen besonders erschütternd - vor allem an den Juden oder auch an Bevölkerungsgruppen, wie den Zigeunern, nur aus dem Motiv heraus, weil sie zu jener Nation oder Rasse gehören.

5. War das nur die Tatsache einer besonderen aktuellen Grausamkeit? Man muß feststellen, daß die völkermordenden Folgen des letzten Krieges durch ganze Programme des Rassen- und Völkerhasses vorbereitet worden sind! Diese Programme verwarfen das moralische Prinzip des Gebots „Du sollst nicht töten" als einen absoluten und allgemeinverbindlichen Grundsatz. Unter Anknüpfung an verblendete Ideologien überließen sie privilegierten menschlichen Instanzen das Recht, über Tod und Leben einzelner Personen, ja auch ganzer Gruppen und Nationen, zu entscheiden. An die Stelle des göttlichen „Du sollst nicht töten" setzte man das menschliche „Man darf töten", ja sogar „Man muß töten".
Und so wurden riesige Landstriche unseres Kontinents zum Grab unschuldiger Menschen, von Opfern der Verbrechen. Die Wurzel des Verbrechens steckt darin, daß der Mensch die göttliche Macht über das Leben und den Tod des Menschen

usurpiert. Darin meldet sich ein fernes, aber doch hartnäckiges Echo jener Worte, die der Mensch von „Anfang" gegen den eigenen Schöpfer und Vater akzeptierte; diese Worte lauteten: „Ihr werdet wie Gott und erkennt Gut und Böse" (*Gen* 3,5) - das bedeutet: Ihr werdet darüber entscheiden, was gut und was böse ist, ihr Menschen - so wie Gott; so wie Gott und Gott zum Trotz.

6. Verzeiht, teure Brüder und Schwestern, daß ich noch weiter gehe. Zu diesem riesigen Friedhof von Opfern menschlicher Grausamkeit in unserem Jahrhundert kommt noch ein anderer großer Friedhof: der Friedhof der Ungeborenen, der Friedhof der Wehrlosen, deren Gesicht nicht einmal die eigene Mutter zu sehen bekam, als sie sich einverstanden erklärte oder einem Druck nachgab, damit ihnen das Leben genommen werde, bevor sie noch geboren wurden. Aber sie hatten ja schon dieses Leben, sie waren schon empfangen, entwickelten sich unter dem Herzen ihrer Mütter, ohne die tödliche Bedrohung vorauszufühlen. Und als diese Bedrohung Tatsache wurde, da versuchten diese wehrlosen menschlichen Wesen, sich zu wehren. Das Filmgerät hielt diese verzweifelte Wehr des ungeborenen Kindes gegen den Angriff im Mutterschoß fest. (Ich habe einmal einen solchen Film gesehen - und ich kann mich bis zum heutigen Tag nicht von ihm, von der Erinnerung an ihn, befreien.) Schwerlich läßt sich ein schrecklicheres Drama in seiner moralischen, menschlichen Aussage vorstellen.

Die Wurzel des Dramas - wie ausgedehnt und differenziert ist sie doch. Dennoch gibt es auch hier jene menschliche Instanz, jene Gruppen - manchmal Gruppen, die Druck ausüben -, jene gesetzgebenden Körperschaften, die den Lebensraub am ungeborenen Menschen „legalisieren". Gibt es eine solche menschliche Instanz, so ein Parlament, das das Recht hat, das Töten eines unschuldigen und wehrlosen menschlichen Wesens zu legalisieren? Wer hat das Recht, zu sagen „Man darf töten", ja sogar „Man muß töten", dort, wo man das Leben am meisten schützen und ihm helfen muß?

7. Beachten wir noch, daß das Gebot „Du sollst nicht töten" in sich nicht nur ein Verbot enthält. Es ruft uns zu bestimmten Haltungen und zu positiven Verhaltensweisen auf. Du sollst nicht töten, vielmehr schütze das Leben, schütze die Gesundheit und achte die menschliche Würde jedes Menschen, unabhängig von seiner Rasse oder Religion, von seiner Intelligenz, vom Grad seines Bewußtseins oder Alters, von seiner Gesundheit oder Krankheit.

Du sollst nicht töten, nimm vielmehr den anderen Menschen als Geschenk Gottes an - besonders wenn es dein eigenes Kind ist. Du sollst nicht töten, bemüh dich vielmehr, deinen Nächsten zu helfen, auf daß sie freudig ihr Kind annehmen, das - nach menschlichen Begriffen - nicht gelegen kam, wie man meint.

Wir müssen gleichzeitig unsere gesellschaftliche Sorge nicht nur für das empfangene Kind vermehren, sondern auch für seine Eltern, besonders für seine Mutter - wenn das Erscheinen des Kindes sie in Sorgen und Schwierigkeiten bringt, die, wie man meint, über ihre Kräfte gehen. Diese Sorge muß sowohl in spontanen menschlichen Haltungen und Handlungen Ausdruck finden wie auch in der Schaffung institutioneller Hilfsformen für die Eltern des empfangenen Kindes, deren Lage besonders schwierig ist. Auch die Pfarreien und Klöster sollen sich einschalten in diese Bewegung sozialer Solidarität mit dem empfangenen Kind und mit seinen Eltern.

8. „Selig, die hungern und dürsten nach der Gerechtigkeit." Diese Worte sprach Christus, und diese Worte nahm er mit sich ans Kreuz. Am Kreuz wurde auch er zum Tode verurteilt - und er ertrug diesen Tod, und es war der Tod des heiligsten aller Menschensöhne. Auch ihm nahm man das Leben ... Den Kreuzestod erlitt der Gottessohn, damit auf radikalste Weise die Macht des Gebotes „Du sollst nicht töten" bestätigt würde.
Zu Füßen des Kreuzes stand seine Mutter - so, wie sie in vielen Heiligtümern der ganzen Erde steht. Ich erinnere mich an das Heiligtum in Blotnica bei Radom und an die Krönung der Muttergottes - eben im Jahre 1977.
„Du sollst nicht töten!"
Am Kreuz gab man ihrem Sohn den Tod. Im Zeichen des Kreuzes suchen wir die Wege der Erlösung und der Vergebung aller Sünden.
Am Holz der Schande stirbt jener, der der Menschheit die Botschaft der acht Seligpreisungen verkündet hat. Der Gottessohn, der „der Erste und der Letzte" (vgl. *Offb* 22,13) unter den nach Gerechtigkeit Hungernden und Dürstenden ist. Der, der diesen Hunger und diesen Durst mit der Versicherung verbindet: sie „werden satt werden". Ja, in der Tat: „sie werden satt werden".
Brüder und Schwestern aus Radom und aus diesem ganzen Gebiet! Errichten wir die gemeinsame Zukunft unseres Vaterlandes nach Gottes Gesetz, nach dieser ewigen Weisheit, die in keiner Epoche veraltet, nach dem Evangelium Christi.
Errichten wir ... vielmehr: Richten wir wieder auf! Denn vieles wurde ruiniert ... In den Menschen, in den menschlichen Gewissen, in den Sitten, in der allgemeinen Meinung, in den Medien.
Wir bitten dich, Erlöser der Welt, gekreuzigter und auferstandener Christus, wir bitten dich durch deine und unsere Mutter, durch alle Heiligen und gerechten Söhne und Töchter dieses Landes, daß die Zukunft jenen gehöre, die wahrhaft und unerschütterlich „hungern und dürsten nach der Gerechtigkeit".

Neues Leben für das Land

Ansprache vor dem Segen in Radom am 4. Juni

Liebe Brüder und Schwestern!

Jetzt, da das heilige Opfer auf diesem weiten Flugplatz von Radom zu Ende geht, möchte ich der göttlichen Vorsehung danken, daß ich unter euch und zusammen mit euch beten durfte.
Ich danke der göttlichen Vorsehung, daß sie es mir gestattete, die Kirche und die Gläubigen des Gebietes von Sandomierz und Radom zu besuchen. Eines Gebietes, das Gott und dem Vaterland ergeben ist.

Ich möchte mit dem Herzen all jene umfassen, die schon in frühester Geschichte Fundamente für die geistige Größe dieser Diözese legten, jene, die durch Jahrhunderte für Gerechtigkeit, für die Rechte Polens auf eine unabhängige Existenz gerungen haben. In Gedanken eile ich durch die Zeit der Teilungen und der demütigenden zaristischen Gewalt, durch die Zeit der nationalen Aufstände und die Periode des Zweiten Weltkrieges, aber auch durch die Nachkriegsjahre. Ich möchte hier auch besonders an Bischof Piotr Golebiowski und an seine unerschütterliche Haltung in der Frage von Wierzbica erinnern, an die Initiativen, die er ergriff, um die Einheit der Kirche zu retten.

Einst habe ich vor Jahren, als Metropolit von Krakau, ihm persönlich für diese echte Hirtensorge gedankt, und heute erneuere ich diesen Dank. Er ist in der Gruft der Kathedralbasilika in Sandomierz bestattet und ist umgeben von der dankbaren Erinnerung und Verehrung seiner Priester und Gläubigen.

Noch immer lebt in mir die Erinnerung an die Wanderung des Muttergottesbildes. Hier in Radom hat Maria ja ihren Pilgerweg durch Polen wieder aufgenommen, und hierher ist das Bild zurückgekehrt. Wir dürfen auch die Wanderung des Heiligen Kreuzes-Holzes in den Jahren der verstärkten Atheisierung nicht vergessen. Wir haben heute Grund dazu, auf die Weisheit einer Nation zu vertrauen, die auf das Evangelium, auf die Weisheit des Kreuzes und auf die Gottesmutter baut.

Mit dem Herzen umfasse ich die Bewohner des uralten Sandomierz, und ich möchte bei dieser Gelegenheit an die verstorbenen Bischöfe erinnern: Walenty Wójcik und Stanislaw Sygnet, die mit dieser Stadt verbunden sind.

Besondere Grüße und besonderen Dank richte ich zu Händen eures Hirten an die hier anwesenden Gäste, die Kardinäle, Diözesan- und Weihbischöfe. Ich grüße die Priester, die männlichen und weiblichen Ordensgemeinschaften; alle Gläubigen der Diözese Sandomierz-Radom und jene, die sich als Pilger aus Nachbardiözesen - vor allem aus den Diözesen Lublin, Lodz und Podlasien - unseren Gebeten angeschlossen haben.

Einen herzlichen Gruß richte ich an die viele Tausende umfassende Schar der hier anwesenden Vertreter der Bewegungen gegen Alkoholismus. Gott segne eure für das Vaterland segensreiche Tätigkeit. Anwesend sind ferner eine Pilgergruppe von Polen aus Wilna unter der Führung von Bischof Aleksander Kaszkiewicz; eine Pilgergruppe von Auslandspolen aus Bristol, England, Pfarrei der Muttergottes von der Pforte der Morgenröte; eine Pilgergruppe aus der Diözese Vicenza, Italien, geführt von Bischof Pietro Giacomo Nonis; Jugendliche der Katholischen Universität Lublin, an ihrer Spitze wissenschaftliche Mitarbeiter und der Senat; Jugendliche und Senat der Technischen Hochschule in Radom; eine Pilgergruppe von Polen aus Kanada und USA; Vertreter aller Regionen der „Solidarność", an ihrer Spitze der Vorsitzende der Landeskommission (der jetzige Nachfolger von Lech Walesa, Marian Krzaklewski, den ich schon zur Hundert-Jahr-Feier von *Rerum novarum* in Rom persönlich kennenzulernen Gelegenheit hatte); außerdem Gruppen von ehemaligen Kämpfern der Heimatarmee und Häftlingen der Konzentrationslager sowie ehemalige politische Häftlinge; eine Gruppe von über achthundert Soldaten; Hüt-

tenwerker aus Ostrowiec Świetokrzyski, Pilgergruppen von Eisenbahnern und Forstleuten - sie waren es, die diesen prächtigen Altar gebaut haben. Unter uns sind außerdem Landarbeiter, Arbeiter aus Kraftwerken und allen Industriezweigen; ferner eine gesamtpolnische Pilgergruppe von Reiseleitern und schließlich viele, viele von denen, die die Nation ernähren - die Bauern -, auch wenn das besondere Treffen mit ihnen und mein Wort an sie erst für heute nachmittag in Lomza vorgesehen sind.
Einen liebevollen Gruß richte ich an die Kranken und Leidenden, die Blinden und Gehörlosen, die zahlreich hier anwesend sind, wie auch an die Teilnehmer einer gesamtpolnischen Wallfahrt der Zuckerkranken. Wie dankbar bin ich euch, liebe Brüder und Schwestern, daß ihr gemeinsam mit uns bei diesem heiligen Opfer sein wolltet, daß ihr gemeinsam mit dem Papst, eurem Landsmann, hier sein wolltet. Vergelt's euch Gott!
Und außer uns allen, außer denen, die ich erwähnte - und denen, die ich vielleicht nicht erwähnen konnte -, ist hier auch dieser mächtige Wind. Er begleitet mich seit dem ersten Augenblick meiner Ankunft auf polnischem Boden an der Ostsee in Köslin (Koszalin). Ein Wind vom Meere her. Dieser Wind kehrt auf verschiedenen Etappen wieder. Man könnte an den alten Spruch anknüpfen: Der Papst wirft die Worte in den Wind. In der Tat, er wirft die Worte in den Wind! Denn er glaubt an den Wind. Er glaubt an den mächtigen Wind, der einst die Wände des Abendmahlssaals in Jerusalem erschüttert hat. In diesem Wind drückte sich durch Kraft der Natur das Wehen des Heiligen Geistes aus. Der Papst glaubt an den Wind, an jenen Wind aus dem Abendmahlssaal, an das Wehen des Pfingstgeistes. Er glaubt, daß die in diesen polnischen Wind geworfenen Worte nicht in unbekannter Richtung davongetragen werden, sondern daß sie so ihren Weg nehmen wie das Wort Gottes, das der mächtige Wind des Heiligen Geistes aus dem Abendmahlssaal an alle Enden der Erde trieb. Das fleischgewordene Wort, Christus, ging ja aus dieser Welt und warf alles, was er uns in seiner Lehre und in seiner messianischen Tat gebracht hatte, in den Wind. Er warf es in den Wind des Pfingsttages, und in der Macht dieses Windes hat das fleischgewordene Wort, das Wort des Evangeliums, Dauer und trägt Früchte.
Und deshalb möchte ich am Ende dieses meines Treffens mit euch, liebe Brüder und Schwestern, gemeinsam mit euch das Gebet an die Heiligste Dreifaltigkeit richten, auf daß der Wind des Heiligen Geistes das Wort des Papstes und das Wort unserer ganzen Gemeinschaft weitertrage - denn wir alle sprechen ja dieses Wort der Wahrheit -, daß er es weitertrage und von neuem in unsere polnische, neue Wirklichkeit einpflanze; daß er unsere neue Unabhängigkeit gestalte; daß er unser neues Leben in allen seinen Dimensionen gestalte und daß diese 3. Republik stark sei durch diesen göttlichen Hauch, diesen Wind, den Wind des Heiligen Geistes, der das Antlitz der Erde erneuert.
Jetzt erteile ich allen den Segen, und dies ist das letzte, das Schlußgebet, mit dem wir uns an die Heiligste Dreifaltigkeit wenden und sie bitten, daß das heilige Opfer in uns, in Herz und Gewissen, Frucht bringe.

Laßt euch nicht vom Schein verführen

Ansprache vor dem Schlußsegen der Messe in Lomza am 4. Juni

Liebe Brüder und Schwestern!

Vor der Erteilung des Segens wende ich mich noch einmal an euch alle mit einem herzlichen Gruß.
Von Herzen umfasse ich in Gedanken alle Regionen eurer schönen Diözese. Der Reichtum der Natur, die Lebenskraft der Natur haben mich hier immer angezogen.
Von Herzen umfasse ich das gläubige Volk der Kurpen, das reich an heimatlichen Traditionen und heimischer Kultur ist!
In meiner Erinnerung bleibt das zauberhafte Gebiet von Augustów mit seinem Marienheiligtum in Studzieniczna und Krasnybór; das ausgedehnte und schöne Gebiet von Suwalki, die Stadt Suwalki und das ihr nahe Wigry, einst Sitz einer Diözese Wigry, sodann Sejny, ebenfalls alter Sitz einer Diözese Sejny, mit seiner Basilika und seinem Marienheiligtum. Hier krönte ich vor 15 Jahren das Haupt der Muttergottes von Sejny mit goldenen Kronen - neben mir der unvergeßliche Primas des Millenniums. Er stammte aus diesem Gebiet. Wir erinnern uns hier an ihn auch in besonderer Weise.
Worte voller Liebe richte ich an euch, geliebte Litauer aus dem Gebiet von Sejny und Suwalki, und an euch, die ihr zu dieser Eucharistiefeier und zur morgigen Begegnung mit Kardinal Sladkevičius und mit den Bischöfen aus Litauen nach Lomza gekommen seid.
Ich freue mich über die Anwesenheit vieler hochwürdiger und teurer Gäste, ich begrüße während dieser den Landwirten gewidmeten Feier in besonderer Weise die hier anwesenden Vertreter der „Solidarność" der Bauern.
In diesem Gebiet muß ich unbedingt euch erwähnen, liebe Brüder und Schwestern, die ihr die Deportation nach Sibirien durchgemacht habt und die ihr die herrliche und zugleich leidensvolle Geschichte dieses Gebiets verkörpert. Wir begrüßen die Lebenden. Wir beten für die Verstorbenen in Katyń und an vielen anderen Stätten.
Ich begrüße herzlich die Vertreter der Regierung: den Ministerpräsidenten der Republik, Herrn Jan Krzysztof Bielecki, den Landwirtschaftsminister Adam Pański, die Behörden der Stadt Lomza und der Woiwodschaft. Ich begrüße unsere Gäste und Bischöfe aus Deutschland mit Kardinal Joachim Meisner sowie mit dem Vorsitzenden der Bischofskonferenz, Bischof Karl Lehmann, an der Spitze. Die Bischöfe aus Italien und Spanien, unsere Landsleute: Kardinal Edmund Szoka, Bischof Wesoly aus Rom, die Bischöfe Abramowicz und Jakubowski aus Chicago, den polnischen Episkopat mit dem Primas, mit den Kardinälen und allen hier anwesenden polnischen Erzbischöfen und Bischöfen; die Vertreter der katholischen Hochschulen. Mit dem Herzen umfasse ich alle Teilnehmer dieser eucharistischen Versammlung und durch euch die ganze Diözese Lomza. Tragt meinen Gruß und Segen in eure Häuser, in eure Gruppen, in eure Pfarreien. Und vergeßt auch nicht die Seen, zumindest nicht den von Rajgród. Und schließlich möge es mir erlaubt sein, den

Gastgeber zu erwähnen, der alle diese Gäste, einschließlich mich, eingeladen hat: Bischof Juliusz sowie seine bischöflichen Mitarbeiter in Lomza sind Erben einer besonderen Tradition. Ich habe ihre Vorgänger in Erinnerung, die schon verstorben sind, aber in unserem Herzen leben. Bei der heiligen Messe habe ich sie erwähnt, denn die gleiche Gastlichkeit von Lomza war auch eine Eigenschaft von ihnen, war ihre Tugend, die sich die polnischen Bischöfe und Landsleute zunutze machten. Dieses Mal mußten sich die alten Wände des Hauses von Lomza noch weiten, und das bischöfliche Haus muß für so viele Gäste aus der ganzen Welt aufbieten, was es hat. Ganz zu schweigen davon, wie viele junge Priester aus Lomza zu Gast sind in verschiedenen Diözesen und Seminaren der ganzen Welt.

Und zum Schluß wende ich mich an dich, Muttergottes aus der Kathedrale von Lomza, die du heute gekrönt wurdest. Sei eine Mutter der schönen Liebe für uns alle, für die Eheleute und für die Jugendlichen. Du hilf uns, Antwort auf jene Fragen zu finden, die heute in der Predigt gestellt worden sind. Du forme unsere Herzen, damit wir wissen, welche Liebe wahrhaft ist und wie wir sie von scheinbarer Liebe unterscheiden. Damit wir in der Jugend oder in der Ehe nicht falschen Propheten erliegen, an denen kein Mangel ist, kein Mangel in der ganzen Welt, also kann man sich schwerlich wundern, daß es sie auch in Polen gibt. Im übrigen trägt jeder von uns in sich diesen falschen Propheten, der sich dreifache Begehrlichkeit nennt. Aber dies ist keine unbezwingliche Macht. Man muß nur von Jugend, von Kind an in die Augen dieser Mutter der schönen Liebe schauen, und sie wird uns die richtige Antwort auf die bisweilen sehr schwierige Frage lehren, wo man auch das Ringen mit sich selbst beginnen muß. Aber dies ist ein Ringen für einen großen, großen Wert, denn man darf im Leben die Liebe nicht verspielen. Man darf im Leben die wahre Liebe nicht verspielen. Man darf sie nicht gegen Wertloses eintauschen. Möge deshalb zu diesem Kriterium ganz einfach das werden, was jeder und jede von euch im Augenblick des Sakraments geloben soll: „Liebe, Treue, eheliche Aufrichtigkeit und daß ich dich nicht verlasse bis zum Tode." Das ist der Prüfstein. Laßt euch nicht von anderem Schein verführen.

Muttergottes von Lomza, Mutter der Kathedrale von Lomza, ich krönte heute dein Haupt mit dieser goldenen Krone. Ich krönte dich mit der Krone der schönen Liebe, und ich weihe dir diese ganze Frage der guten, reinen, edlen, wahrhaften Liebe der Polen. Wache du über ihnen, wache auf mütterliche Art, selbst wenn sie dir ausweichen, geh ihnen nach, führe sie auf die rechten Wege, lehre sie, wo die Wahrheit ist, damit alle falschen Propheten, an denen kein Mangel ist, an dir scheitern. Es scheiterten die Schweden, es werden andere scheitern. (Verzeiht, ich denke, hier ist vielleicht kein Schwede; aber ich dachte an die Schweden aus dem 17. Jahrhundert.)

Soweit dieser Zusatz. Und jetzt bleibt noch der letzte liturgische Akt, den ich mit euch teilen, den ich euch zuteilwerden lassen möchte, teure Brüder und Schwestern, die ihr in so zahlreicher eucharistischer Gemeinschaft hier versammelt seid, den Segen im Namen der Heiligsten Dreifaltigkeit.

Die Zukunftshoffnung nicht verlieren

Predigt in der Kirche zur Göttlichen Barmherzigkeit in Lomza am 4. Juni

Liebe Brüder und Schwestern!

1. „Der Samen ist das Wort Gottes", und der Sämann ist Christus (vgl. *Lk* 8,11). Durch die Mutter Christi, die in der Kathedralkirche von Lomza verehrt wird, danke ich der Heiligsten Dreifaltigkeit dafür, daß es mir vergönnt ist, heute hier in Lomza zu sein. In dieser großen Gemeinschaft des Volkes Gottes, in der Ackerbau treibende Bauern die Mehrheit bilden, hören wir Christi Gleichnis vom Sämann und von dem Korn, das auf den von Menschen bestellten Acker fällt.
Die heutige Begegnung erinnert mich an das große Treffen, das vor vier Jahren bei meiner vorhergehenden Pilgerreise in die Heimat auf den Wiesen von Tarnów stattfand, - im Zusammenhang mit der Seligsprechung Karolina Kózkas, einer Tochter des polnischen Landes.
Außerdem aber kommt mir der Aufenthalt in Lomza bei der Tausendjahrfeier der Taufe Polens im Jahre 1966 in Erinnerung. Noch immer habe ich die Gestalt Kardinal Stefan Wyszyńskis, des Primas von Polen, vor Augen, noch immer glaube ich die Worte in der Predigt des Primas zu hören, mit denen er an das Werk „Chlopy" (Die Bauern) des Schriftstellers Reymont anknüpfte, um an das große Geheimnis der bäuerlichen Seele zu rühren: die Liebe zur Erde.

2. Ihr, liebe Teilnehmer am heutigen Papstbesuch, Brüder und Schwestern, seid Erben jener Generationen, auf die sich der verstorbene Primas des Millenniums berief - er selber übrigens ein Sohn eures Gebietes, geboren in Zuzela am Bug. Und obwohl die Arbeit in der Landwirtschaft im Zusammenhang mit dem Fortschritt der Technik ihren alten Charakter etwas verändert hat, so bewahrt sie doch weiterhin ihre traditionellen wesentlichen Merkmale. Arbeitsstätte ist die Erde, die der Mensch bebaut, und die bearbeitete Erde offenbart sich in der Ernte in ihrer natürlichen Fruchtbarkeit. Diese Erde - die Arbeitsstätte des Landwirts - die Erde, die gebiert und ernährt, wird also in gewisser Weise Gleichnis der Mutter: Mutter Erde. Von keiner anderen Arbeitsstätte kann man so etwas sagen.
Und der Mensch, der diese Erde bestellt, fühlt sich zu Recht unmittelbar angesprochen und beauftragt durch diese uralten Worte, die der Schöpfer selbst zu den Stammeltern sprach: „Macht euch die Erde untertan" (vgl. *Gen* 1,28).
Ich wußte, liebe Brüder und Schwestern, um die Schwierigkeiten, die die polnischen Landgegenden ehemals hatten; ich habe verschiedentlich darüber gesprochen. Ich kenne auch, zumindest teilweise, die heutigen, neuen Probleme der Landwirtschaft. Ich weiß, daß der polnische Bauer fast wieder die Selbstsicherheit und die Zukunftshoffnung zu verlieren beginnt. Ich war erschüttert über euren Brief vom 8. Mai d. J., den ihr in den Vatikan gesandt habt. Ihr schreibt darin von einer gewissen Erschöpfung der Lebenskräfte unserer Nation, von Kummer und Sorgen eures Lebens, wozu eine um sich greifende Armut, schnelle Bereicherung der einen und

Aussichtslosigkeit für die anderen gehören. Aber es ist euch auch bewußt, daß sich in Polen ein großer Übergang vollzieht, und daß man die bisherigen Reformen retten muß, indem man ihnen in den folgenden Jahren eine neue Dimension gibt. „In der souveränen Republik", schreibt ihr, „bauen wir die gesellschaftliche Ordnung nach normalen demokratischen Prinzipien um. Wir bemühen uns, eine richtige wirtschaftliche Lösung zu erarbeiten."
Gott segne euch bei diesem edlen Bemühen. Ich suche euch nahe zu sein und eure Probleme Gott anzubefehlen.
Die Fragen der Landwirtschaft lassen sich natürlich nicht von den Reformen des ganzen Wirtschaftssystems loslösen, aber alle fühlen auch, daß dieses Gebiet, übrigens nicht nur in unserem Vaterland, besonderen Schutz, die Zusammenarbeit vieler Sektoren und die Solidarität aller Gruppen erfordert. Vor allem erfordert es, daß die freie Initiative der Bauern selbst gesichert wird. Wir alle wissen, wieviel schwierige Fragen zu lösen sind. Die Stimme des erfahrenen Bauern muß im Staat gehört und respektiert werden.

3. Das Gleichnis vom Sämann hat jedoch, so wie jedes andere Gleichnis im Evangelium Christi, seinen übertragenen, analogen Sinn: es spricht vom Himmelreich. So wie zur Geschichte dieses Landes die Arbeit der Menschen - der Säer und Pflüger - gehört, so gehört zur Geschichte des Menschen - der das ganze Land bewohnenden Menschen - das Wirken des Gotteswortes und seines Sämanns. Der Sämann ist Christus. Schon vor ihm gab es viele, die die göttliche Wahrheit aussäten: „Viele Male und auf vielerlei Weise hat Gott einst ... gesprochen durch die Propheten; in dieser Endzeit aber hat er ... gesprochen durch den Sohn" (*Hebr* 1,1-2). Er selbst - der Ewige Sohn - ist das dem Vater wesensgleiche Wort.
Das Evangelium des neuen und ewigen Bundes ist das Wort dieses Wortes. Die Erde wurde im Laufe von zweitausend Jahren mit diesem Wort schon weit und breit besät. Vor allem aber hat Christus selbst als das WORT diese Erde der menschlichen Geschichte mit der Erlösung durch das Blut seines Kreuzes fruchtbar gemacht. Und im Wort des Kreuzes dauert seine Saat an, die den Anfang gibt für „einen neuen Himmel und eine neue Erde" (vgl. *Offb* 21,1).
Alle, die Christi Wort aussäen, schöpfen die Kraft für ihren Dienst aus diesem unaussprechlichen Geheimnis, der - ein für allemal erfolgten - Verbindung des göttlichen Wortes mit der menschlichen Natur, ja in einem gewissen Sinn mit jedem Menschen, wie das letzte Konzil lehrt (vgl. *Gaudium et spes*, Nr. 22). Die Worte des Evangeliums fallen auf das Erdreich der menschlichen Seelen, aber vor allem wurde das Ewige Wort selbst, das durch den Heiligen Geist von einer jungfräulichen Mutter geboren wurde, zur Quelle des Lebens für die menschlichen Seelen.

4. Im Gleichnis des Evangeliums macht Christus besonders auf das Ackerland der menschlichen Seelen und der menschlichen Gewissen aufmerksam und er zeigt, was - je nach der Bodenbeschaffenheit - mit dem Wort Gottes geschieht. Wir hören also von dem Korn, das weggeweht und vom menschlichen Herzen nicht angenommen wurde, weil der Mensch dem Bösen nachgegeben und das Wort nicht begriffen hat.

Wir hören vom Korn, das auf felsigen Grund fiel, auf widerspenstigen Boden, und nicht Wurzeln treiben konnte, die erste Probe also nicht bestand. Wir hören vom Korn, das zwischen Disteln und Dornen fiel - und von ihnen erstickt wurde (diese Disteln und Dornen sind der Trug des Irdischen und des Wohlstands, der vergeht). Einzig das Korn, das auf fruchtbaren Boden fiel, bringt Frucht. Wer ist dieser fruchtbare Boden? Der das Wort hört und es begreift. Der es hört und begreift. Es genügt nicht, zu hören, man muß es mit Verstand und Herzen annehmen.
„Wer Ohren [zum Zuhören] hat, der höre" (*Mt* 13,9) ..., sagt der göttliche Sämann. Wir haben es alle gehört. Möge jeder von uns sich fragen: was für ein Boden bin ich? Was geschieht mit dem Saatgut der göttlichen Wahrheit in meinem Leben?

5. „Meister, was muß ich Gutes tun, um das ewige Leben zu gewinnen?", fragt der junge Mann im Evangelium, der den Worten Jesu lauscht (*Mt* 19,16). „Halte die Gebote" (*Mt* 19,17) - und Christus erinnert an den Dekalog des Alten Bundes, der Gottes Gesetz und Wegweisung für die menschliche Moral zu jeder Zeit und an jedem Ort ist. Meine diesjährige Pilgerreise durch Polen steht mit dem Dekalog in Verbindung.
Liebe Brüder und Schwestern! Seit Jahrhunderten dauert Gottes Saat in unserem Land fort, seit Generationen fällt die Wahrheit menschlicher und christlicher Moral auf den Boden der Seelen. Was für ein Boden ist das? Was geschah mit dem Saatgut des Evangeliums im Laufe der letzten Generationen? Fällt das Saatgut der Gebote auf fruchtbaren Boden? Oder ist es vielleicht ein widerspenstiger Boden, der das Wort der Wahrheit nicht annimmt? Der die Forderungen der Moral nicht annimmt, die Gott den Menschen stellt - und zugleich das menschliche Gewissen, das, wenn es gesund ist, selber zu Gottes Stimme wird, die im Menschen spricht?
Sind die grundlegenden Prinzipien der Moral nicht von dem Bösen, der sich unter verschiedenen Gestalten verbirgt, aus unserem Erdreich „ausgerissen" worden? Wurden sie nicht „aufgepickt" von den schreienden Raubvögeln einer vielgestaltigen Propaganda, von Publikationen, Schauspielen, Programmen, die mit unserer menschlichen Schwäche ihr Spiel treiben?
Was geschah mit dem Gebot „Du sollst nicht die Ehe brechen" in unserem polnischen Leben? Liegt den Eheleuten wirklich daran, daß ihre Kinder von reinen Eltern geboren werden? Tragen wir das Gefühl in uns, daß der menschliche Körper zur Auferstehung berufen ist und daß wir für die Bewahrung seiner Würde Sorge tragen müssen? Verstehen wir uns bewußt zu machen, daß menschliche Sexualität der Beweis eines geradezu unerhörten Vertrauens ist, das Gott dem Menschen erweist, dem Mann und der Frau, und versuchen wir, dieses göttliche Vertrauen nicht zu enttäuschen? Denken wir daran, daß jeder Mensch eine Person ist und daß man einen anderen Menschen nicht in die Rolle eines Objektes erniedrigen darf, das man gierig anschauen kann oder das man einfach benutzt? Bauen die Verlobten an ihrer zukünftigen ehelichen Einheit so, wie man das tun sollte, das heißt, indem sie damit beginnen, eine Einheit des Geistes zu errichten? Arbeiten die Eheleute an der Vertiefung ihrer ehelichen Einheit - trotz der ganzen Mühe, ja auch der objektiven Schwierigkeiten, die das Leben mit sich bringt, trotz der verschiedenen Schwächen,

mit denen beide belastet sind? Denken sie daran, daß Christus im Augenblick ihrer Trauung vor dem Altar sich selbst verpflichtete, immer mit ihnen zu sein, ihr Zeuge und ihre Kraft zu sein? Liegt den Eheleuten wirklich daran, daß diese göttliche Gegenwart Christi ihr Ehe- und Familienleben erfüllt? Diese Frage stelle ich vor Gott, ich stelle sie allen katholischen Familien, allen Eheleuten, allen Eltern in ganz Polen!

6. Der Sämann aus dem Evangelium ist zugleich Hirte. Er ist der Gute Hirte. In ihrer Hirtensorge um den Menschen konzentriert sich die Kirche besonders auf die Arbeitsprobleme von Bauern. Einen Ausdruck dieser Sorge finden wir z. B. in der Enzyklika *Mater et Magistra* von Johannes XXIII., der selbst Bauernsohn aus einer großen Familie war. Die Kirche setzt zugleich auf die gesunden moralischen Traditionen der in der Landwirtschaft arbeitenden, mit der Scholle verbundenen Menschen - die dadurch dem Schöpfer näher sind. Die sensibel sind für sein Gesetz, für den Dekalog und das Evangelium Christi.

Christus, der Gute Hirt, tritt zwischen Mann und Frau in diesem großen Sakrament, durch das sie Ehemann und Ehefrau und dann Eltern ihrer Kinder werden: Vater und Mutter.

Der lehrt: „Du sollst nicht die Ehe brechen", ist der Gute Hirt: der Hirte der menschlichen Liebe, die er schön, dauerhaft, treu und unzerreißbar machen will. Wenn ihr einander gelobt, „daß ich dich nicht verlasse bis zum Tode", dann wird er, der Gute Hirt, im Sakrament zum höchsten Bürgen dieser eurer Gelübde. Das Sakrament ist die Quelle moralischer Kraft für den Menschen, für den Mann und die Frau, damit beide ihren Gelübden gerecht werden. Damit sie Schwächen und Versuchungen überwinden. Damit sie sich von keiner Mode verführen lassen. Man muß nur ausdauernd mit der Gnade des Ehesakraments zusammenwirken. Man muß diese ständig erneuern!

Möge sich unsere ganze Generation frei machen von jener Illusion der Freiheit, der freien Liebe, die die Wahrheit von Ehebruch und Zügellosigkeit zu verschleiern versucht. Zu teuer wird dieser Trug bezahlt. Zu viele Kinder gibt es, die das Vertrauen zu den Eltern verlieren müssen - und so entzieht man ihnen diesen unerläßlichen Boden, auf dem sie selbst ihre Zukunft und die Zukunft der Gesellschaft bauen sollen. Und jenes gesunde Gewebe zwischenmenschlichen Umgangs und zwischenmenschlicher Beziehungen wird zerstört.

Guter Hirte! Was sollen wir tun, damit dieser durch Jahre hindurch anwachsende Prozeß gehemmt und umgekehrt werde? Was sollen wir tun, damit die Stimme des göttlichen Gebotes und die Stimme des christlichen Gewissens nicht weiter erstickt, nicht herausgerissen, nicht von Raubvögeln aufgepickt werden? Was sollen wir tun, damit diese Stimme auf günstigen Boden fällt?

Was sollen wir tun? Mutter aus Kana in Galiläa, du, die wir dich heute in deinem Bild aus der Kathedrale von Lomza krönen sollen, du sagtest: „Was er euch sagt, mein Sohn, der Sämann und Hirte, das tut!" (vgl. *Joh* 2,5).

Mutter Christi! Unsere Mutter! Unermüdlich wiederhole uns diese deine Worte aus Kana: „Das tut!"

Ja. Er allein „hat Worte des ewigen Lebens" (vgl. *Joh* 6,68). Amen.

Mit Litauen ist die Kirche und der Papst

Ansprache bei der Begegnung mit Litauern in der Kathedrale in Lomza am 5. Juni

Lieber Herr Kardinal!
Liebe Brüder im Bischofsamt!
Liebe Brüder und Schwestern! Geliebte Litauer!

1. Ich hatte den innigen Wunsch, euch bei meinem Aufenthalt in Lomza zu begegnen, deshalb möchte ich zu Beginn meine große Freude darüber ausdrücken, daß es zu diesem Gebetstreffen hier gekommen ist, in der Kathedrale der Diözese Lomza, die ihr mitgestaltet, da ihr in diesem Gebiet lebt, betet und für euren Glauben Zeugnis gebt. Ich grüße und begrüße euch alle herzlich. Gemeinsam mit euch freue ich mich über die Anwesenheit von Vertretern der Litauischen Bischofskonferenz sowie aller Gäste, die auf Einladung des Bischofs von Lomza gekommen sind.
In dieser Stunde geht mein Gedanke zu den schönen Flecken des Gebietes von Sejny und Suwalki, wo eure litauische Gemeinschaft geschlossen lebt. Ich erinnere mich an die herrliche Basilika in Sejny, an der ihr so sehr hängt und wo es mir vor Jahren vergönnt war, zusammen mit dem Primas von Polen, Kardinal Stefan Wyszyński, die Statue der Muttergottes von Sejny zu krönen.
Ihr lebt hier im Gebiet eurer Väter, verbunden durch die Gemeinschaft der litauischen Sprache, um die Bischof Antanas Baranauskas, dessen Grab sich in der Basilika von Sejny befindet, so große Verdienste hat. Euch eint und verbindet die Sorge um den Glauben, um die Kultur und die Bewahrung der heimatlichen Sitten in euren Familien und Pfarrgemeinschaften. Auf diese Weise wird die ganze Gesellschaft bereichert, also auch Polen, dessen Staatsbürger ihr seid. Eine solche Haltung hatte ich im Sinn, als ich in der Enzyklika *Redemptoris missio* schrieb: „Der Christ und die christliche Gemeinde sind tief verwurzelt im Leben der jeweiligen Völker; sie sind Zeugen des Evangeliums auch in der Treue zu ihrer Heimat, zu ihrem Volk, zur Kultur ihres Landes, immer jedoch in der Freiheit, die Christus gebracht hat. Das Christentum ist offen für eine weltweite Brüderlichkeit, weil alle Menschen Söhne und Töchter desselben Vaters und Geschwister in Christus sind" (*vgl.* Nr. 43).
Eine deutliche Bestätigung eurer Fürsorge für die Pflege und Festigung der litauischen Sprache und Kultur ist das Allgemeinbildende Gymnasium in Puńsk. Nur auf diesem Wege, durch Bildung der Jugend, werdet ihr die Zukunft und Beständigkeit eurer litauischen Identität sichern. Im Leben eurer Gemeinschaft sollt ihr euch darum bemühen, die Hinweise, die die Kirche euch in Liebe gibt, voll zu verwirklichen.

2. Christus, der Herr, der in das hohepriesterliche Gebet alle einschließt, die glauben werden, betete auch für euch, daß in dem weiten Panorama der Welt - der Nationen, Völker und Sprachen - eure Nation den ihr gebührenden Platz findet: „Alle sollen eins sein ... damit die Welt glaubt" (*Joh* 17,21). Die Kirche vereint nach dem Willen Christi alle Nationen und bringt die Sorge um deren geistiges Wohl in mannigfal-

tiger Weise zum Ausdruck. Der priesterliche Dienst eurer Seelsorger stützt eure berechtigten nationalen Wünsche und festigt euer Bewußtsein und eure Identität. Deshalb ist die Frage der Priesterberufe, die aus litauischen Familien mit echt christlichem Geist kommen, etwas so Wichtiges. Begreift gut, wie groß der Bedarf an litauischen Priestern ist: für euch und nicht nur für euch.
Liebe litauische Brüder und Schwestern! Väter und Mütter! Die Frage der Priester- und Ordensberufe sei Gegenstand eures Gebets und eine Frucht eures tiefen Glaubens. Der Papst legt euch das heute ans Herz!

3. Die Begegnung mit der litauischen Gemeinschaft in der Kirche von Lomza hat - außer den erwähnten Inhalten - noch weitere und umfassendere Bezüge. Die Begegnung mit euch öffnet unser Denken und erweitert unser Herz für die ganze litauische Nation, die so nahe ist, grenzt sie doch in der Diözese Lomza gerade an Polen. Können wir das in diesem Augenblick außer acht lassen? Dringt nicht in der Stunde dieser besonderen Begegnung das Echo des Glaubens und der Hoffnung dieser Nation zu uns über die Grenze, der litauischen Nation, die mir so nahe und teuer ist?
Mit besonderer Bewegung erinnere ich mich an den denkwürdigen Tag des 28. Juni 1987, an dem die Kirche in Litauen - in Wilna - und die Weltkirche in Rom - in der Peterskirche - den 600. Jahrestag der Taufe Litauens feierte. Damals sagte ich in Gegenwart von Repräsentanten der Bischöfe Europas Worte, die nicht an Aktualität verloren haben, vielmehr bringen sie vor dem Hintergrund der Erfahrungen der letzten Jahre und Monate noch vollkommener meine Gefühle für euch und für das geliebte Litauen zum Ausdruck:
„Unsere teuren Brüder und Schwestern aus Litauen! ... Mit sehnsuchtsvollem Herzen bin ich bei euch. Seit langem möchte ich unter euch sein. Täglich suche ich euer Vaterland im Gebet auf. In diesem Gebet und in dieser Erinnerung und in diesem Denken an euch verbindet sich mit mir die ganze Kirche. Besonders die Kirche auf dem europäischen Kontinent fühlt sich lebendig mit euch verbunden, geliebte Brüder und Schwestern, die ihr durch eure geographische Lage, durch eure ganze Geschichte zur großen Familie der christlichen Nationen auf diesem Kontinent gehört."
Ich erinnere heute an diesen außergewöhnlichen Festtag der katholischen Nation, den 600. Jahrestag der Taufe Litauens, weil er den Völkern Europas und der Welt das reiche Erbe christlichen Glaubens näher brachte, das über Jahrhunderte in Litauen starke Wurzeln geschlagen hat, tief in die Seele der Nation eingedrungen ist und zur Inspiration für Sitten, Spiritualität, Kultur und Zivilisation dieser Ostseebastion der Kirche wurde.

4. Litauen! Heimat der Heiligen, der Märtyrer und Helden! Litauen, Land Mariens! - wie sich der Apostolische Visitator, der spätere Papst Pius XI., einst mit Bewunderung ausdrückte.
Du Litauen des heiligen Kasimir aus der Dynastie der Jagiellonen, des Zeugen der Geschichte Litauens, der so sehr mit Polens Geschichte verbunden war, der im Königsschloß auf dem Wawel auf die Welt kam und nach seinem - menschlich gesehen - vorzeitigen Tod nach Wilna zurückkehrte, von wo einst sein litauischer Vor-

fahr Jagiello (Jogaila) zum Wawel aufgebrochen war (vgl. *Generalaudienz*, 4.7.1990). Dieser Heilige ist als Patron Litauens das besondere Symbol und Zeichen der Einheit der Litauer über die Jahrhunderte hin, insbesondere in den schwierigen Prüfungen der Geschichte.
Die Gestalt des heiligen Kasimir, den gemeinsam mit ihren litauischen Brüdern die Polen ebenfalls als ihren Patron verehren, erhellt die gemeinsame geschichtliche Vergangenheit beider miteinander benachbarter Nationen. Es wirft einen Hoffnungsstrahl auf die Zukunft für ein harmonisches, fruchtbares Zusammenleben und für Zusammenarbeit auf allen Gebieten nationaler Existenz, stets in Achtung vor den allgemein anerkannten Prinzipien der internationalen Ordnung, was einem dauerhaften Frieden in diesem Teil Europas dienen wird.
Du Litauen des seligen Erzbischofs Jurgis Matulaitis, Gründer und Reformator von Ordensgemeinschaften, von großer Liebe zur Immakulata erfüllt, unermüdlicher und unerschrockener Hirte der Kirche von Wilna!

In litauischer Sprache sagte der Papst:

Litauen! Ich höre deine Stimme. Die Stimme einer Nation, die im Baltikum lebt und über alle Kontinente verstreut ist. Und ich antworte von hier, aus so großer Nähe. Ich hoffe, daß die Begegnung mit den Litauern in Lomza den Tag näherkommen läßt, an dem Litauen sich auf dem Pilgerweg des Papstes befinden wird.
Von der Kathedrale in Lomza aus empfehle ich die Sache meiner Pilgerfahrt nach Litauen jener, deren Bild im Heiligtum der Pforte der Morgenröte erstrahlt und die für uns alle, für euch Litauer und für den Papst, die leuchtende Morgenröte der Hoffnung ist. Mit diesem Anliegen begebe ich mich im Geist zusammen mit euch an das Grab des hl. Kasimir in der Kathedrale von Wilna und an das Grab des sel. Erzbischofs Jurgis Matulaitis-Matulewicz in der Kirche von Mariampol.

Zur polnischen Sprache zurückkehrend fuhr der Papst fort:

Ich kann noch nicht so gut sprechen wie Kardinal Sladkevičius; ich muß noch lernen. So ist diese erste Etappe in Lomza ganz gut, ehe ich nach Litauen komme.

5. Zu euch und euren Brüdern von der Memel, von der Wilija und von der Ostsee und von überall, wo das litauische Herz schlägt, sage ich: Man muß beten, man muß vertrauen und ausharren in der Einheit des Glaubens und der Liebe. Von der „Pforte der Morgenröte" aus, die ein Symbol für den unzerstörbaren Geist einer Nation ist, denn sie steht unerschütterlich in der veränderlichen, oft so schmerzvollen und dramatischen Geschichte, ist die Mutter der Barmherzigkeit Zuflucht und geistige Stütze nicht nur der Litauer, sondern auch benachbarter Nationen, Zeichen der Hoffnung für ein Volk, das die Heilsbotschaft erkennt, die von diesem Heiligtum ausgeht: eine Botschaft der Liebe, des Friedens, der Gerechtigkeit und der Freiheit (vgl. *Angelus*, 28.6.1987).
Im Geiste des hohepriesterlichen Gebets Christi, das eine Frohbotschaft der Versöhnung, des Friedens und der Liebe ausdrückt: „So sollen sie vollendet sein in der

Einheit, damit die Welt erkennt, daß du mich gesandt hast und die Meinen ebenso geliebt hast wie mich" (*Joh* 17,23), wünsche ich euch, litauische Brüdern und Schwestern, die erwünschten Früchte der einigenden Liebe eurer glaubenden Herzen im Leben eurer Gemeinschaft und im Leben der litauischen Nation.
Geliebte Litauer! Mit euch ist Christus! Mit euch ist Maria, die Mutter der Barmherzigkeit! Mit euch ist die Kirche! Mit euch ist auch der Papst!
Euch allen hier Anwesenden, euren Familien, Pfarreien, Gruppen und allen, die mit uns in geistiger Einheit verharren, erteile ich von ganzem Herzen den Segen.

Arme und selbstlose Priester werden gebraucht

Ansprache bei der Einweihung des neuen Priesterseminars in Lomza am 5. Juni

1. „Wir sind Gottes Mitarbeiter" (*1 Kor* 3,9).
Die Worte des Völkerapostels, die wir gestern in der Liturgie hörten, sollten heute bei der Weihe des neuen Teils des Seminargebäudes in Lomza in Erinnerung gerufen werden. Auch das gestrige Evangelium, das Gleichnis vom Sämann, wollen wir heute noch einmal betrachten. Schon der lateinische Ausdruck „seminarium" spricht vom Säen. Voll und ganz begreifen wir diese - in der Sprache der kirchlichen Tradition - klassische Bezeichnung, wenn wir dem Gedanken des hl. Paulus folgen, der an die Korinther einerseits über die „Mitarbeiter Gottes" schreibt, andererseits die Adressaten seines Briefes „Gottes Ackerfeld, Gottes Bau" (*1 Kor* 3,9) nennt. Das Säen und das Bauen: Diese beiden Bilder verbinden sich im paulinischen Text.
Gleichzeitig unterstreicht der Apostel, daß „Gottes Mitarbeiter" „Diener" sind: jene Diener, durch die die Korinther zum Glauben gekommen sind: „Jeder, wie der Herr es ihm gegeben hat" (*1 Kor* 3,5). Also ist Er, der Herr, der Urheber des Heils. Die Menschen, Paulus oder Apollos, sind Diener, die nach ihren menschlichen Möglichkeiten, vor allem aber gestützt auf die Gnade des Herrn, an Gottes Werk mitarbeiten, helfen. Der Apostel schreibt: „Ich habe gepflanzt, Apollos hat begossen, Gott aber ließ wachsen" (*1 Kor* 3,6). Und er fügt hinzu: „So ist weder der etwas, der pflanzt, noch der, der begießt, sondern nur Gott, der wachsen läßt" (*1 Kor* 3,7).

2. Der Bau des Seminars von Lomza (seines neuen Teils) ist schon beendet, aber der ganze Sinn der Existenz dieses Gebäudes wird davon abhängen, ob in seinen Bewohnern sich ein geistiges Bauen vollziehen wird. Dieses Bauen muß hier unaufhörlich andauern. Ihr seid ja deshalb hier, liebe Alumnen, damit euch der Heilige Geist zu „Gottes Mitarbeitern" formt für die Verbreitung von Christi Heilswerk über die ganze Welt.
Wie ihr wißt, war die letzte Bischofssynode der Priesterausbildung gewidmet. In meinen Sonntagsbetrachtungen während der Vorbereitungen auf diese Synode machte ich unter anderem darauf aufmerksam, daß der Ort des Priesters in der Kirche durch seine Berufung zum Dienst an der Eucharistie bezeichnet ist: „Ohne Priester kann es kein eucharistisches Opfer geben ... Die Priesteramtskandidaten

sollen zur inneren Haltung erzogen werden, die die Eucharistie fördert: zum Dank für die von oben empfangenen Wohltaten, denn Eucharistie bedeutet Danksagung; zur Hingabe, die sie drängt, das eigene persönliche Opfer mit dem eucharistischen Opfer Christi zu vereinen; zur Nächstenliebe, die von einem Sakrament genährt wird, das Zeichen der Einheit und der Mitbeteiligung ist; zu dem Wunsch nach Betrachtung und Anbetung des unter den eucharistischen Gestalten wirklich gegenwärtigen Christus" (*Angelus*, 1.7.1990).
Auf einen charakteristischen Zug dieser Opferhaltung, die sich aus unserer Liebe zur Eucharistie ergeben muß, möchte ich besonders aufmerksam machen. Ich meine die angemessene Einstellung zu den materiellen Dingen. Die heutige Zeit verlangt wie keine andere opferwillige, wahrhaft arme und selbstlose Priester. Im gleichen Zyklus der Betrachtungen zum „Angelus" sagte ich diesbezüglich eine Woche später: „Die im Seminar erhaltene Formung soll die jungen Männer zur Annahme jener Armut befähigen, die Christus selbst geübt und die er seinen Jüngern empfohlen hat ... Der Verzicht auf das Streben nach materiellen Reichtümern wird es ihnen ermöglichen, Zeugen des geistigen Reiches zu sein. Er gibt ihnen den Geschmack der Einfachheit der Lebensweise und schützt sie vor jeder Versuchung zum Luxus oder übermäßigem Komfort. Dies ist ein wichtiges Zeugnis in einer Welt, die oft von Interessenkämpfen und Konflikten finanzieller Ordnung beherrscht wird." Ich möchte hinzufügen, daß ein solches Zeugnis heute besonders für Polen nötig ist. „Der Priester hat die Sendung, zu zeigen, daß die menschliche Bestimmung nicht darin besteht, irdische Güter anzuhäufen, denn es gibt andere, viel höhere Werte, die es verdienen, daß man ihnen mit Beharrlichkeit nachgeht, das heißt jene, die den Menschen erheben und zur Lebensgemeinschaft mit Gott führen. Die Priesterausbildung zielt auch dahin, in den Seminaristen den Wunsch zu fördern, den Armen zu helfen und ihnen die Frohbotschaft zu verkünden, nach dem Vorbild und der Lehre Christi. Sie spornt sie zu einer Haltung der Zuneigung und Vorliebe für die Ärmsten an" (*Angelus*, 8.7.1990).

3. Mit großer Freude weihe ich das Seminargebäude in Lomza. Denkt aber daran, teure Obere, Professoren und ihr liebe Seminaristen, die tatsächliche Weihe wird sich in diesem Hause tagtäglich vollziehen - durch euren täglichen guten Dienst für Gott, dadurch, daß ihr in euch einen wirklichen eucharistischen Geist pflegt, von dem ihr als künftige Diener des Wortes und der Eucharistie sowie als Hirten des Volkes Gottes unbedingt erfüllt sein müßt.
Die Notwendigkeit zum Ausbau dieses Seminars ist ein sehr beredtes Zeichen für das Wachstum der geistigen Gemeinschaft der Kirche von Lomza. Sie ist ein gutes Zeichen. Und die Priesterberufe sind ein besonderer Prüfstein für die Vitalität der Kirche. Andererseits muß der wachsenden Zahl von Berufen eine Tiefe des spirituellen Lebens entsprechen. Man muß dieser Kirche wünschen und dafür beten, daß dieses Haus nie veröde, daß die Zahl der Berufe wachse, so daß der Kirche von Lomza ausreichend Priester nicht nur für die örtlichen Erfordernisse zur Verfügung stehen, sondern daß sie ihre Missionare in reicher Zahl in andere Länder entsenden kann, „bis an die Grenzen der Erde" (*Apg* 1,8).

4. Heute danken wir Gott für dieses Haus. Durch die Bemühungen von Bischof Juliusz und all denen, die ihm halfen, konnte es erstehen. Hinter diesem Bau steht auch eine bewundernswerte Opferwilligkeit der Gläubigen und Priester in der Diözese Lomza, doch auch eurer Freunde aus verschiedenen Ländern Europas und der Welt. Einige sind heute hier anwesend: Ich begrüße sie herzlich und teile ihre Freude über ihre Mitbeteiligung an diesem schönen Werk. Vergelt's Gott!.
Vor allem laßt uns jedoch jenem danken, der allein „wachsen läßt", für das geistige Bauen, das sich in den Bewohnern dieses Gebäudes vollzieht. Möge dieses ganze Werk, das wir heute Gott weihen, wachsen - jetzt und in den zukünftigen Generationen - in der Kraft Seines Geistes und unter dem behütenden Blick der Mutter der Kirche von Lomza.

Die Krise in Polen ist nicht nur ökonomischer Natur

Predigt bei der Seligsprechung von Mutter Boleslawa Lament in Bialystok am 5. Juni

1. „Sei gegrüßt, du Königin, Mutter der Barmherzigkeit!"
Die Stadt Bialystok liegt fast 200 Kilometer vom „Tor der Morgenröte", dem Marienheiligtum in Wilna, entfernt. Dennoch lebt das Gottesvolk eurer Kirche, die bischöfliche Kathedrale, durch die „Pforte der Morgenröte". Sie lebt in deren Tradition, in deren Geheimnis. Das Geheimnis der Mutter der Barmherzigkeit hat sich in die Geschichte der Menschen und Völker hineingeschrieben. In wie vielen Sprachen wenden sich Menschenmund und Menschenherz an die Mutter der Barmherzigkeit in „Ostra Brama"! In wie vielen Sprachen werden die Worte des Engelsgrußes bei der Verkündigung wiederholt?
„Sei gegrüßt, du Begnadete, der Herr ist mit dir. [Du bist gebenedeit unter den Frauen] ..., denn du hast bei Gott Gnade gefunden. Du wirst ein Kind empfangen, einen Sohn wirst du gebären: dem sollst du den Namen Jesus geben" (*Lk* 1,28.30-31).
„Gesegnet ist die Frucht deines Leibes, Jesus" (vgl. *Lk* 1,42).
Menschenmund und Menschenherz sprechen diese Worte auf polnisch, auf litauisch, auf weißruthenisch, auf russisch, auf ukrainisch ... Und in wie vielen anderen Sprachen noch? Der Mensch wird zum Zeugen für die göttliche Botschaft, die für den Bund Gottes mit der Menschheit einen neuen Raum eröffnet hat. Einen neuen Raum für die Beziehung zwischen Gott und dem Menschen: der Beziehung im göttlichen Sohn, der Mensch geworden und durch den Heiligen Geist aus Maria der Jungfrau geboren ist.
Sei gegrüßt ... Mutter der Barmherzigkeit.
Sei gegrüßt ... du Sitz der Weisheit.

2. Die Liturgie des Festes von der „Pforte der Morgenröte" verbindet die Verkündigung des Engels mit den Worten der Ewigen Weisheit. Die Weisheit Gottes erzählt

das Geheimnis der Schöpfung. Sie erzählt es anders als das Buch Genesis. Die Weisheit ist älter als das ganze geschaffene Universum. Das Universum war zuvor in ihr: in Gottes Weisheit. Es war im Ewigen Wort, das wesensgleich ist mit dem Vater. Über dieses Wort sagt der letzte Evangelist: „Alles ist durch das Wort geworden, und ohne das Wort wurde nichts, was geworden ist ... Im Anfang war es bei Gott ... und das Wort war Gott" (*Joh* 1,3.2.1).

Doch jener, der im Alten Testament über die Weisheit schreibt, kennt noch nicht das trinitarische Geheimnis Gottes: des Vaters, des Sohnes und des Heiligen Geistes. Dieses Geheimnis wird zum ersten Mal bei der Verkündigung ausgesprochen. Das Buch des Alten Bundes verkündet dagegen die Weisheit Gottes als Anfang und Quelle für den Reichtum und die Ordnung der ganzen Schöpfung und aller Geschöpfe. Gerade in diesem Reichtum und dieser Ordnung läßt sich Gott, der alles geschaffen hat, erkennen und finden.

Diese Wahrheit ist dem menschlichen Geist nicht fremd, auch nicht dem Menschengeist unserer Zeit, die sich mit ihren Methoden auf die Geheimnisse des Universums konzentriert. Viele - und zwar die hervorragendsten Geister - geben dieser Wahrheit in der Sprache ihres wissenschaftlichen Faches Ausdruck. Der heutige Mensch kann, wie man sieht, immer von neuem die Wahrheit über die Ewige Weisheit ablesen, wie sie sich im Schöpfungswerk ausdrückt.

3. Zum Menschen gewandt, spricht die göttliche Weisheit: „Nun, ihr Söhne, hört auf mich! Wohl dem, der auf meine Wege achtet. Hört die Mahnung, und werdet weise, lehnt sie nicht ab! Wohl dem, der auf mich hört, der Tag für Tag an meinen Toren wacht und meine Türpfosten hütet. Wer mich findet, findet Leben und erlangt das Gefallen des Herrn" (*Spr* 8,32-35).

Wir sehen, daß der Text der Liturgie zuvor von den Geschöpfen gesprochen hat, jetzt aber zum Geschöpf spricht: zu jenem Geschöpf, das der Mensch, der Sohn des Menschen ist. Der Mensch ist von Beginn an Gesprächspartner Gottes - er ist das geschaffene „Du", an das sich das göttliche „Ich" wendet. Er ist Gesprächspartner Gottes, denn er wurde nach Gottes Bild und Gleichnis geschaffen. Gottes Weisheit hat sich, indem sie diese Wahrheit über das Wesen des Menschen bestätigt, gleichzeitig in die Menschheit als ewiges Gesetz hineingeschrieben. Dieses Gesetz ist Ausdruck der Sorge Gottes um die „Wege" des Menschen, um die „Wege" der menschlichen Moral. „Wohl dem, der auf meine Wege achtet", sagt die Ewige Weisheit: „Wer mich findet, findet Leben und erlangt das Gefallen des Herrn." Das Gesetz der Ewigen Weisheit, eingeschrieben ins Herz des Menschen, läßt ihn an der Ordnung der ganzen Schöpfung teilhaben, vor allem aber in würdiger Weise, in Freiheit und Gerechtigkeit die gegenseitigen Beziehungen von Personen, Gemeinschaften und Völkern auf Erden gestalten.

Die Moral ist der gebührende Maßstab für das Menschsein. In ihr und durch sie verwirklicht der Mensch sich, wenn er gut handelt; wenn er schlecht handelt, zerstört er die Ordnung der Weisheit in sich selbst, aber auch im zwischenmenschlichen und gesellschaftlichen Bereich seines Seins.

Bei dieser heiligen Messe gebührt ein ganz besonderes Gedenken einer von jenen glücklichen Personen, die auf die Wege der Ewigen Weisheit achteten und deshalb das Leben und das Gefallen des Herrn fanden. Vor 45 Jahren starb hier, in Bialystok, die Dienerin Gottes, Boleslawa Lament, die Gründerin der Missionsschwestern von der Heiligen Familie; heute wurde sie zu einer Seligen der Kirche erklärt. Gott hat diese Tochter der Stadt Lowicz berufen, katholische Pflege- und Erziehungseinrichtungen sowie andere Zentren geistiger Betreuung zu gründen: im fernen Petersburg, in Mohylew, in Zytomierz und - nach dem Ersten Weltkrieg - vor allem im Gebiet von Pińsk, Bialystok und Wilna. Sie schuf ihr Werk unter ständigen Widrigkeiten; zweimal mußte sie den Verlust aller Güter der von ihr gegründeten Gemeinschaft erleben, des öfteren war es ihr und ihren Mitschwestern bestimmt, in Hunger und ohne eigene Behausung zu arbeiten. Dann pflegte sie sich aus der bekannten Losung der ignatianischen Spiritualität zu stärken: „Alles zur größeren Ehre Gottes." Die letzten fünf Jahre ihres Lebens verbrachte sie gelähmt - mit großer Geduld und tief ins Gebet versunken.

Ihr Leben lang zeichnete sie sich durch besonderes Mitempfinden mit menschlicher Not aus, besonders nahm sie sich das Schicksal der sozial Benachteiligten zu Herzen, der Menschen, die an den sogenannten Rand des Lebens gedrängt waren oder sogar in die Welt des Verbrechens.

In tiefem Verantwortungsgefühl für die ganze Kirche durchlebte Boleslawa schmerzhaft den Riß durch die Einheit der Kirche. Sie selbst machte Erfahrungen mit vielfältigen Trennungslinien, ja sogar mit nationalem und konfessionellem Haß, noch verstärkt durch die damaligen politischen Verhältnisse. Eben deshalb wurde die Einheit der Kirche zu einem Hauptziel ihres Lebens und der von ihr gegründeten Gemeinschaft, jene Einheit, um die Christus am Gründonnerstag im Abendmahlssaal betete: „Heiliger Vater, bewahre sie in deinem Namen, den du mir gegeben hast, damit sie eins sind wie wir" (*Joh* 17,11). Mutter Lament diente der Einigung besonders dort, wo sich die Trennung mit besonderer Schärfe abzeichnete. Sie unterließ nichts, um den Glauben zu stärken und die Liebe zu Gott zu entflammen, um zur gegenseitigen Annäherung von Katholiken und Orthodoxen beizutragen: „Damit wir alle", wie sie sagte, „einander lieben und eins seien." Die Tätigkeit für die Einheit der Kirche, vor allem in den Ostgebieten, betrachtete sie als besondere Gnade der göttlichen Vorsehung. Lange vor dem II. Vatikanischen Konzil wurde sie zu einer Inspiratorin des Ökumenismus durch die Liebe im täglichen Leben.

Das Volk Gottes in Polen und die Menschen in den Gebieten ihres Apostolats werden sich von nun an im liturgischen Gebet der Kirche auf ihre Fürsprache berufen und ihrem Leben ein Modell zur Nachahmung entnehmen können.

4. Meine diesjährige Pilgerreise durch das Vaterland ist mit dem Programm des Dekalogs verknüpft. In diesen zehn Geboten, die der Gott des Alten Bundes seinem Volk durch Mose übermittelte, ist ein unerhörter Reichtum enthalten: eine durch nichts zu ersetzende Synthese der Heilsweisheit. Jedes Gebot verlangt, gründlich durchdacht zu werden. Es muß nicht hinzugefügt werden, daß der geschichtliche Augenblick, an dem sich unsere Gesellschaft befindet, dies in besonderer Weise

verlangt. Denn wenn die vergangene Periode für die Gesellschaft eine tiefgreifende ökonomische Krise hinterlassen hat, so geht mit dieser auch eine nicht weniger spürbare ethische Krise einher. Mehr noch: Diese zweite Krise bedingt in bedeutendem Maße die erste. Das betrifft unterschiedliche Gebiete des menschlichen Lebens. Das betrifft in besonderer Weise jenes Gebiet, auf das sich das 7. Gebot im Dekalog bezieht.

Wenn wir hören „Du sollst nicht stehlen", dann begreifen wir, daß es moralisch böse ist, sich fremdes Eigentum anzueignen. Diese schlichte und klare Aussage des Dekalogs ist zugleich dem moralischen Bewußtsein, das heißt dem Gewissen des Menschen eingeprägt. Das 7. Gebot stellt das Recht der menschlichen Person heraus, Dinge als Güter zu besitzen. Es geht jedoch vor allem um Personen, um Sachen, aber der Personen wegen. Denn der Mensch braucht die Dinge als Mittel zum Leben. Deshalb erhielt der Mensch vom Schöpfer die Gewalt über die Dinge: „Macht euch die Erde untertan" (vgl. *Gen* 1,28): Er soll sich ihrer in menschlicher Weise bedienen. Er hat die Fähigkeit, sie nach den eigenen Bedürfnissen umzugestalten, zu verarbeiten. Er hat also auch das Recht, sie zum Zwecke der Verarbeitung zu besitzen. Materielle Güter dienen nicht nur dem Gebrauch, sondern auch der Schaffung neuer Güter. Der Mensch hat ein Recht darauf, ja sogar eine moralische Pflicht, neue Güter für sich und für andere in der Weise zu schaffen, daß die ganze Gesellschaft wohlhabender wird - daß sie in einer Weise existieren kann, die des Menschen würdiger ist.

5. Das sind nur elementare Feststellungen. Doch verlangt das mehr oder weniger unmittelbar mit dem 7. Gebot des Dekalogs zusammenhängende Problem, daß man es gründlich unter dem Gesichtspunkt angeht, wie man aus der Krise herauskommt, die nicht nur ökonomischer, sondern auch ethischer Natur ist. Dies ist eine große Aufgabe für die ganze Generation von heute. Vor hundert Jahren erschien die erste sogenannte „Sozialenzyklika" von Papst Leo XIII. *Rerum novarum*. Nach hundert Jahren wurde sie erneut zum Thema, denn die darin angeschnittenen Probleme der Arbeit, des Eigentums, des Rechts auf den Besitz von Produktionsmitteln in Beziehung zum allgemeinen Recht auf die Nutzung von Gütern, die der Schöpfer allen Menschen geschenkt hat, - das sind Fragen, die grundlegend sind für das Leben und die Moral nicht nur der einzelnen Menschen und Gemeinschaften, besonders der Familien, sondern auch für das Leben ganzer Gesellschaften und Nationen und letzten Endes für die ganze mehrere Milliarden umfassende Menschheitsfamilie.

Für unsere Nation und Gesellschaft ist es eine besonders wichtige Aufgabe, durch Überwindung der Folgen jener Ordnung, die sich als ökonomisch unfähig und als ethisch schädlich erwiesen hat, im Rahmen einer neuen Gesellschaftsordnung eine gerechte Ordnung zu errichten, in der menschliche Talente nicht vergeudet werden, sondern die Gesamtheit des sozio-ökonomischen Lebens das nötige Gleichgewicht wiedererlangt.

Nur dürfen wir in unseren Bestrebungen nach Heranbildung einer neuen Wirtschaft und neuer ökonomischer Verhältnisse nicht versuchen, abgekürzte Wege zu gehen, unter Umgehung moralischer Wegweiser. „Was nützt es einem Menschen, wenn er

die ganze Welt gewinnt, dabei aber Schaden leidet an seiner Seele?" (vgl. *Mt* 16,26).
Wenn bei der Verwirklichung dieser Wirtschaftsreform die Prinzipien der Gerechtigkeit genau beachtet werden; wenn jeder nicht nur das eigene Interesse in Rechnung stellt, sondern auch das Interesse der Gesellschaft; wenn im wirtschaftlichen Handeln die Sorge um die Ärmsten und Bedürftigsten nicht fehlt - dann wird der Herrgott mit Sicherheit die Bemühungen segnen, und Polen wird sich nicht nur Wohlstand erarbeiten, sondern auch die Atmosphäre der wechselseitigen menschlichen Beziehungen wird gesünder und menschlicher werden.

6. Dazu ruft die ewige Weisheit, die mit den Worten der heutigen Liturgie spricht, die Menschensöhne auf. Und wir alle, die wir in der eucharistischen Gemeinschaft versammelt sind, opfern dem Schöpfer und Vater dieser Weisheit die Gaben der Schöpfung, die zugleich Frucht menschlicher Arbeit sind. Wir tun dies mit dem Blick auf den Sitz der Weisheit in Ostra Brama, der Pforte der Morgenröte, wobei wir rufen: „Sei gegrüßt, du Königin, Mutter der Barmherzigkeit!"
Denn wenn die Gebote des Dekalogs uns die grundlegenden Prinzipien der Gerechtigkeit lehren, so zeigt die in Christus, dem Sohn Mariens, geoffenbarte Weisheit Gottes eine noch tiefere Dimension der Moral. Es ist die Dimension der Liebe, insbesondere die Dimension der barmherzigen Liebe. Christus lehrt uns, daß der Mensch über das Niveau der Güter hinaus, die man nach Maßgabe der Gerechtigkeit teilen kann und muß, zur Liebe berufen ist, die größer ist als alle vergänglichen Güter. Sie allein vergeht nicht. Liebe vergeht nicht. Sie ist das Maß des ewigen Lebens, das heißt, des menschlichen Lebens in Gott. Denn Gott selbst ist die Liebe (vgl. *1 Joh* 4,8).
Er will, daß wir unseren Umgang mit ihm und mit unseren Nächsten an der Liebe messen. Er will, daß wir nicht nur gerecht, sondern auch barmherzig seien, so wie er selbst, der Vater so vieler verlorener Söhne, im Evangelium erscheint: „Selig die Barmherzigen; denn sie werden Erbarmen finden" (*Mt* 5,7).
Diese Botschaft von der göttlichen Barmherzigkeit, die Botschaft des barmherzigen Christus ging von diesem Gebiet hier aus, sie ging auch durch eure Stadt - und ging hinaus in die ganze Welt. Diese Botschaft hat ganze Generationen geformt, damit sie fertig werden können mit den größten Ungerechtigkeiten, die im Namen der großen zerstörerischen Utopie organisiert wurden, einer Utopie, die auf Erden ein „Paradies absoluter Gerechtigkeit" verwirklichen wollte.
Mutter von der Pforte der Morgenröte, Dank sei dir dafür, daß du die Mutter der Barmherzigkeit bist!
Dank sei dir dafür, daß wir heute dein Geheimnis von der Pforte der Morgenröte hier in Bialystok durch die Seligsprechung der Dienerin Gottes Boleslawa ehren können, deren Leben durch Reinheit, Gehorsam und Armut völlig der Liebe geweiht war. Deshalb ist dieses Leben ein besonderes Beispiel für das, worauf das 7. Gebot verweist - für das große, ausgedehnte, umfassende Gebiet zwischenmenschlicher Moral und zugleich für das Gebiet der sozialen Moral in vielen Dimensionen. Man sagte uns in der vergangenen Periode, man sagte es so zu Millionen unserer Brüder

aus dem Osten, daß Eigentum Diebstahl - daß Privateigentum Diebstahl sei. Der Mensch müsse sich von diesem Diebstahl befreien, er müsse vom Privateigentum - vor allem an Produktionsmitteln - zum Kollektiv übergehen. In diesem Kollektiv teile die Gesellschaft, eigentlich der Staat und noch eigentlicher die Partei - in diesem Kollektiv, das über die Gesamtheit der Güter verfügt, teile sie allen gerecht zu. Und der Mensch gewöhnte sich den Besitz ab. Vor allem den Besitz an Produktivgütern, an Produktion - diese war gebrandmarkt als Synonym für Kapitalismus, für Rückständiges. Der Mensch gewöhnte sich daran, wurde daran gewöhnt, wurde gezwungen. Heute hat es sich gezeigt, daß das Privateigentum an Produktionsgütern wohl doch kein Diebstahl ist, daß man zu ihm zurückkehren muß. Und die Menschen wissen sehr oft nicht, wie. Die Menschen müssen dies von neuem lernen, wie man Produktivgüter als Eigentum besitzt, wie man produziert, und dies ist nicht nur eine technische, es ist zugleich eine zutiefst ethische Frage. Die Kirche denkt daran. Leo XIII. dachte daran vor 100 Jahren, als er *Rerum novarum* schrieb, und wir denken nach 100 Jahren daran. Die Produktion von Gütern. Der Mensch als der, der produziert, der sich bereichert, lebt nicht nur für sich, produziert nicht nur für sich, er soll die Gesellschaft bereichern - darüber wacht die Macht der Gesellschaft, darüber muß der Staat wachen. Wir sehen also, wie sich dieser Punkt in der Struktur der Gesellschaft, in der Organisation der Gesellschaft, verschiebt. Es verschiebt sich dieser Punkt, an dem man an das Gebot „Du sollst nicht stehlen" anknüpfen muß. „Du sollst nicht stehlen", das bedeutet nicht: Du sollst nicht besitzen. „Du sollst nicht stehlen", das bedeutet nicht: Produziere keine neuen Güter, indem du anderen dienst, wenn auch nur durch Beschaffung von neuen Arbeitsplätzen. „Du sollst nicht stehlen", das bedeutet: Mißbrauche deine Macht über das Eigentum nicht, mißbrauche sie nicht so, daß andere deswegen zu Habenichtsen werden. Und auch das ist wahr, wir erinnern an diese Wahrheit auch im Westen. Wir sagen immer wieder zu diesen reichen kapitalistischen Gesellschaften: Wer übernimmt Verantwortung für die Dritte Welt? Weshalb Dritte Welt? Schaut gut hin, revidiert euer System, das System des freien Marktes, das System des Privateigentums an privater Produktion. Es ist sehr gut, aber weshalb dient dieses System des Privateigentums, des Besitzes an Gütern als Eigentum und der Herstellung dieser Güter auf privater Basis, auf Initiative einer menschlichen Person oder menschlicher Gemeinschaften, warum dient es nicht dem, was das erstrangige Gesetz Gottes, Naturgesetz ist, nämlich dem allgemeinen Gebrauch dieser Güter? Weshalb leben so viele Menschen in Not und sterben vor Hunger? Auch in diesen reichen Ländern, ganz zu schweigen von den Ländern der Dritten Welt, denn diese sind vielleicht noch unterwegs. So ist also unsere politische Sache, unser polnischer Übergang zu einer neuen Ordnung nach der Überwindung der alten Ordnung, wozu die ganze Gesellschaft in der Zeit und durch Wirken von Solidarność beitrug, eine große geschichtliche Errungenschaft. Deshalb erwartet uns eine große Anstrengung organisatorischer, ordnungspolitischer, aber gleichzeitig moralischer Natur: Wir müssen lernen, zu besitzen und zu produzieren. Wir müssen lernen, eine gerechte Gesellschaft unter Zugrundelegung des freien Marktes zu schaffen. Das alles hängt mit diesem einen, einfachen Gebot

zusammen: „Du sollst nicht stehlen." Gott ist prägnant. Er spricht kurz und bündig, er vergeudet keine Worte, aber diese wenigen Worte decken umfangreiche Gebiete des menschlichen Lebens und sehr komplizierte Dimensionen des menschlichen Seins ab.
Ich bitte um Verzeihung, daß ich mich über diese Frage, abseits des Textes, breit ausgelassen habe. Kehren wir an den Ort zurück, an dem wir stehen. Wir stehen vor dir, Mutter der Pforte der Morgenröte, wir danken dir dafür, daß du die Mutter der Barmherzigkeit bist. Wir sagen zu dir: Salve, Regina; sei gegrüßt, du Königin. Wir sprechen von hier, von Bialystok aus, aber wir sprechen weit nach Polen und weit in dieses ganze große Gebiet Mittel- und Osteuropas hinein, das von den gleichen Problemen betroffen ist. Sei gegrüßt, du Königin. Mögen die neuen Generationen diese Gerechtigkeit suchen, die von Gott ist, menschliche Gerechtigkeit, die in Gott ihre Wurzeln hat. Mögen die neuen Generationen, das heißt schon die unseren und die nach uns kommenden, aus den Quellen der ewigen Weisheit schöpfen, denn für die Ewige Weisheit ist es „Freude ... bei den Menschen zu sein" (vgl. *Spr* 8,31). Amen.

Zwei neue Diözesen in Ost-Polen

Ansprache vor dem Segen der Messe zur Seligsprechung in Bialystok am 5. Juni

Liebe Brüder und Schwestern!

Zum Abschluß, vor dem Segen, möchte ich meine Freude über diese Begegnung mit euch zum Ausdruck bringen. Ich erinnere mich an das Jahr 1977. Als Metropolit von Krakau besuchte ich eure Erzdiözese zum 50. Jubiläum der Krönung des Bildes der Mutter der Barmherzigkeit von der Pforte der Morgenröte. Eure Erzdiözese wurde sehr bekannt in Polen, denn aus ihr stammt der Priester Jerzy Popieluszko, der im nicht weit entfernten Okopy geboren ist. Heute sagen wir von ihm, daß er ein Priester war, der aus den Menschen ausgewählt und ganz den Menschen geweiht war - bis zum Opfer seines Lebens. Soeben wurde Mutter Boleslawa Lament seliggesprochen. Diese Einheit, für die sie lebte und wirkte, ist heute in besonderer Weise notwendig für die Welt, für Europa, für Polen, für die Erzdiözese in Bialystok. Hier leben auch unsere orthodoxen Brüder. Suchen wir immer das Verbindende, begegnen wir einander im ökumenischen Geist, beten wir gemeinsam. Ordnet nicht der Heilige Geist an - ich sagte es bei meiner ersten Pilgerreise, heute möchte ich es wiederholen -, ordnet nicht der Heilige Geist an, daß wir uns im Dialog begegnen und nach der Einheit streben? Die selige Mutter Boleslawa unterstütze diese unsere Anstrengungen!
Wir begehen heute auch den Welttag für den Umweltschutz. Der Mensch erhielt von Gott die Aufgabe, über die Natur zu herrschen. Diese Herrschaft bedeutet keine willkürliche Zerstörung der Natur, die grenzenlose Ausnutzung ihrer Vorräte. Ich sage dies hier, im Gebiet von Bialystok, das zu einem der schönsten in Polen gehört,

mit dem herrlichen Urwald von Bialowieza; aber ich wende mich an alle Menschen in meiner ganzen Heimat. Denn die Zerstörung der natürlichen Umwelt wird immer stärker, und diese Bedrohung scheint in Polen besonders alarmierend zu sein. Die Natur leidet durch den Menschen. Das Geschenk, über die Natur zu herrschen, müssen wir mit Verantwortungsbewußtsein nutzen, im Wissen, daß sie ein gemeinsames Gut der Menschheit ist. Hier geht es auch um das 7. Gebot: „Du sollst nicht stehlen!"

Wasser, Luft, Erde, Wald, Tiere, Pflanzen wurden von Gott geschaffen und verdienen von seiten des Menschen Achtung. Und bei dieser Gelegenheit bitte ich euch, grüßt zumindest (den Fluß) Czarna Hańcza; ich möchte ergänzen: die Pfarrei in Mikaszówka, aber das ist schon die Diözese Lomza.

Jetzt möchte ich mich an unsere Brüder wenden, deren Sprache das Weißrussische ist und die hier anwesend sind und sich vernehmlich machen. Mögen sie mir verzeihen, wenn ich manche Worte in ihrer Sprache etwas schlecht ausspreche.

Es folgten einige Sätze in Weißrussisch und Russisch:

Brüder und Schwestern, zum Abschluß dieser feierlichen eucharistischen Liturgie möchte ich an euch noch Worte richten, die von kirchlicher und kirchlich-administrativer Bedeutung sind. Aus seelsorgerischen Gründen errichte ich heute zwei Diözesen in dieser Region Polens: die Diözese Bialystok mit dem Sitz in Bialystok, die jenen Teil der Erzdiözese Wilna umfaßt, der in den heutigen Grenzen der Republik Polen liegt. Bischof Edward Kisiel, den bisherigen Apostolischen Administrator, ernenne ich zum Bischof der Diözese Bialystok. Die Kirche Mariae Himmelfahrt in Bialystok wird Kathedrale des Bischofs und der Diözese. Zweitens die Diözese Drohiczyn mit dem Bischofssitz in Drohiczyn, welche jenen Teil der Diözese Pińsk umfaßt, der in den heutigen Grenzen der Republik Polen liegt. Bischof Wladyslaw Jedruszuk, den bisherigen Apostolischen Administrator, ernenne ich zum Bischof der Diözese Drohiczyn. Die Kirche zur Heiligsten Dreifaltigkeit in Drohiczyn wird Kathedrale des Bischofs und der Diözese. Die Hirten und das Volk Gottes dieser zwei Diözesen segne ich von Herzen.

Wir alle tragen an der Last historischer Schuld

Ansprache bei der ökumenischen Begegnung in der orthodoxen Kathedrale in Bialystok am 5. Juni

Exzellenzen, hochwürdigster Erzbischof Sawa,
hochwürdigste Bischöfe Simon, Jeremias, Adam und Abel,
hochwürdige Priester und Diakone, Patres, Brüder und Ordensschwestern,
geliebte Brüder und Schwestern im Herrn!

1. „Sjej dien, jegoze sotwori Hospod, wozradujemsja i wozwiesjelimsja w on." „Dies ist der Tag, den der Herr gemacht hat; wir wollen jubeln und uns an ihm freuen" (*Ps* 118[117],24).

Dem Herrn der Ewigkeit und Herrn der Kirche - Jesus Christus, unserem Heiland - sagen wir tiefsten Dank für die Gnade der heutigen Begegnung. Wir sind in Seinem Namen versammelt und glauben, daß er gemäß der Verheißung, die wir erhalten haben, unter uns ist. Deshalb können wir hier, an diesem heiligen Ort, aus tiefem Herzen den Vers der österlichen Morgenfeier wiederholen: „Sjej dien, jegoze sotwori Hospod."

Geliebte Brüder und Schwestern im Herrn! Unsere Begegnung findet kurz nach Pfingsten statt. Das tiefe Erlebnis des Geheimnisses der Herabkunft des Heiligen Geistes hat uns geistig auf diese Begegnung vorbereitet. Ich freue mich, daß sie in dieser Stadt stattfindet, wo sich seit Jahrhunderten beide christliche Traditionen - die östliche und die westliche - treffen und daß wir uns in der Kathedrale zum hl. Nikolaus begegnen, der Bischof in der noch nicht geteilten Kirche war und sowohl im christlichen Osten wie im Westen verehrt wird. Die gemeinsame Verehrung von Heiligen in unseren Kirchen ist eine der Quellen der Sehnsucht nach voller Einheit.

Urheber der Heiligkeit und Einheit in der Kirche ist der Heilige Geist. Ein Hymnus im byzantinischen Offizium zum Fest der Herabkunft des Heiligen Geistes verkündet: „Jede Gnade kommt vom Heiligen Geist", er „bewahrt die ganze Kirche in der Einheit". Eben dieser Heilige Geist ermöglicht es uns, die zwischen der römisch-katholischen und der orthodoxen Kirche bestehende geistige Brüderlichkeit wieder zu entdecken.

Wie wir dies gemeinsam mit Seiner Heiligkeit, dem ökumenischen Patriarchen Dimitrios I., in der Erklärung vor fast vier Jahren feststellten: „Diese Brüderlichkeit ... wächst immer mehr und bringt Früchte zur Ehre Gottes. Von neuem empfinden wir das Glück, als Brüder zusammenzusein" (*Gemeinsame Erklärung von Papst Johannes Paul II. und dem Patriarchen Dimitrios I.* vom 7.12.1987).

Der theologische Dialog, der schon seit langer Zeit zwischen der katholischen Kirche und den orthodoxen Kirchen geführt wird, zeigte die tiefen und sakramentalen Wurzeln dieser Brüderlichkeit.

Im gemeinsamen Dokument von München lesen wir: „Die Gläubigen sind im Heiligen Geist, im Namen der Heiligen Dreifaltigkeit getauft, um einen einzigen Leib zu bilden (vgl. *1 Kor* 12,13). Wenn die Kirche die Eucharistie feiert, verwirklicht sie ‚das, was sie ist', der Leib Christi (vgl. *1 Kor* 10,17) ... Durch die Teilhabe am Leib und Blut Christi wachsen die Gläubigen in dieser geheimnisvollen Vergöttlichung, in der durch den Geist ihr Bleiben im Sohn und im Vater zustandekommt" (*Dokument von München*, 1982, I 4b).

Das Dokument von Uusi Valamo in Finnland, das die Frucht gemeinsamen Dialogs ist, bringt uns in Erinnerung:

„Die Eucharistie verwirklicht die Einheit der christlichen Gemeinschaft. Sie offenbart auch die Einheit aller Kirchen, die sie in der Wahrheit feiern, und darüber hinaus auch die Einheit aller Kirchen über die Jahrhunderte hinweg mit der apostolischen Gemeinschaft, vom Anbeginn bis heute. Im Heiligen Geist verbindet sie sich, jenseits der Geschichte, mit der großen Schar der Apostel, der Märtyrer, der Zeugen aller Zeiten, die rings um das Lamm versammelt sind" (*Dokument von Uusi Valamo*, 1988, Nr. 36).

Die Eucharistie als Bestrebung nach voller Einheit sollte durch das Wirken des in ihr gegenwärtigen Christus zur Eucharistie als Zeichen der vollen Einheit in Christus werden, der gläubig in seiner ganzen Bedeutung aufgenommen wird.

Heute sehen wir klarer und verstehen besser, daß unsere Kirchen Schwesterkirchen sind. Der Ausdruck „Schwesterkirchen" ist nicht nur eine höfliche Formulierung, sondern eine grundlegende ökumenische Kategorie der Ekklesiologie. Auf sie müssen sich die wechselseitigen Beziehungen zwischen allen Kirchen stützen, darunter auch die zwischen der katholischen Kirche und der orthodoxen Kirche in Polen.

2. Geliebte orthodoxe Brüder und Schwestern! Wenn wir vor dem Herrn bei diesem feierlichen und erhabenen Gebet stehen, in dem mehrmals der Ruf erscholl: „Hospodi, pomiluj - Herr, erbarme dich unser", dann können wir nicht umhin, demütig einzugestehen, daß in den Beziehungen zwischen unseren Kirchen in der Vergangenheit nicht immer der Geist der Brüderlichkeit herrschte, wie ihn das Evangelium kennt.

Die schmerzlichen Erfahrungen leben weiter im Gedächtnis der Gemeinschaften. In ihm stecken auch noch die tiefen Wurzeln des Mangels an Vertrauen, der noch immer nicht überwunden oder noch nicht ganz überwunden ist. Wir alle tragen an der Last historischer Schuld, wir alle begehen Fehler. „Wenn wir sagen, daß wir keine Sünde haben, führen wir uns selbst in die Irre, und die Wahrheit ist nicht in uns" (*1 Joh* 1,8). Wo immer es Unrecht gab, unabhängig davon, auf welcher Seite, muß es durch die Anerkennung der eigenen Schuld vor Gott und durch Vergebung überwunden werden. Mit tiefem und ehrlichem Schmerz bekennen wir dies heute vor Gott und bitten ihn um Vergebung: „Hospodi, pomiluj i prosti!" (Herr, erbarme dich und verzeih!).

Eingedenk der Worte im Gebet des Herrn: „Vergib uns unsere Schuld, wie auch wir vergeben unseren Schuldigern", vergeben wir einander im Geiste gegenseitiger Versöhnung das in der Vergangenheit erfahrene Unrecht, um in neuer, wahrhaft dem Evangelium entsprechender Weise unsere wechselseitigen Beziehungen zu gestalten und ein besseres Morgen versöhnter Kirchen zu schaffen. Mögen diese Beziehungen

der Welt die Wahrheit über das tiefe geistige Band zeigen, das faktisch zwischen uns besteht.
Christus betet: „So sollen sie vollendet sein in der Einheit, damit die Welt erkennt, daß du mich gesandt hast und die Meinen ebenso geliebt hast wie mich” (vgl. *Joh* 17,23).

3. Der Dialog in Wahrheit, Aufrichtigkeit und Liebe ist der einzige Weg, um volle Einheit zu erstreben. Er ist eine Gabe des Geistes Gottes, ein unersetzliches Mittel auf dem Weg zur Versöhnung. Man muß ihn trotz auftretender Schwierigkeiten fortsetzen. Das Koordinierungskomitee der Internationalen Dialogkommission wird in Kürze in Ariccia in Italien über das schwierige Problem des Unionismus beraten. Wir vertrauen darauf, daß der geduldige und ausdauernde Dialog mit Gottes Hilfe dazu führen wird, die den Fortschritt zur Einheit hemmenden Hindernisse zu beseitigen.
Ich möchte noch einmal Worte aus der Erklärung zitieren, die ich gemeinsam mit Patriarch Dimitrios in Rom unterzeichnet habe:
„Wir erneuern vor Gott unser gemeinsames Versprechen, den Dialog der Liebe mit allen nur möglichen Mitteln zu fördern. Christi Beispiel folgend, der seine Kirche nährt und sie umsorgt (vgl. *Eph* 5,29). In diesem Geist verwerfen wir jegliche Form von Proselytismus und jede Haltung, die als Mangel an Respekt aufgefaßt werden könnte” (*Gemeinsame Erklärung von Rom* vom 7.12.1987).
Gott gehört die Zeit und die Ewigkeit. Er ist der Herr der menschlichen Geschichte, der Gott der endgültigen Zukunft. Diese Zukunft ist die im Dreieinigen Gott geeinte, versöhnte und verwandelte Menschheit. Im Namen dieser Zukunft müssen wir ein neues Heute und Morgen für eine versöhntere Christenheit schaffen. Der Dialog verpflichtet uns alle. Vor allem muß man die jungen Menschen im neuen Geist erziehen, im Geist des Strebens nach voller Einheit, nach jener Einheit, die Christus selbst ist, um die er gebetet und zu der er uns verpflichtet hat. Deshalb sollen unsere Anstrengungen mit dem Ziel, die in den wechselseitigen Beziehungen auftretenden Schwierigkeiten zu lösen, durch großes Wohlwollen und selbstlose Liebe gekennzeichnet sein, für die uns Christus in seiner Erniedrigung und seinem Kreuzestod ein Beispiel gab.
Vereinen wir, Brüder und Schwestern, unsere Anstrengungen und Bestrebungen der Hierarchien sowie des ganzen Gottesvolkes, um im Geist des Evangeliums Jesu Christi die christliche Zusammenarbeit und das Zusammenwirken auch in unserem Vaterland zu gestalten, wobei wir gleichzeitig den Reichtum der je eigenen spirituellen, liturgischen und nationalen Tradition bewahren und weiterentwickeln. Dieser Geist durchdringe zutiefst das tägliche Leben beider Gemeinschaften und werde zu einem neuen Stil des Zusammenlebens in Liebe und Versöhnung.

4. Geliebte Brüder und Schwestern in Christus!
An dieser Stelle möchte ich heute mein tiefstes Mitgefühl im Zusammenhang mit den schmerzlichen Prüfungen ausdrücken, die in letzter Zeit die orthodoxe Kirche in Polen getroffen haben. Mit Schmerzen denke ich an den Brand, der das ehrwürdige

orthodoxe Gotteshaus der Verklärung des Herrn auf dem heiligen Berg Grabarka zerstört hat, wie auch an den Diebstahl im Kloster des hl. Onofrius in Jableczna. Diese sakrilegischen Handlungen wecken tiefen Schmerz in meinem Herzen und in den Herzen der Katholiken. Alles, was das gute, brüderliche Zusammenleben der Christen unterschiedlicher Traditionen stört, kommt vom Bösen.
Aus unserem heutigen gemeinsamen Gebet erwachse in uns von neuem Christi Wunsch: „Daß alle eins seien."
Er, der Herr der Kirche und Herr der Geschichte, „das Alpha und das Omega ... der Herr, der ist und der war und der kommt, der Herrscher über die ganze Schöpfung"(*Offb* 1,8), segne unsere ökumenischen Bemühungen, damit wir endlich die Sünde der Teilung überwinden und zu voller Einheit gelangen.
Der Herr segne die hochwürdigsten Hierarchen der orthodoxen Kirche in Polen sowie alle Gläubigen:
„Ad multos annos - Is polla eti! I da budut milosti wielikago Boga i Spasa naszego Iisusa Christa so wsjemi wami. Amin."

Tradition und Moderne untereinander verbinden!

Ansprache beim Besuch der Prokathedrale in Bialystok am 5. Juni

Meine lieben Brüder im Bischofsamt, liebe Priester und Alumnen,
liebe Ordensschwestern, liebe Leidende und Kranke,
geliebte Brüder und Schwestern, die ihr bei dieser Begegnung anwesend seid!

1. Ich möchte an die berühmte Inschrift anknüpfen, die an der Basilika Sankt Johann im Lateran - der Kathedrale des Bischofs von Rom -, zu sehen ist: Caput et Mater omnium Ecclesiarum, Haupt und Mutter aller Kirchen. Als ich eure Kathedrale betrat, machte ich mir bewußt, daß sie Haupt und Mutter aller Kirchen der Diözese in Bialystok ist. Indem ich diese Kirche besuche, besuche ich im Geist alle Kirchen, in denen sich das Gottesvolk des Gebiets von Bialystok versammelt.
Um so stärker empfinde ich dies, als in der Kirche, die Haupt und Mutter aller Kirchen des Gebiets ist, ihr euch befindet, priesterliche Brüder, die ihr den pastoralen Dienst in euren Kirchen erfüllt und als Hirten hier das euch anvertraute Volk Gottes repräsentiert. Lebende Menschen symbolisieren sogar bedeutend tiefer, weil ursprünglicher, die Einheit des Volkes Gottes als ein totes Bauwerk. Schließlich symbolisiert ja auch die Basilika Sankt Johann im Lateran die Einheit der ganzen Weltkirche im Hinblick auf den Bischof von Rom, nicht aber umgekehrt.
Ein herzliches Wort richte ich auch an euch, liebe Schwestern. Eure aufopfernde Arbeit ist für die Kirche eine besondere Gabe. Euch ist es hauptsächlich zu danken, daß es im Hirtendienst der Kirche nie an einem schwesterlichen und mütterlichen Zug fehlt. Je umfassender ihr eurem göttlichen Meister ergeben seid, um so besser werdet ihr dem Volk Gottes jene geistliche Wärme schenken können, jene mütterliche Besorgtheit, jene Intuition, die die menschlichen Nöte und Bedürfnisse

errät, und das mächtige Gebet der Fürsprache, all das, womit ihr schon jetzt die Kirche Gottes bereichert.
Wie sehr ihr für die Kirche notwendig seid, davon zeugt die Tatsache, daß die Kirche sehr schmerzhaft einen gewissen Mangel an weiblichen Ordensberufen spürt. Anwesend in dieser Prokathedrale sind auch Vertreter der Laienschaft aus der Diözese Bialystok, jene, die durch die Taufe ihren Anteil am dreifachen Amt Christi haben: am priesterlichen, am prophetischen und am königlichen Amt, und damit am Apostolat der Kirche. Besonders beredt ist hier die Anwesenheit von Kranken, die in ihren Leiden an ihrem Leib das ergänzen, was an den Leiden Christi zum Wohl der Kirche noch fehlt (vgl. *Kol* 1,24).

2. Ich komme nicht zum ersten Mal in euer Gotteshaus. Es war mir vergönnt, es bei der Wanderung der Kopie des Bildes der Muttergottes von Tschenstochau zu besuchen, ebenfalls bei den Feiern des Millenniums der Taufe Polens und auch bei der Weihe der Kapelle der Muttergottes von der Barmherzigkeit. Übrigens eilte ich immer hierher, wenn dazu eine Gelegenheit war.
Die Gelegenheit für die heutige Begegnung mit euch auf meiner vierten Pilgerreise ins Vaterland ist die Eröffnung der Diözesansynode. Dies ist ein großes Ereignis im Leben einer Teilkirche. Bischof Edward Kisiel knüpfte, als er diese Initiative ergriff, an eine uralte Tradition der Kirche, aber auch an die Empfehlungen des 2. Vatikanischen Konzils und an die Vorschriften im Codex des Kanonischen Rechts an. Die Synode ist eine Versammlung, bei der Tradition und Moderne sich miteinander verflechten. Wir sollen aus der Tradition Erfahrung schöpfen und lernen, wie Probleme von heute zu lösen sind. Und deren gibt es viele. In der Perspektive des Jahres 2000 muß man nach wirksamen Wegen für die Evangelisierung suchen - wir sprechen heute von der Notwendigkeit einer Neuevangelisierung des christlichen Europas -, und man muß nach angemessenen Antworten auf die Bedürfnisse unserer Zeit suchen. Es geht darum, daß die ewige Wahrheit Gottes heute in neuer Weise den Weg zum Menschen und zur Gesellschaft findet, genauer, daß die Kirche, in dem Fall die Ortskirche der Diözese Bialystok, sich gewissermaßen aufs neue, mit neuer Entschiedenheit und neuem Eifer in Gottes Plan einfügt und ihn nach Maßgabe unserer Zeit erfüllt. Eben zu diesem Zweck wird die Diözesansynode sich gründlich in die Lehre des 2. Vatikanischen Konzils vertiefen, um in ihrem Licht und im Licht der eigenen reichen Tradition sowie der heutigen Erfahrungen die Seelsorge, die Katechese und die Predigten zu inspirieren und ihnen gleichsam eine neue Grundlage zu geben; um neues Leben in die Pfarrei und vor allem in die Familie zu bringen, aber auch in andere Gemeinschaften und Gruppen. Es wird darum gehen, die Gegenwart der Kirche auf dem großen Feld christlicher Liebe und Barmherzigkeit zu beleben, auf dem Gebiet der Kultur, aber auch - gemäß der kirchlichen Soziallehre - auf dem Gebiet der bedeutsamen Veränderungen, die sich heute hier und auf der ganzen Welt vollziehen. Die Synode wird ein Auge haben auf die Bedürfnisse der ganzen Weltkirche, insbesondere wird sie sensibel sein für deren Bedürfnisse in jenen Gebieten, mit denen sie historisch so sehr verbunden ist.

Die Seelsorge, die Evangelisation ist die wesentlichste Aufgabe der Kirche. In ihr hat diese ihre Daseinsberechtigung. Nicht nur die Priester, sondern alle Getauften sind dazu aufgerufen. Eben deshalb wird eure Synode unter der Leitung eures Bischofs zu einer Versammlung von Priestern und Laien werden, die im Geiste des Glaubens den allseitigen „Besitzstand" dieser Kirche analysieren wird, um aus ihrem Schatz all das zu fördern, was ihre Sendung noch erfolgreicher und fruchtbarer machen wird - an der Schwelle vom zweiten zum dritten Jahrtausend der Evangelisierung der Welt.

Ich freue mich außerordentlich, liebe Brüder und Schwestern, daß ich heute in diesem Gotteshaus mit euch das große Beten und die große Arbeit der Diözese Bialystok eröffnen kann. Sie zielt darauf hin, daß die heutigen und kommenden Generationen immer besser den einzig wahren Gott erkennen und ihn, den er, der Vater, in die Welt gesandt hat: Jesus Christus, damit er allen Menschen das ewige Leben gebe (vgl. *Joh* 17,3).

Komm, Heiliger Geist, erfülle die Herzen deiner Gläubigen und entzünde in ihnen das Feuer deiner Liebe.

Bei dieser Arbeit und stets, liebe Brüder und Schwestern, begleite euch mein päpstlicher Segen.

Ein Dank dem Wohltäter aus Deutschland

Ansprache bei der Weihe des Priesterseminars in Allenstein (Olsztyn) am 5. Juni

Wie ihr seht, gab es diesmal keine Ansprache, es gab nur ein langes Gespräch. „Keine Ansprache, nur ein Gespräch." Mit allen unterwegs, um so zu wissen, wo ich hineingehe. Ich gehe nicht nur in ein Gebäude hinein, sondern ich gehe zu einer Gemeinschaft, die von Menschen, von unterschiedlichen Menschen geschaffen wird. Selbstverständlich treten die Seminaristen gewissermaßen in den Vordergrund, die Professoren stehen noch etwas im Schatten, aber in dieser Etappe sind die verschiedenen Bauleute noch sehr wichtig. Sie haben nicht nur eine technische, sondern auch eine prophetische Funktion, denn ihr alle sollt Bauleute des Reiches Gottes sein. Ihr seid berufen, das Reich Gottes zu bauen. Deshalb weisen diese Bauleute in technischer Bedeutung auf etwas hin, was auf euch als eure eigentliche Berufung wartet. Nun, und außerdem sind hier verschiedene freigebige Wohltäter, die diesen Bau in einer unmittelbar technischen Bedeutung unterstützen, aber auch mittelbar, zielbewußt, intentional in dieser prophetischen Bedeutung, in dem, wozu das Seminar natürlich dienen soll. Diese unsere Wohltäter aus verschiedenen Gebieten - sehr viele kommen aus Deutschland, sehr viele sind hier geboren, kommen aber schon zu uns als Gäste -, sie alle haben eben diese Intention, durch diesen Bau einen anderen Bau, einen Bau Gottes, zu errichten, was der hl. Petrus vorzüglich zum Ausdruck brachte, als er von den lebendigen Steinen und von dem ersten und grundlegenden sprach, der Christus selbst ist, der Eckstein - lapis angularis. Soviel nur. Nun hat es außer dem „Gespräch" auch eine „Ansprache" gegeben, aber die „Ansprache" ergab sich aus dem „Gespräch".

(Die im vorstehenden Text in Anführung gesetzten Worte sprach der Papst in Deutsch.)

Kinder sind Führer zu Gott

Ansprache im Kinderkrankenhaus in Allenstein (Olsztyn) am 6. Juni

Liebe Kinder!

1. Ich freue mich sehr, daß ich heute unter euch sein kann. Immer freue ich mich, wenn ich Kindern begegne. Jesus der Herr hat darin auch Freude gefunden!
„Laßt die Kinder zu mir kommen; hindert sie nicht daran! Denn Menschen wie ihnen gehört das Reich Gottes" (*Mk* 10,14).
Jesus, der Herr, sagte: „Laßt", „hindert sie nicht", als die Apostel wegen der Ermüdung ihres Meisters den Müttern den Zugang zu ihm erschwerten. Und er war wirklich müde.
Als er also zu den Aposteln sagte: „Hindert sie nicht", da wollte er dadurch zu erkennen geben, daß die Nähe von Kindern, der Umgang mit ihnen, das Gespräch für ihn eher eine Erholung als eine Mühe war. Und eher eine Freude als etwas Ermüdendes.
Und so war es in der Tat. Jesus, der Herr, hatte besondere Gründe zur Freude, wenn ihn die Kinder umgaben. Denkt daran, wie er sagte: „Menschen wie ihnen gehört das Reich Gottes." Und ein andermal drückte er das gleiche in noch anderer Weise aus: „Ihre Engel im Himmel sehen stets das Angesicht meines himmlischen Vaters" (*Mt* 18,10).
Das Angesicht des Vaters, den wir hier, auf Erden, nicht sehen, ist die Freude des Himmelreiches, ist dieses endgültige Glück, dem wir auf unserer ganzen irdischen Pilgerschaft durch den Glauben entgegenstreben. Auch ihr geht diesen Weg. Das Reich Gottes ist in euch durch die Gnade der heiligen Taufe. Es gehört euch, wenn ihr es in euch nicht durch die Sünde zerstören laßt, durch eine schwere, eine Todsünde. Kinder begehen solche Sünden kaum. Deshalb ist das Himmelreich in ihnen. Und deshalb findet Jesus, der Herr, besondere Freude und Erholung im Umgang mit den Kindern.
Die Kinder - ihrerseits - suchen auch den Umgang mit Jesus, dem Herrn. Sowohl in der Zeit, da er selbst noch Kind ist, wie auch später, da sie ihn am Kreuz für die Sünden der Welt sterben sehen. Und danach als Auferstandenen.

2. Ich freue mich also, daß ich heute eine Weile mit euch zusammensein kann.
Diese Begegnung findet in einem Krankenhaus statt. Gewiß hätten wir es vorgezogen, daß sie z. B. bei einem Ausflug oder auf einem Spielplatz stattgefunden hätte. Aber auch dieser Ort ist notwendig. Er ist notwendig für die Älteren, und er ist bisweilen auch notwendig für Kinder. Ihr wißt sehr gut, daß man um der Gesundheit

willen ins Krankenhaus kommt: um die Gesundheit wiederzuerlangen, um von verschiedenerlei Krankheiten befreit zu werden.
Im Evangelium hören wir heute den Ruf des Blinden: „Rabbuni [das heißt: Lehrer], ich möchte wieder sehen können" (*Mk* 10,51). So antwortet jener Kranke auf Christi Frage: „Was soll ich dir tun?" (*Mk* 10,51). „Ich möchte wieder sehen können." Auch ihr sprecht in ähnlicher Weise zu Jesus, dem Herrn: „Ich möchte gesund werden", ich möchte nach Hause, möchte in die Schule, möchte wieder spielen gehen. Genauso bittet ihr im übrigen für eure Angehörigen: „Gott, gib Mama und Papa Gesundheit ... und verschiedenen anderen lieben Menschen."

3. Jesus, der Herr, erfüllt die Bitte des Blinden. Er sagt dabei bezeichnende Worte: „Dein Glaube hat dich gesund gemacht" (vgl. *Mk* 10,52). Der Blinde weiß, daß Christus ihn durch seine göttliche Macht gesund gemacht hat. Und doch sagt dieser gleiche Christus: „Dein Glaube hat dich gesund gemacht." Das bedeutet: der Glaube hat sich gewissermaßen durch diese göttliche Macht, die Jesus hatte, offenbaren lassen. Diese seine übernatürliche Macht gebrauchte er stets, um den Glauben an die göttliche Allmacht und die göttliche Liebe zu wecken. Die Wunder Christi sind Zeichen des Reiches Gottes.

4. Das Reich Gottes ist in euch durch den Glauben. Obwohl der Glaube „auch Wunder tut", so ist dennoch er selbst ein noch größeres „Wunder" als alle Wunderheilungen, die Christus und seine Apostel gewirkt haben und die noch heute an verschiedenen Orten der Erde geschehen.
So bitte ich also, zusammen mit euch, liebe Kinder, sehr herzlich um die Gesundheit für jeden - insbesondere für jene, die am meisten leiden -, aber noch mehr bitte ich um die Gabe des Glaubens. Ich bitte um diese Gabe für jeden von euch jetzt und für das ganze Leben.
Und ich bitte um diese Gabe - gemeinsam mit euch - für eure Angehörigen.
Ich bitte für alle Menschen. Bittet auch ihr darum. Jesus, der Herr, hört besonders auf eure Gebete.

5. Ich hoffe, daß die hier anwesenden Erwachsenen, Kranke, Ärzte, Krankenschwestern sowie alle anderen Mitarbeiter im Gesundheitsdienst, es mir nicht verübeln, daß ich bei unserer Begegnung die Kinder bevorzugt habe. Das Wort Gottes, das wir den Kindern verkünden, ist nicht anders als das, das an die Erwachsenen gerichtet ist. Es ist die Frohe Botschaft, daß Gott den Menschen liebt und daß er uns zu solcher Liebe befähigt, die ihn selbst, unseren Schöpfer, erreicht. Jeder von uns, selbst wenn er schon viele Lebensjahre zählt, braucht kindliches Vertrauen, um sich für diese von oben kommende Gabe zu öffnen, damit so die göttliche Liebe zum Licht und zur Freude unseres Lebens werde.
Ich denke in diesem Augenblick an alle kranken Menschen, wo immer sie sind. Das Leiden ist ein besonders unergründliches Geheimnis und deshalb oft so schwer zu begreifen, so schwer vom Menschen anzunehmen. Der von der Krankheit, von irgendeinem Leiden betroffene Mensch fragt sich oft selbst, weshalb muß ich Schmerz ertragen, und fast sofort danach stellt er sich eine andere Frage: Wozu, was

ist der Sinn dieses Leidens, das mich getroffen hat? Und wenn er keine Antwort findet, bricht er oft seelisch zusammen, denn das Leiden wird stärker als er.
Das Leiden ist weder eine Strafe für die Sünden noch die Antwort Gottes auf das Böse des Menschen. Man kann es nur und ausschließlich im Licht der göttlichen Liebe begreifen, die letzter Sinn von all dem ist, was auf dieser Welt existiert. Das Leiden „ist mit der Liebe verbunden worden", so schrieb ich im Apostolischen Schreiben *Salvifici doloris*, „mit jener Liebe, von der Christus zu Nikodemus sprach, mit jener Liebe, die das Gute schafft, indem sie es sogar aus dem Bösen wirkt, und zwar durch das Leiden, so wie das höchste Gut der Erlösung der Welt vom Kreuz Christi ausgegangen ist und noch ständig von dort ausgeht ... In ihm müssen wir auch die Frage nach dem Sinn des Leidens neu stellen und aus ihm die Antwort auf diese Frage bis zur letzten Tiefe ablesen" (Nr. 18). In der Krankheit oder in irgendeinem Leiden muß man der göttlichen Liebe vertrauen, wie ein Kind, das alles, was ihm am teuersten ist, jenen anvertraut, die es lieben, insbesondere seinen Eltern. Wir brauchen also diese kindliche Fähigkeit, sich dem anzuvertrauen, der die Liebe ist (vgl. *1 Joh* 4,8). Welch tiefen Wert und welche Bedeutung gewinnen da die Worte des hl. Paulus: „Alles vermag ich durch ihn, der mir Kraft gibt" (*Phil* 4,13).

6. Der leidende und kranke Mensch braucht auch konkrete professionelle Hilfe. Er braucht jemand, der bei ihm ist und für ihn da ist, und braucht angemessene ärztliche Versorgung. Deshalb wende ich mich an euch, meine lieben Brüder und Schwestern, die ihr in diesem Krankenhaus arbeitet, in dem ihr je nach Ausbildung und Beruf, unterschiedliche Funktionen erfüllt. Ich denke an die Ärzte, die Krankenschwestern und das ganze Personal dieses Krankenhauses, aber auch an alle, die diesen Samariterdienst in unserem Vaterland leisten. Eure Arbeit ist schwer und sehr verantwortungsvoll, denn es geht ja um das Leben des Menschen. Aber wie schön ist sie doch und wie sehr im Geist des Evangeliums! Das Leiden muß in jedem von euch, in jedem von uns, Liebe und menschliche Solidarität hervorrufen.
Ich spreche euch meine tiefe Anerkennung dafür aus, daß ihr durch euer Wissen und eure Fähigkeiten den kranken Kindern dient. Ich bin euch dankbar dafür, daß ihr dem Menschen im Leiden Hilfe leistet. Diese gleichen Worte der Dankbarkeit und Anerkennung richte ich an alle Ärzte, Krankenschwestern und an den Gesundheitsdienst in Polen. Die ganze Gesellschaft muß eure Mühe und Anstrengung zu schätzen wissen und jenen Hochachtung entgegenbringen, die diesen Dienst opferwillig erfüllen.

7. Ihr Lieben, die ihr teilhabt an den Leiden Christi! An jedem Sonntag und Feiertag wird bei der Rundfunkübertragung der heiligen Messe ein Wort an euch gerichtet, insbesondere für diejenigen, die ihre Kirche nicht aufsuchen können. Ich weiß, daß an dieser Messe die meisten kranken Menschen teilnehmen. Auf diese Weise verbindet das Leiden Tausende unserer Brüder und Schwestern, die in Krankenhäusern, Betreuungseinrichtungen, Heimen und überall dort sind, wo sich Kranke befinden,

gleichsam zu einer einzigen großen Teilhabe am Kreuz Christi, an Christi Eucharistie.
Ich bitte euch, nehmt die Worte an, die ich an euch richte, damit ihr auch den Segen empfangt, den ich euch spende. Täglich bete ich in besonderer Weise für alle, die dazu berufen sind, mit ihren Leiden das zu ergänzen, „was an den Leiden Christi noch fehlt" (vgl. *Kol* 1,24). Und ich füge hinzu, daß ich dies täglich in dem ergreifendsten Augenblick der heiligen Messe tue, wenn die heilige Kommunion bevorsteht. Dann, so scheint es mir, müssen alle Kranken besonders nahe sein und muß Jesus, der Herr, besonders nahe allen Kranken und Leidenden sein, muß sie in besonderer Weise dieser erlösenden eucharistischen Gemeinschaft umfassen.
Ich möchte noch hinzufügen, daß es hier sehr schön ist. Überhaupt ist dieses ganze Gebiet sehr schön. Ich kenne es seit vielen Jahren. Gestern sah ich es aus dem Hubschrauber: Wasser und Wälder. Ein sehr schönes Land. Und dieses Gebiet hier ist ein Teil davon. Aber es gibt noch eine andere Schönheit, diese Schönheit seid ihr, Kinder.
Das Kind ist das Schöne im menschlichen Dasein. Das Schöne. Jesus, der Herr, hat das durch sein Handeln bestätigt, davon sprach ich am Anfang. Die Schönheit des Kindes! Schauen wir immerzu auf die Schönheit des Kindes, wir, die Erwachsenen. Hat Jesus, der Herr, nicht zu uns gesagt: „Wenn ihr nicht wie die Kinder werdet, könnt ihr nicht in das Himmelreich kommen?" Wir brauchen die Kinder als Führer zu Gott, zum Himmelreich. Hier sehen wir die Schönheit so vieler Kinder, noch dazu kranker Kinder, die besonders schön sind. Davon konnte ich mich überzeugen, als ich bei ihnen war.
Und hier ist noch eine dritte Dimension des Schönen, eine unsichtbare Dimension, nämlich die Schönheit der Liebe, der Samariterliebe, um mit der Sprache des Evangeliums zu sprechen, jener Liebe, die sich in der Sorge um Kranke, um das kranke Kind ausdrückt. Das ist aktuelle, unaufhörliche Schönheit; sie erfüllt das ganze Leben derer, die solche Liebe üben, die sie leisten ... Aber in dieser Schönheit gibt es noch eine größere Dimension, eine letzte Dimension: Christus wird ja am Ende sagen: „Ich war krank, und ihr habt für mich gesorgt, habt mich besucht; was ihr für einen dieser Geringsten getan habt" - gerade als spräche er von einem Kinderkrankenhaus -, „das habt ihr mir getan."
Ich möchte euch allen wünschen, daß diese drei Dimensionen des Schönen, die hier so sehr ins Auge fallen und das Herz anrühren, euch ständig zuteil werden und euch inspirieren, nicht nur für euch, sondern auch für alle, die aus ganz Polen und von außerhalb Polens hierher kommen.
Gott vergelte euch diese Begegnung. Die polnischen Kinder aus Litauen haben so schön gesungen. Ich danke euch für diesen Gesang und dafür, daß ihr bei uns seid. Gott vergelte es den polnischen Kindern aus Litauen, Gott vergelte allen alles. Empfangt nun meinen Segen.

Nach Überreichung einer Gabe für das Krankenhaus:

Ich muß noch hinzufügen, daß nicht der Papst so reich ist, es gibt Wohltäter, die dem Papst etwas geben, damit er es weitergeben könne. Also muß man an alle diese Wohltäter denken, die sich hinter dem Papst verstecken und sich vielleicht nicht zeigen wollen. Wenn sie verborgen sein wollen, mögen sie es sein, das ist sehr schön: „Deine linke Hand soll nicht wissen, was deine rechte tut." Aber man muß ihnen, in der nur Gott bekannten Dimension, danken.

Ohne Wahrheit keine Freiheit

Predigt bei der heiligen Messe in Allenstein (Olsztyn), Diözese Ermland (Warmia) am 6. Juni

1. „Ich bin der Weg und die Wahrheit und das Leben" (*Joh* 14,6).
Christus spricht diese Worte im Abendmahlssaal am Vortag seines Leidens und Todes am Kreuz. Er spricht sie zu den Aposteln, die damals mit ihm zusammenwaren. Über die Apostel spricht er sie zu allen, denn die Apostel und die Kirche sollten diese Worte zu allen Menschen und Völkern, bis ans Ende der Erde bringen.
Christus spricht also zu uns hier Versammelten - und zu allen, die hier, auf dieser Erde Ermlands und Masurens, irgendwann vor uns lebten und die im nächsten Jahrtausend nach uns kommen werden.
„Ich bin der Weg und die Wahrheit und das Leben; niemand kommt zum Vater außer durch mich" (*Joh* 14,6).
Die Zeit war gekommen, daß Christus diese Wahrheit aussprechen sollte: die Zeit war reif. Am nächsten Tag werden Qual und Kreuzestod über ihn kommen - und danach folgt die Auferstehung. Und er selbst, der Ewige Sohn, wird zum Vater gehen.
Deshalb sollen alle erfahren, daß er, wenn er weggeht, uns den Weg ebnet, damit wir - ihm folgend - zum Vater gelangen. Niemand kommt zum Vater außer durch ihn. Er ist unser Weg. Es gibt keinen anderen Weg, keinen anderen Mittler zwischen Gott und den Menschen, nur ihn: Jesus Christus.

2. Er ist der Weg und das Leben. Als er das zu den Aposteln sagt, weiß er, daß tödliche Furcht sie erwartet. Diese Furcht wird sie bald packen, wenn sie Zeugen seiner Gefangennahme, seiner Folter, seiner Agonie auf Golgota und schließlich seines schimpflichen Todes werden. Und deshalb kommt er ihrer Furcht zuvor: „Euer Herz lasse sich nicht verwirren" (*Joh* 14,1). Denn es beginnt hier das endgültige Hinübergehen: das erlösende Hinübergehen des Sohnes zum Vater. Dieses Hinübergehen, das Pascha, führt über das Kreuzesopfer, aber dennoch: „Euer Herz lasse sich nicht verwirren. Wenn ich gegangen bin und einen Platz für euch vorbereitet habe, komme ich wieder" (*Joh* 14,1.3). Dieses Hinübergehen, das Pascha des Welterlösers, führt über den Tod zu einer neuen Offenbarung des Lebens am Auferstehungstag. „Ich komme wieder" - ich komme, indem ich Zeugnis vom Leben gebe, das in

mir ist - vom Leben, das den Tod übersteigt und überwindet, vom Leben, das dem menschlichen Tod den Tod gibt. Dieses Leben ist von Gott: nur Gott ist Leben. Dieses Leben ist in mir. Ich bin dieses Leben.
Dieses Leben in mir ist für euch - für euch Zwölf und für alle, die durch euer Wort an mich glauben. Dieses Leben ist das endgültige Geschenk des unsterblichen Gottes für den sterblichen Menschen. „Ich komme wieder und werde euch zu mir holen, damit auch ihr dort seid, wo ich bin" (vgl. *Joh* 14,3).
Wo? „Im Haus meines Vaters gibt es viele Wohnungen" (*Joh* 14,2). Euer Herz lasse sich also nicht verwirren. Die irdische Notwendigkeit des Todes entsetze euch nicht. „Glaubt an Gott, und glaubt an mich!" (*Joh* 14,1).

3. „Ich bin der Weg und die Wahrheit und das Leben". Im Zusammenhang dieser Worte, die von tiefstem Inhalt erfüllt sind, der Worte, in denen sich das Absolute Gottes ausdrückt - im Zusammenhang dieser Worte gewinnt die Einsetzung der Eucharistie ihre volle Bedeutung, der Eucharistie, deren (älteste) Niederschrift wir im ersten Brief des Apostels Paulus an die Korinther finden: „Jesus, der Herr, nahm in der Nacht, in der er ausgeliefert wurde, Brot, sprach das Dankgebet, brach das Brot und sagte: ‚Das ist mein Leib für euch (hingegeben). Tut dies zu meinem Gedächtnis!' Und danach beim Kelch mit Wein: ‚Dieser Kelch ist der Neue Bund in meinem Blut. Tut dies, sooft ihr daraus trinkt, zu meinem Gedächtnis!'" (vgl. *1 Kor* 11,23-25).
Der Apostel berichtet die Wahrheit über die Einsetzung der Eucharistie, so wie sie allgemein bekannt und in der ersten Generation der Jünger Christi vollzogen wurde. Er fügt hinzu: „Denn sooft ihr von diesem Brot eßt und aus dem Kelch trinkt, verkündet ihr den Tod des Herrn, bis er kommt" (*1 Kor* 11,26).
Das Sakrament des Todes und der Auferstehung des Erlösers. Das Sakrament seines Hinübergehens durch das Kreuz zum Vater. Das Sakrament des Weges und des Lebens für alle, die an ihm teilhaben. Dieses Sakrament ist der Gipfel und die Fülle der heiligen Liturgie unserer Kirche. Es ist Erinnerung, Vergegenwärtigung und Ankündigung.
In ihm ist Christus der Weg und die Wahrheit und das Leben für alle, die teilhaben ... für alle.

4. Als er im Abendmahlssaal sagte: „Ich bin die Wahrheit", sagte er dies als Gott von Gott und Licht vom Licht, denn nur Gott „ist Wahrheit". Gleichzeitig sagte er dies als Mensch, der - ganz allein - der „treue Zeuge" (vgl. *Offb* 1,5) des ganzen Geheimnisses Gottes ist: der ganzen Wahrheit, die in Gott ist. Jegliche Wahrheit, zu der der geschaffene Geist gelangt, ist nur ein Bruchstück und Abglanz dieser Wahrheit, die in Gott ist.
Diese Wahrheit übersteigt den Menschen. Wir erinnern uns an die erste Ankündigung der Eucharistie - nach der wunderbaren Brotvermehrung in der Nähe von Kafarnaum. Wir erinnern uns, wie damals die Zuhörer bereit waren, Jesus zum irdischen König auszurufen. Aber diese Wahrheit konnten sie nicht aufnehmen. So sehr

überstieg die Wahrheit der Eucharistie ihre Vorstellungen, ihren Auffassungsbereich.

Was am Tage nach der Einsetzung der Eucharistie geschah, überstieg auch den Bereich menschlicher Auffassung: die Kreuzigung Gottes, der Tod des Gottessohnes am Holz der Schande.

Und gerade diesen Tod sollen wir ja verkünden, gerade diesen Tod, denn durch ihn hat sich das durch nichts besiegbare Leben geoffenbart. Durch ihn hat sich auch die sakramentale Wahrheit der Eucharistie erfüllt, die für den Menschen so unbegreiflich ist.

Ich bin die Wahrheit. Als Wahrheit bin ich der Weg und bin ich das Leben.

Wir glauben an dieses Leben. Am Tage der Auferstehung hat Christus endgültig die Glaubwürdigkeit seiner ganzen messianischen Mission bestätigt. Seiner ganzen Botschaft des Evangeliums. Dieses letzte Zeugnis wurde zum Maß der Wahrheit für alles. Und nur Gott kann mit solchem Maß messen.

5. Meine Pilgerreise durch die Heimat ist in diesem Jahr mit der Katechese über die Zehn Gebote verbunden. Das 8. Gebot des Dekalogs ist in besonderer Weise mit der Wahrheit verknüpft, die den Menschen im Umgang mit anderen Menschen und im gesamten gesellschaftlichen Leben bindet: „Du sollst nicht falsch gegen deinen Nächsten aussagen."

Mit diesem Gebot gibt der Gott des Bundes besonders zu erkennen, daß der Mensch nach seinem Bild und Gleichnis geschaffen ist. Eben deshalb ist das ganze menschliche Handeln den Erfordernissen der Wahrheit unterworfen. Die Wahrheit ist das Gute; die Lüge, die Falschheit, die Verlogenheit ist das Böse. Wir erfahren dies in unterschiedlichen Dimensionen und in unterschiedlichen Verhältnissen.

Betrachten wir die Bedeutung der Wahrheit in unserem öffentlichen Leben. In dem erneuerten Polen gibt es kein Zensuramt mehr, unterschiedliche Standpunkte und Anschauungen können öffentlich dargestellt werden. Wiederhergestellt wurde, wie (der Dichter) Cyprian Norwid gesagt hätte, „die Freiheit der Sprache" („Rzecz o wolności slowa, I. Co znaczylaby Ludzkość", Traktat über die Freiheit des Wortes, I, 53).

Die Freiheit, eigene Anschauungen öffentlich auszudrücken, ist ein großes gesellschaftliches Gut, aber es gewährleistet nicht die Freiheit des Wortes.

Die Redefreiheit nutzt wenig, wenn das ausgesprochene Wort nicht frei ist. Wenn es gefesselt ist von Egozentrismus, Lüge, Hinterlist, vielleicht sogar von Haß oder Verachtung anderer, zum Beispiel jener, die sich durch ihre Nationalität, Religion oder Anschauungen unterscheiden. Gering wird der Nutzen von Reden und Schreiben sein, wenn das Wort nicht dazu gebraucht wird, die Wahrheit zu suchen und mitzuteilen, sondern nur dazu, in der Diskussion zu siegen und den eigenen - vielleicht falschen - Standpunkt zu verteidigen.

Worte können bisweilen die Wahrheit in einer für sie erniedrigenden Weise ausdrücken. Es kann geschehen, daß ein Mensch eine Wahrheit deshalb sagt, um seine eigene Lüge zu begründen. Der Mensch bringt große Verwirrung in unsere menschliche Welt, wenn er versucht, Wahrheit in den Dienst der Lüge zu stellen. Vielen Menschen fällt es dann schwer, zu erkennen, daß diese Welt von Gott ist.

Wahrheit wird auch dann erniedrigt, wenn in ihr keine Liebe zu ihr selbst und zum Menschen ist. Überhaupt ist es nicht möglich, das 8. Gebot zu beachten, zumindest nicht in gesellschaftlicher Dimension, wenn es an Wohlwollen, wechselseitigem Vertrauen und an Achtung vor allen diesen Unterschieden mangelt, die unser gesellschaftliches Leben bereichern.

Jede Hinterlist gegenüber einem anderen Menschen, jede Neigung, eine menschliche Person zu instrumentalisieren, jeder Gebrauch von Worten mit dem Ziel, andere mit der eigenen moralischen Verdorbenheit, mit der eigenen inneren Unordnung zu beeinflussen, bringt in das gesellschaftliche Leben eine Atmosphäre der Lüge hinein. Viele Jahre lang erfuhren wir im sozialen Bereich, daß man öffentlich die Wahrheit nicht gesagt hat - und nicht zuließ, daß sie gesagt wurde. Deshalb besteht großes Bedürfnis, unser Leben in den verschiedensten Bereichen von der Lüge zu befreien. Man muß der Tugend der Wahrheitsliebe den durch nichts ersetzbaren Platz wiedergeben. Sie muß das Leben der Familien, der Gruppen, der Gesellschaft, der Massenmedien, der Kultur, der Politik und der Wirtschaft formen.

Laßt uns noch einmal zu diesem Gebot in seinem Wortlaut vom Sinai, im Wortlaut des Evangeliums zurückkehren. „Du sollst nicht falsch gegen deinen Nächsten aussagen." Es scheint, dies ist eine exakt beschriebene Situation. Zum Beispiel eine solche, in der sich Christus vor dem Gericht befand, wo er sagte: „Wenn es nicht recht war, was ich gesagt habe, dann weise es nach; wenn es aber recht war, warum schlägst du mich?" (*Joh* 18,23). Der Mensch, der Zeuge, er urteilt. „Du sollst nicht falsch gegen deinen Nächsten aussagen." Du sollst nicht falsch gegen deinen Nächsten aussagen, der Jesus von Nazaret ist. Du sollst nicht falsch aussagen - gegen keinen deiner Nächsten, gegen keinen Menschen. Zugleich stellt dieses Gebot fest, daß die Wahrheit ein Gut für den Menschen ist, ein Gut für den Menschen in den zwischenmenschlichen Beziehungen, ein Gut für den Menschen in umfassenderen, gesellschaftlichen Beziehungen. Das Gebot ist ein Gut. Der andere Mensch hat das Recht auf die Wahrheit. Der Mensch hat das Recht auf Wahrheit. Bisweilen hat der Mensch kein Recht auf eine gewisse Wahrheit, deshalb schauen wir mit Bewunderung auf Menschen, die angesichts der Gewalt, zum Beispiel während der Okkupationszeit, es vermocht haben, die Wahrheit nicht zu verraten, nicht zu sagen, weil jener, der sie forderte, der sie mit Gewalt zu erzwingen versuchte, auf diese Wahrheit kein Recht hatte.

Das so verstandene Gebot umfaßt noch einen weiteren Bereich. Es geht nicht nur um die Lage des Angeklagten vor einem Tribunal, es geht nicht nur um die vielfältige Situation des Zeugen, der die Unwahrheit spricht. Es geht um vielfältige Situationen, in denen das menschliche Wort ein schlechtes Zeugnis gibt. „Du sollst nicht falsch gegen deinen Nächsten aussagen." Immer wieder, in unterschiedlichen Dimensionen, wird über das Wort eines Menschen das Urteil gesprochen, über das Wort, das er sagt. Wenn es kein Wort der Wahrheit ist, wenn es falsches Zeugnis gibt, dann vollzieht sich das Gericht. Denn die Menschen hören zu, nicht nur im

Gerichtssaal. Das ganze menschliche Dasein ist ein einziges großes Tribunal. Die Menschen hören zu, sie hören; manchmal dringt Wahrheit zu ihnen, manchmal aber nicht. Insbesondere in unserer modernen Gesellschaft, in der die Art und Weise, zu reden, die Methoden, zu reden, alle die sogenannten Medien, die Gedanken übermitteln, sich so potenziert haben. Das Wort des Menschen ist viel mächtiger geworden. Und dieses mächtige Wort gibt entweder von der Wahrheit oder vom Gegenteil Zeugnis.

Im übrigen kennen wir dies aus unserer Erfahrung, und wir haben uns viele Jahre ziemlich gut dagegen gesichert. Also gibt es eine besondere Verantwortung für die Worte, die man ausspricht, denn sie haben die Kraft eines Zeugnisses: entweder zeugen sie von der Wahrheit, entweder sind sie für den Menschen ein Gut, oder sie zeugen nicht von der Wahrheit, sie sind deren Verneinung, und dann sind sie etwas Böses für den Menschen, wenngleich sie so serviert, so präpariert sein mögen, daß sie den Eindruck machen, sie seien etwas Gutes. Das nennt man Manipulation. Also öffnet auch dieses knappe Gebot des Dekalogs den Menschen, die menschlichen Gesellschaften für eine ganze Reihe unterschiedlicher existentieller Dimensionen. Denn der Mensch existiert in gewisser Weise im Zusammenhang mit dem Zeugnis, das er empfängt und das er annimmt. Christus war sehr sensibel dafür. Christus warnte uns sehr davor. „Richtet nicht, damit ihr nicht gerichtet werdet." Das sind vielsagende Worte, die zeigen, wie delikat dieses Gebiet der Wahrheit und Unwahrheit im menschlichen Leben ist, wieviel Verantwortung es erfordert und wie teuer es zu stehen kommen kann.

Nehmen wir z. B. den Fall des gewöhnlichen, alltäglichen Geschwätzes. Auch wenn es wahr ist, kann es einem andern Menschen schaden. Also ist das Gebot präzise, wenn es vom Zeugnis, von der Aussage gegen deinen Nächsten spricht.

Es gibt verschiedene Formen, den Menschen zu verunglimpfen, sie reichen von dem, was man einem ins Ohr flüstert, bis zur offenen Propaganda.

Es gibt schließlich noch die Verleumdung, das heißt: man spricht vom anderen Menschen schlecht und sagt die Unwahrheit. Das ist eine besondere Form, die Wahrheit zu zerstören, eine besondere Form, dieses Gesetz zu übertreten, das uns dazu verpflichtet, Zeugnis zu geben. Christus verpflichtete die Jünger, Zeugnis zu geben: „Ihr werdet meine Zeugen sein." Ihr werdet Zeugen der Wahrheit sein. Dieses Zeugnis wird euch teuer zu stehen kommen, so wie es mich teuer zu stehen kam. Wir erinnern uns ja, daß vor diesem letzten, auch nach menschlichem Maßstab dramatischen Gericht, Christus vor Pilatus auf die Frage, ob er König sei, erwiderte: „Ich bin dazu geboren und dazu in die Welt gekommen, daß ich für die Wahrheit Zeugnis ablege."

Wenn wir das Evangelium lesen, wenn wir es immer wieder lesen und immer wieder darüber nachdenken, dann machen wir uns bewußt, daß die Frage nach der Wahrheit und der Lüge, nach dem Zeugnis der Wahrheit, den Zeugen der Wahrheit einerseits und dem Vater der Lüge andrerseits, eine ursprüngliche und grundlegende Frage ist. Der Mensch ist frei, auch frei, Unwahres zu sagen. Aber er ist nicht wirklich frei, wenn er nicht die Wahrheit sagt. Christus gibt darauf eine klare Antwort:

„Die Wahrheit wird euch befreien." Das menschliche Leben ist also auch ein Streben nach Freiheit durch die Wahrheit. Das ist sehr wichtig in der Zeit, in der wir leben. Denn wir berauschen uns an der Freiheit, an der Freiheit des Wortes und an verschiedenen anderen Freiheiten, die sich damit verbinden. Wir berauschen uns an der Freiheit, die man uns vorher verweigert hat, so wie im übrigen auch die Religionsfreiheit, wenngleich es in Polen in dieser Hinsicht nicht zum schlechtesten stand. Aber gleichzeitig vergessen wir diese grundlegende Dimension, daß es keine wahre Freiheit ohne Wahrheit gibt. Nur Wahrheit macht freie Menschen.

Vor vier Jahren sagte ich, daß auf uns Arbeit über Arbeit wartet. Heute wartet auf uns die große Arbeit an der Sprache, deren wir uns bedienen. Eine gewaltige Arbeit. Unser Wort muß frei sein, muß unsere innere Freiheit zum Ausdruck bringen. Man darf Mittel der Gewalt nicht anwenden, um den Menschen irgendwelche Thesen aufzuzwingen. Diese Mittel der Gewalt können so beschaffen sein, wie wir sie aus der Vergangenheit kennen, aber in der heutigen Welt können auch Informationsmedien zu Mitteln der Gewalt werden, wenn hinter ihnen eine Gewalt steht, nicht unbedingt eine physische Gewalt. Eine andere Gewalt, eine andere Macht. Das menschliche Wort ist und muß Instrument der Wahrheit sein.

Uns erwartet eine große Arbeit an dem Wort, dessen wir uns bedienen. Unser Wort muß frei sein, es muß unsere innere Freiheit zum Ausdruck bringen. Nur dann ist das menschliche Wort wirklich ein Werkzeug der Wahrheit.

„Die Wahrheit wird euch befreien", hat Christus gesagt (*Joh* 8,32). Ja, „die Wahrheit wird euch befreien". Dies ist die Ergänzung zum 8. Gebot.

Bemühen wir uns, die volle Bedeutung und den Wert der Wahrheit wiederzufinden: Wahrheit, die befreit - Freiheit durch die Wahrheit. Nie außerhalb der Wahrheit. Außerhalb der Wahrheit ist Freiheit keine Freiheit. Sie ist Schein. Sie ist sogar Knechtung.

6. Von dieser Wahrheit, in der der Mensch handelt, mit der er sein Leben und Zusammenleben mit den anderen zu gestalten versucht, führt der Weg zur Wahrheit, die Christus ist. Er führt zur Freiheit, zu der Christus uns befreit hat.

Das ist die Perspektive unserer Zeiten. Zwischen der Freiheit, zu der Christus uns befreit hat und ständig befreit, und der Abwendung von Christus im Namen einer so oft sehr laut propagierten Freiheit. Die Freiheit, zu der Christus uns befreit hat, ist der eine Weg. Der andere Weg ist die Freiheit von Christus weg. Oft wendet man zum Schein andere Worte an, man sagt etwa „Klerikalismus", „Antiklerikalismus", doch im Grunde geht es um dieses eine: die Freiheit, zu der Christus uns befreit hat, oder aber die Freiheit fern von Christus. Das sind die zwei Wege, die Europa geht und sicherlich gehen wird. Europa hat besondere Bindungen an Christus, hier hat die Evangelisierung begonnen, hier entstanden und entstehen aber auch verschiedene Formen des Abweichens von Christus, Programme für das Abweichen von Christus. Und auch vor uns eröffnet sich diese Alternative, diese Wegscheide. Freiheit, zu der Christus uns befreit, Freiheit durch die Wahrheit. Die Wahrheit befreit uns. Oder aber Freiheit von Christus weg.

Das ist zugleich auch der Weg des Evangeliums und der Eucharistie.

Nie mögen das eine und das andere im Leben des Volkes Gottes fehlen, das über dieses schöne, an Wäldern und Seen reiche Land den ewigen Bestimmungen entgegenpilgert. Nie möge es daran fehlen.
„... es ist der Wille meines Vaters, daß alle, die den Sohn sehen und an ihn glauben, das ewige Leben haben und daß ich sie auferwecke am Letzten Tag" (*Joh* 6,40).

Dank an Ermland und seine Menschen

Ansprache vor dem Segen der hl. Messe in Allenstein (Olsztyn) am 6. Juni

Liebe Brüder und Schwestern, noch vor dem Schlußsegen möchte ich alle Anwesenden begrüßen - sowohl aus der Diözese Ermland wie auch die zahlreichen, von jenseits seiner Grenzen hierher gekommenen Pilger.

Wie reich an Traditionen ist doch euer Gebiet, dieses Erbe heiliger Märtyrer: Adalberts (Wojciech) und Brunos von Querfurt; das Erbe der seligen Dorothea von Montau und des Dieners Gottes, Kardinal Stanislaw Hozjusz. Eure Väter kamen in das Gebiet von Ermland, Masuren und der Weichselniederung aus unterschiedlichen Gegenden und aus „jeglichen Nationen", aus den früheren Grenzmarken der II. Republik, aus den fernen Steppen Kasachstans, aus dem nahen Kurpien, aus Masowien und anderen Regionen Polens. Ein Zeugnis für das Umherirren und Wandern ist das Gnadenbild des Barmherzigen Christus von Tarnorud, das die Gläubigen aus dem fernen Podolien begleitete und jetzt im Heiligtum in Grünhagen (Zielonka Paslęcka) verehrt wird. In den Kirchen und euren Häusern habt ihr oft das Bild der Muttergottes von der Barmherzigkeit bei euch, jener, „die in der Pforte der Morgenröte leuchtet". Dieses Land war für viele ein Ort der Bestimmung und des unsicheren Morgen. Es wurde zu einem neuen Vaterland für unsere Brüder aus der Ukraine und für die Lemken, die es mit ihrer Kultur und ihrer Sprache bereichert haben, vor allem mit der ihrem Ritus eigenen Art, dem dreieinigen Gott sowie der Gottesmutter Ehre zu erweisen.
Das Ermland war stets Gott und der katholischen Kirche treu, wodurch es sich den Ehrennamen „Heiliges Ermland" verdiente. Davon zeugen zahlreiche Kirchen, Kapellen und Wegkreuze, die Verehrung des Leidens des Herrn, insbesondere die Ehre, die der heiligsten Mutter in Dietrichswalde (Gietrzwald), in Heiligelinde (Święta Lipka), in Krossen (Krosno) und Springborn (Stoczek Warmiński) erwiesen wird.
Ich danke heute Gott für die Kirche im Ermland, dafür, daß diese Kirche lebt, und ein sichtbares Zeichen dafür ist das Anwachsen der Priesterberufe, die Entstehung neuer Institute, die Katecheten aus der Laienschaft und aus den Orden heranbilden. Die Arbeit der Bischöfe, der Priester und der Laien macht diese Kirche kraftvoll und reif. Ich denke an die Gläubigen des lateinischen und des byzantinischen Ritus. An dieser Stelle möchte ich an die Vorgänger des jetzigen Ordinarius erinnern: Bischof Tomasz Wilczyński, Bischof Józef Drzazga und Bischof Jan Obląk, die lange Jahre

die Kirche im Ermland leiteten, auch Bischof Józef Glemp, der von hier auf den Stuhl des Primas wechselte. Schließlich ist auch der gegenwärtige Apostolische Nuntius in Warschau ein Priester eurer Diözese.

Euer Land war auch Zeuge des Kampfes um die Befreiung der Nation aus den Fesseln des totalitären Systems. Der Arbeiterprotest an der Küste im Jahre 1970 wurde ja auch von Arbeitern aus Elbing (Elbląg) unterstützt.

Möge dieses große Erbe eurer Väter, der Glaube und die Liebe zur Kirche, für euch eine Kraft, zugleich aber eine Ermunterung sein, Gott und dem Vaterland treu zu bleiben.

In diesem Geist danken wir unseren Gästen, angefangen vom spanischen Zaragoza - der Erzbischof von Zaragoza konzelebriert mit uns - über unsere Nachbarn aus dem Westen, die deutschen Bischöfe - aus Mainz der Vorsitzende der Deutschen Bischofskonferenz, aus Augsburg sowie aus Berlin, der letztere ist übrigens in diesen Gebieten geboren, und mit ihm die Ermländer, die Pilger aus Deutschland mit dem Apostolischen Visitator. Wenn wir noch weiter nach Westen gehen: da sind Pilger aus Frankreich, aus Compiègne, das eine feste Freundschaft mit Allenstein (Olsztyn) verbindet, und schließlich aus Kanada, aus Toronto. Vielsagend und ergreifend ist es für uns, daß an dieser heiligen Messe zahlreiche Mitglieder der Allensteiner Abteilung des Bundes der Sibirier teilnehmen, Mitglieder des Verbandes ehemaliger politischer Häftlinge aus der Stalinzeit sowie des Weltverbandes der Soldaten der Armia Krajowa, insbesondere aus dem Wilnaer Gebiet, aus dem Gebiet von Grodno und aus Wolynien.

Ich danke den Vertretern der Regierung, den Ministern der Republik wie auch den Woiwoden aus Allenstein, Elbingen und Suwalki. Vor allem bringe ich euch allen hier Versammelten meinen Dank zum Ausdruck, dieser großen ermländischen Versammlung, dieser großen eucharistischen Versammlung aus dem ganzen Ermland, aus allen Richtungen. Sogar die visuelle Gestaltung dieses Treffens sagt etwas über das Ermland aus, denn die Versammlung hat sich auf Hügel verteilt, ähnlich wie euer ermländisches Gebiet sich über Hügel inmitten vieler, vieler Seen verteilt.

Wie sehr danke ich euch für diese organisatorische Intuition, für so viel aufgewandte Sorge und Liebe, so großen Kunstsinn bei der Vorbereitung unserer Begegnung. Dieses Zusammentreffen hat auch für mich eine besondere Bedeutung, denn ich habe eine Dankbarkeitsschuld gegenüber diesem Gebiet abzutragen, das mir so viele Male, durch so viele Jahre, Zuflucht, Erholung und die Möglichkeit gab, innere Kräfte zu schöpfen und Ruhe zu finden. Das ist ein großer Segen dieses Gebietes, dieser Wälder, dieser Seen; ich hatte Nutzen davon, der gewiß heute andauert. Deshalb danke ich im Namen des Gewesenen und dessen, was ist, dem Ermland. Einst, in der Geschichte, hatte das ermländische Kapitel Enea Piccolomini zum Bischof von Frauenburg (Frombork) gewählt. Dieser aber nahm die Wahl nicht an, da er als Pius II. zum Papst gewählt wurde. Das ist ein Ereignis aus der fernen Vergangenheit, an das ich mich erinnerte, als ich als Bischof und Kardinal von Krakau das Ermland besuchte. Dieses Mal dagegen steht vor euch der Papst, der in der Tat sehr viel dem Ermland verdankt, der sehr viel dieser Natur und sehr viel den Menschen dieses Landes verdankt, denn die Menschen und die Natur gehen ja Hand in Hand. Möge Gott diesen großen Schatz der schönen ermländischen Natur, der Seenplatte und der Wälder bewahren. Laßt ihn nie - in keiner Weise - zerstören oder auch nur beschädigen, denn dies ist ein großer Segen. Und möge Gott die inmitten dieser Natur lebenden Menschen bewahren. Er bewahre sie an Leib und Seele, er bewahre ihr Herz und ihr Gewissen, er lasse sie in der Wahrheit leben. Denn das ist die Berufung des Menschen: zu leben in der Wahrheit! Jetzt, wenn ich zum Schluß unserer eucharistischen Feier den Segen erteile, möchte ich mit diesem Segen auch für alles Gute danken, das ich in allen Jahren meines Lebens von eurem Gebiet, von eurer Kirche und von den Bewohnern dieses Landstriches erfahren habe.

Polens Kirche braucht Öffnung und Erneuerung

Ansprache bei der Begegnung mit Laien in der St.-Jakobs-Kathedrale in Allenstein (Olsztyn) am 6. Juni

Liebe Brüder und Schwestern!

1. Petrus hat in seinem ersten Brief zu euch gesprochen. Ich freue mich, daß ich mitten unter euch Zeuge seiner Worte sein kann. Diese Worte tragen die besondere Kraft der Wahrheit in sich. Man kann sagen, in ihnen spiegelt sich das wider, was einst Christus zu Petrus gesagt hat: „Du bist Petrus [das heißt „Fels"], und auf diesen Felsen werde ich meine Kirche bauen" (*Mt* 16,18). Die Worte aus dem ersten Brief des Apostels Petrus enthalten eine grundlegende Wahrheit über die Kirche, über den Aufbau der Kirche. Ständig kehren sie in der Liturgie wieder. Sie wurden zu einem Schlüsselwort in der Ekklesiologie des Zweiten Vatikanischen Konzils. Eben diese Worte, die heute in Erinnerung gerufen wurden.

2. „Ihr seid ... ein Volk, das sein [Gottes] besonderes Eigentum wurde", schreibt der Apostel, also „ein heiliger Stamm", „ein auserwähltes Geschlecht". „Ihr seid Gottes Volk ... ihr habt Erbarmen gefunden" (vgl. *1 Petr* 2,9-10). Gott hat „euch aus der Finsternis in sein wunderbares Licht gerufen" (*ebd.*, 9). Ihr seid also Volk Gottes dank der erlösenden Initiative Gottes selbst: des Vaters, des Sohnes und des Heiligen Geistes. Ihr seid Volk Gottes durch diese Liebe, mit der der Vater euch ewig in Christus, seinem eingeborenen Sohn, liebte: ihr seid Volk Gottes deshalb, weil der Sohn, nachdem er Mensch geworden, Sohn von Maria der Jungfrau, euch um den Preis des schimpflichen Todes am Kreuz losgekauft und zu Teilhabern seiner Auferstehung gemacht hat: des „neuen Lebens" im Heiligen Geist. Ihr seid Volk Gottes durch das Wirken des Geistes der Wahrheit, des Tröstergeistes. Er wurde euch durch die Liebe Gottes gegeben, die als Gabe des Heiligen Geistes „in eure Herzen ausgegossen ist" (vgl. *Röm* 5,5).
Ihr seid also Volk Gottes auf Initiative und als Geschenk des lebendigen Gottes. Dies ist keine Eigenschaft der Vererbung in ethnischer, natürlicher Bedeutung. Sie

unterliegt nicht der Prüfung empirischer Soziologie. Es ist eine Frucht Immanuels, das heißt des „Gott mit uns”, eine nur in den Kategorien der Gnade, der Offenbarung und des Glaubens begreifbare Wirklichkeit.

3. Gleichzeitig ist in dieser Wirklichkeit „Volk Gottes” alles das enthalten, was den Gipfel des Menschtums darstellt: die Fülle des Lebens und der Berufung eines jeden und aller.
Die Zugehörigkeit zum Volk Gottes verwirklicht sich durch schöpferische Beteiligung an der Mission und Herrschaft Christi selbst. Wir sollen also „die großen Taten dessen verkünden, der uns ... gerufen hat” (vgl. *1 Petr* 2,9), indem wir an der prophetischen Mission Christi teilhaben. Wir sollen als „königliche Priesterschaft” (vgl. *ebd.*) teilhaben an seiner Priesterschaft: an der einzigen und unwiederholbaren, indem wir uns in seinem Opfer vereinen, das das Opfer des Kreuzes und der Eucharistie ist und das sich ständig durch den priesterlichen Dienst am Altar erneuert. Wir sollen schließlich gleich diesem König Christus den vielfältigen Dienst zur Erneuerung der ganzen irdischen Ordnung gemäß der Heilsabsicht Gottes erfüllen - „denn dienen bedeutet herrschen” (vgl. *Lumen Gentium*, Nr. 36).
Liebe Brüder und Schwestern! Ihr müßt die Worte des Apostels Petrus im Kontext der Konzilslehre lesen und bedenken, insbesondere wie sie in der Konstitution über die Kirche, im Dekret über das Laienapostolat sowie in allen anderen Dokumenten enthalten ist. Diese Arbeit begann auf polnischem Boden vor 25 Jahren (zusammen mit dem Abschluß des Konzils), und sie dauert an. Die Erneuerung der Kirche im Geist des Vaticanum II ist eine Aufgabe für Generationen.

4. Zuerst danken wir Gott für das große apostolische Engagement und die große Verantwortung für die Kirche, die die katholischen Laien in Polen zeigten und zeigen. Der Glaube wird in unserer Heimat real Millionen unserer Kinder und Jugendlichen vermittelt. Dies ist vor allem ein Verdienst der Eltern und der Verwandten der Kinder. Denn der Priester, der Katechet oder die Katechetin erzielen ja recht wenig während der Religionsstunde, wenn nicht die Eltern und die Angehörigen des Kindes Hauptzeugen, Hauptverkünder des Glaubens sind. Das ebenfalls hohe Niveau religiöser Praktiken - zum Beispiel die Tatsache, daß die Mehrheit der polnischen Katholiken jeden Sonntag an der heiligen Messe teilnimmt - verdanken wir dem Umstand, daß der Glaube bei uns nicht aufgehört hat, eine gemeinsame Angelegenheit, insbesondere der ganzen Familie, zu sein. Wir müssen im übrigen sehr über den christlichen Charakter unserer Familien wachen, denn über die Welt gehen heute individualistische Strömungen, und diese Strömungen machen keinen Bogen um Polen. Sie zielen auf die Herausbildung eines Modells von Familienbeziehungen, in denen der Glaube zu einer derartig privaten Angelegenheit wird, daß er fast vor anderen Familienmitgliedern verborgen wird. Um so mehr wollen wir uns in unseren Familien bemühen, die Erinnerung an die Worte Christi, des Herrn, zu erneuern: „Wo zwei oder drei in meinem Namen versammelt sind, da bin ich mitten unter ihnen” (*Mt* 18,20).

Man muß noch das im Grunde hohe Bewußtsein der Katholiken in Polen hervorheben, demzufolge die Kirche unser großes gesellschaftliches Gut ist. Dieses Bewußtsein stellte gleichsam einen Schutzschild dar, der im Laufe des letzten halben Jahrhunderts unserer Kirche half, zu überdauern, ja, sich sogar zu festigen und zu entfalten. Aus diesem Bewußtsein stammt auch die hohe Opferwilligkeit der Gläubigen; der Geist der Opferbereitschaft auf jedem Gebiet, auch auf materiellen. Vielleicht ist das Bewußtsein, daß die Kirche unser großes gemeinsames Gut darstellt, heute auf eine neue Probe gestellt.

Hier und da drückt man - häufig in recht suggestiver Weise - Befürchtungen, Ängste und Kritik an der Kirche aus, so als strebe sie nach Herrschaft und bedrohe die berechtigte Autonomie verschiedener Gebiete des öffentlichen und staatlichen Lebens. Das Zweite Vatikanische Konzil lehrt: „Die Kirche, die in keiner Weise hinsichtlich ihrer Aufgabe und Zuständigkeit mit der politischen Gemeinschaft verwechselt werden darf noch an irgendein politisches System gebunden ist, ist zugleich Zeichen und Schutz der Transzendenz der menschlichen Person. Die politische Gemeinschaft und die Kirche sind auf je ihrem Gebiet voneinander unabhängig und autonom. Beide aber dienen, wenn auch mit verschiedener Begründung, der persönlichen und gesellschaftlichen Berufung der gleichen Menschen" (*Gaudium et spes*, Nr. 76).

Die Kirche will also am Leben der Gesellschaften nur als Zeuge des Evangeliums teilhaben, nur als Zeuge des Evangeliums - und fremd sind ihr heute Bestrebungen, irgendein Gebiet des öffentlichen Lebens zu beherrschen, das ihr nicht gehört.

Wenn ich über die positiven Seiten des Engagements katholischer Laien für das Leben der Kirche spreche, möchte ich auch Gott für die Tausende und Abertausende wahrer Zeugen des Glaubens danken, die an den vielfältigsten Orten unseres gesellschaftlichen Lebens gegenwärtig sind. Dank sei Gott für diese Tausende von Krankenschwestern und Ärzten, von Arbeitern und Ingenieuren, von Lehrern und Kulturschaffenden, für die Tausende und Hunderttausende von Menschen, die unterschiedliche Berufe ausüben, die sich bemühen, ihre Arbeit und ihr Verhältnis zu den Nächsten mit dem Licht des Glaubens zu erfüllen. All' diese Christen, für die die Liebe das Grundgesetz ihres Lebens darstellt, sind besonders authentische Zeugen des Glaubens.

5. In der Zeit nach dem Konzil unternahm man bei uns nicht wenige Anstrengungen, die das Ziel verfolgten, die Laien tiefer in das Leben der Kirche und in ihr Apostolat einzubeziehen. Um das Vielfache vermehrte sich die Zahl von Laien, die Theologie studieren, man organisierte darüber hinaus zahlreiche Theologiekurse für Laien. Die Absolventen dieser Studien und Kurse unterstützen zahlreich die Priester im Lehrauftrag der Kirche.

In der Kirche Polens hat sich eine spezialisierte Berufsseelsorge entwickelt. So mancher Mensch wurde dadurch in seinem Glauben gefestigt und fand eine Gruppe, die wirklich aus dem Glauben lebt; so mancher konnte sich dadurch in ein gemeinsames Denken und Handeln in christlichem Geist einbringen, das heißt in ein von Glaube und Gebet durchdrungenes Denken und Handeln.

Wie es heißt, durchlebt die spezialisierte Seelsorge heute eine gewisse Krise, aber diese Krise kann auch eine Wachstumskrise sein, sie kann die Chance darstellen, sich neu zu finden: das Veraltete aufzugeben und das Bessere und Tiefere zu suchen. Bemühen wir uns, liebe Brüder und Schwestern, diese Chance zu erkennen und sie nicht zu versäumen.

Ein besonderes Zeichen der Zeit ist heute das wachsende Bedürfnis, zu einer Gemeinschaft zu gehören. Besonders in der Großstadt fühlt der Mensch sich oft einsam, gleichsam der Möglichkeit beraubt, gesellschaftliches Leben aktiv mitzugestalten, gleichsam zur Passivität gezwungen. Der Eintritt in eine authentische Gemeinschaft hilft ihm, diesen Mangel zu überwinden und durch ein vertieftes Sein mit anderen und für andere sich selbst wiederzufinden. Auch die polnische Kirche hat sich um viele neue Gemeinschaften bereichert. Gewiß könnte es mehr davon geben, aber schon jetzt gestalten diese Gemeinschaften, dank dem Geist, der in ihnen herrscht, aber auch dank ihrer Mannigfaltigkeit, einen neuen Stil des Katholischseins und einen neuen Stil der Verantwortung für Kirche und Glaube: einen Stil, der gezeichnet ist von Glaubensfreude, von tätiger Beteiligung am Leben der Kirche, von apostolischem Engagement und vertiefter karitativer Sensibilität.

6. Man kann jedoch die Behauptung wagen: solange dieser neue Stil, Glied der Kirche zu sein, nicht in die Pfarreien (möglichst in jede Pfarrei) eindringt, so lange wird die Mehrheit der Gläubigen ihn nicht einmal bemerken. Trotz aller großen Errungenschaften, die ich hier erwähnte, meine ich, die polnische Kirche braucht Erneuerung, eine Erneuerung im Maß des sich nähernden dritten Jahrtausends christlichen Glaubens. Der Schlüssel zu dieser Erneuerung liegt gewiß darin, daß ein neuer Stil des Katholischseins herausgebildet wird. Alles Gute wollen wir versuchen zu bewahren, zugleich aber nach dem Besseren und Tieferen suchen.

Freuen wir uns also über das verhältnismäßig hohe Niveau religiöser Praktiken, aber lassen wir es dabei nicht bewenden. Bemühen wir uns, den passiven Stil zu durchbrechen, den Stil des bloßen Konsumenten der von der Kirche zugeteilten geistigen Gaben. Es ist ein falsches Bild der Kirche, wenn wir sie so sehen, als ob nur die Geistlichen sich mit der Verteilung der geistigen Gaben befaßten, während es den Laien nur obläge, sie zu empfangen. In der Kirche gibt es kein einziges Glied, das Gott nicht befähigen möchte, andere mit Gaben zu beschenken. Wir müssen nur lernen, diese Gaben zu erkennen, die jedem von uns dazu erteilt wurden, daß wir andere damit beschenken, und wir müssen lernen, uns um diese Gaben zu bemühen.

Zur Kirche gehören bedeutet, Communio zu schaffen, das heißt, die Gemeinschaft der in Christus Glaubenden, die sich gegenseitig beschenken. Hier geht es nicht darum, daß sich zwischen Priestern und Laien irgendwelche partnerschaftlichen Beziehungen in der schlechten Bedeutung dieses Wortes herausbilden. Es geht nicht darum, daß sich der Unterschied zwischen Priester und katholischem Laien verwischt. Es geht darum, daß wir alle und jeder gesondert die eigenen Charismen gemäß der eigenen Lebensberufung entdecken. Es geht darum, daß die Kirche und jede Pfarrei sich in eine Gemeinschaft von Brüdern und Schwestern verwandeln, die

gemeinsam die aktive Verantwortung für die Kirche und die Sache des Evangeliums übernehmen.
Ich will hier noch auf etwas in der heutigen polnischen Situation unerhört Wichtiges aufmerksam machen: auf die Verantwortung für ehrliche Information in den Medien. Die Informationsmedien müssen für die Verteidigung der Freiheit, aber auch für die Achtung vor der Würde der Person eintreten, sie müssen die authentische Kultur unterstützen. Die Kultur ist ein gemeinsames Gut der Nation, sie drückt deren Würde und Größe aus und ist deshalb von so gewaltiger Bedeutung. Die Gesellschaft soll in ehrlicher Weise informiert werden, in Einklang mit der Wahrheit und der Würde der Nation. Presse, Film, Rundfunk, Fernsehen, Theater müssen eine Kultur bilden und pflegen, die zum Fortschritt der Nation beiträgt, nicht aber zu deren Schwächung oder Zerstörung. Sie sollten durchdrungen sein vom Evangelium, vom Heilswort Christi.

7. Brüder und Schwestern, versteht das, was ich soeben sagte, in wahrhaft christlichem Geist. Der ganze Schatz des christlichen Glaubens ist Jesus Christus. Erst wenn wir mit ganzem Herzen an Christus hängen, wird unser aktives Engagement für die Kirche kein leerer und für niemanden nützlicher Aktivismus sein. Der Apostel Petrus schreibt darüber folgendermaßen: „Kommt zu ihm, dem lebendigen Stein, der von den Menschen verworfen, aber von Gott auserwählt und geehrt worden ist. Laßt euch als lebendige Steine zu einem geistigen Haus aufbauen, zu einer heiligen Priesterschaft, um durch Jesus Christus geistige Opfer darzubringen, die Gott gefallen" (*1 Petr* 2,4-5).
Der lebendige Stein. Der Eckstein - Christus. Bekanntlich wurde er von den Menschen in der Stunde von Golgota verworfen, aber gerade durch Golgota, durch das Kreuz, wurde er zu jenem Eckstein der Menschheit, die sich als ein in Zeit und Raum unermeßliches, kosmisches Heiligtum der Schöpfung für den Schöpfer aufbaut.
Zwar wird Christus immer wieder verworfen, verworfen im Lauf der ganzen Geschichte, in den verschiedenen Generationen und Gesellschaften, als „Zeichen, dem widersprochen wird" (vgl. *Lk* 2,34), und dennoch dauert er in dieser Geschichte an. Er dauert in der Geschichte an, wobei er zugleich deren tiefsten Kern und ihre Vertikale herausbildet, eben jene Vertikale, durch die die menschliche Geschichte - trotz aller Abtrünnigkeiten und Negationen - sich zu Gott erhebt: zu jenen ewigen Bestimmungen, die Mensch und Menschheit in Gott, und nur in Gott, haben. Sie erhebt sich gleich einem heiligen Bauwerk. Wir alle sind berufen, „lebendige Steine" dieses Bauwerks zu werden.
„Lebendige Steine": alle, die das Leben von Christus haben. Alle, die mit ihrem Leben, das in Christus ist, andere beschenken.
„Lebendige Steine" - das ist die biblische Definition dessen, was der Apostel „Volk Gottes" nennt und was die Kirche unserer Zeit in die Bezeichnung „Laienschaft" (vom griechischen Laos = Volk) oder in den Aufruf zum Apostolat der Laien faßt.

Liebe Brüder und Schwestern! Gemeinsam mit euch habe ich die Worte des heiligen Petrus betrachtet, in denen der Keim der apostolischen Berufung zum Ausdruck kommt.

Und damit schließe ich, wenngleich ich weiß, daß es sehr viele Einzelprobleme gäbe, die sich hier aufdrängen, die sich vor uns eröffnen. Ich will nur so viel hinzufügen, daß ich mit der Tätigkeit des Laienapostolats, sowohl beim Heiligen Stuhl wie auch in Polen, über viele Jahre sehr eng verbunden war. Ich denke, heute gibt es neue Möglichkeiten, notwendig ist wohl auch eine vielfältige neue Initiative. Manche Gebiete des gesellschaftlichen Lebens, von denen z. B. die Konstitution *Gaudium et spes*, die Magna Charta der Seelsorge und des Apostolats der Kirche, deutlich spricht. Verschiedene dieser Gebiete waren zuvor eigentlich den kirchlichen Laien verschlossen. Höchstens wurden gewisse Gruppen zugelassen, um den Schein zu erwecken, die Kirche habe Freiheit. Heute müssen diese Gebiete - wenn man von den Grundsätzen der 3. Republik ausgeht, die immer im Werden sind, aber die in ihrer prinzipiellen Intention doch bereits umrissen sind - der Kirche - in der Bedeutung: dem Volk Gottes, den Laien - offenstehen.

Heute muß die Ghettosituation absolut verschwinden, an die ich mich so gut aus den Zeiten erinnere, als ich selbst in Polen war und als Bischof in der Polnischen Bischofskonferenz arbeitete, insbesondere mit den Laien. Diese Situation des katholischen Ghettos.

Natürlich erfordert dies Initiative; ein wenig ähnlich wie im Wirtschaftsleben ist es auch im geistigen Leben. Hier ist Initiative vonnöten. Jesus, der Herr, rügt bisweilen seine Jünger, er sagt zu ihnen: „Die Kinder dieser Welt sind im Umgang mit ihresgleichen klüger als die Kinder des Lichtes" (vgl. *Lk* 16,8).

Das ist zugleich auch für uns eine Aufforderung, gewissermaßen sogar ein Tadel. Wir brauchen die apostolische Initiative vielfältiger Art, auf verschiedenen Gebieten, die vorher verschlossen waren, die sich heute öffnen müssen und noch immer, wie es scheint, von der Kirche als dem Volk Gottes, von der Kirche als den Laien nicht genügend erfaßt sind.

Heute wünsche ich, daß alle diese Fragen, die ich hier in ihrer ganzen Ausdehnung nicht berührte, erkannt, gut erkannt und mit Gottes Hilfe entwickelt und verwirklicht werden. In jedem Fall ist diese Vision der Kirche, die uns das Zweite Vatikanische Konzil hinterlassen hat, eine Vision, die der Laienschaft eine gewaltige Bedeutung beimißt. Es gab manchmal Stimmen, dies geschähe mit einer gewissen Schwächung des Klerus. So ist es wahrlich nicht, aber bisweilen hat man so gesprochen. Es gibt also die große geschichtliche Chance überall in der Kirche, auch in der Kirche in Polen, daß diese Magna Charta des Volkes Gottes, wie sie das Zweite Vatikanische Konzil in seiner Ganzheit ist, insbesondere manche Dokumente - daß sie zum Gegenstand intensiver Reflexion und danach vielfältiger Initiativen wird, die es allen unseren Brüdern und Schwestern, den Laien, den katholischen Laien, gestatten werden, diese Parabel Christi vom Sauerteig zu verwirklichen: „Das Reich Gottes ist dem Sauerteig gleich".

Notwendig ist eben dieser Sauerteig des Evangeliums in unserem nationalen Leben, in diesem neuen nationalen Leben. Notwendig ist dieser Sauerteig des Evangeliums, in vielfältiger Art. Es gibt schon unerhört viel davon, aber gleichzeitig stellen wir fest, es gibt Gebiete, in denen er fehlt. Vielleicht fehlt er wegen der vergangenen Zeiten, wegen der Situationen, die solche Anti-Bedingungen geschaffen haben, aber vielleicht fehlt er auch deshalb, weil wir uns in diesen Richtungen noch nicht geöffnet haben.
Ich wünsche also von ganzem Herzen - und deshalb haben wir uns hier versammelt und beten darum -, daß diese Parabel vom Sauerteig des Evangeliums immer mehr zur Wirklichkeit in der polnischen Kirche und in der polnischen Gesellschaft werde. Vielleicht sogar auch in der Schwachheit, denn auch das ist wahr, auch das sind Worte des Evangeliums, daß sich Vollkommenheit in der Schwachheit bildet, in der Schwachheit. Es gibt auch unsere polnischen Schwächen. Auch das ist eine Aufgabe für das Apostolat, das ist auch eine Herausforderung für die Kirche in dieser grundlegenden Bedeutung des Wortes, für das Volk Gottes, für diese lebendigen Steine, die lebendig sind und beleben. Und die sich gleichzeitig auf den Eckstein stützen, der Christus ist.

Christliche Werte in die Erziehung einbringen

Ansprache bei der Begegnung mit Katecheten, Lehrern und Schülern in Wloclawek am 6. Juni

1. Ich freue mich sehr und danke Gott und auch den Organisatoren und den hier Anwesenden dafür, daß sich an meinem Pilgerweg die polnische Schule, die polnischen Lehrer und die Katecheten, die polnischen Pädagogen befinden. Ich grüße also und begrüße die Lehrerinnen und Lehrer, die Katechetinnen und Katecheten aus der Laienschaft, die Schwestern und Brüder aus den Orden und die Priester. Ich grüße und begrüße die Kardinäle, die Bischöfe, den Herrn Minister, die Vertreter der Schul- und Verwaltungsbehörden. Diese verhältnismäßig kleine Versammlung ist jedoch sehr repräsentativ, denn hier sind auch Vertreter der Eltern sowie der Kinder und Jugendlichen. Ich möchte, daß das Wort meines Grußes durch eure Mittlerschaft alle Gruppen und Milieus erreicht, die ihr vertretet. Die Lehrenden und die Lernenden, die Familien und die Schulen.
Wir befinden uns in der altehrwürdigen Basilika zur Himmelfahrt der heiligsten Jungfrau Maria, in einem Gotteshaus, das 1411 als Votum für den Sieg bei Grunwald eingeweiht wurde.
Erinnern wir uns, daß in dieser Kathedrale im August 1939, zwei Wochen vor Ausbruch des Krieges, ein erfahrener Katechet und Pädagoge, der selige Michal Kozal, die Bischofsweihe erhielt, der in der Besatzungszeit den Märtyrertod für Kirche und Vaterland erlitt. Ich möchte auch den damals an Tuberkulose erkrankten Diakon Stefan Wyszyński in Erinnerung rufen, dem hier ein ebenfalls Tuberkulosekranker,

Weihbischof Wojciech Owczarek, im Jahre 1924 die Priesterweihe erteilte. Heute sind diese beiden Diener der Kirche Anwärter für die Ehre der Altäre.

2. In dieser Kathedrale hörten wir soeben die Worte der letzten Weisung, des von Christus an die Apostel für alle Zeit gerichteten Auftrags: „Lehrt sie [alle Völker], alles zu befolgen, was ich euch geboten habe" (*Mt* 28,20). Die Kirche öffnet sich in Erfüllung ihrer Mission allen Menschen jeder Sprache und Nation; den Kindern, den Jugendlichen, den Erwachsenen. So entstanden am Anfang und dauern an der Schwelle zum dritten Jahrtausend fort die Evangelisierung und in ihrem Rahmen die Katechese der Kirche, die unterschiedlichen Formen der Katechese, je nach Alter, Ausbildung, Beruf und Milieu.

Äußerst bezeichnend ist hier auch die Anwesenheit von Lehrern und Katecheten aus ganz Polen, also jener Gruppe, die auf Schule, Unterricht und Erziehung konzentriert ist. Die Jugendlichen und Kinder sind die Zukunft der Welt, sie sind die Zukunft der Nation und der Kirche, diese Zukunft sind sie, die jungen Menschen, aber sie sind es, gestützt auf die Familie, auf die Schule, auf die Kirche, auf die Nation, auf die ganze Nation. Eben deshalb lehrt das Zweite Vatikanische Konzil, daß die Schule „kraft ihrer Mission die geistigen Fähigkeiten ... heranbildet, das rechte Urteilsvermögen entwickelt, in das von den vergangenen Generationen erworbene kulturelle Erbe einführt, den Sinn für die Werte erschließt und auf das Berufsleben vorbereitet. Zudem stiftet sie zwischen den Schülern verschiedener Anlagen und verschiedenen Standes ein freundschaftliches Zusammenleben und schafft so die Grundlagen für ein gegenseitiges Verständnis" (Vaticanum II, *Erklärung über die christliche Erziehung*, Nr. 5).

Das ist - in eine große Synthese gefaßt - die Aufgabe der Schule, die bilden und erziehen soll. Wenn man diese Aufgabe übernimmt, genügt es nicht, in eine nur erdachte Zukunft zu schauen, sondern man muß diese schon gewissermaßen jetzt schaffen, man muß die ganze Tradition der Nation, der Gesellschaft, des Staates vor Augen haben. Jemand hat zu Recht gesagt, daß Nationen, die die Erinnerung verlieren, in den Rang eines Stammes absteigen.

Heute ist eine große Diskussion über die Gestalt des gegenwärtigen und zukünftigen Polens in Gang, es gibt und muß eine Diskussion über die Form der polnischen Schule geben. Wir wissen, wie die polnische Schule während der Teilungszeiten und danach unter der Nazibesatzung war. Nicht weit von hier wurde der polnische Patriot und Sohn der Kirche, Franciszek Stryjas, gefoltert, weil er Kindern in Privathäusern das Vaterunser und den Katechismus lehrte.

Wir wissen, wie schwierig - wenn man von der Position der Interessen und der Recht der Familie sowie der Nation her spricht - unsere Schule nach Ende des Krieges war, als sie schlichtweg zum Gelände des ideologischen Kampfes wurde, zum Ort der Laisierung und des Widerspruchs zwischen der offiziellen staatlichen Lehre einerseits und andererseits dem, was die Nation fühlte, was die durchschnittliche polnische Familie, insbesondere die glaubende Familie, wünschte.

Ich bin nicht hier, um abzurechnen. Als Hirte der Kirche will ich vielmehr all den Erziehern und Lehrern Anerkennung und Dank aussprechen, die unter schwierigen,

manchmal sehr schwierigen Bedingungen durch ihr Wort und Handeln, dank ihres Mutes und ihrer klugen Umsicht geholfen haben, in gewaltigem Ausmaß den Jugendlichen authentische christliche und nationale Werte zu erhalten und zu vermitteln. Ihr Zeugnis war und bleibt besonders wertvoll.
Viele Jahre hindurch wurde die Grundkatechese notwendigerweise in unserem Land außerhalb der Schule durchgeführt: in Katechetischen Punkten und in von der Kirche organisierten Privaträumen. Wir hörten vor kurzem die Worte, mit denen Christus der Kirche die Evangelisierung der ganzen Welt bis an deren Grenzen aufgibt. Die Katechese ist eine der grundlegenden Formen, das Wort Gottes zu verkünden, deshalb ruht eben auf allen Christen, natürlich in unterschiedlichem Maß, die Last der Verantwortung für sie. Dieser Pflicht entspricht das Recht auf Unterrichtung und Bildung der Kinder und Jugendlichen nach den Grundsätzen der eigenen Religion. Das ergibt sich aus dem Menschenrecht auf Wahrheit, auf Religionsfreiheit, aber auch aus dem Recht der Eltern auf die religiöse Erziehung ihrer Kinder.

3. Dank der Umgestaltungen, die sich in letzter Zeit in unserem Vaterland vollziehen, ist die Katechese in die Schulräume zurückgekehrt und hat ihren Platz und ihren Widerhall im Erziehungssystem gefunden.
Persönlich freue ich mich sehr darüber. Gleichzeitig will ich hier jedoch eine Wendung wiederholen, die ich oft gebrauche, denn sie spiegelt die lebendige Wahrheit über jede Gnade, über jede Gabe wider: Dies ist euch gegeben und gleichzeitig aufgegeben worden. In diesem Geiste muß man diese Gabe in der christlichen Gesellschaft annehmen und sie so ausüben. Es braucht hier viel guten Willen, Anstrengung, Wohlwollen von seiten aller: der Katecheten, der Lehrer, der Bildungsbehörden, der Eltern, vor allem seitens der am meisten Betroffenen, das heißt der Jugendlichen und Kinder.

4. Mit dem Religionsunterricht, vor allem mit dem Unterricht in katholischer Religion, verbindet sich in den meisten europäischen Ländern ein gewaltiger Aufwand an Energie und Mitteln der Kirche und der einzelnen Staaten. Man muß sich bewußtmachen: aus diesem Grunde und auch deshalb, weil der Religionsunterricht die junge Generation, die Kinder und Jugendlichen umfaßt, und weil sein Inhalt Ausdruck des Bezugs zur religiösen Dimension des menschlichen Lebens ist, muß er als erstrangiger Beitrag zum Bau eines Europas anerkannt werden, das sich auf das Erbe christlicher Kultur stützt, die das gemeinsame Erbe Ost- und Westeuropas ist; davon war während des vor kurzem tagenden Symposiums des Rates der europäischen Bischofskonferenzen über den Religionsunterricht in öffentlichen Schulen die Rede.
Gleichzeitig muß man unterstreichen, daß mit der christlichen Wahrheit eine Haltung des Fanatismus oder Fundamentalismus jener Leute unvereinbar ist, die sich berechtigt fühlen, im Namen einer angeblich wissenschaftlichen oder religiösen Ideologie den anderen Menschen ihre Auffassung von dem, was wahr und gut ist, aufzwingen zu können. Methode der Kirche ist es, die Freiheit bei unverrückbarer Anerkennung der transzendenten Würde der menschlichen Person zu achten (vgl.

Centesimus annus, Nr. 46). Man muß dies bedenken, liebe Brüder und Schwestern. Die evangeliumsgemäße Sensibilität und Wachsamkeit werden uns vor Emotionen und Entrüstung bewahren, die leicht zu Xenophobie oder irgendeiner Intoleranz führen können, die in Widerspruch zum Geist des Evangeliums, zum Geist Gottes, der der Schöpfer und der alle Menschen liebende Vater ist, steht.

Die Schule soll, wie das schon erwähnte Konzilsdokument lehrt, jede Art von Monopol ausschließen, „das den angeborenen Rechten der menschlichen Person widerstreitet, dem Fortschritt und der Ausbreitung der Kultur, dem friedlichen Zusammenleben der Bürger und dem in sehr vielen Staaten heute herrschenden Pluralismus widerspricht" (*Erklärung über die christliche Erziehung*, Nr. 6).

Möge also die Schule und in ihr die Katechese, die ihre wohl umrissenen und euch bekannten Ziele hat, die Gläubigen zur bewußten Teilhabe am göttlichen Leben und am Leben der Kirche hinführen, zum reifen Glauben, den Sinn menschlichen Lebens aufzeigen und zur Heiligkeit führen durch die Festigung des Bandes mit Christus im Heiligen Geist auf dem Weg zum Vater (vgl. *Allgemeine Instruktion für die Katechese, Notificationes*, 1973, 21), möge die Schule im freien Polen die jungen Generationen, aber auch die älteren lehren, daß „man richtigen Nutzen aus der Freiheit nur durch ihren richtigen Gebrauch lernen kann" (Johannes XXIII., *Mater et Magristra*, 232).

Mögen im Schulbereich mit Aufmerksamkeit und Weisheit die Rechte jedes Kindes und der jungen Menschen geachtet werden, nach der eigenen in der Familie erhaltenen Erziehung, gemäß der Weltanschauung sowie dem persönlichen, ehrlichen geistigen Suchen, das eigene Gewissen zu formen und zum Ausdruck zu bringen.

Liebe Jugendliche, liebe Eltern, Katecheten und Katechetinnen, ich bitte euch sehr, spart nicht an Mühe und Erfindungsreichtum, damit die Religionsstunden ihren Glanz und ihre Frische und auch diese besondere Schönheit haben, die ihnen von der Natur der göttlichen Offenbarung her eigen ist.

5. Der junge Mensch ist sensibel für Wahrheit, Gerechtigkeit, für das Schöne, für andere geistige Werte. Der junge Mensch will sich selbst finden, deshalb sucht er, sucht manchmal stürmisch nach wahren Werten und schätzt jene Menschen, die sie lehren und nach ihnen leben. Wer von euch hatte in seinem Leben nicht einen solchen Menschen und denkt nicht mit Dankbarkeit an ihn: einen Priester, Lehrer, Professor oder Freund, der uns eine neue Welt von Werten enthüllen und für sie einen dauerhaften Enthusiasmus wecken konnte, ja sogar dem Leben eine Richtung geben konnte? In unserer Welt, in der Welt des vielfältigen Fortschritts und der Entwicklung, aber auch eines dominierenden Materialismus, sucht die Jugend nach einer Stütze in der Kirche, die den Glauben formt und Horizonte eines christlichen Humanismus weist.

Noch einmal erlaube ich mir, Worte des Konzils aus demselben Dokument zu zitieren: „Schön ... ist ... die Berufung all derer, die als Helfer der Eltern und Vertreter der menschlichen Gesellschaft in den Schulen die Erziehungsaufgabe übernehmen. Ihre Berufung erfordert besondere Gaben des Geistes und des Herzens, eine sehr

sorgfältige Vorbereitung und die dauernde Bereitschaft zur Erneuerung und Anpassung" (*Erklärung über die christliche Erziehung*, Nr. 5).
Dies wünsche ich euch allen, liebe Brüder und Schwestern, von ganzem Herzen. Dies wünsche ich der polnischen Schule und Gesellschaft, dem gesamten Vaterland.

6. Zum Schluß ist es vielleicht gut, noch ein Zeugnis zu zitieren, das in den Heiligsprechungsakten des hier erwähnten Michal Kozal verzeichnet ist und das über ihn Janina Glebocka abgab, eine Lehrerin aus Bromberg (Bydgoszcz) von der gleichen Schule, an der er war. Hier ihre Worte:
„Dieser junge Priester, der still, wortkarg war und sich niemandem aufdrängte, gewann in kurzer Zeit die Hochachtung und Liebe der Jugend und der Lehrerschar. Bei den Schulbeichten war sein Beichtstuhl umlagert, wenngleich für gewöhnlich Schülerinnen und Schüler nicht gern bei ihren priesterlichen Lehrern beichten ... Und für das Lehrerkollegium, in dem nicht alle praktizierende Katholiken waren, war Priester Kozal das Muster eines aufrechten Menschen und katholischen Priesters."
Möge diese Kathedrale von Wloclawek, die uns soviel über die Kirche, über die Polen, über die in diesem Gebiet lebenden Menschen sagt, die Kathedrale, die der Lehrort des Bischofs ist, aber auch der Ort seiner traditionellen Begegnungen mit Jugendlichen und Lehrern, die Kathedrale, die uns heute mit aller Gastlichkeit des Gebiets von Kujawien aufnimmt, möge sie für alle eine Erinnerung und Ermunterung sein, dem Auftrag Christi treu zu sein: „Lehrt sie, alles zu befolgen, was ich euch geboten habe. Seid gewiß: Ich bin bei euch alle Tage bis zum Ende der Welt" (*Mt* 28,20).
Ich sollte damit schließen, aber ich kann nicht. Ich kann nicht, denn ich habe mir bewußt gemacht - als ich zuvor auf den Domhof, wo sich wohl der größere Teil der Teilnehmer an dieser Begegnung befindet, und später in die Kathedrale kam -, was ich der polnischen Schule verdanke. Dies ist schwer abzumessen, schwer auszuwiegen, denn so sehr tragen wir das in uns, daß wir uns schlichtweg damit identifizieren. Das sind wir! Schließlich wurde uns dies ja gegeben, wurde uns vermittelt, eingeprägt. Der Mensch ist er selbst durch die Kultur. Die Nation ist sie selbst durch die Kultur. Der Mensch ist Glied seiner Nation, indem er am Erbe ihrer Kultur teilhat. Das ist ein gewaltiges Erbe, das von den ersten Worten des Kindes mit der Mutter, mit den Eltern beginnt. Und dann ist es dieser ganze Erziehungsprozeß: das Heim, die Schule, die Kirche.
Wenn ich auf diese Stadt schaue, auf diesen Fluß, dann kommt mir in Erinnerung, daß mein Geburtsdatum mit der Zeit großer Bedrohung der gerade erst wiedergeborenen Republik zusammenfällt: das Jahr 1920. Auch hier tobten entscheidende Kämpfe. Unter anderem hier. Das alles wurde diesem neugeborenen Menschen mitgegeben, der einen unbekannten Lebensweg vor sich hatte, und für diesen Lebensweg bereiteten ihn die Familie, die Schule und die Kirche vor, so wie dies Pius XI. in seiner Enzyklika über Erziehung *Divini illius Magistri* darlegt.
Ich bin durch eine solche Schule gegangen. Ich verdanke ihr unerhört viel. Man kann einfach kaum ermessen, wieviel. Häufig habe ich schon darüber gesprochen.

Vielleicht habe ich mir das am stärksten bewußt gemacht, als ich mich in Paris auf der Weltversammlung der UNESCO befand, wo Vertreter so vieler alter und junger, europäischer und außereuropäischer Nationen waren, wo ich sagen konnte und mußte, wo ich diese Wahrheit bekennen mußte, daß die Nation, der man ihre politische Unabhängigkeit in manchmal brutaler, gewaltsamer Weise genommen hatte, durch ihre Kultur sie selbst geblieben war. Und dieses Erbe tragen wir in uns, jeder von uns, ich in besonderer Weise. Das überliefern uns unsere Mütter und unsere Väter, das überliefert uns unsere Schule. Dieses Erbe ist christlich, es ist also gleichzeitig in der Kirche, in den tausend Jahren polnischen Christentums verwurzelt. Deshalb möchte ich heute hier, von dieser Stelle und bei Gelegenheit dieser Begegnung, noch einmal ganz einfach meinen Eltern die Hände küssen, gleichzeitig allen meinen Lehrern die Hände küssen, den Lehrerinnen und meinen Katecheten, die mich in der Grundschule, im Gymnasium bis hin zum Abitur unterrichteten und dabei die Fundamente für die Zukunft eines Menschen legten.
Heute, da diese Zukunft schon eine besondere Wirklichkeit geworden ist, kann man nicht umhin, zurückzuschauen zu jenen Fundamenten und die große Schuld, die Dankesschuld zu spüren. Und vielleicht ist dieses Zeugnis für euch notwendig, meine lieben Damen und Herren, Brüder und Schwestern, meine Landsleute, die auf dieser neuen Geschichtsetappe - es wäre zu wenig, zu sagen, ihr beschäftigt euch mit der Frage der polnischen Schule - diese Sache repräsentiert und verwirklicht, alle auf die jeweils eigene Weise, angefangen vom Ministerium über die Kuratorien, über die Direktoren und Lehrer aller Schulen, aller Stufen, aller Arten. Vielleicht muß dieses Zeugnis gegeben werden, damit die Dimension der Sache klar wird. So ist das Ausmaß dieser Frage. Die Kirche wird, ich weiß nicht weshalb, verdächtigt, sie wolle etwas anderes. Die Kirche will dienen. Das ist ihre Berufung. Die Kirche will dienen, sie will dem Menschen dienen, sie will der Gesellschaft dienen. Ich bitte meine früheren Lehrer und Katecheten, die nicht mehr leben, daß sie in der Dimension der Gemeinschaft der Heiligen diesen Dank annehmen, den ich ihnen heute abstatte, den ihnen einer ihrer Schüler, den ihnen der polnische Papst abstattet.
Ich segne euch von Herzen, euch und eure Familien und eure Umgebung in ganz Polen.

Die Welt braucht ein erlöstes Europa

Predigt bei der Messe in Wloclawek am 7. Juni

1. „Einer der Soldaten stieß mit der Lanze in seine Seite" (*Joh* 19,34).

Liebe Brüder und Schwestern.

Die Kirche kehrt heute zum Karfreitag zurück. Das Herz-Jesu-Fest ist gewissermaßen eine große Ergänzung und ein tiefer Kommentar zu den Karfreitagsereignissen. Der Abschnitt aus dem Evangelium des hl. Johannes bezieht sich auf das

unmittelbare Ende dieser Ereignisse. Die von Pilatus ausgesandten Soldaten prüfen, ob die Verurteilten auf Golgota noch leben. Christus lebt nicht mehr. Um dies festzustellen, versetzt ihm einer der Soldaten einen Stoß mit der Lanze - und aus der durchstoßenen Seite „floß Blut und Wasser heraus" (*Joh* 19,34). Das war die Bestätigung des Todes.
Der Evangelist spricht nicht vom Herzen - aber gerade das menschliche Herz des Gekreuzigten wurde durchstoßen: eben deshalb erfolgt dieser Ausfluß von Blut und Wasser, der bedeutet, daß Jesus von Nazareth nicht mehr lebt. Dies geschah in den Nachmittagsstunden des Karfreitags. Das rituelle Gesetz verlangte, daß die Körper der Gekreuzigten am Tag des Pascha-Sabbats, der der größte Feiertag Israels war, nicht am Kreuz blieben.

2. Dieser Beschreibung fügt der Evangelist zwei Sätze an, die davon zeugen sollen, daß sich die Prophezeiungen des Alten Bundes erfüllten. Die Schrift sagt: „Man soll an ihm kein Gebein zerbrechen" (*Joh* 19,36; vgl. *Ex* 12,46), und so geschah es auch, im Unterschied zu den zwei anderen Gekreuzigten. Die Schrift sagt auch: „Sie werden auf den blicken, den sie durchbohrt haben" (*Joh* 19,37; *Sach* 12,10).
Sie werden auf den Gekreuzigten schauen. Sie werden sich in sein Herz versenken. In diesen Worten ist der Schlüssel zum Geheimnis enthalten, das im Zentrum des heutigen Festes steht. Nicht nur dies. Der Schlüssel zur Geschichte der Seele vieler Menschen, die durch diese offene Wunde in der Seite des gekreuzigten Christus, die äußerlich sichtbar ist, zu dem vordringen, was dem Blick verborgen ist. Sie schauen auf sein Herz. Sie versenken sich in sein Herz.
Wie viele solche Menschen, die sich in das Herz des Erlösers versenkten, sind über dieses Gebiet an der Weichsel, durch diese Bischofsstadt gegangen?
War ein solcher Mensch nicht der selige Abt Bogumil, der spätere Erzbischof von Gnesen, dann Einsiedler, oder auch die selige Jolanta, die Piastenfürstin, beide in weit zurückliegenden Jahrhunderten? Und waren es in diesem unseren schwierigen 20. Jahrhundert nicht der hl. Maximilian Kolbe und der sel. Bischof Michal Kozal? War es nicht der große Primas des Millenniums, Kardinal Stefan Wyszyński? Und vor ihm noch all die Märtyrer der Nazilager, in denen die Diözese Wloclawek einen besonders hohen Blutzoll entrichten mußte? Allein 220 Priester kamen während des letzten Krieges um, das war über die Hälfte eures Diözesanklerus.
Sie alle hefteten den Blick auf das am Kreuz durchbohrte Herz - und sie fanden die übermenschliche Kraft, von ihm das Zeugnis ihres Lebens und Sterbens zu geben. Das Herz, das die Quelle des Lebens und der Heiligkeit ist.

3. Dieses Herz birgt in menschlicher Weise das Geheimnis der ewigen Liebe Gottes. Dieses Geheimnis, das der Apostel im Brief an die Epheser verkündet: „den unergründlichen Reichtum Christi", die Enthüllung, „wie jenes Geheimnis Wirklichkeit geworden ist, das von Ewigkeit her in Gott, dem Schöpfer des Alls, verborgen war" (*Eph* 3,8-9).
Was für ein Plan ist Wirklichkeit geworden? Was für ein Reichtum ist das? Die heutige Liturgie antwortet mit den Worten aus dem Buch des Propheten Hosea. Vor

allem mit dem einen Wort: „Liebe" „liebgewinnen". „Als Israel jung war, gewann ich ihn lieb ... Ich war es, der Efraim gehen lehrte, ich nahm ihn auf meine Arme ... Mit menschlichen Fesseln zog ich sie an mich, mit den Ketten der Liebe" (*Hos* 11,1.3-4). Göttliche Liebe - menschliche Bande und Fesseln. Es ist der menschliche Ausdruck dieser göttlichen Liebe unter dem Bild eines Vaters oder einer Mutter, die „den Säugling an ihre Wangen heben", sich ihm zuneigen und ihm zu essen geben (*Hos* 11,4).

Das am Kreuz durchbohrte Herz, das Herz des eingeborenen Sohnes, ist die reife Frucht dieser ewigen Liebe Gottes zum Menschen. In ihm bleibt für immer diese Wahrheit aus dem Johannesbrief eingeschrieben: Gott hat als erster „uns geliebt und seinen Sohn als Sühne für unsere Sünden gesandt" (*1 Joh* 4,10). Es gibt keine größere Liebe als diese: es gibt keine größere Liebe als die, die das Leben hingibt für andere (vgl. *Joh* 15,13). Es gibt keine größere Liebe als die, die sich am Ende in dem Herzen offenbart, das von der Lanze des Hauptmanns auf Golgota durchbohrt wurde. „Mein Herz wendet sich gegen mich, mein Mitleid lodert auf. Ich will meinen glühenden Zorn nicht vollstrecken" (*Hos* 11,8-9). Ja. Der glühende Zorneshauch verströmte; er verzehrte das Herz des Sohnes. Und im Herzen des Sohnes blieb diese göttliche Flamme für jeden Menschen nicht als Flamme zerstörender Strafe, sondern als Flamme der erneuernden Liebe.

Auf diese Weise dauert Gott, die Liebe, in der Geschichte der Menschheit an, in der inneren Geschichte eines jeden von uns: „... ich bin ... der Heilige in deiner Mitte. Darum komme ich nicht in der Hitze des Zorns" (*Hos* 11,9). Herz Jesu, Sühneopfer für unsere Sünden - Herz Jesu, Quelle des Lebens und der Heiligkeit.

4. Wenn wir den Spuren so vieler Söhne und Töchter dieses Gebiets von Kujawien, der Bischofsstadt, folgen, müssen wir uns in das göttliche Herz versenken. Von ihm kommt es, wenn „ihr in eurem Innern ... an Kraft und Stärke zunehmt", wie der Apostel im *Epheserbrief* lehrt (3,16).

Hier findet sich zugleich die Antwort auf so viele Schwächen und Sünden der Menschen von heute, die kein inneres Leben leben. Sie leben nur äußerlich. Sie leben nach den Sinnen, im Reflex der Instinkte. Den Zehn Geboten folgend, die das Programm meiner Pilgerreise diesmal bestimmen, muß hier das 9. Gebot in Erinnerung gerufen werden: „Du sollst nicht nach der Frau deines Nächsten verlangen." Nicht nur sollst du „nicht die Ehe brechen", sondern auch „nicht ... verlangen". Laß dich nicht einwickeln von allen diesen Kräften des Verlangens, die in dir als „Keim der Sünde" schlummern, laß dich nicht beherrschen vom „irdisch eingestellten Menschen" (vgl. *1 Kor* 3,3). „Wenn ihr nach dem Fleisch lebt", schreibt der Apostel, „müßt ihr sterben" (*Röm* 8,13).

Das Fleisch hat keine andere Perspektive, nur der Geist hat sie. „Wenn ihr aber durch den Geist die [sündigen] Taten des Leibes tötet, werdet ihr leben" (*Röm* 8,13). Die Kräfte des Geistes aber sind im Menschen. Und in den menschlichen Herzen ist auch die Liebe wirksam, die vom Heiligen Geist kommt.

Also muß man das aufgreifen, was jeder von uns an Geist und an Heiligem Geist hat. Man darf sich nicht einwickeln lassen von dieser ganzen Zivilisation des Begehrens und des Genusses, die unter uns um sich greift und sich den Namen des Europäertums gibt; die unter uns um sich greift, und sich die verschiedenen Mittel der Information und der Verführung zunutze macht. Zivilisation - oder eher Antizivilisation? Kultur - oder eher Antikultur? Hier muß man wieder zu den elementaren Unterscheidungen kommen. Kultur ist doch das, was den Menschen mehr zum Menschen macht. Nicht das, was sein Menschsein nur „konsumiert".

5. Kehren wir noch einmal zu den Lesungen der heutigen Liturgie zurück. Wir lesen im Epheserbrief: „Daher beuge ich meine Knie vor dem Vater ... und bitte, er möge euch aufgrund des Reichtums seiner Herrlichkeit schenken, daß ihr in eurem Innern durch seinen Geist an Kraft und Stärke zunehmt" (*Eph* 3,14.16).
Rühren wir hier nicht an die unmittelbaren Grundlagen menschlicher Kultur?
Am Anfang ist Gott, ist der Vater, der, indem er den Menschen nach seinem Bild und Gleichnis schafft, ihn für das Wirken des Geistes empfindsam macht: des Geistes der Wahrheit, des Guten und des Schönen. Das sind ja diese ewigen Dimensionen jeglicher Kultur und jeder menschlichen Kultur. Auch der unseren, der polnischen, jener, die durch Jahrhunderte unserer Geschichte über uns entscheidet.
Und weiter schreibt der Apostel: „Durch den Glauben wohne Christus in eurem Herzen. In der Liebe verwurzelt und auf sie gegründet, sollt ihr ... die Liebe Christi ... verstehen, die alle Erkenntnis übersteigt. So werdet ihr mehr und mehr von der ganzen Fülle Gottes erfüllt" (*Eph* 3,17-19).
Also: am Anfang ist Gott und der Schöpfergeist - und mitten im Mühen und Streben menschlichen Schaffens und Arbeitens ist Christus. Die Liebe Christi, die den Menschen sich selbst übersteigen läßt. Stanislaus, euer Landsmann aus Rostkowo in der Diözese Plock, pflegte zu sagen: „Zu höheren Dingen bin ich geschaffen." Er hatte das Bewußtsein, daß der Mensch er selbst ist, wenn er bereit ist, über sich hinauszusteigen. Er sprach diese gleiche Wahrheit in seiner einfachen, jugendlichen Sprache aus wie der große Franzose Pascal.
Deshalb beuge ich zusammen mit allen, die durch dieses Land an der Weichsel gegangen sind, zusammen mit Priester Jerzy, der unweit von hier seinen Märtyrertod an der Weichselstauung fand, meine Knie vor dem Vater und bitte ihn, „daß ihr in eurem Innern ... an Kraft und Stärke zunehmt", ich bitte um die Festigung der Kraft des inneren Menschen für alle Söhne und Töchter meines Vaterlandes an der Schwelle der Zeiten, die schon gekommen sind - und derer, die kommen.
„Jesus, gütig und von Herzen demütig, bilde mein Herz nach deinem Herzen." So darf der Mensch zu Gott sprechen, zu jenem Gott, der Mensch geworden ist, der als Mensch die ganze Fülle der Göttlichkeit und die ganze unermeßliche Tiefe der menschlichen Berufung in Gott, in eben diesem menschlichen Herzen trägt. Er trägt auch in diesem menschlichen, zum Schluß von einer Lanze durchbohrten Herzen das ganze Geheimnis des Preises, des Wertes, den der Mensch hat, das ganze Geheimnis der Erlösung. Und was ist Erlösung denn anderes als die Wiederherstellung des Wertes? Man stellt den Wert des Menschen nicht wieder her, wenn man ihn in alles das stößt, was sinnlich ist, in alle Arten des Begehrens, in alle Erleichterungen, die den Sinnen nachgeben, in sexueller Leichtlebigkeit und in Genußsucht. Das ist keine

Aufwertung des Menschen, kein Maß für Kultur, kein Maß für Europäertum, auf das sich manche Wortführer unserer „europäischen Eingliederung" so oft berufen.
Zunächst einmal bedarf es gar nicht mehr dieser Eingliederung, denn wir sind ja schon darin. Der erste Ministerpräsident der 3. Republik sagte das vor dem Europarat in Straßburg: in gewisser Weise waren wir stets und sind wir in Europa. Es bedarf nicht des Eintretens in das Europa, das wir ja aufgebaut und mit größerer Mühe aufgebaut haben als jene, denen man exklusiv ein Patent für Europäertum zuschreibt oder die es sich selbst zuschreiben.
Was aber soll das Kriterium sein, was soll das Kriterium der Freiheit sein? Welcher Freiheit? Zum Beispiel der Freiheit, dem noch nicht geborenen Kind das Leben zu nehmen?
Meine lieben Brüder und Schwestern, ich möchte als Bischof von Rom gegen eine solche Qualifizierung Europas, Westeuropas protestieren. Dies beleidigt die große Welt der Kultur, der christlichen Kultur, aus der wir schöpften und die wir zusammen mit anderen geschaffen, die wir mitgestaltet haben, auch um den Preis unserer Leiden. Hier, in diesem Gebiet von Kujawien, hier, in dieser Stadt der Märtyrer, muß das laut gesagt werden. Die europäische Kultur wurde von Märtyrern der drei ersten Jahrhunderte geschaffen; sie wurde östlich von uns geschaffen von den Märtyrern in den letzten Jahrzehnten, auch hier bei uns in den letzten Jahrzehnten. Ja, auch der Priester Jerzy schuf sie.
Er ist der Patron unserer Anwesenheit in Europa um den Preis des Opfers seines Lebens, so wie Christus. So wie Christus, wie Christus Bürgerrecht in der Welt, Bürgerrecht in Europa deshalb hat, weil er sein Leben für uns alle hingegeben hat.
Er hat das Bürgerrecht unter uns, unter allen Nationen des Kontinents und der ganzen Welt wegen seines Kreuzes. Geheimnis des Herzens, das man durchbohrt hatte, Geheimnis des Herzens, auf welches sie den Blick hefteten. Das sind die großen Pioniere Europas. Akzeptieren wir für die Vergangenheit und die Zukunft einen solchen Maßstab des Europäertums. Einen solchen Maßstab des Europäertums wollen wir übernehmen und fortführen, und wir werden nicht zulassen, daß man uns dieses Maß niedriger setzt.
Gewiß, Europa ist auch die Geschichte großer Krisen, die Geschichte der europäischen Krise, die viele Wurzeln hat, die andauert und sich entwickelt und in unserer Zeit auch ihre Fortsetzung hat, in diesem Jahrhundert leider eine tragische Fortsetzung. In diesem Jahrhundert schuf man ja die Weltanschauung, in deren Namen der Mensch dem anderen Menschen deshalb das Leben nehmen kann, weil er von anderer Rasse ist, weil er zu einer bestimmten ethnischen Gruppe gehört, weil er Jude ist, weil er Zigeuner, weil er Pole ist. Die Rasse der Herren und die Rasse der Sklaven. Und dann wiederum der Mythos der Klasse. Das alles ist auch europäisches Erbe, aber von dem sollen wir uns befreien! Europa braucht Erlösung!
Das Fest des Heiligsten Herzens Jesu ist ein Fest der Erlösung Europas, der Erlösung der Welt, der Erlösung Europas um der Welt willen. Die Welt braucht ein erlöstes Europa.

Meine Lieben, vergebt diese hitzigen Worte, vielleicht sind sie so, weil der Tag ein wenig kühl ist, aber es ist auch der *genius loci*, es ist der Ort, dieser außergewöhnliche Ort. Vielleicht ist er nicht sehr bekannt in der Welt. In Europa ist Wloclawek nicht so sehr bekannt, der Name, der das wunderbare Vermächtnis für unser Jahrhundert in sich trägt, das gleichsam eine Antwort auf jenes Vermächtnis der ganzen Zivilisation des Hasses, des Todes, der ganzen Zivilisation des Todes ist. Ein Vermächtnis der Zivilisation des Lebens, des Lebens durch den Tod, wie bei Christus, wie im göttlichen Herzen. Sein letzter Zeuge, der Zeuge dieses Vermächtnisses ist eben der Priester Jerzy. Man darf ihn nicht bloß so sehen - Gott behüte, ich denke nicht, daß irgend jemand es so sieht oder zu sehen versucht -, man darf ihn nicht nur insoweit sehen, als er einer gewissen Sache in der politischen Ordnung diente, wenngleich dies etwas zutiefst Ethisches war. Man muß ihn in der ganzen Wahrheit seines Lebens sehen und lesen. Man muß ihn so von der Seite des inneren Menschen her lesen, wie es der Apostel im Epheserbrief verlangt. Gerade dieser innere Mensch kann Zeuge sein, Zeuge unserer schwierigen Zeiten, unseres letzten Jahrzehnts, so wie er es war.

Zusammen mit allen wiederhole ich den letzten Abschnitt, zusammen mit allen, die durch dieses Land an der Weichsel gegangen sind, zusammen mit dem Priester Jerzy „beuge ich meine Knie vor dem Vater". Ich bitte, „daß ihr in eurem Innern ... an Kraft und Stärke zunehmt", ich flehe darum, „daß ihr in eurem Innern ... an Kraft und Stärke zunehmt" ... Ich tue dies für alle Söhne und Töchter dieses Gebietes, meines Vaterlandes, jetzt, an der Schwelle der Zeiten, die gekommen sind und die noch kommen! Amen.

Weihe der Diözese Wloclawek an das Herz Jesu

Ansprache bei der Weihe der Diözese in Wloclawek an das Herz Jesu am 7. Juni

Am Tag, an dem die Kirche uns die Liebe zeigt, die im Zeichen der durchbohrten Seite unseres Herrn Jesus Christus am Kreuz offenbar wurde, als dieser Seite Blut und Wasser entströmte, weihe ich, der Bischof von Rom, Diener der Diener Gottes, in Anwesenheit der Bischöfe, Priester und Diakone sowie der hier versammelten Gläubigen, die Diözese Wloclawek zusammen mit der ganzen mir anvertrauten Herde dem Heiligsten Herzen Jesu, damit sie für immer „ein auserwähltes Geschlecht" bleibe, „eine königliche Priesterschaft, ein heiliger Stamm, ein Volk, das Gottes besonderes Eigentum wurde" (vgl. *1 Petr* 2,9).

Wir danken dir, Herr Jesus Christus, daß du „uns den Namen des Vaters bekanntgemacht" (vgl. *Joh* 17,26) und daß du für uns „dich geweiht hast" (vgl. *Joh* 17,19). Wir versprechen dir grenzenlose Treue und bitten um deine Gnade, damit wir dir weiter im gleichen Geist und mit dem gleichen Eifer dienen können wie unsere Väter.

Durch die Fürsprache der Jungfrau Maria, die unter dem Kreuz stand, und vor dem Kreuz, an dem du, Jesus Christus, uns die Schätze deines geöffneten Herzens ge-

schenkt hast, bitten wir aus der Tiefe unseres Seins: „Jesus, gütig und von Herzen demütig, bilde unser Herz nach deinem Herzen. Amen".
Vor dem Schlußsegen möchte ich noch alle anwesenden Pilger grüßen, die zu dieser eucharistischen Versammlung gekommen sind.
Wir danken heute dem göttlichen Herzen für die ganze schwierige, aber doch so reiche Vergangenheit der Kirche in Kujawien. Das Christentum hat ja hier einen guten Boden für seine Entwicklung und sein Wachstum gefunden. In dieser Umgebung reifte sehr schnell die Idee des Tridentinischen Konzils, wofür das Priesterseminar - eines der ältesten in Polen - ein Beweis ist.
Eure Diözese zahlte einen gewaltigen Preis für ihre Treue zu Gott und zum Heiligen Stuhl: während der Reformation, der Teilungen und der Weltkriege. Unmöglich kann man hier alle aufzählen, die ihr Leben zur Verteidigung des Glaubens hingaben und sich heute des Märtyrerruhms erfreuen. Blut und Wasser aus der durchbohrten Seite Christi sind in reichem Maß in diese Diözese geflossen.
Eure Vorfahren und Väter suchten bei Jesus Trost und Kraft. Christi Wort: „Ich habe Mitleid mit diesen Menschen" (vgl. *Mk* 8,2) pulsierte in den Herzen der Priester. Unter ihnen möchte ich wenigstens Waclaw Blizinški erwähnen, den Schöpfer des Musterdorfes Lisków bei Kalisz, der für Tausende von Menschen „den Himmel öffnete und Brot brachte".
Ich möchte auch den Priester Idzi Radziszewski erwähnen, Diener der Kirche vor allem durch seine Mission als Theologe. Auf diesem Gebiet bildet das Zeugnis der Kirche von Wloclawek ein besonderes Blatt in der Geschichte der Kirche in unserem Land. Von hier begann die theologische Erneuerung, die später in die Katholische Universität Lublin mündete. Heute wissen wir in besonderer Weise diesen Prozeß der Erneuerung zu schätzen und müssen ehrend das Haupt vor denen neigen, die seine Pioniere waren, wie Idzi Radziszewski, und andere, die aus dieser Diözese hervorgingen.
Auf allen diesen Wegen eures Lebens begleitete euch stets Maria, die ihr in zahlreichen, über die ganze Diözese verstreuten Heiligtümern verehrt. Gerade hier fand ja das Bild der Muttergottes von der Immerwährenden Hilfe gastliche Aufnahme, das aus Lemberg kam und das heute in feierlicher Form die päpstlichen Kronen erhielt.
Ich vertraue dem göttlichen Herzen die ganze Zukunft der Diözese Wloclawek an. Ich gebe euch in die mütterlichen Hände der Gottesmutter sowie unter die Obhut des hl. Josef von Kalisz. Eure Diözese Wloclawek ist ein besonderer Mittelpunkt der Verehrung des hl. Josef sowie der Theologie über den hl. Josef.
Noch einmal möchte ich allen für ihre Anwesenheit danken: dem polnischen Episkopat mit dem Primas, den Kardinälen mit den Gästen aus dem Vatikan; den uns sehr teuren Gästen: dem Erzbischof von Minsk sowie dem Erzbischof Kondrusiewicz aus Moskau und Erzbischof Marian Jaworski aus Lemberg; den Gästen aus den Vereinigten Staaten, die die dortigen Auslandspolen und die auslandspolnische Kirche aus Chicago vertreten; den Repräsentanten der Regierung der Polnischen Republik und der Kanzlei des Präsidenten, den Parlamentariern, Abgeordneten und Senatoren aus den Woiwodschaften Wloclawek, Konin, Kalisz, Sieradz, auch aus

Thorn (Torun) und Bromberg (Bydgoszcz); den staatlichen Verwaltungsbehörden: den Herren Woiwoden, den Vertretern der Selbstverwaltungen und den Oberhäuptern der Städte; den Vertretern der „Solidarność" sowie den Fahnenabteilungen verschiedener Organisationen und Vereinigungen; dem Priesterseminar in Wloclawek, dem der Salesianer in Lad, dem der Kongregation von Don Orione in Zduńska Wola, dem der Missionare der Heiligen Familie in Kazimierz Biskupi und Gnesen, dem Seminar des Primas in Pelplin. Unter anderen Gruppen, die Erwähnung verdienen: Vertreter des Neokatechumenalen Weges, die Vereinigung Katholischer Familien, das Katholische Studium aus Lodz, Vertreter der Bliziński-Volkshochschule, Studenten des Instituts für Höhere Religiöse Kultur in der Diözese Wloclawek, das Primas-Institut für Christliche Kultur in Bromberg (Bydgoszcz), das Katholische Allgemeinbildende Gymnasium aus Bromberg, behinderte Kinder und Jugendliche; andere Gäste, vor allem aus den Nachbardiözesen Gnesen, Posen, Pelplin, Lodz und Tschenstochau, zusammen mit ihren Bischöfen und Seelsorgern; eine von Marianenpatres aus Detroit organisierte Gruppe zusammen mit Erzbischof Majda; schließlich eine Pilgergruppe von Polen aus Wilna.
Nun, und am Schluß danken wir wohl auch dem Regen, daß er erst etwas später zu fallen begann.

Freiheit muß erlernt werden

Predigt bei der hl. Messe in Plock am 7. Juli

1. „Lernt von mir; denn ich bin gütig und von Herzen demütig" (*Mt* 11,29).
Die ganze Kirche hört heute auf diese Worte, mit denen Christus das Geheimnis seines Herzens offenbart. „Lernt von mir", sagt er, und diese Worte bedeuten, daß er selbst unser Lehrer ist. Nicht nur wegen alledem, was er tat und sagte. Er ist unser Lehrer und Meister vor allem um dessentwillen, was er war. Und wer Jesus Christus war, das drückt sich in besonderer Weise in seinem Herzen aus.
Wer er war, das ist ein unergründliches Geheimnis. „Niemand kennt den Sohn, nur der Vater", sagt Jesus (*Mt* 11,27). Und gleichzeitig: „Wer den Sohn gesehen hat, hat den Vater gesehen" (vgl. *Joh* 14,9), denn nur „der Sohn kennt den Vater" (vgl. *Mt* 11,27). Den Vater kennt sodann auch „jeder, dem es der Sohn offenbaren will" (vgl. *ebd.*). So ist also Christus der Schlüssel unserer Gotteserkenntnis: der Gottessohn und Menschensohn, und im Zentrum dieser Erkenntnis ist das Herz.
Heute gibt die ganze Kirche diesem Herzen in der Liturgie die Ehre. Ich freue mich, daß es mir vergönnt ist, an diesem Tag Plock zu besuchen, einen der Piastensitze unseres Landes und zugleich altehrwürdiger Bischofssitz. Wie viele Menschen, Söhne und Töchter des polnischen Masowien, haben doch im Laufe der Jahrhunderte hier von Christus die göttliche und menschliche Wahrheit gelernt, indem sie sich mit dem inneren Geheimnis seines Herzens befaßten. In entfernten Jahrhunderten, wie z. B. der hl. Stanislaus Kostka aus Rostkowo, und zu unserer Zeit, im

20. Jahrhundert, das sich durch ein besondere Zeugnis von Bekennern und Märtyrern auszeichnet.

2. „Lernt von mir".
Die Wahrheit, die wir vor allem von Christus lernen sollen, ist die Wahrheit der Liebe. Das Herz des Erlösers offenbart uns die Wahrheit der Liebe, die „aus Gott" ist (*1 Joh* 4,7). Die Liebe Gottes drückte sich darin aus, daß der Vater „seinen einzigen Sohn in die Welt gesandt hat, damit wir durch ihn leben" (*1 Joh* 4,9). Die Liebe, die aus Gott ist, ist lebenspendend. „Jeder, der liebt, stammt von Gott ...; denn Gott ist die Liebe" (*1 Joh* 4,7-8). Er stammt ... das bedeutet: er hat das Leben aus Gott. Er lebt aus göttlichem Leben. Und nur dann „erkennt er" Gott, denn Liebe erkennt man nicht anders als durch Liebe. Eben deshalb gilt: „wer nicht liebt, hat Gott nicht erkannt" (*1 Joh* 4,8).
Diese lebenspendende Liebe ist aus Gott, nicht aus uns: „Nicht darin besteht die Liebe, daß wir Gott geliebt haben, sondern daß er uns geliebt ... hat" (*1 Joh* 4,10). So ist Gott der Erste. In ihm hat nicht nur jegliche Existenz ihren Anfang, sondern vor allem jede Liebe in der Welt der geschaffenen Wesen. Jede Liebe in unseren menschlichen Herzen. Liebe hat in Gott ihren Ursprung, und diese ewige Quelle hat sich in der Zeit am vollkommensten kundgetan, als Gott der Vater „seinen Sohn als Sühne für unsere Sünden gesandt hat" (*1 Joh* 4,10).
Damit die Liebe, die ein Geschenk von Gott ist, dem menschlichen Herzen zuteil werden konnte, mußte die Sünde besiegt werden. Nur die Liebe hat diese Kraft, die erlösende Liebe, die im Herzen des Gottessohnes pulsiert.
Der Apostel und Evangelist Johannes, der in der heutigen Liturgie zu Wort kommt, erklärt, was wir von diesem Sohn lernen sollen, der der Erlöser der Welt ist. Wir sollen, schreibt er, „die Liebe, die Gott zu uns hat ..., gläubig" annehmen (vgl. *1 Joh* 4,16). Ein solcher Glaube bedeutet nicht nur Erkenntnis Gottes. Er ist gleichzeitig neues Leben: er ist Leben in Gott. Der hl. Johannes schreibt: „Wer in der Liebe bleibt, bleibt in Gott, und Gott bleibt in ihm" (*1 Joh* 4,16). Das Leben in Gott läßt uns gewissermaßen erfahren, daß Gott die Liebe ist.
Eben das sollen wir vom Göttlichen Herzen des Erlösers Christus lernen.

3. Jesus, der Herr, findet eine besondere Freude darin, diese tiefste, wesentlichste Wahrheit über Gott zu offenbaren. Er sagt: „Ich preise dich, Vater, Herr des Himmels und der Erde, weil du all das den Weisen und Klugen verborgen, den Unmündigen aber offenbart hast. Ja, Vater, so hat es dir gefallen" (*Mt* 11,25-26).
Wer sind diese „Unmündigen"? Können sie nicht auch die „Weisen und Klugen" sein? Wir leben ja in der Ära des wissenschaftlichen Fortschritts, in der Epoche der Bildungsverbreitung. Man muß also sagen, daß sehr viele Weise und Kluge - manche sogar mehr noch als andere - sensibel sind für die Offenbarung Gottes, der die Liebe ist; also muß man sie zu den Unmündigen des Evangeliums rechnen.
Gottes Liebe ist Erwählung, ist Antwort auf Erwählung von seiten dessen, der zuerst geliebt hat. Darin steckt das eigentliche Wesen des Bundes, den Gott mit dem Menschen schloß. Dieser Bund hat seine Geschichte, die verbunden ist zuerst mit der

Geschichte Israels (die erste Lesung der heutigen Liturgie erinnerte daran). Gott gab sich den Nachkommen Abrahams als Gott des Bundes in besonderer Weise durch die Befreiung der Söhne und Töchter des erwählten Volkes aus der ägyptischen Sklaverei zu erkennen.

Erwählt aber wurde, wie wir hören, das „kleinste" Volk, damit offenbar werde, daß keine menschliche Größe Ursache dieser Erwählung ist, sondern nur die Liebe: deshalb, weil „der Herr euch liebt" (vgl. *Dtn* 7,9). Der Bund mit dem erwählten Volk ist nur ein Bild, eine Ankündigng dieser ewigen Erwählung, mit der Gott die ganze Menschheit in seinem eingeborenen Sohn erfaßt. Das Herz des Sohnes, das Herz Jesu, auf Golgata von der Lanze durchbohrt, ist eine Offenbarung dieser universalen Erwählung und zugleich des neuen und ewigen Bundes. Im Herzen Christi offenbart sich Gott als Liebe, er offenbart sich als treu in der Liebe - trotz der Sünde des Menschen, trotz aller Sünden und Treulosigkeiten, mit denen die Geschichte der Menschheit auf Erden angefüllt ist.

„Er ist Gott; er ist der treue Gott ... er achtet auf den Bund und erweist denen seine Huld, die ihn lieben" (vgl. *Dtn* 7,9). Das menschliche Herz des Gottmenschen bezeugt auf vollkommenste Weise und unwiderruflich diese Liebe Gottes, die treu ist.

4. Heute in Plock muß ich auf der zehnten Station meiner Pilgerreise durch die Heimat, das letzte unter den Geboten des Dekalogs behandeln. Es fügt sich gut, daß ich dies im Zusammenhang mit dem liturgischen Herz-Jesu-Fest tun kann. Denn in dem Gebot: „Du sollst nicht ... nach irgend etwas verlangen, das deinem Nächsten gehört" (ähnlich wie im vorhergehenden Gebot), berühren wir das Innere des menschlichen Herzens. „Verlangen" ist keine äußere Tat. „Verlangen" ist das, was im menschlichen Herzen lebt. „Du sollst nicht ... nach irgend etwas verlangen, das deinem Nächsten gehört", sagt Gott im Bund mit Mose am Sinai. Unmittelbar geht es hier um die Ergänzung dessen, was im 7. Gebot enthalten ist: „Du sollst nicht stehlen", es geht um eine Sache, die fremdes Eigentum ist. Darauf bezieht sich das Gebot des Dekalogs geradewegs und unmittelbar.

Gleichzeitig jedoch weist dieses Gebot auf eine Rangordnung der Werte hin, in der „Sachen", das heißt materielle Güter, einen übergeordneten Platz einnehmen. Das Verlangen nach „Dingen" beherrscht das menschliche Herz so, daß in ihm kein Platz mehr ist für höhere, geistige Güter. Der Mensch wird gewissermaßen zum Sklaven des Besitzens und Genießens, ohne daß er auf die eigene Würde schaut, ohne daß er auf den Nächsten schaut, auf das Wohl der Gesellschaft, auf Gott selbst. Das ist ein trügerisches Verlangen. Christus sagt: „Was nützt es einem Menschen, wenn er die ganze Welt gewinnt, dabei aber an seiner Seele Schaden leidet?" (vgl. *Mt* 16,26).

In einem Moment, in dem die Polen an ihre Wirtschaftsreform gehen, gewinnt das Gebot: „Du sollst nicht ... nach irgend etwas verlangen, das deinem Nächsten gehört", besondere Bedeutung. Es versteht sich von selbst, daß wir uns bei unseren unterschiedlichen Handlungen und Bemühungen von ökonomischen Motiven leiten lassen. Eine Wirtschaft, die sich richtig entwickelt, führt sowohl zur Bereicherung

der einzelnen Menschen wie zur allgemeinen Hebung des sozialen Wohlstands. Viel Elend läßt sich auf diese Weise beseitigen, auch in gesellschaftlicher Dimension.
Aber gleichzeitig dürfen wir nie vergessen, liebe Brüder und Schwestern, daß Geld, Reichtum und die verschiedenen Annehmlichkeiten dieser Welt vergehen und deshalb nicht unser letztes Ziel sein dürfen. Die menschliche Person ist wichtiger als Sachen, und die Seele ist wichtiger als der Leib, deshalb darf niemand je nach materiellen Gütern unter Verletzung des moralischen Rechts, unter Verletzung der Rechte eines anderen Menschen streben. Deshalb wünsche ich euch allen herzlich, daß niemand von euch sich je auf Kosten des Nächsten zu bereichern versuche. Darüber hinaus wünsche ich euch, meine lieben Landsleute, daß ihr in euren Bestrebungen zur Verbesserung der materiellen Existenz das menschliche Empfinden für fremde Not nicht verliert. Und achten wir auch sehr darauf, daß wir nicht eine Gesellschaft werden, in der jeder jeden um etwas beneidet. Geben wir unserem schönen Wort Ehrlichkeit den Glanz wieder: Ehrlichkeit, die Ausdruck der Ordnung des Herzens ist, Ehrlichkeit in Wort und Tat, Ehrlichkeit in der Familie und in den nachbarschaftlichen Beziehungen, im Betrieb und im Ministerium, im Handwerk und Handel, Ehrlichkeit, ganz einfach Ehrlichkeit im ganzen Leben. Sie ist die Quelle des gegenseitigen Vertrauens und folglich auch die Quelle des gesellschaftlichen Friedens und der echten Entwicklung. Möge unter den neuen Bedingungen dieses Wort eine neue, reife Bedeutung gewinnen.
Wir werden kein Glück, ja nicht einmal eine gewöhnliche Stabilisierung erreichen, wenn wir nicht das Gesetz Gottes in Rechnung stellen. Laßt uns deshalb mit ganzem Herzen Gott vertrauen, daß seine Gebote richtig sind und daß ihre Beachtung den Menschen schützt und ihm Freude und Frieden schon auf dieser Erde bringt.
Vielmals hörte ich, auch während dieser Pilgerreise durch Polen, die Worte: „Schwierig ist diese Freiheit, die wir haben." Freiheit ist schwierig, man muß sie erlernen, man muß lernen, wahrhaft frei zu sein, man muß lernen, so frei zu sein, daß unsere Freiheit nicht zu unserer eigenen Unfreiheit wird, zur inneren Knechtung, noch daß sie Ursache für die Knechtung anderer wird. Diese Frage lastet sehr auf dem Gebiet der Weltwirtschaft. Im übrigen muß man lernen, wie man frei sein kann in den unterschiedlichen Dimensionen des Lebens, und von daher scheint es mir, daß die Katechese in Verbindung mit dem Dekalog vielleicht der beste Dienst sein kann, den der pilgernde Papst seinen Landsleuten auf dieser Pilgerreise leisten kann. Es bleibt nur das eine und höchste Gebot übrig, das Gebot der Liebe, aber das lassen wir für Warschau.

5. „Lernt von mir ..." Lernt die ganze, in jedem der Gebote des Dekalogs enthaltene Wahrheit. Lernt die Wahrheit des 10. Gebots. Das Verlangen nach Dingen ist Wurzel des Egoismus, ja sogar des gegenseitigen Neids und Hasses.
Die letzten Jahre waren reich an edlen und erhabenen Erscheinungen im polnischen Leben. Aber sie legten auch gefährliche Brüche, moralische Gefahren frei. Wird dieser Prozeß nicht umkehrbar sein?
Meine Lieben, ich bin optimistisch. Mehr als einmal haben die Polen gezeigt, daß sie es verstanden, frei zu sein. Sie verstanden es, ihre Freiheitsliebe in schöpferi-

sches Tun, in einen Bund, in Solidarität umzusetzen. Sie verstanden es, ihre Freiheitsliebe auch zu einem Opfer umzugestalten. Der Satz „Für eure und unsere Freiheit" ist nicht nur ein Ausspruch. Natürlich dürfen wir nicht vergessen, daß die Geschichte uns eine schreckliche Lektion, eine schmerzliche Lektion der bis zur Verblendung mißbrauchten Freiheit gebracht hat. Mißbraucht bis zur Verblendung. Was war denn - im Kontext der Verfassung vom 3. Mai - Targowica? Und danach begann von neuem der Prozeß, die Freiheit um einen hohen Preis wiederzuerlangen. Den Preis zahlten ganze Generationen; auch unsere Generation. Diesen Preis zahlte in hohem Maße die Generation des Zweiten Weltkriegs. Eben deshalb erlaubt mir, optimistisch zu sein, und helft dem Papst, daß er sich keine Sorgen machen muß.
Christus sagt: „Lernt von mir."
Und sein Lieblingsapostel fügt hinzu: „Liebe Brüder, wir wollen einander lieben ... wenn Gott uns so geliebt hat, müssen auch wir einander lieben" (*1 Joh* 4,7.11).
Christus selbst sagt noch: „Kommt alle zu mir, die ihr euch plagt und schwere Lasten zu tragen habt. Ich werde euch Ruhe verschaffen. Nehmt mein Joch auf euch und lernt von mir ...; so werdet ihr Ruhe finden für eure Seele. Denn mein Joch drückt nicht, und meine Last ist leicht" (vgl. *Mt* 11,28-30).

Jeder wache über sein Charisma

Schlußwort vor dem Segen bei der hl. Messe in Plock am 7. Juni

Bevor wir auseinandergehen, möchte ich ganz Masowien begrüßen, indem ich seine viele Jahrhunderte zählende Vergangenheit, seine Gegenwart und Zukunft umfasse, den Platz, den es in der Geschichte unseres Vaterlandes, in der Geschichte der Kirche, in der Geschichte der Heiligkeit einnimmt. Es genügt, an den hl. Stanislaus Kostka aus Rostkowo zu erinnern, euren Landsmann. Aber wir müssen auch an Schwester Faustina denken. Die Missionarin der Barmherzigkeit Gottes hatte ihre Zeit; dies war die Zeit des schrecklichen 2. Weltkrieges, schrecklich in vieler Hinsicht. Es war die letzte Eskalation des Bösen auf unserem Kontinent. Für diese Zeit hat Gott die Mission der Göttlichen Barmherzigkeit vorgesehen, deren Zeuge, deren Sachwalter diese schlichte Tochter des polnischen Landes wurde.
Wenn ich die ganze eucharistische Gemeinde grüße, alle hier Anwesenden, dann will ich in besonderer Weise unsere Gäste grüßen, vor allem den neuen Erzbischof von Prag, den Nachfolger auf diesem Stuhl des heiligen Adalbert (Wojciech). Wir bitten ihn, von uns Kardinal František Tomášek, seinen Vorgänger, zu grüßen. Auch begrüße ich einen anderen Gast aus dem uns nahestehenden Rumänien, den Erzbischof von Bukarest. Ich grüße die Vertreter der Staatsbehörden, die Vertreter des Präsidenten der Republik, des Parlaments und der Regierung. An diesem eucharistischen Gebet nahmen auch Brüder anderer christlicher Bekenntnisse teil, die im ökumenischen Dialog stehen: wir begrüßen sie herzlich.
Ich finde hier viele organisierte Gruppen aus der Diözese Plock, aus ganz Polen, aber auch aus dem Ausland, insbesondere aus den uns nahestehenden, angrenzenden

Ländern. Hier sind Kinder aus Tschernobyl anwesend, die eine Erholungszeit in Polen verbringen. Ich begrüße euch, liebe Kinder, besonders herzlich. Ich danke den Organisatoren, allen, die diesem Werk ihr Herz widmeten, getreu den Worten Christi: „Was ihr für einen meiner geringsten Brüder getan habt, das habt ihr mir getan." Tragt, liebe Kinder, den Gruß des Papstes und seinen Segen in eure Familien, Pfarreien, Schulen, in eurer ganzes Vaterland.
Hier sind Vertreter auslandspolnischer Zentren aus der ganzen Welt, die vom Vorsitzenden der Polnischen Gemeinschaft, von Senatspräsident Andrzej Stelmachowski sowie vom Präsidenten des Kongresses der Auslandspolen in Amerika, Edward Moskal, geführt werden. Auch zwei unserer amerikanischen Landsleute sind anwesend: die Erzbischöfe von Detroit, Kardinal Szoka, jetzt im Vatikan, und sein Nachfolger Erzbischof Majda. Bitte, übermittelt allen unseren Landsleuten jenseits des Ozeans und in der ganzen Welt unseren christlichen Friedenskuß.
Ein herzliches Wort der Begrüßung richte ich an unsere hier anwesenden Brüder und Schwestern aus der Slowakei.
Jetzt komme ich wieder auf das heimatliche Gebiet zurück und wende mich an die Vereinigung Katholischer Familien der Diözese Plock, die als ihr Millenniumsmotto für die Kirche in Polen wählte: „Die Familie, stark in Gott." Mit eurer Tätigkeit wollt ihr der Familie helfen, die Gestalt, die Dimension zu bewahren, die der Schöpfergott und der Erlöser ihr verlieh, indem ihr die christliche Kultur in der Ehe und Familie vertieft, indem ihr Leben schützt und Familien allseitige Hilfe bringt. Gott segne euch.
Die Bewegung „Glaube und Licht", der große Dienst im Namen Christi am leidenden Menschen. Diese Bewegung erwächst aus jener Erscheinung, die die Immakulata für die Kirche darstellt. Ihrem Herzen vertraue ich am Fest des Göttlichen Herzens ihres Sohnes all jene an, die Hilfe benötigen, sowie jene, die ihnen diese Hilfe bringen. Die Bewegung „Licht - Leben" und der Liturgische Dienst verbinden sich für mich mit der Erinnerung an den verstorbenen Priester Franciszek Blachnicki. Diese Bewegung ist mit meiner bischöflichen Jugend verbunden. Ich erinnere mich an die Begegnungen in Nowy Targ bei der ersten Wallfahrt, ich erinnere mich an die geistigen Gaben, die damals eure älteren Brüder und Schwestern der Kirche widmeten. Eure Generation setzt diese Tradition fort, sie will in das dritte Millennium des Christentums hineingehen unter Vermeidung von Fehlern und Sünden durch die Arbeit an sich selbst und die Pflege der Tugenden, insbesondere Abstinenz, Wahrheitsliebe, Mut und Tapferkeit. Polen und die Welt an der Schwelle des dritten Jahrtausends brauchen den Sauerteig aus dem Evangelium.
Anwesend sind hier auch unsere lieben Pfadfinder mit ihrer reichen Tradition der Liebe zu Gott, zum Nächsten und zum Vaterland mit ihrer Losung: „Sei wachsam!"
Noch ein charakteristisches Ereignis. Zu Beginn der heiligen Messe wurde mit dem Zeichen des heiligen Kreuzes der Rundfunk der Diözese Plock eingeweiht und begann seine Tätigkeit zur Evangelisierung. Die erste katholische Radiostation in Polen. Vivant sequentes! Die Nachfolgenden mögen leben!

Wie ihr seht, waren der Grüße für Masowien, für die Diözese Plock, nicht wenige. Durch so viele Jahrhunderte haben sie sich angehäuft, und ich weiß nicht, ob das schon alles ist.
Noch eine kleine Feststellung. In Wloclawek sagte ich zum Schluß: „Wir danken dir, Regen, daß du erst am Ende der heiligen Messe gekommen bist." Hier muß man sagen: „Wir danken dir, Regen, daß du am Anfang aufgehört hast."
Liebe Brüder und Schwestern, ich spreche zu allen die Worte des Apostels: „Es gibt verschiedene Gnadengaben, aber nur den einen Geist. Es gibt verschiedene Dienste, aber nur den einen Herrn. Es gibt verschiedene Kräfte, die wirken, aber nur den einen Gott: Er bewirkt alles in allen" (*1 Kor* 12,4-6). Jeder finde sich in diesen Worten wieder, jeder wache über seine Gabe, sein Charisma und wirke entsprechend in der Kirche, wirke entsprechend zum Wohl dieser großen Gemeinschaft, unseres Vaterlandes. „Danket Gott. Löscht den Geist nicht aus!"

Das schlimmste Gefängnis ist ein verhärtetes Herz

Ansprache bei der Begegnung mit Häftlingen in einer Strafvollzugsanstalt in Plock am 7. Juni

1. „Ich war im Gefängnis, und ihr seid zu mir gekommen" (*Mt* 25,36).
So spricht Christus. Der Text des Matthäusevangeliums läßt uns diese Worte hören, die zur Ankündigung des Letzten Gerichts gehören. Dieses Gericht hat der Vater „ganz dem Sohn übertragen" (*Joh* 5,22), und der Sohn wird am Jüngsten Tage dieses Gericht halten. Er wird es über die halten, die „auf der rechten Seite" stehen, und über jene, die sich „auf der linken Seite" befinden werden (vgl. *Mt* 25,31-46).
Richten wird Christus als wahrer Gott und wahrer Mensch. Als wahrer Gott, das heißt als letzte Wahrheit. Als wahrer Mensch, das heißt als der, der selbst von Menschen gerichtet worden ist.
Auch er selbst war in Haft: „Ich war im Gefängnis."
Und so wird sich Christus als einer von denen, die im Laufe der Menschheitsgeschichte das Gefängnis erlebten, zu denen „auf der rechten Seite" in eben diesen Worten äußern: „Ich war im Gefängnis, und ihr seid zu mir gekommen." Und wenn diese verwundert fragen werden. „Wann? - Wann und wo", so wird er antworten: „Was ihr einem meiner geringsten Brüder getan habt, das habt ihr mir getan" (vgl. *Mt* 25,40).
Gesegnet sei also diese Stunde, da es mir vergönnt ist, auf meiner vierten Pilgerreise in das Vaterland das Gefängnis in Plock zu besuchen. Viele Male besuchte ich bereits Gefängnisse und Häftlinge in den Jahren meines päpstlichen Dienstes in Rom, in Italien und in anderen Ländern der Welt. In Polen zum ersten Mal.
Ich bin hier unter euch, liebe Brüder und Schwestern - ich sage auch: Schwestern, denn wenn ich zu euch hier, im Gefängnis in Plock, spreche, wende ich mich an alle gefangenen Personen in Polen - und ich spreche zu euch als Diener des Evangeliums. Es ist auch das Evangelium der Gefängnisse und der Häftlinge. Christus war

Häftling und wurde zum Tode verurteilt, Häftlinge waren die Apostel und auch viele unter denen, die von der Kirche als Heilige verehrt werden. So hat also das Evangelium der Häftlinge eine lange und differenzierte Geschichte. Gewiß werden auch viele von denen, die zu dieser Geschichte gehören, einmal, beim Jüngsten Gericht, „auf der rechten Seite" stehen.
In jedem Fall jedoch ist im Evangelium der Häftlinge Christus persönlich gegenwärtig: „Ich war im Gefängnis, und ihr seid zu mir gekommen." Er will anwesend sein.

2. Ich bin mir der Lage bewußt, in der ihr euch befindet. Ich weiß, die Bedingungen, unter denen ihr lebt, sind schwer, oft sehr schwer oder sogar brutal. Traurig klingt die Klage eines von euch, der das Strafvollzugssystem unmenschlich genannt hat. Mit zu vielen Sünden der Vergangenheit ist es belastet. Es ist zu sehr entstellt worden. Bekanntlich waren die Gefängnisse in unserem Land nicht nur ein Ort zur Pflege der Gerechtigkeit, sondern oft ein Ort der Rache, ein Ort größter Ungerechtigkeiten, ein Ort zur Vernichtung des Menschen. Es genügt, an die Besatzungszeit zu erinnern, an die Stalinzeit und die noch späteren Zeiten. Die Gefängnisse waren Orte des Kampfes und der Abrechnung mit den Menschen, mit dem Patrioten, dem Helden, dem Wortführer einer gerechten Sache. In letzter Zeit erscheinen darüber immer mehr erschütternde Veröffentlichungen. Wie notwendig ist doch eine ehrliche Reflexion, eine moralische Reflexion der ganzen Gesellschaft über dieses Thema. Wie sehr bedarf doch die Frage des Gefängniswesens, das ganze Gebiet der Rechtspflege einer Gesundung, einer Vermenschlichung. Ich sagte einmal, die Bedingungen, die in Gefängnissen herrschen, sind einer der grundlegenden Prüfsteine für den moralischen Zustand der Staatsmacht und der Gesellschaft sowie der Kultur in einem Land.

3. Deshalb erfahre ich voll Freude, daß sich in den letzten Jahren und Monaten in den polnischen Gefängnissen viel zum Besseren wendet. Das erste, das ich hier unterstreichen möchte, betrifft euch, liebe Brüder und Schwestern, nicht so sehr als Gefangene, sondern als Bürger dieses Landes, daß es nämlich zum Glück in unserem Vaterland keine politischen Häftlinge mehr gibt. Möge diese für die Menschheit schändliche Erscheinung für immer aus unserer Welt verschwinden.
Ich freue mich also, daß immer mehr in dieser Richtung nachgedacht und getan wird, damit die in den polnischen Gefängnissen herrschenden Bedingungen menschlicher werden. Die Strafe des Freiheitsentzugs ist schon für sich schwer genug und muß den Gefangenen solche Bedingungen ersparen, die unmittelbar gegen ihre Gesundheit, gegen ihre familiären Bande oder gegen das Gefühl der persönlichen Würde verstoßen. Der Gefangene, jeder Gefangene, der eine Strafe für eine begangene Straftat verbüßt, hat ja nicht aufgehört, Mensch zu sein, zwar belastet mit Schwäche, Bedrohung und Sünde, vielleicht mit einem Verbrechen, ja sogar mit hartnäckiger Wiederholung, aber er ist nicht dieser vorzüglichen Möglichkeit beraubt, wie es die Besserung, die Rückkehr zu sich selbst ist, die Umkehr des Menschen, indem er das Bild Gottes in sich erneuert. Ihr seid verurteilt, das stimmt, aber nicht verdammt. Jeder von euch kann mit Hilfe der Gnade Gottes heilig wer-

den. Deshalb bin ich hier bei euch und durch euch all denen nahe, die euer Los teilen.
Nur dann, wenn das Strafvollzugssystem sich auf die elementare Wahrheit von der Dynamik der menschlichen Person stützt, auf die Möglichkeit der moralischen Entwicklung, gibt das Gefängnis dem gefangenen Menschen die reale Chance für eine volle Rückkehr in die Gesellschaft. Wenn es aber im System des Strafvollzugs an der grundlegenden Achtung für die menschliche Würde der Häftlinge fehlt, verwandeln sich Gefängnisse manchmal in Schulen neuer Straftaten sowie in Orte, in denen die Entfremdung, ja sogar der Haß auf die Gesellschaft sich vertiefen.
Liebe Brüder und Schwestern, ich vertraue darauf, daß die neuen Tendenzen, deren grundlegende Voraussetzung die offensichtliche Wahrheit ist, daß der Häftling ja genauso ein Mensch ist wie andere, bereits euer Gefängnis sowie andere Gefängnisse in Polen erreicht haben und daß sie gefestigt und vertieft werden. Ich vertraue darauf, daß dieser neue Geist auch die Einstellungen des Gefängnispersonals verändert.
Eine der Erscheinungen dieses neuen Geistes ist es, daß die Pforten der Gefängnisse sich Priestern öffneten, den Gefängnisgeistlichen, den Seelsorgern. Möge Gott eure Gefängnisseelsorger mit der Liebe zu euch allen und zu jedem von uns beschenken, wenn sie kommen, um euch geistlich zu dienen. Mögen sie genug Licht haben, um mit dem gehörigen Zartgefühl und zugleich erfolgreich euch begleiten zu können und euch Trost in eurem schweren Los zu bringen, damit sie euch Christus und die Befreiung zeigen, die er jedem Menschen bringt. Ich wünsche euch solche Gefängnisseelsorger, die imstande sind, die Hoffnung sogar in einem Menschen zu wecken, der in Verzweiflung verfallen ist. Solche, die in der Lage sind, euch zu überzeugen, daß jeder von euch Gott lieb, sehr lieb ist und daß Christus für jeden von euch am Kreuz gestorben ist.

4. Mit meinem Hiersein heute bei euch, unter euch, möchte ich euch eben diesen Dienst leisten.
Jeder Mensch ist mir lieb, und ich wünsche inständig sein Wohl, sein ganzes Wohl, das Wohl für die Seele und den Leib. Dieses Wohl wünscht die Kirche für jeden Menschen, und sie bemüht sich im Rahmen ihrer Möglichkeit, es ihm zu bringen. Viele Dinge gehören nicht zu meiner Mission. Ich erwähnte das einst in einer Ansprache an französische Gefangene.
Ich zitiere: „Zu meiner Mission gehört nicht die Zumessung menschlicher Gerechtigkeit und der Ersatz der Rechtsinstanzen, die euch verurteilten ... Ich kenne im übrigen die unterschiedlichen Ursachen nicht, die euch in die Haft geführt haben, es steht mir auch nicht zu, eure Verantwortung und die Bedeutung des Unrechts zu beurteilen, das ihr anderen zugefügt haben mögt, die für euch, vielleicht, eine Quelle verborgener Qual waren" (5. Oktober 1986, *L'Osservatore Romano*, polnische Ausgabe, Nr. 10/1986, S. 24).
Meine Mission ist es, in den Menschen, und besonders in den Menschen, die dessen am meisten bedürfen, die Erinnerung daran zu wecken, daß sie nach dem Bilde Gottes geschaffen wurden. Meine Mission ist es, den Menschen, selbst den größten

Sündern, zu verkünden, daß Gott reich an Erbarmen ist und daß Jesus Christus am meisten Herz für die Zöllner und für die öffentlichen Sünderinnen gezeigt hat. Wie wir gut wissen, haben in Erwiderung der Liebe Jesu die Zöllner und die öffentlichen Sünderinnen sich ihm anvertraut und die Hoffnung wiedergefunden, selbst wenn sie zuvor verzweifelt waren.
Ich bin vor allem ein Diener Christi und ein Verwalter der göttlichen Geheimnisse (vgl. *1 Kor* 4,1), und ich komme zu euch in seinem Namen. Deshalb bitte ich euch herzlich, so wie ich schon an vielen anderen Orten gebeten habe: fürchtet euch nicht, eure Herzen vor ihm zu öffnen, glaubt an die von ihm verkündete Liebe!
Das schlimmste Gefängnis wäre ein verschlossenes und verhärtetes Herz, und das größte Übel wäre die Verzweiflung. Ich wünsche euch Hoffnung. Ich wünsche euch vor allem Freude, wenn ihr schon jetzt den Frieden des Herzens in der Reue, in der Vergebung Gottes, in der Annahme seiner Gnade findet. Ich wünsche euch, daß ihr euch besserer Bedingungen des Lebens hier erfreuen könnt, indem ihr euch allmählich das Vertrauen der Gesellschaft verdient.
Ich wünsche euch, daß ihr möglichst schnell in euer Zuhause und zu euren Familien zurückkehrt, an den normalen Platz in der Gesellschaft. Ich wünsche auch, daß ihr schon jetzt würdig, in Frieden lebt, bemüht, unter euch den Geist der Brüderlichkeit und der Freundschaft zu entwickeln (vgl. *L'Osservatore Romano*, Nr. 10/1986, S. 24.)
Ich werde für euch beten, ich tue dies im übrigen täglich. Und betet auch ihr manchmal für mich. Es begleite euch, eure Familien und eure Angehörigen der Segen des Papstes als Unterpfand göttlicher Gnaden, der göttlichen Vergebung, der göttlichen Erlösung.

Offen sein für neue Aufgaben

Ansprache beim Wortgottesdienst zu Ehren des Göttlichen Herzens in der Kathedrale in Plock am Herz-Jesu-Fest am 7. Juni

1. Herz Jesu, du König und Mitte aller Herzen!
Beim Juni-Gottesdienst übergab mir der Bischof und Hirte der Kirche von Plock die Dokumente der Synode eurer Diözese. Diese Synode ist, ähnlich wie so viele andere Synoden der Diözesen und Kirchenprovinzen auf der ganzen Welt, einer dieser „lebendigen Steine" (vgl. *1 Petr* 2,5), durch die die Weltkirche in jeder der Teil- und Ortskirchen an das große Werk zur Verwirklichung des Zweiten Vatikanischen Konzils geht.
Wie wir wissen, fand das Konzil in der Zeit statt, in der die Kirche in Polen sich auf das Millennium der Taufe vorbereitete. Am Konzil versuchten wir nicht nur durch aktive Gegenwart der polnischen Bischöfe in Rom teilzunehmen, sondern auch dadurch, daß wir dessen Arbeiten durch Gebet und Opfer unterstützten (gut erinnern wir uns an die Konzilswachen von Jasna Góra). Als das Konzil seine Beratungen beendete (8. Dezember 1965), begann eine Periode der Anpassung und Verwirkli-

chung seiner Lehren und seiner pastoralen Orientierung. Diese Arbeiten leisten die einzelnen Kirchen vor allem auf Synoden. An diese Arbeit machte sich auch eure Kirche von Plock auf ihrer Synode, deren Frucht die hier, vor dem Altar, in meine Hände gegebenen Dokumente sind: die Widerspiegelung der Konzilslehren sowie der pastoralen Richtlinien des Konzils gemäß den Bedingungen und Bedürfnissen eurer Diözese.
Wir danken dem göttlichen Herzen Jesu für diese Arbeit, die die Gemeinschaft des Volkes Gottes in Masowien geleistet hat. Dabei rufen wir den Herrn an: „Du König und Mitte aller Herzen, nimm unseren Beitrag zum Aufbau deines Leibes an im Blick auf das dritte Jahrtausend des Christentums.

2. Herz Jesu, du König und Mitte aller Herzen!
„Die Kirche ist ja", nach den Worten des Konzils, „in Christus gleichsam das Sakrament, das heißt Zeichen und Werkzeug für die innigste Vereinigung mit Gott wie für die Einheit der ganzen Menschheit" (*Lumen Gentium*, Nr. 1). Ferner hebt die Lehre des Konzils den Charakter der Kirche als zwischenmenschliche „Communio" hervor, die eine besondere Widerspiegelung der trinitarischen Einheit in Gott ist: im Vater, Sohn und Heiligen Geist (vgl. *Lumen Gentium*, Nr. 4).
Kraft dieser Communio ist das göttliche Herz des Welterlösers die unerschöpfliche Quelle für die Einheit aller Herzen. Die Kirche, und in ihr auch eure Kirche von Plock, will hier, an der Weichsel, anwesend sein und sich verwirklichen als Sakrament und Diener dieser Einheit. Alle Beschlüsse und Empfehlungen der Synode zielen letztlich darauf ab. Sie alle, wie die ganze Kirche, „schöpfen aus der Fülle dieses Herzens", aus den „Schätzen der Weisheit und Erkenntnis", die im göttlichen Herzen des Erlösers wohnen, um der „Vereinigung der Herzen" der Menschen zu dienen.

3. In den neun Jahrhunderten ihrer Existenz hat sich die Kirche von Plock oftmals auf Synoden versammelt, die, wie schon der griechische Ausdruck zeigt, ihr den „gemeinsamen Weg" für ihr Denken und Handeln, für ihren Glauben und ihr Leben weisen sollten. Im gegenwärtigen Jahrhundert hatten die während des langen Hirtendienstes von Erzbischof Antoni Julian Nowowiejskis stattfindenden Synoden besondere Bedeutung. Der 50. Jahrestag seines Märtyrertodes im Lager in Dzialdowo fällt in die nächsten Tage. Jene Synoden dienten der Festigung der Kirche und der katholischen Gesellschaft in der Zeit nach Wiedererlangung der Unabhängigkeit und gewissermaßen in der Perspektive einer neuen geschichtlichen Prüfung, wie es der 2. Weltkrieg wurde.
Die gegenwärtige Synode greift die Herausforderung der neuen Zeit auf. Mehr als frühere Synoden ist sie das gemeinsame Werk des ganzen Volkes Gottes. Während sie die Bedeutung alter Prinzipien kirchlichen Lebens bestätigt, öffnet sie sich gleichzeitig zu neuen Aufgaben hin. Sie vertieft das Bewußtsein der Kirche in ihrer inneren göttlich-menschlichen Verfassung, gleichzeitig öffnet sie diese Kirche in ihrer Sendung zur Welt hin. Zu Beginn des Konzils stellten die im Petersdom versammelten Väter die Frage (ähnlich der, die am Jordan einst Johannes dem Täufer

gestellt wurde): „Kirche, was sagst du über dich selbst?" (vgl. *Joh* 1,22). Während der Synode stelltet ihr euch hier, in Plock an der Weichsel, eine ähnliche Frage: „Was sagst du über dich selbst?" Wer bist du? Wer sollst du sein? Wie kannst du so werden, wie du sein solltest, um den „Zeichen der Zeit" zu entsprechen (vgl. *Mt* 16,3), um den Erwartungen und Erfordernissen dieser eigenen Gemeinschaft und mittelbar der ganzen Nation zu entsprechen, die eine neue Periode ihrer Geschichte beschreitet? Quid dicis de te ipso?
Wie sollst du der „Einheit aller Herzen" im göttlichen Herzen des Erlösers dienen?

4. Als Bischof von Rom, als Nachfolger des Apostels Petrus möchte ich euch für diesen Beitrag zum gemeinsamen Schatz der Weltkirche danken. Er ist um so aussagekräftiger, als in der heutigen Zeit der synodale Weg besonders angezeigt und zweckmäßig erscheint. Davon zeugt auch die Plenarsynode der Kirche in Polen, die morgen in Warschau feierlich eröffnet werden soll. Davon zeugen die Synoden ganzer Kontinente, wie die afrikanische Synode, aber auch die europäische Synode. Diese letztere wurde in Velehrad in Mähren angesagt, einer Stadt, die mit der Mission der Heiligen Cyrillus und Methodius, der Slawenapostel zusammenhängt. Die Arbeiten dieser Synode sind schon im Gange. Davon zeugen auch in besonderer Weise die Synoden der Bischöfe, die alle Bischofskonferenzen der katholischen Kirche in der ganzen Welt repräsentieren; sie haben bereits eine Reihe von Aufgaben aufgegriffen, die für die nachkonziliare Zeit an der Schwelle des Jahres 2000 nach Christi Geburt besonders wichtig sind.
Christus ist für alle „der Weg und die Wahrheit und das Leben" (*Joh* 14,6).
Ihm, dem Herzen, das die Quelle der Einheit aller Herzen ist, vertraue ich die altehrwürdige Kirche von Plock an auf ihrem Weg zu neuen Zeiten und neuen Aufgaben. Ich vertraue euch alle und das synodale Werk eurer Kirche Christus, dem Erlöser der Welt an - durch das Herz seiner Mutter, die die Mutter der Kirche ist. Mögen alle heiligen Patrone dieses Landes, insbesondere der jugendliche Stanislaw von Rostkowo, für die heutigen und künftigen Generationen erbitten, daß Christus immer „der Weg und die Wahrheit und das Leben" für alle bleibe.

Gruß an die Kirche aus Tschernobyl

Ansprache bei der morgendlichen Begegnung vor der bischöflichen Residenz in Plock am 7. Juni

Gesang des Liedes: Sto lat ... (Hundert Jahre ...).

Ich danke euch sehr, euch allen. Bei den Kleinen beginne ich, bei den Kindern von Plock. Und gestattet, daß ich von den Kindern von Plock noch zu den Kindern von Tschernobyl gehe, die sich hier befinden. Ich freue mich sehr darüber, daß sie für die Zeit der Erholung, der Rehabilitation, gastliche Aufnahme in Polen finden. Auch in Italien, in Rom, traf ich sie, aber hier, nach Polen haben sie es näher. Mögen diese Kinder den Ausdruck unserer Liebe und gemeinsamen Sorge in ihre Familien, in

ihre Pfarreien, in ihr Vaterland tragen. Das ist eben das höchste Gebot, das Jesus, der Herr, uns hinterlassen hat: „Liebt einander." Und diese Liebe zueinander drückt sich vor allem in der Not aus. Wie übrigens das alte Sprichwort sagt: „Den Freund erkennt man in der Not." Wir müssen uns als wahre Freunde dieser unserer Stammesbrüder, unserer Nachbarn erweisen, mit denen uns so viele Jahrhunderte Geschichte und so viele geschichtliche Prüfungen verbinden. Also danke ich den Kindern von Plock für die Kinder von Tschernobyl. Aber, meine Teuren, gestattet mir auch, daß ich den Kindern von Tschernobyl für die Kinder von Plock danke. Niemals ist es so, daß ein Mensch, wenn er einem anderen Gutes tut, nur selbst Wohltäter ist. Er ist gleichzeitig ein Beschenkter - mit dem beschenkt, was dieser andere in Liebe annimmt. Also danke ich wechselseitig den einen für die anderen: denen aus Tschernobyl für die von Plock und denen von Plock für jene von Tschernobyl.
Möge der Herrgott diesen jungen Generationen ermöglichen, auf dem Gebiet von Masowien aufzuwachsen, mögen sie zur Zukunft der Nation werden. So wie wir vor dem Krieg sangen: „Wir sind die Zukunft der Nation." Ich war damals ein wenig größer als ihr, aber ich war auch noch jung, ich ging zur Schule. „Wir sind die Zukunft der Nation, unsere Brust ist voller Kraft." Und man sang noch: „Laßt uns nach der Stadt der Freiheit streben, vorwärts, aber nie zurück." Nun, soviel also zu den Kindern.
Jetzt noch zu den Älteren. Ich muß sehr dem Ordnungsdienst danken, das heißt der Feuerwehr, die gleichzeitig Ordnungswehr ist, denn sie hielt diese Ordnung auf eigene Faust aufrecht, also konnte man erstens schon sehen, daß Ordnung herrscht und daß jemand diese Ordnung aufrechterhalten muß, unabhängig von allen anderen Ordnungsmächten, die uns hier umgeben, uns begleiten und die Ordnung meiner ganzen Pilgerreise sichern. Und schließlich gehe ich über zu allen Bewohnern von Plock, zu allen, die die Kirche von Plock darstellen, zu allen Bewohnern Masowiens, denn Plock ist für Masowien in administrativer wie auch in kirchlicher Bedeutung der historische Mittelpunkt. Dafür sei der Stadt Ruhm! So war ihre große Vergangenheit. In einer gewissen Periode der Geschichte war es auch Hauptstadt Polens. Gestern hatte ich das Glück, noch einmal die Gräber dieser Piastenherrscher zu besuchen, die hier ruhen: Wladyslaw Herman und sein großer Sohn Boleslaw Krzywousty, die das Vaterland durch eine schwierige Zeit am Ende des ersten und zu Beginn des zweiten Jahrtausends unserer Geschichte führten.
Möge also dieses Plock, das so tief in die Geschichte Polens, in die Geschichte der Kirche eingewachsen ist, weiterhin wachsen und weiterhin der ganzen großen Gemeinschaft unseres Vaterlandes zu wachsen erlauben. Möge es in die Gemeinschaft unseres Vaterlandes dieses große Gut einbringen, das es einzubringen hat, das zu seiner Vergangenheit und zu seiner Gegenwart gehört. Plock - das ist Piastengeschichte, Plock - das ist auch Petrochemie und moderne Industrie. So wie alle ökonomischen Probleme unserer Zeit stellt es eine Aufgabe dar, erfordert es verschiedene Umgestaltungen, aber ich bin überzeugt, daß ihr mit Gottes Hilfe all dem sowohl in Masowien wie in ganz Polen gerecht werdet. Ich nehme Abschied von Plock und freue mich, daß ich es besuchen konnte. Und weiter freue ich mich, daß

wir einander so herzlich begegnen konnten. Ich freue mich darüber, daß der Regen zu Beginn der heiligen Messe aufhörte. Aber heute ist noch der Nebel zurückgekehrt, vielleicht deshalb, damit der Papst vorsichtig nach Warschau fährt. Wir fahren nach Warschau mit Gottes Hilfe. Betet, daß sich der Papst in Warschau gut benimmt.

Bei Einführung des freien Marktes die Solidarität nicht vergessen

Ansprache bei der Begegnung mit den Staatsbehörden und dem Präsidenten der Republik Polen im Warschauer Königsschloß am 8. Juni

Sehr geehrter Herr Präsident!
Vertreter der Regierung und des Parlaments!
Meine Damen und Herren!

1. Gestatten Sie, daß ich mit einem langen Zitat beginne: „Wissend, daß unser aller Schicksal einzig von der Festigung und Vervollkommnung der nationalen Verfassung abhängt - durch lange Erfahrung zur Erkenntnis gelangt über die alten Mängel unseres Regierens - und in dem Willen, die Zeit, in der sich Europa befindet, und diese dahingehende Stunde zu nutzen, die uns zu uns selbst zurückbrachte; frei von schändlichen Befehlen fremder Gewalt; höher schätzend als das Leben, als das persönliche Glück die politische Existenz, die äußere Unabhängigkeit und innere Freiheit der Nation, deren Schicksal unseren Händen anvertraut ist; in dem Willen, den Segen, die Dankbarkeit zeitgenössischer und künftiger Generationen zu verdienen; trotz der Hindernisse, die Leidenschaften in uns bewirken mögen - beschließen wir zum allgemeinen Wohl, zur Festigung der Freiheit, zur Rettung des Vaterlandes und seiner Grenzen mit größter Beständigkeit des Geistes diese Verfassung und erklären diese als ganz heilig, als unverbrüchlich, bis die Nation zu einer durch das Gesetz vorgeschriebenen Zeit als ihren ausdrücklichen Willen die Notwendigkeit erklärt, in ihr einen Artikel abzuändern.”

2. Der zitierte Text stammt aus dem Regierungsgesetz, das heißt aus der am 3. Mai 1791 - vor zweihundert Jahren - verabschiedeten Verfassung. Diese Verfassung kann sich zu Recht rühmen, die erste auf dem europäischen Kontinent zu sein. Ihr voraus ging nur die amerikanische Verfassung der Vereinigten Staaten, die bis heute das Grundgesetz dieser Großmacht darstellt.
Unserer Mai-Verfassung wurde ein anderes Los zuteil. Sie wurde eher ein letztes Wort der Geschichte der 1. Republik, die ein Staat vieler Nationen war. Sie war auch der letzte Ausdruck staatsbürgerlicher Weisheit und politischer Verantwortung, der leider schon zu spät kam und den Verfallsprozeß dieses großen Organismus nicht zu hemmen vermochte, der schon damals von außen tödlich bedroht und auch von innen von schwerer Krankheit erfaßt war.

Trotzdem war diese herrliche Verfassung gleichzeitig ein neuer Anfang. Sie machte bewußt, wie ein neuzeitlicher polnischer Staat beschaffen sein müsse, und dieses Bewußtsein begleitete alle, die im Laufe der Teilungszeit für diese unabhängige Republik kämpften, für sie vielfältige Opfer brachten, sogar ohne ihr Leben zu schonen, die schließlich mehrere Generationen lang für sie arbeiteten, sowohl in der von der dreifachen Gewalt in Besitz genommenen Heimat wie auch jenseits von deren Grenzen. Es ist angebracht, daß wir am heutigen Tage ihnen allen Ehre erweisen. Als Sohn der polnischen Nation möchte ich dies gemeinsam mit Ihnen, meine verehrten Damen und Herren, aber auch mit allen Landsleuten auf dem Wege meiner Pilgerreise durch das Vaterland tun.

3. Ohne Übertreibung kann man sagen, daß die im Jahre 1791 verabschiedete Verfassung des 3. Mai zur Grundlage des neuen Daseins Polens als Staat wurde, als im Jahre 1918 die kriegerische Niederlage aller drei Teilungsmächte den Weg zur Unabhängigkeit der 2. Republik eröffnete.
Doch auch jetzt, nach den umwälzenden Ereignissen des Jahres 1989, verdient dieses geschichtliche Dokument, zum musterhaften Bezugspunkt für eine neue Verfassung zu werden, auf die sich das Leben der ganzen staatlichen Gemeinschaft in der 3. Republik stützen wird.
Wenn wir uns in den oben verlesenen Text hineindenken, dann fallen uns bezeichnende Analogien auf. Geht es nicht auch heute darum, „die Zeit ... zu nutzen", „in der sich Europa befindet" am Ende dieses Jahrhunderts, das belastet wurde durch die Erinnerung an zwei Weltkriege, mehr aber noch durch die Erinnerung an totalitäre Systeme, die nach dem Niedergang des einen von ihnen weiterhin in den politischen Beschlüssen von Jalta Früchte trugen? Kann man nicht gleichzeitig sagen, daß die Ereignisse dieses Jahrhunderts „uns zu uns selbst zurückbrachten", wie das die Schöpfer der Verfassung vor zweihundert Jahren ausdrücken?
Ja. Wir wurden „zu uns selbst zurückgebracht" - dazu trug der Verlauf der historischen Ereignisse bei, an denen die polnische Nation ihren tätigen Anteil hatte. Dieser tätige Anteil zeigte sich im Ersten Weltkrieg vor allem (wenn auch nicht ausschließlich) als militärische Anstrengung bis hin zur Schlacht bei Warschau im August 1920. Dieser tätige Anteil zeigte sich in der Etappe nach Jalta vor allem als bewußte Bewegung zur Verteidigung des Subjektcharakters der Gesellschaft, der durch das totalitäre System zerstört worden war. Diese Bewegung erreichte ihre vollkommenste Form seit 1980 in der polnischen „Solidarność", und obwohl man die Gewerkschaft während des Kriegszustands in die Illegalität trieb, hörte sie nicht auf, in der gleichen Richtung zu wirken. Dieses Wirken erwies sich als erfolgreich.
Gestatten Sie jedoch, daß ich in diesem Augenblick Worte eines zeitgenössischen polnischen Philosophen zitiere, die noch auf eine andere Dimension der geschichtlichen Prozesse hinweisen. Er schreibt: „Heute stellt die Menschheit ein ziemlich geschlossenes Geflecht von Nationen dar, die durch unterschiedliche Bande stark miteinander verknüpft sind. Jede Nation und jedes Individuum hat seine Berufung. Sie ist nicht eindeutig bestimmt, sie läßt eine Reihe von Varianten zu. Die Welt läßt sich heute nicht anders begreifen, es sei denn als Welt im Dialog mit Gott, der den

Menschen anruft, der ausbessert, was der Mensch verdirbt, und der uns immer wieder neue Chancen gibt" (Andrzej Grzegorczyk, *Solidarność - Ethos czy przyjecie losu? [Solidarität - Ethos oder Annahme des Schicksals?]*, in: *ETHOS* Nr. 11/12, 1990, S. 114).

4. Die zwei Jahrhunderte, die uns von der Verabschiedung der Verfassung des 3. Mai trennen, war auch eine Zeit eines solchen Dialogs mit Gott. Dieser Dialog verlief nicht nur in der Verborgenheit menschlicher Herzen und menschlicher Gewissen. Dieser Dialog wurde zum Inhalt eines vielfältigen Vermächtnisses, das für eine besondere Periode in der Geschichte der polnischen Kultur, insbesondere der Literatur, bestimmend ist. Dieses Vermächtnis dauert an in den neuen Generationen - und es muß andauern, denn es war ja ein besonderer Kommentar zur Verfassung des 3. Mai. Es wies und weist weiterhin den Weg zu unserer polnischen Identität in Europa: zur Identität als Gesellschaft und als politische Gemeinschaft.
Dies ist wichtig an der Schwelle zur 3. Republik, da wir, „zu uns selbst zurückgebracht", noch immer den Weg zu „uns selbst" suchen, zur politischen, aber auch ökonomischen Gestalt dieser souveränen Subjektivität, die uns zuteil geworden ist. Gestatten Sie, daß ich noch einmal die Worte eines zeitgenössischen Denkers zitiere, diesmal nicht eines Polen, sondern eines Italieners, der sich mit besonderer Feinfühligkeit in unsere polnische Eigenart vertieft: „Die Polen", schreibt er, „können entweder ganz einfach den Weg zur Konsumgesellschaft beschreiten, wobei sie in ihr - wenn es ihnen gelingt - den letzten Platz einnehmen, bevor sie definitiv ihre Pforten vor neuen Ankömmlingen schließt, oder aber sie können beitragen zur Neuentdeckung der großen, tiefen, echten Tradition Europas, wobei sie ihm gleichzeitig einen Bund vorschlagen: Den Bund des freien Marktes und der Solidarität" (Rocco Buttiglione, *Jan Paweł II. a polska droga do wolności [Johannes Paul II. und der polnische Weg zur Freiheit]*, in: *ETHOS* Nr. 11/12, 1990, S. 49).
Denn die Solidarität hat die Grenzen Polens schon überschritten. Sie wurde zum gedanklichen Element und zum moralischen Gebot für die Welt von heute, nicht nur für Europa. Über dieses Thema sprach ich schon vor vier Jahren an der Ostsee, später kehrte es in noch umfassenderer Form wieder in der Enzyklika *Sollicitudo rei socialis* und auch in *Centesimus annus* zum 100. Jahrestag von *Rerum novarum*.
Vertrauen wir also darauf, daß die Polen bei der Einführung des freien Marktes nicht davon ablassen werden, in sich selbst die Haltung der Solidarität zu festigen und zu vertiefen. Ein wichtiges Element dieser Haltung ist die Sorge um die Menschenrechte, angefangen beim wichtigsten von ihnen, beim Recht auf Leben. Es geht nicht nur darum, diese Rechte für sich selbst zu fordern. Solidarität bedeutet auch, sich einzusetzen für die Achtung der Rechte aller Benachteiligten und der Schwächsten. Insbesondere jener, die sich selbst nicht wehren können. Wahre Solidarität muß integral sein. Folglich darf man die empfangenen Kinder nicht von ihr ausschließen. Auch sie, so wie alle anderen Menschen, haben das Recht auf Leben.

5. „Im Namen des einen Gottes in der heiligen Dreifaltigkeit." Das Regierungsgesetz vom 3. Mai 1791 beginnt mit der Anrufung des Namens Gottes. Als Sohn der

polnischen Nation und gleichzeitig als Nachfolger des heiligen Petrus auf dem Stuhl der Bischöfe von Rom beziehe auch ich mich auf diesen heiligsten Namen vor Ihnen, die Sie hier die Behörden der Republik am Anfang einer neuen Periode ihrer Geschichte repräsentieren.
So wie damals ist auch jetzt die „äußere Unabhängigkeit und innere Freiheit der Nation", ihr Schicksal, „euren Händen anvertraut". Achten also auch Sie - wie seinerzeit die Schöpfer der Verfassung des 3. Mai - darauf, „den Segen, die Dankbarkeit zeitgenössischer und künftiger Generationen zu verdienen", und dies „trotz der Hindernisse, die auch in euch [wie einstmals in der Generation des 3. Mai] die Leidenschaften bewirken können" in ihrer vielfältigen Gestalt. Trotz allem. Die Freiheit ist immer Herausforderung. Und die Macht ist eine Herausforderung der Freiheit. Man kann sie nicht anders ausüben als in dienender Weise!
Deshalb wünsche ich Ihnen - und darum bete ich inständig jeden Tag -, daß Sie die Ihnen anvertraute Macht „zum allgemeinen Wohl, zur Festigung der Freiheit" ausüben können, dessen eingedenk, daß man Freiheit nicht anders gründet und befestigt als nur durch Wahrheit. Christus hat gesagt: „Die Wahrheit wird euch befreien" (*Joh* 8,32).

Freiheit muß immer neu errungen werden

Ansprache beim feierlichen *Te Deum* zum 200. Jahrestag der Verfassung vom 3. Mai 1791 in der Johannes-Kathedrale in Warschau am 8. Juni

1. „Lehre uns frei sein."
Die Worte des ambrosianischen Hymnus *Te Deum laudamus* - ein herrliches Erbe der Kirche aus den ersten Jahrhunderten - ertönten hier, in dieser Kathedrale, am 3. Mai 1791; vor zwei Jahrhunderten. Unsere Vorfahren, jene, denen wir das Werk der an diesem Tage unter der Führung des Königs Stanislaw August verabschiedeten Verfassung verdanken, brachten die Frucht ihrer Arbeit „vor deine Altäre": Heiliger Gott, starker Gott, heiliger unsterblicher Gott, Gott unserer Väter, unser heiligster Vater.
Auf diese Weise gaben sie der Überzeugung Ausdruck, daß die Verfassung, das heißt „das Grundgesetz" (Regierungsgesetz), als menschliches Werk auf Gott zu beziehen ist. Er ist die höchste Wahrheit und Gerechtigkeit. Das vom Menschen, von der menschlichen gesetzgebenden Autorität gesetzte Recht muß in sich die ewige Wahrheit und ewige Gerechtigkeit widerspiegeln, die Er selbst ist - der Gott der unendlichen Majestät: der Vater, der Sohn und der Heilige Geist.

2. Unsere Vorfahren gaben dem in der Warschauer St. Johannes-Kathedrale vor 200 Jahren Ausdruck. Wir kommen heute an den gleichen Ort, nicht nur um an jenes Ereignis zu erinnern - wir kommen gleichzeitig hierher, um diese gleiche Sorge, die damals die Schöpfer der Verfassung des 3. Mai bewegte, diese gleiche Sorge um das Gemeinwohl der Republik, diese gleiche Verantwortung, in unsere Epoche hin-

einzutragen. Deshalb geht unser *Te Deum*, der Hymnus zum Lobpreis Gottes, in ein inständiges Gebet über - erst des Dankens, dann des Flehens: „Wir danken dir, Gott, dafür, daß wir Polen sind. Doch im Bewußtsein unserer Sünden und Fehler bitten wir dich: Laß uns das heimatliche Haus in Ordnung bringen. Befreie uns von Versklavungen des Geistes. Und so wie du uns auf wunderbare Weise trockenen Fußes durch das ‚Rote Meer' geführt hast, lehre uns frei sein".

3. So haben wir kurz zuvor gebetet, voller Sorge um das Heute und um die Zukunft des Vaterlandes, wobei wir das Regierungsgesetz - bekannt unter dem Namen Verfassung des 3. Mai - vor Augen hatten.
Wir müssen der Göttlichen Vorsehung dafür danken, daß ein solches Dokument an der Schwelle der letzten zwei Jahrhunderte unserer historischen Existenz stand.
Es überrascht durch die Reife der in ihm enthaltenen Wahrheit und Weisheit. In ihm kommt die Seele der Nation zu Wort - oder vielmehr: vieler Nationen, die zusammen mit den Polen die damalige Republik darstellten -, der Nation, die nicht nur von außen kommende Bedrohungen fühlt, sondern auch jene, die aus dem Inneren des eigenen Tuns und Handelns herrühren. Liebe zur Freiheit verwandelte sich in Mißbrauch der Freiheit. Und so entdecken die Schöpfer der Verfassung jene „gemeinschaftliche Pflicht" (C.K. Norwid, *Politische und philosophische Schriften*, London 1957, S. 52), zu der die ganze Gesellschaft werden muß, wenn sie ihre Freiheit und Existenz sichern will.
Nach zwei Jahrhunderten wissen wir noch vollkommener die Bedeutung dieses Dokuments zu würdigen: wir finden in ihm die Wahrheit über Polen, die in der Vergangenheit verwurzelt, aber auch in die Zukunft gerichtet ist. Und deshalb war die Verfassung des 3. Mai in eben diesem geschichtlichen Augenblick, angesichts der schon nahen Gefahr, die Unabhängigkeit zu verlieren, ein prophetisches und providentielles Dokument. Sie bewirkte, daß man Polen seine tatsächliche Existenz auf dem europäischen Kontinent nicht nehmen konnte, weil diese Existenz in die Worte der Verfassung des 3. Mai eingeschrieben war. Diese Worte aber, die die Kraft der Wahrheit haben, erwiesen sich als stärker gegenüber der dreifachen Gewalt, die über die Republik herfiel. Die Worte dieser Wahrheit erwiesen sich als kreativ und „schöpferisch". Die Söhne und Töchter dieses Landes hörten nicht auf, daran zu glauben, daß sich „sein Angesicht erneuert" unter der Eingebung des Heiligen Geistes, der die Schöpfer der Verfassung des 3. Mai inspiriert hat.

4. Papst Pius VI. sandte dem König und den Schöpfern der Verfassung des 3. Mai seinen Segen und den Ausdruck tiefer Anerkennung. Heute tritt unter euch ein Sohn dieses Landes, den Christus in unserer Zeit als Nachfolger des heiligen Petrus auf den römischen Stuhl berufen hat.
Er erlebt rückblickend jenes zwei Jahrhunderte zurückliegende Ereignis zugleich als einer von euch. Die Tradition des 3. Mai gehört auch zur Geschichte seiner Seele, ebenso wie sie zur Geschichte der Seele aller seiner Landsleute gehört.

Unser heutiger Gebetsruf: „Lehre uns frei sein", war damals, vor 200 Jahren, aktuell. Die Verfassung des 3. Mai stellte eine grundsätzliche Antwort auf diesen Ruf dar. Wir alle spüren, wie aktuell er heute, 200 Jahre später, ist.
Freiheit kann man nicht nur besitzen, man kann sie nicht nur gebrauchen. Man muß sie ständig erringen und schaffen. Jungfräuliche Gottesmutter! Du, die wir seit Jahrhunderten Königin Polens zu nennen wagen - besonders am 3. Mai! In diesem Gotteshaus des heiligen Johannes in der Hauptstadt, das vor zwei Jahrhunderten das *Te Deum* unserer Vorfahren am Tage der Verabschiedung der Verfassung des 3. Mai hörte, stehen wir heute, an der Schwelle der 3. Republik. Hier stehen die Nation und das Parlament, der Präsident des Staates und die Regierung. Möge diese gleiche Wahrheit und Weisheit, die sich in der Mai-Verfassung ausdrückte, die weitere Zukunft der Republik gestalten im Geist der Gerechtigkeit und der sozialen Liebe zum Wohl aller Menschen und zur Ehre Gottes. Amen.

Die christliche Existenz ist ein Prozeß der Bekehrung

Predigt in der hl. Messe zur Eröffnung der 2. Plenarsynode der katholischen Kirche in Polen in Warschau am 8. Juni

1. „Wo zwei oder drei in meinem Namen versammelt sind, da bin ich mitten unter ihnen", spricht Christus, der Herr (*Mt* 18,20).
Hier versammeln sich im Namen Christi nicht nur zwei oder drei Menschen, sondern die ganze auf polnischem Boden lebende Kirche. Die ganze Kirche - das Volk Gottes, im Bewußtsein seiner Teilhabe an der messianischen Sendung Christi, des Propheten, des Priesters, des Hirten. Das Volk Gottes, das aufnahmebereit ist für die Gedanken des göttlichen Herzens unseres Erlösers. Das Volk Gottes, das seit tausend Jahren in der apostolischen Kirche lebt, die auf dem Fundament Petri und aller Zeugen des Evangeliums, des Kreuzes und der Auferstehung errichtet wurde. Eben diese Kirche versammelt sich - durch ihre Repräsentanten - heute in der Warschauer Basilika zum Heiligsten Herzen Jesu, um unter Leitung des Primas von Polen die Plenarsynode zu eröffnen. Ich freue mich, daß ich in diesem bedeutsamen Augenblick als Bischof von Rom, zugleich als euer Landsmann - zusammen mit allen Hirten der Kirche in Polen - den Anfang zu diesem Werk setzen darf. Daß ich es zur Gänze, gewissermaßen vom ersten Augenblick an, im eucharistischen Opfer Ihm darbringen kann: „... aus ihm und durch ihn und auf ihn hin ist die ganze Schöpfung" (vgl. *Röm* 11,36): „Dem König der Ewigkeit, dem unvergänglichen" (*1 Tim* 1,17). Daß ich dies durch das Herz der Mutter tun kann, die hier bei uns ist, im Gebet verharrend, so wie sie mit den Aposteln im Abendmahlssaal am Pfingsttag verharrte, als alle vom Heiligen Geist „getauft" wurden.

2. Synode bedeutet Begegnung, das Zusammentreffen von Wegen, die Menschen und menschliche Gemeinschaften, Christus folgend, sich zu gehen bemühen. Denn er allein ist der Weg, der einzige Weg, die Wahrheit und das Leben (vgl. *Joh* 14,6).

Wir Menschen als Kirche und als alle in dieser einen Kirche existierenden Kirchen müssen immer wieder diesen einzigen Weg, der Christus ist, finden. Gewissermaßen immerzu müssen wir überprüfen, ob Er eben dieser Weg ist, den wir gehen: den wir in der Gemeinschaft gehen. Synoden hatten stets eine gemeinschaftliche Dimension, was aufs engste mit dem unmittelbaren Wesen der Kirche zusammenhängt.
Denn Kirche ist Volk, verbunden in der Einheit des Vaters und des Sohnes und des Heiligen Geistes. So ist zutiefst ihre Wirklichkeit. So ist die theologische Wahrheit über die Kirche, die in den Synoden ihren Ausdruck, ihre besondere Aktualisierung findet.
Christus hat gesagt: „Alles, was ihr auf Erden binden werdet, das wird auch im Himmel gebunden sein, und alles, was ihr auf Erden lösen werdet, das wird auch im Himmel gelöst sein" (*Mt* 18,18).
Die Synode ist nicht nur eine Begegnung, eine Erkenntnis über das Zusammentreffen von Wegen. Sie ist gleichzeitig „Bindung". Als „Bindung" berührt sie die Tiefe des trinitarischen Geheimnisses der Kirche. Durch die Synode müssen wir diese Einheit des Vaters und des Sohnes und des Heiligen Geistes bestätigen, die letztlich über die Einheit des Volkes Gottes in der Kirche entscheidet.
Diese Einheit sollen die Synoden nicht nur bestätigen, sondern auch festigen. Dies ist ihr geschichtlicher Beitrag zum Leben der Kirche, angefangen von der ersten, die in Jerusalem um das Jahr 50, zu Lebzeiten der Apostel, stattfand, über alle weiteren: die ökumenischen (allgemeinen) Synoden (oder Konzile), über die Provinz- oder Diözesansynoden - bis zu dieser, die wir heute in Warschau als 2. Plenarsynode in Polen beginnen.

3. Zu ihrer historischen Dimension trägt eine Reihe von Umständen bei. Zuerst einmal - von seiten der Weltkirche gesehen - beginnt eure Synode ihre Arbeiten nach dem II. Vatikanischen Konzil (das das Konzil unseres Jahrhunderts war) und gleichzeitig im Angesicht des Beginns des dritten Jahrtausends nach Christus. Schon allein diese Umstände sind entscheidend für den Charakter der Plenarsynode sowie für ihre Aufgaben. Es ist nämlich unmöglich, daß sich in ihr nicht das ganze mit dem Vaticanum II verbundene konziliare „Novum" widerspiegelt. Sie kann auch nicht umhin, alle diese „Zeichen der Zeit" hervorzuheben, die sich am Horizont unseres Jahrhunderts abzeichnen, da es sich seinem Ende nähert.
Als polnische Plenarsynode ist sie die erste nach unserem Millennium im Jahre 1966. Von der vorhergehenden Plenarsynode trennt sie ein ganzer Zyklus umwälzender Ereignisse, angefangen beim Jahr 1939. In diesen Ereignissen ist auch die besondere geschichtliche Erfahrung Polens und der Kirche in Polen enthalten. Wir haben viele Gründe, um der Vorsehung für die guten Früchte dieser Erfahrung zu danken, die soviel gekostet hat. Aber wir dürfen auch die schlechten Früchte nicht übersehen, wenn wir uns an das Gleichnis Christi von den zwei Bäumen erinnern. Diese zwei Bäume wuchsen auf unserem Land, der eine wie der andere brachte in den polnischen Seelen Früchte. Wir müssen also sehr eindringlich die „Zeichen der Zeit", die Zeichen unserer Zeit, untersuchen.

Man sollte noch hinzufügen, daß die polnische Plenarsynode irgendwie einhergeht mit der europäischen Synode, die an den Gräbern der Slawenapostel in Velehrad begonnen wird. Dies verweist seinerseits auf den Kontext der Herausforderung, die die Kirche in Polen zusammen mit dem ganzen alten Kontinent aufnimmt.

4. Mose sagt zu Israel: „Wenn du auf die Stimme des Herrn, deines Gottes, hörst und auf seine Gebote und Gesetze achtest, die in dieser Urkunde der Weisung einzeln aufgezeichnet sind, und wenn du zum Herrn, deinem Gott, mit ganzem Herzen und mit ganzer Seele zurückkehrst" (*Dtn* 30,10).
Kann man sagen, daß die Synode auch eine Zeit der Umkehr, der Bekehrung ist? Eine Zeit - oder vielleicht eher: ein Prozeß? Ja. Man muß dies gleich am Anfang feststellen. Die ganze christliche Existenz ist ein Prozeß der Bekehrung. Die Synode bringt diese Existenz in besonderer Weise zum Ausdruck. Und wenn es unerläßlich ist, daß der Geist der Wahrheit uns „aufdeckt, was Sünde ist" (vgl. *Joh* 16,8) - so ist die Erkenntnis der Wahrheit und die Erkenntnis des Gesetzes der Weg dazu. Das Gesetz des Handelns wurzelt in der Wahrheit des Seins. Es ist die Wahrheit, deren menschliche - allseitig menschliche - Dimension ihre Tiefe in Christus findet. Christus offenbart dem Menschen den Menschen, indem er ihm seine endgültige Berufung offenbart: indem er Gott in seiner ewigen Vaterschaft und in seinem trinitarischen Geheimnis offenbart.
Und deshalb ist „die Weisung des Herrn ... vollkommen, sie erquickt den Menschen ..., das Gebot des Herrn ... erleuchtet die Augen" (*Ps* 19[18],8-9). Und gleichzeitig gilt: „... das Wort ist ganz nah bei dir, es ist in deinem Mund und in deinem Herzen, du kannst es halten" (vgl. *Dtn* 30,14). Es ist gewiß eine bedeutsame Aufgabe der Synode, die Schönheit der Wahrheit Gottes und des Gesetzes Gottes erkennbar zu machen. Seines wunderbaren Einfühlens, seiner - man kann sagen - humanistischen Abwägung: „Dieses Gebot, auf das ich dich ... verpflichte, geht nicht über deine Kraft und ist nicht fern von dir" (*Dtn* 30,11). Wir müssen in den kommenden Generationen die Liebe zur Wahrheit und zum Gesetz Gottes wiederaufbauen, denn deren Quelle in Gott selbst ist die ewige Liebe zur Schöpfung - die Liebe zum Menschen: die göttliche „Philanthropie".

5. Freuen wir uns also, daß während der Arbeiten der Plenarsynode die „Brüder miteinander in Eintracht wohnen" (vgl. *Ps* 133[132],1) - Brüder aus unterschiedlichen Diözesen und Gebieten unseres Vaterlandes, Priester und Laien in dem gemeinsamen Gefühl für die christliche Berufung, die stets (wie das Konzil lehrt) eine Berufung zum Apostolat ist, Männer und Frauen, Vertreter unterschiedlicher Generationen, Jugendliche, alle. In dieser synodalen Gemeinschaft sei das Echo des Pfingsttages von Jerusalem vernehmlich, wo alle Versammelten gemeinsam mit der Gottesmutter und den Aposteln der Welt die „magnalia Dei" entdeckten und verkündeten (vgl. *Apg* 2,11).
Möge sich die Kirche in unserem Heimatland nach dem Maß der Zeiten erneuern, auf die wir zugehen. Möge sie, indem sie sich erneuert, ihre ganze tausendjährige Identität bestätigen, damit das Wort Gottes - mit seiner vollen Heilskraft - zu allen

zurückkehre. Damit wir die Worte des Apostels wiederholen können: „Herr ... Du hast Worte des ewigen Lebens ... Herr, zu wem sollen wir gehen?" (*Joh* 6,68).
Diese Worte sagte Petrus in der Nähe von Karfanaum. Und sie waren die Vorbereitung auf die Eucharistie, die Jesus damals ankündigte und am Vortag seines Todes und seiner Auferstehung einsetzte. Mit ihr - mit der Eucharistie - beginnen wir die Arbeiten der 2. Plenarsynode in Polen.

Verpflichtung der polnischen Synode auf das Konzil

Schlußwort vor dem Segen bei der heiligen Messe in Warschau am 8. Juni

Gestattet, teure Brüder, daß ich zum Schluß noch die ans Herz greifenden Worte des hl. Paulus an die Philipper verlese, die ich bei der Predigt unberücksichtigt ließ, damit sie in dieser Versammlung als Abschluß vor dem Segen noch einmal ertönen:
Brüder: „Wenn es also Ermahnung in Christus gibt, Zuspruch aus Liebe, eine Gemeinschaft des Geistes, herzliche Zuneigung und Erbarmen, dann macht meine Freude dadurch vollkommen, daß ihr eines Sinnes seid, einander in Liebe verbunden, einmütig und einträchtig, daß ihr nichts aus Ehrgeiz und nichts aus Prahlerei tut. Sondern in Demut schätze einer den anderen höher ein als sich selbst. Jeder achte nicht nur auf das eigene Wohl, sondern auch auf das der anderen" (*Phil* 2,1-4).
Ich möchte unter uns hier, in Warschau, noch Kardinal László Paskai aus Budapest willkommen heißen und alle Teilnehmer an dieser Eucharistie herzlich begrüßen, unter ihnen unsere Brüder und Schwestern des griechisch-katholischen Ritus mit ihrem Bischof sowie unsere Brüder und Schwestern des armenischen Ritus. Auch richte ich den Ausdruck tiefer, herzlicher Verbundenheit an alle diejenigen, die an dieser Eucharistie außerhalb des Gotteshauses teilnahmen, und dies ist eine große Schar, sowie an alle, die an ihr mittels des Rundfunks und Fernsehens teilgenommen haben. Zum Schluß, nach diesen letzten Worten, möchte ich noch gemeinsam mit euch - all ihr lieben Brüder und Schwestern, Teilnehmer an dieser Plenarsynode - das Konzilsgebet sprechen, das für die Kontinuität und den Zusammenhang eurer Versammlung und eurer Arbeiten mit dem Zweiten Vatikanischen Konzil entscheidend sein möge. Mit diesem Gebet begannen in den vier Jahren die Sitzungen des Zweiten Vatikanischen Konzils:
Wir treten also vor dich hin, Heiliger Geist, als Sünder, doch in Deinem Namen versammelt. Komm zu uns, bleib bei uns, durchdringe unsere Herzen, lehre uns, was wir tun und wohin wir streben sollen. Zeige uns, was wir auswählen sollen, damit wir mit deiner Hilfe dir in allem gefallen. Du selbst sei uns Ratgeber und Urheber unserer Absichten. Du, der du mit Gott dem Vater und seinem Sohn den rühmenswerten Namen trägst, du, der du die Gerechtigkeit liebst, laß nicht zu, daß wir zu deren Zerstörern werden. Möge uns Unkenntnis nie auf Abwege führen, Erfolg nicht irreführen, die Rücksicht auf einen Nutzen oder auf Personen nicht beflecken. Verbinde uns eng miteinander durch die Gabe deiner besonderen Gnade, damit wir in

dir eins sind und in nichts von der Wahrheit abweichen. Und so, wie wir in deinem Namen versammelt sind, so führe uns in allem die von Liebe geleitete Gerechtigkeit, damit wir dir in nichts widerstreben und für gute Taten den zukünftigen ewigen Lohn verdienen.

Staaten können nicht auf ethische Normen verzichten

Ansprache an das Diplomatische Korps in der Apostolischen Nuntiatur in Warschau am 8. Juni

Exzellenzen,
meine Damen und Herren.

1. Die heutige Begegnung mit dem in Warschau akkreditierten Diplomatischen Korps findet am Sitz der Apostolischen Nuntiatur statt, die zu den ältesten in Europa gehört. Schon 1555 kam Nuntius Luigi Lippomano nach Polen. Seit dieser Zeit existierte die Nuntiatur in Polen bis zum Jahre 1796, als der letzte Vertreter des Heiligen Stuhls nach der dritten Teilung Polens dieses Land verlassen mußte. 122 Jahre später, im Mai 1918, nach Wiedererlangung der Unabhängigkeit, wurde die Vertretung des Heiligen Stuhls erneut geschaffen. Geleitet wurde sie von Erzbischof Achille Ratti, dem späteren Papst Pius XI.
Nach der tragischen Erschütterung des Zweiten Weltkrieges kam es - infolge der einseitigen Aufkündigung des Konkordats von 1925 - zu einer langen, Jahrzehnte dauernden Abwesenheit des Nuntius in Polen. Diese Abwesenheit war für die polnische Gesellschaft demütigend und schmerzhaft, denn sie war - gegen den Willen der Nation - durch ein Polen aufgezwungenes, der Kirche gegenüber feindliches System bewirkt worden.
Die Wiederaufnahme der vollen diplomatischen Beziehungen erfolgte erst vor zwei Jahren - am 17. Juli 1989 - im Gefolge der politischen Veränderungen, die sich in Polen vollzogen. Die Anwesenheit eines Repräsentanten des Heiligen Stuhls in Warschau ist ein Zeichen für die wiedergewonnene Souveränität eines Staates, der sich auf die Fülle der souveränen Rechte der in ihm lebenden Bevölkerung stützt. Eine ähnliche Situation gilt seit kurzem für mehrere andere Staaten in diesem Teil Europas, die, als sie ihren Subjektcharakter wiedererlangten, auch die offiziellen diplomatischen Beziehungen zum Heiligen Stuhl erneuerten.
Also kann ich mich, sehr geehrte Damen und Herren, bei dieser vierten Pilgerreise in das Heimatland zum ersten Mal mit Ihnen hier in der Nuntiatur treffen. Ich nutze die Gelegenheit, Sie zu bitten, den Regierungen und Nationen, die Sie in Warschau repräsentieren, den Ausdruck meiner hohen Wertschätzung und den Wunsch jeglichen Wohlergehens zu übermitteln.

2. Die Sorge um die Sicherung der Rechte stellt in jeder Nation und Gesellschaft einen besonders wichtigen Teil des Bewußtseins dar, das die Kirche heute von ihrer Sendung hat. Davon zeugt auch die Tatsache, daß meine jetzige Begegnung mit

Mitgliedern des Diplomatischen Korps in einem der Länder stattfindet, die im Laufe des Jahres 1989 gewissermaßen zu Etappen der langen Pilgerschaft zur Freiheit wurden. Dies muß zu einer Reflexion über den zurückgelegten Weg anregen. Entsprechend ihrer Mission zur Evangelisierung trat die Kirche zur Verteidigung der Rechte jedes Menschen und der ganzen menschlichen Gemeinschaft auf, der Rechte, die in der allen gemeinsamen menschlichen Natur und im Naturrecht gründen, der Rechte, die Christus im Evangelium bestätigt hat.

Man kann nicht umhin, in dieser Hinsicht die besondere Rolle der Kirche und der Christenheit in diesen Ländern und Gesellschaften hervorzuheben, in denen der tiefgehende Umbruch erfolgt ist.

Vergessen wir nicht, in diesem Teil des Kontinents wurde die Kirche, oft nach tausendjähriger Anwesenheit in dem betreffenden Land, seitens der Ideologie des dialektischen Materialismus mit einer Herausforderung konfrontiert, die sich auf die Macht des totalitären Staates stützte, eines Staates, der jegliche Religion als Faktor zur Entfremdung des Menschen erachtete. Eben deshalb mußte sich hier die Verkündung elementarer Wahrheiten über die Würde des Menschen und über seine Rechte, darüber, daß er Subjekt der Geschichte, nicht aber nur „Widerspiegelung sozio-ökonomischer Beziehungen" ist, unlösbar, wie im Fall der Kirche in Polen, mit der Verteidigung von Rechten verbinden, die jedem Menschen und der ganzen nationalen Gemeinschaft zustehen. Dieser Dienst kam unter anderem in der mutigen Erfüllung der kritischen Funktion gegenüber dem gewaltsam aufgezwungenen Modell gesellschaftlicher Beziehungen zum Ausdruck, darin, daß die Gewissen für verschiedenartige Bedrohungen im öffentlichen Leben, aber auch für sich daraus ergebende moralische Pflichten im Bereich der nationalen Kultur, der Bildung, der Erziehung oder der historischen Erinnerung geschärft wurden. Gerade hier, in diesem Teil Europas, wurde die Kirche oft zur glaubwürdigsten Institution des Gemeinschaftslebens und die Religion zum einzigen Bezugspunkt in einer Situation des Mißtrauens und der völligen Kompromittierung des offiziellen Wertesystems.

Zum Symbol einer solchen Haltung der mit den Erwartungen der ganzen Gesellschaft verbundenen Kirche wurden Persönlichkeiten der Kirche wie: Kardinal Stefan Wyszyński, Kardinal Josef Beran, Kardinal Aloisio Stepinac, Kardinal Josef Mindzsenty, der in Prag lebende Kardinal František Tomášek und andere. Zu einem solchen Symbol wurde auch, wie man ihn gewöhnlich bezeichnet, der geistliche Betreuer der polnischen Arbeitswelt, Priester Jerzy Popieluszko, der 1984 grausam ermordet wurde.

Man muß auch anerkennend den Nutzen und die Hilfe hervorheben, welche die Kirche ihrerseits im Streben nach größerer Reife bei der Verwirklichung der eigenen Beziehungen zur Welt von Menschen guten Willens, von der Geschichte und von gesellschaftlichen Bewegungen unserer Zeit erfuhr. Deshalb will ich eben in diesem Geiste die Worte zitieren, die ich bald nach den Ereignissen in Mittel- und Osteuropa an die Mitglieder des beim Heiligen Stuhl akkreditierten Diplomatischen Korps richtete. „Wir müssen jene Nationen ehren, die um den Preis gewaltiger Opfer mutig diesen Weg beschritten haben ... In den Ereignissen, deren Zeugen wir waren, ist am meisten zu bewundern, daß ganze Nationen zu Wort kamen: Frauen, Jugendliche, Männer; alle überwanden die Angst. Die menschliche Person hat die unerschöpflichen Schätze an Würde, Kühnheit und Freiheit gezeigt, die sie in sich trägt. In Ländern, in denen jahrelang eine Partei die Wahrheit diktierte, an die man glauben und den Sinn, den man der Geschichte geben müsse, bewiesen unsere Brüder und Schwestern, daß man dem Menschen die wesentlichsten Rechte nicht nehmen kann, die den Sinn seines Lebens bestimmen: die Freiheit des Gedankens, des Gewissens, der Religion, des Wortes, des politischen und kulturellen Pluralismus" (*Ansprache an das Diplomatische Korps*, 13.1.1990).

3. Die Mauern sind gefallen, die bis vor kurzem eben diese Gesellschaften und Nationen von der freien Welt und vom westlichen Teil unseres Kontinents trennten, Nationen, die in ihrem oft einsamen Streben auf dem Weg zur Freiheit von dem Bewußtsein belebt wurden, daß ihre gemeinschaftlichen, vom Brandmal der Geschichte so grausam gezeichneten Biographien die andere Seite dieser gleichen, europäischen Kultur darstellen. Der Heilige Stuhl begrüßte mit tiefer Befriedigung das Verschwinden der Mauern und die Öffnung der Tore. Er hat sich ja nie mit „dem tragischen Paradoxon und Fluch unserer Zeiten" abgefunden, wie Pius XII. die Folgen der Beschlüsse der Konferenz von Jalta bezeichnet hat (*Radioansprache am Heiligen Abend*, 1947). Eben in die Jahre des Pontifikats dieses Papstes fiel das schwierigste Ringen der Kirche und der Gesellschaften in der Welt des damaligen Terrors. Sein ständiger, in seiner politischen Aussage eindeutiger Appell unmittelbar an die versklavten Nationen, an die „Kirche des Schweigens" weckte - im Unterschied zur Haltung der meisten damaligen Staatsmänner des Westens - den Glauben daran, daß die irdische Geschichte und die Gestalt Europas nach Jalta nicht endgültig seien.

Dies war über lange Jahre das einzige zugängliche und in den Grenzen der grundsätzlichen Kompetenzen der Kirche befindliche, aber doch so wichtige Mittel, um zugunsten einer europäischen „Integration" zu wirken. In den Zeiten des Pontifikats Johannes XXIII. und Pauls VI. zielten die vom Heiligen Stuhl in bezug auf Mittel- und Osteuropa ergriffenen diplomatischen Maßnahmen auf eine zumindest teilweise Milderung der Spannungen zwischen der Kirche und den Regierungen der Kommunisten hin. Als reale Möglichkeiten auftauchten, die die Epoche einer gewissen politischen Entspannung bot, engagierte sich der Heilige Stuhl aktiv für die Unterstützung der Prozesse, die eine Perspektive der europäischen Integration näherbrachten. Die Wahl eines slawischen Papstes bewirkte, daß die Kirchen und Nationen Mittel- und Osteuropas noch stärker zum Gegenstand ständiger Sorge und Verantwortung des Heiligen Stuhls wurden. Es nimmt also nicht wunder, daß gerade jetzt, da prinzipielle politische Veränderungen in diesem Teil des Kontinents die Hoffnung auf den Bau eines „Europas des Geistes" wecken - auch unter Beteiligung und mit Hilfe der bis vor kurzem versklavten Nationen -, die Kirche sich in besonderer Weise der Stelle bewußt ist, die ihr bei der geistigen und menschlichen Erneuerung des „alten Kontinents" zufällt. Sie will Zeuge der Hoffnung, aber auch unnachgiebiger Für-

sprecher für jene Werte und Traditionen sein, die einst Europa gestaltet haben und die fähig sind, es heute zu einen.
„So ist es auch meine Pflicht, folgendes mit Nachdruck zu unterstreichen: Wenn die religiöse und christliche Grundlage dieses Kontinents in ihrer Funktion als inspirierende Quelle der Ethik und in ihrer gesellschaftlichen Wirksamkeit an den Rand gedrängt werden sollte, dann würde nicht nur das gesamte Erbe der europäischen Vergangenheit geleugnet, sondern - mehr noch - wäre eine Zukunft für den europäischen Menschen - ich sage - für jeden europäischen Menschen, gläubig oder ungläubig - schwer gefährdet" (*Ansprache an das Europäische Parlament in Straßburg*, 11.10.1988; *O.R. dt.*, 11.11.1980, Nr. 11).
Eben deshalb darf die Kirche gerade jetzt, im Angesicht des Sieges, den ganze Nationen in diesem Teil des Kontinents in ausdauerndem Streben nach dem Subjektcharakter ihrer Gemeinschaft errungen haben, nicht auf die Verkündung der Wahrheit über den integralen Charakter der grundlegenden menschlichen Werte verzichten, deren selektive Behandlung die Fundamente der gesellschaftlichen Ordnung untergraben kann. Auch pluralistische Staaten können nicht auf ethische Normen in ihrer Gesetzgebung und im öffentlichen Leben verzichten, vor allem dort nicht, wo ein grundlegendes Gut, wie das Leben des Menschen vom Augenblick seiner Empfängnis an bis zu seinem natürlichen Tod, des Schutzes bedarf.
Gerade hier, in der Hauptstadt eines Landes, das vor 52 Jahren zum Opfer eines schrecklichen Krieges wurde - des Beginns einer lange Jahrzehnte andauernden Zerrissenheit Europas -, muß man an die Wahrheit über die vor allem ethische Dimension eines dauerhaften Friedens erinnern. Er wird, wie dies von der Helsinki-Konferenz für Sicherheit und Zusammenarbeit in Europa treffend hervorgehoben wurde, nicht nur von militärischer Sicherheit abhängen, sondern in erster Linie vom Vertrauen unter den Bürgern eines Landes sowie vom wechselseitigen Vertrauen der Nationen zueinander. Von daher wird heute alles das so wichtig, was dem Aufbau und der Stärkung des Vertrauens im sich vereinenden Europa dient und was dem Bemühen entgegenwirken könnte, alte Teilungen durch neue Formen der Isolation zu ersetzen. Außer solchen grundlegenden Werten einer gesellschaftlichen Ordnung - wie ideologische Neutralität, Menschenwürde als Quelle des Rechts, Primat der Person vor der Gesellschaft, Achtung vor demokratisch anerkannten Rechtsnormen, Pluralismus gesellschaftlicher Strukturen - muß man heute auch die Wichtigkeit solcher Haltungen und Bestrebungen hervorheben, die unmittelbar am Anfang der Entstehung einer neuen, gerechteren Welt und eines neuen, ungeteilten Europas besonders notwendig sind. Es geht besonders darum, in Ost und in West die Vision Europas als eines geistig-materiellen Ganzen zu erarbeiten, das eben als Ganzes Entwicklung und Sicherheitsgarantie erfordert. Es geht um die Kunst, eine Verständigung auch in regionalen Dimensionen zu schaffen; um das Bemühen in Richtung auf Überwindung historischer Vorurteile und Ängste, um die Entfernung solcher Überreste aus dem Leben in geschlossenen Gesellschaften, wie wuchernder Nationalismus und Intoleranz. Es geht darum, daß man an das zukünftige Europa - trotz der überraschenden Außergewöhnlichkeit vor allem der politischen Dimension

der Ereignisse - auch als an einen „Kontinent der Kultur" denkt. Es geht schließlich um die Fähigkeit, dankbar alle Initiativen und Beweise internationaler Solidarität zu beachten, die heute dem Werk der geistigen und wirtschaftlichen Integration förderlich sind.
Bei diesem Werk fällt eine besonders verantwortliche Rolle heute den Politikern zu. Aber es stellt für alle Bewohner des Kontinents eine historische Herausforderung dar. Auch für die Christen, die nach Beendigung des 2. Weltkrieges einen so großen Beitrag zur zivilisatorischen Blüte Westeuropas geleistet haben.
Ich konzentriere mich vor allem auf Probleme, die sich auf Europa beziehen, aber ich möchte mit aller Macht unterstreichen, was ich in der letzten Enzyklika schrieb: „... die Ereignisse des Jahres 1989 [erweisen sich] auch für die Länder der Dritten Welt als bedeutsam, die auf der Suche nach dem Weg ihrer Entwicklung sind, so wie es die Länder Mittel- und Osteuropas gewesen sind" (*Centesimus annus*, Nr. 26).

4. In den Anstrengungen für ein neues, glücklicheres Europa fällt auch Ihnen, die Sie in Polen Regierungen und Nationen aus allen Kontinenten repräsentieren, eine wichtige Position zu. Und obwohl Ihnen vor allem die Sorge um die Interessen Ihres Landes obliegt, besteht ein Privileg dieses edlen Amtes in der besonderen Chance, bei der Schaffung eines geistigen Klimas der Gegenseitigkeit, der Solidarität und internationalen Zusammenarbeit mitzuwirken. Gerade von Ihnen, vom Stil bei der Ausübung Ihrer verantwortlichen Mission, wird in diesem Teil Europas viel abhängen, wenn es darum geht, das so notwendige Vertrauen in die Institutionen des internationalen Lebens, in die Sprache der internationalen Abkommen und Garantien zu fördern. Von vielen von Ihnen erwartet man heute eine Beteiligung am Bau der Brücken für eine authentische Verständigung und Zusammenarbeit zwischen diesen Nationen des postkommunistischen Europas, die bis vor kurzem der Möglichkeit beraubt waren, unmittelbar und ungezwungen miteinander zu verkehren.
Meine Damen und Herren, mögen Sie, das ist mein Wunsch für Sie, die Überzeugung bewahren, daß Sie in Erfüllung Ihrer diplomatischen Mission in Polen, gerade jetzt, im Augenblick so faszinierender Umgestaltungen in diesem Teil des Kontinents, auch persönlich einen wertvollen Beitrag zur Vorbereitung einer menschlicheren Welt leisten, die der Menschen und Gottes würdiger ist. Ich bitte Gott, daß er Sie und Ihre Familien, Ihre Tätigkeit sowie die Länder und Nationen segne, die Sie hier repräsentieren.

Der dialektische Materialismus opfert das menschliche Sein

Ansprache bei der Begegnung mit der Welt der Kultur im Großen Theater in Warschau am 8. Juni

Sehr geehrte Damen und Herren!
Liebe Brüder und Schwestern!

1. Zuerst möchte ich Herrn Marek Roztworowski, dem Minister für Kultur und Kunst, für die Worte danken, die er hier soeben in Ihrem Namen gesprochen hat. Es fiele mir jedoch in diesem Augenblick, in dem ich zum Sohn des großen polnischen Dramaturgen Karol Hubert Roztworowski spreche, schwer, nicht zu bezeugen, wieviel ich selbst dessen Gestalt und dessen Schaffen verdanke. Diese posthume Huldigung gegenüber einem großen polnischen Schriftsteller, einem großen Menschen des Theaters und großen Christen, möge so etwas wie die Abzahlung einer Schuld sein, die von der Nachkriegsgeneration in Polen nicht entrichtet worden ist. Es war eher so, daß Ihr Vater, Karol Hubert Roztworowski, in - ich möchte sagen - tendenziöser Weise vergessen worden ist. Verzeihen Sie diesen sehr persönlichen Zusatz gleich am Anfang, aber es fiele mir schwer, ihn nicht auszusprechen.
„Der Mensch, der auf Erden das einzige von Gott um seiner selbst willen gewollte Geschöpf ist, kann sich selbst nur durch die selbstlose Hingabe seiner selbst vollkommen finden" (vgl. *Gaudium et spes*, Nr. 24).
Ich habe diese Worte aus der Konstitution des Vaticanum II, *Gaudium et spes* zitiert, um Ihnen, werte Damen und Herren, für das Geschenk Ihrer Einladung zu danken. Ich habe noch unsere vorige Begegnung, meine Begegnung mit den die Welt der polnischen Kultur repräsentierenden Persönlichkeiten bei meiner vorhergehenden Pilgerreise in das Vaterland in lebhafter Erinnerung. Jenes Treffen fand in der Warschauer Heilig-Kreuz-Kirche statt, wo das Herz Frederic Chopins ruht. Diesmal begegnen wir einander im Gebäude des Nationaltheaters. Dies hat auch seine historische Aussage im Hinblick auf den 200. Jahrestag der Verfassung vom 3. Mai. Wir wissen, dies waren Zeiten, in der sich unter der Herrschaft des Königs Stanislaw August Kultur und Kunst stark entwickelten. Das Theater wiederum bringt die Gestalt Wojciech Boguslawskis in Erinnerung, der als der Vater der polnischen Bühne und als großer Pionier des nationalen Theaters gilt.
Ich danke also herzlich für die Einladung sowie für die musikalische Ouvertüre unserer Begegnung. Die Gastfreundschaft, die ich erfahre, sowie die heimische Musik Stanislaw Moniuszkos - ein Ausschnitt aus seiner Oper „Halka" - rufen das besondere Empfinden dessen hervor, was dem Herzen nahe ist. Worte der Dankbarkeit für diese bewegenden Augenblicke richte ich an alle Teilnehmer dieses Treffens, an die Organisatoren und die Ausführenden. Ich danke dem Direktor des Großen Theaters für Oper und Ballett in Warschau, Herrn Jerzy Bojary, dem Orchester eben dieses Theaters unter der Leitung Herrn Andrzej Straszyńskis sowie dem Solisten, Herrn Adam Zdunikowski.

2. Die zitierte Äußerung des Konzils kann zu Recht als Synthese der christlichen Wahrheit über den Menschen gelten. Diese Wahrheit wurzelt gleich in den ersten Kapiteln des Buches *Genesis*, das von der Erschaffung des Menschen nach dem Bild und Gleichnis Gottes spricht. Diese Wahrheit wurde im Evangelium vertieft. Wenn Jesus, der Herr, zum Vater betet: „Alle sollen eins sein ... wie wir eins sind" (*Joh* 17,21-22), dann eröffnet er Perspektiven, die dem menschlichen Verstand unzugänglich sind. Er enthüllt nämlich das trinitarische Geheimnis: Gott ist in der absoluten Einheit seiner Gottheit gleichzeitig Dreifaltigkeit, das heißt eine Communio der Personen: Vater, Sohn und Heiliger Geist.
Gleichzeitig erläutert Christus auf neue Weise, worauf jene Ähnlichkeit des Menschen mit Gott beruht, die schon aus dem Buch *Genesis* bekannt ist. Der Einheit der Personen in Gott soll die „Einheit der Kinder Gottes in der Wahrheit und der Liebe" entsprechen (vgl. *Gaudium et spes*, Nr. 24). Eine solche Ähnlichkeit ist nur deshalb möglich, weil „der Mensch, der auf Erden das einzige von Gott um seiner selbst willen gewollte Geschöpf ist, sich selbst nur durch die selbstlose Hingabe seiner selbst vollkommen finden kann".
Ähnlich wie der Vater und der Sohn zusammen mit dem Heiligen Geist in der Einheit des Göttlichen - als Communio von Personen - durch absolut selbstlose Hingabe existieren, so erfüllt auch der Mensch sich selbst nur durch „selbstlose Hingabe". Diese Hingabe stellt die volle Aktualisierung der Zielsetzung dar, die dem Menschen - der Person - eigen ist. Seine Autoteleologie besteht nicht darin, „für sich selbst" zu sein, sich in egoistischer Weise in sich zu verschließen - sondern „für andere" da zu sein, Geschenk, Hingabe zu sein. Christus ist das unerreichbare und gleichzeitig immerzu höchste Vorbild solchen Menschentums.
Der Mensch verwirklicht sich, erfüllt sich, indem er sich selbst überschreitet. Darin bestätigt sich seine personale Identität, gleichzeitig aber der göttliche Zug des Menschseins.
Die Worte des Konzils sprechen gleichzeitig von der Ontologie und von der Deontologie des Menschen (das heißt von der Ethik). Sie stellen den wahren Schlüssel für die ganze Anthropologie in christlicher Bedeutung dar.

3. Dies hat grundsätzliche Bedeutung für meinen ganzen diesjährigen Dienst während des Besuchs in Polen. Auf den einzelnen Etappen dieses Besuchs knüpfte ich (in Einklang mit einem Vorschlag der Bischofskonferenz) an den Dekalog an, und hier - in Warschau - ist es angebracht, dies zu beenden, indem ich an das Liebesgebot anknüpfe, das das erste und höchste Gebot ist. In ihm eben sind gewissermaßen alle - der ganze Dekalog - enthalten.
Die Anthropologie bildet die Grundlage der Ethik. Um den Dekalog durch das Liebesgebot voll zu interpretieren, muß man gerade dieses Bild des Menschen vor Augen haben, an das das Konzil mit den oben zitierten Worten erinnerte. Diese Worte sind zugleich gewissermaßen ein Führer, der zu einem vertieften Verständnis, vor allem zu einem reifen Praktizieren der Moral führt: einer christlichen, das heißt zugleich einer menschlichen, vollmenschlichen Moral.

Es ist an dieser Stelle noch angebracht, sich auf das Gleichnis im Evangelium über die Talente zu beziehen. Denken wir daran, daß in diesem Gleichnis jene Diener Billigung finden, die durch ihre Arbeit die erhaltenen Talente mehrten; auf Mißbilligung dagegen stößt jener, der sein „Talent vergraben" hat (vgl. *Mt* 25,20-29).
Bei meinem heutigen Auditorium findet das Wort „Talent" sicher ein lebendiges Echo. Es geht ja um Kulturschaffende, Wissenschaftler, um Künstler, und es ist bekannt, daß wissenschaftliches und künstlerisches Schaffen stets mit dem beginnt, was wir Talent in seiner vielfältigen Gestalt nennen.
Und so möchte ich unterstreichen, daß jeder von uns, ausnahmslos jeder, auch wenn er nicht zur Welt der Wissenschaft und Kultur gehört - an der Basis jedes dieser vielen differenzierten Talente - vor allem über das eine verfügt: dieses universale Talent ist unser Menschentum, unser menschliches „Sein" (esse). Das Evangelium lehrt uns mit seinem Liebesgebot, vor allem dieses Talent zu mehren: das Talent unseres Menschentums. Das letzte Urteil über unser Leben wird vor allem auch dieses Talent betreffen. Dieses Talent wiederum vermehrt sich durch die „selbstlose Hingabe seiner selbst", das heißt durch die Liebe zu Gott und zu den Nächsten. Das bedeutet gleichzeitig: Liebe zu Gott durch Liebe zu den Nächsten, zu den Menschen: „wer seinen Bruder nicht liebt, den er sieht, kann Gott nicht lieben, den er nicht sieht" (*1 Joh* 4,20).

4. Die Erinnerung an den Primat dieses Talents hat in dem heutigen historischen Moment grundsätzliche Bedeutung. Das ideologische System, das in der Periode der letzten Jahrzehnte in unserem Leben - gemäß seinen materialistischen Prämissen - den Ton angab, hat diesen Primat in Richtung auf das „Haben" verschoben. Selbst die Kultur versuchte man in Kategorien von Produktion und Konsum zu sehen. Es ist eine ganz andere Frage, ob diese Verschiebung erfolgreich war. Ich denke, sie hat sich eher als wenig erfolgreich erwiesen. Individuen, die es gewöhnt waren, ihre Existenz nach dem Primat des „Habens" (also des Primats materieller Werte) zu sehen, pflegten oft einen Platz im Westen zu suchen, wo dieser Primat des menschlichen „Habens" besser fundiert ist. Ich will damit keineswegs sagen, daß dies das einzige oder entscheidende Motiv für eine solche Entscheidung war. In jedem Fall opfert der systematische Materialismus, in seiner dialektischen, mehr noch seiner praktischen Form, das menschliche „Sein" für das „Haben".
Unsere junge 3. Republik steht ganz sicher vor der Aufgabe, die Ökonomie wiederaufzubauen, das Niveau des polnischen „Habens" nach den berechtigten Bedürfnissen und nach den Erfordernissen aller Bürger zu heben. Es möge mir jedoch erlaubt sein, mit ganzer Entschiedenheit festzustellen, daß auch diese Aufgabe nur nach dem Prinzip des Primats des menschlichen „Seins" richtig und erfolgreich verwirklicht wird. Die Ökonomie ist letzten Endes für die Kultur da. Sie verwirklicht sich auch durch die Kultur. Sie verwirklicht sich in angemessener Weise durch diese grundlegende Dimension der Kultur, die die Moral ist - die ethische Dimension. Indem wir den Vorrang dieser Dimension sichern, sichern wir den Vorrang des Menschen. Denn der Mensch verwirklicht sich als Mensch grundsätzlich durch seinen moralischen Wert.

Ich denke, in eben dieser Perspektive - in der Perspektive der Suche nach der letzten Wahrheit über den Menschen, in der Perspektive des Vorrangs menschlichen „Seins" vor dem „Haben" - muß man die wechselseitigen Beziehungen zwischen der Kirche und der Welt der Kultur sehen. Ich sage ehrlich, ich war sehr stolz auf die polnische Kirche, als sie in den für die Kultur schwierigen Zeiten es den Kulturschaffenden zu erleichtern versuchte, ihre Pflichten gegenüber der Gesellschaft zu erfüllen. Der Nutzen aus dem Versuch der Kirche, der nationalen Kultur so etwas wie ein Asyl zu geben, war sicher beiderseitig. Die Kulturschaffenden hatten - außer den damals so wertvollen Möglichkeiten zum Kontakt mit der Gesellschaft - Gelegenheit, die Wurzeln in tieferer Weise kennenzulernen, aus denen Europa erwächst, manche von ihnen fanden geradezu wieder zum Glauben oder vertieften ihn. Der Kirche wiederum gab dies die Chance, in vertiefter Weise im gesellschaftlichen Leben anwesend zu sein. Aber das waren außergewöhnliche, durchaus nicht normale Zeiten.

Heute betreibt die Welt der Kultur den Wiederaufbau der ihr gemäßen Autonomie. Dies ist ein natürlicher und berechtigter Prozeß.

Ich vertraue jedoch darauf, daß die Periode, in der die nationale Kultur gewissermaßen ein kirchliches Asyl nutzen konnte, dauerhafte Spuren in Ihren Milieus, meine Damen und Herren, hinterlassen hat. Ich vertraue darauf, daß Sie als Kulturschaffende jetzt deutlicher die grundlegenden Orientierungszeichen erkennen, die es ermöglichen, sich auf dem Gebiet des Geistes in authentischer Weise zu bewegen. Ich meine insbesondere die vom Christentum verkündete Wahrheit über die menschliche Person sowie die christliche Wertehierarchie.

5. So kehren wir bei der Begegnung mit der Welt der Kultur zum Gleichnis von den Talenten zurück. Zusammen mit Ihnen allen, meine werten Damen und Herren, zusammen mit der Kirche und der Gesellschaft in Polen, bin ich tief um den Menschen besorgt, um die Erfüllung des Menschen. Der Weg aber zu dieser Erfüllung ist, wie das Konzil - doch auch die allgemeinmenschliche Erfahrung - lehrt, die selbstlose Hingabe seiner selbst.

Dieses Geschenk, diese Hingabe, findet ihren weiteren Ausdruck in vielen unterschiedlichen Talenten. Auf sie stützt sich die allgemeinmenschliche und die nationale Kultur. Ich möchte allen diesen Talenten, die sich entwickeln und die jene Gestalt des Schönen, die die „Gestalt der Liebe" (*C.K. Norwid, Promethidion, Bogumil*, Vers 109) erreichen, wünschen, daß sie sich vermehren und wachsen auf jedem Gebiet des polnischen Lebens.

Darum bete ich zu Gott, der der Spender der Talente ist. Ich bete darum, daß alle Menschen der vielfältigsten Talente auf polnischem Boden die Bedingungen für schöpferische Arbeit finden. Damit sie uns wahrhaft Schönes schenken. Das Schöne - die Arbeit - die Auferstehung: diese Norwidsche Triade bleibt immer gültig. Wir haben darüber vor vier Jahren in der Heilig-Kreuz-Kirche gesprochen. Heute komme ich darauf zurück. Denn heute fühlen wir - vielleicht anders als damals, aber noch stärker - das Bedürfnis nach Auferstehung, den Imperativ der Auferstehung.

Hier will ich einen Einschub in den Text machen, der schon zu Ende geht. Ich hätte das unmittelbar am Anfang der Pilgerreise auf dem militärischen Gelände bei Köslin (Koszalin) sagen sollen. Als ich mich dort inmitten der Polnischen Armee befand, die das Lied von der „Gottesmutter" sang, nicht nur das Lied „Laßt uns die blauen Fahnen entfalten", der Armee, die, bevor der Papst ankam, in einer die ganze Nacht währenden Wache betete, da rieb ich mir die Augen. Nicht im buchstäblichen Sinne, im buchstäblichen Sinne benahm ich mich normal, aber da verstand ich das, was in den Evangelien über die Auferstehung geschrieben ist. Diese Aufzeichnung dort enthält, wie Sie sich erinnern, zuerst die Feststellung, daß die Frauen, akkurat die Frauen, früh zum Grab gingen, um Christus zu salben, von dem sie erwarteten, sie würden ihn tot vorfinden. Sie fürchteten nur eines: wer werde ihnen den Grabstein wegwälzen. Das erste Erstaunen: der Grabstein war weggewälzt. Das zweite, noch größere Erstaunen: das Grab war leer. Und dann der Kommentar - nicht durch menschliches Wort gesprochen, denn das menschliche Wort hätte ihn nicht auszudrücken vermocht. Ein übermenschliches Wesen spricht ihn: „Er ist nicht hier, Er ist auferstanden!" Die Frauen laufen zu den Aposteln, und die Apostel glauben ihnen nicht. Sie glauben nicht. Und da verstand ich, der ich zu den Nachfolgern der Apostel gehöre, meine großen Vorgänger.

Ich hatte die Absicht, dies ihnen sofort zu sagen, aber es war keine Zeit, es war nicht einmal ein Kontext dafür vorhanden. Trotzdem verfolgte mich das, und endlich habe ich den Ort dafür gefunden. Ich möchte damit nicht aus Polen wegfahren, sondern es hier zurücklassen, wenn nicht anderswo, dann zumindest im Nationaltheater.

Also, dies ist so ein großes Erstaunen. Eine Auferstehung und ein Erstaunen. Es fiele schwer, hier nicht erstaunt zu sein. Eigentlich mache ich in dieser ganzen Woche, in der ich mich von Ort zu Ort - und noch dazu in ziemlich schnellem Tempo - bewege, immerzu derartige Entdeckungen, aber die größte, am meisten an Auferstehung erinnernde Entdeckung war diese in Köslin (Koszalin). Hier ist übrigens der Militärbischof der Polnischen Armee im Saal, und er kann dies seinen Diözesanen übermitteln, es ihnen vielleicht in einer mehr militärischen Sprache übermitteln, denn er hat auf diesem Gebiet die entsprechende Vorbereitung.

Aber dennoch nehme ich nichts von dem zurück, was ich sagte, insbesondere nach Anhören dessen, was ich hörte, und nachdem ich viele andere Dinge gelesen habe, die ich zu lesen bekam: heute spüren wir, vielleicht anders als damals in der Heilig-Kreuz-Kirche vor vier Jahren, aber vielleicht auch noch stärker, das Bedürfnis nach Auferstehung, wir spüren den Imperativ der Auferstehung, dieser Auferstehung Christi, die der hl. Paulus in das Prinzip christlichen Lebens übersetzt hat, in das Prinzip des sakramentalen Lebens. Man muß nur in den Brief an die Römer schauen, wo Paulus über die Taufe schreibt, übrigens nicht nur, aber insbesondere über die Taufe. Die Auferstehung ist das Prinzip christlichen Lebens, des sakramentalen Lebens: Christi Auferstehung, die uns eingeprägt ist. Von Norwid wiederum wurde die gleiche Auferstehung in das Erfordernis nationalen Lebens übersetzt, man könnte sogar sagen - des sozio-ökonomischen Lebens: wie man ein auferstandenes

Volk sein kann, das heißt eine Nation, die aus der Fülle des Lebens lebt. Ich schweife ab, doch ich will schon wirklich das letzte Wort sagen, ich möchte nämlich sagen, daß ich dir, Polen, meinem Vaterland, eben diese Auferstehung wünsche, die Norwid in das Erfordernis des nationalen Lebens übersetzt hat!

Ich will noch sagen, daß ich diesen Wunsch in Ihre Hände lege, meine liebe Damen und Herren, in Ihre Hände. In die Hände der ganzen Nation, insbesondere in eurer aller Hände, die ihr hier anwesend seid, die ihr in gewissem Sinne das vertiefte Bewußtsein, der Intellekt, die schöpferische Perspektive dieser Nation seid, die ihr diese Nation liebt. Ihr liebt diese Nation. Ihr gebt Zeugnis davon, und ich habe mich euch stets auf diesem Gebiete angeschlossen. Und ich danke für alles, was ihr für diese Sache getan habt, und ich glaube, daß eure Tat Zukunft hat. Und auch unser Vaterland, unsere Gesellschaft hat Zukunft, hat europäische Zukunft. Diese Gesellschaft hat sich in die Geschichte des 20. Jahrhunderts schon dadurch eingeschrieben, daß es sie gab. Verlieren wir dies nicht aus den Augen. Die Menschen denken daran, die Menschen fragen danach. Ich komme von so einem Punkt der Welt, von so einem Ort, wo man sich davon überzeugen kann. Deshalb: empor die Herzen!

Die Zukunft Polens liegt in den Familien

Angelus in Warschau am 9. Juni

1. „Deine Mutter und deine Brüder stehen draußen und fragen nach dir" (*Mk* 3,32).

So war es die Jahre hindurch, seit ich vom Sitz des hl. Stanislaus in Krakau auf den Stuhl des hl. Petrus in Rom gerufen wurde.

Während dieser Jahre versammelten wir uns gemeinsam mit der Mutter Christi zum Gebet, besonders zum Angelusgebet.

Dafür danke ich meinen Landsleuten. Und ich danke dir, Mutter, Liebe Frau von Jasna Góra, die du mit uns warst bei diesem Gebet - auch über die geographische Entfernung von Tausenden von Kilometern hinweg.

Du warst mit uns, Liebe Frau von Jasna Góra, wie die „Frau, die der Schlange den Kopf zertritt" (vgl. *Gen* 3,15) mit ihrem „fiat" bei der Verkündigung ... unter dem Kreuz.

Wer ist Mutter Christi, wer sind seine Brüder? Jesus selbst antwortet: „Wer den Willen Gottes erfüllt, der ist für mich Bruder und Schwester und Mutter" (*Mk* 3,35).

Dies bezieht sich vor allem auf dich, Mutter des Erlösers. Du hast den Willen Gottes auf vollkommenste Weise erfüllt. Du erfüllst ihn ganz.

Wir, die hier in Warschau versammelt sind, bitten dich um Hilfe; hilf uns, denselben Willen Gottes, der Liebe ist, zu erfüllen.

2. „Siehe, deine Mutter!" (*Joh* 19,27).

Christus selbst spricht diese Worte vom Kreuz herab. Er richtet sie an einen Menschen, an seinen Jünger Johannes. Er hat ihn an jeden Menschen gerichtet.

„Siehe, deine Mutter!"

Es sind die Worte über Maria. Es sind Worte über die Mutter, über die Frau. Sie beziehen sich indirekt auf jede Mutter, auf jede Frau.

Diese Worte beziehen sich auf all unsere Mütter in Polen. Sie betreffen alle polnischen Frauen. Wieviel schuldet ihnen die Nation, jede Familie und die Nation insgesamt. Sie zeigten sich der Polnischen Teilung im vergangenen Jahrhundert gegenüber als unbesiegbar. Sie waren es, die kämpften und unsere Unabhängigkeit erlangten. Die Feinde selbst bezeugten dies.

Was ist mit der Mutterschaft der polnischen Frauen in diesem Jahrhundert, in den Erfahrungen des vergangenen Zeitabschnitts geschehen? Ja, die Zeit ist vergangen, aber die Wirkungen bleiben. Es sind zerstörerische Wirkungen. Wer ist für sie verantwortlich? Die Verantwortlichen sind zahlreich. Hinter der Sünde einer Frau steht immer ein Mann. Denn oft, gerade im Augenblick, in dem sie besonders Ermutigung und Hilfe von seiner Seite braucht, überläßt er sie egoistischerweise sich selbst; oder er drängt sie sogar zu jener Sünde, die später zu schweren Gewissensbissen das ganze Leben hindurch führen wird. Die Verantwortung des Mannes verbirgt sich hinter ihrer Schuld, in ihrer Gewissenslast. Und es fehlt nicht an jenen, die diesen Stand der Dinge verlängern und festigen möchten als etwas Normales und Legitimes.

„Siehe, deine Mutter!" Christus, der Sohn Gottes, hat diese Worte zu jedem von uns, zu allen polnischen Frauen und zu allen polnischen Männern durch so viele Generationen hindurch vom Kreuz herab gesprochen. Auch zu uns heute. Siehe, deine Mutter ...

Mutter, wir wissen, daß du da bist. Du hörst nicht auf, mit uns zu sein trotz unserer Schwächen, unserer Sünden und der manchmal schweren Schuld. Hilf uns, die polnische Familie wiederzuerrichten als einen heiligen sakramentalen Bund von Personen, als eine Zuflucht von Generationen. Damit diese Familie ein authentisches, wahres, verantwortliches Umfeld der Liebe und des Lebens sei. Jede Familie sei die erste Schule des großen Gebotes der Liebe, jener Liebe, die „langmütig ... gütig" ist, „nicht ihren Vorteil sucht", „das Böse nicht nachträgt", „sich an der Wahrheit freut", einer Liebe, die „alles erträgt" (vgl. *1 Kor* 13,4-7).

Hilf uns, die polnische Familie wieder aufzubauen. Die Zukunft des Menschen führt durch die Familien. Von den Familien hängt die Zukunft des Menschen in seinem Vaterland ab. Von ihnen hängt die Zukunft Polens ab.

Versöhnung und Freundschaft zwischen Christen und Juden

Ansprache an die jüdische Gemeinde am 9. Juni

1. Begegnungen mit Vertretern jüdischer Gemeinden stellen ein ständiges Element meiner apostolischen Reisen dar. Diese Tatsache hat ihre eigene Aussage, denn sie unterstreicht die in ihrer Art einzigartige Gemeinschaft des Glaubens, die die Söhne Abrahams, die sich zur Religion des Mose und der Propheten bekennen, mit jenen verbindet, die ebenfalls Abraham als ihren „Vater im Glauben" bekennen (vgl.

Joh 8,39) und in Christus, dem „Sohn Abrahams und Sohn Davids" (vgl. *Mt* 1,1), auch das ganze überreiche Erbe des Mose und der Propheten annehmen.
Die Begegnung mit Juden auf polnischem Boden hat jedoch jedesmal eine besondere Bedeutung. Heute möchte ich auf all das Bezug nehmen, was ich schon bei früheren Begegnungen zu diesem Thema sagte und was Glaube und Herz mir diktieren. Darin begegnet sich die gewissermaßen wunderbare und zugleich tragische Vergangenheit einer fast tausendjährigen gemeinsamen Geschichte auf polnischem Boden, die Verantwortung der Bekenner des einen Gottes für das Heute und die Hoffnung auf eine Zukunft, die abzielt auf eine Veränderung der Welt durch Wiedergeburt und Erneuerung des in gleichem Maße für die Stimme Gottes und für die Bedürfnisse des Nächsten offenen Menschen.

2. Bei meinem letzten Treffen mit Vertretern der israelitischen Gemeinde in Polen am Sitz des Primas am 14. Juni 1987, an das ich mit Dankbarkeit und nicht ohne Rührung zurückdenke, brachte ich Gedanken und Gefühle zum Ausdruck, mit denen ich selbst sowie die riesige Mehrheit der Polen machtlos auf dieses schreckliche Verbrechen schauten, das am ganzen jüdischen Volk verübt wurde. Manchmal wußten wir nicht einmal hundertprozentig, was da geschah, denn die Täter versuchten es doch zu verbergen. Wir durchlebten dies - so sagte ich damals - „im Geist tiefer Solidarität mit euch. Die Bedrohung für euch war auch eine Drohung gegen uns; sie wurde nicht im selben Ausmaß verwirklicht, weil die Zeit dazu nicht ausreichte. Sie waren es, die diese schrecklichen Opfer erlitten haben; man könnte sagen, daß Sie es auch erleiden mußten für jene anderen, die ebenso zur Ausrottung bestimmt waren."
Deshalb schließe ich mich herzlich den Worten an, die ich im Hirtenbrief der polnischen Bischöfe vom 30. November vergangenen Jahres fand: „Das gleiche Land, das über die Jahrhunderte hinweg gemeinsames Vaterland von Polen und Juden war, das gemeinsam vergossene Blut, das Meer ungeheurer Leiden und erfahrenen Unrechts sollten uns nicht trennen, sondern verbinden. Zu dieser Gemeinschaft rufen uns insbesondere die Stätten der Vernichtung, in vielen Fällen auch gemeinsame Gräber auf."
Die menschliche Vergangenheit vergeht nicht vollständig. Auch die polnisch-jüdische Geschichte ist, wenngleich heute so wenige Juden auf polnischem Boden wohnen, immer noch sehr real im Leben sowohl der Juden wie auch der Polen gegenwärtig. Darauf verwies ich meine Landsleute, die mich in Rom am 29. September 1990 besuchten. „Das Volk, das viele Generationen hindurch mit uns über viele Generationen lebte", sagte ich damals, „blieb bei uns nach diesem schrecklichen Tod von Millionen seiner Söhne und Töchter. Gemeinsam erwarten wir den Tag des Gerichts und der Auferstehung" (*Zyklus von Jasna Góra)*.

3. Heute erscheint es sehr wichtig, daß wir uns von der einen wie von der anderen Seite bemühen, das Gute wahrzunehmen, zu retten und zu beleben, was zwischen uns geschah (und in ganzen Jahrhunderten ist ja sehr viel davon geschehen). Und

daß wir Versöhnung und Freundschaft trotz des Bösen suchen, denn auch Böses hat es viel in unserer Geschichte gegeben.
Leider wurde sowohl das Gute wie auch das Böse, das zwischen uns geschah, von diesem in seinem Grauen unfaßlichen Völkermord erdrückt, dessen Opfer das jüdische Volk wurde. Soviel kann man zumindest sagen, daß das präzedenzlose Verbrechen, mit dem ein ganzes Volk getötet werden sollte, das christliche Europa entsetzt und es dazu mobilisiert hat, Unrecht wiedergutzumachen, das den Juden jahrhundertelang zugefügt und das recht oft in die Denk- und Sittenstrukturen hineingeschrieben wurde. Nach zweitausend Jahren der Unterbrechung haben die Juden endlich ihren eigenen Staat erlangt. Die Nationen christlicher Zivilisation haben sich an die mühselige Arbeit gemacht, aus ihrer Mentalität jegliche ungerechten Vorurteile gegenüber den Juden sowie andere Erscheinungen des Antisemitismus auszumerzen.
An dieser Tätigkeit beteiligten sich die christlichen Kirchen, darunter auch die katholische Kirche, in aktiver Weise.
Im letzten Jahr beging die Weltkirche, darunter auch die Kirche in Polen, feierlich den 25. Jahrestag der Erklärung des Zweiten Vatikanischen Konzils *Nostra aetate*, die einen grundsätzlichen Durchbruch im Verhältnis der Christen zu den Juden bedeutet. Die Lehre des Konzils wurde dann in späteren Dokumenten des Hl. Stuhls weiterentwickelt, die *Richtlinien und Hinweise für die Durchführung der Konzilserklärung Nostra aetate* von 1974 sowie *Hinweise für eine richtige Darstellung von Juden und Judentum in der Predigt und in der Katechese der katholischen Kirche* von 1985. Mit Befriedigung konnte ich feststellen, daß alle diese Dokumente der Kirche, auch das Ganze der päpstlichen Lehre, durch Bemühen der Polnischen Bischofskonferenz übersetzt und in polnischer Sprache herausgegeben worden sind. Ich freue mich, daß zur Sammlung dieser Dokumente in letzter Zeit der genannte Hirtenbrief der Polnischen Bischofskonferenz vom 30. November vergangenen Jahres hinzukam.
Heute, nach über 25 Jahren seit dem Zweiten Vatikanischen Konzil, ist die Zeit gekommen, um eine besondere Anstrengung zur Verwirklichung und Durchführung der kirchlichen Lehre zu unternehmen. Der Inhalt dieser Dokumente sei eine Inspiration dafür, daß alle Ortskirchen, darunter auch die Kirche in Polen, immer neue Bemühungen machen, um die Unrecht verursachenden stereotypen Denkweisen, Schemata und die noch hier und da umhergeisternden gegenseitigen Vorurteile zu überwinden, um so vor der Welt von heute, in der der Glaube auf eine schwere Probe gestellt ist, das Schöne und die tiefen Wahrheiten des einen Gottes und Vaters zu zeigen, der als solcher von allen seinen Söhnen erkannt und geliebt werden will.
Eine der wichtigeren Aufgaben der Kirche ist die Erziehung der jungen Generation im Geiste gegenseitiger Achtung, im Bewußtsein unserer gemeinsamen Wurzeln und unserer Aufgaben in der Welt von heute, aber auch bei der Erkenntnis der eigenen Besonderheit und Identität. Ich segne von Herzen alle Bemühungen, die gerade diesem Ziel dienen.

Mit den Worten des Psalmisten bitte ich den allmächtigen Gott, er lehre alle Söhne des Bundes, seinen Willen zu erfüllen: „Lehre mich, deinen Willen zu tun; denn du bist mein Gott" (*Ps* 143[142],10). Schalom!

Einander in Liebe ertragen!

Ansprache vor dem Polnischen Ökumenischen Rat in Warschau am 9. Juni

Gelobt sei Jesus Christus!

1. „Petrus, Apostel Jesu Christi, an die Auserwählten, die ... von Gott, dem Vater, von jeher ausersehen und durch den Geist geheiligt [sind], um ... mit [dem] Blut [Jesu Christi] besprengt zu werden. Gnade sei mit euch und Friede in Fülle" (*1 Petr* 1,1-2).
Mit diesen Worten des Apostels Petrus aus seinem ersten Brief möchte ich euch alle herzlich begrüßen, liebe Brüder und Schwestern, Teilnehmer an dieser Begegnung. Möge durch sie die Heiligste Dreifaltigkeit gepriesen sein. Zu ihrem Lobpreis wurde dieses Gotteshaus der Kirche des Evangelisch-Augsburgischen Bekenntnisses geweiht, das uns heute beherbergt.

2. Zu dieser Begegnung lud mich vor vier Jahren, am Sitz des Primas von Polen in der Miodowa-Straße, der Vertreter des Polnischen Ökumenischen Rates, unser sehr geehrter Bruder Adam Kuczma, ein. Er drückte damals den Wunsch aus, daß wir, so Gott will, bei meiner vierten Pilgerreise in mein Vaterland in einem Gotteshaus einer der Kirchen begegnen könnten, die im Polnischen Ökumenischen Rat vereint sind. Auch ich wünschte dies von Herzen, und so erfüllen sich die beiderseitigen Wünsche.

3. Der Ort unserer heutigen Begegnung ist äußerst beredt. Dieses lutherische Gotteshaus teilte das Schicksal anderer Kirchen Warschaus in den Jahren 1939 und 1944. Die Besetzer behandelten es nicht deshalb besser, weil es lutherisch war.
Hier wirkte ab 1898 als Pfarrer Juliusz Bursche, später Bischof und Oberhaupt der Kirche des Evangelisch-Augsburgischen Bekenntnisses in Polen. Dieser große Christ und große polnische Patriot zog es vor, in einem deutschen Gefängnis sein Leben hinzugeben, als seinem Polentum zu entsagen.
In diesem Gotteshaus verkündete auch ein anderer großer Christ und Pole, ein Diener der Kirche des Evangelisch-Augsburgischen Bekenntnisses, Bischof Zygmunt Michelis, Pfarrer dieser Pfarrei ab 1921, das Wort Gottes. Für die Verteidigung Warschaus wurde er im Jahre 1939 mit dem Kreuz „Virtuti Militari" ausgezeichnet.
Sowohl Bischof Bursche wie auch Bischof Michelis, den persönlich zu kennen ich das Glück hatte, widersprachen durch ihr Leben und durch ihren Tod gewissermaßen der verbreiteten Ansicht, ein Lutheraner sei Deutscher und ein Pole sei Katholik.

4. Unser Vaterland war über Jahrhunderte ein gastliches Haus für alle seine Bewohner. Hier lebten nebeneinander unterschiedliche Nationalitäten, mehrere Religionen und viele Bekenntnisse. Polen zeichnete sich durch eine in Europa seltene Toleranz aus, was die Geschichtsschreiber zu Recht notiert haben.
In der *Botschaft zur Feier des 24. Weltfriedenstages* habe ich das Problem der religiösen und konfessionellen Minderheiten auf Weltebene umfassender behandelt. Intoleranz, diese Krankheit der Menschheit und Schande für religiöse Gemeinschaften, kann sich sowohl auf der Seite des Stärkeren wie auch auf jener der Schwächeren zeigen. Mangel an Toleranz wird dort sichtbar, wo zum Beispiel Nötigung und Zwang bei der „Bekehrung" angewandt wird, aber auch dort, wo fundamentalistische Mentalität vorherrscht. Mit dem Blick vor allem auf die „stärkeren" Gemeinschaften schrieb ich: „Wie sehr einem auch die Wahrheit der eigenen Religion am Herzen liegen mag, so gibt das doch niemandem, weder einzelnen noch Gruppen, das Recht zu dem Versuch, die Gewissensfreiheit all jener, die andere religiöse Überzeugungen haben, zu unterdrücken oder sie dadurch zum Verrat an ihrem Gewissen zu verleiten, daß man ihnen im Fall ihres Religionswechsels bestimmte soziale Privilegien und Rechte anbietet bzw. verweigert" (IV.).

5. Es geht jedoch um mehr als nur um wechselseitige Toleranz. Oft begreift man ja Toleranz als Schutz ethnischer oder religiöser Minderheiten, „wodurch man sie ... zu ... Individuen macht, die unter Vormundschaft des Staates stehen. Das könnte auf eine Form von Diskriminierung hinauslaufen, die die Entwicklung einer harmonischen und friedvollen Gesellschaft behindert, ja verhindert. Vielmehr wird das unauslöschliche Recht, seinem Gewissen zu folgen und seinen Glauben allein oder in Gemeinschaft zu bekennen und zu praktizieren - immer unter der Voraussetzung, daß dabei die Forderungen der öffentlichen Ordnung nicht verletzt werden -, anerkannt und garantiert" (*ebd.*). Ich war der Meinung, daß dies in einer Friedensbotschaft gesagt werden muß.

6. Brüder und Schwestern in Christus! Wenn wir die Welt an die Notwendigkeit der Toleranz zwischen den Kirchen erinnern, bedeutet dies nicht, daß Toleranz allein genügt. Das ist entschieden zu wenig. Einfaches Einander-Dulden kann für die Christen und die Kirchen Christi nicht ausreichen. Man duldet ja manchmal sogar etwas Böses - im Namen eines größeren Gutes. Ich möchte nicht, daß ihr mich nur duldet. Ich möchte auch euch, liebe Brüder und Schwestern, nicht nur dulden. Was sind das für Brüder und Schwestern, die sich nur gegenseitig dulden? Was sind das für Brüder und Schwestern in Christus, die sich nur gegenseitig dulden? Wir sind in Wahrheit geliebte Kinder Gottes, geliebte Söhne im Sohn, wir sind Wohnung des Heiligen Geistes, wir lieben das Evangelium, wir sind in Christus eingesenkt, von seinem Geist getränkt. Jeder auf seine Weise; nach dem Maß der Gabe Christi und der eigenen Wege, die manchmal schwer zu unterscheiden und einzuschätzen sind.
Im *Epheserbrief* lesen wir: „... ihr, die ihr einst in der Ferne wart, [seid] durch Christus Jesus, nämlich durch sein Blut, in die Nähe gekommen. Durch ihn haben wir beide in dem einen Geist Zugang zum Vater" (2,13.18). Als Jünger Christi sind

wir nicht „Fremde ohne Bürgerrecht"; wir sind „Mitbürger der Heiligen und Hausgenossen Gottes ... auf das Fundament der Apostel und Propheten gebaut; der Schlußstein ist Christus Jesus selbst" (*Eph* 2,19-20). Obwohl wir uns immer noch im Glauben unterscheiden, so sind wir dennoch durch die Gnade Gottes im Einklang hinsichtlich der eigentlichen Fundamente unseres Glaubens: Wir alle glauben an Jesus Christus, Gottes Sohn, der unser gekreuzigter und von den Toten auferstandener Heiland ist; wir alle sind im Namen eben dieses gleichen Vaters und Sohnes und Heiligen Geistes getauft.

Fast genau vor zwei Jahren, bei der ökumenischen Begegnung im fernen Reykjavik, machte ich darauf aufmerksam, daß diese eine Taufe, mit der wir getauft sind, nicht nur den Keim unserer wechselseitigen Einheit darstellt. „Die Taufe, als Beginn der Erlösung eines jeden Menschen, enthält eine innere Dynamik, die, ihrem ganzen Wesen nach hinzielt auf die Erlangung der Fülle des Lebens in Christus" (vgl. *Unitatis redintegratio*, Nr. 22). Sie ist also „hingeordnet auf das vollständige Bekenntnis des Glaubens, auf die völlige Eingliederung in die Heilsveranstaltung, wie Christus sie gewollt hat, schließlich auf die vollständige Einfügung in die eucharistische Gemeinschaft" (*ebd.*). Vor uns steht die Aufgabe, Schritt für Schritt die Hindernisse auf dem Weg zu dieser Gemeinschaft zu überwinden und gemeinsam in jener Einheit zu wachsen, die Christus zu Beginn seiner Kirche geschenkt hat, die eins ist. Die Bedeutung dieser Aufgabe läßt Hast und Ungeduld nicht zu, aber die Pflicht, dem Willen Christi zu entsprechen, verlangt, daß wir fest bleiben auf dem Weg zum Frieden und zur Einheit unter allen Christen.

Wir wissen, daß nicht wir es sind, die die Wunden der Spaltung heilen und die Einheit wiederherstellen können - wir sind nur Werkzeuge in der Hand Gottes. Die Einheit der Christen wird ein Geschenk Gottes zu seiner Zeit der Gnade sein. Demütig streben wir hin zu diesem Tag, indem wir in Liebe, gegenseitiger Vergebung und gegenseitigem Vertrauen wachsen (vgl. *Reykjavik*, 3.6.1989).

„Ertragt einander", sagt der Brief an die Epheser weiter, indem er ein wirkliches Programm für ein christliches Zusammenleben des Volkes Gottes umreißt. Wir sollen „demütig, friedfertig" vorgehen; auch „geduldig". Das ist auch eine Lektion in Toleranz, die es in unserer polnischen Geschichte in recht befriedigender Weise zu verwirklichen gelang.

Aber das ist nur der erste, leichtere Punkt des für die Christen geschriebenen Programms. Denn wir lesen: „Ertragt einander in Liebe" (*Eph* 4,2). „Ertragen ... in Liebe" bedeutet mehr, als nur Toleranz üben.

„Ertragen in Liebe" heißt auch, sich um Verstehen bemühen; verstehen, um zu verzeihen; „ertragen in Liebe" heißt auch: akzeptieren, sich innerlich nahe fühlen, in Gemeinschaft verweilen, sich für Gemeinschaft verantwortlich fühlen, zu Hilfe eilen, zusammen arbeiten und zusammen gestalten wollen.

Ich beziehe mich noch einmal auf ökumenische Überlegungen, die ich bei meiner Reise in die skandinavischen Länder formuliert habe. „Wir müssen mit Trauer anerkennen", sagte ich bei der *ökumenischen Begegnung in der lutherischen Kathedrale in Uppsala* (9.6.1989), „daß die Christen nicht einig sind. Gleichzeitig können

wir darauf vertrauen, daß uns der Herr der Geschichte in unseren Spaltungen nicht verlassen hat. In Weisheit und Langmut führt er uns durch seine Gnade zu immer ernsterer Reue über die Spaltungen und zu immer größerer Sehnsucht nach Einheit."
Unsere gemeinsame Liebe möge sich zuerst in der Vergebung und in der Suche nach Vergebung ausdrücken. „... Es ist eine Herausforderung für uns, einander zu vergeben, aber der Herr hat uns geboten, das zu tun. Nach vier Jahrhunderten der Trennung ist Zeit nötig für den Prozeß der Versöhnung und der Heilung" heißt es weiter im Text von Uppsala. „Nicht alles kann sofort getan werden, aber wir müssen tun, was wir heute tun können, in der Hoffnung auf das, was morgen möglich sein wird" (*ebd.*).
Man muß auch daran denken: „Wie sehr wir auch nach der Einheit streben, sie bleibt immer ein Geschenk des Heiligen Geistes. Wir werden nur in dem Ausmaß gut gerüstet sein, dieses Geschenk zu empfangen, indem wir ihm unseren Geist und unser Herz geöffnet haben durch christliches Leben und besonders durch das Gebet" (*ebd.*).

7. In dem Maße, wie in uns der Gehorsam gegenüber dem Heiligen Geist wächst, wird die äußere Zusammenarbeit unserer Kirchen an geistiger Kraft gewinnen: ob es sich dabei um unsere gemeinsamen Bemühungen zum Schutz des menschlichen Lebens vom Augenblick der Empfängnis bis zum natürlichen Tod handelt oder aber um unsere Zusammenarbeit für solche Werte, wie die Würde eines jeden Menschen, die Arbeit, die Gerechtigkeit, der Friede, die Freiheit oder der Schutz der Umwelt.
Wir können in mehr sichtbarer Form bei der Unterstützung der Bedürftigen ökumenisch solidarisch sein. Wir wünschen sehr, in ökumenischer Weise solidarisch zu sein mit Nationen, die einen Kreuzweg gehen, um auf ihrem eigenen Boden sie selbst sein zu können.

8. Um eine solche christliche, ökumenische Solidarität zwischen den Kirchen bitte ich heute den Herrgott für mein geliebtes Vaterland. Ich empfehle sie inständig meinen Brüdern im bischöflichen Dienst in der römisch-katholischen Kirche. Von ihnen hängt ja so sehr das polnische Christentum ab. Ich empfehle sie allen sehr verehrten Brüdern der im Polnischen Ökumenischen Rat zusammengeschlossenen Kirchen. Ich empfehle sie euch allen, im Evangelium, geliebte Brüder und Schwestern. „Gnade sei mit euch und Friede in Fülle."

Die Prüfung der Freiheit steht noch bevor

Predigt bei der Seligsprechung von Pater Rafal Chylinśky in Warschau am 9. Juni

1. „Du sollst ... lieben ..." (vgl. *Mk* 12,30).
Auf den vorherigen Etappen meiner Pilgerreise durch die Heimat knüpften wir an den Dekalog an, an die Zehn Gebote. Auf dieser letzten Etappe richtet sich unser Augenmerk auf jenes eine Gebot, das, nach Christi Worten, das erste und höchste ist. Das Liebesgebot umfaßt alle Gebote des Dekalogs und führt sie zur Vollendung:

in ihm sind alle enthalten, aus ihm ergeben sich alle, zu ihm streben alle. So ist die innere Logik des Bundes Gottes mit dem Menschen.

Dieser Bund erreichte seine Fülle in Jesus Christus, in Ihm wurde die Fülle des Guten geoffenbart, die dem Menschen vom Schöpfer gegeben und ihm gleichzeitig aufgegeben ist als einem Wesen, das nach dem Bild und Gleichnis Gottes erschaffen ist.

„Darum sollst du den Herrn, deinen Gott, lieben mit ganzem Herzen und ganzer Seele, mit all deinen Gedanken und all deiner Kraft" ... und: „Du sollst deinen Nächsten lieben wie dich selbst" (*Mk* 12,30-31; vgl. *Dtn* 6,4 f.; *Lev* 19,18). Dieses höchste Gebot ist eines, und es ist zugleich zweifach: es umfaßt Gott und die Menschen und bei den Menschen die Nächsten und dich selbst. Auf diese Weise begegnet Gott in diesem Gebot seinem eigenen Bild und Gleichnis, das jeder Mensch ist.

2. Es ist gut, daß wir dieses grundlegende Gebot gerade in Warschau, in der polnischen Hauptstadt, betrachten sollen, die seit Jahrhunderten der Schauplatz großer Ereignisse in der Geschichte der Nation war. Hier in Warschau, damals war es nahe bei Warschau, auf dem Gebiet eines Ortsviertels mit dem Namen Wola, wurde die Wahl der polnischen Könige vollzogen. Durch die Wahlen offenbarte sich der souveräne Wille der Gesellschaft (es war eine Adelsgesellschaft, denn nur sie hatte damals das aktive Wahlrecht in der Nation). So war also durch Jahrhunderte die Ortschaft „Wola" („Wola" = „Wille", Anm. der Red.) der Prüfstein für den Willen der Nation, des menschlichen freien Willens beim Akt der Wahl und der Entscheidung, die von grundlegender Bedeutung für das Gemeinwohl der Republik dreier Nationen waren.

Das Liebesgebot hat im Evangelium auch seine gesellschaftliche, soziale Dimension. Christus sagt: „Das ist mein Gebot: Liebt einander" (*Joh* 15,12) ... Liebt einander in sozialer Weise.

In jeder seiner Dimensionen bezieht sich das Liebesgebot auf den menschlichen Willen, der frei ist. Der Mensch, der sich vom Licht des Verstandes, das heißt vom Urteil des Gewissens, leiten läßt, trifft eine Wahl und entscheidet auf diese Weise über sich selbst. Er gibt seinen Taten Gestalt. Das Liebesgebot ist auf den freien Willen gerichtet, denn von ihm hängt es ab, ob der Mensch seinen Taten, seinem Vorgehen die Gestalt der Liebe oder aber eine andere, der Liebe entgegengesetzte Gestalt gibt. Dies kann die Gestalt des Egoismus, die Gestalt der Gleichgültigkeit gegenüber den Bedürfnissen des anderen, der Gleichgültigkeit gegenüber dem Gemeinwohl sein. Es kann schließlich die Gestalt des Hasses oder des Verrats sein - im Gegensatz zu dem, was Christus lehrt: „Liebt eure Feinde" (*Mt* 5,44).

Im Laufe der Geschichte war Warschau Schauplatz verschiedener Wahlen und verschiedener Entscheidungen. In vielen spiegelte sich gewiß soziale Liebe, Liebe zum Vaterland bei dessen vielfältigen Bedürfnissen wider. Aber es war auch anders. Wir müssen an dieser Stelle nachdenken über die Größe des Willens, aber auch über dessen Niedrigkeit, über die Gleichgültigkeit gegen andere und das Bestreben, auf seine eigene Rechnung zu kommen, über Korruption und Geringschätzung der gemeinsamen Sache.

3. Gegen Ende der ersten Republik, ja auch nach ihrem Niedergang, wurde gerade Warschau zum Schauplatz einer Wiedergeburt reifer Vaterlandsliebe. Hier, in der Hauptstadt, formte sich staatsbürgerliches Denken, und man unternahm mutig Schritte, die das Ziel hatten, das bedrohte Vaterland zu retten. Höchste Errungenschaft jenes patriotischen Aufbruchs war bekanntlich die Verabschiedung der Verfassung vom 3. Mai. Warschau hat später dafür mit dem denkwürdigen Blutbad in seinem auf dem rechten Ufer gelegenen Stadtteil Praga bezahlt.
Liebe, die bereit ist, selbst das Leben hinzugeben, vergeht nicht. So nimmt es nicht wunder, daß gerade in Warschau, einige hundert Meter von hier, beim Schloß Belvedere, der folgende Akt dieses heroischen Dramas der Polen begann, zu dem ihre Vaterlandsliebe sie trieb, nämlich der Novemberaufstand (1830). Hier begann er, er erfaßte zwar das ganze Land, aber hier ging er auch zu Ende. Das Symbol wird die Gestalt General Sowińskis bleiben, dieses Veterans der Kämpfe für Polen, dieses Invaliden, der schon ein Bein verloren hatte, er versuchte im nahen Wola dem Feind den Zugang zur Hauptstadt zu versperren und gab dort sein Leben hin. „Es gibt keine größere Liebe, als wenn einer sein Leben ... hingibt" (*Joh* 15,13), sagte Christus. Christus selbst ist der erste von denen, die ihr Leben hingaben: für die Nächsten, für die Sache, für das Vaterland. In unserer Geschichte fehlt es nicht an solchen, die ihm nachfolgten.
Wenn wir an diesen großen Tribut an Blut denken, den Warschau so viele Male auf dem Altar der Vaterlandsliebe geopfert hat, dann erscheint uns unsere Hauptstadt, besonders in feierlichen Stunden, als ein Märtyrer-Heiligtum der Nation. Ein Märtyrer-Heiligtum der Nation, so nannte der Primas des Millenniums Warschau. Beachten wir in dieser Bezeichnung das ganze spezifische Gewicht des evangelischen Zeugnisses. Märtyrer - Zeuge. Zeuge der Liebe, die größer ist als der Haß.
Auch in unserem Jahrhundert, während des Warschauer Aufstandes (1944) und später nach dessen Ende, wurde die Hauptstadt zum Schauplatz eines tödlichen Zusammenstoßes zwischen Heroismus und Brutalität, wie der große Philosoph, Professor an der Jagiellonen-Universität und Häftling in Sachsenhausen, Priester Konstanty Michalski, sein Nachkriegsbuch überschrieben hat.
Was damals in Warschau geschah, war gleichsam ein letzter Ansturm des Hasses, der über mehrere Generationen unsere Nation buchstäblich zu zerstören versuchte. Und dieses Warschau, das Warschau der polnischen Königswahlen, wurde in unserem Jahrhundert zum Ort anderer Wahlen und Entscheidungen: zwischen Leben und Tod, zwischen Liebe und Haß. Eine außergewöhnliche Folge von Ereignissen. Ein altes und zugleich zeitgenössisches Vermächtnis, das eine wie das andere ist wichtig für die Geschichte der Nation.

4. Heute versammeln wir uns hier, um an der Eucharistie Christi teilzuhaben. Der geschichtliche Augenblick ist ein anderer. In den letzten Jahren und Jahrzehnten rang die Gesellschaft um ihren souveränen Subjektcharakter. Seit kurzer Zeit scheint dieser Kampf beendet. Und jetzt fühlen wir alle, nach der langen Periode einer durch das totalitäre System beschränkten Subjektivität, daß dieser souveräne Subjektcharakter nicht nur eine Errungenschaft, sondern auch eine neue Herausforde-

rung ist. Eine Herausforderung, daß wir uns selbst bestimmen, selbst verwirklichen, daß wir wir selbst sind. Als Menschen, als Personen, als Nation und Gemeinschaft.
Diese Herausforderung ist auf unterschiedliche Weise an den menschlichen Willen gerichtet: an den Willen eines jeden und aller. Wir werden geprüft in unserem Menschsein und in unserem Christsein, in unserem Polentum und in unserem Europäertum.
Die Prüfung in der Vergangenheit war schwierig. Wir haben sie bestanden, und das allgemeine Ergebnis brachte uns Anerkennung. Wir haben uns bestätigt. Doch an dieser Stelle darf man nicht stehenbleiben. Die Erprobung unserer Freiheit steht uns noch bevor. Freiheit kann man nicht nur besitzen. Man muß sie ständig und immer wieder erringen. Man erringt sie, indem man von ihr guten Gebrauch macht, Gebrauch in der Wahrheit, denn nur „die Wahrheit wird ... befreien" (vgl. *Joh* 8,32) - die Menschen und die menschlichen Gemeinschaften, die Gesellschaften und die Nationen. So lehrt Christus.
Unser Vaterland ist wieder in einen besonderen geschichtlichen Augenblick gestellt, in einen Augenblick, der in vieler Hinsicht einzigartig und vielleicht entscheidend ist und den man nicht aus irgendeinem Grund vergeuden darf. Dies ist ein großartiges Geschenk Gottes, so etwas wie ein „Kairos" unserer Geschichte, der uns gegeben und gleichzeitig aufgegeben worden ist.
In der heutigen Eucharistie bete ich zusammen mit euch, meine geliebten Brüder und Schwestern, meine Landsleute; ich bete gemeinsam mit euch für diese Erprobung der Freiheit, die vor euch steht. Ich durchlebe gemeinsam mit euch die Schwierigkeiten, die neu und oft unerwartet sind. Schwierigkeiten, die in uns, in jedem von uns und in allen stecken. Liebe Brüder und Schwestern, ich bin einer von euch. Ich war es ständig, auf den verschiedenen Etappen, und ich bin es jetzt. Ich liebe meine Nation, ihre Leiden; die Beschränkungen ihrer Souveränität und die Unterdrückung waren mir nicht gleichgültig; und jetzt ist mir diese neue Prüfung der Freiheit, vor der wir alle stehen, nicht gleichgültig.

5. Wie wird die Antwort sein? Es muß viele Antworten geben, jede der Person, dem Milieu, der Situation angepaßt. Zugleich besteht aber die Antwort in dieser einen: im Gebot der Liebe. Das große Gebot des Evangeliums, ein Gebot, durch das der Mensch sich selbst als Person und als Teilhaber der Gemeinschaft, als Sohn oder Tochter der Nation wiederfindet. Einer und alle.
Das Konzil lehrt: „Der Mensch (ist) ... auf Erden das einzige von Gott um seiner selbst willen gewollte Geschöpf." Und gleichzeitig kann sich dieser Mensch, Bild und Gleichnis Gottes, „nur durch die selbstlose Hingabe seiner selbst finden" (vgl. *Gaudium et spes*, Nr. 24).
Also nicht Egoismus, nicht schneller wirtschaftlicher Erfolg (um jeden Preis), nicht praktischer Materialismus ... (man könnte diese Liste erweitern) ..., sondern die Bereitschaft zur Hingabe, moralischer Fortschritt, Verantwortung. Mit einem Wort: das Gebot der Liebe.
Ich will euch heute, Brüder und Schwestern, eine zusätzliche Ermunterung zu solcher Liebe zurücklassen, einer Liebe, die sich ganz Gott schenken will, und die den

Nächsten liebt wie sich selbst. In dieser hl. Messe wurde ein Franziskaner, Pater Rafal Chylińsky, seliggesprochen. Er war ein Mensch mit großem Gebetsgeist und zugleich mit einem großen Herzen für die Armen. Als 1736 in Krakau eine Epidemie ausbrach, widmete er sich ganz den Kranken, tat jeden Dienst, ohne auf die eigene Sicherheit zu achten. Mit Hingabe diente er den Armen, den Kranken, den von der Epidemie Erfaßten, allen, die in sein Kloster in Lagiewniki, heute ein Stadtteil von Lodtz, kamen; häufig, wenn er nichts anderes mehr hatte, gab er ihnen seine eigene Brotration oder seinen eigenen Mantel. Bald nach seinem Tod wurde der Seligsprechungsprozeß begonnen, aber er wurde durch die Teilungen Polens unterbrochen.

Die Tatsache, daß über so lange Zeit die Erinnerung an seine Heiligkeit nicht verlorenging, ist ein Zeugnis dafür, daß Gott gleichsam eigens darauf gewartet hat, daß Sein Diener in einem Polen seliggesprochen werden könnte, das nunmehr frei ist. Der selige Rafal erinnerte uns daran, daß jeder von uns, auch wenn wir Sünder sind, zur Liebe und Heiligkeit berufen ist.

Ich habe viel darüber nachgedacht, als ich seine Lebensbeschreibung las. Sein Leben ist mit der Sachsenzeit verbunden, und wir wissen, daß dies nicht nur vom Gesichtspunkt der politischen Geschichte der 1. Republik aus traurige Zeiten waren, sondern auch vom Gesichtspunkt der sozialen Moral aus. Ich möchte die sprichwörtlichen Wendungen nicht zitieren, die bis zum heutigen Tag über jene Zeit im Umlauf sind. Das waren traurige Zeiten, es waren Zeiten einer maßlosen Selbstüberschätzung, Zeiten der Gedankenlosigkeit, eines Konsumdenkens, das nur in einer einzigen Gesellschaftsschicht um sich griff. Und da erscheint vor dem Hintergrund dieser Zeit ein Mensch, der aus eben dieser Schicht stammt. Zwar nicht aus dem Großmagnatentum, sondern aus dem einfachen Adel, in jedem Fall aber aus der Schicht, die über alle gesellschaftlichen und politischen Rechte verfügte. Und dieser Mensch wird, indem er das tut, was er tat, indem er die Berufung wählt, die er wählte, zum Protest und zur Sühne, ja, er ist vielleicht sogar dieser Protest und diese Sühne. Er ist mehr als ein Protest, er ist die Sühne für all das, was Polen zugrunde richtete. Bisweilen ersteht vor meinen Augen, wenn ich die Lebensbeschreibung dieses Seligen lese, Tadeusz Rejtan. Zwar starb Pater Rafal im Jahre 1741 vor der ersten Teilung Polens. Die Handlung Tadeusz Rejtans ist bekannt geworden als ein Element des Sejms nach der Teilung, der die Teilung akzeptierte. Damals warf sich Rejtan in die Tür, um jene debattierenden polnischen Parlamentarier des 18. Jahrhunderts nicht hindurchzulassen, um sie zu beschwören: „Ihr dürft nicht! Wenn ihr mit einer solchen Entscheidung von hier weggehen wollt, mit einem solchen Beschluß, dann über meine Leiche!" Pater Rafal war nie Abgeordneter zum Sejm, er gehörte nicht zum Parlament. Er wählte die Berufung eines armen Sohnes des hl. Franziskus, aber er legte ein sehr ähnliches Zeugnis ab. Sein verborgenes, in Christus verborgenes Leben war ein Protest gegen dieses selbstzerstörerische Bewußtsein, gegen die Haltung und das Vorgehen der Adelsgesellschaft in jener Sachsenzeit, von der wir wissen, wie sie endete. Und weshalb erinnert uns die Vorsehung heute daran? Weshalb ist erst heute dieser Prozeß durch alle Zeichen der Erde und des Himmels so weit gereift, daß wir Pater Rafal seligsprechen können? Sucht eine Antwort auf diese Frage. Versuchen wir miteinander auf diese Frage zu antworten. Die Kirche hat keine fertigen Rezepte. Der Papst will euch keine Interpretation soufflieren, aber überlegen wir alle zusammen, 35 Millionen Polen, was diese Seligsprechung uns gerade im Jahre des Herrn 1991 zu sagen hat.

6. Ja, wir sind Sünder. Daran wollen wir denken. „Würdest du, Herr, unsere Sünden beachten, Herr, wer könnte bestehen?" fragt der Psalmist (*Ps* 130[129],3). Gott hält nicht die Erinnerung an die Sünde fest. Gott liebt den Menschen und sucht für ihn wahre Freiheit. Die Antwort Gottes auf die Sünde des menschlichen Anfangs - woran die heutige Liturgie in der 1. Lesung erinnert - ist das Evangelium Christi, das letzte Geheimnis seines Paschas durch Kreuz und Auferstehung. Die Eucharistie, die wir feiern, ist eine ständige Vergegenwärtigung dieses Paschas.
In der Geschichte des Menschen und in der Geschichte der Nationen dauert diese Liebe an, die stets stärker ist als der Haß. Es bleiben die Kräfte der Erlösung, mit denen Christus „alle zu sich zieht" (vgl. *Joh* 12,32). Es dauert das verborgene Gute an, an das uns in so vorzüglicher Weise der Primas am Anfang erinnert hat. Die Kräfte der Erlösung.
In uns wirkt Sein Geist, der der Geist der Wahrheit ist (vgl. *Joh* 15,26).
Wenn wir nur nicht gegen ihn lästern. Wenn wir nur nicht gegen den Heiligen Geist lästern (vgl. *Lk* 12,10). Denn dann schließt sich die schöpferische Macht der Liebe in uns ab. Dann „ist das Haus in sich selbst uneins ... ein solches Haus kann keinen Bestand haben" (vgl. *Mk* 3,25).
Als ich am 2. Juni 1979 zum ersten Mal Warschau besuchte, rief ich auf dem Siegesplatz: „Sende aus deinen Geist! Erneuere das Angesicht der Erde! Dieser Erde!" Dieses polnischen Landes in der Mitte Europas, das gekennzeichnet ist durch die Tradition seines eigenen Europäertums. Ich wiederhole dies noch einmal, denn im Innern und nach außen mißbraucht man allzusehr dieses demütigende Argument, daß wir erst jetzt in Europa eintreten müßten. Stattdessen sollten wir gut nachdenken über die Wirklichkeit Europas und des Europäertums. Man muß sich daran erinnern, daß der Keim der Freiheit vom hl. Paulus nach Europa gebracht wurde, von jenem, der die Befreiung durch Christus verkündet hat: „Wenn Christus euch befreit, werdet ihr frei sein." Die Freiheit, zu der Christus uns befreit, ist die Botschaft des Evangeliums und die Botschaft von der Freiheit Christi, die die Geschichte Europas seit zwei Jahrtausenden formt. Die Freiheit, zu der uns Christus befreit, wurde uns gegeben, gebracht, gespendet nicht deshalb, damit wir sie vergeuden, sondern damit wir in ihr leben und sie anderen bringen! Von dieser Wahrheit über Europa aus muß man beginnen. Gleichzeitig sind wir uns bewußt, daß mit dem Laufe der Zeit, insbesondere in der sogenannten modernen Zeit, Christus als Urheber des europäischen Geistes, als Urheber dieser Freiheit, die in ihm ihre erlösende Wurzel hat, in Klammern gesetzt wurde und eine andere europäische Mentalität sich zu formen begann, eine Mentalität, die man kurz mit dem Satz bezeichnen kann: „Denken wir so, leben wir so, als ob Gott nicht existierte."

Selbstverständlich, wenn Christus in Klammern gesetzt, ja vielleicht sogar ausgeklammert worden ist, dann hat auch Gott zu existieren aufgehört. Gott als Schöpfer mag in der Ferne sein: ein Schöpfer, aber ohne Interventionsrecht in das Leben des Menschen, in die Geschichte des Menschen. Leben wir so, als ob Gott nicht existiert. Das ist auch ein Teil des europäischen Geistes. Ein Teil der europäischen modernen Tradition. Wir müssen uns zutiefst Gedanken machen über die vielfältige Bedeutung des Europäertums. Das II. Vatikanische Konzil war sich dieses anderen Geistes Europas bewußt. Nicht nur Europas, aber dieser Geist hat hier seine Wiege, auf unserem Kontinent, hier hat er seine tragischen Gipfelpunkte, an die wir uns erinnern, denn sie gehören zu unserem Jahrhundert, wir selbst haben das in unserer Geschichte des 20. Jahrhunderts verspürt. Deshalb formulierte das II. Vatikanische Konzil diesen staunenerregenden Satz: „Christus offenbart dem Menschen den Menschen in Fülle." Wenn wir also uns zum Beispiel auf die Ebene des europäischen, des westlichen oder des östlichen, irgendeines Humanismus begeben wollen, dann sollten wir daran denken, daß dieser Humanismus in Christus seine vollste Offenbarung hat. Christus offenbarte dem Menschen den Menschen, indem er ihm Gott offenbarte, indem er ihm den Vater offenbarte, denn man kann die volle Wahrheit über den Menschen nicht sagen, ohne daran zu erinnern, daß er göttlicher Abkunft ist, daß er Bild und Gleichnis Gottes selbst ist, daß er von Gott erschaffen wurde, vom Gottmenschen erlöst worden ist, daß der Geist der Wahrheit, der Heilige Geist, ständig zu ihm kommt. Das ist die Wahrheit über den Menschen, das ist die Wahrheit über den europäischen Menschen. Und wir, wir Polen, dürfen diese Wahrheit über den Menschen nicht verraten!

Eben deshalb sprechen wir immerzu über die Notwendigkeit einer Neuevangelisierung. Nach dem II. Vatikanischen Konzil entstand dieses Bewußtsein und dieses Bedürfnis nach einer Neuevangelisierung des alten Kontinents, der alten Gesellschaften, der christlichen Gesellschaften, die dennoch eine Neuevangelisierung nötig haben.

Dies habe ich mir für Warschau vorbehalten, verzeiht mir ...

Noch einmal erinnere ich daran: an den Siegesplatz, an das Jahr 1979, an den Ruf des damals noch jungen Papstes, den ich heute wiederholen will, nicht auf dem Siegesplatz, sondern im Lazienki-Park, in der Nähe des Schlosses Belvedere, in der Nähe der Residenz des Präsidenten der Republik, in Anwesenheit eben dieses Präsidenten, seiner Gattin, der Regierung, der Vertreter des Sejms und des Senats, aller: „Sende aus deinen Geist. Und erneuere das Angesicht der Erde. Dieser Erde!" Dieser Erde, dieser polnischen Erde, dieser europäischen Erde, dieser ganzen Erde! Sende aus deinen Geist! Und erneuere das Angesicht der Erde! Dieser Erde! Ich höre nicht auf, dem Heiligen Geist zu vertrauen. „Er, der bei euch das gute Werk begonnen hat, wird es auch vollenden" (vgl. *Phil* 1,6). Ich glaube und vertraue darauf: er selbst wird es vollenden. Hindert ihn nicht, arbeitet mit ihm zusammen, denn wir alle sind berufen, Mitarbeiter Gottes zu werden. Amen.

Neue Zeichen der Zeit für Polens Kirche

Ansprache bei der Begegnung mit der Polnischen Bischofskonferenz in Warschau am 9. Juni

Ehrwürdige und liebe Brüder!

1. Die Vorbereitung auf die vierte Pilgerreise in das Vaterland begann ich am 14. Februar 1990, dem Fest der Slawenapostel. Seit jenem Tage hatte jede Begegnung mit den Landsleuten bei den Generalaudienzen am Mittwoch ein eigenes Thema: den „Zyklus von Jasna Góra”. Ein solcher erster Zyklus ging meiner Reise nach Polen im Jahre 1983, zum 600. Jahrestag von Jasna Góra, voraus, und er hing mit der Situation des Kriegszustandes zusammen. Nach 1989 erfuhr die Situation eine grundlegende Veränderung: Diese Veränderung wurde vom Primas von Polen mit dem Durchgang durch das Rote Meer verglichen. Mir schien es wichtig, im „Zyklus von Jasna Góra” die erste europäische Dimension dieses Durchgangs zu zeigen, und von da an war eine Reihe Themen unseren Nachbarn und Stammesbrüdern, insbesondere aus der Region Mittel-, aber auch Osteuropas, gewidmet.
Ein weiterer Hintergrund für diesen Zyklus, vor allem für die entscheidenden Ereignisse der letzten Jahre, ist die Enzyklika *Slavorum apostoli* sowie die Verkündigung der Heiligen Cyrillus und Methodius als Mitpatrone Europas, gemeinsam mit dem hl. Benedikt. Dies ist unsere nächste Nachbarschaft auf den Wegen der ersten Evangelisierung unseres Kontinents. Davon zeugen auch die beredten Daten: die Tausend-Jahr-Feier der Taufe in Gnesen 1966, die Jahrtausendfeier der Taufe in Kiew im Jahre 1988. Es ist kaum zu übersehen, daß jedes dieser großen Gedächtnisjahre den Boden für die wesentlichen Veränderungen bereitet hat.

2. Der Prozeß dieser Umgestaltungen ist in gleichem Maße vorangeschritten. Er verläuft nicht nur, wie man häufig meint, in Richtung von Osten nach Westen, um den Vorrang und das Übergewicht dieses letzteren zu bestätigen. Er geht vor allem in das Innere jeder der von diesem Prozeß erfaßten Nationen, zugleich aber der Kirche, die jeder von diesen Nationen seinerzeit Christus und das Evangelium gebracht hat und es weiterhin bringen will.
Dies wurde auch zum Hauptmotiv bei der Ankündigung der Europäischen Bischofssynode, die gegen Ende dieses Jahres stattfinden soll. Die Lage des Ortes, an dem diese Synode angekündigt wurde, der altehrwürdige Bischofssitz des hl. Methodius, Velehrad in Mähren, ist ebenfalls bezeichnend.
Durch die Initiative der Synode werden alle Bischofskonferenzen aufgerufen, sich auf sich selbst, auf die Wirklichkeit der eigenen Kirche, zu besinnen. Nur auf einem solchen Weg wird jener „Austausch der Gaben” möglich, den das Konzil als für die kirchliche „communio” (communio Ecclesiarum - vgl. *Lumen Gentium*, Nr. 13) für wesentlich erachtet. Vor dem polnischen Episkopat zeichnet sich als wesentliche Aufgabe die Notwendigkeit ab, sich auf sich selbst, die Kirche in unserem Land mit dessen „Gestern und Heute” zu besinnen und dabei den ganzen europäischen Horizont zu berücksichtigen. Das Ziel aller Episkopate Europas bei dieser Synode wird

natürlich darin bestehen, den Blick auf das „Morgen" der Gesellschaften vom Atlantik bis zum Ural zu richten vom Gesichtspunkt der Mission der Kirche aus, das heißt der Evangelisierung im Hinblick auf den Anfang des dritten Jahrtausends nach der Geburt Christi.
An dieser Stelle eröffnet sich vor der Synode der ökumenische Anspruch. Bekanntlich ist Europa gespalten in den Katholizismus, die Orthodoxie und den Protestantismus. Wenn es etwas gibt, das die getrennten Äste des christlichen Baums in Europa einander näher bringen müßte, dann ist das sicherlich der gemeinsame Dienst am Menschen in der Dimension des Ostergeheimnisses Christi. Dies ist eine Aufgabe für die europäische Synode, dies ist, in unterschiedlichem Grad, eine Aufgabe eines jeden Episkopats, auch des polnischen Episkopats.

3. Der Weg der Kirche ist der Mensch. Diese Worte aus meiner ersten Enzyklika „Redemptor hominis" bleiben immer gültig. In gewissem Sinne verstärkt sich sogar ihre Bedeutung und der in ihnen enthaltene Imperativ. Der Mensch ist der Weg der Kirche deshalb, weil das Ewige Wort, indem es Menschensohn wurde, dem Menschen den Menschen geoffenbart hat. Die Fülle der Selbstoffenbarung des dreifaltigen Gottes zeigt zugleich die Fülle der Offenbarung über den Menschen an den Menschen an. Deshalb ist der Mensch der Weg der Kirche.
Diesen Auftrag müssen die Bischöfe und die Kirche in Polen gewissermaßen in die Sprache konkreter Aufgaben übersetzen, wobei sie sich der konziliaren Vision der Kirche als Volk Gottes bedienen, aber auch unserer Analogie der „Zeichen der Zeit". Unsere polnischen „Zeichen der Zeit" haben sich mit dem Zusammenbruch des marxistischen und totalitären Systems, das das Bewußtsein und die Haltungen der Menschen in unserem Land bedingte, deutlich verschoben.
Unter den vorhergehenden Verhältnissen schützte die Kirche den Menschen vor dem System. Oder besser gesagt: Die Kirche schuf gewissermaßen einen Raum, in dem Mensch und Nation ihre Rechte verteidigen konnten. Diese Aufgabe konnte die Kirche in Polen erfüllen; und das ist ein Grund zur Dankbarkeit Gott gegenüber, der Gottesmutter gegenüber, zu einer Dankbarkeit, die verbunden ist mit dem Bewußtsein, das dem Evangelium entspricht, nämlich: Knecht zu sein; ja: ein „unnützer Knecht" (vgl. *Lk* 17,10).
Nach dem Durchgang durch das „Rote Meer" rief der Primas von Polen zu dieser Dankbarkeit auf, wobei er auf Personen verwies, denen die göttliche Vorsehung diesen bedeutsamen Dienst zu erfüllen erlaubte; und zu Recht begann er mit der Gestalt des großen Primas des Millenniums.
Und nun stellen wir uns im Namen dieses gleichen Prinzips: „Der Mensch ist der Weg der Kirche" den neuen Aufgaben. Der Mensch muß in der Kirche den Raum finden, um sich gewissermaßen gegen sich selbst zu verteidigen: gegen den schlechten Gebrauch seiner Freiheit, gegen die Vergeudung der großen historischen Chance für die Nation.
Während die frühere Situation der Kirche allgemeine Anerkennung fand - sogar seitens „laizistischer" Personen und Gruppen -, kann man in der jetzigen Lage in vielen Fällen auf eine solche Anerkennung nicht zählen. Man muß vielmehr mit Kri-

tik rechnen, ja vielleicht sogar mit Schlimmerem. Die rechte Unterscheidung muß einem gelingen: das akzeptieren, was in jeder Kritik berechtigt sein kann. Und was den Rest betrifft: Es ist natürlich, daß Christus immer „ein Zeichen sein wird, dem widersprochen wird" (vgl. *Lk* 2,34). Dieses „Widersprechen" ist für die Kirche auch eine Bestätigung, daß sie sie selbst ist, daß sie in der Wahrheit ist. Es ist wohl auch ein begleitender Faktor der evangelischen Sendung und des Hirtendienstes.

4. In diesem Zusammenhang möchte ich mich noch auf ein Ereignis beziehen, das in Rom stattfand, in der Osteroktav dieses Jahres: das außerordentliche Konsistorium, das Mitglieder des Kardinalskollegiums aus der ganzen Welt versammelte. Drei Tage lang konzentrierten sich die Teilnehmer am Konsistorium auf einige grundlegende Fragen: auf die Dringlichkeit der Verkündigung Christi, des einzigen Erlösers, und auf die Förderung und Verteidigung des katholischen Glaubens gegen die vom Proselytismus der Sekten verursachte Gefahr lehrmäßiger und psychologischer Irreführung.

Ich berufe mich hier auf den Text der Erklärung der in Rom versammelten Kardinäle, der folgendes feststellt: „Die Kardinäle bestätigen gemeinsam mit dem Papst vor allem die heilige Unantastbarkeit menschlichen Lebens, das eine Gabe Gottes ist und das heute unmittelbar von seinem Anfang an durch die in erschreckender Weise weit verbreitete, auch vom Gesetz anerkannte Praxis der Abtreibung bedroht ist, sowie heute auch durch unzulässige genetische Manipulationen.

Die immer mehr, sogar unter edel denkenden Menschen verbreitete Mentalität der Nachsicht gegenüber den Praktiken zur Tötung der Ungeborenen führt unausweichlich auch zur Akzeptierung anderer Formen unmittelbarer Vernichtung des Lebens, sowohl alter Menschen wie Invaliden oder körperlich oder geistig Behinderter, das heißt zur Euthanasie."

Hinsichtlich dieses wichtigen Themas, dem die Polnische Bischofskonferenz in letzter Zeit bereits eine Reihe ihrer Äußerungen widmete, müssen wir den Worten des Völkerapostels treu bleiben: „Ich beschwöre dich bei Gott und bei Christus Jesus, dem kommenden Richter der Lebendigen und der Toten, bei seinem Erscheinen und bei seinem Reich: Verkünde das Wort, tritt dafür ein, ob man es hören will oder nicht; weise zurecht, tadle, ermahne, in unermüdlicher und geduldiger Belehrung. Denn es wird eine Zeit kommen, in der man die gesunde Lehre nicht erträgt, sondern sich nach eigenen Wünschen immer neue Lehrer sucht, die den Ohren schmeicheln; und man wird der Wahrheit nicht mehr Gehör schenken, sondern sich Fabeleien zuwenden. Du aber sei in allem nüchtern, ertrage das Leiden, verkünde das Evangelium, erfülle treu deinen Dienst" (*2 Tim* 4,1-5).

Ich möchte gleichzeitig allen polnischen Seelsorgern sowie den vielen, sehr vielen Brüdern und Schwestern unter den polnischen Laien danken, die alle ihre Kräfte der bedeutenden Frage des Lebensschutzes der Ungeborenen widmen. Es geht um die Überwindung eines großen Übels, das sich im Zusammenhang mit dem permissiven Gesetz von 1956, das die Tötung ungeborener Kinder legalisierte, in der polnischen Gesellschaft ausgebreitet hat. Ich danke für die parlamentarischen Initiativen, die das Ziel verfolgen, das menschliche Leben vom Beginn der Empfängnis im Mutter-

schoß an zu schützen. Ein klarer Rechtsstandpunkt ist unabdingbar, damit sich auch ein gründlicher Prozeß der Umkehr vollziehen kann. Denn eine entsprechende seelsorgerische Tätigkeit wird schwierig, wenn das Recht dies behindert. Das, was „legal ist" wird leider oft als „moralisch erlaubt" betrachtet.
Die Worte des hl. Paulus sind hier, liebe Brüder, höchst zeitgemäß. Es genügt, hinzuzufügen, daß das erwähnte Konsistorium der Kardinäle aus der ganzen Welt den Papst zu diesem gleichen „praedica ... insta opportune, importune" verpflichtet!

5. Zum Abschluß wollen wir, entsprechend unserer Gewohnheit, liebe Brüder, dem barmherzigen Jesus, dem „Urheber und Vollender des Glaubens (vgl. *Hebr* 12,2), die Bischöfe anempfehlen, die seit unserer letzten Begegnung aus diesem Kreis in die Ewigkeit gegangen sind: Bogdan Sikorski, Bischof von Plock; Herbert Bednorz, Altbischof von Kattowitz; Jerzy Ablewicz, Erzbischof von Tarnów; den ermländischen Bischof Jan Oblak und auch den nicht der Polnischen Bischofskonferenz angehörenden, in Rom verstorbenen Kardinal Wladyslaw Rubin, der in Lubaczów seine ewige Ruhe gefunden hat. Laßt uns auch die verstorbenen Weihbischöfe Gott anempfehlen: Jan Pietraszko, meinen nahen Mitarbeiter in Krakau, Jan Michalski, Walenty Wójcik und den vor kurzem tragisch verstorbenen Jerzy Dabrowski.
Im Laufe der letzten vier Jahre wurden drei Ordinarien berufen: der Bischof von Tarnów, der Bischof von Przemyśl für die Gläubigen des byzantinisch-ukrainischen Ritus und erster Militärbischof in der dritten Republik, ferner 14 Weihbischöfe. Ein besonderes Kapitel ist die Anwesenheit eines Apostolischen Nuntius in Polen in der Person von Erzbischof Józef Kowalczyk. Ich möchte noch hinzufügen, daß in der erwähnten Zeit aus dem polnischen Klerus in Rom drei neue Erzbischöfe für den unmittelbaren Dienst beim Heiligen Stuhl berufen wurden.
Ich freue mich, daß Vertreter des Rats der höheren Oberen der männlichen und weiblichen Orden mit der Polnischen Bischofskonferenz zusammenarbeiten. Ich heiße sie hier willkommen und begrüße sie aufs herzlichste. Ich wünsche ihnen eine fruchtbare Mission, die in ihrem besonderen Zeugnis des Evangeliums wurzelt.
Ich möchte diese brüderliche Begegnung benutzen, um meinen herzlichen Dank für die Mühe der Vorbereitung meines vierten Besuchs in der Heimat durch die Bischöfe an die ganze Kirche in Polen zu richten: an die Priester, die männlichen und weiblichen Ordensfamilien, an alle meine Brüder und Schwestern, die katholischen Laien. Ich bin mir der Dimensionen dieser Mühe und Aufopferung bewußt. Nicht überall dringt das Auge des Menschen hin. Ich sage also: „Vergelt's Gott" für die Gastfreundschaft. „Vergelt's Gott" für alles!
Die Kirche in Polen steht vor neuen bedeutsamen Aufgaben und Initiativen. Ich erwähne nur die Plenarsynode und die zweite Wanderung des Muttergottesbildes von Jasna Góra. Ich bitte Gott, bei diesen Initiativen anwesend zu sein, sie zu segnen und durch sie seine „großen Taten" (vgl. *Apg* 2,11) zu zeigen.
„Gott, du gabst der polnischen Nation in der heiligen Jungfrau Maria eine wunderbare Hilfe und Verteidigung. Gib, daß die Religion auf die Fürsprache unserer Mutter und Königin sich unablässig der Freiheit erfreue und unser Vaterland sich in Frieden entfalte."

Löscht den Geist nicht aus!

Abschiedsansprache auf dem Warschauer Flughafen Okecie am 9. Juni

1. „Dankt Gott ... Löscht den Geist nicht aus" (vgl. *1 Thess* 5,18-19).
Diese Worte aus dem Brief des hl. Paulus wurden als Leitgedanke der vierten Pilgerreise Johannes Paul II. in seine Heimat gewählt. In dem Augenblick, in dem ich von meinen Landsleuten Abschied nehmen muß, möchte ich an diese Worte anknüpfen.
Ich danke Gott für eure Einladung, und ich danke euch allen. Ich danke dem Präsidenten der Republik und den Staatsbehörden für die ganze Mühe, die sie im Zusammenhang mit der Vorbereitung und Verwirklichung dieses Besuchs auf sich genommen haben. Ich richte den gleichen Dank an die Adresse aller Vertreter der lokalen Behörden und an alle ihre Mitarbeiter für ihre hochherzigen Anstrengungen auf den einzelnen Etappen meines Besuchs. Ich danke den Ordnungsdiensten. Ich danke dem Rundfunk und Fernsehen und allen denen, die der Bevölkerung eine redliche Information vermittelt haben. Ich danke auch allen denen, die sich mit ganzem Herzen für die sehr gute Organisation meiner Pilgerreise und für ihren korrekten Verlauf verwandten. Ich freue mich, daß ich auf eine Reihe von Einladungen in diesen Zentren und Regionen unseres Landes antworten konnte, die zu besuchen mir bisher nicht vergönnt war. Alle diese Orte sind mir teuer und haben für mich eine vielfältige Aussagekraft.
Ich danke der ganzen Gesellschaft, der Nation, zu der ich gehöre und deren Angelegenheiten mir immer nahe sind. Ich nehme tiefen Anteil daran. Das laufende Jahr hat besondere Gründe zu diesem Besuch in der Heimat geboten: man kann kaum umhin, sich an den 200. Jahrestag der Verfassung vom 3. Mai zu erinnern, die nach zwei Jahrhunderten noch lebt und uns zu einem neuen Leben an der Schwelle der 3. Republik aufruft.

2. „Dankt Gott." Es gibt Gründe für diesen Dank, trotz allem, was seit jenem Datum vor zwei Jahrhunderten die Geschichte der Republik belastet hat - zuerst im vergangenen Jahrhundert und wiederum im 20. Jahrhundert. Gott ließ uns durch die Fürsprache der Königin Polens diese geschichtlichen Prüfungen überwinden. Polen kehrte nicht nur auf die Landkarte Europas seit 1918 zurück. Die Polen haben auch beigetragen zur Befreiung Europas von zwei unmenschlichen grausamen totalitären Systemen, so daß sich den Nationen unseres Kontinents die Möglichkeit eröffnet hat, ein gemeinsames Haus aufzubauen, in dem versöhnte und befreundete Bevölkerungen leben, die sich ihrer Verantwortung für die Welt in der Perspektive des dritten Jahrtausends bewußt sind.

3. „Dankt Gott." Ja. Wir müssen Gott danken. Das ist die wesentliche Bedingung, um „den Geist nicht auszulöschen". Die Worte des Apostels sind eine Aufforderung und Warnung zugleich. Wenn Gott uns die geistigen Kräfte gab, die notwendig waren für den „Durchgang durch das Rote Meer" - ich beziehe mich noch einmal auf diesen Vergleich des Primas -, dann dürfen wir uns jetzt, auf der Wanderung in die

Zukunft, von Schwierigkeiten nicht entmutigen lassen. Diese Schwierigkeiten sind unausweichlich. Sie gehören gewissermaßen zum Wesen der Veränderungen, die sich vollziehen müssen. Der Übergang von einer „versklavten" Gesellschaft zu einer souveränen Gesellschaft von Staatsbürgern, zu einer „res publica", gibt jedem neue Verantwortungen auf. Dieser neuen Aufgabe stellen sich alte Gewohnheiten und teilweise auch alte Strukturen entgegen, die man nicht von einem Tag auf den anderen verändern kann.

„Löscht den Geist nicht aus", das bedeutet auch, laßt euch nicht durch verschiedene Varianten des Materialismus knechten, der das Gesichtsfeld der Werte verkleinert und auch den Menschen selbst herabsetzt. Der Geist der Wahrheit, den Christus gebracht hat, ist die Quelle wahrer Freiheit und wahrer Würde für den Menschen.

Am Tage des Beginns meines Pontifikats sagte ich auf dem Petersplatz Worte, die ich hier wiederholen möchte: „Habt keine Angst, Christus aufzunehmen. Öffnet, ja reißt die Tore weit auf für Christus! Öffnet die Grenzen der Staaten, der wirtschaftlichen und politischen Systeme, der weiten Bereiche der Kultur, der Zivilisation und des Fortschritts seiner rettenden Macht! Habt keine Angst! Christus weiß, ‚was im Innern der Menschen ist'. Er allein weiß es! Heute weiß der Mensch oft nicht, was er in seinem Innern, in der Tiefe seiner Seele, seines Herzens trägt ... Erlaubt also, ich bitte euch und flehe euch in Demut und Vertrauen an, erlaubt Christus, zum Menschen zu sprechen! Nur er hat Worte des Lebens! In der Tat, Worte ewigen Lebens!" (Paul VI., Johannes Paul I., Johannes Paul II., *Wort und Weisung*, 1978, S. 76-77).

Der Kirche in Polen dankte ich bereits bei der Begegnung mit der Bischofskonferenz. Jetzt erneuere ich diesen Dank nur zu Händen des Kardinal-Primas.

4. Ich erneuere ihn mit dem Gedanken an die Begegnung, die uns in Kürze erwartet und die in gewisser Weise die Dimension dieses Junibesuchs überschreitet. Nach Jasna Góra wurden Jugendliche aus verschiedenen Ländern eingeladen, nicht nur aus Polen. Nach den Ereignissen des Jahres 1989 hatten alle das Empfinden, daß diese Begegnung, der Welttag der Jugend, gerade auf Jasna Góra in Polen stattfinden sollte.

Also bitte ich im vorhinein um Verzeihung für eine weitere Mühe. Möge auch diese uns helfen, die Wahrheit zu verwirklichen, die als Leitwort über der jetzigen Pilgerreise stand: „Dankt Gott ... Löscht den Geist nicht aus."

5. Pastoralbesuch in Mantua (22./23. Juni)

Den Menschen Wege zur Erkenntnis anbieten

Ansprache an die Priester, Ordensleute und Laien in Mantua am 22. Juni

1. „Wer sein Leben retten will, wird es verlieren; wer aber sein Leben um meinetwillen verliert, der wird es retten" (*Lk* 9,24).

Mit diesen Worten, liebe Priester, Ordensleute und engagierte Laien, macht uns das Evangelium aufmerksam: Wer sich verwirklichen möchte, indem er sich selbst in den Mittelpunkt aller Projekte und Pläne stellt, verliert sich nur; wer dagegen mit Christus den Willen teilt, sich selbst hinzuschenken bis zum Verlust des eigenen Lebens um seinetwillen, rettet es und gewinnt es in seiner Fülle.

Von uns wird nicht irgendein beliebiger Einsatz verlangt, vielmehr die Weihe unserer ganzen Existenz nach dem Beispiel Jesu, der sich selbst zur Hingabe im Opfer geweiht hat. Von uns wird nicht gelegentliche, sondern tägliche Hingabe verlangt, bei der wir wie auf einem Weg dem Erlöser durch Teilhabe am Geheimnis seines Kreuzes immer näher kommen; ein Weg, der uns die Freude des Herrn, die Freundschaft in der Treue, in der Liebe und im inneren Gespräch erfahren läßt: „Wer mein Jünger sein will, der verleugne sich selbst, nehme täglich sein Kreuz auf sich und folge mir nach" (*Lk* 9,23).

Unser eigenes Kreuz! Wird es nicht konkret im Leid und in den Mühen und Ratlosigkeiten eines jeden Tages, wenn wir durch Mißerfolg gedemütigt werden, uns beiseitegestellt finden und die Schwierigkeiten des täglichen Lebens erfahren.

Heute morgen wollen wir vor dem Herrn in Treue und konkreter Verpflichtung unseren Entschluß zu seiner Nachfolge bekräftigen, unser erneutes Ja zu seiner Einladung aussprechen: „Wer mein Jünger sein will ...".

Liebe Brüder und Schwestern, wie nahe betrifft uns der Lukastext, den wir gerade gehört haben! Wenn wir uns im Geist des Glaubens bemühen, ihn erneut in uns Leben werden zu lassen, wird uns klar, daß wir heute die Jünger sind, die der Meister um sich schart, um uns in seine Sendung einzubeziehen. An uns richtet er die Aufforderung zur Wahrhaftigkeit unserer eigenen Person, und er erwartet eine klare Scheidung zwischen dem, was die Leute meinen und dem, was wir als seine Jünger von ihm glauben: „Ihr aber, für wen haltet ihr mich?" (*Lk* 9,20).

2. Heute sind wir hier als qualifizierte Vertreter der Kirche in Mantua versammelt und bekennen mit Petrus: „Du bist der Messias Gottes." Wir bekräftigen erneut, daß wir in dieser „pilgernden Kirche" (vgl. *Lumen Gentium*, Nr. 50) zur Nachahmung des Erlösers entschlossen sind, der „sich für uns hingegeben" hat (*Tit* 2,14).

Für diese Hingabe ist die Basilika des hl. Andreas, in der wir versammelt sind, eine prächtige Gedächtnisstätte, wurde sie doch errichtet, um die „Heiligen Gefäße" auf-

zubewahren, die ihr nach der Volksfrömmigkeit seit Jahrhunderten als Reliquie und Zeichen für das kostbare Blut des Herrn verehrt. Wie sollte man nicht die besondere Verpflichtung erkennen, die so ehrwürdige Zeichen der Passion des Erlösers für eure Kirche mit sich bringen?
Aloisius von Gonzaga war für diese Verpflichtung aufgeschlossen, denn sein Leben war ja ein beredtes Zeugnis des vollen Ja zum Worte Christi: „Wer ... sein Leben um meinetwillen verliert, der wird es retten" (*Lk* 9,24).
Wir wissen - nicht durch unser Verdienst, sondern aufgrund der Erwählung durch den Geist -, daß wir das lebendige und sakramentale Zeichen Christi, des Erlösers, und seiner bleibenden Präsenz in der Welt sind. Ihm hat uns das Wasser der Taufe gleichgestaltet, mit ihm vereint uns die Teilnahme an der einen Eucharistie. Sein Geist ist unser Geist, sein Leiden unser Leiden, seine Sendung unsere Sendung: „Bleibt in mir, dann bleibe ich in euch" (*Joh* 15,4). „Der Vater selbst liebt euch, weil ihr mich geliebt und ... geglaubt habt, daß ich von Gott ausgegangen bin" (*ebd.*, 16,27). Zusammen mit Petrus glauben und bekennen auch wir, daß Jesus der Messias Gottes ist.

3. Im Namen Jesu grüße und ermahne ich euch, fest gegründet in der Berufung zu bleiben, die ihr empfangen habt. „Gnade sei mit euch und Friede in Fülle" (*2 Petr* 1,2).
Ich grüße vor allem den lieben Msgr. Egidio Caporello, Bischof dieser Diözese, dem ich für die mir übermittelte Einladung zum Besuch der Kirche in Mantua dankbar bin. Mit ihm grüße ich den emeritierten hier anwesenden Bischof, Carlo Ferrari, der viele Jahre hindurch euer Hirte gewesen ist.
Ich grüße die gesamte Priesterschaft von Mantua: die aus dem Gebiet hier stammenden Bischöfe, die zu dieser Gelegenheit hergekommen sind; die Pfarrer als wesentliche Bezugspunkte für die Ortskirche, angefangen bei jenen, die die am weitesten entfernten Landgemeinden leiten, bis zu jenen, die geduldig in schwierigen Zonen unter Menschen arbeiten, deren soziale Probleme noch ungelöst sind. Meine Gedanken gehen ferner zu den Priestern aus Mantua, die in Missionsgebieten Brasiliens und Äthiopiens arbeiten. Ich möchte vor allem jene erwähnen, die dort in Ausübung ihres Dienstamtes „ihr Leben verloren haben". Ich grüße die Priester, die in besonderen Apostolatsbereichen wirken, unter den Jugendlichen und Studenten, in der Welt der Kultur und der Arbeit sowie auf dem weiten Gebiet der Caritas und des Dienstes an den Letzten.
Ich denke ebenso an die Ordensmänner und Ordensfrauen. In ihrem gottgeweihten Leben machen sie unter den Menschen das Antlitz der ganzen Gemeinde der Christen sichtbar, die in der Kontemplation betet und sich in besonderen Formen des Apostolates verausgabt.
All denen also, die hier Christus bezeugen und ihm in ihren Brüdern und Schwestern dienen, gilt mein Gedenken als Zeichen lebhafter Verbundenheit und Wertschätzung, zugleich aber als Versicherung, daß sie in meinem Gebet einen Platz haben.
Ich kann auch nicht die großartige Arbeit vergessen, die die engagierten Laien bei der Glaubensverkündigung leisten. Ich möchte alle Laienorganisationen und -bewe-

gungen, zumal die Katholische Aktion ermuntern und ihnen wünschen, daß die von ihnen eingeleiteten Initiativen in den einzelnen Pfarreien und in der ganzen Diözese wachsen mögen.
Die pastorale Sorge eines jeden von euch möge immer aus der tiefen Verbundenheit mit dem Herrn ihre Nahrung schöpfen. Gerade im Gebet teilt er uns seine Gaben mit: „Jesus befand sich einmal in der Einsamkeit, um zu beten, und seine Jünger waren bei ihm" (vgl. *Lk* 9,18). Damit ist uns offenbart, in welcher Weise Christus uns nahe und in unserer Versammlung gegenwärtig ist. Jesus hat die Kirche gebildet, um in ihr zu leben. Er will sie nicht von den Menschen trennen, sie vielmehr in das Herz der Welt einfügen, damit sie die Güter des Glaubens nicht in verschlossener Innerlichkeit eifersüchtig bewahrt, sondern sie verkündet, gerade aus ihrer Erfahrung der inneren Verbundenheit mit ihrem Haupt und Lehrer.

4. Bei ihm bleiben, die Herausforderung seiner Frage annehmen, das eigene Leben um seinetwillen verlieren, können wir das alles?
Wir müssen in Demut sprechen: Herr, vollende du in uns das Werk, das du begonnen hast mit unserer Erwählung zu den Diensten, die wir verrichten. Wir sind schwach, du hast uns zur Glaubensverkündigung in eine Welt gesandt, die manchmal stärker erscheint als wir, doch in demütiger Hingabe richten wir unseren Blick auf dich. Unser Leben soll sich in der Erfüllung deines Willens verlieren.
Das eigene Leben verlieren bedeutet, in der Gemeinschaft des ganzen Leibes wirken (vgl. *Presbyterorum ordinis*, Nr. 15), in aufrichtigem Gehorsam und gegenseitiger Solidarität. Es bedeutet, Christus mit ungeteiltem Herzen anhängen in der Hingabe des eigenen Leibes und Geistes an ihn, damit das Leben in der Reinheit des Herzens ausschließlich seinem Dienst geweiht ist.
Das eigene Leben um Jesu willen verlieren bedeutet ferner, größeres Vertrauen auf die Armut als auf den Reichtum zu setzen, so daß der Herr, und er allein, das Erbe ist, das wir ersehnen und lieben. So bezeugen wir wahrhaftig und glaubwürdig, daß unser Erbe im Himmel ist. Daher halten wir uns von jedem ungeordneten Verlangen fern und wollen nichts anderes als nach dem Beispiel Christi dienen, der reich war, aber sich um unsertwillen arm gemacht hat, damit wir durch seine Armut reich würden (vgl. *2 Kor* 8,9).

5. Beim Letzten Abendmahl wurde die Aufforderung, das eigene Leben zu verlieren, zum Testament Jesu: „Das ist mein Leib ... für euch hingegeben ... mein Blut, das für euch und für alle vergossen wird ... Tut dies zu meinem Gedächtnis" (vgl. *Lk* 22,19-20).
Wir sind alle aus der Kraft dieser Worte des Neuen Bundes geboren. Aus der Hingabe des Leibes und des Blutes des Erlösers sind wir der Berufung teilhaftig geworden, die uns zu seinen Dienern gemacht hat. „Unser Ursprung ist im Abendmahlssaal und zugleich zu Füßen des Kreuzes auf dem Kalvarienberg: dort, wo die Quelle für das neue Leben und für alle Sakramente der Kirche liegt, dort ist auch der Anfang unseres Priestertums" (*Gebet zum Gründonnerstag 1982*, Nr. 1).

„Tut dies zu meinem Gedächtnis." Aus diesen Worten des Letzten Abendmahls entspringt für uns das Wissen um den wahren Hirtendienst.
Unser Dienst besteht nämlich darin, dem Menschen durch das Opfer Christi die Wege zur Erkenntnis der Wahrheit über sich selbst und seine Bestimmung anzubieten; er besteht darin, ihn auf diese Weise zu den eigentlichen Fundamenten seines Menschseins zu führen, an den tiefsten Grund seiner Würde (vgl. *Insegnamenti*, VII, 1, 1984, S. 472); er besteht in der Heimführung jedes Menschen zur Einheit des Leibes Christi, der die Kirche ist.
Arbeitet in dieser Richtung und bleibt für diese kirchliche Perspektive immer weit offen. Die Zusammenarbeit unter den Kirchen soll wachsen, seid auch untereinander wirklich solidarisch. Haltet euch immer lebendig den alles umfassenden Horizont der Sendung im Sinn des Evangeliums vor Augen. Denkt daran: „Die Geistesgabe, die den Priestern in ihrer Weihe verliehen wurde, rüstet sie nicht für irgendeine begrenzte und eingeschränkte Sendung, sondern für die alles umfassende und universale Heilssendung ‚bis an die Grenzen der Erde' (*Apg* 1,8), denn jeder priesterliche Dienst hat teil an der weltweiten Sendung, die Christus den Aposteln aufgetragen hat" (*Presbyterorum ordinis*, Nr. 10).
Das Beispiel des hl. Aloisius von Gonzaga soll euren Weg erhellen, denn er entschied sich für den Dienst an der Kirche in einem Institut mit universalen Horizonten, wie es die Gesellschaft Jesu ist, und dann durcheilte er die Straßen Roms und nahm sich der Pestkranken an, unbekümmert darum, welcher Herkunft sie waren. Er fand seinen Frieden gewiß nicht in der satten Gesellschaft der Höfe, wohl aber in der Seligpreisung der Armen im Geiste jener, die Barmherzigkeit üben.

6. „Petrus antwortete: Für den Messias Gottes" (*Lk* 9,20).
Das große Geschenk, das einem jeden von uns gemacht wurde, besteht gerade darin, daß wir vom Herrn bekennen dürfen: „Du bist der Messias Gottes." Wir sind berufen, diese Wahrheit zu verkünden nach dem Beispiel des Petrus, des „Knechtes und Apostels Jesu Christi" (vgl. *2 Petr* 1,1), um mit ihm „den gleichen kostbaren Glauben" (*ebd.*) zu teilen und die lebendige Erkenntnis dessen, „der uns ... berufen hat" (*ebd.*, 1,3).
Was kann man von uns fordern, wenn nicht ein Leben in der Einheit des Glaubens, den Blick fest auf Christus gerichtet?
Denkt immer daran, daß die Menschen, auch jene, die euch sehr fern zu stehen scheinen und die Botschaft des Evangeliums ablehnen, alle, wenn auch ohne es bewußt zu wissen, den Sinn, den Wert und die Wahrheit der Frohbotschaft kennenlernen möchten. Habt daher Vertrauen und verkündet mit Wort und Beispiel die Botschaft des Evangeliums. Die Glaubensverkündigung und das Zeugnis für den „Messias Gottes" drängen uns mächtig auf den doppelten Weg: Einheit in der Verkündigung und verantwortungsbewußte Darlegung der Wahrheit.
Auf diesem Weg, der nicht selten mühevoll ist, mögen euch die gekrönte Jungfrau, die Königin und Mutter der Gnaden, und die heiligen Patrone dieser lieben Diözese beistehen, der hl. Anselm von Baggio, der hl. Aloisius Gonzaga und der hl. Pius X., der in dieser Stadt Bischof war.

Diesen Schutzpatronen und ihrem Beispiel vertraue ich eure Initiativen und euren Dienst an und erteile allen meinen Apostolischen Segen. Amen!

Jugendliche zum Glauben führen

Ansprache an die Jugendlichen in Mantua am 22. Juni

Liebe Jungen und Mädchen aus Mantua!
Liebe Jugendliche aus der Lombardei und den benachbarten Regionen!

1. Das ist der Tag, den der Herr gemacht hat!
Es ist ein Tag der Freude, weil er dem Andenken an einen eurer Mitbürger, den hl. Aloisius Gonzaga, den Jugendheiligen, gilt. Ich bin daher wirklich froh, mit euch sein Andenken und sein Beispiel zum 400. Jahrestag seines Todes in Rom am 21. Juni 1591 wachrufen zu können. Er starb also vor 400 Jahren mit nur 23 Jahren unter Anrufung des Namens Jesu. Dabei hielt er in der einen Hand das Kreuz und in der anderen eine brennende Kerze als Symbol jenes übernatürlichen Lebens, das ihm im Sakrament der Taufe zuteil geworden war.
Ein solcher Tod - Papst Gregor XIV. hatte zum Trost seinen Segen geschickt - war die Krönung einer Existenz, die gänzlich von der Gnade und der göttlichen Liebe geprägt war. Eines gänzlich gottgeweihten Lebens; einer Existenz, die sich im leidenschaftlichen Dienst für seine Mitmenschen verausgabt hatte. Im Krankendienst zog auch er sich die Pest zu und starb unter unsäglichen Leiden, ohne freilich je die Gelöstheit des Geistes zu verlieren.
Der hl. Aloisius ist zweifellos ein Heiliger, dessen große christliche Gestalt neu entdeckt werden muß. Er ist ein Vorbild, das wir auch der Jugend unserer Zeit anbieten müssen, ein Lehrer der Vollkommenheit und ein erfahrener Führer auf dem Weg der Heiligkeit. In einem Abschnitt seiner Aufzeichnungen heißt es: „Gott, der mich ruft, ist die Liebe, und wie könnte ich diese Liebe eindämmen, da doch die ganze Welt zu klein dazu wäre?"

2. Heiliger Aloisius, himmlischer Patron der Jugend, ich vertraue dir heute die Jugend von Mantua, von Italien und der ganzen Welt an! Du hast das Leben geliebt und es daher ganz und sofort für die großen christlichen Ideale eingesetzt, begleite deine Altersgenossen und -genossinnen von heute auf dem Weg vollkommener Treue zum Heilsplan Gottes.
Gib, daß jeder Junge und jedes Mädchen wie du ihre persönliche Berufung zur Heiligkeit und hochherzigen Hingabe an Gott und die Mitmenschen neu entdecken, weil ja die Gesellschaft von heute gerade ein solches Zeugnis braucht.
Heiliger Aloisius, wir wissen dich heute unter uns gegenwärtig: bringe uns neu deine beredte geistliche Botschaft nahe!

3. Ich habe an euren heiligen Landsmann gedacht, als ich 1985 im internationalen Jahr der Jugend ein besonderes Apostolisches Schreiben an die Jugendlichen der

Welt gerichtet habe. Aus diesem Schreiben, das um die Begegnung Jesu mit dem reichen jungen Mann kreiste (vgl. *Lk* 18,18-23; *Mt* 19,16-22), kommen mir jetzt einige Abschnitte in den Sinn, die gut zum ungewöhnlichen geistlichen Abenteuer des hl. Aloisius passen.
Auch er war ein reicher junger Mann, und auch ihm hat der Herr den Vorschlag gemacht: „Komm und folge mir nach" (*Mt* 19,21). Doch wie ganz anders war seine Antwort als die des jungen Mannes, von dem die Evangelien erzählen! Dieser „ging ... traurig weg; denn er hatte ein großes Vermögen" (*Mt* 19,22). Er hatte also nicht den Mut, alles zu verlassen, um sich Gott anheimzugeben. Der hl. Aloisius dagegen hat zur Einladung Christi Ja gesagt: er hat sich ihm anvertraut und alle Privilegien und Reichtümer hinter sich gelassen; als Adeliger, der er war, wurde er arm aus Liebe zum Evangelium.
In seinem kurzen, aber intensiven Leben spürt man die Frische des Evangeliums, die praktisches Leben geworden ist. Er ist ein echter Zeuge Christi, weil er sich furchtlos den Herausforderungen der Welt stellt. Er wird damit zum Lehrer, dem man folgen, zu einem Vorbild, das man nachahmen muß. Ja, er ist eine Gestalt, die auch die Jugend unserer Zeit aufruft, die Jugend, die gespalten ist zwischen dem inneren Wunsch, dem Leben seinen vollen Sinn zu geben, und den oberflächlichen Modeerscheinungen einer Kultur des Individualismus und des vergnügungssüchtigen Konsumismus. Wie Christus ist auch Aloisius zum „Zeichen des Widerspruchs" geworden. Er spricht einen jeden von euch, liebe Jungen und Mädchen, Landsleute eines so leuchtenden Beispiels der Heiligkeit, an.

4. Laßt euch alle in seinem Namen von mir umarmen. Durch euch möchte ich die gesamte Jugend Mantuas, Italiens und aller Kontinente grüßen. Ich grüße die Jugendlichen, die leiden, zumal jene, die zu Opfern der Gewalt, des Randdaseins, der Droge und der Aidskrankheit geworden sind.
Unbedingt muß ich auch alle unter euch grüßen und lebhaft ermuntern, die dem Beispiel des hl. Aloisius Gonzaga in größerer Nähe gefolgt sind und den Weg der gänzlichen Hingabe an Gott im Priestertum, im gottgeweihten Leben und im Dienst an den Letzten in vielfältigen Formen des freiwilligen Einsatzes beschritten haben.
Ich danke euch allen für euer so zahlreiches Erscheinen bei diesem kirchlichen Treffen, das nach meiner festen Überzeugung einen wichtigen Abschnitt auf dem missionarischen Weg der Kirche von Mantua bedeutet! Ich danke dem Hirten eurer Diözese für die herzlichen Grußworte, die er an mich gerichtet hat. Ich spreche den Zentren der Jugendpastoral der Diözesen der Lombardei und anderswo meine Wertschätzung und Dankbarkeit aus, denn sie haben die Initiative für den ganzen Tag und meine Begegnung mit den Jugendlichen in die Hand genommen.

5. Die Verhältnisse, in denen ihr Jugendlichen lebt, sind mir bekannt, und ich kenne auch euren Eifer im Geist des Evangeliums, der euch antreibt, auch heute den Fußspuren Christi in der Schule eines großen Lehrers und Freundes, wie es der hl. Aloisius Gonzaga ist, zu folgen.

So möchte ich euch gleich versichern, daß die Kirche euch liebt, Vertrauen zu euch hegt und sich mit euch bemühen möchte, daß ihr die Gestalter eures geistlichen Wachstums werdet und die Vorkämpfer eurer Sendung innerhalb der Gemeinschaft der Glaubenden und in der Welt. Die Kirche liebt euch, weil sie ja aufgerufen ist, täglich die Haltung Jesu gegenüber dem reichen jungen Mann zu leben, von dem das Evangelium spricht. Sie muß ihm helfen, daß er den Sinn des Lebens erkennt und ihn verantwortlich, begeistert, ja auch voll Freude verwirklicht.

Daher besteht der wesentliche und entscheidende Inhalt der Jugendpastoral darin, die Jugendlichen zum Glauben und damit zur Begegnung und personalen tiefen Gemeinschaft mit Jesus Christus zu führen, der Weg, Wahrheit und Leben ist, so daß der Glaube für sie zum Kriterium ihres Urteils und ihrer Bewertung der Ereignisse, der Menschen und der Dinge wird, zugleich aber die Kraftquelle für ein Leben nach der Logik der Hingabe und des Dienstes. Nur eine solide Spiritualität kann eine ebenso solide hochherzige und selbstlose Hingabe nähren, mit der Jugendliche sich der vielfältigen und schwerwiegenden Bedürfnisse oder Formen materieller und geistiger Armut in unserer Welt annehmen.

6. Im Gedanken an das Gespräch Jesu mit dem reichen jungen Mann habe ich im erwähnten *Schreiben zum internationalen Jahr der Jugend* geschrieben: „Der junge Mann hat die wesentliche und grundlegende Antwort auf seine Frage: ‚Was muß ich tun, um das ewige Leben zu gewinnen?' erhalten; und diese Antwort stimmt mit seinem gesamten bisherigen Lebensweg überein: ‚Alle diese Gebote habe ich von Jugend an befolgt'" (Nr. 7).

Wie brennend wünschte ich auch euch, liebe Jugendliche, der Weg eures bisherigen Lebens hätte in ähnlicher Weise der Antwort Christi entsprochen.

„Als der junge Mann nach dem ‚Höheren' fragt: ‚Was fehlt mir noch?', schaut ihn Jesus mit Liebe an: Diese Liebe erhält hier eine neue Bedeutung. Der Mensch wird durch den Heiligen Geist innerlich von einem Leben nach den Geboten zu einem bewußten Leben der Hingabe geführt, und der liebevolle Blick Christi drückt diesen inneren Übergang aus. Jesus sagt: ‚Wenn du vollkommen sein willst, geh, verkauf deinen Besitz und gib das Geld den Armen; so wirst du einen bleibenden Schatz im Himmel haben; dann komm und folge mir nach'" (Nr. 8).

Es geht um eine klare und entschiedene Aufforderung, der ein Blick der Liebe vorausgeht und nahebleibt: „Da sah ihn Jesus an, ... weil er ihn liebte" (*Mk* 10,21). Ich wünsche auch euch, daß ihr einen solchen Blick erfahrt. Ich wünsche euch, daß ihr die Wahrheit erfahrt, die Christus ist: er schaut euch voll Liebe an.

„Was fehlt mir noch?" Faßt diese Frage nicht das Verlangen nach Höherem zusammen, das auch ihr im Herzen empfindet? Zeigt sie nicht das existentielle Ungenügen an, das im Menschen aufbricht, wenn er Mythen und kurzfristigen Erfolgen nachläuft, die den Durst nach dem Unendlichen, der in seinem Geist brennt, nicht befriedigen können? Konsumismus, Hedonismus und Individualismus verschließen ihn in eine Einsamkeit ohne Begeisterung und Freude. Das Leben verläuft dann wie eine echte Sklaverei. Doch eine weitere Tatsache ruft die Glaubenden auf den Plan: Warum scheinen so viele Jugendliche dem Glauben gegenüber gleichgültig zu sein?

Interessiert sie etwa heute die Einladung des Evangeliums nicht mehr? Ist sie nicht mehr modern, kann man ihr unmöglich folgen? Wie kann man in unserer Zeit Christ sein?

7. „Was fehlt mir? ... Komm und folge mir nach!"
Das ist die Aufgabe, die vor euch liegt, liebe Jungen und Mädchen, wenn ihr Christus folgen und mit euren Altersgenossen eine mehr gerechte und solidarische Welt aufbauen wollt: Ihr müßt bereitwillig seinem Ruf antworten und den Plan eurer besonderen Berufung durchführen. Jesus ruft, heute wie früher, alle: einige zum priesterlichen Dienst oder zu einem gottgeweihten Leben, wobei er von ihnen ein außergewöhnliches Zeugnis für seine Liebe zu den Brüdern und Schwestern verlangt; viele andere beruft er zur Ehe, zum „Dienst" in ihrer Familie, und er fordert sie auf, sich in den verschiedenen Apostolatsbereichen der Laien zu engagieren. Er will, daß sie sich für die Umwandlung aller zeitlichen Wirklichkeiten im Geist des Evangeliums einsetzen (vgl. *Gaudium et spes*, Nrn. 43-44).
Das „Komm und folge mir nach" des göttlichen Meisters wird also auf verschiedenen Wegen vernehmbar. Man kann auf unterschiedliche Weise Nachahmer Christi werden. Wichtig ist das Wissen, daß jeder vom Erlöser persönlich aufgerufen und eingeladen ist, sein Leben neu und so zu planen, wie es der wesentlichen Dynamik seiner Jugend entspricht. Man kann sich freilich auf diese geistliche Dynamik, die wachsen läßt und Freude schenkt ohne die ständige Stütze der Sakramente nicht einlassen, denn „jede Lebensberufung ist als ‚christliche' Berufung in der Sakramentalität der Kirche verwurzelt: Sie formt sich also mit Hilfe der Sakramente unseres Glaubens" (*Schreiben zum Internationalen Jahr der Jugend 1985*, Nr. 9).

8. „Die Jugend [ist] also ein ‚Wachsen' ... Es ist notwendig, daß die Jugend ein ‚Wachsen' ist, das ein allmähliches Ansammeln von all dem in sich schließt, was wahr, gut und schön ist ... Gesegnet wird diese Erfahrung der Jugend sein, wenn ihr schrittweise auch noch jene wesentliche Wahrheit über den Menschen - über jeden Menschen und über euch selbst - lernt, jene Wahrheit, die in dem berühmten Text der Pastoralkonstitution *Gaudium et spes* so zusammengefaßt wird: „„Der Mensch, der auf Erden die einzige von Gott um ihrer selbst willen gewollte Kreatur ist, kann sich selbst nur durch die aufrichtige Hingabe seiner selbst vollkommen finden"" (*ebd.*, Nr. 14).
Für die anderen dasein: das ist die Berufung eines jeden von uns. Darin wachsen wir dank unseres Kontaktes mit Gott im Gebet, wobei wir mit offenem Herzen sein Wort hören und aufnehmen. Wir wachsen dank des Wirkens des Heiligen Geistes, der uns in der Taufe geschenkt wurde.
„Ihr habt nicht einen Geist empfangen, der euch zu Sklaven macht [- ruft uns der Apostel Paulus in Erinnerung -], so daß ihr euch immer noch fürchten müßtet, sondern ... den Geist ..., der euch zu Söhnen macht, den Geist, in dem wir rufen: Abba, Vater!" (*Röm* 8,15).
Das Thema des nächsten Welttags der Jugend, den wir am kommenden 14. und 15. August in Tschenstochau zu Füßen der „Schwarzen Muttergottes" von Jasna

Góra feiern, wird uns zu einem besseren Verständnis dieser geheimnisvollen göttlichen Wirklichkeit verhelfen. Mit der Taufe haben wir nicht einen Geist von Sklaven, sondern einen Geist von Söhnen empfangen! Als Söhne sind wir frei; wir dürfen also nicht Sklaven, wir müssen Freie sein. Nicht Sklaven der Lüge und der Unreinheit, der Traurigkeit und der Sünde; keine Opfer der Gleichgültigkeit und der Mittelmäßigkeit: in unserer heutigen Zeit besonders gefährliche Versuchungen.
Wir müssen frei sein, tief innerlich frei im Heiligen Geist, der, wenn wir wirklich an den Leiden Christi teilnehmen, uns auch an seiner ewigen Herrlichkeit teilhaben läßt (vgl. *Röm* 8,17).
Jugendliche von Mantua, aus diesem lebenskräftigen Land mit enormen apostolischen Möglichkeiten, habt den Mut zur christlichen Freiheit! Seid Zeugen Christi in dieser unserer Welt! Er sendet euch als Arbeiter in seinen Weinberg (vgl. *Mt* 20,7): ihr seid diese Arbeiter des Evangeliums.
Das Evangelium ist gewiß anspruchsvoll, aber es lohnt sich wahrlich, ihm zu folgen und dabei treu zu sein.
Schaut auf den hl. Aloisius Gonzaga! Noch heute, in einer kulturell und geistig ganz anders geprägten Zeit, als die seine es war, weist er euch auf eine begeisternde Aufgabe hin, die ihr erfüllen könnt.
Er schrieb an seine Mutter im letzten Brief, wenige Tage vor seinem Tod: „Gott ruft uns zu jenem höchsten Gut, das wir nur sehr nachlässig suchen" (*Brief* vom 5.6.1591).

9. „Euch muß es zuerst um das Reich Gottes und seine Gerechtigkeit gehen; dann wird euch alles andere dazugegeben" (vgl. *Mt* 6,33).
Sucht vor allem Gott! Das bedeutet, den Mut zu den Entscheidungen des christlichen Lebens pflegen; zu jenen Entscheidungen, die euch echte Freiheit schenken können.
Habt den Mut zur Wahrheit, die euch frei macht!
Das ist die erste Freiheit. Die Erkenntnis der Wahrheit, die gegen die hinterhältige Versuchung eines schwachen Denkens, das in unserer Kultur gefördert wird, reagiert und die zu nichts verpflichtende Logik der Meinungen überwindet, um die anspruchsvolle und universale Wahrheit zu suchen: „Die Wahrheit wird euch frei machen."
Habt den Mut zu einem reinen Herzen!
Einen Mut, der entschlossen gegen die herrschende Tendenz reagiert, die Liebeskräfte in Akten ohne Plan fürs Leben zu verschwenden; einen Mut, der gegen das Faszinierende des Instinktes, des Unmittelbaren und Oberflächlichen reagiert. Habt den Mut zu einem Herzen, das nicht von der Unordnung der Affekte befleckt ist; zu einem keuschen Herzen, das den jungen Menschen dazu nein sagen läßt, sich selbst, die anderen und die ihn umgebende Welt als Objekte für Besitz und Konsum zu verwenden.
Wie anspruchsvoll ist diese Aufforderung Christi zur Reinheit des Herzens! Doch welchen Horizont der Liebe und des Friedens erschließt sie dem, der sie mit heroischer Treue umfängt!

Habt den Mut zur Gegenseitigkeit und zum Nächsten!
Die derzeitige Tendenz der Kultur geht dahin, Anderssein nicht zuzulassen und abzuwerten, aber damit droht sie euch, zu Sklaven der Unfähigkeit zu einem Leben in zuverlässiger Gegenseitigkeit zu machen, und ihr bleibt in einem vom Egoismus aus der Richtung geworfenen Individualismus stecken. Wohl euch dagegen, wenn ihr gegen Moden zu reagieren wißt, die für Jugendliche nur Standard-Vorbilder kennen; wenn ihr für die Annahme und Unterstützung vor allem jener eurer Altersgenossen offen seid, die müde und ohne Begeisterung dahinleben, weil sie es aufgegeben haben, in ihrem Leben einen Sinn zu suchen. Es sind die Opfer der Wohlstandsgesellschaft, die nicht nur die Güter, die sie produziert, verbraucht, sondern nun auch noch die Werte ihrer Überlieferung, die doch unbedingt notwendig wären, um ihren Kindern einen Lebenssinn zu vermitteln.
Habt den Mut zur Solidarität in der Kirche und für die Welt!
Eine weitere Versuchung besteht darin, mutlos zu werden oder sich mit einem ruhigen Leben zu begnügen oder zu glauben, das christliche Ideal läge zu hoch. Der hl. Aloisius zeigt, wie es dennoch möglich ist, die Aufforderung Christi anzunehmen: „Wenn du willst ... folge mir nach." Der Weg, den Christus aufzeigt, ist der Weg treuer Liebe zur Kirche und mit der Kirche für die Welt. Man muß immer neu lernen, aus der eigenen Isolierung auszubrechen, um gemeinsam neue Lebensentwürfe im Licht des Evangeliums auszuarbeiten und dabei die Unbekümmertheit und die Furcht gegenüber der Verantwortung für das Apostolat überwinden. Aus dieser neuen Entdeckung der christlichen und kirchlichen Identität in ständig persönlicher Weiterbildung muß auch die Konsequenz für den Einsatz im Sozialbereich hervorgehen, die für Dialog und Solidarität offen ist. Wie stark und vielfältig auch die sozialen Verhältnisse sein mögen, sie heben die Freiheit nicht auf.

10. Liebe Jungen und Mädchen!
„Komm und folge mir nach!"
Spürt nicht auch ihr heute abend in euren Herzen diese Einladung widerklingen?
Der hl. Aloisius Gonzaga erinnert euch daran: „Alles, was Gott tut, ist wohl getan!"
Ja, Christus ruft euch, eure Verantwortung in Kirche und Gesellschaft zu übernehmen. Nur in dieser Sicht des Lebens als einer Berufung gewinnt die Keuschheit im Ehestand und jene der zum Priestertum oder zum gottgeweihten Leben Berufenen Sinn. Christus beruft euch zur Freiheit, zur Wahrheit und zur Liebe. Er beruft euch zur Heiligkeit, euer Leben also um seinetwillen zu „verlieren". Er lädt euch ein, hochherzig eine der zahlreichen Berufungen zu ergreifen, die alle ein einziges Ziel haben: den Aufbau der Menschheitsfamilie und die Verwirklichung des Reiches.
Das Symbol eures geistigen Weges in diesen Monaten ist die Gestalt des Pelikans, der in der christlichen Überlieferung die Wichtigkeit der Hingabe des eigenen Lebens darstellt. In der Schule des hl. Aloisius Gonzaga habt ihr nunmehr dieses Symbol vervollständigt und wollt es heute Maria darbringen, die ihr unter dem Titel der „Gekrönten Jungfrau der Gnaden" verehrt. Vertraut euch Maria an, daß sie auch in euch wie im hl. Aloisius das lebendige Antlitz des Erlösers gestaltet.

Dann seid ihr das echte Bild Christi: ein lichtvoll strahlendes Bild, weil es frei und von der ewigen Wahrheit des Evangeliums umgestaltet ist; ein Bild erneuerter Liebe, weil hinter ihm die Selbsthingabe an Gott und die Mitmenschen steht; ein Bild des unsterblichen Lebens, weil es bereits von der Hoffnung auf ewige Freude und ewigen Frieden geprägt ist.
Euch allen spende ich von Herzen meinen Segen!

Aloisius - ein heroischer Apostel der Caritas

Ansprache an die Pfarrgemeinde Castiglione delle Stiviere und die Vertreter des Roten Kreuzes am 22. Juni

Liebe Brüder und Schwestern aus Castiglione delle Stiviere!
Verehrte Damen und Herren des nationalen und internationalen Roten Kreuzes!

1. Hier in Castiglione delle Stiviere wurde der hl. Aloisius Gonzaga geboren, der mit dem Heldenmut seiner Tugenden den Namen dieser Stadt in der ganzen Welt bekannt gemacht hat. Aber dies ist auch der Ort, wo am 25. Juni 1859, nach der blutigen Schlacht bei Solferino und San Martino, die verdienstvolle Einrichtung des Roten Kreuzes durch den Genfer Menschenfreund, Henri Dunant, ins Leben gerufen wurde.
Es freut mich sehr, heute hier bei euch zu sein, in diesem Dom, in dem die Mutter des hl. Aloisius, die Edelfrau Marta Tana, Baronin von Sàntena di Chieri, beigesetzt ist, diese außergewöhnliche Gestalt einer Erzieherin, mit der Aloisius zeitlebens eine tiefe Vertrauensbeziehung unterhielt.
Aufs herzlichste heiße ich die Pfarrgemeinschaft willkommen: die Priester, die Ordensfrauen - vor allem diejenigen, die eine besondere Verehrung dem hl. Aloisius verbindet -, die Kinder, die Jugendlichen, die Erwachsenen und die alten Menschen; ganz besonders grüße ich die Familienmütter, die sich, wie schon die Mutter des Heiligen, mühen, die Kinder nach den Grundsätzen und Idealen des christlichen Glaubens zu erziehen. Mein herzliches Gedenken gilt auch den Kranken und all denjenigen, die aus verschiedenen Gründen an diesem Treffen nicht teilnehmen können.

2. Mit Hochachtung grüße ich die Vertreter des internationalen und des italienischen Roten Kreuzes, die bei diesem bedeutsamen Treffen nicht fehlen wollten. Ich begrüße den Präsidenten des Internationalen Komitees, Dr. Cornelio Sommaruga, und mit ihm die Leiter der verschiedenen Abteilungen, Ausschüsse und Bezirke.
Hier ist die Idee eines so bewundernswerten universalen karitativen Werkes, wie es das „Rote Kreuz" ist, entstanden! Die Schlacht, die am 24. Juni 1859 auf diesen Hügeln, südlich des Gardasees, zwischen dem französisch-piemontesischen und dem österreichischen Heer ausgetragen wurde, ließ über fünfundzwanzigtausend Tote und Verwundete auf dem Feld zurück. Dunant wurde durch Zufall zum Augenzeugen dieses grauenvollen Massakers, und angesichts des entsetzlichen Schau-

spiels kam er nicht umhin, die unmittelbare Hilfeleistung der Einheimischen zu bewundern. Es beeindruckte ihn die Tatsache, daß sie es fertigbrachten, in den Verwundeten verschiedener Nationalitäten - die alle doch Fremde für sie waren - nur Brüder zu sehen.
In Genf gründete Dunant nach seiner Rückkehr das „Rote Kreuz", eine Initiative, für die er 1902 den ersten Friedensnobelpreis erhielt. Gerne nehme ich die Gelegenheit wahr, meine Hochachtung und Wertschätzung für diese Organisation zum Ausdruck zu bringen, die unzählige Dienste an der Menschheit geleistet hat und weiterhin leistet, sowohl in tragischen Kriegszeiten als auch in den verhängnisvollen Situationen von Naturkatastrophen oder anderen Schwierigkeiten. Es handelt sich um ein wertvolles und verdienstreiches Werk, da jedem leidenden Menschen nicht nur die notwendige Hilfeleistung zuteil wird, sondern auch der Trost brüderlicher Liebe.

3. Auch der hl. Aloisius war ein heroischer Apostel der Caritas, der sogar sein eigenes Leben opferte, um die an der Pest erkrankten Menschen zu pflegen.
Sein ruhiger und geduldiger Tod war das Ende eines gewöhnlichen, aber auf außergewöhnliche Weise gelebten Lebens.
Indem er die Gewänder des Adelsstandes ablegte, um das bescheidene Ordensgewand anzulegen, trennte er sich von allem, um alles zu gewinnen, um dem ganz und gar geliebten Gott zu begegnen und ihn durch die Nächstenliebe radikal zu bezeugen. Der hl. Aloisius verachtete die Welt nicht; im Gegenteil, er gab sich Gott hin, um sie mehr und besser zu lieben. Durch seine Entscheidung, auf den Fürstenrang zu verzichten, opponierte er gegen eine frivole und falsche Welt, die irdische Ehren und Freuden der Freundschaft und dem Dienst an Gott vorzog. Darum widmete er die besten Energien seiner Jugend der Pflege der Kranken und Leidenden. Er starb als Opfer dieser bedingungslosen Hingabe und hinterließ uns ein Beispiel makelloser Reinheit und heroischer Nächstenliebe.

4. Was kann der hl. Aloisius Gonzaga euch heute sagen, liebe Brüder und Schwestern von Castiglione delle Stiviere und der Diözese Mantua? Spricht er nicht von christlicher Konsequenz und großzügiger Treue zum Evangelium?
Um die wahre Nächstenliebe zu üben, Liebe Christi, die nicht mit einfacher, wenn auch gültiger und lobenswerter Menschenfreundlichkeit gleichgesetzt werden kann, ist es notwendig, mit Überzeugung den Primat Gottes im eigenen Leben zu bekräftigen. Es ist nötig, das Leben als ein Geschenk Gottes anzuerkennen, das in jeder Phase und in jedem Moment aufgenommen, im Höchstmaß geachtet, geschützt und gewertet werden muß. Der hl. Aloisius lehrt uns, daß man nicht leben und arbeiten muß, um mehr weltliche Güter zu erlangen, sondern vielmehr, um den übernatürlichen Plan zu verwirklichen, den der Herr für jeden von uns hat. Darin liegt die Heiligkeit: Gott von ganzem Herzen und den Nächsten wie sich selbst lieben.
Auf diesem Weg christlicher Vollkommenheit haben alle eine Rolle zu spielen. Die Familie, die Schule, die Pfarrei und die christlichen Vereinigungen müssen einheitlich an ihrem Vorhaben arbeiten, die Person, besonders in ihrer Entwicklung und

ihrem Reifeprozeß, zu achten und zu formen. Die Kinder, die Jugendlichen und die jungen Leute müssen mit Wohlwollen und kluger Bereitschaft gelenkt werden. Sie müssen zu innerer Stärke und Opfersinn, zur Hingabe an die großen Ideale der Reinheit und Selbstlosigkeit erzogen werden. Sie brauchen Hilfe, um durch die „heiligmachende Gnade", die durch das Gebet, die Praxis der Sakramente und die hochherzige Ausübung der Nächstenliebe genährt wird, zu einer innigen Beziehung zu Christus zu gelangen. Ferner müssen sie darauf vorbereitet werden, ihre Verantwortung gegenüber der Gesellschaft zu übernehmen, indem sie der Versuchung des Individualismus und des Egoismus um jeden Preis widerstehen.
Darin, liebe Brüder und Schwestern, ist euch der hl. Aloisius wirklich ein gültiges Beispiel und eine große Stütze. Er hilft euch, besonders durch die Teilnahme an der Eucharistiefeier, jene innere Kraft zu finden, um durch Haltung und dienenden Einsatz die Botschaft des Evangeliums zu verbreiten: die Botschaft der Wahrheit, der Freiheit, der wahren Freude und Liebe.
Durch sein Leben ermutigt der hl. Aloisius besonders euch, liebe Mädchen und Jungen. Sicher, man kann ihn den „Heiligen der Nächstenliebe" nennen, aber er ist vor allem der Heilige der selbstgewählten, geliebten und gelebten Reinheit! Wie sollte man in ihm nicht ein Modell sehen, das besonders ihr, Jungen und Mädchen, die ihr euch auf das Leben und auf die Berufswahl vorbereitet, nachahmen solltet?

5. Liebe Brüder und Schwestern aus Castiglione delle Stiviere!
Liebe Jugend!
Ja, der hl. Aloisius drängt euch eure Existenz mit neuen Augen zu sehen. Er spornt euch zu erneuerter geistlicher Kraft an; er fordert euch auf, Apostel der Nächstenliebe und Zeugen der Reinheit zu sein. Er ermutigt jeden von euch, lebendiger Bestandteil dieser Pfarrgemeinschaft zu sein, die in Castiglione delle Stiviere das Feuer nährt, das aus der göttlichen Liebe entspringt, und durch den Dienst an den Brüdern und Schwestern zum Ausdruck kommt.
Vertraut, wie der hl. Aloisius für diesen Auftrag auf Maria, unsere himmlische Mutter!
Betet zum hl. Aloisius! Liebt ihn, verehrt ihn, folgt ihm nach!
Zusammen mit diesen Wünschen, begleite euch auch mein Segen, den ich nun allen mit großer Zuneigung erteile.

Nur das Evangelium gibt eine befriedigende Antwort

Ansprache an die Bürgerschaft von Mantua am 22. Juni

Herr Minister,
Herr Bürgermeister,
liebe Brüder und Schwestern!

1. Mit Freude treffe ich mit euch auf diesem herrlichen Platz zusammen, dem städtischen Zentrum der Mantuaner, Erinnerung und Synthese eurer Geschichte, ein viel-

sagendes Symbol der künstlerischen Sensibilität und der Unternehmungslust, die so kennzeichnend für euch ist. Fünf Jahrhunderte sind vergangen, seit mein Vorgänger, Papst Pius II., zwischen 1459 und 1460 für einige Monate hier verweilte. Ich möchte noch an einen weiteren großen Papst erinnern, den hl. Pius X., der von 1884 bis 1893 der Bischof eurer Diözese war.

Ich danke dem Herrn Bürgermeister für seine ergebenen Worte, die er im Namen der Bürgerschaft an mich gerichtet hat. Außerdem möchte ich dem Herrn Minister für Regional- und Institutionsfragen, Mino Martinazzoli, der hier anwesend ist, um mich im Namen der italienischen Regierung willkommen zu heißen, meinen Dank aussprechen.

Ich begrüße Msgr. Egidio Caporello, Bischof dieser Diözese, und ehemaliger Generalsekretär der italienischen Bischofskonferenz, ebenso wie die Priesterschaft, die Ordensleute und die gesamte Diözesangemeinschaft.

Mit großer Herzlichkeit wende ich mich an die Bürger Mantuas und ganz besonders an euch, die ihr zahlreich auf diesem Platz versammelt seid; ich danke euch für die Offenheit und die Warmherzigkeit eures Empfangs. Meine Gedanken gehen in diesem Moment auch an alle diejenigen, die jetzt nicht hier dabeisein können, weil Krankheiten, Verpflichtungen oder andere Hindernisse sie fernhalten. Wenn meine Stimme sie erreichen kann, möchte ich ihnen sagen, daß sie meinem Herzen ebenso nahestehen.

2. Der Hauptgrund, der mich dazu veranlaßt hat, die Kirche hier in Mantua zu besuchen, ist vorwiegend religiöser und pastoraler Natur: ich bin hier, um mit euch die vierhundertjährige Wiederkehr des Todestages eures berühmten Mitbürgers zu feiern, Nachkomme eines Zweiges jener Familie, die lange Zeit die Geschichte Mantuas bestimmt hat: der hl. Aloisius Gonzaga, jung und ein Beispiel für die Jugend; der vor langer Zeit lebte, aber noch immer aktuell ist; der die prunkvolle Umgebung der Höfe des sechzehnten Jahrhunderts verließ, ganz an jene Werte hingegeben, die nie untergehen.

Außerdem bin ich hier, um im Namen Christi alle Brüder und Schwestern im Glauben zu treffen, aber auch diejenigen, die sich irgendwie von ihm entfernt haben oder ihm nie ausgesprochen nahestanden. Ihnen allen möchte ich die Botschaft des Evangeliums erneut verkünden, denn nur in ihr kann jede Frage des Menschen eine befriedigende Antwort finden.

Mein verehrter Vorgänger, Papst Paul VI., ein Sohn eurer lombardischen Heimat, bediente sich, wenn er über die Lösung der sozialen Probleme sprach, gern eines Ausspruchs, der ein Programm für sich ist: zu allen Menschen gehen, zum ganzen Menschen kommen. Niemand, der guten Willens ist, kann sich im ruhigen Schlupfwinkel des eigenen Wohlstands verschließen, wenn in der Welt noch viele, sehr viele sind, die nicht über die grundlegendsten Voraussetzungen für ein menschliches Leben verfügen, das es verdient, so bezeichnet zu werden. Ebenso kann aber auch niemand mit sich selbst in Frieden leben, wenn noch zahlreiche um ihn herum sind, die, obwohl sie in ausreichendem Maße über materielle Güter verfügen, dennoch das nicht haben, das allein dem Leben in seiner zeitlichen Dimension und sei-

nem Ausblick auf die Ewigkeit den vollen Sinn gibt. Christus ist auf die Erde gekommen, um Seite an Seite mit dem Menschen zu gehen, und um ihm jene Antworten zu geben, nach denen sein Herz sich sehnt. Nur er allein kann diese Antworten geben, denn er, als eingeborener Sohn Gottes, konnte die ewigen Pläne des Vaters erforschen. (vgl. *Joh* 1,18).
Euch sage ich daher: seid empfänglich für das Wort Christi, laßt ihn zu euch sprechen. Er wird euch nichts sagen, das nicht zu eurem wahren Wohl ist.
Dies haben bereits eure Vorfahren begriffen, die es verstanden, die Werte des Glaubens anzunehmen, indem sie ihre Geschichte und ihre Kultur damit beseelten. Denkt an „euren" Dichter, Publio Virgilio Marone, der, obwohl er vor Christus lebte, bereits eine gewisse Vorahnung seines Kommens hatte, als er die Geburt eines wundertätigen „puer" besang, der der Welt eine neue Epoche der Gerechtigkeit und des Friedens bringen würde (vgl. *Ecloga*, IV.).
Ich sage euch nochmals: stellt Christus nicht an den Rand eures Lebens, schließt ihn nicht von euren Zukunftsplänen aus.

3. Brüder und Schwestern, eure Heimat mit ihrer großen Vergangenheit, die tiefe Not erlebte und auch heute noch erlebt, hat damals, wie jetzt die Entschlossenheit, aber auch die Toleranz in euch gesehen. Trotz der moralischen und sozialen Widersprüche unserer Zeit setzt ihr euch dafür ein, die primären Werte der Existenz durch Konfrontation und durch Zusammenarbeit zurückzugewinnen, indem ihr euch immer weiteren Horizonten öffnet: Seid deshalb bereit zur Solidarität, zur Aufnahme derer, die von weither zu euch kommen und hier Grund zur Hoffnung suchen. Schließt niemanden aus.
Seid euch bewußt, daß die kulturelle Entwicklung und der soziale Fortschritt, der euch aus der bedrängenden Armut von gestern zum Wohlstand von heute gebracht hat, sicher die Früchte eurer Fähigkeiten und eurer Genialität sind. Habt aber auch den Mut, das Risiko zu erkennen, das man jetzt mehr denn je eingehen kann, nämlich, die ganze Welt zu erobern und die Seele, die das wertvollste Gut ist, dabei zu verlieren.
Auch bei euch kann es zu dem gefährlichen Mißverständnis kommen, daß man „sich vor sich selbst versteckt"; daß man die Augen abschirmt, bis man die Armut nicht mehr sieht, die alte und die neue Armut, die sich in eurer Mitte ausbreitet; auch ihr könnt Idole verehren und vergänglichen Mythen nachgehen; könnt die Freude am Leben verlieren oder sie anderen nehmen.
Schließt euch nicht in den engen Käfig eures Wohlstands, eurer privaten Belange und Aussichten ein. Geht mit dem Verstand und mit dem Herzen, unterstützt vom christlichen Geist, über jeden Partikularismus hinaus. Setzt euch für das allgemeine Wohl des Landes ein, besonders zugunsten der am stärksten benachteiligten sozialen Schichten; öffnet euch mit solidarischer Einstellung für Europa und die ganze Welt. Setzt euch dafür ein - und hiermit richte ich mich vornehmlich an die Jugend -, daß das große Geschenk der Freiheit nicht verkommt und wertlos wird. Ihr alle habt enorme Möglichkeiten, die ihr für den Sieg einer so guten Sache einsetzen könnt.

4. Auch in Mantua hat die Kirche die Absicht, ihre Pflicht zu tun und den ihr eigenen Beitrag zur Entwicklung der Gesellschaft anzubieten: den aktiven und erhellenden Beitrag des Evangeliums und der an ihm inspirierten Soziallehre.
Ich weiß, daß sich eure Diözese traditionsgemäß auf großzügige und gediegene Weise in der Erziehung der Jugend und in karitativen Einrichtungen und Diensten einsetzt. Wie zahlreich und vielsagend sind die Beispiele des Volontariats und der sozialen Einsatzbereitschaft christlicher Laien in eurer Heimat! Ich denke da z. B. an Vittoria Gementi. Geht auf dieser Spur weiter, die Vielgestaltigkeit der Einheit respektierend, handelt nach den Prinzipien des Evangeliums hinsichtlich des Lebens, der menschlichen Person, der Familie, der Gerechtigkeit und der Berufung der Menschen, Gott zu erkennen, ihn über alles zu lieben und sich gegenseitig zu lieben. Die Mutter Gottes, die auch die Mutter der Menschheit ist, möge euch mit ihrem Schutz beistehen.
Mit diesen Wünschen grüße ich euch alle aufs neue und spende euch meinen Segen.

Das Problem der gestrauchelten Minderjährigen ist eine dringende soziale Frage

Ansprache beim Besuch in der Gerichtspsychiatrischen Klinik in Castiglione delle Stiviere am 22. Juni

Liebe Brüder und Schwestern!

1. Das freudige Zusammentreffen mit den Jugendlichen im Park von Castiglione ist soeben zu Ende gegangen und nun bin ich bei euch zu einem kurzen, aber bedeutungsvollen Besuch. An euch alle, die Patienten dieser Klinik und an diejenigen, die sich eurer annehmen, richte ich einen brüderlichen Gruß, und ich danke euch bestens für den herzlichen Empfang. Ganz besonders begrüße ich die Anstaltsleitung, die Ärzte, die Seelsorger, die Krankenpfleger, das Sanitäts- und Hilfspersonal sowie die vielen Freiwilligen, die einen Teil ihrer Zeit dem Dienst an euch widmen. Ich danke dem Präsidenten und dem Leiter der Klinik; letzterem besonders auch für seine freundlichen Willkommensworte.
Der Kontakt mit dem Leid ist für mich immer ein tief ergreifendes Erlebnis. Daher war es mein Wunsch, zu euch zu kommen, um euch persönlich den Ausdruck meiner vollen Solidarität zu vermitteln.

2. Die Fürsorge derer, die euch, liebe Patienten, betreuen, ist ein wirkungsvoller Beitrag zur Bekämpfung der Krankheit; aber ihre Hilfe wird noch wertvoller sein, wenn sie mit der Wärme menschlichen Verständnisses auch die aus dem Glauben entspringenden Überzeugungen zu schenken versteht.
Dem Kranken kann ja trotz seiner leidvollen Lage durch die Begegnung mit Christus Licht und Mut zuteil werden und das wirkt belebend auf seinen Geist. Der Glaube sagt uns, daß der Sohn Gottes, als er Mensch wurde und sich bis zu seinem Tod am

Kreuz dem Gesetz des Schmerzes unsere Sterblichkeit teilte. Er wollte uns versichern, daß alles in unserer Existenz einen Sinn hat - auch das Leid. Durch seine Auferstehung hat er uns die Tore der Hoffnung geöffnet, und so werden wir, wenn wir auf ihn vertrauen, nie vom Gewicht der Prüfungen erdrückt.
Der hl. Aloisius Gonzaga ist ein Beispiel für den christlichen Dienst an den Leidtragenden und für starkmütiges Ertragen der Krankheit. Wir brauchen uns nur an die letzten Tage seines Lebens zu erinnern. Der Ewigkeit nahe, schreibt er an seine Mutter: „Ich gestehe, daß ich verwirrt bin und mich nicht mehr zurechtfinde, wenn ich die Güte Gottes betrachte, das Meer ohne Ufer und ohne Grund. Für geringe und kurze Mühen ruft er mich zu einem ewigen Frieden; vom Himmel lädt er mich ein zu diesem Höchsten Gut, nach dem ich mit so viel Nachlässigkeit getrachtet habe; er verspricht mir die Früchte jener Tränen, die ich so spärlich gesät habe." (10. Juni 1591). Er spricht zu uns von innerer Ruhe und Frieden, von Hoffnung und Vertrauen. Das Zeugnis dieses jungen Heiligen ist ein Echo zum Brief des Apostels Paulus an die Korinther: „Denn die kleine Last unserer gegenwärtigen Not schafft uns in maßlosem Übermaß ein ewiges Gewicht an Herrlichkeit, uns, die wir nicht auf das Sichtbare starren, sondern nach dem Unsichtbaren ausblicken; denn das Sichtbare ist vergänglich, das Unsichtbare ist ewig" (*2 Kor* 4,17-18).

3. Möge neben jedem, der leidet, auch immer ein Herz sein, das liebt! Ein Herz, das mit dem des notleidenden Bruders im Einklang schlägt; immer besorgt, den Bedürfnissen des anderen zu entsprechen.
Dies sei euer aller Aufgabe, die ihr hier mehr und mehr in beeindruckender Weise die Erfahrung macht, wie groß die Probleme und das Leid unserer Gesellschaft sind. Wie könnte man, z. B. die Frage der Minderjährigen, die euch sehr am Herzen liegt, ignorieren? Minderjährige, die verschwinden, Minderjährige, die kriminellen Banden zum Opfer fallen, Minderjährige, die für Gewalttätigkeiten und Verbrechen mißbraucht werden. Diese Jugendlichen verfangen sich im Netz der sozialen Abwege, weil sie oft keinen angemessenen Schutz in der Familie oder von der Gesellschaft erhalten. Wie sollten sie, ohne hohe Werte und Ideale, an denen sie sich orientieren könnten, den negativen Einflüssen, denen sie ausgesetzt sind, widerstehen? Daher ist es richtig, daß man dieser Situation Beachtung schenkt und das Problem der Minderjährigen als eine der dringenden sozialen Fragen unserer Zeit betrachtet. Außerdem ist es notwendig, angemessene Initiativen in Gang zu bringen, die alle öffentlichen und privaten Institutionen und Strukturen einbeziehen, um der Ausweitung und Verschärfung dieses Problems vorzubeugen.

4. Liebe Brüder und Schwestern, setzt euch in jeder Situation mit Mut und Beharrlichkeit, mit Geduld und großem Glauben ein, wie der hl. Aloisius Gonzaga, der unter anderem die Engel besonders verehrte. Er rief sie oft an, hinterließ uns diesbezüglich erleuchtete und bewegende Gedanken. Gern richtete er an sie das Gebet: „Bewahrt mein Leben frei von jedem Makel, meine Hoffnung fest, mein Verhalten ohne Schuld und meine Liebe ganz auf Gott und den Nächsten gerichtet." Er lehrt uns, die Schutzengel immer anzurufen, besonders im Augenblick der Prüfung.

Wendet auch ihr euch mit Vertrauen und Eifer an sie. Lernt vom hl. Aloisius, auf die göttliche Vorsehung zu vertrauen, die nie unsere Hoffnung enttäuscht. Mögen euch die Schutzengel, die himmlischen Boten des Friedens und des übernatürlichen Trostes, so beistehen, wie sie unseren Schutzheiligen, vor allem in den schwierigsten Momenten seines Lebens, unterstützt haben.
Ihr alle werdet in meinen Gebeten und bei der Darbietung des eucharistischen Opfers zugegen sein; von ganzem Herzen spende ich euch nun den Apostolischen Segen.

Mache uns frei von jeder Knechtschaft

Gebet zum hl. Aloisius in Mantua am 22. Juni

1. Heiliger Aloisius, der du arm warst vor Gott, / an dich wenden wir uns mit Vertrauen. / Wir preisen den himmlischen Vater, / daß er uns in dir ein sprechendes Beispiel / seiner barmherzigen Liebe geschenkt hat. / Demütig und vertrauensvoll hast du / die Pläne des göttlichen Herzens angebetet. / Von Jugend auf hast du / allen weltlichen Ehren / und allem irdischen Glück entsagt. / Du hast dich mit vollkommener Knechtschaft umgürtet, / bist den Weg des Gehorsams gegangen / und erwähltest die Armut um Gott zu dienen. / Aus Liebe zu Ihm hast du alles hingegeben.

2. Du, „von Herzen rein", / mache uns frei von jeder weltlichen Knechtschaft. / Laß nicht zu, daß junge Menschen zu Opfern von Haß und Gewalt werden, / oder daß sie den Verlockungen / der Leichtlebigkeit und der trügerischen Genußsucht verfallen. / Hilf ihnen, von allen Gefühlen des Aufruhrs loszukommen, / schütze sie vor dem Egoismus, der blind macht, / rette sie vor der Macht des Bösen, / mache sie zu Zeugen der Herzensreinheit.

3. Du heroischer Apostel der Nächstenliebe, / erbitte für uns die Gabe der göttlichen Barmherzigkeit, / damit sie die vom Egoismus verhärteten Herzen erweiche / und in jedem die Sehnsucht nach Heiligkeit wachhalte. / Mach, daß auch die heutige Generation / den Mut habe, gegen den Strom zu schwimmen, / wenn es darum geht, das Leben einzusetzen, / um das Reich Christi aufzubauen. / Möge auch sie die leidenschaftliche Liebe / zum Menschen mit dir teilen, / und in ihm, wer immer es auch sei, / die göttliche Gegenwart Christi erkennen.

4. Mit dir rufen wir zu Maria, der Mutter des Erlösers. / Ihr vertrauen wir Leib und Seele, / Elend und Bedrängnis, / Leben und Tod an, / damit alles in uns, / wie auch in dir, / zur Ehre Gottes geschehe, / der lebt und herrscht / in Ewigkeit, / Amen.

Hier ruhen alle meine Hoffnungen

Ansprache in der Kapelle des Priesterseminars in Mantua am 23. Juni

Liebe Seminaristen!

1. Mit Freude nehme ich diesen Anlaß wahr, um zusammen mit euch und für euch in der Kapelle eures Seminars, eines der ersten, das nach dem Konzil von Trient gegründet wurde, zu beten. Ich danke euch für diese Gelegenheit und begrüße euch alle herzlichst. Mein Gruß richtet sich vor allem an euch Seminaristen, eure Oberen, die Erzieher und die Lehrkräfte. Ferner grüße ich mit inniger Zuneigung eure Familien, die euch auf dem Werdegang zum Priesteramt begleiten. Man spürt hier die Atmosphäre echter Spiritualität in Erinnerung an den hl. Aloisius Gonzaga, dessen vierhundertjähriges Todesgedächtnis wir begehen; an den hl. Karl Borromäus, der dem kleinen Aloisius die erste heilige Kommunion reichte, an den hl. Robert Bellarmin, der im Collegium Romanum der Jesuiten Beichtvater und geistlicher Führer eures heiligen Mitbürgers war, und ihm schließlich während seiner letzten Krankheit Beistand leistete; an den hl. Pius X., von 1884 bis 1893 Bischof von Mantua, dessen erste und wichtigste Aufgabe die Ausbildung der Seminaristen war. „Hier ruhen alle meine Hoffnungen", so schrieb er am 5. Juli 1885, in einem Brief an die Mantuaner, „hier konzentriert sich meine Liebe, hier enden oder beginnen meine Sorgen, denn die Ausbildung der Seminaristen ist die Grundlage der Diözese, da nur aus ihren Reihen gute Priester hervorgehen können. Dies ist das würdigste Werk, das aus den Händen eines Bischofs hervorgehen kann."

2. In der Kapelle, an diesem intimsten und stillen Ort des Seminars, sammelt ihr euch zum Gebet, und aus dem Sakrament der Eucharistie schöpft ihr Licht und Hilfe für das geistliche Leben. Schweigend und auf Gottes Wort hörend, bereitet ihr euch auf eure Zukunft vor, und die heilige Jungfrau Maria, ebenso wie die Schutzheiligen, vermitteln euch Mut und Anregung, stets tapfer nach den höchsten Idealen der Heiligkeit und des Apostolats zu streben.
Der Herr hat euch zu Aposteln des Evangeliums berufen, und im Seminar bereitet ihr euch auf diese begeisternde und schwierige Aufgabe vor. Mögen euch stets jene Worte bewußt sein, die der hl. Pius X., eingedenk seiner langjährigen Erfahrung als Priester und Bischof, 1908 in seiner Enzyklika *Haerent animo* schrieb: „Das einzige, das den Menschen mit Gott verbindet, sein Wohlgefallen weckt und ihn zum würdigsten Werkzeug seiner Barmherzigkeit macht, ist die Heiligkeit seines Lebens und seiner Sitten. Darin besteht die Substanz der erhabenen Wissenschaft Christi - wenn der Priester sie nicht hat, fehlt ihm alles ... Nur die Heiligkeit ist es, die uns so werden läßt, wie Gottes Ruf uns haben möchte, nämlich Menschen, die der Welt gekreuzigt sind und denen die Welt gekreuzigt ist ..."

3. Liebe Seminaristen, Christus erwartet euch: Laßt keinesfalls zu, daß seine Stimme in der Leere verhallt. Weiht auch ihr, wie der hl. Aloisius Gonzaga, euer Leben vorbehaltlos der Sache des Evangeliums. Verehrt stets den hl. Aloisius: betet zu

ihm, ruft ihn an, ahmt ihn nach in seiner Unschuld und seinem Bußgeist, in seiner Liebe zur Eucharistie und seiner Marienfrömmigkeit. So wird eure Berufung fest bleiben, und ihr werdet den Plan erfüllen, den die Vorsehung mit jedem von euch hat.
Dazu verspreche ich euch mein Gebetsgedenken, und ich erteile euch und euren Familienangehörigen mit großer Zuneigung meinen besonderen Segen.

Teilhabe am Heilsgeheimnis Christi

Predigt bei der Eucharistiefeier in Mantua am 23. Juni

1. Die Lesungen der heutigen Liturgie legen uns drei Bilder vor, die sich gegenseitig ergänzen und erklären. Alle drei sprechen von einem Mann, für den die Kenntnis Jesu Christi der höchste Wert war, vom hl. Aloisius Gonzaga! Die Kirche begeht heute den 400. Jahrestag des Todes eines Heiligen, den eure Stadt mit Recht als ihren Heiligen betrachtet. Aus diesem Grund bin ich heute euer Gast, und ich danke euch für die Einladung, die mir die Einlösung einer besonderen Dankesschuld gegenüber diesem jungen Mann aus Mantua gestattet, der den Wert der Kenntnis Jesu Christi über alles geschätzt hat. So sehr, daß er alles als Verlust zu betrachten bereit war, was ihn nicht Christus näher brachte.

2. Das erste Bild, das uns im Evangelium begegnet, ist das eines Menschen, der sucht: er sucht den in einem Acker verborgenen Schatz (vgl. *Mt* 13,44), er sucht kostbare Perlen (vgl. *ebd.*). Die Sprache des Gleichnisses lädt uns ein, das Reich Gottes als einen im Acker verborgenen Schatz und eine kostbare Perle zu betrachten, die ein Mann sucht. In beiden Fällen ist der nach dem Reich Gottes Suchende bereit, für das gefundene Gut den höchsten Preis zu zahlen: „Er verkaufte alles, was er besaß, und kaufte ..." (vgl. *Mt* 13,44.46) den Acker, in dem der Schatz verborgen war, oder die Perle: die kostbare Perle, die er gesucht hatte.
Diese deutlichen Worte des Evangeliums beziehen sich, wie wir wissen, auch auf den heiligen Aloisius, einen Mann, der von Jugend auf das Reich Gottes als höchsten Wert sucht. Er sucht es mit seiner Vernunft, mit Willen und Herz und ist bereit, für das höchste Gut den höchsten Preis zu zahlen.
Für ihn sind die Kenntnis und der Besitz Jesu tatsächlich die größten Werte, die jedem anderen Gut vorzuziehen sind. Es gibt kein Opfer, das Aloisius nicht gebracht hätte, „um Christus zu gewinnen und in ihm zu sein" (*Phil* 3,8-9). Indem er sich selbst verliert, hat er sich gefunden - denn dies ist das Gesetz des Evangeliums.

3. Das zweite Bild stammt aus dem Alten Testament: „ein am Bach gepflanzter Baum, der seine Wurzeln dem Wasser entgegen ausstreckt" (vgl. *Jer* 17,8). Es handelt sich um einen fruchtbaren Baum, der wächst und nicht aufhört, Früchte zu bringen (vgl. *ebd.*). Er bringt sogar in der Zeit schlimmster Dürre seine Früchte; seine Blätter bleiben immer grün (vgl. *ebd.*).

Wo liegt das Geheimnis der Lebenskraft dieses Baumes? Natürlich in der verborgenen Quelle lebendigen Wassers.
Vielleicht hat Jesus gerade im Gedanken an diese Worte des Alten Testamentes gesagt: „Wer Durst hat, komme zu mir und trinke" (vgl. *Joh* 7,37). Christus ist die unsichtbare Quelle, die den Herzen der Menschen und ihrem Leben Blüten und Früchte im Übermaß zusichert.
Dies erfahren jene, die den Herrn suchen! Sie erfahren in ihrem Leben, was es bedeutet, „alle diese Dinge hinzugeben ... um Christus zu gewinnen und in ihm erfunden zu werden": er soll das Leben des menschlichen Herzens werden.
Auf diese Weise findet Gott, der „unsere Herzen prüft" (*1 Thess* 2,4), in uns seinen geliebten Sohn und zugleich uns in ihm. So werden unsere Werke wie der Baum, der am Wasser gepflanzt ist.

4. Das dritte Bild ist nicht nur ein Vergleich, sondern die Wirklichkeit des Glaubens und des Lebens aus dem Glauben selbst.
Durch den Glauben an Christus soll jeder Christ in immer vollerem Maße am ganzen Heilsgeheimnis Christi teilnehmen: an seinen Leiden und an der Kraft seiner Auferstehung (vgl. *Phil* 3,10). Das ist ein Heilsgeheimnis, eine Quelle der Gerechtigkeit, die nur von Gott kommen kann. Der Mensch ist aus sich selbst nicht fähig, sich gerecht zu machen, noch vor dem Herrn gerecht zu sein. Die Rechtfertigung muß von Gott kommen, sie muß von Gott kommen, um in die Geschichte des Menschen einzudringen. Die Heiligen geben ein reifes Zeugnis von diesem Heilsgeheimnis, weil sie erfaßt sind von der Macht des Kreuzes und das Licht der Auferstehung sie durchdrungen hat. Sie kommen in ihrem Leben voran mit dieser Kraft und mit diesem Licht, indem sie sich dem gekreuzigten und auferstandenen Erlöser gleichförmig machen. Vom göttlichen Leben, das sich in Tod und Auferstehung des Sohnes Gottes offenbart, entspringt, wie aus einer kräftigen Quelle, die Hoffnung: „Die Macht seiner Auferstehung und die Gemeinschaft mit seinem Leiden, sein Tod soll mich prägen" (vgl. *Phil* 3,10-11). Die Hoffnung der Heiligen ist „voll Unsterblichkeit" (*Weish* 3,4).

5. Der heutige Tag ist daher ein Tag der Hoffnung, der uns alle im Andenken an den heiligen Aloisius, einen Mann „voll Unsterblichkeit", vereint sieht. In dem Klima inniger geistlicher Gemeinschaft, die unsere Eucharistiefeier kennzeichnet, grüße ich euren Hirten und alle Bischöfe der Region Lombardei. Ich grüße P. Hans-Peter Kolvenbach, den Generaloberen der Gesellschaft Jesu, der Ordensfamilie, der euer heiliger Landsmann angehörte.
Einen dankbaren Gruß richte ich auch an den Herrn Bürgermeister, an die Autoritäten in Verwaltung und Politik und an alle jene, die zum Gelingen meines Besuches beigetragen haben. Ich danke allen von Herzen.
Ich grüße den Klerus, die Ordensleute und die Angehörigen der in der Glaubensverkündigung engagierten Laienverbände. An euch alle als tüchtige und mutige Zeugen des uns von Gott geschenkten Heils, das durch den Glauben unser Erbe wird, richte ich die dringende und vertrauensvolle Aufforderung: Gebt Zeugnis für den

Glauben, die Hoffnung und die Liebe, und seid dabei entschlossen, entschieden und konsequent! Gebt Zeugnis dafür, daß der Mensch nur in Christus den wahren Schatz und die kostbare Perle, den wahren und entscheidenden Grund für sein ganzes Leben finden kann. Verkündet das Evangelium wie jene, die in Jesus das Ziel ihres eigenen Geschicks und den Grund für alle ihre Hoffnung gefunden haben.
Bezeugt diese Treue zu Christus überall! Vermittelt sie euren Kindern und lehrt sie, die echten Werte zu schätzen, jene, auf denen sich Solidarität und Gerechtigkeit aufbauen lassen und die ihre erneuernde Kraft an den Quellen des Wortes Christi finden. Werdet Apostel des Evangeliums für jene, die es noch nicht in seiner Tiefe kennen! Zeigt durch euer Beispiel den kostbaren Wert der moralischen Ordnung auf, die sich vom Wort und den Normen des Erlösers bestimmen läßt.

6. Wie sehr braucht die Menschheit die Begegnung mit Männern und Frauen unerschütterlichen Glaubens! Seid ihr diese Menschen des fraglosen Glaubens, der freudevollen Hoffnung und der unermüdlichen Liebe! Ihr Jugendlichen könnt im hl. Aloisius, eurem Altersgenossen, ein ermutigendes Beispiel der Heiligkeit finden. Ihr, Diener des Altares und ihr gottgeweihten Seelen, von der göttlichen Vorsehung zu einer Aufgabe mit tiefer reichender Verantwortung im weiten Bereich des Apostolates berufen, könnt euch von ihm anregen lassen. Ihr Leidenden aber könnt von seinem Beispiel Gelöstheit und Geduld lernen, dann befruchtet ihr durch das Geschenk eurer dem Herrn aufgeopferten Schmerzen den Weg der Glaubensverkündigung. Christliche Familien, ruft die Hilfe des hl. Aloisius an, denn ihr seid „Heiligtümer des Lebens", Stätten, an denen das Leben als Geschenk Gottes, wie es ihm gebührt, angenommen und gegen die vielfältigen es bedrohenden Angriffe geschützt werden und sich nach den Erfordernissen eines echt menschlichen Wachstums entfalten kann (vgl. *Centesimus annus*, Nr. 39). Die Zukunft der Gemeinschaft von Mantua, der Kirche und der Welt, hängt von der Rückgewinnung der maßgebenden Rolle der Familie innerhalb der Gesellschaft ab. Gerade in der Familie kann der Same des Glaubens wie in seinem natürlichen Erdreich reifen. Aloisius Gonzaga lernte die Regeln für seinen Weg zum Ziel und für das Suchen nach dem kostbaren Schatz gerade von seiner Mutter.
Ihr habt die Pflicht, das moralische Erbe eurer Jahrhunderte währenden christlichen Tradition zu wahren und zu bereichern. Gewinnt sie für euch und für die anderen zurück.
Befreit den wirtschaftlichen Fortschritt von den Gefahren des Egoismus, die ihn verfälschen. Teilt vielmehr mit der Hochherzigkeit, die euch immer ausgezeichnet hat, eure Güter mit jenen, die sie brauchen und um Hilfe rufen.

7. Liebe Brüder und Schwestern, neben den Bildern, die ich oben angesprochen habe, gibt es ein weiteres, das sozusagen spezifisch paulinisch ist. Danach gleicht der Heilige und die Heiligkeit als Berufung eines jeden Christen einem Wettkämpfer im Stadion (vgl. *1 Kor* 9,24). Es ist das Bild eines Menschen in Bewegung, der inneren „Bewegung" des menschlichen Geistes, der durch die Kenntnis Jesu Christi leichter und unbeschwerter dem Ziel der Vollkommenheit entgegenstrebt.

Der Apostel schreibt: „Brüder, ich bilde mir nicht ein, daß ich es schon ergriffen hätte. Eines aber tue ich: Ich vergesse, was hinter mir liegt, und strecke mich nach dem aus, was vor mir ist. Das Ziel vor Augen, jage ich nach dem Siegespreis: der himmlischen Berufung, die Gott uns in Christus Jesus schenkt. Nicht, daß ich es schon erreicht hätte oder daß ich schon vollendet wäre. Aber ich strebe danach, es zu ergreifen, weil auch ich von Christus Jesus ergriffen worden bin" (*Phil* 3,13.14.12).

Wir müssen uns fragen: und ich? Wer bin ich? Bin ich von Jesus Christus ergriffen?

Schaut auf Maria, die ihr als Mutter und Königin der Gnaden anruft.

Schaut auf die Heiligen und zumal heute auf Aloisius Gonzaga, euren himmlischen Patron.

Einen Menschen ... einen Christen ... einen Heiligen, der ganz von Jesus Christus ergriffen war.

Ganz und für immer! Amen.

Ein vorbehaltloses Ja zu Christus

Angelus in Mantua am 23. Juni

1. „Mit dem Himmelreich ist es wie mit einem Schatz, der in einem Acker vergraben war" (*Mt* 13,44). So spricht Jesus vom Gottesreich im Evangelium, das die Liturgie vom heutigen Tag uns soeben vorgestellt hat. Wer ihn findet, verkauft alles, um ihn zu erwerben, und verläßt alles, um ihn zu besitzen.

Liebe Schwestern und Brüder, der Gedanke richtet sich sofort auf den hl. Aloisius von Gonzaga und auf das Beispiel, das er uns hinterlassen hat. Während ich gestern in Castiglione delle Stiviere seines 400. Todestages gedachte, erinnerte ich daran, daß das Leben des hl. Aloisius voll verwirklicht worden war, weil er es in totaler und ständiger Treue zu Gott und in der hochherzigen Erfüllung des göttlichen Willens gelebt hatte. Sein Leben war ein in Freude und Schmerz immer wieder neues, vorbehaltloses Ja zu Christus in der Nachfolge Marias, der Jungfrau der Verkündigung.

2. Wie soll man nicht daran denken, daß er bereits im Alter von zehn Jahren in der Kirche Mariä Verkündigung in Florenz sich ganz Gott dargebracht hat? Das „Fiat" Marias wurde sein „Fiat"; er empfahl sich ganz ihrer Fürsorge als Mutter und folgte als gehorsamer Sohn in Demut und fügsamer Hingabe ihren Spuren.

Maria, jungfräuliche Mutter Gottes, niemand hat je umsonst deine Hilfe angerufen! Das bezeugen die Zeichen deines providentiellen Eingreifens im christlichen Volk. Von dir spricht die Volksfrömmigkeit, die auch hier in Mantua so fest verwurzelt ist, wo nach alter Überlieferung die „Maiandachten" entstanden sind. Dies beweisen die Wallfahrtskirchen und Kapellen, die dir zu Ehren in diesen Orten sehr zahlreich errichtet wurden.

Zu diesen ausdrucksvollen Denkmälern einer jahrhundertealten Verehrung gehören: die Kapelle von der Krönung der seligsten Jungfrau in der Kathedrale von Mantua, das Heiligtum der seligsten Jungfrau der Gnaden und das der Madonna della Comuna bei Ostiglia. Und im Bereich der Diözese die Heiligtümer der Madonna della Pieve bei Cavriana, der Madonna del Dosso bei Casalmoro, der Madonna della Possenta bei Ceresara und der Madonna della Malongola bei Casalromano.

3. Von Maria spricht auch der Palazzo della Ragione mit diesem antiken Turm und Uhrwerk, wo die Statue der Immaculata aufgestellt ist. Gerade von hier aus wende ich mich an euch. Indem ich den Blick von diesem historischen Platz „delle Erbe" auf die gesamte Stadt ausweite, denke ich an euch alle, Bürger von Mantua und seiner Diözese, um euch daran zu erinnern, daß euer tägliches Leben vom Schutz der Mutter Gottes begleitet und gezeichnet ist. Maria wacht über eure Familien, eure Tätigkeiten. Sie wacht über alle, die jeden Tag auf diesem Platz auch aus der ländlichen Umgebung zu ihrer Arbeit und ihren Geschäften kommen.
Maria segne vor allem die Leidenden! Ich denke an die Krankenhäuser, an die Altenheime, das „Haus der Umgebung" und an die vielfältigen Hilfseinrichtungen eurer Stadt und Provinz.
Ich wende die gleichen Gefühle der Solidarität den Familien zu, die in irgendeiner Form leiden. Ich erinnere unter anderem an die vielen, die in dieses Gebiet von Mantua und gerade in diese Ebene aus anderen Ländern zwangsweise eingewandert sind.
Ich lade alle dazu ein, beim Angelusgebet die Augen vertrauensvoll auf Maria zu richten, die nicht aufhört, sich als Mutter zu erweisen „in diesen für die Kirche, für jeden einzelnen von uns und die gesamte Menschheit so schwierigen Jahren" (*Weihegebet an Maria in Fatima*, 13. Mai 1991).

Zeugen und Boten des Evangeliums sein

Ansprache an die Bevölkerung von Mantua am 23. Juni

Liebe Brüder und Schwestern!

1. „Gott sah alles an, was er gemacht hatte: Es war sehr gut" (*Gen* 1,31). So steht es im Buch Genesis. Diese Worte kommen mir in den Sinn, während ich das majestätische Naturpanorama betrachte, das die Kulisse dieser Versammlung bildet, mit der mein Aufenthalt auf eurem Boden zu Ende geht. Ein kurzer, aber geistig so reichhaltiger Aufenthalt! Reich an Begegnungen und Gelegenheiten zum Gebet; reich an Glauben und brüderlicher Gemeinschaft. Und jetzt, auf dieser großen Wiese am Mincio versammelt, hinter der Apsis des Heiligtums Unserer Lieben Frau von der Gnade, die euch so lieb ist, bewundern wir gemeinsam die Schöpfung. Wie sollten wir nicht, zusammen mit dem hl. Aloisius Gonzaga ausrufen: „Alles, was von Gott kommt, ist gut."

Aber der Blick richtet sich vor allem auf die herrliche menschliche Kulisse, die ihr alle zusammen bildet, die ihr nicht bei diesem wichtigen kirchlichen Treffen fehlen wolltet. Spontan öffnet sich das Herz voll Dankbarkeit für den Herrn: „Gott sah alles an, was er gemacht hatte: Es war sehr gut."

2. Während der Tag zur Neige geht, wacht Maria über uns, die „Frau, mit der Sonne bekleidet" (*Offb* 12,1), die Mutter des Erlösers, die „Ikone" der Kirche.
Ich begrüße euch in ihrem Namen und im Namen des hl. Aloisius Gonzaga, liebe Brüder und Schwestern, und danke euch für dieses freudige und herzliche Beisammensein. Ich grüße euren verehrten Bischof Egidio Caporello, und mit ihm die Priester, die Ordensleute, die Laien sowie alle Mitglieder der blühenden Gemeinde von Mantua. Mit ganz besonderer Zuneigung grüße ich die Kranken; und ich grüße euch, ihr Bauern und Landarbeiter; ich grüße die anwesenden Vertreter der Zivil- und Militärbehörden; ich grüße die Familien, die gesamte einheimische Bevölkerung, ebenso wie diejenigen, die zu diesem Anlaß von auswärts gekommen sind.
Mantua, ich umarme dich mit großer Zuneigung. Durch den Glauben deiner Väter tief gekennzeichnet, gehst du weiter auf dem Weg des christlichen Einsatzes!
Bleibe den Lehren des hl. Anselmo da Baggio, deines berühmten Schutzpatrons, treu; folge dem Beispiel des hl. Aloisius Gonzaga, außergewöhnliches Mitglied einer Familie, die in deiner Geschichte eine große Rolle gespielt hat; erbitte den Schutz des hl. Pius X., einst Bischof und heute Mitpatron deiner Bürgergemeinschaft.
Brennt nicht auch heute in dir der Wunsch, dich zu jenem Glauben zu bekennen, der die Ereignisse deiner Vergangenheit gekennzeichnet hat und deine Vorfahren berühmt machte? Ein Glaube, der dein soziales Leben, von der Familie angefangen, begleiten und stärken möge; ein Glaube, der voll und ganz auf die tiefgreifenden Fragen jedes Menschen antworten kann und der innerhalb der Gesellschaft immer größeren Raum für Anteilnahme und Solidarität schaffen möge.

3. Jungen und Mädchen Mantuas, vor allem ihr, die ihr vor kurzem das Sakrament der Firmung empfangen habt, setzt eure Existenz für die großherzige Nachfolge Christi ein, „opponiert", wie bereits der hl. Aloisius Gonzaga, gegen Mittelmäßigkeit und falsche weltliche Werte. Öffnet euer Herz dem Licht der Wahrheit.
Ihr Erwachsenen, seid in jedem Lebensumfeld Zeugen und Boten des Evangeliums: verkündigt Christus der reichen und materiell übersättigten, aber geistig oft armen Welt von heute. Ihr Eheleute und ihr Verlobten, die ihr euch auf die Ehe vorbereitet, seht in der Familie eine dem Leben und der freudigen Aufnahme geöffnete Hauskirche.
Ihr Kranken, die ihr hier anwesend sein könnt, ihr Leidtragenden, ihr alten Menschen, opfert eure oft besonders harten Prüfungen als einen wertvollen Beitrag für das Heil der Menschheit auf. Mögen jeden meine herzlichen Wünsche erreichen. Mein Dank richtet sich auch an die freiwilligen Helfer und diejenigen, die in den Gesundheits- und Fürsorgezentren der Stadt tätig sind. Seid stets mit Eifer um die Leidenden bemüht. Mögt ihr hier, zu Füßen der Gnadenmutter, bei deren Heiligtum

einige eurer Organisationen sich alljährlich zu geistlicher Fortbildung zusammenfinden, Trost und Ermutigung für eure Aufgabe erhalten. Durch euren Dienst werdet ihr erfahren, welche Freude es ist, zu lieben, die Hoffnungen und die Ängste des Nächsten, besonders dessen, der in Bedrängnis ist, zu teilen.
Und wie könnte ich es versäumen, einen besonderen Gruß an die Landwirte zu richten, hier auf diesem Boden alter Bauerntraditionen! Ihr, liebe Freunde, habt es immer verstanden, die Botschaft des Evangeliums getreu aufzunehmen und weiterzugeben.
Deshalb grüße ich dich herzlichst, arbeitsame Welt der Landwirtschaft, die so stark - und in Einheit verbunden - durch die verschiedenen Berufsvereinigungen und Kooperativen vertreten ist. Mache dir die Soziallehre der Kirche zu eigen, die in verschiedenen Dokumenten, besonders in den beiden letzten Enzykliken: *Sollicitudo rei socialis* und *Centesimus annus*, zum Ausdruck kommt, und leiste deinen Beitrag zur Verwirklichung einer durch Gerechtigkeit und Solidarität gekennzeichneten menschlichen Gemeinschaft. Verteidige die Würde des Menschen ohne Rassen- und Kulturunterschiede, und laß den guten Samen des Wortes Gottes in dir wachsen und reiche Früchte des Glaubens und der Liebe tragen.
Christengemeinschaft auf diesem edlen Boden Mantuas, das Evangelium ist das wahre und unvergängliche Erbe, das dir deine Vorväter überliefert haben! Sei daher eine Kirche, die das Wort in die Tat umsetzt, und die den katholischen Glauben glaubhaft und konsequent bekennt! Nähre dich an den reinen Quellen der Wahrheit und verkündige das „Evangelium der Liebe", das „es in jeder Epoche verstanden hat, leuchtende Seiten der Heiligkeit und der Kultur zu schreiben". Es ist tatsächlich ein Erbe, das es zu bewahren, zu vertiefen und zu erneuern gilt „durch geduldiges Lauschen auf den Hauch des Geistes und durch demütig und hochherzig vertrauensvolles Aufnehmen jener Berufung zur Heiligkeit, die an alle in der Kirche gerichtet ist" (Italienische Bischofskonferenz, *Evangelisation und Zeugnis der Liebe*, Nr. 11).

4. Vor euch allen zeichnen sich neue Ziele des Evangelisationswerkes ab. Die Sendung der Christen ist, trotz ihrer Schwierigkeiten, immer begeisternd. Dies ist besonders jetzt der Fall, da wir auf das Jahr Zweitausend zugehen.
In ihrem Pastoralprogramm für dieses Jahrzehnt fordern die italienischen Bischöfe dazu auf, „im Werk der Evangelisierung und der Liebe die Begegnung mit Gott und die Gabe der Gotteserfahrung stets an erste Stelle zu setzen" (*ebd.*, Nr. 53). Denn er ist die Quelle unserer Hoffnung. Die Eucharistie, das vitale Zentrum der Glaubensgemeinschaft, stützt uns auf dem Weg ins dritte Jahrtausend des christlichen Zeitalters.
Aus der Eucharistie erhalten unsere Kräfte neue Stärkung. Aus ihr entspringt „eine präzise Aufgabe für die Eucharistie feiernde christliche Gemeinde: durch sichtbares Beispiel und Wirken das Geheimnis der Liebe bezeugen, das sie im Glauben aufnimmt" (*ebd.* Nr. 17).
Das Zeugnis! Die Eucharistie fordert konsequente Lebensführung und apostolische Hingabe. Sie drängt uns, in die Viertel der Ärmsten zu gehen und ihnen zu dienen,

aber sie verlangt auch, unseren geistigen Horizont für die Bedürftigen der ganzen Welt zu erweitern, um allen die Botschaft der Liebe zu bringen, die das Leben erneuert.

5. Möge aus der Nächstenliebe, dem Lebensgesetz der Kirche, der brennende Wunsch nach einer konkreten Solidarität mit den Leidtragenden entspringen.
Muß der Christ, muß die kirchliche Gemeinschaft nicht ständig die Augen für das Leid der Brüder offenhalten? Müssen die Gläubigen nicht - dem Beispiel Jesu folgend - ihre Aufmerksamkeit besonders auf diejenigen richten, die krank und arm sind, die Schwierigkeiten haben, sich in die Gesellschaft einzugliedern, oder alleingelassen sind? Eben das taten die Heiligen wie der hl. Aloisius Gonzaga! Möge seine Fürsprache euch helfen, Apostel der Aufnahme- und Verfügungsbereitschaft und der Barmherzigkeit zu werden.
Dies erfordert ein geduldiges geistiges Training sowie eine konstante Erziehung zu Verantwortungsbewußtsein, das jede spezifische Berufung im Wert steigert und voranbringt. Es geht darum, die Gaben, die Gott uns zugewendet hat, allen zur Verfügung zu stellen, und somit aus der Kirche eine wirkliche Missionsgemeinschaft zu machen.
So reift der Keim des göttlichen Lebens, den wir bei der Taufe erhalten haben, je nach den verschiedenen persönlichen Charismen und fördert die Einheit und das Wachstum der Gemeinschaft im Volk der Gläubigen.
In diesem Zusammenhang spürt man heute eine neue und dringende erzieherische Notwendigkeit: Die jungen Menschen müssen auf eine größere Stabilität ihres christlichen Zeugnisses aufmerksam gemacht werden. Man muß ihnen helfen, sich der einschneidenden Bedeutung ihres Taufgelübdes bewußt zu werden und mutig die Verantwortung, die aus ihrem Glauben entsteht, zu übernehmen. Zu diesem Zweck ist für Jugendliche und Erwachsene eine ständige, wirksame und integrale Bildungsaktion notwendig, die sie darauf vorbereitet, eine gezielte Evangelisierungsarbeit im täglichen Leben auszuüben. Sie müssen zu Männern und Frauen großer Transparenz und Glaubwürdigkeit in der Familie, in der Gesellschaft, in der Politik, in der Kultur und der Arbeitswelt werden. Menschen, die immer bereit sind, „jedem Rede und Antwort zu stehen, der nach der Hoffnung fragt", die in ihnen ist (vgl. *1 Petr* 3,15). Die Schulung der Laien in Vereinigungen und kirchlichen Bewegungen, theologische Institute und Kurse, Anleitung in Katechese und Liturgie und Praxis in karitativer Tätigkeit können in diesem Zusammenhang einen bedeutenden Beitrag leisten.
Ihr seid als Christen aufgefordert, eurer Heimat, in der es nicht an Wohlstand fehlt, den Reichtum des Glaubens zu bringen und für die geistigen Werte Zeugnis abzulegen. Seid deshalb der gute Samen in der Erde; seid selbst fruchtbarer Boden; seid die Lampe, die, auf den Leuchter gestellt, das ganze Haus erleuchtet.

6. Liebe Brüder und Schwestern, die Aufgabe, die euch erwartet, ist sicher anspruchsvoll. Laßt euch nicht entmutigen! Der Herr ist mit euch. Führt das Werk der Neuevangelisierung mit Zuversicht und Beharrlichkeit fort.

Maria, unsere Königin und die Mutter der Gnaden, wird euch behüten, eure Beschützer, der hl. Anselm und der hl. Pius X. helfen euch; ganz besonders ermutigt euch der hl. Aloisius Gonzaga. Er erinnert uns daran: „Es ist nicht genug, Zuhörer zu sein", und fügt hinzu: „Viele Tugenden, die den heiligen Engeln gefallen, möchten sie in unseren Herzen wiederfinden: Genügsamkeit, Reinheit, freiwillige Armut, ständiges Beten; aber vor allem Einheit, Frieden und brüderliche Liebe." Darin liegt euer konkreter Auftrag!
Möge euch auch mein Segen begleiten, den ich in Liebe und von Herzen allen Anwesenden, der Stadt und der ganzen Diözese Mantua erteile.

Rückbesinnung auf Ethik im Bereich der Wirtschaft

Vorbereitete Ansprache an die Vertreter der Welt der Arbeit in Mantua am 23. Juni

Liebe Freunde!

1. Es ist mir eine Freude, euch alle, die ihr die verschiedenen gesellschaftlichen und wirtschaftlichen Milieus der Stadt Mantua vertretet, herzlich zu begrüßen. Mein Gruß gilt zugleich den verschiedenen Kategorien von Arbeitnehmern und ihren Gewerkschaften, den christlichen Vereinigungen, die in der Welt der Arbeit tätig sind, sowie dem Diözesanrat für die Pastoral im sozialen Bereich und in der Welt der Arbeit. Mit Ehrerbietung wende ich mich an die Vertreter der Behörden, des Verwaltungsapparats und der politischen Instanzen, die diese Begegnung, die gerade in der Industriezone eurer Stadt erfolgt, nicht versäumen wollten. Schließlich begrüße ich alle, die vor wenigen Minuten das Wort ergriffen, eure gemeinsamen Gefühle zum Ausdruck gebracht und mir von den Plänen und Schwierigkeiten berichtet haben, denen die Welt der Arbeit gerade hier in Mantua begegnet.
Es freut mich sehr, euch gelegentlich meines Pastoralbesuchs der Kirche in Mantua, anläßlich des vierhundertsten Todestages des hl. Aloisius Gonzaga, eures vorbildlichen Mitbürgers und himmlischen Patrons, begegnen zu können.
Es liegt mir am Herzen, gleich zu betonen, daß zwischen dem feierlichen Gedenken dieses jungen Heiligen, eures Landsmannes, und unserer bedeutsamen Begegnung ein direkter Zusammenhang besteht. Aloisius, der vor vierhundert Jahren gelebt hat, könnte auf den ersten Blick euren täglichen Sorgen und der sozialen Wirklichkeit, die hier vertreten ist, fremd erscheinen. Doch das stimmt nicht. Ist Aloisius, einer der Adelsfamilien entsprossen, die das historische und mächtige Geschlecht der Gonzaga bildeten, nicht ein glaubwürdiger Zeuge für die wahren Prioritäten, die Mann und Frau anerkennen müssen, um ihrer menschlichen und christlichen Berufung treu bleiben zu können?
Als Erstgeborener und Erbe des Herzogtums hätte er der Tradition seines Hauses folgen können. Er entschied sich hingegen für den Eintritt in die Gesellschaft Jesu, verzichtete auf alles und zeigte so auf beredte Weise, daß die echten und wahrhaft wertvollen Reichtümer und Güter andere sind als die Ehren und Privilegien der Welt. Das wahre Gut ist der Dienst für Gott und die Mitmenschen, das Wirken, das

das ewige Leben im Blick behält. Deshalb zog Aloisius dem Reichtum die Armut, den irdischen Genüssen die Keuschheit und der Macht über die anderen den demütigen und einfachen Gehorsam vor. Er starb, das wollen wir nochmals in Erinnerung rufen, als Opfer der Pest, die er sich bei der Pflege der Kranken in einem römischen Spital zugezogen hatte.
In seinem Leben und seinem Tod erscheint er uns als das treue Abbild des Wortes im Evangelium: „Was nützt es einem Menschen, wenn er die ganze Welt gewinnt, dabei aber sein Leben einbüßt?" (*Mk* 8,36 u. Parall.).

2. Eure Pflicht, liebe Freunde, ist es, Reichtümer hervorzubringen, um so den Wohlstand der Gemeinde zu vergrößern, der ihr angehört.
Bei der Erfüllung dieser eurer Pflicht sollt ihr es verstehen, dem Beispiel des hl. Aloisius folgend, seiner Erfahrung einige grundlegende ethische Kriterien zu entnehmen, die sich für die richtig verstandene Dynamik des Wirtschaftslebens als unerläßlich erweisen.
Zweifellos ist der Gewinn einer der wichtigsten Zwecke aller Wirtschaftstätigkeit: „Die Kirche anerkennt die berechtigte Funktion des Gewinnes ...", schrieb ich in der Enzyklika *Centesimus annus*: „Wenn ein Unternehmen mit Gewinn produziert, bedeutet das, daß die Produktionsfaktoren sachgemäß eingesetzt und die menschlichen Bedürfnisse gebührend erfüllt wurden. Doch der Gewinn ist nicht das einzige Anzeichen für den Zustand des Unternehmens" (Nr. 35).
Hier läßt sich, im Kontext der heutigen Lage der Arbeit, das anwenden, was der Herr uns im soeben zitierten Text des Evangeliums lehrt und wofür uns der hl. Aloisius ein leuchtendes Beispiel gewesen ist. Das Leben der Menschen, ihre Seele und ihr Leib sind viel wichtiger als jede Form des Anhäufens von Reichtümern. Was nützt es also, materielle Güter in immer größeren Mengen zu sammeln, wenn das Unternehmen als solches, das eine Gemeinschaft von Menschen ist, Gefahr läuft, seine Seele, seine wahre Identität einzubüßen?

3. Ist, auf einer tieferen Ebene, die radikale Entscheidung des hl. Aloisius eine Einladung an uns, in der Hast und Eile unserer Tätigkeiten einen Augenblick innezuhalten, um den Wert der Innerlichkeit besser zu verstehen? In eurem Fall handelt es sich darum, die unverzichtbare menschliche Dimension sowohl des Unternehmens in seinen vielfältigen Formen als auch der abhängigen Arbeit in ihren verschiedenartigen Ausdrucksweisen wiederzufinden.
Die menschliche Existenz kann sich nicht in den materiellen Tätigkeiten und in der Arbeit erschöpfen, seien diese auch noch so interessant und begeisternd. Sie sind für den eigenen Unterhalt und für den der Familie sowie für die Entfaltung der persönlichen Fähigkeiten und Neigungen im Hinblick auf das Gemeinwohl erforderlich. Obwohl nun das alles notwendig und daher an und für sich gut ist, müssen wir uns fragen, welchen wahrhaft menschlichen Sinn das Leben eines Mannes oder einer Frau haben könnte, wenn ihre persönliche und familiäre, kulturelle und religiöse Identität sozusagen von der Tyrannei der wirtschaftlichen Notwendigkeiten verschlungen würde.

Freilich, die marxistische Analyse und Begründung der Entfremdung haben sich als falsch erwiesen, aber „die Entfremdung mit dem Verlust des wahren Lebenssinnes [ist] auch in den westlichen Gesellschaften eine reale Gegebenheit" (*ebd.*, Nr. 41).
Die Aufmerksamkeit für die transzendenten Prioritäten des Menschen, die in den Entscheidungen des hl. Aloisius aufscheint, mögen euch eine Lehre und eine Aufforderung sein, euch gegen die Gefahr zu verteidigen, Opfer anderer Arten von Entfremdung zu werden, denn auch nach dem Zusammenbruch bestimmter Ideologien stellen diese noch immer eine allgegenwärtige Bedrohung für die Menschheit unserer Zeit dar.

4. Die heute von vielen empfundene Sorge um die Ethik im Bereich der Wirtschaft könnte wahrscheinlich als Zeichen für dieses tiefe Verlangen nach Innerlichkeit verstanden werden. Mann und Frau, die sich ihrer Würde bewußt sind, können nicht einer wirtschaftlichen Tätigkeit zustimmen, die Selbstzweck ist und die auch ein Empfinden hat für die Ausbeutung der Ärmeren und die Bedrohung der Umwelt durch Luftverschmutzung und Zerstörung der Naturschätze.
Die Rückgewinnung einer Innerlichkeit, die dieses Namens würdig ist, kann im übrigen nicht von der religiösen Dimension absehen. Der Glaube an das göttliche Geheimnis, das in Jesus Christus offenbar geworden ist und uns durch den Heiligen Geist mitgeteilt wurde, ist für den Glaubenden die sichere und unerschütterliche Grundlage seiner ethischen Entscheidungen, auch auf wirtschaftlichem Gebiet. Er mißt ja alles an Gott, seinem letzten Bezugspunkt. Das Leben des hl. Aloisius Gonzaga ist in dieser Beziehung ein vielsagendes Beispiel: Bei allem was er tat, räumte er Gott den ersten Platz ein, suchte seinen Willen zu verstehen und diente in allen irdischen Begebenheiten seiner Liebe.

5. Meine lieben Freunde, diese Begegnung mit euch hat mir die Möglichkeit gegeben, die Wirklichkeit des Unternehmertums und der Arbeit in eurer Gegend kennenzulernen, wo sich neben der Landwirtschaft immer zahlreichere handwerkliche sowie kleine und große industrielle Betriebe entfalten. Der Handel blüht, das Bruttoeinkommen ist im Anstieg begriffen und der Wohlstand wächst in allen sozialen Schichten. Ich weiß, daß ihr vereint arbeitet, mit der Ausdauer und dem Erfindungsgeist, die euch auszeichnen.
Ich beglückwünsche euch zu dieser Einheit in der Vielfalt, die, dessen bin ich sicher, das Ergebnis einer reifen und nunmehr institutionalisierten Entscheidung ist. Diese findet in der „Assemblea Unitaria" der Arbeitswelt Mantuas ihren Ausdruck. Wie ich weiß, habt ihr dieses Ziel der allgemein verbreiteten Überzeugung erreicht, daß das Wohl einzelner, d. h. jedes einzelnen Bereichs des Wirtschaftslebens, dann besser verwirklicht wird, wenn alle Elemente der Gesellschaft im Hinblick auf das Gemeinwohl tätig sind.
Bekanntlich ist das Gemeinwohl nicht einfach die Summe oder die Gesamtheit des Wohles einzelner, noch erreicht man es, wenn man das Wohl der einen dem der anderen opfert, selbst wenn die letzteren mächtiger und begüteter sind. Soll das Gemeinwohl wirklich gemeinsam sein, muß es in direkter Beziehung zur ganzen

Gesellschaft und daher zu allem stehen, was jeder einzelne Teil der Gesellschaft mit Recht fordern kann, ohne die analogen Rechte und Forderungen der anderen zu beeinträchtigen. Wie schon Johannes XXIII. in der Enzyklika *Pacem in terris* lehrte, besteht das Gemeinwohl in der Achtung und Förderung der Rechte aller, der Personen und zwischenschichtigen Gruppen, und in der Beobachtung der den einzelnen zustehenden Verpflichtungen.
Eure Einheit in der Vielfalt, als Wirtschaftstreibende und Mitarbeiter verschiedener Art und auf verschiedenen Ebenen, spiegelt, so will es mir scheinen, gerade diese Auffassung wider.
Jede eurer Gruppen und Vereinigungen behält tatsächlich ihre spezifische Identität und ihre völlige Entscheidungsfreiheit bei, in dem Bewußtsein, daß diese die notwendige Voraussetzung für ein entsprechendes Funktionieren ist, auch im Fall eventueller Gegensätze und Konflikte.
Deshalb erlaube ich mir, euch einzuladen, eure spezifische Erfahrung im Licht der Soziallehre der Kirche zu vertiefen. Auf einige ihrer Punkte habe ich soeben kurz hingewiesen. Eure typische Erfahrung könnte nicht nur euch, sondern auch anderen Kollegen in anderen Teilen Italiens und der Welt dienen.

6. Liebe Freunde aus Mantua: Der Herr hat euch mit sichtbarem Wohlstand gesegnet. Bei euch gibt es so manche der sozialen Probleme nicht, die anderswo zu verzeichnen sind, oder sie sind zumindest weniger einschneidend. Führt all das mehr auf die Güte des Herrn und auf die Fürbitte eures himmlischen Patrons zurück als auf eure Verdienste; so werdet ihr dem Urheber aller guten Gaben und jedes vollkommenen Geschenks (vgl. *Jak* 1,17) danken.
Welchen besseren Dank könnte es geben, als die anderen an den Geschenken teilhaben zu lassen, die ihr empfangen habt? Öffnet daher euer Herz für die Dimensionen der Welt und macht eure Solidarität mit den Menschen in der Nähe und in der Ferne zu eurem wahren Opfer des Lobes, wie das der hl. Paulus von den Christen in Philippi forderte. Möge die Solidarität auch für euch, die Männer und Frauen des Unternehmertums und der Arbeitswelt von Mantua, „ein schönes Opfer, eine angenehme Opfergabe [sein], die Gott gefällt" (*Phil* 4,18).
Die Muttergottes, die ihr hier in Mantua mit dem Titel „Jungfrau und Königin der Gnaden" verehrt, sowie eure himmlischen Patrone, insbesondere der hl. Aloisius Gonzaga, mögen euch helfen, immer über jeden materiellen Vorteil hinaus nach den unvergänglichen Gütern des Geistes zu streben. Sie mögen euch helfen, Christus, die Quelle jedes echten menschlichen Fortschritts, zu finden.
Auch ich begleite euch auf diesem eurem Weg mit meinem Segen.

Der hl. Aloisius Gonzaga, eine führende Gestalt der ZIVILISATION DER LIEBE zu seiner Zeit

Improvisierte Ansprache an die Vertreter der Welt der Arbeit in Mantua am 23. Juni

Liebe Brüder und Schwestern!

Ich bin sehr dankbar für diese Begegnung, und meine Dankbarkeit ist um so größer, als ich auch hier unter dem Zelt noch die Hitze spüre, der ihr ohne Zelt unmittelbar ausgesetzt seid. Ich bin hierhergekommen zur Vierhundertjahrfeier des Todes eines jungen Heiligen, des hl. Aloisius Gonzaga. Er ist hier geboren und ist eine Ehre für eure Kirche und auch für die hiesige Bevölkerung. Ich frage mich, wie vieles sich seit jener Zeit vor vierhundert Jahren verändert hat. Wahrscheinlich schien die Sonne geradeso, und um diesen Tag, den die Kirche zu seinem jährlichen Gedächtnis gewählt hat, war die Sonne höchstwahrscheinlich so wie heute: heiß, echte Mittelmeersonne, italienische Sonne. Doch trösten wir uns mit dem Gedanken, daß es eine Tropensonne gibt, die noch heißer ist.

Viele andere Dinge aber haben sich verändert. Sicherlich bestanden diese Maschinenräume, diese Industriegebäude, diese Fabriken noch nicht. Das heißt aber nicht, daß es kein soziales Problem gegeben hätte. Ein solches existierte gewiß. Es gab auch die Soziallehre der Kirche, natürlich in einem anderen Kontext. Es gab sie seit den Zeiten Jesu Christi und der Apostel, und dann hat sie sich bedeutend entwickelt in den Zeiten der großen Kirchenlehrer und vor allem der großen Kirchenväter, denn das soziale Problem, das Problem der sozialen Gerechtigkeit und Ungerechtigkeit, die Probleme des sozialen Zusammenlebens, der Familie, der Gesellschaften, der Völker, des Friedens und des Krieges, diese Probleme bestehen immer. Und so waren diese Probleme immer ein Bezugspunkt für das Evangelium, für die Evangelisierung, für die Theologie. Gewiß gab es damals die Soziallehre der Kirche, zwar in einer anderen Formulierung, anders in der Form, aber nicht im Wesentlichen.

Die große Enzyklika *Rerum novarum* kennzeichnet wirklich den Augenblick der „neuen Dinge", der neuen Lage. Und diese neue Lage der menschlichen Gesellschaft, besonders der abendländischen Gesellschaft - jedoch nicht nur dieser - besteht weiterhin, und wir sind nun im hundertsten Jahr.

Daher also der Titel *Centesimus annus*, das hundertste Jahr jener „Neuheit", die nun wiederum „neu" ist. In den Zeiten des hl. Aloisius Gonzaga existierte das alles nicht in der jetzigen Form, in der Form unseres Jahrhunderts, desjenigen, das zu Ende geht, und auch desjenigen, das beginnt. Es gab die sozialen Probleme und auch die sozialen Ungerechtigkeiten. Was gab es, und was ist noch aktuell? Es gab die Priorität der Liebe. Und in diesem Punkt können wir sagen, daß der hl. Aloisius Gonzaga, wenn er auch ein Heiliger aus der Zeit vor vierhundert Jahren ist, doch ebenso ein Heiliger unseres Zeitalters ist, denn sicherlich war die Liebe, die Liebe zu Gott und die Liebe zum Nächsten, die Bereitschaft, das Leben für die Brüder einzusetzen, wie er es in seiner kurzen Lebensspanne bewiesen hat, sicherlich war das alles vor vierhundert Jahren ebenso aktuell wie vor zehn und vor zwanzig Jahrhunderten, es war so aktuell wie es das heute ist und morgen sein wird. Er ist ein Heiliger, der nicht „unmodern" geworden ist und der nicht hinter dem zurückgeblieben ist, was uns hier zusammenführt. Materiell ist der Kontext verschieden, aber der wesentliche, geistliche Gehalt ist der gleiche: Aloisius ist ein Held, die Gestalt eines Helden der christlichen Tugend der Nächstenliebe, bereit, sich für die anderen zu opfern. Er, der Sohn aus einer Adelsfamilie, ja aus dem Herrscherhaus in dieser Zone Italiens, diesem Mantua, er war bereit, wie Christus arm zu werden, demütiger Diener der Ärmsten, der Kranken während der Pest in Rom. Er war bereit, sich zum Knecht zu machen, in Liebe zum Diener der Leidenden zu werden. So hat er vor vier Jahrhunderten seine Liebe gezeigt, und nach vier Jahrhunderten ist das noch so aktuell, wie es damals war und wie es immer sein wird.

Ebenso aktuell ist alles, was den Kern der Soziallehre der Kirche und des Evangeliums ausmacht. Das, was Paul VI. „Zivilisation der Liebe" genannt hat. Ganz gewiß war der hl. Gonzaga zu seiner Zeit eine führende Gestalt hinsichtlich der „Zivilisation der Liebe". Unser Zeitalter mit seinen gewandelten Verhältnissen bedarf weiterer Protagonisten, ich möchte sagen: weiterer „Arbeiter", die dieses große Projekt, dieses große Unternehmen mitgestalten.

Ich muß euch danken für die Aufnahme und für die Darbietungen, die ich anhören durfte. Mir scheint, einiges von dieser „Zivilisation der Liebe" wird in eurem Arbeitsbereich von Unternehmern, Arbeitern und Arbeiterinnen in die Tat umgesetzt. Wir können es wohl noch nicht perfekt nennen, doch es ist ein Bemühen da, ich möchte sagen, etwas Richtungweisendes. In diesem Richtungweisenden verwirklicht sich vielleicht auch etwas von dem, was diese große Gestalt der „Zivilisation der Liebe", euer Landsmann Aloisius aus dem Adelsgeschlecht der Gonzaga gesät hat. Diese soziale Klasse ist uns Heutigen ziemlich fern. Auch der Papst ist von, sagen wir, bescheidener Herkunft. Das Evangelium hat für alle Zeiten einen Entwurf geschaffen, der keinem Wechsel unterliegt; nach diesem sind die wirklichen „Aristokraten" nicht die der blutsmäßigen Abstammung, noch die des Besitzes, sondern vor allem die der Tugend und der Liebe. Gemäß dem Adel des Evangeliums sind alle Heiligen „Aristokraten", jene, die in hohem Geistesadel Christus angehören, und unter diesen befindet sich bestimmt unser lieber Aloisius Gonzaga.

Dank für diese Begegnung! Ich möchte euch abschließend mit einem Gebet den Segen geben. Gott segne eure Familien und alle, die zu eurer Gemeinschaft gehören. Danke!

6. *Pastoralbesuch in Susa (Sonntag, 14. Juli)*

Hoffnung gibt Mut

Predigt zur Seligsprechung des Bischofs Edoardo Giuseppe Rosaz in Susa am 14. Juli

1. „Der Gott und Vater unseres Herrn Jesus Christus ... hat uns erwählt ..., damit wir heilig ... leben" (*Eph* 1,3.4).

Liebe Brüder und Schwestern,

mit diesen Worten des Epheserbriefes aus der heutigen Liturgie grüße ich euch alle, die ihr heute hier versammelt seid, um an der Seligsprechung von Msgr. Edoardo Giuseppe Rosaz, einem Sohn eurer Erde und Bischof der Diözese Susa teilzunehmen.
In seinem ersten Hirtenbrief grüßte er die Diözesangemeinschaft, die die göttliche Vorsehung ihm anvertraut hatte, mit folgenden Worten: „Im Namen des Herrn komme ich zu euch ... ich umarme die Kirche von Susa als Braut. Seit den Jahren meiner Jugend bin ich ihr mit Verehrung und Liebe gefolgt." Und er fügte hinzu: „Hier bin ich mitten unter euch. Nehmt mich, ich bitte euch, mit Wohlwollen an. Allen alles zu werden, alle für Christus zu gewinnen, das ist meine Aufgabe, das ist mein Wunsch" (*Hirtenbrief an die Diözese*, 1878).

2. Im Namen dieses hervorragenden Dieners des Evangeliums und in Erinnerung an ihn, der zutiefst das gelebt hat, was Paulus den Ephesern verkündigte, freue ich mich, jedem von euch meinen Gruß zu entbieten. Vor allem Msgr. Vittorio Bernardetto, dem Bischof eurer Diözese; Msgr. Giuseppe Garneri, seinem Vorgänger, sowie Kardinal Angelo Sodano, dem Staatssekretär; Kardinal Giovanni Saldarini, dem Erzbischof von Turin, den Bischöfen von Piemont und Erzbischof Claude Feidt von Chambéry, der mit einigen Priestern und einer Pilgergruppe aus Termignon in Savoyen, der Heimat der Eltern von Bischof Rosaz, hierhergekommen ist. Ich begrüße auch die Bischöfe, die zu diesem Anlaß aus der Schweiz, aus Libyen und aus Brasilien gekommen sind, aus Gebieten, in denen die Missions-Franziskanerinnen von Susa, geistliche Töchter des neuen Seligen, wirken.
In Ehrerbietung grüße ich die anwesenden Vertreter der staatlichen und der örtlichen Behörden und des Militärs sowie die zahlreich erschienen Pilger. Ein herzliches Gedenken gilt den Kranken und denen, die nicht persönlich an der heutigen Feier teilnehmen können, welche im Geist die ganze Diözese versammelt sieht, Priester, Ordensmänner und Ordensfrauen, Laien, die sich Gott geweiht haben, Verantwortliche von Vereinigungen und apostolischen Bewegungen und alle, die sich auf verschiedene Weise für das Evangelium einsetzen. Allen möchte ich meine Be-

wunderung zum Ausdruck bringen für ihr persönliches und gemeinschaftliches Wirken im Dienst Christi, und ich ermuntere sie, das begonnene Werk mit Geduld und Eifer fortzusetzen.
Geht alle, liebe Brüder und Schwestern, den vom sel. Rosaz gewiesenen Weg, den er, den die Kirche uns heute als Vorbild zum Nachahmen und als himmlischen Beschützer und Fürsprecher vor Augen stellt, selbst gegangen ist. Eure am Fuß der Alpen gelegene Diözese läßt euch die Majestät der Berge betrachten. In ihrem ewigen Schweigen bringen sie etwas vom Geheimnis Gottes zum Ausdruck und fordern uns auf, aufwärts zu blicken. „Sursum corda", erhebt die Herzen! Die Berge helfen uns, den Geist zum Himmel zu erheben, dorthin, wovon der Brief an die Epheser zu uns spricht (vgl. 1,3).
Ja, „gepriesen sei der Gott und Vater unseres Herrn Jesus Christus: Er hat uns mit allem Segen seines Geistes gesegnet durch unsere Gemeinschaft mit Christus" (*Eph* 1,3).

3. In Christus hat Gott „uns erwählt vor der Erschaffung der Welt, damit wir heilig und untadelig leben vor Gott" (*Eph* 1,4). Wir alle sind zur Heiligkeit berufen. Der hl. Paulus fordert uns auf, den Auftrag, den Gott uns anvertraut hat, in eifriger Treue zu leben. Gewiß, es ist eine schwierige Aufgabe, aber sie ist grundlegend für unser Dasein und für das Leben der Kirche als Heilszeichen für die ganze Menschheit.
Wie gut paßt diese Seite der Bibel zu dem Zeugnis, das Bischof Edoardo Giuseppe Rosaz gegeben hat. Er fühlte sich berufen, als Apostel die Frohbotschaft von dem Gott zu verkünden, der die Liebe ist. Er erkannte es als seine Sendung, mit dem göttlichen Plan zusammenzuarbeiten, „in Christus alles zu vereinen, alles, was im Himmel und auf Erden ist" (*Eph* 1,10). Er tat es im Sohnesgehorsam gegenüber dem göttlichen Willen und in der Liebe zum Nächsten. Er ging auf die Erwartungen der Brüder und Schwestern, besonders der Armen, mit der Liebe des Herzens Christi ein, konkret, ohne viel Worte, in persönlicher Hingabe. Um dem Herrn zu folgen, machte er sich als Priester und Bischof mit demütigem, fröhlichem und auf die Vorsehung vertrauendem Geist zum Pilger und zum Bettler. Und in diesem Geist von franziskanischem Stil und von der Einfachheit des Bergvolkes hier um Susa wollte er die Kongregation der Drittordensschwestern prägen, die er gegründet hat. Sie sollten in Exerzitien, in Altersheimen und wo immer es nötig wäre, durch die Sprache der Liebe das Evangelium verkünden. In einer Liebe, die nicht nur darin besteht, Almosen zu geben oder gelegentlich Hilfe zu leisten, sondern die auch und vor allem Aufnahmebereitschaft und Dienst ist, die Jesus im Nächsten sieht und ihn als Bruder, als Schwester empfindet und die das Evangelium vom Heil ganz konkret verkündet.

4. „Weh mir, wenn ich das Evangelium nicht verkünde!" (*1 Kor* 9,16). Die Kirche fühlt, wie ich in der Enzyklika *Redemptoris missio* (Nr. 1) geschrieben habe, die Verpflichtung, diesen Ruf des Apostels, der im Leben von Bischof Rosaz zum mitreißenden Beispiel wurde, erneut aufzugreifen. Eine neue Evangelisierung, die nicht einigen Spezialisten vorbehalten ist, sondern das ganze Volk Gottes angeht, ist

heute dringend notwendig. Es ist eure Aufgabe, liebe Brüder und Schwestern der christlichen Gemeinschaft von Susa, die erneuernde Kraft des Evangeliums in diesem eurem Tal anwesend und wirksam zu machen. Seid euch dessen bewußt und vertraut auf Christus. Gebt der Versuchung zu Konformismus und Niedergeschlagenheit nicht nach; zieht euch nicht in euch selbst zurück! Seid vielmehr offen und aufmerksam für die „Zeichen der Zeit", die Zeichen unserer Zeit.
Weckt deshalb in euch das lebhafte Bewußtsein, daß ihr „Kirche seid", und das soll euch befähigen, die Heilsbotschaft hier in eurem Gebiet Fleisch und Blut werden zu lassen. Die Geschichte des Susatales ist vom Christentum durchtränkt, vom Kloster Novalesa bis zum Heiligtum von San Michele, bis zur Kathedrale von San Giusto. Die Botschaft des Evangeliums hat sich gewissermaßen mit den Traditionen, den Sitten und Gebräuchen eures Volkes verflochten und eine reiche geistliche Überlieferung hervorgebracht, die weitergeführt, ja mit missionarischem Eifer erneuert werden soll. Jedem und jeder von euch ist diese Aufgabe anvertraut, so, als handle es sich um eine neue „Einpflanzung des Evangeliums". Sie erfordert eine vertiefte und ins einzelne gehende Katechese der Erwachsenen, ein echtes Zeugnisgeben in allen Gesellschaftsbereichen. Die Wahrheit Christi muß als eine mit der Liebe verbundene Wahrheit verkündet und gelebt werden.

5. Jesus „rief die Zwölf zu sich und sandte sie aus" (*Mk* 6,7). Diese Sendung hat Christus den Jüngern anvertraut, und sie geht durch die Zeit hin weiter. Dieser apostolische Auftrag setzt sich heute in der Kirche fort, denn die Heilsbotschaft muß zu jedem Menschen gelangen, sie ist für den Menschen bestimmt.
Aber wie kann das geschehen, wenn die Arbeiter des Evangeliums zahlenmäßig weniger werden? Es sind Apostel nötig, die ohne Vorratstasche zu den Leuten gehen, die kein Geld im Gürtel, an den Füßen nur Sandalen und nur ein Gewand haben (vgl. *Mk* 6,8-9): Menschen, die arm und demütig, aber reich an göttlicher Gnade sind.
Der Evangelist berichtet: Die Apostel „riefen die Menschen zur Umkehr auf. Sie trieben viele Dämonen aus und salbten viele Kranke mit Öl und heilten sie" (*Mk* 6,12-13). Ihre apostolische Reise war von Wunderzeichen begleitet, denn die Macht Gottes stand ihnen bei und verbreitete an ihrem Weg überreiche Früchte seines Erbarmens: Dämonen flohen, Kranke wurden heil, Tote standen auf.

6. Liebe Brüder und Schwestern, ich bin hier unter euch, um euch in dem allgemeinen Missionsauftrag zu bestärken, den der „Herr der Ernte" uns anvertraut hat, und dabei weise ich auf den neuen Seligen als Beispiel zur Nachahmung hin.
Die Heiligen und Seligen zeigen der Kirche auf Erden das Band, das sie mit dem Geheimnis der Gemeinschaft der Heiligen verbindet, und zugleich geben sie den Weg zur Heiligkeit an, zu der wir alle berufen sind. Der Christ muß diesen Weg gehen. Er weiß, daß er sich nicht mit überflüssigen Gütern beschweren darf, sondern sich auf das Wesentliche beschränken muß wie Bischof Rosaz, der sich von jeder irdischen Last, die für den Weg zur Vollkommenheit nicht unbedingt notwendig war, frei machte, so, wie es die Bergsteiger in euren Bergen tun, wenn sie z. B. den

Rocciamelone, den Tabor oder die Orsiera besteigen. Gipfel, das wißt ihr gut, werden stufenweise erstiegen. Zuerst geht es lange über Geröll und Felsvorsprünge, und an den Steilhängen erprobt man, wie es um die Kraft, den Atem und die Fähigkeit zum Aufstieg bestellt ist. Viele bleiben stehen und kehren auf dem Weg, auf dem sie gekommen sind, zurück.
Um die Gipfel der Heiligkeit zu erreichen, muß man die steilen Hänge der Liebe erklimmen, muß etwas wagen, sich anstrengen, vor Schwierigkeiten nicht zurückweichen. Der Wappenspruch eurer Stadt unterstreicht sehr gut dieses Lebensprogramm, wenn er sagt: „Die Liebe wird in den Flammen erprobt" und „Gott möge vergelten."

7. Um vor der Anstrengung nicht zurückzuweichen, gibt es nur ein Geheimnis: ganz offen zu bleiben für Gottes Auftrag. „Der Gott Jesu Christi, unseres Herrn, der Vater der Herrlichkeit ..." erleuchte die Augen unseres Herzens, damit wir verstehen, zu welcher Hoffnung wir durch ihn berufen sind (vgl. *Eph* 1,17-18). Dem Brief an die Epheser entnehmen wir auch diese Berufung.
Vor uns steht der Mann, unser Seliger Edoardo Giuseppe Rosaz, dessen Herz der Vater unseres Herrn Jesus Christus mit seinem Licht erleuchtet hat. Diesem göttlichen Licht hat er sich vollkommen geöffnet. Er hat alles getan, damit dieses heilbringende Licht ihn innerlich durchdringe und umgestalte. Und so ging er voran, geführt von der Hoffnung dieser Berufung, die ihm zum „Pfand unseres Erbes" in Jesus Christus geworden war. Bischof Rosaz war der Mann dieser übernatürlichen Hoffnung, die nicht enttäuscht. Wenn wir sein Leben betrachten, verstehen wir immer besser, was es um die Hoffnung unserer Berufung ist.
Folgen wir ihr als dem Licht, als dem Führer, der den Pilgern den Weg zum Ziel zeigt, zu unserem Erbe in Gott (vgl. *Eph* 1,14). Amen.

Das Gebet verbindet Erde und Himmel

Ansprache an die Missions-Franziskanerinnen von Susa am 14. Juli

Liebe Schwestern!

1. Ich möchte mit euch gleichsam eine Wallfahrt zu diesem „Portiunkula" eurer wohlverdienten Ordensfamilie machen. In diesen Mauern hat ja unter dem lächelnden Blick der unbefleckten Gottesmutter Msgr. Rosaz am 8. Dezember 1874 seine Terziarinnen vom hl. Franziskus eingekleidet und damit die Ordensgemeinschaft begründet.
Wir sind heute hier versammelt, um zurückzuschauen und zu hören. Ja, wir möchten euren geliebten Vater-Gründer hören, der noch heute zu seinen Töchtern spricht. Er wiederholt ihnen jene uralten und immer aktuellen Worte, die sie auf dem Weg ihres „hl. Abenteuers", den sie als Antwort auf die Einladung des Herrn begonnen haben, ermuntern und stützen: „Wenn die Gnade der Berufung zum Ordensstand eine außerordentliche und erhabene Gnade ist, die die Seele aufs innigste mit Gott ver-

eint, dann ist es gewiß auch eine Gnade, die ganzen Einsatz erfordert ... Die Ordensfrau macht mit ihren Gelübden Gott das kostbarste, vollkommenste und umfassendste Geschenk, das sie machen kann: So muß sie auch einzig von Gott her leben ... Die Ordensfrau, die eine Tochter Gottes sein möchte, muß auch in der Liebe zum Nächsten vollkommen sein, wie ihr Vater im Himmel vollkommen ist" (*Unterweisungen an die Schwestern*, Einleitung, 51.97).

Dies ist die „Gnade des Ursprungs", aus der ihr immer in Schweigen und Nachdenken schöpfen müßt: Werdet nicht müde, auf die Stimme von Msgr. Rosaz zu hören; erforscht weiter die Tiefen seines Herzens, um das Geheimnis seines Lebens der Hingabe und der Liebe zu verstehen; seid mutig wie er im Hören auf die Kirche und die Menschen, um ihren Anforderungen mit jener charakteristischen Verfügbarkeit und Freude, Aufnahmebereitschaft und Barmherzigkeit entsprechen zu können, die euer franziskanischer Wahlspruch ist. So seid ihr ein beredtes und leuchtendes Beispiel für jenes „Evangelium der Liebe", das die ganze Existenz eures seligen Gründers gekennzeichnet hat.

Liebt nach seinem Beispiel die Kirche, ja liebt sie mit leidenschaftlicher Liebe, stark, hochherzig und treu; ihr seid euch ja bewußt, daß auch sie euch liebt und von euch ein ebenso begeistertes wie großherziges Zeugnis erwartet, einen selbstlosen und treuen Dienst.

Es ist wieder euer Gründer, der euch das Geheimnis des Gelingens mitteilt: „Bräute Jesu, das Gebet sei euer tägliches Brot, euer Trost und eure Stärke. Mit dem Gebet nehmt ihr an der göttlichen Allmacht teil ... weil das Gebet die Jakobsleiter ist, die die Erde mit dem Himmel verbindet und den Menschen in direkte Verbindung mit dem Thron Gottes bringt" (*Unterweisungen an die Schwestern*, 123).

2. „Was in Turin geschieht, kann auch in Susa geschehen." Diese Worte standen am Anfang der Werke, die Kanonikus Rosaz in dieser Stadt gründete, wo mit Hilfe der göttlichen Vorsehung wunderbare Initiativen auf dem Gebiet der Katechese, der Evangelisierung, der Förderung des Menschen und der Caritas aufgeblüht sind.

Von hier aus hat euer Institut die ersten Schritte unternommen, die es auf die Straßen der Welt geführt haben, um die Liebe des Herzens Christi zu bezeugen: ich denke an eure Präsenz in Italien in der Altenbetreuung sowie in der Erziehung der Kinder und Jugendlichen, in Frankreich und in der Schweiz, wo ihr den Ausgewanderten zur Seite steht, in Libyen und Brasilien, wo ihr Kranke und Arme betreut. Und ich möchte im Geiste hier mit euch alle Töchter von Msgr. Rosaz, die in der Welt verstreut leben, vereinen, um sie zu grüßen und zu segnen; ich möchte ihnen im Namen der Kirche für ihre Hingabe und ihren Dienst danken.

Ich grüße besonders die Generaloberin und ihren Rat und danke ihr für die Willkommensworte, die sie an mich gerichtet hat. Ein eigener Gruß gilt auch den Novizinnen und den alten und kranken Schwestern, die hier anwesend sind und uns alle das Zeugnis eines gänzlich und mit ungeteiltem Herzen in der Nachfolge Jesu, unseres Meisters, vollbrachten Daseins erleben lassen.

Ich vertraue euch alle dem mütterlichen Schutz der unbefleckten Jungfrau an, Unserer Lieben Frau von Rocciamelone, der Mutter und Königin des Institutes, und rufe auf euch die Gabe des Trostes und des Segens vom Herrn herab.

Zum Schutz des Volkes Gottes bestellt

Ansprache beim Besuch der ehemaligen Benediktinerabtei St. Michael im Susatal am 14. Juli

Liebe Brüder und Schwestern!

1. Bei meiner Pilgerfahrt zur Kirche in Susa konnte ich nicht dieses mächtige und eindrucksvolle Heiligtum übergehen, das der Glaube eurer Väter zur Ehre Gottes und zum Ruhm des hl. Erzengels Michael gerade am Eingang zur Diözese Susa erbaut hat.

Ich bin hier hinaufgekommen, um den Fürsten der himmlischen Heere zu verehren und erneut seinen Schutz über die ganze Kirche herabzurufen. Damit möchte ich mich in die Schar der zahlreichen Pilger einreihen, die Jahrhunderte hindurch als einfache oder auch bedeutende Menschen seit nunmehr über tausend Jahren diesen Berg hinaufgestiegen sind, seit nämlich der hl. Johannes Vinzenz, Bischof und Einsiedler, auf dem höchsten Gipfel fast wie ein Adlernest die kleine Kirche errichten wollte. Er übernahm damit das Erbe der Verehrung des Erzengels, die persische Mönche im 6. Jahrhundert hier grundlegten, und die später von Byzantinern und Langobarden fortgesetzt wurde.

Ich grüße die staatlichen Autoritäten sowie die Vertreter der öffentlichen Stellen und Verwaltungen, ferner die Angehörigen des Verbandes „Freunde des Heiligtums", die in letzter Zeit die Arbeiten zur Restaurierung und Festigung dieses Denkmals des Glaubens und der Kunst unterstützt und gefördert haben. In besonderer Weise gilt mein Gruß den verdienten Patres Rosminianern, die von meinem Vorgänger, Papst Gregor XVI., im Jahre 1836 zur Betreuung des Heiligtums herberufen wurden. Ich grüße den Generalobern des Institutes der Caritas, Don Giovanni Battista Zantedeschi, Msgr. Antonio Riboldi, Bischof von Acerra sowie Msgr. Clemente Riva, Weihbischof von Rom. Ihnen und allen Mitgliedern des Institutes soll mein Dank gelten für die christliche Anregung und das geistliche Klima, das sie allen bieten, die zur Erfrischung ihres Geistes herkommen.

2. Die eindrucksvolle Wallfahrt zu diesem Heiligtum ist ein Hinweis auf den absoluten Primat Gottes, des Herrn der Geschichte.

Unsere unruhige Welt, die es oft allzu eilig hat und im Lärm ertrinkt, braucht besondere Orte wie diesen, wo man den tiefen Sinn des Lebens neu entdecken und sich selbst wiederfinden kann in der Kontemplation des Gottmenschen, der sich hier Generationen von Benediktinermönchen offenbart hat und sich weiter als Gnadengeschenk allen offenbart, die ihn mit aufrichtigem Herzen suchen.

Das Schweigen, die Einsamkeit, das Hören und Beten, hier von einer unvergleichlichen Naturlandschaft, aber auch von ihrer Kunst und Geschichte gefördert, müssen den Geist erheben und das Herz des Menschen nähren, das immer nach der Wahrheit dürstet, die Gott selbst ist. Gewiß verweisen auf diesen Geist die Worte des Herrn im Evangelium: „Wer ... meine Worte hört und danach handelt, ist wie ein kluger Mann, der sein Haus auf Fels baute. Als nun ein Wolkenbruch kam und die Wassermassen heranfluteten, als die Stürme tobten und an dem Haus rüttelten, da stürzte es nicht ein; denn es war auf Fels gebaut" (*Mt* 7,24-25). Das ist es vielleicht auch, was Bischof Edoardo Giuseppe Rosaz, den ich heute früh in Susa zu meiner Freude ins Verzeichnis der Seligen einschreiben durfte, in den zahlreichen Stunden der Sammlung und Kontemplation in diesen Mauern gelernt hat.

3. Der hl. Erzengel Michael, der hier in überlieferter Weise dargestellt ist, wie er den Kopf des Drachen als Symbol des Bösen zerschmettert, ist einer der Fürsten des Himmels, die von Gott zum Schutz des Volkes Gottes bestellt sind (vgl. *Dan* 12,1). Mit Recht ruft dieses ihn also als seinen Beschützer und Schirmherr im Kampf gegen das Böse an und betrachtet ihn als Helfer beim Werk der Ausbreitung des Reiches Gottes auf Erden.
In diesem Sinn vertraue ich euch dem Schutz des hl. Erzengels Michael an und erteile euch allen von Herzen meinen Segen, wobei ich vor allem an die Kleinen, die Kranken und alle denke, die einsam und verlassen leben.

Maria erhört die Bitten

Angelus in Susa am 14. Juli

1. Während wir uns zum Angelusgebet sammeln, denke ich an die Madonna del Rocciamelone, die erhabene Schutzherrin eures Tales. Zusammen mit euch, liebe Schwestern und Brüder, rufe ich sie an mit denselben Worten meines großen Vorgängers Papst Leo XIII.:
„O Maria, erhabene Mutter Gottes, weißer als der Schnee, schau mit gütigen Augen auf dein Susa; o himmlische Patronin, beschütze die Grenzen Italiens." So vereinige ich mich mit der riesigen Schar von Pilgern, die nunmehr seit 500 Jahren unaufhörlich zum „heiligen Berg" aufsteigen. Sie gehen hinauf und tragen im Herzen die Ängste und Hoffnungen des Lebens. Sie legen sie der Jungfrau vertrauensvoll zu Füßen. Maria hört still zu und erhört ihr zuversichtliches Bitten.

2. Von ihrem Thron „der Herrlichkeit und Gnaden" aus beschützt die Gottesmutter dieses Tal und sichert allen, die sie anrufen, ihren liebevollen mütterlichen Dienst zu.
Christus hat sie auf Golgota dem Lieblingsapostel als Mutter gegeben (vgl. *Joh* 19,26-27), und Johannes nahm sie zu sich, nahm sie in sein Haus auf. Auch die Kirche in Valsusa hat sie „in ihr Haus" aufgenommen, und man kann sagen, daß die Geschichte eures Volkes eng und unauflöslich mit der Madonna del Rocciamelone

verbunden ist, die als Patronin und Königin verehrt wird. Bei ihr fand die Christengemeinde Verständnis und Hilfe in den Augenblicken der Prüfung, indem sie unter ihrem Schutz die notwendige Kraft erlangte, um auf dem Pilgerweg des Glaubens fortzuschreiten.
Möge dieses geistliche Fortschreiten nie stillstehen; im Gegenteil, möge es immer mutiger und treuer werden!

3. In Kürze werde ich in der Kathedrale das Triptychon der Madonna del Rocciamelone verehren, das ich zu meiner Freude am 24. September 1980 auf dem Petersplatz krönen konnte, 50 Jahre nach seiner ersten Krönung. Bei jener Gelegenheit sagte ich zu euch: „Ich vertraue mich eurem Gebet vor diesem Triptychon an." Auch heute wiederhole ich es: Denkt an den Papst und seinen Dienst für die Weltkirche, wenn ihr zur Bergspitze und zum Altar von Rocciamelone pilgert. Betet für die Kirche und die Welt, bittet „die große Königin des Himmels und der Erde", wie sie der heute seliggesprochene Msgr. Rosaz zu nennen pflegte, damit „sie sich als unsere wahre Mutter erweise: kraft ihrer Schutzherrschaft bewahre sie das Leben rein auf unserer Reise in die Ewigkeit" (*Hirtenbrief* von 1879).

4. Jetzt wende ich mich an alle Pilger der französischen Sprache aus der Diözese Maurienne mit ihrem Bischof.
Ich wünsche allen, die hier ihre Ferien verleben, daß sie diese Ruhepause dazu benutzen, ihre körperlichen und geistigen Kräfte zu erneuern, ohne die Arbeit derer zu vergessen, die für ihr Wohl sorgen. Die Schönheit der Natur in eurer Region erinnert euch jeden Augenblick an die machtvollen Taten des Schöpfers, wie der Psalmist sagt: „Ehe die Berge geboren wurden, die Erde entstand und das Weltall, bist du, o Gott, von Ewigkeit zu Ewigkeit" (*Ps* 90,2).
Der Herr erfülle euch mit seinem Segen!

Glaubt an das Leben, glaubt an den Menschen, vertraut auf Gott

Ansprache an die Jugend bei der Begegnung in der „Arena romana" in Susa am 14. Juli

1. Ich begrüße euch mit großer Freude, liebe Jugendliche des Susatals. Ich begrüße euch sitzend. Da ich euch sitzen sehe, begrüße auch ich euch im Sitzen. Ihr habt euch hier versammelt, um euch mit dem Papst in diesem schönen römischen Amphitheater zu treffen, umgeben von der majestätischen Kulisse der Alpen. Ich danke euch für euren Empfang und die Willkommensworte, die ihr an mich gerichtet habt: „Bóg zapłać" Diese Worte bedeuteten: „Vergelt's Gott" auf Polnisch. Ihr müßt sie lernen, wenn ihr nach Tschenstochau gehen wollt!
Ich danke Msgr. Vittorio Bernardetto, der euch vorgestellt hat und all denen, die dieses Treffen mit großer Sorgfalt vorbereitet haben. Ich danke euch ebenfalls für

die Fragen, die ihr mir in den vergangenen Tagen habt zukommen lassen und auf die ich nun versuchen werde einzugehen, nicht ganz im einzelnen, sondern mehr zusammenfassend.
Eben habe ich die Stelle für das neue Kreuz der „Ragazzi in Cielo" gesegnet, das im Strettatal aufgestellt werden soll und habe an die vielen Jugendlichen und jungen Leute gedacht, die sich dort zur Meditation versammeln werden, und an die piemontesische Regionaldelegation des Italienischen Exerzitienverbands (FIES) mit den Priestern und Jugendlichen, die sich in diesen Bergen regelmäßig zu Stunden der Stille und des Gebets zusammenfinden.

2. Liebe Jungen und Mädchen, gern bin ich zu dieser Begegnung mit euch hierher gekommen! Durch euch wende ich mich an die gesamte Jugend des Susatals, um allen erneut zu bestätigen, daß Christus euch persönlich kennt, euch liebt und vertraut, jedem einzelnen unter euch. Darum schaut mit Hoffnung auf euch. Christus liebt euch, die Kirche liebt euch, sie zählt auf euch, weil sie euren Mut bewundert, eure begeisterte Bereitschaft, die euch auszeichnende Ehrlichkeit, die Großherzigkeit im Suchen und im Geben - lauter Eigenschaften, die eurer Jugend Ehre machen. Auch ich schaue mit Vertrauen auf euch und mache mich heute zum Sprecher der Diözese des Susatals, die in diesen letzten zwei Jahren ihre „Septembertreffen" den Jugendlichen gewidmet hat. Gemeinsam mit ihr reiche ich euch meine Hand und wiederhole: „Christus braucht euch!" Die Familie der Glaubenden erwartet eure Mitarbeit, um der ganzen Welt die Botschaft des Heils und der Liebe zu bringen; Heil bedeutet Liebe, die nicht vergeht. Die Kirche will also diese Botschaft der Welt bringen, und sie vertraut diese Botschaft euch Jugendlichen an.

3. Das Evangelium berichtet von einem Gutsherrn, der zu jeder Tagesstunde Arbeiter in seinen Weinberg schickt (vgl. *Mt* 20,1-16). Wenn der Weinberg die Welt symbolisiert, so stellen die Arbeiter, die zu verschiedenen Zeiten eingestellt werden, die Getauften dar, die zu unterschiedlichen Zeitpunkten ihres Lebens von Gottes Ruf erreicht werden. Alle haben aber die persönliche Aufforderung erhalten, ihren Platz einzunehmen und die für sie bestimmte Aufgabe innerhalb der Kirche auszuführen. In der Tat muß jeder ein „Facharbeiter" im Weinberg des Herrn werden und für das gleiche Ziel, das Kommen des Reiches, arbeiten.
Doch um ein guter Arbeiter zu sein, muß man sich vorbereiten. Es ist notwendig, Zeit und Gelegenheit zu finden, um den Glauben und die persönliche Beziehung zu Christus zu vertiefen. Es ist wesentlich, Christus zu kennen, um dann von Christus sprechen zu können.

4. „Christus kennen". Demjenigen, der ihn fragt, wo er wohnt, antwortet Jesus: „Kommt und seht" (*Joh* 1,39). Der Jünger ist berufen, „bei ihm zu sein" (vgl. *Mk* 3,14).
Christus bietet keine gelegentliche, sondern eine dauerhafte und authentische Lebensgemeinschaft an; er will uns nicht draußen, nicht nebenan, sondern im Innern, wo er Wohnung genommen hat, in der Tiefe unseres Herzens begegnen.

Wie wichtig ist es, sich darin zu üben, seine Stimme zu hören, die in der Stille spricht! Man muß also diesem Freund Zeit widmen, um seine Bekanntschaft zu machen, zu lernen, wie er zu denken und die Ereignisse des eigenen und des gesellschaftlichen Lebens zu beurteilen, und, wie er, eine großherzige und konsequente Antwort darauf zu geben.
Die Zeit, die wir ihm widmen, muß ihm allein gehören, ohne daß wir uns von tausend anderen, wenn auch nützlichen und notwendigen Tätigkeiten ablenken lassen. Wenn man wirklich davon überzeugt ist, daß die persönliche Begegnung mit Jesus notwendig ist, um zu leben, so wird es ein zwingendes, aber auch erfreuendes, anziehendes Bedürfnis, diese Zeit zu finden.
Sucht nach dieser innigen Beziehung zum Herrn in beständiger und treuer Gegenwart vor ihm im Gebet, im vertrauten Umgang mit der Heiligen Schrift, in der eucharistischen Begegnung und im Sakrament der Vergebung. Wie kann man es für möglich halten, ohne Christus Christ sein zu können? Wie ist es möglich, geistliche Menschen zu sein, ohne sich zu läutern in demütigem und freudigem Hören auf den Heiligen Geist?
Gott soll der Mittelpunkt eures Lebens sein: Hierin liegt die einzige Gewährleistung für Erfolg, innere Harmonie und konstanten, zuversichtlichen Einsatz.
Mir ist bekannt, daß euch Jugendlichen für den kommenden August ein Exerzitienkurs vorgeschlagen worden ist als Höhepunkt des Bildungswegs, den ihr in euren Pfarreien und den kirchlichen Bewegungen geht. Ich bin sicher, daß dieser Kurs im fünfhundertsten Geburtsjahr des hl. Ignatius von Loyola für euch eine providentielle Gelegenheit sein wird, das Exerzitienerlebnis als intensive Bildungserfahrung neu zu entdecken und zu schätzen.
„Der Meister ist da und läßt dich rufen" (*Joh* 11,28). Wenn auch ihr den Mut und die Kraft haben werdet, bereitwillig seiner Aufforderung zu folgen und in der Zeit der Exerzitien in die „Wüste" zu gehen und ihm auf seine Einladung hin das Herz zu öffnen (vgl. *Hos* 2,16), so werdet ihr in der Begegnung mit ihm die richtigen Mittel und Wege finden, um „euer eigenes Leben zu ordnen" und es auf eine freudige Annahme seines Willens und eine echte Kontemplation auszurichten, die in der Alltäglichkeit des Dienstes gelebt wird.

5. Doch genügt es nicht, Christus zu kennen, man muß auch von Christus sprechen. Jeder Gläubige ist aufgefordert, ein „Zeichen" in der Welt zu sein; dort, wo er lebt und wirkt, eine sichtbare und überzeugende Fortsetzung der heilbringenden Gegenwart des Allmächtigen zu sein, in einem beispielhaften Lebensstil, mit freiem Herzen und schöpferischem Geist, mit einem Glauben, der das Leben beeinflußt.
Man muß mit Mut und Treue „Christus weitersagen". Dies ist eure Sendung, die Sendung von uns allen, die Sendung der ganzen Kirche! Ein Sendungsauftrag, der nicht nur aus dem Eifer entspringt, den anderen zu helfen, sondern vielmehr aus der Begegnung mit dem auferstandenen Herrn (vgl. *Joh* 20,2-18), die uns anspornt, unser Leben als freies Geschenk „für alle" hinzugeben.
Die christliche Logik ist wahrhaft einzigartig! Niemand darf sich für sicher halten, ohne alles für den Herrn zu wagen; noch darf er sich erlöst glauben, wenn er nicht

seinerseits zum Werkzeug der Erlösung wird, denn die geistigen Gaben wachsen, wenn sie miteinander geteilt werden. Es ist die Logik des göttlichen Meisters selbst, der nicht daran festhielt, wie Gott zu sein, sondern sich entäußerte bis zum höchsten Opfer. Deshalb wurde er über alles erhöht und erhielt den Namen, der größer ist als alle anderen (vgl. *Phil* 2,5-11).

6. Liebe Jugendliche, Christus geht mit euch! Seid ihr seine Zeugen unter euren Altersgenossen und in eurem Lebensumfeld!
Euer beharrliches und verantwortungsvolles Mitwirken in den Pfarrgemeinden und den kirchlichen Bewegungen, eure brüderliche Aufmerksamkeit gegenüber den körperlich und geistig Leidenden, euer Beitrag und eure Beteiligung an jeder Initiative der kirchlichen Gemeinschaft - ich denke hier an den „Tag der Treue", an die Schule für Pastoralbildung, an den bereits erwähnten Exerzitienkurs, an das „Haus der Freundschaft" - werden ein vielsagender Beweis sein für eure Zugehörigkeit zu Christus und für eure Entschlossenheit, dem Menschen zu dienen. Das Evangelium der Nächstenliebe verkünden, die „Zivilisation der Liebe" aufbauen nach dem leuchtenden Beispiel, das euch der sel. Msgr. Rosaz, euer bedeutender Landsmann, gegeben hat. Das sind die Anweisungen, die ich euch heute mit großer Hoffnung ans Herz lege.

7. Diese Aufforderung, den Weg der Heiligkeit zu gehen, richtet Christus an alle. „Folge mir", sagt er zu jedem; folge mir immer, in allem; folge mir im Glauben, in der Hoffnung und der Liebe. Folge mir und gründe eine Familie, die ein Bild der göttlichen Liebe, aufnahmebereit und großherzig, werden möge.
Folge mir und weihe mir dein Leben voll und ganz im priesterlichen Dienst oder im Ordensleben. Susa braucht Priester und gottgeweihte Menschen! Deshalb teile ich die lebhafte Sorge eures Bischofs, in eurer Mitte junge Menschen zu sehen, die die Aufforderung des Herrn, der Kirche und dem Nächsten ungeteilten Herzens zu dienen, bereitwillig bejahen.
Richtet auf dem Heimweg ernst und mit ehrlicher Bereitschaft die Fragen an den göttlichen Meister: „Was erwartest du von mir, welche Pläne hast du für mich? Wie kann ich dem entsprechen, was die Kirche von mir will?" Tief im Herzen wird der Herr euch die Antwort nicht vorenthalten. Er wird sie euch nach seiner Vorsehung im rechten Augenblick geben.

8. Liebe Jungen und Mädchen, von den Entscheidungen, die ihr in den Jahren eures Reifens und eurer Jugend trefft, wird eure persönliche, berufliche, gesellschaftliche und kirchliche Zukunft abhängen.
Demnach ist die Zeit, die ihr nun durchlebt, eine einmalige gnadenreiche Gelegenheit, die der Herr in eure Hände legt; das ist der „günstige Augenblick", der nicht wiederkommt und den ihr deshalb nicht ungenützt vorübergehen lassen dürft.
In diesem Lebensabschnitt kann es auch für euch die Entdeckung oder die Wiederentdeckung Christi geben, mit den Werten, die er uns anbietet, für die es sich nicht nur lohnt zu leben, sondern auch das Leben zu geben: Wahrheit, Glaube, Menschenwürde, Einheit, Frieden, Liebe ...

Öffnet deshalb eure Herzen dem Geheimnis seiner Liebe und schaut mit unbeugsamer Hoffnung in die Zukunft. Wenn ihr um euch herum Mißstände seht, beschränkt euch nicht darauf, euch zu beklagen, sondern seid vielmehr bereit, zum Aufbau einer aufnahmebereiteren und solidarischeren Welt für alle beizutragen. Glaubt immer an das Leben, glaubt an den Menschen, vertraut auf Gott.

9. Möge euch der Geist des Herrn, den ihr in der Taufe empfangen habt, bei dieser Sendung erleuchten. Er macht uns zu „Söhnen" und „Töchtern", und in ihm rufen wir: „Abba, Vater" (vgl. *Röm* 8,15). Daran erinnert uns treffend das Thema des kommenden Weltjugendtags, den wir in einem Monat in Tschenstochau begehen werden (vgl. *Botschaft zum Weltjugendtag 1991*).

Auch wenn ihr bei diesem Treffen nicht persönlich zugegen sein könnt, so seid doch im Geist anwesend, und bereitet euch durch Gebet und Vertiefung in die Meditationsthemen darauf vor.

Hoch oben vom Rocciamelone schaut die Mutter des Herrn mit wachsamer Sorge auf uns herab. Ihr vertraue ich die Gegenwart und die Zukunft eurer Kirche und auch euch Jugendliche an! Maria möge allen helfen, das Wort aufzunehmen, es zu bewahren und in die Tat umzusetzen. Möge auch die Fürsprache des sel. Msgr. Rosaz, der die Jugend des Susatals immer geliebt hat, eure Vorsätze begleiten, und möge das Beispiel des sel. Pier Giorgio Frassati, des in Gott verliebten Besteigers eurer Berge, euch anspornen.

Abschließend möchte ich meine Aufforderung erneuern, die ich beim letzten *Weltjugendtag* in Santiago de Compostela an die Jugend gerichtet habe: „Habt keine Angst, Heilige zu sein! Fliegt hoch hinaus, setzt euch Ziele, die der Kinder Gottes würdig sind." (Santiago de Compostela, 15. August 1989).

Die Heiligkeit ist ein Gipfel, der bezwungen werden muß - wie diese schroffen, majestätischen Bergspitzen, die so sehr vom Geheimnis Gottes sprechen.

Darum danke ich mit euch zusammen dem Herrn für unser Treffen, das wir in einer so eindrucksvollen Umgebung feiern konnten, eindrucksvoll und erhebend durch das Werk unseres Schöpfers und auch durch das Werk unseres Erlösers. Erhebend zur Höhe, wohin das Verlangen unserer offenen jugendlichen Herzen, unserer menschlichen Herzen geht. Und so möchte ich euch als letztes Wort wiederholen: „Sursum corda, erhebt die Herzen!"

7. Pastoralbesuch in Polen (13. bis 15. August)

Zeugnis edler Solidarität

Ansprache im Kinderkrankenhaus Prokocim (Krakau) am 13. August

Liebe Kinder, die ihr hier in diesem Haus seid, um wieder gesund zu werden! Ich begrüße euch und zusammen mit euch vor allem den Herrn Präsidenten der Republik mit seiner Gemahlin, die verehrten Vertreter des Präsidenten der Vereinigten Staaten, angeführt von Herrn Ed Derwinski, sowie die Vertreter des amerikanischen Kongresses unter der Führung von Herrn Dante B. Fascell. Ich begrüße die Mitglieder des Verwaltungsrates der Stiftung „Project HOPE", die Vertreter des internationalen Verwaltungsrates dieser Stiftung, die Vertreter der polnischen Regierung und die Förderer des Werkes mit ihren Gattinnen. Ich begrüße alle hier Anwesenden. Mein Gruß gilt allen, die im polnisch-amerikanischen Kinderkrankenhaus der Medizinischen Akademie in Krakau arbeiten, sowie den Vertretern dieser Akademie mit ihrem Rektor, Prof. Andrea Szczeklik, und allen anwesenden Gästen.

1. Wie bekannt, befinde ich mich am Anfang des zweiten Abschnitts meiner diesjährigen Pilgerreise in die Heimat. Diesmal richte ich meine Schritte nach Jasna Góra, um zu Füßen der Königin Polens und Mutter der Kirche die Jugendlichen zu treffen, die zu ihrem Fest der Jugend aus aller Welt gekommen sind.
Auf der Pilgerfahrt von Rom nach Tschenstochau durfte ich Krakau und den Wawel-Hügel, ein wirkliches Heiligtum unserer Geschichte, nicht außer acht lassen. Die Vorsehung hat es jedoch gefügt, daß ich die ersten Schritte auf diesem Pilgerweg zum Krankenhaus, genau gesagt: zum Kinderkrankenhaus lenken durfte, zu einem besonderen Heiligtum menschlichen Leidens, zum Geheimnis des menschlichen Leidens. Und so danke ich Gott für diese Begegnung! Ich danke den Organisatoren und den Kindern für die Einladung. Ich betrachte meine Anwesenheit in diesem Krankenhaus nicht als ein einfaches kurzes Verweilen, sondern als ein Haltmachen, eine wirkliche Station im religiösen und kirchlichen Sinn und daher als eine Begegnung von Menschen mit Gott, mit einem besonderen Geheimnis, das als Läuterung und Vorbereitung auf die nächste Station erlebt werden soll.
Was könnte mehr läutern und dem allmächtigen und heiligen Gott näherbringen als das Leiden und das Opfer des unschuldigen Menschen? Um solche Worte auszusprechen, muß man die Person Christi, des Gottessohnes, und sein Ostergeheimnis im Herzen tragen, das Geheimnis der Erlösung ... „Denn durch dein heiliges Kreuz hast du die Welt erlöst."
In einem solchen Geist nimmt der hl. Paulus seine Leiden, Entbehrungen, Beschimpfungen und Verfolgungen an, damit die Gnade Gottes „ihre Kraft in der Schwachheit erweist" (vgl. *2 Kor* 12,9). Die menschliche Schwachheit, durch den Glauben in

das Geheimnis Christi eingefügt, wird zur Quelle der Kraft Gottes. Darum schreibt der Apostel: „Wenn ich schwach bin, dann bin ich stark" (*2 Kor* 12,10).
Das Leiden des Menschen also, das unvermeidbare Leiden der Menschen ist, wenn es im Glaubensgeist angenommen wird, Quelle der Kraft für den Leidenden selbst und für die anderen, und es ist Quelle der Kraft für die Kirche und ihre Heilssendung. Darum schätze ich jede Begegnung mit Kranken so sehr. Und darum zähle ich so sehr auf die Früchte ihres Schmerzes und ihrer Schwachheit.
Diese Wahrheit möchte ich noch einmal euch, liebe Kinder, die ihr hier im Krankenhaus seid, euren Eltern und denen, die euch lieben, euch behüten und euch pflegen, nahebringen. Ich möchte sie all meinen Landsleuten nahebringen, die zu Hause oder in Krankenhäusern und an anderen Stätten leiden, und allen Kranken und Leidenden der ganzen Welt.
Der Mensch fürchtet das Leiden, er möchte es zurückweisen, es umgehen, wie auch Christus selbst das Leiden und den Tod fürchtete, und dazu hat er nicht nur das Recht, sondern dem ist er auch verpflichtet. Dennoch: das Leiden besteht in der Welt und quält uns.
Ich weiß, liebe Kinder, daß ihr und eure Eltern mich gern zu Hause oder in der Kirche, in der Schule oder auf dem Spielplatz in guter Gesundheit und ungeschmälerter Leistungsfähigkeit empfangen würdet. Indessen habt ihr mich in ein Krankenhaus eingeladen, das vorübergehend euer eigentliches Zuhause ersetzt, damit ihr gesund dorthin und in eure Familie zurückkehren könnt. Von ganzem Herzen wünsche ich euch diese Gesundheit, und ich bete darum. Ich bete um das gesunde Leuchten eurer Augen, um euer freudiges Lächeln, um euer Glücklichsein. Ich bete, daß ihr euch trotz der Krankheit hier im Hospital wohlfühlen mögt, daß ihr Menschen findet, die euch lieben, daß ihr tüchtigen Ärzten, sorgsamen Pflegerinnen und Pflegern, guten Freunden und Freundinnen begegnet.
In den schwierigsten Augenblicken, wenn ihr euch schlecht fühlt oder betrübt seid, schaut auf den gekreuzigten und auferstandenen Christus. Seine Mutter stand unter dem Kreuz. Zu dieser Mutter, die auch unsere Mutter ist, gehe ich morgen nach Jasna Góra, und ich nehme euch mit zu ihr; ich nehme euer Leiden, eure Gebete und eure Wünsche mit und alles das, was ich für euch wünsche.

2. Wir befinden uns hier in den großen Krankenhausanlagen, die aus der Liebe und der menschlichen Solidarität hervorgegangen sind. Hier wird so viel Gutes getan. Dem Menschen die Gesundheit wiedergeben, den Menschen dem Leben wiedergeben: das sind Zeichen, die im Evangelium auf das ewige Leben hinweisen und auf die Berufung des Menschen zu diesem Leben in Gott.
So hat es Christus getan, und er machte dabei von der göttlichen Macht Gebrauch; und so tut auch ihr es, indem ihr von der menschlichen Wissenschaft, den menschlichen Fähigkeiten und der menschlichen Weisheit, begleitet von der Gnade, Gebrauch macht. Daher ist dieses Institut, ebenso wie alle ähnlichen Stätten, ein Zeichen, das für die Würde und den Wert des menschlichen Lebens Zeugnis gibt, ein Zeichen der Sorge für dieses Leben und in gewissem Sinn das menschliche Zeichen für die volle Dimension dieses Lebens.

Neben seinem eigentlichen Sinn kommt diesem Institut auch noch eine besondere Rolle als Symbol zu. Es ist vor mehr als 25 Jahren entstanden, in einer Zeit, die damals durch die Spaltung der Welt gekennzeichnet war. Trotz der ideologischen Uneinigkeiten, die die Welt teilten, ja ungeachtet der Feindseligkeit, die in den letzten Zeiten zwischen dem Osten und dem Westen geschürt wurde, ist es entstanden. Besser würde ich sagen: Über alles dieses hinaus wurde dieses Werk verwirklicht, und zusammen mit den anderen derartigen Werken muß es laut zu uns und zu allen Menschen der Welt sprechen. Das Gute des Menschen war stärker als alles ihm Entgegengesetzte. Die Solidarität der Menschen hat über Spaltungen und Feindseligkeiten gesiegt. Dafür möchte ich hier meinen Dank zum Ausdruck bringen, ich möchte den mutigen Initiatoren dieses Werkes, denen, die es errichtet haben, und denen, die es weiterentwickeln, meine besondere Ehrerbietung erweisen. In diesem Augenblick stehen uns geistigerweise alle Kinder vor Augen, die in diesem Krankenhaus wieder gesund geworden und glücklich nach Hause und ins normale Leben zurückgekehrt sind!

Dank und Lob daher zuerst dem amerikanischen „Polen", in dessen Mitte die Idee geboren wurde, die dann bei Parlamentsmitgliedern Unterstützung fand. Es ist nicht möglich, hier alle jene zu nennen, die sich auf diesem Gebiet besonders ausgezeichnet haben. Ich möchte darum nur ein Kongreßmitglied erwähnen, das politisch hervorragt und hohe staatliche Stellen bekleidet hat, einen Mann, der sich so sehr dem amerikanischen „Polen" gewidmet hat, Clement J. Zablocki von Milwaukee. Ich habe ihn persönlich kennengelernt und habe ihm eine hohe päpstliche Auszeichnung verliehen.

Die Bedürfnisse sind größer geworden, und so hat sich auch das Krankenhaus weiterentwickelt. Zu dieser Entwicklung hat auch die Regierung der Vereinigten Staaten unmittelbar beigetragen. Es ist kennzeichnend, daß beim Baubeginn des Rehabilitationszentrums Clement Zablocki anwesend war und daß die Eröffnung dieses Krankenhauses der damalige Vizepräsident der Vereinigten Staaten, Georg Busch, vorgenommen hat. Ich bitte seine hier anwesenden Vertreter, dem Herrn Präsidenten den Ausdruck meiner Anerkennung und meines Dankes zu überbringen. Im Laufe der Vergrößerung dieses großen und modernen medizinischen Zentrums in Prokocim wurde die Hauptunterstützung von der amerikanischen Stiftung „Project Health Opportunity to People Everywhere" geleistet, die durch die Regierung der Vereinigten Staaten zur Patenschaft für dieses pädiatrische Institut der Medizinischen Akademie in Krakau vorgeschlagen wurde. Die Anfangsbuchstaben des Namens, mit dem die Stiftung bezeichnet wird, fügen sich zu einem sehr bedeutungsvollen Wort zusammen: HOPE - Hoffnung. Vorsitzender der Stiftung ist ihr Gründer, der hier mit seiner Gemahlin anwesende Dr. William B. Walsh. Auch sein Sohn, Dr. John Walsh, der Leiter des polnischen Programms, ein treuer Freund Polens, ist anwesend. Er setzt sein ganzes Herz ein für die Arbeit zugunsten der Kinder. Sehr interessant sind die Anfänge und die Geschichte dieser Stiftung. Sie stellt sich dar wie die Geschichte des menschlichen Empfindens für die Bedürfnisse des Mitmenschen. Hintergrund dieser Geschichte bleibt stets das Gleichnis Christi

vom Guten Samariter. Es mag genügen zu erwähnen, daß das Projekt HOPE etwa 100 Programme unterhält, von denen eines Polen betrifft, und daß es sich in Zukunft auch auf andere Länder ausbreiten will: die Tschechoslowakei, Ungarn, die Baltischen Länder, Jugoslawien, Bulgarien und Rumänien. „Gott vergelte alles und helfe weiter!" Offensichtlich nehmen auch verschiedene Organisationen und einzelne Personen an diesem Werk teil; öffentliche und private Fonds werden investiert. Es seien nur noch die Verdienste Polens, der Regierung und der Institutionen auf verschiedenen Ebenen, genannt wie auch die der Medizinischen Akademie von Krakau und der Leiter des Polnisch-Amerikanischen Instituts für Pädiatrie, der hier anwesende Prof. Jan Grochowski. Ich bitte um Entschuldigung, wenn ich nur einige nenne.
Dank einer solchen Zusammenarbeit und Solidarität kommen wir nun zu einem anderen Teil der großen Initiative, die das Projekt HOPE durchführt, nämlich zum Ambulatorium des Kinderkrankenhauses, dem ich soeben den Segen gegeben habe. Es wird den Namen des großen, bereits erwähnten Freundes Polens tragen, Clement Zablocki. Und das ist noch nicht alles; es bestehen nämlich noch mehr Pläne zur Weiterentwicklung dieses Zentrums. So z. B., wie mir gesagt wurde, zum Bau einer Unterkunft für Eltern und Kinder. Liebe Brüder und Schwestern, das alles ist sehr bezeichnend, denn es sagt uns, wie sehr in diesem Krankenhaus die Bedürfnisse der menschlichen Person, die körperlichen und geistigen Bedürfnisse des Kindes in Betracht gezogen werden. Es sagt uns, daß man mit der Anwendung der modernsten Errungenschaften der Wissenschaft und der Technik zugleich auch die Forderungen der Anthropologie vollständig berücksichtigt. Gott segne dieses Werk und alle anderen, die diesem ähnlich sind!

3. Meine sehr geehrten Damen und Herren, liebe Brüder und Schwestern, gestatten Sie, daß ich zum Schluß noch einige Erinnerungen und Überlegungen mit Ihnen teile. Seit dem Beginn meines pastoralen Dienstes bin ich der medizinischen Welt und dem ganzen Gesundheitsdienst sehr verbunden. Unter den heute hier Anwesenden sehe ich Persönlichkeiten, die ich am Anfang meines Seelsorgedienstes kennengelernt habe. Andere sind hier, denen ich begegnet bin, als ich Erzbischof von Krakau war, und schließlich ist da die jüngere Generation, die ich zum erstenmal treffe. Ich habe alle, die im Gesundheitsdienst arbeiten, an ihre hohe Berufung erinnern wollen, die sich aus dem Dienst am kranken Menschen ergibt. Im Apostolischen Schreiben *Salvifici doloris* über den christlichen Sinn des menschlichen Leidens habe ich geschrieben: „Wie sehr entsprechen doch die Berufe des Arztes, der Krankenschwester oder ähnliche der Tat des ‚barmherzigen Samariters'. Im Hinblick auf den darin verborgenen ‚evangelischen Gehalt' sind wird geneigt, hierbei mehr an eine Berufung als an einen bloßen Beruf zu denken" (Nr. 29).
Ohne Zweifel ist die Arbeit des Arztes, der Krankenpflegerinnen und Krankenpfleger und jede Arbeit unter den Kranken ein Dienst, der Christus selbst geleistet wird: „Was ihr für einen meiner geringsten Brüder getan habt, das habt ihr mir getan" (*Mt* 25,40).
Die einem Kranken geleistete Hilfe, die Pflege, die wir ihm angedeihen lassen, ist nicht eine bloße Berufstätigkeit, sondern sie hat den Charakter einer Berufung, die

ob ihres Adels und ihrer Ideale der Berufung des Priesters nahesteht. Um eine solche Berufung zu verwirklichen, spielen religiöse Werte eine außerordentlich große Rolle. Sie stärken in den Ärzten und in all denen, die für die Kranken da sind, den Geist des echten Dienstes an den Kranken, eifern an zu einem Handeln, das immer mehr ihres Berufes würdig ist, und rufen zu höchstem Verantwortungsbewußtsein für das ihnen anvertraute Gut, nämlich den Menschen, auf. Das religiöse Leben spielt also eine wichtige Rolle bei dem Dienst, den der Arzt und jeder in der Krankenfürsorge Tätige leistet. Und hier hat auch die Seelsorge für die im Krankendienst Tätigen ihren Platz. Sie will ihnen eine tiefere Kenntnis des Evangeliums und der gesamten Lehre der Kirche nahebringen und ihnen in ihrer ethischen und geistlichen Weiterbildung behilflich sein.

Dank, nochmals meinen Dank an alle! Ich danke den Kindern für das Programm, das sie mir dargeboten haben; ich danke der kleinen Rose, die aus dem Körbchen gefallen ist ... und mir dennoch ein lieber Gruß war.

Ich danke von Herzen für alle guten Wünsche und vor allem für das Opfer eures Leidens. Ich nehme euch mit nach Jasna Góra, wenigstens von ferne, zu den Weltjugendtagen, von denen wir noch nicht wissen, wo sie stattfinden werden. Ich segne euch von ganzem Herzen!

Des Erbes bewußt - die Zukunft im Blick

Predigt auf dem Marktplatz in Krakau am 13. August

1. „Ihr habt den Geist empfangen, der euch zu Söhnen macht" (*Röm* 8,15).

Herr Präsident der Republik Polen, Herr Ministerpräsident, Herr Senatspräsident und meine Herren Vertreter der Regierung, Herr Kardinal-Metropolit von Krakau, alle meine Brüder im Bischofsamt, Kardinäle, Erzbischöfe und Bischöfe! Alle meine lieben Landsleute, Brüder und Schwestern aus Krakau und Gäste! Liebe Brüder im Priesteramt, Ordensmänner, Ordensfrauen und alle Brüder und Schwestern in der christlichen Berufung!

Die Paulusworte aus dem Brief an die Römer, die zu Beginn gelesen wurden, sind der Leitgedanke des Weltjugendtages in Jasna Góra. Die jungen Pilger aus verschiedenen Teilen der Welt, vor allem aus europäischen Ländern, machen sich in diesen Tagen auf den Weg zum Heiligtum von Jasna Góra. Sie werden geführt vom Wort des Apostels: „Alle, die sich vom Geist Gottes leiten lassen, sind Söhne Gottes. Denn ihr habt nicht einen Geist empfangen, der euch zu Sklaven macht ..., sondern ihr habt den Geist empfangen, der euch zu Söhnen macht, den Geist, in dem wir rufen: Abba, Vater!" (*Röm* 8,14-15).

Es ist eine Freude für den Heiligen Geist, wenn er unserem menschlichen Geist bezeugen kann, „daß wir Kinder Gottes sind. Sind wir aber Kinder, dann auch Erben; wir sind Erben Gottes und sind Miterben Christi" (*Röm* 8,16-17).

Auf dem Weg zu diesem Jugendtreffen mache ich bei meinen Landsleuten in Krakau halt. Wie viele menschliche Werke und wie viele Menschenherzen bezeugen hier die Generationen hindurch dieses Erbe Gottes, das Erbe Christi! Wieviel schulde auch ich selbst diesem Zeugnis! Möge innerhalb der Mauern dieser alten und der neuen, immer noch königlichen Stadt die Freude des Heiligen Geistes nie ein Ende nehmen, das heißt: Mögen Geist und Herz all ihrer Bewohner offen bleiben für sein göttliches Zeugnis!

Darum ist es für mich eine große Freude, daß ich in Krakau die Seligsprechung von Angela Salawa feiern konnte. Ein großer Teil des Lebens dieser im nahen Siepraw geborenen Tochter des polnischen Volkes war an Krakau gebunden. Diese Stadt war der Schauplatz ihrer Arbeit, ihres Leidens, ihres Reifens in der Heiligkeit. Vom Geist des hl. Franziskus von Assisi erfüllt, zeigte sie eine ungewöhnliche Feinfühligkeit für das Wirken des Heiligen Geistes. Die Schriften, die sie uns hinterlassen hat, geben Zeugnis davon.

2. Die vorausgegangenen Weltjugendtage haben in Rom, Buenos Aires und zuletzt in Santiago de Compostela in Spanien stattgefunden. Wenn die Organisatoren diesmal darum gebeten haben, ihn in Jasna Góra zu halten, so geschah das als Folge der Ereignisse von 1989. Jenes Jahr bildet eine neue Herausforderung für unseren alten Kontinent. Kurz darauf durfte ich in Velehrad in Mähren den Boden betreten, der durch die Erinnerung an die Apostel der Slawen, die heiligen Brüder Kyrill und Method, geheiligt ist. Dort wurde auch die Sondersynode der Bischöfe Europas angekündigt, die in den letzten Wochen dieses Jahres stattfinden soll.

Der Weltjugendtag in Tschenstochau bereitet sozusagen den Boden für diese Synode vor, die im Gedanken an das nun schon nahe dritte Jahrtausend nach dem Kommen Christi gehalten wird. Es ist gewissermaßen eine Adventssynode. Advent bedeutet Ausrichtung auf die Zukunft. Die Jugendlichen tragen diese Zukunft in sich.

3. Die Liturgie des heutigen Sonntags stellt uns die große Wanderung Israels aus der Knechtschaft in Ägypten zum verheißenen Land vor Augen. Vierzig Jahre unter der Führung des Mose.

Christus bezieht sich darauf, wenn er sagt: „Eure Väter haben in der Wüste das Manna gegessen und sind gestorben" (*Joh* 6,49). Und er erinnert an dieses Brot, mit dem sich das Volk in der Wüste ernährte, um die Eucharistie anzukündigen, die Speise ewigen Lebens: „Ich bin das lebendige Brot, das vom Himmel herabgekommen ist. Wer von diesem Brot ißt, wird in Ewigkeit leben. Das Brot, das ich geben werde, ist mein Fleisch, (ich gebe es hin) für das Leben der Welt" (*Joh* 6,51).

Ist das möglich? Der Text des Johannes sagt uns, daß die Anwesenden murrten, und dann gingen einige weg ... Christus aber sagt: „Murrt nicht! Niemand kann zu mir kommen, wenn nicht der Vater, der mich gesandt hat, ihn zu mir führt; und ich werde ihn auferwecken am letzten Tag" (*Joh* 6,43-44).

Zu uns, die wir heute im Antwortpsalm gesungen haben: „Kostet und seht, wie gütig der Herr ist" (*Ps* 34[33],9), sagt Christus: Laßt es zu, daß Gott nach dem ihm eigenen Maß gut ist! Dieses Gut ist so groß, weil er es uns gibt, weil er sich selbst zum Geschenk gibt. Laßt es zu, daß der lebendige Gott, der Vater und der Sohn und der

Heilige Geist, gut zu euch ist nach dem ihm eigenen Maß. Es ist ein übermenschliches Maß. Es ist das Maß der Eucharistie. „... Christus [hat] uns geliebt und sich für uns hingegeben ... als Gabe und als Opfer" (*Eph* 5,2). Und dieses sein Erlösungsopfer hat er uns als Geschenk in der Eucharistie hinterlassen.
In der Kraft dieser Gabe, dieser Speise, pilgern wir durch das zeitliche Leben wie damals Israel durch die Wüste. Von dieser Gabe zeugen die Kirchen Krakaus, die sehr alten und die ganz neuen, die allen zurufen: „Seht, wie gut unser Herr ist!"
Die Kirchen Krakaus! Wie haben sie zur seligen Angela Salawa von Gott gesprochen, von diesem Gott, der sich den Menschen schenken möchte. Zu diesem Gott, der sich dem Menschen schenkt, machen die Jugendlichen aus den verschiedenen Teilen des Landes, aus Europa und so manchen Teilen der Welt ihre Pilgerfahrt: Sie haben „den Geist empfangen, der sie zu Söhnen macht". Wonach streben sie? Was möchten sie? Gott nachahmen „als seine geliebten Kinder" und einander lieben, „weil auch Christus uns geliebt und sich für uns hingegeben hat als Gabe und Opfer" (vgl. *Eph* 5,1-2).

4. Die heutige Liturgie zeigt noch einen einsamen Pilger: den Propheten Elija. Auf der Flucht vor der Rache der grausamen Königin Isebel, der Frau Ahabs, machte er, bis zum äußersten erschöpft, in der Wüste halt und bat Gott, ihn sterben zu lassen (vgl. *1 Kön* 19,4).
Der gleiche Elija, Prophet des lebendigen Gottes, nahm den Kampf gegen die falschen Propheten auf, die das Volk auf die Wege des Götzendienstes zu verleiten suchten. Elija beschwor die Israeliten mit den Worten: „Wie lange noch schwankt ihr nach zwei Seiten? Wenn Jahwe der wahre Gott ist, dann folgt ihm! Wenn aber Baal es ist, dann folgt diesem!" (*1 Kön* 18,21). Der Herr bestätigte das Wort des Propheten, so daß das ganze Volk sich davon überzeugen konnte, daß er und nicht Baal der wahre Gott sei.
Nach einer solchen Glaubensprobe, die vor den Augen aller als Gottesgericht offenlag, muß Elija vor der Rache einer erbitterten Baalanbeterin, der Königin Isebel, die Flucht ergreifen. Und da sehen wir ihn nun, erschöpft, todmüde. Er wird von einem Gottesboten geweckt, der zu ihm sagt: „Steh auf und iß! Sonst ist der Weg zu weit für dich" (*1 Kön* 19,7). Das Buch der Könige berichtet weiter, daß Elija nach diesen Worten aß, sich in der Kraft dieser Speise aufmachte und seinen Weg bis zum Gottesberg Horeb fortsetzte (vgl. *1 Kön* 19,8).
Denken wir an die Prüfungen unserer Zeit. Der Mensch von heute kennt keinen solchen Götzendienst wie damals zur Zeit des Elija. Die Glaubensprüfungen haben eine lange Entwicklung durchgemacht. Heute sagt man nicht mehr: „Wenn Gott der Herr ist, dann folgt ihm; wenn Baal es ist, dann folgt diesem." Heute versucht man dieses Problem überhaupt unbedeutend zu machen. Gegen Ende des zwanzigsten Jahrhunderts lautet das Problem für den Menschen: „Leben wir so, als ob es Gott nicht gäbe." Doch: Wenn Gott nicht existiert, dann ist alles erlaubt, das hat schon Dostojewski bestätigt. Wir sind jenseits von Gut und Böse, fügt Nietzsche hinzu. Während das 20. Jahrhundert dem Ende entgegengeht, haben wir mehr als genug vielsagende und schreckliche Erfahrungen hinter uns, die bestätigen, was jene An-

kündigung Nietzsches in Wirklichkeit bedeutet. Welchen Dingen gehen wir entgegen, wenn wir so leben, als ob Gott nicht existiere?

5. In einer solchen Zeit brechen die Jugendlichen aus Ost und West auf zur Pilgerfahrt nach Jasna Góra. Irgendwie gehen wir alle mit ihnen dorthin. Mit uns zusammen geht unsere ganze Geschichte, die hier in Krakau besonders greifbar wird, zur Wallfahrt. Vor allem die selige Hedwig, die Herrin des Wawel, vor deren Kreuz ich niederknien möchte, ehe ich Ungarn besuche. Hedwig, deren Anjou-Erbe seinen Ursprung in Frankreich hat und das dann in den Verzweigungen ihres Geschlechtes bis zum Königreich Neapel im Süden Italiens und zugleich bis nach Ungarn reichte. Hedwig, Tochter Ludwigs von Ungarn und von Polen, Nichte Elisabeths, der Tochter Wladislaw Lokieteks, der seinerseits unsere Geschichte zum Osten hin öffnete. Das alles ist von sehr vielsagender Aktualität, da wir uns dem Imperativ für ein Europa gegenübersehen, das versöhnter und auf der Achtung vor den Menschenrechten und den Rechten der Nationen aufgebaut sein soll.
Wie aktuell ist, was der Apostel im Brief an die Epheser schreibt: „Beleidigt nicht den Heiligen Geist Gottes, dessen Siegel ihr tragt für den Tag der Erlösung. Jede Art von Bitterkeit, Wut, Zorn, Geschrei und Lästerung und alles Böse verbannt aus eurer Mitte! ... Vergebt einander, weil auch Gott euch durch Christus vergeben hat" (*Eph* 4,30-32).
Wie aktuell das ist! Zusammen mit all denen, die im Lauf der Geschichte, und auch mit denen, die in unserer Zeit eine Freude für den Heiligen Geist geworden sind, zusammen mit der geliebten Herrin des Wawel, Hedwig von Anjou, wiederholen wir die Worte des Apostels: „Beleidigt nicht den Heiligen Geist!"
Wir wiederholen diese Worte zusammen mit der seligen Hedwig, der Königin von Polen und „Mutter der Nationen". Und wir wiederholen sie zusammen mit der seligen Angela Salawa. In unserem Bewußtsein sollen diese beiden Frauengestalten vereint sein: die Königin und die Frau in dienender Stellung! Kommt nicht die ganze Geschichte christlicher Heiligkeit und der Spiritualität nach dem Modell des Evangeliums in diesem einfachen Satz zum Ausdruck: „Gott dienen heißt herrschen?" (vgl. *Lumen Gentium*, Nr. 36). Die gleiche Wahrheit findet ihren Ausdruck im Leben einer großen Königin und einer schlichten, dienenden Frau.

6. „Beleidigt nicht den Heiligen Geist!"
Wir wollen den Heiligen Geist nicht beleidigen. Wir wollen seiner Macht, die unsichtbar und doch wirklicher ist als so viele sichtbare und geräuschvolle „Mächte", die vom Menschen heute in Überfülle hervorgebracht werden, keinen Widerstand entgegenbringen.
„Der Geist ist es, der lebendig macht; das Fleisch nützt nichts" (*Joh* 6,63), in diesen wenigen Worten Christi ist die Einschätzung aller Arten von Materialismus enthalten, die unter verschiedenen Formen immer wieder auftauchen, um in den Menschen gegen den Geist, der lebendig macht, Widerstände aufzurichten.
„Beleidigt nicht den Heiligen Geist!" Wir wollen in uns das Erbe Gottes und Christi neu beleben, damit sich nach so vielen Erfahrungen des tragischen Jahrhunderts, das

sich seinem Ende zuneigt, die Generation derer erneuert und festigt, die „den Vater anbeten ... im Geist und in der Wahrheit" (*Joh* 4,23).
Gott erwartet solche Anbeter!

Drei Schlüsselworte von Jasna Góra

Ansprache in der Vigil zum 6. Weltjugendtag vor dem Marienheiligtum auf der Jasna Góra in Tschenstochau am 14. August

1. Bei dieser Gebetswache, so reich an tiefen Eindrücken und von Begeisterung erfüllt, möchte ich, liebe Jugendliche, eure Aufmerksamkeit auf drei Leitworte lenken, auf die Worte:
- Ich bin da,
- ich gedenke deiner,
- ich wache.

Ich bin da

„Ich bin da": Das ist der Name Gottes. So antwortete eine Stimme aus dem brennenden Dornbusch dem Mose, als er darum gebeten hatte, den Namen Gottes zu erfahren. „Ich bin der ‚Ich-bin-da'" (*Ex* 3,14): mit diesem Namen sandte der Herr den Mose zu den Israeliten in der Sklaverei in Ägypten und zum Pharao, dem Unterdrücker: „Der ‚Ich-bin-da' hat mich zu euch gesandt" (*Ex* 3,14). Unter diesem Namen hat Gott sein auserwähltes Volk aus der Sklaverei herausgeführt, um den Bund mit Israel zu schließen:
„Ich bin Jahwe, dein Gott, der dich aus Ägypten geführt hat, aus dem Sklavenhaus. Du sollst neben mir keine anderen Götter haben" (*Ex* 20,2-3).
„Ich-bin-da", dieser Name ist das Fundament des Alten Bundes.

2. Er bildet auch das Fundament des Neuen Bundes. Jesus Christus sagt zu den Juden: „Ich und der Vater sind eins" (*Joh* 10,30). „Noch ehe Abraham wurde, bin ich" (*Joh* 8,58). „Wenn ihr den Menschensohn erhöht habt, dann werdet ihr erkennen, daß Ich es bin" (*Joh* 8,28).
Mitten unter uns, die wir hier wachen, steht das Kreuz. Ihr habt dieses Kreuz hierhergetragen und habt es mitten in unserer Versammlung aufgerichtet. An diesem Kreuz hat sich „bis ans Ende", bis zu Vollendung (vgl. *Joh* 13,1) der göttliche „Ich-bin-da" des Neuen und Ewigen Bundes kundgetan. „Gott hat die Welt so sehr geliebt, daß er seinen einzigen Sohn hingab, damit [der Mensch] ... nicht zugrunde geht, sondern das ewige Leben hat" (*Joh* 3,16).
Das Kreuz, das Zeichen jener unsagbaren Liebe. Zeichen, das offenbart, daß „Gott die Liebe ist" (vgl. *1 Joh* 4,8).
In der Abenddämmerung am Sabbat vor dem Paschafest wurde Jesus vom Kreuz abgenommen und ins Grab gelegt. Am dritten Tag zeigte er sich als Auferstandener

mitten unter seinen Jüngern und sagte zu ihnen, die „erschraken und große Angst hatten": „Friede sei mit euch! ... Ich bin es selbst!" (vgl. *Lk* 24,36.37.39): der göttliche „Ich-bin-da" des Bundes - des Ostergeheimnisses - der Eucharistie.

3. Der Mensch ist nach dem Bild und Gleichnis Gottes erschaffen, damit er existieren und zu seinem Schöpfer sagen kann: „Ich bin". In diesem menschlichen „ich bin" steckt die ganze Wahrheit des Daseins und des Bewußtseins. „Ich bin" vor Dir, der „du da bist".
Als Gott den ersten Menschen fragt: „Wo bist du?", antwortet Adam: „Ich habe mich vor dir versteckt" (vgl. *Gen* 3,9-10), so, als ob er versuche, nicht da zu sein vor Gott. Adam, du kannst dich nicht verstecken! Du kannst nicht „nicht da sein" vor dem, der dich erschaffen hat, vor dem, der gemacht hat, daß „du bist", und der „die Herzen erforscht und weiß ..." (vgl. *Röm* 8,27).

4. Ihr seid, liebe Freunde, nach Jasna Góra gekommen, wo seit vielen Jahren der Hymnus gesungen wird: „Ich bin dir nahe."
Die Welt, die euch umgibt, die moderne Zivilisation hat viel dazu beigetragen, jenes göttliche „Ich-bin-da" aus dem Bewußtsein des Menschen fortzunehmen. Er ist geneigt, so zu leben, als ob Gott nicht existiere. Das ist sein Programm.
Aber wenn es Gott nicht gibt, kannst denn du, Mensch, wirklich da sein?
Ihr seid hierhergekommen, liebe Freunde, um diese menschliche Identität: „ich bin" vor dem „Ich-bin-da" Gottes erneut zu finden und euch bis ins Tiefste darin festzumachen. Schaut auf das Kreuz, an dem das göttliche „Ich-bin-da" als Liebe sichtbar wird. Schaut auf das Kreuz, und vergeßt es nicht! Das „Ich bin dir nahe" bleibt das Schlüsselwort eures ganzen Lebens.

Ich gedenke deiner

1. Ich bin Dir nahe, ich gedenke deiner.
Neben das Kreuz, das erste Symbol unserer Vigil, wurde die Bibel gelegt, die Heilige Schrift, das Buch.
Vergeßt nicht die großen Taten Gottes (vgl. *Ps* 78 [77],7). Nehmt euch in acht, daß ihr nicht den Herrn vergeßt (vgl. *Dtn* 6,12).
Vergeßt nicht die Schöpfung. Vergeßt nicht die Erlösung: das Kreuz, die Auferstehung, die Eucharistie und Pfingsten. Das alles sind Offenbarungen des göttlichen „Ich-bin-da". Gott wirkt und Gott spricht zum Menschen: Er offenbart sich dem Menschen bis ins innerste Geheimnis seines Lebens. „Viele Male und auf vielerlei Weise hat Gott einst zu den Vätern gesprochen durch die Propheten; in dieser Endzeit aber hat er zu uns gesprochen durch den Sohn" (*Hebr* 1,1-2).
Die Heilige Schrift, die Bibel, ist das Buch der Werke Gottes und der Worte des lebendigen Gottes. Sie ist ein menschlicher Text, aber geschrieben unter der Inspiration des Heiligen Geistes. Er selbst, der Heilige Geist, ist also der erste Autor der Heiligen Schrift.

2. Ich bin dir nahe. Ich gedenke deiner. Der Mensch ist vor Gott, er bleibt bei Gott, indem er seiner gedenkt. So bewahrt er die Worte Gottes und die großen Werke Gottes, er erwägt sie in seinem Innern, wie Maria von Nazaret. Ehe die inspirierten Verfasser die Wahrheit von dem in Jesus Christus offenbarten ewigen Leben niederschrieben, war diese Wahrheit schon ins Herz seiner Mutter eingeschrieben und aufgenommen (vgl. *Lk* 2,51). Maria tat das auf die tiefste Weise, so, daß sie selbst ein „lebendiger Text" der göttlichen Geheimnisse wurde.
Die Worte: „Ich bin dir nahe, ich gedenke deiner" betreffen ganz besonders Maria, mehr noch als die Jünger des göttlichen Meisters.

3. Wir sind hierhergekommen, liebe Freunde, um Anteil daran zu nehmen, wie Maria der großen Werke Gottes gedachte. Um das Gedenken der Kirche mitzuvollziehen, die auf die inspirierte Schrift hört und davon lebt. Wir wollen der Heiligen Schrift näherkommen, der Quelle der Inspiration für uns selbst, damit sie uns zur Quelle unseres inneren Lebens wird. In ihr entdecken wir immer neu und immer mehr das wunderbare und unergründliche Geheimnis des göttlichen „Ich-bin-da".
Wir entdecken auch das Geheimnis unseres menschlichen „ich bin". In der Tat ist ja auch der Mensch ein Geheimnis. Das Zweite Vatikanische Konzil hat daran erinnert, daß sich nur in Jesus Christus „das Geheimnis des Menschen wahrhaft aufklärt" (vgl. *Gaudium et spes*, Nr. 22).

4. Wer die Heilige Schrift nicht kennt, kennt Christus nicht (vgl. Hl. Hieronymus, *Comm. in Is., Prol*, 22).
Wenn wir morgen von hier weggehen, wollen wir alles daransetzen, um Christus immer tiefer kennenzulernen. Wir wollen uns Mühe geben, in engem Kontakt mit dem Evangelium zu bleiben, mit dem Wort des lebendigen Gottes, mit der Heiligen Schrift, damit wir auch uns selbst besser kennenlernen und begreifen, welches unsere Berufung in Christus, dem menschgewordenen Wort, ist.

Ich wache

1. Die Ikone der Gottesmutter, der Theotokos.
Neben dem Kreuz und der Bibel steht ein Bild: das dritte Symbol unseres Gebetstreffens.
Diesem Symbol entspricht das Wort: „Ich wache". Ich bin bei dir, ich gedenke deiner, ich wache. Das sind die drei Worte des Appells von Jasna Góra, der während der großen geistigen Auseinandersetzungen von hier aus überallhin in die Welt gelangte, wo Polen wohnten. Ich bin bei dir, ich gedenke deiner, ich wache. Die drei Leitworte, die uns geholfen haben. Worte unserer Redeweise, aber auch Worte der Gnade, Ausdruck des menschlichen Geistes und Atem des Heiligen Geistes.

2. Hier in Jasna Góra hat das Wort „ich wache" einen marianischen Gehalt, der der Bedeutung des Muttergottesbildes entspricht. „Ich wache", das drückt die Haltung der Mutter aus. Ihr Leben und ihre Berufung finden ihren Ausdruck im Wachen. Von den ersten Augenblicken seiner Existenz an wacht sie über den Menschen. Sol-

ches Wachen ist von Traurigkeit und von Freude begleitet. „Wenn die Frau gebären soll, ist sie bekümmert, weil ihre Stunde da ist; aber wenn sie das Kind geboren hat, denkt sie nicht mehr an ihre Not über der Freude, daß ein Mensch zur Welt gekommen ist" (*Joh* 16,21). Das sind Worte Christi selbst.

Das mütterliche Wachen Marias, welch eine unergründliche Erfahrung! Welch eine Botschaft, geheimnisvoll in ein Frauenherz geschrieben, das ausschließlich von Gott gelebt hat! Wirklich: Der Mächtige hat Großes an ihr getan, und sein Name ist heilig (vgl. *Lk* 1,49).

Zumindest bleiben diese beiden Augenblicke in unserem Gedächtnis lebendig: die Nacht von Betlehem und die „Nacht des Geistes" unter dem Kreuz des Sohnes auf Golgota. Und noch ein anderer Augenblick: der Abendmahlssaal von Jerusalem am Pfingsttag, als die Kirche geboren wurde, als die Kirche in die Welt eintrat, wie ein Kind aus dem Mutterschoß kommt.

3. Die Kirche hat dieses mütterliche Wachen Marias weiterhin mitgenommen und ihm in vielen Heiligtümern auf der ganzen Welt Ausdruck gegeben. Sie lebt jeden Tag durch das Geschenk dieser mütterlichen Fürsorge. Hier, auf diesem Boden, in diesem Land, in dem wir uns befinden, leben die Generationen in dem Bewußtsein, daß die Mutter „wacht". Von hier, von Jasna Góra aus, wacht sie über das ganze Volk, über alle. Besonders in schwierigen Augenblicken, in Prüfungen und Gefahren.

4. „Ich wache" - die Bedeutung dieses Wortes ist ganz und gar dem Evangelium gemäß. Wieviele Male hat Christus gesagt: „Wachet!" (vgl. z. B. *Mt* 24,42; 25,13; 26,38.41; *Mk* 13,33.35.37; 14,34; 21,36). „Wacht und betet, damit ihr nicht in Versuchung geratet" (*Mk* 14,38). Unter allen Jüngern Christi ist Maria die erste, „die wacht". Von ihr müssen wir lernen, zu wachen, mit ihr zu wachen: „Ich bin bei dir, ich gedenke deiner, ich wache."

5. Was bedeutet „wachen"? Es bedeutet: ich strenge mich an, ein Mensch mit Gewissen zu sein. Ich ersticke dieses Gewissen nicht, und ich verbiege es nicht; ich nenne das Gute und Böse beim Namen und verwechsle es nicht; ich lasse das Gute in mir wachsen und suche mich vom Bösen zu korrigieren und es in mir zu überwinden. Hier liegt das grundlegende Problem, das nicht unterschätzt und auf ein Nebengleis abgeschoben werden darf. Nein! Es ist überall und immer ein erstrangiges Problem. Es ist umso mehr von Bedeutung, je zahlreicher die Umstände sind, die für das Dulden des Bösen zu sprechen scheinen und die Tatsache, daß wir leicht Entschuldigungen bei der Hand haben, vor allem die, daß die andern es auch so machen ... „Ich wache", das will auch sagen: Ich habe einen Blick für die andern; es will heißen: Nächstenliebe, grundlegende zwischenmenschliche Solidarität.

Ich habe diese Worte schon einmal hier in Jasna Góra gesagt. Es war beim Jugendtreffen 1983, in einem für Polen besonders schwierigen Jahr. Heute wiederhole ich sie: „Ich bin bei dir, ich gedenke deiner, ich wache!"

Wahrhaftigkeit hat in der Theologie den Vorrang

Ansprache an den Theologenkongreß in Tschenstochau am 15. August

I. Theologie, d. h. „Boho-slowie"

1. „Viele Male und auf vielerlei Weise hat Gott einst zu den Vätern gesprochen durch die Propheten; in dieser Endzeit aber hat er zu uns gesprochen durch den Sohn" (*Hebr* 1,1-2).

Das schöne slawische Wort „Boho-slowie" entspricht genau dem Wort „Theologie" im Griechischen. Im Lichte der hier wiedergegebenen Worte des Briefes an die Hebräer genügt es nicht, das Wort „Boho-slowie" (d. h. Theologie) mit „Wort über Gott" und folglich „Wissenschaft über Gott" zu übersetzen. Das Wort Gottes selbst ist fundamental und ursprünglich ... Gott hat durch die Propheten gesprochen ... in der Endzeit hat er durch den Sohn gesprochen. Ein Prophet ist der Mann, der im Namen Gottes spricht und sich auf die Macht der Wahrheit stützt, die Gott selbst ist. Spricht der Sohn vielleicht nur im Namen Gottes, der sein Vater ist? Der Sohn ist das Wort, das wesensgleich ist mit dem Vater, und daher haben seine Worte ihre eigene Macht: die Macht der göttlichen Wahrheit selbst. Seine Worte enthalten die Fülle der Selbstoffenbarung Gottes: der von Gott spricht, ist „der Einzige, der Gott ist und am Herzen des Vaters ruht" (vgl. *Joh* 1,18) und das sagt, was er vom Vater empfangen hat (vgl. *Joh* 8,28.40; 15,15).

Da die Theologie [„Bohoslowie"] das Wort über Gott ist, die Wissenschaft über Gott, so ist sie zugleich das aus dem Worte Gottes hervorgegangene Wort und die aus dem Worte Gottes hervorgegangene Wissenschaft. Niemals dürfen wir dies vergessen, wenn wir über die einzelnen Aspekte der „Wissenschaftlichkeit der Theologie" nachdenken. Für jede Wissenschaft und jedwede Art von „Wissenschaftlichkeit" bleibt der Bezug zur Wirklichkeit in der Wahrheit grundlegend. Jede (wissenschaftliche) menschliche Wahrhaftigkeit in der Theologie steht dem Vorrang der göttlichen Wahrheit gegenüber. Aus diesem Grunde verstand der hl. Thomas die Theologie als eine der Wissenschaft Gottes und der Seligen im Himmel untergeordnete Wissenschaft: „Sacra doctrina est scientia ex principiis superioris scientiae, quae Dei et beatorum propria est, derivata" (Hl. Thomas v. A., *S. Th.*, I,q.1, Art. 2). Dies ist der rechte im Glauben begründete Begriff von jener Wirklichkeit, die ihre endgültige Klarheit, d. h. Fülle der beseligenden Anschauung Gottes, nur als endgültige Frucht des Glaubens erlangen kann.

2. Die Worte des Briefes an die Hebräer weisen den Weg, auf dem das Wort Gottes den Menschen erreicht. Wenn der einzige Sohn selbst, d. h. das Wort, das wesensgleich ist mit dem Vater, der Gipfel und die Fülle dieses Weges ist, so hat Gott durch den Sohn gesprochen, als dieser Mensch wurde, und der Sohn spricht in menschlicher Weise von Gott. Das gilt noch mehr von allen Propheten, die die Ankunft des Sohnes und jene im Geheimnis der Fleischwerdung des Wortes erreichte Fülle der Selbstoffenbarung Gottes vorbereiteten.

Der Menschensohn ist nach den Worten des Briefes „ad Hebraeos", das Ende des Weges. Zugleich jedoch ist er der neue und endgültige Anfang des Weges, der „Theologie" oder „Bohoslowie" heißt. Der Platz der Propheten, die den Empfang des fleischgewordenen Wortes vorbereitet haben, ist von den Aposteln und mit ihnen von der Kirche übernommen worden, die „auf das Fundament der Apostel und der Propheten gebaut ist" (vgl. *Eph* 2,20). Auf diese Weise verbindet sich der weitere Weg der Theologie oder der „Bohoslowie" mit der Geschichte der Kirche als Volk Gottes. Sie hat Anteil an der dreifachen Mission des menschgewordenen Wortes: an der priesterlichen, der prophetischen und der königlichen Mission. Das Zweite Vatikanische Konzil hat diese Wahrheit auf neue Weise hervorgehoben.

3. Der Übergang vom griechischen Ausdruck „theo-logia" zum slawischen Ausdruck „bohoslowie" hat eine besondere geschichtliche Bedeutung (das griechische Wort theo-logia ist unverändert in den lateinischen Wortschatz und den der lateinischen Kirche eingegangen). Doch hat dieser Übergang eine besondere geschichtliche Bedeutung aufgrund der griechischen byzantinischen Herkunft derjenigen, die als erste die Botschaft des Wortes Gottes an die slawischen Völker in deren Sprache überbrachten. Und zwar war es in diesem Falle das Werk der hll. Brüder von Saloniki, die der Einladung Rastislaws, des Staatsoberhauptes von Großmähren, folgten und im 9. Jahrhundert als Missionare zu den vorwiegend slawischen Völkern dieses Gebietes kamen.
Wir müssen uns noch einmal der von den hll. Kyrill und Method vollbrachten Arbeit bewußt werden. Als Griechen haben sie zunächst die Sprache der Slawen gelernt, um dann in dieser Sprache das Wort der Frohen Botschaft Gottes zu verkünden. In ihrer Nachfolge wirken all die zahlreichen Missionare an den verschiedensten Orten der Erde. Alle wurden zunächst Jünger der Völker, die sie zu unterweisen hatten, um so für sie die Lehrer des Wortes Gottes werden zu können. Der hl. Irenäus geht noch weiter, indem er schreibt, daß das ewige Wort selbst durch die Menschwerdung gewissermaßen zunächst gelernt hat, Mensch zu sein, um dann die Menschen zu lehren, wie sie Kinder Gottes werden können, indem sie durch die Gnade an der göttlichen Natur teilhaben (vgl. *Adv. Haer.*, III,20,3: *Sacrosanctum Concilium*, Nr. 34,344).
Heute nennt man das „Inkulturation". Die volle Dimension eines solchen Vorgangs wird aber schon vom hl. Irenäus vorgestellt. Wenn er auch innerhalb der Ordnung der Kultur zu verstehen ist und darin Ausdruck findet, so ist er aber seinem Wesen nach „Theologie" oder „Bohoslowie". Und mehr noch, er ist die Substanz der Theologie selbst.

4. Es ist eine glückliche Fügung, daß sich unser heutiges Treffen (und der ganze theologische Kongreß, der ihm vorausgegangen ist) auf die Erneuerung im Geist von Kyrill und Method beziehen kann, die bereits gegen Ende des letzten Jahrhunderts von Leo XIII. begonnen wurde, und ferner auf die Tradition der Begegnungen in Velehrad, die, zum hundertsten Jahrestag der leoninischen Enzyklika, die Ernennung der beiden Brüder von Saloniki zu Mitpatronen Europas, zusammen mit dem

hl. Benedikt, vorbereitet hat. Ich möchte noch gerne hinzufügen, daß all diese Tatsachen in der neuen politisch-kulturellen Lage vorbereitend waren für die am Weißen Sonntag 1990 gerade in Velehrad erfolgte Einberufung der Europäischen Bischofssynode: Gott, der durch die Propheten gesprochen hat, um schließlich durch den Sohn zu sprechen: Gott, der weiterhin durch den Dienst der Kirche des menschgewordenen Wortes spricht, die auf dem Fundament der Apostel und der Propheten gebaut ist, er schreibt sein transzendentes Wort der Wahrheit in die Immanenz des stets im Wandel begriffenen menschlichen Daseins ein. Er schreibt es in die Geschichte der Menschen und der Völker ein; auf diese Weise nimmt diese Geschichte die Form der Heilsgeschichte an. Das Wort Gottes kehrt nicht leer zurück (vgl. *Jes* 55,1) zu demjenigen, der es ausspricht: doch da es zum Werk derer geworden ist, die mit Tränen und Leiden säen, so wird es Frucht bringen unter dem Jubel derer, die ihre Garben heimtragen (vgl. *Ps* 126[125],5-6).

II. Das Zeugnis, d. h. „martyrion" („Martyrium")

5. Die Theologie ist Frucht einer tiefen Beziehung zwischen dem Glauben und dem Geheimnis Gottes, sobald diese Vertrautheit die Form methodischen Denkens annimmt. Die Theologie entsteht aus dem Zeugnis und vor allem aus jenem Zeugnis, das vom Sohn, von Christus, kommt. Er ist der Augenzeuge des Gottesgeheimnisses und zugleich der „treue Zeuge" (vgl. *Offb* 1,5). Christus ist Zeuge des Geheimnisses Gottes; er ist zugleich der Inhalt dieses Geheimnisses wie auch dessen endgültige Offenbarung. Oder besser noch: er selbst ist das offenbarte Geheimnis.

Aus der Fülle seines Zeugnisses heraus beruft Christus die Zeugen. Er sagt zu den Aposteln: „Ihr werdet meine Zeugen sein ..." (*Apg* 1,8) und kündigt ihnen zugleich die Herabkunft des Geistes der Wahrheit an: „Er [wird] Zeugnis für mich ablegen. Und auch ihr sollt Zeugnis ablegen, weil ihr von Anfang an bei mir seid" (*Joh* 15,26-27). Die Nähe zu Christus, die Teilhabe an den Ereignissen seines Lebens, seines Todes und der Auferstehung, sind die menschlichen Kennzeichen des Zeugen. Doch reicht dies nicht aus, wenn es gilt, Zeugnis abzulegen für das Geheimnis des lebendigen Gottes. Das Zeugnis der Apostel muß im Zeugnis des Heiligen Geistes, des Geistes der Wahrheit, verwurzelt sein, denn allein er ergründet die Tiefen Gottes (vgl. *1 Kor* 2,10). Dies ist am Pfingsttag bestätigt worden; und seither wird es in der apostolischen Mission der Kirche fortgeführt. Alle Getauften sind zu einem solchen Zeugnis aufgerufen, insbesondere durch die Firmung, das Sakrament, das dazu befähigt, in der Macht des Heiligen Geistes Zeugnis abzulegen. Die Geschichte der Kirche ist die Geschichte der Zeugen Christi. Einige von ihnen hatten eine besondere Bedeutung, um in den einzelnen Epochen das Geheimnis des lebendigen Gottes, der in Christus offenbart wurde, zu vergegenwärtigen.

6. Der in Lublin abgehaltene Theologenkongreß der Länder Mittel- und Osteuropas bestand vor allem aus einer Zeugnisaufnahme: Zeugnisse über das Leben der Kirche in der Unterdrückung, in der, nach den ideologischen Prämissen der marxistischen Philosophie, die Religion bekämpft wurde, um sie völlig zu entwurzeln, weil man

sie als eine fundamentale Form der Entfremdung des Menschen betrachtete. Es wurde gegen die Religion und gegen die Kirche (die Kirchen) gekämpft, um den Menschen zu befreien. Dies war die programmierte und zugleich verwaltungsmäßige Atheisierung, wie es Kardinal Stefan Wyszynski bezeichnet hat. Bei einer derartigen Einschränkung und Verletzung der religiösen Freiheit als grundlegendem Menschenrecht war den Menschen, die in den jeweiligen Gesellschaften lebten, nur eine Haltung der Apostasie oder des Konformismus möglich. Unter den gleichen Umständen wurde jedoch auch die Haltung der bewußten Entscheidung für die Wahrheit Christi möglich: eine Haltung, die sich durch ein ganz besonderes Zeugnis auszeichnet.

Es ist bekannt, daß der griechische Ausdruck für das Wort „Zeugnis", nämlich „martyrion" (oder auch „martyria"), im Lateinischen „martyrium", auch bedeutet: Verfolgung wegen der Wahrheit, bis zum Opfer des Lebens. Solcherart war vor allem das Zeugnis - das Martyrium - Christi selbst. Gerade darin, daß er sein Leben durch das Opfer am Kreuz hingegeben hat, liegt die Fülle der Offenbarung Gottes, der die Liebe ist, die Fülle der Selbstoffenbarung Gottes. Das menschliche Martyrium, das für Christus um den Preis von Verfolgungen und sogar des Todes abgelegte Zeugnis, hat für das Leben der Kirche eine fundamentale Bedeutung: es vergegenwärtigt auf besondere Weise das göttliche Geheimnis, von dem die Kirche lebt und mit dem sie die Welt belebt. Dies hat sich auch an jenem besonderen „Ort" des Martyriums bestätigt, das in den letzten Jahrzehnten den europäischen Kontinent betroffen hat. Parallel zum „östlichen" Martyrium hat sich auch das mit dem Rassenhaß Hitlers verbundene Martyrium des Westens vollzogen, das zwar weniger lange gedauert hat, aber ebenso grausam war.

Dem Theologenkongreß, der sich auf die Zeugnisaufnahme konzentriert hat, kommt auch in theologischer Sicht eine grundlegende Funktion zu. Das Zeugnis ist eine besondere Kenntnis, eine im globalen und existentiellen Sinne Vertrautheit mit dem Geheimnis. Vergessen wir nicht, daß sich unter den schriftlichen Quellen des Christentums das „Martyrologium" befindet, das im Laufe der Kirchengeschichte den einzelnen geographischen Gebieten entsprechend laufend auf den neuen Stand gebracht wird. Unser Jahrhundert braucht vor allem für unseren Kontinent ein neues „Martyrologium". In diesem werden, neben anderen Menschen, die ihr Leben für die von ihnen bekannte Wahrheit hingaben, die zahlreichen Christen östlicher und westlicher Tradition stehen. Obschon das „Martyrologium" in seiner äußeren Form ein einfaches Register von Personen und Ereignissen ist, so erlaubt doch sein tiefer Inhalt, die Wurzeln einer jeden Theologie zu entdecken. Das „Martyrologium" spricht von den Tatsachen der christlichen Erfahrung, die ganz besonders reich sind, ganz besonders geprägt durch den Kontakt mit dem göttlichen Geheimnis und durch die Gegenwart dieses Geheimnisses.

Als Christus seinen Jüngern die Verfolgungen ankündigte, die sie wegen seines Namens zu erwarten hatten, fügte er hinzu: „Habt Mut: Ich habe die Welt besiegt" (*Joh* 16,33): und der Evangelist Johannes schreibt, daß „unser Glaube" (*1 Joh* 5,4) dieser Sieg ist. Dieser Sieg besteht vor allem in der Erfahrung des Zeugnisses

(„Martyrium"). Es ist die Erfahrung des Handelns Gottes im Menschen, der Kraft des Heiligen Geistes, die auf ihn „herabkommt" (vgl. *Apg* 1,8). Der Widerschein dieses Sieges offenbart sich in gewisser Weise nach außen und prägt die Geschichte der Kirche und das Leben der Gesellschaft.

III. Theologie und Anthropologie

7. Das Zeugnis (das „Martyrium") stellt nicht nur hinsichtlich des Geheimnisses Gottes, das sich in ihm ausdrückt und gegenwärtig wird, einen besonderen „locus theologicus" dar, sondern auch hinsichtlich der Wahrheit über den Menschen, die durch das Zeugnis besonders deutlich wird. In diesem Licht lassen sich die Worte des Zweiten Vatikanischen Konzils über die von Christus bewirkte Offenbarung des Menschen an den Menschen selbst (vgl. *Gaudium et spes*, Nr. 22) leichter verstehen. Wenn eine solche Offenbarung die Berufung des Menschen, die endgültige und übernatürliche Berufung, betrifft, so betrifft sie gleichzeitig denjenigen, der aufgerufen ist, d. h. den Menschen. Hier finden wir daher die Antwort auf die Frage: Wer ist der Mensch? Was bestimmt sein Menschsein, was entscheidet über die Personwürde, die ihm nach dem Ebenbild Gottes eigen ist?

Christus antwortet auf die Frage des Pilatus, ob er ein König sei, mit der Erklärung: „Ich bin dazu geboren und dazu in die Welt gekommen, daß ich für die Wahrheit Zeugnis ablege" (*Joh* 18,37). Diese Antwort ist wichtig wegen des Menschseins Christi und auch wegen des Menschseins eines jeden Menschen, insbesondere wenn wir das bedenken, was er hinzufügt: „Jeder, der aus der Wahrheit ist, hört auf meine Stimme". Der Mensch ist dazu berufen, „aus der Wahrheit zu sein" - „in der Wahrheit" zu leben. Dieser fundamentale Status des Menschseins findet seinen Ausdruck im Zeugnisgeben für die Wahrheit. Auch aus dieser Sicht wird der Mensch durch Christus dem Menschen offenbart: er zeigt ihm, was es heißt, Mensch zu sein. Er läßt ihn die Gründe verstehen, dank derer der Mensch den Namen und die Würde des Menschen verdient. Der Status des Zeugen, d. h. dessen, der Zeugnis ablegt für die Wahrheit, ist der grundlegende Status des Menschen. Dies ist eine Aussage von wesentlicher Bedeutung, nicht nur in der Dimension des Christentums als Kultur, als Humanismus.

Es ist angebracht, diese Aussage mit einer anderen Aussage zu verbinden, die die Freiheit angeht. Christus sagt zu seinen Zuhörern (und auch zu seine Gegnern): „Ihr [werdet] die Wahrheit erkennen, und die Wahrheit wird euch befreien" (*Joh* 8,32). Der Mensch legt Zeugnis ab von der Wahrheit, die er kennengelernt hat. Die Kenntnis bewirkt, daß er Zeuge der Wahrheit wird. Zugleich ist der Mensch bezüglich der ihm eigenen Erkenntnismöglichkeiten frei. Die Freiheit des Willens setzt die Fähigkeit voraus, die Wahrheit hinsichtlich des Guten zu erkennen. Ohne die Erkenntnis der Wahrheit hinsichtlich des Guten wäre der Mensch in einem von den Instinkten beherrschten Leben vielfältigen psychologischen Zwängen ausgesetzt. Er wäre nicht frei (so wie auch die ihm untergeordneten Tiere nicht frei sind), und er wäre nicht fähig zur Freiheit. Er könnte nicht einmal wissen, daß er nicht frei ist,

wenn er die einen oder anderen Zwänge als Freiheit betrachten würde. Die wahre Freiheit ist eng und organisch an die Wahrheit geknüpft: die Wahrheit stellt die Wurzel der Freiheit dar. Nur durch den Bezug zur Wahrheit kann der Mensch über sich selbst entscheiden und kann auch unter den guten Dingen, die er kennenlernt, die Werte auswählen. Er kann schließlich zwischen dem Guten und dem Bösen seine Wahl treffen. Dies stellt die Substanz des menschlichen Ethos dar.
Die Worte Christi „Ihr werdet die Wahrheit erkennen, und die Wahrheit wird euch befreien”, erreichen den neuralgischen Punkt der menschlichen Freiheit: der Mensch ist frei, denn er besitzt die Fähigkeit, die Wahrheit zu erkennen - und zugleich wird der Mensch frei, insofern er sich in seinen Entscheidungen, Entschlüssen und in all seinem Handeln von der Wahrheit leiten läßt: insofern er sich von der Wahrheit im Hinblick auf das Gute leiten läßt. Hier nähern wir uns jenem, wie das Zweite Vatikanische Konzil es nennt, „geheimsten Heiligtum” des Menschen, dem Gewissen (vgl. *Gaudium et spes*, Nr. 16). Da es keine Freiheit ohne Wahrheit gibt, ist auch der „Status des Zeugen”, desjenigen also, der Zeugnis ablegt für die Wahrheit, für die ganze menschliche Moral zugleich immanent und grundlegend. Man könnte sagen: für die gesamte menschliche Praxis (Tätigkeit) unter dem Gesichtspunkt des Ethos. Dies ist ein wesentlicher Aspekt für den Menschen, in ihm entscheidet sich das wahre Drama seines Menschseins. Der Mensch ist dem Menschen durch Christus auch (und vielleicht vor allem) aus genau dieser Sicht offenbart worden.

8. Wenn wir zum Gebiet des zeitgenössischen Martyriums im Bereich der europäischen Geschichte zurückkehren, so können wir sagen, daß sich hier eine besondere Form der Theologie der Befreiung herausgebildet hat. Dies darf nicht nur im Hinblick auf den Kampf um die grundlegenden Menschenrechte (Religionsfreiheit, Gewissensfreiheit und andere) festgestellt werden, der sich hier unter Zuhilfenahme äußerst armseliger Mittel im Konflikt mit dem Machtanspruch des totalitären Staates vollzogen hat. Dies muß auch gesagt werden im Hinblick auf die Echtheit der Befreiung als solcher im Sinn des Evangeliums, denn hierum ging es in jenem Kampf. Vor allem diejenigen können Zeugnis dafür ablegen, die um den Preis von großen Opfern und Verzichten jene „Freiheit, für die uns Christus befreit hat” (vgl. *Gal* 5,1) erprobt haben.

IV. „Gabenaustausch”

9. Die europäische Bischofssynode, die gegen Ende dieses Jahres stattfinden wird, ist, den Worten des Konzils entsprechend, dazu eingeladen worden, jenen besonderen „Gabenaustausch” zwischen den Kirchen und Gemeinschaften (vgl. *Lumen Gentium*, Nr. 13) einzuleiten, der für die Einheit der Gemeinschaft der Kirche und der gesamten christlichen Welt von wesentlicher Bedeutung ist.
Der Theologenkongreß, der heute in Jasna Góra gleichzeitig mit dem Weltjugendtag seine Arbeiten beendet, hat der Synode und auch allen Kirchen unseres Kontinents in diesem Bereich einen bedeutenden Dienst erwiesen.

Von ganzem Herzen möchte ich all denen danken, die an diesem Pionierwerk mitgearbeitet haben. Und wenn es mir erlaubt ist, füge ich eine Fürbitte zur Fortführung dieser wichtigen Arbeit hinzu: „Nos cum prole pia benedicat Virgo Maria.”

Konsequente und mutige Zeugen sein

Predigt bei der Eucharistiefeier am Fest Mariä Himmelfahrt in Tschenstochau, 15. August

1. „Alle, die sich vom Geist Gottes leiten lassen, sind Söhne Gottes” (*Röm* 8,14).
Liebe Jugendliche, Brüder und Schwestern aus Polen und verschiedenen Teilen der Welt. Ich beginne diese ganz in Polnisch gehaltene Predigt mit Zittern. Doch wenn mich etwas tröstet, dann das Bewußtsein, daß unsere Gäste es auch in ihren Sprachen hören. Es ist ein wenig wie am Pfingsttag in Jerusalem. Und das nicht nur, weil auch diejenigen, die sehr weit weg sind, diese Liturgiefeier dank der Bildschirme sehen können, die uns unsere italienischen Brüder wohlwollend zur Verfügung gestellt haben. Endlich tröstet mich auch das schöne Wetter und der Sonnenschein.
Herr Präsident der Republik, Herr Premierminister, Vertreter von Regierung und Parlament und ihr alle, meine lieben Brüder im Bischofsamt, Kardinäle, Bischöfe und alle meine Brüder im Priestertum, meine Brüder und Schwestern im Ordensberuf, in der Berufung als Christen und Menschen, ihr alle, die ihr hier anwesend seid!
Ich grüße euch alle im Namen des Vaters und des Sohnes und des Heiligen Geistes, liebe Jugendliche, die ihr aus verschiedenen Ländern Europas und von anderen Kontinenten hergekommen seid. Ihr seid in dem Bewußtsein nach Jasna Góra gekommen, einen „Geist empfangen zu haben, der euch zu Adoptivsöhnen macht” (vgl. *Röm* 8,15). Dank dessen seid ihr zugleich „Erben Gottes” und „Miterben Christi” (*Röm* 8,17). Gemeinsam mit ihm könnt ihr rufen: „Abba, Vater” (*Röm* 8,15). Tatsächlich „bezeugt der Geist selber unserem Geist, daß wir Kinder Gottes sind” (*Röm* 8,16).
Bei der Begegnung gestern abend haben wir die Wahrheit eurer Berufung in Christus betrachtet und uns konzentriert auf drei Zeichen: das Kreuz, die Bibel und das Bild Mariens.
Am heutigen Festtag wollen wir uns in besonderer Weise an jene wenden, die sich vor allem vom Geist Gottes hat leiten lassen: an Maria. Wir grüßen sie als geliebte Tochter Gottes des Vaters, erwählt zur menschlichen Mutter des Sohnes Gottes. Wir grüßen Maria als jene, die diese Erwählung von Ewigkeit her angenommen und die Jesus Christus zur Welt gebracht hat durch das Wirken des Heiligen Geistes: die Jungfrau von Nazaret hat geglaubt, daß das, was bei den Menschen unmöglich ist, bei Gott möglich ist (vgl. *Lk* 1,37).

2. Heute begeht die Kirche besonders feierlich ihre leibliche Aufnahme in den Himmel. Diese endgültige Erfüllung des Lebens und der Berufung der Gottesmutter ge-

stattet uns - im Licht der Liturgie - die ganze vorausgehende irdische Existenz Mariens und ihren mütterlichen Pilgerweg des Glaubens zu betrachten. Sehr gedrängt und zugleich vollständig drücken all das die Worte Elisabeths bei der Begegnung mit Maria aus: „Selig ist die, die geglaubt hat, daß sich erfüllt, was der Herr ihr sagen ließ" (*Lk* 1,45).

Die von Maria bei der Verkündigung vernommenen Worte haben sich in der Geburt Jesu in Betlehem und bis zum Kreuz auf Golgota wunderbar erfüllt, dann weiter durch den Ostermorgen und bis zum Pfingstfest. Auf all diesen Abschnitten des irdischen Pilgerweges lernte Maria immer tiefer kennen, „welch große Dinge der Mächtige an ihr getan hat" (vgl. *Lk* 1,49). Und alle diese großen Dinge, die „magnalia Dei", werden durch ihre leibliche Aufnahme in den Himmel gleichsam gekrönt. Maria tritt als Braut des Heiligen Geistes in das Haus der höchsten Bestimmung des Menschen ein. Dort, wo die heiligste Dreifaltigkeit wohnt, ist auch ihre Wohnung auf ewig. Hier auf Erden aber „preisen alle Geschlechter sie selig" (vgl. *Lk* 1,48).

Auch wir, diese besondere Gemeinschaft von Jugendlichen, preisen Maria selig unter den Frauen, und erweisen damit dem eingeborenen Sohn des Vaters höchste Ehre, der zur gebenedeiten Frucht ihres Leibes geworden ist. In ihm haben wir ja „alle den Geist der Annahme an Kindesstatt empfangen" (vgl. *Röm* 8,15).

3. Die Liturgie des Hochfestes der leiblichen Aufnahme Mariens in den Himmel erschöpft sich hier aber nicht. Sie läßt uns nicht nur auf jenes „Heiligtum Gottes im Himmel blicken, das geöffnet wurde" (vgl. *Offb* 11,19) und in dem alle Adoptivkinder Gottes wie Maria, die Mutter Gottes, als „Miterben Christi" am unaussprechlichen Leben des Vaters, des Sohnes und des Heiligen Geistes teilnehmen, das die endgültige Fülle jeder Wahrheit und Liebe bedeutet. Das Buch der Geheimen Offenbarung läßt uns die in den Himmel Aufgenommene auch als „großes Zeichen" sehen: als „eine Frau, mit der Sonne bekleidet; der Mond war unter ihren Füßen und ein Kranz von zwölf Sternen auf ihrem Haupt" (*Offb* 12,1). Dies ist also das Zeichen der Erfüllung in den Dimensionen des ganzen Kosmos. In diesem Zeichen kehren zu Gott dem Schöpfer, also dem absoluten Anfang alles dessen, was da ist, die Geschöpfe in ihrem ganzen vielfältigen Reichtum zurück.

In diesem Zeichen kehrt der nach dem Bild und Gleichnis Gottes geschaffene Mensch zu Gott zurück. Wir alle müssen auf die gleiche Weise zurückkehren, wenn wir die Adoptivkindschaft im eingeborenen Sohn Gottes empfangen haben, der um unserer Adoption willen Menschensohn, Sohn Mariens, geworden ist.

Doch diese allumfassende Rückkehr der Kinder zum Vater verbindet sich im Raum der Geschichte des Menschen auf Erden mit einem besonderen Drama. Die heutige Liturgie hebt dieses Drama hervor mit den Worten des hl. Paulus im Brief an die Korinther: „Durch einen Menschen ist der Tod gekommen ... in Adam sterben alle" (vgl. *1 Kor* 15,21-22). Dieser Tod hat eine tiefere Dimension als der rein biologische Tod.

4. Es ist ein Tod, der den Geist trifft und ihm das Leben raubt, das von Gott selber stammt. Seine Ursache ist die Sünde als Auflehnung des vernunftbegabten und freien Geschöpfes gegen Gott.
Das Drama reicht in die Anfänge zurück, als der Mensch, vom Bösen versucht, seine Selbstverwirklichung selbständig erreichen wollte. „Ihr werdet wie Gott und erkennt Gut und Böse" flüsterte die Schlange dem Menschen ein (vgl. *Gen* 3,5); ihr werdet also in der Lage sein, selber das zu entscheiden, was gut und was böse ist, unabhängig von der Quelle der Wahrheit und des Guten, die Gott selber ist.
Gerade dieses Drama - das ursprüngliche Drama - findet seinen symbolischen Ausdruck in dem grandiosen Bild, das uns die heutige Liturgie vorstellt. Gegenüber der mit der Sonne bekleideten Frau als Symbol des zum Reich Gottes verwandelten Kosmos erscheint ein anderes Zeichen, das des Bösen im ursprünglichen Drama. In der Heiligen Schrift hat er verschiedene Namen. Hier ist er als Drache dargestellt, der das von der Frau geborene Kind, den Hirten „aller Nationen", verschlingen möchte (vgl. *Offb* 12,4-5).
Das letzte Buch des Neuen Testamentes bekräftigt also das erste Buch der Genesis: „Feindschaft setze ich zwischen dich und die Frau, zwischen deinen Nachwuchs und ihren Nachwuchs" (*Gen* 3,15). Die Geschichte des Menschen stellt sich also als eine lange Reihe von Kämpfen und Auseinandersetzungen zwischen Gut und Böse, zwischen dem ewigen Vater, der die Welt so sehr liebt, daß er seinen eingeborenen Sohn hingibt, und dem „Vater der Lüge, dem Menschenmörder von Anbeginn" (vgl. *Joh* 8,44).

5. Wofür kämpft also der „Vater der Lüge"? Er kämpft, um den Menschen seiner Adoptivkindschaft zu berauben, um ihm das Erbe streitig zu machen, das ihm in Christus vom Vater gewährt ist.
Er kämpft gegen die Frau, die jungfräuliche Mutter des Erlösers der Welt, gegen jene, die das erhabene Bild der Kirche ist (vgl. *Lumen Gentium*, Nr. 53).
Das Zeichen der Frau in der Geheimen Offenbarung weist auf die Gottesmutter und die Kirche hin. Es weist auf alle hin, die „sich vom Geist Gottes leiten lassen", auf alle, die zusammen mit Christus als Söhne im Sohn rufen: „Abba, Vater!"
Dieses Zeichen gilt also auch für uns. Wenn wir zusammen mit Christus als Adoptivkinder rufen: „Abba, Vater", nehmen wir am österlichen Sieg des Kreuzes und der Auferstehung teil, an dem als erste die in den Himmel aufgenommene Gottesmutter Maria teilgenommen hat.

6. Liebe Freunde! Ihr seid hier aus zahlreichen Orten versammelt und sprecht viele verschiedene Sprachen. Ihr tragt in euch das Erbe vieler Kulturen und vieler geschichtlicher Erfahrungen. Auf unterschiedliche Weise habt ihr erfahren und erfahrt ihr selbst und eure Gesellschaften weiterhin jenen Kampf, der sich die ganze Menschheitsgeschichte hindurch im Menschen und um des Menschen willen abspielt.
Unser Jahrhundert war und ist weiter ein besonderer Brennpunkt dieses Kampfes. Ganze Generationen waren in diesen Kampf verwickelt, und heute ist der wahre

Schauplatz ein jeder von uns. Der Mensch, in der Wahrheit seiner Erschaffung nach dem Bild und Gleichnis Gottes, ist zugleich der Mensch, der versucht wird, dieses Bild und Gleichnis in eine Herausforderung an seinen Schöpfer und Erlöser zu verwandeln. Er ist versucht, es abzulehnen. Er ist versucht, sein Leben hier auf Erden so einzurichten, als ob es Gott nicht gäbe, als ob es Gott in seiner ganzen transzendenten Wirklichkeit nicht gäbe. Als ob es seine Liebe zum Menschen nicht gäbe, die den himmlischen Vater getrieben hat, seinen eingeborenen Sohn „hinzugeben", damit der Mensch durch ihn in Gott das ewige Leben habe.
In diesem Kampf, bei diesen aufeinanderfolgenden geistigen Auseinandersetzungen werden zahlreiche Mittel eingesetzt, die Menschen ihres Erbes als Adoptivkinder berauben. Ihr aber, junge Menschen, seid auf der Wallfahrt hierhergekommen, um diese Annahme an Kindesstatt zu bekräftigen, ihr wollt euch erneut für sie entscheiden. Ihr wollt euer menschliches Leben dementsprechend gestalten, um auch andere herbeizuführen.
Seid gesegnet!
Seid gesegnet mit Maria, die an die Erfüllung der Worte geglaubt hat, die ihr vom Herrn gesagt worden waren.
Seid gesegnet! Möge das Zeichen einer mit der Sonne bekleideten Frau auf all euren Lebenswegen mit euch gehen und euch zur Erfüllung eurer Annahme an Kindesstatt in Christus führen.
Der Herr hat wahrlich Großes an euch getan!

7. Für diese „großen Dinge" müßt ihr, liebe Jugendliche, in eurer Umgebung, unter euren Altersgenossen und in allen Augenblicken eures Lebens konsequente und mutige Zeugen sein.
An eurer Seite steht Maria, die für jede Inspiration des Geistes gelehrige Jungfrau, jene, die mit ihrem hochherzigen Ja zum Plan Gottes der Menschheit die langersehnte Aussicht auf Heil erschlossen hat.
Im Blick auf sie, die demütige Magd des Herrn, die heute in die Herrlichkeit des Himmels aufgenommen wurde, sage ich euch mit dem hl. Paulus: „Laßt euch vom Geist leiten" (*Gal* 5,16). Laßt den Geist der Weisheit und des Verstandes, des Rates und der Stärke, der Frömmigkeit und der Gottesfurcht (vgl. *Jes* 11,2) eure Herzen und euer Leben durchdringen, damit er durch euch das Angesicht der Erde umgestaltet.
Wie euch eines Tages der Bischof, der euch das Sakrament der Firmung spendete, gesagt hat, wiederhole ich heute vor euch Jugendlichen, die ihr von allen Kontinenten hierhergekommen seid: „Empfanget den Heiligen Geist!" Mit der Kraft ausgerüstet, die von ihm stammt, werdet Baumeister einer neuen Welt, einer anderen Welt, die auf Wahrheit und Gerechtigkeit, auf Solidarität und Liebe gründet.

8. Dieser VI. Weltjugendtag zeichnet sich durch eine Besonderheit aus: zum ersten Mal können Jugendliche aus Osteuropa in so großer Zahl teilnehmen.
Wie sollten wir darin nicht ein großes Geschenk des Heiligen Geistes erblicken? Gemeinsam mit euch möchte ich Ihm heute danken. Nach der langen Zeit der prak-

tisch unüberschreitbaren Grenzen kann die Kirche in Europa nun wieder frei mit ihren beiden Lungen atmen.
Eure Anwesenheit, liebe Jugendliche aus Osteuropa, erscheint daher besonders bedeutsam. Die universale Kirche braucht den kostbaren Schatz eures christlichen Zeugnisses: ein Zeugnis, für das man zuweilen notwendig einen sehr hohen Preis an Leiden im Randdasein und in der Verfolgung und sogar im Gefängnis zahlen muß.

9. Heute ist endlich eure Stunde gekommen! In den harten Jahren der Prüfung haben die Kirche und der Nachfolger des Petrus euch nie vergessen. Hier, am Heiligtum von Jasna Góra, könnt ihr nun der Welt die öffentliche Bestätigung für eure Zugehörigkeit zu Christus und für eure Gemeinschaft mit der Kirche geben. Ihr tut es vor euren Altersgenossen, die aus allen Teilen der Welt, und zumal aus den Ländern Osteuropas stammen.
Auf euch, Jugendliche aus dem europäischen Osten und Westen, zählt der alte Kontinent beim Aufbau jenes „gemeinsamen Hauses", von dem wir uns eine Zukunft der Solidarität und des Friedens erwarten. Auf euch zählt auch die Kirche, die auf der kommenden außerordentlichen Versammlung der Bischofssynode zusammentritt, um über die Folgen der jüngsten Wandlungen nachzudenken, die entsprechenden Initiativen einzuleiten und zu einer wirksameren Pastoraltätigkeit auf dem Kontinent zu gelangen.
Zum Wohl der kommenden Generationen wird es notwendig sein, daß sich das neue Europa auf dem Fundament jener geistigen Werte aufbaut, die den innersten Kern seiner kulturellen Überlieferung ausmachen.

10. Eine große Freude erfüllt mein Herz, wenn ich euch Jugendliche aus Ost und West, aus Nord und Süd vereint sehe im gemeinsamen Glauben an jenen Jesus, der „der Gleiche bleibt, gestern, heute und immer" (vgl. *Hebr* 13,8). Ihr seid die Jugendkraft der Kirche, die sich für das neue Jahrtausend bereit macht. Ihr seid die Kirche von morgen, die Kirche der Hoffnung.
Liebe Jugendliche, ihr wißt aus Erfahrung, daß der Zusammenbruch der Ideologie in den Ländern Osteuropas bei vielen eurer Gefährten das Gefühl einer großen Leere hinterlassen hat, den Eindruck, betrogen worden zu sein, und dazu eine niederdrükkende Angst vor der Zukunft.
Auch in den Ländern Westeuropas hat der Großteil der Jugend die Motivation zum Leben verloren. Das Phänomen der Droge ist ein Symptom dieser tiefreichenden Verirrung. Die Interesselosigkeit für die Politik weckt bei vielen das Gefühl des Unvermögens im Kampf für das Gute.
Zu diesen Brüdern und Schwestern seid ihr gesandt als Herolde der Frohbotschaft vom Heil. Wenn sie Jesus Christus begegnen und eure Berufung zur Gotteskindschaft durch euer Zeugnis der Freude kennenlernen, werden sie entdecken, was der Sinn des Lebens ist. Worunter sie leiden, ist ja der Durst nach Sinn, aber Jesus Christus ist es, der sie frei macht.
All jene, die angesichts der irdischen Aufgaben der Kultur enttäuscht sind, sollt ihr auffordern, mit euch die Baumeister der „Kultur der Liebe" zu sein, für die die So-

ziallehre der Kirche das große Programm bildet; sie habe ich in der Enzyklika *Centesimus annus* erneut in Erinnerung gerufen und bekräftigt.
Hochherzig für den Aufbau einer Gesellschaft arbeiten, die vom ständigen Streben nach Gerechtigkeit, Eintracht, Solidarität und Frieden gekennzeichnet ist, ist ein Ideal, das jedem die Reichtümer der Hingabe und des Dienstes, die er in sich trägt, enthüllt.
Jeder, der für die Brüderlichkeit unter den Menschen und Völkern mitarbeitet und sich hochherzig in der Hilfe für die Ärmsten einsetzt, wird die Schönheit des Lebens erfahren.
Liebe Freunde, ihr seid die verantwortlichen Träger dieser Botschaft des Evangeliums, die zum ewigen Leben führt und zugleich den Weg zu einem menschlicheren Leben auf dieser Erde zeigt.
Viel von dem, was morgen sein wird, hängt vom Einsatz der heutigen Generation der Christen ab. Es hängt vor allem von eurem Einsatz ab, liebe Jugendliche, die ihr bald verantwortlich für Entscheidungen sein werdet, von denen nicht nur euer eigenes Geschick, sondern zugleich das Geschick vieler anderer, die mit euch sind, abhängt.
Euch kommt daher die Aufgabe zu, in der Welt von morgen die Sicherstellung der Werte wie Religionsfreiheit, Achtung vor der personalen Dimension der Entwicklung, Schutz des Rechtes auf Leben, Förderung der Familie, Erschließung der zwischen den Kulturen bestehenden Unterschiede zu gegenseitiger Bereicherung und schließlich Wahrung des ökologischen Gleichgewichts, das von immer größeren Gefahren bedroht ist, sicherzustellen.

11. Es sind gewaltige Aufgaben, die unerschrockene Herzen erfordern, die „gegen alle Hoffnung zu hoffen" wissen (vgl. *Röm* 4,18). Liebe Jugendliche, ihr seid bei dieser Aufgabe nicht allein! Bei euch ist Christus der Herr, der gesagt hat: „Ich bin gekommen, um Feuer auf die Erde zu werfen. Wie froh wäre ich, es würde schon brennen!" (*Lk* 12,49). Das kann also euer Herz stählen und es anspornen, die schwierigsten Aufgaben zu wagen: das Feuer, das Jesus gebracht hat, das Feuer des Heiligen Geistes, das jede menschliche Armseligkeit, jeden engherzigen Egoismus und jeden kleinlichen Gedanken niederbrennt.
Laßt dieses Feuer eure Herzen entzünden!
Es ist die Jungfrau Maria, die es hier in Tschenstochau in euch entzündet hat.
Tragt dieses Feuer in alle Teile der Welt!
Nichts und niemand soll es je zum Erlöschen bringen!
Was hat Jasna Góra für euch bedeutet?
Jasna Góra war heute für euch der Abendmahlssaal.
Seht, ein neues Pfingsten! Die Kirche ist erneut gemeinsam mit Maria versammelt, eine junge und missionarische Kirche, die sich ihrer Sendung bewußt ist. Empfangt den Heiligen Geist und seid stark. Amen.

Am Schluß sagte der Papst:

Darf ich euch noch persönlich etwas sagen? Dieser euer Beifall war sehr wichtig. Mir würde er nicht fehlen. Aber er war wichtig für euch. Er war nötig für diese großartige Feier voll Freude und Kommunikation. Meine Lieben, ich sage noch mehr. Heilige Mutter, verzeihe mir, was ich sage! Dieser Beifall war nötig, auch wenn nichts deinen Ruhm mehren kann, doch eine zusätzliche Freude ist die Tatsache, daß sie sich freuen und daß wir uns heute freuen.
Gerade du, Maria, bist der Grund unserer Freude, und der Gipfel dieser Freude ist gerade heute Ursache für unsere Freude. Wir wollen ihr, so gut wir als Menschen, als Kinder, als deine Kinder können, Ausdruck geben.
Meine Lieben, die Freude kann auch erlahmen, werden wir also der Freude nicht müde, und setzen wir unsere Liturgiefeier fort, die noch einen langen Weg vor sich hat, nicht gerade bis heute abend, aber gewiß bis zum späten Nachmittag.

Wir tragen tiefe Wünsche in uns

Regina Caeli zum Abschluß des VI. Weltjugendtages in Tschenstochau am 15. August

Unter deinen Schutz und Schirm fliehen wir, o heilige Gottesmutter ...
Wir Jugendliche der ganzen Welt kommen zu dir, Mutter Christi und Mutter der Kirche. Mutter des Glaubens, der Hoffnung und der Liebe. Wir weihen dir unsere ganze Jugend.
Wir kommen zu dir, Mutter Gottes und Mutter des Lebens, Mutter der schönen Liebe.
Wir kommen hierher, wo die Menschen seit Jahrhunderten dich angerufen haben, um die Freiheit zu erlangen: sogar während der Sklaverei haben sie sich bei dir frei gefühlt.
Heute ist dein Haus zum Haus für uns alle, für die Jugendlichen aus der ganzen Welt, geworden. Tschenstochau ist in diesem Augenblick die Hauptstadt der Jugend.
Wir kommen zu dir, zu unserer Mutter, und durch deine Fürbitte erflehen wir von Christus die wahre Freiheit, den wahren Glauben, Grund zum Leben und zur Hoffnung. Du, o Mutter, kennst unsere Grenzen, aber auch alle unsere Träume, Zukunftspläne und Möglichkeiten. Gib, daß wir die Hoffnung, die in uns ist (vgl. *1 Petr* 3,15), fruchtbar machen.
Verschmähe nicht unser Gebet in unseren Nöten, sondern erlöse uns jederzeit aus allen Gefahren, o du glorwürdige und gebenedeite Jungfrau ...
Wir tragen tiefe Wünsche in uns. Wir wollen für Christus leben. Wir wenden uns an dich, die sicherste Lehrerin auf den Wegen des Menschen ... Hilf uns, alle Verzweiflung zu überwinden. Hilf uns, stärker zu sein als alles, was uns zu ersticken

droht. Unser tägliches Leben ist verschieden, wie auch deine Bilder in unseren Ländern verschieden sind. Hilf uns, echt zu sein.
Dir vertrauen wir alles an, was uns von innen und außen her bedroht: heile uns von den Sünden und Schwachheiten, befreie uns von Niederlagen und Irrtümern, bewahre uns vor der Verachtung des Lebens und vor all dem, was Gesundheit und Leben bedroht.
Bewahre uns vor der Einsamkeit, die wir nicht frei gewählt haben und die viele nicht zu überwinden vermögen. Gib, daß sie uns nie zur Verzweiflung führt.
Wir vertrauen dir all jene an, die mit der Arbeitslosigkeit fertig werden müssen, mit der Wohnungsnot und der Angst vor der Zukunft.
Hilf uns, die Welt und uns selbst vor Gewalttätigkeit und den verschiedenen Formen des heutigen Totalitarismus zu befreien, auf die wir keinen unmittelbaren Einfluß haben.
Dir, o Mutter, vertrauen wir die jungen Familien und auch jene an, die sich dem ausschließlichen Dienst Gottes geweiht haben. Dir, o Mutter, vertrauen wir die Berufung eines jeden Menschen an. Gib, daß das Leben eines jeden, eines jeden von uns, Früchte bringt, die aus dem Evangelium erwachsen sind.
Wir wollen mit dir beten für jene, die die Wege deines Sohnes suchen, und auch für jene, die von unserer Begegnung nichts wissen und wissen wollen. Für jene, die weder Gott noch Christus noch dich kennen.
Du, unsere Herrin, unsere Mittlerin, unsere Fürsprecherin und Trösterin, versöhne uns mit deinem Sohne, empfiehl uns deinem Sohne, stelle uns deinem Sohne vor.
Lehre uns dein Vertrauen, deine Hoffnung und deine Liebe. Lehre uns, deinem Sohn entgegenzugehen. Führe uns zu ihm hin, damit er die Antwort auf alle unsere Fragen wird. Lehre uns, auch den anderen Menschen entgegenzugehen, die vielleicht ärmer und einsamer sind als jeder von uns.
Lehre uns, dem Leben zu dienen, von seiner Empfängnis an bis zum natürlichen Tod. Lehre uns, dieses Leben anzunehmen.
Mögen unsere Herzen offen sein, aber auch die Wohnungen und Länder. Befreie uns von der Angst, so daß wir vor den Armen des Evangeliums - vor den Kindern, den Alten, Kranken und Fremden - keine Angst haben, sondern die Türen für den Erlöser der Welt und des Menschen öffnen können.
Gib dem Leben und allem, was es hervorbringt und ihm Sinn gibt, seinen Geheimnischarakter zurück. Gib der Liebe ihren Geheimnischarakter zurück, und bewirke es durch die Reinheit. Durch dich wird die Reinheit zur Antwort auf das Geheimnis: „Selig, die reinen Herzens sind, sie werden Gott schauen" (vgl. *Mt* 5,8). Du weißt, daß die schwerste Verderbnis des Menschen die Unreinheit ist: von ihr kommen Haß, Mord und Kriege.
Wir wollen die Verantwortung für unsere Zukunft auf uns nehmen, für die Zukunft der Kirche und der Welt an der Schwelle des dritten Jahrtausends, um fähig zu sein, unseren Kindern den Glauben an Gott und den Sinn des Lebens weiterzugeben.

Lehre uns, in der Kirche und im sozialen Leben präsent zu sein. Lehre uns, die Verantwortung für die Geschicke der Welt und unseres Vaterlandes hier auf Erden zu übernehmen.
Mutter der Weisheit, lehre uns, eine Kultur und Zivilisation zu schaffen, die, auf die Gesetze Gottes gegründet, den Menschen zu dienen wissen. Lehre uns den Geist der Versöhnung und des Verzeihens. Gib, daß wir vor den neuen Aufgaben nicht fliehen. Alle Bereiche unserer Welt von heute erwarten die volle Evangelisierung. Wir möchten, jeder auf seine Art, Missionare dieses Werkes gemeinsam mit Christus sein, der diese Welt heiligt und umwandelt.
Führe uns zu deinem Sohn, versöhne uns mit ihm, empfiehl uns ihm und gibt uns ihm zurück. Amen.

Maria weiß um unsere Begrenzungen

Weihe der Jugend an Maria vor dem Gebet „Regina Caeli" am VI. Weltjugendtag in Tschenstochau am 15. August

Sub tuum praesidium confugimus, Sancta Dei Genetrix ...

Unter deinen Schutz und Schirm fliehen wir, heilige Gottesmutter.
Wir, Jugendliche aus aller Welt, kommen zu dir, Mutter Christi und Mutter der Kirche.
Mutter des Glaubens, der Hoffnung und der Liebe.
Dir bringen wir unsere ganze Jugend.
Wir kommen zu dir, Mutter Gottes, Mutter des Lebens, Mutter der schönen Liebe.
Wir kommen hierher an die Stätte, an der die Menschen seit Jahrhunderten ihre Zuflucht zu dir genommen haben, um die Freiheit zu erlangen.
Bei dir haben sie sich - selbst in der Sklaverei - frei gefühlt.
Heute ist dieses dein Haus unser aller Haus geworden, das Haus der Jugend der ganzen Welt.
Tschenstochau ist in diesem Augenblick die Hauptstadt der Jugend.
Wir kommen zu dir als unsere Mutter, und durch deine Fürsprache bitten wir Christus um die wahre Freiheit, um den wahren Glauben, um Leitmotive für das Leben und für die Hoffnung.
Du, Mutter, weißt um unsere Begrenzungen, aber auch um alle unsere Träume, um die Pläne für unsere Zukunft und um unsere Möglichkeiten.
Gib, daß wir die Hoffnung, die in uns ist, fruchtbar zu machen wissen (vgl. *1 Petr* 3,15).

Nostras deprecationes ne despicias in necessitatibus, sed a periculis cunctis libera nos semper, Virgo gloriosa et benedicta.

Verschmähe nicht unser Gebet in unseren Nöten, sondern errette uns jederzeit aus allen Gefahren, du glorwürdige und gebenedeite Jungfrau.

Wir tragen große Wünsche in uns.
Wir wollen für Christus leben.
Wir wenden uns an dich, die sicherste Lehrmeisterin auf den menschlichen Wegen ...
Hilf uns alle Hoffnungslosigkeit besiegen.
Hilf uns stärker sein als alles, was uns bedrängen will.
Unser Alltagsleben ist unterschiedlich, wie auch deine Bilder in unseren Ländern verschieden sind.
Hilf uns, echt sein.
Was uns von innen und von außen bedroht, dir vertrauen wir es an: Heile uns von Sünden und Schwächen, stärke uns gegen die Niederlage, und befreie uns vom Irrtum.
Bewahre uns vor Mißachtung des Lebens und vor allem, was die Gesundheit und das Leben bedrohen.
Wehre die nicht frei gewollte Einsamkeit ab, mit der viele nicht fertig werden.
Gib, daß sie nie zur Verzweiflung wird.
Wir vertrauen dir alle an, die sich der Arbeitslosigkeit ausgesetzt sehen, die ohne Unterkunft sind und alle, die Angst vor der Zukunft haben.
Hilf uns, die Welt und uns selbst vor der Gewalt und vor den verschiedenen Formen des Totalitarismus schützen, auf die wir keinen direkten Einfluß haben.
Dir, Mutter, vertrauen wir die jungen Familien an und auch diejenigen, die sich dem ausschließlichen Dienst Gottes geweiht haben.
Die Berufung eines jeden Menschen vertrauen wir dir, Mutter, an.
Gib, daß das Leben eines jeden, eines jeden von uns Früchte bringe, die aus dem Evangelium reifen.
Mit dir wollen wir für jene beten, die die Wege deines Sohnes suchen, und auch für jene, die von unserem Treffen nichts wissen oder nichts wissen wollen.
Für jene, die weder Gott, noch Christus, noch dich kennen.

Domina nostra, Advocata nostra, Mediatrix nostra, Consolatrix nostra, tuo Filio nos riconcilia, tuo Filio nos recommenda, tuo Filio nos representa.

Unsere Frau, unsere Mittlerin, unsere Fürsprecherin, unsere Trösterin.
Versöhne uns mit deinem Sohne, empfiehl uns deinem Sohne, stelle uns deinem Sohne vor.
Lehre uns deine eigene Hingabe, deine Hoffnung und deine Liebe.
Lehre uns, deinem Sohn entgegengehen.
Führe uns zu ihm.
Er sei die Antwort auf alle unsere Fragen.
Lehre uns, den anderen Menschen entgegengehen, die vielleicht ärmer und einsamer sind als jeder von uns.
Lehre uns, dem Leben dienen, von seiner Empfängnis an bis zu seinem natürlichen Tod.
Lehre uns, dieses Leben aufnehmen.

Mögen unsere Herzen offen sein, offen auch die Häuser, offen die Länder.
Befreie uns von der Angst, damit wir ohne Angst vor den Armen des Evangeliums Jesu - den Kindern, den Alten, den Kranken und den Fremden - die Türen dem Erlöser der Welt und des Menschen öffnen können.
Gib dem Leben sein Geheimnis wieder und all dem, was es hervorbringt, allem, was ihm Sinn gibt.
Gib der Liebe ihr Geheimnis wieder, gib es ihr zurück durch die Reinheit.
Durch dich wird die Reinheit zu einer Antwort auf das Geheimnis:
„Selig, die ein reines Herz haben; denn sie werden Gott schauen" (*Mt* 5,8).
Du weißt, daß die schlimmste Entstellung des Menschen die Unreinheit ist, sie bringt Haß, Morde und Kriege hervor.
Wir möchten die Verantwortung für unsere Zukunft übernehmen, für die Zukunft der Kirche und der Welt an der Schwelle des dritten Jahrtausends, um fähig zu sein, an unsere Kinder den Glauben an Gott und den Sinn des Lebens weiterzugeben.
Lehre uns, in der Kirche und im sozialen Leben zu stehen.
Lehre uns, die Verantwortung für das Los der Welt und für das Los unserer Länder hier auf Erden zu übernehmen.
Mutter der Weisheit, lehre uns eine Kultur und eine Zivilisation schaffen, die, gegründet auf den Geboten Gottes, dem Menschen dienen.
Lehre uns den Geist der Versöhnung und des Verzeihens.
Laß uns neuen Aufgaben nicht aus dem Weg gehen.
Unsere Zeit wartet auf die volle Evangelisierung.
Wir möchten, jeder auf seine Weise, bei diesem Werk Missionare sein, zusammen mit Christus, der diese Welt heiligt und sie umgestaltet.
Führe uns zu deinem Sohn, versöhne uns mit ihm, empfiehl uns ihm, gib uns ihm wieder zurück. Amen.

Maria zeigt uns den Weg

Abschiedswort an die Jugend von Jasna Góra am 15. August

Liebe Jugendliche!

1. Der Augenblick des Abschieds ist da. Wir grüßen einander unter den Augen der „Schwarzen Muttergottes", der Jungfrau von Jasna Góra, die wir heute in der Herrlichkeit ihrer Aufnahme in den Himmel betrachten.
In ihr hat die menschliche Natur ihren erhabensten Ausdruck gefunden; sie steht nur der Vollkommenheit des Sohnes, des menschgewordenen Wortes, nach. Maria steht uns als das Vorbild eines Lebens vor Augen, das sich zur vollen Reife zu entfalten wußte.
Wachsen, reifen, das ist die charakteristische Aufgabe der Jugend. Wenn du im biologischen Bereich aufhörst zu wachsen, dann ist das ein Zeichen, daß du beginnst, alt zu werden.

Seht, liebe Jugendliche, das ist die Aufgabe, die die Muttergottes euch mitgibt: Wachst als Person, entfaltet die Talente des Leibes und des Geistes; wachst als Christen, strebt danach, heilig zu werden; wachst als Zeugen Christi, des Lichtes der Welt.

2. Maria, die heilige Jungfrau, zeigt euch auch den Weg zu solchem Wachstum: der Weg ist Jesus Christus. Es ist eine steile Straße, eine enge und ermüdende Straße. Aber für den, der sie zu gehen weiß und das Evangelium zur Norm seines Lebens macht, für den ist es eine Straße, die zur echten Freude führt.
Junge Menschen, „ihr habt den Geist empfangen, der euch zu Söhnen macht" (*Röm* 8,15). Vergeudet nicht dieses herrliche Erbe!
Stellt Anforderungen an die Welt, die euch umgibt, stellt in erster Linie Anforderungen an euch selbst. Ihr seid Kinder Gottes; seid euch dessen mit Stolz bewußt!
Gebt euch nicht mit Mittelmäßigkeit zufrieden, überlaßt euch nicht Modeströmungen, die euch einen Lebensstil aufdrängen, der sich mit christlichen Idealen nicht vereinbaren läßt. Gebt den Schmeicheleien des Konsumgenusses nicht nach. Christus ruft euch zu Großem auf. Enttäuscht ihn nicht! Ihr würdet euch damit auch selbst enttäuschen. Mit der Kraft, die Christus euch schenkt, tragt zu allen die Botschaft, daß Gott aus jedem Menschen seinen Sohn, seine Tochter machen will. Euer Zeugnis sei der wirksame Sauerteig für diese neue Welt, nach der jeder sich sehnt: eine wirklich gerechte, solidarische und geschwisterliche Welt.
Maria, die Mutter Gottes und der Menschen, geht mit euch auf eurem Weg.

In polnischer Sprache sagte der Papst:

Nun noch einige Dankesworte. Etwas Neues beim Welttag der Jugend ist die Teilnahme des polnisches Heeres. Es hat mehr denn je einen wertvollen Beitrag zur Vorbereitung dieses großartigen Treffens geleistet. Ich danke von Herzen dafür. Damit ihr alle es wißt: Das Orchester des polnischen Heeres hat aufgespielt. Sodann möchte ich auch den hier anwesenden Soldaten des französischen, italienischen, tschechoslowakischen, ungarischen, deutschen, österreichischen und spanischen Heeres meinen Dank sagen. Und noch weiter: Außer den jugendlichen Vertretern aus den Reihen der Soldaten sind auch Vertreter der Militärseelsorger aus diesen Ländern und aus den USA und Portugal hier. Ich habe ferner überall die große Beteiligung und die Arbeit der verschiedenen Ordnungsdienste beobachtet, unter ihnen eine Menge Scouts. Czuwaj! (Wache!)
Noch ein Wort über die Gastfreundschaft, die hier ganz unglaublich ist, gigantisch! Die Gastfreundschaft ist eine schöne christliche und menschliche Tugend. Bekanntlich verbirgt sich hinter ihr die tatkräftige Anstrengung der Leute, der Autoritäten, der Organisationen, der Bevölkerung, der Kirche, der Menschen guten Willens. Allen, allen ohne Ausnahme sage ich heute ein herzliches „Vergelt's Gott" für jeden Ausdruck der Gastfreundschaft. Vor allem danke ich, danken wir alle für die Gastfreundschaft und die Organisation in Tschenstochau. Die Stadt und die Diözese, die Kirche von Tschenstochau in der Person von Bischof Stanislao, sowie die Autoritäten der Stadt und des Bezirks haben sich nicht erst bitten lassen, sondern haben

mit großer Freude von sich aus das Beste aufgeboten. Sie freuten sich ungeheuer, und sie beglückwünschten sich sogar. Statt sich über mich zu beklagen, beglückwünschten sie sich ... Gott segne sie, ja, Gott segne sie! Die Jungfrau-Mutter möge es lohnen, direkt von Jasna Góra aus, das ja so nah ist. Aber wißt ihr auch, wie die Patres und Brüder in den weißen Tuniken heißen, die ihr rings um Jasna Góra seht? Sie heißen Pauliner, Söhne des hl. Einsiedlers Paulus. Wie der hl. Einsiedler Paulus, so sind auch sie Einsiedler. Wie haben wir diese Einsiedelei zugerichtet!

Ich müßte noch viel mehr hinzufügen. So z. B., daß wir heute auch eine Gruppe von Laos in Asien getroffen haben und auch eine von den Kanarischen Inseln, Teilnehmer also, die aus der Ferne kommen. Dann aus der Nähe eine Gruppe aus Rumänien.

Wir sind scheinbar von einer Wand von Bäumen umgeben; doch auch wieder nicht, denn wir schauen darüber hinaus, und dahinter wird es erst recht interessant. Dort hinten im Tal der Gottesmutter, und in Tschenstochau und darüber hinaus. Dem Herrn sei Dank! Dank für diese mehrsprachigen Sender, die uns auf technische Weise das Pfingstereignis erleben ließen. Und Dank sei dem Herrn für die Bildschirme! Manchmal spricht man schlecht von ihnen, aber heute muß man sie vor allem loben. Dank dieser Bildschirme ist das, was hier, innerhalb des Kreises dieser Bäume vor sich ging, überallhin gelangt, überall nach ganz Tschenstochau und dorthin, wo sich Teilnehmer versammelt haben. Dank sei dem Herrn!

Nun meine ich ans Ende gekommen zu sein, und doch glaube ich, daß noch eine lange Dankesliste hinzuzufügen wäre. Ich unterschreibe sie von Anfang an mit Namen und vor allem mit dem Herzen. Und ich hinterlasse diese lange Dankesliste bei der Muttergottes von Jasna Góra. Sie weiß, was damit zu tun ist.

8. Pastoralbesuch in Ungarn (16. bis 20. August)

Ein Sieg der Wahrheit und Gerechtigkeit

Fernsehbotschaft an das ungarische Volk vor Antritt des Pastoralbesuches vom 15. August

Liebe Brüder und Schwestern in Ungarn!

1. Mit Freude nehme ich die besondere Gelegenheit wahr, die mir vom Fernsehen angeboten wurde, um euch wenige Wochen vor meinem Besuch in eurem Land einen herzlichen Gruß zu senden. Es ist ein Gruß, der natürlich vor allem an die Katholiken gerichtet ist, sich aber auch auf euch alle, auf alle Ungarn, die mir zuhören, ausweitet, um euch schon jetzt Zeugnis zu geben von der tiefen Zuneigung, die ich für eure hervorragende Nation hege.
Wie Ihr seht, bin ich dabei, Ungarisch zu lernen, um euch in eurer Sprache begrüßen zu können; ich bitte die unvermeidbaren Mängel entschuldigen zu wollen. Ich kann es kaum erwarten, bei euch zu sein, um euch die Hände zu drücken, euch in die Augen zu schauen, euch anzuhören und mein Wort an euch zu richten.

2. Euer Land liegt in der Mitte, ja man könnte sagen, im Herzen Europas. Wie andere Nationen, darunter meine Heimat, hat es in den letzten Jahren außerordentliche und unvorhersehbare Ereignisse erlebt. Die politischen Veränderungen, die eingetreten sind, stellen - das unterstreiche ich mit tiefer Freude - den Sieg eines Kampfes dar, der mit den gewaltlosen Waffen der Wahrheit und der Gerechtigkeit geschlagen worden ist (vgl. Enzyklika *Centesimus annus*, Nr. 23).
Ich komme nach Ungarn nicht nur, um an eurer Befriedigung wegen der wiedererlangten Freiheit teilzunehmen, sondern auch um eure Sorgen angesichts der gegenwärtigen Probleme und Schwierigkeiten zu teilen. Schon jetzt sage ich euch: Fahrt fort in eurem Kampf, indem ihr verbunden bleibt und die Anwendung gewaltsamer und ungerechter Mittel vermeidet! Baut eine Gesellschaft auf, die sich auf die Werte der Versöhnung, der Gerechtigkeit und des Friedens gründet!
Ich werde die Kirche in Ungarn besuchen. Ich werde mit euch, liebe Brüder und Schwestern, Begegnungen haben, um euren Glauben an Christus und euer Bemühen um das Zeugnis in der Welt zu stärken. Während der Jahre der Unterdrückung haben viele von euch für den Glauben, für die Menschenwürde, für die zivile und religiöse Freiheit ihr Leben aufs Spiel gesetzt und manchmal auch geopfert. Nun hat ein neues Zeitalter des Friedens und der Freiheit begonnen. Es hat uneigennützige, hochherzige Männer und Frauen nötig, die bereit sind, ihr Leben nach dem Beispiel Christi einzusetzen, der sich selbst für die ganze Menschheit hingeopfert hat (vgl. Enzyklika *Centesimus annus*, Nr. 25).

3. Die Kirche in Ungarn wird nur dann einen neuen Frühling erleben, wenn die Christen in einer Haltung der vollen Verfügbarkeit für das Wirken des Geistes Beziehungen einer tiefen Gemeinschaft untereinander und mit Christus herzustellen vermögen.

Die Einheit und Verbundenheit darf jedoch nicht allein Vorrecht und Verpflichtung der Christen sein. Ihr alle, liebe Ungarn, müßt euch einig fühlen hinsichtlich der Grundwerte des wahren Humanismus, wie Wahrheit, Gerechtigkeit, Freiheit, gegenseitige Achtung, Solidarität. Das sind Werte, die in der menschlichen Natur selbst ihren Ursprung haben und die Jesus Christus durch seine erlösende Gnade erhöht und bekräftigt hat.

Mein Kommen nach Ungarn will einen Beitrag zur Wiedergeburt der Kirche und der Nation leisten. Beide Wirklichkeitsbereiche finden in der neuen Demokratie, die sich durchgesetzt hat, ein günstiges Klima; beide können und müssen sich bei der Überwindung der Schwierigkeiten, die die Fortsetzung des eingeschlagenen Weges behindern, gegenseitig helfen.

Der Mensch ist der Weg der Kirche. Es gibt keinen Grund, warum er davor Angst haben sollte. Die Kirche weiß in der Tat, daß sie dazu berufen ist, ihm zu dienen, weil sie im Dienste Christi steht, der „in der Offenbarung des Geheimnisses des Vaters und seiner Liebe dem Menschen den Menschen selbst voll kundmacht und ihm seine höchste Berufung erschließt" (Pastoralkonstitution *Gaudium et spes*, Nr. 22).

Im Namen Christi komme ich zu euch, Ungarn! Ich komme als „Diener der Diener Gottes", als euer aufrichtiger Freund, der nichts anderes möchte als euch bei der schwierigen Aufgabe, die euch alle verpflichtet, ermutigen und unterstützen. Möge mein Besuch der Befriedung der Gemüter und der Versöhnung der Herzen dienen, so daß die Begegnung im kommenden August zu einem Fest für die ganze Nation werden kann!

Der Weg der Freiheit ist nicht ohne Risiken

Ansprache an die Autoritäten und Bürger von Budapest am 16. August

1. Nehmen Sie, Herr Präsident, meine achtungsvolle und anerkennende Wertschätzung für die edlen und herzlichen Worte entgegen, mit denen Sie meine Ankunft auf ungarischem Boden angenommen haben. Jedem der Anwesenden gilt mein herzlicher und dankbarer Gruß; im besonderen dem Herrn Kardinal-Erzbischof von Esztergom; meinen Mitbrüdern im Bischofsamt, den Mitgliedern der Regierung der Republik Ungarn, dem Bürgermeister dieser wunderbaren Hauptstadt, allen hier Anwesenden und denen, die diese Stunde über das Fernsehen miterleben.

Mit einem besonderen Gedanken wende ich mich an die Katholiken, die in diesem Land leben und mit großzügigem Einsatz zum gemeinsamen Wohl beitragen. Mein Gruß weitet sich dann aus, um mit lebhafter Zuneigung alle Söhne und Töchter der ungarischen Nation zu umfangen, die, die in der Heimat wohnen, und alle, die von

auswärts hierhergekommen sind, ganz besonders jene, die in den Nachbarländern leben.
Als ich vor wenigen Minuten die Erde eures Vaterlandes küßte, wollte ich damit zum Ausdruck bringen, was mein Herz in diesem Augenblick erfüllt: tiefe Achtung gegenüber eurem Land, innige Freude darüber, unter euch zu weilen, und der aufrichtige Wunsch an eurer Seite zu sein auf dem Weg in eine bessere Zukunft, den Ungarn zur Zeit zurücklegt. Ich kenne dieses Land, die Schönheit und Fruchtbarkeit seiner weiten Ebenen, den edlen Geist seines selbstbewußten Volkes, das Erbe an Kultur und Kunst, das seine Geschichte bereichert.

2. Mein Kommen zu euch will Ausdruck dieser Gefühle sein. Ich weiß wohl, daß auch ihr Freude darüber empfindet, daß ihr wieder frei eure Freunde empfangen könnt - alle eure Freunde, woher immer sie kommen -, und ich meine, daß ihr mich als einen von ihnen anseht. Ich erinnere mich, wie im August 1988 die Einladung an mich, euer Land zu besuchen, als eines der ersten Anzeichen für das neue Klima der Freiheit, gedeutet wurde, das sich damals anzukündigen begann. Drei Jahre später bin ich nun glücklich, hier zu sein, um euch zu den Schritten zu beglückwünschen, die bereits in die neue Richtung getan wurden, auch wenn euch die Erfahrungen, die ihr mittlerweile sammeln konntet, gezeigt haben, daß der Weg der Freiheit nicht ohne Risiken ist, sondern seinen Preis verlangt, der mitunter auch als drückende Last empfunden werden kann. Ihr seid euch nun vollkommen der Tatsache bewußt, daß das neue Klima der Freiheit nicht von allein sämtliche Probleme eures Lebens löst.
Im vorigen Jahrhundert schrieb einer eurer Dichter: „Der Himmel gibt jedem Land einen Schatz", und er fügte hinzu, der Schatz eurer Nation ist „ein heiliger Schmerz" (J. Eötvös, 1836). Wie viele Leiden haben euer Land gezeichnet! Wie viele Heerscharen wurden in dieser Ebene, gegenüber der Festung Buda, zusammengezogen! Wie viele Feuersbrünste haben diesen Horizont rot gefärbt, während Blut und Tränen eure Felder tränkten! Dieser alte Schmerz ist heilig, weil er nicht fruchtlose Trauer geblieben ist. Eure Vorfahren wiederholten einen zur Tradition gewordenen Satz: „Ungarn lebt, noch stehen die Mauern von Buda" (Kisfaludy K., 1824). Diese frohe Gewißheit nährte sich aus dem Glauben eures ersten heiligen Königs, der in einem schmerzlichen Augenblick mutig ausrufen konnte: „Wenn Gott mit mir ist, wer kann gegen mich sein?" Darum hat es euer unbezwingbarer Volksstamm fertiggebracht, nach jeder großen nationalen Katastrophe von neuem an den Wiederaufbau des Landes heranzugehen. Ja, eure Väter beschränkten sich niemals darauf, lediglich das Zerstörte wiederherzustellen, sie gaben sich nicht mit der Rückkehr zur Vergangenheit zufrieden, sondern wollten immer auch etwas Neues schaffen, das den neuen Möglichkeiten und neuen Erfordernissen mehr entsprach.
Ich kann eure Traditionen und eure derzeitige einhellige Anstrengung für den Aufbau einer glücklicheren und menschlicheren Zukunft teilen, weil ich ein Sohn der polnischen Nation bin, die mit der ungarischen Geschichte viel gemeinsam hat, und weil auch ich aus dieser Region Europas stamme, die sich jetzt an der Schwelle ei-

nes neuen Zeitalters befindet, in welchem sie zur Gestaltung einer friedlichen Gemeinschaft von untereinander solidarischen Nationen beitragen zu können hofft.

3. Liebe Brüder und Schwestern, der schreckliche Krieg und die nachfolgenden Jahrzehnte haben euer Land verwüstet. Jetzt aber seid ihr in der Lage, über den Ruinen jener Vergangenheit eine neue Welt aufzubauen, womit ihr dem Beispiel eurer Vorfahren folgt, die stets die Hoffnung lebendig zu erhalten wußten und nach jeder nationalen Katastrophe den Mut und die Kraft aufbrachten, wieder von vorn anzufangen, um ihr Dasein zu erneuern.
Ihr wollt also das Geschick eures Vaterlandes aufrichten, aber nicht zu den nunmehr anachronistischen Modellen der, wenn auch glorreichen Vergangenheit zurückkehren. Ihr seht eure Aufgabe darin, ein neues Haus zu errichten, in dem sich die künftigen Generationen glücklich entfalten können. Ihr bemüht euch, diese Aufgabe mit ausgestandenem Einsatz zu erfüllen. Nun, liebe Brüder und Schwestern, ich bin zu euch gekommen, um euch bei diesem mühsamen Vorhaben durch Wort und Gebet zu helfen.
Männer und Frauen Ungarns! Hier spricht einer zu euch, der sich als euer Landsmann betrachtet, der mit euch an eurem Schicksal teilnimmt. Der Papst teilt eure Freuden und eure Leiden, eure Pläne und eure Anstrengungen, die auf den Aufbau einer besseren Zukunft gerichtet sind. Er sympathisiert mit euch. Seine Worte haben ihren Ursprung in der „Frohbotschaft" Christi, im Glauben der Kirche, die „Freude und Hoffnung, Trauer und Angst der Menschen von heute, besonders der Armen und Bedrängten" kennt (*Gaudium et spes*, Nr. 1).

4. Im Laufe der Zeit seid ihr wiederholt gezwungen gewesen, zur Verteidigung eurer nationalen Unabhängigkeit gegen äußere Mächte zu kämpfen. Die ungarische Geschichte kennt bittere Zeiten fremder Invasionen und tapferer Unabhängigkeitskriege, auch wenn sie tragisch ausgingen. Nun hat euer Land seine Souveränität gewonnen, und ihr könnt das nationale Leben selbständig aufbauen. Am Horizont zeigen sich jedoch andere Feinde, andere Schwierigkeiten, die überwunden, andere Illusionen, die bekämpft werden müssen: ich meine die Konflikte innerhalb eurer Gesellschaft, die egoistischen Interessen der einzelnen und der Gruppen, die die einen gegen die anderen aufbringen. Eure Geschichte lehrt euch, daß dies alles eure Zukunft gefährden und eure Anstrengungen für gerechtere und menschlichere soziale Verhältnisse zunichte machen kann.
Dieser Aufruf zu Einheit, Gerechtigkeit und Frieden ist nicht einfach das Ergebnis politischer oder wirtschaftlicher Verhandlungen, bei denen brauchbare Kompromisse erzielt werden können. Gerechtigkeit und Frieden, diese unerläßlichen Voraussetzungen für den Aufbau einer wahrhaft menschlichen Gesellschaft, stützen sich nur auf jene letzten und ewigen menschlichen Werte, auf die sich jedes menschliche Leben stützt.
Mein Besuch in eurem Land hat einen zweifachen Zweck: Ich komme, um die Brüder und Schwestern, die zur Kirche gehören, im Glauben zu stärken; und ich komme, um allen Ungarn die christliche Weltanschauung anzubieten: „Es geht um

die Rettung der menschlichen Person, es geht um den rechten Aufbau der menschlichen Gesellschaft" (*Gaudium et spes*, Nr. 3). Ich komme, um von eurem Einsatz für den Wiederaufbau des Landes Kenntnis zu nehmen, um eure Freuden und Sorgen zu teilen und allen die unermeßliche Kraft des religiösen Glaubens anzubieten. Diese religiöse Orientierung ist das, was ich als unerläßliche und wirksame Grundlage der Wiedergeburt eures Vaterlandes vorschlage, und mit den Worten des Konzils schlage ich es „nicht bloß den Kindern der Kirche und allen, die Christi Namen anrufen, sondern allen Menschen schlechthin" vor (*Gaudium et spes*, Nr. 2). Denn wie könnten wir unser wahres Wohl anders erkennen als dadurch, daß wir Ihn hören, der uns geformt hat und der besser als wir selbst wissen, was wir nötig haben? Wie könnten wir das wahre Wohl, das gemeinsame Wohl auch zum Nachteil kleiner egoistischer Interessen anders als dadurch annehmen, daß wir Ihn anbeten, der uns nach seinem Bild und Gleichnis geschaffen hat und uns verpflichtet, dieses sein Gepräge immer vollkommener erstrahlen zu lassen?

5. Wir wissen freilich gut, wie schwach unsere Kräfte bei der Annahme der Wahrheit sind, die uns frei macht und uns befähigt, die von unserem Gewissen geforderte Gerechtigkeit zu üben. Mit unseren Kräften allein können wir nichts tun, was uns dazu dienen würde, in den Frieden mit Gott einzutreten. Deshalb bin ich auch gekommen, um zusammen mit euch zu beten. Unser gemeinsames Gebet will die heiligsten Anliegen unseres Herzens zum Ausdruck bringen. Ich hege Zuversicht, daß sich unserem Gebet Millionen von Ungarn mit ihrem eigenen Gebet anschließen werden, um zu erwirken, daß die Mühe und Anstrengung, für das bereits vor der Tür stehende neue Jahrtausend ein schöneres Ungarn zu errichten, einen glücklichen Ausgang nehmen möge.
„Gott segne die Ungarn!"

Festhalten an der Gedanken- und Gesinnungsgemeinschaft

Predigt bei der Eucharistiefeier in Esztergom (Ungarn) am 16. August

1. „Der Herr ist mein Hirte" (*Ps* 23,1).
Mußte Simon Petrus am See Genezaret nicht gerade an dieses Psalmwort denken? Mußte er nicht daran denken, als er auf Befehl Christi „hinaus auf den See fuhr und die Netze zum Fang auswarf"?
Nachdem er die ganze Nacht am See gearbeitet und nichts gefangen hatte, fing er nun eine so große Menge Fische, daß die Netze zu reißen drohten (vgl. *Lk* 5,4-6). Mußte Simon Petrus da nicht denken: „Der Herr ist mein Hirte; nichts wird mir fehlen"? (*Ps* 23,1).
Ja! Alle waren sehr erstaunt: Da waren nämlich noch andere Fischer, Begleiter des Simon; da waren Jakobus und Johannes, die Söhne des Zebedäus, die schon bald Apostel werden sollten.

In dem Augenblick hörte Petrus - und mit ihm auch die anderen - die Worte des Herrn: „Fürchte dich nicht! Von jetzt an wirst du Menschen fangen" (*Lk* 5,10).

2. Geheimnisvolle Worte! Als Fischer waren sie gewohnt zu fischen: sie warfen die Netze aus, fingen alles, was im Wasser lebt, zogen es ins Boot und verarbeiteten es zu Nahrung für die Menschen. Das ist die Arbeit der Fischer, die sich etwas von der des Bauern unterscheidet, der die Nahrung aus dem Boden gewinnt. Sie unterscheidet sich auch von der Arbeit der Hirten, die die Herden auf den Feldern und Wiesen weiden.
Christus sagte: „Du wirst Menschen fangen"! Er nahm damit auf den Beruf des Petrus Bezug, so wie er sich bei anderen Gelegenheiten auf andere Berufe und andere Arbeiten bezog. Und immer hatte er dabei das Reich Gottes im Sinn.
„Menschenfischer sein" - sie mit der Wirklichkeit dieses Reiches wie mit einem geheimnisvollen Netz umfangen. Sie umfangen mit dem Wort des Evangeliums Christi. Sie in der Eucharistie mit seinem Fleisch und seinem Blut nähren. Sie durch das Wasser der Taufe einführen in die Dimension des neuen Lebens, damit sie eine „neue Schöpfung" (*2 Kor* 5,17) werden, damit sie für das ewige Leben Frucht tragen können.

3. „Der Herr ist mein Hirte ...". Später, nach der Auferstehung Christi, werden sich die Apostel darüber klar werden, daß sie durch „die Kraft der Gnade Christi" alle „zusammen einen einzigen Leib bilden". Alle bilden - nachdem sie in die Wirklichkeit des Reiches Gottes aufgenommen worden sind - „miteinander einen einzigen Leib in Christus". Der Apostel Paulus bringt diese Wahrheit über die Kirche, über die Gemeinschaft der Jünger in seinen Briefen zum Ausdruck. Sie bilden alle zusammen einen einzigen Leib, weil sie an dem einen Leben Christi teilhaben. Zu Teilhabern an diesem göttlichen Leben werden sie durch die Kraft des heiligen Geistes, des vom Vater im Namen des Sohnes und kraft des Sohnes - kraft seines Erlösungswerkes - ausgesandten Heiligen Geistes.
Liebe Brüder und Schwestern der altehrwürdigen Kirche Ungarns! Ich weiß um die Schwierigkeiten, mit denen ihr euch im Laufe dieser 40 Jahre auseinandersetzen mußtet. Mir sind die Prüfungen bekannt, denen insbesondere die Einheit des Gottesvolkes in diesem Land ausgesetzt war, und ich weiß, daß bei der unerfreulichen Lage des ganzen Leibes Christi manche Wunden noch nicht verheilt sind. Es ist jetzt an der Zeit, daß die Liebe über noch vorhandene Spannungen, Vorbehalte und Verdächtigungen siegt und das Band der Gemeinschaft untereinander alle Mitglieder der einen Gottesfamilie wieder stärkt. Denn wir alle bilden einen einzigen Leib in Christus, und in der Einheit dieses Leibes sollen alle Glieder sein, „die einen Glieder der anderen".
In dieser Einheit gibt es, wie wir wissen, „verschiedene Gaben". Der Apostel führt jene Gaben an, die in der Kirche die Gestalt vielfältiger Dienste, Aufträge und Aufgaben annehmen. Der Apostel nennt vor allem die Gabe der prophetischen Weissagung, die Gabe, andere zu ermutigen, und die Bereitschaft, den Armen zu dienen; er

nennt auch das Amt des Diakons und des Lehrers; schließlich spricht er vom Auftrag jener, die die Leitung haben.
Die Gaben, die Charismen, die Dienste und die Ämter ergänzen sich gegenseitig. Sie kommen aus der Fülle des Geistes Christi in der Kirche und dienen der Einheit des Leibes Christi, der die Kirche ist.
Das alles vor Augen, kann jeder von uns aus der Tiefe seiner Seele wiederholen: „Der Herr ist mein Hirte; nichts wird mir fehlen".

4. So gesehen, gewinnt auch euer Leben, liebe Brüder und Schwestern, die ihr zum Priestertum oder zum Ordensleben berufen seid, vollen Sinn und unermeßlichen Wert.
Ihr seid auf eine ganz besondere Art und Weise vom Netz Christi gefangen worden, der euch mit Weisheit, Zuneigung und Kraft an sich gezogen hat. Jeder einzelne könnte die Geschichte seiner Berufung erzählen, ganz verschiedene Geschichten, denn der göttliche Fischer ist den persönlichen Wesensmerkmalen und der konkreten Existenz jedes einzelnen entgegengekommen, um aus ihm oder ihr „Vollzeit"-Diener seines Volkes zu machen.
Er ist euch, liebe Priester, in den harten Jahren der Prüfung beigestanden, als ihr daran gehindert wurdet, den pastoralen Dienst auszuüben und die Gemeinde der Gläubigen zu versammeln. Er hat euch, liebe Ordensfrauen liebevoll unterstützt, wenn ihr aus euren Häusern und Instituten vertrieben wurdet und nicht einmal das Mindeste hattet, um eure und die notwendigsten Bedürfnisse eurer alten und kranken Mitschwestern zu befriedigen. Wie viele Priester, wie viele Ordensfrauen könnten mit dem hl. Paulus die „Mühsal und Plage, die vielen durchwachten Nächte, Hunger und Durst, Kälte und Blöße" (*2 Kor* 11,27) aufzählen, die sie um des Namens Christi willen ertragen haben!
Jetzt, wo die Freiheit zurückgekehrt ist, besteht das Problem des Mangels an verfügbaren Kräften. Es wird eine viel größere Zahl von „Erntearbeitern" - Priestern, Ordensmännern und Ordensfrauen - gebraucht, die sich in einem vielversprechenden Augenblick eurer Geschichte der Aufgabe der Neuevangelisierung annehmen. Hegt keine Zweifel! Auch heute fehlt es nicht an hochherzigen jungen Menschen, die bereit sind, die Stimme Gottes, der sie zur Arbeit in seinen „Weinberg" ruft, zu vernehmen. Wenn ihr es versteht, durch euer lebendiges Zeugnis von der totalen Hingabe an Christus und sein Evangelium diese Stimme zu „vermitteln", wenn mit euch das ganze Volk Gottes unaufhörlich zum „Herrn der Ernte" fleht, dann wird die Kirche in Ungarn wieder über eine ausreichende Anzahl von Männern und Frauen verfügen, die sich vorbehaltlos für die Verkündigung des Evangeliums an die Generationen des neuen Jahrtausends einsetzen, das bereits vor der Tür steht.

5. Und dann die Laien! Auch unter ihnen hat es nicht an hochherzigen Beweisen von Mut und Konsequenz bei der Erfüllung der Verpflichtungen gefehlt, die sich aus dem Bekenntnis des Glaubens herleiten. Wie viele Christen haben sich in dem festen Bewußtsein, durch die Taufe in den Leib Christi eingegliedert worden zu sein und bei der Firmung den Heiligen Geist empfangen zu haben, um vor der Welt

Zeugnis zu geben, weder vor Verlockungen noch vor Drohungen gebeugt, sondern sind, ohne schwankend zu werden auf dem eingeschlagenen Weg weitergegangen!
Haltet fest an jener Gedanken- und Gesinnungsgemeinschaft, die die Teilnahme am Tisch des Herrn mit neuem Leben erfüllt und stärkt. Es war eine außerordentliche Gnade des Herrn, daß diese Einheit in den Bestrebungen und Zielen während der Zeit der Verfolgung tatsächlich nie nachgelassen hat. Sie muß auch heute fortdauern und durch den Beitrag aller gestärkt werden, da beim Aufbau des Leibes Christi jeder Getaufte seinen Teil an Verantwortung hat.
Damals, liebe Brüder und Schwestern, ist euch der Herr nahegewesen, um euch in den Prüfungen beizustehen. Er hat euch geführt und getröstet, „nicht nur mit Worten, sondern auch mit Macht und mit dem Heiligen Geist" (*1 Thess* 1,5). So seid ihr zu Nachahmern der Jünger des Herrn geworden, weil „ihr das Wort trotz großer Bedrängnis mit der Freude aufgenommen habt, die der Heilige Geist gibt" (*1 Thess* 1,6). Darum sehen heute die Gläubigen der ganzen Welt zu Recht in euch ein Vorbild, aus dem sie Ermutigung für ihr eigenes Leben schöpfen. Denn „überall ist euer Glaube an Gott bekannt geworden, so daß wir darüber nichts mehr zu sagen brauchen" (*1 Thess* 1,8).
Mit welcher Freude sehe ich euch, Brüder und Schwestern aus der alten Erzdiözese Esztergom, dem Sitz des Primas, heute um mich versammelt. Ich bin Gott dafür dankbar, daß er mir gewährt hat, an diesem Ort, dem Hauptheiligtum eurer Nation, das ihr zu Recht das „Zion Ungarns" nennt, ihm für euch und zusammen mit euch zu danken.
Ich umarme euch und grüße euch im Namen des Herrn. Meine Ehrerbietung und Aufmerksamkeit gilt besonders eurem Bischof, dem ehrwürdigen Bruder Kardinal László Paskai, dem ich für die Worte danke, die er in eurem Namen an mich gerichtet hat. Ich grüße die anwesenden Bischöfe, die Priester, die Ordensleute und die Laien. Jedem einzelnen gilt mein aufrichtiger Dank für die herzliche Aufnahme und für die bei der Vorbereitung meines Pastoralbesuches aufgewendete Mühe; ein wahrhaft historischer Besuch nach so vielen Jahren angstvoll ausgestandenen Wartens. Noch einmal spreche ich euch aus ganzem Herzen meine aufrichtige und tiefe Zuneigung aus.
Bei dieser Begegnung in Esztergom zu Beginn meines Besuches in Ungarn möchte ich in Ehrerbietung dem verstorbenen Kardinal József Mindszenty ein herzliches Gedenken widmen, der ein leuchtendes Zeugnis der Treue zu Christus und zur Kirche und der Liebe zu seinem Vaterland hinterlassen hat. Sein Name und sein Andenken bleiben stets gesegnet.
An dieser Stelle möchte ich auch die slowakischen und ungarischen Pilger aus der Slowakei herzlich grüßen.

Es folgt ein Gruß in slowakischer und ungarischer Sprache.

6. Christus hat euch erwählt und beauftragt, sein Wort dadurch zu verkünden, daß ihr Zeugnis gebt von dem Glauben, der von der Kirche überliefert wird.

Er sendet euch wie Schafe unter die Wölfe, damit ihr, jeder in seinem Lebensbereich, das Geheimnis des Kreuzes gegenwärtig macht. Ahmt die missionarische Begeisterung des hl. Gerhard und des hl. Adalbert nach!
Wer wäre angesichts einer solchen Aufgabe nicht betroffen, ja geradezu verstört? Wer vermöchte es, jeder Forderung, die ihm aus seiner Taufe erwächst, konsequent und in völliger Verfügbarkeit nachzukommen? Wer würde angesichts objektiver Schwierigkeiten, wie Personalmangel, Alter, Krankheit, Fehlen organisatorischer Strukturen und finanzieller Mittel nicht entmutigt? Wer würde nicht die klägliche Unentschlossenheit und Ratlosigkeit wahrnehmen, die außer in der Gesellschaft mitunter auch in der Kirche anzutreffen sind?
Trotzdem sage ich euch: Verliert nicht den Mut! Das Gewahrwerden eurer Grenzen und Schwächen kann eine Gelegenheit sein, die Kraft Gottes und die außerordentliche Fülle seiner Gnade zu erfahren: Der Auferstandene ist bei euch und erneuert seine Ermunterung „Fürchtet euch nicht!" (*Mt* 28,10). „Was seid ihr so bestürzt? Warum laßt ihr in eurem Herzen solche Zweifel aufkommen ... Ich bin es selbst!" (*Lk* 24,38 f.). Eben weil er, der uns aussendet, stark ist und bei uns ist, können wir mit dem hl. Paulus sagen: „Wenn wir schwach sind, dann sind wir stark" (vgl. *2 Kor* 12,10). Ja, die Kraft Christi triumphiert in unserer Schwachheit (vgl. *2 Kor* 12,9).

7. Nehmt also mit Freude die Sendung an, die der Herr euch anvertraut, und verkündet: „Der Herr ist mein Hirte; nichts wird mir fehlen"! (*Ps* 23,1).
Es fällt sicher nicht leicht, diese Worte aufrichtig zu sprechen! Schwach, wie wir sind, würden wir lieber rufen: „Herr, mir fehlt alles: der Mut und das Wort, die Zeit und die Vorbereitung; man versteht mich nicht, ich werde verlacht und manchmal auch verfolgt, wenn ich von dir rede und die Worte wiederhole, die zu verkündigen du selbst mir aufgetragen hast!".
In Zeiten der Prüfung helfe euch die Erinnerung an die Apostel, die aus dem Abendmahlssaal hinaustraten, um die Welt zu bekehren! Das Beispiel der ersten Christengeneration soll euch vor Augen stehen. Haben sich vielleicht Petrus und Paulus, als sie in Rom, der reichen, mächtigen und auf ihre Kultur stolzen Stadt, eintrafen, nicht armselig gefühlt und unfähig, ihren Sendungsauftrag zu erfüllen? War ihr Vorhaben, dort das Reich Christi zu errichten, nach der Weisheit dieser Welt nicht eine Narrheit?
Und was läßt sich über die ersten Missionare Ungarns, den hl. Gerhard und den hl. Adalbert, sagen? Standen nicht auch ihrem Unternehmen schier unüberwindliche Schwierigkeiten im Wege? Doch im Vertrauen auf Gott gingen sie vor nunmehr tausend Jahren an die Evangelisierung dieses Landes. Wir stehen jetzt an der Schwelle des dritten christlichen Jahrtausends: Nun habt ihr die Verantwortung und die Ehre, die Missionare einer Nation zu sein, die für eine glücklichere und sicherere Zukunft wiedererstehen will. Schaut auf eure großen Patrone, folgt ihrem Beispiel und haltet über euren Landsleuten die Fackel des Wortes Gottes hoch!
Das eben ist die Herausforderung, die wir angenommen haben: nämlich zu glauben, daß „das Schwache an Gott stärker ist als die Menschen" (*1 Kor* 1,25). Gerade

daraus, aus dem Bewußtsein unserer Grenzen, erwächst unsere Kühnheit; dieses Bewußtsein wird aber gestärkt durch die Gewißheit, auf die tätige Gegenwart des Heiligen Geistes zählen zu können. Und so scheuen wir uns nicht zu wiederholen: „Der Herr ist mein Hirte; nichts wird mir fehlen" (*Ps* 23,1).

8. „Herr, geh weg von mir; ich bin ein Sünder" (*Lk* 5,8). Wir kehren an das Ufer des Sees Genezaret zurück. Diese Worte - unerwartete Worte aus dem Munde des Simon Petrus - enthalten eine großartige Wahrheit. Sie drücken dieselbe Überzeugung aus, die den römischen Hauptmann drängte, den Satz auszusprechen, den wir beim Empfang der eucharistischen Kommunion wiederholen: „Herr, ich bin es nicht wert, daß du mein Haus betrittst" (*Mt* 8,8). Sie drücken dieselbe Überzeugung aus, aber auf noch ergreifendere Weise, weil Simon Petrus wußte, daß er dieser Gemeinschaft, dieser Nähe zum Herrn, dieser Berufung nicht würdig war.
Liebe Brüder und Schwestern! Simon Petrus wußte, er war sich bewußt. Diese Bewußtheit brauchen wir, um die Gabe der Berufung, die Christus für uns bereithält, zu empfangen: die christliche Berufung, die Priesterberufung, die Berufung zur Ganzhingabe im Weihestand.
Diese Bewußtheit - „ich bin es nicht wert" - ist unerläßlich, damit der Herr sein Heilswerk an uns und durch uns weiterführen kann. Damit der wunderbare Fischzug Wirklichkeit wird. Damit uns das Geheimnis vom Reich Gottes umfängt. Damit der Heilige Geist durch die Kraft des Kreuzes und die Auferstehung Christi in uns wirkt. Diese Bewußtheit brauchen die einzelnen Menschen, die Eltern, die Gemeinschaften und die Gesellschaft.
Sie ist unerläßlich für die alte Krone des hl. Stefan, die der Bischof von Rom heute mit Verehrung und Dankbarkeit grüßt.
„Der Herr ist mein Hirte". Amen.

Vor dem Schlußsegen der Messe sagte der Papst noch folgende Worte in italienisch, mit Übersetzung ins Ungarische:

Vor dem abschließenden Segen möchte ich noch sagen, daß dieser erste Besuch in Esztergom mich innerlich tief bewegt. Und das möchte ich alle Anwesenden wissen lassen. Ich komme nach Ungarn, und zuerst nach Esztergom, aus Krakau, das Hauptstadt Polens, meines Vaterlandes, gewesen ist. Bis heute sind dort und werden dort vorhanden sein die Zeichen dieser geschichtlichen Bande: Ludwig der Große war König von Ungarn und von Polen, und seine Tochter Hedwig wird als Selige verehrt. Sie hat dem Volk, oder besser: beiden Völkern, und auch der Kirche einen neuen Lebensimpuls gegeben. Diese Realität kommt mir bei meinem ersten Besuch hier zum Bewußtsein, da sie, obschon uns sechs Jahrhunderte von ihr trennen, noch immer aktuell und lebendig ist.
Bei dieser Eucharistiefeier haben wir für Berufungen gebetet, Berufungen im weiten Sinn: die christliche Berufung aller Getauften, Priesterberufung und Berufung zum gottgeweihten Leben als Ordensmänner und Ordensfrauen. Es ist für mich eine große Freude, in der ersten Reihe Neupriester zu sehen, die in diesem Jahr geweiht

wurden. Solche Berufungen und solche neuen Priesterberufungen wünsche ich eurer Kirche und eurer christlichen ungarischen Gesellschaft.
Und zum Schluß möchte ich euch auch noch zu dem schönen Gesang gratulieren, den ihr bei dieser Eucharistiefeier habt hören lassen. „Wer singt, betet doppelt."

Maria ist die Patronin Ungarns

Predigt bei der Eucharistiefeier in Pécs/Fünfkirchen (Ungarn) am 17. August

1. „Ich bin die Magd des Herrn".
Mit diesen Worten schließt der Evangelist Lukas seinen Bericht über die Verkündigung: „Ich bin die Magd des Herrn; mir geschehe, wie du es gesagt hast" (*Lk* 1,38). Den wohlbekannten Text lesen wir im Laufe dieses Gottesdienstes wieder, mit dem wir die „Große Herrin der Ungarn", „Magna Domina Hungarorum", ehren wollen.
Ich gebe meiner tiefen Freude darüber Ausdruck, daß ich bei euch sein kann, verehrte und liebe Söhne und Töchter einer Nation, die mir und meinen Landsleuten stets besonders nahestand. Ich freue mich, daß mir das in dieser geschichtsträchtigen Stadt Pécs möglich ist; ich freue mich, daß ich als Bischof von Rom in Erfüllung des mir anvertrauten Bischofsamtes unter euch weilen darf.
Vor der Großen Herrin Ungarns vereinigen wir uns im Geiste mit allen, die - angefangen beim hl. Stefan - hier in eurem Land während so vieler Jahrhunderte und Generationen „gesiegt haben durch das Blut des Lammes und durch ihr Wort und Zeugnis" (*Offb* 12,11). Das sind eure zahlreichen Heiligen und Seligen; das ist das gesamte geistliche Erbe des hl. Königs Stefan und seiner Krone.

2. Der Evangeliumstext von der Verkündigung wird oft in der Liturgie gelesen, und wir kennen ihn gut. Heute lesen wir diesen Text im Rahmen des Hochfestes der Aufnahme Marias in den Himmel.
„Die Königstochter ist herrlich geschmückt, ihr Gewand ist durchwirkt mit Gold und Perlen" (*Ps* 45,14), verkündet die Liturgie mit den Worten des Psalms.
Um mit dem Blick des Glaubens die Erscheinung der Frau zu erfassen, die „herrlich geschmückt ist", um mit dem Geist und mit dem Herzen auf die „mit der Sonne bekleidete" Frau (vgl. *Offb* 12,1) zu blicken, müssen wir zunächst die demütige Jungfrau aus Nazaret mit Namen Maria, Miryam, vor Augen haben.
Es ist die unbekannte Tochter Zions, der Gott eine Berufung überträgt und an die er zugleich eine Einladung richtet. Eine überraschende, unübertreffliche Berufung: „Du wirst ein Kind empfangen, einen Sohn wirst du gebären: dem sollst du den Namen Jesus geben. Er wird groß sein und Sohn des Allerhöchsten genannt werden ..., und seine Herrschaft wird kein Ende haben" (*Lk* 1,31 ff.).
Der Sohn Gottes, gleichen Wesens mit dem Vater, das Ewige Wort, wird Mensch werden: Er wird von dir, Jungfrau Maria, empfangen und geboren werden durch das Wirken des Heiligen Geistes. „Nicht aus dem Willen des Fleisches, nicht aus dem Willen des Mannes" (*Joh* 1,13). In der Verkündigung des Engels ist in gewissem

Sinne die erste Synthese des ganzen Evangeliums, des ganzen Geheimnisses Christi, des Ostergeheimnisses enthalten.

3. Seinen Anfang nimmt dieser neue Weg bei den Worten Marias: „Ich bin die Magd des Herrn; mir geschehe, wie du es gesagt hast". Es ist der Pilgerweg des Glaubens, den die Enzyklika *Redemptoris mater* darzulegen versuchte: Dieser Weg durchläuft die Nacht von Betlehem, die Flucht nach und die Rückkehr aus Ägypten und dann die Jahre des verborgenen Lebens mit Jesus in Nazaret. Danach beginnt eine neue Periode: von der Taufe Jesu am Jordan bis zum Golgota, dem letzten Wort der Frohbotschaft, die besiegelt wird vom Zeugnis der Auferstehung. Schließlich Pfingsten in Jerusalem: Damit beginnt die Zeit der Kirche, in der Christus weiterhin bei seinen Jüngern und beim ganzen Gottesvolk des Neuen Bundes gegenwärtig ist. Bei diesem Volk Gottes ist auch Maria, die zu Füßen des Kreuzes vom Erlöser dem Lieblingsjünger als Mutter aller Jünger Christi auf Erden anvertraut worden ist.

Maria ist die erste unter den Jüngern Christi; sie pilgert ihnen voran und führt sie zum Sohn. Per Mariam ad Iesum, über Maria zu Jesus: Echte Hingabe an Maria spaltet die Christen nicht, sondern eint sie untereinander. Es ist mein ganz herzlicher Wunsch, daß die Verehrung der Seligen Jungfrau in eurer Region einen Punkt der Übereinstimmung zwischen Katholiken und Protestanten bilden möge. „Warum also nicht alle zusammen auf sie als unsere gemeinsame Mutter schauen, die für die Einheit der Gottesfamilie betet und die allen ‚vorangeht' an der Spitze des langen Zuges von Zeugen für den Glauben an den einen Herrn, der Sohn Gottes ist und durch den Heiligen Geist in ihrem jungfräulichen Schoß empfangen wurde?" (Enzyklika *Redemptoris mater*, Nr. 30).

4. Die Frau, mit der Sonne bekleidet, ist symbolischer Ausdruck für die Aufnahme Marias in den Himmel, und der „Kranz von zwölf Sternen auf ihrem Haupt" (*Offb* 12,1) spricht von ihrer Krönung im eschatologischen Rahmen jenes „neuen Himmels" und jener „neuen Erde" (vgl. *Offb* 21,1), die Gott für seinen Auserwählten bereitet. Gleichzeitig kehrt die Beschreibung der Geheimen Offenbarung sozusagen zum Anfang zurück. Sie spricht von einer schwangeren Frau, die einen Sohn gebären soll. Sie spricht von den Geburtswehen und von einem Kampf; dem Kampf, der im Buch *Genesis* vorhergesagt worden war: „Feindschaft stifte ich zwischen dir und der Frau" (*Gen* 3,15). Der Feind ist derselbe wie damals. Die Geheime Offenbarung nennt ihn „Drache" (*Offb* 12,3), „die alte Schlange" (*Offb* 12,9; vgl. auch *Gen* 3) und auch „Teufel oder Satan" (*Offb* 12,9). Die Feindschaft und der Kampf, die im Protoevangelium prophetisch vorausgesagt werden, ziehen sich durch alle Generationen hin. In diesem Kampf wird die „Magd des Herrn", das Mädchen aus Nazareth, die „Frau" der Geheimen Offenbarung - als Mutter des Erlösers - zur Mutter-Kirche. Denn in Maria haben schon die alten Väter den „Typus" der Kirche erkannt, und so hat es auch das Zweite Vatikanische Konzil getan (vgl. *Lumen Gentium*, Nr. 63).

5. Dramatisch ist jenes Bild des Kampfes, das von der Geheimen Offenbarung entworfen wird. Ein Kampf von kosmischen Dimensionen, der sich wegen des Sohnes auf die Mutter konzentriert und auf die Kirche übergreift, die als Mutter, dem Bild Marias folgend, die Kinder zur Welt bringt.
Auf ungarischem Boden, auf dem Boden eures Landes, hat die Kirche diesen Kampf erlebt; im Laufe der Geschichte, zum Beispiel angesichts der Gefahr der osmanischen Türken, hat sie die Erfahrung dieses Kampfes gemacht, besonders hart aber hat sie ihn in unserem Jahrhundert erlebt.
Wie sollte man nicht an die Verfolgungen der weiter zurückliegenden und der jüngsten Vergangenheit denken? Unter dem Ansturm der osmanischen Heerscharen brach die Gesellschaft des „Marianischen Reiches" zusammen: ganze Völker wurden dezimiert, und plötzlich war es kaum mehr möglich, nach den Geboten des Evangeliums zu leben. In den letzten 40 Jahren hat dann ein eisernes Regime der Nation eine atheistische Pseudo-Kultur aufgezwungen, aus der es eine Lebensform machen wollte. Zu diesen äußeren, gegen die Frau und ihren Sohn entfesselten Mächten kam noch die Neigung zum Bösen hinzu, der Keim der Feindschaft gegen das Reich Gottes, die den menschlichen Geist zerfrißt und leider auch die Gläubigen in den Abgrund der Untreue und der Sünde mitreißt. So bricht der Kampf, von dem die Geheime Offenbarung spricht, vor allem im Herzen des Menschen aus: Deshalb bedarf es unbedingt einer immer tiefgehenderen Bekehrung.

6. Aber nun stehen wir nach langen Jahren des Leidens und der Prüfungen vor ihr, die eure Vorfahren „Magna Domina Hungarorum" genannt haben. An sie richten wir, wie der Engel in Nazareth, unseren Gruß: „Sei gegrüßt, du Begnadete, der Herr ist mit dir" (*Lk* 1,28). „Gesegnet bist du mehr als alle anderen Frauen" (*Lk* 1,42).
„Ave Maria" beteten eure Väter, als sie die Fahne mit dem Bild der Jungfrau versahen. „Ave Maria" wiederholten sie, als sie ihr Bild auf ihr Siegel drückten. „Ave Maria" riefen sie noch, als sie auf der Prägung eurer einst hochgeschätzten Gold- und Silbermünzen die Ikone der „Patronin Ungarns" anbrachten.
„Unsere Selige Königin und Mutter, unsere alte Herrin": dieser Gesang begleitete die Pilger auf ihrem Weg zu den Marienheiligtümern.
Noch wirkungsvoller war das Marienlob, das sie Maria mit ihrem Leben darbrachten. Die Gesellschaft hatte sich entschieden, in Nachahmung der Jungfrau in konsequentem Glauben Gott zu dienen, indem sie den göttlichen Willen in der unauflöslichen Ehe, in der liebevollen Annahme der Nachkommenschaft als Geschenk des Herrn und in der Heilighaltung des Sonntags achteten. Die Verehrung der Gottesmutter ebenso wie die Einhaltung der christlichen Lehre, waren also nicht eine rein sentimental-gefühlsmäßige Zugabe zur Überlieferung; sie bildeten vielmehr einen festen Bezugspunkt, der im Zentrum von allem Gott, die Quelle des ewigen Heils, in eine Beziehung ständiger und treuer Gemeinschaft mit der Kirche stellte.
In einem eurer alten Gesänge heißt es: „Das berühmte Pannonien war ein blühender Garten, und dieser Garten wurde getreulich von der Jungfrau Maria begossen".

Lob und tiefe Dankbarkeit Dir, o Maria, die Du diesem Volk mit mütterlicher Liebe das Privileg gewährt hast, Deine Treue zu Christus, Deinem göttlichen Sohn, zu teilen!
„Ave Maria": Wir grüßen Dich auch heute, himmlische Gottesmutter, vereint mit allen, die in den Zeiten der Verfolgung nicht aufgehört haben, sich, von lebendiger Hoffnung beseelt, mit dem Rosenkranzgebet um Schutz an Dich zu wenden. Im Namen Marias richte ich einen herzlichen Gruß an euch alle, liebe Brüder und Schwestern, die ihr euch zur Feier der Eucharistie auf diesem Flughafen eingefunden habt. Ein besonderer Gruß gilt eurem Bischof, dem ehrwürdigen Bruder Msgr. Mihály Mayer, dem ich für die herzlichen Begrüßungsworte danke. Meine Achtung bekunde ich gegenüber dem Altbischof dieser Diözese, Msgr. József Cserháti, und allen anwesenden Bischöfen, unter ihnen Msgr. Antal Jakab, dem Altbischof von Gyulafehérvár, dem unerschrockenen und tapferen Zeugen des Glaubens und der Kirche, sowie Msgr. Lajos Bálint, dem Erzbischof von Gyulafehérvár und Msgr. János Pénzes, dem Bischof von Szabadka. Ich grüße außerdem die anwesenden zivilen Autoritäten; die Priester, die Ordensmänner und Ordensfrauen, die christlichen Laien, wobei ich ganz besonders an diejenigen denke, die aus den benachbarten Regionen kommen: Ungarn, Kroaten, Österreicher, Slowenen und Deutsche.

In ungarischer Sprache sagte der Papst weiter:

In dieser Stadt, die die große christliche Tradition Ungarns verkörpert, richte ich einen besonderen Gruß an euch, ungarische Brüder und Schwestern, die ihr im Ausland lebt. In eurer nunmehr freien Heimat trefft ihr euch mit dem Nachfolger des Petrus und vereint euch im Gebet auch mit euren Landsleuten. Ich danke euch, daß ihr jahrzehntelang an eurem Glauben und euren Idealen festgehalten habt und dem edlen geistigen und kulturellen Erbe der Heimat treugeblieben seid. Der Segen Gottes begleite euch alle.

Auf deutsch sagte der Papst weiter:

Herzlich grüße ich Euch, liebe Schwestern und Brüder aus dem benachbarten Österreich; einen brüderlichen Gruß richte ich an die verehrten Mitbrüder im Bischofsamt sowie an die Priester und Ordensleute. Und mit Euch grüße ich das österreichische Volk, dessen Geschichte mit Ungarn eng verbunden war, vor allem durch den christlichen Glauben, gekennzeichnet durch eine tiefe Verehrung der Muttergottes.

In kroatischer Sprache:

Von Herzen grüße ich den Bischof von Djakovo und Srijem, Ciril Kos, und die lieben kroatischen Brüder und Schwestern, die hierher gekommen sind, um mit ihren ungarischen Freunden zusammen zu beten und so die brüderlichen und christlichen Bande, die schon immer zwischen den beiden Völkern bestanden, noch enger zu knüpfen. Gott schenke euch das Gut eines dauerhaften Friedens in einem geeinten Europa, zu dem ihr euren fruchtbaren Beitrag leisten könnt.

In slowenischer Sprache:

Herzlich begrüße ich die lieben Pilger aus Slowenien. Meine Lieben, euer christlicher Glaube war die Jahrhunderte hindurch das Fundament eurer Kultur. Bewahrt und entfaltet dankbaren Herzens die Kultur eurer Vorfahren, die für euer Volk ein Geschenk ist. Gott segne euch und schenke euch den Frieden! Nur der Friede gewährleistet ein brüderliches Zusammenleben mit den angrenzenden Völkern und die Wahrung eurer christlichen Tradition.
Herzlich grüße ich Kardinal Kuharic, Erzbischof von Zagreb, und die anderen Bischöfe, die mit zahlreichen Gläubigen aus Kroatien gekommen sind. Noch einmal versichere ich euch, daß ich zu euren legitimen Bestrebungen stehe, und wiederhole meinen Appell an die internationale Gemeinschaft, euch in dieser schweren Stunde eurer Geschichte zu helfen. Ich hege das Vertrauen, in nicht ferner Zeit zu euch kommen zu können.
Liebe Schwestern und Brüder aus der Bundesrepublik Deutschland! Herzlich grüße ich Euch, die Ihr gekommen seid, um hier in Pécs, Fünfkirchen, der Stadt altehrwürdiger ungarisch-deutscher Tradition, dem Nachfolger Petri zu begegnen. Ihr seid heute neu gerufen, die Brückenfunktion zu den Völkern Mittel- und Osteuropas wahrzunehmen. Wir alle wissen um die Notwendigkeit der geistigen Erneuerung Europas. Nehmen wir die Chance wahr, die uns die Veränderungen in diesen Ländern gebracht haben! Ein Europa ohne Grenzen möge der Anfang sein für die Rückbesinnung auf die Werte, die maßgebend sind für ein Leben in Würde und Freiheit.
Einen besonderen Gruß möchte ich an dieser Stelle an die Ungarn-Deutschen richten:
Liebe Schwestern und Brüder deutscher Muttersprache!
Die Geschichte und Kultur eures Volkes ist eng mit dem christlichen Glauben verbunden. In dieser bewegten und nicht leichten Zeit des Wiederaufbaus einer neuen Gesellschaft in eurem Land lege ich euch Marias Wort als besonderes Vermächtnis ans Herz: „Was er euch sagt, das tut" (*Joh* 2,5).
Möge Maria, die Patrona Hungariae, euch und euren Angehörigen, ja, allen Ungarn-Deutschen, Fürsprecherin beim Herrn sein, damit ihr den christlichen Glauben bewahrt und ihn auch im Alltag bezeugt und weitergebt.
Gelobt sei Jesus Christus!

7. „Ich grüße dich", Maria.
Ich freue mich, Brüder und Schwestern, diesen Gruß zusammen mit euch wieder aufzufrischen. Es ist das erste Mal, daß der Nachfolger Petri das auf ungarischem Boden tun kann.
Die harten Prüfungen, die Teil der Geschichte eurer Nation und der Kirche in diesem Jahrhundert geworden sind, bestätigen die Wahrheit des Bildes der Geheimen Offenbarung. Es ist ein symbolisches Bild, aber zugleich von solcher Realität!
Es enthält den Realismus des geistigen Kampfes, des letzten und endgültigen Kampfes, der sich trotzdem immer länger hinzieht, weil er in die Gesamtgeschichte des

Menschen auf Erden, in die Geschichte der Nationen und der Gemeinschaften verflochten ist.
Dasselbe Bild enthält außerdem den Realismus des Sieges, des endgültigen Sieges wie auch aller unmittelbaren geistigen Siege, die die Existenz der Menschen und der Völker ausmachen.
„Jetzt ist er da, der rettende Sieg, die Macht und die Herrschaft unseres Gottes und die Vollmacht seines Gesalbten" (*Offb* 12,10).
Der rettende Sieg ist da, das Heil hat sich erfüllt. Hast Du, Jungfrau aus Nazareth, Magna Domina Hungarorum, etwa nicht von Anfang an darum gewußt?
O, Magd des Herrn! Hat Dir der Engel Gabriel nicht gesagt, daß die „Herrschaft" Deines durch den Heiligen Geist empfangenen Sohnes kein Ende haben wird„? War diese Wahrheit für Dich etwa nicht von Anfang an offenkundig?
Magna Domina Hungarorum ... Herrin der Ungarn und Ungarns, beschütze und bewahre dieses Volk, das sich Dir anvertraut! Amen!

Vor dem Schlußsegen der Messe in Pécs sagte der Papst noch in Italienisch (mit Übersetzung in Ungarisch):

Maria, Königin der Ungarn, wir danken dir, daß du uns heute in dieser großen eucharistischen Gemeinschaft empfangen hast. Du bist die Patronin der Ungarn, und darum vertrauen wir dir alle Ungarn an, jene, die in der Heimat und jene, die im Ausland leben.
Hier in der Stadt Pécs danken wir dir für die Gründung der ersten Universität auf ungarischem Boden im 14. Jahrhundert und dann auch der anderen Schulen verschiedener Grade, Schulen, die auch von religiösen Orden gegründet wurden.
Viele dieser Schulen sind in der Zeit, die wir schon „vergangen" nennen, geschlossen und aufgehoben worden. Jetzt kommen sie zurück, werden wieder geöffnet, ebenso wie die Seminare, auch das Seminar in dieser Diözese Pécs.
Du, die du Mutter bist, obschon sie dich Herrin, große Herrin nennen, du, die du die Mutter bist, du weißt gut, wie wichtig für jede nationale Gemeinschaft die Erziehung ist, die Schule und die Universitäten, und wie wichtig für die Kirche und für alle Ordensgemeinschaften die religiöse Ausbildung ist.
Hier nennen wir dich, Mutter, „große Herrin der Ungarn", aber wir denken auch an alle anderen europäischen Völker, die hier vertreten sind. Unser Kontinent ist eine große Gemeinschaft, ein großes Haus vieler Völker, und wir beten, auch in der heute versammelten Gemeinschaft, um ein Zusammenleben, das nicht nur friedlich, sondern auch harmonisch sein möge, das eine wahre Gemeinschaft der Liebe, eine Zivilisation der Liebe bilden möge.
Wir bitten dich also, und wir bitten und fragen uns selbst, uns alle, besonders jene, die mehr Verantwortung haben, wir fragen uns, ob die Rechte der Personen und die Rechte der Völker und der Nationalitäten so respektiert werden, daß ein harmonisches, friedliches, familiäres Zusammenleben der Völker auf unserem Kontinent möglich wird.

Mit diesem Gebet, du Mutter und „Magna Domina Hungarorum” schicken wir uns an, durch deine Fürbitte den unsere Teilnahme an der Eucharistie krönenden Segen der heiligsten Dreifaltigkeit zu empfangen.

Gemeinsam nach dem Wahren, Guten und Schönen suchen

Ansprache an die Vertreter von Kultur und Wissenschaft in Budapest am 17. August

1. Es ist mir eine Freude, sehr geehrte Damen und Herren, Sie und alle Vertreter von Kultur und Wissenschaft gerade von diesem Palast aus, in dem die Akademie der Wissenschaften ihren Sitz hat, voll Hochachtung zu grüßen.
Mein Wohlwollen und meine guten Wünsche gelten vor allem dem Präsidenten der Republik Ungarn, Herrn Arpad Göncz, der nicht nur ein herausragender Vertreter des literarischen Lebens Ungarns ist, sondern darüber hinaus als Staatsoberhaupt das lebendige Symbol der nationalen Einheit darstellt. Ich begrüße auch den anwesenden Ministerpräsidenten, Herrn Bertalan Andrasfalvy, Minister für Kultur und Erziehung, der in seinem Amtsbereich darum bemüht ist, die unvergänglichen Werte der ungarischen Kultur zu bewahren und zu mehren. Mein besonderer Gruß gilt sodann Herrn Domokos Kosary, dem Präsidenten der Ungarischen Akademie der Wissenschaften, der sich nach dem Vorbild seiner großen Vorgänger für die Erarbeitung einer neuen, objektiveren Interpretation der Geschichte einsetzt; und der Präsidentin der Ungarischen Schriftstellervereinigung, Frau Anna Jokai, einer scharfsinnigen Erforscherin der verborgenen Tiefen der menschlichen Seele, die sich unermüdlich der Förderung freundschaftlicher Beziehungen der ungarischen Schriftsteller untereinander annimmt.
Eine Botschaft aufrichtiger Wertschätzung und tiefer Hochachtung richte ich an alle Wissenschaftler, die in der Tradition großer Gelehrter der Vergangenheit die Welt der Natur erforschen und die wissenschaftlichen Erkenntnisse vertiefen. Ihre Errungenschaften helfen Eurer Nation und der ganzen Menschheit dabei, Gottes Schöpfungswerk weiterzuführen und damit den allgemeinen Fortschritt in eine sicherere und glücklichere Zukunft zu fördern. Sodann ergeht mein Wort an die ungarischen Künstler, deren Schaffen großartige Kunstwerke hervorbringt, die die Nation dadurch bereichern, daß sie sie zu den edlen Werten der Schönheit, der Wahrheit und des Guten erziehen. Und es ergeht an die Vertreter der Medizin und der Technik, die daran arbeiten, die Harmonie des menschlichen Daseins zu bewahren und gesündere Umwelt- und Lebensbedingungen zu schaffen.

2. Darüber hinaus sei es mir gestattet, den Schriftstellern, Wissenschaftlern, Künstlern und Ärzten besonders herzlich meine Achtung zu bekunden, die auch unter den schwierigen Verhältnissen der jüngsten Vergangenheit nie aufgehört haben, sich zu ihrem christlichen Glauben zu bekennen, und immer dem Gebot der Wahrheit und der Stimme ihres Gewissens treu geblieben sind, auch wenn sie dafür schwere Diskriminierungen ertragen mußten. Könnte man es in der Tat unterlassen, auf die

Trauer und den Schmerz hinzuweisen, mit dem wir erleben mußten, wie in den Ländern Mittel- und Osteuropas hervorragende Persönlichkeiten ins Abseits gedrängt wurden, weil sie sich infolge ihres entschlossenen Festhaltens an den Werten des Glaubens aus dem sozialen und kulturellen Leben ausgeschlossen sahen? Mit Freude erleben wir heute den Zusammenbruch der ideologischen Monopole, während eine neue Gesellschaft, die diese menschlichen Grundwerte achtet, feste Gestalt annimmt. Vertreter der Wissenschaften und Künste können sich heute, auch wenn sie verschiedene religiöse oder politische Überzeugungen haben, glücklich vereint sehen in dem gemeinsamen Bemühen um die Suche nach dem Wahren, dem Guten und dem Schönen und um den Dienst an diesen Werten zum Besten der Kultur und der echten Entwicklung der Menschheit nach dem Plan Gottes des Schöpfers und Erlösers.

Das Zweite Vatikanische Konzil sagt dazu: „In der Person des Menschen selbst liegt es begründet, daß sie nur durch Kultur, das heißt durch die entfaltende Pflege der Güter und Werte der Natur, zur wahren und vollen Verwirklichung des menschlichen Wesens gelangt. Wo immer es daher um das menschliche Leben geht, hängen Natur und Kultur engstens zusammen" (*Gaudium et spes*, Nr. 53).

Förderung der Kultur bedeutet nicht, in einen abstrakten Spiritualismus zu verfallen, der nichts weiß von den empirischen Vorgängen des täglichen Lebens. Im Gegenteil, um die vielen Gegensätze des sozialen Zusammenlebens zu überwinden und eine bessere Zukunft zu planen, muß man sich unbedingt der Orientierungskraft klarer kultureller Werte bedienen, die zum gültigen Bezugspunkt für alle werden sollen. Mit vollem Recht nannte daher der Urheber dieser Akademie den kultivierten Intellekt, den „Kimüvelt emberfö", den wichtigsten Faktor der vollständigen menschlichen Entwicklung.

Da muß hinzugefügt werden, daß für den Jünger Christi die kulturelle Entwicklung des Menschen erst dann ihren Höhepunkt erreicht, wenn sie dadurch, daß sie die Teilgüter auf die Anerkennung der höchsten Werte gründet, deren Quelle und Ziel im Glauben an einen persönlichen Gott entdeckt. Der Gläubige weiß, daß in der vorliegenden Ordnung der Vorsehung der Aufbau des „vollkommenen Menschen" sich auf Christus, das fleischgewordene Wort, stützt. Er besteht nämlich im Teilhaben „an der vollendeten Reife Christi" (vgl. *Eph* 4,13). Nur die rettende Gnade des Erlösers vermag unser geistiges und gefühlsmäßiges Reifen durch den in der Liebe tätigen Glauben zu solchen Höhen emporzuheben.

3. Von diesen Gewißheiten unterstützt, blickt die Kirche mit großer Wertschätzung und Achtung auf Sie, die Baumeister der Kultur und die, die für ihre Verbreitung sorgen. Ihre Tätigkeit hat ihre besondere Würde in der Schöpfungsordnung und auch in der Gnadenordnung kommt ihr eine wichtige Funktion zu. Die Kirche ist sich dessen bewußt und anerkennt und fordert Freiheit und Autonomie für die wissenschaftliche Forschung und das künstlerische Schaffen. Die Geschichte lehrt, wie unheilvoll es gewesen ist, die dynamische Kraft des Geistes dadurch abzutöten, daß seine Äußerungen den Postulanten der herrschenden Ideologie unterworfen wurden.

Die Kultur braucht rechte Freiheit, auch gegenüber dem religiösen Glauben. Es gibt nämlich zwei Erkenntnisordnungen: die der Vernunft und die des Glaubens. Die verschiedenen Wissenschaftsdisziplinen haben die Naturerscheinungen und ihre Wechselwirkungen zum Gegenstand. Aber über diese Erscheinungen hinaus vermag die philosophische Vernunft zu einer gewissen Erkenntnis Gottes als Fundament des Universums zu gelangen. Erst die göttliche Offenbarung, die den Gegenstand des Glaubens ausmacht, führt uns in das Geheimnis des Lebens Gottes selbst ein. Glaube und Vernunft greifen beide auf dieselbe ursprüngliche Wahrheit zurück, die nicht sich selbst widersprechen kann. Wenn es daher den Anschein hat, daß Vernunft und Glaube in Konflikt geraten, muß gefolgert werden, daß entweder die Kulturtätigkeit oder das Nachdenken über die Gegebenheiten des Glaubens durch Nichteinhaltung der Forderungen ihrer je eigenen Methode den jeweiligen Kompetenzbereich überschritten hat.

Bisweilen haben leider auch im christlichen Bereich die Gläubigen die legitime Autonomie von Wissenschaft und Kunst nicht ausreichend zur Kenntnis genommen, womit sie Widerspruch, Streit und Polemiken auslösten, die nicht wenige Menschen zu der Meinung verleiteten, Wissenschaft und Glaube stünden im Gegensatz zueinander (vgl. *Gaudium et spes*, Nr. 36; auch Nrn. 56, 59). Man kann nur wünschen, daß sich das nicht wiederholt.

Anderseits ist auch die Hoffnung darauf legitim, daß jetzt jenes negative Vorurteil überwunden ist, infolge dessen es in der Vergangenheit nicht an Wissenschaftlern und Künstlern fehlte, die gegenüber dem religiösen Glauben eine feindselige Haltung einnahmen. Es muß allen klar sein, daß der Glaube dem Forscher weder vorgefertigte Resultate aufnötigt noch die Absicht hat, die Ergebnisse seiner Studien auf empirischem Gebiet abzuändern oder zu ergänzen.

4. Der religiöse Glaube hat eine andere Aufgabe, eine andere Auswirkung: dank des Lichtes, dessen Träger er ist, ist es ihm möglich, in die ganze Tiefe der Bedeutung dessen vorzudringen, was der wissenschaftlichen Analyse unerklärlich, wenn nicht überhaupt absurd erscheint: zum Beispiel Tod, Leid, das Böse.

Und noch etwas: Die richtige Vernunft erkennt die moralischen Werte und weiß, daß ohne sie der Mensch sich schließlich selbst zerstört. Alle erleben jedoch, wie tief in der von der Sünde verletzten menschlichen Person die Neigung verwurzelt ist, die Befriedigung der eigenen Neigungen unabhängig von diesen moralischen Werten zu suchen. Warum also dem Gewissen die Möglichkeit verwehren, aus den höheren Motivationen des Glaubens Licht und aus den überirdischen Quellen der Gnade vor allem innere Kraft zu schöpfen?

„Die Kirche weiß sehr genau - sagt das Konzil -, daß ihre Botschaft dann dem tiefsten Verlangen des menschlichen Herzens entspricht, wenn sie die Würde der menschlichen Berufung verteidigt und denen, die schon an ihrer höheren Bestimmung verzweifeln, die Hoffnung wiedergibt. Ihre Botschaft mindert nicht nur den Menschen nicht, sondern verbreitet, um ihn zu fördern, Licht, Leben und Freiheit; und außer ihr vermag nichts dem Menschenherzen zu genügen: ‚Du hast uns auf dich hin gemacht, o Herr, und unruhig ist unser Herz, bis es Ruhe findet in dir'" (*Gaudium et spes*, Nr. 21).

5. Diese Überlegungen drängen mich dazu, ein in der gegenwärtigen Situation eurer Geschichte stark empfundenes Erfordernis zu unterstreichen. Soll den Kindern dieses Landes ermöglicht werden, zu der vollen und harmonischen Reife zu gelangen, von der ich eben gesprochen habe, dann ist es von vorrangiger Bedeutung, daß sie von Kindheit an in die Lage versetzt werden, die Grundlagen des christlichen Glaubens kennenzulernen und an der religiösen Erfahrung der kirchlichen Gemeinschaft teilzunehmen. Zu diesem Zweck ist zweifellos von Bedeutung, daß für sie der Religionsunterricht während der ganzen Schulzeit sichergestellt wird.

Der Mensch ist nach Gottes Ebenbild geschaffen. Wir sind alle lebendige Ikonen von Ihm, der unser Ursprung und unser Endziel ist. Jene, die vom Glauben erleuchtet in sich und in ihren Brüdern die Züge dieser Ikone entdecken, können vom Menschen und von der sie umgebenden Welt eine eindringlichere und universalere Sicht haben. Wenn sie sich dessen bewußt sind, sollen sie in demütiger Dankbarkeit gegenüber Gott ihre Anstrengungen mit jenen aller Menschen guten Willens vereinigen, um der Menschheit die Zuflucht an Licht, die ihnen aus dem Glauben zukommt, anzubieten. Insbesondere sollen sie ihre Brüder daran erinnern, daß jede Form von Immanentismus, der ein verkürztes Menschenbild aufstellt, den Menschen jener transzendenten Dimension beraubt, die allein ihn der Perspektive des endgültigen Untergangs zu entreißen vermag. Der Mensch als Person hat seine besondere Würde, weil er eine ewige Berufung hat. Jede wie auch immer geartete Einseitigkeit bei der Analyse der menschlichen Bedingtheiten und Erwartungen steht im Gegensatz zu einem echten Humanismus.

Welche Verantwortung würde einer gegenüber den jungen Generationen übernehmen, wenn er ihnen nicht den weiten Horizont der christlichen Botschaft anböte und ihnen somit eine echte Freiheit verwehrte, die Freiheit der bewußten und reifen Annahme des Anrufes der Liebe, der aus dem Glauben kommt. Die Unwissenheit macht jede Art der freien Entscheidung unmöglich. Es ist daher notwendig, den Kindern nicht das Recht auf eine vollständige Erziehung vorzuenthalten, die auch Grundelemente des christlichen Glaubens einschließt.

Gewiß setzt die vollendete Reife des christlichen Lebens einen Weg des persönlichen Wachstums voraus, den der einzelne Mensch nicht auf andere abwälzen kann. Er darf jedoch auf diesem Weg nicht allein gelassen werden, sondern muß Vorbereitung und Anleitung erfahren, um seine Entscheidungen auch verantwortlich zu erfüllen. Wie wenige wären, wenn sie sich selbst überlassen blieben, in der Lage, eine eigene Kultur aufzubauen! In jedem Fall müßten sie große Mühe aufwenden, um jedesmal, wenn sie sich bei ihrer Suche verirrten, wieder auf den rechten Weg zu gelangen. Wieviel Zeit würde es erfordern, das wahre Verhältnis zwischen Vernunft und Glaube zu entdecken! Und dabei bestünde die große Gefahr, daß der durch leidvolle Erfahrungen errungene Glaube statt zum Lebensprinzip der ganzen Kultur zu werden, schließlich zu einem mit dem übrigen Leben kaum verschmolzenen Anhängsel oder Zusatz würde.

Bekanntlich sind ja nicht wir es, die auf Gott zugehen, sondern Er kommt auf uns zu. Gott gibt sich uns durch die innere Stimme des Gewissens und auch durch das Schauspiel der Natur zu erkennen. Er hat uns sein Geheimnis auf eine noch erhabenere Weise geoffenbart. Das Zeugnis der Gläubigen hält uns zum Hören des Wortes Gottes an. „Denn jeder, der den Namen des Herrn anruft, wird gerettet werden. Wie sollen sie nun den anrufen, an den sie nicht glauben? Wie sollen sie an den glauben, von dem sie nichts gehört haben? Wie sollen sie hören, wenn niemand verkündigt?" (*Röm* 10,13 f.).

6. Einer der wichtigsten Kulturfaktoren ist die Erziehung. Sie besteht allerdings nicht nur in der Weitergabe eines knappen Kompendiums der wissenschaftlichen Errungenschaften und realisierten Techniken an die jüngeren Generationen. Ich weiß sehr wohl, welche Anerkennung Ihr Schulsystem für die ausgezeichnete berufliche Ausbildung verdient, die es der Jugend vermittelt. Eine gleiche, ja noch größere Anstrengung muß jedoch auf dem Gebiet der erzieherischen Bildung unternommen werden, um die Reifung der Persönlichkeit der jungen Menschen in ihrer Sicht der Welt, in ihrem Wertesystem, in ihren persönlichen Beziehungen zu fördern. Eine verkürzte Auffassung vom Menschen spiegelt sich unweigerlich in der Bildungsarbeit, wie die Erfahrung der jüngsten Vergangenheit beweist, wo dem langwierigen, aber absolut notwendigen Erziehungsprozeß nicht die ganze ihm gebührende Aufmerksamkeit zuteil wurde.
Heute leuchtet allen ein, daß für einen derart komplexen und schwierigen Weg ein paar moralische Unterweisungen, die von Lehrern oder Eltern erteilt werden, nicht ausreichend sein können. Die jungen Menschen leben in einer konkreten Familie und in einem bestimmten sozialen Umfeld: Alles, was um sie herum geschieht, beeinflußt die Entwicklung ihrer Persönlichkeit, indem es entweder ihr Wachstum zu immer vollendeterer Reife fördert oder aber ihr inneres Wachstum hemmt, ja sogar das natürliche Verlangen nach Vollkommenheit und Glück zerstört.
Die ungarische Gesellschaft erlebt eine tiefgehende Übergangskrise. Sie leidet an den Folgen der vergangenen Jahrzehnte der Diktatur und ist schwer bedroht vom Säkularismus. Nicht selten werden grundlegende sittliche Tugenden vernachlässigt oder gar lächerlich gemacht. Eine der wichtigsten Aufgaben, die sich im Rahmen der neu erlangten Freiheit den Vertretern der Kulturwelt stellen, ist die Errichtung einer neuen Gesellschaft auf der Grundlage fundamentaler menschlicher Tugenden, wie Ehrlichkeit, Gerechtigkeit, gegenseitige Achtung, Solidarität, Eintracht und Arbeitseifer.
Wer die Verantwortung für die Erziehung der jungen Generationen trägt, muß sich um die Sortierung und Sichtung der Einflüsse der Umwelt auf die Jugend kümmern und sich darum bemühen, diese Jugend mit allen Bedingungen auszustatten, die für eine harmonische menschliche Entfaltung notwendig sind. Unglücklicherweise sind heute viele Familien allein nicht mehr in der Lage, eine solche Atmosphäre zu gewährleisten. Die Eltern haben zu wenig Zeit für ihre Kinder. Vielleicht sind sie auch seelisch tief verletzt, in ihren Grundüberzeugungen erschüttert und infolgedessen ohne Interesse für die wirkliche und letzte Bedeutung des Lebens. Die Nation muß

ihr Erziehungssystem überprüfen, um durch die Anwendung geeigneter Mittel das Heranreifen echter Persönlichkeiten zu fördern.

Die Kirche ihrerseits ist bereit, für ein so edles Anliegen ihren Beitrag anzubieten. Zu diesem Zweck beabsichtigt sie auch die Eröffnung eigener Schulen. In der Vergangenheit hat sie sich von der Erziehung der jungen Generationen ausgeschlossen gesehen, und es ist daher jetzt ein Grund zur Freude für sie festzustellen, daß die Eltern zunehmend den Wunsch bekunden, ihren Kindern eine gute Erziehung in den katholischen Schulen sicherzustellen. Zahlreiche Personen, insbesondere unter den Ordensmännern und Ordensfrauen, tun ihr möglichstes, um diesen Erwartungen zu entsprechen, auch wenn dieser Prozeß der Wiederbelebung nur langsam und mühsam vorankommen kann, was nach 40 Jahren erzwungener Inaktivität nur zu gut verständlich ist. Ich lade alle edlen, selbstlosen Kräfte zur Mitarbeit ein. Es gilt ein besseres und vollständigeres Erziehungssystem zu schaffen, indem man sich auch auf den Beitrag von Ordenskongregationen und engagierten Katholiken stützt.

7. Der Kirche obliegt die Hauptverantwortung für die Verkündigung des Reiches Gottes sowohl in der Versammlung der Gläubigen wie im direkten Dialog mit den einzelnen, besonders mit den Jugendlichen. Mit Befriedigung darf man feststellen, daß die Kirche jetzt auf konstruktive Kontakte zur Jugend zählen kann: dafür sei der göttlichen Vorsehung gedankt! Man muß freilich mit aller Offenheit zugeben, daß auch die Kirche die Nachfrage nach religiöser Unterweisung der Jugend nicht allein befriedigen kann. Sie war in der jüngsten Vergangenheit der Räumlichkeiten und materiellen Mittel, die für die Erfüllung einer solchen Aufgabe notwendig sind, beraubt worden; zudem wird die Jugend in der Schule so in Anspruch genommen, daß es in den meisten Fällen illusorisch wäre, an die Verwirklichung von Erziehungsstrukturen zu denken, die von denen der Schule streng getrennt sind.

Es ist daher unerläßlich, daß die öffentlichen Schulen selbst die systematische Begegnung der Jugendlichen mit den Vertretern der verschiedenen Kirchen dadurch fördern, daß sie innerhalb des Schulbereiches auch den Religionsunterricht vorsehen.

Obgleich ich die Schwierigkeiten, die die gegenwärtige nationale Schulordnung aufweist, nicht unterschätze, möchte ich die Verantwortlichen auf Grund der positiven vergangenen Erfahrungen auffordern, die Befürchtung, der Pluralismus des Religionsunterrichts würde der Einheit der Erziehung Schaden zufügen, aufzugeben. Ein falsch verstandener Religionsunterricht, der alles daran setzte, die interkonfessionellen Streitfragen herauszukehren, oder sich genüßlich darin erginge, die Mängel des anderen hervorzuheben, wäre gewiß zu mißbilligen. Aber das eventuelle Risiko eines möglichen Mißbrauches rechtfertigt nicht die prinzipielle Ablehnung eines solchen Dienstes. Ja, der junge Mensch soll dazu herangebildet werden, daß er imstande ist, die zwischen den verschiedenen christlichen Konfessionen bestehenden Unterschiede in einem Geist des Dialogs und der gegenseitigen Toleranz zu erschließen und zu bewerten.

8. Die Geschichte der ungarischen Kultur hat nicht nur wertvolle Profanwerke, sondern auch Meisterwerke christlichen Glaubens und christlicher Kultur aufzuweisen. Das allererste große Werk der ungarischen Literatur bezieht sich auf die Jungfrau Maria, die Schmerzensmutter Jesu. Und viele berühmte ungarische Dichter und Schriftsteller haben das innige Verhältnis herausgestellt, in das Gottes gerechte und barmherzige Liebe mit dem erlittenen Geschick jedes einzelnen Menschen eintritt, der immer als Kind Gottes angesehen wird, auch dann, wenn er vom rechten Weg abkommt.
Ein wesentlicher Teil der ungarischen Musik gibt der Lobpreisung Gottes Ausdruck. Die schönsten historischen Baudenkmäler sind Kirchen und Klöster. Kultur und Glaube sind in eurer Geschichte stets untrennbar miteinander verwoben gewesen. Ich möchte den Wunsch aussprechen, daß die ungarische Kultur auch in Zukunft zum Wohl der ganzen Nation die fruchtbare Begegnung zwischen christlichem Glauben und menschlichem Genius erkennen läßt. Sie sind aufgerufen, die Vorkämpfer und Förderer dieser Begegnung zu sein. Das ist der wertvollste Beitrag, den ihr Vaterland und die ganze Menschheit von Ihnen erwarten.
Der Herr helfe Ihnen, diese Ihre Sendung zu erkennen, und die mütterliche Fürsprache Mariens, an die sich das ungarische Volk im Laufe seiner 1000jährigen Geschichte wiederholt vertrauensvoll gewandt hat, stehe Ihnen bei. In seinem Namen segne auch ich Sie von Herzen.

Europa ist tatsächlich eine Familie

Ansprache an das Diplomatische Korps in Budapest am 17. August

Exzellenzen!
Meine Damen und Herren!

1. Es ist für mich eine tiefe Genugtuung, am Sitz der Apostolischen Nuntiatur die bei der Republik Ungarn akkreditierten Repräsentanten zahlreicher Länder und verschiedener internationaler Organisationen zu empfangen. Die vor kurzem erfolgte Wiederaufnahme diplomatischer Beziehungen zwischen dem Hl. Stuhl und Ungarn gehört zu den erfreulichen Konsequenzen der Entwicklung, die dieses Land im Laufe der letzten Jahre erlebt hat und über die wir glücklich sind. Gerade die Anwesenheit des Vertreters des Apostolischen Stuhls, Ihres Doyen, ist ein Zeichen dafür, daß in der ungarischen Gesellschaft nunmehr die Bedeutung der religiösen Dimension anerkannt wird.
Mit Freuden sind wir Zeugen der Ereignisse gewesen, die sich in jüngster Vergangenheit hier in Mitteleuropa abgespielt haben. Gleichzeitig mit ihren Nachbarnationen hat die ungarische Nation schließlich wieder zu ihrer Freiheit und vollen Souveränität gefunden; sie kann heute als Partner auftreten, der das uneingeschränkte Vertrauen der internationalen Gemeinschaft genießt.

Wir erleben eine für Europa historische Stunde: Nach so vielen Jahren einengender Beschränkungen und gegenseitigen Mißtrauens sind die Sperrschranken einer widernatürlichen Spaltung des Kontinents zurückgewichen vor der tatsächlichen Macht eines echten Einbruchs des Rechts, der Absage an die Ungerechtigkeit und einer würdigen Geltendmachung der Freiheit. Wir begrüßen den Mut und den Klarblick eines Volkes, das die in der Zeit der Prüfung gewonnene Reife unter Beweis stellte und beeindruckende menschliche Möglichkeiten erkennen ließ, durch sein friedliches Vorgehen ein System der Unterdrückung ins Wanken zu bringen. Nun kann dieses Volk auf den Fundamenten seiner geschichtlichen, kulturellen und geistlichen Traditionen eine hellere Zukunft aufbauen.

2. Es liegt mir daran, vor Ihnen aufs neue die Christen dieses Landes zu würdigen. Viele Jahre lang sind sie durch die Verneinung ihres Glaubens seitens des Staates, durch die Zerschlagung ihrer Einrichtungen, durch die Zersprengung ihrer Ordensgemeinschaften, durch das vielen ihrer Bischöfe und Priester aufgezwungene Schweigen zutiefst getroffen worden. Bewegt erinnere ich an die edle Gestalt eines Bischofs in ihren Reihen, des Kardinals József Mindszenty, der nun rehabilitiert ist und seit kurzem in der Erde ruht, die er so leidenschaftlich geliebt, bei dem Volk, dem er in einer Weise Treue gelobt hat, daß es ihm in der ganzen Welt Achtung einbrachte.

Wie der Empfang, der dem Bischof von Rom in diesem Land zuteil wurde, zeigt, nimmt die katholische Kirche ihre Tätigkeit jetzt in aller Öffentlichkeit wieder auf. Ich gebe dem brennenden Wunsch Ausdruck, daß das Verlangen der Kirche, im Einklang mit ihrer besonderen Berufung und in herzlicher Verbundenheit mit den anderen vorhandenen kirchlichen Gemeinschaften zum Wohl der Gesellschaft beizutragen, angenommen werden möge. Ohne Privilegien fordern zu wollen, benötigt die katholische Kirche ein Mindestmaß an materiellen Mitteln, um ihre Sendung bestmöglich zu erfüllen; das ist besonders erforderlich für die Wiederherstellung des Ordenslebens und für die Entwicklung sozialer und karitativer Werke. Andererseits wird es der reguläre Zugang zu den Medien den Katholiken gestatten, sich so zu äußern, wie es einem bedeutsamen Teil der Nation angemessen ist. In Treue zur lebendigen Quelle des Evangeliums lassen sie besonders das Bemühen um eine für das menschliche Leben grundlegende moralische Forderung erkennen, die Inbrunst einer brüderlichen Liebe, die dazu berufen ist, ständig über sich selbst hinauszuwachsen, den Durst nach Einheit und Frieden in gegenseitiger Achtung der Männer und Frauen, die vom Schöpfer und vom Erlöser Christus alle gleich geliebt werden.

3. Das von Ihnen gebildete Diplomatische Korps ist natürlich ein idealer Zeuge der neuen Entschlüsse, zu denen sich Ungarn durchringt. Es ist auch Faktor des Überlegens, der Zusammenarbeit und internationaler Solidarität. Die Repräsentanten der Nationen dürfen die Lektionen der so kontrastreichen Geschichte dieses Kontinents nicht vergessen. Europa ist so manches Mal ein Schlachtfeld gewesen, wo sich Reiche, Nationen und sogar Religionen gegenüberstanden. Die beiden Weltkriege sind in Europa ausgebrochen, Katastrophen, deren Folgen noch immer auf den Völ-

kern lasten. Man muß sich sehr genau die Gründe bewußt machen, die diese Spannungen und Konflikte ausgelöst und aufrechterhalten haben, und sich hüten, die Rivalitäten egoistischer Interessen zu verschleiern, die man allzu oft zum Schaden der Rechte der anderen verteidigt hat. Dagegen muß man die gemeinsamen und schöpferischen Werte deutlich ans Licht bringen, die einen gerechten und dauerhaften Frieden stiften. Dieser Friede ist die Vorbedingung für die harmonische Zukunft eines Kontinents, der gerade dabei ist, unter dem aufmerksamen Blick der Völker der ganzen Welt einen Zusammenhalt wiederzufinden.
Können wir jenseits aller Rhetorik behaupten, daß Europa tatsächlich eine Familie ist, die eine große Vielfalt von Kulturen und Traditionen in dasselbe Ganze einbindet? Ohne daß man das immer klar erkannt hätte, wurde diese Völkerfamilie durch die Abwesenheit der in der Mitte Europas heimischen Völker, die daran gehindert wurden, am vielfältigen Austausch teilzunehmen, eines lebenswichtigen Teiles ihrer selbst beraubt. Wird nun den verschiedenen Ländern des Kontinents, die noch starke Narben tragen, die Wiederherstellung eines gemeinsamen Lebens gelingen, wo dank der Zustimmung zu den in ein und demselben Erbe empfangenen Gründungswerten die Unterschiede angenommen und die Gegensätze überwunden werden?
Die Führer der europäischen Nationen sehen sich dringenden Appellen gegenüber: die Entwicklung der jüngsten Zeit erneuert und erweitert den Rahmen für eine unerläßliche Zusammenarbeit. Es handelt sich nicht mehr um das Spiel von Mächten, die miteinander konfrontiert sind; es geht darum, zu einem immer engeren Miteinander in dem zu gelangen, was man die „internationale Freiheit", die Verlängerung der von den Menschen und Völkern wiedergewonnenen Freiheit, nennen kann. Wie Sie wissen, blickt die katholische Kirche mit Wohlwollen auf die Anstrengungen, die unternommen werden, um die auf die Verwirklichung der Solidarität - die vor allem zwischen den Ländern ein und derselben Weltgegend geboten ist - abgestimmten Einrichtungen zu schaffen. Ich wünsche sehr, daß man sich nicht mehr durch das Sich-Abschließen, wozu manche versucht sein könnten, oder durch die Furcht, einer gewissen Vorrangstellung oder eines Vorteils verlustig zu gehen, von diesem Weg abbringen läßt. Dem europäischen Kontinent ist es angemessen, daß das Unterpfand der Solidarität zwischen den Nationen und das Bemühen um die Gerechtigkeit im Hinblick auf Millionen von lange Zeit benachteiligten Männern und Frauen würdigere Motive für die Inspiration des Handelns darstellen als die Wahrung egoistischer Interessen. Um nur einige Beispiele herauszugreifen: man hofft auf die Entwicklung des Personenverkehrs zwischen den Ländern, auf den zunehmenden Austausch von Wissen und Technologien, auf die Entfaltung einer gleichberechtigten wirtschaftlichen Zusammenarbeit, ohne daß das zu irgendeiner Unterordnung führen würde.

4. Wie die anderen Länder dieser Region sieht sich auch Ungarn mit zahlreichen, schwierigen Aufgaben konfrontiert, um zu seinem ganzen Dynamismus und seinem Wohlstand zurückzufinden. Die Wirtschaft muß wiederaufgebaut werden, wenn sie imstande sein soll, den Lebensbedürfnissen der Bewohner des Landes zu entsprechen. Das Erziehungssystem muß sich erneuern und ausreichende Mittel erhalten. Die Kultur muß von den Reichtümern ihrer eigenen geschichtlichen Erinnerung

Besitz ergreifen und zugleich uneigennützige Beiträge aus anderen Regionen zugebilligt bekommen. In diesen Bereichen, die ich nur eben erwähne, sind Sie, meine Damen und Herren, die Hauptakteure einer Zusammenarbeit, auf deren umgehende fruchtbare Entfaltung man hofft.
Wie man weiß, ist es nicht Aufgabe der Kirche, sich in die Bereiche einzuschalten, die eigentlich in die Zuständigkeit der Staaten fallen. Aber ich empfinde es als dringend notwendig, an die Völker und ihre Führer zu appellieren, niemals die tieferliegenden Gründe für eine Zusammenarbeit aus dem Auge zu verlieren, die sich nicht im Fachjargon des Handels oder auch des Kulturaustausches definieren lassen. Die erwünschte Hilfe und die private bzw. öffentliche Zusammenarbeit haben zum Ziel, es diesen Völkern zu ermöglichen, wieder an die Arbeit zu gehen, ihre Talente und ihre menschlichen Ressourcen zur Entfaltung zu bringen, ihre Umwelt zu schützen, ihre Kultur ausstrahlen zu lassen und das ganze Wirkungsvermögen ihrer Humanität zu entfalten.
Mit anderen Worten, es kommt darauf an, nicht zuzulassen, daß zwischen den verschiedenen Bereichen unüberwindliche Schranken aufgerichtet werden. Die Solidarität unter den einzelnen Menschen wie unter den Völkern ist ein Prinzip vor allem sittlicher Ordnung. Das menschliche Tun auf wirtschaftlichem, politischem oder kulturellem Gebiet gelangt nur dann zu seinem vollen Sinn, wenn eine sittliche Steuerung über andere Erwägungen, mögen sie noch so berechtigt sein, die Oberhand behält. Mit einem Wort, die Person des Menschen und die „Persönlichkeit" eines Volkes sind die Realitäten, die jedes politische Handeln respektieren und denen es vor allem dienen muß. Niemals darf das rechte Gewissen ignoriert oder zum Gespött gemacht werden. Niemals darf das Leben geringgeachtet werden. Es gibt nur einen wirklichen Fortschritt in der menschlichen Gemeinschaft, das Recht: es geht aus der Natur des Menschen selbst hervor, wird als Fundament anerkannt, hat seinen Platz vor jedem Geschäftsabschluß, vor jedem Abkommen, vor jedem Aufbau institutioneller Strukturen im Rahmen einer Nation oder der Solidarität mehrerer Nationen.

5. Die Länder Mitteleuropas haben begonnen, eine Welt der Freiheit aufzubauen. Wir wissen aber, daß wir auch das Wiederaufflammen von Spannungen zwischen Gruppen verschiedener Nationalitäten innerhalb ein und desselben politischen Gefüges miterleben. Ich habe schon manchmal zur Achtung der Rechte aller Nationen, aller Minderheiten aufgerufen: Diese müssen die Verfassung des Landes, das sie aufnimmt, akzeptieren, aber die Regierungen müssen auch ihnen gleiche Rechte zuerkennen, einschließlich des Rechtes auf den Gebrauch ihrer Muttersprache, auf den Genuß einer gerechten Autonomie und auf die Wahrung ihrer eigenen Kultur. Die Ungarn sind sensibel für das Los ihrer in den Nachbarländern lebenden Brüder und Schwestern; sie wollen die Verbindungen zu ihnen in bestimmten Formen rechtmäßig aufrechterhalten. Wenn die Grenzen unverletzlich sind, muß dann nicht genauso klargestellt werden, daß die Völker selbst unverletzlich sind? Zwischen Minderheiten und Mehrheiten gilt es, die von der Geschichte ererbten Vorurteile oder Ressentiments hinter sich zu lassen. Könnte es durch besseres gegenseitiges

Kennenlernen nicht gelingen, von den Vorvätern überkommene Antipathien, mit denen man sich nicht abfinden kann, geduldig zu überwinden? Für die Christen hat ein solches Ziel Vorrang. Sie würden nicht davon Abstand nehmen, ohne sich damit einer zentralen Wahrheit gegenüber als untreu zu erweisen, der Wahrheit von der grundlegenden Gleichheit aller Menschen, die dazu berufen sind, jenseits aller Grenzen in einer brüderlichen Einheit zu leben. Um dem Ziel näherzukommen, ist noch ein weiter Weg zu gehen; das soll uns aber keineswegs entmutigen, sondern uns dazu anspornen, den Weg unverzüglich aufzunehmen.

6. Zu einer Zeit, in der maßgebliche Entscheidungen für die Zukunft des europäischen Kontinents getroffen werden müssen, wollte ich vor Ihnen einige Überzeugungen aussprechen, die ich für wesentlich halte. Auch wenn sich heute in Budapest unsere Aufmerksamkeit auf das in Umwandlung begriffene Europa richtet, so ist doch klar, daß wir uns davor hüten, die ernsten Sorgen unberücksichtigt zu lassen, die die anderen Regionen der Welt, von denen viele durch ihre Repräsentanten hier unter Ihnen vertreten sind, erleben. Wir hoffen, daß der einst zwischen Ost und West ausgehobene Graben auf Dauer zugeschüttet wird. Ebenso hoffen wir, daß alle Partner der internationalen Gemeinschaft zusagen werden, unermüdlich die Anstrengungen zu unternehmen, die für die Intensivierung der Zusammenarbeit und die Stärkung der Solidarität zwischen dem Norden und dem Süden notwendig sind. Denn die Menschheitsfamilie ist trotz ihrer unendlichen Verschiedenheit eine. Alle ihre Mitglieder besitzen eine gleiche Würde. Niemand darf es hinnehmen, daß auch nur ein einziger Mensch verspottet und seiner Grundrechte beraubt wird. Die letzten Generationen haben, wie es niemals zuvor möglich gewesen war, gelernt, mit einem einzigen Blick den ganzen Planeten zu überschauen. Aber es bleibt noch viel zu lernen und zu tun, um zur wirklichen Solidarität unter allen Völkern zu gelangen.

7. Exzellenzen, meine Damen und Herren! Ich freue mich, am Ende unserer Begegnung jedem von Ihnen die herzlichsten Wünsche des Bischofs von Rom für Sie persönlich und für die von Ihnen vertretenen Völker auszusprechen. In der Hoffnung, das Land, das uns aufnimmt, den europäischen Kontinent und alle Nationen der Welt um einen sicheren Schritt vorankommen und den Geist offen zu sehen auf den Wegen der Gerechtigkeit und des Friedens, erbitte ich von Gott, dem Allmächtigen, für Sie und für Ihre Nationen, daß Er seine Gaben der Weisheit und Liebe reichlich austeilen möge.

Gesellschaft und Familie müssen wiedererstarken

Predigt bei der Eucharistiefeier in Mariapócs am 18. August

1. „Selig die Frau, deren Leib dich getragen und deren Brust dich genährt hat!" (*Lk* 11,27).
Aus der Menge, die Jesus umringt, erhebt sich die Stimme einer Frau. Sie wendet sich an Ihn: sie bringt Dankbarkeit zum Ausdruck für das Gute, das Er tut, für die Wahrheit, die Er verkündet, für die Frohe Botschaft.
Zugleich wendet sich die Stimme an die Mutter Jesu, die in der Menge zwar nicht physisch anwesend ist; doch sie ist da ..., sie ist in ihm gegenwärtig. Die Mutter lebt immer in ihrem Sohn. Maria hat in Christus gelebt: Als Mensch war Er ihr Sohn und trug als solcher das Erbe der Mutter in sich. Er war ihr ähnlich. Die Bindung, die zwischen dem Sohn und der Mutter entstanden war, als Maria ihn unter dem Herzen, in ihrem Schoß trug, dauerte in beiden weiter: „Selig der Leib ...".
Hatte das denn nicht schon der Heilige Geist mit Marias eigenen Worten angekündigt: „Von nun an preisen mich selig alle Geschlechter" (*Lk* 1,48)?

2. Auf meiner Pilgerreise in Ungarn bin ich nun an diesen Ort gekommen, wo die evangelische Weissagung von einer Generation auf die nächste ihre ganz besondere Verwirklichung findet.
Von wie vielen Lippen, in wie vielen Sprachen mag die Seligsprechung des Lukasevangeliums in der Folge der einander ablösenden Geschlechter wohl gesprochen worden sein?
„Selig die Frau, deren Leib dich getragen hat!" (*Lk* 11,27).
„Gesegnet bist du mehr als alle anderen Frauen, und gesegnet ist die Frucht deines Leibes!" (*Lk* 1,42).
Diese Seligpreisung wiederhole auch ich mit euch am Tag der traditionellen großen Wallfahrt, während ich mit inniger Freude die Ikone der Jungfrau und Gottesmutter verehre, deren Original im Sankt Stephansdom zu Wien aufbewahrt wird.
Und im Namen Marias grüße ich euch alle, Bewohner dieser Stadt und Pilger aus Ungarn und anderen, benachbarten Nationen. Meine brüderlichen Gedanken gelten Msgr. Szilárd Keresztes, Diözesanbischof von Hajdúdorog und Bischof für die Katholiken des byzantinischen Ritus ganz Ungarns, und ich danke ihm für die freundlichen Worte, die er am Beginn des Gottesdienstes an mich gerichtet hat. Ich grüße den Erzbischof von Eger, Msgr. István Seregély, auf dessen Territorium Mariapócs liegt, und die anderen anwesenden Bischöfe. Ich grüße die Priester, die Ordensmänner und Ordensfrauen, die Laien, besonders die Kranken und die Jugendlichen. Herzlich möchte ich auch die Pilger aus den Nachbarländern begrüßen: Ungarn, Ukrainer, Slowaken, Ruthenen und Rumänen.
Sehr herzlich grüße ich die ungarischen Pilger, die aus anderen Ländern und aus benachbarten Dörfern gekommen sind, um zusammen mit ihren ungarischen Brüdern den Nachfolger Petri zu treffen. Heute ist es die Aufgabe eines jeden von euch, die errungene Freiheit nach den Gesetzen der Liebe und entsprechend den Zielen

des christlichen Lebens, im Verhältnis gegenseitiger Freundschaft mit allen Christen und allen Nationen zu nutzen. Bleibt eurem geistlichen Erbe treu! Verteidigt euren Glauben! Gott segne euch!

In ukrainischer Sprache sagte der Papst:

Von ganzem Herzen begrüße ich die Gläubigen, die aus der Ukraine gekommen sind. Meine Lieben, das Glaubenszeugnis, das ihr jahrzehntelang der ganzen Welt gegeben habt, indem ihr auch Verfolgungen und schwere Diskriminierungen auf euch nahmt, bestätigt die christliche Überzeugung, daß der Glaube und das Christentum niemals zerstört werden können. Setzt euer tägliches Zeugnis als echte Christen auch unter veränderten Verhältnissen fort! Jetzt ist es wichtig, mit allen Christen und den Menschen guten Willens in Frieden zu leben. Unsere Liebe Frau von Mariapócs trete immer für euch ein!

In slowakischer Sprache sagte der Papst:

Einen besonderen Gruß richte ich auch an Msgr. Ján Hirka, Bischof der Katholiken des byzantinischen Ritus in Presov und Bischof Alojz Tkák von Košice und alle slowakischen Gläubigen, die hierhergekommen sind, um mit ihren ungarischen Brüdern und Schwestern zu beten. Die Geschichte eurer beiden Völker hat euch in der Vergangenheit vereint. Beten wir, daß Einheit und gegenseitige Achtung euer Leben auch in Zukunft kennzeichnen mögen. Als Christen müssen wir immer die Rechte und die Kultur der anderen respektieren. Gott segne das slowakische Volk, das sich immer durch seine Toleranz gegen andere auszeichnen möge!

In ruthenischer Sprache sagte der Papst:

Herzlich grüße ich Msgr. Ivan Semedi, Bischof der Ukrainer von Mukačevo, die Weihbischöfe Ivan Marghitych und Josyf Holovach mit den lieben ruthenischen Pilgern, die zu diesem alten Marienheiligtum Mariapócs gekommen sind. Die seligste Jungfrau begleite euch auf eurem Pilgerweg auf dieser Erde. Eure große marianische Tradition, die ihr mit dem ungarischen Volk gemeinsam habt, verbinde euch auf dem Weg des Friedens und des gemeinsamen christlichen Erbes.

In rumänischer Sprache sagte der Papst:

Herzlich grüße ich ebenfalls Kardinal Alexandru Todea, Erzbischof von Fagaras und Alba Julia, sowie die Bischöfe und die Pilger rumänischer Sprache. Ihr seid zum Heiligtum Mariapócs gekommen, um zusammen mit den Gläubigen Ungarns und anderer Länder zu beten. Die seligste Jungfrau beschütze euch auf eurem schwierigen Weg nach so vielen Jahren der Unterdrückung. Die Gewissens- und Religionsfreiheit, die ihr wiedererlangt habt, lasse euch in eurem täglichen Leben in echten guten Beziehungen zu allen Christen und allen Völkern leben und ebenso mit den völkischen Minderheiten in eurem Land, das im Verlauf der Geschichte stets ein Beispiel der Toleranz und der Förderung anderer Kulturen gegeben hat.

Der Papst fuhr in seiner Ansprache fort:

Ich bin glücklich, daß meine Begegnung mit euch an dieser heiligen Stätte stattfinden und ich an eurer Wallfahrt teilnehmen kann. Viele von euch mußten eine lange Reise auf sich nehmen, sogar die Staatsgrenzen überqueren, um hierher zu gelangen und sich mit den ungarischen Brüdern und Schwestern wie auch mit vielen Menschen aus anderen Nationen zu vereinen, die sich zur Verehrung der Jungfrau Maria hier eingefunden haben. Alle Heiligtümer der Muttergottes sind Stätten des Friedens und der Versöhnung. Für euch und für eure Landsleute bitte ich die Heilige Jungfrau, daß diese Begegnung Anregung und Ansporn zu gegenseitigem Verstehen und konstruktiver Zusammenarbeit sein möge: Unter euch sind Menschen, die zwar verschiedene Sprachen sprechen und in verschiedenen Kulturen leben, aber trotzdem immer zu derselben großen Menschenfamilie gehören. Vor zwei Jahren habe ich in der Botschaft zum jährlichen Weltfriedenstag die Rechte der Minderheiten hervorgehoben: das Existenzrecht, das Recht auf die Bewahrung der eigenen Kultur, das Recht auf den Gebrauch der eigenen Sprache und das Recht, Beziehungen zu den Gruppen zu unterhalten, mit denen sie ein gemeinsames kulturelles und geschichtliches Erbe besitzen, auch wenn sie auf dem Territorium eines anderen Staates leben (vgl. *Botschaft* vom 1. Januar 1989, 5 ff.). Möge Gott den Söhnen und Töchtern dieses Landes und denen der Nachbarländer den nötigen Seelenadel verleihen, damit sie stets diese Grundrechte achten, so daß es mit dem hochherzigen Beitrag aller möglich sein sollte, tatkräftig einen Frieden aufzubauen, der durch die Einbringung der legitimen Unterschiede jedes einzelnen bereichert wird.

Hier wiederholt der Papst die Seligpreisungen aus dem Lukasevangelium - *Lk* 11,27 und 1,42 - in ruthenischer, slowakischer, ukrainischer und rumänischer Sprache.

3. Diese Seligpreisung, die von einer Frau aus der Jesus umringenden Menge verkündet wurde, ist vor allem an ihn gerichtet: Sie bezieht sich auf die Mutter nur im Hinblick auf den Sohn.

Tatsächlich wird in den Marienheiligtümern der Sohn besonders verherrlicht. Die Mutter „verbirgt sich" sozusagen ganz in seinem Geheimnis: in dem göttlichen Geheimnis, von dem der Apostel im Brief an die Philipper spricht.

Jesus Christus „war Gott gleich, hielt aber nicht daran fest, wie Gott zu sein, sondern er entäußerte sich und wurde wie ein Sklave und den Menschen gleich. Sein Leben war das eines Menschen; er erniedrigte sich und war gehorsam bis zum Tod, bis zum Tod am Kreuz" (*Phil* 2,6-8).

Und an diesem Geheimnis hat Maria zutiefst teilgenommen. Von der Verkündigung, von der Geburt in der Nacht von Betlehem an hat sie durch den Glauben an dem großen Geheimnis der „Entäußerung" des Gottessohnes teilgenommen, der als ihr Sohn den Menschen gleich und wie ein Sklave wurde.

Auch viele von euch, liebe Brüder und Schwestern, mußten in den schweren Jahren der Verfolgung gemeinsam mit der ganzen katholischen Kirche des byzantinischen Ritus das Kreuz Christi auf ihre Schultern nehmen. Bischöfe, Priester, Ordensleute und Laien haben für den christlichen Glauben und für die Anhänglichkeit zu ihrer

Kirche gelitten. Auf dem Platz dieses Heiligtums, in der einzigen Kirche des katholischen byzantinischen Ritus, die während der Verfolgung rechtmäßig zu überleben vermochte, wollen wir heute alle zusammen Gott für die Gnadengaben danken, die er euch auch in der Zeit der Verfolgung gespendet hat.
Nun da jene dunkle Periode zu Ende ist und wir zum Zeugnis für die reiche Vielfalt der Kirche, in der sich die Traditionen des Orients und des Abendlandes begegnen und gegenseitig bereichern, die Eucharistie in der großartigen Liturgie des hl. Johannes Chrysostomos feiern, geben wir der Gewißheit Ausdruck, daß die Leiden der Märtyrer für alle Anregung und Ansporn zu neuem engagiertem Einsatz für das christliche Leben sein werden. Vertrauensvoll möchte ich in diesem Heiligtum der Seligen Jungfrau die von der Vorsehung bestimmte Gnade der Heiligsten Dreifaltigkeit erflehen: auf daß sie den orthodoxen Kirchen der verschiedenen Traditionen beistehen möge. Europa steht an der Schwelle eines neuen Zeitalters, an dem die eindringliche Aufforderung zur Einheit die auffallendste Erscheinung ist. Das ist eine Aufforderung an die autokephalen und an die anderen Kirchen, sich miteinander zu versöhnen. Mit dieser Zielsetzung senden wir unser Gebet zu der Schmerzensmutter empor, die unerschrocken neben dem Sohn ausharrte bis unter dem Kreuz.
Der Weg des Glaubens hat Maria dazu bewegt, Christus bis zum Kreuz zu folgen, wo er „sich erniedrigte und gehorsam bis zum Tod war" (vgl. *Phil* 2,8).
Und diesen Weg ist Maria zur Gänze mittels des Glaubens und ihrer mütterlichen Liebe gegangen. Sie trug in sich dieselbe Gesinnung wie Christus Jesus (vgl. *Phil* 2,5), ihr Erlöser.

4. Wenn wir die Marienheiligtümer besuchen, tun wir das, um den Worten zu gehorchen, mit denen Jesus der Frau aus der Menge geantwortet hatte: „Selig sind ... die, die das Wort Gottes hören und es befolgen" (*Lk* 11,28).
Diese Worte beziehen sich zunächst auf Maria und finden ihre volle Erfüllung in Ihr, die, wie das Konzil lehrt, „den Pilgerweg des Glaubens ging und ihre Vereinigung mit dem Sohn in Treue hielt" (vgl. *Lumen Gentium*, Nr. 58).
Die Worte Jesu beziehen sich auch auf uns, indem sie zum Hören des Wortes Gottes und zur Einhaltung dessen verpflichten, was darin von uns verlangt wird. Auch wir, die wir uns als Pilger an dieser Stätte befinden, wünschen uns Maria als mütterliche „Führerin" auf dem Weg dieses tätigen Glaubens; auf dem Weg, der zu Christus führt. Auch wir wünschen uns dieselbe Gesinnung, die sie in sich trug, wie sie ihr Sohn in sich getragen hatte.

5. Mit derselben Gesinnung wie sie wollen wir über unsere Alltagswirklichkeit nachdenken, über den Zustand unserer Gemeinden in diesem besonderen historischen Augenblick. Maria, liebevolle Mutter, die den göttlichen Sohn in die Arme schließt, gewähre dieser Nation die Erneuerung und Wiedererstarkung der Gesellschaft und des Familienlebens, „eines der kostbarsten Güter der Menschheit" (vgl. *Familiaris consortio*, Nr. 1). leite die Familie an, die Zuverlässigkeit und Beständigkeit ihrer Vorhaben auf Christus, den Mittelpunkt jedes menschlichen Daseins,

zu bauen; hilf ihnen, ihre besondere Sendung in der Welt und in der Kirche auf die Liebe zu gründen.
„Gott ist die Liebe" (*1 Joh* 4,8): Als Er den Menschen nach Seinem Bild und Gleichnis schuf, hat Er seinem Wesen das geistig-geistliche Bedürfnis der Liebe, die grundlegende und naturgemäße Berufung jedes Menschen, eingeschrieben (vgl. *Familiaris consortio*, Nr. 11). Aber die Liebe, von welcher der Erlöser spricht, ist gewiß nicht jene der Welt. Lieben heißt für den Christen, sich den anderen öffnen, den anderen als Teil von sich annehmen; das bedeutet, sich dem anderen umsonst hingeben, um ihm zu helfen, sich voll zu verwirklichen.
Ist das nicht die Liebe Christi zu Seiner Kirche? Hat Er sich nicht ganz hingegeben, um sie heilig zu machen (vgl. *Eph* 5,25-33)? In der Familie erfüllen die Eheleute durch die christliche Ehe ihren Liebesauftrag, indem sie aus der unerschöpflichen Quelle des Herzens Christi lebendig machende Frische schöpfen. In der demütigen Familie von Nazaret erkennen sie das Vorbild für ihr tägliches Wachsen im Dienst und in der Annahme; von ihr lernen sie, sich in einem schlichten und fruchtbaren Dasein zu äußern, das aber immer auf die großen Erwartungen und Aussichten der Menschheit achtet.

6. In *Familiaris consortio* habe ich geschrieben: „Es ist der Wille Christi, daß sich Mann und Frau bis zum Tod vorbehaltlos einander verpflichten. Die leibliche Ganzhingabe wäre eine Lüge, wenn sie nicht Zeichen und Frucht personaler Ganzhingabe wäre, welche die ganze Person, auch in ihrer zeitlichen Dimension, miteinschließt. Wenn die Person sich etwas vorbehielte, zum Beispiel die Möglichkeit, in Zukunft anders zu entscheiden, so wäre schon dadurch ihre Hingabe nicht umfassend" (Nr. 11). Niemand also und schon gar nicht der Staat kann das Band der Liebe zerreißen: Wenn die Ehe gemäß den Gesetzen der Kirche geschlossen wurde, besteht das heilige Band daher auch im Fall einer etwaigen zivilen Scheidung weiter und verbindet die Eheleute bis zum Tod miteinander.
Eine großartige und geheimnisvolle Lebensquelle ist die wahre Liebe: Während sie die Eheleute zu jenem tiefen gegenseitigen „Erkennen" führt, das sie zu „einem Fleisch" macht (vgl. *Gen* 2,24), erschöpft sie sich nicht allein in dem Paar, sondern öffnet es für die anderen: die Kinder, die Angehörigen, die Gesellschaft. Auf diese Weise werden die Eheleute zu Mitarbeitern Gottes bei der Errichtung einer neuen Gesellschaft, in der die Rechte des Menschen, das Leben jeder menschlichen Person tatsächlich angenommen, geschützt, verteidigt und gefördert werden sollen.
Ihrer gegenseitigen Liebe entspringt das Leben des Kindes als bleibendes Zeichen ihrer ehelichen Vereinigung und besondere Verschmelzung ihrer Vater- und Mutterschaft. Und mit dem Kind empfangen die Eltern von Gott eine neue Verantwortung, die die Sendung der Familie erweitert! Ist die Abtreibung etwa nicht der Tod eines lebendigen Liebesgeheimnisses? Es soll euch nicht unangebracht vorkommen, wenn ich euch in diesem Zusammenhang nachdrücklich dazu aufrufe, den kürzlichen Hirtenbrief zu lesen, den eure Bischöfe an die ungarische Nation gerichtet haben und dessen Inhalt von großer Aktualität ist.

7. Der Weg des Familienlebens ist nicht frei von Schwierigkeiten und Gefahren. Daß wißt ihr Eheleute sehr gut. Aber wenn ihr Glauben habt, dann wißt ihr auch, daß ihr nicht allein seid. Gott ist bei euch; Er läßt den, der Ihn voll Vertrauen im Gebet und in der ständigen Praxis der Sakramente anruft, es nicht an der Hilfe Seiner Gnade mangeln.

8. Auf Golgota war Maria in der Stunde der Prüfung und des Todes Christi in der Haltung schweigender Teilnahme zugegen. Mit ihr kommen wir dem Mysterium des Kreuzes näher. Und die Worte des Völkerapostels im Brief an die Philipper machen uns offen für die Fülle des Geheimnisses Christi. Nach der „Entäußerung" des Gottessohnes in Menschengestalt, nach der „Erniedrigung" durch das Kreuz erklingt in dem paulinischen Hymnus die „Erhöhung" und der Lobpreis Christi: „Darum hat ihn Gott über alle erhöht und ihm den Namen verliehen, der größer ist als alle Namen, damit alle im Himmel, auf der Erde und unter der Erde ihre Knie beugen vor dem Namen Jesu und jeder Mund bekennt: ‚Jesus Christus ist der Herr' - zur Ehre Gottes, des Vaters" (*Phil* 2,9-11).
Maria, die das Bessere gewählt hat (vgl. *Lk* 10,42), trägt in sich einen bedeutsamen Abglanz der Herrlichkeit des Sohnes. Wie sie Ihn auf seinem Erdenweg unzertrennlich - Socia Christi - in die Entäußerung und Erniedrigung begleitet hat, so nimmt sie jetzt auch an seiner Erhöhung teil.
Und diese Erhöhung der Mutter durch die Teilnahme an der Herrlichkeit des Sohnes sollen alle ungarischen Gläubigen verkünden: Magna Domina Hungagorum, Große Herrin der Ungarn.
So nennen sie sie schon seit so vielen Generationen! Wahrhaft „selig die Frau, deren Leib dich getragen hat"! „Gesegnet bist du mehr als alle anderen Frauen"! Gesegnet ist sie, die „das Wort gehört" und es mütterlich für uns alle bewahrt hat!
Sie ist die Mutter: Seine und unsere, von Generation zu Generation! Amen.

Anrufung Marias war immer ein wirksamer Trost

Angelus in Mariapócs am 18. August

Liebe Brüder und Schwestern!

1. Ich bin sehr glücklich und zugleich tiefbewegt darüber, in eurem edlen Land öffentlich den „Engel des Herrn" beten zu können. Ich tue das mit euch hier im Heiligtum von Mariapócs, dem in der geistlichen Geschichte dieses Landes immer große Bedeutung zugekommen ist.
Das Gebet, das wir gleich sprechen werden - ein schlichtes, kurzes Gebet, das aber in seinen knappen Sätzen das zentrale Geheimnis unseres Heils enthält -, verbreitete sich in der Welt, wie ihr wißt, infolge eines entscheidenden geschichtlichen Ereignisses, das mit Ungarn in Zusammenhang steht: dem Sieg der Christen in der Schlacht zur Verteidigung von Nándorfehérvár [heute Belgrad].

Es war im Jahr 1456, als Papst Calixtus III. verfügte, die Gläubigen sollten beim Läuten der Mittagsglocken mit diesem schönen Mariengebet um den göttlichen Schutz bitten; diese Anrufung Marias war den Christen in jenen schweren Zeiten, die voll Gefahr für das religiöse und zivile Leben waren, in wirksamer Weise Trost und Kraft.
Infolgedessen wurde der Angelus sehr bald in der ganzen Kirche angenommen und eingeführt als Gebet des Dankes und des immer wieder neuen Vertrauens in die Fürsprache der Muttergottes.

2. Der historische Ursprung dieses Gebetes, verbunden mit der Sehnsucht nach Ruhe und Frieden, und seine im wesentlichen biblische Struktur, die von der Menschwerdung ausgeht, über das Ostermysterium führt und sich der Hoffnung auf die endzeitliche Auferstehung öffnet, bewahren ihm noch nach Jahrhunderten seinen unveränderten Wert und seine unberührte Frische. Der Angelus ist immer noch ein höchst aktuelles Gebet.
Ich nehme daher gern die Gelegenheit wahr und empfehle, den „Engel des Herrn" zu jenen charakteristischen Tageszeiten - Früh, Mittag und Abend - zu beten, die den Rhythmus der Alltagstätigkeit bestimmen, und gebe dem Wunsch Ausdruck, daß in der Betrachtung der Geheimnisse der Erlösung ein jeder Trost und Kraft finden möge.
Die so in Erinnerung gerufene Heilsgeschichte soll sich in unser Alltagsleben einfügen, indem sie es von innen heraus erleuchtet und es auf seine übernatürliche Vollendung hin ausrichtet.

3. In den heutigen Städten ragen die Zinnen der Wolkenkratzer höher in den Himmel als die Kirchtürme, der Verkehrslärm überhallt oft das Läuten der Glocken und die Arbeitsstunden berücksichtigen in vielen Fällen nicht den gewohnten Rhythmus. Das alles kann die Übung dieser traditionellen Frömmigkeitsform erschweren.
Man muß diese modernen Bedingtheiten überwinden, um seinem Geist angemessene Ausdrucksräume zu erhalten. Man muß vor allem den Reichtum der Botschaft, die der Angelus mit sich führt, erschließen, um unseren Einsatz für ein christliches Leben zu steigern und dem Heilsplan dessen zu entsprechen, der „Mensch geworden ist und unter uns gewohnt hat".

Nach dem Angelusgebet in Pécs sagte der Papst noch aus dem Stegreif folgende Worte in italienischer Sprache:

Liebe Brüder und Schwestern, wir danken für diesen Tag des Herrn, den Sonntag, der uns so zahlreich in dieses Heiligtum Mariapócs zusammengeführt hat. Wir danken für die Anwesenheit aller, für die der Ungarn, aber auch für die aller Gäste aus den Nachbarländern und Nachbarvölkern. Wir danken für die Anwesenheit so vieler Kardinäle, Bischöfe, Priester, Diakone, Ordensmänner und Ordensfrauen und des ganzen Volkes Gottes. Wir danken für die Anwesenheit vieler Jugendlicher, die von dem großen Weltjugendtag zurückgekehrt sind, der am Fest der Aufnahme Marias in den Himmel in Jasna Góra in Polen gefeiert wurde.

Mit dem Dank wollen auch wir alle, die hier sind, unser Bittgebet verbinden und zusammen mit diesen Jugendlichen um die Einheit aller Christen beten. Diesen großen Wunsch hat unser Herr selbst in seinem hohepriesterlichen Gebet ausgesprochen: „daß alle eins seien". Dieses Gebet wollen wir als beständiges Verlangen im Herzen haben, und es werde zu einem unaufhörlichen Bemühen um Einheit mit unseren christlichen Brüdern in Ost und West, mit unseren orthodoxen Brüdern, „ut omnes unum sint". Dieses Gebet wollen wir als unaufhörliches Echo der Kirche in allen Heiligtümern, auch in dem von Mariapócs, wiederholen.
Maria, die Mutter der Kirche, die Mutter des Heiligtums in Mariapócs, Maria, die Mutter aller Marienheiligtümer der Welt, sei die Mutter unserer Einheit im Glauben und in der Kirche ihres Sohnes.
Ich danke euch, meine Lieben, für diese herrliche Feier, für die so zahlreiche Teilnahme, für das ostkirchliche Beten, das uns innerlich so sehr bereichert. Ich danke euch, und der Herr segne euch, und die Königin von Mariapócs sei immer mit euch. Danke und „auf Wiedersehen!"

Das Böse mit Gottes Hilfe überwinden

Ansprache an die Jüdische Gemeinde in Ungarn bei der Begegnung in Budapest am 18. August

Sehr geehrte Herren!

1. Eine persönliche Begegnung mit Ihnen während dieser Reise lag mir besonders am Herzen, und ich danke dem Herrn sehr, daß Er uns die Gnade und die Freude gewährt, uns brüderlich zu begrüßen und unseren Glauben an Gott, den Schöpfer und Vater, zu bezeugen. Zu Ihm sende ich mein Gebet empor, auf daß Er diese Begegnung segnen und uns den Frieden schenken möge: nicht nur den Frieden, der mit ausschließlich irdischen Mitteln und in „weltlicher" Hinsicht ersehnt und vorbereitet wird, sondern den Frieden, der Shalom, rettende Gegenwart Gottes in der menschlichen Geschichte, ist.

2. Gib uns deinen Frieden, Herr! Wie oft wurde diese Bitte an Gott gerichtet, wenn Sie in diesem Tempel zusammenkamen, damals, als sich die dunklen Wolken der Verfolgung über der Jüdischen Gemeinde Ungarns zusammenzuziehen begannen und die gehässigen Diskriminierungsmaßnahmen ihr das Leben immer mehr erschwerten. In Ihren Herzen erwachten wieder die Gebete, die seit der Antike unzählige Male von den Lippen Ihrer Väter zu hören gewesen waren: „Warum, Gott, hast du uns für immer verstoßen? Warum ist dein Zorn gegen die Herde deiner Weide entbrannt?" (*Ps* 74,1). Aber die Verfolgung wurde immer härter. Da packte Sie die Angst um Ihr Leben. Zu Tausenden wurden die Mitglieder der Jüdischen Gemeinde in Konzentrationslager gesperrt und dann umgebracht. In jenen schrecklichen Tagen wurde aufs neue Wirklichkeit, was der Prophet Jeremia gesagt hatte: „Ein Geschrei ist in Rama zu hören, bitteres Klagen und Weinen. Rahel weint um

ihre Söhne und will sich nicht trösten lassen, um ihre Söhne, denn sie sind dahin" (*Jer* 31,15).

Mit Ergriffenheit und Achtung denke ich an die großen Gläubigen, die es auch in jenen Tagen der Angst und Trübsal, in jenen Tagen der Vernichtung - „Yom Shoa", nach dem Wort des Sophonias (1,15) - vermochten, an die Verheißungen des Herrn zu glauben und zu sprechen: „Er hat uns Wunden gerissen, er wird uns auch heilen; er hat uns verwundet, er wird auch verbinden" (*Hos* 6,1). Wir sind nun hier, um den Gott Israels anzubeten, der auch diesmal seine schützende Hand über einen gesegneten Rest seines Volkes gehalten hat. Wie oft hat sich diese geheimnisvolle Errettung in Ihrer Geschichte wiederholt!

3. Gestärkt durch seinen Glauben an den Herrn, hat das jüdische Volk auch in der vieltausendjährigen Zerstreuung seine Identität, seine Riten, seine Traditionen bewahrt und sogar positiv zum geistigen und kulturellen Leben der Welt, vor allem Europas, beigetragen. Auch in diesem Land können Sie auf eine lange Geschichte hochherziger Hingabe und intellektuellen Einsatzes zurückblicken. Nach der dunklen Zeit, in der es so aussah, als sollten die Juden vollständig ausgerottet werden, sind Sie heute wieder präsent und leisten einen bedeutsamen Beitrag zum nationalen ungarischen Leben. Ich freue mich über Ihre aktive Präsenz, die den neuen Lebenswillen Ihres Volkes beweist. Aber zugleich gedenke ich aller und jedes einzelnen Juden - Frauen und Kinder, Alte und Junge -, die selbst bei drohendem Verlust des Lebens ihr Vertrauen in die Verheißungen des Herrn wahrten. Ich glaube in der Tat fest daran, daß sich an ihnen das Wort Gottes aus dem Buch Daniel erfüllt: „Von denen, die im Land des Staubes schlafen, werden viele erwachen ... Die Verständigen werden strahlen, wie der Himmel strahlt ..." (*Dan* 12,2-3).

Die sichere Erwartung der Auferstehung der Toten ist ein Schatz, den viele Söhne Israels genau zu dem Zeitpunkt entdeckten, als ihr unbedingtes Gottvertrauen es mit dem Offenkundigwerden einer menschlich verzweifelten Situation aufnehmen mußte. Diese von messianischer Hoffnung erfüllte Erwartung stellte einen Riß in dem düsteren menschlichen Horizont dar und eröffnete ihnen eine entscheidende Dimension ihres Daseins. Voll Hochachtung nehme ich das Zeugnis dieser mutigen Gerechten an; ich zweifle nicht daran, daß ihre Überzeugung nicht enttäuscht worden ist, und hege die Zuversicht, daß alle, die eine solche Erwartung teilen, immer die Kraft besitzen werden, Gottes Geboten zu gehorchen.

Ich möchte auch in Erinnerung rufen, was hervorragende Männer der Kirche hier in Ungarn, wie anderswo, innerhalb der unter den Umständen möglichen Grenzen für die Verteidigung der Juden getan haben. Sie haben sich mutig eingesetzt; so z. B. der Päpstliche Vertreter Msgr. Angelo Rotta und Bischof Apor von Györ.

4. Unser Blick wendet sich jetzt von der Vergangenheit einer Zukunft der Versöhnung in Gerechtigkeit zu. Noch einmal beklage und verurteile ich zusammen mit Ihnen das ruchlose Treiben, das Ihnen Leiden zugefügt und so vielen anderen den Tod gebracht hat. Gewiß müssen wir versuchen, „das Böse aus unserer Mitte wegzuschaffen" (vgl. *Dtn* 17,7); worauf es aber jetzt ankommt, ist nicht so sehr das

Verlangen, Rache an den Übeltätern zu nehmen, da das letzte Urteil ja wohl Gott überlassen werden muß, als vielmehr das verpflichtende Bemühen darum, daß niemals mehr der Egoismus und der Haß Leiden und Tod säen können. Wir müssen darauf hinwirken, daß wenigstens in jenem Teil der Welt Gerechtigkeit herrsche, auf den wir einen gewissen Einfluß auszuüben vermögen, wobei wir hauptsächlich bei unseren Herzen, unseren Familien und allen, die uns nahestehen, beginnen wollen. Dieser Kampf gegen Haß und Egoismus ist eine unveräußerliche Forderung der Treue zu Gottes Gesetz. Das Gebot: „Du sollst deinen Nächsten lieben wie dich selbst" (*Lev* 19,18) betrifft in erster Linie die gegenseitige Beziehung zwischen den Kindern Israels, billigt aber deswegen nicht die Gleichgültigkeit gegenüber den anderen. „Der Herr, euer Gott, ... liebt die Fremden und gibt ihnen Nahrung und Kleidung - auch ihr sollt die Fremden lieben, denn ihr seid Fremde in Ägypten gewesen" (*Dtn* 10,17-19). Die mühsame Suche nach Gerechtigkeit, Liebe und Frieden muß bei uns selber beginnen. Es wäre illusorisch zu meinen, die dunklen Kräfte des Egoismus und des ungerechten Hasses würden gänzlich außerhalb unseres Lebens bleiben und unser Dasein in keiner Weise vergiften. „Das Trachten des Menschen ist böse von Jugend an" (*Gen* 8,21), sagt der Herr. Und dieses Trachten schlägt sich in unserem Verhalten nieder. Darum ist die wahre Befreiung vom Bösen ein ständiger Durchzug durch das Rote Meer mit Gottes mächtiger Hilfe und schließt einen geduldigen Kampf ein, durch den wir Fortschritte machen in der täglichen Umkehr des Herzens oder Teshuvà, in der Buße, im Fasten, in den Werken der Barmherzigkeit.
Vereinigen wir uns also in der täglichen aufrichtigen Suche nach dem Guten und dem Frieden bei uns und in unserer Umgebung, damit auch dank unseres Bemühens die Bosheit, die wir verabscheuen, immer radikaler besiegt werde und sich in uns und um uns immer mehr das Reich der Gerechtigkeit, der Liebe und des Friedens ausbreite, wie es der Absicht des Schöpfers entspricht. „Die Liebe zu demselben Gott muß umgesetzt werden in ein konkretes Handeln zu Gunsten des Menschen ..., in die Suche nach sozialer Gerechtigkeit und Frieden auf lokaler, nationaler und internationaler Ebene" (*Richtlinien und Anregungen für die Anwendung der Erklärung Nostra aetate*, Nr. 4: Enchiridion Vaticanum, Bd. 5, S. 513).

5. Im Wissen um unsere Schwachheit und im Vertrauen auf Gottes Kraft, die in uns wirksam ist und uns vom Bösen befreit, wenden wir uns an den befreienden Gott. Er, der sein Volk der äußeren Sklaverei entrissen hat, wird uns auch aus der inneren Versklavung befreien. Das Angesicht des Herrn erleuchte unser Herz, damit wir nicht unseren Blick auf die bittere Erinnerung an die erlittenen Kränkungen heften und darauf warten, daß zuerst die anderen gut werden, sondern selbst fortfahren in der Bekehrung zum Guten und, die Vergangenheit vergessend, beim Aufbau einer lichtvolleren Zukunft mit dem Schöpfer zusammenarbeiten.
Das war ja die große Lehre des II. Vatikanischen Konzils, das die ganze Kirche aufgefordert hat, über den reichen Schatz des „gemeinsamen geistlichen Erbes" (*Nostra aetate*, Nr. 4), das sich mit dem Stamm Abrahams verbindet, nachzudenken, um aus diesem Erbe neuen Aufschwung zum Glauben und Handeln zu schöpfen. Aus dieser Überzeugung erwächst eine gemeinsame Verpflichtung für Christen

und Juden, sich besser kennenzulernen, miteinander in Dialog zu treten, auf den Gebieten der Menschenrechte, der religiösen Erziehung, der Bekämpfung des Antisemitismus intensiv und in brüderlichem Geist zusammenzuarbeiten, und zwar nach dem Programm, das 1990 in Prag von dem gemischten katholisch-jüdischen Komitee festgelegt wurde.
Angesichts der Gefahr des Widererstehens und der Ausbreitung antisemitischer Gefühle, Haltungen und Initiativen, deren beunruhigende Anzeichen heute leider da und dort wahrzunehmen sind und deren furchtbarste Folgen wir in der Vergangenheit erlebt haben, müssen die Gewissen dazu erzogen werden, den Antisemitismus und alle Formen von Rassismus als Sünden gegen Gott und gegen die Menschheit anzusehen. Es wäre zu wünschen, daß für diese Gewissenserziehung und überhaupt für eine wirksame Zusammenarbeit auch lokale gemeinsame Komitees eingerichtet werden können.
Deshalb, liebe Freunde, soll unsere Begegnung hier in Nachahmung der ergreifenden Bitte des Propheten in ein inbrünstiges Gebet einmünden: „Denke jetzt an deine starke Hand und an deinen Namen! Du bist ja der Herr, unser Gott, und wir wollen dich preisen, Herr” (*Bar* 3,5-6).
Dieses Gebet vereinige alle Bewohner Ungarns im Frieden des Herrn!

Ökumene - eine unwiderrufliche Entscheidung

Ansprache bei der ökumenischen Begegnung in Debrecen am 18. August

Liebe Brüder und Schwestern!

1. Ich danke Gott, dem Vater unseres Herrn Jesus Christus, daß er es mir ermöglicht, zu der Begegnung mit den Vertretern der reformatorischen Tradition nach Debrecen zu kommen. Haben Sie Dank für Ihren herzlichen Empfang und für die Gelegenheit, zu Ihnen und durch Sie zu allen ungarischen Christen zu sprechen, die sich nicht in voller Gemeinschaft mit der katholischen Kirche befinden.
In der Liebe unseres Herrn Jesus Christus grüße ich auch die Vertreter der orthodoxen Kirchen, denen sich die katholische Kirche „in brüderlicher Gemeinschaft des Glaubens und des sakramentalen Lebens” (*Unitatis redintegratio*, Nr. 14) eng verbunden fühlt.
An dieser Stelle begrüße ich herzlich Herrn László Tokés, den Bischof der Kalvinisten von Siebenbürgen sowie die ungarischen christlichen Schwestern und Brüder aus Siebenbürgen und aus anderen Ländern. In den letzten Jahrzehnten haben viele eurer Gläubigen unter schweren Leiden Zeugnis von ihrer Treue zu Christus gegeben. Heute trefft ihr und eure ungarischen Landsleute euch und vereint euch im Gebet mit dem Papst um den Herrn für das Gute zu danken, das ihr empfangen habt. Gott segne euch und schenke euch bleibenden Frieden!
Ich betrachte diese ökumenische Begegnung nicht als einen äußerlichen Höflichkeitsakt, sondern als einen sehr bedeutsamen Augenblick auf dem Weg, den der

Herr selbst für seine Jünger vorsah, als er betete, daß sie eins sein mögen, wie er und der Vater eins sind (vgl. *Joh* 17,21-23). Einer der Gründe für die vielen Pastoralreisen, die ich während meines Pontifikats unternommen habe, ist die wiederholte Versicherung, daß die katholische Kirche der ökumenischen Bewegung durch eine unwiderrufliche Entscheidung verpflichtet ist und den Wunsch hat, mit allen ihren Möglichkeiten an ihr mitzuwirken. Ein grundlegender Aspekt meines Amtes als Bischof von Rom ist der Dienst an der Einheit. Es ist daher meine inständige Hoffnung, daß mein Besuch in Ungarn die ökumenischen Beziehungen unter Christen fördern und anregen möge.

2. Ich weiß wohl, daß diese Begegnung in früheren Zeiten nicht möglich gewesen wäre. Ein Papst, der Ungarn besuchte, wäre nicht nach Debrecen gekommen. Die Bürger von Debrecen hätten seine Anwesenheit nicht gewünscht. Der Wandel, der in dieser Hinsicht stattgefunden hat, ist verschiedenen Faktoren zuzuschreiben, die von tiefer Bedeutung für christliches Leben und Zeugnis sind. Das II. Vatikanische Konzil spricht von einer Pflicht, das den „Zeichen der Zeit" zu forschen (vgl. *Gaudium et spes*, Nr. 4) nämlich jenen Ereignissen, die zu uns von der Gegenwart und dem Plan Gottes, dem Herrn der Geschichte, sprechen. Im Licht solcher Zeichen versicherte das Konzil mit aller Klarheit, daß die Bewegung zur Wiederherstellung der Einheit aller Christen „von der Gnade des Heiligen Geistes" getragen wird (*Unitatis redintegratio*, Nr. 1).

3. Unter den „Zeichen der Zeit" sollten wir die gegenseitige Achtung anführen, die Christen heute füreinander empfinden, obwohl sie noch immer getrennten Gemeinschaften angehören. Bei ihrer gegenseitigen Annäherung in der Vergangenheit neigten die getrennten Christen dazu, die Vorstellungen oder praktischen Gewohnheiten des anderen hervorzuheben, von denen sie annahmen, daß sie dem Willen Christi widersprächen. Diese Tendenz und die sich daraus ergebenen Kontroversen sind zwar noch nicht völlig beseitigt. Aber wir haben heute durch den ökumenischen Dialog den gemeinsamen Grund entdeckt und stimmen in wichtigen Punkten überein. Auch gibt es im Leben des anderen Gesichtspunkte, die wir voll Freude als die Frucht besonderer Gaben Gottes erkennen. Ich möchte wiederholen, was ich bei einem ähnlichen Anlaß sagte: „Es ist keine geringe Leistung der ökumenischen Bewegung, daß wir nach Jahrhunderten des Mißtrauens demütig und ehrlich erkennen, daß in den Gemeinschaften des anderen Gaben Christi vorhanden und fruchtbar wirksam sind" (*Ansprache an die Vertreter anderer christlicher Gemeinschaften*, Columbia, Süd-Karolina, USA, 11. September 1987).
Diese Bereiche des gemeinsamen Grundes gehören zu einem Erbe, das für uns alle grundlegend ist. Sie umfassen den Glauben an Jesus Christus, den einen und einzigen Retter, die Liebe und Verehrung der Heiligen Schrift, die hohe Wertschätzung der Taufe als dem Beginn des „neuen Lebens" im Heiligen Geist. Es gibt noch andere Bezüge, denen in der Vergangenheit nicht sehr viel Aufmerksamkeit geschenkt worden sein dürfte, die aber heute immer mehr als Bereiche hervortreten, in denen die verschiedenen Gemeinschaften fruchtbar zusammenarbeiten können. Ich denke

zum Beispiel an gemeinschaftliche Gebete für gemeinsame Anliegen, an ein gemeinsames Engagement für Gerechtigkeit und Frieden in der Gesellschaft, an gemeinsame Aktionen, um Solidarität zu beweisen und Bedingungen und Strukturen zu schaffen für eine gerechtere Verteilung der Ressourcen der Welt und für größere Verantwortung bei ihrem Gebrauch.

4. Es gibt noch ein weiteres „Zeichen der Zeit", durch das Gott uns seinen Willen im Hinblick auf die ökumenische Bewegung offenbart. Es besteht in der Tatsache, daß die größere Einheit unter den Kirchen und kirchlichen Gemeinschaften heute angesichts der modernen Herausforderungen an den christlichen Glauben sogar noch größere Bedeutung gewinnt. Unsere Vorfahren auf diesem Kontinent teilten sogar noch nach der Reformation die oft als selbstverständlich angenommene Überzeugung, die Quelle und Inspiration der europäischen Gesellschaft und Kultur lägen in religiösen Werten: dem Glauben an den dreieinigen Gott und an Jesus Christus, wahrer Gott und wahrer Mensch, der Vorstellung vom Leben auf Erden als einer Pilgerschaft zum ewigen Leben, dem angeborenen und unveräußerlichen Wert der menschlichen Person von der Empfängnis bis zum Tod.
Die Gesellschaft neigt heute dazu, viel von diesem gemeinsamen Erbe zu ignorieren und sogar abzulehnen. Während es Leute gibt, die noch immer gegen religiöse Glaubensüberzeugungen ankämpfen, hat in jüngster Zeit das Zerbröckeln der Ideologien, durch welche einige europäische Regierungen das Evangelium zu ersetzen trachteten, einen Leerraum hervorgerufen. Es gibt viele Menschen guten Willens, die nie das Geschenk des Glaubens empfangen haben. Andere suchen ihr Fortkommen und Glück in rein wirtschaftlichem und materiellem Wohlstand. Es gilt keine Zeit zu verlieren bei der Sendung der Neuevangelisierung; darum ist es so dringlich, das Werk der christlichen Einheit zu fördern, weil „die Tatsache, daß die frohe Botschaft der Versöhnung von den untereinander gespaltenen Christen verkündet wird, ihre Zeugniskraft vermindert" (*Redemptoris missio*, Nr. 50). Wie erfreulich und ermutigend ist es daher, wenn wir in einer Gesellschaft, die viele umfaßt, die ohne Gott und ohne Hoffnung sind, denjenigen begegnen, mit denen wir, um mit dem hl. Paulus zu sprechen, „alle mit dem einen Geist getränkt wurden" (vgl. *1 Kor* 12,13).
Dieses erfreuliche Einfühlungsvermögen und diese Achtung füreinander steht in scharfem Gegensatz zu der Abneigung, die Mitglieder der verschiedenen christlichen Gemeinschaften manchmal gegenüber anderen Christen an den Tag gelegt haben. Ich kenne die traurige Geschichte von den Predigern, die zu Kerkerhaft und Zwangsarbeit auf den Galeeren verurteilt wurden und an deren Schicksal hier in dieser Kirche erinnert wird. Auch andere tragische Ereignisse kommen uns wieder in den Sinn. Solche Dinge sind heute undenkbar. Es ist jetzt unsere Aufgabe, noch größere Fortschritte in der gegenseitigen Achtung und brüderlichen Liebe zu machen.

5. Wir sind uns eingedenk der Geschichte und der zwischen uns bestehenden theologischen Unterschiede des gewaltigen Umfangs der vor uns liegenden Aufgabe

bewußt. Einerseits gibt es die objektive Schwierigkeit des Zieles, auf das wir uns zubewegen müssen. Wahrer Ökumenismus unterstützt nicht Vorstellungen einer religiösen Gleichgültigkeit und eines Relativismus, die darauf anspielen, daß alle Religionen gleich gut seien und es darum genüge, sie mit gutem Willen zu praktizieren. Nein! Wir suchen miteinander nach Einheit in dem einen apostolischen Glauben, „der den Heiligen ein für allemal anvertraut ist" (*Jud* 3,3). Auf der anderen Seite gibt es die subjektive Schwierigkeit, die von manchen empfunden, wird, die sich vor Anstrengungen zum Zustandebringen einer größeren Einheit deshalb fürchten, weil sie meinen, das würde ihnen eine Einförmigkeit auferlegen, die sie unmöglich akzeptieren könnten.
Dazu ist zunächst zu sagen, daß es im Rahmen des einen apostolischen Glaubens, der das Ziel unserer ökumenischen Bemühungen sein sollte, eine berechtigte Vielfalt gibt, die zu der von Gott gewollten Einheit nicht im Gegensatz steht. Die Vielfalt der Gaben des Geistes kann das Hochzeitskleid, in dem sich die Braut Christi ihm darbieten sollte, wahrhaftig kostbar machen. Die Kirche ist in der Tat „eine Einheit, die die Vielfalt einschließt und sich in der Vielfalt erfüllt ... Die Kirche wird immer eine Einheit in Vielfalt sein" (*Predigt bei Messe in Stockholm*, 5. Juni 1989). Gleichzeitig müssen wir klar erkennen, daß „wir noch nicht darin übereinstimmen, inwieweit jede unserer Kirchen und kirchlichen Gemeinschaften Beziehung hat zu der Fülle des Lebens und der Sendung, die aus der Erlösungstat Gottes durch das Kreuz und die Auferstehung Jesu Christi entspringen" (*Ansprache an die Vertreter anderer christlicher Gemeinschaften*, Columbia, Süd-Karolina, USA, 11. September 1987). Wir wollen uns bei unserer Suche dazu verpflichten, miteinander nicht im Geist des Konflikts umzugehen, wie er unsere Beziehungen in der Vergangenheit sooft kennzeichnete, sondern vielmehr im Geist der Ermahnung des hl. Paulus an die Korinther über die Liebe: „Die Liebe ist langmütig, die Liebe ist gütig. Sie ereifert sich nicht, sie prahlt nicht, sie bläht sich nicht auf. Sie handelt nicht ungehörig, sucht nicht ihren Vorteil" (*1 Kor* 13,4-5).
Ökumenismus ist nicht nur ein Keim, den die göttliche Vorsehung in jüngster Zeit in die Herzen der Gläubigen gesenkt hat. Er ist auch eine Frucht, die Gott in uns zum Reifen bringen will. Wir alle sind für seine Entwicklung verantwortlich.

6. In den Beziehungen zwischen den getrennten Christen gibt es noch ein anderes „Zeichen der Zeit", an dem die Führung durch den Heiligen Geist besonders offenkundig wird. Wir sind uns heute vollkommener dessen bewußt, daß der Fortschritt des Ökumenismus die metanoia oder Bekehrung in sich schließt. Das II. Vatikanische Konzil drückte das so aus: »Es gibt keinen echten Ökumenismus ohne innere Bekehrung. Denn aus dem Neuwerden des Geistes, aus der Selbstverleugnung und aus dem freien Strömen der Liebe erwächst und reift das Verlangen nach der Einheit. Deshalb müssen wir vom göttlichen Geiste die Gnade aufrichtiger Selbstverleugnung, der Demut und des geduldigen Dienstes sowie der brüderlichen Herzensgüte zueinander erflehen" (*Unitatis redintegratio*, Nr. 7). Das ist wirklich ein Echo auf die Aufforderung des hl. Paulus: „Tut nichts aus Ehrgeiz und nicht aus Prahlerei. Sondern in Demut schätze einer den andern höher ein als sich selbst. Je-

der achte nicht nur auf das eigene Wohl, sondern auch auf das der anderen" (*Phil* 2,3-4). Diese Aufforderung ist an uns gerichtet, sowohl als einzelne wie in unseren Gemeinschaften.
Ein Geist der Bekehrung wird uns helfen, daß wir sämtliche Zerrbilder von anderen und alle Versuchungen, ihre Auffassungen zu verfälschen, aufgeben. Er wird uns das Gute gewahr werden lassen, das der Heilige Geist in ihnen wirkt. Ein Geist der Bekehrung ermöglicht jedem Jünger Christi, die Angehörigen anderer christlicher Gemeinschaften objektiver, ohne Vorurteile zu betrachten, indem er versucht, sie besser und so kennenzulernen, um den Weg für die Reinigung unseres kollektiven Gedächtnisses zu bahnen, so daß wir uns bei jedem Schritt in Richtung Einheit allein von der Wahrheit leiten lassen.

7. Vor unseren Augen ringt ein neues Europa um seine Gestalt. Die große Nation Ungarn sucht, nach den folgenschweren Veränderungen der letzten Zeit in Mittel- und Osteuropa ihre Ziele neu zu definieren. Der beste Dienst, den wir als Christen im Augenblick beitragen können, ist ein erneuertes gemeinsames Zeugnis für die christlichen Werte, die die Grundlage Europas und Ungarns waren. Jene Werte waren nicht das Ergebnis zufälliger Intuition oder willkürlicher Übereinstimmung. Sie entsprangen der Betrachtung des Geheimnisses des Menschen im Licht der unveräußerlichen Würde, die ihm daraus erwächst, daß er nach dem Bild und Gleichnis Gottes erschaffen und wieder erschaffen wurde. Diese Würde erscheint in ihrer ganzen Wahrheit und Fülle in dem fleischgewordenen Wort, Gottes eingeborenem Sohn. Ohne Jesus Christus und sein Evangelium, das „eine Kraft Gottes ist, die jeden rettet" (*Röm* 1,16), wird es nicht möglich sein, ein Europa des dauerhaften Friedens, der Gerechtigkeit und Solidarität unter Einzelnen und Völkern aufzubauen. Europa muß mehr sein als eine Interessengemeinschaft. Auf einer vertiefteren Ebene haben seine Völker eine gemeinsame Berufung, in Christus die eine große Familie der Kinder Gottes zu errichten.
In dieser Zeit des Wandels ist die Bereitwilligkeit christlicher Gemeinschaften, miteinander daran zu arbeiten, Europa wieder auf seine christlichen Grundlagen zu stellen, von besonderem Wert. Die Aufgabe, die vor Ungarn und vor Europa liegt, ist allerdings größer, als daß wir es mit unseren materiellen und kulturellen Mitteln allein bewältigen könnten. Von entscheidender Bedeutung ist das Gebet. Unser Erlöser hat verheißen, daß dort, wo zwei oder drei in seinem Namen versammelt sind, Er mitten unter ihnen ist (vgl. *Mt* 18,19-20). Wenn nun nicht bloß zwei oder drei, sondern tausende Gläubige, die zu lange getrennt gewesen waren, in gegenseitiger Liebe und gemeinsamem Gebet versammelt sind, wird Christus ihre Anstrengungen zweifellos segnen. Wenn dann wir, die noch immer getrennt sind, lernen, miteinander für unsere eigene ständige Bekehrung und für die Bekehrung unserer ungläubigen Brüder und Schwestern zu beten, die Gott noch nicht kennen, aber auf der Suche nach der Wahrheit sind, wird unser himmlischer Vater uns seinen Geist, seine Vergebung und seine Gnade nicht verweigern (vgl. *Lk* 11,9-13).
Liebe Brüder und Schwestern in Christus, gerade diese Begegnung ist bereits eine Stufe auf dem Weg zum Ziel der Einheit. Die „Zeichen der Zeit" sagen uns, daß der

Geist des Herrn uns zur Fortsetzung unseres Weges ermuntert. Es ist unsere unverzügliche Pflicht, auf die Ermahnung des hl. Paulus zu hören, nämlich ein Leben zu führen, das der Berufung, die wir empfangen haben, würdig ist: „Seid demütig, friedfertig und geduldig, ertragt einander in Liebe, und bemüht euch, die Einheit des Geistes zu wahren durch den Frieden, der euch zusammenhält" (*Eph* 4,2-3). Das ist die Hoffnung und die Verpflichtung, die vor uns liegen. Das ist der Weg unseres gemeinsamen Wachstums in festem Glauben und wirksamer Liebe. Möge Gott, der ein gutes Werk bei uns begonnen hat, es auch vollenden (*Phil* 1,6)!

Das tägliche Dasein in konkrete Nächstenliebe umgestalten

Predigt bei der Messe auf dem Flugplatz in Szombathély am 19. August

1. „Ich bin der gute Hirt" (*Joh* 10,11).
Die Worte Christi begegnen uns immer wieder. Diese Worte, die das von dem Propheten *Ezechiel* (Kap. 34) verkündete Gottesbild auf den Neuen Bund übertragen, sind seit 2000 Jahren überall zu vernehmen, wo sich die Verkündigung des Evangeliums ausbreitet. Unzählige Generationen von Gläubigen haben sie auch auf ungarischem Boden gehört.
Und heute möchte ich in diesem Abschnitt meiner Pilgerreise durch Ungarn hier in Szombathély eben bei diesen Worten innehalten und, während wir an der Eucharistiefeier teilnehmen, mit Euch zusammen über sie nachdenken. Ehe wir das eucharistische Mahl aus Brot und Wein bereiten, wollen wir uns an der evangelischen Wahrheit des guten Hirten nähren.
Ich begrüße Msgr. Istvan Konkoly, den Bischof dieser Diözese, und die anderen anwesenden Bischöfe. Ich begrüße die Priester, die Ordensleute und die Laien dieser Ortskirche, die den Wunsch hat, Christus treu und hochherzig zu dienen. Ich begrüße die hier anwesenden weltlichen Autoritäten und alle, die aus anderen Gegenden eures Landes und auch aus anderen Ländern hierher gekommen sind, um an dieser geistlichen Begegnung teilzunehmen. Herzlich begrüße ich die Pilger aus den Nachbarländern: Ungarn, Österreicher, Slowaken und Slowenen.
Von ganzem Herzen grüße ich euch, Priester, Ordensmänner und Ordensfrauen und auch euch, ihr ungarischen Gläubigen aus verschiedenen Ländern. In dieser Stadt von großer ziviler und christlicher Tradition vereint ihr euch mit euren ungarischen Landsleuten zum Gebet mit dem Nachfolger des Petrus und dankt Gott für alles, was sich in den letzten Jahren ereignet hat. Bleibt eurem geistlichen Erbe treu, bewahrt den Glauben und eure christliche Tradition. Gott führe euch auf dem Weg des Lebens!
Herzlich grüße ich den Weihbischof aus der Diözese Zagreb, Djuro Koksa, und die kroatischen Pilger aus Ungarn, Kroatien, Österreich und der Slowakei, die sich mit dem Nachfolger des Petrus treffen wollen. Meine Liebe, das Gebet, das wir zum Herrn erheben, soll vor allem ein Dank sein, die uns geschenkte Möglichkeit, uns ohne künstliche Grenzen treffen und öffentlich unseren seit Jahrhunderten von unse-

ren Vorfahren ererbten Glauben bekennen zu können. Beten wir auch um Frieden und Freundschaft unter den Völkern! Gott segne euch, eure Familien und das ganze kroatische Volk!
Ich grüße besonders Bischof Franc Kramberger von Maribor und die slowenischen Pilger aus Ungarn und Slowenien. Meine Lieben, eure Pilgerfahrt nach Szombathély sei ein Zeichen des Weges aller europäischen Völker hin zur Einheit. Die Muttergottes trete beim Herrn dafür ein, daß ihr euren christlichen Glauben bewahren und auch den anderen davon Zeugnis geben könnt. Gott gewähre euch den Frieden, der die Beziehungen zwischen allen Völkern kennzeichnen soll. Ich segne euch, eure Familien und das ganze slowenische Volk.

2. „Der gute Hirt gibt sein Leben hin für die Schafe" (*Joh* 10,11), sagt Christus. Das von Johannes überlieferte Bild ist ausdrucksstark und eindrucksvoll. Wir sehen den Hirten im Schafstall als treuen Hüter jedes Schafes. „Es geht ihm um die Schafe", bemerkt Jesus. Es geht ihm um ... und er trägt Sorge für sie, er ist fürsorglich, er ist treu; er ist bereit, jeder Gefahr, die sie bedroht, entgegenzutreten. Er ergreift niemals die Flucht und verläßt nicht feige den Schafstall. Er kennt die Schafe und ruft sie bei ihrem Namen. Darum kennen auch sie ihn und hören auf seine Stimme. Der Hirt hat ihr völliges Vertrauen. Er ist tatsächlich bereit, „sein Leben hinzugeben für die Schafe" (vgl. *Joh* 10,15): Immer, jeden Tag und bei jeder Gelegenheit gibt er sich selbst hin. Er ist wahrhaftig „der Mensch, der für die anderen da ist".
Diese hochherzige Verfügbarkeit hat ihren Ursprung in dem Geheimnis Gottes selbst. Der gute Hirt, Christus, „kennt den Vater" (vgl. *Joh* 10,15), da der Sohn eines Wesens mit dem Vater ist. Der Vater, der ihn als Sohn kennt, hat ihm allein die Aufgabe anvertraut, „das Leben hinzugeben" als Opfer für eine verlorene Herde, für alle Menschen. Christus ist der Erlöser: Er ist der universale Hirt. „Deshalb liebt ihn der Vater, weil er sein Leben hingibt" (vgl. *Joh* 10,17) für alle, für die Erlösung der Welt. Er gibt das Leben hin als Opfer, und das stellt die erhabenste Form der Freiheit dar, weil es die Fülle der Liebe ist. Christus fügt hinzu: „Ich habe Macht, es hinzugeben, und ich habe Macht, es wieder zu nehmen" (*Joh* 10,18).
So werden wir in das Ostergeheimnis Christi eingeführt. Vom guten Hirten sprechen heißt schließlich, Bezug nehmen auf das Kreuz und auf die Auferstehung.

3. Auch wir, liebe Brüder und Schwestern, nehmen an dem Ostergeheimnis Christi teil. Wir nehmen durch die Eucharistie daran teil. Wir sind hier nicht nur zusammengekommen, um neu über den Tod und die Auferstehung des Herrn nachzudenken, sondern um sie auf sakramentale Weise, durch das Opfer, das wir feiern, gegenwärtig zu machen.
Die Worte des Apostels gehen einen jeden von uns an: „Angesichts des Erbarmens Gottes ermahne ich euch, meine Brüder, euch selbst als lebendiges und heiliges Opfer darzubringen, das Gott gefällt; das ist für euch der wahre und angemessene Gottesdienst" (*Röm* 12,1).
Freilich ist damit keine passive Teilnahme, keine passive Anwesenheit gemeint. Wir sind hier, „damit wir prüfen und erkennen können, was der Wille Gottes ist: was

ihm gefällt, was gut und vollkommen ist" (*Röm* 12,2). Wir müssen uns bei diesem Opfer des guten Hirten „wandeln und unser Denken erneuern" (vgl. *Röm* 12,2). Wir müssen das in der Tiefe unseres Seins, kraft des Heiligen Geistes, kraft der Gnade tun, »ein jeder nach dem Maß des Glaubens, das Gott ihm zugeteilt hat" (*Röm* 12,3).

Auf diese Weise wird unsere Teilnahme an der Eucharistie belebend und aufbauend. Indem wir den sakramentalen Leib Christi als Zeichen der Gemeinschaft mit ihm empfangen, tragen wir zum geistlichen Wachstum des Leibes der Kirche bei, die unter den Menschen und Völkern lebt.

So nehmen wir das große Erbe wieder auf, das vor Euch so viele Söhne und Töchter Eurer Nation geformt hat, und stellen seine Bedeutung für die heutige Generation heraus.

4. Ihr seid mit vielen Gaben beschenkt worden von Christus, dem Hirten, der in die Welt gekommen ist, um das Leben in Fülle zu vermitteln (vgl. *Joh* 10,10). Er hat Euch mit seiner Liebe überschüttet, und sein Wirken ist unter Euch auf vielfältige Weise offenbar geworden.

Im besonderen habt Ihr das Geschenk der ganz eigenen Kulturtradition empfangen, die das antike Sabaria gekennzeichnet hatte: ihren Inhalt haben die im Laufe der Zeit aufeinanderfolgenden Kaiser unversehrt weitergegeben. Die antike Kultur eröffnete dem Geist die Tiefgründigkeiten des Wissens und lehrte ihn jene Werte anerkennen und schätzen, die jedes materielle Interesse übersteigen. Es handelt sich um ein geistiges Erbe, das sich, Gott sei Dank, auch in vielen anderen blühenden Gegenden Eurer Heimat entfalten konnte, weil es der Türkenherrschaft und der entfesselten Wut der Bürgerkriege standzuhalten vermochte. Vor dem Bischofspalast Eurer Stadt kann man das Standbild von Daniel Berzsenyi, einem Eurer größten Dichter, bewundern: In seinem Werk pulsiert die von der antiken Kultur erreichte ästhetische Reife, die das Schöne und die Harmonie des Seins zu schätzen wußte, aber auch dazu anhielt, über die unmittelbare Wirklichkeit hinauszugehen, in dem Verlangen, „Gott ahnend zu erkennen".

5. Die Tradition Eurer Region beschränkt sich jedoch nicht allein auf die antike Kultur, die allerdings ein sehr bezeichnendes und wichtiges Erbe darstellt. Es gibt in ihr auch ein tiefgründiges ideales Gut, das Frucht der unerschöpflichen evangelischen Lebensader ist. Darauf seid Ihr mit Recht stolz. Ihr laßt Euch von einem hochherzigen Landsmann, einem treuen Jünger Christi inspirieren: dem hl. Martin, Schutzpatron Eurer Diözese. Nehmt ihn, der der Überlieferung nach seinen Mantel in zwei Teile geschnitten und die eine Hälfte einem nackten Bettler gegeben hat, als Vorbild. Christus hat ihn für diese Geste sogleich belohnt, indem er verkündete: „Der Katechumene Martin hat mich mit diesem Mantel bekleidet".

Auch wir sind aufgerufen, Christus und die Brüder so zu lieben. Wir sind aufgerufen, fügsam auf das Wort Gottes zu hören und dem Nächsten zu dienen, besonders dem Bedürftigen (vgl. *Mt* 22,39). Denn im Armen erkennen wir das Angesicht Christi, der uns einlädt, ihn aufzunehmen, zu achten und zu lieben. Er fordert uns auf, die anderen so zu behandeln, wie wir möchten, daß sie uns behandeln (vgl. *Mk* 7,12). Sodann verlangt Christus vom Glaubenden, selbst den zu lieben, der ihm feindlich gesonnen ist, und den, der ihm Böses tut: „Liebt eure Feinde und betet für die, die euch verfolgen" (*Mt* 5,44). Aber wie würde der Mensch eine derartig anspruchsvolle Forderung in die Tat umzusetzen vermögen, wenn nicht Gott selbst ihm ans Herz griffe?

Der hl. Martin halte für uns alle Fürsprache. Sein Beispiel und seine Hilfe mögen allen auf dem Weg zur Vollkommenheit dadurch beistehen, daß sie das tägliche Dasein in konkrete Nächstenliebe umgestalten. Diese freie, vollständige Liebe, die die Seele in die Dreifaltigkeit eintaucht, ist Höhe- und Mittelpunkt des geistlichen Pilgerweges des Glaubenden, das Merkmal des wahren Jüngers Christi und das Geheimnis für die echte Erneuerung der Welt.

6. Die Liebe zu Gott muß in aufrichtiger, ständiger Aufmerksamkeit für den anderen, in Handlungen unentgeltlichen Dienstes und umfassender sozialer Solidarität Ausdruck finden. „Wenn ein Bruder oder eine Schwester ohne Kleidung ist und ohne das tägliche Brot und einer von euch zu ihnen sagt: geht in Frieden, wärmt und sättigt euch!, ihr gebt ihnen aber nicht, was sie zum Leben brauchen - was nützt das?" (*Jak* 2,15-16). Diese Mahnung des Apostels Jakobus bleibt auch heute außerordentlich aktuell. Sie fordert dazu auf, dem Notleidenden zu geben, „was er zum Leben braucht" (vgl. *Jak* 1,16). Und vielfältig sind die Probleme und Bedürfnisse der Menschen im heutigen Ungarn.

An dieser Stelle gelten meine Gedanken allen Armen in diesem Land: den Obdachlosen, den Arbeitslosen, den Einwanderern, den Opfern der Ehescheidung, den Drogenabhängigen, den Alkoholikern und auch all jenen, die durch Leichtsinn oder Unverantwortlichkeit das eigene und das Wohlergehen anderer aufs Spiel gesetzt haben. Wie viele schmerzliche Situationen! Wie viele ausgestreckte Hände, die denjenigen um solidarische und angemessene Hilfe bitten, der über den „Mantel" einer besseren sozialen Lage verfügt! Geben wir uns keinen Illusionen hin: Mit der Überwindung bestimmter Situationen der Armut und Verwahrlosung ist die vereinte und ausdauernde Anstrengung aller gemeint. Nur so wird sich die Nation aus dem Zusammenbruch wieder erheben und den verheerenden Folgen der Irrtümer der Vergangenheit Abhilfe schaffen können. Es gilt als Ziel eine Gesellschaft anzustreben, in der alle die Möglichkeit erhalten, in Würde zu leben und entsprechend für den eigenen und den Unterhalt der Familie zu sorgen. Der materielle und moralische Wiederaufbau der Nation wartet auf den Beitrag aller; geleistet werden muß dieser Beitrag mit innerer Großmut und Freigebigkeit und unter Überwindung ideologischer Differenzen wie auch gegenseitiger Mißverständnisse aus der ferneren oder jüngsten Vergangenheit, die innerhalb des nationalen Gesellschaftsgefüges möglicherweise noch fortbestehen. Um wieviel verdienstvoller ist es doch, manchmal das protagonistische Verlangen der wohltuenden Unterstützung gültiger Vorschläge und Initiativen anderer zu opfern!

Ermutigt Euch etwa das Beispiel des hl. Martin nicht dazu, mitzuarbeiten und stets verfügbar zu sein, auch wenn das Mühe mit sich bringt und Demut und Verzicht auf eigene, vielleicht sogar berechtigte Standpunkte verlangt? Aber sein Beispiel verbindet sich mit dem der Heiligen, die in späterer Zeit Eure Geschichte berühmt gemacht haben, und ebenso mit dem Beispiel vieler Christen in Ungarn, die sich für das Evangelium als Richtlinie ihres Lebens entschieden haben. Ich möchte hier an so herausragende Gestalten erinnern wie den Diener Gottes Graf Batthyany-Strattmann, dessen Seligsprechungsprozeß im Gang ist, und Msgr. Apor Vilmos, Bischof der Nachbardiözese Györ, der 1945 während der militärischen Einnahme der Stadt sein Leben opferte, um die ihm anvertraute Herde zu verteidigen: „Der gute Hirt gibt sein Leben hin für die Schafe."

7. Diese Beispiele erinnern uns daran, daß aus der echten Bekehrung des Herzens die Möglichkeit entspringt, die gewünschte und unerläßliche Gerechtigkeit in der Gesellschaft zu fördern. Sie wird zum erfolgreichen Baumeister der Solidarität und öffnet sich insbesondere der hochherzigen Aufnahme verschiedener kultureller und ethnischer Gruppen, deren ursprüngliche Identität sie respektiert. So wie Ihr Wert darauf legt, daß Eure im Ausland lebenden Landsleute dort ihre Sprache und Kultur bewahren können, so müßt auch Ihr, der Aufnahmetradition im biblischen und christlichen Sinn folgend, Euch verpflichtet fühlen, es mit diesen Brüdern ebenso zu machen.

Gern ergreife ich die Gelegenheit, ein besonderes Grußwort an alle zu richten, die aus dem benachbarten Österreich gekommen sind und an dieser Eucharistiefeier teilnehmen.

Herzlich grüße ich Herrn Kardinal Hans Hermann Groer, Erzbischof von Wien, alle verehrten Mitbrüder im Bischofsamt, alle Priester und Ordensleute sowie die lieben Schwestern und Brüder aus dem benachbarten Österreich. Einen herzlichen Gruß richte ich an Herrn Bischof Stefan Laszlo mit den zahlreichen Pilgern verschiedener Sprachen aus der Diözese Eisenstadt, ebenso die Pilger mit dem Bischof aus der Diözese Graz, die Pilger aus Gurk, und den neuen Bischof von St. Pölten.

Die Begegnung mit Euch schenkt mir große geistliche Freude und erinnert mich zugleich an meinen letzten Pastoralbesuch in Eurer schönen Heimat.

Eure Anwesenheit bekräftigt gleichsam innere christliche Bereitschaft und Verpflichtung: wir haben unsere Nachbarn in den vergangenen schweren Jahrzehnten nicht vergessen und wir wollen sie auch jetzt, wo sie die Freiheit erlangt haben, nicht im Stich lassen, sondern mit ihnen gemeinsam Kirche sein; einander in Freude und Leid beistehen; einander stützen und helfen, wo es nötig ist, um so voneinander auch zu lernen.

Damit Ihr in dieser Haltung mit Euren Nachbarn nicht nur materiell, sondern vielmehr auch geistig teilen könnt, müßt Ihr zuerst Euer Herz von neuem Christus öffnen. Baut weiter Brücken der Liebe, der Einheit und des Friedens, deren Fundament euer lebendiger Glaube ist.

In diesem Augenblick gehen meine Gedanken auch zu den unter Euch anwesenden Nomaden. Es ist natürlich weder Aufgabe der Kirche, konkrete Maßnahmen zu empfehlen noch Anweisungen politischer Art abzugeben. Trotzdem kann ich es mir im Rahmen dieser Eucharistiefeier, im Lichte des Evangeliums vom guten Hirten und im Hinblick auf das Beispiel es hl. Martin nicht versagen, Euch aufzufordern, nach geeigneten Lösungen für diese Probleme zu suchen. Mit tiefer Zuneigung möchte ich hier alle meine lieben Zigeunerbrüder und -schwestern umarmen, die geleitet werden von der Liebe des Schöpfers und Erlösers, der sein Leben für alle - ohne Unterschied - hingegeben hat. Auch Ihr seid vom Schöpfer alle dazu berufen, fleißige und verantwortungsvolle Mitarbeiter an dem großen Schöpfungswerk und verantwortliche und loyale Glieder der Gesellschaft zu sein, mit allen Rechten und mit der ganzen Würde, die jeder menschlichen Person zustehen. Ihr seid alle eingeladen, engagierte Mitglieder der christlichen Gemeinde zu sein, Gefolgsleute Christi, der nicht gekommen ist, um sich dienen zu lassen, sondern um den anderen zu dienen. Um so zu dienen, wie Jesus es fordert, muß man bereit sein, das Leben für die anderen hinzugeben. Es ist notwendig, sich nach dem Beispiel des hl. Martin zur Liebe zu bekehren, indem man entschieden und beharrlich den Geist der Welt ablehnt: den Geist des Konsumismus und des Hedonismus, die aus materiellen Gütern moderne Idole machen, denen der Mensch und seine Würde geopfert werden. Ganz anders die Einladung Jesu, der keine irdischen Erfolge verheißt und verlangt, sich selbst „als Opfer" hinzugeben! Nur so zerbrechen die Ketten des Egoismus, der den Menschen in seinem eigenen Kerker, in seinen begrenzten und vergänglichen irdischen Interessen einsperrt.

Die Liebe wird zum Leben und zum Geschenk, das über jedes persönliche Bedürfnis hinausgeht und immer auf das Gemeinwohl blickt auf den Nächsten, dem gedient werden muß, während sie in jedem einzelnen Menschen die Zeichen der Anwesenheit Gottes erkennt. Ich sage, in jedem einzelnen Menschen, auch in dem winzigen menschlichen Wesen, das sich noch unter dem Herzen der Mutter befindet und seinen Weg eben erst begonnen hat. Ist es etwa nicht ein Zeichen der Vorsehung, daß mein Pastoralbesuch mit dem Abschluß der „Gebetsnovene" zusammenfällt, während welcher sich die ungarischen Katholiken versammelt haben, um zu beten und über den Wert des im Mutterschoß empfangenen Lebens nachzudenken? Heute begegnen wir in der Welt mannigfaltigen Formen der Aggressivität gegen das menschliche Leben, vor allem wenn dieses schwach und schutzlos ist, was eine weitverbreitete Trübung des Gewissens hinsichtlich der fundamentalen Unterscheidung zwischen dem sittlichen Guten und dem sittlich Bösen an den Tag legt.

Die Christen müssen sich unbedingt mit Wort und Tat für die Verteidigung des menschlichen Lebens engagieren, indem sie sich dafür einsetzen, daß die einzelnen Bürger und die zivile Gemeinschaft als ganze im Einklang mit den unwandelbaren Prinzipien des Gottesgesetzes den unantastbaren Wert menschlichen Lebens anerkennen und seine volle Entwicklung fördern.

Das verlangt von jedem von uns Jesus, der gute Hirt, der jedes Schäflein kennt, selbst das geringste und unbekannteste, auch wenn es noch im Mutterschoß verborgen ist (vgl. *Joh* 10,3).

8. Der gute Hirt ist die Tür. Christus ist die Tür zu den Schafen. Aus diesem Grund gibt Er sein Leben hin, um zur Tür für alle zu werden. Damit eröffnet Er die Heils-

perspektive, gibt dem Leben seinen letzten Sinn zurück, zeigt, wohin wir gehen, und lehrt, wie wir auf dem Weg, der Er selbst ist, gehen sollen.
Christus sagt: „Amen, amen, ich sage euch: Ich bin die Tür zu den Schafen ... wer durch mich hineingeht, wird gerettet werden; er wird ein- und ausgehen und wird Weide finden ...; ich bin gekommen, damit sie das Leben haben und es in Fülle haben" (*Joh* 10,7.9-10).
Hier ist der Tisch, bereitet mit dem eucharistischen Brot. Kommt her! Tretet ein durch die Tür, die der gute Hirt ist - Christus! Lange Zeit schien diese Tür verschlossen, und vielleicht hält dieser Eindruck des Verschlossenseins, den Euch die zu Ende gegangene Ära hinterlassen hat, noch an.
Aber Christus ist geblieben. Er ist immer unter uns gegenwärtig, mit der ganzen Wahrheit seines Evangeliums. Mit der ganzen Kraft seiner Eucharistie, die die Quelle des Heils ist.
Er ist unter uns gegenwärtig: der gute Hirt, der sein Leben hingibt.
Hat Er uns denn davon nicht selbst Gewißheit gegeben? Hat Er uns etwa nicht verheißen: „Seid gewiß: Ich bin bei euch alle Tage bis zum Ende der Welt" (*Mt* 28,20)?
Ja, Herr, bleibe bei uns! Bleibe bei uns! Amen!

Ihr seid berufen, Missionare eurer Heimat zu sein

Ansprache an die ungarischen Seminaristen in Budapest am 19. August

1. Ganz herzlich begrüße ich Euch alle, liebe Seminaristen Ungarns, Eure Oberen und Erzieher und alle, die Euch auf Eurem Weg zum Altar begleiten, indem sie Euch mit ihrem Gebet, ihrem Opfer und dem Angebot ihrer materiellen Hilfe unterstützen.
Liebe junge Freunde, „wir danken Gott für euch alle, sooft wir in unseren Gebeten an euch denken", denn „wir wissen, von Gott geliebte Brüder, daß ihr erwählt seid" (*1 Thess* 1,2.4). Es ist mir eine Freude, mich mit diesen Worten des Paulus an die Thessalonicher an Euch zu wenden; denn wenn sie sich für alle eignen, die auf Grund der Taufe „in Christus Jesus sind" (vgl. *1 Kor* 1,30), so gelten sie in besonderer Weise für Euch, die Ihr Euch auf das Priestertum vorbereitet. Ihr seid in der Tat in ganz besonderer Weise „erwählt", weil Ihr die Gabe und den Auftrag empfangen habt, wie die Apostel zu sichtbaren Mitarbeitern des auferstandenen Erlösers in dem großen Heilswerk zu werden. Aus diesem Grund freue ich mich mit Euch und möchte „bei euch allen ausharren, um euch im Glauben zu fördern und zu erfreuen ..., wenn ich zu euch komme" (vgl. *Phil* 1,25 f.).
Christus ruft auf vielerlei Weise in seinen Dienst. In der jüngsten Vergangenheit konnte sein Ruf nur eine begrenzte Zahl junger Leute erreichen: es gab sehr wenige Möglichkeiten, in ein Priesterseminar oder in einen religiösen Orden einzutreten, und die Pastoraltätigkeit des Priesters wurde durch mannigfache äußere Faktoren eingeschränkt. Ihr lebt jetzt in einer Zeit besonderer göttlicher Gnade, in einem wah-

ren kairós, in dem junge Menschen in zunehmender Zahl auf die Einladung Christi, ihm zu folgen, hören.

2. Bei der Beschreibung der „Erwählung" der Zwölf berichten die Evangelien, daß Jesus, als er sie aussenden wollte, sie zuerst zu sich rief (vgl. *Mt* 10,1; *Mk* 6,7; Lk 6,13; 9,10). Ihre Entsendung, der Auftrag „zu gehen", fiel zusammen mit einem Ruf, zu Ihm „zu kommen". Unsere einzigartige Berufung bringt ja in der Tat mit sich, daß wir zuerst eng mit Jesus verbunden sind, nicht bloß wie „Knechte", sondern auf ganz besondere Weise, nämlich wie „Freunde", (vgl. *Joh* 15,15). Diese Worte, die im Abendmahlssaal, im unmittelbaren Zusammenhang mit der Einsetzung der Eucharistie und des Priesteramtes gesprochen wurden, drücken das Wesen des Amtes aus, das Ihr anstrebt. Ihr seid in besonderer Weise dazu erwählt, Freunde Jesu Christi zu sein.
Der göttliche Meister hat erläutert, was es bedeutet, Freund von ihm zu sein: Der Knecht weiß nicht, was sein Herr tut; die Freunde hingegen kennen sich gegenseitig gut, weil sich in der Freundschaft einer dem anderen enthüllt (vgl. *Joh* 15,15). Diese Selbstenthüllung ruft nicht bloß kalte, gleichgültige Kenntnis hervor. Der Freund versteht, nimmt an, verteidigt seinen Freund; ja, er nimmt tatsächlich an seinem Leben teil. Der Herr beruft uns zu dieser innigen Gemeinschaft mit der Forderung, „untereinander so gesinnt zu sein, wie es dem Leben in Christus Jesus entspricht" (vgl. *Phil* 2,5). Er wünscht, daß wir die „Gesinnung", den „Geist" [nûs] Christi haben (vgl. *1 Kor* 2,16). In Wirklichkeit habt Ihr ja bereits an den Gedanken Christi darum teil, weil Ihr seine Einladung, die Berufung, angenommen habt. Doch seid Ihr aufgerufen, diese Teilnahme dadurch zu vertiefen, daß Ihr auf dem Weg der Freundschaft weitergeht und darin vorankommt, „(Christus) wie Freunde in enger Gemeinschaft des ganzen Lebens verbunden zu sein" (*Optatam totius*, Nr. 8).
Diese innige Vertrautheit mit Christus, die tiefe Beziehung der Kindschaft zu Gott, dem Vater, die gelebte Erfahrung, daß der Geist der Liebe im Menschen Wohnung genommen hat, bilden die zuverlässige Grundlage jedes Priester- und Ordenslebens. Sammlung und Gebet sind die unersetzlichen Mittel, um eine solche Verbundenheit mit dem Vater, dem Sohn und dem Heiligen Geist zu verwirklichen. Wie Maria, die Mutter Jesu, die Worte und Taten ihres Sohnes in ihrem Herzen bewahrte (vgl. *Lk* 2,51), so kann der Priester seine Arbeit im Dienste Christi und der Kirche nicht wirksam entfalten, ohne ständig in die Betrachtung des Geheimnisses der unendlichen Liebe Gottes versunken zu bleiben. Die Jahre der Ausbildung im Seminar sollen daher eine echte Schule des Gebets und der kontemplativen Betrachtung sein; denn die ganze Pastoraltätigkeit sowohl des späteren Diözesan- wie Ordenspriester wird aus diesem innigen Freundschaftsverhältnis zu Christus seine Nahrung beziehen müssen.

3. Gewiß trägt der Priester eine menschliche Natur in sich und ist darum für die Attraktionen des irdischen Wohlstandes und des zeitlichen Erfolgs nicht unempfänglich. Aber er ist auch mit seinem göttlichen Freund verbunden; wenn er auf ihn schaut, findet er die Kraft zum Verzicht auf Familie, Wohlstand, Karriere

und darauf, den Menschen zu gefallen (vgl. *Gal* 1,10), um gehorsam zu werden in dem „Dienst, der ihm vom Herrn übertragen wurde" (vgl. *Apg* 20,24).
Die ersten Jünger, besonders die Zwölf, wurden eingeladen, Freunde Jesu zu werden. Aber die Bedingung für ihre Zulassung zu diesem Vorzugsverhältnis war ihr radikaler Einsatz. Die einzig mögliche Antwort auf den Anruf Christi ist auch heute jene der Apostel: „Sie ließen alles zurück und folgten ihm nach" (*Lk* 5,11). Das ist eine Entscheidung, die Euch, liebe Seminaristen und liebe Novizinnen, auf den Weg des Kreuzes führen kann. Aber auch wenn es so wäre, laßt den Mut nicht sinken! Ihr seid nicht allein, wenn Ihr diesen Weg geht. Jesus selbst geht mit Euch: Er gibt Euch und wird Euch seinen Geist geben. Der Heilige Geist wird für Euch Zeugnis ablegen, weil Ihr eurerseits für Christus Zeugnis ablegen sollt (vgl. *Joh* 15,26-28).
Jesus ist der wahre Zeuge: Er bezeugt Gottes Liebe zu uns durch seine vorbehaltlose Hingabe zur Rettung der Menschheit. Auf gleiche Weise müssen die Priester von der göttlichen Liebe, die in ihrem Herzen brennt, dadurch Zeugnis ablegen, daß sie zu Freunden und Mitarbeitern Christi bei dem erhabenen Werk der Erlösung werden. Die Kirche braucht vor allem heute nicht Funktionäre, Verwalter oder Unternehmer, sondern „Freunde Christi", die imstande sind, die Liebe in einer Haltung selbstlosen Dienstes kundzutun, die keinen Menschen ausschließt.

4. Die Erwählung der Apostel schließt nicht allein den Ruf ein, zu Christus zu „kommen", und auch nicht nur die Aufforderung, seinetwegen „alles" zu verlassen (vgl. *Lk* 5,11). In dem Anruf, der zur Berufung wird, ist implizit der Auftrag enthalten, „hinzugehen" (vgl. *Mt* 10,5; *Mk* 6,7; *Lk* 9,2) und zu versuchen, alle Völker zu Jüngern des Meisters zu machen (vgl. *Mt* 28,19-20). Dem Anschein nach widersprechen die beiden Befehle - kommen und gehen - einander. Tatsächlich aber bezeichnen sie zwei Aspekte derselben Wirklichkeit. Jesus ist der, der im Namen des Herrn kommt (vgl. *Mt* 21,9; *Mk* 11,9; *Lk* 19,38; *Joh* 12,13). Er ist immer auf dem Weg zur Welt hin, es drängt Ihn, nach der verlorenen Menschheit zu suchen, bis Er sie wiedergefunden hat (vgl. *Lk* 15,4-6). Der Freund Christi kann nur dann bei Ihm bleiben, wenn er bereit ist, sich Ihm auf diesem unablässigen Weg der Suche nach dem verlorenen Schaf an die Seite zu stellen. Nur wenn Ihr mit Jesus geht und seinen sehnlichen Wunsch nach Rettung der Menschen teilt, werdet Ihr, Priesteramtskandidaten, zur wahren Einheit mit Ihm finden.
In der Haltung hochherziger Anteilnahme auf die anderen zuzugehen, setzt die Bekehrung des Herzens voraus. Die von Jesus Erwählten haben Mitleid mit der Menge, die müde und erschöpft ist wie Schafe, die keinen Hirten haben (vgl. *Mt* 9,36). Die Liebe Christi drängt sie (vgl. *2 Kor* 5,14), so daß sie bei jeder Gelegenheit vor jenen, zu denen sie Christus sendet, als Diener Gottes auftreten „durch große Standhaftigkeit, in Bedrängnis, in Not, in Angst ..., durch lautere Gesinnung, durch Erkenntnis, durch Langmut, durch Güte, durch den Heiligen Geist, durch ungeheuchelte Liebe" (*2 Kor* 6,4-6).

5. Im Auftrag Christi zu den anderen zu gehen, setzt auch eine missionarische Haltung voraus. Ihr dürft Euch nicht damit begnügen, abgeschlossen in Euren Pfarreien

oder Ordenshäusern zu leben und darauf zu warten, daß sich die anderen an Euch wenden, besonders in einem Land wie dem Euren, das eine tiefgreifende Übergangszeit erlebt bei dem Versuch, eine neue, auf Freiheit und Gerechtigkeit gegründete Gesellschaft aufzubauen. Der gegenwärtige Zeitpunkt bedeutet eine historische Herausforderung für alle Christen, vor allem aber für Euch, da Ihr Euch auf das Priestertum vorbereitet. Eine ungeheure Erwartung geht durch die Länder Mittel- und Osteuropas: Die Menschen, enttäuscht von den bis gestern herrschenden Ideologien, fragen sich, worin eigentlich der Sinn des Daseins bestehe, sie fragen nach der Wahrheit, sie fragen nach Gott. Zu diesen Menschen, mögen es Glaubende oder Nichtglaubende sein, müßt Ihr Euch gesandt fühlen, nicht anders als der hl. Paulus, als er in der Nacht in einer Vision die Stimme des Mazedoniers hörte: „Komm herüber nach Mazedonien und hilf uns!" (*Apg* 16,9).
Die Kirche ist ihrer Natur nach missionarisch: Sie ist glücklich, der Welt die „Frohe Botschaft" ihres für die Rettung der Menschheit gekreuzigten und auferstandenen Herrn zu bringen. In ganz Europa und insbesondere in den Nationen, die seit kurzem die Freiheit erlangt haben, spürt man das dringende Bedürfnis nach einer Neuevangelisierung. Ihr seid dazu berufen, die Missionare Eurer Heimat zu sein. Ihr werdet es mit der Unwissenheit aufnehmen müssen, die aus dem völligen Fehlen einer geeigneten Katechese während der letzten Jahrzehnte herrührt. Aber Ihr werdet Euch auch mit dem Konsumismus und dem praktischen Materialismus auseinandersetzen müssen, die der Annahme der Glaubensverkündigung nicht weniger im Wege stehen.

6. Dieses Werk der Überzeugung und Versöhnung, liebe Seminaristen, vollzieht sich durch das Wort. Ihr werdet ausgesandt, die Menschen zu lehren, alles zu beachten, was Jesus zu seinen Aposteln gesagt hat (vgl. *Mt* 28,20). Die belebende Zustimmung zu Jesus, dem Retter, erreicht man nicht durch eine irrationale Anwandlung. Es ist notwendig, daß das göttliche Wort der Verkündigung nicht als Menschenwort empfangen, sondern - was es in Wahrheit ist - als Gottes Wort angenommen wird, das in den Gläubigen wirksam ist (vgl. *1 Thess* 2,13).
Dieses Wort ist im Evangelium niedergeschrieben und wird im Wort der Kirche getreu weitergegeben, erläutert und entfaltet. Seit 2000 Jahren ist der Heilige Geist unaufhörlich dabei, die Kirche an alles zu erinnern und ihr alles zu erklären, was Jesus gelehrt hat (vgl. *Joh* 14,26). Die Kirche öffnet Euch ihre Schatzkammer, ihren Geist und ihr Herz und übergibt Euch das Wort, das ihr anvertraut worden ist und sich in ihr entfaltet hat, damit Ihr es den anderen schenken könnt. Das ist der Zweck und die Bedeutung des Studiums, das Ihr im Auftrag der Kirche machen sollt. Widmet Euch ernsthaft dem Studium! Die Kirche hat jahrhundertelang auf der Forderung bestanden, daß sich ihre Amtsträger, bevor sie ihren Dienst unter den Menschen aufnehmen, intensiv in dieses Studium vertiefen. Habt Vertrauen in die Kirche; laßt Euch nicht von der Versuchung verleiten, das Studium als fruchtlos und überflüssig zu betrachten. Es soll Euch anleiten, in die Geheimnisse Gottes vorzudringen, wenn Ihr Euch in vollem Einklang mit dem lebendigen Glauben der heutigen Kirche, wie er in den Dokumenten des Zweiten Vatikanischen Konzils darge-

stellt ist, in die unendliche Liebe der Dreieinigen Gottes versenkt. Nur so werdet Ihr es vermeiden können, daß Euer Dienst zu nutzlosem Aktivismus verkommt, und werdet ihn stattdessen zu einem wahren und wirksamen „Dienst am Wort” (*Apg* 6,4) machen.

7. Ihr müßt nämlich das Wort, „das den Heiligen ein für allemal anvertraut ist” (*Jud* 3,3), durch Zurechtweisung, Tadel, Ermahnung (vgl. *2 Tim* 4,2) so verkündigen, daß es den wechselvollen Zeitumständen angepaßt wird, damit Eure Zuhörer es aufzunehmen vermögen. Gewiß gedenkt Ihr mit Verehrung und Sympathie der Priestergenerationen, die vor Euch dieses Volk unterwiesen und zu einer christlichen Lebenshaltung erzogen haben. Aber Ihr könnt nicht einfach ihr Verhalten und ihre Reden kopieren. Die Menschheit und in ihr die Kirche lebt in der Geschichte, die in dauerndem Wandel begriffen ist. „Jesus Christus ist derselbe gestern, heute und in Ewigkeit” (*Hebr* 13,8), aber der die Menschheit faszinierende Anschein seiner Fülle ist für jedes Zeitalter verschieden.
Das Zweite Vatikanische Konzil hat die Wege und Weisen der Verkündigung und Pastoraltätigkeit, die den modernen Gegebenheiten entsprechen, bekannt gemacht und dabei den dringendsten Problemen unserer Zeit Rechnung getragen. Die Reflexion und die praktische Tätigkeit der Kirche während der nachfolgenden Jahre haben die Anregungen des Konzils weiter konkretisiert und entwickelt. Ihr müßt Euch mit den derzeitigen Richtlinien der Kirche vertraut machen. Das wird einige Mühe kosten. Ihr müßt vor allem die Sprachbarrieren überwinden. Es läßt sich nicht ausschließen, daß es für Euch im ersten Augenblick den Anschein haben mag, manche dieser Richtlinien und Initiativen stünden der aktuellen Wirklichkeit Eures Landes sehr fern. Doch es ist immer schädlich, wenn eine Teilkirche von den Wegen abweicht, die die Weltkirche als übereinstimmend mit den Zeichen der Zeit erkennt, und das um so mehr, weil die Verhältnisse in den verschiedenen Ländern sich rasch ändern und jetzt kein Land vollständig von den anderen isoliert bleibt.

8. Die Kirche in Ungarn hat die Möglichkeit, sich im Geiste des Zweiten Vatikanischen Konzils zu erneuern, um in Christus eine echte Gemeinschaft des Glaubens, der Hoffnung und der Liebe zu verwirklichen und das Licht des Evangeliums in der ganzen Nation zu verbreiten. Ihr alle, Seminaristen und Novizinnen, seid dazu aufgerufen, bei dieser Wiedergeburt eine dynamische Rolle zu übernehmen: durch Euer Studium und Euer Gebet, durch den Einsatz und das Zeugnis Eures Lebens, durch die Aufwertung der Laien, die Glieder des Leibes Gottes sind, mit eigenen Rechten und eigenen Verantwortlichkeiten. Es wird Eure Aufgabe sein, eine Pfarrgemeinde aufzubauen, die lebendige Gemeinschaft von Brüdern und Schwestern im Glauben sein soll und innerhalb welcher sich auch kleinere Gemeinschaften bilden können, die mit Euch und dem Diözesanbischof in ständiger Verbindung stehen.
Eure missionarische Aufgabe verlangt von Euch auch, gerechte Beziehungen zu den Nichtglaubenden herzustellen. Vergeßt nicht, daß der Anstoß zu ihrer Bekehrung zu Christus normalerweise von Eurem Zeugnis, von der Verkündigung der „Frohen

Botschaft", die ihr ihnen sowohl mit Worten wie mit Taten nahebringt, ausgehen wird.
Zur Verwirklichung der bedeutendsten Erfahrung von Gemeinschaft werdet Ihr jedoch morgen aufgerufen sein, zusammen mit Euren Mitbrüdern im Priesteramt und in enger Verbundenheit mit dem Diözesanbischof. Es kann sich herausstellen, daß das Leben des Priesters abgeschieden und von unauflöslicher Tätigkeit überlastet ist. Die einzige Gewähr für das Durchhalten auf dem eingeschlagenen Weg schöpft er aus einer aufrichtigen und tiefen Beziehung zu Christus und zu den Mitbrüdern durch die Liebesbande des Heiligen Geistes. Im Priesterseminar lebt Ihr zusammen: diese Jahre bieten Euch eine vortreffliche Gelegenheit, in der Praxis zu lernen, wie sich eine Gemeinschaft realisieren läßt, die gewissermaßen eine lebendige Weiterführung der intratrinitarischen Gemeinschaft selbst sein soll.

9. Die Jungfrau Maria helfe Euch, die Doppeldimension Eurer Berufung - der Priesterberufung und der Ordensberufung - zu erfassen: nämlich zu Jesus, dem Erlöser, zu kommen, um bei Ihm zu bleiben, und in die Welt zu gehen, um sie zu retten. Wenn wir Gottes Willen erfüllen wollen, müssen wir diese zweifache Verpflichtung vereinigen. Wie Maria müßt auch ihr diese zwei Tugenden immer verbinden, die statt zueinander im Gegensatz zu stehen, sich aufeinander beziehen und gegenseitig ergänzen.
Maria hat in ihrem Schoß das fleischgewordene Wort empfangen und ist als liebevolle Mutter und treue Magd immer ganz mit Jesus verbunden geblieben. Auch Ihr seid von Gott auserwählt worden, um die in der Taufe empfangene Berufung zur Erfüllung zu bringen, wobei Ihr von sämtlichen Mitteln Gebrauch machen sollt, die die volle Entfaltung des Innenlebens fördern: das Hören des Wortes Gottes, das Euer Herz erleuchtet und stärkt und Euch auf den Weg einer immer radikaleren Nachfolge Christi führt; das persönliche Gebet, das Euch ständig in der Gegenwart Gottes zu leben erlaubt; das liturgische Gebet, das Euch zu den wichtigsten Wortführern des öffentlichen Gebetes der Kirche macht; das asketische Bemühen, weil Eure Berufung Verzicht und Opfer fordert, die nur eine gesunde, ausgewogene und dauernde asketische Formung zu unterstützen vermag.
Sodann ist Maria die Mutter der Menschheit, weil ihr in der Person des Johannes die ganze Menschheit anvertraut wurde. Auch Ihr seid aufgerufen, mit wahrhaft väterlichem Gespür durch Verkündigung des Wortes Gottes und durch Stärkung des persönlichen und gemeinschaftlichen Zeugnisses der Gläubigen durch die Gnade der Sakramente das Leben des Christenvolkes hervorzubringen, zu nähren und zur Entfaltung zu bringen.
Die Selige Jungfrau, die in ihrem Schoß das Wort gehütet und es der Welt geschenkt hat, sei stets die Mutter Eures Priestertums. In dieser zarten Mutter sollt Ihr eine immer lebendige Quelle der Stärkung und Tröstung finden können. Dann wird Euer Dienst besonders fruchtbar sein.

10. Mit diesen Gedanken richte ich an Euch alle den Wunsch, daß Ihr mit Gottes Gnade das Ziel eurer Berufung erreichen mögt, um so zum lebendigen Zeichen der

Gegenwart Christi inmitten der Eurer Sorge anvertrauten Herde zu werden. Ihr sollt immer glaubwürdige Zeugen des geoffenbarten Wortes sein, wenn Ihr als sanftmütige und starke Seelenführer, als Inspiratoren heiligen Lebens, als strahlende und geduldige Erzieher dieses lieben und von Gott geliebten ungarischen Volkes auftretet, damit es Christus und seinem Evangelium treu sei.
Euch allen, Euren Oberen und Euren jeweiligen Kommunitäten gilt mein herzlicher Segen.

Seid stark!

Ansprache an die ungarische Jugend bei der Begegnung im Budapester Volksstadion am 19. August

Liebe ungarische Jungen und Mädchen!

1. „Da sah ihn Jesus an, und weil er ihn liebte, sagte er ...” (*Mk* 10,21).
So wird uns im Evangelium die Begegnung Jesu mit dem reichen Jüngling berichtet. So sieht der Herr jeden Menschen an. Seine Augen blicken heute voller Zärtlichkeit auch euch ins Angesicht, euch allen, die ihr euch hier eingefunden habt, um an dieser außergewöhnlichen, lang ersehnten geistlichen Begegnung teilzunehmen.
Und in Seinem Namen umarme ich euch, während ich in euch die lebendigen Hoffnungen der ungarischen Kirche, den verheißungsvollen Frühling eures Heimatlandes erkenne. Dank sei euch für euren Empfang, Dank sei dem ehrwürdigen Erzbischof von Esztergom, Kardinal László Paskai, dem Bischof von Szeged-Csanád, Msgr. Endre Gyulay, und den geistlichen Hirten dieses auserwählten Teiles des Gottesvolkes. Dank euch, die ihr aus vielen Regionen eures geliebten Landes hierher gekommen seid, um den Nachfolger Petri auch im Namen aller jener eurer Altersgenossen zu begrüßen, die nicht an diesem freudigen Ereignis teilnehmen konnten.
Der Erlöser ist mitten unter uns, und seine Gegenwart ist Quelle von Brüderlichkeit, Gemeinschaft und echter Freude. Er liebt zwar alle seine Geschöpfe, aber seine bevorzugte Liebe gilt euch Jugendlichen, weil er in der Frische und Lebendigkeit eures Alters einen Widerschein und einen Abdruck seiner Fülle von Leben, Schönheit und Liebe erkennt.
Gott liebt euch, weil er selbst jung ist, der „Jugendliche” im wahrsten Sinne des Wortes. Diese Behauptung mag vielleicht seltsam erscheinen, weil wir gewohnt sind, uns Gott als „hochbetagten Mann” vorzustellen, mit Haaren so „weiß wie reine Wolle”, wie es im Buch Daniel heißt (*Dan* 7,9). Doch Gott ist jung, weil er in Ewigkeit das immer neue „Jetzt” der wunderbaren Initiativen seiner Liebe lebt.

2. Liebe Freunde, Gott hat Freude an dem Geschenk, das er euch zuteil werden ließ, als er euch als sein Abbild und Gleichnis erschaffen hat (vgl. *Gen* 1,27), und er will, daß ihr euch dadurch voll verwirklicht, daß ihr eure Berufung erfüllt. Denn nur auf diese Weise werdet ihr euch selbst am besten zum Ausdruck bringen; wenn ihr es

nämlich, wie der hl. Paulus sagt, versteht, wirklich so zu wachsen, wie es dem Willen Gottes entspricht (vgl. *Kol* 2,19).

Ihr dürft gewiß sein: Gott tötet weder eure Jugendlichkeit ab, noch dörrt er sie aus, er verdirbt euch auch nicht die Freude. Ganz im Gegenteil! Seine Macht, weit davon entfernt, eine einschränkende Kraft zu sein, ist eine Dynamik, die zur vollständigen Entfaltung führt: zur Entfaltung des Körpers, des Geistes, des Gefühlslebens; zum Wachstum des Glaubens; zur Ausweitung der tätigen Liebe gegenüber euch selbst, dem Nächsten und der irdischen und geistig-geistlichen Wirklichkeit. Wenn ihr es fertigbringt, euch der göttlichen Initiative zu öffnen, werdet ihr an euch die Kraft des „großen Lebendigen, des ewig jungen Christus" erfahren (vgl. II. Vatikanisches Konzil, *Schlußbotschaft an die Jugend*).

Jesus will, daß ihr das Leben habt und es in Fülle habt (vgl. *Joh* 10,10). Das uns geoffenbarte göttliche Gesetz liefert, auch wenn es uns manchmal als drückend erscheint, wertvolle Anleitungen für den Weg menschlicher Entwicklung. Die Überlieferungen der Kirche, die Sakramentenpraxis, die ständige Anwendung des Gebetes sind nicht bloß Pflichten, die erfüllt, und Riten, die vollzogen werden sollen; sie sind vor allem unerschöpfliche Quellen der Gnade, die die Jugend nähren und sie ergiebig machen an apostolischem Engagement und Freude.

Daher fordere ich euch auf, Blick und Herz emporzuheben zu Christus, der euch an seinem Liebesplan teilhaben lassen will. Schaut auf Ihn, vertraut euch ganz Ihm an! Seid konsequente und mutige junge Christen! Dann wird die Freude im Überschwang eurer Jugend glaubwürdig und vollkommen sein!

In den verschiedenen Bildern der Aufführung, die wir am Beginn dieser Begegnung bewundern konnten, haben uns eure jungen Kollegen manche Augenblicke der ungarischen Geschichte am Schicksal von deren Hauptgestalten wiedererleben lassen. Unter ihnen waren Heilige. Jugendliche Heilige, wie der hl. Imre, die hl. Margherita und die hl. Elisabeth. Ihr Leben hat in den finsteren Zeiten der Vergangenheit über den Weg eurer Vorfahren das Licht des Evangeliums verbreitet.

Meine lieben Freunde, es liegt an euch, in diesem Augenblick, da euer Heimatland nach der Überwindung des Regimes der Unterdrückung daran ist, in Freiheit eine sicherere und glückliche Zukunft aufzubauen, jene großen Gestalten eurer Geschichte als Vorbilder nachzuahmen. In der hochherzigen Zustimmung zu Christus und seinem Evangelium werdet ihr Anregung und Kraft finden, um selbst Hauptgestalter eurer Zukunft zu sein.

3. Ich mache mir die Worte zu eigen, die der Apostel Johannes in der ersten Christengeneration an junge Menschen eures Alters gerichtet hat: „Ich schreibe euch, ihr jungen Männer, daß ihr stark seid, daß das Wort Gottes in euch bleibt und daß ihr den Bösen besiegt habt" (*1 Joh* 2,14).

Seid stark! Ich weiß gut, wie schwierig derzeit die Situation der Jugendlichen ist. Überall, wo ich hinkomme, habe ich Gelegenheit, mir der Erwartungen, Enttäuschungen und Hoffnungen der Welt der Jugend bewußt zu werden. Fehlende Arbeitsplätze und Mangel an Wohnungen, wirtschaftliche Schwierigkeiten und Zunahme der Kriminalität, Krise der Familie und Niedergang der Werte, Einsamkeit

und Kontaktarmut, Verlangen nach Erfolg und Flucht in die Droge. Das sind einige Symptome eines sozialen Unbehagens, das sich unter den Jugendlichen verbreitet.
Eine Position zu erlangen, die die Gründung einer Familie ermöglicht, kostet zuviel Zeit; die Werbetrommel ruft die Überzeugung hervor, daß es „normal" sei, nur das Vergnügen, die egoistische Selbstbestätigung und die Augenblicksbefriedigung seiner Triebe und Leidenschaften zu suchen, während man keinerlei Achtung vor dem eigenen Körper an den Tag legt und vor den Bedürfnissen des Nächsten die Augen verschließt. Man geht so weit, ein Dasein nahezulegen, das praktisch ohne Gott auskommt und selbst die nationale Identität und jenes vortreffliche Erbe an Werten vernachlässigt, kraft dessen Ungar und Christ zu sein und somit dem christlichen Europa anzugehören, gleichsam ein und dasselbe ist.
Es fällt schwer, in einer solchen Umgebung nach den Geboten des Gewissens zu leben! Deshalb sage ich euch: Seid stark! Stellt euch mit Mut und Geduld den Beschwerlichkeiten, die von dem vor sich gehenden gesellschaftlichen Wandel verursacht werden! Entdeckt wieder eure ungarischen und christlichen Wurzeln und unternehmt alles, was in eurer Macht steht, um eine würdigere Zukunft aufzubauen! Gliedert euch wieder ein in den Strom der Geschichte dieses Kontinents, und zwar nicht wie die Schlußlichter, die dort um Aufnahme bitten, sondern als Träger einer großen europäischen Tradition, die ihren Ursprung im Christentum hat.
Erwartet nicht, daß andere für das sorgen, was ihr benötigt! Seid unternehmungslustig und großmütig! Euer Haus wird dann wirklich euer Haus ein, wenn ihr es errichtet. Die Erinnerung an euren unermüdlichen Einsatz heute wird euch morgen größte Genugtuung bereiten.

4. Doch was heißt stark sein? Stark sein heißt, das Böse, das Übel in seinen vielfältigen Äußerungen besiegen.
Übel ist zum Beispiel, nicht zu besitzen, was man nötig hat; Übel ist Krankheit und Schmerz; Übel ist die Unterentwicklung und jeder Angriff auf das Leben und die menschliche Person. Aber ein noch schlimmeres Übel ist die Gleichgültigkeit, die Ungerechtigkeit, der Egoismus und vor allem die Ablehnung Gottes.
Mit einem Wort, das Übel, das Böse ist die Sünde, die um uns herum herrscht und unzählige Leiden verursacht, die aber auch in uns vorhanden sein kann und unser ganzes Verhalten negativ beeinflußt. Wenn es also richtig ist, sich im Kampf gegen das Böse in seinen individuellen und sozialen Äußerungen zu engagieren, so ist es für die Gläubigen eine Pflicht zu versuchen, in erster Linie die Sünde, die Wurzel jeder anderen Form von Übel, dadurch zu überwinden, daß sie ihrer verfänglichen Anziehungskraft mit Gottes Hilfe widerstehen.
Ihr jungen Leute werdet oft den Alten vorwerfen, sie hätten nicht genug gegen das Böse angekämpft und in der Vergangenheit Kompromisse und scheinheiliges Verhalten gebilligt. Ohne bei fruchtlosen Verurteilungen der euch voraufgegangenen Generation zu verweilen, sollt ihr dennoch deren Irrtümer vermeiden. Seid „lauter, heldenmütig, heilig" (wie ihr so oft in den Kirchen gesungen habt) und sorgt dafür, daß dank eurer hochherzigen Anstrengungen Gott euer Vaterland retten kann.

5. „Das Wort Gottes bleibt in euch" (*1 Joh* 2,14), dadurch könnt ihr stark sein und könnt das Böse besiegen. Es handelt sich um das Wort der Verheißung, durch das Gott seine Hilfe zusagt. Es ist das Wort des Lebens, das in uns bleibt, wenn wir uns auf den Allmächtigen verlassen. Es soll eure täglichen Entscheidungen leiten. So werden sich für euch die Horizonte der Wahrheit, des Guten und der Liebe auftun; auch das lebendig machende Geheimnis des vollkommenen Heils wird sich euch erschließen.
Von diesem übermenschlichen Wort erleuchtet, werdet ihr die Apostel der Neuevangelisierung sein. Euch obliegt in diesem letzten Jahrzehnt des zwanzigsten Jahrhunderts die Aufgabe, euren Altersgenossen und allen, denen ihr begegnet, die evangelische Botschaft zu bringen; von euch wird verlangt, daß ihr durch den Sauerteig des erneuernden Glaubens der Gesellschaft Auftrieb gebt. Christus allein ist das Licht, das die Nacht menschlicher Einsamkeit erhellt; Er allein ist die Hoffnung, die die Menschenpilger auf ihrer Suche nach Glück ermutigt.
Hört die Stimme Christi! Jeder von euch hat einen Anruf, eine Berufung von Ihm erhalten. Jeder von euch hat einen Namen, den nur Er kennt. Die Jugend ist das Lebensalter, in dem man die eigene Identität zu entdecken versucht, um die Zukunft zu planen. Laßt euch auf der Suche nach dem, was euch volle Verwirklichung zu geben vermag, von Christus leiten.
Die meisten von euch sind dazu berufen, eine Familie zu gründen. Eine faszinierende und zugleich schwerwiegende Aussicht! Es ist nicht leicht, ein echtes Heim aufzubauen, das imstande ist, dem entstehenden Leben die warmherzige Aufnahme und die tausend Aufmerksamkeiten der Liebe zu sichern. Wie viele Situationen persönlichen und sozialen Unbehagens haben ihren Ursprung im Mißbehagen, in den Krisen, im Scheitern der Familie! Bereitet euch darauf vor, morgen die Baumeister gesunder, heiterer Familien zu sein, in denen in offenem Dialog und gegenseitigem Verständnis eine belebende Atmosphäre der Eintracht herrscht.
Hört die Stimme Christi! Sicherlich gibt es unter euch Jungen und Mädchen, die Christus dazu aufruft, sich vorbehaltlos dem Dienst an Seinem Reich hinzugeben. Die Kirche in eurer Nation braucht dringend Priester, die dem Beispiel der Apostel folgen, um das Evangelium zu verkünden und den Brüdern die Früchte der Erlösung mitzuteilen; sie braucht Männer und Frauen, die aus der vollständigen Weihe ihres Lebens an Christus die Selbstlosigkeit für ihre tägliche Hingabe an die Werke der geistlichen und körperlich tätigen Nächstenliebe gewinnen; die Kirche braucht kontemplative Seelen, die wie Moses auf dem Berg verweilen, um für sich und ihre Brüder Gnade und Erbarmen zu erflehen.
Meine lieben Jugendlichen, denkt daran! Das „Ja" auf den Anruf Christi ist die Bedingung für eure volle Selbstverwirklichung, es ist die Voraussetzung für eine fruchtbare Eingliederung in den Rahmen des Sozialgefüges, es ist das Geheimnis einer echten Freude jetzt und in alle Ewigkeit (vgl. *Mt* 19,29).

6. Nun ist der Augenblick der Trennung gekommen. Aber ehe ich mich von euch verabschiede, laßt mich noch einen Gedanken anfügen: erlaubt mir, daß ich eure Aufmerksamkeit auf Maria lenke, die junge Frau, die in sich die vollkommenste

Zustimmung zum Willen Gottes verwirklicht hat und darum zum Vorbild höchster christlicher Vollkommenheit geworden ist.
Sie vertraute auf Gott: „Selig ist die, die geglaubt hat, daß sich erfüllt, was der Herr ihr sagen ließ" (*Lk* 1,45). Gestärkt durch das Wort, das sie in ihrem Herzen bewahrte (vgl. *Lk* 2,19), hat sie den Egoismus überwunden, das Böse besiegt. Die Liebe hat sie bereit gemacht zum demütigen und konkreten Dienst am Nächsten.
Auf sie blickt die Kirche noch heute und ruft sie unablässig an als Hilfe und Vorbild großmütiger Liebe. Auf sie richtet die Jugend Ungarns ihren Blick. Vertraut euer Herz Maria an, liebe Jungen und Mädchen, die ihr die Zukunft dieser jahrelang hart geprüften christlichen Gemeinden seid. Wendet euch niemals von Maria ab und setzt euren Weg mit ihr fort.
Da werdet ihr glücklich sein, denn wenn ihr euch an ihr ein Beispiel nehmt und euch durch ihren Beistand ermutigen laßt, werdet ihr das Wort der Verheißung empfangen, es eifersüchtig in euch bewahren und werdet die Herolde der Neuevangelisierung sein. Das wünscht euch der Papst mit lebhafter Hoffnung, während er euch alle von Herzen segnet.

Am Ende der Ansprache fügte der Papst noch folgende Worte in italienisch hinzu:

Ich möchte noch ein paar Worte anfügen, und Msgr. Kada wird gewiß so gut sein, sie zu übersetzen. Vor allem möchte ich euch danken, daß ihr hinsichtlich meiner ungarischen Aussprache so tolerant wart. Dann möchte ich euch für diesen Dialog danken. Ich habe oft Begegnungen mit Jugendlichen. Sie fangen einen Dialog an, sagen etwas zum Papst, und der Papst antwortet oder gibt Erklärungen zu dem, was er verstanden hat. Und nun hört, was ich von eurer künstlerischen Darbietung verstanden habe.
Im 13. Jahrhundert hat eure Heimat, wie auch die meine, durch den Tatareneinfall eine tiefgreifende Zerstörung erlitten. Die hl. Margareta, die Tochter des Königs, hatte von Gott ein besonderes Charisma erhalten, beim geistlichen Wiederaufbau ihres Volkes gleichsam als Sauerteig zu wirken. Und hier müssen wir nun gut die Ähnlichkeit mit unserer Zeit verstehen. Länder wie eure Heimat haben eine geistliche und moralische Zerstörung erlitten, und jetzt ist ein „Sauerteig" für den geistlichen Wiederaufbau der Gesellschaft notwendig. Die Jugendlichen wollen dieser Sauerteig sein. Sie bitten Gott um das Charisma, Ferment zum geistlichen Wiedererstehen des ungarischen Volkes zu sein.
Der Applaus scheint zu bekunden, daß ich richtig verstanden habe. Und so habt ihr hier eure eigene Botschaft zum Ausdruck gebracht. Ich kann nur wünschen, daß sich diese Botschaft in eurem Leben, im Leben eurer Gemeinschaft, eurer Heimat, eurer ungarischen Nation verwirkliche. Ich danke euch für diese Botschaft. Danke!
Vor allem möchte ich dem Herrn Präsidenten der Republik danken, der diskret an dieser unserer Begegnung teilnehmen wollte.

Auch wer leidet, ist dem Nächsten nützlich

Ansprache bei der Begegnung mit kranken und alten Menschen in der St. Stefans-Basilika in Budapest am 20. August

Liebe alte und kranke Brüder und Schwestern!

1. Ich bin Gott dankbar für diese Begegnung mit euch auf meiner ersten Pastoralreise in Ungarn und grüße euch herzlich und mit großer Zuneigung. Ich wünsche allen Frieden, Hoffnung und Trost im Lichte des gekreuzigten und auferstandenen Christus!

Der hl. Paulus ruft uns in Erinnerung: „Wie wir an dem einen Leib viele Glieder haben aber nicht alle Glieder denselben Dienst leisten, so sind wir, die vielen, ein Leib in Christus, als einzelne aber sind wir Glieder, die zueinander gehören" (*Röm* 12,4-5).

Ich versuche auf meinen Pastoralreisen mit allen Gliedern des Mystischen Leibes Christi zusammenzukommen, um ihre spezifische Sendung im Bereich der Kirche kennenzulernen und zu bestätigen. Allen gilt meine Hochachtung sowohl für den Dienst, den sie zum Nutzen der Herde des Herrn leisten, als auch für die Klarheit, mit der in ihnen mancher Zug des Bildes Christi erstrahlt. Aber euch, liebe Brüder und Schwestern, die ich hier vor mir sehe, euch, die ihr unter mancherlei Krankheiten, Gebrechen oder unter fortgeschrittenem Alter leidet, räume ich ein besonderes Verdienst unter den Gliedern des Leibes Christi ein, ein Verdienst, das irgendwie auch auf alle jene zutrifft, die dadurch, daß sie an eurer Seite sind, um euch beizustehen, durch die Bande des Blutes oder der tätigen Nächstenliebe an eurem Leid teilnehmen.

Eure Anwesenheit erinnert mein Herz an die große Schar derer, die in dem Land leiden wie ihr und vielleicht niemanden an ihrer Seite haben, der ihnen außer der notwendigen Hilfe die unerläßliche menschliche Unterstützung an Sympathie und Liebe gewährt. Ich möchte im besonderen die Kinder erwähnen, die von ihren Eltern verlassen und staatlichen Instituten überlassen worden sind, wo ihnen nicht jenes Klima der Zärtlichkeit und Liebe geboten werden kann, das für ein unbeschwertes und harmonisches Heranwachsen von so großer Bedeutung ist. Mit ebenso teilnehmender Zuneigung denke ich an alle Behinderten, wobei ich mir bewußt bin, daß ihre Leiden nicht allein von den Verletzungen herrühren, die ihren Körper oder ihren Geist zeichnen, sondern manchmal auch von dem Gefühl, von den anderen Mitgliedern der Gesellschaft nicht angenommen und respektiert zu werden.

2. Liebe Brüder und Schwestern, in dieser Stunde intensiv erlebter Gemeinschaft, möchte ich wieder beteuern, daß in euch und in ihnen wie in keinem andern die Gemeinsamkeit mit dem Geheimnis Christi, des Gekreuzigten, zum Leuchten kommt, der durch sein Leiden aus Liebe die Welt erlöst hat.

Diese Wahrheit, die aus dem Glauben entspringt, wird von der Welt selten verstanden. Wie oft nehmen jene, die unter Alter oder Krankheit leiden, mit Bitterkeit wahr, daß ihre Umgebung sie als nutzlose Personen ansieht, die nur den anderen zur

Last fallen. Dieser utilitaristischen und subtil unmenschlichen Denkweise muß man durch immer neue Wiederentdeckung der Bedeutung und Funktion des Leidens entgegentreten. Der Gläubige muß ununterbrochen über den Wert der Teilnahme an den Leiden Christi nachdenken, um die dem Zustand von Alter und Krankheit innewohnende besondere Berufung eindringlicher zu leben und zum Leben zu bringen.
Das Wort, das Gott an das auserwählte Volk richtete: „Weil du mir teuer bist, wertvoll und lieb ..." (*Jes* 43,4), ist vor allem für jene, die leiden, von Bedeutung. Erinnert ihr euch an die Episode von Samuel, wo dieser sich auf Geheiß Gottes anschickte, einen von Jesses Söhnen zum König zu salben? Der Prophet meinte, er sollte unter ihnen den auswählen, der sich durch seine stattliche Gestalt auszeichnete; aber Gott griff ein und ermahnte ihn: „Sieh nicht auf seine Schönheit und seine Gestalt. Ich habe ihn nicht erwählt; denn Gott sieht nicht auf das, worauf der Mensch sieht. Der Mensch sieht nur das Gesicht, der Herr aber sieht das Herz" (*1 Sam* 16,7). Wie man weiß, schätzen die Menschen Reichtum, Macht, physische Kraft, Schönheit, intellektuellen Scharfsinn. Für Gott hingegen kommt es vor allem auf die großzügige Bereitschaft an, mit der einer seine Berufung annimmt und sich um die Durchführung seiner Aufgabe bemüht. Der Kranke, der den Willen Gottes annimmt und sich anstrengt, ihn zu erfüllen, gilt vor Gottes Augen mehr als der Gesunde, der zwischen Bewunderung und Mißgunst der Welt seinen eigenen Erfolg anstrebt.
Selig alle, die in der Heimsuchung die Hand Gottes erkennen können und sein vertrauenerweckendes Wort nicht vergessen: „Wen ich liebe, den weise ich zurecht und nehme ihn in Zucht" (*Offb* 3,19; vgl. *Spr* 3,12). Gott läßt sich in Großherzigkeit nicht übertreffen. Bisweilen klopft Er eben mit dem Leiden an die Tür des Herzens: in dem Wunsch, eine besondere Freundschaftsbeziehung herzustellen, die, so sie erwidert wird, die Wärme und Intimität der Erfahrung einer Tischgemeinschaft annehmen kann: „Wir werden Mahl halten, ich mit ihm und er mit mir" (*Offb* 3,20).

3. Liebe Freunde, richtet in den dunklen Stunden den Blick auf die Mutter des Erlösers, wie sie die prophetische Stimme vernahm: „Dir selbst aber wird ein Schwert durch die Seele dringen" (*Lk* 2,35). Denkt daran, daß selbst aus dem Munde Jesu die beängstigende Frage kam: „Mein Gott, mein Gott, warum hast du mich verlassen?" (*Mt* 27,46).
Die Schrift lehrt uns, daß der Vater die größte Vollkommenheit im Menschsein Jesu „durch Leiden vollendete" (*Hebr* 2,10). „Durch das, was er erlitten hat" (vgl. *Hebr* 5,8-9), ist Jesus zu der außergewöhnlichen tiefen Erfahrung des Gehorsams gelangt.
Es trifft leider zu, daß man bei diesem Aufstieg zur Heiligkeit durch das Leiden auch aufgeben und zurückfallen kann. Mancher verschließt sich in seinen Schmerz und wird gefühllos gegenüber den anderen; mancher verzweifelt in seiner Verbitterung. Ohne das einsichtige und mutige Mitwirken der Person bewahrt das Leiden nicht automatisch vor Oberflächlichkeit und Egoismus. Es braucht den Kampf. Aber in diesem mühsamen Ringen sind wir niemals, nicht einen Augenblick, allein. Der Vater ist bei uns, Er nimmt uns an der Hand und gießt großherzig seinen Heiligen

Geist über uns aus, um uns in dem Bewußtsein wachsen zu lassen, daß wir seine Kinder sind. Gerade die Erfahrung unserer Hinfälligkeit läßt uns die liebende Gegenwart Gottes entdecken und unseren Schmerz zu Ihm rufen, der allein uns echte Erleichterung schenken kann. Das Leiden wird so zur Schule des tief empfundenen, eindringlichen und vertrauensvollen Gebetes.

4. Wer durch sein Leiden den Willen Gottes zu tun trachtet, ist dem Nächsten nützlich. Auch wenn er in seinem äußeren Tun behindert ist, auch wenn er abgeschieden in der Einsamkeit lebt, verbreitet er um sich eine Welle geistlichen Lichtes, aus dem viele andere schöpfen können.
Stimmt es etwa nicht, daß hier in eurem Land viele den Glauben bewahrt oder wiedergewonnen haben durch das Zeugnis alter oder kranker Personen ihrer Familien, die von Kindheit an eine religiöse Erziehung erhalten und durch die Prüfungen des Lebens ihre Verbundenheit mit Gott vertieft hatten? Viele Menschen haben angesichts dieser alten und leidenden Gläubigen verstanden, daß der Glaube, wenn er nicht bloße sentimentale Gewohnheit, sondern aufrichtige Überzeugung ist, zu einer unerschöpflichen Quelle der Kraft und des Trostes wird; sie haben intuitiv erfaßt, wie schön und ersehnenswert es ist, Jesus als allmächtigen und liebevollen Freund ansehen zu können, von dem das ganze Leben Tragkraft und Bedeutung erhält. Kurz, viele sind von Leuten zum Glauben geführt worden, die täglich aus ihrem eigenen Glauben die Kraft schöpften, aus der Krankheit das Lehrpult eines um so überzeugenderen Zeugnisses zu machen, je stiller es ist.

5. Aber auch wenn niemand das Zeugnis des Leidenden wahrnimmt und ausdrücklich annimmt, wäre sein Schmerz gleichermaßen nützlich und kostbar durch die geheimnisvolle, aber tatsächliche Wirksamkeit, die er im Erwirken der rettenden Gabe ausübt. Dessen sollt ihr euch bewußt sein: denn dafür habt ihr den unwiderlegbaren Beweis im Leiden des Herrn selbst. Ist etwa das mahnende Wort des Petrus nicht davon inspiriert: „Ihr wißt, daß ihr aus eurer sinnlosen, von den Vätern ererbten Lebensweise nicht um einen vergänglichen Preis losgekauft wurdet, nicht um Silber oder Gold, sondern mit dem kostbaren Blut Christi" (*1 Petr* 1,18-19)? Christus hat für uns die Vergebung, die Umkehr, das neue Leben nicht durch organisatorischen Einsatz, durch die Förderung sozialer Dienste, durch die Einführung von Schulen oder andere ähnliche Initiativen erwirkt. Er hat uns durch das Leiden und den Tod gerettet, die Er in der Haltung der Unterordnung und des Gehorsams dem Vater darbrachte.
Das also ist die tröstliche Wahrheit: In diesem Heilswerk nimmt Christus der Herr auch unsere Mitwirkung an. Er macht sich unser Opfer zu eigen, indem Er uns die Kraft gibt, zusammen mit Ihm dem Vater unsere Schwachheit, Einsamkeit, das Leiden und den Tod darzubringen. Ist das nicht die Lehre des Paulus: „Jetzt freue ich mich an den Leiden, die ich für euch ertrage. Für den Leib Christi, die Kirche, ergänze ich in meinem irdischen Leben das, was an den Leiden Christi noch fehlt" (*Kol* 1,24)?

In einem gewissen Sinne könnte man die Wirksamkeit des Leidens der Gläubigen mit jenem des eucharistischen Opfers vergleichen: es fügt nichts hinzu zur Kraft des Kreuzes, aber es macht sie dadurch offenbar, daß es der von ihr ausstrahlenden Gnade erlaubt, sich zu allen Zeiten und an allen Orten zu verbreiten.

6. Brüder und Schwestern, wenn es nach einem Tag, der von Mühseligkeiten und Schmerzen erfüllt war, Abend wird, denkt daran daß Jesus Christus an eurer Seite ist, euch ins Angesicht blickt und euch seine Dankbarkeit bezeugt, weil ihr mit ihm im Leiden zur Rettung der Welt ausgeharrt habt. Welche Freude wird es sein, eines Tages die Stimme des auferstandenen Erlösers zu hören: „In allen meinen Prüfungen habt ihr bei mir ausgeharrt. Darum vermache ich euch das Reich" (*Lk* 22,28-29)! Dann wird es wahrhaftig heißen können: „Dann werden manche von den Letzten die Ersten sein" (*Lk* 13,30)! Wenn ihr vor sein glorreiches Angesicht treten werdet, werden euch zusammen mit ihm viele mit Freude und Dankbarkeit begrüßen, weil ihr ihnen in ihrem Ringen, in ihren Versuchungen geholfen habt, als ihr für sie die Kraft erwirkt habt, nicht zu verzweifeln und nicht aufzugeben auf dem mühsamen Weg der Treue zu Christus! Dann werdet ihr das Wort des Paulus ganz begreifen können: „Ich bin überzeugt, daß die Leiden der gegenwärtigen Zeit nichts bedeuten im Vergleich zu der Herrlichkeit, die an uns offenbar werden soll" (*Röm* 8,18)!
Habt also Glauben! Keiner bleibt seiner Schwachheit überlassen: Jesus Christus, der für uns gelitten hat, ist bei euch, unterstützt euch in der Not und verlangt, daß ihr Vertrauen zu ihm habt. „Kommt alle zu mir, die ihr euch plagt und schwere Lasten zu tragen habt. Ich werde euch Ruhe verschaffen. Nehmt mein Joch auf euch und lernt von mir; denn ich bin gütig und von Herzen demütig; so werdet ihr Ruhe finden für eure Seele. Denn mein Joch drückt nicht, und meine Last ist leicht" (*Mt* 11,28-30).

7. Auch die Kirche steht euch, meine Lieben, mit den Strukturen ihrer Liebe bei. Beim Konzil hat sie neuerlich bekräftigt, daß sie durch den Einsatz ihrer Glieder „mit Menschen jeden Standes" verbunden sein wolle, „besonders aber mit den Armen und Leidenden, denen sie sich mit Freuden hingibt" (*Ad gentes*, Nr. 12). In der Tat hat sich die Kirche in diesen Jahren immer entschiedener den Armen zugewandt, da sie sich bewußt wurde, daß die tatsächliche Erfüllung des Liebesgebotes eben in dieser „bevorzugten Option" für die Armen, d. h. in hochherziger Solidarität und konkreter Hilfe, besteht.
Die Worte Christi beim Weltgericht weisen, wie ich in dem Apostolischen Schreiben *Salvifici doloris* ausgeführt habe, darauf hin, „wie wesentlich es für jeden Menschen im Hinblick auf sein ewiges Leben ist, ‚innezuhalten' - wie der barmherzige Samariter es tat - beim Leiden des Nächsten, ‚Mitleid' mit ihm zu haben und schließlich ihm zu helfen. Im messianischen Programm Christi, das zugleich Programm für das Reich Gottes ist, ist das Leiden dafür in der Welt, um Liebe zu wekken, um Werke der Nächstenliebe zu veranlassen und die gesamte menschliche Zivilisation in eine ‚Zivilisation der Liebe' zu verwandeln" (*ebd.*, Nr. 30).

Liebe Freunde, ich vertraue die Mühe jedes einzelnen der Fürsprache der hl. Elisabeth an; die ganze Kirche kennt und verehrt diese Heilige wegen der wunderbaren Beispiele tätiger Nächstenliebe an Menschen in Not und geduldigen Vertrauens in den schweren Leiden, von denen auch ihr eigenes Leben gezeichnet war. Während ich euch in ihr das Vorbild vor Augen stelle, an dem jeder sein Verhalten inspirieren kann, erteile ich mit Freude euch und euren Lieben meinen Segen als Unterpfand der Gnade und des Trostes, die aus der belebenden Gegenwart des auferstandenen Jesus entspringen.

König und Lehrmeister der Ungarn

Predigt bei der Eucharistiefeier zum Festtag des hl. Stefan in Budapest am 20. August

1. „Er hat sein Haus auf Fels gebaut" (*Mt* 7,24).
Stefan, der König Ungarns, ist der Heilige, der die Fundamente für euer Haus gelegt hat. Auf ihn lassen sich in der Tat die Worte Christi aus der Bergpredigt beziehen, die von dem klugen Mann reden, der sein Haus auf Fels gebaut hat. Sein Haus und euer Haus. Denn der König ist deshalb, weil er herrscht, dazu berufen, der erste Diener für das gemeinsame Wohl der ganzen Nation zu sein. Mit Freude begrüße ich den Herrn Präsidenten der Republik, den Premierminister und andere Mitglieder der Regierung, das diplomatische Korps und alle, die bei diesem feierlichen Gottesdienst zu Ehren des hl. Stefan anwesend sein wollten. Einen besonderen Gruß richte ich auch an meine Brüder, die Herren Kardinäle und Bischöfe, die aus vielen Ländern Europas hierhergekommen sind.
Der hl. König Stefan hat dieses Haus für eure Vorfahren vor tausend Jahren errichtet und in ihnen hat er es für alle Generationen der Ungarn errichtet, die seit damals in eurem Land aufeinanderfolgten. Sie leben und bauen weiter an demselben Haus, dessen Fundamente vom hl. Stefan gelegt worden sind.
Die Wahrheit der Bergpredigt ist das feste Fundament, auf dem euer großer König die Nation aufgebaut hat. Die Wahrheit des Evangeliums Christi, welche die göttliche Kraft, die den Menschen geschenkt ist, in sich schließt, ist der Fels, auf den er sich gestützt hat. Nach einem Jahrtausend danken wir dem allmächtigen Gott für dieses Fundament, dafür, daß das Haus eurer Nation, das Haus der ungarischen Geschichte, auf Fels und nicht auf Sand erbaut worden ist.
Heute grüßt der Bischof von Rom, der Nachfolger des hl. Petrus, alle Söhne und Töchter eurer Nation; er grüßt die Ungarn im Lande und jene, die außerhalb seiner Grenzen leben. Alle, die geistig mit dem gemeinsamen Erbe der Krone des hl. Stefan verbunden sind. Er grüßt besonders den ehrwürdigen Bruder, Bischof der Erzdiözese Esztergom, Kardinal László Paskai, und alle anwesenden Kardinäle und Bischöfe. Er grüßt die Ordensmänner und Ordensfrauen und die verschiedenen Mitglieder der kirchlichen Gemeinschaft. Er bringt seine Hochachtung gegenüber

den anwesenden Autoritäten und allen zum Ausdruck, die diesen Pastoralbesuch ermöglicht haben.
Herzlich begrüße ich auch die Pilger aus den verschiedenen Ländern: Slowaken, Polen und Deutsche.

In slowakischer Sprache sagte der Papst:

In besonderer Weise grüße ich die zahlreichen slowakischen Pilger, die aus der ungarischen Hauptstadt gekommen sind, um zusammen mit dem Nachfolger des Petrus den Segen Gottes zu erflehen und gemeinsam zu beten. Wie die Donau ein natürliches Band zwischen den Völkern Mitteleuropas und dem Südosten des Kontinents bildet, so sei unser Glaube ein Band, das uns als Brüder und Schwestern eint in gegenseitigem Verstehen und in der Förderung des Friedens und der Versöhnung.

In polnischer Sprache sagte der Papst:

Einen herzlichen Gruß richte ich an die polnischen Gläubigen, die hierher ins Land des hl. Stefan gekommen sind. Liebe Brüder und Schwestern, dankt mit euren ungarischen Brüdern und Schwestern und mit den Gläubigen anderer Volkszugehörigkeit für das Geschenk der Freiheit, die ihr erhalten habt. Benutzt diese neuen Verhältnisse im sozialen Leben, um euch für eine Gesellschaft einzusetzen, deren ethische Fundamente sich auf die christlichen Werte gründen, die von jeher unseren Kontinent gekennzeichnet haben.

In deutscher Sprache sagte der Papst:

Mein herzlicher Gruß gilt auch den deutschen Pilgern. In dieser noblen Hauptstadt, deren Geschichte und Tradition gekennzeichnet sind durch einen ständigen Austausch zwischen verschiedenen Völkern und Kulturen, wolltet ihr euch mit dem Nachfolger des hl. Petrus und euren ungarischen Schwestern und Brüdern im Gebet vereinen, damit der Herr euch bestärke im christlichen Glauben und in der Bezeugung dieses Glaubens im Alltag.
Liebe Brüder und Schwestern, hört die Worte Christi! Versucht in diesen einfachen und kraftvollen Sätzen, die die Liturgie des heutigen Tages auf den hl. König Stefan bezieht, die Wahrheit eures Ursprungs und eurer ganzen Geschichte wiederzuentdecken! Er war und bleibt in der Erinnerung der Generationen wahrhaftig jener „kluge Mann" (vgl. *Mt* 7,24), der die Worte der göttlichen Weisheit hört und sie in die Tat umsetzt. Diese Weisheit des Königs, des Vaters der Nation, ist euer großes Erbe.

2. Der hl. Stefan war sich bewußt, daß er diese Erbschaft an die kommenden Generationen weitergab. Jedes Jahr an seinem Fest lesen wir wieder das Testament, das er seinem Sohn hinterlassen hat. Die Worte der heutigen Liturgie weisen eine eindrucksvolle Ähnlichkeit mit diesem Text auf: „Höre, mein Sohn, nimm meine Worte an ... Den Weg der Weisheit zeige ich dir, ich geleite dich auf ebener Bahn" (*Spr* 4,10 f.).

So spricht der inspirierte Verfasser des Buches, und ähnlich sprach der hl. Stefan zu seinem Sohn Emeryk.
Aber hat er sich nur an den Sohn gewandt? Hat er nicht vielleicht seine Ermahnungen für alle künftigen Generationen der Ungarn, für alle Erben seiner Krone geschrieben?
Euer heiliger König, liebe Söhne und Töchter der ungarischen Nation, hat euch als Erbschaft nicht nur die von Papst Silvester II. empfangene Königskrone hinterlassen. Er hat euch sein geistliches Testament, ein Erbe fundamentaler und unzerstörbarer Werte hinterlassen: das Haus, das wahrhaft auf Fels gebaut ist.

3. Dieses auf Fels gegründete Gebäude ist nicht nur eine Lehre oder eine Gesamtheit von Gesetzen und Ratschlägen oder eine menschliche Institution: es ist vor allem ein starkes Zeugnis christlichen Lebens.
Der hl. Stefan ist ein Christ, der an die geoffenbarte Wahrheit glaubt, sein Herz auf Jesus, den wahren Gott und wahren Menschen, richtet und ohne Zögern seinem Wort folgt. Die Kirche und die Existenz jedes Christen baut sich ja auf Christus auf: auf Christus, dem Eckstein (vgl. *Eph* 2,20). Er ist derselbe gestern, heute und in Ewigkeit (vgl. *Hebr* 13,8), er ist bei uns bis zum Ende der Welt (vgl. *Mt* 28,20).
Man ist sicher auf diesem Fels, wenn man mit Christus, in Christus und im Hinblick auf Christus lebt. Mit Christus leben heißt, auf die Dynamik seiner Gnade zählen; in Christus leben heißt sich bemühen, so gesinnt zu sein, wie es ihm entspricht (vgl. *Phil 2*,5), durch bedingungslosen Gehorsam gegenüber dem Vater und hochherzige Liebe gegenüber dem Nächsten; im Hinblick auf Christus leben heißt, sich für den Aufbau des Reiches Gottes in der Welt engagieren.

4. Das ist eure Berufung, liebe Brüder und Schwestern, dazu seid ihr verpflichtet, wenn ihr wollt, daß das Haus eurer Nation in den Wechselfällen der Geschichte nicht ins Schwanken gerät.
Jeder von euch weiß um die zahllosen Angriffe, die dieses Haus zu verschiedenen Zeiten von äußeren Feinden über sich ergehen lassen mußte, und um die vielen Schwierigkeiten, denen es sich außerdem wegen innerer Spannungen und Spaltungen ausgesetzt sah. Heute befindet sich Ungarn im Aufbruch in eine neue Situation, und augenblicklich gibt es keine Bedrohungen von äußeren Feinden. Das bietet dem Land eine einmalige Gelegenheit, das von den Vorvätern erbaute Haus abzustützen. Um den Erfolg dieses Vorhabens zu gewährleisten, müssen allerdings seine Bewohner den übertriebenen Drang zur egoistischen Jagd nach individuellem Wohlstand ebenso zu zügeln wissen wie die Versuchung zu einer Konfliktlage, die Bürger, Gruppen und soziale Klassen systematisch in Streit miteinander bringt.
Der solide Fels, auf dem man sicher bauen kann, ist Christus, der Herr, der Weg, die Wahrheit und das Leben. Ungarn ist von der äußeren Unterdrückung befreit worden; nun ist die Stunde gekommen, da es sich von den inneren Ketten der verschiedenen Formen geistiger Versklavung befreien muß. Der Name des Friedens heißt Gerechtigkeit, Solidarität, Liebe. Die Nation wird nur dann auf eine besser Zukunft hoffen können, wenn ihre Bürger imstande sein werden, in einer gemeinsamen An-

strengung, deren Ziel das Gemeinwohl sein muß, ihre Verantwortlichkeiten zu übernehmen.
Der hl. Stefan erkannte, daß der wahre Weg, um zu überleben und aus den verschiedenen Stämmen eine einzige Nation zu bilden, die Bekehrung zum Christentum war. Denn nur die christlichen Werte können eine solide Basis für eine wahrhaft menschliche Kultur bilden. Ungarn ist jetzt eine pluralistische Gesellschaft geworden, in der Bürger und Gruppen verschiedenen Wertesystemen anhängen. Aber die Geschichte lehrt, daß christliche Grundwerte in den modernen Humanismus integriert wurden: die Würde der Person, die Solidarität, die Freiheit, der Friede. Die Kirche ist unter euch gegenwärtig, um weiter das Reich Gottes zu verkündigen und in ihm das Fundament der Menschenwürde und den transzendenten Horizont aufzuzeigen, innerhalb dessen jeder menschliche Wert seinen vollen Sinn erhält.

5. Wie viele von euch haben während der Zeit der Verfolgung beharrlich am Glauben festgehalten! Ihr Zeugnis bildet heute für jedes Mitglied der Gemeinde einen großen Ansporn, nicht nur, um mit Christus verbunden zu bleiben, sondern auch, um zu einem mutigen und überzeugten Missionar der neuen, notwendigen Evangelisierung zu werden.
In unserer heutigen Zeit bedarf es dringend eines Mehr an leidenschaftlichem Einsatz und an Kühnheit; eines erneuerten Vorsatzes zu Fügsamkeit und Gehorsam gegenüber der Kirche, der Lehrmeisterin, des Lebens. Um nicht vom Weg der Treue abzukommen, bedarf es des täglichen Gebetes und der Heiligung des Sonntags, des häufigen Empfangs der Sakramente und vor allem der Teilnahme an der hl. Messe, in der zusammen mit dem eucharistischen Brot auch das Brot der Heiligen Schrift ausgeteilt wird.
Die Zugehörigkeit zu Gemeinschaften und Gruppen, die sich im Apostolat engagieren, bietet Gelegenheit zu einer ernsthafteren Vertiefung des Glaubens und zu einem dynamischeren pastoralen Eifer. Dieser spornt dazu an, die eigene Berufung in Fülle zu leben, macht die apostolischen Aktivitäten furchtbar und gibt der Versuchung zur Gewöhnung nicht nach.
Ihr dürft jedoch nie vergessen, daß die pastoralen Einrichtungen, in denen sich euer Eifer für die Evangelisierung ausdrückt, nur dann volle Wirksamkeit erreichen, wenn sie sich nicht von der kirchlichen Gemeinschaft absondern. Sie sollen lebendige Zellen sein unter Führung der Bischöfe, die von Gott bestellt wurden, damit sie als Hirten für die Kirche Gottes sorgen (vgl. *Apg* 20,28).
Und was ist nun die Aufgabe der Kirche? Eine Frage, die sich sowohl der Glaubende wie der Nichtglaubende stellen können. Die Aufgabe der Kirche, die Aufgabe jedes Christen ist im Evangelium klar angegeben: Zeugnis geben, daß in dem gekreuzigten und auferstandenen Christus die Welt erlöst wurde; das Reich Gottes verkündigen; sich demütig in den Dienst zum Wohl der einzelnen und der Gemeinschaft stellen, indem allen der wahre Sinn ihres Lebens erschlossen und mit allen, die es nötig haben, auf jede mögliche Weise ihre Schwierigkeiten geteilt werden. Die Kirche tritt nicht als ein Machtzentrum über oder neben der Gesellschaft auf,

sondern als ein Zentrum des Dienstes, an das sich jeder ohne jeden Vorbehalt wenden kann.

6. Die göttliche Vorsehung hat euch einen großen König und echten Vater der Nation gewährt, groß nicht nur in seiner Herrscherkraft, sondern auch in seiner geistlichen Identität. Der väterliche Erzieher, der die Jahrhunderte und die Generationen hindurch spricht, wiederholt auch an die heutige Generation, was wir im Brief an die Epheser lesen: „Ich sage es euch und beschwöre euch im Herrn: Lebt nicht mehr wie die Heiden in ihrem nichtigen Denken! Ihr Sinn ist verfinstert. Sie sind dem Leben, das Gott schenkt, entfremdet ... Haltlos wie sie sind ... Das aber entspricht nicht dem, was ihr von Christus gelernt habt" (*Eph* 4,17-20).
Von eurem König und Erzieher habt Ihr Christus kennengelernt, habt ihr nach dem Evangelium leben gelernt.
Betragt euch also nicht mehr nach Art des „alten Menschen", der Sklave seiner egoistischen Neigungen ist, auf der Suche nach Vergnügen, Reichtum und Erfolg; sondern benehmt euch wie der „neue Mensch", der sich Christus anpaßt, sich für die anderen öffnet und sich ihnen aus Liebe zu Gott hingibt. Das ist die Art Jesu. Er „entäußerte sich und wurde wie ein Sklave ...; er erniedrigte sich und war gehorsam bis zum Tod, bis zum Tod am Kreuz" (*Phil* 2,7-8). Das ist der Lebensstil, den der hl. Stefan euch als sein Erbe hinterlassen hat.
Eine konkrete Liebe zu Gott und zum Nächsten, die sich nicht mit einigen wohltätigen Werken begnügt, verwandelt das ganze Dasein - muß es verwandeln - in selbstlosen Dienst. Eine solche Liebe erneuert die Familie, in der sich die Eltern so, wie sie sich einander hingeben, sich auch den Kindern hingeben und damit den Kern der Familie so gestalten, wie es dem göttlichen Plan entspricht (vgl. *Eph* 5,25-33); sie erneuert die Arbeit, die als Tätigkeit und Dienst am Gemeinwohl angesehen wird; sie erneuert die Gesellschaft, die dadurch menschlicher wird und besser mit dem Plan Gottes übereinstimmt.

7. Ich möchte hier aber im besonderen zwei Wesensmerkmale dieser Liebe hervorheben. Der hl. Stefan hat Ungarn in die Gemeinschaft der europäischen Nationen eingebunden, durch die Übernahme der gemeinsamen christlichen Formen und Traditionen des Kontinents und durch die Aufnahme der Fremden, besonders der Pilger, im Land. So wurde das ursprüngliche Ungarn sehr bald zu der Nation, die wegen ihrer Gastfreundschaft und Höflichkeit allen bekannt war. Ihr lebt in der Mitte Europas, umgeben von verschiedenen Völkern und Nationalitäten. Euer Haus wird nur dann glücklich und sicher sein können, wenn ihr euch um die Errichtung des „gemeinsamen Hauses Europa", um eine loyale und selbstlose Haltung der Offenheit, der Solidarität und der Zusammenarbeit bemüht.
Das andere Wesensmerkmal des hl. Stefan wie auch vieler anderer ungarischer Heiliger war die außerordentliche Sorge für die Armen. Es genügt, außer dem Namen des Königs den der hl. Elisabeth zu erwähnen, denn beide zeichneten sich in diesem vornehmen Dienst aus. Auch in unseren Tagen lernt eure Nation - nicht anders als andere Länder Mittel- und Osteuropas - diese Art der Not kennen, während sie sich

mit den Schwierigkeiten auseinandersetzt, die durch den Wandel der Wirtschaftsstrukturen ausgelöst wurden. In dieser Zeit des Übergangs hat die Zahl der Armen zugenommen: es gibt immer mehr Arbeitslose und Obdachlose, viele Menschen sind gezwungen, in bitterer Not zu leben, die Rentner sehen, wie durch die Inflation ihr Einkommen immer geringer wird, kinderreiche Familien haben Mühe, das Lebensnotwendige aufzubringen. Während einige soziale Gruppen, die sich für eine bessere Zukunft einsetzen und private Unternehmen in Gang bringen, immer reicher werden, laufen andere Gefahr, in wachsendes Elend zu stürzen. Liebe Brüder und Schwestern, nach dem Beispiel des hl. Stefan und der hl. Elisabeth sollt ihr in jedem Armen Christus sehen und ihm, soweit es euch möglich ist, helfen. Vergeßt nicht: Die Armen sind der Reichtum der Kirche, sie sind die verborgene Gegenwart Christi unter euch!

8. Jener „neue Mensch, der nach dem Bild Gottes geschaffen ist in wahrer Gerechtigkeit und Heiligkeit" (vgl. *Eph* 4,24), ersteht heute aus dem ganzen Jahrtausend eurer Geschichte. Er zeigt sich hier, auf diesem Heldenplatz.
Er ist keineswegs in weiter Ferne, er gehört nicht der Vergangenheit an: Er ist von heute! Der „neue Mensch", der durch Gottes Fügung am Beginn eurer Geschichte erschienen ist und durch die Jahrhunderte alles begleitet hat, was in ihr gut, edel, groß und heldenhaft gewesen ist.
Er ist von heute. Denn die Wahrheit ist immer aktuell, so wie das Gute, die Gerechtigkeit und die Heiligkeit nichts von ihrer Aktualität verlieren.
Von diesem Menschen, von diesem „neuen Menschen" „habt ihr doch gehört und seit unterrichtet worden in der Wahrheit die Jesus ist" (*Eph* 4,21).
Möge dieser Mensch, Stefanus, der König und Lehrmeister der Ungarn, noch immer unter euch anwesend sein, um euch bei den Aufgaben und Arbeiten, die ihr auf dem Weg in eure Zukunft übernehmen müßt, beizustehen.
Dieser Mensch, der Heilige, sagt euch allen an der Schwelle des dritten christlichen Jahrtausends, was er bereits zu seinem Sohn sagte: „Ihr müßt ... den neuen Menschen anziehen".

Bleibt vereint im Gebet, in der Planung, im Tun!

Ansprache an die Mitglieder der Ungarischen Bischofskonferenz bei der Begegnung in Budapest am 20. August

Herr Kardinal!
Liebe Brüder im Bischofsamt!

1. Mein inniger und herzlicher Gruß ergeht an euch alle, die ihr mit der pastoralen Führung der geliebten Kirchen Ungarns betraut seid. Euch, die ihr wie ich „durch die Gerechtigkeit unseres Gottes und Retters Jesus Christus den gleichen kostbaren Glauben" erlangt habt, „sei Gnade und Friede in Fülle" (vgl. *2 Petr* 1,1-2).

Diese unsere kollegiale Begegnung, die im Schlußabschnitt meines Pastoralbesuches bei dieser hervorragenden Nation stattfindet, erlaubt mir, euch noch einmal meine Dankbarkeit auszusprechen für die seinerzeit an mich ergangene Einladung und für die Aufnahme, die mir an jedem Ort, wo ich mich aufhalten konnte, zuteil wurde. Es war eine tiefe Erfahrung kirchlicher Gemeinschaft, die durch unser heutiges Gespräch eine bedeutsame Krönung erfährt.
Ich messe dieser Begegnung große Bedeutung bei, weil ich mir der geschichtlichen Verantwortung voll bewußt bin, die angesichts der neuen Herausforderungen, mit denen sich das Land heute auseinanderzusetzen hat, euch als Bischöfen dieses erwählten Teiles der Herde Christi zukommt.
Ehrwürdige Brüder, bei Anlässen wie diesem ist es nur natürlich, in Gedanken auf die Formulierungen zurückzukommen, mit denen die alten Christen die einzelnen Ortskirchen bezeichnet haben. Sie sahen in ihnen „die pilgernde Kirche Gottes in einer bestimmten Stadt" oder sprachen von „pilgernden Scharen der heiligen katholischen Kirche". Die in ihrer Sprache immer wiederkehrenden Begriffe waren „Ekklesia", von Gott zusammengerufene Gemeinde, und „Paroikia", Gemeinde auf der Pilgerschaft an einem bestimmten Ort.
Das sind Ausdrücke, über die wir nachdenken sollten, um die Aufgabe besser zu verstehen, zu der Gott uns als Hirten des Volkes beruft, für das Christus sein Blut vergossen hat.

2. Die Einheit ist eines der wesentlichen Merkmale, mit denen der göttliche Meister seine Kirche bereichern wollte. Am Vorabend seines Leidens und Sterbens hat er dafür gebetet. Wir kennen seine von Trauer erfüllten Worte: „Alle sollen eins sein: Wie du, Vater, in mir bist und ich in dir bin, sollen auch sie in uns eins sein, damit die Welt glaubt, daß du mich gesandt hast" (*Joh* 17,21).
Das Gebet Jesu kann seine Wirksamkeit nicht verfehlen. Es gelangt zur Verwirklichung durch das Wirken des Heiligen Geistes: Während er die Herzen dadurch beeinflußt, daß er sie durch die Macht der Liebe zur Einheit bewegt (vgl. *1 Kor* 12,13; *Röm* 5,5), ist er im selben Sinne auch mittels der Hierarchie tätig, auf die Christus seine Kirche gegründet hat. Die Bischöfe sind nach Aussage des II. Vatikanischen Konzils „sichtbares Prinzip und Fundament der Einheit in ihren Teilkirchen" (*Lumen Gentium*, Nr. 23).
Die Kirche in Ungarn dankt ihrem Herrn für das Geschenk der Einheit und fleht mit inständigem Gebet darum, in dieser Einheit bestärkt zu werden durch die Zusammenarbeit der Bischöfe untereinander, der Priester mit ihrem Bischof und, durch die Priester, aller Laien mit dem Bischof der Diözese.

3. Die Einheit setzt vor allem die Zusammenarbeit der Bischöfe untereinander voraus. Das II. Vatikanische Konzil sagt: „Vor allem in der heutigen Zeit können die Bischöfe ihr Amt nur dann angemessen und fruchtbar ausüben, wenn sie ihr einträchtiges Wirken mit den anderen Bischöfen immer enger und straffer gestalten" (*Christus Dominus*, Nr. 37).

Die Feststellung der Konzilsväter findet sicher auch in euren Kirchen, ehrwürdige Brüder, ihre Bestätigung, und es ist deshalb notwendig, daß die gewünschte Zusammenarbeit auch in eurer Nation mit überzeugendem und zunehmendem Einsatz in die Tat umgesetzt wird. Das verlangt von jedem einzelnen eine Haltung, die von großem Verständnis und Liebe geprägt ist: Was die Eigenschaften der Mitbrüder oder die Geschehnisse der Vergangenheit betrifft, darf sich niemand von Erwägungen persönlicher Art beeinträchtigen lassen: Vorbild soll dabei der Apostel Paulus sein: Er beeilt sich zwar, seine Verkündigung den „Angesehenen" in Jerusalem vorzulegen, „um sicher zu sein, daß er nicht vergeblich läuft oder gelaufen ist" (vgl. *Gal* 2,2), sagt aber ausdrücklich, sich von Bemerkungen über ihre Person enthalten zu wollen: „Was sie früher waren, kümmert mich nicht, Gott schaut nicht auf die Person" (*Gal* 2,6).

Sodann ist es notwendig, daß jeder zu einer Gesamtschau der Probleme der Kirche im Lande gelangt. Dafür wird es sehr nützlich sein, wenn bei den Sitzungen eurer Konferenz genügend Zeit für die Untersuchung der Hintergrundthemen eingeräumt wird, die die ungarische Gesellschaft in dieser schwierigen Übergangsphase betreffen. Das wird die Ausarbeitung eines Gesamtpastoralplanes erlauben, in dem die Richtlinien für ein einhelliges Vorgehen angesichts der Fragen von allgemeinem Interesse angegeben werden sollen. Die Erfahrung zahlreicher anderer Episkopate hat gezeigt, daß in diesem Zusammenhang im allgemeinen von einem leistungsfähigen Sekretariat der Bischofskonferenz beachtliche Hilfe geboten wird; ihm kann sowohl das Studium der Probleme als auch die Ausarbeitung geeigneter praktischer Vorschläge für ihre konkrete Lösung anvertraut werden.

Außerdem sind bekanntlich eine Reihe von Problemen den verschiedenen Nationen Europas gemeinsam. Es wird daher angebracht sein, auch mit den Bischöfen des Kontinents einvernehmliche Beziehungen zu pflegen, um aus ihren Erfahrungen Nutzen zu ziehen und dort, wo gemeinsame Erfordernisse zutage treten, zu vereinbarten pastoralen Initiativen zu gelangen. Genau aus dieser Perspektive habe ich die Einberufung der Sonderversammlung der Bischofssynode für Europa für geboten gehalten, die im Herbst stattfinden wird. Sie soll die nach den jüngsten Veränderungen auf dem Kontinent eingetretene neue Situation analysieren und die Aufgaben der Kirche angesichts der Herausforderungen der jetzigen Stunde besser definieren. Denn nur durch den Beitrag aller kann heute die Neuevangelisierung des alten Kontinents auf wirksame Weise gefördert werden.

4. Ein weiterer wichtiger Aspekt der von Christus gewünschten Einheit ist die Zusammenarbeit des Klerus mit seinem Bischof: „Die enge Verbindung mit den Bischöfen und mit den anderen Mitbrüdern im Priesteramt" ist, wie das Konzil betont, für das harmonische Leben der Priester und für die fruchtbare Ausübung ihres Amtes unerläßlich (*Presbyterorum ordinis*, Nr. 14; vgl. *Christus Dominus*, Nr. 28). Wenn das für die gesamte Kirche ganz allgemein gilt, so erscheint es besonders nötig im Falle der Priester, die eurer bischöflichen Sorge anvertraut sind. Denn viele von ihnen sind in der Vergangenheit harten Prüfungen ausgesetzt gewesen. Nicht wenige leben noch immer isoliert in einer oft entchristlichten Umgebung. In fortge-

schrittenem Alter und wegen des Mangels an Berufen von Arbeit überlastet, bedürfen sie ganz besonders der Unterstützung durch die Solidarität der Mitbrüder. Es ist eine wichtige Aufgabe des Bischofs, alles nur Mögliche zu tun, damit sich die Priester als „eine einzige Familie, deren Vater der Bischof ist", fühlen können (*Christus Dominus*, Nr. 28).
Das Konzil hat im einzelnen beschrieben, wie die Verbundenheit und brüderliche Zusammenarbeit der Priester gefördert werden muß (vgl. *Presbyterorum ordinis*, Nr. 8). Die Schwierigkeiten, denen ihr nach einer vierzigjährigen Zwangsisolierung begegnet, sollen euch nicht entmutigen. Der Anfang ist immer mühsam. Nachher wird es zügiger gehen. Erinnert euch vor allem an die von der Konzilsversammlung überkommene Empfehlung, eure Priester „als Söhne und Freunde" zu betrachten und „sie bereitwillig anzuhören und sich durch ein vertrauensvolles Verhältnis zu ihnen um den Fortschritt der gesamten Seelsorgearbeit in der ganzen Diözese bemühen" (*Christus Dominus*, Nr. 16).

5. Die Einheit mit eurer Priesterschaft, liebe Brüder, findet ihre Krönung in der Gemeinschaft mit dem ganzen Volk Gottes der eurer pastoralen Sorge anvertrauten Kirchen. Deshalb ist es eure Aufgabe, die Zusammenarbeit mit den Ordensleuten und mit den Laien in der Diözese zu fördern. Zu diesem Zweck wird man den Klerus einladen müssen, sich des Beitrags dieser lebendigen und qualifizierten Kräfte dadurch zu bedienen, daß man den Gemeinschaften, Vereinigungen und Bewegungen, die die Vorsehung in der Kirche unserer Zeit wachgerufen hat, in der Pfarrei Platz gewährt. Auch bei der gebotenen Unterscheidung, die eure besondere Pflicht als Bischöfe ist, müßt ihr euch zuversichtlich um diese reiche Blüte von Charismen kümmern, in der sich die Lebensdynamik des Heiligen Geistes, der immer gegenwärtigen und aktiven Seele des Mystischen Leibes Christi, kundtut.
Schickt euch also an, die Laien einzubeziehen! Sie haben in der Geschichte eures Landes wiederholt bei der Weckung und Bewahrung des Glaubens eine entscheidende Rolle entfaltet. Eure Vorfahren sind vor dem Eintreffen der großen Missionsbischöfe durch arme slawische Sklaven mit den ersten Elementen des Glaubens in Berührung gekommen. Wie viele Worte eurer Sprache bewahren die Spuren dieser stillen, aber wirksamen Evangelisierung! Während der türkischen Besetzung hat das seiner Priester beraubte Volk unter der Führung von „beauftragten" Laien das kirchliche Leben fortgesetzt.
Nun hat das Konzil unsere Aufmerksamkeit auf die wertvolle und unverzichtbare Funktion der Laien für das Wachstum der Kirche hingewiesen: „Das Apostolat der Laien ist Teilnahme an der Heilssendung der Kirche selbst. Zu diesem Apostolat werden alle vom Herrn selbst durch Taufe und Firmung bestellt ... Die Laien sind besonders dazu berufen, die Kirche an jenen Stellen und in den Verhältnissen anwesend und wirksam zu machen, wo die Kirche nur durch sie das Salz der Erde werden kann" (*Lumen Gentium*, Nr. 33). Mit dieser Lehre will das Konzil allen Laien die Größe ihrer Berufung einsichtig machen: Es obliegt ihnen auch die Aufgabe, alle Menschen in ihrer Umgebung zu Jüngern Christi zu machen.

Das Konzil sagt weiter: „Außer diesem Apostolat, das schlechthin alle Christgläubigen angeht, können die Laien darüber hinaus in verschiedener Weise zu unmittelbarer Mitarbeit mit dem Apostolat der Hierarchie berufen werden" (*ebd.*). Bekanntlich sind auch die Austeilung bestimmter Sakramente und Sakramentalien, die Kranken- und Kinderseelsorge, die Gründung und Betreuung von Bibel- und Gebetsgruppen Tätigkeiten, die sehr wohl dem Einsatz freiwilliger und gut vorbereiteter Laien, Männer und Frauen, anvertraut werden können.

Besonders opportun erscheint es jedoch, den Rat und die Mitarbeit qualifizierter Laien zu suchen, wenn es darum geht, auf die Herausforderungen der modernen Gesellschaft in Bereichen zu antworten, die eine bestimmte Kompetenz voraussetzen. Das ist zum Beispiel der Fall bei der Verwendung der Massenmedien, bei der verwaltungsmäßigen und wirtschaftlichen Leitung des kirchlichen Lebens, bei pastoralen Bemühungen in bestimmten Bereichen (Schule und Universität, Krankenhäuser und Gefängnisse, Welt der Politik und der Arbeit, usw.), die jahrelang von der Verkündigung der evangelischen Botschaft ausgeschlossen waren.

6. Zu den lebendigen Kräften, in die ihr im Hinblick auf die geistliche Wiedererstehung des Landes besonderes Vertrauen setzen könnt, gehören die Ordensmänner und Ordensfrauen. Jahrhundertelang sind Orden, Kongregationen, Institute Zentren des geistlichen und kulturellen Lebens gewesen, deren segensreiches Wirken durch die Erschließung neuer Grenzen im Bereich der Erziehung, der Nächstenliebe und der Evangelisierung in die Kirche und die Gesellschaft ausstrahlte.

Die Wiederbelebung der in den letzten Jahrzehnten durch Aufhebungen und Beschlagnahmen so hart geprüften Ordensfamilien ist daher höchst wünschenswert. Ein solcher Neuaufschwung wird leider dadurch ernsthaft behindert, daß sich die noch vorhandenen Ordensleute in vorgerücktem Alter befinden und daß es an den für die Entfaltung des Kommunitätslebens notwendigen Räumlichkeiten fehlt. Ich bin sicher, daß ihr sowohl als einzelne wie als Bischofskonferenz euer Möglichstes tun werdet, um den verschiedenen in eurer Heimat vertretenen Ordensfamilien zu bieten, was sie unbedingt brauchen, um leben und die ihrem besonderen Charisma entsprechende Tätigkeit ausüben zu können. Sicher wird der Wiederbeginn des Ordenslebens ebenso das pastorale Wirken der Kirche wie das soziale Leben dieser geliebten Nation bereichern.

In der jüngsten Vergangenheit hat man in der Kirche ein Aufbrechen neuer Ordensinstitute erlebt, die mit besonderer Dynamik und mit ungewöhnlichen Charismen missionarischen Eifers begabt sind. Es muß alles Notwendige getan werden, um einerseits ihre Bindung an die hierarchischen Strukturen und andererseits die Öffnung der kirchlichen Gemeinschaft für die Gaben zu fördern, die der Heilige Geist durch das Wirken dieser Institute der heutigen Christengeneration schenken will.

7. Die „Ekklesia" ist auch eine „Paroikia". Wir leiten Gemeinschaften, die zusammengerufen wurden, um sich auf den Weg zu machen.

Wir befinden uns auf der Pilgerschaft durch die Zeit hin zum ewigen Leben: „Unsere Heimat ist im Himmel" (*Phil* 3,20). In einer Zeit, in der auch unter den

Gläubigen die Erwartung des ewigen Lebens schwindet, müssen wir in uns und in den uns Anvertrauten die eschatologische Ausrichtung wieder wecken, in der Überzeugung, daß unser Dasein aus der Sicht des nur irdischen Lebens nicht begreiflich ist.
Die Kirche stößt jedoch auch in der Geschichte zu immer neuen Formen christlichen Lebens vor, die in Fortführung des von Christus empfangenen Auftrags der „Lage der menschlichen Gesellschaft” entsprechen, „die sich in dieser unserer Zeit auf dem Weg zu einer neuen Ordnung befindet” (*Christus Dominus*, Nr. 3). Von der ganzen Kirche läßt sich sagen, was Paulus von sich selbst sagte: „Ich vergesse, was hinter mir liegt, und strecke mich nach dem aus, was vor mir ist. Das Ziel vor Augen jage ich nach dem Siegespreis” (*Phil* 3,13-14).

8. Was für ein Ziel? Um uns verbreitet sich eine pessimistische Auffassung über die Entwicklung, die das religiöse Denken und Fühlen erlebt. Hier in Ungarn kommen dann zu den Wunden, die Jahrzehnte kommunistischer Herrschaft hinterlassen haben, heute die Gefahren hinzu, die aus dem Eindringen der nicht immer positiven westlichen Kräfte und Strömungen stammen. Als Folge davon nehmen auch unter den Gläubigen manche an, daß die Menschheit immer weniger offen für das Transzendente sein werde, und betrachten daher die Anstrengungen zur Weckung eines neuen religiösen Lebenswillens als ein Rückzugsgefecht, das diesen unvermeidbaren Prozeß vielleicht verlangsamen, ihn aber nicht mehr wird wenden können.
Diese fatalistische Auffassung rührt tatsächlich von einer unpassenden Ausweitung der kulturellen Veränderungen her, die sich in den letzten zwei Jahrhunderten vollzogen haben. Die Intensität der religiösen Erfahrung in einer bestimmten Gesellschaft hängt von vielen Faktoren ab und hat in der Geschichte oft unvorhergesehene Entwicklungen genommen. Das gilt auch für euer Land. Lest die Briefe, die der große Erzbischof von Esztergom, Ladomer, am Ende des 13. Jahrhunderts, während der letzten Jahre der Dynastie der Arpaden, an Papst Nikolaus IV. schrieb. Keiner von euch würde heute den Glauben und die moralische Situation des Landes so streng beurteilen. Und in der Tat, kaum fünfzig Jahre später kündigten sich unter Ludwig dem Großen bereits die Anzeichen einer neuen geistlichen Lebendigkeit und einer intensiver missionarischer Ausbreitung an. Desgleichen hätte niemand vor Beginn des Wirkens von Kardinal Pazmany oder von Bischof Prohaszka den religiösen Neuaufbruch der nachfolgenden Jahrzehnte voraussehen können.
Vom Glauben belehrt, daß Gott in den Herzen am Werk ist und so wirkt, wie Er will, nämlich nach dem geheimnisvollen Ratschluß seines Willens (vgl. *Eph* 1,6 9), kann der Gläubige keinen fatalistischen Pessimismus akzeptieren. Oder soll er sich vielleicht sagen lassen, daß heute „der Arm des Herrn kurz ist” (vgl. *Num* 11,23)?
Wir wissen nicht, welches die Merkmale der christlichen Zivilisation im dritten Jahrtausend sein werden. Aber das darf uns nicht überraschen. Auch die Päpste der ersten Jahrhunderte hätten nicht die Kultursynthese vorauszusehen vermocht, die im Mittelalter Wirklichkeit wurde. Und die Päpste im Mittelalter hätten sich nicht einmal im entferntesten die missionarische Ausweitung der nachfolgenden Jahrhunderte vorstellen können. Kein Wunder also, daß uns die Zukunft verborgen bleibt. Was

wir jedoch als sicher annehmen können, ist, daß die Zukunft auch uns die Epiphanie eines neuen Aspekts der Fülle Christi bieten wird. Das soll uns genügen, um uns die Freude darüber spüren zu lassen, daß wir irgendwie an den neuen und wunderbaren Lebensformen mitarbeiten können, die Gott auch hier in Ungarn in seiner Kirche bereits keimen läßt. Das ist das Ziel, dem wir nachjagen.

9. Während wir diesem Ziel nachjagen, „vergessen wir, was hinter uns liegt". Die Erwartung der Erneuerung des Glaubenslebens darf nicht die Nostalgie nach den vergangenen Zeiten umschlagen. Das Werk Gottes wiederholt sie nie. Gott erfindet immer neue Formen für sein Volk, das auf dem Weg ist.
Die äußeren Merkmale der künftigen Religiosität werden wahrscheinlich weniger auffallend als die früherer Zeiten sein. Die Erscheinung des ungarischen Bischofs an der Schwelle zum dritten Jahrtausend ist viel bescheidener als jene der prunkvollen Bischofsgestalten auf dekorativen Tafelbildern. Die Frömmigkeit des Volkes spiegelt immer weniger die schlichte und problemfreie Religiosität wider, mit der sich die dörfliche Bevölkerung am Sonntag zur Messe begab. Ich will damit natürlich nicht Frömmigkeitsformen der Vergangenheit abwerten. Ich will nur die Dynamik hervorheben, die das Glaubensleben auszeichnet, das, eben weil es „Leben" ist, jede Versteifung auf Formen ablehnt, die an kulturelle Ausrichtungen der Vergangenheit gebunden sind. Der Heilige Geist regt zu immer neuen Wegen an, und er tut das durch Menschen, die die Erfahrung des Glaubens intensiv leben. Unsere Aufgabe ist es, die Zeichen der Zeit zu erfassen, sie nach dem Rat des hl. Paulus im Lichte des Evangeliums zu beurteilen: „Prüft alles, und behaltet das Gute!" (*1 Thess* 5,21).

10. Liebe Brüder, das Land steht an der Schwelle eines neuen Zeitalters. Es ist sehr wichtig, daß Ihr, Bischöfe der Kirche in Ungarn, in dieser Zeit des Übergangs innehaltet, um mit einem über die ganze Nation hinwegschweifenden Blick die gegenwärtige Situation und die künftigen Möglichkeiten zu erwägen. Das setzt eine Gegenüberstellung voraus, die durch die Umstände der Vergangenheit verhindert wurde. Heute ist ein solches vereintes Bemühen nicht mehr ausgeschlossen. Bekanntlich haben nach dem Konzil viele Kirchen ihre Diözesansynoden abgehalten, durch welche dem ganzen Volk Gottes - Klerus, Ordensleuten und Laien - die Möglichkeit zu gemeinsamem Gebet und Reflexion gegeben wurde, um dann einen gemeinsamen Aktionsplan zu vereinbaren, in dem der engagierte Einsatz aller zusammenlaufen sollte. Es ist an der Zeit, daß auch in eurem Land ähnliche Initiativen einsetzen, die in die übliche Praxis eines gesunden kirchlichen Lebens gehören.
Diese in Einhelligkeit angestellten Überlegungen werden euch die Ausarbeitung der Grundlinien für eine zeitnahe Pastoral erlauben; aus diesen sollen nicht nur die Priester, Ordensmänner und Ordensfrauen, sondern auch die Laien Aufschluß und Anleitung schöpfen können, die sich im Hinblick auf die bevorstehende Vollendung eines Jahrtausends seit der Taufe Ungarns und von zwei Jahrtausenden Christentum mit euch in der Neuevangeliserung des Landes engagieren. Ohne eine klare Sicht der zu verfolgenden Ziele und der zu übernehmenden Aufgaben, ohne den einträchtigen missionarischen Einsatz der ganzen Gemeinschaft ist es nicht möglich, der

Gnade des Geistes zu entsprechen, der heute wie eh und je weiter zu den Kirchen spricht (vgl. *Offb* 2,7).

11. Es kommt also darauf an, daß wir weiter auf den Geist hören und „uns nach dem ausstrecken, was vor uns ist" ohne nutzlose quälende Erinnerungen anzustellen. Wir sollen vielmehr im Lichte der Gegebenheiten zu erkennen versuchen, wie das Reich Gottes zum gegenwärtigen Zeitpunkt errichtet werden kann und soll.
Ehrwürdige Brüder, es kann vorkommen, daß ihr angesichts des Schwindens der christlichen Traditionen in den Familien und in weiten Bereichen der Gesellschaft versucht seid auszurufen: „Wir sind Missionsland geworden!" Nun, ich sage euch, es ist der Augenblick gekommen, den Ton und den Sinn solcher Feststellungen zu ändern und sie in ein aufregendes programmatisches Angebot umzuwandeln: Wir wollen eine missionarische Kirche sein!
Das, ehrwürdige Brüder, ist eure Aufgabe: In allen christlichen Bereichen, angefangen bei den Priesterseminaren, den dynamischen Eifer der missionarischen Berufung neu zu wecken. Laßt es nicht zu, daß die Kräfte des Klerus völlig von der Verwaltung der bestehenden Strukturen aufgezehrt werden, sondern ermutigt diejenigen in ihrer Kühnheit, die auf die Suche nach den verlorenen Schafen gehen! Fördert insbesondere Gelegenheiten zum Kontakt mit der Arbeiterklasse, die in den letzten Jahrzehnten zahlenmäßig stark angewachsen ist und heute in ihrer großen Mehrheit der Kirche fernsteht!
Eine ausgeprägte Evangelisierungsarbeit kann nicht entfaltet werden, ohne gleichzeitig die Verpflichtung zu einer angemessenen Inkulturationsarbeit zu übernehmen. Das ist eine Aufgabe, die nicht nur die Länder der Dritten Welt betrifft. Die Erziehung der Jugend in diesem Land erfolgte in den vergangenen Jahrzehnten nach nahezu völlig areligiösen Kriterien, und die neue Kultur entwickelte sich großenteils ohne jeden Bezug zu Gott. Heute wird sodann in dem neuen Rahmen von Freiheit und Pluralismus die Treue zum Christentum nicht mehr von Anstößen aus der Umgebung erleichtert, die gleichsam unreflektiert auf die einzelnen wirken.
Deshalb muß mit Entschiedenheit an das von mir erwähnte Bemühen um Inkulturation der christlichen Botschaft herangegangen werden, wobei man sich auch auf die Mithilfe qualifizierter Laien verlassen sollte. Es geht darum, neue, zutiefst von evangelischen Werten durchdrungene Zugänge zu dem reichen Erbe der ungarischen Kultur aufzudecken und deren entsprechende Umsetzung in das heutige Gesellschaftsgefüge zu fördern. Dazu wird man sich aller Mittel bedienen müssen, die die moderne Technologie besonders auf dem Gebiet der Massenkommunikation bietet.

12. Liebe Brüder im Bischofsamt! Wir sind hier versammelt wie am Beginn die apostolische Kirche nach der Aufnahme des Herrn in den Himmel. Wir sind miteinander verbunden und fühlen uns untereinander wie „ein Herz und eine Seele" (*Apg* 4,32). Wir sind bereit, zu neuen Horizonten aufzubrechen, um Zeugen des Herrn zu sein „bis an die Grenzen der Erde" (*Apg* 1,8). Diese unsere dynamische Einheit ist und wird Frucht der „Kraft des Heiligen Geistes" sein, der auf uns herabgekommen ist, herabkommt und herabkommen wird (*ebd.*). Wir wissen, daß diese

Kraft uns in dem Maße geschenkt werden wird, in dem wir einmütig im Gebet verharren „zusammen mit Maria, der Mutter Jesu" (*Apg* 1,14). So werden wir Baumeister des Reiches sein können, das Gott durch die Arbeit unserer Hände in der Menschheit verbreiten will.
Bleibt vereint im Gebet, in der Planung, im Tun! Das soll die wichtigste Frucht meines Besuches bei euch sein. Ich rufe auf eure pastoralen Initiativen den Schutz der großen Heiligen Ungarns und besonders der Allerseligsten Jungfrau Maria herab, der euer Land durch eine jahrhundertelange und tiefe Verehrung verbunden ist.
Und nun erteile ich euch allen den Apostolischen Segen, den ich von Herzen auf eure priesterlichen Mitarbeiter, auf die Ordensmänner, die Schwestern und alle Laien eurer geliebten Diözesen ausdehne.

Abschied von Ungarn

Ansprache vor dem Abflug von Budapest am 20. August

Herr Präsident, Eminenzen, Exzellenzen,
Brüder und Schwestern!

1. In den Tagen meines Pastoralbesuches in Ungarn wollte ich fortfahren in der Verwirklichung des Auftrags Jesu Christi, nämlich die Kirche in Ungarn und die ganze ungarische Nation in dem Bemühen zu bestärken, das Leben zu suchen und dahin zu gelangen, daß sie es in immer größerer Fülle haben (vgl. *Joh* 10,10).
Während meines Besuches in Ungarn hatte ich die Möglichkeit, manche schönen Früchte des menschlichen und christlichen Lebens eurer Nation zu bewundern. Ich konnte den Reichtum eurer geschichtlichen Traditionen hier im Herzen Europas bewundern. Gern hätte ich alle Orte, an denen Ungarn leben, innerhalb und außerhalb der Grenzen eurer Heimat, besucht. Gern wäre ich jedem Ungarn persönlich begegnet, um jedem einzelnen die Botschaft Christi zu bringen, der unser Leben ist und der gekommen ist, uns das Leben in immer größerer Fülle zu schenken.
Jedes Leben wird im Leiden und im Schmerz hervorgebracht. Dennoch ist jedes Leben Geschenk Gottes. Ich bin nach Ungarn gekommen, um Gott zusammen mit euch für die Gelegenheit zu danken, die Er euch geschenkt hat, nämlich ein neues Leben zu beginnen, für die Gelegenheit, eine neue, auf Gerechtigkeit und Freiheit gegründete Gesellschaft zu errichten.

2. Es gibt zwei grundlegende Gesichtspunkte, die wir bei dem Bemühen, ein neues Leben für die Gesellschaft zu schaffen, niemals vergessen dürfen.
Der erste: Keiner hat das Leben für sich allein; das Leben ist gemeinsames Erbe und gemeinsame Verpflichtung; wir sind aufgerufen, eine neue Gesellschaft aufzubauen, wir müssen eine neue menschliche Ordnung in diesem Land, in Europa, in der Welt schaffen, wenn wir uns im nächsten Jahrtausend eines glaubwürdigeren und glücklicheren, menschlicheren und christlicheren Lebens erfreuen wollen.

Der zweite Gesichtspunkt: Obwohl wir für unser Leben materielle Güter brauchen, kann sich das menschliche Glück nicht einzig und allein auf materiellen Wohlstand gründen. Es stimmt: Ihr müßt euch um die Überwindung großer wirtschaftlicher Schwierigkeiten und sozialer Probleme bemühen. Die Gerechtigkeit kann euch helfen, die materiellen Güter gerecht zu verteilen, aber eine glückliche und wahrhaft menschliche Gesellschaft läßt sich nicht ohne Mitleid, Liebe und Verzeihung aufbauen.
Ihr versucht, eine neue demokratische Gesellschaft zu errichten, die auf Recht und Gerechtigkeit gegründet ist. Ich setze hinzu: Ihr werdet diese Stadt nur dann errichten können, wenn Ihr bereit seid, die Werte der Barmherzigkeit und Liebe zu verwirklichen.

3. Wir haben heute das Fest des hl. Stefan, des ersten Königs und ersten Heiligen von Ungarn, gefeiert, der in seinem Leben die Gerechtigkeit und die Barmherzigkeit, das menschliche und das göttliche Leben, das Gesetz und die Liebe miteinander zu verbinden wußte. Wir müssen dem Beispiel folgen, das er uns hinterlassen hat, wir müssen Zeugnis geben von der Gerechtigkeit und Barmherzigkeit, vom Gesetz und von der Liebe, um in Frieden und Solidarität ein neues Ungarn und ein neues Europa aufzubauen.

4. Ich möchte allen, die mich in diesem Land empfangen haben, meine tiefe Dankbarkeit aussprechen.
An erster Stelle will ich Ihnen, Herr Präsident, und allen Autoritäten des Staates sowie allen Ungarn danken. Ungarn hat sich wegen der freundlich großzügigen Aufnahme seiner Gäste seit jeher eines sehr guten Rufes erfreut. Die ersten Pilgerhäuser sind ja vom hl. Stefan selbst errichtet worden. Auch ich bin als Pilger in dieses Land gekommen und ich danke euch für eure Gastfreundschaft. Ich konnte die Zusammenarbeit zwischen den Autoritäten des Staates und der Kirche bewundern, die meinen Besuch möglich gemacht haben.
Ich rufe dringend dazu auf, daß Staat und Kirche ihre Kräfte im Dienste des Gemeinwohls vereinen mögen, um die Menschenrechte und die Grundwerte, ohne die keine Gesellschaft leben kann, zu verteidigen und zu fördern, um eine neue Generation von Männern und Frauen hervorzubringen, die fähig sind, ihre Freiheit verantwortungsvoll zu gebrauchen, und wissen, daß sie vor den Brüdern und vor Gott über ihr Tun Rechenschaft ablegen müssen.

5. Ein besonderes Dankeswort möchte ich Ihnen, Herr Kardinal, dem Vorsitzenden der Bischofskonferenz, sowie allen ungarischen Bischöfen, den Priestern, Ordensleuten und allen Laien der Kirche in Ungarn sagen. Habt Dank für eure aufrichtige Liebe und für eure brüderliche Gastfreundschaft! Ich nehme mit mir nach Rom die Erinnerung an euren Glauben mit, den ich in der Hoffnung und in der Liebe, die Christus uns geschenkt hat, geteilt habe.

Aus übervollem Herzen wünsche ich der ganzen ungarischen Nation und allen Ungarn Wohlergehen, Frieden und Gerechtigkeit und erflehe dafür den Schutz und den Segen Gottes.
Eljen Magyarroszàg! Es lebe Ungarn!

9. Pastoralbesuch in Vicenza (7./8. September)

Um Christi willen alles aufgegeben

Ansprache an die Karmelitinnen in Vicenza/Monte Berico am 7. September

Liebe Schwestern!

1. Es ist mir eine Freude, auf dem Weg zum Marienheiligtum Monte Berico, dem historischen Mittelpunkt lebendiger Spiritualität der Diözese Vicenza, mich - sei es auch nur kurz - in eurem Kloster aufhalten zu können.
Der ehrwürdigen Mutter Priorin und euch allen gilt mein herzlicher Gruß, und ich versichere euch neuerlich meiner Achtung und Dankbarkeit für eure Hingabe an Gott und die Kirche.
Ihr gehört zu jenen, die, wie Jesus sagte, den besseren Teil erwählt haben, nämlich die Anbetung Gottes und die Liebe zu ihm auch für alle, die ihn nicht lieben und nicht anbeten. Ihr gehört zu den Zeugen für die Wahrheit der Worte des göttlichen Meisters, der sagte, daß man „allezeit beten und darin nicht nachlassen" solle (vgl. *Lk* 18,1).
Mit den Worten des hl. Paulus an die Philipper könnte man sagen, daß ihr angesichts der Erhabenheit der Kenntnis Jesu Christi alles aufgegeben habt, um Christus zu gewinnen und ihm ähnlich zu werden, in der Teilnahme an seinen Leiden und in der Hoffnung, zur glorreichen Auferstehung zu gelangen. Deshalb eilt ihr, die Vergangenheit hinter euch lassend und auf die Zukunft ausgerichtet, dem Ziel entgegen, dem Siegespreis, den Gott uns für das Jenseits in Christus Jesus verheißen hat (vgl. *Phil* 3,8-14).

2. Euer Haus ist ein Klausurkloster wegen eurer besonderen Berufung, die Schweigen, Einsamkeit und Weltabgeschiedenheit erfordert. All das hindert euch jedoch nicht daran, sondern hilft euch in gewissem Sinn sogar, im Herzen aller menschlichen Situationen gegenwärtig und geistig allen Menschen nahe zu sein.
Liebe Schwestern, bleibt weiterhin Christus treu, der euch erwählt und euch zu einer so tiefen Vereinigung mit ihm berufen hat! So werdet ihr in der Verborgenheit des Karmels allzeit Sauerteig des Glaubens und der Liebe inmitten der zahllosen Menschenmenge sein. Seid Licht der Welt und Salz der Erde! Der Herr hat euch erwählt, damit ihr mit dem Opfer eures Daseins und mit dem unablässigen Gebet zur Erlösung der Welt beitragt.
Fahrt also fort, zu beten und euch in der Anbetung und der schwesterlichen Gemeinschaft dem himmlischen Vater darzubringen. Betet für die Notwendigkeiten der Kirche in dieser Zeit der Säkularisierung, die im Gewissen der Gläubigen Krisen hervorruft und selbst die Fundamente des christlichen Glaubens bedroht.

Die Kirche bedarf heute der Weisheit und des Mutes. Sie braucht euch, liebe Ordensschwestern, die ihr um Gottes willen alles verlassen habt.

3. Im Apostolischen Schreiben *Redemptionis donum* über das gottgeweihte Leben im Licht des Geheimnisses der Erlösung schrieb ich: „Darum sieht die Kirche in euch vor allem ‚geweihte' Personen: in Jesus Christus Gott geweiht ... Diese Weihe bestimmt euren Platz in der weltweiten Gemeinschaft der Kirche" (Nr. 7). Um eure Sendung erfüllen zu können, sollt ihr euren Blick auf Maria richten. „Wenn die ganze Kirche in Maria ihr erstes Modell findet, um wieviel mehr findet ihr es dort, geweihte Personen und Gemeinschaften in der Kirche! ... [Ich] wende ... mich mit dieser Botschaft an euch, um euch einzuladen, eure Ordensweihe nach dem Vorbild der Weihe der Gottesgebärerin neu zu leben" (*ebd.* Nr. 14).
Möge die heilige Jungfrau euch erleuchten und in eurem Leben begleiten, das demütig und bescheiden in den Augen der Menschen, aber hoch angesehen in den Augen Gottes ist!
In diesen Tagen besteht die Kirche ganz besonders auf dem Gebet für unsere Brüder und Schwestern in Jugoslawien, in erster Linie für die vom Bürgerkrieg und von den Grausamkeiten am meisten betroffenen. Ich empfehle diese Länder, diese Völker, diesen Teil unseres Kontinents und unserer Kirche ganz besonders eurem beschaulichen karmelitanischen Gebet.
Mit besonderer Herzlichkeit erteile ich euch allen meinen Segen, der auch euren Vorsätzen der Liebe zu Christus und zur Kirche, des Gebetes und der persönlichen Heiligung eine Hilfe sein möge.

Barmherzigkeit und karitative Solidarität

Ansprache an die staatlichen Obrigkeiten am 7. September

Sehr geehrter Herr Minister,
Herr Bürgermeister,
werte geistlichen und zivilen Obrigkeiten,
liebe Brüder und Schwestern!

1. Ich freue mich wirklich, hier mitten in dieser Stadt zu sein, deren Name mit einer langen Tradition der Treue zur Kirche, der bürgerlichen Tugenden und zugleich der Kultur und der Kunst verbunden ist.
Ich danke dem Herrn Bürgermeister und dem Präsidenten der Region für die freundlichen Worte, die sie an mich gerichtet haben, und bin dem Herrn Transportminister Carlo Bernini dankbar, der mich im Namen der italienischen Regierung empfangen hat. Von Herzen begrüße ich brüderlich den Diözesanbischof Pietro Giacomo Nonis und bringe ihm meine volle Solidarität zum Ausdruck. Ich begrüße Kardinal Sebastiano Baggio, der aus dieser bedeutenden Diözese stammt.

2. Von dem Platz aus, an dem wir uns befinden, können wir die Basilika bewundern, den Mittelpunkt des religiösen Lebens in Vicenza, und die „Loggia del Capitanio", den Ort der Volksvertretung und des städtischen Wirkens. Man sieht auch den „Monte di Pieta" mit der Kirche, die dem hl. Vincenzo geweiht ist, der seit Jahrhunderten Patron eurer Stadt und eurer Diözese ist. In bezeichnender Weise findet sich dort das Haus des Gebetes, die Kirche, eingefügt in das Gebäude, das auch sichtbar die vorrangige Aufgabe der christlichen Barmherzigkeit und der karitativen Solidarität darstellt. Der „Berg der Barmherzigkeit" ist eine in schwierigen Zeiten entstandene Einrichtung, ein Werk vor allem der christlichen Gemeinde, die mit der bürgerlichen Gesellschaft tatkräftig zusammenzuarbeiten verstand, um den Bedürfnissen der Armen mit großzügigen und selbstlosen Maßnahmen entgegenzukommen.
Auch sieht man von hier aus die „Venezianischen Säulen", die die Statue des Erlösers und die des Löwen des hl. Markus tragen. „Pax tibi, Marce, evangelista meus", ist im aufgeschlagenen Buch des Evangelisten zu lesen, gewissermaßen als Zusammenfassung der ursprünglichen Bedeutung des Evangeliums und der Aufgabe, die das Ziel jeder Verwaltungsstruktur sein müßte: das Suchen und Streben nach dem sozialen Frieden und seine Erhaltung. Mit einem Wort: Dienst am Gemeinwohl mit beständiger Aufmerksamkeit für den Menschen, das lebendige Bild Gottes.

3. Die christliche Botschaft ist ganz von diesem Geist des Dienstes durchdrungen. „Ich bin unter euch", so sagte Jesus von sich selbst, „wie der, der bedient" (*Lk* 22,27). Und als er beim Letzten Abendmahl den Jüngern die Füße gewaschen hatte, sagte er: „Ich habe euch ein Beispiel gegeben, damit auch ihr so handelt, wie ich gehandelt habe" (*Joh* 13,15)
Das neue Gebot der Liebe, das Christus denen hinterlassen hat, die ihm nachfolgen, bringt eine kräftige Erneuerung in die sozialen Gewohnheiten. Es treibt dazu an, den persönlichen Einsatz für den Nächsten hochzuschätzen und den abwertenden Gesichtspunkt des Vermögens und der Beziehungen zu überwinden. Es treibt dazu an, die immer wieder auftauchende Versuchung zum Egoismus zu besiegen und lädt die Gläubigen und die Menschen guten Willens ein, stets bereit und verfügbar zu sein, andere in aller Einfachheit respektvoll aufzunehmen und aufrichtig in edelmütiger Verständnisbereitschaft mit ihnen zusammenzuarbeiten. Das Gebot der Nächstenliebe ist die Zusammenfassung und die Seele der christlichen Moralprinzipien, einer gewiß anfordernden Moral, die aber den Menschen zu seiner vollen Erfüllung bringen kann. Das Ideal des Dienstes im Geist des Evangeliums steht allen offen.
„Dienen", das ist nicht ein Lebensideal, das nur solchen Christen vorbehalten ist, die sich für ein gottgeweihtes Leben entschieden haben, sondern es geht alle an, die in irgendeinem Arbeitsbereich und vor allem in der politischen Tätigkeit ihren persönlichen Beitrag zum wahren Fortschritt der Menschheit beitragen wollen. In diesem Geist arbeiten ist nicht leicht, denn es bedeutet, das Gehäuse der eigenen Sonderinteressen hinter sich lassen. Für die Politiker bedeutet es sodann, mit Verantwortungsbewußtsein sich einen lebendigen Sinn für die Pflicht der „Vertretung" zu bewahren. Wer dazu berufen ist, öffentliche Ämter und Verantwortlichkeiten in den

demokratischen Gesellschaften zu übernehmen, darf nie vergessen, daß er nicht eine unpersönliche zentralisierte Gewalt, sondern die Menschen vertritt, das lebendige Ganze von Frauen und Männern, Kindern und Alten, Gesunden und Kranken, Besitzenden und Armen, aus denen sich der Sozialkörper zusammensetzt. Die auf allen Ebenen öffentliche Verwaltungsämter bekleiden, dürfen sich also nie von irgendeiner Seite beeinflussen lassen. Sie sind vielmehr berufen, mit kristallklarer Konsequenz nach der Gesamtentwicklung der zivilen Gemeinschaft zu streben, die „der Förderung jedes Menschen und des ganzen Menschen ein Gesicht geben will" (*Populorum progressio*, Nr. 14).

4. Die Kirche weist die Politiker auf das Evangelium vom brüderlichen Dienst hin, und ohne Mißverständnisse zu befürchten, wiederholt sie ihnen: „Wer bei euch groß sein will, der soll euer Diener sein ... Denn auch der Menschensohn ist nicht gekommen, um sich dienen zu lassen, sondern um zu dienen und sein Leben hinzugeben als Lösegeld für viele" (*Mt* 20,26.28).
„Dienen" heißt also, die Logik des Pragmatismus, der Gruppen- oder Teilinteressen überwinden. Es bedeutet, sich furchtlos mit dem geschichtlich existierenden Menschen konfrontieren, mit seinem individuellen Menschsein und der unwiederholbaren Geschichte seines Lebens, mit seinen Bedürfnissen - die um so mehr auf Hilfe angewiesen sind, je weniger es ihm gelingt, sie auszusprechen -, und mit seinen tiefsten Bestrebungen. Dieser Mensch ist es, der anerkannt und geliebt werden muß, dem man dienen, den man fördern und befreien muß (vgl. *Redemptor hominis*, Nr. 16).

5. Das also, liebe Brüder und Schwestern, legt der göttliche Meister uns vor, das verlangt er. Er verlangt es von jedem von euch, ihr Verantwortlichen dieser Stadt; er verlangt es von euch, ihr Bürger von Vicenza. Er verlangt es vor allem von euch Christen. Setzt euch alle für die Förderung des Gemeinwohls ein. Seid in dieser Logik des selbstlosen Dienstes vor allem den Ärmsten gegenüber aufmerksam.
Wie könnten in dieser Hinsicht die Einwanderer unerwähnt bleiben, die zunehmenden Massen der Flüchtlinge! Wie sollte man nicht an die vielen denken, die von der modernen Gesellschaft beiseite geschoben sind, an die Jugendlichen in Schwierigkeiten, an die Alten, die sich nicht selbst versorgen können, an die Behinderten und an die Opfer der Gewalt und der Ungerechtigkeit! Nehmt euch die Welt der Arbeit und der Schule zu Herzen, die Jugend, die oft von Lebensmodellen angezogen wird, die mit der christlichen Moral unvereinbar sind. Ich weiß, daß eure Stadt für diese Forderungen des heutigen Menschen ansprechbar ist, und ich möchte euch ermuntern, eure Anstrengungen in dieser Hinsicht noch zu verstärken. Ist nicht das Haus, das ihr gerade für schwerheilbare Kranke bereitstellt, ein vielsagendes Zeichen für dieses mitfühlende Streben nach Solidarität? Geht weiter auf diesem Weg der Zivilisation und der Hoffnung!

6. Vicenza, höre nicht auf, Boden der Brüderlichkeit und der Aufnahmebereitschaft zu sein! Führe die religiösen und zivilen Einrichtungen weiter, die von jeher Kraft und Nahrung aus dem christlichen Glauben und der christlichen Moral gezogen ha-

ben. Übe weiterhin die Tugenden des Evangeliums, die in der Vergangenheit das Leben deiner Bevölkerung geadelt haben. Immer möge es in den Bürgern und in denen, die die Stadt verwalten, den schlichten, zum Dienst bereiten Edelmut geben, die unerbittliche Gerechtigkeit, den Sinn für Solidarität und für aktive Mitverantwortung, das Suchen nach Dialog und Frieden, die Förderung der Freiheit, die stets mit der Wahrheit verbunden ist.
Gott segne euer Bemühen! Maria, Unsere Liebe Frau vom Monte Berico beschütze immer eure Stadt, euer Gebiet und alle, die es verwalten, und jeden von euch. In Liebe segne ich euch.

Der Glaube ist Stütze und Hoffnung

Ansprache an die Pilger nach dem Rosenkranz im Marienheiligtum von Monte Berico/Vicenza am 7. September

Liebe Brüder und Schwestern!

1. Es ist mir eine große Freude, heute, am Vorabend des Festes der Geburt Mariens und gleichzeitig am ersten Samstag des Monats an diesem Ort weilen zu können, den Buße und Gebet der christlichen Gemeinden Venetiens Jahrhunderte hindurch geheiligt habe. Der vergangene 13. Mai, den ich, zehn Jahre nach den schmerzlichen Ereignissen auf dem Petersplatz, in Fatima verbringen wollte, ist mir noch ebenso lebhaft in Erinnerung wie der 15. August, den ich mit besonderer Begeisterung unter einer unübersehbaren Schar von Jugendlichen aus aller Welt, einschließlich der europäischen Länder, in Tschenstochau erlebte.
Und nun bin ich hier, zu Füßen der Madonna von Monte Berico, sozusagen als Fortsetzung einer bedeutsamen Pilgerfahrt. Ich weiß, daß die Gottesmutter auf diesem gesegneten Hügel seit dem fernen Jahr 1428 verehrt wird, seitdem der Bischof von Vicenza die Botschaft, die Maria an eine einfache Frau des Ortes, Vincenza Pasini, gerichtet hatte, als echt anerkannte. Die Mutter Gottes rief das Volk der Getauften zur Bekehrung und zur Rückkehr zu einem engagierten christlichen Leben auf. Gemeinsam mit den Autoritäten und dem seiner Hirtensorge anvertrauten Volk stieg der Bischof damals den Abhang dieses Berges herauf, um Maria zu verehren und anzurufen, wie auch wir es heute getan haben.

2. Beim Gebet des Rosenkranzes haben wir gläubig die Worte des Engels wiederholt: „Gegrüßt seist du, Maria" - und dann die der hl. Elisabeth: „Du bist gebenedeit unter den Frauen" (vgl. *Lk* 1,28 ff.). Wir haben uns erneut in die Haltung des liebenden Vertrauens zu ihr, der Mutter des Erlösers versetzt, die unseren Vorfahren eigen war. In schwierigen und oft dramatischen Situationen, in Zeiten der Not, feindlicher Überfälle und des Krieges verstanden sie es, im Glauben an Gott, den Vater, an Jesus Christus, den Erlöser und an den Heiligen Geist, die Liebe, das Fundament unerschütterlicher Kraft zu finden. Dieser Glaube war ihnen zu allen Zeiten eine Stütze und nährte ihre Hoffnung auf das sichere Eingreifen Gottes.

Bei jedem „Ave Maria" riefen sie das geheimnisvolle Geschenk Gottes an den Menschen, an jeden Menschen, in Erinnerung, nämlich die Menschwerdung des Wortes. Und sie wußten sehr wohl, daß man in den Situationen dieses sterblichen Daseins Hilfe und Schutz bei der Mutter Gottes finden kann. Sie ist es ja, die der Welt den Erlöser geschenkt hat und die mit unaussprechlicher Liebe für uns Sünder bittet, „jetzt und in der Stunde unseres Todes", in dem so entscheidenden Augenblick unseres Überganges zum Ewigen Leben.

3. Diese einfachen Erwägungen geben uns die Gelegenheit, kurz über die Bedeutung des Gebetes nachzudenken, die Bedeutung, des öffentlichen und liturgischen sowie des persönlichen und in der Familie gepflegten Gebetes; des mit den Lippen formulierten Gebetes, das alte und verehrungswürdige Worte wiederholt, und des schweigenden Gebetes, das dem Herzen entspringt und von tief innerem Empfinden begleitet ist.
Besonders der Rosenkranz mit der Betrachtung der „Geheimnisse" bezieht in das mündliche Gebet die gesamte Ausdrucksfähigkeit des Menschen ein. Er läßt die Augenblicke der Freude und des Leides im Leben Christi und seiner unbefleckt empfangenen Mutter nacherleben; so nährt er den Geist und führt zum Dialog mit dem Herrn und zur Betrachtung. Darüber hinaus erinnert uns der Rosenkranz an unsere Sündhaftigkeit und läßt uns die göttliche Verzeihung anrufen. Wir erflehen die Gnade, derer wir bedürfen, in erster Linie jene, das Böse zu meiden und in Freundschaft mit Gott zu leben, indem wir uns seinem Evangelium angleichen. Das Leben des Erlösers, auf wunderbare Weise vor der Macht des Vaters und der lebenspendenden Gegenwart des Heiligen Geistes gezeichnet, erscheint uns dank der freudenreichen schmerzhaften und glorreichen Geheimnisse als Vorbild für unser Leben aus der Taufe, das auf die Nachahmung und die Nachfolge des göttlichen Meisters hingeordnet ist.

4. Das marianische Gebet ist also eine innere Pilgerfahrt, die den Glaubenden mit Hilfe der Gottesmutter auf den geistigen Berg der Heiligkeit führt. Es ist eine Schule kirchlicher Gemeinschaft im Hinhören auf jene, die in der Kirche den höchsten und Christus nächsten Platz einnimmt. Maria ist für uns alle ein Vorbild eifriger Nächstenliebe, denn „sie umfing den Heilswillen Gottes mit ganzem Herzen und von der Sünde unbehindert und gab sich als Magd des Herrn ganz der Person und dem Werk ihres Sohnes hin und diente so unter ihm und mit ihm in der Gnade des allmächtigen Gottes dem Geheimnis der Erlösung" (*Lumen Gentium*, Nr. 56). Maria ist das Bild und der Anfang der Kirche, mit der sie durch ihre Gemeinschaft mit dem Erlöser ein lebensvolles Band verbindet. Man kann daher nicht an eine echte Marienverehrung denken, wenn man nicht voll und ganz mit der Kirche und mit seinem Bischof im Einklang steht. Wer nicht darauf bedacht ist, ein gehorsamer Sohn oder eine gehorsame Tochter der Kirche zu sein, der es zusteht, die Rechtmäßigkeit der verschiedenen Formen von Religiosität zu überwachen, kann also nicht damit rechnen, von Maria als ihr Kind betrachtet zu werden. Nicht von ungefähr, ermahnte das Zweite Vatikanische Konzil mit der ganzen Feierlichkeit seines Lehramtes: „Die Gläubigen

aber sollen eingedenk sein, daß die wahre Andacht weder in unfruchtbarem und vorübergehendem Affekt noch in irgendwelcher Leichtgläubigkeit besteht, sondern aus dem wahren Glauben hervorgehen muß" (*Lumen Gentium*, Nr. 67).

5. Liebe Brüder und Schwestern, wie eure Vorfahren, die vor mehr als 550 Jahren als Büßer diesen Hügel erklommen, weil sie um ihr Elend wußten, gleichzeitig aber auch voll Freude, da ihr Bischof sie des erbarmenden Eingreifens Mariens vergewissert hatte - so sind auch wir vertrauensvoll zu ihr gekommen. Das Evangelium und die jahrhundertelange christliche Tradition stärken und ermutigen uns: „Maria ist in der Kirche gegenwärtig als Mutter Christi ... deshalb umfängt Maria mit ihrer neuen Mutterschaft im Geiste alle und jeden in der Kirche" (*Redemptoris Mater*, Nr. 47).
„Zeige dich als Mutter", schrieben eure Ahnen unter das Bild der Madonna von Monte Berico. „Zeige dich als Mutter", wiederholen auch wir in Liebe, im Wissen um die tiefe Verbindung zwischen der Mutter Christi und der Kirche, zwischen der Liebe zu Christus und der Liebe zur Kirche. Maria ist, das wissen wir, „auch ständig im Geheimnis der Kirche gegenwärtig" (*Redemptoris Mater*, Nr. 42). Von dieser Wahrheit ermutigt, wollen wir ihre ergebenen Kinder sein und der Kirche treu bleiben, ganz so wie die christlichen Generationen, die uns vorangegangen sind. Wir wollen Maria in der Zeit und im ewigen Leben lieben.

6. Madonna von Monte Berico, du Hauptpatronin der Stadt und der Diözese Vicenza, richte deinen erbarmenden Blick auf uns.
Zeige dich als Mutter! Zeige dich als Mutter aller Leidenden, die sich nach Gerechtigkeit und Frieden sehnen.„Zeige dich als Mutter eines jeden Menschen, der um das Leben kämpft, das nicht vergeht; als Mutter der Menschheit, die durch das Blut Christi erlöst wurde, als Mutter der vollkommenen Liebe, der Hoffnung und des Friedens, heilige Mutter der Erlösers" (*Weiheakt an Maria*, Fatima, 13. Mai 1991).
Zeige dich als unsere Mutter, als Mutter der Einheit und der Hoffnung! Mit der ganzen Kirche rufen wir zu dir: „Mutter der Barmherzigkeit, unser Leben, unsere Wonne, unsere Hoffnung ... zeige uns nach dieser Verbannung Jesus, die gebenedeite Frucht deines Leibes, o gütige, o milde, so süße Jungfrau Maria".
Mit diesen Empfindungen erteile ich euch allen, insbesondere den Kranken, den Betagten und den Kindern meinen besonderen Segen.

Welttag der Jugend - eine Wallfahrt der Freiheit

Vorbereitete Ansprache an die Jugendlichen am 8. September

Liebe Jungen und Mädchen von Vicenza!

1. Dies ist meine erste Begegnung mit einer derart zahlreichen Gruppe von Jugendlichen nach dem kürzlich begangenen Welttag der Jugend. An ihn denke ich daher natürlich zurück und möchte, daß die Begegnung hier seine ideale und bedeutsame Verlängerung ist.
Ich grüße euch alle von Herzen: euch, die ihr im Menti-Stadion anwesend seid, und durch euch die gesamte Jugend der Stadt und des Gebiets um Venedig. Ich danke euch für die Aufnahme und den begeisterten Glauben, der euch erfüllt. Ich bin wirklich glücklich darüber, daß ich diesen, wenn auch kurzen Pastoralbesuch eurer Diözese, gerade in einer Begegnung mit euch Jugendlichen abschließen kann, denn ihr seid die Hoffnung der Gemeinschaft von Vicenza. Ich danke eurem Bischof, Msgr. Pietro Giacomo Nonis, für die herzlichen Worte, die er an mich gerichtet hat. Ich danke euren Vertretern, die mir eben in eurem Namen eure Erwartungen und die Probleme der Jugend von Vicenza vorgetragen haben. Ich habe alles sehr aufmerksam gehört.

2. „Ihr habt den Geist empfangen, der euch zu Söhnen macht" (*Röm* 8,15): dies war das Thema des Jugendtreffens in Tschenstochau. Wer von euch das Glück hatte, dort teilnehmen zu können, hat gewiß andern von dem außergewöhnlichen Erlebnis erzählt, das er in jenen Tagen beim Heiligtum von Jasna Góra hatte, wo die uralte Ikone der „Schwarzen Muttergottes" aufbewahrt wird. Es war eine Zeit intensiver Evangelisierung; ein deutliches Zeugnis dafür, daß sich in der Geschichte der Menschen und der Kirche etwas bewegt: daß sich ein unerhörter Schritt in der weltweiten Gemeinschaft der Kirche vollzieht. Und es geht nicht um etwas nur Lautes und Oberflächliches, sondern um einen tiefreichenden inneren und bleibenden Vorgang, um eine echte Erneuerung. Der Welttag der Jugend war eine „Wallfahrt der Freiheit", der die gläubige Jugend von West und Ost, von Süd und Nord in einem neuen missionarischen Bemühen vereint hat. Von Jasna Góra ist ein drängender Aufruf an die Jugend ergangen, Apostel der Welt von heute zu sein und Baumeister einer Gesellschaft, die in echter Freiheit sowie in menschlicher und christlicher Solidarität leben kann. Von Tschenstochau sind wir voll echter Hoffnung zurückgekehrt in dem Bewußtsein, daß wir zum Aufbau einer echten Kultur der Liebe aufgerufen sind, und überzeugt, daß dies alles einen persönlichen und gemeinschaftlichen Weg der Bekehrung erfordert, einen Weg des Glaubens und der Rückkehr zu einem das Wesentliche anstrebenden Leben, wobei wir den Heiligen Geist in uns wirken lassen.
Wenn wir uns vom Heiligen Geist führen lassen, von ihm, der „unserm Geist bezeugt, daß wir Kinder Gottes sind" (*Röm* 8,16), dann werden wir leicht begreifen, wie notwendig es ist, daß wir zusammen unseren Weg gehen und Schwierigkeiten und Leid, Freuden und Erfolge miteinander teilen. Der Heilige Geist macht uns zu

Geschwistern in Jesus Christus, zu aktiven Bauleuten des echten sozialen Fortschritts, solidarisch mit jedem Menschen, vor allem mit denen, die leiden.

3. Doch noch aus einem anderen Grund ist unsere heutige Begegnung besonders bedeutsam: sie bildet den Abschluß eines fruchtbaren „Langstrecken-Dialogs", der einige Monate gedauert hat. Als Vorbereitung auf meinen Besuch habt ihr nämlich in eurer Diözese eine sympathische Initiative ergriffen unter dem Motto: „Wenn ich dir eines Tages begegnete, würde ich dich fragen ... die Jugendlichen von Vicenza im Dialog mit dem Papst". Gegen 8000 Jugendliche waren beteiligt. Ich müßte einen ganzen Tag bei euch bleiben, um alle eure Gesprächsvorschläge und eure Gedanken aufgreifen zu können, die wirklich das Herz der Probleme der Jugendlichen unserer Zeit treffen. Was soll ich nun tun? Vielleicht kann ich euch einen Vorschlag machen: versucht, selber auf die von euch formulierten Fragen zu antworten, und laßt euch dabei von den Priestern, die euch anleiten, helfen. Wäre das nicht eine interessante Weiterführung der heutigen Kundgebung? Persönlich kann ich mich nur auf einige Gedanken beschränken, die freilich unterschiedliche von euch dargelegte Themen berühren. Ihr fragt euch unter anderem: Welche Antwort kann Christus auf das Glücksverlangen des Menschen geben? Wie läßt sich persönliche Freiheit mit den Rechten der anderen vereinbaren? Welche Haltung muß der Katholik gegenüber den anderen Religionen einnehmen? Lohnt sich der Einsatz für das Gute, wenn keine Aussicht auf Gelingen da ist?

4. Jugendliche von Vicenza, habt keine Angst davor, heilig zu sein! Ich wiederhole vor euch die Aufforderung, die ich auf dem Berg der Freude in Santiago de Compostela am Welttag der Jugend 1989 formuliert habe. „Fliegt hoch!" ich wiederhole für euch auch das, was ich bei Gelegenheit des Jugendtreffens von Tschenstochau in diesem Jahr gesagt habe: „Vieles von dem, was morgen sein wird, hängt vom Einsatz der heutigen Generation der Christen ab. Es hängt vor allem von eurem Einsatz, liebe Jugendliche, ab, denn bald werdet ihr die verantwortlichen Entscheidungen treffen müssen, von denen nicht nur euer Geschick abhängt, sondern auch das vieler anderer mit euch" (*Predigt in Tschenstochau* am 15.8.).
Gelegentlich wirft man den jungen Generationen vor, sie erstrebten ein leichtes Leben, sie scheuten davor zurück, dauerhafte Verpflichtungen zu übernehmen und betrachteten ihre Existenz mit einer gewissen Oberflächlichkeit. Alle erkennen aber bei den Jugendlichen ein tiefes Sehnen nach Freiheit und echten Beziehungen an, das Verlangen nach echterer Gerechtigkeit und einer besseren Zukunft für jeden Menschen. Liebe Jungen und Mädchen, von euch wird verlangt, in der Verantwortlichkeit und Reife zu wachsen und jede Aufgabe konsequent und mutig aufzugreifen. Das ist gerade in unserer Zeit notwendig, da wir radikale und zuweilen nicht leicht zu meisternde soziale Wandlungen erleben. Es fehlt gewiß nicht an Schatten und Schwierigkeiten, doch davon dürft ihr euch nicht einschüchtern lassen. Ruft es der Welt laut zu, daß Christus lebt. Habt den Mut zu christlicher Freiheit! Das Evangelium ist zwar anspruchsvoll, aber es lohnt sich, ihm zu folgen, weil es das Geheimnis voller Erfüllung für jedes edle Bestreben des Herzens enthält.

Nur mit Christus kann man eine gerechtere und brüderlichere Gesellschaft planen und verwirklichen.
Wahre Weisheit besteht darin, daß man sich nicht der Mode und kurzlebigen Kulturen beugt. Sie besteht im entschiedenen Weg ins Herz des Problems, zu zentralen Daseinsfrage, von der der ganze Rest abhängt. Doch ihr könnt diese Frage nicht lösen, ohne dem wesentlichen Gesprächspartner, nämlich Gott, zu begegnen. Die wahre Weisheit besteht daher im Gottsuchen. Nur die Begegnung mit Gott und mit dem, der der „Gott mit uns" ist, Jesus Christus, läßt euch die entscheidenden Antworten auf die Fragen eures Lebens finden. Das setzt den Mut zu Entscheidungen voraus, die gegen den Strom gerichtet sind. Doch gerade diese Entscheidungen können euch echte Freiheit schenken.

5. Damit wird es möglich, mehr im einzelnen auf eure Vorschläge zum Dialog einzugehen. Doch war diese fundamentale Vorbemerkung notwendig, um daran zu erinnern, daß jede echte Lösung von Problemen des Menschen vor allem aus der Begegnung mit Christus gewonnen wird, ferner aus der Aufnahme des Geistes, den er uns schenken will. Nur sein Geist macht uns ernsthaft frei. „Wo der Geist des Herrn ist, da ist Freiheit" (*2 Kor* 3,17), und wo echte Freiheit ist, wird auch echtes Glück möglich.
Damit zeichnet sich die Antwort auf eure Frage nach dem Verhältnis zwischen Christentum und Glück ab. Man kann aus der christlichen Verkündigung nicht das Kreuz entfernen. Der Mensch dürstet zwar nach Glück, er muß jedoch auch mit dem Geheimnis des Leidens rechnen, das ihm so zahlreiche Fragen stellt. Dennoch hört das Glück nicht auf, Bedürfnis eines jeden Menschenherzens zu sein; jeder Mensch verlangt nach ihm.
Liebe jungen Freunde, gebt nie der Versuchung zu einer bloß pessimistischen Sicht der Wirklichkeit nach! Wir sind nicht zum Leiden verdammt; wir sind vielmehr aufgerufen, auch den Schmerz zu einem Mittel zu machen, um den Willen des Herrn besser zu erkennen, anzunehmen und zu lieben. Seid daher glücklich, doch sucht die Freude dort, wo sie sich wirklich finden läßt.

6. Wahres Glück ist etwas, das man Tag für Tag in Freiheit und Liebe, in Wahrheit und Geduld aufbauen muß. Es wird erst in der Zukunft voll da sein, beginnt sich aber schon im Heute abzuzeichnen, wenn man in gelehrigem Vertrauen den Willen Gottes anzunehmen weiß. Der heilige Paulus schreibt nämlich: „Die kleine Last unserer gegenwärtigen Not schafft uns in maßlosem Übermaß ein ewiges Gewicht an Herrlichkeit" (*2 Kor* 4,17). Seid mutig, ihr Jugendlichen in Vicenza, und fürchtet die Prüfung nicht! Verwechselt nie das Glück mit dem Vergnügen. Sucht die wahre Freude, und ihr werdet sie finden, wenn ihr in Christus bleibt, der Quelle unseres echten Glücks: „Freut euch allezeit im Herrn" (*Phil* 4,4).
Wahrhaft glücklich ist, wer Gott sucht und seine Gebote in die Tat umsetzt. Der hl. Jakobus sagt: „Wer sich in das vollkommene Gesetz der Freiheit vertieft und an ihm festhält, wer es nicht nur hört, um es wieder zu vergessen, sondern danach handelt, der wird durch sein Tun selig sein" (*Jak* 1,25).

So findet ihr also das Glück: in der gänzlichen Selbsthingabe an Gott und an den Dienst des Nächsten! Wie Christus dem Plan des Vaters getreu sich als Opfer für die Erlösung der ganzen Menschheit angeboten hat.
Es lohnt sich also, sich für das Gute einzusetzen, zumal wenn es Opfer und Entsagungen kosten. Der Christ hat ferner die Gewißheit des Gelingens, denn die Mittel, die als Konsequenz aus einem Leben des Glaubens angewandt werden, sind nur ein Zeichen des wirksamen Tun Gottes. Der Christ wagt, „gegen jede Hoffnung zu hoffen" (*Röm* 4,18), weil sein ganzes Vertrauen auf den gegründet ist, der die Welt besiegt hat (vgl. *Joh* 16,30).

7. Damit kommen wir zu einem weiteren Argument. Ihr fragt euch angesichts des heute überall festzustellenden Aufblühens religiöser Bewegungen nach dem spezifisch Christlichen: worin sich also das Christentum von den anderen Religionen unterscheidet.
Die Frage macht einen charakteristischen Aspekt unserer Zeit, den religiösen Pluralismus sichtbar. Wir bemerken viele Wahrheiten, die in den verschiedenen Religionen präsent sind, denn das II. Vatikanische Konzil erinnert daran, daß sie „nicht selten einen Strahl jener Wahrheit erkennen lassen, die alle Menschen erleuchtet" (*Nostra aetate*, Nr. 2). Damit erhebt sich die Frage: Sind alle Religionen gleich? Sind sie alle wahr? Die Antwort verdient eine notwendige und angemessene Vertiefung, die ihr gewiß auf euch nehmt. Ich weise euch hier nur auf das eine oder andere Element für eine entsprechende Bewertung hin. Es ist wahr: der Geist wirkt auch außerhalb des sichtbaren Leibes der Kirche, und es ist daher unsere Pflicht, die Früchte anzuerkennen, die er in den Anhängern anderer Religionen weckt. Dies veranlaßt uns zu einem aufrichtigen und achtungsvollen Dialog, aus dem sich für Christen Anregungen ergeben können, den eigenen Glauben und das eigene moralische Verhalten immer mehr zu reinigen. In den anderen Religionen finden sich also Keime der Wahrheit, durch die Gott mit den Menschen in Kontakt treten kann, die noch keine Möglichkeit hatten, Christus und der Botschaft des Evangeliums zu begegnen (vgl. *Röm* 10,14-15). Wir wissen jedoch, daß Christus allein die volle Wahrheit ist, und Christus allein ist auch die Quelle des Heils, das er seiner Kirche anvertraut hat, um sie zum „Zeichen und Werkzeug für die innigste Vereinigung mit Gott wie für die Einheit der ganzen Menschheit" zu machen (*Lumen Gentium*, Nr. 1).
Weil er sich dieser Dinge bewußt ist, fühlt sich der Christ von der Liebe gedrängt, mit den anderen die eigene Freude zu teilen, seine Freude, Christus zu kennen und ihm nachzufolgen, und er möchte auch anderen Anteil an dem Reichtum der Wahrheit und Gnade geben, die ihm von der Kirche durch den Dienst des Wortes und der Sakramente angeboten sind.

8. Nicht gern beende ich hier und heute unseren Dialog. Aber es wird Abend, und ich muß aufbrechen. Ich wünsche mir aber, daß unser Gespräch aus der Ferne weitergeht unter den Augen des Vaters, der uns liebt. Ich hinterlasse euch zum Andenken an unsere Begegnung noch folgenden Gedanken. Jesus sagt: „Euch muß es zu-

erst um sein Reich und um seine Gerechtigkeit gehen; dann wird euch alles andere dazugegeben" (*Mt* 6,33).
Sucht vor allem Gott und seine Gerechtigkeit: dies, liebe Jugendliche, ist die Aufgabe des Christen. Hier liegt eure Sendung. Habt den Mut zu eurer apostolischen Identität und bleibt beharrlich in eurem missionarischen Bemühen. Nährt euch mit eifrigem Gebet und stärkt euch durch eine ständige Praxis der Sakramente, dann werdet ihr Schwierigkeiten und Hindernisse überwinden. Ihr werdet Christus begegnen, der euch zur Freiheit, zur Wahrheit und zur Liebe führt. Er ruft euch zur Heiligkeit, also zum „Verlieren" eures Lebens um seinetwillen, in der Gewißheit, so Hundertfältiges und als Erbe das ewige Leben zu gewinnen (vgl. *Mt* 19,29).
Dann zeigt ihr der Welt das echte Antlitz Christi, in der Hoffnung bereits auf die ewige Freude und den unzerstörbaren Frieden ausgerichtet.
Maria, die ihr besonders im Heiligtum von Monte Berico verehrt, helfe euch, unermüdlich Christus zu suchen. Stütze auf diesem geistlichen Weg soll euch auch mein Apostolischer Segen sein.

In Maria findet die Menschheit Halt

Predigt bei der Eucharistiefeier am 8. September

1. „Damit er der Erstgeborene von vielen Brüdern sei" (*Röm* 8,29). Am heutigen Fest Mariä Geburt führt uns die Liturgie in das Geheimnis der Zeugung des Gottessohnes ein, ein Geheimnis, das die Zeugung eines jeden Geschöpfes umfaßt. Es betrifft in besonderer Weise die Jungfrau Maria (vgl. *Lk* 1,27), die von Ewigkeit her nach dem Plan der Vorsehung über die Menschwerdung Gottes zur Mutter des Sohnes, des Göttlichen Wortes bestimmt war. Mit dieser uns so teuren Glaubenswahrheit - der ewigen Vorherbestimmung Marias von Nazaret und ihrer Berufung zur Mutter des Sohnes Gottes - ist das Dogma von der Unbefleckten Empfängnis verbunden, das heißt, der besonderen Rechtfertigung und Heiligung Marias schon vom ersten Augenblick der Empfängnis an. Auch die außerordentliche Verherrlichung, die die Heiligste Dreifaltigkeit Maria in ihrer Aufnahme in den Himmel zugedacht hat, ist damit verbunden.
Liebe Brüder und Schwestern, ich möchte mit euch in Maria vor allem das Geheimnis der Mutterschaft betrachten, das mit dem der Zeugung in innerer Verbindung steht.
Maria ist Mutter: Mutter Christi, Mutter der ganzen Menschheit, Vorbild jeder menschlichen Mutterschaft. Jede menschliche Mutter findet in ihr die wahre Bedeutung ihrer eigenen Sendung, nämlich: Leben zu schenken und es weiterhin in seinem vollen Umfang zu pflegen.
Ihr Mütter, die ihr mir zuhört, wie groß ist die Aufgabe, die Gott euch anvertraut! Wie wichtig ist eure Rolle in der Erziehung der Kinder als Frucht der Liebe in der Familie. Ich denke an die christlichen Mütter Venetiens, die, wie sie in der Vergangenheit ihre Aufgabe zu erfüllen wußten, diese auch heute in selbstlosem Opfergeist

und in Treue erfüllen und in der Familie den Glauben und die bleibenden christlichen Werte weitergeben.
Ich denke auch an euch, ihr Mütter der Priester, die ihr in einer besonderen Weise mit dem Heilswerk Christi verbunden seid, dessen Apostel und bevorzugte Diener eure Söhne sind. In der Muttergottes findet ihr Halt, vor allem in Augenblicken des Zweifels und der Prüfung. Wenn ihr auf sie schaut, versteht ihr besser, wie wahr das Wort des Apostels Paulus ist: „Alle, die er im voraus erkannt hat, hat er auch im voraus dazu bestimmt, an Wesen und Gestalt seines Sohnes teilzuhaben, damit dieser der Erstgeborene von vielen Brüdern sei" (*Röm* 8,29).

2. Wenn die Kirche die Geburt Marias feiert, dann schaut sie auch auf die Geburt Christi. Sie denkt an Betlehem in Efrata, den Ort, den der Prophet Micha vorausverkündet hat. Sie denkt an die außergewöhnlichen Umstände, die nach dem Bericht des Evangelisten Matthäus der Geburt des Herrn vorausgingen. Der göttliche Plan, der in der Verkündigung an Maria enthüllt wird, schließt auch Josef ein, mit dem Maria bereits verlobt war. Wie Maria, so hat auch er Anteil am Geheimnis der Menschwerdung. Er wird vom Boten Gottes darin eingeführt: „Fürchte dich nicht, Maria als deine Frau zu dir zu nehmen; denn das Kind, das sie erwartet, ist vom Heiligen Geist. Sie wird einen Sohn gebären; ihm sollst du den Namen Jesus geben; denn er wird sein Volk von seinen Sünden erlösen" (*Mt* 1,20-21).
So erfüllt sich das Wort des Propheten Jesaja: „Seht, die Jungfrau wird ein Kind empfangen, einen Sohn wird sie gebären, und man wird ihm den Namen Immanuel geben, das heißt übersetzt: ‚Gott mit uns'" (*Jes* 7,14; *Mt* 1,23).

3. In dieser Geburt erfüllt sich wahrhaft, was von Ewigkeit her Gottes Auserwählung war. Es erfüllt sich die besondere Liebe, mit der, nach den Worten des Psalmes, der Herr „die Tore Zions" umgeben hat (*Ps* 86/87,2). Gott hat den Stamm Davids und das Volk Israel erwählt, damit sich durch dieses Volk und diesen Stamm der universale Plan des Vaters erfülle, das heißt, daß der menschgewordene Sohn, der dem Geschlecht Davids entstammt und ein Sohn des Volkes Israel ist, als „Erstgeborener von vielen Brüdern" zur Welt kommen könne und seine göttliche Sohnschaft für alle Glieder des Menschengeschlechts zum Bild und zum Anfang ihrer Annahme als Söhne würde.
Aus diesem Grund sagt der Psalmist über Zion: „Jeder ist dort geboren. Er, der Höchste, hat Zion gegründet" (*Ps* 86/87,5). Hier entspringen die unerschöpflichen Quellen der Geburt von Söhnen und Töchtern göttlicher Adoption. Die Geburt Christi in Betlehem ist der Anfang der Wiedergeburt des Menschen durch die übernatürliche Gnade. Die Geburt Marias ist die Vorbereitung auf diesen Beginn der Neuschöpfung im Heilsplan Gottes.

4. Das heutige Fest lädt uns daher ein, an das Geschenk zu denken, das Gott jedem von uns unentgeltlich gemacht hat, so wie er es bei Maria getan hat.
„Sind durch die Übertretung des einen die vielen dem Tod anheimgefallen, so ist erst recht die Gnade Gottes und die Gabe, die durch die Gnadentat des einen Men-

schen Jesus Christus bewirkt worden ist, den vielen reichlich zuteil geworden" (*Röm* 5,15). Das Heil ist ein Geschenk.
Es wäre interessant und für uns heilsam, sich in das Schweigen Marias im Evangelium zu versenken, in ihr „mit Christus in Gott verborgenes Leben" (vgl. *Kol* 3,3). Die von ihr überlieferten Worte sind spärlich, und sie drücken vollkommene Hingabe aus. Nur bei der Begegnung mit ihrer Verwandten Elisabet bringt Lukas ihren Lobgesang in Erinnerung. Darin jubelt sie über Gott ihren Retter, weil er durch die „Niedrigkeit seiner Magd ... Großes getan" hat (*Lk* 1,46-49). Kurze Worte, in denen sich deutlich die Anbetung des Geschöpfes erhebt, das sich durch Auserwählung in den Heilsplan einbezogen und aus Gnade mit allem geistlichen Segen erfüllt weiß.
Das tiefe Bewußtsein, das Maria von dem ungeschuldet gegebenen Geschenk Gottes hatte, ist für uns ein Antrieb, unser Leben zu überprüfen, das zu sehr auf menschliche Mittel vertraut und wenig zu Kontemplation und Gebet geneigt ist. Liegt nicht hier zutiefst die Wurzel von vielfachem Versagen und Entfremdung im Glauben? Bleibt nicht darum der Glaube oft nur mehr etwas gleichsam Magisches, ohne aufrichtiges Gebet und vertrauensvolles Ergebensein in die allmächtige Vorsehung Gottes?

5. Mariä Geburt fordert also zur geistlichen Wiedergeburt und zur Bekehrung auf. Es ist eine Einladung, im Glauben zu wachsen.
Blicken wir auf das Beispiel Marias. Sie lebt das Geheimnis Gottes im Glauben und durch den Glauben. Darum „ist sie selig, weil sie ‚geglaubt hat' und jeden Tag glaubt inmitten der Prüfungen und Widrigkeiten in der Zeit der Kindheit Jesu und dann während der Jahre seines verborgenen Lebens in Nazaret", bis sie sich unter dem Kreuz „mit seinem Opfer in mütterlichem Geist verband, indem sie der Darbringung des Opfers, das sie geboren hatte, liebevoll zustimmte" (*Redemptoris Mater*, Nr. 17-18).
Der Glaube der heiligen Jungfrau ist von einer besonderen Mühe des Herzens gekennzeichnet, die mit einer gewissen „Glaubensnacht" verbunden ist (vgl. *Redemptoris Mater*, Nr. 17). Darum ist Maria die erste jener „Unmündigen", von denen Jesus eines Tages sagen wird: „Ich preise dich, Vater, weil du all das den Weisen und Klugen verborgen, den Unmündigen aber offenbart hast" (*Mt* 11,25). Maria ist die erste dieser „Kleinen", dieser „Unmündigen".
Der Christ muß beständig im Glauben wiedergeboren werden, indem er sich unter allen Verhältnissen für den Willen des Vaters öffnet. Der Mensch von heute hat es nötig, die Mitte seines Lebens wieder in Gott zu verankern und sich nicht einfach mit einem in sozialer Hinsicht korrekten Verhalten zufriedenzugeben. Das Radikale des Evangeliums beginnt damit, daß man Gott den ersten Platz gibt, daß man die eigenen Entscheidungen vom Glauben her zur Diskussion stellt, daß man sich dem Plan Gottes anvertraut, wie Abraham, auch entgegen aller menschlichen Hoffnung (vgl. *Röm* 4,18).
Darum also erweist sich der „Glaubensgehorsam" nach dem Beispiel Marias als wesentlich, wenn man als Christ in einer Gesellschaft lebt, die das „Geheimnis"

umgewandelt hat in „Probleme, die zu lösen sind", und die die transzendente Dimension ihrer eigenen Bestimmung verloren hat.

6. Wir sind berufen, gedrängt von der Liebe Christi, „alles neu zu machen" (vgl. *Offb* 21,5). Durch uns muß das Pascha des Herrn in die Institutionen, die Kultur, die Beziehungen zwischen Menschen und Völkern eindringen und die Welt umgestalten. Ist es nicht diese Neuheit des Lebens, die die Welt von den Christen fordert? Die Völker begegnen sich und sind sich der gegenseitigen Abhängigkeit bewußt geworden, die zwischen ihnen besteht und aufgrund derer das Schicksal der einen von dem der anderen abhängt. Es ergibt sich die Notwendigkeit weitgreifender Vereinbarungen und Übereinstimmungen und einer gerechten, sich gegenseitig ergänzenden Entwicklung. Das Heimweh nach einem gemeinsamen Vater bricht sich Bahn. Die Kirche braucht auf dem Weg ins dritte Jahrtausend Christen, die „neue Geschöpfe" sind, offen für das, was die Welt braucht, aber auch bis auf den Grund treu dem, was der Heilige Geist fordert. Seid auch ihr, liebe Brüder und Schwestern, hellhörig für die Aufgabe, ein lebendiger Teil dieser neuen Schöpfung zu sein. Laßt euch nicht von anderen Idealen anziehen. In Christus und nur in ihm sei die Quelle eures Daseins und eurer Hoffnung.

7. Mit diesem Wunsch grüße ich alle, die an dieser Eucharistiefeier teilnehmen. Mit Hochachtung und Liebe grüße ich Bischof Pietro Giacomo Nonis von Vicenza und danke ihm für die Worte, die er in euer aller Namen zu Beginn der Feier gesprochen hat. Brüderlich begrüße ich ferner Kardinal Baggio, der euer Mitbürger ist, aber auch mir nahesteht, so, wie er meinen Vorgängern nahestand. Ich verdanke ihm, seinem Werk und seiner Mitarbeit beim Hl. Stuhl sehr viel. Ich grüße Kardinal Cé, alle anwesenden Bischöfe, vor allem die aus der Region, wie auch die aus den anderen Ländern, die für heute nach Vicenza eingeladen wurden.
Meinen ergebenen Gruß auch an die anwesenden zivilen und militärischen Obrigkeiten. Einen besonderen Gruß richte ich an euch Priester, die ersten Mitarbeiter der Bischöfe in ihrem Leitungsdienst am christlichen Volk, und an euch, Ordensmänner, Ordensfrauen und gottgeweihte Personen, die ihr der hl. Jungfrau so nahesteht und ein Zeichen für die bessere Welt seid, nach der sich alle im Glauben sehnen. Ebenso auch euch engagierten Laien in den verschiedenen kirchlichen Bewegungen und Vereinigungen meinen Gruß, wie auch euch Kindern und Jugendlichen, die ihr immer voll Begeisterung seid und die Schönheit der christlichen Berufung zu schätzen wißt. Möge jeder die Aufforderung der heutigen Liturgie als an ihn persönlich gerichtet annehmen!

8. „Wir wissen, daß Gott bei denen, die ihn lieben, alles zum Guten führt, bei denen, die nach seinem ewigen Plan berufen sind" (*Röm* 8,28).
Maria hat auf vollkommene Weise geliebt. Darum ist das Andenken an ihre Geburt in allen Kirchen der Erde lebendig und leuchtet als Licht der rettenden Hoffnung.
Es leuchtet auch in dieser Gemeinschaft von Vicenza, die zu besuchen ich heute die Freude habe und die ich in ihren Glaubensüberlieferungen und ihrer leuchtenden tätigen Liebe bestärken möchte.

In der Geburt Marias preist die Kirche auch schon den Emanuel, den Heiland, der das Volk von seinen Sünden erlöst (*Jes* 7,14). Und sie dankt für das Geschenk, das uns in Maria, der Mutter Gottes und unserer Mutter, zuteil wurde.
Unter ihrem Schutz und durch ihre Fürsprache möge sich unsere Berufung nach dem ewigen Plan Gottes erfüllen! Hilf Du uns, Maria, Mutter der Hoffnung und Quelle des Lebens! Amen.

Evangelisierung erfordert Zeugnis des Lebens

Ansprache an die Priester und Ordensleute am 8. September

Liebe Brüder und Schwestern!

1. Gnade sei mit euch und Friede von Gott, unserem Vater, und dem Herrn Jesus Christus ... ich [habe] euch ins Herz geschlossen ... Denn ihr alle habt Anteil an der Gnade, die mir durch seine Gefangenschaft und die Verteidigung und Bekräftigung des Evangeliums gewährt ist (*Phil* 1,2-7).
Mit diesen Worten des Apostels Paulus an die Christen in Philippi begrüße ich euch, Priester und Ordensleute der geliebten Diözese Vicenza, die ihr an der gemeinsamen Gnade des Apostolats teilhabt. Sie wurde mir als Nachfolger Petri und Hirte der Weltkirche und auch euch von Christus, dank des Sakraments der Priesterweihe oder des Diakonats und durch die Gabe des gottgeweihten Lebens geschenkt. Ich gestehe euch, wie ich mich freue über meinen Besuch hier und über die ermutigende Feststellung eures Eifers, eurer Ausdauer und eurer Kühnheit in der Verkündigung des Wortes Gottes, der ihr euch trotz der wachsenden Schwierigkeiten unserer Zeit „furchtlos" (*Phil* 1,14) widmet. Ich begrüße euren geliebten Bischof Pietro Giacomo Nonis und danke ihm, sowie euch, für die Einladung, euch am Fest der Geburt Mariens, der Schutzpatronin von Vicenza, zu besuchen.
Auch begrüße ich den Altbischof Arnaldo Onisto und den ehemaligen Weihbischof Carlo Fanton.
Mein Gedenken gilt ebenso allen Bischöfen der Ortskirchen der drei Venetien, die hier durch den geliebten Bruder Kardinal Marco Cé vertreten sind, sowie den Erzbischöfen und Bischöfen aus Vicenza, die dem Heiligen Stuhl in anderen Diözesen oder in seinen diplomatischen Vertretungen dienen.
Mein besonders herzlicher Gruß gilt Kardinal Sebastiano Baggio, dem ich für die dem Heiligen Stuhl geleisteten Dienste dankbar bin.

2. Unter all den vielen Früchten des Reiches Gottes nehmen die Berufung zum Ordensstand und zum Amtspriestertum einen besonderen Platz ein; beide sind Zeichen des Widerspruchs in der Welt. „Wenn die Welt euch haßt - sagt Jesus - dann wißt, daß sie mich schon vor euch gehaßt hat" (*Joh* 15,18).
Jede Berufung bezeugt den Wert des ungeschuldet Geschenkten und der Neuheit, die dem beschaulichen Leben und der Hingabe für das Reich Gottes eigen sind. Die

Berufung zur Nachfolge Christi, die jede irdische Logik übersteigt, ist daher eine nachhaltige Herausforderung durch das Evangelium.
Eben deshalb schließt schon ein radikales priesterliches oder gottgeweihtes Leben den ersten Keim jener „neuen Evangelisierung" in sich, von der seit Jahren als von einer besonderen Pflicht der Glaubenden gesprochen wird, einer Pflicht, die sich die Diözesen Venetiens bei ihren Treffen in Aquileia-Grado im Jahr 1990 vordringlich auferlegt haben. In der Vergangenheit wußten die Gemeinden Venetiens, daß sie den Glauben fast spontan weitergeben konnten. Heute ist das nicht mehr der Fall. Der gesellschaftliche Kontext ist pluralistisch geworden und ist von säkularisierenden Tendenzen durchzogen. Die Mittel der sozialen Kommunikation werden manchmal zur Ursache einer beunruhigenden Einebnung der Sitten, und Wohlstand und Konsum verdecken nicht selten die befreiende Botschaft des Evangeliums, so daß diese Gefahr läuft, den Gewissen geradezu fremd zu werden.
Deshalb ist eine neue Evangelisierung erforderlich, die imstande sein muß, kraftvoll zu verkünden, daß „die Gnade und die Wahrheit ... durch Jesus Christus [kamen]" (*Joh* 1,17). Im Osterereignis hat er sich zum echten Befreier des Menschen von der Sünde, dem Tod und dem Bösen gemacht und ihn zur Liebe des Vaters zurückgeführt.
Wie ist es möglich, das Verlangen nach Gott und nach seinem Heil neu zu wecken? Wie wird man zum gefügigen Werkzeug für das Wirken des Geistes auf diesem missionarischen Weg, der das von Christus verkündete Lebensideal wieder in den Mittelpunkt des menschlichen Interesses rücken möchte? Wie kann man die Christen wieder dazu bringen, mutige Zeugen ihrer religiösen Einstellung zu sein?

3. Der zeitgenössische Mensch kann für das Evangelium leichter erreicht werden durch das Zeugnis des Lebens und des selbstlosen Dienstes sowie durch die Sprache der sakramentalen Zeichen. Die neue Evangelisierung erfordert daher von allen, die sich für sie einsetzen, die Rückkehr zu dem von Christus verkündeten Lebensstil, in einer Haltung der Treue zu Gott und der Aufgeschlossenheit für die gesellschaftlichen Verpflichtungen. Darüber hinaus erfordert sie die Aufwertung der sakramentalen Gesten, die mehr und mehr der existentiellen Erfahrung angeglichen werden müssen.
Zu den günstigsten Augenblicken für eine solche Evangelisierung zählt in erster Linie der Tag des Herrn, an dem die kirchliche Gemeinde die Fülle des Geheimnisses Christi neu erlebt, indem sie sich zur Feier der Eucharistie zusammenfindet, zum Hören auf die Lehre der Apostel, in geschwisterlicher Gemeinschaft, zum Brechen des Brotes und zum Gebet (vgl. *Apg* 2,42). Der Festtag ist daher die Gelegenheit, bei der das Wort zur Erfahrung wird und die Feier zur Erneuerung des Lebens.
Vom Tag des Herrn geht als notwendige Ergänzung das Zeugnis der Nächstenliebe aus, das zugleich die von Christus gewirkte Neuheit verkündet. Gerade auf dem Weg der Nächstenliebe, des Dialogs, der Aufnahme - die weder mit Hintergedanken noch mit falschem Irenismus belastet sein darf - ist es leichter als anderswo möglich, Vorurteile und Trennungen zu überwinden.

Ein anderer wichtiger Aspekt der Evangelisierung ist die Aufwertung der Volksfrömmigkeit, die einst gerade unter der Bevölkerung Venetiens besonders entwickelt war. Es war eine an wesentlichen Werten reiche Frömmigkeit mit einer spirituellen, auf die Vorsehung vertrauenden Auffassung der Existenz.

5. Die neue Evangelisierung begegnet dem ernsten Hindernis der Gleichgültigkeit. Manche haben anscheinend kein Interesse für Christus und sein Evangelium und legen ein gewisses Mißtrauen gegen die Kirche und ihr Lehramt an den Tag. Vom Wohlstand gesättigt, an Botschaften aller Art gewöhnt, lassen sie sich vom Unmittelbaren und Nützlichen in den Bann ziehen und führen ein ungeordnetes Leben, vielleicht von Mißtrauen erfüllt gegenüber dem Geheimnis, das alles übersteigt, was sie sehen und dessen sie sich erfreuen. Sie verschieben das Nachdenken darüber: „Darüber wollen wir dich ein andermal hören" (*Apg* 17,32), scheinen sie auszurufen, wie es einst die Bewohner Athens dem Apostel Paulus gegenüber taten.
Dennoch ist die religiöse Gleichgültigkeit keine undurchdringliche Mauer: die Selbstgenügsamkeit befriedigt nicht, die Technik gewährt keine Sicherheit; sie ruft vielmehr nicht selten Angst hervor und löst im modernen Menschen mit Fragen beladene Furcht wach. Deshalb ist es nötig, den Menschen ohne Zaudern Christus zu verkünden.
Ich danke Gott, denn ich weiß, mit welcher Mühe ihr bereits dieser Aufgabe nachkommt. Ich weiß auch um die große katechetische Tradition, die eure Kirchen in Venetien kennzeichnet. Ihr habt euch mit modernen, den Zielsetzungen des Katechismus entsprechenden Methoden bereits darin geübt, dem Menschen jene „tiefschürfende Aufmerksamkeit" zu schenken, welche die christliche Botschaft als solche erfordert und ihr setzt euch dafür ein, daß diese Botschaft ein „Geheimnis der communio" werde. „Die Menschen unserer Zeit spüren ein tiefes Verlangen nach Dialog, Gemeinschaft und Frieden. Auch deshalb muß die Katechese ihre lebendige Mitte im Geheimnis Christi haben" (Dokument der Italienischen Bischofskonferenz, *Die Erneuerung der Katechese*, Nr. 70).
Neue Evangelisierung heißt in diesem Zusammenhang, auf die Fragestellungen klar eingehen und die ethischen Anliegen, die in der zeitgenössischen Gesellschaft aufscheinen, zurückführen zur Botschaft des Evangeliums.

6. Die neue Evangelisierung bedarf der Zeugen. Man muß sich ernstlich fragen, ob die christliche Berufung immer ein klares und glaubwürdiges Zeugnis für die Entscheidung ist, die man hinsichtlich seines eigenen Lebens getroffen hat. Klerus und Ordensleute werden manchmal von einem Gefühl des Unbefriedigtseins und der Mutlosigkeit beschlichen und versuchen dann, den Abstand zur Welt zu verringern und sich auch für die Pastoral den menschlichen Mitteln anzuvertrauen, die letzten Endes enttäuschen. Ist es nicht vielmehr notwendig, mutig den Kreis der Kompromisse zu sprengen und, wie Simon, wieder der Kraft des Wortes Christi zu vertrauen? „Meister, wir haben die ganze Nacht gearbeitet und nichts gefangen. Doch wenn du es sagst, werde ich die Netze auswerfen" (*Lk* 5,5).

Berufungen Jugendlicher zur engeren Nachfolge Christi keimen für gewöhnlich in der Nähe eines Priesters oder einer Ordensfrau, in denen man die Begeisterung für ihre Sendung erkennt.

7. „Ich vertraue darauf, daß er, der bei euch das gute Werk begonnen hat, es auch vollenden wird" (*Phil* 1,6).

Heute wie gestern ist der Weinberg des Herrn weit ausgedehnt und erfordert erneuerte Hingabe. Neue Völker warten auf eine Begegnung mit Christus und große menschliche und kulturelle Gebiete sind noch nicht von der Verkündigung des Evangeliums erreicht worden (vgl. *Redemptoris missio*, Nr. 86).

Seid dem Heiligen Geist gegenüber gelehrig: laßt euch innerlich von ihm gestalten, um Christus immer ähnlicher zu werden. „Man kann nicht Zeugnis geben von Christus, ohne sein Bild widerzuspiegeln, das in uns lebendig wird durch die Gnade und das Wirken des Geistes" (*ebd.*, Nr. 87).

Das Bild Christi trägt, wie ihr wißt, die Zeichen des Leidens. Angriffe und Verleumdungen sind Teil des Schicksals, das die Jünger Christi erwartet. Bleibt also euren pastoralen Verpflichtungen treu gestärkt, von der inneren Ruhe, die dem guten Gewissen entspringt.

Fürchtet euch nicht! Wenn ihr die Zahl derer abnehmen seht, die den Ruf des Meisters aufnehmen: „Komm und folge mir nach", dürft ihr dennoch nie die Mahnung vergessen: „Fürchte dich nicht, du kleine Herde!" (*Lk* 12,32).

Ihr, dem Ordensleben geweihten Schwestern, gebt nicht der Müdigkeit nach! Laßt euch von der Gnade des Heiligen Geistes und vom Charisma eurer Ordensfamilien anziehen und lebt voll und ganz in der Liebe Christi, um seinen apostolischen Auftrag zu erfüllen. Jeden Tag sollt ihr im persönlichen und im liturgischen Gebet und in der Betrachtung den Rückhalt der unbedingten Treue und Sendung, die für die apostolischen Tätigkeiten erforderliche Inspiration und Unterscheidungsgabe und das rechte Gleichgewicht zwischen Aktivität und Spiritualität finden.

Ihr Priester, laßt stets die Freude über eure Identität erkennen, die Freude eurer Zugehörigkeit zu Christus und eures für die Evangelisierung für die Heiligung und das Zeugnis der Liebe geweihten Dienstes.

Drückt eurem Glauben den zuverlässigen Stempel der apostolischen Kirchlichkeit auf und zieht die dazu erforderliche tägliche Nahrung aus dem Gebet, der andächtigen Feier der Eucharistie und der exakten und gesammelten Feier des Stundengebetes. Holt euch auch Kraft aus einer echten und auf den letzten Stand gebrachten theologischen Bildung, aus dem Hören auf das Wort Gottes und der bereitwilligen Treue dem kirchlichen Lehramt gegenüber. Geht in Gemeinschaft mit eurem Hirten weiter auf dem Weg, den die kürzlich abgehaltene Diözesansynode vorgezeichnet hat.

Pflegt allzeit die christliche Hoffnung, Fundament der inneren Ruhe und Sicherheit. Das vollkommene Vorbild dafür ist Maria, „die geglaubt hat, daß sich erfüllt, was der Herr ihr sagen ließ" (*Lk* 1,45). Liebt die Gottesmutter und verbreitet unter der euch anvertrauten Bevölkerung ihre innige, echte konkrete Verehrung. Möge die

Jungfrau euch stets beschützen und insbesondere die Betagten und Kranken, Müden und Leidgeprüften unter euch stärken.
So beende ich denn meine Antwort auf eure Frage, die eine Antwort von uns allen ist. Der Papst hat nichts enthüllt, sondern hat unsere Sorgen und unser gemeinsames Zeugnis erläutert: das, was uns zur Kirche macht. Ich danke für eure Aufmerksamkeit.

Maria geht auf dem Weg des Glaubens vorauf

Improvisierte Ansprache an die Jugendlichen am 8. September

Liebe Jugendliche, Jugendliche von Vicenza und eure Gäste,
zumal die aus Bulgarien!

Ich möchte heute zu euch von Maria sprechen. Beginnen wir aber mit dem Schlüsselwort „Folge mir nach", das gewiß einmal auch die beiden Jünger gehört haben, die Jesus nach seinem Leiden und seiner Auferstehung auf dem Weg von Jerusalem nach Emmaus begegnet sind. Sie sind Jesus gefolgt. Wir wissen aber gut, daß der reiche junge Mann im Evangelium, als Jesus ihn aufforderte: „Folge mir nach", ihm nicht nachfolgen konnte, weil er zu viele Reichtümer besaß. Das ist das Schlüsselwort, um auch über Maria zu sprechen. Dieses Wort: „Folge mir nach" führt einen jeden von uns nämlich zu den ersten Augenblicken unseres Lebens, zum Tag unserer Geburt zurück. Wir feiern heute das Fest Mariä Geburt, und dieses Fest erinnert uns an den Beginn ihres einzigartigen Lebensweges. In Wirklichkeit hat Maria nie dieses Wort vernommen, sie ist nie Christus begegnet, der ihr sagte: „Folge mir nach". Sie hat vielmehr Christus der Welt geschenkt und damit die Möglichkeit geschaffen, daß er vielen Menschen sagen konnte: „Folge mir nach". Doch wenn sie auch das Wort: „Folge mir nach" in jener sozusagen klassischen Form des Evangeliums nicht gehört hat, so hat Maria doch gewiß von Beginn ihres Lebens an den wesentlichen Sinn dieses Wortes empfangen, von ihren ersten Jahren an und dann besonders in jenem entscheidenden Augenblick, als ihr die erhabene Frohbotschaft verkündet wurde. Diese war für das junge Mädchen wohl auch ein wenig schwer zu verstehen, doch es war eine große und gute Botschaft für sie und die ganze Menschheit.
Wir wissen ferner, was Maria geantwortet hat: „Ich bin die Magd des Herrn." Damit hat sie angenommen, was Gott der Vater, der Sohn und der Heilige Geist von ihr wollte. Sie hat es angenommen. Danach wissen wir nur wenige Dinge aus ihrem Leben als Mutter Gottes, doch sie genügen, um uns ein Bild vom besonderen Ablauf ihres Lebens zunächst als Mädchen und dann als Mutter zu machen. Dann kam die Stunde ihrer Kreuzigung. Gewiß wurden damals, als Jesus am Kreuz starb, auch ihre Person, ihr Herz, ihre Mutterschaft und alles gekreuzigt. Als ich die Enzyklika *Redemptoris Mater* schrieb, habe ich diese Stunde im Leben Marias mit einer

dunklen Nacht verglichen, dunkler als alle Nächte, die die mystischen Seelen im Verlauf der ganzen Kirchengeschichte erlebt haben.
Dann erblicken wir Maria am Beginn der neuen Zeit. Mit dem Pfingstfest beginnt die Zeit der Kirche, und sie, die von dem am Kreuz sterbenden Christus nur einen Jünger empfing, Johannes, in ihm aber die ganze Kirche und uns alle, war natürlich anwesend. Sie ist mit all ihren Gefühlen, aktiv und geistig anwesend. Sie empfängt ein zweites Mal den Heiligen Geist, nicht nur als Person, sondern auch als Mutter der Kirche, zusammen mit der ganzen Kirche, gemeinsam mit der entstehenden Kirche von Jerusalem, doch zugleich mit der Kirche aller Zeiten der Geschichte, zusammen mit der Kirche unserer Zeit, mit unserer Kirche von Vicenza, der Kirche unseres Jahrhunderts und unseres Jahrtausends, das zu Ende geht, um ins dritte Jahrtausend nach Christus überzugehen.
Das Zweite Vatikanische Konzil und vor allem die Konstitution *Lumen Gentium* sagt von Maria, daß sie der ganzen Kirche und allen Gläubigen auf diesem Weg des Glaubens voraufgeht: sie geht vorauf, sie geht voran. Das ist ein neues Bild und für euch Jugendliche sehr wichtig. Maria ist nicht nur die Mutter, die ihr kleines Kind umarmt; sie ist eine mutige heroische Mutter, die vorangeht, die allen Schicksalen der menschlichen Geschichte, der Menschheitsgeschichte vorausgeht, der Geschichte der Nationen und Völker, einer zuweilen schmerzvollen Geschichte, den Erlebnissen einer jeden menschlichen Person, eines jeden von uns.
Nun möchte ich von dieser ersten Einführung in den Weg Mariens zu dem übergehen, was man „meinen Weg" nennen könnte. Ich meine nicht den Weg von Papst Johannes Paul II., sondern den eines jeden von uns. Ich meine, daß für diesen Weg der Lebensabschnitt, auf dem ihr jetzt seid - euer Bischof hat von 15-25 Jahren gesprochen -, der wichtigste ist. Diese Zeit muß man vor allem bewundern, ich meine nicht nur wertschätzen, sondern bewundern, so interessant und außergewöhnlich ist sie: sie ist eine große Entdeckung.
Wir nähern uns dem Jahrestag der Entdeckung Amerikas. Im nächsten Jahr sind es 500 Jahre seit dieser Entdeckung, und wir wissen gut, was sie für die Geschichte unserer menschlichen Welt bedeutet hat. Und doch möchte ich feststellen, daß die Entdeckung des eigenen Menschseins, des eigenen persönlichen Ich mit all seinen Reichtümern und Gefahren, mit den Abgründen, die es in jedem von uns gibt, eine größere Entdeckung ist. Hier geht es nicht nur um eine geographische oder vielleicht auch kosmische, sondern um eine Entdeckung geistiger Art. Ihr lebt in dieser Zeit der Entdeckung. Euer Weg führt nach außen, denn gewiß führen euch die neuen Kenntnisse, Studien, Schulen, Universitäten und Massenmedien immer nach außen, vielleicht auch allzu sehr zur Veräußerlichung. Ihr braucht mehr innerliches Aneignen, ihr müßt mehr in eurem Inneren leben, wie Jesus seinen Hörern sagte: „Ihr seid viel mehr wert als diese anderen Geschöpfe, trotz ihrer Schönheit und Bewunderungswürdigkeit seid ihr viel mehr wert."
Ich sage dir: du bist und stellst mehr dar als all das, was uns die Wissenschaft und auch die Studien, alles Lesen und auch die Massenmedien bieten können. Dein größter Wert, dein menschliches und christliches Ich, in dem der Heilige Geist und

die Gnade Gottes bereits wirksam sind, ist viel interessanter und viel reicher. Unsere Kultur ist irgendwie eine Kultur der Flucht. Man sucht dem eigenen Ich, dem eigenen Inneren und seinem Gewissen zu entfliehen. Man spricht nicht mehr von unserer Seele, und doch ist diese mehr wert!

Ich möchte euch damit anregen und aufrufen, diesen Weg, der ins Geheimnis des Menschen einführt, einzuschlagen, denn jeder von uns trägt ein solches Geheimnis in sich. Du weißt daß dieses Geheimnis des Menschen sich auf keine andere Weise und mit keiner anderen Methode erklären läßt, sondern nur von Jesus Christus her. Du darfst vor diesem deinem Geheimnis nicht fliehen und es nicht beiseitelassen, als ob es nichts wert oder nicht wichtig wäre: in Wirklichkeit ist dieses dein Geheimnis, dein inneres Ich, deine christliche Persönlichkeit, die Christus neugeschaffen hat, die Hauptsache. Er tat es in der Kraft des Heiligen Geistes, am Pfingstfest, als die Kirche ihren Anfang nahm, die Zeit der Kirche, aber in der Kirche begann zugleich die Zeit für uns alle, die Zeit der neuen menschlichen Persönlichkeit, der neuen Schöpfung. Wir dürfen dieses neue Geschöpf nicht verlieren, das jeder vor euch ist und darstellt!

So lade ich euch kurz, ohne auf Einzelheiten einzugehen, zu diesem Weg ein, ja ich möchte euch dazu drängen. Ihr dürft dieses Stadion nicht verlassen, ohne euch selbst zu versprechen: ich gehe diesen Weg, ich trete in das Geheimnis ein, das ich in mir trage, das Geheimnis, das sich im Licht Christi erklärt.

Und nun der dritte Schritt meiner Überlegungen: Ihr seht, ich habe einen Text mitgebracht, aber ihn beiseitegelassen, und das müßt ihr mir verzeihen ... Der dritte Schritt der Meditation ist eben der entscheidende Schritt, um sich selbst kennenzulernen und sich selbst zu entdecken in seiner tiefen menschlichen und christlichen Identität. Denk an die Mutter Christi. Denk an die absolut neuen Worte, mit denen das Zweite Vatikanische Konzil von ihr spricht: sie geht uns auf dem Glaubensweg voran. Sie geht einem jeden von uns voran, einem jeden von euch: sie geht voraus. Und wenn du den Weg in dein Inneres, in dein Geheimnis hinein, nämlich in dein von Gott geschaffenes, von Christus erlöstes und vom Heiligen Geist erfülltes Ich hinein beschreiten möchtest, suche Maria. Sie weiß aus eigener Erfahrung - natürlich weiß es vor allem Jesus, weil er alles kennt, was im Menschen ist, auch alles, was im Menschen verborgen ist - aber sie weiß es in besonderer Weise, aus ihrer Glaubenserfahrung wie wir, daß Christus das Wort Gottes ist. Sie ist eine Glaubende. Da das so ist, kann Maria unsere Glaubenswege vorwegnehmen, uns voraufgehen, denn sie führen immer ins Geheimnis Gottes hinein, in jenes Geheimnis Gottes, das in uns verborgen ist.

So wünsche ich euch an diesem Feiertag, an diesem Marientag, die Begegnung mit Maria. Ich wünsche allen, auch jenen, die abwesend sind, die vielleicht den Weg verloren haben, wenigstens nicht eine gewisse Verbindung mit dieser bewundernswerten Frau abreißen zu lassen, mit dieser demütigen Frau, dieser Magd des Herrn, Maria. Doch wünsche, ja empfehle ich euch, diese Erfahrung des eigenen Ich, des persönlichen Geheimnisses - das Geheimnis des eigenen menschlichen und christlichen Ich - gemeinsam mit ihr, mit Maria von Nazaret, mit Maria auf dem Kalva-

rienberg, mit Maria am Pfingstfest, Maria im Abendmahlssaal und Maria an so vielen anderen Orten zu machen. Hier haben wir gestern ihr Heiligtum auf dem Monte Berico besucht, aber es gibt zahlreiche weitere Heiligtümer zu ihrer Ehre.
Ich habe nicht von mir gesprochen, doch kann ich euch sagen, daß dies auch meine persönliche Erfahrung ist. Und ich wünsche euch, wenigstens in gewissem Maß, ebenfalls eine solche Erfahrung, die ganz einfach die Erfahrung des Christen und jedem Jugendlichen, jedem Jungen und jedem Mädchen zugänglich ist. Ich wünsche es euch und ich würde es als Frucht unserer heutigen Begegnung am Fest Mariä Geburt ansehen.
Ich habe noch einige Kleinigkeiten hinzuzufügen. Die erste wäre, daß der Papst ständig Verbindungen schaffen muß, weil er von Stadt zu Stadt reist, von Kirche zu Kirche und von Land zu Land. Wie ihr wißt, war ich kürzlich in Tschenstochau. Viele von euch waren mit dabei. Ich möchte nicht die Einzelheiten der Begegnung dort schildern, aber ihre Botschaft ausrichten. Die Ansprache hätte gerade über diese Botschaft sein sollen. Ihr könnt sie später nachlesen, weil sie im *L'Osservatore Romano* erscheint. Es wäre die Botschaft nach Jasna Góra, die Botschaft nach Tschenstochau. Doch natürlich werde ich auch zum „Postboten", der den Jugendlichen Post bringt. Letztlich habe ich die Jugendlichen Ungarns getroffen und möchte hier auch ihre Botschaft ausrichten, so wie sie im voraus schon eure Botschaft empfangen haben. Und so wird es bei allen sein, die ich noch treffen muß. Die nächsten werden die Brasilianer sein, die gewiß auf diese Botschaften ihrer Altersgenossen in anderen Ländern, Städten und Kirchen warten. Wir müssen diese Gemeinschaft der Jugendlichen über die ganze Welt hin schaffen, weil das zugleich eine Kraft aufbaut. So sind wir Kirche: Der Papst aber muß dieses Band sein. Das ist seine Aufgabe, und dazu hat ihn Christus berufen und ihm gesagt: „Folge mir nach". In einer bestimmten Stunde seines Lebens hat er es auch zu Petrus gesprochen und dann zu seinen Nachfolgern bis zum letzten, dem Schlechtesten von allen ... Doch überlassen wir das Urteil dem Herrn.
Noch etwas anderes. Mein Besuch in Vicenza geht zu Ende, und ich muß eurem Bischof sowie eurer ganzen Gemeinschaft danken. Danken für die Aufnahme, für die Vorbereitung und für diese - man könnte sagen - letzte „Speise", die wir nun in uns aufnehmen müssen: die Speise der Jugendlichen. Wir dürfen „Speise" sagen, denn es ist etwas Nahrhaftes. Gewiß bedeutet es Nahrung für mich, wenn ich Jugendlichen begegne. Es gibt mir Kraft. Für eure Kirche und eure Gemeinschaft hier in Vicenza aber ist diese Begegnung zugleich eine Verheißung für die Zukunft, denn in den Jugendlichen erblickt man diese Zukunft ja schon vor sich. Bei uns Alten sieht man sie nicht mehr. Ihr gehört bereits zum dritten Jahrtausend! Die ganze Kirche, die Kirche in Vicenza blickt durch euch auf das dritte Jahrtausend, und ich wünsche euch, daß diese Erwartungen Frucht tragen. Wenn ihr auf dem Weg des Glaubens Maria begegnen könnt, so hoffe ich und bin überzeugt, daß diese Ausblicke und diese Hoffnungen für das dritte Jahrtausend wirklich überreich und gesegnet sein werden. Ich wünsche euch dies zum Wohl für euch selber, zum Wohl eurer Stadt, eures Vaterlandes und der ganzen Menschheit.

Sorge um moderne wirtschaftliche und soziale Entwicklung

Ansprache an die Arbeiter, und Vertreter der Industrie und Kultur am 8. September

Liebe Brüder und Schwestern!

1. An euch alle richte ich meinen Gruß. Ich danke euch herzlich, weil ihr mir die Gelegenheit gebt, mit der Welt der Arbeit, der Industrie, der Politik und Kultur in der Stadt Vicenza und ihrer Provinz Kontakt aufzunehmen. Ich danke daher denen, die dieses Treffen vorbereitet haben und grüße in Liebe euch, die ihr hier anwesend seid, an diesem Ort, der erfüllt ist von Erinnerungen an die klassische Kultur und an das künstlerische Genie des Andrea Palladio. Einen besonderen Gruß richte ich an den Präsidenten Venetiens und an die, die mir in eurem Namen eure Empfindungen ausgedrückt haben und mich an euren Plänen und Hoffnungen teilnehmen lassen.
Ihr habt euch gewünscht, daß bei meinem Besuch eurer Diözese das Treffen mit den Vertretern der bedeutendsten Kategorien und der qualifizierten Komponenten eurer aktiven, arbeitsamen Gesellschaft nicht fehle.
Ihr seid vor allem die Vertreter dieser weiten Arbeitswelt, die dank der festverwurzelten, vom christlichen Glauben erhellten und unterstützten Tugenden der Einwohner von Vicenza im Lauf der Jahre die Entwicklung eures Gebietes gefördert und die Richtung gewiesen hat. Ich denke hierbei z. B. an die Anlagen der Textilindustrie, die im Raum Vicenza, insbesondere in Valdagno und Schio seit dem 18. Jahrhundert eingerichtet wurden, doch denke ich auch die zahlreichen Initiativen zur Industrialisierung, die im Laufe dieses Jahrhunderts zur Blüte gelangt sind. All diese Aktivitäten, denen mit Sorgfalt und Einsatzfreude nachgegangen wurde, sichern den meisten Einwohnern der Stadt und ihrer Umgebung einen weitgehend zufriedenstellenden Lebensstandard.

2. Ihr sorgt euch heute jedoch zu Recht um eine immer mordernere wirtschaftliche und soziale Entwicklung, die die kulturellen und geistigen Aspekte des Menschen nicht verletzen darf und die Natur und ihr ökologisches Gleichgewicht achten muß.
Die Betriebe haben hier in der Tat auf die Eingliederung in ihr Umfeld geachtet, indem sie die Arbeiter nicht von der Familie und der Pfarrgemeinde getrennt haben. Eine solche Betriebsverwaltung, die wir auch als „familiäre" Verwaltung bezeichnen können, hat vor Entfremdung bewahrt und die Errichtung von „Arbeitsgemeinschaften" ermöglicht, in denen, mehr noch als anderswo, einige typische Tugenden hervortreten, die in der Enzyklika *Centesimus annus* genannt werden: „Fleiß, Umsicht beim Eingehen zumutbarer Risiken, Zuverlässigkeit und Treue in den zwischenmenschlichen Beziehungen, Festigkeit bei der Durchführung von schwierigen und schmerzvollen, aber für die Betriebsgemeinschaft notwendigen Entscheidungen und bei der Bewältigung etwaiger Schicksalsschläge" (Nr. 32).
All dies ist vermutlich auch auf die alte venetianische Tradition zurückzuführen, die geprägt ist durch Opferbereitschaft, Arbeitsamkeit der Auswanderer, die gezwungen sind, im Ausland zu arbeiten, um die Familie zu unterhalten, durch Solidarität unter den Mitgliedern eurer Bevölkerungen, die um die Pfarrgemeinden versammelt sind.

Unter dem Schutz der Kirchengemeinschaft hat das Volk gelernt, zusammenzuarbeiten und jede schwierige Situation und jede Prüfung miteinander zu teilen. Ich denke an die zumeist von der Pfarrei ausgehenden Arbeitskooperativen, deren Bestimmungen oft präzisen moralischen Einsatz von den Mitgliedern erwarten. Ich denke an die ersten „weißen Arbeiterverbände" zur Verteidigung der eigenen Rechte, welche als Vorläufer der heutigen sozialen Hilfsorganisationen gelten.
In den letzten Jahrzehnten hat sich jedoch auch Venetien sehr gewandelt. Die Forscher haben auch in eurer Region wesentliche Änderungen nicht nur im praktischen Verhalten, sondern auch in den Urteilskriterien der Leute festgestellt: eine verminderte Religionsausübung, ein Stärkerwerden von Kulturmodellen und Lebensweisen, die typisch sind für bestimmte verweltlichte Zonen des Westens, die Abnahme traditioneller Solidaritätsformen und der Selbstlosigkeit stellen Offenbarungen dieser Entwicklung dar. Und ihr fragt euch mit berechtigter Besorgnis, ob die Abschwächung der christlichen Inspiration nicht mit der Zeit der Grund zur sozialen und sogar wirtschaftlichen Rückentwicklung auch in eurem Gebiet werden kann. In der Tat darf die Entkräftung des jahrhundertealten kulturellen Reichtums, der den Glauben mit dem Alltagsleben zu verbinden gewußt hat, diejenigen nicht gleichgültig lassen, die sich um das wahre Wohl der Bevölkerung dieses Gebiets sorgen.

3. Ich kenne euer Anliegen, der drängenden Versuchung zu widerstehen, den Profit über jeden anderen Wert zu stellen, und ich weiß, daß ihr euch bemüht, nicht auf auslaugende Arbeitsrhythmen und ungebührliche Ausdehnungen der Arbeitstätigkeit auf das Wochenende und die Festtage zurückzugreifen, um mit der Konkurrenz Schritt zu halten.
In eurer Region gibt es vorwiegend kleine und mittlere Betriebe, von denen viele, wie bereits Leo XIII. in der Enzyklika *Rerum novarum* wünschte, aus der Umformung der Arbeiter in Unternehmer entstanden sind. Es handelt sich jedenfalls um einen Prozeß, der einerseits den Vorrang des Verstandes und des Willens hervorhebt, der aber andererseits zu einer Verschärfung individualistischer Beweggründe und Muster führen und die rasche Entwicklung an die Spitze aller Bestrebungen stellen kann. Dabei besteht die Gefahr, die Achtung jener Werte, wie z. B. der Erholung, des Vorrangs des Familienlebens und des religiösen Lebens, der Heiligung des Festtages, denen die Unternehmer bisher mit Recht Aufmerksamkeit geschenkt haben, an zweite Stelle zu setzen.

4. Auf die Arbeitstätigkeiten wirken sich die Spannungen und Unruhen der Gesellschaft sehr oft aus, da der Mensch durch die Arbeit Beziehungen herstellt und Lebensverhalten festlegt. Wir haben im 20. Jahrhundert einem ungeheuren Versuch beigewohnt, die Arbeit und das menschliche Zusammenleben zu organisieren und dabei von Gott und jedweder Beziehung zur Welt der transzendenten Werte abzusehen. Die Folge ist zunächst eine Entwurzelung des Menschen aus der Kultur seines Umfeldes, sowie die künstliche Schaffung von Bedürfnissen und Lebensmodellen.

Heute wird wieder der Ruf nach dem laut, was in der Vergangenheit verneint oder zumindest vernachlässigt worden ist. Es wird die Rücksichtnahme auf „immaterielle" Instanzen gefordert, wie z. B. die Achtung der religiösen Bestrebungen der Person, die Wertschätzung örtlicher Kulturen, die Förderung entspannender und befriedigender zwischenmenschlicher Beziehungen: kurzum, man kehrt dazu zurück, den Bedürfnissen der Seele Raum zu gewähren. Erhellend für die geistige Sorge des zeitgenössischen Menschen sind die Worte Christi: „Darum fragt nicht, was ihr essen und was ihr trinken sollt, und ängstigt euch nicht! Denn um all das geht es den Heiden in der Welt. Euer Vater weiß, daß ihr das braucht. Euch jedoch muß es um sein Reich gehen; dann wird euch das andere dazugegeben" (*Lk* 12,29-31).

5. In der Enzyklika *Centesimus annus* habe ich hervorgehoben, daß die vom Atheismus erzeugte geistige Leere eine der wesentlichsten Ursachen für das Scheitern des marxistischen Wirtschaftssystems ist (vgl. Nr. 24-25). Die Werte geben der Arbeit nämlich den Antrieb und durch die feste Verbindung, die sie zwischen den Generationen herstellen, sichern sie die Entwicklung der Kultur eines Volkes. Wenn sie aber nicht auf die tiefen ethischen Wurzeln zurückgeführt werden, die allen Menschen gemeinsam sind, so verfallen sie und verschwinden.
Der Mensch, der auf der Suche ist nach einer eigenen globalen Orientierung, braucht durchgreifende Antworten auf die Frage nach dem Sinn des Lebens. Wenn sich die innersten geistigen Beweggründe verdunkeln, so wird der Mensch zu einer Produktionsmaschine reduziert, Kulturen und Völkerschaften werden „unnötige Unterscheidungen", die Politik wird dadurch „totalisierend", daß sie sich in eine Art „Weltreligion" verwandelt (*ebd.*, Nr. 25).
Es muß daher eine „Arbeitskultur" wiedergefunden werden, die nicht einfach nur von Produktionsinstanzen, sondern von den gesamten Ansprüchen der Person und der bürgerlichen Gesellschaft diktiert werden.

6. Daher ist es unumgänglich, daß der Betrieb zu einer wahren „Arbeitsgemeinschaft" wird (*Centesimus annus*, Nr. 32), in der Initiative, Unternehmungsgeist und Zusammenarbeit Raum und Entwicklung finden. Es ist deshalb notwendig, die Personenrechte zu bewahren, von denen ich in *Centesimus annus* (vgl. Nr. 6-9) eingehend gesprochen habe. Die verschiedenen Formen der Teilhabe und des Gesprächs müssen erhöht werden; die Rolle, die einem jeden eigen ist, muß anerkannt und auf einsichtige Komplementaritäten zurückgeführt werden. In den kleinen und mittleren Unternehmen ist dies zweifelsohne leichter als in den großen, da letztere oft von der Gefahr der Anonymität und Entfremdung bedroht werden.
„Arbeitskultur" bedeutet auch Dienst, nicht Manipulation der Konsumenten. Eine Arbeitsgemeinschaft bewährt sich als solche, wenn sie sich harmonisch in die bürgerliche Gesellschaft zu integrieren weiß, denn ihr muß sie dienen und den wirklichen Bedürfnissen der Menschen entgegenkommen, ohne durch die Manipulationen gewisser unkorrekter Werbungsformen falsche Illusionen zu erwecken. „Arbeitskultur" bedeutet schließlich, eine ethische Perspektive zu schaffen, die Un-

ternehmern und Arbeitern gemeinsam ist, wobei damit nicht die Kodifizierung einiger allgemeiner Spielregeln gemeint ist, sondern Gehorsam gegenüber der Wahrheit vom Menschen, der das Ebenbild Gottes ist. Ihr seid daher aufgerufen, jener religiösen venetianischen Seele Kraft zu verleihen, die in der Vergangenheit die Lebensqualität garantierte, die es heute verdient, gefestigt und verstärkt zu werden.

7. Liebe Brüder und Schwestern, die Herausforderung, der Vicenza heute gegenübersteht, ist die, zur „Kultur der Arbeit" einen beispielhaften Beitrag zu leisten. Das wird euch gelingen, wenn ihr stets in jedem Aspekt eurer politischen und wirtschaftlichen Programmierungen eine Haltung der Verantwortung und Solidarität vorherrschen laßt.

Seid weiterhin gastfreundlich, öffnet den Einwanderern eure Strukturen und seid geschickt in der Ausbildung jener sozialen Tugenden, ohne die man unweigerlich in egoistischen Individualismus, Entfremdung und Ausnutzung verfällt. Den Brüdern, die sich durch ihre Rasse, Kultur und Religion von euch unterscheiden und hier bei euch Arbeit suchen, könnt ihr das zurückgeben, was eure Väter, die einst ihrerseits ausgewandert sind, von anderem empfangen haben, und ihr könnt Zeugnis ablegen vom Evangelium der freundlichen Aufnahme und der Liebe. Jesus sichert demjenigen eine Belohnung, der den Fremden aufnimmt (*Mt* 25,35). Auch durch eine solche Eingliederung werdet ihr jene Kultur der Liebe gemäß dem Evangelium errichten, die gewisserweise bereits in dieser Welt das künftige Reich Gottes vorzeichnet.

Ich wünsche euch, daß ihr stets die Kraft habt, im Leben jenen weisen Eingebungen des Evangeliums nachzukommen. Darum rufe ich auf euch, auf eure Familien und eure Betriebe die reiche Gunst des Himmels herab.

Möge euch Maria, die ihr hier in Vicenza mit besonderer Hingabe verehrt, stets beschützen. Von ganzem Herzen segne ich euch.

Maria ist für die Menschheit geboren

Angelus am 8. September

1. „Voll Freude feiern wir das Geburtsfest der Jungfrau Maria, aus ihr ist hervorgegangen die Sonne der Gerechtigkeit, Christus, unser Gott."

Liebe Schwestern und Brüder, mit diesen Worten erinnert die heutige Liturgie an ein grundlegendes und entscheidendes Ereignis in der Geschichte der Menschheit und der Kirche: die Geburt Marias, der Mutter des menschgewordenen Wortes. Vor einem so wichtigem Ereignis, das das Herz der Christen tief berührt, verweilen wir, in Betrachtung versunken.

Wir ehren Maria, die von Gott erwählt wurde, Mutter des Erlösers zu werden. Maria ist für Jesus geboren, denn Gott wollte durch die Liebe einer Mutter Mensch werden. Maria ist für die gesamte Menschheit geboren, der sie den Erlöser geschenkt hat. Maria ist für jeden einzelnen von uns geboren, und sie wünscht nur unser Wohl im Hinblick auf die Ewigkeit.

2. Und wir rufen zu Maria, unserer himmlischen Mutter: wir bitten sie für uns selbst und für die Menschheit mit demselben Vertrauen, mit dem sie die uns vorausgegangenen christlichen Generationen angerufen haben.
Ich denke an die zahlreichen Marienheiligtümer, die die Umgebung von Vicenza schmücken. Insbesondere denke ich an die Basilika von Monte Berico, an die Madonna della Pieve und von Lourdes in Chiampo, an Santa Maria del Summano in Santorso, an Santa Maria Liberatrice in Malo, an die Madonna dei Miracoli in Lonigo, an Santa Maria del Cengio in Isola Vicentina, an die Madonna di Scaldaferro in Pozzoleone, an Santa Maria von Panisacco in Maglio di Sopra-Valdagno, an die Madonna von Spiazzo in Grancona, an die Madonna von San Sebastiano in Cornedo, an die Madonna von San Felice in Cologna Veneta, an die Madonna dei Capitelli in Vallonara di Marostica und an die Madonna della salute in S. Vito-Bassano del Grappa.
Liebe Schwestern und Brüder! Laßt uns Maria, unsere Mutter, verehren, bitten und anhören! Das neugeborene Kind, das wir heute feiern, ist ein Meisterwerk der göttlichen Gnade. Es ist die Mutter Gottes, die Königin des Himmels und der Erde.
Segne, o heilige Jungfrau, die Stadt und die Diözese Vicenza, und von deinem Heiligtum aus lenke uns alle, die wir dich jetzt im Angelusgebet anrufen, hin auf das tröstliche Vorbild des christlichen Glaubens.

Schwere Verletzung der Sicherheit in Europa

Gebet für den Frieden in Jugoslawien nach dem Angelus

Aus der über die ganze Welt verstreuten Kirche erheben sich heute besondere Bittgebete zu Gott, um das Ende der Kämpfe in Kroatien und den Frieden für alle Völker Jugoslawiens zu erflehen.
Auch wir haben in dieser Meinung beim Rosenkranz gestern abend und bei der heiligen Messe heute morgen gebetet und tun es noch, alle gemeinsam, indem wir uns an die Fürsprache der Königin des Friedens wenden.
In den vergangenen zwei Monaten haben sich die bewaffneten Auseinandersetzungen auf kroatischem Gebiet durch eine ständige Zunahme der Gewalt verstärkt. Die Anwendung schwerer Waffen ruft die wahllose Zerstörung von Wohnungen der Bürger, Kirchen und Klöster hervor mit zahlreichen Toten und Verwundeten. Die Bevölkerung sucht sich durch die Flucht aus ihrem Land zu retten und vermehrt so tagtäglich die Zahl der Flüchtlinge, die große Beschwerlichkeiten auf sich nehmen müssen.
All dies geschieht heute in Europa, trotz der internationalen bindenden Verpflichtungen, endgültig den Krieg zu verbannen. Tatsächlich sehen wir uns Konflikten gegenüber, von denen wir hofften, daß sie sich nie in diesem bereits in der Vergangenheit von so großen Greueltaten gepeinigten Europa wiederholen würden. Wir

stehen auch vor einer schweren Verletzung des Geistes der Schlußakte von Helsinki über die Sicherheit und Zusammenarbeit in Europa und der Charta von Paris über das neue Europa, die die Zuhilfenahme von Gewaltanwendung als Mittel zur Lösung jedes Streites nachdrücklich ausschließt. Die Appelle und Anstrengungen der internationalen Gemeinschaft, zu vermitteln, scheiterten bis jetzt an dem Willen, mit Gewalt den Interessen der Beteiligten den Vorrang zu geben.
Bitten wir die Gottesmutter, sie möge den Schmerzensschrei eines ganzen leidgeprüften Volkes hören. Bitten wir sie, damit sie die Herzen derer rühre, die die Macht haben, die Waffen zum Schweigen zu bringen, und sie mit Gefühlen des Friedens erfülle. Bitten wir um ihre Schutzherrschaft über alle Initiativen, die eingeleitet werden, um eine wirkliche „Kampfeinstellung" zu gewährleisten und die beteiligten Parteien zu ehrlichen Verhandlungen zu führen, die die Freiheit und Würde aller Völker Jugoslawiens gewährleisten, denen die Möglichkeit gegeben werden muß, die eigene Zukunft zu bestimmen. Das kroatische Volk, alle Völker Jugoslawiens haben das Recht, in Frieden zu leben, und sie ihrerseits die Pflicht, dazu beizutragen, daß die Voraussetzungen für einen wahren Frieden geschaffen werden.
Gott, der allmächtige, gewähre ihnen dieses unschätzbare Geschenk!

10. Pastoralbesuch in Latina (29. September)

Glauben heißt, sich für Gott entscheiden

Ansprache an die Priester, Ordensmänner und Ordensfrauen in Latina am 29. September

Liebe Brüder und Schwestern!

1. Bei diesem meinem kurzen Pastoralbesuch in eurer Diözese aus Anlaß der Hundertjahrfeier der Geburt der hl. Maria Goretti, die eure Landsmännin und ein leuchtendes Beispiel heroischer Treue zu Christus ist, freue ich mich besonders, euch, liebe Priester, Ordensmänner und Ordensfrauen zu treffen.
Das Leben Maria Gorettis - sie starb im Alter von kaum zwölf Jahren am 6. Juli 1902 - ist ein beredtes Zeugnis christlicher Konsequenz und einzigartiger Heiligkeit, hervorgegangen aus einer weisen, von den Werten des Evangeliums geleiteten häuslichen Erziehung. Ihr Leben war arm und opfervoll, aber wie fruchtbar an hochherziger Hingabe an Gott und seine Gebote!
In ihrem Namen grüße ich euch alle. Insbesondere begrüße ich euren Oberhirten, den lieben Bischof Domenico Pecile. Ich danke ihm für die liebenswürdigen Worte, mit denen er diese unsere Versammlung eröffnet hat. Und ich begrüße die übrigen anwesenden Bischöfe.
Durch jeden von euch, liebe Priester, Ordensmänner und Ordensfrauen, die ich im Geist umarme, möchte ich von dieser Kathedrale, dem Sinnbild der Einheit der kirchlichen Gemeinschaft aus, einen herzlichen Gruß an alle Glieder der Diözesen Latina, Terracina, Sezze und Priverno richten, die auf dem nunmehr festen Weg der Vereinigung sind.

2. „Das Schwache in der Welt hat Gott erwählt, um das Starke zuschanden zu machen ... das, was nichts ist, um das, was etwas ist, zu vernichten, damit kein Mensch sich rühmen kann vor Gott" (*1 Kor* 1,27-29). Diese Worte des hl. Apostels Paulus haben bei dem heutigen Anlaß eine ganz besondere Bedeutung. Sie unterstreichen die Macht des Herrn, die im Herzen des Menschen am Werk ist und dort, wo ihr Wirken Verfügbarkeit und Gelehrigkeit antrifft, Früchte der Heiligkeit hervorbringt. Sie erinnern uns an die grundlegende Berufung, die uns in der Taufe zuteilgeworden ist: Gott die Ehre zu geben durch die Darbringung unseres Lebens.
In Maria Goretti ehren wir die unbesiegbare Macht der göttlichen Gnade, die „den Wehrlosen die Kraft zum Martyrium schenkt", und mit Jesus können wir im Geist aufjubeln zum Lob des Vaters: „Ich preise dich, Vater, Herr des Himmels und der Erde, weil du all das den Weisen und Klugen verborgen, den Unmündigen aber offenbart hast. Ja, Vater, so hat es dir gefallen" (*Mt* 11,25-26).

Wie es schon in Maria von Nazaret geschah, wie es sich in so sehr vielen anderen treuen Dienerinnen und Dienern des Herrn im Lauf der Jahrhunderte erwiesen hat, so konnte auch in Maria Goretti der Heilige Geist in der Tiefe wirken, weil er ein demütiges Herz voll des Glaubens gefunden hat.
Der Glaube nämlich ist es, der das Leben dieses jungen Mädchens erklärt, das, mit nur zwölf Jahren, den Tod vorzieht, statt sich der Gewalt zu beugen. Ohne den Glauben wird die Gestalt Maria Gorettis farblos oder, schlimmer, sie wird in abwertende und zweideutige Schablonen gepreßt.
Glauben heißt, sich für den Herrn als das einzige Gut entscheiden, ja sich ganz von ihm in Besitz nehmen lassen und mit Werken ihm gestehen: „Du bist mein Herr; mein ganzes Glück bist du allein ... Du, Herr, gibst mir das Erbe und reichst mir den Becher; du hältst mein Los in deinen Händen" (*Ps* 16,2.5).
Aber gerade weil glauben heißt: Gott Kredit geben, auf ihn Vertrauen haben, darum wird der Akt des Glaubens auch zu einem willigen Zustimmen zu seiner Offenbarung (vgl. *Dei Verbum*, Nr. 5).
In Maria Goretti begegnen wir einem reifen, ganz festen Glauben, auf Grund dessen sie ihre Reinheit verteidigt in dem Wissen, ganz und gar Christus zu gehören. Sie weiß gut, daß ihr Leib ein Tempel des Heiligen Geistes ist, und daß, wenn sie der Versuchung nachgäbe, der Bund der Treue zum Herrn, die sie im Gebet so oft bekräftigt hat, gebrochen würde. Durch die Sünde trennt man sich ja von Gott, unserem einzigen Gut, und entscheidet sich für die „Idole", die Götzen, die zum Tod führen; und so geht man also der Hölle, der ewigen Verdammnis entgegen.

3. Liebe Brüder und Schwestern, das Beispiel dieses Mädchens, das mit zwölf Jahren die Gnade des Martyriums erhielt, möge stets vor euch und eurem apostolischen Einsatz stehen. Seid wie sie Menschen tiefen Glaubens und vollkommener Hingabe an Gott, der euch berufen hat, Heilige und unerschrockene Boten des Evangeliums zu sein. Christus braucht eure volle Verfügbarkeit, um in euch zu wirken und um durch den pastoralen Dienst, den er euch anvertraut hat, im Herzen all derer zu wirken, die euch jeden Tag begegnen.
Gewiß sind nicht alle berufen, wie Maria Goretti das Martyrium zu erleiden, aber von jedem wird verlangt, nach der vollen Erfüllung der christlichen Tugend zu streben. Diese Askese des Geistes erfordert Stärke, beständige Aufmerksamkeit und mutigen Verzicht auf weltliche Ideale. Es handelt sich um die Aufgabe, täglich wach zu sein und auf keinen Fall davon abzulassen, sondern jeden Tag wieder anzufangen, bis zum Ende unseres irdischen Weges. Es ist ein Kampf mit sich selbst, der einem langsamen und lange währenden Martyrium ähnlich werden kann. Das Evangelium mahnt uns mit klaren und bestimmten Worten dazu: „Dem Himmelreich wird Gewalt angetan; die Gewalttätigen reißen es an sich" (vgl. *Mt* 11,12).

4. Das ist das glutvolle Zeugnis für das Evangelium, das eure große Diözese in ihren Gliederungen von euch erwartet. Ihre einzigartige geographische und menschliche Gestaltung, in der sich die ältesten Pfarreien der gebirgigen Zone und die jüngsten Gemeinden der urbar gemachten pontinischen Zone begegnen, verlangt besonders

von euch Priestern, mit noch größerer Hochherzigkeit den Weg des Glaubens, der Zusammenarbeit und der aufrichtigen Gemeinschaft mit eurem Bischof und untereinander zu gehen. Denkt stets daran, daß das Band priesterlicher Verbundenheit nicht einfach der juridischen, disziplinären oder soziologischen Ordnung angehört, sondern einen ontologischen und sakramentalen Charakter hat. Es ist eine Gnade, die das ganze Sein der Person noch vor ihrem Handeln einbezieht und zum „neuen Gesetz" wird.

Das II. Vatikanische Konzil hebt sehr passend hervor: „Kraft der Gemeinsamkeit der heiligen Weihe und Sendung sind die Priester alle einander in ganz enger Brüderlichkeit verbunden. Diese soll sich spontan und freudig äußern in gegenseitiger Hilfe, geistiger wie materieller, pastoraler wie persönlicher Art, in Zusammenkünften, in der Gemeinschaft des Lebens, der Arbeit und der Liebe" (*Lumen Gentium*, Nr. 28).

Das gegenseitige Einvernehmen, von einem reifen Glaubensgeist genährt, wird euch, liebe Priester, helfen, gemeinsam all die Schwierigkeiten des Apostolats zu meistern, die sich aus den veränderten sozio-kulturellen Bedingungen unserer Zeit ergeben.

Infolge der geringen Zahl der Priester wird jedem von euch, auch den Ältesten, oft eine schwere und lang dauernde seelsorgliche Bürde auferlegt. Manchmal bringen die tägliche Arbeit, die Anspannung und Ermüdung die Gefahr mit sich, die Begeisterung für die priesterliche Sendung abzuschwächen und sogar die Zeit und den Schwung zum Gebet wegzunehmen. Dann ist es wichtig, daran zu denken, daß das Stundengebet, die Meditation und die *Lectio divina*, der Rosenkranz und vor allem die Feier der Eucharistie in eurem Tag Augenblicke von höchster Bedeutung sind. Andernfalls kann das Apostolat ungewollt in geschäftigen Aktivismus ausarten. In diesem Zusammenhang kommen mir die weisen Ermahnungen in den Sinn, die der hl. Bernhard an Papst Eugen III., seinen ehemaligen Schüler richtete: „Ich fürchte, daß mitten in deinen vielfältigen Beschäftigungen, die kein Ende absehen lassen, deine Seele austrocknet. Da alle dich zur Verfügung haben, sei auch du selbst einer von denen, die über dich verfügen. Denk also daran, daß du - ich will nicht sagen, immer, ich will nicht sagen, oft, aber wenigstens hin und wieder - dich dir selbst wiedergeben mußt. Mache auch du von dir selbst Gebrauch, mit vielen andern oder wenigstens nach den andern."

5. Die anspruchsvolle neue Evangelisierung, die eure Diözese bereits begonnen hat, ist auf den qualifizierten Beitrag und die hochherzige Unterstützung von euch allen angewiesen, liebe Ordensmänner und Ordensfrauen, die ihr kraft eurer Ordensprofeß in ausschließlicher Weise Gott und der Kirche geweiht seid. Ihr seid die „Zeugen des Absoluten", diejenigen, die um des Himmelreiches willen alles verlassen haben. Ihr wißt, daß eure Gabe an die kirchliche Gemeinschaft in erster Linie in dem Zeugnis der Weihe besteht, die euch durch die öffentlich abgelegte und konsequent gelebte Profeß der Gelübde von Armut, Keuschheit und Gehorsam an den Herrn bindet. Die christliche Gemeinschaft und die bürgerliche Gesellschaft betrachten euch gleichsam als „Professionalisten der Heiligkeit" und erwarten von

euch konkrete Beispiele der Treue zu Christus und der brüderlichen und schwesterlichen Aufnahmebereitschaft. Liebe Ordensmänner und Ordensfrauen, seid Menschen, die überall Gemeinschaftsempfinden und Hoffnung verbreiten. Stellt in Demut und im Geist des Dienstes allen die einzelnen Gaben zur Verfügung, mit denen Gott euch bereichert hat. Insbesondere ihr Ordensfrauen seht zu, daß ihr das Talent eurer Fraulichkeit und das Charisma eurer verschiedenen Institute zum Wohl der ganzen Diözese einsetzt.
Verkündet mit Freude die Auferstehung Christi. Und ihr werdet bezeugen, daß Christus lebt, wenn er wirklich in euch auferstanden und in eurem Dasein lebendig ist. Wenn man nämlich sein erbarmendes und tröstendes Handeln erfährt, wenn er die Kraft schenkt, sich auf die andern hin zu öffnen und freien und ungeteilten Herzens für die Brüder und Schwestern verfügbar zu sein, zu verzeihen und Freude zu verbreiten, dann begreift man vollständig, daß der Erlöser lebendig ist. Man wird fähig, ihn auf Kosten eines jeden Opfers selbst des Todes, zu verkünden.
Genauso geschah es mit der hl. Maria Goretti. Ich fordere euch auf, oft zu ihrer Fürbitte Zuflucht zu nehmen.

6. „Das Schwache in der Welt hat Gott erwählt, um das Starke zuschanden zu machen ... damit kein Mensch sich rühmen kann vor Gott" (*1 Kor* 1,27.29). Diese Bestätigung des hl. Paulus, mit der wir unser Treffen eröffnet haben, kommt mir jetzt, da wir zum Abschluß kommen, erneut in den Sinn. Es ist wahr, der Herr handelt mit Macht, er führt seinen Plan des Erbarmens und der Erlösung zur Vollendung; aber er verlangt von seinen Jüngern demütige und gelehrige Mitarbeit. Er fordert von jedem von uns, im Gebet und im Einsatz für das Evangelium beharrlich durchzuhalten.
Die Jungfrau Maria, die ihr hier in Latina unter dem bedeutsamen Titel „Mutter der Kirche" anruft, helfe und schütze euch stets bei diesem Bemühen. Auch die Heiligen, die diese eure Region evangelisiert haben, von den ersten Märtyrern Terracinas an bis zur hl. Maria Goretti, vom hl. Thomas von Aquin bis zum hl. Karl von Sezze, mögen euch beschützen.
Ferner begleite euch meine liebevolle Aufmunterung, die ich mit einem besonderen Apostolischen Segen bekräftige.

Maria Goretti - Lehrerin des Glaubens

Predigt beim Pastoralbesuch in Latina am 29. September

1. „Die Stunde ist gekommen, daß der Menschensohn verherrlicht wird" (*Joh* 12,23).
Die Worte Christi, unmittelbar vor seinem Leiden ausgesprochen - vor dem schändlichen Leiden, denn als solches galt die Kreuzigung -, stehen im Mittelpunkt der heutigen Liturgie anläßlich des hundertsten Geburtstags Maria Gorettis. Wir feiern

den Tag ihrer Geburt auf dieser Erde, haben jedoch eine andere Geburt vor Augen: die im Himmel, aufgrund ihres Martyriums.
„Wenn das Weizenkorn nicht in die Erde fällt und stirbt, bleibt es allein; wenn es aber stirbt, bringt es reiche Frucht" (*Joh* 12,24). Gerade diese Worte des Erlösers der Welt haben sich zu Beginn unseres Jahrhunderts erfüllt; sie haben sich in Maria Goretti erfüllt, deren kurzes Leben „reiche Frucht gebracht hat". Indem sie ihr Leben „in dieser Welt" verlor, bewahrte sie es „bis ins ewige Leben" (*Joh* 12,25).
So wurde sie zum Ruhm der Kirche und zur Quelle der Hoffnung für uns.

2. Über diese Hoffnung sagt der hl. Paulus in der zweiten Lesung: „Das Törichte in der Welt hat Gott erwählt, um die Weisen zuschanden zu machen, und das Schwache in der Welt hat Gott erwählt, um das Starke zuschanden zu machen. ... Gott [hat] erwählt, ... was nichts ist, um das, was etwas ist, zu vernichten, damit kein Mensch sich rühmen kann vor Gott" (*1 Kor* 1,27-29).
Ja, Gott hat sie erwählt.
Ja, Gott hat sie mit Ehren bekleidet.
Er hat ein einfaches Mädchen vom Land, bescheidener Herkunft, mit Ehren bekleidet. Er hat sie in der Kraft seines Geistes mit Ehren bekleidet. „Der irdisch gesinnte Mensch aber läßt sich nicht auf das ein, was vom Geist Gottes kommt. Torheit ist es für ihn, und er kann es nicht verstehen" (*1 Kor* 2,14).
Maria Goretti hingegen hat es verstanden. Sie verstand es, mit Hilfe des Geistes zu urteilen (vgl. *1 Kor* 2,14). Sie ist der Stimme des Geistes, der Stimme des Gewissens nicht aus dem Weg gegangen. Sie gab nicht nach. Sie zog den Tod vor. Der Heilige Geist half ihr mit der Gabe der Stärke, zu „urteilen" und mit ihrem jugendlichen Herzen eine Entscheidung zu treffen. Als sie keine andere Möglichkeit hatte, um ihre jungfräuliche Reinheit zu verteidigen, entschied sie sich für den Tod.

3. Die Lesungen der heutigen Liturgie sind sehr eindrucksvoll. Sie führen uns sozusagen in die Tiefe der tragischen Prüfungen ein, die dieses am 6. Juli 1902 ermordete Mädchen zu bestehen hatte.
Maria Goretti fühlte, daß der Tod ihre Seele bedrohte „Schon war ich dem Tode nahe" - (*Sir* 51,6) und stand der tödlichen Bedrohung allein gegenüber „Ich spähte nach einem Beistand, doch keiner war da" - (*Sir* 51,7): sie war bedrängt, „und fand keinen Helfer" (*ebd.*). Was uns die erste, dem Buch Jesus Sirach entnommene Lesung sagt, entspricht in eindrucksvoller Weise den damaligen Ereignissen.
Als keine Hilfe von den Menschen kam - nicht weil sie die Hilfe verweigert hätten, sondern ganz einfach, weil das Mädchen allein im Haus und niemand in seiner Nähe war - erinnerte sich Maria des Erbarmens des Herrn: „Da dachte ich an das Erbarmen des Herrn ... er hilft allen, die auf ihn vertrauen, und erlöst sie aus jeder Gefahr" (*Sir* 51,8).
Von welcher Gefahr spricht dieses Mädchen vom Land? Meint es damit vielleicht den, der sein junges Leben bedroht? Fürchtet es ihn, oder fürchtet es - nach den Worten Christi - vielleicht noch mehr den, der Leib und Seele ins Verderben stürzen kann? Ja, sie fürchtet sich, aber vor allem vor dem letzteren.

4. So erhebt sie flehend ihre Stimme und betet um die Befreiung vom Tod (vgl. *Sir* 51,9). Sicher wollte Maria nicht sterben; dieses junge Mädchen, das kaum begonnen hatte, seiner Zukunft entgegenzublicken, wollte nicht sterben.
So wandte sie sich an den Herrn: „Herr, mein Vater bist du, mein Gott, mein rettender Held. Verlaß mich nicht ... deinen Namen will ich allzeit loben, an dich denken im Gebet" (*Sir* 51,10-11).
„Da hörte der Herr meine Stimme und achtete auf mein Flehen" (*ebd.*), fügt der biblische Autor hinzu.
Auf welche Weise wurde Maria Gorettis Flehen wirklich erhört? Sie liegt, zu Tode verletzt, in einer Blutlache. Wie ist also ihr Flehen erhört worden? Wie hat Gott sie vor dem Verderben gerettet und vom Unheil erlöst (vgl. *Sir* 51,12)?
Die Antwort auf diese Frage kam später und auf endgültige Weise am 24. Juni 1950, als Papst Pius XII. die junge Märtyrerin zur Ehre der Altäre erhob. An jenem Tag erfüllten sich restlos die Worte der Schrift: „Darum danke ich dem Herrn und will seinen Namen loben und verherrlichen" (*Sir* 51,12).
Maria Goretti ist nun für immer in der Herrlichkeit, die Gott für die Märtyrer bereitet hat, für die Märtyrer aller Zeiten, schon seit den römischen Christenverfolgungen: für Agnes, Lucia, Agatha, Cäcilia und viele andere. Zu Beginn unseres Jahrhunderts fiel auch ihr diese Ehre zu.

5. Wenn man sie heute in der Urne betrachtet, die vom Heiligtum in Nettuno hierher in unsere Mitte gebracht wurde, kann man nicht gleichgültig bleiben. Ihr für die rückhaltlose Treue zu Gott vergossenes Blut erinnert uns daran, daß auch wir berufen sind, uns dem Vater darzubringen.
Wir sind berufen, den Willen Gottes zu erfüllen, um vor seinem Antlitz heilig und würdig befunden zu werden. In unserer Berufung zur Heiligkeit - der Berufung aller Getauften - werden wir durch das Beispiel dieser jungen Märtyrerin ermutigt.
Vor allem ihr, liebe Kinder und Jugendliche, sollt auf sie blicken. Ihr sollt ebenso wie sie imstande sein, die Reinheit des Herzens und des Leibes zu verteidigen. Setzt euch ein im Kampf gegen Übel und Sünde und vertieft eure Gemeinschaft mit dem Herrn durch das Gebet, tägliche Übung in der Abtötung und gewissenhafte Befolgung der Gebote.
Fürchtet euch nicht, dem Zeitgeist zu widerstehen und die Götzen der Welt zu verwerfen, wenn es sich darum handelt, mit einem mutigen Verhalten für den keuschen und armen Christus Zeugnis abzulegen. Schätzt allzeit die Reinheit und die Jungfräulichkeit hoch.
Maria Goretti ist mit ihrem schweigenden Heroismus Lehrerin des Glaubens, der Überzeugungstreue und der echten Liebe. Sie lehrt uns, in Christus den Wert der Wahrheit neu zu entdecken, die den Menschen von der Sklaverei des Materiellen befreit, und die echte Schönheit zu verkosten und das Gute, das das Böse besiegt.
Maria Goretti spornt uns an, die Freude der Armen zu empfinden, die auf alles zu verzichten wissen, um das einzig Notwendige nicht zu verlieren: die Freundschaft Gottes, der allein imstande ist, unsere Personenwürde vollauf zu bekräftigen.

Liebe Jugendliche, hört auf die Stimme Christi, der auch euch auf den schmalen Weg der Heiligkeit einlädt.
Folgt den Spuren dieser eurer Landsmännin und zögert nicht, dem „Lamm, das geschlachtet wurde” (*Offb* 5,12) nachzufolgen. Durch Ausdauer ohne Unsicherheit und Angst werdet ihr als „Erstlingsgabe für Gott und das Lamm” (*Offb* 14,4) zu den Erlösten unter den Menschen zählen und könnt viele Altersgenossen auf dem Weg der wahren Freiheit und der Liebe unterstützen.

6. Mit dieser Aufforderung - die in erster Linie der Jugend, aber auch der ganzen christlichen Gemeinde gilt - grüße ich euch alle, liebe Brüder und Schwestern dieser Diözese, die ihr zur Ehre der hl. Maria Goretti im Geist um diesen Altar versammelt seid.
Mit Liebe und Achtung begrüße ich euren Hirten, Bischof Domenico Pecile, und mit ihm die Priester, seine tüchtigen Mitarbeiter im Hirtenamt. Ich begrüße die Ordensleute, die sich Christus geweiht haben, um ihm radikal nachzufolgen. Auch wende ich mich an die Laien, die den verschiedenen kirchlichen Vereinigungen und Bewegungen angehören; ich wende mich an euch, liebe Eltern und Lehrer, denen zu einem guten Teil die Heranbildung der kommenden Generationen anvertraut ist. Ich denke an euch, liebe Kranke, die ihr von Leid und Schmerz an Leib und Geist geprüft seid.
Ich grüße auch achtungsvoll den Herrn Bürgermeister von Latina und die bei dieser feierlichen Eucharistie anwesenden politischen, administrativen und militärischen Autoritäten. Ich danke allen, die auf verschiedene Weise an der Organisation dieses intensiven, wenn auch kurzen Aufenthaltes in eurer Stadt mitgewirkt haben.
Liebe Brüder und Schwestern! Blickt auf Maria Goretti; blickt auf den Himmel, in den sie dank der heldenhaften Befolgung der Gebote gelangt ist und wo sie nun in der Herrlichkeit der Heiligen weilt.

7. Ja, „die Stunde ist gekommen, daß der Menschensohn verherrlicht wird” (*Joh* 12,23).
Vor hundert Jahren wurde Maria Goretti geboren, die von der Kirche als Heilige verehrt wird.
„Gepriesen sei Gott in seinen Heiligen.”
Heute danken wir der allerheiligsten Dreifaltigkeit für dieses junge Leben und für das Martyrium, das es gekrönt hat. Durch dieses Leben und diesen heldenhaften Tod wurde der Menschensohn zu Beginn unseres Jahrhunderts verherrlicht.
„Gepriesen sei Gott in seinen Heiligen.” Amen!

Maria Goretti - ein Vorbild im Martyrium

Ansprache in „Le Ferriere di Conca" (Latina) am 29. September

Liebe Brüder und Schwestern!

1. Ich bin hier in eurer Mitte, nach Le Ferriere di Conca, im sogenannten „Agro Pontino" gekommen, um Maria Goretti zu verehren, das Mädchen, das fähig war, mit dem Opfer seines Lebens Christus, dem Herrn, der „Segen und Leben in Ewigkeit spendet" (vgl. *Ps* 133) seine rückhaltlose Treue zu beweisen.
Hundert Jahre nach der Geburt dieses Mädchens bin ich als Pilger gekommen, um den Dank der Kirche an den himmlischen Vater für den heroischen Glauben dieser jungen Märtyrerin zu erneuern, die Papst Pius XII. am Tag ihrer feierlichen Aufnahme unter die glorreichen Heiligen als „heilige Agnes des 20. Jahrhunderts" bezeichnete. Maria Goretti ahmte die Jungfrauen der ersten christlichen Jahrhunderte nach und nahm, um ihre Jungfräulichkeit unversehrt zu bewahren, den Tod auf sich.
So wird ein Bauernmädchen zum echten Vorbild für uns: zum Vorbild christlichen Lebens und echter Heiligkeit. Eure Landsmännin - wir können sie wohl als solche bezeichnen, da sie, obwohl in Corinaldo, in der Provinz Ancona geboren, hier lebte und hier ihr Opfer vollendete - hat ja, Jesus nachahmend, dem Namen des Herrn Ehre erwiesen, indem sie mit ihrem Blut für die Wunder Gottes Zeugnis ablegte, der in den Schwachen seine Macht offenbart und den Hilflosen die Kraft des Martyriums verleiht (vgl. *Präfation der heiligen Märtyrer*).

2. Im Gedenken an Maria Goretti gilt nun euch allen, die ihr um ihr bescheidenes, heute renoviertes und zum Ziel zahlreicher Pilgerfahrten gewordenes Heim versammelt seid, meine Aufmerksamkeit.
Vor allem begrüße ich Bischof Domenico Pecile von Latina und Bischof Dante Bernini von Albano sowie den Herrn Bürgermeister von Latina, der bei dieser familiären Begegnung anwesend sein wollte.
Auch grüße ich achtungsvoll den Generalsuperior der Kongregation der Passionisten, P. José Augustin Orbegozo Jàuregui, den Pfarrer, P. Mariano Pagliaro und die Passionistenpatres, denen die Pfarrseelsorge in Le Ferriere und am Heiligtum von Nettuno anvertraut ist. Ich begrüße die Passionistinnen vom hl. Johannes vom Kreuz, die das Haus Maria Gorettis bewahren, das heute ein Zentrum des Gebetes und des geistlichen Lebens ist.
Mit Freuden habe ich erfahren, daß die Zahl der Pilger, die, aus Italien und dem Ausland kommend, um Maria Goretti an der Stätte ihres Martyriums zu verehren, in den letzten Jahren zugenommen hat. Hierzu kommt heute eine Gruppe von Jugendlichen und Erwachsenen, die mit dem Fahrrad von Corinaldo, dem Geburtsort Maria Gorettis, nach Le Ferriere, der Stätte ihres Martyriums gekommen sind, wobei sie den gleichen Weg zurücklegten, den 1896 die Familie Goretti gegangen war. Ich grüße diese „Pilger der Staffette" sehr herzlich, wollten sie doch mit ihrer Initiative in Gedanken den Weg Maria Gorettis von der Geburt bis zum Tod nachvollziehen.

3. Mein herzlicher Gedanke gilt jedoch vor allem euch, den Bewohnern dieses Weilers und der angrenzenden Ortschaften. Die Erinnerung an dieses Mädchen, das in viel härteren Zeiten lebte als es die heutigen sind, das die Schwierigkeiten eines armen, von der erschöpfenden und harten Feldarbeit gezeichneten, aber fest in den edlen Traditionen der Familie und in den grundlegenden menschlichen und christlichen Werten verankerten Lebens kannte, ist heute noch unter euch lebendig. Maria Gorettis Beispiel folgend, sollt auch ihr diesen Werten treu bleiben: der Achtung für das Leben, der gegenseitigen Solidarität, der Bereitschaft zur Gastfreundschaft und zur Aufnahme der Einwanderer, der Liebe zum Gesetz Gottes und der heiligen Gottesfurcht. Dies ist das wertvolle Erbe, das ihr von euren Vorfahren übernommen habt, die, ebenso wie die Familie Goretti, aus anderen Regionen Italiens hier eingewandert waren.
Habt stets das Zeugnis der kleinen Maria vor Augen, die euch besonders teuer ist, weil ihr in ihr „eine von euch" seht. Haltet die vorbildliche und geistliche Botschaft hoch, die sie euch hinterlassen hat, und seid für alle, die als Pilger hierher kommen das lebendige Beispiel einer Tradition, die weiterlebt, weil sie sich an der unvergänglichen Neuheit des Evangeliums orientiert.

4. Als Vorbild im Martyrium hilft Maria Goretti, nachdem sie ihrem Mörder den Weg der christlichen Treue gewiesen hat, noch heute allen, die das Evangelium mit seinen strengen, aber befreienden sittlichen Forderungen annehmen wollen. Ganz besonders ermutigt sie euch, liebe Kinder und Jugendliche; sie schenkt allen, die sich im Kampf gegen das Böse und in der Suche nach dem wahren Guten sowie im echten Verlangen nach Christus an sie wenden, neue Kraft.
Heilige Maria Goretti, du treue Märtyrerin, du leuchtendes Vorbild der Alltagsheiligkeit, mit dem glorreichen Siegel des geopferten Lammes bezeichnet, hilf allen; hilf vor allem den jungen Menschen, die deinen Heroismus bewundern und deinen Eifer im Glauben und deine Sittenreinheit nachahmen wollen.
Ich segne euch aus ganzem Herzen.

11. Pastoralbesuch in Brasilien (12. bis 21. Oktober)

Der Mensch ist ein Pilger zum Absoluten

Predigt zum Abschluß des 12. Eucharistischen Kongresses in Natal am 13. Oktober

1. „Mein Fleisch ist wirklich eine Speise, und mein Blut ist wirklich ein Trank" (*Joh* 6,55).
Gemeinsam mit euch allen, liebe Brüder und Schwestern, bekenne ich diese Wahrheit unseres Glaubens und unseres Glaubenslebens. Gemeinsam bekennen wir sie bei diesem Kongreß, der zum großen Altar geworden ist, an dem ganz Brasilien das eucharistische Geheimnis verehrt und feiert.
Es trifft sich gut, daß der Kongreß in Natal stattfindet. Gerade hier hat im Jahre 1645 ein einfacher, tief religiöser Mann, Matias Moreira, mit seinen Gefährten in der Region, die als Cunhaù und Uruacù bekannt war, ein schönes Zeugnis abgelegt, das an das Zeugnis der Märtyrer der Urkirche erinnert. Als er wegen seiner Weigerung, den Glauben an die Eucharistie und die Treue zu Kirche und Papst zu verleugnen, von Ungläubigen beleidigt und geschlagen wurde, als man ihm die Brust zerfleischte, um ihm das Herz herauszureißen, rief er aus: „Gelobt sei das allerheiligste Sakrament!"
Brüder und Schwestern, dieses großartige Glaubensbekenntnis hat mit hochherzig vergossenem Blut die Erde dort getränkt, wohin nun ganz Brasilien gekommen ist, um seine Verehrung der wirklichen Gegenwart Christi in der Eucharistie erneut zu bekräftigen.
Wenn ich in diesem Augenblick zusammen mit euch allen, die ihr hier anwesend seid, wiederum das gleiche Glaubensbekenntnis ablege, dann möchte ich alle Regionen dieses ungeheuer großen Landes umfassen, das fast ein eigener Kontinent im südamerikanischen Kontinent ist. Heute beginne ich meinen Besuch, der der Kirche auf brasilianischer Erde gilt. Wenn die Strecke meiner Pilgerreise auch notwendigerweise begrenzt ist, so fühle ich mich doch im Herzen und im Gebet mit allen verbunden. Ich lade die Brasilianer aller Regionen zu diesem eucharistischen Gastmahl ein, das uns vom Herrn bereitet ist: vom fernen Amazonien und dem ganzen Norden und Nordosten, von der atlantischen Küste und vom Süden, von den Gebirgen und den weiten zentralen Ebenen und auch aus den westlichen Grenzgebieten.
Wir alle vereinen uns in einer einzigen Bekräftigung unseres Glaubens an die Eucharistie und in der Anbetung dieses Geheimnisses: „Ave, verum Corpus natum de Maria Virgine."

2. „Du sollst an den ganzen Weg denken, den der Herr, dein Gott, dich ... geführt hat" (*Dtn* 8,2). Diese Worte lesen wir im Buch Deuteronomium. Sie erinnern Israel an die vierzig Jahre seiner Pilgerschaft in der Wüste, als es durch die Macht Gottes

aus der Sklaverei Ägyptens befreit wurde: „Nimm dich in acht, daß dein Herz nicht hochmütig wird und du den Herrn, deinen Gott, nicht vergißt, der dich aus Ägypten, dem Sklavenhaus, geführt hat" (*Dtn* 8,14).

Diese Wüste ist ein Bild des Lebens der Menschen und der Völker. Auf welchen Wegen hat Gott, der Herr, das Volk dieser brasilianischen Erde im Verlauf der Jahrhunderte geführt? Von wieviel Orten seid ihr nach hier gekommen? Und immer noch seid ihr unterwegs. Brasilien ist der Schauplatz großer Wanderungen von solchen, die auf der Suche nach Arbeit, Brot und Wohnung sind.

Die Wüste ist das Bild des menschlichen Lebens auf Erden, an welchem Ort auch immer, und sollte es im fruchtbarsten Land sein, das den ganzen Reichtum der modernen Zivilisation besäße. An welchem Ort er sich befinden mag: Der Mensch ist ein Pilger, unterwegs zum Absoluten. Er ist ein Pilger zum Haus des Vaters, wo er seine wahre Wohnung hat.

Wie es für den menschlichen Leib ein notwendiges Bedürfnis ist, nach Brot zu hungern und nach Wasser zu dürsten, um nicht in Erschöpfung zu fallen, so dürstet der menschliche Geist, nach dem Bild und Gleichnis Gottes geschaffen, nach Gott: „Meine Seele dürstet nach Gott, nach dem lebendigen Gott" (*Ps* 41/42,3).

3. Die Eucharistie ist die Antwort Gottes auf den Durst der Menschen, die auf dieser Welt dem himmlischen Vaterland entgegenwandern. In der Wüste hat Gott sein Volk mit dem Manna gespeist, das vom Himmel fiel. Das Manna war das Bild der Eucharistie. Christus hat gesagt: „Ich bin das lebendige Brot, das vom Himmel herabgekommen ist. Wer von diesem Brot ißt, wird in Ewigkeit leben. Das Brot, das ich geben werde, ist mein Fleisch für das Leben der Welt" (*Joh* 6,51).

Jesus von Nazaret sprach diese Worte nach der wunderbaren Brotvermehrung in der Nähe von Kafarnaum. Viele der Anwesenden konnten ihn nicht begreifen. Sie sagten: „Was er sagt, ist unerträglich" (*Joh* 6,60). Und sie gingen fort, um nichts mehr von dem zu hören, was Jesus sagte, so unwahrscheinlich kamen ihnen diese Worte vor.

Es mußte das letzte Abendmahl von Jerusalem kommen. Es mußte der darauffolgende Tag kommen, an dem der Leib Christi zum Tod am Kreuz hingegeben wurde und sein Blut als Sühneopfer für die Sünden der Welt vergossen wurde, damit die Eucharistie zur sakramentalen Speise und zum Trank für die Kirche würde, von den ersten Tagen an bis in unsere Zeit ... bis ans Ende der Welt.

4. Die Apostel, die am Pfingsttag aus dem Abendmahlssaal in Jerusalem traten, gingen in alle Welt, um zu verkünden: „Jesus ist der Herr" (*Röm* 10,9). Sie haben das Evangelium und die Eucharistie an uns weitergegeben. Das Evangelium ist die Bezeugung des gekreuzigten und auferstandenen Gottessohnes. Die Eucharistie ist das Sakrament seines Erlösungsopfers für das Leben der Welt.

5. Als der Herr beim letzten Abendmahl die heilige Eucharistie einsetzte, war es Nacht, und das bedeutet, wie der hl. Johannes Chrysostomus dazu bemerkt, daß die Zeiten erfüllt waren (*In Matthaeum homiliae* 82,1; *PG* 58,700). So hat sich der Weg aufgetan zu einem wirklichen Tagesanbruch: zum neuen Ostern. Die Eucharistie

wurde während der Nacht eingesetzt als Vorbereitung auf den Morgen der Auferstehung. Sie zeigt uns, daß wir uns nicht länger mehr vom Manna der Wüste ernähren, da wir doch das Brot für heute und für immer haben.
Liebe Brüder und Schwestern, der Papst möchte seine Pilgerfahrt auf brasilianischer Erde gerade im Rahmen der Eucharistiefeier beginnen, weil er der Träger der Botschaft des Allerhöchsten ist, des „Wortes, das Fleisch geworden ist" (vgl. *Joh* 1,14), um diesen neuen Tagesanbruch zu verkündigen, der am Horizont aufleuchtet. Der 12. Nationale Eucharistische Kongreß, der „Eucharistie und Evangelisierung" zum Thema hatte, war wie der Windhauch des Heiligen Geistes, der „‚die Samen des Wortes', auch durch religiöse Anregungen, durch Anstrengungen allen menschlichen Handelns, sofern es auf die Wahrheit, auf das Gute, auf Gott gerichtet ist" (*Redemptoris missio*, Nr. 28) zum Keimen bringt. Ich danke dem lieben Bruder im Bischofsamt Alair Vilar Fernandes de Melo und der ganzen Kommission, die diesen Kongreß organisiert hat, für die Liebe und Hingabe, die sie für seine Vorbereitung und Durchführung aufgewandt haben, und grüße bei dieser Gelegenheit auch den Herrn Kardinal Nicolas Lopez Rodriguez. Meine besten Wünsche am Beginn seines neuen Auftrags als Präsident des CELAM!
Christus, unser Herr, ist der göttliche Sämann, der das Korn in seinen durchbohrten Händen hält, es in seinem Blut wäscht, es reinigt, es läutert und in die Furche der Welt streut. Einzeln streut er die Samenkörner aus, damit jeder Christ in seiner eigenen Umwelt Zeugnis gebe für die Fruchtbarkeit des Todes und der Auferstehung des Herrn.
Vergessen wir nicht, was ich in der Enzyklika *Redemptoris missio* geschrieben habe: „Als erste kann die Kirche von der Wohltat des Heiles Nutzen ziehen. Christus hat sie sich mit seinem Blut erworben (vgl. *Apg* 20,28) und sie als seine Mitarbeiterin im universalen Heilswerk eingesetzt" (Nr. 9). Das Heil, das Geschenk des Geistes ist, erfordert die Mitarbeit des Menschen zu seinem und der anderen Heil. Darum muß das Wort Gottes großzügig ausgestreut werden, damit die Menschen Christus kennenlernen und, wenn sie ihn kennen, Hunger nach ihm haben. „Wie sollen sie nun den anrufen", sagte der hl. Paulus, „an den sie nicht glauben? Wie sollen sie an den glauben, von dem sie nichts gehört haben? Wie sollen sie hören, wenn niemand verkündigt?" (*Röm* 10,14). Darum ist es bedeutsam, daß die Einführung zum grundlegenden Text dieses Kongresses alle anspornt, zu „einem stärkeren Bemühen um die Dimension der Evangelisierung ... die ein Gesamtwerk der Missionierung anbahnen kann, nicht nur Massenevangelisierung, sondern auch auf der Ebene von kleinen Gruppen oder Spezialgebieten".
„Er wird von Nutzen sein, fährt der Text noch weiter fort, um die Träger der Pastoral vorzubereiten und heranzubilden: Priester, Ordensleute und Laien, die ihrerseits diese Botschaft an der Basis verbreiten können." Es ist also dringend notwendig, über seine Beschlüsse hinsichtlich einer neuen Evangelisierung nachzudenken und sie in die Praxis umzusetzen. Die Evangelisierung soll den Glauben hineintragen „in die Herzen aller Männer und aller Frauen, in die sozialen und politischen Strukturen, in die Familien, vor allem die jungen Familien, in die Gebiete des Wissens und die

der Arbeit, in die Gruppen der völkischen Minderheiten und die der einheimischen Bevölkerung, in die Dörfer und die Städte" (*Ansprache in Port-au-Prince*, 9.3.83).

6. Diese Atmosphäre apostolischen Eifers, Grundlage der 4. allgemeinen Versammlung des lateinamerikanischen Episkopates, die für 1992 in Santo Domingo einberufen ist, war auch ein leuchtendes Licht für alle Teilnehmer an den Arbeiten dieses Kongresses, den in dieser festlichen Eucharistiefeier heute abzuschließen ich die Freude habe. Möge der Heilige Geist auf alle, Bischöfe, Priester, Ordensmänner, Ordensfrauen und Laien, reiche Gnaden zur Evangelisierungsarbeit ausgießen, damit von hier aus Früchte des Friedens, der Liebe und der Heiligkeit heranreifen, wie die Kirche sie in Brasilien und von Brasilien erwartet.

7. „So gründet der Glaube in der Botschaft, die Botschaft im Wort Christi", sagt uns der hl. Paulus (*Röm* 10,17).
In Kafarnaum hörten die Apostel, wie Christus die Eucharistie ankündigte. Obgleich viele, die dort dabei waren, fortgingen, gingen die Apostel nicht weg. Auf die Frage Christi antworteten sie: „Herr, zu wem sollen wir gehen? Du hast Worte des ewigen Lebens" (*Joh* 6,68).
Die eucharistische Wahrheit ist das Wort des ewigen Lebens. Jesus sagt: „Amen, amen, das sage ich euch: Wenn ihr das Fleisch des Menschensohnes nicht eßt und sein Blut nicht trinkt, habt ihr das Leben nicht in euch. Wer mein Fleisch ißt und mein Blut trinkt, hat das ewige Leben, und ich werde ihn auferwecken am Letzten Tag" (*Joh* 6,53-54). Und er fährt fort: „Wer mein Fleisch ißt und mein Blut trinkt, der bleibt in mir, und ich bleibe in ihm. Wie mich der lebendige Vater gesandt hat und wie ich durch den Vater lebe, so wird jeder, der mich ißt, durch mich leben" (*Joh* 6,56-57).
Liebe Brüder und Schwestern, Kirche, die du in Brasilien Volk des lebendigen Gottes bist! - Zu wem sollen wir gehen? Er, Christus allein, hat Worte des ewigen Lebens.

Die Welt braucht heilige Priester

Ansprache an die Priester in der Kathedrale von Natal am 13. Oktober

1. Es ist für mich eine große Freude, mich in dieser Kathedrale mit den Priestern treffen zu können!
Vor allem möchte ich Don Francisco de Assis Pereira für die liebenswürdigen Worte danken, die er soeben an mich gerichtet hat, und auch allen anwesenden Priestern, mit denen zusammen ich heute morgen das unaussprechliche Geheimnis der Eucharistie verehrt habe, daß sie die Güte hatten, hierherzukommen, um an dieser Begegnung mit dem Nachfolger des Petrus teilzunehmen. In diesem Augenblick gedenke ich auch so vieler Priester, die in verborgener Arbeit, in einem Leben des Glaubens und des Gebetes und in apostolischem Eifer das Leben der Kirche in Brasilien einzupflanzen und voranzubringen wußten. Unter den vielen rufe ich die

Gestalt von Don Joã Maria Cavalcanti in Erinnerung, der zu Beginn dieses Jahrhunderts als Opfer der priesterlichen Nächstenliebe und Vorbild eines Pfarrers und geistlichen Führers des Volkes starb. Er war sehr beliebt in dieser Stadt Natal, in der er gelebt und gearbeitet hat, und ist in Erinnerung und Verehrung behalten. Es sind mir auch die Priester von ganz Brasilien gegenwärtig, die nicht hierherkommen konnten, die mich aber in dieser Stunde begleiten. Allen vielen Dank, und Gott segne euch!

Ich möchte an euch eine Einladung richten gleich jener Christi an die Apostel: „Kommt mit an einen einsamen Ort, wo wir allein sind, und ruht ein wenig aus" (*Mk* 6,31). Es wäre sicher das beste Ausruhen für meine Seele, wenn ich mich persönlich mit jedem von euch unterhalten und lange in Ruhe und Vertrauen mit euch sprechen könnte.

Leider ist das nicht möglich. Aber ich versichere euch, daß ich mich jedem von euch sehr nahe fühle, besonders in diesem Augenblick intensiver geistlicher Einheit. Ich weiß sehr wohl um die Schwierigkeiten, denen ihr bei eurer Seelsorgearbeit begegnet, und auch um die freudige und eifrige Hochherzigkeit, mit der ihr euch eurem Dienst widmet.

2. Was ich euch heute sagen wollte, läßt sich in wenigen Worten zusammenfassen, die dem hl. Paulus entnommen sind: „Legt (als Gewand) den Herrn Jesus Christus an" (*Röm* 13,14) und: „Seid untereinander so gesinnt, wie es dem Leben in Christus Jesus entspricht" (*Phil* 2,5). Das heißt, seid aus allen Kräften bemüht, Christus in euch Gestalt werden zu lassen. Nach der Umgestaltung in Christus zu streben ist zwar eine Aufgabe für alle Gläubigen, da ja darin das ganze Christenleben besteht, doch beim Priester nimmt diese Pflicht entscheidende Bedeutung an, da sie aufs engste mit der priesterlichen Identität als solcher verbunden ist.

3. Im Annehmen seiner wahren priesterlichen Identität wird der Priester zum wirksamen Werkzeug des einzigen Mittlers zwischen Gott und den Menschen und ist selbst Gegenwart und Transparenz Christi. Schaut euch um! Hört ihr nicht den Ruf so vieler Männer und Frauen aus allen Verhältnissen, allen Rassen, allen Lebensalters, die heute mehr denn je zu uns zu sagen scheinen, auch wenn sie diesen Wunsch nicht ausdrücklich formulieren: „Wir möchten Jesus sehen!" (*Joh* 12,21). Wir möchten Jesus in der Person und im Leben seiner Priester sehen!

Es ist bekannt, daß in manchen Milieus in der Zeit nach dem Konzil - aus Gründen, die jetzt nicht erörtert werden können, und oft infolge eines irrigen Verständnisses der Lehren des Zweiten Vatikanischen Konzils - das Bewußtsein von der wahren priesterlichen Identität sich getrübt hat. Es kam zu der Tendenz, die priesterlichen Funktionen zu „laisieren", gleichlaufend mit der Tendenz, die Gestalt des Laien zu „klerikalisieren" (vgl. *Schreiben an die Priester*, Gründonnerstag 1991, Nr. 2).

Die Äußerungen dieser Tendenz sind verschieden, angefangen vom Eingreifen des Priesters in den ausgesprochen politischen Bereich sowie Tätigkeiten, die in die Freiheit und Verantwortung der Laien gehören, bis zur Mißachtung spezifisch priesterlicher Aufgaben oder äußerer Zeichen des Priestertums und bis zur Praxis, Laien

Aufgaben anzuvertrauen, deren Ausübung den Priestern zusteht, oder Funktionen, die nur im Fall wirklicher Not mit Vertretungscharakter zu rechtfertigen sind.
Gott sei Dank ist das Schwanken hinsichtlich der Identität des Priesters, das schmerzliche Folgen für das Leben nicht weniger Priester und Auswirkungen auf die Förderung der Priesterberufungen hatte, wenn auch noch nicht völlig, so doch mehr und mehr überwunden. Die Stellungnahmen vieler Synodenväter bei der letzten ordentlichen Bischofssynode geben in diesem Sinn versprechende Zeichen (vgl. *ebd.*). Ohne jeden Zweifel besteht im Gottesvolk ein immer klareres Bewußtsein von der absoluten Notwendigkeit des Amtspriestertums mit den Eigenschaften, auf die ich Bezug genommen habe, in vollkommener Kontinuität mit dem Evangelium, der lebendigen Tradition der Kirche und den Lehren des Zweiten Vatikanischen Konzils.
Ihr dürft also mit Überzeugung eure priesterliche Identität in ihrer ganzen Fülle annehmen. Hört auf den Ruf eurer Brüder und Schwestern, die flehen: Wir möchten Jesus in seinen Priestern sehen!

4. Wir möchten Jesus sehen! Die Menschen haben es nötig, in erster Linie die Heiligkeit Christi zu sehen, die sich im Priester widerspiegelt. Brasilien und die ganze Welt braucht heilige Priester. Priester, getreu ihrer vollen Weihe an Gott restlos an ihre besondere Sendung hingegeben. Priester, die nichts anderes erstreben, als den Willen des Vaters zu erfüllen und sein Werk zu vollbringen (vgl. *Joh* 4,34), bereit, ihr Leben einzusetzen in der unbegrenzten Liebe des Hirten in der ihnen eigenen Mittlerrolle, die darin besteht, die Menschen zu Gott und Gott zu den Menschen zu bringen. Priester, in denen die Freude, mit der sie ihr Herz ungeteilt an Gott hingeben (vgl. *1 Kor* 7,32-34), den grenzenlosen Reichtum der Liebe Gottes und die einzige Antwort des menschlichen Herzens auf die Sehnsucht nach dem Unendlichen sichtbar werden läßt. Der priesterliche Zölibat ist nicht lediglich ein kirchliches Gesetz, sondern hat im Licht der Theologie des Priestertums eine tiefe Bedeutung. Die Kirche erachtet die Versuche und den Druck, den man auszuüben sucht, um diejenigen wieder in den priesterlichen Dienst zu integrieren, die den Zölibat aufgegeben haben, um in der Ehe zu leben, als unannehmbar. Das ist nicht der Weg, das Problem des großen Priestermangels zu lösen. Der Zölibat, meine lieben Priester, muß für jeden von euch die jubelnde Bestätigung sein, daß ihr euch von der besonderen Liebe dessen erwählt wißt, der euch zur vollkommenen, rückhaltlosen Hingabe an diese seine Liebe berufen hat.
Ein „Mann Gottes" vermag eine Gemeinde umzugestalten. Ein gottverbundener Priester kann echte Berufungen zur Hingabe an Gott und die Brüder wachrufen. Ein Priester, der treu zu seiner Aufgabe steht, ist der beste Antrieb zur Heiligung und Festigung der Familie. Ein von der Liebe des Herzens Christi beseelter Priester ist ein lebendiges Feuer, das im Gewissen der Menschen den Eifer für die Gerechtigkeit anfacht. Im Bereich der ihm eigenen Sendung wird er wirksame Mitarbeit dazu leisten, daß viele Laien die persönliche Verantwortung zur Schaffung einer Sozialordnung übernehmen, die mehr mit dem Plan Gottes und der Würde der menschlichen Person in Einklang steht.

5. Die Menschen von heute, wie die aller Zeiten, müssen Jesus in der Heiligkeit des Priesters sehen können, in dem Zeugnis, das er durch einen unverkürzten Glauben, eine frohe Hoffnung und eine grenzenlose Liebe gibt. Seid Männer des Glaubens. Christus will das Wort des Heils weiterhin an die Menschen richten, vor allem durch den Mund seiner Priester. „Wer euch hört, der hört mich" (*Lk* 10,16), hat Jesus gesagt. Deshalb müßt ihr Männer eines unverkürzten Glaubens sein, so daß alle, die euch hören, unzweideutig das Wort Gottes vernehmen können. Christus allein ist das „Licht der Menschen", das „leuchtet in der Finsternis" (*Joh* 1,4-5). Dieses Licht, das der Welt offenbart wurde, hat Gott den Händen der Kirche anvertraut, die es mit dem Beistand des Heiligen Geistes treu bewahrt und weitergibt.

Ein klarer Ausdruck dieses eures Glaubens wird also die aufrichtige und vertrauensvolle Treue zu allem sein, was das authentische Lehramt der Kirche verkündet, und ihr werdet es weitergeben in der Predigt und der Katechese. Der Inhalt eurer Katechese soll eine getreue und dem Volk verständliche Wiedergabe der Glaubenslehre sein. Und eure Predigt sei stets die Verkündigung des Geheimnisses des auferstandenen Christus; sie soll nicht von jenem irrigen Prophetentum angesteckt sein, das sie nicht selten auf die Ebene einer mehr politisierenden Botschaft herabzieht.

Denkt daran, daß unser Glaube sich, wie der hl. Paulus sagt, „nicht auf Menschenweisheit stützt" und nicht mit der „Weisheit dieser Welt" verwechselt werden darf (*1 Kor* 2,5-6). Keine Ideologie hat also Voraussetzungen anzubieten, denen die Glaubenslehre unterzuordnen wäre. Im Gegenteil, der Glaube ist es, dem mit der „Weisheit Gottes" (*1 Kor* 2,7) das Urteil über die Gültigkeit der Schlußfolgerungen der menschlichen Wissenschaften zusteht. Wenn sie echt sind, können sie nie zu der Wahrheit des Glaubens im Widerspruch stehen.

Zur Stärkung des Glaubens ist eure ständige Weiterbildung sehr wichtig. Laßt euch nicht von übertriebener seelsorglicher Aktivität beherrschen, die euch, auch wenn die Intention gut ist, zur inneren Leere führen kann, zum Schaden eures Dienstes. Behaltet euch weise irgendeine Stunde des Tages oder einen Tag der Woche vor zu einem ruhigeren persönlichen Gebet und zur Lektüre guter theologischer oder geistlicher Bücher, abgesehen natürlich von der vernünftigen notwendigen Ruhezeit.

6. Seid ferner Männer der Hoffnung. Wir wissen, daß wir in der Ausübung unseres Dienstes „Mitarbeiter Gottes" sind und daß unsere Hoffnung sich auf die Gewißheit stützt, daß er, Gott, es ist, der „wachsen läßt" (*1 Kor* 3,9.7).

Damit der Priester seinen Dienst fruchtbringend ausüben kann, muß er mit dem Weinstock verbunden bleiben, von dem das Leben ausgeht (vgl. *Joh* 15,5). Es ist für ihn lebensnotwendig, mit Christus durch ein intensives eucharistisches Leben verbunden zu sein, sich innerlich in beständiger Bekehrung zu erneuern, oft das Sakrament der Versöhnung zu empfangen, sich selbst wenn er von vielfältiger Tätigkeit beansprucht ist, im Schweigen der Anbetung, der Betrachtung und dem Gebet zu widmen.

7. Seid sodann auch Männer der Nächstenliebe. Gebt, von der grenzenlosen Liebe des Guten Hirten erfüllt, das Leben hin für eure Schafe (vgl. *Joh* 10,11) und macht

euer ganzes Dasein zu einer echten Diakonie nach dem Vorbild des Menschensohns, der „nicht gekommen ist, um sich dienen zu lassen, sondern um zu dienen" (*Mt* 20,28).

Ein Priester mit der Gesinnung Christi bringt sein Leben im Dienst aller Menschen zu und sucht dem tiefsten Verlangen des Herrn zu entsprechen, ohne persönliche Opfer zu scheuen. Er hat ein offenes und verständnisvolles Herz, das alle mit der Liebe Christi ohne Diskriminierung aufnimmt.

Laßt darum nicht zu, daß ideologische Vorurteile oder irgendwelche Art von Klassendenken euch zum Anlaß werden, es an einer liebenswürdigen Geste oder eurem Seelsorgeeifer gegen irgend jemand fehlen zu lassen. Ohne Zweifel empfindet ein Priester, der ein zweiter Christus sein will, das Mitleid Jesu mit der Menge der Hungernden (vgl. *Mt* 15,32) und mit allen, die erschöpft und müde sind wie Schafe ohne Hirten (vgl. *Mt* 9,36). Er wendet deshalb bevorzugt, wenn auch nicht ausschließlich, seine Liebe den Ärmsten zu, all denen, die als Opfer der Ungerechtigkeit und der Verletzung der unantastbaren Rechte der menschlichen Person zu leiden haben. Ohne sich von dem zu entfernen, was seine heilige Sendung kennzeichnet, muß er die Gewissen bilden und - ohne der Versuchung nachzugeben, zu einem irdischen politischen oder sozialen „Leader" zu werden im übrigen unermüdlich das Gut der Gerechtigkeit und der Rechte der Verlassensten voranzubringen suchen.

Vergeßt aber nicht, daß die grundlegende Sendung der Kirche, mehr als in der nur sozialen oder wirtschaftlichen Befreiung, in der Befreiung vom moralischen Elend der Sünde besteht, die die Kindesbeziehung zu Gott zerstört und das größte Unglück des Menschen darstellt (vgl. *Reconciliatio et paenitentia*, Nr. 18).

8. Ich möchte euch auch daran erinnern, liebe Söhne, daß die Liebe euch zu jener „sakramentalen Brüderlichkeit" bewegen soll, die jeden Priester durch das Band der Gemeinschaft „mit den Bischöfen und mit den anderen Mitbrüdern im Priesteramt" verbindet (vgl. *Presbyterorum ordinis*, Nr. 8 und 14).

Eure Berufung als Mitarbeiter der Bischöfe verlangt von euch, daß ihr, wie der hl. Ignatius von Antiochia sagt, „in großer Harmonie mit eurem Bischof seid, wie die Saiten der Harfe" (*Ad Ephesinos*). Folgt gehorsam und mit Vertrauen ihren Weisungen und Anleitungen, unterstützt und ermutigt sie. Diese Empfehlung ist von besonderer Bedeutung für euch, ihr Ordenspriester, die ihr heute in fast allen Diözesen Brasiliens eine so bedeutende und unverzichtbare Rolle spielt. Es ist klar, daß eure Pastoralarbeit nicht davon absehen kann, sich an den Charismen eurer Institute zu inspirieren. Sie muß aber in allem der Weisung und Leitung des Bischofs, bei dem ihr arbeitet, unterworfen sein. Die pastorale Leitung der Gläubigen jeder Ortskirche untersteht in ihrem gesamten Bereich und auf allen Ebenen einzig und ausschließlich dem Bischof, nicht den Ordensobern.

Meine lieben Söhne im Priesteramt! Sehr bedeutsam ist die brüderliche Verbundenheit unter euch. Diözesan- und Ordenspriester müssen sich in der Pastoralarbeit und in menschlicher und materieller Unterstützung gegenseitig helfen. Kein priesterlicher Mitbruder soll unter Einsamkeit und Unverstandensein leiden. Die Kirche gibt euch im übrigen das Recht, auf Diözesanebene oder, wenn nötig, auf interdiözesaner

Ebene Vereinigungen zu bilden. In Brasilien bestehen derer schon viele in der traditionellen Form von Bruderschaften und Priesterbewegungen. Sie müssen ein Antrieb sein zur „Heiligkeit in der Ausübung des Dienstes" und zur „Einheit der Kleriker untereinander und mit dem eigenen Bischof" (*CIC*, can. 278). Sie hätten aber keinen Sinn, wenn sie als eine Art Priestergewerkschaft aufgefaßt oder praktisch dazu gemacht würden oder als eine korporative Gruppe, die Forderungen erhebt oder der Autorität eurer Bischöfe zuwiderhandelt.
Die brüderliche Einheit der Priester darf sich nur an der Liebe Christi inspirieren und an dem Wunsch, seiner Kirche besser zu dienen.

9. Liebe Söhne, ich muß schließen. Ich möchte diese Worte beenden mit einem Aufblick zu Maria, der Mutter der Priester, der Mutter unserer Hoffnung. Möge sie mit ihrer erbarmenden Liebe jeden eurer Schritte begleiten, euch in eurer Sendung als Diener Gottes und der Menschen immer heiliger und freudiger und eure Arbeit immer wirksamer machen im Geist des Glaubens, der Hoffnung und der Liebe.
Von ganzem Herzen erteile ich euch meinen Apostolischen Segen.

Leben in echter Gemeinschaft ist Ausdruck der Einheit mit Christus

Ansprache an die Bischöfe Brasiliens in Natal am 13. Oktober

Liebe Brüder im Bischofsamt!

1. Ich begrüße euch alle in diesem großen Saal des Kongreßzentrums „Governador Lavoisier Maia", der uns heute brüderlich vereint sieht, und ich möchte die „liebevolle Zuneigung" zum Ausdruck bringen, die den Nachfolger des Petrus mit den Hirten der Kirche in Brasilien verbindet: Allen wünsche ich mit den Worten des heiligen Apostels Paulus „Gnade, Erbarmen und Friede von Gott dem Vater, und Christus Jesus, unserem Herrn" (*1 Tim* 1,2).
„Congregavit nos in unum Christi amor".
Ich sage Gott Dank, daß er mir die Möglichkeit geschenkt hat, erneut bei euch zu sein und alle brüderlich als wahre und echte Lehrer des Glaubens, Bischöfe und Hirten begrüßen zu dürfen (vgl. *Christus Dominus*, Nr. 2). Ich danke Gott ferner, daß ich in dieser Stunde inniger Gemeinschaft die pastorale Sorge teilen darf, mit der ihr die euch anvertraute Herde leitet. Es wäre praktisch unmöglich, alle Namen der Bischöfe zu nennen, die heute die Gemeinschaft der Bischöfe der Kirche in Brasilien bilden. Dennoch möchte ich wenigstens die neuen Mitglieder insgesamt erwähnen, die kürzlich die Leitung der Bischofskonferenz übernommen haben, und die durch die Person ihres Präsidenten, des Erzbischofs von Mariana, Dom Luciano Mendes de Almeida, hier unter uns vertreten sind.
Die Stunde, die wir jetzt gemeinsam verbringen dürfen, hat für mich den Charakter einer erneuten herzlichen Begegnung. Lebendig steht vor meinen Augen die dank-

bare Erinnerung an die Tage, in denen ich bei Gelegenheit der letzten Ad-limina-Besuche mit den Bischöfen Brasiliens ihre pastoralen Sorgen austauschen konnte, aber auch den Trost ihrer bewußten Gemeinschaft mit dem Nachfolger des Petrus empfing. Ich durfte die selbstlose Hingabe näher kennenlernen, mit der sie ihre Sendung erfüllen und mit ihnen gemeinsam einige der gewaltigen Aufgaben studieren, die die Evangelisierung in eurem Land stellt.
Bei all diesen Gelegenheiten konnte ich wieder einmal die schwere Herausforderung feststellen, die euch in eurer Nation obliegt, die angesichts der Weite ihrer territorialen Dimensionen und der weiten Herzen seiner Bevölkerung die schmerzlichsten Gegensätze erlebt und von schlimmsten Lücken in der geistigen und materiellen Versorgung geplagt wird.
Gerade diese Wirklichkeit und die konkreten menschlichen, religiösen und sozialen Verhältnisse der Gemeinschaften, die Gott eurer Seelsorge anvertraut hat, bilden einen nachdrücklichen Aufruf zu einer neuen Evangelisierung, die mit der umwandelnden Kraft des Sauerteigs (vgl. *Mt* 13,33) die Frohbotschaft in den Herzen und jedes einzelnen der Männer und Frauen in eurem Land, im Schoß der Familien, in den vielfältigen Äußerungen der Kultur und in der rechten Ordnung der Gesellschaft aufleuchten läßt.

2. Im vergangenen Juni hat eure Bischofskonferenz den Text „Allgemeine Weisungen für das pastorale Vorgehen" veröffentlicht, die ihr bei der letzten Generalversammlung in Itaici besprochen hattet. Ich habe sie mit großer Freude gelesen, und das Gleichgewicht, den Realismus und den Sinn für die pastorale Bedeutung festgestellt, mit dem ihr euer Wirken für die kommenden vier Jahre ausgerichtet habt. Ihr habt in diesem Text einen glücklichen Ausdruck gefunden, den ich behalten habe: pastorale Herausforderungen. Ich sehe also, daß euch weder der Glaube noch der Mut fehlt, die zahllosen Herausforderungen aufzugreifen, die sich eurer Sendung zur Evangelisierung stellen. Ich weiß auch, daß ihr angesichts der dringenden Aufgabe, die euch obliegt, euch voll bewußt seid, die Kraft zur Meisterung so vieler Schwierigkeiten und Opfer, die in der Welt von heute mit dem bischöflichen Dienst verbunden sind, in der Vereinigung mit Christus, in der Treue zu seinem Evangelium sowie zum authentischen Lehramt und zur Disziplin der Kirche zu finden; hier findet ihr den Schwung, euch mit noch größerem Eifer der euch anvertrauten Herde zu widmen; hier liegt das Geheimnis der Wirksamkeit eures hochherzigen apostolischen Eifers.
Gerade bei diesen Gründen des Trostes und der Hoffnung möchte ich heute in diesem brüderlichen Gespräch mit meinen Brüdern, den Bischöfen von Brasilien verweilen.

3. An erster Stelle, liebe Brüder, müßt ihr euch immer vor Augen halten, daß die Seele, die Kraft und das Leben der Evangelisierung - der erneuerten Evangelisierung, wie sie angesichts des fünften Jahrhunderts seit der Verkündigung des Glaubens auf dem amerikanischen Kontinent uns abverlangt wird - „das Wort des Hei-

les" ist (*Apg* 13,26), das heißt, die Wahrheit des Evangeliums als „Kraft Gottes, die jeden rettet, der glaubt" (*Röm* 1,16).

Mit Recht macht euch der Blick auf schwere Lücken im Glaubenswissen, auf die religiöse Unwissenheit in eurem guten Volk Sorge - das von Natur aus zur Transzendenz und zu den christlichen Werten der Frömmigkeit und Brüderlichkeit hinneigt, wenn auch die Auflösungserscheinungen eines moralischen Absinkens der sozialen und öffentlichen wie der privaten Umgebung zu beklagen sind - so daß euer Volk leicht verwundbar ist und der Verführung durch die Sekten und neue religiöse Gruppen anheimfällt. Ihre besorgniserregende Ausbreitung in den letzten Jahren in Brasilien wie in ganz Lateinamerika müßte zu einer ernsthaften Stellungnahme von eurer Seite führen. Ich weiß sehr wohl, daß sich die Ausbreitung dieser Sekten und Gruppen auf erhebliche wirtschaftliche Mittel stützen kann und daß ihre Predigt das Volk mit trügerischen Täuschungen und entstellenden Vereinfachungen anlockt und Verwirrung stiftet, zumal unter den einfachen Menschen und denen, die keine religiöse Bildung besitzen. Wichtig ist daher, daß eure Pastoral mit tief missionarischem Empfinden die Räume, wo sie wirken, auszufüllen weiß, um im Volk die Freude und den heiligen Stolz der Zugehörigkeit zur einen Kirche Christi unserer heiligen katholischen Kirche zu wecken (vgl. *Lumen Gentium*, Nr. 8).

Diese ganze Wirklichkeit muß euch weiter zu einer gründlichen Gewissenserforschung anregen, die ihr meines Wissens kürzlich auch gehalten, und bei der ihr euch mit neuem Eifer zur Übernahme der großen Verantwortung entschlossen habt, die euch als Lehrern des Glaubens auferlegt ist.

4. Die Bischöfe Brasiliens haben seit vielen Jahren ein besonderes Gespür dafür gezeigt, eine christliche Antwort auf den dringenden Hunger des brasilianischen Volkes nach Brot und Gerechtigkeit zu geben. Gott segne und helfe euch, daß ihr weiter gemäß den Empfindungen des Herzens Christi mit diesem edlen Bemühen fortfahrt. Doch vergeßt nicht, daß das Bemühen in dieser Richtung nur so weit echt ist, als es wirklich dem Evangelium entspricht, oder auch in dem Maße, wie es seinen Lebenssaft aus der katholischen Soziallehre bezieht - die ein Teil der umfassenderen und reicheren Morallehre der Kirche ist - ohne der Versuchung jenes Typs von Theologie der Befreiung zu erliegen, die mit dem authentischen Lehramt der Kirche nicht übereinstimmt (vgl. *Libertatis nuntius*, Einleitung).

Daher ermuntert und segnet der Papst euer Bemühen, „eine bevorzugte Liebe - die freilich nicht ausschließlich gemeint ist und niemanden ausschließt - zu den Armen und Notleidenden zu üben", wovon die Konferenz von *Puebla* gesprochen hat (382). Doch im Hinblick auf eure unverzichtbare Verantwortung als Lehrer des Glaubens möchte er euch auffordern, jetzt in noch vollerem Maße euer Lehramt auszuüben, zumal die dringend notwendige Katechese aufzubauen, die die Verhältnisse eures Landes notwendig machen.

5. Bei meinem letzten Besuch in Brasilien bestand noch die Spannung zwischen den beiden großen Blöcken von Ost und West, die in der ganzen Welt so große Auswirkungen hatte. Damals schien es, daß die wirtschaftlich-soziale Organisation eines

jeden Landes sich zu entscheiden habe zwischen dem kapitalistischen Modell und dem marxistischen Sozialismus. Damals war die Enzyklika *Laborem exercens* in Arbeit, die in Brasilien ein weites Echo fand. In ihr bemühte sich die Kirche um die Überwindung der einseitigen und relativen Sicht dieser weltweiten Spannung, und sie richtete die Aufmerksamkeit auf das entscheidende Element, nämlich den Vorrang der menschlichen Person, zumal in ihrer Berufung zur Arbeit. Angedeutet war sogar, was man später eine „neue Kultur der Arbeit" genannt hat.

Seitdem sind elf Jahre vergangen. Der Papst kehrt nach Brasilien in anderen Zeitverhältnissen zurück. Die Spannung zwischen Ost und West ist praktisch verschwunden, und viele möchten in diesem Ereignis einen Sieg der kapitalistisch-liberalen Option sehen, mit der die Welt in eine neue Ära des Friedens, des wirtschaftlichen Wohlstandes und der sozialen Entwicklung eintreten könne. Es steht mir nicht zu, Prognosen zu machen. Doch muß ich euch meine Sorge mitteilen. Die jüngsten, allen bekannten Ereignisse im Mittleren Osten, auf der Balkan-Halbinsel und an anderen Orten, zeigen uns schmerzlich, wie sehr der Friede noch fern ist. Es bleibt der Graben - und er scheint sich noch zu verbreitern - zwischen den höher entwickelten Ländern und den anderen, die wie Brasilien auf dem Weg der Entwicklung sind oder sich noch in sehr elenden Verhältnissen befinden.

Die Logik der wirtschaftlichen Übermacht, das Aufzwingen von Modellen, die die berechtigte Selbstbestimmung eines jeden Volkes und andere Faktoren mißachten, haben perverse Mechanismen geschaffen, die Ländern wie Brasilien den Zugang zum Niveau der höher entwickelten Länder verwehren. Es stimmt freilich, daß diese Länder in ihrem Inneren viel zu tun haben mit einer rationelleren Organisation ihrer Wirtschaft, mit der unerläßlichen Zurückgewinnung der Moral der Verwaltung und mit der Weckung eines größeren sozialen Empfindens bei den besser gestellten und dynamischeren Teilen der Bevölkerung. Grundlegend bleibt vor allem die quantitative und qualitative Entwicklung der Erziehung, nicht nur der Schulbildung, sondern auch des sozialen Verhaltens und der Mentalität des Volkes. Die Unterentwicklung ist, wie wir alle wissen, vor allem ein kulturelles Problem, im weitesten Sinn verstanden. Doch muß nachdrücklich gesagt werden, so daß es in der ganzen Welt gehört wird: die Außenverschuldung eines Landes darf niemals mit dem Hunger und Elend seines Volkes bezahlt werden!

In den letzten Jahren haben zwei bedeutsame Dokumente die Soziallehre der Kirche bereichert, die Enzykliken *Sollicitudo rei socialis* und *Centesimus annus*.

Darin wird mehr als einmal wiederholt, daß die Kirche keine konkreten Vorschläge für die soziale Organisation oder ein wirtschaftliches Modell besitzt. Das ist weder ihre Aufgabe noch die der Bischöfe. Doch kann sie niemals schweigen, vor wem auch immer, wenn Leben und Freiheit oder die Würde der menschlichen Person auf dem Spiel steht; Leben, Freiheit und Würde aller Menschen aller Zonen, auf dem Spiel steht, welcher Rasse, sozialen Schicht oder Religion sie auch angehören mögen. Es steht ihr als dem Sakrament Jesu Christi, des Erlösers der Menschen zu, immer und vor allen die bleibenden Grundsätze in Erinnerung zu rufen, die Handlungskriterien und die moralischen Forderungen, die das soziale, politische und wirtschaftliche Leben in jedem Volk oder auf internationaler Ebene regeln müssen. Im nationalen Kontext und in jeder Diözese aber, liegt die schwere Verantwortung bei der Bischofskonferenz und jedem einzelnen Bischof als Lehrer des Glaubens.

6. Hinsichtlich eurer Verantwortung als Lehrer des Glaubens möchte ich alle eure Bemühungen ermuntern, eine Predigt und Katechese zu entwickeln, die immer umfassender und tiefer das Gesamtbild der Wahrheiten des Glaubens und der katholischen Moral darstellt. Es genügt, an die dringende Notwendigkeit zu denken, nachdrücklich die Lehre über die Einheit und Heiligkeit der Ehe zu verkünden, die Lehre über den christlichen Sinn der Sexualität und der menschlichen Liebe, über die Unverletzlichkeit des menschlichen Lebens vom ersten Augenblick seiner Empfängnis an.

Ich erinnere ferner an die entscheidende Wichtigkeit einer klaren Lehre über die Heiligkeit des Geheimnisses der Eucharistie und des liturgischen Kultes, der in diesem Geheimnis seinen Mittelpunkt hat. Sorgen machen mir hier die in Brasilien zu beobachtenden Versuche einiger Gruppen, die Liturgie der heiligen Messe und der Sakramente zu akkulturieren, ohne gebührend zu berücksichtigen, daß sie immer eine eindeutige, unverkürzte Darstellung unseres Glaubens sein muß.

Ein weiterer wichtiger Aspekt ist die Heiligkeit des Priestertums und der Wert des Zölibats, auch die lebenswichtige Notwendigkeit der Praxis des Bußsakramentes in seiner normalen Form der persönlichen Ohrenbeichte, die für eine neue Evangelisierung so fruchtbar ist.

Alle diese Themen waren Gegenstand euerer Aufmerksamkeit. Ihr werdet sie bei Gelegenheit wieder zum Gegenstand eurer Generalversammlungen machen und sie auch bei den Tagungen des ständigen Rates der bischöflichen Kommission für die Pastoral und Glaubenslehre eurer Konferenz besprechen.

Verteidigt im Vertrauen auf Gott und in aller Demut die unverkürzte Glaubenslehre, und vernachlässigt nicht die Pflicht, die ich euch vor elf Jahren eingeschärft habe, nämlich ruhig und fest die Irrtümer wie auch die Zweideutigkeiten und rein subjektiven Auffassungen der Heiligen Schrift zurückzuweisen und den Gläubigen die Wahrheit genau darzulegen (*Ansprache in Fortaleza* am 10. Juli 1980).

7. Zu Beginn dieser Begegnung sprach ich von den Quellen, aus denen die Hirten ihre Kraft - die Kraft Christi (*2 Kor* 12,9) - beziehen und das Geheimnis der Fruchtbarkeit ihrer Sendung schöpfen müssen.

Neben der Treue zum Wort erwähnte ich auch als Ausdruck der Einheit mit Christus das Leben in echter Gemeinschaft.

Wie die lateinamerikanischen Bischöfe in *Puebla* ausführten, ist die Kirche selbst als Leib Christi (*1 Kor* 12,27) ein Geheimnis der Gemeinschaft, ein Abglanz des Geheimnisses der Gemeinschaft der Heiligsten Dreifaltigkeit, der Quelle, aus der alle kirchliche Gemeinschaft sich herleitet (*Puebla* 167 und 220).

Gestattet mir nun, euch daran zu erinnern, daß in Leben und Sendung des Bischofs dieses Geheimnis sich in dreifacher und doch voneinander untrennbarer Weise äußert.

- Wie der heilige Johannes sagt, „haben wir Gemeinschaft mit dem Vater und mit seinem Sohn Jesus Christus" (*1 Joh* 1,3). Von daher ergibt sich die vorrangige Aufgabe, mit allen Kräften nach persönlicher Heiligkeit zu streben oder nach der inneren Identifizierung mit Jesus Christus, „dem Hirten und Bischof euerer Seelen" (*1 Petr* 2,25). Seid Vorbilder des Gebetes und der Anbetung, des Glaubens und der Liebe, der Demut und des Geistes der Dienstbereitschaft und aller Tugenden, so daß durch euch die Präsenz Christi im Schoß eurer kirchlichen Gemeinschaften sichtbar wird.
- Haltet euch an zweiter Stelle immer vor Augen, daß diese Gemeinschaft mit dem Vater in Christus und im Heiligen Geist untrennbar ist von der engen Einheit unter den Mitgliedern des Bischofskollegiums als Nachfolger des einen Apostelkollegiums und mit dem römischen Papst, der kraft der Einsetzung durch Christus selber „immerwährendes und sichtbares Prinzip und Fundament der Glaubenseinheit und der Gemeinschaft" bleibt. (*Lumen Gentium*, Nr. 18).

Hier kann ich mit Freude an die herzliche Verbundenheit erinnern, mit denen die Bischöfe, welche an der Begegnung in Rom im März dieses Jahres teilnahmen, mir im Namen des ganzen Episkopates von Brasilien „den lebhaften Wunsch nach Gemeinschaft mit dem Nachfolger des Petrus" ausgesprochen haben. Ich danke euch für diese Äußerung eures Glaubens und der Anhänglichkeit an den Sitz des Petrus und bitte den Herrn, daß er sie mehr und mehr in fruchtbaren Initiativen aufblühen läßt.

- An dritter Stelle ist eine solide Gemeinschaft unter den Bischöfen nötig, die zur Bischofskonferenz gehören, dem Organ, das in der Gemeinschaft seine Hauptzielsetzung hat.

Wollten wir uns nach den Grundsätzen fragen, die diese Gemeinschaft tragen müssen, so glaube ich, daß wir eine maßgebende Antwort in der alten und wahren Formel finden, die immer gültig bleibt: im Notwendigen Einheit, im Zweifel Freiheit, in allem Liebe.

Im Licht dieser Wahrheit wird klar, daß die Einheit in den notwendigen Dingen eine unerläßliche Voraussetzung dafür ist, daß man von legitimer Freiheit reden kann. Sie ist zugleich Bedingung dafür, daß die Einheit unter den Mitgliedern der Bischofskonferenz Ausdruck der Liebe ist.

8. Wenn sie als Grundlage diese dreifache Gemeinschaft besitzen, werden auch alle Bischöfe und jeder einzelne „sichtbares Prinzip und Fundament der Einheit ihrer Teilkirchen (sein), die nach dem Bild der Gesamtkirche gestaltet sind" (*Lumen Gentium*, Nr. 23). Groß bleibt gewiß die Verantwortung, die jedem einzelnen Bischof in seiner kirchlichen Gemeinschaft zukommt. Eine Verantwortung, die man nicht auflösen und auf die der Bischof auch nicht verzichten kann.

9. Zum Schluß grüße ich den Herrn Erzbischof von Natal, Dom Alair Vilar Fernandes de Melo und seinen Weihbischof, Dom Antonio Soares Costa, wie auch die Herren Bischöfe von Brasilien, die hier anwesend sind, einschließlich jene, die zu dieser Begegnung nicht kommen konnten. Der Bischof von Rom und Hirte der uni-

versalen Kirche segnet euch und ruft von der göttlichen Vorsehung überreiche himmlische Gaben auf euch herab, daß ihr mit neuem Mut den euch übertragenen Dienst weiterführt. Ich möchte euch gerne alle brüderlich umarmen, um euch zu ermuntern und euch neue Kraft einzuflößen für den Aufbau des Reiches Gottes, im Dienst der Herde der Einzelkirche, die euerer jeweiligen Führung anvertraut ist.
Abschließend richte ich bei dieser Begegnung meine Augen und mein Vertrauen auf unsere gemeinsame Mutter, Unsere Liebe Frau von Aparecida. In ihre Hände und unter ihren Schutz möchte ich nun eure apostolischen Sorgen legen, eure Freuden und Leiden, eure Arbeiten und eure opfervolle Hingabe. In ihre mütterlichen Hände lege ich zugleich die Hoffnungen der Männer und Frauen Brasiliens, die dem Herzen des Papstes so nahe stehen. Unterpfand dieser Wünsche und aller himmlischen Gaben für alle aber sei mein und euer von Herzen kommender Segen.

Neuevangelisierung in den Gläubigen einprägen

Angelus in Natal am 13. Oktober

Liebe Schwestern und Brüder!

1. Zum Abschluß dieser Eucharistiefeier sprechen wir das Gebet des „Engel des Herrn", das schon in der ganzen Welt zur Tradition geworden ist, um an unsere himmlische Mutter, die Jungfrau Maria, zu erinnern und an das Geheimnis der Menschwerdung des göttlichen Wortes. „Ich bin die Magd des Herrn; mir geschehe, wie du es gesagt hast" (*Lk* 1,38), sagte die Jungfrau von Nazaret zum Boten Gottes. Während wir über diese Antwort nachdenken, in der die Jungfrau Maria das Licht und die Macht des Heiligen Geistes zum Ausdruck gebracht hat, knien wir in tiefster Verehrung vor diesem Geheimnis nieder: „Und das Wort ist Fleisch geworden und hat unter uns gewohnt" (*Joh* 1,14). Wie viele Lippen wiederholen die Worte der jungfräulichen Gottesmutter! Ich grüße dich, Jesus, Sohn Marias, du allein einziger Gott in der heiligen Hostie - diese Eucharistie, die wir soeben gefeiert haben.

2. Am Ende des Eucharistischen Kongresses öffnet sich ein neuer Ausblick auf den ganzen Kontinent, der uns die providentielle Hand des göttlichen Tröstergeistes erkennen läßt, der nie aufhört, die Bitten seiner Kinder zu erhören. Gestern hat das Jubiläumsjahr Lateinamerikas begonnen, ein wichtiger Schritt zur Fünfhundertjahrfeier der Evangelisierung dieses Kontinents. Die großen Hoffnungen, die die katholische lateinamerikanische Welt für die Bischofsversammlung im kommenden Jahr in Santo Domingo hegt, bestätigen schon jetzt den unaufhörlichen Ruf so vieler Herzen nach einer Neuevangelisierung, die sich tief in das Leben der Gläubigen und besonders in ihre Identität als Katholiken einprägt. Wenn man sieht, daß die christliche Berufung von Millionen von Menschen durch die Sekten bedroht wird, durch Gewaltakte jeder Art (einschließlich der durch den Drogenhandel), durch übersteigertes Konsumverhalten und durch die geburtenfeindliche Kampagnen, um nicht andere Beweggründe zu nennen, wird ein energischer Aufruf zur Rückkehr zu den

moralischen und kulturellen Werten der christlichen Tradition einer Generation notwendig, die sich auf das 3. Jahrtausend der christlichen Ära vorbereitet.
Meine Gedanken richten sich besonders an alle jungen Brasilianer, die mich hören. Ich mache mir jene Worte zu eigen, die die Generalversammlung des lateinamerikanischen Episkopats in *Puebla* gesprochen hat, indem sie das Verantwortungsbewußtsein und eine verstärkte Teilnahme der Jugend am Leben der Kirche einforderte. Sie rief die jungen Menschen zu „mehr Einsatz und stärkerem christlichen Zeugnis auf zugunsten des Aufbaus einer neuen Gesellschaft auf dem Kontinent der Hoffnung".

3. Du bist gebenedeit, Mutter des Sohnes Gottes! Du bist gebenedeit, unsere Liebe Frau von Aparecida! Gestern haben wir mit kindlicher Freude dein Fest gefeiert, und jetzt wollen wir dich bitten, du mögest diesem Nachfolger auf dem Stuhl des hl. Petrus helfen, das Wort Gottes der ganzen brasilianischen Familie zu bringen, allen in Stadt und Land, den Fischern und den Arbeitern, in die Krankenhäuser und in die Favelas. „Selig sind ... die, die das Wort Gottes hören und es befolgen" (*Lk* 11,28).
Und der Papst bittet dich: „Mutter, segne alle deine Kinder. Zeige dich als Mutter. Bitte für uns, die wir unsere Zuflucht zu dir nehmen."

Der Dialog ist ein unerläßliches Werkzeug zur Erkenntnis der Wahrheit

Ansprache an das Diplomatische Korps in Brasilia am 14. Oktober

Exzellenzen,
meine Damen und Herren!

1. Mit großer Genugtuung wende ich mich an Sie alle, die Mitglieder der bei der brasilianischen Regierung akkreditierten diplomatischen Vertretungen, denn ich sehe Sie im Dienst der edlen, aber auch schwierigen Aufgabe, ein immer besseres gegenseitiges Verständnis unter den Nationen aufzubauen. Der Hl. Stuhl begleitet diese Aufgabe mit echter Sympathie und möchte sie unterstützen, sowie an Ihren Bemühungen um Frieden und Dialog als dem Kern alles diplomatischen Wirkens, Anteil nehmen.
Ich danke Ihrem Dekan, Sr. Exzellenz Dom Carlo Furno, für den herzlichen Ausdruck Ihrer guten Wünsche und glaube sie deuten zu dürfen als Äußerung der Zustimmung aller Anwesenden und damit ihrer Regierungen, daß die diplomatischen Beziehungen zum Apostolischen Stuhl sich immer enger gestalten, ferner als freundliches Verständnis für das Wirken der katholischen Kirche innerhalb der internationalen Beziehungen, wobei sie sich ständig von den höchsten Werten des Guten, der Wahrheit und der Gerechtigkeit leiten läßt.

2. Wenn ich den Damen und Herren meine herzlichsten Grüße ausspreche, möchte ich, daß mein Freundeswort als Wort des Nachfolgers Petri und Hirten der katholischen Kirche die Völker aller Kontinente erreiche, deren Vertreter Sie sind.
In diesem Sinn möchte ich Ihnen an erster Stelle sagen, daß der Hl. Stuhl Ihre Aufgabe sehr hoch einschätzt, nämlich zur Wahrung des Friedens beizutragen und die Mitarbeit der verschiedenen Länder bei der Förderung des Gemeinwohls und des sozialen Fortschritts anzubieten. Für mich sind die erreichten Übereinkünfte sowohl zwischen Lateinamerika und dem Norden eine große Genugtuung, als auch die auf weitere Horizonte gerichteten, wie die Kontakte verschiedener Art mit der europäischen Wirtschaftsgemeinschaft, wodurch die Entwicklung weltweiter wirtschaftlicher Beziehungen gefördert wird. Die Kirche betrachtet diese Annäherung mit Interesse, weil sich damit ein Weg zu wertvollen Beiträgen nicht nur für den Frieden zwischen den Völkern, sondern auch für eine wirksame Überprüfung der politischen und wirtschaftlichen Projekte in Ländern ergibt, wo die sozialen Ungleichgewichte evident sind. Besonderes Interesse weckt daher das Bemühen von seiten der südamerikanischen Nationen, die Bande der Freundschaft und Einheit zu stärken. Alle Länder dieses Kontinents sind hier aufgerufen, ein Zeugnis christlicher Liebe und der Zusammenarbeit zwischen den Nationen zu geben.
Die Kirche sieht den Dialog zwischen den Menschen als unerläßliches Werkzeug an und wird es immer tun, um zur Erkenntnis der Wahrheit zu gelangen, die, durch die Botschaft Christi erhellt, uns fähig macht, im Nächsten nicht nur einen Bruder oder eine Schwester zu erblicken, sondern ein Kind Gottes. Daher wird sie nicht aufhören, die höher entwickelten Nationen zu einem größeren Verständnis aufzurufen. Sie dürfen sich nicht ihrer Verantwortung entziehen, jenen Ländern zu helfen, die, auf sich allein gestellt, nicht in der Lage sind, ein Niveau gerechter und vernünftiger Entwicklung zu erreichen, wie es der Würde des Menschen entspricht.
Die jüngsten Ereignisse in Osteuropa wie auch der immer deutlichere Zusammenbruch des Marxismus, zugleich die konzentrierten Bemühungen zum wirtschaftlichen Wiederaufbau jener Länder gestatten uns nicht, den Blick von Konfliktsituationen abzuwenden, die zahlreiche Nationen betreffen. In der letzten Enzyklika *Centesimus annus* habe ich dazu festgestellt: „Es wird außerordentlicher Anstrengungen bedürfen, um die Ressourcen, an denen es der Welt insgesamt nicht fehlt, für das Wirtschaftswachstum und die Entwicklung aller aufzubringen. Man wird die Prioritäten der Werteskalen, auf Grund derer die wirtschaftlichen und politischen Entscheidungen getroffen werden, neu definieren müssen" (Nr. 28).
Aus diesem Grunde habe ich zu Beginn dieses Jahres bei der Ansprache an das beim Hl. Stuhl akkreditierte Diplomatische Korps betont: „Wenn das Jahr 1990 ein Jahr der Freiheit war, dann muß das jetzige Jahr 1991 ein Jahr der Solidarität sein" (*O.R.*, *dt.*, 18.1.1991).

3. Erfüllt von diesem Geist der Zusammenarbeit und in dem Wunsch, sich an diesem guten und dringenden Werk zu beteiligen, von dem die Völker sich eine Ära der Ruhe und des Wohlstandes erhoffen, entsendet der Apostolische Stuhl seine Vertreter in die verschiedenen Länder, wo sie sich nicht nur für die Entwicklung der Orts-

kirchen einsetzen, sondern auch für das bürgerliche und menschliche Wohl der Bevölkerung. Die Kirche, die Hort eines „neuen Humanismus", eines „christlichen Humanismus" ist, kann in Übereinstimmung mit ihrer Hauptaufgabe der Evangelisierung auch humanisierend wirken. Sie wird das um so besser und wirksamer vermögen - in Form der Anregung der Kultur, der Förderung des Menschen, der Alphabetisierung und Grunderziehung, der sozialen Betreuung und der Bewußtseinsbildung des Volkes - je treuer sie ihre Grundaufgabe erfüllt, die religiös ist und bleibt.
Unter diesem Blickwinkel ist die Kirche in allen Nationen präsent, mit denen sie diplomatische Beziehungen unterhält, und sie strebt diese dort an, wo sie bisher noch nicht präsent sein konnte.
Der Hl. Stuhl ist überzeugt von der guten Aufnahme seines Wirkens von seiten der verschiedenen Länder. Daher spricht er sein Vertrauen für die Tätigkeiten aus, die die staatlichen Autoritäten in jedem Land zur Schaffung besserer Lebensbedingungen nicht nur auf nationaler Ebene, sondern für die ganze Menschheitsfamilie unternehmen.

4. Wenn ich diese Gedanken vorlege, wende ich mich an die Verantwortlichen der Nationen und daher an ihre Vertreter, sie mögen nicht nachlassen, das wahre Wohl der Personen und der Völker innerhalb der internationalen Gemeinschaft zu fördern. Seien Sie immer Botschafter des Friedens und des Dialogs, damit es zu einem harmonischen internationalen Zusammenleben kommt und eine mehr menschliche und friedliche Welt aufgebaut wird. Setzen Sie sich ferner für die Anwendung der politischen Ethik ein, die heute um so notwendiger ist, je mehr man über eine große Anzahl von technischen Mitteln verfügt, die große Summen erfordern und sowohl dem Fortschritt des einzelnen als auch seiner Vernichtung dienen können. Auf dem Spiel stehen die individuellen und sozialen Rechte des Menschen. Das menschliche Leben darf nicht durch physischen oder moralischen Zwang manipuliert werden, hinter dem politische oder finanzielle Interessen stehen. Die Achtung vor dem Menschen, in dem das Bild Gottes aufleuchtet, muß allumfassend sein.
Ich erneuere schließlich „meinen dringenden Aufruf an alle, die öffentliche Aufgaben bekleiden - seien es Staats- oder Regierungschefs, Gesetzgeber, Richter oder andere - mit allen notwendigen Mitteln die echte Gewissensfreiheit aller Personen sicherzustellen, für die sie rechtlich zuständig sind, und zumal das Recht der Minderheiten zu achten" (*Botschaft zum Weltfriedenstag*, 1. Januar 1991). Die Religionsfreiheit in Brasilien, dessen Gäste wir sind, bietet ein würdiges Beispiel und verdient Nachahmung bei den Völkern auf der Suche nach wahrer Freiheit.
Wenn wir ständig diese weltweiten Anliegen des Friedens, der Gerechtigkeit und Freiheit vor Augen haben, werden wir die Worte und Taten finden, die allmählich eine menschenwürdige Welt aufbauen, eine Welt, wie Gott sie für die Menschen will, denen er unter Erleuchtung ihres Gewissens die Verantwortung für sie übertragen hat.
Dies sind die Wünsche, Anliegen und Grüße, die der Papst an die hervorragenden Vertreter der verschiedenen Länder richtet, die sich hier versammelt haben. Möge

Gott Ihnen voranhelfen! Möge er Ihr jeweiliges Vaterland segnen und Ihre Familien beschützen! Möge Er die internationale Gemeinschaft auf Wege des Friedens und der Brüderlichkeit führen!

Das Volk erwartet eine glücklichere Zukunft

Ansprache beim Höflichkeitsbesuch beim Präsidenten der Republik Brasilien in Brasilia am 14. Oktober

Herr Präsident!

1. Erlauben sie mir vor allem, meine Dankbarkeit für den Empfang auszudrücken, den mir ihr Außenminister Dr. Francisco Rezek bei meiner Ankunft auf brasilianischem Boden bereitete und für die edlen Worte, die eure Exzellenz eben an mich gerichtet hat, die zweifellos nicht nur für meine Person bestimmt waren, sondern vielmehr dem Auftrag galten, den die Göttliche Vorsehung mir vor zwölf Jahren anvertraute, und der Universalkirche, deren Hirte ich bin.
Wie ich bereits bei meiner Ankunft sagte, dient die Rückkehr nach Brasilien eben dem Zweck, diesen Hirtenauftrag im Sinn des Evangeliums auszuführen, nämlich die Schafe der Herde vom Land des Heiligen Kreuzes zu vereinen. Daher hat dieser Augenblick eine besondere Bedeutung, wenn man bedenkt, daß ich mich nicht nur an den ersten Vertreter der brasilianischen Nation wende, sondern auch an die Regierungsbehörden, die als Förderer des Friedens und des Fortschritts ihrer Bürger die schwere Verantwortung tragen, den Willen des Volkes zu vertreten und zu leiten.

2. Die Ziele - das der Kirche mit ihrer ausgesprochen religiösen und geistigen Sendung und das des Staates - sind sicherlich verschieden, obschon sie das Wohl eines jeden beabsichtigen. Dennoch treffen sie sich in einem gemeinsamen Punkt und das ist der Mensch und das Wohl des Vaterlands.
Die Kirche, die sich stets ihrer Schwierigkeiten zur Verwirklichung ihrer Ziele bewußt war, kann die Probleme nachempfinden, auf die auch die Regierung einer Nation bei der Erfüllung ihrer Pflichten gegenüber dem einzelnen trifft. Aber sie muß ihre Mitarbeit zur Verfügung stellen, damit jene Ziele erreicht werden, wobei sie den spezifischen Bereich des Staats zu respektieren wissen muß. Aufgrund menschlicher Grenzen und der Vielfalt der Probleme wird es zu Meinungsverschiedenheiten kommen, besonders in einem so großen Land wie Brasilien. Dennoch werden Einvernehmen und Achtung, der gegenseitige Respekt für die jeweilige Unabhängigkeit und das Prinzip, dem Menschen im Rahmen einer christlichen Auffassung nach besten Kräften zu dienen, Faktoren der Eintracht sein, die dem Volk zugute kommen.

3. Herr Präsident der Republik, meine Herren Mitglieder des Nationalrates und des Obersten Bundesgerichts, meine Herren Staatsminister, meine Herren Gouverneure,

meine Damen und Herren, indem ich ihnen für die Hochachtung danke, die sie dem Nachfolger Petri während seines zweiten Besuchs in Brasilien haben erweisen wollen, möchte ich meine Anerkennung für die bedeutsame Aufgabe aussprechen, der sie, als die Vertreter des ganzen brasilianischen Volkes, nachkommen.
Brasilien durchlebt in diesem Zeitraum seiner Geschichte eine Phase, deren Schwierigkeiten allseitig bekannt sind, angesichts der enormen sozialen und wirtschaftlichen Probleme, und deren Lösung keinen weiteren Aufschub zuläßt. Das Volk der ganzen Nation hält den Blick auf die Entscheidungen gerichtet, die Sie fällen werden, mit der Hoffnung auf eine bessere und glücklichere Zukunft für seine Kinder.
Als besonders bedeutsam betrachte ich die Worte, die der Herr Präsident vor einigen Monaten äußerte, als er die Nation aufrief, die Verantwortungen zu teilen, um den Notstand und die Unterschiede, unter denen die große Mehrheit der Brasilianer leidet, zu beseitigen (April 1991).
In der Gewißheit, nicht im geringsten von meinen pastoralen Zielen abzuweichen, und in der Ausübung meiner ausschließlich geistigen Mission wende ich mich an Sie und bitte Gott, Sie bei dieser schweren Aufgabe zur Verteidigung der geistigen und moralischen Werte in Brasilien zu unterstützen. Mögen die von der Gesellschaft aufgeworfenen Probleme stets im Licht der Grundsätze der Gerechtigkeit und der christlichen Moral, und nicht als private Interessen betrachtet werden. Ich glaube, daß dies nicht die Motivation Ihres politischen Handelns ist, da eine solche Haltung nicht mit dem Konzept des Allgemeinwohls, von dem Sie sicherlich inspiriert sind, im Einklang steht. Möge Ihr Einsatz im Dienste aller Initiativen zur Verwirklichung des sozialen, wirtschaftlichen und wissenschaftlichen Fortschritts für das Wohl der brasilianischen Familie stets authentischer und großherziger sein. Möge die Arbeit zum Schutz des Lebens nicht gegen es sein. Mit Erfindungsgabe, Mut und Ausdauer werden sie erreichen, daß alle Brasilianer auf friedliche Art und Weise den ihnen angewiesenen Platz in der Einheit der Nation einnehmen. In diesem Sinne freue ich mich über Ihre Sorge, Exzellenz, bezüglich der grundlegenden Voraussetzung einer wahren Entwicklung, nämlich der Bildung. Brasilien kann nicht ohne seinen größten Reichtum, die enorme Anzahl von Kindern und Jugendlichen, auskommen, für die es notwendig ist, voll in das gesellschaftliche Leben, in die Arbeitswelt und als effektive Bürger integriert zu werden. Der Segen, den ich gleich mit Freude erteilen werde, soll, wie dem Modell eines Integrierten Hilfszentrums, für Kinder, symbolisch auch als Anregung für die absolute Vorrangstellung gelten, die die Regierung Eurer Exzellenz den schulischen, privaten und öffentlichen Einrichtungen einräumen möchte, mit dem Ziel, einen guten Unterricht sowie eine authentische und vollkommene Erziehung zu vermitteln. Letzteres ist in der Tat die erste Grundlage einer wahrhaft demokratischen Gesellschaft.

4. Ich setze meinen Reiseweg fort, der mich auf diesem Pastoralbesuch durch verschiedene Hauptstädte der Bundesstaaten führt, und trage dieses Zeichen der Hoffnung, das ich von Eurer Exzellenz, wie auch von den Herren Senatoren, den Herren Abgeordneten und den Herren Ministern annehmen möchte, mit mir. Der Geist, der

mich beseelt, ist Träger einer unendlichen Liebe zu den Kindern Brasiliens, mit denen ich mich in diesem Augenblick in einer großen Umarmung vereinen möchte. Da ich dies nicht persönlich tun kann, bitte ich Sie, meine Damen und Herren, dies für mich zu tun. Mögen alle wissen, daß der Papst das brasilianische Volk, seine Geschichte, seine Kämpfe, und seine Erfolge schätzt. Der Papst segnet alle und jeden, von Chui bis Oiapoque, von den äußersten Grenzen Acres bis zum Archipel Fernando de Noronha.

Gott segne Brasilien!

Möge Frieden und Eintracht, zusammen mit materiellem und geistigem Wohlstand Sie begleiten und möge Unsere Liebe Frau von Aparecida den Auftrag schützen, den die Vorsehung Ihnen anvertraut hat.

Vielen Dank!

Landreform in Brasilien dringend notwendig

Predigt bei der Eucharistiefeier in São Luís am 14. Oktober

1. „Euer Vater hat beschlossen, euch das Reich zu geben" (*Lk* 12,32).

Jesus von Nazaret verkündet das Kommen des Reiches Gottes auf Erden. Es ist eine Gabe des ewigen Vaters. Es ist sein Heilsplan. Die Welt wurde erschaffen, damit in ihr das Reich Gottes reife. Die Welt ist zeitlich begrenzt und geht vorüber, das Reich Gottes ist ewig.

Die Bestimmung des Menschen ist das Reich Gottes. „Gott hat die Welt so sehr geliebt, daß er seinen einzigen Sohn hingab" (*Joh* 3,16). Der Sohn Gottes, durch das Wirken des Heiligen Geistes Mensch geworden und aus der Jungfrau Maria geboren, hat das Reich Gottes als Bestimmung des Menschen geoffenbart. Ihm, Christus, hat der Vater dieses Reich übergeben. Seine Verbreitung unter den Menschen, damit es unser werde, hängt von Christus ab. Das Reich Gottes übergibt uns daher Christus selbst, als unsere Sendung und unser Ziel.

Deshalb sagt er: „Fürchte dich nicht, du kleine Herde!" (*Lk* 12,32). Seit dem Beginn seiner Verkündigung verheißt er dieses Reich: „Das Reich Gottes ist euch nahe" (*Lk* 10,9). „Kehrt um, und glaubt an das Evangelium!" (*Mk* 1,15).

2. Das Evangelium vom Reich Gottes ist die Bekräftigung des göttlichen Schöpfungswerkes. Gott hat die Welt für den Menschen, für alle Männer und Frauen erschaffen. Da jedoch die letzte Bestimmung des Menschen das Reich Gottes ist, kann niemand ausschließlich für die Welt leben. Niemand kann so leben, als ob die Welt und die zeitlichen Wirklichkeiten sein endgültiges Ziel wären. Niemand kann sein Herz voll und ganz an die Güter und Reichtümer dieser Erde verlieren.

Christus, unser Herr, lehrt uns das in dem Gleichnis, das wir soeben im heutigen Evangelium gelesen haben. Ein Reicher, der nur auf die Zunahme seines Reichtums bedacht war, steht der unausweichlichen Wirklichkeit des Todes gegenüber. „Du Narr! Noch in dieser Nacht wird man dein Leben von dir zurückfordern" (*Lk* 12,20). „Der Herr der Heere ist erhaben, wenn er Gericht hält" (*Jes* 5,16).

3. Das, was das Gleichnis des Evangeliums am Beispiel eines Menschen, eines reichen Egoisten darlegt, wird auf die gleiche Art vom Propheten Jesaja in der ersten Lesung als soziales Problem aufgezeigt.
Es ist nicht schwer, in diesem Gleichnis, im Licht der Worte Jesajas, ein Abbild der Gegebenheiten unserer Zeit und auch der derzeitigen Situation Brasiliens wahrzunehmen.
Wenn sich der Mensch von seinen Leidenschaften in den Bann ziehen läßt, um - von einem zügellosen Egoismus gedrängt - seinem Verlangen nach Bequemlichkeit, Besitz, Macht und Wohlstand nachzugeben, versteht man die Reichweite der Worte des Propheten: „Weh euch, die ihr Haus an Haus reiht und Feld an Feld fügt, bis kein Platz mehr das ist und ihr allein im Land ansässig seid" (*Jes* 5,8). Und wenn man all das besitzt, denkt man nur mehr an die eigene Ruhe und Bequemlichkeit und vergißt darüber, daß man letzten Endes all das nicht genießen kann, weil man - wie Jesus sagt - „vor Gott nicht reich ist" (*Lk* 12,21). Es ist daher ungerecht, über jene Menschen hinwegzusehen, die das gleiche Anrecht sowohl auf Besitz als auch auf die Früchte der Erde haben.
Ich möchte daher hier nochmals an das erinnern, was, nach dem Zweiten Vatikanischen Konzil (*Gaudium et spes*, Nr. 69), allgemeine Lehre ist und was ich in der Enzyklika *Centesimus annus* erneut aufgegriffen habe, nämlich daß „Gott ... die Erde dem ganzen Menschengeschlecht geschenkt [hat], ohne jemanden auszuschließen oder zu bevorzugen, auf daß sie alle seine Mitglieder ernähre. Hier liegt die Wurzel der universalen Bestimmung der Güter der Erde. Sie ist auf Grund ihrer Fruchtbarkeit und Fähigkeit, die Bedürfnisse des Menschen zu erfüllen, die erste Gabe Gottes für den Lebensunterhalt des Menschen" (Nr. 31). Die Güter dieser Erde wurden von Gott zum Wohl aller erschaffen. Das Privateigentum, das wichtig und notwendig ist auch in bezug auf die Erde, muß im Dienst dieser ursprünglichen Bestimmung stehen und darf ihr kein Hindernis in den Weg legen.
Man kann nicht abstreiten, daß diese Wahrheit mehr und mehr Fuß faßt und daß die Zahlen eine leichte Besserung in der Verteilung des Bodens in Brasilien aufzeigen. Es ist jedoch sicher noch zu früh, um von einer gerechten Verteilung des Bodens in diesem Land zu sprechen. Selbstverständlich beziehe ich mich nicht auf das Eigentum der Produktionsmittel, das „gerechtfertigt [ist], wenn es einer nutzbringenden Arbeit dient" (*ebd.*, Nr. 43). Die Kirche ist sich dessen bewußt. Sie weiß z. B., daß die Marktwirtschaft heute eine Notwendigkeit darstellt. Wer mehr produziert, kann es kostengünstiger tun und kann somit zu niedrigeren Preisen verkaufen. In diesem Fall handelt es sich darum, daß „jene Grundstücke, die nicht hinreichend bebaut sind, unter diejenigen aufgeteilt werden [sollen], die diese Ländereien fruchtbar zu machen verstehen" (*Gaudium et spes*, Nr. 71). In diesem Sinn wird das Eigentum

im landwirtschaftlichen Bereich „rechtswidrig, wenn es nicht produktiv eingesetzt wird oder dazu dient, die Arbeit anderer zu behindern", indem es nur verwendet wird, „um einen Gewinn zu erzielen, der nicht aus der Gesamtausweitung der Arbeit und des gesellschaftlichen Reichtums erwächst, sondern aus ihrer Unterdrückung, aus der unzulässigen Ausbeutung, aus der Spekulation und aus dem Zerbrechen der Solidarität in der Welt der Arbeit" (*Centesimus annus*, Nr. 43). Unter diesem Gesichtspunkt kann man von einer hochgradigen Konzentration des Landbesitzes in Brasilien sprechen, die eine gerechte Landreform erfordert. „Ein solches Eigentum besitzt keinerlei Rechtfertigung und stellt einen Mißbrauch vor Gott und den Menschen dar" (*ebd.*).

Ich vertraue darauf, daß die so wünschenswerte Agrarreform den sehnlichsten Hoffnungen des brasilianischen Volkes Rechnung tragen wird.

4. „Der heilige Gott wird seine Heiligkeit in der Gerechtigkeit erweisen."

Das Evangelium vom Reich Gottes enthält diese grundlegende Wahrheit. Gott ist unendlich heilig. Seine Heiligkeit ist auch der Bezugspunkt jeder Gerechtigkeit. Dieser Heiligkeit Gottes, die auch endgültige Gerechtigkeit ist, widerspricht auch jede Ungerechtigkeit, sowohl in den zwischenmenschlichen Beziehungen als auch in denen des gesellschaftlichen Lebens.

Als ich im Vorjahr eine Gruppe brasilianischer Bischöfe anläßlich ihres Ad-limina-Besuches in Rom empfing, erinnerte ich sie daran, daß der Gegensatz zwischen den beiden Brasilien eine Herausforderung ist: es gibt einerseits das hochentwickelte Brasilien, das mit seiner Kraft den Weg des Fortschritts und des Reichtums eingeschlagen hat, während das andere von riesigen Armenvierteln, von Leid, Analphabetentum und Ausgrenzung gekennzeichnet ist (24. März 1990). Ich sprach zu ihnen auch von dem Abgrund, der die brasilianische Gesellschaft spaltet und der heute den Einsatz aller erfordert, damit sich, unter Achtung des Gemeinwohls, eine umfassendere Solidarität entwickle.

Geliebte Brüder und Schwestern, man kann bei der Betrachtung dieser Ungleichheiten nicht über echte Ungerechtigkeiten hinwegsehen, die an die Probleme der Verteilung des Bodens und seiner vernünftigen Nutzung gebunden sind. Wie man weiß, ist Brasilien ein Land der Aus- und Einwanderer, mit Millionen von Landarbeitern, die selbst kein oder zu wenig Land besitzen, um ihre Familien zu erhalten und die deshalb gezwungen sind, in Massen in die reicheren Staaten der Republik auszuwandern. Auch das Problem der Saisonarbeiter, die in den Städten wohnen und bei der Feldarbeit ausgenützt werden, ist wohlbekannt.

Weisen diese Tatsachen als solche nicht auf die Notwendigkeit hin, auf die berechtigten und dringenden Forderungen jener Bürger zu hören, die Anspruch auf die Teilnahme am wirtschaftlichen Leben der Nation haben? Der Staat hat „die höchst wichtige Aufgabe, das Privateigentum mittels weiser Gesetze zu gewährleisten", da weder die Gerechtigkeit noch das Gemeinwohl zulassen, daß jemand geschädigt oder daß unter irgendeinem Vorwand sein Eigentumsrecht verletzt werde (vgl. *Rerum novarum*, Nr. 55). Dem Staat obliegt jedoch auch die Pflicht, für eine gerechte Verteilung des Bodens Sorge zu tragen und gleichzeitig das Anrecht aller auf

Anerkennung ihrer Fähigkeiten und den Ertrag ihrer Arbeit zu gewährleisten (vgl. *Centesimus annus*, Nr. 52 und 28), und das unter wirklich annehmbaren Bedingungen.
Wenn man daher von einer Agrarreform spricht, so meint man damit nichts anderes als die Modernisierung des Arbeitsverhältnisses der Landarbeiter; die Schaffung produktiver Arbeitsmöglichkeiten in den ländlichen Gebieten; die Überwindung von Gewalttätigkeiten, die bereits vielen Personen - darunter auch Priestern - das Leben gekostet haben; die Schaffung von Schulen und medizinischen Einrichtungen und die Gewährung von Krediten, womit mehr als zehn Millionen von Landwirten in die Lage versetzt würden, wie normale Bürger zu leben. All das würde außerdem den Städten zum Vorteil gereichen, da sie eine geringere Zahl von Einwanderern zu verkraften hätten, würde die Produktion der Landwirtschaft erhöhen sowie Versorgung und Angebot von Grundnahrungsmitteln sicherstellen. Am 16. dieses Monats, wenn der von der FAO organisierte Welttag der Ernährung begangen wird, werden die Probleme des Hungers in der Welt besprochen. Ich hoffe, daß vor diesem internationalen Forum Lösungen vorgebracht werden, die geeignet sind, im Geist der Brüderlichkeit und Zusammenarbeit diesem so beängstigenden Problem entgegenzuwirken.
Es handelt sich jetzt schließlich darum, alle Formen der Zusammenarbeit zwischen den verschiedenen Schichten der Gesellschaft auf der Suche nach Lösungen für das Problem des Besitzes und der Nutzung des Bodens im Rahmen einer Landwirtschaft zu fördern, die sich moderne Kriterien der Produktion aneignen soll.

5. Ich möchte diese Ansprache mit einem Gruß an die Bevölkerung dieses schönen Landes beenden, das ein traditionelles Zentrum der Kultur ist, weshalb sich die Stadt São Luís den Titel „Athen Brasiliens" erworben hat.
Bewegten Herzens gedenke ich der Geschichte der Kirche in Brasilien, die hier im Jahr 1612 dank der französischen Kapuzinermissionare in der von La Raverdière gegründeten Stadt ihren Anfang genommen hat. Maranhão wurde aufgrund der hervorragenden Missionsarbeit der Jesuiten, Kapuziner, Mercedarier und vieler anderer, die sich im 17. Jahrhundert auf die so ausgedehnte Region des Amazonas erstreckte, zu einem Zentrum von außerordentlicher Ausstrahlung. Ein großer Klassiker der portugiesischen Sprache, der Prediger und Missionar P. Antônio Vieira, verstand es hier, die Menschenwürde und Freiheit der einheimischen Bevölkerung zu verteidigen, indem er die Mißbräuche anprangerte, die die Kolonisatoren mit ihnen trieben. Deshalb möchte ich auf dieses Monument hinweisen, das uns einen Meilenstein der Evangelisierung Lateinamerikas ins Gedächtnis ruft. Ich beziehe mich auf das Kloster der Mercedarier. Kürzlich von hilfreichen Händen restauriert, wird es mit der Wiedererrichtung der Kirche, welche die Patres zu Beginn dieses Jahrhunderts unter schweren Opfern und mit großem Eifer erbauten, vollendet sein. In diesem Kloster hallen noch die Worte P. Antônio Vieiras wider, der hier lebte.
Auch will ich nicht übersehen, daß die Region Maranhão das große Zentrum der Ausstrahlung der Herz-Jesu-Verehrung auf ganz Brasilien war, einer Verehrung, die dem Volk sehr teuer ist. Sie fand dank des Eifers eines großen Missionars und

Gründers verschiedener religiöser Institutionen, P. Gabriel Malagrida, und seines apostolischen Wirkens im Norden und Nordosten Brasiliens im 18. Jahrhundert weite Verbreitung.

Gott sei dafür gedankt, daß er den Papst nach Maranhão geführt hat!

Ich danke den geliebten Söhnen und Töchtern dieser Region, eurem Erzbischof Paulo Eduardo Andrade Ponte, allen hier anwesenden Kardinälen und Bischöfen, dem Herrn Gouverneur und den anderen Obrigkeiten für die herzliche Aufnahme, die mir hier zuteil wurde. Gleichzeitig bete ich um den für diese Region so notwendigen Regen.

6. „Meister, sag meinem Bruder, er soll das Erbe mit mir teilen" (*Lk* 12,13), lesen wir im heutigen Evangelium. Auf diese Worte eines Nebenstehenden antwortete Jesus: „Mensch, wer hat mich zum Richter oder Schlichter bei euch gemacht?" (*Lk* 12,14).

Die Lösung der an den Landbesitz gebundenen Probleme ist weder Aufgabe Christi noch seiner Kirche, sondern der menschlichen Einrichtungen und der zuständigen Obrigkeiten.

Aufgabe der Kirche ist es, das Evangelium vom Reich Gottes zu verkünden. Dieses Reich tut die Heiligkeit Gottes kund, jene Heiligkeit, die sich in Gerechtigkeit und Gericht offenbart: „Der Herr der Heere ist erhaben, wenn er Gericht hält" (*Jes* 5,16).

Deshalb sagte Jesus: „Fürchte dich nicht, du kleine Herde." Laßt euch nicht von den irdischen Ungerechtigkeiten entmutigen. Am Ende wird die Gerechtigkeit siegen. Deshalb sollt ihr, die ihr eine Verantwortung für die Gesellschaft tragt, alles euch Mögliche unternehmen, damit im Leben der einzelnen und der Gesellschaft die Ungerechtigkeit der Gerechtigkeit weiche.

„Fürchte dich nicht, du kleine Herde - sagt Jesus -, denn es hat eurem Vater gefallen, euch sein Reich zu geben." Das ist der Maßstab aller zeitlichen Systeme.

Und Jesus ruft aus: „Macht euch Geldbeutel, die nicht zerreißen. Verschafft euch einen Schatz, der nicht abnimmt, droben im Himmel, wo kein Dieb ihn findet und wo keine Motte ihn frißt" (*Lk* 12,33). Deshalb, „verkauft eure Habe und gebt den Erlös den Armen!" (*Lk* 12,33).

Euer ganzes Verhalten soll zum Ausdruck bringen, wo euer „wahrer Schatz" ist. „Denn wo euer Schatz ist, da ist auch euer Herz" (*Lk* 12,34).

Versammeln wir uns jetzt rings um die in den Leib des göttlichen Erlösers verwandelte Hostie, vom Verlangen beseelt, er möge uns weiterhin auf dem Weg leiten und stärken, den die ersten Missionare zur Verbreitung des christlichen Glaubens in diesem Land beschritten haben. Mögen die sogenannten „Heiligen Missionen", die jetzt in der Stadt São Luís abgehalten werden, den Prozeß der Neuevangelisierung auslösen, den ich aus ganzem Herzen segne und dem mütterlichen Schutz Unserer Lieben Frau von Aparecida anvertraue.

Maria der Soldaten, Königin des Friedens

Predigt über die „Heranbildung zum Glauben für eine neue Gesellschaft" in Brasilia / Segnung des Grundsteins der neuen Militär-Kathedrale am 15. Oktober

1. „Ohne Glauben ist es unmöglich, Gott zu gefallen" (*Hebr* 11,6).
Die Lesung aus dem Hebräerbrief zeigt uns verschiedene Persönlichkeiten des Alten Testamentes: Männer, an denen Gott gerade wegen ihres Glaubens Wohlgefallen hatte: Abel, Henoch, Noe, Abraham und Sara, Isaak und Jakob.
Der Neue Bund geht von Christus aus, dem „Urheber und Vollender unseres Glaubens" (vgl. *Hebr* 12,2), und damit verlängert sich die Liste und umfaßt sämtliche Völker und Nationen der Erde. In eurem großen Vaterland Brasilien gibt es viele Menschen, die „Gott wegen ihres Glaubens gefallen", die sich ihm gemäß den Worten des Hebräerbriefes nähern: „Wer zu Gott kommen will, muß glauben, daß er ist und daß er denen, die ihn suchen, ihren Lohn geben wird" (*Hebr* 11,6).
Nun ist aber der Glaube ein Suchen Gottes. Bezeichnend schreibt Pascal: „Du würdest mich nicht suchen, wenn du mich nicht schon besäßest" (*Gedanken*, Kap. II,9). Dem Suchen nach Gott von seiten des Menschen geht das göttliche Geschenk des Glaubens voraus, mit dem wir „ständig sein Antlitz suchen" (*Ps* 104/105,4).

2. Was ist der Glaube? Der Apostel antwortet: „Feststehen in dem, was man erhofft, Überzeugtsein von Dingen, die man nicht sieht" (*Hebr* 11,1). Im Glauben überschreiten wir also in gewissem Sinn die Grenzen der sichtbaren Wirklichkeit, um in die Welt des Unsichtbaren einzutreten. Das Sichtbare bezeugt gewissermaßen das Unsichtbare. Das Weltall gibt Zeugnis von Gott als seinem Schöpfer. Wir lesen im Hebräerbrief: „Aufgrund des Glaubens erkennen wir, daß die Welt durch Gottes Wort erschaffen worden und so aus Unsichtbarem das Sichtbare entstanden ist" (*Hebr* 11,3). So ist das Zeugnis des Wortes vom Schöpfergott der ganzen Schöpfung eingeschrieben.
Abgesehen von diesem allen zugänglichen Zeugnis findet der Glaube seine Stütze in den menschlichen Zeugen der göttlichen Offenbarung. Unsere Vorfahren „haben ein Zeugnis erhalten" (*Hebr* 11,2). „Viele Male und auf vielerlei Weise hat Gott einst zu den Vätern gesprochen durch die Propheten; in dieser Endzeit aber hat er zu uns gesprochen durch den Sohn" (*Hebr* 1,1-2).

3. Das Zweite Vatikanische Konzil lehrt: „Dem offenbarenden Gott ist der ‚Gehorsam des Glaubens' zu leisten (*Röm* 16,26; vgl. *Röm* 1,5; *2 Kor* 10,5-6). Darin überantwortet sich der Mensch Gott als ganzer in Freiheit, indem er sich ‚dem offenbarenden Gott mit Verstand und Willen voll unterwirft' und seiner Offenbarung willig zustimmt. Dieser Glaube kann nicht vollzogen werden ohne die zuvorkommende und helfende Gnade Gottes und ohne den inneren Beistand des Heiligen Geistes, der das Herz bewegen und Gott zuwenden, die Augen des Verstandes öffnen und ‚es jedem leicht machen muß, der Wahrheit zuzustimmen und zu glauben'. Dieser Geist vervollkommnet den Glauben ständig durch seine Gaben, um das Verständnis der Offenbarung mehr und mehr zu vertiefen" (*Dei Verbum*, Nr. 5).

4. Heute brauchen wir, schon vor dem Beginn des dritten Jahrtausends der christlichen Ära, notwendig Menschen des Glaubens. Diese Menschen müßten Licht und Kraft für eine neue Gesellschaft sein als Politiker, Techniker, Verwaltungskräfte, Erzieher, Funktionäre der Öffentlichkeit, Unternehmer, Arbeiter in der Stadt und auf dem Lande ... Wie ich bei meiner ersten Reise in Salvador den Erbauern einer pluralistischen Gesellschaft sagte, müßten es Menschen einer Gesellschaft sein, „die den menschlichen Bedürfnissen sowohl im Bereich der materiellen wie der geistigen und religiösen Bedürfnisse entspricht, einer Gesellschaft, die sich auf ein System von Werten stützt, das sie vor Manipulationen des individuellen oder kollektiven Egoismus schützt" (*Insegnamenti di Giovanni Paolo II*, III,2 S. 157, 7.7.80).
Im Dienst dieser Aufgabe ist eine ständige Glaubenserziehung der Christen notwendig, zumal jener, die für den Aufbau der Gesellschaft eine größere und direktere Verantwortung tragen. Dies erfordert schon ihre Natur, die aus Leib und Seele besteht, denn sie wurden vom Vater berufen, das Himmelreich in Besitz zu nehmen, das ihnen bereitet ist (vgl. *Mt* 25,34). Daraus ergibt sich das Verlangen, den tieferen Sinn dieser Welt kennenzulernen, die ein Werk des Schöpfers ist. Wenn die Welt den Händen Gottes entstammt, und wenn Gott den Menschen nach seinem Bild und Gleichnis geschaffen hat, muß sich der göttliche Sinn herausfinden lassen, der natürlicherweise in allen Dingen steckt. Es gibt keine Unvereinbarkeit zwischen menschlichem Wissen und Glauben, und sie hat nie existiert. Denkt der Verstand tiefer nach, selbst über die einfachste Handarbeit, kann und muß er alles auf Gott beziehen. Daher ist eine Pflege des Glaubens entsprechend dem kulturellen Niveau eines jeden nötig, entsprechend seiner sozialen Verantwortung und seinem beruflichen Fachwissen.

5. Die große Heilige von Avila, die die Kirche heute nach ihrem liturgischen Kalender feiert, kann als eine Frau gelten, die der Glaube veranlaßt hat, sich mit Millionen von Menschen zu beschäftigen, die Christus noch nicht kannten, und denen die Kirche ihn daher zu verkünden hatte. Bei der heiligen Teresa war der Glaube an Jesus Christus untrennbar von der Liebe zur Kirche. Ihre letzten Worte waren: „Gott Dank sterbe ich als Tochter der Kirche". Menschen des Glaubens werden daher Licht für andere sein, Mittelpunkte geistlicher und religiöser Ausstrahlung, Salz der Erde. Unsere Zeiten brauchen die tatkräftige und wohltuende Präsenz von Männern und Frauen, die in ihren Werken ihren Glauben aufzeigen (vgl. *Jak* 2,18).

6. Was aber wird die neue brasilianische Gesellschaft als Frucht der Glaubenserziehung sein?
Auf diese Frage antwortet Christus mit den Worten des Evangeliums, die in der heutigen Liturgie vorgetragen wurden: „Salz der Erde und Licht der Welt" (vgl. *Mt* 5,13-14).
Das Salz, das den Speisen einen guten Geschmack gibt, ist ein Bild von dem, was Frucht einer Glaubenserziehung sein muß, die in die verschiedensten Bereiche des menschlichen Lebens geistliche und moralische Gesundheit bringt - für den Menschen, die Familie, die Gemeinschaft und die Gesellschaft. Damit werden alle vor

dem Verderben bewahrt, oder wie Christus gesagt hat davor, „weggeworfen und von den Menschen zertreten zu werden" (vgl. *Mt* 5,13).
Gleichzeitig werden sie Licht sein, das anderen leuchtet und „allen scheint, die im Hause sind" (vgl. *Mt* 5,15). In eurem großen Haus Brasilien wohnen Millionen von Menschen. Der Glaube ist Licht, „über das man kein Gefäß stülpt, das man vielmehr auf den Leuchter stellt". Er muß leuchten ... vor den Menschen, damit sie eure guten Werke sehen und euren Vater im Himmel preisen" (*Mt* 5,15-16).
Das also antwortet Christus auf eure Frage, was der Glaube ist, und was Glaubenserziehung für eine neue Gesellschaft bedeutet.

7. Liebe Brüder und Schwestern! Mit großer Freude weile ich erneut in Brasilia. Der Papst freut sich, zu sehen, wie diese schöne Stadt in den letzten elf Jahren gewachsen ist und nun wirksam zum Zentrum der großen nationalen Entscheidungen wird. Die weiten Ausblicke, die sie von dieser Hochebene aus bietet, erinnern an die prophetischen Worte Don Boscos, die den Gründern der Stadt so viel Anregung gaben. Ich erinnere daran, daß nicht weit von hier das Kreuz aufgerichtet und die erste Messe gefeiert wurde, die die Geburt Brasilias bezeichnete. Möge diese Stadt also immer im Schatten des Kreuzes wachsen und unter dem Schutz der mütterlichen Segnungen ihrer Patronin, Unsere Lieben Frau von der immerwährenden Hilfe!
Aus ganzem Herzen grüße ich alle, die zu dieser Eucharistiefeier hergekommen sind und an ihr teilnehmen. An erster Stelle begrüße ich herzlich den Herrn Präsidenten der Republik, Dr. Fernando Collor und die Mitglieder der Regierung, den Gouverneur und alle staatlichen und militärischen Autoritäten. Wir sind dankbar für ihre Präsenz bei dieser Feier. Ich grüße ferner die zahlreichen Länder, die durch ihre Botschafter hier vertreten sind, und für alle hier anwesenden Nationen spreche ich meine guten Wünsche für Frieden und Wohlstand aus.
Ich danke für seine hochherzige und brüderliche Aufnahme dem lieben Bruder und Hirten dieser Kirche in Brasilia, dem Herrn Kardinal Dom José Freire Falcao und seinen Weihbischöfen, Dom Alberto Taveira und Dom Raymundo Damasceno Assis, der im Augenblick auch Generalsekretär des lateinamerikanischen Bischofsrates ist. Ich grüße ferner alle Kardinäle und Bischöfe, die hier anwesend sind. Meine Freude spreche ich ferner aus über die Teilnahme der Brüder und Schwestern aus anderen christlichen Kirchen. Ich danke für diese Einheit, die sich um Christus als Zentrum aufbaut.

8. Gern benutze ich auch diese Gelegenheit, um der Genugtuung Ausdruck zu geben, die mir mein lieber Bruder im Bischofsamt und Militärerzbischof Brasiliens, Geraldo do Espirito Santo d' Avila bereitet hat, indem er mich einlud, den Grundstein der künftigen Kathedrale der Militär-Erzdiözese Brasiliens zu segnen, die den Titel „Maria der Soldaten, Königin des Friedens" bekommt.
Ich wünsche, daß der Bau dieser Kirche zu einer immer größeren Einheit der Familie des Militärs in Brasilien beiträgt und zu einem großen Zentrum der Evangelisierung für alle wird, für Heer, Marine und Luftwaffe, damit alle ihre eigentliche Auf-

gabe als Garanten des Friedens, der Freiheit und Gerechtigkeit erfüllen. Den Priestern, die in den Militärstädten ihren Dienst leisten, in den Quartieren und den verschiedenen Frontbereichen tätig sind, möchte ich sagen, sie sollen mit Liebe und Vertrauen ihre Arbeit tun, ohne sich zu schonen, um das Evangelium überall hinzutragen, wo das Wohl der Seelen es erfordert.
Dankbare Worte richte ich auch an den geliebten Bruder im Bischofsamt, Dom José Newton de Almeida Baptista, der mit so viel Sorgfalt und Eifer sich in seiner Hirtenarbeit nicht nur in der neuen Hauptstadt der Republik voll einsetzt, sondern auch im Militärordinariat. Möge Gott ihm alles vergelten und ihn segnen!

9. „Ohne Glaube ist es unmöglich, Gott zu gefallen." Ohne Glaube kann das menschliche Leben nicht gottförmig sein, und doch ist eben dies die Berufung des Menschen, und davon hängt sein zeitliches und ewiges Glück ab.
Gott, der den Menschen nach seinem Bild und Gleichnis geschaffen hat, erhofft sich von ihm ein wirklich gottförmiges Verhalten. Er wünscht, daß ihm der Mensch wie Abel das Opfer der Früchte des Feldes und seiner guten Werke darbringt. Gott hofft, daß der Mensch ein Erbe jener Gerechtigkeit wird, die ihn das Evangelium lehrt, einer Gerechtigkeit, die ihm Christus verdient hat, der um unserer Erlösung von den Sünden willen gekreuzigt wurde und auferstanden Christus verdient ist. Der Mensch hat die Gerechtigkeit Christi empfangen, des „Erstgeborenen aller Schöpfung" (*Kol* 1,15), durch den Glauben, mit dem er pilgernd zum verheißenen Land unterwegs ist, zum ewigen Leben in der Vereinigung mit Gott.

10. Maria, die erste, die geglaubt hat, der Stern der neuen Evangelisierung, die in ganz Brasilien als Unsere Liebe Frau von Aparecida verehrt wird, sei euer Vorbild, die Erzieherin im Glauben für die der Brasilianer und alle Christen, die sich für den Aufbau einer neuen Gesellschaft einsetzen. Sie sei für alle Vorbild und Erzieherin im Glauben, Unsere Liebe Frau Aparecida, die Patronin Brasiliens.

Die Berufung ist keine persönliche Wahl

Ansprache an die Seminaristen in Brasilia am 15. Oktober

Meine lieben Seminaristen!

1. Es ist für mich eine sehr große Freude, hier mit einer großen Zahl von jungen Menschen zusammenzusein, die von Christus berufen worden sind, sein eigen und seine Diener zu sein! In den hier Anwesenden erblicke ich zugleich die übrigen Seminaristen Brasiliens, und mein Wort soll ihnen allen gelten.
Von Herzen danke ich dem Diakon Antonio Edimilson Ayres für die liebenswürdigen Worte, die er im Namen der hier versammelten Seminaristen gesprochen hat, um dem gemeinsamen Geist, der alle erfüllt, Ausdruck zu geben.
Komm und folge mir! (*Mt* 19,21). Dieser Ruf wurde eines Tages in der Tiefe eurer Herzen vernehmbar. Jeder von euch hörte in unterschiedlicher Weise und unter ver-

schiedenen Umständen diesen Ruf. Aber für alle hat er eines gemeinsam: es war Jesus Christus selbst, der euch entgegenkam und sagte: Komm und folge mir! Ihr habt eine göttliche Berufung empfangen, um lebendige Werkzeuge Christi, des ewigen Priesters zu sein (vgl. *Presbyterorum ordinis*, Nr. 12).
Die Wahl des für diese Berufung und Sendung nötigen Weges ist weit mehr als eine persönliche Empfindung oder Neigung. Auf alle können die Worte des hl. Paulus angewandt werden, die in der Seele Empfindungen der Bewunderung und des Dankes wecken: „Er hat uns erwählt vor der Erschaffung der Welt, damit wir heilig und untadelig leben vor Gott" (*Eph* 1,4). Von Ewigkeit her ist jede Berufung sozusagen im Herzen des Herrn selbst eingeschrieben. Schätzt daher immer eure Berufung wie sie ist: als ein großes Geschenk von Gott!

2. Komm und folge mir! Die ganz besondere Berufung, die euch zuteil geworden ist, erfordert eine entsprechende Vorbereitung, eine Ausbildung, die euch die tatsächliche Identifizierung mit Christus und das Eintreten in seine Fußstapfen möglich macht. „Was ist diese Ausbildung?", fragte ich zu Beginn der Arbeiten der Bischofssynode im vergangenen Jahr, die ja das Thema der Priesterausbildung behandelt hat. „Man kann sagen - antwortete ich - daß sie eine Antwort auf den Ruf des Herrn des Weinbergs ist".
Um die Bedingungen für diese Antwort zu schaffen, besteht die Verpflichtung zu einer angemessenen Ausbildung während der Seminarjahre.
Obwohl der Name „Seminar" nicht der einzige für die Bezeichnung der Zeit und des Ortes dieser Ausbildung ist, wird er in der Kirche hauptsächlich verwendet. Das Seminar befindet sich im Herzen der Kirche, die seine Entfaltung wünscht und erhofft und ihm jede Unterstützung schenken möchte, wie das Zweite Vatikanische Konzil ausgesprochen hat und es im vergangenen Jahr die Synodenväter wiederholt haben. Das Konzil hat sogar verfügt, daß in der Kirche die jahrhundertelange Erfahrung der Seminarien als weiter voll gültig zu gelten hat, weil sie als für die Ausbildung der Priester bestimmte Institutionen vielleicht das für die integrale Ausbildung der künftigen Priester wirksamste Werkzeug sind, falls ihnen die unerläßlichen möglichst guten Erzieher zur Verfügung stehen (vgl. *Ratio fundamentalis*, Einl. 1).
Der nun gültige Codex des Kirchenrechtes folgt der gleichen Linie und bestimmt, daß in allen Diözesen ein Großes Seminar vorhanden sein muß, falls es entsprechend eingerichtet werden kann. Sollte das nicht möglich sein, müßten sie ihre Kandidaten an das Seminar einer anderen Diözese oder an ein interdiözesanes Seminar schicken (*CIC*, can. 237).
Ihr seht, wie die Kirche das Seminar hochschätzt. Sie gibt damit auch dem Wort „Seminar" besonderen Wert und zieht es wegen seines Gehalts und seiner Wurzel im Evangelium anderen vor. Seminar bedeutet Stätte der Aussaat, wo also der Same für die künftige Pflanzung ausgestreut wird. Wir sehen unmittelbar die Parallele zwischen dem Verhalten eines guten Sämanns gegenüber den emporkeimenden Pflanzen und der Ausbildungszeit im Seminar.
Soll der Same kräftig wachsen und Frucht bringen, braucht er Zeit und besondere Aufmerksamkeit. So auch die Ausbildung des Priesters. Falsch wäre das Drängen,

das zu einer nachlässigen Ausbildung oder zu oberflächlichen Improvisationen führen würde, und es blieben bei den künftigen Priestern unausfüllbare Lücken zurück. Keine seelsorgliche Dringlichkeit und bloßes Schauen auf die Zahl kann eine Vernachlässigung der soliden Ausbildung der Seminaristen rechtfertigen, wie sie in Seminarien angeboten wird, die den kanonischen Normen und den amtlichen Weisungen der Kirche, die die letzte Synode bekräftigt hat, entsprechen.

3. Welche Dimensionen muß diese Ausbildung als echte „Schule für das Evangelium" haben? Es muß „eine integrale Ausbildung sein, die keinen Aspekt vernachlässigt: weder die menschliche, noch die lehrmäßige, geistliche und pastorale Bildung, und sie muß die vielfach schwierigen Verhältnisse berücksichtigen, in denen der Dienst auszuüben ist" (*Ansprache an die Synodenväter*, 27.10.1990).
An erster Stelle steht die menschliche Bildung, die für die Nachfolge Christi als „wahrer Gott und wahrer Mensch" (*Symbolum Quicumque*) notwendig ist. Die Zeit im Seminar muß vor allem eine Zeit der tiefen Identifizierung mit Christus sein, angefangen damit, daß ihr euch das Menschliche am Herrn zum Vorbild nehmt.
Ein zweiter Christus - alter Christus - sein, wie es gerade vom Priester gefordert ist, erfordert ein unverkürztes Menschsein, einen festen Charakter, gediegene moralische Tugenden und eine reife Persönlichkeit (vgl. *Optatam totius*, Nr. 11).
Diese Tugenden sind für eure Ausbildung außerordentlich wichtig. Um sie zu gewinnen, gibt es nur den Weg wirklicher Disziplin und Lebensstrenge. Daher muß das Seminar den künftigen Priester in der Schule des Opfers und der männlichen, persönlichen und wohl durchdachten Disziplin einüben.
Haltet euch immer vor Augen, daß die Reife und Festigkeit der menschlichen Tugenden wie der Felsen sind, auf dem allein man ein festes Gebäude der übernatürlichen Tugenden und der eigenen Berufung errichten kann.
Seid stark in der Beharrlichkeit trotz eventueller Schwierigkeiten oder Krisen und überzeugt, daß die Berufung keine persönliche Wahl ist, die man treffen oder auch widerrufen kann, auch keine bloße Erfahrung, sondern wie ich oben schon erwähnt habe, ein ewiger Plan und Ruf Gottes.
Folgt dem Weg, den Jesus Christus gegangen ist und bejaht freiwillig und froh die Gabe des priesterlichen Zölibates. Ich muß euch unbedingt meine innerste Freude bekennen, als ich auf der letzten Synode bestätigt sah, daß „die Option für den priesterlichen Zölibat, wie sie der lateinische Ritus kennt, als frei empfangenes Charisma, das die Kirche im Hinblick auf eine ausschließliche und freudige Hingabe der Person des Priesters an seine Dienstaufgabe und seine Berufung bestätigt hat, vom Reich Gottes Zeugnis gibt" (*Ansprache*, 27.10.1990). Für das Priestertum sind Bestrebungen nach einem „freigestellten Zölibat" illusorisch und eine Verarmung. Gott selbst, der euch gerufen hat, wird euch die Gnade geben, das große Geschenk des Zölibates zu lieben und treu zu bewahren, das Er selbst mit eurer Berufung verbinden wollte.

4. Christus folgen - komm und folge mir! - erfordert, Christus zu kennen, das Geheimnis Gottes, der Mensch wurde, kennen, das Geheimnis des Heiles kennen (vgl.

Optatam totius, Nr. 13). Dem dient die lehrmäßige Ausbildung, die in den Seminarjahren von grundlegender Bedeutung ist. Diese Ausbildung muß unbedingt ein ernsthaftes und gründliches Studium in der Vorbereitung aufs Priestertum bedeuten. Widmet euch daher eifrig und ernsthaft dem Studium! Nur so werdet ihr zu Männern des Glaubens und Zeugen der Wahrheit, die frei macht (*Joh* 8,32).
Echtes philosophisches Wissen ist ein grundlegendes Werkzeug zum tieferen Verständnis des Menschen, der Wirklichkeit der Welt und ihres Schöpfers. Wie es das Zweite Vatikanische Konzil empfohlen hat, muß sich diese philosophische Ausbildung immer „auf das stets gültige philosophische Erbe stützen" (*Optatam totius*, Nr. 15), das den Weg zu einem sicheren und tiefen Verständnis der geoffenbarten Wahrheiten öffnet. Angesichts der heute zu beobachtenden Entlarvung der Ideologien, die bis vor kurzem noch viele Nationen beherrschten, versteht man besser, daß sich die Pläne für eine neue soziale Ordnung aufgrund ihres schwachen philosophischen Fundamentes als nicht tragfähig erwiesen haben. Die Fähigkeit zur Unterscheidung sowie zur wirksamen und sicheren Durchführung der Pläne läßt sich nur durch ein philosophisches Wissen gewinnen, das in sich selbst Suchen nach der Wahrheit ist. Alle pastoralen Pläne, alle Erziehungsvorschläge, sozialen Reformen und politischen Entscheidungen müssen sich gründen auf geistige Voraussetzungen und Haltungen philosophischer Art, die der künftige Priester unbedingt kennen sollte.
Das Studium der Theologie, dem ihr mehrere Jahre widmet, wird euch die solide Grundlage für das Leben und Weitergeben der Heilswahrheit verschaffen. Benutzt die Heilige Schrift als ständige geistliche Nahrung und vertieft euch in ihren Inhalt vor allem im Licht der Kirchenväter als unvergleichlichen Auslegern der heiligen Bücher und besonderen Zeugen der Überlieferung (vgl. die *Instruktion über das Studium der Kirchenväter in der Priesterausbildung*, 10.11.1989, 18,26). Sie mögen euch bei den theologischen Studien leiten und ihnen eine immer größere Lebenskraft schenken, zugleich ihre innere Verbindung mit eurem geistlichen Leben und eurer seelsorglichen Arbeit aufzeigen.
Als Führer für eure Studien soll euch immer das authentische und universale Lehramt der Kirche dienen. Nur wer das Lehramt gelehrig im Geist des Glaubens und als Ausdruck des lebendigen Glaubens im Geheimnis der Kirche annimmt, kann die Versuchungen einer oberflächlichen Begeisterung infolge theologischer Modeströmungen vermeiden, die die Wahrheit verfälschen und verdunkeln. Laßt euch auch nicht täuschen durch die Verirrungen einer Theologie der Befreiung, die die Glaubenslehre auf der Grundlage einer marxistisch geprägten Ideologie uminterpretieren möchte und die katholische Wahrheit schwerwiegend verletzt.

5. Doch alle Bereicherung, die man durch die lehrmäßige Ausbildung gewinnen mag, wäre wie eine Pflanze ohne Saft, wenn ihr nicht ein intensives geistliches Leben zugrundelegt. Der Seminarist muß sich ja vor allem darauf vorbereiten, ein Mann Gottes zu sein.
Daher empfängt er häufig das Sakrament der Versöhnung als ständige Quelle der Bekehrung und der Erneuerung. Daher hält er fromm an der Betrachtung und geist-

lichen Lesung, an der Gewissenserforschung und an den soliden Andachten fest, die die Kirche empfohlen hat und bei denen vor allem die kindliche Liebe zur allerseligsten Jungfrau Maria zu nennen ist. Auf diese Weise kommt es in eurem Leben zu einer immer innigeren Identifizierung mit Christus, und als Folge davon lernt ihr die echte Liebe.

Sucht euch unter den vom Bischof approbierten Priestern einen geistlichen Berater aus, der euch bei diesem Lernen hilft. Sprecht regelmäßig mit ihm. Wie eine heranwachsende Pflanze die aufmerksame Sorge des Arbeiters braucht, so braucht die in der Seele aufsprossende Liebe zu ihrer volleren Entwicklung die Hilfe eines geistlichen Beraters, der Erfahrung hat, urteilen kann und glühenden Eifer besitzt.

6. Aus dieser geistlichen Ausbildung, liebe Seminaristen, wird der Geist der Nächstenliebe hervorwachsen als Frucht einer reifen Liebe zu Christus. Ihr werdet dann, wie die Kirche sagt, als Priester echte Hirten sein, erfüllt von der Liebe, die im Herzen Christi entspringt. Mit dieser pastoralen Liebe werdet ihr vor allem die Ärmsten und Notleidenden umgeben, jene, die für ihr Leben das Licht und den geistlichen Trost entbehren müssen. Dabei muß eure Liebe über eine bloße Betreuung oder soziale Förderung hinausgehen, zugleich für alle offen sein, ohne jemand auszuschließen, kurz, ein Widerschein des universalen Heilswillens Christi.

So werdet ihr die Schönheit eures Priestertums und das wahre Antlitz der Kirche entdecken. Beim Bemühen, die Welt gerechter und menschlicher zu machen, werdet ihr die Dinge vor allem unter ihrem ethischen und religiösen Aspekt sehen. Das Lehramt der Kirche erhellt die Probleme, die die heutige Gesellschaft bedrängen, mit Grundsätzen und Kriterien aus dem Evangelium, die sich zugleich auf die Naturordnung stützen, nach denen jede Person würdig leben und ihr zeitliches und ewiges Geschick erreichen können muß. So entspricht es der pastoralen Tätigkeit der Kirche und ihrer Soziallehre. Unerläßlich wird für euch daher, daß ihr diese Lehre gut kennt, sie gründlich studiert und sie wahrhaft hochschätzt, wenn ihr eurem künftigen Dienst echte Wirksamkeit und Fruchtbarkeit wünscht.

7. Nun möchte ich auch noch ein Wort der Ermunterung und des Dankes an die Erzieher richten. Mögen sie mit Freude und Opfergeist bei ihrer stillen Arbeit unermüdlich aushalten.

Meine Dankbarkeit und Ermunterung gilt an erster Stelle den Erziehern im „ersten Seminar", den Eltern. In der christlichen Familie wächst der Glaube und ebnet dem Priesterberuf die ersten Schritte. Eltern, liebt die Berufung eurer Söhne und dankt Gott für die bevorzugte Liebe, mit der er einen aus ihnen erwählt, damit er Arbeiter in seiner Ernte wird.

Jene, die von ihrem Bischof die Aufgabe erhalten, als Erzieher im Seminar zu dienen, bitte ich, ihre Aufgabe zu lieben und sich ihr mit ganzem Herzen zu widmen. Ich erinnere euch daran, daß in eure Hände die Zukunft der Kirche gelegt ist! Brasilien braucht dringend viele Berufungen, und Gott wird sie gewiß wecken; dies bedeutet aber, daß wir dringend gut vorbereitete Erzieher brauchen. Diese Not läßt mein Herz als Hirte der ganzen Kirche nicht gleichgültig, aber ebensowenig die örtlichen Hirten, und sie ist zugleich für alle ein Grund zur Mitsorge und zum Gebet. Sehr wichtig ist daher das Bemühen, in ganz Brasilien die Berufungspastoral mit der Anregung eurer Bischofskonferenz zu entfalten. Ich möchte also alle Kräfte ermuntern, die, über das ganze Land verteilt, ihr persönliches Zeugnis geben und sich für eine größere Dynamik dieser Pastoral einsetzen, wobei sie zugleich die Notwendigkeit spüren, die Priesterkandidaten beim Prozeß der Klärung und Reifung des Berufes weiter zu begleiten.

8. Liebe Seminaristen, ich möchte schließen, indem ich mein Herz in vertrauensvollem, gläubigem Gebet zu Gott erhebe: Herr, gib, daß diese künftigen Priester nach dem Bild Jesu Christi zu vollen Persönlichkeiten und reich an Tugenden werden.
Mach, daß sie Männer Gottes sind und, wie Jesus, Menschen für die anderen. Pflanze in ihre Herzen eine lebendige Liebe zum göttlichen Wort ein, zur Eucharistie und zum Gebet, zur Kirche und zur Heilslehre, die sie getreu bewahrt und verkündet. Gib endlich, daß sie in der Vorbereitung auf ihren künftigen Dienst jeden Tag heiliger werden.
Um diese Wünsche zu bekräftigen, ermuntere ich alle, den Blick immer auf Maria, die allerseligste Jungfrau, gerichtet zu halten, denn sie ist das Vorbild des Eingehens auf Gottes Plan. Sprecht ihr „fiat" nach als eine Entscheidung für immer, dann fehlt es eurem Leben nicht an Anregung. Möge sie, die Jungfrau von Aparecida sowie Mutter der Kirche und von euch allen, euch auf dem Weg zum Altar und in den Weinberg des Herrn begleiten.
Ich bitte euch schließlich, meine Verbundenheit und meine Worte euren Eltern und Geschwistern zu übermitteln. Sie sollen wissen, daß der Papst auch für sie besondere Zuneigung hegt. Zum Schluß richte ich einen besonderen und herzlichen Gruß auch an die Oberen und Seminaristen des Seminars „Redemptoris Mater" das nicht weit von hier seiner Vollendung entgegengeht. Ich wünsche, daß mit dem Segen Gottes die Heranbildung echter Priester gelingt, die vom wahren Geist Jesu Christi erfüllt sind. Allen erteile ich aus ganzem Herzen meinen Apostolischen Segen. Amen.

Den Glauben an den einzigen Gott kundtun

Ansprache an die jüdische Gemeinde in Brasilia am 15. Oktober

1. Für mich ist es ein Moment besonderer Freude, den Rabbiner Henry Sobel und die Herren Vertreter der israelitischen Gemeinde Brasiliens begrüßen zu können. Ich danke Ihnen von Herzen für die große Freundlichkeit, dieses Treffen angeregt zu haben, und gleichzeitig bin ich zutiefst bewegt von Ihrer freundlichen Geste, mir dieses schöne Geschenk zu überreichen, worin ich den - wenn auch symbolischen - Ausdruck der Einheitsbande zwischen der katholischen Kirche Brasiliens und Ihrer jüdischen Gemeinde sehen möchte.

Aber über diese Geste hinaus hat es die göttliche Vorsehung gewollt, daß dieser historische Augenblick, dieses Treffen, den Geist der Brüderlichkeit und der gegenseitigen Achtung verstärke. Seine Grundlage ist ja nicht einfach ein wechselseitiger Respekt, sondern vielmehr der Glaube an den einzigen und wahren Gott.
Heute, fünfundzwanzig Jahre nach dem Zweiten Vatikanischen Konzil, deutet die Erklärung *Nostra aetate* auch weiterhin auf eine radikale Wandlung der Beziehungen zwischen Christen und Juden hin. Daher ist es meine Hoffnung, daß der katholisch-jüdische Dialog sich mehr und mehr kraft des Wortes Gottes festigen möge. Wenn es im Herzen mit der echten Bereitschaft aufgenommen wird, es im Leben wirksam werden zu lassen, so wird es uns die Augen öffnen, damit wir in allen unseren Brüdern das Angesicht des einen göttlichen Schöpfers erkennen. Wenn wir zusammen, mit gemeinsamer Verehrung, einen guten Teil der Heiligen Schrift lesen, sollten wir sie vereint aufnehmen, meditieren und in die Tat umsetzen im Dienst aller Menschen, besonders der Ärmsten.

2. Der interreligiöse Dialog fordert alle Ortskirchen, darunter auch die Kirche Brasiliens, auf, sich stets erneut um den Abbau gewisser Vorurteile zu mühen, die es immer noch vielerorts gibt. So müssen vor der heutigen Welt, in der der Glaube vielen schweren Prüfungen ausgesetzt ist, die Schönheit und die tiefen Wahrheiten dieses Glaubens an einen einzigen Gott und Herrn kundgetan werden, der als solcher durch alle diejenigen, die an ihn glauben, erkannt und geliebt werden muß. Indem wir den einen und wahren Gott verehren, entdecken wir in der Tat unsere gemeinsamen geistigen Wurzeln, das Bewußtsein der Brüderlichkeit unter allen Menschen. Dieses Bewußtsein ist wahrhaft das innigste einigende Band zwischen den Christen und dem jüdischen Volk. Diese gemeinsame Wurzel veranlaßt uns auch, dieses Volk zu lieben, denn wie die Bibel sagt: „Weil Jahwe Israel ewig liebt ...” (*1 Kön* 10,9), hat er mit ihm einen Bund geschlossen und ihn nie gebrochen. In ihm ruhen die messianischen Hoffnungen des ganzen Menschengeschlechts.

3. Es freut mich zu wissen, daß sich dank der „Nationalen Kommission für den religiösen jüdisch-katholischen Dialog” unsere Beziehungen und Zusammenarbeit in diesen Jahren in Brasilien intensiviert haben. Augenblicklich verfügt die Kommission über jüdische und katholische Vertreter in allen wichtigen Hauptstädten der Bundesstaaten mit der Möglichkeit, ihre Präsenz in Zukunft auch auf andere Städte auszudehnen. Ich hoffe, daß der Dialog und der gegenseitige Respekt auch weiterhin der Weg zum Aufbau wechselseitiger Achtung und Schätzung des geistigen Gutes ist, das Christen und Juden miteinander verbindet. Von Herzen segne ich alle Bemühungen und Initiativen, die zu diesem Zweck unternommen werden.
Zutiefst wünsche ich, meine Gebete zu Gott dem Allerhöchsten, erhebend, den Frieden in aller Welt, insbesondere in jenem Heiligen Land, wo bei jeder Gelegenheit dieses Wort wie ein Gruß unter Freunden wiederholt wird. Mögen unsere jüdischen Brüder, die heimgeholt wurden „aus den Völkern, gesammelt aus den Ländern, in ihr Land zurückgebracht” (vgl. *Ez* 34,13), ins Land ihrer Väter, dort in Frieden und

Sicherheit leben können, auf den „Höhen Israels", im Schutz Gottes, ihres wahren Hirten. Shalom!

Die Kirche - Licht der Nationen

Predigt beim Wortgottesdienst in Goiânia am 15. Oktober

Liebe Brüder und Schwestern!

1. Es ist für den Papst eine große Freude, heute zum ersten Mal die Stadt Goiânia und ihre Umgebung zu besuchen. Die Stadt ist noch jung, sie besteht erst seit 55 Jahren und ist dennoch bereits eine Großstadt. Die Schönheit ihrer breiten Straßen und ihrer Bauten stimmt gut zusammen mit der menschlichen Wärme und der bekannten Gastfreundlichkeit ihrer Bewohner. Ich umarme alle Bewohner Goiânias sehr herzlich und grüße mit Ehrerbietung den Herrn Gouverneur und alle Obrigkeiten des Staates und der Gemeinde.
Bewegten Herzens begrüße ich die große katholische Gemeinde von Goiânia, deren Wachstum der opferbereiten Arbeit zahlreicher, aus anderen Ländern und anderen Teilen Brasiliens hierher gekommener Missionare zu verdanken ist. Diese weiten Gebiete tragen noch die Zeichen des apostolischen Eifers der Dominikaner, der Redemptoristen, der Franziskaner und hochherziger Bischöfe wie Prudêncio Gomes da Silva und Alano Maria du Noday aus dem Dominikanerorden. Ich möchte hier auch zwei betagte brasilianische Oberhirten erwähnen: Bischof Francisco Prada Carrera, der sich trotz seiner 98 Jahre nicht davon abhalten ließ, mich auf dem Flugplatz der Stadt zu empfangen. Ich versichere ihn meiner Liebe zu den Hirten dieses Landes. Gleichzeitig gedenke ich mit Bewunderung der außerordentlichen Erziehertätigkeit eines großen Sohnes Don Boscos, des Bischofs Emanuel Gomes de Oliveira, dessen Schulen den Weg zur Verbreitung des Unterrichts im Innern des Staates aufgetan haben. Dieses Werk des Glaubens fand seine Krönung in der katholischen Universität von Goiás, der ersten Universität im mittleren Westen Brasiliens, die nach seinem Tod vom ersten Erzbischof von Goiânia, Fernando Gomes, und den im Erziehungswerk engagierten Jesuiten gegründet wurde.
Gepriesen sei Gott, der es dem Papst gestattete, dieses Land zu besuchen und dieses Volk kennenzulernen!

2. „Sie hielten an der Lehre der Apostel fest und an der Gemeinschaft, am Brechen des Brotes und an den Gebeten" (*Apg* 2,42).
Der Abschnitt aus der Apostelgeschichte, der heute hier verlesen wurde, ist für uns sehr wichtig. So spielte sich das Leben der ersten christlichen Gemeinde in Jerusalem, der ersten um die Apostel Christi versammelten Gemeinde, ab. Sie fühlten sich noch an den Tempel von Jerusalem gebunden, hatten jedoch bereits „in ihren Häusern" das eingeführt, was die Kirche des Neuen Bundes aufbauen sollte:

- die Lehrtätigkeit der Apostel, d. h. der Verkündigung des göttlichen Wortes der Frohbotschaft, die Christus übermittelt, durch sein Kreuzesopfer bekräftigt und durch seine Auferstehung besiegelt hat;
- das Brechen des Brotes, d. h. die Eucharistie, das Sakrament des österlichen Geheimnisses des Erlösers;
- das Gebet, wie Christus selbst es sie gelehrt hatte.

All das wurde äußerlich durch Zeichen der göttlichen Allmacht, durch „Wunder und Zeichen" (*Apg* 2,43) bestätigt und auch vom Zeugnis der Werke begleitet, die im Liebesgebot Christi, in der geschwisterlichen, sozialen Liebe zum Ausdruck kommt: „Sie ... gaben davon allen, jedem soviel, wie er nötig hatte" (*Apg* 2,45).

3. Da der Text der Apostelgeschichte das Zeugnis des Lebens der ersten christlichen Gemeinden enthält, ist er für die Jünger und Bekenner Christi aller Zeiten von besonderer Bedeutung.
Er ist auch bedeutsam für uns, die wir hier versammelt sind.
Mit besonderer Befriedigung wende ich mich nun dieser Darstellung des göttlichen, ewigen Vaters zu, der im Begriff ist, die allerseligste Jungfrau Maria zu krönen. Ich weiß, daß die Bevölkerung dieser Erzdiözese und dieser ganzen Region große Verehrung für den göttlichen, ewigen Vater hegt. Diese Darstellung bringt sehr gut den geheimnisvollen Sinn der vom Gottmenschen gewirkten Erlösung zum Ausdruck, der nach dem Willen des Vaters zu unserer Rettung Mensch geworden ist, indem er im reinsten Schoß der Jungfrau Maria Fleisch annahm.
Hier, liebe Söhne und Töchter Brasiliens, strömt die ganze Schönheit des unerschöpflichen Reichtums der Liebe Gottes zusammen, die in der katholischen Kirche alle vereinigen wollte, damit sie am Ende der Zeiten eine einzige Herde mit einem einzigen Hirten bilden!
Nach dem unergründlichen Geheimnis der Vorsehung ist die Kirche dieses Geheimnis, geoffenbart durch die freie Verfügung der Weisheit und Güte des Vaters, der sich mitteilen wollte. Diese Mitteilung vollzieht sich in der Sendung des Sohnes und in der Herabkunft des Heiligen Geistes zum Heil der Menschen. Die Schöpfung als Geschichte der Menschheit hat ihren Ursprung im göttlichen Wirken. Im Vollsinn aber hatte sie ihren „Anfang" im „Wort" (vgl. *Joh* 1,1), in Jesus Christus, dem menschgewordenen Wort. Die Kirche ist dieses Geheimnis, das der allerheiligsten Dreifaltigkeit entstammt; mit ihr ist sie zutiefst verbunden, und ohne sie könnte sie nicht bestehen. Das ist das Fundament der Einheit der Kirche, der Einheit mit ihrem Volk.
Das ist auch der tiefste Sinn des Ausdrucks „Volk Gottes", den uns das Zweite Vatikanische Konzil vorlegt (vgl. *Lumen Gentium*, Nr. 9). Es handelt sich nicht mehr um ein Volk, das um die Ideale des Alten Bundes versammelt ist, denn nun hat sich das „neue Volk Gottes" gebildet aus allen, die an Jesus Christus glauben und durch die Taufe im Wasser und im Heiligen Geist wiedergeboren sind (vgl. *Joh* 3,3-6). Das Konzil stellt uns dieses Volk als „Gemeinschaft des Glaubens, der Hoffnung und der Liebe" (vgl. *ebd.*, Nr. 8) vor, deren Quelle die Eucharistie ist. „Beim Brechen des eucharistischen Brotes gewinnen wir realen Anteil am Leib des

Herrn und werden zur Gemeinschaft mit ihm und untereinander erhoben" (*ebd.*, Nr. 8).
Was möchte der Papst heute seinen geliebten Brüdern und Schwestern sagen in der Hoffnung, daß seine Worte von dieser schönen Hochebene in die entferntesten Ecken Brasiliens vordringen mögen?
Der Nachfolger Petri möchte alle daran erinnern, daß die tiefe Einheit der Gläubigen mit ihrem Erlöser ebenso wie die Einheit der Gläubigen untereinander eine Frucht ist, die untrennbar mit der Teilnahme am Leben der Kirche verbunden ist und die gesamte Existenz der Christen in einen „geistlichen Kult" verwandelt. Hieraus entspringt die Gemeinschaftsdimension der Kirche. In ihr leben wir und können Glauben, Hoffnung und Liebe teilen. In den Herzen aller Glaubenden verankert, wird diese Gemeinschaft auch in der unbedingten Einheit mit den Hirten, die ihrer Herde vorstehen, ihre Verwirklichung finden.

4. Wer die *Allgemeinen Richtlinien für die Pastoral der Kirche in Brasilien*, die in den nächsten vier Jahren in die Praxis umgesetzt werden sollen, liest und meditiert, kann den Geist verstehen, der die in Italicí versammelten Bischöfe beseelte. Sie wollten jene Dimension des Evangeliums einpflanzen, die eine Frucht vom Geist des Herrn ist: eine mit neuem missionarischem Eifer vorangetragene Evangelisierung, durch das Zeugnis für Jesus Christus, in brüderlicher Gemeinschaft und im Licht der dem Evangelium entspringenden vordringlichen Option für die Armen, mit dem Ziel, das Volk Gottes aufzubauen.
Ich meine, aus diesen Worten läßt sich das Urchristentum heraushören, jene im Schatten des Abendmahlssaales zum Leben erwachte Gemeinschaft, die dazu bestimmt war, das neue „Licht der Nationen", die Gemeinschaft der von Jesus Christus Erwählten (vgl. *Röm* 1,6) zu werden, von Gott erdacht und aus Menschen bestehend, die berufen sind, einem organischen und übernatürlichen Plan zu dienen. Diese Gemeinschaft hat heute die Aufgabe, das Schicksal der Menschen durch eine neue Hoffnung, die Hoffnung auf die endgültige Auferstehung, zu kennzeichnen.
Auch heute ist die Kirche das Fundament jener universalen Gemeinschaft der Liebe (vgl. *Lumen Gentium*, Nr. 23), die auf den Glauben, die Sakramente und die hierarchische Ordnung gegründet ist. In ihr finden Hirten und Gläubige persönlich und gemeinschaftlich ihre Nahrung an den Quellen der Gnade und folgen dem Geist des Herrn, der der Geist der Wahrheit und der Liebe ist (vgl. Johannes Paul II., *Ansprache an die Römische Kurie*, 20.12.1990, Nr. 3).
Vor allem Gemeinschaft des Glaubens. Diese aber schließt Verschiedenheit nicht aus, sofern diese im Hinblick auf den Dienst besteht, den man in Liebe einander schuldet. In diesem Sinn erfüllt der römische Papst eine wesentliche Aufgabe weltumspannenden Dienstes, indem er sich um die Kirche in aller Welt sorgt. Deshalb muß die wahre Kirchlichkeit jeder christlichen Gemeinde naturnotwendig die Gemeinsamkeit mit dem Nachfolger Petri einschließen (vgl. *Lumen Gentium*, Nr. 23). Daß man zu einer Gemeinde gehört, bedeutet von sich aus noch keine echte Gemeinsamkeit. Ebenso ist eine Gemeinschaft, die sich im Namen des Herrn zusammenfindet, nicht automatisch Kirche. Kirche sein ist immer eine Gabe von oben,

Verwurzelung jedes einzelnen in Gott, in Christus, dank der Gaben des Glaubens und der Sakramente. Diese Gaben wiederum sind durch göttliche Verfügung an die Einheit des Episkopats, mit Petrus und im Auftrag Petri, gebunden.
Die Kirche ist jedoch nicht nur Gemeinschaft, sondern auch Sakrament: Zeichen und Werkzeug der Gemeinschaft der Menschen mit Gott und untereinander (vgl. *Lumen Gentium*, Nr. 1). Diese einigende Kraft der Kirche, Gestalterin der Gemeinschaft, findet ihren höchsten Ausdruck in der Eucharistie. Die Gemeinschaft im Glauben ist, ebenso wie die Taufe und die übrigen Sakramente, auf die Eucharistie hingeordnet (Hl. Thomas *Summa theol.*, III, q. 65, a. 3, ad 1). Das Vatikanische Konzil sagt uns, daß „die Eucharistie Quelle und Höhepunkt aller Evangelisierung" (*Presbyterorum ordinis*, Nr. 5) ist. Den Priestern, den in der Pastoral Tätigen, den Ordensleuten und allen, die an der Evangelisierung des Volkes Gottes mitwirken, ist daher die schwerwiegende Pflicht auferlegt, die Strukturen der Gemeinschaft, die Katechese und die Evangelisierung so zu gestalten, daß alle, Kinder und Erwachsene, die Sakramente des christlichen Heils empfangen können. Wenn man sie also auf einen würdigen Empfang und eine lebendige Teilnahme am Geheimnis der Eucharistie vorbereitet, erfüllt man im tiefsten Sinn die Worte des Herrn, „alle sollen eins sein" (*Joh* 17,21). Deshalb spreche ich den Wunsch aus, die Predigten, die infolge des Priestermangels notwendigen Wortgottesdienste, die Katechese und alle pastoralen Initiativen mögen von diesem grundlegenden missionarischen Eifer durchdrungen sein, den die Brasilianische Bischofskonferenz der Kirche in Brasilien wünscht.
Ich möchte daher alle kirchlichen Instanzen, euch, meine Mitbrüder im Bischofsamt, die Ordensleute und ganz besonders alle, die in diesem geliebten Gebiet von Goiás und in ganz Brasilien die kirchlichen Gemeinden animieren, auffordern, mehr und mehr „ein wahrer Ausdruck der Gemeinschaft und Mittel" zu sein, „um eine noch tiefere Gemeinschaft zu bilden" in der ganzen Kirche im Land des Heiligen Kreuzes (vgl. *Redemptoris missio*, Nr. 51).

5. Nun, liebe Brüder und Schwestern, wollen wir noch einmal in die heilige Stadt Jerusalem zurückkehren. Wir wollen am ersten Tag des Leidens Christi in den Abendmahlssaal gehen.
Jesus, der Herr, betet für seine Jünger. Nicht nur für jene, die bei ihm waren, sondern für alle, die dank der Worte der Apostel an allen Orten und zu allen Zeiten an ihn glauben würden! Er betete also auch für uns, die wir hier versammelt sind; für alle, die am Aufbau der Gesellschaft mitwirken würden, damit in ihr mehr Gerechtigkeit, mehr Solidarität herrschen; für alle, die unter der Armut leiden und denen die Gleichgültigkeit vieler Menschen Schaden zufügt; für die von Schmerzen Heimgesuchten (und hier möchte ich der Opfer und der mehr als hundert Geschädigten des Unfalls durch Radioaktivität von 1987 gedenken), damit ihnen die Gesellschaft helfe, mit ihren Schwierigkeiten fertigzuwerden, und der Herr sie in ihren Nöten tröste.

6. Das Gebet Christi im Abendmahlssaal wird „Hohepriesterliches Gebet" genannt. Was erfleht der Retter der Welt vom Vater? „Alle sollen eins sein" (*Joh* 17,21). Um welche Einheit bittet er? „Wie du, Vater, in mir bist und ich in dir bin, sollen auch sie in uns eins sein" (*ebd.*, 21-22).
Und er fügt hinzu: „So sollen sie vollendet sein in der Einheit, damit die Welt erkennt, daß du mich gesandt hast und die Meinen ebenso geliebt hast wie mich" (*Joh* 17,23).
„... damit die Welt glaubt" (*Joh* 17,21). Bedenken wir doch diese Worte!
Wir schließen uns heute dem Hohenpriesterlichen Gebet unseres Herrn und Erlösers an. Beten wir für die Einheit der Kirche, die vor fünf Jahrhunderten in der Erde Brasiliens Wurzeln geschlagen hat. Beten wir für die Einheit der Christen, für die Einheit des ganzen Volkes Gottes. Beten wir für die Einheit der ganzen Menschheitsfamilie, da wir doch alle durch das Blut Christi am Kreuz erlöst wurden und alle den gleichen Schöpfer und Vater haben, der im Himmel ist.
Liebe Brüder und Schwestern, ich möchte schließlich Erzbischof Antonio Ribeiro de Oliveira von Goiânia und allen Bischöfen dieses Staates für die herzliche Aufnahme danken. Möge die Jungfrau Maria, die von der Bevölkerung von Goiânia als „Nossa Senhora da Abadia" verehrt wird, ihre Augen diesem geliebten Volk, seinen Hirten, seinen Familien und seinen Arbeitern zuwenden und alle zu jeder Zeit die Wirkungen ihres mütterlichen Schutzes erfahren lassen.

Umweltschutz heißt Schutz des Lebens

Predigt über „Evangelisierung: Migranten und Umweltschutz" in Cuiabá am 16. Oktober

1. „Herr, wann haben wir dich hungrig gesehen und dir zu essen gegeben?"
Erinnern wir uns an diese Frage. Sie ist entscheidend wichtig. Sie gehört zum großen Bild vom Jüngsten Gericht nach dem Evangelium des Matthäus, das eben vorgelesen wurde.
In diesem Bild vom Gericht, das Christus am Ende der Welt vollziehen wird, Christus, der Menschensohn (denn der Vater hat ihm die Macht gegeben, sie als Erlöser der Welt auch zu richten), wird die ganze Frohbotschaft bestätigt. Warum Frohbotschaft? Weil hier der ewige Wille für das Heil des Menschen zum Ausdruck kommt. „Denn Gott hat die Welt so sehr geliebt, daß er seinen einzigen Sohn hingab, damit jeder, der an ihn glaubt, nicht zugrunde geht, sondern das ewige Leben hat" (*Joh* 3,16).
Welchen Preis hat das ewige Leben? Einen unendlichen.
Aber wie kann der Mensch als endliches Wesen diesen Preis bezahlen? Wie kann er gerettet werden?
Im Gleichnis vom Endgericht gibt Christus die Antwort: Der Preis des ewigen Heiles, den jeder Mensch zahlen muß, ist nur einer, der Preis der Liebe.

„Herr, wann haben wir dich hungrig gesehen und dir zu essen gegeben", fragen die auf der rechten Seite beim Gericht. Der Menschensohn aber antwortet: „Amen, ich sage euch: Was ihr für einen meiner geringsten Brüder getan habt, das habt ihr mir getan" (*Mt* 25,37.40).

2. Das Endgericht hat Bezug auf das Ende der Geschichte des Menschen auf der Erde. Zugleich müssen wir aber, wenn wir über das Evangelium des Matthäus nachdenken, zugeben, daß dieses Gericht beständig erfolgt. Es vollzieht sich immer und überall. Die Menschen tun ihren Nächsten Gutes, retten den einen oder anderen vom Hunger, bieten ihnen Gastfreundschaft, Kleidung, helfen den Kranken und Häftlingen ... oder tun umgekehrt nichts von dem: kapseln sich in sich selbst ab, im eigenen Egoismus, im Suchen nach Bequemlichkeit, und sie bleiben gleichgültig gegenüber den anderen und ihren Nöten.
So oder so, die Teilung zwischen „rechts" und „links" im Sinn des Evangeliums oder die eschatologische Scheidung betrifft uns Menschen, unsere Umwelt und unsere Gesellschaft.
Deshalb ist die Wahrheit vom Gericht immer auf der Tagesordnung und immer aktuell. Sie kann nicht auf eine unbekannte Zukunft verschoben werden. Sie gilt hier und jetzt. Hier und jetzt im Leben der ganzen Gesellschaft, hier und jetzt vom Norden bis zum Süden Brasiliens. Aber auch hier und jetzt im Leben eines jeden von uns ohne Ausnahme. Von dieser Wahrheit spreche ich jetzt zu euch und zu allen, die meine Worte hören, denn diese Wahrheit geht einen jeden von uns an!
Zugleich ist sie eine wesentliche Voraussetzung für die Evangelisierung oder für die Frohbotschaft vom Heil.

3. Bei meinen Reisen durch das unermeßliche Gebiet Brasiliens habe ich immer wieder die Güte Gottes betrachtet, die dieses Land mit unermeßlichen Reichtümern ausgestattet hat, damit der Mensch und seine Familie sich ihrer bedienen und den Schöpfer lobpreisen kann.
Diese Gedanken geben mir jetzt Anlaß zu einer aufmerksamen Erwägung zweier Probleme, die alle bedrängen, zumal die Menschen in Mato Grosso: das Problem der Migranten und das der Umwelt.
Das Problem der Migranten hier und in anderen Gebieten Brasiliens betrifft an erster Stelle Menschen aus anderen Staaten der Föderation oder aus dem Ausland, die nach besseren Lebensverhältnissen und Arbeit für sich und ihre Familie Ausschau halten. Im allgemeinen suchen sie ein Stück Boden, wo sie sich, sei es auf dem Land oder in der Stadt, niederlassen können. Aber nur schwer finden sie eines. Dem Migranten fehlen entweder die technischen oder finanziellen Mittel, um ein neues Leben zu beginnen, oder die großen und zum Teil unproduktiven Latifundien gestatten ihm keinen Zugang zum Land, um darauf zu arbeiten. So gerät der Migrant in einen schwer zu durchbrechenden Teufelskreis.
Niemandem möchte ich meine Sorge um die brasilianischen Familien verhehlen, die aus ihrer Umgebung, ihren Traditionen und ihrem gemeinschaftlichen religiösen Leben entwurzelt und dem Schicksal langer und mühseliger Reisen ausgeliefert sind.

Sie können sich keine sichere Arbeit verschaffen und unmöglich eine, wenn auch armselige Bleibe finden, um sich einzurichten. Da die Industrie im Staat sich noch im Anfangsstadium befindet, kann sie nicht die im allgemeinen wenig oder gar nicht ausgebildeten Arbeitskräfte aufnehmen, und so steigt leider die Zahl der Unter- und Unbeschäftigten an. Die großen Opfer einer unkontrollierten und wachsenden Migration sind die Kinder, und so steigen mit dem Elend auch die Kriminalität, die Verlassenheit und die schlechten Sitten an ... Cuiabá ist als Tor Amazoniens das Ziel zahlreicher Migranten, die in der Hoffnung auf ein besseres Leben herkommen. Doch am Ende gehören auch sie in das schmerzliche Bild: Brüder, die leiden, Kinder, die hungern und krank sind, Opfer einer unkontrollierten Migration. Die staatlichen Organe und die örtlichen Organisationen müßten sich dieses ernsten Problems bewußt werden und politische Maßnahmen sowie gut durchdachte soziale Aktionen mit hohem menschlichem Empfinden und hochherzig gestaltet einleiten.
Der Papst segnet mit Freude und tiefer Dankbarkeit jene, die die Schranken der Bequemlichkeit oder Geichgültigkeit überwinden und sich zur Annahme jener bereitmachen, die in Wahrheit Christus selbst sind, der als Pilger vorübergeht und um wirksame Hilfe bittet. Wie könnte ich also das Pastoralzentrum für Migranten vergessen, das die Patres Skalabriner in Cuiabá unterhalten, um im Rahmen ihrer bescheidenen Mittel so viel Leid zu mindern?
Doch, meine Brüder, ich kann hier nicht eine andere Art von Migranten vergessen, jene, die mit ihren eigenen Mitteln nach Mato Grosso kommen, und hier ihre Geschäfts- und Industrietätigkeiten, Land- und Viehwirtschaft betreiben oder im Dienst des Staates stehen, der tatsächlich eine verheißungsvolle Zukunft verspricht. Diese Migranten sind wie Triebfedern des Fortschritts, können aber auch zu Opfern des gleichen Fortschritts werden, wenn sie ganz in der Arbeit aufgehen und bei ihren Unternehmungen auf raschen Erfolg bedacht sind, ohne daß ihre kirchlichen Gemeinden sie begleiten oder unterstützen, und die daher das religiöse Leben aufgeben, das sie in ihren Heimatorten noch praktizierten. Sie haben als Unternehmer großen Erfolg, können aber religiös Schiffbruch leiden, wenn sie ihre Pflichten Gott gegenüber vergessen, der ihnen in der Heimat den Weg der Freude am vollbrachten Guten gezeigt hat, der Freude an einer wohlgeordneten und treuen Familie und an Kindern, die in der Liebe zu Gott und den eigenen Eltern heranwuchsen.
Zweifellos ist das Problem der Migrationen nicht allein sozialer und wirtschaftlicher oder politischer Art, vielmehr im Grunde eine Herausforderung an die Liebe und Gerechtigkeit in der Welt. Wie ich in meiner *Botschaft zum Welttag des Migranten* gesagt habe, „mag die Situation eines jeden wie immer sein, alle fühlen sich heute in einen breiten Strom der Teilnahme des Nachdenkens und der Notwendigkeit aufgenommen, sich ihrer eigenen Würde wieder neu bewußt zu werden" (Johannes Paul II., 5.8.1987). Die Kirche kennt die Kompliziertheit eurer Probleme und möchte an eurer Seite bleiben, damit „der Glaube an Christus in euren Herzen wohnt" (vgl. *Eph* 3,17). Sie setzt sich dafür ein, eure Leiden zu lindern, die in Demütigungen und Armut bestehen. Sie möchte der christlichen Familie die echten Züge einer „Hauskirche" geben, in der das leibliche Leben und das Leben des Glau-

bens heranwächst. Daher ist sie verpflichtet, wachsam und intelligent dahin zu wirken, daß die aggressiven und unlauteren Versuche der Sekten, die vor allem unter den Migranten Proselyten zu gewinnen suchen, im voraus verhütet und neutralisiert werden.

4. Ein weiteres großes Problem, das die Gesellschaft unserer Zeit plagt, ist die Umweltfrage, auch das ökologische Problem genannt. In der kürzlich veröffentlichten Enzyklika *Centesimus annus* wurde das Thema aufgegriffen und hervorgehoben: „Der Mensch, der mehr von dem Verlangen nach Besitz und Genuß als dem nach Sein und Entfaltung ergriffen ist, konsumiert auf maßlose und undisziplinierte Weise die Ressourcen der Erde und selbst ihre Existenz" (Nr. 37). Bei dieser Gelegenheit habe ich ferner daran erinnert, daß „der Mensch nicht willkürlich über die Erde verfügen kann, indem er sie ohne Vorbehalte seinem Willen unterwirft, als hätte sie nicht ... eine ihr vorher von Gott verliehene Bestimmung, die der Mensch entfalten kann, aber nicht verraten darf" (*ebd.*).
Wenn man sich die Umweltprobleme des Amazonasbeckens und des Pantanatal von Mato Grosso anschaut, kann man diese Bemerkungen bestätigt finden, die unglücklicherweise nicht nur Brasilien betreffen, sondern auch verschiedene andere Gebiete des Planeten, auch in der entwickelten Ländern. Mit Interesse habe ich die Vorbereitungen der Konferenz der Vereinten Nationen über Umwelt und Entwicklung verfolgt, die im kommenden Juni in Rio de Janeiro stattfinden wird, und ich wünsche, daß die dort versammelten Nationen sowohl in der Zeit ihrer Vorbereitung als auch in der Abwicklung der Arbeiten „die Wahrung der moralischen Bedingungen einer glaubwürdigen ‚Humanökologie' beachten" (*Centesimus annus*, Nr. 38). Für Brasilien besteht der Umweltschutz vor allem im Recht auf Schutz des Lebens. Wenn wir die schweren Probleme der Infrastruktur der großen städtischen Zentren bedenken, haben wir ein Bild der Aufgaben vor Augen, die sich dem Lande am Ende dieses Jahrhunderts stellen.

5. Liebe Brüder und Schwestern!
Mit großer Genugtuung befinde ich mich hier in Cuiabá. Der Papst ist nicht wie die Abenteurer von früher oder die Diamantensucher von heute hergekommen, um sich Gold zu verschaffen. Er befindet sich in dieser Stadt, dem geographischen Zentrum Südamerikas, um das gute Volk dieser Gegend kennenzulernen, zu segnen und zu ihm zu sprechen, zu denen, die hier geboren sind, oder die in den letzten Jahren in so großer Zahl hergekommen sind. Ich danke dem Erzbischof Dom Bonifacio Piccinini und den Brüdern im Bischofsamt in Mato Grosso für die brüderliche Aufnahme. Ihre apostolische Arbeit setzt die ihrer Vorgänger und die der Missionare fort, die aus zahlreichen Richtungen herkamen und die Kirche in den Ebenen und Urwäldern dieses eindrucksvollen Gebietes eingepflanzt haben, nachdem im Jahre 1801 der erste Bischof und Prälat von Cuiabá, Dom Luiz de Castro, eingetroffen war.

6. „Was kann uns scheiden von der Liebe Christi"? (*Röm* 8,35).
Der hl. Paulus stellt diese Frage den ersten Christen, Menschen, die häufig Trübsale inmitten verschiedener Gefahren und Verfolgungen zu leiden hatten bis hin zum Verlust des eigenen Lebens.
Doch der Apostel antwortet, daß uns dennoch nichts von der Liebe Christi trennen kann. Im Gegenteil, er sagt: „All das überwinden wir durch den, der uns geliebt hat" (*Röm* 8,37).
Das ist wirklich eine Frohbotschaft auch für die Menschen von heute, die Ungerechtigkeit, Betrug und Todesdrohungen erleiden, weil sie edle Dinge verteidigen.
Was kann uns trennen von der Liebe Gottes? Nur unsere fehlende Liebe kann uns von ihm trennen, Egoismus, Gleichgültigkeit, Gefühllosigkeit und Begierde. Dies sind die Feinde unseres Heiles. Sie werden uns richten vor dem Tribunal des Menschensohnes und gegen uns das Urteil sprechen. Vielleicht sprechen sie es jetzt schon im Inneren unseres Gewissens. Aber was soll im Fall eines tauben und unempfindlichen Gewissens geschehen? Es kommt der Tag, da es sich öffnen wird, wenn nichts mehr verborgen werden kann, wenn wir Auge in Auge der Majestät des Menschensohnes, des gekreuzigten und auferstandenen Erlösers der Welt, gegenüberstehen.

7. „Ist Gott für uns, wer ist dann gegen uns"? (*Röm* 8,31) - fragt dann der Apostel. Gott steht auf unserer Seite. Gott will unser Heil. Denn „er hat seinen eigenen Sohn nicht verschont, sondern ihn für uns alle hingegeben" (*Röm* 8,32). In Ihm sind wir erwählt. Durch Ihn sind wir gerechtfertigt, durch Jesus Christus, „der gestorben ist, mehr noch: der auferweckt worden ist, zur Rechten Gottes sitzt und für uns eintritt" (vgl. *Röm* 8,34).
Daher ... wer kann uns trennen von der Liebe Christi, von der Liebe, die Gott ist?
Nur wir selbst, nur unser eigener Mangel an Liebe.
Meine lieben Brüder und Schwestern!
Möge die Liebe in uns siegreich sein. Möge sie in unserem sozialen Leben in allen seinen Dimensionen siegen. Möge jeder von uns einmal die Worte des Menschensohnes hören: „Amen, ich sage euch, was ihr einem der Geringsten meiner Brüder getan habt, das habt ihr für mich getan".

Vor Gott sind alle Menschen gleich

Ansprache an die Eingeborenen in Cuiabá am 16. Oktober

Liebe Indios, meine lieben Brüder!

1. Mit großem Verlangen habe ich auf den Augenblick dieser Begegnung mit euch gewartet, den Vertretern der eingeborenen Völker Brasiliens. Ich muß euch gestehen, es ist eine Begegnung, die ich seit Beginn der Vorbereitung meiner zweiten Reise nach Brasilien nicht missen wollte. So habe ich sehr große Freude, daß ich jetzt einer Gruppe der Nachkommen der ersten Bewohner dieses Landes begegne,

einer zahlreicheren Gruppe als jener, die ich vor elf Jahren in Manaus zu begrüßen das Glück hatte. Ich danke euch von Herzen für die Liebenswürdigkeit, mit der ihr gekommen seid, einige von weit her, um mit dem Papst zusammenzutreffen.
Der Papst möchte allen Indios in Brasilien die Liebe aussprechen, die die Kirche für sie hegt. Es ist die gleiche Liebe, mit der Jesus Christus, der Sohn Gottes und Gründer der Kirche, alle Menschen liebt. In den Augen Gottes, des Schöpfers der Welt, der der Vater aller ist, gibt es nur eine Rasse, die Rasse der Menschen, die zu Kindern Gottes berufen sind. In den Augen Gottes gibt es nur ein Volk, das sich aus vielen Völkern zusammensetzt, jedes mit seiner besonderen Art, seiner Kultur und seinen Überlieferungen: die Menschheit, die Jesus Christus um den Preis seines Blutes erkauft und gerettet hat. Vor dem Schöpfer haben alle Menschen den gleichen Wert und eine unermeßliche Würde.

2. Deswegen hat die Kirche von dem Augenblick an, da der erste Missionar, Fra Henrique de Coimbra, am 3. Mai 1500 seinen Fuß auf den gesegneten Boden Brasiliens setzte, den Indios besondere Aufmerksamkeit und Sorge geschenkt.
Kurz vor seiner Himmelfahrt sandte der Herr Jesus, der menschgewordene Gott und Erlöser der Welt, „seine Apostel zu allen Menschen, zu allen Völkern und in alle Gegenden der Welt ... um die Liebe Gottes allen Menschen und allen Völkern der Erde zu offenbaren und weiterzugeben" (*Redemptoris missio*, Nr. 31).
Getreu diesem Auftrag Christi haben im Verlauf von fünf Jahrhunderten zahllose Missionare ihr Leben eingesetzt, ohne Opfer zu scheuen, um den eingeborenen Völkern Brasiliens die gute Neuigkeit, die Frohbotschaft des Glaubens und der Liebe Christi zu bringen.
Die Kirche wird nie aufhören, vor allen Indios zu wiederholen, daß Gott sie liebt, daß er „will, daß alle Menschen gerettet werden und zur Erkenntnis der Wahrheit gelangen" (*1 Tim* 2,4), und daß Jesus in die Welt gekommen ist, damit alle „das Leben haben und es in Fülle haben" (*Joh* 10,10). In ihrer Treue zum Gott des Lebens liebt die Kirche das Leben aller Menschen und fördert es mit allen ihren Kräften.
In der Geschichte eurer Völker hat es schmerzliche Schatten gegeben, und es gibt sie noch, Zeichen des Todes, viele Leiden und Konflikte, die vom Bösen beherrscht waren. Wahr ist aber auch, daß es neben den Schatten sehr helles Licht gegeben hat. Und es ist gerade die Kirche gewesen, die dieses Licht unermüdlich unter den eingeborenen Völkern angezündet hat.
Liebe Indios, meine Brüder, die Kirche hat an eurer Seite gestanden und wird es immer weiter tun, um eure Menschenwürde zu verteidigen und euer Recht auf Eigenleben und Ruhe zu schützen, in Achtung vor den positiven Werten eurer Überlieferungen, Gewohnheiten und Kulturen. Ich wiederhole heute die Wünsche, die ich schon 1980 in Manaus ausgesprochen habe, daß man für alle Probleme gerechte und realistische Lösungen finden sollte, damit den Indios das Recht gewahrt bleibt, ihre Gebiete „in Frieden und Ruhe zu bewohnen, ohne Furcht, zugunsten anderer vertrieben zu werden, gesichert in einem Lebensraum, der nicht nur die Grundlage ihres Überlebens ist, sondern auch der Bewahrung ihrer Identität als

Gruppe von Menschen und als Volk dient" (*Botschaft an die Indios*, Manaus, 10.7.1980).
Mit großem Schmerz habe ich Nachrichten erhalten, die von Verletzungen dieser Rechte aus Profitgründen und dunklen Interessen berichteten, was schwerwiegende Auswirkungen auf Leben, Gesundheit und Überleben einiger Gruppen von Eingeborenen gehabt hat. Ich bete zu Gott, daß er alle für das Gemeinwohl Verantwortlichen in diesem Lande erleuchte, damit sie für diese beklagenswerten Situationen weise und wirksame Lösungen finden.

3. Gleichzeitig weiß ich, daß andere Gruppen von Eingeborenen das Glück haben, zu jenen Bewohnern Brasiliens zu gehören, die über die verhältnismäßig größten Gebiete des Landes verfügen, unermeßliche Gebiete, die schon von ihren Vorfahren bewohnt waren.
Ihnen rufe ich die Worte Gottes in Erinnerung, die sich zu Anfang der Bibel finden: Gott hat den Menschen auf die Erde gesetzt, „um sie zu unterwerfen und zu hüten" (vgl. *Gen* 1,28; 2,15). Dies ist ein Auftrag und eine Sendung, die Gott allen seinen Kindern anvertraut, und ich bin sicher, daß diese Gruppen von Eingeborenen nicht unterlassen werden, ihm in Liebe und Verantwortung zu entsprechen.

4. Ich sagte, daß Gott ein Gott des Lebens ist. Nur er ist der Herr über Leben und Tod. Daher müssen wir das Leben dankbar als Geschenk Gottes annehmen und dafür kämpfen, daß, aus welchen Gründen auch immer, keine Aktionen tragbar sind, die eine Mißachtung des eigenen Lebens oder des Lebens anderer bedeuten, mögen es Männer oder Frauen, Erwachsene oder Kinder sein. Kein Mensch hat das Recht, gegen sein eigenes Leben oder das seines Mitmenschen vorzugehen. Das Leben ist ein Geschenk Gottes.
Um den eingeborenen Völkern dieses Leben zu verkünden, das „Gnade Gottes ist, um alle Menschen zu retten" (vgl. *Tit* 2,11), sind seit den Anfängen der Geschichte Brasiliens als Nation Tausende von Missionaren aus fernen Ländern aufgebrochen, haben Vaterland und Familie verlassen und sich in vollkommener Selbstverleugnung der Evangelisierung der brasilianischen Indios gewidmet.
Es handelt sich um ein herrliches Ruhmesblatt, das auch bei allen Schwierigkeiten und unvermeidlichem menschlichen Versagen unsere Bewunderung verdient und uns veranlaßt, unser Herz zu Gott zu erheben, um ihm zu danken.
Daher ist es berechtigt, ja sehr berechtigt, all den tüchtigen und hingebungsvollen Missionaren Ehre zu erweisen, die im Verlauf der Jahrhunderte ihr Leben verbrauchten, um die Heilsbotschaft Christi zum Licht der Herzen, des Lebens und der Kulturen der eingeborenen Völker Brasiliens zu machen. Mit wirklicher Bewunderung stellt man fest, daß von Anfang an eine große Zahl von ihnen nach dem Beispiel des seligen José de Anchieta den Weitblick besaßen, das zu tun, was man heute allen Missionaren als Ideal vorstellt, nämlich: die Kirche in die Kulturen der Völker einzufügen, das Evangelium im Leben zu inkarnieren und zugleich alle mit ihren Kulturen in die Gemeinschaft der Kirche einzuführen, ihnen deren Wahrheit zu vermitteln und ohne in irgendeiner Weise das Spezifische und die Fülle des christ-

lichen Glaubens aufs Spiel zu setzen, alles zu übernehmen, was sich in diesen Kulturen an Gutem findet, so daß sie von innen her erneuert werden (vgl. *Redemptoris missio*, Nr. 52).
Diese Missionare von damals und von heute, Franziskaner, Kapuziner, Salesianer, Jesuiten, Dominikaner, Karmeliten, Benediktiner und viele andere, sind ein leuchtendes und bleibend gültiges Beispiel. Ich kann nicht meinen großen Schmerz leugnen, wenn ich erfahre, daß einige, auch solche, die in ihnen ihr Vorbild hätten sehen sollen, aufgrund einer verfehlten, mehr politischen und ideologischen als religiösen Auffassung der Geschichte der Evangelisierung in Brasilien versucht haben, ihren Ruf zu schädigen.
Vor elf Jahren habe ich in Manaus gesagt: „Ich verneige mich vor jeder dieser Missionarsgestalten, Menschen wie wir mit Fehlern und Versagen, doch groß durch das Zeugnis einer vollen Hingabe ihrer selbst an die Mission" (*Predigt in Manaus*, 11. Juli 1980). Heute möchte der Papst, der Nachfolger des Petrus, im Geiste die gleichen Worte und die gleiche Geste wiederholen als Zeichen der Liebe und Wiedergutmachung. Im Hause des Vaters dürfte sich bei Gott bereits eine ganze Legion von Missionaren befinden und „die Freude ihres Herrn" (vgl. *Mt* 25,21) genießen, und ich bin sicher, daß sie jetzt Fürbitte einlegen, damit der Segen des Himmels auf die Missionare von heute und ihre geliebten Eingeborenen herabkommt.

5. Liebe Indios, meine Brüder! Ich wäre unermeßlich glücklich, wenn diese Begegnung im Herzen eines jeden die große Freude hinterlassen würde, zu wissen, daß Gott ihn liebt, und daß die Kirche ihn liebt. Seid gewiß, daß die Kirche auf eurer Seite steht und dabei bleiben wird. Sie hat den Auftrag, an alle Enden der Erde das Heilswort des Evangeliums zu bringen, und sie wird immer und für alle die Dienerin des Gottes des Lebens sein, des Gottes, der für jeden auf dieser Erde ein volles Leben will und dann ein Leben ewiger Glückseligkeit im Himmel.
Empfangt den Ausdruck meiner Verbundenheit, und Gott möge euch segnen!

Die Jugend ist Protagonist des dritten Jahrtausends

Ansprache an die Jugend in Cuiabá am 16. Oktober

Liebe Jugendliche, liebe Freunde!

1. Ich gestehe euch, daß ich, als ich heute morgen über ein schönes Gebiet des Staates Mato Grosso flog, spontan den Wunsch verspürte, Gott zu danken: ich betrachtete dieses wunderschöne Land und die Reiseroute als göttliches Geschenk, als eine Spende und als Lebensversprechen.
Zugleich habe ich an euch gedacht, und der Dank ist noch inniger geworden. Ihr Jugendlichen seid das beste Geschenk Gottes, die größte und schönste Spende und Lebensverheißung, die Gott Brasilien gegeben hat.
Ich habe stets eine ganz besondere Freude bei den Begegnungen empfunden, die ich, und ich danke Gott dafür, oft mit den Jugendlichen habe. Ich erinnere mich vor

allem an die jüngste und ausdrucksvolle Kundgebung der Jugendlichen im vergangenen August in Tschenstochau. Die reichen Gnadenfrüchte, die der Herr gesandt hat, machen sie zu einer ergreifenden Erinnerung. Ich freue mich, diese Gnade heute mit den Jugendlichen von Mato Grosso und anderen Gebieten Brasiliens teilen zu können. Ich bin glücklich, denn heute kann ich in eurem Beisein zum dreizehnten Mal die Wiederkehr jenes Tages feiern, an dem mich der Herr durch die Stimme der Kirche dazu erwählt hat, Bischof von Rom und Nachfolger Petri zu sein.

Die Jugend ist eine große, göttliche Gnade, „ein außerordentlicher Reichtum des Menschen" (*Botschaft an die Jugend*, 31.3.1985, Nr. 3). Für euch stellt sich das Leben als eine Straße dar, die offen ist auf das Unendliche hin. Im Herzen eines Jugendlichen werden die Zukunftsperspektiven der Menschheit vorgezeichnet, entworfen und geschmiedet. Leider ist es wahr, daß die volle Entwicklung seiner menschlichen Träume eingeschränkt und behindert wird, es trifft jedoch auch zu, daß diese Träume stets offen bleiben für große Ideale. Außer uns selbst kann nichts und niemand diese Ideale zunichte machen.

2. Ihr beginnt das Leben an einem Wendepunkt der Geschichte. Ihr seid die ersten Protagonisten des Dritten Jahrtausends, das bald einsetzen wird. Ihr Jugendlichen werdet die Wege dieser neuen Zeitepoche abstecken. Ihr werdet ihr Bedeutung verleihen.

Der Papst blickt auf die Größe dieser Mission und auch auf die Hoffnungen Brasiliens, die ihr in der Hand habt. Ich weiß um die unermeßliche Aufgabe, die euch erwartet, und verspüre das Bedürfnis, einen dringenden Aufruf an euch zu richten. Der Papst, liebe Freunde, ist heute gekommen, um euch zu einer ausschlaggebenden Begegnung und einem Weg einzuladen, der voller Anregungen ist.

Zunächst zu einer Begegnung, die ausschlaggebend ist und von der die Bedeutung und Ausrichtung eures Lebens abhängen wird. Ihr habt bereits verstanden, daß ich von der täglich erfüllteren Begegnung mit Christus spreche.

Jesus allein ist und wird stets die Antwort auf die großen Bestrebungen, die unendlichen Wünsche und die höchsten Ideale sein, die im menschlichen Herzen glühen. Er, Jesus, ist die Wahrheit, ohne den Schatten der Lüge, er ist der einzig klare Weg ohne Umwege, er ist das Leben (vgl. *Joh* 14,6). Christus läßt seinen liebenden Blick auf euch ruhen (vgl. *Mk* 10,21) und sagt euch: „Ich bin das Licht der Welt. Wer mir nachfolgt, wird nicht in der Finsternis umhergehen, sondern wird das Licht des Lebens haben" (*Joh* 8,12). Jesus allein ist das Licht, nur in ihm treffen alle Ideale zusammen.

Sicherlich erinnern sich viele von euch daran, daß Christus sein lebendiges Wort, das göttliche Ideal, das er den Menschen schenkt, mit einem Samen vergleicht. Er selbst sät ihn, an einem jeden vorübergehend, in die Herzen (vgl. *Mt* 13,4 ff.).Dieser Samen hat die Kraft, das Feld des Lebens, das Feld der Welt in ein reichtragendes Erntefeld umzuwandeln. Dieser Samen enthält den Keim zu allen wahren Verwirklichungen, zu allen Träumen von Größe, Güte und Wohl.

3. Doch der Samen des Wortes Christi wird nur wachsen und sich voll entwickeln, wenn er, wie Jesus sagt, „fruchtbaren Boden" findet, d. h. den aufnahmefreudigen Boden eines großzügigen und guten Herzens (vgl. *Lk* 8,15).
Wenn ich euch zu einer wahren Begegnung mit Christus herbeirufe, dann bitte ich euch um folgendes: schenkt Jesus eure weitgeöffneten Herzen! Öffnet eure Seelen voll Vertrauen den Schätzen der christlichen Wahrheit! Sucht einsatzfreudig nach einer Ausbildung, die euren Glauben wachsen läßt! Führt ein Leben, das für die Quellen der Gnaden, die aus den Sakramenten hervorgehen, ganz und gar offen ist! Laßt eure Herzen an der Seite Christi, der das lebendige Brot und das Wort des Lebens ist, erglühen wie die Jünger von Emmaus (vgl. *Lk* 24,32). Laßt ihn in euch leben, damit ihr in der Lage seid, die Welt, alle Menschen zu lieben, so wie er sie geliebt hat (vgl. *Joh* 15,12-13).
Kehren wir zurück zum Gleichnis vom Sämann. Der Samen des göttlichen Wortes ist ohne Zweifel ein unbegrenztes Potential an Früchten. Doch kann er auch abgestoßen, erstickt werden oder austrocknen.
Was aber könnte in euch das große Ideal Christi zerstören? Jesus gibt, wie all seine Lehren, die erhellende und klare Antwort.
Zunächst könnten diese Ideale vom Mangel an Interesse vereitelt werden, das von Unwissen, Gleichgültigkeit oder Skepsis herrührt und das Wort Christi an den Rand des Lebens stellt, „an den Rand des Weges" (vgl. *Mt* 13,19). Angesichts einer Welt, die in vielen Bereichen für das göttliche Licht unempfänglich zu werden scheint und sich dafür einsetzt, Gott an den Rand zu drängen, angesichts einer Welt, die den Willen zu haben scheint, Gott wie einen Fremden aus dem persönlichen, familiären und kollektiven Leben zu verjagen, werdet ihr zu reagieren wissen und, so wie Petrus zu Jesus, ganz eindringlich sagen: „Du hast Worte des ewigen Lebens. Wir sind zum Glauben gekommen und haben erkannt: Du bist der Heilige Gottes" (*Joh* 6,68-69).
Der Samen des Wortes Gottes kann außerdem von oberflächlicher, sentimentaler und unbeständiger Frömmigkeit erstickt werden. Das Gleichnis spricht von einem Herzen, das felsigem Boden gleicht. Es nimmt den Samen freudig auf, hat aber keine Tiefe und ist „unbeständig". Und wenn die brennende Sonne der Schwierigkeiten aufgeht, so stirbt der Samen an der Verbrennung (vgl. *Mt* 13,20-21).
Die Begegnung mit Christus wird dann eine wahre Begegnung, wenn ihr in seiner Liebe bleibt (vgl. *Joh* 15,6-7), wenn ihr trotz aller Hindernisse, trotz des starken Drucks einer materialistischen Umwelt, aller Enttäuschungen und aller Schwächen in den christlichen Idealen beständig und fest seid.
Gott braucht Brasilien, und die Kirche braucht Brasilien: Jugendliche, die voll Kraft sind und die mit heiliger Ausdauer, ohne sich entmutigen zu lassen, und mit jenem Kampfgeist, von dem der hl. Paulus spricht (vgl. *1 Kor* 9,24), für ihre Ideale kämpfen. Müssen hierzu Opfer gebracht werden? Ja! Sind hierzu die Aufrichtigkeit und der Mut vonnöten, sich nicht vor der aktuellen Realität zu beugen? Zweifellos! Auch Demut ist nötig, um neu anzufangen, und, wie der „verlorene Sohn", öfter zum Sakrament der Versöhnung, der Einzelbeichte, zu kommen, in Reue und Hoffnung.

Duldet nicht, daß eure christlichen Ideale, wie man in diesem Land zu sagen pflegt, „Strohfeuer" sind. Kämpft den „guten Kampf des Glaubens" (*1 Tim* 6,12), der Liebe, der Heiligkeit! Dies ist das Ziel eines jeden Christen.

4. Zuletzt spricht Christus von Dornen, die den Samen ersticken (vgl. *Mt* 13,7). Um was für Dornen handelt es sich? „Um die Sorgen dieser Welt und den trügerischen Reichtum" (vgl. *Mt* 13,22), sagt Jesus. Unser Herr warnt vor dem unfruchtbaren Ergebnis jener Lehren, die die eigene Verwirklichung in die kleinliche Befriedigung des Alles-Ausnutzens, des „Besitzens", und nicht in die Bemühung um das „Sein" legen (vgl. *Botschaft an die Jugend*, 31.3.1985, Nr. 3).
Der Reichtum des christlichen Glaubens und seine Aussicht auf Fruchttragen würden ersticken, wenn ihr Jugendlichen aus ungeordnetem Vergnügen und materiellem Ehrgeiz ein Idol macht, dem euer Leben untergeordnet wird. Mit einem sehr kräftigen Ausdruck spricht der hl. Paulus von einigen, deren „Gott der Bauch" ist (*Phil* 3,19).
Eurerseits begegnet ihr vielen, die leider den egoistischen Gebrauch ihrer Geschlechtlichkeit zu einem falschen Gott erhoben haben oder die versucht haben, ihre innere Leere durch Flucht in den Alkohol- und Drogenkonsum auszugleichen, welcher seinerseits in tyrannischer Herrschaft diejenigen zunichte macht, die sich diesen Drogen unterwerfen. Ihr begegnet anderen, die sich von der Versuchung leichten Verdienstes verführen lassen und auf die Anstrengung, zu arbeiten, sowie auf brüderliche Solidarität verzichten und nur eine egoistische Bestätigung ihrer selbst suchen.
Für diese unglücklichen Altersgenossen müßt ihr ein klares Zeugnis der Reinheit, Keuschheit, Opferbereitschaft, Dienstwilligkeit und christlicher Liebe ablegen. Ihr müßt ihnen mit dem klaren Licht eurer Freude verkünden, daß es der Mühe wert ist, Christus auf dem Weg der Liebe, den er für uns vorgezeichnet hat, zu folgen: die freudige, von jedem Egoismus freie Hingabe, die Gabe seiner selbst, die Hochherzigkeit, das Kreuz des Heils auf sich zu nehmen (vgl. *Mt* 16,24-25).

5. Ich habe euch zu Beginn dieser Begegnung auf einen zweifachen Aufruf hingewiesen. Vom ersteren habe ich bereits gesprochen: der Papst ruft euch zu einer persönlichen und erneuten Begegnung mit Christus auf. Im zweiten Aufruf ging es um einen Weg, der voller Anregung ist.
„Wer sagt, daß er in ihm bleibt, muß auch leben, wie er gelebt hat" (*1 Joh* 2,6), er muß dem Weg Jesu folgen. Christus begeht weiterhin die Straßen der Welt. Der Sämann sucht weiterhin das Herz der Menschen. Er möchte zu diesen Herzen gelangen, indem er mit euch geht und durch euch handelt. Ihr habt alle die wundervolle Mission, die Straßen des Lebens zu begehen und dabei, wie die ersten Christen sagten, die „Überbringer" Christi zu sein. Dies ist der Weg, zu dem euch der Papst aufruft.

6. Indem ihr mit Jesus geht und euch mit ihm identifiziert, werdet ihr „Menschenfischer" sein, Apostel, die dadurch, daß sie dem Beispiel Christi folgen, die Hand ausstrecken, um den Freunden, den Verwandten, den Altersgenossen, die

im Wasser der Orientierungslosigkeit versinken oder abtreiben, das Licht und das Leben Gottes zu bringen. Gott bittet euch angesichts des von allen Seiten ausgeübten Drucks um den Mut eines festverankerten christlichen Zeugnisses, er bittet euch um den Mut eurer Worte, die voll sind von jener Überzeugung, die aus gelebtem Glauben kommt. Von einigen, oder besser, von vielen, so glaube ich, verlangt Gott noch mehr: die Hochherzigkeit, sich ganz und gar seinem Dienst und dem Dienst an ihren Brüdern zu widmen, die Hochherzigkeit, wie die Apostel alles zurückzulassen und ihm zu folgen (vgl. *Lk* 5,11).

Wenn ihr mit Jesus geht und in Gemeinschaften, Bewegungen und anderen Gruppen versammelt seid, so werdet ihr der neue Sauerteig der Evangelisierung auf dieser Erde sein.

Wenn ihr mit Jesus geht, so könnt ihr die christlichen Worte der Gerechtigkeit und der Liebe verwirklichen und tiefgehende soziale Wandlungen einleiten. Brasilien braucht euch. Die Zukunft liegt in euren Händen, eine Zukunft, in der die „Kultur des Egoismus", ohne Nachgiebigkeit gegenüber Versuchungen zu Haß und Gewalt, den Platz freimacht für die „Kultur der Liebe".

Wenn ihr mit Jesus geht, so werdet ihr euch der Tatsache bewußt, daß einer der größten und notwendigsten Beiträge der Jugendlichen zur christlichen Erneuerung der Gesellschaft die Liebe zur Arbeit ist.

Vergeßt niemals, daß die Größe einer Nation gemeinsam mit dem Einsatz für die Förderung der gerechten Sozialordnung auf der Arbeit gründet. Wird der Geist der Verantwortung und der Vollkommenheit in der Arbeit nicht gepflegt, so verflüchtigen sich auch die edelsten Ideale und bleiben leere Worte.

Erinnert euch daran, daß Jesus von seinen Mitbürgern in Nazaret als „der Zimmermann" (vgl. *Mk* 6,3) bekannt war und nahezu 30 Jahre lang das Beispiel eines Lebens abgeben wollte, das intensiv und in Liebe der Arbeit gewidmet war. Auch unter diesem Aspekt ist es nötig, „in Christus zu bleiben", und es ist nötig, „zu leben, wie er gelebt hat" (vgl. *1 Joh* 2,6)

Ihr werdet dies tun, wenn ihr das sucht, was als Teil der euch von Gott anvertrauten Mission die Heiligung mit sich bringt: Vollkommenheit, Hingabe, Opferbereitschaft und Ausdauer, Tag für Tag, ohne der Versuchung zu Trägheit und Müdigkeit nachzugeben. In der Arbeit heilig sein setzt den Wunsch voraus, sich selbst zu übertreffen, persönlich verantwortlich zu sein und sich im Geist des Dienens zu üben.

Wenn ihr mit Jesus geht, so werden viele von euch schließlich dafür kämpfen, in der heiligen Reinheit der menschlichen Liebe zu leben, und ihr werdet wahre christliche Familien errichten, wahre Zentren, die den Geist Christi in die Gesellschaft ausströmen lassen (vgl. *Christifideles laici*, Nr. 40). Die Mehrheit von euch wird durch göttliche Berufung zur Ehe gerufen werden, und die Kirche will mit euch gehen, damit ihr diesen Weg mutig in dem Bewußtsein beschreiten könnt, daß die Berufung zur Ehe ein außerordentlicher Einsatz ist, der euch im Geist des Evangeliums zu Protagonisten der Umwandlung dieser christlichen Keimzelle der Gesellschaft, nämlich der Familie, macht.

7. Folgt mir nach, sagt Jesus! Liebe Jugendliche! Christus ruft euch, Christus lädt euch zur Gemeinschaft ein, Christus will mit euch gehen; er will Brasiliens Schritte ins Dritte Jahrtausend mit seinem Geist erfüllen. Der Papst ist sicher, daß ihr im Grunde eurer Seele den Ruf hochherzig und kräftig beantworten werdet: „Du hast mich gerufen, hier bin ich" (vgl. *1 Sam* 3,5)!
Mit diesem Aufruf, der voller Hoffnung ist, will ich schließen. Ich wende mich an die Heilige Jungfrau, die Mutter Jesu und Mutter derer, die als Brüder ihres Sohnes die Frohbotschaft überbringen müssen. Ich bitte sie, daß sie mit ihrem mütterlichen Beistand zu der Begegnung hinleitet, von der ich gesprochen habe, und daß sie euch durchs ganze Leben begleitet. Amen.

Die christliche Familie und ihr Auftrag in der Kirche

Homilie während der Eucharistiefeier in Campo Grande am 17. Oktober

1. „Der Mann [wird] Vater und Mutter verlassen und sich an seine Frau binden, und die zwei werden ein Fleisch sein" (*Eph* 5,31; vgl. *Gen* 2,24).
Schlagen wir das Buch Genesis dort auf, wo von den Anfängen und der Geschichte des Menschen auf Erden die Rede ist. Gott schuf den Mann und die Frau nach seinem Bild, ihm ähnlich. Indem der Schöpfer ihnen eine besondere Würde in der sichtbaren Welt verlieh, legte er schon von Anbeginn an den Grund des Sakraments der Ehe. Durch den Ehebund schenken der Mann und die Frau das Leben, werden Vater und Mutter ihrer Kinder. Geschaffen nach dem Bild ihres Schöpfers, ihm ähnlich, spiegeln sie seine Vaterschaft in der menschlichen Vaterschaft und Mutterschaft wider.

2. Die Anwesenheit des Gottessohnes bei der Hochzeit zu Kana in Galiläa ist eine besondere Bestätigung dieser großen Wahrheit. Jesus kommt mit seiner Mutter und den Aposteln. Noch bevor er mit seinen Worten die Unauflöslichkeit der Ehe als göttliche Institution „von Anbeginn an" bestätigt, bekräftigt Jesus durch seine Anwesenheit in Kana die Bedeutung dieses Sakramentes; er tut dies auch durch das erste Wunder (oder Zeichen), das er zum Wohl der Gastgeber und auf die Bitte seiner Mutter hin wirkt (vgl *Joh* 2,1-11).
Denken wir daran, wie oft vor dieser Begebenheit zu Kana in Galiläa sich in der Geschichte des Menschen überall auf der Welt die „am Anfang" an den Mann und an die Frau gerichteten Worte verwirklicht haben: „Der Mann wird Vater und Mutter verlassen und sich an seine Frau binden, und die zwei werden ein Fleisch sein."
Denken wir auch daran, wie oft dieselbe göttliche Institution sich in diesem ganzen riesigen Land Brasilien verwirklicht. Es reicht, daß die Eheleute den Plänen des Schöpfergottes treu bleiben, der der Vater jedes Geschöpfes ist. Sie müssen ihnen nach dem Gesetz des Evangeliums Christi entsprechen, wie der Apostel es uns im Brief an die Epheser zeigt: „Die Männer [sind] verpflichtet, ihre Frauen so zu lieben

wie ihren eigenen Leib, denn wer seine Frau liebt, der liebt sich selbst ... so liebe jeder von euch seine Frau wie sich selbst, die Frau aber ehre den Mann" (vgl. *Eph* 5, 28.33).

3. Deshalb: Liebe und gegenseitige Achtung! Das eine kann ohne das andere nicht existieren.
Lieben bedeutet nicht nur begehren, sondern auch achten, die gegenseitige Achtung gewinnen und erlernen, sich stets das Band vor Augen haltend, das zwei Menschenwesen in der Ehe vereint. Lieben heißt, sich bewußt sein, daß dieses Band unauflöslich ist, daß es aufgrund göttlicher Satzung bis zum Tode dauert.
„Ich nehme dich an als meine Frau ... ich nehme dich an als meinen Mann und verspreche dir die Treue in guten und bösen Tagen, in Gesundheit und Krankheit. Ich will dich lieben, achten und ehren, solange ich lebe."
Das ist das Eheband, das aus der gegenseitigen Liebe entsteht und durch das Eheversprechen ausgedrückt wird, das beginnt und sich verwirklicht vor der unendlichen Majestät Gottes durch dieselbe Liebe, mit der der Vater uns in seinem Sohn, Jesus Christus, dem Erlöser der Welt, geliebt hat.
Die Eheleute haben am Erlösungsauftrag Christi teil, indem sie auf göttliche Berufung hin das Ziel, zu dem die Ehe eingesetzt wurde, voll und ganz bejahen. Jede Vereinigung entsteht durch den Pakt eines Paares, doch mit einem göttlich bestimmten Inhalt, Einheit und Unauflöslichkeit, ausgerichtet auf Zeugung und Erziehung der Nachkommenschaft.
Das ist die Schönheit und die Ehre, die der Herr dem Mann und der Frau zugedacht hat: daß sie mit jedem neuen Geschöpf nicht nur an der Schöpfungsmacht Gottes teilhaben können, sondern auch an der Verwirklichung der Früchte der Erlösung in einem neuen Menschenwesen. Jedes Geschöpf, das auf die Welt kommt, wird durch die Taufe zum Erben der Glückseligkeit des Himmelreiches!

4. Liebe Brüder und Schwestern aus Campo Grande, aus Mato Grosso do Sul und ganz Brasilien! Ein berühmter Brasilianer, der Schriftsteller Rui Barbosa, hat uns das sehr bedeutsame Wort hinterlassen: „Das Vaterland ist die erweiterte Familie. Erweitert die Familie und ihr habt das Vaterland." Aus dieser schönen Stadt, die ihr erbaut habt, aus dieser einzigartigen Region Brasiliens, in der ihr lebt, mit ihren endlosen Feldern, ihrem fruchtbaren Boden, mit dem Naturwunder des „Pantanal matogrossense" möchte ich heute einen eindringlichen Aufruf an die ganze Kirche in Brasilien richten: Die Familie soll euer großes Hauptanliegen in der Seelsorge sein! Ohne eine geachtete und stabile Familie kann es keinen gesunden gesellschaftlichen Organismus geben, ohne sie kann es keine wirkliche kirchliche Gemeinschaft geben!

5. Nötig ist eine Familienpastoral auch deswegen, weil die Evangelisierung in der Zukunft zu einem großen Teil von der "Hauskirche" abhängt. Diese Pastoral ist, wie ich in Puebla sagte, „um so wichtiger, je größer die Gefahren sind, die die Familie bedrohen. Denkt an die Kampagnen für die Ehescheidung, für antikonzeptionelle Praktiken und die Abtreibung, die die Gesellschaft zerstören" (Eröffnungsansprache, 28.1.1979: *O.R. dt. Wochenausg.* vom 2.2.1979).

Heute wird diese Realität bestätigt. Sie bewirkt einen Zerfall der Institution Familie. Von den unerlaubten Verbindungen, die in der brasilianischen Gesellschaft sehr häufig sind, zum Verlust der christlichen Werte, die durch eine permissive Werbung in Mitleidenschaft gezogen werden, bis zu den Angriffen gewisser Medien: all das verdeckt die christliche Sicht der menschlichen Liebe. Das Fehlen einer Ethik, die die Würde des Menschen in der Schule, in den Vorbereitungskursen für den Eintritt in die Universitäten und in den Universitäten selbst verteidigt, beraubt die Jugend der Kenntnis des Gesetzes Gottes und dessen Folgen. Das Fehlen schließlich einer authentischen geistlichen und sittlichen Bildung und das Abgleiten der Glaubensunterweisung in die soziale Problematik bewirken eine fortschreitende Entleerung des Glaubensinhaltes und lassen das Mitmachen bei „Sekten" der verschiedensten Denominationen anziehender erscheinen.
Es ist auch gewiß, daß auf dem Land und in den Städten viele Familien die schönsten Traditionen des christlichen Lebens bewahren. Sie bilden ein echtes Bollwerk des Glaubens eures Volkes. Ich segne von Herzen die Eltern, die Eheleute und die Verlobten, die sich wirklich bemühen, die Prinzipien der Lehre der katholischen Kirche, die die authentische Hüterin der geoffenbarten Wahrheit ist, ernsthaft in ihrem Leben zu verwirklichen. Ich bitte den Herrn um reiche Gnade, damit sie den Idealen der Heiligkeit in der Ehe treu bleiben, zu denen sie gerufen sind. Der Papst möchte, daß sie wissen, daß ihre Treue, so groß die Schwierigkeiten des Lebens auch sein mögen, immer von der Gnade des Ehesakraments und von der Aufmerksamkeit und Unterstützung seitens der Kirche getragen sein wird.

6. Niemandem bleibt verborgen, liebe Brüder und Schwestern, daß die Zukunft der Kirche bei christlichen Familien liegt, die gebührend vorbereitet sind, um eine Führungsrolle in der Gesellschaft des Landes zu übernehmen. Das gilt vor allem, wenn es darum geht, dem schwerwiegenden Problem des Priestermangels in einem Land mit ständig wachsender Bevölkerung entgegenzutreten. Man wird diesem Problem nie wirksam begegnen können, wenn man zuvor nicht mutig und entschlossen zwei Aspekte ins Auge faßt, die ein Licht auf den einzuschlagenden Weg werfen.
Erneut möchte ich hier an erster Stelle betonen: „Dort, wo eine klare und wirksame Familienpastoral existiert, wird es natürlich, das Leben mit Freude zu empfangen, wird die Stimme Gottes leichter vernommen, wird die Antwort dessen, der sie hört, großherziger" (vgl. *Ansprache* am 15.5.1991). Wenn Eltern großherzig sind in der Annahme eines neuen Kindes, das ihnen Gott schenken will, werden auch die Kinder leichter großherzig sein, wenn sie sich entscheiden, ihr Leben im apostolischen Dienst Gott hinzugeben. „Eine Familie, ... die hochherzig und treu ihre Aufgaben erfüllt und sich ihrer täglichen Teilnahme am österlichen Geheimnis des Kreuzes Christi bewußt ist, eine solche Familie wird zum ersten und besten Seminar für die Berufung zu einem dem Reiche Gottes geweihten Leben" (*Familiaris consortio*, Nr. 53).
Es müssen daher die christlichen Motivationen aufgewertet werden, die den großen Entscheidungen der Jugendlichen zugrunde liegen. Das menschliche Leben erreicht seine Fülle, wenn es selbst zur Gabe wird: eine Gabe, die zum Ausdruck kommen

kann in der Ehe, in der gottgeweihten Jungfräulichkeit, in der Hingabe an den Nächsten aus einem Ideal und in der Wahl des Amtspriestertums. Die Eltern leisten dem Leben ihrer Kinder einen echten Dienst, wenn sie ihnen helfen, aus ihrem Dasein eine Gabe zu machen, indem sie ihre reifen Entscheidungen respektieren und mit Freude jede Berufung, einschließlich derjenigen zum Ordensleben oder zum Priestertum, fördern. Die Familie spielt so eine wesentliche Rolle für das Entstehen, das Wachsen und das Reifen des Priesterberufs. Die Pastoral der Berufungen ist also auch Pastoral der Familien. Und die Pfarrgemeinden sollten den Bildungsweg der Priesteramtskandidaten aktiv begleiten.
Ich bin sicher, daß das Bemühen um eine Bewußtseinsbildung in diesem Sinn dank der ständigen Hilfe Gottes reiche Früchte bringen wird. Mit der Sicherheit untrüglicher Hoffnung und im Vertrauen auf die Fürbitte der Jungfrau Maria und des hl. Josef, ihres Mannes, bitte ich den Allmächtigen Gott, der in der Feier des Meßopfers jetzt auf diesem Altar unter uns gegenwärtig sein wird, er möge die brasilianische Familie beschützen: die Familien von euch allen, die ihr zu dieser Eucharistiefeier mit dem Papst gekommen seid, und auch die Familien derer, die über Rundfunk und Fernsehen daran teilnehmen.
An zweiter Stelle muß die immer wieder betonte, notwendige Übernahme der Verantwortung durch die gläubigen Laien, um eine lebendigere Präsenz des Lichtes Christi in der Gesellschaft zu ermöglichen, von einem ständigen, großherzigen, demütigen und mutigen Dienst des Priesteramts begleitet sein. Die christlichen Familien können dieser Verantwortung dann voll gerecht werden, wenn sie „Priestern im wahrsten Sinn des Wortes begegnen ... Je mehr die Welt entchristlicht wird, je mehr es ihr an Glaubensreife mangelt, umso mehr braucht sie Priester, die sich vollkommen dem Zeugnis der Fülle des Geheimnisses Christi hingeben" (vgl. *Ansprache* am 30.5.1991: Insegnamenti III. 1[1980] S. 1532). Priester nach dem Herzen Christi: Männer des Gebets, die mit ihrer Lebensweise ein vorbildliches Zeugnis geben und es verstehen, die Familien und die Jugendlichen im Einklang mit der steten Lehre der Kirche zur Wahrheit hinzuführen.

7. Jesus begann sein messianisches Wirken zu Kana in Galiläa und er wirkte dort auf die Bitte seiner Mutter sein erstes Wunder, um den Gastgebern und dem Brautpaar aus der Not zu helfen. Er verwandelte Wasser in Wein. Einfaches Wasser wurde zu einem edlen Getränk.
Damit gab Jesus zu verstehen, daß Er, der Erlöser der Welt, mit seiner Erlösungsmacht die Institution der Ehe des Alten Bundes nicht nur bestätigen, sondern veredeln und heiligen wollte. Christus will die Verbindung von Mann und Frau als „tiefes Geheimnis" verstanden wissen, wie der Apostel im *Epheserbrief* schreibt (vgl. 5,32): als das Geheimnis seiner Liebe zur Kirche. Der Erlöser der Welt ist zum Bräutigam der Kirche, seiner Braut, geworden. Christus hat „die Kirche geliebt und sich für sie hingegeben, um sie heilig zu machen; er will sie vor sich ohne Makel erscheinen lassen" (vgl. *Eph* 5,25.27). Das Geheimnis der bräutlichen Liebe des Gottessohnes zur Kirche ist Maßstab und Vorbild der Liebe, die Mann und Frau im Ehesakrament verbinden soll: Christus liebte die Kirche bis zur Hingabe seines

Lebens. Es ist daher notwendig, daß die Eheleute in Ihm das Vorbild für ihre gegenseitige Liebe als Ehegatten entdecken. Von Christus sollen sie lernen und ihre Ehe Tag für Tag und Jahr für Jahr durch die Gnade dieses großen Sakraments ständig erneuern.

8. Christus lehrt euch, liebe Eheleute und Eltern, nicht nur durch das Evangelium, sondern auch durch das große Geheimnis seiner erlösenden Liebe.
Zu Kana in Galiläa ist die Mutter Christi an der Seite des Brautpaares. Sie spricht zu den Dienern: „Was er euch sagt, das tut!" (*Joh* 2,5).
Möge die Mutter Christi immer bei euch sein, vom ersten bis zum letzten Tag eurer Ehe! Möge sie stets zu euch sprechen: „Was er euch sagt, das tut!"

9. Ich danke meinem lieben Bruder Dom Vitório Pavanello und den anderen Bischöfen dieses Staates für den mir bereiteten Empfang. Ich danke den Salesianerpatres für die Gastfreundschaft in ihrem Haus. Meine Worte der Ermutigung an die Ordensmänner und Ordensfrauen gelten auch hier: Sie mögen ihren freudigen und hingebungsvollen Dienst für das Reich Gottes in einer beständigen und unwiderruflichen Weihe ihres Lebens fortzusetzen wissen. Auf die Priester, die Seminaristen und die Novizen, die in dem Staat ihrer Ausbildung nachgehen - insbesondere in Campo Grande: im Regionalen Vor-Seminar, im Großen Semiar „Maria Mutter der Kirche", im Theologischen Institut des Westens, in dem gemeinsamen Scholastikat und Noviziat der Orden -, rufe ich den Segen des Allerhöchsten herab, damit sie den Erwartungen, die die Kirche für den Aufbau des Reiches Gottes in sie setzt, zu entsprechen vermögen.
Und schließlich, meine lieben Freunde: alle, die ihr mich hört, aus so vielen Rassen und Völkern, Weiße, Schwarze, Indios, Südamerikaner, vor allem Paraguayaner und Bolivianer, europäische Emigranten, Araber, Asiaten, vor allem die Japaner in so großer Zahl in diesem Staat; alle, die ihr diese große Familie in Mato Grosso do Sul und in Brasilien bildet; die Leiter von Gemeinschaften, die Laien, die im Kampf für die Würde des Lebens und die Festigung der Familie engagiert sind, die Jugendlichen und die Kranken; euch alle möchte der Papst umarmen und segnen. Niemanden vergißt der Papst!
Die Jungfrau Maria, die ihr in diesem Erzbistum mit so viel Liebe als „Unsere Liebe Frau des Wohlgefallens" anruft, möge euch, liebe Eheleute und Eltern, in eurem Leben immer ihre mütterliche Gegenwart fühlen lassen, „das Wasser in Wein verwandeln" und so eurer erhabenen Sendung neuen Adel verleihen. Die heiligmachende Kraft des Geistes, die über die Jungfrau von Nazaret gekommen ist und sie zur Mutter des Gottessohnes gemacht hat, möge auch auf eure Familien herabkommen, auf alle Familien Brasiliens! Gott segne euch!
Veni, Creator Spiritus!

Die Gesellschaft im Zeichen der Liebe aufbauen

Ansprache bei der Begegnung mit katholischen Laien in Campo Grande am 17. Oktober

Liebe Söhne und Töchter, Vertreter der katholischen Laienschaft Brasiliens!

1. Ich möchte dem Vorsitzenden des Nationalen Rates der Laien, Dr. Celso de Castro Neto, für seine Begrüßungsworte danken. In ihnen erkenne ich den Wunsch, der euch veranlaßt, die Berufung und die Aufgabe in ihrem vollen Ausmaß auf euch zu nehmen, zu der Gott euch in der Kirche und dieser geliebten Nation ruft.
Ich schaue euch an, und mir scheint, das Wort Hoffnung in euren Gesichtern zu lesen. Zu diesem Zeitpunkt im Leben der Kirche in Brasilien und in der Welt sind die Laien eine der größten Hoffnungen für die Gegenwart und die Zukunft der Neuevangelisierung, die der Herr von uns verlangt.
Ich schaue euch an, und mein Herz, als das Herz des universalen Hirten der katholischen Kirche, ist voller Freude, wenn ich von eurem großherzigen Eifer erfahre, mit dem viele von euch in verschiedenen Ämtern und Funktionen, an den Dienstleistungen und der Arbeit der Kirche mitwirken. Ich weiß, daß diese Mitarbeit eine dringende Notwendigkeit in eurem Land ist. Deshalb danke ich euch und bin sicher, daß ihr euch mühen werdet, diese Aufgaben stets nach den Prinzipien und dem Geist auszuführen, auf den ich ausführlich in dem Apostolischen Schreiben *Christifideles laici* eingegangen bin.
Heute aber, liebe Söhne und Töchter, möchte ich euch sagen, daß ich in euch vor allem die Gegenwart unzähliger engagierter Laien Brasiliens, einfacher Christen, ohne weitere Bezeichnung, sehe (vgl. *Christifideles laici*, Nr. 17): Männer und Frauen, in ihrer jeweiligen sozialen Umgebung, die sie selbst vervollkommnen und aufbauen, sind von Gott aufgerufen, an eben dem Ort, den sie in der Welt innehaben, alle Konsequenzen ihrer Taufweihe zu leben. Brasilien ist das Land mit der weltweit größten Anzahl getaufter Katholiken. Dem Geist des Zweiten Vatikanischen Konzils folgend, haben die Bischofssynode von 1987 und das aus ihr hervorgegangene Apostolische Schreiben *Christifideles laici*, den charakteristischen Zug der Identität der engagierten Laien als „in der Taufe liegende radikale Neuheit des Christlichen" (vgl. Nr. 10) herausstellen wollen, denn darin kann die „Gestalt des Laien uns auf dem Hintergrund des geheimnisvollen Reichtums, den Gott den Christen in der Taufe schenkt, beschrieben werden" (Nr. 9).
In der Tat gibt es verschiedene Formen organischer Beteiligung der Laien an der einen Sendung der Kirche als Gemeinschaft. Aber es besteht kein Zweifel, daß Gott sie jedem Getauften direkt anvertraut, in der Lage und an dem Ort, für den Gott ihn in der Welt ausersehen hat.

2. Im Rahmen dieser euch eigenen großen und begeisternden Verantwortung möchte ich heute vor allem bei der Betrachtung von drei Aspekten der irdischen Realitäten verweilen, die mit besonderer Dringlichkeit den Beitrag der Heiligkeit und des Apostolats der engagierten Laien erfordern: die Familie, die Arbeit und die sozial-

politische Tätigkeit. An erster Stelle, nein an allererster Stelle, steht die Familie. In *Christifideles laici* heißt es: „Die soziale Dimension des Menschen findet ihren ersten und ursprünglichen Ausdruck im Ehepaar und in der Familie" (Nr. 40).

Seid euch stets bewußt, daß die Gesundheit der sozialen Struktur von der Festigung und der Heiligkeit der Familie abhängig ist, denn nach Gottes Plan ist sie und wird sie immer die „Grund- und Lebenszelle der Gesellschaft" (*Apostolicam actuositatem*, Nr. 11) sein. Von der Heiligkeit der Familie hängt auch die Vitalität der Kirche ab. Ich würde euch nichts Neues sagen, wenn ich von der schweren moralischen Krise sprechen wollte, die heute auf vielerlei Art die brasilianische Familie bedrängt. Aus diesem Grund ist eine intensive Erneuerung der Institution der Familie dringend notwendig. Dies ist vor allem Aufgabe der Laien.

Es ist schmerzlich, zu beobachten, wie leicht in diesem geliebten Land viele Ehen zerbrechen, mit der traurigen Konsequenz unzähliger Trennungen, deren unschuldige Opfer immer die Kinder sind. Ebenso traurig ist die Mißachtung der göttlichen Gesetze, die sich mit der Verbreitung völlig illegaler Verhütungspraktiken ausweitet. Es ist traurig, den erschreckend hohen Prozentsatz der Sterilisation an Frauen und Männern zu beobachten - freiwillig oder erzwungen -, zum Teil durch die Verantwortlichen der politischen Klasse und die Experten, die die Würde und Integrität der Person und der Gesellschaft wahren sollten. Es ist traurig, zu beobachten, wie auf ebenso erschreckende Weise die Zahl der Abtreibungen zunimmt, dieser kriminelle Anschlag gegen das erste und fundamentalste Menschenrecht, das Recht auf das Leben vom Augenblick seiner Zeugung an. Nie kann dafür eine praktische oder gar gesetzliche Rechtfertigung gefunden werden.

Gleichzeitig können andere schwere Ursachen für den Verfall der Familien nicht außer acht gelassen werden, wie jene, die sich durch menschenunwürdige Zustände der Unterkünfte, der Ernährung und der Gesundheit, der Bildung und der Hygiene ausdrücken, von denen Millionen von Menschen auf dem Land und in den Randgebieten der Städte betroffen sind und deren traurige Folgeerscheinung eine große Anzahl elternloser Minderjähriger und Ausgestoßener sind.

Ihr wißt sehr gut, daß die Farben des Bildes, das ich euch eben beschrieben habe, nicht übertrieben sind. Wenn ich so spreche, möchte ich vor allem einen starken Appell an das moralische Verantwortungsbewußtsein der Träger der öffentlichen Hand in ihren verschiedenen Bereichen richten ebenso wie an alle diejenigen, die guten Willens sind - Katholiken und Andersgläubige -, damit sie im Rahmen ihrer Möglichkeiten die sozialen Voraussetzungen schaffen mögen, die die Würde des menschlichen Lebens und der Familie gewährleisten. Vieles muß und kann getan werden, um diese Situation zu ändern. Ihr, ganz besonders ihr, habt die sehr ernste Verpflichtung, die christlichen Werte der Ehe und der Familie zu fördern. Beginnt bei eurem eigenen häuslichen Herd, um selbst „das Licht der Welt" und das vor Verderben schützende Salz zu sein. Ihr, die ihr zur Ehe berufen seid, zeigt mit eurem Beispiel und eurer Großherzigkeit, die im Glauben und der Liebe zu Christus verankert sind, die Größe der ehelichen Liebe, und erneuert sie Tag für Tag mit Hilfe der göttlichen Gnade. Betrachtet die Kinder als großzügiges Geschenk, euer höchstes Gut, und ihre Erziehung als euer wichtigstes Apostolat. Es ist wahrlich eine große Aufgabe, die euch in diesem Bereich erwartet. Aber groß, ja unermeßlich ist auch die Kraft des Glaubens, der Hoffnung und der Liebe, die der Heilige Geist in die Herzen der Gläubigen gießt (vgl. *Röm* 5,5).

3. Ich möchte euch auch noch einige Worte über die Arbeit sagen, einen weiteren spezifischen Bereich des Lebens und der Laientätigkeit. Hier halte ich es für wichtig, an das zu erinnern, was in *Christifideles laici* vertreten wird: „Um ihre Berufung zu erfüllen, müssen die Laien ihr Tun im Alltag als Möglichkeit der Vereinigung mit Gott und der Erfüllung seines Willens sowie als Dienst an den anderen Menschen betrachten, um sie in Christus zur Gemeinschaft mit Gott zu führen" (Nr. 17). Wie Jesus Christus, der den größten Teil seines Lebens auf Erden in der Werkstatt Josefs verbringen wollte, so müßt auch ihr lernen, in der Arbeit und den Pflichten des täglichen Lebens den geeigneten Platz und das günstige Mittel zur Heiligkeit und zum Apostolat zu sehen.

Welche primären Bedingungen muß die Arbeit, alle und jede ehrliche Arbeit, erfüllen, um heiligend und heiligmachend sein zu können? Erlaubt mir nochmals, mit den Worten des bereits zitierten Apostolischen Schreibens zu antworten: „Dazu wird von den Laien Berufstüchtigkeit, menschliche Redlichkeit und christlicher Geist bei der Verrichtung ihrer Arbeit als Weg zur Selbstheiligung verlangt" (*Christifideles laici*, Nr. 43). Vergeßt nie, daß der größte Reichtum des Menschen, und deshalb auch der größte Reichtum einer Nation, die Arbeit ist. „Der Mensch entwickelt sich durch die Liebe zu ihr" (vgl. *Laborem exercens*, Nr. 11). Wo diese Liebe fehlt und wo man sich einem trägen Konformismus hingibt, ist kein menschlicher Fortschritt und weder christliche Reife noch das Wohl der Gesellschaft möglich. Widersteht der Versuchung zur Mutlosigkeit, die durch das negative Beispiel derer verursacht wird, die - am Rand der ethischen Prinzipien - mit einem Mindestaufwand an Arbeit den größten Vorteil erlangen wollen. Widersteht auch, trotz aller Schwierigkeiten, der Entmutigung durch eine falsche Auffassung der unternehmerischen Beziehungen, die den Wert des Kapitals über den der Arbeit und den Gewinn über die menschliche Person stellt, was sich oft durch die unwürdige Bezahlung des Arbeiters und eine ungerechte Vermögensaufteilung ausdrückt (vgl. *Laborem exercens*, Nrn. 13, 15; *Centesimus annus*, Nr. 35). Im Geist des Evangeliums werdet ihr zu den notwendigen Änderungen wirtschaftlicher und sozialer Ordnung beitragen können. Ebenso werdet ihr nach den geeigneten Mitteln suchen, um das große Problem der Arbeitslosigkeit zu bekämpfen. Ihr solltet euch dafür verwenden, daß in der Tat die katholische Soziallehre die soziale und wirtschaftliche Situation eures Landes steuert, ohne vor Ideologien zu weichen, die dem Evangelium entgegengesetzt sind und Haß und Klassenkampf predigen. So sieht die praktische Durchführung der Aufgabe aus, die euch erwartet. Es sind die katholischen Laien, gemeinsam mit den anderen Bürgern, die sie übernehmen müssen.

Eben habe ich auch von der Rechtschaffenheit und vom christlichen Geist der Arbeit gesprochen. Darin liegt ein weiteres wichtiges Argument zur Meditation und zur Gewissenserforschung. Ein nicht unwesentlicher Teil eures Apostolats muß darauf

abzielen, daß in allen Bereichen der menschlichen Arbeit, sowohl auf dem öffentlichen als auch auf dem privaten Sektor, die Prinzipien der Berufsethik, der Aufrichtigkeit, der Wahrheit, der Offenheit und der christlichen Moral herrschen.
Laßt euch nicht von der Furcht besiegen, daß die Befolgung dieser ethischen Prinzipien euch in einer Umgebung benachteiligen könnte, in der moralische Grundsätze nicht selten verachtet werden und wo Korruption vorherrschend ist. Auch wenn ihr manchmal den Eindruck habt, unterlegen zu sein, müßt ihr den Mut aufbringen, jederzeit euer klares und unmißverständliches ethisches Zeugnis abzulegen. Auf diese Weise werdet ihr Gott lieben und Brasilien dienen. Nur wenn ihr diesen primären Bedingungen: Liebe zur Arbeit und ethische Gesinnung, entsprecht, wird eure Tätigkeit zum Mittel der Heiligung und des Apostolats und zur treibenden Kraft der gesellschaftlichen Umwandlung.

4. Ich habe vorhin darauf hingewiesen, daß die sozial-politische Tätigkeit mit zur Aufgabe der Laien gehört. Nun möchte ich euch daran erinnern, daß „um die zeitliche Ordnung im genannten Sinn des Dienstes am Menschen christlich zu inspirieren, können die Laien nicht darauf verzichten, sich in die Politik einzuschalten, das heißt in die vielfältigen und verschiedenen Initiativen auf wirtschaftlicher, sozialer, gesetzgebender, verwaltungsmäßiger und kultureller Ebene, die der organischen und systematischen Förderung des Allgemeinwohls dienen" (*Christifideles laici*, Nr. 42). Erlaubt mir hervorzuheben, daß diese Verantwortung, diese Tätigkeit im politischen, wirtschaftlichen und sozialen Bereich auf der Suche nach dem Wohl aller die eigene spezifische und charakteristische Funktion des engagierten Laien ist. Sie gehört zu eurem Auftrag und muß in vollkommener, persönlicher Autonomie ausgeführt werden, über die ihr als Bürger der irdischen Stadt und als Kinder Gottes frei und verantwortungsbewußt verfügt.
Es besteht kein Zweifel, daß eine direkte Einmischung in politische Angelegenheiten seitens der Priester oder der Ordensleute oder die eventuelle Forderung im Namen der Kirche, eine einheitliche Linie in den Fragen durchzusetzen, die Gott der freien Diskussion der Menschen überlassen hat, ein unannehmbarer Klerikalismus sein würde. Aber ebenso offensichtlich ist, daß jene engagierten Laien, die in weltlichen Fragen ohne jeden Grund und ohne Berechtigung den Anspruch erheben, im Namen der Kirche als ihre Sprecher oder unter dem Schutz der kirchlichen Hierarchie zu handeln, einer anderen nicht weniger schädlichen Form von Klerikalismus verfallen. Habt den Mut, euch zu eurer persönlichen verantwortlichen Freiheit zu bekennen und aktiv am politischen, wirtschaftlichen und sozialen Leben teilzunehmen, beseelt vom Geist Christi, dem moralischen Konzept folgend, auf das bereits die Konstitution *Gaudium et spes* hinweist: „... Staatsbürger, die von ihrem christlichen Gewissen geleitet werden ..." (Nr. 76).
Es gehört sicher zu den Pflichten und Aufgaben der Hirten der Kirche, bei der Formung dieses Bewußtseins durch die Prinzipien des Evangeliums und die Lehre der Kirche mitzuhelfen. Dennoch seid ihr es, die im Rahmen der unendlichen Vielfalt der freien Entscheidungen, die sich dem reifen christlichen Bewußtsein stellen, euren Stand definieren und eure Entscheidungen treffen müßt, die einzuengen nie-

mand das Recht hat, und euch individuell oder gemeinsam mit anderen Bürgern, die eure Prinzipien teilen, für die Förderung einer ausgedehnten und intensiven Tätigkeit zur einwandfreien Regelung der weltlichen Gegebenheiten einsetzen müßt.

5. Was kann ich euch sonst noch sagen, geliebte Söhne und Töchter? Damit dieses außerordentliche Panorama der Laienberufungen Wirklichkeit werde, muß eine primäre Bedingung beachtet werden: eure persönliche Heiligkeit.
Das ist die Bitte, die ich am Ende unseres Treffens auch an Gott richte: Möge das Land des Heiligen Kreuzes das Land der Heiligen werden! Möge es ein fruchtbares Land werden, in dem die christliche Heiligkeit aufblüht und das Leben vieler engagierter Laien Früchte trägt. So wird sich das Reich Christi in der Gesellschaft Brasiliens ausdehnen. Bevor ich zum Ende komme, möchte ich noch den Gläubigen von Campo Grande gratulieren, die unter der Leitung einer Laienkommission diese schöne Kirche gebaut haben, die „Nossa Senhora da Abadia", der Schutzheiligen der Erzdiözese, und dem heiligen Antonius, dem Patron der Stadt, geweiht ist. Von heute an wird diese Kirche die Kathedrale der Erzdiözese Campo Grande sein. Möge Gott alle, die am Bau dieses Heiligtums mitgewirkt haben, segnen!
Indem ich euch von ganzem Herzen meinen Apostolischen Segen spende, erhebe ich meine Gedanken zu Unserer Lieben Frau Aparecida, der Schutzpatronin Brasiliens, und erneuere das Gebet, das ich vor einigen Jahren - mit dem Gedanken an euch - an die Mutter der Kirche richtete: „Jungfrau und Mutter, / führe uns und schütze uns, / damit wir immer als wahre Söhne und Töchter der Kirche deines Sohnes leben / und so dazu beitragen, / auf Erden die Zivilisation der Wahrheit und Liebe / nach dem Wunsch Gottes / und zu seiner Ehre aufzubauen. Amen (*Christifideles laici*, Nr. 64).

Heiligkeit: in der Liebe gelebter Glaube

Predigt bei der Seligsprechung von Mutter Paulina Visintainer in Florianópolis am 18. Oktober

1. „Wenn Christus, unser Leben, offenbar wird, dann werdet auch ihr mit ihm offenbar werden in Herrlichkeit" (*Kol* 3,4). Meine Freude hat heute, liebe Brüder und Schwester von Florianópolis und Santa Catarina, einen ganz besonderen Grund, nämlich die Seligsprechung der Mutter Paulina vom Todesangst leidenden Herzen Jesu. Sie ist ja eine rechtmäßige Vertreterin des Volkes von Santa Catarina. Wie die Väter und Vorväter vieler der heute hier Anwesenden gehört sie zu einer der Familien, die im vergangenen Jahrhundert herkamen und dem Land hier ein ganz besonderes Gepräge gaben. Die bewundernswerte Szene der schönen Strände und Inseln an der Küste, das Tal des Itajaí, die Gebiete des Berglandes und der unermeßlichen und fruchtbaren Flächen im Westen wurden von neu angekommenen Menschen bevölkert, die heute noch das Erbe der Kulturen, Gewohnheiten und der Sprache ihrer Vorfahren bewahren. Zu den Portugiesen von den Azoren-Inseln oder den

Paulisten aus den Gebieten von Piratininga oder Curitiba kamen seit mehr als hundert Jahren zahlreiche Familien aus Norditalien, aus den Bergen Tirols und aus verschiedenen Gegenden Deutschlands hinzu, aber auch aus zahlreichen weiteren Gebieten unserer Erde. Alle bildeten in Santa Catarina ein einziges Volk mit vielen Sprachen, Gewohnheiten und Überlieferungen, dessen menschliches Antlitz durchaus brasilianisch wurde mit ihrer fruchtbaren Arbeit und ihrer Herzlichkeit, vor allem aber mit ihrem einen christlichen Glauben. Aus einer dieser Familien, die aus Tirol gekommen und in der Gegend von Neu-Trient verwurzelt waren, erhielt Brasilien und die Kirche Mutter Paulina. Heute wird sie vor euch durch den Papst zur Ehre der Altäre erhoben.
Die Ehre, mit der die Kirche ihre Heiligen und Seligen umgibt, ist eine besondere Verkündigung des Kommens Christi, der „unser Leben in Gott" ist. Indem er, der eingeborene Sohn des Vaters, Mensch wurde, ließ er uns am göttlichen Leben, das im Vater ist, teilhaben. Durch die Kraft des Heiligen Geistes aber, den Christus seiner Kirche am Tag seiner Auferstehung geschenkt hat, bringt dieses göttliche Leben seine Frucht in der Heiligkeit der Söhne und Töchter der Kirche.
Mit der Zeremonie der Seligsprechung bekennen wir heute unseren Glauben an die Gemeinschaft der Heiligen. Zugleich festigt sich unsere Hoffnung auf Heiligkeit und Teilhabe am Leben Gottes. Die Heiligen zeigen uns den Weg dieser Hoffnung. So erfüllen sie eine besondere Aufgabe innerhalb der Sendung der Kirche zur Evangelisierung auf Erden, und sie verkündigen die Berufung des Christen zur Heiligkeit. Sie ermahnen uns: „Liebt einander, denn die Liebe ist das Band, das alles zusammenhält und vollkommen macht" (*Kol* 3,14).

2. Wie geschah es, daß Mutter Paulina, die wir heute seligsprechen werden, sich diese Liebe zu eigen machte?
Was das Leben der Heiligen auszeichnet, ist ihre Fähigkeit, das Verlangen nach Gott in denen zu wecken, die das Glück haben, ihnen zu begegnen. Die hochherzige Antwort auf die göttlichen Gnaden wird dann mit einer ständigen Hinneigung zu Gott belohnt, nach dem man verlangt, den man kennenlernt, lobt und liebt. Gerade in diesem Licht stellt sich uns die Dienerin Gottes dar, die wir nun feierlich in die Liste der Seligen des Himmelreiches eintragen werden.
„Richtet euren Sinn auf das Himmlische" (*Kol* 3,2).
Gerade diese Gabe hat Mutter Paulina in höchstem Grade gelebt. Alle ihre Worte und Taten wußte sie zu einem ständigen Akt des Lobes Gottes zu machen. Während ihrer Jugend bat sie Gott um die Gnade, Ordensfrau werden zu dürfen aus dem einzigen Grund, in größtmöglicher Vollkommenheit ihn zu lieben und ihm zu dienen. Ihre Gleichförmigkeit mit dem Willen Gottes führte sie zu ständiger Selbstverleugnung, und sie wich keinem Opfer aus, wenn es um die Erfüllung der Pläne Gottes ging, zumal in der besonders heroischen Zeit, da sie als Generaloberin der von ihr gegründeten Kongregation abgesetzt wurde.
Frucht dieser großen Liebe zu Gott war die lebendige Liebe der Dienerin Gottes, von ihren Kindertagen an und bis zum letzten Augenblick ihres Lebens auf Erden in inniger Verbundenheit mit allen, die mit ihr zusammenlebten. In ihrem geistlichen

Testament schrieb sie: „Ich lege euch sehr ans Herz, unter euch die heilige Liebe zu üben, zumal gegenüber den Kranken der Heiligen Häuser (den Alten), der Asyle usw. Legt großen Wert auf die Übung der heiligen Liebe." Daher empfingen sie und ihre erste Gefährtin im Hospital von Vigolo den Titel „Krankenschwester". Dieses Dasein für andere blieb der Grundzug ihres ganzen Lebens. Die Armen und Kranken waren die beiden Ideale des asketischen Lebens von Mutter Paulina. In ihrem Dienst empfing sie die Anregung, in der Liebe zu Gott und in der Praxis der Tugenden zu wachsen.

3. Liebe Töchter der Kongregation der Kleinen Schwestern von der Unbefleckten Empfängnis, das Beispiel der Heiligkeit eurer Mutter Gründerin enthält diese bleibend gültige Botschaft, die die heilige Kirche als kostbaren Schatz hütet.

Heute greift die Kirche neu die inspirierten Worte des hl. Paulus an die Thessalonicher auf: „Das ist es, was Gott will: eure Heiligung" (*1 Thess* 4,3). Durch die Taufe wurden wir wiedergeboren zu einem neuen Leben der Gotteskindschaft oder, wie der hl. Petrus sagt, „teilhaft der göttlichen Natur" (vgl. *2 Petr* 1,4). Durch diese Heiligung empfangen wir nicht nur Verzeihung der Sünden, sondern werden in die Gemeinschaft der Liebe mit Gott aufgenommen, in den mystischen Leib Christi eingefügt und nehmen am göttlichen Leben des Herrn teil, wie der Rebzweig am Saft des Weinstocks Anteil bekommt (vgl. *Joh* 15,1 ff.).

Die Heiligkeit macht aus uns lebendige Tempel Gottes: „Mein Vater wird ihn lieben, und wir werden kommen und Wohnung in ihm nehmen" (vgl. *Joh* 14,23).

Heiligsein bedeutet, sich der Sünde, dem Bruch mit Gott, widersetzen. Der entweihte, nicht geheiligte Mensch verbleibt in der Knechtschaft der Sünde und ist nicht erfaßt vom Wirken des erlösenden Paschageheimnisses des göttlichen Erlösers der Menschen. Die Kirche existiert für die Heiligung der Menschen in Christus. Und diese Heiligkeit muß sie auch den Menschen der säkularisierten Welt anbieten, damit sie nicht weiter nur profan leben. Daher lehrt sie auch, daß Heiligkeit keine Entfremdung meint, wie man zuweilen sagen hört; sie meint eine größere Vertrautheit mit den tieferen Wirklichkeiten Gottes.

Christus aber ist das fleischgewordene Wort, und das gleiche Wort ist Schöpfer und Erlöser. Die Menschwerdung führt die Schöpfung zur Vollendung, und in ihr verwirklicht nun der Mensch sich selbst zum Bilde Gottes durch Christus. Die Geschichte hindurch arbeitet er mit auf diese Fülle des göttlichen Schöpfungswerkes hin. Christus ruft uns alle, einen jeden nach seiner eigenen Berufung, eine Familie zu gründen, einen Beruf auszuüben, die Pflichten des eigenen Standes zu erfüllen, sei es innerhalb der zeitlichen Wirklichkeiten, sei es im Dienstpriestertum oder im Ordensleben unseren bürgerlichen Pflichten nachzukommen und unsere Rechte auszuüben. Wir alle sind zur Teilhabe am Himmelreich berufen.

Diese Heiligkeit, die bewirkt, daß jeder Christ ein unter den Menschen präsenter Christus ist, erinnert uns daran, daß in *Puebla* gesagt wurde: Die Christen sind „ein Volk, das nicht nur aus Gott geboren wird, sondern das sich auch ihm weiht ... Die Bürger dieses Volkes müssen ihren Weg auf der Erde gehen, jedoch als Bürger des Himmels, ihr Herz muß durch Gebet und Betrachtung in Gott verwurzelt sein. Eine solche Haltung bedeutet nicht Flucht vor dem Irdischen, sondern Vorbedingung für eine fruchtbare Hingabe an die Menschen. Denn wer es nicht gelernt hat, den Willen des Vaters in der Stille des Gebets zu verehren, wird dies nur schwerlich zustandebringen, wenn von ihm in seiner Eigenschaft als Bruder Verzicht, Schmerz und Demütigung gefordert werden" (250-251).

4. Gerade diese Fähigkeit, in ständiger Vereinigung mit Gott zu bleiben und zugleich eine sehr intensive Arbeit für das Wohl der Seelen zu verrichten, hat das Leben der seligen Paulina vom Herzen Jesu geprägt. Die Kirche stellt sie ab heute daher als Lebensvorbild hin, das bewundert und nachgeahmt werden soll.
Die Heiligkeit wird im Alltagsleben erprobt, in der Arbeit für die Mitmenschen als Frucht der Vereinigung mit Gott. Sie ist an eine aktive und wirksame Liebe zur Kirche Christi gebunden, die durch ihre Hirten vertreten wird, die innerhalb des Bischofskollegiums mit dem Nachfolger des Petrus geeint sind. Die Heiligkeit ist ferner Ausdruck des in der Liebe gelebten Glaubens, „der Glaube wirkt durch die Liebe", und er vermag so neue Hoffnung zu schenken und auch eine Antwort für die Gesellschaft, die in einem Klima der Vergnügungssucht und des Konsumismus lebt.

5. Gott sprach zu Abraham: „Zieh weg aus deinem Land, von deiner Verwandtschaft und aus deinem Vaterhaus in das Land, das ich dir zeigen werde" (*Gen* 12,1). In der Bergpredigt hat Christus gesagt: „Selig, die arm sind vor Gott; denn ihnen gehört das Himmelreich ... Selig, die keine Gewalt anwenden ..., die hungern und dürsten nach der Gerechtigkeit ..., die Barmherzigen ...; die ein reines Herz haben ..., die Frieden stiften ..., die um der Gerechtigkeit willen verfolgt werden." Christus fügte hinzu: „Ihnen gehört das Himmelreich" (*Mt* 5,1-10).
Er wiederholt heute vor uns und für einen jeden von uns: Verlaß deine Heimat, denn sie ist keine bleibende Stätte, verlaß den Ort, wo das Haus deiner Eltern steht, wo schon viele Generationen gelebt haben - und geh in das Land, das ich dir zeigen werde. Dieses Land ist das Himmelreich, das Haus meines Vaters, in dem es viele Wohnungen gibt (vgl. *Joh* 14,2).
Die selige Paulina vom Herzen Jesu in Todesangst folgte diesem Ruf Christi.
Wenn Christus sich offenbart - er, unser Leben -, wird auch sie mit ihm sich in seiner Herrlichkeit offenbaren.
Zum Schluß ergreife ich die Gelegenheit, den Herrn Justizminister Dr. Jarbas Passarinho zu begrüßen, und ich danke ihm für seine Teilnahme an dieser Eucharistiefeier.
Liebe Brüder und Schwestern, der Papst dankt euch für die warme und freundliche Aufnahme wie auch dem lieben Bruder im Bischofsamt, Erzbischof Dom Eusebio Oscar Scheid, und allen Bischöfen, die herkamen. Noch einmal sage ich euch: Brasilien braucht Heilige, viele Heilige! Die Heiligkeit ist der deutlichste und überzeugendste Beweis für die Lebenskraft der Kirche zu allen Zeiten und an allen Orten.
Möge das Beispiel der Mutter Paulina allen eine entschiedene und hochherzige Antwort auf den Ruf Christi zur Heiligkeit nahelegen! Dem mütterlichen Schutz Mariens, Unserer Lieben Frau von Desterro, wie ihr sie hier in Florianópolis verehrt,

vertraue ich Gegenwart und Zukunft der Kirche in Brasilien an. Sie braucht heute mehr denn je Heilige!

Das Ordensleben verlangt die Einheit von Gebet und Arbeit

Ansprache an die Ordensfrauen in Florianópolis am 18. Oktober

Liebe Töchter in Christus!

1. Ich bin glücklich, wieder bei euch sein zu können und erneut jene Begegnungen mit den brasilianischen Ordensfrauen anläßlich meiner ersten Pastoralreise in diese geliebte Nation wieder aufleben zu lassen.
Ich danke Schwester Ilze Mees für die liebenswerten Worte, die sie soeben im Namen aller Ordensfrauen Brasiliens, an mich gerichtet hat.
Meine Töchter, eure Rolle ist von fundamentaler Bedeutung in dieser schweren Aufgabe der Neuevangelisierung, für die Gott uns am Ende dieses Jahrtausends zusammenruft. Es wäre der Kirche unmöglich, sie ohne die großherzige Mitwirkung eures gottgeweihten Lebens vollkommen zu erfüllen.
Wie ich bereits vor zwei Jahren, allen brasilianischen Ordensleuten gegenüber betonte, „wäre es fast unmöglich, sich die Vitalität der Kirche in Brasilien, ohne dieses Netz religiöser Gemeinschaften vorzustellen, die das Evangelium gegenwärtig und sichtbar machen (...). Ich danke euch von Herzen für die Treue zu eurer Weihe und eurer Sendung, für eure kirchliche Präsenz in allen Breitengraden dieses riesigen Brasiliens. Die geheimnisvolle Fruchtbarkeit eurer kontemplativen Gemeinschaften, das Zeugnis derer, die unter den Ärmsten leben sowie die großherzige Hingabe derjenigen, die in abgelegenen und einsamen Regionen arbeiten, sind der Reichtum der Kirche Brasiliens und ein Beweis ihrer Lebenskraft" (*Brief an die Teilnehmer der 125. Ordentlichen Generalversammlung des CRB*, 11.07.1989).

2. Dieser so reiche und anregende Horizont der Sendung, die ihr in Gottes Auftrag in der Kirche und der Welt erfüllen sollt, verlangt von euch, als Voraussetzung für ihre Lebenskraft, eine bedingungslose Treue zu Christus und der Kirche. Insbesondere darüber möchte ich heute mit euch sprechen. Man kann sich nicht oft genug daran erinnern, daß „die Identität und die Authentizität des Ordenslebens ... des Nachfolgers Christi, das sich Ihm Weihen, durch das Bekenntnis zu den evangelischen Räten der Keuschheit, der Armut und des Gehorsams gekennzeichnet sind. Durch sie drückt sich die totale Hingabe zum Herrn und die Identifikation mit Ihm, wenn er sich dem Vater und den Brüdern anvertraut, aus" (*Apostolisches Schreiben*, 29.6.1990, Nr. 16).
Liebt mit tiefem Glaubensgeist diese drei heiligen Bande. Sie bestimmen und charakterisieren sozusagen euer Leben, sie schaffen einen Raum absoluter Freiheit in euren Herzen, die durch sie die Liebe Christi empfangen können und voll und ganz in ihm und mit ihm und für ihn leben. Die Ordensfrau, die den Verpflichtungen ihrer Weihe treu ist, erfährt das große Glück, Seite an Seite mit Jesus zu gehen, von sei-

nem Wort zu leben, sich seiner inneren Gegenwart zu erfreuen und an seiner Heilssendung teilzunehmen (vgl. Apostolisches Schreiben vom 29.6.1990, 16).

3. Liebt also von ganzem Herzen den evangelischen Rat der Keuschheit. Er befreit auf besondere Weise eure Herzen, damit sie sich mehr und mehr in der Liebe zu Gott und allen Menschen entzünden. Er ist eine einzigartige Hilfe, damit ihr euch mit Eifer dem Dienst und den Werken des Apostolats widmen könnt (vgl. *Perfectae caritatis*, Nr. 12).
Wenn die Liebe Christi mit „ungeteiltem Herzen", zur Gänze angenommen wird, ohne Kompromisse und ohne Falsch, ohne sich entmutigen zu lassen oder Ersatz zu suchen, dann erweist sich die Keuschheit als freudige Bejahung der Liebe und nicht als Einschränkung der Verneinung. Sie leitet die grenzenlose Liebesfähigkeit, die Gott in das Menschenherz gelegt hat, gibt ihr neue Kraft und trägt sie bis auf die Höhen der unendlichen Liebe Gottes. Aus dieser Liebe möge die geistige Mutterschaft entspringen (vgl. *Gal* 4,19), ein Lebensquell für die Kirche. Das Beispiel Marias, der heiligen Jungfrau von Nazaret, wird immer eine Quelle besonderer geistlicher Fruchtbarkeit in eurem geweihten Leben sein, wie auch der sichere Schutz für die vertrauensvolle Hingabe, die ihr aus Liebe zu Gott vollzogen habt.

4. Ebenso liebt von ganzem Herzen die evangelischen Räte der Armut und des Gehorsams, mit dem brennenden Wunsch dem Beispiel Christi zu folgen, denn „Er, der reich war, wurde euretwegen arm, um euch durch seine Armut reich zu machen" (*2 Kor* 8,9), und aus Liebe zum Vater und für das Heil der Menschen „... erniedrigte [er] sich und war gehorsam bis zum Tod, bis zum Tod am Kreuz" (*Phil* 2,8).
Die evangelischen Räte, so, wie sie immer in der Kirche verstanden und gelebt worden sind, mögen heute vielen, die unfähig sind, die „Weisheit Gottes", das, „was Gott will", zu begreifen, wie eine wahre „Torheit" erscheinen (vgl. *1 Kor 2,8* ff; *Mt* 16,23). Sie sind in der Tat eine Torheit, aber eine glückliche Torheit der Liebe.
Seid versichert, daß es weder eine echte Erneuerung des Ordenslebens, noch ein Wiederaufblühen der Ordensberufungen geben kann, ohne diese aufrichtige Festigung eurer Treue in der Ganzhingabe, wie sie in diesen Räten zum Ausdruck kommt und verwirklicht wird.
Die in Freude gelebten evangelischen Räte, laßt mich das nochmals betonen, gestalten euch Jesus Christus gleich, dem am Kreuz Gestorbenen und Auferstandenen. Es wird also für alle gottgeweihten Personen ein sehr starker Beweggrund der Liebe sichtbar, ein ständig gegenwärtiges und lebendiges Ideal, das fähig ist, alle Mühen, Leiden und Widrigkeiten zu überwinden.

5. Diese drei evangelischen Räte, die tragende Struktur eures Lebens der Hingabe, müssen jedoch im Einklang mit der besonderen Identität jeder Ordensfamilie gelebt werden.
Die Vielfalt der Ordensgemeinschaften ist wie „[ein Baum], der aus einem von Gott gegebenen Keim wunderbar und vielfältig auf dem Ackerfeld des Herrn Zweige treibt" (*Lumen Gentium*, Nr. 43).

Diese Verschiedenheit entfaltet sich nach dem Wunsch Gottes in der Vielgestaltigkeit der Charismen der Gründer und Gründerinnen. Diese Charismen müssen von ihren Jüngern und Jüngerinnen gelebt, sorgsam gehütet, vertieft und weiter entwikkelt werden, mit gleichmäßiger Beständigkeit, im Lauf der Zeiten, in jeder geschichtlichen Situation.
In der Tat hat jedes Institut durch die unendliche Vielfalt der Geistesgaben seine „eigenen Ziele und seinen eigenen Charakter" (vgl. *CIC*, can. 598), und das nicht nur, was die Einhaltung der evangelischen Räte betrifft, sondern auch in allem, was den Lebensstil seiner Mitglieder angeht (vgl. *CIC*, can. 498,2).

6. Hieraus ergeben sich verschiedene Konsequenzen. Wenn man berücksichtigt, daß die einführende Ausbildung und die ständige Weiterbildung dem jeweiligen Charisma entsprechend in den Händen des Ordensinstituts liegt, dann kann die interkongregationale Ausbildung die Aufgabe der permanenten Bildung seiner Mitglieder nicht voll ersetzen. Diese muß ja in vieler Hinsicht die besonderen Merkmale tragen, die dem Charisma eines jeden Ordensinstituts eigen sind. Jede Gemeinschaft muß deshalb die besondere Ausbildung auf verschiedene Weise fördern und organisieren, um ihre spezifischen Ziele besser verwirklichen zu können. In der Tat muß die Treue zum eigenen Charisma vertieft werden in einer von Tag zu Tag den Horizont erweiternden Kenntnis der Geschichte des Ordensinstituts, seiner spezifischen Mission und des Geistes seines Gründers, zugleich mit dem Bemühen, diesen Geist im persönlichen und gemeinschaftlichen Leben Gestalt werden zu lassen (vgl. *Richtlinien für die Ausbildung in den Ordensgemeinschaften*, 02.02.1990, Nrn. 68 und 69). Deshalb muß die interkongregationale Formung ergänzenden Charakter haben und jedem Institut zur Verfügung stehen, darf aber nicht die einzelnen Charismen ersetzen oder zur Gleichschaltung führen.
Die zweite Folge, die sich aus der ersten ergibt, besagt, daß diese reiche Vielfalt der Charismen, die Früchte, mit denen sie zum Reiche Gottes beitragen, verarmen würde, wenn sie ein und demselben Vorbild, oder zu pastoralen Zwecken einem einseitigen Ziel angepaßt würden. Man sollte dies berücksichtigen, besonders im Hinblick auf die Probleme, die oft die sogenannte „Eingliederung der Ordensgemeinschaft in die Bevölkerung" mit sich bringt.
Wie bereits im *Dokument von Puebla* herausgestellt wurde, ist die vorrangige Option für die Armen in letzter Zeit ein bezeichnender Faktor im lateinamerikanischen Ordensleben (vgl. *Schlußdokument von Puebla*, 721-766). Diese vorrangige Option für die Armen, die nie ausschließlich noch ausschließend ist, hat in der Tat viele Ordensmänner und Ordensfrauen veranlaßt, auf großmütige Weise „in den Randgebieten, unter den Eingeborenen, den Alten und Kranken, in den unendlichen vielen Elendssituationen - wie die der ‚neuen Armut', vom Alkoholismus bis zum Drogenproblem, die vor allem die Jugend betrifft - die Lateinamerika (und folglich auch Brasilien) lebt und erleidet, gegenwärtig zu sein (*Apostolisches Schreiben*, 29.06.1990, Nr. 19).

Kleine, in das Volk eingegliederte Ordensgemeinschaften können daher, und sind es in Wirklichkeit auch sehr oft, ein bezeichnender Ausdruck dieser „Entscheidung für die Armen” sein.
Aber es ist höchst bedeutsam zu wissen, daß diese Präsenz, um mit den Plänen des Herzens Christi übereinzustimmen, in vollkommenem Einklang mit dem Geist der Gründer jedes Ordensinstituts und mit den spezifischen Merkmalen des Ordenslebens gelebt werden muß.

7. Allen Ordensfamilien ein einziges Lebens- und Missionsmodell bei der Eingliederung in das Volk vorzuschlagen, hieße die unersetzliche Bedeutung der Tätigkeit vergessen, die viele Ordensfrauen im Einklang mit ihrem besonderen Charisma auf verschiedenen sozialen Gebieten ausüben müssen.
Die Ordensfrauen, die aufgrund des Wesens und der spezifischen Ziele ihrer Gemeinschaften in diesen Bereichen arbeiten, können sicher sein, daß sie ein mehr als ausreichendes Evangelisierungszentrum sind, und daß sie der Sache Christi in der Gesellschaft, als organische Einheit betrachtet, einen großen Dienst erweisen.
Natürlich unterscheidet sich eure Tätigkeit durch die ihr eigene Berufung grundlegend von der, die den Laien zukommt. Sie wird nur deren Imitation sein, denn dies würde dem Wesen eurer religiösen Berufung seine bezeichnende Eigenschaft nehmen.
Was die Ordensfrauen angeht, die im Einklang mit dem Charisma ihres Ordens und mit der legitimen Anweisung der zuständigen Autorität sich ins Volk eingefügt haben, wo sie das Leben und die Arbeit der Ärmsten teilen, so seien sie versichert, in dem Maß leistungsfähige Arbeiterinnen für das Evangelium zu sein, wie sie ihre Identität als gottgeweihte Personen wahren.
Die großherzigen Bemühungen und der gute Wille mit dem sie der armen Bevölkerung helfen, die oft ihrem Schicksal überlassen ist, sind zweifellos lobenswert. Dennoch ist es wichtig, daß diese kleinen Gemeinschaften gewisse Prinzipien beachten, die die Glaubwürdigkeit ihres Ordenslebens sicherstellen. So z. B. die Gewähr, nach der Eigenart eines jeden Instituts in Gemeinschaft leben zu können; sodann das Gebetsleben, gemeinschaftlich und persönlich, das in der Gemeinschaft Zeiten und Orte des Schweigens erfordert; die vollkommene Bereitschaft, den Aufträgen der Ordensoberinnen Gehorsam zu leisten; eine apostolische Tätigkeit, die nicht in erster Linie einer persönlichen Entscheidung, sondern der des Ordensinstituts entspricht, im Einklang mit dem Charisma und der Diözesanpastoral, deren erster Verantwortlicher der Bischof ist (vgl. *Richtlinien für die Ausbildung in den Ordensgemeinschaften*, 02.02.1990, Nr. 28).
Deshalb, mit welcher Arbeit ihr euch auch immer befaßt, sie darf nie auf irgendeine Weise das ständige Gebetsleben beeinträchtigen, denn der Herr sagt, wir sollten „allzeit beten und darin nicht nachlassen” (*Lk* 18,1). Das Ordensleben verlangt, daß die Zeit des stillen persönlichen Gebets und die Zeit, die den verschiedenen Tätigkeiten geweiht ist, zu einer festen Einheit verbunden seien.

8. Mit großer Freude möchte ich nun an die Empfehlung erinnern, die ich den brasilianischen Bischöfen der Region Nord I bei ihrem Ad-limina-Besuch mitgab, indem ich sie ersuchte, „die Institute kontemplativen Lebens zu fördern und aufmerksam zu verfolgen, da ihre Präsenz in der Kirche umso wichtiger ist, je größer die pastoralen Bedürfnisse der Bevölkerung sind" (*Ansprache*, 21.05.1990).
Liebe kontemplative Ordensfrauen, der Papst versichert euch, daß ihr ein großer Reichtum für die Kirche seid. Ohne eure liebevolle Aufopferung, ohne eure ständige Fürsprache, ohne euer freudiges Opfer wäre die Arbeit der Kirche um eine ihrer wichtigsten Energiequellen beraubt. Ihr seid im Herzen der Kirche. Ihr seid wie ein verborgener Motor, der ihr für ihre fruchtbare Tätigkeit Kraft verleiht. Seid beharrlich in eurer unentbehrlichen Gebetsfunktion und tragt dazu bei, daß das Wirken des Heiligen Geistes den ganzen Organismus der Kirche belebe.

9. Liebe Töchter, meditiert über diese doppelte Treue, an die der Papst euch erinnert und die Gott von euch verlangt. Zweifelt nicht daran, daß von ihr die unvergleichliche Wirksamkeit eurer Berufung und Sendung in der Kirche abhängt. Möge diese Treue immer euer Bezugspunkt für jede Erneuerung und für jeden Vorschlag sein, der wirklich dem Ordensleben dienen will.
Zum Schluß dieses Treffens danke ich Gott erneut für die Gabe eures gottgeweihten Lebens, das auf einzigartige Weise die ganze Kirche bereichert. Gleichzeitig bitte ich ihn, daß die von allen erwünschte neue Evangelisation durch ein wiederaufblühen echter Ordensberufungen in Brasilien Lebenskraft erhalte.
Von ganzem Herzen segne ich alle Ordensfamilien, alle und jede einzelne von euch, und vertraue euch der mütterlichen Sorge der Jungfrau Maria, Unserer Lieben Frau Aparecida, an.

Dialog ist Herzschlag der Ökumene

Ansprache bei der ökumenischen Begegnung in Florianópolis am 18. Oktober

Vielgeliebte Brüder in Christus!

1. Es bereitet mir innige Freude, zu Beginn dieser unserer Begegnung jene Worte des Evangeliums in Erinnerung rufen zu können, die uns in diesem Augenblick der unfaßbaren Gegenwart des Herrn versichern: „Denn wo zwei oder drei in meinem Namen versammelt sind, da bin ich mitten unter ihnen" (*Mt* 18,20). Wir sind jetzt gewiß in seinem Namen versammelt und können somit voll Freude sagen, daß Jesus mitten unter uns ist. Die Grußworte, die Bischof Gregório Warmeling als Präsident des Rates der Kirchen für Religiöse Erziehung und Pastor Meinrad Piske als Vertreter der Evangelischen Kirche Lutherischen Bekenntnisses in Brasilien an mich gerichtet haben, bestätigen uns, daß der Herr mit seinem Licht, dem Licht des „Geistes der Wahrheit" (vgl. *Joh* 16,13), mitten unter uns sein will.

In der Wärme der Gegenwart Christi, des „Erstgeborenen von vielen Brüdern" (vgl. *Röm* 8,29) hat diese Begegnung mit den evangelischen Brüdern für mich den Charakter eines frohen und vertraulichen brüderlichen Gesprächs.
Gewiß trennt uns noch vieles auf der Ebene des Glaubens und des christlichen Handelns, doch vereint uns ebenso gewiß die vom Apostel Paulus genährte Sehnsucht, daß wir „uns, von der Liebe geleitet, an die Wahrheit halten und in allem wachsen, bis wir ihn erreicht haben. Er, Christus, ist das Haupt." (*Eph* 4,15).
Vom Geist Christi angetrieben (vgl. *Röm* 8,9), sind wir alle von dem Anliegen erfüllt, unermüdlich den ökumenischen Dialog zu vermehren, damit „wir alle zur Einheit im Glauben und in der Erkenntnis des Sohnes Gottes gelangen" (*Eph* 4,13).
Dieser ökumenische Dialog, der sich seit Jahren mit der Gnade Gottes ausweitet und vielversprechende Früchte trägt, ist unsere aufrichtige Antwort auf die inständige Bitte Jesu in der Nacht des letzten Abendmahls: „Alle sollen eins sein: Wie du, Vater, in mir bist und ich in dir bin, sollen auch sie in uns sein, damit die Welt glaubt, daß du mich gesandt hast." (*Joh* 17,21). Diese Worte Christi brennen in unseren Herzen, sind Vorsatz und unabdingbare Pflicht aller.
Man kann sagen, daß der Dialog Herzschlag des Ökumenismus ist. Ebenfalls beim letzten Abendmahl hinterließ uns der Herr, als er um die ersehnte Einheit betete, als Testament und Unterscheidungsmerkmal sein neues Gebot: „Liebt einander[, wie] ich euch geliebt habe ... Daran werden alle erkennen, daß ihr meine Jünger seid: wenn ihr einander liebt" (*Joh* 13,34-35).
Deshalb muß der erste Dialog unter uns der Dialog der Liebe sein, dem gegenseitiges Verständnis, gegenseitige Achtung sowie der Vorsatz zugrunde liegen, in der Einheit des Sinnes den Willen des Herrn zu verwirklichen.
Bemühen wir uns also, das, was uns eint, hervorzuheben und das, was uns trennt, in Treue gegenüber den Schätzen der göttlichen Wahrheit demütig, gelassen und mit klarem Blick zu erkennen in dem Bewußtsein, daß unter uns, die wir Christus nachfolgen, das Einende viel stärker ist als das Trennende.
Deshalb mögen wir nicht müde werden, „mit lauterer Absicht, mit Ausdauer, Demut und auch Mut die Wege der Annäherung und der Einheit zu suchen, ... ohne uns durch die Schwierigkeiten entmutigen zu lassen, die uns begegnen oder sich längs des Weges anhäufen können; anderenfalls bleiben wir dem Worte Christi nicht treu, verwirklichen wir nicht sein Testament" (*Redemptor hominis*, Nr. 6).
Ich bitte den „Vater der Gestirne" von dem „jede gute Gabe und jedes vollkommene Geschenk kommt ..." (*Jak* 1,17) um die Fülle seines Segens für dieses Bemühen um den Dialog, das auf weltweiter und nationaler Ebene voranschreitet. Ich hoffe, daß der hier in Brasilien vom Nationalen Rat der Christlichen Kirchen (CONIC) auf religiöser Ebene und in einem Klima christlicher Liebe geleistete Einsatz den Weg des interkonfessionellen Dialogs weitergehen läßt.

3. Neben dem Dialog der Liebe muß man jedoch auch die „Bereitschaft ... [zur] gemeinsame[n] Suche nach der Wahrheit im vollen biblischen und christlichen Sinn" (*Redemptor hominis*, Nr. 6), also den theologischen Dialog, weiterführen und intensivieren.

„Wer aber die Wahrheit tut, kommt zum Licht” (*Joh* 3,21). Ist denn das wahre Streben nach der Treue zu Christus, dem „Licht der Welt” (*Joh* 8,12) nicht der Pulsschlag des theologischen Dialogs?
Gewiß ist dieser Weg lang, und es fehlt nicht an Hindernissen. Doch ebenso gewiß ist es, daß „der Gott allen Trostes” (*2 Kor* 1,3) uns stärkt und uns verheißungsvolle Zeichen gibt. Es zeigen sich Konvergenzen, die eine konkrete Hoffnung auf den Glauben gründen, wenn auch ernste Probleme bleiben, die weiterer Vertiefung, eines aktiveren Austausches, vermehrter Geduld und Zuversicht bedürfen. (vgl. *Ansprache an die Vollversammlung des Päpstlichen Rates zur Förderung der Einheit der Christen*, in: *O.R. Tagesausgabe* vom 2.2.1991).

4. Parallel zum Dialog der Liebe und zum theologischen Dialog ist es äußerst wichtig, den sogenannten Dialog des Lebens fortzusetzen.
Ich beziehe mich auf die Vereinigung der Anstrengungen derer, die den Glauben an Jesus Christus bekennen, um mit evangelischer Gesinnung allen Menschen zu dienen. Äußerst fruchtbar erweist sich diese Zusammenarbeit unter den Christen, um in der heutigen Welt, und besonders in Brasilien, zahllose Mißstände zu beseitigen - so etwa den Hunger, den Analphabetismus, die Armut, den Mangel an Land und an Wohnungen und die ungleiche Verteilung der Güter, die Gott für alle bestimmt hat.
Vereinigen wir weiterhin unsere Kräfte, um mit immer wirksameren Mitteln und im Geist der Liebe das Kommen des Reiches der Brüderlichkeit, der Gerechtigkeit und des Friedens in der Menschheitsfamilie zu erreichen, die in Christus berufen ist, Familie der Kinder Gottes zu werden (vgl. *Gaudium et spes*, Nr. 92).

5. Vergessen wir nicht, liebe Brüder, daß dieser brüderliche Dialog, an dessen Grundlinien ich eben erinnert habe, nur dann fruchtbar sein wird, wenn jeder von uns die Tür seines Herzens immer weiter für Christus öffnet. Er ist es, der in der Kraft des Heiligen Geistes mit uns gehen und durch uns handeln muß.
Jeder Wunsch nach Einheit reift aus einer Erneuerung der Herzen, bewirkt von der Sehnsucht, sich mit Christus zu identifizieren, und genährt von dem aufrichtigen Vorsatz, demütig unsere eigenen Fehler einzugestehen und all das bei uns zu bessern, was unsere Einheit mit dem Vater, dem Wort und dem Heiligen Geist beeinträchtigen könnte.
Zuerst und vor allem möge der Ökumenismus jedoch im unablässigen Ruf unseres Gebets seinen wahren Ausdruck finden. Unser Glaube an das Gebet, an das Versprechen des Herrn: „Alles, worum ihr betet und bittet - glaubt nur, daß ihr es schon erhalten habt, dann wird es euch zuteil” (*Mk* 11,24), ist die wahre Grundlage unserer größten Hoffnungen.
Gott gebe uns, daß wir einmütig im Gebet (vgl. *Apg* 1,14), in der Liebe und in der Suche nach der Wahrheit verharren, damit wir würdig seien, das kostbare Geschenk der Einheit als eine neue Ausgießung des Geistes zu erhalten. So wird Wirklichkeit werden können, worum Jesus den Vater in der Nacht des Abendmahls gebeten hat: „... sie [sollen] vollendet sein in der Einheit, damit die Welt erkennt, daß du mich gesandt hast und die Meinen ebenso geliebt hast wie mich” (*Joh* 17,23).

Diesen Geist des Dialogs möchte ich erneut meinen Brüdern im bischöflichen Dienst der apostolischen, römischen katholischen Kirche anempfehlen: Von ihnen hängt weitgehend die christliche Zukunft Brasiliens ab. Doch vertraue ich ihn auch den Brüdern an, die für die Kirchen anderer christlicher Bekenntnisse verantwortlich sind. Ich empfehle ihn auch euch allen, Brüder und Schwestern in dem einen Evangelium Christi.

Licht und Hoffnung

Weiheakt an die Muttergottes in Vitória am 19. Oktober

Maria, Mutter dessen, der der Urheber des Lebens ist, Jesus Christus. Auf tausend Weisen haben dich die Künstler dargestellt, unter vielen Ehrenbezeichnungen preist dich die Kirche; so hier auf dem Boden von Vitória mit dem liebevollen Namen „Jungfrau von Penha“: Wir glauben, daß du im Himmel bist, nahe beim dreifaltigen Gott, und daß du bei ihm Fürsprache einlegst für die Menschheit; hast du doch treu auf sein Wort gehört und dem Herrn im Glauben gedient.
Heute, Maria, richten alle Brüder und Schwestern deines Sohnes in Brasilien ihre Augen auf dich. Wir wissen, daß du für diese deine von so vielen Leiden geprüften Söhne und Töchter betest; wir wissen, daß du beim Herrn eintrittst für unsere Kinder, für die Jugendlichen, die Alten und alle Familien und Gemeinschaften; für jene, die sich für die Menschenrechte und für das Leben einsetzen; für jene, die uns regieren und die unsere Gesellschaft aufbauen. Wir wissen, daß du beim Herrn besonders für die Armen und die Kranken bittest und für jene, die die Last der Sünde spüren, jene, die sich von Gott entfernt haben.
Darum sind wir zu deinem schönen Bild gekommen, Jungfrau von Penha, um dir unsere Verehrung und Liebe zu bezeigen, um dir unser Leben zu weihen und dir die neue Evangelisierung anzuvertrauen, die wir mit erneuertem Missionseifer unternehmen wollen. Wir wollen Licht und Hoffnung in die verschiedenen Kulturen säen, zur Ehre des Vaters und des Sohnes in der Einheit des Heiligen Geistes. Amen.

Maria übernahm nicht nur eine passive Rolle

Predigt über „Das Leben und Maria“ in Vitória am 19. Oktober

1. „Da trat Petrus auf, zusammen mit den Elf; er erhob seine Stimme und begann zu reden“ (*Apg* 2,14).
Die Lesungen der heutigen Liturgie führen uns an die Türen des Abendmahlssaales von Jerusalem am Pfingsttag. Petrus ergreift das Wort: „Ihr Juden und alle Bewohner von Jerusalem ... Mit Gewißheit erkenne also das ganze Haus Israel: Gott hat ihn zum Herrn und Messias gemacht, diesen Jesus, den ihr gekreuzigt habt“ (*Apg* 2,14-36).

In der Auferstehung Christi hat Gott offenbar gemacht, daß dieser der Messias ist, der mit der Fülle des Heiligen Geistes „Gesalbte". In ihm haben sich die Verheißungen, die im Alten Bund dem Abraham gemacht und durch Mose und die Propheten weitergegeben wurden, vollkommen erfüllt.
Er ist als Licht in die Welt gekommen: „Gott von Gott, Licht von Licht" (*Credo*).
An den Türen des Abendmahlssaales von Jerusalem hat die Kirche ihre Evangelisation begonnen, die bis zu den entferntesten Grenzen der Erde gehen muß. Die Apostel und Ihre Nachfolger werden Christus, das Licht, zu allen Menschen, allen Völkern und allen Nationen bringen.
Liebe Brüder und Schwestern aus diesem Staat Espirito Santo und ihr, die ihr aus Rio de Janeiro, aus Minas Gerais, aus dem Süden von Bahia und aus anderen Orten gekommen seid! Der Papst ist heute sehr glücklich, er hat eine der ältesten Gemeinden der Kirchengeschichte Brasiliens kennengelernt. Sie wurde ja schon 1541 gegründet, als der Diözesanpriester Francisco da Luz in diesem Land ankam, der erste und eifrige Pfarrer der Pfarrei Unserer Lieben Frau vom Sieg. Diese Gemeinde wurde geheiligt durch die Anwesenheit des seligen José de Anchieta, der in diesem Staat die letzten Jahre seines Missionslebens verbrachte und am Ende des 16. Jahrhunderts in dem Eingeborenendorf Reritiba, der heutigen Stadt, die seinen Namen trägt, starb. Zur gleichen Zeit lebte hier auch der Gottesmann Fra Pedro Palacios, der tugendhafte Kapuziner-Laienbruder, als Katechist und Einsiedler. Seine kahle Einsiedelei hoch oben auf dem Felsen ist heute das Heiligtum Unserer Lieben Frau von Penha, der Patronin dieses Staates.

2. Christus ist das Licht der Welt. „Wer mich sieht, sieht den, der mich gesandt hat" (*Joh* 12,45). Christus, das Ewige Wort, ist der wesensgleiche Sohn des Vaters und Abbild des Vaters, er ist Gott von Gott. Er sagt: „Wer an mich glaubt, glaubt nicht an mich, sondern an den, der mich gesandt hat"(*Joh* 12,44). „Der Vater ... hat mir aufgetragen, was ich sagen und reden soll ... Was ich also sage, sage ich so, wie es mir der Vater gesagt hat" (*Joh* 12,49-50).
Petrus und die Apostel beginnen an den Türen des Abendmahlssaales in Jerusalem das von Christus empfangene Wort zu verkünden, das Wort, das vom Vater kommt. Dieses Wort ist die Frohe Botschaft, das heißt: das Evangelium, es ist die Wahrheit über das ewige Heil des Menschen in Gott. Christus sagt: „Ich bin nicht gekommen, um die Welt zu richten, sondern um sie zu retten ... Ich bin das Licht, das in die Welt gekommen ist, damit jeder, der an mich glaubt, nicht in der Finsternis bleibt" (*Joh* 12,47.46).
Die Petrus am Pfingsttag zuhörten, bekehrten sich, nachdem sie die Wahrheit über Christus gehört hatten, und ließen sich taufen. Aus dem Wort der Wahrheit des Evangeliums ist die Kirche als Gemeinschaft von Getauften im Heiligen Geist geboren.
Wie jene ersten, die am Pfingsttag zu Petrus kamen, wurden auch wir getauft. Und durch die Taufe hat Gott, unser Vater, unser Leben in Besitz genommen; er hat uns dem Leben Christi einverleibt und den Heiligen Geist gesandt. Der Herr, sagt die Heilige Schrift, „hat ... uns gerettet - nicht weil wir Werke vollbracht hätten, die uns

gerecht machen können, sondern aufgrund seines Erbarmens - durch das Bad der Wiedergeburt und der Erneuerung im Heiligen Geist. Ihn hat er in reichem Maß über uns ausgegossen durch Jesus Christus, unseren Retter, damit wir durch seine Gnade gerecht gemacht werden und das ewige Leben erben, das wir erhoffen" (*Tit* 3,5-7).

3. Als der Heilige Geist am Pfingsttag auf die Apostel herabkam, war die Mutter Christi in ihrer Mitte. Zusammen mit ihnen hatte sie eifrig gebetet, seit dem Tag, an dem Christus ihnen vor seiner Heimkehr zum Vater aufgetragen hatte, gemeinsam den Tröstergeist zu erwarten.
Sie selbst hatte schon im Augenblick der Verkündigung den Heiligen Geist empfangen: „Der Heilige Geist wird über dich kommen, und die Kraft des Höchsten wird dich überschatten. Deshalb wird auch das Kind heilig und Sohn Gottes genannt werden"(*Lk* 1,35). Durch den Heiligen Geist hat die Jungfrau von Nazaret das Ewige Wort empfangen und geboren. Er, der das Licht der Welt ist, hat von ihr seine Menschheit empfangen und ist Menschensohn geworden.
Sie hat ihm das menschliche Leben geschenkt, damit Christus als wahrer Mensch zur Quelle des Lichtes und des Lebens für alle Völker, für uns alle werde.
Denken wir also nicht, Maria, die hl. Jungfrau, habe eine nur passive Rolle in der Erlösung der Menschheit übernommen. Seit dem Beginn ihrer Berufung als Mutter hat die hl. Jungfrau zentral, nicht etwa nur am Rand, an der messianischen Sendung ihres Sohnes teilgenommen.
Wir alle wissen, daß in Kana in Galiläa, als die Jünger schon begannen, den Meister zu begleiten, auch Maria zu jenem Hochzeitsfest eingeladen war. Dort verwandelt Jesus nach einem zarten Hinweis seiner Mutter, die die Schwierigkeit bemerkt hatte, in der sich die Gastgeber befanden, Wasser in Wein.
„Maria stellt sich zwischen ihren Sohn und die Menschen in der Situation ihrer Entbehrungen, Bedürfnisse und Leiden. Sie stellt sich ‚dazwischen', das heißt, sie macht die Mittlerin, nicht wie eine Fremde, sondern in ihrer Stellung als Mutter, und ist sich bewußt, daß sie als solche dem Sohn die Nöte der Menschen vortragen kann, ja sogar das ‚Recht' dazu hat ... Nicht nur das: Als Mutter möchte sie auch, daß sich die messianische Macht des Sohnes offenbart, nämlich seine erlösende Kraft, die darauf gerichtet ist, dem Menschen im Unglück zur Hilfe zu eilen, ihn vom Bösen zu befreien, das in verschiedenen Formen und Maßen auf seinem Leben lastet" (*Redemptoris Mater*, Nr. 21).
Sie ist die„Trösterin der Betrübten", derer, die unter jeder Form, der Gewalt leiden, derer, die durch Menschen entwürdigende Ungerechtigkeiten unterdrückt werden, durch Folterungen und Entführungen, Angriffe auf das Leben der Wehrlosesten, der Kranken und der ungeborenen Kinder. Sie ist die „Hilfe der Christen", derer, die um eine gerechtere und geziemende Aufteilung der Güter flehen, die Gott doch allen Menschen übergeben hat, während die Erde noch unter wenige aufgeteilt ist und die Natur, die der Menschheit zur Verfügung steht, in unvernünftiger Weise geschädigt wird.

4. Die Muttergottes ist wirklich mit dabei am Anfang der Evangelisierung, ihre Anwesenheit im Abendmahlssaal am Pfingsttag ist die vollkommene Bestätigung dafür. Am Fuß des Kreuzes wird die Mutter des Erlösers zur Mutter der Erlösten und Pfingsten zur Mutter der Kirche.
Es ist sehr bedeutsam, daß die Kirche am Pfingstfest geboren ist, als die Jünger und die frommen Frauen in der Einheit der Herzen und des Gebetes versammelt waren - mit Maria, der Mutter Jesu (vgl. *Apg* 1,14). Wo die Jünger Christi waren und jene, die ihre Unterweisungen anhörten und getauft wurden, jene, die „an der Lehre der Apostel (festhielten) und an der Gemeinschaft, am Brechen des (eucharistischen) Brotes und an den Gebeten" (vgl. *Apg* 2,42) - dort ist die Mutter Gottes für sie die Einheit im Heiligen Geist. Diese Einheit ist besonders wichtig und wohltuend fruchtbar für die Evangelisierung der Kirche. Wo Maria ist - „die Magd des Herrn" -, da ist die Kirche selbst und zeigt sich vollkommener als jungfräuliche Mutter der Seelen und Dienerin des göttlichen Lebens und des göttlichen Lichtes unter den Menschen (vgl. *Lumen Gentium*, Nr. 64).

5. Das Bild Unserer Lieben Frau von Penha aus dem 16. Jahrhundert, das während dieser Eucharistiefeier bei uns ist, erinnert uns an jene „Frau, mit der Sonne bekleidet; der Mond war unter ihren Füßen und ein Kranz von zwölf Sternen auf ihrem Haupt" (*Offb* 12,1), wie der hl. Johannes sie schaute. Unsere Mutter ist Königin. Königin aller Menschen, der Kinder Gottes und Geschwister Jesu Christi bis ans Ende der Zeiten. Jetzt ist sie in der Herrlichkeit des Himmels, zusammen mit der heiligsten Dreifaltigkeit. Und zusammen mit Gott schaut sie im Licht der göttlichen Herrlichkeit alle und jedes ihrer Kinder jederzeit und in jedem Augenblick ihres Daseins. Sie schaut auf sie in Zeiten der Freude und des Schmerzes, in schwierigen Augenblicken, in einsamen Stunden, wenn sie fallen und wenn sie wieder aufstehen ... Es gibt keinen Augenblick in unserem Leben, keinen Schlag unseres Herzens, der nicht liebevoll begleitet wäre vom Herzen Mariens.
Wir wollen die heiligste Jungfrau bitten, sie möge auch in unseren Herzen und in den Herzen aller Menschen herrschen; vor allem auch in dieser ganzen Erzdiözese. Sie möge die Pastoralpläne des Herrn Erzbischofs, unseres lieben Bruders Silvestre Luis Scandian, mütterlich segnen und ebenso die Bischöfe dieser Kirchenprovinz zusammen mit ihren Priestern, den Laien, den Ordensfrauen und Ordensmännern, die sich in der Kirche am Anbruch einer „neuen Evangelisierung" einsetzen. Bitten wir auch die Autoritäten und Behörden auf nationaler, staatlicher und kommunaler Ebene, daß sie im Einsatz für die Sache der Gerechtigkeit es immer besser verstehen mögen, für das Allgemeinwohl und das Wohl eines jeden Bürgers zu sorgen, damit alle, die Hunger und Durst nach der Gerechtigkeit haben, gesättigt werden (vgl. Mt 5,6).
Liebe Söhne und Töchter, laßt uns diese Vorsätze in die Hände des seligen José de Anchieta legen. Dieser Apostel Brasiliens, der sich ganz und gar der Sache des Evangeliums geweiht hat und den ihr so sehr verehrt, sei euch Vorbild und Anregung, damit ihr eure besten Energien im Dienst der Kirche, unserer Mutter, einsetzen könnt.

Der Heilige Geist erleuchte diesen Staat Brasiliens, der seinen Namen trägt, und lenke die Schritte seiner Söhne und Töchter dem endgültigen Hafen entgegen, dem Himmelreich.

Armut und Elend heilen

Ansprache beim Besuch der Favela in Vitória am 19. Oktober

Liebe Brüder und Schwestern!

1. Ich möchte euch anvertrauen, daß, seit ich diese meine zweite Pastoralreise nach Brasilien angetreten habe, diese Begegnung mit den Bewohnern der Favela von Sao Pedro ein Moment ist, den ich mit ganz besonderer Liebe erwartet habe.
Ihr „favelados" seid dem Herzen des Papstes ganz besonders nahe, denn ihr seid auch dem Herzen Christi nahe. Die Armen sind die Auserwählten Gottes, denen Jesus vorrangige Liebe eingeräumt hat, was in seiner Nachfolge ebenso die Kirche tun möchte.
Ihr steht dem Herzen des Papstes auch deshalb sehr nahe, weil Jesus vor allem in den Armen, mit denen er sich identifiziert, geliebt werden will.
Im Antlitz derer, die unter der Last geistigen, affektiven und materiellen Mangels leiden, erkennt die Kirche das Antlitz Christi selbst wieder. Die lateinamerikanischen Bischöfe haben sie in Puebla in Erinnerung gerufen: Kinder schauen uns an, die schon vor der Geburt von Armut gezeichnet sind, verlassene und oftmals ausgebeutete Kinder; orientierungslose Jugendliche, die keinen Platz in der Gesellschaft finden können und deren Hoffnungen durch den Mangel an Qualifizierung und Arbeit vereitelt werden; Arbeiter, die häufig schlecht bezahlt werden und Schwierigkeiten haben, sich zu organisieren und ihre Rechte zu verteidigen; Unterbeschäftigte oder Arbeitslose, die wegen der harten Anforderungen der Wirtschaftskrise entlassen worden sind; angsterfüllte Mütter, denen die Mittel fehlen, ihre Kinder zu ernähren und zu erziehen; Bettler und Randexistenzen; verlassene und vergessene alte Menschen (*Puebla*, Nrn. 31-39; Johannes Paul II., *Predigt in Chalco*, Mexiko, 7.5.1990).

2. Wenn ich diese ungeheuren Menschenmengen im geliebten Brasilien betrachte, die die schmerzvollen Züge Christi tragen, kommen mir die Worte Jesu in den Sinn: „Was ihr für einen meiner geringsten Brüder getan habt, das habt ihr mir getan" (*Mt* 25,40).
Die Kirche möchte den Armen im Geist des Evangeliums dienen, und daher hat sie niemals ihr Bemühen aufgegeben, sie durch unzählige Initiativen und Wohltaten, die auch weiterhin stets und überall unentbehrlich sind, zu trösten, zu verteidigen und zu befreien (vgl. *Libertatis conscientia*, Nr. 68).
Zugleich hat die Kirche in einer umfassenderen Perspektive ohne Unterlaß mitgearbeitet und tut dies auch weiterhin, um die Wurzeln für die Gründe der Armut und des Elends zu heilen. Sie tut dies durch ihre Soziallehre, für deren Umsetzung in die

Praxis sie sich einsetzt, indem sie bewußtseinsorientierend wirkt und tiefgehende Reformen in der Organisierung der Gesellschaft fördert, damit alle Zugang zu menschenwürdigen Lebensverhältnissen haben. (*ebd.*).

Als Jesus diejenigen selig genannt hat, die arm sind vor Gott (vgl. *Mt* 5,3), hat er eine Glückseligkeit angekündigt, die auf der Liebe gründet und die er in jedem menschlichen Herzen verankern wollte. Er bezog sich auf einen Geist der Armut und der Freiheit, der in jeder Lebenslage Verzicht, Vertrauen auf Gott, Glauben an den wahren Reichtum, der in der Gemeinschaft mit Gott liegt, Genügsamkeit und Bereitschaft zum Teilen einschließt (vgl. *Libertatis conscientia*, Nr. 66).

Wie oft seid ihr, liebe Brüder, liebe „favelados", die ihr unter übergroßen Entbehrungen zu leiden habt, ein wundervolles Beispiel dieses christlichen Geistes! Ich sehe euch, wie ihr helft, wie ihr das wenige, das ihr besitzt, miteinander teilt, verlassene Kinder aufnehmt, eure Kräfte zusammentut, um, wie in den „muitirões" die Wohnungsprobleme zu lösen oder um eure gerechten Forderungen zu organisieren und weiterzutragen, ohne dabei Haß und Gewalt anzuwenden, welche mit dem christlichen Geist unvereinbar sind.

3. Doch von dieser Armut, die Christus selig genannt hat, unterscheidet sich eine andere Art der Armut wesentlich, welche eine Vielzahl unserer Brüder betrifft und ihre vollständige menschliche Entwicklung behindert. Angesichts jener Armut, welche in der Entbehrung und Beraubung notwendiger materieller Güter liegt, läßt die Kirche ihre Stimme vernehmen, indem sie zur Solidarität aller aufruft, um sie zu überwinden (vgl. *Predigt in Chalco*, Mexiko, 1990).

Die Kirche ist die Förderin der Kultur der Liebe. Sie kann nicht umhin, ihre Stimme vernehmen zu lassen, wenn sie in den verarmten Massen die Zeichen einer Kultur des Egoismus sieht.

Daher verspürt sie die Pflicht, wie es bereits Leo XIII. vor hundert Jahren getan hat, die Anhäufung „des Kapitals in den Händen einer geringen Zahl, während die große Menge verarmt" (*Rerum novarum*, Nr. 97; *Centesimus annus*, Nr. 5), sowie den Skandal der Zurschaustellung und des Luxus neben dem durch Mangel an den notwendigsten Gütern verursachten Leid als Ungerechtigkeit zu bezeichnen.

Alle Situationen sozialer Ungerechtigkeit sind vor allem „die Frucht, die Anhäufung und die Zusammenballung vieler personaler Sünden. Es handelt sich dabei um sehr persönliche Sünden dessen, der Unrecht erzeugt, begünstigt oder ausnutzt; der, obgleich er etwas tun könnte, um gewisse soziale Übel zu vermeiden, zu beseitigen oder wenigstens zu begrenzen, es aus Trägheit oder Angst, aus komplizenhaftem Schweigen oder geheimer Beteiligung oder aus Gleichgültigkeit doch unterläßt" (*Reconciliatio et paenitentia*, Nr. 16).

Deshalb weiß die Kirche und predigt, daß jedwede soziale Umwandlung unweigerlich über die Umkehr des Menschen erfolgen muß. Dies ist die erste und hauptrangige Mission der Kirche.

4. Doch setzt die Übung der Gerechtigkeit notwendigerweise die Kultur der Liebe voraus. „Die Liebe zum Menschen und vor allem zum Armen, in dem die Kirche

Christus sieht, nimmt in der Förderung der Gerechtigkeit ihre konkrete Gestalt an" (*Centesimus annus*, Nr. 58).
Es ist in hohem Maße ein Erwachen des moralischen Bewußtseins aller Menschen dieses Landes nötig, das sie für die Forderungen der Gerechtigkeit empfänglich macht und sie dazu führt, ihr auf wirksame Weise zu entsprechen.
Vor euch, liebe Brüder und Schwestern der Favela von Saõ Pedro möchte ich an alle Protagonisten des wirtschaftlichen und sozialen Lebens Brasiliens, an die Arbeiter, Unternehmer und Regierenden meinen Aufruf erneuern, damit sie solidarisch ihre Bemühungen um die Förderung mutiger und tiefgehender Reformen zusammenschließen, die baldmöglichst zur Überwindung der ungerechten Ungleichheiten führen können, welche das Volk dieser geliebten Nation quälen.
Die katholische Soziallehre hat stets eine auf dem Modell des freien Kapitalismus gründende Gesellschaftsordnung abgelehnt, die zu Recht als „wilder Kapitalismus" bezeichnet wird und geprägt ist durch eine ungebremste Suche nach Gewinn, die mit der mangelnden Achtung der vorrangigen Werte der Arbeit und der Würde der Arbeiter einhergeht. Diese Suche wird oft „begleitet von der Korruption der staatlichen Behörden und von dem Umsichgreifen unlauterer Quellen der Bereicherung und des leichten Gewinns auf Grund eines rechtswidrigen Treibens", es ist „ein Wirtschafts- und Sozialsystem, das aus dem Verdienst ein absolutes Ziel macht und die menschliche Arbeit durch ungerechte Ausbeutung herabwürdigt" (vgl. *Centesimus annus*, Nrn. 33-48).
Die Kirche hat ebenso die entarteten Lösungen des marxistischen Kollektivismus abgelehnt, der die Freiheit erstickt, die Initiative unterdrückt und den Menschen zu einem Bestandteil des Getriebes herabdrückt, den Haß schürt und in der Verarmung mündet, die er besiegen wollte, sowie in der entwürdigendsten Form der Unterjochung. Die jüngsten Erfahrungen des europäischen Ostens sind hierfür ein beredtes Beispiel.

5. Und in der Treue zu Christus, ihrem Gründer, bietet die Kirche, ohne dabei konkrete Modelle sozialer politischer Ordnung vorzulegen, „als unerläßliche geistige Orientierung ihre Soziallehre an" (*Centesimus annus*, Nr. 43).
Im Lichte des Evangeliums fordert die Kirche in ihrem „Kampf um die soziale Gerechtigkeit" (*ebd.*, Nr. 14) die Arbeiter zur Ausübung der Solidarität auf, d. h. dazu, ihre Kräfte zusammenzuschließen, ohne dabei unnötige und ideologische Gewalt anzuwenden und sich zum Einverständnis zu öffnen, entschlossen zu sein, eine Sicherung der Arbeitsplätze zu erhalten und damit einhergehend, ein zum Unterhalt der Familie ausreichendes Gehalt, die Lösung der Wohnungs- und Erziehungsprobleme, die Sozialversicherung für die Altersversorgung, für Krankheitsfälle und Arbeitslosigkeit.
Im Lichte des Evangeliums erinnert die Kirche die Unternehmer an ihre schwerwiegende Verantwortung, in den Betrieben ein wahres „Gemeinschaftswerk" zu schaffen, in dem die Arbeit selbst im Mittelpunkt steht, ohne dabei „den Menschen auf das Niveau der bloßen Ware" herabzudrücken (*ebd.*, Nrn. 32, 33, 34). Es darf auch nicht vergessen werden, daß, wenngleich die Kirche auch den Wert der freien

Initiative anerkennt, doch nicht davon abläßt, nachdrücklich daran zu erinnern, daß auf jedem Eigentum als Antrieb des sozialen Fortschritts eine „Sozialhypothek" lastet. Der Gebrauch der Güter, die der Freiheit anvertraut worden sind, ist ihrer ursprünglichen Bestimmung untergeordnet, die allen erschaffenen Gütern gemeinsam ist (*ebd.*, Nrn. 30, 31).
Im Lichte des Evangeliums richtet die Kirche einen dringenden moralischen Aufruf an die öffentlichen Machthaber und bekräftigt, daß „es eine strenge Pflicht der Gerechtigkeit und der Wahrheit ist, zu verhindern, daß die fundamentalen menschlichen Bedürfnisse unbefriedigt bleiben und daß die davon betroffenen Menschen zugrunde gehen" (*ebd.*, Nr. 34). In diesem Sinne unterstreicht sie nochmals das „Subsidiaritätsprinzip", das das Eingreifen des Staates rechtfertigt und in vielen Fällen auch fordert, damit Bedingungen geschaffen werden, die Arbeitsgelegenheiten, einen gerechten Lohn, sowie die Achtung aller Rechte und Bedürfnisse der Arbeiter sicherstellen (vgl. *ebd.*, Nr. 48).
Und im Lichte des Evangeliums ruft die Kirche zur internationalen Zusammenarbeit auf. „Die stärkeren Nationen müssen den schwachen Gelegenheiten zur Eingliederung in das internationale Leben anbieten, und die Schwachen müssen in der Lage sein, diese Angebote aufzugreifen. Sie müssen dazu die notwendigen Anstrengungen und Opfer aufbringen, indem sie die politische und wirtschaftliche Stabilität, die Sicherheit für die Zukunft, die Förderung der Fähigkeiten der eigenen Arbeiter, die Ausbildung leistungsfähiger Unternehmer, die sich ihrer Verantwortung bewußt sind, gewährleisten" (vgl. *Laborem exercens*, Nrn. 594-598 und *Centesimus annus*, Nr. 35). Wie ich kürzlich dargelegt habe, kann innerhalb des Kontextes der internationalen Zusammenarbeit „nicht verlangt werden, daß die aufgelaufenen Schulden mit unzumutbaren Opfern bezahlt werden", es ist hingegen notwendig, Lösungen zu finden, die „mit dem Grundrecht der Völker auf Erhaltung und Fortschritt vereinbar sind" (vgl. *Centesimus annus*, Nr. 35).

6. Liebe Favelados des „Lixão de Sao Pedro", durch den Papst, den Nachfolger Petri, hat unser Heiland Jesus Christus euch seine Botschaft der Liebe und der Gerechtigkeit gebracht. Der Papst wird die Begrüßungsworte der Lehrerin Maria das Graças Andreatta e Silva nicht vergessen, die im Namen all derer gesprochen hat, die hier wohnen, um das darzulegen, was jeder Einwohner, ob Mann, Frau oder Kind tun würde, wenn er nur könnte. Vielen Dank! Vielen Dank an euch alle, die ihr in den Stadtteilen Nova Palestina, Conquista, Nossa Senhora das Graças e Resistência lebt! Der Papst umarmt euch alle und möchte noch hinzufügen:
Die Kirche ist die Botschafterin des „Gottes der Hoffnung" (*Röm* 15,13). Daher bittet sie euch, Gott eure Herzen zu öffnen. Öffnet die Türen für Christus, denn er will mit euch gehen und macht das Kreuz, das ihr tragt, heilig und fruchtbar. Allein in Christus ist das Licht und das Leben. Kein menschliches Gut, wie nötig es auch sein mag, kann jemals die Leere füllen, die durch das Fehlen Gottes in der Seele bleibt. Nur wenn wir Christus als unserem größten Schatz entgegengehen (vgl. *Mt* 13,34) können wir seine Liebe teilen und das Leben für unsere Brüder hingeben (vgl. *Joh* 15,13) und mit ihm an der Errichtung seines „Reiches der Wahrheit und

des Lebens, des Reiches der Gnade, der Gerechtigkeit, der Liebe und des Friedens" (*Präfation vom Christkönigsfest*) arbeiten.
Möge der Gott der Liebe und des Friedens euch segnen, wie ich euch in seinem Namen von ganzem Herzen segne.

Arbeit ist die Berufung aller Menschen

Ansprache beim Wortgottesdienst über „Arbeit und Wohnung" in Maceió am 19. Oktober

1. „Geht auch ihr in meinen Weinberg!" (*Mt* 20,4).
Mit diesen Worten richtet sich der Weinbergbesitzer im Evangelium an seine Arbeiter, die er zu verschiedenen Tageszeiten einstellt. So sagt auch Gott, der Schöpfer, der absolute Herr der Welt, seit den Anfängen der Geschichte des Menschen auf Erden: „Seid fruchtbar, vermehrt euch, bevölkert die Erde, unterwerft sie euch" (*Gen* 1,28). Dieser Satz aus dem Buch Genesis umreißt die wichtigsten Punkte der Berufung des Menschen auf Erden: die Familie und die Arbeit. In der Tat sollten alle Männer und Frauen in einer Familie geboren und aufgewachsen sein, die durch die Arbeit ihrer Mitglieder unterhalten wird.
„Geht und arbeitet", sagt Gott, der Herr, zu den ständig neuen Generationen in den verschiedenen Zeitpunkten der Geschichte und an den verschiedensten Orten, die der Mensch bewohnt. Auch hier, in diesem großen und weiten Land, der Heimat zahlreicher Generationen der Vergangenheit, der Zukunft und der Gegenwart, wiederholt er: „Geht auch ihr in meinen Weinberg." Zu allen sagt er: „Geht und arbeitet in meinem Weinberg."

2. Die Arbeit, die Berufung zur Arbeit, ist die Berufung aller Menschen. Der Mensch muß am Schöpfungswerk Gottes teilhaben, muß es auf schöpferische Weise vervollständigen, indem er die Natur je nach seinen Möglichkeiten und seinen Zielen umwandelt und die reiche Materie der geschaffenen Welt nach dem Willen des Schöpfers und den Gesetzen, die er der Schöpfung gegeben hat, „humanisiert". Der Mensch, nach Gottes Abbild und Gleichnis geschaffen, muß diese Ähnlichkeit durch die Arbeit und seine Intelligenz widerspiegeln. „Gottes Ehre ist der lebendige Mensch" (hl. Irenäus, *Adv. Haer.* IV, 20,7, *PG* 7,1057). Die gesamte sichtbare Schöpfung, die ganze materielle Welt ruft den Menschen, durch die Erfüllung der ihm anvertrauten Aufgabe Gott zu preisen: Geht und arbeitet in meinem Weinberg!

3. Kommen wir somit zu dem Thema, das uns heute hierhin geführt hat und in dem zwei Argumente von größter Wichtigkeit für den Menschen vereint sind: die Arbeit und die Wohnung. Die menschliche Arbeit muß besonders in jenem kleinen Lebensbereich mit Liebe umgeben sein, in dem die Menschen gemeinsam als Familie leben: das Ehepaar und die Kinder. Zwischen der Arbeit und dem Heim besteht eine enge Verbindung. Der Mensch hat eine Bleibe, um zu arbeiten. Aber gleichzeitig arbeitet er, um eine Wohnung zu haben, um jene Bedingungen zu erfüllen, die sein Leben

am häuslichen Herd mit Liebe umgeben. Das Zweite Vatikanische Konzil hat folgendes bekräftigt: „Durch seine Arbeit erhält der Mensch sein und der Seinigen Leben, tritt in tätigen Verbund mit seinen Brüdern und dient ihnen; so kann er praktische Nächstenliebe üben und seinen Beitrag zur Vollendung des Schöpfungswerkes Gottes erbringen" (*Gaudium et spes*, Nr. 67). Diese idealen Bedingungen verleihen der menschlichen Arbeit einen solchen Wert und eine solche Würde, daß sie dem nahekommt, was Christus selbst in seinem bescheidenen Heim in Nazareth vollbracht hat. Der Herr hat uns den tiefen Sinn dieser Wahrheit gelehrt, die heute zweifellos das Allgemeingut unseres Glaubens ist, und das Konzil hat sie definitiv verkündet, als es alle in der Welt aufrief zur Heiligung durch die Arbeit. Warum aber erscheint dies manchmal wie ein nicht zu verwirklichender Traum, eine Utopie?

Denken wir an die Probleme des Landarbeiters, der mit großen Schwierigkeiten und Verständnislosigkeit zu kämpfen hat, weil die sozialen Gesetze von den Großgrundbesitzern nicht angewandt werden. Alleingelassen und ohne die Unterstützung derjenigen, die ihnen von Rechts wegen helfen sollten, leidet der größte Teil der auf den Feldern arbeitenden Armen unter dem Fehlen angemessener Bedingungen, um im eigenen Heim die Hoffnung auf ein besseres und würdigeres Leben wachsen zu lassen. Das Leben des Stadtarbeiters unterscheidet sich nicht wesentlich von dem der anderen. Die Abwanderung aus den Landgebieten in die großen Städte, mit der erschütternden Ausweitung der „favelas", ohne angemessene Kranken- und Schulversorgung, die Schwierigkeit, eine feste Arbeit zu finden, und die niedrigen Löhne sind allgemeine Probleme, die uns herausfordern und von einer totalen Unkenntnis der christlichen Lebensauffassung zeugen. Ganz zu schweigen von den Arbeitslosen, den alleingelassenen Minderjährigen, vorzeitige Opfer des Drogenlasters, das ihnen einen grausamen und unerbittlichen Tod bereitet!

Liebe Brüder, wie ist es möglich, daß heute noch der Ruf König Davids aus der Gefangenschaft widerhallt? „... Niemand ist da, der mich beachtet. Mir ist jede Zuflucht genommen, niemand fragt nach meinem Leben" (*Ps* 141/142,5). Dennoch gibt es auch Beispiele von Bürgern, Männern und Frauen, sowohl auf dem Land als auch in der Stadt, die nicht zulassen wollen, daß ihre in Armut, ohne Arbeit und ohne Zuhause lebenden Brüder im Stich gelassen werden. Sicher wird Gott, unser Herr, sie belohnen für ihr Mitempfinden mit den Problemen ihrer Mitmenschen, mit denen sie sich durch konkrete Maßnahmen solidarisch zeigen und keine Mühe scheuen für die soziale Förderung der Arbeiter und ihrer Familien in Stadt und Land.

4. Nein, liebe Brasilianer, es ist keine Utopie!
Gott will, daß die Menschen wie Brüder leben!
Erlaubt mir nochmals, auf das Thema „Kampagne der Brüderlichkeit" einzugehen, wie es der brasilianische Episkopat für dieses Jahr vorgeschlagen hat: „Solidarisch durch die Würde der Arbeit." In der vom Fernsehen übertragenen Botschaft sagte ich allen, daß „der Mensch versuchen muß, seine Arbeit nicht nur als notwendiges Werkzeug für den Fortschritt der Gesellschaft und als wirksamstes Mittel für die menschlichen Beziehungen zu sehen, sondern auch als Zeichen der Liebe Gottes zu

seinen Geschöpfen und der Liebe der Menschen untereinander und zu Gott." Aber wie kann sich dies ohne gegenseitiges Geben, ohne Großherzigkeit und Solidarität bewahrheiten?
Wenn man bedenkt, daß alle das Recht haben, die notwendigen Mittel für ein würdiges Dasein zu erlangen und das von Gott vorbestimmte Ziel zu erreichen, kann man die Angst und auch die Ungeduld vieler Bürger eures Landes verstehen, die sich nicht mit der persönlichen und sozialen Ungerechtigkeit in vielen Bereichen der Gesellschaft abfinden. Alle empfinden die Notwendigkeit, daß Gerechtigkeit geübt wird und daß die Gesetze Anwendung finden, daß die Güter der Erde verteilt werden und daß das menschliche Leben respektiert wird. Dieses Leben ist heilig, denn es kommt von Gott. Es darf nicht einfach wie eine Sache behandelt werden durch unzählige Formen der Intoleranz und Diskriminierung. Alle fordern eine würdige Wohnstätte, Arbeitsbedingungen, die durch gerechte und wirklich eingehaltene Gesetze gewährleistet sind, eine Politik der wirksamen Reformen, eine gute und verantwortungsvolle Kranken- und Altersfürsorge. Von uns Christen verlangt unser Glaube und unsere Treue zu Christus, der uns sein göttliches Antlitz in der Gestalt des Armen, des Hungerleidenden, des Menschen auf der Straße oder des Gefangenen zeigt, daß wir in dieser Mission die ersten sind. Diese Mission hat keine ideologischen oder politischen Beweggründe. Sie ist der Ausdruck unserer Liebe und unseres Dienstes für Christus durch unsere Brüder. Nur so wird die brasilianische Familie jene „Hauskirche" sein können, in der Frieden und Eintracht herrschen, nur so wird sie die Wiege einer christlichen Gesellschaft werden.

5. Liebe Brüder und Schwestern von Alagôas und ganz Brasilien!
Von eurer schönen Heimat aus, die dem Vaterland viele berühmte Söhne geschenkt hat, möchte ich mein Gebet für die Menschen Brasiliens, die eine Arbeit und ein Heim brauchen, zu Gott erheben. Möge der Herr alle, besonders diejenigen, die das Schicksal des Landes bestimmen, wie den hier anwesenden Herrn Präsidenten der Republik, und auch die übrigen staatlichen Behörden erleuchten, damit sie weise und wirksame Möglichkeiten zur Lösung des Arbeits- und Wohnungsproblems finden mögen. In einem so jungen Land müssen jedes Jahr die Zahl der Arbeitsplätze erhöht werden. Ein Land mit einem derartigen Bevölkerungsanstieg braucht dringend eine sinnvolle Wohnungspolitik, die von der Tatsache ausgeht, daß die Unterkunft nicht etwas Zusätzliches ist, sondern vielmehr eine grundlegende Komponente jeder wahren Politik!
Ich danke dem lieben Bruder im Episkopat, Bischof Edvaldo Gonçalves Amaral, und allen hier anwesenden Bischöfen für den brüderlichen Empfang, den sie dem Bischof von Rom und Nachfolger des Apostelfürsten bereitet haben. Ich gratuliere der Erzdiözese von Maceió zum neunzigsten Jahrestag ihrer Gründung mit der Einsetzung des ersten Bischofs von Alagôas, Msgr. Antônio Brandão. Möge die Weiterführung des Werks ausgezeichneter Hirten für meine Brüder ein Ansporn sein, auf dem von ihnen eingeschlagenen Weg weiterzugehen.
Dieser Wortgottesdienst findet vor dem Hintergrund des Wohnkomplexes statt, dem der schöne Name „Virgem dos Pobres" gegeben worden ist. Der Papst ist glücklich,

unter euch sein zu können, liebe Söhne und Töchter, die ihr hier wohnt. Der Name eures Viertels erinnert mich an eine beständige Gegenwart in meinem Leben und meinem Amt: die Jungfrau Maria! Möge sie, die in dieser Stadt auf besondere Weise mit dem Beinamen „Nossa Senhora des Prazeres” verehrt wird, euch alle segnen! Möge die Braut Josefs, des Zimmermanns aus Nazaret, die Mutter Jesu, alle Arbeiter von Alagõas und von Brasilien schützen!
Möge sie, die keine Bleibe fand, um ihren Sohn Jesus zur Welt zu bringen, nicht zulassen, daß es den brasilianischen Familien weiterhin an geziemenden Wohnungen fehle. Möge sie euch ihren mütterlichen Schutz immer spüren lassen. Durch ihre Fürsprache segne ich alle diejenigen, die sich für die Sache des Evangeliums Christi in dieser Diözese einsetzen: Laien, Priester, Ordensleute, Diakone und Seminaristen, die Hoffnung der Kirche von Alagõas. Schließlich wünsche ich, dieser Segen möge auf alle hier anwesenden Obrigkeiten, insbesondere den Präsidenten der Republik, herabkommen, auf daß Gott ihm die nötige Kraft verleihe, dem brasilianischen Volk zu dienen.
Gott segne euch alle!

6. „Als es nun Abend geworden war, sagte der Besitzer des Weinbergs zu seinem Verwalter: ‚Ruf die Arbeiter, und zahl ihnen den Lohn aus, angefangen bei den letzten, bis hin zu den ersten’” (*Mt* 20,8).
Das Thema vom Gleichnis der Arbeiter im Weinberg ist die Arbeit des Menschen, die nach den Prinzipien der Gerechtigkeit einen angemessenen Lohn verlangt. Aber gleichzeitig stellt dieses Gleichnis ein Gesamtbild vom Leben des Menschen auf Erden dar. Das menschliche Leben als Ganzes strebt nach der endgültigen Gerechtigkeit, die höher steht als die irdische. Wir sind davon überzeugt, und darin liegt eine grundlegende Wahrheit des Glaubens, daß Gott das Gute belohnt und das Schlechte bestraft. Der Weg, die Herrlichkeit seines Reiches zu erlangen, ist der Dienst am bedürftigen Bruder, der lebendigen Gegenwart Christi in unserer Mitte, in Liebe und Gerechtigkeit (vgl. *Mt* 25,31-46).
Das Gleichnis aus dem Evangelium bekräftigt diese Wahrheit. Gleichzeitig geht es aber über sie hinaus. So erklärt sich, warum die Arbeiter der ersten Stunde protestierten, da sie keinen höheren Lohn erhielten. Das, was Gott, der Herr des großen Weinbergs der Geschichte, uns in der Ewigkeit seines Reiches anbieten will, übersteigt jeden Vergleich mit der irdischen Gerechtigkeit. „Was kein Auge gesehen und kein Ohr gehört hat, was keinem Menschen in den Sinn gekommen ist: das Große, das Gott denen bereitet hat, die ihn lieben” (*1 Kor* 2,9). Dies ist zweifellos die übernatürliche Gabe, die Gabe der Teilnahme am innersten Leben der Heiligen Dreifaltigkeit, wenn wir vor dem Angesicht Gottes stehen werden.

7. Liebe Brüder und Schwestern, mögt ihr die Aufforderung annehmen, die der hl. Paulus an die Kolosser richtete und die er heute für uns wiederholt: „Alles, was ihr in Worten und Werken tut, geschehe im Namen Jesu, des Herrn. Durch ihn dankt Gott, dem Vater!” (*Kol* 3,17).

„Tut eure Arbeit gern, als wäre sie für den Herrn und nicht für Menschen; ihr wißt, daß ihr vom Herrn euer Erbe als Lohn empfangen werdet" (*Kol* 3,23-24).
Ja, ihr werdet euer Erbe empfangen!
„Dient Christus, dem Herrn!" (*Kol* 3,24).

Möge die Frau ihre Würde wahrnehmen

Angelus in Salvador da Bahia am 20. Oktober

Liebe Schwestern und Brüder von Salvador und ganz Brasilien!

1. Einer von meinen Vorgängern begonnenen und beibehaltenen Tradition folgend, bete ich, wenn ich in Rom bin, jeden Sonntag vom Fenster meines Arbeitszimmers aus mit den zahlreichen, auf dem Petersplatz versammelten Gläubigen den Engelsgruß an Maria.
Während ich in Salvador bin, wollte ich den Angelus in dieser schönen Kirche beten, in dem Marienheiligtum von ganz Bahia und Mittelpunkt der Frömmigkeit der Bahianer.
Diese Frömmigkeit ist Teil des unschätzbaren Erbes von Glaube und Religion, das Portugal Brasilien hinterließ. In der Tat weiß man, daß die portugiesische Nation, Land der heiligen Maria genannt, von Anfang an eine starke und zugleich zärtliche Liebe zur Mutter Jesu Christi und Mutter der Menschen hegte. Die aus der portugiesischen Gesellschaft stammenden Missionare, Priester, Ordensleute und Laien pflanzten in dem neuentdeckten Land dieselben Gefühle gegenüber der Jungfrau Maria ein.
Zeugnis der Marienverehrung der Brasilianer sind unter anderem die zahlreichen Pfarreien, Kirchen und Kapellen, die der Muttergottes geweiht sind. Das bedeutendste, zu ihren Ehren in Bahia erbaute Heiligtum ist dieses Gotteshaus, „Unserer Lieben Frau von Conceicao da Praia" geweiht und Ausdruck des katholischen Glaubens und einer kindlichen Liebe zur Jungfrau Maria im Geheimnis ihrer Unbefleckten Empfängnis. Die Bedeutung dieser Kirche stieg in hohem Maße, als mein Vorgänger Paul VI. ihr den Titel Basilica Minore verlieh und Unsere Liebe Frau unter dem Namen „Conceicao da Praia" zur einzigen und offiziellen Patronin der Stadt Salvador und des ganzen Staates Bahia proklamierte.

2. Erlaube mir, Unbefleckte Mutter, daß ich gegen Ende meines Pastoralbesuches in Brasilien hier in deine Kirche komme, um dich zu verehren und deinem Namen noch einmal die Stadt Bahia zu weihen; Ich bitte dich um deinen mütterlichen Schutz für ihre Hirten, ihre Regierenden, ihr Volk. Dir weihe ich auch die ganze brasilianische Nation und bitte dich inständig zu helfen, damit sie alle Krisen und Schwierigkeiten überwinden und den Weg des Fortschritts in Gerechtigkeit, Eintracht und Frieden wiederaufnehmen.
Dich, Gebenedeite unter den Frauen, bitte ich darum, daß die brasilianische Frau, die bahianische Frau die Möglichkeit haben möge, ihre Rolle, ihre große Würde in

der Zivilgesellschaft und in der kirchlichen Gemeinschaft wahrnehmen möge. Ich bitte dich insbesondere für jene, die, indem sie auf alles verzichten, um sich eng mit dem Kreuz deines Sohnes und seiner Auferstehung zu vereinen, sich Gott weihen durch die Gelübde und evangelischen Räte.

3. Ich bitte dich auch für die Mitglieder der Bruderschaften und Gemeinschaften dieses Gotteshauses, daß sie fromme und treue Söhne und Töchter der römischen katholischen apostolischen Kirche sein mögen.
Möge die Unbefleckte Jungfrau, die sich ganz dem Plan und dem Willen Gottes vom „fiat" der Verkündigung an bis zum „fiat" des Kreuzes hingegeben hat, wachen über die Stadt Salvador, über die Erzdiözesen und Suffragan-Diözesen und über den ganzen Staat Bahia.

Der Mensch ist Subjekt und Objekt der Kultur

Ansprache an die Welt der Kultur in Salvador da Bahia am 20. Oktober

Meine Damen und Herren,
Brüder und Schwestern!

1. Hier in Bahia erinnert mich ein so schönes Gotteshaus beredt an den großen Pater Antonio Vieira, einen herausragenden Vertreter der Kultur Brasiliens, sowie an das bewundernswerte Erziehungswerk der Jesuiten in der Kolonialzeit. Diese Begegnung mit den Vertretern der Welt der Kultur, der Wissenschaft, der Kunst und des Unternehmertums aber gewinnt damit besondere Bedeutung. Sie, meine Damen und Herren, sind die „Baumeister der Gesellschaft", wie ich Sie gern nennen möchte, denn in Ihren Händen liegt die echte Zukunft des Landes, der Aufbau dieses Volkes als Nation.
Ich danke Herrn Professor José Carlos Almeida da Silva, Rector magnificus der Katholischen Universität von Salvador, für die herzlichen Worte, mit denen er mich in Ihrem Namen begrüßt hat. Sie haben klar das Bestreben und die Bedürfnisse der Welt der Kultur in diesem Land ausgesprochen.
Schon bei meinem ersten Besuch in Brasilien war ich in dieser Stadt. Heute kehre ich zurück und muß bekennen, daß der angenehme und bleibende Eindruck, den sie in mir vor elf Jahren machte, sich erneuert hat. Ihre wunderschöne Lage am Ostrand der Allerheiligenbucht an der atlantischen Küste spiegelt etwas von der unermeßlichen Schönheit des Schöpfers wider und lädt uns ein, seine übergroße Weisheit und Güte zu preisen.
Die Kirchen aus der Kolonialzeit und die modernen Bauten, Zeugen von mehr als vierhundert Jahren des Glaubens und des dynamischen Unternehmungsgeistes des Volkes von Bahia machen aus dieser Stadt ein Zentrum der Begegnung zwischen dem Besten aus der überlieferten Architektur des portugiesisch-brasilianischen Barock des 17. und 18. Jahrhunderts und der lebendigen und tatkräftigen Präsenz

einer Bevölkerung vieler Rassen und Kulturen, die entschlossen ist, solidarisch ihre Gegenwart und Zukunft zu gestalten.
Eine intensiv arbeitende Industrie und lebhafter Handel zeigen den Willen zur Entwicklung, dazu kommt eine akademische und wissenschaftliche Kultur, die sich nicht von der lebendigen und pulsierenden Volkskultur absondert, die diese Stadt kennzeichnet.
Von Herzen beglückwünsche ich die Stadt Salvador da Bahia. Ihre Geschichte von fast 450 Jahren seit ihrer Gründung dank des geopolitischen und gesegneten Weitblicks ihres ersten Gouverneurs, General Tomé de Sousa, und ihr heutiger Zustand sind ein ausdrucksvolles Zeichen der zivilisatorischen Fähigkeit des Menschen in tropischen Gebieten.

2. Dieser so anregende Zusammenhang gibt mir Gelegenheit, Sie mit meiner Präsenz und meinen Worten an die große Verantwortung zu erinnern, die Sie in Ihrer Sendung zum Dienst am Menschen dieser Nation haben: die Kultur und die Evangelisierung.
Die Kultur ist nach *Gaudium et spes* ein gemeinsamer Lebensstil, der ein Volk kennzeichnet, und der das Ganze der Werte umfaßt, die ihm voranhelfen, wie auch die Unwerte, die es zerbrechen. „Alles, wodurch der Mensch seine vielfältigen geistigen und körperlichen Anlagen ausbildet und entfaltet; wodurch er sich die ganze Welt in Erkenntnis und Arbeit zu unterwerfen sucht; wodurch er das gesellschaftliche Leben in der Familie und in der ganzen bürgerlichen Gesellschaft im moralischen und institutionellen Fortschritt menschlicher gestaltet” (Nr. 53).
Auch wenn immer von einem sozialen Kontext die Rede ist, dürfen wir nicht vergessen, daß der Mensch als solcher das einzige Subjekt und Objekt der Kultur ist. Er entfaltet sein Verhältnis zur Welt, zu den Mitmenschen und zu Gott und verwirklicht so alle seine Möglichkeiten. „Der Mensch lebt ein wahrhaft menschliches Leben dank der Kultur.” In ihrer Vielfalt und ihrem Reichtum bezeugt diese, daß der Mensch ein anderes und höheres Wesen ist als die Welt, die ihn umgibt. Daher „ist der Mensch aus der Kultur nicht wegzudenken” (*Ansprache an die UNESCO*, Juni 1980).
Die Anerkennung seines „Anders- und Höherseins” stellt dem Menschen zugleich eine doppelte anthropologische und ethische Frage. Das Wesentliche der Kultur gründet auf ihrem Fundament, nämlich „im Verhalten, mit dem ein Volk seine religiöse Bindung zu Gott bejaht oder verneint; dies führt dazu, daß die Religion oder die Ungläubigkeit sämtliche anderen Werte der Kultur - familiärer, ökonomischer, politischer, künstlerischer Art usw. - inspiriert, indem sie sie für einen letzten transzendenten Sinn freimacht oder sie auf ihren eigenen immanenten Sinn beschränkt” (*Ansprache an die Welt der Kultur*, Chile, 3. April 1987).
Eine deterministische und statische Sicht könnte glauben machen, daß jedes Volk bereits seine endgültige Kultur hat und nichts daran ändern kann. Doch führt die Freiheit, mit der der Mensch begabt ist, ihn dahin, nicht nur mit der Natur zusammenzuleben oder sich ihr bloß anzupassen, sondern gut zu leben. Dieser grundlegenden Forderung nach dem guten Leben ist gleich die andere nach dem Wohlstand

beizufügen, die Notwendigkeit einer Lebensqualität, von der sich eine fundamentale ethische Forderung nicht trennen läßt. Das kulturelle Schaffen stellt sich also als eine Entscheidung für das Leben und den Fortschritt dar und verlängert sich damit immer neu und dynamisch in die Geschichte der verschiedenen Kulturen hinein. Der historische Rückblick hilft bei dieser Dynamik viel. Daher ergibt sich auch die Notwendigkeit, die Kultur ständig zu kultivieren und sie vor Einflüssen zu bewahren, die sie zerbrechen. So überlebt die Kultur eines Volkes in dem Maß, wie ihre Werte bejaht und verstärkt werden.

3. Die Kirche inkarniert sich in ihrer Heilssendung, allen Nationen die Frohbotschaft zu bringen, in den Kulturen, identifiziert sich aber mit keiner von ihnen „übernimmt vielmehr Anlagen, Fähigkeiten und Sitten der Völker, soweit sie gut sind" (*Lumen Gentium*, Nr. 13).
Die Kirche interessiert sich für die Kulturen der verschiedenen Völker und Zivilisationen aus zwei Hauptgründen. Einmal weil die Kultur sich unmittelbar vom rationalen und sozialen Charakter des Menschen herleitet. Die menschliche Person fördern, wie es das Konzil wünscht, bedeutet also ein Interesse für diesen besonderen und notwendigen Ausdruck der Person, nämlich ihre Kultur. Dazu kommt als zweiter Grund die Notwendigkeit das Evangelium im kulturellen Kontext aller Völker zu verkünden (vgl. *Gaudium et spes*, Nrn. 58-59).
Das Konzil hat das Band zwischen der Person und ihrem kulturellen Ausdruck vor Augen und betont daher nachdrücklich, daß zur Kultur alle ohne Unterschied der Rasse, des Geschlechts, der Religion, der Nation oder sozialen Stellung Zugang haben müssen, damit alle ihre volle kulturelle Entwicklung entsprechend ihren Fähigkeiten und Überlieferungen erreichen können.

4. Sie sehen also, meine Freunde, wie schwierig die Aufgaben und wie groß die Verantwortlichkeiten sind, die Ihnen als Menschen der Kultur übertragen sind. Da Bahia ein für die Beobachtung des kulturellen Panoramas Brasiliens besonders geeigneter Ort ist, lassen Sie mich auf einige dieser Aufgaben und Verantwortlichkeiten hinweisen. Sie gewinnen eine besondere Wichtigkeit und Dringlichkeit angesichts der Herausforderung einer neuen Evangelisierung Lateinamerikas, zumal sich im nächsten Jahr 500 Jahre seit der ersten Verkündigung des Evangeliums in diesem Gebiet vollenden. Unter dem Titel „Neue Evangelisierung, Förderung des Menschen, christliche Kultur" wird sie das Thema der vierten Generalversammlung des lateinamerikanischen Episkopates sein, der im nächsten Jahr in Santo Domingo zusammentritt.
An erster Stelle müssen das Evangelium, der Glaube und die Religion bei der Auseinandersetzung mit den lebendigen Kulturen, die durch Christus das Heil gewinnen sollen, für sie eine entscheidende Rolle besitzen und sie mit den christlichen Werten prägen. Sie haben diese Werte nämlich entweder nicht in der Tiefe aufgenommen, oder sie wurden durch den verderblichen Einfluß des Säkularismus, des Konsumismus, des Relativismus und anderer Übel der Moderne verdunkelt, die die Botschaft Christi oder die befruchtende Präsenz der Kirche nicht zur Kenntnis nimmt. Die

Evangelisierung der Kulturen muß immer ausdrücklich erfolgen und muß aufrufen zu einer das Leben und die Gemeinschaft prägenden Bejahung, in notwendigem Zusammenhang mit der Förderung des Menschen, ohne Verkürzungen und Zweideutigkeiten.

Auf der anderen Seite muß das Evangelium, wenn es wirksam und rücksichtsvoll die Kulturen durchdringen soll, von diesen verstanden werden, ihre Sprache sprechen, sie befragen und sich von ihnen befragen lassen. Es muß ferner ihre Wurzeln kennen, sie deutlich zu machen wissen und die echten Werte herausstellen, um sie in dem Maße aufzunehmen, wie sie mit seiner Botschaft vereinbar erscheinen, oder um die falschen bzw. Unwerte zu reinigen. So sieht die Inkulturation des Evangeliums aus. Sie besteht nicht in einer mehr oder weniger nützlichen Anpassung an die Werte der es umgebenden Kultur, vielmehr in einer echten Inkarnierung in dieser Kultur, um sie zu reinigen und zu erlösen.

Die lebendige Kultur Brasiliens ist wegen ihrer Dimensionen und ihrer typischen Eigenart in Wahrheit ein Beispiel auf dem lateinamerikanischen Kontinent. Ihr Ursprung liegt in der Begegnung der europäischen Kultur in ihrer portugiesischen Form mit den einheimischen und afrikanischen Kulturen. Eine rassische und kulturelle Vermischung hat die Verhaltens- und Ausdrucksweise des brasilianischen Volkes tiefreichend geprägt und wird es weiter tun. Immerhin darf man nicht verkennen, daß es noch einige Gruppen von Eingeborenen mit ihrer ursprünglichen Kultur gibt, und andere, die sich weiter nur in begrenztem Ausmaß integrieren lassen.

Seit dem 16. und 17. Jahrhundert wurden die Grundlagen der lateinamerikanischen Kultur gelegt, eingeschlossen die der brasilianischen, und ihrer tiefen katholischen Prägung. Die Erstverkündigung auf dem Kontinent ging ziemlich tief und ließ den katholischen Glauben grundlegend werden für die Lebensweise und die Identität. Das lebt weiter in der Volksfrömmigkeit, die so weithin von einem besonderen Sinn für die Transzendenz geprägt ist und zugleich von der Nähe Gottes und einem innigen Verhältnis zu ihm. Es ist eine Volksweisheit, die die Lebensweise der Menschen und ihr Verhältnis zur Natur und zum Nächsten prägt, was im Sinn für Feiern und Solidarität, für Freundschaft, Verwandtschaft und Kameradschaft zum Ausdruck kommt und in all den Dingen, die die brasilianische Herzlichkeit typisch machen und das Leben einfach und fröhlich gestalten.

Die entstehende Kultur des neuen Menschen, die in Brasilien und in Lateinamerika aus der Vermischung der Rassen hervorging, oder die in einigen Gruppen von Eingeborenen oder Afrikanern unverändert blieb, begann seit dem 18. Jahrhundert unter dem Einfluß des neuen Zivilisationsmodells zu leiden. Gegeneinander arbeitende soziale und politische Kräfte oder Auswirkungen der herrschenden Ideologien der Aufklärung, des Liberalismus, des Rationalismus und in jüngerer Zeit des Marxismus und Säkularismus, das Suchen vieler nach scheinbarer Sicherheit in einigen freiheitlichen oder konservativen Bewegungen, all dies führte zu einer deutlichen Beschleunigung der Geschichte. Diese Tatsache fordert von den lateinamerikanischen Völkern ein enormes schöpferisches Bemühen, weil sie ihre Kulturen nicht verkürzt oder auf den zweiten Platz geraten oder gar ausgelöscht sehen möchten (vgl. CELAM, *Evangelisierung und Kultur*, Rio de Janeiro 1985, S. 75-78).

5. Da die Kultur den größten Reichtum eines Volkes bedeutet, gibt es keine so wichtige Aufgabe wie die, um die ich Sie bitte, nämlich sie integral zu erhalten, sie vor den Bedrohungen oder Gefahren einer Verfälschung zu beschützen sowie ihre dem Evangelium gemäßen und christlichen Werte zu bewahren. Gestatten Sie mir jetzt hier in Bahia, das von Anfang an der bevorzugte Ort war, an dem sich die brasilianische Kultur gebildet hat, den dringenden Wunsch auszusprechen, diese Kultur möge in ihren echtesten Ausdrucksformen neue Lebenskraft gewinnen, daß die katholische Grundlage der Lebensweise des brasilianischen Menschen nicht verlorengehen möge, sondern kräftig neu aufblühen. Mögen die menschlichen und christlichen Qualitäten des Volkes, die moralischen und geistigen Werte, die ihm eine so einzigartige Gestalt geben, weder vergeudet noch befleckt werden. Vor allem möge als ein echtes Geschenk Gottes seine ungewöhnliche Fähigkeit bewahrt bleiben, die verschiedenen völkischen Gruppen im menschlichen Gefüge von ganz Brasilien ohne irgendwelche Diskriminierung zu integrieren und alle solidarisch zu machen.

Ihnen kommt es als Männern und Frauen der Kultur und als „Baumeister der Gesellschaft" zu, das lebendige Gewissen der Nation zu sein. Ihre Aufgabe ist es, vor allem ihre mehr begünstigten Gruppen dahin zu führen, daß sie mit größerer Hochherzigkeit die wirtschaftlichen Güter sowie die Initiativen sozialer und politischer Art mit anderen teilen, die zum Teil mit nicht geringen Opfern für die ganze Bevölkerung zustande gekommen sind, und den Fortschritt des Landes im Auge zu haben, das Gemeinwohl aller, zumal das der Schwächsten und am meisten Not Leidenden.

Soll die brasilianische Kultur bewahrt und bereichert werden, müssen viele Bereiche aufmerksamer betreut werden.

Unter ihnen steht an erster Stelle die Familie. Da wir uns für den Aufbau einer Kultur der Liebe einsetzen, wissen wir alle um die Bedeutung der Familie als Dienst der Liebe und des Lebens. In meinem Apostolischen Schreiben *Familiaris consortio* habe ich klar meine Überzeugung ausgesprochen, daß die Gesundheit und das Wohlergehen der Gesellschaft notwendig über die Familie führen.

Ich appelliere hier an die ganze brasilianische Gesellschaft, an die staatlichen Stellen, die gesetzgebenden Körperschaften, die Unternehmer und Erzieher sowie die religiösen Hirten und Führungskräfte, auch an die Familienväter und -mütter, die sozialen Bewegungen und die Verantwortlichen der Massenmedien, alle ihre Kräfte dafür einzusetzen, daß den brasilianischen Familien bessere Verhältnisse im häuslichen und sozialen Bereich geboten werden, damit sie ihre Sendung erfüllen können. Dieser Aufruf wird dringend, weil ich Kenntnis genommen habe vom Drama zahlreicher Familien, die zerbrochen oder nicht auf Dauer gegründet sind; vom Drama von Verbindungen, die nur probeweise eingegangen werden von völlig unvorbereiteten Personen, die nicht reif sind für eine derart ernste Option für das Leben; von Kindern, die ihren Vater nicht kennen oder ohne ihn leben. Die Einheit

der Familien festigen ist unerläßlich, wenn man einen der tragenden Pfeiler der brasilianischen Kultur retten will.
An zweiter Stelle muß ich vor Ihnen die Schulbildung und die Erziehungskräfte nennen. Eine Kultur wächst und vervollkommnet sich in dem Maße, wie für alle der Zugang zu einer integralen Bildung geöffnet wird. Diese ist eine unerläßliche Voraussetzung für die Förderung des Menschen und die echte Befreiung der Personen und Gemeinschaften.
Wenn ich von der Erziehung spreche, muß ich alle ihre Ebenen einschließen, ich betone aber besonders die beiden äußersten Ebenen. Zunächst die Alphabetisierung und die Grundschule, die für ein Land mit den geographischen Dimensionen und einer zahlreichen Bevölkerung wie Brasilien einfach lebenswichtig sind. Der Prozentsatz der Analphabeten, vor allem in den ländlichen Gebieten und das Drama derer, die aus den Anfangsjahren der Schule wegbleiben, erfordern ein Bemühen um jeden Preis, diese Erscheinungen einzudämmen. Dieses Land darf sich nicht seinen größten Reichtum entgehen lassen, den Faktor Mensch als entscheidendes Element für den Fortschritt. Andererseits erfordert der Eintritt Brasiliens in das Konzert der weiter fortgeschrittenen Nationen, soll er fachkundig und von den anderen Völkern anerkannt erfolgen, den unerläßlichen Beitrag seiner höheren Studien. Der echte Fortschritt eines Landes hat sein Maß an der Möglichkeit des Zugangs seiner Jugend zu den Universitätsstudien mit ihrer doppelten Funktion der Heranbildung von Fachleuten auf höherer Ebene sowie der Durchführung und Förderung der reinen und der angewandten Forschung.
In Brasilien, dessen Universitäten aus allen bekannten historischen Gründen im Verhältnis zu denen anderer Länder des Kontinents relativ jung sind, sehe ich mit Freude und Bewunderung das erfolgreiche Bemühen, eine Lücke von 300 Jahren auszufüllen. Heute besitzt Brasilien insgesamt 16 katholische Universitäten, davon fünf päpstlichen Rechtes. In enger Zusammenarbeit mit den staatlichen Universitäten leisten sie eine Arbeit von außerordentlichem Wert auf dem Gebiet der Förderung der nationalen Kultur. Anerkennenswert ist auch das Bemühen des brasilianischen Episkopates, das von Priestern, Ordensmännern und Ordensfrauen, Professoren und Studenten unterstützt wird, eine ernsthafte Universitätspastoral und einen gründlichen Dialog zwischen Glauben und Kultur zu fördern.
In diesem Zusammenhang muß ich der katholischen Universität von Salvador, ihren Führungskräften, Professoren, Funktionären und Alumnen meinen herzlichen Glückwunsch aussprechen für die 30 Jahre seit ihrer Gründung. Dazu kommen meine Wünsche für einen großen Fortschritt in der Zukunft auf dem neuen Gelände in der schönen Gegend von Pituaçú, wo sie im Aufbau ist.
Mit großer Freude begrüße ich die anderen katholischen Universitäten und höheren Schulen, zumal die Vertreter von ABESC (des brasilianischen Verbandes katholischer höherer Schulen), dessen Arbeit in den letzten Jahren so erfolgreich gewesen ist. Meine Glückwünsche gelten allen staatlichen und privaten Instituten für das höhere Schulwesen in Brasilien sowie auch allen Instituten für technische Ausbildung, unter denen ich in seinem 50. Jahr SENAI hervorhebe (den nationalen Dienst

für industriebezogenen Unterricht); denn hier hat die brasilianische Industrie einen wertvollen Beitrag für die fachliche Ausbildung zahlreicher Jugendlichen geleistet. Mein freundlicher Gruß soll endlich auch allen kulturellen Gruppen, Verbänden und Bewegungen gelten, die hier vertreten sind. Ich wünsche allen eine immer größere Lebendigkeit und die Anerkennung ihrer Arbeiten und Verdienste durch alle für die Förderung der Kultur in diesem Lande verantwortlichen Instanzen.
Die Zeit, in der wir leben, ist für Brasilien und die Welt entscheidend. Man hat den Eindruck, daß am Ende dieses Jahrtausends eine entscheidende Seite der Geschichte für die ganze Menschheit umgeblättert wird, zumal auf dem unermeßlichen Kontinent, der das 5. Jahrhundert seiner Evangelisierung begeht. Ich bitte den Herrn, und alle mögen mit mir beten, er möge uns erleuchten und auf dem einzuschlagenden Weg beschützen. Ich habe festes Vertrauen zu ihnen, den Männern und Frauen, die Sie im Bereich der Kultur tätig sind. Ich bin gewiß, daß Sie eine neue Seite zu schreiben wissen, eine schöne und fruchtbare Seite in den Annalen der bereits reichen Geschichte der Evangelisierung der Kultur Ihres Volkes. Als Unterpfand der Gnade und des göttlichen Schutzes für Ihr Ideal des Dienstes erteile ich Ihnen von Herzen meinen Segen und empfehle Sie dem Schutz der Jungfrau Maria, dem „Sitz der Weisheit". Vielen Dank!

Unverkürzt das Evangelium verkünden

Predigt über „Evangelisierung und Mission ‚ad gentes'" in Salvador da Bahia am 20. Oktober

1. „Unsere Seele hofft auf den Herrn" (*Ps* 33,20).
„Herr, laß deine Gnade über uns leuchten" (vgl. *Ps* 33,22).
So betet der Psalmist. So erhebt er zu Gott seinen Ruf im Namen seines Volkes, des Volkes, das der Herr, der wahre Gott erwählt und mit seiner Gnade geführt hat. Oftmals hat Gott diesem Volk die Gnade seiner Erwählung und Berufung innerhalb der Geschichte der ganzen großen Menschheitsfamilie vor Augen gestellt. Er sagte diesem Volk: „Ich bin Jahwe, dein Gott, der dich aus Ägypten geführt hat; aus dem Sklavenhaus. Du sollst neben mir keine anderen Götter haben" (*Ex* 20,2-3). So sprach Gott zum auserwählten Volk und stiftete mit ihm einen Bund. Er offenbarte ihm durch Mose seinen Willen am Fuß des Berges Sinai.
„Herr, laß deine Gnade über uns walten." Aber erhebt der Psalmist nur im Namen seines Volkes Israel seinen Ruf zum Herrn? Ist in seinem Ruf nicht der Schrei aller Völker und aller Menschen auf Erden präsent? Warten nicht alle Herzen auf den Herrn? Haben nicht auf den Herrn, den wahren Gott, die Herzen aller Menschen und Völker gehofft, die den großen amerikanischen Kontinent bewohnten, auch schon bevor die vom Herrn berufenen Apostel - die Apostel der Gnade und des Heiles - hier an Land gingen?

2. „Laß deine Gnade über uns leuchten."
Die Gnade, das heißt die Liebe der göttlichen Erwählung umfaßt alle Menschen im ewigen Wort, dem mit dem Vater wesensgleichen Sohn. Vom Vater und vom Sohn geht von Ewigkeit her der Geist aus. Er ist der Heilsatem der Liebe, mit der Gott die ganze Schöpfung erfüllt und durchdringt, vor allem die Seelen der nach dem Bild und Gleichnis Gottes geschaffenen Menschen.
Dies geschieht durch das Werk des menschgewordenen Sohnes, den göttlichen Emmanuel: „Vor seinen Augen wuchs er auf wie ein junger Sproß, wie ein Wurzeltrieb aus trockenem Boden", wie der Prophet Jesaja formuliert (53,2). Er wuchs innerhalb der Geschichte der Menschheit heran als Sohn der Jungfrau Maria von Nazaret, die ihn in der Kraft des Heiligen Geistes empfing und gebar. In ihm erfüllte der ewige und unaussprechliche Gott die Hoffnungen der Menschen: „Das Auge des Herrn wacht über denen, die ihn fürchten, über denen, die auf seine Gnade hoffen" (*Ps* 33,18); in Christus, der Gott und Mensch zugleich ist, hat er jeden Menschen ergriffen, „um ihn vom Tode zu retten und in der Zeit des Hungers zu nähren" (*ebd.*, 19).
Das alles erfüllte sich am Kreuz, wie ebenfalls der Prophet Jesaja verkündete, als er sagte: „Der Herr fand Gefallen an seinem zerschlagenen Knecht, ... der sein Leben als Sühnopfer hingab ... Der Plan des Herrn wird durch ihn gelingen ... Mein Knecht, der gerechte, macht die vielen gerecht; er lädt ihre Schuld auf sich" (*Jes* 53,10-11).
So wurde der mit dem Vater wesensgleiche Sohn, Gott von Gott und Licht vom Licht, als Mensch aus einer Jungfrau geboren, zum Diener: Diener der Heiligkeit Gottes, Diener der ewigen Heilspläne Gottes. Diener unseres ewigen Heiles, des Heiles aller Menschen.
Wenn wir den Gekreuzigten betrachten, sehen wir die Erfüllung dessen, was Jesaja geweissagt hat. Christus: „Verachtet und von den Menschen gemieden, ein Mann voller Schmerzen" (*Jes* 53,3). So haben wir ihn vor uns, Christus, den Diener des ewigen Heils des Menschen und aller Menschen, Völker und Nationen.
Wie der Apostel im Brief an die Hebräer verkündet, wurde er so zum obersten Priester, zum einzigen Hohenpriester der ganzen Geschichte des Kosmos, der Geschichte des Menschen in der Welt, auf allen Kontinenten.

3. Als er seinen Aposteln mit eindrucksvoller Klarheit auftrug: „Geht hinaus" (*Mk* 16,15) und ihnen versicherte: „Ich bin bei euch" (*Mt* 28,20), machte der gekreuzigte und gestorbene, aber auferweckte Messias sie ohne Vorbehalt und unwiderruflich zu Herolden, Zeugen und Ausspendern der Heilsgnade, die früher schon vom Psalmisten herbeigerufen, von den Propheten verheißen, aber nun erst garantiert wurde durch Ihn, den Sohn des ewigen Vaters. Die Zwölf brachen also in alle vier Himmelsrichtungen auf als Träger des Heiles und innerlich getrieben durch den Drang, es als Frohbotschaft und Quelle des Lebens zu verkünden. Auch an die Küsten Amerikas, an die Küsten des Landes Vera Cruz und Santa Cruz, wie sie es nannten, bevor es den Namen Brasilien bekam, gelangten vor 500 Jahren in aufeinanderfolgenden Gruppen die Boten und Diener der Heilsgnade, Priester aus dem

Weltklerus, Franziskaner und Dominikaner, Karmeliten und Merzedarier, Benediktiner und Jesuiten als Vorläufer vieler anderer. Sie nahmen mutig diese unermeßlich weit ausgedehnten Gebiete als ihr Missionsfeld an. Sie begannen ohne Verzug das Werk der Evangelisierung, das sie als klare und ausdrückliche Verkündigung Jesu Christi, seines Namens, seiner Person, seiner Frohbotschaft vom Heil und seiner Lebensnormen verstanden. Sie wollten aber auch mit den Bewohnern dieser Gestade zusammenleben, ihre Rechte verteidigen und ihre Würde als Menschen fördern. Das Wirken dieser Männer trägt heroische Züge, zeigt menschliche Solidarität und zugleich die Glut übernatürlicher Liebe, ansteckenden Glauben und glühenden apostolischen Eifer.

Wenn ich an dieses missionarische Ruhmesblatt der ersten Evangelisierung hier auf dem aufnahmebereiten Boden von Bahia und unter seinem Himmel erinnere, muß ich unbedingt einen Namen nennen, der ein ganzes Programm bedeutet: den des P. José de Anchieta, der verdientermaßen als Apostel Brasiliens bezeichnet wird. Ich hatte die tiefe Genugtuung, wenige Tage vor meiner ersten Reise nach Brasilien diesen Sohn Teneriffas zu den Ehren der Altäre zu erheben und ihn in der Vatikanischen Basilika seligzusprechen. Er trat in den Jesuitenorden ein und war ein noch junger Mann, als er ins Land des heiligen Kreuzes kam und hier ein heiliges und apostolisches Leben führte, das in Leiden und Widerwärtigkeiten aller Art ganz der menschlichen und christlichen Bildung der Eingeborenen gewidmet war. Als Oberer der Gesellschaft Jesu verbrachte er mehrere Jahre seines Lebens in dieser Stadt Salvador, bevor er, mehr von seinen Mühen verzehrt als von seinem Alter, bei Reritiba am Meer, im Staat Espirito Santo, den ich gestern besucht habe, starb.

4. Hier, wo das Werk der Evangelisierung begann und seine erste Entwicklung nahm, wollen wir aber nicht so sehr nach der Vergangenheit fragen, vielmehr die Gegenwart ins Auge fassen. Mehr als uns zu fragen, auf welche Hindernisse die erste Evangelisierung stieß, welche Grenzen und Einseitigkeiten sie aufwies, müssen und können wir uns von der zweiten Evangelisierung aufrufen lassen, die in unsere Hände gelegt ist.

Die Frage, die uns an diesem Oktobersonntag, der traditionell den Missionen gewidmet ist, ansprechen müßte, ist eine von denen, die ich in der kürzlich veröffentlichten Enzyklika *Redemptoris missio* gestellt habe. Ihr, Männer und Frauen von Bahia, Alte, Erwachsene und Jugendliche, Heranwachsende und Kinder, Gebildete oder wenig Gebildete, wie setzt ihr das Werk eurer Väter im Glauben fort? Was ist hier für die Mission und die Evangelisierung geschehen, und was muß für Salvador und Bahia heute die neue Evangelisierung bedeuten?

Hier in Bahia stellt sich unmittelbar deutlich und unausweichlich die Welt der Menschen dar, die sich von ihrer Familie her Christen und Katholiken nennen und sich auf die empfangenen Sakramente sowie auf die mehr oder weniger häufige Beobachtung der Normen und Vorschriften der Kirche berufen. Unter ihnen befinden sich die am meisten in der kirchlichen Gemeinschaft, in ihrem Leben und Tun engagierten Menschen, aber auch jene, die unter ungenügender religiöser Bildung leiden und daher anfällig sind für Aberglauben oder religiösen Synkretismus oder der Anziehungskraft von religiösen Gruppen oder Strömungen verfallen, die mit dem katholischen Glauben unvereinbar sind. Diese weit verbreiteten religiösen Schichten, in die auch die komplexe Wirklichkeit der Volksfrömmigkeit mit ihren unterschiedlichen Ausprägungen einzufügen ist, brauchen dringend eine beharrliche und sorgfältige Aufmerksamkeit, und sie fordern diese mit einer Resignation, hinter der dramatische geistliche Leiden stehen.

Eine ganz andere Welt, die sich nicht weniger in Not befindet, ist die der Gleichgültigen; jene, die in einer mehr oder weniger weit zurückliegenden Vergangenheit katholisch waren, aber wegen der fehlenden aktiven Präsenz von Hirten, in den Wirren des Lebens, unter dem Einfluß von Studien und Lektüre oder aus Nachlässigkeit jede religiöse Praxis aufgegeben haben. Sehr groß ist die Zahl der Menschen, die mit ihrem ursprünglichen Glauben lediglich durch das leicht zerreißbare Band einer nur von Zeit zu Zeit praktizierten Frömmigkeit verbunden sind.

Es gibt auch die Welt derer, die vom ideologischen oder praktischen Atheismus, von Vergnügungssucht und Konsumismus, vom Säkularismus und der gänzlichen Abwesenheit jeden religiösen Bezuges gezeichnet sind. Zu dieser Welt gehören vor allem Elemente der höheren Klassen, zumal Jugendliche oder junge Erwachsene an den Universitäten, die in der Gesellschaft Entscheidungsaufgaben haben. Es ist dringend notwendig, das Evangelium in dieses Milieu einzuführen, aus dem, ob wir es mögen oder nicht, großenteils die großen Entscheidungen des politischen, sozialen, wirtschaftlichen und kulturellen Lebens einer Stadt, eines Staates oder eines Landes kommen.

5. Doch der Missionssonntag weckt in unserem Gewissen auch die missionarische Verpflichtung „ad gentes".

Wenn diese Verpflichtung ganz ernst genommen wird, kann man heute nicht selten folgendes beobachten: Kirchen, die selbst arm sind, geben trotz ihrer Armut anderen Kirchen etwas, die noch ärmer sind. In diesem Sinn hat das *Dokument von Puebla* eine Feststellung von gewaltiger Tragweite getroffen: Unser Kontinent ist missionarisch in dem Sinn, daß er noch den Beitrag anderer Länder dringend braucht. Er ist ferner missionarisch, weil innerhalb des eigenen Landes ein Gebiet, das mehr Mittel und mehr Personal hat, den ärmeren Gebieten Missionare gibt; er ist schließlich missionarisch, weil er bereits beginnt, Missionare „ad gentes" in andere Kontinente zu senden.

Ich bin darüber informiert, daß bereits Hunderte von Priestern, Laien und Ordensleuten Brasiliens eine Missionsbestimmung „ad gentes" übernommen haben und sich heute in fernen Ländern befinden, wo sie mit der Missionsarbeit in all ihren Dimensionen engagiert sind. Meine deutliche und nachdrückliche Ermunterung gilt einmal dem Programm der „Schwesterkirchen", ein wirksames Werkzeug für den missionarischen Auftrag innerhalb des eigenen Landes, dann aber auch den Programmen für „Missionen ad gentes", die von Brasilien ausgehen.

6. An diesem Punkt der Predigt spüre ich den inneren Antrieb, mich an die ganze pilgernde Kirche in Brasilien zu wenden. Die pilgernde Kirche in den Staaten und

Territorien, die ich noch nicht besuchen konnte, deren Hirten, Regierenden und Volk ich aber von hier aus meinen ganz besonderen Apostolischen Segen sende: dem kleinen lieben Sergipe, geographisch an Bahia angrenzend und kirchlich zur Region Nordost III gehörig mit seiner Erzdiözese und den Suffraganbistümern. Acre und Rondonia, Amapá und Roraima. Pilgernde Kirche in jeder Stadt, jedem Dorf, jeder Siedlung; in jeder kirchlichen Basisgemeinschaft, Pfarrei und Diözese. In jeder Fabrik, jedem Bergwerk, jedem Unternehmen und Agrarbetrieb, jeder Schule und Universität. Auch in jeder Familie, in der Glück und Freude herrschen oder Schmerz und Trauer. Pilgernde Kirche in den Hospitälern und Gefängnissen, in den Stadien und an den Orten achtbarer und gesunder Erholung. Diese pilgernde Kirche, die in Hoffnung ihren Weg geht als Gemeinschaft des Glaubens, der Liebe, des Gebetes und des gegenseitigen Dienstes unter Hirten und Gläubigen, ermahne ich: „Sie möge in der Welt ein treuer und zuverlässiger Zeuge der unermeßlich zärtlichen Liebe Gottes zur Menschheit sein".

Der Kirche, die jeden Tag in der Erzdiözese Salvador und im Staat Bahia aufgebaut wird, ihrem Kardinal und Erzbischof, Dom Lucas Moreira Neves, sowie den übrigen Bischöfen, Priestern und Diakonen, gottgeweihten Menschen und Laien möchte ich bei dieser zweiten Begegnung den Ausdruck meiner Zuneigung und meinen Apostolischen Segen hinterlassen, zumal den Ärmsten und Notleidenden, den am meisten Verlassenen und Vergessenen. Der Sohn Gottes, der Herr des „Bonfim", zu dessen Füßen ich heute früh in Anbetung niedergekniet bin, möge Salvador und Bahia, die für das Gemeinwohl Verantwortlichen und die ganze Bevölkerung segnen.

7. Da wir in dieser historischen Stunde, einem echten „kairos" - der Evangelisierung und Mission „ad gentes" versammelt sind, wollen wir die Worte hören, die Jesus Christus an die Apostel, und besonders an Jakobus und Johannes, die beiden Söhne des Zebedäus, gerichtet hat: „Könnt ihr den Kelch trinken, den ich trinken werde, und die Taufe empfangen, mit der ich getauft werde?" (vgl. *Mk* 10,38).

Könnt ihr das heilbringende Kreuz der Erlösung mittragen? Seid ihr bereit, in der Kraft des Geistes der Wahrheit auszuharren und, selbst unter Mühen und Leiden, euch durch den Dienst des Wortes und der Liebe zu beteiligen? In der Kraft des Geistes, der sich den demütigen und starken Herzen schenkt?

Christus fährt fort: Denkt nicht an die Ehrenstellungen dieser Welt und an irdische Größe. „Wer unter euch groß sein will, sei euer Diener" - Diener aller. „Der Menschensohn ist nämlich nicht gekommen, sich dienen zu lassen, sondern zu dienen und sein Leben als Lösepreis für viele hinzugeben" (vgl. *Mk* 10,43-45).

Eines Tages fragte Christus die Apostel: „Könnt ihr?" - und sie antworteten: „Wir können es" (*Mk* 10,39).

Heute fragt der gleiche Christus euch - euch Bahianer und euch Brasilianer - euch, die ihr das Volk Gottes und die Kirche des lebendigen Gottes seid: „Könnt ihr euch, zu eurem eigenen Wohl und zu dem eurer Brüder und Schwestern, in den Dienst meines Wortes und meiner Sakramente stellen, in den Dienst meiner Frohbotschaft vom Heil, in den Dienst der Hoffnung, die zu bringen, und der Liebe, die zu entfa-

chen ich gekommen bin, damit die Welt von ihr entbrenne? Könnt ihr Jugendliche den Idolen des Habens, der Macht und des Vergnügens entsagen und Zeugnis von der vollen Anhänglichkeit an mich geben, bereit, mir auf den Wegen des gottgeweihten Lebens und des diakonalen und priesterlichen Dienstamtes zu folgen? Könnt ihr den Ruf annehmen, den ich in diesem Sinn an euch richte: ‚Komm und folge mir!', wie ich ihn an jeden von den zwölf Aposteln gerichtet habe? Könnt ihr das Beste eures Lebens den Armen und Kranken, den Randexistenzen, den Sündern und den mir und meinem Vater Fernstehenden widmen?"
Möge eure Antwort lauten: „Herr, wir können es! Nicht aus eigener Kraft, aber mit deiner Gnade. Wir können es, denn wir können alles in dir, der uns die Kraft gibt" (vgl. *Phil* 4,13).

Ein bedeutendes und ersehntes Ereignis

Aufruf zum Gebet für die Nahost-Friedenskonferenz vom 20. Oktober

Am Schluß dieser Eucharistiefeier, die meinen Pastoralbesuch in diesem Land beendet, möchte ich euch, Schwestern und Brüder Brasiliens, einladen, weiterhin eifrig für den Frieden in der ganzen Welt zu beten und mit den Worten der Liturgie zu bitten: „Herr, schenke uns den Frieden ... O Domine, dona nobis pacem."
Ich denke vor allem an diese Länder Lateinamerikas, wo der Frieden durch innere Guerillakriege und äußere Spannungen bedroht wird. Und wie könnten wir auch in unseren Gebeten die Völker Jugoslawiens vergessen, während sie große Prüfungen in ihrem berechtigten Streben nach Gerechtigkeit und Freiheit erleiden? Heute möchte ich euch jedoch einladen, besonders für den Frieden im Nahen Osten zu beten. Für den kommenden 30. Oktober ist ein bedeutendes, von allen ersehntes Ereignis angekündigt. Vertreter der Länder, der Völker treffen sich in Madrid, um gemeinsam und im Dialog den Weg der Gerechtigkeit und Sicherheit für den Frieden im Nahen Osten zu suchen.
Wir danken dem Herrn dafür, daß er diesen Willen zum Dialog denen geschenkt hat, die sich intensiv für die Förderung der Initiative eingesetzt haben, und denen, die ihr Folge leisten. Mögen sie empfänglich für die Rechte und legitimen Bestrebungen aller, besonders der Schwächsten, werden in dem Bewußtsein, daß diese Region Millionen von Glaubenden besonders teuer ist, die dort die Wurzeln und heiligen Stätten ihres Glaubens finden. Diesen Einsatz der Gesamtkirche zum Gebet für den Frieden empfehle ich der Gottesmutter Maria; möge sie bei ihrem Sohn dafür bitten, daß man mit Ausdauer und Mut auf einem Weg fortschreitet, der lang und schwierig sein wird, aber notwendig ist, um den Frieden in einer Region zu gewinnen, die allen so lieb ist.

Ihr seid die Zukunft der Kirche!

Ansprache beim Treffen mit den Kindern in Salvador da Bahia am 20. Oktober

Meine lieben Kinder!

1. Wie oft in meinem Leben habe ich die Worte unseres Herrn gelesen und gehört, die sagten: „Wenn ihr nicht ... wie die Kinder werdet, könnt ihr nicht in das Himmelreich kommen" (*Mt* 18,3), und wer „einen von diesen Kleinen ... zum Bösen verführt, für den wäre es besser, wenn er mit einem Mühlstein um den Hals im tiefen Meer versenkt würde" (*Mt* 18,6). Als die Jünger die Kinder von ihm entfernen wollten, sagte er: „Laßt die Kinder zu mir kommen" (*Mt* 19,14).
Deshalb bin ich, der ich der Jünger Jesu bin und ihn in der Kirche vertrete, glücklich gewesen, als ich erfuhr, daß die Kinder Brasiliens mich treffen wollten: „Laßt die Kinder zum Papst kommen"!
Noch glücklicher bin ich darüber, daß ihr Kinder von Bahia euch im Namen aller brasilianischen Kinder mit mir trefft. Deshalb sage ich euch: „Guten Tag, ihr Kinder von Bahia, guten Tag"!

2. Vor allem möchte ich euch sagen, daß ihr sehr wichtig seid für den Papst. Wichtig, weil ihr hier in Brasilien so zahlreich seid und einen großen Teil der Bevölkerung ausmacht. Wußtet ihr das? Wichtig, weil ihr die Zukunft der Nation seid, wichtig, weil ihr auch die Zukunft der Kirche seid. Wußtet ihr das?
Das Schöne in euch ist, daß jedes von euch die anderen Kinder anblickt und ihnen die Hand reicht, ohne dabei auf die Farbe, die sozialen Verhältnisse und die Religion zu achten. Ihr gebt euch einander die Hand. Wenn nur die Erwachsenen dasselbe täten und mit all den Diskriminierungen aufhören würden. Nur so könnte die Welt den Frieden finden. Wollt ihr den Frieden auf der Welt? Wollt ihr eine Welt im Frieden?
Um wirklich wichtig zu sein, braucht ihr eine Familie, Eltern, die in Einigkeit leben, eine Atmosphäre der Liebe und des Friedens. Den Kindern, die außerhalb einer wahren Familie leben, muß geholfen werden. Doch muß auch etwas dafür getan werden, daß allen Kindern ihr Recht auf vereinte Eltern, Geschwister, die sich lieben, und auf ein harmonisches und glückliches Heim zugesprochen wird. Wenn ihr dies wollt, so erhebt die rechte Hand.
Um wichtig zu sein, braucht ihr Schulen, wo alle ausnahmslos lesen, schreiben und rechnen lernen, und all das, was nötig ist, um wachsen zu können. Ihr Kinder, die ihr bereits zur Schule geht, möchtet ihr eifrig und fleißig sein, um viel zu lernen? Wollt ihr, daß andere, die noch nicht in die Schule gehen, gute Schulen haben, um dort zu lernen?
Um wichtig zu sein, müßt ihr Jesus Christus kennen, ihn lieben als euren besten Freund und stets zu ihm beten, jeden Tag. Wenn ihr dies wollt, so erhebt jetzt die linke Hand. Ihr müßt auch zu Hause, in der Schule und in der Kirche den Katechismus lernen und euch auf die Erstkommunion und die Firmung vorbereiten. Wenn ihr dies wollt, so erhebt beide Hände!

Wenn es so wichtig ist, Kind zu sein, so sind alle Kinder wichtig. Es kann und darf keine verlassenen Kinder geben. Und auch keine Kinder ohne Familie. Und keine Straßenkinder. Es darf auch keine Kinder geben, die von Erwachsenen zu unmoralischen Zwecken, für den Handel mit Drogen und große und kleine Vergehen mißbraucht werden. Es darf keine Kinder in Besserungsanstalten geben, wo es nicht gelingt, eine wahre Erziehung zu geben. Es kann und darf dort keine Kinder geben, der Papst erbittet und fordert dies im Namen Gottes und seines Sohnes, der Kind gewesen ist, es darf und kann keine Kinder geben, die unter dem Vorwand getötet, beseitigt werden, Verbrechen zu verhüten, es darf und kann keine Kinder geben, die zum Tode verurteilt sind. Wollt ihr, daß alle Kinder glücklich sind? Wollt ihr eine Stadt, einen Staat und ein Land, in denen es weder verlassene Kinder noch Straßenkinder gibt?

3. Ich wende mich nun an die Erwachsenen, die hier in Begleitung ihrer Kinder anwesend sind oder aber meinen Worten von dieser Hochebene des „Bonfim” aus bis nach Bahia und in ganz Brasilien zuhören. Ich glaube, im Namen und Auftrag dieser Kinder zu sprechen.

Laßt mich zunächst der brasilianischen Gesellschaft meine Freude und meine Glückwünsche über zwei Ereignisse zum Ausdruck bringen. Zuerst über die Einrichtung eines Ministeriums für die Kindheit. Ich wünsche sehr, daß dieses Organ die nötige Schaffenskraft und Handlungsfähigkeit sowie die unentbehrlichen Mittel finden wird, um all die Probleme, die die brasilianischen Kinder betreffen, lösen zu können. Dann freue ich mich und beglückwünsche euch zum kürzlich erfolgten Erlaß des Statuts des Kindes und Heranwachsenden. Die Erarbeitung dieses Statuts habe ich voller Interesse mitverfolgen können. Ich freue mich zu erfahren, daß das Statut bereits in Kraft getreten ist, nachdem es von beiden Kammern und somit von nahezu dem gesamten brasilianischen Volk befürwortet worden ist. Gewiß ist es kein Allheilmittel und erhebt auch nicht den Anspruch, alle Probleme zu lösen. Wir müssen dennoch Vertrauen haben und daran denken, daß es trotz seiner unvermeidbaren Einschränkungen dazu dienen kann, eine Sozialpolitik weiterzuverfolgen, die den Kindern und Heranwachsenden zugutekommt. Ich hoffe, daß es auch auf allen Ebenen der brasilianischen Gesellschaft zu wirkungsvollen Initiativen führt, die zur Lösung dieser Probleme beitragen.

Im kirchlichen Bereich verzeichne ich mit Freude die Dynamik, mit der eine große Zahl von Diözesen im ganzen Land die Pastoral des Kindes und die Pastoral der Minderjährigen betreibt. Und die Worte, die soeben Schwester Maria da Rosario vom Sekretariat der Pastoral für die Minderjährigen ausgesprochen hat, der ich zu großem Dank verpflichtet bin, sind ein Beweis für diese Dynamik, die ich segne und zu der ich ermuntere. Wenngleich sie sich auch in ihren unmittelbaren Zielsetzungen und Methoden voneinander unterscheiden, so sind diese beiden Pastoralzweige doch unweigerlich durch den Dienst, den sie leisten, miteinander verbunden. Ich bin sehr erfreut über die unlängst in Brasilia und nun in Salvador gegründete Bewegung zugunsten des Lebens, der ich den göttlichen Segen wünsche und um den ich bitte, damit sie ein gültiges und wirkungsvolles Mittel zur Senkung der Abtreibungsquote wird, zur Förderung und Verteidigung des Lebens vom Augenblick der Zeugung im Mutterleib an, bis hin zum natürlichen Tod, zur Aufnahme aller Schwangeren und Mütter in Not, sowie zur Garantierung einer besseren Lebensqualität für die Kinder, die geboren werden.

4. Ich möchte nun alle, einen jeden in seinem eigenen menschlichen, religiösen, beruflichen und politischen Bereich dazu einladen, einige Faktoren sicherzustellen, um die traurigen Verhältnisse von Millionen am Rande der Gesellschaft lebender brasilianischer Kinder zu verändern.
Der erste Faktor ist eine qualitativ gute Grundausbildung der Kinder vom Vorschulalter an. Die Erziehung der Frau in den Mangelzonen, damit sie innerhalb der Familie und der Gemeinschaft ihre unersetzliche Mission in voller Kompetenz ausüben kann.
Der zweite Faktor ist eine verantwortungsvolle Vaterschaft und Mutterschaft, ein von meinem Vorgänger Papst Paul VI. mit Nachdruck gepredigtes Ideal, das die künstlichen Methoden der Empfängnisverhütung ausschließt, die die Würde der Person und der Eheleute mißachtet. Deshalb haben die öffentlichen Autoritäten kein Recht dazu, bei ihren Initiativen zugunsten eines normalen und ausgeglichenen Bevölkerungswachstums die Abtreibung, die Massensterilisierung und eine unterschiedslose Werbung für künstliche Methoden der Geburtenregelung zu fördern. Eine nach den natürlichen Methoden ausgerichtete Planung trägt hingegen zur Erziehung und Reife der Eheleute bei, insbesondere in den Zonen, die unter dem größten Mangel leiden. Die Forderung nach verantwortungsvoller Vater- und Mutterschaft muß auf wirksame Weise gesetzlich unterstützt werden. Die Leibesfrucht hat nicht nur das Recht darauf, geboren zu werden, sondern auch darauf, als Frucht einer verantwortungsvollen Liebe geboren zu werden, die nicht einfach nur auf Abenteuerlust beruht. Sie hat das Recht darauf, Liebe, Hingabe und Schutz in einer wohlorganisierten Familie zu finden.
Im Namen Christi, unseres Herrn und Meisters, bitte ich alle, für die Kindheit zu arbeiten.
Entschuldigt Kinder! Ich mußte den Erwachsenen einige Dinge sagen, doch nun spreche ich wieder mit euch. Wenn ihr nicht verstanden habt, was ich den Erwachsenen gesagt habe, so macht das nichts. Wichtig ist, daß sie es verstehen! Euch möchte ich etwas sehr Ernstes sagen, etwas wirklich Ernstes: Der Papst liebt die Kinder Brasiliens von ganzem Herzen!
Um euch zu zeigen, wie sehr er die Kinder Brasiliens liebt, möchte er euch ein Geheimnis erzählen. Vor einigen Wochen hat ein großzügiger italienischer Wohltäter dem Papst eine große Geldsumme geschenkt, die er nach eigenem Gutdünken ausgeben sollte. Sogleich habe ich an euch gedacht und habe entschieden, das gesamte Geld den verlassenen Kindern Brasiliens zukommen zu lassen. Ich überreiche daher Erzbischof Kardinal Lucas Moreira Neves dieses Geschenk. Er wird in meinem Namen damit beauftragt, das Geld auf die Werke der Kirche zu verteilen, die sich mit der Kindheit in ganz Brasilien beschäftigen. Ich tue dies von ganzem Herzen,

denn, indem ich dem Beispiel Jesu folge, wiederhole ich nochmals: „Der Papst hat eine große Liebe zu den Kindern!"
Ich möchte euch glücklich aufwachsen sehen! Eure Freude, eure Begeisterung, mit der ihr singt, ruft und betet sind der größte Reichtum und die größte Hoffnung Brasiliens. Möge Gott euch alle segnen! Möge euch Maria beschützen!
Meine Umarmung und mein Segen gelten euch!
Mögen die Kinder von Bahia hochleben!
Mögen die Kinder von Brasilien hochleben!
Mögen die Kinder auf der ganzen Welt hochleben!

Großherzig das Geschenk des Lebens annehmen

Predigt beim Abschiedsgottesdienst in Salvador da Bahia am 21. Oktober

Sehr geehrter Herr Außenminister,
sehr geehrte Herren Mitglieder
der Regierungen des Bundes, des Staates und der Stadt,
liebe brasilianischen Freunde!

1. Ich muß euch gestehen, daß zu meinem Bedauern die Stunde des Abschieds gekommen ist. Ich möchte daher vor Antritt meiner Rückreise, Seiner Exzellenz, dem Herrn Präsidenten der Republik, danken, der hier durch seinen Außenminister vertreten ist, den Mitgliedern der Regierung und den übrigen Autoritäten und dem Episkopat Brasiliens für die mir gewährte freundliche Aufnahme von Beginn meines apostolischen Besuches auf brasilianischem Boden an.
Gestattet mir, daß ich mich an erster Stelle an meine Brüder im Bischofsamt wende, wie ich es bei meiner Ankunft in Natal getan habe. In ihren Händen liegt das Los der überaus zahlreichen katholischen Bevölkerung Brasiliens. Ich danke ihnen für ihren Einsatz und ihre Arbeit, die sie im Geist der Freude und Opferbereitschaft geleistet haben, so daß in enger Zusammenarbeit mit den Autoritäten des Landes der Plan, den ich für meine Reise aufgestellt hatte, voll durchgeführt wurde. Ich danke den leitenden Autoritäten des Landes für die Äußerung der brüderlichen Freundschaft, mit der sie ihre Hochachtung für den Nachfolger des Petrus unter Beweis stellen wollten. Ich muß gestehen, daß ich während dieser Tage die Größe eurer Hingabe kennenlernen durfte, die zu einer wirksamen Organisation führte, damit alles möglichst gut gelingen sollte.
Mein Dank gilt dem so herzlichen und gastfreundlichen brasilianischen Volk. Der unbeschreibliche Empfang, den es mir in den verschiedenen großen Städten des Staates bereitet hat, die ich berührte, wird wohl kaum aus meinem Gedächtnis schwinden. Dieser ganzen Bevölkerung aus verschiedenen Rassen und Kulturen, die ein einziges Volk bilden, das brüderlich in dem einen Anliegen zusammensteht, aus Brasilien eine große und blühende Nation zu machen, möchte ich die Freude aussprechen, die mir ihre menschliche Wärme, ihre Begeisterung und ihre Liebe zum

Papst bereitet haben. Wenn ich mich jetzt von allen verabschiede, die mich direkt begleiten oder wenigstens alles über Radio und Fernsehen verfolgen konnten, versichere ich, daß ich im Herzen den Glanz ihrer Augen bewahre, ihre Worte und ihr Lächeln und auch ihre Gebete. Der Papst möchte mit dieser Erinnerung nach Rom zurückkehren. Sie wird Licht auf seinen Wegen sein und Anregung, den allmächtigen Gott um seinen besonderen Schutz für Brasilien zu bitten, um wahren Frieden und Wohlstand, und daß er den Brasilianern helfen möge, ihr Vaterland zu lieben, und in dem einen und wahren Gott die Quelle der Wahrheit und des Glückes anzuerkennen.

2. Es ist ein glückliches Zusammentreffen, daß ich heute auch den Jahrestag des Beginns meines Pontifikates begehen kann. Erneut möchte ich daher an alle Menschen guten Willens appellieren, wie ich es immer getan habe: „Habt keine Angst, Christus aufzunehmen und seine Herrschaft anzunehmen.” Dies war zusammengefaßt die Botschaft, die in diesen Tagen in Brasilien mein Denken bestimmt hat.
Er, der sich als „Licht der Welt” (*Joh* 8,12) bezeichnet hat, möchte der Mittelpunkt und die Wurzel des Glückes sein, das in jedem Herzen leuchten muß. In dieser Stunde möchte ich daran erinnern, daß sich das echte Glück nur mit Gott zusammen erreichen läßt. Er wartet auf euch, um euch besonders in der Eucharistie mit all seinen Gaben zu überschütten. Möge die heilige Messe, die ich in Natal zum Abschluß des 12. Nationalen Eucharistischen Kongresses gefeiert habe, für alle eine ständige Erinnerung sein, die eure Haltung als Christen bestimmt: den Blick auf Christus, unseren Erlöser, gerichtet leben und in ihm das Beispiel und den Mut finden, die Mitmenschen, zumal die ärmsten und am meisten Not leidenden zu lieben.
Wenn heute nach neun Tagen Pilgerfahrt durch brasilianisches Land die Stunde des Abschieds gekommen ist, bleibt mein Herz voll Dankbarkeit, weil ihr im Empfang des Nachfolgers des Petrus zugleich auch die Botschaft aufzunehmen wußtet, die Jesus Christus, unser Erlöser, der Welt übermitteln möchte.
Ja, liebe Brasilianer! Mein Wort, meine Präsenz und mein Gebet möchten Botschafter Christi selbst sein, der in die Welt kam, um „von der Wahrheit Zeugnis zu geben” (vgl. *Joh* 18,37). Ich habe versucht, allen die Lehre des Evangeliums zu vermitteln und die christliche Lehre mit all ihren Folgerungen für das Leben eines jeden und für das Leben der Gesellschaft vorzulegen. Der wahre Glaube und die authentische Lehre sind unerläßliche und grundlegende Vorbedingungen für das ganze Werk der Evangelisierung. Deshalb wollte ich euch die unersetzliche Garantie anbieten, daß einzig Christus euch eine sichere Lehre schenken kann, die euch Orientierung gibt und zur echten Freiheit der Kinder Gottes führt.
Bei meinen verschiedenen Begegnungen mit unterschiedlichen Gruppen der Gesellschaft durfte ich eine lebendige Kirche sehen, in der Bischöfe und Priester, Ordensmänner und Ordensfrauen, Katechisten und Apostolatsbewegungen und vor allem Gläubige aus den verschiedensten Lebensverhältnissen, jung und alt, sich mit Überzeugung und Begeisterung für die Aufgabe der Evangelisierung einsetzen. Allen möchte ich sagen, daß sie nicht mutlos werden sollen, wenn ihre Arbeit große Opfer von ihnen fordert, damit das Licht des Evangeliums zu allen, die Christus noch nicht

kennen, gelangen kann. Erinnert euch an die Verheißung des Erlösers: „Ich bin bei euch alle Tage bis zum Ende der Welt" (*Mt* 28,20).

3. Der Papst spricht vom Grund seines Herzens den ehrlichen Wunsch und die lebhafte Hoffnung aus, daß die brasilianische Nation sich immer durch ihre Hochschätzung der Menschenwürde auszeichne und großherzig das Geschenk des Lebens anzunehmen wisse, daß sie die Einheit der Familie achte und bewahre und die Rechte des Menschen bei seiner Arbeit und im sozialen Zusammenleben hüte und verteidige. Ich schaue auf alle, die sich nach einem besseren Leben sehnen, in den Städten und auf dem Land, in der Fabrik und im Büro, am Meeresgestade und im unermeßlichen Inneren Brasiliens. Und so richte ich mein Gebet an den allmächtigen Gott, er möge die Regierenden erleuchten, damit sie sich weiter von den Grundsätzen des Evangeliums inspirieren lassen, die dem Land Brasilien seine unverkennbar katholischen Züge gegeben haben. Gebe Gott, daß „im Land des Heiligen Kreuzes" der Friede herrsche, getragen von Gerechtigkeit und menschlicher Solidarität. Deswegen bin ich nach Brasilien gekommen, deswegen hatte ich die Freude, diese unvergeßlichen Tage mit euch zu verbringen.

4. Ich danke dem Herrn Außenminister, Dr. José Francisco Rezek, für alle Aufmerksamkeit, die die brasilianische Regierung mir geschenkt hat. Ich danke ebenfalls erneut den Gouverneuren und Präfekten, die mich so liebenswürdig aufgenommen und in ihren Staaten und Städten als Gast betreut haben.
Den Brüdern im Bischofsamt, mit denen ich mich sehr verbunden fühle, den Priestern, den Ordensmännern und Ordensfrauen und allen Männern und Frauen, meinen Brüdern und Schwestern, zumal denen, die zu leiden haben, allen sage ich aus ganzem Herzen: Vielen Dank!
Vielen Dank allen! Ich wünsche euch alles Gute! Gott vergelte euch alles, und er segne Brasilien unter dem ständigen Schutz Unserer Lieben Frau Aparecida!
Meine lieben Söhne und Töchter, der Papst geht fort, aber er trägt alle in seinem Herzen!
Gelobt sei Jesus Christus!

III.

Ansprachen, Predigten, Botschaften und Rundschreiben

Wenn du den Frieden willst, achte das Gewissen jedes Menschen

Botschaft zur Feier des Weltfriedenstages am 1. Januar 1991
vom 8. Dezember 1990

Die vielen Völker, die eine Menschheitsfamilie bilden, suchen heute immer häufiger die tatsächliche Anerkennung und den Rechtsschutz der Gewissensfreiheit, die für die Freiheit jedes Menschen wesentlich ist. Den verschiedenen Aspekten dieser für den Frieden in der Welt grundlegenden Freiheit habe ich bereits zwei Botschaften zum Weltfriedenstag gewidmet.
Für das Jahr 1988 habe ich zur gemeinsamen Besinnung über die Religionsfreiheit eingeladen. Die Gewähr des Rechts, öffentlich und in allen Bereichen des staatlichen Lebens seine religiösen Überzeugungen auszusprechen, stellt ein unerläßliches Element des friedlichen Zusammenlebens unter den Menschen dar. „Der Friede - schrieb ich zu jenem Anlaß - ist mit seinen Fundamenten tief in der Freiheit und in der Offenheit der Gewissen für die Wahrheit verankert"[1]. Im darauffolgenden Jahr führte ich diese Betrachtung weiter, indem ich einige Gedanken über die unbedingt notwendige Achtung der Rechte ethnischer und religiöser Minderheiten vorlegte, „eine der heikelsten Fragen in der gegenwärtigen Gesellschaft ..., weil sie sowohl die Gestaltung des gesellschaftlichen und staatlichen Lebens im Inneren eines jeden Landes als auch das Leben der internationalen Gemeinschaft betrifft".[2] Dieses Jahr möchte ich spezifische Betrachtungen anstellen über die Bedeutung der Achtung des Gewissens eines jeden Menschen als unerläßliches Fundament für den Frieden in der Welt.

I. Gewissensfreiheit und Friede

Die Ereignisse des vergangenen Jahres haben in der Tat dem Bedürfnis, konkrete Schritte zu unternehmen, um die volle Achtung der Gewissensfreiheit sowohl auf gesetzlicher Ebene wie in den menschlichen Beziehungen zu gewährleisten, eine neue Dringlichkeit verliehen. Diese raschen Veränderungen bezeugen mit aller Klarheit, daß die Person nicht wie eine Art Gegenstand behandelt werden kann, gelenkt ausschließlich von Kräften, über die sie keine Kontrolle hat. Im Gegenteil, trotz ihrer Hinfälligkeit entbehrt sie als Person nicht der Fähigkeit, aus freien Stükken das Gute zu suchen und kennenzulernen, das Böse zu erkennen und zurückzuweisen, sich für die Wahrheit zu entscheiden und sich dem Irrtum zu widersetzen. Denn als Gott den Menschen schuf, hat er ihm ein Gesetz ins Herz geschrieben, das jeder entdecken kann (vgl. *Röm* 2,15), und das Gewissen ist eben die Fähigkeit,

---

1 *Botschaft zum Weltfriedenstag 1988*, Einführung: *O.R. dt.*, 18.12.1987, S. 1.
2 *Botschaft zum Weltfriedenstag 1989*, Nr. 3: *O.R. dt.*, 22.12.1988, S. 1.

gemäß diesem Gesetz zu unterscheiden und zu handeln. Ihm zu gehorchen ist eben die Würde des Menschen.[3]
Keine menschliche Autorität hat das Recht, in das Gewissen eines Menschen einzugreifen. Dieses ist auch gegenüber der Gesellschaft Zeuge für die Transzendenz des Menschen und als solches unantastbar. Es ist jedoch nicht ein über die Wahrheit und den Irrtum gestelltes Absolutes; ja, seine innerste Natur schließt die Beziehung zur objektiven, allgemeinen und für alle gleichen Wahrheit ein, die alle suchen können und sollen. In dieser Beziehung zur objektiven Wahrheit findet die Gewissensfreiheit ihre Rechtfertigung als notwendige Vorbedingung für die Suche nach der dem Menschen gemäße Wahrheit, zu der alle verpflichtet sind, und für die Zustimmung zu ihr, sobald sie entsprechend erkannt wurde. Das schließt seinerseits ein, daß alle das Gewissen jedes Einzelnen achten müssen und nicht versuchen dürfen, irgendjemandem die eigene „Wahrheit" aufzudrängen, trotz des unverkürzt bestehenden Rechts, sich zu ihr zu bekennen, ohne freilich deshalb den Andersdenkenden zu verachten. Die Wahrheit setzt sich nur kraft ihrer selbst durch. Einem Menschen die volle Gewissensfreiheit, insbesondere die Freiheit zum Suchen nach der Wahrheit, zu verweigern oder der Versuch, ihm eine besondere Weise des Wahrheitsverständnisses aufzudrängen, läuft seinem innersten Recht zuwider. Es bewirkt auch eine Verschärfung der Abneigungen und Spannungen, die zu schwierigen und feindseligen Beziehungen oder sogar zu einem offenen Konflikt im Inneren der Gesellschaft zu führen drohen. Es ist also die Gewissensebene, wo sich das Problem, einen echten und dauerhaften Frieden zu gewährleisten, stellt und man sich wirksamer mit diesem Problem auseinandersetzen kann.

II. Die absolute Wahrheit ist nur in Gott zu finden

Die Gewähr für die Existenz der objektiven Wahrheit liegt in Gott, der absoluten Wahrheit, und die Suche nach der Wahrheit ist auf der objektiven Ebene identisch mit der Suche nach Gott. Das sollte genügen, die innige Beziehung zwischen Gewissensfreiheit und Religionsfreiheit zu beweisen. Andrerseits erklärt sich so, warum die systematische Leugnung Gottes und die Errichtung eines Regimes, dessen konstitutives Element diese Leugnung Gottes ist, der Gewissensfreiheit wie auch der Religionsfreiheit diametral entgegengesetzt sind. Wer hingegen die Beziehung zwischen der letzten Wahrheit und Gott selbst anerkennt, wird auch den Nichtglaubenden nicht nur die Pflicht, sondern auch das Recht des Suchens nach der Wahrheit zuerkennen, das sie dann zur Entdeckung des göttlichen Geheimnisses und dessen demütiger Annahme führen kann.

---

[3] Vgl. II. Vatikanisches Konzil, Pastoralkonstitution über die Kirche in der Welt von heute, *Gaudium et spes*, Nr. 16.

III. Gewissensbildung

Jeder Mensch hat die ernste Pflicht, sein Gewissen zu bilden, und zwar im Licht der objektiven Wahrheit, deren Kenntnis niemandem verweigert wird und von niemandem verhindert werden kann. Für sich selbst das Recht, nach dem Gewissen zu handeln, zu fordern und in Anspruch zu nehmen, ohne gleichzeitig die Pflicht anzuerkennen, sich um die Bildung des eigenen Gewissens nach der Wahrheit und dem Gesetz zu bemühen, das von Gott selber unseren Herzen eingeschrieben worden ist, besagt in Wirklichkeit, daß man nur seine eigenen begrenzten Gesichtspunkte fördern und durchsetzen will. Das ist weit davon entfernt, ein wirksamer Beitrag zu der schwierigen Aufgabe zu sein, den Frieden in der Welt aufzubauen. Im Gegensatz dazu wird die Wahrheit leidenschaftlich gesucht, befolgt und zum Besten der eigenen Fähigkeiten gelebt. Dieses aufrichtige Suchen nach der Wahrheit führt nicht nur zur Achtung gegenüber dem Suchen der anderen, sondern auch zu dem Verlangen, gemeinsam zu suchen.

Bei der wichtigen Aufgabe der Gewissensbildung kommt der Familie eine vorrangige Rolle zu. Es ist die ernste Pflicht der Eltern, ihren Kindern vom frühesten Alter an zu helfen, die Wahrheit zu suchen und nach ihr zu leben, das Gute zu suchen und es zu fördern.

Grundlegend für die Gewissensbildung ist ferner die Schule, wo das Kind und der Jugendliche mit einer größeren Welt, die häufig ganz anders als das Familienmilieu ist, in Berührung kommen. Tatsächlich ist die Erziehung niemals moralisch indifferent, auch wenn sie ihre sittliche und religiöse „Neutralität" zu verkünden versucht. Die Art und Weise, wie die Kinder und Jugendlichen geformt und erzogen werden, spiegelt notwendigerweise manche Werte wider, die Einfluß darauf haben, wie sie zum Verstehen der anderen und der ganzen Gesellschaft geführt werden. In Übereinstimmung mit der Natur und der Würde der menschlichen Person und mit dem Gesetz Gottes muß den Jugendlichen daher während ihrer Schulzeit dabei geholfen werden, die Wahrheit zu erkennen und zu suchen, die Forderungen und Grenzen der wahren Freiheit anzunehmen und das entsprechende Recht der anderen zu achten.

Die Bildung des Gewissens ist gefährdet, wenn eine gründliche religiöse Erziehung fehlt. Wie kann ein junger Mensch die Forderungen der Menschenwürde voll begreifen, ohne auf die Quelle eben dieser Würde, den Schöpfer des Menschen, Bezug zu nehmen? In diesem Zusammenhang ist die Rolle der Familie, der katholischen Kirche, der christlichen Gemeinschaften und der anderen religiösen Einrichtungen vorrangig, und der Staat muß in Übereinstimmung mit den Gesetzen und den internationalen Erklärungen[4] ihre Rechte auf diesem Gebiet sicherstellen und unterstützen. Die Familie und die religiösen Gemeinschaften müssen ihrerseits ihren Einsatz für den Menschen und seine objektiven Werte immer mehr bekräftigen und vertiefen.

---

4 Vgl. u. a. zur Anerkennung dieses Rechts in jüngster Zeit die *Erklärung der Vereinten Nationen von 1981 über die Beseitigung aller auf die Religion oder die Überzeugung gestützten Formen von Intoleranz und Diskriminierung*, Art. 1.

Unter den vielen anderen Einrichtungen und Organen, die bei der Gewissensbildung eine besondere Rolle entfalten, sind auch die sozialen Kommunikationsmittel zu erwähnen. In unserer modernen, von rascher Kommunikation gekennzeichneten Welt können die Massenmedien eine äußerst wichtige, ja wesentliche Rolle bei der Förderung der Suche nach der Wahrheit entfalten, indem sie vermeiden, nur die begrenzten Interessen dieser oder jener Person, dieser oder jener Gruppe oder Ideologie vorzulegen. Diese Medien bilden für eine immer größere Anzahl von Menschen oft die einzige Informationsquelle. Wie verantwortungsvoll also muß von ihnen im Dienst an der Wahrheit Gebrauch gemacht werden!

IV. Die Intoleranz: eine ernste Bedrohung für den Frieden

Eine ernste Bedrohung für den Frieden stellt die Intoleranz dar, die sich in der Ablehnung der Gewissensfreiheit äußert. Aus den Ereignissen der Geschichte haben wir in schmerzlicher Weise erfahren, zu welchen Ausschreitungen Intoleranz führen kann.

Die Intoleranz kann jeden Bereich des gesellschaftlichen Lebens erfahren und sich in der Ausgrenzung oder Unterdrückung der Personen und Minderheiten äußern, die hinsichtlich ihrer gültigen Lebensweisen ihrem Gewissen folgen. Im öffentlichen Leben läßt die Intoleranz keinen Raum für die Pluralität politischer oder sozialer Entscheidungen und nötigt so allen eine einförmige Ansicht von der staatlichen und kulturellen Organisation auf.

Was die religiöse Intoleranz angeht, so kann man nicht leugnen, daß es trotz der feststehenden Lehre der katholischen Kirche, wonach niemand zum Glauben gezwungen werden darf,[5] im Laufe der Jahrhunderte zu nicht wenigen Schwierigkeiten und sogar Konflikten zwischen Christen und Angehörigen anderer Religionen gekommen ist[6]. Das Zweite Vatikanische Konzil hat das formell zugegeben, als es erklärte, daß „bisweilen im Leben des Volkes Gottes auf seiner Pilgerfahrt - im Wechsel der menschlichen Geschichte - eine Weise des Handelns vorgekommen [ist], die dem Geist des Evangeliums wenig entsprechend, ja sogar entgegengesetzt war"[7].

Auch heute bleibt noch viel zu tun, um die religiöse Intoleranz zu überwinden, die in verschiedenen Teilen der Welt aufs engste mit der Unterdrückung der Minderheiten verbunden ist. Wir sind leider Zeugen von Versuchen, anderen entweder direkt, mit Hilfe einer Proselytenmacherei, die sich der Mittel tatsächlicher Nötigung bedient, oder durch die Verweigerung gewisser gesellschaftlicher oder politischer Rechte eine bestimmte religiöse Idee aufzuzwingen. Besonders heikel sind die Situationen, wo eine eigentlich religiöse Bestimmung Gesetz des Staates wird oder werden soll, ohne daß dabei der Unterscheidung zwischen den Kompetenzen der Religion und

---

5 Vgl. u. a. II. Vatikanisches Konzil, Erklärung über die Religionsfreiheit, *Dignitatis humanae*, Nr. 12.

6 Vgl. u. a. II. Vatikanisches Konzil, Erklärung über das Verhältnis der Kirche zu den nichtchristlichen Religionen, *Nostra aetate*, Nr. 3.

7 II. Vatikanisches Konzil, Erklärung über die Religionsfreiheit, *Dignitatis humanae*, Nr. 12.

jenen der politischen Gesellschaft gebührend Rechnung getragen wird. Die Gleichsetzung von religiösem und staatlichem Gesetz kann die Religionsfreiheit in der Tat unterdrücken und sogar andere unveräußerliche Menschenrechte einschränken oder verweigern. In diesem Zusammenhang möchte ich wiederholen, was ich in der Botschaft zum Weltfriedenstag 1988 gesagt habe: „Auch im Falle, daß ein Staat einer bestimmten Religion eine besondere Rechtsstellung zuspricht, ist es seine Pflicht, das Recht auf Gewissensfreiheit aller Bürger gesetzlich anzuerkennen und wirksam zu achten, wie auch der Ausländer, die dort der Arbeit wegen oder aus anderen Gründen, wenn auch nur zeitweise, wohnen"[8]. Das gilt auch für die bürgerlichen und politischen Rechte der Minderheiten und für jene Situationen, wo ein erbitterter Laizismus im Namen der Achtung des Gewissens den Gläubigen de facto das Recht verwehrt, ihrem Glauben öffentlich Ausdruck zu verleihen.

Die Intoleranz kann auch das Ergebnis eines gewissen Fundamentalismus sein, der eine wiederkehrende Versuchung darstellt. Er kann leicht zu schwerwiegenden Gesetzwidrigkeiten führen, wie zur radikalen Unterdrückung jeder öffentlichen Äußerung von Andersartigkeit oder sogar überhaupt zur Verwehrung, sich frei zu äußern. Auch der Fundamentalismus kann zur Ausschließung des anderen vom gesellschaftlichen Leben oder, auf religiösen Gebiet, zu Zwangsmaßnahmen mit dem Ziel der „Bekehrung" führen. Wie sehr einem auch die Wahrheit der eigenen Religion am Herzen liegen mag, so gibt das doch niemandem, weder einzelnen noch Gruppen, das Recht zu dem Versuch, die Gewissensfreiheit all jener, die andere religiöse Überzeugungen haben, zu unterdrücken oder sie dadurch zum Verrat an ihrem Gewissen zu verleiten, daß man ihnen im Falle, daß sie ihre Religion wechseln, bestimmte soziale Privilegien und Rechte anbietet bzw. verweigert. In anderen Fällen geht man so weit, Menschen sogar unter Anwendung strenger Strafmaßnahmen zu verwehren, sich frei für eine andere Religion als die, der sie im Augenblick angehören, zu entscheiden. Derartige Bezeigungen von Intoleranz fördern klarerweise nicht den Frieden in der Welt.

Um die Auswirkungen der Intoleranz zu beseitigen, genügt es nicht, die ethnischen und religiösen Minderheiten zu „schützen", wodurch man sie nämlich zu einer Klasse von „Minderbürgern" oder Individuen macht, die unter Vormundschaft des Staates stehen. Das könnte auf eine Form von Diskriminierung hinauslaufen, die die Entwicklung einer harmonischen und friedvollen Gesellschaft behindert, ja verhindert. Vielmehr wird das unauslöschliche Recht, seinem Gewissen zu folgen und seinen Glauben allein oder in Gemeinschaft zu bekennen und zu praktizieren - immer unter der Voraussetzung, daß dabei die Forderungen der öffentlichen Ordnung nicht verletzt werden - anerkannt und garantiert.

Paradoxerweise kann es vorkommen, daß diejenigen, die zuvor Opfer verschiedener Formen von Intoleranz gewesen sind, Gefahr laufen, ihrerseits neue Situationen von Intoleranz zu schaffen. Das Ende jahrzehntelanger Unterdrückung in einigen Teilen der Welt, während welcher das Gewissen des einzelnen nicht geachtet und das, was

---

8 Nr. 1: *O.R. dt.*, 18.12.1987, S. 9.

dem Menschen am kostbarsten war, unterdrückt wurde, darf nicht zum Anlaß für neue Formen von Intoleranz werden, so schwer auch die Versöhnung mit dem früheren Unterdrücker sein mag.
Die Gewissensfreiheit ist, richtig verstanden, auf Grund ihrer Natur immer der Wahrheit verschrieben. Darum führt sie nicht zu Intoleranz, sondern zu Toleranz und Versöhnung. Diese Toleranz ist nicht eine passive Tugend, denn sie hat ihren Ursprung in der tätigen Liebe und trachtet, sich zu wandeln und zu einem positiven engagierten Einsatz zu werden, um Freiheit und Frieden für alle sicherzustellen.

V. Die Religionsfreiheit: eine Kraft für den Frieden

Die Bedeutung der Religionsfreiheit veranlaßt mich, nachdrücklich zu betonen, daß das Recht auf Religionsfreiheit nicht bloß eines unter den anderen Menschenrechten ist; „ja, dieses Recht ist das grundlegendste, weil die Würde jedes Menschen ihre erste Quelle in seiner Wesensbeziehung zu Gott, dem Schöpfer und Vater, hat, nach dessen Bild und Gleichnis er geschaffen ist; weil er mit Vernunft und freiem Willen begabt ist"[9]. „Die Religionsfreiheit ist als unauslöschliche Forderung aus der Würde jedes Menschen der Grundstein des Gebäudes der Menschenrechte"[10] und deshalb der tiefgründigste Ausdruck der Gewissensfreiheit.
Man kann nicht übersehen, daß das Recht auf Religionsfreiheit die Identität der menschlichen Person selbst berührt. Einer der bezeichnendsten Aspekte, die die heutige Welt charakterisieren, ist die Rolle der Religion beim Erwachen der Völker und bei der Suche nach der Freiheit. In vielen Fällen hat es der religiöse Glaube vermocht, die Identität ganzer Völker unversehrt zu bewahren und sogar zu stärken. In den Nationen, wo die Religion behindert oder sogar verfolgt wurde durch den Versuch, sie unter die überwundenen Erscheinungen der Vergangenheit zu verbannen, hat sie sich erneut als mächtige Befreiungskraft erwiesen.
Der religiöse Glaube ist den Völkern und den einzelnen Menschen so wichtig, daß sie zu seiner Bewahrung in vielen Fällen zu jedwedem Opfer bereit sind. In der Tat birgt jeder Versuch, einem Menschen das, was ihm am teuersten ist, vorzuenthalten oder es zu unterdrücken, die Gefahr in sich, schließlich zu offener oder verborgener Auflehnung zu führen.

VI. Die Notwendigkeit einer gerechten Gesetzesordnung

Trotz der verschiedenen Erklärungen auf nationalem und internationalem Gebiet, die das Recht auf Gewissens- und Religionsfreiheit verkünden, gibt es noch immer zu viele Versuche religiöser Unterdrückung. Ohne eine begleitende Rechtsgarantie durch geeignete Instrumente ist es solchen Erklärungen allzu oft beschieden, toter Buchstabe zu bleiben. Daher sind die neuerlichen Anstrengungen zu schätzen, die

---

9 *Ansprache an die Teilnehmer des 5. Internationalen Juridischen Kolloquiums der Päpstlichen Lateran-Universität*, 10.3.1984, Nr. 5: *DAS*, 1984, S. 1057.
10 Vgl. *Botschaft zum Weltfriedenstag 1988*, Einführung: *O.R. dt.*, 18.12.1987, S. 1.

unternommen werden, um der bestehenden Gesetzesregelung[11] durch die Schaffung neuer, wirksamer und zur Festigung der Religionsfreiheit geeigneter Mittel mehr Kraft zu verleihen. Dieser volle gesetzliche Schutz muß wirklich jeden religiösen Zwang als ernstes Hindernis für den Frieden ausschließen. Im Gegenteil, „diese Freiheit besteht darin, daß alle Menschen frei sein müssen von jedem Zwang sowohl von seiten einzelner wie gesellschaftlicher Gruppen, wie jeglicher menschlichen Gewalt, so daß in religiösen Dingen niemand gezwungen wird, gegen sein Gewissen zu handeln, noch daran gehindert wird, privat und öffentlich, als einzelner oder in Verbindung mit anderen - innerhalb der gebührenden Grenzen - nach seinem Gewissen zu handeln"[12].

Der gegenwärtige geschichtliche Augenblick macht die Stärkung der Rechtsmittel dringlich, die geeignet sind, die Gewissensfreiheit auch im politischen und sozialen Bereich zu fördern. Die stufenweise und stetige Entwicklung einer international anerkannten Gesetzesregelung wird in diesem Zusammenhang eine der sichersten Grundlagen für den Frieden und für den Fortschritt der Menschheitsfamilie bilden können. Gleichzeitig kommt es wesentlich darauf an, daß parallele Anstrengungen auf nationaler und auch regionaler Ebene unternommen werden, um sicherzustellen, daß alle Menschen, wo immer sie wohnen, durch international anerkannte gesetzliche Normen geschützt sind.

Der Staat ist verpflichtet, die grundlegende Gewissensfreiheit nicht nur anzuerkennen, sondern sie zu fördern, immer jedoch im Lichte des natürlichen Sittengesetzes und der Notwendigkeiten des Gemeinwohls sowie unter Achtung der Würde eines jeden Menschen. Erwähnenswert ist in diesem Zusammenhang, daß die Gewissensfreiheit nicht das Recht zu einer unterschiedslosen Anwendung des Einspruchs aus Gewissensgründen gibt. Wenn eine beanspruchte Freiheit zu Freizügigkeit im Sinne eines Freibriefes oder zum Vorwand wird, die Rechte anderer einzuschränken, hat der Staat die Pflicht, die unveräußerlichen Rechte seiner Bürger gegen derartige Mißbräuche auch gesetzlich zu schützen.

An alle, die öffentliche Verantwortung tragen - seien es Staatsoberhäupter oder Regierungschefs, Gesetzgeber, Beamte und andere - möchte ich einen besonderen und dringenden Appell richten, daß sie mit allen notwendigen Mitteln die wahre Gewissensfreiheit all derer, die in ihrem Jurisdiktionsbereich wohnen, sicherstellen und dabei den Rechten der Minderheiten besondere Aufmerksamkeit schenken. Das ist nicht nur eine Frage der Gerechtigkeit, es dient auch dazu, die Entwicklung einer friedlichen und harmonischen Gesellschaft zu fördern. Schließlich scheint es beinahe überflüssig, noch einmal zu beteuern, daß die Staaten die strenge moralische und gesetzliche Pflicht haben, die von ihnen unterzeichneten internationalen Übereinkommen einzuhalten.

---

11 Vgl. u. a. *Allgemeine Erklärung der Menschenrechte*, Art. 18; *Schlußakte von Helsinki*, 1,a), VII; *Vereinbarung über die Rechte des Kindes*, Art. 14.

12 II. Vatikanisches Konzil, Erklärung über die Religionsfreiheit, *Dignitatis humanae*, Nr. 2.

VII. Eine pluralistische Gesellschaft und Welt

Das Bestehen anerkannter internationaler Normen schließt nicht aus, daß es bestimmte Staats- oder Regierungsformen geben kann, die einer spezifischen soziokulturellen Realität entsprechen. Diese Staatsformen müssen jedoch jedem Bürger volle Gewissensfreiheit gewähren und dürfen keinesfalls einen Vorwand für die Verweigerung oder Beschränkung der allgemein anerkannten Rechte darstellen.

Das trifft um so mehr zu, wenn man bedenkt, daß in unserer heutigen Welt selten die gesamte Bevölkerung eines Landes ein und derselben religiösen Überzeugung oder ein und demselben Volksstamm bzw. ein und derselben Kultur angehört. Die Massenwanderungen und Bevölkerungsbewegungen führen in verschiedenen Teilen der Welt zu einer multinationalen und multireligiösen Gesellschaft. In diesem Zusammenhang gewinnt die Achtung des Gewissens aller eine neue Dringlichkeit und stellt neue Herausforderungen an alle Bereiche und Strukturen der Gesellschaft sowie an die Gesetzgeber und die Regierenden.

Wie sollen in einem Land die verschiedenen Traditionen, Gepflogenheiten, Lebensweisen und religiösen Pflichten respektiert werden, während gleichzeitig die eigene Kultur unversehrt erhalten bleiben soll? Wie soll eine gesellschaftlich führende Kultur die neuen Elemente annehmen und integrieren, ohne die eigene Identität zu verlieren und unliebsame Gegensätze zu erzeugen? Die Antwort auf diese schwierigen Fragen ist in einer sorgfältigen Erziehung zur Achtung des Gewissens des anderen zu finden, die sich Mittel bedient wie der Kenntnis anderer Kulturen und Religionen und dem ausgewogenen Verständnis für die bestehenden Verschiedenheiten. Welches bessere Mittel der Einheit in der Vielfalt könnte es geben als das Bemühen aller bei dem gemeinsamen Suchen nach Frieden und bei der gemeinsamen Bejahung der Freiheit, die das Gewissen eines jeden erleuchtet und aufwertet? Für ein geordnetes gesellschaftliches Zusammenleben ist auch zu wünschen, daß die verschiedenen Kulturen einander achten und sich gegenseitig bereichern. Ein echtes Bemühen um Inkulturation dient auch dem Verständnis zwischen den Religionen.

Im Bereich dieses Verständnisses zwischen den Religionen ist in den letzten Jahren viel geschehen, um eine aktive Zusammenarbeit bei den gemeinsamen Aufgaben zu fördern, die sie der Menschheit gegenüber auf die vielen Werte gründen, die die großen Religionen gemeinsam haben. Zu dieser Zusammenarbeit, wo immer sie möglich ist, möchte ich ebenso ermutigen wie zu den offiziellen Gesprächen, die zwischen den Vertretern der großen religiösen Gruppen im Gange sind. Der Heilige Stuhl hat dafür ein Organ - den Päpstlichen Rat für den Interreligiösen Dialog -, dessen besondere Zielsetzung es ist, den Dialog und die Zusammenarbeit mit den anderen Religionen zu fördern, immer freilich in absoluter Treue zur katholischen Identität und unter voller Achtung der Identität der anderen.

Sowohl die Zusammenarbeit wie der interreligiöse Dialog stellen, wenn sie voll Zuversicht, Achtung und Aufrichtigkeit erfolgen, einen Beitrag zum Frieden dar. „Der Mensch muß seinen Geist und sein Gewissen entwickeln, das häufig dem Menschen von heute fehlt. Die Vernachlässigung der Werte und die Identitätskrise, die unsere

Welt durchziehen, zwingen uns zu ihrer Überwindung und zu erneutem Suchen und Fragen. Das innere Licht, das in unserem Gewissen geboren wird, erlaubt, der Entwicklung einen Sinn zu geben, sie auf das Wohl des Menschen hin zu orientieren, jedes Menschen und aller Menschen, gemäß dem Plan Gottes".[13] Dieses gemeinsame Suchen im Lichte des Gesetzes des Gewissens und der Gebote der eigenen Religion wird dadurch, daß es uns auch mit den Ursachen der gegenwärtigen sozialen Ungerechtigkeiten und der Kriege konfrontiert, einen soliden Grund für die Zusammenarbeit bei der Suche nach den notwendigen Lösungen legen.

Die katholische Kirche hat sich gern dafür eingesetzt, jede Form aufrichtiger Zusammenarbeit im Hinblick auf die Friedensförderung zu unterstützen. Sie wird weiterhin ihren besonderen Beitrag zu dieser Zusammenarbeit vor allem dadurch leisten, daß sie die Gewissen ihrer Mitglieder zum Offensein für die anderen, zur Achtung des anderen, zur Toleranz, die nicht zu trennen ist von der Suche nach der Wahrheit, und zur Solidarität erzieht.[14]

VIII. Das Gewissen und der Christ

Die Jünger Jesu Christi, die gehalten sind, bei der Suche nach der Wahrheit ihrem Gewissen zu folgen, wissen, daß man nicht allein auf das eigene moralische Unterscheidungsvermögen vertrauen darf. Die Offenbarung erleuchtet ihr Gewissen und läßt sie das große Geschenk Gottes an den Menschen erkennen: die Freiheit.[15] Gott hat nicht nur dem Herzen eines jeden, in jene „verborgenste Mitte und das Heiligtum im Menschen, wo er allein ist mit Gott",[16] das natürliche Gesetz eingeschrieben, sondern er hat ihm sein eigenes Gesetz in der Heiligen Schrift geoffenbart. In ihr finden wir die Aufforderung oder, besser, das Gebot, Gott zu lieben und dieses sein Gesetz zu befolgen.

Er hat uns seinen Willen zu erkennen gegeben. Er hat uns seine Gebote geoffenbart, indem er uns „das Leben und das Glück, den Tod und das Unglück" vor Augen stellte, und er ruft uns auf, „das Leben zu wählen ..., indem wir den Herrn, unseren Gott, lieben, auf seine Stimme hören und uns an ihm festhalten; denn er ist unser Leben, er ist die Länge unseres Lebens ...".[17] In der Fülle seiner Liebe achtet er die freie Wahl des Menschen hinsichtlich der höchsten Werte, nach denen dieser auf der Suche ist, und auf diese Weise offenbart er seine volle Achtung für das kostbare Geschenk der Freiheit des Gewissens. Seine Gesetze selbst, die vollkommener Ausdruck seines Willens und seiner absoluten Unversöhnlichkeit gegenüber dem moralisch Bösen sind und mit denen er eben der Suche nach dem Endziel Richtung geben

---

13 Johannes Paul II., *Ansprache bei der Begegnung mit der muslimischen Jugend*, 20.8.1985, Nr. 9: *AAS* 78[1986]101-102.

14 Vgl. Johannes Paul II., *Ansprache an das beim Hl. Stuhl akkreditierte Diplomatische Korps*, 11.1.1986, Nr. 12: *O.R. dt.*, 31.1.1986, S. 11.

15 Vgl. *Sir* 17,6.

16 II. Vatikanisches Konzil, Pastoralkonstitution über die Kirche in der Welt von heute, *Gaudium et spes*, Nr. 16.

17 Vgl. *Dtn* 30,15-20.

will, sind dafür Zeugen, weil sie dem Gebrauch der Freiheit dienen und ihn nicht schon im voraus behindern wollen.

Aber es genügte Gott nicht, seine große Liebe für die Schöpfung und für den Menschen kundzutun. Er „hat die Welt so sehr geliebt, daß er seinen einzigen Sohn hingab, damit jeder, der an ihn glaubt, nicht zugrunde geht, sondern das ewige Leben hat ... Wer ... die Wahrheit tut, kommt zum Licht, damit offenbar wird, daß seine Taten in Gott vollbracht sind"[18]. Der Sohn hat nicht gezögert, sich als die Wahrheit zu verkünden[19] und uns zu versichern, daß diese Wahrheit uns befreien wird[20].

Bei der Suche nach der Wahrheit wendet sich der Christ der göttlichen Offenbarung zu, die in Christus in ihrer ganzen Fülle gegenwärtig ist. Christus hat der Kirche den Sendungsauftrag erteilt, diese Wahrheit zu verkündigen, und die ganze Kirche hat die Pflicht, ihr treu zu sein. Meine schwere Aufgabe als Nachfolger des Petrus besteht eben darin, diese beständige Treue dadurch sicherzustellen, daß ich meine Brüder und Schwestern in ihrem Glauben stärke[21].

Mehr als jeder andere muß sich der Christ verpflichtet fühlen, sein Gewissen nach der Wahrheit zu bilden. Wie demütig und gewissenhaft muß er angesichts der Herrlichkeit des unentgeltlichen Geschenkes der Offenbarung Gottes in Christus auf die Stimme des Gewissens hören! Wie sehr muß er seinem begrenzten Licht mißtrauen, wie schnell muß er beim Lernen sein, wie zurückhaltend beim Verurteilen! Eine der zu allen Zeiten wiederkehrenden Versuchungen, auch unter Christen, besteht darin, sich zur Norm der Wahrheit zu erheben. In einer vom Individualismus geprägten Zeit kann diese Versuchung verschiedenartige Ausdrucksformen finden. Merkmal dessen, der in der Wahrheit ist, ist demütig zu lieben. So lehrt das göttliche Wort: Die Wahrheit wird in der Liebe aufgebaut[22].

Durch dieselbe Wahrheit, die wir bekennen, sind wir daher dazu aufgerufen, die Einheit und nicht die Spaltung, die Versöhnung und nicht den Haß oder die Intoleranz zu fördern. Der unentgeltliche Zugang zur Wahrheit überträgt uns die kostbare Verantwortung, nur jene Wahrheit zu verkünden, die zur Freiheit und zum Frieden für alle führt: die in Jesus Christus Fleisch gewordene Wahrheit.

---

18 *Joh* 3,16.21.
19 Vgl. *ebd.*, 14,6.
20 Vgl. *ebd.*, 8,32.
21 Vgl. *Lk* 22,32.
22 Vgl. *Eph* 4,15.

Am Ende dieser Botschaft lade ich alle ein, weiter nachzudenken über die Notwendigkeit der Achtung des Gewissens eines jeden im eigenen Bereich und im Lichte der eigenen besonderen Verantwortlichkeiten. In jedem Bereich des sozialen, kulturellen und politischen Lebens findet die Achtung der, immer der Wahrheit verpflichteten, Gewissensfreiheit verschiedene, wichtige und unmittelbare Anwendungen. Wenn wir unter Achtung des Gewissens der anderen miteinander die Wahrheit suchen, werden wir auf den Wegen der Freiheit weitergehen können, die nach Gottes Plan in den Frieden einmünden.

Aus dem Vatikan, am 8. Dezember 1990.

Joannes Paulus PP. II

1991 - das Jahr der Soziallehre der Kirche

Predigt am 1. Januar

1. „Man gab ihm den Namen Jesus" (vgl. *Lk* 2,21).
Nach dem Gesetz des Mose fand das Ereignis am achten Tag nach der Geburt statt, und es geschah im Zusammenhang mit dem Beschneidungsritus. Der Evangelist fügt hinzu, daß der Name „Jesus" vom Engel dem Sohn Marias gegeben worden war, „noch ehe das Kind im Schoß seiner Mutter empfangen wurde" (*ebd.*). Also bei der Verkündigung.
Im liturgischen Jahr ist heute der achte Tag der Feier der Geburt Jesu in der Nacht von Betlehem. Dies ist zugleich der erste Tag des neuen Jahres: Nach der herkömmlichen Berechnung ist dies das Jahr 1991 von der Geburt Christi ab. Wir nähern uns dem Ende des zweiten Jahrtausends nach der Zeiteinteilung des christlichen Kalenders.
Heute wird der Weltfriedenstag begangen. Er ist ein Anlaß, der das fundamentale Bedürfnis der Menschheit unserer Epoche kundtut, und zugleich faßt er die an Gott gerichteten Bitten durch den zusammen, den der Prophet Jesaja „den Friedensfürsten" genannt hat.
„Der Herr wende uns sein Angesicht zu und schenke uns den Frieden" (vgl. *Num* 6,26).

2. Es ist wahr, daß die Kalenderjahre vergehen und wechseln, aber es währt die „Fülle der Zeit", von der der Apostel im *Brief an die Galater* schreibt. Diese „Fülle" ist mit dem Geheimnis der erlösenden Menschwerdung verbunden. Die „Fülle" offenbart das göttliche Maß der Zeit, das in den Umfang der menschlichen Maße hineingenommen ist. Diese Fülle ist bestimmt vom Kommen des Sohnes in der Kraft des Heiligen Geistes: „Als aber die Zeit erfüllt war, sandte Gott seinen Sohn, geboren von einer Frau und dem Gesetz unterstellt, ... damit wir die Sohnschaft erlangen. Weil ihr aber Söhne seid, sandte Gott den Geist seines Sohnes in unser Herz, den Geist, der ruft: Abba, Vater" (*Gal* 4,4-6).

Genau dies ist entscheidend für das göttliche Maß - d. h. für die Fülle - der menschlichen Zeit. Die „Fülle" zeigt das Wirken Gottes in den Seelen der Menschen und in der irdischen Geschichte des Menschen. Sie ist die Verwirklichung der ewigen Ratschlüsse Gottes, in denen der Heilsplan besteht. Gott will, „daß alle Menschen gerettet werden und zur Erkenntnis der Wahrheit gelangen" (*1 Tim* 2,4).
Der Name Jesus, dem Neugeborenen von Maria und Josef am achten Tag nach der Geburt gegeben, besagt genau diesen göttlichen Inhalt. Er offenbart den göttlichen Heilswillen für die Welt. Der Name „Jesus" bedeutet wörtlich „Gott, der erlöst".

3. Dieser Name berührt tiefgreifend das Geheimnis des Menschen, wie das Zweite Vatikanische Konzil es unterstreicht: „Tatsächlich klärt sich nur im Geheimnis des fleischgewordenen Wortes das Geheimnis des Menschen wahrhaft auf. Denn Adam, der erste Mensch, war das Vorausbild des zukünftigen, nämlich Christi des Herrn. Christus, der neue Adam, macht eben in der Offenbarung des Geheimnisses des Vaters und seiner Liebe dem Menschen den Menschen selbst voll kund und erschließt ihm seine höchste Berufung" (*Gaudium et spes*, Nr. 22). Diese Berufung des Menschen, eine höchste Berufung, ist gerade die göttliche Sohnschaft: die Annahme an Kindes Statt der Söhne in Christus, dem ewigen, mit dem Vater wesensgleichen Sohn in Christus, der „Gott von Gott, Licht von Licht" ist.
Genau in dieser Berufung enthüllt sich „vollkommen das Geheimnis des Menschen". In ihr finden wir die Antwort auf die Schlüsselfrage: Was will es besagen, Mensch zu sein? Und zu welchem Zweck Mensch sein? Die Gottessohnschaft zeigt sich auf die einfachste und gleichzeitig tiefste Weise im Ausruf „Abba, Vater", in dem Christus das Geheimnis der Vaterschaft Gottes geoffenbart hat. Er, Christus, hat in der Kraft des Heiligen Geistes, der „der Geist des Sohnes" ist, dieses Geheimnis in unsere Herzen eingesenkt, er hat es uns als neues Leben eingepfropft. Der Apostel fügt hinzu: „Daher bist du nicht mehr Sklave, sondern Sohn; bist du aber Sohn, dann auch Erbe, Erbe durch Gott" (*Gal* 4,7).
All dies ist im Namen „Jesus" enthalten.

4. Am ersten Tag des neuen Jahres betrachten wir diesen Namen zusammen mit Maria, der Mutter Jesu. Weihnachten, diese Zeit, die von der Nacht von Betlehem bis zum heutigen Oktavtag dauert, ist zugleich das größte Fest der Jungfrau Maria. Sie ist die Offenbarung der göttlichen Wahrheit über die auserwählte Tochter Israels. Diese Wahrheit wird in der göttlichen Mutterschaft, die ihr in der Heilsgeschichte zuteil geworden ist, vollkommen sichtbar.
Alles, was im Namen Jesu enthalten ist, bezieht sich in besonderer Weise auf sie. Neun Monate verbarg sich „Gott, der erlöst", im Schoß der Jungfrau. Neun Monate, wie bei jedem Menschenkind. Diese Mutterschaft aber war Frucht des vollkommenen und ausschließlichen Wirkens des Heiligen Geistes; sie kam ganz und gar vom Heiligen Geist. In der Kraft des Geistes hat Maria - zusammen mit der Mutterschaft - auch die Jungfräulichkeit bewahrt, die sie frei gewählt hat als Zeichen der unteilbaren Hingabe an Gott. Was für den Menschen unmöglich ist, ist für Gott möglich (vgl. *Lk* 1,37).

Auch die Mutterschaft Marias gehört zum göttlichen Geheimnis, das vor allem sie selbst bewahrte und über das sie nachdachte in ihrem Herzen, wie wir es heute im *Lukasevangelium* lesen (vgl. 2,19).

5. In der christlichen Tradition wird jedes neue Jahr, das mit dem 1. Januar beginnt, „Jahr des Herrn” genannt, da es teilhat an der göttlichen Fülle der Zeit.
Jahr des Herrn 1991!
Kann der Bischof von Rom zu Beginn dieses Jahres allen Menschen, all seinen Brüdern und Schwestern auf der ganzen Welt, etwas anderes wünschen als das, was das Konzil uns ins Gedächtnis ruft? Was ist notwendiger für den Menschen aller Zeiten - und besonders für den unserer Zeit - als die Offenbarung der göttlichen Fülle des Menschen, die mit dem Namen Jesu verbunden ist? Was kann man anderes wünschen, als daß alle Menschen der Kraft dieses Namens teilhaftig werden und daß sie zur Erkenntnis der Wahrheit gelangen und das Heil finden im Sohn, in dem allein das Heil vom Menschen gefunden werden kann?

6. Teilzuhaben an der Kraft des Namens Jesu, um zur Erkenntnis der Wahrheit zu gelangen und das Heil im Sohn zu finden, schließt sicherlich alle Dimensionen des menschlichen Lebens, sowohl des persönlichen als auch des sozialen Lebens ein. In diesem Jahr des Herrn 1991 gedenkt die Kirche eines großen Ereignisses, das von weltweiter Bedeutung ist, eines Ereignisses, dessen prophetischer Wert sich im Laufe der Zeit erwiesen hat: die Veröffentlichung der Enzyklika *Rerum novarum* durch Papst Leo XIII. am 15. Mai 1891, die erste Sozialenzyklika der modernen Zeit, mit dem Thema: „Die Situation der Arbeiter.”
Dieses geschichtliche Ereignis lädt uns ein, im Jahre 1991 unsere Aufmerksamkeit auf die Soziallehre der Kirche zu richten, d. h. auf jene wissenschaftliche Lehre, durch die das kirchliche Lehramt versucht - durch den Beistand des Heiligen Geistes und gleichzeitig unterstützt von den Lehrmeinungen der Theologen und von Fachleuten der Sozialwissenschaften -, die täglichen Erfahrungen von Männern und Frauen der verschiedenen Gemeinschaften von der Familie bis hin zur internationalen Gesellschaft mit dem Licht des Evangeliums zu durchdringen.
Ich will daher verkündigen, daß heute das „Jahr der Soziallehre der Kirche” beginnt; und ich lade die Gläubigen ein, im Zusammenhang mit dem Gedenken an die Enzyklika *Rerum novarum* die Lehre der Kirche in bezug auf die sozialen Fragen besser kennenzulernen, zu vertiefen und zu verbreiten.
Ich freue mich, bei dieser Gelegenheit mitteilen zu können, daß eine Enzyklika veröffentlicht wird, die in Zusammenhang steht mit jener meines Vorgängers vor hundert Jahren und die sich zum Ziel setzt, dieses Erbe aufzugreifen und es neu auszurichten nach dem Licht der neuen Probleme unserer Zeit.
Neues Jahr, von allen Christen heute in der Kraft des Namens Jesu begonnen, sei ein Jahr des Heiles! Sei ein Jahr des Friedens!

Familien evangelisieren Familien

Ansprache an die Neokatechumenalen Gemeinschaften am 3. Januar

Liebe Brüder und Schwestern!

1. Im Licht des Weihnachtsfestes sind wir dem Erlöser begegnet. Wir haben die Wundertaten betrachtet, die Gott gewirkt hat. Wir wurden eingeladen, das Geschenk des Heiles zu empfangen und es an unsere Brüder und Schwestern weiterzugeben. Aus dieser mystischen Umarmung mit dem menschgewordenen Wort kommt unser Eifer für die Evangelisierung. Es ist ein Einsatz, der immer dringender wird, denn wir erleben Augenblicke grundlegender sozialer Umgestaltungen. Ja, wir befinden uns gewissermaßen an einem Wendepunkt der Geschichte. Wir schauen einer Zukunft entgegen, reich an Erwartungen und Hoffnung, aber auch bedroht von Unruhe und Angst, die den Menschen in seiner Tiefe befallen. Der Mensch ruft nach Frieden und Ruhe, er verlangt nach Hilfe und Solidarität, er braucht Liebe. Er braucht Christus.
Wunderbar ist deshalb das Werk derer, die, wie ihr, ihre ganze Existenz, alles, was ihnen an physischen und geistlichen Möglichkeiten gegeben ist, der Evangelisierung widmen. Ihr seid davon überzeugt, daß nur Jesus die Erwartungen des Menschen erfüllen kann, und deshalb zögert ihr nicht, alles zu verlassen und euch auf den Weg zu machen auf die Straßen der Welt, um so die lebendige Anwesenheit des Erlösers unter uns und die Macht seines heilbringenden Wortes zu bezeugen.
Seid der Vorsehung dankbar, die euch erwählt hat, und hört beständig hin auf den Geist. Verharrt im Gebet und in der Übung der Tugenden. Seid Boten der Versöhnung und Apostel der Brüderlichkeit und des Dienstes. Der Herr, der totale Verfügbarkeit von euch verlangt, verbindet euch auf diese Weise mit dem Geheimnis der Erlösung der Welt.

2. Ich kann nicht umhin, mit tiefempfundener Freude hervorzuheben, daß euer Eifer für die Evangelisierung euch besonders auf die Familien verweist. Hat nicht in unserer Zeit gerade die Familie eine neue Evangelisierung nötig, damit sie ihre Rolle als wichtigste Zelle der christlichen Gemeinschaft entdeckt, als Hauskirche, in der die erste Erfahrung der Begegnung mit Gott gemacht werden kann? Wie leidet die gegenwärtige soziale Lage unter der Krise der Familien! Es läßt sich kaum an eine bessere Zukunft denken, wenn Heim und Familie nicht wieder der bevorzugte Ort für die Annahme des Lebens und des persönlichen Wachsens werden, eine Schule menschlicher Weisheit und geistiger Formung.
Freudigen Herzens begrüße ich unter euch die zahlreichen Familien, die ihre Sendung schon in den am meisten entchristlichten Zonen der Erde erfüllen. Ja, die Familien mögen die Familien evangelisieren!
Möge der Herr euch überall zu Werkzeugen seines Erbarmens machen; stets begleite euch seine Gnade.
Gern überreiche ich denen, die berufen sind, sich im Dienst des Evangeliums in andere Länder zu begeben, das Zeichen des Kreuzes. Vertraut auf Gott, haltet in

Schwierigkeiten stand, werdet „Gesandte an Christi Statt ... Gott ist es, der durch uns mahnt" (*2 Kor* 5,20). Lebt in bereitwilligem Gehorsam und in der Verbundenheit von Söhnen und Töchtern mit euren Hirten als Glieder eines lebendigen Leibes: der Kirche. Sie, die Hirten sind es, die euch einladen und aufnehmen. Ihnen gegenüber müßt ihr euch willfährig und vertrauensvoll zeigen; durch ihre Anweisungen wird euch der Wille des Herrn in bezug auf eure besondere Sendung übermittelt.

Die Aufgabe, die euch erwartet, die Neuevangelisierung, verlangt von euch, den ewigen und unveränderlichen Inhalt unseres christlichen Glaubenserbes mit neuer Begeisterung und nach erneuerten Methoden darzubieten. Es handelt sich, wie ihr wißt, nicht nur darum, eine Lehre zu übermitteln, sondern es geht um die persönliche und tiefe Begegnung mit dem Erlöser.

Ich rufe Maria, die Mutter des Heilands, an, euch auf diesem Weg zu helfen. Ihr, dem Stern der neuen Evangelisierung, vertraue ich jeden von euch, eure Gemeinschaften und alle, denen ihr begegnet, an.

Im Namen des Herrn fordere ich euch auf, euch mutig auf den Weg zu machen und überall tapfere Zeugen für das Evangelium zu sein. Von Herzen segne ich euch.

Die Wahrheit in Wort und Tat verkünden

Predigt bei der Priesterweihe der Legionäre Christi am 3. Januar

1. „Ich [habe] dich ... zum Propheten für die Völker ... bestimmt" (*Jer* 1,5).

Mit diesen Worten des Propheten Jeremia, die wir heute, am Tag eurer Priesterweihe, vernommen haben, möchte euch die Kirche die Hoffnung zu verstehen geben, die sie auf das Amt setzt, welches euch nun anvertraut wird.

Der Herr hat euch zum Prophetenamt berufen und sendet euch aus, damit ihr sein Wort verkündet. Er beauftragt euch, die Frohbotschaft des Heils, wie wir sie kürzlich bei der Feier des Weihnachtsfestes erfahren haben, allen Menschen guten Willens mitzuteilen. Er sendet euch aus, damit ihr vor den Menschen Zeugnis für das ewige Wort ablegt, für das Licht, das jeden Menschen erleuchtet, der in diese Welt kommt, das unter uns gewohnt, die göttlichen Geheimnisse enthüllt und Worte Gottes gesprochen hat.

Ihr laßt seine Stimme in unserer Zeit widerhallen, damit alle, die sie hören, glauben können und der Tatsache Rechnung tragen, daß sie durch den Gehorsam des Glaubens zum Heil berufen sind, damit sie die Offenbarung annehmen und sich frei dafür entscheiden, ihr Leben in die Hände Gottes zu legen.

Darum müßt ihr treue Propheten und fähig sein, die Wahrheit, die ihr in Wort und Tat verkündet, unter Beweis zu stellen, und allen ohne Ausnahme zu dienen, den Glaubenden sowohl als auch denen, die sich noch auf der Suche nach der Wahrheit befinden.

„Hiermit lege ich meine Worte in deinen Mund" (Jer 1,9): es sind die Worte des lebendigen Gottes. Jeder Mensch hat das Recht, sie von den Lippen der Priester zu vernehmen (vgl. *Presbyterorum ordinis*, Nr. 4).

2. Eure Priesterweihe fällt mit dem fünfzigsten Jahrestag der Gründung der Kongregation der Legionäre Christi zusammen. Darum ist es mir eine Freude, mit euch, die ihr heute glücklich seid, die Gabe des Priestertums zu empfangen, auch den Gründer eurer Gemeinschaft und all ihre Mitglieder sowie eure Angehörigen und Freunde, die euch umgeben, begrüßen zu können.
Legionäre Christi will heißen, daß ihr entschieden und großmütig die Einladung angenommen habt, das Reich Gottes zu verbreiten und zu verwirklichen, indem ihr bereit seid, euch für die Gewinnung der Seelen einzusetzen. Ihnen werdet ihr euch ohne jeden Vorbehalt widmen als Apostel, die für den Heilsdienst, für ihre Rettung bestimmt sind: für die Rettung des Menschen, des ganzen Menschen, in Zusammenarbeit mit der ganzen Kirche, um den Erwartungen unserer Zeit gerecht werden zu können, die so sehr nach dem Geist hungert, da sie sowohl Hunger nach Gerechtigkeit als auch nach Frieden, nach Güte, nach Stärke, nach Verantwortung und nach Menschenwürde verspürt (vgl. *Redemptor hominis*, Nr. 18). Ihr seid Legionäre Christi, weil ihr sehr gut wißt, daß der Weg zum Wohl der Menschheit notwendigerweise über Christus führt.

3. „Bleibt in meiner Liebe" (*Joh* 15,9): das verlangt der Herr heute von euch, wenn er euch zu Priestern macht.
Die Sendung des Priesters ist in Christus verwurzelt und kann nur in Gemeinschaft mit ihm, dem einzigen und ewigen Priester ausgeübt werden, „denn jeder Hohepriester wird aus den Menschen ausgewählt und für die Menschen eingesetzt" (*Hebr* 5,1).
Jesus fordert euch auf, in seiner Liebe zu bleiben - „in meiner Liebe" -, in der gleichen Liebe, mit der er den Vater und alle Menschen liebt; die in der Liebe des Vaters die ewige Quelle ihrer Intensität hat und sich über seine Freunde, seine Jünger und alle Menschen ergießt: „Wie mich der Vater geliebt hat, so habe auch ich euch geliebt" (*Joh* 15,9).
In dieser Liebe müßt ihr bleiben, die ihr Priester Christi sein und seine Sendung fortführen werdet. Seid der Liebe treu, die Jesus euch geschenkt hat und die er gleichzeitig von euch erbittet; seid der Tatsache eingedenk, daß es sich dabei um eine ewige und grenzenlose Liebe handelt.
Laßt euch stets von der Gnade durchdringen, damit sich in eurem Leben unablässig die Gegenwart Christi verwirkliche. Bleibt in ihm durch das Gebet, das tiefste und unersetzliche Fundament unserer priesterlichen Existenz.
Habt dieses entscheidende Gebot vor Augen, eine moralische und zugleich spirituelle Weisung, welche das Gewissen aller Priester des Neuen Testaments herausfordert. Die Freundschaft, die Christus euch heute anbietet, entspringt seiner Liebe und kann sich nur in der Liebe kräftigen, entwickeln und entfalten. Er, Jesus, ist gleichfalls als Vorbild der wahren Liebe zum Vater: „Ich [habe] die Gebote meines Vaters gehalten ... und [bleibe] in seiner Liebe" (*Joh* 15,10).

4. Jesus liebt euch als Freunde; er hat sein Leben für euch hingegeben, hat euch seine äußerste Liebe bewiesen, denn „es gibt keine größere Liebe, als wenn einer sein Leben für seine Freunde hingibt" (*Joh* 15,13).
Das Priestertum, das von heute an euer Erbteil sein wird, entspringt dem Erbteil des Herrn und ist eine Initiative der Liebe Christi, der euch erwählt und zu seinem Dienst berufen hat: „Ich habe euch erwählt und dazu bestimmt, daß ihr euch aufmacht und Frucht bringt" (*Joh* 15,16). Diese Erwählung hat euch in den Dienst Gottes eingeführt und war eine Einladung, die göttlich-menschliche, rettende und erlösende Wirklichkeit der Sendung Christi zu erfahren und an ihr teilzuhaben.
Mit der Auflegung der Hände macht euch Jesus heute zu Priestern und befähigt euch, das zu sein, was ihr nach seinem Wunsch für immer sein wollt: Mitarbeiter an der Sendung und der Autorität, mit der er selbst sich um das Wachstum, die Heiligung und die Leitung seines mystischen Leibes, der Kirche, sorgt (vgl. *Presbyterorum ordinis*, Nr. 2). Christus wird durch euch sprechen, da er euch das Siegel seines Priestertums, das Zeichen seiner Identität als Seelenhirt eingeprägt hat.
Er hat euch Freunde genannt und hat euch die Kenntnis seines „Geheimnisses" vermittelt, alles dessen, was er vom Vater gehört hat (vgl. *Joh* 15,15), aller Worte, die er euch auf die Lippen legt (vgl. *Jer* 1,9).

5. „Der Herr ist mein Hirte, nichts wird mir fehlen" (*Ps* 22/23,1). So haben wir mit dem Psalmisten gesungen, indem wir unser grenzenloses Gottvertrauen bekannten.
Jesus, der gute Hirte, lädt euch heute ein, euch auf den Weg zu machen und reiche Früchte hervorzubringen; er versichert euch, daß alles, was ihr in seinem Namen vom Vater erbittet, euch gewährt wird (vgl. *Joh* 15,16).
Das Vertrauen, das ihr zum Ausdruck gebracht habt, werdet ihr Tag für Tag bezeugen. Denkt stets daran, daß Gott für euch sorgt und euch auf dem rechten Weg führt, sind doch die Worte Jesu: „Wie mich der Vater geliebt hat, so habe auch ich den Vater geliebt" und ebenso „ich habe euch alles zu erkennen gegeben" eine immer gültige Wahrheit.
„Nichts wird mir fehlen", denn der Herr hat mich aufgefordert, in seiner Liebe zu bleiben. Auch „fürchte ich kein Unheil", da der Herr mit mir ist; er „stillt mein Verlangen, er leitet mich auf rechten Pfaden, gibt mir Zuversicht, deckt mir den Tisch und führt mich zum Ruheplatz".
Ich fürchte mich nicht, denn du, Herr, bist bei mir; du hast mich erwählt, hast mich eingeladen, in deiner Liebe zu bleiben und hast mich geliebt, wie der Vater dich geliebt hat.

6. Liebe Neupriester, setzt eure Hoffnung allzeit auf Gott. Bedenkt, daß Gott euch in einem besonders bedeutsamen Augenblick berufen hat; die Kirche ist ja daran, das dritte christliche Jahrtausend zu beginnen, und Lateinamerika bereitet sich auf die Feier des fünften Jahrhunderts seiner Evangelisierung vor. Ihr seid also dazu berufen, das Evangelium in einer neuen Ära der Hoffnungen für Kirche und Welt zu verkünden.

Der herzlichen Feier in Durango während meines Pastoralbesuches in Mexiko im Mai eingedenk, möchte ich die Worte wiederholen, die ich dort an die neugeweihten Priester richtete: „Eine Gesellschaft wie die unsere, die zu einer materialistischen Lebensführung neigt, aber gleichzeitig das Verlangen nach Gott verspürt, braucht Zeugen des Geheimnisses. Eine gespaltene Gesellschaft, die sich gleichzeitig nach Einheit und Solidarität sehnt, braucht Diener der Einheit. Eine Gesellschaft, die oft die wahren Werte vergißt und gleichzeitig nach Authentizität und Überzeugungstreue ruft, braucht lebendige Zeugen des Evangeliums."

Von Rom, dem Zentrum der Katholizität aus, gehen meine Gedanken zu den geliebten Söhnen und Töchtern, die vor allem in Mexiko durch Radio und Fernsehen im Geist an dieser unserer Feier teilnehmen; ich bitte sie, weiterhin den Herrn anzuflehen, er möge seine Kirche mit neuen Priester- und Ordensberufen segnen. Unsere Liebe Frau von Guadalupe, die Mutter Christi, des höchsten und ewigen Priesters, weise allen, die sich dazu berufen fühlen, ihr Leben dem Dienst für Gott und die Mitmenschen zu weihen, den Weg der Heiligkeit und der Selbsthingabe.

Meine herzlichen Grüße gelten auch den Legionären Christi und ihren Familien sowie den Mitgliedern der Bewegung „Regnum Christi" aus Irland, den Vereinigten Staaten und Kanada. Die Freude dieser Priesterweihe ist besonders groß, weil wir noch im Bann der Feier des Weihnachtsfestes stehen, an dem die ganze Kirche das Geheimnis des menschgewordenen Wortes anbetet, das diese jungen Männer zur Teilnahme an seinem Priestertum beruft. Christus ist es, der euch die Gnade schenkt, an der großen Sendung der Verkündigung des Evangeliums durch das Zeugnis eures Lebens teilzuhaben. Möge diese Zeit der Gnade für euch ein Ansporn zu einem immer kraftvolleren Engagement für die Sache der Ausbreitung seines Reiches des Heils, des Friedens und der Liebe sein; möge Maria, die Mutter des Erlösers, euch stets in ihrem Herzen bewahren.

Liebe Neupriester, aus ganzem Herzen gratuliere ich euch zur Erreichung eures erhabenen Zieles. Seid euch allzeit der neuen Wirklichkeit klar bewußt, die sich heute mit der Priesterweihe in euch vollzogen hat. Seid stets der Würde und der geistlichen Macht eingedenk, die ihr für immer in euch tragt: zur Ehre Gottes und zum Heil der Seelen.

Die Gnade des Herrn sei mit euren Heimatländern und den Missionen, die euch erwarten.

Internationales Recht schützen

Botschaft an die Außenminister der Europäischen Gemeinschaft vom 4. Januar

Seiner Exzellenz Herrn Jacques Poos,
Präsident des Außenministerrats der Europäischen Gemeinschaft, Luxemburg.

Während die Außenminister der Europäischen Gemeinschaft unter dem Vorsitz Eurer Exzellenz versammelt sind, um die beängstigenden Entwicklungen der Lage in

der Golfregion zu untersuchen, möchte ich allen zum Ausdruck bringen, wie sehr ich ihre Besorgnisse teile. Wir befinden uns in der Tat in einer Lage, in der die internationale Ordnung erschüttert und unglücklicherweise die Gefahr einer bewaffneten Konfrontation mit unvorhersehbaren, aber zweifellos verheerenden Folgen nicht auszuschließen ist.
Gewiß will die internationale Gemeinschaft sich nicht der gebotenen Pflicht entziehen, das internationale Recht und die Werte, die ihr Stärke und Autorität verleihen, zu schützen; doch, wie es gleichzeitig klar ist, verlangt das Prinzip der Gerechtigkeit, daß friedliche Mittel wie Dialog und Verhandlung vorherrschen gegenüber dem Rückgriff auf vernichtende und schreckenerregende Werkzeuge des Todes.
Mit diesen Empfindungen bitte ich Eure Exzellenz, Ihre Kollegen meines inständigen Gebetes versichern zu wollen, daß Gott sie bei ihrer so heiklen Aufgabe inspiarbeit mit der ganzen internationalen Gemeinschaft durch menschenwürdige Mittel ins Konkrete umzusetzen wissen.

Aus dem Vatikan, am 4. Januar 1991

Joannes Paulus PP. II

Geistliche Musik ruft den Sinn für das Ewige und Absolute wach

Grußwort an die Sänger des polyphonen Chores „Pierluigi da Palestrina” aus Messina und des Chores der Universität Lublin am 4. Januar

Liebe Sänger der „Associazione Corale Polifonica Pierluigi da Palestrina” von Messina und des Chores der Universität Lublin!

1. Ich freue mich ganz besonders, euch in der freudigen Atmosphäre des Weihnachtsfestes zu empfangen und euren Dirigenten und euch allen meinen herzlichen Gruß zu entbieten. Ich spreche euch auch meine Hochschätzung für eure qualifizierten künstlerischen Darbietungen aus und meinen aufrichtigen Dank dafür, daß ihr in den Vatikan gekommen seid.
Durch diese Begegnung möchte ich auch meine große Achtung kundtun, die die Kirche stets für die klassische und die religiöse Musik gehegt hat und weiterhin hegt und für die großen Tonkünstler, die den christlichen Glauben durch ihre wunderbaren Kompositionen verherrlicht haben. Auch für diese Gelegenheit, die ihr mir geboten habt, meinen tiefempfundenen Dank.

2. Ich bin unterrichtet über die mit starkem Beifall bedachten Konzerte, die der Chor „Pierluigi da Palestrina” in Italien und in vielen andern Ländern veranstaltet und über die verschiedenen Prämien, die er dabei errungen hat, sowie mir auch die eindrucksvollen Darbietungen des Universitätschores von Lublin bekannt sind. Ich freue mich über eure solidarische Freundschaft und über die „Zwillings-

bruderschaft", die ihr unter euch geschlossen habt. Eure künstlerische Tätigkeit ist gewiß ein höchst verdienstvolles und dankenswertes Werk.
Ja, die Melodien, die ihr mit solcher Hingabe zum Ausdruck bringt, bewegen das Herz und erheben den Geist zu hohen Gedanken und edlen Wünschen, indem sie den Sinn für das Ewige und Absolute wachrufen.

3. Die innere Freude, die das Jesuskind, das menschgewordene Wort, der Menschheit gebracht hat, da es offenbar machte, daß Gott die Liebe ist und daß die ewige Seligkeit dem Leben Bedeutung gibt, sei immer in euch, so daß ihr, wo immer ihr auch seid, Sinn für Freude und Frieden finden könnt. Mit euren beiden Chören seid ihr überall Erbauer der Brüderlichkeit und der Freundschaft.
Mit dem Apostel Paulus sage ich euch: „Was immer wahrhaft, edel, recht, was lauter, liebenswert, ansprechend ist, ... darauf seid bedacht!" (*Phil* 4,8).
Mit dem Wunsch für ein glückliches Neues Jahr, reich an prächtigen Erfolgen und an Trost und Freude erteile ich euch allen von Herzen meinen Segen und weite ihn gern auf alle eure Lieben aus!

Friedensbringer und Bauleute einer besseren Welt werden

Grußwort an die Professoren und Priesteramtskandidaten des Seminars der Erzdiözese Vrhbosna-Sarajevo am 5. Januar

Liebe Exzellenz, ich begrüße Sie herzlich und danke Ihnen für die Worte der Ergebenheit, die Sie im Namen der ganzen Erzdiözese Vrhbosna an mich gerichtet haben. Gern begrüße ich auch die Priester, die Oberen, Professoren und Alumnen des Großen Seminars von Sarajevo, wie auch die Ordensschwestern: die ganze Gemeinschaft, die Sie nach Rom begleitet hat, um an Ihrer Bischofsweihe teilzunehmen, die Sie morgen, am Epiphaniefest, zusammen mit 12 anderen Priestern empfangen werden. Willkommen in der Ewigen Stadt am Sitz des Bischofs von Rom!
Ich danke dem Herrn für diese Begegnung. Ihm sei Dank dafür, daß er die Bande der Einheit und der Liebe zwischen euren kroatischen Vorfahren und dem Sitz des Petrus aufrechterhalten hat. Diese Verbundenheit wurde noch stärker nach der Errichtung der Erzdiözese Vrhbosna im Jahre 1881 durch meinen Vorgänger Papst Leo XIII. Bleibt unter der Führung des neuen Oberhirten stark im Glauben, beharrlich in der Hoffnung, geeint in der pastoralen Tätigkeit, und setzt so die ruhmreiche Tradition eurer Vorfahren fort.
Gott sei Dank für die hundert Jahre, die das Große Seminar von Sarajevo nun besteht, die erste Institution auf Universitätsebene in Bosnien und der Herzegowina. Möge er geben, daß diese verdienstvolle Institution ihren Zweck voll erfüllen könne, besonders im Hinblick auf die Heranbildung von Priesteramtskandidaten. Geadelt durch menschliche und christliche Tugenden, bereichert durch theologische Kenntnisse, werdet ihr, liebe Seminaristen, fähig sein, die Frohe Botschaft mit Erfolg den Menschen guten Willens zu verkünden, und ihr werdet sie nach dem Beispiel der

Hirten und der drei Könige einladen zur Begegnung mit Jesus Christus, dem Erlöser jedes Menschen.
Gott, dem Dreifaltigen und Einen, sei Lob auch für die Treue so vieler Christen in der Zeit der Prüfung. Ihr Beispiel gereiche allen zum Ansporn, auf daß sie unter gewandelten Verhältnissen Zeugen für die ewige Liebe Gottes, Friedensbringer und Bauleute einer besseren Welt werden.
Ich segne alle hier Anwesenden, und ich rufe den Segen des Herrn auch auf alle Einwohner der Hauptstadt von Bosnien herab, auf eure Familien, auf die Gemeinschaft des Priesterseminars, auf die Priester, die Ordensmänner und Ordensfrauen und auf alle eure Landsleute daheim und im Ausland.
Gelobt seien Jesus und Maria!

Epiphanie ist das Fest des Glaubens

Predigt bei der Bischofsweihe am Hochfest der Erscheinung des Herrn, 6. Januar

1. „Du, Betlehem im Gebiet von Juda, bist keineswegs die unbedeutendste unter den führenden Städten von Juda; denn aus dir wird ein Fürst hervorgehen, der Hirt meines Volkes Israel" (*Mt* 2,6).
Im Palast des Herodes in Jerusalem hören die drei Sterndeuter diese Worte. Nach der Auslegung der Schriftgelehrten des Volkes spricht der Prophet Micha hier vom Geburtsort des Messias. Die Sterndeuter bitten um Auskunft über den neugeborenen König der Juden. Der Text des Propheten spricht von einem Fürsten, er spricht von einem Hirten Israels.
Wir befinden uns hier an den Grenzen der Geschichte eines Volkes und des Geheimnisses Gottes. Der Glaube Israels erwartete den Messias als König. Welcher Art wird sein Reich sein? Wird es vielleicht zeitlicher Gestalt sein, mit der politischen Macht verbunden, die damals Herodes in Jerusalem einnahm?
Die Sterndeuter aus dem Orient bleiben dem Geheimnis Gottes treu. Sie folgen dem Licht des Sterns, der sie auf dem ganzen Weg geführt hat. Sie sind sicher, daß sie dort, wo er stehengeblieben ist, den finden werden, den sie suchen. Die Gewißheit des Glaubens hat sie nicht enttäuscht.

2. Epiphanie ist das Fest des Glaubens. Des Glaubens, der den Menschen für das Geheimnis Gottes öffnet. Der Mensch hält ein an seiner Schwelle und sucht beharrlich und demütig einzudringen, so, wie die Sterndeuter in das Haus eintraten, in dem sich das Kind befand (vgl. *Mt* 2,11). Im *Brief an die Epheser* spricht der Apostel vom „Geheimnis der Gnade Gottes" (vgl. 3,2.3). Kraft ihrer, der Gnade, wird das Geheimnis bekannt (vgl. *Eph* 3,3), „durch den Geist" wurde es den Aposteln und den Propheten offenbart (vgl. *Eph* 3,5). Vor den Aposteln wurde es den Sterndeutern aus dem Orient offenbart, die die Worte des Propheten über den Messias in rechter Weise verstanden.

Der Glaube ist ein Geschenk des Heiligen Geistes, das der Mensch in der Gemeinschaft des Gottesvolkes empfängt. Und er empfängt es auch für die andern, um es mit ihnen zu teilen. Alle sind ja „Miterben" und haben „an derselben Verheißung in Christus Jesus teil" (*Eph* 3,6). Alle sollen Teilhaber am gleichen Erbe werden und denselben Leib bilden (vgl. *ebd.*): den Leib, in welchem der Heilige Geist beständig das Geheimnis der Menschwerdung zur Erfüllung bringt.
Epiphanie ist das Fest des lebendigen Glaubens: Wenn der Mensch das Geheimnis Gottes als Geschenk annimmt, muß er es mit den andern teilen. Er muß es den andern schenken. Er muß Ausspender der Geheimnisse Gottes werden (vgl. *1 Kor* 4,1).

3. Das bezieht sich in besonderer Weise auf euch, ehrwürdige Brüder, die ihr heute die Bischofsweihe empfangt. Als Bischof von Rom möchte ich, zusammen mit den anderen hier versammelten Bischöfen, euch in die Gemeinschaft des Bischofskollegiums einführen, in welchem die Gnade des apostolischen Dienstes verbleibt und sich beständig erneuert.
Liebe Brüder, die ihr in wenigen Augenblicken die Fülle des Priestertums empfangen werdet, ich begrüße euch mit ganz besonderer Herzlichkeit, ehe ich euch die Hände auflege, wie Petrus und die anderen Apostel sie ihren Nachfolgern auflegten.
Einige von euch sind für den unmittelbaren Dienst des Heiligen Stuhls bestimmt: Msgr. Jean-Louis Tauran, Msgr. Francisco Javier Errazuriz, Msgr. Julian Herranz Casado, Msgr. Osvaldo Padilla, Msgr. Bruno Bertagna und Msgr. Marcello Costalunga.
Andere wurden berufen, Diözesangemeinschaften in den verschiedenen Kontinenten zu leiten: Msgr. Vinko Puljic, Erzbischof von Vrhbosna-Sarajevo (Bosnien); Msgr. Bruno Ngonyani, Bischof von Lindi (Tansania); Msgr. Francis Okobo, Bischof von Nsukka (Nigerien); Msgr. Andrea Gemma, Bischof von Isernia-Venafro (Italien); Msgr. Josef Hitti, Bischof der Maroniten von Saint Maron von Sidney (Australien); Msgr. Jacinto Guerrero Torres, Bischofskoadjutor von Tlaxcala (Mexiko); und Msgr. Alvaro del Portillo, Prälat des Opus Dei, der zum Titularbischof eines altehrwürdigen Titularsitzes ernannt wird.
Auf euch alle rufe ich die Kraft des Heiligen Geistes herab, damit ihr mit hochherziger Hingabe die jedem von euch anvertraute Sendung erfüllen könnt.
Ihr kommt aus verschiedenen Nationen und bringt als Söhne und Priester der in diesen nationalen Gemeinschaften verwurzelten Kirchen die Gaben der geistlichen und kulturellen Reichtümer eurer örtlichen Traditionen in die Universalkirche. Wie die Apostel, die in alle Welt gingen, bringt auch ihr allen Völkern die Schätze des Glaubens und der Wahrheit des Evangeliums.

4. Ich möchte nun die Kardinäle, die Bischöfe und Priester und die Gläubigen aus Lateinamerika und Spanien begrüßen, die hierher gekommen sind, um der Weihe dieser neuen Bischöfe beizuwohnen. Wir wollen alle zusammen den Heiligen Geist anrufen, daß er sie erleuchte und ihnen in ihrem Hirtendienst für die Kirche stets beistehe.

Ich grüße auch die Besucher englischer Sprache, die heute morgen in dieser Liturgiefeier anwesend sind. Wenn wir Dank sagen für die Gaben des Heiligen Geistes, die auf jene herabkommen, die berufen sind, Nachfolger der Apostel zu sein, dann laßt uns zugleich beten, daß die Kirche in ihrer Sendung bestärkt werde, das Evangelium Christi zu allen Nationen und Völkern zu bringen.
Einen herzlichen Gruß richte ich an die Franzosen, die bei dieser Feier sind, vor allem an die aus Bordeaux. Wir wollen miteinander die neuen Bischöfe Christus, dem Erlöser, anvertrauen, damit sie in der Kirche treue Verwalter der Geheimnisse Gottes sein können und Erbauer des Friedens für die ganze Menschheitsfamilie.

5. An diesem Tag, an dem die Kirche im Osten und im Westen das Geheimnis der Erscheinung des Herrn in seiner Tiefe erlebt, möge sich euer Glaube erneuern. Habt euren Standort an der Schwelle des Geheimnisses Christi. Dringt in dieses Geheimnis ein. Liebt es mit allen Kräften des Geistes, liebt es aus ganzem Herzen. Laßt euch erfüllen mit dem unaussprechlichen Reichtum Christi. Euer Glaube werde zum Weg für die andern. Hört nicht auf, für die zu beten, die Gott an euren Weg stellen wird.
Die Kirche bittet heute um den Glauben als Anfang eines Weges, der uns zur Anschauung Gottes „von Angesicht zu Angesicht" führt (vgl. *1 Kor* 13,12), „zur Anschauung des vollen Glanzes seiner Herrlichkeit".
Wenn ihr eure Gaben dem Neugeborenen zu Füßen legt, dann richtet den Blick eurer Seele auf die Erfüllung des Geheimnisses, das unter dem Schleier des Glaubens euch zum Wohle aller anvertraut ist. Zum Wohl des Gottesvolkes, das die Kirche und der Leib Christi ist. Werdet unterwegs nicht müde, sondern geht stets unerschrockenen Schrittes voran auf den Wegen der Evangelisierung der Völker.

Pioniere einer neuen Kultur

Ansprache an Ordensobern und -oberinnen über die Probleme des Ordenslebens in Lateinamerika am 10. Januar

Eminenz,
liebe Brüder und Schwestern!

Es freut mich besonders, daß ich heute Ihnen und einer qualifizierten Vertretung höherer Obern und Oberinnen von Ordenskongregationen begegnen darf, die zahlreiche Mitglieder in hingebungsvoller apostolischer Arbeit in Lateinamerika haben.
In der Liebe zur Kirche, die uns im Willen und im Herzen vereint, empfinde ich es als Nachfolger des Hauptes des Apostelkollegiums, dem Jesus die Einheit und die Leitung seiner Herde anvertraut hat, als meine Pflicht, euch hinsichtlich der Präsenz und der Tätigkeit der Ordensleute in diesem Kontinent Gefühle der Freude, aber auch einige der Besorgnis mitzuteilen.
An erster Stelle erinnert mich eure Anwesenheit als Verantwortliche von Ordensfamilien, die in Lateinamerika sehr weit verbreitet sind, an bewegende und unver-

geßliche Augenblicke der Begegnung mit euren Gemeinschaften während meiner apostolischen Reisen. In euch erblicke ich heute Vertreter großer Scharen von Männern und Frauen, die sich in Treue zum Charisma ihrer Kongregation Christus geweiht und dann auch viel zum Werk der Evangelisierung Lateinamerikas beigetragen haben. So sind sie zu Pionieren einer neuen Kultur geworden, die vom Wort des Herrn und vom Opfer des Kreuzes ausgeht und in der die Liebe das höchste Gebot ist. Sie haben wirksam mitgeholfen, den Samen auszusäen, der zum weitästigen Baum der Teilkirchen heranwuchs, die wir heute in jugendlicher Vitalität vor uns sehen.

In euch sehe und grüße ich heute Zehntausende von Ordensmännern und Ordensfrauen, die ihr Land, ihre Heimat, Vater, Mutter, Brüder und Schwestern verlassen haben. In hochherzigem Einsatz und opferbereit verkünden sie durch das Wort und durch ihr Leben die Frohe Botschaft vom Gottesreich. Sie setzen, wie ich in meinem *Apostolischen Schreiben* vom 29. Juni vorigen Jahres *an alle Ordensmänner und Ordensfrauen Lateinamerikas* geschrieben habe (vgl. Nr. 3), die Liebe Gottes und die Sorge der Kirche für den Menschen Lateinamerikas in Werke um. Ihre demütige und verborgene Arbeit im Dienst einer armen, oft vergessenen und verlassenen Menschheit ist mir gut in Erinnerung. Es ist eine segensvolle Präsenz, kostbar in den Augen des Herrn. In den Ortskirchen befolgen sie als treue und tüchtige Mitarbeiter die Weisungen ihrer Bischöfe, denen als Nachfolgern der Apostel die Leitung dieses ihnen anvertrauten Teiles des Gottesvolkes zusteht, sei es in direkter Weise oder als Vereinigung von Bischöfen (hier möchte ich insbesondere an die Bischofsversammlungen von Medellin und Puebla erinnern); und sie bemühen sich, die bevorzugende Liebe, die die Kirche, der Lehre des göttlichen Meisters folgend, zu den Ärmsten und Bedürftigsten hegt, in konkrete Taten und seelsorgliches Wirken zu übersetzen.

Bei dieser Begegnung, die uns neue Horizonte für das Leben der Kirche in Lateinamerika vor Augen stellt und die mir Gründe zu wahrem innerem Trost bietet, muß ich euch aber auch an der Sorge teilnehmen lassen, die mir einige weniger erfreuliche Aspekte bereiten, die tief in das Leben der Ordensleute einschneiden und auch innerhalb der ganzen kirchlichen Gemeinschaft negative Auswirkungen haben. Den für die Leitung der Teilkirchen rechtmäßig Verantwortlichen schuldet nach katholischer Glaubenslehre die ganze Diözesangemeinschaft Willfährigkeit und Treue. Vor allem aber ist es die Pflicht der Ordensleute, den Hirten „in Hochachtung und Liebe [zu] begegnen", wie wir im Konzilsdekret *Perfectae caritatis* lesen (Nr. 6). Dort steht auch der dringende Appell an die Ordensleute: „So werden sie ... mehr und mehr mit der Kirche leben und fühlen und sich deren Sendung ganz überantworten" (*ebd.*).

Leider hat es Anlässe gegeben, die bestätigen, daß einige Gruppen von Ordensleuten nicht nur nicht darauf bedacht sind, diese kirchliche Gemeinschaft, die der Herr der Leitung der Apostel und ihrer Nachfolger hat anvertrauen wollen, zu suchen und zu fördern, sondern daß sie nicht selten parallele, wenn manchmal nicht gar den Weisungen des kirchlichen Lehramtes offen entgegenstehende Initiativen anregen. Die Nationalverbände der Ordensmänner und Ordensfrauen und die C.L.A.R.

(Lateinamerikanische Konföderation der Ordensleute) sind sehr nützliche Organe, um eine wirksamere Zusammenarbeit zum Wohl der Kirche zu fördern (vgl. *Perfectae caritatis*, Nr. 23). Die Richtlinien für den rechten Ablauf ihrer Funktionen wurden aber nicht immer mit hochherziger Bereitschaft aufgenommen. Und das war natürlich ein Grund zu Besorgnis und Schmerz.
In einem für das Leben der Kirche so bedeutsamen Augenblick, während wir uns darauf vorbereiten, das fünfte Jahrhundert der Evangelisierung der Neuen Welt zu begehen, ist es mir ein besonderes Anliegen, mit euch und durch euch mit allen Ordensleuten, die sich für den Aufbau des Gottesreiches in Lateinamerika einsetzen, die Sorge um das Wohl der Kirche in diesem, uns allen so teuren Kontinent zu teilen. Die kirchliche Gemeinschaft ist ein Gut, das im Hinblick auf die Sendung eines jeden Gliedes im mystischen Leib Christi von allen geschützt und gefördert werden soll. Darum richte ich einen eindringlichen Appell an alle Ordensfamilien in Lateinamerika, daß sie in vollem Einklang, und als Söhne und Töchter den Bischöfen und dem Papst gehorsam, sich „für die Neuevangelisierung" dieses Kontinents einsetzen.
Die Jungfrau von Nazaret lehre uns durch ihr Beispiel der Demut und ihre Verfügungsbereitschaft, uns rückhaltlos der Sache ihres göttlichen Sohnes und seiner heiligen Kirche zu überantworten.

Dialog - Vernunft und Recht müssen Oberhand gewinnen

Botschaft an den UN-Generalsekretär Pérez de Cuéllar vom 11. Januar

In diesen entscheidenden Stunden, in denen die Menschheit mit großer Sorge auf den Persischen Golf schaut und sich nicht mit dem Krieg abfinden kann, bin ich in Gedanken mit Ihnen verbunden, da Eure Exzellenz sich anschickt, eine Mission guten Willens in Bagdad zu erfüllen.
Von ganzem Herzen rufe ich den Segen vom Gott des Friedens auf Sie herab, auf daß Er Sie leite und gebe, daß Ihre Bemühungen ein günstiges Echo finden. Ich wünsche sehnlich, daß die moralische Autorität der Organisation, die Sie vertreten, dazu beitrage, den Dialog, die Vernunft und das Recht die Oberhand gewinnen zu lassen und daß so Entscheidungen mit vernichtenden und unvorhersehbaren Folgen vermieden werden. Möge das von allen Völkern der Erde so sehr ersehnte, höchste Gut des Friedens siegen!

Aus dem Vatikan, 11. Januar 1991

Joannes Paulus PP. II

Das Naturrecht gibt keine Einzelnormen

Ansprache an die Teilnehmer des internationalen Kolloquiums über „Naturrecht und Menschenrechte vor Beginn des 21. Jahrhunderts", veranstaltet von der „Union katholischer italienischer Juristen" am 11. Januar

Herr Präsident!
Meine Damen und Herren!

1. Ich freue mich, Sie bei Gelegenheit dieses internationalen Kolloquiums zu empfangen. Auf die Einladung der Union der katholischen italienischen Juristen und unter der Schirmherrschaft der internationalen Union katholischer Juristen vereint es Sie in Rom. Auch mehrere Persönlichkeiten der Römischen Kurie nehmen teil.
Als Thema haben Sie einen fundamentalen Gegenstand gewählt, nämlich: „Naturrecht und Menschenrechte vor Beginn des 21. Jahrhunderts". Ich schätze mich glücklich, daß hochqualifizierte katholische Spezialisten sich die Zeit nehmen, zusammen die höchst bedeutsamen Begriffe zu klären, die heute wie gestern die christliche Auffassung vom Menschen und seinen Rechten unmittelbar betreffen. Im Rahmen einer notwendigerweise kurzen Audienz werde ich mich an einige Bemerkungen halten, die mir die Durchsicht Ihres Arbeitsprogrammes eingegeben hat. Beim ersten Blick stellt man fest, daß Sie in passender Weise Ihre Untersuchungen über das Naturrecht als allgemeine Grundlage für alle Rechtsgebiete verbinden mit einer Überprüfung der Werte und Grundsätze, die seine Regulierung durch das Sozialrecht auf der Ebene der Staaten und der internationalen Gemeinschaft regulieren.

2. In unserer Zeit sehen alle klar, daß die Menschheitsfamilie zahlreiche Rechtsverletzungen, wiederholte Angriffe auf die Würde der Person, eine sehr ungleiche Verteilung der Güter aller Art und Konflikte erleidet, die zu viele Völker zerreißen. Und gleichzeitig haben das Bewußtsein, eine große, auf der gleichen Würde der Person basierende Gemeinschaft zu bilden, sowie der Durst nach Gerechtigkeit und Frieden, für die ganze Menschheit, zwar noch begrenzte, aber wirkliche Folgen mit sich gebracht, welche auf eine Versöhnung und Einheit hindeuten, die man als wirklich erreichbar und nicht mehr bloß utopisch in den Blick nehmen kann.
Mit einem Wort, es handelt sich darum, auf solider Basis eine harmonische Einheit aufzubauen. Man denkt sogleich an die allgemeine Anerkennung der Menschenrechte. Aber um den Weg abzusichern, ist es von großem Interesse, das Naturrecht ins Licht zu stellen, von dem man sagen könnte, daß es die Wahrheit des Rechts bilde.
Das Naturrecht gibt - das wissen Sie besser als irgendjemand - dem Gesetzgeber keine einzelnen Normen; diese bleiben unaufhörlich zu ergänzen. Es erhebt nicht den Anspruch, in sich selbst für alle Zeit und losgelöst von der Geschichte einen sozialen Verhaltenskodex zu bilden. Es verlangt aber, daß in den verschiedenen Existenzbereichen die menschliche Würde sichergestellt sei. Das Naturrecht strebt weniger danach, eine Kontrolle über das positive Recht auszuüben, als vielmehr danach, sich konkret in ihm zum Ausdruck zu bringen und es mit Leben zu erfüllen.

Deshalb bleibt es gültig, selbst dort, wo die schändlichsten Verletzungen den Menschen verwunden, wie es der Mut und die Größe so vieler Helden bezeugen, die die schlimmsten Tyranneien nie entwürdigen konnten.

3. Das von den letzten Generationen erlebte dramatische Geschehen hat als gesunde Reaktion eine umfassendere Anerkennung der Menschenrechte mit sich gebracht. Sie dringen jedem ins Gewissen; sie werden besser als universal, natürlich und unverletzlich begriffen, kurz: als das gemeinsame Gut der Menschheit. In dieser Hinsicht besteht die Aufgabe der Juristen heute nicht nur darin, zur Förderung und Verteidigung dieser Rechte zusammenzuarbeiten, sondern auch darin, sie in überzeugender Weise zu erklären und ihre Grundlagen darzulegen. Vor allem kommt es den Juristen zu, die Versuchungen zu entlarven, die sich auch darin zeigen können, daß man in den Menschenrechten bloße Optionen sieht, ohne andere Garantie als eine ziemlich vage menschenfreundliche Übereinkunft oder einen zufallsbedingten politischen Willen.
Das Nachdenken über das Naturrecht kommt seinem Ziel umso mehr nahe, als es ihm gelingt, im Menschen seine Eigenschaft als Person anzuerkennen. Über diesen Punkt bietet uns der Glaube ein entscheidendes Licht, da er uns lehrt, daß der Mensch von Gott, seinem Schöpfer, zum Rang der Kindschaft berufen und erhoben ist. Die von Christus verkündete Frohe Botschaft bedeutet das Ende einer Gefangenschaft. Die Bande, die den Menschen in seine Weigerung, zu lieben und in Verbindung zu stehen, einschlossen, sind zerrissen. Durch den Akt höchster Liebe, den Gott in seinem Sohn vollzogen hat, ist der Mensch in seiner Würde und in seiner Fähigkeit, zu lieben und sich mitzuteilen, wiederhergestellt. Offen für diese größte Perspektive hinsichtlich der letzten Bestimmung der menschlichen Person, werden Sie besser imstande sein, die Anhaltspunkte, die das Recht auf dem Weg absteckt, zu erkennen und zu definieren.

4. Meine Damen und Herren, in diesem Sinn möchte ich Sie bei Ihren Arbeiten in diesen Tagen ermutigen, wie auch in Ihren zahlreichen juristischen Aufgaben. Im Lauf Ihrer Überlegungen werden Sie von Gottes Geist der Gerechtigkeit geleitet sein. „Gerechtigkeit und Friede küssen sich", sagt der Psalmist (*Ps* 85/84,11). Am Ende des zweiten Jahrtausends wünsche ich Ihnen, den katholischen Juristen, daß Sie der Menschheit helfen, diesem Ziel näherzukommen dadurch, daß sie solidarischer wird und ihre Berufung besser erkennt.
Von ganzem Herzen erteile ich Ihnen meinen Apostolischen Segen, und ich bitte den Herrn, Sie auf Ihrem Weg zu behüten mit der Größe seiner Gerechtigkeit, der Freundlichkeit seines Erbarmens und der Kraft seiner Liebe.

Der Friede ist noch möglich

Ansprache an das Diplomatische Korps beim Neujahrsempfang am 12. Januar

Exzellenzen,
meine Damen und Herren!

1. Der übliche Austausch von Glückwünschen zu Beginn des neuen Jahres bietet mir die willkommene Gelegenheit, mit Ihnen zusammenzutreffen und damit die Bande zwischen dem Papst und den Vertretern der Nationen, die mit dem Heiligen Stuhl diplomatische oder offizielle Beziehungen zu unterhalten wünschen, zu festigen.

Die Worte Ihres Doyen, des Herrn Botschafters Joseph Amichia, sind mir sehr nahegegangen. Ich danke Ihnen für die so liebenswürdig zum Ausdruck gebrachten guten Wünsche wie auch für Ihr freundschaftliches Verständnis für das Wirken des Heiligen Stuhles im Dienst der internationalen Beziehungen, das sich immer mehr von den höchsten Werten des Guten, der Wahrheit und Gerechtigkeit leiten lassen möchte.

2. In diesem Jahr haben wir die Freude, unter uns die Botschafter von Ländern zu erblicken, die erst kürzlich nach einem langen „Winter" die Freiheit zurückgewonnen haben, und deren Völker die Spielregeln des demokratischen Lebens und des Pluralismus entdecken oder zu ihnen zurückfinden. Besonders gern heiße ich daher die Botschafter Polens, Ungarns und der Tschechischen und Slowakischen Föderativen Republik willkommen, und ich warte darauf, bald auch den Vertreter Rumäniens willkommen heißen zu dürfen, wie auch den Vertreter Bulgariens, eines Landes, das zum ersten Mal in seiner Geschichte diplomatische Beziehungen mit dem Heiligen Stuhl aufzunehmen gewünscht hat.

Ich empfinde ferner lebhafte Genugtuung darüber, hier den Vertreter der Union der Sozialistischen Sowjetrepubliken begrüßen zu können, deren Regierung offizielle Beziehungen mit dem Apostolischen Stuhl aufnehmen wollte. Ich möchte weiter auf die Anwesenheit des persönlichen Vertreters des Präsidenten der Vereinigten Mexikanischen Staaten hinweisen und von Herzen die kürzlich akkreditierten Missionschefs und ihre Mitarbeiter willkommen heißen. Sie bilden mit Ihren Familien eine echte Gemeinschaft, die die reiche Verschiedenheit der Völker der Erde widerspiegelt, unter denen die Kirche ihr Zeugnis des Glaubens, der Hoffnung und der Liebe anzubieten sich bemüht.

Weil Christus seit dem Weihnachtstag sich jedem Menschen verbunden hat, teilt auch die Kirche ihrerseits seine Besorgtheit um einen jeden. Deswegen stellt sich auch der Papst als Vorsteher der Gemeinschaft der Kirche in den Dienst der Menschen, wer sie auch seien und welcherart auch immer ihre Überzeugungen sein mögen, und er kann ihrem Wohlergehen wie auch den auf ihnen lastenden Bedrohungen gegenüber nicht gleichgültig bleiben.

3. Wie Ihr Doyen mit vollem Recht betonte, hat die Welt ein an einzigartigen Ereignissen besonders fruchtbares Jahr hinter sich. Ganz Europa spürte den erneuernden Wind der Freiheit wehen, einer um den Preis harter Opfer errungenen Freiheit für die Völker, die heute zugleich ermessen, wie anspruchsvoll das Ideal des Rechtsstaates ist.
Der Gipfel der Staats- oder Regierungschefs von 34 Ländern, die an der Konferenz für Sicherheit und Zusammenarbeit in Europa (KSZE) kürzlich in Paris teilgenommen haben, hat das beredte Bild eines Europas geboten, das mit sich selbst ausgesöhnt ist. Wahlen haben den Völkern Mittel- und Osteuropas gestattet, ihren Willen zum Ausdruck zu bringen. Deutschland hat seine territoriale und politische Einheit zurückgewonnen. Die Verhandlungen über die Abrüstung sind schneller vorangekommen. Bei den meisten europäischen Stellen spürt man die Notwendigkeit, die bereits vorhandenen Formen der Zusammenarbeit in ein System zu bringen. Kurz, wir sehen vor unseren Augen ein „neues Europa" entstehen, wie es die Erklärungen der Teilnehmer an der Begegnung von Paris bezeugen, die ich eben erwähnt habe: „Die Ära der Konfrontation und der Teilung in Europa ist vorbei. Wir erklären, daß unsere Beziehungen sich von nun an auf Respekt und Zusammenarbeit gründen. Es ist heute unsere Aufgabe, die Hoffnungen und Erwartungen, die unsere Völker schon seit Jahrzehnten hegen, Wirklichkeit werden zu lassen: ein unermüdliches Eintreten für Demokratie, die sich auf die Menschenrechte und die grundlegenden Freiheiten gründet; einen Wohlstand aufgrund von wirtschaftlicher Freiheit und sozialer Gerechtigkeit; gleiche Sicherheit für alle" (*Charta von Paris*).
Wir müssen den Bürgern und den Führungskräften danken, die durch ihren Glauben an den Menschen und ihre Beharrlichkeit diese Ergebnisse innerhalb der Grundausrichtung der großen Traditionen Europas erzielt haben. Doch gestatten Sie mir, Exzellenzen, meine Damen und Herren, meinen Dank vor allem dem Herrn der Geschichte abzustatten, dem wir das Leben, die Existenz und das Sein verdanken (vgl. *Apg* 17,28), und der vielleicht zum ersten Mal, eine in die Tiefe reichende Umformung Europas gewollt hat, die nicht das Ergebnis eines Krieges war.
Angesichts dieser „neuen Zeiten" muß nun jedes Land Europas das weiterführen, was die politische Entwicklung möglich gemacht hat; ein entschlossenes Eintreten für Demokratie, wirksame Achtung der Rechte des Menschen und der grundlegenden Freiheiten, Wohlstand durch wirtschaftliche Freiheit und soziale Gerechtigkeit und gleiche Sicherheit für eine jede Nation.
In Westeuropa sind diese Ziele bereits mehr oder weniger erreicht, doch scheint den Bürgern in diesem Teil des Kontinents bezeichnenderweise ein Ideal zu fehlen. Im 19. Jahrhundert haben zahlreiche Europäer ihr Vertrauen auf die Vernunft, die Wissenschaft und das Geld gesetzt. Zu Beginn unseres Jahrhunderts hat eine Ideologie aufzuzeigen versucht, daß nur der Staat in sich die wissenschaftliche Wahrheit der Geschichte verkörpere und daher die Werte, an die zu glauben ist, auferlegen könne. In den letzten Jahrzehnten hat man geglaubt, daß Industrialisierung und Produktion, wenn sie den Lebensstandard heben, bleibendes Glück sicherstellen können. Heute sind sich die jungen Generationen darüber klar, daß „der Mensch nicht von Brot

allein lebt" (vgl. *Lk* 4,4). Sie suchen nach Sinn: die in den Gesellschaften Verantwortlichen haben daher die schwerwiegende Pflicht, nicht nur ihre Stimme zu hören, sondern auch auf ihre Erwartungen zu antworten. Allzu oft liefern sich die westlichen Gesellschaften den Moden und dem Oberflächlichen aus und werden in einem gewissen Sinn unmenschlich. Daher müssen sich die Männer und Frauen der wohlversorgten Gesellschaften die Herausforderungen der Welt von morgen vor Augen stellen; sie müssen solide Grundlagen für ihren Aufbau legen. Sie sollten wieder lernen, zu schweigen, zu meditieren, zu beten! Hier haben, wie Sie wohl ahnen, die Glaubenden und zumal die Christen etwas Entsprechendes zu sagen. Sie müßten sich immer besser Gehör verschaffen und ihr Anderssein zur Geltung bringen, um den Projekten der Gesellschaft, deren Mitglieder sie sind, jenes Mehr an Seele anzubieten, wonach viele begierig suchen, doch zuweilen, ohne davon ein klares Bewußtsein zu haben.

Die Länder Mittel- und Osteuropas sind auf ihre Weise Opfer der gleichen Schwierigkeiten geworden. Es genügt nicht, das Monopol einer Partei abzulehnen, man braucht auch Begründungen für sein Leben und Arbeiten, um etwas aufzubauen. In diesen Ländern haben Wahlen stattgefunden, aber manchmal waren die Programme der Kandidaten hinsichtlich der mit Priorität durchzuführenden Dinge vielleicht nicht genügend deutlich. In diesen Ländern, deren moralischer und sozialer Zusammenhalt tief verletzt war, müssen Familie und Schule wieder Stätten der Bildung des Gewissens werden; der Geschmack an gut geleisteter Arbeit, weil sie dem Gemeinwohl dient, muß zurückgewonnen werden.

Angesichts all dieser Aufgaben legt sich eine Pflicht nahe: die europäische Solidarität. Nichts wäre für das Gleichgewicht Europas - ja man könnte sogar sagen für die Erhaltung des Friedens auf dem Kontinent - schädlicher als ein neuer Dualismus: ein Europa der Reichen im Gegensatz zu einem Europa der Armen; moderne Gebiete im Gegensatz zu anderen, die zurückgeblieben sind. Die technische und kulturelle Zusammenarbeit muß mit den gemeinschaftlichen Wirtschaftsplänen gleichen Schritt halten. Dies setzt voraus, daß die Länder Europas, an freies Denken und Produzieren gewöhnt, ein gewisses Verständnis für Partner bekommen, die leider mehr als ein halbes Jahrhundert lang genötigt waren, die Zwänge von Systemen zu erleiden, in denen Kreativität und Initiative als subversiv galten.

Mit Sorgen verfolgen wir in diesen Tagen die politische Entwicklung gewisser Länder in Mittel- und Osteuropa, ohne Albanien zu vergessen. In all diesen Gesellschaften gibt es neue Bestrebungen und Erwartungen, die sich mit Nachdruck bemerkbar machen. Ich denke an die baltischen Länder, und zumal an das liebe Litauen. Wenn der europäische Kontinent nun seine Form zurückzugewinnen sucht, ist es von fundamentaler Bedeutung, daß diese Nationen von der Solidarität aller Hilfe erhalten, um ihren Überlieferungen und ihrem Erbe treu bleiben zu können, und daß durch Dialog und Verhandlungen neue Lösungen gefunden werden, die die Türen öffnen und Vorurteile verschwinden lassen.

Wenn 1990 das Jahr der Freiheit war, müßte 1991 das Jahr der Solidarität werden!

Doch Europa kann sich nicht nur mit sich selbst beschäftigen. Es muß sich entschlossen der übrigen Welt zuwenden, zumal den ärmsten und den am meisten geprüften Ländern: das Europa von 1990 hat gezeigt, daß man die Gestalt der Gesellschaft ohne Schwertstreich ändern kann; ein versöhntes Europa ist in der Lage, heute eine Botschaft der Hoffnung auszustrahlen.

4. Meine Gedanken wenden sich nun Lateinamerika zu. Dieser ausgedehnte Kontinent stellt eine gewisse Einheit dar; er kann jedoch tiefreichende Ungleichheiten unter den großen Massen, die zu ihm gehören, nur schlecht verbergen. Viele Völker dort erfahren die Armut; die gewaltigen natürlichen Reichtümer des Kontinents sind noch weit davon entfernt, sorgfältig ausgenützt und ausgewogen verteilt zu werden. Außerdem kann man das Wüten aller Art von Gewaltanwendung und den Drogenhandel in bestimmten Milieus, die die Grundlagen selbst zum Wanken bringen, nur bedauern. Ich denke besonders an die Morde, an die Entführung oder das Verschwinden unschuldiger Menschen. Dringend müssen für die schwerwiegenden sozialen und wirtschaftlichen Probleme, die zum Randdasein eines großen Teils der Bevölkerung dieser Länder führen, Lösungen gefunden werden. Alles muß mit dem Wiederaufbau oder der Rettung der Werte der Familie, dem Kern einer jeden Gesellschaft, die diesen Namen verdient, beginnen. Sie wissen, daß die katholische Kirche darüber sehr besorgt und bemüht ist, sich in den Dienst aller Familien zu stellen.

Vor meinem Geist stehen insbesondere die Länder Mittelamerikas, in denen der Prozeß der Demokratisierung und der Befriedung trotz aller lobenswerten Bemühungen nur langsam vorankommt. Die Dynamik der Abmachungen von d'Esquipulas, die Initiative für ein zentralamerikanisches Parlament und die Erklärung von Antigua für eine regionale Wirtschaftsgemeinschaft sind gute Beispiele für diese Zusammenarbeit unter benachbarten Nationen, worüber ich in der Enzyklika *Sollicitudo rei socialis* (vgl. Nr. 45) gesprochen habe.

Versuche zum Dialog zwischen Regierung und Guerillas sind ebenfalls da, zumal in Guatemala und in El Salvador, doch haben unglücklicherweise kürzlich erfolgte traurige Ereignisse bekräftigt, daß die Unschuldigen weiterhin die ersten Opfer dieser brudermörderischen Kämpfe bleiben.

Gewiß fehlt es nicht an weiteren Hindernissen, denn die Oligarchien aller Art blokkieren den Wert der Normalisierung. Doch ist die Zeit gekommen, daß alle sich die Hand reichen und gemeinsam Nationen aufbauen, bei denen die Kleinen in ihren berechtigten Bestrebungen gehört und geachtet werden. Das politische Leben hat nur das Wohl der Bürger zum Sinn: diese besitzen Rechte, die ausnahmslos geachtet werden müssen.

Nicht weit von diesem Gebiet macht ein schon reichlich geprüftes Volk seit einigen Tagen eine dramatische Lage durch: ich spreche von der Nation von Haiti. Unordnung, Morde, Rache- und Gewaltakte aller Art haben ihr Todeswerk vollbracht. Ich muß hier auch die Zerstörung des Sitzes der apostolischen Nuntiatur in Port-au-Prince nennen, und vor allem die Behandlung meines Vertreters beklagen, der in seiner Würde geschmäht wurde, während sein Mitarbeiter schwer verwundet wurde.

Es handelt sich hier um Gewaltanwendungen, die in keinem Fall die politische und soziale Stabilität, wie sie von der Bevölkerung gewünscht wird, fördern können. Die Angriffe auf die alte Kathedrale und auf den Sitz der Bischofskonferenz schockieren nicht nur die Katholiken, sondern auch alle Menschen guten Willens.

5. Wenn wir unseren Blick auf Asien richten, dann müssen wir auch in diesem Jahr beklagen, daß einige Probleme ungelöst geblieben sind. Ich erwähnte nur einige.
Kambodscha. Die Verhandlungen gehen wohl weiter, doch mit Auf und Ab. So bleibt zu hoffen, daß der Wille, dem Wohl des Volkes zu dienen, das so viele Jahre durch grausame Prüfungen niedergehalten wurde, über Parteiinteresse oder Machtstreben das Übergewicht gewinnt. Wie sollte man nicht in Erinnerung rufen, daß die Gewaltanwendung niemals einen Gegensatz endgültig löst. Der Heilige Stuhl wünscht daher, man möge mit Hilfe der internationalen Gemeinschaft eine ehrenhafte Lösung in Achtung vor den Bedürfnissen des Volkes von Kambodscha finden, wenn möglich sogar, wie einige empfehlen, unter direkter Mitarbeit der Organisation der Vereinten Nationen.
Die Situation in Afghanistan bleibt gefährlich. Die Bevölkerung mußte zum großen Teil ihre Häuser verlassen und leidet darunter, in Ungewißheit über die Zukunft leben zu müssen. Auch hier lade ich die Großmächte ein, die sich gewöhnlich für das Schicksal dieses Volkes interessiert haben, alles zu tun, damit die Verhandlungen nicht scheitern und vor allem friedliche Lösungen gegenüber dem Rückgriff auf Gewalt den Vorrang behalten.
Auch Vietnam nimmt in meiner Besorgnis einen besonderen Platz ein. Eine amtliche Delegation des Heiligen Stuhles hat sich zum ersten Mal nach vielen Jahren in dieses Land begeben, um dort mit den Regierungsstellen gewisse Probleme des Lebens der Ortskirche und Fragen von gemeinsamen Interesse zu erörtern. Das positive Klima des Gedankenaustausches ist zweifellos ein Zeichen für den Willen der Regierung, den Bürgern dieses edlen Landes die religiöse Freiheit zuzusichern, nach der sie sich sehnen, und auf internationaler Ebene erneut den ihm zukommenden Platz einzunehmen. Ich hoffe, daß ihm nicht die Hilfe aller jener abgehen wird, die in aller Welt den Mut und die Beharrlichkeit eines Volkes bewundern, das sein Vaterland um den Preis gewaltiger Opfer wiederaufbauen möchte.
Versöhnung und Frieden wünsche ich mir auch für Sri Lanka, wo der Bürgerkrieg weiter zahlreiche Opfer fordert. Die völkischen und gemeinschaftsbezogenen Unterschiede sollten niemals Anlaß zum Gegensatz werden, vielmehr ein Reichtum sein, den man miteinander teilt.
Zu all den Schwierigkeiten politischer oder wirtschaftlicher Art, mit denen die Völker dieser Gegenden zu ringen haben, kommt noch ein Problem hinzu, das ich nicht mit Schweigen übergehen kann. Ich denke an die wenig günstigen Verhältnisse, in denen die Gemeinschaften der Christen zuweilen dort leben müssen.
Oft werden die Christen von den Anhängern der großen traditionellen Religionen geächtet und sind außerdem dem Mißtrauen und den Zwangsmaßnahmen der Autoritäten ausgesetzt. Ich denke an gewisse Ortskirchen, die am vollen Bekenntnis ihres Glaubens in der Öffentlichkeit und am regelmäßigen Austausch mit dem Papst

und dem Apostolischen Stuhl gehindert werden, wie es bei den Katholiken in Festlandchina der Fall ist. Ich denke an diese Gläubigen, die bei ihrer Arbeit oder innerhalb der Gesellschaft diskriminiert werden, weil sie nicht der Religion der Mehrheit anhängen; ich denke an die Schwierigkeiten, zu denen es kommt, wenn man notwendig auf Missionare zurückgreifen muß, um den geistlichen Bedürfnissen der Gläubigen zu entsprechen. Es liegen hier oft subtile, aber sehr reale Verletzungen elementarer Menschenrechte vor, an erster Stelle des Rechtes, seinen Glauben zu bekennen, einzeln oder mit anderen, nach den Regeln der eigenen religiösen Familie. Ich will hoffen, Exzellenzen, meine Damen und Herren, daß Sie meine Sorgen in diesem Punkt verstehen. Wie ich in meiner kürzlichen Botschaft zur Feier des Weltfriedenstages erklärt habe, bedeutet Intoleranz eine Bedrohung des Friedens. Es kann keine Eintracht und Zusammenarbeit unter den Völkern geben, wenn die Menschen in ihrem Denken und Glauben nicht frei sind, in Treue zu ihrem Gewissen und selbstverständlich in Achtung vor den berechtigten Regelungen, die in jeder Gesellschaft das Gemeinwohl und die soziale Harmonie garantieren.

6. Der afrikanische Kontinent verdient ebenfalls unsere Aufmerksamkeit. Zusätzlich zu den dramatischen wirtschaftlichen Verhältnissen, unter denen fast alle seine Völker zu leiden haben, wird er auch zur Beute von Gewaltanwendung: Wie könnten wir vergessen, daß mehr als zehn Konflikte ihn heute noch zerfleischen?
In Äthiopien verschlingt der Krieg einen Großteil der nationalen finanziellen Einkünfte und verursacht den Exodus einer großen Zahl von Flüchtlingen. Der Hunger bedroht die Regionen des Nordens, zumal Eritrea und Tigre, die durch Kampfhandlungen verwüstet werden, und den Organisationen für menschliche Hilfe ist es verwehrt, durch die Fronten der Befreiungskämpfer zu kommen. Die kürzliche Öffnung des Hafens von Massaua darf man in dem Maße der Hoffnung betrachten, wie dadurch die am dringlichsten gebrauchten Hilfsgüter zu der Bevölkerung gelangen können, die sich an der Überlebensgrenze befindet. Nach dreißig Jahren Krieg ist die Stunde für einen Waffenstillstand gekommen, um den Dialog zu fördern und eine Form des Zusammenlebens der verschiedenen Gruppen innerhalb der äthiopischen Gesellschaft zu finden.
Im Sudan steht es nicht besser. Auch dort ist die Bevölkerung zum Opfer der Kämpfe, der ökologischen Krisen und des Zusammenbruchs der Wirtschaft geworden und scheint der Spielball eines inneren Konfliktes zu sein, der schon allzu lange andauert. Die Christen dieses Landes informieren den Heiligen Stuhl über ihre Ängste. Sie leben in der Furcht vor dem morgen und möchten gern in ihrer religiösen Eigenart angenommen und anerkannt werden. Sie wünschen, daß ihre Stimme Gehör findet, daß ihre Missionare in normaler Weise ihr Apostolat ausüben können, das so sehr geschätzt und für die Gemeinschaften so notwendig ist und daß endlich die Hilfsgüter der humanitären Organisationen sie ohne Verzug erreichen.
Mosambik, das oft im Mittelpunkt unserer Sorgen stand, scheint den Weg der Befriedung eingeschlagen zu haben. Regierung und bewaffnete Opposition haben mit Hilfe befreundeter Länder und selbstloser Organisationen ein erstes Teilabkommen erreicht. Wir wünschen lebhaft, es möchte zu einer endgültigen Feuereinstellung

führen. Dann wäre es für diese junge Nation möglich, sich dem eigenen materiellen und geistigen Wiederaufbau zu widmen, sich eine Verfassung und Institutionen zu geben, bei denen sich alle Bürger in ihren Überzeugungen geachtet sehen und daher mit größerer Zuversicht in die Zukunft schauen können.
Ebenso müssen wir uns über die direkten Gespräche freuen, die zwischen den Konfliktparteien in Angola Fortschritte zu machen scheinen. Das Engagement von Ländern wie die Vereinigten Staaten von Amerika und die Sowjetunion kann die politische Entwicklung dieses durch die Kämpfe im Vollsinn des Wortes zerrissenen Landes positiv beeinflussen, dessen Familien getrennt, dessen wirtschaftliche Strukturen vernichtet wurden, und wo die katholische Kirche grausame Prüfungen zu erdulden hatte und weiter erduldet.
Endlich verspricht die in Gang befindliche institutionelle Erneuerung in Südafrika diesem weit ausgedehnten Gebiet des Kontinents mehr Stabilität. Die rechtliche Anerkennung der Oppositionsparteien und die Freilassung ihrer Führer nach allzu langen Jahren der Gefangenschaft, die zahlreichen Begegnungen zwischen Regierungsverantwortlichen und anderen stellen Keime der Versöhnung und der Brüderlichkeit dar. Sie mögen noch gebrechlich sein, aber man sollte sie schützen und wachsen lassen. Vor allem wäre es nicht notwendig, daß Gewalttaten, wie jene, die noch vor kurzem Tote mit sich gebracht haben, Verzweiflung heraufbeschwören bei Menschen, die nach so vielen Jahren ein endlich versöhntes Land ersehnen.
Der Heilige Stuhl ist sich ferner bewußt, daß zahlreiche Länder Afrikas weiter von Stammesrivalitäten geprägt sind. Ich denke zumal an Rwanda und Burundi, deren Bischöfe in einer gemeinsamen Erklärung vor kurzem passenderweise daran erinnert haben, daß Stammesunterschiede nicht isolieren dürfen, vielmehr bereichern sollen, denn alle Menschen sind Kinder des gleichen Vaters.
Wir wollen Somalia nicht vergessen, wo die Bevölkerung in diesen Tagen mörderische Kämpfe durchmacht. Möge Gott sie erleuchten, daß alle sich bemühen, die Versöhnung über eine bewaffnete Auseinandersetzung siegen zu lassen.
Ebensowenig wollen wir das geliebte Liberia vergessen, dessen Menschen unsägliche Leiden erfahren. Es ist an der Zeit, daß die Liberianer ihr gegenseitiges Vertrauen zurückgewinnen und daß die Gemeinschaft der Nationen ihnen hilft, eine Art wirklichen Schiffbruch für ein sonst doch friedliches und tolerantes Land zu vermeiden.
Ich möchte Ihre Aufmerksamkeit, Exzellenzen, meine Damen und Herren, auf die Zukunft des afrikanischen Kontinents richten, der reich an menschlichen Kräften ist, aber unter schwerwiegenden Mangelerscheinungen leidet: da ist der Hunger, der erneut Millionen Menschen bedroht, die Arbeitslosigkeit, die große Zahl der Flüchtlinge und die Krankheiten, deren am meisten tödliche zweifellos die Aids-Krankheit ist. Wie ich im vergangenen September bei Gelegenheit meiner Begegnung mit dem Diplomatischen Korps in Burundi ausführte, haben viele afrikanische Länder das Empfinden, von den Nationen unterschätzt zu werden, die ihnen nur im Dienst ihrer eigenen Interessen helfen. Ich meine, die gebieterische Pflicht zur Solidarität gegenüber den Ärmsten setzt die Verstärkung einer Zusammenarbeit voraus, die über den

bloßen Austausch von Gütern und das Anstreben von auch berechtigtem Gewinn hinaus vor allem zu einer „Begegnung" der Völker wird. Wie ich bei der gleichen apostolischen Reise nach Afrika betont habe, setzt natürlich jede Zusammenarbeit dieser Art die freie, intelligente und verantwortliche Beteiligung der Nutznießer selbst voraus, wobei sie wirksam von regionalen Organisationen unterstützt werden sollten, die die sich ergänzenden Interessen zu koordinieren haben.

7. Zum Abschluß dieses Rundblicks auf die internationale Lage müssen wir noch etwas bei einer Region verweilen, die uns näher liegt, nämlich beim Mittleren Osten, wo eines Tages der Stern des Friedens aufgegangen ist.
Diese an Geschichte reichen Länder, Wiege von drei monotheistischen Religionen, müßten Gebiete sein, in denen die Achtung vor der Würde des Menschen als Geschöpf Gottes, die Versöhnung und der Friede klar zutage treten. Doch leider läßt der Dialog zwischen den geistigen Familien oft zu wünschen übrig. Die Christen als Minderheit werden zum Beispiel in gewissen Fällen gerade noch geduldet. Zuweilen verweigert man ihnen eigene Plätze für den Gottesdienst, und sie dürfen sich nicht zu öffentlichen Feiern versammeln. Sogar das Symbol des Kreuzes wird geächtet. Es handelt sich hier um offenkundige Verletzungen der fundamentalen Rechte des Menschen und der internationalen Gesetze. In einer Welt wie der unseren, in der die Bevölkerung eines Landes selten nur einem Volk oder nur einer Religion angehört, ist es für den inneren und internationalen Frieden äußerst wichtig, daß die Achtung vor dem Gewissen eines jeden als absolutes Prinzip gilt. Der Heilige Stuhl erwartet das Engagement der ganzen internationalen Gemeinschaft, damit diese Fälle von religiöser Diskriminierung aufhören, die eine Wunde für die ganze Menschheit bedeuten und tatsächlich für die Weiterführung des interreligiösen Dialogs wie auch für die brüderliche Zusammenarbeit für eine wahrhaft menschliche und damit friedfertige Gesellschaft ein ernstes Hindernis sind.
Und was soll man sagen über das wahrhaft schreckliche Ausmaß der anwesenden Soldaten und vorhandenen Kriegswaffen in diesem Gebiet des Mittleren Ostens?
Zu den Konflikten, die seit allzu vielen Jahren die Völker in Verzweiflung und Ungewißheit stürzen - ich denke an das Heilige Land und den Libanon -, ist sogar seit einigen Monaten die sogenannte Golfkrise noch hinzugekommen.
Tatsächlich stehen wir vor Situationen, die rasche politische Entscheidungen und die Schaffung eines Klimas von wirklich echtem gegenseitigen Vertrauen erfordern.
Seit Jahrzehnten macht das palästinensische Volk schwere Prüfungen durch, und es wird ungerecht behandelt. Zeuge dafür sind Hunderttausende von Flüchtlingen, die sich in diesem Gebiet und über andere Teile der Welt verteilt haben. Gleiches gilt von der Lage der Bewohner von Cisjordanien und des Gazastreifens. Es geht um ein Volk, das Gehör verlangt, auch wenn man zugeben muß, daß bestimmte Gruppen von Palästinensern, um sich Gehör zu verschaffen, zu unannehmbaren und zu verurteilenden Methoden gegriffen haben. Doch man muß auch feststellen, daß auf die Vorschläge verschiedener Stellen negativ geantwortet wurde, die einen Prozeß des Dialogs hätten einleiten können, um dem Staat Israel gerechte Sicherheitsverhält-

nisse und zugleich dem Volk der Palästinenser seine unbestreitbaren Rechte zu garantieren.
Im Heiligen Land befindet sich ferner die Stadt Jerusalem, die weiter Anlaß zu Konflikten und Unordnung unter Gläubigen bietet. Jerusalem, die „Heilige Stadt", die „Stadt des Friedens" ...
Ganz in der Nähe liegt der Libanon. Er hat vor den Augen der Welt jahrelang wie im Todeskampf gelegen, ohne daß man ihm immer hätte helfen wollen, seine inneren Probleme zu überwinden und sich von auswärtigen Elementen und Mächten freizumachen, die sich seiner für ihre eigenen Ziele bedienen wollten. Es ist an der Zeit, daß alle nicht-libanesischen bewaffneten Kräfte sich zum Verlassen des nationalen Territoriums bereit machen und die Libanesen in die Lage versetzen, die Formen ihres Zusammenlebens frei zu wählen, in Treue zu ihrer Geschichte und in Weiterführung ihres Erbes an kulturellem und religiösem Pluralismus.
Die Golfzone schließlich befindet sich seit dem Monat August im Belagerungszustand, und man hat wohl gesehen, daß, wenn ein Land die elementarsten Regeln des internationalen Rechts verletzt, das ganze Zusammenleben der Nationen davon beeinträchtigt wird. Man darf nicht zugeben, daß das Recht des Stärkeren den Schwächeren brutal aufgezwungen wird. Einer der großen Fortschritte dieses internationalen Rechtes war ja gerade die Feststellung, daß alle Länder gleich an Würde sind und gleiche Rechte haben.
Glücklicherweise hat die Organisation der Vereinten Nationen sich als internationale Instanz rasch der Abwicklung dieser schweren Krise angenommen. Das ist nicht erstaunlich, wenn man sich daran erinnert, daß die Präambel und der erste Artikel der *Charta* von San Francisco ihr als Priorität den Willen auftragen, „die kommenden Generationen von der Geißel des Krieges zu bewahren" und „jeden Angriffsakt zu unterdrücken".
Deswegen wissen die wahren Freunde des Friedens, getreu diesem Erbe und im Bewußtsein der Risiken - ja ich möchte sagen, des tragischen Abenteuers -, daß ein Krieg im Golf bedeuten würde, daß jetzt mehr denn je die Stunde für den Dialog, für die Verhandlung, für den Vorrang des internationalen Rechtes ist. Ja, der Friede ist noch möglich; der Krieg wäre ein Absinken der ganzen Menschheit.
Exzellenzen, meine Damen und Herren, ich wünsche, daß Sie um meine tiefe Sorge angesichts der in diesem Gebiet des Mittleren Ostens entstandenen Lage wissen. Ich habe sie wiederholt ausgesprochen, gestern noch in einem Telegramm an den Generalsekretär der Vereinten Nationen. Auf der einen Seite haben wir die bewaffnete Invasion eines Landes und eine brutale Verletzung des internationalen Rechtes erlebt, wie es von der UNO und vom Moralgesetz festgelegt ist; das sind unannehmbare Tatsachen. Auf der anderen Seite gibt es angesichts der massiven Konzentration von Menschen und Waffen im Gefolge des Angriffs, deren Ziel die Beendigung dieser wohl eindeutig als Aggression zu bezeichnenden Aktion war, keinen Zweifel: Wenn sie zu einem selbst begrenzten militärischen Vorgehen führen sollte, dann wären die Operationen besonders mörderisch, ganz abgesehen von den ökologischen, politischen, wirtschaftlichen und strategischen Folgen, deren ganze Schwere

und volle Tragweite wir vielleicht noch gar nicht ermessen können. Und schließlich würde ein mit den Waffen erzwungener Friede, der die tieferen Ursachen der Gewaltanwendung in diesem Teil der Welt unberührt läßt, nur neue Gewaltanwendung vorbereiten.

8. Es besteht in der Tat eine gegenseitige Beziehung zwischen der Macht, dem Recht und den Werten, ohne die die internationale Gesellschaft nicht auskommt.
Die Staaten entdecken heute erneut, zumal dank der verschiedenen Strukturen der internationalen Zusammenarbeit, die sie verbinden, daß das internationale Recht nicht eine Art Verlängerung ihrer uneingeschränkten Souveränität, aber auch kein Schutz für ihre eigenen Interessen oder gar für ihre hegemonialen Bestrebungen ist. Es ist in Wahrheit ein Verhaltenskodex für die Menschheitsfamilie als Ganzes.
Das Völkerrecht hat als Vorfahre des internationalen Rechtes im Verlauf der Jahrhunderte Form angenommen, indem die universal gültigen Prinzipien, die dem inneren Recht der Staaten vorausgehen, ihm gegenüber Vorrang haben und die Zustimmung der maßgebenden Vertreter des internationalen Lebens gefunden haben, ausgearbeitet und kodifiziert wurden. Der Heilige Stuhl sieht in diesen Prinzipien gern einen Ausdruck der vom Schöpfer gewollten Ordnung. Erwähnen wir nur die gleiche Würde aller Völker, ihr Recht auf kulturelle Existenz, den rechtlichen Schutz ihrer nationalen und religiösen Identität, die Ablehnung des Krieges als normales Mittel zur Beilegung von Konflikten und die Verpflichtung, zum Gemeinwohl der Menschheit beizutragen. So sind die Staaten zur Überzeugung gekommen, es sei für ihre gegenseitige Sicherheit und als Garantie für ein Vertrauensklima notwendig, daß die Gemeinschaft der Nationen sich universal geltende Regeln für ihr Zusammenleben gibt, die unter allen Umständen zu gelten haben. Diese Regeln bilden nicht nur einen unerläßlichen Bezugspunkt für ein harmonisches internationales Zusammenwirken, sondern ebenso ein kostbares Erbe, das zu erhalten und zu entfalten ist. Ohne dies würde es zum Gesetz des Dschungels kommen, und die Folgen kann man sich leicht ausdenken.
Gestatten Sie mir hier, Exzellenzen, meine Damen und Herren, den Wunsch auszusprechen, die Regeln es internationalen Rechtes möchten mehr und mehr wirksam auch mit Zwangsmaßnahmen verbunden werden, die ihre Anwendung sicherstellen. Auf dem Gebiet der Anwendung der internationalen Gesetze muß das Leitprinzip Gerechtigkeit und Billigkeit sein. Der Rückgriff auf Gewalt für eine gerechte Sache dürfte nur zulässig sein, wenn er in einem rechten Verhältnis steht zu dem Ergebnis, das man erreichen möchte, und wenn man die Folgen des militärischen Vorgehens, das durch die moderne Technik immer zerstörerischer wird, für das Überleben der Völker und unserer Erde als Ganzes bedacht hat. Die „Forderungen der Menschlichkeit" (*Erklärung von St. Petersburg* 1868; *Den Haag* 1907, *Konvention IV*) verlangen von uns heute, entschlossen auf die absolute Ächtung des Krieges hinzuarbeiten und den gemeinsamen Frieden als ein höchstes Gut zu pflegen, dem alle Programme und alle Strategien untergeordnet werden müssen. So sei hier auch folgender Hinweis des II. Vatikanischen Konzils in der Konstitution *Gaudium et spes* erwähnt: „Das Kriegspotential legitimiert ... nicht jeden militärischen oder politischen Ge-

brauch. Auch wird nicht deshalb, weil ein Krieg unglücklicherweise ausgebrochen ist, damit nun jedes Kampfmittel zwischen den gegnerischen Parteien erlaubt" (Nr. 79).
Das internationale Recht ist das bevorrechtigte Werkzeug für den Aufbau einer menschlicheren und friedlicheren Welt, denn es ermöglicht den Schutz des Schwachen gegen die Willkür des Starken. Der Fortschritt der menschlichen Kultur läßt sich oft am Fortschritt des Rechts ermessen, dank dessen die freie Verbindung der Großmächte und anderer Mächte bei der gemeinsamen Aufgabe der Zusammenarbeit unter den Nationen möglich wird.

9. Exzellenzen, meine Damen und Herren, am Ende unserer Begegnung möchte ich Ihnen erneut meine herzlichen Wünsche für die Völker, die Sie vertreten, für die Autoritäten, die Sie beauftragt haben, für Ihre Familien und für Ihre Mitarbeiter aussprechen.
Wir leben in einer Zeit, in der die Zeichen des Fortschritts und der Hoffnung nicht fehlen. Sie ist freilich auch gekennzeichnet durch Herausforderungen und Gefahren, die alle Menschen guten Willens auf den Plan rufen.
Wie sollte ich hier nicht den Graben erwähnen, der die reichen und die armen Völker weiter voneinander trennt? Die soziale Kluft, die größer wird, sowie die Frustration von Millionen unserer Mitmenschen ohne Hoffnung für die Zukunft stellen nicht nur ein Ungleichgewicht dar, sondern zugleich eine Bedrohung für den Frieden. In diesem Zusammenhang sollte die ganze internationale Gemeinschaft wirtschaftliche und soziale Wandlungen einleiten, um zumal das Problem der Außenverschuldung jener Ländern in den Griff zu bekommen, die angesichts der Aufgaben, die sich ihnen stellen, die mittellosesten sind. Das Anstreben des Gemeinwohls muß die Bemühungen aller im Geist der Solidarität leiten. Geld sollte nicht das Hauptkriterium für das Verhalten sein. Alle sollten sich vielmehr bemühen, den ärmsten Menschen und Nationen neues Vertrauen einzuflößen!
Wir müssen jeder an dem Platz, den die Vorsehung Gottes uns zugewiesen hat, die Welt im Rahmen unserer Möglichkeiten ändern und eins ihrer ältesten Probleme, nämlich das des Friedens, aufgreifen.
Vor einigen Tagen haben die Christen ein Licht erwartet und gefeiert. Es erstrahlte aus einem Stall, in welchem ein ganz kleines Kind lag, das Licht der Welt!
Angesichts dieses Gottes, der sich dem Menschen darbietet, angesichts dieses wehrlosen Gottes müssen wir unsere Waffen fallen lassen. Er lädt uns ein, uns einer in den Dienst des anderen zu stellen und neu zu entdecken, daß der Mensch niemals so groß ist, wie dann, wenn er dem anderen - einem Menschen oder einem Volk - zu wachsen ermöglicht.
Öffnen sie also in der geschichtlichen Stunde, deren Akteure Sie aufgrund eines besonderen Titels sind, die Tür der Hoffnung! Dies ist mein Wunsch; dies ist zugleich mein Gebet!
Möge der Gott des Friedens das ganze neue Jahr hindurch mit Ihnen sein!

Seelsorge in der Vatikanstadt

Handschreiben vom 14. Januar

Nach der Errichtung der Vatikanstadt als souveräner Staat im Jahr 1929 beschloß mein ehrwürdiger Vorgänger, Pius XI., die Gläubigen, die ihren Wohnsitz auf diesem Territorium hatten, der Seelsorge eines päpstlichen Vikars anzuvertrauen zum Unterschied von dem Vikar, der die übrige Diözese Rom leitete, zu der das vatikanische Territorium gehört. Mit der Konstitution *Ex Lateranensi pacto* vom 30. Mai 1929 wurden die Normen festgelegt, die die Errichtung und Arbeitsweise dieses Vatikanischen Vikariats regeln sollten.

Der inzwischen vergangene Zeitablauf und die veränderten Umstände legen jetzt nahe, die Einrichtung zu überprüfen und den Normen des neuen *Codex des kanonischen Rechts* und der Apostolischen Konstitution *Pastor Bonus* anzugleichen, die die Römische Kurie betrifft.

Zu diesem Zweck ordne ich folgendes an:

1. Die Seelsorge im Staat der Vatikanstadt wird von nun an dem Erzpriester „pro tempore" der Vatikanischen Basilika anvertraut, der somit auch Generalvikar für die Vatikanstadt und die Päpstlichen Villen von Castel Gandolfo wird. Die Jurisdiktion über den Päpstlichen Lateranpalast wird hingegen dem Kardinalvikar für die Diözese Rom übertragen.
2. Das Amt des Sakristans des Päpstlichen Hauses wird aufgehoben, und seine Aufgaben werden in Zukunft vom päpstlichen Zeremonienmeister wahrgenommen.
3. Die Seelsorge der Pfarrei St. Anna im Vatikan wird weiterhin dem Orden der Augustiner anvertraut: der Pfarrer wird von mir auf Vorschlag des Generaloberen der Augustiner und des Erzpriesters der Petersbasilika ernannt. Die Angehörigen desselben Ordens, die gegenwärtig den Dienst in der päpstlichen Sakristei versehen, werden dies weiterhin tun unter der Leitung des päpstlichen Zeremonienmeisters. Einer von ihnen wird zum Kustos des Apostolischen Sakrariums, das heißt der Reliquien und Wertgegenstände dieser Sakristei ernannt werden.
4. Alle dem vorliegenden Handschreiben entgegengesetzten Dispositionen sind außer Kraft gesetzt.

Dieses Handschreiben wird in die *Acta Apostolicae Sedis* eingereiht, tritt aber in Kraft an dem Tag, an dem es im „Osservatore Romano" veröffentlicht wird.

Gegeben im Vatikanischen Apostolischen Palast am 14. Januar des Jahres 1991,
des 13. Pontifikatsjahres.

Den Frieden in letzter Minute retten

Telegramme an die Präsidenten Bush und Hussein vom 15. Januar

Telegramm an Präsident Bush:

Ich empfinde die dringende Pflicht, mich an Sie als den Führer der Nation zu wenden, die vom personellen und ausrüstungsmäßigen Aufgebot her am stärksten in die Militäroperation verwickelt ist, die jetzt in der Golfregion stattfindet.
In den jüngsten Tagen habe ich den Gedanken und Sorgen von Millionen von Menschen Ausdruck gegeben und die tragischen Folgen betont, die ein Krieg in diesem Gebiet haben könnte. Ich möchte nun meine feste Überzeugung erneut bekräftigen, daß ein Krieg schwerlich zu einer angemessenen Lösung von internationalen Problemen führt und daß, obwohl momentan eine ungerechte Situation bereinigt wird, die aus dem Krieg sich ergebenden Folgen zerstörerisch und tragisch sind. Wir können nicht verlangen, daß die Anwendung von Waffen und besonders von heute hochentwickelter Bewaffnung nicht Anlaß geben könnte zu neuen und vielleicht noch schlimmeren Ungerechtigkeiten, zusätzlich zu Leiden und Zerstörung.
Herr Präsident, ich bin gewiß, daß Sie zusammen mit Ihren Beratern auch klar diese Faktoren abgewogen haben und keine weiteren Anstrengungen unterlassen werden, um Entscheidungen zu vermeiden, die nicht mehr rückgängig gemacht werden könnten und Tausenden von Familien unter Ihren Mitbürgern und so vielen Menschen im Mittleren Osten Leid bringen würden. In diesen letzten Stunden vor dem vom Sicherheitsrat der Vereinten Nationen festgelegten Ultimatum hoffe ich wahrhaftig und flehe mit lebendigem Glauben zum Herrn, daß der Friede noch gerettet werden kann. Ich hoffe, daß durch eine Anstrengung zum Dialog in letzter Minute der Bevölkerung von Kuwait die Souveränität wiedergegeben und jene internationale Ordnung, die die Grundlage für ein der Menschheit wirklich würdiges Zusammenleben zwischen den Völkern bildet, in der Golfregion und im gesamten Mittleren Osten wiederhergestellt werden. Ich rufe auf Sie Gottes reichen Segen herab und bete besonders, daß Ihnen in diesem Augenblick der schweren Verantwortung vor Ihrem Land und der Geschichte die Weisheit geschenkt werde, Entscheidungen zu treffen, die wirklich dem Wohl Ihrer Mitbürger und der gesamten internationalen Gemeinschaft dienen.

Telegramm an Präsident Saddam Hussein:

Ich bin tief besorgt über die tragischen Folgen, die die Lage in der Golfregion haben könnte, und ich empfinde die dringende Pflicht, mich an Sie zu wenden und als Echo der Gefühle von Millionen Menschen zu wiederholen, was ich bereits in den jüngsten Tagen und Monaten zu sagen Gelegenheit hatte.
Kein internationales Problem kann mit Hilfe von Waffen angemessen und gültig gelöst werden, und die Erfahrung lehrt die ganze Menschheit, daß Krieg, außer der

vielen Opfer, die er kostet, Situationen von schwerer Ungerechtigkeit schafft, die wiederum eine mächtige Versuchung zu weiterer Gewaltanwendung bilden.
Wir alle können uns die tragischen Folgen vorstellen, die ein Waffenkonflikt in der Golfregion für Tausende Ihrer Mitbürger, für Ihr Land und für den gesamten Raum, wenn nicht für die ganze Welt hätte.
Ich hoffe wirklich und flehe inständig zum barmherzigen Gott, daß es allen beteiligten Parteien gelingt, in ehrlichem und fruchtbarem Dialog den Weg zu entdecken, eine solche Katastrophe zu vermeiden. Dieser Weg kann nur beschritten werden, wenn jeder Einzelne vom wahren Wunsch nach Frieden und Gerechtigkeit beseelt wird.
Ich vertraue darauf, daß auch Sie, Herr Präsident, die angemessensten Entscheidungen treffen und die mutigen Schritte unternehmen werden, die den Anfang setzen können zu einer echten Fahrt in den Frieden. Wie ich am vergangenen Sonntag öffentlich sagte, kann ein Beweis der Bereitschaft Ihrerseits Ihnen vor Ihrem geliebten Land, der Region und der ganzen Welt nur zur Ehre gereichen. In diesen dramatischen Stunden bete ich, Gott möge Sie erleuchten und Ihnen die Kraft zu einer hochherzigen Geste geben, die den Krieg vermeidet: Es wird ein großer Schritt vor der Geschichte sein, denn er wird das Zeichen sein für einen Sieg der internationalen Gerechtigkeit und den Erfolg des Friedens, den alle Menschen guten Willens ersehnen.

Frieden erfordert den vollen Einsatz der internationalen Gemeinschaft

Ansprache bei der Begegnung mit seinen den Mitarbeitern zu Beginn des Golfkrieges am 17 Januar

Diese Begegnung mit euch, liebe Mitarbeiter im Vikariat von Rom, findet in einem Augenblick tiefer Trauer statt für mein Herz als Vater und Hirt der Gesamtkirche.
Die in dieser Nacht eingetroffenen Nachrichten über das Drama, das sich in der Golfregion abspielt, haben in mir und gewiß in euch allen Gefühle tiefer Traurigkeit und großer Sorge hervorgerufen.
Bis zur letzten Minute habe ich gebetet und gehofft, daß das nicht eintreffen möge, und ich habe alles Menschenmögliche getan, um diese Tragödie zu verhindern.
Die Bitterkeit entspringt dem Gedanken an die Opfer, Zerstörungen und Leiden, die der Krieg hervorrufen kann, ich bin all denen besonders nahe, die durch ihn auf der einen und auf der anderen Seite leiden.
Diese Bitterkeit wird noch vertieft durch die Tatsache, daß der Beginn dieses Krieges auch eine schwere Niederlage des internationalen Rechts und der internationalen Gemeinschaft anzeigt.

In diesen Stunden großer Gefahr möchte ich mit Nachdruck wiederholen, daß der Krieg kein angemessenes Mittel sein kann, die zwischen den Nationen bestehenden Probleme voll zu lösen. Er war es nie und wird es nie sein!
Ich hoffe weiter, daß das, was begonnen hat, rasch ein Ende nehme. Ich bete, daß die Erfahrung dieses ersten Tages des Konflikts genügt, um das Schreckliche zu begreifen, das geschieht, und um die Notwendigkeit zu verstehen, daß die Bestrebungen und die Rechte aller Völker der Region Gegenstand eines besonderen Einsatzes der internationalen Gemeinschaft sind. Es handelt sich um Probleme, deren Lösung nur in einer internationalen Versammlung gesucht werden kann, wo alle beteiligten Parteien vertreten sind und aufrichtig und ausgewogen zusammenarbeiten. Mit euch, liebe Verantwortliche des römischen Vikariats, und zusammen mit meinen engsten Mitarbeitern im Staatssekretariat wollte ich diesen Augenblick des Schmerzes teilen und alle dazu auffordern, den Herrn weiterhin zu bitten, daß er der Menschheit bessere Tage schenke.
Ich hoffe noch auf mutige Gesten, die die Prüfung abkürzen können, die internationale Ordnung wiederherstellen und bewirken, daß der Stern des Friedens, der einst über Betlehem erstrahlte, jetzt zurückkehre und jene uns so teure Region erleuchte.

Dank für Rat und Tat an der Seite des Papstes

Ansprache bei der Annahme des Rücktritts von Kardinal Poletti und der Ernennung des neuen Pro-Vikars der Diözese Rom am 17. Januar

1. Als es vor mehr als zehn Jahren der Vorsehung gefiel, mich aus meinem Heimatland Polen zur Übernahme der Nachfolge des Petrus in diese Ewige Stadt zu berufen, dachte ich sogleich an den, der mir im Pastoraldienst in der mir anvertrauten Diözese helfen würde. Papst Paul VI. ehrwürdigen Andenkens hatte Sie, Herr Kardinal Ugo Poletti, als seinen Vikar für die Stadt und den Distrikt Rom erwählt. Auch ich hielt es für zweckmäßig, meinerseits die Bitte an Sie zu richten, mir bei der Erfüllung der Aufgaben, die mit diesem grundlegenden Aspekt meines Dienstes verbunden sind, zur Seite stehen zu wollen.
Jetzt, da ich dabei bin, der Vorschrift des Codex des kanonischen Rechtes Folge zu leisten und das Rücktrittsgesuch anzunehmen, das Sie mit bewundernswerter Bereitschaft schon am 1. April 1989 vor Vollendung des 75. Lebensjahres eingereicht haben, fühle ich mich verpflichtet, Ihnen zu bestätigen, daß Sie, ehrwürdiger Bruder, sich in all diesen Jahren immer als ein äußerst tüchtiger Mitarbeiter gezeigt haben, der sich unermüdlich den zahlreichen Aufgaben des Ihnen anvertrauten, nicht leichten Amtes gewidmet hat.

2. Dankbar erinnere ich mich daran, mit welch eifriger Sorge Sie mir zur Verfügung standen, um mich von Anfang an in die Kenntnis der komplexen Probleme der Diözese einzuführen, und mir die Möglichkeit gaben, der Realität der Stadt in ihren verschiedenen Aspekten in wohldurchdachter Weise näherzukommen. Und auch

später haben Sie es nie unterlassen, mir Ihre große pastorale Erfahrung zur Verfügung zu stellen, der eine ausgezeichnete Kenntnis der Pfarreien zustatten kam, und der in ihnen wirkenden Priester sowie der Ordensleute und Laien, auf die man für die von der Pastoral jeweils nahegelegten Initiativen zählen konnte.
Mit einem wachen Sinn für die vordringlichen Erfordernisse in der Kirche von heute zeigten Sie sich vor allem stets besorgt um den Klerus der Diözese - wobei Sie den persönlichen Kontakt mit den Priestern pflegten - und um das Seminar, dessen Strukturen Sie verbesserten und dessen zahlenmäßigen Bestand Sie heben konnten. Sie haben sodann immer einen intensiven Dialog mit den Ordensmännern und Ordensfrauen gefördert und deren koordinierten Einsatz in der Diözesanpastoral vorangebracht unter Beachtung des jedem Institut eigenen Charismas. Mit Vorzug haben Sie schließlich den katholischen Laien Aufmerksamkeit geschenkt und sie in den großen Herausforderungen, die die gegenwärtige Stunde kennzeichnen, zu apostolischem Einsatz angeeifert. In voller Übereinstimmung mit den Weisungen des II. Vatikanischen Konzils waren Sie darum besorgt, ihnen in den Aktivitäten der Ortskirche Raum zu schaffen, damit sie versuchten, die Mentalität und die Gewohnheiten, die Gesetze und die Strukturen der betreffenden Lebensgemeinschaften mit christlichem Geist zu durchdringen.

3. Die lange und umfassende Erfahrung, die Sie sich im Dienst an dieser geliebten Kirche von Rom erworben haben, hat schließlich ihren ganzen Wert erwiesen, als ich den Entschluß faßte, erneut eine Diözesansynode einzuberufen nach der, die mein unvergeßlicher Vorgänger Papst Johannes XXIII. vor dreißig Jahren angesetzt hatte. Sie, Herr Kardinal, standen mir in den verschiedenen Phasen der Planung, bei der Vorbereitung, der Einberufung und auf dem arbeitsreichen Weg bis zu dem derzeitigen Abschluß zur Seite.
Wenn sich auch in diesem Fall das Wort des Evangeliums bewahrheitet: „Einer sät, und ein anderer erntet" (*Joh* 4,37), so wird doch niemand den von Kardinal Poletti im Ansatz und im Verlauf der Arbeit geleisteten Beitrag unterschätzen dürfen. Das klare Erfassen der Probleme, mit denen sich heute die Kirche, die in Rom glaubt, hofft und liebt, messen muß, hat Ihnen erlaubt, den gemeinsamen Einsatz in die für die Lösungen angemessene Richtung zu leiten.

4. Für das alles bin ich Ihnen zutiefst dankbar, ehrwürdiger Bruder. In Ihnen persönlich und in dem von Ihnen geleisteten pastoralen Dienst erkenne ich ein einzigartiges Geschenk der göttlichen Vorsehung, die mir einen wirklich hochherzigen und eifrigen Mitarbeiter sicherstellen wollte. Bei all den drängenden Sorgen, die mit dem Dienst an der Universalkirche verbunden sind, war es mir immer eine große Erleichterung, zu wissen, daß die Hirtensorge für diese geliebte Diözese, „die Mutter und das Haupt aller Kirchen", in den erfahrenen Händen eines mit reichem priesterlichen Feingefühl ausgestatteten und mir in tiefer Übereinstimmung des Geistes und des Herzens verbundenen Menschen lag. Ich bitte den Herrn, er möge Ihnen den erleuchteten Eifer lohnen, den Sie in diesen Jahren intensiven Wirkens unter den Gläubigen dieser Kirche aufgewandt haben, die das Blut der Apostel und der Märty-

rer fruchtbar gemacht und das Beispiel vieler anderer mutiger Glaubenszeugen in allen Zeitaltern der Geschichte getragen hat.

5. Der Herr vergelte Ihnen auch die bedeutende Arbeit, die Sie als Vorsitzender der Italienischen Bischofskonferenz geleistet haben, ein Amt, das Sie seit Juli 1985 innehatten. In Jahren, die von tiefgreifenden Umgestaltungen gekennzeichnet waren, wußten Sie mit großer Weisheit die Arbeit der Konferenz zu leiten und haben den Dialog zwischen kirchlichen und zivilen Instanzen gefördert und dabei stets nach Lösungen gesucht, die die Rechte der Gläubigen respektierten und geeignet erschienen, dem wahren Wohl der Bürger dienlich zu sein.
Ich bin sicher, das Empfinden aller italienischen Bischöfe auszusprechen, wenn ich Ihnen den lebhaften Dank für die Dienste zum Ausdruck bringe, die Sie der Kirche in dieser geliebten Nation geleistet haben, deren Geschichte im Erbe der christlichen Werte verwurzelt ist, welche von den Aposteln und ihren ersten Schülern hierher gebracht wurden. Möge der Gedanke Sie trösten, daß Sie sich in die glorreiche Schar derer eingereiht haben, die im Lauf der Jahrhunderte keine Mühen gescheut haben, um Christus der Welt und die Welt zu Christus zu bringen, in der festen Überzeugung, daß „uns Menschen kein anderer Name unter dem Himmel gegeben [ist], durch den wir gerettet werden sollen" (*Apg* 4,12).
Da ich um Ihre Liebe zur heiligsten Jungfrau weiß, ist es mir eine Freude, Sie, lieber Herr Kardinal, zum Erzpriester der Patriarchalbasilika Santa Maria Maggiore zu ernennen, in der Gewißheit, daß, dank Ihres Eifers, die Verehrung Marias in dieser altehrwürdigen Kirche neuen, tröstlichen Aufschwung erhält.

6. Ich möchte nun den Namen des Nachfolgers bekanntgegeben. Nachdem ich lange gebetet und nachgedacht habe, habe ich beschlossen, Bischof Camillo Ruini, bisher Sekretär der Italienischen Bischofskonferenz, in das Amt meines Pro-Vikars für die Stadt und den Distrikt Rom zu berufen.
Ich habe dem Neuerwählten diese meine Entscheidung in dem Brief mitgeteilt, den ich gleich vorlesen werde.
Ich bin sicher, daß Bischof Ruini seine neue Arbeit mit der Einsatzbereitschaft und Hochherzigkeit aufnimmt, die seine Tätigkeit bei allen früheren Aufgaben getragen haben. Es wird ihm ja auch nicht an der tatkräftigen Mitwirkung von euch allen fehlen, liebe Brüder und Schwestern im Vikariat: vor allem an eurer Mitwirkung, liebe Brüder im Bischofsamt, die ihr ihm bei der Arbeit in den verschiedenen Sektoren der Diözesanpastoral helft; an eurer Mitarbeit, liebe Brüder im Priesteramt, die ihr eure Kräfte in den Pfarreien oder im Generalsekretariat einsetzt, in den verschiedenen Pastoralzentren, den Büros und den Gerichtshöfen der komplexen Struktur des Vikariats; an eurer Mitarbeit schließlich, Ordensleute und Laien, Männern und Frauen, die ihr mit Fachkenntnis und Eifer den guten Arbeitsablauf in den zahlreichen Abteilungen dieses für die Diözese unentbehrlichen Leitungsapparats sicherstellt.
Bei einer einmaligen Gelegenheit wie dieser möchte ich allen meinen aufrichtigen Dank zum Ausdruck bringen. Er kommt aus dem Bewußtsein, wie notwendig die

Arbeit eines jeden ist, damit der Papst seinen Dienst in dieser Kirche erfüllen kann, die der Fischer von Galiläa so sehr geliebt hat, daß er sein Blut für sie vergoß.
Dieses mein Empfinden vertraue ich der heiligen Jungfrau, „Salus Populi Romani" (Heil des römischen Volkes), an. Ich bitte sie, sie möge jedem den Beistand ihres mütterlichen Schutzes gewähren und im begonnenen Jahr jeden mit allem ersehnten Trost begleiten. In ihrem Namen erteile ich allen den Apostolischen Segen.

Durch lange Lehrzeit auf die neue Aufgabe vorbereitet

Schreiben der Ernennung zum Pro-Vikar der Diözese Rom an Bischof Camillo Ruini vom 17. Januar

An den ehrwürdigen Bruder
Msgr. Camillo Ruini
Titularbischof von Nepte

Da ich das Rücktrittsgesuch des Herrn Kardinals Ugo Poletti von dem Amt meines Generalvikars für die Diözese Rom angenommen habe und für die Ernennung eines Nachfolgers sorgen muß, fiel mein Gedanke auf Sie, ehrwürdiger Bruder, als auf jemand, der die besonderen Voraussetzungen dazu hat, dieses wichtige und heikle Amt zu übernehmen.
Dazu befähigt Sie die lange Lehrzeit in den verschiedenen Bereichen des Apostolats, angefangen bei der wichtigen und anspruchsvollen Aufgabe des theologischen Lehramtes, worin Sie einen umfassenden Erweis Ihrer Gaben des Verstandes und des Herzens zu geben wußten: Dabei haben Sie eine außergewöhnliche kulturelle Vorbereitung mit beständigem, mutigem und treuem Festhalten am Worte Gottes und dem Lehramt der Kirche verbunden. Nicht weniger bedeutungsvoll war von den ersten Jahres Ihres Priesterlebens an der unmittelbare Dienst am Volk Gottes. Diese Anfangserfahrung in der Pastoral konnte sich dann weiter vertiefen, als der Bischof von Reggio Emilia Sie als Weihbischof zur Seite wünschte. Ein weiteres Amt, das des Sekretärs der Italienischen Bischofskonferenz, hat sodann den pastoralen Horizont Ihres Priesterherzens zusätzlich erweitert. Diese Tätigkeit haben Sie mit ungewöhnlichem Einsatz und mit Weisheit ausgeübt und sich durch die täglichen Kontakte mit Bischöfen, Priestern, Behörden und Gläubigen eine tiefgehende Kenntnis der italienischen Nation und ihrer pastoralen Probleme, einschließlich jener der Stadt Rom, erworben.
Im Hinblick auf all das habe ich mich entschlossen, Ihnen nunmehr in der Eigenschaft meines Pro-Vikars das anzuvertrauen, was mir am nächsten und am liebsten ist: das apostolische Rom mit seinen unvergleichlichen Schätzen christlicher Spiritualität und katholischer Tradition, mit seinen lebendigen Kräften an Priestern, Ordensgemeinschaften und einsatzfreudigen Laien, aber auch mit seinen zahllosen menschlichen Erfahrungen, seinen tausend Fermenten und seinen Problemen, seinen

Gewißheiten und seinen Unruhen, mit dem, was es verwirklicht und dem, was es erwartet.
Wenn ich Sie also zu meinem Pro-Vikar für die Stadt und den Distrikt Rom ernenne und Ihnen die volle Ausübung dieses Amtes anvertraue, übertrage ich Ihnen zusammen mit den Pflichten auch alle die Rechte, Vollmachten und Vorrechte, deren sich die Generalvikare meiner Vorgänger, der Römischen Päpste, auf geistlichem Gebiet erfreuten.
Ich bin sicher, in Ihnen - wie in Ihrem sehr würdigen Vorgänger in diesem hohen Amt - einen fachkundigen, zuverlässigen und hochherzigen Mitarbeiter zu finden, der jedes andere Interesse hinter die eifrige und liebende Sorge für diese Stadt zurückzustellen weiß. Und weil ich die Schwere der Bürden kenne, die Sie in dieser neuen Arbeit erwarten, rufe ich die allmächtige Hilfe des Herrn auf Sie herab durch die Fürsprache der heiligsten Jungfrau, „Salus Populi Romani", der hll. Apostel Petrus und Paulus und aller Patrone Roms, die es nicht unterlassen werden, Ihnen bei Ihren täglichen Mühen nahe zu sein.
Als Unterpfand der ersehnten göttlichen Hilfe, und um Sie in diesem neuen Dienst, den sie „in nomine Domini" vertrauensvoll übernehmen, zu ermutigen, erteile ich Ihnen in Liebe einen besonderen Apostolischen Segen.

Aus dem Vatikan, am 17. Januar 1991, im dreizehnten Jahr meines Pontifikates

Joannes Paulus PP. II

Tätigkeit zum Wohl der Kranken

Ansprache an die Leiter der chirurgischen Laboratorien von „Surgikos"
am 18. Januar

Herr Generaldirektor,
meine Damen und Herren!

Mit Freude empfange ich Sie heute und heiße Sie in diesem Haus um so herzlicher willkommen, als Ihre Anliegen großenteils mit denen der Kirche übereinstimmen.
Ihr Beruf besteht darin, Chirurgen und ihre Teams in den Hospitälern zur möglichst guten Verwendung jener Materialien anzuleiten, die in Ihrem Unternehmen, den Surgikos-Laboratorien in Frankreich entworfen und hergestellt werden. Sie widmen sich damit einer gleichzeitig wissenschaftlichen und praktischen Tätigkeit zum Wohl der Kranken durch die Vermittlung der medizinischen Gemeinschaft.
Ich ehre Ihre Fachkenntnis und Ihre Hingabe, denn Sie stellen sie ja in den Dienst Ihrer leidenden Brüder und Schwestern, welches immer ihr Vaterland, ihre Rasse oder ihre geistige Einstellung sein mag. In Ihren Augen verdient jeder Mensch volle Aufmerksamkeit, und das erlaubt, von uns gemeinsamen Gesichtspunkten zu sprechen.

Ihr leidenschaftliches Interesse für das körperliche Leben rechtfertigt sich durch die geheimnisvolle Würde des Mannes und der Frau. Sie sind nach dem Bilde Gottes geschaffen. Sie sind Wohnung des Heiligen Geistes und berufen, in inniger Verbundenheit mit dem Herrn zu leben, der sie erschaffen und um den Preis des Blutes Christi erlöst hat.
Diese Person, die Respekt und Hochachtung verdient, vertraut ihren leidenden Körper dem Gesundheitspersonal und namentlich Ihren hoch wirksamen Apparaten an. In einem bestimmten Sinn ist Ihr fachliches Tun ein wirklicher Ausdruck der Liebe und des Mitleids. Das kann begeistern, und ich fordere Sie auf, Ihr ganzes Wissen, Ihre Seelengröße und Ihre edelsten Gefühle hier einzusetzen. Ich ermuntere Sie, Ihre Begegnungen mit dem Krankenhauspersonal und mit den Kranken selbst über den rein technischen Bereich hinaus tief menschlich zu gestalten und sich vom lebendigen Sinn für den Menschen anregen zu lassen, der aus der Liebe kommt, wie sie das Evangelium lehrt.
„Ich war krank, und ihr habt mich besucht" (*Mt* 25,36), hat Christus gesagt. Mögen diese Worte des Erlösers der Menschen bei Ihren Kontakten eine Anregung für Sie sein! Ebenso wie die folgenden: „Amen, ich sage euch: Was ihr für einen meiner geringsten Brüder getan habt, das habt ihr mir getan" (*Mt* 25,40).
Ich danke Ihnen für Ihren Besuch und spreche Ihnen meine herzliche Dankbarkeit für die medizinisch-chirurgischen Produkte aus, die Sie mir hochherzig anbieten. Seien Sie versichert, daß sie eine nützliche Verwendung finden werden. Meine Reisen durch die Welt haben mir zahlreiche Gelegenheiten zum Kontakt mit dem Elend der Kranken geboten, und ich mußte die äußerst bescheidene Einrichtung zahlreicher Betreuungszentren feststellen. So wünsche ich lebhaft, die Kirche möchte auf diesem Gebiet ihren Beitrag noch erweitern können.
Möge Christus, der im Fleisch eines jeden kranken Menschen mitleidet, Sie bei Ihren beruflichen Unternehmungen unterstützen! Ich rufe auf Sie, auf Ihre Kollegen und Ihre Familien Gottes Hilfe herab, und ich erteile Ihnen von ganzem Herzen meinen Apostolischen Segen.

Spannungen im Baltikum friedlich lösen

Botschaft an den Apostolischen Administrator von Riga, Bischof Janis Cakuls, vom 19. Januar

Beunruhigende Nachrichten über die Verschlechterung der gesellschaftlichen Lage in Lettland bringen meinem Herzen als Hirt der Gesamtkirche die Sorgen und Hoffnungen der geliebten lettischen Nation noch näher.
Ich hoffe von Herzen, daß die gegenwärtigen Spannungen im Baltikum auf friedliche Weise gelöst werden können, entsprechend den internationalen Rechtsnormen. Der wechselseitige und achtungsvolle Dialog zwischen den beiden Seiten ersetze die Pressionen und den Lärm der Waffen, damit die Lösung unter Respektierung der Würde jeder menschlichen Person und jeden Volkes gesucht werde.

Mit diesen Empfindungen, die ich im Gebet dem Schutz der Mutter der Hoffnung anvertraue, erteile ich Eurer Exzellenz, Ihrem Weihbischof Nukšs und der ganzen edlen lettischen Nation den Apostolischen Segen.

Den gemeinsamen Aufgaben Schwung und Kraft geben

Botschaft an die Diözese Rom vom 19. Januar

Liebe Brüder und Schwestern der Kirche Gottes in Rom!

1. Der Wechsel im Amt meines ersten Mitarbeiters bei der Leitung der Diözese veranlaßt mich, an euch dieses Schreiben zu richten, um gemeinsam mit euch über den Weg, der vor uns liegt, nachzudenken. Ich möchte einige Richtlinien aufzeigen, um der gemeinsamen Aufgabe Schwung und Kraft zu geben, deren Ziel es ist, den Ablauf der Diözesansynode zu fördern und den Aufbau einer kirchlichen Gemeinschaft, die immer mehr in der Wahrheit und Liebe Christi geeint und daher in der Lage ist, beim Werk der neuen Evangelisierung Gott und den Menschen immer besser zu dienen.
Ich grüße euch alle sehr herzlich und versichere euch, daß die Diözese Rom in meinem Herzen, in meinen Gedanken und in meinem pastoralen Bemühen einen ganz besonderen Platz hat.

2. Ich möchte vor allem dem Herrn Kardinal Ugo Poletti erneut meinen lebhaften ganz persönlichen Dank für die mehr als zwölf Jahre aussprechen, die er mir in der täglichen Arbeit für die geliebte Kirche Roms zur Seite stand. Ohne Vorbehalt hat er sich einer hochherzig ausgeübten Seelsorge gewidmet, bei der er keine Müdigkeit zu kennen schien. Seine Kenntnis der Priester und der Pfarreien wie auch aller lebendigen Kräfte aus dem Ordens- und Laienstand, die das diözesane Netzwerk bilden, hat mir beim schrittweisen Kennenlernen der Wirklichkeit der Stadt grundlegend geholfen. Seine pastorale Aufgeschlossenheit, die jedes sich im kirchlichen und staatlichen Bereich der Stadt äußernde gute Element offen aufzunehmen wußte, hat mir für die in den verschiedenen Situationen zu fällenden Entscheidungen lichtvolle Hinweise geboten. Sein hochherziger Eifer, in dem er immer bereit war, die vielfältigen mit seinem Amt verbundenen Aufgaben zu übernehmen, hat mir die Erfüllung der Pflichten meines universalen Dienstes, den die Nachfolge des Apostels Petrus mit sich bringt, sehr erleichtert. Kardinal Poletti sei daher Dank für alles, was er geleistet hat, und durch ihn sei Dank dem Herrn, der mir das Geschenk des vertrauten Umgangs und der Mitarbeit eines derart hervorragenden Mannes der Kirche gemacht hat.
Dann möchte ich einen brüderlichen Gruß an den neuen Pro-Vikar, Msgr. Camillo Ruini, richten, der in meinen Augen ein für die Übernahme der wichtigen und heiklen Aufgabe besonders geeigneter Mann ist. Ich rufe auf ihn die Fülle der Gaben des Geistes herab, damit er gemeinsam mit den Weihbischöfen aktiv zu eurer Erbauung beitragen kann und mit eurer vollen und vertrauensvollen Mitarbeit rechnen darf.

3. Die Wirklichkeit der Kirche Roms ist in vieler Hinsicht einmalig. Vor allem, weil sie der Sitz des Nachfolgers des Petrus ist und daher am universalen Charakter seines Dienstes Anteil hat. Gerade deswegen ist sie zu einem besonders beispielhaften Christentum aufgerufen, denn mit Recht blicken alle anderen Kirchen auf sie als jene, die „in der Liebe den Vorsitz führt" (Hl. Ignatius von Antiochien, *Brief an die Römer*, einleitender Gruß).
Doch sie muß diese beispielhafte Rolle in der komplexen und in gewissem Sinn einmaligen Situation einer Stadt wie Rom spielen, wo die Größe der religiösen und bürgerlichen Überlieferung gelebt wird in der Wirklichkeit einer modernen Metropole, welche die Hauptstadt einer bedeutenden Nation ist, Sitz politischer Tätigkeit und kulturellen Lebens und Mittelpunkt inzwischen zahlreich gewordener wirtschaftlicher Unternehmungen, auch in den am meisten fortgeschrittenen Bereichen.
Gerade diese Stadt spürt schärfer die Hemmnisse und Mühen des täglichen Zusammenlebens, sie wird von schreienden Ungleichgewichten und vielfältigen Formen der Armut und des Randdaseins geplagt. Obwohl sie reich bleibt an christlicher Lebenskraft - und in mancher Hinsicht sogar heute mehr als in der Vergangenheit -, erfährt sie zugleich die massive Herausforderung der Säkularisierung, die sich konkret äußert in einer Lebensführung, „als ob es Gott nicht gäbe". Sie bringt für zahlreiche Familien eine Krise mit sich, bei vielen Jugendlichen den Verlust des Sinns und Geschmacks für das Leben, das Verblassen grundlegender Werte, wie die Achtung vor dem menschlichen Leben und die soziale Solidarität, um schließlich in den noch schwerwiegenderen Formen des organisierten Verbrechens zu enden.

4. Gerade in dieser Situation, liebe Brüder und Schwestern, ist die Kirche von Rom aufgerufen, die vielfältigen Kräfte, die der Heilige Geist ihr geschenkt hat, den Reichtum ihrer herrlichen Überlieferung und die Früchte der Erneuerung im Sinn des Konzils in einem einzigen Bemühen zusammenzufassen, damit alle die Verkündigung und das Zeugnis von Jesus Christus, dem einzigen Erlöser des Menschen, erfassen. Das setzt das Aufzeigen von Wegen und eine Glaubenserziehung voraus, die, von der Familie und der ersten Heranbildung der Kinder ausgehend, sich in Formen entfaltet, die der schrittweisen Einführung ins Christentum entsprechen und gipfeln in einer erneuerten und ins einzelne gehenden Katechese der Jugendlichen und Erwachsenen. Diese sollen dann mit der unverkürzten Wahrheit des Glaubens den Fragen des Gewissens und den Schwierigkeiten des Lebens begegnen können.

5. Um echt missionarisch zu sein, müssen unsere kirchlichen Gemeinschaften sich jeder Person mit jenem Blick der Liebe und jener Dienstbereitschaft zuwenden, die der göttliche Meister uns gelehrt hat. Dank der Gnade Gottes sind bereits viele da, die nachdrücklich das Zeugnis des Teilens und der tatkräftigen Solidarität der Kirche von Rom mit den schwächeren Brüdern und Schwestern, den Armen und Leidenden geben: Sie müssen weitermachen, und es sollen ihrer mehr werden.
Gleichzeitig und im selben Geist müssen sich der apostolische Eifer und das pastorale Bemühen jenen Kreisen zuwenden, in denen vor allem die Zukunft der

Stadt gestaltet wird, um sie mit dem Sauerteig des Evangeliums zu durchdringen und damit die Voraussetzungen für eine wirklich christliche Zukunft zu schaffen.
Ich denke besonders an die Familienpastoral, die nach und nach die Fähigkeit der christlichen Familien wachsen läßt, selbst aktive Träger der Evangelisierung und Solidarität für die anderen Familien zu werden. Ich denke an eine Jugendpastoral, die um Stätten der Sozialisierung und der christlichen Bildung bemüht ist und diese allen Jugendlichen zugänglich macht. Ich denke an eine Pastoral der Kultur, die es fertigbringt, den christlichen Glauben und die christliche Ethik in den immer neuen Entwicklungen der aktuellen Kenntnisse und Wirkmöglichkeiten zur Geltung zu bringen, so daß es zu einer missionarischen Präsenz in den Institutionen kommt - angefangen bei den Universitäten -, die das Wissen entsprechend aufbaut und weitergibt.

6. Die Diözesansynode als gemeinsamer Weg und apostolische Aufgabe für alle Elemente der Kirche von Rom bildet den natürlichen Ort, an dem diese pastoralen Anregungen zusammenkommen, um praktisch angewendet zu werden. Es ist eine Synode für das ganze Volk Gottes und des ganzen Volkes Gottes in Rom. In ihm ist jeder Christ und jede Familie, sind die Pfarreien, die Ordensgemeinschaften, die kirchlichen Verbände und Bewegungen aufgefordert, in größerer Tiefe und im Zeichen einer stärkeren Gemeinschaft gemäß der Ekklesiologie des II. Vatikanischen Konzils, ihre apostolische und missionarische Berufung zu leben.
Bei dieser Aufforderung, den Weg gemeinsam zu gehen, gilt ein besonderer Gedanke den Pfarrern und den Pfarreien von Rom: Sie bilden die Pfeiler, auf denen die tägliche Seelsorge ruht, und ihnen bleibt vor allem auch die Ausrichtung auf eine mehr missionarische Pastoral anvertraut, mit der die Pfarreien in die Bereiche der Arbeit, der Erziehung und der Kultur, wie auch in die Stätten des Leidens hineinzuwirken wissen, um so in einem gewissen Sinn sich selbst außerhalb ihrer selbst wiederzufinden nach dem apostolischen Auftrag unseres auferstandenen Herrn, der uns „hinzugehen" gebietet, um jeden Bruder aufzusuchen.
Zugleich mit den Pfarrern erinnere ich alle Priester und jene, die sich in den Seminaren der Diözese auf das Priestertum vorbereiten, daran: Die Fähigkeit, im Namen des Herrn „hinzugehen", setzt voraus, daß man lange im Gebet, im Studium der heiligen Wissenschaften und im Gemeinschaftsleben in der Nähe des Herrn geweilt hat.

7. Liebe Brüder und Schwestern, für die Diözesansynode wie für alles Leben und Wirken der Kirche bildet das Gebet die Seele und die entscheidende Kraft. Am Ende dieses Schreibens erneuere ich daher die dringende Aufforderung zum innigen Gebet für die Synode und die Kirche von Rom: Das bleibt eine Aufgabe für alle und gilt als besonderer Aufruf des Bischofs von Rom zumal für die Gemeinschaften des kontemplativen Lebens.
Ich vertraue die Anliegen dieses Schreibens und unseren Weg als Kirche der höchst wirksamen Fürbitte der allerseligsten Jungfrau Maria, unserer Mutter und unserer Zukunft, dem „Heil des Römischen Volkes" und der „Mutter der Göttlichen Liebe"

an sowie dem unermeßlichen Chor des Gebetes, der ohne Unterlaß von den Aposteln Petrus und Paulus und allen Heiligen, die mit ihrem Blut und ihren Tugenden die Erde Roms befruchtet haben, zum Vater emporsteigt.
Als erneutes Zeichen meiner Zuneigung erteile ich euch allen als Unterpfand reicher himmlischer Gnaden den Apostolischen Segen.

Aus dem Vatikan, 19. Januar 1991.

Die Geheimnisse im Geist der Kontemplation betrachten

Ansprache an Obere und Alumnen des Collegio Capranica am 19. Januar

1. Herzlich willkommen heiße ich die Herren Kardinäle, den Herrn Pro-Vikar von Rom, die Bischöfe, den Rektor und die Alumnen des berühmten Capranica-Kollegs bei dieser Audienz, die zum Fest der hl. Agnes, der himmlischen Patronin des Institutes, stattfindet, wie es bereits Gewohnheit geworden ist.
Ich grüße euch alle, die ihr heute zur Gemeinschaft des Capranicum gehört, aber auch alle Ex-Alumnen, die in verschiedenen Teilen der Welt ihren Dienst für die Kirche und die Seelen ausüben.
Die Familie des Capranicum war stets bemüht und durfte sich dessen rühmen, ein Band unverbrüchlicher Treue zur Kirche und aufrichtiger Hingabe an ihre Aufgabe zu pflegen. Die Geschichte des Kollegs bietet dafür ein deutliches Zeugnis.

2. Schon von den Anfängen an hat Kardinal Capranica, in großer Aufgeschlossenheit für die Bedürfnisse der Kirche seiner Zeit und von hochherziger Liebe getrieben, in seinem Haus in der Stadt Rom für die jungen Priesterberufe eine Gemeinschaft begründet mit dem doppelten Ziel: rechtzeitig die echten Berufungen zu erkennen und die menschliche, theologische und geistliche Vorbereitung der Kandidaten für das Priesteramt zu fördern. In dieser Weise hat das Capranica-Kolleg jenes Programm vorweggenommen, das dann durch das Konzil von Trient für die ganze Kirche vorgeschrieben wurde.
Auch bei den später angebrachten Überarbeitungen seiner Statuten ist das Collegium Capranica seiner institutionellen Aufgabe treu geblieben. So denke ich mit wirklicher Freude an euer Kolleg und die Persönlichkeiten, die dort ausgebildet worden sind, und ich fordere euch auf, diese Traditionen im Geist des Dienstes aufzugreifen und euch dessen bewußt zu sein, was die Kirche heute weiter von euch erwartet.
Mit den Worten der kürzlich stattgefundenen Bischofssynode ermahne ich euch, in dieser Zeit eurer Ausbildung „wie die Apostel in der Nachfolge Christi" zu leben (*Botschaft der Synodenväter*, *O.R.*, 29./30. Oktober 1990, 4). Denkt immer daran, daß euer Leben dem Leben Christi, des Guten Hirten, gleichförmig werden muß, denn nur so kann der Dienst des Priesters in Kirche und Welt den Anforderungen des Glaubensweges sowie der Verwirklichung des Reiches Gottes entsprechen.

Sucht voll zu erfassen, daß Christus von euch die gänzliche Hingabe eures Lebens und den hochherzigen Einsatz all eurer Kräfte für den Dienst am Evangelium und euer Zeugnis für den Glauben mitten unter den Menschen verlangt.

3. Im Licht eines solchen Programms vermögt ihr immer besser zu verstehen und zu ermessen, welch unermeßlichen Wert die Jahre besitzen, die ihr in diesem berühmten Kolleg verbringt.

Kräftigt euren Geist durch das Studium der Theologie, des Wortes Gottes und aller Disziplinen, die zu einem akademischen Lehrplan gehören. Versucht ferner, die Geheimnisse, die ihr im Verlauf des theologischen Lehrgangs tiefer bedenkt, im Geist der Kontemplation zu betrachten, um die Zeichen des göttlichen Willens und die Anregungen seiner Gnade erkennen zu können. Ohne eine besondere Gotteserfahrung im Glauben und ohne eine tiefe Spiritualität wären alle eure Dienste in Gefahr, erfolglos zu bleiben. Der Priester muß notwendig jene liebende Kenntnis Christi gewinnen, für die uns die Heiligen ein wunderbares Beispiel bieten.

Weil ihr für den Dienst der Kirche zur Evangelisierung geweiht seid, wird von euch eine gründliche Vorbereitung, aufrichtige Treue zum Erbe der Glaubenslehre sowie ein lebendiger Geist der Liebe in einem Klima der Brüderlichkeit erwartet, die euch auszeichnen muß. Wenn ihr das Gebot des Herrn bedenkt: „Liebet einander" (vgl. *Joh* 13,34), und wenn ihr in der Welt das Zeugnis der ersten Jünger weiterführen wollt, die „alle einmütig im Gebet verharrten" (vgl. *Apg* 1,14), dann wird euer Apostolat nicht ohne alle jene Früchte bleiben, die sich die Kirche davon verspricht.

Begleiten möge euch die Jungfrau Maria, die Mutter des Erlösers und Königin der Apostel. Fürbitte für euch und die ganze Familie des Capranicum möge die heilige Märtyrerin Agnes einlegen als Vorbild der Treue zu Christus, „die nicht ihrem jugendlichen Alter und dem Tyrannen nachgab, vielmehr ihre Keuschheit mit dem Martyrium besiegelte" (aus dem *Römischen Martyrologium*).

In dieser Stunde, da die Welt erneut die Tragödie eines Krieges durchmacht, lade ich euch zu innigem Gebet für den Frieden ein.

Für dieses Anliegen wollen wir jetzt gemeinsam den Angelus beten.

Erziehen ist ein sozialer Imperativ

Ansprache zum 50. Jahrestag der Gründung der Päpstlichen Universität der Salesianer am 24. Januar

Liebe Brüder und Schwestern!

1. Mit großer Freude nehme ich heute teil an der Jubiläumsfeier eurer Universität, 50 Jahre nach ihrer Gründung.

Die verflossenen fünf Jahrzehnte, die von eurem Rector Magnificus so schön in Erinnerung gerufen wurden, zeigen deutlich, wie der Genius der Heiligkeit und grenzenlosen pastoralen Liebe zu den Jugendlichen bei Don Bosco die entscheidende Anregung für das ganze Wirken der Päpstlichen Salesianer-Universität gege-

ben haben. Und während mir noch lebhaft die Erinnerung an den Besuch bewußt ist, den ich vor etwa zehn Jahren machen durfte, begegne ich gern erneut der geistlichen Familie eines so angesehenen wissenschaftlichen und kulturellen Institutes, das der Kirche ständig wertvolle Dienste geleistet hat und gewiß - dessen bin ich sicher - auf diesem ermutigenden Weg hochherzig weitermachen wird.
Mein ergebener Gruß gilt den Herren Kardinälen und den verehrten Bischöfen, die an dieser bezeichnenden Gedenkfeier teilnehmen wollten. Ein besonderer Gedanke gilt dem Großkanzler und Großrektor der Gesellschaft der Salesianer, Don Egidio Vigan, dessen Anwesenheit zugleich mit der der hochwürdigen Oberen aus dem Generalrat und des Visitators, Don Paolo Natali, die treue Anhänglichkeit eures ganzen Institutes an den Apostolischen Stuhl und zumal den Nachfolger des Petrus sichtbar bezeugt.
Mein Gruß gilt ferner dem Rector Magnificus, Don Tarcisio Bertone, den hervorragenden Dozenten, dem Personal, den Studenten, Mitarbeitern und Freunden eurer Universität: Ich danke euch allen von ganzem Herzen.

2. „Wie ein Baum, der an Wasserbächen gepflanzt ist" (*Ps* 1,3), hat sich die Päpstliche Universität der Salesianer in das Erdreich der fruchtbaren geistlichen Tradition der Salesianer eingefügt und ist den Weisungen der Kirche treu geblieben. So hat sie in dieser Zeit eine viel versprechende Lebenskraft gezeigt und herrlich entwickelt. Neben den traditionellen und verdienten Fakultäten für Theologie, Recht und Philosophie kamen noch hinzu die Fakultät für Erziehungswissenschaften, die sie in besonderer Weise kennzeichnet, die Fakultät für christliche und klassische Literatur sowie die Abteilung für Jugendpastoral und Katechese, das Institut für Kommunikationswissenschaften und das Institut für religiöse Wissenschaften, dem das Verdienst eines hochwertigen Dienstes zumal für die Laien der Diözese Rom zukommt.

3. Offen für die Probleme des modernen Menschen, besonders für die Welt der Jugendlichen, möchten eure Bildungseinrichtungen die unerläßliche Übereinstimmung mit dem Lehramt der Kirche pflegen und zugleich mit schöpferischer Intelligenz die vielfältigen Beiträge der theologischen, philosophischen, pädagogischen und allgemein der Humanwissenschaften auswerten. Euer Eifer wird sowohl in kirchlichen als auch in staatlichen Kreisen anerkannt und geschätzt.
Als positiver Beweis für die geleistete Arbeit stehen eure zahlreichen alten Alumnen da, Salesianer und Nicht-Salesianer, die den Aufgaben, zu denen die göttliche Vorsehung sie berufen hat, mit großem Verantwortungsbewußtsein entsprechen. Gern erinnere ich u. a. an die Kardinäle, die eure Mitbrüder sind, meine wichtigen Mitarbeiter Rosalio José Castillo Lara, Antonio Maria Javierre Ortas, dem ich baldige Genesung wünsche, und Alfons Maria Stickler. Dankbar denke ich auch an die emeritierten Dozenten und die Mitarbeiter, die seit ältester Zeit ihren Dienst geleistet haben.

4. Das Herz eurer Identität als Universität ist das Charisma Don Boscos.
Die Salesianer-Universität war und muß weiter bleiben „die Universität Don Boscos für die Jugendlichen": dies ist ihre ursprüngliche Eigenart im Konzert der Päpst-

lichen Universitäten in Rom. Schon Paul VI. seligen Andenkens, der im Jahre 1973 das Athenäum der Salesianer weitschauend zur Universität erhob, sagte bei seinem historischen Besuch, daß „euer Athenäum ein Werk ist, das sich in die erzieherische Tradition der Salesianer einfügt. Ihr seid die Erben jenes Schatzes pädagogischer Lehren, die auf euren heiligen Gründer zurückgehen und überall herrliche fruchtbare Werke und Ergebnisse, wissenschaftliche und moralische Leistungen hervorgebracht haben. Ja, ihr seid nicht nur passive Erben, vielmehr ausgezeichnete und höchst moderne Mehrer dieses Schatzes" (*AAS* 58[1966]1162-1163). Ich mache mir recht gerne diese Gedanken zu eigen und stelle euch die Welt der Jugendlichen als erste Priorität vor Augen. Ich empfehle sie eurer Intelligenz und eurem Herzen.
Mit Ergriffenheit denke ich ferner an den 31. Januar 1988, den 100. Jahrestag des Eingangs des hl. Giovanni Bosco in das ewige Leben. Damals schrieb ich: „Erziehen ist vielleicht niemals so wie heute ein lebenswichtiger und zugleich sozialer Imperativ geworden, wobei man Stellung beziehen und entschlossen sein muß, reife Persönlichkeiten heranzubilden. Vielleicht braucht die Welt heute mehr denn je einzelne, Familien und Gemeinschaften, die das Erziehungswerk zum Sinn ihres Lebens machen und sich ihm mit Vorzug widmen, indem sie ohne Vorbehalt hier ihre Kräfte einsetzen, Mitarbeit und Hilfe suchen, um ebenso schöpferisch wie verantwortungsbewußt neue Erziehungsprozesse zu erproben und anzuwenden. Will man heute Erzieher sein, so bringt das eine echte Lebensentscheidung mit sich, die alle anerkennen und unterstützen müssen, die in den kirchlichen und staatlichen Gemeinschaften Autorität ausüben" (Brief *Juvenum Patris*, 1988, Nr. 17).

5. Die Welt der Jugendlichen braucht Sicherheit und Hoffnung, sie sucht nach Lehrern für das Leben und konsequenten Zeugen. Die Jugendlichen sind die Führungskräfte der nächsten Jahre und des dritten christlichen Jahrtausends, das am Horizont der Geschichte auftaucht. Auf sie schaut die Kirche mit Zuversicht und voll Erwartung. Sie liebt die Jugendlichen mit der Liebe Christi selbst und stellt ihrem Geist, der nach Wahrheit und Verständnis dürstet, den Erlöser des Menschen als „Weg, Wahrheit und Leben" vor (vgl. *Joh* 14,6).
Liebe Brüder und Schwestern, setzt diese anspruchsvolle, aber auch begeisternde Sendung fort!
Zur Erziehung der Jugendlichen gehört eine Fülle von besonderen Zielen, von spezifischem Fachwissen sowie entschiedenem und nachdrücklichem Einsatz. Zu ihr gehört vor allem jene „pastorale Kunst", die in Jesus, dem Guten Hirten, ihre Quelle, in Don Bosco aber ein hervorragendes Beispiel hat. Widmet weiter alle eure Kraft der heiklen, aber grundlegenden Aufgabe der Heranbildung von Hirten und Erziehern der Jugendlichen, sucht dabei neue Wege und nützt eure bewährte Erfahrung aus. Die Alumnen - Priester, Ordensleute und Laien, selbst noch jung - mögen aus ihrem Studienkurs als besonderen Gewinn Aufgeschlossenheit, Aufmerksamkeit und Eifer für die Jugendlichen mitnehmen und schöpferisch dabei mitarbeiten. Die Professoren und die vielfältigen Kräfte der Universität mögen in harmonischer Synthese ihr besonderes Fachwissen einbringen, um die wissenschaftliche Vertiefung

und methodische Erarbeitung der Aufgabe zu leisten, die Jugendlichen von heute menschlich und christlich heranzubilden.
Tut ihr das, wird euch gewiß die Kongregation der Salesianer dankbar sein, zu der ihr gehört, aber mehr noch die Kirche und die ganze Gesellschaft.
In dieser schwierigen Zeit, die von Unruhe und Leid infolge des Konflikts am Persischen Golf gekennzeichnet ist, tröstet uns das Wissen, daß eine kirchliche Einrichtung wie die eure darauf bedacht ist, in den jungen Generationen, die sie aus aller Welt zu Gast hat, als sichere Grundlagen für echten Frieden eine für Wahrheit des Evangeliums und gegenseitige Solidarität offene Mentalität aufzubauen.
Die heilige Jungfrau, Sitz der Weisheit, die eure Salesianer-Universität als Patronin anruft, und der hl. Giovanni Bosco mögen euch immer behüten!
Euch allen erteile ich von Herzen meinen besonderen Apostolischen Segen.

Die Kirche ist Zeichen der Einheit unter den Nationen

Predigt bei der Eucharistiefeier in der Basilika St. Paul vor den Mauern zum Abschluß der Weltgebetsoktav für die Einheit im Glauben am 25. Januar

1. „Wer bist du, Herr? Er sagte zu mir: Ich bin Jesus, der Nazoräer, den du verfolgst" (*Apg* 22,8).
Liebe Brüder und Schwestern, wir sind heute abend in dieser Basilika versammelt, um die Bekehrung des hl. Paulus zu feiern. Als die Gnade Christi ihn auf dem Weg nach Damaskus berührte, war er mit einer Strafexpedition gegen die Christen in dieser Stadt beauftragt, da er, wie er selbst gesteht, die neue Lehre, die sie bekannten, „bis auf den Tod verfolgte" (vgl. *Apg* 22,4). Und doch richtet sich die Aufmerksamkeit Christi gerade auf ihn. Gerade ihn beruft Jesus, vor der Welt sein Zeuge zu sein.
Das Fest der Bekehrung des hl. Paulus erinnert uns daran, daß Gott auch die größten Sünder in Heilige umwandeln kann. Diejenigen, die ihn nicht kennen oder die ihn verlassen haben, können seine Zeugen werden oder es wieder werden, selbst bis zum Vergießen ihres Blutes.
Das ist eine Botschaft der Hoffnung. Sie richtet sich in erster Linie an den, der meint, er sei von Gott verworfen wegen der Schwere seiner Sünden oder des langen Fernseins von ihm. Das Leben des Paulus läßt uns begreifen, daß Christus niemand zurückweist, daß er sein Licht auch in der dichtesten Finsternis zum Aufleuchten bringen kann.

2. „Ein gewisser Hananias ... trat vor mich und sagte: Bruder Saul, du sollst wieder sehen!" (*Apg* 22,12-13)
Nach Jahren erinnert Paulus sich noch an den Beginn seiner Bekehrung. Unter den Bildern, die ihm von diesem Erlebnis am lebendigsten geblieben sind, ersteht in seiner Erinnerung die milde Gestalt „eines frommen und gesetzestreuen Mannes" (vgl. *Apg* 22,12), Hananias, der ihn damals freundlich aufgenommen und ihn liebevoll

„Bruder" genannt hatte. Voller Güte hatten ihn dann auch die Apostel aufgenommen und ihm ihr Vertrauen geschenkt (vgl. *Apg* 9,27-28).
Heute wie gestern, liebe Gläubige, die ihr mir zuhört, ist die brüderliche Aufnahme eine bedeutende Pflicht im Leben der christlichen Gemeinde. Die Christus entdekken und ihm folgen wollen, diejenigen, die seine Vergebung annehmen, müssen im allgemeinen mit nicht geringen Schwierigkeiten fertig werden, um ihren früheren Weg aufzugeben und die getroffene Entscheidung durchzuhalten. Sie müssen deshalb Brüdern und Schwestern begegnen können, die sie anzunehmen wissen und ihnen Vertrauen schenken, was auch immer ihre Vergangenheit gewesen sein mag, und die sie auf dem Weg stützen.

3. Wenn diese Aufforderung zu brüderlicher Aufnahme für jeden Glaubenden guten Willens gilt, so noch dringender für die Kinder der Kirche. In ihr muß jede Pfarrei, jede Gemeinschaft von Ordensleuten oder Laien, jede Gruppe und jede Bewegung es verstehen, in ihrem eigenen Bereich eine Familienatmosphäre zu schaffen, die es dem einzelnen erlaubt, Negatives in seinem Leben hinter sich zu lassen und sich ebenso wie jeder andere in Liebe aufgenommen zu fühlen.
Die Kirche besteht auch aus denen, die sich erst vor kurzem reumütig von ihrer Unwissenheit bekehrt haben, aus denen, die erst kürzlich die Sünde aufgegeben haben, und aus denen, die oft des göttlichen Verzeihens bedürfen, weil es vorkommt, daß sie dem Herrn untreu sind. In dieser armen und von der Schwäche ihrer Glieder gezeichneten Kirche tut sich die Macht Christi voll und ganz kund (vgl. *2 Kor* 12,9). Aus Gnade und aus Berufung ist die Kirche Licht der Völker, Zeichen der Einheit unter den Nationen, Führerin der ganzen Menschheit zur Gemeinschaft mit Gott für immer (vgl. *Lumen Gentium*, Nr. 1). Erst dann wird sich endgültig das Heil verwirklichen, das Jesaja prophezeit hat, wie es uns die erste Lesung dieser unserer Feier in Erinnerung bringt: „Er zerreißt auf diesem Berg die Hülle, die alle Nationen verhüllt, und die Decke, die alle Völker bedeckt. Er beseitigt den Tod für immer ..." (*Jes* 25,7-8).
Damit die Kirche ihren Auftrag, Licht der Völker und Zeichen der ewigen Gemeinschaft mit Gott zu sein, wirksamer erfüllen kann, muß sie auf die brüderliche Einheit der an Christus Glaubenden zählen können. Nicht ohne Grund hat der göttliche Erlöser am Vorabend seines Leidens inständig zum Vater gebetet, daß seine Jünger eins sein mögen, damit der Welt geholfen würde, an ihn zu glauben (vgl. *Joh* 17,21). Am letzten Tag der Gebetswoche für die Einheit der Christen müssen wir leider feststellen, daß trotz bemerkenswerter Fortschritte im theologischen Dialog und in der brüderlichen Zusammenarbeit das Ziel der vollen und sichtbaren Einheit noch weit entfernt ist. Wir müssen also weiterhin den Herrn um die Gnade anflehen, in unserem Bemühen beharrlich zu sein, damit keine Kirche oder kirchliche Gemeinschaft sich nur mit sich selbst beschäftige, sondern eifrig nach geeigneten Mitteln suche, um das Erreichen dieses fundamentalen Zieles zu beschleunigen.

4. Die Worte Jesu an seine Jünger klingen uns im Ohr und wecken das Echo im Herzen: „Geht hinaus in die ganze Welt, und verkündet das Evangelium allen Ge-

schöpfen!" (*Mk* 16,15). Wir wissen, daß die Eindringlichkeit der Predigt des Evangeliums zu einem nicht geringen Teil davon abhängt, in welchem Ton der Einhelligkeit und Harmonie es der Welt vorgelegt wird. Es besteht ein inneres Band zwischen Ökumenismus und Mission.

Bei diesem Aufruf zur Einheit der Christen zugunsten einer wirksamen Missionstätigkeit richtet sich mein Gedanke in besonderer Weise auf die Völker des europäischen Kontinents. Europa ist durch seine Vergangenheit und seine Gegenwart dazu aufgerufen, „immer mehr die Notwendigkeit einer religiös-christlichen Einheit und der brüderlichen Gemeinschaft aller seiner Völker zu verspüren" (vgl. *Slavorum Apostoli*, Nr. 30). Während meines Pastoralbesuchs in der Tschechoslowakei am vergangenen 22. April habe ich vom Heiligtum in Velehrad aus, das der Jungfrau Maria und den heiligen Mitpatronen Europas, Kyrill und Method, geweiht ist, die Einberufung einer Sondersynode der Bischöfe für Europa angekündigt. Wie ich dann erklärt habe, „wird es ihre Aufgabe sein, die ‚Zeichen der Zeit' zu prüfen, die wahrhaftig vielsagend sind, und die Wege abzustecken, auf denen die Kirche unseres Kontinents gehen muß im Hinblick auf die Aufgaben, die das nun schon nahe dritte Jahrtausend nach der Geburt Christi stellen wird" (*Generalaudienz* vom 25. April).

Die Vorbereitung dieser Sonderversammlung ist schon ziemlich weit vorangekommen. Ich freue mich, heute ankündigen zu können, daß man dabei ist, die nötigen Kontakte aufzunehmen, damit die anderen Kirchen und kirchlichen Gemeinschaften Europas eingeladen werden, sich an diesem bedeutsamen Ereignis durch „brüderliche Delegierte" zu beteiligen. Ich habe auch den festen Vorsatz, einen „Akt des Gebetes" für Europa zusammen mit allen Mitgliedern der Synodenversammlung und den brüderlichen Delegierten der anderen Kirchen zu halten: Das wird auch eine erweiterte Teilnahme mit sich bringen, die noch genauer bestimmt werden muß.

5. Ich lade euch ein, von nun an für die Spezialsynode der Bischöfe zu beten. Die Christen Europas haben eine schwerwiegende Verantwortung. Ihr missionarischer Schwung hat sie angetrieben, über die Grenzen ihrer Länder hinauszugehen, um die Botschaft des Heils zu verkünden. Vom europäischen Kontinent sind aber auch viele Trennungen zwischen den Jüngern Christi ausgegangen und haben sich auf andere Kontinente ausgebreitet!

Wenn die Christen ihren Blick auf die Wirklichkeit unserer Zeit richten, stellen sie fest, daß die europäische Kultur von Werten des Evangeliums durchdrungen und zugleich für das Evangelium taub ist. Diesem Europa, das sich umgestaltet und sich erneuert, wollen wir die stets neue Botschaft des Evangeliums erneut vorlegen. Es handelt sich keineswegs darum, zu Vergangenem zurückzukehren oder eine Art der Beziehungen zwischen der Kirche und den Staaten wieder aufleben zu lassen, die eine Vergangenheit von Licht und Schatten aufweist. Wir glauben, daß das Christentum die tiefe Sehnsucht des Menschen anrührt, und wir glauben, daß in Christus, und nur in Ihm, sich die volle und wahre Freiheit findet. Von dieser Gewißheit gestärkt, haben nicht wenige Christen aller Kirchen und kirchlichen Gemeinschaften

Europas in der Verkündigung des Evangeliums ihr Blut vergossen. Ihr Zeugnis treibt uns an, es ermutigt uns, es fordert uns heraus, die volle Einheit unter allen Getauften wiederzufinden, damit Europa weiterhin aus seinem christlichen Erbe lebe. Die verschiedenen Kulturen der europäischen Nationen werden vom Lebenssaft ernährt, der aus der gleichen Wurzel kommt: dem Evangelium Christi, der „unser Friede" ist (vgl. *Eph* 2,14).

6. „Alle Völker, preiset den Herrn!" Der Antwortpsalm, den wir heute miteinander gesungen haben, war das Thema der Meditation während der Gebetswoche für die Einheit der Christen, die heute schließt. Es sind Worte einer freudigen Einladung. Sie sind voll Hoffnung, und sie erfüllen die ganze Missionstätigkeit des Apostels Paulus. Heute werden sie von denen gesprochen, die in Europa und in der Welt ihr Leben dafür eingesetzt haben und es weiterhin dafür einsetzen, daß die Suche nach der Einheit der Christen immer aktiver und unternehmungsfreudiger werde.
Ihnen wie allen, die heute hier anwesend sind, bringe ich meinen aufrichtigen Dank zum Ausdruck, und ich ermutige Sie, konsequent, mit Geduld und Beharrlichkeit durchzuhalten, in der Gewißheit, den Willen des Herrn zu erfüllen. Ich bitte Ihn, ihre Initiativen zu segnen, sowohl auf der Ebene einer jeden Ortskirche als auch in den Orden, den Klöstern, den Gemeinschaften des aktiven oder kontemplativen Lebens. Mögen das Gebet und das Zeugnis der Christen bewirken, daß bald der Tag heraufsteige, an dem in Europa und in jedem Teil der Welt alle Völker mit einer einzigen Stimme in der reichen Vielfalt der Nationen und der Kulturen den Herrn loben.

7. „Alle Völker, lobet den Herrn!"
Diese Einladung an die Völker und Nationen, Gott Lob darzubringen, läßt mich in diesem, für den Frieden in der Welt so schwierigen Augenblick bekümmert an die Millionen von Menschen denken, die an den einen Gott glauben - Christen, Juden und Muslime -, und die unter dem zerstörenden Wirken mörderischer Kriegsinstrumente dramatische Stunden des Leidens und der Angst durchzustehen haben.
Der Glaube an den einen Gott, der sie verbindet und zu Brüdern und Schwestern macht, da sie ja alle Kinder des gleichen Schöpfers sind, lädt sie in ihrem tiefsten Herzen ein, zu beten, auf daß recht bald der Friede und die Gerechtigkeit in der Golfregion und im ganzen Mittleren Osten herrschen mögen. Diese Brüderlichkeit klinge allen wie ein Aufruf, die Versuchung zu Mißtrauen und Rivalität abzuweisen, um redliche und aufrichtige Mitarbeiter beim Aufbau einer neuen Welt zu werden, die, an den Frieden glaubend, der Liebe würdig sei, mit der Gott die Menschheit erschaffen hat. Amen.

Dienst an der Kultur

Ansprache an die Teilnehmer des Kongresses *Wirklichkeit und Idee der Geschichte* am 25. Januar

1. Mit Freude begegne ich euch heute bei Gelegenheit des Kongresses über „Wirklichkeit und Idee der Geschichte", veranstaltet von der Zeitschrift „Studium" in Absprache mit dem Institut der Italienischen Enzyklopädie, das in Italien hohes Ansehen genießt.
Ich begrüße die Persönlichkeiten aus der Welt der Kultur, die Dozenten und Fachleute, die Verantwortlichen, die Autoren und Mitarbeiter von „Studium", Verlag und Zeitschrift, und alle Freunde dieses ruhmreichen Verlagsunternehmens. Von Herzen danke ich auch für die Worte, die im Namen aller Anwesenden an mich gerichtet wurden.
Es ist euch wohlbekannt, mit welchen Banden der Freundschaft mein Vorgänger Paul VI. mit „Studium" verbunden war. Als Assistent des Verbandes der katholischen Universitätsangehörigen hatte er zusammen mit Igino Righetti und anderen Freunden den Verlag im Jahre 1927 gegründet, in einer für katholische Verbände in Italien besonders schwierigen Zeit, denn er wollte vor allem die Bildung der Gewissen fördern, um die intellektuelle Unabhängigkeit und spezifische Identität der studierenden Jugend zu erhalten.
Getreu diesem Auftrag ist „Studium" inzwischen seit Jahrzehnten ein wichtiger Bezugspunkt für Gelehrte, Denker und die jungen Generationen gewesen, die sich mit dem kulturellen Leben beschäftigt haben. Sie fanden und finden in der Zeitschrift eine echte Integrität der Ideen, aufrichtige geistige Arbeit und zugleich große Aufmerksamkeit für alles, was sich in der Kultur unserer Jahre als lebendig, wirklich neu und fruchtbar erweist.
Ich freue mich über das alles und auch über die fruchtbare Beziehung, die „Studium" seit 1974 mit dem Verlag „La Scuola" und seit 1981 mit dem „Institut Paul VI." in Brescia unterhält, dessen Anliegen die Sammlung der Dokumente, Schriften und Zeugnisse über Leben und Lehre meines Vorgängers ist.

2. Die Geschichte von „Studium" stellt nach den Worten Paul VI. „ein brauchbares und vielfältiges Muster des Dienstes an der Kultur" dar, und zwar der Kultur auf Universitätsniveau und zugleich einer christlich inspirierten Kultur.
Die Universität war immer eines der lebenswichtigen Organe der Gesellschaft. Sie ist der „Ort", wo die Zukunft der Gesellschaft entschieden wird, weil sie beim Austausch zwischen Forschung und Dialektik der Ideen, zwischen Leben und Denken eine grundlegende Rolle spielt.
In dieser Hinsicht ist es daher besonders wichtig, eine Richtung des Forschens und Überlegens lebendig zu halten, die der Moral und der Religiosität im Bewußtsein der Universität gilt, im Gegensatz zu den Auffassungen und Gewohnheiten der pragmatischen, positivistischen und agnostischen Universität. Das Studium wird damit zum Lebensideal, ein geistiges Laboratorium, wo die Bildung des Menschen

erfolgt und die tiefe Überzeugung von der gegenseitigen Durchdringung von Glaube und Vernunft gefördert wird, auch wenn man beide gebührend zu unterscheiden hat.

3. Das Nachdenken über die Geschichte, dem euer Kongreß durch eine Gegenüberstellung von Gelehrten der verschiedenen Fächer gedient hat, erscheint im kulturellen Zusammenhang unserer Zeit interessant.
Ihr wollt dadurch gründlicher verstehen, welches die Aufgabe des Historikers ist und zugleich, wie er sie zu erfüllen hat. Ihr fragt euch also, ob die Geschichte einen Sinn hat und einen Grund für so viele Bemühungen, für so viele Errungenschaften, aber auch Leiden bietet. Es ist das Problem des Sinns der Geschichte, des Sinns also des langen Weges durch die Zeiten, mit dem sich ein jeder innerlich verbunden weiß.
Die erste Grundlage unserer Gewißheit und unseres Vertrauens gegenüber der Geschichte ist der Glaube an die Vorsehung Gottes und an seine Liebe. Wir wissen, daß seine allmächtige und barmherzige Hand unsichtbar, aber präsent, den Ablauf der Zeit seit dem ersten Tag seiner Schöpfung lenkt. Auch wenn das Böse um sich greift und zu überwiegen scheint, wissen wir doch, daß wir nicht verzweifeln dürfen: „Gott hat die Welt so sehr geliebt, daß er seinen einzigen Sohn hingab", um sie zu retten (*Joh* 3,16). Und wenn uns die Geschichte in ihrem finsteren Aspekt als Ort des Leidens, des Unglücks, der Niederlagen und des Todes erscheint, so erinnern wir uns daran, daß uns die Schrift wiederholt versichert, er werde ein Tag kommen, da Gott „in allen Augen die Tränen trocknet" (vgl. *Jes* 25,8; *Offb* 7,17; 21,4).
Die Offenbarung der Heilsökonomie erhellt den Lauf der Geschichte. Denn das Wort ist Fleisch geworden, um alle Dinge in sich zusammenzufassen (vgl. *Eph* 1,9-10) und für die Menschen Weg, Wahrheit und Leben zu sein (vgl. *Joh* 14,6).
Ja, die Geschichte besitzt für den Glaubenden Sinn, Wert und Tragweite; für ihn ist die Geschichte Heilsgeschichte. Im Warten auf die Wiederkunft des Herrn, die Parusie, ist der Christ beauftragt und verpflichtet, Zeuge des Ewigen in der Zeit, Zeuge der Hoffnung zu sein.

4. Ich wünsche eurem Kongreß vollen Erfolg, so wie ich zugleich wünsche, daß eure Arbeit sich ausweitet und eine immer größere Zahl von Dozenten und Männern der Kultur erfaßt, die sich der edlen Aufgabe der historischen Forschung widmen.
Euch Wissenschaftlern, die ihr intensive Forschungsarbeit betreibt, empfehle ich, alle eure Begeisterung und Hingabe diesem Dienst an der Kultur und an der Heranbildung der jungen Generationen zu widmen, die sich dem Leben und dem Wissen öffnen. An euch liegt es, einen Beitrag zum immer wieder auflebenden Konflikt zwischen Wissen und Glauben zu leisten, indem ihr die jeweiligen Rollen klärt und den Austausch von Licht aufzeigt, das aus beiden Quellen kommen kann. An euch liegt es, die innere Kraft des Universitätslebens zu sein, wenn es um die Bekräftigung der Wahrheit und der christlichen Grundsätze innerhalb der Gesellschaft geht. Weicht dieser eurer Sendung nicht aus. Findet die Kraft, die kleinen oder großen

Egoismen zu überwinden, die zuweilen den auf die Wahrheit und auf das demütige und vertrauensvolle Bitten um den göttlichen Beistand gerichteten Schwung lähmen. Mit diesen Gedanken erteile ich allen meinen Segen.

Feier der Eucharistie: Vollzug des Priesteramtes

Ansprache an die Vollversammlung der Kongregation für den Gottesdienst und die Sakramentenordnung am 26. Januar

1. Ich bin Ihnen, Herr Kardinal, besonders dankbar für die herzlichen Worte, die Sie im Namen aller Teilnehmer an der ersten Vollversammlung der Kongregation für den Gottesdienst und die Sakramentenordnung in ihrer neuen Zusammensetzung an mich gerichtet haben. Ich grüße die Herren Kardinäle und die verehrten Brüder im Bischofsamt, die teilgenommen haben, und danke ihnen für den bereichernden kostbaren Beitrag ihrer direkten pastoralen Erfahrung. Ein besonderer Dank gilt ferner den Mitgliedern der Kongregation, die die Tagung aktiv vorbereitet und mit ihrer Anwesenheit ihren fruchtbaren Verlauf sichergestellt haben.
Wie Sie richtig betont haben, ließ diese Versammlung Sie alle unmittelbar erfahren, welches die Aufgaben Ihrer Kongregation sind, und Sie konnten einen allgemeinen Einblick in die Arbeit gewinnen, die ihr nach den Verfügungen der Apostolischen Konstitution *Pastor Bonus* (vgl. Art. 62-70) eigen ist.

2. Der neue Name drückt gut die Zuständigkeit eures Dikasteriums entsprechend der Lehre des Konzils sowie nach dem Codex des kanonischen Rechtes von 1983 aus. Das eucharistische Opfer und die Sakramente, „um die das ganze liturgische Leben kreist" (*Sacrosanctum Concilium*, Nr. 6), sind die grundlegenden Elemente beim „Vollzug des Priesteramtes Jesu Christi" (*Sacrosanctum Concilium*, Nr. 7), also der Liturgie. Durch die liturgischen Handlungen wird die Heiligungsaufgabe verwirklicht: „Den Heiligungsdienst erfüllt die Kirche in besonderer Weise durch die heilige Liturgie" (*CIC*, c. 834). Von der Liturgie sprechen aber bedeutet vor allem, auf die Sakramente eingehen, und man kann nicht über die Sakramente sprechen, ohne Ritus und Feier zu berücksichtigen, die zu ihnen gehören, denn es geht ja um Handlungen, nicht um abstrakte Wesenheiten. Die Sakramente sind Feiern der Kirche, Kultakte, Werkzeuge der Gnade aufgrund der Herrlichkeit, die aus dem Paschamysterium Christi erfließt, sie sind Zeichen und Ausdruck des echten Glaubens der Kirche.
Auf der anderen Seite wird folgerichtig die Sakramentenordnung eigens erwähnt, denn sie ist einer der von der Konstitution des Konzils aufgezeigten Punkte, die einen integralen Teil der liturgischen Ausbildung darstellen. Man muß sogar noch mehr sagen: es gibt eine bedeutsame Disziplin der Sakramente, jene nämlich, in der die Kirche alles treu bewahrt, was Christus, ihr Bräutigam, ihr im Heiligen Geiste anvertraut hat, und was wir die Substanz der Sakramente nennen. Zu diesem Zweck sind diese nämlich von der höchsten Autorität der Kirche geregelt und keinesfalls

der Initiative der einzelnen Gemeinschaften und noch weniger von Einzelpersonen überlassen.
In diesem Zusammenhang können die von eurer Vollversammlung studierten Themen wohl eine gute Erfahrung für das Wirken der Kongregation für den Gottesdienst und die Sakramentenordnung bilden, insbesondere das der Instruktion über die Anpassung der römischen Liturgie an die verschiedenen Kulturen und das der *Institutio generalis Ritualis Romani*.

3. Die Instruktion über die Anpassung kam in die Vollversammlung nach einer langen Zeit des Nachdenkens, die mit der Konstitution *Sacrosanctum Concilium* begann. Es geht um ein wichtiges und zugleich heikles Thema. Wichtig ist es, weil es der kulturellen Dimension des Teilnehmers an der Liturgie Rechnung trägt; heikel, weil es eine ausgewogene Kenntnis der Feier des Kultes der Kirche voraussetzt, der zugleich mit dem christlichen Glauben übermittelt wird.
Im Apostolischen Schreiben *Vicesimus quintus annus* (vgl. Nr. 16) habe ich unter den aktuellen Aufgaben der Kirche die Anpassung der Liturgie genannt. Sinn dieses Hinweises ist nicht, den Einzelkirchen den Beginn einer neuen Arbeit anzukündigen, die auf die Durchführung der Liturgiereform folgen würde und die in der Anpassung und Inkulturation der Liturgie bestünde. Die Inkulturation darf auch nicht als Schaffung anderer Riten verstanden werden.
Die von euch studierte Instruktion sagt klar, daß die Arbeit in der korrekten Anwendung dessen besteht, was die Konstitution des Konzils in den Nummern 37-40 vorsieht, und zugleich, daß sie innerhalb des römischen Ritus erfolgen muß. Es geht also nicht um eine allgemeine Erörterung der Inkulturation der christlichen Liturgie, sondern um Hinweise, wie sich die allgemeinen Grundsätze beim Einzelfall, den man in Gesetzesform bringen möchte, konkret anwenden lassen.
In jedem Land bildet die anfängliche Verknüpfung zwischen der Evangelisierung und den Riten, in denen die heiligen Geheimnisse gefeiert werden, eine Tatsache, die größte Aufmerksamkeit verdient. Man kann daher keine Änderungen vorschlagen ohne gewissenhafte Überlegungen von seiten der verschiedenen Disziplinen. Improvisieren ist zu vermeiden, und Anpassungen sind nur dann vorzunehmen, wenn es nützlich oder notwendig ist (vgl. *Sacrosanctum Concilium*, Nr. 40).
Andrerseits bringt es die Zugehörigkeit zum römischen Ritus mit sich, daß sich die in den verschiedenen Einzelkirchen gefeierte Liturgie von allen als die gleiche römische Liturgie erkennen läßt. Darauf bezieht sich die Konstitution *Sacrosanctum Concilium* in Nr. 38, wo es heißt: „unter Wahrung der Einheit des römischen Ritus". Dies rechtfertigt ferner die enge Zusammenarbeit zwischen den Bischofskonferenzen und dem Hl. Stuhl bei allem, was den ganzen Prozeß der Inkulturation betrifft. Es handelt sich also darum, zusammenzuarbeiten, damit der römische Ritus, auch wenn er seine Identität beibehält, die angebrachten Anpassungen so aufnehmen kann, daß die Gläubigen jener christlichen Gemeinden, bei denen aufgrund ihrer Kultur einige rituelle Aspekte keinen entsprechenden Ausdruck finden können, sich bei den liturgischen Feiern voll beteiligt fühlen.

Diese Zusammenarbeit ist notwendig, und wer hier nicht zu korrektem Vorgehen bereit wäre, würde ernsthaften Schaden anrichten. Der Prozeß der Durchführung der liturgischen Reform des Konzils ist nämlich noch in Gang, und er darf nicht durch häufige oder das religiöse Empfinden der Gläubigen wenig berücksichtigende Eingriffe gefährdet werden. Es muß dem christlichen Volk die Möglichkeit und die Garantie geboten werden, wirklich am Kult der Kirche teilzunehmen.

4. Was die *Grundordnung des römischen Rituale* angeht, so liegt darin ein theologischer Text mit pastoraler Ausrichtung vor. Anders kann es auch nicht sein, denn die Sakramente gehören ja nicht zur Kategorie der vorläufigen Werkzeuge, sondern zu den grundlegenden Wirklichkeiten, wird doch die Kirche vom Glauben und von den Sakramenten des Glaubens erbaut. Der Grund für diese Besonderheit liegt in der Tatsache, daß die Sakramente Handlungen des verherrlichten Christus sind, der zur Rechten des Vaters thront und zugleich durch den Geist unter seinen Jüngern in der Welt präsent ist; sie sind Handlungen Christi, die sichtbar werden durch die sakramentalen Gesten der Kirche, die das Paschamysterium des Herrn feiert, wie er selbst es geboten hat. Durch unterschiedliche Zeichen wird der Christ, je nach den verschiedenen Situationen, in der Kirche durch den Kult im Geist und in der Wahrheit geheiligt.

Der eminent christologische und trinitarische Charakter der sakramentalen Zeichen muß betont werden. Gewiß, es ist die Gemeinschaft der Getauften, die sie feiert, aber das geschieht als Danksagung an den Vater für das Werk unseres Heiles, das ein für allemal in seinem eingeborenen Sohn - als Werk Christi - vollbracht wurde, und insofern sie vom Herrn der Herrlichkeit die Kraft des Geistes empfängt, den die Kirche ohne Unterlaß anruft.

Aus diesen Gründen sind die Sakramente grundlegend Kultakte, denn in ihnen geschieht der heiligende Kult, den Jesus Christus dem Vater am Kreuz dargebracht hat, und den er ständig weiter für unser Heil darbringt. In ihnen geht das Tun Christi immer dem Tun der Kirche voraus: es wird uns hier die Gnade des Erlösers mitgeteilt, und wir empfangen die Gemeinschaft mit Gott, die vom Paschamysterium herkommt. Jesus, der Herr selbst, ist der Hauptzelebrant der Sakramente.

In diesem Geist habe ich die Sakramente „schlicht und kostbar" genannt (vgl. *Reconciliatio et paenitentia*, Nr. 31), während die euchologischen Texte der römischen Liturgie sie „unaussprechlich" (*Tagesgebet*, Montag in der 4. Woche der Fastenzeit) und „himmlisch" nennen (*Gabengebet*, Dienstag in der Weihnachtszeit). In ihnen erneuert sich die Wahrheit in der Gegenwart, was bei der Begegnung mit Jesus von Nazaret geschah (vgl. *Lk* 4,22 ff.). Wer in ihnen bloße rituelle Gesten sieht, kann nie den „herrlichen Austausch" (*Gabengebet* am Donnerstag der Weihnachtszeit) erfahren, der durch die Feier der Sakramente sich zugunsten der Menschen vollzieht; ähnlich wie die Bewohner von Nazaret, die nur den „Sohn des Zimmermanns" sahen, zur Betrachtung der Wundertaten des Erlösers unfähig waren.

5. Hier liegt einer der Gründe, die in unseren Tagen die Sakramentenpastoral schwierig machen, weil heute ja sichtbare und meßbare Wirksamkeit im Vorder-

grund stehen. Nur im Glauben lassen sich die Sakramente verstehen. Das Gleiche müssen wir von ihrer Feier sagen: Nur in der Überzeugung, ein uns übersteigendes Geheimnis zu feiern, können wir als Diener der Sakramente „Ausspender der Wohltaten eines anderen" sein (vgl. Konzil von Trient, *Sitzung XVI.*, Kap. 6: *DS* 1685), uns bewußt, daß wir in der Gemeinschaft der Gläubigen als „Stellvertreter" Christi, „in seiner Person" als seine Werkzeuge handeln und zugleich als Zeichen der Abhängigkeit der Kirche von ihrem Herrn.
Die Pastoral der Sakramente und der Liturgie hat die Aufgabe, die Teilnehmer an der Feier in das Geheimnis der in Christus offenbar gewordenen, ohne Verdienst geschenkten Gnade Gottes einzuführen, die in den Sakramenten der Kirche ständig weiter mitgeteilt wird. Von daher stammt ihr notwendig mystagogischer Charakter, der uns „vom Sichtbaren zum Unsichtbaren" hinführt. Ferner braucht das ganze pastorale Wirken und das christliche Leben eines jeden Gläubigen, angefangen bei den Dienern, sein Zentrum der Einheit und seinen Höhepunkt, so daß es unter dem Einfluß des Geistes in Übereinstimmung mit dem gefeierten Geheimnis gelebt werden kann.
Nach dem Zweiten Vatikanischen Konzil wurde die Predigt des Wortes mächtig entfaltet, und dieses Bemühen muß weitergeführt und verstärkt werden. Wir dürfen aber nicht vergessen, was der christliche Glaube bekennt: „Das Wort ist Fleisch geworden" (*Joh* 1,14). Das bedeutet: Das verkündete Wort führt natürlicherweise zur Feier des Sakramentes. Wir sind nicht nur Hörer oder Nachfolger Jesu, wir sind Glieder seines Leibes und stehen in Lebensgemeinschaft mit ihm. Mit anderen Worten: „Christi Leben [strömt] auf die Gläubigen über, die durch die Sakramente auf geheimnisvolle und doch wirkliche Weise mit Christus, der gelitten hat und verherrlicht ist, vereint werden" (*Lumen Gentium*, Nr. 7).

6. Nach dem, was ich im erwähnten Apostolischen Schreiben *Vicesimus quintus annus* (vgl. Nr. 14) gesagt habe, handelt es sich heute nicht, wie vor 25 Jahren, darum, die Liturgiereform zu organisieren, vielmehr die Liturgiefeier als eminent geistliche Wirklichkeit zu vertiefen und sich innerlich anzueignen. Dazu muß man notwendig die nach dem Zweiten Vatikanischen Konzil veröffentlichten Texte kennen, und jede gute Initiative zur Ausbildung auf diesem Gebiet ist immer willkommen.
Ich wünsche, daß die jetzige Vollversammlung zum Fortschritt eines solchen Programms in den Einzelkirchen beiträgt. Dazu aber erweist sich mehr denn je die Diakonie der Römischen Kurie als wertvoll, die ihrerseits Mitarbeit und Dienst am Dienstamt des Petrus und Hilfe für die in der ganzen Welt verteilten kirchlichen Gemeinschaften ist.
Gott segne euren Eifer, und Maria, die Mutter der Kirche, begleite eure Arbeit mit ihrem mütterlichen Schutz und mache sie fruchtbar. In Dankbarkeit erteile ich euch gern den Apostolischen Segen.

Gemeinschaft der Kirche ist Geschenk Gottes

Ansprache an die Pilger aus der Diözese Siena am 26. Januar

Liebe Brüder im Bischofsamt,
liebe Brüder und Schwestern!

1. Voll Freude empfange ich heute euch alle, die ihr aus Siena hergekommen seid, um der zehn Jahre seit meinem Besuch in eurer Stadt zu gedenken.
Herzlich grüße ich euren lieben Erzbischof Gaetano Bonicelli und mit ihm die in der Diözese residierenden Prälaten: den verehrten emeritierten Erzbischof Mario Castellano sowie Erzbischof Bruno Torpigliani, der lange Jahre hindurch als Apostolischer Nuntius im Dienst der Kirche stand. Ich grüße die anwesenden Priester, die Ordensmänner und Ordensfrauen und die Laien, die in allen eifrigen Kreisen eurer Diözesangemeinschaft tätig sind. Ich grüße die Pfarreien als unerläßliche Stützpunkte einer für alle offenen Pastoral; die Katholische Aktion, die Gruppen, Bewegungen und Verbände, die Gemeinschaften im Dienste der Barmherzigkeit, die Laien- und Caritasverbände und die zahlreichen anderen Gruppen von Freiwilligen, die mit ihrem apostolischen Schwung das christliche Leben im eurem Gebiet bereichern. Ein besonderes Gedenken gilt den Kranken und Leidenden, die in engerer Weise mit dem Geheimnis des Leidens und der Auferstehung Christi verbunden sind.
Einen ergebenen Gruß richte ich dann an die verschiedenen Vertreter der staatlichen Verwaltung, an den Herrn Präfekten, den Rector magnificus der Universität, an die städtischen Vertreter für Wirtschaft und Kultur, nicht zuletzt an den Magistrat der wohlbekannten Stadtviertel von Siena. Alle heiße ich herzlich willkommen! Herzlich danke ich allen, die an diesem bedeutsamen kirchlichen Ereignis teilnehmen wollten.

2. In mir ist noch immer die Erinnerung an meine apostolische Wallfahrt nach Siena am 14. September 1980 lebendig, die mir Gelegenheit zur Ehrung von zweien eurer großen Landsleute und Heiligen bot: der hl. Katharina von Siena zum sechshundertsten Jahrestag ihres Todes und des hl. Bernardin von Siena zum sechshundertsten Jahrestag seiner Geburt. Welch glückliches Zusammentreffen: eine Heilige geht und erweckt zugleich einen anderen Heiligen!
Katharina, die von meinen Vorgängern Pius XII. und Paul VI. zur Patronin Italiens bzw. zur Kirchenlehrerin erwählt wurde, hat wie wenige sonst ihren Namen mit der Verteidigung des Papstes, der Sache der Einheit und des Friedens in Kirche und Gesellschaft ihrer Zeit verknüpft. Mit ihrem Beispiel, ihrem Gebet und ihrer Seelenstärke sowie ihrer Freiheit im Dienst an der Wahrheit hat sie denkwürdige Seiten der christlichen Geschichte geschrieben. Wie sehr ist ihre Botschaft von Versöhnung und Frieden heute aktuell!
Es liegt an euch, liebe Brüder und Schwestern, als erste ihr geistliches Erbe aufzugreifen, zumal in unserer Zeit, die von den Gläubigen Leidenschaft und Treue verlangt. Lebt die Fülle eurer Berufung, und richtet euren Blick auf die zahlreichen Herausforderungen, die sich heute dem Evangelium gegenüber erheben.

Wachst vor allem in dem Bewußtsein des missionarischen Auftrags, der eurer ganzen Diözesangemeinschaft gestellt wurde, die aus der kürzlichen Zusammenlegung der Diözesen Siena, Colle di Val d'Elsa und Montalcino entstanden ist. Die Erweiterung ihrer Grenzen hat ihr nicht die menschliche Dimension genommen, die gegenseitiges Kennen ermöglicht, sowie Absprache und Zusammenarbeit erleichtert. Freilich entgeht es niemandem, daß die Gemeinschaft der Kirche, bevor sie ein Ergebnis des guten Willens von Menschen sein kann, Geschenk Gottes ist, das direkt von der heiligsten Dreifaltigkeit mitgeteilt wird. Laßt also unermüdlich euch selbst und euer Wirken vom erhabenen Vorbild der Dreifaltigkeit bestimmen, von dem die Heilige von Siena wunderbar und wiederholt spricht.

3. Bei dieser Gelegenheit wollt ihr ferner des 750. Jahrestages der Tätigkeit der berühmten Universität von Siena gedenken. Bekanntlich war sie von ihrem Anfang an eng mit dem Bischof, dem Kapitel der Kathedrale und der Kirche „della Sapienzia" verbunden, die ihr von Papst Nikolaus V. als erster fester Sitz zugewiesen wurde. Für ihre Existenz war die Beteiligung weiterer Päpste entscheidend: von Pius II. zu Sixtus IV. und Johannes XXI., einem der ersten Forscher und Lehrer dieses Athenäums. Mit Freuden erweise ich einer so bedeutsamen kulturellen Institution meine Hochachtung.
Die Kirche blickt mit unermüdlichem Interesse auf die Welt der Kultur, und bei meinen Pastoralbesuchen möchte ich immer mit den Wissenschaftlern und Studenten zusammentreffen, weil ich auch aus persönlicher Erfahrung davon überzeugt bin, wie wichtig das wissenschaftliche Forschen ist. Ich wünsche daher, eure Universität, in der sich im Verlauf der Jahrhunderte ein erheblicher akademischer Eifer entfaltet hat, möge, getreu ihrer Berufung, zum Fortschritt des menschlichen Denkens einen gültigen Beitrag leisten, indem sie die christlichen und humanistischen Wurzeln herausstellt, die der europäischen Kultur, insbesondere der italienischen, zugrunde liegen.

4. Ich möchte dann noch ein weiteres Ereignis andeuten, dessen Vorbereitung euch alle betrifft: ich denke an den zweiundzwanzigsten Nationalen Eucharistischen Kongreß, der im Juni 1994 in Siena seinen Abschluß finden soll.
Die italienische Kirche erwartet sich viel von diesem Kongreß, weil sie nach immer wirksameren Wegen für eine neue Evangelisierung in diesen letzten Jahren des zwanzigsten Jahrhunderts sucht. Mitten in den 90er Jahren, deren Pastoralplan „Evangelisierung und Zeugnis der Liebe" überschrieben ist, weist der Kongreß nachdrücklich auf die innere Verbindung von Gemeinschaft und Sendung hin und lädt alle ein, auf Christus, den Herrn und Meister, zu schauen.
Das Thema „Eucharistie: von der Gemeinschaft zum Dienst" greift auf das Beispiel Jesu zurück.
Wenn der Nationale Eucharistische Kongreß auch die kirchliche Gemeinschaft Italiens als Ganzes angeht, so ist doch klar, daß er vor allem eure Diözesen betrifft. So bildet die Vorbereitung auf dieses außerordentliche geistliche Ereignis für euch eine wertvolle Gelegenheit zum Wachsen in der immer mehr zu wünschenden Gemein-

schaft zwischen den verschiedenen kirchlichen Gebieten, die in der einen Diözese Siena zusammengefaßt sind. Hier liegt vor allem für die Priester als Diener der Eucharistie eine Aufgabe, denn ihnen ist ja das unermeßliche Erbe der Lehre und Heiligkeit der Kirche anvertraut. Gebt nie der sehr wohl verständlichen Versuchung nach, liebe Brüder, müde zu werden und mutlos zu sein. Dankt vielmehr dem Herrn für das Vertrauen, das er euch geschenkt hat, arbeitet hochherzig für die Sache des Evangeliums, und lehrt die Gläubigen, möglichst oft zur unerschöpflichen Quelle des Geheimnisses der Eucharistie ihre Zuflucht zu nehmen.

5. Ich möchte diese kurzen Gedanken nicht abschließen, ohne auf den besorgniserregenden Konflikt am Persischen Golf hinzuweisen und die Verluste an Menschenleben bei den Kämpfen zu beklagen. Ich fordere einen jeden von euch auf, weiter zu beten, damit Gewalttat und Krieg aufhören. Ich lade euch ein, voll Vertrauen Maria, die Königin des Friedens, anzurufen.
Vertrauen wir ihr, die ihr mit vollem Recht als Königin Sienas anruft, auch die Erwartungen und Hoffnungen eurer Stadt und der ganzen Diözesangemeinschaft an.
Möge ihr mütterlicher Schutz euch immer begleiten und für die Welt das kostbare Geschenk des Friedens erlangen.
In diesem Sinn segne ich euch alle.

Die Ehe ist eine Institution natürlichen Rechtes

Ansprache an die Mitglieder des Gerichtshofes der Römischen Rota am 28. Januar

1. Herzlich danke ich Ihnen, Msgr. Dekan des Gerichtshofes der Römischen Rota, für die schönen Grüße und Glückwünsche, in denen Sie der Wertschätzung, der Verbundenheit und dem Einsatz aller im Dienst der Kirche Ausdruck gegeben haben.
Dem ganzen Richterkollegium der Rota, den Offizialen und Mitgliedern des Studium rotale sowie auch der Gruppe der Advokaten gilt mein herzlicher Gruß.
Ich betrachte diese jedes Jahr stattfindende Begegnung als günstige Gelegenheit, euch allen meine Wertschätzung für die heikle Arbeit auszusprechen, die ihr im Dienst der Verwaltung der Gerechtigkeit in der Kirche leistet, und zugleich einige Aspekte einer derart wichtigen, heiklen und komplexen Institution, wie es die Ehe ist, hervorzuheben. Ich möchte heute mit euch die Auswirkungen bedenken, die das Verhältnis von Glaube und Kultur auf sie hat.

2. Die Ehe ist eine Institution natürlichen Rechtes, deren Eigenheiten im Sein von Mann und Frau eingeschrieben sind. Schon auf den ersten Seiten der Heiligen Schrift stellt der heilige Schriftsteller den Unterschied der Geschlechter als gottgewollt hin: „Gott schuf den Menschen nach seinem Bild, nach dem Bild Gottes schuf er ihn; als Mann und Frau schuf er ihn" (vgl. *Gen* 1,27). Auch im zweiten Schöpfungsbericht sagt das Buch Genesis, daß Gott, der Herr, sprach : „Es ist nicht gut,

daß der Mensch allein bleibt. Ich will ihm eine Hilfe machen, die ihm entspricht (*Gen* 2,18).
Die Erzählung fährt fort: „Gott, der Herr, baute aus der Rippe, die er vom Menschen genommen hatte, eine Frau und führte sie dem Menschen zu. Und der Mensch sprach: Das endlich ist Bein von meinem Bein und Fleisch von meinem Fleisch" (*Gen* 2,22-23). Das Band, das zwischen Mann und Frau in der ehelichen Beziehung entsteht, ist höheren Ranges als jede andere Bindung zwischen Menschen, auch höheren Ranges als die an die Eltern. Der heilige Schriftsteller schließt: „Darum verläßt der Mann Vater und Mutter und bindet sich an seine Frau, und sie werden ein Fleisch" (*Gen* 2,24).

3. Gerade weil die Ehe tief in der menschlichen Natur verwurzelt ist, wird sie von den kulturellen und historischen Verhältnissen eines jeden Volkes beeinflußt. Diese haben immer in der Institution Ehe ihre Spur hinterlassen. Die Kirche kann also nicht davon absehen. Ich habe daran im Apostolischen Schreiben *Familiaris consortio* erinnert: „Da der Plan Gottes für Ehe und Familie Mann und Frau konkret betrifft - in ihrer täglichen Existenz, in bestimmten sozialen und kulturellen Situationen -, muß sich die Kirche, um ihren Dienst leisten zu können, um die Kenntnis jener Situationen bemühen, in denen Ehe und Familie sich heute verwirklichen" (Nr. 4). Der Plan Gottes verwirklicht sich auf dem Weg der Geschichte und in der Verschiedenheit der Kulturen. Wenn die Kultur einerseits das Institut Ehe zuweilen negativ beeinflußt und ihr Züge aufgeprägt hat, die dem göttlichen Plan entgegenstehen, wie z. B. die Polygamie und die Ehescheidung, so war sie andrerseits nicht selten das Werkzeug, dessen Gott sich zur Vorbereitung des Erdreiches für ein besseres und tieferes Verständnis ihrer ursprünglichen Bedeutung bedient hat.

4. Bei ihrer Sendung, den Menschen die geoffenbarte Lehre vorzulegen, mußte sich die Kirche ständig mit den Kulturen auseinandersetzen. In den ersten Jahrhunderten fand die christliche Botschaft bei ihrer Begegnung mit der griechisch-römischen Kultur ein in verschiedener Hinsicht günstiges Erdreich vor. Das römische Recht insbesondere verlor unter dem Einfluß der christlichen Predigt viel von seiner Härte, um sich mit der Menschlichkeit des Evangeliums anzureichern und seinerseits der neuen Religion ein glänzendes wissenschaftliches Werkzeug für die Ausarbeitung ihrer eigenen Gesetzgebung über die Ehe zu bieten. Während der christliche Glaube in das juridische römische Denken den Wert der Unauflöslichkeit des Ehebandes einbrachte, fand er in dessen Auffassung des Konsenses das Werkzeug für den Ausdruck des Grundprinzips, das der kanonischen Ordnung in diesem Bereich das Fundament bietet. Dieses Prinzip wurde von Papst Paul VI. in seiner Begegnung mit euch am 9. Februar 1976 nachdrücklich betont. Er sagte damals u. a., das Prinzip „matrimonium facit partium consensus" [die Ehe entsteht durch die Zustimmung beider Teile] „hat in der gesamten juridischen und theologischen Lehre, wie sie von der Tradition übernommen wurde, höchste Bedeutung, und sie wurde vom Lehramt der Kirche häufig als einer der Hauptpunkte eingeschärft, auf die sich das Naturrecht über die Ehe und die Vorschrift des Evangeliums stützen" (*Insegnamenti*,

Vol. XIV, 1976, 99). Es ist also in der Rechtsordnung grundlegend (vgl. can. 1057, Par. 1).

Doch trat in unseren Tagen das Problem der Kulturen besonders lebhaft hervor. Die Kirche hat darauf mit neuer Aufgeschlossenheit beim Zweiten Vatikanischen Konzil reagiert. Die Konstitution *Gaudium et spes* sagt: „Vielfache Beziehungen bestehen zwischen der Botschaft des Heils und der menschlichen Kultur. Denn Gott hat in der Offenbarung an sein Volk bis zu seiner vollen Selbstkundgabe im fleischgewordenen Sohn entsprechend der den verschiedenen Zeiten eigenen Kultur gesprochen" (Nr. 58). Auf der Linie des Geheimnisses der Menschwerdung „nimmt die Kirche, die im Lauf der Zeit in je verschiedener Umwelt lebt, die Errungenschaften der einzelnen Kulturen in Gebrauch, um die Botschaft Christi in ihrer Verkündigung bei allen Völkern zu verbreiten und zu erklären, um sie zu erforschen und tiefer zu verstehen, um sie in der liturgischen Feier und im Leben der vielgestaltigen Gemeinschaft der Gläubigen besser Gestalt werden zu lassen" (*ebd.*). Jede Kultur muß daher evangelisiert werden, sie muß sich mit der Botschaft des Evangeliums auseinandersetzen und sich von ihr durchdringen lassen: „Die gute Botschaft Christi erneuert unausgesetzt Leben und Kultur des gefallenen Menschen und bekämpft und beseitigt Irrtümer und Übel, die aus der stets drohenden Verführung zur Sünde hervorgehen" (*ebd.*). Im Apostolischen Schreiben *Evangelii nuntiandi* aber sagte Paul VI., die Kulturen „müssen durch die Begegnung mit der Frohbotschaft von innen her erneuert werden" (Nr. 20).

5. Unter den Einflüssen, die die heutige Kultur auf die Ehe ausübt, sind einige zu nennen, die sich vom christlichen Glauben herleiten. Der Rückgang der Polygamie und anderer Formen der Einengung, denen die Frau von seiten des Mannes unterworfen war, die Durchsetzung der Gleichheit von Mann und Frau und die wachsende Ausrichtung auf eine personale Sicht der Ehe als Lebens- und Liebesgemeinschaft sind Werte, die heute zum moralischen Erbe der ganzen Menschheit gehören. Zur Anerkennung der gleichen Würde von Mann und Frau kommt ferner die immer breitere Anerkennung des Rechtes auf Freiheit der Wahl des Lebensstandes und des Ehepartners.

Die zeitgenössische Kultur bietet freilich auch Aspekte, die Sorge bereiten. In einigen Fällen sind es gerade die eben genannten positiven Werte, die ihren lebensmäßigen Zusammenhang mit dem ursprünglich christlichen Gesamtbild verloren haben und nun als unzusammenhängende und wenig bedeutsame Elemente erscheinen, die man nicht mehr in das organische Bild einer recht verstandenen und echt gelebten Ehe einordnen kann.

Zumal in der wohlhabenden und konsumistischen westlichen Welt geraten diese positiven Aspekte in Gefahr, von einer immanentistischen und hedonistischen Sicht verfälscht zu werden, die den echten Sinn der ehelichen Liebe herabwürdigt. Es wäre aufschlußreich, vom Gesichtspunkt der Ehe aus nachzulesen, was der *Schlußbericht der außerordentlichen Bischofssynode* über die äußeren Gründe sagt, die die Durchführung des Konzils behindern: „In den reichen Ländern nimmt immer mehr eine Ideologie zu, die gekennzeichnet ist vom Stolz auf die technischen Fort-

schritte und von einem gewissen Immanentismus, der zum Götzendienst des materiellen Nutzens, des sogenannten Konsumismus führt. Daraus kann eine gewisse Blindheit gegenüber geistigen Wirklichkeiten und Werten folgen" (vgl. I, 4). Die Folgen sind schlimm: „Dieser Immanentismus ist eine Verkürzung der ganzheitlichen Sicht vom Menschen, die nicht zu seiner wahren Befreiung, sondern zu einem neuen Götzendienst führt bzw. zur Versklavung an Ideologien, zu einem Leben unter einschränkenden und oft unterdrückenden Strukturen, wie sie dieses Jahrhundert kennzeichnen" (vgl. II, A, 1). Aus einer solchen Mentalität ergibt sich oft die Verkennung der Sakralität des Institutes Ehe, um nicht zu sagen, die Ablehnung dieses Institutes selber, so daß sich der Weg zur Verbreitung der freien Liebe öffnet. Auch dort, wo die Ehe als Institution angenommen wird, wird sie nicht selten in ihren wesentlichen Elementen oder in ihren Eigenheiten entstellt. Dies geschieht zum Beispiel, wenn eheliche Liebe in egoistischer Verschlossenheit als eine Art Zerstreuung gelebt wird, die ihr Recht in sich selbst hat und sich darin erschöpft.
Ähnlich führt die Freiheit bei all ihrer Notwendigkeit für den Konsens, der das Fundament der Ehe bildet, absolut gesetzt, zur Plage der Ehescheidung. Man vergißt dann, daß man sich angesichts der Schwierigkeiten des Verhältnisses keinesfalls von aufkommender Angst oder dem Druck der Müdigkeit beherrschen lassen darf, vielmehr im Reichtum der Liebe den Mut zur konsequenten Erfüllung der übernommenen Aufgaben finden muß.
Das Nein zur persönlichen Verantwortung führt übrigens nicht zur Selbstverwirklichung, sondern vielmehr zu steigender Selbstentfremdung. Man ist nämlich geneigt, die Schwierigkeiten auf psychologische Abläufe zurückzuführen, deren Funktionieren deterministisch aufgefaßt wird, und das führt wieder zum vorschnellen Rückgriff auf Überlegungen der psychologischen und psychiatrischen Wissenschaften, um Anspruch auf Nichtigkeit der Ehe zu erheben.

6. Bekanntlich gibt es heute noch Völker auf der Welt, bei denen die Gewohnheit der Polygamie noch nicht ganz verschwunden ist. Es gibt auch Katholiken, die im Namen der Achtung vor der Kultur dieser Völker eine ähnliche Praxis in den christlichen Gemeinschaften rechtfertigen oder tolerieren möchten. Auf meinen Apostolischen Reisen habe ich daher immer wieder die Lehre der Kirche über die Einehe und über das gleiche Recht für Mann und Frau eingeschärft.
Man kann nämlich nicht übersehen, daß in diesen Kulturen bis zur vollen Anerkennung der gleichen Würde von Mann und Frau noch ein gutes Stück Weges zu gehen bleibt. Die Ehe ist dort noch großenteils Ergebnis von Abmachungen zwischen Familien, die nicht gebührend den freien Willen der jungen Leute berücksichtigen. Sogar bei der Hochzeit machen es die sozialen Gewohnheiten zuweilen schwer, den Augenblick festzustellen, in welchem das gegenseitige Ja ausgetauscht wird und das Eheband entsteht, und es kommt dann zu Auslegungen, die nicht mit dem Vertrags- und personalen Charakter des ehelichen Ja übereinstimmen.
Auch beim juridischen Verfahren fehlt es nicht an Mißachtung der Vorschriften des Kirchenrechtes, zu deren Rechtfertigung man sich auf örtliche Gewohnheiten oder Eigenheiten der Kultur eines bestimmten Volkes beruft. Es ist hier aber daran zu

erinnern, daß Nachlässigkeiten dieser Art nicht nur eine Mißachtung von formalen Verfahrensvorschriften sind, sondern in Gefahr bringen, das Recht auf Gerechtigkeit zu verletzen, das die einzelnen Gläubigen besitzen, und damit schwindet die Achtung vor der Heiligkeit der Ehe.

7. Bei aller gebührenden Aufmerksamkeit für die Kulturen der einzelnen Völker und für die Fortschritte der Wissenschaft muß die Kirche immer darüber wachen, daß den Menschen von heute die Botschaft des Evangeliums über die Ehe unverkürzt vorgelegt wird, wie sie sich in ihrem Bewußtsein in jahrhundertelangem Nachdenken unter Führung des Geistes Gottes ergeben hat. Die Frucht dieses Nachdenkens liegt heute besonders reich im Zweiten Vatikanischen Konzil und im neuen Codex des kanonischen Rechtes vor, der eines der bedeutendsten Dokumente für die Durchführung des Konzils ist.
Mit mütterlicher Sorge achtet die Kirche auf die Stimme des Heiligen Geistes und ist aufgeschlossen für die Angebote der modernen Kultur. Daher begnügt sie sich nicht mit der Einschärfung der wesentlichen Elemente, die zu wahren sind, sie verwendet auch die ihr von den heutigen Fortschritten der Wissenschaft zur Verfügung gestellten Mittel und ist bemüht, alles aufzugreifen, was sich im Denken und in den Sitten der Völker als gültig erweist.
Im Zeichen der Weiterführung der Überlieferung und offen für neue Gedanken, gründet sich die neue Gesetzgebung über die Ehe auf die drei Pfeiler des ehelichen Konsenses, der Fähigkeit der Personen zur Ehe und der Wahrung der kanonischen Form. Der neue *Codex* hat die vom Konzil bereitgestellten Elemente aufgenommen, vor allem die dort vertretene personale Auffassung der Ehe. Seine Gesetzgebung berührt Elemente und schützt Werte, die die Kirche jenseits der Verschiedenheit und Veränderlichkeit der Kulturen, in denen die einzelnen Ortskirchen zu leben haben, weltweit garantiert sehen will. Wenn er solche Werte und die zu ihrer Wahrung notwendigen Verfahrensweisen betont, überläßt der neue *Codex* doch der Verantwortlichkeit der Bischofskonferenzen oder der Hirten der einzelnen Ortskirchen erheblichen Spielraum für Anpassungen, die der Unterschiedlichkeit der Kulturen und der Verschiedenheit der pastoralen Situationen Rechnung tragen. Es geht hier um Elemente, die man nicht als Fragen am Rande oder als wenig wichtig betrachten darf. Daher ist es dringend notwendig, nach den entsprechenden Normen vorzugehen, die der neue *Codex* fordert.

8. In ihrer Treue zu Gott und zum Menschen handelt die Kirche wie der Schriftgelehrte, der zum Jünger des Himmelreiches geworden ist: sie „holt aus ihrem Schatze Neues und Altes hervor" (vgl. *Mt* 13,52). In treuer Anhänglichkeit an den Geist, der sie erleuchtet und trägt, spricht sie als Volk des Neuen Bundes „in allen Sprachen, versteht und umfängt in der Liebe auch alle Sprachen" (vgl. *Ad gentes*, Nr. 4).
Ich fordere euch alle als Diener der Gerechtigkeit auf, die Ehe im Lichte des göttlichen Planes zu betrachten, um ihre Verwirklichung mit den euch verfügbaren Mitteln zu fördern. Gleichzeitig ermahne ich euch, hochherzig bei eurer Arbeit auszu-

harren in der Überzeugung, daß ihr den Familien, der Kirche und auch der Gesellschaft einen wichtigen Dienst leistet.
Der Papst begleitet euch mit seinem Vertrauen und seiner Zuneigung und erteilt euch in diesem Sinn den Apostolischen Segen.

Die Herzen vom Haß befreien

Ansprache bei der Eucharistiefeier mit dem Päpstlichen Rat für Gerechtigkeit und Frieden am 29. Januar

Viele Anstrengungen wurden gemacht, um die Gewalt des Krieges fernzuhalten. Aber in zu vielen Regionen gelang es der Menschheit nicht, die Anwendung des Dialogs und der Verhandlungen gegenüber der Stimme der Waffen vorherrschen zu lassen: Ich denke insbesondere an die Region des Mittleren Ostens, an Somalia, ohne die uns näherliegenden Völker im Baltikum zu vergessen. Zerstörungen, Verwundete, Tote und wiederholte Drohungen erschüttern weiterhin unsere Brüder und Schwestern und betrüben uns.
Gemeinsam bitten wir wiederum Christus bei der Feier des Kreuzesopfers, er möge alle Trauernden trösten, alle, die Angst haben, ermutigen und alle Herzen vom tödlichen Haß befreien.
Wir bitten ihn sehnlichst, diejenigen, die die Entscheidungsmacht haben, mit dem aufrichtigen Willen zu inspirieren, zum Frieden zu gelangen, die notwendigen Verhandlungen zu beginnen, unter Achtung der Gerechtigkeit zu handeln und das Recht ganzer Völker zu wahren, ihre Menschenpflicht in Ruhe und auf einer vor unsinnigen Zerstörungen geschützten Erde erfüllen zu können.

Der Geist bringt die Einheit näher

Botschaft an die 7. Vollversammlung des Ökumenischen Weltrates der Kirchen in Canberra vom 30. Januar

Herrn Dr. Emilio Castro,
Generalsekretär des Weltrates der Kirchen!

Anläßlich der siebten Vollversammlung des Ökumenischen Weltrates der Kirchen sende ich Ihnen und allen Teilnehmern die herzlichsten Grüße und versichere Sie meines Gebetes zu diesem Treffen, dessen Thema lautet: „Komm, Heiliger Geist und erneuere die ganze Schöpfung".
Die Tatsache, daß der Weltkirchenrat für seine Versammlung ein dem Heiligen Geist gewidmetes Thema gewählt hat, ist vielsagend und zeugt von aufgeschlossenem Denken. Ihr Thema erinnert an die unablässige Gegenwart des Geistes, der die Kirche im Lauf ihrer Geschichte begleitet hat und jetzt in unserer Mitte weilt, den Worten unseres Herrn Jesus Christus gemäß, der sagte: „Der Heilige Geist, den

der Vater in meinem Namen senden wird, der wird euch alles lehren und euch an alles erinnern, was ich euch gesagt habe" (*Joh* 14,26).
Die ökumenische Bewegung, in deren Rahmen Ihre Versammlung einen wichtigen Platz einnimmt, wurde „unter der Einwirkung der Gnade des Heiligen Geistes" (*Unitatis redintegratio*, Nr. 1) gefördert. Der Heilige Geist ist es ja, der unser Gebet, unsere Bereitschaft zur Bekehrung von Geist und Herz und unsere Treue zum Wort des Lebens unterstützt, das im Evangelium und in der Kirche überliefert wird. Wir können ehrlich feststellen, daß die Fortschritte auf dem Weg zur Wiederherstellung der Einheit der Christen vor allem von der Führung des Heiligen Geistes abhängen.
In den sieben Jahren, die seit Ihrer letzten Versammlung verstrichen sind, hat uns der Geist auf diesem Weg begleitet. Mein Besuch beim Weltkirchenrat im Jahr 1984 und Ihr darauf folgender Besuch in Rom betonten die bedeutsamen Bemühungen um die Einheit, die unser Anliegen ist. Als 1986 die Vertreter vieler christlicher Gemeinschaften und anderer religiöser Traditionen großmütig meiner Einladung nach Assisi zu einem Gebetstag für den Frieden folgten, machten wir die beeindruckende Erfahrung, in welche Richtung uns der Heilige Geist führt.
Auch der theologische Dialog hat einen bedeutenden Beitrag zum Erlangen der Einheit geleistet und hilft bei der Klärung von Fragen, die weiterer Untersuchungen bedürfen. In diesem Zusammenhang erinnere ich an die Bedeutung der Konsultation, die dem Dokument *Taufe, Eucharistie und Amt* galt.
Diese positiven Aspekte unseres Strebens nach sichtbarer Einheit im Glauben sind sicher ein Zeichen dafür, daß der Heilige Geist uns der Einheit näherbringt, die Christus für seine Jünger wünschte. Die Schwierigkeiten, die sich unseren ökumenischen Bemühungen entgegenstellen, sollen uns nicht entmutigen, sondern vielmehr zu einem erneuten Einsatz für die Aufgaben anspornen, die vor uns stehen. Möge Ihre Versammlung ein neues Wissen um die Gaben des Geistes hervorrufen.
Die gegenwärtige tragische Lage unserer bedrängten Welt bekräftigt wiederum, wie sehr die Menschheit der Versöhnung, eines immer echteren Zeugnisses für die biblische Botschaft des Friedens, der Gerechtigkeit und der Bewahrung der Schöpfung bedarf. Es ist jedoch eine bedauernswerte Tatsache, daß unser Zeugnis für diese Werte deshalb weniger überzeugend ist, weil die Welt weiterhin unsere Trennungen wahrnimmt. Hier liegt die Dringlichkeit der ökumenischen Aufgabe.
Ich bete dafür, daß der Herr Ihre Versammlung segne und daß der Heilige Geist unsere gemeinsamen Bemühungen um die Einheit lenke. Möge der gleiche Geist alle erleuchten, die sich in Canberra zusammenfinden, um im Licht des Wortes Gottes gemeinsame Reflexionen über die großen Anliegen unserer Zeit anzustellen. „Die Gnade Jesu Christi, des Herrn, die Liebe Gottes und die Gemeinschaft des Heiligen Geistes sei mit euch allen!" (*2 Kor* 13,13).

Aus dem Vatikan, 30. Januar 1991

Joannes Paulus PP. II

Dialoge verstärken die Bande der Einheit

Ansprache an die Teilnehmer der Vollversammlung des Päpstlichen Rates für die Förderung der Einheit der Christen am 1. Februar

Meine Herren Kardinäle,
liebe Brüder im Bischofsamt,
liebe Freunde!

1. Ihr wißt, wie sehr ich mich in meinem Dienstamt bemühe, auf das zu antworten, was der Herr von jedem einzelnen von uns zur Förderung „der Wiederherstellung der Einheit aller Christen" (vgl. *Unitatis redintegratio*, Nr. 1) erwartet. Daher empfange ich heute wirklich voll Freude und mit lebhaftem Interesse euch alle als Teilnehmer an der Vollversammlung des Päpstlichen Rates für die Förderung der Einheit der Christen, die seit Montag tagt. Ich danke euch für eure aktive Beteiligung und für euer Bemühen im Anstreben dieser Einheit.
Während eurer Vollversammlung wolltet ihr eine gründlichere Auswertung der derzeitigen Beziehungen der katholischen Kirche zu den anderen Kirchen und kirchlichen Gemeinschaften vornehmen mit dem Ziel, sie zu verbessern und zu steigern. Die geleistete Arbeit, die zurückgelegten Abschnitte, die eingetretenen Schwierigkeiten, die verwendeten Methoden und Mittel überprüfen, all das ist sehr nützlich für die immer bessere Wahrnehmung einer Verantwortung, die uns durch den Willen des Herrn selbst auferlegt ist.
Wir müssen uns vor allem diese Verantwortung bewußt machen. Keine aus der Vergangenheit überkommene oder durch eine heutige Situation geschaffene Schwierigkeit darf uns aufhalten. Das Suchen nach der Einheit der Christen war „eine der Hauptaufgaben" (*Unitatis redintegratio*, Nr. 1) des Zweiten Vatikanischen Konzils, und der *Codex des kanonischen Rechtes* hat einen sehr wichtigen pastoralen Hinweis gegeben: „Aufgabe des ganzen Bischofskollegiums und besonders des Apostolischen Stuhles ist es, die ökumenische Bewegung bei den Katholiken zu pflegen und zu leiten; Ziel der ökumenischen Bewegung ist die Wiederherstellung der Einheit unter allen Christen; sie zu fördern, ist die Kirche kraft des Willens Christi gehalten" (can. 755, Par. 1).

2. Die ökumenischen Beziehungen bilden eine komplexe und heikle Wirklichkeit, zu der sowohl Studium und theologischer Dialog als auch Kontakte und brüderliche Beziehungen, Gebet und praktische Zusammenarbeit gehören. Wir sind zur Arbeit auf all diesen Gebieten aufgerufen. Sich auf eins oder einige unter Vernachlässigung der anderen beschränken, kann nur nutzlose Ergebnisse bringen. Diese Gesamtsicht des ökumenischen Wirkens muß uns immer vor Augen stehen, wenn wir unser Engagement darlegen und erklären.
Die katholische Kirche ist durch die Schaffung von zwölf gemischten Kommissionen in den theologischen Dialog mit fast allen Kirchen und kirchlichen Gemeinschaften in Ost und West auf universaler Ebene eingetreten. Das Panorama dieser Dialoge ist sehr unterschiedlich. Sie erstrecken sich auf alle theologischen Hori-

zonte. Wenn sie sich auch durch ihr unmittelbares Ziel, die aufgegriffenen Themen, die schon erreichten Ergebnisse und die Probleme, die sie sichtbar gemacht haben, voneinander unterscheiden, so stehen alle diese bilateralen Dialoge doch in der allgemeinen Perspektive der Einheit.
Mit Gottes Gnade beginnen diese Dialoge Früchte zu tragen. Es wurden Übereinstimmungen sichtbar, die jetzt eine echte Hoffnung im Glauben bieten, auch wenn ernsthafte Probleme bleiben, die eine weitere Vertiefung, aktiveren Austausch sowie mehr Geduld und Gelöstheit des Geistes verlangen.

3. Die weitergehenden Dialoge verstärken die Bande sowie die wahre und tiefe Gemeinschaft - auch wenn sie unvollkommen bleibt -, die die anderen Christen mit der Kirche verbinden. Gerade auf die Wirklichkeit dieser koinonia, dieser Gemeinschaft, hat das Zweite Vatikanische Konzil die Beziehungen zu allen Getauften gegründet. Das Ökumenismusdekret sagt klar: „Wer an Christus glaubt und in der rechten Weise die Taufe empfangen hat, steht dadurch in einer gewissen, wenn auch nicht vollkommenen Gemeinschaft mit der katholischen Kirche" (*Unitatis redintegratio*, Nr. 3).
Die dogmatische Konstitution über die Kirche aber erklärt die „mehrfachen Gründe" für diese teilweise Gemeinschaft: „Viele ... halten die Schrift als Glaubens- und Lebensnorm in Ehren, zeigen einen aufrichtigen religiösen Eifer, glauben in Liebe an Gott, den allmächtigen Vater, und an Christus, den Sohn Gottes und Erlöser, empfangen das Zeichen der Taufe, wodurch sie mit Christus verbunden werden; ja sie anerkennen und empfangen auch andere Sakramente in ihren eigenen Kirchen oder kirchlichen Gemeinschaften. Mehrere unter ihnen besitzen auch einen Episkopat, feiern die heilige Eucharistie und pflegen die Verehrung der jungfräulichen Gottesmutter. Dazu kommt die Gemeinschaft im Gebet und in anderen geistlichen Gütern; ja sogar eine wahre Verbindung im Heiligen Geiste, der in Gaben und Gnaden auch in ihnen mit seiner heiligenden Kraft wirksam ist und manche von ihnen bis zur Vergießung des Blutes gestärkt hat" (*Lumen Gentium*, Nr. 15). Diese Beschreibung erinnert an die Verschiedenheit der anderen Kirchen und kirchlichen Gemeinschaften, die in einer gewissen Gemeinschaft mit der katholischen Kirche stehen.
Nach der Auffassung des Konzils ist der höchste Grad dieser Gemeinschaft mit uns bei den orthodoxen Kirchen und den alten Kirchen des Orients gegeben. „Da ... diese Kirchen trotz ihrer Trennung wahre Sakramente besitzen, vor allem aber in der Kraft der apostolischen Sukzession das Priestertum und die Eucharistie, wodurch sie in ganz enger Verwandtschaft bis heute mit uns verbunden sind" (*Unitatis redintegratio*, Nr. 15).
Die bilateralen Dialoge mit den verschiedenen Kirchen und kirchlichen Gemeinschaften nehmen auf diese Verschiedenheit des Grades der Gemeinschaft Rücksicht. Jeder bilaterale Dialog muß aufgrund der Natur der Divergenzen mit uns spezifische Probleme behandeln.
Um die „bisweilen recht schwerwiegenden" Hindernisse „der vollen kirchlichen Gemeinschaft" (*Unitatis redintegratio*, Nr. 3) zu überwinden, sind die Theologen

der gemischten Kommissionen bereit, in großer Liebe zur Kirche und bemüht um die Reinheit der Lehre (vgl. *ebd.*, Nr. 11), den spezifischen Charakter der behandelten Fragen zu studieren. Ihre Hingabe an die Sache der vollen kirchlichen Gemeinschaft, die das letzte Ziel des ökumenischen Dialogs bleibt, verdient die tiefe Anerkennung der Kirche und ihres Lehramtes. Ich bin glücklich, Ihnen persönlich für die bereits geleistete positive Arbeit danken zu können. Obwohl er vielfältig ist, muß der Dialog alle Elemente dieser Gemeinschaft berücksichtigen und in Beziehung setzen, damit sie sich auf eine solide organische Einheit im Glauben, in den Sakramenten und im pastoralen Dienst gründen.

Das Wort Gottes, wie es sich in den Schriften vorfindet und von der großen Tradition der Kirche gelebt wird, bildet die sichere Grundlage einer Forschung, die gute Ergebnisse bringen muß. Unsere Hoffnung ist der Ausblick auf die volle Gemeinschaft, und sie bildet zugleich das Motiv für ein dynamisches und unablässiges Bemühen um Dialog, Studium und Gebet.

4. Die brüderlichen Beziehungen zu den Mitgliedern und Autoritäten der Kirchen und kirchlichen Gemeinschaften sind eine eng mit dem theologischen Dialog verbundene Wirklichkeit. Diese Dimension muß immer mehr gefördert werden. Diese Kontakte erleichtern die gegenseitige Kenntnis und verstärken den Wunsch nach voller Gemeinschaft. Die brüderlichen Beziehungen können auch die Behandlung bestimmter praktischer Fragen gestatten, die zuweilen den theologischen Dialog schwer belasten.

Ich möchte ferner daran erinnern, daß der Geist des Dialogs alle jene innerlich tragen muß, die auf den verschiedenen Ebenen der katholischen Kirche pastorale Verantwortung tragen.

- Wenn die Autorität der Kirche sie gebilligt hat, ziemt es sich, daß die von den gemischten Kommissionen ausgearbeiteten Dokumente auch bekannt und studiert werden; ihre Ergebnisse müssen von allen angenommen und in Predigt, Unterricht und kirchliches Leben integriert werden.
- Immer dringlicher ist die wirklich begründete und ständig abgesicherte ökumenische Dimension auch bei der theologischen Ausbildung, zumal bei der für die künftigen Priester gefordert. Das Konzil hat diese Notwendigkeit klar betont (vgl. *Unitatis redintegratio*, Nr. 10). Die Erfordernisse der Mission der Kirche machen derzeit eine ökumenische Zusammenarbeit notwendig, die nicht ohne eine entsprechende geistliche, lehrmäßige und kulturelle Vorbereitung Wirklichkeit werden kann.
- Wünschenswert ist, daß die nationalen und diözesanen Kommissionen für den Ökumenismus, die bisher wertvolle Dienste geleistet haben, ihr Wirken weiter entfalten. Sie können den Hirten bei der Wahrnehmung ihrer Verantwortung eine kostbare Hilfe anbieten.

5. Die Verstärkung der ökumenischen Beziehungen ist eine komplexe Aufgabe, deren verschiedene Aspekte sich gegenseitig ergänzen. Eine volle Übereinstimmung beim gemeinsamen Bekenntnis des Glaubens ist grundlegende Vorbedingung der

Einheit, auf die wir hinstreben. Der theologische Dialog aber bildet das am meisten geeignete Werkzeug, um dorthin zu gelangen. Er muß die Unterschiede prüfen und mit der Gnade des Geistes in Treue zur unverkürzten Lehre zu überwinden suchen. Dafür beten und darauf hoffen wir.
Ich rufe den Segen Gottes auf eure Vollversammlung herab, damit sie dem ökumenischen Dialog und dem ganzen ökumenischen Wirken neuen Impuls gibt.

Milliarden Menschen sind Christus noch nicht begegnet

Botschaft an den 4. Lateinamerikanischen Missionskongreß in Lima vom 2. Februar

Liebe Brüder im Bischofsamt,
liebe Kongreßteilnehmer!

1. Der 4. Lateinamerikanische Missionskongreß, der in Lima stattfindet, bietet mir Gelegenheit, euch zu grüßen und geistig unter euch anwesend zu sein. Ich denke besonders an alle Ortskirchen des Kontinents und an jede einzelne mit ihren Bischöfen, Priestern, Ordensmännern, Ordensfrauen und Laien. Einen sehr dankbaren Gruß richte ich an alle, die bei der Vorbereitung dieses Kongresses mitgewirkt haben: Erzbischof Augusto Vargas Alzamora von Lima, Kardinal Juan Landázuri Ricketts und die Bischofskommissionen für Missionsfragen, die Nationaldirektoren der Päpstlichen Missionswerke sowie die Missionsabteilung des CELAM. Die Anwesenheit meines Sondergesandten, Kardinal Jozef Tomko, Präfekt der Kongregation für die Evangelisierung der Völker, soll ebenfalls ein Zeugnis für die vorrangige Aufmerksamkeit sein, die der Apostolische Stuhl dem missionarischen Wirken schenkt.
Bei verschiedenen Gelegenheiten durfte ich in eurer Mitte weilen, in euren gesegneten Ländern, gerade um den Missionsauftrag des Herrn zu erfüllen. Wie ihr gut wißt, war dies immer das Hauptanliegen meiner pastoralen Reisen. Nun richte ich meine Botschaft an euch, um euch einmal mehr an eure Verantwortung zu erinnern, und um eure hochherzige Mitarbeit zu bitten, beim bleibenden Auftrag Christi, das Evangelium allen Völkern zu verkünden. Daher mache ich mir auch das Motto des Kongresses zu eigen: „Lateinamerika, aus deinem Glauben entsende Missionare!"
Ich weiß, daß ihr diese Begegnung mit besonderem Interesse vorbereitet habt, in Weiterführung der früheren Kongresse, die in Mexiko und Kolumbien stattfanden. Wie sollte man nicht vor allem an den Kongreß in Bogotá denken und an sein Motto: „Lateinamerika, bist du heute zum Evangelisieren bereit?" Zahlreich sind heute schon die lateinamerikanischen Missionare, die auf den fünf Kontinenten missionieren, und dazu haben gewiß diese Kongresse beigetragen, wie auch das Gebet, die Opfer und das selbstlose Wirken zahlreicher Menschen. Doch ihr wißt gut, daß diese Zahl nicht ausreicht. Daher fordere ich euch auf, selbst „aus eurer Armut heraus" immer noch mehr zu geben, denn Lateinamerika muß „über die eigenen Grenzen hinaus wirken" (vgl. *Puebla*, 368).

2. Wie ich in der jüngsten Enzyklika *Redemptoris missio* ausführe, „halte ich die Zeit für gekommen, da alle kirchlichen Kräfte für die neue Evangelisierung und für die Mission ‚ad gentes' einzusetzen sind" (vgl. Nr. 3). Die Erfüllung dieser missionarischen Verpflichtung darf kein Nachlassen eures Wirkens für die Evangelisierung des eigenen Kontinents bedeuten. Wer die Sorge des Guten Hirten teilt, kann nur mit Besorgnis an die gewaltigen Massen in den großen Städten denken, die so oft „wie Schafe ohne Hirten" sind (vgl. *Mt* 9,36). Ich denke auch an die zahlreichen eingeborenen Völkerschaften mit ihren besonderen kulturellen Verwurzelungen, die sich immer mehr dem Evangelium öffnen möchten; an die Gruppen der Afroamerikaner und die in letzter Zeit Eingewanderten; an die Welt der Arbeit und der Kultur; an Jugend und Familie sowie an zahlreiche andere Bereiche des Apostolates. Daher fordere ich euch auf, diese universale Missionspflicht zu erfüllen, um euren Verhältnissen mehr vom Evangelium her begegnen zu können, denn nur Personen und Gemeinschaften, die sich der universalen Mission öffnen, vermögen Christus auch im Antlitz eines jeden Mitmenschen in Not zu erkennen, der in unserer eigenen Umwelt lebt.
„Die Dringlichkeit missionarischer Tätigkeit geht aus der von Christus gebrachten und von seinen Jüngern gelebten grundlegenden Erneuerung des Lebens hervor" (*Redemptoris missio*, Nr. 7). Milliarden von Menschen sind Christus noch nicht in Glaube und Taufe begegnet. Ihr, die Christen von Lateinamerika, stellt fast die Hälfte der Katholiken in der Welt dar. Auch in euren Ländern kann man Menschengruppen und Kulturen begegnen, die sich aus Gründen der Arbeit, des Handels und des Tourismus verlagern. Nicht wenige von euren Gläubigen befinden sich aus den gleichen soziologischen Gründen auf anderen Kontinenten. So ist zu wünschen, daß viele Christen und Christinnen aus echtem Missionsgeist durch ihre Präsenz und ihr apostolisches Wirken das Evangelium „bis an die Grenzen der Erde" gelangen lassen (*Apg* 1,8).

3. Damit verkündige ich keine Utopie, ich mache mich nur zum Sprecher Christi. Er ist das „lebendige Brot ... für das Leben der Welt" (*Joh* 6,51) und lädt weiterhin zur weltumspannenden Mission ein. Ihr seid aufgerufen, den vor fast 500 Jahren empfangenen Glauben wertzuschätzen, indem ihr dazu beitragt, daß auch andere dieser Heilsgabe teilhaftig werden. „Christus starb für alle" (vgl. *2 Kor* 5,14), sagt uns der hl. Paulus; der Gute Hirt aber vertraut uns sein eigenes missionarisches Verlangen mit den Worten an: „Ich habe noch andere Schafe" (*Joh* 10,16), „kommt alle zu mir" (*Mt* 11,28), „mich dürstet" (*Joh* 19,28), „geht ... in die ganze Welt" (*Mk* 16,15).
Welch besseren Weg zur Bewahrung des von euren Heiligen empfangenen christlichen Erbes gibt es, als sich für die Weitergabe dieser Gaben Gottes an andere Völker einzusetzen? So haben es eure Heiligen und Seligen getan, deren Beispiel ihr nachahmen sollt: Toribio von Mongrovejo, Rosa von Lima, Martin de Porres, Franz Solanus, Petrus Claver, Ludwig Bertrand, Roque Ganzález, Felipe von Jesus, Mariana von Jesus, José Anchieta, Pedro de Betancur, Ignacio de Azevedo, Ezequiel Moreno, Junipero Serra, Miguel Agustin Pro und viele andere heilige Männer und

Frauen, die der Ruhm eurer christlichen Geschichte sind. Ihr Lebenszeugnis muß zur ständigen Anregung dafür werden, daß in der ganzen Kirche Lateinamerikas neue Missionare und Missionarinnen erblühen mit der Haltung des Propheten: „Hier bin ich, sende mich" (*Jes* 6,8), und die sich selbstlos für die Mission ohne Grenzen bereitmachen (vgl. *Redemptoris missio*, Nr. 79).

4. „Heute sieht die Kirche sich mit anderen Herausforderungen konfrontiert; sie muß zu neuen Ufern aufbrechen, sei es in ihrer Erstmission ‚ad gentes', sei es in der Neuevangelisierung von Völkern, die die Botschaft von Christus schon erhalten haben" (*Redemptoris missio*, Nr. 30). Dafür hat der Herr euch in den letzten Jahren mit sehr vielen Berufungen gesegnet, obwohl sie angesichts der ausgedehnten Felder des Apostolates, die euch anvertraut sind, noch nicht ausreichen. Die Berufung ist ein Geschenk Gottes, das eine schöpferische Antwort von seiten des berufenen Menschen und Anregung durch die Gemeinschaft verlangt. Berufungen entstehen und harren aus in Gemeinschaften, in denen eine Atmosphäre der Hochherzigkeit und des Eifers, der Treue zum Evangelium und der missionarischen Verfügbarkeit herrscht. Wo „eine tiefgreifende innere Erneuerung" vorliegt, bleibt das „Bewußtsein der lebendigen Verantwortung um die Ausbreitung des Evangeliums" (vgl. *Ad gentes*, Nr. 35) unter allen Völkern lebendiger.
Mir kommen die herrlichen marianischen Feiern in den Sinn, bei denen ich im Verlauf meiner pastoralen Besuche in Lateinamerika zu meiner Freude in den Heiligtümern, die der Glaube dieser geliebten Völker zu Ehren Unserer Lieben Frau errichtet hat, den Vorsitz führen durfte. Im Geist knie ich vor den verehrten Bildern Marias nieder und möchte an alle die Aufforderung richten: „Öffnet eure Herzen dem missionarischen Ruf Christi, damit die ganze Welt den christlichen Glauben annimmt und ihn echt und hochherzig lebt!"
Die „Kultur der Liebe" aufbauen und die Aufgabe einer „neuen Evangelisierung" aufgreifen, setzt eine bedingungslose Antwort auf den Aufruf voraus: „Geht in die ganze Welt ...! Lateinamerika, aus deinem Glauben entsende Missionare!" Nur mit einer entschiedenen Antwort wird Lateinamerika in Wahrheit der Kontinent der missionarischen Hoffnung für die ganze Kirche sein.
Mit diesen Wünschen erhebe ich mein inniges Gebet zu Gott, er möge in seiner reichen Barmherzigkeit dem 4. Lateinamerikanischen Kongreß überreiche kirchliche Früchte schenken, und erteile euch allen von Herzen meinen Apostolischen Segen.

Aus dem Vatikan, am 2. Februar 1991, dem Fest der Darstellung des Herrn.

Joannes Paulus PP. II

Das Gebet ist stärker als jede Waffe

Vor dem Rosenkranzgebet für den Frieden am Golf am 2. Februar

Schwestern und Brüder, unser aller Herz ist voll Trauer über den Krieg in der Golfregion, von dem Tag für Tag immer besorgniserregendere Nachrichten eintreffen bezüglich der Anzahl der Kämpfenden und die Menge der eingesetzten Waffen wie auch der Verwicklung ganzer Zivilbevölkerungen in den Konflikt.

Alles wird noch beängstigender durch die Tatsache, daß dieses trostlose Bild in tragischer Weise und mit unberechenbaren Folgen sich in Zeit und Raum auszudehnen droht.

Als Menschen und Christen dürfen wir uns nicht an den Gedanken gewöhnen, daß das alles unvermeidlich ist, und unserem Herzen darf nicht erlaubt werden, der Versuchung zu Gleichgültigkeit und fatalistischer Resignation nachzugeben, als ob die Menschen nicht in die Spirale des Krieges verwickelt würden.

Als Glaubende an den Gott des Erbarmens und an seinen Sohn Jesus, der zum Heil aller gestorben und auferstanden ist, können wir nicht die Hoffnung verlieren, daß das große Leid, das so weite Teile der Menschheit trifft, sobald als möglich ein Ende nimmt. Zu diesem Zweck haben wir an erster Stelle das Gebet zur Verfügung, ein einfaches Mittel, aber wenn von echtem und starkem Glauben genährt, stärker als jede Waffe und jede menschliche Berechnung.

Wir empfehlen Gott unsern tiefen Schmerz zusammen mit unserer lebendigen Hoffnung. Wir bitten um göttliche Erleuchtung für diejenigen, die im internationalen Bereich weiterhin Wege des Friedens suchen, indem sie sich bemühen, dem Krieg ein Ende zu setzen, und den festen Willen haben, friedlich und mit der Sehnsucht nach Gerechtigkeit angemessene Lösungen für die verschiedenen Probleme des Mittleren Ostens zu finden.

Wir bitten den Herrn, er möge die Verantwortlichen der am Konflikt Beteiligten erleuchten, damit sie den Mut finden, den Weg der kriegerischen Auseinandersetzung zu verlassen und sich aufrichtig dem Verhandeln, dem Dialog und der Zusammenarbeit widmen.

Wir flehen um göttlichen Trost für alle, die aufgrund des Krieges und der schweren Situationen von Ungerechtigkeit und Unsicherheit leiden, die in der Region des Mittleren Ostens noch nicht bereinigt sind.

In dieser vertrauensvollen Zuflucht zu Gottes Barmherzigkeit rufe ich alle auf, sich in Einklang zu fühlen mit den anderen Glaubenden, vor allem mit den Völkern des jüdischen, christlichen und islamischen Glaubens, die am meisten von diesem Krieg betroffen sind.

Während wir den Rosenkranz beten und die Geheimnisse Christi betrachten, legen wir unsern Schmerz, unsere Sorgen und unsere Hoffnungen in das unbefleckte Herz Mariens, unserer Mutter.

Der Tempel wurde zur ganzen Welt

Predigt am Fest der Darstellung des Herrn, 2. Februar

1. „Jetzt wurde er vom Geist in den Tempel geführt" (*Lk* 2,27), so schreibt der Evangelist Lukas von Simeon.
Heute lesen wir erneut diese Perikope, die das in der ganzen Kirche gefeierte Fest erhellt. Der greise Simeon begibt sich gerade in dem Augenblick in den Tempel von Jerusalem, als Maria und Josef das Kind Jesus vierzig Tage nach seiner Geburt dorthin tragen. Sie brachten es, „um es dem Herrn zu weihen" und zugleich, um das vom Gesetz des Mose vorgeschriebene Opfer darzubringen.
Außer Simeon kam auch „die Prophetin Hanna" dazu. Sie waren vom Heiligen Geist auf diese Begegnung vorbereitet worden: „Vom Heiligen Geist war ihm offenbart worden, er werde den Tod nicht schauen, ehe er den Messias des Herrn gesehen habe" (*Lk* 2,26).

2. Und siehe, nun gehen Simeon die Augen auf. Dieses Erkennen des Kindes Jesu konnte nur „im Heiligen Geist" geschehen. Menschlich gesehen, hätte er es unter so vielen Eltern, die ihre Kinder zur Darbringung in den Tempel brachten, sicherlich nicht unterscheiden können. Um so mehr, da die Eltern Jesu arme Leute waren. Der Heilige Geist läßt die Augen Simeons durch dieses alles hindurchblicken. Die äußeren Umstände bilden für ihn in keiner Weise ein Hindernis. Er sieht klar in der Sicherheit der Wahrheit. Und was er sieht, kleidet er in Worte, die zum täglichen Gebet der Kirche geworden sind: „Nun läßt du, Herr, deinen Knecht ... in Frieden scheiden. Denn meine Augen haben das Heil gesehen, ... ein Licht, das die Heiden erleuchtet, und Herrlichkeit für dein Volk Israel" (*Lk* 2,29-32).
Diese Worte enthalten die vollkommene Zusammenfassung des Alten Bundes und der Propheten. In diesem Augenblick kann Simeon mit Johannes am Jordan verglichen werden. Wie dieser prophezeit er nicht nur, sondern sieht mit eigenen Augen. Und er nennt den, den er sieht, mit Namen.
Die Wahrheit, die Simeon verkündet, kommt unmittelbar vom Geist der Wahrheit. Es ist der Geist selbst, der für Christus Zeugnis ablegt, und Simeon gibt mit ihm zusammen Zeugnis, so, wie es eines Tages die Apostel tun werden.

3. In diesem Augenblick weitet sich in den Augen der beiden Alten, Simeon und Hanna, das heilige Bild vom Inneren des Tempels in Jerusalem. In ihn ist jener eingezogen, der sein Herr ist: der Engel des Bundes, seit Generationen mit Sehnsucht erwartet, von Gott, Jahwe, beauftragt, das Heil zu verkünden. Unter dem Anhauch des Heiligen Geistes sehen sie die Tore sich nach oben heben, die uralten Pforten sich weiten (vgl. *Ps* 23/24,7).
Ja! Der Tempel von Jerusalem birgt in sich eine geheimnisvolle Dimension. Durch seine Pforten zieht „der König der Herrlichkeit" ein (*Ps* 23/24,7). Er wird zum barmherzigen und treuen Hohenpriester vor Gott, um die Sünden des Volkes zu sühnen (vgl. *Hebr* 2,16-17).

In diesem Augenblick ist das Kind Jesus ein Erstgeborener, eine „männliche Erstgeburt", einer von denen, die nach dem Gesetz des Mose „dem Herrn geweiht" werden (*Lk* 2,23). Und zugleich ist in ihm das Licht: das Licht, das die ganze Menschheit erleuchten soll, das Licht des ewigen Heiles. Dieses Licht - gerade dieses Licht - ist „Herrlichkeit Israels" (vgl. *Lk* 2,32).
In den Augen des greisen Simeon und der Prophetin Hanna weiten sich also die Tore des Tempels von Jerusalem. Durch Ihn, der jetzt als Kind Gottes dargebracht wird, zieht das Volk Gottes in den Tempel ein, das Volk des ewigen Bundes, das aus den zahlreichen Nationen und Generationen berufen wird.

4. Und der Tempel wird zur ganzen Welt. Er ist dort, wohin das Licht vordringt, das göttliche Licht des ewigen Wortes, das Mensch wurde, um unter uns zu wohnen. Zum Tempel wird auch das Herz jedes Menschen, in das dieses göttliche Licht eindringt, so, wie es an jenem Tag dem Simeon und der Hanna ins Herz drang.
Doch jener, der Licht ist, wird eines Tages „ein Zeichen sein, dem widersprochen wird" (*Lk* 2,34). Es wird ein schmerzvoller Widerspruch sein. Es wird ein Tag kommen, an dem er zum Schwert wird, das der Mutter durch die Seele dringt.
Mehr als 30 Jahre werden von diesem Augenblick an vergehen. Der Weg des Messias wird unter dem Volk, das ihn verraten wird, nicht leicht sein. Er wird nicht leicht sein für die Jungfrau, die ihn geboren hat, noch für die nachkommenden Generationen. „Wer erträgt den Tag, an dem er kommt? Wer kann bestehen, wenn er erscheint?" (*Mal* 3,2). Der Tag seines Kommens aber dauert nunmehr schon fast zweitausend Jahre an. Die Worte Simeons sind in beständiger Erfüllung: Das Licht ist mitten unter uns! Und wenn es ein Zeichen des Widerspruchs bleibt, so deshalb, damit „die Gedanken vieler Menschen offenbar werden" (*Lk* 2,35), damit bis ans Ende die Wahrheit über jeden Menschen offenbar wird nach dem Maß, das er in Jesus Christus hat, und nach der Liebe, mit der jeder von Ewigkeit her vom Vater geliebt ist.

5. Dies ist euer Tag in dieser Basilika, euer Tag, liebe Brüder und Schwestern der Orden, Kongregationen und Institute des gottgeweihten Lebens in Rom. Ich glaube, ihr seid auf die Anregung des Heiligen Geistes hierher gekommen, wie Simeon und Hanna in Jerusalem. Nicht nur in diesem Augenblick, denn euer ganzes Leben und eure Berufung ist Frucht des Geistes, der in euch wirkt.

6. Der Heilige Geist bringe euer inneres Empfinden in tiefe Übereinstimmung mit dem Geschehen im Leben der Kirche, in das ihr eng einbezogen seid.
Wie ihr wißt, ist in diesen Tagen die Enzyklika *Redemptoris missio* erschienen, die ich geschrieben habe, um die Aufmerksamkeit darauf zu lenken, wie dringend notwendig die Missionstätigkeit ist. Macht dieses Schreiben zum Gegenstand gründlicher Erwägung, denn von eurer missionarischen Ausbildung wird in der Kirche die Wirksamkeit eures Ordenslebens und des Lebens nach den evangelischen Räten abhängen.
Ihr wißt ferner, daß die Vorbereitung der beiden Spezialversammlungen der Bischofssynode, der für Europa und der für Afrika, im Gang ist. Die Ordensleute hat-

ten, wenn es darum ging, Europa eine christliche Seele zu geben, immer einen hervorragenden Platz, und in Afrika waren sie im vorigen Jahrhundert Träger der großen Evangelisierungsbewegungen. Heute kommt es auch diesen jungen Teilkirchen zu, der Universalkirche das Zeugnis und die Fruchtbarkeit des gottgeweihten Lebens zu gewährleisten.
Seid fähig, dem Geist des Evangeliums gemäß und in einer Atmosphäre echter kirchlicher Gemeinschaft den Herausforderungen zu entsprechen, die die moderne Gesellschaft dem Werk der christlichen Animation stellt, das ihr weiter voranbringt, und laßt euch nicht von den Schwierigkeiten entmutigen, die euch unvermeidlich auf dem Weg begegnen.

7. „Nunc dimittis" ...
Liebe Brüder und Schwestern! Es gibt kein anderes Licht, um das Geheimnis, das jeder Mensch darstellt, zu erhellen. Es gibt keinen anderen Weg des Heils als diesen: daß der Mensch seine Seele, ... daß er ganz sich selbst hingibt.
Bleibt in dieser Liebe!

Polen ist eng mit dem Sitz des Petrus verbunden

Ansprache an den polnischen Staatspräsidenten Lech Walesa am 5. Februar

Sehr geehrter Herr Präsident!

1. Herzlich heiße ich im Haus des Papstes den Präsidenten der dritten Polnischen Republik, meinen Landsmann, willkommen. Ich grüße seine Frau Gemahlin, den Herrn Außenminister und alle Personen des Gefolges. Es ist nicht möglich, auch nicht in einer sehr langen Rede, alles das auszudrücken, was ich empfinde und in diesem Augenblick Ihnen und durch Sie meiner ganzen Nation sagen möchte. Aber ich wünsche dringend, als Hintergrund meiner Ansprache möchte all das nachwirken, was ich während der zwölf Jahre meines Pontifikates für Polen und über Polen gesagt und auch das, was ich als Priester und Bischof gesagt und geschrieben habe, bevor ich auf den römischen Sitz des hl. Petrus berufen wurde. Ich möchte als Hintergrund dieser Ansprache alles das gewertet wissen, was der Apostolische Stuhl und die Kirche in Polen im Verlauf der Jahrhunderte gesagt und getan haben. Es geht hier nicht um eine Rhetorik, sondern um die Existenz der Nation, die Zeiten des Glanzes, aber auch Zeiten der Verurteilung zum Tode durch ihre Nachbarländer, zuweilen nicht ohne eigene Schuld, erlebt hat; es geht um die Existenz einer Nation, die dank des Glaubens an Christus und des Sinnes für die eigene Würde und Identität nicht nur überlebt, sondern sich auch dauerhaft in das Werk des Aufbaus der Kultur und Zivilisation der Welt von heute eingeschrieben hat.

2. Herr Präsident, wir erleben eine historische Stunde. Historisch ist dieser Besuch, wie es Ihr Besuch im Vatikan im Januar 1981 war, als ich Sie in Ihrer Eigenschaft als Präsident der unabhängigen und autonomen Gewerkschaft Solidarnósc will-

kommen hieß, die damals die Männer der Arbeit und alle jene anführte, die die eigene Würde, die Würde des Menschen und der Nation und dazu Freiheit und Souveränität des Vaterlandes in Ehren hielten. Dieser Mut, diese Entschiedenheit, dieser Neubeginn und, fügen wir es deutlich hinzu, dieses Gebet haben Früchte gebracht.
Heute machen Sie als Präsident der neuen Polnischen Republik einen Besuch im Vatikan.
Hier ist es angebracht, die Geister aller derer aufzurufen, die für dieses Anliegen gekämpft, die dafür gelitten und das Leben hingegeben haben, überall, und wie immer die Umstände lagen. Möge Christus sie aufnehmen, und mögen die Zeitgenossen ihr Blut und ihre Opfer nicht vergessen!

3. Als Vertreter von 38 Millionen Landsleuten, nach langer Zeit zum ersten Mal frei und demokratisch gewählt, wollten Sie Ihre ersten Schritte „ins Ausland" zum Grab des hl. Petrus und zu seinem Nachfolger richten. Dies ist also gewissermaßen die Wallfahrt des Präsidenten einer christlichen Nation an den Beginn ihrer Geschichte.
Ich möchte hinzufügen, daß der heutige Besuch zu Beginn des Auftrags, den Ihnen die Nation anvertraut hat, zugleich der erste Besuch eines polnischen Präsidenten seit 1918 ist, als Polen seine Unabhängigkeit zurückgewann.
Wir stehen also in den Spuren tiefreichender Vorgänge, die unsere Nation geformt haben und ihrer Geschichte zugrundeliegen. Der heutige historische Tag entspricht der gesamten Logik der Geschichte Polens seit den Zeiten seiner Ursprünge bis in unsere Tage. Die Tatsachen sind im einzelnen bekannt und in zahlreichen Dokumenten und Büchern festgehalten. Vor allem aber leben sie und bringen sie Früchte im Menschen von heute und in unserer zeitgenössischen Gesellschaft. Unsere Generation ist nicht nur Zeuge, sondern an erster Stelle Subjekt der eigenen Geschichte.

4. Polen war von seinen Ursprüngen an eng mit dem Sitz des Petrus verbunden. Fürst Mieszko I. entschloß sich im Jahre 966 zur Taufe der Nation. Er fügte damit unsere Geschichte in den Strom der Heilsgeschichte ein und verband das Land der Polaner mit der christlichen Kultur des Westens. Er machte es damit zugleich zum Mitglied der großen Gemeinschaft der katholischen Kirche. Nach mehr als zehn Jahren stellte jener Souverän das ihm untergebene Volk und das Gebiet des Fürstentums, eingeschlossen die Hauptstadt Gnesen und die umliegenden Orte, unter den Schutz des hl. Petrus. Davon spricht das geheimnisvolle Dokument „Dagome iudex". Der damalige Herrscher Polens tat dies im Gedanken an die christlichen Werte, in denen er eine Garantie für das Entstehen des Staates und für das spätere Schicksal unseres Vaterlandes erblickte. Die Verbindung mit dem Apostolischen Stuhl, der die Königskrone der Piasten begünstigte, war eine unersetzliche moralische Hilfe für unsere Nation inmitten der auf- und abwogenden Verhältnisse. Sie bedeutet nämlich, daß Polen sich von Prinzipien geistiger und moralischer Ordnung leiten lassen wollte, die dann unsere Geschichte prägen sollten und zugleich im Verlauf der Jahrhunderte Garanten der Einheit und Treue gewesen sind.

Polen, das zu Beginn seiner Geschichte in Rom das Licht des Evangeliums suchte, sollte bald selbst die Evangelisierung übernehmen und zum Verteidiger der Christenheit Europas und seiner Kultur gegen das Eindringen fremder Völker werden, was ihm den Ehrennamen „Bollwerk der Christenheit" eintrug.

Auf diesem Hintergrund wundert uns die prophetische Geste von König Johannes Kasimir nicht, die er in seinen Wünschen aussprach, als er unsere Nation und das Land unter den Schutz der Mutter Gottes stellte und sie zur Königin Polens ausrief. Sein Beispiel und der Weitblick des Glaubens haben in unserer Zeit besondere Früchte gebracht.

Unsere Väter haben mehrfach den Sinn für Freiheit mißbraucht, so daß er in Beliebigkeit ausartete und zur Knechtschaft führte. So kam es zur Aufteilung Polens. Doch auch damals sprachen die Reliquien des hl. Stanislaus in der Kathedrale vom Wawel von der Einheit und von Polen. Sie haben uns die Vergangenheit nicht vergessen lassen und uns nicht aufhören lassen, an eine würdige Zukunft zu denken.

Vergessen wir auch nicht, daß Polen seine Unabhängigkeit im November 1918 zurückgewann, und der Papst schon im folgenden März seinen Vertreter nach Polen sandte. In diesem Zusammenhang lohnt es sich vielleicht zu erwähnen, daß ein ständiger Vertreter des Apostolischen Stuhls sich schon 1555 in Polen befand und die Nuntiatur in Polen zu den ältesten Europas gehört.

Ich erinnere sodann an die Leiden und die Tragödie des zweiten Weltkrieges und seine Folgen.

Unser Land wurde verwüstet, und man versuchte, die Nation zu zerstören, sie ihres Geistes, ihres Glaubens und ihrer Identität zu berauben, sie zu einem Sklavendasein zu verurteilen. Diese Tragödie hat jedoch gezeigt, wie unvorhersehbar groß die Entschlossenheit von Millionen Bürgern der Republik war, um die eigene Würde und Freiheit zu kämpfen, für die berühmte „eure und unsere Freiheit".

In der *Botschaft an die Polnische Bischofskonferenz zum 50. Jahrestag des Beginns des zweiten Weltkrieges* schrieb ich: „Dieser Wille, die Unabhängigkeit des Staates zu verteidigen, erfüllte die Söhne und Töchter unserer Nation nicht nur im besetzten Land, sondern auch an allen Fronten der Welt, wo die Polen für ihre eigene Freiheit und die der anderen kämpften ... Im Verlauf des Krieges, der schnell als unverzichtbare Verteidigung Europas und der Kultur gegen die Vorherrschaft des Totalitarismus erkennbar wurde, hat das polnische Volk im Vollmaß - ja man kann sagen im Übermaß - seine Verpflichtungen als Alliierter erfüllt und dafür einen sehr hohen Preis gezahlt" (vgl. Nr. 2).

Polen hat nie Europa verraten! Es fühlte sich für die Europäische Gemeinschaft der Nationen verantwortlich. Es erwartete sich Hilfe von ihr, wußte aber auch für Europa zu sterben.

5. Aber nach dieser schrecklichen Tragödie kam eine andere, und sie sollte die Grundlage für die Ordnung Europas nach dem Kriege bilden: die Entscheidung der Konferenz von Jalta, die man mit Recht als „Vernichtung des Sieges" bezeichnen kann. Polen und andere Länder mußten in sehr schmerzhafter Weise die Entscheidungen dieser Konferenz auf sich nehmen, aber die Nation hat sich nie damit abge-

funden. Sie unterlag nie der Ideologie und dem Totalitarismus, die ihr aufgezwungen worden waren.

Papst Pius XII. hat seinen Schmerz darüber in seiner berühmten Radioansprache ausgesprochen:

„Die unvermeidliche Konsequenz dieses Standes der Dinge ist die Spaltung der Menschheit in zwei mächtige und entgegengesetzte Gruppen, deren oberstes Gesetz für Leben und Handeln ein grundlegendes und unüberwindliches Mißtrauen ist, das zugleich das tragische Paradox und den Fluch unserer Zeit bildet ...

Aufgrund eben dieser Tatsache besteht eine gigantische Mauer, die jedes Bemühen, der geplagten Menschheitsfamilie die Wohltaten eines wahren Friedens zu schenken, vergeblich macht" (*Ansprache am Vorabend von Weihnachten 1947*).

In diesen Verhältnissen hat unsere Nation ihre eigene Würde und ihre Rechte mit gewaltiger Mühe und um den Preis großer Opfer verteidigt, die auf dem Hintergrund der Opfer des Krieges noch beängstigendere Ausmaße annahmen. Erinnern wir hier an die Opfer und Tränen der polnischen Männer und Frauen und aller, die für ein freies Polen gekämpft haben: Arbeiter, Männer der Kultur, Priester, Ordensmänner und Ordensfrauen, die, welche nähren, und die, welche verteidigen, kurz: alle. Die polnische Gewerkschaft Solidarnósc, Don Jerzy und die Kreuze von Danzig, und auch Sie, Herr Präsident, werden für immer ihr Symbol bleiben.

Die Welt soll nicht vergessen, daß gerade die Arbeiter die Hauptrolle beim Umsturz des Systems gespielt haben, das sie doch hätte schützen und sich mit ihren Interessen hätte identifizieren müssen.

Alles aber ist im Geist des Evangeliums erfolgt, ohne Gewaltanwendung und Übermacht, ohne Krieg und Revolution, vielmehr in gegenseitigem Dialog mit Sinn für Verantwortung.

Das Antlitz des neuen Europas, das gemeinsame europäische Haus, begann sich in Polen dank Solidarnósc zu erheben, und kein Ereignis kann diese Tatsache verdunkeln.

Im Augenblick bildet sich im Vaterland eine neue Ordnung. Sie entsteht nicht ohne Schwierigkeiten und Spannungen, Vorurteile und Meinungsverschiedenheiten. Vor allen Landsleuten steht die schwierige Aufgabe des Wiederaufbaus alles dessen, was zerstört wurde, der Aufbau auf dem, was an Edlem und Kostbarem geblieben ist.

Alle Polen müßten sich jetzt in gemeinsamer Begeisterung um diesen „Tag, den der Herr für sie gemacht hat" (vgl. *Ps* 118,24), vereinen und vergessen, was trennen kann, vielmehr das suchen, was eint. Das Vaterland braucht heute wie in so vielen dramatischen Stunden eine besondere Einheit und Zusammenarbeit, Sinn für Verantwortung und schöpferischen Dialog.

Hier die Worte des Dichters: „Möge ein jeder dem Vaterland sein Talent schenken, wie man eine Gabe in eine große Sparbüchse steckt, verborgen, ohne zu sagen, wieviel man hineingetan hat. Es kommt die Zeit, da die Sparbüchse voll ist, und der Herrgott vermerkt, was jeder gegeben hat" (A. Mickiewicz, *Das Buch der polnischen Nation und der polnischen Pilger*).

Heute braucht Polen auch Verständnis und wirksame Zusammenarbeit der reichen Länder. Auch das Problem seiner Schulden müßte im Geist der internationalen Solidarität und im Licht der Soziallehre der Kirche behandelt werden, umso mehr, als jene Hilfen, von denen hauptsächlich die westlichen Gesellschaften profitiert haben, für Polen kein Vorteil waren.

6. Sehr geehrter Herr Präsident!
Der Weg der Kirche ist immer der Mensch, „der Mensch in der vollen Wahrheit seiner Existenz, seines persönlichen und zugleich gemeinschaftsbezogenen und sozialen Seins ... dieser Mensch ist der erste Weg, den die Kirche bei der Erfüllung ihres Auftrags beschreiten muß: er ist der erste und grundlegende Weg der Kirche" (*Redemptor hominis*, Nr. 14).
Deswegen liegt es der Kirche so sehr am Herzen, daß die Rechte des Menschen in jedem Land und in jeder Gesellschaft geachtet werden, auch das Recht auf Leben vom Augenblick der Empfängnis an bis zu seinem natürlichen Tod, dazu auf eine der menschlichen Würde entsprechende Entwicklung.
Beim Menschen begegnen sich Kirche und Staat, um ihm in einmütiger Zusammenarbeit zu helfen, sein irdisches und überirdisches Ziel zu erreichen. Diese Zusammenarbeit kann den Charakter von spontanen Kontakten haben, aber auch ausschließlich durch juridische Akte geregelt sein, über die sich beide Teile einig geworden sind.
In den letzten Jahren und Monaten hat die Kirche in Polen bereits zahlreiche Beweise gegeben, daß die Probleme der Nation für sie Objekt wichtigster Überlegungen sind. Die Kirche hat mit der Nation gelitten und war Hüterin der höchsten moralischen Werte. Sie hat das Evangelium verkündigt, die Menschen verteidigt, die Tradition der Nation bewahrt. Sie hat im täglichen Leben den Optimismus des Glaubens gezeigt und war auf den Menschen und seine Zukunft bedacht. Diese Verfügbarkeit der Kirche bleibt immer gleich. Sie wünscht weiter, in gemeinsamer Zusammenarbeit die negativen Auswirkungen des überwundenen Systems zu beseitigen, sie möchte all das unterstützen und mehren, was in der polnischen Gesellschaft wahr, gut und schön ist, die menschliche Solidarität festigen und das tägliche Leben mit dem Evangelium prägen. Im Kampf gegen die Schwierigkeiten und das, was aus vergangenen Zeiten geblieben ist, möchte die Kirche mit allen Menschen guten Willens zusammenarbeiten.

7. Herr Präsident!
Vor Ihnen liegt eine gewaltige und schwierige Aufgabe: die Aufgabe, die Nation in diesen nicht leichten Zeiten zu führen, gemeinsam mit dem Parlament und der Regierung, den Institutionen und allen Einwohnern Polens. In Ihrer Neujahrsansprache haben Sie gesagt, schon wenige Tage nach Übernahme der Präsidentschaft sei Ihnen das Gewicht der Aufgaben klar geworden. Doch sie fügten hinzu: „Wir besitzen genügend Kräfte, genügend Glauben und Möglichkeiten, um Polen umzuwandeln. Wir werden gemeinsam eine neue wirtschaftliche Ordnung aufbauen ... wir vermögen viel ... möge Gott unser Ringen segnen." Ihnen obliegt die Mühe, den gemein-

samen Wiederaufbau Polens in die Hand zu nehmen - und das in vieler Hinsicht, denn die Krise hat die Moral, die Wirtschaft und die Politik erschüttert, sie hat, kurz gesagt, den Menschen getroffen. Heute sehen wir klar, daß jede Generation mutig und weise die Probleme ihrer Zeit lösen muß und damit nicht die künftigen Generationen belasten darf.

Die Probleme Polens liegen mir in diesen Zeiten des Umbruchs, vor allem beim Näherrücken meiner vierten apostolischen Reise nach Polen, in das neue und demokratische Polen, sehr am Herzen. Ich spreche das bei jeder Gelegenheit aus, zumal bei den Mittwochsaudienzen, wenn ich mich an alle Landsleute wende, mit ihnen und für sie bete und die Grundsätze des Evangeliums einschärfe, von denen sich alle leiten lassen sollten, um das Wohlergehen ihres Vaterlandes zu sichern.

Auch in diesem Geist lege ich in die Hände des Herrn Präsidenten die guten Wünsche für alle Polinnen und Polen, unabhängig von ihrer Konfession und Weltanschauung. Ich wünsche, daß die Treue zu Gott und zu den besten Überlieferungen, sowie die Liebe zum Vaterland bei jeder Entscheidungsfindung Licht schenken und den Weg weisen. Möge die Sorge um das Wohl des Vaterlandes weise Initiativen wecken, damit die notwendige Einheit edel und im Pluralismus heranwächst. Wir wissen, daß dies zu den guten Überlieferungen der Vergangenheit gehört. Gültig sind weiter die Worte des Königs Sigismund Augustus: „Ich bin nicht der Herr eurer Gewissen"; gültig auch der Gehalt der Worte, die in einem Saal der Jagiellonen-Universität geschrieben stehen: „Plus ratio quam vis" (Vernunft vermag mehr als Gewalt). Es wäre ein großes Verbrechen, wenn jemand oder eine Gruppe versuchen würde, den eigenen Interessen zu dienen, zumal jetzt, da der Organismus der Republik derart geschwächt ist. Möge daher alle Polen als Licht bei ihrem Handeln die Sorge um das Gemeinwohl leiten, das alle opferbereit und aufrichtig, offen sowie mit moralischem und politischem Mut zum Vorteil des Vaterlandes und der ganzen Menschheitsfamilie anstreben müssen. Sie verkörpern als Präsident, den die Nation für diese Aufgabe berufen hat, in besonderer Weise alle diese Probleme. Gewiß werden Sie alles tun, um der Präsident aller Polen zu sein. Polen muß auch erweisen, die sich seit langer Zeit oder seit den letzten Jahren außerhalb seiner Grenzen befinden.

Gott helfe Ihnen, Herr Präsident!

Gott segne Sie und alle Landsleute!

Der Geist ist Quelle der Rettung

Grußwort an die Teilnehmer der „Graduate School" des Ökumenischen Institutes von Bossey am 7. Februar

Liebe Brüder und Schwestern!

Es freut mich besonders, die Teilnehmer des Ökumenischen Institutes von Bossey anläßlich ihres Besuches in Rom zu begrüßen. „Gnade sei mit euch und Friede von Gott, unserem Vater, und dem Herrn Jesus Christus" (*Phil* 1,2).

In der Graduate School habt ihr während der letzten Monate über das Thema reflektiert: „Komm, Heiliger Geist - erneuere die gesamte Schöpfung." Dies ist auch das Thema der siebten Versammlung des Weltkirchenrates, die jetzt in Canberra abgehalten wird. Der Heilige Geist, „der Herr und Lebensspender", wie wir im nizänokonstantinopolitanischen Glaubensbekenntnis bekennen, ist in der Tat der Eine, der die ganze Schöpfung belebt, anregt und erneuert. Der Psalmist beschreibt das mit Ehrfurcht und Hoffnung, wenn er ausruft: „Verbirgst du dein Gesicht, sind sie verstört; nimmst du ihnen den Atem, so schwinden sie hin und kehren zurück zum Staub der Erde. Sendest du deinen Geist aus, so werden sie alle erschaffen, und du erneuerst das Antlitz der Erde" (*Ps* 104,29-30).

Der Geist ist auch die Quelle alles dessen, was der Vater durch den Sohn zur Rettung der Welt mitteilt. Auf besondere Weise ist sein Werk darauf gerichtet, Gottes Volk in der Bewahrung der Wahrheit zu bestärken. Wir lesen im Evangelium des Johannes: „Wenn aber jener kommt, der Geist der Wahrheit, wird er euch in die ganze Wahrheit führen" (*Joh* 16,13).

Deswegen ist der Heilige Geist der Hauptbewirker der Einheit der Christen, er inspiriert alle echten Bemühungen, das Verständnis, die Zusammenarbeit und die Einheit unter den Jüngern Christi zu vermehren. In besonderer Weise öffnet er den Pfad zur Versöhnung nicht nur unter den Menschen, sondern in der ganzen Schöpfung. Das ist der Grund, warum es möglich ist, zu beten: „Komm Heiliger Geist - erneuere die gesamte Schöpfung."

In der unlängst veröffentlichten Enzyklika, die ich dem Thema der Missionstätigkeit der Kirche gewidmet habe, erinnerte ich daran, daß „Anstrengungen um die Einheit [der Christen] schon aus sich ein Zeichen der Versöhnung darstellen, die Gott unter ihnen [den Christen] wirkt" (*Redemptoris missio*, Nr. 50). Wir müssen davon überzeugt sein, daß der dringendste und zwingendste Teil des göttlichen Planes, alles in Christus zu versöhnen, sich in einer besonders herausragenden Weise auf alle diejenigen bezieht, die mit ihm in der Taufe begraben wurden (vgl. *Kol* 2,12).

Eure Studien und die gebetserfüllte Reflexion in Bossey wird euch sicherlich dazu angeregt haben, Gott für all das, was ihr von ihm durch den Heiligen Geist empfangen habt, zu danken. Euer Besuch an den Gräbern der Apostel Petrus und Paulus hier in Rom hat euch vielleicht ins Bewußtsein gerufen, wie wunderbar der Geist - nach der Beschreibung der Apostelgeschichte - durch ihren Dienst in der frohen Gemeinschaft der Gläubigen gewirkt hat. Bei der Rückkehr in eure eigenen Gemeinschaften begleitet euch mein Wunsch, „der Gott der Hoffnung ... erfülle euch mit aller Freude und mit allem Frieden im Glauben, damit ihr reich werdet an Hoffnung in der Kraft des Heiligen Geistes" (*Röm* 15,13).

Lage der jungen Menschen hat Priorität

Ansprache an die Mitglieder des Stadtausschusses von Rom am 7. Februar

Ehrenwerter Herr Bürgermeister,
verehrte Damen und Herren!

1. Es ist für mich immer sehr angenehm gewesen, mit Ihnen und der Verwaltung der Stadt Rom diese traditionelle Begegnung für den Austausch von Glückwünschen zum Beginn des neuen Jahres abzuhalten. Meinen herzlichen Gruß an Sie und Ihre Mitarbeiter, an die Vertreter der Bevölkerung und die Verantwortlichen in der Leitung dieser großen Stadt! Ich bedanke mich sehr für die freundlichen Worte, die im Namen aller Anwesenden und der gesamten römischen Bürgerschaft an mich gerichtet wurden. Auf besondere Weise teile ich die Besorgnis um den Frieden, die Sie unterstrichen haben. Er ist durch den laufenden Krieg ernsthaft in Gefahr, und ich erneuere den Wunsch, daß dieser beunruhigende Konflikt baldmöglichst aufhören möge.
Mein Dienst als Bischof, als Nachfolger des Petrus, der Rom zum letzten Abschnitt seiner apostolischen Sendung machte und der hier mit dem Martyrium seinen Glauben an Jesus von Nazareth bezeugte, vollzieht sich im Bereich dieser Metropole. Vor allem von Rom aus macht die Kirche ihre Gegenwart in der Welt durch das petrinische Amt als Zeichen der Einheit für alle an Christus Glaubenden sichtbar.
Hierauf gründet sich mein pastoraler Eifer und der Wunsch des Dienstes für diese Stadt und für die Probleme, die ihre Bevölkerung betreffen. Aufgrund dieser einzigartigen Stellung ist Rom dazu aufgerufen, im Zeugnis des menschlichen Respekts vor den menschlichen und christlichen Werten, gleichsam ein Vorbild für die Welt zu sein. So soll es sich als Gesellschaft befähigt zeigen, sich der in seine Geschichte eingeschriebenen Zeichen und seiner Erfahrung bewußt zu werden und sie weiterzugeben.
Ich möchte Ihnen bestätigen, Herr Bürgermeister, daß die Kirche in Rom mit ihren einzelnen Mitgliedern und in ihrer gesamten Gemeinschaft sich dafür verwenden möchte, das Leben in der Stadt menschlicher zu gestalten und zu einem authentischen Fortschritt der Bevölkerung beizutragen. Auch darauf zielt die Diözesan-Pastoralsynode ab, deren Versammlungen in den Präfekturen stattfinden.

2. Unter den vielen Problemen, die die römische Gemeinschaft dringend angehen, berührt die Situation der jungen Menschen am meisten. Es ist eine komplexe Welt, ähnlich allerdings der in vielen anderen Metropolen; aber es scheint, daß sie in Rom eigene Charakteristiken hat aufgrund einer Reihe für diese Stadt typischen Gründe. Rom ist die Hauptstadt Italiens, Studienzentrum, Ziel der Einwanderung und einer

weiten touristischen Bewegung; aber unter vielen Aspekten ist die Stadt nicht immer imstande, angemessenen Raum für die Aufnahme der jungen Menschen mit Aussicht auf eine stabile Einfügung in das soziale Gewebe und die Arbeitswelt zu bieten. Dieser Zusammenhang bedrückt auch in gewisser Weise den kulturellen und erzieherischen Weg der römischen Jugend und hält schwierige Lösungen für die Zukunft der hier eingegliederten Jugendlichen in Aussicht.

Erschütternd ist vor allem die Chronik fast täglicher Gewalt und Kriminalität, bei der Minderjährige Hauptpersonen der um sich greifenden Gesetzesübertretung sind. Mit großer Traurigkeit muß festgestellt werden, daß man häufig ohnmächtig der steigenden Zahl von Drogenabhängigen und der Selbstmorde gegenübersteht. Hinzu kommt weithin die leichte Möglichkeit, sich der Schulpflicht zu entziehen, besonders in einigen Zonen, die typisch dafür sind, daß sich in ihnen immer intensiver die Minderjährigen zusammenballen und Randgruppen bilden. Das Auftreten solcher Phänomene ruft zutiefst sowohl die öffentlichen Einrichtungen als auch die christliche Gemeinschaft selbst an, jeden in seinem eigenen Bereich und im Geist gegenseitiger Zusammenarbeit. Wenn dies einerseits dazu drängt, sich dem unheilvollen Werk der organisierten Kriminalität entgegenzustellen, um den Schaden, den diese derzeit auf die Minderjährigen ausübt, zu verhindern, so ist es gleichzeitig auch notwendig, sehr nachhaltig auf den positiven Mitteln der Erziehung zu bestehen. Man muß damit beginnen, die Mitteilungen in vielen sozialen Kommunikationsmitteln neu zu gestalten und die Erziehungsstrukturen, besonders die der Schule sowie die menschlichen und kulturellen Inhalte, die diese zu übermitteln sucht, neu zu ordnen. Man muß günstige Möglichkeiten zur Sozialisation bedenken, Möglichkeiten zur Erholung und vor allem als vorbereitend auf die Arbeit anbieten. Sehr günstig würde es mir scheinen, auf neue Weise die Bereitschaft zu einem Freiwilligendienst zu fördern, der die Aufnahmebereitschaft zugunsten der jungen Menschen neu beleben kann. Im einzelnen bilden jene Formen des Dienstes für die Jugendlichen und ihre Entwicklung, die von den Oratorien und von Freizeitzentren vieler kirchlicher Gemeinschaften seit langem angeboten werden, einen der wertvollsten Beiträge zur Vorbeugung und Überwindung der vielfältigen Bedrohungen, die auf unserer Jugend lasten. Eine weitblickende und tatkräftige Zusammenarbeit zwischen der Diözese und der Stadtverwaltung kann das Vorhandensein solcher Zentren in jedem Stadtteil fördern, auch durch die Bereitstellung der notwendigen Räume.

3. Für das Problem der Jugendlichen aber muß, wie für jede andere Frage, die die Lebensbedingungen unserer Stadt berühren, vor allem von der Familie ausgegangen werden.

Die moderne Gesellschaft scheint schwerwiegende Voraussetzungen geschaffen zu haben für die Krise der Familie, für ihre Auflösung und für die Unfähigkeit, die ihr zustehenden Rechte auszuüben. Die Familie bleibt jedoch immer die „Schule reif entfalteter Humanität" (*Gaudium et spes*, Nr. 52). Ihre Anwesenheit darf deshalb nicht unbeachtet oder ignoriert werden. Sie ist die einzig tatsächliche, immer und konkret verfügbare Stütze für ein Programm, das die ausgeglichene Entwicklung der Jugendlichen begleiten soll. Es ist bekannt, daß Versagen bei Kindern und Jugend-

lichen meistens der fehlenden Wärme eines geeigneten Familienklimas anzulasten sind. Das Gleiche kann man hinsichtlich der Probleme der Alten und aller Formen materiellen und moralischen Leides sagen, die in der Familie den ersten und entscheidenden Ort für Verständnis und Trost finden.
Angesichts der immer konkreteren Risiken der Isolierung, der Einsamkeit, der Ausgrenzung und der Verlassenheit muß die Familie unterstützt werden, ihre Rolle wiederzuerlangen, für eine zunehmende Stärkung ihrer Funktionen und ihrer Sendung. Man wird deshalb alles tun müssen, damit die Familie nicht die erste ist, die auf wirtschaftlicher Ebene bestraft wird, und auf der Ebene der Dienstleistungen soll sie nicht fortschreitend von der Teilnahme, die ihr in öffentlichen Einrichtungen und im besonderen in der Schule zusteht, ausgeschlossen werden. Wir alle wünschen uns, daß mit Gottes Hilfe das Bild der ehelichen und familiären Gemeinschaft, vom Schöpfer gegründet und von ihm mit weisen Gesetzen geordnet, seine wahre Identität wiederfinden möge und daß die Familie ihre großen Werte in den Dienst des Gemeinwohls stellen kann: Die Liebe, die großzügige Fruchtbarkeit, die Einheit und die Treue der Eheleute, sowie die liebevolle Zusammenarbeit aller ihrer Mitglieder.

4. Wenn ich diese Gedanken und Wünsche darlege, bin ich gewiß, bei Ihnen, Herr Bürgermeister, und der gesamten Verwaltung Gewogenheit zu finden. Es handelt sich in der Tat um Themen, die tief in das Bild und die Wirklichkeit der Hauptstadt Italiens und der mir anvertrauten Diözese eingreifen.
Ich rufe deshalb auf Ihre Arbeit und die Ihrer Mitarbeiter das Licht und die Stärkung Gottes herab; ich rufe die Fürbitte der heiligen Gottesmutter als „Salus Populi Romani" an und erteile allen meinen Segen.

Durch die Fastenzeit das Bewußtsein der Liebe wachsen lassen

Botschaft für die Fastenzeit 1991 vom 8. September 1990, veröffentlicht am 8. Februar

„Was ihr für einen meiner geringsten Brüder getan habt, das habt ihr mir getan!" (*Mt* 25,40).

Liebe Schwestern und Brüder!

Die große Enzyklika Papst Leo XIII., *Rerum novarum*, deren Jahrhundert-Feier wir begehen, hat ein neues Kapitel der Soziallehre der Kirche eröffnet. Ein wichtiger Punkt dieser Lehre ist die unermüdliche Einladung zum solidarischen Engagement mit dem Ziel, die Armut und die Unterentwicklung zu besiegen, eine Situation, in der Millionen von Menschen leben.
Obwohl die Schöpfung mit ihren Gütern grundsätzlich für alle bestimmt ist, leidet ein großer Teil der Menschheit noch immer unter der unerträglichen Last des Elends. In einer solchen Situation ist Liebe und gelebte Solidarität gefordert, wie ich

bereits in der Enzyklika *Sollicitudo rei socialis* herausstellte. Ich wollte damit ausdrücken, wie dringend es ist, sich für das Wohl der anderen einzusetzen und bereit zu sein, sich selbst zu beschränken - im biblischen Sinne -, um den anderen zu dienen, anstatt sie zum eigenen Vorteil zu unterdrücken.

1. In dieser Fastenzeit wenden wir uns erneut hin zu Gott, der reich ist an Barmherzigkeit, der die Quelle aller Güte ist, um ihn zu bitten, uns von unserem Egoismus zu heilen und uns ein „neues Herz und einen neuen Geist" zu geben.
Die Fastenzeit und die folgende Osterzeit konfrontieren uns mit der totalen Identifikation unseres Herrn Jesus Christus mit den Armen. Der Sohn Gottes, der aus Liebe zu uns arm geworden ist, identifiziert sich mit allen, die leiden. Diese volle Gleichstellung findet ihren tiefsten Ausdruck in den Worten des Herrn: „Was ihr für einen meiner geringsten Brüder getan habt, das habt ihr mir getan" (*Mt* 25,40).

2. Am Höhepunkt der Fastenzeit, dem Gründonnerstag, erinnert uns die Liturgie an die Einsetzung der Eucharistie, das Gedächtnis des Leidens, des Todes und der Auferstehung Jesu Christi. Hier, im Sakrament, in dem die Kirche die Tiefe des eigenen Glaubens feiert, müssen wir das lebendige Bewußtsein des armen, leidenden und verfolgten Christus erfahren. Dieser Jesus Christus, der uns so geliebt hat, daß er für uns sein Leben hingegeben hat und sich uns in der Eucharistie als Speise des ewigen Lebens schenkt, ist der gleiche Jesus Christus, der uns einlädt, ihn in jenen Armen wiederzuerkennen, mit denen er sich in voller Solidarität gleichsetzt.
Der hl. Johannes Chrysostomus hat diese Gleichsetzung lehrhaft ausgedrückt mit der klaren Aussage: „Willst du den Leib Christi ehren? Dann übersieh nicht, daß dieser Leib nackt ist. Ehre den Herrn nicht im Haus der Kirche mit seidenen Gewändern, während du ihn draußen übersiehst, wo er unter Kälte und Blöße leidet." (vgl. *Kom. in Mt* Nr. 50,3-4, in: *PG* 58)

3. In dieser Fastenzeit ist es ebenfalls notwendig, über das Gleichnis vom „reichen Prasser und dem armen Lazarus" nachzudenken. Alle Menschen sind dazu berufen, am Gastmahl der Güter dieser Welt teilzunehmen, und doch liegen viele noch vor der Tür, wie Lazarus, wo „die Hunde kommen und an seinen Geschwüren lecken" (vgl. *Lk* 16,21).
Wenn wir die unzählige Menge von Menschen übersehen würden, die nur mit dem zum Leben unbedingt Notwendigem (Lebensmittel, Unterkunft, medizinische Versorgung) existieren müssen, nicht einmal einen Funken von Hoffnung auf eine bessere Zukunft haben, würden wir wie der reiche Prasser sein, der so tut, als sähe er den bettelnden Lazarus gar nicht (vgl. *Lk* 16,19-31).
Wir müssen unsere Augen für das Bild der erschütternden Armseligkeit offen halten, das viele Teile der Erde trübt. Und in diesem Sinne wiederhole ich deswegen den Appell, den ich - im Namen Jesu Christi und im Namen der ganzen Menschheit - an alle Menschen guten Willens während meiner letzten Reise in die Sahel-Zone gerichtet habe: „Wie würde die Geschichte über eine Generation urteilen, die alle Mittel besitzt, um die Bevölkerung des ganzen Planeten zu ernähren, sich aber in brudermörderischer Blindheit weigerte, dies zu tun? ... Was für eine Wüste würde

eine Welt sein, auf der das Elend nicht der Liebe begegnete, die Leben spendet?" (vgl. *O.R. dt.*, 16. März 1990, S. 8).
Wenn wir unseren Blick auf Jesus Christus richten, den guten Samariter, können wir nicht vergessen, daß er - von der Armut der Krippe bis zur totalen Selbstentäußerung am Kreuze - einer der Ärmsten geworden ist. Er hat uns die Trennung von den Reichtümern, das Vertrauen auf Gott und die Bereitschaft zum Teilen gelehrt. Er ermahnt uns, auf unsere Schwestern und Brüder zu sehen, die in Elend und Leid leben, und zwar in dem Geiste eines Armen, der sich in voller Abhängigkeit von Gott erkennt und weiß, daß er ausschließlich seiner bedarf. Die Art, wie wir uns verhalten werden, wird der wahre, authentische Maßstab unserer Liebe zu Ihm sein, der Quelle des Lebens und der Liebe sowie Zeichen unserer Treue zu seinem Evangelium ist.
Die Fastenzeit möge in allen dieses Bewußtsein und diese Verpflichtung zur Liebe wachsen lassen, auf daß diese Zeit nicht vergebens sei, sondern uns wirklich erneuere für eine wahre Freude des Osterfestes.

Aus dem Vatikan, am 8. September 1990,
dem Fest der Geburt unserer Seligen Jungfrau Maria

Die Menschen warten auf Frieden

Ansprache an die Mitglieder des Rates der Region Latium am 8. Februar

Herr Präsident,
sehr geehrte Herren Verwalter der Region Latium!

1. Seien Sie herzlich willkommen! Gern begrüße ich in Ihnen die Verantwortlichen der Region, in deren Herzen sich Rom, das Zentrum der Christenheit, befindet, Hüterin jahrhundertealter Traditionen der Zivilisation und des Rechtes, der Kultur und der Kunst. Die Begegnung ist mir besonders angenehm, weil sie mir zu Beginn des neuen Jahres gestattet, Ihnen von Herzen alles Gute, Wohlfahrt und Frieden zu wünschen.
Die Menschheit wartet vor allem auf Frieden, weil sie wegen der dramatischen Entwicklungen des Konfliktes am Persischen Golf immer mehr beunruhigt ist. Für den Frieden arbeitet auch Ihr Regionalrat, wie Sie, Herr Präsident, eben erwähnten. Möge dieses Bemühen niemals nachlassen und nie die Hoffnung schwinden, die sich auf die unablässige Anrufung des Herrn, des Friedensfürsten stützt.
Ich bin dankbar für den höflichen Gruß, den Sie im Namen Ihrer Mitarbeiter an mich gerichtet haben, und während ich auch meine herzliche Verbundenheit ausspreche, wie Sie es mir gegenüber getan haben, wünsche ich dieser mir besonders teuren Region, die in besonderer Weise mit meiner Sendung als Bischof von Rom verbunden ist, echten Fortschritt in echtem und tätigem Zusammenwirken.

2. Wir stehen fast am Ende des 20. Jahrhunderts und können bereits das Heraufkommen des dritten Jahrtausends erblicken. Die ungewöhnlichen Ereignisse des vergangenen Jahres, gekennzeichnet durch den raschen Abbau der ideologischen und politischen Mauern in Osteuropa, hatten Hoffnungen geweckt, die nun plötzlich mit den Ängsten zusammenprallen, die die derzeitige Situation des Krieges und der Gewaltanwendung hervorgerufen hat. Es sind nicht leichte Tage, und sie verlangen Einsatz, Verantwortung und Mut: Die Gesellschaft wird den so sehr herbeigewünschten Frieden nur finden, wenn die Probleme gelöst werden, die am Ursprung der jetzigen Krisensituation stehen. Die Aufgabe geht gewiß die ganze Menschheit an, sie kann aber nicht auf die konkrete Initiative einer jeden Person und auf das tatkräftige Eingreifen der verschiedenen örtlichen und regionalen sozialen Gruppen verzichten. Der Aufbau einer friedlicheren und gerechteren Welt bedeutet den Einsatz für die Erneuerung der Welt, in der wir leben; er bedeutet das Aufgreifen der Probleme der Gemeinschaft, zumal jener Menschen, die leiden müssen, die an den Rand gedrängt oder verlassen sind: er bedeutet die Beseitigung der Ursachen des Unbehagens und der Ungerechtigkeit.
Der Rat der Region kann, auch wenn er im Rahmen seiner Zuständigkeiten bleibt, mit weisen Programmen und Initiativen die besten Voraussetzungen dafür schaffen und die zahlreichen Schwierigkeiten überwinden, die die Förderung eines jeden Menschen behindern. Ich denke besonders an den Bereich der Gesundheitsfürsorge und an die Bekämpfung des Randdaseins.

3. Das Randdasein ist derzeit das am schwersten wiegende soziale Problem im Latium, vor allem im Bereich der Hauptstadt, wo weiterhin zahllose Personen aus den verschiedensten Gegenden zusammenströmen. Es sind im allgemeinen Einwanderer aus den Ländern außerhalb der Gemeinschaft und Nomaden, es fehlen aber auch nicht andere Personen ohne festen Wohnsitz, die auf der Suche nach Arbeit oder größerem Wohlstand ihre Heimatorte verlassen haben. Die ergriffenen Verwaltungsmaßnahmen reichen trotz aller Bemühungen nicht immer aus, um den Bedürfnissen wirksam zu entsprechen, und oft führen sie für diese unsere an den Rand geratenen Mitmenschen zu weiteren Schwierigkeiten.
Es geht aber nicht nur um die Eingewanderten; wir stehen vor einer sehr viel umfangreicheren Schicht von Menschen, zum Beispiel Alten, deren Zahl infolge der raschen Überalterung der Bevölkerung wächst; von Drogenabhängigen, die, ohne jede Unterstützung, die Städte belasten, von AIDS-Kranken und vor allem von Kindern und Jugendlichen, die tragischerweise auf den Weg der Kriminalität geraten und entgleist sind.
Wohlbekannt ist ferner die Situation der Hospitäler und der Gesundheitszentren, die nicht immer der gesteigerten Nachfrage von seiten der Bevölkerung gewachsen sind. Diese Häuser des Schmerzes und der Hoffnung müßten, mehr noch als daß sie Strukturen sind, die qualifizierte und anspruchsvolle Leistungen von Fachleuten anbieten, Oasen sein, wo man als Mensch warme Aufnahme findet.
Der Kranke ist gerade wegen des Zustands, in dem er sich befindet, eine schwache Person; er kann nicht seine eigenen Rechte durchsetzen oder sich verteidigen. Er

vertraut sich der Fachkenntnis und dem Sinn für Menschlichkeit beim Arzt und bei denen an, die für den Aufenthalt im Hospital und die gesundheitliche Betreuung Verantwortung tragen. Bedenkt man ferner, daß es sich großenteils um alte Personen handelt, die praktisch jede Art von Betreuung brauchen, wird einem klar, wie groß die Aufgabe aller im Hospital tätigen Kräfte ist.

4. Die Fülle der Lücken im Bereich des Sozialen und des Leidens, auf die ich kurz hingewiesen habe, steht uns täglich vor Augen. Wir dürfen uns nicht daran gewöhnen. Die verschiedenen Formen des Randdaseins bilden nicht die Ausnahme, die die Regel eines allgemeinen Fortschritts bestätigen würde. Tatsächlich bringt der Wohlstand selbst, der heute weiter verbreitet ist als vor wenigen Jahrzehnten, Mängel und Schwierigkeiten verschiedener Art für einen nicht unerheblichen Prozentsatz der Bevölkerung mit sich. Die Vermehrung des Reichtums vertieft zugleich den Abstand zwischen jenen, die haben, und jenen, die nichts haben, oder die weniger haben. Der Überfluß ist ein unmittelbarer Anreiz für die, die kaum das Lebensnotwendige besitzen, ihre Verhältnisse verbessern möchten und sich deswegen aus den am meisten notleidenden Gebieten in die besser gestellten verlagern.
Wiederholte Fälle der Abweisung von Eingewanderten und Nomaden, zumal in den wichtigsten Zentren, sind nur Anzeichen für die beunruhigenden Auswirkungen des Wettlaufs nach dem materiellen Wohlstand.
Jeder weiß, wie wichtig es ist, rechtzeitig einzugreifen, um solche Erscheinungen einzudämmen. Ihre Lösung darf im übrigen nicht nur den - religiösen und anderen - Freiwilligenorganisationen übertragen werden, auch wenn diese einen unersetzlichen Dienst leisten. So umfangreich und wirksam es auch ist, das solidarische Eingreifen kann nur sehr begrenzte Ziele erreichen, wenn ihm die entscheidende Unterstützung durch die staatlichen Strukturen fehlt. Nur die staatlichen Autoritäten besitzen die Macht, die Rechte jener, die derzeit am Rand der Gesellschaft leben, zur Geltung zu bringen; nur sie können die „Verschiedenen" zu „Gleichgestellten" machen und damit ihre Zugehörigkeit zur bürgerlichen Gesellschaft absichern, indem sie jedem die Wahrnehmung seiner Rechte garantieren und zugleich die Erfüllung seiner entsprechenden Pflichten abverlangen. Es ist Sache der staatlichen Organe, dafür zu sorgen, daß die Gesetze so beachtet und erfüllt werden, daß die gesamte Bevölkerung, je nach der Rolle eines jeden, den eigenen unerläßlichen Beitrag für den Aufbau eines gerechten und brüderlichen Zusammenlebens in einer Gesellschaft leistet, die nicht auf ihre grundlegende Dimension der Menschlichkeit verzichtet und die also die Würde einer jeden Person achtet und sie brüderlich aufnimmt. Seid daher Förderer einer echten Kultur der Solidarität, dann baut ihr zugleich den Frieden auf.

5. Solidarität und Frieden. Dem Getöse der Kriegswaffen, das sich tragischerweise derzeit vernehmbar macht, entspricht auf der anderen Seite die schweigende und ungehörte Klage so vieler Randexistenzen, die in unserer Nähe leben. Mögen die Herzen den Leidenden gegenüber nicht gefühllos bleiben! Wer nicht will, daß der Friede ein leerer Wunsch bleibt, muß ihn zu seinem Lebensstil, zu einem Dienst ma-

chen, hinter dem Achtung und Bereitschaft zum Teilen stehen. Den Frieden müssen wir täglich in uns selbst und in unserer Umgebung aufbauen.
Ich wünsche von Herzen, daß Ihr Regionalrat sich immer mutiger soziale Aufgaben stellt, die im Dienst eines gerechteren und solidarischeren Zusammenlebens stehen, und daß er sich entschlossen für die Überwindung der Ursachen des Randdaseins und der Gewalttätigkeit einsetzt.
Dazu rufe ich auf einen jeden von Ihnen und auf Ihre Familien den mütterlichen Schutz Marias herab, die in so vielen Heiligtümern von Latium verehrt wird, und ich bitte den Herrn, der möge Ihnen bei der Ihnen anvertrauten heiklen und schweren Aufgabe zur Seite stehen und all Ihr Wirken im Dienst des Gemeinwohls segnen.

Neue Kraft für die Ukraine

Ansprache zum Abschluß der Synode der ukrainischen Bischöfe am 9. Februar

Herr Kardinal,
verehrte Brüder im Bischofsamt!

Acht Monate nach unserer letzten Begegnung darf ich euch erneut hier in Rom beim Grab des hl. Petrus und dem des hl. Josaphat, Erzbischof von Polotsk, begrüßen.
Im vergangenen Juni hat unsere erste Begegnung nach fünfzig Jahren des Leidens der Kirche in der Ukraine stattgefunden, die trotz der harten Verfolgung lebendig und dynamisch aus den Katakomben hervorgekommen war. Die Wichtigkeit jener Begegnung lag in der Tatsache, daß sich zum ersten Mal eure gesamte Hierarchie, die aus der Ukraine und die aus der weiten Diaspora in der Welt, um die Person des Nachfolgers des Petrus versammelte.
An eure Bischofssitze und zu euren Priestern und Gläubigen zurückgekehrt, konntet ihr ihnen von meiner ganzen lebendigen Sorge als Vater und Hirt der Gesamtkirche berichten. Tatsächlich hat dieser Apostolische Stuhl nie aufgehört, sein lebhaftes Interesse für die katholische Kirche des byzantinisch-ukrainischen Ritus zum Ausdruck zu bringen, als sie über ein halbes Jahrhundert lang unterdrückt war. Danken wir Gott, der uns die Krönung unserer Bemühungen um die neue Organisation eurer Gemeinschaften erleben ließ. Kürzlich wurde es auch wieder möglich, für die Diözesen des lateinischen Ritus in der Ukraine Vorsorge zu treffen, und so müssen wir Gott noch mehr danken.
Bei dieser Gelegenheit möchte ich ein Ereignis während der letzten Bischofssynode im vergangenen Oktober hier in Rom erwähnen. Während dieser Synode wurde der Codex des kanonischen Rechtes für die orientalischen Kirchen veröffentlicht, der am kommenden 1. Oktober 1991 in Kraft treten wird. Diese Zusammenfassung der kanonischen Gesetze ist ein Geschenk und eine Hilfe für das Leben und die Entwicklung aller orientalischen Kirchen. Daher wünscht dieser Apostolische Stuhl lebhaft, daß die Kirche in der Ukraine aufgrund der veröffentlichten kanonischen

Normen noch mehr aufblühen und mit neuer seelsorglicher Kraft die ihr anvertraute Sendung erfüllen kann (vgl. *Orientalium Ecclesiarum*, Nr. 1).

Die heutige Synode der ukrainischen Hierarchie, die noch einmal außerhalb der Grenzen der Kirchenprovinz von Gallizien einberufen wurde, hatte die Aufgabe, dem obersten Hirten der Kirche einige Vorschläge für die pastorale Leitung wichtiger kirchlicher Gebiete zu unterbreiten.

Eure Sorge um das Wohl und die Entwicklung aller einzelnen Eparchien der Kirche in der Ukraine und in der Diaspora trifft mit meiner Sorge zusammen, es möge jene Kirche immer mehr blühen, die die Geburtsstätte der Taufe der Rus von Kiew war und das zweite Jahrtausend ihres Daseins eben begonnen hat.

Ehrwürdige Brüder im Bischofsamt! In dieser geschichtlichen Stunde richte ich an euch die mahnenden Worte des Völkerapostels: Führt ein Leben, „das des Rufes würdig ist, der an euch erging. Seid demütig, friedfertig und geduldig, ertragt einander in Liebe, und bemüht euch, die Einheit des Geistes zu wahren durch den Frieden, der euch zusammenhält. Ein Leib und ein Geist, wie euch durch eure Berufung auch eine gemeinsame Hoffnung gegeben ist; ein Herr, ein Glaube, eine Taufe, ein Gott und Vater aller, der über allem und durch alles und in allem ist" (*Eph* 4,1-6).

Möge diese unsere brüderliche Begegnung die Hoffnung stärken, daß die Kirche des byzantinisch-ukrainischen Ritus immer weitere Fortschritte macht, zur größeren Ehre Gottes und zum Heil der Seelen!

Als Unterpfand besonderer göttlicher Gnade erteile ich euch und euren Gläubigen, insbesondere den Priestern, Mönchen und Schwestern, aus ganzem Herzen den Apostolischen Segen.

Den Rechten entsprechen Pflichten

Ansprache an die Verwalter der Provinz Rom am 9. Februar

Herr Präsident,
sehr geehrte Herren!

1. Die Begegnung mit den Vertretern der Provinz Rom zu Beginn des neuen Jahres bietet immer eine angenehme Gelegenheit für einen gedeihlichen Austausch von Gedanken und Vorschlägen und zugleich eine Anregung, diese in den Rahmen der konkreten Situation einzufügen.

Ich danke Ihnen daher herzlich für diesen Besuch, der nicht nur eine neue Geste der Verbundenheit darstellt, sondern angesichts der geschichtlichen Stunde, die wir nicht ohne Angst für die Zukunft durchmachen, neue Bedeutung erhält. Möge der Herr unsere Gebete annehmen, den Tagen der Zerstörung und des Verlustes von zahlreichen Menschenleben ein baldiges Ende bereiten und uns eine lange Zeit des Friedens schenken!

Von Herzen danke ich dem Herrn Präsidenten der Provinz für die so warmherzigen an mich gerichteten Worte. Einem jeden von Ihnen entbiete ich meinen aufrichtigen und herzlichen Gruß.

2. Mein erster Gedanke möchte die Ermunterung sein, Ihre Tätigkeit mit vertrauensvollem Mut weiterzuführen. Vom breiten Publikum wird sie oft wenig zur Kenntnis genommen, aber sie verdient Lob wegen der täglichen Hingabe, die sie fordert. Die Provinz hat als Bindeglied zwischen der Stadt und der Region eine besondere und fruchtbare Brückenfunktion, die für die Provinz Rom einmalig ist. Im Verwaltungsbereich der Provinz befinden sich außerdem zahlreiche katholische Institutionen, die ihre Tätigkeit auf nationaler und auf Weltebene ausüben.
Ich danke Ihnen für alles, was Sie als Verwaltungskräfte der Provinz bisher geleistet haben, und für alles, was Sie in Zukunft tun wollen, und ich versichere Ihnen, daß die den Institutionen der Kirche von Ihnen gebotene Zusammenarbeit weithin ihre Vergeltung finden wird im Wohl der ansässigen Bevölkerung, zumal auf sozialem, schulischem und moralischem Gebiet.

3. Aus verschiedenen Bereichen des Landes erheben sich heute immer nachdrücklicher Stimmen, die Aspekte und Tendenzen des scheinbaren Niedergangs der Verwaltung der öffentlichen Angelegenheiten beklagen. Solche Reaktionen auf ein oft tatsächlich vorliegendes Phänomen - das man freilich nicht verallgemeinern darf - sind auf der einen Seite ein Zeichen der verbreiteten Überzeugung, daß die Verwaltung auf ihren verschiedenen Ebenen ein Dienst für die Gemeinschaft ist und sein muß; auf der anderen Seite unterstreichen sie die immer deutlicher hervortretende Wahrheit, daß die moralische Erneuerung des öffentlichen Lebens vor allem das Ergebnis einer persönlichen Erneuerung ist. Mit anderen Worten, wenn die Rechte von allen beansprucht werden, müssen auch alle ihre entsprechenden Pflichten erfüllen.
In dieser Hinsicht ist es mein Wunsch, die Verwaltung der Provinz Rom möge allen anderen auf diesem Weg beispielhaft vorangehen.

4. Ein zweiter Gedanke, auf den ich eingehen möchte, ist das Bild der sozialen Wirklichkeit der Provinz Rom.
Das Phänomen des Randdaseins ist in letzter Zeit noch schwerwiegender geworden durch den Zustrom von Einwanderern aus Entwicklungsländern, und es bringt eine Reihe von weiteren, nicht immer klar zu umgrenzenden Problemen mit sich.
Zugleich wird der ganze Komplex der Fragen um das Institut Familie heute immer ernster und dringender. Die Konsumgesellschaft hat wirtschaftliche und technische Fortschritte gebracht, ist aber so organisiert, daß sie das Familienleben in eine Krise führt und die Bildung neuer Familien problematisch und schwierig macht.
Das Problem der Familie verweist direkt auf das Wohnungsproblem, ist doch die Wohnung zweifellos einer der wesentlichen Dienste für die Entfaltung einer Gesellschaft nach Menschenmaß. Daß die Familie also in entsprechender Umgebung ihr eigenes Leben führen kann, muß eins der vorrangigen Anliegen jeder Verwaltung sein.

Weitere eng damit verbundene Fragen sind die der Jugendlichen, zumal der Minderjährigen, die der Arbeit und die der Gesundheit. Es geht um Probleme, die eine einzelne örtliche Verwaltung natürlich nicht allein lösen kann, deren Lösung vielmehr durch rechtzeitiges und abgestimmtes Eingreifen aller für den Ablauf des öffentlichen Lebens zuständigen Institutionen angestrebt werden muß, in freundschaftlicher Zusammenarbeit mit allen gesunden Kräften der sozialen Gemeinschaft und vor allem - es sei mir gestattet, daran zu erinnern - mit den Initiativen aus der Gemeinschaft der Christen.
Sie haben als Verwaltungskräfte im Zwischenbereich die Möglichkeit, nicht nur die notwendige Koordinierung zu leisten, sondern auch ständig in der einen oder anderen Richtung anregend zu wirken, so daß der Weg erleichtert wird. Dabei können Sie zugleich das rechtzeitige Eingreifen und den Gesamtplan im Auge behalten.
Bei dieser weitgespannten Tätigkeit kann Ihnen die ständige Bezugnahme auf ein echtes Menschenbild eine wertvolle Hilfe sein, eine Auffassung vom Menschen, die diesen niemals nur „als Teil der Natur oder als anonymes Element in der ... Gesellschaft betrachtet" (*Gaudium et spes*, Nr. 14). Dies ist die Voraussetzung für jeden echten Fortschritt der Kultur, aber auch einer Regierungskunst, die das integrale Wohl einer Gemeinschaft von Personen zu fördern weiß.
Die Kirche schätzt Ihren Einsatz als staatliche Verwalter hoch ein. Gerne stellt sie Ihnen alles zur Verfügung, was sie nach und nach im Lichte Gottes über diese echte und volle Wertung der Person erkannt hat, damit Sie sich dessen bei Ihren Beratungen und Überlegungen bedienen können und so auch das bürgerliche und kulturelle Wachstum unserer lieben Provinz Rom fördern.
Mein Wunsch geht dahin, daß jeder von Ihnen eifrig, hochherzig und im Geist der Dienstbereitschaft arbeiten könne.
Mit diesem Wunsch grüße ich Sie alle erneut und segne Sie.

Helfer unter dem Zeichen des Kreuzes

Ansprache an den Deutschen Orden anläßlich des 800jährigen Gründungsjubiläums am 10. Februar

Lieber Herr Hochmeister!
Liebe Brüder, Schwestern und Familiaren des Deutschen Ordens!

Den Abschluß der Feierlichkeiten zum 800jährigen Bestehen des Deutschen Ordens bildet eine Pilgerfahrt nach Rom, um dem Nachfolger des hl. Petrus eure Treue und Verbundenheit zu bekunden. Mein Vorgänger Clemens III. hat mit dem Schreiben *Quotiens postulatur* vom 6. Februar 1191 die Brüder der Deutschen von der Kirche Sankt Mariens zu Jerusalem unter päpstlichen Schutz gestellt. Im Laufe der Geschichte haben meine Vorgänger dem Deutschen Orden gegenüber wiederholt ihr Wohlwollen zum Ausdruck gebracht bis in unser Jahrhundert.

Der Apostolische Stuhl hat im Jahr 1929 die Umwandlung des Ritterordens in einen rein geistlichen Orden vollzogen und die Unterstellung des Schwesterninstitutes unter die Leitung des Hochmeisters bestätigt. Schließlich wurde 1965 auch das wiederbelebte Familiareninstitut rechtlich endgültig anerkannt, das dem Orden angegliedert ist. Ohne durch die Profeß in den Orden inkorporiert zu sein, stellen die Familiaren eine wesentliche Hilfe dar, die Werke des Ordens mitzutragen und für seine Ideale in der Gesellschaft von heute zu wirken.

In eurem Einsatz für das Reich Christi wißt ihr euch unter den heutigen sozialen und gesellschaftlichen Gegebenheiten der Eigenart eures Ursprungs verpflichtet, nämlich dem „Menschen unterwegs" unter dem Zeichen des Kreuzes Christi Helfer zu sein. Dies verwirklicht ihr mit großer Hingabe in der Begleitung der Kinder und jungen Menschen, aber auch im Dienst an den Alten und Kranken. Im Bewußtsein der bleibenden Werte aus dem Erbe eurer Geschichte stellt ihr euch bewußt in den Dienst der Menschen, die das Bedürfnis nach geistig-geistlicher Beheimatung verspüren. Im materiellen Bereich liegt es an euch, den Anschluß an Kräfte zu suchen, die stets das Gemeinwohl im Auge hatten und es weiter zu fördern vermögen.

Dies wird jedoch in optimaler Weise nur möglich sein, wenn die Brüder und Schwestern sowie die Familiaren unter der Leitung des Gesamtordens eins sind und zusammenarbeiten und der Orden in seiner Ganzheit sich als lebendiger Teil jener gesamtkirchlichen „Communio" versteht, wie sie das II. Vatikanische Konzil und der *Codex Iuris Canonici*, an den die Regeln der Brüder und Schwestern soeben angepaßt sind, betonen.

Mit meinem aufrichtigen Glückwunsch zum 800jährigen Bestehen des Ordens verbinde ich die Bitte, die bleibenden Werte eures Ideals in Zukunft noch intensiver zu leben. Dies verlangt Einsatz für Gott und den Glauben sowie einen wirksamen Schutz der Hilfsbedürftigen und in Not Geratenen.

In unseren Tagen läuft die Menschheit Gefahr, in Besitz, Wissen und Macht Sicherheit zu suchen. Durch das Zeugnis eures Lebens, das ihr Christus geweiht habt, fordert ihr diese falsche Sicherheit heraus. Ihr gebt ein beredtes Zeugnis dafür, daß Christus allein „der Weg, die Wahrheit und das Leben" ist (vgl. *Joh* 14,6).

Eure Anwesenheit in der Kirche und eure Mitarbeit in der Verkündigung der Frohbotschaft sind für mich als Oberhirte der Gesamtkirche Ermutigung und Freude. Möge Gott durch euch viele andere zur Nachfolge Christi im Ordensleben berufen! Maria, die Mutter der Kirche und das Vorbild des Ordenslebens, möge euch die Freude und Tröstung Christi, ihres Sohnes, erwirken. Dazu erteile ich euch sowie allen Brüdern, Schwestern und Familiaren des Deutschen Ordens von Herzen meinen Apostolischen Segen.

Voranschreiten auf dem Pilgerweg des Glaubens

Ansprache bei der Messe für das Römische Pilgerwerk und das Hilfswerk UNITALSI am 11. Februar

Liebe Brüder und Schwestern!

1. „Selig, die das Wort Gottes hören und es befolgen" (*Antwortpsalm*).
Selig sind jene, die sich der Wahrheit seines Wortes öffnen und die ihnen gebotene Gelegenheit, sich von seiner übernatürlichen Kraft umformen zu lassen, nicht ausschlagen. Selig sind jene, die sich in gelehrigem Vertrauen auf die Initiative des himmlischen Vaters einlassen und seinen geheimnisvollen Willen in treuer Beharrlichkeit annehmen, statt den Weg des Lebens zu verlieren.
Am Beginn der schon nahen Fastenzeit laden die bei unserer Liturgiefeier soeben erklungenen Worte uns als Gläubige zur Bekehrung ein, sie fordern uns auf, daß wir uns Gott unter allen Umständen anvertrauen, zumal in dramatischen Stunden, wie sie die Menschheit derzeit durchmacht. Sie fordern uns auf, die Schranken des Zweifels und des Unglaubens zu durchbrechen, um das Gesetz Gottes hochherzig zu umfangen. Gott ist inmitten seines Volkes anwesend und läßt ihm die nötige Hilfe zur Erfüllung seines Heilsplanes nicht fehlen. Er ist Vater und Quelle aller Barmherzigkeit: nichts kann der Macht seiner Liebe widerstehen. Selig sind wir, wenn sich unsere Hoffnung von Christus nährt. Die Kräfte werden uns auf dem Weg nicht erlahmen, und unsere Erwartung auf der irdischen Pilgerfahrt wird nicht enttäuscht werden.

2. „Selig ist die, die geglaubt hat, daß sich erfüllt, was der Herr ihr sagen ließ" (*Lk* 1,45).
Diese überraschende Verfügbarkeit für den Plan des Allerhöchsten hat das Leben der heiligen Jungfrau gänzlich bestimmt, die wir heute in besonderer Weise feiern. Wie das Konzil aufmerksam macht, war ihr Leben ein ständiges Voranschreiten auf dem Pilgerweg des Glaubens (vgl. *Lumen Gentium*, Nr. 58). Jeden Tag und jeden Augenblick wiederholt Maria ihre bedingungslose Zustimmung zu Gott, und wegen dieses ihres in gänzlicher Hingabe gelebten Glaubens „leuchtet sie ... bis zur Ankunft des Tages des Herrn ... als Zeichen der sicheren Hoffnung und des Trostes dem wandernden Gottesvolk voran" (*Lumen Gentium*, Nr. 68). Das Ja zur freien Initiative des Vaters hat sie zur Mutter Jesu und zum Werkzeug in den Händen des Allerhöchsten für das Heil des Menschen gemacht.
Nun aber ist sie als Königin des Himmels und der Erde gekrönt und zur Stütze und Hoffnung des Menschengeschlechtes auf dem Weg zum Leben ohne Untergang geworden, auf dem Weg zur immerwährenden Liebe, zur Gerechtigkeit ohne Schatten und zu unzerstörbarem Frieden.

3. Die heutige Begegnung ist mir besonders lieb, weil sie mit ihrem eindrucksvollen Rahmen von Liedern und Licht die geistliche Atmosphäre wiederaufleben läßt, die für die Grotte von Massabielle kennzeichnend ist. In Lourdes kann man die Präsenz

der allerseligsten Jungfrau im Klima des ständigen Gebetes und der Sammlung, in der Aufforderung zur Buße und Bekehrung, in der brüderlichen Gemeinschaft unter den zahlreichen Pilgern und zumal unter den Kranken fast mit Händen greifen. Als besorgte Mutter versammelt Maria ihre gesunden und kranken Kinder aus allen Teilen der Welt, und bringt sie alle Jesus, der „Frucht ihres Leibes" (vgl. *Lk* 1,44) dar.

Ich grüße euch herzlich, liebe Brüder und Schwestern, die ihr an dieser so bezeichnenden Feier teilnehmen wolltet. Ich grüße besonders euch, liebe Kranke, und spreche einem jeden meine geistliche Verbundenheit aus. Ich danke allen, die euch besorgt und hingebungsvoll physisch und geistlich betreuen, den Ärzten, Krankenschwestern und Bahrenträgern, den Priestern, den Ordensmännern und Ordensfrauen und den zahlreichen Freiwilligen, zumal den Jugendlichen, die euch auf verschiedene Weise helfen und an eurem Leiden Anteil nehmen.

Ich grüße die Führungskräfte von UNITALSI und dem Römischen Pilgerwerk, die mit ihren Mitarbeitern wie jedes Jahr diese Veranstaltung in der vatikanischen Basilika angeregt und organisiert haben.

Die jährliche Wiederkehr dieser Feier ist immer schön mit ihrem reichen geistlichen Angebot, nicht nur, weil sie das Klima von Lourdes und die Erlebnisse der Pilgerfahrt wiederaufleben läßt, sondern vor allem, weil sie Gelegenheit zu einem tiefen Erleben der Kirche und einer innigen Marienverehrung bietet.

4. „Wie eine Mutter ihren Sohn tröstet, so tröste ich euch" (*Jes* 66,13). Diese Worte des Propheten Jesaja lassen sich gut auch auf die Mutter des Erlösers anwenden und nehmen einen gleichsam intimen Ton an, als ob Maria sie an einen jeden von uns richten würde, zumal an alle, die von Krankheit und Schmerz geprüft sind. Die Jungfrau tröstet ihre Kinder, indem sie zu Christus führt; sie schenkt ihnen den Heiland, der allein den wahren Frieden und das ewige Heil geben kann. Ist nicht eben dies die typische geistliche Botschaft von Lourdes?

Das Herz von Lourdes ist die Eucharistie, in die alles zusammenströmt, und von der alles ausgeht. Dort ist Jesus, der täglich segnend an den Kranken vorübergeht; dort ist das Evangelium von der Bekehrung und Buße, das dort ständig verkündet wird; dort ist das Gebot der Liebe, die man täglich in die Praxis umzusetzen sucht.

Innerlich mit dem Geheimnis der Eucharistie verbunden ist der Dienst des Priesters. Die Priester handeln im Namen Christi; sie sind berufen, die Gläubigen auf ihrem geistlichen Weg zu begleiten.

Die Gestalt der Pilgerfahrt hat das Gesicht einer Gemeinschaft unterwegs. Die Pilger und Kranken, die bei der gemeinsamen Mühe der Reise leichter zu einem Dialog mit den Priestern kommen, müssen die Sendung der Priester erkennen können, ihre Sendung als Männer Gottes, als Diener der Eucharistie, Zeugen der Liebe, Propheten der Hoffnung, geistliche Animatoren, reich an menschlichen Verstehen und Ausspender der barmherzigen Liebe Gottes.

Dank ihres Dienstes können sie allen helfen, die sie beim Zurückgewinnen der Kraft des Glaubens begleiten, der Gesunden und Kranken die Horizonte Gottes eröffnen kann. Sie können alle ermuntern, denen sie begegnen, persönlich die Erfahrung zu machen, daß Liebe möglich ist, und können sie unterstützen, in der Kirche die Wege des Evangeliums mit Maria zu gehen.

5. Selig jene, die geglaubt hat! Selig, wer nach dem Wort des Herrn lebt!
Liebe Brüder und Schwestern, öffnen wir unser Herz dem Geheimnis der Liebe Gottes, öffnen wir unser Leben für den Reichtum seines Verzeihens! So werden wir froh werden, Licht und Leben haben, denn die Barmherzigkeit Gottes gilt allen, die ihn fürchten. Für immer. Maria, unbefleckte Mutter Gottes und der Menschen, höre das Gebet der Kranken, erhöre unsere Bitten, schenke der Welt den Frieden; schenke uns Jesus, unseren wahren Frieden. Amen!

Das Geheimnis der Sünde ist schrecklich

Predigt am Aschermittwoch in Santa Sabina, 13. Februar

1. „Kehrt um zu mir von ganzem Herzen" (*Joël* 2,12).
So spricht der Herr mit den Worten des Propheten Joël. Er spricht es zu allen und zugleich zu jedem einzelnen. Er wendet sich an das Herz. Das Herz, also der innere Mensch, das menschliche einmalige und unwiederholbare Ich ist gemeint. Dieses Ich muß umkehren. In ihm beginnt und vollendet sich der ganze Prozeß der Umkehr. Die Buße hat vor allem eine innere und personale Dimension. Sie besteht im „Zerreißen der Herzen", nicht nur im „Zerreißen der Kleider" (vgl. *Joël* 2,13).
Auch wenn wir nach den Worten des Propheten zum Herrn „mit Fasten, Weinen und Klagen" (*Joël* 2,12) zurückkehren müssen, so bleibt der entscheidende Punkt doch immer das Herz, der innere Mensch!

2. In der Bergpredigt verdeutlicht Jesus Christus diesen Aspekt noch mehr: „Deine linke Hand [soll] nicht wissen, was deine rechte tut. Dein Almosen soll verborgen bleiben, und dein Vater, der auch das Verborgene sieht, wird es dir vergelten" (*Mt* 6,3-4).
Es geht vor allem um diesen „Blick des Vaters". Es geht darum, auf Du und Du allein mit ihm zu verbleiben. Dieses Verborgenbleiben im inneren Raum des Herzens ist Voraussetzung für die „Entdeckung" der Umkehr.
Für diese Umkehr müssen wir die Voraussetzungen schaffen. Wir müssen den Raum des menschlichen Geistes erweitern, damit der Heilige Geist dort wirken kann. Denn gerade er „wird die Welt überführen und aufdecken, was Sünde ist" (vgl. *Joh* 16,8). Unsere Welt muß die Gnade dieser Überzeugung erfahren. Sie muß sich also öffnen. Sie muß für den Geist der Wahrheit zugänglich werden. Nur Er, nur der Geist der Wahrheit kann in uns die innere Umwandlung, die tiefe Umgestaltung unseres Herzens bewirken.

3. Nur er kann die Welt überführen und aufdecken, was Sünde ist, wenn er deren schreckliches Geheimnis enthüllt. Und gerade dieses Geheimnis steht im Mittelpunkt der Buße. Es ist der ganzen Bußzeit der vierzig Tage eingeschrieben.

Das Geheimnis der Sünde ist wirklich schrecklich. Der Apostel Paulus schildert in der heutigen Liturgie ihre fürchterlichen Folgen. Wo er zur Versöhnung mit Gott auffordert, schreibt er: „Er hat den, der keine Sünde kannte, für uns zur Sünde gemacht, damit wir in ihm Gerechtigkeit Gottes würden" (*2 Kor* 5,21).

Die Sünde steht der Heiligkeit Gottes entgegen. Um sie zu tilgen, hat sich die Heiligkeit Gottes selbst, die Fülle der Liebe eingesetzt.

Wir brauchen tatsächlich notwendig den inneren Raum, ein großes Du zu Du mit diesem Gott, der in Christus seine Liebe „bis ans Ende" geoffenbart hat, damit in uns Umkehr geschehen kann und „wir in ihm Gerechtigkeit Gottes werden".

Wir müssen also mit Christus in Getsemani weilen, mitten im schrecklichen Leiden des Karfreitags und auf Golgota im Todeskampf, wenn Christus ruft: „Warum hast du mich verlassen?" (*Mt* 27,46), damit vor den Augen unserer Seele das wirkliche Ausmaß der Sünde offenbar wird. In Christus wird dieses Maß evident aus der maßlosen Fülle seiner Liebe. Der Ruf aber, „warum hast du mich verlassen", ist der endgültige Ausdruck dieses Maßes, dieser Liebe, mit der er uns „bis ans Ende" geliebt hat.

4. So gilt der Aufruf des Aschermittwochs also dem inneren Menschen. Zugleich hat er aber eine Auswirkung nach außen, eine gemeinschaftliche Dimension. Die Kirche ist als Gemeinschaft zur Buße und Umkehr aufgerufen. Der Mensch ist nämlich ein soziales Wesen, und auch das, was in seinem Innersten ist, hat seine Auswirkungen für die Gemeinschaft und beeinflußt sie. Hier genügt es, wieder nachzulesen, was die entsprechenden Abschnitte des synodalen Schreibens „Reconciliatio et Paenitentia" über die Buße sagen.

Unsere Zeit braucht diese Mahnung. Das Verschwinden der äußeren Ausdrucksformen der Buße, noch mehr das Verschwinden des Geistes der Buße muß uns unruhig machen. Buße und Umkehr sind Vorbedingung für das geistliche Heil der Menschen und der Gesellschaft. Ihre Notwendigkeit verliert nie ihren Wert und ihre Aktualität.

„Mach mich wieder froh mit deinem Heil; mit einem willigen Geist rüste mich aus" (*Ps* 51,14). Die Buße ist Voraussetzung für echte Freude. Die Fastenzeit besteht in der Vorbereitung auf die Osterfreude. Es geht hier wirklich um die volle Dimension der Existenz des Menschen auf der Erde. Wir können hier nur leben in der Umkehr ... in der Umkehr zu Gott.

Daher wiederholen wir heute, da die Kirche das vierzigtägige Fasten beginnt, mit dem Apostel: „Wir sind ... Gesandte an Christi Statt, und Gott ist es, der durch uns mahnt. Wir bitten an Christi Statt: Laßt euch mit Gott versöhnen!" (*2 Kor* 5,20).

Wandlungen im Zeichen der Kontinuität

Ansprache an den Klerus von Rom am 14. Februar

Monsignor Pro-Vikar hat zu Beginn das Wort „Audienz" verwendet. Diesmal soll es bedeuten, daß wir Bischöfe und vor allem der Papst hören müssen. Es geht um eine Audienz, die wir nicht gewähren, sondern vielmehr empfangen. Eine Audienz dieser Art ist wenigstens einmal im Jahr recht nützlich. In diesem Ausmaß gibt es sie für mich einmal im Jahr, öfter jedoch in anderen Ausmaßen, denn ich lege besonderen Wert auf diese Audienzen, und ich bereite mich auf jeden Pastoralbesuch in den Pfarreien vor und höre dazu die Pfarrer und ihre Mitarbeiter an. Erst so kommt das Ganze der Kirche in Rom in den Blick.

Ich muß gestehen, daß dieser Weg zu den einzelnen Pfarreien ziemlich lang ist. Nach zwölf Jahren haben wir mehr als die Hälfte geschafft. Viel liegt also noch vor uns. Es liegt in den Händen Gottes, wie wir die zweite Hälfte schaffen werden. Ich möchte aber allen versichern, daß ich in jeder Pfarrei, in jeder Basisgemeinschaft präsent sein möchte, denn die Pfarrei ist Basisgemeinschaft und muß es sein. Das schließt andere Eigenheiten in anderen Ländern und Kontinenten, und vielleicht auch in Rom, nicht aus. Doch die traditionellste Basisgemeinschaft, mit der wir am meisten Erfahrung besitzen, und die am meisten qualifiziert ist, bleibt die Pfarrei.

Bei dieser Versammlung war die Anwesenheit von Kardinal Poletti sehr wichtig, und ich muß hinzufügen, daß er schon in Rom war, bevor ich kam. Als ich einen mir noch unbekannten Boden betrat, wußte er bereits alles, und er hat mich überall eingeführt, mir in allem geholfen. So bleibt in mir für immer eine große Dankbarkeit und Verbundenheit gegenüber diesem Bruder im Bischofsamt, diesem Kardinal-Vikar von Rom. Natürlich wünsche ich wie ihr alle, daß dies für den neuen Vikar von Rom, im Augenblick ist er noch Pro-Vikar, ein gutes Zeichen bedeutet. Ich denke, daß die großen Wandlungen in der Kirche Roms auf Ebene der Römischen Kurie und auf Ebene des Vikariates im Zeichen der Kontinuität erfolgt sind. In diesem Sinn wurden sie von der kirchlichen und von der öffentlichen Meinung verstanden. Es geht um eine Kontinuität auf Ebene der universalen Kirche, bzw. der Römischen Kurie mit ihren Aufgaben, und eine auf Ebene des Vikariates oder der Kirche von Rom mit ihren diözesanen Aufgaben.

Ich danke Gott für dieses Klima, das zugleich, so kann man wohl sagen, eine Prüfung, eine positiv verlaufene Prüfung für die Gemeinschaft der Christen in Rom und für die Priesterschaft Roms geworden ist. Wenn wir dann zu den Problemen zurückkehren, so können wir nicht vom II. Vaticanum absehen. Ich komme oft auf dieses Ereignis zurück, das gewiß ein Schlüssel-Ereignis unserer Zeit bzw. unseres Jahrhunderts ist. Das Zweite Vatikanische Konzil war ein Konzil, bei dem sich die Kirche mit all ihrer Erfahrung ausgesprochen hat: Die Kirche als das Schifflein Petri, das auf verschiedene Weise und zu unterschiedlichen Zeiten, auch in unserem Jahrhundert, hin- und hergeworfen wurde, diese Kirche hat sich in ihrem Schmerz zum Ausdruck gebracht, auch wenn die Zeit des Zweiten Vatikanischen Konzils ziemlich friedlich war. Die Lage war aber gespannt, sehr gespannt: Der sogenannte „kalte Krieg" hat die Arbeiten des Konzils von Anfang an begleitet. Dennoch wurde dank der göttlichen Vorsehung dieses große Nachdenken möglich, dieser gewaltige Akt des Lehramtes der Kirche, in dem die Erfahrung und Überlieferung von fast 2000 Jahren zusammenkamen und ein Plan für die Zukunft entworfen wurde. Das Zweite Vatikanische Konzil ist als umfassendes Dokument, das aus etlichen Einzeldokumenten verschiedenen Charakters besteht, ein gewaltiger lehrmäßiger und pastoraler Entwurf für die Kirche der Zukunft. Ich bin mir persönlich tief bewußt und sicher, daß es ein Werk des Heiligen Geistes war, der uns zur Seite stand und uns geholfen hat, dieses Konzil durchzuführen und uns in dieser Weise in der damaligen Stunde auszusprechen.

Doch nun liegt eine andere Aufgabe vor uns, nämlich die allmähliche Durchführung des Konzils gerade als Projekt: „Konzil-Projekt". Wie zahlreiche andere Orts- und Einzelkirchen haben wir hier die Synode als Mittel dieser Durchführung gefunden. Mit großem Interesse habe ich die Bemerkung über die voraufgehende Synode vernommen, die erste, während die jetzige die zweite ist: Es hat in der Geschichte nicht viele Römische Synoden gegeben. Oft denkt und sagt man auch, diese erste Synode habe im Schatten des Konzils gestanden, sie sei ziemlich traditionell und klerikal gewesen und habe ausschließlich juridische Kriterien verwendet. Doch heute haben wir etwas recht Interessantes und Positives über diese Synode gehört. Wir können auch bei der Abwicklung der Arbeiten der jetzigen Synode nicht von dem absehen, was Werk und Frucht der voraufgehenden Synode gewesen ist. Vielleicht mißachtet man allzu leicht diese Synode und hält sie für etwas Überholtes, das nicht mehr aktuell ist. Sie bleibt aber aktuell, weil auch bei ihr der gleiche Heilige Geist präsent war, der seiner Kirche immer zur Seite steht.

Unsere Synode ist anders, sie kann nicht genau wie die erste sein. Sie muß anders sein wegen des II. Vatikanischen Konzils, das uns eine neue Sicht der Kirche geschenkt hat, eine mehr für die Universalität des Volkes Gottes offene Sicht: die katholische Universalität, die sich in der katholischen Kirche verwirklicht, und auch die menschliche Universalität, die sich in gewissem Sinn in der ganzen Menschheit verwirklicht, weil alle Menschen den gleichen Schöpfer und den gleichen Erlöser haben. Alle sind vom einen Schöpfergott geschaffen und alle sind von Christus, dem Erlöser, erlöst. So findet die Ekklesiologie des II. Vaticanums am Ende in dieser Hauptwahrheit des Glaubens den Schlüssel für ihre Deutung. Das stellt uns viele Probleme ökumenischer Art, hinsichtlich des Dialogs mit den anderen Religionen und geistlichen Überlieferungen, mit allen Lebensverhältnissen des Menschen, mit der gesamten heutigen Welt in verschiedenen Dimensionen. Ich möchte sagen, daß dies auch unsere Haltung gegenüber dem derzeitigen Krieg erklärt.

Wir können diesen Krieg nicht mit rein politischen Maßstäben betrachten, auch wenn die Grundsätze der internationalen Gerechtigkeit gewiß sehr wichtig sind und befolgt werden müssen. Wir sehen diesen Krieg mit den Maßstäben, die uns das II. Vatikanische Konzil vermittelt hat. Es sind die Maßstäbe des gegenseitigen Suchens, das zwischen den verschiedenen Teilen der Menschheit, zumal zwischen den verschiedenen Religionen, zwischen den monotheistischen Religionen gegenseitig werden muß.

Über die Religionen hinaus sind auch die sozio-ökonomischen und sozio-politischen Wirklichkeiten im Spiel. Wir wissen, daß unsere Erde in unterschiedliche „Welten" eingeteilt wird, die Erste, die Zweite und die Dritte Welt, und viele sagen, wie schon in der Enzyklika *Sollicitudo rei socialis* erwähnt, es gäbe bereits eine Vierte Welt. Unsere Sorge geht dahin, dieser Krieg könne zwischen diesen Welten noch tiefere Abgründe schaffen. Wir sind in Sorge um das Weiterbestehen unserer konziliaren Sicht der Welt. Die Kirche muß sich nämlich in der Welt sehen, und sie muß die Welt im Hinblick auf ihre Sendung sehen. Unsere größte Sorge für die Zukunft besteht darin, die Völker könnten als Folge dieses Krieges noch mehr Gegner, noch mehr Feinde werden, statt auf Verständnis und eine möglichst universale Solidarität hinzuarbeiten. Sie könnten noch mehr gespalten, noch mehr entgegengesetzt, noch mehr Feinde werden.

Alle Interventionen der Kirche und auch die meinen, also mein Dienst in dieser Sache, kommen von dieser Hauptsorge her.

Natürlich ist die Synode eine Synode der Diözese Rom, und hier müssen wir das Licht des Heiligen Geistes suchen, um zu erkennen, wie wir die uns vom Konzil vermittelte Sicht der Kirche in unserer Kirche von Rom verwirklichen können: wie diese Sicht hier Wirklichkeit werden kann. Die Verhältnisse sind nicht in jeder Hinsicht positiv und günstig. Wir wissen gut - wie ja auch aus den hier gebotenen Beiträgen klar hervorgeht -, daß zahlreiche negative und unserem Bemühen entgegengesetzte Elemente vorliegen. Doch müssen wir immer die Söhne Abrahams bleiben, der „gegen jede Hoffnung gehofft hat". So vollzieht sich auch unser täglicher Dienst in Pfarrei, Diözese und der universalen Kirche. So muß auch unser Dienst für die Synode trotz all dieser gegenteiligen Faktoren und Elemente erfolgen, die uns immer mehr die Abwesenheit des Heiligen, die Abwesenheit Gottes in der Welt des Menschen deutlich machen. Wir müssen dem entgegenzugehen suchen, was uns unser Glaube zusichert, dem neuen und ewigen Bund.

Wir sind ein Volk des Bundes, und Gott bleibt seinem Bund treu. Wir stützen uns nicht auf unsere Forschungen und Bemühungen, auf unsere Talente und Methoden; wir stützen uns auf den Bund, auf die Gewißheit, daß Gott treu ist. Er hat das im Alten Testament gezeigt, als es noch um den alten, vorübergehenden Bund ging; und er wird es im Neuen Testament, in diesem neuen und ewigen Bund zeigen. Wir sind alle Diener dieses Bundes. Früher sprach man von Generälen in einer etwas militärischen Sprache. Wir verstehen gut, daß in Kriegszeiten eine etwas militärische Sprache nicht schadet ... Doch um die Wahrheit zu sagen, sind wir vor allem Diener dieses Bundes, dieser Treue Gottes zum Menschen.

Das wollte ich also sagen, weil ich unsere Begegnung sehr schätze, auch alle Worte, Empfehlungen und Bewertungen, die wir vernommen haben. Vor allem schätze ich es, daß wir die Möglichkeit hatten, zusammenzusein.

Täglich in der Atmosphäre der Gnade

Ansprache zum Abschluß der von Erzbischof Ersilio Tonini geleiteten Exerzitien im Vatikan am 23. Februar

Gelobt sei Jesus Christus!
„Wir sagen dir Dank, allmächtiger Gott, für alle deine Wohltaten, für die Wohltat dieser Woche": Wir danken für die Gnade dieser Woche, die uns hier im Vatikan geschenkt wurde, in dieser der heiligsten Jungfrau, der „Redemptoris Mater" geweihten Kapelle.
Wir danken sodann unserem Prediger für das Zeugnis, das er uns gegeben hat und mit dem er uns durch diese Tage geführt hat. Wir danken ihm für das Geschenk eines aus der Tiefe gelebten Glaubens, eines Glaubens an die Mysterien, gelebt sozusagen innerhalb dieser Geheimnisse, dieser „magnalia Dei", die in Gott sind, an deren Anteil zu haben wir aber berufen sind.
Wir sind ihm dankbar für diese gelebte Anteilnahme an den „magnalia Dei", für diesen grundlegend trinitarischen, christozentrischen, pneumatologischen und marianischen Glauben. Wir danken ihm, weil für uns alle dieser sein Glaube und dieses sein Zeugnis ein großes Geschenk gewesen sind. Wir haben daran die ausgedehnten vorbereiteten Studien bewundert und die geistliche Reife, aber noch mehr die gelebte pastorale Erfahrung. Wie sehr sind uns die verschiedenen Beispiele nahegegangen. Stets waren sie dem täglichen Leben entnommen, aus der Tiefe des Lebens von nahen und fernen Menschen, angefangen im elterlichen Haus, und dann die verschiedenen pastoralen Aufgaben hindurch, auch jene an der Universität und dem Seminar.
Es war für uns alle eine bedeutende Erfahrung, ich möchte sagen, ein kräftiges Bad lebendigen und gelebten Glaubens, getreu der Aufgabe „contemplata aliis tradere" weitergegeben.
Das alles hat der Prediger uns vor Augen, oder besser vor unsere Herzen gestellt in dem Augenblick, in welchem die Welt - wir spüren es - sich erneut vor radikalen Alternativen befindet. Die Kirche hat Anteil an dieser Radikalität der Alternativen, sie ist sich bewußt, daß ihre Sendung nicht anders sein kann. Nun danken wir, wir danken dir, unser lieber Exerzitienleiter und Bruder im Bischofsamt, wir danken dir, daß du uns diese Exerzitien gegeben, diese Meditationen so unmittelbar an uns gerichtet hast, wir danken dir, daß du zu uns gesprochen hast, zum Hl. Stuhl, dem Dienstamt des Petrus, daß du uns bei dieser Aufgabe des Primats und der Universalität, in diesem Dienstamt des „Servus servorum" Mut zugesprochen hast. Vor allem war der gestrige Tag für uns als Gemeinschaft der Römischen Kurie und für den Hl. Stuhl sehr bedeutsam. Für alles das danken wir. Du hast uns an die apostolische Urgemeinde von Jerusalem erinnert, die im Gebet, im „Brotbrechen", im Hören auf das Wort Gottes und die Unterweisungen der Apostel den Glauben unseres Ursprungs lebte. Diese Urgemeinde von Jerusalem wurde durch deine Worte hierher in diese Kapelle „Redemptoris Mater" übertragen. Auch die erste apostolische Ge-

meinschaft von Jerusalem war gleichsam eine um die „Redemptoris Mater” errichtete Kapelle. Wir danken dir, daß du uns gelehrt hast, wie die Atmosphäre der Gnade jeden Augenblick, jeden Tag herzustellen ist. Die geistlichen Übungen sind sicherlich bevorzugte Tage, an denen die Atmosphäre der göttlichen Gnade alles erfüllt. Es kommen dann auch andere Wochen, andere Zeiten: Auch diese Perioden, diese Tage müssen von der göttlichen Gnade erfüllt sein; die Gnade muß von uns in der Römischen Kurie, von jedem und von allen, in brüderlicher Gemeinschaft gelebt werden, aber in der Teilnahme an der erhabensten und tiefsten trinitarischen Gemeinschaft.
Zum Abschluß wollen wir das Magnificat singen. Wir können nicht anders schließen als mit dem Wiederholen der Worte, mit denen Maria dankt. Sie ist ja als Christin und Jüngerin ihres Sohnes Vorbild, und zugleich ist sie unsere geistliche Mutter, die „Redemptoris Mater”. Wir können nicht anders schließen als mit dem Dank: „Agimus tibi gratias.”

RERUM NOVARUM neu lesen

Video-Botschaft zum Hundert-Jahres-Gedächtnis der großen Sozialenzyklika Leos XIII. vom 27. Februar

Liebe Brüder und Schwestern!

Ihr seid zur Hundert-Jahr-Feier der Enzyklika meines Vorgängers Leo XIII. versammelt, und diese Botschaft, die ich direkt an euch richte, möchte meine Freude über diese Zusammenkunft zum Ausdruck bringen sowie die Bedeutung, die ich ihr beimesse.
Es handelt sich um eine Initiative von Christen, die darauf bedacht sind, den unschätzbaren Reichtum der Soziallehre der Kirche besser kennenzulernen, für die *Rerum novarum* einen Aufbruch in die moderne Zeit bedeutet. Eine Initiative von Männern und Frauen, welche den Herausforderungen einer nach Gerechtigkeit und Frieden, nach Freiheit und Solidarität dürstenden Welt angemessener begegnen wollen.
Die Enzyklika *Rerum novarum* muß, will man ihre bleibende und lebendige Aktualität erfassen, mit den Augen des heutigen Menschen von neuem gelesen werden. Sie lehrt uns auch, mit einem neuen Blick all jene „neuen Dinge”, die oft aus Dunkel und Unordnung hervorgehen, wahrzunehmen, um ihnen Sinn und Harmonie zu geben.
Nach menschlicher Sicht sind die Herausforderungen unserer Gesellschaft so nachhaltig und vielschichtig, daß wir der Versuchung erliegen könnten, den Mut zu verlieren und am Menschen zu verzweifeln. Aber Gott ist mit uns; er bleibt der Herr der Geschichte. Das Evangelium ist ständig neu: Es gibt uns Samen in die Hand, die unsere Erde unablässig befruchten, um sie bewohnbarer zu machen.

Wir müssen die großen Umgestaltungen, die unsere Zeit erschüttern, als Lehre betrachten: Gott ist der wahre Maßstab des Menschen und nur er offenbart dem Menschen vollends sein eigenes Sein. Habt keine Furcht, angesichts der Krise der Ideologien und Strategien, unsere Kenntnis über den Menschen in den Dienst seines gesellschaftlichen, kulturellen, politischen und wirtschaftlichen Lebens zu stellen. Mögen die Wahrheit über den Menschen und seine Würde auf den neuen Wegen der Geschichte, die er beschreitet, stets aufrechterhalten werden!
Die Soziallehre der Kirche ist ebenso Leben wie Lehre: Sie ist eine ständige Einladung, die Wirksamkeit der in ihr enthaltenen Grundsätze im persönlichen und gemeinschaftlichen Leben und in erster Linie innerhalb der christlichen Gemeinden selbst zu bezeugen.
Um den konkreten Erfordernissen des Evangeliums zu entsprechen, genügt es nicht, zu einem bestimmten Zeitpunkt der Enzyklika *Rerum novarum* zu gedenken, wie es auch nicht genügt, dieses Jahr zu begehen, das ich dem Studium der Soziallehre der Kirche gewidmet habe. Seid vielmehr davon überzeugt, daß es sich um ein stets offenstehendes Arbeitsfeld handelt, auf das alle berufen sind, damit die Menschheit in ihrer unsicheren Lage immer besser ihrer göttlichen Berufung entspreche.
In der Hoffnung, daß eure Überlegung reiche Früchte tragen mögen, rufe ich den Segen Gottes auf euch herab.

Das Recht auf Information hat klare Grenzen

Ansprache an die Vollversammlung des Päpstlichen Rates für die sozialen Kommunikationsmittel am 1. März

Liebe Brüder im Bischofsamt,
liebe Brüder und Schwestern im Herrn!

1. Ich freue mich, aus Anlaß eurer jährlichen Vollversammlung wieder einmal die Mitglieder und das Personal des Päpstlichen Rates für die sozialen Kommunikationsmittel zu treffen. Bei diesen Versammlungen habe ich in der Vergangenheit schon oft erwähnt, welch eine Fügung es war, daß das Zweite Vatikanische Konzil den sozialen Kommunikationsmitteln Aufmerksamkeit schenkte. Ihre Bedeutung für die „Ausbreitung und Festigung des Gottesreiches" wie auch für den „Fortschritt der ganzen menschlichen Gesellschaft" gibt ihnen eine besondere Stellung in der Sendung und dem missionarischen Bemühen der Kirche (vgl. *Inter mirifica*, Nr. 2).

2. In der kürzlich veröffentlichten Enzyklika *Redemptoris missio* verglich ich die Welt der Kommunikationsmittel mit dem ersten „Areopag des modernen Zeitalters" und dachte dabei an den Areopag in Athen, wo der hl. Paulus predigte (vgl. *Apg* 17,22-31), als Symbol des neuen Sektors, auf dem das Evangelium verkündet werden muß (vgl. Nr. 37). Die Tatsache, daß die sozialen Kommunikationsmittel die Hauptquellen für Information und Erziehung, Leitung und Anregung auf der

Ebene des einzelnen Menschen, der Familie und des Sozialverhaltens geworden sind, fordert die Kirche zu einer eindeutigen Anerkennung dieser Mittel auf.
Die Anwesenheit der Kirche in den Medien ist nicht nur notwendig, um die Predigt des Evangeliums zu verstärken, sondern vor allem auch um sicherzustellen, daß die Botschaft des Evangeliums in die „neue Kultur", die durch die modernen Kommunikationsmittel geschaffen wird, integriert ist (vgl. *ebd.*). Diese Aufgabe ist um so dringender, als die Welt der Kommunikationsmedien oft ein Beispiel für die Spaltung zwischen Evangelium und Kultur bietet, die Papst Paul VI. „die Tragödie unserer Zeit" nannte (vgl. *Evangelii nuntiandi*, Nr. 20).
Ich erinnere an diese Überlegungen, um die Wichtigkeit und die Bedeutung eurer Verpflichtungen im Päpstlichen Rat für die sozialen Kommunikationsmittel, wie auch der Aufgabe des Rates bei den Evangelisierungs- und Missionsaufgaben der Kirche zu unterstreichen. Ich möchte euch dazu ermutigen, weiterhin voll und ganz das Beste eures Bemühens und eurer Talente einzusetzen, um den Herausforderungen zu entsprechen, denen die Kirche auf diesem Gebiet begegnet.

3. Eure jetzige Vollversammlung gedenkt des 20. Jahres nach dem Erscheinen des Pastoralschreibens *Communio et progressio*, das als Antwort auf eine ausdrückliche Bitte der Konzilsväter des Zweiten Vatikanums veröffentlicht wurde (vgl. *Inter mirifica*, Nr. 23). Ihr habt die Arbeit vollendet, dieses Dokument auf den heutigen Stand zu bringen, ein „aggiornamento" mit dem Ziel, neuen Situationen und neuen Technologien zu entsprechen. Gleichzeitig habt ihr gesehen, daß die Grundprinzipien von *Communio et progressio* heute noch so gültig und wesentlich sind wie vor zwei Jahrzehnten.
Zu dem Wandel in der Technologie und in der Gesellschaft, an die ihr euch wendet, gehört auch die Tatsache, daß die Medien es jetzt überall den Menschen möglich machen, schon im Augenblick des Geschehens Zeugen von Ereignissen zu sein. Nichtsdestoweniger hängt die Art und Weise, wie die Ereignisse verstanden werden, oft von der Auffassung derer ab, die entscheidenden Einfluß auf den Informationsfluß haben und die technischen Mittel besitzen, ihn weiterzugeben. Auf diesem Gebiet hat *Communio et progressio* Leitlinien angeboten, die für die Gesellschaft beim Gebrauch der Kommunikationsmittel von großem Wert sind.
„Der heutige Mensch braucht [- wie das Pastoralschreiben bemerkt -] eine zuverlässige, klare, vollständige und genaue Information" (Nr. 34), und „damit auch die Gesellschaft als ganze in all ihren Schichten ... richtig funktioniert ... [ist] Information ... auch vom Gemeinwohl her gefordert" (Nr. 35).
Im Hinblick auf die ethischen Grundsätze, die dabei im Spiel sind, stellt das Pastoralschreiben in entsprechender Weise fest: „Doch das Recht auf Information hat klare Grenzen, wenn sein Gebrauch andere Rechte verletzen würde, z. B. das Recht der Wahrheit, das den guten Ruf der einzelnen und der ganzen Gesellschaft schützt; das Recht auf die Unverletzlichkeit des Intimbereichs für die Familie und den einzelnen; das Recht auf Wahrung des Berufsgeheimnisses oder des Geheimnisses im Interesse des öffentlichen Wohles. Wenn das Gemeinwohl auf dem Spiel steht, kann

die Weitergabe von Nachrichten nur nach sehr sorgfältiger Abwägung aller Umstände erfolgen" (Nr. 42).

4. Das alles wird von besonderer Bedeutung vor dem Hintergrund der ernsten Lage im Mittleren Osten. Man kann sehr wohl sagen, daß der augenblickliche Krieg nicht nur mit den Waffen, sondern bis zu einem gewissen Grad auch durch die Medien geführt wurde. Während die Mittel der sozialen Kommunikation bemüht waren, die Welt laufend über die Ereignisse zu informieren, haben wir auch gesehen, daß sie dort, wo die Achtung für die Wahrheit fehlt, der Ungerechtigkeit Gewalt verschaffen können.

In bezug auf alle Gewaltsituationen ist es angebracht, in dieser Hinsicht über die schwierige und verantwortungsvolle Aufgabe der Männer und Frauen in den Medien gewisse Worte aus *Communio et progressio*, zwanzig Jahre nachdem diese geschrieben wurden, in Erinnerung zu rufen. Das Pastoralschreiben sagt diesbezüglich: „Besonders in Kriegsfällen, die die ganze Menschheit in große Aufregung und Angst versetzen, haben die Menschen ein Recht zu erfahren, was sich in den Krisengebieten abspielt. Hier müssen Leben und Gesundheit der Korrespondenten immer und mit allen Mitteln geschützt werden. Darum lehnt die Kirche jede Gewaltanwendung gegen diese Korrespondenten und andere Journalisten entschieden ab. Denn beim Recherchieren und bei der richtigen Weitergabe der Nachrichten nehmen sie das Informationsrecht der Menschen wahr und verwirklichen es" (Nr. 36).

Die Berichterstattung über den Krieg und die dramatischen Szenen menschlichen Leidens und materieller Zerstörung, die damit verbunden sind, sollte uns anspornen, unablässig um das Zustandekommen eines gerechten Friedens und einer dauerhaften Versöhnung zwischen allen in die Krise im Mittleren Osten verwickelten Parteien zu beten. Die Unsicherheit, die ein Krieg unvermeidlich im Gefolge hat, sollte alle gläubigen Menschen dazu bewegen, noch inständiger von Gott, dem Allmächtigen, das Geschenk jenes Friedens zu erflehen, den die Welt nicht geben kann (vgl. *Joh* 14,27).

5. Liebe Brüder und Schwestern, zum Schluß möchte ich noch meiner Wertschätzung Ausdruck geben für die Arbeit, die der Päpstliche Rat leistet bei der Koordinierung der weltweiten Satellitenübertragung von religiösen Feiern hier in der Stadt der Apostel Petrus und Paulus. Diese Übertragungen haben es den Menschen vieler Nationen ermöglicht, im Gebet vereint zu sein. Sie haben geholfen, das Bewußtsein von der universalen Natur der Kirche zu heben dadurch, daß sie deren Glieder einander bekannt machen und das, was der Nachfolger des Petrus lehrt, rund um die Erde übertragen. Eure Arbeit auf diesem Gebiet ist sicherlich ein echtes Apostolat und eine herrliche Form des Dienstes für das Reich Gottes.

Mit dem Gebet, daß eure Bemühungen, einen besseren Gebrauch der sozialen Kommunikationsmittel in der Kirche und in der Gesellschaft zu fördern, weiterhin die Frucht des Friedens, der Gerechtigkeit und der Einheit hervorbringen mögen, empfehle ich euch dem liebevollen Schutz Marias, der Mutter der Kirche, und erteile euch mit Freuden meinen Apostolischen Segen.

Friede und Gerechtigkeit gehen Hand in Hand

Ansprache an die Patriarchen und Bischöfe der in den Golfkrieg verwickelten Länder zum Beginn ihrer Beratungen im Vatikan am 4. März

Meine lieben und verehrten Mitbrüder im Bischofsamt!

1. Gestattet es mir, vor allem die Freude zum Ausdruck zu bringen, die meinen Geist erfüllt, da ich euch hier versammelt sehe. Durch euch grüße ich herzlich all jene, die ihr vertretet: eure Mitbrüder im Bischofsamt, eure Mitarbeiter bei den apostolischen Aufgaben sowie alle Gläubigen, die eurer Hirtensorge anvertraut sind. Jedem von euch sage ich mit dem Apostel Paulus: „Der Herr des Friedens ... schenke euch den Frieden zu jeder Zeit und auf jede Weise" (*2 Thess* 3,16)!

2. Die Anwesenheit der verehrten katholischen Patriarchen der Kirchen des Nahen und Mittleren Ostens erinnert uns an die Leiden, denen viele Völker der Region, in der Gott sich unseren Vätern im Glauben geoffenbart hat, noch immer ausgesetzt sind. In den letzten Monaten haben sich die Prüfungen im Gebiet um den Persischen Golf vervielfacht.

3. Wenn wir jetzt unsere der Reflexion gewidmeten Tage beginnen, rufen wir auf unsere Arbeit das Licht des Heiligen Geistes herab und vertrauen uns der mütterlichen Fürbitte Marias an, damit sich aus unseren Gesprächen Orientierungen und Initiativen ergeben mögen, die klarer die Liebe Gottes zu allen Menschen widerspiegeln.

4. Mit dieser meiner Einladung an euch, liebe bischöflichen Mitbrüder, wollte ich allen Häuptern der Kirchen des Nahen und Mittleren Ostens Gelegenheit geben, die geistliche und materielle Lage darzulegen, in der sich ihre Gläubigen infolge der Spannungen und Kämpfe befinden, die durch die irakische Invasion in Kuwait am 2. August und die darauf folgenden Feindseligkeiten verursacht wurde. Die Beobachter der internationalen Wirklichkeit erklären einstimmig, daß der Krieg schon Auswirkungen für die ganze Region und die angrenzenden Gebiete hatte und noch weiterhin haben wird.
Liebe Brüder, ihr kommt als Zeugen dieser schweren Prüfungen, die so manche Bevölkerung betroffen und dezimiert, Trauer und Zerstörung verursacht haben und auch Mißtrauen und Groll aus der Vergangenheit neu aufkommen ließen. Die Versuchung, einen Krieg anzustiften, bestand ja schon lange vor dem Monat August 1990.

5. Friede und Gerechtigkeit gehen Hand in Hand. Nun sind die Palästinenser seit mehr als 40 Jahren ein heimatloses Volk und der Staat Israel wird angefochten und bedroht. Wir dürfen auch nicht vergessen, daß sich das libanesische Volk seit 1975 in einer andauernden Agonie befindet und daß das Land, in dem diese Nation lebt, noch heute von fremden Truppen besetzt ist. Seine Seligkeit, Nasrallah Sfeir, kann uns die Hoffnungen seiner christlichen und muslimischen Mitbürger bekanntgeben.

Bei der Anwesenheit der katholisch-koptischen, syrischen, melkitischen, maronitischen, armenischen und lateinischen Patriarchen von Jerusalem ist es angebracht, daran zu erinnern, daß ihre Gläubigen, praktisch über alle Länder der Region verstreut, gemeinsam mit anderen christlichen Brüdern zahllosen Schwierigkeiten gegenüberstehen, deren größte das Problem ist, sich als christliche Minderheit in einer islamischen Gesellschaft zu behaupten, in der sie, je nach der nationalen oder regionalen politischen Orientierung, geduldet, geachtet oder abgelehnt werden. In diesem Zusammenhang kann ich nicht die Tatsache verschweigen, daß auch heute noch manche Länder den christlichen Gemeinden verbieten, sich auf ihrem Boden niederzulassen und ihren Glauben seinen eigenen Gesetzen entsprechend zu bekennen und zu leben. Ich denke dabei in erster Linie an Saudi-Arabien. Der chaldäische Patriarch von Babylonien, Seine Seligkeit Raphaël Bibadwid, wird uns die Lage in seinem Land, dem Irak, beschreiben, dessen Bevölkerung, nachdem sie erst kürzlich den Konflikt mit dem Iran überwunden hatte, nun erneut die Schrecken des Krieges erfahren mußte. Wir alle können uns vorstellen, mit welcher Ungeduld die Iraker - seien sie nun Christen oder Muslime - den wahren Frieden für heute und für die Zukunft erwarten.

6. Angesichts dieser Lage wollte ich es nicht an einem konkreten Ausdruck kirchlicher Solidarität fehlen lassen. Deshalb beschloß ich, eine Versammlung der Vorsitzenden der Bischofskonferenzen jener Länder einzuberufen, die am unmittelbarsten in den sogenannten Golfkrieg verwickelt waren. Ich danke euch dafür, daß ihr trotz eurer pastoralen Verpflichtungen gekommen seid und dieses Zeugnis der Kollegialität abgelegt habt. Wenn der Krieg Spaltungen, Leiden und Tod hervorruft, ist es wesentlich, daß die katholische Kirche in den Augen der Welt als eine Gemeinschaft der Liebe sichtbar wird, die, wie das Zweite Vatikanische Konzil feststellt, „den Weg mit der ganzen Menschheit gemeinsam hat" und daher auf besonders sichtbare Weise „zum Sauerteig und gleichsam zur Seele der menschlichen Gesellschaft wird, die in Christus erneuert und in die Familie Gottes umgebildet werden soll" (vgl. *Gaudium et spes*, Nr. 40).

7. Diese begeisternde Sendung der Kirche in der Welt und für die Welt entspricht in keiner Weise Kriterien oder Bestrebungen politischer Natur. Mit bescheidenen, ihrer geistlichen Natur entsprechenden Mitteln bemüht sich die Kirche, den Sinn für Wahrheit, Gerechtigkeit und Brüderlichkeit zu wecken oder zu erneuern, den der Schöpfer dem Herzen jedes Menschen - in seiner transzendenten und gesellschaftlichen Dimension betrachtet - eingegossen hat.

Diese grundsätzlichen Erwägungen haben mich zu meinen zahlreichen Interventionen der letzten Zeit veranlaßt, während der Friede in der Golfregion und in gewissem Sinn in der ganzen Welt bedroht war. Es schien mir nämlich notwendig, die bedeutsamen Grundsätze der Moral und des internationalen Rechtes in Erinnerung zu rufen, die in jedem Augenblick das Verhalten der Völker und ihrer Verantwortlichen bestimmen sollten, Grundsätze einer Moral und eines Rechtes, die auf gleiche Weise das Gewissen aller herausfordern, und die überall angewandt werden und auf jedes Glied der internationalen Gemeinschaft anwendbar sein sollen. Nun wissen wir, daß sich seit dem Ende des Zweiten Weltkrieges eine internationale Ordnung entwickelt hat, die den Zweck verfolgte, überall die Solidarität von Menschen gleichen Rechtes und gleicher Würde wachzurufen. Diese Ordnung schloß den Krieg als Mittel zur Beilegung von Streitigkeiten unter den einzelnen Nationen aus. Heute sind wir in der Lage, zu ermessen, wie sehr diese Auffassung begründet ist.

8. Im Licht dieser Grundsätze ist die Völkergemeinschaft und sind insbesondere die internationalen und regionalen Organisationen heute aufgerufen, sich mit der Lage nach dem Golfkrieg zu befassen. Dabei ergeben sich Fragen von vordringlicher Bedeutung: die tatsächliche Berücksichtigung des Grundsatzes der Unantastbarkeit der Staatsgrenzen; die Lösung von seit Jahrzehnten anstehenden Problemen, von denen ständige Spannungen ausgehen; die Regelung des Handels mit Waffen aller Art; Übereinkommen für die Abrüstung der Region. Nur wenn diese Probleme eine Lösung gefunden haben, wird eine friedliche Koexistenz des Irak und seiner Nachbarländer, Israels, des Libanon, des palästinensischen Volkes und der Bewohner Zyperns möglich sein.
Es ist unmöglich, über die wirtschaftlichen Probleme hinwegzusehen. In diesem Teil der Welt bestehen Unausgeglichenheiten, und wir alle wissen, daß dann, wenn ein Volk vom Mangel an Aussichten für die Zukunft und von Armut bedroht ist, der Friede in Gefahr gerät. Die internationale Wirtschaftsordnung muß daher mehr und mehr auf das Teilen der Reichtümer der Erde und auf die Ablehnung ihrer Häufung oder ihrer egoistischen Ausnützung bedacht sein. Auch muß sie die gerechte Bezahlung der Rohstoffe gewährleisten, allen den Zugang zu den lebensnotwendigen Naturschätzen erlauben, den harmonischen Austausch der Technologien sichern und annehmbare Bedingungen für die Abtragung der Schulden der ärmsten Länder festlegen.

9. Gehen wir nun zu den eigentlichen Arbeiten unserer Versammlung über. Indem wir einander zuhören, bemühen wir uns, den Schrei der zahlreichen Völker zu vernehmen, die einen gerechten und dauerhaften Frieden erwarten, und wollen uns mit ihren Bestrebungen solidarisch sehen. Vergessen wir dabei nicht die schwerwiegenden Probleme der Region, die heute schärfer denn je sichtbar werden.
Liebe Brüder im Bischofsamt. Es erscheint mir wichtig, uns bei unseren Überlegungen von einigen Überzeugungen leiten zu lassen.

- Wenn die Probleme von gestern ungelöst sind oder wenn ihre Lösung noch nicht in Aussicht ist, sind die Armen des Nahen Ostens - ich denke da insbesondere an die Palästinenser und die Libanesen - noch größeren Bedrohungen ausgesetzt;
- es gibt derzeit keinen Religionskrieg, und es kann keinen „heiligen Krieg" geben, weil die Werte der Anbetung, der Geschwisterlichkeit und des Friedens, die dem Glauben an Gott entspringen, zu Begegnung und Dialog aufrufen;
- die Solidarität, zu der die internationale Gemeinschaft im Interesse der vom Krieg geschädigten Völker aufgefordert wird, muß von einem ernsten Bemühen beglei-

tet sein, daß nicht Vorurteil und Einseitigkeiten den guten Absichten zum Schaden gereichen;

- jede Verzögerung im Bemühen um Lösungen oder um einen Dialog ist ein ernstes Risiko und könnte die bereits bestehenden Spannungen verschärfen.

10. Verehrte Mitbrüder, unsere Begegnung ist in sich schon eine Botschaft, die den Kirchen und der Welt gilt. Sie vereint Hirten von Völkern, die gestern einander gewaltsam gegenüberstanden. Heute rufen eben diese Hirten vom Zentrum der Kirche - von diesem apostolischen Stuhl aus, der den Vorsitz in der Liebe genießt - zur Versöhnung auf, zum gemeinsamen Aufbau einer Zukunft, die allen ein Leben in Würde und Freiheit gewährleisten soll.
Ich bin überzeugt, daß die katholischen Gemeinden eurer Region trotz ihrer zahlenmäßigen Schwäche und manchmal der Bescheidenheit ihrer Mittel von der Vorsehung dazu berufen sind, ihr Zeugnis abzulegen und ihren Beitrag zum Wiederaufbau einer geschwisterlichen Gesellschaft zu leisten. Für jede dieser Gemeinschaften ist die Stunde der Bekehrung und der Glaubwürdigkeit angebrochen: sie müssen das Evangelium ohne Angst und ohne Komplexe leben und für die Hoffnung Zeugnis geben, die wir in uns tragen (vgl. *1 Petr* 3,15).
Das ist unser Wunsch; das ist unser Gebet!

Evangelisierung - Mitte des Auftrags

Ansprache an die brasilianischen Bischöfe vor ihrer Begegnung mit Vertretern der Römischen Kurie am 8. März

Meine Herren Kardinäle,
meine Herren Erzbischöfe und Bischöfe!

1. Mit besonderer Freude empfange ich heute euch, die Vertreter des zahlreichen brasilianischen Episkopates, und mit euch auch meine Mitarbeiter an der Römischen Kurie bei Gelegenheit dieser besonderen Versammlung, die heute beginnt und eine Gelegenheit zur klareren Bekräftigung des Bandes kirchlicher Gemeinschaft und kirchlichen Dienstes bieten soll, das uns eint.
Nach meinem ersten Pastoralbesuch in eurem Land im Jahre 1980 hat es die göttliche Vorsehung so gefügt, daß ich noch zwei weitere Male mit euch zusammentreffen konnte: mit verschiedenen Gruppen bei Gelegenheit der Ad-limina-Besuche und bei unserer Begegnung im Jahre 1986, um den Geist zu bekräftigen, der die Kirche in Brasilien lebendig hält im Licht der vom Zweiten Vatikanischen Konzil formulierten Lehraussagen und deren praktischer Verwirklichung. Schließlich seid ihr im vergangenen Jahr erneut zu den Ad-limina-Besuchen hier gewesen, und ich konnte euch erneut anhören und mit euch einige Aspekte eurer gemeinsamen pastoralen Aufgabe klären.
Heute grüße ich euch alle aufs neue von Herzen in einem Klima des Gebetes, des Nachdenkens und auch der brüderlichen Liebe, der Hoffnung und des konstruktiven

Dialogs, und ich heiße euch im Haus des Papstes, das euer Haus ist, willkommen. Ich danke euch schon jetzt für die Bereitwilligkeit, mit der ihr auf meine Einladung eingegangen seid, und ich verspreche einem jeden erneut, euren seelsorglichen Aufgaben verbunden zu bleiben. Ich bitte Gott, er möge euch aus dieser Begegnung neue Kräfte für euren hingebungsvollen Dienst zuwachsen lassen, und in Zusammenarbeit mit einigen Kongregationen und Räten der Römischen Kurie uns jene Früchte schenken, die der Göttliche Tröster gewiß sehen möchte.

2. Liebe Brüder, als Erzbischöfe und Metropoliten sowie als Bischöfe verschiedener Diözesen findet ihr hier eine bevorzugte Situation vor, um die Sorgen der Einzelkirchen in eurem Volk zu vertreten und auszusprechen. Wir sind hier versammelt, um wichtige Punkte des kirchlichen Lebens in Brasilien zu bedenken. Dabei bildet diese Begegnung die Fortsetzung eines Austausches, der eure vereinte Zusammenarbeit bei der Evangelisierung festigen soll. Wir halten diesen Austausch in einer organischen Sicht unserer Sendung als Bischöfe, in einer Sicht, in der die undiskutierbaren Prioritäten des Lebens der Kirche von heute, und zwar sowohl ihre Bedürfnisse als universale Kirche, als auch die der Kirche in Brasilien eigenen zum Ausdruck kommen sollen. Im Mittelpunkt unserer Sorge steht die Evangelisierung im Kontext der brasilianischen Kultur und Gesellschaft, mit besonderer Berücksichtigung der Aufgabe des Bischofs als Lehrer des Glaubens. Dies möchte ich eurer Aufmerksamkeit empfehlen, wenn ihr über die Agenten, die Methoden und die Adressaten der Evangelisierung nachdenkt.
Eure Aufgabe als authentische Lehrer des Glaubens hat den Aufbau des mystischen Leibes Christi zum Ziel. Ihr seid, mit dem Bischof von Rom und Nachfolger des Petrus vereint, eine Säule, auf die sich das Werk der Evangelisierung stützt. Wirkmächtigkeit und Lebenskraft der Ortskirche hängen großenteils von eurem Glauben, eurer Hoffnung und eurer Liebe ab.

3. Als Hirte der universalen Kirche möchte ich euch in eurem Dienst anregen. Ich bin mir der Herausforderungen voll bewußt, denen ihr bei der Verkündigung der Botschaft des Evangeliums in einer Welt gegenübersteht, die sie nicht immer in voller Bereitschaft annimmt. Euer Volk erfährt die Schwierigkeiten des Christseins inmitten eines feindlichen Klimas, das vor allem auf den wachsenden Niedergang der Sitten zurückzuführen ist. Auch das Problem der atemberaubenden Verbreitung der Sekten ist nicht zu übersehen. Sie gefährden die Beharrlichkeit im Glauben bei zahlreichen Katholiken.
In diesen Tagen wollen wir daher gemeinsam klar unsere Sicht der Kirche herausstellen, um zu erkennen, wohin der Herr sie, das heißt uns und sein Volk, am Vorabend des dritten christlichen Jahrtausends führen möchte. Wir müssen auf das Ergebnis unserer Bemühungen vertrauen in der Sicherheit, daß der Herr des Weinbergs in unserer Mitte weilt. Er ist es, der uns als seine Diener erwählt hat, damit wir die Aufgabe der Evangelisierung erfüllen. Der hl. Paulus sagt, wir seien erwählt „für die Verkündigung des Evangeliums Gottes von seinem Sohn" (vgl. *Röm* 1,1-3). Wir nehmen seinen Ruf an und machen uns mit Freude ans Werk.

Wir zögern aber auch nicht, unser Gebet um mehr Kraft und Unterscheidungsgabe an ihn zu richten. Daher haben wir unsere Begegnung in einem Klima des Gebetes begonnen, und sie wird in der Eucharistiefeier gipfeln. Ich rufe die Fürbitte U. Lb. Frau, der Jungfrau von Aparecida, und die ihres göttlichen Sohnes an in der Gewißheit, daß der Herr uns bei unseren pastoralen Aufgaben zu helfen bereit ist. Er hat uns ja seinen Geist gesandt, damit er bei uns bleibt und uns in aller Wahrheit und Liebe leitet.
Liebe Brüder, in der Kraft des Heiligen Geistes wollen wir in unserer Aufgabe ausharren, das ganze katholische Volk Brasiliens zu stützen, damit es in der Heiligkeit des Lebens verkünden kann, daß „Jesus Christus der Herr" ist (vgl. *Eph* 2,11).

Kein Grund zur Entmutigung

Ansprache zum Abschluß der Begegnung mit den brasilianischen Bischöfen am 9. März

Liebe Brüder in Christus!

Wir waren in diesen beiden Tagen im Namen Jesu Christi und in der Kraft seines Paschamysteriums versammelt, um über unseren pastoralen Dienst für das Volk Gottes in Brasilien nachzudenken.
Wir wollten als Hirten von Ortskirchen und als Mitglieder der Römischen Kurie erneut gemeinsam Christus seine geliebte Kirche in Brasilien empfehlen, die er sich mit seinem kostbaren Blut erworben hat.
Zugleich wollten wir unsere jeweilige persönliche Verantwortung überprüfen, die wir gerade als erste Diener des Evangeliums haben, als Bischöfe, die von Gott berufen sind, das Geheimnis Christi, des Sohnes Gottes, in seiner ganzen Reinheit und unverkürzt, mit seiner ganzen Kraft und all seinen Forderungen zu verkündigen, um unser Volk im Glauben zu stützen und zu festigen.
In besonderer Weise haben wir an unsere lieben Mitarbeiter, die Priester Brasiliens gedacht und uns mit ihrer priesterlichen Identität beschäftigt, mit ihrem Dienst, ihren Schwierigkeiten, ihrer Berufung zur Freundschaft mit Christus und zur Vereinigung mit Gott.
Wir haben über die Situation der Seminaristen und die Erfordernisse ihrer Ausbildung gesprochen und die Notwendigkeit erkannt, uns weiter Mühe zu geben, damit ihre Ausbildung sie wahrhaft würdig für ihre Sendung vorbereitet und sie Hilfe erhalten, um zur Reife Christi zu gelangen.
Mit großer Dankbarkeit haben wir an die Ordensmänner und Ordensfrauen Brasiliens gedacht, ihren unersetzlichen Beitrag für das Evangelium betrachtet und über ihre Berufung zur Zusammenarbeit in immer tieferer Einheit mit den Hirten der Ortskirchen uns Gedanken gemacht, denn nur so können sie der Welt das wahre Antlitz Christi darstellen.

Wir waren beeindruckt von der Größe der Herausforderungen auf dem Gebiet einer echten Förderung des Menschen und den zahlreichen Hindernissen, die sich der vollen Wirksamkeit der neuen Evangelisierung entgegenstellen.
Diese Hindernisse können wir auch nach unserer Tagung besser erfassen, die uns zu einer immer treueren Liebe, wie sie in der pastoralen Wachsamkeit zum Ausdruck kommt, aufgerufen hat. Doch bildet dieses Bewußtsein für uns keinen Grund zur Entmutigung oder zum leeren Triumphalismus, vielmehr einen Grund zu großer Demut angesichts einer Situation, die nüchternen pastoralen Realismus und größtes Vertrauen auf Jesus Christus erfordert. Mit dem hl. Paulus erschrecken wir nicht vor den verschiedenen Schwierigkeiten und Hindernissen bei der Predigt des Evangeliums, denn wir sind überzeugt, daß wir „all das überwinden ... durch den, der uns geliebt hat" (*Röm* 8,37). Mit Gottes Hilfe ist alles möglich.
Als demütige Diener des Heilandes und schwache Werkzeuge seines Heiles, immer zu persönlicher Reinigung aufgerufen, sind wir Diener Gottes „durch das Wort der Wahrheit, in der Kraft Gottes, mit den Waffen der Gerechtigkeit" (*2 Kor* 6,7). Diese Kraft, die aus dem Paschamysterium kommt, erfahren wir in der Gemeinschaft der Kirche. Vereint in Christus und seiner Kirche sind wir stark in seinem Namen.
Dir, Jesus Christus, dem obersten Hirten, sei Ehre; auf dich setzen wir unser Vertrauen; dir wollen wir treu bleiben für immer; in deinem Wort liegt unsere Freude und unsere Kraft; in deinem Paschamysterium ist unser Heil beschlossen. Durch dich erreichen wir in deiner Kirche, unter dem Schutz deiner Mutter, der Jungfrau von Aparecida, zusammen mit unserem Volk das letzte Ziel: die Gemeinschaft des Vaters und des Sohnes und des Heiligen Geistes.

Einteilung in erste, zweite, dritte, vierte Welt muß überwunden werden

Ansprache an die Teilnehmer der Tagung des Exekutivkomitees der internationalen christlichen Vereinigung der Führungskräfte von Unternehmern (UNIAPAC) am 9. März

Herr Präsident,
liebe Freunde!

1. Im Verlauf dieses Jahres, das besonders der Soziallehre der Kirche gewidmet ist, hat Ihre internationale christliche Vereinigung der Führungskräfte von Unternehmen (UNIAPAC) eine Pilgerfahrt nach Rom unternommen, um hier zu arbeiten und nachzudenken. Sie haben bei dieser Gelegenheit eine Begegnung mit dem Bischof von Rom gewünscht, um vor ihm erneut Ihr persönliches Engagement als christliche Führungskräfte Ihrer Unternehmen zu bekräftigen und die christliche Identität Ihrer Bewegung neu herauszustellen. Ich schätze Ihren Entschluß und danke Ihnen für den Ausdruck Ihrer Verbundenheit mit der Kirche, die Ihr Präsident in Ihrem Namen ausgesprochen hat. Seien Sie also in diesem Hause herzlich willkommen!

2. Ihr Rückblick auf den großen modernen Ausgangspunkt der Soziallehre der Kirche, nämlich die Enzyklika *Rerum novarum*, hat Sie dazu veranlaßt, diese Tage einer anspruchsvollen Reflexion über verschiedene Aspekte der „wirtschaftlichen und sozialen Verantwortung des Leiters eines christlichen Unternehmens in einer Welt des Wandels und im Hinblick auf den weltweiten Charakter des Ganzen" zu widmen. Gern betone ich, daß die Weise, wie Sie das Neue an der Lehre Leo XIII. ehren, Interesse weckt, daß Sie sich die Zeit genommen haben, von allen Kontinenten herzukommen und, ausgehend vom Evangelium, den Sinn der Geschichte, in der Sie stehen, zu betrachten und die Tragweite des Wirkens und der vielfältigen Formen der menschlichen Solidarität zu bedenken, mit denen Sie es zu tun haben.
Einer der Wegweiser für Ihre Arbeit ist das von Ihrem französischen Zweig vorbereitete Werk mit Überlegungen und kirchlichen Dokumenten, die hundert Jahre sozialen Denkens gegenüber dem Unternehmen abstecken. Sie vermögen damit den Weg abzuschreiten, der nach *Rerum novarum* weiterging, und können sich besser bei Ihren aktuellen Aufgaben ausrichten.

3. Wenn Sie einen christlichen Blick auf Ihre Aufgaben als Leiter von Unternehmen werfen, machen Sie es sich nicht leicht. Sie müssen ja Forderungen miteinander ausgleichen, die vielen fast widersprüchlich erscheinen: jene der Regeln und Zwänge des wirtschaftlichen Lebens mit seinen Härten und sogar Radikalismen, jene, die von der immer teureren und weiter gehenden technischen Entwicklung herkommen, auf der anderen Seite aber jene, die das menschliche und christliche Gewissen stellt, und jene der wesentlichen moralischen Regeln für unsere Würde als Geschöpfe, die nach dem Bild Gottes selbst gestaltet, sind. Sie stehen am Kreuzungspunkt einer ganzen Reihe von natürlichen, technischen, bürgerlichen, wie auch moralischen Gesetzen und solchen, die vom Evangelium herkommen.
Ich will hier keine weiteren Analysen vornehmen, möchte Sie vielmehr nur bei Ihrem gemeinsamen Suchen ermuntern, das Ihnen helfen wird, besser auf das zu antworten, was ich Ihre Berufung nennen möchte. Sie müssen mit dem besten beruflichen Fachwissen zu handeln versuchen, um die besten Beziehungen unter allen einzelnen Mitgliedern des Personals Ihrer Unternehmen, mit den Nutznießern Ihrer Produktion oder Dienstleistungen, mit den verschiedenen sozialen Kräften und den für das Allgemeinwohl verantwortlichen Autoritäten herzustellen, ohne sich dabei je von Ihrem ersten Ziel, nämlich dem Aufbau einer gerechten Gesellschaft zu entfernen, in der die Gesamtheit der Personen sich in einem echten sozialen Gleichgewicht entfalten kann. Ich bemerke ferner, daß das Unternehmen eine der Zwischeninstanzen darstellt, die allen an seiner Tätigkeit Beteiligten nicht nur den Erwerb des eigenen Lebensunterhaltes und dessen ihrer Familie gestattet, sondern zugleich die Entfaltung eines Großteils ihrer Fähigkeiten.
Es wird auf Ihrem Weg nicht an Klippen fehlen. Unsere Zeit scheint sie auf ihre Weise sogar zu vermehren. Die Unterschiede in der Behandlung der Arbeiter erscheinen in der Welt deutlicher als früher in einer Region im Vergleich zur anderen, in einer Branche im Vergleich zur anderen, und das belastet auch die Produktions- und Marktverhältnisse. Es gibt heute gewisse einträgliche Tätigkeiten, die man

sanieren oder auf die man sogar verzichten muß: ich denke hier an alles, was das Leben des Menschen und der Natur beeinträchtigt, von der Umweltverschmutzung bis zur Entwicklung von unerhörten Waffen, oder an den Handel, der seinerseits mörderisch werden kann, und an die Drogen; ich denke an Abwegigkeiten und an das Übermaß gewisser Formen finanzieller Manipulationen. Um die Moral des wirtschaftlichen Handelns hochzuhalten, sind klares Denken und ein entschlossener Wille notwendig, den maßgebenden Forderungen des Wortes Gottes und der Lehre der Kirche treu zu bleiben. Ich weiß, daß Ihre Bewegung in diesem Sinne arbeitet und Sie auffordert, ohne Unterlaß Ihre Treue zu Christus im Glauben zu erneuern und in seiner Nachfolge die Liebe zum Menschen zu üben und sie wirksam bei all Ihren Tätigkeiten ins Werk zu setzen.

4. Sie betonen selbst, daß hundert Jahre nach den „neuen Dingen", die die Überlegungen Leos XIII. angeregt haben, unsere Zeit ihrerseits „neue Dinge" in Fülle aufzuweisen hat, politische und soziale, wirtschaftliche und technische Wandlungen.
Ein erheblicher Teil der Welt macht sich von den ideologischen Zwängen eines Kollektivismus frei, der ganze Völker schwer belastet, ihre Kreativität beeinträchtigt und ihre gesunde soziale und wirtschaftliche Entwicklung behindert hatte. Sie haben die Bedeutung dieser Wandlungen ermessen und wissen aufgrund Ihrer eigenen Fachkenntnis, daß der Übergang zu neuen Formen der Marktwirtschaft sich vor allem in Zentraleuropa nicht ohne den kostspieligen Umbau ganzer Wirtschaftsräume durchsetzen kann, wobei die Belastung für die Menschen zuweilen die Grenzen des Erträglichen erreicht.
Sie haben nicht gezögert, die Initiative zur Begegnung mit Ihren Partnern der Länder, die von solchen Wandlungen betroffen sind, zu ergreifen, um mit ihnen die Früchte Ihrer Erfahrungen auszutauschen und ihnen Hilfe anzubieten, damit sie sich auf den Wegen der Wirtschaft im Rahmen christlichen Denkens bewegen und ihre Entscheidungen treffen. Nur so können sie klar die Bedingungen für den Zugang ihrer Länder zu Unternehmensformen und Systemen des Austausches herausfinden, die für sie ziemlich neu sind. Ich hoffe in diesem Zusammenhang, daß die wichtigen Gespräche, die Sie mit ihnen in Prag im vergangenen Oktober geführt haben, eine fruchtbare Fortsetzung finden.
Diese Anspielung auf eine neue Lage, die unmittelbarer Europa betrifft, läßt mich natürlich nicht die übrigen Regionen der Welt vergessen. Die UNIAPAC vollzieht einen Großteil ihrer Tätigkeit auf regionalem oder kontinentalem Gebiet. Das entspricht, wie mir scheint, den wirklichen Bedürfnissen, die ich oftmals auf meinen Reisen festgestellt habe. Obwohl man also vom weltumspannenden Charakter der Wirtschaft sprechen darf, kann man diesen Bedürfnissen nicht gerecht werden noch die mit ihnen verbundenen Fehler und Ungerechtigkeiten beseitigen, ohne daß es zu vertrauensvollem Dialog zwischen den Partnern kommt, die in ihrer eigenen Region eine konstruktive Solidarität praktizieren. Die Christen müssen ernsthaft untereinander und mit ihren Partnern dahin arbeiten, daß wir eines Tages die Einteilung unserer Welt in eine erste, zweite, dritte und sogar vierte Welt hinter uns lassen können! Dürfen wir es hinnehmen, daß die Bezeichnungen Nord und Süd bedeuten: dort

hat man mehr und bessere Güter dieser Welt zur Verfügung, während man hier auf das meiste verzichten muß? Hören Sie daher auf Ihrer Ebene nicht auf, gegen diese unwürdigen Aufteilungen der Menschheitsfamilie anzugehen, die dem Willen des Schöpfers zuwiderlaufen und, wie wir wohl wissen, ebensoviele Hindernisse für den sozialen und internationalen Frieden bilden.
Ich spreche meine besten Wünsche für Sie selbst und für das Wirken Ihrer Freunde von UNIAPAC aus, damit Sie Ihrer Verantwortung in einem Geist der Dienstbereitschaft gerecht werden können, den Christus, der Erlöser aller Menschen, von uns verlangt. Möge Gott Sie immer mit seinem reichen Segen begleiten!

Der Heilige Geist ist Urheber der priesterlichen Vollmacht

Schreiben an die Priester zum Gründonnerstag 1991 vom 10. März

Liebe Brüder im Priestertum Christi!

1. „Der Geist des Herrn ruht auf mir" (*Lk* 4,18; vgl. *Jes* 61,1).
Während wir in den Domkirchen unserer Diözesen zur Liturgie der Chrisam-Messe um den Bischof versammelt sind, hören wir diese Worte, die Christus in der Synagoge von Nazaret gesprochen hat. Als Jesus zum ersten Mal vor der Gemeinde seines Herkunftsortes auftritt, liest er aus dem Buch des Propheten Jesaja die Worte von der Ankündigung des Messias: „Der Geist des Herrn ruht auf mir; denn der Herr hat mich gesalbt. Er hat mich gesandt" (*Lk* 4,18). In ihrer unmittelbaren Bedeutung weisen diese Worte auf die prophetische Sendung des Herrn als Verkünder des Evangeliums hin. Aber wir können sie auf die vielfältige Gnade anwenden, die uns darin mitgeteilt wird.
Die Erneuerung der Priesterversprechen am Gründonnerstag ist verbunden mit dem Ritus der Weihe der heiligen Öle, die bei einigen Sakramenten der Kirche Ausdruck jener Salbung des Heiligen Geistes sind, die aus der Fülle kommt, die in Christus ist. Die Salbung des Heiligen Geistes verwirklicht zuerst die übernatürliche Gabe der heiligmachenden Gnade, durch die der Mensch in Christus zum Teilhaber an der göttlichen Natur und am Leben der Heiligsten Dreifaltigkeit wird. Diese Beschenkung ist in jedem von uns die innere Quelle der christlichen Berufung und jeder Berufung in der Gemeinschaft der Kirche als Volk Gottes des Neuen Bundes.
Am heutigen Tag blicken wir also auf Christus, der Fülle, Quelle und Vorbild aller Berufungen und im besonderen der Berufung zum priesterlichen Dienst ist - als besondere Teilhabe an seinem Priestertum durch den priesterlichen Charakter der Weihe.
In ihm allein gibt es die Fülle der Salbung, die Fülle der Gabe, die für alle und für jeden einzelnen da ist: Sie ist unerschöpflich. Zu Beginn des *triduum sacrum*, während die gesamte Kirche durch die Liturgie in einzigartiger Weise in das Ostergeheimnis Christi eindringt, lesen wir am Beispiel des Meisters, der vor dem Letzten

Abendmahl den Jüngern die Füße wäscht, die Tiefe unserer Berufung ab, die eine Berufung zum Dienst ist, die gelebt werden muß.
Während dieses Abendmahles wird Christus aus der in ihm vorhandenen Fülle der Gabe des Vaters, mit der durch ihn der Mensch beschenkt wird, das Sakrament seines Leibes und seines Blutes in den Gestalten von Brot und Wein einsetzen und wird es - das Sakrament der Eucharistie - für alle Zeiten, bis zu seiner endgültigen Wiederkunft in Herrlichkeit, den Händen der Apostel und durch sie den Händen der Kirche anvertrauen.
In der Kraft des Heiligen Geistes, der seit dem Pfingsttag in der Kirche wirksam ist, ist durch die lange Reise der Priestergenerationen dieses Sakrament nun im gegenwärtigen Augenblick der Geschichte des Menschen und der Welt, die in Christus endgültig Heilsgeschichte geworden ist, auch uns anvertraut worden.
Ein jeder von uns, liebe Brüder, durchläuft heute geistig und mit dem Herzen noch einmal den eigenen Weg zum Priestertum und, im Anschluß daran, seinen Weg im Priestertum, der ein Weg des Lebens und des Dienstes ist und der für uns im Abendmahlssaal seinen Anfang genommen hat. Wir alle erinnern uns an den Tag und die Stunde, als wir auf dem Kirchenboden kniend gemeinsam die Allerheiligenlitanei gesprochen hatten und dann der Bischof jedem von uns schweigend die Hände auflegte. Die Handauflegung ist seit der Zeit der Apostel das Zeichen für die Übertragung des Heiligen Geistes, der selbst letzter Urheber der heiligen Vollmacht des Priesters ist: Vollmacht auf Grund der sakramentalen Weihe und Vollmacht auf Grund des übertragenen Amtes.
Die gesamte Liturgie des *triduum sacrum* führt uns näher an das Ostergeheimnis heran, in dem diese Vollmacht ihren Ursprung hat, um Dienst und Sendung zu sein: Darauf können wir die Worte aus dem Buch des Jesaja (vgl. *Jes* 61,1) anwenden, die Jesus in der Synagoge von Nazaret gesprochen hat:
„Der Geist des Herrn ruht auf mir; denn der Herr hat mich gesalbt. Er hat mich gesalbt. Er hat mich gesandt".

2. Liebe Brüder, in meinem Gründonnerstagsbrief an euch im vergangenen Jahr ging es mir darum, eure Aufmerksamkeit auf die Vollversammlung der Bischofssynode zu lenken, die dem Thema Priesterausbildung gewidmet sein sollte. Die Versammlung wurde im vergangenen Oktober abgehalten, und zur Zeit sind wir daran, gemeinsam mit dem Rat des Generalsekretariats der Synode die Veröffentlichung des diesbezüglichen Dokumentes vorzubereiten. Aber noch bevor dieser Text veröffentlicht ist, möchte ich euch schon heute sagen, daß die Synode selbst eine große Gnade war. Jede Synode ist immer für die Kirche eine Gnade besonderer Verwirklichung der Kollegialität des Episkopats der Gesamtkirche. Dieses Mal ist die Erfahrung in einzigartiger Weise bereichert worden; denn bei der Synodenversammlung haben die Bischöfe von Ländern das Wort ergriffen, in denen die Kirche erst vor kurzem sozusagen aus den Katakomben hervorgekommen ist.
Eine weitere Gnade der Synode war eine neue Reife in der Auffassung vom priesterlichen Dienst in der Kirche: eine Reife, die der Zeit angemessen ist, in der sich unsere Sendung entfaltet. Diese Reife äußert sich als ein vertieftes Verständnis des

eigentlichen Wesens des sakramentalen Priestertums - und daher auch des persönlichen Lebens jedes Priesters, das heißt seiner Teilhabe am Heilsmysterium Christi: *Sacerdos alter Christus*. Dieser Ausdruck weist darauf hin, wie notwendig es für das Verstehen der priesterlichen Wirklichkeit ist, von Christus auszugehen. Nur so können wir der Wahrheit über den Priester voll entsprechen, der „aus den Menschen ausgewählt und für die Menschen eingesetzt [wird] zum Dienst vor Gott" (*Hebr* 5,1). Die menschliche Dimension des priesterlichen Dienstes muß, um ganz glaubwürdig zu sein, in Gott verwurzelt sein. In der Tat, dieser Dienst ist durch all das, was in ihm Dienst „für die Menschen" ist, „Dienst vor Gott": Er dient dem vielfältigen Reichtum dieser Beziehung. Ohne eine Anstrengung, um jener „Salbung mit dem Geist des Herrn", die ihn in das Amtspriestertum einsetzt, voll zu entsprechen, vermag der Priester jene Erwartungen nicht zu erfüllen, die die Menschen - die Kirche und die Welt - zu Recht mit ihm verbinden.

Das alles hängt eng mit der Frage der priesterlichen Identität zusammen. Es läßt sich schwer sagen, aus welchen Gründen in der Zeit nach dem Konzil das Bewußtsein für diese Identität in manchen Kreisen verunsichert worden ist. Das mag von einer unzutreffenden Auslegung des Konzilslehramtes der Kirche im Zusammenhang mit gewissen, der Kirche fremden ideologischen Voraussetzungen und bestimmten „Trends", die aus dem kulturellen Bereich herrühren, abhängen. In letzter Zeit scheint sich - auch wenn dieselben Voraussetzungen und bestimmten „Trends" weiterhin wirksam sind - ein bedeutsamer Wandel in den Kirchengemeinden selbst abzuzeichnen. Die Laien sehen die unabdingbare Notwendigkeit von Priestern als Vorbedingung für ihr authentisches Leben und Apostolat. Dieses Erfordernis macht sich seinerseits bemerkbar, ja wird in zahlreichen Situationen zwingend auf Grund des Mangels oder der ungenügenden Zahl von Verwaltern der Geheimnisse Gottes. Das betrifft, wie die jüngste Enzyklika über die Missionen zeigt, unter einem anderen Gesichtspunkt auch die Länder der Erstevangelisierung.

Dieser Priestermangel - ein in verschiedener Hinsicht in Zunahme begriffenes Phänomen - wird dazu beitragen müssen, die Krise der priesterlichen Identität zu überwinden. Die Erfahrung der letzten Jahrzehnte zeigt immer deutlicher, wie sehr wir den Priester in der Kirche und in der Welt brauchen - und das nicht in irgendeiner „laisierten" Form, sondern eben in jener, die man aus dem Evangelium und aus der reichen Tradition der Kirche entnehmen kann. Das Lehramt des II. Vatikanischen Konzils ist Ausdruck und Bestätigung dieser Tradition im Sinne einer angemessenen Erneuerung (accommodata renovatio); und genau in diese Richtung wiesen sowohl die Interventionen der Teilnehmer an der letzten Synode als auch jene der Vertreter der Priester, die aus verschiedenen Teilen der Welt zur Synode eingeladen worden waren.

Der Prozeß zur Wiederbelebung von Priesterberufen vermag den Priestermangel nur teilweise wiedergutzumachen. Auch wenn der globale Prozeß positiv ist, entstehen dennoch Disproportionen zwischen den verschiedenen Teilen der kirchlichen Gemeinschaft in der ganzen Welt. Die erstellte Übersicht ist sehr unterschiedlich.

Diese Übersicht wurde anläßlich der Synode nicht nur zu statistischen Zwecken, sondern auch im Hinblick auf einen möglichen „Austausch der Gaben", das heißt, gegenseitige Hilfe, eingehendsten Analysen unterzogen. Die Opportunität einer solchen Hilfe drängt sich von selbst auf, wenn man weiß, daß es Orte gibt, wo es für zehntausend Gläubige und sogar eine noch größere Zahl nur einen Priester gibt. Ich möchte in diesem Zusammenhang einige Worte aus dem Dekret des II. Vatikanischen Konzils über „Dienst und Leben der Priester" in Erinnerung rufen: „Die Geistesgabe, die den Priestern in ihrer Weihe verliehen wurde, rüstet sie nicht für irgendeine begrenzte und eingeschränkte Sendung, sondern für die alles umfassende und universale Heilssendung 'bis an die Grenzen der Erde' (*Apg* 1,8) ... Die Priester mögen also daran denken, daß ihnen die Sorge für alle Kirchen am Herzen liegen muß" (*Presbyterorum ordinis*, Nr. 10). Der beängstigende Priestermangel in manchen Gegenden macht diese Worte des Konzils heute aktueller denn je. Ich wünsche mir, daß man insbesondere in den an Klerikern reicheren Diözesen über diese Worte ernsthaft nachdenken und sie auf möglichst großzügige Weise in die Tat umsetzen möge.
Auf jeden Fall muß überall für jeden Ort unbedingt gebetet werden, daß „der Herr der Ernte Arbeiter für seine Ernte aussende" (vgl. *Mt* 9,38). Das ist das Gebet um Berufe und es ist zudem das Gebet darum, daß jeder Priester in seiner Berufung zu einer immer größeren Reife gelange: im Leben und im Dienst. Diese Reife trägt in besonderer Weise zur Vermehrung der Priesterberufe bei. Er muß einfach sein Priestertum lieben, sich selbst ganz dafür einsetzen, damit die Wahrheit über das Amtspriestertum auf diese Weise für die anderen anziehend wird. Am Leben eines jeden von uns muß das Geheimnis Christi ablesbar sein, in dem der „sacerdos" als „alter Christus" seinen Ursprung hat.

3. Als Christus im Abendmahlssaal von den Aposteln Abschied nahm, verhieß er ihnen den Paraklet, einen anderen Beistand - den Heiligen Geist, „der vom Vater und vom Sohn ausgeht". Er sagte nämlich: „Es ist gut für euch, daß ich fortgehe. Denn wenn ich nicht fortgehe, wird der Beistand nicht zu euch kommen; gehe ich aber, so werde ich ihn zu euch senden" (*Joh* 16,7). Diese Worte heben die Beziehung zwischen dem Letzten Abendmahl und Pfingsten besonders hervor. Um den Preis seines „Weggangs" durch das Kreuzesopfer auf Golgota (noch vor seinem „Weggang" zum Vater am vierzigsten Tag nach der Auferstehung) bleibt Christus in der Kirche: Er bleibt in der Kraft des Beistandes, des Heiligen Geistes, der „lebendig macht" (*Joh* 6,63), der Leben schafft: Es ist der Geist, der dieses göttliche Leben „schafft", das sich im Ostergeheimnis Christi als mächtiger erwiesen hat als der Tod, Leben, das mit der Auferstehung Christi in der Geschichte des Menschen begonnen hat.
Das Priestertum steht ganz im Dienst dieses Lebens. Es gibt Zeugnis von ihm durch den Dienst des Wortes, es bringt dieses Leben hervor, läßt es immer wieder neu erstehen und vermehrt es durch den Dienst der Sakramente. Der Priester selbst lebt vor allem aus diesem Leben, das die tiefste Quelle seiner priesterlichen Reife und auch die Gewähr für die geistliche Fruchtbarkeit seines gesamten Dienstes ist! Das

Sakrament der Priesterweihe prägt der Seele des Priesters ein besonderes Wesensmerkmal ein, das, einmal empfangen, als Quelle der sakramentalen Gnade, aller jener Gaben und Charismen, die der Berufung zum priesterlichen Dienst in der Kirche entsprechen, in ihm bleibt.

Die Gründonnerstags-Liturgie ist ein besonderer Augenblick des Kirchenjahres, in dem wir die sakramentale Gnade des Priestertums in uns erneuern und wiederbeleben können und sollen. Wir tun das vereint mit dem Bischof und mit dem gesamten Presbyterium, wobei wir die geheimnisvolle Wirklichkeit des Abendmahlssaales vor Augen haben: sowohl jene vom Gründonnerstag als auch jene von Pfingsten. Während wir in die göttliche Tiefe des Opfers Christi eintreten, öffnen wir uns zugleich gegenüber dem Heiligen Geist als dem Beistand, dessen Gabe unsere besondere Teilhabe an dem einen Priestertum Christi, des Ewigen Priesters, ist. Durch den Heiligen Geist können wir „in persona Christi" wirken, wenn wir die Eucharistie feiern und den ganzen sakramentalen Dienst zum Heil der anderen vollbringen.

Unser Zeugnis von Christus ist oft sehr unvollkommen und mangelhaft. Als Trost bleibt uns die Versicherung, daß vor allem er, der Geist der Wahrheit, von Christus Zeugnis ablegt (vgl. *Joh* 15,26). Möge sich unser menschliches Zeugnis vor allem seinem Zeugnis öffnen! Denn er selbst „ergründet die Tiefen Gottes" (vgl. *1 Kor* 2,10), und nur er vermag diese „Tiefen", diese „großen Taten Gottes" (vgl. *Apg* 2,11) dem Verstand und den Herzen der Menschen nahezubringen, zu denen wir als Diener des Evangeliums vom Heil gesandt sind. Je mehr wir das Gefühl haben, daß uns unsere Sendung überfordert, desto mehr müssen wir uns dem Wirken des Heiligen Geistes öffnen. Das gilt insbesondere dann, wenn die geistige und gefühlsmäßige Ablehnung, der Widerstand einer unter dem Einfluß des „Geistes der Welt" (vgl. *1 Kor* 2,12) entstandenen Zivilisation besonders spürbar und stark wird.

„So nimmt sich auch der Geist unserer Schwachheit an ..., er tritt für uns ein mit Seufzen, das wir nicht in Worte fassen können" (vgl. *Röm* 8,26). Trotz des Widerstandes seitens des Verstandes, der Herzen und der vom „Geist der Welt" durchdrungenen Zivilisation hält dennoch in der ganzen Schöpfung die „Erwartung" an, von welcher der Apostel im Römerbrief schreibt: „Wir wissen, daß die gesamte Schöpfung bis zum heutigen Tag seufzt und in Geburtswehen liegt" (*Röm* 8,22), „um befreit zu werden zur Freiheit und Herrlichkeit der Kinder Gottes" (vgl. *ebd.* 8,21). Möge dieses Bild des Paulus unser Priesterbewußtsein nicht loslassen und Stütze sein für das Leben und für den Dienst! Dann werden wir besser begreifen, warum der Priester für die Welt und für die Menschen notwendig ist.

4. „Der Geist des Herrn ruht auf mir." Noch ehe der Text des nachsynodalen Schreibens über die Priesterausbildung in unsere Hände gelangt, sollt ihr, liebe Brüder im Priesteramt, diesen Brief zum Gründonnerstag erhalten. Er soll Zeichen und Ausdruck jener Gemeinschaft sein, die uns alle - Bischöfe, Priester und auch Diakone - durch ein sakramentales Band verbindet. Möge er uns helfen, in der Kraft des Heiligen Geistes Jesus Christus, dem „Urheber und Vollender des Glaubens" (*Hebr* 12,2), nachzufolgen.
Mit meinem Apostolischen Segen.

Aus dem Vatikan, am 10. März - dem vierten Fastensonntag - des Jahres 1991, dem dreizehnten Jahr meines Pontifikats.

Joannes Paulus PP. II

Wahrzeichen der Hoffnung und des Friedens

Ansprache bei der Sonderaudienz für den lateinischen Patriarchen von Jerusalem, Michel Sabbah, und eine Gruppe von Christen und Muslimen am 14. März

Eure Seligkeit,
liebe Brüder!

Mit Freude begrüße ich diese Gruppe unter der Leitung des geliebten lateinischen Patriarchen von Jerusalem. Ihr seid eine zahlenmäßig kleine Gruppe, aber von besonderer Bedeutung.
Die meisten von euch kommen aus Jerusalem, der für Juden, Christen und Muslime Heiligen Stadt und geistliches Vaterland, geliebt von Millionen von Gläubigen der drei Religionen, die in ihr ein Wahrzeichen der Begegnung, der Einheit und des Friedens für die gesamte Menschheitsfamilie erblicken.
Ihr vertretet einige jener lebendigen Gemeinschaften von Glaubenden, die dort leben und Grund zur Hoffnung und Symbol für die Völker der ganzen Welt sind.
Ihr gehört auch einer Dialoggruppe zwischen christlichen und islamischen Gläubigen an, die diesen nicht immer leichten Weg gewählt haben, um zu gegenseitigem Verständnis zu gelangen und die Verwirklichung von Gerechtigkeit und Frieden zu fördern. Auch eure Gruppe wird sich entwickeln und ihre Horizonte werden sich erweitern müssen. Aber schon von jetzt an ist sie ein gültiges Zeugnis, vor allem wenn nach den Leiden und Ungerechtigkeiten, die durch den jüngsten Konflikt noch größer geworden sind, erste Anzeichen für ein ernstes Bemühen bei der Suche nach einer Lösung der schweren Probleme in der Region auftauchen.
Gott segne euch, eure Familien, euer Volk und eure Arbeit.

Das menschliche Glück liegt in Christus

Ansprache an die Vollversammlung des Päpstlichen Rates für den Dialog mit den Nichtglaubenden am 16. März

Meine Herren Kardinäle,
liebe Mitbrüder im Bischofsamt,
liebe Freunde!

1. Mit großer Freude heiße ich euch heute hier willkommen. Ihr habt euch als Mitglieder und Konsultoren des Päpstlichen Rates für den Dialog mit den Nichtglaubenden unter dem Vorsitz von Kardinal Paul Poupard zur Vollversammlung zusammengefunden, um Reflexionen zu einem allzeit gültigen Thema anzustellen, das heute tiefgreifende Rückwirkungen auf die Pastoral hat: über das Glücksverlangen des Menschen als Ankerplatz für den Glauben. Diese anthropologische Untersuchung über Glauben und Nichtglauben eröffnet eine Möglichkeit zum besseren Verständnis der inneren Unzufriedenheit und der Ängste, der Unruhe und der Bedrohungen, die auf dem modernen Menschen lasten und von denen er sich zu befreien sucht; eine Möglichkeit, ihm das Tor zum Glück weit zu öffnen im Freude weckenden Licht Christi, des Auferstandenen, des Lebendigen, der die Schlüssel zum Tod und zur Unterwelt hat (vgl. *Offb* 1,8), der als einziger in der Lage ist, auf die Angst und die Verzweiflung des Menschen eine endgültige Antwort zu geben.
Ich danke euch, daß ihr dieses Thema vom Glück der Kirche wie einen Meilenstein auf dem Weg des Glaubens zur Reflexion vorgelegt habt.

2. Wie sieht diese Suche nach dem Glück heute aus? Was kennzeichnet sie?
Den Ergebnissen der Rundfrage gemäß, die in eurer Zeitschrift „Atheism and Faith" veröffentlicht wurde, entspricht die Suche nach dem Glück bei den traditionsorientierten Völkern der Dritten Welt einer harmonischen Eingliederung in Familie und Stamm und einem Minimum an materiellem Wohlstand. In der säkularisierten, von religiöser Gleichgültigkeit durchdrungenen Wohlstandsgesellschaft hingegen kennzeichnet sie der Individualismus. Ihr habt euch in erster Linie mit dieser letzteren Gesellschaft befaßt, da sie tiefgreifender vom Unglauben gezeichnet ist und in ihr die Freiheit oft als Erlaubnis zu einer uneingeschränkten Selbstbestimmung aufgefaßt wird, die sich über alle Gesetze erhaben fühlt.
Für viele ist das Glück nicht mehr an die Erfüllung ethischer Pflichten gebunden und auch nicht an die Suche einer persönlichen Beziehung zu Gott. In diesem Sinn können wir von einem Bruch zwischen Glück und Moral sprechen. Die Suche nach dem Glück im Rahmen der Tugenden wird so für unsere Zeitgenossen zu etwas Fremdartigem. Was sie in erster Linie suchen, ist das leibliche Wohlbefinden, also Gesundheit, Schönheit und Jugendlichkeit. Das ist das Bild eines im geschlossenen Kreis des Wunsches und seiner Befriedigung gefangenen Glücks. Freilich darf man nicht vergessen, daß die Wohlstandsgesellschaft auch von Mitleid und Wohlwollen den anderen gegenüber gekennzeichnet ist und von echter Hochherzigkeit selbst gegenüber denen, die dem Glauben fernstehen.

Diese Kultur wird oft als die der Selbstbewunderung bezeichnet. Der von der griechischen Antike erfundene Mythus zeigt, daß der damalige Mensch schon um die Unfruchtbarkeit einer in sich selbst geschlossenen Liebe wußte. Nur sich selbst lieben heißt, sich zerstören und vergehen. „Wer sein Leben retten will, wird es verlieren", sagt Jesus (*Mk* 8,35).
Sind der Blick, der dem anderen zugewandt ist, und die Selbstvergessenheit um des anderen und seines Glückes willen nicht die eindrucksvollsten Bilder des göttlichen Geheimnisses? Der lebendige und wahre Gott, dessen Antlitz Jesus uns geoffenbart hat, ist kein einsamer Gott. Unter den göttlichen Personen ist alles Gabe, Teilhabe und Mitteilung, in einem ewigen Hauch der Liebe. Alles Glück Gottes und seine Freude sind das Glück und die Freude des gegenseitigen Sichschenkens. Für den nach seinem Bild geschaffenen Menschen gibt es kein Glück ohne Selbsthingabe. „Wer ... sein Leben um meinetwillen und um des Evangeliums willen verliert, wird es retten" (*Mk* 8,35), sagt Jesus.

3. Eine andere Erwägung drängt sich hier auf. Zum Unterschied von den alten Völkern, die ein von Tragik beschwertes Empfinden von der Existenz und der Einsamkeit des Menschen in der Welt, von seiner Begrenztheit angesichts des Ideals des Schönen und des Guten, der Vergänglichkeit aller Dinge und schließlich der Unausweichlichkeit des Todes hatten, weigert sich die Produktions- und Wohlstandsgesellschaft, in ihrer Vorstellung vom Glück auch der Gegenwart und der Erfahrung des Übels und des Todes Raum zu geben. Sie baut sich daher die Vorstellung eines zerbrechlichen, künstlichen und daher falschen Glückes auf. Ein System jedoch, daß dem dunklen Geheimnis des Lebens nicht auf den Grund geht, hat den Menschen nicht viel zu sagen, und sie werden seiner rasch überdrüssig. Die jüngere Geschichte hat das klar bewiesen.

4. Die christliche Auffassung von Leben und Glück hat ihren Ursprung in Jesus Christus, dem menschgewordenen Sohn Gottes, in seinem irdischen Dasein in unserer Mitte, in seinem freiwillig auf sich genommenen Tod und seinem Sieg über den Tod am Ostermorgen. „Nur im Geheimnis des fleischgewordenen Wortes [leuchtet] das Geheimnis des Menschen wahrhaft auf", sagt das Zweite Vatikanische Konzil (*Gaudium et spes*, Nr. 22). Der Schlüssel des menschlichen Glückes liegt in Jesus Christus, der eigentlichen Gestalt jedes geschenkten Daseins. Er hat den schmerzlichen Gegensatz zwischen Himmel und Erde, zwischen Gegenwart und Zukunft, zwischen Mensch und Gott überwunden. Unsere Zeit, noch mit den Folgen der Sünde belastet und dennoch schon von Christus erlöst, kann in der Hoffnung auf eine endgültige Erfüllung als Zeit des Glückes gelebt werden. Diese Welt, in der noch Übel und Tod herrschen, kann freudig geliebt werden, weil das Reich Gottes, das seine Vollendung bei der Wiederkunft des Herrn erfahren wird, schon auf dieser Erde gegenwärtig (vgl. *Gaudium et spes*, Nr. 39, Abs. 3) und somit der Anfang, das Bild und die Prophetie der neuen Erde und des neuen Himmels ist. Die leibliche Wirklichkeit kann in ihrer ganzen Schwere von Elend und Leid angenommen wer-

den, und selbst der Tod ist kraft der Verheißung der Auferstehung nicht mehr Ursache der Verzweiflung.
Alles ist gerettet, selbst der banale Alltag, selbst die schmerzvolle Prüfung. Dem Sünder steht allzeit die Vergebung seiner Verfehlungen offenen. Das ist die christliche Auffassung von Glück, das ist die Verheißung der Seligkeiten, deren Licht wir verbreiten wollen, „ein Licht, das an einem finsteren Ort scheint, bis der Tag anbricht und der Morgenstern aufgeht in eurem Herzen" (*2 Petr* 1,19).

5. In diesem Jahr lenkt die 200. Wiederkehr des Todestages Mozarts unsere Aufmerksamkeit auf die Botschaft der Freude, die sein Werk in sich trägt; er zeigt darin ein Gefühl der Freude im Sinn einer gleichzeitigen Erfahrung von Tod und Auferstehung. Viele nehmen vor allem in seinen religiösen Kompositionen einen echten Freudengesang der erlösten und mit Gott versöhnten Schöpfung wahr, ein Echo der Gnade, einer nie versiegenden Quelle. Die Mitteilung des Glaubens muß wieder zu einer Mitteilung der Freude werden. Der Dialog, der sich manchmal in einem Austausch von Ideen erschöpft, kann aus dem Bewundern künstlerischer Schönheit - einem Widerschein der unaussprechlichen Schönheit Gottes - vorzüglichen Elan schöpfen.

6. Liebe Freunde, diese Vollversammlung zum Thema des Glücksverlangens hat eine Schwelle in eurer kurzen, aber bedeutsamen Geschichte überschritten: Ihr wendet euch mit Recht der anthropologischen Reflexion zu. Schon vor drei Jahren konntet ihr feststellen, daß die dem 19. Jahrhundert entstammenden Ideologien und atheistischen Weltanschauungen ihren Einfluß verlieren und daß die Klassiker des Atheismus nicht mehr im Vordergrund stehen. Der militante Atheismus hat in seinem Zerstörungswahn sozusagen eine neue heidnische Religiosität hervorgerufen: den Versuch der Selbstvergöttlichung, ebenso alt wie die Genesis, und die willkürliche Verwerfung des Sittengesetzes, die schließlich zur tragischen Erfahrung des Übels führt. Die technologisch hochentwickelten Industriegesellschaften, deren Mentalität durch die Medien bedingt ist, sind Opfer der Mißachtung der Werte und des Verlustes des sittlichen Bewußtseins. Das ist ein neues Gebiet für den Dialog mit den Nichtglaubenden, eine mehr denn je notwendige Aufgabe.

7. Eine von der Last der Ideologien befreiten Ära tut sich im Morgengrauen des neuen Jahrtausends auf. Ich bitte euch, die Kirche auf diesen Aspekt ihrer Sendung mit Hilfe von Versammlungen eurer Mitarbeiter in den verschiedenen Teilen der Welt hinzuweisen. Setzt diese Arbeit mit Geduld und klarem Blick fort, indem ihr die Hilfe des Heiligen Geistes und den Schutz der heiligen Jungfrau, der „Ursache unserer Freude", anruft.
Bei der Erfüllung dieser schwierigen und notwendigen Aufgabe begleiten euch mein Segen und mein Gebet.

Arbeiter sein - das ist in sich schon ein Ehrentitel

Ansprache an Mitglieder des Exekutivbüros der Weltföderation christlicher Arbeiter am 18. März

Liebe Freunde!

1. Es freut mich sehr, euch zu empfangen, die ihr zahlreiche christliche Arbeiter der ganzen Welt vertretet. Und ich danke eurem Vorsitzenden für seine Worte, die die hochherzigen Bemühungen eurer Konföderation gut dargestellt haben. In diesem Jahr, in welchem des Erscheinens der Enzyklika *Rerum novarum* vor hundert Jahren gedacht wird, erinnert uns auch eure Anwesenheit hier an dieses Dokument der kirchlichen Soziallehre, das der „Arbeiterfrage” gewidmet war, und an den Einfluß, den es bis in unsere Tage noch hat.
Ihr als engagierte katholische Arbeiter seid in der Tat lebendige Zeugen dafür und ihr wißt um eure Verantwortung gegenüber euren Arbeitskollegen und auch der Kirche gegenüber. Ihr vertretet ja einen Zusammenschluß von Organisationen, die sich bewußt als christlich verstehen wollen. Ihr habt also die Lehre von *Rerum novarum* und ihrem herausragenden Verfasser als Erbe übernommen. Wie ihr wißt, hat er ja die Bedeutung und die Notwendigkeit von Gewerkschaften hervorgehoben, in denen sich christliche Arbeiter zusammenschließen, und er hat die Daseinsberechtigung und die Freiheit solcher Gewerkschaften verteidigt.
Bei dieser kurzen Begegnung am Vorabend des Festes des hl. Josef, der ein Vorbild der Handwerker und der Arbeiter ist, möchte ich an zwei Dinge erinnern, die mir wichtig erscheinen für die Verwirklichung eurer Berufung als christliche Arbeiter, die sich in einer Organisation wie der euren zusammengeschlossen haben.

2. Seid euch an erster Stelle noch mehr eurer Würde bewußt. Arbeiter sein, das ist in sich schon ein Ehrentitel, denn durch eure Arbeit - welcher Art sie auch sei -, für die ihr eure Energie und eure Kompetenz einsetzt, macht ihr das Leben der Männer und Frauen in der Gesellschaft leichter und glücklicher. Und christlicher Arbeiter sein, das stellt euch darüber hinaus noch auf den Weg der Nachfolge Jesu Christi, der aus freier Wahl selbst Arbeiter sein wollte (vgl. *Mk* 6,3). So macht ihr aus eurem Leben und euren Lebensverhältnissen eine dem Herrn angenehme Opfergabe. Die Berufung zur Heiligkeit ist, im Hinblick auf euer Dasein als christliche Arbeiter betrachtet, nicht etwas, was in überflüssiger Weise hinzugefügt wird oder am Rand bleiben kann, diese Berufung offenbart vielmehr den vollen Sinn eures Daseins. Scheut euch also nicht, euer christliches Glaubensbekenntnis offen zu zeigen, einzeln oder als Mitglied einer Konföderation, die den Namen trägt, der euch kennzeichnet.

3. Zweitens habt ihr daran erinnert, daß ich dieses hundertste Jahr nach dem Erscheinen der Enzyklika Leo XIII. „Jahr der kirchlichen Soziallehre” habe nennen wollen. Das aber berührt unmittelbar eure Berufung als christliche Gewerkschaftler.

Als solche seid ihr Zeugen oder sozusagen Träger dieser Lehre, die vielfach noch nicht bekannt ist oder falsch verstanden wird.
In diesen schwierigen und in vieler Hinsicht verwirrten Zeiten ist es eure Aufgabe, die Soziallehre zu verkünden und vor allem sie zu verkörpern in der Praxis eures Lebens als Arbeiter und als Mitglieder und Verantwortliche eurer Organisationen. Es handelt sich darum, diese Lehre gut zu kennen und sie anderen, besonders den Jugendlichen, bekannt zu machen. Vor allem aber muß sie im Gespräch mit euren Arbeitskollegen, mit Unternehmensleitern und Verantwortlichen anderer, nicht spezifisch christlicher Gewerkschaftsorganisationen praktiziert werden. Die Soziallehre der Kirche ist ja dazu bestimmt, gelebt und konkret im Leben von Männern und Frauen angewandt zu werden, in allen Dimensionen des gesellschaftlichen Lebens und seinen Verantwortlichkeiten, beginnend in der eigenen Familie bis hin zum Leben der Nation und der internationalen Gemeinschaft.
Ich bitte den Herrn, euch und eure Konföderation noch mehr als bisher zu Ausstrahlungszentren der Soziallehre zu machen in diesem ihr geweihten Jahr. Und ich segne euch, eure Familien und eure Organisation von ganzem Herzen.

Dialog mit den Religionen im Nahen Osten auswerten

Brief an den Generalsekretär der Vereinten Nationen, Javier Pérez de Cuéllar, vom 21. März

Wie Sie wissen, habe ich am vergangenen 4. und 5. März die Patriarchen der katholischen Kirchen des Mittleren Ostens sowie die Vertreter der Episkopate der Länder zusammengerufen, die vom kürzlich stattgefundenen Golfkrieg am meisten betroffen waren. Ziel der Begegnung war ein weiterer Austausch von Informationen und eine Auswertung der verschiedenen negativen Folgen des Konflikts, wie auch das gemeinsame Suchen nach Initiativen, die diese auf geeignetste Weise beseitigen helfen.
Es handelte sich vor allem um eine Begegnung von Hirten, geeint in der Sorge um die Lage und Zukunft der christlichen Gemeinschaften des Mittleren Ostens, die bekanntlich in den mehrheitlich muslimischen oder jüdischen Gesellschaften Minderheiten bilden.
Als erste Absicht ergab sich die Weiterführung und Ausweitung des Dialogs zwischen Christen und Muslimen sowie zwischen Christen und Juden, in der festen Hoffnung, daß dieser zu einer besseren gegenseitigen Kenntnis sowie zu gegenseitigem Vertrauen und konkreter Zusammenarbeit führt, so daß alle Gemeinschaften ihren Glauben frei zum Ausdruck bringen und mit vollem Recht am Aufbau der Gesellschaften, in denen sie sich befinden, teilnehmen können.
Es zeigte sich weiter die Überzeugung, daß der aufrichtige interreligiöse Dialog, der in einem Klima echter Religionsfreiheit geführt wird, erheblich zum Wirken für die Gerechtigkeit und zur Garantie des Friedens beitragen kann, dessen die Region des Mittleren Ostens so sehr bedarf.

Die Patriarchen und Bischöfe haben ferner die Rolle der internationalen Gemeinschaft betont und ihre große Wertschätzung für den Generalsekretär der Organisation der Vereinten Nationen zum Ausdruck gebracht. Sie sind der Auffassung, daß in der jetzigen Stunde, der Zeit nach dem Golfkrieg, viel guter Wille und große Anstrengungen notwendig sind, um allen Problemen gerecht zu werden: denen, die seit dem Konflikt neu entstanden sind oder sich verschärft haben, und jenen, die in der Region seit langem bestehen und noch nicht gelöst sind.
Die Hirten der katholischen Kirchen des Mittleren Ostens und des Westens vertrauen auf das Wirken der Organisation der Vereinten Nationen und wünschen, daß die Verhandlungen für einen gerechten Frieden am Golf weder jemanden demütigen noch irgendein Volk bestrafen. Sie hoffen zugleich, daß durch die Organisation der Vereinten Nationen und ihre spezialisierten Organe die internationale Aufgeschlossenheit und Solidarität all jenen zugute kommt, die der jüngste Krieg in Not gebracht hat.
Natürlich wurden bei der Zusammenkunft auch die großen weiteren Probleme des Mittleren Ostens genannt, zumal jene, die das Volk der Palästinenser und das des Libanon betreffen, und die trotz der zahlreichen Entschließungen der Organisation der Vereinten Nationen noch in ihrer ganzen dramatischen Realität bestehen. Die Hirten erwarten ein energisches internationales Vorgehen, damit möglichst bald ein konkreter Weg zur Lösung dieser Probleme gefunden wird, so daß alle Völker der Region ihre Rechte und berechtigten Bestrebungen anerkannt sehen und harmonisch in Frieden leben können.
Die Patriarchen und Bischöfe haben ihre Aufmerksamkeit auch der Stadt Jerusalem gewidmet, in der Befürchtung, die erhofften politischen Unterhandlungen über die anderen Probleme der Region könnten das Interesse für die Heilige Stadt und ihre Besonderheit abnehmen lassen und die sich daraus ergebenden Bedürfnisse würden womöglich nicht gebührend berücksichtigt.
Im Namen der Teilnehmer an der Zusammenkunft und der Gemeinschaften, die sie vertreten, vertraue ich Ihnen, Herr Generalsekretär, diese Hoffnungen und Sorgen an. Ich bin gewiß, daß Ihre Aufgeschlossenheit und Ihre gründliche Kenntnis der Probleme dazu beitragen, sie dem Geist all jener nahezubringen, die in dieser Zeit des Suchens nach Gerechtigkeit und Festigung des Friedens die schwere Verantwortung tragen, das Geschick der Völker zu leiten.
Möge Gott Ihre Person und Ihre Aufgabe segnen!

Aus dem Vatikan, am 21. März 1991.

Joannes Paulus PP. II

Gleichheit der Behandlung für alle Glaubenden

Ansprache an den Kongreß der internationalen Union der Rechtsanwälte am 23. März

Herr Präsident,
meine Damen und Herren!

1. Anläßlich Ihrer Tagung in Rom haben Sie einen Besuch beim Nachfolger des Petrus machen wollen. Ich bin glücklich, Sie hier empfangen zu dürfen, zumal das Thema Ihrer Arbeiten, „Das Recht und die Gewissens- bzw. Religionsfreiheit", in meinen Augen, wie Sie wissen, sehr bedeutsam ist. Daher ist es mir sehr willkommen, mich eine Weile mit Ihnen zu unterhalten.
Als Rechtsanwälte heben Sie die Werte hervor, die innerhalb der Gesellschaft die Beziehungen der Einzelmenschen untereinander und mit der Staatsgewalt regeln müssen. Ihre Aufgabe stellt Sie an einen neuralgischen Punkt, an dem Sie die Übereinstimmung der Interessen Ihres Klienten mit dem Gemeinwohl in Erscheinung bringen müssen, das vom Gesetz umschrieben ist und das seine Anwendung durch das Eingreifen der staatlichen Gewalt oder unter deren Schiedsspruch sicherstellt. Wenn Sie über die Konflikte nachdenken, die zu lösen Sie helfen sollen, so ist Ihnen sehr klar, daß sich Moral und Recht nicht trennen lassen; auf diesem Gebiet begegnet Ihnen das Anliegen der Kirche, „den ständigen Übergang aus der idealen Ordnung der Prinzipien in die juridische Ordnung" zu fördern (Paul VI., *Ansprache an die Internationale Organisation für Arbeit in Genf*, 10.6.1969, Nr. 14), und am Ende den Übergang aus dem göttlichen Gesetz in die tägliche Wirklichkeit des menschlichen, vom Gewissen erleuchteten Verhalten.

2. Bei Ihren Arbeiten über das Recht und die Gewissens- und Religionsfreiheit konnten Sie die Tatsache erweisen, daß die Sicherstellung dieser grundlegenden Freiheit nicht nur von der verfassungsmäßigen Ordnung und von Schutzmaßnahmen auf nationaler, regionaler oder internationaler Ebene abhängt. Auch die feierlichsten Absichtserklärungen würden Gefahr laufen, weiterhin toter Buchstabe zu bleiben, wenn das Recht nicht im Alltag wirksam garantieren würde, daß alle Menschen, „weil sie Personen sind, d. h. mit Vernunft und freiem Willen begabt und damit auch zu persönlicher Verantwortung erhoben ... die Wahrheit suchen ... und an ihr festhalten, und ihr ganzes Leben nach den Forderungen der Wahrheit ordnen" (vgl. *Dignitatis humanae*, Nr. 2).
Man muß den Mut haben, diese Begriffe der Gewissens- und Religionsfreiheit anzunehmen; es handelt sich nicht um einen Gunsterweis, den die Regierungen verfügen; sie beschränkt sich auch nicht lediglich auf die Möglichkeit, Riten zu vollziehen; es ist vielmehr das Recht eines jeden Menschen, auf sozialer Ebene zum Ausdruck zu bringen, was ihn im tiefsten Inneren erfüllt, und er darf deswegen keinen Schaden oder Mißfallensäußerungen erleiden. Wäre dieses Recht allgemein als Prinzip für die Regelung der sozialen Beziehungen anerkannt, würden die Auseinandersetzungen zwischen verschiedenen Weltanschauungen - religiöser, atheisti-

scher oder agnostischer Art - loyal und friedlich bleiben. Die gleiche Achtung vor allen Glaubensauffassungen ist einer der Grundpfeiler der heutigen demokratischen Gesellschaften, und ihre Durchführung bezeugt einen Fortschritt auf größere Achtung der Menschenrechte insgesamt hin.
Dieser Fortschritt geschieht unter anderem durch die Lösung der täglichen Konflikte, mit denen Sie es in Ihrem Beruf als Rechtsanwälte zu tun haben. Aufgrund der Tatsache, daß die innersten Überzeugungen des Menschen, die seinem Leben Sinn geben, durch zahlreiche private oder öffentliche Praktiken des bürgerlichen Lebens verletzt werden können, ist die Ausübung der Gewissens- und Religionsfreiheit an die aller übrigen Freiheiten gebunden; das gilt von der Freiheit des Wortes und der Ausdrucksweise, vom Recht auf Zusammenschluß, vom Recht der Eltern auf die Erziehung ihrer Kinder, und auch beim sozialen Recht werden mehr und mehr Fragen gestellt, die die Gewissens- und Religionsfreiheit berühren. Die Rechtsanwälte und die Mitglieder der Berufe des Rechtswesens haben daher die große Verantwortung, Wege zum Ausgleich der individuellen und kollektiven Äußerung von Überzeugungen, die in der Tiefe des Gewissens verwurzelt sind, mit den Erfordernissen der öffentlichen Ordnung zu finden, ohne sie auf bloße Meinungen zu verkürzen, denn das würde einen großen Schaden für die Gesellschaft bedeuten, aber auch ohne das Recht der Personen in Frage zu stellen.

3. In unseren Gesellschaften stellt sich die Forderung nach Anerkennung der Religions- und Gewissensfreiheit auf neue Weise. Während die Gruppierungen von Menschen früher durch ihre Einheit der Religion gekennzeichnet waren und gegenüber religiösen Minderheiten mehr oder weniger Toleranz zeigten, gibt es heute bei den Bewohnern des gleichen Gebietes, ja in der gleichen Familie zuweilen eine große Verschiedenheit der Religionen. So verlangt der bürgerliche Friede es, jedem die gleiche Freiheit wie allen anderen zuzugestehen. Die Bevölkerungsgruppen fordern echte Gleichheit der Behandlung für alle Glaubenden, sie lehnen Diskriminierung im Erziehungswesen und bei der Arbeitssuche ab und wollen die Abschaffung des „persönlichen Status". Dies setzt natürlich eine klare und ausgewogene Regelung der Religionsausübung in der Gesellschaft voraus, und Sie haben diese Frage im übrigen ja auch passend auf die Tagesordnung Ihrer Arbeiten gesetzt.
Die Rechtsanwälte spielen bei der Lösung der Krisen, die den Übergang der traditionellen Gesellschaften zur neuen Situation begleiten können, eine große Rolle. Sie haben die heikle Aufgabe, vor den Gerichten und in der öffentlichen Meinung jene Grenze zur Geltung zu bringen, an der das Gewissen Nein sagen muß, und wo die Nicht-Beachtung dieses Nein eine direkte Verletzung der Gewissensfreiheit wäre.

4. Ihre Aufgabe stellt Sie unter verschiedenen Formen vor das Problem des Gewissensvorbehaltes. Jahrhundertelang hat man nachdrücklich die Existenz der moralischen Norm betont, nach der es niemals erlaubt ist, einen in sich unmoralischen Akt zu vollziehen, auch wenn er befohlen wird, auch wenn seine Ablehnung schwere persönliche Benachteiligung mit sich bringt. Doch man glaubte nicht, die bürgerlichen Auswirkungen dieser Norm zulassen zu können. Die Gehorsamsverweige-

rung war sanktioniert. Unsere heutigen Gesellschaften sind sich der bösen Auswirkungen dieser Auffassung der Achtung vor den Menschenrechten bewußt geworden; für sie ist die Anerkennung der Rechte des Gewissens ein Element der öffentlichen Ordnung geworden, was einem wesentlichen Grundsatz der Moral wieder Bürgerrecht verschafft. Es entspricht dies einem Grundbedürfnis der pluralistischen Gesellschaften von heute.

Sie haben dafür einzutreten, daß dieses Recht auch wirksam den Angehörigen der verschiedenen Berufszweige zuerkannt wird. Sie müssen Argumente für den Aufbau einer öffentlichen Meinung finden, ohne die der Gewissensvorbehalt bei der Anwendung des sozialen und Berufsrechtes kein gewohnheitsmäßig anerkannter Faktor werden kann.

5. Im Verlauf Ihrer Arbeiten haben Sie noch viele weitere Themen, die vom Standpunkt des Hl. Stuhls aus von großem Interesse sind, aufgreifen können. Vor allem wissen Sie um die große Bedeutung, die dieser den Rechten der Familie und der Kinder zuschreibt; dies wurde noch kürzlich unterstrichen, als die Vereinten Nationen sich entschieden haben, den Rechten der am meisten verletzbaren Mitglieder der Menschheitsfamilie neue Aufmerksamkeit zu schenken. Ich kann heute diese Punkte nicht weiter entfalten. Wohl möchte ich Sie ermuntern, Ihre Überlegungen zu den Fragen weiterzuführen, die für die Festigung des sozialen und internationalen Friedens wie auch für die Entfaltung der Personen von höchster Bedeutung sind.

Es ist erfreulich, daß qualifizierte Berufsverbände wie der Ihre diese Probleme aufgreifen; durch den Austausch Ihrer Erfahrungen gelangen Sie zu einem besseren Verständnis der moralischen Grundsätze, die wir für wesentlich halten, um dem Leben seinen Sinn zu geben.

Möge Christus, der Erlöser der Menschen, Ihnen bei Ihren Aufgaben Licht und Kraft schenken. Gott segne Sie und alle Ihre Lieben!

Christus auf dem Pilgerweg folgen

Predigt bei der Palmsonntagsmesse auf dem Petersplatz am 24. März

1. Sie brachten den jungen Esel zu Jesus ... und er setzte sich darauf" (*Mk* 11,7).

So begann Jesus den Weg, der ihn zur Feier des Osterfestes nach Jerusalem führte, nachdem er viele Wege, ja durch ganz Palästina zu Fuß gegangen war. Nur diesen Weg hat er auf Eselsrücken zurückgelegt. Und so haben sich die Worte des Propheten erfüllt: „Fürchte dich nicht, Tochter Zion! Siehe, dein König kommt; er sitzt auf dem Fohlen einer Eselin" (*Joh* 12,15; vgl. *Sach* 9,9).

Der König kommt! Auch die Pilger, die Jesus auf diesem Weg begleiteten, haben ihn als solchen erkannt. Sie riefen: „Gesegnet sei der König, der kommt im Namen des Herrn" (*Lk* 19,38); „Hosanna dem Sohn Davids! Gesegnet sei er, der kommt im Namen des Herrn. Hosanna in der Höhe!" (*Mt* 21,9).

Der König kommt! Nach wenigen Tagen sollte es klar werden, welches sein Reich ist. In diesem Augenblick jedoch treffen die Voraussagen der Propheten in überraschender Weise mit diesem Ereignis zusammen. Der Einzug des Messias in Jerusalem wurde als Einzug eines Königs vorausgeschaut.

2. Nur er wußte, wohin ihn die Straßen von Galiläa, Samaria und Judäa, die er während der Jahre seines Lebens gegangen war, führen sollten. Er weiß auch, wohin der heutige Weg ihn führt!
Er trägt die ganze Wahrheit des Evangeliums, das er verkündigt hat, in sich. Er weiß: „Wenn das Weizenkorn nicht in die Erde fällt und stirbt, bleibt es allein" (*Joh* 12,24). Er ist das Weizenkorn, das Frucht bringen soll, und darum muß er sterben. Er ist das Weizenkorn, das in diesen alten Boden fällt, in diesen kleinen Teil der ganzen Erde, des ganzen Planeten, der vom Schöpfer zum Wohnraum der Menschen bestimmt ist.
Er, Christus, ist auch die lebendige Verkörperung der acht Seligpreisungen. Er weiß um ihre volle Wahrheit. So, wie er auch zutiefst die Wahrheit jener anscheinend paradoxen Worte kennt: „Wer sein Leben retten will, wird es verlieren; wer aber sein Leben um meinetwillen [um des Evangeliums willen] verliert, wird es gewinnen" (*Mt* 16,25).
Er ist der erste von denen, auf die sich diese Worte beziehen. Er ist Jener, der in Jerusalem einzieht, um „das Leben zu verlieren", „um ... sein Leben hinzugeben als Lösegeld für viele" (*Mt* 20,28), um „sich hinzugeben" (vgl. *1 Tim* 2,6). In diesen nächsten Tagen, während des Paschafestes in Jerusalem, wird das Paradox des Kreuzes die ganze Tiefe der Wahrheit entdecken lassen, die in ihm enthalten ist.
Hat Jesus von Nazaret im übrigen nicht gesagt: „Wer mein Jünger sein will, ... nehme täglich sein Kreuz auf sich und folge mir nach"? (*Lk* 9,23). In wenigen Tagen wird der Weg, der heute zum triumphalen Einzug in Jerusalem führt, zum Weg des Verurteilten werden, der sein Kreuz trägt, um an ihm seine Seele in die Hände des Vaters zu übergeben.

3. Wieder einmal seid ihr, liebe Jugendliche von Rom und aus den verschiedenen Ländern, um Jesus Christus vereint. Ihr habt den Palmsonntag als Jugendsonntag in der Kirche akzeptiert. Ihr wißt, daß außer diesem Tag euch im kommenden August - nach den Treffen von Buenos Aires in Argentinien und Santiago de Compostela in Spanien - der Tag von Tschenstochau in Polen erwartet.
Manchmal erheben sich Stimmen, die dieser Pilgerfahrt keinen Sinn zuerkennen wollen. Doch ihr Sinn ist durchaus klar. Diese Pilgerfahrt ist eine Gelegenheit, daß Christus zum Menschen sprechen kann, zum Menschen unserer Zeit, besonders zu den Jugendlichen, deren Perspektiven über die Grenzen des zweiten Jahrtausends hinausgehen. Wir gehen in Christi Gefolgschaft auf Pilgerfahrt, um - über die Worte und Bilder hinaus, die unsere Zivilisation uns anbietet - sein Wort in seiner ganzen Schlichtheit und im Ernst des Evangeliums zu hören. „Du hast Worte des ewigen Lebens" (*Joh* 6,68).

Wir folgen Christus auf dem Pilgerweg, um die Wahrheit über uns selbst kennenzulernen, die Wahrheit über den Menschen. Diese Wahrheit darf man nicht von ihren ewigen Wurzeln losreißen. Sie läßt sich nicht von der Wahrheit des lebendigen Gottes lösen. „Christus ... macht ... dem Menschen den Menschen selbst voll kund" (*Gaudium et spes*, Nr. 22) und offenbart ihm seine erhabene Berufung, so daß ohne ihn, ohne das Evangelium, ohne den Palmsonntag und das Ostergeheimnis der Mensch nicht fähig ist, die Wahrheit über sich selbst voll zu erkennen.

4. Wer ist der Mensch? Das letzte Konzil antwortet: Er ist „auf Erden die einzige von Gott um ihrer selbst willen gewollte Kreatur". Er kann daher „sich selbst nur durch die aufrichtige Hingabe seiner selbst vollkommen finden" (*Gaudium et spes*, Nr. 24). Diese Antwort ist die Zusammenfassung der Wahrheit, die das Evangelium in sich schließt, der Wahrheit, die von den Generationen derer, die Christus im Lauf der Jahrhunderte hindurch gefolgt sind, in ihrer Tiefe durchforscht wurde und ihre Gültigkeit erwiesen hat.
Christus selbst hat sie in vollkommenster Weise zum Ausdruck gebracht. Er hat sie durch sich selbst zum Ausdruck gebracht. Denn was bedeutet es eigentlich: „zur selbstlosen Gabe für andere werden", wenn nicht: „sein Leben hingeben", „sein Leben verlieren"? Hat nicht Christus versichert, daß der Mensch, wenn er sich selbst wiederfindet, „hundertfach Frucht bringt"? (vgl. *Mt* 13,23; *Lk* 8,8). Er betrachtet seine Existenz nicht als „nutzlose Passion", sondern füllt sie mit der Gewißheit über den letzten Sinn.

5. Als Jesus in Jerusalem einzog, hörte er auch die Worte: „Meister, bring deine Jünger zum Schweigen!" (*Lk* 19,39). Mach ihnen Vorhaltungen! Sie sollen schweigen, sollen aufhören zu singen, sollen keine Pilgerfahrten machen! Auch die Welt ist in vielen anderen Richtungen weite Wege gegangen!
Jesus antwortete: „Ich sage euch: Wenn sie schweigen, werden die Steine schreien" (*Lk* 19,40).
Und so rufen nach zweitausend Jahren noch die Menschen sein Kommen in die Welt und sein Evangelium des Heiles aus.
„Gesegnet sei er, der kommt im Namen des Herrn" (*Joh* 12,13). Amen.

Geburtsstunde des Priesteramtes in der Kirche

Predigt bei der Chrisam-Messe am Gründonnerstag, 28. März

1. „Der Geist des Herrn ruht auf mir; denn der Herr hat mich gesalbt" (*Lk* 4,18; vgl. *Jes* 61,1).
Wir wollen zu den Worten des Jesaja zurückkehren, zurückkehren in die Synagoge von Nazaret. Die Worte des Propheten im Munde Jesu sind eine Ankündigung seiner messianischen Sendung: „Heute hat sich das Schriftwort, das ihr eben gehört habt, erfüllt." (*Lk* 4,21).

Dieses „Heute” erreicht jetzt seinen Gipfelpunkt. An der Schwelle des Heiligen Triduums läßt die Kirche uns zu dem „Heute” Christi zurückkehren. Zu jener Zeit bedeutete das den Anfang seiner Sendung: „Er hat mich gesandt, damit ich den Armen eine gute Nachricht bringe; damit ich den Gefangenen die Entlassung verkünde und den Blinden das Augenlicht” (*Lk* 4,18). Das alles hat Jesus von Nazaret in den Jahren seiner Sendung getan.

2. „Heute”, an der Schwelle des Heiligen Triduums, ist er dem Ende seiner Sendung nahe. Alles das, was Jesaja in seine Prophezeiung eingeschlossen hat, wartet noch auf seine letzte, endgültige Erfüllung. Das letzte Wort der Frohen Botschaft muß noch gesagt werden. Es wird das Wort des Kreuzes sein, das Wort vom Pascha Christi, des Messias. In diesem Wort gewinnt der Mensch, der zum Sklaven der Sünde geworden ist, seine Freiheit zurück; mit diesem Wort wird endgültig die Gnadenzeit des Herrn ausgerufen. „Der Geist des Herrn ruht auf mir.”

Das Heilige Triduum beginnt mit dem Ruf nach dem Geist des Herrn durch die Worte des Propheten Jesaja, und es wird schließen mit der Bezugnahme auf diesen Geist, der in der Kirche anwesend und wirksam ist. Am Tag der Auferstehung tritt Christus durch verschlossene Türen in den Abendmahlssaal, zeigt den Aposteln die Wunden seiner Kreuzigung und haucht sie dann an mit den Worten: „Empfangt den Heiligen Geist!” (*Joh* 20,22).

So wird die enge Verbindung zwischen dem Kreuzesopfer und der Gabe des Geistes offenkundig.

In der Liturgiefeier am Morgen des Gründonnerstags ist das alles schon angedeutet, angekündigt und angefangen. Zwischen der Synagoge von Nazaret und dem Heiligen Triduum ist die Zeit zur Ankunft des Heiligen Geistes herangereift. Seine Gegenwart in der messianischen Gemeinschaft und dann in der auf den Aposteln erbauten Kirche ist herangereift.

Jesus Christus, „der treue Zeuge, der Erstgeborene der Toten, der Herrscher über die Könige der Erde” (*Offb* 1,5) offenbart sich in diesem Heiligen Geist als jener, „der ist und der war und der kommt ... das Alpha und das Omega” (*Offb* 1,4.8).

In der Kraft dieses Geistes wird er - durch sein Blut - „uns ... zu Priestern vor Gott, seinem Vater”, machen (*Offb* 1,6).

Beim Letzten Abendmahl, das wir heute wieder begehen, wird er zu den Aposteln sagen: „Das ist der Kelch meines Blutes ... für euch und für alle vergossen zur Vergebung der Sünden” (vgl. *Mt* 26,27-28; *Mk* 14,24; *Lk* 22,20; *1 Kor* 11,25). Und dann wird der Auferstandene in diesem Abendmahlssaal sie anhauchen und sprechen: „Empfangt den Heiligen Geist! Wem ihr die Sünden vergebt, dem sind sie vergeben” (*Joh* 20,22-23). In der Kraft dieses Geistes hat er - durch sein Blut - aus uns ein Reich von Priestern gemacht.

Die Liturgie der Salbung ist ein Symbol gerade dieser Kraft des Heiligen Geistes, ein für allemal der Kirche durch das Blut des Erlösers offenbart.

4. Das Heilige Triduum und in besonderer Weise dieser Tag sind für das priesterliche Volk des Neuen Bundes der Geburtstag des Priesteramtes in der Kirche.

Wir vereinen uns mit allen, die in der ganzen Welt zu diesem Priestertum berufen wurden. Wir wollen füreinander beten, damit „unser Glaube nicht erlösche" (vgl. *Lk* 22,32).
Damit wir uns aufmachen und Frucht bringen und daß unsere Frucht bleibe (vgl. *Joh* 15,16).
„Ehre und Herrlichkeit dir, dem König der Weisheit!" (vgl. *1 Tim* 1,17).

Die Eucharistie: Ereignis und Sakrament

Predigt bei der Abendmahlsfeier am Gründonnerstag, 28. März

1. „Der Vater hatte ihm alles in die Hand gegeben" (vgl. *Joh* 13,3).
Als sich Christus mit den Aposteln im Abendmahlssaal befand, um mit ihnen das Paschalamm zu essen, wußte er dies. Er hat das alles während seines Erdenlebens gewußt, während der Jahre seiner messianischen Sendung, doch jetzt weiß er es in besonderer Weise und endgültig:
„Der Vater hatte ihm alles in die Hand gegeben".
In diesem Bewußtsein wird er nach Getsemani gehen, vor Gericht gestellt und zum Tod am Kreuz verurteilt werden. Dieses Bewußtsein, diese Gewißheit wird zu seinem Leiden; ein menschliches Leiden, das jedoch in Menschenworten nicht beschrieben werden kann. Es wird zu seinem Erlösungsopfer.
„Der Vater hatte ihm alles in die Hand gegeben".
„Alles" meint hier die ganze Schöpfung im ewigen Heilsplan Gottes. „Alles" meint jeden Menschen und die ganze Menschheit. Kein anderer konnte dieses Zeichen verstehen außer ihm, dem wesensgleichen Sohn des Vaters, dem ewigen Wort, dem Erstgeborenen aller Geschöpfe. Er allein! In seine Hände hat der Vater die ganze Zukunft des Gottesreiches gegeben, das Endgeschick der Geschichte des Menschen. Er allein kann am Ende alles dem Vater zurückgeben, „damit Gott herrscht über alles und in allem" (*1 Kor* 15,28).

2. Dieses Bewußtsein des Sohnes bedeutet zugleich eine einzigartige Fülle der Liebe. Als „seine Stunde gekommen war, um aus dieser Welt zum Vater hinüberzugehen, liebte er die Seinen, die in der Welt waren und erwies ihnen seine Liebe bis zur Vollendung" (vgl. *Joh* 13,1).
Bis zur Vollendung!
Aus dieser seiner Liebe „bis zur Vollendung" entspringt die Eucharistie. Aus dieser Liebe ergeben sich Getsemani und Golgota; der Gehorsam bis zum Tod, ja bis zum Tod am Kreuz (vgl. *Phil* 2,8); endlich die Eucharistie!
Als Christus dabei war, zum Vater zurückzukehren, wußte er, daß er uns nicht verlassen konnte. Er muß bleiben, weil der Vater „ihm alles in die Hand gegeben hatte". Er kann nicht so weggehen, wie einmal „alles" im geschaffenen Universum vergeht. Er kann nicht lediglich in die Geschichte eingehen. Er muß der Geschichte

enthoben und zugleich in ihr bleiben, damit Gott „über alles und in allem" herrscht (vgl. *1 Kor* 15,28).

3. Die Eucharistie ist Ereignis und Sakrament! Heute erleben wir dies in besonderer Weise. Mehr als zu jeder anderen Zeit ist die Liturgie des Gründonnerstags, die Abendmahlsfeier, das Gedächtnis dieses Ereignisses. Zugleich ist die Eucharistie das Sakrament, das bleibt und in seiner Tiefe und ursprünglichen Kraft jedesmal präsent wird, „wenn wir von diesem Brot essen und aus diesem Kelch trinken"; jedesmal, wenn „wir den Tod des Herrn verkünden, bis er kommt in Herrlichkeit"; jedesmal, wenn wir den „neuen Bund" im Blute Christi verkünden (vgl. *1 Kor* 11,26.25): den neuen und ewigen Bund!

4. Christus, dem der Vater „alles in die Hand gegeben hatte", tritt in diese erhabenste Stunde der Geschichte als Knecht ein. Das Bild des Gottesknechtes aus dem Buch des Propheten Jesaja (vgl. *Jes* 42,1 f.) wird in ihm volle Wirklichkeit.
„Ihr sagt zu mir Meister und Herr, und ihr nennt mich mit Recht so; denn ich bin es" (*Joh* 13,13). Aber seht, ich, der Herr und Meister, dem der Vater alles in die Hand gegeben hat, ich wasche euch die Füße (vgl. *ebd.*).
So handelt der Knecht.
So hat Christus getan, und so ist er für alle Zeiten geblieben: Licht für unsere Gewissen, Diener der Erlösung des Menschen. Der größte Dienst des Gotteslamms ist das Erlösungsopfer am Kreuz. In der Eucharistie bleibt der Sohn, zur Rechten des Vaters verherrlicht, Diener unserer Erlösung.
„Ich habe euch ein Beispiel gegeben, damit auch ihr so handelt" (*Joh* 13,15).
Am Gründonnerstag, bei der Abendmahlsfeier, entdecken wir immer besser die Bedeutung dieses „Dienstpriestertums".
Ehre sei dir, König aller Zeiten! (vgl. *1 Tim* 1,17).

Kreuz unseres Heils, du trägst an Dir den Herrn der Welt

Ansprache beim Kreuzweg im Kolosseum am Karfreitag, 29. März

1. Aus dem *Brief an die Hebräer*: „Das Blut Christi, der sich selbst kraft ewigen Geistes Gott als makelloses Opfer dargebracht hat, [wird] unser Gewissen von toten Werken reinigen, damit wir dem lebendigen Gott dienen" (9,14).

2. Aus der Enzyklika über den Heiligen Geist *Dominum et vivificantem*: „Die Worte vom Verfasser des Hebräerbriefes drücken irgendwie aus, daß ‚Christus sich selbst als makelloses Opfer dargebracht hat' und zwar ‚kraft ewigen Geistes' ... Der Heilige Geist ist im Opfer des Menschensohnes gegenwärtig und handelt dort so, wie er bei seiner Empfängnis gehandelt hat, bei seinem Kommen in diese Welt, in seinem verborgenen Leben und seinem öffentlichen Wirken." (vgl. Nr. 40)
Die gleichen Worte zeigen ferner, „wie die Menschheit, die in den Nachkommen des ersten Adam der Sünde unterworfen war, in Jesus Christus vollkommen Gott

unterworfen und mit ihm vereint worden ist und wie sie zugleich von Barmherzigkeit gegenüber den Menschen erfüllt wurde" (*ebd.*).
Jesus selber hat sich in seiner Menschheit dem Wirken des Tröstergeistes geöffnet, der aus dem Leiden die Heil schenkende Liebe entspringen läßt.

3. „Der Gottessohn Jesus Christus hat als Mensch im inständigen Gebet seines Leidens dem Heiligen Geist, der sein Menschsein schon voll und ganz durchdrungen hatte, gewährt, ihn durch sein Sterben zu einem vollkommenen Opfer zu machen, zu einem Opfer der Liebe am Kreuz. Allein hat er diese Gabe dargeboten ... In seiner Menschheit war er würdig, ein solches Opfer zu werden, weil er allein ‚makellos' war. Aber er brachte sich dar ‚kraft ewigen Geistes': Das bedeutet, daß der Heilige Geist in besonderer Weise bei dieser vollkommenen Selbsthingabe des Menschensohnes mitgewirkt hat, um das Leiden in erlösende Liebe zu verwandeln" (*ebd.*).
„In analoger Weise kann man sagen, daß der Heilige Geist ‚Feuer vom Himmel' ist, das in der Tiefe des Kreuzesgeheimnisses wirkt ... [Er] versenkt sich gewissermaßen in die Herzmitte jenes Opfers, das am Kreuz dargeboten wird ... Er verzehrt dieses Opfer mit dem Feuer der Liebe, die den Sohn mit dem Vater in der trinitarischen Gemeinschaft vereint" (*ebd.*, Nr. 41).

4. Liebe Brüder und Schwestern, Pilger des Karfreitags, die ihr am Kreuzweg im römischen Kolosseum teilnehmt, Gläubige aus Rom und der Welt, die an diesem Ort anwesend oder mit uns über Radio und Fernsehen verbunden sind!
Hier schließt die Feier des Tages des Todes Christi, eines Tages, an dem in ganz einzigartiger Weise die Erlösung der Welt gegenwärtiggesetzt wird. Am Kreuz wird die Macht des Bösen besiegt, und in jedem leidenden, verfolgten, müden und enttäuschten Menschen lebt die Hoffnung auf.
Der stumme und verlassene Gekreuzigte vollendet in Liebe das Opfer des Heiles für uns. Aus seinem Blut entspringt das Leben; im Geheimnis des Leidens triumphiert die Barmherzigkeit des Allerhöchsten.
Kreuz unseres Heiles, du trägst an dir den Herrn der Welt!
„Gepriesen sei der Gott und Vater unseres Herrn Jesus Christus ... durch sein Blut haben wir die Erlösung, die Vergebung der Sünden" (*Eph* 1,3.7).
Nach der Auferstehung, nachdem die Paschatage vollendet sind, tritt der Auferstandene bei geschlossenen Türen in den Abendmahlssaal und zeigt den Aposteln die Male der Kreuzigung, er haucht sie an und sagt:
„Empfangt den Heiligen Geist! Wem ihr die Sünden vergebt, dem sind sie vergeben" (*Joh* 20,22-23).
„Das Blut Christi, der sich selbst kraft ewigen Geistes Gott als makelloses Opfer dargebracht hat" (*Hebr* 9,14), wird in der Kraft des gleichen Geistes unsere Gewissen reinigen, bis ans Ende der Welt.
Ehre sei dir, Wort Gottes!
Ehre sei dir, Christus, der für uns geopfert wurde!
Deine Liebe hat die Welt erlöst und führt sie immer weiter ins Heil! Amen!

Die Wiedergeburt aus Wasser und Geist

Predigt bei der Feier der Osternacht am 30. März

1. „Im Anfang schuf Gott Himmel und Erde; die Erde aber war wüst und wirr, Finsternis lag über der Urflut, und Gottes Geist schwebte über dem Wasser" (vgl. *Gen* 1,1-2).
„Gottes Geist schwebte über dem Wasser."
In dieser Nacht läßt uns das Heilige Triduum bei der Feier der Ostervigil an den Beginn des göttlichen Schöpfungswerkes zurückkehren. Dunkel herrschte in der Basilika, ehe in der Entfaltung der Liturgie bei den Lesungen der Ruf des Psalms aufklang: „Sendest du deinen Geist aus, so werden sie alle erschaffen, und du erneuerst das Antlitz der Erde" (*Ps* 103/104,30). Sende aus deinen Geist, Herr, um das Antlitz der Erde zu erneuern! (*Antwortvers*).
Wir kehren zurück an den Beginn der Schöpfung, und zugleich erleben wir zutiefst die Nacht, die über Jerusalem hereinbrach, nachdem Christus, vom Kreuz abgenommen, ins Grab gelegt wurde.
Der Tod des Gottmenschen wurde zum Anfang der neuen Schöpfung. Christus nahm den Tod an, um die Welt zu erneuern. In seinem Tod erhielt der Ruf um das Kommen des Geistes, der Leben schenkt, endgültige und wirksame Kraft.

2. Gestern wurden nach dem Kreuzweg die Worte aus dem *Brief an die Hebräer* gelesen: „Wieviel mehr wird das Blut Christi, der sich selbst kraft ewigen Geistes Gott als makelloses Opfer dargebracht hat, unser Gewissen von toten Werken reinigen, damit wir dem lebendigen Gott dienen" (9,14).
Das Opfer des Kreuzes ist das messianische Werk Christi, es ist die volle Erfüllung der Erlösung. Christus verwirklicht sie nicht nur „kraft" ewigen Geistes, sondern auch in diesem Opfer, in welchem er den Heiligen Geist „empfängt", um ihn den Aposteln, der Kirche, der Menschheit zu „geben". Wenn er auferstanden ist, wird Jesus sich den im Abendmahlssaal versammelten Aposteln vorstellen, er wird sie anhauchen und sagen: „Empfangt den Heiligen Geist! Wem ihr die Sünden vergebt, dem sind sie vergeben" (*Joh* 20,22-23).
Der Heilige Geist erneuert das Antlitz der Erde, er schöpft die Kraft aus dem Kreuz Christi, er schöpft aus den unversieglichen Quellen der Erlösung der Welt. Alles erneuert er in den Menschen, in ihrem Herzen und in ihrem Gewissen. Alles erneuert er durch die Liebe, die gerade in dieser Osternacht sich als die mächtigere erweist gegenüber dem Tod und der Sünde, die der Tod der Seele ist.

3. Darum ist die Osternacht von den ersten Zeiten des Christentums an für die Katechumenen die große Stunde der Taufe gewesen.
Auch jetzt sind wir hier im Petersdom Zeugen und Mitfeiernde, wenn der Bischof von Rom voll Freude unsere neuen Brüder und Schwestern im Glauben begrüßt, die die heilige Taufe empfangen werden.
Ihr kommt aus Japan, Korea, Vietnam, China, Thailand, Indonesien, USA, Chile, England und Italien.

Das ist der Glaube an Christus, der „von den Toten auferweckt, nicht mehr stirbt; der Tod hat keine Macht mehr über ihn” (*Röm* 6,9).

4. Seht, liebe Brüder und Schwestern, in euch wird der Ruf des Psalmisten Wirklichkeit: „Sende aus deinen Geist, Herr, um das Antlitz der Erde zu erneuern!” (*Antwortvers*) ... Sende den Geist, der seit Anbeginn zutiefst am Werk der Schöpfung beteiligt war. Der Geist, der über dem Wasser schwebte, schenkt im Sakrament der Taufe dem Menschen die Wiedergeburt „aus dem Wasser”, das die Kraft des Geistes, des Lebensspenders, empfangen hat.
Die Wiedergeburt „aus Wasser und Geist” (vgl. *Joh* 3,5) - das erste Sakrament aus dem Pascha Christ.
Im Anbruch des Tages, „den der Herr gemacht hat”, wünscht die Kirche euch allen, daß sich mit diesem Sakrament für euch zugleich die Verheißung des Propheten erfülle: daß der Herr euch ein neues Herz gebe und einen neuen Geist in euch lege, ... daß er euch gebe, nach den Geboten Gottes zu leben und seine Gesetze zu beobachten und zu erfüllen. Daß ihr das Volk Gottes seid, und daß der Herr euer Gott sei (vgl. *Ez* 36,26-28).
Und daß ihr schließlich für ewig im Lande der Lebenden wohnen dürft (vgl. *Ps* 26/27,13).
Die Osternacht ist eine Vorankündigung dieses Landes und dieser Wohnstätte. Ja, sie ist der Anfang des neuen Himmels und der neuen Erde (vgl. *Offb* 21,1), wo Gott „alles und in allem” sein wird (vgl. *1 Kor* 15,28).

Hört die Stimme der Armen

Osterbotschaft vor dem Segen „Urbi et Orbi” am Ostersonntag, 31. März

1. „Dies ist der Tag, den der Herr gemacht hat” (*Ps* 118,24).
Durch die ganze Geschichte, seit Anbeginn der Schöpfung sind wir als Pilger unterwegs zu diesem Tag: „Im Anfang hat Gott Himmel und Erde geschaffen. Die Erde war wüst und wirr, Finsternis lag über der Urflut, und Gottes Geist schwebte über dem Wasser” (vgl. *Gen* 1,1-2). Unterwegs zu diesem Tag durchpilgern wir die ganze sichtbare Schöpfung: den Kosmos, die Galaxien, unser Sonnensystem, die Erde.
Wir sind Pilger durch die Geschichte des Menschen, in welcher der unsichtbare Geist wirkt: der Geist Gottes, „der Wind, der weht, wo er will” (vgl. *Joh* 3,8). Der Tag, „den der Herr gemacht hat”, ist der Tag der Offenbarung seiner Macht.

2. Auf diesen Tag gehen wir, die Kirche - das über die Erde verstreute Volk Gottes -, zusammen mit Christus zu, wenn wir dem Weg seines Evangeliums folgen, wenn wir alles befolgen, was Er „getan und gelehrt hat” (vgl. *Apg* 1,1) bis zu jenem Höhepunkt von Ostern, als Er unser ganzes Menschsein zusammen mit der Sünde ganz auf sich nahm.

Er, der keine Sünde kannte, hat die Sünde auf sich genommen, indem Er, obwohl ohne Sünde, für uns zur Sünde geworden ist (vgl. *2 Kor* 5,21). Nachdem Er auch den Tod auf sich genommen hatte, stieg Er am Fuße von Golgota hinab in das menschliche Grab: Er, „der sich selbst kraft ewigen Geistes Gott als makelloses Opfer dargebracht hat" (*Hebr* 9,14). Der Geist, der von Anbeginn über dem Wasser schwebte, wurde auf Golgota zu Feuer, um das Opfer zu verbrennen - und das Feuer bedeutet Liebe.

3. Wir sind den Spuren Christi gefolgt, wir sind die Wege seiner Worte und der von Ihm vollbrachten Zeichen nachgegangen. Auf Golgota waren wir betroffen, und als die letzte Nacht angebrochen war, wachten wir am Grab.
Es wachte die Kirche in Rom. Es wachte die über die ganze Erde verstreute Kirche. Und siehe, da ist vor uns der Tag angebrochen. „Der Tag, den der Herr gemacht hat", in der Geschichte des Universums und in der Geschichte des Menschen. Dieser Tag bricht aus der durchwachten Nacht hervor. Es ist der Tag, an dem Gott offenbart hat, daß Er ein Gott der Lebenden und nicht der Toten ist (vgl. *Mk* 12,27). Und Er hat das genau dort offenbart, wo der Tod des Menschen als endgültige und irreversible Tatsache besiegelt worden war. „Ich werde, oh Tod, zu deinem Tod": diese Worte legt die Liturgie Christus in den Mund (vgl. *Vesper-Ant. vom Karsamstag*). Es ist wahrhaftig „der Tag, den Gott gemacht hat", wirklich Er. Der Mensch wäre nicht imstande gewesen, diesen Tag zu machen. Vielleicht versucht er ihn auch deshalb wegzuschieben, vielleicht meidet er ihn auch deshalb, vielleicht zweifelt er deshalb ...

4. Aber dieser Tag dauert an.
Er dauert unumkehrbarer an als jeder menschliche Tod. Er dauert an als die Verheißung und als der Neue Anfang. Er dauert an in der Macht des Geistes, der am Anfang über dem Wasser des entstehenden Kosmos schwebte, das heute zu dem Wasser geworden ist, das aus der durchbohrten Seite Christi hervorquillt und sich in das Herz der dürstenden Menschen ergießt als Liebe, die nicht stirbt und nicht vergeht, weil sie in Ihm ihr ewiges Sein hat: Sie - die Liebe - wird auch zum endgültigen Maß für den „Tag, den der Herr gemacht hat; wir wollen jubeln und uns an ihm freuen" (*Ps* 118,24).

5. Ja, das ist ein Tag des Lichtes, der Kraft und der Hoffnung, der die Finsternis zurückweichen läßt, die die Erde bedroht.
Finsternis, die eben erst die Gemeinschaft der Menschen verdunkelt hat: als man sich für die Aggression und für die Verletzung des internationalen Rechtes entschied; als man vorgab, mit Hilfe des Krieges, des Todesstifters, die Spannungen unter den Völkern zu lösen; als sich vom Baltikum bis in das Mittelmeer und in anderen Zonen der Welt vergebens die Stimme der Völker erhob, die sich nach Achtung ihrer Identität und ihrer Geschichte sehnen; als nicht alles unternommen wurde, um der unerbittlich drohenden Hungersnot Herr zu werden, die ganze afrikanische Völkerschaften, wie zum Beispiel im Sudan und in Äthiopien, heimgesucht hatten, oder um gleichfalls auf dem afrikanischen Kontinent, besonders in Angola,

Mozambique, Liberia und Somalia, Kriegen und Guerillakämpfen Einhalt zu gebieten, die Völker, die sich bereits in Not und Elend befinden, an den Rand des Abgrunds bringen.

6. Aber Christus siegt über die Finsternis und enthüllt dem Menschen die volle Würde seiner Berufung. Erstehe mit Ihm auf, Menschheit unserer Zeit! Dann wirst du voll Liebe das Leben annehmen können und seinem Aufbrechen bis zum natürlichen Vergehen. Du wirst nachdrücklich die Ausbeutung des Armen verhindern. Du wirst Nein sagen zum einträglichen Waffenhandel, an dessen Stelle du, im ganzheitlichen Dienst am Menschen, Vorhaben echter Solidarität setzen wirst.
Menschheit unserer Zeit, schenke dem lange vernachlässigten Bestreben unterdrückter Völker Gehör, wie dem des palästinensischen, des libanesischen, des kurdischen Volkes, die das Recht fordern, in Würde, Gerechtigkeit und Freiheit zu leben, berechtigte Anliegen, die sie seit Jahren vergebens wiederholen. Man fürchte sich nicht, jedem Menschen das freie Bekenntnis zu seinem religiösen Glauben zuzubilligen. Ich denke dabei auch an dich, geliebte katholische Gemeinde von Albanien: du bist dem Evangelium Christi treu geblieben; schöpfe wieder Mut, gehe Zeiten reicher Früchte entgegen!

7. Von diesem Ort aus, Mitte der Kirche, wo Schmerzensschreie und flehentliche Hilfsappelle eintreffen, wende ich mich in dieser schweren Stunde der Geschichte an euch, Verantwortliche der Nationen:
Hört die Stimme der Armen!
Die Gesellschaft, die alle herbeiwünschen, kann nur auf eine internationale Ordnung gegründet sein, in der Recht und Freiheit für alle unteilbar sind. Helft den Völkern, die in Afrika, in Asien, in Lateinamerika freiere und demokratische Gesellschaften anstreben!
Vollkommene Achtung werde dem Menschen zuteil, indem das Abbild Gottes erstrahlt!
Jede Beleidigung gegen den Menschen ist eine Beleidigung Gottes, der mit dem Menschen einen festen und treuen Bund geschlossen hat.

8. Das ist der „Tag, den der Herr gemacht hat". Halleluja!
Schöpft neue Hoffnung, Brüder und Schwestern in der ganzen Welt! Mit Christus, unserem Ostern (Pascha), ist alles möglich! Christus geht uns in unsere Zukunft voraus!
In seinem Namen grüße ich euch, mit Ihm segne ich euch alle!

Stetig den Glauben vertiefen

Ansprache an die Teilnehmer des Internationalen Universitätskongresses der UNIV am 31. März

1. „Friede sei mit euch! Wie mich der Vater gesandt hat, so sende ich euch” (*Joh* 20,21). Die Worte des auferstandenen Christus mögen unsere Reflexion in dieser unserer österlichen Begegnung leiten, liebe Studenten und Professoren, die ihr am Internationalen Universitätskongreß der UNIV '91 teilnehmt, der das Thema hat: „Die Entdeckung neuer Welten”.
Mit Zuneigung grüße ich jeden von euch und gratuliere euch zu dem Enthusiasmus und der Freude, die ihr ausdrückt. Einen besonderen Gruß richte ich an Msgr. Alvaro del Portillo, Prälat der Personalprälatur des Opus Dei, die schon seit 24 Jahren euer Treffen alljährlich organisiert. Wenn das Ostergeheimnis mit Vertrauen aufgenommen wird, verändert es den Menschen so grundlegend, daß es ihn nach dem kühnen Ausdruck der theologischen Tradition, zu einem „anderen Christus” macht (vgl. Hl. Cyrill von Jerusalem: *PG* 33, 1088 a; Hl. Augustinus: *PL* 36, 1568). Es läßt ihn am göttlichen Heilsplan teilnehmen und verwirklicht in ihm ganz das Wort Jesu: „Wie mich der Vater gesandt hat, so sende ich euch.” Es ist der Herr, der Meister, der Sieger über den Tod, der jeden Christen ruft, an seiner eigenen Sendung zur Erlösung teilzuhaben.

2. „Friede sei mit euch!”.
Das christliche Apostolat, wie ihr gut wißt, ist ganz vom göttlichen Geschenk des Friedens durchdrungen. In unserer von vielen Spannungen gequälten und von schnellen tiefgreifenden Veränderungen gekennzeichneten Welt verklingt die Osterbotschaft der Befreiung von Sünde und Tod. Und diese Botschaft ruft uns als Jünger des auferstandenen Herrn mit einzigartiger Dringlichkeit auf. Der Friede ist untrennbar vom Einsatz für das missionarische Zeugnis und den Dienst an den Brüdern. Der Gläubige darf sich nicht der Aufgabe entziehen, sich dafür einzusetzen, daß auch die anderen dem Erlöser begegnen und mit seiner Hilfe allen Egoismus und alle Spaltung überwinden. Jeder muß sich also seiner apostolischen Berufung ganz bewußt werden. Sie bindet uns an Christus und an die Kirche und macht uns zu überzeugten und hochherzigen Erbauern einer von der göttlichen Liebe und der brüderlichen Versöhnung erneuerten Menschheit.

3. Liebe Brüder und Schwestern, ich weiß, mit wieviel Eifer ihr versucht, in eurer alltäglichen Arbeit die Forderungen des Evangeliums zu verwirklichen, indem ihr das, was ihr tut, zum Gebet macht und konkret nach Heiligkeit strebt. Ihr wißt, die Evangelisierung „ist ein unbestechlicher Gradmesser unseres Glaubens an Christus und seine Liebe zu uns” *Redemptoris missio*, Nr. 11). Gleicht euch immer mehr dem göttlichen Meister an, seid seine Freunde. Lebt und handelt mit ihm. Mit ihm seid ihr in der Taufe gestorben und auferstanden, mit ihm habt ihr teil an der Verwirklichung des universellen Heilsplanes. Christus lebt in der Welt und gestaltet sie um. Wenn ihr ihm mit Vertrauen folgt und ihn in Treue nachahmt, erfüllt ihr eure Auf-

gabe als Jünger. Der Christ darf sich nie auf eine, wenn auch notwendige, Arbeit zur Förderung des Menschen und zur sozialen Erneuerung beschränken. Er ist berufen, das Leben einzusetzen, damit jeder Mensch Christus begegne und von ganzem Herzen ihn liebe. „Das christliche Apostolat" - schreibt euer Gründer - „ist kein politisches Programm und keine kulturelle Alternative; es beinhaltet die Verbreitung des Guten, ein ansteckendes Verlangen, zu lieben, eine wirkliche Saat des Friedens und der Freude" (Josemaria Escrivá, *E' Gesú che passa*, Nr. 124).

4. Diese so hohe und konkrete Auffassung vom persönlichen Apostolat spornt die Aktivitäten der gläubigen Laien und der Priester der Prälatur des Opus Dei an und daran inspiriert ihr euch. Ich segne von ganzem Herzen euren Einsatz und fordere euch auf, so zu handeln, daß in jedem Augenblick die Menschen um euch her Christus durch euch begegnen können. Seid Jünger Christi vor allem in den Schulen und in den Instituten, die ihr besucht. Bereichert euer kulturelles Wachstum mit einer stetigen Vertiefung des Glaubens. Dann wird die Welt der Schule nicht nur eine Schmiede von Ideen sein, sondern auch ein wahres Übungsfeld christlicher Tugenden. Studiert gewissenhaft, denn die berufliche Vorbereitung gehört wesentlich zu euren moralischen Pflichten und ist ein unverzichtbarer Weg zur Heiligung. Seid immer hilfsbereit gegen jene, die an Leib und Seele leiden. Seid beharrlich im Gebet, wie es denen ziemt, die ihre Herzen in Gott verankern. So wird euer Verhalten diejenigen, die mit euch die Mühen und Pflichten eines jeden Tages teilen, dazu ermutigen, ihr Leben dem Herrn zu öffnen. In euch wird der Auferstandene gegenwärtig sein, und die euch begegnen werden, wie die Jünger von Emmaus sagen können: „Brannte uns nicht das Herz in der Brust, als er unterwegs mit uns redete und uns den Sinn der Schrift erschloß?" (*Lk* 24,32).

5. Sprecht von Gott zu euren Freunden von Herz zu Herz; weckt in ihnen das Bewußtsein der Berufung zur Heiligkeit, das Verlangen nach Bekehrung, die Hoffnung auf ein neues Leben. Bei jeder Gelegenheit soll eure Freundschaft zu Christus führen, den Messias, den ihr als erste gefunden habt (vgl. *Joh* 1,41). Der mit Natürlichkeit und Einfachheit, mit Überzeugung und Unbefangenheit, in klarer und jugendlicher Sprache bezeugte Glaube wird dem zweifelnden Freund Ansporn sein, wieder zu den Sakramenten zu gehen. Er wird die Unsicheren ermutigen, auf die harten, aber begeisternden Forderungen der Nachfolge gemäß dem Evangelium positiv zu antworten.

„Friede sei mit euch! Wie mich der Vater gesandt hat, so sende ich euch." Dies ist mein Friedenswunsch, den ich im auferstandenen Christus an euch richte. Bringt ihn zu euren Altersgefährten in den Instituten, die ihr besucht, in eure Familien, in eure Länder. Maria, die Königin des Friedens, möge euch helfen die Einladung ihres göttlichen Sohnes anzunehmen und ihm überallhin gelehrig und ohne Zögern zu folgen. Er wird aus euch seine Apostel machen. Mit diesen Wünschen segne ich euch und all eure Lieben.

In deutscher Sprache sagte der Papst:

Einen herzlichen Gruß richte ich auch an die deutschsprachigen Teilnehmer am UNIV-Kongreß.
Das Geheimnis der Auferstehung des Herrn, das wir heute gefeiert haben, entfache in euch neuen Mut und Zuversicht, seine Botschaft unter die Menschen zu tragen.
Habt keine Angst! Er ist der Sieger über den Tod; seine Sendung ist uns immer aufgetragen. Verkündet allen Menschen seine frohe Botschaft!

Katholiken sind zur Zusammenarbeit bereit

Schreiben zum Ende des Monats Ramadan vom 3. April

An meine geliebten muslimischen Brüder und Schwestern!

Jedes Jahr hat bislang der Päpstliche Rat für den Interreligiösen Dialog eine Grußbotschaft im Namen aller Katholiken rund um die Welt an die Muslime anläßlich Ihres Festes des Fastenbrechens am Ende des Monats Ramadan gesandt. In diesem Jahr habe ich mich wegen der tragischen Ereignisse der vergangenen Monate um den Konflikt und den Krieg im Vorderen Orient und dem unausgesetzten Leid so vieler Menschen dazu entschieden, diese Grüße selbst zu schicken.
Vorweg möchte ich meine Anteilnahme und Solidarität mit all jenen ausdrücken, die liebe Menschen verloren haben. Wie Sie Muslime glauben, so bekräftigen auch wir Christen hoffnungsvoll, daß sie unter Gottes gnädiges Urteil zurückgekehrt sind. Mag diese Zeit der Trauer von der Erkenntnis getragen sein, daß Gottes Barmherzigkeit und Liebe grenzenlos sind. Er allein kennt, „was kein Auge gesehen und kein Ohr gehört hat, was keinem Menschen in den Sinn gekommen ist: das Große, das Gott denen bereitet hat, die ihn lieben" (*1 Kor* 2,9).
Alle Muslime, weltweit, möchte ich der Bereitschaft der katholischen Kirche zur Zusammenarbeit mit ihnen und allen Menschen guten Willens versichern, um den Opfern des Krieges zu helfen und um die Voraussetzungen für einen dauerhaften Frieden zu schaffen, nicht nur im Vorderen Orient, sondern überall. Diese solidarische Zusammenarbeit zugunsten der am meisten Betroffenen kann die konkrete Basis eines aufrichtigen, tiefen und dauernden Dialogs zwischen gläubigen Katholiken und gläubigen Muslimen bilden, aus der bessere gegenseitige Kenntnis, Vertrauen und die Sicherheit, daß jeder und jede überall seinen oder ihren Glauben frei und ohne Einschränkungen bekennen kann, erwachsen.
Sie, die Sie diesen harten Fastenmonat gemäß Ihrer religiösen Pflichten abgeschlossen haben, geben den modernen Gesellschaften ein notwendiges Beispiel des Gottesgehorsams, der Bedeutung des Gebetes, der Selbstbeherrschung und der asketischen Einfachheit im Gebrauch der Güter dieser Welt. Auch wir Christen haben kürzlich unsere jährliche Fastenzeit, für uns eine Zeit der Buße und der Reinigung, in Gebet und Enthaltsamkeit vollzogen. Diese Werte, die Christen und Muslime in ihren religiösen Glaubenssätzen und Traditionen teilen, können sie der Menschheit

als eine religiöse Antwort auf die Anziehungskraft von Macht, Wohlstand und materiellem Vergnügen anbieten.

Der Weg derer, die an Gott glauben und ihm dienen wollen, ist nicht der des Herrschens. Es ist der Weg des Friedens: eine Einheit im Frieden mit unserem Schöpfer, die sich in der Erfüllung seines Willens ausdrückt; Friede in und mit der gesamten Schöpfung im weisen Gebrauch ihrer Güter zum Wohl aller; Friede in der Menschheitsfamilie über die Zusammenarbeit zur Einbindung unserer Gesellschaften in ein Netz von Gerechtigkeit, Brüderlichkeit und Eintracht; Friede im Herzen jedes einzelnen, der weiß, woher er kommt, warum er lebt und wohin er eines Tages zurückkehren wird. An diesem Fest, meine muslimischen Brüder und Schwestern, wollen wir beten, daß Gott Ihnen und allen, die sich demütig bittend an ihn wenden, seinen Frieden schenken wolle.

Solange wir die Schrecken des Krieges noch frisch im Gedächtnis haben und sie noch immer Ursache des Leidens für Menschen in so vielen Teilen der Welt sind, ist eine Untersuchung der Hintergründe von Krieg vielleicht nicht unangebracht, selbst zum Zeitpunkt eines freudigen Festes. Wir alle müssen Kriegsursachen aufmerksam studieren, um wirksame Mittel, ihn zu vermeiden, zu finden. Ungerechtigkeit, Unterdrückung, Gewalttätigkeit, Habgier, fehlende Bereitschaft zu Gespräch und Verhandlungen, Unfähigkeit zu verzeihen und Rachsucht: das sind nur einige der Ursachen, die Menschen von dem Weg abbringen, den uns Gott zu leben empfiehlt. Wir alle müssen diese Eigenschaften in uns und unseren Gesellschaften erkennen lernen und Möglichkeiten finden, sie zu überwinden. Nur wenn jeder, allein und mit anderen, die Erziehung zum Frieden unternimmt, können wir eine brüderliche und geeinte Welt, frei von Krieg und Gewalt, aufbauen.

Ich schließe meine Grüße an Sie mit den Worten eines meiner Vorgänger, Papst Gregor II., der 1076 an al-Nasir, den muslimischen Herrscher in Bijâya im heutigen Algerien, schrieb: „Der allmächtige Gott, der will, daß jeder gerettet werde und keiner verloren sei, billigt nichts in uns so sehr wie nach der Gottesliebe die Nächstenliebe und daß wir das, von dem wir nicht wollen, daß man uns tue, auch nicht anderen zufügen. Ihr und wir schulden uns diese gegenseitige Liebe, besonders weil wir an Gott glauben und den Einen bekennen, zugegebenermaßen auf verschiedene Weise, und ihn täglich preisen und verehren, den Schöpfer und Herrscher dieser Welt."

Diese Worte, vor fast tausend Jahren geschrieben, drücken meine Gefühle Ihnen gegenüber aus, heute, da Sie Id al-Fitr feiern, das Fest des Fastenbrechens. Möge der hocherhabene Gott uns mit seiner barmherzigen Liebe und seinem Frieden erfüllen!

Vatikanstadt, 3. April 1991

Joannes Paulus PP. II

Die Sorge um alle Kirchen teilen

Ansprache zur Eröffnung des außerordentlichen Konsistoriums am 4. April

Verehrte und liebe Mitbrüder!

Wir versammeln uns während der Osteroktav, die vom großen Geheimnis unseres Glaubens erfüllt ist, einem Geheimnis, aus dem die Kirche hervorgegangen ist. „Der Herr ist wirklich auferstanden und ist dem Simon erschienen" (*Lk* 24,34). Am Tag seiner Auferstehung kam Jesus durch verschlossene Türen in den Abendmahlssaal, wo sich seine Jünger befanden, zeigte ihnen seine Hände und seine Seite (vgl. *Joh* 20,21) - die Wunden unserer Erlösung -, hauchte sie an und sagte: „Friede sei mit euch! Wie mich der Vater gesandt hat, so sende ich euch ... Empfangt den Heiligen Geist" (*Joh* 20,21).

Jetzt, zu Beginn unserer Begegnung, müssen diese Worte neue Kraft gewinnen. Wir müssen uns im Abendmahlssaal vor dem Herrn zusammenfinden, der auch uns sendet und uns den gleichen Geist mitteilt, den die Apostel empfangen haben: den Geist der Weisheit, und des Verstandes, den Geist des Rates und der Stärke, den Geist der Wissenschaft und der Furcht des Herrn. Er muß uns führen.

Verehrte und liebe Mitbrüder, ihr seid in ganz besonderer Weise dazu berufen, mit dem Bischof von Rom die Sorge um alle Kirchen zu teilen, die an sein Petrusamt gebunden sind. Ihr gehört der kollegialen Gemeinschaft des Episkopats der Weltkirche an und bildet gleichzeitig auch ein eigenes Kollegium.

Dieses Kollegium kann auf eine tausendjährige Geschichte zurückblicken und hat sich um die Kirche sehr verdient gemacht. Wenn auch eure Aufgabe und euer Verdienst in erster Linie darin besteht, die Nachfolge auf dem römischen Stuhl Petri zu gewährleisten, so liegt es sicher auch an euch, dem Nachfolger Petri in der Erfüllung seiner Aufgaben und in seinen Sorgen nahe zu sein. Deshalb habe ich seit Beginn meines Dienstes für die Kirche oft nach Gelegenheiten gesucht, hinsichtlich wichtiger Probleme euren Rat einzuholen, da ich eurer Kompetenz und vor allem eurer Liebe zu Christus und der Kirche vertraue, in der euch eine besondere Rolle auferlegt ist.

Die Probleme, mit denen wir uns im Lauf dieses Konsistoriums beschäftigen werden, sind bekannt. Sie sind sehr bedeutsam, da sie die Glaubens- und Morallehre und gleichzeitig das pastorale Wirken der Kirche auf vielen Gebieten betreffen; sie sind für die Sendung der Kirche sehr bedeutsam, weil sie zugleich die Würde des Menschen und seine unveräußerlichen Rechte betreffen und auf indirekte Weise selbst seine Zukunft und die der ganzen Gesellschaft.

„Tod und Leben stritten im Kampfe wie nie einer war" singen wir in der Osterliturgie. Der Kampf zwischen der Zivilisation des Todes und der des Lebens und der Liebe geht unaufhörlich weiter. Mit unserem Konsistorium wollen wir dem Herrn des Lebens besondere Verehrung erweisen, indem wir mit dem Ostergeheimnis Leben und Wahrheit vereinen und allen das Leben zeigen, das er für die neuen Generationen bleibt.

Ich empfehle unsere Begegnung der Mutter des auferstandenen Herrn, dem Sitz der Weisheit.

Europa im Licht seiner lebendigsten Traditionen neu denken

Ansprache an die Teilnehmer der 41. Sozialen Woche der italienischen Katholiken am 5. April

Meine Herren Kardinäle, ehrwürdige Brüder im Bischofsamt
und ihr Brüder und Schwestern alle, die ihr euch für die christliche Animation im Sozialbereich einsetzt!

1. Mit außerordentlicher Freude über die Wiederaufnahme der sozialen Wochen, des Stolzes der italienischen Katholiken, richte ich meinen herzlichen Gruß an euch. Mit dieser Initiative wird ein Vorschlag in die Tat umgesetzt, der vom Katholikentag in Loreto 1985 ausging. Das, was damals wünschenswert erschien, hat heute eine einzigartige aktuelle Bedeutung angenommen. Heute empfinden die Katholiken dringender denn je die Notwendigkeit, daß sie im Hinblick auf eine abgestimmte Tätigkeit im Dienste des göttlichen Plans für die Menschheit an der Schwelle zum dritten Jahrtausend ihre gemeinsame Hoffnung tiefer begründen.
Wie sieht nun der göttliche Plan hinsichtlich unserer Geschichte aus? Hinsichtlich der Geschichte dieses neuen Europas, das im Begriff ist, sich mühsam neu zu definieren? Hinsichtlich Italiens in Europa?
Für den Gläubigen ist die Antwort zweifellos diese: Es ist ein Plan der Freiheit, der Solidarität, des Friedens, denn es ist ein Plan, gegründet auf die Wiederherstellung der Einheit der von der Sünde zerrissenen menschlichen Familie in Jesus Christus. Der Gläubige weiß, daß seit dem Tod und der Auferstehung Christi jeder Mensch ein Anrecht darauf hat, Teil des neuen Volkes zu sein, das in der Geschichte der endgültigen Heimat entgegenpilgert, wo „es nicht mehr Juden und Griechen, nicht Sklaven und Freie, nicht Mann und Frau gibt; denn ihr alle seid einer in Jesus Christus" (vgl. *Gal* 3,28).
Und unter diesem Aspekt befragt ihr euch über eure Aufgaben als Kinder der Kirche in dem Land, in welchem nach dem Plan der Vorsehung das neue Gottesvolk seinen Mittelpunkt haben sollte und von dem aus die Botschaft des Evangeliums im Laufe der Jahrhunderte auf außerordentlich wirksame Weise auf die anderen Nationen Europas und der Welt ausgestrahlt ist.

2. In eurem gemeinsamen Nachdenken ruft ihr die Gaben des Heiligen Geistes herab und öffnet euch ihnen: Dies ist der Sinn eurer Zusammenkunft, das, was ihr Bedeutung verleiht und sie reiche Früchte bringen läßt.
Europa muß heute im Licht seiner lebendigsten Traditionen neu gedacht werden, im Licht der ältesten und echtesten Erwartungen seiner Völker, die ihre Wurzeln im Glauben an Jesus Christus haben. Dieser Glaube hat so viele Jahre lang bei sehr

vielen unserer Brüder die Hoffnung auf Freiheit aufrechterhalten und die lange Nacht der Unterdrückung aufgehellt.
Nun ist die geschichtliche Mauer gefallen, eine Tür ist geöffnet, andere aber widerstehen immer noch, und es werden Versuche unternommen, noch andere mit Zwang und sogar mit Gewalt wieder zu schließen.
Und doch konnte die neue, soeben begonnene Bahn beschritten werden, weil die Völker mutig verlangten, ihre Überzeugungen frei äußern und sich konkret in einer Zusammenarbeit einsetzen zu können, die es jedem ermöglicht, die eigenen Kräfte in den Dienst des Allgemeinwohls zu stellen.
Die moralische Kraft und die Hoffnungen, die diese unsere Brüder inmitten großen Leids angespornt haben, dürfen nun wegen der neu auftretenden Schwierigkeiten nicht der Versuchung zur Entmutigung nachgeben oder neuen Formen der Pflichtverletzung gegenüber dem Nächsten. Sie müssen vielmehr zu neuer Kraft auf der Suche nach dem Allgemeinwohl anregen und zur Verwirklichung einer größeren sozialen Gerechtigkeit, auch mit Hilfe eines neuen internationalen Rechts und neuer einschneidender Solidaritätsbezeugungen. Das kann auch den Boden dafür bereiten, allgemeiner erneut nachzudenken über die Rolle der Nationalstaaten in bezug auf den Prozeß der europäischen Integration und über eine Revision ihrer demokratischen und teilhabenden Einrichtungen.

3. Keine Bemühung kann gültige und wirksame Veränderungen herbeiführen, wenn sie nicht in hohem Maße inspiriert ist und konsequent unterstützt wird von einem starken Willen zum Guten und von einer tiefen Sehnsucht nach der Wahrheit der menschlichen Person und der Gesellschaft, die aufzubauen sie berufen ist.
Die Suche und das Aufzeigen dieser Wahrheit, die den Menschen und den Institutionen Sinn gibt, ist die erste Aufgabe der Katholiken sich selbst und den anderen Mitgliedern der Gemeinschaft gegenüber. Die Soziallehre der Kirche, die vor hundert Jahren in der Enzyklika *Rerum novarum* reichhaltig und einschneidend formuliert worden ist, bietet Reflektionsansätze und Handlungskriterien, die mutig bezeugt und konkret in die Tat umgesetzt werden wollen.
Liebe Brüder und Schwestern, zögert nicht, im Licht der neuen Perspektiven, die die Vorsehung euch durch die jüngsten Geschehnisse eröffnet hat, Pläne und Programme neu zu diskutieren. Mögt ihr jedes Element abzuwägen wissen mit der alten Weisheit, die vom Evangelium durch die reiche kulturelle europäische Tradition zu euch gelangt und die in ihm ihre hauptsächliche Inspirationsquelle hat. In der Vergangenheit haben die Europäer ihre Werte, ihre Wissenschaft, ihre Produktionskapazität in die Welt hinausgetragen: heute erwartet die Welt von ihnen wiederum einen neuen Beitrag an jener aus der tausendjährigen Kultur geschöpften Weisheit, die der nährende Lebenssaft des Christentums im Lauf der Jahrhunderte hat reifen lassen.
Die Geschichte hat die Europäer zu Experten in schmerzvollen und tragischen Spaltungen werden lassen: Der christliche Glaube muß ihnen helfen, die Wege der Verständigung und des Friedens wiederzufinden. Die Solidarität ist die Antwort der Zivilisation, die den Völkern anzubieten die Europäer berufen sind, jenen Völkern,

die immer noch nach Freiheit und Selbstbestimmung rufen, um einen Weg der Entwicklung und des Fortschritts gehen zu können, der die grundlegenden Rechte der menschlichen Person respektiert.

4. Dem in letzter Zeit sehr beschleunigten Wandlungsprozeß müssen die Europäer eine religiöse und kulturelle Seele sichern, die sein Fortschreiten in Richtung auf Werte garantiert, die ihn inspiriert und hervorgerufen haben.
Dies sind die Perspektiven der wahren Zukunft Europas, einer Zukunft, die vom Leuchten der großen Vergangenheit erhellt ist und die darauf wartet, in den mühseligen Umwälzungen der gegenwärtigen Stunde dank des hochherzigen Einsatzes aller vorbereitet zu werden.
Die Aufnahme der Einwanderer, die andere Kulturen und Religionen haben, der ökumenische Dialog, die gemeinsame Bemühung des Ostens und des Westens um einen globalen Fortschritt durch eine neue Kultur des Zusammenlebens sind Aufgaben, die nicht umgangen werden dürfen. Meine Freude über die Wiederaufnahme der Sozialen Wochen beruht auf der Zuversicht, daß diese eine Art Kulturlabor werden können, um der christlichen Gemeinschaft Hilfe zu bieten, die „res novae" unserer in jedem Lebensbereich von tiefen Wandlungen geprägten Zeit zu lesen und sich Anleitungen einzuholen, die geeignet sind, das gemeinsame Wachstum in Richtung auf wirklich menschenwürdige Zivilisationsziele zu begünstigen.

5. Im gegenwärtigen System der freien Marktwirtschaft bleibt die Solidarität oft den guten Absichten und dem persönlichen Gutdünken überlassen. Die Folgen können wir alle sehen: In der Tat sind wir Zeugen eines ungehemmten Wettrennens um das Wachstum der materiellen Güter, das oft nicht einmal vor den offensichtlichsten Verletzungen des Personen- und des Familienrechtes haltmacht. Daher verkündet die Kirche, daß der Profit nicht das grundsätzliche Kriterium des Wirtschaftslebens sein kann und auch nicht das letzte Ziel einer Zivilisation, die sich als „menschlich" zu kennzeichnen beliebt.
Es bleibt also das Problem bestehen, rechtliche und technische Mittel zu finden, die über die individuelle Spontaneität hinaus die persönliche und soziale Solidarität konkret wirksam machen gemäß jenen Perspektiven der Subsidiarität, auf denen die Soziallehre der Kirche seit langem besteht.
Außerdem muß im gemeinsamen Bewußtsein die rechte Werthierarchie wiederaufgestellt werden, die die modernen Zeiten in hohem Maße erschüttert und zuweilen auch umgeworfen haben. Die materiellen Güter üben eine große Faszination auf die Armut aus, der Überfluß ist der Traum der Entbehrung, doch lebt der Mensch nicht nur von Dingen und kann auch nicht nur für die Dinge leben. Die geistige Armut, die die persönlichen und kollektiven Hoffnungen unterdrückt und das Denken des reichen Abendlandes schwächt, ruft uns dringend zu der Pflicht auf, jenes Gewebe von Werten neu zu flechten, das oft selbst in unseren christlichen Gemeinschaften ausgefranst und abgenutzt erscheint.
Schließlich ist es die persönliche Treue zu Jesus Christus, die innerlich erneuert und gefestigt werden muß. Dies setzt bei den Gläubigen eine große Gelehrigkeit gegen-

über dem Heiligen Geist voraus. Sie müssen sich als Geschöpfe Gottes erkennen und wissen, daß sie alles unentgeltlich von einem unendlich gütigen Vater empfangen haben, der unergründlich groß ist in der Liebe. Wenn man sich für Anspruchslosigkeit entscheidet und darauf bedacht sein will, mit den anderen zu teilen, so ist dies eine Entscheidung, die normalerweise nur vor jenem „Sinnhorizont" getroffen werden kann, den der Glaube an Gott, den Schöpfer und Vater, dem menschlichen Dasein verleiht.

6. Werden die Katholiken in der Lage sein, den geschichtlichen Aufgaben, die sie erwarten, zu entsprechen? Und werden sie vor allem in der Lage sein, sich für die Verwirklichung einer wahren Solidarität einzusetzen, die das Prinzip der Subsidiarität respektiert und in die Tat umsetzt? Werden sie vollkommen demokratische Einrichtungen fördern, dank derer es jedem ermöglicht wird, sich gemäß der eigenen Berufung zu verwirklichen?
Der Spieleinsatz ist hoch: Die Oligarchien auf der einen Seite und das Vorherrschen weniger über viele auf der anderen Seite sind wirkliche Risiken für Europa. Der einzige Weg, um diese zu umgehen, ist der, den das Christentum weist, das dazu einlädt, den Nächsten nicht als Konkurrenten zu betrachten, mit dem man im Wettstreit steht, sondern als einen Bruder, dem man zur Seite steht, um eine gerechtere und solidarischere Welt zu errichten.
In diesem Europa, das wieder zum Anziehungspunkt vieler Völker, Knotenpunkt von Kulturen und Raum der Freiheit wird, müssen die Christen mit neuem Eifer ihren Glauben bezeugen, indem sie für die Ausarbeitung einer Strategie der Solidarität wirken, die die Bande wahrer Brüderlichkeit zu knüpfen und zu festigen vermag.
Die Wiederaufnahme der Sozialen Wochen stellt für die italienischen Katholiken eine wertvolle Gelegenheit dar, sich mit ihrem spezifischen Beitrag den Brüdern und Schwestern der christlichen Gemeinschaft Europas und der Welt vorzustellen.
Ich danke dem wissenschaftlichen Komitee, das die große Vorbereitungsarbeit dieser 41. Sozialen Woche koordiniert hat. Allen Berichterstattern drücke ich meine Hochachtung für den Beitrag an Gedanken aus, der in diesen Tagen dargeboten worden ist. Über sie, über die Anwesenden und über alle, die am guten Ausgang der Initiative mitgearbeitet haben, rufe ich die Fülle des göttlichen Lohns herab und erteile allen von Herzen meinen Segen.

Den Erfordernissen des österlichen Glaubens gerecht werden

Predigt bei der Konzelebration mit den Kardinälen zum Abschluß des außerordentlichen Konsistoriums am 7. April

1. „Der Stein, den die Bauleute verwarfen, er ist zum Eckstein geworden" (*Ps* 118,22).
Die Osterliturgie bringt mit diesen Psalmworten eine zentrale Glaubenswahrheit zum Ausdruck: die Kirche glaubt daran, daß Gott in der Welt sein Reich aufbaut. Der Bau ruht auf dem Eckstein. Das Ostergeheimnis ist die Offenbarung dieses Steines, auf dem Gott selbst sein Reich erbaut. Die Tatsache, daß die Menschen eben diesen Stein verworfen haben, offenbart noch klarer, daß Gott selbst der Baumeister des Reiches ist, das jedoch in den Menschen und durch die Menschen und trotz all ihrer Widersprüche Wirklichkeit wird: das Reich Gottes ist tatsächlich ihre letzte und ewige Berufung.
Diese Wirklichkeit findet ihren dramatischen Ausdruck gerade im Ostergeheimnis: während der vergangenen Woche und ganz besonders während der drei österlichen Tage bewies das die Liturgie auf besondere Weise. Sie beweist es im übrigen immer, jeden Tag und in jeder Feier der Eucharistie, indem sie die Wahrheit über Christus, den Eckstein, hervorhebt. Von den Bauleuten verworfen, offenbarte sich Christus als derjenige, auf den sich voll und ganz der Aufbau des Reiches Gottes in der Welt gründet.

2. Das Drama der Ablehnung Christi ist sozusagen der Kern der Ereignisse, die sich während des Osterfestes in Jerusalem abspielten.
Der Psalm bestätigt es, wenn er sagt:
„Sie stießen mich hart, sie wollten mich stürzen; der Herr aber hat mir geholfen" (*Ps* 118,13).
Diese Psalmworte sind eine Anspielung auf Christus, auf den gleichen Christus, der „am Abend des ersten Tages der Woche" den Abendmahlssaal in Jerusalem betrat, als die Türen verschlossen waren (vgl. *Joh* 20,19). Nach der Erfahrung des menschlichen Todes und des Grabes ist er zum Leben zurückgekehrt. Den versammelten Aposteln zeigt er „die Hände und die Seite" mit den Zeichen der Kreuzigung. Er, der jetzt lebt, war wirklich zum Tod verurteilt und auf Golgota gekreuzigt worden. Er trägt alle Zeichen des von den Menschen verworfenen Steines an sich.
Das Osterereignis im Abendmahlssaal ist vielleicht die Theophanie in ihrem Vollmaß. Vor allem bestätigt das die Episode der zweiten Erscheinung, als Thomas, zuerst skeptisch, die Zeichen der Kreuzigung berührt und seinen Glauben mit den Worten bekennt: „Mein Herr und mein Gott" (*Joh* 20,28).
Diese Erscheinung Gottes ist Theophanie in vollem Maß: Gott, im Menschen offenbar geworden; offenbart um den Preis des Kreuzes; offenbart durch seine Macht über den eigenen menschlichen Tod. Der im Geheimnis der Dreifaltigkeit - Vater, Sohn und Heiliger Geist geoffenbarte Gott!

3. Was ist der Glaube? Christus antwortet Thomas: „Weil du mich gesehen hast, glaubst du. Selig sind, die nicht sehen und doch glauben” (*Joh* 20,29).
Was ist der Glaube? Er ist das Gegenteil des Unglaubens, da er sich denen widersetzt, die versuchen, Christus, den Eckstein zu verwerfen. Der Glaube ist also die Annahme des Reiches, das Gott in der Welt auf Christus, diesem einzigen Eckstein aufbaut.
Was ist der Glaube?
Die Liturgie dieses zweiten Sonntags in der Osterzeit, des sogenannten „Weißen Sonntags”, gibt auf diese Frage eine Antwort, welche die gesamte Logik des Osterfestes Christi in sich schließt: die Logik des Kreuzes und der Auferstehung. Sie bedient sich der Worte des Johannesbriefes, die sehr klar das widerspiegeln, was Johannes gemeinsam mit den anderen Aposteln und mit Thomas im Abendmahlssaal von Jerusalem erlebte.
Die Worte des Johannes lauten:
„Jeder, der glaubt, daß Jesus der Christus ist, stammt von Gott ... alles, was von Gott stammt, besiegt die Welt. Und das ist der Sieg, der die Welt besiegt hat: unser Glaube. Wer sonst besiegt die Welt, außer dem, der glaubt, daß Jesus der Sohn Gottes ist?” (*1 Joh* 5,1.4-5).
„Mein Herr und mein Gott!” (*Joh* 20,28).

4. Das Osterfest, das Osterfest Christi, ist der besondere Augenblick, in dem sich die Frage des Glaubens und des Unglaubens entscheidet: die Annahme oder Verwerfung des Reiches, das Gott in der Welt auf dem Eckstein erbaut, der Christus ist. Wollen die Worte des Johannes vielleicht besagen, der Glaube bedeute Ablehnung der Welt? Der Apostel jedoch spricht von Sieg und nicht von Ablehnung, von einem Sieg über die „Welt”, die versucht, sich dem Menschen als einzige Dimension und Zweck seines Daseins aufzudrängen, wie etwas Absolutes, das nicht existiert.
Die Tatsache, daß die Welt weder absolut noch die endgültige Dimension des Menschen ist, erweist sich vor allem in der Wirklichkeit des Todes. Was sterblich, zerstörbar und vorübergehend ist, kann nicht absolut sein. Christus hat mit seinem Sieg über den Tod offenbar gemacht, daß Gott der Absolute ist. Die Auferstehung ist die endgültige Erscheinung Gottes. „Alles, was von Gott stammt, besiegt die Welt.”

5. Dieser Sieg ist zugleich die tiefste Annahme der Schöpfung, das heißt: der Welt, der von Gott aus Liebe geschaffenen und von Christus erlösten Welt. „Es gibt keine größere Liebe, als wenn einer sein Leben ... hingibt” (*Joh* 15,13), für sein eigenes Geschöpf hingibt.
Das II. Vatikanische Konzil hat es unternommen, gerade den österlichen Glauben der Kirche zu erneuern:
„Durch seine Auferstehung zum Herrn gesetzt, wirkt Christus, dem alle Gewalt im Himmel und auf Erden gegeben ist, bereits durch die Kraft seines Geistes in den Herzen der Menschen. Er weckt in ihnen nicht bloß das Verlangen nach der zukünftigen Welt, sondern eben dadurch beseelt, reinigt und stärkt er auch jenes hochherzige Sehnen, aus dem heraus die Menschheitsfamilie sich anspannt, um ihr eige-

nes Leben menschlicher zu gestalten und die ganze Erde diesem Ziel dienstbar zu machen. Verschieden sind jedoch die Gaben des Geistes" (vgl. *Gaudium et spes*, Nr. 38).
Wir sind ausdrücklich hier versammelt, verehrte und geliebte Mitbrüder im Bischofsamt und Mitglieder des Kardinalskollegiums, um den Erfordernissen eben dieses österlichen Glaubens gerecht zu werden.
Während die Liturgie uns den im Abendmahlssaal mit den Aposteln versammelten auferstandenen Christus in Erinnerung ruft, sind auch wir mit besonderer Freude in dieser Konzelebration vereint, die ganz vom Osterlicht und von der Osterfreude des Osterfestes durchdrungen ist.
Ich danke aus ganzem Herzen meinen Mitbrüdern, den Kardinälen, für ihre Anwesenheit bei dieser eucharistischen Liturgie in der Oktav des Osterfestes und für ihre Mitarbeit während dieser Tage der Reflexion über einige Probleme, welche heute die Kirche beschäftigen und unsere Verantwortung Gott und der Menschheit gegenüber herausfordern.

7. Das außerordentliche Konsistorium, das alle Kardinäle mit dem Nachfolger Petri vereint sieht, ist immer ein bedeutsames Ereignis, für das wir dem Herrn, dem Ursprung alles Guten, danken müssen. Es wird, dessen sind wir gewiß, für die Kirche eine neue Aufforderung darstellen, sich unablässig für die Evangelisierung aller Völker und die eifrige Seelsorge im Dienst jedes einzelnen Christen einzusetzen, der durch die Taufe Glied des mystischen Leibes Christi geworden ist. Den Christen drängen ja - wie die Pastoralkonstitution *Gaudium et spes* betont - „die Notwendigkeit und die Pflicht, gegen das Böse in vielen Anfechtungen zu kämpfen ... aber dem österlichen Geheimnis verbunden und dem Tod Christi gleichgestaltet, geht er, durch Hoffnung gestärkt, der Auferstehung entgegen. Durch Christus und in Christus also wird das Rätsel von Schmerz und Tod hell, das außerhalb des Evangeliums uns niederschlägt. Christus ist auferstanden; hat durch seinen Tod den Tod vernichtet und uns das Leben geschenkt, auf daß wir als Söhne im Sohne im Geiste rufen: Abba, Vater!" (vgl. Nr. 22).
Verehrte Mitbrüder im Kardinalsrang und liebe Brüder und Schwestern:
„Dies ist der Tag, den der Herr gemacht hat; wir wollen jubeln und uns an ihm freuen" (*Ps* 118,24). Amen!

Diakonie für die ganze Kirche

Ansprache an die Vorsitzenden der Bischofskonferenzen am 9. April

1. Aus ganzem Herzen begrüße ich euch, liebe Mitbrüder im Bischofsamt, die ihr als Vertreter und namens eurer Bischofskonferenzen nach Rom gekommen seid, um gemeinsam wichtige, den Apostolischen Stuhl betreffende Probleme zu besprechen.
Gerne habe ich zu dieser, von meinen Mitarbeitern angeregten Initiative meine Zustimmung gegeben und danke euch für eure Bereitschaft und für eure Ratschläge

und Meinungen, die deshalb besonders wertvoll sind, weil sie der reichen und weitblickenden Erfahrung von Hirten in aller Welt entspringen.
Diese Initiative stützt sich auf das Beispiel der Urkirche, in der wir einem der ersten konkreten Ausdrücke der Gemeinschaft zwischen den Ortskirchen und der Universalkirche begegnen: Ich beziehe mich auf die Sammlungen, die der hl. Paulus in den von ihm gegründeten Kirchen zugunsten der Mutterkirche von Jerusalem anregte (vgl. *Gal* 2,9-10; *1 Kor* 16,1-4; *2 Kor* 8,1-24; *Apg* 11,30).
Genau das ist der Sinn der Sitzungen dieser Tage und der behandelten Themen: Der kirchlichen Gemeinschaft, die alle Glieder des mystischen Leibes mit einem echten und lebendigen Band umschließt, soll die Möglichkeit gegeben werden, auch in der karitativen und solidarischen materiellen Hilfe zum Ausdruck zu kommen.
Diese Hilfe wird erbeten, damit die Römische Kurie besser ihren Dienstleistungsaufgaben nachkommen und leichter ihre Sendung und ihre „Diakonie" für die ganze Kirche erfüllen könne.
Der von den Ortskirchen erbetenen Hilfe liegt ja auch eine Forderung der Gerechtigkeit zugrunde. Der hl. Paulus spielte darauf an, als er von der Sammlung zugunsten der Armen in der Kirche von Jerusalem sprach, welche von den Gemeinden in Mazedonien und Achaia durchgeführt wurde: „Sie haben das beschlossen, weil sie ihre Schuldner sind. Denn wenn die Heiden an ihren geistlichen Gütern Anteil erhalten haben, so sind sie auch verpflichtet, ihnen mit irdischen Gütern zu dienen" (*Röm* 15,27).
Obwohl nämlich die Gemeinschaft ein Band des Glaubens und der Liebe hervorbringt, das über die rechtlichen Normen hinausreicht, benötigt sie auch konkrete Zeichen der Sorge jedes einzelnen Bischofs um die Weltkirche und daher um die anderen Zentralstellen, die zum Wohl der ganzen kirchlichen Gemeinde wirken.
Der materielle Beitrag zum Leben und zu den Tätigkeiten des Heiligen Stuhls muß auch als Erfordernis des Aufteilens der Güter angesehen werden, dessen Zweck es ist, ein konkretes Zeichen für die Einheit des „Corpus Ecclesiarum" zu sein.

2. In der Vergangenheit, auch zu der Zeit, in der es keinen Kirchenstaat mehr gab, genügten die bescheidenen Einkünfte des Heiligen Stuhles zur Deckung der Ausgaben. In letzter Zeit jedoch haben infolge der neuen Erfordernisse der Pastoral und der Dienstleistungen sowie der Notwendigkeit, die Mitarbeiter - deren Zahl im Interesse der neuen Aufgaben des Apostolischen Stuhles beträchtlich gewachsen ist - nach den Grundsätzen der sozialen Gerechtigkeit zu entlohnen, die finanziellen Belastungen in einem Maß zugenommen, daß es trotz der Verwendung des Peterspfennigs für diesen Zweck nicht mehr möglich ist, ihnen gerecht zu werden.
Zu den Notwendigkeiten der Zentralverwaltung der Kirche kommen die - ebenfalls im Ansteigen begriffenen - Bedürfnisse ganzer Völker und Teilkirchen hinzu, die, weil an der Elendsgrenze, das Recht haben, vom Papst eine Geste konkreter Nächstenliebe zu erwarten, obliegt ihm doch die hohe Aufgabe, allen Völkern in Liebe vorzustehen (vgl. *Lumen Gentium*, Nr. 13).
Niemandem von euch entgeht es, wie notwendig es ist, den Initiativen zu menschlicher Förderung und zum Studium zu entsprechen, welche die Lage in der Kirche

und in der Welt erfordert, und nicht wegen des Mangels an finanziellen Mitteln darauf verzichten zu müssen. Freilich müssen wir nach rigorosen Kriterien von Sparsamkeit und Armut vorgehen; gleichzeitig jedoch müssen wir alles zur Verfügung stellen, was für die Arbeit notwendig ist und vertrauen dabei der Vorsehung, die es der Kirche und den mit ihrer Führung Betrauten nicht am Notwendigen mangeln lassen wird.

3. Während dieser beiden Tage wurdet ihr über die wichtigsten Aspekte der Wirtschaftsstrukturen des Heiligen Stuhls und über die finanziellen Notwendigkeiten informiert, welche die Aktivitäten der Römischen Kurie mit sich bringen. Ihr hattet die Möglichkeit, Erklärungen zu verlangen und Vorschläge zu machen, welche die betreffenden Dienststellen aufmerksam prüfen werden.
Die Sitzungen dieser Tage können zum Anfang neuer und wichtiger Entwicklungen im Bereich der gemeinsamen Sorge aller Bischöfe werden, damit die nötige materielle Unterstützung für den Dienst des Heiligen Stuhles im Interesse der Weltkirche und der ganzen Menschheit gewährleistet werde; Voraussetzung dafür ist jedoch, daß ihr diese Anliegen euren Bischofskonferenzen vorlegt, damit die Bischöfe nach den geeignetsten Lösungen suchen können.
Diese Sorge war zu allen Zeiten vom Geist der Solidarität und des Teilens gekennzeichnet und fand in Formen ihren Ausdruck, die den besonderen Erfordernissen und der Mentalität der betreffenden Zeit entsprachen. Der neue Kodex des kanonischen Rechtes, eine Frucht des II. Vatikanischen Konzils, weist uns nun auch auf diesem Gebiet einen sicheren Weg, den wir unter den heutigen Umständen beschreiten können.
Euch, meinen verehrten Mitbrüdern und allen Bischöfen eurer Konferenzen - die von euch die entsprechende Information über diese Sitzung erhalten werden und die eingeladen sind, sie fortzusetzen und einem positiven Abschluß zuzuführen - gilt mein brüderlicher Wunsch für euer Wohl, den ein besonderer Apostolischer Segen begleitet; diesen erteile ich nun aus ganzem Herzen euch und allen Gläubigen eurer Diözesen.

Christliche Exegese ist eine Vertiefung des Glaubens

Ansprache an die Vollversammlung der Päpstlichen Bibelkommission am 11. April

Herr Kardinal, liebe Freunde!

1. Mit großer Freude heiße ich euch heute, in der vom Osterfest erhellten Zeit, anläßlich der Vollversammlung der Päpstlichen Bibelkommission hier willkommen. Ich danke Kardinal Ratzinger aufrichtig für die Worte, die er an mich gerichtet und mit denen er mich eures hochherzigen Einsatzes für die Aufgabe versichert hat, die euch im Dienst der Bibel und der Kirche anvertraut ist.
Diese Arbeitssitzung kommt, so will es mir scheinen, einer Art von Auferstehung gleich, da sie nach einer Zeit der Unterbrechung und nach teilweisem Neueinsatz

der Teilnehmer stattfindet. Ich begrüße euch alle, die alten und neuen Mitglieder der Bibelkommission, sehr herzlich und heiße vor allem die im letzten Jahr Ernannten willkommen, die zum ersten Mal an euren Arbeiten teilnehmen. Es ist mir eine Freude, hier katholische Bibelspezialisten aus allen fünf Erdteilen zu gemeinsamer Forschung versammelt zu sehen.

2. In Fortsetzung der vor zwei Jahren begonnenen Studien seid ihr bestrebt, der Bibelinterpretation in der Kirche den rechten Platz zu geben. Dieses lebenswichtige Problem hat tatsächlich neue Dimensionen angenommen, und verschiedene Umstände geben ihm neue Aktualität. Vor einigen Monaten begingen wir den 25. Jahrestag der Bekanntgabe der Konzilskonstitution über die göttliche Offenbarung *Dei Verbum*, in der die Heilige Schrift selbstverständlich einen bevorzugten Platz einnimmt. Schon zeichnen sich am Horizont auch zwei weitere wichtige Jubiläen ab: der hundertste Jahrestag der Enzyklika *Providentissimus*, von Leo XIII. am 18. November 1893 veröffentlicht, und das fünfzigjährige Jubiläum der Enzyklika *Divino afflante Spiritu*, von Pius XII. am 30. September 1943 herausgegeben.
Diese beiden Jubiläen werden die Aufmerksamkeit auf die Frage lenken, deren Studium euch derzeit beschäftigt, nämlich auf die Auslegung der Bibel in der Kirche. Ich fordere euch nachdrücklich auf, diese Gelegenheit zu benützen, um überall neues Interesse für diese Frage wachzurufen und den Männern und Frauen unserer Zeit zu einem besseren Verständnis zu verhelfen, so daß sie aus dem Wort Gottes in seiner wahren Bedeutung auch besser Nahrung ziehen können.

3. Zu diesem Zweck müßt ihr freilich zuerst selbst in dieser Frage klar sehen, ohne ihre wesentlichen Dimensionen zu vernachlässigen. Ich weiß, daß dies euer Anliegen ist und beglückwünsche euch dazu.
Nach der Enzyklika *Divino afflante Spiritu* und diese fortsetzend, hat die dogmatische Konstitution *Dei Verbum* den katholischen Exegeten große Befriedigung geschenkt, indem sie für die Auslegung der Bibel in der Kirche offiziell die Zuhilfenahme der modernen wissenschaftlichen Methoden billigte. Diese Stellungnahme war umso bezeichnender, als sie die heftige Polemik verstummen ließ, welche diese Methoden zu Beginn des Konzils hervorgerufen hatten. Die Exegeten lesen heute immer wieder mit Freude die sehr klare Feststellung der Konstitution *Dei Verbum*: „Die heilige Synode ermutigt die Söhne der Kirche, die Bibelwissenschaft treiben, das glücklich begonnene Werk mit immer neuen Kräften und ganzer Hingabe im Geist der Kirche fortzuführen" (Nr. 23).
Wie schon die Enzyklika *Divino afflante Spiritu;* anerkannte auch das Konzil insbesondere das wissenschaftliche Studium der „literarischen Gattungen", das notwendig ist, „um zu erfassen, was Gott uns mitteilen wollte" (Nr. 12). Seither wurden auch andere Methoden zur Textauslegung im allgemeinen entwickelt, so etwa die Semiotik, die Analyse der Rhetorik oder der Erzählung oder die spezielle Untersuchung der biblischen Texte, wie die kanonische Untersuchung. Euch obliegt es, diese Methoden mit großer geistiger Aufgeschlossenheit zu prüfen und ihre Vorteile und ihren Nutzen abzuwägen.

Es ist selbstverständlich auch angezeigt, die Grenzen der neuen Methoden zu sehen und die Einseitigkeit bestimmter exegetischer „Moden” zu vermeiden, die als Reaktion auf eine Übertreibung in eine andere Übertreibung verfallen, z. B. aus einer überzogenen historischen Analyse, „diachronistisch” genannt, in eine ausschließlich synchronistische Analyse, die von jeder historischen Dimension absieht. Eine Exegese, die ausgesucht einseitig ist, verdient schon deshalb nicht mehr die Bezeichnung „katholisch”, denn dieser Ausdruck bedeutet Aufgeschlossenheit für die ganze Breite der Wirklichkeit.

4. Diese Bemerkung gilt nicht nur für die Anwendung der Methoden. Sie gilt auch für die Art und Weise, wie die Lehre der Konstitution *Dei Verbum* angenommen wird. Dazu Berechtigte haben auf diesem Gebiet bei bestimmten Exegeten eine gewisse Einseitigkeit festgestellt: Ihre einzige Reaktion war es, mit großer Befriedigung zu verkünden, daß das Konzil die Verwendung der wissenschaftlichen Methoden für die Auslegung der Heiligen Schrift gestattet hat. Damit beschränken sie sich auf einen einzigen Aspekt der Konzilserklärungen und ignorieren einen anderen, nicht weniger wichtigen, der im gleichen Abschnitt von *Dei Verbum* (Nr. 12) zu finden ist. Unmittelbar nach der Anerkennung und sogar Forderung des wissenschaftlichen Studiums der Bibeltexte erklärt das Konzil, um die Perspektive zu ergänzen, daß „die Heilige Schrift in demselben Geist, in dem sie geschrieben ist, auch zu lesen und auszulegen ist” (*ebd.*). Die Bibel ist zweifellos in menschlicher Ausdrucksweise gehalten und ihre Auslegung erfordert daher die methodische Verwendung der Sprachwissenschaften; sie ist jedoch Wort Gottes und die Exegese wäre äußerst mangelhaft, würde sie nicht die theologale Bedeutung der Schrift ins richtige Licht rücken.

Die christliche Exegese, das darf nicht vergessen werden, ist ein Zweig der Theologie, eine Vertiefung des Glaubens. Aus diesem Grund ist ihre Situation unbequem, da sie eine innere Spannung zwischen zwei verschiedenen Ausrichtungen mit sich bringt: zwischen der historischen Forschung, die auf verifizierbaren Gegebenheiten beruht, und der Forschung im spirituellen Bereich, die auf dem Glauben an die Person Christi beruht. Die Versuchung ist groß, diese innere Spannung aufzuheben und auf die eine oder die andere der beiden Ausrichtungen zu verzichten und sich entweder mit einer Exegese zu begnügen, die fälschlich als „spirituelle” bezeichnet wird, oder mit einer positivistischen Exegese, welche die Texte unfruchtbar macht.

5. Das Volk Gottes benötigt Exegeten, die einerseits eine sehr seriöse wissenschaftliche Arbeit leisten und andrerseits nicht auf halbem Weg stehenbleiben, sondern vielmehr ihre Bemühungen bis zu dem Punkt fortsetzen, an dem die Schätze an Licht und Leben, die in den Heiligen Schriften enthalten sind, voll in Erscheinung treten, damit Hirten und Gläubige leichter an sie herankommen und aus ihnen reicheren Nutzen ziehen können.

Eure Arbeiten während dieser Tage und die, die ihr noch leisten werdet, sollen, das ist meine feste Hoffnung, den katholischen Exegeten ein lebendigeres Wissen um die Weite ihrer Aufgabe und um ihre Bedeutung für das Leben der Kirche vermitteln. Ich danke euch aufrichtig und spende euch, damit der Herr die Verwirklichung dieser Hoffnung fördere, aus ganzem Herzen meinen Apostolischen Segen.

Der Missionsauftrag - eine unausweichliche Verpflichtung

Ansprache beim Besuch in der päpstlichen Universität Urbaniana am 11. April

1. Ich begrüße den Herrn Kardinal Jozef Tomko, Großkanzler dieser Universität und Präfekt der Kongregation für die Evangelisierung der Völker, und danke ihm für die an mich gerichteten Worte und für alles, was er zur Förderung der Missionstätigkeit der Kirche tut. Die Kirche ist ihrer Natur nach missionarisch, solange sie in der Zeit lebt, da sie vom Herrn den Auftrag erhalten hat, allen Menschen durch die Verkündigung des Evangeliums an alle Geschöpfe, Licht zu bringen.
Ich begrüße den Rector magnificus der Urbaniana-Universität, die anwesenden Herren Kardinäle und Bischöfe, die Angehörigen des Lehrkörpers, die Rektoren, Erzieher und Studenten der fünf Kollegien, die vom Collegio Urbano abhängen, die Leiter der Missionsinstitute sowie die Mitarbeiter und das Personal einer jeden Gemeinschaft, und danke ihnen.
Ein besonderer Dank gilt Msgr. Saraiva Martins, der uns den Gehalt der Enzyklika *Redemptoris missio* in Erinnerung gerufen hat.
Auf allen möge der Friede des auferstandenen Herrn ruhen, der uns sein Leben mitteilt und uns an seiner Sendung Anteil schenkt.

2. Der Hauptanlaß, aus dem ich zu diesem Besuch eingeladen wurde, ist - wie ihr erklärt habt - die Dankbarkeit für die Enzyklika *Redemptoris missio*. Sie möchte die bleibende Gültigkeit und daher auch die Aktualität des Missionsauftrags bekräftigen, den Christus der Kirche anvertraut hat. Er bildet eine unausweichliche Verpflichtung für alle, die dem Evangelium den Weg bereiten möchten. Ferner weckt das Herannahen des dritten Jahrtausends heute noch dringendere Aufrufe für einen Einsatz der ganzen Christenheit. Wie jeder Zeitabschnitt die Kirche für den Auftrag verantwortlich macht, den der auferstandene Herr Jesus Christus ihr anvertraut hat, so darf in unserer Zeit das Verlangen nicht schwächer werden, Christus bekannt zu machen. Wir müssen uns vielmehr mit neuem Schwung und erneuertem Vertrauen auf das Wort des Herrn für die Missionstätigkeit Mühe geben.
Will die Welt von heute die Wege der Wahrheit und der Gerechtigkeit, der Solidarität und des Friedens zurückgewinnen, so braucht sie heute wie gestern dringend Christus.
Die Enzyklika ist aber nicht nur ein Aufruf zur Missionstätigkeit, sondern ebenso eine Einladung zu einem neuen und vertieften Überdenken der Glaubensüberzeugungen, die alle Diener der Evangelisierung leiten müssen. Daher ist es angebracht, vor allem die theologische Lehre zu erwägen, die die missionarische Verpflichtung des Volkes Gottes begründet und trägt. Im Licht der Theologie wird es auch möglich, die Gefahren einiger heute verbreiteten Theorien zu erkennen, welche die Sen-

dung „ad gentes" verdunkeln oder um ihre Kraft bringen könnten. Daher wünsche ich lebhaft, daß die Fachleute der theologischen Fächer die verschiedenen Aspekte der Mission tiefer ergründen und darlegen, damit Zweifel und Zweideutigkeiten verschwinden und wir die angebrachte Klarheit zurückgewinnen, ohne das Gewicht der neuen Probleme zu leugnen oder abzulehnen.
Für euch als Dozenten und Erzieher an dieser Universität wird es offensichtlich zu einer einzigartigen Aufgabe, die wissenschaftliche Forschung und die Ausbildung der Studenten bei diesen Themen zu leiten, indem ihr klar jenen Geist der Solidarität zum Ausdruck bringt, der euch mit dem Apostolischen Stuhl und der Kongregation für die Evangelisierung der Völker verbindet.

3. Inzwischen sind die Lehraussagen von *Redemptoris missio* wohlbekannt sowie auch das Bewußtsein, daß jeder Initiative der Kirche der Glaube an Jesus Christus zugrundeliegt, den alleinigen Heilsbringer für alle, der vom Vater als Licht der Völker und Bild des unsichtbaren Gottes gesandt wurde. Von ihm wurde der Heilige Geist in die Welt gesandt. Aus diesem trinitarischen Glauben aber entspringen das Verlangen und die Gnade, die Ankunft des Reiches Gottes zu predigen und alle Geschöpfe zu Gott zurückzuführen. Die Kirche ist sich wohl bewußt, ein in der Einheit des Vaters, des Sohnes und des Heiligen Geistes geeintes Volk zu sein (vgl. *Lumen Gentium*, Nr. 4) und allen Völkern diese Offenbarung des wahren Gottes verkünden zu müssen, damit diese Kenntnis ihnen das Heil schenkt.
Gott hat sich uns so geoffenbart, und von dieser „trinitarischen Ökonomie" her kann man den uns betreffenden Heilsplan erkennen, der zugleich unseren Dienst mit dem freien und ohne Gegengabe erfolgenden Wirken verbindet, in dem Gott sich selbst dem Menschen mitteilt. Das Bekenntnis des trinitarischen Glaubens ist daher von der echten Kenntnis und dem Bekenntnis zu Christus und zum Geist untrennbar. Das Christusereignis wie die Gabe seines Geistes gehören zum Geheimnis der Dreifaltigkeit, das in der Heilsgeschichte geoffenbart und mitgeteilt wurde.

4. Vom Geheimnis der Dreifaltigkeit her versteht man ferner den Sinn der christologischen Begründung der Mission. Nur wenn sie Jesus Christus als alleinigen und universalen Heilsbringer anerkennen, weil er das fleischgewordene Wort des Vaters ist, können die Menschen in die Gemeinschaft mit Gott eintreten. Sie können es nur durch Christus unter dem Wirken des Geistes. Diese einzigartige und universale Mittlerschaft ist nicht nur kein Hindernis auf dem Weg zu Gott; sie ist vielmehr der einzige von Gott selbst festgelegte Weg. Dessen ist sich Christus voll bewußt, da er und er allein „die endgültige Selbstoffenbarung Gottes ist" (vgl. *Redemptoris missio*, Nr. 5).
Ihr wißt, welche Abschnitte die Enzyklika vorlegt, um das enge Band zwischen Werk und Wort Christi und der Ankunft seines Reiches zu betonen, während die Identität Christi von seinem einzigartigen Verhältnis zu Gott bestimmt wird, den er mit dem Ausdruck „Abba", Vater, anspricht (*Mk* 14,36).
Im Licht des Paschamysteriums enthüllt sich dann voll das Geheimnis Jesu. Leiden und Kreuz, zunächst als Skandal erfaßt, öffnen nämlich den Jüngern den Sinn für

das Verständnis der Schriften (vgl. *Lk* 24,32.45), sie enthüllen deren Bedeutung als universale Erlösung und Erfüllung des eschatologischen Herrseins Gottes. Der christologische Hymnus im Philipperbrief (*Phil* 2,6-11) kann schließlich den ganzen Erlöserweg Christi aufzeigen: von seinem Gottgleichsein zur Annahme der Knechtsgestalt, bis zum Tod am Kreuz, um dann mit einem Namen erhöht zu werden, der über alle anderen Namen erhaben ist.
In dieser Einzigartigkeit kommt die einmalige und universale Bedeutung zum Ausdruck, aufgrund derer er zugleich als in der Geschichte gegenwärtig Zentrum und Ziel dieser Geschichte selbst ist (vgl. *Redemptoris missio*, Nr. 6).
Wer zum Evangelisieren berufen ist, muß alle diese Aspekte und Momente des Geheimnisses Jesu ständig vor Augen haben, und er darf weder Gegensätze noch Trennungen zwischen ihnen hervorrufen, denn sonst würde er den wahren Glauben an Christus, wie ihn die universale Kirche predigt, verdunkeln und in Gefahr bringen. Die Verschiedenheit der christologischen Zugänge von gestern und heute dürfen den einzigartigen Charakter Jesu nicht aufs Spiel setzen. Es ist offensichtlich erlaubt und angebracht, die verschiedenen Aspekte des Geheimnisses Christi zu bedenken und zu vertiefen, nur darf man seine Einheit nicht aus dem Blick verlieren. Er zeigt ja klar und bezeugt sein volles Selbstbewußtsein, und er offenbart „in Worten und Werken" (*Lk* 24,19), „Ebenbild des unsichtbaren Gottes, der Erstgeborene der ganzen Schöpfung" (*Kol* 1,15) zu sein.

5. Damit wird der Grund klar, warum die Aufmerksamkeit auf einige Abweichungen zu lenken war, die, weil sie den echten Glauben an Christus berühren, für die ganze missionarische Tätigkeit negative Folgen haben können.
Nur in der Treue zur Offenbarung hat auch das weite Gebiet der Vertiefung des Verhältnisses zwischen christlichem Glauben und verschiedenen Religionen Sinn und Aussicht. Natürlich stellt sich das Problem jeweils anders, wenn man die Botschaft und das christliche Leben in Gesellschaften und Überlieferungen inkulturieren will, die vom Evangelium nicht beeinflußt sind: Diese Mühe ist hart und langwierig. Die Gegenüberstellung und der Dialog mit den Kulturen im Hinblick auf den Glauben an Christus würden aber nichts nützen, wenn sie nicht in voller Gemeinschaft mit der universalen Kirche und ihrer katholischen Überlieferung erfolgen. Gewiß ist es nicht gestattet, wie es zuweilen geschieht, das abzulehnen oder zu übergehen, was die großen christologischen Konzilien der ersten Jahrhunderte gesagt haben. Was als Glaube der Kirche verkündet wurde, bleibt immer dieser Glaube und kann nicht aufgehoben werden.
In diesem Zusammenhang warnt *Redemptoris missio* (Nr. 6) „vor jeder ... Trennung zwischen dem Wort und Jesus Christus", oder vor der Abtrennung des Reiches Gottes von Christus. Jesus hat auf Erden das Himmelreich eröffnet (vgl. *Lumen Gentium*, Nr. 3). Dieses Reich „ist nicht eine Anschauung, eine Doktrin, ein Programm, das man frei ausarbeiten kann, es ist vor allem eine Person, die das Antlitz und den Namen Jesu von Nazaret trägt, Abbild des unsichtbaren Gottes" (*Redemptoris missio*, Nr. 18). Das Gleiche gilt von denen, die nicht mehr ausdrücklich von der Gottheit Christi sprechen oder von jenen, die versuchen, die Offenba-

rung Gottes in Christus mit den Schriften oder Überlieferungen anderer Religionen auf eine Stufe zu stellen. Ein Theozentrismus, der Christus nicht in seiner vollen Identität anerkennt, wäre für den katholischen Glauben unannehmbar. Die Schwierigkeiten des Menschen bei der Annahme Christi und seines Wortes braucht man nicht zu fürchten. Das Wirken des Geistes, der zu jeder Zeit und überall in allen Herzen und in den Völkern die Begegnung mit dem wahren Gott vorbereitet hat, wirkt auch heute noch in den Herzen der Menschen, in den Kulturen und Religionen.

6. Die Aufgabe aller besteht in der Unterscheidung und Zusammenarbeit mit der Präsenz und dem Wirken des Geistes. Dafür müssen besonders christliche Gemeinschaften aufgeschlossen sein, die zuweilen als Minderheiten inmitten vieler Menschen mit einer anderen Religion und Kultur leben. Von Anfang war darum der Geist der Bahnbrecher der Mission; er drängt zu immer weiterem Ausgreifen, nicht nur im geographischen Sinn, sondern auch über völkische und religiöse Grenzen hinaus, um eine wirklich universale Mission durchzuführen. „Durch die Kraft des Evangeliums läßt er die Kirche allezeit sich verjüngen, erneut sie immerfort und geleitet sie zur vollkommenen Vereinigung mit ihrem Bräutigam” (*Lumen Gentium* Nr. 4).
Die Kirche Christi empfindet immer das tiefe Bedürfnis, mit den Vertretern aller Religionen in Kontakt und Dialog zu treten. Sie ehrt die zahlreichen in ihnen vorhandenen moralischen Werte, sie fühlt sich zumal in besonderer Weise solidarisch mit den Christen anderer Konfessionen und den Gläubigen anderer Religionen, wenn es darum geht, die Notwendigkeit des Gebets als Glaubensausdruck des Menschen gegenüber dem Absoluten anzuerkennen. Dabei weiß sie wohl und schließt damit jede zweideutige Interpretation aus, daß jedes echte Gebet vom Heiligen Geist geweckt wird, der dem Herzen eines jeden Menschen geheimnisvoll nahe ist (vgl. *Insegnamenti*, IX-2, S. 2028).
Wir müssen also notwendig neu entdecken, daß das Wirken des Geistes und die Gnade Christi in enger Einheit verbunden sind. Der in der Welt präsente und aktive Geist ist der gleiche, der in der Menschwerdung, in Leben, Tod und Auferstehung Jesu am Werke war und heute in der Kirche wirkt. Sein Wirken darf nie als Alternative oder Ersatz für das Wirken Christi betrachtet werden, auch nicht in Gegensatz zu dem, was in der Kirche, dem Leib Christi, dessen Seele der Geist ist, geschieht.

7. Damit die Mission „ad gentes” neuen Schwung bekommt und den dringenden, ihr heute gestellten Aufgaben gerecht wird, müssen wir weiter die Zentralstellung Christi im Heilsplan betonen. Er ist der Offenbarer des Vaters und der Erlöser des Menschen im Geiste. Auf ihn ist andererseits der konkrete Mensch objektiv ausgerichtet, denn „nur im Geheimnis des fleischgewordenen Wortes [klärt sich] das Geheimnis des Menschen wahrhaft auf” (*Gaudium et spes*, Nr. 22).
Der katholische Glaube stellt in den Mittelpunkt des Heiles Jesus Christus, das fleischgewordene Wort, Jesus von Nazaret, der für uns gestorben und auferstanden

ist, den Spender des Geistes und jenes neuen Lebens, das uns im Sohn zu Söhnen Gottes macht. Christus ist nicht nur das Vorbild und die Norm des von Gott für jeden Menschen gewollten Heils, er ist zugleich dessen Verdienstursache und konstituiert es. Wir glauben, daß Christus „der geliebte Sohn ist, durch den wir die Erlösung haben", und wir wissen: „Gott wollte mit seiner ganzen Fülle in ihm wohnen, um durch ihn alles zu versöhnen. Alles im Himmel und auf Erden wollte er zu Christus führen, der Friede gestiftet hat am Kreuz durch sein Blut" (*Kol* 1,14.19-20; vgl. *Redemptoris missio*, Nr. 6).
Diesen Christus zu verkünden ist die Kirche gesandt. Zuerst hat sie selbst die Erlösung empfangen und wurde dann von Christus „als seine Mitarbeiterin im universalen Heilswerk eingesetzt", aber in einem ganz bestimmten Sinn und mit einer ganz bestimmten Aufgabe, an die die Enzyklika erinnert: „Die Kirche glaubt, daß Gott Christus als einzigen Mittler eingesetzt hat und daß sie selbst als Sakrament umfassenden Heiles bestellt ist" (*Redemptoris missio*, Nr. 9). Diese Wahrheit, die aus der Kirche nicht nur ein Zeichen und unersetzliches Werkzeug des Heils macht, darf nicht verfälscht oder geschmälert werden. Denn die Kirche ist ja nicht nur Dienerin des Reiches, sondern seine Verwirklichung und seine Präsenz. Sie soll nicht nur das Wirken des Geistes in der Welt erkennen und auswerten, sondern auch auf seinen missionarischen Antrieb antworten, indem sie voll Vertrauen das heilbringende Wort verkündet. Sie soll entdecken, daß, und in welcher Weise Christus bereits irgendwie und in einem bestimmten Maß außerhalb ihrer sichtbaren Grenzen präsent ist, und das macht einen Teil ihrer Sendung aus, ist aber nicht ihre einzige Aufgabe. Der immerwährend gültige Missionsauftrag Christi enthält die ausdrückliche Aufforderung, alle Völker zu seinen Jüngern zu machen und sie zu taufen, damit sich ihnen die Fülle der Gabe Gottes erschließt.

8. Wenn ich daher frohen Herzens euren Dank für die kürzlich erschienene Enzyklika über die Mission „ad gentes" entgegennehme, fordere ich euch zugleich auf, sie als eine Aufforderung an euch zu betrachten, als einen Aufruf, den ich an alle Kirchen, an alle Missionsinstitute und die einzelnen Gläubigen richte. Ich freue mich, daß ich euch heute direkt dieses Dokument nahelegen kann, damit ihr euch aufgefordert fühlt, darüber nachzudenken. Ich bitte euch, laßt es nicht an eurem wertvollen Beitrag für einen angemessenen missionarischen Eifer am Vorabend des Jahres 2000 fehlen. „Die Kirche ... ist sich bewußt, daß noch eine ungeheure missionarische Aufgabe vor ihr liegt" (*Ad gentes*, Nr. 10).
Für uns alle sind die Aussagen und Fragen des hl. Paulus immer noch aktuell: „Wenn du mit deinem Mund bekennst: ‚Jesus ist der Herr' und in deinem Herzen glaubst: ‚Gott hat ihn von den Toten auferweckt', so wirst du gerettet werden ... Denn jeder, der den Namen des Herrn anruft, wird gerettet werden. Wie sollen sie nun den anrufen, an den sie nicht glauben? Wie sollen sie an den glauben, von dem sie nichts gehört haben? Wie sollen sie hören, wenn niemand verkündigt? Wie soll aber jemand verkündigen, wenn er nicht gesandt ist? Darum heißt es in der Schrift: Wie sind die Freudenboten willkommen, die Gutes verkündigen!" (*Röm* 10,9.13-15).

Ich spreche den lebhaften Wunsch aus, daß ihr alle als in der Kirche zur Durchführung der Missionstätigkeit in besonderer Weise Berufene die Einheit des Glaubens, die Eintracht in der Liebe, den Eifer der Gemeinschaften aus der Zeit der Apostel bezeugen könnt und mit der Hilfe des Heiligen Geistes jene Ergebnisse erreicht, die das eigentliche Ziel des euch anvertrauten Dienstes sind. Ich rufe auf euch vom Herrn die Gnade herab, daß ihr immer mit der ganzen Kirche und bei eurer gemeinsamen Arbeit „ein Herz und eine Seele" seid (*Apg* 4,32), und erteile euch allen und euren jeweiligen Gemeinschaften einen besonderen Apostolischen Segen.

Die Herausforderung durch die Sekten annehmen

Ansprache an die Bischofskonferenz Abruzzen-Molise am 11. April

Liebe Brüder im Bischofsamt!

1. Die Liturgie dieser Tage steht noch im Licht der Freude des Osterfestes und läßt den Apostel Petrus uns erneut verkündigen: „[Christus ist] für alle gestorben, damit die Lebenden nicht mehr für sich leben, sondern für den, der für sie starb und auferweckt wurde" (*2 Kor* 5,15). Aus dieser grundlegenden Gewißheit, die ein wesentliches Element unseres täglichen Daseins ausmacht, entspringt der Wille, dem Beispiel des Auferstandenen zu folgen und aktiv für den Aufbau seines Reiches mitzuarbeiten.
Ich grüße euch herzlich und freue mich, euch in kollegialer Weise empfangen zu können, nachdem ich die Gelegenheit und die Freude hatte, euch persönlich zu sprechen. Ihr habt mir so viele Hoffnungen mitgeteilt, die in den von der göttlichen Vorsehung eurer pastoralen Sorge anvertrauten Gemeinschaften leben, mich freilich auch über die Sorgen und Probleme informiert, vor denen die Kirche in den Abruzzen und in Molise, einer Region mit tiefreichenden sozialen Wandlungen, steht. Viele apostolische Initiativen kommen in jeder Diözese voran; bemerkenswert und ermutigend ist das religiöse Erwachen, das vor allem die Welt der Jugend betrifft, und hoffnungsvoll stimmt auch die Aufgeschlossenheit der Gläubigen für eine überzeugtere und folgerichtigere Praxis des Christentums. Freilich drohen auch bei euch zahlreiche Hindernisse, die die Begeisterung der Christen abschwächen, und die nicht immer positiven Einflüsse der herrschenden Konsummentalität drohen die Klarheit der Botschaft des Evangeliums zu verdunkeln.
Die Zeit eines heiklen kulturellen Wandels, den die Gesellschaft durchmacht, erfordert größeres Vertrauen und mehr missionarische Kühnheit. Der hl. Paulus erinnert die Korinther daran, daß Christus für alle sein Leben hingegeben hat, und er ruft nachdrücklich jene auf, die durch sein Kreuz und seine Auferstehung erlöst sind, „nicht für sich selbst, sondern für Ihn" zu leben. Dieser Aufruf gilt auch für uns, denn unser apostolischer Dienst verbindet uns direkt mit dem Heilsplan Gottes, und so müssen wir unser Leben, unser ganzes Leben hingeben, damit „die Lebenden" für den Herrn leben. Dieses Wort der Schrift sei für euch, liebe Brüder im Bischofs-

amt, ein Trost: Wenn wir uns vollzeitlich für den Dienst am Reich einsetzen, trägt und nährt es uns im komplizierten Ablauf unserer Tage.

2. In der kürzlich erschienenen Enzyklika *Redemptoris missio* habe ich geschrieben: „Unsere Zeit hat zugleich etwas Dramatisches und Faszinierendes an sich. Während die Menschen einerseits dem materiellen Erfolg nachzulaufen und sich immer mehr in konsumistischen Materialismus einzutauchen scheinen, zeigt sich auf der anderen Seite die ängstliche Suche nach Sinn, das Bedürfnis nach Innerlichkeit, die Sehnsucht nach dem Erlernen neuer Formen der Konzentration und des Gebetes. Nicht nur in den religiös geprägten Kulturen, sondern auch in den säkularisierten Gesellschaften wird die geistliche Dimension des Lebens als Heilmittel gegen Entmenschlichung gesucht" (Nr. 38). Das Phänomen der sogenannten „religiösen Rückkehr" weist zwar einige Zweideutigkeiten auf, enthält im übrigen aber auch Elemente und Anregungen, die man nicht übergehen darf. Ihr weist darauf hin, wie weit verbreitet dieses Bedürfnis nach Gott bei euren Leuten ist, einer Bevölkerung, die von der Tradition her in den bleibenden Grundsätzen des Christentum verwurzelt, gelegentlich aber negativen Einflüssen ausgesetzt ist, die von den säkularistischen Strömungen unserer Zeit herkommen. Bereits beim letzten Ad-limina-Besuch vor etwa fünf Jahren habt ihr das Thema der Volksfrömmigkeit und ihrer Beziehung zum liturgischen Leben angesprochen, und ich habe dazu bemerkt: „Was zählt, ist das Bewußtwerden des bleibenden religiösen Bedürfnisses im Menschen, das sich in vielfältigen Formen ausdrückt, und wir müssen uns ständig um seine Reinigung und um seine Hebung durch Evangelisierung bemühen" (*Insegnamenti* IX/1, 1986, 1124-1125).

Das Phänomen der Sekten, das sich auch in eurem Gebiet ausbreitet, wenn auch unterschiedlich von einer Zone zur anderen und mit besonders ausgeprägtem Proselytismus gegenüber den sozial, kulturell und psychologisch schwächeren Personen, weist ebenfalls konkret auf ein unerfülltes Sehnen nach dem Übernatürlichen hin. Es bildet für euch als Hirten eine echte Herausforderung, den Stil der Annahme innerhalb der kirchlichen Gemeinschaften zu ändern und zugleich einen dringenden Hinweis, mit neuem Mut zu evangelisieren, und angemessene Formen der Katechese vor allem für die Erwachsenen anzubieten.

Im außerordentlichen Konsistorium der Kardinäle, das ich für die vergangene Woche einberufen hatte, haben nicht wenige Väter das Hochkommen der Sekten in der Welt untersucht und bemerkt, grundlegend für ihre Verbreitung sei oft eine gewisse Verwirrung bezüglich der Lehre über die Notwendigkeit des Glaubens an Christus und der Zugehörigkeit der von ihm gegründeten Kirche. Man möchte die Religionen und die verschiedenen geistlichen Erfahrungen so darstellen, daß alle einen kleinen gemeinsamen Nenner aufweisen, der sie praktisch alle gleichwertig machen würde. Im Ergebnis wäre dann jeder Mensch frei, ohne Unterschied einen der zahlreichen vorgeschlagenen Wege zu beschreiten, um das gewünschte Heil zu erreichen. Nimmt man nun den unternehmungsfreudigen Proselytismus hinzu, der einige besonders aktive und angreiferische Gruppen kennzeichnet, dann versteht man, wie dringend notwendig es heute ist, den Glauben der Gläubigen zu stützen und ihnen die Möglichkeit zu ständiger religiöser Weiterbildung anzubieten, um immer besser das persönliche Verhältnis zu Christus zu vertiefen. Das ist eine missionarische Aufgabe mit weitem Atem, die Gott an erster Stelle euch, den Hirten seiner Herde, anvertraut, und bei der ihr die notwendigen Mittel, ineinandergreifende apostolische Initiativen und vor allem Gebet und leidenschaftliche Liebe zu den Seelen aufbieten müßt.

Euer Bemühen muß vor allem sein, der Gefahr vorzubeugen, indem ihr in den Gläubigen die Praxis des christlichen Lebens festigt und das Wachsen des Geistes echter Brüderlichkeit innerhalb einer jeden kirchlichen Gemeinschaft fördert. In der Enzyklika *Redemptoris missio* habe ich weiter bemerkt: „Die Kirche besitzt ein unschätzbares geistliches Gut, das sie der Menschheit anbieten kann: Es ist Christus, der sich als ‚der Weg, die Wahrheit und das Leben' bezeichnet (*Joh* 14,16). Es ist der christliche Weg der Begegnung mit Gott, mit dem Gebet, mit der Askese, mit der Entdeckung des Lebenssinnes. Auch das ist auf dem Areopag zu verkündigen" (Nr. 38).

3. In dieser Hinsicht ermuntere ich euch herzlich, die Bemühungen weiterzuführen, die sicherstellen möchten, daß das Evangelium für eure Gemeinden der grundlegende Bezugspunkt für das ganze Leben wird. Daher muß notwendig unter euch, den Hirten, die Gemeinschaft und Zusammenarbeit enger werden, damit der gegenseitige Erfahrungsaustausch den pastoralen Weg einer jeden Diözese verbessert.

Das Regionalseminar soll als Herz eurer Kirchen, in dem die Scharen der Priester für die verschiedensten apostolischen Aufgaben herangebildet werden, weiterhin der Ort einer ebenso gründlichen wie grundsatztreuen Ausbildung der Diener Gottes sein. Schenkt ihm eure Aufmerksamkeit und umfangt es mit großer Liebe. Verstärkt es auch und macht es immer mehr für seine Aufgabe geeignet, indem ihr das Leben im Seminar und die Qualifikation seiner Dozenten und Programme immer weiter verbessert. Dort investiert ihr niemals zuviel Energie, denn dort wird ja die Zukunft eurer Kirchen vorbereitet. Überflüssig ist es dann eigentlich, euch die Sorge für die Priester als enge Mitarbeiter bei eurem pastoralen Dienst zu empfehlen. Sie erwarten von euch Trost und Anregung, Ermunterung und Weisungen, um ihre Arbeit wirksam leisten zu können. Steht ihnen immer nahe. Stellt für sie das notwendige kulturelle und geistliche Aggiornamento sicher, um zu verhindern, daß Müdigkeit und Gewohnheit sie bei ihrer pastoralen Arbeit überfallen. Viele von ihnen, junge und alte, wirken bewundernswert selbstlos in wahrhaft schwierigen Situationen, zeigen Großmut und echten Opfergeist und teilen voll und ganz das Leben ihrer Leute. Ich denke zum Beispiel an die Orte im Gebirge oder an die zusammengelegten Pfarreien, die einen großen Aufwand von Energie verlangen. Ich denke auch an die Priester, die in sogenannten Frontbereichen der apostolischen Tätigkeit eingesetzt sind, unter den in Schwierigkeit geratenen Jugendlichen, in der Welt der Arbeit und bei den Gruppen, die sozial an den Rand geraten sind. Schenkt allen die Stütze eurer Präsenz und den Trost eures väterlichen Verständnisses.

4. Euer pastoraler Eifer gelte besonders der Jugend, die in den Abruzzen und in Molise wie anderswo trügerischen Verlockungen ausgesetzt ist und dadurch der konsequenten Praxis des christlichen Lebens entfremdet wird. Stellt sicher, daß es in den Pfarreien nie an ernsthaften Angeboten der Jugendpastoral fehlt. Die Jungen und Mädchen müssen sich als Führungskräfte der Evangelisierung ausdrücken können und sich als Erneuerer des sozialen Lebens verstehen. Ihre zahlreichen Probleme, darunter das der Arbeitslosigkeit, steigern ihr Empfinden, zu nichts nütze zu sein und machen sie den Institutionen gegenüber mißtrauisch. Wird nicht bewußt und konkret eingegriffen, so muß man leider mit einem Anwachsen der Zahl der Jugendlichen rechnen, die zu Opfern falscher Auswege und der Droge werden. Wenn ihre Zahl bei euch auch nicht die alarmierenden Ausmaße anderer Gebiete erreicht, so nimmt die Verbreitung doch auch in eurem Gebiet zu.
In der Familie als ursprünglicher Zelle der Gesellschaft und Hauskirche müßten alle Jugendlichen die natürliche Umgebung für ihr menschliches und christliches Reifen finden. Tatsächlich braucht die Familie, die in der Vergangenheit in den Abruzzen und in Molise Brennpunkt der Hinführung zu den christlichen Werten der Ehrlichkeit und Treue, des Arbeitseifers und des Vertrauens auf die göttliche Vorsehung, der Gastfreundschaft und der Solidarität war, heute eine besondere Stütze, um den auflösenden Drohungen einer individualistischen Kultur widerstehen zu können.
Ich ermuntere euch, in den Pfarreien vermehrt Gruppen für die Spiritualität der Familien zu bilden, die gegenseitige Kenntnis und Freundschaft fördern und eine Hilfe sind, den Glauben als Weg der Vervollkommnung im Sinn des Evangeliums zu gehen. Wenn die Familien weiter den Werten des Geistes ernsthaft offenstehen und ihren Sinn für die Annahme anderer beibehalten, wird man bei allen Schwierigkeiten, die von der fortschreitenden Überalterung der Bevölkerung herkommen, auch leichter mit den Problemen der Alten fertig. Hier muß eine entsprechende Pastoral für die Alten und mit ihnen ausgebaut werden, so daß sie nicht als Last empfunden werden, sondern selbst weiterhin ihr Leben gestalten und sich für die Gemeinschaft nützlich machen können.

5. Werdet angesichts des weiten Rahmens der euch anvertrauten Sendung niemals müde oder mutlos. Der Auferstandene geht mit euch und macht all euer Bemühen fruchtbar. Gewiß sind die pastoralen Aufgaben zahlreich, aber ebenso die menschlichen und geistigen Kräfte, mit denen ihr rechnen könnt. Ihr braucht nur ein bereits begonnenes Werk weiterzuführen, dessen eigentlicher Meister der Herr ist. Ihr braucht nur in Demut und in voller Verfügbarkeit den täglichen eigenen Beitrag dafür einzubringen, daß „das Reich Gottes komme" und daß „sein" Wille geschehe. Eure apostolischen Anliegen werden von zahlreichen hochherzigen Mitarbeitern im Klerus, bei den Ordensleuten und unter den Laien mitgetragen. Die letzteren entdecken gerade in der heutigen geschichtlichen Stunde immer mehr ihre Rolle als Führungskräfte in Kirche und Welt. Ihr tröstliches pastorales Erwachen, das ihr ja selbst betont, geht vom „greifbaren Ausdruck der örtlichen Realisierung der Kirche in der Pfarrei" aus (*Christifideles laici*, Nr. 26), in der auch neue Dienste und Cha-

rismen im Dienst des integralen Wachstums des mystischen Leibes Christi Raum finden.

Euch, liebe Brüder im Bischofsamt, kommt die Aufgabe zu, dieses Volk Gottes zur Fülle einer getreuen Antwort auf den göttlichen Heilsplan hinzuführen. Es begleite euch auf diesem harten, aber auch begeisternden Weg Maria, die Himmelskönigin, die Christus „zu tragen würdig war" (vgl. *Regina Coeli*) und die ihre Sendung als Mutter bei den Gläubigen weiterführt, indem sie ihnen durch ihre Fürbitte das göttliche Leben des Auferstandenen erwirkt.

Jedem einzelnen von euch, wie auch den Priestern, den Ordensmännern und Ordensfrauen, den Laien und allen Gläubigen eurer Gemeinden, erteile ich von Herzen meinen Segen.

Jeder hat ein Recht auf Heimat

Ansprache an die Teilnehmer der 11. Vollversammlung des Päpstlichen Rates der Seelsorge für die Einwanderer und Menschen unterwegs am 11. April

Meine Herren Kardinäle, liebe Brüder im Bischofsamt und im Priesteramt!

1. Ich freue mich, euch zu empfangen und meinen Gruß an euch zu richten anläßlich der 11. Vollversammlung des Päpstlichen Rates der Seelsorge für die Einwanderer und Menschen unterwegs. Dies ist ein wichtiger Moment für das Leben eures Dikasteriums, denn die kontinuierliche Entwicklung des Phänomens der menschlichen Mobilität fordert die konstante Forschung und Fortbildung der seelsorgerischen Tätigkeit in bezug auf die Menschen, die sich ständigen Ortsveränderungen unterziehen müssen.

2. Politische Veränderungen, anhaltendes wirtschaftliches Ungleichgewicht, Kriege und Verletzungen der grundlegenden Rechte, Hungersnöte und andere Naturkatastrophen rufen Massenwanderungen hervor.

Die wachsende Diskrepanz zwischen den Entwicklungsländern und den Industrienationen, der begrenzte Erfolg vieler Programme zur internationalen Zusammenarbeit zwingen weiterhin Dutzende Millionen von Menschen dazu, ein besseres Leben außerhalb ihres Vaterlandes zu suchen. Zu den Einwanderungsströmen aus dem armen Süden in den reichen Norden der Welt ist neuerdings ein neues Potential an Auswanderungen hinzugekommen, die mit unerträglichen politischen Situationen sowie mit Rassenproblemen und religiösen Problemen zusammenhängen, welche Millionen von Menschen dazu zwingen, aus ihrer Umgebung zu fliehen und in Leid und Unsicherheit zu leben. Zu den traurigen Folgen des letzten Golfkriegs gehört eine neue Welle von Flüchtlingen und Auswanderern, die an Staatsgrenzen mit beschränkter Aufnahmekapazität stößt.

Die Gesellschaft, die dem dritten Jahrtausend entgegengeht, erlebt nicht nur einen zunehmenden Exodus von Völkern, der auch heute biblische Ausmaße annimmt und zuweilen mit seinem plötzlichen explosionsartigen Anwachsen keinerlei Programmierung erlaubt, sondern muß sich ebenso mit einer Kultur auseinandersetzen, in der sehr häufig aus beruflichen Gründen, aus Studiengründen, aus Gründen des Glaubens und des Tourismus sowie wegen technologischen und kommerziellen Austauschs Ortswechsel vorgenommen werden. Wir stellen fest, wie sich vor diesem Hintergrund allmählich Komponenten herauskristallisieren, die eine zur Aufnahmegesellschaft unterschiedliche Struktur und Beziehung festlegen. Die rasche wirtschaftlich-technische Entwicklung, die immer weiterreichenden und häufigeren Beziehungen zwischen den Ländern, die verbreitete Tendenz, in der bürgerlichen Gesellschaft die rechtliche und politische Einheit der menschlichen Familie zu fördern, die bedeutende Entwicklung der Kommunikationsmittel und der Wunsch, sich mit anderen Kulturen auseinanderzusetzen, das alles hat neue Horizonte eröffnet. Immer zahlreicher erscheinen unter den Migranten auch solche, die sich von der begonnenen internationalen Zusammenarbeit oder einfach nur von dem Wunsch angespornt fühlen, die eigenen Kenntnisse zu vertiefen. Ferner bietet die Neueinrichtung zahlreicher internationaler Kulturinstitute vielen jungen Studenten die Möglichkeit, Universitäten in anderen Ländern zu besuchen.

3. Aus kirchlicher Sicht ist das Ergebnis dieser häufigen Völkerbewegung, daß außerordentlich viele Menschen außerhalb oder am Rande der normalen Pastoralstrukturen der Kirche leben. Es handelt sich um eine Herausforderung an die Kirche, nämlich: wie sie sich in den Dienst dieser Menschen stellen und in der Gesellschaft gegenwärtig sein kann. Vom Hilfsdienst in den Flüchtlingslagern bis zur Aufnahme der Einwanderer in die Glaubensgemeinschaft und zur unmittelbaren Hilfe sowie zum Dialog mit den nichtchristlichen Neuankömmlingen ist die Herausforderung an die Kirche vielschichtig und verlangt pastorale Kreativität.
Der Päpstliche Rat ist also berufen, eine aktuelle und dringliche Mission auszuüben, und, wie die Apostolische Konstitution *Pastor Bonus* in Erinnerung bringt, „die Pastoralsorge der Kirche den besonderen Bedürfnissen jener zuzuwenden, die gezwungen sind, ihre Heimat zu verlassen oder die überhaupt heimatlos sind", wie auch anderen zahlreichen Menschen, die in die Migration einbezogen sind: Seeleute, Nomaden und Sinti, Flugpersonal, Pilger und Touristen (vgl. Nrn. 149-151). Ihr habt euch daher zu Recht gefragt, wie das Recht auf eine angemessene pastorale Aufmerksamkeit, das den Migranten und den Menschen unterwegs zusteht, unter so vielen verschiedenen Umständen in die Tat umgesetzt werden kann.
Allen Menschen, die unterwegs sind, wird die Kirche das wahre Antlitz Christi zeigen müssen, der sich als „barmherziger Samariter" neben den an Körper und Geist niedergebeugten Menschen kniet und in seinen Wunden das „Öl des Trostes und den Wein der Hoffnung gießt" (*Römisches Meßbuch*).

4. Während die Regierungen und internationalen Organisationen mit wachsendem Vorrang das Phänomen der menschlichen Mobilität behandeln, leistet die Kirche ihren eigenen Beitrag, indem sie die Debatte über die nur nationalen, wirtschaftlichen oder politischen Interessen hinaus auf die menschliche Person konzentriert. Die Staaten werden sich nicht so sehr darum bemühen müssen, das Eindringen die-

ser flüchtenden Massen in das eigene Gebiet aufzuhalten, sondern sie werden mit Realismus und Hochherzigkeit die Aufnahme programmieren und auf die Ursachen dieser Flucht einwirken müssen. Die Notwendigkeit, den Frieden als höchstes Gut zu bewahren, verpflichtet dazu, das Bewußtsein von der gegenseitigen Abhängigkeit und der Solidarität zur Basis für die nationale und internationale Politik zu machen.
Die Kirche ist ihrerseits dazu aufgefordert, die Pädagogik der Aufnahme zu pflegen und mit den Einwanderern Solidarität zu üben. Die Strukturen der Kirche sollten daher den unterschiedlichen Situationen, die das weitgefächerte Phänomen der Mobilität prägen, angepaßt werden. Dafür besteht in der pastoralen Praxis und in der kanonischen Gesetzgebung der Kirche eine Vielzahl von Optionen, die den Prozeß der Evangelisierung und der Eingliederung erleichtern.
Mit Befriedigung stelle ich diesbezüglich fest, wie sich zahlreiche Bischofskonferenzen und einzelne Diözesen mit spezifischen Organisationsstrukturen ausrüsten, um den Gläubigen, die zur Mobilität gezwungen sind, zu helfen, sich auf einem Weg der Achtung und der freundlichen Aufnahme als lebendig integriert zu fühlen.

5. Die Sichtweise der Kirche und ihre Botschaft umfassen indessen, abgesehen von den religiösen auch die menschlichen Rechte. Die Kirche arbeitet für eine Anpassung der nationalen und internationalen Gesetzgebung an die Achtung der Grundrechte eines jeden Menschen auf Leben, auf eine Heimat, auf eine Familie, auf gerechte Behandlung und Teilhabe am politischen und sozialen Leben.
Aus diesem Grund betrachtet der Heilige Stuhl das neue Übereinkommen der Vereinten Nationen über die Rechte der Auswanderer und ihrer Familien, zu deren Ausarbeitung er aktiv beigetragen hat, als angemessener denn je, und er wünscht, daß der Schutz der Menschen, die mit Gewalt ihrer Erde entwurzelt wurden und weit weg von ihren Lieben leben, immer mehr Raum im internationalen Recht finden mögen.
Die Kirche hat seit jeher zur Lösung dieser Probleme beigetragen. Vor hundert Jahren beispielsweise zog Papst Leo XIII. diese Probleme in Betracht, indem er in der Enzyklika *Rerum novarum* schrieb: „Niemand würde sein Vaterland gegen ein fremdes Land eintauschen, wenn es seinen Kindern genug gäbe, um in angemessenen Verhältnissen leben zu können" (Nr. 35).

6. In dieser Osterzeit müssen auch wir, wie die Emmausjünger, das Antlitz Christi in den Brüdern und Schwestern wiedererkennen, die auf den Straßen der Welt unterwegs sind, und wir müssen sie an unseren Tisch einladen, um mit ihnen das Brot der Brüderlichkeit und der Solidarität zu brechen.
Meine Lieben, ich wünsche euch, daß euer Einsatz zu einer Festigung der Strukturen führen möge, die für die Pastoral der menschlichen Mobilität als nötig erachtet werden, zu einer wirksamen Auswahl der verschiedenen pastoralen Optionen und besonders der verschiedenen Pfarrei-Modelle sowie zu einer Förderung der Entwicklung als Garantie für einen dauerhaften Frieden.

Möge der Herr euer Bemühen unterstützen und den Eifer derjenigen stärken, die sich in der Kirche und in der Gesellschaft für die materielle und geistige Hilfe zugunsten der Einwanderer und der Menschen unterwegs einsetzen.
Mit diesen Wünschen erteile ich euch von Herzen den Apostolischen Segen.

Die Qualität der Umweltbedingungen in Rechnung stellen

Ansprache an den Nationalkongreß der Unternehmensleiter am 12. April

Sehr geehrte Damen und Herren, liebe Freunde!

1. Ich freue mich, euch, liebe Vertreter der christlichen Union der Unternehmensleiter (UCID), zu treffen, die ihr aus verschiedenen Regionen Italiens in Rom zusammengekommen seid, um euren Nationalkongreß abzuhalten. Ihr tut dies vor dem Hintergrund der Hundert-Jahr-Feier der Enzyklika *Rerum novarum* von Leo XIII., deren Lehre, die auf das Ende des letzten Jahrhunderts zurückgeht, in eine Zeitepoche, die der unseren in mehr als nur einem Aspekt ähnlich ist, sehr wohl als prophetisch definiert werden kann.
Ich danke euch für euren Besuch und heiße alle herzlich willkommen. Eure Vereinigung, die sich an den ewig gültigen Werten des Evangeliums inspiriert, möchte im Bereich der Industrie und der Arbeit ein Klima wirklicher Solidarität fördern, damit eine wirksame und gerechte Zusammenarbeit zwischen all denen, die am Produktionsprozeß beteiligt sind, angeregt wird. Indem ihr die Prinzipien der Soziallehre der Kirche verbreitet und verwirklicht, setzt ihr den christlichen Begriff der Arbeit in die Praxis um. Ich ermuntere euch lebhaft, stets mit Fachkenntnis und Verantwortung tätig zu sein. Ich danke dem Vorsitzenden der Vereinigung von Herzen, der mir die euch gemeinsamen Gefühle zum Ausdruck gebracht und eure Bestrebungen und Absichten erklärt hat.

2. Die Enzyklika *Rerum novarum* hat sich eindeutig mit den Verhältnissen der Arbeiter beschäftigt, die, wie allseits bekannt, damals recht heikel waren und nicht selten jeglichen rechtlichen und richterlichen Schutzes entbehrten und für gefährliche Formen der Ausnutzung und des Mißbrauchs offen waren.
Die Zeiten haben sich glücklicherweise geändert. Die soziale Evolution hat auch die Welt der Arbeit berührt, und das Unternehmertum scheint heute für die gerechtfertigten Forderungen der Arbeiter empfänglicher zu sein; es hat die damals vorherrschende Einstellung zum Profit als etwas Absolutem und Unbegrenzten überholt. Ihr seid Unternehmer und katholische Unternehmer. Eure Haltung in bezug auf die Arbeitsverhältnisse innerhalb eurer Betriebe muß sich an der Soziallehre der Kirche inspirieren.

3. Im Licht der christlichen Soziallehre wird das Unternehmen heute als eine Gemeinschaft von Personen gesehen, deren Zusammenarbeit auf einen Dienst ausgerichtet ist, den sie der Gesellschaft anbietet.

Es geht hierbei unbestreitbar um eine Produktionseinheit, deren Einrichtung und Entwicklung die komplexen Regeln der Wirtschaft in Rechnung stellen muß. Dessen seid ihr euch bewußt, wie euch im übrigen auch die Erfordernisse, ja zuweilen der dringende Bedarf bekannt sind, den sie an Investitionen, technologischer Erneuerung sowie kontinuierlicher Verbindung zu Finanzierungsgesellschaften hat.
Ihr seid dazu aufgerufen, vor den Aktionären, den Angestellten und Arbeitern, und in gewissem Sinne vor der ganzen Gesellschaft für eure Tätigkeit einzustehen. Ein Abteilungsleiter, ein Manager und ein delegierter Verwalter muß im technischen und verwaltungsmäßigen Bereich sehr gut vorbereitet sein. Von ihm werden natürliche Einstellungen sowie berufliche Eigenschaften mit einwandfreier Profilierung erwartet. Es werden wirklich wahre menschliche und geistliche Tugenden verlangt.

4. In der Tat darf sich der Betrieb, auch wenn er eine Wirtschaftseinheit, oder besser, einer der wesentlichen Mechanismen für das Wachstum eines Landes ist, nicht nur darauf beschränken. Als Personengemeinschaft ist er grundsätzlich eine menschliche Struktur, die die eigene Tätigkeit beleben und ihren wirtschaftlichen und technischen Einsatz auf ethische und moralische Werte der Gerechtigkeit und der sozialen Solidarität ausrichten muß.
Vor allem auf die Gerechtigkeit. Gerechtigkeit in bezug auf ihre eigenen Mitarbeiter und in bezug auf die Gesellschaft, der Güter und Dienste geboten werden, die ihr, entsprechend einer Hierarchie von Prioritäten, die selbst von Kriterien moralischer Ordnung erleuchtet ist, von großem Nutzen sein können.
Neben der Gerechtigkeit die soziale Solidarität, die die Menschen, die in der Wirtschaft tätig sind, dazu anleitet, den Betrieb nicht als eine unbegrenzte Quelle zu betrachten, welche zum eigenen Profit ausgenutzt werden kann. Die Solidarität beschränkt sich außerdem nicht auf den unmittelbaren Horizont, in den die Betriebsstruktur eingegliedert ist. Sie ist vielmehr eine konstante Aufforderung zu einer weiteren Sicht, wenn man die gegenseitige Abhängigkeit bedenkt, die heute die menschlichen und vor allem die wirtschaftlichen Beziehungen charakterisiert und definiert (vgl. *Sollicitudo rei socialis*, Nr. 38). Es ist daher außerordentlich angemessen, daß eure Versammlung diesen Aspekten und Problemen große Aufmerksamkeit schenkt.
Die Gerechtigkeit und die Solidarität laden dazu ein, die Benutzung der natürlichen Quellen wohl abzuwägen, und sie verpflichten dazu, die ökologische Umwelt verantwortungsvoll zu bewahren. In der Tat ist es notwendig, im Namen der Gerechtigkeit und der Solidarität die Qualität der Umweltbedingungen und des Lebens streng in Rechnung zu stellen, sowohl außerhalb als auch im Innern einer jeden Produktionsstruktur.

5. Dies sind Phänomene und Beobachtungen, über die ihr, vor allem als katholische Unternehmer, oft Gelegenheit habt, nachzudenken. Ihr müßt oft Entscheidungen treffen, die den Wirtschaftsablauf und damit auch den moralischen und solidarischen Ablauf der Betriebe bestimmen. Neben den Fähigkeiten als Manager und insbesondere als Unternehmer ist daher ein tiefes Bewußtsein eurer Funktion nötig, das von

den hohen Werten erleuchtet wird, welche die berufliche Tätigkeit des Christen leiten müssen.

Die Aufgabe, die euch anvertraut worden ist, ist gewiß nicht leicht, und viele Schwierigkeiten können sie ernstlich behindern. Vergeßt dennoch nicht, daß die Gnade des Herrn mit euch ist, wenn ihr bemüht seid, mit Treue und Beharrlichkeit die Straße zu gehen, die vom Evangelium vorgezeichnet ist. Daher müßt ihr jeden Tag auf seine Hilfe zurückkommen, im Gebet und im Hören auf sein Wort. Ihr müßt eure Kenntnisse von den christlichen sozialen Grundsätzen immer mehr festigen. Der Aufruf zur Heiligkeit ist auch an euch gerichtet, die ihr als lebendiger Teil des Gottesvolkes eine Heilsbotschaft empfangen habt, die „allen auszurichten ist" (*Gaudium et spes*, Nr. 1).

In diesem hundertsten Jahr nach der Abfassung der Enzyklika *Rerum novarum*, dem Jahr der Soziallehre der Kirche, ermuntere ich euch dazu, eure Mission als christliche Unternehmer zu vertiefen, um in der vielschichtigen Welt des Wirtschaftslebens die menschlichen und christlichen Tugenden wiederaufleuchten zu lassen, die sie für die Würde des Menschen aufnahmebereit und für die gegenseitige Solidarität offen werden läßt.

Indem ich den göttlichen Schutz auf eure Familien, auf eure Betriebe und auf all diejenigen herabrufe, die dort arbeiten, erteile ich euch allen von Herzen den Apostolischen Segen.

Diakonie des Wortes und der Liebe

Ansprache an die neugeweihten Diakone des Nordamerikanischen Kollegs am 12. April

Liebe Freunde!

Es ist mir eine Freude, die neugeweihten Diakone des Päpstlichen Nordamerikanischen Kollegs mit ihren Familien, dem Rektor und den für ihre Ausbildung verantwortlichen Mitgliedern der Fakultät begrüßen zu können.

Bei der gestrigen Weihe empfing jeder Diakon ein kostbares geistliches Geschenk, nämlich die Handauflegung „zum Dienst" (vgl. *Lumen Gentium*, Nr. 29). Wie alle Gaben Gottes wird diese sakramentale Gnade euch helfen, zu einer fruchtbareren Verbundenheit mit dem Herrn zu gelangen und voll und ganz die besondere Berufung zu leben, die ihr in der Gemeinschaft der Kirche empfangen habt. Ihr seid erwählt worden, um das Evangelium zu verkünden und andere zum „Gehorsam des Glaubens" (*Röm* 16,26) an Jesus Christus zu führen. Wie wichtig ist es daher für euch, ständig euren Glauben an Christus zu vertiefen und euer Einssein mit der Kirche, dem Geist und dem Herzen nach! Da „das Zeugnis des christlichen Lebens ... die erste und unersetzbare Form der Mission" (*Redemptoris missio*, Nr. 42) ist, hängt die Wirkkraft eures Amtes weitgehend davon ab, ob euer Leben ein klarer Ausdruck der Freiheit und der Freude ist, die ihr in Christus gefunden habt. Zweifelt

nie daran, daß ihr dann, wenn ihr auf den Ruf des Herrn mit ungeteiltem Herzen antwortet, vor euren Mitmenschen zu einem herausfordernden Zeichen für die Macht seiner Gnade und die rettende Wahrheit seines Wortes werdet.
Ihr habt höchstwahrscheinlich die göttlichen Gaben des Glaubens und der Liebe zuerst durch eure Eltern und Familienmitglieder - von denen viele hier anwesend sind - kennengelernt. Möge der Herr das christliche Zeugnis und die großzügige Unterstützung all jener belohnen, die euch auf eurem Weg zum Priestertum begleiten. Eure Treue und der Eifer bei der Erfüllung der übertragenen Aufgaben werden schließlich euer bester und dauerhaftester Dank an sie sein.
Da ihr nun die liturgische Diakonie, die Diakonie des Wortes und der Liebe (vgl. *Lumen Gentium*, Nr. 29), übernehmt, bete ich für euch zum auferstandenen Herrn, er möge euch allzeit im freudigen Dienst an seinem Volk stärken. Möge Maria, die Mutter der Kirche und Patronin eures Kollegs, euch begleiten und in dem neuen Leben führen, das Jesus, ihr Sohn, uns durch seine glorreiche Auferstehung erwirkt hat. Als Unterpfand der österlichen Freude erteile ich euch allen aus ganzem Herzen meinen Apostolischen Segen.

Der Religionsunterricht muß hinführen zur Wiederentdeckung des christlichen Europa

Ansprache an das Symposium des Rates der Europäischen Bischofskonferenzen über den katholischen Religionsunterricht in den öffentlichen Schulen am 15. April

1. Ganz herzlich und in großer Hochachtung heiße ich euch willkommen, liebe Brüder und Schwestern, die ihr am europäischen Symposium über den Religionsunterricht in den öffentlichen Schulen teilnehmt. In sehr angebrachter Weise hat der Rat der Europäischen Bischofskonferenzen es gewünscht, und die Italienische Bischofskonferenz hat es geziemend organisiert.
Herzlich und dankbar begrüße ich den Präsidenten der Italienischen Bischofskonferenz, Msgr. Camillo Ruini, die Bischöfe als Vertreter der einzelnen Bischofskonferenzen, das Organisationskomitee des Symposiums sowie die Priester und Laien aus den verschiedenen europäischen Nationen, die mitgewirkt haben.

2. Die nächsten Ziele einer größeren Einheit Europas setzen in den Ländern des Kontinents einen zügigen Prozeß des Nachdenkens, der Bewertung und Planung in Gang, dessen Tragweite gewiß über die bloß wirtschaftliche und politische Vereinigung hinausgeht. Es geht um ein kulturelles Ereignis, um mehr Menschlichkeit und für uns als Glaubende um einen einzigartigen und grundlegenden Aufruf zu einer neuen Evangelisierung. Damit der Beitrag der Kirche in diesem Prozeß möglichst wertvoll und fruchtbar wird, habe ich eine Sonderversammlung der Bischofssynode für Europa einberufen.
In diesem Rahmen - und seine Bedeutung vermögen wir im Augenblick noch gar nicht voll abzuschätzen - erweist sich auch ein auf den ganzen Kontinent ausgedehn-

tes Nachdenken über den Religionsunterricht in den öffentlichen Schulen als angebracht.
Dieser Unterricht verdient es, angesichts seiner Ausdehnung, Stetigkeit und Dauer in den Schulen des größeren Teils der europäischen Länder, wegen seiner besonderen Ausrichtung auf die Welt der Kinder und Jugendlichen, wegen der Gehalte, die er für die religiöse Seite des Lebens bietet, zumal wenn es sich um die katholische Religion handelt, wegen des Aufwands an Kräften und Mitteln von seiten der Kirche und der Staaten, als ein erstrangiger Beitrag zum Aufbau eines Europas betrachtet zu werden, das sich auf das den Völkern in West- und Osteuropa gemeinsame Erbe christlicher Kultur gründet.

3. Gut fügen sich hier Initiativen wie die eure ein, die nicht nur das Interesse für die Zukunft Europas wach halten, sondern die Aufmerksamkeit auf die geistigen und ethischen Werte richten, die den neuen Generationen als Grundlage ihrer christlichen, kulturellen und bürgerlichen Bildung zu vermitteln sind. Wir müssen daher nach Formen der gegenseitigen Zusammenarbeit und Hilfe suchen, um zu einem Gesamtplan zu kommen, innerhalb dessen die unterschiedlichen örtlichen Situationen auch für den Religionsunterricht gemeinsame Bezugspunkte finden können.
Euer Symposium hat die Grundzüge eines solchen Planes entworfen und dabei die Erfahrungen und Normen der verschiedenen Länder und Einzelkirchen, ebenso wie die staatlichen Verfügungen für die Schule und die Lage der Jugend berücksichtigt. Die Ergebnisse eurer Arbeit, die ihr passend zusammengefaßt und in spezifischen Vorschlägen formuliert habt, könnten als sehr gute Grundlage für eine Charta des europäischen Religionsunterrichtes dienen.

4. Bei dieser Begegnung, die euer Symposium abschließt und krönt, möchte ich einige Erfordernisse und Grundsätze betonen.
Der erste Grundsatz betrifft die Adressaten des Religionsunterrichtes, die Schüler, von den Kindern und Jugendlichen der untersten Stufen der Schule bis zu den jungen Studenten der höheren Schulen. Sie verdienen größte Aufmerksamkeit, weil sie den eigentlichen Reichtum Europas darstellen und seine Zukunft sind. Der Einsatz für ihre Ausbildung gilt daher als kostbarste und dringendste Investition für die Kirche und die öffentlichen Stellen. Der Religionsunterricht in der Schule bietet hier einen ursprünglichen und spezifischen Beitrag, zumal in vielen eurer Länder die Teilnahme der Schüler, obwohl sie sich frei entscheiden dürfen, sehr hohe Prozentsätze erreicht. Es sei daran erinnert, daß im Mittelpunkt dieses Unterrichts die Person des Menschen steht, den wir fördern müssen, indem wir dem Kind und dem Jugendlichen helfen, die religiöse Dimension als für sein Wachsen in Menschlichkeit und Freiheit unerläßlich zu erkennen. Wer Religion unterrichtet, wird sich also bemühen, die tiefreichenden Sinnfragen herauszustellen, die die Jugendlichen in sich tragen und aufzeigen, daß das Evangelium Christi eine wahre und volle Antwort gibt, deren unerschöpfliche Fruchtbarkeit sich in den Werten des Glaubens und der Menschlichkeit zeigt, wie sie in der Gemeinschaft der Glaubenden zum Ausdruck kommen und im historischen und kulturellen Erbe der Völker Europas verwurzelt

sind. Die Didaktik des Religionsunterrichts muß darum ausgesprochen erzieherisch ausgerichtet sein, um junge Persönlichkeiten mit reichem Innenleben und moralischer Kraft heranzubilden, die offen sind für Werte der Gerechtigkeit, der Solidarität und des Friedens und fähig, die eigene Freiheit gut zu gebrauchen.
Ich fordere die Religionslehrer/innen besonders auf, den Bildungscharakter ihres Unterrichts nicht abzuschwächen und zu ihren Schülern und Schülerinnen ein erzieherisches Verhältnis zu entwickeln, das reich an Freundschaft und Dialog ist und in möglichst vielen, auch wenn sie nicht ausdrücklich gläubig sind, Interesse und Aufmerksamkeit für ein Fach weckt, das ihr leidenschaftliches Suchen nach Wahrheit trägt und motiviert.

5. Die integrale Bildung des Menschen wird als Ziel jedes katholischen Religionsunterrichtes nach den der Schule eigenen Zielsetzungen durchgeführt, so daß die Schüler eine motivierte und immer umfassendere religiöse Bildung erreichen.
Das Symposium hat aufgezeigt, wie unterschiedlich in den verschiedenen Ländern die Situation des Religionsunterrichtes ist und in gewissem Maß sogar Natur und Zielsetzung dieses Unterrichtes, insbesondere was sein unterscheidendes und zugleich ergänzendes Verhältnis zur Katechese der christlichen Gemeinschaft betrifft. Es geht nicht darum, das, was die historische Lage und die Weisheit der von den Bischofskonferenzen getroffenen Entscheidungen für die einzelnen Länder festgelegt haben, auf eine einzige Form zurückzuführen. Wohl aber ist es angebracht, daß der Religionsunterricht in den öffentlichen Schulen ein gemeinsames Ziel verfolgt, nämlich die Kenntnis und Begegnung mit dem Inhalt des christlichen Glaubens nach den der Schule eigenen Zielsetzungen und Methoden, also als Kulturelement zu fördern. Dieser Unterricht muß aufgrund von Unterlagen und in einem für den Dialog offenen Geist das objektive Überlieferungsgut des Christentums nach der echten und integralen Deutung, die ihm die katholische Kirche gibt, zur Kenntnis bringen. Das muß so geschehen, daß sowohl der wissenschaftliche Charakter der schulischen Didaktik, als auch die Achtung vor dem Gewissen der Schüler garantiert ist, die ein Recht darauf haben, ihre Religion wahrheitsgemäß und zuverlässig kennenzulernen. Dieses ihr Recht, gründlicher die Person Christi und das unverkürzte Ganze der von ihm gebrachten Heilsbotschaft kennenzulernen, darf nicht mißachtet werden. Der konfessionelle Charakter des Religionsunterrichtes, wie ihn die Kirche nach den in den einzelnen Ländern festgelegten Weisen und Formen erteilt, ist daher eine unverzichtbare Garantie für die Familien und die Schüler, die sich für diesen Unterricht entscheiden.
Es ist besonders dafür zu sorgen, daß der Religionsunterricht zur Wiederentdeckung der christlichen Ursprünge Europas hinführt und nicht nur die Verwurzelung des christlichen Glaubens in der vergangenen Geschichte des Kontinents herausstellt, sondern auch seine bleibende Fruchtbarkeit für die Entwicklungen von unschätzbarem Wert, die er auf dem Gebiet der Spiritualität, der Ethik, der Philosophie und Kunst, des Rechtes und der Politik auch auf dem heutigen Weg der europäischen Gesellschaften erweist.

Der Religionsunterricht darf sich ja nicht auf ein Inventar der Daten von gestern und auch nicht der von heute beschränken; er muß vielmehr Geist und Herz aufschließen, daß sie den großartigen christlichen Humanismus erfassen, der zur katholischen Weltsicht gehört. Hier stehen wir wirklich an der Wurzel der religiösen Kultur, die die Bildung der Person bereichert und dazu beiträgt, daß das Europa der Zukunft nicht lediglich ein pragmatisches Antlitz erhält, sondern eine Seele, die der Wahrheit und der Schönheit, der Solidarität mit den Armen und neuen schöpferischen Aufschwungs auf dem Weg der Völker fähig ist.

6. Dieser kulturelle und bildende Charakter des Religionsunterrichtes macht seinen Wert innerhalb des umfassenden Auftrags der öffentlichen Schule aus. Ihn fruchtbringend zu gestalten sind die Lehrkräfte des Religionsunterrichtes, die Familien und die Schüler selbst aufgerufen, die sich diesen Unterricht zunutze machen, wie auch die verantwortlichen Autoritäten.
Die Lehrkräfte des Religionsunterrichts sind vor allem verpflichtet, hochherzig und fachkundig den neuen Generationen ihren Dienst anzubieten. Das Symposium hat betont, daß ihre Rechte nicht immer gebührend geachtet werden. Daher bitte ich die zuständigen Autoritäten, den Lehrkräften für Religion auch rechtlich und institutionell das ihnen Zustehende zu garantieren, weil ihre Fachkenntnis mit der der anderen Lehrer auf gleicher Stufe steht und noch wertvoller wird durch die Art des erzieherischen Beitrags, den ihr Fach ihnen abfordert. Gleichzeitig ermahne ich die Religionslehrer/innen, ihren Dienst immer mit dem Eifer, der Treue, der inneren Anteilnahme und nicht selten mit der notwendigen beharrlichen Geduld von Menschen anzubieten, die, vom Glauben her gestärkt, ihre Aufgabe als Weg der Heiligung und des missionarischen Zeugnisses zu erfüllen wissen.
Die Fruchtbarkeit des Religionsunterrichtes und seine Fähigkeit, auf die Mentalität und die Lebensweise zahlreicher Jugendlicher Einfluß zu gewinnen, hängen weitgehend von der Vorbereitung und ständigen Weiterbildung der Lehrkräfte ab und von der inneren Überzeugung und Treue zur Kirche, womit sie ihren Dienst anbieten, wie auch von der Berufsfreude des Erziehers, die ihn anspornt.
Ich möchte in diesem Zusammenhang auch ein Wort an die Lehrkräfte für andere Fächer sowie an die verdienstvollen katholischen Organisationen richten, die innerhalb der Schule tätig sind. Mögen sie die Aufgabe des Religionslehrers in jeder Weise in den Gesamtzusammenhang der Lehrfächer der Schule integrieren.

7. Herzlich ermuntere ich alle Familien und zumal die katholischen Eltern, die sich heute der ihnen anvertrauten schweren Erziehungsaufgabe bewußt sind, doch für ihre Kinder den Religionsunterricht zu wählen und zugleich verantwortlich und in eigener Initiative mit den Lehrkräften für Religion und den Kindern selbst zusammenzuarbeiten, damit dieser Unterricht guten Erfolg hat.
Da sie das Herz der Kinder und jungen Studenten kennen, sollen sie sie einladen, im Religionsunterricht ein entscheidendes Element ihrer Ausbildung sehen zu lernen.
Das Verlangen nach den großen Idealen der Freiheit, der Solidarität und des Friedens, das aus den Herzen der neuen europäischen Generationen aufsteigt, kann in

der Begegnung mit dem Evangelium Christi und dem Glauben der Kirche Licht und Kraft gewinnen und sie für jene Wahrheit öffnen, die dem Leben vollen Sinn gibt und die konkrete Anerkennung der unverletzlichen Würde einer jeden menschlichen Person fördert.

8. Den sozial Verantwortlichen und zumal den staatlichen Autoritäten der einzelnen Länder gegenüber spricht die Kirche ihre feste Überzeugung aus, daß der Religionsunterricht, weit entfernt davon, eine rein private Angelegenheit zu sein, vielmehr einen Dienst am Gemeinwohl darstellt.
Im Europa der Menschenrechte und des Bürgerrechtes garantiert dieser Unterricht grundlegende Rechte des Gewissens, die durch jede Form des Beiseiteschiebens und der Abwertung verletzt werden. Es müssen daher klare gesetzgeberische Normen aufgestellt und institutionelle Vorkehrungen getroffen werden, daß hinsichtlich der Teilnahme der Schüler, des Stundenplans und der Organisation der Schule die Voraussetzungen für einen wirksamen und würdigen Ablauf des Religionsunterrichtes in den öffentlichen Schulen gesichert sind. Dabei muß der Grundsatz gelten, daß er kulturell und bildungsmäßig die gleiche Würde wie die anderen Fächer besitzt und in keiner Weise zur strengen Achtung der Gewissensfreiheit eines jeden in Gegensatz steht.

9. Es sind aus europäischer Sicht auch noch andere Aspekte zu bedenken, die direkt den Religionsunterricht betreffen. Ich nenne wenigstens drei.
Nach dem Auseinanderbrechen der Blöcke stehen wir vor einer unerhörten menschlichen, kulturellen und außerdem christlichen Aufgabe, die wir nicht übersehen dürfen: die Kirchen in Mittel- und Osteuropa, die erneut in den öffentlichen Schulen den Religionsunterricht einführen müssen, aus denen er lange Zeit fast ausgeschlossen war, brauchen gewiß den Austausch mit der Erfahrung anderer europäischer Länder. Sie müssen mit der hochherzigen Solidarität bei der Ausbildung der Lehrkräfte und der Bereitstellung der geeigneten Hilfen und Lehrmittel rechnen können.
Hohen Stellenwert hat beim Aufbau Europas der Ökumenismus. Auch ein Religionsunterricht, der aufmerksam und aufgeschlossen für ökumenische Themen ist, kann der europäischen Jugend einen wertvollen Beitrag zum gegenseitigen Kennenlernen, zur Überwindung von Vorurteilen und zum Einsatz für das aufrichtige Suchen nach der vom Herrn gewollten Einheit anbieten.
Eine dringende Bitte und zugleich ein Aufruf trifft den europäischen Kontinent durch die Einwanderung von Menschen anderer Kontinente. Sie brauchen Aufnahme und Solidarität, sind aber zugleich auch Träger von kulturellen und geistigen Werten, die der Religionsunterricht nicht übergehen darf, denn das Christentum hat universalen Charakter und für das Zusammenleben stellen sich konkrete Probleme.

10. Bei eurem Symposium habt ihr die Möglichkeit von regelmäßigen Begegnungen wie diese ins Auge gefaßt. Das kann ich nur begrüßen und dazu ermuntern. Ihr erinnert euch an die Aufforderung Jesu: „Blickt umher und seht, daß die Felder weiß sind, reif zur Ernte" (*Joh* 4,35). Auch auf eure Arbeit läßt sich anwenden, was Jesus bei dieser Gelegenheit sagte: „Einer sät, und ein anderer erntet" (*Joh* 4,37). Ihr seid

aber auch überzeugt, daß die Aufgabe, zu der ein jeder berufen ist, im Grunde zweitrangig bleibt, angesichts der „Frucht für das ewige Leben", über die sich „der Sämann und der Schnitter" gemeinsam freuen dürfen. Diese Freude wünsche ich euch von Herzen.
Bei euer täglichen Mühe im Dienst des Glaubens, der Schule und der Jugend begleite euch, meine Lieben, als Unterpfand des Lichtes und der Gnade, die von Gott kommt, mein Apostolischer Segen.

Als christliche Handwerker Zeugnis geben

Ansprache an die Teilnehmer des Kongresses über: Das Handwerk als kultureller und produktiver Faktor für neue Aufgaben der Solidarität am 15. April

Ehrwürdige Brüder im Bischofsamt,
liebe Handwerker!

1. Mit lebhafter Freude begrüße ich euch alle, die ihr bei Gelegenheit der Hundertjahrfeier der Enzyklika *Rerum novarum* in Rom zusammengekommen seid. Euer Kongreß über „Das Handwerk als kultureller und produktiver Faktor für neue Aufgaben der Solidarität" möchte sich in jene Gründe vertiefen, die euch zu einer immer besseren Verwirklichung des Evangeliums der Arbeit in euerer besonderen Situation und im weiteren Rahmen der italienischen und der internationalen Gesellschaft helfen können.
Ich danke euch für euere Beteiligung, denn sie zeigt schon von sich aus euer Interesse an einem so wichtigen Thema.
Tatsächlich ist *Rerum novarum* im Verlauf der Jahre „so wirksam geworden, daß ihre Normen sozusagen ein gemeinsames Erbe der Menschheitsfamilie bilden" (Pius XII., *Radiobotschaft zum Pfingstfest* 1941). Es ist bekannt, daß diese Enzyklika ein volles Jahrhundert der Geschichte mit ihren klar ausgesprochenen „prophetischen" Aussagen tiefreichend geprägt hat.

2. Gerade in diesem Licht möchte ich eure Aufmerksamkeit, liebe Handwerker, da ihr zugleich Unternehmer und Arbeiter seid, auf die unausweichliche Forderung hinweisen, euer Wirken von einer Kultur fruchtbarer Solidarität im Dienst jenes Gemeinwohls prägen zu lassen, das vom heutigen nationalen, europäischen und weltweiten Kontext so dringend gefordert wird.
Angesichts der Umgestaltungen infolge der technischen Revolution, der wirtschaftlichen Umstrukturierung und der Entwicklung der sozialen und politischen Beziehungen gilt es, sich eine religiöse, ethische und kulturelle Urteilsfähigkeit anzueignen, die sich für das Leben des christlichen Handwerkers als immer unerläßlicher erweist.
Ihr wißt gut, daß sich eure Tätigkeit heute nicht nur an der gemeinsamen Aufgabe der äußeren Organisation der Arbeit messen muß, sondern auch und vor allem an der Aufgabe ihrer inneren Umgestaltung, um ihre volle Bedeutung zu gewinnen.

Die Konstitution *Gaudium et spes* des Konzils lehrt: „Der nach Gottes Bild geschaffene Mensch hat den Auftrag erhalten, sich die Erde mit allem, was zu ihr gehört, zu unterwerfen, die Welt in Gerechtigkeit und Heiligkeit zu regieren und durch die Anerkennung Gottes als des Schöpfers aller Dinge sich selbst und die Gesamtheit der Wirklichkeit auf Gott hinzuordnen" (Nr. 34).
Jesus, der göttliche Handwerker, verkündet und erfüllt gleichzeitig das ihm vom Vater anvertraute „Evangelium der Arbeit", denn er war selbst „ein Mann der Arbeit, der handwerklichen Arbeit, wie Josef von Nazaret" (*Laborem exercens*, Nr. 26).

3. Von *Rerum novarum* bis heute hat die Soziallehre der Kirche immer den Wert des Unternehmens vom Wert der Arbeit aus eingestuft, was in euren handwerklichen Unternehmen oft in glücklicher Weise praktisch verwirklicht wird.
Von dieser grundlegenden Perspektive aus blickt die Kirche mit Sympathie auf die private und unternehmerische Initiative und ermuntert sie. „In der Tat belehrt uns die ständige Erfahrung: Wo die persönliche Initiative der einzelnen fehlt, tritt an ihre Stelle die politische Tyrannei; da geraten aber auch manche Wirtschaftsbereiche ins Stocken; da fehlt es an tausenderlei Verbrauchsgütern und Diensten, auf die Leib und Seele angewiesen sind; Güter und Dienste, deren Beschaffung in besonderer Weise die Schaffensfreude und den Fleiß der einzelnen auslöst und anstachelt" (*Mater et magistra*, Nr. 57).
Die Kirche hält ferner daran fest, daß der Gewinn des Unternehmens berechtigt ist, vorausgesetzt daß er innerhalb der moralischen Gesetze der Gerechtigkeit bleibt, die das Ziel des ganzen wirtschaftlichen Prozesses im Menschen sehen. Tatsächlich verdienen die ungeheure Arbeit der Organisation und Koordinierung der vielfältigen Produktionsfaktoren sowie das mit einer solchen Initiative immer verbundene Risiko eine entsprechende Belohnung.
Die anspruchsvollen ethischen Forderungen der Soziallehre der Kirche spornen zu einem erheblichen erzieherischen und Bildungsbemühen an. Auch innerhalb der Welt des Handwerks, die sich in einem raschen und komplexen technologischen Wandel befindet, darf man wohl die heutige Aufgabe als einen Wettlauf, oft gegen die Zeit, zwischen Technologie und Ausbildung betrachten in dem Sinn, daß die technische Fähigkeit das Können des Menschen, aber auch seine Abhängigkeiten von den produzierten Produkten haben wachsen lassen.
In eurem Handwerkerleben sind die Probleme der Ausbildung eng mit eurem Familienleben verbunden: „Arbeit und Fleiß prägen auch den gesamten Erziehungsprozeß in der Familie, eben deshalb, weil jeder unter anderem durch die Arbeit ‚Mensch wird' und dieses Mensch-werden gerade das Hauptziel des ganzen Erziehungsprozesses ist" (*Laborem exercens*, Nr. 10).

4. Es ist mein Wunsch, daß der Einsatz eurer Organisationen, die die Aufgabe haben, euer Arbeitsleben als Handwerker zu unterstützen, auszurichten und zu ergänzen, von den übrigen sozialen Partnern, die im Bereich von Arbeit und Wirtschaft tätig sind, sowie von seiten der staatlichen Institutionen gebührend beachtet wird.

Gerade darum untersucht ihr auf eurem Kongreß die Frage, wie ihr eure Arbeit als Handwerker angesichts der heute unausweichlichen Notwendigkeit der Solidarität, zumal gegenüber den jungen Menschen, gestalten sollt.

Es ist klar, daß es sich um schwierige Probleme handelt, für die die Kirche als solche keine Lösungen anbietet, sondern nur wegweisende Grundsätze vorlegen kann; zu betonen bleibt aber, daß die Beachtung der Grundsätze der Vernunft und des Glaubens die erste und unerläßliche Voraussetzung für einen verantwortlichen Vollzug der eigenen Arbeit und für die Verwirklichung der sozialen Gerechtigkeit im umfassenden Sinn bildet. Die gesunde Vernunft und der Geist des Christentums müssen das, was ihr auf beruflichem und technischem Gebiet an Erfahrung gesammelt habt, für bessere Strukturen der Gesellschaft und für die Solidarität im Anstreben des Gemeinwohls fruchtbar machen, das schon immer im Mittelpunkt der Soziallehre der Kirche stand.

Gern ergreife ich die Gelegenheit dieser Begegnung und ermuntere euch, weiter beharrlich euer Zeugnis als christliche Handwerker zu geben, die mit Hingabe und Hochherzigkeit tätig sind, denn dann vermögt ihr, „in der Arbeit ein wirksames Mittel zu finden, um den Herrn zu verherrlichen, euch zu heiligen und der Gesellschaft, in der ihr lebt, nützlich zu sein." (Pius XII. in einem *Gebet für die Handwerker*).

Ich begleite euch mit meiner Zuneigung und meinem Gebet, daß der Herr eure Absichten segne. Der heilige Josef, der bescheidene und gerechte Handwerker von Nazaret, euer Patron, möge aus ihnen viel Gutes hervorgehen lassen.

Allen erteile ich von Herzen den Apostolischen Segen.

Zentrum der apostolischen Arbeit

Ansprache in der Kapelle der Universität „La Sapienza" am 19. April

Liebe Brüder und Schwestern!

1. Einen herzlichen Willkommensgruß an euch alle, die ihr auf verschiedene Weise im Rahmen der Universitätsseelsorge dieser Hochschule arbeitet. Ein besonderer Gedanke geht an Msgr. Camillo Ruini, Pro-Generalvikar der Diözese, an Msgr. Pietro Rossano, Auxiliarbischof für die Pastoral der Kultur in der Diözese Rom, an die Kapläne und an alle, die ihr Apostolat unter euch ausüben. Ich danke P. Liberati für seine freundlichen Worte, mit denen er die geistlichen Tätigkeiten innerhalb der Hochschule erläutert hat.

Ihr seid mit der Aufgabe betraut, in dieser „Stadt der Studien" das Evangelium zu verkünden. Erinnert euch dabei an die Worte Jesu: „Ihr seid das Salz der Erde. Wenn das Salz seinen Geschmack verliert, womit kann man es wieder salzig machen? Es taugt zu nichts mehr; es wird weggeworfen und von den Leuten zertreten" (*Mt* 5,13).

Nehmt diese Verantwortung in ihrer vollen Tragweite auf euch. Setzt euch dafür ein, daß die drei Komponenten der Universitätswelt - Studenten, Dozenten sowie technisches und Verwaltungspersonal - eine wahre Gemeinschaft bilden. In der Tat ist eine wirkungsvolle Zusammenarbeit aller notwendig, die das allgemeine Wohl und ein hohes Studienniveau anstreben sowie eine Berufsauffassung, die auf den Dienst am Nächsten ausgerichtet ist. Um dieses Ziel zu erreichen, seid ihr zur gemeinsamen Vorbereitung und Zusammenarbeit aufgerufen, indem ihr die Bemühungen der verschiedenen hier anwesenden kirchlichen Vereinigungen und Bewegungen, jede ihrem besonderen Charisma entsprechend, miteinander in Verbindung bringt.

2. Auch wenn ihr eure unterschiedliche geistliche Ausrichtung bewahren wollt, solltet ihr euch doch für die Förderung einer spezifischen, einheitlichen Studenten- und Kulturseelsorge einsetzen. So zeigt sich, wie angebracht die Verwirklichung des von euch seit langem erwünschten Pastoralrats der Universitätskapelle ist. Er wird ein wertvolles Gemeinschaftsorgan sein, das, aus wechselseitigem Einvernehmen und gegenseitiger Annahmebereitschaft entstehend, euch ermöglichen wird zusammenzutreffen, miteinander zu diskutieren und die Richtlinien für die Pastoral auszuarbeiten, um sie dann in konstanter Zusammenarbeit anzuwenden.
Betrachtet die Kapelle, in der Christus durch seine Gegenwart in der Eucharistie Zeuge eurer Hoffnungen ist, als Zentrum eurer apostolischen Arbeit. Ihr solltet oft, sowohl einzeln als auch in Gruppen, hier verweilen. Euer missionarisches Bemühen wird mit Sicherheit wirkungsvoller sein, wenn ihr untereinander einig seid und Christus im Mittelpunkt aller eurer individuellen und gemeinschaftlichen Bestrebungen und Vorhaben steht. Auf die Gegenwart des Herrn bauen: darin liegt eure große geistliche Kraft. Reserviert ihm jeden Tag den ersten Platz; hört das Wort Gottes mit Ausdauer und auf verschiedene Arten, aber besonders durch die „lectio divina", vom Gebet begleitet (vgl. *Dei Verbum*, Nr. 25). Und nehmt an den Sakramenten teil, besonders an der Eucharistie, der Quelle der Einheit, dem „Ostermahl ... in dem uns das Unterpfand der künftigen Herrlichkeit gegeben wird" (*Sacrosanctum Concilium*, Nr. 47).

3. So wird eure Gemeinschaft durch das göttliche Wirken umgestaltet, sie wird einladend und offen sein, aufmerksam gegenüber den Schwachen und den weniger Begünstigten, insbesondere gegenüber den auswärtigen Studenten und den Ausländern.
Sie wird eine prophetische Gemeinschaft sein, die, in jedem Wissensbereich dessen Selbständigkeit respektierend, den Sauerteig des Evangeliums in die Kultur trägt, wo er verarbeitet und weitergegeben wird. Sicherlich wird der Dialog zwischen Vernunft und Glauben durch das sachliche Suchen nach der Wahrheit vertieft, wenn auch mehr noch durch das konsequente Beispiel der Gläubigen, die mitten im Drama ihrer Zeit stehen und ihrer geistlichen Identität treu bleiben, so daß „durch die Kraft des Evangeliums die Urteilskriterien, die bestimmenden Werte, die Interessenpunkte, die Denkgewohnheiten, die Quellen der Inspiration und die Lebens-

modelle der Menschheit, die zum Wort Gottes und zum Heilsplan im Gegensatz stehen, umgewandelt werden" können (Paul VI., *Evangelii nuntiandi*, Nr. 19).
Es wird außerdem eine Gemeinschaft mit ausgeprägtem ethischen Empfinden sein, in der Lage, einen Gegensatz zur Logik der Macht und des akademischen Prestiges zu bilden.
Die Schwierigkeiten und eure persönlichen Grenzen dürfen euch nicht erschrecken! Wie der Apostel Paulus sagt, erweist sich „die Kraft Christi in der Schwachheit" (vgl. *2 Kor* 12,9).
Eure Gemeinschaft ist berufen, missionarisch zu sein, allen die Frohbotschaft des Heils zu überbringen. Eine Gemeinschaft, die sich gewissermaßen außerhalb ihrer selbst sucht und findet, auf der Suche nach jedem Bruder (vgl. Johannes Paul II., *Schreiben an die Kirche Roms*, 17.1.1991, Nr. 6).

4. Der gekreuzigte und auferstandene Christus ist der Erlöser der Menschheit! Er hat sich zu unserem Bruder gemacht, damit jeder Mensch gerettet werde und in der Wahrheit und der Liebe voll und ganz zu sich selbst finden möge.
Überbringt diese Botschaft euren Freunden und allen, die auf dem Universitätsgelände verkehren. Möge sich auch in euch wie in Maria, der gelehrigen Dienerin Jahwes, die Verheißung Gottes erfüllen. Das göttliche Wort werde in euch zum Sauerteig der Hoffnung und des sozialen Einsatzes.
Von Herzen erteile ich euch meinen Segen.

Die Jugend ist Zukunft und Hoffnung der Menschheit

Ansprache an die Jugendlichen auf dem Piazzale della Minerva in Rom am 19. April

Liebe Jugendliche!

1. Meine Freude ist groß, heute unter euch zu sein und so einen lange gehegten Wunsch zu verwirklichen. Ich danke euch für den warmen Empfang, und in Liebe grüße ich euch alle.
Auch auf meinen Pastoralbesuchen begegne ich Jugendlichen und Studenten der verschiedenen Universitäten der Welt. Doch das heutige Treffen ist etwas ganz Besonderes; ihr seid mir besonders lieb, denn eure Universität ist die Universität von Rom, der Stadt, deren Bischof ich bin.
Danke für eure Anwesenheit, danke dafür, daß ihr die Einladung zu einem offenen und konkreten Dialog angenommen und mit über 500 Fragen die thematischen Anstöße dazu gegeben habt. Ich habe Einblick in eure Gedanken gewonnen, und ich muß euch gestehen, daß mich eure Ehrlichkeit und der Wunsch zur Erneuerung, den ihr im Herzen tragt, beeindruckt haben. Vor allem danke ich den beiden Jugendlichen, die soeben eure gemeinsamen Gefühle zum Ausdruck gebracht haben.
Die zahlreichen Fragen, die ihr vorbereitet habt, bezeugen eindeutig, wie groß die Aufmerksamkeit und das Interesse sind, mit denen ihr auf das blickt, was die Kirche

in bezug auf die Probleme der Jugendlichen und die Probleme der Welt von heute fühlt, denkt und tut, auch wenn ihr nicht immer ihre Einstellung teilt.
Es sind zweifellos anregende Fragestellungen, doch umfassen sie eine so große Zahl an Argumenten, daß es mir unmöglich ist, auf alle, auch nur zusammenfassend, so zu antworten, wie ihr es erwartet. Ich kann euch dennoch versichern, daß ich all eure Fragen in meinem Herzen bewahre und daß ich es nicht versäumen werde, bei passender Gelegenheit auf sie zurückzukommen.

2. Indessen möchte ich jedoch, daß dieses unser Treffen gewissermaßen den Anfang eines notwendigen und nützlichen Dialogs darstellt, der dann mit den Verantwortlichen für die geistige Animation dieser Universität fortgeführt werden soll. Ich möchte vor allem, daß eure Stimme in den Arbeiten jener außerordentlichen Diözesanversammlung, nämlich der zur Zeit stattfindenden Synode, ein Echo findet und ihr den Beitrag der Welt der Jugend bringt, der ganzen Welt der Jugend, die in Rom lebt und danach strebt, eine gerechtere und allen gegenüber aufnahmebereite Gesellschaft zu errichten. Ich möchte, daß sich die Perspektiven und Horizonte eures Daseins den unbegrenzten Forderungen einer im Wandel begriffenen Welt öffnen, eines Europas, das seine Einheit sucht, einer Menschheit, die der Kriege und Ungerechtigkeiten müde ist. Ihr, Jugendliche von Rom, der Stadt im Herzen des christlichen Europas, seid ihr nicht dazu aufgerufen, die Bauleute der Zukunft dieses Kontinents zu sein? Seid ihr nicht selbst seine Zukunft? Mögt ihr euch dessen bewußt sein und keine Angst haben, all eure Energie zu investieren, um solch packende Ziele zu verwirklichen! Fürchtet euch nicht davor, unter euren Zeitgenossen die Apostel einer so außerordentlichen Mission zu sein.
Viele eurer Fragen behandeln die Beziehung der Kirche zur Welt von heute und die besorgniserregenden Situationen der Menschheit von heute, vor allem im Nahen Osten und in der Dritten Welt.
Einige Fragen betreffen die Beziehung der Kirche zur Kultur, zur Wissenschaft im Dienst des Menschen und der Anpassung ihrer Lehre an die Evolution der Zeit.
All das hat es mir ermöglicht, eure Welt besser kennenzulernen, und ich möchte euch für das Vertrauen danken, das ihr mir bezeugt habt, indem ihr mich an euren Problemen habt Anteil nehmen lassen.
Ich stehe euch bei der Suche nach den passenden Antworten auf die Fragen, die euch bewegen, zur Seite. Ich möchte euch die Liebe zum Ausdruck bringen, die mich an jeden von euch bindet, und die Hochachtung, die ich für alle empfinde. Der Papst hat euch gern! Wie ich bereits bei anderen Gelegenheiten wiederholt habe, kann man nicht umhin, euch Jugendliche zu lieben, denn ihr seid die Zukunft und die Hoffnung der Menschheit.

3. Die Gesamtheit eurer Fragen offenbart eindeutig einen feinfühligen und offenen Sinn voller Erwägungen, Bedenken und anregenden Beobachtungen. Sie sind der Beweis für den sprudelnden Reichtum eures jugendlichen Geistes. In euch beeindrucken mich die fordernde Suche nach der Wahrheit und der Wunsch nach einer radikalen Konsequenz in der Verwirklichung des Evangeliums. Ihr wollt ein echtes

Christentum, eine Kirche, die das in die Tat umsetzt, was sie verkündet, die arm und frei ist für ihre Sendung und mutig zur rechten Zeit die Armen und Unterdrückten verteidigt. Ihr möchtet in ihren Strukturen das barmherzige Antlitz Christi erkennen. Auch wer behauptet, nicht zu glauben, offenbart in seinen Bemerkungen oft einen Wunsch nach dem Unendlichen, dem Absoluten, nach Transzendenz.
Diese eure Aufrichtigkeit kann ich nur schätzen. Bewahrt, liebe Jugendliche, die Begeisterung der freien Menschen und verbindet sie mit der Demut der großen Persönlichkeiten, die den Weg der Wahrheitssuche offenen Geistes und mit der Bereitschaft zum Dialog zu beschreiten wissen. Die Probleme sind zweifellos zahlreich und vielschichtig. Es wäre ein kindisches Ansinnen, wollte man alles einfach mit Schlagworten lösen. Eure Aufgabe soll darin bestehen, euch zu informieren und konstant den fundamentalen Fragen eures Daseins auf den Grund zu gehen. Die Kirche ist bereit, euch diesen Dienst zu leisten, mehr noch, sie will diesen Weg gemeinsam mit euch gehen. Sie möchte euch helfen, damit ihr selbst die Protagonisten eurer Zukunft seid.
Nehmt, so bitte ich euch, ihre Einladung an: geht mit ihr und achtet auf die Keime der Hoffnung, die ihr bereits in euch und um euch her erkennen könnt.
Und vergeßt auch nicht, daß ihr selbst die Kirche seid! Ihr seid die lebendigen Kräfte dieser Kirche, die auf den Straßen der Welt das Evangelium des Heils verkündet; dieser Kirche, die Mutter und Lehrerin ist, denn sie schöpft beständig aus dem unendlichen Reichtum der Wahrheit, die Christus ist. Diese Kirche ist trotz ihrer Begrenzungen und Schwierigkeiten heilig und liebt jeden Menschen. Sie liebt euch, liebe Jugendliche, ja, sie liebt euch, und deshalb ist sie fordernd und fest in ihren Grundsätzen. Blickt mit Sympathie auf sie, hört auf sie mit Vertrauen, folgt ihr hochherzig.

4. Oft fragt ihr euch: „Was kann man angesichts der Sozialstrukturen, die die Ideale der Gerechtigkeit, der Wahrheit und der Liebe zu ersticken scheinen, gegen das Gefühl von Schwäche und Ohnmacht tun?" In euch und um euch her gibt es den Kampf zwischen dem Guten, das anzieht, und dem Bösen, das in Versuchung führt. Das letzte Konzil unterstreicht in einem der wichtigsten Dokumente, der Pastoralkonstitution *Gaudium et spes* über die Kirche in der Welt von heute, folgendes: „In Wahrheit hängen die Störungen des Gleichgewichts, an denen die moderne Welt leidet, mit jener tiefer liegenden Störung des Gleichgewichts zusammen, die im Herzen des Menschen ihren Ursprung hat. Denn im Menschen selbst sind viele widersprüchliche Elemente gegeben ... Als schwacher Mensch und Sünder tut er oft das, was er nicht will, und was er tun wollte, tut er nicht (vgl. *Röm* 7,14 ff.). So leidet er an seiner inneren Zwiespältigkeit, und daraus entstehen viele und schwere Zerwürfnisse auch in der Gesellschaft" (Nr. 10).
Ja, der Weg beständiger Umkehr zur Wahrheit und Echtheit ist nötig, denn jeder Mensch wird beständig von der Macht und dem Haben, dem Egoismus und der Bestechlichkeit in Versuchung geführt.
Laßt euch von Mißerfolgen und Ängsten nicht niederdrücken. Findet in euch selbst Mut. Wenn ihr das Leben wirklich liebt, so müßt ihr wissen, daß ihr es nur mit gro-

ßen Opfern in aller Fülle verwirklichen könnt. Christus, wahrer Gott und wahrer Mensch, ist lebendig, er ist unter euch gegenwärtig. Er ist unser Weggefährte und ruft uns auf, die Welt mit der Gabe unseres Daseins umzuwandeln.

5. Das Christentum ist ein anspruchsvoller Glaube, und ihr wißt dies sehr wohl. Deshalb seid ihr nicht selten versucht, mutlos und unentschieden zu sein. Auf die Frage des jungen Mannes: „Meister, was muß ich Gutes tun, um das ewige Leben zu gewinnen?" antwortet Jesus schließlich: „Wenn du vollkommen sein willst, geh, verkauf deinen Besitz und gib das Geld den Armen; so wirst du einen bleibenden Schatz im Himmel haben; dann komm und folge mir nach" (vgl. *Mt* 19,16-22). Zuvor hatte der göttliche Meister „ihn angeblickt", und dann sagte er dies, „weil er ihn liebte" (vgl. *Mk* 10,21).
„Komm und folge mir nach!" Allein aus der Liebe geht die Einladung des Erlösers hervor als Antwort - die einzige erschöpfende Antwort - auf das Streben nach „etwas mehr", das im Herzen eines jeden Menschen wohnt.
Auch an euch richtet Christus heute dieselbe liebevolle Einladung: „Komm und folge mir nach!" Seine Augen begegnen den euren, sein Herz spricht zu dem euren. Habt keine Angst! Empfangt sein Wort. Auf diese Weise werdet ihr in sein Mysterium eintreten und das wahre Geheimnis eurer menschlichen und geistigen Wiedergeburt entdecken; ihr werdet die Grundsätze der christlichen Moral nicht als schwere Bürde aufnehmen, sondern als notwendige Forderung der Liebe. Die Liebe findet Gefallen an der Wahrheit. „Sucht diese Wahrheit da, wo sie wirklich ist!" So habe ich 1985 im Brief an die Jugendlichen der Welt geschrieben. „Wenn es nötig ist, seid entschlossen, gegen den Strom von Meinungen zu schwimmen, die verbreitet werden, und gegen propagandistische Schlagworte! Habt keine Angst vor der Liebe, die ganz bestimmte Forderungen an den Menschen stellt. Diese Forderungen, so wie ihr sie bleibend in der Lehre der Kirche findet, sind in der Lage, aus eurer Liebe eine wahre Liebe zu machen" (*Schreiben an die Jugendlichen der Welt*, 1985, Nr. 10).

6. Liebe Jugendliche, der Augenblick ist gekommen, von euch Abschied zu nehmen. Erlaubt mir jedoch noch einen letzten Gedanken. Erlaubt mir, euch eine Weisung zu hinterlassen.
Wir befinden uns auf dem „Platz der Minerva", dem Mittelpunkt eurer Universitätsstadt. Ringsum in den Gebäuden wird Wissen erarbeitet und vermittelt, es wird wissenschaftliche Forschung betrieben, und eure kulturelle Bildung reift hier. Ihr habt zwei Möglichkeiten, diese Jahre zu leben, die euch auf eure Zukunft vorbereiten. Ihr könnt sie dazu benutzen, weiterhin der Logik der Macht und des Prestiges, des Wettstreits und des wirtschaftlichen Vorteils nachzugehen, auf die einige von euch hingewiesen haben. Ihr könnt euch aber auch darauf vorbereiten, durch eine geduldige und ernste berufliche und geistige Reife, die die mit Treue gelebten menschlichen und christlichen Werte zum Grundsatz eines jeden Programms macht, einen wirklichen Dienst an der Gesellschaft zu leisten. Die Wahl, die ihr jetzt trefft, ist richtungweisend für eure Zukunft. Ich habe Vertrauen in euch, und deshalb bitte

ich euch: verwirklicht eure menschliche Berufung, indem ihr euch am Evangelium inspiriert. Seid glaubwürdig und euch selbst treu. Beginnt ohne Aufschub eine gerechtere, wahrere und freiere Gemeinschaft zu errichten. Wie einer von euch geschrieben hat, stellt allein das Evangelium ein Lebensprogramm dar, das in der Lage ist, die Kultur der Liebe wahrhaft entstehen zu lassen.
Es ist nicht zu übersehen, daß unter den Jugendlichen ein ermutigendes Erwachen eingesetzt hat. Auch hier in Rom. Sind euer Wachstum, eure Lebendigkeit und Nächstenliebe, der Wunsch nach Güte und Wahrheit, der euch anspornt, und das Streben nach Idealen als Alternative zu den Modeströmungen nicht eine Botschaft der Hoffnung für die gesamte Gesellschaft? Groß ist der Reichtum, den ihr in euch tragt. Tut alles, damit euer Erwachen zum Wachstum wird, zu wahrem geistigen Wachstum, das aus euch die Zeugen Christi macht, die unermüdlichen Verwirklicher seiner heilbringenden Verheißungen.
Wenn auch beschwerlich, so ist doch dies allein der Weg zur vollen Verwirklichung eurer selbst. Es ist der Weg der Freude, und der Herr ruft euch auf, ihn zu beschreiten, denn er liebt euch.
Gott, der Vater eines jeden Menschen, segne euch alle.
Maria, der Sitz der Weisheit, wache über eurem Weg!
Und auch meine Liebe begleite euch, bekräftigt durch einen besonderen Segen, den ich euren Familien, euren Dozenten und all denen erteile, die in dieser Stadt der Studien arbeiten und die sie besuchen.

Das ethische Problem stellte sich noch nie so dringend wie heute

Ansprache an das Symposium der Rektoren der europäischen Universitäten am 19. April

Herr Rector magnificus,
sehr geehrte Herren Rektoren der europäischen und italienischen Universitäten,
liebe Mitglieder des akademischen Senates und Professoren!

1. Mit Freude weile ich bei dieser bedeutsamen Gelegenheit unter Ihnen, da Sie als Rektoren der Universitäten in West- und Osteuropa an der Sapienza-Universität mit dem akademischen Senat dieser Universität sowie zahlreichen Professoren und Wissenschaftlern der italienischen Universitäten versammelt sind. Ich entbiete Ihnen meinen Gruß, der zugleich dem Herrn Ministerpräsidenten Giulio Andreotti sowie dem Herrn Minister Antonio Ruberti gilt, dem Verantwortlichen für die Universität und die wissenschaftliche und technologische Forschung.
Ich danke dem Herrn Rektor, Professor Giorgio Tecce, für die freundlich an mich ergangene Einladung zur Teilnahme an der Eröffnung dieses Forums über die Kulturen Europas und die Aufgaben der Universität in der neuen politischen und wirtschaftlichen Lage, die sich gegen Ende des zweiten christlichen Jahrtausends auf

dem Kontinent ergeben hat. Die wirtschaftliche und politische Vereinigung Europas, die mit großen Schritten vorangeht und deren Verwirklichung nahe ist, würde nur schwer die erwarteten Früchte bringen können, wenn das ernsthafte Nachdenken über die Kultur Europas sowie über die menschlichen und geistigen Grundlagen einer jeden sozialen Entwicklung fehlen würde.

2. Meine Herren Rektoren, Sie sind in diesen Tagen Gäste Roms, der Stadt, die sich aufgrund ihrer weltlichen und mehr noch ihrer religiösen Geschichte als „gemeinsame Heimat" bezeichnen darf. Beim Blick auf Sie alle richtet sich der Blick spontan auf die europäischen Universitäten und all das, was sie für Europa und die Welt bedeutet haben und bis heute bedeuten. Die Universitäten waren das ganze zweite Jahrtausend hindurch die bevorzugten Stätten der Erarbeitung des Wissens, denn in ihnen traf ja das Erbe des griechisch-lateinischen Denkens, seiner Kunst, seines Rechtes und seiner Wissenschaft mit der Neuheit des Christentums und den Beiträgen der germanischen, slavischen und angelsächsischen Kultur zusammen. An den Universitäten hat sich ferner das moderne experimentelle Wissen mit seiner Methode sowie den wachsenden Spezialisierungen und technischen Anwendungen entwickelt, die das Antlitz der Gesellschaft in Europa und der Welt rasch gewandelt haben.
Bekanntlich hat die Kirche in der Geschichte der europäischen Universitäten eine wichtige Rolle gespielt, und bei vielen von ihnen hat sie zur Gründung beigetragen. Die Kirche betrachtet die Kultur nämlich als grundlegendes Mittel zur Reifung und Ausweitung der Person in ihrer gesamten Wahrheit. Deswegen setzt sie sich dafür ein, daß die Freiheit der Kultur, die im Verlauf dieses Jahrhunderts von totalitären Systemen so oft mit Füßen getreten wurde (vgl. *Gaudium et spes*, Nr. 59), bejaht und geschützt wird. Zugleich beansprucht die Kirche das Recht und die Freiheit, allen mit der Kultur befaßten Kräften jenen Kern an Wahrheit anzubieten, der seinen sinnbildlichen Ausdruck im Wort „Evangelium" oder Frohbotschaft gefunden hat. Sie ist nämlich überzeugt, daß die moderne, vom technologischen Standpunkt aus enorm entwickelte, an geistigen Werten aber außerordentlich arme Welt nur in der Botschaft des Evangeliums jenes „Mehr an Seele" finden kann, das schon Henri Bergson sich wünschte (vgl. *Les deux sources de la morale et de la religion*, Paris 1933, S. 335).

3. Jetzt, am Ende des Jahrhunderts, befindet sich die europäische Universität vor neuen Problemen und muß neuen Herausforderungen begegnen. Die experimentellen Wissenschaften haben eine außerordentliche Entwicklung genommen, während ihre technische Anwendung einerseits die Industrialisierung in allen Produktionsbereichen beschleunigt und andererseits zahlreiche neue Spezialgebiete erschlossen hat, was eine ständige berufliche Weiterbildung erfordert. Dies hat auf den Lehrplan der Universität offensichtliche Auswirkungen gehabt. Er scheint oft zwischen der Grundausbildung und der Spezialisierung in den Wissenszweigen zu schwanken und muß sich notwendig mit immer mehr vereinzelten Dingen befassen. Zugleich hat die fortschreitende Ausrichtung der Universität auf die industrielle Produktion und den

tertiären Bereich der Dienstleistungen die humanistischen Studien und Forschungen eingeschränkt, die wirtschaftlich ja unproduktiv sind und der Logik des Marktes fernstehen. Die Universität sah sich in ihrer Funktion als Gedächtnis der Vergangenheit, als Schmiede des Geistes sowie als Erforscherin des Schönen, des Metaphysischen und Wahren stark beschnitten.
Zahlreiche übereinstimmende Hinweise lassen freilich heute erkennen, daß sich die Universität erneut weiteren Horizonten öffnet und sich der Erforschung der mit den Mitteln der experimentellen Wissenschaften allein nicht zu ergründenden Güter zuwendet. Das ist eine gesunde und den Menschen fördernde Tendenz, denn darin drückt sich ein charakteristisches Bedürfnis des Menschen aus, dessen innerer Blick über das hinausreicht, was ihm die Produkte der Technik, selbst in ihren ausgefeiltesten Formen bieten können.

4. Es hat in Europa ferner die ungewöhnlichen sozialen Erfahrungen der letzten Jahre gegeben. Hier ist nicht der Ort, ihre Wurzeln und Ursachen zu erforschen. Gewiß haben die Universitäten bei diesen Umwandlungen keine zweitrangige Rolle gespielt, und man versteht, daß sie daraus jetzt die berechtigten Vorteile ziehen möchten. Nachdem die politischen Schranken zwischen Ost und West gefallen und auch die Kommunikationen zwischen Nord und Süd offen sind, stellt sich auch für die Universitäten in aller Dringlichkeit das Problem der Kommunikation und der Beweglichkeit, die unter bestimmten Aspekten ihre geschichtlichen Vorläufer in der peregrinatio academica des Humanismus und der Renaissance gehabt haben.
Noch ein weiteres Element verdient hervorgehoben zu werden: Europa wird immer mehr zum Begegnungspunkt der Völker, Kulturen und religiösen Glaubensauffassungen. Die Dynamik des Kontinents und seine ausgezeichnete humanistische und wissenschaftliche Tradition treibt es weiter dazu, sich schöpferisch den Völkern aus anderen Gebieten der Erde zuzuwenden. Niemand kann in diesem Zusammenhang die Verantwortung der europäischen Universitäten übersehen, die, nachdem sie zur Zeit des Kolonialismus tiefen Einfluß auf das soziale, politische, wirtschaftliche und kulturelle Leben der Völker ausgeübt haben, sich heute, nicht nur in den Mittelmeerländern, leicht dem Dialog mit ihnen öffnen können. In den letzten Jahren war öfter von einer Europäisierung der Welt die Rede. Heute ist man im Gebrauch dieses Ausdrucks vorsichtiger geworden. Lebhafter ist dagegen heute das Bewußtsein, daß große sozio-kulturelle Gruppen die Gebiete der Erde unter sich aufteilen, während die wissenschaftliche Ökumene europäischen Zuschnitts sie alle überbrückt.

5. Kein Kontinent der Erde hat so lange im Kontakt mit der Kirche gelebt wie Europa, keiner ist so tief durch die Gehalte der Heiligen Schrift geprägt, keiner trägt in seinen Strukturen die Zeichen des christlichen Glaubens so sichtbar an sich. Zeugen dafür sind die Kathedralen, die Heiligen, die großen Künstler und Denker und ebenso die Universitätsinstitute. Unermeßlich groß ist das humanistische Erbe Europas, herangereift im Dialog zwischen dem menschlichen und dem christlichen Logos, zwischen Wissenschaft und biblischer Offenbarung, zwischen Mensch und Gott in der Freiheit des Glaubens.

Im Verlauf des zu Ende gehenden Jahrtausends hat Europa freilich auch die Versuchung einer neuen Rückwendung zum heidnischen Humanismus kennengelernt. Die vom Humanismus ausgelöste Krise hat nicht wenige Geister in Angst versetzt und fand ihren voll bewußten kulturellen Ausdruck in der Zeit der Aufklärung. Von da an, das ganze 19. Jahrhundert hindurch und bis in die ersten Jahrzehnte unseres Jahrhunderts, wurde die Welt der Universität und wurden mit ihr zahlreiche weitere Bereiche der europäischen Kultur unübersehbar von einer Entfremdung zwischen Kultur und Glauben erfaßt, von der Philosophie bis zu den Rechten, von der klassischen Philologie bis zur Literatur, von der Wissenschaft bis zur Politik. Aber wenn sie sich auch von der Kirche distanzierte, bewahrte die Universität in ihrem Erbe doch gut sichtbare Spuren des christlichen Beitrags, z. B. das Vertrauen in die Vernunft, die Achtung vor der Würde des Menschen und seinen Rechten, die Liebe zur wissenschaftlichen Erforschung des Kosmos, jenes Kosmos, den die Bibel als Schöpfung Gottes „nach Maß, Zahl und Gewicht" (*Weish* 11,20) rühmt.
Gerade diese Situation der Entfremdung zwischen Kultur und Kirche war einer der Gründe, die zur Einberufung des Zweiten Vatikanischen Konzils führten, dessen Grundanliegen bekanntlich gerade die Wiederaufnahme des Dialogs mit der modernen Welt und zumal mit den Vertretern der Kultur war, um uralte Zäune niederzulegen und die Zusammenarbeit im Dienst der Werte neu aufzunehmen, die allen Menschen guten Willens teuer sind: die Würde der menschlichen Person, über alle geschichtlichen, völkischen, sozialen und kulturellen Grenzen hinaus; die konsequentere Verwirklichung der Forderungen der Gerechtigkeit in allen Bereichen des gesellschaftlichen Lebens; die Wahrung und Festigung des Friedens; der Schutz und die Bewahrung der Schöpfung.
Nicht nur die Kirche hat sich in Bewegung gesetzt. Auf dem anderen Ufer zeigte die Welt der Kultur und zumal die der Universität bereits beginnendes Unbehagen. Das Rühmen der Wissenschaft, das zu Beginn des Jahrhunderts seinen Gipfel erreicht hatte, ging zu Ende, und dafür meldeten sich tiefere und allgemein wachsende Bedürfnisse nach Werten; man wollte sichere ethische Orientierungen und suchte leidenschaftlich nach innerem Frieden über den politischen und sozialen Frieden hinaus.

6. Auch wir sind irgendwie Zeugen dieser Phänomene. Und während heute der Aufbau eines einheitlichen Europas sich immer konkreter Bahn bricht, finden sich Männer der Kultur und der Kirche erneut zusammen, um darüber nachzudenken, wie das Gewebe aussehen soll, das Europa verbindet, auf welches Fundament die Werte gegründet werden sollen, auf die sich das gemeinsame Bemühen zu richten hat. Noch nie mußte das ethische Problem so dringend gestellt werden wie heute. Das erfordert der große technische Fortschritt, vor allem dort, wo es um den Beginn des Lebens, seine Weitergabe und sein irdisches Ende geht.
Ständig vermehren sich die Möglichkeiten, die Wissenschaft und Technik zur Verfügung stellen, so daß man sich sogar nach der Daseinsberechtigung der wissenschaftlichen Forschung fragt. Nicht alles, was materiell machbar ist, ist auch moralisch erlaubt, denn nicht alles steht mit der Würde und dem Wert des Menschen in

Übereinstimmung. Die Wissenschaft beschreibt nur das tatsächliche Sein der Dinge, schweigt aber darüber, wie sie sein müßten. Und doch gelangt man gerade durch Berücksichtigung der ethischen Ordnung zu einem Leben, das den Bedürfnissen nach dem Wahren und Guten entspricht. Der Mensch lebt nicht von der Technik allein. Daher wird heute auch auf den akademischen Tagungen Europas und der Welt die Überzeugung lebendiger, daß die Universitäten besonders dafür verantwortlich sind, das Nachdenken über den ethischen Aspekt der theoretischen und der angewandten Forschung anzuregen, in dem Bewußtsein, daß die neuen Techniken ethische und gesetzliche Konflikte von enormer Bedeutung für das tägliche Leben auslösen können.

7. Damit kehren wir gedanklich zu den Wurzeln der Universität zurück, die ja entstanden ist, um die Wahrheit kennenzulernen und Schritt für Schritt zu entdecken. Zu Beginn der Metaphysik des Aristoteles können wir nachlesen: „Alle Menschen möchten von Natur aus etwas wissen." In diesem Durst nach Erkenntnis und diesem Sich-Ausstrecken nach der Wahrheit fühlt sich die Kirche mit der Universität tief solidarisch. Trotz der in den letzten Jahrhunderten aufgekommenen Schwierigkeiten hat sie sich dem Universitätsleben gegenüber nie fremd gefühlt und hat weiterhin in Europa und der Welt eine große Zahl von katholischen und kirchlichen Universitäten gegründet.
Das Ziel, das die Kirche angetrieben hat und antreibt, besteht allein darin, allen das Evangelium anzubieten, also auch der Universität. Im Evangelium ist eine Auffassung der Welt und des Menschen grundgelegt, die unaufhörlich kulturelle, humanistische und ethische Werte hervorruft, von denen die ganze Sicht des Lebens und der Geschichte abhängt.
Es geht vor allem um den Menschen! Im Evangelium findet sich eine grundlegende Dimension, die jedes System, das der Existenz des einzelnen und der Gemeinschaft eine Struktur gibt, von Grund auf erneuern kann.
Als ich im Juni 1980 die Organisation der Vereinten Nationen für Erziehung, Wissenschaft und Kultur besuchte, habe ich daran erinnert, daß diese grundlegende Dimension der Mensch ist, „der Mensch in seiner Totalität: in der integralen Ganzheit seiner geistigen und materiellen Subjektivität" (*Wort und Weisung*, 1980, S. 220). Daher bildet die Achtung der unveräußerlichen Rechte der Person die Grundlage für alles, und jede Bedrohung dieser Rechte tut dieser grundlegenden Dimension Gewalt an.
Wenn es wahr ist: „Man kann sich keine Kultur ohne den Menschen vorstellen" (*ebd.*), so bleibt ebenso wahr, daß er und nur er ihr Gestalter ist; er drückt sich in der Kultur aus und findet in ihr sein Gleichgewicht. Im Bereich der Kultur ist immer der Mensch der hauptsächliche und grundlegende Faktor: der Mensch in seiner Ganzheit, in seiner unverkürzten geistigen und materiellen Subjektivität. Es kommt also keine echte Kultur zustande, wenn man nicht bis in die letzten Folgen hinein und unverkürzt den Menschen als besonderen und eigenständigen Wert betrachtet, als jenes Subjekt, das zur Wahrnehmung der transzendenten Wirklichkeit fähig ist. Wie wichtig wird es damit, den Menschen um seiner selbst willen und nicht aus

einem anderen Grund zu bejahen; und als wieviel notwendiger erscheint es noch, den Menschen zu lieben, weil er Mensch ist, und diese Liebe aufgrund seiner einzigartigen Würde einzufordern. „Die Sache des Menschen kommt voran, wenn sich die Wissenschaft mit dem Gewissen zusammenschließt. Der Wissenschaftler wird der Menschheit einen echten Dienst leisten, wenn er den Sinn für die Transzendenz des Menschen gegenüber der Welt und Gottes gegenüber dem Menschen bewahrt" (*ebd.*, S. 238).

Meine Herren Rektoren und liebe Professoren! Auf die Universität lassen sich gut die Worte anwenden, die der hl. Paulus auf dem Areopag in Athen gesprochen hat: „Er [Gott] hat aus einem einzigen Menschen das ganze Menschengeschlecht erschaffen, damit es die ganze Erde bewohne. Er hat für sie bestimmte Zeiten und die Grenzen ihrer Wohnsitze festgesetzt. Sie sollten Gott suchen, ob sie ihn ertasten und finden könnten; denn keinem von uns ist er fern" (*Apg* 17,26-27). Ist in diesen Worten des Apostels nicht die Funktion der Forschung und der Höherführung, wie sie der Universität eigen ist, angesprochen? Nachdem er dann seine Hörer auf diese Stufe menschlichen Aufstiegs geführt hatte, an die Schwelle der großen Fragen, die jeder Mensch in seinem Inneren aufsteigen lassen kann, übermittelte der hl. Paulus den Gelehrten des Areopags das Wort, das er empfangen hatte und das ihm anvertraut war: „Gott ... läßt jetzt den Menschen verkünden, daß überall alle umkehren sollen. Denn er hat einen Tag festgesetzt, an dem er den Erdkreis in Gerechtigkeit richten wird, durch einen Mann, den er dazu bestimmt und vor allen Menschen dadurch ausgewiesen hat, daß er ihn von den Toten auferweckte" (*Apg* 17,30-31).

Diese Verkündigung, die die Geschichte hindurch weitergeht, hat auch den Weg der Universität gekreuzt und ihr tausendjähriges Wirken in Europa und der Welt gekennzeichnet und befruchtet. Mein Wunsch aber ist, das Gespräch auf dem Areopag möge im Leben der Universität neu aufgegriffen werden, damit Europa jener Leuchtturm der Kultur und des Fortschritts bleibt, der es so viele Jahrhunderte hindurch in der Welt gewesen ist.

Die Katechese führt zum verantwortlichen Hören auf das Wort

Botschaft zum 28. Weltgebetstag für die geistlichen Berufe am 21. April 1991 vom 4. Oktober 1990

Verehrte Mitbrüder im Bischofsamt!
Liebe Brüder und Schwestern in aller Welt!

1. In dem Wissen darum, daß jede Berufung ein Geschenk Gottes ist, das im Gebet erfleht werden muß und sich im Zeugnis des Lebens zu bewähren hat, wende ich mich - wie in jedem Jahr - an Euch, um die gesamte große katholische Familie zur Teilnahme am 28. Weltgebetstag für die geistlichen Berufe, den wir am kommenden 21. April begehen, einzuladen.

Dieser Tag ist seit langem eine besondere Gelegenheit, nicht nur die Berufung zum Priestertum und zum Ordensleben zu bedenken, sondern ebenso über die Pflicht der gesamten christlichen Gemeinde nachzudenken, das Wachsen solcher Berufungen zu fördern und mitzuwirken bei der Wahrnehmung, Klärung und Festigung des inneren Rufes Gottes (vgl. *Optatam totius*, Nr. 2).
In diesem Jahr möchte ich eure Aufmerksamkeit auf die so grundlegende Bedeutung für die religiöse Erfahrung eines jeden Christen lenken, die der Katechese zukommt: denn in der Tat steht sie am Anfang eines jeden authentischen und freien Dialoges zur Berufung mit dem himmlischen Vater. In der Katechese führt die Kirche die Gläubigen über den Weg des Glaubens und der Umkehr zum verantwortlichen Hören auf das Wort Gottes und zu der selbstlosen Verfügbarkeit, den inneren Ruf anzunehmen. Auf diese Weise will sie die personale Begegnung mit Gott fördern und aufmerksame Jünger des Herrn heranbilden, die an seiner umfassenden Sendung mitwirken. Die Katechese gibt so nicht nur den genauen Weg an, um den allgemeinen Heilsplan Gottes und den letzten Sinn des Seins und der Geschichte zu enthüllen, sie weist vielmehr auch auf den besonderen Plan hin, den Er im Hinblick auf den Anbruch des Reiches Gottes mit einem jeden hat.
„Die Katechese möchte also das Verständnis für das Geheimnis Christi im Licht der Heiligen Schrift entwickeln, damit der ganze Mensch hiervon geprägt wird. Durch das Wirken der Gnade in ein neues Geschöpf umgewandelt, macht der Christ sich so für die Nachfolge Christi bereit und lernt in der Kirche immer besser, zu denken wie er, zu urteilen wie er, zu handeln nach seinen Geboten und zu hoffen, wie er uns einlädt" (*Catechesi tradendae*, Nr. 20).

2. Der Weg der Katechese erreicht seinen entscheidenden Punkt, wenn er zur Schule des Gebetes wird, also zum leidenschaftlichen Gespräch mit Gott, dem Schöpfer und Vater, mit Christus, dem Meister und Erlöser, mit dem lebenspendenden Heiligen Geist. Dank eines solchen Gesprächs bleibt das, was man hört und lernt, nicht in den Gedanken; es ergreift das Herz und will sich im Leben umsetzen. In der Tat darf die Katechese sich nicht damit begnügen, die Wahrheit des Glaubens zu verkünden, sie muß vielmehr danach trachten, eine Antwort des Menschen hervorzurufen, damit ein jeder seine eigene Rolle auf dem Weg des Heiles übernimmt und sich bereit hält, sein eigenes Leben für die Sendung der Kirche zur Verfügung zu stellen, auch im priesterlichen Dienst oder im Ordensleben, um Christus umso unmittelbarer nachzufolgen.
Es ist notwendig, daß die Gläubigen, vor allem die jungen Menschen, zu verstehen lernen, daß christliches Leben vor allem Antwort auf den Ruf Gottes ist, und sie in diesem Sinne die Besonderheit der Berufung zum Priestertum, zum Diakonat, zum Ordensleben, zur missionarischen Tätigkeit und zum geweihten Leben in der Welt, in ihrer Bedeutung für das Reich Gottes erkennen.

3. In diesem Zusammenhang müssen sich die Katecheten der Kirche wie auch den Empfängern der Botschaft gegenüber verantwortlich fühlen. Ihre Unterweisung, die darauf hinzielt, den modernen Menschen zur Erkenntnis des Gottes der Liebe als

Schöpfer, Erlöser und Heiland zu führen, leitet die Kinder und Jugendlichen an, die Verpflichtung eines jeden Christen zu bedenken, die Kirche bei der Erfüllung ihrer Sendung zu unterstützen, die nur verwirklicht werden kann dank des Beitrages der verschiedenen Dienste und Charismen, die der Heilige Geist zugeteilt hat; sie wird entdecken lassen, daß der priesterliche Dienst ein von Gott seiner Kirche gegebenes großes Gnadengeschenk ist, in engster Verbindung mit dem Priestertum Christi (vgl. *Lumen Gentium*, Nr. 10); sie wird den Wert der Jungfräulichkeit und des kirchlichen Zölibates in der rechten Weise beleuchten als dem Evangelium gemäße Wege, die zur vollkommenen Weihe an Gott und an die Kirche führen und die Fruchtbarkeit der geistlichen Liebe in Christus vermehren (vgl. *Perfectae caritatis*, Nr. 12).

Die für die Katechese Verantwortlichen mögen stets die Gesamtheit der Verkündigung des Evangeliums beachten, die auch den Ruf umfaßt, Christus in besonderer Nähe zu folgen. Sie seien kluge Sachwalter des Aufrufes meines Vorgängers Pauls VI. in seiner letzten Botschaft zu diesem Tag: „Weist auf diese Wirklichkeit hin, führt in diese Wahrheit ein, stellt sie verständlich dar, zeigt ihre innere Schönheit und Dynamik, so wie Jesus, unser Hirt und Meister, es zu tun verstand. Niemandem sollte durch unsere Schuld unbekannt bleiben, was er wissen müßte, um seinem Leben eine neue und wertvollere Richtung zu geben" (*Insegnamenti di Paolo VI*, XI, 1978, S. 259).

4. Ich wünsche, daß meine Worte all diejenigen erreichen, die der Heilige Geist zu seiner Mitarbeit gerufen hat: die christlichen Eltern, die Priester, die Ordensleute und die zahllosen Laien, die im Bereich der Erziehung tätig sind. Besonders wünsche ich, daß diese Worte der Ermutigung Herz und Geist der vielen Katecheten erreichen, die in den verschiedenen Teilkirchen so großherzig mit den Hirten zusammenarbeiten bei dem großen Werk der Evangelisierung der neuen Generationen.

Liebe Katecheten, wie wichtig und schwierig ist eure Aufgabe. Von eurem Dienst hängt das christliche Wachsen und Reifen der euch anvertrauten Kinder und Jugendlichen ab. In der Kirche ist die Katechese notwendig für das Kennenlernen des Wortes Gottes, der Sakramente, der Liturgie und der besonderen Pflichten eines christlichen Lebens. Aber vor allem in manchen Phasen der Entwicklung bedarf es der Katechese für die Orientierung bei der Wahl des Lebensstandes. Nur im Licht des Glaubens und des Gebetes läßt sich die Bedeutung und die Kraft des göttlichen Rufes wahrnehmen.

Euer Dienst als Katecheten sei vollendet im Glauben, genährt aus dem Gebet und gestützt von einem überzeugenden christlichen Leben. Seid kundig im Gespräch mit der heutigen Jugend, seid wirksame und glaubwürdige Pädagogen in der Darlegung des Ideals des Evangeliums als einer universalen Berufung ebenso wie in der Erläuterung des Sinnes und des Wertes der verschiedenen einzelnen Berufungen.

Die Bischöfe und Priester fordere ich auf, stets die Bedeutung der Berufung in der Katechese wach zu halten und sich in besonderer Weise der geistlichen und kulturellen Bildung der Katecheten anzunehmen; dabei sollen ihre Vorschläge bezüglich

der Berufungen getragen sein von einem wirksamen Zeugnis eines reichen und heiligmäßigen Hirtenlebens.
Die männlichen und weiblichen Ordensgemeinschaften ersuche ich, all ihre Kräfte und Möglichkeiten dem besonderen Werk der Katechese zu widmen und es durch Zusammenarbeit so einzurichten, daß die Katechese nicht ein vereinzelter Aspekt des pastoralen Weges sei, sondern sich einreiht in einen umfassenden und organischen Plan. Der mühevolle Aufwand für die Katechese ist von der Vorsehung immer überreich belohnt worden mit dem Geschenk neuer und heiligmäßiger Berufungen. Insbesondere ermutige ich die Ordensleute, die als Lehrer und Verantwortliche an katholischen Schulen tätig sind, die Bedeutung der Berufung zum Priestertum, zum Ordensleben und zu missionarischen Berufen in ihrem Erziehungsplan klar herauszustellen.
Die Eltern ermahne ich, mit den Katecheten zusammenzuarbeiten und einen familiären Raum zu schaffen, der geprägt ist von Glaube und Gebet, um so das ganze Leben der Kinder am Anspruch christlicher Berufung auszurichten. Jeder besondere Ruf ist in der Tat ein großes Geschenk Gottes, der in ihr Haus hineinkommt.
Die christliche Gemeinde in ihrer Gesamtheit schließlich bemühe sich, mit echter missionarischer Hingabe den Keim der Berufungen zu erkennen, den der Heilige Geist unaufhörlich in den Herzen erweckt und zu erwählen sucht, vor allem in beharrlichem und vertrauensvollem Gebet und in einem geeigneten Klima, daß die Heranwachsenden und Jugendlichen die Stimme Gottes hören und darauf großherzig und mutig antworten können.
„Jesus, Du guter Hirte der Kirche, Dir vertrauen wir unsere Katecheten an. Unter der Leitung der Bischöfe und Priester mögen sie die ihnen Anvertrauten zur Erkenntnis der wahren Bedeutung des christlichen Lebens als Berufung führen, damit sie, offen und aufmerksam für Deine Stimme, Dir selbstlos folgen.
Segne unsere Pfarreien, mache sie zu lebenden Gemeinden, wo das Gebet und das liturgische Leben, das wache und treue Hören auf Dein Wort, wo hochherzige und fruchtbare Liebe zu günstigem Boden für das Keimen und Wachsen einer reichen Ernte von Berufungen werde.
Maria, Königin der Apostel, segne die jungen Menschen, laß sie teilhaben an Deinem gehorsamen Hören auf die Stimme Gottes und hilf ihnen, wie Du es selbst getan hast, ihr großherziges und bedingungsloses ‚Ja' zu sagen zum Geheimnis der Liebe und der Erwählung, wozu der Herr sie beruft".

Aus dem Vatikan, am 4. Oktober 1990, dem Fest des Heiligen Franziskus, im zwölften Jahr meines Pontifikats.

Joannes Paulus PP. II

Hingabe und Vertrauen auf die göttliche Vorsehung

Predigt bei der Seligsprechung der Dienerinnen Gottes Annunciata Cocchetti, Marie Thérèse Haze, Chiara Bosatta am 21. April

1. „Im Namen Jesu Christi, des Nazoräers" (*Apg* 4,10).
Wir wollen heute auf diese Worte des Petrus zurückgreifen. Wir entnehmen sie der Lesung aus der Apostelgeschichte. Der Apostel wendet sich an die „Führer des Volkes und die Ältesten" (vgl. *Apg* 4,8) und bezeugt die Auferstehung Christi. In eben seinem Namen steht vor ihnen ein gesunder Mann, der bis dahin von Geburt an ein Krüppel gewesen war. Er hat seine Gesundheit im Namen jenes Christus zurückerhalten, den nach den Worten des Petrus „ihr gekreuzigt habt und den Gott von den Toten auferweckt hat" (*Apg* 4,10).
„Dieser Jesus ist ... zum Eckstein geworden ... Denn es ist uns Menschen kein anderer Name unter dem Himmel gegeben, durch den wir gerettet werden sollen" (*Apg* 4,11-12).
Im Namen Jesu Christi, der gestorben und auferstanden ist, freut sich die Kirche heute über die Verherrlichung von drei neuen Seligen: Annunciata Cocchetti, Marie-Thérèse Haze, Chiara Bosatta.
Diese neuen Seligen wurden kraft der Gnade des Kreuzes Christi und seiner Auferstehung gerettet.

2. Die große Liebe des Vaters, die uns gestattet, uns seine Kinder zu nennen, weckt in der Kirche immer wieder das Verlangen, das Werk Christi fortzusetzen und nach den Schafen zu suchen, um sie unter die Leitung des alleinigen Hirten zurückzuführen, damit sie seine Stimme hören und zur Herde seiner Weide werden.
Dies war auch der ständige und innige Wunsch der seligen Annunciata Cocchetti, Gründerin der Schwestern von der hl. Dorothea von Cemmo, in Val Camonica, in der Diözese Brescia.
Beeindruckt durch die Volksmissionen und das apostolische Programm eines eifrigen Priesters, Don Luca Passi, Begründer der „Pia Opera di Santa Dorotea", entschied sie sich, ihr Leben für das Wohl der Seelen einzusetzen und in ihrer Erziehertätigkeit die Methode der „brüderlichen Zurechtweisung nach dem Evangelium" anzuwenden. „Ich will Gott aus ganzem Herzen lieben, weil er mich zuerst geliebt hat", dieses Programm prägte ihr ganzes eifriges geistliches Leben. Ihre Liebe zu Gott und den jungen Mädchen kam in einer tiefen Frömmigkeit zum Ausdruck, in einer Treue, die in allen Prüfungen standhielt, und in einer gediegenen Askese, die sie alle Schwierigkeiten, denen sie im Verlauf ihres Tagewerkes begegnete, überwinden ließ. Die ersten Erfahrungen in ihrer Jugend im Oratorium und in der Schule von Rovato machten aus ihr eine weise Erzieherin. Sie ließen ihre Leidenschaft für die menschliche und christliche Bildung der jungen Mädchen nach dem Geist des Evangeliums erstarken. Das erzieherische Wirken in der Schule und durch Initiativen auf Pfarrebene wurde so im Leben von Annunciata Cocchetti die konkrete Weise der Nachfolge Christi, des Hirten der Seelen. Auch sie suchte die Seelen,

führte sie zur Einheit in der Kirche und machte aus ihnen Frauen und Lehrerinnen mit ausgeprägter christlicher Persönlichkeit, damit sie ihrerseits zum Sauerteig würden und zum Zeugnis für die unendliche Liebe Gottes. „Werdet heilig - so sagt das ihren Töchtern hinterlassene geistliche Testament - indem ihr den euch anvertrauten jungen Mädchen Gutes tut".

In französischer Sprache fuhr der Papst fort:

3. „Groß ist die Liebe, die der Vater uns geschenkt hat" (vgl. *1 Joh* 3,1).
Mutter Marie-Thérèse Haze wußte diese Liebe anzunehmen und täglich auf sie zu antworten. Sie lernte Prüfungen kennen, aber mit der Schmerzensmutter verbunden, betrachtete sie ohne Unterlaß das Herz Christi, am Kreuz durchbohrt für das Heil der Welt. Wenn sie ihren Schwestern den Weg wies, konnte sie sagen: „Ein zerschlagenes Herz wird zum Thron der Gnade" (vgl. *Articuli a post.*, 89). Die Gegenwart des Erlösers im heiligsten Sakrament war für sie eine ständige Quelle der fraglosen Unterwerfung unter den Willen Gottes, der Weisheit bei ihrer Wirksamkeit und des Mutes, zahlreiche Gründungen vorzunehmen.
In der Demut der Menschwerdung, in der Großherzigkeit der Liebe, die uns alle zu „Kindern Gottes" macht (vgl. *1 Joh* 3,2), finden die Schwestern vom Kreuz ein Beispiel, um sich in den Dienst gerade der Ärmsten zu stellen. Die selige Marie-Thérèse lädt sie ein, den Aufruf des Evangeliums, Christus in der Person der schwächsten und am meisten leidenden Glieder seines Leibes zu dienen, in die Tat umzusetzen. Diese Grundeinstellung ist wie jene des Petrus, der nach der Heilung des Kranken verkündet, daß das Heil vom gekreuzigten und auferstandenen Herrn kommt: „Sein Name ist den Menschen als einziger gegeben, in dem wir gerettet werden können" (vgl. *Apg* 4,12). Marie-Thérèse folgte auf ihre Weise dem Vorbild der Apostel mit ihrem brennenden Verlangen, die Herzen für die Freude des Glaubens zu öffnen, wenn sie die Leiden des Körpers linderte, und durch ihre Leidenschaft für die religiöse Erziehung der am meisten zu kurz Gekommenen.
An diesem Ostersonntag wollen wir mit dem Liebesjünger, der uns zur Hoffnung anleitet, danken: „Wir wissen, wenn der Menschensohn wiederkommt, werden wir ihm ähnlich sein, denn wir werden ihn schauen, wie er ist" (vgl. *1 Joh* 3,2). Die Gestalt der Marie-Thérèse Haze und ihr Zeugnis unermüdlicher Treue lassen uns bereits die Schönheit der Kinder Gottes ahnen, die von der Gnade erleuchtet und durch die Liebe des Erlösers umgewandelt sind.

In italienischer Sprache fuhr der Papst fort:

4. Welch große Liebe hat uns der Vater geschenkt, der in den Herzen die Fähigkeit zu wecken weiß, die Taten des Guten Hirten zu wiederholen, der für das Heil der Welt sein Leben gibt!
Ein Zeichen der Liebe Gottes war auch die selige Chiara Bosatta, eine Schülerin des seligen Luigi Guanella. Mit ihm hatte sie Anteil am Charisma der Hingabe an die Letzten in vollem und unerschütterlichem Vertrauen auf die göttliche Vorsehung.

Chiara betrachtete es als ein Geschenk der Vorsehung, daß sie in der Pfarrei zur Frömmigkeit angeleitet und berufen worden war, sich den verlassenen Kindern und den ihrer Einsamkeit überlassenen Alten zu widmen. Wahrhaft providentiell war für sie die Begegnung mit Don Guanella. In seiner Schule stellte sie sich für die Werke geistlichen und materiellen Beistands zur Verfügung bis zur Erschöpfung ihrer Kräfte in ihrer letzten Krankheit, die sie sich gerade im Dienst an den Leidenden zuzog, als sie sich für die Allerärmsten aufgeopfert hatte.
In ihrer Milde und Gebrechlichkeit, in ihrer schlichten Art und der Feinheit, mit der sie handelte, verbarg Chiara die unbeschreibliche Kraft einer wahrhaft dem Evangelium entsprechenden Liebe. Daher bezeugte der selige Guanella als ihr geistlicher Leiter: „Gott führte sie den Weg der starken Seelen, einen rauhen und an sich gefährlichen Weg; doch er führte sie so, daß ihr Fuß nicht strauchelte. Sie fiel auch nicht, weil sie sich absolut gelehrig der Hand, die sie führte, anvertraute."

5. Diese Seligen vollzogen die einfachen alltäglichen Dinge in Liebe, in ständiger Übereinstimmung mit Gott, und so heiligten sie ihren Alltag. Darin liegt die Aktualität ihrer Botschaft. In ihrem Leben finden sich keine außergewöhnlichen Erscheinungen oder Vorkommnisse; außergewöhnlich war dagegen die Art ihres Gottesverhältnisses. In ihrem ganzen Sein haben sie Gott Raum gegeben.
Ihr Menschsein war derart von der Liebe zu Christus geprägt, daß sie sich mit dem Leid der Armen solidarisch machten, in denen sie das Antlitz Christi aufstrahlen sahen. In einer säkularisierten Welt wie der unseren, die so arm an Hoffnung ist, sagen sie uns durch ihr Leben, daß Gott Vater ist, der uns liebt und alles nur zu unserem Wohl zuläßt. Allen, die im Meer des Egoismus zu scheitern drohen, legen sie das Ideal der Liebe, der Solidarität und des Miteinander-Teilens vor. Wo nicht selten der Sinn für das Leben als Geschenk Gottes fehlt, erinnern sie an die notwendige Achtung vor dem Leben und seine Betreuung, auch wenn es sich um menschlich sehr arme Verhältnisse handelt. Die Seligen sagen uns schließlich, daß Heiligkeit möglich und allen zugänglich ist, wenn man nur Gott und dem Menschen treu bleibt.

6. „Ich bin der Gute Hirt" (*Joh* 10,11).
Der vierte Ostersonntag trägt den Namen des Guten Hirten. Er ist zugleich der Tag für die Priesterberufe. Ferner ist er der Sonntag der Berufung zur Heiligkeit. „Der Gute Hirt kennt seine Schafe und die Schafe kennen ihn, wie der Vater den Sohn und der Sohn den Vater kennt" (vgl. *Joh* 10,14-15).
Die Heiligkeit ist Frucht dieser Kenntnis, die ihre Wurzeln in der Liebe des Vaters und des Sohnes hat. Der Sohn ist der Gute Hirt, weil er für seine Schafe sein Leben gibt (vgl. *Joh* 10,11).
Jesus fügt hinzu: „Niemand entreißt mir [das Leben], sondern ich gebe es aus freiem Willen hin. Ich habe Macht, es hinzugeben, und ich habe Macht, es wieder zu nehmen" (*Joh* 10,18).

Diese Worte erklären das Geheimnis der Liebe des Vaters und des Sohnes. Jesus sagt: „Deshalb liebt mich der Vater, weil ich mein Leben hingebe, um es wieder zu nehmen" (*Joh* 10,17).
Im Guten Hirten lebt also die Liebe des Vaters zum Sohn und auch die Liebe des Vaters: die ewige Liebe, die in der Zeit durch die Hingabe des Lebens für die Schafe geoffenbart wurde: im österlichen Opfer.
Von dieser Liebe sind wir immerfort umfangen.
Von dieser Liebe seid ihr aufgenommen und seid selig: Annunciata - Marie Thérèse - Chiara!
Die ganze Kirche freut sich heute, weil wir durch die Antwort der neuen Seligen auf die Berufung zur Heiligkeit noch tiefer an der Osterfreude des Guten Hirten teilnehmen.
„Danket dem Herrn, denn er ist gütig; denn seine Huld währt ewig" (*Ps* 118,1). Amen.

Dem Glauben neue Kraft verleihen

Ansprache an die Mitglieder des Generalkapitels der Unbeschuhten Karmeliten am 22. April

Liebe Brüder!

1. Mit Freude treffe ich mich heute mit euch, den geistigen Nachkommen der heiligen Theresia von Jesus und des heiligen Johannes vom Kreuz, zum Abschluß eures Generalkapitels. Ein herzliches Willkommen richte ich an einen jeden von euch, die ihr aus verschiedenen Nationen aller fünf Kontinente kommt. Ihr vertretet den gesamten Orden der unbeschuhten Karmeliten, dem mein aufrichtiger Gruß gilt.
Ganz besonders gehen meine Gedanken an Felipe Sàinz de Baranda, der nach zwölf Jahren die wichtige Aufgabe des Generalobern beendet, und ich richte einen brüderlichen Segenswunsch an seinen Nachfolger, Camillo Maccise, wie auch an die Mitglieder des neuen Generalrats. Ferner möchte ich meine Freude über all das Gute ausdrücken, das eure große, qualifizierte Ordensfamilie in der Kirche und der Welt tut.

2. Während des eben beendeten Kapitels habt ihr versucht, über ein äußerst aktuelles und anregendes Thema nachzudenken: „Der theresianische Karmel und die neue Evangelisation."
Wie ihr euch erinnern werdet, hatte ich in meinem *Apostolischen Schreiben*, das ich *anläßlich der vierhundertsten Wiederkehr des Todestages des heiligen Johannes vom Kreuz* an eure Ordensfamilie richtete, die Notwendigkeit unterstrichen, dem Glauben neue Kraft zu verleihen, um „eine neue Evangelisierung zu unternehmen, ausgehend von der Neuevangelisierung der Gläubigen, und mit immer größerer Offenheit für die Lehre und das Licht Christi" (Nr. 39). Jesus ist der Mittelpunkt der Kontemplation und des Dienstes, die beide die Spiritualität der hl. Theresia von

Jesus, des hl. Johannes vom Kreuz und der anderen großen Meister eurer karmelitischen Tradition kennzeichnen.

3. Zu Gott, und nur zu ihm, sollt ihr hinstreben, liebe Brüder, mit der Frische und der Freiheit eines Herzens, das über alles andere und alle anderen hinaus den Höchsten liebt und das entschlossen und aufrichtig auf das Wesentliche zugeht. Verzichtet auf alles, um alles zu geben. In der vollständigen und zunehmenden Hingabe an Gottes Willen werdet ihr das „Nichts" des Geschöpfs und das „Alles" Gottes erfahren. Dem Beispiel eurer geistlichen Meister folgend, seid ihr unterwegs zum Berg der Heiligkeit, nur nach „dem einen Notwendigen" dürstend (vgl. *Lk* 10,42) und in Sehnsucht nach dem Absoluten, fest im Glauben und den Geist offen für die grenzenlosen Horizonte der Liebe Christi. Euer Weg wird sicher der Weg der Freude und der Heiligkeit sein, er wird Reinheit und wahre innere Vollkommenheit bezeugen. Ihr werdet Führer in der Askese und der Heiligkeit sein und die Seelen zur Kontemplation und zum Besitz Gottes leiten.

4. Seid euren Gründern treu! Von Herzen wünsche ich euch allen eine stets größere und überzeugtere Treue zum Charisma eures Ordens. Dies ist auch der besondere Dienst, um den die Kirche euch bittet und den sie von euch erwartet. Wenn ihr beständig der Spur der echten Karmeltradition folgt, werdet ihr ohne große Schwierigkeiten den Anforderungen unserer Zeit entsprechen können.
Liebt die Kirche stets über alles; „Unbeschuhte Karmeliten" sein heißt: die Kirche innig lieben, für sie beten und, mit ihr, allen Geschöpfen das Evangelium verkünden. Seit Beginn meines Pontifikats habe ich mehrmals unterstrichen, daß die Neuevangelisierung von frischem Eifer gekennzeichnet sein muß, d. h. von einer tiefen Spiritualität und erneutem inneren Schwung. Ihr versteht, daß es zu einer wahrhaft fruchtbaren Erneuerung auch für euch notwendig ist, den Werten eures Charismas die Treue zu halten. In meinem *Apostolischen Schreiben* habe ich mir erlaubt, einige davon in Erinnerung zu rufen: „Entsagung, enge Verbundenheit mit Gott, intensives Gebet, evangelische Brüderlichkeit, Förderung des Gebets und der christlichen Vollkommenheit durch Predigt und geistliche Leitung als euer spezifisches Apostolat in der Kirche" (Nr. 19).

5. Die Welt braucht heute wirkliche Zeugen Gottes. Euer Orden, der sich auch weiterhin voll für die Verkündigung der christlichen Botschaft einsetzt, findet in der Kirche genügend Lebensraum und ein weites Aktionsfeld für die Neuevangelisierung. Es geht darum, den Menschen unserer Zeit die Liebe Gottes gegenwärtig zu machen, ihnen zu helfen, sie in den Ereignissen der Geschichte und des täglichen Lebens zu entdecken und vor allem: Gott zu lieben, weit mehr als jedes Geschöpf.
Von dieser Erfahrung ausgehend, werdet ihr, wie der heilige Mystiker von Fontiveros, auf den ihr euch im Laufe dieses Jahres oft bezieht, den Gott verkündigen können, der Licht ist (vgl. *1 Joh* 1,6) und der dem Lauf der Geschichte einen Sinn gibt: den lebendigen Gott, der alle zur Gerechtigkeit und zur Verteidigung des Lebens, zur Suche nach dem Frieden und der Achtung vor der Harmonie der Schöpfung verpflichtet.

6. Liebe Brüder, die Kirche ermuntert euch, mit immer größerer Entschlossenheit Gott zu dienen.
Seid beharrlich in der wahren Suche nach Gottes Willen! Seid für eure Zeitgenossen lebendige Zeichen des überirdischen Lichtes, das Quelle der Hoffnung und der Liebe ist. Gebt nie der Versuchung zur Entmutigung nach. Laßt euch in den Entscheidungen des gottgeweihten Lebens nicht von der modernen Konsumkultur beeinflussen.
Dazu erbitte ich für jeden von euch den Schutz der heiligen Jungfrau des Karmels, eurer erhabenen Schutzpatronin. Ihr vertraue ich eure Vorsätze und die Entscheidungen des Generalkapitels an.
In diesem Sinne erteile ich euch und euren Mitbrüdern den Apostolischen Segen.

Die moralischen Grundsätze dürfen nicht verletzt werden

Ansprache an den Präsidenten der Republik Chile am 22. April

Herr Präsident!

1. Ein Grund zu großer Freude ist mir diese Begegnung mit dem obersten Vertreter der chilenischen Nation, der von seiner lieben Gattin, Staatsministern und hohen Vertretern seiner Regierung begleitet wird. Wenn ich Ihnen meinen Dank für diesen Besuch ausspreche, möchte ich Ihnen zugleich meinen ergebenen Gruß zum Ausdruck bringen und Sie herzlich willkommen heißen.
Ihr Besuch hier ruft mir die unvergeßliche apostolische Reise in Erinnerung, die ich vor etwa vier Jahren Ihrem Land abgestattet habe, und bei der ich die großen Werte kennenlernen durfte, die das chilenische Volk auszeichnen: seine lange zurückreichenden christlichen Wurzeln, seinen tief menschlichen Charakter, seinen offenen und entgegenkommenden Geist, seine Festigkeit wie auch seine Fähigkeit zur Überwindung von Schwierigkeiten. Die damalige Reise wollte zugleich ein Ausdruck der Dankbarkeit gegen den Herrn für den glücklichen Abschluß des Friedens- und Freundschaftsvertrages zwischen den beiden Nachbarnationen Chile und Argentinien sein, deren Beziehungen wegen der umstrittenen Frage im Süden ernsthaft gefährdet waren.
Die ausgefüllten Tage, die ich bei den geliebten Söhnen in Chile, von Antofagasta bis Punta Arenas, verlebte, waren von herrlichen Feiern voll Glaube und Liebe gekennzeichnet, bei denen ich, wie ich damals am Flughafen von Pudahuel gesagt habe, allen wiederum den bleibenden Wert des neuen Lebens in Christus verkünden wollte, um „den Sieg des Guten über das Böse zu fördern, den Sieg der Liebe über den Haß, der Einheit über die Rivalität, der Hochherzigkeit über den Egoismus, des Friedens über die Gewalt, des friedlichen Zusammenlebens über den Kampf, der Gerechtigkeit über die Ungerechtigkeit, der Wahrheit über die Lüge: mit einem Wort, den Sieg des Verzeihens, des Erbarmens und der Versöhnung" (*Der Apostolische Stuhl*, 1987, S. 352).

2. Chile ist eine mehrheitlich katholische Nation, die aus den Werten des Evangeliums im Verlauf der Geschichte einen integralen Teil ihres Selbstverständnisses als Volk gemacht hat. Dies bildet einen berechtigten Grund zur Hoffnung, daß man der Zukunft mit dem festen Entschluß entgegensieht, den Einsatz aller Chilenen für Harmonie und friedliches Zusammenleben sichern und befestigen zu können. Tatsächlich sind bis heute noch nicht die Wunden und Gegensätze der Vergangenheit verschwunden; daher wird es umso dringlicher, die Bemühungen zu fördern, möglichst bald die gewünschte Versöhnung herbeizuführen. Als Hirte kann ich natürlich nicht die Traurigkeit meines Herzens über die kürzlichen Fälle der Gewaltanwendung in Chile verschweigen. Daher erhebe ich meine Stimme, daß diese verwerflichen Akte doch aufhören und wieder ein Klima des Friedens, des Dialogs und der gegenseitigen Achtung einkehren möge, das uns neue Hoffnung macht und die Bande der Brüderlichkeit unter allen Chilenen festigt.
Die Kirche in Chile war immer für die sozialen Gehalte der Botschaft des Evangeliums aufgeschlossen und hat wirksam auf diesem Weg der Befriedung mitgearbeitet und tut es weiterhin. Unter den derzeitigen Verhältnissen setzen die Hirten und viele Gläubigen ihre besten Kräfte für dieses edle Anliegen der Versöhnung ein. So hat es kürzlich noch das ständige Komitee der Bischöfe betont und daran erinnert, daß „der Herr uns auffordert, den Frieden als Frucht der Wahrheit, der Gerechtigkeit und der Liebe aufzubauen" (*Mit den Kriterien des Evangeliums*, 7. März 1991, Nr. 3).

3. Das neue im Land sich festigende Klima erleichtert mit Gottes Hilfe und dem guten Willen aller zugleich ein deutlicheres Verständnis für die Sendung der Kirche innerhalb der Gesellschaft. Die Bereiche der spezifischen Verantwortung der Kirche infolge ihrer Sendung treten deutlicher hervor, ebenso auch das, was der bürgerlichen Gesellschaft zukommt, in der die Gläubigen mit vollem Recht als Bürger beteiligt sind. Dies ermöglicht zugleich ein tieferes Verständnis des Zusammenwirkens beider Bereiche im Dienst der menschlichen Person; so werden auch die Grundlagen für neue gegenseitige Achtung und Wertschätzung gelegt und eine wachsende loyale Zusammenarbeit möglich.
Gern stelle ich fest, Herr Präsident, daß Ihre Regierung unter ihren Hauptanliegen die Versöhnung unter den Chilenen festhält. Weit über die konkreten Mittel hinaus, die die Klugheit den für das Gemeinwohl Verantwortlichen unter diesen Verhältnissen nahelegt, weiß sich die Kirche vom Evangelium her in voller Übereinstimmung mit dem Geist der Wahrheit und der Versöhnung, der Gerechtigkeit und des Verzeihens, der ohne Haß, Spaltungen oder Bitterkeiten in die Zukunft blicken läßt.
Für die Verwirklichung dieser Ideale der Solidarität bleibt es zweifellos unverzichtbar, daß sich alle heute möglichst verfügbar machen, die eigenen Interessen im Bereich des Gemeinwohls aufeinander abzustimmen. Freilich ist ebenfalls ein Wachsen der Überzeugung notwendig, daß die moralischen Grundsätze nicht verletzt werden dürfen, und daß keine konkrete Situation ihre Mißachtung gestattet. Mit Recht zeigt sich darin die Echtheit einer wahren Versöhnung, zu der immer die Anerkennung

des eigenen Versagens und das hochherzige Angebot einer Liebe gehört, die verzeiht.

4. Der Verlauf der Weltgeschichte zeigt klar das Trügerische der Lösungen, die der Marxismus vorgeschlagen hat. Dieses theoretische und praktische System verschärfte methodisch die Gegensätze unter den Menschen innerhalb eines für die Transzendenz verschlossenen Horizontes. Andererseits zeigt die heutige Erfahrung der am meisten entwickelten Länder andere schwerwiegende Mängel: eine Sicht des Lebens, die sich nur auf den materiellen Wohlstand und eine egoistisch verstandene Freiheit gründet, die sich selber für unbegrenzt hält.
Diese Erwägungen bieten als Gegensatz dazu klare Hinweise für Ihre Zukunft. Es gibt keinen echten Fortschritt ohne Anerkennung der integralen Wahrheit über den Menschen, die, wie die Christen wissen, sich nur in Christus findet. Sie erstreben gewiß einen Wohlstand, der mit der notwendigen Überwindung wirtschaftlicher und kultureller Unterschiede verbunden ist und mit der vollen Integration aller Gebiete Ihres weit ausgedehnten Landes innerhalb eines weitgefaßten Programms des Fortschritts und der Entwicklung. Aber das Ganze bleibt schwach und gefährdet, wenn nicht eine tiefere Verchristlichung Ihres Landes hinzukommt.
Notwendig ist daher eine bevorzugte Aufmerksamkeit für die Würde und die Rechte des Menschen, die von der Kirche ständig verkündet werden, weil sie mit dem Gesetz Gottes zusammenfallen und sich von ihm herleiten. Das Recht auf Leben, auf Religionsfreiheit, auf eine Rechtsordnung, die die natürliche Institution der Ehe und der Familie achtet und schützt, das Recht auf eine integrale Erziehung, zu der auch die Übermittlung der moralischen und religiösen Werte gehört, das Recht auf echte Gleichheit der Chancen sowie auf eine berechtigte Freiheit für alle im sozialen, politischen und wirtschaftlichen Leben, das sind ebensoviele wesentliche Punkte, zu denen die Kirche immer und klar ihre Stimme vernehmbar gemacht hat. Sie tut das aber in Kenntnis der moralischen Forderungen des Evangeliums, mit der Demut, Kühnheit und Entschlossenheit, die ihr das Wissen schenkt, daß sie die Sendung ihres Meisters weiterzuführen hat.

5. Herr Präsident, ich danke Ihnen für ihre Präsenz an diesem Ort und spreche zugleich den aufrichtigen Wunsch aus, daß die Söhne und Töchter der geliebten chilenischen Nation in Treue zu ihren edelsten Überlieferungen und zu ihren christlichen Wurzeln den Weg der Versöhnung und der Brüderlichkeit weitergehen in dem gemeinsamen entschlossenen Bemühen, durch Dialog und friedliche Mittel die Ungleichgewichte und gegensätzlichen Interessen zu überwinden. Und wie ich bei verschiedenen Gelegenheiten während meiner unvergeßlichen apostolischen Reise nach Chile gesagt habe, vertraue ich diese Anliegen und Wünsche dem mütterlichen Schutz der Jungfrau vom Karmel, Ihrer geliebten Patronin an.
Vor dem Abschluß dieser Begegnung möchte ich Ihnen erneut meine lebhafte Dankbarkeit für diesen liebenswürdigen Besuch aussprechen, und in Ihrer Person die edle chilenische Nation ehren, während ich den Allmächtigen bitte, überreiche Gaben auf Sie, Ihre Familienangehörigen und Mitarbeiter zu ergießen sowie auf alle

lieben Söhne und Töchter Chiles, die dem Herzen des Papstes ständig überaus nahestehen.

Jesus will unser persönliches Glaubensbekenntnis

Predigt bei der Messe zu Ehren des hl. Ignatius von Loyola anläßlich des 450. Jahrestages der Gründung der Gesellschaft Jesu am 22. April

1. „Du bist der Messias, der Sohn des lebendigen Gottes!" (*Mt* 16,16). Das war das Bekenntnis Petri bei Cäsarea Philippi. Jesus hatte seine Jünger gefragt: „Für wen halten die Leute den Menschensohn?" (*Mt* 16,13).
Und auf ihre Antworten hatte er dann erwidert: „Ihr aber, für wen haltet ihr mich?" (*Mt* 16,15).
Da ergriff Petrus das Wort und rief aus: „Du bist der Messias, der Sohn des lebendigen Gottes!"
Aus dem Herzen des Apostelfürsten kam ein Aufschrei des Glaubens, ein Bekenntnis der Liebe: „Du bist Christus"!
Und Jesus fügte hinzu: „Selig bist du, Simon Barjona; denn nicht Fleisch und Blut haben dir das offenbart, sondern mein Vater im Himmel. Ich aber sage dir: Du bist Petrus, und auf diesen Felsen werde ich meine Kirche bauen" (*Mt* 16,17-18). „Auf diesen Felsen [- kommentiert der hl. Augustinus -], werde ich den Glauben bauen, den du bekennst. Auf den, der gesagt hat: ‚Du bist Christus, der Sohn des lebendigen Gottes', werde ich meine Kirche bauen, denn du bist Petrus. Fels vom Felsen, wie der Christ von Christus ist" (*Sermo* 295,1-3).
Im ersten *Brief an die Korinther* wird Paulus helfen, noch besser zu verstehen, um welchen Felsen es sich handelt. Er sagt: „Unsere Väter [waren] alle unter der Wolke ... alle [zogen] durch das Meer ..., alle aßen auch die gleiche gottgeschenkte Speise, alle tranken den gleichen gottgeschenkten Trank; denn sie tranken aus dem lebensspendenden Felsen, der mit ihnen zog. Und dieser Fels war Christus (*1 Kor* 10,1-4).

2. Welches Geheimnis der göttlichen Liebe! „Nicht Fleisch und Blut haben dir das offenbart, sondern mein Vater im Himmel" (*Mt* 16,17).
Christus macht Petrus, den ersten der Apostel, den unerschrockenen und aufrichtigen Freund, zum Fundament der Einheit seiner Kirche.
„Ich werde dir die Schlüssel des Himmelreichs geben" (*Mt* 16,19). Dir, Petrus, der du Jesus als den Sohn Gottes bekannt hast, der in die Welt gekommen ist, um die Menschheit zu retten!
Der Heilige Geist, den Jesus den Aposteln sendet, wird sie fähig machen, seine Sendung fortzuführen. Nach ihnen werden andere in aller Welt für die Wahrheit seiner Worte Zeugnis ablegen, auch mit ihrem Blut. Sie werden verkünden, daß „in keinem anderen ... das Heil zu finden [ist]. Denn es ist uns Menschen kein anderer Name unter dem Himmel gegeben, durch den wir gerettet werden sollen." (*Apg* 4,12).

Die Verkünder des Evangeliums, die Märtyrer und die Heiligen folgen den Spuren der Apostel und bezeugen mit ihrem Leben, daß Christus wahrhaft der „Sohn des lebendigen Gottes" ist.

3. „Ihr aber, für wen haltet ihr mich?"
Jesus wiederholt diese Frage noch heute und gibt sich nicht mit einer allgemeinen Antwort zufrieden. Er will ein persönliches Glaubensbekenntnis, wie das Bekenntnis Petri; wie das Bekenntnis des jungen Ritters Ignatius, der, vom göttlichen Erbarmen berührt, sich dem „ewigen Herrn aller Dinge" weihte. So beschloß er, „unter dem Banner des Kreuzes für Gott zu kämpfen und nur Gott und der Kirche, seiner Braut, zu dienen, verfügbar für den Papst, den Statthalter Christi auf Erden" (aus den *Grundsätzen* des Ordens).
Liebe Brüder und Schwestern, das heutige Evangelium gibt unserer Eucharistiefeier ein ganz besonderes Licht. Wir gedenken heute abend des fünfhundertsten Jahres seit der Geburt des hl. Ignatius von Loyola und des vierhundertfünfzigsten Jahrestages der Gründung der Gesellschaft Jesu, der ihr angehört. Von eben diesem, damals noch nicht ganz wiederhergestellten Gotteshaus aus begannen genau heute vor 450 Jahren euer Gründer und seine ersten Gefährten den Besuch in den sieben Kirchen, den sie in der Basilika des hl. Paulus vor den Mauern abschlossen. An deren Marienaltar, wo damals das Allerheiligste aufbewahrt wurde, feierte der hl. Ignatius die Eucharistie, und alle legten die feierliche Ordensprofeß ab, mit der die Gründung der Gesellschaft Jesu zum Abschluß kam.
Dieser bedeutsamen Ereignisse eingedenk, begrüße ich herzlich den Generalobern, P. Hans-Peter Kolvenbach, und danke ihm für die herzlichen Worte, die er zu Beginn dieser Feier an mich gerichtet hat. Ich grüße die ganze Gesellschaft Jesu, die im Geist um den Nachfolger Petri versammelt und durch die in Rom wirkenden Jesuiten vertreten ist. Ich grüße jeden von euch mit tiefer Dankbarkeit für die Dienste, die ihr hochherzig und treu für die Sache des Evangeliums und des Apostolischen Stuhles leistet. Mein Gedenken gilt auch den Ordensmännern und Ordensfrauen der Kongregation ignatianischer Spiritualität sowie den Laien der Vereinigungen und Bewegungen, die eurem Orden nahe sind, insbesondere den Jugendlichen, lebendige Kräfte der großen geistlichen, ignatianischen Familie.

4. „Ich will den Herrn allzeit preisen" (*Ps* 34).
Ja, wir wollen den Herrn für die Gnaden preisen, die er im Lauf von rund fünf Jahrhunderten über die Gesellschaft Jesu ausgegossen hat!
Wir wollen den Herrn für die einundvierzig heiligen und einhundertachtunddreißig seligen Jesuiten preisen, die ihre Treue zu Christus mit heldenhaften Tugenden und mit dem Martyrium bezeugt haben!
Wir wollen den Herrn für die wertvollen Werke preisen, die eure Ordensfamilie in vielen Teilen der Welt geleistet hat und immer noch leistet. Es fehlt unter den Jesuiten nicht an mutigen Aposteln, die sich durch apostolische Dynamik und apostolischen Eifer auszeichnen, wie sie dem hl. Ignatius eigen waren. Es fehlt nicht an demütigen und ergebenen Dienern der Kirche, die es verstehen, die Zeichen der Zeit

wahrzunehmen und all ihre Energie für die Neuevangelisierung einzusetzen. Es fehlt nicht an unermüdlichen Gestaltern einer konkreten Solidarität unter den Menschen und an Meistern der wahren Lehre.
Woher kommt jedoch diese geistliche Frische wenn nicht von der immerwährenden und aufrichtigen Verbundenheit mit Christus?
„Ihr aber, für wen haltet ihr mich?", fragt Jesus weiterhin, und wie Petrus, wie die Apostel, wie Ignatius von Loyola muß jeder Jesuit, vom Heiligen Geist innerlich gedrängt, mit Vertrauen und Überzeugung antworten: „Du bist Christus, der Sohn des lebendigen Gottes!"

5. „Selig bist du ... denn nicht Fleisch und Blut haben dir das offenbart, sondern mein Vater im Himmel" (*Mt* 16,17).
Selig bist du, Ignatius von Loyola, und selig ist jeder Gläubige, der dir nachfolgt! Die auf das soeben vernommene Evangelium folgenden Verse berichten, daß Jesus von jenem Augenblick an begann, zu den Jüngern über die Leiden zu sprechen, die ihn erwarteten, bis zur Passion und zum Kreuzestod. Er sagte klar, daß das Kreuz stets jene begleiten würde, die ihm nachfolgen wollten, insbesondere seine Freunde, die zu einer tieferen Teilnahme an seinem Leben berufen waren.
Wie könnte man es unterlassen, in diesem Zusammenhang an die himmlische Vision zu erinnern, die der hl. Ignatius im Herbst 1537 an den Toren Roms, in der Kapelle von La Storta hatte? Der ewige Vater nahm sein Gebet an und stellte ihn mit seinen Gefährten in den Dienst Jesu, des kreuztragenden Jesus. Er stärkte sie aber mit dem Versprechen seines Schutzes: „Ego vobis Romae propitius ero" (Ich werde euch in Rom gnädig sein).
„Wer mein Jünger sein will, der verleugne sich selbst, nehme sein Kreuz auf sich und folge mir nach" (*Eröffnungsvers*).
Das ist die Quelle der Lehre und des Beispiels eures Gründers! Laßt euch von Christus Jesus erobern! Dies sei euer tägliches Bestreben, das Engagement für jeden Augenblick eures Lebens.
Mit Christus könnt ihr vertrauend in die Zukunft blicken, und euer Apostolat wird fruchtbar und wirksam sein. Mit ihm werdet ihr furchtlos den guten Kampf für das Evangelium kämpfen (vgl. *Tagesgebet*). Ihr werdet schließlich alles „als Verlust [betrachten], weil die Erkenntnis Jesu ... alles übertrifft" (*Phil* 3,8; 1. Lesung).

6. Liebe Brüder und Schwestern, ihr werdet so das echte ignatianische Charisma, wie es in den vom Hl. Stuhl gutgeheißenen Konstitutionen und den Entscheidungen und Richtlinien der Generalkongregationen überliefert und unserer Zeit angepaßt ist, neu entdecken.
Lebt eure Weihe vorbildlich und mit Ernst. „Der hl. Ignatius will, daß ihr Männer des Gebets seid [- erinnerte ich zu Beginn eurer letzten Generalkongregation -], um auch Lehrer des Gebets und gleichzeitig Männer der Abtötung sein zu können und sichtbare Zeichen für die Werte des Evangeliums. Die Strenge des armen und einfachen Lebens sei das Zeichen dafür, daß euer einziger Schatz Christus ist."

Weiht euch mit Eifer und Weisheit dem Apostolat in der Seelsorge, der spezifisch missionarischen Tätigkeit bei den Nichtchristen und der Neuevangelisierung.
Liebt die Kirche; eure Treue zu ihrem Lehramt soll von keinem Schatten getrübt werden, auch dann nicht, wenn man es in einer Welt, die oft die von Christus gelehrten Werte des Lebens und der Gerechtigkeit, des Friedens und der Liebe ablehnt, wagen muß, gegen den Strom zu schwimmen.
„Bleibt in mir" (*Joh* 15,4; *Ruf vor dem Evangelium*).
Wer in Christus, dem Weg, der Wahrheit und dem Leben bleibt, trägt reiche Frucht.
Aber wie kann man in Christus bleiben, wenn man ihn nicht kennt und ihm nicht nachfolgt?
Selig ist also „der Mensch, der Tag und Nacht über das Gesetz des Herrn nachsinnt" (*Antwortpsalm*).
Selig ist, wer seinen Glauben wie Petrus, wie Ignatius von Loyola bekennt und das Wort mit dem Blick auf Maria in sich bewahrt, wie sie, die „alles, was geschehen war, in ihrem Herzen" (*Lk* 2,51) bewahrte.
Maria, Königin und Mutter der Gesellschaft Jesu, vor deinem Bild legten vor 450 Jahren der hl. Ignatius und seine Gefährten ihre feierlichen Ordensgelübte ab. Vor dir erneuern auch heute seine geistlichen Söhne die Hingabe ihrer selbst an Christus und die Kirche.
An Christus, den Sohn des lebendigen Gottes!
An die Kirche, auf „diesem Felsen" erbaut, gegen die „die Mächte der Unterwelt" (*Mt* 16,18) nichts vermögen.
Bleibt in mir! Amen!

Johannes vom Kreuz: schöpferischer Geist - Meister des Wortes

Ansprache an die Teilnehmer des Kongresses über den Heiligen am 25. April

1. Sehr gerne begrüße ich bei dieser Begegnung die Organisatoren und Teilnehmer des Kongresses über den hl. Johannes vom Kreuz, der zum 400. Todestag des Heiligen am Sitz der Päpstlichen Theologischen Fakultät und dem Institut für Spiritualität, Teresianum, von der internationalen Universität Menéndez Pelayo und unter der Schirmherrschaft der Botschaft Spaniens beim Hl. Stuhl sowie des Institutes Teresianum veranstaltet wird.
Die Wahl Roms als Sitz dieses Kongresses entspricht zweifellos dem universalen Charakter des hl. Johannes vom Kreuz wie auch dem Wunsch, seine Gestalt gerade im Zentrum der Kirche, die ihm den Titel eines Kirchenlehrers verliehen hat, und zumal in Italien zur Geltung zu bringen, wo es eine beachtliche Gruppe von Universitäten mit Spezialstudien der spanischen Kultur gibt, wie auch eine gute Anzahl von Fachleuten für das literarische Werk und die Lehre des Heiligen von Fontiveros.

Das Programm des Kongresses bietet sowohl eine große Zahl von Forschern und Spezialisten von internationalem Ruf als auch ein weites Panorama von Themen um den hl. Johannes vom Kreuz, seine Zeit, seine Gestalt und seine Werke vom historischen, theologischen, geistlichen, ökumenischen, literarischen und ästhetischen Standpunkt aus, wie es der interdisziplinäre Charakter der Studien einer Universität ja auch verlangt.

2. Dieses vielfältige Interesse an der Gestalt des Heiligen entspricht in der Tat dem, was ich selbst über ihn in meinem Apostolischen Schreiben *Johannes vom Kreuz, ein Glaubenslehrer* zur Eröffnung des Jubiläumsjahres geschrieben habe: „Der hl. Johannes vom Kreuz ist unter vielen Aspekten in der Kirche und in der Welt der Kultur bekannt: als Literat und Dichter spanischer Sprache, als Künstler und Humanist, als Mensch mit tiefen mystischen Erfahrungen, als Theologe und geistlicher Exeget, als Meister und Führer im geistlichen Leben" (Nr. 4).
So ist Johannes vom Kreuz - den die hl. Teresia einen „himmlischen und göttlichen Menschen" nannte - gerade durch die Betonung seiner Menschlichkeit und seine Offenheit für die Transzendenz ein echter Vertreter des edelsten spanischen Humanismus des 16. Jahrhunderts. Er stellt in den Mittelpunkt seiner Lehre den „homo viator", den Menschen unterwegs, den Pilger durch die dunklen Nächte des Lebens in sehnsüchtigem und liebendem Suchen nach Jenem, der der Existenz Sinn gibt.
Der hl. Johannes vom Kreuz zeichnet sich als schöpferischer Geist aus, als Meister des Wortes und des poetischen Ausdrucks, den A. Machado mit Recht „den heiligsten unter den Dichtern und den größten Dichter unter den Heiligen" nannte, denn er wußte in seinen großen Symbolen und seinen unnachahmlichen Dichtungen die einfachsten und zugleich tiefsten Empfindungen der menschlichen Existenz auszudrükken: und deswegen findet er auch überall Echo und Wertschätzung. Dies ist tatsächlich das Geheimnis seiner bleibenden Anziehungskraft, die er auf so viele Wissenschaftler ausübt, denn sie sehen in ihm eine unerschöpfliche Quelle lebendigen Wassers. Auch meine persönliche Erfahrung während der Zeit, die ich dem Studium der Lehre des Heiligen über den Glauben widmete, bestärkte meine Sicherheit, daß es sich sehr wohl lohnt, sich in sein Denken und in seine Schriften zu vertiefen, denn er ist tief in das Geheimnis des Menschen eingedrungen, das gewissermaßen im Mittelpunkt seines ganzen Werkes steht.

3. Für den hl. Johannes vom Kreuz ist Gott in allem gegenwärtig, und alles ist gegenwärtig in Gott. Alles ist Präsenz und Geschenk, alles erhebt uns zu Gott und alles bietet uns ihn als Geschenk an, um uns klar zu machen, wie kostbar der Mensch als Gipfel der Schöpfung in seinen Augen ist. Der mystische Lehrer besingt die Schönheit der Schöpfung und des Schöpfers und eröffnet dem Menschen eine Botschaft, wenn er sich in seiner Transzendenz seiner Berufung zum Unendlichen öffnet.
Wegen seiner symbolischen und poetischen Ausdruckskraft und seines Universalismus ist Johannes vom Kreuz sozusagen ein Mensch an der Grenze, wie auch seine menschlichen und mystischen Erfahrungen, die Ausdrucksformen seiner Poesie und

seiner Lehre Grenzerfahrungen sind. Tatsächlich stellen Verbreitung und Studium seiner Schriften ihn in die Vorhut des Dialogs, des Dialogs mit denen, die die Grenzen des Menschlichen im Leiden der dunklen Nacht erfahren; des Dialogs auf ökumenischer und interreligiöser Ebene, denn er wird auch außerhalb der katholischen Kirche sehr hochgeschätzt; des Dialogs mit der universalen Kultur, wie es auch dieser Kongreß bezeugt, der zahlreiche Forscher über den hl. Johannes in Rom vereint sieht.
Im oben erwähnten Apostolischen Schreiben *Johannes vom Kreuz, ein Glaubenslehrer* bemerkte ich: „Es ist eine Freude, feststellen zu können, daß ... zahlreiche Menschen sich unter den verschiedensten Gesichtspunkten mit seinen Schriften befassen: Mystiker und Dichter, Philosophen und Psychologen, Vertreter anderer Religionen, Gebildete und einfache Leute. Manche nähern sich ihm, weil sie sich von den menschlichen Werten angezogen fühlen, die er vertritt, z. B. von der Schönheit der Sprache, der Philosophie und der Psychologie. Zu allen spricht er von der Wahrheit Gottes und von der transzendenten Berufung des Menschen" (Nr. 17).

4. Es freut mich, daß euer Kongreß dem Heiligen die verdiente Ehre seiner Verbundenheit mit dem Sitz des Petrus erwiesen hat. Im gleichen Geist findet im kommenden September in Avila (Spanien) ein weiterer internationaler Kongreß über den hl. Johannes vom Kreuz statt, durch den die kirchliche Generalkommission allen Kreisen des Landes das Echo dieses großen spanischen Mystikers vermitteln möchte.
Das Suchen nach Wahrheit, Güte und Schönheit, nach dem „verum bonum et pulchrum" kennzeichnet die tiefsten Bestrebungen des Menschen. Über diese transzendenten Werte, die für unsere Gesellschaft so notwendig sind, findet der fruchtbarste Dialog zwischen Glauben und Kultur statt, ein Dialog, der immer notwendiger wird, damit die Wahrheit über die Ideologien triumphiert, Güte und Liebe Spaltungen und Haß überwinden, die Werte des Geistes den inneren Menschen bestimmen und das Streben nach transzendenter Schönheit ihn zu seiner wahren Würde als Kind Gottes erhebt. Ist dies nicht die Botschaft des mystischen Lehrers?
Dem hl. Johannes vom Kreuz vertraue ich vor allem meinen Wunsch nach einem immer intensiveren Dialog zwischen Kultur und Glauben an, wie es der großen Tradition der spanischen Universität entspricht, auch der Tradition der internationalen Universität, die auf dem jetzigen Kongreß eine so bedeutende Rolle gespielt hat und die den bezeichnenden Namen eines tiefgläubigen Schriftstellers wie Professor Marcelino Menéndez y Pelayo trägt.
Ich danke allen für ihre Anwesenheit hier und rufe den Segen Gottes herab, der eure Arbeiten recht fruchtbar machen möge. Das Licht aber, das vom spanischen Mystiker ausgeht, möge den Weg vieler Menschen erhellen, die trotz aller Hindernisse die transzendenten Werte suchen, denn nur diese können die innersten Sehnsüchte des menschlichen Herzens sättigen.

Die Zivilisation der Liebe aufbauen

Ansprache an die Pilger aus der Tschechoslowakei am 25. April

In tschechischer Sprache sagte der Papst:

Liebe Mitbrüder im Bischofsamt!
Liebe Brüder und Schwestern!

In slowakischer Sprache sagte der Papst:

Liebe Freunde, Pilger aus Böhmen, Mähren und der Slowakei!

In tschechischer Sprache sagte der Papst:

1. Ihr seid in großer Zahl gekommen, um den Besuch des Papstes zu erwidern, der endlich vor einem Jahr als Pilger euer Land besuchen konnte.
Ich danke euch für diese Aufmerksamkeit, die ich um so mehr schätze, als ich weiß, daß diese eure Romreise große Opfer von euch forderte. Möge der Herr sie euch lohnen! Die tschechischen und slowakischen Gläubigen werden sich selbst nie untreu und legen unaufhörlich Beweise für ihren Glauben und ihre Liebe zu Christus und seiner heiligen Kirche ab.
Gemeinsame Freude erfüllt unsere Herzen, wenn wir jener Stunden intensiven eucharistischen Gebetes und der Begeisterung des Volkes gedenken. Nach der „sanften" Revolution und der Normalisierung des gesellschaftlichen und politischen Lebens wart ihr unter den ersten, denen ich meine Freude über die wiedergewonnene Freiheit, über den friedlichen Sieg des Rechtes und über die neubekräftigte Freiheit des Menschen mitteilen konnte.
Heute wollen wir uns in Gedanken noch einmal gemeinsam die für mich und für euch so bedeutsamen Etappen vergegenwärtigen: Prag, Velehrad und Preßburg. Drei Namen, drei Symbole, drei Höhepunkte.
Prag, die „Mutter der Städte", die Wegkreuzung Europas, die Schmiede von Kultur und Zivilisation im Herzen des europäischen Kontinents, mit ihren wundervollen Kirchen, ihren historischen Monumenten, ihren berühmten kulturellen Institutionen - unter denen die Karlsuniversität einen besonderen Platz einnimmt -, mit ihrer wachen und ermunternden Aufgeschlossenheit für die geistlichen Bewegungen und für das Evangelium; Prag, die intellektuelle, ökumenische und junge Stadt.
Velehrad, das lebensvolle Zentrum der christlichen Tradition in eurem Land, mit seinen Erinnerungen an die Evangelisierung durch Kyrill und Method, wo - wie ich dort freudig betonte - „wir ganz besonders die historische Übergabe des ererbten Reiches an jene verehren, die seine Verwalter und Hüter, Verkünder des Evangeliums und Apostel wurden".

In slowakischer Sprache sagte der Papst:

Und Preßburg! Auch diese Stadt befindet sich auf dem Weg der Missionstätigkeit der Brüder aus Saloniki, deren Werk die Geschichte, die Liturgie, das Brauchtum,

die Ruhmestaten und die Leiden der ganzen Slowakei zutiefst geprägt hat, so daß jemand, „der die Kultur und das Leben des slowakischen Volkes vom christlichen Glauben loslösen wollte, seine Geschichte, die alte und die neue, nicht mehr verstehen könnte", wie ich zu euch Slowaken in Vajnori sagte.
Von diesen drei gesegneten Orten, wo ich unvergeßliche Erfahrungen machte, geht heute ein Aufruf zu Ausdauer und Treue aus.

In tschechischer Sprache sagte der Papst:

2. Ausdauer. Ja, liebe Brüder und Schwestern aus der CSFR: Ihr seid auf den Weg eurer religiösen Geschichte gestellt, der mit der Missionstätigkeit von Kyrill und Method seinen Anfang genommen hat und sich stets der wohlwollenden Ermutigung durch den Heiligen Stuhl in Rom erfreuen konnte. Geht weiter auf diesen Spuren! Sie waren die eurer Heiligen und eurer Ahnen in all diesen ereignisreichen Jahrhunderten.
Der christliche Glaube war immer der Brennpunkt eurer Geschichte. Eure Nationen sind unter dem Zeichen des Kreuzes Christi entstanden: Dies ist der Ruhm, der die Erde Böhmens, Mährens und der Slowakei bedeutsam gemacht hat. Welche Verarmung würden die historische Bedeutung und selbst das natürliche und künstlerische Bild eurer Städte, eurer herben und pittoresken Landschaft erfahren, die mit zahlreichen der Volksfrömmigkeit teuren Kirchen und Kapellen übersät sind!
Der christliche Glaube ist mit dem historischen Wissen um eure Würde als Menschen und Staatsbürger untrennbar verbunden und ist in den dunklen Augenblicken der Vergangenheit eure Stütze gewesen. Vor allem hat er den schweigenden, aber zähen Widerstand beseelt, der es euch ermöglichte, vierzig lange und schreckliche Jahre zu ertragen, und der sich schließlich in Wiedergewinnung eurer Freiheit als Menschen und Gläubige in den historischen Novembertagen des Jahres 1989 entlud. Die Leiden so vieler Brüder und Schwestern - darunter viele unerschrockene Priester - sind heute für euch eine Aufforderung, mit freudiger Entschlossenheit und Überzeugung eine Verbindung zwischen Vergangenheit und Gegenwart zu schaffen, die Zivilisation der Liebe aufzubauen, die immer den Vorrang haben muß, und für die kommenden Generationen eine Zukunft vorzubereiten, die der menschlichen und christlichen Würde entspricht. Habt niemals Angst, euren Glauben zu bekennen! Werdet nie müde, denen, die ihn nicht teilen, klarzumachen, daß die Kirche die wahre und ehrliche Verbündete des Menschen, seines echten Fortschritts und der Verteidigung seiner Freiheit und moralischen Größe ist.

In slowakischer Sprache sagte der Papst:

3. Treue! Diese Aufgabe, die klare Ideen, festen Willen und Mut angesichts der Prüfungen erfordert, setzt die Treue zu euren bürgerlichen und kirchlichen Traditionen voraus. Freilich, eine gewisse moderne Mentalität behauptet, es sei unmöglich, sich selbst treu zu bleiben, weshalb sie für die „Situationsmoral" eintritt. Ihr wißt jedoch sehr wohl, daß es für eine Nation nichts Gefährlicheres gibt, als gedankenlos und schläfrig zu werden; das führt zu einem Verlust des Lebenssinnes, und es wäre das

Ende. Das war und ist bei euch nicht so und darf nie der Fall bei euch sein! Seid eurem christlichen Erbe treu, das eure Ahnen euch überliefert haben, den strengen, aber beglückenden Forderungen des Evangeliums, das die Heiligen Kyrill und Method euch verkündeten!
Seid dem Wort Gottes treu! Seid der Kirche treu! Seid Maria treu, die ihr an so vielen Wallfahrtsorten verehrt!
Und zur Festigung dieser Treue: Seid vereint! Bildet zu allen Zeiten eine harmonische Einheit von Brüdern, in der die Schätze, die jedem Volk eigen sind und wie sie dem Genius der Völker Böhmens, Mährens und der Slowakei entsprechen, hochgeschätzt werden! Laßt den spirituellen und kulturellen Reichtum, der euch auszeichnet, Früchte tragen! Nur auf diese Weise werdet ihr imstande sein, die Früchte eures Wirkens - des Aufbaus in der Wahrheit und der Liebe - zu ernten.

In tschechischer Sprache sagte der Papst:

4. Ein Jahr ist vergangen. Was hat sich alles in dieser kurzen Zeit ereignet! Hoffnungen und Erwartungen, Prüfungen und Schwierigkeiten, bedingt durch das immer mühsame Entstehen eines neuen politischen und gesellschaftlichen Gebildes.
In diesem Jahr ist auch die Kirche zu neuem Leben erstanden, mit der Schönheit ihrer Liturgie, mit der Zahl ihrer neuen Kinder - wie viele Taufen in der Osternacht! -, mit den kulturellen und karitativen Initiativen und mit ihrem Bestreben, ihren Platz in der Gesellschaft voll und ganz wiederzugewinnen.
So schien mir nun auch der Augenblick gekommen, um den nachdrücklichen Bitten des verehrten Kardinals Tomasek um die Enthebung von seinem schwierigen Amt nachzukommen. Er bleibt das Beispiel des guten Hirten und das lebendige Symbol der unbesiegbaren Kraft eures Glaubens. Ich bewundere ihn und danke ihm bewegten Herzens. Zu seinem Nachfolger habe ich den geliebten Bruder, Erzbischof Miloslav Vlk, berufen: Ihm gilt der Wunsch, er möge es verstehen, die Diözese des hl. Adalbert dem begeisternden Ziel und den anspruchsvollen Herausforderungen des letzten Jahrzehnts dieses Jahrhunderts entgegenzuführen, mit einem hoffnungsvollen und sicheren Blick auf das nächste Jahrtausend.
Meine Wünsche gelten auch allen anderen geliebten Bischöfen sowie den einzelnen Diözesen.
Ich weiß sehr wohl, daß auch das staatsbürgerliche, kulturelle und spirituelle Leben der CSFR von anregenden Strömungen durchdrungen ist und sich mehr und mehr für das Gute, das Wahre, das Schöne und die ausgeglichene und harmonische Entwicklung der Gesellschaft auftut. Gerne lenke ich meine Gedanken auch auf die Männer, welche die Verantwortung für das Wohlergehen des Staates tragen, in erster Linie auf den Präsidenten Havel, mit dem ich im Vorjahr zusammengetroffen bin.
Den Wachstumsprozeß des Staates begleite ich mit meinen aufrichtigen Wünschen. Und während sich mein Blick auch auf die junge Generation richtet, lade ich sie für den nächsten August nach Tschenstochau ein.

In slowakischer Sprache sagte der Papst:

5. Am Ende meines Besuches, auf dem Flughafen von Vajnori faßte ich meine Eindrücke und meine Wünsche an euch folgendermaßen zusammen: „Im Geist und im Herzen nehme ich die Erinnerung an euren Glauben und eure Begeisterung mit. Die Jahre der harten Prüfung haben ihre Spuren hinterlassen, jedoch auch die Ausdauer vieler von euch an den Tag gebracht ... Ich denke an die Familien, ... an die Jugend, ... an den treuen Dienst so vieler Priester, ... an die Ordensleute, ... an die verschiedenen Laienbewegungen ... Euch, liebe Brüder und Schwestern, stehen weite Wirkungsfelder der Evangelisierung und der Katechese offen. Das wird eure wichtigste Aufgabe sein, für die ihr euch restlos einsetzen müßt. Sie ist ein Erfordernis eurer Treue zu den historischen Wurzeln, die auf Kyrill und Method zurückreichen, und die Bedingung für ein harmonisches Wachstum in der Achtung eurer nationalen Identität sowie für den wahren Wohlstand eurer Familien und die Zukunft der Kinder."

In tschechischer Sprache sagte der Papst:

6. Mit den gleichen Worten schließe ich auch die heutige Begegnung ab, eine geistige Fortsetzung der Begegnung im Vorjahr. Liebe Böhmen, Mährer und Slowaken, ihr sollt wissen, daß die Liebe des Papstes zu euch nicht nur nicht abgenommen hat, sondern gewachsen ist und Tag für Tag weiter wächst. Ihr habt einen festen Platz in meinem Herzen, wie ich immer den verschiedenen Gruppen versichere, die das ganze Jahr hindurch, aus der CSFR kommend, an den Generalaudienzen teilnehmen. Ich bin überzeugt, daß auch ihr mir nahe seid und jeden Tag für mich und die heilige Kirche betet.
In der Liebe eurer Heiligen erteile ich euch allen meinen Segen.

In slowakischer Sprache sagte der Papst:

Ich segne euch alle im Herzen Mariens, der Schmerzensmutter.
Na shledanou.
Dovidenia [Auf Wiedersehen]!

Erfüllung der Mission der Kirche

Ansprache an die Generalobern und Generaloberinnen der von den Oblaten der Makellosen Jungfrau Maria gegründeten Institute am 26. April

Liebe Brüder und Schwestern in Christus!

1. Ich freue mich über diese Gelegenheit, eine so große Zahl Oberen von Instituten des gottgeweihten Lebens zu treffen, die ihren Ursprung im missionarischen Charisma von Bischof Mazenod und den Oblaten der Makellosen Jungfrau Maria haben. Auch dieser Reichtum an religiösen Familien ist ein Beweis für die Größe des seligen Bischofs von Marseille, den mein Vorgänger Papst Paul VI. als einen

Menschen bezeichnet hat, der „Jesus Christus und die Kirche leidenschaftlich und bedingungslos liebte" (*AAS* 66[1975]592). Außer den Schwestern von der Heiligen Familie, die den Oblaten angegliedert sind, und dem von P. Timon-David gegründeten Jugendwerk sind über 40 Gemeinschaften gottgeweihter Menschen durch das Institut der Oblaten oder als Ergebnis ihres Werks entstanden.
Ihre Gründungen sind spezifische Antworten auf die missionarischen Bedürfnisse der Kirche geworden, und sie bieten nicht nur neue Formen des Apostolats an, sondern weisen zuweilen auch neue Wege für das missionarische Leben. Die kontemplativen Gemeinschaften bezeugen, daß das Gebet und die Ganzhingabe an Gott die unersetzliche Lebensmitte jeder missionarischen Tätigkeit sein müssen. Die Säkularinstitute bringen zum Ausdruck, wie wichtig eine neue christliche Gegenwart in der Welt ist. Und andere Gründungen leisten vollen Einsatz für die geistige Bereicherung von Priestern und anderen Mitgliedern der Kirche.
Die Ziele eurer Institute sind einige der mannigfaltigen Weisen, in denen die Mission der Kirche erfüllt wird: durch Gebet und Kontemplation wie auch durch Evangelisierung und missionarische Verkündigung, Ausbildung der Jugend und Dienst an den Armen, Werke der Nächstenliebe und der Erziehung und verschiedene Formen des Einsatzes für Gerechtigkeit und Frieden. Zugleich zeigen sie große Anpassungsfähigkeit an die jeweiligen örtlichen Erfordernisse ihres pastoralen Dienstes. So breitet sich das Ideal der Oblaten schöpferisch und seiner Eigenart gemäß über die ganze Welt aus.
Die Idee zu diesem Treffen, das vom derzeitigen Oberen der Missionsoblaten der Makellosen Jungfrau Maria angeregt wurde, ist sehr zu begrüßen, und ich hoffe, daß es die Gemeinschaft und Zusammenarbeit zwischen den verschiedenen Familien fördert und euer gemeinsames Charisma vertieft.

2. Ein erstes Kennzeichen für eure Gemeinsamkeit und die tiefste Quelle eurer Verbundenheit in der Oblatenfamilie ist eure Weihe an Gott und an die Verbreitung seines Reiches. In eurem persönlichen und gemeinschaftlichen Leben verliert alles seinen Sinn, wenn es losgelöst ist von eurem Dasein als Menschen, die durch die Profeß und das Leben nach den evangelischen Räten Christus geweiht sind. Euer Streben nach „vollkommener Liebe" (vgl. *Perfectae caritatis*, Nr. 1) ist grundlegend und verpflichtend für all eure Institute. Heiligkeit und das Zeugnis des christlichen Lebens bleiben eure erste gemeinsame Pflicht; als Generalobere habt ihr - wie das Zweite Vatikanische Konzil sagt - eine besondere Verantwortung, die Mitglieder eurer Institute so zu führen, daß sie „in der Berufung, zu der sie von Gott gerufen wurden, bleiben, und sich darin mehr auszeichnen, zu vollerer Heiligkeit der Kirche, zur größeren Ehre der einen und ungeteilten Dreifaltigkeit, die in Christus und durch Christus Quelle und Ursprung jeder Heiligkeit ist" (vgl. *Lumen Gentium*, Nr. 47).

3. Das zweite Merkmal, das all euren Familien gemeinsam ist, ist die Mission. Eure Institute sind im allgemeinen in Missionsländern entstanden, um den missionarischen Problemen der unterschiedlichen kulturellen und religiösen Umfelder zu begegnen. Sie sind dazu bestimmt, ihren Einsatz intensiv zu leben, um Christus denen

zu verkünden, die ihn nicht kennen. Die Mission ist auch heute höchst aktuell; sie ist die Hauptaufgabe der Kirche und heute dringend notwendig. Ihr, die ihr hier versammelt seid, bringt in gewisser Weise die Vielzahl der missionarischen Wege zum Ausdruck. Durch die besonderen Gaben eures gottgeweihten Lebens stellt ihr das Gesicht der Kirche auf vielfältige Weise dar; durch die Liebe und die Kontemplation, die Verkündigung des Evangeliums und die Förderung des Menschen, den Dialog und die Inkulturation. „Man kann nicht Zeugnis geben von Christus, ohne sein Bild widerzuspiegeln, das in uns lebendig wird durch die Gnade und das Wirken des Geistes ... Wer missionarischen Geist besitzt, spürt die glühende Liebe Christi für die Seelen und liebt die Kirche, wie Christus sie geliebt hat" (*Redemptoris missio*, Nrn. 87 und 89).

4. Jedes Charisma kommt vom Geist und entwickelt sich in der Kirche; es trägt dazu bei, auf die neuen Herausforderungen der Mission zu antworten (vgl. *Mutuae relationes*, Nr. 11). Die Mission unter den Nichtchristen, die neue Evangelisierung derer, die keine Christen mehr sind, sowie die Vertiefung des Glaubens der Christen in einer Welt, die sich in grundlegender Umgestaltung befindet (vgl. *Redemptoris missio*, Nr. 33), sind beachtliche, miteinander in Zusammenhang stehende Probleme für die ganze Kirche. Die gottgeweihten Menschen können durch ihre Lebensweise und die Vielfalt ihrer Charismen zu diesen neuen Aufgaben der Kirche einen besonderen Beitrag leisten.
Daher möchte ich ganz besonders euch noch einmal das sagen, um was ich die ganze Kirche eindringlich gebeten habe: Laßt es euch angelegen sein, insbesondere ihr, gottgeweihte Menschen, euch ohne Unterlaß großmütigen und offenen Herzens zu fragen, ob ihr für die Verbreitung des Evangeliums noch mehr tun könnt. Ich sage es euch heute nochmals und unterstreiche erneut, daß der Aufruf zur Mission der Aufruf zu Heiligkeit ist.

5. Möge eine innige Hingabe an die Makellose Jungfrau, die besondere Beschützerin all eurer religiösen Familien, euren Eifer und eure Hoffnung auf eurem geistlichen Weg und in eurem Dienst unterstützen. Die Mutter Jesu ist Lebensvorbild für alle Gläubigen und ganz besonders für euch, die ihr ihm geweiht seid. Ihr, die ihr berufen seid, Christus enger und mit inniger und ungeteilter Liebe nachzufolgen, werdet in der Welt durch euer Leben Zeugnis für ihn ablegen können, noch bevor ihr es mit euren Worten tut. Möge der Schutz der hl. Jungfrau, die Fürsprache eurer zahlreichen Gründer und Gründerinnen und so vieler Mitbrüder und Mitschwestern, die durch den missionarischen Dienst und das Martyrium heiliggeworden sind, eure Institute zur geistlichen Erneuerung führen und sie zahlenmäßig anwachsen lassen.
Das wünsche ich euch, und ich erteile euch und euren Gemeinschaften meinen Apostolischen Segen.

Alle Ortskirchen gehören zu der einen Kirche

Ansprache an die Schweizer Bischöfe am 29. April

Liebe Mitbrüder im Bischofsamt!

1. Das Zweite Vatikanische Konzil bezeugt uns, „daß die Bischöfe aufgrund göttlicher Einsetzung an die Stelle der Apostel als Hirten der Kirche getreten sind. Wer sie hört, hört Christus, und wer sie verachtet, verachtet Christus und ihn, der Christus gesandt hat (vgl. *Lk* 10,16). In den Bischöfen, denen die Priester zur Seite stehen, ist also inmitten der Gläubigen der Herr Jesus Christus, der Hohepriester, anwesend. Zur Rechten des Vaters sitzend, ist er nicht fern von der Versammlung seiner Bischöfe, sondern vorzüglich durch ihren erhabenen Dienst verkündet er allen Völkern Gottes Wort und spendet den Glaubenden immerfort die Sakramente des Glaubens. Durch ihr väterliches Amt (vgl. *1 Kor* 4,15) fügt er seinem Leib kraft der Wiedergeburt von oben neue Glieder ein. Durch ihre Weisheit und Umsicht endlich lenkt und ordnet er das Volk des Neuen Bundes auf seiner Pilgerschaft zur ewigen Seligkeit. Diese Hirten, die ausgewählt sind, die Herde des Herrn zu weiden, sind Diener Christi und Ausspender des Geheimnisses Gottes (vgl. *1 Kor* 4,1). Ihnen ist das Zeugnis für die Frohe Botschaft von der Gnade Gottes anvertraut (vgl. *Röm* 15,16; *Apg* 20,24) und der Dienst des Geistes und der Gerechtigkeit in Herrlichkeit (vgl. *2 Kor* 3,8-9)" (*Lumen Gentium*, Nr. 21 f.).

2. Mit diesen Worten des Konzils begrüße ich Euch alle, die Ihr hier versammelt seid. Gemeinsam mit den Vertretern der Römischen Kurie, die mich in meinem Dienst an allen Kirchen unterstützen - ein Dienst, der die Daseinsberechtigung für das ministerium petrinum darstellt - gilt mein herzlicher Willkommensgruß Euch, den Hirten der Kirche in der Schweiz. Auf diese Weise möchte ich auf das Schreiben antworten, das der Präsident Eurer Bischofskonferenz an mich gerichtet hat und in dem Ihr Eure Bereitschaft zu dieser Zusammenkunft zum Ausdruck bringt, die unter dem Vorzeichen bischöflicher Kollegialität stattfindet und die ihren großen Bezugspunkt im Zweiten Vatikanischen Konzil hat, das der Welt die maßgeblichste, zusammenfassende Darstellung der kirchlichen Lehre in diesem Jahrhundert gegeben hat.

Meine Einladung zu dieser Zusammenkunft ist also gerade im Namen dieses meines petrinischen Dienstes ergangen, der darauf ausgerichtet ist, alle Brüder im Bischofsamt auf der Welt zu stützen und im Glauben zu stärken. Sie ist ferner ergangen im Namen des Zweiten Vatikanischen Konzils, das all das angibt, was es in der Universalkirche wie in den Ortskirchen zu beachten gilt, um dem von Christus geoffenbarten Plan für seine Kirche treu zu sein.

Diese unsere Zusammenkunft bildet in gewisser Weise die Fortsetzung vorausgehender Begegnungen, als wir uns nämlich trafen anläßlich

- des Ad-limina-Besuches im Juli 1982,
- meines Besuches in der Schweiz im Juni 1984

- und insbesondere bei einem ähnlichen Zusammentreffen wie diesem im März 1987 hier in Rom.

Jede unserer Zusammenkünfte handelte von unserer gemeinsamen Verantwortung als Hirten. In brüderlichem Geist sind wir wiederholt zusammengekommen, um die Einheit zwischen der Universalkirche und der Kirche in der Schweiz zu festigen und um den örtlichen Gemeinden zu helfen, noch besser ihrer Berufung zu entsprechen, das Geheimnis Christi, seinen Tod und seine Auferstehung, zu leben und das Evangelium in alle gesellschaftlichen Verhältnisse zu tragen.

Als Nachfolger des Petrus verspüre ich die Verpflichtung, der auf der Welt zerstreuten kirchlichen Gemeinschaft immerdar zu wiederholen, was ich während der Eucharistiefeier in Lugano gesagt habe: „Wo eine Gemeinde mit ihrem Bischof im Glauben und in Treue zum auferstandenen Herrn versammelt ist, da ist wirklich Kirche. Aber die Wirklichkeit des mystischen Leibes Christi erschöpft sich nicht darin. Die Teilkirche kann also nicht allein bleiben, sie kann nicht nur auf Ortsebene brüderlich leben, sondern muß auch die Gemeinschaft mit den anderen Kirchen verwirklichen. (...) Es kann keine Ortskirche geben, die nicht eine aufrichtige und tiefe Gemeinschaft mit dem Stuhle Petri hegt" (*Predigt* vom 12. Juni 1984, Nr. 4).

3. Das Programm Eurer Arbeit in diesen Tagen des 29. und 30. April 1991 ist in einigen Punkten enthalten, die die Themen darstellen und von denen die Teilnehmer bereits Kenntnis genommen haben.

Alle diese Punkte entsprechen den grundlegenden Notwendigkeiten der Kirche in Euren Diözesen. Zu jedem dieser Punkte ist ein Referat von seiten des Heiligen Stuhles und des schweizerischen Episkopates vorgesehen, worauf sich eine Diskussion aller Anwesenden anschließt.

Die Ergebnisse unserer Arbeit werden veröffentlicht in einer Weise, die unser aller Mitverantwortung zum Ausdruck bringt.

So habe ich bereits in meinem Brief an den Vorsitzenden Eurer Bischofskonferenz gesagt: „Diese Zusammenkunft wird uns zweifellos erlauben, in brüderlichem Austausch den Anruf besser zu erkennen, den Gott an die Hirten richtet, denen die Evangelisierung der Schweiz anvertraut ist. In Gemeinschaft mit dem Bischof von Rom, der ‚als Hirte aller Gläubigen gesandt ist, um für das Gemeinwohl der ganzen Kirche und für das Wohl der einzelnen Kirchen zu sorgen'(*Christus dominus*, Nr. 2) und der an Eurer apostolischen Aufgabe Anteil nimmt, bemüht Ihr Euch darum, mit den Euch anvertrauten Gläubigen den lebendigen Reichtum Christi zu teilen, das Brot des Lebens, nach dem sie hungern" (*Brief* vom 28. Februar 1991).

Unsere Aufmerksamkeit wird sich besonders richten auf die konkreten Anforderungen des Wortes Christi, insofern es die Einheit seiner Kirche betrifft und eine wirksame Verkündigung des Evangeliums. Gewiß werden wir uns dabei unseres apostolischen Dienstes bewußt sein, „Gottes Kraft und Gottes Weisheit" zu verkünden (*1 Kor* 1,24) und authentische Zeugen dessen zu sein, der immer war und mehr denn je in unserer heutigen Welt bleibt mit seiner Liebe und Sanftmut und in seinem vollkommenen Gehorsam gegenüber dem Willen des Vaters: dieses prophetische

„Zeichen [sein], dem widersprochen wird", damit die „Gedanken vieler Menschen offenbar werden" (*Lk* 2,34-35).

4. Zu Beginn habe ich an den Konzilstext erinnert, der von einer besonderen Gegenwart Christi in den Bischöfen der Kirche spricht. Machen wir uns diese seine Gegenwart bewußt, suchen wir in ihm zu bleiben, in Jesus Christus. Lassen wir ihn in uns handeln mit dem Licht und der Kraft des Heiligen Geistes, den er in uns ausgegossen hat; seien wir Diener des Evangeliums und Hirten des Volkes Gottes.
Christus hat gesagt: „Wo zwei oder drei in meinem Namen versammelt sind, da bin ich mitten unter ihnen" (*Mt* 18,20). Seine Gegenwart läßt uns gemeinsam der Kirche aus dem Geist kollegialer Einheit dienen, worauf das Zweite Vatikanische Konzil so große Aufmerksamkeit gerichtet hat. Wie die „Einzelbischöfe je ihre Kirche" darstellen, so stellen „alle zusammen aber in Einheit mit dem Papst die ganze Kirche im Band des Friedens, der Liebe und der Einheit dar" (*Lumen Gentium*, Nr. 23).
Aus diesem Grunde können wir nicht vom Gesichtspunkt der Universalkirche absehen, auch wenn der unmittelbare Beratungsgegenstand die Kirche in der Schweiz ist; alle Ortskirchen gehören zur einen, heiligen, katholischen und apostolischen Kirche.
Liebe Mitbrüder, die Herausforderungen an unseren apostolischen Dienst und die Hindernisse für das Evangelium sind zahlreich, aber in allem sind wir gestärkt aus der Kraft des auferstandenen Christus, der in uns durch seinen Geist wirkt. Wie die Apostel sind auch wir wahrhaftig fähig, mit großer Kraft von dem Zeugnis zu geben, der in seiner Kirche lebt (vgl. *Apg* 4,33), wenn wir in kollegialer Verbundenheit bleiben.
In dieser kollegialen Verbundenheit wollen wir - vor allem durch die Lehre des Zweiten Vatikanischen Konzils - das hören, was „der Geist den Gemeinden sagt" (*Offb* 2,7), sei es in der Schweiz, sei es in aller Welt.
Gehen wir also jetzt gemeinsam und in großem Vertrauen voran, um uns der außerordentlichen Aufgabe der Evangelisierung der Schweiz zu stellen und immer mehr die Verpflichtungen unseres pastoralen Dienstes zu erfüllen.
Der auferstandene Christus ist unter uns, und wir sind vereint „mit Maria, der Mutter Jesu, und mit seinen Brüdern" (*Apg* 1,14). Dies ist die Kirche von heute, von morgen und für immer: die apostolische Kirche, die Kirche des fleischgewordenen Wortes, die Kirche Gottes.

Ohne Frieden unter den Religionen keine Harmonie in der Gesellschaft

Ansprache an die Teilnehmer des Kolloquiums „Friede zwischen den Religionen, Friede in der Gesellschaft” am 30. April

Herr Kardinal,
geehrte Herren, liebe Brüder und Schwestern!

1. Gern empfange und begrüße ich euch, die Vertreter der Juden, der Christen und der Muslime, die ihr gestern am Kolloquium „Friede zwischen den Religionen, Friede in der Gesellschaft” auf dem Kapitol teilgenommen habt.
Ich begrüße insbesondere Herrn Franco Carraro, den Bürgermeister von Rom, der an dieser Tagung der verschiedenen Religionen teilnehmen wollte.
Es hat seine Bedeutung, daß eine solche Tagung gerade in Rom stattgefunden hat, dessen kosmopolitischer und universaler Charakter für ein gegenseitiges Verständnis ein günstiges Klima anbietet. Das Kolloquium wurde von der Gemeinschaft Sant' Egidio veranstaltet, die sich für den interreligiösen Dialog einsetzt und sich um den Frieden bemüht.
Gestern konnte man die Beiträge von qualifizierten Vertretern der drei monotheistischen Religionen über ein heute so entscheidendes Thema anhören. Vor allem nach den letzten kriegerischen Auseinandersetzungen bildet ja die Frage des Friedens einen fundamentalen Gesichtspunkt für alle und zumal für jene, die ihr Vertrauen nicht so sehr auf die eigenen Kräfte, sondern auf Gott setzen, der allmächtig und barmherzig ist.

2. Juden, Christen und Muslime kommen bekanntlich von unterschiedlichen religiösen Überlieferungen her, besitzen aber auch zahlreiche Elemente, die sie miteinander verbinden. Alle Gläubigen dieser drei Religionen beziehen sich nämlich auf Abraham, den „Vater aller Glaubenden” (vgl. *Röm* 4,11), den sie, wenn auch in verschiedener Weise, tief verehren. Der Friede zwischen den Religionen stellt damit für die ganze menschliche Gesellschaft ein großes Gut und einen wichtigen Beitrag dar. Wenn unter den Religionen kein liebevoller Friede besteht, wie will man dann in der Gesellschaft Harmonie erreichen?
Von den Gläubigen, von den Vertretern der Religionen und von den Menschen, die viele Jahre ihres Lebens der Betrachtung der Heiligen Bücher gewidmet haben, erhofft sich die Welt ein Wort des Friedens. Das erwartet von uns Katholiken auch das Konzil, wenn es uns mahnt, „das Vergangene beiseite zu lassen, sich aufrichtig um gegenseitiges Verstehen zu bemühen und gemeinsam einzutreten für Schutz und Förderung der sozialen Gerechtigkeit, der sittlichen Güter und nicht zuletzt des Friedens und der Freiheit für alle Menschen” (*Nostra aetate*, Nr. 3).

3. In dieses Programm des Dialogs und des gegenseitigen Bemühens fühlen wir uns alle aufrichtig einbezogen. Daher möchte ich auch Ihnen allen danken, die Sie an dieser Begegnung teilgenommen haben, sowie auch den Organisatoren, die mit die-

ser Initiative den Weg zu einer immer brüderlicheren und tatkräftigeren Verständigung fördern möchten, wie alle sie wünschen, zumal auf dem Gebiet der Hilfe für Mitmenschen, die aufgrund von Krankheiten, Unglücksfällen oder anderer Benachteiligungen leiden müssen.
Mit diesen Gedanken spreche ich Ihnen meine Segenswünsche aus und rufe auf Sie und Ihre Lieben überreiche Gaben des Himmels herab.

Die Einheit der Kirche festigen

Worte bei der Eucharistiefeier mit der Schweizer Bischofskonferenz am 30. April

Liebe Brüder im Bischofsamt!
Liebe Brüder und Schwestern!

Die heutige Eucharistiefeier gewinnt besondere Bedeutung im Zusammenhang mit unseren Arbeiten seit gestern früh, bei denen wir miteinander nachdenken und aufeinander hören, um immer lebendiger unsere gemeinsame Verantwortung als Hirten herauszustellen. Es ist nämlich unsere Absicht, gemäß der Aufforderung Christi die Einheit zwischen der universalen Kirche und der Kirche in der Schweiz zu festigen, um so jeder einzelnen örtlichen Gemeinschaft zu helfen, ihrer eigenen missionarischen Berufung in vollem Maße zu entsprechen.
In Erfüllung meines Petrusdienstes im Dienst aller Kirchen spreche ich euch noch einmal meine Freude darüber aus, daß ich euch habe treffen können. Herzlich grüße ich einen jeden von euch, und durch euch grüße ich auch die eurer Seelsorge anvertrauten Gemeinschaften.
Vor allem bin ich glücklich darüber, mit euch die Eucharistie feiern zu können, die in sichtbarer Weise unterstreicht, daß die Einheit aller Teile der Kirche ihren Ursprung in der gemeinsamen Teilnahme am Geheimnis der Eucharistie hat. Der gestorbene und auferstandene Christus vereint uns um den Altar, um uns die Wahrheit seines Wortes mitzuteilen und uns mit seinem Leib und seinem Blut zu nähren. Der gleiche Christus fordert uns dann auf, als seine Diener die Frohbotschaft zu verkünden. Aus der aufrichtigen Annahme dieser Gabe entsteht die Einheit der Glaubenden, die berufen sind, das Heil in jeden Bereich der Gesellschaft hineinzutragen und einmütig für den Glauben an das Evangelium, in einem einzigen Geist gefestigt, zu kämpfen (vgl. *Phil* 1,27).
Machen wir uns also für diese heilige Feier in großer Dankbarkeit gegen den bereit, der uns erwählt und zu Ausspendern des Wortes der Wahrheit gemacht hat (vgl. *2 Tim* 2,15). Dann dürfen wir gewiß sein, daß wir daraus die nötige Kraft für die Entscheidungen und für den Einsatz gewinnen, die sich aus der Versammlung in diesen Tagen für unseren pastoralen Dienst an der Kirche in der Schweiz ergeben müssen.

Maria, die Mutter der Kirche, möge uns helfen, würdig an diesen heiligen Geheimnissen teilzunehmen, die uns innerlich erneuern durch den Heiligen Geist, den uns unser Erlöser schenkt.

Centisimus annus

Enzyklika zum hundertsten Jahrestag von *Rerum novarum* vom 1. Mai

Verehrte Mitbrüder, liebe Söhne und Töchter,
Gruß und Apostolischen Segen!

Einleitung

1. Der hundertste Jahrestag der Verkündigung der Enzyklika meines ehrwürdigen Vorgängers Leo XIII., die mit den Worten *Rerum novarum*[1] beginnt, zeigt in der Gegenwartsgeschichte der Kirche und auch in meinem Pontifikat ein Datum an, dem beachtliche Bedeutung zukommt. War doch dieser Enzyklika das Privileg beschieden, daß ihrer die Päpste seit dem vierzigsten Jahrestag ihrer Veröffentlichung bis zum neunzigsten mit feierlichen Dokumenten gedachten. Man kann sagen, ihr Gang durch die Geschichte hat seinen Rhythmus von anderen Schreiben erhalten, die die Enzyklika in Erinnerung riefen und sie zugleich aktualisierten.[2]
Wenn ich es auf Grund von Bitten zahlreicher Bischöfe, kirchlicher Institutionen, akademischer Studienzentren, Unternehmer und Arbeiter - sowohl einzelner wie Mitglieder von Vereinigungen - zum hundertsten Jahrestag ebenso mache, möchte ich zunächst die Dankesschuld erfüllen, die die ganze Kirche dem großen Papst Leo XIII. und seinem „unsterblichen Dokument"[3] gegenüber hat. Ich möchte auch zeigen, daß der reiche Saft, der aus jener Wurzel quillt, mit den Jahren nicht versiegt, sondern sogar noch fruchtbarer geworden ist. Davon geben die Initiativen verschiedenster Art Zeugnis, die dieser Jubiläumsfeier vorausgegangen sind, sie begleiten und auf sie folgen werden, Initiativen, die von den Bischofskonferenzen, von internationalen Körperschaften, von Universitäten und akademischen Instituten, von Berufsvereinigungen und anderen Einrichtungen und Personen in vielen Teilen der Welt gefördert wurden.

2. Die vorliegende Enzyklika reiht sich ein in diese Gedenkfeiern, um vor allem Gott, von dem „jede gute Gabe und jedes vollkommene Geschenk kommt" (*Jak* 1,17), dafür zu danken, daß er sich eines vor hundert Jahren vom Stuhl Petri erlassenen Dokumentes bedient und dadurch in der Kirche und in der Welt soviel Gutes bewirkt und soviel Licht verbreitet hat. Das Gedenken, das hier begangen

---

1 LEO XIII., Enzyklika *Rerum novarum* (15. Mai 1891): Leonis XIII. P.M. Acta, XI Romae 1892, 97-144; Deutsche („autorisierte") Übersetzung, in: Texte zur katholischen Soziallehre. Die sozialen Rundschreiben der Päpste und andere Kirchliche Dokumente, hrsg. vom Bundesverband der Katholischen Arbeitnehmer-Bewegung Deutschlands (Einführungen von O. v. Nell-Breuning SJ und J. Schasching SJ), 7. Aufl., Köln 1989, S.42-80. Im vorliegenden Dokument erfolgt die Zitation aus *Rerum novarum* ausschließlich nach dieser Textausgabe, wobei auch die dort eingeführte Bezifferung übernommen wird.

2 PIUS XI., Enzyklika *Quadragesimo anno* (15. Mai 1931): AAS 23[1931]177-228; Pius XII., *Radiobotschaft* vom 1. Juni 1941: AAS 33[1941]195-205; JOHANNES XXIII., Enzyklika *Mater et Magistra* (15. Mai 1961): AAS 53[1961]401-464; PAUL VI., Apostolisches Schreiben *Octogesima adveniens* (14. Mai 1971): AAS 63[1961]401-441.

3 Vgl. PIUS XI., Enzyklika *Quadragesimo anno*, III: a.a.O., 228.

wird, betrifft die Enzyklika Leos zusammen mit den anderen Enzykliken und Schreiben meiner Vorgänger, die mit der Grundlegung und dem Aufbau der „Soziallehre" bzw. des „sozialen Lehramtes" der Kirche dazu beigetragen haben, *Rerum novarum* in der heutigen Zeit gegenwärtig und wirksam zu machen.
Auf die Gültigkeit dieser Lehre nehmen bereits zwei Enzykliken Bezug, die ich während meines Pontifikats veröffentlicht habe: *Laborem exercens* über die menschliche Arbeit und *Sollicitudo rei socialis* über die aktuellen Probleme der Entwicklung der Menschen und Völker.[4]

3. Mit dem Vorschlag, die Enzyklika Leos XIII. „wiederzulesen", lade ich zugleich ein, „zurückzublicken" auf ihren Text selbst, um den Reichtum der grundlegenden Prinzipien wiederzuentdecken, die für die Lösung der Arbeiterfrage ausgesprochen wurden. Ferner ermuntere ich, „sich umzublicken", hinzublicken auf das „Neue", das uns umgibt und in das wir gewissermaßen eingetaucht sind. Dieses Neue, das sehr verschieden von dem „Neuen" ist, was das letzte Jahrzehnt des vorigen Jahrhunderts kennzeichnete. Schließlich lade ich ein, „in die Zukunft zu blicken", wo wir bereits das dritte christliche Jahrtausend ahnend erkennen, das für uns voll von Unbekanntem, aber auch von Hoffnungen ist. Unbekanntes und Hoffnungen, die sich an unsere Vorstellungskraft und Kreativität wenden, indem sie unsere Verantwortung als Jünger des „einen Meisters", Christus (vgl. *Mt* 23,8), neu erwecken, im Aufzeigen des „Weges", bei der Verkündigung der „Wahrheit" und in der Vermittlung des "Lebens", das er selber ist (vgl. *Joh* 14,6).
Durch diese „neue Begegnung" soll nicht nur der bleibende Wert dieser Lehre bekräftigt werden, sondern es soll auch der wahre Sinn der Überlieferung der Kirche offenbar werden. Einer stets lebendigen und schöpferischen Kirche, die aufbaut auf dem von unseren Vätern im Glauben gelegten Grund und vor allem auf jenem Grund, den im Namen Jesu Christi „die Apostel an die Kirche weitergegeben haben"[5], dem Grund, „den niemand anderer legen kann" (vgl. *1 Kor* 3,11).
Das Bewußtsein von seiner Sendung als Nachfolger Petri bewog Leo XIII., das Wort zu ergreifen, und dasselbe Bewußtsein beseelt heute seinen Nachfolger. Wie er und die Päpste vor und nach ihm lasse ich mich vom Bild des Evangeliums inspirieren, des „Schriftgelehrten, der ein Jünger des Himmelreichs geworden ist" und von dem der Herr sagt, er „gleiche einem Hausherrn, der aus seinem reichen Vorrat Neues und Altes hervorholt" (*Mt* 13,52). Der Vorrat, auf den ich mich beziehe, ist der mächtige Strom der Überlieferung der Kirche, der das seit jeher empfangene und weitergegebene „Alte" enthält und erlaubt, das „Neue", unter dem sich das Leben der Kirche und der Welt vollzieht, zu deuten.
Zu diesen Bausteinen, die durch ihre Eingliederung in die Tradition zum festen Bestand und nicht nur zur Bereicherung dieser Tradition, sondern auch zur neuen Lebenskraft des Glaubens werden, gehört die Tatkraft von Millionen von Menschen,

4 Enzyklika *Laborem exercens* (14. September 1981): AAS 73[1981]577-647; Enzyklika *Sollicitudo rei socialis* (30. Dezember 1987): AAS 80[988] 513-586.

5 HL. IRENÄUS *Adversus haereses*, I, 10, 1; III, 4, I: *PG* 7, 549f.; 855f.; *S. Ch.* 264, 154f.; 211, 44-46.

die, angeregt und geleitet vom sozialen Lehramt der Kirche, sich dem Dienst in der Welt zur Verfügung gestellt haben. Im persönlichen Einsatz oder in Form von Gruppen, Gemeinschaften und Organisationen werden sie zu einer Großbewegung zur Verteidigung und zum Schutz der Würde des Menschen. Dadurch haben sie in den Wechselfällen der Geschichte zum Aufbau einer gerechteren Gesellschaft beigetragen und dem Unrecht eine Grenze gesetzt.
Ziel der vorliegenden Enzyklika ist es, die Ergiebigkeit der von Leo XIII. ausgesprochenen Grundsätze herauszustellen, die zum Lehrgut der Kirche gehören und darum für die Autorität des Lehramtes bindend sind. Die pastorale Sorge hat mich aber bewogen, darüber hinaus eine Analyse einiger Ereignisse der jüngsten Geschichte vorzulegen. Es muß nicht eigens betont werden, daß die aufmerksame Beobachtung des Verlaufes der Ereignisse - um die neuen Erfordernisse für die Evangelisierung zu erkennen - zur Aufgabe der Bischöfe gehört. Sie wollen mit dieser Untersuchung freilich kein endgültiges Urteil abgeben, da das auf Grund der besonderen Eigenart ihres Lehramtes gar nicht in dessen spezifischen Bereich gehört.

I. Kapitel: Wesenszüge von „*Rerum Novarum*"

4. Gegen Ende des vergangenen Jahrhunderts stand die Kirche einem geschichtlichen Prozeß gegenüber, der schon seit einiger Zeit im Gange war, nun aber einen neuralgischen Punkt erreichte. Ausschlaggebender Faktor dieses Prozesses war - neben dem vielfältigen Einfluß der vorherrschenden Ideologien - ein ganzes Bündel radikaler Veränderungen auf politischem, wirtschaftlichem und sozialem Gebiet, aber auch im Bereich von Wissenschaft und Technik. Ergebnis dieser Veränderungen war auf politischem Gebiet eine neue Gesellschafts- und Staatsauffassung und folglich auch eine neue Auffassung der Autorität gewesen. Eine traditionelle Gesellschaft war im Begriff, sich aufzulösen, und eine andere befand sich im Entstehen, voller Hoffnungen auf neue Freiheiten, aber auch reich an Gefahren neuer Formen von Ungerechtigkeit und Knechtschaft.
Auf wirtschaftlichem Gebiet, wo die Entdeckungen und Anwendungen der Wissenschaften zusammenflossen, war man Schritt für Schritt zu neuen Strukturen in der Güterproduktion gelangt. Es entstand eine neue Form des Eigentums, das Kapital, und eine neue Art der Arbeit, die Lohnarbeit, gekennzeichnet von der Fließbandproduktion, ohne jede Berücksichtigung von Geschlecht, Alter oder Familiensituation des Arbeiters, einzig und allein bestimmt von der Leistung im Blick auf die Steigerung des Profits.
Die Arbeit wurde so zu einer Ware, die frei auf dem Markt gekauft und verkauft werden konnte und deren Preis vom Gesetz von Angebot und Nachfrage bestimmt wurde, ohne Rücksicht auf das für den Unterhalt des Arbeiters und seiner Familie notwendige Lebensminimum. Noch dazu hatte der Arbeiter nicht einmal die Sicherheit, "seine Ware" auf diese Weise verkaufen zu können. Er war ständig von der Arbeitslosigkeit bedroht, die angesichts des Fehlens jeder sozialen Fürsorge das Schreckgespenst des Hungertodes bedeutete.

Die soziale Folge dieser Umwandlung war „die Spaltung der Gesellschaft in zwei Klassen, die eine ungeheure Kluft voneinander trennt".[6] Diese Situation verband sich mit einer tiefgreifenden Veränderung der politischen Ordnung. So versuchte die damals vorherrschende politische Theorie, durch entsprechende Gesetze oder, umgekehrt, durch bewußte Unterlassung jeglicher Einmischung, die totale Wirtschaftsfreiheit zu fördern. Gleichzeitig entstand in organisierter und nicht selten gewaltsamer Form eine andere Auffassung von Eigentum und Wirtschaft, die eine neue politische und gesellschaftliche Ordnung in sich schloß.
Als am Höhepunkt dieser Auseinandersetzung das ungeheure und weitverbreitete soziale Unrecht voll zutage trat und die Gefahr einer von den damaligen „sozialistischen" Strömungen geförderten Revolution drohte, griff Leo XIII. mit einem Dokument ein, das sich in organischer Weise mit dem Thema der „Arbeiterfrage" auseinandersetzte. Dieser Enzyklika waren andere vorausgegangen, die sich mehr mit politischen Aussagen beschäftigten, später folgten noch weitere nach.[7] In diesem Zusammenhang sei vor allem an die Enzyklika *Libertas praestantissimum* erinnert, in der auf die grundlegende Verbindung zwischen menschlicher Freiheit und Wahrheit hingewiesen wurde. Das besagt, daß eine Freiheit, die es ablehnt, sich an die Wahrheit zu binden, in Willkür verfallen und am Ende sich den niedrigsten Leidenschaften überlassen und damit sich selber zerstören würde. Denn woher sonst stammen all die Übel, auf die *Rerum novarum* antworten will, wenn nicht aus einer Freiheit, die sich im wirtschaftlichen und sozialen Bereich von der Wahrheit über den Menschen völlig loslöst?
Der Papst ließ sich außerdem von der Lehre seiner Vorgänger inspirieren und ebenso von einer Reihe bischöflicher Dokumente. Er wurde angeregt von wissenschaftlichen Studien der Laien, von der Tätigkeit katholischer Bewegungen und Vereinigungen und von den konkreten sozialen Werken, die das Leben der Kirche in der zweiten Hälfte des 19. Jahrhunderts kennzeichneten.

5. Das „Neue", auf das der Papst Bezug nahm, war alles andere als positiv. Der erste Abschnitt der Enzyklika beschreibt das „Neue", das ihr den Namen gab, mit harten Worten: „Der Geist der Neuerung, welcher seit langem durch die Völker geht, mußte, nachdem er auf dem politischen Gebiete seine verderblichen Wirkungen entfaltet hatte, folgerichtig auch das volkswirtschaftliche Gebiet ergreifen. Viele Umstände begünstigten diese Entwicklung; die Industrie hat durch die Vervollkommnung der technischen Hilfsmittel und eine neue Produktionsweise mächtigen Aufschwung genommen; das gegenseitige Verhältnis der besitzenden Klasse und der Arbeiter hat sich wesentlich umgestaltet; das Kapital ist in den Händen einer geringen Zahl angehäuft, während die große Menge verarmt; es wächst in den Arbeitern das Selbstbewußtsein, ihre Organisation erstarkt; dazu gesellt sich der

---

6 LEO XIII., Enzyklika *Rerum novarum*, Nr. 35: a.a.O., 132.

7 Vgl. z.B. LEO XIII., Enzyklika *Arcanum divinae sapientiae* (10. Februar 1880): Leonis XIII. P.M. Acta, II, Romae 1882, 10-40; Enzyklika *Diuturnum illud* (29. Juni 1881): Leonis XIII. P.M. Acta, II, Romae 1882, 269-287; Enzyklika *Libertas praestantissimum* (20. Juni 1888): Leonis XIII. P.M. Acta, VIII, Romae 1889, 212-246; Enzyklika *Graves de communi* (18. Januar 1901): Leonis XIII. P.M. Acta, XXI, Romae 1902, 3-20.

Niedergang der Sitten. Dieses alles hat den sozialen Konflikt wachgerufen, vor welchem wir stehen".[8]

Der Papst, die Kirche und ebenso die bürgerliche Gesellschaft standen vor einer durch Konflikt gespaltenen Gesellschaft. Dieser Konflikt war um so härter und unmenschlicher, als er weder Regel noch Gesetz kannte. Es war der Konflikt zwischen Kapital und Arbeit oder - wie es die Enzyklika nannte - die Arbeiterfrage. Eben zu diesem Konflikt wollte der Papst in den schärfsten Worten, die ihm damals zur Verfügung standen, seine Meinung kundtun.

Hier bietet sich eine erste Überlegung an, die die Enzyklika für die heutige Zeit nahelegt. Angesichts eines Konfliktes, der die einen in der Not des Überlebens den anderen im Besitz des Überflusses wie „Wölfe" gegenüberstellte, zweifelte der Papst nicht daran, kraft seines „apostolischen Amtes"[9] eingreifen zu müssen, das heißt auf Grund des von Jesus Christus empfangenen Sendungsauftrags, „die Lämmer und Schafe zu weiden" (vgl. *Joh* 21,15-17) sowie auf Erden „für das Reich Gottes zu binden und zu lösen" (vgl. *Mt* 16,19). Seine Absicht war es, den Frieden wiederherzustellen. Dem heutigen Leser kann die strenge Verurteilung des Klassenkampfes, die die Enzyklika klar und deutlich aussprach, nicht verborgen bleiben.[10] Aber Leo war sich sehr wohl dessen bewußt, daß sich der Friede nur auf dem Fundament der Gerechtigkeit aufbauen läßt. Darum bildeten die Aussagen über die Grundlagen der Gerechtigkeit in der damaligen Wirtschaft und Gesellschaft den Hauptinhalt der Enzyklika.[11]

Auf diese Weise setzte Leo XIII., dem Vorbild seiner Vorgänger folgend, ein bleibendes Beispiel für die Kirche. Sie muß in bestimmten menschlichen Situationen, sei es auf individueller und sozialer, nationaler und internationaler Ebene, das Wort ergreifen. Dafür hat sie eine eigene Lehre, ein Lehrgebäude aufgestellt, das es ihr ermöglicht, die soziale Wirklichkeit zu analysieren, sie zu beurteilen und Richtlinien für eine gerechte Lösung der daraus entstehenden Probleme anzugeben.

Zur Zeit Leos XIII. war eine derartige Überzeugung vom Recht und der Pflicht der Kirche noch weit davon entfernt, allgemein anerkannt zu werden. Es herrschte vielmehr eine zweifache Tendenz: die eine, ausgerichtet auf diese Welt und dieses Leben, das mit dem Glauben nichts zu tun hatte; die andere, einseitig dem jenseitigen Heil zugewandt, das jedoch für das Erdenleben bedeutungslos blieb. Mit der Veröffentlichung von *Rerum novarum* verlieh der Papst der Kirche gleichsam das „Statut des Bürgerrechtes" in der wechselvollen Wirklichkeit des öffentlichen Lebens der Menschen und der Staaten. Dies wurde in den späteren Jahren noch stärker bestätigt. In der Tat, die Verkündigung und Verbreitung der Soziallehre gehört wesentlich zum Sendungsauftrag der Glaubensverkündigung der Kirche; sie gehört zur christlichen Botschaft, weil sie deren konkrete Auswirkungen für das

8 Enzyklika *Rerum novarum*, Nr. 1: a.a.O., 97.

9 *Ebd.*, Nr. 1: a.a.O., 98.

10 Vgl. *ebd.*, Nr. 15: a.a.O., 109f.

11 Vgl. *ebd.*, Nr. 16: Beschreibung der Arbeitsbedingungen; 40: Antichristliche Arbeitervereine: a.a.O., 110f.; 136f.

Leben in der Gesellschaft vor Augen stellt und damit die tägliche Arbeit und den mit ihr verbundenen Kampf für die Gerechtigkeit in das Zeugnis für Christus den Erlöser miteinbezieht. Sie bildet darüber hinaus eine Quelle der Einheit und des Friedens angesichts der Konflikte, die im wirtschaftlich-sozialen Bereich unvermeidlich auftreten. Auf diese Weise wird es möglich, die neuen Situationen zu bestehen, ohne die transzendente Würde der menschlichen Person weder bei sich selbst noch bei seinen Gegnern zu verletzen, und sie zu einer richtigen Lösung zu führen. Die Gültigkeit dieser Orientierung bietet mir jetzt, im Abstand von hundert Jahren, die Gelegenheit, auch einen Beitrag zum Aufbau der „christlichen Soziallehre" zu leisten. Die „Neuevangelisierung", die die moderne Welt dringend nötig hat und auf der ich wiederholt insistiert habe, muß zu ihren wesentlichen Bestandteilen die Verkündigung der Soziallehre der Kirche zählen. Diese Lehre ist so wie zur Zeit Leos XIII. geeignet, den Weg zu weisen, um auf die großen Herausforderungen der Gegenwart nach der Krise der Ideologien Antwort zu geben. Man muß, wie damals, wiederholen, daß es keine echte Lösung der „sozialen Frage" außerhalb des Evangeliums gibt und daß das „Neue" in diesem Evangelium seinen Raum der Wahrheit und der sittlichen Grundlegung findet.

6. Mit der Absicht, durch seine Enzyklika den Konflikt zwischen Kapital und Arbeit zu klären, verkündete Leo XIII. die Grundrechte der Arbeiter. Deshalb stellt die Würde des Arbeiters und damit die Würde der Arbeit überhaupt den Schlüssel für die Lektüre der Enzyklika dar. „Arbeiten heißt, seine Kräfte anstrengen zur Beschaffung der irdischen Bedürfnisse, besonders des notwendigen Lebensunterhaltes".[12] Der Papst bezeichnet die Arbeit als „persönlich, insofern die betätigte Kraft und Anstrengung persönliches Gut des Arbeitenden ist".[13] Die Arbeit gehört somit zur Berufung jedes Menschen; der Mensch entfaltet und verwirklicht sich in seiner Arbeit. Die Arbeit hat gleichzeitig eine soziale Dimension wegen ihrer engen Beziehung sowohl zur Familie als auch zum Gemeinwohl, denn „es ist eine unumstößliche Wahrheit, nicht anderswoher als aus der Arbeit der Werktätigen entstehe Wohlhabenheit im Staate".[14] Dies habe ich in der Enzyklika *Laborem exercens*[15] aufgegriffen und neu dargelegt.

Ein anderer wichtiger Grundsatz ist zweifellos das Recht auf „Privateigentum".[16] Aus dem Umfang, den die Enzyklika diesem Grundsatz widmet, kann man erkennen, welche Bedeutung der Papst ihm beimißt. Er ist sich natürlich bewußt, daß das Privateigentum keinen absoluten Wert darstellt, und er versäumt es nicht, die Grundsätze der notwendigen Ergänzung anzuführen, vor allem den der universalen Bestimmung der Güter der Erde.[17]

---

12 *Ebd.*, Nr. 34; vgl. auch Nr. 20: a. a.O., 130; 114f.

13 *Ebd.*, Nr. 34: a.a.O., 130.

14 *Ebd.*, Nr. 27: a.a.O., 123.

15 Vgl. Enzyklika *Laborem exercens*, Nr. 1, 2, 6: a.a.O., 578-583; 589-592.

16 Vgl. Enzyklika *Rerum novarum*, Nr. 4-12: a.a.O., 99-107.

17 Vgl. *ebd.*, Nr. 7: a.a.O., 102f.

Es trifft zweifellos zu, daß der Rahmen des Privateigentums, an den Leo XIII. hauptsächlich denkt, der des Landbesitzes ist.[18] Das ist jedoch kein Hindernis dafür, daß die Gründe, die dort für die Geltung des Privateigentums angeführt werden, auch heute ihren Wert bewahren. Es ist dies vor allem die Geltung des Rechtes auf den Besitz der Dinge, die für die persönliche Entfaltung und die der eigenen Familie notwendig sind - ganz abgesehen davon, welche konkrete Form dieses Recht auch immer annehmen mag. Das muß heute von neuem deutlich gemacht werden angesichts der Veränderungen, deren Zeugen wir jetzt sind und die in Systemen stattgefunden haben, wo bisher das Kollektiveigentum an den Produktionsmitteln herrschte; und es muß auch im Hinblick auf die wachsenden Erscheinungsformen der Armut betont werden. Es geht um die Vorenthaltung des Privateigentums in vielen Teilen der Welt, auch unter jenen Systemen, die das Recht auf Privateigentum zu einem ihrer Schwerpunkte machen. Infolge dieser Veränderungen und des Weiterbestehens der Armut erweist sich eine gründlichere Analyse des Problems als notwendig. Ich werde darauf in einem späteren Teil dieses Dokumentes ausführlicher eingehen.

7. In enger Beziehung zum Thema des Rechtes auf Eigentum macht die Enzyklika Leos XIII. andere Rechte als eigene und unveräußerliche Rechte der menschlichen Person geltend. Darunter kommt auf Grund des Umfanges, den der Papst ihm widmet, und der Bedeutung, die er ihm beimißt, dem „natürlichen Recht des Menschen", private Vereinigungen zu bilden, ein besonderer Vorrang zu. Das besagt zunächst das Recht, Berufsvereinigungen von Unternehmern und Arbeitern oder von Arbeitern allein zu gründen.[19] Hierin wird der Grund dafür gesehen, daß die Kirche die Gründung von Vereinigungen, die sich heute Gewerkschaften nennen, verteidigt und billigt. Das geschieht gewiß nicht aus ideologischen Vorurteilen oder um sich einem Klassendenken zu beugen, sondern weil es sich um ein natürliches Recht des Menschen handelt, das seiner Eingliederung in eine politische Gemeinschaft vorausgeht. „Der Staat besitzt nicht schlechthin die Vollmacht, ihr Dasein zu verbieten ... Das Naturrecht kann der Staat nicht vernichten, sein Beruf ist es vielmehr, dasselbe zu schützen. Verbietet ein Staat dennoch die Bildung solcher Genossenschaften, so handelt er gegen sein eigenes Prinzip".[20]

Zusammen mit diesem Recht - und das muß hervorgehoben werden - anerkennt der Papst für die Arbeiter oder, in seiner Sprache, für die „Proletarier" mit gleicher Klarheit das Recht auf die „Begrenzung der Arbeitszeit" auf die entsprechende Freizeit und auf den Schutz der Kinder und der Frauen, vor allem was ihre Arbeitsweise und Arbeitsdauer betrifft.[21]

Wenn man bedenkt, was uns die Geschichte über die zulässigen oder zumindest gesetzlich nicht ausgeschlossenen Methoden bei der Anstellung berichtet, kann man

18 Vgl. *ebd.*, Nr. 6-8: a.a.O., 101-104.

19 Vgl. *ebd.*, Nr. 37-39; 42: a.a.O., 134f.; 137f.

20 *Ebd.*, Nr. 38: a.a.O., 135.

21 Vgl. *ebd.*, Nr. 34-35: a.a.O., 128-129.

die harte Aussage des Papstes wohl verstehen. Es gab keine Garantie, weder was die Arbeitsstunden noch was die hygienischen Verhältnisse betraf, auch auf das Alter und das Geschlecht der Arbeitsuchenden wurde keine Rücksicht genommen. „Die Gerechtigkeit und die Menschlichkeit erheben Einspruch" - schreibt Leo - „gegen Arbeitsforderungen von solcher Höhe, daß der Körper unterliegt und der Geist sich abstumpft". Und unter Bezugnahme auf den Vertrag, der derartige „Arbeitsverhältnisse" bestimmen sollte, präzisiert er: „Bei jeder Verbindlichkeit, die zwischen Arbeitgebern und Arbeitern eingegangen wird, ist ausdrücklich oder stillschweigend die Bedingung vorhanden", daß den Arbeitern soviel Ruhe zu sichern ist, „als zur Herstellung ihrer bei der Arbeit aufgewendeten Kräfte nötig ist". Und er schließt mit dem Satz: „Eine Vereinbarung ohne diese Bedingung wäre sittlich nicht zulässig".[22]

8. Kurz darauf kommt der Papst auf ein weiteres Recht des Arbeiters als Person zu sprechen. Es handelt sich um das Recht auf „gerechten Lohn", das nicht dem freien Einvernehmen der Parteien überlassen bleiben kann. Denn „da der Lohnsatz vom Arbeiter angenommen wird, so könnte es scheinen, als sei der Arbeitgeber nach erfolgter Auszahlung des Lohnes aller weiteren Verbindlichkeiten enthoben".[23] Zudem hat der Staat - wie es damals hieß - keine Machtbefugnis, in die Festlegung dieser Verträge einzugreifen, außer die Erfüllung dessen sicherzustellen, was ausdrücklich vereinbart worden war. Eine solche rein pragmatische und von einem unerbittlichen Individualismus getragene Auffassung von dem Verhältnis zwischen Arbeitgebern und Arbeitnehmern wird in der Enzyklika hart gegeißelt, weil sie der zweifachen Natur der Arbeit in ihrer persönlichen und notwendigen Eigenart widerspricht. Auch wenn die Arbeit als persönliches Faktum zur Verfügbarkeit jedes einzelnen über seine Fähigkeiten und Kräfte gehört, so wird sie als notwendiges Faktum von der schweren Verpflichtung bestimmt, daß sich jeder „am Leben erhalten muß". „Hat demnach jeder ein natürliches Recht", - so schließt der Papst - „den Lebensunterhalt zu finden, so ist hinwieder der Dürftige hierzu allein auf die Händearbeit notwendig angewiesen".[24]

Der Lohn muß ausreichend sein, um den Arbeiter und seine Familie zu erhalten. Wenn der Arbeiter „sich aus reiner Not oder um einem schlimmeren Zustande zu entgehen, den allzu harten Bedingungen beugt, die ihm nun einmal vom Arbeitsherrn oder Unternehmer auferlegt werden, so heißt das Gewalt leiden, und die Gerechtigkeit erhebt gegen einen solchen Zwang Einspruch".[25]

Gebe Gott, daß diese Worte, die in der Entwicklung des sogenannten „ungezähmten Kapitalismus" geschrieben worden sind, nicht heute mit derselben Härte wiederholt werden müssen. Leider stößt man auch heute auf Fälle von Verträgen zwischen Arbeitgebern und Arbeitnehmern, in denen die elementarste Gerechtigkeit in Fragen

---

22 *Ebd.*, Nr. 33: a.a.O., 129.

23 *Ebd.*, Nr. 34: a.a.O., 129.

24 *Ebd.*, Nr. 34: a.a.O., 130f.

25 *Ebd.*, Nr. 34: a.a.O., 131.

der Arbeit von Minderjährigen oder Frauen, der geregelten Arbeitszeit, des hygienischen Zustands der Arbeitsplätze und der entsprechenden Entlohnung ignoriert wird. Und das trotz der internationalen Erklärungen und Konventionen[26] und der entsprechenden Gesetzgebung der einzelnen Staaten. Der Papst schrieb der „staatlichen Autorität" die „strenge Pflicht" zu, sich in gebührender Weise um das Wohl der Arbeiter zu kümmern, weil er mit der Unterlassung dieser Pflicht die Gerechtigkeit verletzte, ja, er scheute sich nicht, von „ausgleichender Gerechtigkeit" zu sprechen.[27]

9. Zu diesen Rechten fügt Leo XIII. im Zusammenhang mit der Situation der Arbeiter ein weiteres hinzu, woran ich erinnern möchte, auch wegen der Bedeutung, die es hat und die es in jüngster Zeit hinzugewonnen hat. Es ist das Recht auf freie Erfüllung der religiösen Pflichten. Der Papst verkündet es ausdrücklich im Zusammenhang mit den anderen Rechten und Pflichten der Arbeiter. Er tut das trotz der auch zu seiner Zeit weitverbreiteten Meinung, daß bestimmte Fragen ausschließlich in den Privatbereich des einzelnen fielen. Er macht die pflichtmäßige Sonntagsruhe geltend, um dem Menschen den Gedanken an die Güter des Jenseits und die Pflichten der Gottesverehrung zu ermöglichen.[28] Dieses Recht, das in einem Gebot wurzelt, kann dem Menschen niemand vorenthalten. „Keine Gewalt darf sich ungestraft an der Würde des Menschen vergreifen, die doch Gott selbst mit großer Achtung über ihn verfügt". Der Staat muß den Arbeitern die Ausübung dieses Rechts zusichern.[29]
Man wird kaum fehlgehen, wenn man in diesen eindeutigen Aussagen den Keim des Grundrechtes auf Religionsfreiheit sieht, das zum Thema vieler feierlicher internationaler Erklärungen und Konventionen[30] sowie der bekannten Konzilserklärung und wiederholter Aussagen meines eigenen Lehramtes[31] geworden ist. In diesem Zusammenhang muß man sich fragen, ob die geltenden Gesetzesvorschriften und die Praxis der Industriegesellschaften die Ausübung dieses elementaren Rechtes auf die Sonntagsruhe heute effektiv gewährleisten.

10. Ein anderes wichtiges Merkmal, das reich ist an Aussagen für unsere Zeit, ist das Verständnis der Beziehung zwischen Staat und Bürgern. *Rerum novarum* kritisiert die zwei Gesellschafts- und Wirtschaftssysteme: den Sozialismus und den Liberalismus. Dem Sozialismus ist der erste Teil gewidmet, in dem das Recht auf Privateigentum bestätigt wird. Dem zweiten System ist kein eigener Abschnitt gewidmet, sondern - und das muß angemerkt werden - der Papst behält sich seine

---

26 Vgl. *Allgemeine Erklärung der Menschenrechte*.

27 Vgl. Enzyklika *Rerum novarum*, Nr. 27: a.a.O., 121-123.

28 Vgl. *ebd.*, Nr. 32: a.a.O., 127.

29 *Ebd.*, Nr. 32: a.a.O., 126f.

30 Vgl. *Allgemeine Erklärung der Menschenrechte*; *Erklärung über die Beseitigung jeder Form von Intoleranz und Diskriminierung aus Gründen der Religion oder Überzeugung*.

31 II. VATIKANISCHES KONZIL, Erklärung über die Religionsfreiheit *Dignitatis humanae*; JOHANNES PAUL II., *Schreiben an die Staatsmänner der Welt* (1. September 1980): AAS 72[1980]1252-1260; *Botschaft zum Weltfriedenstag 1988*: AAS 80[1988]278-286.

Kritik am damaligen Liberalismus vor, bis er im zweiten Teil das Thema der Pflichten des Staates aufgreift.[32] Der Staat kann sich nicht darauf beschränken, „nur für einen Teil der Staatsangehörigen" - nämlich die wohlhabenden und vom Schicksal begünstigten - „zu sorgen, den andern aber", der zweifellos die große Mehrheit der Gesellschaft darstellt, „zu vernachlässigen". Wenn dies geschieht, so verletzt er die Gerechtigkeit, welche jedem das Seine zu geben bereit ist. „Doch muß der Staat beim Rechtsschutz zugunsten der Privaten eine ganz besondere Fürsorge für die niedere, besitzlose Masse sich angelegen sein lassen. Die Wohlhabenden sind nämlich nicht in dem Maße auf den öffentlichen Schutz angewiesen, sie haben selbst die Hilfe eher zur Hand; dagegen hängen die Besitzlosen, ohne eigenen Boden unter den Füßen, fast ganz von der Fürsorge des Staates ab. Die Lohnarbeiter also, die ja zumeist die Besitzlosen bilden, müssen vom Staat in besondere Obhut genommen werden".[33]

Diese Stellen der Enzyklika sind heute vor allem von Bedeutung angesichts neuer Formen der Armut, die es in der Welt gibt. Denn es sind Aussagen, die weder von einer bestimmten Staatsauffassung noch von einer besonderen politischen Theorie abhängen. Der Papst bekräftigt ein Grundprinzip jeder gesunden politischen Ordnung: Je schutzloser Menschen in einer Gesellschaft sind, um so mehr hängen sie von der Anteilnahme und Sorge der anderen und insbesondere vom Eingreifen der staatlichen Autorität ab. So erweist sich das Prinzip, das wir heute Solidaritätsprinzip nennen und an dessen Gültigkeit sowohl in der Ordnung innerhalb der einzelnen Nation als auch in der internationalen Ordnung ich in *Sollicitudo rei socialis* erinnert habe[34], als eines der grundlegenden Prinzipien der christlichen Auffassung der gesellschaftlichen und politischen Ordnung. Es wird von Leo XIII. mehrmals unter dem Namen „Freundschaft" angeführt, ein Ausdruck, den wir schon in der griechischen Philosophie finden. Von Pius XI. wird es mit dem nicht weniger bedeutungsvollen Namen „soziale Liebe" bezeichnet. Paul VI. hat den Begriff mit den heutigen vielfältigen Dimensionen der sozialen Frage erweitert und von „Zivilisation der Liebe" gesprochen.[35]

11. Das Wiederlesen der Enzyklika in der Wirklichkeit unserer Zeit erlaubt uns, die stete Sorge und das ständige Bemühen der Kirche jenen Menschen gegenüber richtig einzuschätzen, denen die besondere Vorliebe Jesu galt. Der Inhalt der Enzyklika ist ein sprechendes Zeugnis für die Kontinuität dessen in der Kirche, was man heute „die vorrangige Option für die Armen" nennt; eine Option, die ich als einen „besonderen Vorrang in der Weise, wie die christliche Liebe ausgeübt wird", defi-

---

32 Vgl. Enzyklika *Rerum novarum*, Nr. 3-9; 25-36: a.a.O., 99-105; 130f.; 135.

33 *Ebd.*, Nr. 27, 29: a.a.O., 125.

34 Vgl. Enzyklika *Sollicitudo rei socialis*, Nr. 38-40: a.a.O., 564-569; vgl. auch JOHANNES XXIII., Enzyklika *Mater et Magistra*: a.a.O., 407.

35 Vgl. LEO XIII., Enzyklika *Rerum novarum*, Nr. 20-21: a.a.O., 114 116; PIUS XI., Enzyklika *Quadragesimo anno*, III: a.a.O., 208; PAUL VI., *Homilie zum Abschluß des Heiligen Jahres* (25. Dezember 1975): AAS 68[1976]145; *Botschaft zum Weltfriedenstag 1977*: AAS 68[1976] 709.

niert habe.[36] Die Enzyklika über die „Arbeiterfrage" ist also eine Enzyklika über die Armen und über das schreckliche Los, in das der neue und nicht selten gewaltsame Prozeß der Industrialisierung riesige Menschenmassen gestoßen hatte. Auch heute noch rufen in weiten Teilen der Welt ähnliche wirtschaftliche, soziale und politische Umwälzungen dieselben Übel hervor.

Wenn Leo XIII. an den Staat appelliert, die Lage der Armen in Gerechtigkeit zu lindern, so tut er das, weil er richtigerweise erkennt, daß dem Staat die Aufgabe obliegt, über das Gemeinwohl zu wachen. Daß er dafür zu sorgen hat, daß jeder Bereich des gesellschaftlichen Lebens, der wirtschaftliche miteingeschlossen, unter Beachtung der berechtigten jeweiligen Autonomie zur Förderung des Gemeinwohles beiträgt. Das darf jedoch nicht zur Annahme führen, daß nach Papst Leo jede Lösung sozialer Fragen einzig vom Staat kommen soll. Im Gegenteil, der Papst betont immer wieder die notwendigen Grenzen im Eingreifen des Staates. Der Staat hat instrumentalen Charakter, da der einzelne, die Familie und die Gesellschaft vor ihm bestehen und der Staat dazu da ist, die Rechte des einen und der anderen zu schützen, nicht aber zu unterdrücken.[37]

Die Aktualität dieser Überlegungen kann niemandem entgehen; ich werde weiter unten auf dieses wichtige Thema der mit der Natur des Staates zusammenhängenden Grenzen nochmals zurückkommen. Die hervorgehobenen Punkte sind sicher nicht die einzigen, die der Enzyklika eine in der Kontinuität des sozialen Lehramtes der Kirche erstaunliche Aktualität verleihen; das auch im Licht einer gesunden Auffassung vom Privateigentum, von der Arbeit, vom Wirtschaftsprozeß, von der Wirklichkeit des Staates und vor allem vom Menschen selber. Weitere Themen werden später bei der Behandlung einiger Aspekte der heutigen Welt erwähnt werden. Doch gilt es schon jetzt festzuhalten, daß das, was das Herzstück der Enzyklika ausmacht und was sowohl sie als die ganze Soziallehre der Kirche zuinnerst bestimmt, die richtige Auffassung von der menschlichen Person und ihrem einzigartigen Wert ist, insofern „der Mensch ... auf Erden das einzige von Gott um seiner selbst willen gewollte Geschöpf ist".[38] In ihn hat er sein Bild und Gleichnis eingemeißelt (vgl. *Gen* 1,26) und ihm damit eine unvergleichliche Würde verliehen, auf der die Enzyklika wiederholt so eindringlich besteht. Jenseits aller Rechte, die der Mensch durch sein Tun und Handeln erwirbt, besitzt er Rechte, die nicht im Entgelt für seine Leistung bestehen, sondern seiner wesenhaften Würde als Person entspringen.

II. Kapitel: Auf dem Weg zum „Neuen" von heute

12. Es wäre keine angemessene Jubiläumsfeier für *Rerum novarum*, würde man dabei nicht die heutige Situation ins Auge fassen. Schon von seinem Inhalt her gibt das Dokument Anlaß zu einer derartigen Betrachtung, weil der geschichtliche Rah-

---

36 Enzyklika *Sollicitudo rei socialis*, Nr. 42: a.a.O., 572.

37 Vgl. Enzyklika *Rerum novarum*, Nr. 6; 9; 37; 42; 43: a.a.O., 101f.; 104f.; 130f.; 136.

38 II. VATIKANISCHES KONZIL, Pastoralkonstitution über die Kirche in der Welt von heute *Gaudium et spes*, Nr. 24.

men und die daraus abgeleitete Vorausschau sich im Lichte des Gesamtgeschehens der nachfolgenden Jahrzehnte als erstaunlich exakt herausstellen.
Das wird in besonderer Weise von den Ereignissen der letzten Monate des Jahres 1989 und der ersten des Jahres 1990 bestätigt. Diese und die radikalen Umgestaltungen lassen sich nur auf Grund der unmittelbar vorhergehenden Situationen erklären. Sie haben das, was Leo XIII. voraussah und was die immer besorgteren Warnungen seiner Nachfolger ankündigten, gleichsam festgeschrieben und institutionalisiert. Papst Leo sah in der Tat unter allen Aspekten, politisch, sozial und wirtschaftlich, die negativen Folgen einer Gesellschaftsordnung voraus, wie sie der Sozialismus vorlegte, der sich freilich damals noch im Stadium der Sozialphilosophie und einer mehr oder weniger strukturierten Bewegung befand. Man mag sich darüber wundern, daß der Papst seine Kritik an den Lösungen, die sich für die „Arbeiterfrage" anboten, beim Sozialismus ansetzte. Dieser trat damals noch gar nicht - wie es später tatsächlich geschah - in Gestalt eines starken und mächtigen Staates mit allen ihm zur Verfügung stehenden Möglichkeiten auf. Der Papst urteilte jedenfalls richtig, wenn er die Gefahr sah, die darin bestand, daß der breiten Masse eine scheinbar so einfache und radikale Lösung der „Arbeiterfrage" vorgelegt wurde. Das erweist sich als um so treffender, wenn man das alles im Zusammenhang der grauenvollen Ungerechtigkeit sieht, in der sich die proletarischen Massen in den seit kurzem industrialisierten Nationen befanden.
Hier gilt es zweierlei zu unterstreichen: einerseits die große Klarheit in der Wahrnehmung der tatsächlichen Lage der Proletarier, Männer, Frauen und Kinder, in ihrer ganzen Härte; andererseits die nicht geringere Klarheit, mit der er das Übel einer Lösung erkennt, die unter dem Anschein, die Stellung von Armen und Reichen umzukehren, tatsächlich aber jenen zum Schaden gereicht, denen zu helfen sie vorgab. Das Heilmittel würde sich damit als schlimmer herausstellen als das Übel. Im Erkennen des Wesens des Sozialismus seiner Zeit mit dessen Forderung nach Abschaffung des Privateigentums gelangte Leo XIII. zum Kern der Frage.
Seine Worte verdienen es, neu gelesen zu werden: „Zur Hebung dieses Übels [der ungerechten Verteilung des Reichtums und des Elends der Proletarier] verbreiten die Sozialisten, indem sie die Besitzlosen gegen die Reichen aufstacheln, die Behauptung, der private Besitz müsse aufhören, um einer Gemeinschaft der Güter Platz zu machen ...; indessen ist dieses Programm weit entfernt, etwas zur Lösung der Frage beizutragen; es schädigt vielmehr die arbeitenden Klassen selbst; es ist ferner sehr ungerecht, indem es die rechtmäßigen Besitzer vergewaltigt, es ist endlich der staatlichen Aufgabe zuwider, ja führt die Staaten in völlige Auflösung".[39]
Besser könnte man die durch die Einführung dieser Art des Sozialismus als Staatssystem verursachten Übel nicht aufzeigen: Es ist jenes System, das später unter dem Namen "realer Sozialismus" bekannt werden sollte.

13. Wenn wir jetzt die begonnene Reflexion vertiefen und auch das mit hereinnehmen, was in den Enzykliken *Laborem exercens* und *Sollicitudo rei socialis* gesagt

39 Enzyklika *Rerum novarum*, Nr. 3: a.a.O., 99.

worden ist, müssen wir hinzufügen, daß der Grundirrtum des Sozialismus anthropologischer Natur ist. Er betrachtet den einzelnen Menschen lediglich als ein Instrument und Molekül des gesellschaftlichen Organismus, so daß das Wohl des einzelnen dem Ablauf des wirtschaftlich-gesellschaftlichen Mechanismus völlig untergeordnet wird; gleichzeitig ist man der Meinung, daß eben dieses Wohl unabhängig von freier Entscheidung und ohne eine ganz persönliche und unübertragbare Verantwortung gegenüber dem Guten verwirklicht werden könne. Der Mensch wird auf diese Weise zu einem Bündel gesellschaftlicher Beziehungen verkürzt, es verschwindet der Begriff der Person als autonomes Subjekt moralischer Entscheidung, das gerade dadurch die gesellschaftliche Ordnung aufbaut. Aus dieser verfehlten Sicht der Person folgen die Verkehrung des Rechtes, das den Raum für die Ausübung der Freiheit bestimmt, und ebenso die Ablehnung des Privateigentums. Der Mensch, der gar nichts hat, was er „sein eigen" nennen kann, und jeder Möglichkeit entbehrt, sich durch eigene Initiative seinen Lebensunterhalt zu verdienen, wird völlig abhängig von den gesellschaftlichen Mechanismen und von denen, die sie kontrollieren. Es wird dem Menschen äußerst schwer, seine Würde als Person zu erkennen. Damit aber wird der Weg zur Errichtung einer echten menschlichen Gemeinschaft verbaut.

Im Gegensatz dazu folgt aus der christlichen Sicht der Person notwendigerweise die richtige Sicht der Gesellschaft. Nach *Rerum novarum* und der ganzen Soziallehre der Kirche erschöpft sich die gesellschaftliche Natur des Menschen nicht im Staat, sondern sie verwirklicht sich in verschiedenen Zwischengruppen, angefangen von der Familie bis hin zu den wirtschaftlichen, sozialen, politischen und kulturellen Gruppen, die in derselben menschlichen Natur ihren Ursprung haben und daher - immer innerhalb des Gemeinwohls - ihre eigene Autonomie besitzen. Das ist die - wie ich sie nenne - „Subjektivität der Gesellschaft", die zusammen mit der Subjektivität des einzelnen vom „realen Sozialismus" zerstört wurde.[40]

Wenn wir uns weiter fragen, woher diese irrige Sichtweise des Wesens der Person und der „Subjektivität" der Gesellschaft stammt, können wir nur antworten, daß seine Hauptursache der Atheismus ist. In der Antwort auf den Anruf Gottes, der sich in den Dingen der Welt manifestiert, wird sich der Mensch seiner übernatürlichen Würde bewußt. Jeder Mensch muß diese Antwort geben. Darin besteht die Krönung seines Menschseins, und kein gesellschaftlicher Mechanismus und kein kollektives Subjekt kann ihn dabei vertreten. Die Leugnung Gottes beraubt die Person ihres tragenden Grundes und führt damit zu einer Gesellschaftsordnung ohne Anerkennung der Würde und Verantwortung der menschlichen Person.

Der Atheismus, von dem hier die Rede ist, hängt eng mit dem Rationalismus der Aufklärung zusammen, der die Wirklichkeit des Menschen und der Gesellschaft mechanisch versteht. So wird die tiefste Sicht der wahren Größe des Menschen geleugnet, sein Vorrang vor den Dingen. Aber ebenso verneint wird der Widerspruch, der in seinem Herzen wohnt: zwischen dem Verlangen nach einem Vollbe-

---

40 Vgl. Enzyklika *Sollicitudo rei socialis*, Nr. 15; 28.

sitz des Guten und der eigenen Unfähigkeit, es zu erlangen, und das daraus erwachsene Heilsbedürfnis.

14. Aus derselben atheistischen Wurzel stammt auch die Wahl der Methode des Sozialismus, die in *Rerum novarum* verurteilt wird. Es handelt sich um den Klassenkampf. Der Papst hat keineswegs die Absicht, jegliche Form sozialer Konflikte zu verurteilen. Die Kirche weiß nur zu gut, daß in der Geschichte unvermeidlich Interessenskonflikte zwischen verschiedenen sozialen Gruppen auftreten und daß der Christ dazu oft entschieden und konsequent Stellung beziehen muß. Die Enzyklika *Laborem exercens* hat mit aller Deutlichkeit die positive Rolle des Konfliktes anerkannt, wenn dieser als „Kampf für die soziale Gerechtigkeit" angesehen wird.[41] In *Quadragesimo anno* heißt es: „Wenn sich der Klassenkampf der Aktionen der Gewalt und des gegenseitigen Hasses enthält, verwandelt er sich nach und nach in eine ehrliche Diskussion, die auf der Suche nach der Gerechtigkeit gegründet ist".[42] Was am Klassenkampf verurteilt wird, ist die Auffassung eines Konfliktes, der sich von keiner Erwägung ethischer oder rechtlicher Art leiten läßt; der sich weigert, die Personenwürde im anderen (und damit die eigene) anzuerkennen; der daher einen angemessenen Vergleich ausschließt und nicht mehr das Gesamtwohl der Gesellschaft, vielmehr ausschließlich das Sonderinteresse einer Gruppe im Auge hat, das sich an die Stelle des Gemeinwohls setzt und daher vernichten will, was sich ihm entgegenstellt. Es handelt sich, bezogen auf die interne Konfrontation gesellschaftlicher Gruppen, um die Wiederholung der Theorie vom „totalen Krieg", den der Materialismus und Imperialismus jener Tage für das Verhältnis der internationalen Beziehungen aufzwangen. Diese Theorie ersetzte die Suche nach einem gerechten Ausgleich der Interessen der verschiedenen Nationen mit dem absoluten Vorrang der eigenen Interessen bis hin zur Vernichtung unter Anwendung aller Mittel. Lüge, Terror gegen die Zivilbevölkerung, Massenvernichtungswaffen (deren Anwendung man gerade in jenen Jahren zu planen begann), Machtmittel des Widerstandes gegen den Feind waren nicht ausgeschlossen. Der Klassenkampf im marxistischen Sinn und der Militarismus haben gleiche Wurzeln: den Atheismus und die Verachtung der menschlichen Person, die das Prinzip der Macht über Vernunft und Recht setzen.

15. *Rerum novarum* stellt sich der Verstaatlichung der Produktionsmittel entgegen, die den Bürger als nur kleinen Bestandteil der Staatsmaschinerie herabwürdigen würde. Nicht weniger energisch aber kritisiert die Enzyklika eine Staatsauffassung, die die Wirtschaft aus ihren Interessen und Maßnahmen völlig ausklammern würde. Zweifellos gibt es einen berechtigten Raum der Freiheit in der Wirtschaft, in den der Staat nicht eingreifen soll. Aber der Staat hat die Aufgabe, den rechtlichen Rahmen zu erstellen, innerhalb dessen sich das Wirtschaftsleben entfalten kann. Damit schafft er die Grundvoraussetzung für eine freie Wirtschaft, die in einer gewissen

---

41 Vgl. *Laborem exercens*, Nr. 11-15.

42 PIUS XI., Enzyklika *Quadragesimo anno*, Nr. 113.

Gleichheit unter den Beteiligten besteht, so daß der eine nicht so übermächtig wird, daß er den anderen praktisch zur Sklaverei verurteilt.[43]

Angesichts solcher Gefahren zeigt *Rerum novarum* den Weg gerechter Reformen auf, die der Arbeit ihre Würde als freies Tun des Menschen wiedergeben. Das besagt unter anderem vor allem die Verantwortung von seiten der Gesellschaft und des Staates, den Arbeiter vor dem Alptraum der Arbeitslosigkeit zu schützen. Dies wurde im Verlauf der Zeit durch zwei sich ergänzende Wege versucht: durch eine Wirtschaftspolitik mit dem Ziel eines ausgeglichenen Wachstums und der Sicherung von Vollbeschäftigung und ebenso mit einer Versicherung gegen Arbeitslosigkeit, verbunden mit einer Politik der Umschulung, die den Wechsel eines Arbeiters von einem Krisensektor in einen Entwicklungssektor erleichtert.

Ferner müssen Gesellschaft und Staat für ein angemessenes Lohnniveau sorgen, das dem Arbeiter und seiner Familie den Unterhalt sichert und die Möglichkeit zum Sparen erlaubt. Es erfordert Anstrengungen, um den Arbeitern stets jenes fachliche Wissen und Können zu vermitteln, damit ihre Arbeit zur Verbesserung der Produktion beiträgt. Es ist ebenso notwendig, darüber zu wachen und gesetzgeberische Maßnahmen zu ergreifen, um die schändliche Ausbeutung insbesondere der Schwachen, der Einwanderer und der an den Rand gedrängten Arbeiter zu verhindern. Hier liegt die entscheidende Aufgabe der Gewerkschaften, die Mindestlohn und Arbeitsbedingungen aushandeln.

Schließlich ist die Sicherung einer „menschlichen" Arbeitszeit und eine entsprechende Erholung zu garantieren. Von Bedeutung ist das Recht, die eigene Persönlichkeit am Arbeitsplatz einzubringen, ohne daß dabei das eigene Gewissen oder die Menschenwürde Schaden leiden. Hier ist von neuem an die Rolle der Gewerkschaften zu appellieren, die nicht nur als Verhandlungspartner, sondern auch als „Ort" dienen sollen, an dem die Persönlichkeit des Arbeiters zur Geltung kommen kann. Sie sollen dazu beitragen, eine echte Arbeitskultur zu entwickeln und den Arbeitern die volle menschliche Anteilnahme am Unternehmen zu ermöglichen.[44] Zur Verwirklichung dieser Ziele muß der Staat, sei es unmittelbar oder mittelbar, seinen Beitrag leisten. Mittelbar dadurch, daß er nach dem Prinzip der Subsidiarität möglichst günstige Voraussetzungen für die freie Entfaltung der Wirtschaft bietet, die damit ein reiches Angebot an Arbeitsmöglichkeiten und einen Grundstock für den Wohlstand schafft. Unmittelbar leistet der Staat seinen Beitrag, wenn er nach dem Prinzip der Solidarität zur Verteidigung des Schwächeren Grenzen setzt, die über die Arbeitsbedingungen entscheiden, und wenn er dem beschäftigungslosen Arbeiter das Existenzminimum garantiert.[45]

Die Enzyklika und mit ihr das soziale Lehramt hatten in den Jahren der Wende vom 19. zum 20. Jahrhundert einen vielfältigen Einfluß. Dieser Einfluß zeigt sich in zahl-

---

43 Vgl. Enzyklika *Rerum novarum*, Nr. 26-29.

44 Vgl. Enzyklika *Laborem exercens*, Nr. 20; *Ansprache an die Internationale Arbeitsorganisation (O.I.T.) in Genf* (15. Juni 1982); PAUL VI., *Ansprache an dieselbe Organisation* (10. Juni 1969): AAS 61[1969]491-502.

45 Vgl. Enzyklika *Laborem exercens*, Nr. 8.

reichen Reformen auf dem Gebiet der Sozialgesetzgebung, der Altersversorgung, der Krankenversicherung, der Unfallverhütung, immer im Hinblick auf eine umfassendere und größere Achtung vor den Rechten der Arbeiter.[46]

16. Die Reformen wurden zum Teil von den Staaten selber durchgeführt, zum Teil aber hatte die Arbeiterbewegung im Kampf um ihre Durchsetzung eine wichtige Rolle. Als Reaktion des moralischen Gewissens gegen Ungerechtigkeit und Ausbeutung entstanden, kam sie in der Folge in einem gewissen Maße unter den Einfluß jener marxistischen Ideologie, gegen die sich *Rerum novarum* wandte. Die Arbeiterbewegung entfaltete umfangreiche gewerkschaftliche und reformerische Aktivitäten, die sich vom Nebel der Ideologie fernhielten. Sie befaßte sich mit den täglichen Anliegen der Arbeiter, und hier traf sich ihr Bemühen oft mit dem der Christen, für die Arbeiter bessere Lebensbedingungen zu schaffen.
In die gleiche Richtung gingen auch die Bemühungen der organisierten Selbsthilfe der Gesellschaft in der Erstellung wirksamer Formen der Solidarität, die imstande waren, das Wirtschaftswachstum mit mehr Achtung vor dem Menschen zu verbinden. Hier ist an die vielfältige Tätigkeit zu erinnern, an der Christen einen wesentlichen Anteil hatten: in der Gründung von Produktions-, Konsum- und Kreditgenossenschaften, in der Förderung der Volks- und Berufsbildung, in den verschiedenen Versuchen der Mitbeteiligung am Betrieb und ganz allgemein am Leben der Gesellschaft. Wenn es im Blick auf die Vergangenheit angebracht ist, Gott zu danken, weil die große Enzyklika in den Herzen nicht ohne Antwort blieb, sondern zu großmütigem Handeln angeregt hat, so ist dennoch daran zu erinnern, daß ihre prophetische Botschaft von den Menschen ihrer Zeit nicht in vollem Umfang aufgenommen wurde. Gerade dadurch kam es zu ernsten Katastrophen.

17. Wenn man die Enzyklika in Verbindung mit dem ganzen Reichtum des Lehramtes Leos liest[47], so erkennt man, daß sie auf wirtschaftlich-gesellschaftlichem Gebiet die Konsequenzen eines Irrtums von größter Tragweite aufzeigt. Dieser Irrtum besteht, wie ich vorher sagte, in einem Verständnis der menschlichen Freiheit, die sie vom Gehorsam gegenüber der Wahrheit und damit auch von der Pflicht, die Rechte der Menschen zu respektieren, entbindet. Inhalt der Freiheit wird dann die Selbstliebe, die bis zur Verachtung Gottes und des Nächsten führt, die in der Verfolgung der eigenen Interessen keine Grenzen kennt und die auf die Forderungen der Gerechtigkeit keine Rücksicht nimmt.[48]
Gerade dieser Irrtum kam voll zur Wirkung in der tragischen Abfolge von Kriegen, die zwischen 1914 und 1945 Europa und die ganze Welt erschütterten. Diese Kriege waren Auswirkungen des Militarismus und des maßlosen Nationalismus und der damit verbundenen Formen von Totalitarismus. Sie entstehen aus dem Klassenkampf, aus Bürgerkriegen und ideologischen Kämpfen. Ohne die schreckliche Last

46 Vgl. Enzyklika *Quadragesimo anno*, Nr. 14.

47 Vgl. die Enzykliken *Arcanum* (10.2.1880); *Diuturnum* (29.6.1881); *Immortale Dei* (1.11.1885); *Sapientiae christianae* (1.1.1890); *Quod Apostolici muneris* (28.12.1878); *Libertas* (20.6.1888).

48 Vgl. Enzyklika *Libertas*, Nr. 10.

von Haß und Rachsucht, die sich wegen derart zahlreicher Ungerechtigkeiten sowohl auf internationaler Ebene als auch auf jener im Inneren der einzelnen Staaten anhäufte, wäre ein Krieg von solch totaler Grausamkeit, in dem alle Kräfte großer Nationen eingesetzt wurden, in dem man vor Verletzung heiligster Menschenrechte nicht zurückschreckte, in dem die Ausrottung ganzer Völker und gesellschaftlicher Gruppen geplant und durchgeführt wurde, nicht möglich gewesen. Wir denken hier besonders an das jüdische Volk, dessen schreckliches Schicksal zum Symbol für jene Verirrungen wurde, zu denen der Mensch kommen kann, wenn er sich gegen Gott wendet.

Haß und Ungerechtigkeit bemächtigen sich immer noch ganzer Nationen. Sie lassen sich nur dann zum Handeln bewegen, wenn sie von Ideologien legitimiert und organisiert werden, die sich mehr auf die eigene Ahnung als auf die Wahrheit über den Menschen gründen.[49] Die Enzyklika *Rerum novarum* hat sich gegen die Ideologien des Hasses zur Wehr gesetzt und Wege der Gerechtigkeit zur Überwindung von Gewalt und Feindschaft aufgezeigt. Möge die Erinnerung an jene schrecklichen Ereignisse das Handeln aller Menschen beeinflussen, insbesondere das der Verantwortlichen der Völker unserer Zeit. Einer Zeit, in der neues Unrecht neuen Haß nährt und neue Ideologien am Horizont auftauchen, die die Gewalt verherrlichen.

18. Gewiß, seit 1945 schweigen die Waffen auf dem europäischen Kontinent. Der wahre Friede aber - daran sei erinnert - ist niemals das Ergebnis eines errungenen militärischen Sieges, sondern besteht in der Überwindung der Kriegsursachen und in der echten Aussöhnung unter den Völkern. Während vieler Jahre gab es in Europa und in der Welt jedoch eher eine Situation des Nicht-Krieges als des authentischen Friedens. Eine Hälfte des europäischen Kontinents geriet unter die Herrschaft der kommunistischen Diktatur, während die andere Hälfte darauf bedacht war, sich gegen eine solche Gefahr abzusichern. Viele Völker verlieren die Möglichkeit, über sich selbst zu verfügen. Sie werden in die bedrückenden Grenzen eines Machtblockes eingeschlossen, während man darauf hinarbeitet, ihr Geschichtsbewußtsein und die Wurzeln ihrer jahrhundertealten Kultur auszulöschen. Ungeheure Massen von Menschen werden als Folge der gewaltsamen Teilung dazu gezwungen, ihr Land zu verlassen und werden gewaltsam vertrieben.

Ein irrsinniger Rüstungswettlauf verschlingt die Mittel, die nötig wären, um eine Entwicklung der eigenen Wirtschaft zu sichern und den am meisten benachteiligten Nationen zu helfen. Der wissenschaftliche und technologische Fortschritt, der zum Wohlergehen des Menschen beitragen sollte, wird zum Instrument für den Krieg. Man gebraucht Wissenschaft und Technik, um immer vollkommenere Waffen zur Massenvernichtung zu produzieren, während eine Ideologie, die eine Perversion echter Philosophie darstellt, die theoretische Rechtfertigung für den neuen Krieg liefern soll. Dieser Krieg wird nicht nur erwartet und vorbereitet, er wird geführt mit ungeheurem Blutvergießen in verschiedenen Teilen der Welt. Die Logik der Blöcke und Machtbereiche, die in den verschiedenen Dokumenten der Kirche und jüngst in

49 Vgl. *Botschaft zum XIII. Weltfriedenstag*: AAS 71[1979]1572-1580.

der Enzyklika *Sollicitudo rei socialis*[50] angeprangert wurden, verfährt in der Weise, daß die in den Ländern der Dritten Welt entstandenen Streitigkeiten und Unstimmigkeiten systematisch gefördert und ausgenützt werden, um dem Gegner Schwierigkeiten zu machen.

Extremistische Gruppen, die diese Konflikte mit Waffengewalt lösen wollen, finden politische und militärische Unterstützung. Sie werden mit Waffen versehen und für den Krieg ausgebildet, während jene, die sich unter Respektierung der legitimen Interessen aller Beteiligten um friedliche und menschliche Lösungen bemühen, isoliert bleiben und oft Opfer ihrer Gegner werden. Auch die militärische Aufrüstung vieler Länder der Dritten Welt und die sie zerfleischenden Stammesfehden, die Ausbreitung des Terrorismus und der stets barbarischer werdenden Mittel der politisch-militärischen Auseinandersetzung stellen eine der Hauptursachen dar in der Brüchigkeit des Friedens nach dem Zweiten Weltkrieg. Auf der ganzen Welt lastet schließlich die Bedrohung eines Atomkrieges, der die ganze Menschheit auslöschen kann. Die für militärische Zwecke angewandte Wissenschaft gibt dem von Ideologie geförderten Haß die entscheidenden Möglichkeiten. Aber der Krieg kann ohne Sieger und Besiegte im Selbstmord der Menschheit enden, und deshalb muß man die Logik, die dazu führt, radikal zurückweisen, nämlich die Idee, daß der Kampf zur Vernichtung des Feindes, die Gegnerschaft und der Krieg zur Entwicklung und zum Fortschritt der Geschichte beitragen.[51] Wenn man die Notwendigkeit dieser Ablehnung einsieht, dann muß notwendigerweise die Logik des „totalen Krieges" wie die des „Klassenkampfes" in Krise geraten.

19. Am Ende des Zweiten Weltkrieges ist ein solcher Fortschritt des Bewußtseins aber erst in den Anfängen. Was die Aufmerksamkeit erregt, ist die Ausbreitung des kommunistischen Totalitarismus auf mehr als die Hälfte Europas und weite Teile der Welt. Der Krieg, der die Freiheit wiederbringen und das Recht der Völker wiederherstellen sollte, geht ohne die Verwirklichung dieser Ziele zu Ende. Viele Völker, besonders jene, die schwer gelitten hatten, erfahren das Gegenteil. Diese Situation hat verschiedene Antworten hervorgebracht.

In einigen Ländern sieht man nach der Zerstörung des Krieges auf verschiedenen Gebieten ein positives Bemühen zum Aufbau einer demokratischen Gesellschaft, die sich von sozialer Gerechtigkeit leiten läßt und dem Kommunismus sein revolutionäres Potential entzieht, das sich auf die ausgebeuteten und unterdrückten Massen gründet. Dieses Bemühen wird im allgemeinen durch die Methoden der freien Marktwirtschaft unterstützt. Durch stabile Währung und Sicherheit der sozialen Beziehungen sucht man die Voraussetzungen für ein stabiles und gesundes Wirtschaftswachstum zu schaffen, in dem die Menschen mit ihrer Arbeit für sich selbst und für ihre Kinder eine bessere Zukunft bauen können. Zugleich will man vermeiden, daß die Marktmechanismen zum ausschließlichen Bezugspunkt für das gesamte gesellschaftliche Leben werden. Man strebt eine öffentliche Kontrolle an, die das

50 Vgl. Enzyklika *Sollicitudo rei socialis*, Nr. 20.

51 Vgl. JOHANNES XXIII., Enzyklika *Pacem in terris* (11. April 1963), III: AAS 55[1963]286-289.

Prinzip der Bestimmung der Güter der Erde für alle wirksam zur Geltung kommen läßt. Die verhältnismäßig guten Arbeitsmöglichkeiten, ein solides System der sozialen und beruflichen Sicherheit, die Freiheit zur Gründung von Vereinigungen und die ausgeprägte Tätigkeit von Gewerkschaften, Vorkehrungen für den Fall der Arbeitslosigkeit, die Möglichkeit demokratischer Teilnahme am gesellschaftlichen Leben, all das sollte dazu beitragen, die Arbeit ihres Warencharakters zu entkleiden und ihr die Möglichkeit zu geben, sie in Würde auszuführen.
Es gibt sodann andere soziale Kräfte und geistige Bewegungen, die sich dem Marxismus durch die Erstellung von Systemen „nationaler Sicherheit" entgegenstellen. Ihr Ziel ist, die ganze Gesellschaft bis in die feinsten Verästelungen zu kontrollieren, um marxistische Infiltration zu verhindern. Sie verherrlichen und steigern die Macht des Staates und wollen so ihre Völker vor dem Kommunismus bewahren. Dabei geraten sie aber ernstlich in die Gefahr, jene Freiheit und jene Werte des Menschen zu zerstören, in deren Namen man sich diesem entgegenstellen muß.
Eine weitere praktische Antwort wird schließlich von der Wohlstands- oder Konsumgesellschaft verkörpert. Sie sucht den Marxismus auf der Ebene eines reinen Materialismus zu besiegen, indem gezeigt wird, daß eine Gesellschaft der freien Marktwirtschaft die Befriedigung der materiellen Bedürfnisse des Menschen besser gewährleisten kann als der Kommunismus, wobei geistige Werte ebenso außer acht gelassen werden. Einerseits ist es wahr, daß dieses soziale Modell den Zusammenbruch des Marxismus aufzeigt, insofern er eine neue und bessere Gesellschaft erstellen wollte. Andererseits stimmt es mit ihm aber in Wirklichkeit überein, insofern es jede Eigenständigkeit, jede Berufung zum sittlichen Handeln, zum Recht, zur Kultur und zur Religion leugnet und den Menschen völlig auf den Bereich der Wirtschaft und die Befriedigung materieller Bedürfnisse reduziert.

20. In derselben Zeitspanne vollzieht sich ein grandioser Prozeß der „Dekolonisation", durch den viele Länder die Unabhängigkeit und das Recht der freien Selbstbestimmung erhalten. Aber mit der formalen Erlangung der staatlichen Souveränität befinden sich diese Länder oft erst am Beginn des Weges zu einer echten Unabhängigkeit. Tatsächlich bleiben wichtige Bereiche der Wirtschaft noch in den Händen großer ausländischer Unternehmen, die nicht bereit sind, sich auf Dauer zur Entwicklung des Gastlandes zu verpflichten. Oft wird die Politik selbst von ausländischen Mächten kontrolliert. Im Inneren der Staaten leben Stammesgruppen, die noch nicht zu einer echten nationalen Gemeinschaft verschmolzen sind. Es fehlen darüber hinaus kompetente Fachleute, die fähig sind, die Verwaltung des Staates sachgerecht und in rechtschaffener Weise zu ordnen. Es fehlen ebenso die Rahmenbedingungen effizienter und verantwortungsbewußter Wirtschaftsführung.
In der dargelegten Situation scheint es vielen, daß der Marxismus für den Aufbau der Nation und des Staates richtungweisend sein könnte, und darum entstehen verschiedene Spielarten des Sozialismus mit spezifisch nationalem Charakter. So vermischen sich in vielen Ideologien, die sich jeweils andersartig darstellen, legitime Forderungen nationaler Befreiung, Nationalismen und Militarismen sowie Grund-

sätze alter Volksüberlieferungen, die oft verwandt erscheinen mit der christlichen Soziallehre, und Begriffe des Marxismus-Leninismus.

21. Schließlich ist daran zu erinnern, daß sich nach dem Zweiten Weltkrieg als Reaktion auf seine Schrecken ein lebendiges Bewußtsein für die Menschenrechte verbreitete. Es hat in verschiedenen internationalen Dokumenten[52] seinen Ausdruck gefunden und ebenso in der Erarbeitung eines neuen Völkerrechtes, zu dem der Heilige Stuhl einen beständigen Beitrag geleistet hat. Der Angelpunkt dieser Entwicklung aber war die Organisation der Vereinten Nationen. Nicht nur das Bewußtsein des Rechts des einzelnen ist gewachsen, sondern auch das der Rechte der Völker. Man erkannte klarer die Notwendigkeit, dahin zu wirken, die Unterschiede in den verschiedenen Regionen der Welt auszugleichen, die den Kernpunkt der sozialen Frage von der nationalen auf die internationale Ebene verlagert haben.[53]
Nimmt man auch diese Entwicklung mit Genugtuung zur Kenntnis, so kann man doch nicht die Tatsache übersehen, daß die Gesamtbilanz der verschiedenen Entwicklungshilfen keineswegs immer positiv ist. Den Vereinten Nationen ist es bis jetzt nicht gelungen, an Stelle des Krieges ein wirksames Instrumentarium zur Lösung internationaler Konflikte auszuarbeiten. Das erscheint als das dringendste Problem, das die internationale Gemeinschaft zu lösen hat.

III. Kapitel: Das Jahr 1989

22. Von der eben geschilderten und in der Enzyklika *Sollicitudo rei socialis* bereits ausführlich dargestellten Weltlage her begreift man die unerwartete und vielversprechende Tragweite der Geschehnisse der letzten Jahre. Ihr Höhepunkt waren sicher die Ereignisse des Jahres 1989 in den Ländern Mittel- und Osteuropas; sie umfassen aber einen größeren Zeitbogen und einen breiteren geographischen Horizont. Im Laufe der achtziger Jahre brechen nacheinander in einigen Ländern Lateinamerikas, aber auch Afrikas und Asiens diktatorische, von Unterdrückung gekennzeichnete Regimes zusammen; in anderen Fällen beginnt ein schwieriger, aber erfolgreicher Übergang hin zu gerechteren und demokratischen politischen Strukturen. Einen wichtigen, ja entscheidenden Beitrag hat dabei der Einsatz der Kirche für die Verteidigung und die Förderung der Menschenrechte geleistet. In stark ideologisierten Milieus, wo eine völlig einseitige Beeinflussung das Bewußtsein von der gemeinsamen menschlichen Würde trübte, hat die Kirche klar und nachdrücklich geltend gemacht, daß jeder Mensch, welche persönlichen Überzeugungen er auch immer haben mag, das Ebenbild Gottes in sich trage und daher Achtung verdiene. In dieser Aussage hat sich die große Mehrheit des Volkes oft wiedererkannt, und das hat zur Suche nach Kampfformen und politischen Lösungen geführt, die der Würde des Menschen mehr entsprechen.

---

52 Vgl. *Allgemeine Erklärung der Menschenrechte von 1948*; JOHANNES XXIII., Enzyklika *Pacem in terris*, IV; *Schlußakte der Konferenz über Sicherheit und Zusammenarbeit in Europa (KSZE)*, Helsinki 1975.

53 Vgl. PAUL VI., Enyzklika *Populorum progressio* (26. März 1967), Nr. 61-65.

Aus diesem historischen Prozeß sind neue Formen der Demokratie hervorgegangen. Sie geben Hoffnung auf einen Wandel in den brüchigen politischen und sozialen Strukturen, die nicht nur von der Hypothek schmerzlicher Ungerechtigkeit und Verbitterung, sondern auch von einer geschädigten Wirtschaft und schweren sozialen Konflikten belastet sind. Während ich zusammen mit der ganzen Kirche Gott für das oft heldenhafte Zeugnis danke, das viele Bischöfe, ganze Christengemeinden und einzelne Gläubige und andere Menschen guten Willens unter diesen schwierigen Umständen gegeben haben, bete ich darum, daß Er die Anstrengungen aller zum Aufbau einer besseren Zukunft unterstützen möge. Diese Verantwortung trifft nicht nur die Bürger jener Länder, sondern alle Christen und Menschen guten Willens. Es geht darum zu beweisen, daß die umfassenden Probleme jener Völker auf dem Weg des Dialogs und der Solidarität eher gelöst werden können als durch die Vernichtung des Gegners und durch Krieg.

23. Unter den zahlreichen Faktoren des Zusammenbruches der von Unterdrückung gekennzeichneten Regimes verdienen einige besonders erwähnt zu werden. Der entscheidende Faktor, der den Wandel in Gang gebracht hat, ist zweifellos die Verletzung der Rechte der Arbeit. Man darf nicht vergessen, daß die entscheidende Krise der Systeme, die vorgeben, Ausdruck der Herrschaft und der Diktatur der Arbeiter zu sein, mit den großen Arbeiterbewegungen beginnt, die in Polen im Namen der Solidarität stattfanden. Es sind die Massen der Arbeiter, die der Ideologie, die angeblich in ihrem Namen spricht, die Legitimation entziehen. Die gleichen Arbeiter stoßen in der harten Erfahrung der Arbeit und der Unterdrückung auf die Aussagen und Grundsätze der Soziallehre der Kirche, und dies bedeutet für sie eine Neuentdeckung.

Es muß ausdrücklich betont werden, daß der Zusammenbruch dieser Machtblöcke überall durch einen gewaltlosen Kampf erreicht wurde, der nur von den Waffen der Wahrheit und der Gerechtigkeit Gebrauch machte. Der Marxismus war der Meinung, daß es erst nach Radikalisierung der sozialen Gegensätze möglich wäre, durch eine gewaltsame Auseinandersetzung zu einer Lösung zu gelangen. Die Kämpfe hingegen, die zum Zusammenbruch des Marxismus führten, bemühten sich mit Zähigkeit, alle Wege der Verhandlung, des Dialogs und des Zeugnisses der Wahrheit zu gehen. Man appellierte an das Gewissen des Gegners, und man war bemüht, in ihm das Bewußtsein der gemeinsamen Menschenwürde zu wecken.

Man konnte den Eindruck haben, daß die aus dem Zweiten Weltkrieg hervorgegangene und vom Abkommen von Jalta festgelegte Ordnung Europas nur durch einen neuerlichen Krieg erschüttert werden könnte. Statt dessen ist sie von dem gewaltlosen Engagement von Menschen überwunden worden, die sich stets geweigert hatten, der Macht der Gewalt zu weichen, und Schritt für Schritt wirksame Mittel zu finden wußten, um von der Wahrheit Zeugnis abzulegen. Das hat den Gegner entwaffnet. Denn die Gewalt muß sich immer mit der Lüge rechtfertigen. Sie gibt vor, auch wenn der Anschein trügt, die Verteidigung eines Rechts oder die Abwehr einer

Bedrohung im Auge zu haben.[54] Ich danke Gott dafür, daß Er das Herz der Menschen in der Zeit der schweren Prüfung gestärkt hat, und bitte Ihn, daß dieses Beispiel auch an anderen Orten und in anderen Situationen zur Geltung komme. Mögen die Menschen lernen, gewaltlos für die Gerechtigkeit zu kämpfen, in den internen Auseinandersetzungen auf den Klassenkampf zu verzichten und in internationalen Konflikten auf den Krieg.

24. Die zweite Ursache der Krise ist zweifellos die Untauglichkeit des Wirtschaftssystems. Hier geht es nicht bloß um ein technisches Problem, sondern vielmehr um die Folgen der Verletzung der menschlichen Rechte auf wirtschaftliche Initiative, auf Eigentum und auf Freiheit im Bereich der Wirtschaft. Dazu kommt die kulturelle und nationale Dimension. Man kann den Menschen nicht einseitig von der Wirtschaft her begreifen und auch nicht auf Grund der bloßen Zugehörigkeit zu einer Klasse. Der Mensch wird am umfassendsten dann erfaßt, wenn er im Kontext seiner Kultur gesehen wird, das heißt wie er sich durch die Sprache, die eigene Geschichte und durch die Grundhaltungen in den entscheidenden Ereignissen des Lebens, in der Geburt, in der Liebe, im Tod, darstellt. Im Mittelpunkt jeder Kultur steht die Haltung, die der Mensch dem größten Geheimnis gegenüber einnimmt: dem Geheimnis Gottes. Die Kulturen der einzelnen Nationen sind im Grunde nur verschiedene Weisen, sich der Frage nach dem Sinn der eigenen Existenz zu stellen; wird diese Frage ausgeklammert, entarten die Kultur und die Moral der Völker. Deshalb hat sich der Kampf für die Verteidigung der Rechte der Arbeit spontan mit dem Kampf für die Kultur und die Rechte der Nation verbunden. Die wahre Ursache der jüngsten Ereignisse ist jedoch die vom Atheismus hervorgerufene geistige Leere. Sie hat die jungen Generationen ohne Orientierung gelassen und sie nicht selten veranlaßt, bei ihrer ununterdrückbaren Suche nach der eigenen Identität und nach dem Sinn des Lebens die religiösen Wurzeln der Kultur ihrer Nationen und die Person Christi selbst wiederzuentdecken als einzige Antwort auf die im Herzen jedes Menschen vorhandene Sehnsucht nach Glück, Wahrheit und Leben. Diesem Suchen ist das Zeugnis all derer entgegengekommen, die unter schwierigen Umständen und unter Verfolgungen Gott die Treue hielten. Der Marxismus hatte versprochen, das Verlangen nach Gott aus dem Herzen des Menschen zu tilgen. Die Ergebnisse aber haben bewiesen, daß dies nicht gelingen kann, ohne dieses Herz selber zu zerrütten.

25. Die Ereignisse des Jahres 1989 bieten ein Beispiel für den Erfolg des Verhandlungswillens und des evangelischen Geistes gegenüber einem Gegner, der entschlossen war, sich nicht von sittlichen Normen eingrenzen zu lassen. Sie sind eine Warnung für alle, die im Namen des politischen Realismus Recht und Moral aus der Politik verbannen wollen. Der Kampf, der zu den Veränderungen von 1989 führte, hat sicher Klarheit, Mäßigung, Leiden und Opfer verlangt; er ist in gewissem Sinne aus dem Gebet entstanden und wäre ohne ein grenzenloses Vertrauen in Gott, den Herrn der Geschichte, der das Herz der Menschen in seinen Händen hält, undenkbar

---

54 Vgl. *Botschaft zum Weltfriedenstag 1980*: a.a.O., 1572-1580.

gewesen. Indem der Mensch sein Leiden für die Wahrheit und die Freiheit dem Leiden Christi am Kreuz hinzufügt, vermag er das Wunder des Friedens zu vollbringen, und ist imstande, den schmalen Pfad zu erkennen zwischen der Feigheit, die dem Bösen weicht, und der Gewalt, die sich zwar einbildet, das Böse zu bekämpfen, es aber in Wirklichkeit verschlimmert.

Man darf allerdings nicht die zahlreichen Bedingtheiten übersehen, von denen die Freiheit des einzelnen Menschen abhängt. Sie beeinflussen die Freiheit, aber bestimmen sie nicht; sie erleichtern mehr oder weniger ihre Ausübung, können sie aber nicht zerstören. Es ist nicht nur vom ethischen Standpunkt her nicht gestattet, die Natur des Menschen, der zur Freiheit geschaffen ist, zu übersehen. Es ist praktisch gar nicht möglich. Dort, wo sich die Gesellschaft so organisiert, daß der legitime Raum der Freiheit willkürlich eingeschränkt oder gar zerstört wird, löst sich das gesellschaftliche Leben nach und nach auf und verfällt schließlich.

Der zur Freiheit geschaffene Mensch trägt in sich die Wunde der Ursünde, die ihn ständig zum Bösen treibt und erlösungsbedürftig macht. Diese Lehre ist nicht nur ein wesentlicher Bestandteil der christlichen Offenbarung, sondern sie besitzt auch einen großen hermeneutischen Wert, weil sie die Wirklichkeit des Menschen begreifen hilft. Der Mensch strebt zum Guten, aber er ist auch des Bösen fähig; er kann über sein unmittelbares Interesse hinausgehen und bleibt dennoch daran gebunden. Die Gesellschaftsordnung wird um so beständiger sein, je mehr sie dieser Tatsache Rechnung trägt. Sie wird nicht das persönliche Interesse dem Gesamtinteresse der Gesellschaft entgegenstellen, sondern nach Möglichkeiten einer fruchtbaren Zusammenarbeit suchen. Denn wo das Interesse des einzelnen gewaltsam unterdrückt wird, wird es durch ein drückendes System bürokratischer Kontrolle ersetzt, das die Quellen der Initiative und Kreativität versiegen läßt. Wenn Menschen meinen, sie verfügten über das Geheimnis einer vollkommenen Gesellschaftsordnung, die das Böse unmöglich macht, dann glauben sie auch, daß sie für deren Verwirklichung jedes Mittel, auch Gewalt und Lüge, einsetzen dürfen. Die Politik wird dann zu einer „weltlichen Religion", die sich einbildet, das Paradies in dieser Welt zu errichten. Aber niemals wird irgendeine politische Gesellschaft, die ihre eigene Autonomie und ihre eigenen Gesetze besitzt[55], mit dem Reich Gottes verwechselt werden können. Das biblische Gleichnis vom guten Samen und vom Unkraut (vgl. *Mt* 13,24-30.36-43) lehrt uns aber, daß es allein Gott zusteht, die Söhne des Reiches und die Söhne des Bösen zu scheiden, und daß dieses Urteil erst am Ende der Zeiten stattfinden wird. Indem der Mensch sich anmaßt, dieses Urteil schon jetzt zu verkünden, setzt er sich an die Stelle Gottes und widersetzt sich seiner Geduld.

Durch den Opfertod Christi am Kreuz ist der Sieg des Reiches Gottes ein für allemal erworben. Doch Christ sein besagt immer den Kampf gegen die Anfechtungen und die Macht des Bösen. Erst am Ende der Geschichte wird der Herr zum Endgericht wiederkommen in Herrlichkeit (vgl. *Mt* 25,31) und den neuen Himmel und die

55 Vgl. II. VATIKANISCHES KONZIL, Pastoralkonstitution über die Kirche in der Welt von heute *Gaudium et spes*, Nr. 36; 39.

neue Erde errichten (vgl. *2 Petr* 3,13; *Offb* 21,2). Solange aber die Geschichte währt, vollzieht sich der Kampf zwischen Gut und Böse im Herzen des Menschen.
Was uns die Schrift über die Bestimmung des Gottesreiches lehrt, ist nicht ohne Folgen für das Leben der weltlichen Gesellschaften, die der irdischen Wirklichkeit angehören mit aller Unvollkommenheit und Vorläufigkeit, mit der diese behaftet ist. Das Reich Gottes, das in der Welt gegenwärtig ist, ohne von der Welt zu sein, erleuchtet die Ordnung der menschlichen Gesellschaft, während die Kräfte der Gnade sie durchdringen und beleben. So werden die Erfordernisse einer menschenwürdigen Gesellschaft besser erfaßt, die Abirrungen berichtigt und der Mut, für das Gute zu wirken, gestärkt. Zu dieser Aufgabe der Neubelebung der Welt des Menschen aus dem Evangelium sind, zusammen mit allen Menschen guten Willens, die Christen und in besonderer Weise die Laien aufgerufen.[56]

26. Die Ereignisse von 1989 haben sich vorwiegend in den Ländern Ost- und Mitteleuropas zugetragen; sie haben jedoch eine weltweite Bedeutung, da von ihnen positive und negative Folgen ausgehen, die die ganze Menschheitsfamilie betreffen. Diese Folgen haben keinen mechanischen oder fatalistischen Charakter, sondern sind Herausforderungen an die menschliche Freiheit zur Mitarbeit am Heilsplan Gottes, der in der Geschichte handelt. Die erste Folge war in einigen Ländern die Begegnung zwischen Kirche und Arbeiterbewegung, die aus einer sittlichen und ausdrücklich christlichen Reaktion gegen eine weitverbreitete Situation der Ungerechtigkeit entstanden war. In der Überzeugung, die Proletarier müßten sich, um wirksam gegen die Unterdrückung zu kämpfen, die ökonomistischen und materialistischen Theorien des entstehenden Kapitalismus aneignen, geriet diese Bewegung für ungefähr ein Jahrhundert unter die Vorherrschaft des Marxismus.
In der Krise des Marxismus tauchen spontan die Formen des Arbeiterbewußtseins wieder auf, die eine Forderung nach Gerechtigkeit und Anerkennung der Würde der Arbeit zum Ausdruck bringen, wie sie der Soziallehre der Kirche entspricht.[57] Die Arbeiterbewegung mündet in eine allgemeinere Bewegung der Werktätigen und der Menschen guten Willens für die Befreiung des Menschen und für die Bejahung seiner Rechte ein. Sie erfaßt heute viele Länder und, weit davon entfernt, sich der katholischen Kirche entgegenzustellen, blickt sie mit Interesse auf diese Kirche.
Die Krise des Marxismus beseitigt nicht die Situationen von Ungerechtigkeit und Unterdrückung in der Welt; von ihnen holte sich der Marxismus seinen Zulauf, indem er sie als sein Werkzeug benutzte. Allen denen, die heute auf der Suche nach einer neuen und authentischen Theorie und Praxis der Befreiung sind, bietet die Kirche nicht nur ihre Soziallehre und überhaupt ihre Botschaft über den in Christus erlösten Menschen, sondern auch ihren konkreten Einsatz und ihre Hilfe für den Kampf gegen die Ausgrenzung und das Leiden an.
Das ehrliche Verlangen, auf der Seite der Unterdrückten zu stehen und nicht vom Lauf der Geschichte abgeschnitten zu werden, hat in jüngster Vergangenheit viele

---

56 Vgl. Apostolisches Schreiben *Christifideles laici* (30. Dezember 1988), Nr. 32-44: AAS 81[1989]431-481.

57 Vgl. Enzyklika *Laborem exercens*, Nr. 20: a.a.O., 629-632.

Gläubige dazu verleitet, auf verschiedene Weise einen gar nicht möglichen Kompromiß zwischen Marxismus und Christentum zu versuchen. Unsere Zeit ist dabei, all das zu überwinden, was an jenen Versuchen unzulässig war, und neigt dazu, wieder den positiven Wert einer authentischen Theologie der umfassenden menschlichen Befreiung geltend zu machen.[58] Unter dieser Hinsicht erweisen sich die Ereignisse des Jahres 1989 auch für die Länder der Dritten Welt als bedeutsam, die auf der Suche nach dem Weg ihrer Entwicklung sind, so wie es die Länder Mittel- und Osteuropas gewesen sind.

27. Die zweite Folgerung betrifft die Völker Europas. In den Jahren, in denen der Kommunismus herrschte, und auch schon vorher wurden zahlreiche individuelle und soziale, regionale und nationale Ungerechtigkeiten begangen. Viel Haß und Groll hat sich aufgestaut. Es besteht die Gefahr, daß sich nach dem Zusammenbruch der Diktatur diese Gefühle des Hasses und des Zornes neu entladen und ernste Konflikte und Trauer auslösen, sobald die moralische Kraft und das bewußte Bemühen, von der Wahrheit Zeugnis zu geben, nachlassen. Es ist zu wünschen, daß vor allem in den Herzen jener, die für die Gerechtigkeit kämpfen, nicht Haß und Gewalt triumphieren und in allen der Geist des Friedens und der Vergebung wachse.
Es müssen jedoch konkrete Schritte unternommen werden, um internationale Strukturen zu schaffen bzw. zu stärken, denen es im Fall von Konflikten zwischen den Nationen möglich ist, durch den entsprechenden Schiedsspruch einzugreifen. Auf diese Weise werden jeder Nation ihre Rechte gesichert, und gleichzeitig werden durch gerechte Übereinkunft und friedliche Schlichtung die Rechte der anderen gewahrt. Das alles ist besonders notwendig für die europäischen Nationen, die durch das Band der gemeinsamen Kultur und tausendjährigen Geschichte eng miteinander verbunden sind. Für den moralischen und wirtschaftlichen Wiederaufbau in den Ländern, die den Kommunismus aufgegeben haben, bedarf es einer großen Anstrengung. Über lange Zeit wurden die elementarsten Wirtschaftsbeziehungen verzerrt. Grundlegende Tugenden des Wirtschaftslebens, wie Zuverlässigkeit, Aufrichtigkeit, Fleiß, wurden entwürdigt. Es braucht einen geduldigen materiellen und moralischen Wiederaufbau. Gleichzeitig fordern die von jahrelangen Entbehrungen zermürbten Völker von ihren Regierungen greifbare und schnelle Erfolge, was den Wohlstand betrifft, und eine angemessene Befriedigung ihrer berechtigten Ansprüche.
Der Zusammenbruch des Marxismus hatte natürlich Auswirkungen von großer Tragweite auf die Spaltung der Erde in voneinander abgeschlossene und miteinander eifersüchtig ringende Welten. Er rückt die Wirklichkeit der gegenseitigen Abhängigkeit der Völker klarer ins Licht und ebenso die Tatsache, daß die menschliche Arbeit von Natur aus dazu bestimmt ist, die Völker zu verbinden, nicht aber, sie zu spalten. Friede und Wohlergehen sind Güter, die dem ganzen Menschengeschlecht gehören. Es ist nicht möglich, sie zu Recht und auf Dauer zu genießen, wenn sie

---

58 Vgl. KONGREGATION FÜR DIE GLAUBENSLEHRE, Instruktion über die christliche Freiheit und die Befreiung *Libertatis conscientia* (22. März 1986): AAS 79[1987]554-599.

zum Schaden anderer Völker und Nationen gewonnen und bewahrt werden, indem sie ihre Rechte verletzen oder sie von den Quellen des Wohlstandes ausschließen.

28. Für einige Länder Europas beginnt in gewissem Sinne die eigentliche Nachkriegszeit. Die radikale Neuordnung der bisherigen Kollektivwirtschaften bringt Probleme und Opfer mit sich, die sich mit jenen vergleichen lassen, die die westlichen Länder des Kontinents für ihren Wiederaufbau nach dem Zweiten Weltkrieg auf sich nahmen. Es ist nur gerecht, daß die ehemals kommunistischen Länder in den derzeitigen Schwierigkeiten von der solidarischen Hilfe der anderen Nationen unterstützt werden. Natürlich müssen sie selbst die ersten Baumeister ihrer Entwicklung sein; aber es muß ihnen eine entsprechende Möglichkeit dazu geboten werden. Das kann nur mit der Hilfe der anderen Länder geschehen. Die derzeitige von Schwierigkeiten und Mangel geprägte Lage ist die Folge eines historischen Prozesses, in dem die ehemaligen kommunistischen Länder meist Objekt und nicht Subjekt waren. Sie befinden sich also nicht auf Grund ihrer freien Entscheidung oder auf Grund begangener Irrtümer in dieser Situation, sondern infolge tragischer geschichtlicher Ereignisse, die ihnen gewaltsam aufgezwungen wurden und die sie daran gehindert haben, den Weg der wirtschaftlichen und gesellschaftlichen Entwicklung zu gehen.

Die Hilfe der anderen, vor allem der europäischen Länder, die an dieser Geschichte teilgenommen haben und dafür Mitverantwortung tragen, entspricht einer Verpflichtung der Gerechtigkeit. Aber sie entspricht auch dem Interesse und dem allgemeinen Wohl Europas. Europa wird nicht in Frieden leben können, wenn die vielfältigen Konflikte, die als Folge der Vergangenheit aufbrechen, sich durch wirtschaftlichen Niedergang, geistige Unzufriedenheit und Verzweiflung verschärfen.

Diese Forderung darf jedoch nicht dazu verleiten, die Bemühungen um Unterstützung und Hilfe an die Länder der Dritten Welt zu verringern, die oft unter noch schwereren Situationen der Not und Armut leiden.[59] Es wird vielmehr außerordentlicher Anstrengungen bedürfen, um die Ressourcen, an denen es der Welt insgesamt nicht fehlt, für das Wirtschaftswachstum und die Entwicklung aller aufzubringen. Man wird die Prioritäten und die Werteskalen, auf Grund derer die wirtschaftlichen und politischen Entscheidungen getroffen werden, neu definieren müssen. Gewaltige Mittel können durch den Abbau des riesigen Militärpotentials, das im Ost-West-Konflikt aufgebaut worden war, verfügbar gemacht werden. Sie könnten noch wesentlich gesteigert werden, wenn es gelingt, anstelle von Kriegen wirksame Verfahren für die Lösung von Konflikten festzulegen und damit das Prinzip der Rüstungskontrolle und der Rüstungsbeschränkung in Verbindung mit geeigneten Maßnahmen gegen den Waffenhandel auch in den Ländern der Dritten Welt anzuwenden.[60] Vor allem aber ist es notwendig, eine Denkweise aufzugeben, die die Armen der Erde - Personen und Völker - als eine Last und als unerwünschte Menschen ansieht, die

---

59 Vgl. *Ansprache am Sitz des Rates der C.E.A.O. anläßlich des X. Jahrestages des „Appells für den Sahel"* (Ouagadougou, Burkina Faso, 29. Januar 1990): AAS 82[1990]816-821.

60 Vgl. JOHANNES XXIII., Enzyklika *Pacem in terris*, III: a.a.O., 286-288.

das zu konsumieren beanspruchen, was andere erzeugt haben. Die Armen verlangen das Recht, an der Nutzung der materiellen Güter teilzuhaben und ihre Arbeitsfähigkeit einzubringen, um eine gerechtere und für alle glücklichere Welt aufzubauen. Die Hebung der Armen ist eine große Gelegenheit für das sittliche, kulturelle und wirtschaftliche Wachstum der gesamten Menschheit.

29. Schließlich darf die Entwicklung nicht ausschließlich ökonomisch, sondern im gesamtmenschlichen Sinn verstanden werden.[61] Es geht nicht einfach darum, alle Völker auf das Niveau zu heben, dessen sich heute die reichsten Länder erfreuen. Es geht vielmehr darum, in solidarischer Zusammenarbeit ein menschenwürdigeres Leben aufzubauen, die Würde und Kreativität jedes einzelnen wirksam zu steigern, seine Fähigkeit, auf seine Berufung und damit auf den darin enthaltenen Anruf Gottes zu antworten. Auf dem Höhepunkt der Entwicklung steht die Ausübung des Rechtes und der Pflicht, Gott zu suchen, ihn kennenzulernen und nach dieser Erkenntnis zu leben.[62] In den totalitären und autoritären Regimes wurde das Prinzip des Vorrangs der Macht vor der Vernunft auf die Spitze getrieben. Der Mensch wurde gewaltsam zur Annahme einer Weltanschauung gezwungen, zu der er nicht durch das Bemühen der eigenen Vernunft und die Ausübung seiner Freiheit gelangt war. Dieses Prinzip muß zum Sturz gebracht werden, und die Rechte des menschlichen Gewissens, das nur der Wahrheit, sowohl der natürlichen wie der geoffenbarten, verpflichtet ist, müssen wieder voll zur Geltung kommen. In der Anerkennung dieser Rechte besteht die wesentliche Grundlage jeder wirklich freien politischen Ordnung.[63] Es ist wichtig, dieses Prinzip heute aus drei Gründen neu einzuschärfen.

a) Die alten Formen des Totalitarismus und Autoritarismus sind noch nicht vollständig besiegt, und es besteht die Gefahr, daß sie neuen Auftrieb bekommen. Das drängt zu einem erneuerten Bemühen um Zusammenarbeit und Solidarität zwischen allen Ländern.
b) Es gibt in den Industrieländern bisweilen eine geradezu besessene Propaganda für die rein utilitaristischen Werte, verbunden mit einer Enthemmung der Triebe und einem Drang zum unmittelbaren Genuß, die ein Erkennen und Anerkennen einer Werthierarchie im Leben geradezu unmöglich macht.
c) In einigen Ländern zeigen sich neue Formen eines religiösen Fundamentalismus. Verschleiert, aber auch offen wird den Bürgern eines anderen Glaubensbekenntnisses die freie Ausübung ihrer bürgerlichen und religiösen Rechte verwehrt. Sie werden daran gehindert, sich voll am kulturellen Geschehen zu beteiligen. Der Kirche wird das Recht auf freie Verkündigung des Evangeliums eingeschränkt. Menschen, die diese Botschaft hören, wird verboten, sie anzunehmen und sich zu Christus zu bekehren. Ohne die Achtung des natürlichen Grundrechtes, die

---

61 Vgl. Enzyklika *Sollicitudo rei socialis*, Nr. 27-28: a.a.O., 547-550; PAUL VI., Enzyklika *Populorum progressio*, Nr. 43-44: a.a.O., 278f.

62 Vgl. Enzyklika *Sollicitudo rei socialis*, Nr. 29-31: a.a.O., 550-556.

63 Vgl. *Schlußakte von Helsinki und Wiener Abkommen*; LEO XIII., Enzyklika *Libertas praestantissimum*, Nr. 5: a.a.O., 215-217.

Wahrheit zu erkennen und nach ihr zu leben, gibt es keinen echten Fortschritt. Aus diesem Recht folgt als seine Verwirklichung und Vertiefung das Recht, Jesus Christus, der das wahre Gut des Menschen ist, frei zu entdecken und anzunehmen.[64]

IV. Kapitel: Das Privateigentum und die universale Bestimmung der Güter

30. In *Rerum novarum* machte Leo XIII. gegen den Sozialismus seiner Zeit nachdrücklich den natürlichen Charakter des Rechtes auf privates Eigentum mit verschiedenen Argumenten geltend.[65] Dieses für die Autonomie und Entwicklung der Menschen grundlegende Recht ist von der Kirche bis in unsere Tage stets verteidigt worden. Ebenso lehrt die Kirche, daß der Güterbesitz kein absolutes Recht darstellt, sondern in seiner Rechtsnatur die ihm eigenen Grenzen in sich trägt.

Zugleich mit der Verkündigung des Rechtes auf Privateigentum stellte der Papst mit gleicher Eindringlichkeit fest, daß der "Gebrauch" der Güter, der der Freiheit anvertraut ist, der ursprünglichen Zielbestimmung der geschaffenen Güter für alle und dem im Evangelium bekundeten Willen Jesu Christi untergeordnet sei. So schrieb er: „Es ergeht also die Mahnung ... an die mit Glücksgütern Gesegneten ... Die auffälligen Drohungen Jesu Christi an die Reichen müßten diese mit Furcht erfüllen, denn dem ewigen Richter wird einst strengste Rechenschaft über den Gebrauch der Güter dieses Lebens abgelegt werden müssen". Und indem er den hl. Thomas von Aquin zitiert, fährt er fort: „Fragt man nun, wie der Gebrauch des Besitzes beschaffen sein müsse, so antwortet die Kirche (...): ‚Der Mensch muß die äußeren Dinge nicht wie ein Eigentum, sondern wie gemeinsames Gut betrachten'", denn „über den Gesetzen und den Urteilen der Menschen steht das Gesetz und der Richtspruch Christi".[66]

Die Nachfolger Leos XIII. haben die Doppelaussage wiederholt: die Notwendigkeit und damit die Erlaubtheit des Privateigentums und zugleich die Grenzen, die auf ihm lasten.[67] Auch das II. Vatikanische Konzil hat die traditionelle Lehre wieder vorgelegt mit Worten, die es verdienen, genau wiedergegeben zu werden: „Darum soll der Mensch, der sich dieser Güter bedient, die äußeren Dinge, die er rechtmäßig besitzt, nicht nur als ihm persönlich zu eigen, sondern er muß sie zugleich auch als Gemeingut ansehen in dem Sinn, daß sie nicht ihm allein, sondern auch anderen von Nutzen sein können". Und etwas später heißt es: „Privateigentum oder ein gewisses Maß an Verfügungsmacht über äußere Güter vermitteln den unbedingt nötigen Raum für eigenverantwortliche Gestaltung des persönlichen Lebens jedes einzelnen

---

64 Vgl. Enzyklika *Redemptoris missio* (7. Dezember 1990), Nr. 7: L'Osservatore Romano, 23. Januar 1991.

65 Vgl. Enzyklika *Rerum novarum*, Nr. 3-12; 38-39: a.a.O., 99-107; 131-133.

66 *Ebd.*, Nr. 18; 19: a.a.O., 111-113f.

67 Vgl. PIUS XI., Enzyklika *Quadragesimo anno*, II: a.a.O., 191; PIUS XII., *Radiobotschaft* vom 1. Juni 1941: a.a.O., 199; JOHANNES XXIII., Enzyklika *Mater et Magistra*: a.a.O., 428-429; PAUL VI., Enzyklika *Populorum progressio*, Nr. 22-24: a.a.O., 268f.

und seiner Familie; sie müssen als eine Art Verlängerung der menschlichen Freiheit betrachtet werden ... Aber auch das Privateigentum selbst hat eine ihm wesentliche soziale Seite; sie hat ihre Grundlage in der Widmung der Erdengüter an alle".[68] Dieselbe Lehre habe ich zuerst in der *Ansprache an die III. Konferenz der lateinamerikanischen Bischöfe in Puebla* und dann in den Enzykliken *Laborem exercens* und *Sollicitudo rei socialis* aufgegriffen.[69]

31. Wenn man diese Lehre über das Recht auf Eigentum und die Gemeinbestimmung der Güter im Hinblick auf unsere Zeit wieder liest, kann man sich die Frage nach dem Ursprung der Güter stellen, die den Lebensunterhalt des Menschen bilden, seine Bedürfnisse befriedigen und Objekt seiner Rechte sind.

Der erste Ursprung alles Guten ist Gottes Handeln selbst, der die Welt und den Menschen geschaffen und dem Menschen die Erde übergeben hat, damit er sie sich durch seine Arbeit unterwerfe und ihre Früchte genieße (vgl. *Gen* 1,28-29). Gott hat die Erde dem ganzen Menschengeschlecht geschenkt, ohne jemanden auszuschließen oder zu bevorzugen, auf daß sie alle seine Mitglieder ernähre. Hier liegt die Wurzel der universalen Bestimmung der Güter der Erde. Sie ist auf Grund ihrer Fruchtbarkeit und Fähigkeit, die Bedürfnisse des Menschen zu erfüllen, die erste Gabe Gottes für den Lebensunterhalt des Menschen. Doch die Erde schenkt ihre Früchte nicht ohne eine bewußte Antwort des Menschen auf die Gabe Gottes, das heißt ohne Arbeit. Durch die Arbeit gelingt es dem Menschen, sich unter Gebrauch seines Verstandes und seiner Freiheit die Erde zu unterwerfen und zu seiner würdigen Wohnstatt zu machen. Auf diese Weise macht er sich einen Teil der Erde zu eigen, den er sich durch Arbeit erworben hat. Hier liegt der Ursprung des Privateigentums. Natürlich hat der Mensch auch die Verantwortung, nicht zu verhindern, daß andere Menschen ihren Anteil an der Gabe Gottes erhalten, ja, er muß mit ihnen zusammenarbeiten, so daß sie miteinander über die ganze Erde herrschen.

In der Geschichte finden sich am Beginn jeder menschlichen Gesellschaft stets diese beiden Faktoren: die Arbeit und die Erde. Nicht immer aber stehen sie im selben Verhältnis zueinander. Früher erschien die natürliche Fruchtbarkeit der Erde als der Hauptfaktor des Reichtums, was sie auch tatsächlich war, während die Arbeit eine Art Hilfe und Unterstützung dieser Fruchtbarkeit war. Heute aber wird die menschliche Arbeit als Produktionsfaktor der geistigen und materiellen Reichtümer immer wichtiger. Zudem wird offenkundig, daß die Arbeit des einen und die Arbeit der anderen ineinandergreifen und sich verflechten. Arbeiten ist heute mehr denn je ein Arbeiten mit den anderen und ein Arbeiten für die anderen: Arbeiten besagt, etwas für jemanden tun. Die Arbeit ist um so fruchtbarer und produktiver, je mehr der Mensch imstande ist, die Produktivkraft der Erde und die wahren Bedürfnisse des anderen Menschen zu erkennen, für den die Arbeit getan wird.

---

68 Pastoralkonstitution über die Kirche in der Welt von heute *Gaudium et spes*, Nr. 69; 71.

69 Vgl. *Ansprache an die lateinamerikanischen Bischöfe in Puebla* (28. Januar 1979), III, 4: AAS 71[1979]199-201; Enzyklika *Laborem exercens*, Nr. 14: a.a.O., 612-616; Enzyklika *Sollicitudo rei socialis*, Nr. 42: a.a.O., 572-574.

32. Aber besonders in der heutigen Zeit gibt es noch eine andere Form von Eigentum, der keine geringere Bedeutung als dem Besitz der Erde zukommt: Es ist das der Besitz von Wissen, von Technik und von Können. Der Reichtum der Industrienationen beruht zu einem viel größeren Teil auf dieser Art des Eigentums als auf dem der natürlichen Ressourcen.
Es wurde bereits darauf hingewiesen, daß der Mensch mit den anderen Menschen arbeitet, daß er an einem "Gemeinschaftswerk teilnimmt, das immer weitere Kreise umfaßt. Wer ein Produkt erstellt, tut das außer zum persönlichen Gebrauch im allgemeinen dafür, daß andere davon Gebrauch machen können, nachdem sie den durch freie Verhandlung vereinbarten gerechten Preis gezahlt haben. Gerade die Fähigkeit, die Bedürfnisse der anderen Menschen und die Kombinationen der geeignetsten Produktionsfaktoren für ihre Befriedigung rechtzeitig zu erkennen, ist eine bedeutende Quelle des Reichtums in der modernen Gesellschaft. Viele Güter können gar nicht durch die Arbeitskraft nur eines einzelnen wirksam erstellt werden, sondern sie erfordern die Zusammenarbeit vieler für dasselbe Ziel. Einen solchen Produktionsprozeß zu organisieren, seinen Bestand zu planen, dafür zu sorgen, daß er, unter Übernahme der notwendigen Risiken, der Befriedigung der Bedürfnisse positiv entspricht: auch das ist eine Quelle des Reichtums in der heutigen Gesellschaft. So wird die Rolle der geordneten und schöpferischen menschlichen Arbeit immer offensichtlicher und entscheidender. Aber ebenso sichtbar wird - als wesentlich zu dieser Arbeit gehörend - die Bedeutung der wirtschaftlichen Initiative und des Unternehmertums.[70]
Ein solcher Vorgang, der eine vom Christentum seit jeher vertretene Wahrheit über den Menschen konkret ins Licht rückt, muß mit Aufmerksamkeit und Wohlwollen betrachtet werden. Die wichtigste Ressource des Menschen ist in der Tat, zusammen mit der Erde, der Mensch selbst. Sein Verstand entdeckt die Produktivkraft der Erde und die Vielfalt der Formen, wie die menschlichen Bedürfnisse befriedigt werden können. Seine geordnete Arbeit in solidarischer Zusammenarbeit ermöglicht die Erstellung von immer umfassenderen und zuverlässigeren Arbeitsgemeinschaften zur Umgestaltung der natürlichen und menschlichen Umwelt. In diesen Prozeß sind wichtige Tugenden mit einbezogen, wie Fleiß, Umsicht beim Eingehen zumutbarer Risiken, Zuverlässigkeit und Treue in den zwischenmenschlichen Beziehungen, Festigkeit bei der Durchführung von schwierigen und schmerzvollen, aber für die Betriebsgemeinschaft notwendigen Entscheidungen und bei der Bewältigung etwaiger Schicksalsschläge.
Die moderne Betriebswirtschaft enthält durchaus positive Aspekte. Ihre Wurzel ist die Freiheit des Menschen, die sich in der Wirtschaft wie auf vielen anderen Gebieten verwirklicht. Die Wirtschaft ist ein Teilbereich des vielfältigen menschlichen Tuns, und in ihr gilt, wie auf jedem anderen Gebiet, das Recht auf Freiheit sowie die Pflicht, von ihr verantwortlichen Gebrauch zu machen. Aber hier gibt es spezifische Unterschiede zwischen den Tendenzen der modernen Gesellschaft und jenen der

70 Vgl. Enzyklika *Sollicitudo rei socialis*, Nr. 15: a.a.O., 528-531.

Vergangenheit. War früher der entscheidende Produktionsfaktor die Erde und später das Kapital, verstanden als Gesamtbestand an Maschinen und Produktionsmitteln, so ist heute der entscheidende Faktor immer mehr der Mensch selbst, das heißt seine Erkenntnisfähigkeit in Form wissenschaftlicher Einsicht, seine Fähigkeit, Organisation in Solidarität zu erstellen, und sein Vermögen, das Bedürfnis des anderen wahrzunehmen und zu befriedigen.

33. Es ist jedoch notwendig, auf die mit diesem Vorgang zusammenhängenden Gefahren und Probleme hinzuweisen. Viele Menschen, vielleicht die große Mehrheit, verfügen heute nicht über Mittel, die ihnen tatsächlich und auf menschenwürdige Weise den Eintritt in ein Betriebssystem erlauben, in dem die Arbeit eine wahrhaft zentrale Stellung einnimmt. Sie haben keine Möglichkeit, jene Grundkenntnisse zu erwerben, die es ihnen ermöglichen würden, ihre Kreativität zum Ausdruck zu bringen und ihre Leistungsfähigkeit zu entfalten. Sie haben keine Gelegenheit, in das Gefüge von Beziehungen und Kommunikationen einzutreten, das ihnen die Erfahrung vermitteln würde, daß ihre Fähigkeiten geschätzt und gebraucht werden. Um es kurz zu sagen: Sie sind, wenn auch nicht gerade Ausgebeutete, doch weithin Randexistenzen; die wirtschaftliche Entwicklung geht über ihre Köpfe hinweg, wenn sie nicht sogar die ohnehin schon engen Räume ihrer traditionellen Subsistenzwirtschaften noch weiter einschränkt. Unfähig, der Konkurrenz von Waren standzuhalten, die auf neue Weise hergestellt werden und Bedürfnissen begegnen, die sie früher mit herkömmlichen Organisationsformen zu bewältigen gewohnt waren, angelockt vom Glanz eines zur Schau gestellten, aber für sie unerreichbaren Reichtums und gleichzeitig getrieben von der Not, drängen sich diese Menschen in den Städten der Dritten Welt zusammen, wo sie oft kulturell entwurzelt sich in Situationen drohender Unsicherheit befinden, ohne Möglichkeit zur Integration. Ihnen wird de facto keine Menschenwürde zuerkannt, und manchmal versucht man sie durch eine zwangsweise vorgenommene menschenunwürdige Bevölkerungskontrolle aus der Geschichte zu eliminieren.

Viele andere Menschen leben, auch wenn sie nicht völlige Randexistenzen sind, in einem Milieu, wo der Kampf um das Notwendigste den absoluten Vorrang hat. Dort herrschen noch die Regeln des Kapitalismus der Gründerzeit mit einer Erbarmungslosigkeit, die jener der finstersten Jahre der ersten Industrialisierungsphase in nichts nachsteht. In anderen Fällen ist noch der Boden der Grundfaktor der Wirtschaft. Jene aber, die ihn bebauen, sind von seinem Besitz ausgeschlossen und befinden sich in der Lage halber Sklaven.[71] In solchen Fällen kann man noch heute wie zur Zeit von Rerum novarum von einer unmenschlichen Ausbeutung sprechen. Trotz der großen Veränderungen, die in den fortgeschrittenen Gesellschaften stattgefunden haben, ist das menschliche Defizit des Kapitalismus mit der daraus sich ergebenden Herrschaft der Dinge über die Menschen keineswegs überwunden; ja, für die Armen kam zum Mangel an materiellen Gütern noch der Mangel an Wissen und Bildung

71 Vgl. Enzyklika *Laborem exercens*, Nr. 21: a.a.O., 632-634.

hinzu, der es ihnen unmöglich macht, sich aus ihrer Lage erniedrigender Unterwerfung zu befreien.
Unter ähnlichen Bedingungen lebt leider noch immer die große Mehrheit der Bewohner der Dritten Welt. Es wäre jedoch falsch, diese Dritte Welt in einem bloß räumlichen Sinn zu verstehen. In ihr wurden in manchen Gegenden und in einigen gesellschaftlichen Bereichen Entwicklungsprozesse gefördert, die sich nicht so sehr auf die Erschließung materiellen Reichtums als vielmehr auf die der „menschlichen Ressourcen" konzentriert haben.
Noch vor wenigen Jahren wurde behauptet, die Entwicklung würde von der Isolierung der ärmsten Länder vom Weltmarkt und davon abhängen, daß sie nur auf ihre eigenen Kräfte vertrauen. Die jüngste Erfahrung aber hat bewiesen, daß die Länder, die sich ausgeschlossen haben, Stagnation und Rückgang erlitten haben; eine Entwicklung hingegen haben jene Länder durchgemacht, denen es gelungen ist, in das allgemeine Gefüge der internationalen Wirtschaftsbeziehungen einzutreten. Das größte Problem scheint also darin zu bestehen, einen gerechten Zugang zum internationalen Markt zu erhalten, der nicht auf dem einseitigen Prinzip der Ausbeutung der natürlichen Ressourcen, sondern auf der Erschließung menschlicher Ressourcen beruht.[72]
Dritte-Welt-Aspekte treten jedoch auch in den Industrieländern dort auf, wo der ununterbrochene Wandel in den Produktionsweisen und im Konsumverhalten bereits erworbene Kenntnisse und langjährige Berufserfahrungen abwertet und ein ständiges Bemühen der Umschulung und Anpassung erfordert. Jene, denen es nicht gelingt, mit der Zeit Schritt zu halten, werden leicht an den Rand gedrängt. Mit ihnen werden die Alten, die Jugendlichen, denen der Einstieg in die Gesellschaft nicht gelingt, und allgemein die Schwachen und die sogenannte Vierte Welt zu Randgruppen. Auch die Situation der Frau ist unter diesen Bedingungen alles eher als leicht.

34. Sowohl auf nationaler Ebene der einzelnen Nationen wie auch auf jener der internationalen Beziehungen scheint der freie Markt das wirksamste Instrument für die Anlage der Ressourcen und für die beste Befriedigung der Bedürfnisse zu sein. Das gilt allerdings nur für jene Bedürfnisse, die „bezahlbar" sind, die über eine Kaufkraft verfügen, und für jene Ressourcen, die "verkäuflich" sind und damit einen angemessenen Preis erzielen können. Es gibt aber unzählige menschliche Bedürfnisse, die keinen Zugang zum Markt haben. Es ist strenge Pflicht der Gerechtigkeit und der Wahrheit zu verhindern, daß die fundamentalen menschlichen Bedürfnisse unbefriedigt bleiben und daß die davon betroffenen Menschen zugrunde gehen. Diesen notleidenden Menschen muß geholfen werden, sich das nötige Wissen zu erwerben, in den Kreis der internationalen Beziehungen einzutreten, ihre Anlagen zu entwickeln, um Fähigkeiten und Ressourcen besser einbringen zu können. Noch vor der Logik des Austausches gleicher Werte und der für sie wesentlichen Formen der Gerechtigkeit gibt es etwas, das dem Menschen als Menschen zusteht, das heißt auf Grund seiner einmaligen Würde. Dieses ihm zustehende Etwas ist untrennbar ver-

72 Vgl. PAUL VI., Enzyklika *Populorum progressio*, Nr. 33-43: a.a.O., 273-278.

bunden mit der Möglichkeit, zu überleben und einen aktiven Beitrag zum Gemeinwohl der Menschheit zu leisten.
Im Zusammenhang mit der Dritten Welt bewahren jene Zielsetzungen, die von *Rerum novarum* angeführt wurden, um zu vermeiden, daß die Arbeit des Menschen und der Mensch selber auf das Niveau einer bloßen Ware herabgedrückt werden, ihre volle Gültigkeit (in manchen Fällen ein Ziel, das zu erreichen noch ansteht): der familiengerechte Lohn; die Sozialversicherungen für Alter und Arbeitslosigkeit; der angemessene Schutz der Arbeitsbedingungen.

35. Hier tut sich ein großes und fruchtbares Feld des Einsatzes und des Kampfes im Namen der Gerechtigkeit für die Gewerkschaften und für die anderen Organisationen der Arbeiter auf, die ihre Rechte verteidigen und ihre Subjektivität schützen. Sie haben aber gleichzeitig eine wesentliche Aufgabe kultureller Art, indem sie dazu beitragen, daß die Arbeiter vollwertig und in Würde am Leben der Nation teilnehmen und auf dem Weg der Entwicklung fortschreiten.
In diesem Sinne kann man mit Recht von einem Kampf gegen ein Wirtschaftssystem sprechen, hier verstanden als Methode, die die absolute Vorherrschaft des Kapitals, des Besitzes der Produktionsmittel und des Bodens über die freie Subjektivität der Arbeit des Menschen festhalten will.[73] Für diesen Kampf gegen ein solches System eignet sich als Alternativmodell nicht das sozialistische System, das tatsächlich nichts anderes als einen Staatskapitalismus darstellt. Es geht vielmehr um eine Gesellschaftsordnung der freien Arbeit, der Unternehmen und der Beteiligung. Sie stellt sich keineswegs gegen den Markt, sondern verlangt, daß er von den sozialen Kräften und vom Staat in angemessener Weise kontrolliert werde, um die Befriedigung der Grundbedürfnisse der Gesellschaft zu gewährleisten.
Die Kirche anerkennt die berechtigte Funktion des Gewinnes als Indikator für den guten Zustand und Betrieb des Unternehmens. Wenn ein Unternehmen mit Gewinn produziert, bedeutet das, daß die Produktionsfaktoren sachgemäß eingesetzt und die menschlichen Bedürfnisse gebührend erfüllt wurden. Doch der Gewinn ist nicht das einzige Anzeichen für den Zustand des Unternehmens. Es ist durchaus möglich, daß die Wirtschaftsbilanz in Ordnung ist, aber zugleich die Menschen, die das kostbarste Vermögen des Unternehmens darstellen, gedemütigt und in ihrer Würde verletzt werden. Das ist nicht nur moralisch unzulässig, sondern muß auf weite Sicht gesehen auch negative Auswirkungen auf die wirtschaftliche Leistungsfähigkeit des Unternehmens haben. Denn Zweck des Unternehmens ist nicht bloß die Gewinnerzeugung, sondern auch die Verwirklichung als Gemeinschaft von Menschen, die auf verschiedene Weise die Erfüllung ihrer grundlegenden Bedürfnisse anstreben und zugleich eine besondere Gruppe im Dienst der Gesamtgesellschaft bilden. Der Gewinn ist ein Regulator des Unternehmens, aber nicht der einzige. Hinzu kommen andere menschliche und moralische Faktoren, die auf lange Sicht gesehen zumindest ebenso entscheidend sind für das Leben des Unternehmens.

---

73 Vgl. Enzyklika *Laborem exercens*, Nr. 7: a.a.O., 592-594.

Man sieht daraus, wie unhaltbar die Behauptung ist, die Niederlage des sogenannten „realen Sozialismus" lasse den Kapitalismus als einziges Modell wirtschaftlicher Organisation übrig. Es gilt, die Barrieren und Monopole zu durchbrechen, die so viele Völker am Rande der Entwicklung liegenlassen. Es gilt, für alle - einzelne und Nationen - die Grundbedingungen für die Teilnahme an der Entwicklung sicherzustellen. Diese Zielsetzung verlangt geplante und verantwortungsvolle Anstrengungen von seiten der ganzen internationalen Gemeinschaft. Die stärkeren Nationen müssen den schwachen Gelegenheiten zur Eingliederung in das internationale Leben anbieten, und die schwachen müssen in der Lage sein, diese Angebote aufzugreifen. Sie müssen dazu die notwendigen Anstrengungen und Opfer aufbringen, indem sie die politische und wirtschaftliche Stabilität, die Sicherheit für die Zukunft, die Förderung der Fähigkeiten der eigenen Arbeiter, die Ausbildung leistungsfähiger Unternehmer, die sich ihrer Verantwortung bewußt sind, gewährleisten.[74]
Heute lastet auf all den positiven Anstrengungen, die diesbezüglich unternommen werden, das großenteils noch ungelöste Problem der Auslandsverschuldung der ärmsten Länder. Der Grundsatz, daß die Schulden gezahlt werden müssen, ist sicher richtig. Es ist jedoch nicht erlaubt, eine Zahlung einzufordern oder zu beanspruchen, die zu politischen Maßnahmen zwingt, die ganze Völker in den Hunger und in die Verzweiflung treiben würden. Man kann nicht verlangen, daß die aufgelaufenen Schulden mit unzumutbaren Opfern bezahlt werden. In diesen Fällen ist es notwendig - wie es übrigens teilweise schon geschieht -, Formen der Erleichterung der Rückzahlung, der Stundung oder auch der Tilgung der Schulden zu finden, Formen, die mit dem Grundrecht der Völker auf Erhaltung und Fortschritt vereinbar sind.

36. Es muß nun auf die besonderen Probleme und Gefahren hingewiesen werden, die innerhalb der Wirtschaften der Industrieländer mit ihren spezifischen Eigenschaften auftreten. In den früheren Entwicklungsstufen hat der Mensch immer unter dem Druck der Not gelebt. Seine Bedürfnisse waren bescheiden und gewissermaßen schon in den gegebenen Strukturen seiner leiblichen Verfassung festgelegt. Die wirtschaftliche Tätigkeit beschränkte sich darauf, sie zu befriedigen. Das Problem besteht heute nicht nur darin, eine bestimmte Menge ausreichender Güter anzubieten, sondern auch in der Nachfrage nach der Qualität: Qualität der zu erzeugenden und zu konsumierenden Güter, Qualität der beanspruchten Dienste, Qualität der Umwelt und des Lebens überhaupt.
Die Nachfrage nach einem qualitativ befriedigenderen und reicheren Leben ist an sich berechtigt. Man muß dabei aber die neue Verantwortung und die neuen Gefahren unterstreichen, die mit dieser geschichtlichen Phase zusammenhängen. In der Art und Weise, wie die neuen Bedürfnisse entstehen und definiert werden, drückt sich immer auch eine mehr oder weniger zutreffende Auffassung vom Menschen und seinem wahren Wohl aus. Die Entscheidung für bestimmte Formen von Produktion und Konsum bringt immer auch eine bestimmte Kultur als Gesamtauffassung des Lebens zum Ausdruck. Hier entsteht das Phänomen des Konsumismus. Bei

74 Vgl. *ebd.*, Nr. 8: a.a.O., 594-598.

der Entdeckung neuer Bedürfnisse und neuer Möglichkeiten, sie zu befriedigen, muß man sich von einem Menschenbild leiten lassen, das alle Dimensionen seines Seins berücksichtigt und die materiellen und triebhaften den inneren und geistigen unterordnet. Überläßt man sich hingegen direkt seinen Trieben, unter Verkennung der Werte des persönlichen Gewissens und der Freiheit, können Konsumgewohnheiten und Lebensweisen entstehen, die objektiv unzulässig sind und nicht selten der körperlichen und geistigen Gesundheit schaden. Das Wirtschaftssystem besitzt in sich selber keine Kriterien, die gestatten, die neuen und höheren Formen der Befriedigung der menschlichen Bedürfnisse einwandfrei von den neuen, künstlich erzeugten Bedürfnissen zu unterscheiden, die die Heranbildung einer reifen Persönlichkeit verhindern. Es braucht daher dringend ein groß angelegtes erzieherisches und kulturelles Bemühen, das die Erziehung der Konsumenten zu einem verantwortlichen Verbraucherverhalten, die Weckung eines hohen Verantwortungsbewußtseins bei den Produzenten und vor allem bei den Trägern der Kommunikationsmittel sowie das notwendige Eingreifen der staatlichen Behörden umfaßt.

Ein augenfälliges Beispiel künstlichen Konsums, der sich gegen die Gesundheit und gegen die Würde des Menschen richtet und sich gewiß nicht leicht unter Kontrolle bringen läßt, ist die Droge. Ihre Ausbreitung ist Anzeichen einer ernsten Funktionsstörung des Gesellschaftssystems und schließt gleichfalls eine materialistische und in einem gewissen Sinn destruktive „Lesart"" der menschlichen Bedürfnisse ein. Die Erneuerungsfähigkeit der freien Wirtschaft wird so schließlich einseitig und unzureichend realisiert. Die Droge wie auch die Pornographie und andere Konsumismusformen versuchen die entstandene geistige Leere auszufüllen, indem sie sich die Anfälligkeit der Schwachen zunutze machen.

Nicht das Verlangen nach einem besseren Leben ist schlecht, sondern falsch ist ein Lebensstil, der vorgibt, dann besser zu sein, wenn er auf das Haben und nicht auf das Sein ausgerichtet ist. Man will mehr haben, nicht um mehr zu sein, sondern um das Leben in Selbstgefälligkeit zu konsumieren.[75] Es ist daher notwendig, sich um den Aufbau von Lebensweisen zu bemühen, in denen die Suche nach dem Wahren, Schönen und Guten und die Verbundenheit mit den anderen für ein gemeinsames Wachstum jene Elemente sind, die die Entscheidungen für Konsum, Sparen und Investitionen bestimmen. In diesem Zusammenhang kann ich nicht allein an die Pflicht der Nächstenliebe erinnern, das heißt die Pflicht, mit dem eigenen „Überfluß" und bisweilen auch mit dem, was man selber „nötig" hat, zu helfen, um das bereitzustellen, was für das Leben des Armen unentbehrlich ist. Ich weise auch darauf hin, daß eine Entscheidung, lieber an diesem als an jenem Ort, lieber in diesem und nicht in einem anderen Sektor zu investieren, immer auch eine moralische und kulturelle Entscheidung ist. Unumgängliche wirtschaftliche Bedingungen und politische Stabilität vorausgesetzt, wird die Entscheidung zu investieren, das heißt einem Volk die Chance zu geben, seine eigene Arbeit zu verwerten, auch von einer Haltung der Sympathie und von dem Vertrauen in die Vorsehung bestimmt. Gerade

---

75 Vgl. II. VATIKANISCHES KONZIL, Pastoralkonstitution über die Kirche in der Welt von heute *Gaudium et spes*, Nr. 35; PAUL VI., Enzyklika *Populorum progressio*, Nr. 19: a.a.O., 266f.

darin kommt die menschliche Qualität dessen zum Vorschein, der die Entscheidung trifft.

37. Gleichfalls besorgniserregend ist, neben dem Problem des Konsumismus und mit ihm eng verknüpft, die Frage der Ökologie. Der Mensch, der mehr von dem Verlangen nach Besitz und Genuß als dem nach Sein und Entfaltung ergriffen ist, konsumiert auf maßlose und undisziplinierte Weise die Ressourcen der Erde und selbst ihre Existenz. Der unbesonnenen Zerstörung der natürlichen Umwelt liegt ein heute leider weitverbreiteter anthropologischer Irrtum zugrunde. Der Mensch, der seine Fähigkeit entdeckt, mit seiner Arbeit die Welt umzugestalten und in einem gewissen Sinne neu zu „schaffen", vergißt, daß sich das immer nur auf der Grundlage der ersten Ur-Schenkung der Dinge von seiten Gottes ereignet. Der Mensch meint, willkürlich über die Erde verfügen zu können, indem er sie ohne Vorbehalte seinem Willen unterwirft, als hätte sie nicht eine eigene Gestalt und eine ihr vorher von Gott verliehene Bestimmung, die der Mensch entfalten kann, aber nicht verraten darf. Statt seine Aufgabe als Mitarbeiter Gottes am Schöpfungswerk zu verwirklichen, setzt sich der Mensch an die Stelle Gottes und ruft dadurch schließlich die Auflehnung der Natur hervor, die von ihm mehr tyrannisiert als verwaltet wird.[76]
In dieser Haltung läßt sich vor allem eine Armseligkeit oder Beschränktheit der Sichtweise des Menschen erkennen. Er ist von dem Verlangen beseelt, die Dinge zu besitzen, statt sie an der Wahrheit auszurichten; er entbehrt jener uneigennützigen, selbstlosen, ästhetischen Haltung, die aus dem Staunen über das Sein und über die Schönheit entsteht, das in den sichtbaren Dingen die Botschaft des unsichtbaren Schöpfergottes erkennen läßt. In diesem Zusammenhang muß sich die heutige Menschheit ihrer Pflichten und Aufgaben gegenüber den künftigen Generationen bewußt sein.

38. Außer der sinnlosen Zerstörung der natürlichen Umwelt muß hier die noch schwerwiegendere Zerstörung der menschlichen Umwelt erwähnt werden; man ist noch weit davon entfernt, ihr die notwendige Beachtung zu schenken. Während man sich mit Recht, wenn auch viel weniger als notwendig, darum kümmert, die natürlichen Lebensbedingungen der verschiedenen vom Aussterben bedrohten Tierarten zu bewahren, weil man sich bewußt ist, daß jede von ihnen einen besonderen Beitrag zum allgemeinen Gleichgewicht der Erde erbringt, engagiert man sich viel zu wenig für die Wahrung der moralischen Bedingungen einer glaubwürdigen „Humanökologie". Nicht allein die Erde ist von Gott dem Menschen gegeben worden, daß er von ihr unter Beachtung der ursprünglichen Zielsetzung des Gutes, das ihm geschenkt wurde, Gebrauch machen soll. Aber der Mensch ist sich selbst von Gott geschenkt worden; darum muß er die natürliche und moralische Struktur, mit der er ausgestattet wurde, respektieren. In diesem Zusammenhang sind die ernsten Probleme der modernen Verstädterung zu erwähnen, die Notwendigkeit einer städti-

76 Vgl. Enzyklika *Sollicitudo rei socialis*, Nr. 34: a.a.O., 559f.; *Botschaft zum Weltfriedenstag 1990*: AAS 82[1990]147-156.

schen Kultur, die Sorge trägt für das Leben der Menschen, und auch die gebührende Berücksichtigung einer „Sozialökologie" der Arbeit.
Der Mensch empfängt von Gott seine ihm wesenhafte Würde und mit ihr die Fähigkeit, über jede Gesellschaftsordnung in Richtung der Wahrheit und des Guten hinauszuschreiten. Er wird jedoch gleichzeitig von der gesellschaftlichen Struktur, in der er lebt, beeinflußt, von der Erziehung, die er erhalten hat, und von der Umwelt. Diese Elemente können sein Leben nach der Wahrheit erleichtern, aber auch behindern. Die Entscheidungen, auf Grund derer sich ein menschliches Milieu herausbildet, können spezifische Strukturen der Sünde erzeugen, die die volle Verwirklichung derer, die von ihnen vielfältig bedrückt werden, verhindern. Solche Strukturen abzubauen und durch authentischere Formen des Zusammenlebens zu ersetzen, ist eine Aufgabe, die Mut und Ausdauer erfordert.[77]

39. Die erste und grundlegende Struktur zugunsten der „Humanökologie" ist die Familie, in deren Schoß der Mensch die entscheidenden Anfangsgründe über die Wahrheit und das Gute empfängt, wo er lernt, was lieben und geliebt werden heißt und was es konkret besagt, Person zu sein. Hier ist die auf die Ehe gegründete Familie gemeint, wo die gegenseitige Hingabe von Mann und Frau eine Lebensatmosphäre schafft, in der das Kind geboren werden und seine Fähigkeiten entfalten kann. Wo es sich seiner Würde bewußt wird und sich auf die Auseinandersetzung mit seinem einmaligen und unwiederholbaren Schicksal vorbereiten kann. Oft geschieht es jedoch, daß der Mensch entmutigt wird, die naturgegebenen Bedingungen der Weitergabe des Lebens auf sich zu nehmen. Er läßt sich dazu verleiten, sich selbst und sein Leben als eine Folge von Sensationen zu betrachten, die es zu erleben gilt, und nicht als eine Aufgabe, die zu erfüllen ist. Daraus entsteht ein Mangel an Freiheit, der von der Verpflichtung, sich fest mit einem anderen Menschen zu verbinden und Kinder zu zeugen, zurückscheut oder dazu verleitet, Partner und Kinder als eines der vielen „Dinge" anzusehen, die man, je nach eigenem Geschmack, haben oder nicht haben kann und die mit anderen Möglichkeiten in Konkurrenz treten. Die Familie muß wieder als das Heiligtum des Lebens angesehen werden. Sie ist in der Tat heilig: Sie ist der Ort, an dem das Leben, Gabe Gottes, in angemessener Weise angenommen und gegen die vielfältigen Angriffe, denen es ausgesetzt ist, geschützt wird und wo es sich entsprechend den Forderungen eines echten menschlichen Wachstums entfalten kann. Gegen die sogenannte Kultur des Todes stellt die Familie den Sitz der Kultur des Lebens dar.
Der Geist des Menschen scheint auf diesem Gebiet mehr darauf bedacht zu sein, die Quellen des Lebens zu beschränken, zu unterdrücken und zu vernichten, bis hin zur leider so weltweit verbreiteten Abtreibung, als die Möglichkeiten des Lebens selbst zu verteidigen und zu eröffnen. In der Enzyklika *Sollicitudo rei socialis* wurden die systematischen Kampagnen zur Geburtenkontrolle mit aller Klarheit kritisiert. Auf Grund einer entstellten Auffassung des demographischen Problems und im Klima

---

77 Vgl. Nachsynodales Apostolisches Schreiben *Reconciliatio et poenitentia* (2. Dezember 1984), Nr. 16: AAS 77[1985]213-217; PIUS XI., Enzyklika *Quadragesimo anno*, III: a.a.O., 219.

eines „absoluten Mangels an Respekt vor der Entscheidungsfreiheit der betroffenen Personen" werden diese oft einem „unerträglichen Druck" ausgesetzt, „um sie für diese neue Form der Unterdrückung gefügig zu machen".[78] Es handelt sich hier um eine Politik, die mit Hilfe neuer Techniken ihren Aktionsradius bis hin zu einem „Krieg mit chemischen Waffen" ausweitet, um das Leben von Millionen schutzloser Menschen zu vergiften.
Diese Kritik richtet sich nicht so sehr gegen ein Wirtschaftssystem als gegen ein ethisch-kulturelles System. Die Wirtschaft ist ja nur ein Aspekt und eine Dimension der Vielfalt des menschlichen Handelns. Wenn sie verabsolutiert wird, wenn die Produktion und der Konsum der Waren schließlich die Mitte des gesellschaftlichen Lebens einnehmen und zum einzigen Wert der Gesellschaft werden, der keinem anderen mehr untergeordnet wird, so ist die Ursache dafür nicht allein und nicht so sehr im Wirtschaftssystem selbst als in der Tatsache zu suchen, daß das ganze sozio-kulturelle System mit der Vernachlässigung der sittlichen und religiösen Dimension versagt hat und sich nunmehr allein auf die Produktion von Gütern und Dienstleistungen beschränkt.[79]
Das alles läßt sich zusammenfassen, indem man noch einmal feststellt, daß die wirtschaftliche Freiheit nur ein Element der menschlichen Freiheit ist. Wenn sie sich für autonom erklärt, das heißt, wenn der Mensch mehr als Produzent bzw. Konsument von Gütern, nicht aber als ein Subjekt gesehen wird, das produziert und konsumiert, um zu leben, dann verliert sie ihre notwendige Beziehung zum Menschen, den sie schließlich entfremdet und unterdrückt.[80]

40. Es ist Aufgabe des Staates, für die Verteidigung und den Schutz jener gemeinsamen Güter, wie die natürliche und die menschliche Umwelt, zu sorgen, deren Bewahrung von den Marktmechanismen allein nicht gewährleistet werden kann. Wie der Staat zu Zeiten des alten Kapitalismus die Pflicht hatte, die fundamentalen Rechte der Arbeit zu verteidigen, so haben er und die ganze Gesellschaft angesichts des neuen Kapitalismus nun die Pflicht, die gemeinsamen Güter zu verteidigen, die unter anderem den Rahmen bilden, in dem allein es jedem einzelnen möglich ist, seine persönlichen Ziele auf gerechte Weise zu verwirklichen.
Hier stoßen wir auf eine neue Grenze des Marktes: Es gibt gemeinsame und qualitative Bedürfnisse, die mit Hilfe seiner Mechanismen nicht befriedigt werden können. Es gibt wichtige menschliche Erfordernisse, die sich seiner Logik entziehen. Es gibt Güter, die auf Grund ihrer Natur nicht verkauft und gekauft werden können und dürfen. Gewiß bieten die Marktmechanismen sichere Vorteile. Sie helfen unter anderem dabei, besseren Gebrauch von den Ressourcen zu machen; sie fördern den Austausch der Produkte und stellen den Willen und die Präferenzen des Menschen in den Mittelpunkt, die sich im Vertrag mit denen eines anderen Menschen treffen. Diese Mechanismen schließen jedoch die Gefahr einer „Vergötzung" des Marktes

78 Enzyklika *Sollicitudo rei socialis*, Nr. 25: a.a.O., 544.

79 Vgl. *ebd.*, Nr. 34: a.a.O., 599f.

80 Vgl. Enzyklika *Redemptor Hominis* (4. März 1979), Nr. 15: AAS 71[1979]286-289.

ein, der die Existenz von Gütern ignoriert, die ihrer Natur nach weder bloße Waren sind noch sein können.

41. Der Marxismus hat die kapitalistischen bürgerlichen Gesellschaften kritisiert, indem er ihnen die Vermarktung und die Entfremdung des menschlichen Daseins vorwarf. Dieser Vorwurf beruht zweifellos auf einer falschen und unsachgemäßen Auffassung des Begriffes Entfremdung. Er wird einseitig aus dem Bereich der Produktions- und Eigentumsverhältnisse abgeleitet, das heißt, es wird ihm eine materialistische Begründung zugeschrieben. Es werden außerdem die Berechtigung und die positive Bedeutung der Marktbeziehungen in ihrem spezifischen Bereich geleugnet. Daher behauptet der Marxismus, nur in einer kollektiven Gesellschaftsordnung könne die Entfremdung beseitigt werden. Die historische Erfahrung der sozialistischen Länder hat auf traurige Weise gezeigt, daß der Kollektivismus die Entfremdung nicht beseitigt, sondern noch steigert, weil der Mangel am Notwendigsten und das wirtschaftliche Versagen hinzukommen.
Die geschichtliche Erfahrung des Westens ihrerseits zeigt, daß dennoch, obwohl die marxistische Analyse und Begründung der Entfremdung falsch sind, die Entfremdung mit dem Verlust des wahren Lebenssinnes auch in den westlichen Gesellschaften eine reale Gegebenheit ist. Denn sie ereignet sich im Konsum, wenn der Mensch in ein Netz falscher und oberflächlicher Befriedigungen hineingezogen wird, statt daß man ihm hilft, die echte und konkrete Erfahrung seiner Persönlichkeit zu machen. Sie ereignet sich auch bei der Arbeit, wenn diese so organisiert wird, daß sie möglichst hohe Erträge abwirft, man sich aber nicht darum kümmert, daß der Arbeiter sich durch seine Arbeit mehr oder weniger als Mensch verwirklicht, je nachdem, ob seine Teilnahme an einer echten solidarischen Gemeinschaft wächst oder ob seine Isolierung in einem Komplex von Beziehungen eines erbitterten Konkurrenzkampfes und gegenseitiger Entfremdung zunimmt, in dem er nur als ein Mittel, nicht aber als ein Ziel angesehen wird.
Wir müssen den Begriff der „Entfremdung" auf seinen christlichen Sinngehalt zurückführen und in ihm die Umkehrung von Mitteln und Zielen wieder aufleben lassen. Wenn der Mensch auf die Anerkennung des Wertes und der Größe der Person bei sich selbst und im anderen verzichtet, beraubt er sich in der Tat der Möglichkeit, sich seines Menschseins zu freuen und in jene Beziehung der Solidarität und Gemeinschaft mit den anderen Menschen einzutreten, für die ihn Gott geschaffen hat. Denn durch die freie Selbsthingabe wird der Mensch wahrhaftig er selbst.[81] Ermöglicht wird diese Hingabe durch die dem Menschen wesenseigene „Fähigkeit zur Transzendenz". Der Mensch kann sich nicht an ein bloß menschliches Projekt der Wirklichkeit, an ein abstraktes Ideal oder an falsche Utopien verschenken. Der Mensch als Person kann sich nur an einen anderen oder an andere Menschen und endlich an Gott hingeben, der der Urheber seines Seins und der Einzige ist, der

81 Vgl. II. VATIKANISCHES KONZIL, Pastoralkonstitution über die Kirche in der Welt von heute *Gaudium et spes*, Nr. 24.

seine Hingabe ganz anzunehmen vermag.[82] Entfremdet wird der Mensch, der es ablehnt, über sich selbst hinauszugehen und die Erfahrung der Selbsthingabe und der Bildung einer an seiner letzten Bestimmung orientierten echten menschlichen Gemeinschaft zu leben. Diese letzte Zielbestimmung des Menschen aber ist Gott selber. Entfremdet wird eine Gesellschaft, die in ihren sozialen Organisationsformen, in Produktion und Konsum, die Verwirklichung dieser Hingabe und die Bildung dieser zwischenmenschlichen Solidarität erschwert.
In der westlichen Gesellschaft wurde die Ausbeutung wenigstens in den von Karl Marx analysierten und beschriebenen Formen überwunden. Nicht überwunden wurde jedoch die Entfremdung in den verschiedenen Formen von Ausbeutung, wenn sich die Menschen gegenseitig als Werkzeuge benutzen und bei der immer raffinierteren Befriedigung ihrer Sonder- und Sekundärbedürfnisse taub werden für die hauptsächlichen und echten Bedürfnisse, die auch die Art und Weise der Befriedigung der anderen Bedürfnisse regeln sollen.[83] Der Mensch, der sich nur oder vorwiegend um das Haben und den Genuß kümmert, der nicht mehr fähig ist, seine Triebe und Leidenschaften zu beherrschen und sie im Gehorsam gegenüber der Wahrheit unterzuordnen, kann nicht frei sein. Der Gehorsam gegenüber der Wahrheit über Gott und über den Menschen ist die erste Voraussetzung der Freiheit, da er ihm erlaubt, seine Bedürfnisse, seine Wünsche und die Art und Weise ihrer Befriedigung einer rechten Hierarchie entsprechend zu ordnen, so daß der Besitz der Dinge für ihn ein Mittel zum Wachstum ist. Ein Hindernis kann diesem Wachstum aus der Manipulation erstehen, die von jenen Massenmedien vorgenommen wird, die mit der Macht einer geradezu organisierten Zähigkeit Moden und Meinungstrends aufzwingen, ohne daß es möglich wäre, ihre Voraussetzungen einer kritischen Prüfung zu unterziehen.

42. Um zur Eingangsfrage zurückzukehren: Kann man etwa sagen, daß nach dem Scheitern des Kommunismus der Kapitalismus das siegreiche Gesellschaftssystem sei und daß er das Ziel der Anstrengungen der Länder ist, die ihre Wirtschaft und ihre Gesellschaft neu aufzubauen versuchen? Ist vielleicht er das Modell, das den Ländern der Dritten Welt vorgeschlagen werden soll, die nach dem Weg für den wahren wirtschaftlichen und gesellschaftlichen Fortschritt suchen?
Die Antwort ist natürlich kompliziert. Wird mit „Kapitalismus" ein Wirtschaftssystem bezeichnet, das die grundlegende und positive Rolle des Unternehmens, des Marktes, des Privateigentums und der daraus folgenden Verantwortung für die Produktionsmittel, der freien Kreativität des Menschen im Bereich der Wirtschaft anerkennt, ist die Antwort sicher positiv. Vielleicht wäre es passender, von „Unternehmenswirtschaft" oder „Marktwirtschaft" oder einfach „freier Wirtschaft" zu sprechen. Wird aber unter „Kapitalismus" ein System verstanden, in dem die wirtschaftliche Freiheit nicht in eine feste Rechtsordnung eingebunden ist, die sie in den Dienst der vollen menschlichen Freiheit stellt und sie als eine besondere

[82] Vgl. *ebd.*, Nr. 41.
[83] Vgl. *ebd.*, Nr. 26.

Dimension dieser Freiheit mit ihrem ethischen und religiösen Mittelpunkt ansieht, dann ist die Antwort ebenso entschieden negativ.
Die marxistische Lösung ist gescheitert, aber in der Welt bestehen nach wie vor Formen der Ausgrenzung und Ausbeutung, insbesondere in der Dritten Welt, sowie Erscheinungen menschlicher Entfremdung, besonders in den Industrieländern, gegen die die Kirche mit Nachdruck ihre Stimme erhebt. Massen von Menschen leben noch immer in Situationen großen materiellen und moralischen Elends. Der Zusammenbruch des kommunistischen Systems beseitigt sicher in vielen Ländern ein Hindernis in der sachgemäßen und realistischen Auseinandersetzung mit diesen Problemen, aber das reicht nicht aus, um sie zu lösen. Es besteht die Gefahr, daß sich eine radikale kapitalistische Ideologie breitmacht, die es ablehnt, sie auch nur zu erwägen, da sie glaubt, daß jeder Versuch, sich mit ihnen auseinanderzusetzen, von vornherein zum Scheitern verurteilt sei und ihre Lösung in einem blinden Glauben der freien Entfaltung der Marktkräfte überläßt.

43. Die Kirche hat keine eigenen Modelle vorzulegen. Die konkreten und erfolgreichen Modelle können nur im Rahmen der jeweils verschiedenen historischen Situationen durch das Bemühen aller Verantwortlichen gefunden werden, die sich den konkreten Problemen in allen ihren eng miteinander verflochtenen gesellschaftlichen, wirtschaftlichen, politischen und kulturellen Aspekten stellen.[84] Diesem Bemühen bietet die Kirche als unerläßliche geistige Orientierung ihre Soziallehre an, die - wie schon gesagt - die positive Bedeutung des Marktes und des Unternehmens anerkennt, aber gleichzeitig darauf hinweist, daß beide unbedingt auf das Gemeinwohl ausgerichtet sein müssen. Sie anerkennt auch die Rechtmäßigkeit der Anstrengungen der Arbeiter, die volle Achtung ihrer Würde und eine größere Beteiligung am Leben des Unternehmens zu erlangen. Auch wenn sie zusammen mit anderen und unter der Leitung anderer arbeiten, sollen sie doch in gewissem Sinne „in eigener Sache arbeiten"[85] unter Einsatz ihrer Intelligenz und ihrer Freiheit.
Die umfassende Entwicklung des Menschen in der Arbeit widerspricht nicht den Anforderungen einer höheren Produktivität und eines größeren Ertrages der Arbeit. Im Gegenteil, sie fördert diese sogar, auch wenn das verfestigte Machtverhältnisse schwächen kann. Das Unternehmen darf nicht ausschließlich als „Kapitalgesellschaft" angesehen werden; es ist zugleich eine „Gemeinschaft von Menschen", zu der als Partner in je verschiedener Weise und mit spezifischen Verantwortlichkeiten sowohl jene beitragen, die das für ihre Tätigkeit nötige Kapital einbringen, als auch jene, die mit ihrer Arbeit daran mitwirken. Um diese Ziele zu erreichen, braucht es noch einen großen gemeinsamen Einsatz der Arbeiter, dessen Ziel die Befreiung und die umfassende Förderung des Menschen ist.
Im Licht des „Neuen" von heute wurde das Verhältnis zwischen dem Privateigentum und der universalen Bestimmung der Güter „wiedergelesen". Der Mensch ver-

---

84 Vgl. II. VATIKANISCHES KONZIL, Pastoralkonstitution über die Kirche in der Welt von heute *Gaudium et spes*, Nr. 36; PAUL VI., Apostolisches Schreiben *Octogesima adveniens*, Nr. 2-5: a.a.O., 402-405.

85 Vgl. Enzyklika *Laborem exercens*, Nr. 15: a.a.O., 616-618.

wirklicht sich selbst durch seinen Verstand und seine Freiheit und übernimmt dabei als Gegenstand und Werkzeug die Dinge dieser Welt und eignet sie sich an. In diesem Tun des Menschen hat das Recht auf die Initiative und das Recht auf das Privateigentum seinen Grund. Durch seine Arbeit setzt sich der Mensch nicht nur für sich, sondern auch für die anderen und mit den anderen ein: Jeder trägt zur Arbeit und zum Wohl anderer bei. Der Mensch arbeitet, um die Bedürfnisse seiner Familie, der Gemeinschaft, zu der er gehört, der Nation und schließlich der ganzen Menschheit zu erfüllen.[86] Er trägt außerdem zur Arbeit der anderen bei, die im selben Unternehmen tätig sind, sowie, in einer Solidaritätskette, die sich progressiv fortsetzt, zur Arbeit der Lieferanten bzw. zum Konsum der Kunden. Das Eigentum an Produktionsmitteln sowohl im industriellen wie im landwirtschaftlichen Bereich ist gerechtfertigt, wenn es einer nutzbringenden Arbeit dient. Es wird hingegen rechtswidrig, wenn es nicht produktiv eingesetzt wird oder dazu dient, die Arbeit anderer zu behindern, um einen Gewinn zu erzielen, der nicht aus der Gesamtausweitung der Arbeit und des gesellschaftlichen Reichtums erwächst, sondern aus ihrer Unterdrückung, aus der unzulässigen Ausbeutung, aus der Spekulation und aus dem Zerbrechen der Solidarität in der Welt der Arbeit.[87] Ein solches Eigentum besitzt keinerlei Rechtfertigung und stellt einen Mißbrauch vor Gott und den Menschen dar.
Die Verpflichtung, im Schweiße seines Angesichts sein Brot zu verdienen, besagt gleichzeitig ein Recht. Eine Gesellschaft, in der dieses Recht systematisch verweigert wird, in der es die wirtschaftspolitischen Maßnahmen den Arbeitern nicht ermöglichen, eine befriedigende Beschäftigungslage zu erreichen, kann weder ihre sittliche Rechtfertigung noch den gerechten sozialen Frieden erlangen.[88] Wie sich die Person in der freien Selbsthingabe voll verwirklicht, so findet das Eigentum seine sittliche Rechtfertigung darin, daß es unter den erforderlichen Umständen und in der erforderlichen Zeit Arbeitsgelegenheiten und menschliches Wachstum für alle schafft.

V. Kapitel: Staat und Kultur

44. Leo XIII. wußte sehr wohl, daß man eine gesunde Staatstheorie braucht, um eine normale Entfaltung der menschlichen Tätigkeiten zu gewährleisten, der geistigen und der materiellen, die beide unerläßlich sind.[89] In einem Abschnitt von *Rerum novarum* legt er darum die Organisation der Gesellschaft nach den drei Gewalten - der gesetzgebenden, der ausführenden und der richterlichen - vor; dies war in der damaligen Zeit in der Lehre der Kirche eine Neuheit.[90] Diese Ordnung spiegelt eine realistische Sicht der sozialen Natur des Menschen, die eine entsprechende Gesetzgebung zum Schutz der Freiheit aller erfordert. Zu diesem Zweck ist es besser,

---

86 Vgl. *ebd.*, Nr. 10: a.a.O., 600-602.
87 Vgl. *ebd.*, Nr. 14: a.a.O., 612-616.
88 Vgl. *ebd.*, Nr. 18: a.a.O., 622-625.
89 Vgl. Enzyklika *Rerum novarum*, Nr. 32-33: a.a.O., 126-128.
90 Vgl. *ebd.*, Nr. 27: a.a.O., 121f.

wenn jede Macht von anderen Mächten und anderen Kompetenzbereichen ausgeglichen wird, die sie in ihren rechten Grenzen halten. Das ist das Prinzip des „Rechtsstaates", in dem das Gesetz und nicht die Willkür der Menschen herrscht.
Im Gegensatz zu dieser Auffassung vertritt in der modernen Zeit der Totalitarismus in seiner marxistisch-leninistischen Ausprägung die Meinung, daß einige Menschen auf Grund einer tieferen Kenntnis der Entwicklungsgesetze der Gesellschaft oder durch eine klassenmäßige Sonderstellung oder durch einen Kontakt mit den eigentlichen Quellen des kollektiven Bewußtseins vom Irrtum frei sind und daher Anspruch auf die Ausübung einer absoluten Macht erheben können. Hinzu kommt, daß der Totalitarismus aus der Verneinung der Wahrheit im objektiven Sinn entsteht: Wenn es keine transzendente Wahrheit gibt, der gehorchend der Mensch zu seiner vollen Identität gelangt, gibt es kein sicheres Prinzip, das gerechte Beziehungen zwischen den Menschen gewährleistet. Ihr Klasseninteresse, Gruppeninteresse und nationales Interesse bringt sie unweigerlich in Gegensatz zueinander. Wenn die transzendente Wahrheit nicht anerkannt wird, dann triumphiert die Gewalt der Macht, und jeder trachtet, bis zum Äußersten von den ihm zur Verfügung stehenden Mitteln Gebrauch zu machen, um ohne Rücksicht auf die Rechte des anderen sein Interesse und seine Meinung durchzusetzen. Der Mensch wird da nur insoweit respektiert, als man ihn als Werkzeug für ein egoistisches Ziel benutzen kann. Die Wurzel des modernen Totalitarismus liegt also in der Verneinung der transzendenten Würde des Menschen, der sichtbares Abbild des unsichtbaren Gottes ist. Eben deshalb, auf Grund seiner Natur, ist er Subjekt von Rechten, die niemand verletzen darf: weder der einzelne noch die Gruppe, die Klasse, die Nation oder der Staat. Auch die gesellschaftliche Mehrheit darf das nicht tun, indem sie gegen eine Minderheit vorgeht, sie ausgrenzt, unterdrückt, ausbeutet oder sie zu vernichten versucht.[91]

45. Die Kultur und die Praxis des Totalitarismus ziehen auch die Verneinung der Kirche nach sich. Der Staat oder die Partei, die glaubt, in der Geschichte das absolute Gute verwirklichen zu können, und sich über alle Werte hinwegsetzt, kann nicht zulassen, daß ein objektives Kriterium für Gut und Böse außer dem Willen der Herrschenden anerkannt wird, das unter bestimmten Umständen auch dazu dienen kann, ihr Verhalten kritisch zu beurteilen. Das erklärt, warum der Totalitarismus die Kirche zu vernichten oder wenigstens zu unterwerfen trachtet, indem er sie zu einem Werkzeug seines ideologischen Apparates macht.[92]
Das Bestreben des totalitären Staates läuft noch immer darauf hinaus, die Nation, die Gesellschaft, die Familie, die Religionsgemeinschaften und die Menschen selbst in sich aufzusaugen. Durch die Verteidigung ihrer Freiheit verteidigt die Kirche zugleich den Menschen, der Gott mehr gehorchen muß als den Menschen (vgl. *Apg* 5,29), die Familie, die verschiedenen gesellschaftlichen Organisationen und die

---

91 Vgl. LEO XIII., Enzyklika *Libertas praestantissimum*, Nr. 10: a.a.O., 224-226.

92 II. VATIKANISCHES KONZIL, Pastoralkonstitution über die Kirche in der Welt von heute *Gaudium et spes*, Nr. 76.

Nationen, alles Realitäten, die ihren je eigenen Autonomie- und Souveränitätsbereich besitzen.

46. Die Kirche weiß das System der Demokratie zu schätzen, insoweit es die Beteiligung der Bürger an den politischen Entscheidungen sicherstellt und den Regierten die Möglichkeit garantiert, sowohl ihre Regierungen zu wählen und zu kontrollieren als auch dort, wo es sich als notwendig erweist, sie auf friedliche Weise zu ersetzen.[93] Sie kann daher nicht die Bildung schmaler Führungsgruppen billigen, die aus Sonderinteressen oder aus ideologischen Absichten die Staatsmacht an sich reißen. Eine wahre Demokratie ist nur in einem Rechtsstaat und auf der Grundlage einer richtigen Auffassung vom Menschen möglich. Sie erfordert die Erstellung der notwendigen Vorbedingungen für die Förderung sowohl der einzelnen Menschen durch die Erziehung und die Heranbildung zu den echten Idealen als auch der „Subjektivität" der Gesellschaft durch die Schaffung von Strukturen der Beteiligung und Mitverantwortung. Heute neigt man zu der Behauptung, der Agnostizismus und der skeptische Relativismus seien die Philosophie und die Grundhaltung, die den demokratischen politischen Formen entsprechen. Und alle, die überzeugt sind, die Wahrheit zu kennen, und an ihr festhalten, seien vom demokratischen Standpunkt her nicht vertrauenswürdig, weil sie nicht akzeptieren, daß die Wahrheit von der Mehrheit bestimmt werde bzw. je nach dem unterschiedlichen politischen Gleichgewicht schwanke. In diesem Zusammenhang muß gesagt werden, daß dann, wenn es keine letzte Wahrheit gibt, die das politische Handeln leitet und ihm Orientierung gibt, die Ideen und Überzeugungen leicht für Machtzwecke mißbraucht werden können. Eine Demokratie ohne Werte verwandelt sich, wie die Geschichte beweist, leicht in einen offenen oder hinterhältigen Totalitarismus.

Die Kirche verschließt auch nicht die Augen vor der Gefahr des Fanatismus oder Fundamentalismus derer, die glauben, im Namen einer angeblich wissenschaftlichen oder religiösen Ideologie den anderen Menschen ihre Auffassung von dem, was wahr und gut ist, aufzwingen zu können. Die christliche Wahrheit ist nicht von dieser Art. Der christliche Glaube, der keine Ideologie ist, maßt sich nicht an, die bunte sozio-politische Wirklichkeit in ein strenges Schema einzuzwängen. Er anerkennt, daß sich das Leben des Menschen in der Geschichte unter verschiedenen und nicht immer vollkommenen Bedingungen verwirklicht. Darum gehört zum Vorgehen der Kirche, die stets die transzendente Würde der Person beteuert, die Achtung der Freiheit.[94]

Aber die Freiheit erhält erst durch die Annahme der Wahrheit ihren vollen Wert. In einer Welt ohne Wahrheit verliert die Freiheit ihre Grundlage, und der Mensch ist der Gewalt der Leidenschaften und offenen oder verborgenen Bedingtheiten ausgesetzt. Der Christ lebt die Freiheit (vgl. *Joh* 8,31.32) und dient ihr, indem er seinem Sendungsauftrag getreu die Wahrheit, die er erkannt hat, immer wieder anbietet. Im Dialog mit den anderen Menschen wird er jedem Beitrag an Wahrheit, dem er in der

---

93 Vgl. *ebd.*, Nr. 29; PIUS XII., *Weihnachtsbotschaft* im Rundfunk (24. Dezember 1944): AAS 37[1945]10-20.

94 Vgl. II. VATIKANISCHES KONZIL, Erklärung über die Religionsfreiheit *Dignitatis humanae*.

Lebensgeschichte und in der Kultur der einzelnen und der Nationen begegnet, Achtung zollen; er wird aber nicht darauf verzichten, all das zu vertreten, was ihn sein Glaube und der rechte Gebrauch der Vernunft gelehrt haben.[95]

47. Nach dem Zusammenbruch des kommunistischen Totalitarismus und zahlreicher anderer totalitärer Regimes und solcher der „nationalen Sicherheit" erleben wir heute ein wenn auch nicht unumstrittenes Überwiegen des demokratischen Ideals, verbunden mit einem lebendigen Bewußtsein und einer Sorge für die Menschenrechte. Aber gerade darum müssen die Völker, die ihre innere Ordnung neugestalten, durch die ausdrückliche Anerkennung dieser Rechte der Demokratie eine glaubwürdige und solide Grundlage geben.[96] Unter den vorrangigsten Rechten sind zu erwähnen: das Recht auf Leben, zu dem wesentlich das Recht gehört, nach der Zeugung im Mutterschoß heranzuwachsen; das Recht, in einer geeinten Familie und in einem sittlichen Milieu zu leben, das für die Entwicklung und Entfaltung der eigenen Persönlichkeit geeignet ist; das Recht, seinen Verstand und seine Freiheit in der Suche und Erkenntnis der Wahrheit zur Reife zu bringen; das Recht, an der Arbeit zur Erschließung der Güter der Erde teilzunehmen und daraus den Lebensunterhalt für sich und die Seinen zu gewinnen; das Recht auf freie Gründung einer Familie und auf Empfang und Erziehung der Kinder durch verantwortungsvollen Gebrauch der eigenen Sexualität. Quelle und Synthese dieser Rechte ist in gewissem Sinne die Religionsfreiheit, verstanden als Recht, in der Wahrheit des eigenen Glaubens und in Übereinstimmung mit der transzendenten Würde der eigenen Person zu leben.[97]

Auch in den Ländern mit demokratischen Regierungsformen werden diese Rechte nicht immer voll respektiert. Wir beziehen uns hier nicht nur auf den Skandal der Abtreibung, sondern auch auf verschiedene Anzeichen einer Krise der demokratischen Systeme, denen mitunter die Fähigkeit zu Entscheidungen für das Gemeinwohl abhanden gekommen zu sein scheint. Anfragen von seiten der Gesellschaft werden bisweilen nicht nach Kriterien der Gerechtigkeit und Sittlichkeit geprüft, sondern mehr nach der Wahl- oder Finanzkraft der Gruppen, die sie unterstützen. Derartige Entartungen des politischen Verhaltens erzeugen mit der Zeit Mißtrauen und Gleichgültigkeit und in der Folge eine Abnahme der politischen Beteiligung und des Gemeinsinnes in der Bevölkerung, die sich hintergangen und enttäuscht fühlt. Daraus ergibt sich das wachsende Unvermögen, Einzelinteressen in eine umfassende Sicht des Gemeinwohles einzuordnen. Dieses ist ja nicht einfach die Summe der Einzelinteressen. Es besagt vielmehr ihre Bewertung und Zuordnung auf Grund

---

95 Vgl. Enzyklika *Redemptoris missio*, Nr. 11: L'Osservatore Romano, 23. Januar 1991.

96 Vgl. Enzyklika *Redemptor Hominis*, Nr. 17: a.a.O., 270-272.

97 Vgl. *Botschaft zum Weltfriedenstag 1988*: a.a.O., 1572-1580; *Botschaft zum Weltfriedenstag 1991*: L'Osservatore Romano, 19. Dezember 1990; II. VATIKANISCHES KONZIL, Erklärung über die Religionsfreiheit *Dignitatis humanae*, Nr. 1-2.

einer ausgewogenen Werthierarchie und letzten Endes auf Grund eines klaren Verständnisses der Würde und der Rechte der Person.[98]
Die Kirche achtet die berechtigte Autonomie der demokratischen Ordnung. Es steht ihr nicht zu, sich zugunsten der einen oder anderen institutionellen oder verfassungsmäßigen Lösung zu äußern. Der Beitrag, den sie zu dieser Ordnung anbietet, ist die Sicht von der Würde der Person, die sich im Geheimnis des Mensch gewordenen Wortes in ihrer ganzen Fülle offenbart.[99]

48. Diese allgemeinen Überlegungen finden ihren Niederschlag auch in der Aufgabe des Staates im Bereich der Wirtschaft. Die Wirtschaft, insbesondere die Marktwirtschaft, kann sich nicht in einem institutionellen, rechtlichen und politischen Leerraum abspielen. Im Gegenteil, sie setzt die Sicherheit der individuellen Freiheit und des Eigentums sowie eine stabile Währung und leistungsfähige öffentliche Dienste voraus. Hauptaufgabe des Staates ist es darum, diese Sicherheit zu garantieren, so daß der, der arbeitet und produziert, die Früchte seiner Arbeit genießen kann und sich angespornt fühlt, seine Arbeit effizient und redlich zu vollbringen. Der Mangel an Sicherheit, begleitet von der Korruption der staatlichen Behörden und von dem Umsichgreifen unlauterer Quellen der Bereicherung und des leichten Gewinnes auf Grund eines rechtswidrigen oder rein spekulativen Treibens, ist eines der Haupthindernisse für die Entwicklung und für die Wirtschaftsordnung.
Eine andere Aufgabe des Staates besteht darin, die Ausübung der Menschenrechte im wirtschaftlichen Bereich zu überwachen und zu leiten. Aber die erste Verantwortung auf diesem Gebiet liegt nicht beim Staat, sondern bei den einzelnen und bei den verschiedenen Gruppen und Vereinigungen, in denen sich die Gesellschaft artikuliert. Der Staat könnte das Recht aller Bürger auf Arbeit nicht direkt sicherstellen, ohne das gesamte Wirtschaftsleben zu reglementieren und die freie Initiative der einzelnen abzutöten. Das besagt jedoch nicht, daß er auf diesem Gebiet überhaupt keine Kompetenz habe, wie jene behaupten, die für einen völligen Verzicht auf Ordnungsnormen im Bereich der Wirtschaft eintreten. Ja, der Staat hat die Pflicht, die Tätigkeit der Unternehmen dahingehend zu unterstützen, daß er Bedingungen für die Sicherstellung von Arbeitsgelegenheiten schafft. Er muß die Tätigkeit dort, wo sie sich als unzureichend erweist, anregen bzw. ihr in Augenblicken der Krise unter die Arme greifen.
Der Staat hat des weiteren das Recht einzugreifen, wenn Monopolstellungen die Entwicklung verzögern oder behindern. Aber außer diesen Aufgaben der Harmonisierung und Steuerung der Entwicklung kann er in Ausnahmefällen Vertretungsfunktionen wahrnehmen, wenn gesellschaftliche Bereiche oder Unternehmenssysteme zu schwach oder erst im Entstehen begriffen und daher noch unfähig sind, ihre Aufgabe zu erfüllen. Solche stellvertretenden Interventionen, die durch dringende, vom Gemeinwohl geforderte Gründe gerechtfertigt sind, müssen aber zeitlich mög-

98 Vgl. II. VATIKANISCHES KONZIL, Pastoralkonstitution über die Kirche in der Welt von heute *Gaudium et spes*, Nr. 26.

99 Vgl. *ebd.*, Nr. 22.

lichst begrenzt sein, um nicht den genannten Bereichen und Unternehmenssystemen die ihnen eigenen Kompetenzen auf Dauer zu entziehen und nicht den Umfang der staatlichen Intervention übermäßig auszuweiten. Dies wäre sowohl für die wirtschaftliche wie für die bürgerliche Freiheit schädlich.
In den letzten Jahren hat man eine umfangreiche Ausweitung dieser Interventionen erlebt, was gewissermaßen zu einem neuen Typ von Staat, dem "Wohlfahrtsstaat", geführt hat. Diese Entwicklungen erfolgten in manchen Staaten, um auf geeignete Weise den zahlreichen Nöten und Bedürfnissen dadurch abzuhelfen, daß man menschenunwürdige Formen der Armut und Entbehrung beseitigte. Es fehlte jedoch nicht an Auswüchsen und Mißbräuchen, die besonders in jüngster Zeit harte Kritik am Wohlfahrtsstaat auslösten, der als "Fürsorgestaat" bezeichnet wurde. Funktionsstörungen und Mängel im Wohlfahrtsstaat rühren von einem unzutreffenden Verständnis der Aufgaben des Staates her. Auch auf diesem Gebiet muß das Subsidiaritätsprinzip gelten: Eine übergeordnete Gesellschaft darf nicht in das innere Leben einer untergeordneten Gesellschaft dadurch eingreifen, daß sie diese ihrer Kompetenzen beraubt. Sie soll sie im Notfall unterstützen und ihr dazu helfen, ihr eigenes Handeln mit dem der anderen gesellschaftlichen Kräfte im Hinblick auf das Gemeinwohl abzustimmen.[100]
Der Wohlfahrtsstaat, der direkt eingreift und die Gesellschaft ihrer Verantwortung beraubt, löst den Verlust an menschlicher Energie und das Aufblähen der Staatsapparate aus, die mehr von bürokratischer Logik als von dem Bemühen beherrscht werden, den Empfängern zu dienen; Hand in Hand damit geht eine ungeheure Ausgabensteigerung. Wie es scheint, kennt tatsächlich derjenige die Not besser und vermag die anstehenden Bedürfnisse besser zu befriedigen, der ihr am nächsten ist und sich zum Nächsten des Notleidenden macht. Es muß hinzugefügt werden, daß nicht selten eine bestimmte Art von Bedürfnissen keine bloß materielle Antwort erfordern, sondern daß es darauf ankommt, die tiefere menschliche Not und Anfrage herauszuhören. Man denke auch an die Situation der Flüchtlinge, der Einwanderer, der Alten oder Kranken und an all die verschiedenen Formen, die Beistand und Fürsorge brauchen, wie im Fall der Drogenabhängigen: alles Menschen, denen nur von jemandem wirksam geholfen werden kann, der ihnen außer der nötigen Behandlung eine aufrichtige brüderliche Hilfe anbietet.

49. Auf diesem Gebiet ist die Kirche getreu dem Auftrag Christi, ihres Gründers, seit jeher mit ihren Werken präsent, um dem bedürftigen Menschen eine materielle Unterstützung anzubieten, die ihn nicht erniedrigt und nicht zu einem Fürsorgeobjekt herabsetzt, sondern ihm hilft, aus seiner prekären Lage herauszufinden, indem sie seine Würde als Person fördert. Mit großer Dankbarkeit an Gott muß man darauf hinweisen, daß die tätige Liebe in der Kirche nie erloschen ist und heute eine vielfältige, ermutigende Zunahme verzeichnen kann. Besondere Erwähnung verdient in diesem Zusammenhang das Phänomen des freiwilligen Dienstes, den die Kirche da-

---

100 Vgl. PIUS XI., Enzyklika *Quadragesimo anno*, I: a.a.O., 184-186.

durch unterstützt und fördert, daß sie alle zur Mitarbeit anspornt, um ihn in seinen Initiativen zu unterstützen und zu ermutigen.
Um die heute verbreitete individualistische Denkweise zu überwinden, braucht es ein konkretes Bemühen um Solidarität und Liebe, das in der Familie beginnt mit dem Rückhalt, den die Eheleute einander geben, und dann mit der Sorge der Generationen füreinander. Auf diese Weise qualifiziert sich die Familie auch als Arbeits- und Solidaritätsgemeinschaft. Es kommt jedoch vor, daß die Familie, wenn sie bereit ist, ihrer Berufung voll zu entsprechen, ohne die nötige Unterstützung von seiten des Staates bleibt und daher nicht über ausreichende Mittel verfügt. Es ist dringend notwendig, nicht nur die Familienpolitik, sondern auch die Sozialpolitik zu fördern, deren Hauptziel die Familie selbst sein muß. Ihr muß durch die Gewährung entsprechender Hilfsmittel und wirksamer Formen der Unterstützung bei der Erziehung der Kinder wie bei der Sorge für die alten Menschen geholfen werden, um deren Abschiebung aus dem engeren Familienverband zu vermeiden und so die Beziehungen zwischen den Generationen neu zu stärken.[101]
Außer der Familie erfüllen auch andere gesellschaftliche Zwischengruppen wichtige Aufgaben und aktivieren spezifische Solidaritätsnetze. Diese reifen in der Tat zu echten Gemeinschaften von Personen heran, beleben das gesellschaftliche Gefüge und verhindern, daß es in die Anonymität und in eine unpersönliche Vermassung absinkt, wie es in der modernen Gesellschaft leider häufig der Fall ist. Der Mensch lebt in der Vielfalt der zwischenmenschlichen Beziehungen, und in ihr wächst die „Subjekthaftigkeit der Gesellschaft". Der einzelne wird heute oft zwischen den beiden Polen Staat und Markt erdrückt. Es hat manchmal den Anschein, als existiere er nur als Produzent und Konsument von Waren oder als Objekt der staatlichen Verwaltung. Es wird vergessen, daß das Zusammenleben der Menschen weder den Markt noch den Staat zum Endziel hat. Es besitzt in sich selber einen einzigartigen Wert, dem Staat und Markt dienen sollen. Der Mensch ist vor allem ein Wesen, das die Wahrheit sucht und sich bemüht, sie zu leben und sie in einem dauernden Dialog zu ergründen, der die vergangenen und die künftigen Generationen einbezieht.[102]

50. Von dieser offenen Suche nach der Wahrheit ist die Kultur der Nation gekennzeichnet. Denn das Erbe der weitergegebenen und übernommenen Werte wird von der jungen Generation immer einer Hinterfragung unterworfen. Hinterfragen heißt nicht notwendigerweise zerstören oder von vornherein ablehnen; es besagt vielmehr vor allem, diese Werte im eigenen Leben einer Prüfung zu unterziehen und sie sich durch diese daseinsbezogene Prüfung lebendiger, aktueller und persönlicher zu eigen zu machen. Dabei muß unterschieden werden zwischen dem, was in der Tradition Gültigkeit besitzt, und Unwahrem und Irrtümern oder veralteten Formen, die durch andere, zeitgemäßere, ersetzt werden können.
In diesem Zusammenhang ist daran zu erinnern, daß sich auch die Evangelisierung in die Kultur der Nationen einfügt, indem sie diese auf ihrem Weg zur Wahrheit un-

---

101 Vgl. Apostolisches Schreiben *Familiaris consortio* (22. November 1981), Nr. 45: AAS 74[1982]136 f.

102 Vgl. *Ansprache an den Exekutivrat der UNESCO* (Paris, 2. Juni 1980): AAS 72[1980]735-752.

terstützt und ihr bei dem Bemühen um Läuterung und Anreicherung hilft.[103] Wenn sich eine Kultur jedoch in sich selber verschließt und veraltete Lebensformen zu verewigen sucht, indem sie jeden Austausch und jede Auseinandersetzung über die Wahrheit vom Menschen ablehnt, dann wird sie unfruchtbar und verfällt.

51. Das gesamte menschliche Tun hat seinen Platz in einer Kultur und erfolgt in Wechselwirkung mit ihr. Für eine angemessene Gestaltung dieser Kultur braucht es die Einbeziehung des ganzen Menschen, der darin seine Kreativität, seine Intelligenz, sein Wissen von der Welt und den Menschen entfaltet. Außerdem bringt er in sie ein seine Fähigkeit zur Selbstbeherrschung, zum persönlichen Opfer, zur Solidarität und zur Bereitschaft, das Gemeinwohl zu fördern. Darum wird die erste und wichtigste Arbeit im Herzen des Menschen vollbracht. Die Art und Weise, wie er sich um den Aufbau seiner Zukunft bemüht, hängt von der Auffassung ab, die er von sich selbst und seiner Zielbestimmung hat. Auf dieser Ebene liegt der spezifische und entscheidende Beitrag der Kirche für die wahre Kultur. Sie fördert die Qualität jener menschlichen Haltungen, die die Kultur des Friedens den Modellen vorziehen, die den Menschen in der Masse erniedrigen, die Rolle seiner Initiative und seiner Freiheit verkennen und seine Größe in die Taten des Konflikts und des Krieges verlegen. Die Kirche leistet einen solchen Dienst, indem sie die Wahrheit über die Erschaffung der Welt verkündet, die Gott in die Hände der Menschen gelegt hat, damit sie sie durch ihre Arbeit fruchtbarer und vollkommener machen; und indem sie die Wahrheit über die Erlösung verkündet, durch die der Sohn Gottes alle Menschen gerettet und sie zugleich miteinander verbunden hat, indem er sie füreinander verantwortlich machte. Die Hl. Schrift spricht zu uns ständig über den tätigen Einsatz für den Bruder und konfrontiert uns mit einer Mitverantwortung, die alle Menschen umfassen soll.

Diese Forderung macht nicht halt an den Grenzen der eigenen Familie und auch nicht der Nation oder des Staates. Sie umfaßt in gestufter Weise die ganze Menschheit, so daß sich kein Mensch als unbeteiligt oder gleichgültig gegenüber dem Schicksal eines anderen Gliedes der Menschheitsfamilie ansehen darf. Kein Mensch kann behaupten, für das Schicksal seines Bruders nicht verantwortlich zu sein (vgl. *Gen* 4,9; *Lk* 10,29-37; *Mt* 25,31-46)!

Die aufmerksame, zuvorkommende Sorge für den Nächsten, gerade in der Stunde der Not, heute erleichtert auch durch die neuen Kommunikationsmittel, die die Menschen einander nähergebracht haben, ist besonders wichtig bei der Suche nach anderen Möglichkeiten zur Lösung der internationalen Konflikte als dem Krieg. Es läßt sich unschwer behaupten, daß die schreckliche Gewalt der Vernichtungsmittel, die selbst den mittleren und kleinen Mächten zugänglich sind, und die immer engere Verflechtung zwischen den Völkern der ganzen Erde es sehr schwierig oder praktisch unmöglich machen, die Auswirkungen eines Konfliktes zu begrenzen.

---

103 Vgl. Enzyklika *Redemptoris missio*, Nr. 39; 52: L'Osservatore Romano, 23. Januar 1991.

52. Die Päpste Benedikt XV. und seine Nachfolger haben diese Gefahr klar erkannt.[104] Ich selber habe anläßlich des jüngsten dramatischen Krieges im Persischen Golf den Ruf wiederholt: „Nie wieder Krieg!" Nein, nie wieder ein Krieg, der das Leben der Unschuldigen vernichtet; der töten lehrt und das Leben derer, die töten, gleichfalls zerstört; der eine Dauerspur von Zorn und Haß zurückläßt und die gerechte Lösung jener Probleme, die ihn ausgelöst haben, erschwert! Wie in den einzelnen Staaten endlich der Zeitpunkt kam, wo an die Stelle des Systems der persönlichen Rache und Vergeltung die Herrschaft des Gesetzes trat, so ist es jetzt dringend notwendig, daß in der internationalen Völkergemeinschaft ein ähnlicher Fortschritt stattfindet. Man darf nie vergessen, daß ein Krieg immer reale und schwerwiegende Ursachen hat: erlittene Ungerechtigkeiten, Vereitelung berechtigter Bestrebungen, Elend und Ausbeutung verzweifelter Menschenmassen, die keine reale Möglichkeit sehen, ihre Situation auf friedlichem Weg zu verbessern.

Darum heißt der andere Name für Frieden Entwicklung.[105] Genauso, wie es die gemeinsame Verantwortung gibt, den Krieg zu verhindern, so gibt es die gemeinsame Verantwortung, die Entwicklung zu fördern. Wie es auf nationaler Ebene möglich und geboten ist, eine Wirtschaft aufzubauen, die das Funktionieren des Marktes am Gemeinwohl orientiert, genauso müssen auf internationaler Ebene geeignete Maßnahmen getroffen werden. Es braucht also ein großes Bemühen um gegenseitiges Verstehen, um Wissen voneinander und um Sensibilisierung der Gewissen. Das ist die ersehnte Kultur, die das Vertrauen in die menschliche Leistungsfähigkeit des Armen wachsen läßt und damit in seine Fähigkeit, seine Lage durch die Arbeit zu verbessern bzw. einen positiven Beitrag zum wirtschaftlichen Wohlstand zu leisten. Dazu müssen aber dem Armen - ob Einzelperson oder Nation - Bedingungen angeboten werden, die tatsächlich annehmbar sind. Solche Gelegenheiten zu schaffen, ist Aufgabe einer weltweiten Zusammenarbeit für die Entwicklung. Das bedeutet auch den Verzicht auf Gewinn- und Machtpositionen, über die die Wirtschaften der Industrienationen zum eigenen Vorteil verfügen.[106]

Das kann tiefgreifende Veränderungen der überlieferten Lebensstile mit sich bringen, um der Verschwendung der Ressourcen der Natur und der Menschen Einhalt zu gebieten und so allen Völkern und Menschen der Erde zu ermöglichen, in ausreichendem Maße daran teilzuhaben. Hinzu kommen muß außerdem die Erschließung der neuen materiellen und geistigen Güter als Frucht der Arbeit und der Kultur der heutigen Randvölker, um so zur umfassenden Bereicherung der Völkerfamilie zu gelangen.

---

104 Vgl. BENEDIKT XV., *Ubi primum* (8. September 1914): AAS 6[1914]501 f.; PIUS XI., *Rundfunkbotschaft an alle katholischen Gläubigen und an die ganze Welt* (29. September 1938): AAS 30[1938]309 f.; PIUS XII., *Radiobotschaft an die ganze Welt* (24. August 1939): AAS 31[1939]333-335; JOHANNES XXIII., Enzyklika *Pacem in terris*, III: a.a.O., 285-289; PAUL VI., *Ansprache vor den Vereinten Nationen* (4. Oktober 1965): AAS 57[1965]877-885.

105 Vgl. PAUL VI., Enzyklika *Populorum progressio*, Nr. 76-77: a.a.O., 294f.

106 Vgl. Apostolisches Schreiben *Familiaris consortio*, Nr. 48: a.a.O., 139f.

VI. Kapitel: Der Mensch ist der Weg der Kirche

53. Angesichts des Elends des Proletariats sagte Leo XIII.: „Mit voller Zuversicht treten Wir an diese Aufgabe heran und im Bewußtsein, daß Uns das Wort gebührt ...; so könnte das Stillschweigen eine Verletzung Unserer Pflicht scheinen".[107] Die Kirche hat in den letzten hundert Jahren wiederholt ihre Stellungnahme zum Ausdruck gebracht, indem sie die Entwicklung der sozialen Frage aus der Nähe verfolgte. Sie tat das gewiß nicht, um vergangene Privilegien zurückzugewinnen oder ihre Auffassung anderen aufzuzwingen. Ihr einziges Ziel war die Sorge und Verantwortung für den ihr von Christus anvertrauten Menschen, für diesen Menschen, der, wie das II. Vatikanische Konzil betont, das einzige von Gott um seiner selbst willen gewollte Geschöpf ist und mit dem Gott seinen Plan hat, nämlich Teilhabe am ewigen Heil. Es handelt sich nicht um einen „abstrakten"' Menschen, sondern um den realen, „konkreten" und „geschichtlichen" Menschen. Es handelt sich um jeden einzelnen Menschen, denn jeder ist vom Geheimnis der Erlösung betroffen, mit jedem ist Christus für immer durch dieses Geheimnis verbunden.[108] Daraus folgt, daß die Kirche den Menschen nicht verlassen darf und daß „dieser Mensch der erste Weg ist, den die Kirche bei der Erfüllung ihres Auftrags beschreiten muß ..., den Weg, der von Christus selbst vorgezeichnet ist und unabänderlich durch das Geheimnis der Menschwerdung und der Erlösung führt".[109]

Das ist die einzige Inspiration, von der sich die Soziallehre der Kirche leiten läßt. Wenn sie sie Schritt für Schritt, vor allem seit dem Datum, dessen wir heute gedenken, in systematischer Form dargelegt hat, so deshalb, weil den Horizont des ganzen Reichtums der kirchlichen Lehre der Mensch in seiner konkreten Wirklichkeit als Sünder und als Gerechtfertigter darstellt.

54. Die heutige Soziallehre hat besonders den Menschen im Auge, insofern er in das komplizierte Beziehungsgeflecht der modernen Gesellschaften eingebunden ist. Die Humanwissenschaften und die Philosophie dienen dazu, die zentrale Stellung des Menschen in der Gesellschaft zu deuten und ihn in die Lage zu versetzen, sich selbst als „soziales Wesen" besser zu begreifen. Allein der Glaube enthüllt ihm voll seine wahre Identität. Von dieser Identität geht die Soziallehre der Kirche aus. Ihr Ziel ist es, unter Zuhilfenahme sämtlicher Beiträge der Wissenschaften und der Philosophie dem Menschen auf dem Weg zu seinem Heil beizustehen.

Die Enzyklika *Rerum novarum* kann als ein wichtiger Beitrag zum gesellschaftlichen und wirtschaftlichen Verständnis des ausgehenden 19. Jahrhunderts gelesen werden. Ihr besonderer Wert liegt aber darin, daß sie ein Dokument des Lehramtes ist, das sich zusammen mit vielen anderen Dokumenten dieser Art in den Evangelisierungsauftrag der Kirche einreiht. Daraus folgt, daß der Soziallehre die Bedeutung eines Instrumentes der Glaubensverkündigung zukommt: Als solches verkündet sie

---

107 Enzyklika *Rerum novarum*, Nr. 13: a.a.O., 107.

108 Vgl. Enzyklika *Redemptor Hominis*, Nr. 13: a.a.O., 283.

109 *Ebd.*, Nr. 14: a.a.O., 284f.

jedem Menschen Gott und das Heilsmysterium in Christus und enthüllt dadurch den Menschen dem Menschen selbst. In diesem und nur in diesem Licht befaßt sie sich mit den anderen Fragen: mit den Menschenrechten jedes einzelnen, insbesondere des „Proletariats", mit Familie und Erziehung, mit den Aufgaben des Staates, mit der nationalen und internationalen Ordnung, mit dem Wirtschaftsleben, der Kultur, mit Krieg und Frieden, mit der Achtung des Lebens vom Zeitpunkt der Empfängnis bis zum Tod.

55. Die Kirche empfängt den „Sinn des Menschen" von der göttlichen Offenbarung. „Um den Menschen, den wahren, unverkürzten Menschen zu erkennen, muß man Gott erkennen", sagte Paul VI. und zitierte gleich darauf die hl. Katharina von Siena, die in einem Gebet denselben Gedanken aussprach: „In deiner Natur, ewige Gottheit, werde ich meine eigene Natur erkennen".[110]
Darum ist christliche Anthropologie in Wirklichkeit ein Kapitel der Theologie, und die Soziallehre der Kirche, die sich des Menschen annimmt, sich um ihn und sein Verhalten in der Welt kümmert, gehört aus demselben Grund in den Bereich der Theologie und insbesondere der Moraltheologie.[111] Die theologische Dimension erweist sich sowohl für die Interpretation wie für die Lösung der heutigen Probleme des menschlichen Zusammenlebens als unabdingbar. Das gilt - um es in aller Deutlichkeit zu sagen - sowohl gegenüber der „atheistischen" Lösung, die den Menschen seiner fundamentalen Bausteine, nämlich des Geistlichen, beraubt, als auch gegenüber den permissiven und konsumistischen Lösungen, die es unter verschiedenen Vorwänden darauf abgesehen haben, ihn von seiner Unabhängigkeit von jedem Gesetz und von Gott zu überzeugen, indem sie ihn in einen für ihn selbst und die anderen schädlichen Egoismus einsperren.
Wenn die Kirche dem Menschen Gottes Heil verkündet, wenn sie ihm durch die Sakramente das göttliche Leben anbietet und vermittelt, wenn sie seinem Leben durch die Gebote der Gottes- und der Nächstenliebe Orientierung gibt, dann trägt sie zur Bereicherung der Würde des Menschen bei. Aber so, wie sie diesen ihren religiösen und transzendenten Sendungsauftrag für den Menschen niemals aufgeben kann, so ist sie sich darüber im klaren, daß ihr Wirken auch heute auf Schwierigkeiten und Hindernisse stößt: Deshalb läßt sie sich immer wieder mit neuen Kräften und neuen Methoden auf die Evangelisierung ein, die den ganzen Menschen fördert. Auch zu Beginn des dritten Jahrtausends ist sie „Zeichen und Schutz der Transzendenz der menschlichen Person"[112], wie sie es vom Anfang ihres Bestehens an auf ihrem gemeinsamen Weg mit dem Menschen durch die ganze Geschichte immer getan hat. Die Enzyklika *Rerum novarum* ist ein sprechender Beweis dafür.

---

110 PAUL VI., *Predigt bei der Schlußsitzung des II. Vatikanischen Konzils* (7. Dezember 1965): AAS 58[1966]58.

111 Enzyklika *Sollicitudo rei socialis*, Nr. 41: a.a.O., 571.

112 II. VATIKANISCHES KONZIL, Pastoralkonstitution über die Kirche in der Welt von heute *Gaudium et spes*, Nr. 76; vgl. JOHANNES PAUL II., Enzyklika *Redemptor Hominis*, Nr. 13: a.a.O., 283.

56. Am hundertsten Jahrestag dieser Enzyklika möchte ich allen jenen danken, die sich für das Studium, die Vertiefung und die Verbreitung der christlichen Soziallehre eingesetzt haben. Dazu ist die Mitarbeit der Lokalkirchen unerläßlich, und es ist mein Wunsch, daß das Jubiläum Anlaß für einen neuen Auftrieb zu ihrem Studium, ihrer Verbreitung und Anwendung in den vielfältigen Bereichen sein möge.
Ganz besonders wünsche ich, daß sie in den verschiedenen Ländern bekannt gemacht und in die Tat umgesetzt wird, wo sich nach dem Zusammenbruch des realen Sozialismus eine ernste Desorientierung beim Werk des Neuaufbaus zeigt. Die westlichen Länder laufen ihrerseits Gefahr, in diesem Scheitern den einseitigen Sieg ihres Wirtschaftssystems zu sehen, und kümmern sich daher nicht darum, an ihrem System die gebotenen Korrekturen vorzunehmen. Die Länder der Dritten Welt befinden sich mehr denn je in der dramatischen Situation der Unterentwicklung, die mit jedem Tag ernster wird.
Nachdem Leo XIII. die Prinzipien und Richtlinien für die Lösung der Arbeiterfrage dargelegt hatte, schrieb er am Ende der Enzyklika einen entscheidenden Satz: „Möge jeder Berufene Hand anlegen und ohne Verzug, damit die Heilung des bereits gewaltig angewachsenen Übels nicht durch Säumnis noch schwieriger werde". Dann fügte er hinzu: „Was aber die Kirche angeht, so wird diese keinen Augenblick ihre allseitige Hilfe vermissen lassen".[113]

57. Für die Kirche darf die soziale Botschaft des Evangeliums nicht als eine Theorie, sondern vor allem als eine Grundlage und eine Motivierung zum Handeln angesehen werden. Unter dem Einfluß dieser Botschaft verteilten einige der ersten Christen ihren Besitz an die Armen und gaben Zeugnis davon, daß trotz der unterschiedlichen sozialen Herkunft ein friedliches und solidarisches Zusammenleben möglich war. Aus der Kraft des Evangeliums bebauten im Laufe der Jahrhunderte die Mönche die Erde, die Ordensmänner und Ordensfrauen gründeten Spitäler und Asyle für die Armen, die Bruderschaften sowie Männer und Frauen aller Schichten sorgten sich um die Bedürftigen und um die Randgruppen. Sie waren überzeugt, daß die Worte Christi: „Was ihr für einen meiner geringsten Brüder getan habt, das habt ihr mir getan" (*Mt* 25,40) kein frommer Wunsch bleiben durften, sondern zu einer konkreten Lebensverpflichtung werden mußten.
Die Kirche ist sich heute mehr denn je dessen bewußt, daß ihre soziale Botschaft mehr im Zeugnis der Werke als in ihrer inneren Folgerichtigkeit und Logik Glaubwürdigkeit finden wird. Auch aus diesem Bewußtsein stammt ihre vorrangige Option für die Armen, die nie andere Gruppen ausschließt oder diskriminiert. Es handelt sich um eine Option, die nicht nur für die materielle Armut gilt, da bekanntlich besonders in der modernen Gesellschaft viele Formen nicht bloß wirtschaftlicher, sondern auch kultureller und religiöser Armut anzutreffen sind. Ihre Liebe zu den Armen, die entscheidend ist und zu ihrer festen Tradition gehört, läßt die Kirche sich der Welt zuwenden, in der trotz des technisch-wirtschaftlichen Fortschritts die Armut gigantische Formen anzunehmen droht. In den westlichen Ländern haben wir

---

113 Enzyklika *Rerum novarum*, Nr. 45: a.a.O., 143.

die vielfältige Armut der Randgruppen, der Alten und Kranken, der Opfer des Konsumismus und zudem noch das Elend der zahlreichen Flüchtlinge und Emigranten. In den Entwicklungsländern zeichnen sich am Horizont dramatische Krisen ab, wenn nicht rechtzeitig international aufeinander abgestimmte Maßnahmen ergriffen werden.

58. Die Liebe zum Menschen und vor allem zum Armen, in dem die Kirche Christus sieht, nimmt in der Förderung der Gerechtigkeit ihre konkrete Gestalt an. Sie wird sich nur voll verwirklichen lassen, wenn die Menschen im Bedürftigen, der um eine Hilfe für sein Leben bittet, nicht einen ungelegenen Aufdringling oder eine Last sehen, sondern die Gelegenheit zum Guten an sich, die Möglichkeit zu einem größeren Reichtum. Erst dieses Bewußtsein wird ihnen den Mut geben, sich dem Risiko und dem Wandel zu stellen, die in jedem glaubwürdigen Versuch, dem anderen Menschen zu helfen, inbegriffen sind. Es geht ja nicht bloß darum, vom Überfluß abzugeben, sondern ganzen Völkern den Zugang in den Kreis der wirtschaftlichen und menschlichen Entwicklung zu eröffnen, von dem sie ausgeschlossen oder ausgegrenzt sind. Dafür genügt es nicht, aus dem Überfluß zu geben, den unsere Welt reichlich produziert. Dazu müssen sich vor allem die Lebensweisen, die Modelle von Produktion und Konsum und die verfestigten Machtstrukturen ändern, die heute die Gesellschaften beherrschen. Es geht auch nicht darum, Instrumente der gesellschaftlichen Ordnung, die sich bewährt haben, zu zerstören, sondern sie auf ein richtig verstandenes Gemeinwohl für die ganze Menschheitsfamilie auszurichten. Heute stehen wir vor den Bestrebungen einer sogenannten “weltweiten Wirtschaft”, ein Phänomen, das sicher nicht zu verwerfen ist, enthält es doch außerordentliche Möglichkeiten zu einem größeren Wohlstand. Immer spürbarer ist jedoch das Verlangen, daß dieser zunehmenden Internationalisierung der Wirtschaft wirksame internationale Kontroll- und Leitungsorgane entsprechen, die die Wirtschaft auf das Gemeinwohl hinlenken. Dazu ist ein einzelner Staat, und wäre es auch der mächtigste der Erde, allein nicht in der Lage. Um zu einem solchen Ergebnis zu gelangen, muß das Übereinkommen zwischen den großen Ländern wachsen, und in den internationalen Organen müssen die Interessen der großen Menschheitsfamilie gerecht vertreten werden. Es ist auch notwendig, daß sie bei der Einschätzung der Folgen ihrer Entscheidungen stets jene Völker und Länder entsprechend berücksichtigen, die auf dem internationalen Markt kaum ins Gewicht fallen, sondern in denen sich die schlimmste und bitterste Not ansammelt und die größere Entwicklungshilfe nötig haben. Auf diesem Gebiet bleibt zweifellos noch viel zu tun.

59. Damit also die Gerechtigkeit verwirklicht wird und die Versuche der Menschen zu ihrer Verwirklichung Erfolg haben, braucht es das Geschenk der Gnade, die von Gott kommt. Durch sie vollzieht sich im Zusammenwirken mit der Freiheit der Menschen jene geheimnisvolle Gegenwart Gottes in der Geschichte, die die Vorsehung ist.

Die in der Nachfolge Christi erlebte neue Erfahrung muß den anderen Menschen in der Konkretheit ihrer Schwierigkeiten, Auseinandersetzungen, Probleme und Herausforderungen mitgeteilt werden, damit sie vom Licht des Glaubens erleuchtet und menschlicher gemacht werden. Denn dieser hilft nicht nur, Lösungen zu finden, sondern macht es auch möglich, die Situationen des Leidens menschlich zu leben, auf daß sich in ihnen der Mensch nicht verliert und seine Würde und Berufung nicht vergißt.

Die Soziallehre enthält zudem eine wichtige interdisziplinäre Dimension. Um in verschiedenen und sich ständig verändernden sozialen, wirtschaftlichen und politischen Bereichen die eine Wahrheit über den Menschen besser zur Geltung zu bringen, tritt diese Lehre mit den verschiedenen Disziplinen, die sich mit dem Menschen befassen, in einen Dialog ein, integriert ihre Beiträge und hilft ihnen, in einem breiteren Horizont sich dem Dienst am einzelnen, in seiner vollen Berufung erkannten und geliebten Menschen zu öffnen.

Neben der interdisziplinären Dimension muß sodann die praktische und in gewissem Sinne experimentelle Dimension dieser Lehre erwähnt werden. Sie liegt im Schnittpunkt des christlichen Lebens und Bewußtseins mit den Situationen der Welt und findet ihren Ausdruck in den Anstrengungen, die einzelne, Familien, im Kultur- und Sozialbereich Tätige, Politiker und Staatsmänner unternehmen, um dem christlichen Leben Gestalt und Anwendung in der Geschichte zu verleihen.

60. Als Leo XIII. die Grundsätze für die Lösung der Arbeiterfrage verkündete, schrieb er: „Allerdings ist in dieser wichtigen Frage auch die Tätigkeit und Anstrengung anderer Faktoren unentbehrlich".[114] Er war davon überzeugt, daß die schweren, von der Industriegesellschaft verursachten Probleme nur durch die Zusammenarbeit aller Kräfte gelöst werden konnten. Diese Feststellung ist zu einem bleibenden Element der Soziallehre der Kirche geworden. Das erklärt unter anderem, warum Johannes XXIII. seine Enzyklika über den Frieden auch an „alle Menschen guten Willens"' richtete.

Papst Leo stellte freilich mit Schmerz fest, daß die Ideologien der damaligen Zeit, besonders der Liberalismus und der Marxismus, diese Zusammenarbeit ablehnten. Inzwischen hat sich vieles geändert, besonders in den letzten Jahren. Die Welt von heute ist sich immer mehr bewußt, daß die Lösung der ernsten nationalen und internationalen Probleme nicht nur eine Frage der Wirtschaft oder der Rechts- oder Gesellschaftsordnung ist, sondern klare sittlich-religiöse Werte sowie die Änderung der Gesinnung, des Verhaltens und der Strukturen erfordert. Diesen Beitrag anzubieten, fühlt sich die Kirche in besonderer Weise verantwortlich, und es besteht - wie ich in der Enzyklika *Sollicitudo rei socialis* geschrieben habe - die begründete Hoffnung, daß auch jene große Gruppe, die sich zu keiner Religion bekennt, dazu beitragen kann, der sozialen Frage das notwendige sittliche Fundament zu geben.[115]

In demselben Dokument habe ich auch einen Appell an die christlichen Kirchen und an alle großen Weltreligionen gerichtet und sie aufgefordert, einstimmig Zeugnis zu geben von den gemeinsamen Überzeugungen von der Würde des Menschen, der von

---

114 *Ebd.*, Nr. 13: a.a.O., 107.

115 Vgl. Enzyklika *Sollicitudo rei socialis*, Nr. 38: a.a.O., 564-566.

Gott erschaffen ist.[116] Ich bin nämlich überzeugt, daß den Religionen heute und morgen eine herausragende Rolle für die Bewahrung des Friedens und für den Aufbau einer menschenwürdigen Gesellschaft zufallen wird.
Andererseits gilt die Bereitschaft zum Dialog und zur Zusammenarbeit für alle Menschen guten Willens und insbesondere für jene Personen und Gruppen, die sowohl auf nationaler wie auf internationaler Ebene eine besondere Verantwortung auf politischem, wirtschaftlichem und sozialem Gebiet haben.

61. Das „nahezu sklavische Joch" am Beginn der Industriegesellschaft nötigte meinen Vorgänger, zur Verteidigung des Menschen das Wort zu ergreifen. Dieser Verpflichtung ist die Kirche in diesen hundert Jahren treu geblieben! Sie hat in die stürmische Phase des Klassenkampfes nach dem Ersten Weltkrieg eingegriffen, um den Menschen vor der wirtschaftlichen Ausbeutung und vor der Tyrannei der totalitären Systeme zu verteidigen. Sie hat die Würde des Menschen in den Mittelpunkt ihrer sozialen Botschaften nach dem Zweiten Weltkrieg gestellt, als sie auf der universalen Bestimmung der materiellen Güter, auf einer Gesellschaftsordnung ohne Unterdrückung und gegründet auf den Geist der Zusammenarbeit und der Solidarität bestand. Sie hat stets betont, daß der Mensch und die Gesellschaft nicht allein diese Güter, sondern auch geistige und religiöse Werte brauchen. Während sie sich immer besser darüber klar wurde, daß zu viele Menschen nicht im Wohlstand der westlichen Welt, sondern im Elend der Entwicklungsländer leben und eine Situation ertragen, die noch immer jene des „nahezu sklavischen Jochs" ist, fühlte und fühlt sie sich verpflichtet, diese Tatsache mit aller Klarheit und Offenheit anzukreiden, auch wenn sie weiß, daß ihr Appell nicht immer von allen wohlwollend aufgenommen werden wird.
Hundert Jahre nach der Veröffentlichung von *Rerum novarum* steht die Kirche wiederum vor „Neuem" und vor neuen Herausforderungen. Dieses Jubiläum soll daher alle Menschen guten Willens und insbesondere die Glaubenden in ihrem Bemühen bestärken.

62. Meine vorliegende Enzyklika hat in die Vergangenheit geblickt, sie ist aber vor allem auf die Zukunft ausgerichtet. Wie *Rerum novarum* steht sie gleichsam an der Schwelle des neuen Jahrhunderts und will dessen Kommen mit Gottes Hilfe vorbereiten.
Das wahre und ewig „Neue" kommt zu allen Zeiten aus der unendlichen Macht Gottes, der spricht: „Seht, ich mache alles neu"' (*Offb* 21,5). Diese Worte beziehen sich auf die Vollendung der Geschichte, wenn Christus „seine Herrschaft Gott, dem Vater, übergibt ..., damit Gott herrscht über alles und in allem" (*1 Kor* 15,24.28). Aber der Christ weiß, daß das Neue, das wir in seiner Fülle bei der Rückkehr des Herrn erwarten, schon gegenwärtig ist seit der Erschaffung der Welt, und zwar seitdem Gott in Jesus Christus Mensch geworden und mit ihm und durch ihn den Menschen zu einer "neuen Schöpfung"' gemacht hat (*2 Kor* 5,17; *Gal* 6,5).

116 Vgl. *ebd.*, Nr. 47: a.a.O., 582.

Am Ende dieser Enzyklika danke ich dem allmächtigen Gott, der seiner Kirche das Licht und die Kraft geschenkt hat, den Menschen auf dem Erdenweg zu seiner ewigen Bestimmung zu begleiten. Auch im dritten Jahrtausend wird die Kirche treu den Weg des Menschen zu ihrem eigenen machen, im Bewußtsein, daß sie nicht allein unterwegs ist, sondern mit Christus, ihrem Herrn. Er hat den Weg des Menschen zu dem seinen gemacht und geht mit allen Menschen, auch wenn sie sich dessen nicht bewußt sind.
Maria, die Mutter des Erlösers, die an der Seite Christi bleibt auf seinem Weg zu den Menschen und mit den Menschen und die der Kirche auf der Pilgerschaft des Glaubens vorangeht, begleite mit ihrer mütterlichen Fürsprache die Menschheit ins nächste Jahrtausend in Treue zu dem, der „derselbe ist, gestern, heute und in Ewigkeit" (vgl. *Hebr* 13,8), Jesus Christus, unser Herr, in dessen Namen ich alle von Herzen segne.

Gegeben zu Rom, bei St. Peter, am 1. Mai - Gedächtnis des hl. Josef des Arbeiters - 1991, im dreizehnten Jahr meines Pontifikates.

Joannes Paulus PP. II

Gesellschaft und Familie von innen her mitprägen

Ansprache an die Schönstatt-Müttergemeinschaft anläßlich des 50-jährigen Bestehens am 2. Mai

Liebe Mütter der Schönstattfamilie!

Herzlich grüße ich euch, die ihr in Vertretung der Schönstatt-Müttergemeinschaft in Rom weilt, um in der Herzmitte der Kirche und in der Begegnung mit dem Nachfolger Petri euer 50-jähriges Bestehen zu feiern.
Ihr seid zusammengekommen, um Gott, dem Geber alles Guten, für eure Berufung in diese geistliche Familie zu danken, deren Anliegen es ist, Frauen zu formen, die sich in der Freiheit der Liebe ganz in den Dienst Gottes und der Menschen geben.
Ihr wollt den an euch ergangenen Auftrag bejahen und mit allen Kräften zu erfüllen trachten, nämlich, wie Maria, Königin und Siegerin von Schönstatt, in Kirche und Welt, besonders aber in der eigenen Familie „Christus-Trägerinnen, Christus-Bringerinnen und Christus-Dienerinnen" zu sein.
Die Welt kann nur so weit christlich sein, als wir bereit sind, Gesellschaft und Familie von innen her mitzuprägen. Und eine Evangelisierung der Gesellschaft, in der ihr lebt und arbeitet, kann nur erfolgen, wenn das Wort Gottes auch im kleinen Kreis der Angehörigen verkündet und gelebt wird.
Eure Berufung wird vor allem konkret sichtbar in der Evangelisierung der eigenen Familie. Täglich bemüht ihr euch darum, euren Gatten und Kindern wie Maria Christus-Bringerin zu sein, in dem Bewußtsein, eine besondere Verantwortung für das Heil der Menschen, ja, eines jeden Menschen zu tragen, auf die das Apostolische Schreiben *Mulieris dignitatem* hinweist. So setzt ihr euch bewußt auch für das ungeborene Leben ein, was nicht zuletzt in eurer monatlichen Novene für werdende Mütter zum Tragen kommt.
Möge die tiefe Liebe zur Kirche und die ungebrochene Treue zum Lehramt, die das Leben und Wirken eures Gründers, Pater Josef Kentenich, bestimmten, durch diese Begegnung mit dem Nachfolger des hl. Petrus in euch gestärkt und vertieft werden. Auf diese Weise wird eure Gemeinschaft zur Erfüllung der Sendung der Kirche immer wirksamer beitragen können.
Mit der Versicherung meines Gebetes für euren Beitrag zum Aufbau der Kirche erteile ich euch für die täglich je neue Verwirklichung eurer Berufung, sowie euren Familien und der gesamten Schönstatt-Müttergemeinschaft von Herzen meinen Apostolischen Segen.

Die heilige Birgitta ist eine geistige Brücke

Ansprache an das schwedische Königspaar am 3. Mai

Eure Majestäten!

1. Gud välsigna Sverige! Mit diesem innigen Wunsch heiße ich Eure Majestäten im Vatikan willkommen und versichere Sie der besonderen Freude, die mir dieser Besuch bringt. Mit diesem Gebet auf den Lippen betrat ich am 8. Juni 1989 schwedischen Boden. Unser heutiges Treffen hier erinnert lebhaft an jenen Moment, und mich erfüllt dieser Anlaß mit Gefühlen der Hochachtung und Freundschaft für das geliebte schwedische Volk.

Die herzliche Beziehung zwischen Ihrem Land und dem Heiligen Stuhl ist eine Quelle großer Befriedigung. Mit Freude rufe ich in Erinnerung, daß 1982 während meines eigenen Pontifikats Beziehungen zwischen Schweden und dem Heiligen Stuhl neu geknüpft worden sind, die traditionsgemäße Kontakte wiederaufnahmen, welche auf das 16. Jahrhundert zurückgehen. In einem weiteren Sinne haben Verbindungen zwischen Schweden und dem Heiligen Stuhl jedoch schon vor mehr als tausend Jahren unter dem Einfluß der ersten vor allem vom hl. Ansgar geleiteten Missionare begonnen. Das Aufblühen des christlichen Glaubens war zutiefst verknüpft mit der Entwicklung des Nationalgefühls. Die Erinnerung an diese Kontakte ist besonders mit der Person und dem Werk der großen Schwedin, der hl. Birgitta, verbunden, die in dieser Stadt gelebt hat und gestorben ist. Sie und die heilige Katharina von Siena trugen in hohem Maße dazu bei, die Päpste davon zu überzeugen, von Avignon zu ihrem Sitz beim Grab des hl. Petrus zurückzukehren. Ihr Andenken lebt in dieser Stadt in ihren geistigen Töchtern weiter, den Mitgliedern des Ordens vom Heiligsten Erlöser und der hl. Birgitta, in dem Haus, in dem sie gelebt hat und gestorben ist. Es wurde das Hospiz „der Goten" genannt, denn dort wurden die vielen Pilger aufgenommen, die aus Ihrem Land hierherkamen. Viele schwedische Pilger besuchen es auch heute noch.

2. Wie Ihre Majestäten sehr wohl feststellen, werden Vorbereitungen für die in diesem Jahr stattfindenden Feiern getroffen, die an die sechshundert Jahre seit der Heiligsprechung der hl. Birgitta erinnern. Ich freue mich darauf, nächsten Oktober an einem feierlichen ökumenischen Treffen im Petersdom teilzunehmen, dem der lutherische Erzbischof von Uppsala, Bertil Werkström, der heute hier ist, sowie der Erzbischof John Vikström, der Primas der lutherischen Kirche in Finnland, und auch die katholischen Bischöfe von Skandinavien beiwohnen werden. Birgitta, die von meinem Vorgänger Bonifatius IX. im Jahre 1391 heiliggesprochen wurde, bildet ein gemeinsames Vermächtnis für beide Kirchen. Ihre sterblichen Überreste in Vadstena und ihre Reliquien hier in Rom sind Zeichen einer geistigen Brücke, eines Bandes der Gnade zwischen diesem Stuhl und Schweden.

Zu ihrer Zeit kämpfte die hl. Birgitta für die geistige Erneuerung der Kirche. Ihre Liebe zur Kirche kann uns heute auf unserer Suche nach der Befolgung des göttlichen Willens und der Wiederherstellung des Bandes der Einheit im Glauben unter der gespaltenen Christenheit inspirieren. Am Jahrestag ihrer Heiligsprechung wird unser gemeinsames Gebet das Wohl der Nation und den weiteren Fortschritt in den bereits herzlichen Beziehungen zwischen der katholischen Kirche und der schwedischen lutherischen Kirche zum Inhalt haben.

3. Mein Besuch in Ihrem Land hat es mir ermöglicht, Schwedens reiches geschichtliches, künstlerisches und kulturelles Erbe aus erster Hand zu erfahren. In Stockholm, Uppsala, Vadstena und Linköping bin ich daran erinnert worden, daß der christliche Glaube mehr als tausend Jahre lang eine tiefe und fruchtbare Quelle für das Leben der Nation und ihre Leistungen gewesen ist. Die Namen der hll. Ansgar, Erik und Birgitta, um nur diese zu nennen, ragen nicht nur in der Geschichte Ihres Landes, sondern in der Geschichte ganz Europas hervor. Heute stellt jenes Erbe an christlichen Gedanken, christlichem Leben und Dienst eine feste Basis für die Einheit und Harmonie Ihrer Gesellschaft, sowie für die geistige Erneuerung dar, die alle ihren Mitgliedern zugutekommen wird.
Europa und die Welt sind im Begriff, sich an eine neue wirtschaftliche und politische Lage anzupassen. Wir müssen hoffen, daß unsere Gesellschaften ebensolche Erneuerungen des kulturellen Lebens erfahren, die eine echte Erhebung des menschlichen Geistes bewirken können. Vor allem müssen wir hoffen, daß die jüngeren Generationen die ewige Wahrheit wiederentdecken werden, die im christlichen Glauben enthalten ist, und daß sie von diesem Ausgangspunkt eine konsequente ethische und moralische Sichtweise ableiten werden, die fähig ist, die Unverletzlichkeit der menschlichen Person zu verteidigen, mit einem besonderen Sinn für die Verantwortung gegenüber den schwächsten Mitgliedern der Gesellschaft. Dies ist mein Gebet für Schweden. Dabei bin ich mir des außerordentlich großen Beitrags bewußt, den Schweden weiterhin zur menschlichen Entwicklung und Förderung einer Zivilisation leisten kann, die die Menschenrechte voll respektiert.

4. Bei meinem Treffen mit der schwedischen Universitätsgemeinschaft in Uppsala vor zwei Jahren habe ich über die Verbindung zwischen dem christlichen Erbe Europas und den Grundwerten unserer zeitgenössischen Kultur nachgedacht. Zu diesen Werten gehören, wie ich sagte, „die Würde der Person, der geheiligte Charakter des Lebens, die zentrale Rolle der Familie, die Bedeutung der Erziehung, die Gedanken-, Rede- und Bekenntnisfreiheit hinsichtlich der eigenen religiösen Überzeugung, der gesetzliche Schutz für einzelne und Gruppen, die Zusammenarbeit aller für das Gemeinwohl, die Auffassung der Arbeit als Teilhabe am Werk des Schöpfers, die Autorität des Staates, der seinerseits durch Recht und Vernunft regiert wird" (*Ansprache an der Universität von Uppsala*, 9. Juni 1989, Nr. 4). Heute wird die Bedeutung dieser Werte nicht immer klar wahrgenommen, doch es besteht kein Zweifel darüber, daß sie hinter dem wohlbekannten Einsatz Schwedens für die Ziele der sozialen Gerechtigkeit und der überall zur Geltung zu bringenden Achtung der Menschenrechte stehen sowie hinter seinem Eintreten für die internationale Zusammenarbeit, die Abrüstung, den Frieden und die wirksame Solidarität

mit den Bedürfnissen der weniger begünstigten Völker. Mögen Ihre Landsleute weiterhin eine solche Solidarität bezeugen, indem sie Flüchtlinge und Einwanderer bereitwillig aufnehmen und vielen Ländern der Dritten Welt hochherzig beistehen. In der Erfüllung ihrer geistlichen Mission freut sich die katholische Kirche in Schweden, an der wertvollen humanitären Tätigkeit mitarbeiten zu können.
In der Enzyklika *Centesimus annus*, die ich kürzlich zum Andenken an den hundertsten Jahrestag der berühmten Enzyklika über die sozialen Probleme, *Rerum novarum*, veröffentlichte, habe ich die entwickelten Länder aufgerufen, ihre Bemühungen zur Unterstützung und Hilfe der Länder der Dritten Welt nicht abflauen zu lassen (vgl. Nr. 28). Ein solcher Aufruf scheint im Lichte der neuen Lage, die sich in Mittel- und Osteuropa entwickelt hat, notwendig. Der darausfolgende dringende Bedarf an wirtschaftlichem und technischem Beistand in diesen Ländern kann nämlich zu einer Vernachlässigung noch ernsterer und langwährender Not- und Armutsverhältnisse in anderen Teilen der Welt führen. Die Offenheit Ihres Landes für all diese Bedürfnisse spricht in hohem Maße für den Sinn Ihres Volkes für weltweite Brüderlichkeit. Der Heilige Stuhl schätzt den Einsatz Schwedens in diesem Bereich, der für den Frieden unter den Völkern von großer Bedeutung ist.

5. Zum Abschluß möchte ich Ihren Majestäten für diesen Besuch danken. Durch Sie grüße ich das schwedische Volk und zolle ihm Anerkennung. Ich wiederhole den Ausdruck meiner Hochachtung und Wertschätzung seiner Bemühungen, eine gerechtere und fürsorglichere Gesellschaft für sich und seine Kinder zu errichten. Ich bete dafür, daß ihm dabei von einer Kultur geholfen wird, die die Einzelperson befähigt, ihre Kreativität, ihre Intelligenz, ihre Welt- und Menschenkenntnis anzuwenden und ihre Fähigkeit der Selbstbeherrschung, des persönlichen Opfers, der Solidarität und der Bereitschaft zur Förderung des Gemeinwohls zu entfalten; einer Kultur, die eine wahre und große Idee vom Menschen aufrechterhält, der nach dem Ebenbild Gottes geschaffen ist und durch seine Gnade erlöst wurde (vgl. *Centesimus annus*, Nr. 52).
Gern rufe ich auf Ihre Majestäten und Ihre Kinder reichen göttlichen Segen herab. Möge der Allmächtige Gott Ihr geliebtes Volk schützen und leiten und ihm helfen, seine erhabensten und edelsten Bestrebungen zu erlangen. Gud välsigna Sverige!

Eine Gesellschaftsordnung der freien Arbeit

Ansprache an die Teilnehmer am Seminar der Italienischen Bischofskonferenz (CEI) für Arbeiter und Gewerkschaftler am 4. Mai

Liebe Brüder und Schwestern!

1. Einen herzlichen Willkommensgruß richte ich an euch alle, Arbeiter und Gewerkschaftler, die ihr zur Feier des 100. Jahrestages der Enzyklika *Rerum novarum* zum nahen 15. Mai, dem Tag ihrer feierlichen Veröffentlichung, nach Rom gekommen seid. Ich grüße einen jeden von euch und spreche meine lebhafte Wertschätzung für

euren Einsatz im Dienst des Gemeinwohls aus. Ich danke Bischof Santo Bartolomeo Quadri, dem Präsidenten der Kommission der Italienischen Bischofskonferenz für soziale Probleme und Arbeit, der in eurem Namen herzliche Worte der Ergebenheit an mich gerichtet hat.

Zweifellos betrachtet ihr diesen Gedenktag als etwas, das euch unmittelbar angeht, ja als etwas, das so recht eure Sache ist, weil sich die Enzyklika Leo XIII. ja gerade mit der „Lage der Arbeiter" befaßt.

Wie andere, so seid auch ihr für die Aktualität und die bleibende Gültigkeit seiner Lehre Zeugen. In der Enzyklika *Centesimus annus*, die vorgestern zum Andenken an diesen 100. Jahrestag veröffentlicht wurde, stelle ich fest, daß man sich immer den Text von *Rerum novarum* vor Augen halten muß, „um den Reichtum der grundlegenden Prinzipien wiederzuentdecken, die für die Lösung der Arbeiterfrage ausgesprochen wurden" (Nr. 3). Ich bin sicher, daß auch in den Tagen des Nachdenkens bei eurem Seminar angesichts der vielfachen Aufgaben, mit denen sich die Arbeiterbewegung heute auseinandersetzen muß, der unverrückbare Wert dieser grundlegenden Prinzipien klargeworden ist.

2. Die Arbeiterfrage stellt sich heute gewiß nicht genau so wie zur Zeit Leo XIII. Ja, „die Arbeiterbewegung hatte eine wichtige Rolle", wenn sich im Verlauf der letzten hundert Jahre viele Dinge zum Besseren gewandelt haben (vgl. *Centesimus annus*, Nr. 16).

Doch wenn es stimmt, daß die so deutlich und nachdrücklich in *Rerum novarum* verkündeten Rechte der Arbeiter heute in vielen nationalen und internationalen Gesetzen zugestanden und anerkannt sind, so stimmt es leider nicht, daß sie auch überall konkret beachtet werden. Wieviele ungerechte Manöver und Verfahren werden benutzt, um auch die besten rechtlichen Verfügungen und die am meisten bewährten praktischen Wege der Arbeitsethik wirkungslos zu machen! Man denke zum Beispiel an die Arbeiter und Arbeiterinnen, die nicht zuverlässig sozial abgesichert sind, nicht mit einer Pension rechnen können und manchmal sogar nicht einmal einen gerechten und ausreichenden Lohn erhalten. Man denke ferner an das Phänomen der sogenannten „Schwarzarbeit", an die Ausbeutung von Minderjährigen und die zahlreichen Opfer der Arbeitslosigkeit, zumal unter den Jugendlichen.

Wenn das in Ländern geschieht, in denen eine gediegene Rechtsordnung den Arbeitern wenigstens die Möglichkeit bietet, zu ihrem Schutz etwas zu unternehmen, was soll man dann von Nationen sagen, in denen solche gesetzlichen Verfügungen fehlen oder nur scheinbar vorhanden sind? Dies war, wie wir wissen, der Fall in den Gesellschaften, die sich am „realen Sozialismus" ausrichteten: den Worten und der feierlichen Verkündigung der Rechte und der Wichtigkeit der Arbeiterklasse entsprach fast nichts Konkretes, und der Graben zwischen leeren Worten und Wirklichkeit, der dadurch entstand, läßt sich heute nicht leicht ausfüllen.

3. Ihr habt auf eurem Kongreß die Formen und Wege der Beteiligung der Welt der Arbeit am Leben der Gesellschaft studiert. Es geht nicht nur um einen Beitrag zur

Entwicklung der verschiedenen Firmen und Unternehmen, in denen ihr als Arbeiter euren kostbaren und unersetzlichen Beitrag leistet. Es geht auch darum, daß ihr durch euren aktiven Beitrag zum Leben des Unternehmens als „Gemeinschaft von Menschen" (*Centesimus annus*, Nr. 43) die Gesellschaft verbessert, von der ihr euch nicht absondert. Im Gegenteil, wenn ihr verantwortlich den Platz, der euch zukommt, ausfüllt, sorgt ihr dafür, daß weder „die absolute Vorherrschaft des Kapitals" über die Arbeit, noch „das sozialistische System" sich durchsetzt, „das tatsächlich nichts anderes als einen Staatskapitalismus darstellt". Euch „geht [es] vielmehr um eine Gesellschaftsordnung der freien Arbeit, der Unternehmen und der Beteiligung" (*Centesimus annus*, Nr. 35). Auf dieses Ziel müssen sich eure Bemühungen und eure beruflichen Anstrengungen als Arbeiter und als christliche Arbeiter richten. Ihr seid ja alle zur Arbeit im „Weinberg des Herrn" (vgl. *Mt* 20,1-16) berufen. In unterschiedlichen Weisen ist dieser Weinberg auch eure eigene Nation und die ganze Welt.

4. In diesen Zusammenhang gehören Tätigkeit und Sinn der Arbeiterverbände, die *Rerum novarum* so deutlich als berechtigt hinstellte und fördern wollte. Darin war diese Enzyklika der Zeit voraus (vgl. *Acta Leonis XIII*, S. 135). Die Verbände verteidigen nicht nur die Rechte der Arbeiter und die Respektierung dieser Rechte, sondern lassen heute die solidarische Beteiligung der Arbeiter am Leben der ganzen Gesellschaft immer mehr zur tatsächlichen Wirklichkeit werden. Was die Arbeiter als Einzelmenschen nie wirksam durchsetzen könnten, gelingt den Gewerkschaftsverbänden, die dieses Namens würdig und ihrer ursprünglichen Aufgabe treu bleiben.

Es bleibt darum sehr zu wünschen, daß im Gedenken an die hundert Jahre seit *Rerum novarum* im Lauf des ganzen Jahres 1991, des „Jahres der Soziallehre der Kirche" (vgl. *Predigt* am 1. Januar 1991) die Funktion der Gewerkschaften neu überprüft und im Eigeninteresse der Arbeiter, zu deren Dienst sie ja entstanden sind, auf den neuesten Stand gebracht wird. „Hier", so bemerke ich in *Centesimus annus*, „tut sich ein großes und fruchtbares Feld des Einsatzes und des Kampfes im Namen der Gerechtigkeit für die Gewerkschaften und für die anderen Organisationen der Arbeiter auf, die ihre Rechte verteidigen und ihre Subjektivität schützen. Sie haben aber gleichzeitig eine wesentliche Aufgabe kultureller Art, indem sie dazu beitragen, daß die Arbeiter vollwertig und in Würde am Leben der Nation teilnehmen und auf dem Weg der Entwicklung fortschreiten" (Nr. 35).

5. Wenn es ferner stimmt, daß unter den Folgen des Zusammenbruchs des politischen und wirtschaftlichen Systems im Zeichen der marxistischen Philosophie in einigen Ländern an erster Stelle „die Begegnung zwischen Kirche und Arbeiterbewegung" zu nennen ist, so darf man wohl sagen, daß dies auf die Natur der Arbeiterbewegung und auf die Sendung der Kirche zurückzuführen ist.

Wie ihr wißt, schätzt die Kirche die menschliche Arbeit als Mitarbeit an der Schöpfung Gottes und als Mittel, das den Menschen zu ihrer vollen Verwirklichung in die Hand gegeben ist (vgl. *Laborem exercens*, Nr. 4).

Liebe Brüder und Schwestern, eure Berufung als christliche Arbeiter und Arbeiterinnen bringt in der heutigen geschichtlichen Stunde mit ihren umfangreichen und raschen sozialen Wandlungen eine besondere Aufgabe mit sich. Ihr seid an euren unterschiedlichen Arbeitsplätzen zur Verteidigung der Würde der Person berufen und sollt die befreiende Botschaft des Evangeliums anbieten. Übt euch daher in diese, ich möchte sagen „missionarische" Grundhaltung gegenüber euren Arbeitsgefährten hier und anderswo, aber auch der ganzen Gesellschaft gegenüber durch eure solidarische Beteiligung ein.
Möge der Herr Jesus, der für uns ein Arbeiter wurde (vgl. *Mk* 6,3), euch helfen und auf diesem Weg begleiten. Möge Maria, die Mutter des Erlösers, euch beistehen! Ich rufe auf euch alle, auf eure tägliche Arbeit und auf eure Familien den Schutz des Himmels herab und segne euch auch meinerseits von Herzen.

Aufruf zur verstärkten Neuevangelisierung

Schreiben an das Generalkapitel der Franziskaner in San Diego vom 4. Mai

Liebe Söhne des hl. Franziskus!

1. Der Tradition Eures Ordens und Euren Statuten gemäß, hat P. John Vaughn, Euer Generalminister, mich gebeten, einen Delegierten zu bestimmen, der im Namen und im Auftrag des Heiligen Stuhles bei der bevorstehenden Wahl des Generalministers - eine der Hauptaufgaben dieses Kapitels der Franziskaner - den Vorsitz führen soll. Diese Bitte ist keineswegs eine reine Formalität, sondern stellt vielmehr einen Akt der Treue zu Bruder Franziskus dar, der „Gehorsam und Respekt dem ‚Herrn Papst' Honorius und seinen rechtmäßig gewählten Nachfolgern sowie der römischen Kirche" (*Ordensregel der Franziskaner*, 2) versprochen hat. Was den ganzen Orden betrifft, so ist dieses Vorgehen mehr als nur die Beobachtung einer Vorschrift der Konstitutionen, sie ist der Ausdruck Eures Willens, Eure Bande enger und familiärer Gemeinschaft mit dem Nachfolger Petri - dessen Sendung es ist „für das Gemeinwohl der ganzen Kirche und für das Wohl der einzelnen Kirchen zu sorgen" (*Christus Dominus*, Nr. 2) - aufrechtzuerhalten.

2. Es erschien mir angebracht, Euch außer meinem Delegierten auch eine für Euch bestimmte Botschaft zu senden, liebe Söhne des hl. Franziskus. Seit dem Beginn meines Pontifikats ist das die dritte Gelegenheit, mich in dieser Form an Euch zu wenden. Dabei habe ich zugleich die Freude, meine persönliche Verbundenheit mit der franziskanischen Familie enger zu gestalten und mich wieder an meine Pilgerfahrten zu den Orten zu erinnern, die Bruder Franziskus mit seiner Gegenwart geheiligt hat. Ich möchte es nicht versäumen, dankbar des 27. Oktober 1986 zu gedenken, als die Vertreter aller Religionen zu Fasten und Gebet für den Frieden in Assisi vereint waren.

3. In meinen früheren Botschaften war ich bestrebt, den einen oder anderen Aspekt des reichen geistlichen Erbes zu betonen, das Euch Euer Gründer hinterlassen hat. Ich möchte nun noch einige wesentliche Züge Eurer franziskanischen Tradition hervorheben: die leidenschaftliche Liebe zum armen Christus, die in einer möglichst weitreichenden Anteilnahme an den Lebensbedingungen der einfachen Menschen ihren Ausdruck findet; die radikale Absage an die Güter dieser Welt und, mit ihr vortrefflich verbunden, eine besondere Liebe zur Schöpfung, in der Bruder Franziskus ganz zu Hause war. Ich weise ferner darauf hin, wie sehr er dem brüderlichen Leben zugetan war, zu dem jeder in rückhaltlosem und freudigem Gehorsam mit seinen Gaben beitragen sollte; wie er das ausdauernde Wirken der Brüder in den verschiedenen Diensten und Aufgaben für das Wachstum des mystischen Leibes Christi betonte sowie die Verehrung der Eucharistie, die nicht von der Verkündigung des Evangeliums zu trennen ist; und schließlich denke ich an die zarte und einfühlsame Liebe zur heiligen Menschheit Christi und den uneingeschränkten Glauben an seine Gottheit und seine ewige Herrschaft.
Wenn Ihr diese stets aktuellen Charismen Eures Ordens weiterentwickelt, bietet Ihr den hochherzigen Boten des Evangeliums dank Eurer theologischen, spirituellen und pastoralen Ausgeglichenheit erprobte Wege für den Dienst an den heutigen Menschen an.

4. Ihr habt San Diego als Ort für Euer Kapitel gewählt und nehmt so an den Feierlichkeiten anläßlich des fünften Jahrhunderts der Evangelisierung Amerikas teil, an der Eure Brüder weitgehend beteiligt waren. In eben dieser Stadt, der ersten, welche die Europäer in Kalifornien gründeten, errichtete der sel. Junipero Serra (1713-1748) die erste der einundzwanzig Missionen, die sich über die ganze Westküste der Vereinigten Staaten erstrecken sollten (1769).

5. Euer Generalkapitel hat als Thema für seine Beratungen gewählt: „Der Orden der Minderbrüder und die Evangelisierung heute." Es handelt sich nicht um eine neue Evangelisierung - als ob die erste fehlgeschlagen sei - sondern, wie ich vor der Vollversammlung des Lateinamerikanischen Bischofsrates (CELAM) im Jahr 1983 in Haiti betonte, um eine „Evangelisierung, neu in ihrem Eifer, in ihren Methoden und in ihrer Ausdrucksweise" (Port-au-Prince, 9. März 1983, III).
Papst Innozenz III. hatte eure ersten Brüder ausgesandt, um die allen Menschen angebotene Frohbotschaft des Heils zu verkünden und nachdrücklich zur Bekehrung zu Jesus Christus aufzurufen: „Geht hin im Herrn, meine Brüder, und predigt allen die Buße, so wie der Herr es euch eingibt" (Thomas von Celano, *Vita*, I, 23). Ich mache mir heute diesen Aufruf zur Mission zu eigen und richte ihn an Euch. Und gerade so, wie das Bestehen Eures Ordens dieser ersten Sendung zu verdanken ist, so verleiht ihm heute die Sendung, die ihm der Nachfolger Petri im Namen der Kirche überträgt, seinen Daseinszweck. Die Sendung eines jeden Bruders ist also nicht individueller Art. Auch der Orden selbst hat keine andere als die von der Kirche empfangene und seinem Charisma eigene Sendung. Die Abhängigkeit von Dem, der aussendet, ist wesentlich im Begriff der kirchlichen Sendung, denn diese vollzieht

sich nicht nur nach dem Vorbild der Sendung Christi, sondern sie hat ihren Platz innerhalb der Sendung dessen, dessen Wort das Wort des Vaters ist, der ihn ausgesandt hat (vgl. *Joh* 14,24).

6. Gestattet es mir, heute eure Aufmerksamkeit, der Treue zur Tradition Eures Ordens gemäß, auf die intellektuelle Bildung zu richten, die als grundlegende Voraussetzung für die Evangelisierung angesehen werden muß. Weit davon entfernt, Schlagworte oder kurzlebige Ideologien zu Hilfe zu nehmen, die unter den Armen Verwirrung anrichten könnten, erfordert sie vielmehr ein fortgesetztes und tiefschürfendes intellektuelles Engagement, das sicher nicht der Strenge entbehrt, aber auf lange Sicht wirksam ist, ein vom Glauben getragenes und beseeltes Engagement, das auch zu einem Fortschritt im Glauben führt: „Aus [dem] Glauben zum Glauben" (*Röm* 1,17). Echter Glaube strebt ja nach Einsicht in die Geheimnisse, und eine gesunde Anwendung der Intelligenz zieht aus dem Licht des Glaubens reichen Nutzen.

7. Die Sendung zum „Predigen der Buße" erfordert eine ernste intellektuelle Vorbereitung, sowohl in den Humanwissenschaften als auch in der Theologie. Das gleiche gilt für die neue Evangelisierung. Haben das nicht auch die Heiligen und die Lehrer Eures Ordens gefordert, für die „das Gebäude des Ordens auf zwei Mauern ruhen muß, auf der Heiligkeit des Lebens und auf der Wissenschaft" (Thomas d'Eccleston, *De adventu fratrum minorum in Angliam*, 90)? Möge, ihrem Vorbild und der Regel entsprechend, die Predigt der Brüder heute „examinata et casta", d. h. ausgereift und geklärt im Studium, recht und ohne Beimischung sein!

8. Liebe Brüder, ich ermutige Euch nachdrücklich: fügt Euch in die Dynamik einer erneuerten Evangelisierung ein, dank der Förderung des Studiums der Theologie, dieser kirchlichen Wissenschaft im eigentlichen Sinn des Wortes, die eine solche ist, „weil sie in der Kirche wächst und auf die Kirche einwirkt ... Sie steht im Dienst der Kirche und muß sich daher ganz dynamisch in die Sendung der Kirche, insbesondere in ihre prophetische Sendung, eingefügt wissen" (*Ansprache an die Päpstliche Gregorianische Universität*, 15.12.1979, 6; *O.R. dt.*, 25.1.1980). Um dieses Ziel zu erreichen, soll zu bestimmten konkreten Maßnahmen ermutigt werden, und es erscheint mir nützlich, sie Euch anzugeben.
Die für die Ausbildung aller Ordensmänner und insbesondere der Priester gültigen Richtlinien der Weltkirche sind gewissenhaft einzuhalten. Die gleiche Aufmerksamkeit muß den Vorschriften Eures Ordens (Konstitutionen, allgemeine Statuten, Richtlinien für Ausbildung und Studium) zugewandt werden, die die rückhaltlose Treue zu Eurem franziskanischen Charisma gewährleisten sollen. Es ist angebracht, daß jene Provinzen, die über die meisten jungen Ordensmänner verfügen, diese ohne Zaudern für höhere Studien in Humanwissenschaften und Theologie bestimmen, damit der Franziskanerorden „imstande sei, in der zeitgenössischen Gesellschaft für die im Evangelium enthaltenen Werte breiteren Raum zu gewinnen" (*Ansprache an das Päpstliche Athenäum „Antonianum"*, 16.1.1982, 5). Auch ist es angezeigt, daß jede Provinz für eine genügende Zahl qualifizierter Ausbilder sorge. Darüber hinaus ist es wichtig, daß die unter die Verantwortung des

Ordens fallenden Zeitschriften im Licht des Glaubens und in Gemeinschaft mit den Hirten der Kirche eine ernste Reflexion über die Probleme unserer Zeit fördern, denn „die Aufgabe, das Wort Gottes, sei es geschrieben oder überliefert, verbindlich zu erklären, ist nur dem lebendigen Lehramt der Kirche anvertraut, dessen Vollmacht im Namen Jesu Christi ausgeübt wird" (vgl. *Dei Verbum*, Nr. 10). Schließlich müssen die Brüder, wenn sie „die Kreativität in die Treue integrieren" (*Potissimum institutioni*, 67c) wollen, auf ständige Weiterbildung bedacht sein.

9. Ich übergebe diese Botschaft Kardinal Jean Jérôme Hamer, der bei der Wahl Eures Generalministers den Vorsitz führen wird, und ich bitte ihn, Euch meine herzlichste Ermutigung zu überbringen, die ich in der siebenten Ermahnung des hl. Franziskus zusammenfasse: „Der Geist der Heiligen Schrift schenkt jenen Leben, die die Wissenschaft, über die sie verfügen oder verfügen möchten, nicht auf ihren persönlichen Wert zurückführen, sondern durch Wort und Beispiel den allerhöchsten Herrn und Gott preisen, dem alles gehört."
Liebe Söhne des hl. Franziskus, liebe Brüder in Jesus Christus, ich empfehle Eure Arbeiten Maria, die ihr als Mutter und Königin des Ordens verehrt, und erteile Euch allen aus ganzem Herzen meinen Apostolischen Segen.

Aus dem Vatikan, 4. Mai 1991

Joannes Paulus PP. II

Die Liebe Gottes ist eine frei geschenkte Liebe

Predigt beim Besuch in der Pfarrei S. Maria dell'Olivo in dem römischen Vorort Settecamini am 5. Mai

1. „Das ist mein Gebot: Liebt einander, so wie ich euch geliebt habe" (*Joh* 15,12).
Liebe Brüder und Schwestern, während wir in österlicher Freude die unendliche Liebe Gottes zu den Menschen feiern, die uns durch den Tod und die Auferstehung seines Sohnes zuteil wurde, leitet uns die heutige Liturgie an, diese große Gabe zu betrachten, aus der sich das Gebot der Nächstenliebe ergibt.
Betrachten wir vor allem die Liebe Gottes zu den Menschen, wie sie sich in ihrer Vollkommenheit in Christus, seinem Sohn, geäußert hat.
„Gott ist Liebe", sagt der Apostel Johannes. Er ist Liebe, weil er die „Gemeinschaft" ist, die den Vater, den Sohn und den Heiligen Geist in der Dreifaltigkeit vereint. Er ist Liebe, weil er „Gabe" ist. Die Liebe Gottes bleibt nämlich nicht für sich allein, sondern sie verbreitet sich und ergießt sich in das Herz all derer, die er geschaffen und berufen hat, seine Kinder zu sein.
Die Liebe Gottes ist eine frei geschenkte Liebe. Sie kommt der Erwartung und dem Wunsch des Menschen zuvor. „Nicht wir haben Gott geliebt, sondern er hat uns geliebt" (vgl. *1 Joh* 4,10). Er hat uns zuerst geliebt, er hat die Initiative ergriffen.

Das ist die tiefe Wahrheit, die all das erhellt und erklärt, was Gott im Verlauf der Heilsgeschichte getan hat und immer noch tut.
Die Liebe Gottes gehört nicht nur einigen wenigen, sondern sie wendet sich allen Menschen zu, umfängt sie und will sie alle umfangen und zu einer einzigen Familie zusammenschließen. Das sagt auch der Apostel Petrus in seiner Evangelisierungsansprache im Hause des Hauptmannes Kornelius, in dem viele Menschen zusammengekommen waren: Nun begreife ich, so sagte er, „daß Gott nicht auf die Person sieht, sondern daß ihm in jedem Volk willkommen ist, wer ihn fürchtet und tut, was recht ist" (*Apg* 10,34 f.).
Die Liebe Gottes zu den Menschen kennt keine Grenzen, sie macht nicht Halt vor Schranken der Rasse oder der Kultur: sie ist weltumfassend und ist für alle da. Sie verlangt nur Aufgeschlossenheit und Aufnahmebereitschaft; sie fordert vom Menschen nur den fruchtbaren Boden aufrichtigen Gewissens und guten Willens.
Und schließlich ist sie eine wahrhaftige Liebe, deren Worte und Taten den Menschen in jeder Lebenssituation erreichen können, auch wenn er leidet oder unterdrückt wird, denn diese Liebe befreit, rettet, bietet Freundschaft an und schafft Gemeinschaft. All das kraft der Gabe des Heiligen Geistes, die als Geschenk der Liebe in das Herz der Gläubigen eingeht und sie damit fähig macht, Gott zu verherrlichen und seine Wunder allen Völkern zu verkünden.

2. Aus der Betrachtung der Liebe Gottes ergibt sich die Forderung einer Antwort, eines Einsatzes. Welche? Das müssen wir uns fragen. Und das Wort Gottes, das wir gerade gehört haben, erfüllt unsere Erwartung.
Der Mensch muß vor allem bereit sein, sich von Gott lieben zu lassen. Das geschieht, wenn er an diese Liebe glaubt und sie ernst nimmt, wenn er diese Gabe in sein Leben hineinnimmt und sich durch sie verändern und formen läßt, vor allem hinsichtlich der Beziehungen der Solidarität und der Brüderlichkeit, die die Menschen untereinander einen.
Jesus Christus verlangt von allen, die die Liebe des Vaters empfangen haben, einander zu lieben und jeden so zu lieben, wie er sie geliebt hat. Das Besondere und Neue an seinem Gebot besteht gerade in dem „Wie". Es bedeutet Liebe ohne Gegenleistung, Aufgeschlossenheit gegenüber allen, glaubwürdige Worte und echte Taten sowie eine Fähigkeit zur Hingabe bis zum Opfer seiner selbst. So kann sein Leben sich ausbreiten, kann das Herz der Menschen verändern und aus ihnen allen eine in seiner Liebe vereinigte Gemeinschaft machen.
Jesus bittet die Seinen auch, in seiner Liebe zu bleiben. d. h. immer mit ihm in einem ständigen freundschaftlichen Kontakt und Dialog verbunden zu sein, damit wir in den Genuß der wahrhaftigen Freude kommen, die Kraft finden, seine Gebote zu befolgen und schließlich Früchte zu bringen in Gerechtigkeit und Frieden, in Heiligkeit und Dienstbereitschaft.

3. Liebe Brüder und Schwestern der Pfarrei Santa Maria dell'Olivo, ich freue mich, zu diesem Pastoralbesuch hier bei euch zu sein, in diesem großen Bezirk des Stadtteils Settecamini. Ich bin gekommen, um jedem von euch und der ganzen

Gemeinde, die hier in dieser Pfarrkirche versammelt ist, diese Botschaft der Liebe zu verkünden.

Zusammen mit dem Pro-Generalvikar Erzbischof Camillo Ruini und dem Weihbischof des nördlichen Stadtbezirks Salvatore Boccaccio, grüße ich euch alle, liebe Gläubige, ganz besonders aber eure Kinder, die alten und die kranken Menschen und all diejenigen, die leiden, weil sie sich ausgegrenzt, einsam oder verlassen fühlen.

Ganz besonders möchte ich euren Pfarrer, Msgr. Alessandro Mena, begrüßen sowie die Geistlichen, die mit ihm zusammenarbeiten, um diesen großen Bezirk des Agro Romano mit christlichem Leben zu erfüllen. Mein Dank gilt auch den Mitgliedern der Katholischen Aktion, der ACLI und der kirchlichen Verbände, die zu den Initiativen der Pfarrei ihren Beitrag leisten.

Euch allen sage ich: Liebt eure Kirche und legt durch euer Leben Zeugnis ab von der Freude und der Liebe, die den Christen charakterisieren, der an den auferstandenen Christus glaubt.

4. Nehmt mit neuem Bewußtsein das Evangelium der Liebe in euch auf, der Liebe, die uns Christus durch seine Worte und sein Leben bewiesen hat.

Er hat euch auserwählt und euch durch die Gabe des Heiligen Geistes in ihm geformt und gefestigt; er hat euch zu seinen Freunden gemacht und durch die Taufe an seinem Leben selbst teilnehmen lassen. Bleibt in seiner Liebe, bleibt standhaft in ihr, haltet das Gespräch mit ihm durch das Gebet wach, wachst in der Gemeinschaft durch die Teilnahme an den Sakramenten und an der Liturgie, bewahrt sein Wort getreu in eurem Herzen und befolgt seine Gebote.

Und liebet einander, denn „jeder, der liebt, stammt von Gott und erkennt Gott". (*1 Joh* 4,7). Die Liebe zum Nächsten, bezeugt und gelebt, macht das Evangelium von der Liebe Gottes für alle diejenigen glaubhaft, die noch nicht glauben und ist damit die einfachste Form der Evangelisation für die Menschen unserer Zeit. Sie verlangen es und haben das Recht, es von jenen zu erwarten, die in Jesus Christus sind und von ihm geliebt sind.

Diese gegenseitige Liebe, die in eurer Pfarrgemeinde verwirklicht wird, muß sich auf vielerlei Art in eurem Tun und Wirken für die Mitmenschen äußern.

Sie erfordert Aufgeschlossenheit und Aufnahmebereitschaft gegenüber allen Menschen, vor allem aber gegenüber den Kindern, den Armen und den Kranken; sie erfordert aktive und harmonische Mitarbeit an allen Aktivitäten, die Gemeinsamkeit schaffen oder vertiefen sollen; sie macht sich die Charismen einzelner oder von Gruppen zunutze, zugunsten des Gemeinwohls und zum Aufbau der Gemeinde, damit der Hang zum Individualismus und zur Suche nach Einzelinteressen überwunden wird. Kurz gesagt: Sie fordert euch auf, unter der Führung des Hirten der Kirche gemeinsam den Weg zum Reiche Gottes als dem gemeinsamen Ziel zu gehen.

5. Das Evangelium der Liebe verlangt schließlich von allen und jedem, hinzugehen und Frucht zu bringen, bleibende Frucht.

Eure Mission verpflichtet euch, Versöhnung und Frieden dahin zu bringen, wo Zwietracht und Feindschaft herrschen; Solidarität zu schaffen, wo es Ausgrenzung und Einsamkeit gibt; Leben dahin zu bringen, wo es Zeichen für das Überhandnehmen des Todes gibt; da zu teilen, wo der Egoismus Schranken und Vorurteile errichtet: in der Familie, am Arbeitsplatz und im Wohnviertel.
„Verkündet es mit lautem Jubel bis an die Grenzen der Welt: Der Herr hat sein Volk befreit" (*Eingangslied der Messe*).
Meine Lieben, lebt in der Liebe Gottes und in der Freude. Verehrt, vor allem in diesem Monat Mai, der ihr geweiht ist, die himmlische Schutzpatronin eurer Pfarrgemeinde, Maria, die Gottesmutter. So werdet ihr von ihr den Frieden erhalten, dessen Symbol der Olivenzweig ist.
Und die Freude wird in euch und in allen sein. Amen!

Der Dialog dispensiert nicht von der Evangelisierung

Ansprache an die Vollversammlung der Kongregation für die Glaubenslehre am 6. Mai

1. Mit besonderer Freude begrüße ich euch alle, liebe Mitglieder der Vollversammlung der Kongregation für die Glaubenslehre, die ihr am Beginn eurer Arbeiten steht. Ein herzliches Willkommen gilt zumal eurem Präfekten, Kardinal Joseph Ratzinger, dem ich zugleich für die herzlichen Worte danke, in denen er auch in euer aller Namen eure Ergebenheit zum Ausdruck brachte.
Ich freue mich über die Möglichkeit dieser Begegnung und ich ergreife diese günstige Gelegenheit, um euch meinen Dank und meine Wertschätzung für den Dienst zum Ausdruck zu bringen, den ihr der Kirche leistet. Eure Arbeit ist eine kostbare und unerläßliche Hilfe für meinen Petrusdienst und das apostolische Wirken des Hl. Stuhls. Getreu der bleibenden Lehre des Herrn will die Kongregation für die Glaubenslehre ja dazu beitragen, daß Männer und Frauen unserer Zeit jenes innere Licht und jenes integrale Heil erlangen, das aus dem Evangelium entspringt und nach dem sie sich ständig sehnen.

2. Der ständige Dialog, den ihr mit den Theologen aus der ganzen Welt führt, macht euch empfänglich und aufmerksam für die vielfältigen Bedürfnisse der Kirche, für die man vom Sitz des Petrus ein maßgebendes klärendes Wort erwartet. Gerade in diesem Licht lassen sich besser die Stellungnahmen eures Dikasteriums verstehen, wie zum Beispiel die Überlegung zu verschiedenen Auffassungen der Theologie der Befreiung sowie die beiden wichtigen Instruktionen, die einige grundlegende und unverzichtbare Interpretationskriterien für jedwede theologische Arbeit dargelegt haben.
Eine Befreiungstheologie, die wirklich der Notwendigkeit entsprechen möchte, einen so großen Teil der Menschheit zu evangelisieren, der in dramatischen Formen

der Unterdrückung und Armut lebt, wird ihr Ziel besser erreichen können, wenn sie diese allgemein geltenden Weisungen beachtet.

Auf der anderen Seite muß man auch in Betracht ziehen, daß das Denken einiger Theologen, die diese Sorgen teilen, heute in eine besondere Richtung geht, die nicht ohne Probleme ist.

Vor kurzem habe ich in der Enzyklika *Redemptoris missio* geschrieben: „Heute spricht man viel vom Reich, aber nicht immer im Gleichklang mit kirchlichem Denken. Es gibt Auffassungen über Heil und Sendung, die man ‚anthropozentrisch' in einem verkürzten Sinn dieses Begriffes nennen könnte, insofern sie auf die irdischen Bedürfnisse des Menschen ausgerichtet sind. In solcher Sicht wird das Reich eher zu einer rein irdischen und säkularisierten Wirklichkeit, in der Programme und der Kampf für sozio-ökonomische, politische und kulturelle Befreiung den Ausschlag geben, aber der Horizont bleibt der Transzendenz gegenüber verschlossen. Ohne zu leugnen, daß auch auf dieser Ebene Werte zu fördern sind, bleibt diese Auffassung doch innerhalb der Grenzen eines Reiches, in dem der Mensch um seine echten und tiefen Dimensionen gebracht wird und allzu leicht einer der rein irdischen Fortschrittsideologien verhaftet bleibt" (Nr. 17). Das Wirken der Kirche zielt daher in zwei Richtungen: es will einmal die „Werte des Reiches" wie Gerechtigkeit, Friede, Freiheit und Brüderlichkeit herausstellen; auf der anderen Seite möchte es den Dialog zwischen Völkern, Kulturen und Religionen fördern, „damit sie sich gegenseitig bereichern und der Welt helfen, sich zu erneuern und immer mehr den Weg auf das Reich hin zu gehen. Neben positiven Aspekten bieten diese Auffassungen oft negative Seiten" (*ebd.*, Nr. 17).

3. Dies ist für eure Kongregation anspornend und ermutigend, organisch und vor allem von den christologischen Grundlagen aus das Problem des Verhältnisses des Christentums zu anderen Religionen zu analysieren. Die Enzyklika *Redemptoris missio* hat kühne Grundlinien aufgezeigt, die alles Forschen auf diesem Gebiet abstützen und erhellen können. Das Heil kommt von Christus, und der Dialog dispensiert nicht von der Evangelisierung. „Der Dialog muß geführt und realisiert werden in der Überzeugung, daß die Kirche der eigentliche Weg des Heiles ist und daß sie allein im Besitz der Fülle der Heilsmittel ist" (Nr. 55).

4. Seit geraumer Zeit beschäftigt sich die ganze Kirche ferner mit der hermeneutischen Frage. Es genügt hier, an das wichtige Dokument zu erinnern, das kürzlich von der internationalen Theologenkommission über „Die Interpretation der Dogmen" veröffentlicht wurde. Es ist auch eine Frucht des vertieften Nachdenkens von seiten eures Dikasteriums in den vergangenen Jahren. Nun muß das Studium weitergehen und im einzelnen die verschiedenen Aspekte der Frage, vor allem im Verhältnis der Beziehung des Glaubens und der Philosophie sowie im Verhältnis zur Interpretation der Bibel erörtern, denn diese kann nur in einem klaren kirchlichen Kontext echt sein. Eine ähnliche Überlegung verweist unmittelbar auf weitere ekklesiologische Problemkreise, die auch mit der ökumenischen Arbeit zusammenhängen. Jeder weiß, daß dies alles eine kluge lehrmäßige Vertiefung sowie nicht

wenige unerläßliche Klärungen erfordert. Daher ermuntere ich euch, in der Auswertung derart aktueller Themen fortzufahren, und ich möchte euch versichern, daß eure mühsame und zuweilen harte Arbeit gewiß dem ganzen Volk Gottes zugute kommt. Sie ist zugleich der Verbreitung des Evangeliums und der neuen Evangelisierung, die die ganze Kirche erfaßt, von Nutzen.
Was dann die Moraltheologie angeht, so weiß ich gut, welch gewaltige Arbeit eure Kongregation in den letzten beiden Jahren leisten mußte. Aus verschiedenen Teilen der Welt daraufhin angesprochen, hat sie die Möglichkeit gehabt, erhellende und sichere Weisungen über ethisch-moralische Themen von zuweilen recht komplexer und heikler Art anzubieten. Hier ist erneut zu betonen, wie notwendig und anerkennenswert der Dienst ist, den ihr leistet.

5. Nun möchte ich noch kurz auf die *Instruktion über die kirchliche Berufung des Theologen* eingehen, die eure Kongregation im vergangenen Jahr veröffentlicht hat, und die ein Werkzeug von großem Nutzen für die Lehre und dazu von offensichtlicher Aktualität in der heiklen Situation darstellt, in der die Gläubigen heute leben müssen. Bekannt ist die Wichtigkeit der Theologie für Leben und Sendung der Kirche. Wenn es die Rolle des Theologen in der Gemeinschaft der Glaubenden behandelt, stellt das erwähnte Dokument die Beziehungen zu den verschiedenen kirchlichen Instanzen und zumal zum Lehramt dar. Dieser Text, der die Bedeutung und Schwierigkeit der Sendung des Theologen betont, möchte die Übereinstimmung, die zwischen Theologie und Lehramt bestehen muß, immer hilfreicher gestalten. Ich bin überzeugt, daß diese Instruktion, wenn sie die Hirten einlädt, mit den Theologen Beziehungen gegenseitigen Vertrauens und Zusammenwirkens zu entwickeln, in bedeutendem Maße dazu beitragen wird, alle zu immer demütigeren Hörern des Wortes und zu treuen Dienern des christlichen Volkes zu machen. Ausgehend von den grundlegenden und schon genannten Hinweisen zur kirchlichen Natur des Glaubens kann man den Umfang der Überlegungen nutzbringend ausweiten. Eure Kongregation hat das bereits begonnen, zum Beispiel bei den Begegnungen mit den Vorsitzenden der Glaubenskommissionen in der ganzen Welt sowie mit dem kürzlichen Schreiben an die Vorsitzenden der Bischofskonferenzen über die Glaubenskommissionen.

6. Eure Arbeit ist gewiß nicht leicht und erfordert beständige Hingabe. Macht beharrlich und vertrauensvoll weiter, liebe Brüder, in der Sendung, zu der der Herr euch berufen hat. Stützen möge euch die Mutter des Erlösers, die getreue Jungfrau, die wir in diesem ihr geweihten Monat unserem Leben besonders nahe fühlen. Maria möge euch die notwendigen Gnaden erlangen, daß ihr jeden Tag euren Dienst für die Kirche erfüllen könnt. Ermutigen soll euch auch mein herzlich gern erteilter Segen.

Suchenden und Fragenden das Herz öffnen

Predigt in der Messe mit der Schweizergarde am 6. Mai

Liebe Brüder und Schwestern!

Der heutige Tag bietet mir auch in diesem Jahr wieder die freudige und willkommene Gelegenheit, mit euch, liebe Schweizergardisten, und mit euren Angehörigen und Freunden aus eurer schönen Heimat zusammenzukommen und die heilige Eucharistie zu feiern. Besonders heiße ich die jungen Rekruten in unserer Mitte willkommen, die nach altehrwürdiger Tradition an diesem für eure Garde so bedeutsamen Tag ihren Diensteid ablegen und in eure Gemeinschaft aufgenommen werden. Auch ihr, liebe Rekruten, werdet von nun an für einige Zeit den verantwortungsvollen Dienst in der unmittelbaren Umgebung des Papstes übernehmen, wofür euch mein aufrichtiger Dank gilt.

Die Lesung aus der Apostelgeschichte (*Apg* 16,11-15) - gleichsam als ein Ausschnitt aus einem längeren Reisebericht - stellt uns das Wirken des Völkerapostels Paulus vor, der nach Philippi kommt und sich sogleich seiner vom Herrn empfangenen Sendung widmet: Er predigt das Wort der Frohen Botschaft. Dabei gelingt es ihm, daß durch seine Verkündigung der Herr den Zuhörern „das Herz öffnet", die sodann zum Glauben kommen und sich taufen lassen.

Auch wenn euer Auftrag, liebe Gardisten, nicht in der Verkündigung durch die Predigt besteht, so habt doch auch ihr euch auf eurem Lebens- und Glaubensweg dafür entschieden, eine spezifische Aufgabe im Zentrum der Kirche für ihren obersten Hirten zu übernehmen. In Wahrnehmung eures Dienstes begegnet ihr täglich zahlreichen Menschen, die sich mit Fragen an euch wenden und um Orientierung und Hilfe bitten. Ihr könnt also in der Erfüllung eurer Arbeit ebenfalls die Berufung erkennen, den Suchenden und Fragenden „das Herz zu öffnen" für den Herrn und seine Kirche. Denn gerade in äußerlich oft wenig bedeutsam erscheinenden Augenblicken kann durch aufgeschlossene Freundlichkeit und verständnisvolle Geduld unschätzbar Gutes und Bleibendes gewirkt werden.

Wie die Apostel so sind auch wir auf unserem Glaubensweg keineswegs auf uns allein gestellt. Die Liturgie der Tage vor Christi Himmelfahrt, die nach alter Überlieferung auch Bittage genannt werden, bringt sehr schön zum Ausdruck, daß das Geschehen von Ostern mit der Auferstehung Christi zum neuen Leben für die Glaubenden erst dann seine Vollendung findet, wenn der erhöhte Herr seinen Jüngern den verheißenen „Beistand" gesandt hat. Das Johannesevangelium (*Joh* 15,26-16,4a) zeichnet ein durchaus realistisches Bild von der Wirklichkeit des Glaubens, wenn es die Jünger Jesu mitunter in der Gefahr sieht, „Anstoß zu nehmen" und der Verfolgung ausgesetzt zu sein (vgl. *Joh* 16,1-2); sie sind also in dieser Welt nicht immer frei von innerer Anfechtung und äußerer Anfeindung. Doch der „Geist der Wahrheit", den der Vater sendet und dessen Kommen wir am Pfingsttag feiern, legt Zeugnis ab, „damit die Welt glaubt, daß du mich gesandt hast" (*Joh* 17,21).

An uns ist es, die Worte Jesu immer wieder in Erinnerung zu rufen (vgl. *Joh* 16,4) und um den Beistand des Geistes Gottes stets neu zu bitten, damit er uns Kraft und Stärkung sei für die frohe Erfüllung unseres Dienstes und für ein glaubwürdiges Zeugnis, das wir - „sei es gelegen oder ungelegen" (vgl. *2 Tim* 4,2) - für den Herrn geben wollen.

So laßt uns nun an diesem euren Festtag in Freude „dem Herrn ein neues Lied singen" (*Ps* 149,1) und in der Eucharistiefeier unserem Schöpfer danken, der uns in seiner Güte beschützt hat, und ihn bitten, daß er uns mit seinem Beistand auch weiter nahe sein möge.

Der Papst, der seine Predigt in deutscher Sprache begonnen hatte, fuhr auf französisch fort:

Und nun möchte ich einen sehr herzlichen Gruß an die Rekruten französischer Sprache, an ihre Familien und ihre Freunde richten. Meine lieben, jungen Männer, ich beglückwünsche euch, daß ihr euch aus freien Stücken entschlossen habt, einige Jahre dem päpstlichen Haus zu dienen. Und euch, liebe Eltern, danke ich, daß ihr diese Wahl respektiert und damit eine gewisse Trennung angenommen habt.

Wir haben gerade eine Stelle aus der Apostelgeschichte und einen Abschnitt aus dem Johannesevangelium gehört. Öffnet während dieser Jahre in Rom euer Herz weit für den Herrn, wie die Einwohner der Stadt Philippi es taten. Und, unterstützt vom Heiligen Geist, erfüllt nach dem Beispiel der Apostel eure neue Aufgabe als ein schönes menschliches und christliches Zeugnis, einen Beitrag dazu, daß die Kirche von den Menschen geliebt wird. Euer Glaube, der schon groß ist, möge sich noch weiter vertiefen! Zeigt es, daß ihr glücklich seid, Christen zu sein! Eure Exaktheit und euer gutes Verhalten im Dienst, die Art eures freundlichen und diskreten Benehmens beim Empfang der Besucher des Papstes und seiner Mitarbeiter, euer entschlossener Beitrag zur Brüderlichkeit im Leben der Garde und euer Bemühen, die freie Zeit klug auszuwerten, werden konkrete tägliche Realitäten sein, die eure Persönlichkeit bereichern und euch zu Zeugen für den Herrn und seine Kirche machen. Mit dem herzlichen Wunsch, daß es so werde, trage ich alle eure Anliegen und die eurer Familien zum Altar.

Auf italienisch schloß der Papst:

Allen gilt mein herzlicher Gruß. Vor allem aber möchte ich die Rekruten, die heute nachmittag ihren Diensteid ablegen, inständig ermutigen. Liebe Freunde, euer Dienst im Hause des Papstes ist ein Dienst an der Kirche. Erfüllt ihn mit Begeisterung und Bereitschaft und stets in großer Liebe zu Christus.

Evangelisieren ist die Gnade und eigentliche Berufung der Kirche

Ansprache an die Italienische Bischofskonferenz am 8. Mai

Ehrwürdige und liebe Brüder!

1. „Simon Petrus, Knecht und Apostel Jesu Christi, an alle, die durch die Gerechtigkeit unseres Gottes und Retters Jesus Christus den gleichen kostbaren Glauben erlangt haben wie wir. Gnade sei mit euch und Friede in Fülle durch die Erkenntnis Gottes und Jesu, unseres Herrn" (*2 Petr* 1,1-2). Ich freue mich, an einen jeden von euch mit den Worten des Apostels Petrus meinen herzlichen Gruß und brüderlichen Wunsch zu richten. In eurer Person grüße ich mit großer Liebe die eurer Pastoralsorge anvertrauten Kirchen und gemeinsam mit euch danke ich dem Herrn für ihr christliches Leben, das sich in zahlreichen Äußerungen wahren Glaubens und tätiger Nächstenliebe offenbart.
Ganz besonders begrüße ich den neuen Vorsitzenden der Italienischen Bischofskonferenz, Msgr. Camillo Ruini, und den neuen Generalsekretär Msgr. Dionigi Tettamanzi. Ich danke ihnen von Herzen für die bereitwillige und hochherzige Annahme dieses anspruchsvollen Dienstes, für das Wachstum der Gemeinschaft und der gegenseitigen Verantwortung der Bischöfe im Hinblick auf das Wohl aller Kirchen in Italien.
Die Ad-limina-Besuche, die ihr in diesen Monaten macht, verschaffen mir die Freude, jeden einzelnen von euch persönlich zu treffen, die Schwierigkeiten kennenzulernen und daran teilzuhaben, doch damit verbunden auch die Hilfsquellen und Hoffnungen der verschiedenen italienischen Diözesen. Bei der kollegialen Begegnung mit den einzelnen regionalen Bischofskonferenzen und in der Gemeinschaft pastoraler Zielsetzungen, bietet sich mir die günstige Gelegenheit, an die dringlichsten Forderungen zu erinnern, die das Evangelium Christi heute an die christlichen Gemeinschaften stellt. Diese Zusammenkunft hier ist mir ganz besonders willkommen, da sie trotz ihrer Kürze ein Augenblick tiefer geistlicher Gemeinschaft mit euch ist, die ihr euch so sehr für das Wachstum der euch anvertrauten Kirchen gemäß dem Geiste Christi einsetzt. Mit den Worten des Apostels Paulus sage ich euch: „..., geliebte Brüder, seid standhaft und unerschütterlich, nehmt immer eifriger am Werk des Herrn teil, und denkt daran, daß im Herrn eure Mühe nicht vergeblich ist" (*1 Kor* 15,58).

2. Euer Nachdenken konzentriert sich in diesen Tagen auf das „Evangelium der Liebe", ein sehr treffend von euch gewählter Ausdruck, der auf das tiefe Band hinweisen soll, das zwischen Evangelisierung und Bezeugung der Liebe besteht. Dies sind die beiden Orientierungspole der Pastoral für die 90er Jahre, für die ihr letzten November in der Generalversammlung von Collevalenza gestimmt habe. Nun laßt ihr euch in dieser neuen Versammlung ein auf das Problem der konkreten Umset-

zung dieser Orientierungen in den einzelnen Teilkirchen, mit dem Ziel, den gemeinsamen Weg in diesem letzten Jahrzehnt des 20. Jahrhunderts voranzubringen.
Die nach langer einheitlich geführter Beratung entworfenen pastoralen Richtlinien fügen sich in den Weg ein, den die italienische Kirche in der Zeit nach dem Konzil begonnen hat. Sie möchten, vorhergehenden Programmen folgend, eine maßgebende und klare Antwort auf die Probleme geben, die sich in unserer Gesellschaft und Kultur erheben. Angesichts des Unterganges von Ideologien, die sich als illusorisch erwiesen haben, und den tiefgehenden geschichtlich-politischen Wandlungen der letzten Jahre, bekennt die Kirche nochmals ihren Glauben an den auferstandenen Christus: In ihm, ihrem Bräutigam und Herrn, erkennt sie die ewige, stets neu aufsprudelnde Quelle, die auch den Menschen unserer Zeit Hoffnung gibt. Deshalb verkündet die Kirche auch weiterhin voll Mut und Freude das Evangelium als echte und vollkommene Antwort auf die wahrsten und tiefsten Bedürfnisse eines jeden Menschen und aller Völker.
Erneut muß die unbedingte Notwendigkeit der Evangelisierung bekräftigt werden. „Evangelisieren", so schrieb Paul VI., „ist die Gnade und eigentliche Berufung der Kirche, ihre tiefste Identität" (Apostolisches Schreiben *Evangelii Nuntiandi*, Nr. 14: *AAS* 68[1976]13). Die Kirche lebt von dieser Gnade, sie kann diese Berufung nicht unbeantwortet lassen und darf dieser, ihrer tiefen Identität weder widersprechen, noch darf sie sie entstellen.
So konzentriert sich die Tätigkeit der Kirche mit ganz besonderer Kraft auf die Evangelisierung. Und wenn diese in der ständigen Aufgabe besteht, das Evangelium Millionen von Männern und Frauen zu bringen, die Christus, den Erlöser des Menschen, noch nicht kennen, so geht sie heute mit der „neuen Evangelisierung" jener Länder und Nationen einher, in denen „früher Religion und christliches Leben blühten und lebendige, glaubende Gemeinschaften zu schaffen vermochten", die aber jetzt „harte Proben [durchmachen] und ... zuweilen durch die fortschreitende Verbreitung des Indifferentismus, Säkularismus und Atheismus entscheidend geprägt [werden]. Es geht dabei vor allem um die Länder und Nationen der sogenannten Ersten Welt, in der der Wohlstand und der Konsumismus, wenn auch von Situationen furchtbarer Armut und Not begleitet, dazu inspirieren und veranlassen, so zu leben, ‚als wenn es Gott nicht gäbe'" (Apostoliches Schreiben *Christifideles laici*, Nr. 34).
Zu diesen Ländern und Nationen gehört in gewisser Hinsicht auch Italien, wo doch die Kirche sehr lebendig ist und der Glaube so vieler Männer und Frauen wachsam und eifrig ist. Ihr, liebe Mitbrüder, seid euch dessen bewußt. So habt ihr euch, verfügbar für den Heiligen Geist, mit all euren Kirchen zu lebendigen Trägern einer neuen Evangelisierung machen wollen, die das Evangelium der Liebe als Mittelpunkt hat.

3. Dieses Zeugnis, das sich auf die Liebe konzentriert, ist Gabe und Verantwortung für alle in der Kirche: Bischöfe, Priester Ordensleute und gläubige Laien. Und in unseren christlichen Gemeinschaften fehlt es bestimmt nicht an diesem Zeugnis, sind sie doch reich am Einsatz von Diensten, Hilfen und Volontariatstätigkeit mit

kontinuierlichem und hochherzigem Investieren von Menschen und Mitteln. Diesbezüglich spreche ich gern meine Freude darüber aus, daß die Italienische Bischofskonferenz seit einigen Monaten mit den von den italienischen Bürgern dafür bestimmten Geldern organische und gezielte karitative Hilfen zugunsten der Dritten Welt leistet.

All diese reiche Tätigkeit muß aber stets bewußt vom Glauben motiviert werden und fest im Evangelium verwurzelt sein, damit sie als Ausdruck echter Nächstenliebe für die Welt glaubwürdig werden kann.

In diesem Sinn muß unermüdlich an der Ausbildung des moralischen Gewissens der Gläubigen und vor allem der Jugend gearbeitet werden, damit die Werke der Liebe Frucht und Zeichen eines reifen Glaubens werden, der beständig gespeist wird an der unerschöpflichen Quelle der Liebe Christi, des leuchtenden Bildes und der lebendigen Gabe der gütigen und barmherzigen Liebe des Vaters.

Das Anhören des Wortes Gottes und die Feier der Eucharistie mit der Ausgießung des Geistes des neuen Gesetzes der Gläubigen, das sind die bevorzugten und unverzichtbaren Wege, um das Evangelium der Liebe zu leben und zu bezeugen.

4. Ein vorrangiger Aspekt, für den die Richtlinien den Pastoraleinsatz der Teilkirchen verlangen, ist der der Erziehung der Jugend zum Evangelium der Liebe. Ihnen soll mit Mut und Begeisterung, die durch den Glauben entstehen und wachsen, verkündet werden, daß Christus, und nur er allein, die ewige und beständige Neuheit des Menschen und der Geschichte ist, denn er ist die Wahrheit, die jeden Menschen erleuchtet, der in diese Welt kommt; er ist der Weg, auf dem Gerechtigkeit, Liebe, Solidarität und Friede aufblühen; er ist das Leben, das dem Menschen die Wiedergeburt zum Adoptivkind Gottes schenkt. Dann wird es für die Jugendlichen nicht schwierig sein, den außergewöhnlichen und tiefen Einklang zu spüren, der zwischen der Neuheit des Evangeliums und den Erwartungen und Fragen besteht, die sie im Herzen tragen.

Ein vorrangiger Bereich für eine solche Tätigkeit ist gewiß die Schule. Da die Jugendlichen über den Schein hinaus auf der Suche nach dem wahren Sinn des Lebens und des Wertes der Dinge sind, darf die Schule ihre Erziehungsrolle nicht verlieren und muß stets der Ort bleiben, wo der Schüler die Möglichkeit hat, seine Gaben des Verstandes, des Gefühls und des Willens zu entwickeln, und wo er Antwort auf die Probleme, die seine Person betreffen, und auf die Fragen des Daseins finden kann.

Nun zeichnet sich der katholische Religionsunterricht erfahrungsgemäß innerhalb der Schule und in Verbindung mit den anderen Schulfächern methodisch und seinem spezifischen Inhalt nach „durch klaren erzieherischen Wert aus, und ist darauf ausgerichtet, junge Menschen auszubilden, die reich an Innerlichkeit, moralischer Kraft und offen sind für die Werte der Gerechtigkeit, der Solidarität und des Friedens, sowie in der Lage, die eigene Freiheit gut zu gebrauchen", wie ich kürzlich beim Symposium des Rates der Europäischen Bischofskonferenzen über den katholischen Religionsunterricht in der öffentlichen Schule gesagt habe.

Der Volkscharakter, den der katholische Glaube in Italien hat und sein besonders bedeutsames Einwirken auf die Geschichte und das Leben des Landes sorgen dafür, daß der katholische Religionsunterricht für die jungen Generationen neben der moralischen und geistigen Erziehung eine einzigartige Gelegenheit zur kulturellen Bildung ist. Es ist mein innigster Wunsch, die Jugendlichen und die Familien mögen durch ihre überzeugte und begründete Wahl bestätigen, daß sie diesen wertvollen Dienst in Anspruch nehmen wollen.
Daher stelle ich mit Befriedigung fest, daß ihr in diesen Tagen an der Veröffentlichung einer Pastoralerklärung über den katholischen Religionsunterricht in den öffentlichen Schulen arbeitet, und ich wünsche mir, dieses Dokument möge nicht wenig dazu beitragen, daß die pastorale Tätigkeit der christlichen Gemeinden dem Problem der religiösen Erziehung der Jugend in Bereich der Schule immer mehr Aufmerksamkeit schenkt. Die nächste Nationalversammlung, die die katholische Schule zum Thema hat, und auf die ihr euch mit Eifer vorbereitet, bezeugt eure pastorale Sorge um die Jugendlichen, die Schule und die Begegnung der Schule mit dem Evangelium.

5. Eine für einige Jahre unterbrochene Tradition wieder aufnehmend, habt ihr die 41. Sozialwoche der italienischen Katholiken über ein wichtiges und aktuelles Thema gehalten: „Die Christen und die neue Jugend Europas". Diese Woche gliedert sich ausgezeichnet in die Aktivitäten und Feiern des „Jahres der Soziallehre der Kirche" ein, sowie in die Hundertjahrfeier der Enzyklika *Rerum novarum* von Leo XIII., und gibt ebenso eine Antwort auf die Forderung nach sozialem und politischem Einsatz der Christen, um den in den Pastoralen Richtlinien dringend ersucht wird.
Es wird von Nutzen sein, die Ergebnisse dieser Sozialwoche, die an den zuständigen Stellen wiederaufgenommen werden müssen, im Licht der letzten Enzyklika *Centesimus annus* zu lesen. Die „neuen Dinge", die sich heute als problematisch herausstellen, sind zahlreich und vielfältig, doch verweisen sie vor allem darauf, im Hinblick auf das Eingreifen von staatlicher Seite sowohl den Einzelmenschen mit seiner persönlichen Autonomie, wie auch intermediäre Körperschaften in das Licht des Subsidiaritätsprinzips zu stellen. Diesbezüglich habe ich - im Versuch einer Diagnose der Ursache für die aktuelle Weltlage von ihren tiefen Wurzeln her - geschrieben: „Wenn wir uns ... fragen, woher diese irrige Sichtweise des Wesens der Person und der ‚Subjektivität' der Gesellschaft stammt, können wir nur antworten, daß seine Hauptursache der Atheismus ist (*Centesimus annus,* Nr. 13).
Aus genau diesem Grund ist die Aufgabe der Gläubigen nicht nur sekundär, sondern ausschlaggebend für die Verteidigung und Förderung der politischen, wirtschaftlichen, sozialen und kulturellen Werte im Hinblick auf einen echten Fortschritt des Zusammenlebens.
Eine erneuerte Anwesenheit der Christen im sozialen und politischen Bereich ist daher dringend notwendig, damit heute das Evangelium der Liebe in einem Dienst verkündet und bezeugt wird, der sich an alle, vor allem an die Armen und an diejenigen richtet, die am Rande der Gesellschaft stehen. Die Verkündigung der

Soziallehre der Kirche ist ein wesentlicher Teil der „neuen Evangelisierung". Doch diese Verkündigung muß zum konkreten Zeugnis werden und verlangt daher Präsenz und Aktivität. Das Evangelium der Liebe - wir könnten es das Evangelium der sozialen Liebe nennen - fordert reife Christen, Männer und Frauen, es fordert ein reines und starkes Gewissen, das sich auf die großen Werte der Anthropologie und der Ethik beruft, die vom christlichen Glauben herrühren.

6. Ehrwürdige Brüder im Bischofsamt, auf diesem unserem Jahrestreffen, das stets reich ist an Glaubensbewußtsein und Gemeinschaftsempfinden, habe ich einige der vielen Gedanken wiederaufnehmen wollen, die euch in den Arbeiten der Generalversammlung beschäftigen.

Wie sehr wünschen wir doch, daß unsere pastoralen Bestrebungen, die in unserem Herzen aus der Liebe zu Christus und seiner Kirche erwachsen, stets bereitwillige und warmherzige Aufnahme in unseren Gemeinschaften und hochherzige Verwirklichung auf ihrem Weg des Glaubens finden mögen.

Wir vertrauen diese unsere Wünsche dem mütterlichen Schutz der Heiligen Jungfrau an. Die italienische Bevölkerung verehrt sie vor allem im Monat Mai, der ihr nach langer und tiefempfundener Volksgewohnheit geweiht ist. Und genau heute wird sie in der traditionellen „Fürbitte", als „Königin des hl. Rosenkranzes von Pompeji" angerufen.

In ihrem Namen erteile ich euch allen und euren Kirchen den Apostolischen Segen.

Botschafter des Evangeliums

Predigt zum 75. Jahrestag der Gründung der Päpstlichen Missionsunion am 9. Mai

1. „Ihr Männer von Galiläa, was steht ihr da und schaut zum Himmel empor ... Jesus ... wird ebenso wiederkommen, wie ihr ihn habt zum Himmel hingehen sehen" (*Apg* 1,11).

Die Jünger haben lange mit Christus gelebt, sie sind Zeugen der außergewöhnlichen Ereignisse seines Todes und der Auferstehung gewesen. Sie haben an ihn geglaubt. Und heute trennt sich der Herr von ihnen. Beim Abendmahl vor seinem Leiden sagte er: „Es ist gut für euch, daß ich fortgehe. Denn wenn ich nicht fortgehe, wird der Beistand nicht zu euch kommen" (*Joh* 16,7). So bewahrheitet sich die Schrift, die Verheißung geht in Erfüllung.

Die Himmelfahrt, die wir heute feiern, beendigt die Zeit der körperlichen Anwesenheit des Erlösers auf Erden, und sie kennzeichnet den Beginn der Mission der Kirche. Sie läßt das Band deutlich werden, das zwischen dem Heilsplan Gottes besteht, der sich im Menschensohn in aller Fülle verwirklicht hat, und der Funktion der Kirche, die „dieses messianische Volk ist ... als Werkzeug der Erlösung angenommen und als Licht der Welt und Salz der Erde (vgl. *Mt* 5,13-16) in alle Welt gesandt" (*Lumen Gentium*, Nr. 9).

Der Heilige Geist wird im Laufe der Jahrhunderte der Pilgerfahrt der Gläubigen beistehen; er wird sie mit der Kraft seines lebenspendenden Wirkens festigen.

2. „Jesus ... wird ebenso wiederkommen ...“
Wenn sie auch vom Alltag und den Mühen des Lebens in Anspruch genommen sind, so können die Christen diese Worte doch nicht vergessen. Sie sind ein beständiger Aufruf, sich nicht von den irdischen Sorgen beherrschen zu lassen, und laden dazu ein, den Geist zu erheben.
Im Herrn Jesus Christus, der in den Himmel aufgefahren ist, wird unsere Menschheit in der Tat zum Vater erhoben und wir, die Glieder seines Leibes, leben in der Hoffnung, mit Christus, dem Haupt, in der Herrlichkeit vereint zu werden (vgl. *Tagesgebet*).
„Unsere Seelen“, so stellt der hl. Leo d. Große fest, „sind zur Höhe berufen: sie sollen nicht von irdischen Wünschen beschwert werden; sie sind für die Ewigkeit bestimmt. Mögen sie nicht von vergänglichen Dingen eingenommen werden: sie haben den Weg der Wahrheit beschritten. Kein täuschender Reiz soll sie aufhalten ...“ (*Sermo* 74 [61], 5).

3. Bevor er zum Himmel auffährt, vertraut der auferstandene Herr den Jüngern folgenden missionarischen Auftrag an: „Geht hinaus in die ganze Welt und verkündet das Evangelium allen Geschöpfen!“ (*Mk* 16,15).
„Geht hinaus und verkündet“, werdet zu Botschaftern meiner Wahrheit, seid Zeugen meiner Liebe, unterbreitet allen meine Lehre! Er ruft jeden Gläubigen auf, mitzuarbeiten und seine eigene Mission fortzuführen.
Von ihm geht die Mission aus: daher läßt uns Christus nicht allein. Auch in unserer Zeit, wie zu Beginn der Tätigkeit der Apostel, begleitet uns die tröstliche Feststellung des heutigen Evangeliums: „Der Herr stand ihnen bei und bekräftigte die Verkündigung durch die Zeichen, die er geschehen ließ“ (*Mk* 16,20).
Christus beschenkt die Kirche mit zahlreichen Charismen und Ämtern. Durch seinen Geist baut er sie auf und befähigt sie, „nach den Zeichen der Zeit zu forschen und sie im Licht des Evangeliums zu deuten“. So kann die Kirche jeder Generation „in angemessener Weise auf die bleibenden Fragen der Menschen nach dem Sinn des gegenwärtigen und des zukünftigen Lebens ... Antwort geben“ (vgl. *Gaudium et spes*, Nr. 4). „Und er gab den einen das Apostelamt, andere setzte er als Propheten ein, andere als Evangelisten, andere als Hirten und Lehrer, um die Heiligen für die Erfüllung ihres Dienstes zu rüsten, für den Aufbau des Leibes Christi“ (*Eph* 4,11-13).

4. Die Kirche ist da, um das Evangelium zu verkünden: dies ist ihre Gnade, ihre Gabe, ihre Berufung (vgl. *Evangelii nuntiandi*, Nr. 14).
In ihr hallt für alle Zeiten der Missionsauftrag wider, den ihr Christus am Tag der Himmelfahrt hinterließ. In der Enzyklika *Redemptoris missio* schrieb ich, „daß diese Sendung noch in den Anfängen steckt und daß wir uns mit allen Kräften für den Dienst an dieser Sendung einsetzen müssen“ (Nr. 1). Es ist daher eine gemeinsame Anstrengung notwendig, damit die Zahl der Verkünder des

Evangeliums größer und das Zeugnis der Gläubigen immer konsequenter wird, denn „der Glaube wird stark durch Weitergabe" (*ebd.*, Nr. 2).
Ich freue mich darum ganz besonders darüber, dieser Eucharistiefeier vorzustehen, die um die Tafel des Wortes und des Lebensbrotes zahlreiche apostolische Kräfte versammelt, die sich vor allem dafür einsetzen, im Gottesvolk das Bewußtsein von seiner missionarischen Aufgabe wachzuhalten.
In Liebe grüße ich euch alle, liebe Brüder und Schwestern, und von Herzen danke ich euch für eure hochherzige und fruchtbare Arbeit. Mit den Verantwortlichen der Kongregation für die Evangelisierung der Völker und den Nationaldirektoren der Päpstlichen Missionswerke begrüße ich die hier anwesenden Brüder im Bischofsamt, die mit mir direkt für die neue Evangelisierung verantwortlich sind: die Mitglieder der Missionsinstitute, die sich aus besonderer Berufung der Verkündigung des Evangeliums an die Nichtchristen widmen; die Diözesan- und Ordenspriester, die durch das Geschenk ihrer Weihe zum weltweiten Heilswerk bestimmt sind; die Mitglieder der Missionsorden, deren Gegenwart in Ländern der Erstevangelisierung weiterhin äußerst wertvoll und segenbringend ist.
Alle fordere ich dringend auf: Seid euch stets der Gabe bewußt, die euch Gott gegeben hat, und setzt all eure Energie ein zur Verkündigung seines Reiches.

5. Euch, wie auch der Päpstlichen Missionsunion, deren 75. Jahrestag der Gründung wir heute in Erinnerung rufen, ist die Aufgabe anvertraut, die Orientierung der gesamten Kirche auf die Mission hin aufrechtzuerhalten. Darum bemüht euch unaufhörlich um die missionarische Ausbildung der Priester, der Mitglieder der Ordensgemeinschaften, der Priesteramtskandidaten und der Ordenskandidaten. Niemandem entgeht die Bedeutung einer soliden Ausbildung. Wenn die Hirten zutiefst von ihrer Verantwortung erfaßt sind, so werden sie die ihnen anvertrauten Gemeinschaften klug leiten. Wenn ihnen die Evangelisierung am Herzen liegt, so erziehen sie die Gläubigen zu Gebet und Opfer, zu Solidarität und hochherziger Bereitschaft hinsichtlich der Bedürfnisse der Weltkirche. Und auf einem so gut vorbereiteten Grund werden gewiß missionarische Berufungen reifen.
War dies nicht die Absicht des Begründers eurer Union, des ehrwürdigen Paolo Manna? Er weihte sich selbst der Evangelisierung und dem Apostolat für die Bekehrung der Welt. Wenn die Missionsunion ihren Einsatz weiterhin klar motiviert, wird sie den anderen päpstlichen Missionswerken zu leistungsfähigem und nachhaltigem Wirken helfen.
Vertraut eure Tätigkeit und euch selbst Maria, dem Vorbild der Kirche, an (vgl. *ebd.*, Nr. 92).
Dieser Jahrestag stärke das Wirken eurer Union und mache euch ihre Bedeutung neu bewußt, damit ihr überall in der Kirche neue Begeisterung für die Mission „ad gentes" zu wecken versteht.
Ich bin sicher, daß auch dank eurer Hilfe eine neue missionarische Epoche, ein neuer Frühling in der Kirche aufblühen wird.

6. „Ich bin bei euch alle Tage bis zur Vollendung der Welt" (vgl. *Mk* 27,20).
Der Herr ist bei uns: er leitet sein Volk dem Beginn des dritten Jahrtausends entgegen. Er leitet die Kirche durch die demütige und treue Hingabe unzähliger Apostel unserer Zeit.
So erklingt in jedem Winkel unserer Erde der Hymnus auf die „Herrlichkeit und die Macht Gottes" (vgl. *Offb* 19,1). Ist nicht Christus der eigentliche Missionar? Leitet nicht er uns mit seiner Liebe?
Die Aufgabe, die er uns anvertraut, ist gewiß schwer, doch wird er es uns nicht an der nötigen Hilfe fehlen lassen. Von allen sollte man sagen können: „Und so gingen sie hinaus und predigten überall".
Sie predigten überall, um jedes Herz auf die Wiederkunft Christi vorzubereiten.
„Wir müssen uns nämlich mit dem Herzen dahin wenden, wohin er, wie wir glauben, in seinem Leib aufgefahren ist" (Gregor d. Große, *Hom.*, 2,29,11), denn „Jesus wird ebenso wiederkommen, wie ihr ihn habt zum Himmel eingehen sehen!"
„Ich bin bei euch alle Tage bis zur Vollendung der Welt."
Ich bin bei euch! Amen.

Die Kommunikationsmittel im Dienst der Einheit und des Fortschritts der Menschheitsfamilie

Botschaft zum 25. Welttag der sozialen Kommunikationsmittel am 12. Mai 1991 vom 24. Januar

Liebe Brüder und Schwestern!

Bei der Feier dieses Welttags der Kommunikationsmedien kehren wir zu dem Thema zurück, das die zentrale Botschaft der pastoralen Instruktion *Communio et progressio* bildet, die im Jahre 1971 von Papst Paul VI. approbiert wurde. Sie betrifft die Anwendung des Dekretes des Zweiten Vatikanischen Konzils über die Medien der sozialen Kommunikation. Diese Instruktion wurde gemäß den Wünschen der Konzilsväter vorbereitet und sah als Hauptanliegen der sozialen Kommunikation und aller Medien, die sie verwendet, die Einheit und den Fortschritt der Menschheitsfamilie. Am zwanzigsten Jahrestag dieses wichtigen Dokumentes möchte ich auf diesen Grundgedanken zurückkommen und die Mitglieder der Kirche zu neuem Nachdenken über die ernsthaften Probleme und die reichen neuen Möglichkeiten auffordern, die die weiteren Entwicklungen der Kommunikationsmedien, zumal für die Einheit und den Fortschritt der Völker überall mit sich bringen.
Die Kirche hat seit langem die Überzeugung festgehalten, daß die Medien (Presse, Radio, Fernsehen, Film und Kino) als „Gaben Gottes" zu betrachten sind (vgl. die Enzyklika Pius XII., *Miranda prorsus*, *AAS* 24[1957]765). Seit der Veröffentlichung der pastoralen Instruktion ist die Liste der „Gaben" im Bereich der Kommunikationsmedien immer länger geworden. Heute verfügbare Systeme wie Satelliten,

Computer, Videorecorder daheim und immer bessere Methoden der Übermittlung von Information sind heute der Menschheitsfamilie zugänglich. Das Anliegen dieser neuen Gaben ist das gleiche wie das der mehr traditionellen Kommunikationsmedien: uns enger in Brüderlichkeit und gegenseitigem Verständnis zu verbinden und uns voranzuhelfen bei der Gestaltung unseres menschlichen Geschicks als Gottes geliebte Söhne und Töchter.

Die Verbindung zwischen diesem allgemeinen Gedanken und der Überlegung, die ich bei dieser Gelegenheit anbieten möchte, ist klar und unmittelbar zu erkennen: derart machtvolle Mittel in den Händen der Menschen verlangen bei ihrem Einsatz einen ausgeprägten Sinn für Verantwortung bei allen Betroffenen. Nach den Worten der pastoralen Instruktion von 1971 sind die Kommunikationsmedien an sich „leblose Werkzeuge". Ob sie dem Anliegen gerecht werden, für das sie uns gegeben wurden, oder nicht, das hängt großenteils von der Weisheit und dem Sinn für Verantwortung ab, mit dem sie verwendet werden.

In christlicher Sicht sind die Kommunikationsmedien wundervolle Werkzeuge in den Händen des Menschen, um unter Gottes Vorsehung engere und lichtvollere Beziehungen zwischen einzelnen und in der ganzen Menschheitsfamilie aufzubauen. In ihrer Entfaltung sind die Medien in der Lage, eine neue Sprache zu gestalten, die den Menschen ein leichteres gegenseitiges Kennen- und Verstehenlernen gestatten, um dann bereitwilliger für das Gemeinwohl zusammenzuarbeiten (vgl. *Communio et progressio*, Nr. 12). Wenn sie freilich wirksame Wege zu Mitmenschlichkeit und echt menschlichem Fortschritt sein sollen, müssen die Medien ein Weg und Ausdruck der Wahrheit, der Gerechtigkeit und des Friedens, des guten Willens und aktiven Wohlwollens, gegenseitiger Hilfe, Liebe und Gemeinschaft sein (vgl. *ebd.*, Nr. 12 und 13). Ob die Medien zur Bereicherung oder zur Verarmung der Natur des Menschen dienen, hängt von der moralischen Einstellung und der ethischen Verantwortung bei denen ab, die am Kommunikationsprozeß beteiligt sind oder die die Botschaft der Medien empfangen.

Jedes Mitglied der Menschheitsfamilie, ob es sich um den bescheidensten Konsumenten oder den mächtigsten Produzenten von Medienprogrammen handelt, ist hier individuell verantwortlich. Ich appelliere daher an die Hirten der Kirche und an die katholischen Gläubigen, die in der Welt der Kommunikationen arbeiten, ihre Kenntnis der Prinzipien und Richtlinien aufzufrischen, die so klar in *Communio et progressio* dargelegt sind. Mögen alle besser erfassen, wo ihre Pflicht genau liegt und sich ermutigt fühlen, diese Pflichten als grundlegenden Dienst für die Einheit und den Fortschritt der Menschheitsfamilie zu erfüllen.

Es ist meine Hoffnung, daß dieser 25. Weltkommunikationstag bei Pfarreien und örtlichen Gemeinschaften neue Aufmerksamkeit für die Wirklichkeit der Medien und den Einfluß weckt, den sie auf Gesellschaft, Familie und auf die einzelnen, zumal auf Kinder und Jugendliche ausüben. Zwanzig Jahre nach *Communio et progressio* kann man noch voll unterschreiben, was dieses Dokument warnend schrieb und welche Erwartungen es für die Entwicklungen der Kommunikationen hegte: „Auf einmal ... wächst die Verantwortung des Volkes Gottes ins Unermeßliche. Nie zuvor waren ihm solche Möglichkeiten geboten. Es wird möglich sicherzustellen, daß die Medien den Fortschritt des ganzen Menschengeschlechtes fördern ... Es wird möglich, die Brüderlichkeit unter den Menschen zu festigen. Und ferner kann die Frohbotschaft überall hingelangen und für Christus, den Erlöser, Zeugnis geben" (Nr. 182). Ich bete innig zu Gott, er möge euch bei der Verwirklichung dieser großen Hoffnung und Aufgabe leiten und helfen!

Aus dem Vatikan, 24. Januar 1991, dem Fest des hl. Franz von Sales.

Joannes Paulus PP. II

Brief an die Mitbrüder im Bischofsamt des europäischen Kontinentes

vom 13. Mai

Verehrte und geliebte Brüder!

Aus dem Heiligtum von Fatima wende ich mich in herzlichem Gedenken an Euch alle, Mitbrüder im Bischofsamt auf dem europäischen Kontinent, um während der Zeit der Vorbereitung auf die Sonderversammlung der Bischofssynode für Europa einige Punkte dieser Initiative herauszustellen, die mir besonders am Herzen liegen.

Eine solche Versammlung in der Erwartung des herannahenden dritten Jahrtausends nach der Geburt Christi will auf die Zeichen der Zeit Antwort geben, in denen sich für uns die Barmherzigkeit der göttlichen Vorsehung kundtut. Der Ort selbst, an dem ich die Einberufung angekündigt habe, Velehrad in Mähren, ist eng mit der Mission der Apostel der Slaven verbunden und deutet auf die Wichtigkeit und die Gründe dieser Zusammenkunft hin. Davon spricht auch das Datum, der 22. April 1990, so eng mit der neuen Situation verbunden, die aus den Ereignissen der letzten Monate des Jahres 1989 erwachsen ist.

Die Sonderversammlung der Bischofssynode für Europa ist notwendig, damit sich die Kirche auf dem Kontinent in der Person all ihrer Hirten treffen kann. Zuvor war dies nicht möglich. Darüber hinaus soll es zur Begegnung der beiden geistlichen Traditionen Europas kommen, die durch ihre Patrone repräsentiert werden: die westliche mit ihrem Schutzheiligen St. Benedikt und die östliche, die sich der hll. Cyrill und Methodius als Väter des Glaubens rühmen kann. Besondere Bedeutung gewinnt diese Begegnung im Zusammenhang der Veränderungen, die stark auf eine Annäherung der Nationen und Staaten des Kontinentes gerichtet sind.

Die bisher geleisteten vorbereitenden Arbeiten vermitteln ein Bild der Pluralität der Kulturen und der Lage der Kirche in Europa, worin sich ein einzigartiger Reichtum zeigt, was aber auch eine Aufgabe mit sich bringt, die sich als schwierig und komplex erweist. Es geht darum, die gebotenen Wege zu entdecken, die zu einer Kooperation im Leben und in der Sendung der Kirche führen. Diese Sendung besteht in der Evangelisierung unter Beachtung sowohl der alten Wurzeln wie auch des Aspektes der Neuevangelisierung und erweist sich als notwendig auf Grund der derzeitigen Bedingungen und modernen Herausforderungen, welche großenteils von den Ereignissen der gegenwärtigen geschichtlichen Umstände herrühren.

Die Vorbereitung der kommenden Sonderversammlung ist jetzt bekanntlich in einer entscheidenden Phase. Nach einer ersten Zusammenkunft der Vorsitzenden der Bischofskonferenzen im Juni 1990 wurde eine aus Bischöfen West- und Mittelosteuropas bestehende Arbeitsgruppe gebildet. In zahlreichen Sitzungen suchte man ein vorbereitendes Dokument für die kommende Versammlung auszuarbeiten, zusammen mit einem Fragenkatalog, um die Beiträge der Bischöfe der Kirche des europäischen Kontinentes zu sammeln. Die Dokumentation ist nun in Händen aller Bischöfe Europas, und ich wünsche, daß sie eine wichtige Arbeitsgrundlage für die Sonderversammlung bilden möge.

In dieser vorbereitenden Phase der Synode entgeht niemandem die Bedeutung der Arbeit, die der Rat der Europäischen Bischofskonferenzen (CCEE) in den letzten Jahren durch Versammlungen und Beratungen über verschiedene pastorale Themen sowie durch zweckmäßigen Informations- und Meinungsaustausch bezüglich des gemeinsamen Bemühens um die Evangelisierung und die Einheit der gesamten Kirche in Europa geleistet hat.

Für die Synode ist es entscheidend, daß sich die einzelnen Bischofskonferenzen im Laufe der kommenden Monate diesem Argument stellen und sich dabei der Mitarbeit sachkundiger Priester und Laien bedienen, um so einen reichhaltigen Beitrag für die gemeinsame Arbeit zu erhalten.

Europa verfügt über ein großes Erbe untereinander verbundener und auf verschiedene Weise aus dem Ferment der einen christlichen Wurzel kommender Kulturen. Um das Bewußtsein dafür zu vertiefen und daraus nützliche Anregungen zu gewinnen, wird vom 28. bis zum 31. Oktober dieses Jahres vom Päpstlichen Rat für die Kultur und in Zusammenarbeit mit dem Generalsekretariat der Synode im Vatikan ein vorsynodales Symposium veranstaltet zu dem Thema: „Christentum und Kultur in Europa: Rückbesinnung, Neubesinnung, Projekt". Einige Sachverständige verschiedener kultureller Traditionen Europas werden gemeinsam nachdenken, um dann den Synodenvätern die Früchte ihrer Beratungen zur Verfügung zu stellen.

Beim Gedanken an die Evangelisierung unseres Kontinentes im Hinblick auf das Jahr 2000 müssen wir die ökumenische Zusammenarbeit besonders hervorheben. In der Tat gehören beträchtliche christliche Gemeinschaften in Europa der orthodoxen und evangelischen Tradition an. Ihre Repräsentanten sind zur Sonderversammlung für Europa durch besondere Benennung als Delegierte von Gemeinschaften eingeladen, die mit uns durch das brüderliche Band unter allen Christen geeint sind. Wir dürfen darauf rechnen, daß sie in angemessener Weise durch die der Evangelisierung nutzbringenden Beiträge mitwirken können, indem sie die durch den ökumenischen Dialog erzielten Ergebnisse fruchtbar werden lassen. Gleichzeitig hegen wir die Hoffnung, daß die Zusammenarbeit bei der Synode hilfreich sein werde bei der

voranschreitenden Suche nach Wegen, um der von Jesus Christus gewollten vollen Einheit näherzukommen.
Die Synode, die vom 28. November bis zum 14. Dezember dieses Jahres im Vatikan stattfindet, muß von uns allen nicht nur durch Überlegungen und Gespräche vorbereitet werden, sondern noch mehr durch das „Mittel" des Gebetes. Inständig erbitte ich dieses Gebet von allen, insbesondere von den kontemplativen Gemeinschaften, aber nicht nur von diesen. Es ist notwendig, daß das gesamte christliche Europa sich an dem Gebet für die Synode beteiligt und sich darüber Rechenschaft gibt, daß hier tatsächlich „res nostra agitur".
Diese Worte schreibe ich, während ich mich nach zehn Jahren zum zweiten Mal in Dankbarkeit zur Wallfahrt bei der Mutter Christi in Fatima aufhalte. Jetzt scheint für uns alle die Zeit gekommen zu sein, der Jungfrau Maria in besonderer Treue die Worte des liturgischen Hymnus zu wiederholen: „Monstra Te esse Matrem!"
Mit solchen Gefühlen und in der Hoffnung, die die ganze Kirche in das Gebet Christi setzt, in der Liebe des Vaters zu uns und in der Kraft des Heiligen Geistes, sende ich Euch allen, Mitbrüder im Bischofsamt, den Apostolischen Segen.

Aus dem Heiligtum von Fatima, am 13. Mai 1991,
dem 13. Jahr meines Pontifikates.

Joannes Paulus PP. II

Eine neue Ära der Gerechtigkeit und des Friedens

Ansprache zum Abschluß der öffentlichen Sitzung zur Erinnerung an 100 Jahre *Rerum novarum* am 15. Mai

Meine Herren Kardinäle,
liebe Brüder im Bischofsamt,
liebe Brüder und Schwestern!

1. In diesen Tagen kommen Tausende von Pilgern aus verschiedenen Kontinenten nach Rom, um dankbar den hundertsten Jahrestag der Veröffentlichung der Enzyklika *Rerum novarum* zu begehen. Fast überall in der Welt hat man zahlreiche Initiativen entfaltet, um diesen historischen Jahrestag in Erinnerung zu rufen. Der Heilige Stuhl ist sich sehr wohl seiner Verpflichtung gegenüber Papst Leo XIII. bewußt und entspricht ihr mit dieser feierlichen Sitzung, die Sie mit Ihrer Anwesenheit beehren, und bei der ich gern den Vorsitz führe. Diese Sitzung folgt auf das Seminar über das sehr aktuelle Thema der „Universalen Bestimmung der Güter", dessen Teilnehmer jetzt unter uns weilen, und die ich besonders begrüßen möchte. Für diese sehr angebrachten Initiativen möchte ich dem ganzen Päpstlichen Rat für Gerechtigkeit und Frieden in der Person seines Präsidenten, des Herrn Kardinal Roger Etchegaray und seines Vizepräsidenten, Msgr. Jorge Mejia danken. Solche Studien, an denen Spe-

zialisten auf verschiedenen Gebieten teilnehmen, setzen eine alte Tradition fort, deren sich schon Papst Leo XIII. für die Vorbereitung seiner Enzyklika bedient hat. Heute möchte ich Ihnen im Rahmen der Jahrhundertfeier von *Rerum novarum* und im Zusammenhang mit *Centesimus annus* einige Gedanken zum sozialen Denken der Kirche über die universale Bestimmung der Erdengüter vorlegen.

Die universale Bestimmung der Güter dieser Erde

2. Vom Anfang seiner Enzyklika an hat Papst Leo XIII. die Tatsache betont, daß infolge der neuen Techniken die Produktion der Güter rasch angestiegen war und die Menschheit vor einem Reichtum stand, wie sie ihn in der Vergangenheit nie gekannt hatte. Er lehnte dieses neue Faktum nicht als solches ab; er sah darin im Gegenteil eine neue Verwirklichung des Willens Gottes, nämlich, sein Schöpfungswerk durch die Arbeit des Menschen und zu seinem Wohl zu vervollkommnen. Doch war der Papst beunruhigt, weil er sah, daß dieser neue Reichtum, weit entfernt davon, dem ganzen Menschengeschlecht zur Verfügung zu stehen, tatsächlich in den Händen einer kleinen Gruppe von Personen konzentriert blieb, während die Masse der Arbeiter von seinem Genuß ausgeschlossen war und immer ärmer wurde.
Ein solches Ergebnis stand in direktem Widerspruch zum Willen Gottes, der die Erde dem ganzen Menschengeschlecht anvertraut hat, um sie zu gebrauchen und über sie zu verfügen. Daher wollte der Papst bewußt gerade durch seine Enzyklika die Wege und Mittel aufzeigen, wie auch dieser Aspekt des Willens Gottes in der Industriegesellschaft verwirklicht werden konnte. Natürlich war es nicht erlaubt und auch nicht realistisch, durch die Abschaffung des Privateigentums dieses Ziel zu erreichen; und deswegen verlangte der Papst für die Arbeiter einen gerechten Lohn und die wirksame Möglichkeit, Eigentum zu erwerben, aber auch das Eingreifen des Staates und eine vernünftige Organisation der Arbeit.
Der Papst besaß also nicht die Möglichkeit - und darüber darf man sich auch nicht wundern - alle Mittel und Methoden vorauszusehen, über die wir heute verfügen, wie etwa die berufliche Ausbildung, die Beteiligung am Produktionskapital, die Hilfe des Staates, die verschiedenen Formen der Verteilung des Ertrags und andere Dinge. Doch begann Leo XIII. in seiner Enzyklika die Grundlage und Ausrichtung zu erarbeiten, auf die die folgenden Enzykliken sich stützen konnten, um entweder ungerechte Situationen anzuprangern oder neue Wege zur Bestimmung der Güter für alle zu eröffnen.
Meinerseits habe ich in der Enzyklika *Centesimus annus* vor allem drei aktuelle Probleme behandelt. Das erste betrifft die ungerechte Verteilung der Güter zwischen industrialisierten und Entwicklungsländern. Die Kirche ist sich klar, daß es nicht leicht ist, diesen „Abgrund" auf einmal auszufüllen. Wenn man eine Entwicklungspolitik wünscht oder verlangt, darf man nicht Utopien verfallen. Angesichts des wachsenden Elends einerseits sowie der wirtschaftlichen und technischen Möglichkeiten andererseits ist die Kirche der Auffassung, es sei

notwendig, immer mehr zu betonen und zu wiederholen, daß man dringend wenigstens schrittweise radikalere und wirksamere Initiativen zugunsten der armen Länder und mit ihrer Mitarbeit ergreifen muß.

Das Eigentum ist ein Mittel, Freiheit und Verantwortung zu schützen

3. Das zweite Problem betrifft die ungerechte Verteilung der Güter innerhalb eines jeden Landes; ein Problem, das die Entwicklungsländer und auch die industrialisierten Länder betrifft. Bei meinen Reisen in die Länder der Dritten Welt habe ich oft wiederholt, daß die ungerechte Verteilung der Güter der Erde, die Ausbeutung der Arbeit und der Stil des luxuriösen Lebens von einigen skandalöse Verletzungen darstellen hinsichtlich der Güter, die ja für alle bestimmt sind.

Doch müssen wir wiederholen, daß sich Probleme der gleichen Ordnung in den industrialisierten Ländern stellen. Ein erheblicher Teil der Bevölkerung in Westeuropa lebt in einer Armutssituation, die Ursache für viele Leiden ist. In den Ländern Zentral- und Osteuropas ist das Phänomen noch weiter verbreitet. Dabei betrifft diese neue Armut heute nicht eine bestimmte Klasse, sie ist vielmehr verstreut ausgebreitet und berührt unterschiedliche Gruppen, die man oft, wenn nicht immer, in der Wohlstandsgesellschaft vergißt.

Ich möchte eine weitere Tatsache erwähnen, die mit der Bestimmung der Güter für alle verknüpft ist. Wir wissen, daß das produktive Kapital im vollen Sinn dieses Wortes sich schnell vermehrt, zumal in den industrialisierten Ländern. Doch erfolgt diese Vermehrung nicht immer zum Vorteil einer großen Zahl von Menschen. Die Soziallehre der Kirche hat aber immer die Beteiligung einer großen Zahl von Menschen am Produktivkapital vertreten, weil das Eigentum eines der wichtigen Mittel zum Schutz der Freiheit und Verantwortung der Person und als Folge davon auch der Gesellschaft ist.

Unsere Verantwortung für die Schöpfung und die kommenden Generationen

4. Das dritte aktuelle Problem bei der Bestimmung der Güter betrifft unsere Verantwortung für die Schöpfung und die kommenden Generationen. Gewisse Gruppen setzen alle ihre Hoffnungen auf die neuen Techniken und meinen, sie könnten alle Bedrohungen für das ökologische Gleichgewicht erheblich vermindern. Für die Kirche aber handelt es sich tatsächlich nicht nur um ein technisches, sondern auch und vor allem um ein moralisches Problem. Es genügt nicht, auf die großen in der Natur verursachten Schäden hinzuweisen, man muß auch und vielleicht noch mehr die täglichen Leiden ansprechen, die die verschiedenen Formen der Verschmutzung den Menschen zufügen, man muß auf die verfälschten oder schädlichen Lebensmittel und die aus der Ordnung geratene Flut der Fahrzeuge hinweisen, die die Luft schädigen, so daß man sie kaum mehr atmen kann. „Außer der sinnlosen Zerstörung der

natürlichen Umwelt muß hier die noch schwerwiegendere Zerstörung der menschlichen Umwelt erwähnt werden; man ist noch weit davon entfernt, ihr die notwendige Beachtung zu schenken" (*Centesimus annus*, Nr. 38).

Der für alle bestimmte Dienst der Autorität

5. Bekanntlich spricht Leo XIII. in seinem Dokument eine zweite Sorge aus: Er stellte klug fest, daß die neue, aus dem Kapitalismus sich ergebende Produktionsweise in den Händen der Kapitaleigner eine derartige wirtschaftliche und soziale Macht konzentrierte, daß die Arbeiter, die über keinerlei persönliches Eigentum verfügten, schon durch das Gewicht des Kapitals leicht ausgebeutet und unterdrückt werden konnten. Der Papst sah dabei eine weitere Gefahr: daß nämlich das Kapital sogar von der Macht des Staates „Besitz ergriff", sie eroberte und sich anmaßte und damit sein eigenes wirtschaftliches und soziales Monopol noch verstärkte.
Angesichts dieser kritischen Situation erklärte der Papst entschieden: „Die Arbeiter aus den Klassen der Proletarier sind vom natürlichen Recht her den Reichen gleichberechtigte Staatsbürger, das heißt als Familien wirkliche und lebendige Elemente des gesamten Gefüges der Nation ... So wie es absurd wäre, für die Bedürfnisse eines Teils der Bürger zu sorgen, den anderen aber zu mißachten, so ist ebenfalls evident, daß die öffentliche Autorität auch bewußt Maßnahmen treffen muß, um Leben und Interesse der Arbeiterklasse zu sichern. Läßt sie es daran fehlen, verletzt sie die strenge Gerechtigkeit, die verlangt, daß man jedem das Seine gibt ... In jedem Fall muß sich der Staat beim Schutz der Privatrechte in besonderer Weise um die Kleinen und Armen kümmern ... zumal um die Arbeiter, die zur Masse der Enterbten gehören" (Nrn. 27, 29, vgl. *Centesimus annus*, Nrn. 8, 10). Hier könnte man eine Analogie einführen: So wie die Güter der Erde für alle bestimmt sind, so sind auch die staatlichen Stellen für das Wohl aller da, und nicht nur für das Wohl einer besonderen Gruppe. Wenn er diesen Grundsatz betonte, verteidigte der Papst in keiner Weise den kollektivistischen und totalitären Staat; er fügte im Gegenteil ausdrücklich hinzu, daß die soziale Verantwortung nicht ausschließlich beim Staat konzentriert werden darf, und er wiederholte, daß die Rechte der Familie tatsächlich denen des Staates vorausgehen und die freien Verbände das natürliche Recht besitzen, sich zu organisieren und ihre eigenen sozialen Probleme zu lösen. Tatsächlich ist festzuhalten, daß sich die soziale Natur des Menschen nicht im Staat erschöpft, wohl muß die „Persönlichkeit" der Gesellschaft immer in ihrer Autonomie und Eigenverantwortung geachtet werden (vgl. *Centesimus annus*, Nr. 13).
Daß - von dieser notwendigen Klärung abgesehen - Papst Leo XIII. darauf bestand, die staatlichen Behörden seien zum Wohl aller bestimmt, bedeutete einen wichtigen Beitrag nicht nur zur Unterstützung der Arbeiter, sondern auch im Hinblick auf eine Überwindung des Klassenkampfes.
In dieser Hinsicht darf man sich nicht wundern, daß der Papst damals noch nicht all das wissen konnte, was auf die sich durchsetzende Erkenntnis folgte, daß die staatlichen Stellen für das Wohl aller bestimmt sind. Doch auch in diesem Fall nannte

Rerum novarum ein Grundprinzip, auf dem aufbauend die späteren Sozialenzykliken die Rolle des Staates bei der Förderung des Gemeinwohls auf wirtschaftlichem Gebiet wie auch auf sozialer und kultureller Ebene gründlicher darlegen konnten, wobei sie immer ebenso seine notwendige Präsenz wie das Prinzip der Subsidiarität betonten.

Zwei Gefahren für den modernen Staat

6. Die Ausdehnung des Wirkungsbereiches der öffentlichen Stellen gehört noch heute zu den ernstesten Problemen der sozialen Ordnung sowohl in den industrialisierten als auch in den Entwicklungsländern. Auch wenn die Ideologie des Klassenkampfes nach dem Zusammenbruch des „realen Sozialismus" kaum noch Verteidiger findet, hat es der moderne Staat mit zwei Gefahren zu tun.

Die erste besteht in der Tendenz, ein Staat zu werden, der einfach alle Bürger unterstützt, ohne in besonderer Weise an die Personen zu denken, die mehr Hilfe brauchen. Unter diesen Verhältnissen werden die Bedürfnisse bestimmter Gruppen mißachtet oder allgemeineren Kategorien zugewiesen. Man denke zum Beispiel an die besonderen Bedürfnisse kinderreicher Familien, behinderter Personen, der Alten, Flüchtlinge oder Einwanderer. Wenn Leo XIII. von der Verantwortung der staatlichen Behörden für alle sprach, setzte er sich gewiß nicht für eine konfuse Gleichmacherei ein; er richtete die Aufmerksamkeit der Staaten vielmehr auf ihre besondere Verantwortung für jene, die nicht die Mittel besitzen, um selber ihren Bedürfnissen abhelfen zu können.

Die zweite Gefahr besteht darin, daß die Lasten der vom Staat garantierten Hilfe das verkürzen oder abschwächen, was ich öfter die „Personalität" der Gesellschaft genannt habe. Wir befinden uns heute in einer sehr schwierigen Lage: es wächst die Tendenz zum Individualismus und zur Atomisierung der Gesellschaft. Als Folge davon beobachten wir das Wachsen einer Tendenz des Staates, die Lücken bei der sozialen Solidarität durch Zwangsstrukturen und bürokratische Maßnahmen auszufüllen. Unter diesen Verhältnissen ist es wichtig, daß es dem modernen Staat gelingt, die Gesellschaft verantwortlich zu machen und sie bei ihren wirtschaftlichen, sozialen und kulturellen Tätigkeiten zu motivieren. Um in einer des Menschen wirklich würdigen Weise das Allgemeinwohl zu erreichen, muß ein gesundes Gleichgewicht zwischen der Mitverantwortung der Mitglieder der Gesellschaft und dem Engagement des Staates vorhanden sein, wie ich selbst in *Centesimus annus* (Nr. 48) betont habe.

Die Tragweite dieser Ausrichtung übersteigt bei weitem den Horizont einer einzelnen Nation. Sie berührt auch den Aufbau der europäischen Einheit oder analoger Bemühungen auf anderen Kontinenten. Ein vereintes Europa darf nicht die besonderen wirtschaftlichen, sozialen und kulturellen Initiativen eines jeden Landes in einförmige Strukturen einfangen, wohl kann es eine große Hilfe für alle sein, wenn sich die kontinentalen Organisationen in Achtung vor ihrer Autonomie mit den Regionen verbinden und abstimmen.

Die für alle bestimmte Verkündigung des Evangeliums

7. Leo XIII. war überzeugt, daß die Bestimmung der Güter für alle und die Bestimmung der staatlichen Stellen für alle in den ersten Zeiten der Industriegesellschaft Grundprinzipien waren. Doch man ist beeindruckt, wenn man in *Rerum novarum* liest, daß auch „alle Schätze der Gnade gemeinsam und unterschiedslos für das ganze Menschengeschlecht bestimmt sind" (Nr. 21), und wenn man feststellt, daß das ganze Dokument von der Überzeugung durchdrungen ist, wirtschaftliche und politische Reformen genügen für sich alleine zur Lösung der sozialen Frage nicht. Die Strukturreformen müssen begleitet sein, das heißt, sie müssen zunächst eine moralische Reform vorsehen, die sich am Evangelium ausrichtet und von der Gnade unterstützt wird. Von daher erklärt sich der ständige Appell des Papstes an das Gewissen der Führungskräfte der Unternehmen sowie der Arbeiter und sein Betonen der Tatsache, daß die Religion bei den Arbeiter- und Unternehmerverbänden eine grundlegende Rolle spielen muß. Im gleichen Sinn ist sein Aufruf an den Staat zu verstehen, er möge das Recht der Arbeiter auf ihre religiöse Praxis achten.

Leo XIII. war überzeugt, daß die Kirche angesichts ihrer besonderen Sendung zur Verkündigung des Evangeliums zugleich verpflichtet war, auf die sozialen Folgen, die sich daraus ergaben, hinzuweisen. Seine große Sorge war, es könnte eine Art Entfremdungsprozeß einsetzen, der Evangelium und Industriegesellschaft trennen würde, so daß als Folge davon das Evangelium jeden Einfluß auf die Lösung der sozialen Probleme verlieren könnte. Er sagte: „Vor allem ist das Ganze der religiösen Wahrheiten, die die Kirche hütet und auslegt, von solcher Art, daß sie reich und arm gegenseitig annähert und versöhnt, indem es die beiden Klassen an ihre gegenseitigen Pflichten erinnert, angefangen bei denen, die von der Gerechtigkeit gefordert sind" (Nr. 16). Und er zögerte nicht folgendes wesentliche Motiv hinzuzufügen: „Es würde nichts nützen, vom sterblichen Leben ein richtiges Verständnis zu haben und es in seinem Wert gerecht einzuschätzen, wenn man sich nicht zur Betrachtung jenes anderen Lebens erheben würde, das unsterblich ist. Unterdrückt man dieses, so verschwindet zugleich jede echte Kenntnis des moralisch Guten. Ja noch mehr, das ganze Universum würde unzugänglich" (Nr. 18). Und weiter: „Bloße Freundschaft ist viel zu wenig: gehorcht man den Geboten des Christentums, so baut man die Einheit in brüderlicher Liebe auf. Man weiß und versteht dann, daß alle Menschen Geschöpfe Gottes, ihres gemeinsamen Vaters, sind" (Nr. 21).

In ihrer nunmehr hundertjährigen Geschichte hat die Soziallehre der Kirche immer betont, daß die Reform der Strukturen von einer moralischen Reform begleitet sein muß, denn die tiefste Wurzel der sozialen Übel ist moralischer Natur, das heißt „auf der einen Seite ausschließliches Profitdenken, auf der anderen aber Machtstreben" (vgl. *Sollicitudo rei socialis*, Nr. 37). Da die Wurzel der sozialen Übel dieser Ordnung angehört, folgt, daß sie nur auf moralischer Ebene, das heißt durch eine

„Bekehrung” zu lösen sind, durch den Übergang Verhaltensweisen, die durch unkontrollierten Egoismus bestimmt sind, zu einer Kultur echter Solidarität.
Diese Aussage behält ihren vollen Sinn für die Gesellschaft von heute ebenso wie für die von morgen. Angesichts der schweren aktuellen nationalen und internationalen Probleme wollen wir die lebhafte Hoffnung hegen, daß selbst jene, die keinen ausdrücklichen religiösen Glauben bekennen, davon zu überzeugen sind, daß die sozialen Übel „nicht nur wirtschaftlicher Natur sind, sondern von Grundhaltungen abhängen, die sich für alle Menschen als absolute Werte darstellen” (*ebd.*, Nr. 38).
Ich habe mich an alle Kirchen und an alle christlichen Gemeinschaften sowie auch an die anderen Religionen der Welt gewandt, sie möchten mitarbeiten, damit alle Menschen zur Überzeugung gelangen, daß dieses moralische und religiöse Fundament für die Lösung der zahlreichen wirtschaftlichen, sozialen und politischen Probleme, die uns bleiben, notwendig ist.

Das neue Jahrtausend möge eine Ära der Gerechtigkeit und des Friedens sein

8. Liebe Brüder und Schwestern, der hundertste Jahrestag von *Rerum novarum* lädt uns zu einem Rückblick, zu einem Blick auf die heutige Lage der uns umgebenden „neuen Dinge”, aber ebenso zu einem Blick auf die Zukunft ein (vgl. *Centesimus annus*, Nr. 3). Schauen wir zurück, so müssen wir Gott danken, der der Kirche in der Botschaft Papst Leo XIII. ein „reiches Erbe” geschenkt hat. Unser Dank gilt ferner all jenen, die sich im Verlauf dieser hundert Jahre für eine Vertiefung dieser Botschaft und ihre praktische Anwendung eingesetzt haben. Der Blick auf die Gegenwart lädt uns zur Feststellung und sehr aufmerksamen Auswertung der tiefreichenden wirtschaftlichen, sozialen und politischen Wandlungen ein, die in den letzten Jahren erfolgt sind, um zu einer Lösung der sie begleitenden Probleme beizutragen. Der Blick auf die Zukunft aber fordert uns heute mehr denn je auf, das Engagement zu erneuern, das Leo XIII. wie folgt formuliert hat: „Möge ein jeder unverzüglich an die ihm zukommende Aufgabe herangehen, weil zu befürchten ist, daß ein Vorenthalten des Heilmittels das schon so große Übel unheilbar machen könnte.” Und er fügte hinzu: „Was die Kirche angeht, wird es an ihrem Mitwirken in keiner Weise je fehlen” (*Rerum novarum*, Nr. 45).
Angesichts des näherkommenden dritten christlichen Jahrtausends, glaube ich, die würdigste und fruchtbarste Feier der Enzyklika *Rerum novarum* besteht darin, dieses Engagement zu erneuern, und zu bekräftigen, daß dieser hochherzige Einsatz eine Pflicht ist. Wir wagen zu hoffen, daß das neue Jahrtausend eine Ära der Gerechtigkeit und des Friedens für die ganze Welt sein wird.
Möge der Segen Gottes uns helfen, immer mehr „nach der Gerechtigkeit zu dürsten” und „Friedensstifter” zu sein (vgl. *Mt* 5,6.9).

Die Welt braucht ein geistliches Zeugnis

Ansprache an die Teilnehmerinnen des Treffens der Internationalen Union der Generaloberinnen (UISG) am 16. Mai

Liebe Schwestern!

1. Dieses alle zwei Jahre von der Internationalen Union der Generaloberinnen veranstaltete Treffen gibt mir Gelegenheit, die Generaloberinnen und Generalrätinnen einer großen Zahl weiblicher Ordensgemeinschaften willkommen zu heißen. Ihr kommt aus dreiundsechzig Ländern in fünf Kontinenten. Durch euch sende ich herzliche Grüße an die Mitglieder eurer Gemeinschaften in der ganzen Welt, und ich preise Gott wegen all des Guten, das durch das Zeugnis eures geweihten Lebens und eurer hochherzigen Hingabe an das Apostolat zum Wohl seiner Kirche und für das Kommen seines Reiches vollbracht wird: „Darum höre ich nicht auf, für euch zu danken, wenn ich in meinen Gebeten an euch denke, ... damit ihr versteht, zu welcher Hoffnung ihr durch ihn berufen seid, welchen Reichtum die Herrlichkeit seines Erbes den Heiligen schenkt" (*Eph* 1,16.18).
Ich grüße Herrn Kardinal Hamer, der die Verantwortung für die Institute des gottgeweihten Lebens und die Gemeinschaften des apostolischen Lebens mit mir teilt. Ich danke Schwester Helen McLaughlin, Generaloberin der Ordensfrauen vom Heiligsten Herzen Jesu und Präsidentin eurer Union, für ihre in eurem Namen gesprochenen freundlichen Worte. Vor allem ist es für mich eine Ermutigung, daß ihr euch entschlossen zeigt, mit immer mehr Kompetenz und einsatzbereit weiterhin die einzigartige und unersetzbare Aufgabe der Ordensfrauen in der Sendung der Kirche zur Evangelisierung und zum Dienst zu erfüllen.

2. Das Thema eures Treffens: „Ordensfrauen, Partnerinnen in der Evangelisierung" ließ euch über die Frage nachdenken, wie unsere Welt heute mit der lebenspendenden Kraft des Evangeliums in Berührung gebracht werden kann. Das Evangelium und die Welt: das waren die beiden Pole eurer Studientage, wie sie auch die wesentlichen Bezugspunkte eures gottgeweihten Lebens sind. Das gottgeweihte Leben leitet sich ja aus dem Evangelium her, aus „den Worten und dem Beispiel des Herrn" (vgl. *Lumen Gentium*, Nr. 43). Es ist ein besonderes Zeichen der Oberhoheit Gottes über seine Schöpfung, ein besonderes Zeichen für die Anwesenheit des Reiches seines Sohnes in der Welt. Das Evangelium und die Welt: Der Herr selbst hat euch berufen, prophetische Zeuginnen zu sein, für das Evangelium die „Kraft Gottes, die jeden rettet" (*Röm* 1,16), und so der Welt den größtmöglichen Dienst zu erweisen: sie zu ihrem Schöpfer und Erlöser zurückzuführen.
Wenn sich eure Ordensweihe auch in einer Vielfalt von besonderen Charismen und apostolischen Werken ausdrückt, so hat sie doch das eine wesentliche Ziel: die „Glut der Liebe" und die „Vollkommenheit der Gottesverehrung" (*Lumen Gentium*, Nr. 44). Wenn dieses höchste Ziel euch bewußt bleibt, werdet ihr um so mehr fähig sein, den Mitgliedern eurer Kongregationen zu helfen, daß sie immer vollkommener

begreifen, wie sehr sie mit dem Geheimnis Christi und dem Geheimnis seiner Kirche verbunden sind, und daß sie das Ordensleben nicht etwa dadurch um seine Fruchtbarkeit bringen, daß sie es in der verkürzenden Perspektive rein zeitlicher Bemühungen oder lediglich humanitärer Tätigkeit sehen. Die Pilgerfahrt, die ich vor einigen Tagen nach Fatima machte, war ein Bekenntnis des Glaubens an die geistige und transzendente Natur unseres christlichen Lebens. Es war für mich eine Gelegenheit, Maria, der heiligen Jungfrau, für ihren Schutz vor zehn Jahren zu danken. Sie hat mich auch ermutigt, meinen Dienst nach dem Beispiel Marias fortzusetzen. Maria „ist das Vorbild jener mütterlichen Liebe, von der alle beseelt sein müssen, die in der apostolischen Sendung der Kirche zur Wiedergeburt der Menschen mitwirken" (*Redemptoris missio*, Nr. 92).

Evangelisation ist ein komplexes Unternehmen, und eine nur teilweise oder bruchstückartige Definition kann ihr nicht gerecht werden (vgl. *Evangelii nuntiandi*, Nrn. 19-24). Evangelisation besteht darin, jedem Menschen und allen Völkern die Frohe Botschaft zu bringen, und durch ihren Einfluß will sie dazu beitragen, daß eine „neue Menschheit" zustandekommt. Sie richtet sich an alle, „die Christus, den Erlöser der Menschen noch nicht kennen - es sind Millionen und Abermillionen von Männern und Frauen" (*Redemptoris missio*, Nr. 31). Die Evangelisation schließt die verschiedenen Kulturen ein, um sie zu reinigen und zu veredeln, und um von ihnen die Mittel und Wege zu empfangen, mit deren Hilfe in jedem Volk die Botschaft Christi verbreitet und so gepredigt werden kann, daß sie besser verstanden wird und in der Liturgie und dem täglichen Leben der Christusgläubigen besser Ausdruck finden kann. Im Lauf der Evangelisierung wird erreicht, daß „durch die Kraft des Evangeliums die Urteilskriterien, die bestimmenden Werte, die Interessenpunkte, die Denkgewohnheiten, die Quellen der Inspiration und die Lebensmodelle der Menschheit, die zum Wort Gottes und zum Heilsplan im Gegensatz stehen, umgewandelt werden" (*Evangelii nuntiandi*, Nr. 19).

In meiner kürzlich veröffentlichten Missionsenzyklika habe ich daran erinnert, daß die Aufgabe, die Christus, der Erlöser, der Kirche anvertraut hat, noch lange nicht erfüllt ist, und daß wir alle ihr unsere ganze Aufmerksamkeit und Energie widmen müssen. Ich möchte erneut den Wert der Missionsberufung „ad gentes" unterstreichen. Diese Berufungen, vor allem die in den Instituten des gottgeweihten Lebens und den Gemeinschaften des apostolischen Lebens, verkörpern „das Beispiel des missionarischen Einsatzes der Kirche, die immer auf die radikale und auf die ganzheitliche Hingabe angewiesen ist, auf neue und kühne Impulse" (*Redemptoris missio*, Nr. 66). Die Kirche wäre in der Tat ihrer wesentlich missionarischen Natur nicht treu, wenn sie nicht fortfahren würde, Männer und Frauen auszusenden, deren Missionsverpflichtung ihre ganze Person und ihr ganzes Leben umfaßt, all ihre Kräfte und all ihre Zeit.

In diesem Sinn ist die weltweite Aufgabe der Evangelisierung ohne den wesentlichen und spezifischen Beitrag von Ordensfrauen undenkbar. Das Zeugnis eures gottgeweihten Lebens ist in den jüngeren Kirchen eine überfließende Quelle neuen Lebens und ein notwendiges Gegenmittel gegen die „Säkularisierung des Heiles", die in mehr entwickelten Gesellschaften allzu oft vorkommt (vgl. *ebd.* Nr. 1). Für diese dringend notwendige Aufgabe bringt ihr die tiefe innere Erfahrung eurer Nachfolge Christi in bräutlicher Liebe und eure vollkommene Bereitschaft mit, der menschlichen Familie zu dienen mit „allen Äußerungen des weiblichen ‚Geistes', ... allen Gnadengaben, mit denen der Heilige Geist die Frauen ... beschenkt, ... allen Siegen, die [die Kirche] dem Glauben, der Hoffnung und der Liebe von Frauen verdankt" (*Mulieris dignitatem*, Nr. 1).

4. Meine in den letzten Monaten erschienene zweite Enzyklika, *Centesimus annus*, bietet Gedanken über die Soziallehre der Kirche, über ihren Einsatz in der Welt zur Verteidigung der menschlichen Person und Bewahrung der menschlichen Würde (vgl. *Centesimus annus*, Nr. 1). In diesem Sinn ist sie eine Meditation über die Welt in all ihrer Vervollkommnungsfähigkeit und Erlösungsbedürftigkeit, ihrer Not, die nach dem Evangelium unseres Herrn Jesus Christus ruft. Hier nun habe ich an die Ordensfrauen eine ernste Aufforderung zu richten: Verliert in eurem Bemühen um Gerechtigkeit und echte Befreiung nicht die Wahrheit aus dem Blick, von der die pastorale, soziale und karitative Tätigkeit der Kirche ihren Antrieb empfängt, nämlich die Wahrheit, daß unsere Bestimmung transzendent ist, daß sich unsere Identität nur durch den Glauben ganz erkennen läßt, und daß infolgedessen alle Werke des Apostolats in der einen oder anderen Weise darauf hinzielen, dem Menschen auf dem Weg des Heils behilflich zu sein (vgl. *ebd.*, Nr. 4). Am Ende des zwanzigsten Jahrhunderts, beim Herannahen des dritten christlichen Jahrtausends braucht die Welt ein religiöses und geistliches Zeugnis, das klar und deutlich ist und keinen Kompromiß schließt mit den Mächten des Bösen und dem „Prahlen mit dem Besitz" (*1 Joh 2*,16). Ich hoffe und bete, daß die Ordensfrauen der Welt weiterhin ihrer Berufung folgen, die sie in der Vergangenheit oft unter dramatischen Umständen erfüllt haben, und die Kirche beständig an den Vorrang der Gnade und die Priorität der Liebe in der Sache der Evangelisierung erinnern. Das ist die Quelle echter Befreiung.

Nach den vorausgehenden Worten in englischer Sprache fuhr der Papst auf französisch fort:

5. „Ordensfrauen, Partnerinnen in der Evangelisierung" - das seid ihr, insofern ihr Frauen seid. Ihr seid es wie die Frauen, die mit den Zwölfen Jesus folgten und ihn unterstützten mit dem, was sie besaßen (vgl. *Lk 8*,1-3). Ihr seid es vor allem wie Maria Magdalena, die „apostola apostolorum", indem ihr, wie sie, in einer bevorzugten Beziehung zu Jesus zeigt, daß ihr sein Wort aufnehmt und seiner Botschaft treu seid. Ihr seid es wie die Samariterin, die, nachdem sie in jenem, der zu ihr gesprochen hatte, den erwarteten Messias erkannt hatte, selbst die frohe Botschaft weitertrug.

Partnerinnen in der Evangelisierung, das seid ihr gemäß den „beiden besonderen Dimensionen", in denen sich die Persönlichkeit der Frau verwirklicht (vgl. *Mulieris dignitatem*, Nr. 17), zwei Dimensionen, die sich in der Berufung der Frau gegenseitig erklären und ergänzen. Wenn „die Mutterschaft der Frau im biophysischen

Sinn eine scheinbare Passivität zeigt, so drückt gleichzeitig die Mutterschaft im personalen und ethischen Sinne eine sehr bedeutende Kreativität der Frau aus" (*ebd.*, Nr. 19). Diese Kreativität im Dienst der Evangelisierung zu entfalten, sind die Ordensfrauen berufen. Die „Mutterschaft, im Licht des Evangeliums verstanden, [ist] nicht nur ‚aus Fleisch und Blut': In ihr kommt das innere ‚Hören des Wortes des lebendigen Gottes' und die Bereitschaft zur ‚Bewahrung' dieses Wortes, das ‚Wort des ewigen Lebens' ist (vgl. *Joh* 6,68), zum Ausdruck" (*ebd.*).
Was die Jungfräulichkeit angeht, so läßt sie sich nur mit Bezugnahme auf die bräutlich-eheliche Liebe richtig verstehen, auf eine Liebe also, in der die Person zur Hingabe an den anderen wird (vgl. *ebd.*, Nr. 20), sie macht offen für die Erfahrung einer Mutterschaft in einem neuen Sinn: der Mutterschaft „nach dem Geist" (vgl. *Röm* 8.4, *Mulieris dignitatem*, Nr. 21). Wir dürfen in der Tat nicht vergessen, daß der hl. Paulus selbst es für nötig findet, auf etwas von Natur aus Weibliches zurückzugreifen, um das Echte seines apostolischen Dienstes auszudrücken, als er sich an die Galater wendet und sie „meine Kinder" nennt, „für die ich von neuem Geburtswehen erleide" (4,19). Es könnte noch an viele andere Aspekte erinnert werden, um die Würde der Frau und ihrer Berufung hervorzuheben, doch wollte ich einfach jene ansprechen, die sich, wie mir scheint, enger mit dem Dienst der Evangelisierung in Beziehung bringen lassen.

6. Liebe Schwestern, ich möchte euch also ermutigen, voll Hoffnung weiterhin die Sendung zu erfüllen, die die Kirche euch anvertraut hat und von der ein wesentlicher Teil im Zeugnis eures gottgeweihten Lebens besteht. Diejenigen unter euch, die wegen mangelnder Berufungen und Überalterung ihrer Schwestern zur Mutlosigkeit versucht sein könnten, fordere ich auf, sich an das Wort Jesu zu erinnern: „Fürchte dich nicht, du kleine Herde! Denn euer Vater hat beschlossen, euch das Reich zu geben" (*Lk* 12,32). Schließlich wünsche ich noch, daß die Institute, die zahlreiche Kandidatinnen aufnehmen, die ausbildenden Schwestern, die die Kandidatinnen auf ihrem Weg begleiten, so vorbereiten, daß sie dies mit Kompetenz, Geduld und entsprechender Tüchtigkeit tun können, sowohl in der Formation des Anfangs wie der Weiterbildung.
Ich bitte Jesus, den Herrn, durch die Fürbitte der Jungfrau Maria, eure Bemühungen zu unterstützen und eure Hoffnung zu nähren. Möge er in jeder eurer Ordensfamilien das Werk der Gnade vollenden, das er in der Gründung jeder einzelnen begonnen hat, damit die Institute des gottgeweihten Lebens und die Gemeinschaften des apostolischen Lebens bevorzugte Werkzeuge im Dienst der Evangelisierung bleiben.
Von ganzem Herzen erteile ich euch meinen Apostolischen Segen.

Hingabe für die Einheit der Kirche

Schreiben an Kardinal Augustinus Mayer zum 80. Geburtstag vom 17. Mai

Zur glücklichen Vollendung Ihres 80. Lebensjahres übermittle ich Ihnen meine aufrichtigsten Glückwünsche. Sie können mit Dank gegen Gott zurückblicken auf ein reiches und erfülltes Leben im Dienst der Wissenschaft, der Seelsorge sowie in verantwortungsvollen Positionen des Heiligen Stuhles.

Ihre Priesterweihe und die ersten Jahre Ihres Wirkens waren gekennzeichnet von der Sorge, unter schwierigen Umständen junge Menschen in Ihrem Heimatkloster Metten zu Gott hinzuführen. Die Sorge wandelte sich in bittere Betroffenheit, als wenige Monate nach der Aufhebung der Schule die Nacht über Europa hereinbrach. Der Zeugnischarakter, der Ihre priesterliche Existenz immer ausgezeichnet hat, wurde bereits in den Anfangsjahren zur Zeit des Nationalsozialismus auf eine harte Probe gestellt.

Ihre Berufung als Dozent für Dogmatik führte Sie an die Päpstliche Hochschule Sant'Anselmo zurück. Von 1949 an sollten Sie für viele Jahre als Rektor die Geschicke dieser Hochschule leiten. In diese Zeit fiel auch das Zweite Vatikanische Konzil, an dessen Gelingen Sie als Sekretär der vorbereitenden Kommission und der Konzilskommission für Studien und Seminare einen wesentlichen Anteil hatten.

Die enge Verbundenheit mit Ihrem Heimatkloster war wohl entscheidender Grund für Ihre Wahl zum Abt von Metten. Während der relativ kurzen Zeit, in der Sie dem klösterlichen Verband vorstanden, waren Sie weiterhin in verantwortungsvollen Bereichen sowohl in der Diözese Regensburg als auch in der Benediktinerkongregation und der Kirche in Deutschland tätig. Ihre tiefe Verwurzelung in der deutschen und bayerischen Heimat haben Sie über all die Jahre bewahrt, auch als mein Vorgänger Paul VI. Sie als Sekretär der Kongregation für Orden und Säkularinstitute an den Heiligen Stuhl berief.

Durch Ihre Aufnahme ins Kardinalskollegium wurde Ihre unverbrüchliche Treue zum Nachfolger des heiligen Petrus deutlich hervorgehoben. Als Präfekt der Kongregation für den Gottesdienst und die Sakramentenordnung war Ihnen die Anpassung der Liturgie an die kulturellen Gegebenheiten der einzelnen Länder und Regionen unter Berücksichtigung der Wahrnehmung der Einheit und Katholizität der Kirche ein fundamentales Anliegen.

Schließlich haben Sie die letzten Jahre als Präsident der Päpstlichen Kommission „Ecclesia Dei" sich in mühevoller Hingabe der Einheit von Priestern und Gläubigen mit dem Petrusdienst gewidmet, die um eines rechten Verständnisses und Vollzuges der Konzilsbeschlüsse willen mancher Hilfestellung bedurften. Ihre ansteckende Glaubensfreude und Ihre außerordentliche Fähigkeit, sich in fremde Schicksale einzufühlen und es gut mit anderen zu meinen, haben vor allem in den letzten Jahren die Probe der Echtheit bestanden.

Möge Gott Ihnen, lieber Mitbruder, noch viele Jahre in Gesundheit und persönlichem Wohlergehen schenken und Ihnen Ihr Schaffen reich vergelten. Dazu erteile ich Ihnen von Herzen meinen besonderen Apostolischen Segen.

Aus dem Vatikan, am 17. Mai 1991

Joannes Paulus PP. II

Der Sendung Christi treu bleiben

Botschaft zum Weltmissionssonntag vom 19. Mai

Liebe Brüder und Schwestern!

„Gott ist die Liebe", sagt der Apostel Johannes (*1 Joh* 4,8): Liebe, die ruft und Liebe, die sendet. Tatsächlich wissen wir, das von der „Quelle der Liebe", die Gott Vater ist, die Sendung des Sohnes und die des Heiligen Geistes ausgegangen sind, der gerade am Pfingsttag - am heutigen Hochfest, an dem ich diese Botschaft zum Weltmissionstag an euch richte - den Aposteln mitgeteilt wurde: dank der Ausgießung des Geistes der Liebe trat die Kirche offiziell vor der Welt in Erscheinung und begann ihre Sendung, die darin besteht, den Menschen das Heil zu verkünden und zu vermitteln, das Gott ihnen in seinem Sohn anbietet, indem er sie zur Teilhabe an seinem Leben und zur gegenseitigen Liebe untereinander ruft.

Die Sendung, die Liebe Gottes zu den Menschen - zu jedem einzelnen Mann und jeder einzelnen Frau - und die Liebe der Menschen zu Gott und untereinander zu verbreiten, wurde von Christus seiner Kirche übertragen, ist jedoch noch so weit von ihrer Vollendung entfernt, das man sagen kann, sie stehe erst am Anfang. Diese Feststellung hat mich bewogen, mit der Enzyklika *Redemptoris missio* einen besonderen Aufruf an alle Glieder der Kirche zu richten, und jetzt wende ich mich nochmals an sie, damit sie diesen Aufruf als neue Einladung zu einer erneuten Sendung betrachten und diese zum Anlaß für einen besonders eifrigen pastoralen Einsatz und eine Neugestaltung der Katechese nehmen.

1. Für die Mission geweiht und ausgesandt.

Wir alle, die wir als Glieder der Kirche - wenn auch auf verschiedene Art - vom gleichen Geist geleitet werden, haben eine Weihe empfangen, um ausgesandt zu werden, und zwar aufgrund der Taufe, mit der uns die Sendung der Kirche als solcher anvertraut wurde. Wir alle sind zur Evangelisierung berufen und verpflichtet, und diese fundamentale Sendung, die allen Christen auf die gleiche Weise eigen ist, muß Tag für Tag zu einer wahrhaft dringenden Sorge und einem ständigen Ansporn in unserem Leben werden.

Wie schön und ermutigend ist es, an die Gemeinde der Urkirche zu denken, als die ersten Christen sich der Welt zuwandten und diese zum ersten Mal mit neuen

Augen betrachteten: ihr Blick war von Menschen, die verstanden, daß die Liebe zu Gott sich in einen Dienst für das Wohl der Mitmenschen verwandeln muß. Ihrer Erfahrung eingedenk, wiederhole ich nochmals den zentralen Gedanken der kürzlich erschienenen Enzyklika: „Durch die Mission haben wir die Kirche tatsächlich erneuert, Glaube und christliche Identität werden bestärkt und erhalten neuen Schwung und neue Motivation. Der Glaube wird stark durch Weitergabe"! (Nr. 2) Ja, die Mission ist eine außergewöhnliche Gelegenheit zur Verjüngung und Verschönerung der Braut Christi und läßt uns gleichzeitig die Erfahrung eines Glaubens machen, der, eben weil er weitergegeben wird, das christliche Leben erneuert und stärkt.

Der Glaube, der das Leben erneuert und die Mission, die den Glauben stärkt, dürfen jedoch nicht verborgene Schätze oder ausschließlich Erfahrungen isolierter Christen bleiben. Nichts ist dem Sendungsauftrag ferner als ein in sich selbst verschlossener Christ: wenn sein Glaube stark ist, dann ist er zum Wachstum bestimmt und muß sich für den Sendungsauftrag öffnen.

Der erste Bereich für die Entfaltung des Wortpaars Glaube-Sendung ist die Gemeinschaft der Familie. In einer Zeit, in der alles zur Zerstörung dieser grundlegenden Zelle der Gesellschaft beizutragen scheint, ist es nötig, sich dafür einzusetzen, daß sie die erste Glaubensgemeinschaft ist oder von neuem wird, und das nicht nur im Sinn einer Errungenschaft, sondern auch im Sinn eines Wachstums, eines Sich-Schenkens und daher der Sendung. Es ist an der Zeit, daß die Eltern und Eheleute die Evangelisierung der Kinder und ihre gegenseitige Evangelisierung als die wesentliche Aufgabe ihres Standes und ihrer Berufung betrachten, damit es für alle Mitglieder der Familie wirklich möglich wird, zu jeder Zeit, aber ganz besonders in Augenblicken der Prüfung, des Leides, der Krankheit und des Alters die Frohbotschaft zu empfangen. Es ist dies eine unersetzliche Form der missionarischen Erziehung und der natürlichen Vorbereitung auf eventuelle missionarische Berufungen, die fast immer in der Familie keimen.

Ein anderer, nicht weniger wichtiger Bereich ist die Pfarrgemeinde oder die kirchliche Basisgemeinde, die durch den Dienst ihrer Hirten und Animatoren den Gläubigen Nahrung für ihren Glauben anbieten, die Fernstehenden und Fremden suchen und so ihre Sendung verwirklichen muß. Keine christliche Gemeinde ist ihren Verpflichtungen treu, wenn sie nicht missionarisch ist: entweder ist sie eine missionarische Gemeinschaft, oder sie ist nicht einmal eine christliche Gemeinschaft, da es sich dabei nur um zwei Dimensionen einer einzigen Wirklichkeit handelt, die von der Taufe und den anderen Sakramenten bestimmt wird. Da nun heute die Mission, auch im spezifischen Sinn der ersten Verkündigung des Evangeliums vor Nichtchristen, an die Türen der christlichen Gemeinschaft alter Evangelisierung klopft und immer mehr zur „Missio bei uns" wird, ist in jeder Gemeinschaft dieses Engagement von größter Dringlichkeit.

Angesichts der neuen Erfordernisse der heutigen Missionstätigkeit geben die kirchlichen Bewegungen und Gruppen, die der Herr in der Kirche ins Leben ruft, Anlaß zur Hoffnung, daß ihr missionarischer Dienst großmütiger, zeitgerechter und wirksamer werde.

2. Wie kann man an der Missionstätigkeit mitwirken?

Da alle Glieder der Kirche für die Mission geweiht sind, ruht auch auf allen die gemeinsame Verantwortung, dank ihres persönlichen Einsatzes Christus in die Welt hinauszutragen. Die Teilnahme an diesem Recht und dieser Verpflichtung wird als „missionarische Mitarbeit" bezeichnet und ist notwendigerweise in der Heiligkeit des Lebens verwurzelt: nur wer in Christus bleibt wie die Reben im Weinstock (vgl. *Joh* 15,5), wird reiche Frucht bringen. Der Christ, der seinen Glauben lebt und das Gebot der Liebe befolgt, erweitert die Grenzen seines Wirkens, bis sie alle Menschen dank der missionarischen Mitarbeit umschließt, einer Mitarbeit, die aus Gebet, Opfer und Zeugnis besteht, weshalb die hl. Theresia vom Kinde Jesu, die nie in eine Mission entsandt worden war, zur Patronin der Missionen erklärt werden konnte.

Das Gebet muß den Weg und das Wirken der Missionare begleiten, damit die Verkündigung des Wortes Gottes durch die göttliche Gnade fruchtbar werde. Das aus dem Glauben heraus auf sich genommene und mit Christus durchlittene Opfer hat Heilswert. Wenn das Opfer der Missionare mit den Gläubigen geteilt und von ihnen mitgetragen werden muß, kann jeder, der geistig und körperlich leidet, zum Missionar werden, vorausgesetzt er versteht es, seine Leiden mit Jesus dem Vater darzubringen. Das Zeugnis des christlichen Lebens ist eine stumme, aber wirksame Verkündigung des Wortes Gottes. Die heutigen Menschen, die der Sehnsucht nach dem Absoluten anscheinend gleichgültig gegenüberstehen, sehnen sich in Wirklichkeit nach ihm und werden von den Heiligen, die es ihnen mit ihrem Leben offenbaren, angezogen und beeindruckt.

Die geistliche Mitwirkung an der Missionstätigkeit muß vor allem auf die Förderung der missionarischen Berufungen abzielen, Deshalb wende ich mich nochmals an die Jungen und Mädchen unserer Zeit, um sie zu einem „Ja" einzuladen, wenn der Herr sie ruft, ihm als Missionare nachzufolgen. Es gibt keine radikalere und mutigere Entscheidung als diese: alles zu verlassen, um sich dem Heil der Brüder und Schwestern zu widmen, die nicht die unschätzbare Gabe des Glaubens an Christus empfangen haben.

Der Weltmissionssonntag vereint alle Söhne und Töchter der Kirche nicht nur im Gebet, sondern auch im solidarischen Einsatz und im Teilen der Hilfen und der materiellen Güter für die Mission *Ad gentes* [unter den nichtchristlichen Völkern]. Dieser Einsatz entspricht der Bedürftigkeit vieler Menschen und Völker der Erde. Es handelt sich dabei um Brüder und Schwestern, die alles nötig haben und meist in den südlichen Ländern der Welt leben, in den als Missionsländern bekannten Gebieten. Hirten und Missionare brauchen daher ausreichende Mittel, nicht nur für die Evangelisierung - die sicher an erster Stelle steht und auch Kosten verursacht -, sondern auch um durch Werke, die den Mensch fördert und die die Missionen immer begleiten, in den zahlreichen materiellen und moralischen Nöten helfen zu können.

Möge der Weltmissionssonntag ein providentieller Anstoß sein, der sowohl die karitativen Organisationen als auch die praktische Nächstenliebe der einzelnen Christen und ihrer Gemeinden in Bewegung setzt: er „ist ein wichtiges Datum im Leben der Kirche; denn er zeigt, wie man schenken soll: in der Feier der Eucharistie, d. h. als Gabe für Gott, und für alle Missionen der Welt" (*Redemptoris missio*, Nr. 81).

3. Die Unterstützung der Päpstlichen Missionswerke.

Im Rahmen der Unterstützung und der missionarischen Zusammenarbeit, die alle Söhne und Töchter der Kirche betrifft, kommt - das möchte ich betonen - den Päpstlichen Missionswerken eine besondere Aufgabe und eine spezifische Verantwortung zu, worauf ich auch in der erwähnten Enzyklika (vgl. Nr. 84) hingewiesen habe.

Die vier Werke - der Glaubensverbreitung, des Apostel Petrus-Werk, das Kindermissionswerk und der Missionsbund - haben die gemeinsame Aufgabe, den missionarischen Geist im Volk Gottes zu fördern. Sie sind in den Ortskirchen das Gewissen der Weltkirche.

Ganz besonders möchte ich des Missionsbundes gedenken, der sein 75jähriges Bestehen feiert. Sein Verdienst ist das ständige Bemühen um die Sensibilisierung der Priester, Ordensleute und Animatoren der christlichen Gemeinde, damit das missionarische Ideal in entsprechende Formen der Pastoral und der missionarischen Katechese übertragen werde.

Die Missionswerke müssen als erste das zur Anwendung bringen, was ich bereits in der Enzyklika betonte: „Die Ortskirchen sollen ... die Hinführung zur Mission als wesentliches Element ihrer Pastoral, in Vereinigungen und Gruppen, besonders in Jugendgruppen, einbeziehen" (Nr. 83). Die Missionswerke sollen in der Hinführung, in der missionarischen Bildung und bei der Organisation der karitativen Werke zugunsten der Missionare Träger dieses wichtigsten Auftrags sein.

Nachdem ich an die Funktion und an die ständige missionarische Verpflichtung erinnert habe, kann ich nun meinen Aufruf nicht abschließen, ohne an die Missionare und Missionarinnen - die Priester in aller Welt, die Ordensleute und Laien - ein direktes und herzliches Wort des Dankes und der Ermutigung zu richten, damit sie vertrauensvoll ihr Werk der Evangelisierung fortsetzen, und zwar auch dann, wenn seine Erfüllung große Opfer, einschließlich des Opfers des Lebens, kosten kann und tatsächlich kostet.

Liebe Missionare und Missionarinnen! Im Geist und in der Liebe begleite ich euch immer, auch mit der Dankbarkeit der ganzen Kirche. Ihr seid nicht nur als Zeugen und Gestalter ihrer weltumspannenden Sendung in dem Augenblick, in dem sich diese vollzieht, die lebendige Hoffnung der Kirche; ihr seid auch ein glaubwürdiges und sichtbares Zeichen der Liebe Gottes, die uns alle berufen, geweiht und einge-

laden, euch jedoch einen besonderen Auftrag gegeben hat: die einzigartige Gabe der Berufung *ad gentes* - zu den nichtchristlichen Völkern. Ihr tragt Christus in die Welt hinaus; in seinem Namen und als sein Stellvertreter segne ich euch und trage euch in meinem Herzen. Gemeinsam mit euch segne ich alle, die liebevoll und hochherzig an eurem Apostolat der Evangelisierung und der ganzheitlichen Förderung des Menschen teilnehmen.
Maria, die Königin der Apostel, führe und begleite eure Schritte und die Schritte aller, die in irgendeiner Weise an der weltumspannenden Sendung der Kirche mitwirken.

Aus dem Vatikan, am Pfingstfest, 19. Mai 1991,
im 13. Jahr meines Pontifikats.

Vielfältige Aggressivität auf das menschliche Leben

Brief an alle Mitbrüder im Bischofsamt vom 19. Mai

Verehrter und geliebter Mitbruder im Bischofsamt!

Im außerordentlichen Konsistorium der Kardinäle, das kürzlich vom 4. bis zum 7. April im Vatikan stattfand, wurde eine breit angelegte und vertiefte Diskussion über die Bedrohung des menschlichen Lebens geführt, die mit einem einstimmigen Vorschlag endete: die Kardinäle haben sich an den Papst gewandt und ihn gebeten, „in einem Dokument [die Mehrheit der Kardinäle hat sich für eine Enzyklika ausgesprochen] den Wert des menschlichen Lebens und dessen Unantastbarkeit angesichts der gegenwärtigen Umstände und der Angriffe, von denen es heute bedroht wird, feierlich zu bekräftigen".
Wie Sie aus der Zusammenfassung, die Ihnen vom Hochwürdigsten Herrn Pro-Staatssekretär zugehen wird, entnehmen können, hat sich aus den Referaten und Beratungen des Konsistoriums ein erschreckendes Bild ergeben: Im Zusammenhang der vielfältigen Aggressivität der heutigen Angriffe auf das menschliche Leben, vor allem auf das schwächste und ungeschützte, zeigen die statistischen Daten einen weltweiten, wirklichen und eigentlichen „Mord an Unschuldigen" auf; aber besonders besorgniserregend ist die Tatsache, daß das moralische Gewissen sich ängstlich zu verfinstern scheint und immer träger darin wird, auf die klare und offene Unterscheidung zwischen Gut und Böse hinzuweisen bezüglich dessen, was den fundamentalen Wert des menschlichen Lebens betrifft.
In der Tat, so schwerwiegend und beunruhigend dieses derart verbreitete Phänomen der Beseitigung zahlreicher menschlicher Existenzen vor der Geburt oder auf dem Weg zum Tod auch sein mag, so ist das Erlöschen der moralischen Empfindsamkeit des Gewissens nicht weniger schwerwiegend und beunruhigend. Die Gesetze und die staatlichen Regelungen machen diese Verfinsterung nicht nur offenbar, sondern sie tragen auch noch zu deren Verstärkung bei. Denn wenn die Parlamente Gesetze

beschließen, die zur Tötung von Unschuldigen berechtigen, und wenn der Staat seine Mittel und Strukturen in den Dienst dieser Verbrechen stellt, wird oft das ungenügend gebildete Gewissen des einzelnen leichter für den Irrtum anfällig. Um diesen Teufelskreis zu durchbrechen, scheint es dringender denn je, unsere gemeinsame Lehre über die Unantastbarkeit des unschuldigen menschlichen Lebens, die auf der Heiligen Schrift und der Tradition aufbaut, mit Nachdruck zu bekräftigen.

Die hundertste Wiederkehr der Veröffentlichung der Enzyklika *Rerum novarum* die die Kirche in diesem Jahr feiert, legt mir einen Vergleich nahe, auf den ich die Aufmerksamkeit aller lenken möchte. Wie es vor einem Jahrhundert die Arbeiterklasse war, die, in ihren fundamentalsten Rechten unterdrückt, von der Kirche mit großem Mut in Schutz genommen wurde, indem diese die heiligen Rechte der Person des Arbeiters herausstellte, so weiß sie sich auch jetzt, wo eine andere Kategorie von Personen in ihren grundlegenden Lebensrechten unterdrückt wird, verpflichtet, mit unvermindertem Mut den Stimmlosen Stimme zu sein. Für immer hat sie sich den Ruf des Evangeliums nach dem Schutz der Armen zu eigen gemacht, deren Menschenrechte bedroht, mißachtet und verletzt werden.

Die Kirche will nicht nur das Recht auf das Leben bekräftigen, dessen Verletzung die menschliche Person und zugleich Gott, den Schöpfer, Vater und liebevollen Quell des Lebens beleidigt, sondern sie beabsichtigt, sich mit immer größerer Hingabe in den Dienst des Schutzes und der Förderung dieses Rechtes zu stellen.

Dazu fühlt sich die Kirche von ihrem Herrn berufen. Sie empfängt von Christus das „Evangelium des Lebens" und ist sich der Verantwortung für die Verkündigung dieses Evangeliums an alle Geschöpfe bewußt. Sie muß es in Worten und Taten und ohne jede Furcht verkünden, selbst auf das Risiko hin, gegen den Strom schwimmen zu müssen.

Auch in diesem Lebensbereich ist eben die Treue zu Christus das Gesetz und die Stärke der Kirche. Die Neuevangelisierung, die die grundlegende pastorale Aufgabe in der heutigen Welt ist, kann nicht von der Verkündigung des unantastbaren Rechtes auf das Leben absehen, dessen Träger jeder Mensch von der Empfängnis bis zu seinem natürlichen Ende ist.

Gleichzeitig will die Kirche durch diese Verkündigung und mit diesem beredten Zeugnis ihre Wertschätzung und Liebe dem Menschen gegenüber zum Ausdruck bringen. Sie wendet sich an das Herz eines jeden, sei er gläubig oder nicht gläubig, weil sie davon überzeugt ist, daß das Geschenk des Lebens ein solch hohes Gut darstellt, das in seiner Bedeutung von jedem erfaßt und geschätzt werden kann, auch im Licht der einfachen Vernunft.

In der jüngsten Enzyklika *Centesimus annus* habe ich an die Achtung der Kirche gegenüber dem demokratischen System erinnert, das die Beteiligung aller Bürger am politischen Leben ermöglicht, aber zugleich habe ich auch in Erinnerung gerufen, daß eine wahre Demokratie nur in der mit dieser verbundenen Anerkennung der Rechte eines jeden begründet sein kann (vgl. Nrn. 46-47).

Nachdem ich vor dem Herrn nachgedacht und gebetet habe, kam mir der Gedanke, Ihnen, lieber Mitbruder im Bischofsamt, in persönlicher Form zu schreiben, um mit

Ihnen die Besorgnis zu teilen, die von einem so gewichtigen Problem ausgelöst wird, und vor allem, um im Geist bischöflicher Kollegialität Ihre Hilfe und Mitarbeit angesichts der schweren Herausforderung anzuregen, die sich durch die aktuellen Bedrohungen und Angriffe gegenüber dem menschlichen Leben ergibt.
Es ist in Wahrheit eine schwere Verantwortung für jeden von uns Hirten der Herde des Herrn, in unseren Diözesen die Ehrfurcht vor dem menschlichen Leben zu fördern. Nachdem wir sämtliche Gelegenheiten zu öffentlichen Stellungnahmen genutzt haben, müssen wir eine besondere Wachsamkeit über die Lehre walten lassen, die in unseren Seminarien, in den katholischen Schulen und Universitäten vermittelt wird. Wir müssen wachsame Hirten sein, damit die in den katholischen Krankenhäusern und Kliniken geübte Praxis mit deren Ausrichtung übereinstimmt. Nach dem Maß der uns zur Verfügung stehenden Mittel werden wir dann unsere Initiativen aufrecht erhalten müssen durch konkrete Hilfeleistung an die Frauen und Familien, die sich in Not befinden, sowie durch Annahme von Leidenden und besonders von Sterbenden. Darüber hinaus werden wir die wissenschaftlichen Überlegungen, die gesetzgeberischen und politischen Initiativen ermutigen müssen, die in der Auseinandersetzung über die „Mentalität des Sterbens" gegen den Strom schwimmen.
Mit dem einträchtigen Vorgehen aller Bischöfe und mit dem erneuerten pastoralen Dienst, der daraus folgt, beabsichtigt die Kirche, sich durch die Zivilisation der Wahrheit und der Liebe an der immer breiteren und tiefgreifenderen Erneuerung jener „Kultur des Lebens" zu beteiligen, die die wesentliche Voraussetzung für die Vermenschlichung unserer Gesellschaft darstellt.
Der Heilige Geist, „der Herr ist und lebendig macht", erfülle uns mit seinen Gaben, und auch Maria, die jungfräuliche Mutter, die den Schöpfer des Lebens geboren hat, möge uns in dieser Verantwortung beistehen.

Aus dem Vatikan, am 19. Mai, dem Pfingstfest des Jahres 1991.

Joannes Paulus PP. II

Das Angesicht der Erde erneuern

Predigt bei der Eucharistiefeier am Pfingstsonntag zum Abschluß der „Rerum novarum"-Feiern am 19. Mai

1. „Friede sei mit euch! Wie mich der Vater gesandt hat, so sende ich euch ... Empfangt den Heiligen Geist" (*Joh* 20,21-22). Mit diesen Worten des auferstandenen Christus grüße ich heute am Pfingsttag die ganze an allen Orten der Welt gegenwärtige Kirche. Ich grüße besonders die Kirche, die sich in Rom befindet, auferbaut auf den Fundamenten der Apostel Petrus und Paulus mit dem Eckstein, der Jesus Christus selbst ist (vgl. *Eph* 2,20).

Ich möchte mit diesen Worten unseres Herrn und Erlösers ebenfalls alle jene grüßen, die heute zum hundertsten Jahrestag der Enzyklika *Rerum novarum*, die von meinem Vorgänger Papst Leo XIII. veröffentlicht wurde, auf dem Petersplatz zusammengekommen sind.
Ich grüße also alle Anwesenden, aber auch alle jene, die mit uns am heutigen Fest, einem der höchsten im liturgischen Jahr, mit dem die Osterzeit abschließt, geistig verbunden sind.

2. „Empfangt den Heiligen Geist." Der auferstandene Christus bringt den Aposteln den Heiligen Geist, und damit ist der Geist das bleibende Geschenk in der Kirche. Alle Geschlechter und die Jahrhunderte hindurch ruft die Kirche: „Sende aus deinen Geist, und erneuere die Erde" [und sie tut es in besonderer Weise in der heutigen Liturgiefeier], und dieser Ruf findet auch immer eine Antwort. Christus selbst gibt sie: „Empfangt den Heiligen Geist." Erfüllt werden zugleich die Worte des Psalmisten über die Erneuerung des Antlitzes der Erde: „Sendest du deinen Geist aus, so werden sie alle erschaffen, und du erneuerst das Antlitz der Erde" (*Ps* 104,30).
Diese Erneuerung auf der ganze Erde ist eng mit den Worten verknüpft, die Jesus unmittelbar darauf im Abendmahlssaal sprach: „Wem ihr die Sünden vergebt, dem sind sie vergeben; wem ihr die Vergebung verweigert, dem ist sie verweigert" (*Joh* 20,23).
Im Verlauf der Geschichte der Kirche erhebt sich immer neu die Sünde, doch immer neu wird auch der Geist der Wahrheit den Aposteln gegeben, und er wird „die Welt überführen [und aufdecken] was Sünde ... ist" (*Joh* 16,8), ihnen selbst aber wird die höhere und übernatürliche Vollmacht verliehen, die Sünde zu vergeben.

3. Eben dies geschah ja am Pfingsttag, als Simon Petrus, das Haupt der Apostel, sein Wort an die zum Fest in Jerusalem anwesenden Menschen richtete und sie zur Reue aufforderte, um die Vergebung der Sünden zu erlangen (vgl. *Apg* 2,38).
Vor hundert Jahren hat sich in einer neuen und ganz anderen geschichtlichen Situation das Gleiche wiederholt. Petrus wurde in der Person seines Nachfolgers Leo XIII. zur Stimme des Geistes der Wahrheit, um die Welt von damals der Sünde zu überführen: der großen sozialen Sünde und der daraus folgenden schweren Bedrohung der ganzen sozialen Ordnung infolge des Konfliktes, der zwischen menschlicher Arbeit und Kapital aufbrach. Als er sein Dokument über den gefährlichen Konflikt veröffentlichte, bot der Papst nicht nur bedeutsame Elemente und Argumente für die erwünschte Lösung; der Stimme des Geistes folgend, reagierte er auch auf die entgegengesetzten Gefahren mit starkem moralischem Akzent. Er prangerte die doppelte Sünde der damaligen Gesellschaft an: es war einmal eine Sünde gegen die persönliche Freiheit, die auch vom wirtschaftlichen Gesichtspunkt aus verweigert wurde; und es war auf der anderen Seite die Sünde gegen die soziale Gerechtigkeit. Hören wir seine Worte: „Der Mensch ... ist Herr seines Wirkens; damit wird er unter dem ewigen Gesetz und der universalen Vorsehung Gottes seine eigene Vorsehung. Er besitzt also das Recht, sich für jene Dinge zu entscheiden, die er zur Sicherung seiner Gegenwart und Zukunft für die geeignetsten hält. Daraus folgt, daß

seiner Herrschaft nicht nur die Güter der Erde, sondern die Erde selbst unterworfen sein muß" (Nr. 6). Und weiter: „Die Reichen und die Herren aber dürfen den Arbeiter nicht wie einen Sklaven behandeln, sie müssen in ihm vielmehr die Würde der menschlichen Person achten, die durch ihr Christsein noch größeren Adel besitzt ... Es ist des Menschen wirklich unwürdig, ihn als bloßes Mittel zum Gewinn einzusetzen und ihn nur nach dem Wert seiner physischen Kräfte einzuschätzen" (Nr. 16).

4. Die Apostelgeschichte macht gewissermaßen das Ereignis am Pfingstfest in Jerusalem präsent. Bei diesem Ereignis hat die Gabe der Sprachen eine besondere Bedeutung.
Ein Wind stürzte mit gewaltigem Brausen herab, und alsbald erschienen Zungen „wie von Feuer", die sich auf jeden der Apostel und auf alle im Abendmahlssaal Versammelten niederließen. „Alle wurden mit dem Heiligen Geist erfüllt und begannen in fremden Sprachen zu reden, wie es der Geist ihnen eingab" (*Apg* 2,4).
Der Text der *Apostelgeschichte* berichtet von der Bestürzung, die dieses Geschehen hervorrief: „Sind das nicht alles Galiläer, die hier reden? Wieso kann sie jeder von uns in seiner Muttersprache hören?" (*ebd.*, 7-8). Es werden auch im einzelnen die Vertreter der verschiedenen Nationen genannt, die an diesem Tag in Jerusalem anwesend waren.
Im Abstand von zweitausend Jahren könnte man diesen Bericht erheblich erweitern und ausdehnen, und man müßte die zahlreichen weiteren Sprachen nennen, in denen im Verlauf der Jahrhunderte und in den verschiedenen Zeitabschnitten die Apostel vom Evangelium gesprochen haben und es weiter tun. Aber nicht nur davon. Sie haben auch in der Sprache der immer neuen menschlichen Erfahrungen gesprochen und tun es weiter, von den Problemen und Bedürfnissen des Menschen, die die einzelnen, die Gemeinden, die Nationen und die ganze Menschheitsfamilie betreffen. Hat nicht Leo XIII. in seiner schwierigen Zeit gerade in einer solchen neuen und angemessenen Sprache gesprochen, als er vor hundert Jahren die Enzyklika *Rerum novarum* veröffentlichte?

5. Diese seine Sprache bedeutete den Beginn für neue Lehraussagen der Kirche. In ihr haben auch Papst Leos Nachfolger auf dem römischen Stuhl gesprochen; einzelne Bischöfe und ganze Episkopate sind ihnen darin gefolgt. Das Konzil unseres Jahrhunderts, das II. Vaticanum hat gesprochen.
In dieser Sprache und in diesem modernen Lehrgebäude der Kirche, in dieser besonderen Verkündigung, nämlich der sogenannten Soziallehre der Kirche, äußert sich und erfüllt sich ein Aspekt der Sendung, welche die Apostel von Jesus Christus im Abendmahlssaal empfingen: „Wie mich der Vater gesandt hat, so sende ich euch" (*Joh* 20,21).
Tatsächlich ist die neue Sprache, das heißt konkret: die Soziallehre der Kirche, nur eine organische Weiterentwicklung der Wahrheit des Evangeliums selbst. Sie stellt das „soziale Evangelium" für unsere Zeit dar, so wie die geschichtliche Stunde der Apostel das soziale Evangelium der Urkirche besaß, die Zeit der Väter, das ihre und später ebenso die Zeiten des hl. Thomas von Aquin und die der großen Lehrer des

Mittelalters. Endlich besaß sie das neunzehnte Jahrhundert voll großer Neuerungen und Wandlungen, Initiativen und Probleme, die alle dazu beitrugen, den Boden für die Enzyklika *Rerum novarum* zu bereiten.

In deutscher Sprache fuhr der Papst fort:

6. „Es gibt verschiedene Gnadengaben, aber nur den einen Geist. Es gibt verschiedene Dienste, aber nur den einen Herrn. Es gibt verschiedene Kräfte, die wirken, aber nur den einen Gott: Er bewirkt alles in allen. Jedem aber wird die Offenbarung des Geistes geschenkt, damit sie anderen nützt" (*1 Kor* 12,4-7).
Ja, der Geist erneuert das Angesicht der Erde, indem er die Wege des Guten weist, die Wege des Gemeinwohls, des Guten, das Personen, Völker und die gesamte menschliche Gesellschaft eint.
Ist nicht etwa dies die Sprache der Enzyklika von Leo XIII.? Ist nicht dies die fundamentale Ausrichtung des gesamten kirchlichen Lehramtes in diesem Jahrhundert? Ist es nicht so, daß gerade darauf die zahlreichen „verschiedenen Dienste" im sozialen Bereich Bezug nehmen und ebenso die vielfältigen „Kräfte", deren gemeinsamer Nenner gewissermaßen den Ursprung des bedeutsamen nachkonziliaren Doppelnamens „Justitia et Pax" bildet?
Für all dies - Dienste, Initiativen und Verwirklichungen - möchten wir heute danken. Danken wollen wir den Menschen, den vielen auf der Erde verstreut lebenden Personen, und besonders unseren Brüdern und Schwestern innerhalb der Gemeinschaft der katholischen Kirche sowie der ganzen Christenheit. Aber nicht nur ihnen! Es gibt in der Tat so viele Angehörige der verschiedenen nichtchristlichen Religionen und auch so viele Nichtglaubende, die angesichts der Jahrhundertfeier von *Rerum novarum* in diese Danksagung eingeschlossen werden müssen.
Während wir den Menschen danken, wollen und müssen wir stets auch Gott danken, der „alles in allen wirkt". Wir sagen dem Heiligen Geist Dank, der uns all das offenbart, was dem Wohle aller dient, und uns eingibt, was dem Aufbau einer besseren und menschlicheren Welt weiterhilft, einer Welt, die immer mehr dem Schöpferplan Gottes entspricht, dessen Abbild der Mensch von Anfang an ist.

In italienischer Sprache schloß der Papst:

7. Unser Dank hört heute nicht auf, zugleich ein Ruf und eine Bitte zu sein. Ein solcher Ruf möchte auch meine jüngste Enzyklika sein, in der ich versucht habe, „die neuen Dinge" nach den Erfordernissen und Erwartungen unseres bereits zu Ende gehenden zwanzigsten Jahrhunderts der christlichen Zeitrechnung - des letzten Jahrhunderts im zweiten Jahrtausend -, herauszustellen und zum Ausdruck zu bringen.
Doch wir erheben alle diesen Ruf, gleichsam von neuem im Abendmahlssaal von Jerusalem „mit Maria, der Mutter Jesu" versammelt (vgl. *Apg* 1,14). Wir erheben ihn mit ihr als vertrauensvolle Bitte zum ewigen alles neu machenden Geist Gottes: Komm! Komm, Heiliger Geist, erfülle die Herzen deiner Gläubigen und entzünde in ihnen das Feuer deiner Liebe.

Ohne dein lebendig Wehn, kann im Menschen nichts bestehn, kann nichts heil sein noch gesund. Wärme du, was kalt und hart, löse, was in sich erstarrt, lenke, was den Weg verfehlt.
Gib dem Volk, das dir vertraut, das auf deine Hilfe baut, deine Gaben zum Geleit. Amen.

Löscht den Geist nicht aus

Schreiben an Kardinal-Primas Jozef Glemp vom 21. Mai

„Dankt Gott ... Löscht den Geist nicht aus!" (vgl. *1 Thess* 5,18-19).

Liebe Landsleute!

In den nächsten Tagen werde ich, nachdem ich die Einladung aus Polen erhalten habe, die vierte Pilgerfahrt in die Heimat antreten. Möge unsere Begegnung eine Antwort auf die Worte des hl. Paulus werden, die die Bischöfe als Leitspruch für diese Pilgerreise gewählt haben: „Dankt Gott ... Löscht den Geist nicht aus!" Es ist ein Aufruf von großer Aktualität. Zusammen mit euch möchte ich an den Tagen, die ich in der Ausübung meines Dienstes unter meinen Landsleuten in der Heimat verleben darf, darauf Antwort geben.
Bei meinen Begegnungen mit polnischen Pilgern, die gerade in der letzten Zeit Rom besucht haben, habe ich viele Male zum Ausdruck gebracht, daß ich ein ganz besonderes Gebet, das sich auf die Gesellschaft insgesamt ausdehnen soll, als notwendig empfinde. In der Vergangenheit haben wir bereits derartige Gebetszeiten gehalten, wie z. B. die Große Novene vor der Jahrtausendfeier der Taufe Polens, die Pilgerfahrt des Bildes Unserer Lieben Frau von Jasna Góra, das im Lauf von mehr als zwanzig Jahren in alle Pfarreien und kirchlichen Gemeinschaften Polens gekommen ist. Ich bin überzeugt, daß dieses eindringliche Gebet auf nationaler (und sozialer) Ebene uns geholfen hat, mit der Zeit die Gefahren des totalitären Systems, das die Gesellschaft dem Atheismus ausliefern wollte, zu überwinden.
Um guten Gebrauch von der Freiheit zu machen, das ganze Leben in Polen unter den neuen Verhältnissen nach und nach wieder aufzubauen und die sozio-ökonomischen, aber auch die moralischen Krisen zu überwinden, ist auch jetzt das Gebet der gesamten Gesellschaft unbedingt notwendig. Und genau dies ist mein Wunsch: daß meine Anwesenheit unter euch zu einer Zeit dieses großen Gebetes der Gesellschaft insgesamt werde.
Christus hat gesagt: „Wo zwei oder drei in meinem Namen versammelt sind, da bin ich mitten unter ihnen" (*Mt* 18,20). Ich bitte die Mutter von Jasna Góra und unsere heiligen Patrone, uns Fürsprecher zu sein, damit während der Pilgerfahrt des Papstes in seiner Heimat Christus, der Gute Hirte, der sein Leben für seine Schafe

hingibt (vgl. *Joh* 10,11), in besonders intensiver und wirksamer Weise unter uns anwesend sei.

Aus dem Vatikan, am 21. Mai 1991

Joannes Paulus PP. II

Das Apostolat ist kein bloßer Sozialdienst

Ansprache an italienische Generalobere und -oberinnen am 25. Mai

1. Ich danke einem jeden von euch, liebe Brüder der Italienischen Konferenz der Höheren Ordensobern (C.I.S.M.) und liebe Schwestern der Vereinigung der Höheren Ordensoberinnen Italiens (U.S.M.I.) für euren Besuch am Ende eines Studientreffens, das anläßlich des 25. Jahrestages der Promulgation des Konzildekrets *Perfectae Caritatis* einberufen wurde.
Ich grüße euch herzlich und durch euch alle Mitglieder eurer jeweiligen Institute, besonders aber diejenigen, die ihr Apostolat unter schwierigen Bedingungen erfüllen, in armen und notleidenden Gegenden und unter besonders problematischen und gefährlichen Verhältnissen. Ich versichere euch, daß ich euch ohne Unterlaß in meine Gebete einschließe und Gott um Trost und Hilfe für euch anrufe.

2. In den letzten Tagen habt ihr über die Bedeutung des gottgeweihten Lebens in der heutigen Zeit nachgedacht. Dabei seid ihr auf einige besonders wichtige Aspekte einer Neubelebung dieser Weihe im Hinblick auf zwei bedeutende und sehr aktuelle Perspektiven des Apostolats ausführlich eingegangen, nämlich auf die neue Evangelisierung und das Zeugnis der Liebe.
„Das Streben nach vollkommener Liebe auf dem Weg der evangelischen Räte" bildet den eigentlichen Sinn des Ordenslebens, wie das letzte Konzil dargelegt hat, und es hat „in Lehre und Leben des göttlichen Meisters seinen Ursprung" (*Perfectae Caritatis*, Nr. 1). In eurer Berufung folgt ihr dem Beispiel Jesu, der in Keuschheit und Armut dem Vater gehorsam war. Ihr laßt alles zurück, um dem Sohn Gottes in radikaler und endgültiger Weise zu folgen.
Diese absolute Treue zum Evangelium gibt euch eine eigene Identität und Würde und ist für das Leben der Kirche unerläßlich. Ihr seid für sie ein „besonderer Reichtum" (*Redemptoris donum*, Nr. 16). Der Heilige Geist, der im christlichen Volk unaufhörlich verschiedene Charismen weckt und „einem jeden seine besondere Gabe zuteilt, wie er will" (vgl. *1 Kor* 12,11), drängt euch, liebe Ordensmänner und Ordensfrauen, durch euer Handeln die Liebe des Vaters zu verkünden und sichtbar zu machen. Gleichsam „auserwählt, das Evangelium zu verkünden" (vgl. *Röm* 1,1), im Eifer, zu erreichen, daß „Gott herrscht über alles und in allem" (vgl. *1 Kor* 15,28), zeigt ihr den Menschen das Bild Christi, der Kraft seines Kreuzes und seiner Auferstehung die Menschheit der endgültigen Erfüllung seines Heilsplanes entgegenführt.

3. Auch in der heutigen Gesellschaft mit ihren komplizierten Situationen habt ihr eine dringend notwendige und unverzichtbare Mission zu erfüllen. Vergeßt nie, daß die sowohl im Wohlstand als auch die in Armut und Elend lebenden Menschen, vor allem geistliche Nahrung brauchen. Es hungert und dürstet sie nach Christus, nach seinem Wort und seiner Liebe. In unserer heutigen Zeit, die besonders nach dem Geist hungert, weil sie hungert nach Gerechtigkeit und Frieden, nach Liebe und Güte, nach Verantwortung und Menschenwürde (vgl. *Redemptor hominis*, Nr. 18), muß man in euch deutlich das Licht des Evangeliums sehen können, das dem Leben seinen Sinn gibt. Aus der Konsequenz eures Verhaltens muß man den Mut und die Kraft schöpfen können, sich dem Evangelium zu öffnen. Nur ein Ideal sollte euch daher anziehen: durch die Liebe zu evangelisieren, den Menschen zu helfen, Jesus aufzunehmen und ihn zum Mittelpunkt ihres Lebens zu machen.

4. Damit ihr diese schwierige Aufgabe richtig zu Ende führen könnt, muß Christus seinen festen Platz in eurem Herzen haben. Dann könnt auch ihr, wie der Apostel Paulus, sagen: „denn für mich ist Christus das Leben und Sterben Gewinn" (*Phil* 1,21), und ihr werdet euch auch bewußt, daß „alle, die in der Gemeinschaft mit Christus Jesus ein frommes Leben führen wollen, verfolgt werden" (*2 Tim* 3,12).
Damit euer Apostolat auch wirksam wird, müßt ihr euch ständig um eine lebendige Verbindung mit der Kirche bemühen. Die Bischöfe werden als echte Hüter und Lehrer des Gottesvolkes, die Vielfalt der Gnadengaben des geweihten Lebens, mit denen der Heilige Geist seine Braut ausstattet, stets zu unterscheiden wissen und ihre Entfaltung mit sorgfältiger und wachsamer Aufmerksamkeit unterstützen und fördern.
„Die Bischöfe werden gewiß den spezifischen Beitrag anerkennen und hochschätzen, wodurch jene Ordensleute den Partikularkirchen Hilfe leisten, in deren Exemption sie gewissermaßen ein Zeichen der pastoralen Bereitschaft finden, die sie selbst eng mit dem Papst in der allgemeinen Sorge für alle Völker verbindet" (*Mutuae relationes*, Nr. 21).
Erneuert euch deshalb ständig im Geiste, durch ein stetiges Aggiornamento im Apostolat, durch eine nie müde werdende Bereitschaft zur Zusammenarbeit und zum Dialog und durch aufmerksame Berücksichtigung aller Bedürfnisse der kirchlichen Gemeinschaft im Sinne des Evangeliums. Bleibt stets eurem Charisma treu. Durch den Beitrag jedes eurer Institute werdet ihr gemeinsam viel für die so notwendige neue Evangelisierung tun können.

5. Die Menschen von heute sind empfänglich für die Sprache der Liebe. Sie ist die beste Art, das Evangelium zu verkünden. Jeder weiß, welch tiefen Eindruck euer Beispiel und eure Hingabe in aller Welt hinterlassen, vor allem die Hingabe derjenigen, die auf vielerlei Art den Ärmsten dienen. Jeder weiß, daß gerade ihr und oft nur ihr, fähig seid, in prophetischer Weise das Schicksal derer zu teilen, die gering und gedemütigt sind, und derer, die im Elend oder am Rande der Gesellschaft leben.

Die Liebe ist eng verbunden mit der Armut, für die ihr euch im Namen Christi entschieden habt. Sie ist durch das Beispiel der Erlöser angeregt: „Er entäußerte sich und wurde wie ein Sklave und den Menschen gleich" (*Phil* 2,7). Der Sohn Gottes hat aus Liebe zu uns die Armut gewählt und sich zum Diener eines jeden Menschen gemacht, vor allem aber zum Diener der Schutz- und Wehrlosen.
Geht ohne Zögern im Sinn des Evangeliums euren Weg der besonderen Bevorzugung der Kleinen und Armen weiter. Macht euch zu Verteidigern der Gerechtigkeit, und fördert die echte christliche Brüderlichkeit, ohne euer Apostolat zu einem bloßen Sozialdienst werden zu lassen. Seid Brüder und Schwestern für jene, die keine Hoffnung haben, für alle, die nach wirklicher Freiheit und nach Gott suchen. Seid Verteidiger des Menschen und des Lebens, immer bereit, jedem materiellen und spirituellen Bedürfnis entgegenzukommen. Das Geheimnis eurer Mission liegt - wie ihr wißt - in eurem tiefen Verwurzeltsein in der übernatürlichen Liebe. Laßt das Gebet eure tägliche geistliche Nahrung sein; löst euch nie aus der inneren Verbindung mit dem Herrn, die euch umgestaltet. Im persönlichen Kontakt mit ihm in einer längeren Gebetszeit findet die Seele Nahrung, und der missionarische Einsatz kann Tag für Tag mit neuer Kraft wieder aufgenommen werden.

6. Liebe Brüder und Schwestern, ich fordere euch dringend auf, euer Apostolat mit gleichbleibendem Eifer weiterzuführen, und erbitte vom Heiligen Geist für jeden von euch die Beharrlichkeit im Guten.
Der Herr möge euren Instituten das Geschenk zahlreicher und heiliger Berufungen gewähren und euren wertvollen Dienst an der Kirche und an den Menschen fruchtbar machen. Er stärke euch in euren Bemühungen und Anstrengungen.
Die heilige Jungfrau, *Virgo fidelis*, das leuchtende Vorbild des gottgeweihten Lebens, helfe euch und schütze euch. Auch mein Segen, den ich euch, euren Mitbrüdern und euren Mitschwestern und all denen erteile, unter denen ihr lebt und arbeitet, mache euch Mut für euren weiteren Weg.

Der Priester ist Miterbe Christi

Ansprache bei der Priesterweihe am Dreifaltigkeitssonntag, 26. Mai

1. „Laß deine Güte über uns walten, o Herr!" (*Ps* 32/33,22).
Mit diesen Worten des Psalmisten läßt die heutige Liturgie euch, liebe Söhne, die ihr die Priesterweihe empfangen wollt, die Hilfe Gottes anrufen. Mit diesen Worten beten eure Lieben und die ganze Versammlung des Volkes Gottes in der Peterskirche sowie die ganze Kirche bis an die Grenzen der Erde. „Laß deine Güte über uns walten."

2. Die Kirche, die ständig vom Geheimnis des dreifaltigen Gottes lebt, rühmt in ihrer Liturgie heute besonders dieses Geheimnis. Es ist das Geheimnis Gottes schlechthin in seiner ganzen Tiefe; in ihm offenbart sich das innerste Leben Gottes selbst.

Gott, der in unzugänglichem Lichte wohnt (vgl. *1 Tim* 6,16), ist Vater, Sohn und Heiliger Geist; er ist zugleich ein Gott, der alles durchdringt und umfängt.

Wenn Christus die Apostel zum Taufen im Namen des Vaters, des Sohnes und des Heiligen Geistes aussendet, offenbart er, der Erlöser der Welt, den dreifaltigen Gott, wie er sich dem Menschen schenkt, ihn nährt und seinen Durst stillt mit der Gabe seiner selbst im Wasser der Taufe, dem Sakrament, bei dem das Wasser für den Menschen das unaussprechliche Geschenk des dreifaltigen Lebens bedeutet und verwirklicht.

Das aber ist von Gott im Gebet des Psalmisten als unsere Antwort formuliert: „Laß deine Güte über uns walten, o Herr."

3. Diese Gnade ist auf euch, liebe Söhne und Töchter der Kirche, zu Beginn eures Lebens im Sakrament der Taufe herabgekommen. Seit jenem Tag leitet euch der Geist Gottes, denn ihr habt „den Geist empfangen, der euch zu Söhnen macht, den Geist, in dem wir rufen: Abba, Vater!" (*Röm* 8,15).

So hat schon Jesus Christus gerufen, der eingeborene gleichwesentliche Sohn des Vaters.

Der Geist des Vaters und des Sohnes bezeugt ferner unserem Geist, daß wir Kinder Gottes sind. Wenn wir aber Kinder sind, dann auch Erben: Erben Gottes und Miterben Christi (vgl. *Röm* 8,16-17). Darin offenbart sich die Gnade, die alle Getauften umfängt.

4. Auf dem fruchtbaren Boden dieses Erbes ist in euch, liebe Söhne, die Berufung zum Dienstpriestertum in der Kirche erblüht. Heute aber wird diese Berufung mit dem Weihesakrament gekrönt.

In euch wird in besonderer Weise das göttliche Erbe Wirklichkeit - das Erbe, welches Gott selber ist: „Du, Herr, bist mein Erbe und mein Becher" (vgl. *Ps* 16,5).

Wenn ihr allen Brüdern und Schwestern in der Einheit des Volkes Gottes dienen wollt, müßt ihr besondere Miterben Christi werden.

Miterbe Christi ist der Priester, weil er die Geheimnisse Gottes verwaltet (vgl. *1 Kor* 4,1) und „in der Person Christi" handelt, damit Christus weiter dienen und das Heil schenken kann. Wie er im Abendmahlssaal mit der Einsetzung der Eucharistie, in der sein ganzes Ostergeheimnis von Tod und Auferstehung beschlossen ist, gedient hat, so hat er diesen Dienst der Kirche bis ans Ende der Zeiten anvertraut.

Wir müssen wahrhaft mit dem Psalmisten heute aus der Tiefe unseres Herzens ausrufen: „Laß deine Güte über uns walten, o Herr": die Gnade der Berufung zum Priestertum, die ein besonderes und unverdientes Geschenk ist.

5. „Laß deine Güte über uns walten, o Herr, denn wir hoffen auf dich."

Wir stehen vor einem unerforschlichen Geheimnis Gottes selbst, vor der heiligen Dreifaltigkeit Gottes, die vom gekreuzigten und auferstandenen Christus geoffenbart worden ist.

Über uns waltet die Gnade dessen, dem alle Gewalt im Himmel und auf Erden gegeben ist (vgl. *Mt* 28,18). Die Vollmacht, die in der Kraft des Heiligen Geistes

rettet. Die Vollmacht, die durch die Gotteskindschaft immer neue Generationen von Söhnen und Töchtern hervorbringt.
Zugleich wissen wir, daß jeder Mensch diesen Schatz in einem zerbrechlichen Gefäß trägt (vgl. *2 Kor* 4,7), auch der Priester.
Christus, unsere Hoffnung auf dich aber ist größer als unsere Schwäche!

6. Im Augenblick der Weihe wird jeder von euch, liebe Söhne, die Worte hören: „Gott vollende das Werk, das er in dir begonnen hat" (*Römisches Pontifikale*, vgl. *Phil* 1,6).
In diesen Worten kommt die Hoffnung der ganzen Kirche zum Ausdruck. Amen!

Alle mit allen, alle für alle

Ansprache an die Teilnehmer der 14. Generalversammlung der Caritas Internationalis am 28. Mai

Herr Kardinal, liebe Brüder im Bischofsamt, liebe Freunde!

1. Die 14. Generalversammlung der Caritas Internationalis findet im Jahr der Soziallehre der Kirche statt, in den Tagen, da wir der Enzyklika *Rerum novarum* gedenken. Ich danke eurem Präsidenten für die liebenswürdigen Worte, die er eben an mich gerichtet hat, und ich empfange euch heute gerne, denn das für die Anregung eurer Arbeiten gewählte Thema: „Christliche Liebe und menschliche Solidarität" stellt einen grundlegenden Aspekt der Haltung des Christen im sozialen Leben heraus.
Das graphische Symbol, das ihr für eure Tagungen gewählt habt, überzieht die Weltkarte mit einem engen Netz von Beziehungen. Das ist ein eindrucksvolles Bild für die vielfältigen Bande der Solidarität und der Liebe, die frei alle Grenzen überschreiten. Dieses Bild erinnert an die gegenseitige Abhängigkeit der Völker der Erde. Über diese Tatsache hinaus aber müssen wir ihm den Sinn gegenseitigen Verstehens geben, indem wir dem Wort „Fremder" alles das nehmen, was es an Abstand oder Gleichgültigkeit enthalten kann. Wir müssen die gegenseitige Abhängigkeit zu Banden der Brüderlichkeit machen; unter den Menschen, den Gruppen oder Nationen die Bande einer selbstlosen Hilfe schaffen, die die Würde der Personen achtet und für echte Gemeinschaft offen ist.

2. Die Solidarität, die man als Wert oder Tugend auffassen kann, bezeichnet auf einer grundlegenden menschlichen Ebene die Bande, die Personen und Völker einigen müssen, und zwar nicht im Sinn einer aufgezwungenen Wirklichkeit, die man feststellt, sondern im Sinn eines dynamischen Aktionsprinzips zum Aufbau der menschlichen Gesellschaft. Im sozialen Leben stellt es eine Kraft und ein Element des Fortschritts bei der Verwirklichung der Gerechtigkeit dar und beim Aufbau des Friedens nach dem Motto, das ich in Gdansk formuliert habe: „Alle mit allen, alle für alle" (11. Juni 1987). Vom moralischen Standpunkt aus stellt die Solidarität eine

notwendige Tugend dar, eine Pflicht, die sich aus der Natur des Menschen selbst ergibt, wenn er sich in die Gemeinschaft der Menschen gut einfügen will. Das Zweite Vatikanische Konzil hat ebenfalls verlangt: „Allen sei es ein heiliges Gesetz, die Forderungen aus der gesellschaftlichen Verflochtenheit unter die Hauptpflichten des heutigen Menschen zu rechnen und sie als solche zu beobachten" (*Gaudium et spes*, Nr. 30).
Bei der Formulierung eures Themas habt ihr Liebe und Solidarität verbunden. In diesem Zusammenhang möchte ich an die Worte Papst Pius XII. erinnern. Angesichts einer zerrissenen Welt wies er hin auf das „Vergessen dieses Gesetzes menschlicher Solidarität und Liebe, das sich ebenso durch die ursprüngliche Gemeinschaft wie durch die Gleichheit der vernunftbegabten Natur bei allen Menschen nahelegt, welchem Volk auch immer sie angehören, ebenso auch durch das von Jesus Christus auf dem Altar des Kreuzes seinem himmlischen Vater dargebrachte Erlösungsopfer für die sündige Menschheit" (Enzyklika *Summi pontificatus*, III). Damit hat er gut auf das enge Band zwischen der von Gott im Sinn grundlegender Solidarität geschaffenen Natur des Menschen und der Macht der Erlöserliebe hingewiesen, die alle infolge der Sünde entstandenen Entzweiungen übersteigt. In der Soziallehre der Kirche läßt sich die Solidarität, wie ihr wißt, nicht von der Liebe trennen; es wäre sogar übertrieben, sie zwei verschiedenen Ordnungen zuzuweisen. Die grundlegende Ausrichtung der Caritas fügt sie beide zusammen, denn bei ihren zahlreichen örtlichen Verbänden handelt es sich darum, Gruppen von Christen zu „Gerechtigkeit, Liebe und Frieden" anzuregen. Wie könnte man auch Solidarität von der Gerechtigkeit, von brüderlichem Frieden und von der Liebe trennen, „die in unsere Herzen durch den Heiligen Geist ausgegossen ist" (vgl. *Röm* 5,5)? Wir müssen unablässig die Worte des Apostels Paulus betrachten: „Dient einander in Liebe ... Laßt euch vom Geist leiten ... wir wollen dem Geist auch folgen. Einer trage des anderen Last, dann werdet ihr das Gesetz Christi erfüllen" (vgl. *Gal* 5,13.16.25; 6,2). Wenige Tage nach dem Pfingstfest sind diese Worte vielsagend! Möge der Geist Gottes uns antreiben, aus Liebe solidarisch zu sein.

3. Gemäß dieser Grundausrichtung besteht eure erste Aufgabe darin, eifrige Herolde der Aufrufe zur Liebe zu sein und allen Gläubigen die Wege aufzuzeigen, denen sie unbedingt folgen müssen, wenn eine wirkliche Liebesgemeinschaft unter den Brüdern und Schwestern der Menschheit aufgebaut werden soll, ohne auch nur einen der Ärmsten dabei zu vergessen. Damit dies konkrete Form annimmt und wirksam wird, müssen in den verschiedenen Gemeinschaften auch bestimmte Organe die Koordinierung der notwendigen Initiativen in direkter Verbindung mit den Hirten der Diözesen und mit den Bischofskonferenzen besorgen. Unser Päpstlicher Rat „Cor unum", bei dem Caritas Internationalis Mitglied ist, erfüllt diese Aufgabe der Harmonisierung und Überlegung für die ganze Kirche.
Mit Recht besteht eines eurer Anliegen in einer modernen, technisch wohl überlegten Durchführung des Teilens der materiellen und geistlichen Güter, das den Gläubigen geboten ist, damit die kirchliche Communio ihren vollen konkreten Sinn bekommt. Ihr verwendet gern das Wort „Diakonie", um diese strukturierte Aktion zu

bezeichnen: der Ausdruck erinnert passend daran, daß es um einen Dienst an den Armen geht, wie er seit den Zeiten der Apostel in der Kirche geübt wurde. Heute müssen wir auf die modernen Möglichkeiten zurückgreifen, und das legt eine Ausweitung der Bereiche nahe, in denen Solidarität gefordert ist; achtet darauf, daß ihr auch den persönlichen Einsatz eurer Mitarbeiter verstärkt. Dies ist euer spezifischer Beitrag zur Sozialpastoral der Kirche.

4. Beim Durchgehen eures Arbeitsprogramms habe ich positiv den Umfang der Aufgaben empfunden, die ihr euch vorgenommen habt. Ich nenne nur einige Aspekte. Ihr wollt den Mitarbeitern auf dem Gebiet der Caritas nicht nur eine technische oder berufliche Ausbildung geben, sondern sie auch spirituell und theologisch vorbereiten. Ich ermuntere euch sehr, dieses Gleichgewicht niemals aus den Augen zu verlieren: man darf sich tatsächlich in den Bereichen der Solidarität und der Caritas nicht mit einer praktischen Effizienz begnügen. Ohne von der Kraft der Liebe, die von Gott kommt, gedrängt zu sein, kann man nicht die erheblichen Hindernisse überwinden, die die gegenseitige Hilfe zwischen unterschiedlichen Personen und Nationen beeinträchtigen. Man muß sich zugleich vom Glaubensbewußtsein führen lassen, es erhellt den Sinn des Lebens, das alle von Gott empfangen haben und hält die Hoffnung lebendig, die in der Welt über die Person Christi die Wege zum Reich Gottes öffnet. Ständige und freiwillige Mitarbeiter der Caritas werden desto besser das Engagement anregen können, je mehr sie sich ihrer Jüngerschaft Christi bewußt und für seine Gnade offen sind.

Unter euren spezifischen Anliegen möchte ich drei nennen, die mir besonders am Herzen liegen. Ich denke vor allem an die Hilfe, die wir den derzeit, zumal in Afrika so zahlreichen Flüchtlingen, leisten müssen. Andrerseits sind da alle die mit dem Gesundheitswesen verbundenen Probleme, ich denke an beunruhigende Epidemien, die derzeit wüten; einige davon könnten eingeschränkt werden, wenn die Mittel zur Vorbeugung und Behandlung besser verteilt wären. Für andere, und das ist bei AIDS der Fall, besitzen wir noch keine Heilmittel; aber all das lädt ein, unsere Hochherzigkeit zu verdoppeln, um der Ausbreitung solcher Geißeln zuvorzukommen und uns um ihre Opfer zu kümmern. Endlich möchte ich die Hilfe erwähnen, die so viele Familien verdienen, denen es schwerfällt zu überleben, ihre Kinder anzunehmen und zu erziehen und den Alten eine würdige Betreuung in ihrem Alter zu sichern: ihre Lage stellt eine erstrangige Sorge für die Kirche dar, denn das Familienleben berührt die lebendigen Quellen einer jeden Person, ihre Chancen, sich entfalten zu können und der eigenen Berufung treu zu bleiben. Ihr könnt in hohem Maß dazu beitragen, daß man ihren Schwierigkeiten gegenüber nicht gleichgültig oder untätig bleibt.

Die Aktionen, die ihr auf örtlicher, nationaler oder internationaler Ebene unternehmt, führen euch natürlich zu verschiedenen Formen der Zusammenarbeit, die sehr nützlich sein können. Das karitative Wirken lädt in vortrefflicher Weise dazu ein, die Bemühungen der Katholiken mit denen der Christen anderer kirchlicher Gemeinschaften zu vereinen. Es ist ein Bereich für den ökumenischen Dialog, der als ein Schritt größtmöglicher Annäherung auf den Wegen zur Einheit gefördert

werden muß. In bestimmten Gebieten kann eine analoge Zusammenarbeit mit Gläubigen aus anderen Religionen den interreligiösen Dialog positiv beeinflussen. Dazu müßt ihr freilich ständige Verbindung mit den Hirten der Diözesen und den verantwortlichen Stellen halten. Auf meinen Reisen konnte ich feststellen, daß die in solcher Weise eingeleiteten Bemühungen ihre Früchte bringen.
Kurz möchte ich hinzufügen, daß die Beziehungen der karitativen Organisationen der Kirche zu den internationalen Organisationen, ob regierungsamtlich oder nicht, positiv erscheinen, nicht nur wegen der so erreichten gegenseitigen Ergänzung der Mittel, sondern ebenso wegen des Erfahrungsaustausches beider Seiten; und schließlich ergibt sich auf diese Weise auch weithin eine vom Geist des Evangeliums inspirierte Reflexion über das soziale Wirken.

5. Zum Schluß unserer Begegnung möchte ich euch erneut mein Vertrauen und meine Ermunterung aussprechen. Euer Wirken hat seinen Platz im Herzen der sozialen Pastoral, die ein Zeugnis für das Evangelium ist. Fahrt fort, die Liebe in der Kirche mit der Glut jener Liebe, die von Gott kommt, zu leben und sie in der ganzen Gesellschaft bekanntzumachen.
Möge die Jungfrau Maria, die über das Gebirge eilte, um Elisabeth zu besuchen, eure Schritte leiten. Möge der Herr, der gekommen ist, um die Liebe des Vaters offenbar zu machen, indem er ein Diener seiner Brüder und Schwestern wurde, euch täglich Kraft geben! Gott segne euch!

Die Eucharistie ist Zeichen des Neuen und Ewigen Bundes

Predigt am Fronleichnamsfest, 30. Mai

1. „Amen, ich sage euch: Ich werde nicht mehr von der Frucht des Weinstocks trinken, bis zu dem Tag, an dem ich von neuem davon trinke im Reich Gottes" (*Mk* 14,25).
Beim Ostermahl im Abendmahlssaal aßen die Apostel das Brot und tranken den Wein aus dem Kelch: Speise und Trank!
Christus hat ihnen diese Speise und diesen Trank gereicht mit den Worten: „Nehmt, das ist mein Leib ... Das ist mein Blut, das Blut des Bundes, das für viele vergossen wird" (*Mk* 14,22-24).
Jedes Jahr setzen wir am Gründonnerstag „in Coena Domini" das Osterereignis des Abendmahlssaals in besonderer Weise gegenwärtig.
Heute kommen wir erneut zusammen. Die Lesungen der Liturgie der heiligen Messe bereiten uns auf die eucharistische Prozession durch die Straßen der Stadt vor.
Die Prozession ist ein Bild des Weges, auf dem Gott den Menschen in der Gemeinschaft des erlösten Volkes führt. Christus hat sich dieses Volk durch das Blut seines Opfers am Kreuze zu eigen erworben. Es ist das Blut, das in dem Augenblick vergossen wurde, da der Leib des Sohnes Gottes in den Tod gab.

2. Das Ereignis im Abendmahlssaal „in Coena Domini" ist der Mittelpunkt des Prozesses, der die Generationen hindurch fortbesteht und die Geschichte des Bundes zwischen Gott und Mensch prägt.
Die liturgischen Lesungen führen uns zunächst an den Fuß des Berges Sinai, wo das Ganzopfer den Bund Gottes mit Israel krönt. Beim Opfer der Tiere vergießt der Priester ihr Blut; dann besprengt er mit dem gleichen Blut den Altar und das versammelte Volk: „Das ist das Blut des Bundes, den der Herr aufgrund all dieser Worte mit euch geschlossen hat" (*Ex* 24,8). Bekanntlich lag diesem Bund das Wort des göttlichen Gesetzes: das Wort der Zehn Gebote zugrunde.

3. Mit seinem Kommen hat Christus die Tradition dieser Opfer „von Böcken und jungen Stieren" (*Hebr* 9,12) abgeschlossen; er hat daraus aber das Blut als Zeichen des Ganzopfers bestätigt und beibehalten. „Als Hoherpriester der künftigen Güter ... ist er ein für allemal in das Heiligtum hineingegangen ... nachdem er mit seinem eigenen Blut eine ewige Erlösung bewirkt hatte" (vgl. *Hebr* 9,11-12).
Das Blut Christi ist das Zeichen des Neuen Bundes. Dieser aber ist der Bund „im Geist und in der Wahrheit", weil Christus „kraft ewigen Geistes sich selbst Gott als makelloses Opfer dargebracht hat" (*Hebr* 9,14) und damit das Opfer seines Leibes und Blutes vollendete.
Dieses Opfer bildet auch den Mittelpunkt des Weges, auf dem sich die Generationen der Menschen, gezeichnet von der Würde der Gottebenbildlichkeit und zugleich belastet vom Erbe der Sünde, dem lebendigen Gott nähern.
Die Fronleichnamsprozession ist ein Bild dieses Weges, des Zuges der Generationen der Menschen, die durch das Blut des unbefleckten Lammes erlöst sind.
Der Ewige Geist selbst führt sie auf diesem Weg. Er ist in der Welt anwesend und wirkt in der Kraft des Erlösungsopfers Christi.

4. Beim Letzten Abendmahl sagte Christus, als er die Eucharistie einsetzte: „Ich werde nicht mehr von der Frucht des Weinstocks trinken bis zu dem Tag, an dem ich von neuem davon trinke im Reich Gottes" (*Mk* 14,25).
In Christus begann für den Menschen die Zeit seiner endgültigen Bestimmung. Speise und Trank der Eucharistie dienen den Pilgern, damit sie auf dem Weg zu diesem letzten Ziel vorankommen können. Der Ewige Geist führt einen jeden und alle zusammen und läßt sie ihr Ziel erreichen, nämlich den Ewigen Bund.
Der im Leib und Blut Christi besiegelte Neue Bund ist zugleich der Ewige Bund. Ist nicht „der Kelch des Heiles, den wir erheben", als sakramentales Zeichen für das Opfer unserer Erlösung eine Ankündigung des Tages der Ewigkeit, den uns der Herr bereitet hat?
Dort wartet auf uns „der neue Kelch" des ewigen Bundes: der ewigen Eucharistie, an dem wir „von Angesicht zu Angesicht" (*1 Kor* 13,12) Anteil haben werden.

5. So mögen sich die Wege der Städte und Dörfer öffnen!
So mögen sich die Straßen des alten Roms öffnen! In euch ist der Verlauf der irdischen Geschichte des Menschen herrlich eingezeichnet.

Laßt Christus in der Eucharistie mitten unter euch vorüberziehen als Zeichen des Neuen und Ewigen Bundes! Gebt Raum dem Fürsten der Zukunft (vgl. *Jes* 9,6)! Gehen wir gemeinsam mit ihm auf dem Weg unseres Glaubens und unserer Hoffnung. Diese „Hoffnung ... läßt nicht zugrunde gehen” (*Röm* 5,5). Amen!

Die Beziehungen zwischen Katholiken und Orthodoxen in der neuen Lage Mittel- und Osteuropas

Brief an die Bischöfe des europäischen Kontinents vom 31. Mai

Geliebte Brüder im Bischofsamt!

Während sich die Arbeiten für die Vorbereitung auf die nächste außerordentliche Synode der Bischöfe für Europa intensivieren, möchte ich Euch meine Freude mitteilen über die neue Situation, die sich besonders in Mittel- und Osteuropa anbahnt, sowie meine Hoffnung bezüglich der neuen Möglichkeiten, die sich für das Leben der Kirche in diesen Ländern auftun.
Der Anklang und die weltweite positive Wirkung dieser Veränderungen, die sich in jenem Teil des „alten Kontinentes” ergeben haben, die umfassende Dimension des Bischofsamtes sowie die Gemeinschaft aller Bischöfe mit dem Nachfolger Petri drängen mich, Euch über die neue Situation und ihre Folgen einige Überlegungen mitzuteilen, die die Beziehungen zwischen den Katholiken und Orthodoxen betreffen.

Veränderungen in Mittel- Osteuropa

1. Verschiedene Völker Osteuropas haben jüngst - Gott sei Dank ohne Blutvergießen - die Menschenrechte auf die Achtung der Freiheit, die Religionsfreiheit mit eingeschlossen, wiedererlangt, die in jenen Ländern über Jahrzehnte hindurch beschränkt, mißachtet oder unterdrückt waren. Diese Veränderungen und Fortschritte sind sicherlich auch Frucht des göttlichen Einwirkens, das mit Weisheit und Langmut den Lauf der Geschichte auf ihr eschatologisches Ziel hinlenkt: „in Christus alles zu vereinen” (*Eph* 1,10).
Die Atmosphäre der Abneigung gegen die Religionsfreiheit und der offenen Verfolgung hat in der einen oder anderen Form alle Glaubenden getroffen: Katholiken, Orthodoxe, Protestanten und Angehörige anderer Religionen. Die Verfolgung erreichte ihren Höhepunkt in den Fällen, in denen, wie in der Ukraine, in Rumänien, in der Tschechoslowakei die katholischen Ortskirchen der byzantinischen Tradition durch autoritäre und listige Methoden für aufgelöst und inexistent erklärt wurden. Es sind Nötigungen, mitunter auf gewaltsame Weise, ausgeübt worden, um die Katholiken in die orthodoxen Kirchen einzuverleiben. Die neuen Gesetze über die Religionsfreiheit beabsichtigen alle Möglichkeiten für einen legitimen Ausdruck des

eigenen Glaubens mit je eigenen Strukturen und Gottesdienststätten zu gewährleisten.
So hat die neue positive Entwicklung ermöglicht, daß die katholische Kirche des lateinischen Ritus in verschiedenen Nationen neuorganisiert und das Leben der katholischen Kirche des byzantinischen Ritus in jenen Ländern, in denen sie unterdrückt war, normalisiert werden konnte. Die Geschichte ist in der Wiedergutmachung eines Aktes schwerwiegender Ungerechtigkeit begriffen. Der Herr hat mir die Gnade verliehen, Bischöfe für diese Kirchen des byzantinischen Ritus in der Westukraine und in Rumänien zu ernennen. Diese Kirchen nehmen den gewohnten Gang des öffentlichen Lebens auf, indem sie aus der Heimlichkeit heraustreten, in die sie die Verfolgung auf schmerzliche Weise verbannt hatte.
Ebenfalls habe ich verschiedenen lateinischen Diözesen Bischöfe geben können, die jahrelang unversorgt geblieben waren. Es öffnet sich die Möglichkeit eines geordneten Zuwachses des kirchlichen Lebens. Die Hirten fördern in der Tat als Lehrer des Glaubens und Diener der Versöhnung das harmonische Wachstum ihrer Kirchen und entwickeln gleichzeitig brüderliche Beziehungen zu den anderen Christgläubigen in Hinordnung auf die Wiederherstellung der vollkommenen Einheit, indem sie so die Beschlüsse des Zweiten Vatikanischen Konzils erfüllen, die auch im neuen Kodex des kanonischen Rechtes der orientalischen Kirchen bekräftigt werden: „Praesertim vero Ecclesiae Pastores debent pro ea a Domino optata Ecclesiae unitatis plenitudine orare et allaborare sollerter participando operi oecumenico Spiritus Sancti gratia suscitato" (*CCEO*, can. 902; vgl. auch *CIC*, can. 755).

Spannungen zwischen Katholiken und Orthodoxen in diesen Regionen

2. Im Verlauf dieser Entwicklung der Reorganisation der katholischen Kirche gibt es jedoch auch wegen der Wunden, die von den traurigen Erfahrungen der Vergangenheit herrühren, leider offene Probleme und Spannungen zwischen Katholiken und Orthodoxen, besonders in bezug auf das Eigentum und den Gebrauch der Gottesdienststätten, die früher den katholischen Kirchen des byzantinischen Ritus gehörten und seinerzeit von den jeweiligen Regierungen enteignet und teilweise an die orthodoxen Kirchen übereignet wurden.
Die Auseinandersetzung über die Gottesdienststätten hat ungünstige Auswirkungen auch innerhalb des theologischen Dialogs zwischen der katholischen Kirche und der orthodoxen Kirche gehabt, der jedoch seinen bereits zehn Jahre währenden Dialog in fruchtbarer Weise fortgesetzt hat.
Das gemeinsame Nachdenken über die Erfordernisse, die sich aus einer brüderlichen Gemeinsamkeit ergeben, die nach dem Willen Christi die volle kirchliche Gemeinschaft anstrebt, wird allen dienlich sein, eine der christlichen Berufung angemessene Lösung zu finden. Das Wiedergutmachen der Ungerechtigkeit der Vergangenheit wird der positiven Entwicklung der gegenseitigen Beziehungen dienen. Alle müssen davon überzeugt sein, daß auch in solchen Fällen sich eher gele-

gentlich ergebender und praktischer Streitfragen der Dialog noch das geeignetste Mittel ist, einen brüderlichen Austausch anzustreben, der zum Ziel hat, den Streit im Geiste der Gerechtigkeit und der Liebe zu beseitigen.
Die Brüder, die einst den gleichen Leiden und denselben Prüfungen ausgesetzt waren, sollten sich heute einander nicht entgegenstellen, sondern gemeinsam in die Zukunft blicken, die sich mit aussichtsreichen Zeichen der Hoffnung öffnet.

Die orientalischen Kirchen in den anderen Teilen der Welt

3. Die Frage der Beziehungen zwischen den Katholiken des orientalischen Ritus und den Orthodoxen ist jedoch nicht auf die Länder Osteuropas beschränkt, sondern sie stellt sich in verschiedenen Formen, wo immer orientalische katholische Kirchen anwesend sind.
Besonders im Mittleren Osten leben außer den Kirchen byzantinischer Tradition auch die alten Kirchen alexandrinischer, antiochenischer, armenischer und chaldäischer Tradition zusammen. Hier haben die neusten Ereignisse eine besondere Bedrohung gegenüber den im allgemeinen weniger zahlreichen katholischen Gemeinschaften offengelegt, Aufgrund der Schwierigkeiten in jenen Ländern, die oft von langen, mitunter bewaffneten Zusammenstößen gekennzeichnet sind, kommt es immer häufiger zu Auswanderungen mit wachsenden Problemen sowohl für die in der Heimat Verbleibenden als auch für die orientalischen Gemeinschaften, die sich in der Emigration bilden.
Der Geist gegenseitigen Verstehens und der Gemeinschaft, geleitet von dem Wort des Apostels Paulus, das dazu einlädt, daß „einer des anderen Last" trage (vgl. *Gal* 6,2), wird bei der Lösung der objektiven Schwierigkeiten, sei es in den Ursprungsländern, sei es in denen der Diaspora, helfen. Das ist um so notwendiger, als in diesen Regionen Katholiken und Orthodoxe häufig aus übereinstimmender kirchlicher Tradition hervorgegangen sind und über ein gemeinsames Volks- und Kulturerbe verfügen.
Die Hirten werden mit Eifer darüber wachen, damit der Dialog zur Inspirierung der Neuorganisation und des Lebens der katholischen Ortskirchen in Liebe und Wahrheit geführt werde, in Übereinstimmung mit den genauen Orientierungspunkten des Zweiten Vatikanischen Konzils.
Die im Konzil versammelten Bischöfe der katholischen Kirche haben im Dekret über die Ostkirchen erklärt, daß die katholische Kirche „die Ostkirchen mit ihren Einrichtungen und liturgischen Bräuchen, ihren Überlieferungen und ihrer christlichen Lebensordnung" hochschätzt, und den Wunsch zum Ausdruck gebracht hat, daß diese Kirchen „neu erblühen und mit frischer apostolischer Kraft die ihnen anvertraute Arbeit meistern" (*Orientalium Ecclesiarum*, Nr. 1). Zu diesem Zweck haben die Konzilsväter gewünscht, daß „auf der ganzen Welt für die Erhaltung (...) aller Teilkirchen gesorgt werden soll" (vgl. *ebd.*, Nr. 4), indem ihnen die angemessenen pastoralen Hilfsmittel zur Verfügung gestellt werden zur Erfüllung des Dienstes, den diese Kirchen im Hinblick auf die Leitung, Bildung und Heiligung ihrer

Gläubigen zu leisten haben, da die eigenen liturgischen, disziplinären und theologischen Traditionen für die einzelnen Kirchen „den Gewohnheiten ihrer Gläubigen besser entsprechen und der Sorge um das Seelenheil angemessener erscheinen" (*ebd.*, Nr. 5). Dieses Kriterium und diese pastorale Orientierung werden die Organisation der Strukturen dieser Kirchen, die theologische Ausbildung ihres Klerus und die katechetische Erziehung ihrer Gläubigen inspirieren. Hierin besteht in der Tat der authentische pastorale Dienst.

Bemühen um die Einheit der Christen

4. Dasselbe Zweite Vatikanische Konzil hat uns gelehrt, daß das Bemühen um die Einheit der Christen integrierender Bestandteil sowohl des Lebens dieser Kirchen als auch der gesamten katholischen Kirche ist, das von ihnen aufgrund des gleichen Ursprungs besonders empfunden wird: „Den mit dem Römischen Apostolischen Stuhl in Gemeinschaft stehenden Ostkirchen obliegt die besondere Aufgabe, gemäß den Grundsätzen des von diesem Heiligen Konzil erlassenen Dekretes über den Ökumenismus die Einheit aller Christen, besonders der ostkirchlichen, zu fördern. Dieser Aufgabe dienen vor allem ihre Gebete, das Beispiel ihres Lebens, die ehrfürchtige Treue gegenüber den alten ostkirchlichen Überlieferungen, eine bessere gegenseitige Kenntnis und Zusammenarbeit sowie brüderliche Wertschätzung des äußeren und inneren Lebens der anderen" (*ebd.*, Nr. 24).

Diese Bestimmung ist kürzlich vom neuen Kodex für die katholischen Ostkirchen erneut hervorgehoben worden (*CCEO*, can. 903).

In den komplexen Fragen um den Ursprung dieser Kirchen - unterschiedlich nach Zeit und Ort - jenseits kultureller Bedingtheiten und politischer Situationen war das Verlangen nach Wiederherstellung der vollen kirchlichen Gemeinschaft sicherlich vorhanden, natürlich entsprechend den Methoden und dem Empfinden der Zeit. Die in der Folge entstandenen Konflikte haben eine solche Ausrichtung nicht aufgehoben, wenn auch mitunter verdunkelt.

Der in unseren Tagen laufende Dialog zwischen der katholischen Kirche und der Gesamtheit der orthodoxen Kirchen strebt dieses Ziel mit neuen Methoden und mit unterschiedlicher Aufgabenstellung und Perspektive an, gemäß der Lehre und den Anweisungen des Zweiten Vatikanischen Konzils.

Das Dekret über den Ökumenismus hat in deutlicher Ausdrucksweise und theologischer Intensität daran erinnert, daß „durch die Feier der Eucharistie des Herrn in diesen Einzelkirchen die Kirche Gottes sich aufbaut und wächst" (vgl. *Unitatis redintegratio*, Nr. 15). Durch den Dienst dieser Kirchen haben die „Gläubigen, mit ihren Bischöfen geeint, Zutritt zu Gott dem Vater durch den Sohn, das fleischgewordene Wort, der gelitten hat und verherrlicht wurde, in der Ausgießung des Heiligen Geistes und erlangen so die Gemeinschaft mit der allerheiligsten Dreifaltigkeit, indem sie ‚der göttlichen Natur teilhaftig' geworden sind (*2 Petr* 1,4)" (vgl. *ebd.*). Mit jenen Kirchen werden deswegen Beziehungen wie zwischen Schwesterkirchen gepflegt, wie es Papst Paul VI. im Breve an den Patriarchen Athenagoras von Kon-

stantinopel zum Ausdruck gebracht hat (*Anno ineunte*, 25. Juli 1967, in: *AAS* 59[1967]852-854).
Die Einheit mit ihnen, die man anstrebt - und nach der gestrebt werden muß -, ist die volle Gemeinschaft im einen Glauben, in den Sakramenten und der Kirchenleitung (vgl. *Lumen Gentium*, Nr. 14), bei vollem Respekt der legitimen liturgischen, disziplinären und theologischen Vielfalt, wie ich im Apostolischen Schreiben *Euntes in mundum universum* anläßlich der Tausendjahrfeier der Taufe des Rus' von Kiew Gelegenheit zu erklären hatte (25. Januar 1988, Nr. 10, in: *AAS* 80[1988]949-950).

Pastorale Konsequenzen

5. Daraus erwachsen praktische und unmittelbare Konsequenzen. Deren erste ist von Papst Paul VI. - und sie besitzt auch heute noch ihre Gültigkeit - in der Ansprache ausgesprochen worden, die er in der Kathedrale des Ökumenischen Patriarchen anläßlich seines Besuches gehalten hat: „Nous voyons plus clairement ainsi que c'est aux chefs des Eglises, à leur hiérarchie, qu'il incombe de mener les Eglises sur la voie, qui conduit à la plaine communion retrouvée. Ils doivent le faire en se reconnaissant et en se respectant comme pasteurs de la partie du troupeau du Christ qui leur est confiée, en prenant soin de la cohésion et de la croissance du peuple de Dieu et en évitant tout ce qui pourrait le disperser ou mettre de la confusion en ses rangs" (25. Juli 1967, in: *AAS* 59[1967]841).
Eine zweite Konsequenz ist die Zurückweisung jeder ungebührlichen Form von Proselytismus, indem man im pastoralen Handeln absolut jeden Versuch der Gewalt und jede Form der Ausübung von Druck vermeidet. Die pastorale Tätigkeit jedenfalls wird die Gewissensfreiheit und das Recht eines jeden respektieren müssen, sich, wenn er dies wünscht, der katholischen Kirche anzuschließen. Es geht letztlich darum, das Wirken des Heiligen Geistes zu respektieren, der der Geist der Wahrheit ist (vgl. *Joh* 16,13). Das Konzilsdekret über den Ökumenismus hat dies aufgezeigt und begründet: „Es ist klar, daß die Vorbereitung und die Wiederaufnahme solcher Einzelner, die die volle katholische Gemeinschaft wünschen, ihrer Natur nach etwas von dem ökumenischen Werk Verschiedenes ist; es besteht jedoch kein Gegensatz zwischen ihnen, da beides aus dem wunderbaren Ratschluß Gottes hervorgeht" (*Unitatis redintegratio*, Nr. 4).
Die dritte Konsequenz ist, daß es offensichtlich nicht ausreicht, Fehler zu verurteilen, sondern daß es nötig ist, im positiven Sinn das gemeinsame Leben in gegenseitiger einträchtiger Achtung zu fördern. Diese Haltung wurde sicher als Grundregel vorgeschlagen und bestärkt in den Beziehungen zwischen Katholiken und Orthodoxen, wie Papst Paul VI. und Patriarch Athenagoras gemeinsam erklärt haben: „Le dialogue de la charité entre leurs Eglises doit porter des fruits de collaboration désintéressée sur le plan d'une action commune au niveau pastoral, social et intellectuel, dans un respect mutuel de la fidélité des uns et des autres a leurs propres Eglises" (28. Oktober 1967, in: *AAS* 59[1967]1055). Wie ich die Gelegenheit

hatte, in der Enzyklika *Slavorum Apostoli* hervorzuheben, wird all dies der gegenseitigen Bereicherung der zwei großen Traditionen, der östlichen und der westlichen, und auf dem Weg zur wahren Einheit dienlich sein.

Im Dienst des Ökumenismus

6. Die katholischen orientalischen Kirchen kennen und akzeptieren zuversichtlich die Lehre des Zweiten Vatikanischen Konzils über den Ökumenismus und beabsichtigen, ihren Beitrag auf der Suche nach der vollen Einheit zwischen Katholiken und Orthodoxen zu leisten. Es besteht Grund zur Freude festzustellen, daß man von dieser Tatsache auch in den bilateralen Beziehungen Kenntnis nimmt, wie dies in jüngsten Erklärungen deutlich wurde.

Von Herzen wünsche ich, daß sich, wo immer orientalische Katholiken und Orthodoxe zusammenleben, brüderliche Beziehungen herstellen lassen, die gekennzeichnet sind von gegenseitiger Achtung und der ehrlichen Suche nach einem gemeinsamen Zeugnis vom einen Herrn. Dies wird nicht nur zum Zusammenleben in den konkreten Umständen beitragen, sondern wird auch den theologischen Dialog erleichtern, der darauf ausgerichtet ist, zu überwinden, was Katholiken und Orthodoxe noch trennt. Treue Zeugen Jesu Christi zu sein, der uns befreit hat, müßte die größte Sorge unserer Zeit sein, die gekennzeichnet ist durch kulturelle, soziale und politische Veränderungen, gemeinsam und glaubwürdig die eine Frohe Botschaft vom Heil verkünden zu können, sowie Baumeister des Friedens und der Versöhnung in einer Welt zu sein, die immer mehr von Konflikten und Kriegen bedroht wird.

Indem ich diese Gefühle und Hoffnungen der Fürsprache der allerseligsten Jungfrau Theotokos, die gleichermaßen im Osten und im Westen verehrt wird, anvertraue, auf daß sie als Odigitria alle Christen auf dem Weg des Evangeliums und der vollen Einheit geleite, erteile ich Euch, geliebte Brüder im Bischofsamt, und all den Gemeinden, die Euch anvertraut sind, von Herzen meinen besonderen Apostolischen Segen.

Aus dem Vatikan, am 31. Mai 1991

Joannes Paulus PP. II

Ohne Heiligkeit ist der Mensch ein Wolf für den Menschen

Ansprache an die Kongregation der Priester des Heiligsten Herzens (Dehonianer) am 31. Mai

Liebe Brüder!

1. Ihr hattet den Wunsch, während des neunzehnten Generalkapitels eures Instituts auch den Nachfolger des Petrus treffen zu können, und so freue ich mich, euch zu

empfangen und zu begrüßen. Zuerst richte ich einen herzlichen Gruß an P. Antonio Giovanni Panteghini, der zusammen mit dem Generalrat eure Ordensfamilie in den letzten Jahren geleitet hat. Vor allem begrüße ich den neuen Generaloberen, P. Virgilio Bressanelli, und seinen Rat: ich wünsche ihnen von Herzen alles Gute für die ihnen anvertraute Mission und versichere sie eines besonderen Gebetsgedenkens. Eure Anwesenheit erinnert mich an die Liebe und Verehrung, die euer Gründer, P. Léon Dehon, immer für die Kirche und den Apostolischen Stuhl hegte.

Eure Anwesenheit erinnert mich auch an die hochherzige Tätigkeit vieler eurer Mitbrüder, die in den nun schon auf vielen Kontinenten verstreuten Häusern der Kongregation einen wichtigen Beitrag zur Verbreitung des Evangeliums mit echtem missionarischem Geist beitragen.

Ich danke dem Herrn und lobe ihn für all das Gute, das ihr vollbringt; ich danke ihm für die Entwicklung eurer Institution, die seit ihrer Gründung im fernen 1878 bis heute die Ausstrahlung ihrer religiösen Präsenz immer mehr erweitert hat. Ich bitte den Herrn, der in seiner Liebe beständig ist, euch dem besonderen apostolischen Charisma treu bleiben zu lassen, das Pater Dehon dazu bewegte, die Kongregation der Priester des Heiligsten Herzens zu gründen.

2. Abgesehen von der Wahl des neuen Generalobern und seines Rates, zielt das laufende Generalkapitel darauf ab, in unserer Zeit die „dehonianischen" Werte konkret durch ein wirksames Werk geistlicher Fortbildung zu fördern.

Eure größte Sorge ist es, eine ausgeglichene Einheit von geistlichem Leben und apostolisch-sozialem Einsatz herzustellen, im Licht eures spezifischen Charismas: „Liebe - Opfergabe - Wiedergutmachung", gerichtet an das Heiligste Herz Jesu, in Treue zur Lehre der Kirche. Da ihr jede Tätigkeit in das schweigende Hören auf Gott verwurzeln wollt, aber eure Arbeit gleichzeitig den modernen Bedürfnissen anpassen möchtet, sucht ihr nach Wegen, um euer Apostolat zu entwickeln, ohne es vom notwendigen Geist der Kontemplation zu lösen. Und ihr entwerft für eure ganze Ordensfamilie einige ideale Perspektiven, nach denen ihr euch heute und in Zukunft treu richten wollt. Natürlich bezieht ihr euch vor allem auf das „Herz" der charismatischen Intuition von Pater Dehon, d. h. auf „die übernatürliche Tiefe seiner Botschaft und auf den Mut seines sozialen Werkes".

Mit Begeisterung nahm er die Leitgedanken der Enzyklika *Rerum novarum* Leo XIII. auf und unterstrich: „Es sind Heilige nötig, um die soziale Frage zu lösen. Ohne Heiligkeit ist der Mensch ein Wolf für den Menschen."

In einem Artikel, den er in der von ihm gegründeten Zeitschrift „Das Reich des Herzens Jesu in den Seelen und in der Gesellschaft" veröffentlichte, heißt es: „Dieses Jahrhundert wird ein demokratisches Jahrhundert sein. Die Völker wollen eine große zivile, politische und öffentliche Freiheit. Die Arbeiter wollen einen gerechten Anteil am Gewinn ihrer Mühen. Doch diese Demokratie muß christlich sein, oder sie ist keine Demokratie ... Nur das Evangelium kann Gerechtigkeit und Liebe herrschen lassen. Jeder Versuch einer sozialen Reform außerhalb des Christentums verfällt in Egoismus und Machtherrschaft. Die Nationen werden zwischen der Tyrannei eines einzelnen und der einer Oligarchie hin und her schwanken ..."

3. Als Antwort auf die Herausforderungen der modernen Zeit gab P. Dehon, wie er selbst in seinem *Erinnerungs-Testament* schrieb, den Anstoß zu zwei bedeutenden Initiativen: die Priester und Gläubigen zum Herzen Jesu zu führen, um ihm einen täglichen Tribut an Anbetung und Liebe darzubieten, und ferner: zur Hebung der Volksmassen beizutragen durch die Wegbereitung für Gerechtigkeit und christliche Caritas. Dies ist ein Apostolat, das fortgesetzt, verbreitet und verstärkt werden muß.

4. Liebe Ordensmänner der Kongregation Dehons! „Festigkeit und Milde": diese apostolische Methode, die eurem Gründer eigen war, möge euch alle kennzeichnen. Vor allem heute, in einer unruhigen Gesellschaft auf der Suche nach Sicherheiten und Echtheit. Seid eurem geistlichen Vater treu! Er ist ein Meister, der gelitten und geliebt hat! Möge in jedem von euch die „bußfertige, dankbare, vertrauende und treue Liebe" wach sein, die P. Dehon dem Herzen Jesu versprach.
Mit Maria verbunden seid Apostel der Liebe Christi, indem ihr den Beispielen und den immer aktuellen Lehren eures verehrten Lehrers und Gründers folgt!
Möge euch auch mein Segen begleiten, den ich euch Kapitularen nun von ganzem Herzen erteile und den ich gerne auf die ganze Kongregation ausweite.

Der Postdienst in ein Dienst für die Menschen

Grußwort an die Generaldirektoren der Postverwaltungen verschiedener Länder der Welt vom 31. Mai

1. Ich freue mich sehr über die Gelegenheit, mit den Direktoren des Postdienstes verschiedener Länder Europas, wie auch Australiens, Neuseelands, Japans, Kanadas und der Vereinigten Staaten von Amerika zusammenzukommen, während sie in diesen Tagen nach Wegen suchen, um die Kommunikation zwischen den Kontinenten und Nationen durch Dienste zu verbessern, die ihre Einrichtungen bieten können. In einer Zeit, in der Ihre Verantwortungen zweifellos immer größer werden, möchte ich Sie der Achtung und Hochschätzung versichern, die die Kirche Ihrer Arbeit entgegenbringt.
Da Sie eine so geschichtsreiche Stadt wie Rom besuchen, können Sie nicht umhin, sich die lange Tradition der Post über viele Jahrhunderte hinweg inmitten politischer, kultureller und sozialer Veränderungen ins Gedächtnis zu rufen. Es scheint, daß eine Art von Postdienst schon im frühen Altertum im persischen Reich, in den griechischen Staaten und dann im römischen Reich, vor allem zu politischen und militärischen Zwecken, bestanden hat. In der Zeit des römischen Reiches war die Postzustellung sehr durch die von Caesar Augustus errichteten Linien erweitert worden. Dadurch gab es in der Periode Konstantins Provinzamtspersonen, deren einzige Verantwortung es war, einen geregelten Postdienst zu garantieren. Mit dem Verschwinden eines vereinten Reiches blieben die Postverbindungen im Mittelalter und in der Renaissance begrenzt und vereinzelt.

Erst in der modernen Zeit wurde eine wirkliche internationale Postorganisation gegründet: nämlich 1874 die universale Postunion in Bern. Das Ziel der Post war es, alle Mitgliedsländer von dem Zeitpunkt an als einzelnes Gebiet anzusehen, wobei jedes Mitglied den Postdienst in den Grenzen garantieren mußte, im Einvernehmen mit Bestimmungen und Gebühren, die mit denen der anderen Mitglieder übereinzustimmen hatten: Trotz Kriegen, sozialer Umstürze und radikaler Wandlungen der Gesellschaft dient die Post weiterhin dem Bedürfnis der Menschen; miteinander Kontakt zu haben, sei es in Familien und unter lieben Menschen, oder zu kulturellen, erzieherischen oder geschäftlichen Zwecken. Heute öffnen die modernen Technologien neue Möglichkeiten und schaffen neue Herausforderungen für noch größere Verbindungen zwischen allen Völkern der Welt.

2. Liebe Freunde, jeder von Ihnen nimmt eine große Vertrauensstellung in der Gesellschaft ein. Ihnen fällt die Verantwortung für das Briefgeheimnis bei Postverbindungen zu, wie auch die sichere, schnelle und zuverlässige Zustellung der großen Anzahl an Briefen, Paketen und anderen Postsendungen. Sie müssen auch für eine funktionierende Verwaltung Ihrer Leitstellen sorgen, ebenso wie für zukünftige Bedürfnisse im Hinblick auf die heutigen sozialen und technologischen Entwicklungen. Aber bei all dem ist Ihr Dienst im Endeffekt auf den Menschen ausgerichtet, der, wie ich in meiner Enzyklika *Redemptor hominis* gesagt habe, „... diese seine persönliche Geschichte durch zahllose Bindungen, Kontakte, Situationen und soziale Strukturen, die ihn mit anderen Menschen verbinden [schreibt] ... Der Mensch in der vollen Wahrheit seiner Existenz, seines persönlichen und zugleich gemeinschaftsbezogenen und sozialen Seins - im Bereich der eigenen Familie, auf der Ebene der Gesellschaft und so vieler verschiedener Umgebungen, auf dem Gebiet der eigenen Nation oder des eigenen Volkes ... schließlich auch im Bereich der gesamten Menschheit" (Nr. 14).
Indem Sie dem Menschen dienen und die Gemeinschaft zwischen Männern und Frauen durch Postverbindungen fördern, verherrlichen Sie auch Gott, den Schöpfer, der den Menschen dazu beruft, seine irdische Aufgabe im Licht einer transzendenten Bestimmung zu erfüllen. Möge dieser Gott und Vater unseres Herrn Jesus Christus Ihnen bei Ihrer Arbeit beistehen und Ihnen Licht schenken für Ihre Entscheidungen in diesen Tagen. Ihnen allen und Ihren Familien erteile ich von Herzen meinen Segen.

Eine neue Strategie der Evangelisierung entwickeln

Ansprache an die 2. Vollversammlung der Päpstlichen Kommission für Lateinamerika am 14. Juni

Meine Herren Kardinäle, liebe Brüder im Bischofsamt,
liebe Priester, Ordensleute und Laien, die ihr hier anwesend seid!

1. Gern richte ich einen herzlichen Gruß an euch alle, die ihr als Mitglieder der Römischen Kurie die lateinamerikanischen Kirchen vertretet oder dort bei den Aufgaben der Evangelisierung mitarbeitet und an dieser Tagung der Päpstlichen Kommission für Lateinamerika teilnehmt.
Dieses erneuerte Organ der Römischen Kurie wollte seine zweite Vollversammlung abhalten, weil die Feier des 5. Jahrhunderts seit Beginn der Evangelisierung der Neuen Welt nahe bevorsteht. Tatsächlich werden wir am kommenden 12. Oktober in die Schlußphase der neun Jahre eintreten, die ich in Santo Domingo zur Vorbereitung auf das wichtige und erfreuliche Ereignis eröffnet habe, um die Aufrichtung des Kreuzes Christi in jenen Ländern zu feiern: es war auf der „La Española" getauften Insel [heute Dominikanische Republik und Haiti], wo die erste hl. Messe gefeiert und das erste Ave Maria zu Ehren unserer Lieben Frau gebetet wurde.
Von diesen 500 Jahren können wir mit den Worten des Apostels sagen, daß die einen gepflanzt, die anderen begossen, „Gott aber das Wachstum geschenkt hat" (vgl. *1 Kor* 3,7). Der Same der ersten Evangelisierung ist zu einem fruchtbaren Baum geworden: heute steht die Kirche Lateinamerikas dynamisch und blühend da, und wenn wir auch nicht die „Trauer und Angst der Menschen von heute, besonders der Armen und Bedrängten aller Art" (*Gaudium et spes*, Nr. 1) vergessen, läßt uns die Zukunft doch hoffen. Dürfen wir nicht freudig hoffen bei dem Gedanken, daß am Ende dieses Jahrtausends die Katholiken Lateinamerikas mit ihren über tausend Bischöfen fast die Hälfte der ganzen Kirche ausmachen werden? Das Ganze ist freilich, liebe Brüder, eine Herausforderung an unsere unausweichliche Sendung zur Evangelisierung, der wir uns nicht entziehen dürfen.

2. Bevor ich fortfahre, möchte ich dem Präsidenten der Päpstlichen Kommission, Herrn Kardinal Bernardin Gantin, für die liebenswürdigen Worte danken, mit denen er zugleich die Punkte euerer Überlegungen in diesen Tagen dargelegt hat.
Ihr habt besonders die Perspektiven und Probleme bedacht, die die Feierlichkeiten zum 5. Jahrhundert seit Beginn der Evangelisierung in der Neuen Welt kennzeichnen, und den Sinn aufgezeigt, den dieses kirchliche Ereignis bekommen muß, auf das ich wiederholt, zumal bei meinen pastoralen Reisen in die verschiedenen Länder Lateinamerikas und nach Spanien, eingegangen bin.
Zu diesem Ereignis der Evangelisierung ich habe im Apostolischen Schreiben *Die Wege des Evangeliums* vor etwa einem Jahr einige Gedanken geäußert und bemerkt, daß „die erste Aussaat des Wortes vom Leben" auf dem lateinamerikani-

schen Kontinent „unter Licht und Schatten erfolgte, doch unter mehr Licht als Schatten, wenn wir an die bleibenden Früchte des Glaubens und des christlichen Lebens denken", die dort gereift sind (vgl. Nr. 8).

Im zitierten Dokument habe ich ferner dargelegt: „Der Rückblick auf die 500 Jahre bietet eine gute Gelegenheit für das gründliche historische Studium dieses einzigartigen Unternehmens, wobei ein ausgewogenes Urteil und eine objektive Bilanz anzustreben ist, denn sie muß aus den Verhältnissen der Zeit heraus und mit deutlichem kirchlichem Bewußtsein erarbeitet werden" (*ebd.*). Doch wir wollen uns nicht auf die historische Sicht beschränken, noch ein bloß kulturelles oder soziales Ereignis feiern. Wir sind uns vielmehr bewußt, daß wir vor historischen Tatsachen stehen, an die das Bemühen der Evangelisierung gebunden war. Die Kirche möchte die Evangelisierung feiern: daß der Glaube und die Botschaft Jesu dort angekommen und verkündet worden sind, daß die Kirche eingepflanzt wurde und sich entwickelt hat; alles herrliche und bleibende Wirklichkeiten, die wir weder leugnen noch abwerten dürfen. Wir feiern diese Ereignisse zugleich im tiefsten theologischen Sinn des Wortes, weil wir nämlich Jesus Christus, den Herrn der Geschichte feiern, „die Frohbotschaft Gottes, den allerersten und größten Künder des Evangeliums" (*Evangelii nuntiandi*, Nr. 7).

Ich hatte bereits bei der *Ansprache an CELAM* in Puerto Principe Gelegenheit, darauf hinzuweisen: „Als Lateinamerikaner werdet ihr dieses Datum mit einer ernsten Überlegung zur historischen Entwicklung des Subkontinents begehen, aber auch mit Freude und Stolz. Als Christen und Katholiken werdet ihr gerechterweise aus diesem Anlaß zurückblicken auf diese fünfhundert Jahre harter Arbeit, um das Evangelium zu verkünden und die Kirche in diesen Ländern aufzubauen. Ein Rückblick zugleich voller Dankbarkeit gegenüber Gott für die christliche und katholische Berufung Lateinamerikas und gegenüber all denen, die lebendige und aktive Werkzeuge der Evangelisierung waren. Ein Blick voller Treue gegenüber eurer Glaubensvergangenheit. Ein Blick auf die Herausforderungen der Gegenwart und auf die Bemühungen, die unternommen werden. Ein Blick schließlich auf die Zukunft, um zu sehen, wie das begonnene Werk zu konsolidieren ist" (9. März 1983, III).

Daher schickt sich die Kirche an, das 5. Jahrhundert ohne Triumphalismus zu feiern, doch in dem Bewußtsein, daß es eine erhabene Gnade des Herrn war, der so viele Millionen Männer und Frauen zum Licht des Glaubens gerufen hat, die Seinen Namen anrufen und in Ihm ihr Heil finden. Dieses kirchliche Ereignis muß zugleich Anlaß zu einem pastoralen Bedenken der Vergangenheit, Gegenwart und Zukunft Lateinamerikas sein; ein Nachdenken, das der Evangelisierung des Kontinents auf allen Ebenen, in allen Ländern und in allen Schichten der Gesellschaft neuen Antrieb gibt.

3. Die sehr positive Antwort der Kirche in Lateinamerika wird konkret in der 4. Konferenz des lateinamerikanischen Episkopates zum Ausdruck kommen, die ich hoffe am 12. Oktober 1992 in Santo Domingo feierlich eröffnen zu können. Ihr Thema wird lauten: „Neue Evangelisierung, Förderung des Menschen, christliche

Kultur. Jesus Christus gestern, heute und immer (vgl. *Hebr* 13,8)". Der Vorbereitung dieser wichtigen Konferenz habt ihr bei eurer 2. Vollversammlung ebenfalls eure Aufmerksamkeit geschenkt.
Gestalt und Sendung des Erlösers werden gewiß bei der Konferenz von Santo Domingo im Mittelpunkt stehen. Die lateinamerikanischen Bischöfe kommen dort zusammen, um Jesus Christus zu preisen: den Glauben und die Botschaft des Herrn, die auf dem ganzen Kontinent verbreitet wurden. Die Christologie wird dann derart die Grundausrichtung der Versammlung bilden, daß als ihre erste Frucht auf den Lippen und in den Herzen aller Lateinamerikaner der Name Jesu Christi, des Heilands und Erlösers erklingt. Wir lesen dazu im Apostolischen Schreiben *Evangelii nuntiandi* von Paul VI.: „Es gibt keine wirkliche Evangelisierung, wenn nicht der Name, die Lehre, das Leben, die Verheißungen, das Reich, das Geheimnis von Jesus von Nazaret, des Sohnes Gottes, verkündet werden" (Nr. 22).

4. Bei euren Sitzungen habt ihr auch ausführlich die „Neue Evangelisierung" bedacht, die das für die Konferenz von Santo Domingo festgelegte Thema zusammenfaßt, seinen Zentralgedanken bildet und alles erhellt. Bei meiner ersten Begegnung mit den Mitgliedern dieser Päpstlichen Kommission habe ich alle aufgefordert, „gründlich zu studieren, worin diese neue Evangelisierung besteht" (7. Dezember 1989, 4), und gut die lehrmäßigen Inhalte in voller Übereinstimmung mit dem Lehramt und der Überlieferung der Kirche anzugeben, dann auch ihre Ziele und pastoralen Schwerpunkte entsprechend den Bedürfnissen unserer Zeit herauszustellen, den Blick auf das dritte Jahrtausend des Christentums gerichtet.
Es geht darum, für die nächsten Jahre eine neue Strategie der Evangelisierung zu entwickeln, einen umfassenden Plan für sie, der die neuen Verhältnisse der lateinamerikanischen Völker berücksichtigt und eine Antwort auf die Herausforderungen der gegenwärtigen Stunde bildet. An erster Stelle stehen dabei die wachsende Säkularisierung, das schwere Problem des Vordringens der Sekten, sowie der Schutz des Lebens auf einem Kontinent, wo sich die zerstörerische Präsenz einer Kultur des Todes bereits bemerkbar macht.
Als integraler Teil gehört zur neuen Evangelisierung die Soziallehre der Kirche, denn wie ich in der kürzlich veröffentlichten Enzyklika *Centesimus annus* bemerkt habe, „kommt der Soziallehre die Bedeutung eines Instrumentes der Glaubensverkündigung zu: Als solches verkündet sie jedem Menschen Gott und das Heilsmysterium in Christus und enthüllt dadurch den Menschen dem Menschen selbst" (vgl. Nr. 54). Auch deswegen schien es mir angebracht, als zweites Element für das Thema der 4. Vollversammlung des lateinamerikanischen Episkopates die „Förderung des Menschen" einzufügen und dabei die Welt der Armen und der am meisten Notleidenden vor Augen zu haben: die Eingeborenen, die Afroamerikaner, die Randgruppen der Großstädte sowie die Volksgruppen, die sich über die abgelegenen Gebiete des unermeßlichen Kontinents verbreitet haben.
Endlich muß das Problem der Evangelisierung „der Kultur und der Kulturen des Menschen im vollen und umfassenden Sinn, den diese Begriffe in *Gaudium et spes* haben", gebührend berücksichtigt werden, „wobei man immer von der Person aus-

geht und dann stets zu den Beziehungen der Personen untereinander und mit Gott fortschreitet" (*Evangelii nuntiandi*, Nr. 20). Diese Evangelisierung gilt es „nicht nur dekorativ wie durch einen oberflächlichen Anstrich, sondern mit vitaler Kraft in der Tiefe und bis zu ihren Wurzeln" durchzuführen (*ebd.*). Es geht um den Schutz, die Förderung und Festigung einer „christlichen Kultur", die sich also auf Christus und seine Botschaft bezieht und von ihr anregen läßt.
Das wäre das dritte Element des Themas der kommenden Konferenz von Santo Domingo: die Inkulturation des Evangeliums, auf die ich mich in der Enzyklika *Redemptoris missio* (vgl. Nrn. 52-54) bezogen habe mit den Worten: „Bei ihrer Mission unter den Völkern trifft die Kirche auf verschiedene Kulturen und wird in den Prozeß der Inkulturation eingebunden. Diese hat als Erfordernis den gesamten geschichtlichen Weg der Kirche geprägt, ist aber heute besonders wichtig und dringlich" (Nr. 52).

5. Bevor ich schließe, möchte ich allen Anwesenden danken; zugleich möchte ich die Vertreter der bischöflichen Hilfsorgane für die Kirche Lateinamerikas und der anderen Einrichtungen, die ihre Dienste anbieten oder in diesen Kirchen mitarbeiten, bitten, ihre lobenswerte Aufgabe weiterzuführen. Angesichts der 500-Jahrfeier sollte diese Zusammenarbeit noch bewußter und intensiver werden, aber immer auf kirchliche oder soziale Ziele konzentriert bleiben und in Übereinstimmung mit den Weisungen der Hirten durchgeführt werden.
Ich bitte den Herrn, er möge so große Bemühungen um die neue Evangelisierung des lateinamerikanischen Kontinents segnen. Die allerseligste Jungfrau aber, die erste Verkünderin des Glaubens in Amerika, bitte ich, sie möge für alle der Stern bleiben, der uns auf dem Weg in die sich nahenden neuen Zeiten führt, Zeiten, die die Kirche evangelisieren muß voll Glauben und Hoffnung auf ihren Herrn Jesus Christus: zum Lob seiner Herrlichkeit: „in laudem gloriae eius"! (*Eph* 1,12).
Allen erteile ich von Herzen meinen Apostolischen Segen.

Authentischer Vermittler meiner missionarischen Sorge

Ansprache beim Besuch des Sendezentrums Santa Maria di Galeria anläßlich des 60jährigen Bestehens von Radio Vatikan am 15. Juni

Liebe Brüder und Schwestern!

1. Herzlich grüße ich euch alle, die ihr am heutigen Besuch des Papstes im Sendezentrum Santa Maria di Galeria aus Anlaß der 60jährigen Tätigkeit von Radio Vatikan teilnehmt. Ich freue mich, daß ich hier heute neben einigen Mitgliedern der Dikasterien des Heiligen Stuhles alle jene treffen kann, die in unterschiedlicher Weise ihre Fachkenntnis und ihre wertvolle Mitarbeit für das gute Funktionieren dieses Zentrums zur Verfügung stellen. Ich grüße vor allem den Generealdirektor von Radio Vatikan, P. Pasquale Borgomeo, dem ich zugleich von Herzen für den Ausdruck der Gefühle danke, die er soeben in seinen Grußworten dargelegt hat. Ich

grüße ferner und danke den Patres der Gesellschaft Jesu, deren intelligenter und eifriger Mitarbeit Radio Vatikan so viel verdankt. Gern bekräftige ich ihnen bei dieser Gelegenheit das Vertrauen, das mein Vorgänger Pius XI. ehrwürdigen Andenkens der Gesellschaft Jesu entgegenbrachte, als er ihnen das „Radio des Papstes" anvertraut hat.
Ich grüße ferner das Personal, das hier arbeitet, sowie die Vertreter der Abteilungen, die sich mit den verschiedenen technisch-organisatorischen Aspekten dieses Senders beschäftigen. Schließlich denke ich auch an alle die, welche in vielen Teilen der Welt über die Wellen von Radio Vatikan mit uns verbunden sind.

2. Gern rufe ich heute die feierlichen Worte der *ersten Radiobotschaft* von Papst Pius XI. in Erinnerung, die am 12. Februar 1931 ausgestrahlt wurde: „Audite caeli ... audiat terra ... hört alle Bewohner der Erde" (vgl. *AAS* XXIII,3, 5.3.1931, S. 65). Hört alle! Von da an ist der Aufruf zum Hören ohne Unterlaß in den Ohren der einzelnen Menschen und der Völker erklungen und hat allen die lebendige Stimme des Papstes und der Kirche vernehmbar gemacht. Wie sollte ich heute nicht mit meinem Vorgänger die Dankesworte mit den Worten der Engel von Betlehem wiederholen: „Gloria in altissimis Deo et in terra pax hominibus bonae voluntatis"?
Ehre sei Gott, der den Menschen von heute eine so wunderbare Macht gegeben hat!
Ehre sei Gott, dessen Botschafter wir sind, mit der Verkündigung des Friedens beauftragt!
Ehre sei Gott, der uns zur Teilnahme an seinem eigenen Leben einlädt und im Blut seines Sohnes die Völker aller Zungen und aller Kontinente reinmacht!
Die Entwicklung der immer mächtiger werdenden Medien der Kommunikation läßt uns immer neu staunen und bangend hoffen, können sie doch die Entfernungen in Raum und Zeit in so überraschender Weise verkürzen. Himmel und Erde, Tag und Nacht, Menschen und Dinge sind zu einem einzigen Hören und Lobpreis aufgerufen. Ein neues Zeichen jener Gemeinschaft im Sein, die die gesamte Schöpfung und die ganze Geschichte umfaßt.

3. In diesen sechzig Jahren hat Radio Vatikan - auch als Ausdruck der Souveränität und Unabhängigkeit des Hl. Stuhles entstanden - in verschiedenen Sprachen der Erde die freie Stimme der Päpste und der Kirche, die der Verkündigung des Evangeliums und dem Schutz der Völker und der Menschenrechte dient, immer vernehmbarer gemacht.
Von den ersten Schritten am historischen Sitz auf dem Vatikanhügel bis zum Entstehen dieses Zentrums Santa Maria di Galeria - das auch meine Vorgänger Pius XII., Johannes XXIII. und Paul VI. mit wachem Interesse besucht haben - war es ein langer Weg des Wachsens und Reifens. Unter der weitblickenden Leitung der Patres der Gesellschaft Jesu vermochte das Radio des Papstes in der Sprache des einfachen täglichen Glaubens zu den Herzen vieler Menschen zu sprechen und christlichen Trost und christliche Weisheit zu vermitteln. Zugleich hat Radio Vatikan die kulturellen und sozialen Entwicklungen begleitet und aus der Sicht des Glaubens eine ausgewogene Bewertung angeboten.

Wir danken heute dem Herrn für all das und wiederholen gemeinsam das „Laudate Dominum, omnes gentes" (*Ps* 116,1), mit dem sich Johannes XXIII. kurz nach Beginn des Konzils zum erstenmal an die Gläubigen Australiens und Neuseelands wandte, mit neuen Programmen „die Schwelle ihrer Häuser" überschritt und alle mit „väterlicher Liebe" umfing (vgl. *Discorsi, Messaggi, Colloqui del Santo Padre Giovanni XXIII.*, V., S. 15).

4. Heute wird es angesichts der neuen Aufgaben der Gegenwart notwendig, daß alle Mitarbeiter des Vatikansenders sich zusammen mit ihrem unverzichtbaren Können und ihrer Fachkenntnis auch um eine Vertiefung ihrer christlichen Überzeugungen bemühen. Der Glaube an den auferstandenen Christus, der „uns zur Freiheit befreit hat" (vgl. *Gal* 5,1), muß uns zum Einsatz der Medien der sozialen Kommunikation drängen, um in immer weiteren Kreisen die Frohbotschaft zu verbreiten und sie klar und einprägsam zu übersetzen, so daß sie im Leben eines jeden Aufnahme finden und Frucht bringen kann. Soll dieses Ziel wirksam erreicht werden, muß Radio Vatikan, neben den Informationen über das Leben der Kirche in der ganzen Welt, noch intensiver spezifische Programme ausarbeiten, die eine angemessene Katechese und Erläuterungen der Konzilsdokumente wie auch des päpstlichen Lehramtes und der Lehre der Kirchenväter bieten. In diesem Geist werden auch Kurse der Exegese, der Theologie und der Kirchengeschichte entsprechenden Raum finden können.
Ferner vermag der kulturelle Reichtum, den Mitarbeiter aus verschiedenen Nationen der Erde einbringen, sicherzustellen, daß die Verbreitung des Glaubens in der ganzen Welt in einem immer tieferen Gespräch mit den unterschiedlichen Kulturen stattfindet, deren positive Aspekte herausgearbeitet und zugleich ihr Voranschreiten auf neue und umfassendere Synthesen hin anregt.

5. Gegen Ende des zweiten Jahrtausends steht unser Geist vor neuen Hoffnungen und Aufgaben. Der Sender des Hl. Stuhles hat dem spezifischen Ziel von Radio Vatikan - Glaubensverkündigung durch die radiophonische Verbreitung der christlichen Botschaft - in all diesen Jahren in lobenswerter Weise gedient. Die Gegenwart stellt noch größere Anforderungen. So ist Radio Vatikan der authentische Vermittler jener missionarischen Sorge, die mich seit Beginn meines Pontifikates bis an die äußersten Grenzen der Erde hat reisen lassen. Das Radio begünstigt die Entwicklung und Reifung der Früchte von Wahrheit und Güte, von Erneuerung und Hingabe, die sich in den einzelnen Ortskirchen und in den verschiedenen Ländern anläßlich der Begegnung mit dem Nachfolger des Petrus zeigen. Wenn der Vatikansender in dieser Weise zum Pilger mit dem pilgernden Papst wird, ist er ein Werkzeug des Petrusdienstes: mit bescheidenen Mitteln, aber in einem wirklich wesentlichen Stil wird er zur lebendigen Erinnerung und zur Triebkraft für den Samen, der bei jeder Begegnung des Papstes mit dem christlichen Volk ausgestreut wird.
Euch allen hier Anwesenden und euren Lieben, wie auch all jenen, die uns am Radio folgen, besonders den Einsamen oder Kranken, erteile ich von Herzen meinen Segen.

Organverpflanzung erfordert Respekt vor der Würde des Menschen

Ansprache an den 1. Internationalen Kongreß der Gesellschaft für Organverpflanzung am 20. Juni

Liebe Freunde!

1. Da der Erste Internationale Kongreß der Gesellschaft für Organverpflanzung hier in Rom stattfindet, habe ich die Möglichkeit, Sie willkommen zu heißen und zu ermutigen, das Ziel weiterzuverfolgen, das das Thema Ihres Kongresses zum Ausdruck bringt: „Weltweite Zusammenarbeit bei der Organverpflanzung." Ich danke Herrn Professor Raffaello Cortesini für seine freundlichen Worte der Vorstellung und spreche meine besten Wünsche für den Erfolg der laufenden Arbeit aus.
Unter den zahlreichen bedeutsamen Errungenschaften der modernen Medizin haben die Fortschritte auf den Gebieten der Immunologie und der chirurgischen Technologie die therapeutische Anwendung von Organ- und Gewebetransplantationen möglich gemacht. Es ist sicher ein Grund zur Zufriedenheit, daß viele Kranke, die bisher nur den Tod oder im besten Fall eine schmerzerfüllte und von Behinderung gekennzeichnete Existenz erwarten konnten, jetzt dank der Einpflanzung eines gesunden, gespendeten Organs anstelle des erkrankten mehr oder weniger ganz gesund werden können. Wir sollten uns darüber freuen, daß die Medizin in ihrem Dienst am Leben mit der Organverpflanzung eine neue Art und Weise gefunden hat, durch die Erhaltung der Person, dieses fundamentalen Gutes, der Menschheitsfamilie dienlich zu sein.

2. Diese großartige Entwicklung bringt freilich auch Schattenseiten mit sich. Viel bleibt durch Forschung und klinische Erfahrung noch zu lernen, und viele Fragen ethischer, rechtlicher und sozialer Art müssen noch gründlicher und umfassender untersucht werden. Es liegen sogar beschämende Mißbräuche vor, die entschiedene Maßnahmen seitens der Ärztevereinigungen, der Gesellschaften der Organspender und insbesondere seitens der gesetzgebenden Körperschaften erfordern. Trotz all dieser Schwierigkeiten jedoch können wir die Worte eines Kirchenlehrers aus dem vierten Jahrhundert, des hl. Basilius des Großen, in Erinnerung rufen: „Was die Medizin betrifft, so wäre es unrecht, ein Geschenk Gottes [d. h. die medizinische Wissenschaft] nur deshalb abzulehnen, weil es von manchen mißbraucht wird ... Wir sollten statt dessen an den Tag bringen, was sie veruntreut haben" (*Große Regeln*, 55,3, vgl. *Migne PG* 31,1048).
Mit dem Aufkommen der Organverpflanzungen, die mit Bluttransfusionen begannen, war dem Menschen die Möglichkeit geschenkt, etwas von sich selbst, von seinem Blut und seinem Körper zu spenden, um anderen das Leben zu erhalten. Dank der Wissenschaft, des beruflichen Könnens und der Einsatzbereitschaft der Ärzte und ihrer medizinischen Mitarbeiter - deren Wirken unauffälliger, aber für das Gelingen komplizierter chirurgischer Eingriffe nicht weniger unerläßlich ist - ließen

sich neue und großartige Herausforderungen verzeichnen. Wir sind aufgerufen, unseren Nächsten auf neue Arten zu lieben, in der Sprache des Evangeliums „bis zur Vollendung" (*Joh* 13,1) zu lieben, jedoch innerhalb gewisser Grenzen, die, von der menschlichen Natur selbst festgelegt, nicht überschritten werden können.

3. In erster Linie ist diese Form der Behandlung untrennbar an das Spenden von seiten eines Menschen gebunden. Tatsächlich setzt ja die Organverpflanzung eine vorhergehende, ausdrückliche, freie und bewußte Entscheidung des Spenders oder seiner berechtigten Vertreter - für gewöhnlich der nächsten Verwandten - voraus, die Entscheidung, unentgeltlich einen Teil des eigenen Körpers für die Genesung und das Wohlbefinden eines anderen zur Verfügung zu stellen. In diesem Sinn macht der medizinische Eingriff der Organverpflanzung den Akt der Selbsthingabe des Spenders möglich, dieses aufrichtige Geschenk seiner selbst, Ausdruck der uns innewohnenden Berufung zu Liebe und Selbstmitteilung.
Liebe, Selbstmitteilung, Solidarität und absoluter Respekt für die Würde des Menschen sind der einzige gerechtfertigte Rahmen für die Organverpflanzung. Es ist wesentlich, die ethischen und spirituellen Werte nicht zu ignorieren, die mit im Spiel sind, wenn jemand unter Beobachtung der ethischen Normen, welche die Würde des Menschen gewährleisten und vervollkommnen, frei und bewußt entscheidet, einen Teil seiner selbst, seines eigenen Körpers zu spenden, um das Leben eines anderen Menschen zu retten.

4. Der menschliche Körper ist ja immer ein persönlicher Körper, der Körper einer Person. Er darf nicht als rein physisches oder biologisches Gebilde behandelt werden, und auch seine Organe und Gewebe dürfen nie als Handels- und Austauschware benutzt werden. Eine solche abwertende, materialistische Auffassung würde eine rein instrumentale Verwendung des Körpers und somit der Person zur Folge haben. In diesem Fall wäre die Verpflanzung von Organen und Geweben nicht mehr ein Akt des Spendens, sondern der Enteignung oder Ausplünderung des Körpers.
Darüber hinaus kann ein Mensch nur das zur Verfügung stellen, was er selbst ohne ernste Gefahr oder Schädigung seines Lebens oder seiner persönlichen Identität entbehren kann, und auch nur dann, wenn berechtigte und ernste Gründe vorliegen. Lebenswichtige Organe können selbstverständlich erst nach dem Tod gespendet werden. Schon zu Lebzeiten einen Teil seines Körpers für den Todesfall zur Verfügung zu stellen, ist jedoch in vielen Fällen ein Akt großer Liebe, der Liebe, die anderen Leben schenkt. So machte es der Fortschritt der biomedizinischen Wissenschaft den Menschen möglich, ihre Berufung zur Liebe auch über den Tod hinaus wirksam werden zu lassen. Analog zum Ostergeheimnis Christi wird gewissermaßen der Tod durch den Tod überwunden und das Leben wiederhergestellt.
Um es mit den Worten des II. Vatikanischen Konzils zu sagen: Nur das Geheimnis des menschgewordenen Wortes wirft Licht auf das Geheimnis des Menschen (vgl. *Gaudium et spes*, Nr. 22; *Redemptor Hominis*, Nr. 8). Der Tod und die Auferstehung des Herrn sind der höchste Akt der Liebe. Er gibt der Spendung eines Organs

zur Rettung eines anderen Menschen einen tiefen Sinn. Für Christen ist das Opfer, mit dem Jesus sich selbst hingibt, der eigentliche Bezugspunkt. Er inspiriert zu der Liebe, die dem Entschluß zur Spendung eines Organs - der Kundgabe hochherziger Solidarität - zugrundeliegt.
In einer Gesellschaft, die übertrieben utilitaristisch und für selbstloses Schenken weniger empfindsam ist, stellt das ein beredtes Zeugnis dar.

5. Dazu wäre noch viel zu sagen, einschließlich einer Erwägung über die Ärzte und ihre Helfer, welche diese hervorragende Form menschlicher Solidarität möglich machen. Eine Organverpflanzung und selbst eine einfache Bluttransfusion ist nicht wie andere Operationen. Sie darf nicht vom Akt der Selbsthingabe des Spenders, von der Liebe, die Leben schenkt, getrennt werden. Der Arzt sollte des besonderen Edelmuts dieses Werkes stets eingedenk sein; er wird zum Mittler für etwas ganz besonders Bedeutsames: das Geschenk seiner selbst, das jemand - sei es auch nach dem Tod - einem anderen gemacht hat, damit er leben könne. Selbst die Schwierigkeit der Operation, die notwendige Eile und die nötige Konzentration auf seine Aufgabe sollten den Arzt nie das Geheimnis der Liebe vergessen lassen, das seinem Tun zugrunde liegt.
Auch sollten die Empfänger von Organen nie vergessen, daß sie von jemand anderem eine einzigartige Gabe empfangen: das Geschenk seiner selbst, das ihnen der Spender macht, ein Geschenk, das sicher als echte Form menschlicher und christlicher Solidarität betrachtet werden muß. Beim Herannahen des dritten Jahrtausends, in einer historisch vielversprechenden Zeit, in der jedoch Bedrohungen gegen das Leben, wie bei Abtreibung und Euthanasie, immer mächtiger und tödlicher werden, bedarf die Gesellschaft dieser konkreten Gesten der Solidarität und der Liebe, die sich selbst verschenkt.

6. Laßt uns zum Abschluß der Worte Christi gedenken, von denen der Evangelist und Arzt Lukas berichtet: „Gebt, dann wird auch euch gegeben werden. In reichem, vollem, gehäuftem, überfließendem Maß wird man euch beschenken" (*Lk* 6,38). Wir werden unseren höchsten Lohn von Gott empfangen, der echten und wirksamen Liebe entsprechend, die wir dem Nächsten erwiesen haben.
Möge der Herr des Himmels und der Erde Sie in Ihren Bemühungen unterstützen, das Leben zu verteidigen und ihm dank der großartigen Möglichkeiten zu dienen, die Ihnen die medizinische Wissenschaft zur Verfügung stellt. Möge er Sie segnen und Ihnen und Ihren Lieben Frieden und Freude schenken.

Die eigene Identität vertiefen

Grußwort an die Vertreter der Unterkommission des Ökumenischen Rates der Kirchen für den Dialog am 21. Juni

Liebe Freunde!

Sehr gerne heiße ich Sie als die führenden Mitglieder der Dialog-Subkommission des Weltrates der Kirchen zum Abschluß Ihrer jährlichen Begegnung mit dem Päpstlichen Rat für den Interreligiösen Dialog willkommen. Sie haben gemeinsam über die Verhandlungen der 7. Vollversammlung des Weltrates der Kirchen dieses Frühjahr in Canberra, aber auch über die Probleme nachgedacht, die der Golfkrieg für die Völker des Mittleren Ostens und anderswo geschaffen hat. Ich bin zuversichtlich, daß die Diskussionen zur Förderung der gegenseitigen Achtung und Zusammenarbeit beitragen, wie sie von allen Gläubigen für die Wahrung der religiösen Werte, für die Förderung der integralen Entwicklung der menschlichen Person und für den Aufbau einer mehr gerechten und brüderlichen Gesellschaft zum Wohl der ganzen Menschheitsfamilie gefordert sind.

Durch Dialog ist die katholische Kirche dahin gelangt, mehr und mehr anzuerkennen, daß andere Religionen eine positive Herausforderung für ihr eigenes Leben und ihre Sendung bilden können: „Sie regen sie sowohl dazu an, die Zeichen der Gegenwart Christi und des Wirkens des Geistes zu entdecken und anzuerkennen, als auch dazu, die eigene Identität zu vertiefen und die Gesamtheit der Offenbarung zu bezeugen, deren Wahrerin sie zum Wohl aller ist" (*Redemptoris missio*, Nr. 56). Durch Dialog „beabsichtigt die Kirche, die ‚Saatkörner des Wortes' und die ‚Strahlen der Wahrheit', die alle Menschen erleuchtet, zu entdecken" (*ebd.*). Der Dialog mit den überlieferten Religionen vereint uns in heiliger Ehrfurcht vor dem göttlichen Geheimnis, das die menschlichen Geschicke leitet. Er vereint uns in dem Bewußtsein von der Natur, die ein Geschenk des Schöpfers an die Menschheit ist. Der Dialog mit den großen religiösen Überlieferungen Asiens erinnert uns neu an die universale Bedeutung der Selbstbeherrschung, des Schweigens und der Kontemplation bei der Entfaltung der menschlichen Person und der Öffnung der Herzen für Gott und den Nächsten. Der Dialog unter Christen, Muslimen und Juden erinnert uns an das gemeinsame Erbe des Glaubens an den einen Gott, der uns erschaffen hat, uns seinen Willen kundgibt und uns beruft, mit ihm in der Ewigkeit glücklich zu sein.

Zumal nach dem Golfkrieg ist es besonders wichtig, daß alle Anhänger der drei Religionen, die ihre historischen Wurzeln im Mittleren Osten haben, nach Überwindung der Mißverständnisse durch echten Dialog in einer Atmosphäre religiöser Freiheit, gegründet auf gegenseitiger Achtung, streben. Ich bin voll überzeugt davon, daß dies für einen gerechten und dauerhaften Frieden in der ganzen Region wesentlich ist, die so lange durch Gewaltanwendung und Zwietracht geplagt war. Nur durch interreligiösen Dialog kann die einflußreiche Funktion des religiösen

Glaubens in den Dienst des Friedens gestellt werden, durch Beseitigung von Vorurteilen und Intoleranz, zur Ehre Gottes, an dessen Einzigkeit wir alle glauben.
Liebe Freunde, Sie wissen aus erster Hand, daß Dialog Gelehrigkeit gegenüber dem Geist sowie Aufgeschlossenheit ebenso wie Demut, Offenheit und Ehrfurcht vor der Wahrheit erfordert. Ich bete innig darum, daß diese Gaben des Herzens und des Geistes Ihnen überreich zuteil werden bei Ihrer Arbeit für die Förderung neuer und immer fruchtbarerer Schritte auf dem Weg des religiösen Verständnisses und der Zusammenarbeit. Auf Sie alle und auf Ihre Lieben rufe ich von Herzen die göttlichen Gaben der Gnade und des Friedens herab.

Einheit der Christen hat eine Vorrangstellung

Grußwort an die Mitglieder des ständigen Komitees der Kommission „Glaube und Kirchenverfassung" des Ökumenischen Weltrats der Kirche am 24. Juni

Liebe Freunde!

Ich freue mich, daß Ihre Anwesenheit in Rom mir Gelegenheit gibt, Sie im Vatikan willkommen zu heißen und die Mitglieder und Gäste der ständigen Kommission „Glaube und Kirchenverfassung", angeführt von ihrer Moderatorin, Dr. Mary Tanner, und dem Direktor, Dr. Gunther Gassmann, zu begrüßen. Herzlich begrüße ich auch den neuen Moderator des Zentralkomitees des Weltrats der Kirchen, Erzbischof Aram Keshishian.
Die Bewegung „Glaube und Kirchenverfassung" war ein bedeutender Faktor bei der Bildung des Weltrates der Kirchen, und als eine Kommission im Rat hat „Glaube und Kirchenverfassung" weiterhin eine lebenswichtige Rolle in der ökumenischen Bewegung gespielt. Es war ihr besonderer Beitrag, der geteilten Christenheit das Ziel vor Augen zu halten, in dem einen apostolischen Glauben nach sichtbarer Einheit zu suchen, einer Einheit, die in der eucharistischen Kommunion ihren höchsten kirchlichen Ausdruck finden wird. Nach der katholischen Sicht des Ökumenismus muß die Aufgabe, mit Gottes Hilfe die volle sichtbare Einheit der Christen zu erreichen, immer eine Vorrangstellung einnehmen. Eine nur teilweise Verbundenheit unter den Christen, die noch keine volle Gemeinschaft im Glauben, in den Sakramenten des Glaubens und in der Kirchenverfassung darstellt, ist durchaus nicht genug; zum mindesten darum nicht, weil Uneinigkeit weiterhin der Sendung, die Christus seinen Jüngern anvertraut hat, Hindernisse in den Weg legt.
Wir alle sind uns lebhaft bewußt, daß die Welt eine Zeit radikaler Umwandlungen durchmacht, voll großer Möglichkeiten für die Menschheitsfamilie, aber auch voll ungeheurer Schwierigkeiten und Gefahren. Überall suchen die Menschen nach Werten, auf denen sie ihre Gesellschaft und ihr Leben aufbauen können. Sie müssen die Botschaft von der rettenden Gnade Gottes hören, wie sie „im Namen Jesu Christi, des Nazoräers" (*Apg* 3,6) ausgesprochen wurde. Sie müssen „das Wort von der Versöhnung" hören, das uns im Evangelium anvertraut wurde (*2 Kor* 5,19).

Aber die Bemühungen der Christen, für den Herrn Zeugnis zu geben, werden oft durch unsere Spaltungen verdunkelt.
Wir dürfen die Hoffnung nicht verlieren. Die Schwierigkeiten auf dem Weg der ökumenischen Verständigung dürfen uns nicht entmutigen. Sie sollten uns vielmehr dazu zwingen, daß wir uns selbst und unsere kirchlichen Gemeinschaften mit neuer Kraft für die Aufgabe einsetzen, die in Reichweite liegt, denn der Herr selbst ist es, der uns drängt, nach der Einheit zu suchen, um die er gebetet hat, damit die Welt glaube (vgl. *Joh* 17,21). Diese Einheit kreist in gewisser Weise um das Einvernehmen über das Wesen der Kirche und ihre Sendung. Auch hier kann „Glaube und Kirchenverfassung" weiterhin eine bedeutende Rolle spielen durch die Förderung theologischer Studien, die den Weg zu größerer Übereinstimmung im apostolischen Glauben erhellen.
Ich hoffe und bete, daß Ihre Bemühungen, vor allem auf dem Gebiet der Ekklesiologie und in der Vorbereitung der nächsten Weltkonferenz über „Glaube und Kirchenverfassung", die 1993 stattfindet, Interesse und Anteilnahme hinsichtlich der theologischen Aspekte des Dialogs zwischen den getrennten Christen stärken mögen. Gott segne Sie und Ihre Lieben!

Das Heilige Land - Zentrum des Heils

Ansprache an die Mitglieder der „Vereinigten Hilfswerke für die Orientalischen Kirchen" (R.O.A.C.O.) am 27. Juni

Verehrte Mitbrüder im Bischofs- und Priesteramt,
liebe Mitglieder und Freunde der „Vereinigten Hilfswerke für die Orientalischen Kirchen"!

1. Ich heiße euch von Herzen willkommen und danke dem Sekretär der Kongregation für die Orientalischen Kirchen und Vizepräsidenten eurer „Vereinigten Hilfswerke für die Orientalischen Kirchen" (R.O.A.C.O.), Erzbischof Miroslav Marusyn, wärmstens für seine Worte, die er eben in euer aller Namen und besonders im Auftrag von Kardinal D. Simon Lourdusamy zum Ausdruck brachte, dem ich eine baldige Genesung wünsche und den ich meines ständigen Gebetsgedenkens versichere.
Eure Anwesenheit ist für mich Anlaß zur Ermutigung, weil sich die Halbjahresversammlung der R.O.A.C.O. und eure Tätigkeiten im allgemeinen seit über zwanzig Jahren stets auf die Vertiefung und die Verbreitung christlicher Nächstenliebe und menschlicher Solidarität konzentriert haben. Dafür danke ich ganz besonders jedem und jeder von euch, wie auch denjenigen, die durch euch vertreten werden.

2. Im hundertsten Jahr seit der Veröffentlichung der Enzyklika *Rerum novarum* und nach der kürzlich erfolgten Veröffentlichung von *Centesimus annus* halte ich es für angebracht, eure Aufmerksamkeit auf einige Gedanken zu lenken, deren Botschafter ihr werden sollt. Bekanntlich hat die Kirche, vor allem in den letzten Jahrzehnten,

die Entwicklung der sozialen Fragen aus nächster Nähe verfolgt, um mit ihrer Soziallehre eine sichere Orientierung für die Lösung vieler die Menschheit plagenden Probleme zu geben.
Gegenstand der kirchlichen Soziallehre ist der Mensch in den komplexen Verflechtungen der sozialen Beziehungen; aber die letzte Sinnbestimmung des Menschen kommt aus dem von Gott offenbarten Glauben. Denn, wie Paul VI. sagte, „um den Menschen, den wahren Menschen, zu kennen, muß man Gott kennen". Oder, wie die heilige Katharina von Siena zu beten pflegte: „In deinem Wesen, ewige Gottheit, werde ich mein eigenes Wesen erkennen" (vgl. *AAS* 58[1966]).
Die Soziallehre der Kirche gehört daher in den Bereich der Theologie, besonders in den der Moraltheologie, die die wahre Freiheit und das vollkommene Wohl der Menschen anstrebt. Viele Versuche, die Probleme des menschlichen Zusammenlebens zu lösen, gereichen dem Menschen zum Schaden, besonders dann, wenn sie seine Unabhängigkeit von jedem göttlichen Gebot voraussetzen. Gerade deshalb muß die Kirche mit verstärktem Einsatz dem Menschen die Heilsbotschaft Gottes verkünden, seine Würde hervorheben und ihn auf dem Weg der Gebote der Liebe zu Gott und dem Nächsten führen.

3. In meinem eifrigen Bemühen und meiner Sorge um alle Kirchen (vgl. *2 Kor* 11,28), fordere ich euch auf, zusammen mit mir und den verehrten katholischen Patriarchen des Libanon, den Herrn um seine ganz besondere Hilfe für die kommende Sondersitzung der Bischofssynode für den Libanon zu bitten. Diese Versammlung, die ich vor zwei Wochen angekündigt hatte, ist für die Kirche im Libanon von großer Wichtigkeit; daher müssen sich alle mit einbezogen und als Teilnehmer fühlen, damit sie einen positiven Ausgang nehme.
Verharrt gemeinsam mit mir im Gebet (vgl. *Röm* 15,30), damit diese Initiative die Synodenväter, die Priester, die Ordensmänner, Ordensfrauen und libanesischen Laien zur Wiederentdeckung ihrer Gemeinschaften führen und auch die Brüder anderer Religionen dazu bringen möge, diese Bemühung anzuerkennen, die eine mehr brüderliche und solidarische Gesellschaft für den gemeinsamen Wiederaufbau des Landes anstrebt.

4. Schließlich möchte ich noch meine Hoffnung andeuten, daß die Umstände es mir eines Tages erlauben mögen, mich als Pilger nach Jerusalem, in die heilige Stadt, zu begeben, um dort mit den jüdischen, christlichen und muslimischen Gläubigen um einen wahren und dauerhaften Frieden zu beten.
Möge der Herr das Heilige Land segnen, das Zentrum der Geschichte und der Geographie des Heils und das geistliche Erbe jedes Christen, aber auch das ideale Zentrum, das alle eure karitativen und sozial-pastoralen Tätigkeiten eint. Hört nicht auf, euch für jene gesegnete Erde einzusetzen, wo die Liebe Gottes Menschengestalt annahm und unter den Menschen wohnte!
Möge euch Maria, die Theotókos, bei eurer edlen Aufgabe helfen, und mögen euch alle Heiligen durch ihre Fürsprache zur Seite stehen. Euch allen erteile ich meinen Segen.

Die universale Kirche lieben und ihr dienen

Grußwort an die Delegation des Verbandes katholischer Journalisten Belgiens am 27. Juni

Herr Präsident,
meine Damen und Herren!

Ich möchte vor allem Herrn Gleissner, dem neuen Präsidenten des Verbandes der katholischen Journalisten Belgiens, für die liebenswürdigen Worte danken, in denen er euer aller Verbundenheit mit dem Papst zum Ausdruck brachte, und ich wünsche ihm alles Gute für eine glückliche Verwaltung des ihm anvertrauten Amtes.

Wenn ich euch heute morgen mit Freuden empfange, so scheint mir die Bemerkung angebracht, daß die Ortskirchen entsprechend dem Land, in dem sie verwurzelt sind, jeweils ihre besondere Art haben, die universale Kirche zu lieben und ihr zu dienen. Es ist ungefähr so, wie in den menschlichen Familien die Kinder ihre Zuneigung den Eltern gegenüber in unterschiedlicher Weise zum Ausdruck bringen. Seit über einem Jahrhundert hat die katholische Presse in Belgien sich das ausgedacht und beibehalten, was ihr das „Papstgeschenk" nennt, eine besondere Form des Peterspfennigs. Und jedes Jahr, wenn das Fest des Apostels Petrus wiederkehrt, sind die Verantwortlichen des Verbandes so freundlich, diese schöne Gabe persönlich zu überreichen. Der kirchliche Charakter eurer Geste wird damit evident.

So beglückwünsche ich erneut euch selbst und all die vielen Leser und Spender, die zum „Papstgeschenk" von 1991 beigetragen haben.

Ihr erfüllt gemeinsam intelligent und beharrlich eure Aufgabe als christliche Laien. In seiner dogmatischen Konstitution über die Kirche hat das Konzil die Stellung der Laien innerhalb des Volkes Gottes herausgestellt und sie aufgefordert, zum Fortschritt der Kirche beizutragen, da sie ja deren lebendige und aktive Mitglieder sind (vgl. *Lumen Gentium*, Nr. 33). Wenn euch aber schon das örtliche Apostolat in euren belgischen Diözesen in Aktion bringt, übt ihr dann nicht euren Beruf als katholische Journalisten ebenfalls in diesem Geiste aus und pflegt bei euch selbst und bei euren Lesern den Willen, den Bedürfnissen des Apostolischen Stuhls in Rom, dem Zentrum der Einheit und des Ansporns für die ganze Kirche, zu Hilfe zu kommen? Eure jährliche Kollekte wird dann ihrerseits zu einer Art öffentlichen Herausforderung für einen Teil der öffentlichen Meinung, die schlecht informiert, immer noch vom „Reichtum des Vatikans" spricht. Sie sieht nur das Erbe der Vergangenheit, das im übrigen nicht produktiv ist, das wir aber als kulturelles Erbe der Menschheit zu achten verpflichtet sind. In Wirklichkeit vollzieht sich das Leben des Sitzes von Rom und seines Bischofs, des Hirten der universalen Kirche, in etwa 30 Organen, die für seinen Dienst als Nachfolger des Petrus in unserer Zeit unerläßlich geworden sind. Die erhebliche Arbeit, die hier zum Wohl der Hirten und der Gläubigen der ganzen Welt geleistet wird, bedarf deren Unterstützung. Daher schätze ich wie meine Vorgänger die Bemühungen der Einzelkirchen hoch ein, die in verschiedener Weise dem Bischof von Rom und den zentralen

Verwaltungsstellen der Kirche eine möglichst gute Erfüllung ihrer lehrmäßigen, pastoralen und caritativen Aufgaben gestatten. Ich danke euch dafür, daß ihr diese Sicht des Apostolischen Stuhls von Rom bei euren Lesern vertretet.
Möge euer Romaufenthalt für euer Glaubensleben, aber auch für eure Aufgabe als aktive Laien, für eure Familien und eure Diözesen und eure Leser segensreich sein. Ich erbitte für euch alle die immer größere Gnade, die Kirche von heute und die aller Zeiten zu lieben. Gestärkt durch die Verheißungen Christi, der bis zum Ende der Zeiten bei ihr bleibt, will sie sich mutig in den Dienst des Erlösungswerkes stellen. Im Namen Christi, unseres Herrn, segne ich euch und dehne diesen Segen auf den ganzen lieben Verband der katholischen Journalisten Belgiens aus, wie auch auf die Leser und Freunde eurer Publikationen.

Dienen und das Leben für die Brüder hingeben

Ansprache beim Öffentlichen Konsistorium am 28. Juni

1. „Sorgt für die Herde Gottes ... seid Vorbilder für die Herde" (vgl. *1 Petr* 5,2-3). Diese Worte des Apostels Petrus erhellen in einzigartiger Deutlichkeit das heutige Öffentliche Konsistorium. Sie klingen in der Tiefe unseres Geistes wider und bilden zugleich eine Einladung und einen Aufruf; einen Auftrag und eine Ermutigung.
Sie richten sich an erster Stelle an euch, liebe Brüder, die ich in den Senat der Römischen Kirche habe aufnehmen wollen. Unter euch sind würdige Vertreter altehrwürdiger kirchlicher Gemeinschaften und Hirten von jungen Kirchen; unermüdliche Diener des Hl. Stuhls und Zeugen des Evangeliums, deren Treue zu Christus harte und lange Prüfungen durchmachen mußte. In euch stehen die Hoffnungen und Erwartungen des ganzen Volkes Gottes vor uns, zumal in Völkern, die erst kürzlich eine lange Zeit der Unterdrückung und schwerwiegender politischer und religiöser Einschränkungen hinter sich lassen konnten. In der Freude und Begeisterung dieser feierlichen Begegnung spüren wir die lebendige Gemeinschaft der Kirche, die in Petrus „das Prinzip und das sichtbare Fundament der Einheit" findet (I. Vatikanisches Konzil, Dogmatische Konstitution *de Ecclesia Christi, Pastor aeternus, DS* 3051; vgl. Dogmatische Konstitution *Lumen Gentium*, Nr. 18).
Ihr seid hervorragende Diener dieser Kirche, die sich nicht untätig in das Innere ihrer Tempel verschließt, sondern mit ihrem Apostolat der ganzen Menschheit ihre Arme weit öffnet. Und von euch ist wie von jedem Diener des Evangeliums gefordert, die Kirche liebevoll und zugleich kraftvoll zu leiten; mit der Klarsicht und Weisheit von Lehrern; mit der Energie und dem Starkmut von Hirten; mit der Treue und dem Mut von Märtyrern.
Ich bin dem Herrn Kardinal Angelo Sodano dankbar, daß er sich zum Sprecher eurer Empfindungen gemacht und gerade diese Bereitschaft zu demütigem und selbstlosem Dienst bekräftigen wollte, verbunden mit der Versicherung hochherziger Mitarbeit im Geist treuer Gemeinschaft mit diesem Apostolischen Stuhl.

2. „Weidet die Herde Gottes." Weil die Herde Gottes heute neue und anspruchsvolle missionarische Wege der Glaubensverkündigung einzuschlagen hat, braucht sie ebenso demütige wie kühne Hirten; sie braucht Hirten, die der Wahrheit zu dienen und die barmherzige Liebe des himmlischen Vaters sichtbar zu machen wissen.
Ich hatte wiederholt Gelegenheit zu betonen, daß der Glaube der Gläubigen heute von radikalen Wandlungen nachdrücklich herausgefordert wird. Ich habe auch immer wieder die innige Dankbarkeit gegenüber dem Herrn für die neue Lage ausgesprochen, die sich in Mittel- und Osteuropa herausgebildet hat, wo der providentielle Ablauf der Ereignisse die neue Organisation und die Normalisierung des Lebens der katholischen Kirche des byzantinischen und des lateinischen Ritus möglich gemacht hat und nun ihr wünschenswertes Wachstum begünstigt.
Daß unter den neuen Kardinälen sich Bischöfe aus solchen sehr verdienten Gemeinschaften befinden, ist für diese Gemeinschaften selbst ein ihnen geschuldetes Zeichen der Wertschätzung, aber auch Grund zum Trost und Anregung zur Hoffnung. Wenn diese christlichen Gemeinschaften nämlich trotz der Härte und Dauer der Prüfungen nicht den Verlockungen und Erpressungen nachgegeben haben, dann ist das auch das Verdienst mutiger Hirten, die die ihnen anvertraute Herde zusammenzuhalten wußten und in den Herzen weiter die stärkenden Gewißheiten des Glaubens lebendig hielten.
Diesen Gemeinschaften, von denen einige hier würdig vertreten sind, gilt mein inniger Gruß, der zumal die Priester, die Ordensleute und Laien erreichen soll, die für ihren Glauben einen zuweilen recht hohen Preis an Leiden entrichten mußten.
Mein Gruß gilt dann weiter den übrigen Gemeinschaften, aus denen die neuen Purpurträger kommen, die ich ins Kardinalskollegium berufen wollte. Unter ihnen sind Bischöfe sämtlicher Kontinente: aus Europa und Asien, Afrika, Amerika und Ozeanien, Persönlichkeiten, die sich in delikaten, wichtigen Diensten für den Apostolischen Stuhl durch Hingabe, Treue sowie klugen und unermüdlichen Eifer ausgezeichnet haben. Geht man ihre Namen und Wohnsitze durch, so sieht man die Universalität der Kirche und zugleich ihre Einheit der Kirche glänzend bestätigt: In ihnen kommen ja unterschiedliche Persönlichkeiten, Kulturen und Erfahrungen im Zentrum des Katholizismus zusammen bei diesem Sitz, der nach den Worten des hl. Irenäus, dessen liturgisches Fest wir heute begehen, „in Rom von den beiden größten Aposteln Petrus und Paulus gegründet und errichtet wurde", und mit dem „wegen seines hohen Vorrangs notwendig jede Kirche oder alle Gläubigen des Erdkreises übereinstimmen müssen" (*Adv. Haereses* 3,3,2). Zugleich fließt durch ihr Zeugnis von diesem Sitz aus die echte „von den Aposteln herkommende Überlieferung" in die ganze Welt zurück (*ebd.*).

3. Liebe Brüder, welch erhebenden Ausblick eröffnen uns die Worte des großen Bischofs von Lyon! Welch anspruchsvolle Aufgabe aber stellen sie uns zugleich! In dem wesentlichen Gemeinschaftsverhältnis zwischen dem Zentrum der Kirche und jedem ihrer Teile habt ihr besondere Aufgaben und eigene Verantwortung. Wird nicht darauf direkt in der altehrwürdigen Formel, mit der ich euch gleich zu meiner Freude das rote Birett aufsetzen darf, angespielt?

„Accipite biretum rubrum ... per quod designatur quod usque ad sanguinis effusionem ... vos intrepidos exhibere debeatis".

Usqe ad sanguinis effusionem: bis zum Vergießen des Blutes! Das sind nicht nur konventionelle Worte: einige von euch wissen das gut! Ihre Erfahrung ist eine Mahnung für alle: jeder muß bereit sein, sich für das Wachstum des Glaubens, für den Dienst am christlichen Volk, für die Freiheit und Ausbreitung der Kirche mit unbeugsamer Kraft einzusetzen.

Dienen und das Leben für die Brüder bis zum Blutvergießen hingeben: dieser Auftrag wird euch heute morgen feierlich anvertraut.

4. „Wer bei euch groß sein will, der soll euer Diener sein, und wer bei euch der Erste sein will, soll der Sklave aller sein" (*Mk* 10,43-44).

Dem Auftrag des Sohnes Gottes treu, durchläuft die Kirche seit zweitausend Jahren die Wege der Menschen, um dem Menschen zu dienen. Als Erzieherin der Einzelnen und der Völker neigt sie sich in unermüdlicher Sorge den Menschen; sie sucht seine Reichtümer zu entdecken und vernimmt auch seine tiefsten Bestrebungen mit dem Blick der Liebe. Der Mensch ist der Weg der Kirche; sie lebt im Herzen des Menschen, und der Mensch lebt in ihrem Herzen. Daher geht jede menschliche Hoffnung und alles menschliche Leid sie an und ruft sie auf.

Der unruhigen und besorgten Menschheit aber, die nach Wahrheit und Frieden hungert, verkündet sie weiter das alleinige Heil und bietet es an: Jesus Christus, den Sohn Gottes und der Jungfrau Maria. Während so das Wirken des Heiligen Geistes ständig die Herde des Herrn erneuert und in ihrem Inneren Gemeinschaft und Einheit festigt, treibt sie der Auftrag zur Glaubensverkündigung immer neuen apostolischen Zielen bei Völkern und Nationen aller Zonen und Kulturen entgegen. Jedem Glaubenden bringt die Kirche die erlösende Frohbotschaft.

Ihr, liebe neue Kardinäle, sollt auf einen neuen und ausdrücklicheren Titel hin in Verbindung mit meinem besonderen Petrusdienst die aufmerksamen Diener und Apostel dieser Kirche sein. Eure erste Aufgabe besteht darin, Christus zu lieben; ihn sollt ihr bezeugen und lieben lehren; dann sollt ihr die Kirche lieben, sie verteidigen und bekanntmachen, damit alle Stämme, Sprachen, Völker und Nationen (vgl. *Offb* 5,9) erkennen, daß in ihr sich bis zu den äußersten Grenzen der Erde (vgl. *Jes* 49,6) das Heil Gottes vollzieht.

Das ist keine leichte, aber eine edle und begeisternde Aufgabe; sie erfordert Offenheit und Festigkeit, Treue und Hingabe ohne Vorbehalte und Bedingungen; sie beschenkt aber den, der sie annimmt, mit höheren Tröstungen des Geistes. Nur Männer, die in sich eine echte Leidenschaft für Christus und den Menschen pflegen, können einen derart anspruchsvollen Weg der Heiligkeit gehen, der sie zu Dienern aller macht und sie wie Christus und in Ihm „ihr Leben als Lösegeld für viele" (vgl. *Mk* 10,45) hingeben läßt.

5. So schickt sich die Kirche in erneuter Treue zum Herrn des Lebens an, diese letzten Jahre des Jahrhunderts, das uns vom dritten Jahrtausend trennt, zu durchmessen und die Herausforderungen der modernen Zeiten aufzugreifen, wobei sie

zugleich dem heutigen Menschen die Fackel der rettenden göttlichen Gnade in die Hand gibt.
Sie fürchtet nicht die Stürme der Widersprüche, der Versuchungen und Widerwärtigkeiten, weil sie in der Wahrheit Christi gegründet ist, die sie in der tragenden Kraft des Geistes erleuchtet. Auch wenn alles ringsum zu wanken scheint, bleibt sie festgegründet. Für sie gelten passend die Wortes des Psalmes: „Die Erde mit allen, die auf ihr wohnen, mag wanken; doch ich selbst habe ihre Säulen auf festen Grund gestellt" (*Ps* 75,4). Die Kirche weiß, daß sie berufen ist, das feste Fundament der neuen, in der Liebe erneuerten Gesellschaft zu bilden, jenes „einen Volkes" dem der große Bischof von Hippo sein leidenschaftliches Wort widmete: „Ein Volk, weil ein Glaube, weil eine Hoffnung, weil eine Liebe, weil die gleiche Erwartung" (*Enarr. in Ps* 85, 14).

6. Das vollkommene Abbild dieser Kirche, die in Glaube, Hoffnung und Liebe auf die endgültige Begegnung mit dem göttlichen Bräutigam wartet, ist Maria. Ihr, der Mutter Gottes und unserer Mutter, gilt in dieser besonderen Stunde am Vortag des Hochfestes der hll. Apostel Petrus und Paulus unser kindlicher Dank für den mütterlichen Schutz, mit dem sie das christliche Volk stets begleitet hat und weiter begleitet. Ihr gilt auch unsere Bitte für euch, die neuen Kardinäle, für die Bischöfe und Priester, die Ordensmänner und Ordensfrauen, die im Apostolat mit euch zusammenarbeiten, für alle Gläubigen eurer Diözesen, für eure Lieben und die Nationen, aus denen ihr stammt.
Möge der Weg der Kirche von tiefer Weisheit und Heiligkeit, von Hoffnung und Versöhnung geprägt sein. Möge in ihr ein vertrauensvoller Dialog unter allen Gemeinschaften des Westens und des Ostens wachsen, zumal in jenen Nationen, wie zum Beispiel im Libanon, in denen die Familie der Gläubigen vielfältigen und großen Schwierigkeiten gegenübersteht, für deren Überwindung das einträchtige Zusammenwirken aller notwendig ist. In diesem Geist brüderlicher Gemeinschaft grüße ich auch die Vertreter des Patriarchats von Konstantinopel, die zu den jährlichen Feierlichkeiten zu Ehren der Apostel Petrus und Paulus nach Rom gekommen sind, und durch sie möchte ich mein herzliches Gedenken auch allen Kirchen des Orients übermitteln. Möge das Volk Gottes als Ganzes der ihm von der Vorsehung anvertrauten Sendung zu entsprechen wissen, in Christus Zeichen und Werkzeug für die innigste Vereinigung mit Gott und die Einheit der ganzen Menschheit zu sein (vgl. *Lumen Gentium*, Nr. 1).
Ich begleite diese Wünsche mit einem besonderen Apostolischen Segen.

Die Botschaft Christi in alle Welt übertragen

Ansprache an die Teilnehmer der 42. ordentlichen Sitzung der Generalversammlung der Europäischen Rundfunkunion am 28. Juni

Meine Damen und Herren!

1. Gern heiße ich Sie in der Synodenaula willkommen, die aus gegebenem Anlaß zum Sitz der Arbeiten der 42. ordentlichen Sitzung der Generalversammlung der Europäischen Rundfunkunion geworden ist. Und ich möchte vor allem Herrn Albert Scharf, der sich seit Jahren hingebungsvoll ihrer Organisation widmet, für die liebenswürdigen Worte danken, die er im Namen aller an mich gerichtet hat.
Ich grüße die Mitglieder des Verwaltungsrates, die Vorsitzenden der verschiedenen Kommissionen, den Generalsekretär und die Verantwortlichen für die ständigen Dienste Ihrer Vereinigung. Meine Grüße gelten ferner den Schwester-Vereinigungen, die in Ihrer Versammlung die Stimme der anderen Kontinente unserer Erde zur Geltung bringen. Es ist dies nicht die erste Begegnung, die ich mit der Europäischen Rundfunkunion haben durfte; im Jahre 1981 war die Kommission für Radioprogramme bei Radio Vatikan zu Gast, und 1984 war die technische Kommission hier. Doch in diesem Jahre wollte die Europäische Rundfunkunion zum 60. Jahrestag des „Radio des Papstes" diesem Gedenktag durch ihre Präsenz auf höchster Ebene in der Vatikanstadt seine volle Bedeutung geben.

2. Ihrer Sendung gemäß ist die Kirche am Geschick und an der Würde der menschlichen Person besonders interessiert. In meiner ersten Enzyklika habe ich geschrieben: „Der Mensch ist der Weg der Kirche." Die gleiche Überzeugung stand hinter der Abfassung der neuen Enzyklika *Centesimus annus*, in der ich erneut die Soziallehre der Kirche im Licht der Entwicklung dargelegt habe, die die Situation der heutigen Welt genommen hat. Von diesem Gesichtspunkt aus versteht man leicht die Sorge und das Interesse, womit die Kirche die ganze Welt der Medien betrachtet, die inzwischen zum Alltag gehören und auf Denken und Verhalten der Bürger einen wachsenden Einfluß ausüben.
Wenn die Kirche sich über diese typisch moderne Erscheinung äußert, kann sie nicht über die Fragen moralischer Natur schweigen, die sie weckt. Doch zuweilen werden ihre Hinweise auf die moralischen Richtlinien, an die die Kirche auf diesem wie auf anderen Gebieten die Verantwortlichen erinnert, für die Kirche eine Pflicht, der sie sich nicht entziehen darf, einseitig und unvollständig dargestellt. So kommt es, daß man den Geist nicht versteht, in dem sie ihr Lehramt ausübt: denn sie handelt in einem Geist echter Liebe und aufmerksamer Sorge für das Gesamtwohl des Menschen. In anderen Fällen werden ihr Hinweise wohl in der Theorie anerkannt, aber dann werden sie relativiert oder ihres konkreten Sinnes beraubt, weil sie angeblich die Situation der Medien und die Gesetze, die deren Wirken bestimmen, nicht berücksichtigen.

Die Wahrheit lautet anders: Die Kirche ist sich sehr wohl der „Macht" bewußt, die ihnen in die Hände gegeben ist, sie berücksichtigt nicht nur die besondere Verantwortung derer, die auf Ihrem Gebiet arbeiten, sie kennt auch die Schwierigkeiten, die Grenzen und Verhältnisse, mit denen Sie es zu tun haben. Die Kirche weiß und gibt zu, daß es im Bereich der Medien Milieus gibt, in denen die Forderungen der Moral nicht berücksichtigt oder in denen sie gar lächerlich gemacht werden, so daß es zuweilen recht schwierig wird, in voller Treue zu seinem Gewissen zu handeln.

3. In einer Zeit großer kultureller, sozialer und politischer Wandlungen sind für die im öffentlichen Rundfunkdienst Tätigen neue Probleme aufgetaucht. Bis in die letzten Jahre hinein war dieser Dienst geachtet und gewissermaßen geschützt, weil ihm eine besondere Aufgabe anvertraut war. Heute muß er sich dem Wettbewerb unter rasch sich ändernden Marktverhältnissen stellen. Aber wenn auch im Rahmen des wirtschaftlichen Wettbewerbs die Anpassung vorteilhaft sein mag, kann das für eine Tätigkeit wie die Kommunikation gefährlich werden, die stark an ethische Faktoren gebunden ist, so daß man sie nicht einfach der Logik des Marktes unterwerfen kann.

In der schwierigen Situation, die in unterschiedlichem Maß in einigen Ihrer Länder herrscht, sind die Behörden aufgerufen, ungewöhnlichen Weitblick und ungewöhnliche Energie zu zeigen, um die heikle Zeit des augenblicklichen Übergangs zu meistern. Glücklicherweise scheint es trotz der bleibenden Mängel, daß man heute auf die Einführung gemischter und mehr ausgewogener Systeme hinarbeitet, in denen der staatliche Dienst und private Organisationen harmonisch zusammenwirken, Aufgaben und Mittel ausgeglichen verteilt werden und vor allem das Interesse der Gemeinschaft im Blickpunkt steht.

Das erscheint heute um so notwendiger, da sich die Länder Mittel- und Osteuropas von den totalitären Systemen befreit haben, sich um den Aufbau einer neuen Gesellschaft bemühen und sich dem Westen in der Hoffnung zuwenden, dort keine Beispiele zügellosen Wettbewerbs, sondern Kommunikationssysteme vorzufinden, die fortgeschrittener Demokratien würdig sind.

Nach diesem Französisch gesprochenen ersten Teil fuhr der Papst in englischer Sprache fort:

4. In diesem Zusammenhang arbeitet Radio Vatikan heute mit seinen besonderen Eigenheiten und seiner spezifischen Zielsetzung weiter. Erbaut von Guglielmo Marconi und eingeweiht von meinem Vorgänger Pius XI. im Jahre 1931, steht diese Station im Dienst des Glaubens, der Einheit der Kirche und des Friedens in der Welt. Ihre Mittel sind begrenzt und reichen keineswegs für die Sendung aus, die sie erfüllen soll. Doch schon ihre Existenz und ihre langjährige Präsenz auf dem Gebiet der internationalen Radiosendungen bezeugen das Anliegen der Kirche, die Mittel zu haben, um in voller Unabhängigkeit das Evangelium, die Frohbotschaft vom Heil, verkünden zu können.

Radio Vatikan gehört trotz seiner besonderen Natur Ihrer Vereinigung als aktives und Gründungsmitglied an. Es ist bemüht um fachkundige Zusammenarbeit mit den

verschiedenen Mitglieder-Agenturen, den verschiedenen Gremien ferner, in die die Vereinigung aufgeteilt ist, zumal mit dem Radio-Komitee und dem technischen Komitee. Zugleich erkenne ich gern an, daß es ebenfalls viel Gedankenaustausch, Hilfe und Weitergabe von Erfahrungen auf allen Gebieten seiner Tätigkeit von Ihnen empfängt.
Besonders danken möchte ich den Rundfunkgesellschaften, die im Verlauf meiner apostolischen Reisen Radio Vatikan behilflich waren und technische wie auch berufliche Hilfe geleistet haben. Ebenfalls dankbar bin ich den Radio- und Fernsehstationen so vieler Länder, die die Botschaft meiner Pilgerreisen in verschiedene Teile der Welt im Namen Christi und im Dienst an der Menschheitsfamilie übertragen haben.

5. Ich möchte Sie zu Ihrer täglichen Arbeit ermuntern. Ich bin mir bewußt, wie schwierig und komplex sie ist. Es ist mir aber auch klar, wie unendlich viel Gutes Sie tun können. Wenn Sie an einem hohen Ideal der menschlichen Person festhalten, können Sie äußerst wirksam zum Aufbau einer des Menschen wahrhaft würdigen Kultur beitragen.
Ich spreche die Hoffnung aus, daß Ihre Vereinigung von dieser Generalversammlung mit neuem Sinn für Einheit und Einsatzfreude heimkehrt. Verbände wie der ihre müssen immer darauf achten, daß nicht Sonderinteressen das Gemeinwohl überschatten. Als Dienst für wahrheitsgetreue Information und echte kulturelle Entwicklung sollte die Welt der Kommunikationen von einengenden Partei- und Wirtschaftsinteressen freigehalten werden.
Im vergangenen Jahr haben Sie zum 40. Jahrestag der Gründung der europäischen Rundfunkunion in der Charta von Marino Ihre Absicht bekräftigt, den ethischen Charakter des öffentlichen Dienstes der Rundfunkstationen zu verteidigen und den europäischen Rundfunkverband zur Aufrechterhaltung eines Geistes wirksamer Solidarität unter den Mitglieder-Gremien anzuregen. Diese Ziele erfordern eine große Harmonie innerhalb Ihrer eigenen Organisation, zumal wenn Sie sich nun auch für eine engere Zusammenarbeit mit den im Fernsehen tätigen Organen engagieren wollen. Sie können sich vorstellen, mit welcher Befriedigung ich die Verwirklichung der kulturellen Einheit auf Ihrem Tätigkeitsfeld sehe, wie sie Europas gemeinsamen Wurzeln entspricht, aber jahrzehntelang durch künstliche Schranken behindert war.
Ich hoffe ferner, daß Sie mit dem Wachsen Ihrer Organisation und deren zunehmender Solidarität auch weiterhin Ihre Aufmerksamkeit den Entwicklungsgebieten außerhalb Europas schenken, wo Ihre Hilfe äußerst wichtig sein kann.
Möge der Herr Ihre Bemühungen und Bestrebungen segnen. Möge er Ihre tägliche Arbeit unterstützen, Sie und Ihre Familien schützen und Sie befähigen, eine Welt aufzubauen, die gerechter und des Menschen würdiger ist.

Ein endgültiges und bleibendes Zeugnis

Predigt zum Hochfest der heiligen Apostel Petrus und Paulus am 29. Juni

1. „Nicht Fleisch und Blut haben dir das offenbart, sondern mein Vater" ... (*Mt* 16,17).
Nur der Vater kennt den Sohn! Nur der Vater kann den Sohn offenbaren.
Kurz zuvor hatte Simon, der Sohn des Jona, auf die Frage Christi geantwortet: „Du bist Christus [der Messias], der Sohn des lebendigen Gottes" (*Mt* 16,16). Die Frage Jesu hatte gelautet: „Ihr aber, für wen haltet ihr mich?" (*Mt* 16,15). Ihr, das sind die Apostel, die Zwölf, die Christus erwählt und berufen hat. Simon Petrus antwortet auf die an alle gerichtete Frage im Namen der Zwölf.
Er erkennt in Jesus von Nazaret Christus: den Sohn des lebendigen Gottes.
Dieses Bekenntnis hat seinen Ursprung in Gott; es wird vom Vater offenbart. Denn nur der Vater kennt den Sohn. Und nur der Vater kann bewirken, daß die menschliche Vernunft in Christus den Sohn erkennt - den Sohn des lebendigen Gottes.
In gleicher Weise kennt nur der Sohn den Vater und der, dem der Sohn es offenbaren will (vgl. *Mt* 11,27). Jesus von Nazaret hat von Anfang an den Vater allen offenbart. Den Aposteln freilich in besonderer Weise. Indem er sie den Vater erkennen ließ, gab er sich selbst als den Sohn des lebendigen Gottes zu erkennen.
Die Antwort des Simon Petrus, die in der Gegend von Cäsarea Philippi erfolgte, bezeugt, daß ein neues Band zwischen dem menschlichen Erkennen und dem Geheimnis des lebendigen Gottes geknüpft wurde.

2. Ein ähnliches Band wurde zu anderer Zeit und an einem anderen Ort zwischen dem Geheimnis des lebendigen Gottes und Saulus geknüpft. „Der Herr stand ihm zur Seite" (vgl. *2 Tim* 4,17). Der Herr hat ihn blind gemacht und ihn zu Boden stürzen lassen. Er hat sich ihm als Sohn des lebendigen Gottes zu erkennen gegeben.
Aber auch wenn der auferstandene Christus den Verfolger seiner Kirche bekehrt hat, bleibt es doch allein der Vater, der den Sohn kennt und ihn offenbaren kann. Nur der Vater konnte also dem Saulus vor den Toren von Damaskus seinen eingeborenen Sohn, den gekreuzigten und aufgestandenen Christus offenbaren. Er hat ihm in Christus den Sohn gleichen Wesens mit dem Vater offenbart, und er hat die Trennwand des Widerstandes durchbrochen, die dieser feurige Diener Gottes, als der er sich im Alten Testament erwies, errichtet hatte. Saulus ist vielleicht der erste unter denen, für die Christus zum „Zeichen des Widerspruchs" (vgl. *Lk* 2,34) wurde. Doch gerade dieser Widerstand des Saulus erwies sich als besonders fruchtbares Erdreich, um dort die Offenbarung des Sohnes zu verwurzeln.
Christus, der Sohn Gottes, hat die Herzen dieser beiden verbunden: Simon, dem der Herr selber den Namen Petrus gegeben hat, und Saulus, der sich - seit seiner Erwählung zum Apostel Paulus nannte.

3. Die Kirche in Rom betrachtet heute in größter Verehrung und Anbetung „Gottes große Taten" (vgl. *Apg* 2,11), die sich in beiden Aposteln, in Petrus und in Paulus,

vollzogen. Nach der Überlieferung starben beide hier in Rom zur Zeit des Kaisers Nero als Märtyrer und gaben damit endgültig Zeugnis für den, der sie zur Würde von Aposteln und Märtyrern des Glaubens berufen hatte.
Die Kirche in Rom und in aller Welt verweilt bei der Betrachtung dieses endgültigen Zeugnisses beider Apostel, und sie sieht ihr ganzes Leben und ihre Berufung durch das Prisma dieses Zeugnisses. Gott, der im Geheimnis seiner Gottheit undurchdringlich ist, wollte dieses Geheimnis den Menschen offenbaren, die freilich „diesen Schatz in zerbrechlichen Gefäßen" tragen (*2 Kor* 4,7). Und doch kann das, was Gott „in zerbrechlichen Gefäßen" aufbaut, zum Stein, ja zum Felsen werden. Und deswegen konnte Christus dem Apostel sagen: „Du bist Petrus [der Fels], und auf diesen Felsen werde ich meine Kirche bauen, und die Mächte der Unterwelt werden sie nicht überwältigen" (*Mt* 16,18).
Auf diesem Felsen ruht ständig die Kirche als das „von der Einheit des Vaters und des Sohnes und des Heiligen Geistes her geeinte Volk" (*Lumen Gentium*, Nr. 4): das Volk Gottes!
Nur der Vater kennt den Sohn, und nur der Sohn kennt den Vater. Nur der Geist erforscht die Tiefen Gottes (vgl. *1 Kor* 2,10) - der Geist des Vaters und des Sohnes, der Geist, der Liebe ist. Dieser Geist aber gießt in unsere Herzen die Liebe Gottes aus, und er ist uns vom Vater durch den Sohn geschenkt: durch den gekreuzigten und auferstandenen Christus (vgl. *Röm* 5,5).

4. Das heutige Fest ist ein einzigartiger Tag, den uns der Herr geschenkt hat. Doch im Leben der Kirche erstreckt er sich in einem gewissen Sinn alle Tage über die ganze Welt. Die Kirche lebt nämlich beständig vom Erbe des Petrus, dem Petrusdienst. Sie lebt auch beständig vom Erbe des Paulus, dem besonderen Charisma der Verkündigung des Evangeliums: „Der Herr stand mir zur Seite und gab mir Kraft, damit durch mich die Verkündigung vollendet wird und alle Heiden sie hören" (*2 Tim* 4,17).
Diese beiden Erbschaften - der Petrusdienst und das Charisma des Paulus - führen uns am heutigen Fest nach Rom, dem Ort, wo beide Apostel für den Himmel, zur Fülle ihres Lebens in Gott, geboren wurden. An diesem Tag zeigt sich in besonderer Weise die Bedeutung der Schlüssel des Himmelreiches. Alles, was hier auf Erden gebunden wurde, bleibt auch im Himmel gebunden - und alles, was hier auf Erden gelöst wurde, bleibt auch im Himmel gelöst (vgl. *Mt* 16,19): es ist besiegelt in der Herrlichkeit des Reiches, das nicht untergeht.

5. Wir alle hier Versammelte freuen uns, daß an diesem römischen Fest in der Person des Metropoliten Bartolomeo von Chalkedon unser Bruder, der ökumenische Patriarch Dimitrios I. anwesend ist. Diese Anwesenheit ist für uns besonders beredt: Denn so ist der Apostel Andreas, der Bruder des Simon Petrus, bei uns, um gleichsam das Verlangen zu bezeugen, das brüderliche Band der Kirchen zu vertiefen, in denen das Erbe der zwölf Apostel des Herrn und zumal das der Blutsbrüder Petrus und Andreas erhalten bleibt.

Wir freuen uns auch, weil heute der altehrwürdige Sitz des Petrus neue Mitglieder des Kardinalskollegiums erhält, die in besonderer Weise den Petrusdienst darstellen und an ihm nicht nur als Wähler des Nachfolgers des Petrus teilnehmen, sondern auch als sein Senat und Rat zu einer besonderen Beteiligung an seiner Sorge für die ganze Kirche aufgerufen sind.
Die Freude des heutigen Festes findet ihren echten Ausdruck auch im alten Ritus der Übergabe des Palliums, das die neuen Metropoliten beim Grab des hl. Petrus empfangen zum Zeichen ihrer besonderen Verbindung mit der universalen Kirche bei der Betreuung der Kirchen auf der ganzen Welt. Heute wünschen wir diesen unseren Brüdern, die ihren apostolischen Dienst ausüben, sie möchten nicht aufhören, in ihrem Leben auch den Dienst und das Charisma auszuprägen, die im lebendigen Erbe der Apostel Petrus und Paulus so wundersam vereint sind.

6. O glückliches Rom!
Laßt uns an diesem Tag im Heiligen Geiste jubeln (vgl. *Lk* 10,21) und mit Christus wiederholen: „Ich preise dich, Vater, Herr des Himmels und der Erde, weil du all das den Weisen und Klugen verborgen, den Unmündigen aber offenbart hast" (*ebd.*)!
Wir loben dich. Wir preisen dich! Dir sei Ruhm in alle Ewigkeit Amen!

Dialog und brüderlicher Austausch

Ansprache an die Mitglieder der Delegation des Ökumenischen Patriarchen von Konstantinopel am Fest Peter und Paul, 29. Juni

Geliebte Brüder in Christus!

„Seht doch, wie gut und schön ist es, wenn Brüder miteinander in Eintracht wohnen" (*Ps* 133,1).
Dieser spontane Gedanke des Psalmisten klingt in mir wider, wenn ich die Delegation der würdigen Vertreter seiner Heiligkeit Dimitrios I. empfange. Ich bitte euch, ihm meine brüderliche Verbundenheit in Christus auszusprechen und meine herzlichen Grüße auch den Mitgliedern der Heiligen Synode sowie allen Gläubigen des ökumenischen Patriarchates auszurichten.
Es bedeutet für mich wirklich eine große Freude, euch herzlich willkommen zu heißen hier in Rom und am heutigen Tag, da wir die heiligen Märtyrer Petrus und Paulus feiern. Ihr seid wieder einmal gekommen, um an dieser Feier teilzunehmen: dies zeigt, daß sie unsere gemeinsame Feier wird. Eure Präsenz bei uns bezeugt in sichtbarer Weise in den Augen der Gläubigen unserer beiden Kirchen, daß uns bereits eine tiefe Gemeinschaft verbindet.
Darüber hinaus gewinnt unsere Begegnung in diesem Jahr eine besondere Bedeutung, weil sie kurz nach dem Konsistorium erfolgt, in dem 22 Kardinäle kreiert worden sind. Es sind meine unmittelbaren Mitarbeiter. Einige von ihnen haben die Aufgabe, in Erfüllung der ihnen übertragenen pastoralen Aufgabe näher bei euch zu

wirken. Ich denke hier zumal an Seine Eminenz, Kardinal Edward Idris Cassidy, Präsident des Päpstlichen Rates für die Förderung der Einheit der Christen, dessen unermüdliches Wirken ihr während der letzten 18 Monate schätzen lernen konntet. Seine Erhebung zum Kardinal ist unter anderem ein Zeichen für die große Wichtigkeit, die die katholische Kirche dem Anliegen der Einheit beimißt. Doch ist evident, daß allen neuen Kardinälen aus Treue zu dem innigen Wunsch Christi und dem, was die Kirche verlangt, eine wachsende Versöhnung und Brüderlichkeit unter allen Christen ein Herzensanliegen sein wird, in den heutigen Verhältnissen zumal mit ihren orthodoxen Brüdern und Schwestern. Die neue Gesetzgebung der katholischen Kirche nennt klar unsere Pflicht: „Aufgabe des ganzen Bischofskollegiums und besonders des Apostolischen Stuhls ist es, die ökumenische Bewegung bei den Katholiken zu pflegen und zu leiten; Ziel der ökumenischen Bewegung ist die Wiederherstellung der Einheit unter allen Christen; sie zu fördern ist die Kirche kraft des Willens Christi gehalten" (*Codex des kanonischen Rechtes*, can. 755; vgl. auch den *Codex des kanonischen Rechtes für die Orientalen*, can. 902).

Eure Präsenz veranlaßt mich ferner, über den theologischen Dialog zu sprechen, den wir seit mehr als zehn Jahren begonnen haben. Ihr wißt, wieviel Wert die katholische Kirche darauf legt.

Die bereits erzielten positiven Ergebnisse bilden ohne Zweifel eine solide Grundlage für die Regelung der Probleme, die sich aus der neuen Situation in Mittel- und Osteuropa ergeben haben. Wie ich in dem *Brief* erwähnte, den ich unter dem 31. Mai *an alle Bischöfe des europäischen Kontinents* gerichtet habe, bin ich überzeugt, daß der Dialog „das am meisten geeignete Werkzeug zum brüderlichen Austausch bildet, wenn Streitfragen in einem Geist der Gerechtigkeit, der Liebe und des Verzeihens gelöst werden sollen" (Nr. 2). Gebet und Dialog sind die unter Christen einzig angemessenen Vorgehensweisen, zumal in Zeiten der Spannungen. Es ist an der Zeit, die Mahnung des Apostels Petrus, den wir heute feiern, anzuwenden: „Seid alle eines Sinnes, voll Mitgefühl und brüderlicher Liebe, seid barmherzig und demütig. Vergeltet nicht Böses mit Bösem noch Kränkung mit Kränkung! Statt dessen segnet; denn ihr seid dazu berufen, Segen zu erlangen" (*1 Petr* 3,8-9).

Ich bin daher innerlich überzeugt, daß wir mit der Hilfe des Heiligen Geistes aus den gegenwärtigen Prüfungen noch stärker hervorgehen und noch entschlossener die Wege beschreiten, die zur vollkommenen Einheit führen, die Gott für seine Kirche will.

Im Evangelium des hl. Matthäus können wir lesen, daß Jesus am Ufer des Sees von Galiläa entlangging und zwei Fischer berief, Petrus und seinen Bruder Andreas. Diese ließen sofort ihre Netze zurück und folgten ihm, um „Menschenfischer" zu werden (*Mt* 4,19). Dieser Text ist ein schönes Bild für den Weg geworden, den die Kirchen von Rom und Konstantinopel - deren heilige Patrone die beiden Brüder sind - gemeinsam in der Nachfolge Jesu beschreiten wollen, um „alle Völker zu seinen Jüngern zu machen" (vgl. *Mt* 28,19).

Innig beten wir darum, daß der Herr uns bald diese so sehr ersehnte Einheit erreichen läßt, zu seinem Ruhm und zum Heil der Welt.

Neue Beziehungen zwischen nationalen Gruppen

Appell an die Regierung in Jugoslawien vom 29. Juni

Telegramm an den Präsidenten des Bundesrates der Sozialistischen Föderativen Republik Jugoslawien, Ante Markovič:

Die Nachrichten über die schweren Kämpfe und die Opfer in Kroatien und Slowenien bereiten dem Hl. Stuhl wie der ganzen internationalen Gemeinschaft tiefe Sorge. Ich möchte aufs entschiedenste meine Stimme erheben und zur Beendigung der Gewaltanwendung sowie zur Schaffung von Bedingungen auffordern, die es gestatten, den Dialog zwischen allen Beteiligten wiederaufzunehmen; einen Dialog, der sich darum bemüht, nach neuen Beziehungen zwischen den verschiedenen nationalen Gruppen zu suchen in einer Weise, die ihrem legitimen Bestreben entspricht und das Zusammenleben und eine harmonische Zusammenarbeit sicherstellt. Ich hoffe, daß Sie, Herr Präsident, alles in Ihrer Macht Stehende tun werden, um die Gefahr einer weiteren Verschärfung der Lage zu bannen und eine gerechte und friedliche Lösung der Krise herbeizuführen, die Jugoslawien erlebt. Ich bin der schwergeprüften Bevölkerung nahe und versichere alle Ihre Landsleute meines inständigen Gebets.

In den beiden gleichlautenden Botschaften an den kroatischen Präsidenten Franjo Tudjman und den slowenischen Präsidenten Milan Kučan schrieb der Papst:

Die Nachrichten über Gewaltakte und Verluste von Menschenleben [in Kroatien - in Slowenien] sind für den Apostolischen Stuhl Grund zu ernster Beunruhigung. Ich bringe meine Solidarität mit den Leiden der Bevölkerung dieser Republik zum Ausdruck und erhebe meine Stimme, um alle Initiativen zu ermutigen, die geeignet sind, die Gewaltanwendung zu beenden und günstige Bedingungen zu schaffen für den Dialog zwischen den verschiedenen nationalen Gruppen. Ich bitte Gott, er möge allen Gefühle der Achtung und Brüderlichkeit eingeben, um den beiderseitigen legitimen Bestrebungen Rechnung zu tragen und den Frieden unter den Bürgern bald wiederherzustellen.

Mit Kompetenz der Kirche dienen

Handschreiben der Ernennung zum Staatssekretär an Angelo Kardinal Sodano vom 29. Juni

An Unseren ehrwürdigen Bruder,
Seine Eminenz Angelo Kardinal Sodano

Ehrwürdiger Bruder, Gruß und Apostolischen Segen!

Da Wir Dich am gestrigen Tag in das Kollegium der Kardinäle aufgenommen haben, bestellen Wir Dich heute durch dieses frohen Herzens an Dich gerichtete Schreiben zum Staatssekretär, setzen Dich ein und verkünden Dich kraft der Fülle Unserer Apostolischen Gewalt und Vollmacht, denn Wir sind sicher, die Erfüllung dieses sehr wichtigen Amtes einem dazu besonders geeigneten Mann anzuvertrauen. Seit langer Zeit nämlich haben wir Dich als einen vorzüglichen Diener Gottes vor Augen, und Wir wissen, wie sehr Du Dich um die Kirche und den Apostolischen Stuhl verdient gemacht hast, in dessen Dienst Du seit mehr als dreißig Jahren stehst. Du hast dabei gezeigt - um es im einzelnen zu sagen -, daß Du mit Fähigkeiten und Gaben ausgestattet bist, mit einem scharfsinnigen Geist, mit Sacherfahrung und Menschenkenntnis, vor allem aber mit bemerkenswerter Treue gegen Uns und Unsere Vorgänger bei Gesandtschaften, mit denen Du betraut wurdest, und im Staatssekretariat, wo Du das Amt des Sekretärs im Rat für die Öffentlichen Angelegenheiten der Kirche und dann das des Sekretärs in der Sektion für die Beziehungen mit den Staaten innehattest.
Darum vertrauen Wir darauf, daß Du, da Du Dir Kenntnisse über einen nicht kleinen Teil der ganzen katholischen Familie und auch über die Lebensbedingungen, die Sitten und die Gewohnheiten der verschiedenen Völker erworben hast, Uns in Zukunft sehr hilfreich sein kannst beim Tragen der Last der Leitung der ganzen Kirche: der Kirche dieser Zeit, die sehr viel Geltung hat, nicht nur was die Verkündigung, Bestärkung und Verteidigung des Evangeliums, sondern auch vielerlei und schwierige Fragen der religiösen und der zivilen Gemeinschaft angeht, die immer drängender ein Wort erwartet, um den rechten Weg des Wahren und Guten zu gehen. Wir zweifeln auch nicht daran, daß das Werk, das Du von nun an beim Apostolischen Stuhl sorgsam betreiben wirst, mit Eifer - wie bisher - vonstatten gehen wird, konsequent und erfolgreich, und daß Du bei all Unseren pastoralen Plänen bereitwillig helfen wirst, nach der Vorstellung, die Wir von unserem Amt haben, in eifrigem Streben, die Seelen zu Christus zu führen, Unternehmungen, die Wir aufnehmen wollen zum Wohl des ganzen Menschengeschlechtes, vor allem der Kinder der Kirche.
Damit Du aber noch bereiter und durchhaltender seiest, dies zu tun, und damit die mühevolle Arbeit Dir erleichtert werde, ja daß sie Dir vielmehr zur Freude gereiche, wie es den emsigen Arbeitern des Herrn eigen ist, bezeigen Wir Dir öffentlich unser Wohlwollen und bitten zugleich den Herrn, daß sein Licht Dich erleuchte, seine

Kraft Dich stütze und daß er Dein Wirken zu seiner Ehre und zum Segen für seine Kirche gereichen lasse.

Gegeben zu Rom, beim Heiligen Petrus, unter dem Fischerring,
am 29. Juni 1991, im dreizehnten Jahr Unseres Pontifikates

Joannes Paulus PP. II

Einheit Berlins - eine Aufgabe für die Zukunft

Ansprache an die Familie von Kardinal Sterzinsky am 1. Juli

Sehr geehrter Herr Kardinal!
Liebe Schwestern und Brüder!

Es ist für mich eine große Freude, Sie nach Ihrer Aufnahme in das Kardinalskollegium zusammen mit Ihren Gästen noch einmal hier empfangen zu können.
Mein besonderer Gruß gilt Ihren Familienangehörigen, Ihren Mitbrüdern im Bischofs- und Priesteramt sowie den Ordensleuten und Laien, die Ihnen verbunden sind. Mit Ihrer Anwesenheit bekunden Sie Ihre Sympathie und Unterstützung für den wichtigen pastoralen Dienst, den der Oberhirte von Berlin zu erfüllen hat.
Mein Gruß gilt auch den geehrten Vertretern der Bundesregierung und von Berlin, denen die Zusammenarbeit mit dem katholischen Bischof im Hinblick auf große zu bewältigende Probleme ein echtes Anliegen sein wird.
Mit der Vereinigung Deutschlands ist die Bewegungsfreiheit in Ihrer Stadt und in ihrem Bistum wiederhergestellt worden. Große Aufgaben liegen jedoch noch vor Ihnen. Berlin und Ihre ganze Diözese müssen neu zusammenfinden. Dies kann nur geschehen, wenn die christlichen Kirchen den Menschen ein geistiges und ideelles Fundament zu vermitteln vermögen, damit sie sich nicht auf dem Niveau eines platten Materialismus bewegen.
Ihr Beitrag, sehr geehrter Herr Kardinal, wird von entscheidender Bedeutung sein, den Menschen ein neues geistiges und spirituelles Gefühl der Beheimatung und Zusammengehörigkeit zu vermitteln.
Das Zeugnis der Apostel Petrus und Paulus lebt weiter in der Lehre und im Wirken ihrer Nachfolger, besonders im Amt des Nachfolgers Petri, dem Christus anvertraut hat, „die Brüder im Glauben zu stärken" (vgl. *Lk* 22,32). Mögen Ihre Gläubigen die Einheit mit dem Petrusamt bewahren und in ihrem Leben als Christen bezeugen. Dazu erteile ich Ihnen und allen Gläubigen von Herzen meinen Apostolischen Segen.

Grundlage für den Dialog sind die gemeinsamen Werte

Grußwort an die Teilnehmer des internationalen Rates der „Weltkonferenz für Religion und Frieden" am 4. Juli

Eminenz, liebe Freunde!

Mit großer Freude begrüße ich diese Delegation hochqualifizierter Vertreter der Weltreligionen und der Mitglieder des internationalen Rates der Weltkonferenz für Religion und Frieden. Ich möchte Ihnen versichern, daß ich die Tätigkeiten der Konferenz für den interreligiösen Dialog und interreligiöse Zusammenarbeit aus der Nähe verfolge. Ich bin glücklich über die Feststellung, daß in Ihrer Organisation auch zahlreiche Katholiken tätig sind, die einen positiven Beitrag für ein wachsendes Verständnis unter den Gläubigen aller Religionen leisten.

Bei Ihren Gesprächen der vergangenen Tage in Rovereto haben Sie das Thema der Hinführung zum Frieden behandelt. Nun tauschen Sie in Rom Ihre Gedanken darüber aus, wie man im Mittleren Osten Friedensbedingungen schaffen kann, und Sie wollen Ihre Diskussionen in Assisi fortsetzen. Ich bete, daß die besondere Bedeutung dieser Stadt, die vom Geist des hl. Franziskus geprägt ist - in seiner Lebenszeit war er ein Botschafter des Friedens - Sie anrege und ermuntere. Ich erinnere an den Weltgebetstag für den Frieden in Assisi 1986, bei dem wir über die von Gott dem Schöpfer gewünschte Harmonie nachgedacht haben, über das Sehnen und Hoffen der Menschheit nach einem dauerhaften Frieden und über die gegenseitige Liebe, die die Völker der Welt lernen müssen, und die ihr einzig sicheres Fundament in Gottes Willen und seinen Gaben besitzt.

Es ist meine große Hoffnung, daß sich die Religionen der Welt in steigendem Maß für einen Dialog des Verstehens und des Friedens bereitmachen auf der Grundlage der zahlreichen Werte, die ihnen gemeinsam sind. In der diesjährigen *Botschaft zum Weltfriedenstag* habe ich geschrieben: „Wenn sie in einem Geist des Vertrauens, achtungsvoll und aufrichtig erfolgen, leisten die Zusammenarbeit und der Dialog zwischen den Religionen einen wirklichen Beitrag zum Frieden ... Dieses gemeinsame Suchen [nach Antworten für die Weltprobleme] muß im Licht dessen erfolgen, was das eigene Gewissen gebietet und was die eigene Religion vorschreibt. Es muß auf die Ursachen der heutigen sozialen Ungerechtigkeiten und Kriege eingehen, dann legt es eine solide Grundlage für die Zusammenarbeit bei der Suche nach den notwendigen Lösungen" (Nr. 7).

Der kürzliche Konflikt im Mittleren Osten hat klar gezeigt, daß der Weg des Krieges kein Problem löst. Er steigert vielmehr noch den Haß, die Gewaltanwendung und das Leiden. Eine Lösung der Probleme, die die Menschheit heute plagen, ist nur auf dem Weg des Friedens möglich, wenn man also gemeinsam voranschreitet und die menschlichen Krisen in einem Geist des Dialogs und der Solidarität aufgreift. Der Weg des Friedens ist freilich nicht leicht. Er erfordert Mut, Geduld und Entschlossenheit, und Sie sind sich wohl bewußt, daß er als Fundament die Erziehung zum Frieden braucht.

Eine Erziehung zum Frieden ist vor allem eine Hinführung zur Wahrheit über die menschliche Person, die von Gott erschaffen ist, wodurch wir alle in der einen Menschheitsfamilie Brüder und Schwestern werden. Ohne wirkliche Achtung vor dem Leben, der Würde und den Grundrechten eines jeden einzelnen kann es keinen Frieden geben. Daher sind alle Religionen aufgerufen, „einstimmig Zeugnis zu geben von den gemeinsamen Überzeugungen von der Würde des Menschen" (*Centesimus annus*, Nr. 60). Erziehung zum Frieden erfordert ein Lehren und Lernen der gewaltfreien Wege zum Abbau der Spannungen sowie der Förderung der Gerechtigkeit in den menschlichen Beziehungen. Das heißt konkret Dialog, Verhandlung, Zusammenarbeit und Solidarität.

Als Glaubende sind wir überzeugt, daß Friede an erster Stelle eine Gabe Gottes ist, um die wir mit reinem Herzen und in demütiger Hoffnung beten müssen. Wer aus der Tiefe seines Herzens um Frieden betet, kann gar nicht anders, als sich für die Verwirklichung dieses Friedens für alle Völker auch einzusetzen.

Für uns Christen ist der Friede ein Erbe, das uns Jesus Christus hinterlassen hat. Jedesmal, wenn wir zum Gottesdienst zusammenkommen, wiederholen wir die Worte: „Frieden hinterlasse ich euch, meinen Frieden gebe ich euch" (*Joh* 14,27). Wir wissen, daß unser Tun aufgrund seiner Verheißung „Selig sind die Friedensstifter, denn sie werden Kinder Gottes genannt werden" (vgl. *Mt* 5,9) beurteilt wird. Wir sind uns ferner klar, daß der Aufbau echten Friedens das Herz unseres religiösen Einsatzes ausmacht.

Möge Gott Ihr Bemühen begleiten und unterstützen. Meinerseits rufe ich den überreichen Segen Gottes auf jeden von Ihnen und auf Ihre Familien herab. O Gott, mache uns zu Zeichen und Werkzeugen deines Friedens.

Die Last der pastoralen Verantwortung gemeinsam tragen

Schreiben an die katholischen Patriarchen, Erzbischöfe und Bischöfe des Libanon vom 8. Juli

„Wie du, Vater, in mir bist und ich in dir bin, sollen auch sie in uns sein, damit die Welt glaubt, daß du mich gesandt hast" (*Joh* 17,21).

Mit Freude wendet sich der Nachfolger des Apostels Petrus an euch, ehrwürdige Brüder, die Ihr eurerseits die Nachfolger der Apostel auf dem Boden des Libanon seid. Diese Botschaft und die Anwesenheit meines Gesandten, Kardinal Roger Etchegaray, unter euch möchten meinen lebhaften Wunsch zum Ausdruck bringen, euch zur Seite zu sein, um mit euch den Heiligen Geist anzurufen und zusammen über die Ziele der dem Libanon gewidmeten Sonderversammlung der Bischofssynode nachzudenken, die ich am vergangenen 12. Juni mit Ihren Seligkeiten den Patriarchen angekündigt habe.

Diese Initiative will vor allem eine Antwort auf die Anforderungen sein, die sich aus der von Christus uns anvertrauten pastoralen Verantwortung ergeben: Wie kann eine echte geistliche Erneuerung der katholischen Gemeinschaften im Libanon gefördert werden? Wie können sie zu einer immer dynamischeren Wirklichkeit gemacht und immer mehr befähigt werden, ihre Mitglieder so zu inspirieren, daß diese das tägliche Leben einer in voller Umgestaltung befindlichen Gesellschaft die religiösen Werte einbringen können, die zu ihrem eigenen Erbe gehören und die ihre Mitbürger aus anderen geistlichen Familien schätzen und erwarten?

Es erfordert einen entschlossenen Einsatz und große Hochherzigkeit von seiten der Hirten und der Gläubigen, auf diese Fragen angemessen zu antworten. Es handelt sich darum, einen Weg des Gebetes, des Opfers und des Nachdenkens zu unternehmen, der in Wirklichkeit eine Gewissenserforschung ist. Er müßte es jedem ermöglichen, besser zu erkennen und zu unterscheiden, was gefestigt oder erneuert werden muß, sowie die Prioritäten in der Pastoral sichtbar zu machen und einen Aktionsplan für das Apostelamt auszuarbeiten.

Die Entscheidung zu einer Sonderversammlung der Bischofssynode ist überdies bedeutungsvoll, liegt doch eine solche Versammlung in der Tat im Rahmen der bischöflichen Kollegialität und ist ein besonderer Ausdruck der Verantwortung, die dem Bischofskollegium zusammen mit dem Papst und unter seiner Leitung im Hinblick auf die Universalkirche zukommt.

Diese Versammlung wird ein vielsagendes Zeichen dafür sein, daß Ihr, Patriarchen und Bischöfe der Kirche im Libanon, die Last der pastoralen Verantwortung nicht alleine tragt, sondern daß Ihr sie zusammen mit den Bischöfen der ganzen Welt auf euch nehmt, die der Heilige Geist „bestellt hat", damit sie „als Hirten für die Kirche Gottes" sorgen (*Apg* 20,28).

Der Vorsitz des Bischofs von Rom, die Teilnahme der Verantwortlichen der Römischen Kurie und von Vertretern einiger Episkopate werden es deutlich zeigen, daß die ganze Kirche sich einsetzt, um mit euch zu beten und nachzudenken, und daß sie an euren geistlichen Bestrebungen und euren Pastoralplänen Anteil nimmt.

Auch der Generalsekretär der Synode, Msgr. Jan Schotte, wird euch Hilfestellung bieten und euch seine sehr geschätzte Kompetenz zur Verfügung stellen, ebenso Experten, deren Beistand vor allem in der Vorbereitungsphase dieses wichtigen kirchlichen Ereignisses besonders wertvoll ist.

Die Sondersynode wird einzig der Kirche im Libanon gewidmet sein, die aufgerufen ist, in der so komplexen Wirklichkeit eures Landes Zeugnis für das Evangelium zu geben. Es wird sich darum handeln, die dringendsten Erfordernisse und die pastoralen Notwendigkeiten in den derzeitigen Gesamtumständen in einer neuen Sichtweite und mit erneutem apostolischen Schwung zu erkennen. Die Vorbereitungszeit wird eine bevorzugte Zeit kirchlicher Gemeinschaft sein und wird übrigens ziemlich lange dauern können. Es wird der Augenblick sein, in welchem, unter eurer Verantwortung, alle lebendigen Kräfte eurer Gemeinschaften - Priester, Ordensmänner und Ordensfrauen, Pfarreien, apostolische und karitative Gruppen - aufgerufen sind, die Erfahrung einer Lebensüberprüfung und des kirchlichen Unterscheidungsvermögens zu machen, damit alle „hingehen und Frucht bringen" (vgl. *Joh* 15,16).

Wenn diese Aufgabe erfüllt ist, werden die Synodenväter schließlich die Ergebnisse dieser Zeit intensiver Reflexion ernten können. Sie werden daraus Anregungen ent-

nehmen können, um Hinweise und möglichst gut angepaßte pastorale Richtlinien zu formulieren, damit jeder Gläubige des Volkes Gottes im Libanon, der durch die Taufe in Christus wiedergeboren ist, als „neuer Mensch" gestärkt werde und daß jeder so gut wie nur möglich, konsequent und treu dem Auftrag Christi entspreche: „Ihr werdet meine Zeugen sein" (*Apg* 1,8).
Euch, liebe Brüder im Bischofsamt, bitte ich, von nun an eure Gläubigen aufzufordern, aktiv an diesem anspruchsvollen Bemühen um kirchliche und apostolische Erneuerung teilzunehmen.
Unserer Lieben Frau von Harissa vertraue ich die kommende Synodenversammlung und alle jene an, die dabei entschlossen und kreativ beteiligt sein werden.
„Der Gott der Hoffnung aber erfülle euch mit aller Freude und mit allem Frieden im Glauben, damit ihr reich werdet an Hoffnung in der Kraft des Heiligen Geistes" (*Röm* 15,13)!
Sein Segen komme auf euch herab!

Aus dem Vatikan, am 8. Juli 1991

Joannes Paulus PP. II

Gegenseitig als Brüder betrachten

Video-Botschaft an die Katholiken im Libanon und an alle ihre Mitbürger, überbracht von Kardinal Etchegaray, vom 8. Juli

Vor allem möchte ich mich mit einem herzlichen Gruß an alle Libanesen wenden, um ihnen noch einmal zu versichern, daß ihr Land und sie selbst einen ganz besonderen Platz in meinem Herzen einnehmen. In ihren Prüfungen war ich ihnen nahe, und ich werde das auch weiterhin sein.
Heute möchte ich jeden von euch auffordern, die Hoffnung hochzuhalten und Vertrauen zu bewahren.
Möge Gott endgültig die Schrecken des Krieges aus eurem Land entfernen und möge er vor allem den Libanesen helfen, sich gegenseitig als Brüder zu betrachten!
Die Waffen scheinen nunmehr zu schweigen. Jetzt ist es leichter, alle Energien und allen guten Willen zu sammeln, um mit Würde und in Freiheit eine Gesellschaft wieder aufzubauen, die der historischen Berufung des Libanon angemessen ist.
Bei dieser Aufgabe sind die katholischen Libanesen insbesondere zur Läuterung ihres Herzens aufgerufen, da sie sich anschicken, eine lange Arbeit des Nachdenkens zu beginnen, um die Sonderversammlung der Bischofssynode vorzubereiten, die dem Libanon gewidmet ist. Es ist eine sehr bedeutsame Zeit für die katholischen Kirchen des Libanon. Sie werden sich über sich selbst befragen, über ihre Treue zum Evangelium Christi und über ihren Einsatz, jeden Tag dieses Evangelium konkret zu leben.

Dieses Bemühen der libanesischen Katholiken wird in der ganzen Welt von dem ihrer Glaubensbrüder begleitet werden, die besonders durch das Gebet und ihre Solidarität daran teilnehmen. Durch ein Schreiben, das ich an die katholischen Patriarchen und Bischöfe des Libanon gerichtet habe und das ihnen durch meinen Sondergesandten, Herrn Kardinal Roger Etchegaray überbracht worden ist, habe ich die Ankündigung der Sondersynode bestätigt und gebeten, daß mit deren Vorbereitung begonnen werde. In einem ersten Zeitabschnitt wird ein Spezialkomitee ein Dokument ausarbeiten, das in allen katholischen Gemeinschaften des Libanon verbreitet und als Leitfaden für die Überlegungen und das Gebet dienen wird. Es wird eine Periode sein, in der die katholischen Libanesen, Priester, Ordensleute und Laien unter der Führung der Patriarchen und der Bischöfe, aufgerufen sind, dazu beizutragen, daß die tiefen Wurzeln ihres Glaubens wiederentdeckt werden, und daß sie sich von allem befreien, was sie hindert, konsequent und wahr die Botschaft Christi zu leben. Jeder Katholik wird aufgerufen sein, als Getaufter in Christus Jesus sich mit Christi Tod und Auferstehung zu verbinden (vgl. *Röm* 6,3-5). Es wird eine Zeit geistlicher Mobilmachung sein.

Die Vorschläge, die sich aus dieser Gewissenserforschung ergeben, werden das Material bilden; das zu gegebener Zeit der Versammlung der Synodenväter unterbreitet wird. Vorsitzender dieser Versammlung wird der Bischof von Rom sein; und die Mitglieder der Römischen Kurie sowie Vertreter verschiedener Bischofskonferenzen werden daran teilnehmen.

Ich fordere also die Patriarchen, die Bischöfe, die Priester, die Ordensmänner und Ordensfrauen und alle Gläubigen der katholischen Kirchen im Libanon auf, aktiv und hochherzig an die Vorbereitung des historischen Ereignisses zu gehen, das diese Synodenversammlung darstellt.

Jeder und jede von euch möge in intensivem Gebet auf das hören, „was der Geist den Gemeinden sagt" (*Offb* 2,7), damit die Synodenversammlung die Frucht aus dem Leben des Geistes in euren Herzen und der Lebenskraft eurer Gemeinschaften werden könne!

Bei der Ankündigung dieser besonderen Initiative an die ganze Kirche habe ich meiner lebhaften Hoffnung und meinem Vertrauen auf die Hilfe der anderen christlichen Kirchen des Libanon Ausdruck gegeben. Nun wende ich mich an die Patriarchen, die Bischöfe und die Gläubigen dieser Kirchen: ich möchte euch noch einmal sagen, daß ich selbst, die katholischen Patriarchen, Bischöfe und Gläubigen des Libanon, auf euer Gebet zählen.

Mit euch bitten wir um die Gaben des Geistes, damit wir auf die Aufforderung zur Bekehrung, die bei dieser providentiellen Gelegenheit an uns ergeht, angemessen zu antworten wissen.

Auch brüderliche Mitarbeit erwarten wir von euch, damit aus den geistlichen Reichtümern der alten Kirchen des Ostens, welche die Wiege unseres Glaubens waren, reichere Früchte erwachsen.

Schließlich möchte ich mich noch an alle Libanesen islamischen Glaubens wenden, deren verantwortliche religiöse Persönlichkeiten bereits ihre Zufriedenheit über den

Wunsch ihrer katholischen Mitbürger zum Ausdruck gebracht haben, daß diese den synodalen Weg einschlagen wollen. Ich vertraue darauf, daß sie fortfahren, sie mit ihren Ermutigungen zu unterstützen, und daß sie in diesem Ereignis eine Realität sehen, die die ganze libanesische Gesellschaft bereichern und ihr helfen wird, die Hindernisse und Mißverständnisse zu überwinden, die durch die Gewalt und den Krieg entstanden sind.

Ich wiederhole, daß eine echte Reinigung des Herzens der kostbarste Beitrag ist, den jeder Libanese seinen Mitbürgern und seiner Heimat anbieten kann. Ich rufe den Segen Gottes auf alle Libanesen herab, und ich vertraue der Fürbitte der heiligen Jungfrau Maria den guten Verlauf und das Gelingen der dem Libanon gewidmeten Sonderversammlung der Bischofssynode an. Gott sei immer mit euch!

Pastorale Verbundenheit mit dem ganzen Volk von Sambia

Brief an Kardinal Martini zur Ernennung zum Sondergesandten des Papstes bei den Feierlichkeiten zum 100jährigen Bestehen der Kirche in Sambia vom 30. Juli

An unseren ehrwürdigen Bruder, Seine Eminenz Carlo Maria Kardinal Martini, Erzbischof von Mailand

In tröstlicher Erinnerung an Unsere vor einiger Zeit nach Sambia unternommene apostolische Pilgerreise denken Wir lebhaft daran, wie Wir, von frommen Gläubigen umgeben, die immer weitere Ausbreitung des Christentums deutlich feststellen konnten. In jenen Maitagen des Jahres 1989 haben Wir den Beschluß der ganzen Kirche von Sambia gebilligt, ihre Initiativen gelobt und alle Unternehmungen für die bald dort anstehende bedeutsame Feier öffentlich gesegnet.

Inzwischen steht das Jahr der Feier vor der Tür, welches reichlich Gelegenheit zum Rückblick auf das erste Jahrhundert seit Beginn der Evangelisierung von Sambia bietet, und Wir haben beschlossen, den Bitten zu entsprechen, die die Bischofskonferenz jener Nation an diesen Heiligen Stuhl gerichtet hat, Wir möchten zur würdigen Feier des Ereignisses als Unseren persönlichen Vertreter einen Oberhirten bestimmen, der bei den einem solchen Fest entsprechenden Feierlichkeiten den Vorsitz führt. Da nun feststeht, daß die große Jahrhundertfeier vom kommenden 29. August bis zum 2. September dieses Jahres in Sambia stattfinden wird, haben Wir Dich, verehrter Bruder, für diese Aufgabe erwählt und ernennen Dich hiermit zu Unserem außerordentlichen Gesandten mit dem Auftrag, in Unserem Namen bei den religiösen Feierlichkeiten den Vorsitz zu führen, dem ganzen Klerus und dem Volk von Sambia Unsere pastorale Verbundenheit auszusprechen und die allgemeine Erwartung voll zu erfüllen.

In großer Hoffnung und im Vertrauen darauf, daß die geliebte und arbeitsame Nation dort aus hundert Jahren Evangelisierung weiteres Wachstum erfährt und zu einer echt christlichen Lebensgestaltung findet, empfehlen Wir die Menschen in Sambia inständig dem Erlöser aller Menschen an, damit wir auch dort das irdische

Haus sowie Gemeinschaften aller Art in wahrer und echter Liebe aufbauen und mit guten Gewohnheiten schmücken wolle, so daß ein jeder im Gehorsam gegen Gottes Gesetz seine Pflicht erfüllt und „den neuen Menschen” anzieht, „der nach dem Bild Gottes geschaffen ist in wahrer Gerechtigkeit und Heiligkeit” (*Eph* 4,24). Mit diesen Wünschen erteilen Wir Dir, Unserem lieben Bruder, allen Oberhirten und Staatsmännern sowie dem ganzen Klerus und Volk, die an den Feierlichkeiten teilnehmen, gern Unseren Apostolischen Segen als Unterpfand besonderer Gnaden und Zeugnis unseres Wohlwollens, so, als ob Wir selbst anwesend wären.

Aus dem Vatikan, am 30. Juli 1991, im 13. Jahr Unseres Pontifikats

Joannes Paulus PP. II

Die Jugend muß eine gerechte und solidarische Welt erbauen

Botschaft zum sechsten Weltjugendtag am 15. August 1991 vom 15. August 1990

„Ihr habt den Geist empfangen, der euch zu Kindern Gottes macht” (vgl. *Röm* 8,5-18).

Liebe Jugendliche!

1. Weltjugendtage sind wichtige Etappen der Kirche auf ihrem Weg, um so mehr als sie sich an der Schwelle zum Jahr 2000 noch stärker darum bemüht, ihren Auftrag der Evangelisierung in der Welt von heute zu erfüllen. Weltjugendtage konfrontieren euch jedesmal mit einer wesentlichen Botschaft des Evangeliums, die euren Glauben vertieft und euch zum Apostolat motiviert.
Als Leitwort für den VI. Weltjugendtag habe ich die Worte des Apostels Paulus gewählt: „Ihr habt den Geist empfangen, der euch zu Kindern Gottes macht” (vgl. *Röm* 8,5-18). Diese Worte sprechen das tiefste Geheimnis unserer christlichen Berufung an: Wir sind nach Gottes Heilsratschluß dazu erwählt, in Christus durch den Heiligen Geist Gottes Kinder zu werden.
Verwunderung mag uns befallen: Der Mensch, ein sterbliches Geschöpf, ja ein Sünder, ist zur Kindschaft Gottes berufen. Mit Johannes bekennen wir: „Seht, wie groß die Liebe ist, die der Vater uns geschenkt hat: Wir heißen Kinder Gottes, und wir sind es” (*1 Joh* 3,1). Wie können wir gleichgültig bleiben, wenn Gottes Vaterliebe uns herausfordert und zu einer tiefen, innigen Gemeinschaft mit ihm einlädt? Die Feier des kommenden Weltjugendtages wird darum staunende Ehrfurcht in euch wecken. Sie führt euch zu einer immer tieferen Hingabe an Gott, unseren Vater.

2. „Ihr habt den Geist der Kindschaft empfangen ...” Der Heilige Geist, der uns zu Kindern Gottes macht, hat uns in der Taufe zu neuem Leben gezeugt. Von diesem Augenblick an „bezeugt der Geist selber unserem Geist, daß wir Kinder Gottes sind” (*Röm* 8,16).

Wie zeigt sich in unserem Leben, daß wir Kinder Gottes sind? Paulus schreibt: „Alle, die sich vom Geist Gottes leiten lassen, sind Kinder Gottes" (*Röm* 8,14). Kind Gottes sein heißt also, dem Heiligen Geist Raum geben, sich von ihm führen lassen, offen bleiben für sein Wirken im eigenen Leben und in der Weltgeschichte.
Euch allen, die ihr jung seid, ruft dieser Weltjugendtag zu: Empfangt den Heiligen Geist und bleib stark im Glauben! „Denn Gott hat uns nicht einen Geist der Verzagtheit gegeben, sondern den Geist der Kraft, der Liebe und der Besonnenheit" (*2 Tim* 1,7).
„Ihr habt den Geist der Kindschaft empfangen ...". Kinder Gottes sind jene, die in der Taufe wiedergeboren und durch die Firmung gestärkt worden sind. Sie vor allem sind dazu berufen, eine neue Zivilisation der Wahrheit und Liebe zu erbauen. Sie sind Licht der Welt und Salz der Erde (vgl. *Mt* 5,13-16).
Tiefgreifende Veränderungen vollziehen sich in der Welt. Für viele Völker eröffnen sich neue Horizonte der Hoffnung auf ein menschenwürdigeres Leben. Was geschieht, erinnert uns an die wahrhaft prophetischen Worte des II. Vatikanischen Konzils: „Der Geist Gottes, dessen wunderbare Vorsehung den Lauf der Zeiten leitet und das Antlitz der Erde erneuert, steht dieser Entwicklung bei" (*Gaudium et spes*, Nr. 26).
Der Geist der Gotteskindschaft ist die Kraft, die die Geschichte der Völker vorantreibt. Er weckt zu jeder Zeit neue Menschen, die in Heiligkeit, in Wahrheit und Gerechtigkeit leben. An der Schwelle zum dritten Jahrtausend sucht die Menschheit sehnsüchtig nach Wegen eines Zusammenlebens in Geschwisterlichkeit. Sie braucht Menschen, die Dank der Wirkmacht des Heiligen Geistes als wahre Kinder Gottes leben.

3. „Weil ihr aber Söhne seid, sandte Gott den Geist seines Sohnes in unser Herz, den Geist, der ruft: Abba, Vater. Daher bist du nicht mehr Sklave, sondern Sohn; bist du aber Sohn, dann auch Erbe, Erbe durch Gott" (*Gal* 4,6). Paulus spricht vom Erbe der Kinder Gottes. Es hält nicht nur die Gabe des ewigen Lebens bereit, sondern auch eine Aufgabe, die heute schon ansteht. Es fasziniert gerade euch, die ihr jung seid und die Sehnsucht nach hohen Idealen im Herzen tragt.
Heiligkeit ist das Erbe der Kinder Gottes schlechthin. Christus sagt uns: „Ihr sollt also vollkommen sein wie es auch euer himmlischer Vater ist" (*Mt* 5,48). Heiligkeit meint, ein Leben lang fortwährend den Willen des Vaters zu tun. Das ist der sichere Weg, den Jesus uns gezeigt hat: „Nicht jeder, der zu mir sagt: Herr! Herr!, wird in das Himmelreich kommen, sondern nur, wer den Willen meines Vaters im Himmel erfüllt" (*Mt* 7,21).
Ich möchte euch meine Worte von Santiago de Compostela in Erinnerung rufen: „Habt keine Angst, heilig zu werden!" Wählt euch Ziele, wie sie für Kinder Gottes angemessen sind. Gebt durch euer Leben Gott die Ehre!

4. Das Erbe der Kinder Gottes umfaßt Nächstenliebe nach dem Vorbild Jesu, dem Erstgeborenen von vielen Brüdern und Schwestern (vgl. *Röm* 8,29): „Liebt einander, so wie ich euch geliebt habe" (*Joh* 15,12). Wer Gott seinen Vater nennt, kommt

nicht umhin, im Nächsten - wer immer er auch sein mag - den Bruder oder die Schwester zu erkennen, die Anrecht auf unsere Liebe haben. Dies ist der große Auftrag der Kinder Gottes: Sich für ein geschwisterliches Miteinander aller Völker einzusetzen.
Die Welt braucht heute gerade solchen Einsatz. In den Nationen lebt die Sehnsucht nach Einheit, die alle Schranken der Gleichgültigkeit und des Hasses niederreißt. Ihr vor allem habt die Aufgabe, eine gerechtere und solidarischere Gesellschaft zu erbauen.

5. Auszeichnung der Kinder Gottes ist ferner die Freiheit. Sie erwächst ebenfalls aus dem Erbe. Für dieses Stichwort seid ihr besonders hellhörig. Die Freiheit ist eine große Gabe, die der Schöpfer in unsere Hände gelegt hat. Gebrauchen wir sie in der rechten Weise; denn viele Formen falsch verstandener Freiheit führen ja zur Versklavung.
In der Enzyklika *Redemptor hominis* habe ich dazu Stellung genommen: „Jesus Christus geht dem Menschen jeder Epoche, auch der unseren, mit den gleichen Worten entgegen: ‚Ihr werdet die Wahrheit erkennen, und die Wahrheit wird euch frei machen.' Diese Worte schließen eine wesentliche Forderung und zugleich eine Ermahnung ein: die Forderung eines ehrlichen Verhältnisses zur Wahrheit als Bedingung einer authentischen Freiheit" (Nr. 12).
„Zur Freiheit hat uns Christus befreit" (*Gal* 5,1). Die Freiheit, die Christus schenkt, ist Befreiung von der Sünde, der Wurzel aller Versklavungen des Menschen. Bei Paulus lesen wir dazu: „... ihr wart Sklaven der Sünde, seid jedoch von Herzen der Lehre gehorsam geworden, an die ihr übergeben wurdet. Ihr wurdet aus der Macht der Sünde befreit und seid zu Sklaven der Gerechtigkeit geworden" (*Röm* 6,17.18). So ist die Freiheit Gabe und zugleich grundlegende Pflicht eines jeden Christen: „... ihr habt nicht einen Geist empfangen, der euch zu Sklaven macht ..." (*Röm* 8,15), mahnt uns der Apostel.
Die äußere Freiheit, die durch eine gerechte zivile Gesetzgebung gesichert werden muß, ist wesentlich und unverzichtbar. Wir haben allen Grund, uns darüber zu freuen, daß die Zahl der Länder, in denen die Grundrechte des Menschen respektiert werden, immer größer wird - wenn auch oft um den Preis großer, ja blutiger Opfer. Doch genügt die äußere Freiheit allein nicht, so wertvoll sie auch ist. Sie muß verwurzelt sein in der inneren Freiheit der Kinder Gottes, die nach dem Geist leben (vgl. *Gal* 5,16) und sich von einem geformten Gewissen leiten lassen, das sich für das wahrhaft Gute entscheiden kann. „Wo der Geist des Herrn wirkt, da ist Freiheit" (*2 Kor* 3,17). Dies ist der einzige Weg, meine lieben Jugendlichen, zu einem Menschsein, das reif ist und diesen Namen verdient.
Das Erbe der Kinder Gottes, zu dem ihr berufen seid, ist erhaben und fordert ein. Nehmt es darum in Dankbarkeit und mit großem Verantwortungsbewußtsein an! Zerstört es nicht! Habt den Mut, ihm jeden Tag in Redlichkeit gerecht zu werden und kündet es anderen! So wird die Welt immer mehr zur großen Familie Gottes werden.

6. 1991 wird wieder ein internationales Jugendtreffen in der Mitte des Weltjugendtages stehen. Dieses Mal werden wir uns im Anschluß an die jährliche diözesane Feier in meiner polnischen Heimat beim Heiligtum der Schwarzen Madonna von Tschenstochau treffen. Das Erlebnis von Santiago de Compostela (1989) wird gewiß viele von euch bewegen, dieser Einladung nach Tschenstochau am 14. und 15. August, dem Hochfest der Aufnahme Marias in den Himmel, mit Freude nachzukommen. In unseren Herzen und unserem Gebet werden wir die Jugendlichen der ganzen Welt mittragen.
Macht euch darum jetzt schon auf - macht euch unter dem liebenden Blick der Mutter Christi und unserer Mutter zu ihrem Haus auf! Macht euch auf, um über das Thema des VI. Weltjugendtages zu meditieren: „Ihr habt den Geist der Kindschaft empfangen ...".
Wo könnte man besser begreifen, was es bedeutet, Kinder Gottes zu sein, als in der Nähe der Mutter des Herrn? Maria ist die beste Meisterin. Sie trägt die Heilsgeschichte unersetzbar mit: „Als aber die Zeit erfüllt war, sandte Gott seinen Sohn, geboren von einer Frau und dem Gesetz unterstellt, damit er die freikaufe, die unter dem Gesetz stehen, und damit wir die Sohnschaft erlangen" (*Gal* 4,4).
Wo könnte das Erbe der Kinder Gottes, das der Vater verheißen hat, besser bewahrt sein als in ihrem Herzen? Wir tragen diesen Schatz in zerbrechlichen Gefäßen. Darum muß diese Pilgerfahrt für einen jeden von uns zu einer vertrauensvollen Übergabe an Maria werden. Wir begeben uns zu einem Heiligtum, das für das polnische Volk als Ort der Evangelisierung und der Umkehr eine besondere Bedeutung hat. Unzählige Pilger aus der ganzen Welt strömen seit mehr als 600 Jahren dorthin und verehren im Kloster von Jasna Góra in Tschenstochau Maria in der wundertätigen schwarzen Ikone. Dort hat das polnische Volk im Haus der Mutter in den schwierigsten Augenblicken seiner Geschichte die Kraft des Glaubens und der Hoffnung, die eigene Würde und das Erbe der Kinder Gottes wiedergefunden.
Für alle Jugendlichen aus dem Osten und Westen, dem Norden und Süden wird die Wallfahrt nach Tschenstochau zu einem Zeugnis ihres Glaubens vor der Welt sein. Zugleich ist sie eine Wallfahrt der Freiheit über Grenzen von Staaten hinweg, die sich immer mehr Christus öffnen, dem Erlöser der Menschen.

7. Mit dieser Botschaft beginnt die geistliche Vorbereitung auf den VI. Weltjugendtag und die Wallfahrt nach Tschenstochau. Sie will uns dazu verhelfen, den Pilgerweg des Glaubens, der Umkehr und Besinnung auf das Wesentliche in unserem Leben anzutreten.
An euch, ihr Jugendlichen aus dem östlichen Europa, geht mein besonderes Wort der Ermutigung. Versäumt dieses Treffen nicht! Es kündigt sich jetzt schon als eine denkwürdige Begegnung zwischen den jungen Kirchen des Ostens und Westens an. Eure Anwesenheit in Tschenstochau wird ein starkes Glaubenszeugnis sein.
Euch, junge Christen meiner geliebten polnischen Heimat, möchte ich dieses Mal darum bitten, die Freunde, die aus der ganzen Welt zu euch kommen werden, gastlich aufzunehmen. Für euch und für die ganze Kirche in Polen wird das Welt-

jugendtreffen, an dem auch ich teilnehmen werde, in dieser hoffnungsvollen und geschichtlichen Stunde zu einer außergewöhnlichen geistlichen Gabe.
In Gedanken suche ich jetzt schon die Schwarze Madonna von Tschenstochau auf, um vor ihrem Bild zu knien und den VI. Weltjugendtag ihrer mütterlichen Sorge anzuvertrauen.
Euch, meine lieben Jugendlichen, erteile ich von Herzen meinen apostolischen Segen.

Aus dem Vatikan, am 15. August 1990, dem Fest Mariä Himmelfahrt

Joannes Paulus PP. II

Kulturelle, völkische und sprachliche Verschiedenheit gehört zur Schöpfungsordnung

Botschaft zum Tag des Migranten und des Menschen unterwegs vom 21. August

Liebe Brüder und Schwestern!

1. Migrationen zeichnen sich immer mehr als eine alle fünf Kontinente und fast alle Länder betreffende Massenbewegung ab. Mit weltweiter Ausbreitungstendenz erfassen sie die gesamte Gesellschaft.
Neben den wirtschaftlichen Migrationen, dem Ortswechsel aus Gründen der Arbeit, entwickelt sich ein intensiver und umfassender Austausch von Personen, die unterwegs sind, weil sie sich als Menschen weiter entfalten wollen. So entsteht eine Osmose zwischen kulturellen, sozialen und politischen Werten. In der Botschaft zum diesjährigen Welttag der Migranten möchte ich mich in besonderer Weise mit der ethischen und religiösen Bedeutung und den diesbezüglichen Zusammenhängen dieser neuen Erscheinung befassen, die sich als ein Ereignis sozialen Wachsens und der Einheit für die Menschheitsfamilie ankündigt.

2. Die Motive, die einer solchen Umgestaltung zugrundeliegen, haben fast alle ein positives Vorzeichen. Ich möchte nur hinweisen auf die Ausweitung der sozialen Beziehungen auf der Ebene von Einzelpersonen und Gruppen, auf ausgedehntere Begünstigungen, die Fremden von öffentlicher Hand geboten werden, auf die in größerem Maß zur Verfügung stehende Freizeit und den ausgebreiteten Wohlstand, auf die Effizienz und Schnelligkeit der Information und die Entwicklung und Vervollkommnung der Transportmittel. Sodann dürfen auch ein höherer Grad der Schulbildung, ein lebhaftes Interesse für die Kultur anderer Völker, ein zunehmender Sinn für Solidarität gegenüber der Menschheitsfamilie und ein stärkerer Drang auf deren Einheit hin nicht unerwähnt bleiben, ebensowenig wie die größere Sensibilität für die Würde der Person und ihrer unveräußerlichen Rechte und das geschärfte Verantwortungsbewußtsein hinsichtlich der internationalen Probleme.

Wenn die Ausbreitung des Wohlstandes einerseits mit ihrer typischen Anziehungskraft größere Auswanderungsströme aus den Entwicklungsländern in Gang gebracht hat, so hat sie andrerseits immer dichtere Gruppen der mehr entwickelten Gebiete dazu angeregt, neue Formen des Einsatzes und besser entsprechende Lebensmodelle außerhalb der Grenzen des eigenen Landes zu suchen. So entsteht ein ausgedehntes Netz internationaler Zusammenarbeit in welche die Arbeit von Beamten, Wissenschaftlern, Geschäftsleuten, Technikern sowie in Wirtschaft, Kultur und Informationsdienst Tätigen verflochten ist. Damit hält Schritt die Entwicklung von Organisationen internationalen Charakters und von kulturellen Einrichtungen, die besonders den Jugendlichen die Möglichkeiten zu zahlreichen Bildungsreisen an die Universitäten der verschiedenen Länder anbieten.
Die Kirche schaut mit Sympathie und Wohlwollen auf diesen sich steigernden Aufenthaltswechsel unter den Menschen, nicht nur, weil sie in ihm ein Bild ihrer selbst als Volk auf der Wanderschaft erblickt, sondern weil sie darin einen bedeutenden Antrieb zur Vereinigung der vielfältigen Kulturen und ein Geschehen universaler Brüderlichkeit erkennt.

3. Migrationen tragen immer ein doppeltes Gesicht zur Schau: Unterschiedlichkeit einerseits und Universalität andrerseits. Das erstere ergibt sich aus der Gegenüberstellung von Menschen und Gruppen verschiedener Völker und bringt unvermeidliche Spannungen, versteckte Ablehnung und offene Auseinandersetzungen mit sich. Das zweite ist das der harmonischen Begegnung von Menschen verschiedener sozialer Herkunft, die sich zusammenfinden in dem Erbe, das, aus Werten der Menschlichkeit und Brüderlichkeit gebildet, allen Menschen gemeinsam ist. So bereichert man sich gegenseitig durch das Zusammenbringen verschiedener Kulturen. Unter dem ersten Gesichtspunkt werden bei den Migrationen besonders die Verschiedenartigkeiten und die bei den aufnehmenden Gesellschaften entstehenden Schwierigkeiten betont; unter dem zweiten tragen sie stark zur Einheit in der Menschheitsfamilie und zum allgemeinen Wohlergehen bei. Der Traum, vom Einswerden der menschlichen Familie hat von jeher die Geschichte des Menschen begleitet, dessen Weg von zahlreichen Anstrengungen gekennzeichnet ist, dieses Ziel zu erreichen, Anstrengungen, die gemacht wurden, ohne die kulturellen Eigenarten der Menschen und der Völker voll in Betracht zu ziehen.
Es darf nicht vergessen werden, daß die kulturelle, völkische und sprachliche Verschiedenheit wesentlich zur Schöpfungsordnung gehört und daß sie als solche nicht ausgeschaltet werden kann. So wird der Weg zur Einheit der Menschheitsfamilie das Kriterium seiner Echtheit darin erweisen müssen, daß er die Rolle der zahlreichen Verschiedenartigkeiten und deren Entfaltung respektiert.

4. Diese plurale ethnische und plurale kulturelle Struktur wurde im Uranfang der Menschheitsgeschichte durch die Sünde von Babel entstellt. Auf dem Hintergrund dieser Schuld sind die kulturellen und sprachlichen Verschiedenheiten, fortan nicht mehr Geschenk Gottes, sondern werden zur Ursache von Unverständnis und Strei-

tigkeiten; die Unterschiede verhärten sich zum Zwiespalt, statt Vielfalt und Bereicherung in der Einheit zu sein.
Da aber die völkische und sprachliche Verschiedenheit zur Schöpfungsordnung gehört, schlägt Gott in seinem Heilsplan einen Weg zur Wiederherstellung ein. Zweifellos wird die Migration mit ihrem Bemühen um die Begegnung mit dem Herrn und mit den Menschen zu einem bedeutenden Element in diesem göttlichen Plan. Dies ist der Weg, den Abraham einschlug, als er bald nach der Zerstreuung von Babel berufen wurde, auszuwandern, der Weg, der in Jesus seinen Endpunkt erreicht: In Christus findet er dank des Geheimnisses der Erlösung seine volle Verwirklichung. „Vom Vater bin ich ausgegangen und in die Welt gekommen; ich verlasse die Welt wieder und gehe zum Vater" (*Joh* 16,28).
Am Pfingsttag wurde sodann die Rechtmäßigkeit der völkischen und kulturellen Pluralität wiederhergestellt. Vertretern aus „allen Völkern unter dem Himmel", die in Jerusalem zusammengekommen waren, begannen die Apostel „in fremden Sprachen zu reden, wie es der Geist ihnen eingab," und „jeder hörte sie in seiner Sprache reden" (*Apg* 2,4-6). Die Verschiedenheit der Sprachen, ein Ausdruck der völkisch-kulturellen Unterschiedlichkeit, ist kein Grund mehr zu Verwirrung und Widerspruch. Dank der Berufung aller Menschen, in dem einen Heiligen Geist das eine Volk Gottes zu bilden, wird sie vielmehr zum Werkzeug der Einheit und Gemeinschaft in der Vielheit.

5. Das Pfingstereignis bewirkt eine echte Ethik der Begegnung. Sie muß den Vorsitz führen beim Aufbau der neuen Menschheit, die aus dem Pfingstfest hervorgegangen ist. Jede Person muß in ihrer Würde anerkannt und in ihrer kulturellen Identität geachtet werden. Dies ist ein Prinzip, das in einmaliger und besonderer Weise auf dem Gebiet der Migrationen zum Tragen kommt. Der Auswanderer wird nicht einfach als Produktionswerkzeug betrachtet, sondern als Person mit voller menschlicher Würde. Sein Zustand als „Mensch unterwegs" darf sein Recht, sich als Mensch zu verwirklichen, nicht in Frage und Zweifel stellen, und die Gesellschaft, die ihn aufnimmt, hat die unzweideutige Pflicht, ihm in diesem Sinn zu helfen. Die menschliche Arbeit ist „von Natur aus dazu bestimmt, die Völker zu verbinden, nicht aber sie zu spalten" (vgl. *Centesimus annus*, Nr. 27). Auch wenn er sich als einzelner darstellt, darf der Migrant nicht von dem Volk abgesondert werden, zu dem er gehört, sondern muß in den Rahmen des ihm eigenen kulturellen Milieus eingefügt werden. In ihm wird das Land geachtet, in dem er verwurzelt ist, eine durch verschiedene Bande geeinte Gemeinschaft mit einheitlicher Sprache und vor allem einer Kultur, die gewissermaßen den Horizont des Lebens und des gesamten Fortschritts bildet. Im Hinblick auf ihn, den Migranten, ist es nötig, ein echtes Grundgesetz zu formulieren, das ihm durch die Anerkennung jedes ihm angestammten Rechtes legitime Möglichkeiten zu sozialem und kulturellem Wachstum sicherstellt, wie sie für seine menschliche und berufliche Verwirklichung unverzichtbar sind.
In diesem Zusammenhang ist die Aufmerksamkeit gegenüber den Armen und Ausgegrenzten zu unterstreichen, zu denen ja die Migranten oft gehören. Die Gesell-

schaft darf sich in ihrem Bemühen um Wachstum wahrhaftig nicht gleichgültig zeigen denen gegenüber, die aufgrund ihrer schwächeren sozialen Stellung leicht am Rand zurückbleiben; sie muß sie vielmehr einbeziehen und in sich aufnehmen. „Vor allem ist es nötig, eine Denkweise aufzugeben, die die Armen der Erde - Personen und Völker - als eine Last und als unerwünschte Menschen ansieht, die das zu konsumieren beanspruchen, was andere erzeugt haben ... Die Hebung der Armen ist eine große Gelegenheit für das sittliche, kulturelle und wirtschaftliche Wachstum der gesamten Menschheit" (vgl. *Centesimus annus*, Nr. 28).

6. Mehr noch. Pfingsten bringt über die Wiederherstellung der legitimen Pluralität in der Verschiedenheit hinaus noch ein weiteres, spezifisch christliches Element ins Spiel: die Einheit der Völker im Umkreis des Glaubens an den einen Christus, der gekommen ist, „um die versprengten Kinder Gottes wieder zu sammeln" (*Joh* 11,52). In der Perspektive des Heils ist Christus nicht nur ein Weg unter anderen, sondern eine unerläßliche Straße: „Ich bin der Weg ... niemand kommt zum Vater außer durch mich" (*Joh* 14,6). „Da ... Christus für alle gestorben ist und da es in Wahrheit nur eine letzte Berufung des Menschen gibt, die göttliche, müssen wir festhalten, daß der Heilige Geist allen die Möglichkeit anbietet, diesem österlichen Geheimnis in einer Gott bekannten Weise verbunden zu sein" (*Gaudium et spes*, Nr. 22).

Alle Menschen sind von Gott geliebt und von Christus der Möglichkeit nach erlöst. Und deshalb sind sie in gleicher Weise wert, daß man sie liebt und achtet, ihnen dient und sie schützt, denn vor dem höchsten Kriterium, nach dem die Menschen bewertet werden müssen, nämlich dem ihrer Beziehung zu Gott und zu den Brüdern, gibt es keine Diskriminierungen. Wird aber diese Beziehung vergessen oder geleugnet, dann können Diskriminierungen aller Art mit scheinbar triftigen Vorwänden aufwarten, um sich zu rechtfertigen und die Hauptgrundlage der Brüderlichkeit Mißverständnissen auszusetzen. „Die Leugnung Gottes beraubt die Person ihres tragenden Grundes und führt damit zu einer Gesellschaftsordnung ohne Anerkennung der Würde und Verantwortung der menschlichen Person" (*Centesimus annus*, Nr. 13). Der Zusammenbruch der materiellen Mauern muß ein Zeichen für den Zusammenbruch der geistigen Barrieren sein.

Die Migrationen, die gegenseitiges Kennenlernen und universale Zusammenarbeit begünstigen, bezeugen und vervollkommnen die Einheit der Menschheitsfamilie und festigen die brüderlichen Beziehungen unter den Völkern. Wenn am Ende der Zeit der neue Himmel und die neue Erde in Erscheinung treten, so werden sie vor allem darin bestehen, daß die Herzen der Menschen im Vater geeint sind.

Das Problem des „Menschen unterwegs" wird dann gelöst, wenn die feste Überzeugung vorherrscht, daß die Menschen Geschwister sind und daß die Liebe die stärkste Kraft zur Umgestaltung des einzelnen und der Gesellschaft ist.

7. „Für Gott ist nichts unmöglich" (*Lk* 1,37). Der Christ weiß, daß bei der Erneuerung der Menschheit der Herr mit seiner Macht am Werk ist. Er vertraut auf ihn wie die Mutter des Erlösers, die selig genannt wird, weil sie an die Erfüllung der gött-

lichen Verheißungen geglaubt hat. Vor dem Hintergrund der fein verflochtenen Fäden im Leben der Jungfrau Maria versteht die Kirche sich selbst und kann sie ihren apostolischen Weg gehen. Sie blickt auf Maria, das leuchtende Beispiel und die mächtige Hilfe in der Prüfung, und ist sich ihrer eigenen Sendung in der Welt als „Werkzeug für die innigste Vereinigung mit Gott wie für die Einheit der ganzen Menschheit" (*Lumen Gentium*, Nr. 1) bewußt. Möge Unsere Liebe Frau das christliche Volk einer erneuten Treue zu Christus entgegenführen und es in seiner missionarischen Aufgabe unterstützen, damit es überall Jesus als das einzige wahre Heil verkünde und damit wir durch ihn „beide in dem einen Geist Zugang zum Vater" haben (*Eph* 2,18).
Mit diesen Wünschen erteile ich allen, die in dem weiten Bereich der Migrationen eine Aufgabe haben, den Apostolischen Segen: im Namen des Vaters und des Sohnes und des Heiligen Geistes.

Aus dem Vatikan am 21. August 1991;
im 13. Jahr meines Pontifikates

Telegramm an Michail Gorbatschow

vom 24. August

Während Sie Ihre Amtsgeschäfte als Präsident der Sowjetunion wiederaufnehmen, möchte ich Ihnen meine tiefempfundenen Glückwünsche übermitteln. Die traurigen Nachrichten über die Geschehnisse in der Sowjetunion in den vergangenen Tagen erreichten mich während meines apostolischen Besuchs in Ungarn. In tiefer Besorgnis habe ich die Gläubigen, die in großer Zahl auf dem Heldenplatz versammelt waren, gebeten, sich mit mir im Gebet zum Gott des Friedens zu vereinen, damit Ihr großes Land von neuen Tragödien verschont bliebe und Ihre Bemühungen in den letzten Jahren, einem ganzen Staat und seiner Gesellschaft Stimme und Würde wiederzugeben, nicht gefährdet würden.
Herr Präsident, ich danke Gott für das glückliche Ende der dramatischen Prüfung, der Sie, Ihre Familie und Ihr Land ausgesetzt waren; ich hoffe, daß Sie das immense Werk materieller und geistiger Erneuerung der Völker der Sowjetunion, für die ich den Segen des Herrn erbitte, fortführen können.

Joannes Paulus PP. II

Waffen zum Schweigen bringen

Botschaft an den Vorsitzenden des Bundespräsidiums der Sozialistischen Föderativen Republik Jugoslawien, Stjepan Mesic, vom 26. August

Die Nachrichten, die weiterhin von Kroatien einlaufen, sind zunehmend besorgniserregend und lassen bedauerlicherweise befürchten, daß ein Bürgerkrieg sich allgemein auszubreiten droht.
In diesen dramatischen Augenblicken bin ich denen, die leiden, in besonderer Weise nahe, vor allem den Familien der Opfer dieses schmerzlichen Konflikts.
Ich bitte überdies den Herrn, diejenigen, denen die schwere Verantwortung für die gute Funktion der Bundesinstitutionen im Dienst aller Republiken obliegt, dazu anzuregen, daß sie dringend neue Bedingungen für einen aufrichtigen politischen Dialog zwischen den Parteien schaffen.
Ich möchte Eurer Exzellenz noch einmal versichern, daß der Heilige Stuhl alle Anstrengungen und alle Initiativen unterstützt, die darauf hinzielen, die Waffen zum Schweigen zu bringen und auf politischem und diplomatischem Gebiet nach Lösungen für die bestehenden ernsten Probleme zu suchen. Mehr denn je ist es dringend notwendig, daß die Autoritäten der einzelnen Republiken die internationalen Verpflichtungen respektieren, die Jugoslawien unterschrieben hat, insbesondere den 8. Grundsatz der Schlußakte von Helsinki über die Gleichheit der Rechte und über die Selbstbestimmung der Völker.
Mit diesen Empfindungen rufe ich von Herzen auf Ihre Person und auf alle Völker Jugoslawiens den Segen vom Gott des Friedens herab.

Aus dem Vatikan, am 26. August 1991

Joannes Paulus PP. II

Das Liebesgebot ist Fundament und Führer der solidarischen Zusammenarbeit

Predigt in Carpineto Romano am 1. September

1. „Ihr sollt auf die Gebote des Herrn, eures Gottes, achten ... Ihr sollt auf sie achten und sollt sie halten. Denn darin besteht eure Weisheit und eure Bildung in den Augen der Völker" (*Dtn* 4,2.6).
Diese Vorschriften des Buches Deuteronomium sind für Israel eine Aufgabe, die sich aus dem Bund mit Jahwe ergibt, ein auf sein Wort gegründetes ethisches Programm. Das Gesetz des Herrn, das dem Mose auf dem Sinai gegeben wurde, wird so für das Volk des Alten Bundes zum Auftrag, Zeugnis zu geben. Israel weiß, daß es auserwählt ist, zugleich mit der Wahrheit des einen und transzendenten Gottes die Heiligkeit seines Willens, seine Gerechtigkeit und seine Weisheit zu verkünden.

Auch heute bildet die Verkündigung der Gebote ein verpflichtendes und bindendes Erbe der Kirche, des neuen Bundesvolkes. Sie ist verpflichtet, allen Völkern die göttliche Weisheit und Erkenntnis zu verkünden und deren innere Vollkommenheit zu enthüllen. Sie erfüllt diese Sendung in der Nachfolge ihres Meisters, der nicht gekommen ist, um das Gesetz aufzuheben, sondern um es zu erfüllen (vgl. *Mt* 5,17). Die Erfüllung des Gesetzes ist die Liebe. „Was steht im Gesetz? [fragt Jesus] Was liest du dort? ... Du sollst den Herrn, deinen Gott, lieben mit ganzem Herzen und ganzer Seele, mit all deiner Kraft und all deinen Gedanken, und: Deinen Nächsten sollst du lieben wie dich selbst" (*Lk* 10,26-27).

2. Liebe Brüder und Schwestern, diese Texte der heutigen Liturgie waren lebendig im Bewußtsein des verehrten Papstes Leo XIII., der hier in Carpineto Romano geboren ist. Hier hat er die Jahre seiner Kindheit verbracht, und im Bereich der Pfarrei ist seine Berufung aufgekeimt. Darum ist es für mich eine Freude, ein Jahrhundert nach der Veröffentlichung seiner Enzyklika *Rerum novarum* mit euch sein Andenken wachzurufen.
Ich danke Gott, daß er in unserer Zeit einen solchen Zeugen für das Liebesgebot und für die Bedeutung der Gebote insgesamt erweckt hat. Die Enzyklika *Rerum novarum* verkündet ja unerbittlich und klar die Pflicht der Gerechtigkeit, verbunden mit einer Liebe, die sich von der Heiligkeit Gottes und seiner Barmherzigkeit gegen die Menschen, vor allem die bescheidenen und armen, herleitet.
In einer Geschichtsperiode, die von tiefen kulturellen Umgestaltungen gekennzeichnet war, sowie von scharfen sozialen Spannungen, hervorgerufen durch die Notwendigkeit, neue Beziehungen zwischen Kapital und Arbeit zu schaffen, wollte Leo XIII. das Denken der Kirche über ein so wichtiges Gebiet deutlich zum Ausdruck bringen. Er tat es mutig, gewissermaßen als Herausforderung nicht nur an die von der Kirche unabhängige Welt, sondern ebenso an das Gewissen der Katholiken. Und durch seine prophetische Stellungnahme trug er dazu bei, daß die christliche Soziallehre feste Formen annahm.
Die Päpste, die in diesem Jahrhundert auf der von ihm eingeschlagenen Spur einander folgten, konnten nach und nach, wenn sich im Lauf der Jahre entsprechende Gelegenheiten dazu boten, eine systematische Lehre über Fragen, die das Allgemeinwohl betreffen, ausarbeiten.
Mit Leo XIII. wollen wir heute, auch im Licht der jüngsten Ereignisse in der Welt, wiederholen, daß die volle Lösung der sozialen Frage auf dem Weg über Christus und die Annahme seines Wortes der Wahrheit zustandekommt. Das sagen wir nicht nur deshalb, weil Christus, das menschgewordene Wort, dem Menschen sein eigenes Menschsein offenbart und ihm daher den Weg zu dem Gut, nach welchem er auf der Suche ist, zeigen kann, sondern weil die Geschichte der Menschheit es beständig offenkundig macht, wie sich nur auf dem Liebesgebot des Evangeliums, das zum Fundament und Führer der solidarischen Zusammenarbeit gemacht wird, ein bürgerliches Zusammenleben aufbauen läßt, das die Person respektiert und offen ist für die großen Ideale des Fortschritts und des Friedens.

3. Ich begrüße Bischof Luigi Belloli von Anagni-Alatri, Kardinal Camillo Ruini, Vorsitzender der Italienischen Bischofskonferenz und Generalvikar der Diözese Rom, Kardinal Roger Etchegaray, Präsident des Päpstlichen Rates für Gerechtigkeit und Frieden, und alle ehrwürdigen Brüder, die Bischöfe der Region Latium.
In Ehrerbietung begrüße ich sodann den Herrn Arbeitsminister Franco Marini, den Herrn Präsidenten der Region Latium, den Herrn Bürgermeister von Carpineto und alle anwesenden Autoritäten. Ich danke allen, daß sie an dieser Eucharistiefeier zum Gedenken an Papst Leo XIII. in seiner Heimat teilnehmen.
In besonderer Weise umarme ich im Geist euch, liebe Brüder und Schwestern von Carpineto und den Nachbarorten, und ich danke euch, daß ihr mich so herzlich aufgenommen habt.
In herzlicher Dankbarkeit gedenke ich der Mitglieder der Familie Pecci, in der Gioacchino aufgewachsen ist und in jenem Geist des Glaubens und der Dienstbereitschaft erzogen wurde, die ihn im kirchlichen Dienst ausgezeichnet haben, sowohl als Apostolischer Nuntius wie auch als Hirte der Diözese Perugia, wo er mit sehr bedeutenden Hirtenbriefen die Basis für seine Soziallehre legen konnte.

4. Die soziale Frage, so sagte Papst Leo, ist von Natur aus mit der Moral verbunden. Daher besteht ein enges Band zwischen sozialen Pflichten und moralischen Verpflichtungen, deren Prinzipien im Naturgesetz, dem Fundament des ethischen Gewissens eines jeden Menschen, zu suchen sind, aufgrund dessen, daß er Person ist. In dieser Hinsicht schrieb der Papst über die damals bestehenden schweren Konflikte: „Die Macht der Umschichtungen in der Gesellschaft hat nämlich zwei Klassen von Bürgern auseinandergerissen, und zwar so, daß eine nicht geringe Kluft zwischen beiden liegt. Auf der einen Seite die Herrenschicht, die nur herrscht, weil sie Geld hat. Diese Schicht ist allein ausschlaggebend in Industrie und Handel, sie weiß die Produktivität der Wirtschaft in die Richtung des eigenen Vorteils und Interesses zu lenken und hat auch in der Politik das entscheidende Wort. Auf der anderen Seite ist die breite Masse eine hilflose, schwache, seelisch ungesunde und jeder Wühlarbeit zugängliche Schicht" (*Rerum novarum*, Nr. 35). Und der Papst sah die friedliche Lösung darin, den „krassen Unterschied zwischen höchstem Reichtum und tiefster Bedürftigkeit" (*ebd.*) zu vermindern.
Die Beobachtungen meines verehrten Vorgängers haben auch in unserer Zeit Wert und Aktualität behalten. Wenn er mit Recht die soziale und wirtschaftliche Ungleichheit aufzeigte, wie sie innerhalb der einzelnen Länder bestand, so kann man heute eine so besorgniserregende Verschiedenheit auch auf Weltebene feststellen. Ein großer Teil der Menschheit lebt unter sehr mißlichen Bedingungen und ist eine Mahnung für die Völker, die enorme Reichtümer besitzen, indes der Graben der sozialen Ungleichgewichte sowohl weltweit, wie auch innerhalb der Staaten, leider eher noch breiter wird.
In der jetzigen neuen Lage, gekennzeichnet durch die gegenseitige Abhängigkeit der Völker und begünstigt durch ein sich ausbreitendes Netz von Beziehungen und Kommunikation, begegnet man dem Problem der gleichen Verteilung der materiellen, intellektuellen und geistlichen Güter, die das menschliche Erbe der ganzen

Weltgemeinschaft ausmachen und die Basis für ihre integrale Entwicklung bilden, im Licht einer aufmerksamen sozialen Gerechtigkeit, die darauf aus ist, eine echte Teilhabe aller an den Gütern, die allen dienen sollen, zu verwirklichen. In dieser Hinsicht hat die Kirche, wie ich in der jüngsten Enzyklika *Centesimus annus* dargelegt habe, „keine eigenen Modelle vorzulegen. Die konkreten und erfolgreichen Modelle können nur im Rahmen der jeweils verschiedenen historischen Situationen durch das Bemühen aller Verantwortlichen gefunden werden, die sich den konkreten Problemen in allen ihren eng miteinander verflochtenen gesellschaftlichen, wirtschaftlichen, politischen und kulturellen Aspekten stellen. Diesem Bemühen bietet die Kirche als unerläßliche geistige Orientierung ihre Soziallehre an" (Nr. 43).
Wie notwendig sind darum, wie man sieht, für die heutige Menschheit und vor allem für jene, die ihre Geschicke lenken, die Tugenden der Weisheit und der Solidarität!

5. „Jedes vollkommene Geschenk kommt von oben, vom Vater der Gestirne" (*Jak* 1,17).
Auch das Geschenk der sozialen Weisheit kommt von oben, aus dem Gesetz Gottes und von seiner Gnade. In seiner Güte schenkt der himmlische Vater ein „Wort der Wahrheit", das die Menschen zu neuem Leben erweckt und sie auf ihrem Weg dem Frieden und der wahren, ganzheitlichen Entwicklung entgegenführt, in der die Person als eine „Erstlingsfrucht seiner Schöpfung" (*Jak* 1,18) anerkannt wird. In diesem Licht betrachtet, ist die Soziallehre der Kirche Ausdruck und Ausführung des göttlichen Planes und des Evangeliums der Liebe. Gott spricht zum Herzen des Menschen. In seinem Inneren trifft der Mensch Auswahl und Entscheidung. Gott lädt ihn ein zur Bekehrung und zur Versöhnung. Er ruft den Menschen auf, ihn mit konkreten Taten des Dienstes und der Solidarität zu ehren. Doch leider kann es vorkommen, daß der Mensch Gott mit den Lippen ehrt, während sein Herz weit weg von ihm ist (vgl. *Mk* 7,6). Damit das nicht geschehe, ist ein großes Werk der Erziehung und Kultur notwendig, ja dringend notwendig, das darauf abzielt, den Geist der Menschen zu erleuchten, ihn aufzuschließen und verfügbar zu machen und ihn voranzubringen in der Aufgabe, einander aufzunehmen und zusammenzuarbeiten.
Es ist etwas Gutes, sich einzusetzen und zu arbeiten, um besser leben zu können; aber es ist eine Pflicht für jeden, gemeinsam mit den anderen und zum Wohl aller für einen solchen Fortschritt zu arbeiten und die Schätze der Erde, die ein Geschenk Gottes für die ganze Menschheit sind, hochherzig und friedlich zu teilen.

6. „Herr, wer darf Gast sein in deinem Zelt? ... Der makellos lebt ... seinem Nächsten nichts Böses antut ... den Herrn fürchtet und in Ehren hält" (vgl. *Ps* 15/14, passim).
„Gast sein, wohnen im Zelt des Herrn" bedeutet im Bund verbleiben, leben in der Treue zu dem mit Gott geschlossenen Bündnis. Es bedeutet mit Christus vereint bleiben: Er ist das vollkommene und endgültige „Zelt" eines Bundes, der nicht fehlschlägt und nicht vergeht.

Wer also darf im Zelt des Herrn für immer Gast sein, das heißt, stets in vollkommener Verbundenheit mit Christus sein? Derjenige, der „das Rechte tut". Ein Ausdruck der universalen Gottesliebe.
Das also ist die Aufgabe der Gläubigen und der Menschen guten Willens. Darum wollen wir, wenn wir nun fortfahren in der Eucharistiefeier zum Gedächtnis an Papst Leo XIII., den erleuchteten und mutigen Hirten der Kirche, den Herrn um seine Hilfe anrufen.
Wir wollen „weilen auf deinem heiligen Berg", o Herr! Wir wollen verweilen im Tempel deines Bundes! Wir wollen wachsen in der Liebe Christi, des Sohnes der Jungfrau Maria, der Mutter der ganzen Menschheit. So werden wir „Weisheit und Bildung in den Augen der Völker" bezeugen. Wir werden Erbauer des wahren Friedens, des echten und ganzheitlichen Fortschritts sein.
„Wer sich danach richtet, der wird niemals wanken" (*Ps* 15/14,5). Amen.

Hochachtung für den hervorragenden Theologen

Brief an Kardinal Paul Poupard, persönlicher Vertreter des Papstes bei der Beisetzung von Kardinal Henry de Lubac, vom 5. September

An Herrn Kardinal Paul Poupard,
Präsident des Päpstlichen Rates für die Kultur
und Präsident des Päpstlichen Rates für den Dialog mit den Nichtglaubenden

Da nun der liebe Kardinal Henry de Lubac seinen irdischen Lauf vollendet hat und in den Frieden des Herrn eingegangen ist, wollte ich an den Beisetzungsfeierlichkeiten in Paris teilnehmen und habe Sie daher gebeten, mich persönlich aufgrund der tiefen Freundschaft, die mich seit langen Jahren mit ihm verbindet, zu vertreten.
Alle, die Henry de Lubac gekannt haben, ermessen bereits den bedeutenden Platz, den er bescheiden und ohne Aufhebens als Freund und mehr noch als Denker eingenommen hat, bis es in den letzten Jahren um ihn dunkler wurde. Mit immer wacher Aufmerksamkeit war er den Lehren der Väter und der Autoren des Mittelalters nachgegangen und konnte sich ferner auf eine gründliche Kenntnis der großen modernen Autoren stützen, um seine persönliche Reflexion zu nähren, die sich dann lichtvoll in die lebendige Überlieferung einfügte. All das ließ ihn eine geschätzte und fruchtbare Mitarbeit in das Zweite Vatikanische Konzil einbringen. Durch seine Erhebung zum Kardinal wollte ich die Verdienste des unermüdlichen Forschers, des geistlichen Lehrers und des treuen Jesuiten mitten in den verschiedenen Schwierigkeiten seines Leben anerkennen.
Ich erinnere mich an seine Liebe zu Gott, zur Kirche und zum Sitz des Petrus und möchte die volle Hochachtung des Heiligen Stuhles für die Person des Ordensmannes und das Werk dieses hervorragenden Theologen aussprechen. Mit all denen, die an ihn mit Hoffnung und Dankbarkeit zurückdenken, vertraue ich ihn der unendlichen Barmherzigkeit Gottes an. Nachdem er das „Wort des Propheten" als ein

„Licht betrachtet hat, das an einem finsteren Ort scheint", möge er nun den Morgenstern aufgehen sehen (vgl. *2 Petr* 1,19).
Im Gebet mit Ihnen vereint, erteile ich aus ganzem Herzen all denen, die an dieser Begräbnismesse teilnehmen oder sich innerlich anschließen, meinen apostolischen Segen.

Aus dem Vatikan, 5. September 1991

Joannes Paulus PP. II

Anerkennung für langjährigen und treuen Dienst

Beileidstelegramm an den Erzbischof von Paris, Kardinal Jean-Marie Lustiger, zum Tod von Kardinal Henry de Lubac vom 5. September

Mit großem Schmerz habe ich vom Tod des verehrten Kardinals Henry de Lubac erfahren. Ich bitte Sie, allen, die von dieser Trauer betroffen sind, mein tiefempfundenes Beileid zu übermitteln. Ich gedenke des langjährigen und treuen Dienstes dieses Theologen, der es verstanden hat, das Beste der katholischen Tradition in seine Meditationen über die Kirche und die moderne Welt aufzunehmen, und bitte inständig Christus, den Retter, er möge ihm den Lohn seines ewigen Friedens gewähren. Von ganzem Herzen erteile ich denen, die Kardinal de Lubac während seines langen Leidens nahe waren, seinen Brüdern in der Gesellschaft Jesu und all seinen Freunden und Schülern, die im Gebet und im Gedächtnis vereint sind, meinen Apostolischen Segen.

Joannes Paulus PP. II

Vorbildlicher Ordensmann und großer Diener der Kirche

Beileidstelegramm an den General der Gesellschaft Jesu, Pater Peter-Hans Kolvenbach, zum Tod von Kardinal Henry de Lubac vom 5. September

In dem Augenblick, da Kardinal de Lubac nach seiner sehr langen Krankheit in den Frieden des Herrn eingeht, wenden sich meine Gedanken der Gesellschaft Jesu zu, der ich mein Mitgefühl und meine Betroffenheit ausspreche. Im Laufe der Jahre hatte ich die umfassende Bildung, die Opferbereitschaft und die intellektuelle Redlichkeit, die diesen vorbildlichen Ordensmann namentlich während des Zweiten Vatikanischen Konzils zu einem großen Diener der Kirche werden ließen, sehr zu schätzen gelernt. Innig bitte ich Gott, er möge ihn in sein ewiges Licht aufnehmen. Und auf Sie und alle Ihre Mitbrüder, die von diesem Verlust betroffen sind, rufe ich den göttlichen Segen als Unterpfand des Trostes herab.

Joannes Paulus PP. II

Sorge um die Völker Jugoslawiens

Aufruf an die Katholiken in aller Welt zum Gebetstag für den Frieden in Jugoslawien am 8. September; Telegramm an den Erzbischof von Zagreb und Vorsitzenden der Jugoslawischen Bischofskonferenz, Kardinal Franjo Kuharić, vom 5. September

Die Nachrichten über die heftigen bewaffneten Auseinandersetzungen der vergangenen Tage in verschiedenen Gebieten Kroatiens - kaum war ein Abkommen über den Waffenstillstand zwischen allen beteiligten Parteien durch die Vermittlung der Europäischen Gemeinschaft unterzeichnet worden - betrüben mich aufs tiefste und verstärken meine Sorge um das Schicksal des kroatischen Volkes und aller Völker Jugoslawiens.

In diesen Stunden des Schmerzes und der Unsicherheit möchte ich vor allem meine Solidarität zum Ausdruck bringen: mit den Familien der Gefallenen und Verwundeten, mit allen, die aus Angst fliehen, und insbesondere mit der ganzen kroatischen Nation, die nicht imstande ist, die Katastrophe aufzuhalten.

Der Hl. Stuhl bedauert ein weiteres Mal die Anwendung der Waffengewalt, er verurteilt insbesondere den Gebrauch von Mitteln zur uneingeschränkten und massiven Zerstörung. Er unterstützt nachdrücklich alle von der internationalen Gemeinschaft geförderten Initiativen, in besonderer Weise die für Samstag einberufene Friedenskonferenz mit dem Ziel, daß die Feindseligkeiten eingestellt und Verhandlungen zur Lösung der Probleme in Gang kommen.

Um von der Barmherzigkeit Gottes die Beendigung des Krieges in Kroatien sowie Frieden und Eintracht für alle Völker der verschiedenen Republiken Jugoslawiens zu erflehen, habe ich die Gläubigen der katholischen Kirche in der ganzen Welt eingeladen, sich mit mir am Sonntag, 8. September, dem Fest der Geburt Mariens, im Gebet zu vereinen.

Eure Eminenz teile deshalb diese Initiative den Bischöfen Kroatiens und der anderen Republiken mit und ermutige sie, für den kommenden Sonntag in allen Pfarreien ihrer Diözesen einen besonderen Gebetstag für den Frieden in Kroatien und in ganz Jugoslawien zu veranstalten.

Mit meinem liebevollen Apostolischen Segen.

Joannes Paulus PP. II

Birgitta - Patronin Schwedens

Schreiben an die General-Äbtissin der Birgittinnen vom 8. September

Der geliebten Tochter Tekla Famiglietti,
General-Äbtissin des Erlöserordens der hl. Birgitta

1. Sechshundert Jahre sind nunmehr verflossen, seit am 7. Oktober 1391 mein Vorgänger Papst Bonifatius IX. in der Vatikanischen Basilika die hl. Birgitta von Schweden heiliggesprochen hat. In der Bulle *Ab origine mundi* werden unter den Tugenden und Charismen der neuen Heiligen, passend ihre ausgeprägte Frömmigkeit, die Gaben der Erkenntnis der Herzen und übernatürlicher Eingebungen und ihr prophetischer Geist betont.
Vor dieser Frau, Blüte und vielsagender Ausdruck des Landes Schweden, steht die historische Rückschau noch heute in großem Staunen. Wir haben in ihr nicht nur eine der kennzeichnendsten Gestalten der Mystik des späten Mittelalters vor uns, an denen die Kirche im 13. und 14. Jahrhundert reich war. Wir begegnen in ihr vor allem der tiefen Hingabe, mit der sie dem Apostolischen Stuhl und dem Nachfolger des Petrus zu dienen und sie zu verteidigen wußte. Nicht zufällig hat der Studienkongreß, der in den kommenden Tagen in Rom in dem Haus stattfinden wird, wo die Heilige am 23. Juli 1373 starb, als Thema: „Die hl. Birgitta als Prophetin der neuen Zeiten". Der internationale und interkonfessionelle Charakter dieses Kongresses beweisen die Aktualität des Charismas der hl. Birgitta von Schweden. Ihr typisches Zeugnis als Frau, die „der heiligen Mutter Kirche treu" war, ermutigt alle Gläubigen. Der missionarische Eifer aber, mit dem sie den europäischen Kontinent von Nord bis Süd auf ihrem Lebensweg erhellt hat, macht aus ihr ein nachahmenswertes Beispiel, zumal bei der Aufgabe der neuen Evangelisierung in Europa. Die hl. Birgitta von Schweden ist in der Tat eine Heilige mit europäischem Ausmaß. Brennend von Liebe zu Gott, widmete sie sich ganz der Sache des Reiches und wirkte aktiv für die Einheit der Christen.
In diesem Brief, in welchem ich dem himmlischen Vater für die vielfältigen geistlichen Gaben danke, die er der Gründerin eures Ordens geschenkt hat, möchte ich einige Aspekte ihrer Botschaft unterstreichen und sie erneut dem ganzen Volk Gottes zum Bedenken empfehlen in der tiefen Überzeugung, daß ihre Worte und ihr Werk eine kräftige Hilfe für alle sein werden, die sich aufrichtig der Verwirklichung der Forderung Christi: „Alle sollen eins sein" (*Joh* 17,21) widmen wollen.

2. Eine vorbildliche christliche Gattin. Dies war der beherrschende Zug im ersten Teil des Lebens der hl. Birgitta (1316-1344) bis zum Tod ihres Gatten im Kloster von Alvastra, wohin er sich zurückgezogen hatte. Sie war eine vorbildliche Mutter von acht Kindern, die sie gemeinsam mit ihrem treuen Gatten zur christlichen Vollkommenheit erzog und gemäß den religiösen Überlieferungen ihrer Zeit auf der Wallfahrt zu den Heiligtümern von Compostela, Alvastra und vielen weiteren der Volksfrömmigkeit jener Zeit heiligen Orten begleitete.

Birgitta und ihr Gatte Ulf widmeten sich intensiv der Betrachtung des Leidens Christi, dem Fasten und den Werken der Liebe für die Armen und Kranken, sie waren ferner beharrlich im Gebet und in der Betrachtung der Heiligen Schriften.
Nach dem Tod ihres Gatten, dessen sterbliche Überreste sie lange und liebevoll verehrte, begab sich Birgitta 1344 nach Rom. Sie hatte in dieser Zeit außerordentliche Erlebnisse „bräutlicher Mystik" und überließ sich in langem innerem Schweigen und innigem vertrauensvollen Gebet den geheimnisvollen Plänen des Himmels.

3. Treue zur Heiligen Mutter Kirche. Die Erfahrung von Alvastra ließ in ihr den Wunsch nach der Ganzhingabe ihrer selbst an den Herrn reifen. Sie wollte erneut in dem geistlichen Klima der im Abendmahlssaal um Maria gescharten betenden Kirche leben und begann daher die Gründung des Klosters Vadstena in Schweden.
In der damaligen Zeit tobten heftige Auseinandersetzungen um das Papsttum, und Birgitta setzte sich mit allen zur Verfügung stehenden Mitteln für eine Rückkehr des Papstes auf den Sitz in Rom ein, überzeugt, darin eine ihr vom Herrn anvertraute besondere Aufgabe zu erfüllen. Sie ließ sich bei diesem Eintreten für den Nachfolger des Petrus von inneren Eingebungen und von einem besonderen Licht des Geistes Gottes leiten.
Sie wählte Rom als zweite Heimat und förderte mit einem Herzen übervoll von apostolischem Eifer und schattenloser Liebe zum Sitz des Petrus auf jede Weise den Frieden in Schweden, Frankreich, England und Italien. Ihre Präsenz war besonders wirksam in Mailand, Pavia, Assisi, Monte Sant'Angelo, Manfredonia, Bari, Benevent, Neapel, Aversa, Salerno und Amalfi: lauter Orte, die noch heute dankbar die Erinnerung an ihre Durchreise bewahren.
Sie war geschätzt und verehrt nicht nur bei den Gläubigen ihres Heimatlandes, sondern überall, wo die Arbeit sie hinführte. Dieses einstimmige Zeugnis der Verehrung, das heute noch weitergeht, bildet ein prophetisches Zeichen der Versöhnung und Hoffnung für den europäischen Kontinent und die ganze Menschheit.

4. Wie aktuell ist der Geist der hl. Birgitta! Ihre religiöse Erfahrung ist gekennzeichnet vom Verlangen nach Einheit und nach Anhänglichkeit an den Gottmenschen Jesus, dem die Heilige sich mit besonders zärtlichem Vertrauen zuwandte. Innig und kindlich war ferner ihre Liebe zur Jungfrau Maria, der „Mutter der Gnade". Von ihrem reichen asketischen Vorbild ließen sich im Verlauf der Jahrhunderte zahlreiche Formen der Volksfrömmigkeit inspirieren, die bis heute die Frische ihrer Anziehungskraft nicht verloren haben. Es handelt sich um eine schlichte geistliche Art, die auf Jesus als den „Bräutigam" und „Weggefährten" eines jeden Tages schaut.
Birgitta steht vor denen, die sie kennenlernen und ihren Spuren folgen möchten, als starke Frau da, die ein besonderes Siegel ihrer Fraulichkeit in dem Haus und am Hof hinterlassen hat, wo sie lebte; als die treue Braut, die der mystischen Hochzeit mit Christus entgegenging; als heilige Mutter, die ihren Kindern die Geheimnisse des ewigen Heiles vermitteln wollte; als die vorbildliche Ordensfrau, die ihr Leben in der Liebe verausgabte und entbrannt war im Verlangen, sich in Gott zu verlieren.

5. Das Andenken an eine derart bedeutende Gestalt in der Geschichte des Wirkens für die Einheit der Kirche führt spontan zum Gedanken an eine andere Frau, ebenfalls aus Schweden, die den Menschen unserer Zeit erneut die Spiritualität der hl. Birgitta vorgelegt hat. Es ist Mutter Maria Elisabeth Hesselblad, die am 24. April 1957 im gleichen Haus wie die Heilige in Rom starb.
In ihrem Wirken folgte sie den lichtvollen Spuren des Charismas der heiligen Gründerin, das die Jahrhunderte hindurch durch die verschiedenen auf Birgitta zurückgehenden Ordensfamilien von Männern und Frauen in der ganzen Welt weitergegeben wurde. Auch sie fand nach Rom und zum Katholizismus und gründete den neuen Zweig der Brigittinnen mit besonderer ökumenischer Ausrichtung. Das Verlangen nach Versöhnung und kirchlicher Gemeinschaft ging dann auf ihre geistlichen Töchter über, die weiterhin Gebete und Opfer darbringen, damit die Einheit unter allen Bekennern des Glaubens an Christus möglichst bald wieder zustandekommt.

6. Während ich dankbaren Herzens die Freude aller teile, die in diesen Tagen den 600. Jahrestag der Heiligsprechung Birgittas feiern, wünsche ich von Herzen, daß ihr mutiger Dienst für die Kirche auch heute weiter alle anregt und ermutigt, die sich der neuen Evangelisierung der Menschheit widmen wollen.
Möge der Erlöser des Menschen das prophetische und missionarische Verlangen der schwedischen Mystikerin allen Instituten vermitteln, die dem Weg ihrer Spiritualität folgen, wie auch der ganzen Gemeinschaft der Kirche, die dem dritten christlichen Jahrtausend entgegengeht. Besonders möge Maria, die „Mutter der Gnade", die ganze künftige Entwicklung des Ordens begleiten, für den Sie, geliebte Tochter, verantwortlich sind. Mögen alle Mitglieder des Ordens vom hl. Erlöser und der übrigen Ordensfamilien, die sich von der hl. Birgitta inspirieren lassen, dank des Schutzes der gemeinsamen Mutter Gründerin im Himmel von Gott die Gabe der Treue und Beharrlichkeit erlangen.
Auf diesem anspruchsvollen Weg der Vollkommenheit im Sinne des Evangeliums möge Ihnen und Ihren Mitschwestern mein besonderer Apostolischer Segen Kraft geben.

Aus dem Vatikan, am 8. September, dem Fest der Geburt Mariens im Jahre 1991, dem 13. meines Pontifikates.

Joannes Paulus PP. II

Gerechtigkeit und Solidarität

Grußwort an die Führer der Internationalen Vereinigung christdemokratischer Arbeiter am 10. September

Herr Präsident,
meine Damen und Herren!

Am Tag nach dem ersten Kongreß der Internationalen Vereinigung christdemokratischer Arbeiter, der euch die Leitung dieser neuen Organisation anvertraut hat, wolltet ihr mir einen Besuch abstatten. Ich habe diesem Wunsch entsprochen und empfange euch gern und heiße euch in diesem Hause willkommen.

Unsere Begegnung findet im Verlauf eines Jahres statt, das ich besonders der Soziallehre der Kirche gewidmet habe. Wir haben der Enzyklika *Rerum novarum* gedacht, die vor nunmehr 100 Jahren herauskam, und man hat sich irgendwie überall auf der Welt in ihre Botschaft vertieft. Meinerseits habe ich ihre Lehre in einem neuen Dokument weitergeführt. In dieser kürzlich veröffentlichten Enzyklika habe ich übrigens bemerkt, daß Papst Leo XIII. für die Erfahrungen und sozialen Gedanken der Christen seiner Zeit aufgeschlossen war (vgl. *Centesimus annus*, Nr. 4). Dies genügt, um das Interesse zu zeigen, das das Engagement der Arbeiter selbst für ein Wirken weckt, das sich von der christlichen Ethik des wirtschaftlichen und politischen Lebens leiten läßt.

Die heutigen Verhältnisse mitsamt den während der letzten Jahre in der Welt erfolgten Wandlungen laden zu einer Wiederaufnahme der Grundüberlegungen über das ein, was zum wirtschaftlichen Leben gehört. Man muß sich vor allem der menschlichen Schicksale klar bewußt sein, die eine Folge der Arbeitsbedingungen, der Produktion oder der Handelsströme sind.

Diese abstrakten Begriffe dürfen niemals die Würde der Personen vergessen lassen, die auf dem Spiele stehen, angefangen bei den am meisten Benachteiligten und Verwundbaren. Die Verantwortung im politischen wie im wirtschaftlichen Bereich, die recht oft eng verknüpft sind, gewinnt ihre wahre Größe erst dann, wenn der Dienst am ganzen Menschen ihre Entscheidungen tatsächlich bestimmt. In diesem Sinn entfaltet die Kirche ihre Soziallehre. Ich schätze die Tatsache hoch, daß ihr euch bei eurem Wirken von ihr anregen laßt, und ich wünsche, daß ihr euch auch die Mittel verschafft, um sie zu studieren und in die Tat umzusetzen mit allen Anforderungen, die sie mit sich bringt.

Die Zusammenfassung von Arbeitern aus verschiedenen Nationen und mehreren Kontinenten in eurer Organisation entspricht zweifellos der immer wichtigeren internationalen Dimension der Probleme, vor denen ihr steht, sowie der Unmöglichkeit, sie in zu engem Rahmen zu lösen. Wie soll man sich heute etwa ein Eintreten für soziale Gerechtigkeit vorstellen, das an einer Grenze haltmacht und damit das Schicksal unzähliger Brüder und Schwestern ignoriert, die gewiß Fremde sind, in Wirklichkeit aber Nächste, aus welchem Land und welcher Kultur auch immer sie stammen?

Wenn man aber von Gerechtigkeit spricht, und erst recht, wenn man es aus christlicher Sicht tut, kann man die Forderung nach Solidarität nicht verschweigen. Daß unter euch Vertreter der Arbeiter der Dritten Welt anwesend sind, unterstreicht dieses Anliegen deutlich. Die Gegensätze von Nationen mit einem sehr ungleichen Entwicklungsniveau können nicht überwunden oder wenigstens vermindert werden, es sei denn, alle Beteiligten wollen wirklich solidarisch sein: das politische Wirken ist notwendig, aber es kann seine Ziele nur dank der Zusammenarbeit aller lebendigen Kräfte einer Gesellschaft oder der Initiativen erreichen, die sie ergreifen. Das Thema der Solidarität hat seit langem die Welt der Arbeit gekennzeichnet; heute muß es seine volle Ausdehnung erhalten und die Situation der Menschheit insgesamt ins Auge fassen.
Meine Damen und Herren, ich hoffe, daß eure Organisation einen erheblichen Beitrag zum sozialen Fortschritt in der Welt leistet, und ich rufe auf euch die Hilfe der göttlichen Gnade und den Segen des Herrn herab.

Mutig den missionarischen Weg gehen

Ansprache an Schüler der Jesuiten bei ihrem Treffen „Vorkämpfer für die Versöhnung" am 12. September

Liebe Jugendliche!

1. Ich freue mich, euch empfangen zu können, und begrüße euch herzlich.
Dieses Treffen findet ungefähr einen Monat nach der großen Zusammenkunft in Tschenstochau statt. Von Jasna Góra aus habe ich die dort versammelten Jugendlichen aufgefordert, mutig zu den heutigen missionarischen Aufgaben der Kirche zur neuen Evangelisierung Europas und der Welt zurückzukehren.
Euer heutiger Besuch ist eine vorzügliche Rückbesinnung auf diese außerordentliche kirchliche Erfahrung und eine wertvolle Gelegenheit, die Berufung von euch Jugendlichen, die ihr Überbringer einer Hoffnungsbotschaft für die Welt seid, im Licht der Spiritualität des hl. Ignatius zu vertiefen.

2. Wir sind ja im Ignatiusjahr, und die Gesellschaft Jesu sowie alle, die sich dem Charisma des hl. Ignatius von Loyola verpflichtet wissen, sind dabei, seine tiefe und zeitnahe Inspiration für ihr Leben und den Dienst an der Gemeinschaft der Gläubigen und der ganzen Menschheit neu zu entdecken. In der Gebetserfahrung und in gemeinsamem Überlegen versucht ihr in diesen Tagen, zwei grundlegende Aspekte eurer Identität als junge Gläubige zu fruchtbarer Einheit zu bringen: die Sendung zur neuen Evangelisierung in der Welt von heute, kurz vor dem dritten christlichen Jahrtausend, und die Spiritualität des hl. Ignatius, die euch kennzeichnet und euch im Einsatz für das Evangelium unterstützt.
Viele Jugendliche haben in den letzten 500 Jahren ignatianischer Geschichte die spirituelle Anziehungskraft dieses Mannes gespürt, der ihnen, vor allem durch die geistlichen Exerzitien, geholfen hat, den persönlichen Anruf Christi zu verstehen

und das Reich des Heils zu verkünden und zu verbreiten. Bestand nicht auch die Gesellschaft Jesu anfangs in einer Gruppe junger Studenten der Pariser Universität - wie z. B. dem hl. Franziskus Xaverius und dem hl. Petrus Faber -, die sich um Ignatius geschart hatten, um diesem Ideal zu folgen?

3. Wie viele junge Menschen sind über diesen Weg zu Heiligen geworden! Ich möchte an einige erinnern: an den hl. Stanislaus Kostka, den ich in der Kirche des hl. Andreas am Quirinal anrufen konnte, die viele von euch gern besuchen, an den hl. Aloisius Gonzaga, dessen 400. Todestag ich im Juni zusammen mit Tausenden von jungen Menschen in Castiglione della Stiviere und in Mantua gefeiert habe, wobei ich seine Aktualität für die Jugendlichen unserer Zeit unterstrichen habe, und an den hl. Johannes Berchmans, einen würdigen Sohn des hl. Ignatius.
Stanislaus, Aloisius, Johannes: dies sind einige Beispiele, die im Lauf der Jahrhunderte eine außerordentliche Anziehungskraft auf unzählige ihrer Gleichaltrigen ausgeübt haben.

4. Und heute? Gerade heute müßt ihr, die ihr hier versammelt seid, die Nachahmer von Stanislaus, Aloisius und Johannes in der Schule des Ignatius sein.
Ignatius spricht euch immer von dem „magis", dem „mehr", und dem „folge mir", zu dem euch Christus aufruft, indem er euch liebevoll in die Augen sieht und eure Freiheit befragt, wie er es mit dem jungen Mann tat, von dem das Evangelium erzählt: „Wenn du vollkommen sein willst, geh, verkauf deinen Besitz und gib das Geld den Armen ..., dann komm und folge mir nach" (*Mt* 19,21).
Folge mir ohne Furcht auf einem Weg der Freiheit von den vielen Versklavungen, die dich in dieser Zeit bedrohen, in welcher die materiellen Güter die Seele ersticken können. Folge mir zu den Grenzen des Gottesreiches, die weit sind wie die Welt; folge mir in den Osten, der die Freiheit und die Menschenwürde wieder entdeckt, und in den Westen, der den Sinn des Lebens wiederfinden muß; folge mir in den Süden, der aufschreit und nach Leben und Gerechtigkeit fragt, und in den Norden, der seine Kenntnis und seine Kraft auf das Wohl der Menschheit richten muß.
Wie zur Zeit von Ignatius, Stanislaus, Aloisius und Johannes, so sind auch heute noch große Taten für das Reich Gottes zu tun. Sie sind groß, schwierig, aber schön und begeisternd. Es sind die Herausforderungen des dritten Jahrtausends, Herausforderungen für euch, Herausforderungen, die der Herr der Geschichte eurer Generation stellt.

5. Fürchtet euch also nicht, Heilige zu sein! Habt den Mut, die Wahrheit zu suchen und zu finden, über den Relativismus und die Gleichgültigkeit hinaus, die dazu neigt, unsere Welt so aufzubauen, als ob Gott nicht existiere. Ihr werdet nie enttäuscht werden, wenn der Anhaltspunkt in eurer Suche Christus bleibt, die Wahrheit des Menschen. Indem er das Geheimnis des Vaters und seiner Liebe offenbart, macht er auch „dem Menschen den Menschen selbst voll kund und erschließt ihm seine höchste Berufung" (*Gaudium et spes*, Nr. 22).
Habt den Mut zur Solidarität in der Kirche und in der Welt; ladet alle dazu ein, mit euch zusammen die Gründer der „Zivilisation der Liebe" zu sein, zu deren Erbauung

das Evangelium uns anregt, indem wir die Trennungen und Haßgefühle, die sich im Herzen des Menschen einnisten, überwinden, die Menschen mit der Schöpfung, die Menschen untereinander und die Menschen mit Gott versöhnen. Dies ist das große Programm, das vor euch steht. An euch liegt seine Ausführung.

6. Es wird erzählt, daß Ignatius von seinem Haus bei der Kirche „Santa Maria della Strada" in Rom aus seine Söhne mit den folgenden Worten in die Mission sandte: „Ite, incendite omnia!", „Geht, zündet die ganze Welt an, alles!" Und sie reisten ab, dorthin, wohin sie der Stellvertreter Christi schickte, mit einem in Liebe zu Jesus und zu den Brüdern brennenden Herzen. Geht auch ihr überall hin, immer des Wunsches Christi bewußt: „Ich bin gekommen, um Feuer auf die Erde zu werfen. Wie froh wäre ich, es würde schon brennen!" (*Lk* 12,49). Bringt dieses Feuer zum Brennen: das Feuer, das Jesus gebracht hat, das Feuer des Heiligen Geistes, das alles menschliche Elend verbrennt, jeden kleinlichen Egoismus, jeden engherzigen Gedanken. Laßt dieses Feuer in eurem Herzen aufflammen.
Die Jungfrau Maria, die „Madonna della Strada", möge es heute in euch entzünden. Ich wiederhole hier noch einmal den Auftrag, den ich in Tschenstochau gegeben habe: „Tragt dieses Feuer an alle Grenzen der Erde! Nichts und niemand soll es auslöschen können. Empfangt den Heiligen Geist und seid stark! Amen." (*Predigt der Messe*, 15.8.91).
Ich segne euch von Herzen.

Europa und die bäuerliche Welt

Ansprache an die kirchlichen Beiräte des Verbandes der Kleinbauern
am 12. September

Liebe Freunde!

1. Ich freue mich, euch zu treffen, und danke euch für den Besuch. Ich danke dem nationalen kirchlichen Beirat eures Verbandes, Msgr. Biagio Notarangelo, der mir eure Ergebenheit zum Ausdruck gebracht und mich über die Arbeiten eures Nationaltreffens informiert hat.
Weiterhin begrüße ich die Leiter des Verbandes der Kleinbauern und besonders den Herrn Präsidenten, Abgeordneter Arcangelo Lobianco. Ihm gilt meine aufrichtige Anerkennung für den Einsatz, mit dem er eurer Aktivität folgt und euch konkrete Fortbildungsgelegenheiten über die im Landwirtschaftsbereich aufkommenden religiösen und sozialen Probleme anbietet.
Ich begrüße jeden von euch herzlich und freue mich über den Fleiß, mit dem ihr euch mit Hilfe dieser nationalen Treffen regelmäßig dem Studium neuer wirtschaftlicher, kultureller und moralischer Situationen widmet und versucht, in den heutigen Ereignissen „die Zeichen der Zeit" zu unterstreichen und die angemessenen Hinweise für Weiterbildung und Seelsorge daraus zu ziehen.

2. Das Thema eures Kongresses - „Das neue Europa und die bäuerliche Welt" - ist mehr denn je aktuell und von zweifelloser Bedeutung, vor allem jetzt, angesichts der schnellen politischen und sozialen Umbrüche, über die ich in meiner kürzlich erschienenen Enzyklika *Centesimus annus* (Kap. III) Gelegenheit hatte zu sprechen.
Für die europäischen Nationen, wie auch für die anderen Kontinente, öffnen sich neue Zeiten der Hoffnung, doch es gibt leider auch Zeichen zu berechtigter Sorge. Wenn die Länder Osteuropas eine nicht leichte soziale und wirtschaftliche Übergangsphase durchmachen, lassen sich die Schwierigkeiten des Landwirtschaftsbetriebs und der ländlichen Gesellschaft auch in den Nationen Westeuropas spüren. Diese Schwierigkeiten wachsen, wenn die Systeme und sozialen Mechanismen die Menschenrechte, die Bedürfnisse der Familie, die Initiative, Unternehmens- und Verbandsfreiheit nicht respektieren. In der Tat kann es keine wirkliche Entwicklung geben ohne den Respekt für den Menschen.
Im Licht solcher Erwägungen wird es immer eindeutiger, daß der gewünschte Aufbau des europäischen „gemeinsamen Hauses" nur dann erfolgen kann, wenn man sich dafür einsetzt, die heutigen Mißverhältnisse auszugleichen und die moralische Dimension des Fortschritts in Betracht zu ziehen.
Die schwächeren Bereiche und Kategorien müssen im Geist wirklicher Solidarität bevorzugt werden, denn nur so wird man auf eine freie und brüderliche Sozial- und Wirtschaftsordnung zugehen.

3. Bei den Arbeiten eurer Zusammenkunft habt ihr auch an den 30. Jahrestag der Enzyklika *Mater et magistra* erinnert, die zum Großteil der landwirtschaftlich-bäuerlichen Welt gewidmet ist.
Heute haben sich viele Situationen verändert, doch die Hinweise meines verehrten Vorgängers Johannes XXIII. behalten in ihrer Gesamtheit ihren vollen Wert.
Und auch ich möchte die Notwendigkeit unterstreichen, daß dem Familienunternehmen, dem Berufs-, Wirtschafts- und Gewerkschaftsverbandswesen, dem Wachstum der bürgerlichen Gesellschaft und der Beteiligung eine starke Unterstützung gegeben wird (vgl. *Mater et magistra*, Nr. 32; *Centesimus annus*, Nr. 35).
Dies erscheint umso mehr notwendig, je größer und umfassender die gegenseitige Abhängigkeit zwischen den Produktivbereichen, zwischen den Wirtschaftssystemen eines Kontinents und der ganzen Weltgemeinschaft wird.

4. Liebe Brüder! Euer priesterlicher Dienst im Verband der Kleinbauern und in der Kirche ist heute gekennzeichnet durch die Kompetenz und die Erfahrung in der sozialen und christlichen Erziehung von Führungskräften und Gewerkschaftsorganisatoren, von Männern und Frauen, die in der Landwirtschaft arbeiten.
Vierzig Jahre sind seit der Ernennung des ersten kirchlichen Beirats des Verbandes der Kleinbauern vergangen; es war der spätere Kardinal Pietro Pavan. In all diesen Jahren habt ihr innerhalb der bäuerlichen Welt einen wertvollen Dienst geleistet. Folgt weiterhin diesem Weg, damit diejenigen, unter denen ihr arbeitet, hochherzig die Botschaft des Evangeliums aufnehmen und ihr Leben und Handeln ihr anpassen. Entwickelt, vertieft und weist bei eurer Erziehungsarbeit unter den Landarbeitern

weiterhin mutig hin auf die leuchtenden Gipfel der Spiritualität der Arbeit und der Entwicklung, der Lebensqualität und der Solidarität, der Heiligung der Feste, der Kontemplation, des Lobpreises und des Dankes an Gott. Gebt mit eurem Zeugnis ein Beispiel beständiger Treue zu Christus und seinem Evangelium. Der Herr, die Quelle jeder Gabe, wird eure großmütigen Vorsätze stärken, indem er den Mut zum Guten und den Glauben in sein Handeln fördert; er wird den Schwung der Landarbeiter und Landarbeiterinnen, der Jungen und der Alten, des ganzen, eurer Seelsorge anvertrauten Landvolkes unterstützen.
Möge euch bei allem Tun die Jungfrau Maria, an deren Namenstag dieses Treffen stattfindet, mit mütterlicher Zärtlichkeit führen. Von ganzem Herzen segne ich euch.

Glaube ist Verbundensein mit dem Erlöser

Predigt beim Gottesdienst in der Pfarrkirche von Castel Gandolfo am 15. September

1. „Meine Brüder, was nützt es, wenn einer sagt, er habe Glauben, aber es fehlen die Werke?" (*Jak* 2,14).
Mit dieser Frage lädt uns der heilige Jakobus heute ein, ernsthaft über den Inhalt des Glaubens nachzudenken und über die Notwendigkeit, ihn in Werken der Gerechtigkeit und Nächstenliebe zum Ausdruck zu bringen.
Gewiß ist es notwendig, Glauben zu haben, stellt der Apostel fest, aber welchen Glauben? Um welchen Glauben handelt es sich?
„So ist auch der Glaube für sich allein tot, wenn er nicht Werke vorzuweisen hat" (*Jak* 2,17).

2. Das Evangelium von heute hilft uns, den eigentlichen Sinn des christlichen Glaubens zu verstehen: er ist das persönliche Verbundensein mit dem Erlöser des Menschen.
Auf dem Weg nach Cäsarea Philippi fragt Jesus die Jünger: „Für wen halten mich die Menschen?" (*Mk* 8,27). Sie antworten, daß es sich für einige um den auferstandenen Johannes den Täufer, für andere um Elias oder einen der großen Propheten handle. Die Leute schätzen Jesus von Nazaret, sie haben von ihm zweifellos eine positive Meinung: viele halten ihn für einen „von Gott Gesandten", aber es gelingt ihnen noch nicht, ihn als den angekündigten und erwarteten Messias zu erkennen.
„Ihr aber, für wen haltet ihr mich?" (*Mk* 8,29). Hier die weitere Frage, mit der Jesus die verschiedenen Antworten, die er erhalten hat, erwidert. Diesmal wendet er sich klar und entschieden an sie, an die Apostel; er zwingt sie, persönlich Stellung zu nehmen.
Petrus, immer ungestüm und mutig, ruft klar und offen im Namen aller aus: „Du bist der Messias!" (*Mk* 8,29).

3. „Für wen haltet ihr mich?"
Die Stimme Christi hallt wider in der Geschichte, während des unaufhörlichen Aufeinanderfolgens der Ereignisse. Sie ist in der Kirche zu hören; sie wendet sich an jeden einzelnen, und niemand kann gleichgültig bleiben. Wie lautet unsere Antwort? „Du bist der Messias!"
Wie Petrus und zusammen mit ihm wiederholt die kirchliche Gemeinschaft dasselbe Bekenntnis des Glaubens und weist auf die Menschheit des Erlösers hin, der „durch seinen Tod der Welt das Leben geschenkt hat" (*Meßritus*).
Deshalb ist unser Glaube nicht irgendein Glaube.
Er ist demütiges Hören auf das Wort Gottes; er ist bekennende Treue zu Ihm, der sich der Weg, die Wahrheit und das Leben nennt; er ist frohe Verkündigung seines Sieges über Sünde und Tod; er ist vorbehaltlose Annahme seines Gesetzes.
Der Glaube ist die Verkündigung eines leidenden Messias - des Gottesknechtes -, der, um die Menschheit zu retten, sich unterworfen hat, ohne Widerstand zu leisten gegenüber der demütigenden Prüfung des Leidens, wie es schon vom Propheten Jesaja vorhergesagt worden war: „Ich hielt meinen Rücken denen hin, die mich schlugen, und denen, die mir den Bart ausrissen, meine Wangen. Mein Gesicht verbarg ich nicht vor Schmähungen und Speichel" (*Jes* 50,6).

4. Der Herr selbst erklärt ausführlich die Bedeutung seiner messianischen Sendung; er wird leiden müssen, wird verworfen und getötet werden, aber nach drei Tagen wird er auferstehen.
Seine Rede bleibt dunkel für die, die ihm zuhören, denn sie haben die Vorstellung von einem mächtigen und ruhmvollen Messias im Sinn. Da nimmt Petrus ihn beiseite und macht ihm Vorwürfe. Der Herr reagiert mit Festigkeit: „Weg mit dir, Satan, geh mir aus den Augen! Denn du hast nicht das im Sinn, was Gott will, sondern was die Menschen wollen!" (*Mk* 8,33).
Die Menschennatur lehnt sich auf gegen die Aussicht des Leidens. Aber der treue Jünger kann nichts anderes tun als dem Meister zu folgen, indem er die scheinbare Sicherheit der rationalen Gewißheiten verläßt und die Pläne Gottes frei annimmt. Diese Pläne sind, auch wenn sie uns unverständlich erscheinen, immer zu unserem Wohl. Sie führen den Plan des Erbarmens und des Heils, der für uns von Ewigkeit her vorbereitet ist, zur Vollendung.

5. Der Menschheit, die im Zweifel, in der Gleichgültigkeit und der mühseligen Suche nach ihrem Wohl lebt, das häufig mit der materiellen Befriedigung der menschlichen Wünsche verwechselt wird, verkündet die Kirche weiterhin diese umwälzende Neuheit: das Ostergeheimnis. „Christus, der für alle starb und auferstand, schenkt dem Menschen Licht und Kraft durch seinen Geist, damit er seiner höchsten Berufung nachkommen kann; es ist kein anderer Name unter dem Himmel den Menschen gegeben, in dem sie gerettet werden sollen" (*Gaudium et spes*, Nr. 10).

Christus ist die volle und endgültige Antwort auf all unser Streben. Und er ruft uns, ihm auf dem Weg des Kreuzes nachzufolgen.
„Wer aber bis zum Ende standhaft bleibt, der wird gerettet" (*Mt* 10,22).

6. Liebe Schwestern und Brüder, erreicht uns aus der heutigen Liturgie vielleicht nicht ein heftiger Aufruf, das Geschenk des Glaubens neu zu entdecken, das wir umsonst empfangen haben? Werden wir nicht aufgefordert, unser Zeugnis vom Evangelium wirksam in die Tat umzusetzen?
Die Betrachtung des Geheimnisses vom Kreuz führt uns in die demütige und gehorsame Nachfolge Christi. „Wer mein Jünger sein will, der verleugne sich selbst, nehme sein Kreuz auf sich und folge mir nach. Denn wer sein Leben retten will, wird es verlieren ..." (*Mk* 8,34-35).
In der Schule des fleischgewordenen Wortes verstehen wir, daß es göttliche Weisheit ist, das Kreuz voll Liebe anzunehmen: das Kreuz der Demut der Vernunft vor dem Geheimnis; das Kreuz des Willens zur treuen Übung des ganzen moralischen, natürlichen und offenbarten Gesetzes; das Kreuz der eigenen, manchmal schweren und unangenehmen Pflicht; das Kreuz der Geduld in der Krankheit und in den Schwierigkeiten des Alltags; das Kreuz des unermüdlichen Einsatzes, um der eigenen Berufung zu entsprechen; das Kreuz des Kampfes gegen die Leidenschaften und Gefahren des Bösen.
Wenn wir auf den Gekreuzigten blicken - und gestern hat uns das Fest der Kreuzerhöhung daran erinnert, daß das Kreuz der Ruhm und die Verherrlichung Christi ist -, werden wir ermutigt, uns selbst zu verleugnen, jeden Tag unser Kreuz anzunehmen und Ihm nachzufolgen.
Aus dem Tod erwächst das Leben: „Wer sein Leben um meinetwillen verliert, wird es retten."
„Wir beten dich an, Herr Jesus Christus, und preisen dich; denn durch dein heiliges Kreuz hast du die Welt erlöst" (*Aus der Liturgie vom Fest der Kreuzerhöhung*).

7. Liebe Schwestern und Brüder, es freut mich, diese Überlegungen, die uns von der heutigen Liturgie eingegeben werden, mit euch, den ständigen Bewohnern von Castel Gandolfo, und mit den Pilgern zu teilen, die hier die Sommermonate verbringen.
Ich wünsche jedem, er möge vorbehaltlos dem Ruf Christi folgen, und ich grüße euch herzlich, liebe Bewohner des so gastfreundlichen und reizenden Städtchens. Insbesondere grüße ich euren Oberhirten, Msgr. Dante Bernini, und denke gleichzeitig an den Pfarrer und die Seelsorger, die ihren Priesterdienst unter euch mit Eifer ausüben. Meine Hochachtung gilt dann auch dem Herrn Bürgermeister, den Mitgliedern der Gemeindeverwaltung und all denen, die in verschiedener Weise dazu beigetragen haben, daß mein Sommeraufenthalt in Castel Gandolfo, der nun zu Ende geht, ruhig verlaufen konnte. Gott schenke euch reiche Gnadengaben und mache euch bereit, in jedem Fall seinen Willen zu erfüllen.

8. Geht euren Weg vor dem Herrn!
„Ich liebe den Herrn; denn er hat mein lautes Flehen gehört" (*Ps* 116,1).

Der Antwortpsalm fordert uns auf, den Herrn zu loben, denn er hat uns sein Ohr zugeneigt im Augenblick der Not.
Der Herr ist gnädig und gerecht, unser Gott ist barmherzig.
Er verläßt uns nicht in der Zeit der Prüfung. Er stützt uns, wenn wir uns mühen. Er erlöst uns vom Bösen.
Deshalb können wir mit dem heiligen Paulus bekräftigen: „Ich aber will mich allein des Kreuzes Jesu Christi, unseres Herrn, rühmen, durch das mir die Welt gekreuzigt ist und ich der Welt" (*Gal* 6,14).
Wir wollen uns allein des Kreuzes Christi rühmen.
Schmerzhafte Muttergottes, dich verehren wir heute besonders; hilf uns, das Kreuz zu lieben. Hilf uns, Jesus nachzufolgen.
„Fac ut ardeat cor meum in amando Christum Deum ut sibi complaceam: daß mein Herz von Lieb' entbrenne, daß ich nur noch Jesus kenne, daß ich liebe Gott allein."
Amen.

Zeichen der persönlichen Dankbarkeit

Grußwort an das 31. Geschwader der Italienischen Luftwaffe am 15. September

Herr Kommandant, meine Herren Offiziere und Unteroffiziere
des 31. Geschwaders der Italienischen Luftwaffe.
Liebe Brüder und Schwestern!

1. Mit großer Freude begrüße ich euch heute zu diesem bereits traditionellen Treffen, eine günstige Gelegenheit, um jedem von euch meinen freundlichen Gruß zu erneuern und allen meine aufrichtigste Dankbarkeit auszusprechen. Mit eurer geschätzten Zusammenarbeit leistet ihr der apostolischen Mission des Nachfolgers Petri einen bedeutenden Dienst, und dafür danke ich euch besonders herzlich.
Die heutige Audienz gibt mir außerdem die Möglichkeit, zusammen mit euch eure Familien zu grüßen: eure Frauen, eure Söhne und eure Töchter. Allen gilt mein herzlicher Gruß.
Eure beruflichen Leistungen, pünktlich, genau und zuvorkommend, geben mir die Möglichkeit, im Laufe des Jahres in den verschiedenen Regionen Italiens viele Menschen zu erreichen und unterschiedliche Gemeinschaften zu treffen. Dank euch kann ich meine Pastoralbesuche nämlich leichter bewältigen und die Botschaft des Evangeliums überall verbreiten, und damit das ausüben, was meinen Petrusdienst darstellt, nämlich: die Brüder im Glauben bestärken, sie ermutigen, rückhaltlos ihre Treue zu Christus und ihre Liebe zur Kirche zum Ausdruck zu bringen und sie zu einem konsequenten Zeugnis für das Evangelium anregen. Abgesehen von der Großmut und Güte Gottes in unserem Leben und all unserem Handeln, ist es auch euch zu verdanken, daß ich meine besondere Mission ausüben kann.

2. Liebe Freunde, eure Pflichterfüllung ist für mich ein Beispiel und ein Grund zum Nachdenken. Ihr leistet ja zu der guten Atmosphäre, die die apostolischen Reisen

kennzeichnet, einen wichtigen Beitrag, und dies nicht nur, wie oben erwähnt, durch eure erwiesene Berufstüchtigkeit, sondern vor allem dank eures Zeugnisses, das sicherlich von dem Bewußtsein erfüllt ist, von Gott eine besondere Sendung zum Dienst des Menschen erhalten zu haben.

Darum ermutige ich euch, mit neuem Enthusiasmus in dieser Linie weiterzugehen: laßt euch immer von der Achtung vor den ewigen, geistigen Werten anregen; handelt in jeder Situation aus reifem Glauben und ehrlicher Liebe zu den Brüdern. So wird eure Arbeit Früchte ewigen Heiles tragen.

Die päpstlichen Ehrenzeichen, mit denen ich nun die Freude habe euch auszuzeichnen, sollen eine sichtbare Anerkennung für eure geschätzte Arbeit sein, ein greifbares Zeichen meiner persönlichen Dankbarkeit euch gegenüber und eine Anregung, eure Mission zugunsten des gemeinsamen Wohls weiterzuführen.

Mein Wunsch zum Fortschritt im Glauben und zu christlichem Wohlergehen für euch und eure Familien ist mit einem besonderen Gebetsgedenken verbunden, und ich vertraue euch alle dem Schutz der heiligen Jungfrau von Loreto, eurer hohen Schutzpatronin an. Maria, eine Lehrerin der Treue und des Eifers, möge euch besonders in den Augenblicken der Prüfung und der Mühe zur Seite stehen.

Mit diesen Wünschen erteile ich jedem von euch und euren Lieben von ganzem Herzen den Apostolischen Segen.

Kirchliche Archive fördern Wissenschaft und Kultur

Ansprache bei der Audienz für die Teilnehmer am „6. Internationalen Kirchenarchivtag" am 16. September

Eminenz!
Sehr geehrte Damen und Herren!

Es ist mir eine besondere Freude, Sie anläßlich des 6. Internationalen Kirchenarchivtages in Rom begrüßen zu können. Die Bundeskonferenz der Kirchlichen Archive Deutschlands und die Arbeitsgemeinschaft der Archive und Bibliotheken in der Evangelischen Kirche, denen Sie angehören, sind sehr lobenswerte und vorbildliche Einrichtungen sowie Ausdruck des Verantwortungsbewußtseins der Kirchen für Wissenschaft und Kultur. Sie haben es sich zur Aufgabe gemacht, das Kulturgut des „geschriebenen Gedächtnisses" in geordneter Form aufzubewahren und der Forschung zugänglich zu machen.

Bereits seit den ersten christlichen Jahrhunderten trugen auch die Päpste Sorge für die Aufbewahrung wichtiger Schriftstücke und Dokumente. Schon der Kirchenhistoriker Eusebius berichtet über das Chartarium oder Scrinium Sanctae Romanae Ecclesiae, und schon damals standen die kirchlichen Archivalien der Forschung zur Verfügung. Seit 1880 sind die Tore des Vatikanischen Archivs, wie Sie wissen, weit offen für Wissenschaftler aus aller Welt. Hiermit leistet die Kirche einen bedeuten-

den Beitrag für Wissenschaft und Kultur und fördert dadurch die geschichtliche, geistige und kulturelle Entwicklung der gesamten Menschheit.
Die kirchlichen Archive, die Sie repräsentieren, haben auch eine ökumenische Bedeutung und Funktion. Zum einen enthalten sie Quellenmaterial über die beklagenswerten kirchlichen Spaltungen, zum anderen geben sie Zeugnis vom unaufhörlichen Bemühen, die Trennung zu überwinden. Nicht zuletzt kommt die ökumenische Bedeutung durch diesen internationalen Kirchenarchivtag selbst zum Ausdruck, zu dem Sie sich in Rom versammelt haben und zu dessen Höhepunkt Sie mit dem Nachfolger des hl. Petrus zusammentreffen wollten.
Gern nehme ich diese Gelegenheit wahr, Ihnen für Ihre Tätigkeit in den kirchlichen Archiven zu danken. Zugleich möchte ich Sie ermuntern, auch weiterhin eine fruchtbare Zusammenarbeit zu pflegen, um Ihren wichtigen Aufgaben in gemeinsamer Verantwortung auch weiterhin gerecht zu werden. Dazu erbitte ich für Sie und für alle Ihre Mitarbeiter von Herzen Gottes Segen und Beistand.

Das Wort Gottes ist Mittelpunkt des Dialogs

Ansprache an das Generalkapitel der Claretiner-Missionare am 19. September

Liebe Missionare, Söhne des Unbefleckten Herzens Mariens!

1. Es ist mir eine Freude, mit euch, den Mitgliedern des ordentlichen Generalkapitels des Instituts der Claretiner, zusammentreffen zu können, das durch diese Versammlung, welche die vier seit dem Zweiten Vatikanischen Konzil abgehaltenen fortsetzt, seine Strukturen, sein Charisma und seine Verantwortungen erneuern will. Anzeichen dafür sind seine innere Dynamik und seine weite Verbreitung in zahlreichen Ländern.
Mein besonderer Gruß gilt P. Gustavo Alonso, der zwölf Jahre lang das Amt des Generalsuperiors bekleidete; gleichzeitig beglückwünsche ich herzlich seinen Nachfolger, P. Aquilino Bocos Merino, dem ich für die freundlichen und ehrerbietigen, in eurem Namen ausgesprochenen Worte danke. Ebenso möchte ich meiner Freude über all das Gute Ausdruck geben, das eure Ordensfamilie in der Kirche und in der Gesellschaft vollbringt.

2. Während der letzten Jahre kam es in Westeuropa und in Nordamerika zu einem Rückgang der Berufungen, der zweifellos durch einen starken Anstieg in Osteuropa und in verschiedenen Ländern Afrikas und Asiens ausgeglichen wurde. Das brachte für euch eine Reihe von Problemen mit sich, die nicht nur wirtschaftlicher Natur waren, sondern vor allem die Bereiche der Ausbildung, der Inkulturation, der Auslese der Berufungen sowie die Anpassung eures missionarischen und marianischen Charismas an die neuen Milieus betraf, in denen die Kirche eurer für den Dienst am Evangelium bedurfte.
Die moderne apostolische Persönlichkeit des hl. Antonio Maria Claret, die sich in euren erneuerten Konstitutionen widerspiegelt und weiterwirkt, hat euch geholfen

viele der Schwierigkeiten zu überwinden, unter denen während der letzten Jahre das Leben der Ordensgemeinschaften zu leiden hatte. So brachten euch die neuen Erfordernisse des missionarischen Apostolats zu der Feststellung, daß die spirituelle und kontemplative Dimension eures Leben erneut und sein Gemeinschaftsaspekt gefördert werden sollte, und zwar nicht nur im Sinn des gemeinsamen Lebens, sondern auch als Sendung und Verwirklichung eurer missionarischen Aufgabe in der Welt.

3. Andrerseits hat euch das Bewußtsein, daß der Dienst am Wort den wichtigsten Aspekt eures claretinischen Erbes darstellt, ebenso wie euren Gründer die Notwendigkeit gelehrt, euch ständig dem Studium dieses Wortes zu widmen und dem Nachfolger Petri sowie dem Bischofskollegium, als deren „kraftvolle Helfer" euch der hl. Antonio Maria Claret bezeichnete, unverbrüchliche Treue zu halten.
Ihr führt während dieser Tage eine programmatische Reflexion über euren „missionarischen Dienst am Wort für die neue Evangelisierung" zu Ende. Ihr wollt auf diese Weise auf die Herausforderung der alternden Welt eingehen, der durch die ständige Neuheit des Evangeliums wieder neue Hoffnung gegeben werden muß. Deshalb müßt ihr überall verkünden, daß Christus der „neue Mensch" ist. Als Christen und Ordensleute müßt ihr bezeugen, daß ihr den „alten Menschen" abgelegt und euch mit Christus bekleidet habt (vgl. *Kol* 3,10). Als Missionare habt ihr die unveräußerliche Pflicht, „Gesandte Christi" (vgl. *2 Kor* 2,5) zu sein; deshalb „zieht den neuen Menschen an, der nach dem Bild Gottes geschaffen ist in wahrer Gerechtigkeit und Heiligkeit" (*Eph* 4,24).

4. Erlaubt es mir, liebe Brüder, euch nochmals zum eifrigen Studium und zur Betrachtung des Wortes Gottes aufzufordern, zu dessen Dienst ihr berufen seid. Euer heiliger Gründer widmete täglich alle verfügbare Zeit dem Studium der heiligen Schrift. Bei euch soll es nicht anders sein, wenn ihr wirklich eure Sendung ganz erfüllen wollt. Das Wort Gottes muß Quelle der Betrachtung und des Einsatzes für eure persönliche Spiritualität werden und Mittelpunkt des Dialogs und der gemeinschaftlichen Feiern sein; es muß gleichzeitig der wichtigste Gegenstand eures Studiums und Leitfaden für eure Ausbildung sein; es muß, als Verkündigung des Heils und der Bekehrung, die besten Energien eures Dienstes am Volk Gottes und unter den Nichtglaubenden vereinen; es muß euch schließlich als Norm für die Wahl der Werke dienen, denen ihr euch als missionarische Gemeinschaft widmet.
Möge die treue Jungfrau und Mutter Christi euch stets auf eurem Glaubensweg führen: ihr Herz, als dessen Söhne ihr euch bezeichnet, nahm das Wort Gottes auf, bewahrte es und schenkte es der Welt als Prinzip und allgemeines Sakrament des Heils.
Mit meinem Gebet und meiner aufrichtigen Liebe begleite euch auch mein Apostolischer Segen.

Den Mut niemals verlieren

Ansprache an das Generalkapitel der Combonianer-Missionare am 20. September

Liebe Priester und Combonianer-Missionare vom Herzen Jesu!

1. Es ist mir eine Freude, euch in einer Sonderaudienz zu empfangen, die das Generalkapitel eurer Ordensfamilie abschließt. Ich begrüße den Generalsuperior P. David Glenday, die Mitglieder des Kapitels und alle Anwesenden. Auch gedenke ich herzlich der über alle Kontinente verstreuten Missionare eurer Kongregation.
Ich möchte meine Zufriedenheit über die Bereitschaft zum Ausdruck bringen, mit der sich euer Institut seit seiner Gründung um die ärmsten Schichten der Bevölkerung und um die von den ärgsten Schwierigkeiten heimgesuchten Gemeinden bemüht, um ihnen die im Evangelium enthaltene Botschaft echter Befreiung zu verkünden. Seinen Gründer, Bischof Comboni, nachahmend, der sich mit Leidenschaft für Afrika einsetzte, beabsichtigt ihr, die Evangelisierung und den Einsatz für die Förderung des Menschen überall dort fortzuführen, wohin ihr von der Vorsehung gerufen werdet.

2. Mit euch freue ich mich über die Ergebnisse dieses eures wichtigen Kapitels, das den neuen Bedingungen Rechnung getragen hat, unter denen sich heute die Missionstätigkeit abspielt. Ihr habt sorgsam die neuen Erfordernisse unserer Zeit überdacht, habt aus der Betrachtung der kürzlich veröffentlichten Enzyklika *Redemptoris missio* Ideen und Ansporn geschöpft und beabsichtigt nun, mutig auf dem bisher von eurem verdienstreichen Institut eingeschlagenen Weg weiterzugehen. Doch habt ihr angesichts der Herausforderungen, welche die zeitgenössischen Kulturen und die unablässige Entwicklung der Gesellschaft an die apostolische Tätigkeit stellen, sehr wohl begriffen, daß man nie darauf verzichten darf, Christus und sein Evangelium in der uneingeschränkten Fülle seiner Lehre und der sittlichen Forderungen zu verkünden, die sich aus ihm ergeben.
Ihr habt daher mit Verantwortungsbewußtsein und Treue bedacht, daß man heute die Wahrheit des Evangeliums den Menschen unserer Zeit verständlich machen muß, indem man aufmerksam auf ihre Probleme und Erwartungen hört. Der missionarische Eifer, der euch kennzeichnet, hat euch bewogen, euch insbesondere einem heute mehr denn je brennenden Problem zuzuwenden: nämlich dem Bevölkerungswachstum, mit einer ungeheuren zahlenmäßigen Zunahme der Nichtchristen. So scheint die Aufgabe, Christus allen Völkern zu verkünden, in keinem Verhältnis zu den in der Kirche verfügbaren menschlichen Kräften zu stehen. Daraus ergeben sich beachtliche Schwierigkeiten und Hindernisse. Die besorgniserregende Lage ist aber gleichzeitig auch ein providentieller Ansporn für euer Institut, euch mit wachsendem Eifer, der die Versuchung zur Mutlosigkeit überwindet, energisch und opferbereit eure Tätigkeit zu widmen. Dank der grundlegenden Besinnung auf eure spezifische missionarische Berufung und der Rückkehr zum charismatischen Engagement eures Gründers könnt ihr auch auf eine Zunahme der Berufungen für eure geistliche Familie hoffen.

3. Bischof Comboni wirkte unter der armen Bevölkerung, und dieser Lebensstil im Dienst der Geringsten kennzeichnet weiterhin euer Apostolat. Die wachsende Armut der Völker auf der südlichen Halbkugel, wo ihr zum Großteil tätig sein, ist eine bekannte Tatsache, und sie erregt eure ernste Sorge. Wie kann man dieser beunruhigenden Situation begegnen? Wie kann man die Gefahr des Hungers bannen, der unaufhörlich zahllose Opfer fordert und das erneute Aufleben von Tropenkrankheiten begünstigt, die endgültig überwunden schienen? In christlichem Empfinden ist euer Herz von tiefem Mitleid erfüllt, und ihr bemüht euch eifrig um Solidarität und zeitgemäße Hilfe.

Gerade ihr Missionare könnt in richtigem Maß die Schwere der sittlichen Verpflichtung der Verantwortlichen der reichen Nationen gegenüber den Völkern der Entwicklungsländer einschätzen. Es gibt eine gegenseitige Abhängigkeit der Staaten untereinander, die politische Verhaltensweisen und Entscheidungen sowie wirtschaftliche und administrative Maßnahmen bedingt. Man kann nicht zulassen, daß, während Unterentwicklung und Armut in vielen Gebieten der Erde im Ansteigen begriffen sind, ein privilegierter Teil der Menschheit weiterhin glücklich im Überfluß lebt.

Ebenso ernst wie Hunger und Krankheiten sind darüber hinaus einige soziale Übel zu nehmen, die man endgültig überwunden glaubte, die jedoch, wenn auch in anderer Form, weiterleben.

Ihr kennt z. B. die traurige Wirklichkeit der Ausbeutung der Schwachen und Bedürftigen; ihr wißt um die von Kriegen, bewaffneten Aufständen und der Guerillera hervorgerufene politische Unsicherheit, um die Verfolgung von einzelnen und Gruppen, deren Ursache Unnachgiebigkeit und ideologische und politische Diskriminierung ist. Erst kürzlich trauerte eure Kongregation um einige Mitbrüder, die in vorderster Linie das Evangelium verkündeten und die Menschenrechte verteidigten. Angesichts von Situationen, die manchmal die Bereitschaft zum Martyrium erfordern, empfindet ihr die Notwendigkeit einer tiefschürfenden Reflexion über die echte, an Christus orientierte missionarische Spiritualität. Nach Comboni sollte jeder Missionar „von der Wucht jener Liebe getragen sein, die das göttliche Feuer am Abhang von Golgota entzündet hat und das aus der Seite des Gekreuzigten hervorgegangen ist" (Daniele Comboni, *Schriften*, Nr. 2742).

4. Liebe Brüder, verliert angesichts der Schwierigkeiten nicht den Mut; erneuert vielmehr ehrlich und aus ganzem Herzen euer rückhaltloses Vertrauen auf Jesus. Auch euch gelten die an die ersten Jünger gerichteten Worte: „Fürchte dich nicht, du kleine Herde! Denn euer Vater hat beschlossen, euch das Reich zu geben" (*Lk* 12,32).

Setzt euch unablässig, gerade im Licht des Geheimnisses der Liebe, das euch beseelt, dafür ein, die geeigneten Wege zu finden, um euer Leben zu einem treuen Dienst an Gott und der Menschheit zu machen. Verkündet den Glauben, der, wie ich in der Enzyklika *Redemptoris missio* sagte, die freie Zustimmung des Menschen erfordert (vgl. Nr. 8), aber den Weg des allen Kulturen offenstehenden Dialogs und des konkreten Bemühens um den ganzheitlichen Fortschritt der Gesellschaft geht.

5. In diesem Sinn wünsche ich euch - den hier Anwesenden und euren in aller Welt verstreuten Mitbrüdern - reichen Erfolg in eurer Pastoral. Möge in euch und in euren Tätigkeiten das Ideal neu aufleben, das Daniele Comboni beseelte. „Ich möchte mit jedem von euch gemeinsame Sache machen", sagte er bei seinem Eintreffen als Apostolischer Provikar zur Bevölkerung von Khartoum. Ja, liebe Brüder, das ist eine wertvolle Leitlinie für jeden von euch: das Leben jener teilen, die sich nach Freiheit, nach Achtung für ihre Würde, nach der Kenntnis der Wahrheit und nach der Begegnung mit Gott und seiner Liebe sehnen. Maria, die Königin der Missionen, das Vorbild der mütterlichen Liebe, mit der sich die Kirche an jeden Menschen wendet, um ihm das Leben in Christus zu schenken, möge euch auf eurem Weg der persönlichen und gemeinschaftlichen Heiligung eine Stütze sein. Und auch alle Mitglieder eurer Kongregation, die treu der Sache des Evangeliums gedient haben und euch jetzt vom Himmel aus weiterhin zur Seite stehen, mögen euch helfen.
In Liebe und Achtung segne ich euch alle.

Den Weg der Vollkommenheit gehen

Ansprache an die Teilnehmer des internationalen Kongresses der Verantwortlichen für die ständige Weiterbildung des Kapuzinerordens am 21. September

Liebe Brüder!

1. Mit großer Freude empfange ich euch in einer Sonderaudienz, da ihr euch in diesen Tagen mit einem für das gottgeweihte Leben sehr wichtigen Thema eingehend befaßt, nämlich mit der ständigen Weiterbildung.
Nach zwei internationalen Begegnungen, die die Ausbildung während der Zeit des Noviziates und danach studierten, haltet ihr nun diesen dritten Kongreß ab für die Verantwortlichen und Förderer der Fortbildung eures Ordens. Gerade ihr, die ihr aus allen Ordenskonferenzen des Ordens stammt und etwa 40 verschiedenen Nationen angehört, seid der beste Beweis für den Nachdruck, mit dem euer Institut die große Aufgabe einer ständigen geistigen Erneuerung seiner Mitglieder aufgreift.
Ich freue mich mit euch über den Eifer und die Aufmerksamkeit, die ihr den Problemen der heutigen Gesellschaft widmet; ich freue mich mit euch besonders über eure Treue zur Lehre der Kirche in all dem, was die Vorbereitung eurer Kandidaten und aller Mitbrüder im Kapuzinerorden betrifft.
Ich grüße mit Hochachtung und Zuneigung den Generalminister des Ordens, den hochwürdigen P. Flavio Roberto Carraro; ich grüße einen jeden von euch und die Gemeinschaften, zu denen ihr gehört. Mein Wunsch ist ferner, daß mein herzlicher Gruß auch alle eure Mitbrüder erreicht, die in so vielen Gegenden der Welt für das Evangelium Zeugnis geben und im Apostolat tätig sind.

2. Wie ihr selbst in den Dokumenten dieses Kongresses in Erinnerung ruft, versteht ihr die Weiterbildung als einen ständigen Prozeß der ganzheitlichen Förderung der einzelnen Mitbrüder und Bruderschaften. Sie betrifft die entsprechende Anpassung

der Strukturen zu dem Zweck, die Qualität eures religiösen Zeugnisses und eurer apostolischen Tätigkeiten immer eindrucksvoller und wirksamer zu machen. Zu ihr gehört die Neuentdeckung des spezifischen franziskanisch-kapuzinischen Charismas, wie es den Zeichen der Zeit in der Kirche und in der heutigen Gesellschaft entspricht.
Ohne die Werte der Vergangenheit aufzugeben, führt ihr so eure einzigartige Sendung in der Welt von heute weiter.
Die ständige Weiterbildung ist am Ende nichts anderes als eine ständige, dynamische und schöpferische Erneuerung eurer Berufung als Kapuziner.
Ich empfehle euch daher, bei den Bildungsprogrammen und bei den gemeinschaftlichen Entscheidungen an die erste Stelle immer den Grundwert eures Charismas zu setzen, nämlich das brüderliche Leben nach dem Evangelium, das vor allem vom Geist des Gebetes getragen wird.

3. Auf diesem Weg stoßt ihr auf zahlreiche Hindernisse: ihr müßt sie mit Realismus bewußt aufgreifen und dabei ein solides, organisches und umfassendes Gesamtbild vor Augen haben. Ich freue mich über euren Eifer und wünsche eurem jetzigen Bemühen guten Erfolg. Der „Gesamtplan der ständigen Weiterbildung der Kapuziner-Minderbrüder", den ihr bei den Arbeiten dieses eures Kongresses zusammengestellt habt, wird eine gute Hilfe für den ganzen Orden sein und euch zu würdigen Nachfahren eures heiligen Gründers, Franziskus von Assisi, machen.
Haltet euch seine außergewöhnliche Gestalt immer vor Augen: das Bild eines Menschen mit dem Herzen eines Pilgers und Gastes auf Erden, immer unterwegs auf dem Weg der Treue zum Evangelium und aufgeschlossen für die Nöte der Mitmenschen. Vor seinem Tod legte er sein „Glaubensbekenntnis" im gottgeweihten Leben ab, ein echtes Bemühen um ständige Fortbildung. „Er sagt: ‚Beginnen wir, dem Herrn, unserem Gott, zu dienen, denn bisher haben wir wenig oder gar keinen Nutzen daraus gezogen!' Es kam ihm nicht einmal der Gedanke, das Ziel schon erreicht zu haben, und da er unermüdlich dem Vorsatz zu heiliger Erneuerung treu blieb, hoffte er immer, wieder von vorne beginnen zu können ...; er wollte einen Weg noch höherer Vollkommenheit einschlagen ..." (*1 Cel.* 103; *FF* 500).
Möge das Beispiel des heiligen Franziskus und der Schutz der Gottesmutter, der getreuen Jungfrau, euch helfen, euren Lebensweg nach dem Evangelium in einem Klima geistlicher Erneuerung, das heißt in echter ständiger Weiterbildung, fortzusetzen.
Mit meinem Apostolischen Segen.

Leben nach dem Evangelium ist Vorwegnahme der Gemeinschaft der Heiligen

Ansprache an den Generalminister der Franziskaner-Minoriten und an das neue Definitorium am 23. September

Liebe Brüder!

1. Mit echter Freude empfange ich euch in dieser Spezialaudienz nach dem Generalkapitel, das ihr aus Anlaß des fünften Jahrhunderts seit Beginn der Evangelisierung der beiden Amerika in San Diego gehalten habt.
Seid herzlich willkommen! Herzlich grüße ich den neuen Generalminister, P. Hermann Schalück, sowie die Mitglieder des neuen Definitoriums, die Teilnehmer am Kapitel und die ganze liebe Familie der Minderbrüder. Euch liegt die in der Regel des hl. Franziskus formulierte Berufung am Herzen, und ihr wollt sie mit hochherziger Treue leben. Nun seid ihr hergekommen, um dem Nachfolger des Petrus erneut euren Wunsch nach jenem besonderen Band auszusprechen, das Franziskus mit dem „Herrn Papst" (*Reg.* 1) als Schutz und Stütze des Lebens der Minderbrüder anknüpfen wollte.

2. Dankbar für die an mich gerichteten Worte, spreche ich dem Generalminister meine besten Wünsche aus für die Aufgabe, die er nun zu erfüllen hat. Er ist dafür verantwortlich, das Werk des hl. Franz unter seinen Brüdern weiterzuführen, und ich bin sicher, daß sein Wirken tatkräftig von denen mitgetragen wird, die die Last mit ihm teilen. Der Heilige Geist, der nach den Worten des hl. Franziskus der eigentliche Generalminister des Ordens ist (vgl. *2 Cel.* 193, FF 779), möge euch alle anregen und helfen, damit die Freude über das Heil und die Gemeinschaft der Herzen einen jeden Bruder, den euch der Herr geschenkt hat, erfüllt (vgl. *Test.* 14, FF 116).
Auch euch vertraue ich, wie schon dem Generalkapitel, das Werk und die dringende Aufgabe der „neuen Evangelisierung" an, die ihre Wurzeln in einem immer tieferen Bewußtsein vom Wort Gottes in voller Treue zum authentischen Lehramt der Kirche hat. Diese muß die Minderbrüder bereit finden und vorbereitet durch ein sorgfältiges und vertieftes Studium der theologischen Fächer im Lichte der Wahrheit, die in Christus ist. Sie muß aber auch unterstützt werden von einer echten Heiligkeit des Lebens. Nur so kann „den Armen die Frohbotschaft verkündet" (vgl. *Lk* 4,18) sowie dem höchsten, allmächtigen und guten Herrn Lob und Ruhm dargebracht werden (*Sonnengesang* 1, FF 263), denn Ihm gilt ja der Gottesdienst eures Lebens (vgl. *Röm* 12,1). Das Beispiel zahlreicher Brüder, die auch in den letzten Jahren den Tod um des Evangeliums willen erlitten haben, sei euch ein Ansporn in der gemeinsamen Berufung der Jünger und Zeugen des göttlichen Meisters.

3. Im Schlußdokument des Kapitels wolltet ihr den typisch franziskanischen Gedanken bekräftigen, daß die Evangelisierung nicht in einer Menge von Worten besteht, vielmehr sich in der Gestaltung des eigenen Lebens nach dem Leben unseres Herrn

Jesus Christus verwirklicht so, wie es das Evangelium uns überliefert. Dies sagen klar auch eure allgemeinen Konstitutionen (vgl. *CCGGOFM*, Kap. V; art. 87).
Gerade dieses in brüderlicher Gemeinschaft gelebte Leben nach dem Evangelium ist Zeichen und Vorwegnahme der Gemeinschaft der Heiligen. Wenn ein solches Leben dem Beispiel Christi entspricht, ist es Verkündigung und Verheißung der neuen Welt und zugleich Garantie für friedliche Beziehungen zwischen Menschen und Völkern als Zeichen einer Gabe, die uns von oben geschenkt wird. Gebt nie euren Lebensstil auf: Ihr seid arm und seid Minderbrüder. Nehmt alle auf, seid allen nahe, legt für alle Fürsprache ein, tragt zu allen die Frohbotschaft von der Liebe des Herrn und tut so das Eure, daß die Liebe wiedergeliebt wird (vgl. *Legende von Perugia* 37, FF 1587).
Haltet den Blick immer fest auf Jesus, den Urheber und Vollender des Glaubens (vgl. *Hebr* 12,2) sowie auf die dem hl. Franz teuren Geheimnisse gerichtet, der gerade kraft der Gnade der Kontemplation das Zeichen der Wundmale unserer Erlösung erhielt. Macht euch das Franziskus zugeschriebene Gebet zu eigen: „O mein Herr Jesus Christus, schenke mir bitte zwei Gnaden, bevor ich sterbe: als erste, daß ich in meinem Leben in Seele und Leib, soweit möglich, jenen Schmerz empfinde, den du, süßer Jesus, in der Stunde deines bitteren Leidens empfunden hast; als zweite, daß ich in meinem Herzen, soweit möglich, jene überströmende Liebe empfinde, die in dir, dem Sohn Gottes brannte, so daß du so viel Leid gern für uns Sünder getragen hast" (*3. Cons. der Wundmale*, FF 1919).
Dieses Feuer der Liebe soll die Grundlage der Ausbildung und des Studiums, der Vorbereitung und des Apostolates für den ganzen Orden bilden. Es möge vor allem die Brüder bei den neuen Aufgaben in den Ländern erfüllen, in denen nach langen Jahren der Verfolgung eure Provinzen wiederhergestellt worden sind. Ihr könnt und müßt „jene überströmende Liebe" verkünden und wieder aufleben lassen, wenn ihr weiter als Freunde Jesu gelten und den Seelen nach dem Maß Seiner Liebe dienen wollt. Eure Präsenz soll nicht den leichten Erfolg anstreben, sondern die Liebe zu Gott und zur Kirche zum Wachsen bringen.

4. Die vollständige Ausbildung der Erzieher, der Minister und Guardiane war ein weiteres Anliegen, das ihr auf dem Kapitel als Priorität für den Weg des Ordens betrachtet habt.
Eine echt franziskanische Ausbildung, die im Herzen der Brüder gut verwurzelt und begründet ist, wird euch die Verbreitung des Evangeliums in seiner Ganzheit und Reinheit „in der Aufrichtigkeit und Lauterkeit, wie Gott sie schenkt" (*2 Kor* 1,12) möglich machen.
Wenn ihr in einer solchen Heiligkeit wohl verwurzelt seid, werdet ihr die Kraft finden, die Gemeinschaften in vollkommener kirchlicher Gemeinschaft zu leiten und das große Gut der Einheit zu wahren, während ihr zugleich, von der den Jüngern Jesu eigenen Aufrichtigkeit geleitet, die euch vom Geist geschenkte berechtigte Freiheit unverkürzt wahren könnt. Ihr werdet mit ausgeprägtem Sinn für Verantwortung zu unterscheiden wissen, um immer und allein das zu wählen, was erbaut. Dann könnt ihr die Brüder im Suchen nach dem einzigen höchsten Gut anleiten.

Der Generalminister und die Brüder des Definitoriums dürfen meines Interesses und meiner Sorge für das wahre Wohl des Franziskanerordens sicher sein, dem ich volle Treue zu den Versprechungen wünsche, die ihr dem Herrn und der katholischen Kirche feierlich gemacht habt.
Bringt allen Brüdern den Segen des Herrn und meinen eigenen und ladet sie ein, dem Eifer des hl. Franz für das Evangelium, seiner Liebe zur Gemeinschaft der Kirche und seinem Eifer für ein heiliges Leben nachzustreben. Mit euch segne ich auch die Schwestern des Ordens der hl. Klara, die eurer Sorge anvertraut sind, und alle, die als Gottgeweihte oder als Laien im Geist des hl. Franziskus leben.

Sinti und Roma - eine anerkannte Minderheit

Ansprache an das römische Studienzentrum „Sinti und Roma" am 26. September

Liebe Brüder und Schwestern!

1. Es ist mir ein Grund zu besonderer Freude, daß ich euch heute, am 26. September empfangen kann, genau 26 Jahre nachdem Paul VI. ehrwürdigen Andenkens euch zum ersten Mal treffen wollte.
Damals begab er sich, von einigen Konzilsvätern begleitet, als Pilger in euer Lager in Pomezia. Der Papst wollte damit auf vielsagende Weise den Dienst unterstreichen, den die Kirche an der Menschheitsfamilie zu leisten berufen ist. Der Lehre des Erlösers getreu, erinnert sie daran, daß die Menschheit nur dann, wenn sie sich für ein aufrichtiges Verständnis unter all ihren Gliedern öffnet, daran denken kann, eine gemeinsame Zukunft aufzubauen, in welcher der Schutz der Würde der Person, vor allem denen gegenüber, die noch ausgegrenzt sind, zur Grundlage und Garantie einer neuen Epoche der Solidarität und des Friedens werden.
Zur Besiegelung eines so denkwürdigen Tages, wie er selbst ihn nannte, krönte Paul VI. feierlich das Bild der Muttergottes, „Königin der Sinti und Roma", und segnete eure Tradition, die euch als gläubige Pilger bei den bekanntesten marianischen Heiligtümern der Welt sieht.

2. Jener 26. September 1965 bedeutete wirklich einen bedeutenden Abschnitt in der Seelsorge der Kirche an eurem Volk.
Auf diesen ersten Kontakt folgten weitere, vor allem gelegentlich der internationalen Treffen, die der Päpstliche Rat der Seelsorge für die Migranten und die Menschen unterwegs 1980 und 1989 veranstaltete. Weiterhin fehlte es im Lauf dieser Jahre nicht an Gelegenheit, mit euch zusammenzutreffen, besonders bei den Pastoralbesuchen in der Diözese Rom und den Pilgerreisen in die verschiedenen Länder der Welt, wie z. B. kürzlich in Szombathely in Ungarn.
Auch die heutige Audienz ist von besonderem Interesse. Das Studienzentrum „Sinti und Roma" mit seinem Sitz in Rom feiert ja den 25. Jahrestag seiner Gründung, und um dieses erfreuliche Ereignis zu begehen, habt ihr in den vergangenen Tagen eine internationale Zusammenkunft gehalten über das Thema „Ost und West im Hinblick

auf die regionalen und lokalen Maßnahmen gegenüber den Sinti und Roma". Teilnehmer waren Vertreter von Sinti- und Romaorganisationen und Experten aus fast allen Ländern Europas und anderen Ländern der Welt.
Einem jeden von euch meinen herzlichen Gruß! Einen besonderen Dank richte ich an Erzbischof Giovanni Cheli, Präsident des Päpstlichen Rates der Seelsorge für die Migranten und Menschen unterwegs, für seine freundlichen Worte, mit denen er mir einige Aspekte eures Daseins dargelegt hat.
Einen herzlichen Gruß auch an Msgr. Bruno Nicolini, Vorsitzender des Studienzentrums „Sinti und Roma" und mit der Seelsorge für die Nomaden in der Diözese Rom beauftragt, ebenso begrüße ich Frau Dr. Mirella Karpati, verantwortliche Direktorin der Zeitschrift für Studien über Sinti und Roma: „Lacio Drom". Ich begrüße ferner Herrn Rajko Djuric, Vorsitzender der Weltunion der Roma, und seine Mitarbeiter.
Für ihre Anwesenheit danke ich auch dem Präsidenten der Kommission für Äußere Angelegenheiten der Italienischen Abgeordnetenkammer, Herrn Flaminio Piccoli, und der Vizebürgermeisterin der Stadt Rom, Frau Beatrice Medi.

3. Ich weiß, wie sehr es euch am Herzen liegt, eure Kultur zu verteidigen und die Traditionen eures Volkes bekannt zu machen. Ich kann euch versichern, daß die Kirche mit Vertrauen auf euch blickt und euch ermutigt, die Grundlagen und idealen Motive eurer Geschichte tiefer zu erforschen.
Ihr tragt Sorge dafür, eure typische soziale und kulturelle Identität zu behaupten und wollt, was euch in charakteristischer Weise in Lebensführung, Volkstum, Kultur und Wanderleben unterscheidet, bewahren. Die Familie bildet für euch den natürlichen Ort eures völkischen Bewußtseins, den festen und unersetzlichen Kern eures Gemeinschaftsverbandes.
Angesichts der Großzügigkeit, die ihr in der Weitergabe des Lebens zeigt, kann man nicht umhin, mit euch das Besorgtsein um die Vorbereitung der Zukunft für die jungen Generationen zu teilen, das euch das Beste aus eurer Tradition in einem fruchtbaren Dialog mit den anderen Völkern weiterentwickeln läßt.
Ich bewundere die Religiosität, von der eure Gebräuche durchdrungen sind, und ich möchte daran erinnern, daß Gott die Gläubigen unter euch dazu beruft, in Übereinstimmung mit eurer kulturellen Identität die Berufung und die Sendung, die jedem Christen eigen ist, zu bezeugen, nämlich die Tatsache, daß wir alle beständig unterwegs sind auf dem Weg zur himmlischen Heimat.

4. Eure Geschichte war oft gezeichnet von Ausgrenzung und von Vorfällen sogar gewaltsamer Diskriminierung. Dennoch stellt sich der jetzige Augenblick der Geschichte, selbst wenn er komplizierte und widersprüchliche Aspekte aufweist, auch für euch als nicht minder reich an konkreten hoffnungsvollen Aussichten dar. Der Zusammenbruch von Grenzen, die gestern noch unübersteigbar schienen, bietet die Möglichkeit zu einem neuen Dialog zwischen den Völkern und den Nationen. Die Minderheiten sehnen sich danach, als solche in der Freiheit verantwortlicher Selbst-

bestimmung und im Wunsch nach Teilhabe am Geschick der gesamten Menschheit anerkannt zu werden.
In dieser neuen Szenerie voll von Erwartungen und Plänen seid auch ihr berufen, zum Aufbau einer brüderlichen Welt, eines echten „gemeinsamen Hauses" für alle beizutragen. Ihr bildet eine Minderheit, die keine territorialen Grenzen kennt und die den bewaffneten Kampf als Mittel, um sich durchzusetzen, stets abgelehnt hat; eine in ihrer trans-nationalen Dimension vorbildliche Minderheit, die in einer einzigen kulturellen Gemeinschaft Menschen zusammenfaßt, die über die ganze Welt hin verstreut und nach Rasse, Sprache und Religion verschieden sind.
Eure weite Streuung hat euch in unseren Tagen den Ansporn gegeben, euch zu einer großen Organisation zusammenzuschließen, zum Verband der Sinti und Roma, in welchem sich die nationalen und örtlichen Sinti und Roma-Verbände zusammenfinden. Dank dieser Struktur hofft ihr, leichter als völkische Minderheit anerkannt zu werden, die das Recht auf eigene Identität und Sprache hat. Gleichzeitig beansprucht ihr das Recht, in dem Land, in dem zu leben ihr euch entschieden habt, Bürger gleich allen anderen zu sein.
Diese eure Bestrebungen finden heute weithin Verständnis und Bereitschaft auf seiten der politischen Organe der Gemeinschaft, und auf dieses Ziel hin werden stufenweise gesetzliche Maßnahmen vorbereitet, wenn auch noch viel zu tun übrigbleibt, bis sich auf der Erde eine wirkliche Kultur der Aufnahme und der Solidarität festigt.

5. Ihr, liebe Freunde, habt in der vergangenen Zeit viele Prüfungen durchstehen können, weil ihr an Gott geglaubt und auf ihn gehofft habt und weil ihr untereinander durch sehr starke Bande verbunden seid. Nun seid ihr aufgerufen, auf diese Werte des Glaubens und der Gemeinschaft eure Zukunft aufzubauen, die Versuchungen zu Konsumdenken und Genußsucht zu überwinden und wieder zurückzukommen auf das, was in eurem Leben grundlegend ist: die Achtung vor dem Menschen als „Bild und Abglanz Gottes" (*1 Kor* 11,7).
Ich wünsche euch, daß auch diese eure Zusammenkunft dazu beitrage, in euch den Wunsch zu verstärken, mit immer größerer Bereitschaft und Hochherzigkeit eine Gesellschaft aufzubauen, die Empfinden hat für die großen menschlichen und geistigen Werte der Gerechtigkeit, der Brüderlichkeit und des Friedens.
Dieses euer gutes Vorhaben empfehle ich dem Herrn, dem wahren Baumeister des Friedens unter den Völkern, und ich versichere euch meines Gebetsgedenkens.
Die Jungfrau Maria, Königin der Sinti und Roma, helfe und begleite euch immer. Euch allen meinen Gruß und Segen.

Eine Öffnung hin zur Weltkultur

Ansprache an die Teilnehmer des Gründungsjubiläums der Stiftung *Johannes Paul II.* am 26. September

Liebe Brüder und Schwestern,
liebe Landsleute!

1. Es freut mich, heute erneut mit euch zusammentreffen zu können. Anlaß dieser unserer Begegnung ist die 10-Jahres-Feier der Errichtung der Stiftung, die meinen Namen trägt. Ihr habt die Feier dieses Jubiläums, denn davon kann man sprechen, mit einer feierlichen heiligen Messe und der Einweihung einer Gedenktafel in der „Casa Polacca" [Dom Polski] begonnen und seid dann zu dieser Audienz in den Vatikan gekommen.
Jede Begegnung mit euch, auch die heutige, regt mich zum Nachdenken an, bringt mir Menschen und mit ihnen verbundene Ereignisse in Erinnerung.
Diese Stiftung hat kraft eines entsprechenden Dekretes am 16. Oktober 1981 ihre Aktivität begonnen. Einen knappen Monat später, am 8. November, habe ich die „Casa Polacca" an der Via Cassia eingeweiht. Diese vergangenen zehn Jahre sind gezeichnet von der enormen Arbeit vieler Menschen, vom selbstlosen Einsatz derer, die sich ganz dieser Sache gewidmet haben. Und davon will ich heute sprechen, indem ich meine große Dankbarkeit gegenüber Gott, von dem jedes Werk seinen Anfang nimmt, und den Menschen, die dieses Werk begonnen haben und weiterführen, zum Ausdruck bringe.

2. Ein herzliches Willkommen gilt meinen hier anwesenden Gästen. Ich begrüße Kardinal Franciszek Macharski, Metropolit von Krakau, Kardinal Edmund Szoka, Präsident der Präfektur für die wirtschaftlichen Angelegenheiten des Heiligen Stuhls, und Kardinal Andrzej Deskur, der sich so viele Verdienste für die Polen in aller Welt erworben hat. Ich heiße willkommen: Erzbischof Jozef Kowalczyk, Apostolischer Nuntius in Polen; Bischof Szczepan Wesoly, Präsident der Stiftung und Verantwortlicher der Seelsorge für die Polen im Ausland; die Vertreter des polnischen und des US-amerikanischen Episkopats sowie insbesondere Erzbischof Adam Maida von Detroit als dem Moderator der Stiftung in den USA.
Ich begrüße herzlich die Mitglieder des Verwaltungsrates der Stiftung, die Präsidenten und Vorstandsmitglieder der Freundeskreise der Stiftung aus verschiedenen Ländern.
Allen in dieser Aula Anwesenden gilt mein herzlicher Gruß. Ich kann nicht jeden beim Namen nennen, doch jeder und alle sind meinem Herzen nahe. Ihr seid an diesem Werk beteiligt durch euer Gebet, euer Opfer, euer Wohlwollen und euer aufrichtiges Interesse. Ein herzlicher Gruß gilt auch all jenen, die hier nicht anwesend sind, aber so viel für die Stiftung tun.
Ein inniges Gebet gilt den verstorbenen Wohltätern der Stiftung. Namentlich möchte ich Kardinal Wladyslaw Rubin seligen Angedenkens nennen, der erster Präsident des Verwaltungsrates war. Dieser große Hirte der in aller Welt verstreuten Polen

und alle anderen Verstorbenen bleiben ständig in unserer Erinnerung und sicher im Herzen aller hier Anwesenden. Christus möge sie aufnehmen!
Ich danke euch fürs Kommen und für eure Großherzigkeit. Dank eurer Spenden konnte sich die Stiftung in diesen zehn Jahren so fruchtbar entwickeln. Dabei denke ich an die „Casa Polacca", an das Polnische Institut für christliche Kultur und an das Dokumentationszentrum.
In Dankbarkeit denke ich auch an die Spende für den Ständigen Fonds, der die materielle Grundlage der vor zehn Jahren errichteten Stiftung bildet. Dieser Fonds ist ein Geschenk der Polen und der polnischen Pfarreien, der kulturellen und Veteranenvereine, der Laienverbände und kirchlicher Einrichtungen, vieler Einzelpersonen sowohl im Laien- wie im Klerikerstand sowie jener, die in ihrem letzten Willen der Zielsetzungen dieser Stiftung gedacht haben. Zum großen Kreis der Wohltäter zählen auch viele nichtpolnischen Freunde. Die Namen der Spender sind zur ständigen Erinnerung in der „Casa Polacca" eingeschrieben.
Eure Verfügbarkeit, der Stiftung materiell zu Hilfe zu kommen, ist von großer symbolischer Bedeutung - ein Zeichen der Liebe des nationalen Erbes und des Verständnisses für die historische Situation, in der sich Polen gegenwärtig befindet. Gott vergelte eure edle Großherzigkeit reichlich!

3. Vor Jahren habe ich in meiner *Rede vor der UNESCO* unter anderem gesagt: „Die Nation ist ... die große Gemeinschaft der Menschen, die durch verschiedene Bande geeint sind, doch insbesondere und ausdrücklich durch ihre Kultur. Die Nation besteht ‚aus' der Kultur und ‚für' die Kultur, sie ist mithin die große Erzieherin der Menschen hin zu einem ‚Mehr-Sein' in der Gemeinschaft. Ihr geschichtliches Erbe als Gemeinschaft überragt die Geschichte des einzelnen und der Familien" (2.6.1980, Nr. 14).
Heute wiederhole ich diese Aussage im Blick auf diese Stiftung, die zum Dienst an unserer Kultur, an unserer polnischen Tradition, an unserer Nation errichtet wurde.
Dieser Kultur dient die „Casa Polacca" durch ihre Hilfeleistung für die Rompilger, die geistliche Stärkung und auch die Begegnung mit der christlichen Tradition suchen. Für sie ist dieses Pilgerhaus nach ihren eigenen Worten in diesen vergangenen zehn Jahren zu einem echten „polnischen Flecken", zu einem „Tempel polnischen Geistes", zu einem „Teil Polens" geworden. Mehr als 70 000 Pilger aus Polen und anderen Ländern der Welt haben in den vergangenen Jahren in dieser „Casa" verweilt und den opfervollen Einsatz der darin ständig tätigen Priester, Ordensschwestern, Laienbrüder und Laienangestellten schätzen gelernt.
Danken wir der göttlichen Vorsehung, daß die polnischen Pilger in dieser „Casa" Aufnahme, religiöse und kulturelle Bereicherung finden und daß die Besucher aus anderen Nationen dort die Wahrheit über die polnische Nation kennenlernen. Dieser Kultur dient auch das Polnische Institut für christliche Kultur. Niemand konnte voraussehen, daß sich dieses Institut in einem Jahrzehnt so rasch entwickeln und über Rom hinaus ausstrahlen würde. Heute sehen wir klar, wie notwendig und providentiell es war, daß alles Menschliche und Christliche in unserem Vaterland und bei unseren emigrierten Landsleuten sich wieder entwickeln und ausbreiten kann. Ver-

dienst dieses Instituts ist auch die Kontaktaufnahme mit anderen ähnlichen kulturellen Einrichtungen, die Suche nach Wegen der Begegnung mit den Kulturen anderer Nationen, die Öffnung hin zu einer Weltkultur. Das ist eine äußerst wichtige Angelegenheit, denn dank unserer nationalen Kultur können wir beitragen zum kulturellen Erbe der gesamten Menschheit„ es mit unserer Erfahrung bereichern und so dahin wirken, daß es seine Fülle findet.
In diesem Sinne beispielhaft ist das Bemühen des Erzbischofs Adam Maida, die Idee der Stiftung in den Vereinigten Staaten an der Universität von Washington heimisch zu machen.
Besonders freue ich mich darüber, daß dieses Institut in Lublin eine Forschungsfiliale errichtet hat, die sich auf die Probleme des mittel- und osteuropäischen Raumes konzentriert und eine konkrete kulturelle Hilfe dadurch leistet, daß sie Stipendien an katholische Jugendliche der ehemaligen Sowjetunion, Ungarns, Rumäniens und Jugoslawiens vergibt, die an der Katholischen Universität Lublin studieren wollen. es ist äußerst wichtig, sich um die Heranbildung einer künftigen katholischen Intelligenz in jenen Ländern zu bemühen, in denen die Kirche nach Jahren der Verfolgung und des erzwungenen Schweigens wiederersteht.
Ich kann auch nicht umhin, den großen Eifer zu erwähnen, mit dem sich die Stiftung für die Erhaltung und Entwicklung des christlichen Erbes der polnischen Kultur unter den in alle Welt verstreuten Landsleuten einsetzt. Ein konkreter Ausdruck dieses Eifers ist die Sommer-Universität der Polnischen Kultur. Es ist gut, daß dieser Strom polnischen Geistes, polnischer Kultur und polnischen Christentums weiterläuft und die neuen Generationen anregt.
Dieser Kultur dient auch das Dokumentationszentrum, das mit bewundernswerter Präzision das Geschehen der letzten Jahre registriert sowie religiöse nationale Erinnerungen sammelt. Mit seiner Bibliothek, seinem Archiv und seinem Museum schreibt dieses Zentrum Geschichte und lehrt gleichzeitig patriotisches Denken, dient der Konsolidierung der unzerstörbaren nationalen und christlichen Werte.

4. Erlaubt mir, aus dem Jubiläumsband die Worte eines Mitglieds des Verwaltungsrates der Stiftung zu zitieren: „Wir haben ein enormes Werk geschaffen. Jetzt haben wir die nicht geringere Pflicht, dieses Werk den kommenden Generationen zu bewahren". Ja, dieses zehnjährige Erbe fordert von uns allen die Fortsetzung dieses Bemühens im Geist der Verantwortung dessen, was bisher getan wurde. Möge sich mittels dieser Stiftung die polnische Kultur konsolidieren und überall dort entwikkeln, wo Polen leben, die ihre polnische Herkunft eingestehen. Möge dies eine christliche Kultur sein. Möge dieses gemeinsame Bemühen die außerhalb der Heimat - im Osten wie im Westen - lebenden Polen einen und integrieren.
Ich möchte die Aufmerksamkeit auf die neuen Möglichkeiten richten, die sich dem Wirken der Stiftung eröffnen. Ich denke dabei an die osteuropäischen Länder. Polen war immer aufgeschlossen für die kulturellen Werte anderer Nationen, nahm sie auf, bereicherte mit ihnen die polnische Lebensweise und gab diese Werte dann an wahlverwandte Völker weiter. Bei dieser Öffnung und kulturellen Brückenfunktion war die zentrale geographische Lage Polens zwischen Osten und Westen, zwischen

Norden und Süden hilfreich. In jüngster Zeit fand Polen im Kampf um die Bewahrung der kulturellen Identität und Souveränität die Hilfe seiner Emigranten. Jetzt ist der Zeitpunkt gekommen, anderen Nationen, in erster Linie jenen in Osteuropa, mit unseren Erfahrungen zu helfen und unser kulturelles Erbe mit ihnen zu teilen. Jene Nationen können sich rühmen, zum gemeinsamen Schatz der europäischen Kultur einen dauerhaften Beitrag geleistet zu haben und weiterhin zu leisten. Die Unermeßlichkeit ihrer Leiden, die heroische Treue und Standhaftigkeit im Kampf um die Bewahrung der höchsten menschlichen, nationalen und christliche Werte verdienen alle Hochachtung und verpflichten uns, diesen Nationen zu Hilfe zu kommen. Ich möchte in diesem Zusammenhang die große Rolle der in östlichen Ländern lebenden Polen unterstreichen. Heute eröffnet sich die Möglichkeit, unseren kulturellen Reichtum mit den uns verwandten Völkern zu teilen. Auch hier gilt es meiner Meinung nach, in ganz konkreter Form einen großherzigen Gabentausch einzuleiten und durchzuführen. Polen liegt an der Kreuzung zwischen Europa und Asien; das zwingt die Polen gewissermaßen, weit nach Westen und Osten zu schauen, doch gleichzeitig alles zu pflegen, was ihre kulturelle Identität ausmacht.
Wenn ich von Kultur spreche, habe ich natürlich immer die christliche Kultur als europäisches Gemeingut im Sinn. In Polen und in anderen slawischen Ländern wurde die Kultur in ihrer christlichen Ausdrucksweise bewahrt. Die so verstandene Kultur ist die Wurzel Europas und war das schönste Geschenk Europas an die Welt. Wert und Schönheit dieser Kultur müssen jetzt in Europa, und nicht nur dort, erneut zu voller Geltung gelangen. Mit einem solchen Beitrag, einem solch wunderbaren Geschenk, könnten sich die Polen und die anderen slawischen Völker in Europa und der Welt Verdienste erwerben - und dies an der Schwelle des dritten christlichen Jahrtausends. Ich meine, zu diesem großen Unternehmen der kulturellen Neuevangelisierung könnte auch diese Stiftung beitragen.

5. Liebe Brüder und Schwestern, ich danke euch von Herzen für diese Begegnung. Eure Anwesenheit ist ein Zeugnis der Dienstbereitschaft für das Wohl der Kirche in unserer Heimat und in den Ländern, in denen ihr lebt. Gott vergelte es mit seiner Gnade ausnahmslos allen, denen die Stiftung am Herzen liegt. Übermittelt meine Dankesworte, meinen Gruß und den Segen des Papstes euren Familien und Freunden, den von euch vertretenen Gruppen und auch all jenen, die heute nicht unter uns sein konnten. alle Wohltäter, das ganze Polen des Westens und des Ostens, empfehle ich dem Schutz der allerseligsten Mutter. Mit dem Psalmisten (vgl. *Ps* 90,17) bete ich: „Es komme über uns die Güte des Herrn, unseres Gottes. Er lasse gedeihen das Werk unserer Hände!"

Wahrheit der Natur und die Wahrheit der Offenbarung sind aus einer Quelle

Ansprache an die Teilnehmer des von der Vatikanischen Sternwarte veranstalteten Kongresses über das Verhältnis zwischen Wissen und Glauben am 27. September

Meine Damen und Herren!

1. Gern heiße ich Sie willkommen, die fachkundigen Teilnehmer an der von der Vatikanischen Sternwarte und dem Zentrum für Theologie und Naturwissenschaften in Berkeley/Kalifornien veranstalteten Arbeitsgemeinschaft. Dies ist bereits die zweite Tagung in einer Reihe von Veranstaltungen, die die interdisziplinäre Forschung auf den Gebieten der Naturwissenschaften, der Philosophie und Theologie fördern sollen. Sie kommen aus unterschiedlichen Kulturräumen und religiösen Welten, und Ihre wissenschaftlichen Ziele sind mit den verschiedensten Disziplinen verbunden. In Ihnen stellt sich jene Verschiedenheit dar, welche das Streben nach Einheit auf den vielen Gebieten der menschlichen Kultur bereichert.
Ihre erste Tagung im September 1987 galt dem Andenken an den 300. Jahrestag der Veröffentlichung von Isaak Newtons *Philosophiae Naturalis Principia Mathematica.* In einer Botschaft, die als Einleitung zu den Veranstaltungen dieser Tagung veröffentlicht wurde, sprach ich erneut meinen ernsten Wunsch nach der Förderung eines neuen Verhältnisses zwischen Wissenschaft und Religion aus, die mit Hilfe eines gründlicheren Austausches über bedeutende, für das Leben der Gesellschaft lebenswichtige Fragen aus beiden Forschungsbereichen erfolgen sollte (vgl. den *Brief an Rev. George V. Coyne SJ* vom 26. Oktober 1988). Ihre jetzige Arbeitsgemeinschaft ist ein klares Zeichen dafür, daß ein solches interdisziplinäres Vorgehen möglich und fruchtbar werden kann.

2. Das von Ihnen gewählte Thema ist besonders bedeutsam: „Die Quanten-Schöpfung des Universums und die Ursprünge der Naturgesetze". Es schließt nicht nur derart grundlegende Begriffe der Naturwissenschaften wie die Quantenphysik, die Quantenschwerkraft, die Kosmologie und die physikalischen Gesetze ein, sondern auch religiöse Themen wie Schöpfung, Gott und Natur, Natur und Übernatur, Wunder und andere. Sie haben eine schwierige Aufgabe gewählt, die aber einen Fortschritt im Verständnis von wesentlichen Begriffen für das Verhältnis von Religion und Wissenschaft versprechen.
Der Riß zwischen Wissenschaft und Religion geht bis an den Anfang der modernen Wissenschaft selbst zurück. Im 17. Jahrhundert wurde vor allem durch Galilei und Newton die experimentelle Methode vervollkommnet, und die Anwendung der Mathematik auf die wissenschaftliche Forschung begann. Dieser Fortschritt der Naturwissenschaften war zuweilen von einem gewissen Rationalismus begleitet, der die Meinung vertrat, alles könne durch wissenschaftliches Überlegen allein erklärt werden, oder wie man später vertrat, nichts könne erklärt werden, weil man die Existenz einer absoluten Wahrheit nicht gelten ließ. Daher wurde auch die Gottes-

frage oft mit einer solchen Methode angegangen und sie erschien sinnlos (vgl. *Gaudium et spes*, Nr. 19). Dies führte auf nicht wenigen Gebieten des kirchlichen Lebens zu einer vorsichtigen und argwöhnischen Betrachtung der Wissenschaft, als sei diese mit Atheismus befleckt, und so kam es zu einer Trennung von Wissenschaft und Religion für viele kommende Jahrzehnte.

Grundsätzlich konnte die Kirche einen solchen Riß nicht billigen, weil sie überzeugt ist, daß die Wahrheit der Natur und die Wahrheit der Offenbarung aus der gleichen göttlichen Quelle stammen. Die Worte, mit denen Papst Leo XIII. vor hundert Jahren die Vatikanische Sternwarte wieder einrichtete, faßten die ununterbrochene Hoffnung der Kirche auf einen erneuten Dialog und auf Zusammenarbeit mit der Welt der Wissenschaft zusammen. Im Dokument ihrer Gründung schrieb Papst Leo: „Wenn wir dieses Werk unternehmen, wollen wir nicht nur eine sehr edle Wissenschaft fördern helfen, die mehr als jede andere menschliche Wissenschaft den Geist der Sterblichen zur Betrachtung himmlischer Dinge erhebt; wir haben an erster Stelle die Absicht, jeden erkennen zu lassen, daß die Kirche und ihre Hirten nicht gegen echte und ernsthafte menschliche oder göttliche Wissenschaft sind, daß sie diese vielmehr mit größtmöglicher Hingabe bejahen, ermuntern und fördern" (Leo XIII. Motu proprio *Ut mysticam*, 14. März 1891).

3. In jüngerer Zeit war das wachsende Interesse der Kirche an den Naturwissenschaften bei manchen zuweilen von einer Tendenz begleitet, wissenschaftliche Ergebnisse dazu zu mißbrauchen, religiöse Glaubensauffassungen zu stützen. In der Konstitution über *Die Kirche in der Welt von heute* verwarf das Zweite Vatikanische Konzil diese Auffassung und beklagte „gewisse Geisteshaltungen, die einst auch unter Christen wegen eines unzulänglichen Verständnisses für die legitime Autonomie der Wissenschaft vorkamen" (*Gaudium et spes*, Nr. 36). Was das Konzil befürwortete, war eine Haltung gegenseitiger Offenheit und ein neues Verhältnis der Zusammenarbeit im Dienst der Menschheitsfamilie. Es wollte endgültig jede Furcht vor dem erhofften Dialog beseitigen. Die Konstitution sagt: „Vorausgesetzt, daß die methodische Forschung in allen Wissensbereichen in einer wirklich wissenschaftlichen Weise und gemäß den Normen der Sittlichkeit vorgeht, wird sie niemals in einen echten Konflikt mit dem Glauben kommen, weil die Wirklichkeiten des profanen Bereichs und die des Glaubens in demselben Gott ihren Ursprung haben. Ja, wer bescheiden und ausdauernd die Geheimnisse der Wirklichkeit zu erforschen versucht, wird, auch wenn er sich dessen nicht bewußt ist, von dem Gott an der Hand geführt, der alle Wirklichkeit trägt und sie in sein Eigensein einsetzt" (*ebd.*). Wie ich 1987 im Hinblick auf Ihre Arbeitsgemeinschaft schrieb, bietet sich uns heute „die nie zuvor gegebene Gelegenheit eines gemeinsamen Verhältnisses aktiver Gegenseitigkeit, bei dem jedes Fach seine Vollgestalt behält und doch für die Entdeckungen und Einsichten der anderen Fächer radikal offen ist" (*Brief an Rev. George V. Coyne SJ*, 26. Oktober 1988).

Ich bin gewiß, daß Ihre Diskussionen versuchen werden, die gemeinsame Grundlage für eine fruchtbare Zusammenarbeit zu erhellen. Möge Ihr Austausch uns alle zu einer klareren und vollständigeren Erkenntnis jener Wahrheit hinführen, die die Quelle all unseres Lichtes und Verstehens ist. Möge Gott Sie überreich segnen.

Nach menschlicheren Horizonten suchen

Ansprache an die Teilnehmer des 3. Internationalen Kongresses der Internationalen Gesellschaft des hl. Thomas von Aquin am 28. September

1. Seid herzlich willkommen bei dieser Begegnung, mit der die Arbeiten des 3. Kongresses der Internationalen Gesellschaft des hl. Thomas von Aquin, der diese Woche in Rom stattgefunden hat, abschließen. Ich grüße euch alle; mein Gruß gilt besonders Herrn Kardinal Jérôme Hamer, den Organisatoren und den Rednern. Es ist für mich eine Freude, an dieser Versammlung teilnehmen zu dürfen. Seit den Anfängen dieser Gesellschaft habe ich ja ihr Ideal geteilt, „den Dialog zwischen dem Denken des hl. Thomas und der Kultur unserer Zeit zu fördern und zu vertiefen" (*Statuten*, Nr. 1), sowie ihr Ziel, „die Grundprobleme unserer Zeit, zumal jene des christlichen Denkens zu prüfen" (*Statuten*, Art. 2. c).
Die heutige Begegnung mit euch, den Vertretern des thomistischen Denkens und der heutigen Probleme, die ihr mit unserer Zeit Dialog führt, erfüllt mich mit inniger Freude und bietet mir ferner Gelegenheit, euch meine Erwartungen und Hoffnungen bei einem so wichtigen Anliegen darzulegen, wie ihr es zum Thema „Ethik und heutige Gesellschaft" entfaltet habt.

2. Die Kirche spürt das dringende Bedürfnis, der Menschheit auf ihrem Weg zum Aufbau einer gerechten Gesellschaft zu helfen. Auf diesem Gebiet ist die Aufgabe der Ethik entscheidend, denn das Maß des Menschen wird von seinem ethischen Niveau bestimmt. Ihr habt die großen existentiellen Bereiche besprochen, in denen es um das Schicksal des Menschen geht, und die schwerwiegenden Probleme bedacht, die Wissenschaft, Technik, Kultur und Wirtschaft der Ethik stellen. In euren Vorträgen habt ihr den derzeitigen Gegensatz zwischen dem Fortschritt in den Bereichen der Wissenschaft, Technik und Kultur und einer gewissen Gleichgültigkeit gegenüber den geistlichen und moralischen Werten herausgestellt. Dieses Auseinanderklaffen der wissenschaftlichen und der moralischen Ordnung ist ein Drama unserer Zeit. Der Mensch versucht die Welt zu beherrschen, ist aber noch nicht Herr seiner selbst.
Im Evangelium finden wir ein Werturteil angesichts einer solchen Situation: „Was nützt es einem Menschen, wenn er die ganze Welt gewinnt, dabei aber sein Leben einbüßt?" (*Mt* 16,26). Die ethischen Werte sind der Weg zum Heil für unsere heutige Gesellschaft.

3. Niemand kann ihnen gegenüber passiv bleiben. Wir sind alle für eine solche Situation verantwortlich. Keiner von uns kann aber allein mit diesem Problem fertig werden, notwendig ist der Beitrag aller.

Ihr wart euch dessen bewußt und habt daher während der Arbeiten des Kongresses mit den christlichen Meistern der Vergangenheit, aber auch mit den Denkern der heutigen Kultur Dialog geführt. Am Ende eurer Arbeit ist euch klar geworden, wie schwierig ein echter gegenseitiger Zugang bei derart verschiedenen Gesprächspartnern ist, und wie notwendig es ist, auf diesem Weg weiterzugehen. Der Dialog ist der Weg des Menschen.

Ich ermuntere euch daher, euch weiter in das Denken des Thomas von Aquin, des Doctor Humanitatis, zu vertiefen, und ich fordere euch auf, bei der Begegnung mit den Kulturen und ihrer Bewertung seinem Beispiel zu folgen. Tatsächlich besitzt der Aquinate als Dux studiorum auf moralischem Gebiet sowohl hinsichtlich seiner Lehre als auch der von ihm verwandten Methode eine besondere Bedeutung.

Ihr wißt, daß sich das Zweite Vatikanische Konzil auf Thomas als einen sicheren Führer für die Arbeit der dogmatischen Theologie bezogen hat (*Optatam Totius*, Nr. 16). Doch auf dem Gebiet der Moraltheologie ist sein Verdienst nicht geringer. In der Summa Theologiae nimmt die Abhandlung über die Moral einen zentralen Platz ein. Er leitet mit diesem Werk eine neue Ära in der Moraltheologie ein, weil es ihm gelungen ist, das klassische ethische Denken in eine neue christliche Anthropologie einzufügen und außerdem die Moral in eine theologische Sicht zu inkulturieren. Dieser sein großer Dienst für die Moral ist noch nicht genügend gewürdigt worden. Der Aquinate hat aber der christlichen Theologie diesen Dienst leisten können, indem er die Natur des actus humanus als Frucht des freien Willens gründlich erforscht hat, „prout est voluntarie agens propter finem" (*In Ethic. prol.*, n. 3). Die seinshafte Würde des Menschen als Bild Gottes spiegelt sich in der moralischen Ordnung des Menschen wider „secundem quod ipse est suorum operum principium, quasi liberum arbitrium habens et suorum operum potestatem" (*ST*, I-IIae. prol.).

Die moralische Ordnung ist daher den übrigen Ordnungen des menschlichen Wirkens übergeordnet, weil der Mensch bei diesem Einzelziele anstrebt, die moralische Ordnung aber für den Menschen als solchen gilt: „In moralibus ordinatur [homo] ad finem communem totius humanae vitae" (*ST*, I-II, 21, 2 ad 2). Ein solches Verständnis der moralischen Dimension muß Ausgangspunkt und Grundlage jeder Diskussion in unserer Zeit sein.

Wer die heutige Kultur vom ethischen Standpunkt aus aufmerksam studiert, kann feststellen, wie wahr das ist, was Thomas „die Not der Gelehrten" nennt (*CG*, III, 48, n. 2261), da diese für die letzten Fragen des Menschen keine angemessene Antwort finden. Die heutige Not kommt von der Tatsache her, daß unsere Kultur dem Menschen nicht den rechten Weg anbietet. Zahlreiche Menschen unserer Zeit finden sich auf Sackgassen verloren vor. Der christliche Denker ist daher aufgerufen, einen offenen und aufrichtigen Dialog im Licht der transzendenten Wahrheiten wieder aufzunehmen, der jene Wahrheit erschließt, die jeden Menschen aus der Verlorenheit herausführt, weil sie in Christus, dem Licht der Welt und dem Erlöser des Menschen, verankert ist.

4. Wie tief die ethische Krise unserer Zeit reicht, ist allen klar, und sie leiden darunter. Uns aber drängt die tiefe Liebe zum Schicksal eines jeden Menschen unserer

Gesellschaft, nach menschlicheren Horizonten zu suchen. Unsere Kultur hat auf verschiedenen Gebieten zahlreiche Vorzüge, sie weist aber auch viele Grenzen auf. Das Gute verlangt etwas Ganzes und verträgt keinerlei Mangel: Bonum ex integra causa!

Das 20. Jahrhundert ist die Zeit gewaltiger Errungenschaften des Menschen, es hat aber auch das Übel einer Entfesselung schwerer Unordnungen und Vernichtung von Menschen mit sich gebracht. Der Mensch unserer Zeit hat den Wert des Lebens entdeckt, unter vielen Aspekten steht er aber noch im Bann einer Kultur des Todes.

Vom Standpunkt der christlichen Moral aus müssen wir unbedingt die Angriffe auf das menschliche Leben, gegen die Würde der Familie, gegen die geistlichen und moralischen Werte des Menschen, gegen religiöse Gleichgültigkeit und atheistischen Materialismus anprangern.

Der Christ ist sich angesichts dieser Wirklichkeit bewußt, gegen den Strom schwimmen und im Leben durchführen zu müssen, was er im Glauben bekennt: „fides credenda et moribus applicanda" (*Gaudium et spes*, Nr. 25). Die Vorsehung, welche die menschliche Geschichte lenkt, eröffnet uns heute einen neuen Horizont für den Aufbau einer neuen Welt. Nach dem Zusammenbruch fast aller totalitären und unterdrückerischen Regime, denen eine unangemessene Anthropologie zugrundelag, sind wir zum Wiederaufbau eines „gemeinsamen Hauses" eingeladen, in dem Ost und West auf der Grundlage der christlichen Werte koexistieren und zusammenarbeiten können. Die Vorsehung hat uns diese Gelegenheit geboten, denn sie verfügt die Ordnung der geschaffenen Wirklichkeiten; sie ruft aber auch den Menschen zu wirksamer Mitarbeit auf. Anstelle der Ruinen einer nach geistlichen Werten hungernden Welt muß eine neue Welt der Solidarität und der christlichen Brüderlichkeit entstehen. Das christliche Europa verdankt dem Werk der großen christlichen Moralisten viel. Es erkennt als Lehrmeister seines historischen Weges bedeutsame Erzieher ganzer Völker an wie Benedikt, Kyrill und Method, Bernhard, Dominikus und Franziskus, Albert den Großen und Thomas von Aquin, Ignatius von Loyola, Johannes vom Kreuz, Alfons Maria de' Liguori und andere. Sie haben uns die Wege der christlichen Ethik aufgezeigt und uns aufgefordert, aus unserem Leben einen Weg zu Gott zu machen.

5. Die großen Krisen der Geschichte sind das Ergebnis von Verirrungen der Menschen auf ihrem Weg.

Das Zweite Vatikanische Konzil hat die Zeichen der Zeit erforscht und unsere Gesellschaft zwischen Hoffnung und Schmerz hin und her gerissen erblickt. Die ethische Krise unserer Zeit hat tiefreichende Wurzeln. Das Konzil hat unter den am schwersten wiegenden Erscheinungen unserer Zeit den Atheismus genannt (vgl. *Gaudium et spes*, Nr. 19). Der moderne Mensch ist stolz auf seine Vernunft und vertraut auf seine eigenen Kräfte. Er hat sich daher entschlossen, aus sich allein zu leben, so daß seine Existenz rein weltlich wurde. Er hat damit nicht nur das transzendente Fundament verloren, ohne das der Mensch wie im Leeren hängt; er hat die eigene Autonomie auch bis zum Exzeß gesteigert.

6. Ich bin sicher, daß ihr auf diesem Gebiet die Probleme unserer Zeit tiefreichend geprüft habt. Ihr habt die Rolle des Gewissens bei den existentiellen und operativen Entscheidungen bedacht. Ihr habt auch die moralischen Probleme erwogen, die sich aus Wissenschaft und Technik ergeben und ebenso betont, daß in diesen Bereichen nicht alles, was an sich möglich ist, auch erlaubt sein kann. Als allgemeines Prinzip hat zu gelten, daß alles auf den Dienst am Menschen, der das Bild Gottes in sich trägt, hingeordnet sein muß.
Unsere Gesellschaft erfordert heute eine gerechte Verteilung der Güter und die angemessene Beteiligung an der Verwaltung des Gemeinwohls.
Das Lehramt der Kirche hat sich schon immer für die Förderung der Gerechtigkeit und des Friedens unter den Menschen eingesetzt und die Gewissen auf die Werte und Rechte der Menschen hingewiesen. Auf all den neuen Gebieten aber hat sich die Kirche immer vom Evangelium und vom Beispiel Jesu, unseres Vorbilds, anregen lassen, der, wie Lukas sagt, „getan und gelehrt hat" (*Apg* 1,1).
Wenn unser Reden über die Ethik in der heutigen Gesellschaft konsequent sein will, muß es zur Praxis hinführen. Auf diesem Gebiet aber genügen nicht Kenntnis und Betrachtung der Wirklichkeit; gefordert ist die Schaffung der neuen sozialen Wirklichkeit, die den Forderungen der menschlichen und christlichen Ethik entspricht.
Jesus Christus lädt seine Jünger ein, für die Ankunft des Reiches Gottes zu arbeiten. Die Werte dieses Reiches müssen auch das soziale Leben der irdischen Stadt erhellen und anregen. Das soziale Leben ist nämlich das Ergebnis des Tuns der einzelnen Personen, die die tägliche Umwelt bilden. Wir sind alle zum Aufbau einer neuen, gerechteren und menschlicheren Gesellschaft aufgerufen.
Ihr aber seid als Thomasforscher eingeladen, seine Lehre zu fördern, die für den Aufbau einer Kultur gültig ist, in der die Ethik ihren Platz hat und das Leben in all seinen Dimensionen bestimmen kann.
Der hl. Thomas möge euch als Lehrer der Menschlichkeit bei dieser bedeutenden moralischen Aufgabe beistehen!
Mit diesen Wünschen erteile ich allen meinen Segen.

Der Karmel - eine Oase des Gebetes

Schreiben an die Unbeschuhten Karmelitinnen zur Approbation ihrer Grundregeln vom 1. Oktober

Geliebte Töchter der heiligen Teresa von Jesus!

1. Gern wende ich mich an euch alle in diesem Jahr, da die Kirche den 400. Jahrestag des Todes des heiligen Johannes vom Kreuz begeht. Dies ist eine Zeit besonderer Gnaden für die ganze Familie des Karmel, weil sie ihr die Erneuerung des lebendigen Kontaktes mit der Person und den Schriften des Mystischen Lehrers gestattet, Erbe und Programm des geistlichen Lebens für alle, die ihn als Vater und Meister der Reform Teresas verehren.

Im Verlauf meines Pontifikates hatte ich bereits Gelegenheit, meine Verbundenheit mit allen unbeschuhten Karmelitinnen zum Ausdruck zu bringen und die Bedeutung eures Charismas herauszustellen, sei es bei den Besuchen in einigen Klöstern, sei es bei der Seligsprechung von euren ausgezeichneten Mitschwestern, die ich nach dem Willen des Herrn zur Ehre der Altäre erheben durfte. Gern erwähnte ich unter ihnen die Seligen: Maria von Jesus, dem Gekreuzigten, Elisabeth von der Dreifaltigkeit, die Märtyrer-Karmelitinnen von Guadalajara - Maria Pilar, Teresa, Maria Angeles - Theresia Benedicta vom Kreuz [Edith Stein] und Teresa von Jesus [von den Anden]. Mit diesen Seligsprechungen wollte ich der ganzen Kirche das Zeugnis des kontemplativen Lebens vor Augen stellen, euch selbst aber einige Beispiele der Heiligkeit anbieten, die eure Schritte in dieser geschichtlichen Stunde lenken können.
Ferner hatte ich bei verschiedenen Ereignissen, vor allem anläßlich der Feiern zum 400. Jahrestag des frommen Heimgangs eurer Gründerin, der heiligen Teresa von Jesus, Gelegenheit, meine Gedanken zu eurem kontemplativen Leben zu bekräftigen, zumal im Brief vom 31. Mai 1982. Darin sprach ich auch erneut meinen Dank für alles aus, was ihr schweigend für die Kirche tut, für „ihre Bischöfe, Priester und Missionare, deren verborgene, schweigende, aber notwendige Helferinnen ihr seid". Gleichzeitig habe ich an euch einen dringenden Aufruf gerichtet, mit immer noch größerer Hochherzigkeit eurer Berufung in Gebet und Buße, in der Einsamkeit der Klausur, unter dem mütterlichen Schutz und nach dem Beispiel der Jungfrau Maria, der Mutter und Patronin des Karmels, zu leben (vgl. *AAS* 74[1982]836-841).
Kürzlich habe ich euch in meinem Apostolischen Schreiben *Lehrer des Glaubens* (vom 14. Dezember 1990) zur 400-Jahrfeier des Todes des heiligen Johannes vom Kreuz ermuntert, euer Leben auf das Erlangen der „reinen Liebe" auszurichten, jenes innigen Verhältnisses zu Gott, das nach dem Mystischen Lehrer das kostbare Gut ist, das aus der kontemplativen Einsamkeit heraus die Sendung der Kirche befruchtet (vgl. Nr. 20 und *Geistlicher Gesang*, Strophe 29, Nr. 2-3).

2. Heute wende ich mich bei Gelegenheit der Approbation eines neuen Textes der Konstitutionen herzlich an alle unbeschuhten Karmelitinnen. Mit dieser Approbation geht nämlich ein langer Prozeß zu Ende, in dem der Hl. Stuhl im Bewußtsein der großen Wichtigkeit eurer besonderen Berufung für die Familie des Karmel und für die ganze Kirche eure Gesetzgebung einer besonderen Prüfung unterzogen hat, um das geistliche Erbe der heiligen Teresa zu wahren.
Bekanntlich hat der Hl. Stuhl der Bitte einer Gruppe von Klöstern entsprochen und am 8. Dezember 1990 einen Text der Konstitutionen für die unbeschuhten Karmelitinnen approbiert, der gemäß den Hinweisen des Briefes erarbeitet war, den Kardinalstaatssekretär Agostino Casaroli in meinem Namen am 15. Oktober 1984 geschrieben hatte. Darin wurde Freiheit gelassen, und andere Klöster des Ordens konnten sie als Lebensnorm übernehmen.
Inzwischen hat der Hl. Stuhl dem Wunsch anderer Klöster entsprochen und einen weiteren Text der Konstitutionen für die unbeschuhten Karmelitinnen approbiert. Die Erarbeitung dieses Textes von seiten der Kongregation für die Institute des gottgeweihten Lebens und die Gesellschaften des apostolischen Lebens hat auch die

Stellungnahmen der Klöster berücksichtigt, die der Generalobere des Ordens gesammelt hatte.

Beide Texte, die in gleicher Weise von der Kirche approbiert sind, wollen eine getreue Auslegung des Charismas der heiligen Teresa sein. Dieses bleibt unverändert wie auch der Lebensstil, den die heilige Mutter in ihren Konstitutionen und in anderen Schriften vorgelegt hat. Die Unterschiede betreffen daher weder die Substanz des kontemplativen Charismas des Karmels Teresas, noch die notwendige und ständige Rückkehr zu ihrer ursprünglichen Inspiration; sie entsprechen vielmehr unterschiedlichen Weisen, die Anpassung an die gewandelten Verhältnisse der Zeit auszulegen (vgl. *Perfectae caritatis*, Nr. 2), und die Gesetzgebung für Ordensinstitute zu formulieren, deren Approbation ausschließlich dem Hl. Stuhl zusteht (cc. 578 und 587). Es handelt sich also um unterschiedliche Bewertungen, die alle aus dem gleichen Willen zur Treue dem Herrn gegenüber entspringen, und die der Hl. Stuhl achten wollte, so wie er auch die Freiheit eines jeden Klosters achtet, sich für den einen oder den anderen approbierten Text der Konstitutionen zu entscheiden.

3. Gestattet mir in dieser besonderen Stunde eurer Geschichte und eurer Gesetzgebung einen Wunsch meines Herzens als Vater und Hirt der universalen Kirche. Ich möchte, daß die Approbation der beiden Texte der Konstitutionen, mit denen ich auf die von verschiedenen Klöstern geäußerten Wünsche zu antworten versucht habe, die geistliche Einheit des ganzen Karmels der heiligen Teresa innerhalb der rechtmäßigen historischen Überlieferungen und unter Berücksichtigung der neuen Verhältnisse, Orte und Kulturen, in denen sich ihr Charisma inkarniert, aufrechterhält.

Ihr alle bildet als unbeschuhte Karmelitinnen zusammen mit den unbeschuhten Karmeliten innerhalb der Kirche den einen gleichen Orden der unbeschuhten Brüder und der unbeschuhten Schwestern der allerseligsten Jungfrau Maria vom Berge Karmel. Ihr habt alle die gleiche Regel gemeinsam, das gleiche Charisma des Karmel und der heiligen Teresa, dazu das gleiche geistliche Erbe, das euch die heiligen Gründer, Teresa von Jesus und Johannes vom Kreuz, hinterlassen haben. Ihr ruft alle die Jungfrau Maria als gemeinsame Mutter an, die wie es schön in der Ikonographie des Ordens zum Ausdruck kommt, unter ihrem Mantel auf beiden Seiten die Söhne und Töchter des Karmels behütet.

Außerdem habt ihr alle, ein jeder nach den eigenen rechtmäßigen von der Kirche gebilligten Lebensformen, an der gleichen Spiritualität und Sendung des Karmels Teresas Anteil, der heute in der Kirche so sehr geschätzt wird und dessen Charisma auf andere Formen des gottgeweihten Lebens und auf Gruppen christlicher Laien ausstrahlt, die es in der Welt leben. Vor Augen habt ihr die leuchtende Schar der Heiligen, die eine Ehre der großen Familie des Karmels sind, und die euch zum Aufstieg zum Gipfel des heiligen Berges Karmel anregen. Daher muß euch eine innige geschwisterliche Liebe in eurer Berufung verbinden. Auf alle Mitglieder des Ordens lassen sich die Worte der heiligen Teresa an die unbeschuhten Karmelitinnen von Sevilla anwenden: „Da ihr also alle, meine Töchter, der heiligen Jungfrau

angehört und Schwestern seid, sorgt dafür, daß eine die andere recht von Herzen liebt ...” (*Brief*, 13.1.1580, Nr. 5).
Im gleichen Geist der Einheit und Gemeinschaft ermuntere ich die unbeschuhten Karmeliten, aus ganzem Herzen, aus ganzer Seele und mit ganzer Kraft jene Fülle des geistlichen Lebens anzustreben, die in den Heiligen des Ordens erstrahlt, und die diese vom Himmel her auf euch alle herabflehen. Richtet euch nach dem, was der ganze Karmel Teresas in den letzten Jahrzehnten unternommen hat, um die eigene Spiritualität innerhalb der Kirche bekannt zu machen, zu vertiefen und zu verbreiten.
Schließlich muß ich auch auf den Dienst zu sprechen kommen, den der Generalobere allen Klöstern des Ordens, sei es direkt oder sei es durch seine Mitarbeiter zu leisten hat. Es soll ein hochherziger und selbstloser Dienst sein, der sich vom gemeinsamen und gleichen Charisma anregen läßt, das die Oberen fördern müssen, um den unbeschuhten Karmelitinnen bei der Erfüllung ihrer Berufung gemäß den Wünschen der heiligen Mutter Teresa von Jesus zu helfen, wobei immer die Autonomie der Klöster zu achten ist, die die eigene Gesetzgebung ihnen zugesteht.

4. Geliebte Töchter der heiligen Teresa, ich ermahne euch alle, „in fester und entschiedener Entschlossenheit” (vgl. *Weg der Vollkommenheit,* 21,2) eure Gesetze weiter treu zu beobachten, denn die Kirche legt sie euch vor als Norm eines Lebens nach dem Evangelium und des Weges der Heiligkeit, wenn ihr euch nämlich gänzlich Christus, dem gekreuzigten und auferstandenen Bräutigam hinschenkt, auf den ihr immer eure Augen gerichtet halten sollt, wie euch eure Mutter Gründerin unablässig ermuntert hat (vgl. *Weg der Vollkommenheit*, 2,1; 26,4-6); *Seelenburg* VII, 4,8).
Eure Klöster sind über die ganze Welt als Oasen des Gebetes und besonderer Weihe an Gott im Schweigen der Klausur verbreitet. Junge Nationen hoffen auf die Präsenz des kontemplativen Lebens, wie ich in der Enzyklika *Redemptoris missio* (vgl. Nr. 69a) erwähnt habe. Gebt Zeugnis von der Schönheit und missionarischen Fruchtbarkeit eures mit Christus in Gott verborgenen Lebens (vgl. *Kol* 3,3), vom Wert des fürbittenden Gebetes und der schweigenden Hinopferung im Geheimnis der Eucharistie, dem Mittelpunkt der universalen Kirche und der Einzelkirchen, um wie es der Wunsch Thereses von Lisieux war, die Liebe im Herzen des Mystischen Leibes zu sein. Bietet den christlichen Gemeinschaften weiter jenes Beispiel schwesterlichen, einfachen und fröhlichen Lebens, wie es bei den Töchtern der heiligen Teresa sprichwörtlich ist.
Für die neue Evangelisierung und angesichts der gewaltigen geistlichen und materiellen Bedürfnisse der Menschheit braucht die Kirche euer kontemplatives Charisma. In dieser herrlichen und entscheidenden Stunde der Geschichte klingen die Wünsche Teresas von Jesus zu Beginn ihrer Reform, aktuell und dringend. Sie forderte nämlich dazu auf, die Kontemplation im Dienst für das Reich Christi zu leben: „Dazu hat euch der Herr hier versammelt: dies ist eure Berufung, dies sind eure Aufgaben und eure innersten Wünsche, dies das Anliegen eurer Tränen und Gebete ...” (*Weg der Vollkommenheit*, 1,5 und 3,5-10). Ihr sollt als „Vorposten der Kirche

auf dem Weg zum Reich" (*Ansprache an die klausurierten Nonnen in Avila.* 1.11.1982, Nr. 5) für die Welt von heute Zeugen des lebendigen Gottes sein.
Ich empfehle die geistliche Einheit des Ordens und die Treue zu eurer Berufung der Jungfrau Maria, der Mutter des Karmel, aber auch der Fürbitte der heiligen Theresia vom Jesuskind, deren Fest die Kirche heute begeht, und ich erteile von Herzen allen unbeschuhten Karmelitinnen einen besonderen Apostolischen Segen.

Aus dem Vatikan, am 1. Oktober, Fest der heiligen Theresia vom Jesuskind, des Jahres 1991, des 13. meines Pontifikates.

Joannes Paulus PP. II

Die Heilige Schrift - ein ausgezeichnetes Werkzeug für den Dialog

Ansprache an die Vertreter der Schweizerischen Bibelgesellschaft am 3. Oktober

Exzellenzen, liebe Brüder und Schwestern!

1. Euer Besuch, nur wenige Tage nach dem liturgischen Fest des hl. Hieronymus, erfüllt mich mit Freude. Dieser große Gelehrte durchforschte unablässig die Heilige Schrift, um darin Christus, dem geliebten Bräutigam, zu begegnen und sein ganzes Dasein nach der Kenntnis des Herrn zu gestalten. Er sah in Christus die Weisheit Gottes und wußte sehr wohl, daß der, „der die Schriften nicht kennt, weder die Macht noch die Weisheit Gottes kennt". Er sagte sogar: „Die Schriften nicht kennen, heißt Christus nicht kennen" (hl. Hieronymus, *Comm. in IS.*, Prol.: *PL* 24,17).

2. Das Beispiel des Hieronymus eifert uns ganz besonders an, dem menschgewordenen Wort des Vaters, Jesus Christus, zu dienen. Er ist es, der sich unablässig in den heiligen, von der lebendigen Tradition der Kirche überlieferten Seiten offenbart. Den Lehren des Zweiten Vatikanischen Konzils und insbesondere der dogmatischen Konstitution *Dei verbum* über die göttliche Offenbarung treu, sind wir fest überzeugt, daß „diese heilige Überlieferung also und die Heilige Schrift beider Testamente ... gleichsam der Spiegel [sind], in welchem die auf Erden pilgernde Kirche Gott anschaut, von dem sie alles empfängt, bis sie hinausgeführt wird, Ihn von Angesicht zu Angesicht zu sehen (vgl. *1 Joh* 3,2)" (vgl. Nr. 7). Und mit dem Text des Konzils betonen wir, daß „Gott, der einst gesprochen hat, ohne Unterlaß im Gespräch mit der Braut seines geliebten Sohnes [ist]" und daß „der Heilige Geist ... die Gläubigen in alle Wahrheit ein[führt] und ... das Wort Christi in Überfülle in ihnen wohnen [läßt] (vgl. *Kol* 3,16)" (*ebd.*, Nr. 8).

3. Dank dieser vom Konzil erarbeiteten und verkündeten doktrinären und pastoralen Grundsätze wurde die interkonfessionelle Zusammenarbeit der Christen im Dienst des Wortes Gottes auch nachhaltig und fruchtbar: die heutige Begegnung ist ein klarer Beweis für diese Tatsache. Wie die Konzilsväter gelehrt haben, muß „alle

Verkündigung der Kirche wie auch die christliche Religion selbst sich also mit der Heiligen Schrift nähren und von ihr gelenkt sein" (vgl. *ebd.*, Nr. 21). „Der Zugang zur Heiligen Schrift muß [daher] für die Christgläubigen weit offenstehen" (vgl. *ebd.*, Nr. 22), und zwar dank entsprechender und fehlerfreier Übersetzungen - wenn notwendig in Zusammenarbeit mit den christlichen Brüdern erarbeitet - die „von allen Christen benutzt werden" (vgl. *ebd.*) können. Darüber hinaus erkennen wir, gemäß dem Dekret *Unitatis redintegratio* [über die Ökumene], den hohen Wert an, welcher der Heiligen Schrift für den Fortschritt der ökumenischen Bewegung zukommt: „Die Heilige Schrift [ist] gerade beim Dialog ein ausgezeichnetes Werkzeug in der mächtigen Hand Gottes, um jene Einheit zu erreichen, die der Erlöser allen Menschen anbietet" (*Unitatis redintegratio*, Nr. 21).

4. Die Anwesenheit hochgestellter Vertreter sowohl des Weltbundes der Bibel als auch des Katholischen Bibelverbandes legt für das Vorhandensein brüderlicher Beziehungen Zeugnis ab, die sich während des Konzils und nach seinem Abschluß im Rahmen der biblischen Bewegungen und der ökumenischen Bewegung - charakteristisch für dieses Jahrhundert - herausgebildet haben. Wir beten, damit die Christen in aller Welt sich mehr und mehr im Zeugnis für das Evangelium zusammenfinden.

5. Ganz besonders herzlich grüße ich den neuen Generalsekretär des Weltbundes der Bibel, Rev. Dr. John Erickson, die Bischöfe Alberto Ablondi und Paul Dacoury-Tabley und Pastor Martin Hoegger. Ich weiß, daß sie sich gemeinsam mit allen Verantwortlichen der Schweizerischen Bibelgesellschaft, in Zusammenarbeit mit den katholischen Autoritäten sowie mit der UNESCO um die Erstellung von Bibelübersetzungen in einfaches Französisch bemühen. Ich weiß auch, wie nützlich diese Texte für die Evangelisierung von Gruppen oder Völkern sind, die gleichzeitig ein Alphabetisierungsprogramm mitmachen. Deshalb schätze ich das auf diesem Gebiet vor allem an der Elfenbeinküste und in Ekuador Erreichte sehr. Gleichzeitig spreche ich den Wunsch aus, das Beispiel des verstorbenen Bischofs Leonidas Proaño möge ein neues Bemühen um die Evangelisierung und um den Dienst an den Armen überall dort wachrufen, wo das Wort Gottes verkündet und aufgenommen wird. In diesem Sinn freut es mich besonders, daß den Blinden eine französische Bibelausgabe in Braille zur Verfügung gestellt wurde, denn Jesus, das Licht der Welt, hat gerade sie besonders geliebt. Selbstverständlich soll all das nicht heißen, das Studien und wissenschaftliche Bibelausgaben überflüssig wären. Unter den letzteren verdient die ökumenische Bibelübersetzung mit Recht besondere Hochschätzung.

6. Ihr habt im Interesse der Verwirklichung eurer Pläne bereits zahlreiche Schwierigkeiten überwunden, was beweist, daß wir uns im Glauben eng zusammenschließen müssen, um die noch bestehenden Hindernisse aus dem Weg räumen zu können. So sind wir, angesichts der neuen Horizonte der Verkündigung, der biblischen und liturgischen Erneuerung und des ökumenischen Engagements, die sich in vielen Teilen der Welt und heute vor allem in Mittel- und Osteuropa auftun, zu neuen Bemühungen im Dienst des Evangeliums berufen. Licht und Energie für die Erfüllung

dieser Aufgabe können wir aus der demütigen und begeisterten Betrachtung des Wortes Gottes schöpfen, wie man sie durch ausdauernde *Lectio divina*, im Gebet und innerhalb der christlichen Gemeinde erlernt. In diesem Zusammenhang hat der hl. Augustinus eine berühmte Seite geschrieben, die uns noch heute als Richtlinie dienen kann: „Je mehr der Wunsch [nach der Herrlichkeit Gottes] unser Herz weit macht, desto fähiger werden wir, Gott aufzunehmen. Die göttliche Schrift, die Versammlung des Volkes, die Feier der Geheimnisse, die heilige Taufe, der Gott dargebrachte Lobgesang und selbst unsere Predigttätigkeit werden zur Erweckung dieses Wunsches in uns beitragen: alles ist dazu bestimmt, diesen Wunsch zu säen und zum Keimen zu bringen, damit er wachse und sich mehr und mehr entfalte, bis er imstande ist, das aufzunehmen, was kein Auge je gesehen und kein Ohr je gehört hat und was kein menschliches Wesen sich je vorstellen konnte" (Augustinus, *Abhandlung über das Johannesevangelium*, Trakt. 40, 10, *CCL* 36, 356).

7. Zur Bildung der Gläubigen in dieser Schule des Wortes Gottes wäre dort, wo es die Umstände gestatten, die Einführung einer Bibelwoche oder eines Bibelmonats sehr nützlich. Der Weltbund der Bibel und der Katholische Bibelverband könnten eventuell solche Kurse ausschreiben und gemeinsam organisieren. Eure Verbände haben übrigens schon im Lauf der vorhergehenden Vollversammlungen in Budapest 1988 und in Bogotá 1990 gute Programme ausgearbeitet. Ich hoffe, daß diese Programme vielseitig bekannt sind und verwirklicht werden und daß sie ihren Beitrag zum Wachstum des Reiches Gottes leisten. Ich begleite euch mit meinem Gebet, indem ich die Worte des Apostels Paulus wiederhole: „Der Gott der Hoffnung aber erfülle euch mit aller Freude und mit allem Frieden im Glauben, damit ihr reich werdet an Hoffnung in der Kraft des Heiligen Geistes" (*Röm* 15,13).

Im Schmerz mit den orthodoxen Brüdern vereint

Beileidstelegramm an Metropolit Bartholomäus von Chalcedon zum Tod des Ökumenischen Patriarchen von Konstantinopel, Dimitrios I., vom 3. Oktober

Mit Trauer habe ich vom Heimgang Seiner Heiligkeit, Patriarch Dimitrios I., unseres vielgeliebten Bruders in Christus, zu unserem gemeinsamen Vater erfahren. Ich möchte Eurer Eminenz und dem ganzen ökumenischen Patriarchat meine tiefen Empfindungen brüderlichen Mitgefühls aussprechen. Ich möchte Ihnen mitteilen, wie sehr die katholische Kirche Ihren Schmerz teilt und an ihrer Seite ist. In innigem Gebet beten wir alle zu dem, der die Auferstehung und das Leben ist, er möge diesen großen Diener der Kirche, den ich kennen, schätzen und lieben gelernt habe, bei sich aufnehmen. Der Gott aller Barmherzigkeit möge ihn in seine Freude, seinen Frieden und sein Licht aufnehmen.

Joannes Paulus PP. II

Rolle der Laien ist unverzichtbar

Ansprache an die Vollversammlung des Päpstlichen Rates für die Familie am 4. Oktober

Liebe Brüder und Schwestern des Vorstandskomitees und Mitglieder des Päpstlichen Rates für die Familie!

1. Allen entbiete ich meinen herzlichen Gruß. Ich grüße besonders den Herrn Kardinal Alfonso Lopez Trujillo, dem ich zugleich für die Worte danke, mit denen er diese Begegnung eingeleitet hat.
Es sind zehn Jahre vergangen seit der Errichtung des Päpstlichen Rates für die Familie am 13. Mai 1981 und des Institutes für Studien über Ehe und Familie, das gleichzeitig bei der Päpstlichen Lateranuniversität errichtet wurde, wie der Kardinal in Erinnerung gerufen hat.
So möchte ich allen danken, die von Anfang an zur Schaffung dieses Rates beigetragen haben: Bischof Kazimierz Majdanski, Kardinal James Knox seligen Andenkens, Kardinal Edoardo Gagnon und vielen anderen; ich danke auch denen, die die Tätigkeit des Institutes getragen haben, an ihrer Spitze Msgr. Caffarra als Präsident.

2. Der Rat wie auch das Institut sind ein Ergebnis der Synode von 1980 und des postsynodalen Dokumentes *Familiaris consortio*, der Magna Charta dieser umfassenden und bedeutenden theologisch-pastoralen Problematik, mit der sich der Päpstliche Rat für die Familie zu beschäftigen hat. So galt es bei seiner Einrichtung, und so gilt es noch heute. *Familiaris consortio* nimmt die Lehre der Konstitution *Gaudium et spes* über die Familie wieder auf; aber auch die Lehraussagen nach dem Konzil, wie sie vor allem in der Enzyklika *Humanae vitae* zum Ausdruck kommen.

3. Ich möchte klarstellen, daß man sich natürlich nicht nur die Texte vor Augen halten muß, sondern die realen Probleme von Ehe und Familie in der Welt von heute und in der Kirche. Diese Probleme sind vielfältig und unterschiedlich, doch sie gehen auf eine gemeinsame Wurzel zurück. Der Päpstliche Rat für die Familie soll sich dieser Wirklichkeit bewußt sein und sich mit diesen Problemen beschäftigen, zugleich aber ihre unterschiedliche Ausprägung berücksichtigen. Dies erfordert einen weltumspannenden Charakter, auch in der Zusammensetzung des Personals, das in diesem Päpstlichen Rat arbeitet.

4. Die Struktur dieser Aufgaben erfordert die Zusammenarbeit mit den Ortskirchen über die Bischofskonferenzen, die im Dokument *Ministerium Petrinum* ihren zentralen Bezugspunkt besitzen. Zugleich sind die Mitglieder des Rates als Vertreter der Familien aus verschiedenen Teilen der Welt kraft ihrer Berufung als Christen in besonderer Weise direkte Zeugen des ehelichen und des Familienlebens in den verschiedenen Ländern, Kulturen und Gebieten der Welt. Sie können in gewisser Weise den Weg für mögliche Lösungen dieser Probleme aufzeigen. Es geht hier um einen Dienst der Hirten und zugleich damit um einen des Laienapostolates.

5. Bei dieser Arbeit muß man notwendig auf das außerordentliche Konsistorium der Kardinäle vom 4. bis 6. April 1991 Bezug nehmen; dies gilt besonders vom Thema der Verteidigung des menschlichen Lebens von seinem Beginn an. Die Empfehlungen und Vorschläge dieses kirchlichen Ereignisses müssen vor Augen gehalten und in die Wirklichkeit des Lebens übertragen werden.

Bei der Ansprache zur Eröffnung dieses Konsistoriums habe ich gesagt: „Der Kampf zwischen der Zivilisation des Todes und der des Lebens und der Liebe geht unaufhörlich weiter ... Es geht um Probleme von großer Bedeutung für die Sendung der Kirche, und sie berühren zugleich die Würde des Menschen und seine unveräußerlichen Rechte und betreffen indirekt seine Zukunft und die ganze Gesellschaft" (vgl. *O.R., dt.*, 19.4.1991).

Die Notwendigkeit der Verteidigung des Lebens wird zu einer besonderen Herausforderung für die gesamte Tätigkeit der Kirche und die Evangelisierung heute. Bedroht ist nämlich die sakramentale Ordnung der Ehe selbst und infolgedessen der Zusammenhalt und die Festigkeit der Familie. Es geht hier um einen existentiellen und ethischen Zusammenhang von, in gewissem Sinn, organischem Charakter.

Es ist vielleicht nicht übertrieben, wenn wir sagen, daß sich auf diesem Gebiet in besonderer Weise die Front der Gegen-Evangelisierung konzentriert, die über besondere Argumente und darüber hinaus über vielfache Mittel verfügt. Diese Argumente und Mittel sollen für die Männer und Frauen unserer Zeit den leichteren Weg aufzeigen. Das ist aber der „breite Weg", dem der Herr den „schmalen und engen Weg", der zum Heil führt, entgegenstellt.

6. Dieser Rat für die Familie und die ganze pastorale Tätigkeit auf diesem Gebiet haben die Aufgabe, davon zu überzeugen, daß dieser vom Evangelium grundgelegte Weg gut ist, aufzuzeigen, daß dieses „Joch" trotz allem „süß und leicht ist" (vgl. *Mt* 11,30).

Die Aufgabe ist gewaltig und hat viele Teilbereiche. Priester und Laien müssen sie sich in gerechter Weise teilen. Die Rolle der Laien ist unverzichtbar und unersetzlich; sie sind in gewissem Sinn die unmittelbaren „Zeugen". Die einen wie die anderen müssen Unterstützung suchen beim Lehramt und bei der Theologie, die alle Bedürfnisse berücksichtigt. Aus diesem Grund ist die Tatsache bezeichnend, daß der Rat für die Familie und das Institut für Studien über Ehe und Familie gleichzeitig gegründet wurden. Nötig wären viele Institute dieser Art, immer aber unter der Voraussetzung, daß sie eine Ausbildung und Erziehung im Geist der von der Kirche verkündeten Gesamtwahrheit anbieten.

7. Bei dieser eurer Vollversammlung behandelt ihr ein Thema von großer pastoraler Bedeutung, nämlich die „Kurse zur Ehevorbereitung".

Das Apostolische Schreiben *Familiaris consortio* hat bereits ihre Bedeutung betont: „Die inzwischen eingetretenen Veränderungen im sozialen Gefüge fast aller modernen Staaten erfordern, daß nicht nur die Familie, sondern auch die Gesellschaft und die Kirche daran mitwirken, die jungen Menschen auf die Verantwortung für ihre Zukunft richtig vorzubereiten ... Darum muß die Kirche bessere und intensivere

Programme zur Ehevorbereitung entwickeln und fördern, um die Schwierigkeiten möglichst zu beseitigen, mit denen so viele Ehen zu ringen haben, vor allem aber auch, um die Bildung und das Heranreifen von geglückten Ehen positiv zu unterstützen" (Nr. 66).

Der *Codex des kanonischen Rechtes* verpflichtet in Canon 1063 die Seelsorger, für die Unterrichtung der Gläubigen über die christliche Ehe zu sorgen. Über eine für die Minderjährigen, Jugendlichen und Erwachsenen geeignete Predigt und Katechese hinaus legt er fest, es solle eine „persönliche Vorbereitung auf die Eheschließung [erfolgen], durch welche die Brautleute in die Heiligkeit und die Pflichten ihres neuen Standes eingeführt werden" (can. 1063, § 2).

Kurz, heute ist mehr denn je eine ernsthafte, gründliche und sorgfältige Vorbereitung gefordert, damit sich die erhabene Berufung der Eheleute treu und unbehindert nach dem Willen Gottes entfaltet. Die Familie aber muß einen überzeugenden Beweis ihrer eigenen Aufgabe liefern: daß sie Zeugen Gottes sind und die Eheleute im Bund mit ihm ihr Leben vereinigen.

Gewiß ist die Wirklichkeit zahlreicher christlicher Familien tröstlich, die durch ihr Leben in der Welt das Geheimnis der Liebe Christi zu den Menschen präsent machen; an diesem Geheimnis der Liebe haben sie ja durch das Ehesakrament teil.

Je mehr es durch die Umwelt erschwert wird, die Wahrheit über das christliche Sakrament, ja über die Ehe selbst zu erfassen, desto größere Bemühungen sind nötig, um die Brautleute auf ihre Verantwortung angemessen vorzubereiten.

Ihr konntet feststellen, daß es angesichts der Notwendigkeit, solche Kurse in den Pfarreien anzubieten, und angesichts der positiven Ergebnisse der verschiedenen angewandten Methoden angebracht scheint, die anzuwendenden Kriterien in der Form einer Handreichung oder eines Direktoriums zu verdeutlichen, um den Einzelkirchen eine gute Hilfe zur Verfügung zu stellen.

Unerläßlich bleibt, daß der lehrmäßigen Vorbereitung die nötige Zeit und Aufmerksamkeit geschenkt wird. Der zuverlässige Inhalt muß Mittelpunkt und wesentliches Ziel der Kurse sein, damit die Feier des Ehesakramentes bewußter erfolgt und alles das, was sich für die Verantwortung der Familie ergibt, bewußter vollzogen wird.

Die Fragen zur Einheit und Unauflöslichkeit der Ehe, ferner zur Bedeutung der Vereinigung und der Weitergabe des Lebens in der Ehe, zumal in ihrem spezifischen Akt, müssen getreu und genau nach der klaren Lehre der Enzyklika *Humanae vitae* (vgl. Nr. 11-12) behandelt werden. Das Gleiche gilt für alles, was das Geschenk des Lebens angeht, das die Eltern in verantwortlicher Weise und freudig als Mitarbeiter des Herrn annehmen müssen.

Gut wäre es, wenn in den Kursen nicht nur das, was zur reifen und wachen Freiheit jener, die eine Ehe eingehen möchten, gehört, besonders hervorgehoben würde, sondern auch das, was die eigentlichen Sendung der Eltern als erste Erzieher und Evangelisierer ihrer Kinder ausmacht.

8. Ich wünsche, daß eure Arbeiten zur Erleuchtung der Gewissen über diese für die Zukunft des Glaubens und der Menschheit so wichtigen und heiklen Fragen beitra-

gen und zu konkreten Initiativen führen, die allen in der Familienpastoral Tätigen Hilfe und Weisung bieten können.
Mit diesen Wünschen erteile ich euch meinen Segen.

Religion und Wissenschaft sind grundlegende Elemente der Kultur

Ansprache an die Teilnehmer des Symposiums der Päpstlichen Akademie der Wissenschaften und des Päpstlichen Rates für die Kultur: „Die Wissenschaft im Kontext der menschlichen Kultur" am 4. Oktober

Herr Kardinal,
Herr Präsident,
Exzellenzen, meine Damen und Herren!

1. Gern heiße ich Sie am Ende Ihrer unter der Schirmherrschaft der Päpstlichen Akademie der Wissenschaften und des Päpstlichen Rates für die Kultur veranstalteten Studientage willkommen. Ihr Symposium über „Die Wissenschaft im Kontext der menschlichen Kultur" schließt sich passend an jenes an, das hier am gleichen Ort im Oktober 1990 stattfand. Das sorgsam ausgewählte Thema ist aktuell, und es wäre nützlich, die Forschungen, die es anregt, weiterzuführen.

2. Sie wissen um das große Interesse, das die Kirche und der Hl. Stuhl dem Fortschritt der Wissenschaft und seinen Beziehungen zur Kultur entgegenbringt. Vom Anfang meines Pontifikates an wollte ich die Reflexion über die Kultur und alle ihre Zweige fördern. Das Schicksal des Menschen hängt davon ab. Die Ereignisse, welche die Welt erschüttern, die Gesellschaften ins Wanken bringen und den Frieden bedrohen, bestätigen es uns.
Ihr Symposium bildet einen Meilenstein in der notwendigen, wenn auch schwierigen Zusammenarbeit zwischen Wissenschaft, Kultur und Religion. Trotz der alten oder neuen gegenseitigen Vorurteile, die diese Bereiche voneinander entfernt haben, bezeugen Ihre Arbeiten unseren gemeinsamen Willen, für das Wohl des Menschen uns einzusetzen. Ich freue mich daher ganz besonders über diese Initiative, die Männer und Frauen aus der Welt der Kultur, der Wissenschaft und des Glaubens vereint. Ich spreche Ihnen allen, die Sie sich zur Teilnahme an dieser Reflexion bereit erklärt haben, meine Anerkennung aus und wünsche, daß eine solche Form der Zusammenarbeit auch in Zukunft weitergeht. Ich danke besonders der Päpstlichen Akademie der Wissenschaften und dem Päpstlichen Rat für die Kultur, die einen guten Verlauf dieser Begegnung ermöglicht haben. Beide Institutionen des Hl. Stuhles sind gewiß aufgerufen, jede im Bereich ihrer Zuständigkeit, im begonnenen Dialog eine wachsende Rolle zu spielen. Ich bin sicher, daß sie dieser wesentlichen Aufgabe hochherzig entsprechen werden.

3. Die Aufteilung des Wissens in Einzelbereiche als Ergebnis der Spezialisierung einer jeden Wissenschaft und die Aufspaltung ihrer technischen Anwendungen behindert oft ein Erfassen des Menschenwesens in seiner ontologischen Einheit und ein Verstehen der harmonischen Komplexität seiner Fähigkeiten. Tatsächlich besteht wirklich die Gefahr, daß sich Wissenschaft und Kultur so sehr voneinander entfernen, daß sie sich gegenseitig nicht mehr kennen. Und doch stehen sie beide im Dienst des Menschen in seiner Ganzheit. Die Kirche hegt eine tiefe Achtung vor den Männern der Wissenschaft und der Kultur, denn sie tragen eine spezifische, unausweichliche Verantwortung gegenüber dem Menschengeschlecht und seiner Zukunft, zumal heute, am Vorabend des dritten Jahrtausends, mitten in einer sich tiefreichend wandelnden Welt, in der das Schicksal der Menschen mehr denn je in ihre eigenen Hände gelegt ist.

4. Die Kultur im eigentlichen Sinn ist ein umfassender Begriff, bei dem der Mensch gleichzeitig Mittelpunkt, Subjekt und Objekt ist. Sie umfaßt alle seine Fähigkeiten in seinen persönlichen Bereichen und in seinem sozialen Leben. Die Kultur vermenschlicht die Personen, Sitten und Institutionen. Die Wissenschaft ist ihrerseits weit davon entfernt, mit der Kultur in Konkurrenz zu stehen, bildet aber ein grundlegendes und heute unerläßliches Element jeder Kultur, die dem Wohl des ganzen Menschen und jedes Menschen dienen soll. Auf den verschiedensten Gebieten haben der wissenschaftliche und technische Fortschritt das Ziel, dem Menschen ein besseres Sein zu sichern, damit er seiner spezifischen Berufung leichter und voller gerecht werden kann.

5. Als Männer und Frauen der Wissenschaft fragen Sie sich: „Welches ist die tiefere Bedeutung unserer Berufung als Forscher in der heutigen Kultur?" Um auf diese Frage, die von vielen unserer Zeitgenossen ebenfalls gestellt wird, zu antworten, müssen wir zum Menschen als Kulturwesen zurückkehren, zur Person als Subjekt, das auf kein anderes geschaffenes Wesen zurückgeführt werden kann.

Wir erleben einen außerordentlichen Fortschritt der Wissenschaft und Technik und haben den Eindruck, daß sich die Grenzen des Wissens endlos ausweiten. Doch zugleich erfaßt uns die kalte Angst vor dem Gebrauch, der davon gemacht wird. Die aufgewühlte Geschichte unseres Jahrhunderts stellt uns unsere diesbezügliche Verantwortung vor Augen. Heute sind wir uns vielleicht mehr als früher des zweideutigen Charakters der Wissenschaft bewußt. Der Mensch kann sie in den Dienst seines Fortschritts stellen, er kann sich mit ihr aber auch ruinieren. Die Wissenschaft zieht so viele Folgen nach sich, daß sie zu einer größeren Wachsamkeit des Gewissens aufruft.

Als Männer und Frauen der Wissenschaft empfinden Sie tief in Ihrem Inneren, daß der Mensch sich selbst verleugnen müßte, wenn er nicht höchst entscheidungsvolle Fragen stellen würde, die die Wissenschaft aber mit gutem Recht zu beantworten ablehnt, weil sie in einen anderen Kenntnisbereich hineingehören.

Die wissenschaftlichen Fortschritte, zumal auf dem Gebiet der Genetik, halten das Gewissen wach und treiben an zur ethischen Reflexion. Man kann sich hier nicht einfach mit technischen Aspekten begnügen, die angeblich moralisch neutral sind, denn sie betreffen direkt den Menschen im Kostbarsten, was er besitzt: in seiner Struktur als Personwesen. Auch wenn ihre Wertvorstellungen unterschiedlich und ihre politischen Auffassungen extrem verschieden sind, haben doch zahlreiche verantwortliche Politiker in mehreren Ländern, nationale ethische Komitees eingerichtet. Jenseits aller verschiedenen Gesichtspunkte, mit denen man solche Institutionen betrachten kann, zeigt schon die Tatsache, daß sie seit kurzem ins Leben getreten sind, klar, daß die Verantwortlichen der bürgerlichen Gesellschaft, trotz des dramatischen Verlustes der Übereinstimmung in grundlegenden moralischen Überzeugungen, die Kompliziertheit und Schwere der auf dem Spiel stehenden Interessen erkannt haben. Mit Ihrem Fachwissen kommt es Ihnen zu, zur norwendigen Entwicklung des moralischen Gewissens beizutragen. Wer die ethische Dimension des wissenschaftlichen und technischen Fortschritts fördert, hilft diesem, echt menschlich zu werden, um eine Gesellschaft nach Menschenmaß aufzubauen. Dabei werden die ethischen Vorbehalte nicht nur die Wissenschaftlichkeit der Forscher und ihrer Arbeiten in keiner Weise beeinträchtigen, sie werden ihnen vielmehr ein bisher unvermutetes Plus an Menschlichkeit schenken. Fehlt eine solche ethische Reflexion, geraten die ganze Menschheit und die Erde selbst in Gefahr. Männer und Frauen der Wissenschaft, Männer und Frauen der Kultur, die Welt braucht Sie, Ihr Zeugnis und persönliches Engagement, damit die Ethik Wissenschaft und Technik erhellt, so daß sie den Primat des Menschen gegenüber den Dingen und den des Geistes gegenüber der Materie achten und Wissenschaft und Kultur den Namen „menschlich" verdienen.

6. Die Entwicklung des Denkens und der Verlauf der Geschichte zeigen, oft durch Krisen und Konflikte hindurch, eine unaufhaltsame Bewegung zur Einheit hin. Die Völker werden sich bewußt, nicht mehr allein leben zu können, und daß Isolierung zu sicherem Niedergang führt. Die Kulturen öffnen sich für das Universale und bereichern sich gegenseitig. Die anmaßenden Philosophien und Ideologien wie die Wissenschaftsgläubigkeit, der Positivismus und Materialismus, die sich als allein gültig verstanden und den Anspruch erhoben, alles erklären zu können, freilich um den Preis verkürzender Perspektiven, sind heute überholt. Weil sie in ihrer Unermeßlichkeit und Kompliziertheit entdeckt wurde, weckt die Wirklichkeit heute bei den Forschern eine Haltung der Demut. Die experimentelle Methode läßt die Wirklichkeit nur unter gewissen Teilaspekten erfassen, während Philosophie, Kunst und Religion auf ihre je spezifische Weise sie mehr oder weniger umfassend verstehen (vgl. *Ansprache im Europ. Zentrum für Kernforschung in Genf [CERN]*, 15. Juni 1982, Nrn. 4-5).
Im Verlauf der letzten Jahrzehnte hat eine bezeichnende Änderung ihrer Haltung zahlreiche Wissenschaftler dahin geführt, sich nicht nur mit der Wirksamkeit, sondern auch mit dem Sinn ihrer Arbeiten zu beschäftigen. Sie finden zum ontologischen Zugang zurück, der aus an sich legitimen methodischen Gründen lange abgelehnt worden war. Man sieht deutlich, daß bei den Anwendungen der Wissenschaft die Natur des Menschen auf dem Spiel steht. Der Mensch kann nicht ungestraft das

Universale und die Transzendenz beiseitelassen. Wenn man aber die verschiedenen Zugänge zur Wirklichkeit neu ins Auge faßt, ohne irgendeinen auszuschließen, hilft das dem Menschen, sich selbst zu verstehen. Er strebt ja nach einer harmonischen Entfaltung aller seiner Fähigkeiten. Er kann sich weder den Verzicht auf Kultur, noch den auf ethische Werte, noch den auf Religion leisten. Die Wissenschaft trägt zunehmend zu dieser Harmonie bei, in dem Maße, wie ihr letztes Ziel und die Mittel, die sie einsetzt, auf das Wohl des Menschen hingeordnet sind. Durch ihre neuen Möglichkeiten bereichert sie die Kultur, erweitert den Raum der persönlichen und kollektiven Verantwortung und trägt zum Fortschritt der Menschheit bei.

7. Männer und Frauen der Wissenschaft, unsere Zeitgenossen schauen mehr und mehr auf Sie. Sie erwarten von Ihnen und Ihren Forschungen einen verstärkten Schutz des Menschen und der Natur, die Umgestaltung ihrer Lebensverhältnisse, die Verbesserung der Gesellschaft, den Aufbau und die Erhaltung des Friedens. Beeindruckt durch Unfälle oder Unklugheiten, die Dimensionen von Umweltkatastrophen annehmen, sind sie sich mehr der Gefahren einer unvernünftigen Ausnützung der vom Schöpfer ihnen anvertrauten Natur bewußt geworden. Sie sehen, daß die Ausbeutung der Bodenschätze nicht ohne Folgen für die Kulturen und die Menschen bleibt. Um nur ein Beispiel zu nennen, genügt es, an das Drama der Ureinwohner des Amazonasgebietes zu denken, denen infolge und im Maß der Abholzung des unermeßlichen Urwalds die Vernichtung droht, weil ihr gebrechliches ökologisches und kulturelles Gleichgewicht zerstört wird. Führt man dagegen eine vernünftige und ehrenhafte Planung der Ausbeutung der Bodenschätze unserer Erde durch, trägt man in hohem Maß zur Erhaltung der Natur, des Menschen und seiner Kultur bei.
Auch für die Kulturen ist Ihre Rolle von erstrangiger Bedeutung, denn Sie vermögen mit Ihrer Fachkenntnis das Irrationale zu entlarven, irrige traditionelle Verhaltensweisen deutlich zu machen und einen echten menschlichen Fortschritt anzuregen. In der Enzyklika *Centesimus annus* habe ich kürzlich darauf hingewiesen: „Von dieser offenen Suche nach der Wahrheit ist die Kultur der Nation gekennzeichnet" (Nr. 50). Wir erfahren täglich den Einfluß der wissenschaftlichen und technischen Kultur auf unsere Zeitgenossen, der ihre Verhaltensweisen, ihren Geschmack und ihre Hauptinteressen, oder auch ihr persönliches und kollektives Verhalten tiefreichend ändert. Wachen Sie also darüber, daß der wissenschaftliche und technische Fortschritt wirklich im Dienst des Menschen steht und ihn nicht zum bloßen Objekt macht, das sich selbst nicht genügen kann, wenn die Technik versagt. Mögen Ihre Entdeckungen dem Menschen vielmehr helfen, seine Fähigkeiten an Kreativität, Intelligenz, Selbstbeherrschung, Kenntnis der Welt und Solidarität in vollem Maße zu entfalten. Arbeiten Sie damit für den Aufbau einer neuen, echt menschlichen Welt!

8. Auf ihre je eigene Weise sind Religion und Wissenschaft grundlegende Elemente der Kultur. An der Schwelle des dritten christlichen Jahrtausends stehen sie sich keineswegs feindlich gegenüber, zeichnen sich vielmehr durch eine gegenseitige Ergänzung aus, was der im Leben praktizierte Glaube zahlreicher gläubiger Wissen-

schaftler beweist. In den letzten Jahrzehnten haben wir einen neuen Dialog zwischen Wissenschaftlern und Religionen wachsen sehen. Er hat oft eine Klärung von falsch verstandenen Positionen gestattet, hinter denen Unklarheit über Methoden und spezifische Forschungsbereiche der Religion und der Wissenschaft standen. Heute studieren Astrophysiker den Ursprung des Universums in glücklicher Ergänzung und ohne Argwohn und Konkurrenzdenken, während Theologen und Exegeten die Erschaffung des Universums als dem Menschen von Gott gemachtes Geschenk studieren. Angesichts anti-wissenschaftlicher Bewegungen mit irrationalen Motivierungen, die sich wie Angstschreie von Menschen erheben, die den Sinn ihrer Existenz nicht mehr erkennen und die die Technik zermalmt, verteidigt die Kirche die Würde und die Notwendigkeit der wissenschaftlichen und philosophischen Forschung, um die noch verborgenen Geheimnisse des Universums zu entdecken und die Natur des Menschenwesens weiter zu klären. Wissenschaftler und Gläubige können eine große geistige Familie bilden und eine Kultur aufbauen, die aufrichtig die Erforschung der Wahrheit anstrebt. Nach der Trennung bzw. Feindschaft zwischen Wissenschaft und Religion trägt die heute so notwendige Verbindung von Wissen und Weisheit zweifellos zu einer entscheidenden Erneuerung der Kulturen bei. Religion und Wissenschaft müssen vor Gott und der Menschheit einstehen für die Versuche, die sie zu einer Integrierung der menschlichen Kultur unternommen haben, um die Gefahr einer Zersplitterung, die ihre Zerstörung bedeuten würde, zu beheben.

9. Herr Kardinal, Herr Präsident, liebe Freunde, die Zukunft der Menschheit „ruht in den Händen jener, die den kommenden Geschlechtern Triebkräfte des Lebens und der Hoffnung vermitteln können" (vgl. *Gaudium et spes*, Nr. 31). Am Ende dieser Begegnung, die ich gerne mit jedem einzelnen von Ihnen weitergeführt hätte, möchte ich Sie zur Weiterführung Ihrer Bemühungen ermuntern, um eine harmonische Zusammenarbeit zwischen Wissenschaft, Kultur und Glauben zum Wohl aller Menschen zu erreichen. An der Schwelle des dritten Jahrtausends wendet sich die Menschheit in dieser Stunde so vieler Umwälzungen Ihnen, als Männer und Frauen der Kultur und der Wissenschaft zu, damit Sie ihr helfen, die Lebensverhältnisse zu verbessern und den Sinn des Lebens zu klären. Auf diesem Weg finden Sie in der Kirche immer einen aktiven und selbstlosen Partner.
Ich bin glücklich über diese Gelegenheit, Ihnen meine Hochachtung zum Ausdruck zu bringen, und ich rufe über Sie, über Ihre Familien und Mitarbeiter den Segen des Herrn herab, des Schöpfers der Natur und des Urhebers der Kulturen, deren Quelle und Ziel er ist.

Die heilige Birgitta ist der Inbegriff der Einheit

Predigt beim ökumenischen Gebetstreffen für die Einheit der Christen am 5. Oktober

„Der Gott des Friedens ... mache euch tüchtig in allem Guten, damit ihr seinen Willen tut. Er bewirke in uns, was ihm gefällt" (*Hebr* 13,20 f.).

1. Liebe Brüder und Schwestern im Herrn!
Mit diesen Worten aus dem Hebräerbrief grüße ich alle, die heute in dieser Vatikanischen Basilika aus verschiedenen Nationen, besonders aber aus den skandinavischen und nordischen Ländern zusammengekommen sind.
Ich wende mich an erster Stelle an seine Majestät, König Karl Gustav von Schweden und Königin Silvia; ferner an Frau Danutha Walesa, die hier ihren Gatten vertritt, Herrn Lech Walesa, den Präsidenten der Republik Polen.
Allen gilt mein herzlicher und ergebener Gruß, und ich danke für ihre bedeutsame Anwesenheit bei dieser besonderen Eucharistiefeier.
Ich grüße dann auch die hochwürdige Mutter Tekla Famiglietti, die Generaläbtissin des Erlöserordens der hl. Birgitta und mit ihr die ganze Familie der Birgittinnen.

In schwedischer Sprache sagte der Papst:

2. Ich begrüße auch den lieben Erzbischof Bertil Werkström, den Primas der lutherischen Kirche in Schweden, der unsere Feier hier eifrig ermuntert hat in dem Bewußtsein, daß die Ökumenische Bewegung immer mit konkreten Initiativen vorangebracht werden muß, wie es nun bereits seit 25 Jahren zwischen Lutheranern und Katholiken geschieht.
Wir können aufrichtig bekennen: Das jahrhundertealte Mißtrauen, das die einen gegenüber den anderen genährt haben, ist überwunden, und an seiner Stelle wachsen Vertrauen und Hoffnung, die man mit Händen greifen kann.
Mit Ihnen, lieber Erzbischof Bertil Werkström, sind zahlreiche Bischöfe der nordischen Länder anwesend. Ich hatte die Freude, vor zwei Jahren bei meiner Reise in eure Länder den größten Teil von ihnen persönlich kennenzulernen.
Es sei mir gestattet, dem Erzbischof von Turku, John Vikström, dem Primas der lutherischen Kirche von Finnland, zu danken; das Gleiche gilt dem Bischof von Oslo, Andreas Aarflot, dem Präsidenten der lutherischen Bischöfe von Norwegen, und allen übrigen Bischöfen der nordischen Länder, die an dieser Feier teilnehmen.

In englischer Sprache sagte der Papst:

3. Liebe Brüder und Schwestern! Wir begegnen uns im Andenken an die hl. Birgitta von Schweden, deren Heiligsprechung vor 600 Jahren der Anlaß zu den Feierlichkeiten in diesen Tagen ist.
Für mich ist das Wissen eine große Freude, daß sie in Schweden gleichermaßen von Lutheranern und Katholiken verehrt wird. Ihr Leben und Wirken bilden also ein uns gemeinsames Erbe. Die heilige Birgitta ist wie ein Inbegriff der Einheit. „Herr, zeige

mir den Weg und mache mich bereit, ihm zu folgen": Dies sind Worte aus einem ihrer Gebete, die man noch heute in Schweden betet. So wird die heilige Birgitta, die ohne Vorbehalt dem Wirken Gottes geöffnet war, ein lebendiges Zeichen der göttlichen Liebe. Sie lädt uns alle ein, auf unsere eigenen Pläne zu verzichten und gelehrige Werkzeuge für den Willen unseres Herrn zu werden.

„Herr, zeige mit den Weg und mache mich bereit, ihm zu folgen." Dieses Gebet Birgittas kann zum Programm der Ökumenischen Bewegung werden. Der Ökumenismus ist ein Weg, den man gemeinsam einschlägt; doch wir können unmöglich seinen Verlauf und seine Dauer im voraus festlegen. Wir wissen nicht, ob dieser Weg leicht oder schwer sein wird. Wir wissen nur um unsere Pflicht, diesen Weg gemeinsam fortzusetzen.

4. Seit nunmehr 25 Jahren mühen sich Lutheraner und Katholiken, den gemeinsamen Weg wieder zu finden. Ein Blick in die Vergangenheit gestattet die Feststellung, daß sich die mehrere Jahrhunderte hindurch getrennt beschrittenen Wege in steigendem Maße annähern. Das Zweite Vatikanische Konzil hat bekräftigt, daß wir „das sakramentale Band" derer gemeinsam besitzen, die in der Taufe „wiedergeboren" sind; uns vereint „die Liebe und Verehrung zu den Heiligen Schriften" (vgl. *Unitatis redintegratio*, Nr. 2 f.).

Der theologische Dialog hat ferner das umfangreiche Erbe des Glaubens herausgestellt, das uns vereint: wir bekennen gemeinsam den gleichen dreieinigen Gott; den Sohn Gottes, der Mensch geworden und für unser Heil am Kreuz gestorben ist; wir sprechen das gleiche apostolische Glaubensbekenntnis. Jeder weiß, daß die protestantische Reformation von der Lehre über die Rechtfertigung ihren Ausgang genommen und die Einheit der Christen im Westen zerbrochen hat. Ihr gemeinsames Verständnis - und wir glauben diesem Ziel schon recht nahe zu sein - wird uns gewiß auch bei der Lösung der übrigen Kontroversen helfen, die direkt oder indirekt damit verbunden sind.

Wir setzen mutig und vertrauensvoll diesen Weg der Annäherung fort „in Treue zur Wahrheit, die wir von den Aposteln und den Vätern empfangen haben" (*Unitatis redintegratio*, Nr. 24). Es dient dem echten ökumenischen Fortschritt nämlich nicht, die vorhandenen Gegensätze zu verschleiern. Notwendig ist dagegen, tief in das Geheimnis Christi des Herrn einzudringen und sich seine Botschaft immer besser anzueignen. Eine solche Sicht des Ökumenismus wird zur Quelle gegenseitiger Bereicherung und hilft nach der Mahnung des Zweiten Vatikanischen Konzils dazu, „jene Fülle zu erreichen, die sein Leib nach dem Willen des Herrn im Ablauf der Zeiten gewinnen soll" (vgl. *ebd.*, Nr. 24).

5. Die Wiederherstellung der sichtbaren Einheit ist das Gebot des Herrn in Verbindung mit seinem geistlichen Testament. In der Nacht vor seinem Tod betete Christus ja mit den Worten: „Sie sollen eins sein ... damit die Welt erkennt, daß du mich gesandt und sie geliebt hast, wie du mich geliebt hast" (vgl. *Joh* 17,21.23).

Wir sind also absolut gewiß, daß beim Suchen nach der Einheit Er uns stützt und hält. Ja, wir sind überzeugt, daß Er die lebenspendende Kraft ist, die dieses Werk anregt und vollbringt. Er wirkt in seiner Kirche. In Jesus Christus ist der unsichtbare und transzendente Gott zu uns herabgestiegen und ist einem jeden von uns so nahe gekommen, daß wir durch die Annahme seiner Wahrheit zur Begegnung mit dem barmherzigen Vater gelangen können. Er zeigt uns nicht nur den Weg, der zur Einheit führt, er ist vielmehr selbst der Weg zur Einheit (vgl. *Joh* 14,6).

6. Diesem Verlangen Gottes nach Versöhnung und Gemeinschaft unter allen Mitgliedern des christlichen Volkes hat die heilige Birgitta ihr ganzes Leben dienstbar gemacht.
Von Liebe zu Gott und von Eifer für die Kirche ergriffen, hat sie unermüdlich dafür gewirkt, daß die Wahrheit zur Geltung kam und das Reich Gottes auf Erden Wirklichkeit wurde.
In Zeiten großer Widrigkeiten für das Papsttum hat sie sich mit allen verfügbaren Mitteln für die Rückkehr des Papstes auf den Sitz in Rom eingesetzt, und sie betrachtete diese Aufgabe als eine besondere, ihr vom Herrn anvertraute Sendung.
Wie zu ihren Zeiten, so weckt der Herr weiterhin hochherzige Männer und Frauen, die den gleichen Plan der Einheit zwischen den Gläubigen in Europa und in der Welt voranbringen. Unter diesen Förderern des Ökumenismus möchte ich Mutter Maria Elisabeth Hesselblod erwähnen, deren Tätigkeit ganz in der lichtvollen Spur der schwedischen Heiligen verläuft.
Wie ich am 9. Juni 1989 bei der ökumenischen Feier in Uppsala erklärt habe, „kann nicht alles sofort geschehen. Doch wir müssen heute das tun, was uns möglich ist und auf das hoffen, was wir morgen werden tun können". Auch die gemischte Kommission für den katholisch-lutherischen Dialog arbeitet in diesem Sinn in der Hoffnung, zur Beseitigung der Hindernisse beizutragen, die sich der Einheit der Christen heute noch entgegenstellen.
Die gemischte Arbeitsgruppe, die eben ihre Jahressitzung in Venedig abgeschlossen hat, denkt weiter nach mit dem Ziel, zu einem gemeinsamen Verständnis des Geheimnisses der Kirche zu gelangen. Ich ermuntere alle, beharrlich ihre schwierige, aber wichtige Arbeit fortzusetzen. Wir sind alle als Katholiken und Lutheraner aufgerufen, auf allen Ebenen die Fortschritte und Ergebnisse des Dialogs immer ergiebiger zu machen.
Das Bemühen um Einheit bedarf ja konkreter Schritte. Die ökumenische Feier, die uns an diesem Abend in der Vatikanischen Basilika vereint, bildet sicher einen davon. Dennoch bleibt die Einheit des Volkes Gottes immer eine Gabe des Geistes. Sie ist ein Unterpfand der Versöhnung, das jede menschliche Kraft übersteigt.

7. „Der Gott des Friedens ... mache euch tüchtig in allem Guten, damit ihr seinen Willen tut" (*Hebr* 13,20 f.).
Liebe Freunde, möge ein jeder von uns die Segensworte des Hebräerbriefes im Herzen bewahren.
Im Vaterunser wiederholen wir, was der Herr selbst uns gelehrt hat: „Dein Wille geschehe wie im Himmel so auf Erden". Die hl. Birgitta hat immer und in allem den Willen Gottes erfüllt. Daher konnte sie vor die Großen ihrer Zeit furchtlos hintreten.

Daher hat sie mit brennendem missionarischem Eifer zur Erneuerung des Antlitzes der Kirche beigetragen. Sie war ein demütiges Werkzeug der göttlichen Vorsehung und bleibt auch heute noch für Lutheraner und Katholiken Leitstern und Vorbild.
Bereiten wir gemeinsam den Weg des Herrn! Mit dieser Aufforderung möchte ich alle einladen, das Herz zu Christus hinzuwenden. Bitten wir ihn, daß in unserem Leben sein Wille geschieht. Daß Gott in uns alles wirkt, „was ihm gefällt, durch Jesus Christus, dem die Ehre sei in alle Ewigkeit. Amen." (*Hebr* 13,21).

Die Ärmsten aufnehmen, mit ihnen teilen

Ansprache zum 3. Kongreß der Seelsorge für die Migranten und Flüchtlinge am 5. Oktober

Liebe Schwestern und Brüder!

1. Es freut mich sehr, euch alle, die ihr hier am 3. Kongreß der Seelsorge für die Migranten und Flüchtlinge teilnehmt, zu empfangen und jeden herzlichst willkommen zu heißen.
Ihr arbeitet mit Einsatz und Hingabe auf dem weiten Feld der Pastoral für Migranten und Flüchtlinge. Ich schätze eure Tätigkeit sehr und danke euch für den Dienst, den ihr im Namen der Kirche an diesen unseren Mitbrüdern leistet.
Herzlichst grüße ich Msgr. Giovanni Cheli, den Präsidenten des Päpstlichen Rates der Seelsorge für die Migranten und Menschen unterwegs, der zu diesem wichtigen Treffen angeregt hat.

2. Das Phänomen der Völkerwanderungen hat es in der Geschichte der Menschheit immer gegeben, aber heute beobachten wir eine starke Eskalation und beachtliche Intensivierung in fast allen Ländern der Welt.
Aus mehreren Gründen, wie beispielsweise die Herkunft und die Verschiedenheit, die Vielfalt der betroffenen Kulturen und ethnischen Einheiten, können die modernen Migrationen im Vergleich zur Vergangenheit als neu bezeichnet werden.
Man könnte hinzufügen, daß auch die Haltung und die Art und Weise, mit der die Migranten behandelt und empfangen werden, neu sind: und zwar nicht nur als einzusetzende Arbeitskräfte, sondern als Menschen, deren Würde als Personen zu achten ist.
Die Kirche widmet den Migranten und Flüchtlingen besondere Aufmerksamkeit. Mit betont mütterlicher Fürsorge pflichtet sie der stets aktuellen Botschaft Christi - des Verbannten und Flüchtlings - bei, der ausruft: „Ich war fremd und obdachlos, und ihr habt mich aufgenommen" (*Mt* 25,35).
Vieles muß getan werden, besonders hinsichtlich gewisser Situationen, die heute etliche Millionen von Menschen auf den Weg der Auswanderung treiben. Sie emigrieren nicht aus freiem Willen, sondern oft weil Hunger und unmenschliche Lebensbedingungen sie dazu zwingen; zuweilen wandern sie aus, um harten Verfolgungen aufgrund ihrer politischen und religiösen Anschauungen zu entfliehen.

Außerdem wird durch manche Migrationsphänomene vom Süden nach Norden und vom Osten in den Westen der Situation der Armut in den Heimatländern nicht nur keine Abhilfe geschaffen, sondern es besteht vielmehr die Gefahr neuer Probleme in den Einwanderungsländern, so daß sich die Landkarte der Armut, verflochten mit der der Migrationen, ständig ausdehnt.

3. Angesichts all dieser Probleme scheint es unumgänglich, eine konstruktive Asyl- und Kooperationspolitik anzuregen, mit dem Ziel, die Würde eines jeden Menschen und wahres Interesse gegenüber seinen zahlreichen Bedürfnissen zu gewährleisten. Notwendigerweise müssen die Reichen bereit sein, ihre Mittel mit dem bedürftigen Teil der Menschheit zu teilen, um so an Ort und Stelle reelle Fortschrittsmöglichkeiten und eine gleichmäßige Entwicklung zu schaffen.

So schwierig es auch scheinen mag, dieses Mühen um eine wahre internationale Solidarität, auf der Grundlage einer erweiterten Auffassung des Gemeinwohls, ist ein gangbarer Weg, um allen eine wirklich bessere Zukunft zu sichern. Um das zu realisieren, ist es notwendig, daß die Kultur der gegenseitigen solidarischen Abhängigkeit tief in das Bewußtsein aller eindringt und sich ausbreitet, eine Kultur, mit dem Ziel, die öffentliche Hand, internationale Organisationen und private Bürger auf ihre Pflicht aufmerksam zu machen, die Ärmeren aufzunehmen und mit ihnen zu teilen. Aber Hand in Hand mit der Planung einer langfristigen Solidaritätspolitik muß das Interesse für die unmittelbaren Probleme der Migranten und Flüchtlinge gehen, die ständig die Grenzen der hochindustrialisierten Länder bedrängen.

In der kürzlich veröffentlichten Enzyklika *Centesimus annus* schrieb ich: „Vor allem aber ist es notwendig, eine Denkweise aufzugeben, die die Armen der Erde - Personen und Völker - als eine Last und als unerwünschte Menschen ansieht ... Die Hebung der Armen ist eine große Gelegenheit für das sittliche, kulturelle und wirtschaftliche Wachstum der gesamten Menschheit" (Nr. 28).

Solidarität geht nicht auf Kosten der Leistungsfähigkeit. Solidarität ist die Triebkraft der Gesellschaft. Die Erfahrung beweist, daß, wenn eine Nation den Mut hat, sich für andere Völker zu öffnen, sie mit vermehrtem Wohlstand, einer starken sozialen Erneuerung und einem kraftvollen Anstoß, hin zu neuen wirtschaftlichen und menschlichen Zielen, belohnt wird.

Trotzdem reicht es nicht, den Immigranten mit einer Einreisegenehmigung die Tore zu öffnen; es ist notwendig, ihnen eine wahre Eingliederung in die Gesellschaft, die sie aufnimmt, zu erleichtern. Die Solidarität muß zu einer alltäglichen Erfahrung der Hilfeleistung, der Anteilnahme und der Mitwirkung werden.

4. Liebe Brüder und Schwestern, die Mission der Kirche gegenüber unseren Brüdern, den Migranten und Flüchtlingen, ist von besonderem Charakter. Ihr wißt sehr gut, daß, wenn auch die rücksichtsvolle und großherzige Sorge um ihre materiellen Probleme die erste Pflicht ist, ihre geistige Formung durch eine spezifische Seelsorge, die ihre Sprache und ihre Kultur berücksichtigt, ebenso wie ihr Bedürfnis, den Glauben innerhalb ihrer Volksgruppe und in eigens ihnen zur Verfügung gestellten Strukturen auszuüben, nicht vernachlässigt werden darf.

In diesem Bereich nimmt die Kirche gerne mit Menschen aller Religionen und Rassen Beziehungen auf, deren Grundlage Respekt, Achtung und Zusammenarbeit ist. Sie sichert allen ihren Dienst für die volle Anerkennung der Menschenrechte und die Gewährleistung der Gerechtigkeit zu. Der interreligiöse Dialog, heute weitverbreitet und offen, ist, wenn er die unverzichtbaren Erfordernisse der Wahrheit berücksichtigt, ein günstiger Weg für die Begegnung der Gläubigen verschiedener Religionen, zur Verstärkung der Einheit der menschlichen Familie und zur Förderung des Friedens in der Welt.

5. Heute setzen sich für Migranten und Flüchtlinge christliche Institutionen und Bewegungen ein, die oft eine führende Rolle für die gesamte Gesellschaft haben. Ihr seid eine von ihnen.
Ich ermutige euch, liebe Brüder und Schwestern, euren Einsatz unermüdlich fortzusetzen, ohne euch in eurem apostolischen Schwung durch eventuelle Hindernisse und Schwierigkeiten hemmen zu lassen. Möge die Gnade des Herrn euch stets unterstützen.
Damit ferner eure Tätigkeit umso wirkungsvoller werde, müßt ihr die Beziehungen untereinander intensivieren. Handelt stets in konstanter und brüderlicher Gemeinschaft und bleibt in enger Verbindung mit dem Päpstlichen Rat der Seelsorge für die Migranten und Menschen unterwegs, der euch den Beitrag seiner Erfahrung und seines kirchlichen Dienstes nicht vorenthalten wird.
Ihr seid mit einem Apostolat der Grenze betraut, was auch die Kongreßtage gezeigt haben. Seid stets Beschützer der Armen und treue Apostel der Neuevangelisation.
In eurem Dienst mögen euch die Worte Christi leiten: „Was ihr für einen meiner geringsten Brüder getan habt, das habt ihr mir getan" (*Mt* 25,40).
Möge euch schließlich auch mein Gebet und mein Apostolischer Segen unterstützen, den ich euch und allen, denen ihr bei eurer Arbeit begegnet, gerne erteile.

Birgitta glaubte an die Verheißung des Vaters

Predigt bei der Eucharistiefeier auf der Piazza Farnese am 6. Oktober

1. „Ihr seid das Salz der Erde ... Ihr seid das Licht der Welt" (*Mt* 5,13-14).
Die Worte Jesu, die wir im Abschnitt des heutigen Evangeliums gehört haben, helfen uns zum Verständnis des Charismas der Birgitta von Schweden. Sie sprechen von der Treue zum Evangelium und der unerschütterlichen Liebe zu Gott und zur Kirche, die das Leben dieser „herrlichen Braut Christi" gekennzeichnet haben.
Die Quelle für ihren apostolischen Eifer und die Kraft für ihren asketischen Weg lagen in ihrer innigen und ständigen Vereinigung mit Christus. Aus dem Paschamysterium entsprang das Licht der Wahrheit und der Liebe, das ihre Schritte lenkte. Das gleiche Licht machte sie zu einem „Licht", das „man auf den Leuchter stellt, damit es allen im Haus leuchtet" (vgl. *Mt* 5,15). Es machte sie zum „Salz der Erde".

2. Im Gedenken an eine derart treue Zeugin des Evangeliums grüße ich herzlich euch alle, liebe Brüder und Schwestern, die ihr in diesen Tagen voll Freude die sechshundert Jahre seit ihrer Heiligsprechung feiert.
Mein ergebener Gruß gilt Seiner Majestät, König Karl Gustav von Schweden und Königin Silvia; dem Herrn Präsidenten der Republik Italien, Professor Francesco Cossiga; der Präsidentin der Republik Nicaragua, Frau Violeta Chamorro; sowie Frau Danutha Walesa, die hier ihren Mann, Herrn Lech Walesa, den Präsidenten der Republik Polen vertritt; Herrn Dr. Alfred Gomolka, Präsident des Ministerrats von Mecklenburg-Westpommern, offizieller Vertreter der Regierung der Bundesrepublik Deutschland.

In schwedischer Sprache sagte der Papst:

Hochachtungsvoll und recht herzlich begrüße ich den Erzbischof Bertil Werkström, Primas der lutherischen Kirche von Schweden, den Erzbischof von Turku, John Vikström, Primas der lutherischen Kirche in Finnland, sowie den Bischof von Oslo, Andreas Aarflot, Präsident der lutherischen Bischöfe von Norwegen. Einen besonderen Gruß richte ich an alle übrigen Bischöfe der nordischen Länder, die hier anwesend sind. Ich danke ferner der Äbtissin der Schwestern von der hl. Birgitta, Mutter Tekla Famiglietti und allen Angehörigen des Ordens für die Anregung dieser so bezeichnenden Begegnung zum Andenken an ihre Gründerin. Von Herzen wünsche ich, daß das lebhafte Gedenken an ihre heilige Mutter sowie ihre geistliche und ökumenische Botschaft, die dank des erneuernden Wirkens von Mutter Elisabeth Hesselblad noch mehr den Forderungen unserer Tage entspricht, weiter die ganze Familie der hl. Birgitta zu tatkräftigem Einsatz für die neue Evangelisierung des europäischen Kontinents und der Welt anregt.

3. „Amor meus crucifixus est."

In englischer Sprache sagte der Papst:

Die göttliche Barmherzigkeit zeigt sich vor allem im Tod, den der Sohn Gottes freiwillig für das Heil der Menschheit angenommen hat. Ein Geheimnis der Erlösung und der Hoffnung, eine Verkündigung des Glaubens und des Heiles.
Birgitta hat an die Verheißung des Vaters geglaubt; sie hat seine Aufforderung angenommen. Sie hat ihm ohne Vorbehalt sich selbst angeboten und das Ideal des Evangeliums in den drei Abschnitten ihres irdischen Lebens verwirklicht; als Jungfrau, als Braut und Mutter und als gänzlich dem Herrn geweihte Witwe.
Sie folgte Christus in der bescheidenen Grotte zu Bethlehem und in der Verborgenheit des Hauses zu Nazaret nach. Sie folgte ihm im öffentlichen Leben, immer unterwegs, um zu verkündigen, daß das Himmelreich nahe ist, ja sich bereits mitten unter uns befindet (vgl. *Lk* 17,21).
Sie fühlte sich mit ihm in besonderer Weise im Opfer auf Kalvaria vereint, dem Geheimnis des Leidens und des Todes, dessen ergreifende Szenen sie in einigen ihrer

mystischen Gedanken beschrieben hat. Sie lehrte durch ihr Leben, daß man Christus zum Herzen der Welt machen muß.

Sie hörte nicht auf, zur Bekehrung und zur Buße einzuladen und rief dringend zur Rückkehr zum Evangelium auf.

Wie aktuell ist dieser Aufruf heute noch!

Nur Jesus, der „für alle starb und auferstand, schenkt dem Menschen Licht und Kraft durch seinen Geist, damit er seiner höchsten Berufung nachkommen kann" (*Mulieris dignitatem*, Nr. 28).

Christus verlangte von ihr eine bedingungslose Liebe: eine Liebe aus ganzem Herzen und „größer als alles sonst in der Welt".

Er vertraute ihr eine einzigartige Sendung an: als seine mystische Braut sollte sie in Armut und auf ihrer Pilgerreise von Stadt zu Stadt das Reich Gottes und das Verlangen Gottes nach dem Heil der Welt verkünden. Und Birgitta wurde zum geistlichen Licht.

In italienischer Sprache sagte der Papst:

4. „So soll euer Licht vor den Menschen leuchten, damit sie eure guten Werke sehen und euren Vater im Himmel preisen" (*Mt* 5,16).

Die hl. Birgitta steht wirklich als geistliches Licht da. Sie leuchtete vor den Augen ihrer Zeitgenossen und bereicherte die Kirche mit ihrem konsequenten Zeugnis als Christin.

Sie widmete sich dem Dienst an den Mitmenschen und brachte allen, den Reichen und Mächtigen ebenso wie den Armen und Geringen, das Licht der Wahrheit und die unauslöschliche Flamme der göttlichen Liebe. Nachdrücklich prangerte sie das Böse an und ermahnte zum Guten und ließ sich weder durch Gegnerschaft entmutigen, noch von weltlichen Eitelkeiten verführen.

Sie war eine Frau von großem Mut, weil sie ein Mensch unbändigen Glaubens war. Daher wurde sie auf den Leuchter der Heiligkeit gestellt. Denn nicht nur die Menschen ihrer Zeit, sondern auch die künftigen Generationen sollten ihre guten Werke sehen können „und den Vater im Himmel preisen". Sie sollten sie nachahmen und ihr auf dem gleichen Weg der evangelischen Vollkommenheit folgen.

5. „Niemand konnte ihr etwas Böses nachsagen; denn sie war sehr gottesfürchtig" (*Jdt* 8,8).

Mit diesen Worten, die wir in der ersten Lesung gehört haben, sprach der heilige Schriftsteller das Lob Judits aus; die gleichen Worte lassen sich aber auch auf die hl. Birgitta anwenden. Auch sie war ja „sehr gottesfürchtig".

Bei ihr entsprang alles aus der heiligen Gottesfurcht, der echten Quelle unbändigen Glaubens, brennender Liebe und unerschrockener Kühnheit im Sinn des Evangeliums.

„Gottesfurcht ist Anfang der Weisheit" (vgl. *Spr* 1,7).

Aus der Gottesfurcht entspringt die echte Weisheit, die eine Gabe des Heiligen Geistes ist.

Dank ihrer wird der Gläubige dem übernatürlichen Wirken gegenüber gelehrig, und es gelingt ihm, im Licht des Glaubens die Ereignisse in der Welt zu beurteilen. Er sieht alles mit den Augen Gottes und handelt in allem mit dem Geist Gottes.

6. Unter den Heiligen, die der Kirche gedient und sich für sie geopfert haben, unter denen, die eine ausgesprochene Leidenschaft für die Einheit der Christen und die Eintracht unter den Völkern empfunden haben, nimmt Birgitta von Schweden, eine Heilige mit europäischen Dimensionen, gewiß einen hervorragenden und einzigartigen Platz ein.
Sie liebte die Kirche ihrer Zeit, wie sie war; für diese Kirche arbeitete und litt sie, für ihre Einheit und für die Unterstützung des Stellvertreters Christi setzte sie sich ein.
Die tiefe Einheit, die sie mit dem Erlöser verband, drängte sie zur konkreten Hingabe für die geistlichen und materiellen Bedürfnisse des christlichen Volkes, den mystischen Leib Christi. Die Gemeinschaft und Einheit der Kirche waren für sie die Verlängerung der erlösenden Sendung des göttlichen Heilandes in die Geschichte hinein.
Daher gilt die hl. Birgitta mit Recht als prophetisches Zeichen der Versöhnung und der Hoffnung. Gerade wegen ihres unermüdlichen Wirkens für die Einheit, die Eintracht und den Frieden in der Kirche und der Welt von damals, wird sie von unseren lutherischen Brüdern ebenso wie von den Katholiken geliebt und verehrt.
Gestern habe ich in der eindrucksvollen ökumenischen Feier der ersten Vesper dieses ihrem Andenken gewidmeten Sonntags daran erinnert, daß die hl. Birgitta ein Inbegriff der Einheit ist. Ihr Leben und Wirken bilden ein Erbe, das uns zusammenschließt.
Die volle Einheit der Gläubigen ist gewiß ein Geschenk des Herrn, doch wir müssen dieses Geschenk in ständigem gemeinsamem Gebet und im geduldigen Bemühen um die konkrete Verwirklichung des österlichen Testamentes Christi erflehen: „Sie sollen vollendet sein in der Einheit, damit die Welt erkennt, daß du mich gesandt hast und die Meinen ebenso geliebt hast wie mich" (vgl. *Joh* 17,23).

7. „So soll euer Licht vor den Menschen leuchten". Das ist die Botschaft der hl. Birgitta, des „Lichtes, das auf dem Leuchter gestellt ist, damit es allen leuchtet, die im Hause sind". Es soll auch uns leuchten, die wir ihre Hilfe anrufen. Heilige Birgitta, laß einen jeden von uns dir auf dem Weg der Heiligkeit folgen. Laß uns Lichter lebendigen Glaubens und brennender Liebe sein! Hilf uns! Hilf uns, das Evangelium zu befolgen, wie du es getan hast, und Maria nachzuahmen, die Mutter der göttlichen Gnade. Amen!

Unsere Welt soll die Stimme der Pilger des Friedens vernehmen

Botschaft an die Teilnehmer des von der Comunità di Sant'Egidio veranstalteten 5. Internationalen Treffens „Menschen und Religionen" in La Valetta/Malta vom 6. Oktober

Verehrte Vertreter der christlichen Kirchen und der großen Weltreligionen!

Euch, die ihr auf Malta zusammengekommen seid, gilt mein Gruß und mein brüderlicher Zuspruch. Ich möchte auch meine Solidarität mit euch allen bei dieser wichtigen Begegnung von führenden Vertretern der großen Religionen der Welt zum Ausdruck bringen. Wie ich seit dem Weltgebetstag in Assisi im Oktober 1986 hervorzuheben die Gelegenheit hatte, kann das Gebet und Zeugnis der Glaubenden, welcher religiösen Tradition sie auch immer angehören, viel für den Frieden in der Welt erreichen (vgl. *Insegnamenti*, IX, 2, 1986, S. 1252).

Der nach jenem Treffen eingeschlagene Weg hat euch als Pilger in weitere Städte geführt und jetzt ins Herz des Mittelmeers, auf die Insel Malta, wobei in wachsendem Ausmaß Männer und Frauen, welche die verschiedenen Religionen vertreten, mitbeteiligt sind. Auf diese Weise hat sich die Gruppe derer erweitert, die - wenn sie auch keine besondere politische Verantwortung haben - sich auf dem Weg der Anrufung Gottes einsetzen, um das Geschenk des Friedens zu erhalten, und solidarisch im Gebet zusammenfinden.

Diese unsere Welt, die das böse und unmenschliche Getöse des Krieges vernommen hat und immer noch vernimmt, muß heute auch die Stimme der Pilger des Friedens und ihres Flehens vernehmen. Sie bringen die Sehnsucht von Millionen von Männern und Frauen zum Ausdruck, die Frieden und Sicherheit für ihr Leben suchen, und vertrauen darauf, daß sie sich und ihren Gemeinschaften eine würdevolle und friedliche Existenz sichern können.

Im Geiste an eurer Pilgerfahrt teilnehmend, möchte ich jedem meine brüderliche Zustimmung ausdrücken.

Den, der über uns allen steht, bitte ich, daß er der Welt einen dauerhaften Frieden schenken möge und daß er jedem von euch und den Religionsgemeinschaften, die ihr repräsentiert, gewähren möge, für das Wohl der Menschen und die Beendigung jedes Konflikts wirken zu können. Der Frieden wartet auf unseren Beitrag, bestehend in Gebet, Buße, innerer Umkehr und großherziger Solidarität.

Den traurigen Erfahrungen des Krieges in naher oder ferner Vergangenheit ist die Lehre und der Ansporn zu entnehmen, daß alles getan werden muß, damit es nie wieder zu Situationen kommt, die zu einer Gefahr und Bedrohung für den Frieden werden können.

Das Treffen in Malta hat sich deshalb zu Recht mit der Verantwortung der Gläubigen angesichts einer neuen Weltordnung befassen wollen und in einem Klima der Meditation und des Dialogs passende Anregungen für Möglichkeiten einer neuen,

auf dem sittlichen Bewußtsein, den menschlichen Werten und dem Recht gegründeten Regelung der Beziehungen zwischen den Staaten und Völkern geboten.
Doch wir alle, die wir glauben, müssen beharrlich sein im Gebet und in der brüderlichen Liebe.
Die katholische Kirche erkennt, dem Worte Christi, des Friedensfürsten, folgend, in dieser Verpflichtung ihre Berufung und bekundet ihre Achtung für alle religiösen Menschen, die aus dem Gehorsam zu dem, der Schöpfer und Vater aller ist, Gründe und Hoffnungen gewinnen, um sich für den Aufbau eines Klimas wahren Friedens einzusetzen.
Ich beauftrage Herrn Kardinal Edward I. Cassidy, den Teilnehmern an der Zusammenkunft und den Gläubigen der lieben Insel Malta, die sich dem Gebet anschließen, meinen herzlichen Gruß zu überbringen mit dem Wunsch, daß sie aus dem Treffen reiche Frucht gewinnen können. Zugleich richte ich ein inniges Gebet an Gott, daß er der Welt neue, von Frieden gekennzeichnete Zeiten schenken und die Erwartungen und Wünsche der Völker, die sich nach einer ruhigeren Zukunft sehnen, annehmen möge.

Aus dem Vatikan, 6. Oktober 1991

Joannes Paulus PP. II

Die hl. Birgitta, Prophetin der Neuzeit

Ansprache an die Teilnehmer des Internationalen Studientreffens aus Anlaß der 600. Wiederkehr der Heiligsprechung der Patronin Schwedens am 7. Oktober

1. Es freut mich sehr, euch alle heute, zum Abschluß des Studienkongresses mit dem Thema: „Birgitta, Prophetin der Neuzeit", zur Sonderaudienz zu empfangen. Es handelte sich um ein hochqualifiziertes Treffen, das das Charisma der hl. Birgitta, ein Charisma einzigartiger Aktualität, vertieft und erneut an den Menschen unserer Zeit heranträgt.
Mit Hochachtung begrüße ich die hochwürdige Mutter Tekla Famiglietti, Generaläbtissin des Erlöserordens der Birgittinnen, und danke ihr für die freundlichen Worte, die sie eben, auch im Namen aller Mitglieder der geistlichen Familie der Birgittinnen an mich gerichtet hat.
Ich grüße alle, die aus verschiedenen Teilen der Welt kommend, an diesem Internationalen Studientreffen mitgewirkt und den wertvollen Beitrag ihrer persönlichen Erfahrungen beigesteuert haben.
Euer Kongreß war eine einmalige Gelegenheit, um über die augenblickliche Lage der Kirche und der Welt - besonders hinsichtlich der notwendigen Neuevangelisierung - nachzudenken. Die verschiedenen behandelten Argumente haben es, dank qualifizierter Beiträge kompetenter Referenten, ermöglicht, auf korrekte Weise die engen Beziehungen zwischen der tiefen Geistigkeit der schwedischen Heiligen und

ihrer dynamischen politischen, sozialen und kirchlichen Tätigkeit, im Zusammenhang mit der Geschichte ihrer Zeit, hervorzuheben.
So stellte der Kongreß im Rahmen der 600-Jahr-Feiern eine willkommene und fruchtbare kulturelle, doktrinäre und existentielle Vertiefung der charismatischen Botschaft der hl. Birgitta dar, die von meinem Vorgänger, Papst Paul VI., als „Brücke zwischen dem edlen Schweden und dem Sitz des Petrus” bezeichnet wurde.

2. In den vergangenen Tagen ist vieles über sie und ihre zahlreichen asketischen und apostolischen Tätigkeiten geschrieben und gesagt worden.
Ihre geistige Gegenwart war bei einigen liturgischen und ökumenischen Anlässen, wie beispielsweise letzten Samstag während der ersten Vesper in der vatikanischen Basilika und der feierlichen Messe gestern auf dem Farneseplatz, besonders stark.
Ich bin sicher, daß ihre Lehre und das Vorbild ihrer Treue zum Evangelium, die in den verschiedenen Gedenkfeiern so klar zum Ausdruck kamen, auch weiterhin den Einsatz derer fördern werden, die die von ihr begonnene Mission im Dienst der christlichen Einheit und des Kommens des Gottesreiches fortsetzen.

3. Nun möchte ich einige kurze Überlegungen zum Thema der Konferenz - „Birgitta, Prophetin der Neuzeit” - darlegen.
In dem Apostolischen Schreiben *Mulieris dignitatem* habe ich zum Ausdruck gebracht: „Die Kirche aber glaubt: Christus, der für uns alle starb und auferstand, schenkt dem Menschen Licht und Kraft durch seinen Geist, damit er seiner höchsten Berufung nachkommen kann” (Nr. 28). In jedem Zeitalter, ganz besonders in dem unseren, das durch zahlreiche Wandlungen gekennzeichnet ist, ist der Christ aufgefordert, seiner Berufung als Mensch und als Glaubender treu Folge zu leisten. Diesen besonderen Auftrag kann er aber nur ausführen, wenn er „in seinem Herrn und Meister den Schlüssel, den Mittelpunkt und das Ziel” des einzelnen und der Geschichte findet. Hinter jedem sozialen Wandel verbergen sich nämlich Realitäten, die sich nicht verändern, die „ihren letzten Grund in Christus haben, der derselbe ist gestern, heute und in Ewigkeit” (*ebd.*, Nr. 28).
Birgitta ist die Prophetin der Neuzeit, weil sie im Schmelztiegel der menschlichen Ereignisse ihrer Zeit und im schnellen Aufeinanderfolgen der Jahrhunderte mit Nachdruck auf die Notwendigkeit innerer Erneuerung und die Rückkehr zum geistigen Ursprung der Geschichte hinweist. Sie erinnert uns daran, daß die Gesellschaft nur durch die Verwurzelung mit den bleibenden Werten des Evangeliums etwas wahrhaft Gutes in jeder Zeit aufbauen kann.
Sie macht die Menschen, die von tausend Interessen abgelenkt sind, auf die einzige unentbehrliche Wahrheit aufmerksam. Sie verkündet die unendliche Liebe Gottes, die sich in vollem Ausmaß durch die Hingabe seines geliebten Sohnes zeigt.
„Denn Gott hat die Welt so sehr geliebt, daß er seinen einzigen Sohn hingab, damit jeder, der an ihn glaubt, nicht zugrunde geht, sondern das ewige Leben hat” (*Joh* 3,16).

4. Die barmherzige Liebe Gottes zu vergessen, oder noch schlimmer, sie zurückzuweisen, ist die Ursache für die wirkliche Zerstörung des Menschen. In diesem Bewußtsein eifert Birgitta danach, jedem das Geheimnis der göttlichen Gnade zu verdeutlichen, indem sie zur inneren Wandlung und zur Buße ermahnt.
Auch heute muß die Botschaft der Erlösung mit gleicher Kraft und Konsequenz verkündet werden. Die Gewissen müssen für die Erkenntnis und die Aufnahme der Wahrheit empfänglich gemacht werden. Dem Menschen, der nicht selten vom Weg der Liebe abgekommen zu sein scheint, müssen die Hoffnung, ihn wiederzufinden, ebenso wie die notwendigen Mittel, sich ihn erneut zu eigen zu machen, zurückgegeben werden.
Darin liegt die Sendung der Kirche und die Berufung eines jeden Christen.
Die hl. Birgitta machte sich den Wunsch des Erlösers: „Alle sollen eins sein" (*Joh* 17,21) zu eigen und strebte mit brennender Leidenschaft nach der Einheit aller Gläubigen. Dafür betete, duldete und arbeitete sie unermüdlich. Sie hinterließ ihr asketisches und apostolisches Programm ihrer geistlichen Familie, dem Erlöserorden, der in Vadstena entstand und sich schnell über ganz Europa verbreitete.
Dort folgte am Anfang dieses Jahrhunderts Mutter Elisabeth Hesselblad ihrer leuchtenden Spur. Nachdem sie der katholischen Kirche beigetreten war, plante sie, dem Orden neue Triebkraft zu geben, indem sie ihn den veränderten Anforderungen der Zeit anpaßte, ohne jedoch seine ursprünglichen Charismen zu verändern.
Möge die hl. Gründerin stets ihre geistlichen Töchter und diejenigen führen, die ihrem Beispiel folgen wollen, damit sie den gleichen Weg der Treue zum Evangelium gehen. Möge die mütterliche Fürsorge Marias, der Unbefleckten und Leidtragenden, für sie alle eine ständige Stütze sein, damit der Auftrag, den der Himmlische Vater jedem von ihnen anvertraut hat, vollendet werde.

5. Zum Abschluß möchte ich mich mit Hilfe des Fernsehens an euch alle wenden, liebe Freunde in Schweden und in ganz Skandinavien!
Für mich war es eine große Freude, das Jubiläum der hl. Birgitta zusammen mit vielen Bischöfen und Freunden aus Skandinavien feiern zu können. Im Geiste Birgittas haben wir einen großen Schritt nach vorn machen können, hin zu jener Einheit unter den Christen, für die sie sich so begeisterte und für die Christus selbst so innig betete.
Mit der Hilfe des Heiligen Geistes müssen wir auf diesem Weg weitergehen und uns alle als Brüder um den gemeinsamen Vater versammeln.
Gott segne euch alle!
Möge mein besonderer Apostolischer Segen euch allen eine Ermutigung sein.

Der Dienst am Wort ist Zeugnis für die Welt

Ansprache bei der Einweihung der neuen Vatikanischen Druckerei am 8. Oktober

Meine Herren Kardinäle, liebe Brüder und Schwestern!

1. Ich freue mich, daß ich heute zur Einweihung der neuen ergänzenden Strukturen und technischen Einrichtungen der Vatikanischen Druckerei in eurer Mitte sein kann. Meine Freude und meinen Glückwunsch zu dem, was durch die geduldige und tüchtige Arbeit zustandegekommen ist, die euch bei der Modernisierung in diesem ganzen Bereich der Druckerei am Werk gesehen hat.
Ich danke Kardinal Rosalio José Castillo Lara für die einleitenden Worte zu diesem familiären Treffen, mit denen er unter anderem die Geschichte der graphischen Kunst im Vatikan ins Gedächtnis gerufen hat. Meinen tiefempfundenen Dank allen, die sich verdient gemacht haben um das, was in verschiedenen Formen der Zusammenarbeit in dem ganzen Komplex der Neugestaltungen verwirklicht wurde, die heute ihre glückliche Krönung gefunden haben. Der Dank gilt den Verantwortlichen der Betriebsleitung, den Konstrukteuren, den Mitgliedern der Spezialkommission, den technischen Diensten des Staates der Vatikanstadt und den Experten, die die Neustrukturierung und den Zusammenschluß der Druckereien besorgt haben. Einen besonderen Dank dem gesamten Personal, das trotz der durch die laufenden Erneuerungsarbeiten verursachten Unbequemlichkeiten nicht aufgehört hat, die täglichen typographischen und redaktionellen Arbeiten in regem Einsatz fortzuführen.
Ich danke auch den verehrten Gästen, die zum Zeichen der Anerkennung für die beigesteuerte Hilfe hierher eingeladen wurden.

2. Bei diesem wichtigen Anlaß darf ich es nicht unterlassen, an die Bedeutung von Buchdruck und Presse in der modernen Gesellschaft zu erinnern. Die Kirche wird nicht müde, die Beteiligten darauf aufmerksam zu machen, wie stark die Medien der Information, der Publikation und der Nachrichtenverbreitung auf die öffentliche Meinung einwirken. Unter ihnen nimmt die Zeitung einen nicht unbedeutenden Platz ein. Deshalb wollten die Väter des Zweiten Vatikanischen Konzils ein spezielles Dokument den sozialen Kommunikationsmitteln widmen. Sie erkannten deren Vorteile für die Menschheitsfamilie, da sie „einen wichtigen Beitrag leisten zur Erholung und Bildung des Geistes" und „ebenso auch der Ausbreitung und Festigung des Gottesreiches dienen". Aber gleichzeitig beklagten die Konzilsväter, daß die Menschen die Medien auch „zu ihrem eigenen Schaden mißbrauchen können" (vgl. *Inter mirifica*, Nr. 2).

3. Im Kontext der Römischen Kurie bildet die verantwortliche Tätigkeit der Vatikanischen Druckerei eine der Spezialeinrichtungen (vgl. *Pastor Bonus*, Nr. 14). Sie verdankt ihre besondere Bedeutung einerseits der geschichtlichen Funktion, die die „Stamperia" von Anfang an im Dienst der Päpste hatte, andrerseits dem bedeutsamen Zeitabschnitt, den die Kirche und die Menschheit heute erleben.

Die Chroniken der Vergangenheit beschreiben mit Vorliebe die fremdländischen typographischen Lettern und die Unterschiedlichkeit der Sprachen, womit die päpstlichen Drucker es bei ihrer Arbeit zu tun hatten. Die Geschichte überliefert uns einen universalen und missionarischen Geist. Wie die Künstler diese Katholizität in Gemälde und unsterbliche Werke der Architektur übersetzten, so bemühte sich die Druckerei des Papstes unaufhörlich, sie durch die Herstellung von Lektüre und Lehrmitteln zu verwirklichen. Das machte den Vatikan zu einem Zentrum der Verkündigung und der Katechese für alle Gläubigen und zu einem Lichtpunkt für die Förderung der Wahrheit bei allen Völkern.

4. In diese ruhmreiche Spur fügt sich die Eröffnungszeremonie der neuen Vatikanischen Druckerei und der Beginn der neuen Redaktionstechniken bei der Tageszeitung des Heiligen Stuhls ein.
Diesem technischen Einsatz muß der ethische entsprechen. Er fordert vor allem die Achtung der Wahrheit, d. h. die Objektivität der Nachrichten, die vor jedem anderen Interesse den Vorrang hat. Es ist leider nur zu bekannt, daß in der Presse nicht selten der Nachdruck auf den sensationellen oder polemischen Aspekt gelegt wird; manchmal verwechselt man die Freiheit mit der Lizenz. Das betrifft sicherlich nicht euch, die ihr euch sehr wohl bewußt seid, daß solches der Würde der Presse nicht zur Ehre gereicht, die ja in der Redlichkeit der Information und des Urteils ihre Daseinsberechtigung findet.

5. In aufrichtiger Wertschätzung empfinde ich die Pflicht, der Salesianischen Familie einen besonderen Dank abzustatten für die Hingabe und die Kompetenz, womit sie sich bei diesem Werk der Neustrukturierung und Modernisierung eingesetzt hat, und für die verdienstvolle Arbeit bei der Koordinierung und der neuen Anregung des vatikanischen Druckereigewerbes. Der Gedanke an den hl. Johannes Bosco und alle großen Heiligen, die sich der Presse bedient haben, um die Wahrheit des Evangeliums zu verbreiten, möge euch erleuchten und stärken. Ein liebevolles Gedenken richte ich an die Höheren Obern der Gesellschaft der Salesianer und grüße herzlich den Hochwürdigsten Generalobern, der hier durch seinen Vikar vertreten ist.
Mein Dank richtet sich in gleicher Weise an den gesamten Redaktionsstab des L'Osservatore Romano und vor allem an den verantwortlichen Leiter, Prof. Mario Agnes, für seine unausgesetzte und heikle Arbeit.
Meine Lieben, ich kenne die Gesinnung, die euch beseelt. Ich kann euch versichern, daß ich euch aufmerksam folge, und ich ermutige euch, als Erben der ehrenvollen Tradition des katholischen Journalismus euch stets an den hohen Grundsätzen des Pflichtbewußtseins zu inspirieren, die jene leiten müssen, die sich einem so anspruchsvollen Beruf widmen. Euer Zeugnis komme immer mehr als Dienst am „Wort" zum Ausdruck, als getreues Echo jenes unerschaffenen Wortes, das das Wort des Vaters ist, das Licht unseres Geistes.
Mein Apostolischer Segen begleite euch alle in den Mühen eures Berufes und euren menschlichen Einsatz, um in diese neuen Strukturen den echt christlichen Geist hin-

einzutragen, der Freude und Opfer, Zusammenarbeit und Dienst am Papst und an der Universalkirche einschließt.

Grenzen können durch Waffengewalt nicht mehr geändert werden

Schreiben an Kardinal Franjo Kuharić und den Kroatischen Episkopat
vom 10. Oktober

Eminenz, liebe Brüder im Bischofsamt in der geliebten Kirche in Kroatien!

Ein tragischer Krieg bringt in ständig wachsendem Ausmaß nun schon seit einigen Monaten Blutvergießen über einen großen Teil eures Vaterlandes. Ihr laßt mich durch eure Briefe an eurer Hirtensorge um das Schicksal eurer Gläubigen teilnehmen und macht euch zu Sprechern in den Leiden eures Volkes. Ihr berichtet mir von zahlreichen Toten, Verwundeten und sehr vielen Flüchtlingen, die aus Angst ihre Häuser verlassen. Ihr berichtet mir von der Zerstörung von Wohnungen der Bevölkerung, von Hospitälern, Schulen, Industrieanlagen und zahlreichen Kirchen, von denen einige zugleich Schätze von unermeßlichem künstlerischen Wert für die ganze Menschheit sind.
Diese Nachrichten machen mich tief traurig und bewirken, daß ich mich einem jeden von euch und euren geliebten Volksgruppen noch näher fühle. Ich möchte euch und durch euch einem jeden euerer Gläubigen sagen, daß ihr alle täglich in meinem Gebet einen Platz habt. Wie sehr möchte ich wünschen, daß dieses mein Wort, wenn auch nur ein wenig, so viele Leiden lindern könnte!
Angesichts solchen Schmerzes und so großer Katastrophen habe ich mich in meiner Verantwortung als Hirt der ganzen Kirche verpflichtet gefühlt, in zahlreichen öffentlichen Aufrufen zu wiederholen, daß dieser Krieg kein Problem lösen kann, sondern nur Zerstörungen und Tod sät, dazu Haß und Rachegefühle nährt. Er wird ferner im Herzen vieler Familien und im Herzen eurer Städte und Dörfer tiefe Wunden hinterlassen.
In meinem Gebet werde ich nicht müde, von Gott das Geschenk des Friedens für das kroatische Volk zu erflehen, aber auch für das serbische Volk und für alle Völker Jugoslawiens, die aufgerufen sind, Seite an Seite auf dem gleichen kleinen Zipfel Europas zu leben. Ich bete in der festen Hoffnung, daß am Ende der gesunde Menschenverstand, das Recht und die Gerechtigkeit über die Macht der Waffen siegen werden.
Das Sehnen der Menschen heute in Europa und in der ganzen Welt geht dahin, ein Zusammenleben der Völker in Achtung vor ihren Rechten und ihren berechtigten Bestrebungen möglich zu machen. Heute kann man nicht mehr die Oberherrschaft eines Volkes über ein anderes dulden, auch nicht die eines Volkes über eine Minderheit anderer Nationalität. Heute werden die Rechte der Völker und die Rechte

der Minderheiten anerkannt, geachtet und garantiert. Heute kann man die Grenzen eines Staates nicht mehr durch Waffengewalt ändern.
Diese tief menschlichen und christlichen Grundsätze sind auch in feierlichen internationalen Dokumenten verbrieft, die für alle Regierenden eine Verhaltensnorm bilden müssen.
Die derzeitige schwierige Situation scheint von euch als Hirten der Kirche Christi mit einer eminent geistlichen Aufgabe die Förderung dieser Grundsätze des sozialen Zusammenlebens in eueren Diözesen zu fordern. Ich weiß gut, daß ihr nach Frieden für euere Bevölkerung verlangt. Um wirksam zum Aufbau eines dauerhaften Friedens auch in einem derart schwierigen Augenblick beizutragen, werdet unermüdlich zu Wegbereitern des Verzeihens und der Versöhnung. Wißt eure Gläubigen zu der von Christus geschenkten und gewollten Liebe hinzuführen, zu jener Liebe, die „langmütig und gütig ist ... alles erträgt, alles glaubt, alles hofft und allem standhält” (vgl. *1 Kor* 13,4-8).
Ich habe lebhaft die Begegnungen begrüßt, die ihr mit dem Patriarchen und den Vertretern der Hierarchie der orthodoxen serbischen Kirche gehabt habt und eure gemeinsame Stellungnahme für den Frieden und gegen den Krieg. Auch in diesen dramatischen Stunden führt daher diesen Dialog mit eueren orthodoxen Brüdern unermüdlich weiter in einem Geist gegenseitigen Verzeihens und bemüht euch, die Folgen aus der Vergangenheit zu überwinden, um die Grundlagen für eine bessere Zukunft für eure Bevölkerung zu legen, in Achtung vor den Grundsätzen der Gerechtigkeit, der Freiheit und der Würde eines jeden Volkes. Verstärkt daher die Zusammenarbeit mit den Hirten der orthodoxen Kirche bei der Versorgung der Opfer des Konfliktes und der Flüchtlinge. Euere Liebe soll keine Grenzen kennen und unter den Gläubigen jede Spur des Grolls oder des Mißtrauens beseitigen. Nur so kann man auf eine wahrhaft friedliche Zukunft für euer Vaterland hoffen, in welchem dann jede Person sich geachtet und geschützt fühlt, ob sie nun kroatisch oder serbisch oder anderer Nationalität ist.
Der Apostolische Stuhl fährt seinerseits fort, nach den ihm eigenen Weisen und mit seinen Mitteln alle Bemühungen zu unterstützen, die die Erreichung eines wirksamen Waffenstillstandes im Hinblick auf weitere Initiativen zur Lösung der jugoslawischen Krise anstreben. Besonders unterstützt er die Friedenskonferenz in Den Haag und setzt sich für das Entstehen eines internationalen Konsenses ein zugunsten der Anerkennung der Unabhängigkeit Sloweniens, Kroatiens und anderer dies beantragenden Republiken, in Übereinstimmung mit den Grundsätzen der Schlußakte von Helsinki, die von den Mitgliedstaaten der Konferenz für Sicherheit und Zusammenarbeit in Europa unterzeichnet wurde.
Liebe Brüder im Bischofsamt, in dieser tragischen Stunde ermuntere ich euch, in eurem Glauben fest gegründet zu bleiben und vertrauensvoll im Gebet zu verharren. Die ganze Kirche betet mit euch und für euch. Alle vereint wenden wir uns an Maria, die Königin des Friedens, damit sie den Frieden für alle Völker Jugoslawiens erlange und allen helfe, in gegenseitiger Achtung der einen vor den anderen zu leben.

In diesem Sinn rufe ich über euch und euere Gläubigen den Segen des allmächtigen Gottes herab.

Aus dem Vatikan am 10. Oktober des Jahres 1991.

Joannes Paulus PP. II

Von den Verstrickungen der Vergangenheit freimachen

Schreiben an Seine Seligkeit Pavel, Patriarch der orthodoxen Kirche Serbiens vom 10. Oktober

Seligkeit!

Ich möchte den Kontakt mit Eurer Seligkeit wieder aufnehmen, um Ihnen persönlich meine tiefempfundene Teilnahme am Schmerz so vieler serbischen Familien orthodoxen Glaubens in dieser für alle Völker Jugoslawiens dramatischen Stunde auszusprechen. Gleichzeitig empfinde ich die dringende Pflicht, das Mögliche zu tun, um zur Wiederherstellung des Friedens dort beizutragen, wo er durch einen blutigen und zerstörerischen Krieg verletzt wurde.

Ich bin gewiß, daß Eure Seligkeit vom gleichen Verlangen erfüllt ist und möchte Ihnen versichern, daß ich lebhaft die Aufrufe für den Frieden geschätzt habe, die Sie und der hochwürdigste Herr Kardinal Kuharić an die Gläubigen der beiden Kirchen am Ende der ökumenischen Begegnungen im vergangenen Mai und August gerichtet haben.

Meinerseits habe ich in meinen Gebeten und Ermahnungen immer das Drama der kroatischen und der serbischen Bevölkerung vor Augen, die in einen Tod und Zerstörung mit sich bringenden Krieg verwickelt sind, der keinerlei echte Lösung für die bestehenden Schwierigkeiten bringen kann. Der Schmerz eines jeden Menschen, zu welchem religiösen Bekenntnis er auch gehören mag, verwundet mein Herz, wie auch das Eurer Seligkeit, wie ich gewiß bin.

Durch ein Zusammentreffen, das Frucht des geschichtlichen Erbes ist, steht es so, daß die derzeitige Auseinandersetzung hauptsächlich zwischen zwei Bevölkerungskreisen stattfindet, die in ihrer großen Mehrheit auf der einen Seite zur katholischen und auf der anderen zur orthodoxen serbischen Kirche gehören. Wir wissen aber gut, daß die Beweggründe des Krieges nicht religiöser, sondern politischer Natur sind. Leider lastet ein schweres Erbe aus der Vergangenheit auf den Herzen beider Teile und macht die Lösung der Schwierigkeiten noch komplizierter. Doch wenn man eine Zukunft in Frieden aufbauen will, muß man den Mut haben, sich von den Verstrickungen der Vergangenheit frei zu machen und sich für eine Antwort auf die heutigen Probleme nach Recht und Gerechtigkeit in Liebe einsetzen.

Der Heilige Stuhl ist lebhaft besorgt wegen der schweren Auswirkungen des derzeitigen Krieges und setzt sich mit allen ihm zur Verfügung stehenden Mitteln dafür ein, daß die bewaffnete Auseinandersetzung aufhört und man zu einer Verhand-

lungslösung der Krise kommt. Deswegen unterstützt er auch die Bemühungen der internationalen Gemeinschaft und zumal die der Friedenskonferenz in Den Haag, die beiden Teilen beim Finden eines Übereinkommens auf der Grundlage der im Schlußakt von Helsinki in der Konferenz für Sicherheit und Zusammenarbeit in Europa verbrieften Prinzipien zu helfen sucht, nämlich: Anerkennung des Rechtes auf Selbstbestimmung der Völker, Anerkennung der Rechte der Minderheiten und Unannehmbarkeit des Versuchs, Grenzen durch Einsatz von Gewalt zu ändern.
Bei diesem schwierigen und sorgevollen Suchen nach Frieden für alle Völker Jugoslawiens muß der gemeinsame Glaube an Gott den Vater, den Sohn und den Heiligen Geist eine positive Rolle spielen und vor allem zur Befriedung der Herzen beitragen. Daher wollte ich einen neuen Aufruf an die katholischen Bischöfe Kroatiens richten, unermüdlich den Dialog mit ihren orthodoxen Brüdern weiterzuführen in einem Geist gegenseitigen Verzeihens und dem Bemühen, die Folgen der Vergangenheit zu überwinden und die Grundlagen zu einer besseren Zukunft für ihre Bevölkerung zu legen, in Achtung vor den Grundsätzen der Gerechtigkeit, der Freiheit und der Würde eines jeden Volkes.
Ich bin sicher, daß Eure Seligkeit diese Bestrebungen teilt und zusammen mit dem heiligen Synod und den Bischöfen die gleiche Haltung beim Klerus und den Gläubigen der orthodoxen Kirche zu fördern wissen wird.
Zu diesem Aufruf an Sie drängt mich unser gemeinsamer Glaube und unser gemeinsames Bemühen, dahin zu wirken, daß der brennende Wunsch Christi im Abendmahlssaal Wirklichkeit werde: „Alle sollen eins sein!" (*Joh* 17,21).
Seligkeit, ich bin überzeugt, daß alle Christen und zumal jene, die auf verantwortlichen Posten stehen, die Pflicht haben, das Mögliche zu tun, um zur Befriedung von Völkern beizutragen, die Seite an Seite auf dem gleichen Gebiet leben müssen. Die Geschichte wird uns nach dem beurteilen, was wir in dieser Stunde getan oder nicht getan haben, um einen brudermörderischen Krieg zum Stillstand zu bringen und die Grundlagen zu einer besseren Zukunft für die Völker Jugoslawiens zu legen, einer Zukunft, in der jedes Volk und jeder Einzelne sich geachtet und geschützt fühlen kann.
Möge der Herr diese unsere Bemühungen unterstützen und mit seiner Gnade fruchtbar machen! Möge der Heilige Geist allen Gedanken der Barmherzigkeit und Versöhnung eingeben, daß sie sich als Brüder und als Kinder des gemeinsamen Vaters anerkennen! Möge die Mutter Gottes die Wunden aller ihrer Kinder heilen und für sie das Geschenk des Friedens erflehen!
Mit den Gefühlen tiefer Gemeinschaft im Herrn

Joannes Paulus PP. II

In Christus sich selbst erkennen

Predigt bei der Messe zur Eröffnung des akademischen Jahres am 25. Oktober

1. „Noverim te, noverim me, Domine!" [Herr, laß mich dich und mich erkennen!] (vgl. *Soliloquiorum*, Buch II, I, 1: *PL* 885).
Versuchen wir, mit diesen Worten des hl. Augustinus das zusammenzufassen, was uns die Lesungen der heutigen Liturgie vor Augen führen.
„Laß mich dich erkennen!"
Wie empfänglich sind wir für alles, wovon die Welt spricht! Der Evangelist betont diese Empfänglichkeit für die Naturerscheinungen: für die Wolken und den Regen, den Wind und die Kälte; für die ganze Natur, die den Menschen umgibt. So war es zur Zeit des hl. Lukas, und so ist es heute; so war es, und so wird es sein, solange es die Welt und die Menschen in der Welt gibt. Fügen wir hinzu, daß heute die Produktionswelt des Menschen gegenüber den Naturerscheinungen den Vorrang hat. Auf die gleiche Art und zugleich unterschiedlich bedingt die Produktionswelt des Menschen das „Laß mich dich erkennen".
Ich danke euch allen für die Teilnahme an dieser Eucharistie. Ich begrüße die Kardinal-Präfekten der zuständigen Kongregationen, die Großkanzler und die Rektoren der kirchlichen Universitäten, der Hochschulen und der päpstlichen Seminare; die Dozenten, Studenten, Priester, Ordensleute und Laien, die an dieser Konzelebration teilnehmen.
Euch allen wünsche ich, daß ihr dieses neue Jahr mit Begeisterung und Energie beginnt, damit ihr eifrig eure Studien fortsetzen und die volle Reife eurer theologischen und geistlichen Bildung erreichen könnt.

2. In den Worten des Evangelisten Lukas rügt Christus seine Zuhörer, die den Anblick der Erde und des Himmels und auch die Zeichen ihrer Zeit nicht zu deuten verstehen (vgl. *Lk* 12,56). Es fehlt ihnen - ihrem Geist und ihrem Herzen - die Unterscheidungsgabe. Sie sind nicht fähig, hinter den Zeichen, hinter der Überzahl von Zeichen die göttliche Wirklichkeit wahrzunehmen. Diese Wirklichkeit geht über die Zeichen hinaus, übersteigt die Zeit, ist eine absolute Transzendenz. Sie durchquert aber dennoch die Zeit der Geschöpfe und tritt in die Zeit des Menschen ein. Die Zeit des Menschen trägt das göttliche „Kairòs" in sich, den Wunsch: „Laß mich dich erkennen!"
Dies ist eine immer aktuellere Einladung; sie soll vor allem an der Schwelle des neuen Studienjahres, das allen Hochschulen Roms und so vielen anderen Orten der Welt bevorsteht, aktuell sein.
„Laß mich dich erkennen!"
Liebe Professoren und Studenten, sorgt dafür, daß der innere Eifer dieser augustinischen Anrufung weitergegeben werde und sich verbreite. Nie gab es und nie wird es ein erhabeneres Streben des menschlichen Geistes geben. Aus der Welt, die der Mensch immer besser kennt, spricht die ewige Weisheit, die mit dem Allmächtigen eins ist. Diese Weisheit äußert sich in den Geschöpfen und im Universum. Die Ge-

schöpfe lenken die menschliche Intelligenz auf den Schöpfer hin, doch darf es dem Menschen nicht an der Unterscheidungsgabe fehlen, von der Christus spricht.
Wir erbitten heute von Gott diese Unterscheidungsgabe, damit wir fähig werden, die Zeichen Gottes in der Schöpfung wahrzunehmen. Ja, wir beten um die Offenheit von Geist und Seele für das Wort Gottes, für das Wort, das „bei Gott ist" (vgl. *Joh* 1,2), das „Wort, das Fleisch geworden ist" (vgl. *Joh* 1,14), um uns in das unergründliche Geheimnis des Vaters, des Sohnes und des Heiligen Geistes einzuführen, in das Geheimnis Gottes, der Liebe ist. Wir beten, damit das neue Jahr im Sinn dieser Erkenntnis, die Anteil am Wort Gottes und daher „Theologie" ist, fruchtbar werde.

3. „Laß mich mich selbst erkennen!"
„In Wirklichkeit leuchtet nur im Geheimnis des menschgewordenen Wortes das Geheimnis des Menschen wahrhaft auf ... Christus, der neue Adam, offenbart eben dem Menschen ... den Menschen selbst vollständig und erschließt ihm seine hohe Berufung" (vgl. *Gaudium et spes*, Nr. 22).
Im Spiegel der Werke und Worte Christi, im Spiegel des Kreuzes und der Auferstehung versteht der Mensch sich selbst. Er versteht sich selbst in der Berufung, an der er in Christus Anteil hat.
In uns muß ständig eine besondere Leidenschaft für diese Erkenntnis, für die Selbsterkenntnis in Christus, geweckt werden.
Für diese Leidenschaft legt der Apostel Paulus mit den Worten des Briefes an die Römer, die wir heute lesen, Zeugnis ab: „Ich weiß, daß in mir, das heißt in meinem Fleisch, nichts Gutes wohnt; das Wollen ist bei mir vorhanden, aber ich vermag das Gute nicht zu verwirklichen ... In meinem Inneren freue ich mich am Gesetz Gottes, ich sehe aber ein anderes Gesetz in meinen Gliedern, das mit dem Gesetz meiner Vernunft im Streit liegt und mich gefangenhält im Gesetz der Sünde" (*Röm* 7,18.22-23).
Das ist das „Laß mich mich selbst erkennen" des Paulus in dem Augenblick, in dem er in die Tiefen seines Geistes eindringt. Wenn diese Diagnose der eigenen Geistestiefen nicht in Verzweiflung ausartet, so deshalb, weil sich der Apostel nicht auf die Psychoanalyse beschränkt. Das „Laß mich mich selbst erkennen" ist gleichzeitig eine Entdeckung Christi, des Erlösers des Menschen. In ihm fällt die tiefschürfende Befreiung von der Sünde mit der Berufung, mit der Annahme der Kindschaft im Heiligen Geist zusammen. Dieses Thema hat Jugendliche aus allen Ländern anläßlich ihres diesjährigen Welttreffens in Tschenstochau zusammengeführt.

4. Unser heutiges Gebet ist in der Liturgie verwurzelt. Wir haben uns hier zusammengefunden, um zu flehen: „Komm, Heiliger Geist, der Leben schafft!"
Der „Ort", an dem dieser Ruf seine Fülle erlangt, ist die Eucharistie. Der Heilige Geist kommt immer in der Kraft des Erlösungsopfers Christi.
Der Geist der Wahrheit.
Er muß unablässig das „Laß mich erkennen" des hl. Augustinus durchdringen.
„Herr, laß mich dich und mich erkennen!"

Er muß unsere Seelen und unsere Herzen leiten, muß trotz unserer Schwäche unsere Studien und unsere Kämpfe leiten, damit unsere Menschheit vergöttlicht werde: „Erfülle uns mit deiner Kraft. Dein Schöpferwort rief uns zum Sein: nun hauch uns Gottes Odem ein." Amen.

Die Schöpfung als Werk Gottes achten

Ansprache an die Teilnehmer des internationalen Preisausschreibens für Umweltschutz „Sankt Franziskus, Sonnengesang" am 25. Oktober

Herr Kardinal, sehr geehrte Herren!

1. Herzlichst heiße ich Sie, die Teilnehmer am 2. Internationalen Preis für Umweltschutz - Sankt Franziskus, Sonnengesang - willkommen.
Ich begrüße Kardinal Silvio Oddi, den Legaten für die Franziskusbasilika in Assisi, der Ihre Gruppe bei dieser Audienz begleiten wollte. Außerdem begrüße ich Prof. Giovanni Battista Marini-Bettòlo, den Präsidenten der Päpstlichen Akademie der Wissenschaften und Vorsitzenden der Jury dieser Initiative, deren Mitglieder, sowie das von Pater Bernhard Przewozny geleitete Organisationskomitee.
Mein besonderer Dank gilt außerdem den Vertretern des Nationalverbandes für die Elektroenergie, die Ihre Initiative unterstützen.
Mit Achtung und großer Freude heiße ich den Vizepräsidenten und den Umweltminister von Costa Rica willkommen, die den ihrer Nation zugesprochenen Preis entgegennehmen. Ihre Nation hat sich durch konkrete Werke und Initiativen zum Schutz und zur Sanierung der natürlichen Umwelt ausgezeichnet. Ich beglückwünsche aufrichtig auch die anderen Empfänger des Preises, Salvatore Furia für den Sektor Erziehung und Kommunikation und Thomas Francis Malone für die wissenschaftliche Forschung.

2. Ihr Preis sei Ausdruck der Spiritualität des hl. Franziskus, insbesondere des von ihm zu Ehren des „höchsten, allmächtigen guten Herrn" verfaßten Lobgesanges. Für den Poverello von Assisi drückt die Schöpfung, Werk der göttlichen Vorsehung, Schönheit und Güte aus. Sie leistet dem Menschen einen wertvollen Dienst: Sie spricht zu ihm vom Schöpfer und tut ihm den ewigen Plan der Harmonie und des Friedens kund. Deshalb muß die Natur geachtet und behütet werden, damit man, dank eines gesunden und korrekten Verhältnisses zu ihr, zur Betrachtung des Geheimnisses und der Liebe Gottes gelange. Jedes Geschöpf, singt der hl. Franziskus, ist „schön und strahlend im mächtigen Glanz, ist dein Sinnbild, du Höchster" (vgl. *Sonnengesang*).
Ursprung und Quelle der Kraft aller Dinge ist der Höchste, der Schöpfer. Durch seine Berührung mit der Schöpfung ist der Mensch besser in der Lage, die ewigen Werte zu verstehen, auf die das Leben gegründet ist. Diese Werte sind z. B. Schönheit und Wahrheit, Einfachheit und Liebe, Treue und Solidarität. Bei der Betrachtung der Wunder der Natur lernt der Mensch die Gesetze achten, die ihre Dynamik

bestimmen. Er wird veranlaßt, mit Dankbarkeit auf den Plan Gottes für Welt und Menschheit zu blicken. Die ganze Existenz wird auf diese Weise ein Gesang der Bewunderung und des Dankes, der in Kontemplation und Gebet einmündet. „Lobt und preist meinen Herrn, dankt und dient ihm in großer Demut!”
Noch heute inspiriert diese wohlbekannte „Schöpfungstheologie” des hl. Franziskus viele Menschen.

3. Mit Ihrer Initiative sind auch Sie zu Recht darauf bedacht, verstehen zu helfen, was die Achtung der Natur bedeutet. Sie sind darauf bedacht, so manche Eingriffe des Menschen in die Natur, die die Harmonie der Umwelt mißachten, zu korrigieren. Das Umweltproblem steht in Zusammenhang mit den ethischen und sittlichen Problemen. Die Güter der Erde, die, dem Plan Gottes entsprechend, allen Menschen gehören müssen, laufen zuweilen Gefahr, Monopol weniger zu werden. Sie werden ausschließlich zum Vorteil des einen oder anderen verwendet, der sie nicht selten beschädigt, manchmal sogar zerstört und damit der ganzen Menschheit Schaden zufügt.
Dem Wettlauf um die egoistische Nutzung der Güter der Welt muß Einhalt geboten, ihre Zerstörung und Beschädigung müssen verhindert werden, da wir alle die negativen Folgen der Fehlentscheidungen auf ökologischem Gebiet zu tragen haben.
Meine Herren, führen Sie Ihr Werk der Aufklärung und der Bewahrung im ökologischen Bereich weiter! Verbreiten Sie eine Kultur, die den Werten unseres Ökosystems Aufmerksamkeit schenkt! Fördern Sie die Achtung vor den Geschöpfen und die dankbare Liebe zu Gott, dem Vater der ganzen Menschheit!
Von solchen Gefühlen bewegt, spreche ich die Hoffnung aus, daß die Zielsetzung Ihrer Organisation in der öffentlichen Meinung breiten Widerhall und Unterstützung findet. Im Vertrauen auf den Schutz des hl. Franziskus und mit der Aufforderung, sein Beispiel nachzuahmen, erteile ich allen den Apostolischen Segen.

Die Verpflichtung einhalten und den Krieg beenden

Grußwort an die kroatischen Mütter bei der Audienz im Vatikan am 26. Oktober

Liebe Schwestern in Christus!

Ihr seid bis nach Rom gekommen, um euren Schmerz und euren Protest gegen einen ungerechten und grausamen Krieg auszudrücken, den euer Vaterland erleidet; zugleich wollt ihr dem Papst für alles danken, was er bisher zugunsten des Friedens getan hat.
Ihr wißt, daß ich jeden Tag in mein Gebet die Leiden aller Mütter einschließe, die ihre toten oder verwundeten Kinder beweinen, die Leiden der Flüchtlinge und derer, die in verschiedener Weise die schweren Folgen eines so oft angeprangerten und verurteilten Krieges tragen. Euch sind alle Initiativen bekannt, die in diesen Monaten vom Heiligen Stuhl unternommen wurden mit dem Ziel, daß das Streben eurer Völker nach Gerechtigkeit und Freiheit Erfüllung finde.

Wenn auch die bisherigen Appelle und Anstrengungen noch nicht die gewünschten Früchte gebracht haben, dürfen wir die Hoffnung nicht verlieren! Beten wir mit verstärktem Eifer, damit der barmherzige Gott die Herzen der für diese schwere Katastrophe Verantwortlichen rühre, sie aufmerksam mache auf den Schmerzensschrei so vieler Unschuldiger, ihnen zu verstehen helfe, wie unnütz dieser Krieg ist, und sie dahin führe, daß sie die mehrmals unterzeichnete Verpflichtung einhalten, der Waffengewalt ein Ende zu setzen.
Bitten wir gemeinsam Maria, die Schmerzensmutter, damit sie das Geschenk des Friedens erlange für die Kroaten und für alle Völker dieser geliebten jugoslawischen Länder. Heute beten wir besonders für die Einwohner von Dubrovnik, die eine so harte Prüfung erleiden.
Mit diesen Empfindungen rufe ich auf euch, euer Vaterland und alle Republiken Jugoslawiens den Segen des allmächtigen Gottes herab.

Kolping rüttelte die Christen aus ihrer Trägheit auf

Predigt bei der Seligsprechung des Gesellenvaters Adolph Kolping am 27. Oktober

1. Unser Retter Jesus Christus ... hat das Licht des Lebens gebracht durch das Evangelium (vgl. *2 Tim* 1,10).
Der Text des heutigen Evangeliums nach Markus erinnert uns an die Heilung des Blinden. Das Evangelium enthüllt seinen Namen: Bartimäus. Es ruft seinen Hilfeschrei ins Gedächtnis, der voller Verzweiflung und gleichzeitig voller Hoffnung ist: „Sohn Davids, Jesus, hab Erbarmen mit mir" (*Mk* 10,47)! Und schließlich seine ergreifende Bitte: „Rabbuni, ich möchte wieder sehen können" (*Mk* 10,51). Und Jesu Antwort: „Geh! Dein Glaube hat dir geholfen" (*Mk* 10,52).
Dies ist eines jener Zeichen, die Jesus von Nazareth gesetzt hat. Durch das besonders beredte Zeichen des Wiedererwerbs der Sehkraft für den Blinden wirft Jesus das Licht auf sein Leben. Die gesamte Sendung Christi ist erfüllt von diesem Eindruck. Er wirft durch das Evangelium göttliches Licht auf das menschliche Leben. Im Licht der Worte Christi erwirbt das menschliche Leben seinen tiefsten Sinn. Auch die verschiedenen Sphären dieses Lebens werden erleuchtet.

2. Heute wird Adolph Kolping als Seliger der Kirche zur Ehre der Altäre erhoben. Man kann sagen, daß das heutige Evangelium in besonderer Weise mit dem Leben und der Tätigkeit dieses Priesters zu tun hat, der im letzten Jahrhundert viele Lichter des Evangeliums auf die damals sehr schwierige Frage der sozialen Gerechtigkeit in den wechselseitigen Beziehungen von Arbeit und Kapital geworfen hat. Die Seligsprechung Adolph Kolpings im Jahr, in dem wir den hundertsten Jahrestag der Enzyklika *Rerum novarum* feiern, ist ein besonders beredtes Zeichen.

3. Kolping versuchte, die Christen aus ihrer Trägheit aufzurütteln und sie an ihre Verantwortung für die Welt zu erinnern. Für ihn war das Christentum nicht bloß „für die Betkammern" gedacht, sondern für den Alltag und für die Gestaltung der

gesellschaftlichen Wirklichkeit. Die Lebensräume, in denen sich die menschliche und christliche Berufung zu erfüllen hat, sind für ihn: die Familie, die Kirche, der Beruf und die Politik.

4. Die Familie

Adolph Kolping wußte sehr gut, daß die Familie die erste und natürlichste Lebensgemeinschaft unter den Menschen ist. Kein Mensch kommt aus sich selbst. Vater und Mutter schenken ihm das Leben. Ein Kind braucht die Familie, braucht Freunde und Verwandte, die ihm helfen, Beziehungen zu seiner Mit- und Umwelt aufzubauen. Adolph Kolping schreibt: „Das erste, was der Mensch im Leben vorfindet, und das letzte, wonach er die Hand ausstreckt, und das Kostbarste, was er besitzt, auch wenn er es nicht achtet, ist das Familienleben."

Die Familie ist der Raum, in dem der Mensch seine ersten Lebens- und Glaubenserfahrungen machen kann, um dann auf dieser Erfahrungsfolie alle späteren Welt- und Glaubenserfahrungen zu bewältigen.

Bei all dem wußte Kolping um die Gefährdung der Familien und ihr Scheitern. Deshalb legte er einen so großen Wert auf die Heiligung der Familien. Er betonte immer wieder: „Im Hause muß beginnen, was leuchten soll im Vaterland." Bleibt die Familie gesund, dann kann eine kranke Gesellschaft immer wieder gesunden. Sind aber die Familien krank, dann ist die Gesellschaft in ihrer Gesamtheit schwer gefährdet. Der Familie hat Adolph Kolping deshalb einen entscheidenden Platz in seinem pastoral-sozialen Erneuerungsprogramm zugedacht.

5. Die Kirche

Für Adolph Kolping war die Kirche der Ort, an dem der Mensch das Wort Gottes hört, das ihm Wegweisung gibt für seinen Weltauftrag, und die Sakramente empfängt, die ihm die Kraft verleihen, diesen Weltauftrag zu erfüllen. Alles, was die Kirche hat, hat sie von Jesus Christus. Sie hat all dies nicht für sich selbst, sondern für die Menschen: Mit der Kirche finden wir Christus und zugleich unsere Berufung für die Welt.

Adolph Kolping war ein Mann der Kirche. Er war geprägt durch das Evangelium Jesu und durch seine Lebenserfahrungen als ehemaliger Handwerker. Als Seelsorger wandte er sich vor allem den Ausgebeuteten und den Schwachen zu. Das waren damals die Handwerksgesellen und die Fabrikarbeiter. Sein soziales Engagement gründete in seinem Glauben. Der gab ihm die Kraft, sich im Dienst am Nächsten zu engagieren und so den Glauben an die Menschenfreundlichkeit Gottes weiterzutragen. Adolph Kolping sammelte die Handwerksgesellen und Arbeiter. Er überwand so ihre Isolation und Resignation. Die Gemeinschaft im Glauben gab ihnen die Kraft, hinauszugehen in ihren Alltag als Zeugen Christi vor Gott und der Welt.

Aus der Zerstreuung zu sammeln, in der Sammlung zu stärken, und so wieder in die Zerstreuung zu gehen, ist und bleibt unser Auftrag auch in der Gegenwart. Christen sind wir nicht nur für uns allein, sondern immer auch für andere. Wir brauchen die Mitchristen, die durch ihr Christuszeugnis uns für den eigenen christlichen Weltauftrag stärken.

Was muß Adolph Kolping für ein begeisterter Priester gewesen sein, daß er heute noch so viele Männer und Frauen, junge und alte Menschen für Christus und seine Kirche begeistert. Euch, liebe Kolpingbrüder und -schwestern, ist das Erbe Adolph Kolpings anvertraut. Gebt es weiter an die kommenden Generationen.

6. Der Beruf
Die Schatten der Ungerechtigkeit, der Ausbeutung, des Hasses und der Demütigung des Menschen beherrschten im 19. Jahrhundert die Situation der Handwerksgesellen und der Fabrikarbeiter.
Adolph Kolping setzte in erster Linie auf den Menschen. Nicht die Strukturen müsse man zuerst ändern, sondern die Menschen. Getragen vom Glauben an Gott, der das Glück aller Menschen will, begann Kolping eine geduldige Erziehungsarbeit. In Wort und Schrift, durch überlegtes Planen und Handeln, versuchte er mit seinen Mitarbeitern, dem Evangelium Raum und Stimme in der Welt der Arbeit zu verschaffen. Sie wurde für Adolph Kolping und sein Werk zum Betätigungsfeld seines werktätigen und weltnahen Christentums.
Er ist mit seiner Idee Wegbereiter und Vorläufer der großen päpstlichen Sozialenzykliken, die mit *Rerum novarum* (1891) begannen und mit *Centesimus annus* in diesem Jahr ihre vorläufig letzte Nachfolgerin gefunden haben. Die Kirche steht zum arbeitenden Menschen. Mit der Seligsprechung Adolph Kolpings möchte die Kirche diese arbeitenden Menschen ehren.

7. Die Politik
Verantwortung für die Gesellschaft und die Gemeinschaft der Menschen zu übernehmen, war für Adolph Kolping die Konsequenz aus dem Evangelium. „Auf unser tätiges Christentum kommt es an", schrieb Kolping, „ob die Welt zu christlicher Ordnung zurückkehrt. Nur dürfen wir dieses tätige Christentum nicht zwischen Kirchenmauern und Krankenstuben allein oder in unseren häuslichen Kreisen einschließen wollen, sondern müssen es ... ins ... Leben hinaustragen." Darum befähigte und ermutigte er seine Freude, in Politik und Gesellschaft Verantwortung zu übernehmen. Christen dürfen sich nicht zurückziehen, sondern haben in der Welt der Arbeit und an den Schaltstellen der Politik ihren Platz und ihren unverzichtbaren Auftrag. Kolping wußte: „Die Kirche kann und darf sich von der sozialen Frage nicht zurückziehen ... sie muß ins Leben treten und [darf] den Kampf ... nicht scheuen."
Die Kirche, liebe Schwestern und Brüder, das sind wir alle! In vielen Ländern Europas sind die kommunistischen Zwangsregime zusammengebrochen. Was wird nun an ihre Stelle treten? Was ist die Alternative zur marxistischen Gesellschaftstheorie, deren Konsequenzen die Welt ruiniert haben? Die Alternative, die Adolph Kolping anbietet, gründet im Evangelium. „Man wird die wirkliche Lage der Verhältnisse in der politischen und sozialen Welt nie recht und ganz verstehen, wenn man nicht zugleich auch die religiöse ins Auge faßt. Die Religion ist und bleibt, mag man sie anerkennen oder nicht, die tiefste, die erste und die letzte Frage im Menschen."

Daraus ergibt sich: Verantwortung vor Gott für die Welt. Dafür steht Adolph Kolping als Zeuge heute vor uns.

8. Unser Retter Jesus Christus hat dem Tod die Macht genommen (vgl. *2 Tim* 1,10). Wir nehmen an der Eucharistiefeier teil, die das Sakrament des Sieges Christi ist, der den Tod überwunden hat, indem er ihn als Opfer für die Sünden der Welt angenommen hat.
Dadurch hat er Licht auf unser menschliches Leben und auf den Tod geworfen: das entscheidende und gründlichste Licht.
Die Auferstehung Christi ist auch das letzte Wort des Evangeliums, das uns - wie dem Blinden in der heutigen Liturgie - die Augen öffnet für so viele Bereiche des menschlichen Lebens.
Danken wir dem auferstandenen Herrn, daß er im rechten Augenblick der Geschichte seinen Diener Adolph Kolping zu seinem klugen und treuen Werkzeug für das „soziale Evangelium" berufen hat: des Evangeliums von den Rechten des arbeitenden Menschen, des Evangeliums von der Würde der menschlichen Arbeit.
Danken wir Christus, daß Adolph Kolping am heutigen Tag als Seliger der Kirche zur Ehre der Altäre erhoben worden ist.

Kolping: eine normative Gestalt für alle Christen

Ansprache bei der Sonderaudienz für die Pilger, die zur Seligsprechung von Adolph Kolping gekommen waren, am 29. Oktober

Herr Kardinal,
liebe Mitbrüder im Bischofs- und Priesteramt,
liebe Schwestern und Brüder!

Zur Sonderaudienz anläßlich der Seligsprechung des Kölner Diözesanpriesters Adolph Kolping darf ich euch alle herzlich begrüßen. Ihr habt eben schon mit unserem lieben Kardinal Meisner den festlichen Gottesdienst gefeiert.
Der neue Selige Adolph Kolping, der am vergangenen Sonntag zur Ehre der Altäre erhoben wurde, ist eine normative Gestalt für alle Christen, namentlich für die Kolpingbrüder und -schwestern. In den Seligen und Heiligen der Kirche richtet Gott immer eine Botschaft an die über die Welt verstreuten Christen in seiner Kirche. Das gilt auch für Adolph Kolping.
Er stand mit beiden Beinen fest verwurzelt auf der Erde und orientierte sich am Himmel. Er war, wie die Heilige Schrift sagt, in der Welt, aber nicht von der Welt. Adolph Kolping führte keine Doppelexistenz, indem er im Kirchenraum Priester war und außerhalb des Gotteshauses dann Weltmensch, - wie auch ein Christ nicht nur am Sonntag beim Gottesdienst Christ sein darf, um dann an den übrigen sechs Wochentagen als Weltmensch zu leben. Adolph Kolping betete seine Arbeit und arbeitete dann sein Gebet. Das ist sein spezielles Charisma und seine Botschaft an uns heute. Indem wir täglich unsere Arbeit beten und unser Gebet dann arbeiten,

erfüllen wir unsere christliche Berufung. Nur wer Gott kennt, der kennt auch den Menschen. Im Gebet lernt der Mensch Gott kennen, so daß er dann auch sein Abbild, den Menschen, in seinen wirklichen Dimensionen mit all seinen Nöten und Bedürfnissen erkennt. Im Gebet erlebt der Mensch einen Gott, der auf die Menschen zugeht, um sie zu heilen, so daß ihn das Gebet zum Dienst an den Mitmenschen verweist. Nur wer im Gebet das Antlitz Gottes sucht und findet, wird auch auf dem Gesicht des Mitmenschen das Antlitz Gottes erkennen können.

Hier liegt die Wurzel für das große soziale Werk Adolph Kolpings: Er war ein Mystiker der Tat. Indem ihm Gott im Gebet nahe war, suchte er die Nähe der Menschen. Wir leben heute in einer Weltsituation, wo gerade solche Christen gebraucht werden. Statt die schöne neue Welt zu planen und zu beschreiben, sollen wir die alte zu heilen suchen. Den Menschen zu ändern heißt in der Tat, ihn zu heilen von seinen Fehlern. Wir müssen die menschliche Gesellschaft neu entwerfen und die Ausgesetzten in sie zurückführen, indem wir ihr Leben mit allen Mitteln ordnen und schützen.

Es gehört heute viel Mut dazu, diese kleinen Schritte des Heilens und Helfens zu tun, die zur Erfüllung dieser existentiellen Aufgaben unabdingbar sind, die der eigentlichen Erneuerung des Menschen und unserer Welt dienlich sind. Und es gehört Mut dazu, sich persönlich dazu berufen und von Gottes Gnade ermächtigt zu fühlen und auf seinem eigenen schmalen Lebensweg damit wirklich anzufangen. Lassen wir uns das nochmals sagen: Wenn wir schon nicht die ganze Welt verändern können, so sollen wir doch das kleine Stück Welt ändern, das für uns erreichbar ist. Wenn wir nicht für die ganze Menschheit Großes erreichen können, dürfen wir dennoch keinesfalls die im Stich lassen, die wir retten können, und sei es nur ein einziger. Wir sollen dort anfangen, wo Platz für etwas Neues ist. Wir sollen uns wie Adolph Kolping für einen Schritt vorwärts einsetzen und daran unser Leben verschwenden.

In dieser Weise begann Adolph Kolping sein heute die Welt umspannendes Werk. Sein Glaube schenkte ihm den Mut, das Unmögliche zu erhoffen und, während das Mögliche in die Tat umgesetzt wird, Aufgaben anzugehen, die ganz sicher die Spanne des eigenen Lebens überschreiten würden. Aus diesem Glauben läßt sich dann von einem solchen Lebenswerk sagen: es war nur ein kleiner Beitrag, aber er hat sich gelohnt, denn er hat seinen Sinn und seinen Wert von Gott her erhalten. Zu solch einem christlichen Lebensmut ruft uns heute Adolph Kolping mit seinem segensreichen Engagement auf. Darum hat ihn die Kirche zur Ehre der Altäre erhoben, um uns den Blick für Gottes Möglichkeiten in unseren alltäglichen Lebensumständen zu schärfen, wenn wir uns nur in unserem Leben wirklich einsetzen und uns den Eingebungen der göttlichen Gnade öffnen.

Dieser christliche Realismus, den die Bibel schlicht „Glauben" nennt, zeigt uns, daß die Verwirrung unserer Weltumstände ihren Ursprung oftmals im Mangel innerer Ausgewogenheit des Menschen hat. Darum wenden die Christen zur Heilung der Welt eine andere Therapie an als etwa die Materialisten. Letztere wollten das Bewußtsein der Menschen heilen, indem sie den Weltzustand revolutionär zu verän-

dern suchten. Sie meinten, nicht im Menschen brauche sich etwas zu verändern, sondern in den Verhältnissen um den Menschen. Wir wissen heute deutlicher denn je, daß diese Therapie absolut unangebracht ist.
Die Christen erwarten nicht, daß der sich selbst fremd gewordene Mensch von sich aus eine heile Welt schaffen kann, da er nicht die Möglichkeit der Selbsterlösung hat. Sie glauben vielmehr, daß die Revolution beim Menschen selbst anfangen muß: Nicht um den Menschen muß sich zuerst etwas ändern, sondern im Menschen selbst. Wir glauben, daß in Jesus Christus diese Heilung auch durch uns als Christen anderen widerfahren kann. Am Anfang eines christlichen Lebens steht nicht die Aufgabe, die Forderung, das Programm, sondern eine Ermächtigung: die Überzeugung, an der Befreiung der Mitmenschen von den Problemen und auferlegten Bedingungen mitwirken zu können. Dein Leben enthält diese Möglichkeit, die Gott dir gibt. Bist du bereit, sie einzusetzen?
Das ist eine bestürzende Frage, weil sie einen Menschen nötigen kann, sein eigenes Leben gänzlich neu auszurichten. Das veranlaßte Adolph Kolping zum Berufswechsel: vom Handwerker zum Priester. Er ließ sich von Gott auf seine Verantwortung für die Mitmenschen ansprechen, womit er weit über sein ursprüngliches Berufsverständnis hinausging. So wuchs er in seiner Wirksamkeit über die Grenzen seines Aufgabengebietes in Köln und in Deutschland hinaus und wies vielen Menschen den Weg zu wirklicher Mitverantwortung für das Heil der Welt. Das gilt auch heute noch. Nicht das Erreichen eines gewissen Lebensstandards und das Mithalten mit der allgemeinen Leistungsnorm wären die ersten Fragen - so wichtig sie bleiben -, sondern das alles würde zweitrangig, würde gleichsam zum Material für eine mögliche Antwort auf diese Grundfrage: Willst du in deinem Leben ernst machen mit dieser Ermächtigung, mitzuwirken an der Heilung deiner Mitmenschen von den Schwierigkeiten ihrer Zeit? Würdest du das als ein Leitmotiv für dein Leben gelten lassen?
Wenn wir heute diese Fragen aus gläubigem Herzen zustimmend beantworten können, dann wäre das Leben Adolph Kolpings auch in unserem Dasein fruchtbar. Das möchte die Seligsprechung Adolph Kolpings in der Kirche und für die Welt bewirken.
In diesem Sinne erteile ich euch allen sowie euren Lieben zu Hause und den mit uns über Fernsehen und Radio Vatikan verbundenen Hörerinnen und Hörern von Herzen meinen besonderen Apostolischen Segen.

Grußwort an die in der Aula Paul VI. versammelten deutschsprachigen Gläubigen anläßlich der Sonderaudienz am 29. Oktober

Liebe Schwestern und Brüder!

Ihr habt in der Aula dem feierlichen Gottesdienst und der Audienz beigewohnt. Es war mit ein Anliegen, euch hier eigens zu begrüßen und zu danken für euer Kommen anläßlich der Seligsprechung des Dieners Gottes Adolph Kolping.
Möge Gott, unser Herr, auf die Fürsprache des neuen Seligen seine schützende Hand über euch und eure Familien halten. Hierzu erteile ich euch von Herzen meinen Apostolischen Segen.

Frieden für den Nahen Osten

Botschaften an die Präsidenten George Bush und Michail Gorbatschow vom 29. Oktober

Botschaft an Präsident George Bush

Seiner Exzellenz Herrn George Bush,
Präsident der Vereinigten Staaten von Amerika!

Ich möchte Ihnen als dem Mit-Präsidenten der morgen in Madrid beginnenden Konferenz meine inständigsten, besten Wünsche zum Ausdruck bringen, daß die Konferenz ein wirklicher Weg zum Frieden werden möge, wie die betreffenden Parteien und die ganze Welt es erhoffen und erwarten. Ich habe diesen gleichen Wunsch auch Herrn Michail Gorbatschow, dem Präsidenten der UdSSR, gegenüber zum Ausdruck gebracht, der mit Ihnen die Verantwortung des Präsidiums dieser Versammlung teilt, und ich möchte diesen Wunsch auch allen Teilnehmern gegenüber aussprechen.
Ihre Bemühungen wie auch die der Ihnen zur Seite Stehenden, vor allem die von Herrn Außenminister James Baker, haben zu dieser ersten bedeutsamen Phase geführt, die insofern besonders wichtig ist, als sie die Bereitschaft erkennen läßt, im Dialog den ernsten Problemen gegenüberzutreten, die seit Jahrzehnten auf dem Nahen Osten lasten. Der weitere Weg wird nicht leicht sein, aber ich hoffe ernstlich, daß es mit Ihrer Hilfe und der Hilfe all jener, die an verantwortlicher und einflußreicher Stelle stehen, nie an dieser Verhandlungsbereitschaft fehlen wird und daß die betreffenden Parteien zu jenem gegenseitigen Vertrauen kommen werden, das notwendig ist, wenn sie den Mut haben sollen, nach der tragischen Erfahrung von Jahren des Krieges, der Feindseligkeit und des Leidens Frieden zu suchen.
Ich bin überzeugt, daß Verständigung möglich ist, wenn sie mit Ausdauer gesucht wird und wenn sie von allen Beteiligten erstrebt wird mit dem beständigen Empfinden für die grundlegenden Rechte anderer und in der festen Überzeugung, daß wah-

rer Friede, dauernder Friede nur dann erreicht werden kann, wenn die Forderungen der Gerechtigkeit erfüllt werden. Es ist für mich und für viele andere auch eine Quelle der Hoffnung, daß jene, die die Verantwortung tragen, Völker vertreten, die eins sind im Glauben an den Einen Gott, und daß sie Frieden suchen für das Land, das allen jüdischen, christlichen und muslimischen Gläubigen heilig und teuer ist.
Ich begleite diese meine Hoffnungen mit einem Gebet zum barmherzigen Gott, auf daß er die Teilnehmer an der Konferenz in einer Weise erleuchte, daß die Zusammenkünfte, die darauf folgen werden, wirklich die Ergebnisse zeitigen, die alle Menschen guten Willens erwarten.

Aus dem Vatikan, den 29. Oktober 1991

Joannes Paulus PP. II

Botschaft an Präsident Michail Gorbatschow

Seiner Exzellenz Herrn Michail Sergejewitsch Gorbatschow,
Präsident der Sozialistischen Sowjetrepubliken!

Ich wende mich an Sie in Ihrer Eigenschaft als Mit-Präsident der morgen in Madrid beginnenden Konferenz, die dem Nahen Osten gewidmet ist, um Ihnen meine herzlichsten Wünsche zum Ausdruck zu bringen. Ich habe den Wunsch, diese Konferenz möge den Beginn des Weges zu einem fruchtbaren Frieden kennzeichnen, wie er so sehr von den betreffenden Völkern und von allen Menschen guten Willens ersehnt wird. Ich habe den gleichen Wunsch an Herrn George Bush, Präsident der Vereinigten Staaten von Amerika, gerichtet, der mit Ihnen den Vorsitz bei der Versammlung inne hat, und ich spreche ihn auch allen Teilnehmern gegenüber aus.
Die zu untersuchenden Probleme sind tief und ernst. Daher wird der Weg weder leicht noch kurz sein, und diese erste Etappe wird nur in dem Maß sinnvoll und geschichtsträchtig sein, wie sich wahre Dialogbereitschaft und der echte Wunsch zeigen werden, den Frieden in der Gerechtigkeit zu erreichen.
Ich hoffe, daß Ihr Einfluß wie auch der von all jenen, die mit Beharrlichkeit und gutem Willen dieses Ereignis möglich gemacht haben, wirklich ein Klima von Vertrauen und Verständnis wird begünstigen können. Nur so werden in der Tat die bitteren Erinnerungen und Erfahrungen so vieler Jahre des Konfliktes, der Unsicherheit und des Leidens überwunden werden können.
Ich habe mit besonderer Aufmerksamkeit alle Schritte verfolgt, die zur Verwirklichung dieser Zusammenkunft geführt haben, und ich versichere Ihnen, daß ich mit eben solchem Interesse dem weiteren Verlauf Ihrer Arbeiten folgen werde. Wie Sie wissen, wünscht der Apostolische Stuhl seit vielen Jahren den Frieden für das Gebiet des Nahen Ostens mit der Forderung, den Situationen schwerer Ungerechtigkeit schnellstens ein Ende zu setzen und dabei die legitimen Bestrebungen aller Parteien zu berücksichtigen. Im übrigen ist es nicht ohne Bedeutung, zu bemerken, daß diese

Völker den drei monotheistischen Religionen angehören, die ihre Wurzeln und die heiligen Orte, die ihnen am teuersten sind, in diesem Land haben.
Ich forme diese Wünsche und diese Hoffnungen zum Gebet, auf daß die göttliche Vorsehung die unternommenen Anstrengungen vergelte und die bevorstehenden Verhandlungen die erhofften Früchte erbringen lasse.

Aus dem Vatikan, den 29. Oktober 1991

Joannes Paulus PP. II

Europas Muttersprache ist das Christentum

Ansprache zum Abschluß des vorsynodalen Symposions europäischer Wissenschaftler im Vatikan am 31. Oktober

Herr Kardinal,
Exzellenz,
meine Damen und Herren!

1. An der Schwelle des dritten christlichen Jahrtausends stellen der Aufbau, die Einigung und die Evangelisierung Europas ebenso viele wichtige Aufgaben. Europa ist zugleich einig und vielfältig aufgrund seiner Verwurzelung im Christentum und der Unterschiedlichkeit seiner Kulturen; aber es steht heute an einem Scheideweg. Die Ereignisse in den letzten beiden Jahren haben unseren Kontinent und unsere Weise, ihn zu verstehen, tiefgreifend gewandelt. Um zu einer vertieften Reflexion über die Anforderungen der neuen Situation zu gelangen, habe ich vom Herzen Europas aus, das durch den apostolischen Eifer der Heiligen Kyrill und Method befruchtet worden ist, die Sonderversammlung der Bischofssynode für Europa einberufen, die hier in einigen Wochen stattfinden wird über das Thema: „Zeugen Christi, der uns befreit hat."
Das Gewicht der zu behandelnden Probleme sowie die Notwendigkeit, ihre kulturelle Verwurzelung zu verstehen, um sie lösen zu können, haben mich veranlaßt, Ihre Mitarbeit zu fordern, da Sie Experten der verschiedenen kulturellen Traditionen Europas sind. Ich hätte mich gern mehr an Ihren Arbeiten beteiligt. Wenn ich das nicht tun konnte, obwohl es mein Wunsch war, bin ich doch glücklich, Sie am Ende Ihrer Gespräche treffen zu können, um Sie herzlich zu grüßen und Ihnen meine Dankbarkeit auszusprechen. Sie stellen nämlich Ihre Fachkenntnis sowie Ihr Zeugnis als besonders zuständige Männer und Frauen zur Verfügung und verkörpern die Rückschau, das Bewußtsein und die Planung für diesen Kontinent in der jetzigen Stunde. Herzlich grüße ich jene unter Ihnen, die anderen christlichen Konfessionen angehören. Ich schätze Ihre brüderliche Zusammenarbeit, die einen kostbaren Beitrag auf dem Weg zur Einheit darstellt, den wir beschreiten wollen. Ich bin sicher - und das muß für Sie alle ein Anlaß zur Genugtuung sein -, daß das gesamte Europa

die Früchte Ihres Gedankenaustausches ernten wird, ohne Unterschied der Kultur, Nation oder Religion.
Dankbar bin ich dem Päpstlichen Rat für die Kultur, der mit dem Generalsekretariat der Bischofssynode und den verschiedenen Verantwortlichen der Vatikanstadt dieses Symposion sehr sorgfältig vorbereitet hat. Ich darf Ihnen jetzt schon danken für das, was Sie, die einen wie die anderen, tun werden, um es auf ganz Europa ausstrahlen zu lassen.

2. Zum erstenmal seit dem Fall der großen Mauer, die Europa in tragischer Weise ideologisch und politisch geteilt hatte, bieten Sie uns die Erfahrung von geistlichen, liturgischen, theologischen, philosophischen, künstlerischen oder literarischen Kulturen, Zivilisationen und Überlieferungen an, die sich unterscheiden und zugleich ergänzen. Diese Überlieferungen fügen das Erbe Europas organisch zusammen. Es tut uns gut, daß wir endlich mit beiden Lungen in der wiedergewonnenen Freiheit voll atmen und Solidarität aufbauen können. Die gemeinsamen biblischen Wurzeln sowie ein reiches patristisches und mystisches Erbe vereinen Ost- und Westeuropa.
Das erneute Bewußtwerden dieses jahrtausendealten christlichen Erbes ist eine Gabe Gottes, für die ich mit Ihnen danke. Es ist zugleich der Aufruf zu einer Planung, die der Herr von uns verlangt und die wir in diesem durch völkische, politische und wirtschaftliche Krisen erschütterten Europa ins Werk setzen sollen, nachdem Ideologien, die allmächtig schienen, auf einmal zusammengebrochen sind und eine Leere sich in den erschütterten Geistern auszubreiten droht. Die Christen müssen dem Weg des Evangeliums folgen: in dieser Welt, aber nicht von dieser Welt sein (vgl. *Joh* 17,14). Sie müssen Zeugen der Wahrheit sein und unsere Brüder und Schwestern auf dem Weg zur Wahrheit begleiten. Wir wissen, daß das Ziel nicht mit den Mitteln dieser Welt und durch den Gewinn materieller Macht erreicht werden kann. Die Wahrheit wird nur dann auf die Kultur Europas ausstrahlen, wenn wir unablässig auf die ewige Quelle des Lichtes, das Christus ist, zurückgreifen und in uns die Gnade seines Geheimnisses der erlösenden und heiligenden Liebe wirken lassen.

3. Die europäische Kultur kann ohne den Bezug zum Christentum nicht verstanden werden: das Evangelium ist ihr Fundament, jenes Evangelium, das zwei Jahrtausende lang von mutigen Aposteln und unzähligen Gläubigen unablässig verkündet und intensiv gelebt wurde. Durch das lebenspendende Wort Gottes geformt, hat Europa in der Weltgeschichte eine einzigartige Rolle gespielt, und seine Kultur hat merklich zum Fortschritt der Menschheit beigetragen. Die Dynamik des christlichen Glaubens hat in der europäischen Kultur eine außerordentliche Kreativität geweckt. Die Geschichte der Welt ist reich an untergegangenen Zivilisationen und geistvollen Kulturen, deren Glanz seit langem erloschen ist, während die europäische Kultur sich ständig in einem zuweilen schwierigen, oft konfliktgeladenen, aber immer fruchtbaren Dialog mit dem Evangelium erneuert und erweitert hat: gerade dieser Dialog ist für die europäische Kultur grundlegend. Heute muß der Dialog angesichts der Fülle intellektueller Strömungen, angesichts der verschiedenen Auffassungen von der Be-

rufung des Menschen, aber auch angesichts der Enttäuschung zahlreicher Zeitgenossen in gegenseitiger Klarheit und Achtung unter den Jüngern Christi sowie ihren Brüdern und Schwestern mit anderen Überzeugungen weitergeführt werden. Wie wir wissen, ist das reiche, harmonisch gezeichnete Mosaik des kulturellen Europas dem politischen und wirtschaftlichen Europa, das im Augenblick im Vordergrund der Aufmerksamkeit steht, vorausgegangen. Heute steigt ein neues Europa auf, frei von ideologischer Unterdrückung, aber mit vielfältigen Schwierigkeiten konfrontiert und von all dem bedroht, was unsere Gesellschaften an weniger Menschlichem mit sich bringen. So gilt es, die kulturellen Fundamente dieser Renaissance zu klären. Die politischen und wirtschaftlichen Eingriffe, wie notwendig sie auch sein mögen, können zur Heilung des verwundeten und kulturell geschwächten und richtungslos gewordenen Europa nicht genügen. Es wird sein Gleichgewicht und seine Kraft nur in dem Maße zurückgewinnen, als es wieder an seine tiefen Wurzeln, seine christlichen Wurzeln anknüpft. Europa, sagte Goethe, ist auf der Pilgerschaft geboren, und das Christentum ist seine Muttersprache.

4. Die europäische Kultur ist gekennzeichnet durch den Sinn für die Transzendenz der menschlichen Person, denn diese senkt ihre Wurzeln in das fruchtbare Erdreich des christlichen Glaubens, für den der Mensch, nach dem Bild und Gleichnis Gottes geschaffen, durch die Gnade Kind des himmlischen Vaters und zur Teilhabe an seinem übernatürlichen Glück berufen ist. Christus öffnet durch das Geheimnis der Menschwerdung, sein Leiden und seine Auferstehung die Zeit für die Dimension der Ewigkeit und gibt zugleich der Prüfung Sinn und dem Kampf gegen die Sünde Schwung.
Atheistische Ideologien, die durch die Gewaltanwendung totalitärer Mächte aufgezwungen wurden, hatten systematisch den Ruin dieser durch die Gläubigen getragenen Kultur betrieben. Doch der Europäer hat kraft seines moralischen Gewissens und seiner geistigen Freiheit als Person widerstanden, die von diesen beiden Händen des himmlischen Vaters, dem Sohn und dem Heiligen Geist, geformt ist, wie es der heilige Irenäus formulierte (vgl. *Adv. Haer.* IV, 7,4).
Das Christentum nährt diese wesentliche Dimension des menschlichen Lebens, nämlich seine geistige Dimension. Europa, wie die Nationen, die es bilden, und auch die Personen, die dazugehören, läßt sich als geistige, vom Siegel des Christentums geprägte Wirklichkeit verstehen. Sie sind Männer und Frauen der Kultur, also verwurzelt im kollektiven Gedächtnis, Zeugen des Bewußtseins und Träger von Plänen. Sie werden uns neue Wege aufzeigen, die in Treue zu dem aus der Vergangenheit überkommenen Erbe stehen, ohne dem Heimweh nach einer vergangenen Zeit nachzugeben. Besser als jeder sonst verstehen Sie, daß die technischen Wunderwerke, dessen Nutznießer unser Jahrhundert ist, nicht immer unschuldig sind. Wenn der wissenschaftliche Fortschritt sich von jedem ethischen Bezug freimacht, führt er zur schweren Krise der Menschheit heute, die sogar ihre Existenz bedroht sieht. Unter den entscheidenden Fragen unseres Jahrhunderts hat die nach dem Sinn wachsende Bedeutung gewonnen, je nach dem Maß der Leere der Ideologien, die den Menschen ohne Maßstäbe gelassen haben, wie den Schiffbrüchigen ohne Kompaß, der

zum Spielball des Unwetters wird. Der Mensch verliert sich, wenn seine Zeit auf Erden nicht mehr vom Licht der Ewigkeit erhellt wird, das ihn vor dem Fatalismus einer Geschichte bewahrt, die nur blinde Mechanik ist, und vor mörderischen Auseinandersetzungen. Die Zukunft der Europäer aber hängt großenteils von einem Wiedererwachen des moralischen Gewissens ab, das Christus allein, Ursprung und Ziel der Geschichte des Menschen, wecken kann.

5. Liebe Freunde, einige unter Ihnen, Christen aus Mittel- und Osteuropa, die an diesem Symposium nach einem halben Jahrhundert atheistischer Unterdrückung teilnehmen, haben Verfolgung um ihres Glaubens willen kennengelernt. Ich nehme Ihr Zeugnis bewegt und dankbar an. Im Schmelztiegel des Leidens erprobt und von allem entblößt, haben Sie in der Einsamkeit erneut die Macht des inneren Lebens und das Bewußtsein von Ihrer unverkürzbaren Würde als geistige und religiöse Menschen entdeckt. Wenn ihm die äußeren Freiheiten genommen sind, spürt der Mensch, daß er in seinem Inneren frei und verantwortlich bleibt und daß niemand ihm je die übernatürliche Gegenwart Gottes rauben kann. Seien Sie also weiter unerschrockene Zeugen Christi, der Sie befreit hat! Nach schmerzlichen Erschütterungen werden neue Dinge möglich: nach der Nacht des Karfreitags leuchtet der Ostermorgen auf.
Die Kirche ist sich dessen bewußt, daß sie den Menschen befreit, wenn sie ihm den Zugang zum Geheimnis Christi, des Erlösers, eröffnet. Die Neuevangelisierung Europas ist eine langwierige und schwere Aufgabe, die von den Christen den Heroismus der Heiligkeit fordert. Ihr Beitrag wird uns helfen, dem Europäer den Reichtum seiner Wurzeln und die Größe seiner Berufung zu enthüllen, sein persönliches und soziales Leben zu erhellen und deutlich die ihn betreffenden fundamentalen Fragen zu stellen, um ihn das wahre Glück in Demjenigen finden zu lassen, der ihn aus der Verschlingung des Bösen und vom Verlust des Sinnes für den Tod befreit: in Ihm, der „der Weg und die Wahrheit und das Leben" ist (*Joh* 14,6).
In einer Zeit, in der sich die Bejahung des „Rechts auf Glück" mit der Mißachtung der Rechte auf Leben verbindet, sind Sie als Männer und Frauen der Kultur aufgerufen, eine Vermittlungsfunktion zu übernehmen, damit die Neuevangelisierung eine wirkliche Begegnung zwischen dem Wort des Lebens und der Kultur Europas wird. Sie müssen mithelfen, die gelockerten und zuweilen zerbrochenen Bande zwischen den Werten der Welt und ihrer christlichen Grundlage wieder zu festigen. Den Menschen auf der Suche nach Glück stellt die Kirche die Herausforderung der Heiligkeit vor Augen, der echten Quelle wahrer und unerschütterlicher Freude. Sie möchte dem Wort des Apostels Paulus treu bleiben: „Soweit ich aber jetzt noch in dieser Welt lebe, lebe ich im Glauben an den Sohn Gottes, der mich geliebt und sich für mich hingegeben hat" (*Gal* 2,20).

6. Liebe Freunde, Ihr Zeugnis und Ihre Reflexion brauchen wir nötig, um unseren Weg zu klären. Wie sollen wir eine oft schmerzvolle Vergangenheit mit einer ungewissen Zukunft, die getreu übermittelte Wahrheit Christi mit der eifersüchtig auf sich selbst bedachten Freiheit in Einklang bringen? Wie können wir Einheit und Zu-

sammenarbeit der Personen und Gemeinschaften, der Nationen und Völker unter Achtung ihrer Verschiedenheit fördern? Wie sollen wir zu gesunden Beziehungen zwischen den Kirchen und den Gesellschaften kommen?
Nur eine erneuerte christliche Kultur kann uns bei der Heilung der Wunden der Vergangenheit sowie der Gegensätze der Gegenwart helfen, dank des geheimnisvollen und tiefen Bandes, das sie im Herzen der Nationen knüpft. Nachdem jahrzehntelang Lüge und Haß geherrscht haben, sehnt sich Europa nach einer Zivilisation der Liebe und Wahrheit, die auf die innere Sehnsucht der Herzen antwortet und sie öffnet für die Fülle eines brüderlich mit allen geteilten Ideals.

7. Nachdem so viel Blut vergossen, so viele Tränen geweint und so viele Ruinen auf europäischem Boden durch die Europäer selbst aufgehäuft worden waren, weil sie ihre brüderliche Verbundenheit in Christus vergessen hatten, ist für sie die Zeit gekommen, die wesentliche Gemeinschaft, die „Sobornost" in Christus, wieder zu errichten. Wenn es seine Treue zum Erlöser erneuert, wird Europa zu seiner alten Berufung zurückfinden: die geistige Einheit unter den Brüdern und Schwestern Christi und in Christus aufzubauen. Ihre Anwesenheit ist dafür ein Unterpfand der Hoffnung.
So rufe ich auch mit Freude auf Sie und Ihre Familien wie auch auf Ihre Nationen den Segen des Herrn herab und vertraue Sie der Jungfrau Maria an, der heiligen Mutter Gottes, der Mutter Christi und Mutter der Menschen.

Verbundenheit mit dem Bischof von Rom

Ansprache an Kardinal Schwery und die Pilgergruppe aus Sitten am 7. November

Herr Kardinal!

Nach dem Konsistorium im vergangenen Monat Juni, bei dem Sie Mitglied des Kardinalkollegiums wurden, ist es mir nun eine Freude, Sie anläßlich der Besitzergreifung der römischen Pfarrkirche, die Ihre Titelkirche ist, wiederzusehen. Zu meiner Freude sehe ich Sie von einer zahlreichen Pilgergruppe aus Ihrer Diözese Sitten umgeben. Ihre Anwesenheit ist Ausdruck des Vertrauens und der Liebe zu ihrem Bischof wie ihrer Teilhabe an den engeren Banden, die nunmehr ihren Hirten mit der Kirche von Rom vereinen.
Vor nicht allzu langer Zeit kannte ich Kardinal Journet und ich hatte beabsichtigt, bei einem früheren Konsistorium den jetzt verstorbenen Priester Hans Urs von Balthasar zum Kardinal zu kreieren; seit langem jedoch war kein schweizerischer Bischof in die Reihen der engsten Ratgeber des Bischofs von Rom berufen worden. Nunmehr schenkt die katholische Kirche, die in den Kantonen der Schweiz ist, durch Sie, Herr Kardinal, ihr Bestes dem Nachfolger Petri. Es ist mir eine Freude, daß Sie auf diese Weise Ihre reiche Erfahrung als Priester, fachkundiger Erzieher und Hirte in den Dienst der Weltkirche stellen, denn Sie sind inmitten der freudigen

Ereignisse und Initiativen im Leben des Volkes Gottes, aber auch inmitten der unvermeidlichen Prüfungen dieses Volkes gegenwärtig.
Unsere kurze Begegnung bietet mir Gelegenheit, auch die kostbaren Erinnerungen an meinen Pastoralbesuch in der Schweiz - insbesondere in Ihrer Diözese - im Jahr 1984 und die zahlreichen Kontakte mit Hirten und Gläubigen in Rom ins Gedächtnis zu rufen. Auch möchte ich die Treue der Schweizergarde betonen, die zu ihren Mitglieder mehrere Walliser zählt.
Liebe Freunde, die ihr Kardinal Henri Schwery bei der Zeremonie der Besitzergreifung seiner römischen Titelkirche begleitet, eure Pilgerfahrt läßt euch die wahren Fundamente der Kirchen von Rom wiederfinden: in der Nähe der alten Via Aurelia verehrt die Pfarrei, an die der Kardinal nunmehr gebunden ist, die ersten Märtyrer der Stadt Rom. Diese ersten unerschrockenen Glaubenszeugen erlitten Qualen und Tod, weil sie sich, dem Beispiel der Apostel Petrus und Paulus folgend, voll und ganz Christus, dem Retter, hingegeben und an seinem erlösenden Kreuzestod teilgehabt hatten. Der Bau wurde erst kürzlich errichtet. Ihr könnt jedoch das Patronat, das gewählt wurde, als Zeichen der Kontinuität der Kirche und der Fruchtbarkeit des heroischen Opfers der Getauften betrachten, die sich rückhaltlos von Christus erfassen ließen. Gemeinsam mit den Aposteln Petrus und Paulus haben die ersten Märtyrer die Kirche wahrhaftig in dieser Stadt verwurzelt. Betrachtet ihr Zeugnis! Ihr Gedächtnis beseelt das Leben der Gläubigen Roms und wird auch das eure leiten. Die persönliche Bindung eures Bischofs an die dank der Märtyrer gefestigte Kirche soll für euch ein neuer Grund sein, euch mit dem Bischof von Rom verbunden und in der Gemeinschaft der Heiligen mit allen Gliedern der Weltkirche solidarisch zu fühlen.
Herr Kardinal, ich vertraue Unserer Lieben Frau Ihr Amt als Bischof von Sitten sowie die neuen Dienste an, die Sie dem Apostolischen Stuhl leisten. Aus ganzem Herzen rufe ich auf Sie und auf alle Mitglieder Ihrer Diözese den Schutz der ersten Märtyrer Roms herab und erteile Ihnen meinen Apostolischen Segen, den ich gerne auch auf den Klerus, die Ordensleute und die Laien von Sitten erstrecke.

Christus, Licht der Völker

Ansprache an die Nationaldelegierten zum 45. Eucharistischen Weltkongreß am 7. November

1. Liebe Brüder, diese Begegnung mit den Mitgliedern des Päpstlichen Komitees für die Internationalen Eucharistischen Kongresse und den Nationaldelegierten ist für mich Grund zur Freude. Mit der Vorbereitung des Internationalen Eucharistischen Kongresses in Sevilla, der im Juni 1993 stattfinden wird, möchten Sie beitragen, daß dieses Ereignis wirklich zu einer „Statio Orbis" sowohl für die Universalkirche als auch für die Teilkirchen werde.

Bei einer Reihe von Begegnungen theologischen Charakters und bei liturgischen Feiern haben Sie im Rahmen des Grundthemas „Eucharistie und Evangelisierung" über die Aktualität des Mottos: „Christus, Licht der Völker" nachgedacht.

2. Das Gelingen des Kongresses wird großteils von denen abhängen, die unter Leitung des Erzbischofs von Sevilla das Programm vorbereiten und die Arbeiten nach dem Pastoralplan koordinieren, mit dem die spanischen Bischöfe an die 500 Jahre Evangelisierung Amerikas erinnern wollen.
Das Ortskomitee ist auf die Mitarbeit aller Kirchen angewiesen, um den eucharistischen Feiern wirklich universale Dimension zu verleihen. Schon immer wollten die Kongresse Zeugnis für die Welt sein, eine feierliche Verkündigung des Glaubens der Kirche an die Gegenwart Christi in der Eucharistie, die ein Geheimnis der Liebe ist. Gleichzeitig waren diese Kongresse auch Gelegenheit, das Bewußtsein der Brüderlichkeit und Solidarität unter den Menschen zu stärken, die zwar unterschiedlicher Herkunft und Kultur sind, aber alle nach der Würde und Freiheit streben, die allein Christus, das Licht der Welt, verleihen kann.

3. Aus diesem Grund ist die Zusammenarbeit der Nationaldelegierten mit dem Organisationskomitee des Kongresses von großer Bedeutung. Diese Versammlung soll das Bewußtsein fördern, daß es sich um ein kirchliches Ereignis handelt, das alle angeht.
Darauf werdet ihr eure Landsleute, die nach Sevilla zu pilgern wünschen, mit Anregungen zur Besinnung und Anbetung geistlich vorbereiten. Ihr habt feststellen können, daß heutzutage wohl mehr Gläubige die heilige Kommunion empfangen, aber die Zahl derer abgenommen hat, die einen Teil ihrer Zeit der Anbetung widmen. Vielleicht ist dies eine Auswirkung der fortschreitenden Säkularisierung der Gesellschaft. Ein Eucharistischer Kongreß ist eine einmalige Gelegenheit, den Gläubigen das Verständnis zu vermitteln, daß die eucharistische Anbetung eine vorzügliche Weise sein kann zu beten, dem Herrn zu begegnen und so spontan mit den Emmausjüngern zu bitten: „Bleibe bei uns" (vgl. *Lk* 24,29).

4. Besondere Aufmerksamkeit habt ihr dem Motto des Kongresses: „Christus, Licht der Völker" - gemäß dem II. Vatikanischen Konzil -, beigemessen, das von der wesentlichen Sendung der Kirche spricht, oder mit anderen Worten, von der Rolle der Eucharistie bei der Neuevangelisierung, die die Welt so sehr nötig hat (vgl. *Redemptoris missio*, Nr. 33).
Zu jeder Zeit muß die Frohe Botschaft je nach Umständen und kultursoziologischen Gegebenheiten verkündet werden. Vor kurzem sagte ich zu einer Gruppe spanischer Bischöfe: „Es geht um eine ‚neue' Evangelisierung, eine Verkündigung des immer gleichen Evangeliums, jedoch auf ‚neue' Weise. ‚Neu', weil das gesellschaftliche und kulturelle Umfeld der Menschen, die evangelisiert werden sollen, oft eine ‚neue Synthese' von Glaube, Leben und Kultur fordert" (*Osservatore Romano*, 7./8. Oktober 1991, Nr. 3).
Der Eucharistische Kongreß in Sevilla - der Stadt, die schon immer mit der Verkündigung des Evangeliums in Amerika verbunden war - soll der aktiven Mitarbeit

der Kirchen an der neuen Evangelisierung einen entscheidenden Impuls geben: „neu in ihrem Eifer, neu in den Methoden und neu in den Ausdrucksformen", wie ich bei der Versammlung der CELAM in Puerto Principe sagte (*Haiti*, 9. März 1983).
Das Konzil bestätigt, daß „die heilige Eucharistie das Heilsgut der Kirche in seiner ganzen Fülle" enthält; sie ist auch „Quelle und Höhepunkt aller Evangelisation" (*Gebet zum Dienst und Leben der Priester*, Nr. 5). Deshalb erreicht jede missionarische Tätigkeit erst ihr volles Ziel, wenn es ihr gelingt, kirchliche Gemeinschaften zu bilden, die sich gläubig zur Eucharistiefeier versammeln, „denn die Evangelisierung besteht in ihrer Gesamtheit über die Verkündigung einer Botschaft hinaus darin, die Kirche einzupflanzen, die es aber ohne dieses sakramentale Leben nicht gibt, welches seinen Höhepunkt in der Eucharistie hat" (*Evangelii nuntiandi*, Nr. 28).

5. Die Evangelisation kann mit Ausdauer und Vertrauen erfolgen, wenn die Eucharistie, das Brot des Lebens, im Mittelpunkt steht. Im Sakrament gewordenen Christus finden wir die notwendige Kraft zur Neuevangelisierung, mit reichen Früchten auf geistlichem und gesellschaftlichem Gebiet.
Maria, die so eng mit dem Verkündigungs- und Heilswerk ihres göttlichen Sohnes verbunden ist, verleihe uns die Gnade, daß der 45. Internationale Eucharistische Kongreß aller Welt verkünde, daß Christus das Licht der Völker ist. Ich freue mich mit Ihnen hier über ihren Einsatz, mit dem Sie schon jetzt den Kongreß von Sevilla vorbereiten, und erteile Ihnen von Herzen meinen Apostolischen Segen.

Österreich hat vielen Menschen geholfen

Ansprache bei der Audienz für die Mitglieder der österreichischen Notariatskammer am 9. November

Herr Präsident,
meine Damen und Herren!

Der Besuch in der Ewigen Stadt von Repräsentanten des Notariates aus den österreichischen Bundesländern mit ihren Angehörigen ist ein Bekenntnis und Ihr Kommen zum Bischof von Rom ein Zeichen der Verbundenheit. So heiße ich Sie alle herzlich zu dieser Begegnung willkommen.
Ihre Anwesenheit läßt die Erinnerung an meine beiden Besuche in Ihrem Land wach werden, als ich Gelegenheit hatte, viele österreichische Diözesen und Bundesländer kennenzulernen und die tiefe Gläubigkeit der Menschen dort zu erleben.
Die jüngste Geschichte Ihres Vaterlandes ist gekennzeichnet durch ein hohes Maß in der Wahrnehmung von Sozialverantwortung von seiten aller Gesellschaftskreise. Hier sei besonders an die Hilfe Ihres Staates und der Kirche, vor allem in den östlichen Landesteilen, für die zahlreichen Flüchtlinge erinnert. In einer Zeit, als der Eiserne Vorhang noch bestand und Europa geteilt war, hat Österreich vielen Menschen, die aus religiösen, weltanschaulichen, politischen und sozialen Gründen ihre

Heimat verlassen mußten, geholfen und ihnen im Rahmen des Möglichen ein Zuhause geboten.
Sie selbst wissen um die Leistungen im Dienste der Nächstenliebe und der Völkerfreundschaft, ist doch Ihr Beruf als Notar an sich ein menschennaher. Sie beschäftigen sich mit den Anliegen Ihrer Mitmenschen und vermitteln die Kraft des Rechtes und der Gerechtigkeit im Zusammenleben Ihrer Mitbürger.
In der Pluralität der heutigen Gesellschaft ist es von Wichtigkeit, daß die Anliegen der einzelnen Berufe in jeweils eigenen Interessenvertretungen ihre Repräsentation erfahren. Im Zusammenhang mit den Gewerkschaften habe ich in meinem Sozialrundschreiben *Laborem exercens* besonders darauf hingewiesen. Derartige Berufsvertretungen tragen mit zum Interessenausgleich bei, der für den sozialen Fortschritt erforderlich ist.
Dabei dürfen wir auch nicht übersehen, daß jeder berufliche und soziale Erfolg für die Glaubwürdigkeit des Katholiken dessen Glaubenshaltung voraussetzt. Diese Haltung soll Sie im privaten und öffentlichen Leben kennzeichnen und begleiten und einem jeden die Gelegenheit geben, ein wahrhaftes Glaubenszeugnis abzulegen und damit einen Beitrag zu leisten, „Kirche als Volk Gottes in der Welt" zu sein, wie es das II. Vatikanische Konzil in seiner Pastoralkonstitution *Gaudium et spes* verlangt.
Bestätigen Sie mit Ihrem Leben und beruflichen Wirken diese Haltung eines christlichen Apostolates. Möge die Begegnung mit den Stätten des frühen Christentums, vor allem an den Gräbern der Apostelfürsten Petrus und Paulus, Ihnen neue Kraft für Ihren weiteren Lebens- und Berufsweg geben.
Dazu erteile ich Ihnen von Herzen meinen Apostolischen Segen, in den ich auch Ihre Familien, Kollegen und Mitarbeiter zu Hause gern mit einschließe.

Der Religionsunterricht ist eingebunden in die Verkündigung der Kirche

Ansprache anläßlich der Sonderaudienz für Verantwortliche im Bereich von Schule und Bildung der Diözese Graz-Seckau am 14. November

Meine sehr geehrten Herren!

Sie alle, die Sie an der vom Amt für Schule und Bildung der Diözese Graz-Seckau durchgeführten Romfahrt teilnehmen, tragen Verantwortung für den Religionsunterricht in der Schule beziehungsweise für die Aus-, Fort- und Weiterbildung der Religionslehrer in den verschiedensten Schulformen. Ihnen allen gilt mein herzlicher Willkommensgruß.
Obwohl der Religionsunterricht - im Gegensatz etwa zur Gemeindekatechese - nicht nur vom Auftrag der Kirche, sondern auch vom Auftrag der Schule her in Ihrem Land begründet wird, so ist diese Aufgabe nach dem Selbstverständnis der Kirche und den zwischen Staat und Kirche getroffenen Vereinbarungen dennoch eingebun-

den in die Verkündigungstätigkeit der Kirche. Ich freue mich daher, Sie gerade auch als Mitarbeiter im pastoralen Dienst begrüßen zu können.
Der gemeinsame Auftrag zur Evangelisierung kann freilich von Ihnen nur unter den Bedingungen der Schule verwirklicht werden. Diese sind heute nicht selten von der allgemeinen Säkularisierung der Lebensbereiche und einer deutlich erkennbaren Privatisierung des Religiösen geprägt. Der Verlust an Transzendenz, ein allgemeiner Agnostizismus, das gewandelte Wertbewußtsein, vor allem aber die wachsende Indifferenz gegenüber dem Glauben und der Kirche sind nur einige Phänomene, die das Umfeld und die Arbeitswelt der Religionslehrer heute mitbestimmen.
Hinzu kommt, daß viele Eltern offensichtlich nicht mehr in der Lage sind, den Glauben an die Generation ihrer Kinder weiterzugeben. Auch die Jugendarbeit in den Gemeinden vermag dieses Defizit religiöser Erziehung im Elternhaus in der Regel nicht mehr auszugleichen.
Zwangsläufig richtet sich so ein Übermaß an Erwartungen und Ansprüchen an den Religionslehrer, die er kaum zufriedenstellend erfüllen kann. Sie ergeben sich aus seinen unterschiedlichen Funktionen: als Beamter des Staates und als Beauftragter der Kirche, als Lehrer seiner Schüler und als Partner der Eltern. Die Tatsache, daß trotzdem der Religionsunterricht vielerorts gelingt, ist zunächst dem Engagement einzelner Religionslehrer zu verdanken; sicher aber auch den vielen verdienstvollen Einrichtungen wie den Ihrigen, die ihnen konkrete Hilfestellung vermitteln. Auch wenn sich manche Religionslehrer heute in einer schwierigen Situation befinden, können sie dennoch spüren, daß ihr Dienst notwendiger denn je ist. Es geht dabei nicht nur um Interessen der Kirche; auch zur Humanisierung der Schule selbst und zur Verwirklichung ihrer spezifischen Ziele bedarf es des Religionsunterrichts.
Angesichts dieser Situation möchte ich Ihren Blick auf drei Aufgaben lenken, die für Ihre Institute und Einrichtungen in der unmittelbaren Zukunft von Wichtigkeit sind:

1. Sie alle wissen, daß das Gelingen religiöser Erziehung wesentlich abhängt von der Übereinstimmung und der Zusammenarbeit der unterschiedlichen Träger dieser Erziehung: Familie -Schule - Gemeinde. Eine wichtige Aufgabe der Fort- und Weiterbildung besteht daher darin, den Religionslehrer zum Dialog und zur Zusammenarbeit mit Eltern und Priestern zu befähigen, hierzu Hilfestellungen anzubieten sowie konkrete Kontaktformen aufzuzeigen und zu erproben.

2. Es kann in der Fort- und Weiterbildung nicht nur um eine Erweiterung der Sachkompetenz des Religionslehrers gehen, so wichtig diese ist. Notwendig ist vor allem die Förderung seiner Spiritualität, die ihn in die Lage versetzt, sich den unterschiedlichen Erwartungen und Ansprüchen auszusetzen, ohne dabei seine Identität zu verlieren, den Dienst der Vermittlung zu leisten, ohne dabei einseitig oder unverbindlich zu werden. Gefordert ist eine Spiritualität, die es dem Religionslehrer ermöglicht, Gott und den Menschen treu zu bleiben, Zeuge und Informant in einer Person zu sein. Gerade in seiner Zeugenfunktion soll der Religionslehrer bestärkt werden. Mein Vorgänger Papst Paul VI. hat in seinem Apostolischen Schreiben *Evangelii nuntiandi* ausdrücklich darauf verwiesen, daß der Mensch von heute „lieber auf

Zeugen als auf Gelehrte [hört], und wenn er auf Gelehrte hört, dann deshalb, weil sie Zeugen sind" (Nr. 41). Gerade das Zeugnis des Lebens ist in dem pluralen Sinnangebot, das heute an die Jugendlichen ergeht, entscheidend.

3. Eine größere spirituelle Kompetenz wird den Religionslehrer auch befähigen, die seelsorgliche Dimension seines Wirkens stärker als bisher wahrzunehmen. In dieser Aufgabe können die Jugendlichen anders und tiefer erreicht werden, als dies im Religionsunterricht selbst möglich ist.
Schließlich möchte ich Ihnen und durch Sie allen Religionslehrern der Diözese Graz-Seckau und der Republik Österreich danken für ihren treuen Dienst. Ich ermuntere Sie alle, diesen Dienst auch weiterhin in der Treue Gott und den Menschen gegenüber zu tun. Hierzu erteile ich Ihnen von Herzen meinen Apostolischen Segen.

Verteilung der Nahrungsmittel wirksamer organisieren

Ansprache an die Teilnehmer der XXVI. Generalversammlung der Welternährungsorganisation der Vereinten Nationen (FAO) am 14. November

Herr Vorsitzender,
Herr Generaldirektor,
Exzellenzen,
meine Damen und Herren!

1. Sehr gern empfange ich erneut die Vertreter und Experten der Staaten und Organisationen, die in der Welternährungsorganisation der Vereinten Nationen zusammengefaßt sind. Diese XXVI. Generalversammlung verdient besondere Aufmerksamkeit, weil sie zugleich den 40. Jahrestag der Gründung des Hauptsitzes der FAO in Rom begeht. Ich spreche Ihnen zu diesem bedeutsamen Anlaß meine herzlichen und guten Wünsche aus. Die Wahl dieser Stadt als Zentrum Ihrer Tätigkeiten hat dazu beigetragen, ein besonders enges Verhältnis der Verständigung und Zusammenarbeit zwischen der Organisation und dem Heiligen Stuhl zu schaffen. Ermutigend ist es, die vielen Übereinstimmungen zu sehen zwischen den neuen Zielen und Methoden, die die Organisation für sich selber entwickelt hat; zwischen der Lehre der Kirche über die soziale Entwicklung und ihrem Aufruf, sie im Licht der ethischen Dimension und der transzendenten Bestimmung des Menschen zu verstehen.

2. Auch nach vier Jahrzehnten intensiver Bemühungen von Männern und Frauen guten Willens sind die Zielsetzungen der FAO von äußerster Dringlichkeit. Heute wie in der Vergangenheit ist es notwendig, die Produktion und Verteilung der Nahrungsmittel wirksamer zu organisieren; das Los der Landarbeiter zu verbessern und so einen Beitrag zur allgemeinen Ausdehnung der Weltwirtschaft zu leisten, um den Hunger aus der Welt zu schaffen. Da es mein Auftrag ist, „Lehre und Tun Christi fortzusetzen, der beim Anblick der hungernden Menge die ergreifenden Worte

sprach: Mich erbarmt des Volkes, denn ... sie haben nichts zu essen (vgl. *Mt* 15,32)" (Papst Paul VI., *Ansprache an die Teilnehmer der Welternährungskonferenz*, 9.11.1974), ergreife ich die Gelegenheit dieser Begegnung, um erneut meine tiefe Sorge über die Lage der Hungernden in der Welt auszusprechen. Wir teilen die brennende Sorge um sie, und so bete ich, daß unsere Begegnung Anlaß für einen verstärkten Einsatz zu ihren Gunsten sein wird.
Durch die lange Erfahrung und die Fülle der gesammelten Daten hat sich das Wirken der FAO über allgemeine Empfehlungen zum Kampf gegen den Hunger und den bloßen Aufruf zu seiner Beseitigung hinaus auf die Erkenntnis der vielfältigen Ursachen des Hungers und die Notwendigkeit konzentriert, eine entsprechende fortgeschrittene Antwort zu finden. Diese Einsicht in die komplizierte Lage sollte die Mitglieder der FAO keineswegs in ihrem Eifer lähmen, sondern ihnen vielmehr als Antrieb zum Handeln dienen. Denn Anstrengungen, die man unternimmt, um genau analysierte Probleme zu lösen, haben die besten Erfolgsaussichten.

3. Die wachsende Kenntnis der zahlreichen Dimensionen, die bei jedem Kampf gegen Hunger und Unterernährung zu berücksichtigen sind, haben zur Erkenntnis wichtiger sozialer und politischer Elemente geführt, die hier direkten Einfluß ausüben. Die Sorge für die Umwelt ist eines dieser Themen, das bei den Bemühungen der FAO eine besondere Bedeutung hat, und seine komplizierten Verzweigungen müssen bei jedem Kampf gegen den Hunger beachtet werden. Tatsächlich bildet die Rücksichtnahme auf die Felder, Wälder und Seen sowie ihre Bewahrung vor Ausbeutung die Grundlage jeder realistischen Politik, die das Nahrungsangebot der Welt steigern möchte. Die Naturschätze der Welt, die der Schöpfer der ganzen Menschheit anvertraut hat, sind die Quelle, aus der die Arbeit des Menschen die Ernte einbringt, von der wir abhängen. Mit Hilfe wissenschaftlicher Fachkenntnis muß ein gesundes und praktisches Urteilsvermögen die Wege zwischen den Extremen einer Überforderung unserer Umwelt und einer zu geringen Nutzung finden, denn beides würde für die Menschheitsfamilie verheerende Folgen haben.
Das wachsende Bewußtsein von den Grenzen der Ressourcen dieser Erde macht nur um so schärfer die Notwendigkeit deutlich, allen an der Nahrungsmittelproduktion Beteiligten das nötige Wissen und die entsprechende Technologie zur Verfügung zu stellen, damit ihr Bemühen die bestmöglichen Ergebnisse bringt. Die weitverbreitete Einrichtung von Schulungszentren und Institutionen, die Wissen und Fertigkeiten vermitteln, ist im Kampf gegen den Hunger eine der wirksamsten Ausrichtungen. Die Entfaltung der typisch menschlichen Fähigkeit zur Arbeit steigert erheblich die sonst begrenzten Möglichkeiten der Erde. Daher muß der Akzent mehr und mehr auf die Anwendung eines produktiven Denkens gelegt werden. Land und Meer stellen die Fülle ihrer Reichtümer nämlich genau in dem Maße zur Verfügung, wie sie weise bewirtschaftet werden. In meiner Enzyklika *Centesimus annus* habe ich ausgeführt: „Die wichtigste Ressource des Menschen [bei der Produktion] ist in der Tat, zusammen mit der Erde, der Mensch selbst" (Nr. 32; vgl. auch Nr. 31). Ich bin glücklich, feststellen zu können, daß diese Betonung der menschlichen Arbeit in Ihrer mittelfristigen Planung für 1992-1997 zum Ausdruck kommt, die auch die

Bedeutung der Arbeit des Menschen bei der Lösung des Hungerproblems unterstreicht.

4. Meine Damen und Herren, der Heilige Stuhl legt tiefes Interesse für die spezifische Aufgabe der FAO, weil sie die sozio-ökonomische Entwicklung vorantreibt. Das Leitprinzip der Kirche bei der Entwicklung ist in der Pastoralkonstitution des II. Vatikanischen Konzils, *Gaudium et spes*, ausgesprochen, wo es heißt: „Auch im Wirtschaftsleben sind die Würde der menschlichen Person und ihre ungeschmälerte Berufung wie auch das Wohl der gesamten Gesellschaft zu achten und zu fördern, ist doch der Mensch Urheber, Mittelpunkt und Ziel aller Wirtschaft" (Nr. 63). Eine menschenwürdige Entwicklung muß die Förderung des Menschen in jeder - in geistiger wie in materieller - Hinsicht anstreben. Tatsächlich erreicht wirtschaftlicher Fortschritt sein eigentliches Ziel nur in dem Maß, indem er das Gemeinwohl und die Bestimmung aller Menschen voranbringt.
Eine aus dieser Wahrheit folgende Pflicht besteht darin, daß die deutliche Betonung der Würde und des Wertes derer, die unsere Nahrung erzeugen, unerläßlicher Teil jeder Lösung des Hungerproblems ist. Sie sind besondere Mitarbeiter des Schöpfers, wenn sie dem Gebot gehorchen, sich „die Erde untertan" zu machen (vgl. *Gen* 1,28). Sie leisten den lebenswichtigen Dienst, die Gesellschaft mit den notwendigen Gütern für den täglichen Lebensunterhalt zu versorgen. Die Anerkennung ihrer Würde kommt in dem Aufruf der FAO zum Ausdruck, die Landbevölkerung nicht als bloßes Mittel zur Steigerung der Nahrungsmittelproduktion zu betrachten, sondern als die eigentlichen Verbraucher und Nutznießer des Entwicklungsprozesses (*Mittelfristige Planung*, S. 75). Besonders wichtig ist hier der Entwurf von Programmen, die den Anreiz zu freien und verantwortlichen Initiativen von Bauern, Fischern und den in der Forstwirtschaft Tätigen bieten und ihnen eine wirksame Beteiligung und Mitsprache in der Politik verschaffen, die sie direkt betrifft.
Wichtig ist ferner, im Auge zu behalten, daß Projekte zur Beseitigung des Hungers mit dem grundlegenden Recht der Ehepaare auf Gründung und Unterhalt einer Familie übereinstimmen müssen (vgl. *Familiaris consortio*, Nr. 42). Jede Initiative, die das Nahrungsangebot der Welt durch einen Angriff auf die Heiligkeit der Familie oder durch Einmischung in das Recht der Eltern, über die Zahl ihrer Kinder zu entscheiden, steigern möchte, würde das Menschengeschlecht eher unterdrücken als ihm dienen. (vgl. *Gaudium et spes*, Nr. 47; *Familiaris consortio*, Nr. 42; *Laborem exercens*, Nr. 25). Statt den Armen zu verbieten, geboren zu werden, müssen wirksame Programme für die Steigerung des Nahrungsangebots dafür sorgen, daß die Armen gleich jetzt die materiellen Güter bekommen, die sie brauchen, um ihre Familien zu ernähren, während man ihnen gleichzeitig die gewünschte Schulung und Hilfe anbietet, so daß sie diese Güter eventuell durch eigene Arbeit erzeugen können (vgl. *Centesimus annus*, Nr. 28).

5. Die letzten Jahre vor der Jahrtausendwende haben gewaltige Verschiebungen in den Beziehungen der Völker und Nationen untereinander gebracht. Die großen Wandlungen, die erfolgt sind, bieten der FAO neue Herausforderungen und Mög-

lichkeiten. Der Zusammenbruch der in vielen Ländern zur Gewohnheit gewordenen Produktions- und Verteilungsformen bedeutet, daß der Kampf gegen den Hunger erheblich ausgeweitet werden muß. Ich hoffe aber, daß Ihre Organisation mit der bei ihr üblichen Zusammenarbeit der Regierungen erkennen wird, wie am wirksamsten zu helfen ist.
Die Verminderung der Spannungen in der Welt, auf die sich die Hoffnungen und Gebete der Menschheit so lange gerichtet haben, bieten den Regierungsmitgliedern und ihren Völkern eine neue Chance der Zusammenarbeit zum Aufbau einer menschenwürdigen Gesellschaft. Dabei muß die Beseitigung des Hungers und seiner Ursachen ein Grundanliegen sein. Wir wollen hoffen, daß infolge der abnehmenden Gegensätze in den internationalen Beziehungen weniger Geld für die Herstellung und Beschaffung von Waffen investiert wird. Die dadurch frei werdenden Mittel können für die Entwicklung und die Nahrungsproduktion verwendet werden. Ich bete, daß die Regierungen der Welt sich für diese edle Aufgabe mit dem gleichen Nachdruck einsetzen, den sie zu ihrem Schutz gegen jene aufwandten, die sie zuvor als ihre Feinde betrachtet haben.

6. Die vor Ihnen liegenden Aufgaben, meine Damen und Herren, werden Ihre Klugheit auf den Plan rufen und Ihren Mut herausfordern, doch Sie können Zuversicht gewinnen aus dem Adel Ihrer Aufgabe, der alle aufgewandten Mühen und Opfer mehr als rechtfertigt. Ihnen obliegt die Aufgabe, sicherzustellen, daß jeder genug zu essen hat, und daß er festen und sicheren Anteil an dem bekommt, was Land und Meer an Nahrung hergeben. Erneuern Sie Ihre Hingabe an diese Aufgabe! Wenn ich das ausspreche, so sage ich es im Namen aller Armen und Hungernden, denen ich auf meinen pastoralen Reisen in so vielen Gegenden der Welt begegnet bin. Ich gebe ihren Ruf an Sie weiter; und ich spreche Ihnen zugleich ihre Dankbarkeit aus.
Ich versichere Sie meines Gebetes für den Erfolg Ihrer Überlegungen zur Aufstellung Ihres Arbeitsplans für die nächsten beiden Jahre, und ich rufe auf Sie den Frieden und die Kraft, des allmächtigen Gottes herab, der „den Notschrei der Armen nicht vergißt" (vgl. *Ps* 9,13).

Kein Mensch kommt zufällig zur Welt

Ansprache an die internationalen Vertreter der Vereinigungen *Für das Leben* am 15. November

1. Mit lebhafter Genugtuung richte ich meinen herzlichen Willkommensgruß an euch, die führenden Vertreter der Vereinigungen „für das Leben" aus verschiedenen Ländern; ihr seid auf Initiative des Päpstlichen Rats für die Familie hin in Rom zur Tagung zusammengekommen. Ich danke euch für eure Begeisterung, eure Bereitschaft und eure Großherzigkeit.
Eine selbstlose und freigebige Kraft ist in euch, die aus den Werten des Geistes erwächst. Ihr habt die Beweglichkeit derer, die frei von ideologischen Beschränkun-

gen und bürokratischen Bürden handeln. Die Natur der Sache selbst macht euch stark und großherzig: der Dienst am menschlichen Leben, an jedem Leben, auch wenn es im Geheimnis seiner Empfängnis verborgen ist. Aus diesen Idealen erwächst dynamischer Einsatz, weshalb es in vielen Teilen der Welt eine ehrliche, systematische und organisierte Antwort gibt, die keine Anstrengungen scheut, damit die wirksame Achtung des Lebens Wirklichkeit wird.
Ich blicke mit Freude und Hoffnung auf euch alle, die ihr in der Tiefe eures Herzens den Anspruch der Liebe und Gerechtigkeit vernehmt, der zur Achtung des Lebens führt, das es von Beginn an anzunehmen und zu lieben und dann stets zu schützen gilt in einem Umfeld echter „Humanökologie" (vgl. *Centesimus annus*, Nr. 38).

2. Erlaubt mir, einige Aspekte zu vertiefen, die - so glaube ich - nützlich sind für die Vereinigungen, denen euer Einsatz gilt. In dem an alle Bischöfe der Welt gerichteten Brief habe ich vom „Evangelium des Lebens" gesprochen: „Ich bin gekommen, damit sie das Leben haben und es in Fülle haben" (*Joh* 10,10). „Wer mir nachfolgt, wird nicht in der Finsternis umhergehen, sondern wird das Licht des Lebens haben" (*Joh* 8,12).
Ja, liebe Brüder und Schwestern, die gute Nachricht vom Wert des menschlichen Lebens hallt in der Kirche und durch sie in der ganzen Menschheit wider: kein Mensch kommt zufällig zur Welt, jeder ist Ausdruck eines Aktes der schöpferischen Liebe Gottes und vom Augenblick der Empfängnis an zur ewigen Gemeinschaft mit Gott berufen.
In einer Epoche, in der so viele vergessen, wer der Mensch ist, woher er kommt und wohin er geht, besteht die dringende Notwendigkeit, immer mehr das Gefühl der Bewunderung und Dankbarkeit angesichts der Größe jedes menschlichen Lebens zu wecken, auch wenn es leidet. Besonders dort, wo dieses Gefühl vom Druck der Säkularisierung verdunkelt wird, muß man helfen, über die Tatsache nachzudenken, daß jedes Leben ein unschätzbares Gut ist - ein einmaliges und unwiederholbares Geschenk des Herrn, des Lebensspenders: „Bei dir ist die Quelle des Lebens" (*Ps* 36,10); „Ich gebe ihnen ewiges Leben" (*Joh* 10,28). In einer Welt, die, überrollt von der technisierten Mentalität, dahin tendiert, gegenüber dem großartigen Geheimnis der Person die Sensibilität zu verlieren, müßt ihr diese wunderbare Neuheit der Liebe Gottes zu jedem Menschen nachahmen, die zu unserem Glauben gehört, dem Glauben an Gott, den Schöpfer des Himmels und der Erde, der sichtbaren und unsichtbaren Welt.

3. Das Leben muß ohne Ausnahme angenommen und geliebt werden. In der Enzyklika *Centesimus annus* habe ich vor einer Kultur des Todes gewarnt, die sich der Liebe zum Mitmenschen widersetzt und Gefahr läuft, eine Wahrheit zu verdunkeln, die für jeden, der an Gott, den Vater und Schöpfer, glaubt, im Mittelpunkt steht.
In dem von mir im vergangenen April einberufenen außerordentlichen Konsistorium der Kardinäle wurde einstimmig der Ruf nach einem weltweiten Entgegenwirken laut, das dem schwerwiegenden Phänomen wachsender Bedrohungen und An-

schläge auf das Leben - der Ursache von Massakern in einem nie zuvor in der Geschichte der Menschheit gekannten Ausmaß - ein Ende bereitet.
Vom Augenblick de Empfängnis an ist jeder Mensch Person, und es ist eine Manipulation der Wahrheit, das bereits empfangene, aber noch ungeborene Kind in seiner wehrlosen Größe als Angreifer zu betrachten. Man beginnt leider von bestehenden Haltungen und Initiativen gegen die Annahme des Lebens zu sprechen, die erst die moralische Unordnung der Empfängnisverhütung und dann das verabscheuungswürdige Verbrechen der Abtreibung zur Folge haben. Eine solche gegen die Annahme des Lebens gerichtete Mentalität ist - was immer auch ihre Ansicht und Sorge seien - in sich und für sich unmenschlich und irrig. Die primäre Pflicht, ein Klima der Annahme des Lebens zu schaffen, kommt der ganzen Gesellschaft zu und innerhalb dieser - entsprechend der jeweiligen Verantwortung - den einzelnen Bürgern, den Regierenden, den Gesetzgebern. Man muß eine klare Politik zugunsten des Lebens und der Würde der Frau als Mitarbeiterin Gottes bei der Weitergabe des Lebens einschlagen.
Wenn ein Kind von seinen Eltern nicht gewollt wird, müssen Strukturen und Mechanismen zur Annahme des Lebens eingreifen, auch wenn die Eltern, die eine Familie gegründet haben, stets die direkten Verantwortlichkeiten für das Neugeborene sind. Die Familie, „Heiligtum des Lebens", muß wirksam unterstützt werden, damit sich das Recht jedes Kindes verwirklicht, in einer normalen Familie, bestehend aus Vater, Mutter und Geschwistern, und in einem unerläßlichen Klima der Liebe geboren zu werden (vgl. *Donum vitae*, II,A,1)).

4. Nachdem es angenommen ist, muß das Kind erzogen, beschützt und in seiner ganzen Entwicklung gefördert werden, so daß es die erforderliche menschliche Reife erlangt. Dem Menschen gelingt es nämlich nicht einmal zu wissen, wer er ist, ja, er wird sich selbst zu einem unlösbaren Geheimnis, wenn er nicht lernt, zu lieben, und nicht spürt, daß er geliebt wird.
Gefordert ist daher ein gemeinsamer Einsatz zugunsten einer Humanökologie, das heißt, in Zusammenarbeit aller eine für die Person und ihre Entwicklung günstige Umwelt zu schaffen. Das erfordert gewiß die Förderung der materiellen Bedingungen, doch zuvor noch und unabdingbar die Schaffung einer Atmosphäre der Liebe zur Person in sich und für sich, wo jeder die Freude hat, zu leben, zu dienen, zu arbeiten und freundschaftliche Beziehungen zu allen Menschen zu entwickeln.
Zu diesem Zweck bedarf es einer Verbesserung der Erziehungsmittel, der Massenmedien, einer Säuberung der moralischen Umwelt und der anderen Aspekte der Kultur, die oft taub für die Werte des Geistes geworden ist.
Die erste und unersetzliche Einrichtung, die dazu in der Lage ist, ist sicher die Familie; in ihr macht der Mensch die ersten entscheidenden Erfahrungen und empfängt die ersten und wertvollsten Unterweisungen über die Wahrheit und das Gute; er lernt, was es heißt, zu lieben und geliebt zu werden.
Wir müssen uns für die Förderung und den Schutz der auf der Ehe gegründeten Familie einsetzen, in der das gegenseitige Sichschenken des Mannes und der Frau eine Atmosphäre der Liebe erzeugt, wo das Kind geboren werden und wachsen

kann. Wir alle sind gerufen, eine günstige Umwelt für die Familie, und daher für die Mutter- und Vaterschaft, zu fördern, in der wirklich und in wachsendem Maß die optimalen Bedingungen vorhanden sind, damit die Familie die ihr eigenen Reichtümer entwickeln kann: Treue, Fruchtbarkeit, innere Wärme, bereichert durch das Offensein für die anderen usw. Es ist notwendig, daß die Familie zum Mittelpunkt jeder Sozialpolitik wird.

5. Schließlich erlaubt mir, euch daran zu erinnern: eure größte Kraft liegt in der Qualität eures Zeugnisses für die Würde des Menschen, für die Familie und das Leben in wechselseitiger Zusammenarbeit und in der Achtung der legitimen Unterschiede.
Es sind große und gewaltige Kräfte, die heute die Kultur des Todes offen oder im verborgenen entfaltet: der menschliche Egoismus und als Frucht davon der Konsumismus; ein oberflächlicher Feminismus, der Angst hat vor der Größe der Mutterschaft; der wachsende Materialismus, unfähig, die Überlegenheit der Werte des Geistes zu erfassen; schließlich der Druck wirtschaftlicher Interessen, die mit erbarmungsloser Grausamkeit zu Werke gehen.
Dazu gebe ich euch die Weisung, die der Apostel Paulus den ersten Christen der römischen Gemeinde gegeben hat: „Laß dich nicht vom Bösen besiegen, sondern besiege das Böse durch das Gute!" (*Röm* 12,21). Eure Waffen sind die des Evangeliums. Es enthält eine Hoffnung, die nicht trügt, weil sie auf dem festen Fundament der Auferstehung Christi, des Siegers über den Tod, gründet.

6. Die Muttergottes ist in hervorragendster Weise Förderin des Lebens; sie empfing in ihrem Schoß den, der das Leben ist (vgl. *Joh* 11,25; 14,6), sie brachte ihn zur Welt und nahm ihn mit unermeßlicher Liebe an, gerade in der Armut von Betlehem. Zusammen mit ihrem Sohn segnet sie alle Mütter der Welt, alle Familien, die „Heiligtümer des Lebens", und sie segnet euch, eure Heimstätten, eure Vereinigungen, eure Länder, in denen ich euch wünsche, Licht, Salz, Sauerteig zu sein.
Allen erteile ich meinen Segen.

Die Heiligen sind eine reife Frucht des Reiches Gottes

Predigt bei der Heiligsprechung des seligen Rafał Kalinowski am 17. November

1. „Was willst du hier, Elija? Komm heraus, und stell dich auf den Berg vor den Herrn!" (*1 Kön* 19,9.11).
Der selige Rafał Kalinowski, den wir nach Fügung der Vorsehung heute voll Freude zum Heiligen der Kirche Christi erklären dürfen, gehört der uralten Überlieferung des Propheten Elija an. Diese Überlieferung, mit dem Berg Karmel im Heiligen Land verbunden und im Neuen Testament wiedergeboren, hat eine überreiche Ernte an kontemplativen Berufungen und zahlreiche Früchte besonderer Heiligkeit hervorgebracht.

Dieses Jahr ist für den Karmel ein Jubeljahr wegen des 400. Jahrestages des Todes des heiligen Kirchenlehrers Johannes vom Kreuz, der neben der hl. Teresa von Jesus, die ebenfalls von meinem Vorgänger Papst Paul VI. gemeinsam mit der hl. Katharina von Siena zur Kirchenlehrerin erklärt wurde, zur Erneuerung des karmelitanischen Lebens im männlichen und im weiblichen Zweig beigetragen hat.
Seit jenem Jahrhundert, dem Jahrhundert der hl. Teresa von Jesus und Johannes vom Kreuz, findet diese einmal an Elija gerichtete Aufforderung mit immer neuer Kraft in den Generationen der Söhne und Töchter des Karmels Widerhall.

2. Herzlich begrüße ich die Delegation der polnischen Regierung unter Führung des Präsidenten der Republik, Herrn Lech Walesa, sowie die litauische Delegation unter Führung von Herrn Vytautas Landsbergis, dem Präsidenten des Staatsrates der Republik Litauen.
Liebe Brüder, die ihr aus dem nun freien Litauen gekommen seid, euch allen, den Bischöfen, Priestern und Laiengläubigen, entbiete ich mein herzliches Willkommen und segne von Herzen eure liebe Nation.
Ich grüße auch den Primas von Polen gemeinsam mit den anderen Kardinälen und Brüdern im Bischofsamt, die aus Polen, Litauen, Rußland, Weißrußland und der Ukraine gekommen sind. Ein herzliches Willkommen gilt ferner allen Pilgern aus Korea, Frankreich, Belgien, Holland, Spanien, Österreich, Deutschland, Ungarn, Malta, den Vereinigten Staaten von Amerika und Italien.

3. „Komm heraus, und stell dich auf den Berg vor den Herrn!"
Als Rafał, in der Welt Józef Kalinowski genannt, diesen Ruf hörte, hatte er bereits einen langen und schwierigen Lebensweg hinter sich, einen „Weg durch Qualen", wie es bei Elija der Fall war. Bevor er ausrufen konnte: „Mit leidenschaftlichem Eifer bin ich für den Herrn, den Gott der Heere, eingetreten" (*1 Kön* 19,10.14), hatte er schon mit großem Eifer und Opfermut geantwortet und sein Leben auf dem Altar seines irdischen Vaterlandes, seines gequälten Volkes, dargebracht.
Der polnische Aufstand des Jahres 1863 gegen die Macht des Zaren, der die Landsleute unterdrückte, wurde von vielen als hoffnungsloser Kampf betrachtet, ohne die Möglichkeit eines Sieges. Doch einige sind vor einer heroischen Entscheidung nicht zurückgeschreckt. Unter ihnen war der Militäringenieur Józef Kalinowski, der sagte: „Das Vaterland braucht Schweiß, kein Blut." Als er aber sah, wie die anderen zum Kampf bereit waren, fühlte auch er sich verpflichtet, sein Leben einzusetzen.
Er schloß sich tatsächlich der Revolution an und beteiligte sich sogar an der Gegenregierung mit Sitz in Vilnius.
Festgenommen, zum Tode verurteilt, wurde seine Strafe später in Zwangsarbeit in Sibirien umgewandelt. Bevor er also den Weg seiner Berufung zum Leben auf dem Karmel beginnen konnte, wo er sich der Erfahrung der „dunklen Nacht" des Glaubens, der Hoffnung und der Liebe zu Gott näherte, hat ihn Christus durch die „dunkle Nacht" der Liebe zu seinem irdischen Vaterland geführt.

Zehn Jahre später aus Sibirien zurückgekehrt, widmete er sich der Erziehung des Fürsten August Czartoryski, später Salesianer und heute ehrwürdiger Diener Gottes.

4. „Komm heraus, und stell dich auf den Berg vor den Herrn!"
Als er das Leben im Karmel begann, hatte er bereits 42 Lebensjahre vollendet. In der schweigenden und andächtigen Betrachtung liegt eine andere „Bewegung". Die Bewegung, von der der hl. Paulus spricht: „Ich vergesse, was hinter mir liegt, und strecke mich nach dem aus, was vor mir ist. Das Ziel vor Augen, jage ich nach dem Siegespreis: der himmlischen Berufung, die Gott uns in Christus Jesus schenkt" (*Phil* 3,13-14).
Diese „Bewegung" des menschlichen Geistes, die Bewegung, die nach oben führt, ist von einer besonderen Kraft. Die Kraft der Entsagung, die die Quelle einer einzigartigen Schaffenskraft im Heiligen Geist ist. „Ja noch mehr: ich sehe alles als Verlust an, weil die Erkenntnis Christi Jesu, meines Herrn, alles übertrifft ... um Christus zu gewinnen und in ihm zu sein ... Christus will ich erkennen und die Macht seiner Auferstehung und die Gemeinschaft mit seinen Leiden ... Aber ich strebe danach, es [den Siegespreis] zu ergreifen, weil auch ich von Christus Jesus ergriffen worden bin" (*Phil* 3,8.10.12).
Zum Priester geweiht, begann Rafał Kalinowski mit der Arbeit im Weinberg des Herrn. Er war ein beliebter Beichtvater und Seelenführer. Er unterwies die Menschen in dem erhabenen Wissen von der Liebe zu Gott, zu Christus, zur Mutter Gottes, zur Kirche und zum Nächsten. Viele Stunden widmete er diesem demütigen Apostolat. Er war stets gesammelt, immer mit Gott vereint, ein Mann des Gebetes, gehorsam und immer bereit zum Verzicht, zum Fasten und zur Abtötung.

5. Der „von Christus ergriffene" Mensch. Ein Mann, dessen Geist nach all den bitteren Erfahrungen des voraufgegangenen Lebens - auch durch die Erfahrungen, die ihn viel haben leiden lassen - die volle Bedeutung der Worte Christi im Abendmahlssaal erkenne: „Wie mich der Vater geliebt hat, so habe auch ich euch geliebt ... Es gibt keine größere Liebe, als wenn einer sein Leben für seine Freunde hingibt" (*Joh* 15,9.13).

- Er gibt sein Leben hin ... für seine Landsleute und eine große gemeinsame Sache. „Er liebte sein irdisches Vaterland derart, daß er um seinetwillen sich dem Tod aussetzte", wie ich bereits am 15. November 1966 in Czerna an seinem Grab Gelegenheit hatte zu sagen.
- Er gibt sein Leben hin ... „aus Liebe zur ewigen Heimat" - wie ich am gleichen Ort sagte - durch ein Leben im Geist des Karmel, um noch mehr wie Christus lieben zu können, indem er sein Freund wird: „Ihr seid meine Freunde" (*Joh* 15,14).
- Er gibt sein Leben hin ... für die anderen in der Entfaltung des priesterlichen Dienstes, indem er sie alle zur Vollkommenheit, zur Heiligkeit antreibt. Dieser Dienst wird zu Gebet und Arbeit und will so charakteristische „Eigenschaft der anderen" sein.
- Er gibt sein Leben hin ... für die Einheit der Kirche. Er brennt von dem Verlangen, die orthodoxen Brüder in dem Schoß der einen Familie vereint zu sehen,

erfüllt vom Vertrauen auf die Fürsprache der so sehr von ihnen verehrten Allerheiligsten Jungfrau.

6. Erfreue Dich, Geburtsstadt des Heiligen, an Deinem Heiligtum von „Ostra Brama”. Freue Dich, Vilnius! Freue Dich, irdisches Vaterland von Pater Rafał Kalinowski.
Siehe, es steigt empor zu den Ehren der Altäre Dein Sohn, der als zweiter nach Bruder Albert Chmielowski ebenso am nationalen Aufstand von 1863 teilnimmt und der heute zum Heiligen der Kirche Christi erklärt wird.
Freue Dich, Familie des Karmel, die geistige Heimat von Pater Rafał, freue Dich im Jahr Deines Jubiläums!
Die Heiligen sind eine reife Frucht des Gottesreiches auf der Erde. In ihnen verwirklicht sich in besonderer Weise die Erwählung durch Christus: „Nicht ihr habt mich erwählt, sondern ich habe euch erwählt und dazu bestimmt, daß ihr euch aufmacht und Frucht bringt und daß eure Frucht bleibt” (*Joh* 15,16).
- damit Deine Frucht bleibt, Pater Rafał!
Freue Dich, Mutter Polonia! Freue Dich, Litauen!
Freue Dich, Mutter Gottes, Mutter des Karmel!
Freue Dich, Mutter Gottes, Königin von Polen! Mutter der Kirche, Mutter aller Völker! Amen.

Die Zukunft planen nach der Ordnung Gottes

Ansprache an die Päpstliche Akademie der Wissenschaften am 22. November

Meine Damen und Herren!

1. Ich heiße jeden einzelnen von Ihnen herzlich willkommen. Ich begrüße Sie und danke Ihnen, daß Sie die Einladung der Päpstlichen Akademie der Wissenschaften zur Teilnahme an der wissenschaftlichen Diskussion eines Problems angenommen habt, das die Gesellschaft von heute sehr beunruhigt, nämlich das Verhältnis zwischen dem beschleunigten Wachstum der Weltbevölkerung und der Verfügbarkeit von Bodenschätzen.
Der enge Zusammenhang zwischen den Gütern der Welt und ihren Bewohnern muß beurteilt werden, wie ihr es passend getan habt, auch unter Berücksichtigung der derzeitigen Ungleichgewichte in der demographischen Verteilung, bei den Bevölkerungswanderungen sowie bei der Aufteilung und beim Verbrauch der Güter.
Das Anwachsen sowohl der Bevölkerung als auch der verfügbaren Güter variiert von Ort zu Ort so sehr, daß verschiedene Teile der Welt heute gegensätzliche Trends erleben oder erleben werden.
Die Daten, die aus Ihren Untersuchungen und Diskussionen sich ergeben, werden daher wichtig und für den Hl. Stuhl recht nützlich sein bei der Formulierung und Klärung entsprechender Leitlinien und Empfehlungen - immer in Übereinstimmung mit seiner besonderen Sendung und Verantwortung. Die Unabhängigkeit und wis-

senschaftliche Qualität der Akademie macht es ihr möglich, der Kirche einen wertvollen Dienst zu leisten. Die Kirche ihrerseits kann wiederum die Analyse, die die Akademie mit den zutreffenden Daten durchführt, im Bereich ihrer eigenen Zuständigkeit und Autonomie verwenden, um ein sorgfältig abgewogenes Urteil religiöser und ethischer Natur zu formulieren.

2. Obwohl der Ausgangspunkt Ihrer Forschung die derzeitige Weltlage ist, haben Sie sich mit Recht dafür entschieden, auch einen Blick auf die Vergangenheit zu werfen. Sie haben die Ursachen herausgestellt, die zum gegenwärtigen Zustand der Erde und zu einem erheblichen Anwachsen der Weltbevölkerung in den letzten Jahrzehnten geführt haben. Dann haben Sie in die Zukunft geblickt, um einige Perspektiven zu zeichnen, die vor allem dem Zusammenhang zwischen der Dynamik der Demographie und der Dynamik der verfügbaren Güter, zumal im Hinblick auf ihre Auswirkung auf die Umwelt, Rechnung tragen.
Es ist eine wohlbekannte Tatsache, daß die Verfügbarkeit von Gütern durch verschiedene soziale, wirtschaftliche und politische Faktoren behindert wird, so daß einige befürchten, es würde sogar so weit kommen, daß es unmöglich wird, die gesamte Weltbevölkerung mit Nahrung zu versorgen. Wichtig ist aber, sich nicht von Furcht leiten zu lassen; notwendig ist vielmehr eine sorgfältige Auswertung der verschiedenen Aspekte des Problems.

3. Eine Analyse der verschiedenen Situationen weist auf eine zunehmende Änderung hin, nicht nur bei den grundlegenden Naturschätzen, sondern besonders bei jenen Stoffen, die der Mensch nutzen kann, wenn er seine Intelligenz, seinen Unternehmungsgeist und seine Arbeit einsetzt. Die Wissenschaft und ihre entsprechenden Anwendungsgebiete haben neue Rohstoffe zur Verfügung gestellt und versprechen auch alternative Formen der Energie. Aber die wissenschaftlichen Forschungszentren sind nicht gleichmäßig verteilt, und die Ausbreitung von Wissen und Technologien wird durch verschiedene Faktoren behindert und zuweilen verlangsamt, so daß es schwierig wird, internationale Solidarität zu üben. Und doch ist diese Solidarität die grundlegende Voraussetzung für eine volle und ausgewogene Entwicklung.
Wir stehen dann vor einem Problem der Organisation der Gesellschaft und damit auch vor einem politischen Problem. Verschiedene Aspekte des Lebens in der Gesellschaft kommen hier zur Geltung, von den Rechten der Familie bis zur Regelung des Bodeneigentums, vom sozialen Wohlergehen bis zur Organisation der Arbeit, von der öffentlichen Ordnung bis zu Wegen, wie man einen Konsens in der Gesellschaft herbeiführt.
Die menschliche Gesellschaft ist an erster Stelle und vor allem eine Gesellschaft von Personen, deren unveräußerliche Rechte immer zu achten sind. Keine politische Autorität, ob national oder international, darf eine Politik vorschlagen und erst recht nicht aufzwingen, die im Widerspruch zum Wohl der Personen und der Familien steht (vgl. *Gaudium et spes*, Nrn. 25-26; *Dignitatis humanae*, Nr. 3).

4. Weit verbreitet ist die Meinung, die Bevölkerungskontrolle sei die leichteste Methode zur Lösung des Grundproblem angesichts der Tatsache, daß eine weltweite Neuorganisation der Produktionsabläufe und der neuen Verteilung der Rohstoffe enorm viel Zeit kosten und unmittelbar zu wirtschaftlichen Schwierigkeiten führen würde.
Die Kirche ist sich der Komplexität des Problems bewußt, das unverzüglich angegangen werden muß. Doch sind dabei auch die unterschiedlichen regionalen Situationen zu berücksichtigen, von denen einige das genaue Gegenteil der anderen sind: einige Länder verzeichnen ein massives Bevölkerungswachstum, während andere vor einer schwindenden und alternden Bevölkerung stehen. Und oft sind gerade Länder der letzteren Gruppe mit ihrem hohen Lebensstandard für die Umweltverschmutzung am meisten verantwortlich.
Die Dringlichkeit der Situation darf nicht zum Vorschlag von irrigen Eingriffen führen. Wer Methoden anwendet, die nicht der wahren Natur des Menschen entsprechen, verursacht am Ende tragisches Leid. Aus diesem Grund hält die Kirche als „Expertin in Menschlichkeit" (vgl. Paul VI.) an dem Grundsatz verantwortlicher Elternschaft fest und sieht es als ihre Hauptpflicht an, die Aufmerksamkeit mit Nachdruck auf die Moral der angewandten Methoden zu richten. Diese müssen immer die Person und die unveräußerlichen Personenrechte achten.

5. Das Wachsen oder die erzwungene Verminderung der Bevölkerung ist zum Teil das Ergebnis von Lücken in den sozialen Einrichtungen. Umweltschädigung und der wachsende Mangel an Naturschätzen sind oft das Ergebnis menschlicher Irrtümer. Trotz der Tatsache, daß die Welt genug Nahrung für jeden produziert, leiden Hunderte von Millionen Menschen Hunger, während anderswo enorme Nahrungsmengen vernichtet werden.
Angesichts dieser vielen und unterschiedlichen menschlichen Fehlhaltungen ist es notwendig, vor allem die Menschen anzusprechen, die dafür verantwortlich sind.

6. Dem Bevölkerungswachstum darf nicht nur mit der Ausübung verantwortlicher Elternschaft begegnet werden, die das göttliche Gesetz achtet, sondern auch mit wirtschaftlichen Mitteln, die auf soziale Institutionen weitreichende Auswirkungen haben. Zumal in den Entwicklungsländern, wo junge Menschen einen hohen Prozentsatz der Bevölkerung ausmachen, ist es notwendig, dem schweren Mangel an angemessenen Strukturen abzuhelfen, um die Erziehung und Ausbreitung von Kultur und Berufsausbildung sicherzustellen. Auch die Situation der Frau muß verbessert werden, denn das ist ein integraler Teil der Modernisierung der Gesellschaft.
Dank des Fortschritts der Medizin, die die Kindersterblichkeit vermindert, die Lebenserwartung dagegen gesteigert hat, dank auch der Entwicklung der Technik hat ein wirklicher Wandel der Lebensverhältnisse stattgefunden. Diese neuen Verhältnisse dürfen aber nicht nur mit wissenschaftlichen Erwägungen aufgebaut werden, wichtiger ist der Rückgriff auf alle verfügbaren intellektuellen und geistigen Energien. Die Menschen müssen die moralische Bedeutung der Einhaltung von Grenzen neu entdecken; sie müssen wachsen und reifen in ihrem Verantwortungs-

bewußtsein gegenüber jedem Aspekt des Lebens (vgl. *Mater et Magistra*, Nr. 195; *Humanae vitae*; *Gaudium et spes*, Nrn. 51-52).
Tut sie keine Schritte in dieser Richtung, so könnte die Menschheitsfamilie sehr wohl zum Opfer einer verheerenden Tyrannei werden, die einen Grundaspekt dessen verletzt, was Menschsein heißt, nämlich neuen Menschen das Leben zu schenken und sie zur Reife zu führen.
Die staatlichen Obrigkeiten sind im Bereich ihrer gesetzmäßigen Zuständigkeit dafür verantwortlich, Gesetze zu erlassen, die die Geburtenbeschränkung und die Achtung vor der freien und persönlichen Übernahme von Verantwortung durch einzelne miteinander ausgleichen (vgl. *Gaudium et spes*, Nr. 87; *Populorum progressio*, Nr. 47). Ein politisches Programm, das die Natur der menschlichen Person achtet, kann demographische Entwicklungen beeinflussen, es sollte aber von einer Neuverteilung wirtschaftlicher Güter unter den Bürgern begleitet sein. Sonst geraten solche Verfügungen in Gefahr, die schwersten Lasten den ärmsten und schwächsten Gesellschaftsgruppen aufzubürden und damit Unrecht auf Unrecht zu häufen.
Der Mensch, „das einzige Wesen auf Erden, das Gott um seiner selbst willen gewollt hat" (vgl. *Gaudium et spes*, Nr. 24), ist Träger grundlegender Rechte und Pflichten, die jenen vorausgehen, die sich vom sozialen und politischen Leben herleiten (vgl. *Pacem in terris*, Nrn. 5, 35). Die Person des Menschen ist „Wurzelgrund, Träger und Ziel aller gesellschaftlichen Institutionen" (*Gaudium et spes*, Nr. 25), und aus diesem Grunde müssen die Autoritäten die Grenzen ihrer eigenen Zuständigkeit beachten. Die Kirche lädt ihrerseits die Menschheitsfamilie ein, ihre Zukunft zu planen, aber nicht nur von materiellen Anliegen ausgehend, sondern vor allem von der Achtung vor der Ordnung bestimmt, die Gott in die Schöpfung hineingelegt hat.

7. Wir alle haben deutliche Pflichten gegenüber den künftigen Generationen: dies ist eine wesentliche Dimension des Problems, und es treibt uns an, unsere Vorschläge auf solide Voraussagen zum Bevölkerungswachstum und zur Verfügbarkeit von Gütern zu gründen.
Die Erhaltung der Erdengüter setzt ein friedliches Zusammenleben voraus, da, wie allgemein erkannt wird, Kriege zu den schlimmsten Ursachen für Umweltschäden gehören. Friedliches Zusammenleben setzt seinerseits Solidarität voraus, die wieder das Ergebnis einer hochstehenden moralischen Gesinnung ist. Die Grundtugenden des sozialen Lebens bilden ein günstiges Klima für weltweite Solidarität, wozu ich mich in meiner Enzyklika *Sollicitudo rei socialis* geäußert habe (vgl. Nrn. 39-40). Die Lösung der Fragen, mit denen Sie sich beschäftigen, hängt hauptsächlich von der Solidarität ab.

8. In diesem Zusammenhang braucht es ein nachdrückliches Eintreten für institutionelle Reformen, ein Eintreten, das das Niveau der intellektuellen und persönlichen Reife durch ein befriedigendes Erziehungssystem heben will. Es muß ferner auf eine Verstärkung des Unternehmungsgeistes und die Schaffung von Arbeitsplätzen durch angemessene Investitionen hinzielen. Die von Industrie und Industrieprodukten ver-

ursachte Umweltzerstörung muß nach genauen Plänen und Vorgehensweisen, auch auf internationaler Ebene, vermindert werden. Heute ist ein radikaler Wandel des jetzigen Standes der Dinge gefordert. Diese Reform muß eine persönliche Erneuerung zur Grundlage haben (vgl. *Gaudium et spes*, Nr. 24). Auf dem Gebiet der Erziehung und noch mehr auf dem der umfassenden echten persönlichen Entwicklung der Einzelnen muß etwas geschehen. Das kann durch Anleitung der Menschen zum Bewußtwerden der Werte erfolgen, die dem Menschen eigen sind, um so eine Gesellschaft aufzubauen, in der sie aktiv mitarbeiten und die bessere Lebensverhältnisse für die ganze Menschheit bietet. Dies ist ganz gewiß keine leichte Aufgabe. Es ist an erster Stelle eine Aufgabe für die Familie, die Urzelle der Gesellschaft. Die Familie gewinnt moralische Festigkeit durch das Verantwortungsbewußtsein der Eltern, wovon das Konzil gesprochen hat (vgl. *ebd.*, Nr. 51) und wozu auch eine ausgewogene Haltung zur Weitergabe des Lebens gehört, eine Haltung, die eine Gesellschaft im Zeichen der Einheit und Liebe aufbauen möchte.

9. Es ist dringend, an das Verantwortungsbewußtsein jedes einzelnen und ebenso an die Solidarität aller zu appellieren.
Die Dynamik des Bevölkerungswachstums, die Komplexität der Entdeckung und Verteilung von Gütern und ihre wechselseitige Verknüpfung mitsamt den Folgen für die Umwelt stellt eine langfristige und anspruchsvolle Aufgabe dar. Nur durch eine neue und strengere Lebensweise, die von der Achtung vor der Würde der Person herkommt, kann die Menschheit dieser Herausforderung angemessen begegnen (vgl. *Dignitatis humanae*, Nr. 3).
Kurz, wir brauchen einen neuen Lebensstil, der sich auf dem Weg des echten Humanismus ausbreitet und daher imstande sein wird, staatliche Autoritäten davon abzuhalten, Lösungen vorzuschlagen und zu legalisieren, die zum wahren und bleibenden Gemeinwohl in Gegensatz stehen. Ein Lebensstil, der die wirklichen Interessen des einzelnen bedenkt, wird mithelfen, eine Welt aufzubauen, in der die Liebe zum Nächsten als allgemeine Regel und Norm gilt.
Meine Damen und Herren, ich danke Ihnen sehr für den wissenschaftlichen Beitrag, den Sie in diesen Tagen zum besseren Verständnis dieser dringenden Themen geleistet haben. Mit diesen Gedanken rufe ich auf jeden von Ihnen den Schutz Gottes herab und grüße Sie erneut von ganzem Herzen.

Kirche in vorderster Front

Ansprache an die Sizilianische Bischofskonferenz am 22. November

Herr Kardinal,
ehrwürdige Brüder im Bischofsamt!

1. Es ist für mich eine große Freude, euch heute, zum Abschluß der persönlichen Begegnungen zu empfangen, die ich mit einem jeden von euch gehabt habe. Ich begrüße euch mit brüderlicher Herzlichkeit und danke dem Herrn für die vollkom-

mene Gemeinschaft, die euch und eure Ortskirchen an den Nachfolger Christi bindet.
Ich danke Kardinal Salvatore Pappalardo dafür, daß er eure Gefühle zum Ausdruck gebracht und mir die Hoffnung und Schwierigkeiten, die Pläne und Erwartungen eurer kirchlichen Gemeinschaften beschrieben hat. Ich möchte diese Gelegenheit nutzen, um mich allen liebevoll in Erinnerung zu rufen: den Priestern und Ordensleuten, den in den apostolischen Gemeinschaften und Bewegungen tätigen Laien und dem ganzen christlichen Volk Siziliens, an das ich voller Hochachtung und Zuneigung denke.

2. Vor ungefähr einem Monat, am 17. Oktober, habt ihr unter Beteiligung des Sekretariats der Kongregation für die Bischöfe den hundertsten Jahrestag der Sizilianischen Bischofskonferenz gefeiert; eine lange und fruchtbare Erfahrung der Gemeinschaft und der Mitverantwortung, die euren Diözesen geholfen hat, alle Kräfte für den Dienst der Evangelisierung zu sammeln.
Im Laufe der Jahre haben sich die regionalen Bischofskonferenzen, was ich mehrmals in Erinnerung gerufen habe, als vorrangiges Mittel der Gemeinschaft und als geeignetes Organ des Bischofskollegiums erwiesen. Auch eure Insel hat trotz der besonderen Vielfalt der Einzeldiözesen gewiß Situationen und Probleme zu verzeichnen, die eine einstimmige pastorale Tätigkeit erfordern, um „in der Einheit und in der Liebe eine gewisse nicht recht verstandene Selbständigkeit zu überwinden, die sich im Lichte der Tatsachen als unnütz oder nicht ausreichend erweisen kann" (*Ansprache an die Bischöfe Kampaniens*, 21.11.81). Eine solche Zusammenarbeit geht über den Druck des „unmittelbaren Ortsbedarfs" hinaus und will eine Gesamtprogrammierung fördern. Es ist mir ein Trost zu hören, daß dies eure Erfahrung, daß dies der Einsatz eurer Bischofskonferenz ist. Seit der Feier des Ersten Regionalen Kirchentreffens im Jahre 1985 leben eure Kirchen in einem Zustand „ständiger Zusammenkunft", der geprägt ist von dem Willen, die Erfahrungen miteinander zu teilen, nutzbringende Pastoralpläne zu erstellen, die auf regionaler Ebene aufkommenden Probleme zu analysieren und Richtlinien für eine gemeinsame Tätigkeit auszuarbeiten.
Zeichen und Mittel für einen solchen Willen sind einmal die regionalen Treffen, die in diesen Jahren aufeinanderfolgten und aktuellen Themen galten, wie z. B. dem Priesteramt, dem geistlichen Leben und der Jugendpastoral; zum zweiten die Zusammenkünfte der verschiedenen Pastoralbereiche: der Familie, der Katechese, der geistlichen Berufe, der Migrationsbewegung und der sozialen und karitativen Probleme.
Ihr wollt gemeinsam vorgehen, um das unter dem Leitwort: „Dasein, um zu dienen" zusammengefaßte Pastoralprogramm zu verwirklichen, dessen Ziel eine neue Evangelisierung Siziliens ist.

3. Ehrwürdige Brüder im Bischofsamt, geht weiter auf diesem Weg in voller Gemeinschaft miteinander und mit den Priestern, den Ordensmännern und -frauen und mit allen Gliedern des Gottesvolkes. Schafft Einheit in Wahrheit und Liebe. Ihr

könnt so gemeinsam auf die großen Herausforderungen antworten, denen die Welt und insbesondere eure Region heute gegenübersteht; darunter nennt ihr selbst die wachsende Beschäftigungskrise, das Phänomen der Mafia und ihre Kriminalität sowie die politischen Schwierigkeiten, Sizilien auf den Weg zu einer echten Erneuerung und vollständigen Entwicklung zu führen.
So viele Frauen und Männer haben immer noch keine würdige Arbeit, und viele Jugendliche suchen mühevoll, zuweilen lange und vergebens, eine erste Beschäftigung.
Die Arbeitslosigkeit, die vor allem die Jugend betrifft, ist eines der schwerwiegendsten Probleme der neunziger Jahre.
Es muß etwas getan werden. Die verantwortlichen Politiker müssen als allererste ernsthaft dieses Phänomen angehen, das „eine Reihe von negativen Folgen auf individueller wie gesellschaftlicher Ebene hat, von der Abwertung der Person bis zum Verlust der Selbstachtung" (*Sollicitudo rei socialis*, Nr. 18); sie müssen es angehen in dem Bewußtsein, daß „im Inneren der einzelnen politischen Gemeinschaften ... hinsichtlich der Organisation der Arbeit und der Beschäftigung irgend etwas nicht funktioniert, und zwar gerade in den entscheidenden und sozial wichtigsten Punkten" (*Laborem exercens*, Nr. 18). Man kann nicht umhin, eure Ängste wegen der Ausbreitung der organisierten, von er Mafia gekennzeichneten Kriminalität zu teilen, die immer mehr Opfer und Verbrechen sät. Diese soziale Plage ist eine ernste Bedrohung nicht nur für die bürgerliche Gesellschaft, sondern auch für die Sendung der Kirche, da sie von innen her das ethische Bewußtsein und die christliche Kultur der sizilianischen Bevölkerung zerrüttet.
Im Laufe diese Jahre habt ihr angesichts der schweren Unruhen zu Recht eure Stimme als Hirten hören lassen, weil ihr um das Los der euch anvertrauten Herde besorgt seid.
Während die Gefahr der passiven Anpassung an die neue Situation wächst, spürt ihr deutlich die Notwendigkeit, die Ausbildung eines reifen christlichen Bewußtseins zu fördern, neuen Mut zu wecken, jede Form der Resignation zu bekämpfen und die Kultur des Lebens, der Liebe und der Vergebung zu fördern. Ihr fühlt euch gerufen, den guten Willen so vieler ehrlicher und fleißiger Menschen zu unterstützen, die täglich für die Gerechtigkeit und den Frieden arbeiten. Für dieses sizilianische Volk, das voller innerer Energien und Werte ist, muß die Kirche weiterhin, so wie bisher, ein sicherer Bezugspunkt sein.
Eure kirchlichen Gemeinschaften müssen darüberhinaus Orte und Mittel der Zusammenkunft all derer sein, die sich aktiv dem Dienst am Gemeinwohl widmen wollen.

4. Im Bewußtsein, daß Christus allein die endgültige Antwort auf die Fragen des Menschen gibt, habt ihr, ehrwürdige Brüder im Bischofsamt, die ihr der Eingebung des Heiligen Geistes folgt, ein großes und tiefgreifendes Werk der Neuevangelisierung beginnen wollen. Dies ist eure vorrangige Missionstätigkeit in den nächsten Jahren, die die Wiederentdeckung und das Wachstum eines Glaubens fördern will, der die Traditionen der Barmherzigkeit und der Frömmigkeit des Volkes sowie das

moralische und geistliche Erbe eurer Insel zu einer wahrhaft befreienden Kraft machen kann. Zu diesem Zweck habt ihr sie im Laufe der langen und wichtigen Vorbereitung dazu eingeladen, die eigene geistliche Lebenskraft zu überprüfen und im Alltag die Einheit des nach dem Evangelium ausgerichteten Lebens wiederherzustellen.
Ihr wollt auf diese Weise durch den Beitrag jedes einzelnen eine „neue Pastoral" entstehen lassen: eine Pastoral, die neu ist in ihrem Eifer, ihren Methoden und ihrem Ausdruck, damit den Menschen in Sizilien das Evangelium neu verkündet und ihre Kultur auf lebendige Weise bis hin zu den Wurzeln erreicht wird, indem die Frohbotschaft Christi sie wirkungsvoll durchdringt und durch ihre Kraft die Urteilskriterien, die bestimmenden Werte und die Lebensmodelle, die zum Wort Gottes und zum Heilsplan im Gegensatz stehen, umwandelt (vgl. Paul VI., *Evangelii nuntiandi*, Nr. 19).

5. Es geht hier um das Bemühen einer Erneuerung durch das Evangelium, die eine wahre innere Umkehr erfordert. Evangelisieren heißt, Jesus, den einzigen Erlöser des Menschen, mit Kraft zu verkünden und mit ihm sein wirksames Heilswerk, das für die ganze Menschheit bestimmt ist. Christus wandelt die Gläubigen um in den prophetischen Sauerteig einer Gesellschaft, die sich in der Wahrheit und der Liebe erneuert. Wenn ihr euch stets auf ihn beruft, wird er eure Gemeinschaften zu „Kirchen in vorderster Front" machen, die sich bereitwillig des Menschen annehmen, der lebt, leidet und stirbt, und die stets entschlossen sind, auf der Seite des Menschen zu stehen, auf dessen Antlitz das Bild des ewigen Schöpfers aufleuchtet.

6. Ein weites Tätigkeitsfeld erwartet euch, wartet auf euer Werk und den Beitrag jedes Gläubigen. Die Menschen in eurer Region brauchen viele eifrige und gut ausgebildete Priester und Ordensleute als frohe Zeugen des Himmelreiches; Männer und Frauen, begeisterte und hochherzige Pastoralarbeiter und Katechisten.
Ich weiß sehr wohl, daß das Problem der Berufe und der Ausbildung der Kandidaten für das Priesteramt eure erste Sorge ist.
Seid denen, die sich auf das Priestertum vorbereiten, Väter und Brüder, ermuntert sie durch euren Rat, helft ihnen mit eurem Gebet und eurer Freundschaft.
Was die Ausbildung derer, die zum Priesteramt berufen sind, und die pastorale Fortbildung der Priester sowie die Förderung von aktiven und bewußten katholischen Laien angeht, so sind die verschiedenen Theologischen Institute dieser Insel für euch eine wertvolle Hilfe.
Ihr erwartet euch vor allem von der Theologischen Fakultät Siziliens „San Giovanni Evangelista", der kürzlich das Theologische Studium „San Paolo" von Catania angegliedert worden ist, einen großen Beitrag. Ich selbst habe diese Fakultät vor zehn Jahren errichtet und wünsche, daß sie für die gesamte christliche Gemeinschaft Siziliens ein immer wichtigerer Bezugspunkt wird.

7. Ehrwürdige Brüder im Bischofsamt, möge die harte Arbeit eure Begeisterung niemals erlahmen lassen; seid vielmehr Apostel der Zuversicht und Hoffnung, indem

ihr den direkten Mitarbeitern und der ganzen Gemeinschaft eurer Region Vertrauen einflößt.
Mögen euch bei der ehrenvollen Mühe des Aufbaus des Gottesreiches die Heiligen Siziliens helfen, vor allem die, die ich zur Ehre der Altäre erheben konnte: die Seligen Maria Schininà, Giuseppe Benedetto Dusmet, Annibale Maria di Francia und Giacomo Cusmano, die Heiligen Eustachia Smeralda Calafato, Giordano Anzalone und Giuseppe Maria Tomasi di Lampedusa.
Möge euch die heilige Jungfrau schützen, die von eurem Volk mit besonderer und inniger Hingabe als „Odigitria", Gottesmutter und Mutter der Kirche, verehrt wird. Ihrem wachsamen und mütterlichen Schutz vertraue ich eure apostolischen Pläne sowie die materiellen und geistlichen Bedürfnisse der Diözese an, deren Hirten ihr seid.
Der Apostolische Segen, den ich euch und all denen erteile, die euch ganz besonders am Herzen liegen, begleite euch.

Die Sprache der Waffen verschafft sich mehr Gehör als die der Eintracht

Ansprache an den Generalsekretär der UNO, Javier Pérez de Cuéllar, am 23. November

Herr Generalsekretär!

Mit lebhafter Genugtuung empfange ich Sie, da Sie sich anschicken, zu einem vom Heiligen Stuhl organisierten Kongreß zu sprechen und eine Reise in mehrere europäische Hauptstädte zu unternehmen.
Es ist nicht das erste Mal, daß Sie mir einen Besuch abstatten, und ich möchte die Gelegenheit dieser neuen Begegnung wahrnehmen, um Sie erneut des Vertrauens zu versichern, das der Apostolische Stuhl der Organisation der Vereinten Nationen entgegenbringt sowie des aktiven Interesses und der Unterstützung, die er ihr im Rahmen seiner Zuständigkeiten erweisen möchte.
In Anbetracht der Tatsache, daß Ihr Auftrag als Generalsekretär in einigen Wochen zu Ende geht, möchte ich Ihnen meine hohe Wertschätzung aussprechen für die Arbeit, die Sie innerhalb der Organisation der Vereinten Nationen fast zehn Jahre hindurch in unermüdlichem persönlichem Einsatz für die großen Anliegen der Menschheit geleistet haben.
Unter Ihrer Führung hat die Organisation eine glückliche Entwicklung erfahren. Nach einer schwierigen Zeit der wirtschaftlichen Krise und vielfältiger Spannungen kann sie heute mit mehr Erfolgsaussichten an ihre Aufgabe herangehen. Sie hat sich bemüht, den großen Zielen zu dienen, die ihre Gründung nach zwei Weltkriegen bestimmt haben: den Frieden in Gerechtigkeit aufrechtzuerhalten, die Menschenrechte zu fördern und sich mit den Problemen zu befassen, die eine weltweite Dimension besitzen. Das ist einerseits durch eine bessere Koordinierung unter den

verschiedenen Instanzen, namentlich dem Generalsekretär und dem Sicherheitsrat, möglich geworden. Andererseits hat sich die Gesamtsituation in der Welt erheblich gewandelt: Verbindungen von mächtigen Interessen und bis dahin unüberwindlich scheinende Gegensätze zwischen Gruppen von Ländern haben nachgelassen oder gar einer neuen Zusammenarbeit Platz gemacht. In einem internationalen Kontext, der sich in den letzten Jahren weithin neu gestaltet hat, wird die Opportunität einer Reform der Institutionen oder Entscheidungsmechanismen gegenwärtig deutlicher empfunden, um die Interdependenz der Völker, ihrer Interessen und Verantwortungen immer besser zur Geltung zu bringen.

Sie, Herr Generalsekretär, werden als erster die Schwere der Probleme unterstreichen, die in vielen Regionen der Welt und auch auf Weltebene dringend angegangen werden müssen. Ich weiß, daß Sie sich mit sehr lobenswerter Beharrlichkeit dafür einsetzen, daß die Geißeln nicht in Vergessenheit geraten, die als wahre Plagen eine schrecklich große Zahl von Männern, Frauen und Kindern an der Schwelle zum dritten Jahrtausend heimsuchen: Armut, Analphabetismus, Krankheiten, Ausweitung des Drogenhandels, Ausdehnung der Kriminalität, Zerstörung der Umwelt, um nur einige besonders offensichtliche zu nennen.

Es ist Verdienst der Organisation, von Anfang an an erste Stelle die Definition, die Verteidigung und die Förderung der Menschenrechte gesetzt zu haben. Erhebliche Fortschritte sind seit der universalen Menschenrechtserklärung im Jahr 1948 erzielt worden und werden weiterhin erzielt. Man hat die Zusammenhänge zwischen den individuellen Rechten und den Rechten der kulturellen und geistlichen Gemeinschaften, der Völker und der Nationen vermehrt herausgestellt. Man versteht auch besser, daß man über einen gewissermaßen passiven Schutz hinaus allen Gliedern der Menschheitsfamilie gestatten muß, sich zu entfalten und Fortschritt zu verwirklichen. Man kann heute das vorrangige Thema der Entwicklung nicht angehen und dabei einzig auf der wirtschaftlichen Ebene bleiben, sondern man muß die Förderung der Erziehung, der Familie, der Kultur, der frei ausgeübten zivilen Verantwortung in die Perspektive einbeziehen - kurz, der ganze Mensch ist würdiges und verantwortliches Subjekt der Entwicklung. Sie wissen, wie sehr diese Sorgen die Kirche berühren, die die Soziallehre in diesem Sinn zu entwickeln sucht. Und ich danke Ihnen, daß Sie erst ganz kürzlich aus Anlaß der Hundertjahrfeier der Enzyklika *Rerum novarum* Ihr Interesse für die Soziallehre des Hl. Stuhls öffentlich bekundet haben.

Zahlreiche Initiativen der Vereinten Nationen sind im Lauf Ihrer beiden Mandate unternommen worden, um die Gewissen aufzurütteln, die Reflexion zu vertiefen und wirksame und koordinierte Maßnahmen herbeizuführen. Ich denke insbesondere an die nächsten Konferenzen, die für 1992 über Umwelt und Entwicklung und für 1994 über Bevölkerungsfragen einberufen sind. Der Hl. Stuhl möchte mit allen seinen Mitteln und gemäß seiner Sendung mit seiner Mitarbeit zu diesen gemeinsamen Aktionen beitragen. Er möchte auch die Gesichtspunkte zur Geltung bringen, die ihm für den Schutz der Würde der Einzelnen und der Völker wesentlich scheinen, in dem Wunsch, daß spezialisierte Organismen nicht soweit gehen, den Kredit der

Vereinten Nationen in Anspruch zu nehmen, um insbesondere auf demographischem Gebiet Politiken durchzusetzen, die der Freiheit und dem Verantwortungssinn der Menschen in allen Regionen der Welt Gewalt antun würden. Die Inspiration für eine internationale Aktion angesichts der Gesamtheit der aktuellen Probleme kann nur in der Grundidee der Vereinten Nationen bestehen: Dienst am Frieden und der Gerechtigkeit durch die Zusammenarbeit aller und eine bessere Verteilung der Güter der Erde.

Die Szene der Welt zeigt nicht nur Ungleichheiten in der Entwicklung oder in der Ausübung von Grundrechten; sie zeigt uns Tag für Tag eine schmerzliche Reihe von Konflikten auf fast allen Kontinenten. Die Sprache der Waffen verschafft sich mehr Gehör als die der Eintracht. Ganz in unserer Nähe zum Beispiel findet ein brudermörderischer und sinnloser Krieg statt, der ganze Volksgruppen in Unglück und Verzweiflung stürzt. Ich beziehe mich natürlich auf die Kampfhandlungen, die in Jugoslawien stattfinden. Die beunruhigende Anhäufung von Waffen führt unvermeidlich zu deren Gebrauch; das sehen wir nur allzuoft. Ich möchte indes die von den Vereinten Nationen geleisteten Anstrengungen, um auf dem Weg der Abrüstung voranzukommen, begrüßen und gutheißen in der Hoffnung, daß sie mit Überzeugung weiterverfolgt werden, damit die so bedrohlichen Arsenale nutzlos werden und man von dem lahmgelegten Wirtschaftspotential wie von den für so kritikwürdige Zwecke mobilisierten menschlichen Energien einen besseren Gebrauch macht.

Herr Generalsekretär, ich möchte hier den beharrlichen Einsatz würdigen, den Sie in diesen letzten Jahren persönlich geleistet haben, um zu einer Lösung von einigen der am schwersten beizulegenden Konflikten zu gelangen. Man hat Sie als Friedensstifter auf allen Kontinenten gesehen. So hat Ihr beharrliches und weises diplomatisches Wirken ein Feuereinstellungsabkommen erreicht, das dem Konflikt zwischen Iran und Irak ein Ende gesetzt hat. Namibia verdankt es Ihnen, endlich die Unabhängigkeit erreicht zu haben. Sie haben zu den Abkommen über Afghanistan beigetragen. Ihre Vermittlung hat befreiende Fortschritte in vielen, lange Zeit von mörderischen Konflikten zerrissenen Ländern Zentralamerikas ermöglicht. Sie haben nicht aufgehört, der besorgniserregenden Situation in Zypern Ihre Aufmerksamkeit zu widmen. Vor kurzem haben dank Ihrem geduldigen und diskreten Einsatz einige jahrelang im Nahen Osten festgehaltene Geiseln ihre Freiheit wiedererlangt. Zum gegenwärtigen Zeitpunkt begleiten die Vereinten Nationen das kambodschanische Volk auf dem Weg der Befriedung und des Wiederaufbaus. Ich kann nicht alle Bereiche erwähnen, in denen Sie bei einer positiven Aktion der Vereinten Nationen persönlich beteiligt waren wie z. B. bei der Evolution der Ost-West-Beziehungen. Für alles das mache ich mich zum Sprecher der Dankbarkeit der Völker, in deren Dienst Sie alle Ihre Fähigkeiten und ihre ganze Hingabe gestellt haben.

Mein innigster Wunsch ist, Exzellenz, daß Sie nach zehn Jahren internationaler Verantwortung die Genugtuung erleben, ihr Werk fortgesetzt zu sehen; zu sehen, daß die Impulse, die Sie gegeben haben, zu weiteren Fortschritten auf den zahlreichen Gebieten führen, die die Vereinten Nationen betreffen.

Ihnen, Herr Generalsekretär, Ihren Mitarbeitern und Ihren Angehörigen bringe ich meine besten Glückwünsche zum Ausdruck. Und ich bete zum Allmächtigen, daß er Ihnen stets seinen Beistand und seinen Segen gewähre.

Europa hat die Pflicht, Greueltaten anzuprangern

Ansprache an das internationale Treffen der Führer der Christdemokraten in Rom am 23. November

Exzellenzen,
meine Herren Präsidenten und Minister,
meine Damen und Herren!

1. Die Enzyklika *Rerum novarum* hat ein entscheidendes Engagement der katholischen Laien in der Gesellschaft hervorgerufen und inspiriert, das auf eine Besserung der Lebensbedingungen des Industrieproletariats und der Armen im allgemeinen abzielte. Zum intensiven karitativen Wirken, das in der Kirche immer einen wichtigen Platz eingenommen hat, kam am Ende des vorigen und zu Beginn dieses Jahrhunderts ein Gefüge kühner Initiativen im gesellschaftlichen und politischen Bereich hinzu, die zur Gründung von Gewerkschaften und Parteien führten, deren Ziel es war, die christlichen Prinzipien mit demokratischen Methoden auf die Gesellschaftsordnung anzuwenden. In diesem Rahmen entstanden und entwickelten sich in mehreren europäischen, außereuropäischen und vor allem lateinamerikanischen Ländern die christlich-demokratischen Parteien.
Es ist daher höchst bedeutsam, daß sich anläßlich des 100. Jahrestages der Veröffentlichung der Enzyklika *Rerum novarum* die wichtigsten führenden Persönlichkeiten und die Verantwortlichen dieser Parteien in Rom zusammengefunden haben, um des genannten Ereignisses zu gedenken und gleichzeitig über ihr Engagement im Dienst ihrer Nationen und der gesamten Menschheit im Licht der christlichen Soziallehre nachzudenken.
Ich danke Herrn Arnaldo Forlani für die Worte, die er in Ihrer aller Namen ausgesprochen hat, und begrüße mit Hochachtung alle Persönlichkeiten; ihre Anwesenheit zu diesem Anlaß schätze ich sehr hoch. Besonders herzlich möchte ich jene Persönlichkeiten begrüßen, die sich zu anderen christlichen Konfessionen oder religiösen Traditionen bekennen, sich jedoch diesem Forum anschließen und den Gesichtspunkten der katholischen Kirche in bezug auf das soziale und politische Leben wohlwollende Aufmerksamkeit schenken.

2. Im Lauf der hundert Jahre, die uns von *Rerum novarum* trennen, wurden die Bande zwischen Demokratie und Christentum vertieft. Die Kirche vertritt die Meinung, daß der Rechtsstaat und die demokratischen Methoden, Konflikte durch Verhandlung, Dialog und Beteiligung aller zu lösen, wichtige Elemente zur Aufrechterhaltung und Ausübung der Menschenrechte in der heutigen Welt darstellen. Das Ende der totalitären Systeme bestätigt die Richtigkeit dieser Wahl. Dennoch muß

die Beziehung der Demokratie zum Christentum von jeder Generation und insbesondere in dieser Stunde neu überdacht werden.
Tatsächlich besteht heute die Gefahr, die Demokratie auf einen sittlichen Relativismus zu gründen, der jede Gewißheit hinsichtlich des Sinnes des menschlichen Lebens und seiner Würde sowie hinsichtlich der grundlegenden Rechte und Pflichten des Menschen verwischt. Wenn sich eine solche Mentalität breit macht, kommt es früher oder später zu einer sittlichen Krise der Demokratie. Der Relativismus verhindert die notwendige Unterscheidung zwischen den verschiedenen Erfordernissen, die an der Basis der Gesellschaft zutage treten, sowie die Unterscheidung zwischen Gut und Böse. Das Leben einer Gesellschaft beruht auf Entscheidungen, die notwendigerweise feste sittliche Überzeugungen voraussetzen. Wenn man zum Menschen kein Vertrauen mehr hat, verliert man das aus den Augen, was den Adel der Demokratie ausmacht; sie läßt denn Raum für verschiedene Formen der Korruption und des Mißbrauchs ihrer Institutionen. Den politisch engagierten Christen obliegt nun gerade die Verpflichtung, für die Erhaltung der Achtung vor dem Menschen - von Gott erschaffen und geliebt - zu kämpfen. Zum Unterschied davon, was oft behauptet wird, führt der wahre Glaube nicht notwendigerweise zu Fanatismus oder zur Verachtung gegensätzlicher Überzeugungen. Wir sind der Meinung, daß der Mensch dank seiner Vernunft und seines Willens und dank der Hilfe der göttlichen Gnade die Wahrheit und das Gute erreicht. Diese Auffassung bildet seine sichere Grundlage für die Demokratie.

3. Anläßlich des hundertjährigen Jubiläums der Enzyklika *Rerum novarum* wollte ich eben mit der Enzyklika *Centesimus annus* dieses Jubiläum feierlich begehen und den Lehren meines großen Vorgängers Leo XIII. neue Aktualität verleihen. Ich habe die Grundlagen der Soziallehre der Kirche neu bestätigt, indem ich sie als Leitlinien für das konkrete Handeln vorlegte, während der Mensch sich an einer Wegkreuzung befindet, wo seinen großen Hoffnungen ernste und berechtigte Befürchtungen gegenüberstehen. Der Sozialstaat ist trotz aller Verdienste, die er sich dank seines solidarischen Eingehens auf die grundlegenden menschlichen Bedürfnisse erworben hat, überall in eine Krise geraten, und steigender Druck wird ausgeübt, um ihn abzubauen. Ich habe den Eindruck, daß die Unfähigkeit der Unterscheidung zwischen echter und vorgeblicher sozialer Not sowie sozialpolitische Entscheidungen diese Krise verursacht und dazu beigetragen haben, der Familie und den anderen Institutionen des „gesellschaftlichen Mittelbaus" jede Verantwortung abzunehmen, statt sie, was einem recht verstandenen Subsidiaritätsprinzip entsprechen würde, in den Mittelpunkt des gesellschaftlichen Lebens zu stellen. Gerade die Aufwertung der sozialen Rolle der Familie und der anderen Institutionen des gesellschaftlichen Mittelbaus kann gesunde Richtlinien für eine Reform des Sozialstaates in sich schließen, eine Reform, welche die Wohltaten nicht in Frage stellt und gleichzeitig zur Überwindung der heutigen Entfremdung beiträgt, indem sie menschlichere Lebensweisen schafft. Man entdeckt ja seinen Lebenszweck tatsächlich dank der Erfahrung echter, zwischenmenschlicher Liebe in der Familie und dann in den verschiedenen Gemeinschaften, in welche die Gesellschaft gegliedert ist.

Die Kirche hat stets den Menschen als das erste Subjekt der Wirtschaftsordnung betrachtet. Der Wohlstand der Nationen hängt ja von seinen Initiativen und seiner Kreativität ab, und die Freiheit im wirtschaftlichen Bereich ist eine notwendige Voraussetzung für die Freiheit der Gesellschaft überhaupt. Dennoch läßt sich die menschliche Freiheit als Ganzes nicht auf die wirtschaftliche Freiheit zurückführen. Es gibt grundlegende menschliche Bedürfnisse, denen der Markt nicht gerecht werden kann und die daher im Namen der menschlichen Solidarität befriedigt werden müssen, da sie ein fundamentales Recht darstellen. Wir denken hier an die Notwendigkeiten der Alten, der Kinder, der Frauen und all jener, die vorübergehend oder dauernd nicht in der Lage sind, für sich selbst zu sorgen. Wenn der Markt ein Grundelement der freien menschlichen Gesellschaft ist, dann ist die Solidarität ein zweites. Darüber hinaus gibt es menschliche Bedürfnisse, die nicht Gegenstand wirtschaftlicher Transaktionen sein können und es auch nicht sein dürfen; nämlich die Güter des Geistes, deren Fehlen den Menschen der Freiheit beraubt, er selbst zu sein. Die menschliche Gesellschaft kann nicht auf den Bereich der Produktion und des Austausches wirtschaftlicher Güter beschränkt werden. Die wahre Dimension des gesellschaftlichen Lebens gehört nicht der wirtschaftlichen, sondern der sittlichen Ordnung an.

4. Während dieser letzten Jahre haben erstaunliche Umwälzungen in den Ländern des Ostens und der Zusammenbruch des Kommunismus die Welt gekennzeichnet. Auf diese Weise wurde die Aufmerksamkeit der öffentlichen Meinung und der Politiker oft von den südlichen Ländern abgelenkt, wo jedoch die Nöte und Leiden unzähliger Menschen anwachsen. Ich hatte oft Gelegenheit, an die Reichen und Mächtigen dieser Erde, an die Völker der sogenannten Ersten Welt Aufrufe zu richten: Es ist unmöglich, mitten in einem Meer von Leiden auf einer Insel des Überflusses zu leben. Energische und mutige Maßnahmen sind zu einer dringenden Forderung geworden, wobei insbesondere die erheblichen Mittel herangezogen werden müssen, die durch die Beendigung des Wettrüstens freigestellt werden. Die erste Verantwortung für die Entwicklung ruht freilich auf den Völkern, die sich selbst organisieren müssen. Ihre Regierungen sind verpflichtet, die entsprechenden Maßnahmen zu ergreifen, um die ihren Völkern eigenen Fähigkeiten zu Initiative und Arbeit möglichst weitgehend zu fördern. Es stimmt jedoch, daß sie auf diesem Weg noch der echten Solidarität der reicheren Völker bedürfen, damit sie in die Lage versetzt werden, mit gleicher Würde ihren Platz auf dem Weltmarkt einzunehmen. Sie werden so auf korrekte und loyale Weise den Wettbewerb mit anderen Systemen und Wirtschaftsordnungen aufnehmen. Nur rechtzeitig ergriffene, kohärente und weise Maßnahmen können verhindern, daß die Armut, in der unzählige Menschen leben, blutige Konflikte und ausgedehnte Emigrationen hervorruft, die sowohl für die Aufnahme- als auch für die Ursprungsländer ernste Probleme mit sich bringen und größtes Leid verursachen. Das Erwachen der Nationalitäten ist ein charakteristisches Merkmal unserer Zeit. Vom Kommunismus in Mittel- und Osteuropa unterdrückte Völker beanspruchen ihr Recht auf nationale Autonomie. Ihre Entscheidungen verdienen es, berücksichtigt zu werden. Was die Kirche betrifft, so

verteidigt sie die Rechte der Nationen und war oft für sie ein sicherer Rückhalt, werden doch die Menschenrechte erst innerhalb der natürlichen Gemeinschaften wirksam, in denen sich das Leben abspielt. Es gibt jedoch noch eine andere Gesellschaft, der gegenüber die ganze Menschheit mit ihren verschiedenen geographischen und kulturellen Elementen verantwortlich ist. Die Nationen müssen lernen, in gegenseitiger Achtung zusammenzuleben, indem sie sich in vielen Fällen auf gemeinsame Rechtsstrukturen übernationalen Charakters auf kontinentaler oder sogar weltweiter Ebene stützen. Diese Institutionen sind heute besonders notwendig, um der Gewaltanwendung als Mittel zur Lösung von Konflikten Einhalt zu gebieten und auch, um die wirtschaftliche Zusammenarbeit und die Entwicklung zu organisieren.
Anläßlich dieser Begegnung möchte ich erneut meine Stimme erheben, um für die Völker Jugoslawiens, insbesondere für das besonders leidgeprüfte kroatische Volk, Frieden und Gerechtigkeit zu fordern. Europa hat die Gewissenspflicht, eindeutig die Greueltaten anzuprangern, die sich derzeit in unserer Nähe abspielen und einer wehrlosen Bevölkerung angetan werden. Es ist Pflicht, sie anzuprangern, wer immer sie auch begeht. Europa muß diesem Konflikt ein Ende bereiten und sich fähig erweisen, allen Völkern des Erdteils die Bedingungen für eine freie Entwicklung zu gewährleisten, wie sie seiner Geschichte und seiner Traditionen würdig sind. Möge Gott verhindern, daß angesichts dieses Problems die Untätigkeit oder der Mißerfolg der internationalen Gemeinschaft den Ausbruch anderer, noch ernsterer Konflikte fördern!

5. Im Licht der Probleme, Schwierigkeiten und Möglichkeiten unserer Zeit, die ich kurz angeführt habe, steht der Mensch neuerlich der Notwendigkeit gegenüber, sich für oder gegen die Wahrheit über sich selbst und über die Welt zu entscheiden. Diese Wahrheit schafft unablässig neue Bedingungen für die Begegnung zwischen der Freiheit des Menschen und der Gnade Gottes. Die Kirche erhellt den Ablauf der Geschichte, indem sie sich auf das wahre Bild vom Menschen stützt, das Gott in Christus geoffenbart hat, der sich gleichzeitig selbst offenbarte. In den Notwendigkeiten, den Wünschen, den Kämpfen, den Siegen und Niederlagen der Geschichte liest die Kirche immer den Plan Gottes, der weiterhin durch seinen Sohn Jesus Christus das Heil der Welt kundtut. Der Papst kann, indem er aus der Quelle dieser Wahrheit Gottes schöpft, Leitlinien für die Lenkung der Ereignisse der Welt vorschlagen, ohne jedoch jemals die den Laien eigenen Verantwortlichkeiten auf sich zu nehmen, die eben auf den Politikern und den Führern der Völker ruhen. Indem sie ihrer Pflicht nachkommt, die Wahrheit Christi zu verkünden, die für den ganzen Menschen gilt und den ganzen Menschen schon im Laufe seines irdischen Lebens umwandelt, bietet die Kirche den für die Regierung der Völker Verantwortlichen und auch allen anderen Menschen die Hilfe der ewigen Weisheit an.
Ihnen, die Sie in Ihren Ländern hohe Stellungen einnehmen, spreche ich meine besten Wünsche aus, damit Ihnen die Möglichkeit geschenkt werde, der Gesellschaft hochherzig und zum Wohl all Ihrer Landsleute zu dienen. Ich bitte Gott, er möge Sie mit seiner Gnade reich beschenken.

Drogen und Alkohol richten sich gegen das Leben

Ansprache an die Teilnehmer der internationalen Studientagung über Drogen und Alkoholismus am 23. November

1. Besonders gern bin ich ein weiteres Mal bei der internationalen Studientagung anwesend, die der Päpstliche Rat für die Pastoral im Krankendienst seit seiner Gründung alljährlich organisiert, um die Aufmerksamkeit der Christen und ganz allgemein die Aufmerksamkeit aller Menschen guten Willens auf zentrale Fragen zu lenken, welche die medizinische Wissenschaft, die Ethik und die Pastoral im Krankendienst betreffen.

Mein herzlicher Gruß gilt vor allem Kardinal Fiorenzo Angelini und seinen Mitarbeitern, denen diese Begegnung zu verdanken ist; er gilt darüber hinaus den verehrten Gästen aus den verschiedenen Nationen, den Wissenschaftlern, Forschern, Ärzten und Theologen, die an diesem wichtigen Symposium teilnehmen, das einem spezifischen Problem gewidmet ist. Es handelt sich dabei um ein Problem, das mit größter Dringlichkeit die Aufmerksamkeit der ganzen menschlichen Gesellschaft auf sich lenkt.

Drogen und Alkoholismus richten sich gegen das Leben. Diesem Thema sind ihre Reflexionen gewidmet. Sehr angebracht ist das paulinische Wort, das ihm vorangeht: „Contra spem in spem" [Eine Hoffnung gegen jede Hoffnung] (vgl. *Röm* 4,18), als wolle es gleichsam für jene, die nach dem Beispiel des Patriarchen Abraham vertrauensvoll den Verheißungen Gottes glauben, das Recht beanspruchen, nie die Hoffnung zu verlieren, auch dann nicht, wenn sie nach menschlichem Ermessen sinnlos und vergeblich erscheint. Drogenabhängigkeit und Alkoholismus sind aufgrund ihrer Schwere und ihrer verheerenden Verbreitung zwei Erscheinungen, die das Menschengeschlecht bedrohen, indem sie im Einzelmenschen, im familiären Milieu und in den gesellschaftlichen Strukturen die tiefsten Beweggründe der Hoffnung zerstören, einer Hoffnung, die, wenn sie diesen Namen verdienen soll, Hoffnung auf das Leben und Hoffnung des Lebens sein muß.

2. Bei näherer Betrachtung entdeckt man bald eine zweifache Verbindung zwischen diesen Erscheinungen und der Verzweiflung. Einerseits liegt dem Alkohol- und Drogenmißbrauch - sei es auch in der schmerzlichen Vielschichtigkeit der Ursachen und Situationen - für gewöhnlich eine existentielle Leere zugrunde, die auf das Fehlen von Werten und Vertrauen auf sich selbst, auf den anderen und auf das Leben im allgemeinen zurückzuführen ist. Andrerseits vertiefen und erweitern die Probleme, welche die Überwindung dieser Lage - ist man einmal in sie hineingeraten - mit sich bringt, die Verzweiflung, weshalb die Betroffenen, ihre Familien und ihre Umgebung dazu verleitet werden, zu resignieren und nachzugeben.

Im Lauf der Jahre haben Alkohol- und Drogenmißbrauch darüber hinaus auf unerwartete Weise zugenommen, so daß wir heute bedrohlichen und in aller Welt verzweigten sozialen Übeln gegenüberstehen, die von schwerwiegenden wirtschaftlichen und manchmal auch politischen Interessen gefördert werden. Während so

zahlreiche Menschenleben ihrer Vernichtung entgegengehen, überlassen sich die Beherrscher des Drogenmarktes einem anmaßenden und verschwenderischen Luxus. Menschlich gesehen, scheinen hier die Gründe zu verzweifeln [contra spem] überhandzunehmen, insbesondere in den Familien, die, weil von dieser traurigen Erscheinung unmittelbar betroffen und gezeichnet, sich ungenügend unterstützt und beschützt fühlen. Ich bin ihnen in Liebe nahe und teile ihren Schmerz; ich würde am liebsten mit jeder einzelnen zusammentreffen, um ihnen ein wenig vom Trost Christi (vgl. *2 Kor* 1,5) zu bringen und sie anzuspornen, gegen das Gefühl der Verlassenheit und die Versuchung zur Mutlosigkeit anzukämpfen.
Oft kommt mir, wenn ich an die Opfer des Drogen- und Alkoholmißbrauchs - hauptsächlich Jugendliche, obgleich unter ihnen auch die Zahl der Erwachsenen in beunruhigender Weise zunimmt - denke, der Mann aus dem Gleichnis des Evangeliums in den Sinn, der von Räubern überfallen, ausgeraubt und halbtot auf der Straße nach Jericho liegengelassen wurde (vgl. *Lk* 10,29-37). Auch bei den Opfern des Drogen- und Alkoholmißbrauchs, so will es mir scheinen, handelt es sich um Menschen „unterwegs", die etwas suchen, an das sie glauben können; sie fallen jedoch den Händlern des Todes in die Hände, die sie überfallen und ihnen eine falsche Freiheit und ein falsches Glückserwarten vortäuschen. So werden diese Männer und Frauen ihrer kostbarsten Werte beraubt, an Leib und Seele schwerstens verletzt, im Innersten ihres Gewissens vergewaltigt und in ihrer Menschenwürde beleidigt. Ja, in solchen Lagen könnten die Gründe für das Aufgeben jeder Hoffnung übermächtig erscheinen [contra spem].

3. Obwohl wir - Sie und ich - das wissen, wollen wir bezeugen, daß dennoch stärkere Gründe zur Hoffnung bestehen [contra spem in spem]. Auch heute, wie im Gleichnis des Evangeliums, fehlt es nicht an guten Samaritern, die unter persönlichen Opfern und manchmal auf eigene Gefahr zum „Nächsten" der Menschen zu werden verstehen, die sich in Schwierigkeiten befinden. Deshalb möchte ich den betroffenen Familien sagen: Verzweifelt nicht! Betet vielmehr mit mir, daß die Zahl dieser guten Samariter wächst, die in öffentlichen Strukturen und als freiwillige Hilfsgruppen unter den einfachen Bürgern und den für die Völker Verantwortlichen, am Werk sind; betet darum, daß sich so eine feste Front bildet, die sich nicht nur für die Vorbeugung der Drogenabhängigkeit und die Entwöhnung der Drogenabhängigen, sondern auch für die Anzeige und die gerichtliche Bestrafung der Händler des Todes einsetzt und die Netze des sittlichen und gesellschaftlichen Zerfalls zerreißen will.
Wir stehen nunmehr einer Erscheinung von erschreckendem Ausmaß gegenüber, und das nicht nur wegen der hohen Zahl von Todesfällen, sondern auch wegen der besorgniserregenden moralischen Ansteckungsgefahr; schon seit einiger Zeit werden auch die Jüngsten nicht mehr verschont, wie etwa im - leider nicht seltenen - Fall von Kindern, die zum Drogenhandel gezwungen und so gemeinsam mit ihren Altersgenossen selbst zu Drogenkonsumenten werden. Ich wiederhole daher meinen dringenden, vor einigen Jahren an die verschiedenen nationalen und internationalen Behörden gerichteten Aufruf, „die Verbreitung des Rauschgifthandels einzudäm-

men. Zu diesem Zweck müssen vor allem die Interessen jener aufgedeckt werden, die auf diesem Markt spekulieren; darüber hinaus gilt es, die Mittel und Mechanismen herausfinden, deren man sich dabei bedient, und schließlich müssen diese auf koordinierte und wirksame Weise unschädlich gemacht werden. Auch ist es notwendig, sich um die ganzheitliche Entwicklung jener Bevölkerungsgruppen zu bemühen, die sich, um leben zu können, der Produktion dieser Substanzen widmen. Gleichzeitig wird man versuchen, miteinander verbundene Netze von Dienstleistungen zu schaffen, die diesem Übel wirksam vorbeugen und die Entwöhnung und Resozialisierung der davon betroffenen Jugendlichen fördern" (*Ansprache in Lucca*, 23. September 1989).

4. Es besteht selbstverständlich ein klarer Unterschied zwischen Drogen- und Alkoholkonsum: während nämlich der letztere, sofern er in Grenzen gehalten wird, nicht gegen die sittlichen Verbote verstößt und nur der Mißbrauch zu verurteilen ist, ist der Drogenkonsum in jedem Fall verboten, weil er einen unberechtigten und unvernünftigen Verzicht auf das Denken, Wollen und Handeln als freie Menschen mit sich bringt. Im übrigen muß selbst die in ganz bestimmten Fällen ärztlich vorgeschriebene Verwendung psychotropischer Substanzen zur Linderung physischer oder psychischer Leiden große Vorsicht walten lassen, damit gefährliche Formen der Gewöhnung oder Abhängigkeit vermieden werden. Aufgabe des Gesundheitsdienstes, der Ärzte und der für die Forschungszentren Verantwortlichen ist es, sich dank entsprechender Vorbeugungs- und Aufklärungsmaßnahmen für eine möglichst weitgehende Herabsetzung dieser Risiken zu verwenden.

Drogenabhängigkeit und Alkoholismus richten sich gegen das Leben. Man kann weder von „Freiheit des Drogenkonsums" noch von einem „Recht auf die Droge" sprechen, da der Mensch kein Recht auf Selbstschädigung hat und nie auf seine gottgeschenkte Personenwürde verzichten darf! Diese Erscheinungen - das muß man stets bedenken - sind nicht nur dem physischen und psychischen Wohl abträglich, sondern stellen auch eine Frustration der Person gerade in ihrer Kommunikations- und Hingabefähigkeit dar. All das ist besonders schwerwiegend, wenn es sich um junge Menschen handelt. Sie sind gerade in dem Alter, in dem sie sich dem Leben öffnen und große Ideale hegen; es ist die Zeit der aufrichtigen Liebe und Hingabe.

Deshalb möchte ich mich nochmals mit Besorgnis und Nachdruck an die Jugendlichen wenden: Hütet euch vor der Versuchung gewisser illusorischer und tragischer Erfahrungen! Gebt ihnen nicht nach! Warum wollt ihr euch auf eine ausweglose Bahn begeben? Warum auf die volle Reifung in euren Jahren verzichten und frühzeitig vergreisen? Warum wollt ihr euer Leben und eure Energien vergeuden, die, ganz im Gegenteil, sich dank der Ideale der Ehrlichkeit, der Arbeit, des Opfers, der Reinheit und der wahren Liebe freudig entfalten können?

Ja, die Liebe! Den Drogenabhängigen, den Opfern des Alkoholismus, den familiären und sozialen Gemeinschaften, die so sehr unter dieser Krankheit ihrer Mitglieder leiden, schlägt die Kirche als Antwort und Alternative die Therapie der Liebe vor: Gott ist Liebe, und wer in der Liebe lebt, verwirklicht die Gemeinschaft mit den

anderen und mit Gott. „Wer nicht liebt, bleibt im Tod" (*1 Joh* 3,14). Wer jedoch liebt, erfreut sich des Lebens und bleibt darin!
Liebe Brüder und Schwestern, Drogenkonsum und Alkoholismus kann man nur dann bekämpfen und die Heilung und Rückgewinnung der Betroffenen nur dann erleichtern, wenn man zuerst die menschlichen Werte der Liebe und des Lebens wiederfindet, die einzigen, die - vor allem, wenn sie der religiöse Glaube erhellt - imstande sind, unserer Existenz ihren vollen Sinn zu verleihen. Dem Gefühl der Entfremdung, das die Drogenabhängigen in so vielen Fällen bedrückt, kann und darf die Gesellschaft weder gleichgültig gegenüberstehen, noch darf sie sich einfach aller Pflichten entledigt betrachten, nur weil sie die Arbeit der freiwilligen Helfer unterstützt, die sicher unersetzlich ist, aber nicht genügt. Notwendig sind Gesetze und Strukturen und mutige Eingriffe!

5. Wie es also der Kirche obliegt, auf sittlicher und pädagogischer Ebene tätig zu sein, indem sie mit großer Aufgeschlossenheit in diesem spezifischen Sektor eingreift, so obliegt es den öffentlichen Einrichtungen, ich für eine ernsthafte Politik einzusetzen, die auf die Besserung von Situationen abzielt, die für den Einzelnen und die ganze Gesellschaft untragbar geworden sind, darunter treten besonders die Krise der Familie - Grundlage und Ursprung der menschlichen Gesellschaft -, die Jugendarbeitslosigkeit, die Wohnungsnot, die mangelnde gesundheitliche und soziale Betreuung und das unzulängliche Schulsystem hervor. Bei dieser Kampagne der Vorbeugung, der Behandlung und der Rückgewinnung spielt die interdisziplinäre Forschung eine entscheidende Rolle, zu der gerade diese Konferenz einen beachtlichen Beitrag geleistet hat.
Während ich mich des Engagements und der Ergebnisse dieses fruchtbaren wissenschaftlichen Kolloquiums erfreue, möchte ich auch den zahlreichen jungen und weniger jungen Leuten meine lebhafte Anerkennung aussprechen, die an Programmen, zur Rückgewinnung und an anderen, diesem edlen Zweck dienenden Initiativen teilnehmen. Indem ich sie meines innigen Gebetes und meiner tiefempfundenen Solidarität versichere, lade ich sie neuerlich ein, vertrauensvoll auf das Leben zu blicken und an die unermeßliche Größe der Bestimmung des Menschen zu glauben, der, das möchte ich wiederholen, Widerschein des Bildes Gottes selbst ist. Mit einem Wort, ich wiederhole nochmals die Einladung, gegen jede Hoffnung zu hoffen: contra spem in spem, und diese Einladung gilt besonders denen, die sich, mit bewundernswerter Hochherzigkeit und von christlichem Geist erfüllt, zum „Nächsten" der Brüder und Schwestern in Not machen, die in ein doppelt bedauerliches Phänomen verwickelt und von diesem überwältigt wurden.
Die Kirche, die - das ist ihre Pflicht - wie der Sauerteig des Evangeliums in der Gesellschaft wirken will, steht an der Seite derer, die mit verantwortungsbewußter Hingabe die sozialen Geißeln des Drogenkonsums und des Alkoholismus bekämpfen; sie wird immer an ihrer Seite stehen, um ihnen Mut zuzusprechen und sie mit dem Wort und der Gnade Christi zu unterstützen. Er ist das Licht, das den Menschen erleuchtet und ihn dem Ziel einer reiferen und würdigeren Existenz entgegenführen kann.

Die Jungfrau Maria möge die großmütigen Bemühungen all jener begleiten, die ihre Energien für diesen schwierigen und mutigen Dienst einsetzen. Ihnen erteile ich, indem ich die göttliche Hilfe erflehe, aus ganzem Herzen meinen Segen.

Die Bande der Einheit enger und tiefer knüpfen

Botschaft an den Ökumenischen Patriarchen von Konstantinopel, Bartholomaios I., zum Fest des hl. Andreas vom 23. November

Zum ersten Mal, seit Sie das Amt des Ökumenischen Patriarchen übernommen haben, darf ich Eurer Heiligkeit zu meiner großen Freude die Glückwünsche der Kirche von Rom zum Feste des hl. Andreas, dem Patron des Ökumenischen Patriarchates, aussprechen.

Die Festfeier für den Bruder des Petrus, dem Patron der Kirche von Rom, bietet mir erneut Gelegenheit, öffentlich die Bande tiefer Zuneigung, die der Heilige Geist zwischen unseren Kirchen geknüpft hat, durch die Entsendung einer Delegation zu bekräftigen, an deren Spitze Seine Eminenz, Kardinal Edward Idris Cassidy steht, der Präsident des Päpstlichen Rates zur Förderung der Einheit der Christen. Er überbringt die besten Wünsche aller Katholiken und gibt zugleich meiner persönlichen Teilnahme an Ihrer Feier Ausdruck. Ich bin ferner sicher, daß er von Eurer Heiligkeit herzlich empfangen wird.

Ihre Wahl auf den ersten Sitz der orthodoxen Kirche läßt mich zusammen mit Ihnen erneut das Wort des heiligen Paulus erwägen: „Alles kommt von Gott, der uns durch Christus mit sich versöhnt und uns den Dienst der Versöhnung aufgetragen hat ... Wir sind also Gesandte an Christi Statt" (*2 Kor* 5,18.20). Der Herr gebe, daß wir den Dienst der Versöhnung immer mehr gemeinsam ausüben und keine Mühe scheuen, so daß durch unseren Dienst alle in der Einheit versammelt werden.

Wie könnte ich in dieser Stunde die beiden großen Vorgänger Eurer Heiligkeit vergessen, die Patriarchen Athenagoras und Dimitrios? Sie haben in entscheidender Weise dazu beigetragen, daß wir zum Dialog der Liebe und dann zum theologischen Dialog zwischen unseren Kirchen gelangt sind. Sie haben unermüdlich dafür gekämpft, daß zwischen ihnen engere und tieferreichende Bande der Einheit geknüpft werden im ständigen Blick auf den Tag, den sie sich bald erhofften, da wir erneut um den gleichen Altar uns versammeln können, um die eine Eucharistie des Herrn zu feiern.

Wenn wir den so glücklich begonnenen Dialog weiterführen, können wir die neuen Spannungen, die sich in Mittel- und Osteuropa ergeben haben, überwinden. Wir müssen nur wieder in Freiheit, in gegenseitigem Respekt und in Liebe leben.

Im vergangenen Juni hat Eure Heiligkeit als Vertreter des Patriarchen Dimitrios I. bei der Festfeier der heiligen Petrus und Paulus in Rom mit Recht „die Vorsteher der heiligen Kirchen Gottes" in Ost und West ermahnt, die günstige Gelegenheit zu nutzen, die Gott ihnen heute bietet, damit sie ihre Spaltungen überwinden und dazu

beitragen, daß eine versöhnte und befriedete Menschheitsfamilie ins dritte Jahrtausend eintritt.
Als die Jünger Jesus suchten und ihn an einem einsamen Ort fanden, wohin er sich zum Gebet zurückgezogen hatte, wurde ihnen gesagt: „Laßt uns anderswohin gehen, in die benachbarten Dörfer, damit ich auch dort predige; denn dazu bin ich gekommen" (*Mk* 1,38). Jesus bezeichnet damit die Aufgabe, die den Seinen obliegt. Doch wir wissen, daß die Fruchtbarkeit dieser Sendung von unserer Einheit abhängt (vgl. *Joh* 17,21). Wir müssen also in seiner Nachfolge gemeinsam das Evangelium in unseren modernen Gesellschaften verkünden. Scheuen wir keine Mühe, diesem Aufruf zu entsprechen, „damit in allem Gott durch Jesus Christus verherrlicht wird" (vgl. *1 Petr* 4,11).
In diesem Sinne rufe ich die Fürbitte der heiligen Apostel Petrus und Andreas an und versichere Sie, lieber Bruder, meiner tiefen brüderlichen Liebe.

Vatikan, 23. November 1991

Förderung der menschlichen Person muß das Ziel der katholischen Schule sein

Ansprache an 150.000 Eltern, Schüler und Lehrer der katholischen Schulen am 23. November

1. „Ihr sagt zu mir Meister und Herr, und ihr nennt mich mit Recht so; denn ich bin es" (*Joh* 13,13).
Diese Worte Jesu zum feierlichen Anlaß des Letzten Abendmahls, begleitet von der demütigen Geste der Fußwaschung der Apostel, sind ein Teil des Vermächtnisses, das der Herr als unveräußerliches Gut seiner Kirche anvertraut hat. Von jenem Moment an bedeutet Jesu gedenken immer, dem dienenden Meister zu begegnen, der in inniger Liebe dem Menschen die Wahrheit vermittelt und durch die Wahrheit den Weg Gottes weist (vgl. *Mk* 12,14.32). Es bedeutet also, die Wahrheit jeglicher kirchlichen Lehre neu an der Quelle zu entdecken - eingedenk der Worte des Herrn: „Denn nur einer ist euer Meister, ihr alle aber seid Brüder" (*Mt* 23,8).
Mit diesem Vorbild des Lehrmeisters Christus findet die katholische Schule zu ihrer eigentlichen Identität zurück und erlangt wieder sowohl Mut als auch Kraft, um ihre Aufgabe weiterzuführen, trotz der oft erheblichen Schwierigkeiten und Hindernisse, die sich ihr in den Weg stellen.
Dies sind die Gedanken, die aus der in diesen Tagen stattgefundenen Versammlung hervorgegangen sind, und die ihr nun hier, in Gegenwart des Papstes beenden wollt, um von ihm ein Wort der Orientierung, des Ansporns und der Ermutigung zu hören.

2. Ich bedanke mich herzlichst bei denjenigen, die soeben eure Gefühle und Sorgen zum Ausdruck gebracht und damit diese wichtige Begegnung eingeleitet und motiviert haben.

Von ganzem Herzen danke ich der Italienischen Bischofskonferenz, die zu dieser Tagung angeregt hatte. Ich grüße den Präsidenten der Bischofskonferenz, den Präfekten der Kongregation für das katholische Bildungswesen, den Generalsekretär, den bischöflichen Rat der Italienischen Bischofskonferenz für katholische Bildung, Schule, Kultur und Universität sowie alle anwesenden Bischöfe.
Ich begrüße die Präsidenten der Vereinigung der Höheren Ordensobern und die Italienische Konferenz der Höheren Ordensobern, die General - und Provinzialobern und - oberinnen der Männer- und Frauenkongregationen, die im Bereich der katholischen Schule tätig sind. Ich weiß, daß viele Ordensmänner und Ordensfrauen mit großem Einsatz und bereitwilliger Zusammenarbeit zu eurem Treffen beigetragen haben.
Ich grüße die Zivilbehörden und danke dem Minister für das Öffentliche Bildungswesen für seine Anwesenheit..

3. Im Evangelium heißt es, als Jesus Christus bei der Ausübung seines Amtes, „die vielen Menschen sah, hatte er Mitleid mit ihnen; denn sie waren wie Schafe, die keinen Hirten haben. Und er lehrte sie lange ... brach die Brote und gab sie den Jüngern, damit sie sie an die Leute austeilten" (*Mk* 6,34.41). Die Person eines jeden, mit ihren materiellen und geistigen Bedürfnissen, steht im Mittelpunkt der Lehre Christi; daher muß die Förderung der menschlichen Person das Ziel der katholischen Schule sein.
Es ist wichtig, uns vor Augen zu halten, daß es sich um die Person der Jugendlichen handelt, die aufgefordert sind, für ihr eigenes Leben und das der Gesellschaft Verantwortung zu übernehmen. Man weiß, wie reich an Möglichkeiten die Jugend ist, gezeichnet von positiven Anstößen und wahres Fundament für die Zukunft eines Volkes und der Kirche; aber wir kennen auch die große Gefahr einer falschen Entwicklung aufgrund von eindeutig unannehmbaren kulturellen Anschauungen und Lebensweisen. Diesen negativen Aspekten einen sachlichen, tiefgreifenden und klaren Erziehungsvorschlag entgegenzuhalten, der seine volle Verwirklichung in der bewußten Teilnahme am christlichen Glauben findet - darin liegt eine ebenso große wir notwendige Herausforderung, die die Kirche durch ihre vielfältigen Formen pastoraler Tätigkeit aufgefordert ist zu bewältigen.

4. Vor allem müssen wir erkennen, daß es die erste Pflicht der katholischen Schule ist, eine Bildungsanstalt zu sein, d. h. ein Ort der Kultur und der Erziehung, der Bildung, die der Erziehung dient. Dieses Ziel muß ständig neu erfaßt werden, damit sein Bezug zur Realität beibehalten wird, die oft so wechselhaft ist, und gleichzeitig so dringend nach kompetentem, gezieltem und mutigem Eingreifen verlangt. Zur Verwirklichung jener Ziele, die die bürgerliche Gesellschaft von den Schulen erwartet, dürfen Dialog und Konfrontation mit der Welt der religiösen und der weltlichen Kultur sowie mit den anderen Schulformen niemals fehlen.
Fest steht, daß ein grundlegendes und unabänderliches Merkmal der katholischen Schule ihre ausdrückliche, besondere und tatkräftige Bezugnahme auf Christus, den Lehrmeister, wie von der Kirche dargestellt, ist. Auf einfache und klare Weise

könnte man sagen, daß es ihr Ziel ist, die Schüler und Schülerinnen zum korrekten Gebrauch des Verstandes und zur Aufnahme des geoffenbarten Wortes Gottes zu erziehen, beziehungsweise sie zur Wahrnehmung der Art hinzuführen, wie Gott mitwirkt, um jede menschliche Erfahrung zu erleuchten, zu bewahren und zu erheben.

In dieser Hinsicht ist es sicherlich eine schwierige, aber äußerst wichtige Aufgabe, in die katholische Schule jene „alten", aber immer „neuen" Worte der christlichen Tradition, wie Glaube, Solidarität, Einsatz für Gerechtigkeit und Frieden und moralische Grundsätze zu übertragen, in der Hoffnung, daß Rationalität und Glaube sich zu einer weisen und durch und durch moralischen Synthese vereinen mögen.

Wir sind uns durchaus bewußt, daß die besorgniserregende moralische, zivile und institutionelle Situation in Italien für die katholische Schule zwangsläufig zu einer direkten und dringenden Aufforderung werden muß, um sich mit den ihr zur Verfügung stehenden Mitteln das Ziel zu setzen, Personen mit einem klaren Verantwortungsbewußtsein zu formen.

Auf diesem Weg kann sich die katholische Schule um ein weiteres verdient machen, das bisher vielleicht wenig Anerkennung gefunden hat, aber von einzigartiger Wirkung ist: in ihr, eben weil sie Schule und Erziehungsgemeinschaft ist, findet die Pastoral der Kirche einen überaus bedeutenden und geeigneten Nährboden für das Heranwachsen von qualifizierten Zeugen.

5. Ein weiteres kennzeichnendes Merkmal der katholischen Schule, das ihr aus der Geschichte erwächst, ist ihre volkstümliche Berufung, Diese Richtung bleibt stets an erster Stelle in der Gesinnung der Kirche: dem Armen Kultur vermitteln bedeutet, ihm die erste Freiheit und Würde geben, eben jene, die ihm ermöglicht, die Wahrheit über sich als Person zu erkennen, die nach dem Bild Gottes geschaffen und zur Gleichheit der Rechte und Pflichten berufen ist. Eine solche Schule zu verwirklichen, sie zu stärken, sie an die heutigen Anforderungen der neuen Armut anzugleichen, entspricht sicherlich dem Geist Christi und den Erwartungen seiner Kirche.

Die Ausübung dieses Dienstes gegenüber den schwächeren sozialen Schichten und die Förderung des sozialen Wohles findet in zwei Fällen, heute in besonders prekärem Zustand, direkte Anwendung. Ich meine vor allem die Kindergärten, deren Erziehungsarbeit für die Gesellschaft stets notwendig ist. Es kann nichts wertvolleres für die Zukunft der Welt getan werden, als alle Einrichtungen, die sich für die Entwicklung der Kinder einsetzen, zu fördern und zu unterstützen.

Ich denke da auch an die Berufsschulen: sie haben im Lauf der Jahrhunderte vielen Ordensfamilien und anderen kirchlichen Einrichtungen Ehre gemacht. Die Berufsschulen können einen nicht unwesentlichen Beitrag zur Lösung der sozialen Frage leisten, eben weil ihr Ziel in erster Linie die vollständige Förderung der menschlichen Person und die Integration von Bildung und Beruf ist. Aus diesem Grund komme ich nicht umhin, auf die Notwendigkeit hinzuweisen, daß auch diesem Schulzweig eine effektive gleichwertige erzieherische Anerkennung durch die zuständigen Behörden zuteil wird.

Im Zusammenhang mit dem universalen Weltbild, das der Lehrmeister Christus an seine Kirche und alle Glaubenden in ihr heranträgt, zeichnet sich die katholische Schule, eben kraft dieser Eigenschaft, durch ihre Offenheit gegenüber den großen Ereignissen der Welt und durch die Erziehung ihrer Schüler und Schülerinnen zu einer großherzigen, solidarischen Haltung aus. Zur Zeit ist es selbst der europäische Kontinent, der sich an die Schule wendet, die das für die nächste außerordentliche Versammlung der Bischofssynode für Europa vorgesehene Projekt mit großem Interesse aufgenommen hat. Als kennzeichnender Faktor der katholischen Schule und zugleich als Gewährleistung für die vorher genannten Merkmale, muß auch heute noch mit neuer Kraft, auch im Vergleich zwischen Italien und den anderen europäischen Ländern, der Anspruch auf Freiheit und Pluralismus hervorgehoben werden. Diese Forderung richtet sich an die staatlichen Einrichtungen, die den katholischen Schulen auf konkrete Weise ihr Recht zu bestehen und gleiche Anerkennung zu genießen, ohne durch allzu schwere, ihre bloße Existenz bedrohende Auflagen belastet zu werden, sichern sollen; es entspricht ja der Wahrheit, daß von diesen entsprechend eingerichteten Schulen ein unermeßlicher kultureller, moralischer und geistiger Beitrag für die bürgerliche Gemeinschaft ausgeht.

6. Die katholische Schule wird durch die Arbeit weltlicher und ordensangehöriger Lehrkräfte bestimmt.
Die ersten haben, kraft ihres Laienstatus, die Gabe, zu einer ausgeprägten menschlichen und christlichen Erziehung, in Anbetracht der weltlichen Realitäten und der zeitlichen Werte, die Gegenstand der Kultur in der Schule sind, beizutragen. Den ordensangehörigen Lehrkräften obliegt es gewissermaßen, diesen Bildungsprozeß zu vervollständigen und ihn, kraft - man könnte sagen -, ihrer eigenen Gottweihe, für die Verkündigung des Reiches Gottes zu öffnen und neue, radikalere Werte an die menschliche Existenz heranzutragen. Daraus entsteht eine ergänzende Bildungsform, die beide Erziehungsrichtungen aufeinander abstimmt. Gerechterweise muß darauf hingewiesen werden, daß sich in dieser Hinsicht die christlichen weltlichen Lehrer und Lehrerinnen mit voller Verantwortung, auch dank eines ehrlichen Lohnvertragsverhältnisses, in die Schule einfügen.
Den weltlichen Lehrern und Lehrerinnen lege ich, gemeinsam mit meiner Anerkennung für ihre kostbare Arbeit, eine besondere Einsatzbereitschaft nahe, die ihrer Berufung als Laien entspricht: Achtet darauf, daß eure Schüler und Schülerinnen die christlichen Ziele eurer Berufswahl begreifen und sich zu eigen machen; müht euch besonders um eine reife ethische Gewissensbildung; möge es euch gleichzeitig gelingen, das in der Welt der Jugend aufwachende Verlangen nach den Werten der Wahrheit und des Guten zu erkennen und zu stärken.
Die Ordenslehrkräfte sind in Italien hauptsächlich diejenigen, die das evangelische „pondus diei et aestus" (vgl. *Mt* 20,12) der katholischen Schule tragen. Ich komme nicht umhin, ihnen meinen herzlichsten Dank auszusprechen. Eure Schulen sind ein wichtiger Bestandteil der Bildungs- und Erziehungsgeschichte dieses Landes. Die Schule von heute mag euch derart mit Leitungs-, Verwaltungs- und Organisationspflichten überlastet erscheinen, daß nicht immer eine direkte pastorale Präsenz

möglich ist. Es kann auch vorkommen, daß die Belastung, die durch eine kompetente Ausübung des Lehrberufes entsteht, in manchen Ordensleuten einen Konflikt zwischen Erziehungsdienst und Berufung auslöst.
Ich bitte euch, habt Mut und bedenkt, daß der Dialog zwischen Glauben und Kultur, den ihr in der Schule in die Wege leitet und verwirklicht, in sich den entscheidenden Keim trägt, der die Kraft für die Neuevangelisierung der Kirche aufbringen kann. Die Kirche erwartet viel von der katholischen Schule, aufgrund ihrer Aufgabe in einer Welt, in der die kulturelle Herausforderung an erster Stelle steht und von allen die provozierendste und folgenschwerste ist. Es liegt bei euch, eure Aufgabe neu zu überdenken im Bewußtsein, daß die christlich verstandene Schule ein Ort authentischer religiöser Berufung, missionarischen Zeugnisses und ein Weg großer Heiligkeit ist und bleibt.

7. Ihr, liebe Eltern, habt die Aufgabe, das Erziehungswerk der Schule aufzunehmen und zu unterstützen. Eure Stellung als Eheleute und Eltern ist zu wertvoll, um eure väterliche und mütterliche Rolle nicht in gewisser Weise auf die Erziehung auszudehnen, die die katholische Schule als Dienst zur Entfaltung des Lebens, im Sinne des Evangeliums, sieht. Die Teilnahme am Leben der katholischen Schule ist also ein Verdienst, das ständig eingehendere Aufmerksamkeit von allen Erziehern fordert. Ihr Schüler und Schülerinnen, die ihr im Mittelpunkt der Bemühungen eurer Erzieher und Erzieherinnen steht, seid euch bewußt, daß dieses Treffen für euch organisiert worden ist, aber daß es nur mit euch gelingen wird, seine Ziele zu verwirklichen. Erlaubt mir, kurz in die Zeit zurückzukehren, in der auch ich ein Schüler war wir ihr. Was fürchtet man am meisten in der Schule? Die Prüfungen. Ich wünsche euch, nie durchzufallen, was nicht geschehen wird, wenn ihr die Prüfungsfragen richtig beantworten könnt. Unser Lehrmeister Jesus stellte viele Fragen, und wenn er gefragt wurde, gab er weise Antworten. Hierin liegt ein Ziel, das eure Persönlichkeit bereichern wird: eingehend fragen können, d. h. den Dingen auf den Grund gehen, über Äußerlichkeiten hinausgehen, und gewissenhaft nach der Wahrheit, besonders der religiösen Wahrheit forschen; und gleichzeitig fähig sein, auf die Antworten zu hören, die der Lehrer und Lehrerinnen und die der Eltern. Ihr müßt dafür sorgen, daß eure Schule aktiv und offen ist, fähig, sich der ganzheitlichen Formung eurer Persönlichkeit zu widmen.

8. Die kirchlichen Gemeinschaften möchte ich an die Aufgabe erinnern, das Geschenk der katholischen Schule in ihrem eigenen Umfeld neu zu entdecken; ich möchte sie auf die Verantwortung aufmerksam machen, ihre Identität, ihre Funktionen, ihre Bedürfnisse kennenzulernen, an ihrer Entwicklung mitzuhelfen, ihre Freiheit und Rechte mit Mut zu verteidigen und ihre pastoralen Bildungsmöglichkeiten hervorzuheben.
Gleichzeitig bitte ich die Verantwortlichen der bürgerlichen Gesellschaft, den kulturellen Beitrag, den Beitrag an erzieherischen und didaktischen Werten, an Heranbildung von Menschen und Bürgern zu schätzen, den die katholische Schule mit der Einzigartigkeit ihrer christlichen Inspiration leistet. Vergessen wir nicht, daß die ita-

lienische Gesellschaft viele Bedürfnisse hat, besonders auf dem Gebiet der Erziehung der neuen Generationen: nur eine fruchtbare und aufrichtige Zusammenarbeit aller Einrichtungen, die sich diesem Zweck widmen, kann die lang erhofften Resultate bringen.
Daran hat auch das Zweite Vatikanische Konzil in seiner bekannten Erklärung über die christliche Erziehung erinnert: „Die Staatsgewalt, deren Aufgabe es ist, die bürgerlichen Freiheiten zu schützen und zu verteidigen, muß zur Wahrheit der ‚ausgleichenden Gerechtigkeit' darauf sehen, daß die öffentlichen Mittel so ausgegeben werden, daß die Eltern für ihre Kinder die Schulen nach ihrem Gewissen wirklich frei wählen können" (*Gravissimum educationis*, Nr. 6).

9. „Die Worte, die ich zu euch gesprochen habe, sind Geist und sind Leben" (*Joh* 6,63), sagte eines Tages der Lehrmeister Jesus im vollen Bewußtsein, wie die Fakten beweisen, daß derjenige, der ihm nachfolgt, nicht in der Finsternis umhergehen wird (vgl. *Joh* 8,12). Zum bevorstehenden Christkönigsfest sammle ich gerne die Mühen und die Früchte eures Treffens, um sie Gott darzubieten, damit er eure hochherzigen Bemühungen würdigen und euch neue Energie und Freude schenken möge, um euren Weg als christliche Erzieher und Erzieherinnen in der katholischen Schule zum Wohl der Gesellschaft fortzusetzen.

Gegenseitiges Verstehen - wechselseitige Vergebung -, damit das alte, christliche Europa mehr glaubt

Predigt zur Eröffnung der europäischen Synode am 28. November

1. „Herr ..., du hast Worte des ewigen Lebens" (*Joh* 6,68).
Dieses Bekenntnis wurde von Petrus nahe Kafarnaum nach der Verheißung der Eucharistie gesprochen, die vielen Zuhörern Jesu als „unerträgliches Wort" erschien (vgl. *Joh* 6,60). „Wollt auch ihr weggehen?" (*Joh* 6,67), fragte der Meister die Apostel. Die Antwort Petri ließ nicht auf sich warten: „Herr, zu wem sollen wir gehen? Du hast Worte des ewigen Lebens" (*Joh* 6,68).
Wenn wir heute Eucharistie feiern, wiederholen wir diese Worte, die mit ihrer Ankündigung verbunden sind. Wir wiederholen sie zusammen mit den Aposteln. Wir wiederholen sie im Namen der Kirche, die von der Eucharistie lebt, die vom Wort des ewigen Lebens lebt, die vom Sakrament des Neuen Bundes lebt. Wir wiederholen sie im Namen der Kirche in Europa, in den verschiedenen Nationen und Ländern unseres Kontinents: vom Atlantik bis zum Ural, vom Mittelmeer bis zum Nordpol.

2. „Gnade sei mit euch und Friede von Gott, unserem Vater, und dem Herrn Jesus Christus" (*Röm* 1,7)! Ich begrüße euch mit diesen Worten des Apostels Paulus an die Christen in Rom und spreche euch mein herzliches Willkommen aus zu dieser Spezialversammlung der Bischofssynode für Europa.

Ich spreche meinen Dank aus: den Synodenvätern, unseren Brüdern im Bischofsamt und im Priestertum; den Brüdern, die als Delegierte anderer Kirchen und christlichen Gemeinschaften gekommen sind; den Adjutores, Auditores und den Mitgliedern des Synodensekretariats, angefangen bei Generalsekretär Msgr. Jan Schotte, der während der Vorbereitungsphase dieses kirchlichen Ereignisses sich so hingebungsvoll eingesetzt hat; den Journalisten, allen anwesenden Gläubigen und allen, die in Europa und in der Welt für ein gutes Ergebnis dieser Versammlung beten, in einem Augenblick so voller, wichtiger Fragen für das geistige und gesellschaftliche Leben Europas.

Wir haben die Ereignisse der letzten Jahre als „Zeichen der Zeit" gelesen, durch die der Heilige Geist zu uns spricht und uns zu dieser pastoralen Initiative zusammenruft.

Wir eröffnen diese Synodenversammlung mit der Feier der Eucharistie, mit dem Gebet, und wünschen besonders, sie mit dem täglichen Gebet zu verbinden. „Alles, was zwei von euch auf Erden gemeinsam erbitten, werden sie von meinem himmlischen Vater erhalten. Denn wo zwei oder drei in meinem Namen versammelt sind, da bin ich mitten unter ihnen" (*Mt* 18,19-20).

Wir wünschen, daß dieser Name uns vereint, Tag für Tag; daß in der Kraft dieses Namens Christus unter uns sei; daß sein Name uns leite, so wie er die Apostel von den ersten Tagen an bis Pfingsten geleitet hat; wie er die apostolische Kirche mitten unter den Nationen und Völkern Europas im Laufe von fast zwei Jahrtausenden geleitet hat.

3. Wenn wir im Namen Christi versammelt sind, dann sind wir Kirche. In der Kraft seines Namens ist Er unter uns, und der Heilige Geist, sein Geist, legt zusammen mit uns Zeugnis für Christus ab.

Wir erbitten, daß der Geist zur Kirche spreche (vgl. *Off* 2,7.11.17); daß die Kirche Europas auf den Heiligen Geist hört, auf den Geist der Wahrheit, den Tröster; daß sein Zeugnis im letzten Abschnitt dieses Jahrhunderts und dieses Jahrtausends fruchtbar werde.

Zur Synodenversammlung vereint, möchten wir das Zeugnis des Geistes Christi hören. Auf der Grundlage dieses Zeugnisses wollen wir der Kirche alles sagen, was in der gegenwärtigen geschichtlichen Phase wesentlich und wichtig ist. Deshalb bitten wir den Geist der Wahrheit, daß die Kirche von den Menschen und von den Gesellschaften vor allem deshalb gehört werde, weil sie von Christus „Worte des ewigen Lebens" empfängt (vgl. *Joh* 6,68).

Wir bitten darum, daß das Synodenthema „Seien wir Zeugen Christi, der uns erlöst hat" von allen als ihr eigenes Thema verspürt, verinnerlicht und mit beispielhaftem Zeugnis gelebt wird. Möge die Synode alle Wünsche und Forderungen aufnehmen können mit dem Ziele, eine Antwort zu geben, die es vermag, in diesem so entscheidenden, geschichtlichen Augenblick die Seelen zu einer neuen Evangelisierung Europas zu bewegen.

4. Wir sind hier auch zusammen, um dem Herrn der Zeiten Rechenschaft abzulegen, so wie die Knechte des heutigen Gleichnisses. Im Licht des Evangeliums „Rechenschaft abzulegen" meint vor allem, einen Akt der „Prüfung" und sodann einen Akt der „Vergebung" zu vollziehen.
Am Ende dieses dramatischen Jahrhunderts bekommt die Frage Petri eine besondere Bedeutung: „Wie oft muß ich vergeben?" (vgl. *Mt* 18,21).
Die Antwort, die Jesus im Gleichnis gibt, ist auch in der Bergpredigt ausgedrückt: „Selig die Barmherzigen, denn sie werden Erbarmen finden" (*Mt* 5,7). Denn wir müssen immer vergeben in dem Bewußtsein, daß wir selbst der Vergebung bedürfen. Wir bedürfen ihrer öfter, als wir selbst vergeben müssen.
Ebenso notwendig ist, daß wir - durch gegenseitiges Verstehen und wechselseitige Vergebung - „immer mehr eins werden, damit die Welt glaubt" (vgl. *Joh* 17,21): damit das alte, christliche Europa mehr glaubt!
Sehr dankbar bin ich unseren Brüdern aus den christlichen Kirchen und Gemeinschaften, die in dieser Synode als „Brüder-Delegierte" bei uns sein wollen. Ihnen gilt meine herzliche Umarmung. Ich hoffe, daß sie - mit ihrer bedeutungsvollen Anwesenheit, mit ihrem geschätzten Rat und ihren Vorschlägen, aber vor allem mit ihrem Verständnis und ihrer brüderlichen Liebe - einen wirksamen Beitrag zur ersehnten Wiederherstellung der vollen Einheit leisten können, um die der Herr gebeten hat.

5. Wir beginnen also im Namen Christi. Und während wir beginnen, erreichen uns die Worte des Apostels Paulus, der im Dienst des Evangeliums als erster die Grenze Europas überschritten hat (vgl. *Apg* 16,9-10). Über Jahrhunderte und Generationen hinweg scheint dieser unermüdliche Diener des Wortes und des Kreuzes Christi folgendermaßen zu uns zu sprechen, die wir hier versammelt sind: „Macht meine Freude dadurch vollkommen, daß ihr eines Sinnes seid, einander in Liebe verbunden, einmütig und einträchtig, daß ihr nichts aus Ehrgeiz und nichts aus Prahlerei tut. Sondern in Demut schätze einer den andern höher ein als sich selbst. Jeder achte nicht nur auf das eigene Wohl, sondern auch auf das der anderen" (*Phil* 2,2-4).

6. „Du hast Worte des ewigen Lebens."
Die christlichen Wurzeln Europas sind gerade in das Wort des Herrn eingefügt, und das Zeugnis des Geistes enthüllt die Zeichen der Zeit auch dem heutigen Europa. Handeln wir so, daß die Früchte des Geistes (vgl. *Gal* 5,22 f.) immer das Übergewicht über die Früchte des Fleisches haben, die betrüblicherweise von Streit, Spaltungen und Parteiungen geprägt sind (vgl. *Gal* 5,20 f.).
Der Geist des auferstandenen Herrn hat nicht aufgehört zu sprechen. So sagt der Apostel Johannes: Wer glaubt, „wird noch größere Werke vollbringen" (vgl. *Joh* 14,12). Nicht alles ist geoffenbart worden, und was wir sein werden, ist noch nicht kundgetan; der Mensch wird beständig vom Geist angetrieben (vgl. *1 Joh* 3,2; *Gaudium et spes*, Nr. 41). Lassen wir uns deshalb von diesem Geist leiten.
Ist es nicht vielleicht dies, was die gegenwärtige Welt am meisten erwartet? Haben die Europäer an der Schwelle zum dritten Jahrtausend nicht gerade dieses Bedürf-

nis? Und weil - wie der hl. Paulus sagt - „wir hier keine Stadt haben, die bestehenbleibt” (vgl. *Hebr* 13,14), verweist er auf die Notwendigkeit, die eigene Existenz immer mehr in Christus zu verankern.
Liebe Brüder und Schwestern, all dies möge für uns die demütige Magd Gottes erlangen, Maria, und gemeinsam mit Ihr die Patrone Europas: Benedikt, Kyrill und Method sowie die anderen Heiligen und Seligen, die uns in unseren europäischen Heimatländern vorangegangen sind. Amen!

Die katholische Kirche will die Einheit suchen

Predigt beim Ökumenischen Gebetsgottesdienst anläßlich der Sondersynode für Europa am 7. Dezember

1. „Laßt euch mit Gott versöhnen” (*2 Kor* 5,20).
Wir sind heute abend in der Petersbasilika versammelt, um in geistiger Gemeinschaft mit vielen unserer Brüder und Schwestern, die sich in diesen Tagen überall in Europa unserem Gebet anschließen, unseren Vater „im Himmel” anzurufen (*Mt* 7,21).
Ich grüße euch alle mit Zuneigung, liebe hier anwesende Brüder und Schwestern. Ich grüße die kirchlichen Gemeinschaften und die Nationen, aus denen ihr kommt. Mein besonderes und herzliches Willkommen entbiete ich den verehrten Bruder-Delegierten, die an den Synodenarbeiten teilnehmen und sich dieser Feier anschließen wollten. Möge mein Gedanke und mein solidarischer Gruß die Kirchen erreichen, die sie hier vertreten.
Wir wollen uns vertrauensvoll an Gott wenden und darum beten, daß sein Name geheiligt werde, daß sein Reich komme und daß sein Wille geschehe. Und das ist der Wille des Herrn: unsere Heiligung (vgl. *1 Thess* 4,3), das Heil der Welt.
Es beseelt uns die tiefe Überzeugung, daß alles von seiner Vorsehung kommt. Gott hat „uns durch Christus mit sich versöhnt und uns den Dienst der Versöhnung aufgetragen” (*2 Kor* 5,18).
Doch wer, wenn nicht er, könnte uns befähigen, den Männern und Frauen unserer Zeit seine Einladung zur Umkehr und zur Versöhnung zu überbringen?
„Laßt euch mit Gott versöhnen”: dieser Aufruf findet kraftvollen Widerhall in unserem Geist. Er ist machtvoller Aufruf, sich ganz dem Geheimnis seiner Liebe zu überlassen. Die Verkündigung des Evangeliums und die aus ihm stammenden spirituellen Anforderungen können sich nur auf das Flehen zum Heiligen Geist, auf das ununterbrochene Nachdenken über das Wort der Wahrheit und des Lebens und auf den demütigen und fügsamen Gehorsam gegenüber den Lehren und Geboten der Gerechtigkeit und der Heiligkeit gründen.
Die Botschaft, die wir weitergeben müssen, gehört Gott. Darum muß man sich von seinem Willen durchdringen lassen, so daß er selbst es ist, der durch uns spricht und handelt.

2. Mein Wort - versichert der Herr - „kehrt nicht leer zu mir zurück, sondern bewirkt, was ich will" (*Jes* 55,11).

Diese Ankündigung, die vor kurzem in unserer Versammlung erklang, führt uns zurück zur Erfahrung des jüdischen Volkes. Die gute Botschaft, die Jesaja verkündete, war das Ende der Verbannung, das Kommen des Reiches Gottes (vgl. *Jes* 52,7). Ein durchschlagendes, an alle Völker gerichtetes „Evangelium"; eine wirkungsvolle übernatürliche Kraft, in der Lage aufzuwecken, anzuregen, zu befreien (vgl. *ebd.* 52,1.2). Denen, die hingehen werden, Jerusalem neu zu bevölkern, denen, die vorhaben, den Tempel wiederaufzubauen und in ihm den Gottesdienst wieder lebendig werden zu lassen, verkündet der Prophet aufs neue die göttliche Transzendenz, das kostenlose Geschenk seiner Gnade, die Wirksamkeit seines Wortes.

Ihr seid durstig - sagt Jahwe - seid hungrig, seid „unbefriedigt", ihr müht euch ab, um eurer Arbeit und eurem Dasein Sinn zu geben.

Verliert nicht Zeit und Mühe auf der Suche nach trügerischer Nahrung, die euer Sein nicht nähren kann, noch nach vergänglichen und oberflächlichen Genüssen, die nur Quell von Traurigkeit und radikaler Enttäuschung sind.

Bleibt im Bund mit mir und ich werde euch zur Erfüllung der Wunderwerke führen, die ich David versprochen habe.

Ich werde euch vereinen, euch und die Völker der Erde: gemeinsam werdet ihr meine Wege kennenlernen, gemeinsam werdet ihr den langen Weg gehen, auf dem ich euch führen werde.

Fürchtet euch nicht! Wie zahlreich auch die Finsternisse sein mögen, die sich in eurem Geist verdichten, hört nur auf mich, und das Licht wird wieder leuchten in euch und um euch. Freude und Friede werden euch gewinnen: ihr werdet frei sein, wirklich frei. Für immer.

3. Seit über 2500 Jahren richtet Gott ununterbrochen sein Wort der Befreiung und des Heils an uns.

Er wiederholt es auch in dieser unserer von Spannungen und Erwartungen erfüllten Epoche. Er wiederholt es uns Glaubenden an der Schwelle des dritten christlichen Jahrtausends. Er spricht zu euch, Völker Europas, die ihr eine noch nie dagewesene Periode der Hoffnungen und Herausforderungen erlebt.

Die Adventszeit, in der wir gerade leben, bringt uns zu einer besonderen Betrachtung der Geschichte unseres Heils. Christus ist der einzige Erlöser des Menschen. Wie gestern, wie immer versichert er auch heute: „Ich bin der Weg und die Wahrheit und das Leben" (*Joh* 14,6).

Und uns, seinen Jüngern, bringt er in Erinnerung: „Mir ist alle Macht gegeben im Himmel und auf der Erde. Darum geht zu allen Völkern und macht alle Menschen zu meinen Jüngern ... und lehrt sie, alles zu befolgen, was ich euch geboten habe" (*Mt* 28,18-20).

Gestärkt von seinem Auftrag werden wir nie müde werden, liebe Brüder und Schwestern, das Evangelium mit seinen anspruchsvollen Bedingungen zu verkünden; im Vertrauen auf seine Hilfe fürchten wir in keinem Fall Schwierigkeiten und

Verfolgungen. Der göttliche Meister versichert uns: „Ich bin bei euch alle Tage bis zum Ende der Welt" (*Mt* 28,20).

4. Wie können wir im Zusammenhang mit solchen Überlegungen nicht die Dringlichkeit ökumenischen Suchens hervorheben? Um die missionarische Aufgabe anpacken zu können, die die Vorsehung uns heute anvertraut hat, ist es unerläßlich, daß unser apostolisches Engagement aus einem Glauben kommt, der von versöhnten Geistern bekannt wird.
Die Heilsbotschaft, deren Boten wir sind, wird von unseren Zeitgenossen nur dann aufgenommen werden, wenn sie von überzeugungstreuem Zeugnis begleitet wird. Das II. Vatikanische Konzil bekräftigt: „Es gibt keinen echten Ökumenismus ohne innere Bekehrung. Denn aus dem Neuwerden des Geistes, aus der Selbstverleugnung und aus dem freien Strömen der Liebe erwächst und reift das Verlangen nach der Einheit" (*Unitatis redintegratio*, Nr. 7). Im Licht dieses Grundsatzes müssen wir uns über die Ethik des Dialogs gemäß den Anforderungen des Evangeliums befragen.
Es sind die Anforderungen der Wahrheit und der Liebe. Sie setzen die loyale Anerkennung der Fakten, die Bereitschaft zur Vergebung und zur Wiedergutmachung des gegenseitigen Unrechts voraus. Sie verhindern, daß man sich in Vorurteilen verschließt, die oft Quelle von Bitterkeit und sterilen Vorwürfen sind; sie führen dazu, daß man nicht unbegründete Beschuldigungen gegen den Bruder erhebt und ihm Absichten und Vorsätze unterstellt, die er nicht hat. Wenn man so von dem Wunsch erfüllt ist, die Positionen des anderen wirklich zu verstehen, gleichen sich die Gegensätze durch geduldigen und aufrichtigen Dialog unter der Führung des Heiligen Geistes, des Trösters, aus.
Die katholische Kirche will diese Einheit suchen und ihr ökumenisches Engagement ohne Aufenthalt fortsetzen. Mit der Hilfe Gottes wird sie vor Schwierigkeiten und Mißerfolgen nicht aufgeben. Sie ist sich bewußt, daß sie der Aufforderung „ut omnes unum sint" (*Joh* 17,21) entsprechen muß, die Jesus den Gläubigen als letzte Aufgabe vor seinem Tod am Kreuz hinterlassen hat.

5. Über viele Jahre haben weite Regionen Mittel- und Osteuropas die Religionsverfolgung kennengelernt. Während dieses langen, harten Winters für den Glauben wurde in jenen Ländern ein Ökumenismus gelebt, den ich den „Ökumenismus des Leids" nennen möchte. Aber schließlich hat Jahwe sein Volk befreit, und es ist die Zeit gekommen, den „Ökumenismus der Freiheit" zu praktizieren. Gerade dem Wunsch, den „Ökumenismus der Freiheit" zu verwirklichen, entsprang die Entscheidung, die gegenwärtige Bischofssynode für Europa zu feiern, innerhalb derer die heutige Begegnung im Gebet einen bedeutenden Wert erhält. Ein ökumenischer Gottesdienst, wofür wir uns auch eure Teilnahme gewünscht haben, die ihr unsere Brüder in Christus seid, Vertreter der verschiedenen Kirchen und Gemeinschaften, die im Osten und im Westen des europäischen Kontinents leben und arbeiten. Ein Gebet, das wir gemeinsam an den himmlischen Vater richten wollen, und das bei unserem synodalen Dienst eine einzigartige Bedeutung hat.

Mit dieser gemeinsamen Liturgie möchten wir unsere Berufung zu Zeugen Christi, der uns befreit hat, kundtun. Wir wünschen, euch allen, unseren Brüdern zu sagen, daß ihr uns in besonderer Weise im Gebet gegenwärtig seid. „Die Liebe Christi drängt uns” (*2 Kor* 5,14), die Liebe, die sich in der Anrufung der Jünger jeder Generation kundtut: „Vater, ... damit sie eins sind” (*Joh* 17,11).
Angetrieben von der Liebe des Herrn umarmen wir euch, wir erneuern euch den Respekt und die Hochachtung für eure oft an Märtyrerblut reiche Geschichte, und wir beten darum, daß Ihr in euren Kirchen inmitten eurer Gesellschaften und Gemeinschaften das Evangelium des Heils verkünden könnt. Indem wir im Advent zu dieser Synode versammelt sind, möchten wir uns auf die beste Weise auf jene anspruchsvolle Sendung vorbereiten.

6. Sodann bemerken wir wie ihr den gebieterischen Auftrag, das Evangelium des Heils in West- und Osteuropa allen zu verkünden, die bisweilen ängstlich nach dem wahren Sinn der eigenen Existenz suchen. Sie können ihn nur finden, wenn sie die Wahrheit Gottes annehmen. Wie dringend ist es daher, die Kräfte aller christlichen Kirchen und Gemeinschaften zu einer mutigen Neuevangelisierung zu vereinen!
Der „Ökumenismus der Freiheit” wird sich so in der Wahrheit und in der Liebe erfüllen.
Können wir zulassen, daß in einem Europa auf dem Weg zur politischen Einheit gerade die Kirche Christi ein Faktor der Uneinigkeit und Zwietracht sei? Wäre dies nicht einer der größten Skandale unserer Zeit?
Als Gläubige sind wir berufen, unseren Beitrag zum Aufbau des Europas des Jahres 2000, des Europas der Hoffnung zu leisten.
Völker des europäischen Kontinents, Christus sendet uns zu euch, um euch die göttlichen Gaben der Gemeinschaft und der Nächstenliebe anzubieten, die unser spezifisches geistliches Erbe bilden. Nehmt sie an! Wendet den Geist Dem zu, der das Herz des Menschen kennt und seine innersten Wünsche erfüllen kann. Ich bitte euch: „Laßt euch mit Gott versöhnen!”
Die Arbeiten der jetzigen Synodenversammlung heben die unverhofften Chancen hervor, die die Vorsehung uns in dieser Zeit schenkt.

7. Geliebte Brüder und Schwestern, Männer und Frauen guten Willens, Gott ruft uns auf, nicht der Versuchung des Egoismus nachzugeben, der nur zerstört. Er ruft uns auf, uns für das Geheimnis des Lebens und der Liebe zu öffnen: Hüter der Wahrheit und Baumeister eines dauerhaften brüderlichen Fortschritts zu sein.
„Das Alte ist vergangen, Neues ist geworden” (*2 Kor* 5,17).
So spricht Jahwe: Das „Wort, das meinen Mund verläßt: Es kehrt nicht leer zu mir zurück, sondern bewirkt, was ich will und erreicht all das, wozu ich es ausgesandt habe” (*Jes* 55,11).
Selig, die wie Maria glauben, „daß sich erfüllt, was der Herr gesprochen hat” (vgl. *Lk* 1,45).

Die ethischen Werte verteidigen und fördern

Ansprache an die Mitglieder der christlichen Arbeitnehmerverbände Italiens am 7. Dezember

1. Ich grüße euch alle, die Mitglieder der christlichen Verbände italienischer Arbeiter; besonders begrüße ich den Präsidenten, Doktor Giovanni Bianchi, dem ich zugleich für die einführenden Worte zu dieser wichtigen Begegnung danke, ferner den Kongreßdelegierten, die die Arbeiten in diesen Tagen geleitet haben. Ich freue mich, euch empfangen und eure Entschlossenheit feststellen zu dürfen, mit christlichem Mut in der Welt der Arbeit und innerhalb der bürgerlichen Gesellschaft voranzugehen.

Die Entscheidung, eure Verbände „christlich" zu nennen, ist eine deutliche Bekräftigung der Tatsache, daß das Leben der an Christus Glaubenden nicht nur die persönlichen Entscheidungen der Gefährten betrifft, vielmehr die Denk- und Vorgehensweise der ganzen Bewegung. Christsein bedeutet für einen jeden von euch das gläubige und frohe Ja zu Jesus Christus, dem menschgewordenen Sohn Gottes, der auferstanden ist und lebt, der von der Sünde befreit, sein eigenes göttliches Leben mitteilt und zur Mitarbeit an seiner Heilssendung aufruft.

Gewiß ist eine Bewegung christlich, weil sie ihre sozialen, wirtschaftlichen, gewerkschaftlichen und politischen Entscheidungen am Evangelium und an der Soziallehre der Kirche ausrichtet; sie ist es aber auch, weil sie als Bewegung die Mentalität formen und das geistliche Leben der Mitglieder so ausrichten möchte, daß sie in Christus den sicheren Führer finden, wenn sie als Fachleute auf den verschiedenen Gebieten der Welt die Probleme des modernen Lebens aufgreifen wollen. Die christliche Bildung muß daher das vorrangige Ziel der ganzen Bewegung sein, und diese muß daher auch mit den kirchlichen Strukturen der sozialen und Arbeitspastoral verbunden sein.

In dem Bemühen, eine echt christliche Bewegung zu sein, habt ihr zahlreiche und schwere Probleme zu meistern, die umfangreiches Wissen, gediegenen Glauben und hochherzige Liebe zu jedem Menschen, zumal zum schwächeren fordert.

2. Wenn heute auf der einen Seite glücklicherweise ein lebendigeres Bewußtsein für den Wert des Lebens und der Gesundheit eines jeden Menschen und ein immer wirksameres System der Vorbeugung von Unfällen am Arbeitsplatz sowie der Versorgung im Krankheitsfall vorhanden sind, so haben doch auf der anderen Seite Schutz und Förderung des Lebens von seiner Empfängnis an bis zum natürlichen Tod einen schweren Schlag durch die Mentalität und die staatliche Gesetzgebung erlitten, die die Abtreibung erlaubt; ebensowenig wird der Kampf gegen die Droge, gegen AIDS und die Umweltverschmutzung entschlossen und beharrlich geführt.

Die Welt der Arbeit hat besonderen Grund und Anlaß zur nachdrücklichen Beteiligung an dieser Aktion zur Förderung des Lebens, wobei sie vor allem die Beseitigung der moralischen, kulturellen und sozialen Ursachen dieser traurigen Tatsachen anstreben muß. Die Probleme des Lebens berühren jedes aufrichtige menschliche

Bewußtsein und jedes christliche Gewissen, und daher muß sich das Gewissen der christlichen Arbeiter zur Lösung dieser Fragen aufgerufen und angesprochen fühlen.

3. Der Christ schätzt die technischen Neuerungen, er weiß freilich zugleich um die Aufgabe, zu verhüten, daß sie Götzen werden; daß sie vielmehr in den Dienst des Gemeinwohls und unter die Kontrolle aller sozialen Kräfte gestellt werden.
Die Änderungen, die sie im Beruf, in der Arbeitsweise, der Arbeitszeit und auch in der menschlichen Psyche bewirken, bringen eine Reihe von Problemen mit sich, die ihr täglich gemeinsam mit den übrigen sozialen Kräften in einem aufrichtigen Dialog mit den Verantwortlichen für die Einführung dieser Änderungen bewältigen müßt, ohne je das Ziel aus den Augen zu verlieren, das immer die gesamtheitliche Entfaltung einer jeden Person bleibt.
Mit den technischen Problemen sind die der Wirtschaft und des Marktes verbunden. Eine genaue Kenntnis der Mechanismen des Marktes wird euch ein vereintes Wirken mit den sozialen Kräften und den staatlichen Organen gestatten, damit der Markt wirklich im Dienst des Gemeinwohls steht (vgl. *Centesimus annus*, Nr. 35 und öfter), das gewiß freie Initiativen fordert, aber auch, daß diese für den Menschen und in menschlicher Weise entfaltet werden. Von daher ergibt sich die Pflicht, freie Initiativen und eine Wirtschaftspolitik zu entwickeln, die für die Arbeitslosen, zumal wenn es sich um Jugendliche handelt, Arbeitsplätze schafft (vgl. *ebd.*, Nr. 43).
Was ihr für die Heranbildung der Jugend, die Durchsetzung der Gerechtigkeit und einen nicht nur wirtschaftlichen, sondern auch sozialen und moralischen Fortschritt leistet, stellt einen wichtigen Beitrag dar. Ein ernsthaftes Studium der Probleme der Arbeit und aller mit ihr verbundenen Aspekte wird euch auch zu einem besseren Verständnis des Verhältnisses zwischen Arbeit und Migration, zwischen Arbeit und gewerkschaftlicher, sozialer und politischer Tätigkeit verhelfen.
Ich weiß, daß ihr dem Unternehmen als Arbeitsgemeinschaft besondere Aufmerksamkeit schenkt (vgl. *ebd.*, Nr. 32-35). Jedes Unternehmen muß eine echte Gemeinschaft werden, auch wenn die Rollen unterschiedlich bleiben. Denn jeder hat klare Rechte und Pflichten, die so koordiniert werden müssen, daß der Weg für immer breitere Formen der Beteiligung frei wird. Denn nur so wird die Wiederherstellung einer gerechten Mitverantwortung für die Probleme der Arbeit und der Wirtschaft möglich sein.
Die Anwesenheit der Einwanderer macht euch eine Überprüfung dieser Orientierung möglich, und ihr könnt ihre tatkräftige und herzliche Aufnahme sowie Formen des Dialogs ermöglichen, der auch für die Verkündigung Christi offen ist. So wird mehr und mehr jene „echte Kultur der Arbeit" (vgl. *ebd.*, Nr. 15) aufgebaut, die für die Entwicklung der menschlichen Kultur insgesamt so wichtig ist.

4. Die Krise der modernen Gesellschaft wird überwunden, wenn man der Ehe und Familie ihr wahres Gesicht und ihre eigentliche Aufgabe zurückgibt. Das aber kann im Vollmaß geschehen, wenn sich die Familie auf die unauflösliche Einehe gründet, die unser Herr Jesus zur Würde eines Sakramentes erhoben hat; wenn die soziale,

wirtschaftliche und arbeitsbezogene Ordnung sie in ihrer ehelichen Gemeinschaft sowie in der Zeugung und Erziehung der Kinder nicht behindert, sondern fördert; wenn die Rolle der Frau als Braut und Mutter auch unter wirtschaftlichem Aspekt über die kulturelle Wertschätzung hinaus konkret unterstützt wird; wenn die Familie in ihren Erziehungsrechten und -pflichten gegen ungerechte Einschränkungen ihrer freien Wahl der Erziehungsangebote und Schulen geachtet wird; wenn in ihr das geistliche Leben gepflegt wird und das Wachstum der Gatten und der Kinder gleichermaßen vorankommt. Die Welt der Arbeit wird so zum Ort, wo die Familie ihre Natur und ihre Aufgaben wiederfinden kann.

5. Wir müssen fähig und mutig genug sein, das, was geändert werden muß, auch wirklich zu ändern. Aber noch mehr Mut ist erforderlich zur Bekämpfung jeder Form des persönlichen und sozialen Egoismus. Seid daher zu jedem Opfer bereit, um in euch und im sozialen Leben die moralischen Werte neu zu kräftigen. Sie bilden das Fundament eines jeden staatlichen Lebens und jedes sozialen Wirkens (vgl. *ebd.*, Nr. 46). Öffnet euer Leben für Christus, die Grundlage und Kraft für die Freiheit, die die Wahrheit annimmt (vgl. *ebd.*, Nr. 46). Ein wirklich zivilisierter Staat darf die Notwendigkeit moralischer Werte nicht mißachten. Eure Ausbildung und eure soziale Präsenz müssen daher ein ausgeprägtes Zeugnis zur Folge haben, das allen hilft, entschieden wieder den Weg der moralischen Glaubwürdigkeit zu beschreiten.
Eine christliche Bewegung, die im sozialen Bereich tätig ist, muß ihrerseits in der Verteidigung und in der Förderung der ethischen Werte, in denen sich die volle Wahrheit über den Menschen, wie sie sich in Jesus Christus geoffenbart hat, widerspiegelt, unbedingt einen mächtigen Impuls für ein einheitliches Vorgehen der Katholiken erblicken, das zum Wohl Italiens schon so viel beigetragen hat und weiter beitragen kann (vgl. *Ansprache an den kirchlichen Kongreß von Loreto*, 11. April 1985, Nr. 8).
Wenn ihr ernsthaft für das Gemeinwohl arbeitet, setzt euch vor allem für die ärmsten Völker ein, die kraft des Grundsatzes der Bestimmung der Güter dieser Erde für alle ein Recht auf eure Solidarität besitzen; nach dem Maß dieser Solidarität wird der Herr einst euch als Personen, euer Tun und die Gemeinschaft richten, der ihr angehört.

6. Liebe Arbeiterinnen und Arbeiter der ACLI, ich kann diese Ausführungen, die ich in dieser großen Stunde der Geschichte eurem verantwortlichen Einsatz als engagierte Christen anvertraue, nicht beenden, ohne an die Spiritualität zu erinnern, die eure tägliche Arbeit in der Tiefe bestimmen muß. Dieser Spiritualität habe ich den letzten Teil der Enzyklika *Laborem exercens* gewidmet, weil ich wohl weiß, daß „die Kirche eine besondere Verpflichtung in der Herausbildung einer Spiritualität der Arbeit erblickt, deren Sinn es ist, allen Menschen zu helfen, durch die Arbeit Gott, dem Schöpfer und Erlöser, näherzukommen, an seinem Heilsplan für Mensch und Welt mitzuwirken und in ihrem Leben die Freundschaft mit Christus zu vertiefen und durch den Glauben lebendig teilzunehmen an seiner dreifachen Mission als

Priester, Prophet und König, wie es das II. Vatikanische Konzil in herrlichen Wendungen beschrieben hat" (vgl. Nr. 24).
Wie nämlich die Pastoralkonstitution *Gaudium et spes* betont, „erhält der Mensch [durch seine Arbeit] sein und der Seinigen Leben, tritt in tätigen Verbund mit seinen Brüdern und dient ihnen; so kann er praktische Nächstenliebe üben und seinen Beitrag zur Vollendung des Schöpfungswerkes Gottes erbringen. Ja, wir halten fest: Durch seine Gott dargebrachte Arbeit verbindet der Mensch sich mit dem Erlösungswerk Jesu Christi selbst, der, indem er in Nazareth mit eigenen Händen arbeitete, der Arbeit eine einzigartige Würde verliehen hat" (Nr. 67).
Möge Er, Jesus Christus, Licht und Kraft sein für euer Bemühen, eure Arbeit und die ganze Welt der Arbeit vom Evangelium her zu gestalten.
Mit diesen Wünschen, denen ich mein Gebet hinzufüge, erteile ich euch allen und euren Familien meinen besonderen Segen.

Maria - eine einzigartige Zeugin

Predigt bei der Eucharistiefeier in Santa Maria Maggiore am Fest der Immakulata, 8. Dezember

1. „Sei gegrüßt, du Begnadete" (*Lk* 1,28).
Der Bote nennt die Jungfrau von Nazaret „voll der Gnade". Ihr Name ist Maria. Der Engel trägt den Namen Gabriel, einen Namen, der eine besondere Bedeutung hat. Gabriel heißt nämlich „Kraft Gottes". Kraft aber bedeutet Macht: die Macht Gottes. Gabriel ist also der Bote der Macht Gottes. Er sagt zur Jungfrau: „Der Heilige Geist wird über dich kommen, und die Kraft des Höchsten wird dich überschatten. Deshalb wird auch das Kind heilig und Sohn Gottes genannt werden" (*Lk* 1,35).
Zum Abschluß seiner Sendung fügt er hinzu: „Für Gott ist nichts unmöglich" (*Lk* 1,37). Die Tatsache, daß der Sohn Gottes Mensch wird, ein Sohn der Jungfrau, kommt durch die Macht Gottes, ja durch seine Allmacht zustande!

2. Doch der Name des Engels „Kraft Gottes" bedeutet zugleich Mut oder hohen Mut. Auch in diesem Sinn stimmt der Name des Boten [Gabriel] mit dem Inhalt der Verkündigung überein, denn er offenbart gewissermaßen die heroische Tugend dessen, der gleichen Wesens mit dem Vater und Sohn Gottes ist, nun aber Mensch wird. Schon indem er Mensch wird, Menschensohn, zeigt Gott eine Liebe, die in ihrem Heroismus wahrlich unüberbietbar ist (vgl. *Phil* 2,6-11). Dieser Heroismus der Liebe erreicht seinen Höhepunkt am Kreuz Christi, in seinem Paschamysterium: „Da er die Seinen, die in der Welt waren, liebte, liebte er sie bis ans Ende" (vgl. *Joh* 13,1).

3. Viele nehmen ohne Schwierigkeit die Allmacht Gottes an, die sich in der Schöpfung und in der Vorsehung offenbart. Schwer wird es ihnen aber, eine Liebe anzunehmen, die an den Heroismus der Nacht von Betlehem und des Kreuzes auf Golgota gebunden ist: an den Heroismus der Menschwerdung und der Erlösung.

Maria ist die erste unter denen, die das unaussprechliche Geheimnis der Selbstoffenbarung Gottes in seinem ewigen Sohn, der zugleich ihr Sohn wird, annehmen. Der Bote nennt Maria „voll der Gnade". Sie ist im Vollmaß für die Macht Gottes, der Liebe ist, offen. Sie ist in ihrem Glauben vollkommen klar und rein: die Gesegnete, weil sie geglaubt hat. In ihr besteht nicht das Hindernis der Sünde, auch nicht das der Erbsünde. Die Erlöserliebe ihres Sohnes hat sie bereits im ersten Augenblick ihrer Empfängnis durch ihre irdischen Eltern umfangen und durchdrungen.

4. In diesem Punkt unterscheidet sich die Jungfrau von Nazaret wesentlich von Adam nach dem Sündenfall. Adam möchte sich unter den Bäumen des Paradieses verbergen. Auf die Stimme Gottes und seine Frage: „Wo bist du?", antwortet er: „Ich habe mich versteckt, ich hatte Angst, weil ich nackt bin, und so habe ich mich versteckt" (vgl. *Gen* 3,9-10). Vorher kannte er keine solche Angst. Vorher schaute er gerade in die Augen des Schöpfers und befand sich in einem innigen Verhältnis zu ihm wie Sohn und Vater.

Diese Urangst und das daraus folgende Sich-Verbergen dauern an in der Geschichte des Menschen. Der Mensch kann Gott lieben oder ihm den Rücken zuwenden, und oft wählt er letztere Haltung. Er verbirgt sich also nicht nur im Schutz seines Inneren vor Gott, sondern verschließt sich durch sein Tun auch vor dem Schöpfer, so daß Gott unerkenntlich wird; Gott bleibt eine bloße Hypothese des Verstandes, während er doch die erste Wirklichkeit ist. Auf diese Weise versucht der Mensch - zumal in der modernen Zeit - sein pragmatisches Verhalten zu rechtfertigen, wenn er lebt, als ob es Gott nicht gäbe.

5. Mitten in all dem bleibt Maria eine einzigartige Zeugin der Anwesenheit Gottes in der Welt: „Der Herr ist mit dir" (*Lk* 1,28). Dank der Transparenz ihres Menschseins ist Gott in unserer Mitte gegenwärtig in der ganzen absoluten Wahrheit seiner Selbstoffenbarung: in der Wahrheit der Menschwerdung und Offenbarung, in der Wahrheit seiner heroischen Liebe, der Liebe bis ans Ende.

6. In diesen Tagen gehen die Arbeiten der Synode der Bischöfe Europas weiter. Das heutige Marienfest ist für sie besonders wichtig. Wie aktuell ist die Liturgiefeier der Unbefleckten Empfängnis!

In diesem Heiligtum Mariens, des „Heils des römischen Volkes", bitten wir vertrauensvoll die Mutter Gottes um ein gutes Ergebnis der Arbeiten der Synode. Wir beten, daß der, „der in uns dieses gute Werk begonnen hat, es auch vollenden wird bis zum Tag Jesu Christi" (vgl. *Phil* 1,6).

Christus aber möge in dieser Adventszeit aus den Händen seiner unbefleckten Mutter diese unsere Wünsche und Anliegen entgegennehmen. Amen!

Die Erlösung begann mit Dir

Gebet zur Immakulata vor der Mariensäule auf dem Spanischen Platz am 8. Dezember

1. „Am Himmel erschien ein großes Zeichen: eine Frau, mit der Sonne bekleidet" (vgl. *Offb* 12,1).
Auf diesem römischen Platz versammelt, richten wir unsere Augen auf das Zeichen der Frau, am Festtag ihrer Unbefleckten Empfängnis.
In diesem Zeichen offenbart sich nach dem Sündenfall des Menschen die erste Ankündigung des Advents für die ganze Menschheit.
Von ihr haben die Propheten des Alten Bundes gesprochen.
In der Nacht von Betlehem geschah die erste Erfüllung dieser Ankunft.
In jener Nacht hat sich der ewige Sohn Gottes als Kind der Frau offenbart.
„Selig bist du, weil du geglaubt hast!" (vgl. *Lk* 1,45).
Die Erlösung der Welt begann in dir: Du bist die erste unter allen Erlösten, die Frau, mit der Sonne bekleidet, die von Gott erwählte Frau: voll der Gnade!
Wir richten unsere Augen auf den Advent der zweiten Ankunft, die durch Tod und Auferstehung des Sohnes vorbereitet wurde, der sich bereits im Herzen der Mutter als der offenbarte, der war, der ist und der kommen soll (vgl. *Offb* 4,1.8).

2. Richten wir unsere Augen auf das Zeichen der Frau, die Urbild der Kirche und ihres unaufhörlichen Advents ist.
Die Kirche in der ganzen Welt, die Kirche in Europa, im Osten und im Westen, richtet ihre Augen auf dich Theotókos, Gottesmutter!
An vielen Orten, in vielen Ländern und Sprachen reden zu dir und von dir Mund und Herz der Menschen.
Auf vielen Gnadenbildern blicken dich die Augen an in den ehrwürdigen Heiligtümern Europas.
Auch die Bischofssynode für Europa ist ein besonderer Ausdruck all dieser Empfindungen, dieser Melodien und Liturgiefeiern, die dich mitten in unserer Geschichte präsent machen.
Du stehst einem jeden und allen zur Seite; durch dich aber steht Er, dein Sohn, uns zur Seite.

3. O demütige und zugleich mächtige Magd, seit Beginn der Geschichte bist du am Kampf gegen den Vater der Lüge beteiligt, der die ganze Welt betrügt.
In deiner Unbefleckten Empfängnis ist uns Hoffnung auf Sieg gegeben.
Wir fliehen erneut unter deinen Schutz am Ende dieses Jahres, dieses Jahrhunderts und dieses Jahrtausends.
Das fleischgewordene Wort bleibe immer in der Kirche und breite seine Erlöserkraft bis an die Grenzen der Erde aus.
Es möge Denken, Tun und die Herzen der Menschen erneuern.
Christus sei unsere Zukunft, das Ereignis aller Zeiten, das Licht und die Kraft aller Geschlechter.

O unsere Herrin, Beschützerin und Mittlerin, O unbefleckte Gottesmutter und unsere süßeste Mutter! Amen.

Ort des Willkommens und des Dialogs

Ansprache anläßlich des Besuchs auf dem Flughafen *Leonardo da Vinci* am 10. Dezember

Herr Minister,
Herr Präsident des Europäischen Verkehrsunternehmerverbands,
meine Herren Präsidenten der Fluggesellschaften,
liebe Brüder und Schwestern!

1. Ich bin froh, heute zum freudigen Anlaß des Festes der Muttergottes von Loreto, der Schutzpatronin der „Menschen auf dem Flugweg", in eurer Mitte sein zu können, um gemeinsam mit euch den Internationalen Tag des Flugverkehrs zu begehen. Ich bin gekommen, euren Besuch zu erwidern und um den wichtigen und funktionellen Flughafenkomplex von Fiumicino näher kennenzulernen; er ist Arbeitsplatz und Durchgangsort zahlreicher Menschen, bedeutsamer Mittelpunkt der Tätigkeit vieler Fluggesellschaften und wichtiger Knotenpunkt des eskalierenden europäischen und internationalen Flugverkehrs.
Aufgrund meiner apostolischen Reisen habe ich oft die Gelegenheit, eure Dienste in Anspruch zu nehmen; aber es handelt sich meist um notwendigerweise kurze Aufenthalte und Reisen.
Das heutige Treffen soll hingegen von mehr vertrautem Charakter sein, bestimmt von meinem innigen Wunsch, euch allen meine Dankbarkeit für eure liebenswürdige und tüchtige Mitarbeit auszudrücken.

2. Herzlichst danke ich dem Präsidenten des Europäischen Verkehrsunternehmerverbands (AEA) und Geschäftsführer der Alitalia, Dr. Giovanni Bisignani, für die Worte, die er als Sprechrohr eurer aller Gesinnung an mich gerichtet hat.
Ich begrüße die anwesenden Obrigkeiten, insbesondere Verkehrsminister Carlo Bernini, die Botschafter zahlreicher Länder, an die ich mich lebhaft und gerne erinnere, die Präsidenten der Fluggesellschaften, die sich zu diesem Anlaß hier eingefunden haben, den Präsidenten der Einrichtung für den Industriellen Wiederaufbau (IRI), Dr. Franco Nobili, die Betriebsleitung der Alitalia, die Verantwortlichen des Flughafens und alle diejenigen, die hier mit verschiedenen Aufgaben ihre qualifizierte Arbeit leisten.
Mit Zuneigung und Hochachtung wende ich mich an den Apostolischen Nuntius in Italien, Msgr. Luigi Poggi, an den Vizegerenten von Rom, Weihbischof Remigio Ragonesi, in Vertretung von Kardinal Camillo Ruini, der durch die Arbeiten der Sondersynode für Europa unabkömmlich ist, an Msgr. Diego Bona, den Hirten dieser Teilkirche, an die Seelsorger der Pfarreien Fiumicinos, an die kirchlichen Gesell-

schaften und die Bewohner dieses Landstrichs, reich an Geschichte und Tradition, wo bereits in frühchristlicher Zeit die Diözese Porto entstand.

3. Liebe Brüder und Schwestern, ich komme als Botschafter der Hoffnung und des Friedens zu euch.
Ich bin hier, um einem jeden von euch meine aufrichtige Hochachtung für die von euch verrichtete Arbeit auszusprechen im vollen Bewußtsein der Schwierigkeiten und der Mühe, die sie oft mit sich bringt.
Der heutige Anlaß gibt uns außerdem die Möglichkeit, über die grundlegende Rolle nachzudenken, die der komplexen Welt des Flugverkehrs in der modernen Gesellschaft zukommt.
Das Fest der Muttergottes von Loreto, das wir heute feiern, ist eine willkommene Gelegenheit, um den fortwährenden und mütterlichen Schutz Marias für eure Tätigkeiten, eure Vorhaben, eure Person und eure Familien zu erbitten.
Gleich beginnen wir mit der heiligen Eucharistiefeier. Um den Altar des Herrn versammelt, werden wir spüren, wie wichtig es ist, in Brüderlichkeit und Solidarität zu wachsen, und wir werden erfahren, daß dieses Wachsen eine Gabe des Herrn ist, ein Auftrag, den er einem jeden von uns anvertraut.
Ich möchte diese kurze Ansprache mit einem Wunsch beenden: möge der Flughafen „Leonardo da Vinci", dank des Einsatzes aller, immer ein Ort des Willkommens und des Dialogs sein.
Möge er eine einzige große Familie sein, in der Eintracht und Freundschaft herrschen.
In diesem Sinne segne ich euch alle von Herzen.

Verständigung unter den Völkern

Predigt während der Eucharistiefeier auf dem römischen Flughafen *Leonardo da Vinci* anläßlich des internationalen Tages für den Flugverkehr am 10. Dezember

1. „Denn für Gott ist nichts unmöglich" (*Lk* 1,37).
Die Worte, die wir eben gehört haben, sind dem Lukasevangelium entnommen. So wendet sich der Engel Gabriel an Maria, denn er war „zu einer Jungfrau gesandt. Sie war mit einem Mann namens Josef verlobt, der aus dem Haus David stammte" (*Lk* 1,27).
Durch das Werk des Heiligen Geistes erfüllt sich in ihr der seit langem erwartete Heilsplan, den Jahwe, jeden Widerstand und jedes Hindernis überwindend, vollzieht.
„Denn für Gott ist nichts unmöglich!"
Liebe Brüder und Schwestern, hier haben wir das Geheimnis der Menschwerdung Christi vor uns, das die Geschichte der Welt verändert hat.
Jetzt in der Adventszeit befassen wir uns intensiver damit, während wir uns darauf vorbereiten, das Weihnachtsfest zu feiern. Mit den Augen auf die Mutter des Herrn

gerichtet, denken wir darüber nach, denn sie ist diejenige, „die geglaubt hat, daß sich erfüllt, was der Herr ihr sagen ließ” (*Lk* 1,45).

2. „Fürchte dich nicht, Maria” (*Lk* 1,30). So beruhigt sie der Engel, als er ihr eine Botschaft der Freude und des Trostes für alle Generationen der Menschheit überbringt. Der Messias, seit Jahrhunderten erwartet, wird Herr des Friedens und der Gerechtigkeit: „Er wird über das Haus Jakob in Ewigkeit herrschen, und seine Herrschaft wird kein Ende haben” (*Lk* 1,33).
Das Reich Gottes ist also bereits unter uns.
So fürchte dich nicht Christenvolk, denn du hast auf den Herrn vertraut!
Durch Christus ist dir das Licht gegeben worden, das deinen Weg erleuchtet; das Tor zum Reich Gottes, das nicht von dieser Welt ist, hat sich geöffnet (vgl. *Joh* 18,36), und der Zugang zur ewigen Quelle der Heiligkeit ist dir ermöglicht worden.

3. Maria antwortete: „Mir geschehe, wie du es gesagt hast” (*Lk* 1,38).
Liebe Brüder und Schwestern, das heutige Fest hält uns dazu an, auf Maria zu schauen: sie zu betrachten und ihr nachzufolgen.
Maria ist die ergebene Dienerin des Herrn, die, wie das II. Vatikanische Konzil passenderweise bemerkt, jetzt auf Erden „bis zur Ankunft des Tages des Herrn als Zeichen der sicheren Hoffnung und des Trostes dem wandernden Gottesvolk voranleuchtet” (vgl. *Lumen gentium*, Nr. 68).
Sie erinnert uns daran, daß, wenn wir jedem unserer persönlichen Vorhaben einen wahren Wert zumessen und gemeinsam eine gerechtere und brüderliche Gesellschaft aufbauen wollen, wir das Licht und die nötige Kraft dafür aus diesem Geheimnis, von dem das Evangelium heute zu uns spricht, schöpfen können. Es geht darum, wie Maria, das Wort Gottes aufzunehmen und mit ehrlicher Bereitschaft zu sagen: „Ich bin die Magd ..., mir geschehe, wie du es gesagt hast” (*Lk* 1,38).
Eben in dieser Bereitschaft gegenüber dem göttlichen Wirken liegt die Berufung jedes Gläubigen: jedes einzelnen, denn durch die Taufe sind wir dazu berufen, den Menschen unserer Zeit das Evangelium der Hoffnung und der Barmherzigkeit zu verkünden und durch unser Beispiel zu leben. Dies ist eine Aufgabe von großer Dringlichkeit, was auch aus der Arbeit der Bischofssynode für Europa hervorgeht: eine neue, mutige Evangelisation, die den Beitrag aller erfordert.

4. Liebe Brüder und Schwestern, machen wir uns den Ruf der heutigen Liturgie zu eigen, um diesen Internationalen Tag des Flugverkehrs um so feierlicher zu gestalten.
Heute verehren wir Maria unter dem Namen der Muttergottes von Loreto, der Schutzpatronin der „Menschen auf dem Flugweg”. Wir rufen sie an, damit sie über eure oft riskante und schwere Arbeit und alle diejenigen wachen möge, die mit verschiedenen Aufgaben zum reibungslosen Ablauf des Flughafenbetriebs beitragen.
Die komplexe Welt des Flugverkehrs ist sicher eine bedeutende und grundlegende Wirklichkeit unserer Zeit. Sie beschäftigt über zwanzig Millionen Menschen und

befördert durchschnittlich zirka eine Milliarde Passagiere im Jahr, womit sie das Leben und die Gewohnheiten der Menschen zutiefst prägt.

5. Vom Altar aus übermittle ich eurer großen Arbeitsgemeinschaft meine herzlichen Grüße.
Ich danke jedem einzelnen von euch für seine Anwesenheit und den warmherzigen Empfang.
Das Wort „Flughafen" ruft die Erinnerung an die Geschichte Portos wach, der antiken Stadt, die jahrhundertelang der Landungsplatz für Menschen und Güter auf dem Weg nach Rom war. Auch heute leistet ihr weiterhin den gleichen Dienst, der für die wachsende Verständigung unter den Völkern von großem Nutzen ist: einen Dienst am Menschen, dem Weltbürger.
Dank der zunehmenden Inanspruchnahme des Flugzeugs scheint die Erdkugel ein leicht zu durchquerendes „Dorf" geworden zu sein, wo die Entfernungen sich verkürzen und die Beziehungen unter den Menschen und den Völkern einfacher und häufiger werden. Mit eurer Tätigkeit, mit der Arbeit eines jeden, tragt ihr entschieden zu diesem technischen und sozialen Fortschritt bei. Fühlt euch deshalb alle dieser Aufgabe verpflichtet, die es trotz der steigenden Leistungsfähigkeit nicht versäumen darf, die unverzichtbaren Werte des Menschen zu verteidigen und zu fördern.

6. „Vor allem aber liebt einander" (*Kol* 3,14).
In dem eben verlesenen Brief an die Kolosser fordert uns der Apostel Paulus auf, unsere zwischenmenschlichen und intergemeinschaftlichen Beziehungen mit gegenseitiger Liebe zu nähren, inspiriert von Barmherzigkeit und Güte, Demut, Sanftheit und Geduld. Es handelt sich dabei um ein anspruchsvolles Lebensprogramm.
Liebe Brüder und Schwestern, achtet darauf, in euren Beziehungen zu den Menschen niemals kalt und kurz angebunden zu sein: möget ihr hingegen die Fähigkeit haben, allen, denen ihr begegnet, Aufmerksamkeit, Verständnis, Achtung und Sympathie entgegenzubringen.
Von Christus lernen wir, unseren Brüdern ernsthaft zuzuhören, sie zu verstehen, ihnen zu verzeihen und sie anzunehmen, sie zu lieben und ihnen zu helfen.
Der Flughafen hat eine kleine Kapelle, die seinen geistlichen Mittelpunkt bildet. Verweilt, wenn ihr die Möglichkeit habt, im Gebet vor dem Tabernakel, wo der göttliche Erlöser wahrhaft zugegen ist. In der Stille wird er zu euren Herzen sprechen: er wird euch helfen, an diesem Ort, wo sich Völker aller Rassen, Kulturen und Religionen kreuzen, die Urheber innerer Ruhe, des Friedens und der Solidarität zu sein.
Aus allen Teilen der Welt landen hier Menschen, deren Herzen voller Freuden und Hoffnungen, aber auch voller Sorgen und Probleme sind. Wie sehr wünscht man in solchen Situationen einem freundlichen Gesicht zu begegnen, ein nettes Wort zu hören oder eine liebenswürdige Geste und wahres Verständnis zu empfangen!
Der Flughafen „Leonardo da Vinci" war leider früher der Schauplatz schwerer Gewaltakte. Während wir für die Opfer dieser Taten den himmlischen Frieden und

Barmherzigkeit erbitten, beten wir, daß die Hilfe Gottes euch allen, die ihr hier eurer Arbeit nachgeht und denen, die hier nur auf der Durchreise sind, nie fehlen möge.

7. Möge euch die Jungfrau Maria schützen, die wir heute auf besondere Weise verehren. An sie richten wir auch unser Gebet.
Maria ist der Weg Christi, der Weg zu Christus, sie ist die Hoffnung und die Stütze in unserem Leben.
Maria ist die „Magd Gottes", die uns ermutigt, wie sie jeden Tag zu beten.
„Mir geschehe, wie du es gesagt hast" (*Lk* 1,38).
Hilf uns, Maria, unser aller Mutter, Muttergottes von Loreto.
Steh uns bei, auf Erden und im Himmel.
Amen!

Vereinigung der Völkerfamilie zu einem Volk Gottes

Ansprache zum Abschluß der Spezialversammlung der Bischofssynode über Europa am 13. Dezember

1. Respice finem!
In dem Augenblick, da wir uns dem Ende der Spezialversammlung der Bischofssynode über Europa nähern, scheint es mir angemessen, an die Anfänge dieser Synode zu erinnern. Diese Anfang ist mit dem 22. April 1990 (Weißer Sonntag und Oktav von Ostern) und mit Velehrad in Mähren verbunden. Dort wurde diese Synode zum ersten Mal angekündigt. Aber die Begleitumstände dieser Ankündigung enthüllten rasch die Vielfalt der Vorgänge und der Motive, die sie ausgelöst hatten. Sie sind in erster Linie historischer Art. Sie sind verbunden mit der Geschichte unseres schwierigen Jahrhunderts. Die Pilgerreise zum Wallfahrtsort der heiligen Kyrill und Method bekräftigte die Tatsache, daß die politischen Folgen des furchtbaren Zweiten Weltkriegs überwunden waren und die beiden bisher (durch die Berliner Mauer) getrennten Teile Europas den direkten Weg zur Wiederherstellung des gemeinsamen „europäischen Hauses" einschlagen konnten.
Doch das Symbol von Velehrad führt darüber hinaus und verzweigt sich in zwei Richtungen: zum einen in die Vergangenheit, zum anderen in die Zukunft. In die Vergangenheit geblickt, war es in gewissem Sinn im voraus geprägt von der Proklamation der heiligen Slawenapostel Kyrill und Method zu Ko-Patronen Europas, zusammen mit dem heiligen Benedikt. Diese Gestalten sprechen von den Wegen, die die Evangelisierung unseres Kontinents im ersten Jahrtausend ging. Sie führen indirekt an die Wurzeln des Baumes Evangelium, der sich entfaltete und Europa mit seinen zwei großen Zweigen Okzident und Orient umfaßte. Auf diese Weise gelangen wir direkt an die Quellen der Einheit zurück, die Christus selbst und das direkt von ihm empfangene apostolische Erbe der Kirche ist. Gleichzeitig berühren wir die Ursprünge der Vielfalt, die diese Einheit voraussetzt. Es genügt, an die Worte des

Missionsauftrags Christi zu erinnern: „Geht ... und lehrt alle Völker" (vgl. *Mt* 28,19).

Diese Vielfalt ist auf dem europäischen Kontinent besonders reich. Die aus der Antike ererbte griechische und lateinische Tradition wurde schon im Lauf des ersten Jahrtausends unter den europäischen Nationen und Völkern gefestigt. In Übereinstimmung mit dem apostolischen Auftrag Christi wurde dieses Doppelerbe vom Werk der Evangelisierung bestätigt, um in ihr seine neue christliche Form zu finden.

Die Synode der europäischen Bischöfe ist letztlich begründet durch den Umstand, daß das Jahr 2000 nahe ist: das Ende des zweiten Jahrtausends und der Beginn des dritten Jahrtausends der Menschheitsgeschichte nach Christus. Aus dem zweiten Jahrtausend geht das Christentum - im Gegensatz zum ersten - gespalten, aber voll Sehnsucht nach einer neuen Einheit hervor. Zur Synode wurden deshalb nicht nur die Vertreter aller Episkopate, sondern auch Delegierte der Kirchen und Gemeinschaften eingeladen, die zusammen mit uns durch den ökumenischen Dialog jene Einheit suchen, um die der Herr mit seinen Jüngern gebetet hat. Die Tatsache, daß nicht alle gekommen sind, hat nichts an dem Anliegen geändert, das von der Synode als „res nostra" aufgegriffen wurde. Die Worte des Gebetes Christi am Vorabend seines erlösenden Ostern gestatten es nicht, dieses Anliegen anders zu behandeln. Die Abwesenheit einiger „Bruder-Delegierter" war für die Synode eine „Kenosis" sui generis; in diesem Geist gelebt und empfunden, kann sie jedoch dem Anliegen dienen, für das sich die Synode engagiert hat.

2. Das Leitmotiv unserer Arbeiten war die Freiheit. Darin liegt gewiß ein gewisser Widerschein de Ereignisse, der unerwarteten Ereignisse des Jahres 1989. Mit den Augen des Glaubens suchen wir in diesen Ereignissen, die „Zeichen der Zeit" zu entdecken, das heißt, den biblischen „Kairos", der sich in der menschlichen Geschichte manifestiert. Wir haben uns von diesem Bewußtsein leiten lassen und sind als „Zeugen Christi, der uns befreit" zur Synode gekommen. Und alles, was im Lauf dieser zwei Wochen gesagt und von einander angehört worden ist, hat sich auf diesen Leitgedanken bezogen. Christus sagte zu den Aposteln: „Ihr werdet meine Zeugen sein ... bis an die Grenzen der Erde" (*Apg* 1,8). Dieser Auftrag betrifft alle Jünger, alle Christen, aber in besonderer Weise die Hirten der Kirche.

Es wäre schwierig, sich nicht bei dieser besonderen Bedeutung des Wortes „Zeugen" aufzuhalten, das von dem griechischen Ausdruck „martyr" kommt. Martyrium drückt aus, daß man das Leben für Christus und für die Wahrheit seines Evangeliums hingibt. Das ist die radikalste Ausdrucksform des Zeugnisses. Diese Ausdrucksform begleitet die Geschichte der Kirche seit ihrem Anfang und gibt ihrer Präsenz in der Welt ein besonderes Fundament. Die Phasen dieses „Martyriums" verschieben sich in verschiedene Richtungen und in verschiedene Zeiten; sie erreichen die Kirche an verschiedenen Orten der Erde, wie zum Beispiel der liturgische Kalender des Kirchenjahres bezeugt. Wir dürfen nicht vergessen, das sich dieses Martyrium im Laufe unseres Jahrhunderts in besonders intensiver Weise an verschiedenen Orten unseres Kontinents ereignet hat.

3. Als ich im Hinblick auf unsere Synode dem Patriarchen von Rußland schrieb, habe ich das Datum vom 30. Juni, dem Fest der römischen Protomärtyrer, gewählt, um auf die vielen Märtyrer Rußlands (und anderer Nationen des europäischen Ostens) seit dem Jahr 1917 hinzuweisen. Denn wir dürfen niemals vergessen, daß „sanguinis martyrum est semen christianorum”. Unsere Aufgabe besteht darin, dieses besondere Zeugnis unseres Jahrhunderts auszudrücken und in seiner Kraft die Wege zu jener Freiheit zu suchen, zu der Christus uns befreit.
Mit diesen Worten des Apostels ausgedrückt, drängt uns das Leitmotiv unserer Synode, die ganze Wahrheit über den Menschen neu zu lesen, wie sie vom II. Vatikanischen Konzil in Erinnerung gerufen worden ist. Denn Christus „macht ... dem Menschen den Menschen selbst voll kund und erschließt ihm seine höchste Berufung” (*Gaudium et spes*, Nr. 22). Auf diese Weise verbindet sich die Evangelisierung eng mit der Anthropologie. „Der Mensch, der auf Erden die einzige von Gott um ihrer selbst willen gewollte Kreatur ist, kann sich selbst nur durch die aufrichtige Hingabe seiner selbst vollkommen finden” (*Gaudium et spes*, Nr. 24). Christus, der Sohn Gottes, hat dem Menschen genau diese Wahrheit über den Menschen geoffenbart, vor allem durch sein eigenes Leben. Die Evangelisierung ist immer der Weg nach dieser Wahrheit. Im gegenwärtigen Abschnitt der Geschichte muß die Evangelisierung diese Wahrheit über den Menschen als ihre Aufgabe aufnehmen und die verschiedenen Formen „anthropologischer Verkürzungen” überwinden. Das ist auf unserem Kontinent besonders aktuell.

4. Auch in diesem Sinn: „Der Mensch ... ist ... der Weg der Kirche” (*Redemptor hominis*, Nr. 14).
Die Kirche folgt also dem Menschen, sucht den Menschen zusammen mit Christus. Das Jahr 1992, Jubiläumsjahr der Entdeckung Amerikas, ist gleichzeitig der Beginn eines neuen Abschnitts dieser Suche. Die amerikanischen Kirchen, besonders die Lateinamerikas, bereiten sich auf den 500. Jahrestag des Beginns der Evangelisierung vor. Das ist ein auch für Europa wichtiges Faktum, wie auch danach die Evangelisierung des afrikanischen Kontinents wichtig ist. In diesen Jahren feiern viele Kirchen in den Ländern des afrikanischen Kontinents die Hundertjahrfeier ihrer Evangelisierung; doch die Vor-Evangelisierung einiger von ihnen, zum Beispiel Angolas, geht auch auf fünf Jahrhunderte zurück, wie die Amerikas.
Von verschiedenen Seiten wird an die mit der Kolonialisierung dieser Kontinente verbundenen Mißbräuche erinnert. Wenn es auch richtig ist, die von den Europäern in den verschiedenen Augenblicken ihrer Geschichte begangenen Sünden einzugestehen, so kann man dennoch nicht ihren echten missionarischen Dienst vergessen, der immer eine Manifestation der Freiheit ist, zu der Christus den Menschen befreit. Man muß also hinzufügen, daß zusammen mit unserer Europa-Synode auch die Bischofssynode der afrikanischen Kirche voran geht. Obwohl diese letztere Synode ihre Arbeiten früher begonnen hat, ist es dennoch gut, daß die Bischofssynode Europas ihre Arbeiten früher beendet hat. Das entspricht in gewissem Sinn dem Rhythmus der Geschichte.

5. Unsere Synode fand während der liturgischen Zeit des Advent statt. Diese Tatsache ist von besonderer Beredsamkeit. Der liturgische Advent wird zu Beginn jedes Jahres wiederholt; die Wahrheit des Advent, die Wirklichkeit des Advent dauert immer und begleitet zugleich die Geschichte des Menschen. Er gehört zum Geheimnis der Kirche. Während der Synode haben wir versucht, noch einmal diese Wahrheit neu zu lesen. Wir haben versucht, sie in den konkreten Dimensionen unserer Zeit zu aktualisieren - und ebenso in den Dimensionen des europäischen Kontinents, in dem wichtige Veränderungen stattgefunden haben und stattfinden. In dieser großen Offenheit und Demut haben wir versucht zu verstehen, was der Heilige Geist den Kirchen im Osten und im Westen „sagt".

6. Besonders möchte ich das bewegende Zeugnis unterstreichen, das verschiedene Bischöfe aus Mittel- und Osteuropa für die unverbrüchliche Treue zu Christus und zum Stuhl Petri abgelegt haben, die sie auch unter den Verfolgungen und Bedrängnissen der vergangenen Jahrzehnte aufrecht erhalten haben.
Wie aus den Berichten der Sprachgruppen hervorgeht, haben viele Synodenväter diesem Zeugnis beigepflichtet. Im Hinblick auf die Neuevangelisierung wurde hervorgehoben, daß die Einheit der Kirche die auf der Einheit des Episkopats cum Petro et sub Petro gründet, so wie sie im Osten das Leiden durch die Gewalt und die Übergriffe erhellt hat, auch die Hirten und die Gläubigen stützen kann, die den Verwirrungen der heutigen Gesellschaft ausgesetzt sind.
Damit der affectus collegialis und die communio Hierarchica (vgl. *Lumen Gentium*, Nr. 22) des Hauptes und der Glieder des Bischofskollegiums, zum Wohl der Evangelisierung in Europa verstärkt werden, bitte ich die delegierten Präsidenten, den General-Relator, den Generalsekretär und die Spezialsekretäre, analog zur Arbeit des Rates des Generalsekretariats der Bischofssynode die Aufgabe zu übernehmen, mir innerhalb eines Jahres einen konkreten Vorschlag für eine Struktur vorzulegen, die sich der Anwendung der Vorhaben der Synode widmet.
Diese Struktur muß sicherstellen, daß die Anstrengungen zur Evangelisierung durch den Apostolischen Stuhl, die Bischofskonferenzen und die entsprechenden Strukturen in den Orientalischen Riten in Europa ständig koordiniert werden und demselben Ziel in der am besten geeigneten, wirksamen und glaubwürdigen Weise zustreben.
Gern gebe ich die Freude zum Ausdruck, die ich spüre, weil ich in der Synodenaula Anteil hatte an der Sorge der Hirten der Kirche in Europa. Ich bin froh, mich ihren Überlegungen und Hinweisen anzuschließen, die sie in der Erklärung der Meditation aller anvertraut haben.

7. Morgen werden wir in der Eucharistiefeier gemeinsam für die Worte danken, die der Heilige Geist an uns gerichtet hat: an unser Gewissen als Bischöfe, an unser pastorales Gespür.
Wir möchten auch einander danken für den „Austausch der Gaben" mit dem der Geist des Vaters und des Sohnes die Gemeinschaft aufbaut, die verkündet, daß alles im trinitarischen Geheimnis Gottes seinen Anfang und sein Ziel hat.

Wir vertrauen die Ergebnisse der intensiven Synodenarbeit dieser Tage Maria, der Mutter der Kirche, an und erflehen von ihr den Sensus Ecclesiae, wenn wir die Hinweise und Vorschläge der Debatten in die Tat umsetzen.
Mit dem Blick auf sie, dem leuchtenden Vorbild aller Tugenden, bemühen wir uns, weiter in der Heiligkeit zu wachsen, die unserer Stellung als Hirten und Leiter in den christlichen Gemeinden eigen ist. Möge sie bei ihrem Sohn dafür eintreten, daß am Ende die gesamte Völkerfamilie in dem einen Volk Gottes vereint sei „zur Ehre der heiligsten und ungeteilten Dreifaltigkeit" (*Lumen gentium*, Nr. 69).

Die Botschaft zu den Menschen tragen

Ansprache während der Sonderaudienz anläßlich der Überreichung des Weihnachtsbaumes auf dem Petersplatz am 14. Dezember

Sehr geehrter Herr Bischof!
Herr Landeshauptmann, Herr Botschafter!
Liebe Pilgerinnen und Pilger!

Mit meinem aufrichtigen Dank für die sehr herzlichen Begrüßungsworte heiße ich Euch alle im Vatikan willkommen.
Ein Baum als Zeichen des Lebens unserer Natur aus den schönen Vorarlberger Wäldern ist auf dem Petersplatz nicht nur ein Gruß aus dem Lande, sondern auch ein Zeichen Eures lebendigen Glaubens. Mögen die Christen Eures Landes so aufrecht und lebendig den Glauben im alltäglichen Leben bekennen; wie dieser Baum auf dem Petersplatz steht und ein zeichenhafter Gruß aus Eurer Heimat ist.
Der Baum wird erleuchtet und bringt Freude. Ich wünsche Euch und allen Gläubigen der Diözese, daß sie „leuchtende Christen" seien, die durch ihr Leben den Mitmenschen Freude und Erlösung bringen.
Diese Form der erlösenden Liebe durch das Verkünden der Frohen Botschaft und das Vollbringen guter Werke ist ein entscheidender Beitrag in dem wichtigen Anliegen der Neuevangelisierung Europas.
Ich darf Eurem Bischof Küng sowie seinem Vorgänger Bischof Bruno Wechner herzlich danken für die vielen guten Hilfen zugunsten der Weltmission, der Caritas und zahlreicher anderer Werke des sozialen Dienstes, die vom Diözesanklerus sowie von Ordensleuten, Missionaren und vor allem auch durch die apostolischen Laienbewegungen gefördert und gewirkt werden. Der Christbaum auf dem Petersplatz ist ja ein Gruß von Euch allen, und so möchte ich diese herzlichen Dankesworte auch an alle richten und dazu einladen, wahrhaft Kirche zu sein und die Botschaft Christi zu allen Menschen zu tragen.
Dem Herrn Landeshauptmann sowie den Vertretern des Landes Vorarlberg und der Stadt Bregenz, den einzelnen verantwortlichen Mitarbeitern, aber ebenso den Pilgern gilt mein besonderer Gruß. Ich danke Ihnen herzlich, lieber Herr Bürgermeister von Bregenz, für den Christbaum, den Sie in so freundlicher Weise zur Verfügung

gestellt haben. Ihnen allen gilt mein Dank für die gute Zusammenarbeit mit der Bistumsleitung und für Ihre Aufgeschlossenheit, das öffentliche Leben, Politik, Wirtschaft und Kultur sowie das soziale Leben im christlichen Sinn zu gestalten und so Ihre gemeinsame Verantwortung für den Menschen und die Gesellschaft deutlich zu machen. Sie geben ein beredtes Zeugnis von der Mitverantwortung der Laien in der Kirche. Durch den Christbaum aus Ihrem Land teilen Sie mit uns die Freude der Weihnacht; dafür danke ich Ihnen aufrichtig.
Einen besonderen Gruß darf ich auch an die begleitenden Pilger richten, die als betende Gemeinschaft zugegen sind, an die Musikkapelle und an alle, die mitgeholfen haben, die organisatorischen und praktischen Arbeiten zu leisten. Euch allen, die ihr an dieser Begegnung teilnehmt, aber auch Euren Angehörigen zu Hause und allen Bürgern Eures Bundeslandes, erbitte ich den Frieden und die Freude der Heiligen Nacht sowie Gottes Segen und treues Geleit im neuen Jahr. Dazu erteile ich Euch von Herzen meinen Apostolischen Segen.

Alles gewinnt man durch den Frieden

Aufruf zum Gebet für die Völker Jugoslawiens vom 15. Dezember

Das Thema des Friedens ist in vielerlei Formen das Thema der gesamten Welt, aller Kontinente, aller Völker. In den vergangenen Wochen, in den vergangenen Monaten ist es auch zu einem „heißen" Thema unseres Kontinents geworden. Wir leiden zusammen mit unseren Brüdern und Schwestern vom anderen Adria-Ufer, mit allen ohne Ausnahme: mit den Serben, Kroaten, Slowenen und allen anderen Völkern Jugoslawiens. Wir versuchen, dieses Leid mit ihnen zu leben, zu teilen, aber vor allem zu beten, damit die Kraft des Friedens die Oberhand gewinne über diese Kräfte des Hasses, des Krieges, der Gewalt: Es siege die Kraft des Friedens! Jesus, der Friedensfürst: So nennen wir ihn immer in den Tagen der Vorbereitung auf das Weihnachtsfest. Er schenke den Frieden, er erleuchte die Herzen, das Denken und Handeln aller. Nichts kann man durch den Krieg, die Gewalt gewinnen; alles kann man mit dem Frieden gewinnen, zum Wohl dieser Völker, zum Wohl ihrer einzelnen Länder und ihres gesamten Landes; denn sie sind so nahe, sie sind unsere Nachbarn und sind uns so nahe. In diesen Tagen bedarf es eines intensiven Gebetes, eines lauten Schreiens nach dem Friedensfürsten für den Frieden unter unseren europäischen Nachbarn.

Seid Zeugen Christi in der Freiheit und Wahrheit!

Predigt beim Gottesdienst mit Studenten und Lehrern der römischen Hochschulen am 17. Dezember

1. „Denn alle, die sich vom Geist Gottes leiten lassen, sind Söhne Gottes" (*Röm* 8,14).
Diese Worte des Apostels Paulus bildeten den Leitfaden des vor kurzem in Jasna Góra begangenen Welttags der Jugend.
Es war eine ungewöhnliche Begegnung, bei der sich zum erstenmal die Jugendlichen des Westens mit denen des Ostens Europas getroffen haben. In Tschenstochau waren Jugendliche aus über 80 Nationen aller Kontinente vereint. Die Worte des hl. Paulus im Brief an die Römer standen in lebendigem Zusammenhang mit ihren Problemen, den Problemen der modernen Jugend in einer vielgestaltigen Welt.
Wir sind in Jesus Christus Söhne Gottes, geleitet vom Heiligen Geist: diese Wahrheit wurde als Grunddimension klar, in deren Licht die Jugendprobleme eine Lösung finden: „Jesus Christus ist derselbe gestern, heute und in Ewigkeit" (*Hebr* 13,8).

2. Liebe Jungen und Mädchen, diese unsere Eucharistiefeier setzt irgendwie die Erfahrung des VI. Welttags der Jugend fort. Die Erinnerung an ihn ist in uns noch sehr lebendig, dank auch der Anwesenheit einiger Jugendlichen unter euch, die teilgenommen haben. Ich grüße euch alle herzlich zugleich mit euren Gemeinschaften und den verschiedenen Studentengruppen, denen ihr angehört.
Ich habe eben aufmerksam euren beiden Sprechern zugehört, und ich danke ihnen, daß sie die Empfindungen und apostolischen Pläne, die euch erfüllen, zum Ausdruck gebracht haben.
Besonders begrüße ich den Kardinalvikar, Camillo Ruini, meinen ersten Mitarbeiter bei der Betreuung der Diözese Rom.
Mein ergebener Willkommensgruß gilt dann den Magnifizenzen der italienischen Universitäten, deren Anwesenheit bei dieser Feier mir erlaubt, Anteil zu nehmen an den Erwartungen und Hoffnungen der ganzen Universitätswelt Italiens. Ich richte daher einen herzlichen Gruß an die akademischen Autoritäten, an das nicht zum Lehrkörper zählende Personal und die Studenten der fünf römischen Universitäten: ich grüße euch von der „Sapienza", der ersten Universität Roms, die ich im vergangenen April besuchen konnte, und in meinem Geist ist die Erinnerung an diesen Besuch noch lebendig; ich grüße euch von der Fakultät für Medizin und Chirurgie der Katholischen Universität zum Heiligsten Herzen; euch von der freien internationalen Universität für Sozialwissenschaften (LUISS); euch von der zweiten Universität Roms, „Tor Vergata", endlich euch von der freien Universität Maria Assunta (LUMSA), die in diesem Jahr ihre vor 54 Jahren begonnene Arbeit in ihrer neuen Eigenschaft als katholische Universität fortsetzt.

3. Die Liturgie der Adventszeit stellt uns einen Mann vor Augen, der in einzigartiger Weise vom Geist Gottes geführt wurde: Josef von Nazaret.

Während Lukas die Szene der Verkündigung an Maria schildert, bietet uns Matthäus im heutigen Abschnitt aus dem Evangelium eine fast analoge Schilderung, so daß die Texte der beiden Evangelisten sich ergänzen. Der Botschaft des Engels an Maria, die versprochene jungfräuliche Braut Josefs, entspricht hier die von Josef im Traum empfangene Botschaft. Beide Schilderungen bilden gewissermaßen ein logisches Ganzes angesichts des Geheimnisses der Verkündigung und der Menschwerdung des Sohnes Gottes.
Der ewige Vater hatte beschlossen, daß die Jungfrau-Mutter des ewigen Sohnes in ihrem irdischen Bräutigam Josef eine menschliche Stütze finden sollte. Ihre Liebe wird so mitten ins Herz des Geheimnisses Gottes eingefügt, das von dieser Frau und diesem Mann: von Maria und Josef voller Verfügbarkeit angenommen wurde. Die gleichzeitige und gegenseitige Öffnung zeigt ihre einzigartige Größe, ihre Heiligkeit. Die Heiligkeit des Menschen ist ja immer Frucht der inneren Öffnung für das Wirken des Heiligen Geistes.

4. Der Advent ist die Zeit der Erwartung und der Öffnung für dieses göttliche Wirken. „Gott hat die Welt so sehr geliebt, daß er seinen einzigen Sohn hingab" (*Joh* 3,16). Durch diesen Sohn - seinen Sohn - tritt Gott in die Geschichte des Menschen ein, um sie nach seinem göttlichen Maß zu gestalten. Er tritt durch Menschen in die menschliche Dimension der ganzen Schöpfung ein. In Menschen und durch sie wird er der Emmanuel, was bedeutet „Gott mit uns" (vgl. *Mt* 1,23). Die Gegenwart des Herrn schenkt Heil: sie gestaltet die Geschichte der Menschheit in Heilsgeschichte um. „Denn Gott hat seinen Sohn nicht in die Welt gesandt, damit er die Welt richtet, sondern damit die Welt durch ihn gerettet wird" (*Joh* 3,17).

5. Für die Gläubigen bedeutet die Gestaltung der Geschichte eine Beteiligung an diesem göttlichen Erlösungswerk, zu dem der Mensch auf vielerlei Weise persönlich beitragen kann. Auch eure Arbeit an der Universität bietet euch diese Gelegenheit. Ihr könnt mitwirken bei der Entwicklung eines theoretischen und praktischen Wissens, das sich an den geistigen Werten ausrichtet, auf die sich der echte Fortschritt der Gesellschaft gründet.
Doch ist menschliches Mühen nur dann fruchtbar, wenn in ihm die übernatürliche Kraft der Weisheit und der Liebe Gottes wirkt. Daher braucht es Sinn für Verantwortung, Achtung vor der Freiheit, die allen garantiert werden muß, Öffnung für die Transzendenz und aufrichtige Bejahung der Wahrheit. Freiheit und Wahrheit verbinden, das ist eine große Aufgabe für die Männer und Frauen der Kultur und Wissenschaft unserer Zeit. Die derzeitige Aufsplitterung des Wissens, eine Betrachtung der Dinge und sogar der Person als bloße Mittel - in einigen Ausdrucksformen des modernen Denkens vorhandene Auffassungen - verpflichten euch Dozenten, Forscher und Studenten, mutig die Natur und die Ziele der Aufgaben der Universität im Hinblick auf das Gemeinwohl neu zu bedenken.
Die neuen Generationen brauchen Hilfe, um als freie Personen wachsen zu können, die die Wahrheit lieben und ihr treu bleiben. Die Suche nach dem Wahren, Schönen

und Guten ist keine pragmatische, vielmehr eine kulturelle und ethische Aufgabe: ein Dienst an der Förderung des Menschen und ein Weg der Evangelisierung.

6. Liebe Brüder und Schwestern, schaut auf Christus, die Wahrheit des Menschen, den Ursprung und Quell der Freiheit: Er öffnet die Siegel des Buches der Geschichte und enthüllt dem forschenden Geist des Menschen die Fülle der Wirklichkeit.
Die Diözese Rom ist mit ihrer Diözesansynode beschäftigt und blickt mit Aufmerksamkeit und Hoffnung auf eure Welt; sie unterstützt und ermuntert euren Einsatz und wartet auf euren missionarischen Beitrag. Sind die zahlreich vorhandenen Studienzentren in der Stadt, unter denen ich die Päpstlichen Universitäten erwähnen möchte, nicht ein Potential, das man für die dringend notwendige Neuevangelisierung voll nutzen sollte?
Die Kultur evangelisieren: das ist die euch anvertraute Sendung. Sie umfaßt das Feld der Universitätsausbildung und der wissenschaftlichen Forschung, bezieht aber direkt die ganze Gemeinschaft der Kirche mit ein bei der Entwicklung einer Kultur, die die wahren Werte und Ideale des Evangeliums beachtet. Von ganzem Herzen ermuntere ich jede Initiative, die von der Diözese in dieser Richtung ergriffen wird, und ich wünsche, daß ein jeder von euch zu dieser apostolischen Arbeit seinen eigenen Beitrag leistet.

7. „Wir sind Zeugen Christi, der uns befreit hat."
Auf diese Worte im Sinn des Apostels Paulus haben sich die Arbeiten der jüngsten Synode konzentriert, die eben zu Ende ging und für die Kirche, für Europa und die Welt ein außerordentliches Ereignis war. Daher danken wir erneut dem Herrn, der den Austausch geistlicher Gaben zwischen den Kirchen im Osten, im Zentrum und im Westen unseres Kontinents möglich gemacht hat.
Leitfaden der Synode war die Freiheit, die zu einem neuen Bedenken der ganzen Wahrheit über den Menschen einlädt, indem sie diese auf Christus, den eingeborenen Sohn des Vaters, zurückführt. Jesus hat dem Menschen vor allem mit seinem eigenen Leben diese Wahrheit über den Menschen offenbart, und die Neuevangelisierung kann nur im Licht dieser Wahrheit vorankommen, unter Überwindung der verschiedenen Formen der „anthropologischen Reduktion". „Dafür scheint - nach dem Urteil der Synodenväter in ihrer Schlußerklärung - die Frage des Verhältnisses zwischen Freiheit und Wahrheit entscheidend zu sein, die allzuoft in der modernen europäischen Kultur als Gegensätze betrachtet werden, während Freiheit und Wahrheit tatsächlich derart aufeinander hingeordnet sind, daß sich das Eine ohne das Andere nicht erreichen läßt. Ebenso wesentlich ist die Überwindung weiterer Alternativen, die im übrigen mit der vorigen verbunden sind, das Verhältnis nämlich zwischen Freiheit und Gerechtigkeit, Freiheit und Solidarität, Freiheit und gegenseitiger Gemeinschaft."

8. Wir nähern uns dem Weihnachtsfest, und die Kirche spricht bei dieser Gelegenheit allen Menschen ihre Glückwünsche aus.
Es sind Glückwünsche, die wir im Prolog des Johannesevangeliums finden. Dort heißt es: Das Wort ist Fleisch geworden und hat unter uns gewohnt; allen aber, die

es - das fleischgewordene Wort Jesus Christus - aufnahmen, gab und gibt er weiter die Macht, Kinder Gottes zu werden (vgl. *Joh* 1,14.12).
Den Menschen einer jeden Nation, Rasse und Sprache, den Menschen sämtlicher Generationen kann die Kirche nichts Größeres wünschen als die Gotteskindschaft: die Teilhabe an der Sohnschaft des eingeborenen Sohnes.
Auch euch, die ihr den „Körper" der römischen Hochschulen bildet, kann der Bischof von Rom nichts Größeres als dieses wünschen.
Möge der Geist Gottes euch immer so führen, daß ihr als Adoptivsöhne und -töchter Zeugen Christi seid, weil ihr in der Tiefe die Freiheit erfahrt, die von ihm herkommt und von ihm ihre Kraft gewinnt; damit ihr in der Freiheit der Kinder Gottes das Angesicht der Erde erneuert: das Antlitz unserer alten europäischen Nationen und aller Völker der Welt.
Ich wünsche euch die Freude der Weihnacht, volle und tiefe Freude. Amen!

Einsetzen für eine neue Gesellschaft

Ansprache im Anschluß an die Glückwünsche der Kardinäle am 23. Dezember

1. „Freut euch im Herrn zu jeder Zeit! Noch einmal sage ich Freut euch! ... Der Herr ist nahe" (*Phil* 4,4-5).
Meine Herren Kardinäle, verehrte liebe Brüder! Das Klima der Freude, das unsere traditionelle Begegnung vor dem Weihnachtsfest kennzeichnet, macht uns für die Mahnung des Apostels Paulus besonders aufgeschlossen, die die Liturgie uns in der heiligen Adventszeit wieder vorgelegt hat. In dieser Stunde des innigen Wartens wird uns klar, daß wirklich „der Herr nahe ist": all denen nahe, die im Bewußtsein ihrer Not auf den warten, „der kommen soll". Wollen wir ihn gut aufnehmen, müssen wir uns notwendig der Schar der Armen und Demütigen zugesellen, die uns in den biblischen Texten des Advents begegnen. Sie waren wie der greise Simeon vom Heiligen Geist erleuchtet und hatten Augen, um das Heil zu sehen, das Gott vor dem Angesicht aller Völker bereitet hat (vgl. *Lk* 2,30-31).
Unter jenen, die den Sinn für das Warten auf den Retter wach halten, wollen und müssen auch wir sein, ich und ihr, liebe Mitglieder der Römischen Kurie, die ihr beim anspruchsvollen Dienst für das ganze Volk Gottes meine direkten Mitarbeiter seid und als solche täglich mit mir die Sorgen und Hoffnungen teilt, die mit der Verkündigung des Evangeliums in der Welt verbunden sind.
Wenn ich daher vor euch die Anforderung des Apostels zur Freude des Herrn wiederhole, grüße ich zugleich euren Sprecher, den Herrn Kardinal Agnelo Rossi, der eure guten Wünsche zum Ausdruck gebracht hat. Ich spreche ihm mein herzlichstes Beileid zum Trauerfall aus, der ihn kürzlich getroffen hat, und danke ihm ferner herzlich für die Glückwünsche, die er im Namen aller ausgesprochen hat.
Das Konsistorium vom vergangenen 28. Juni hat das Kardinalskollegium, dessen Dekan Sie, Herr Kardinal sind, noch universaler gemacht, da ihm nun auch mutige Zeugen für den Glauben angehören, die ihre Treue zu Christus mit langen Jahren

des Leidens bezahlen mußten, ferner hochherzige Diener des Apostolischen Stuhles. Euch, meine Herren Kardinäle, die ihr hier anwesend seid, und dem ganzen Kardinalskollegium gilt mein dankbarer und brüderlicher Gruß.

Ich grüße ferner alle Erzbischöfe und Bischöfe, die Offiziale und Mitarbeiter, die in der Römischen Kurie und im Vikariat ihren Dienst tun. Ich bin allen dankbar für das Zeugnis der Gemeinschaft, die sie mir durch ihre Anwesenheit auch heute zum Ausdruck bringen, und ich preise mit allen gemeinsam den Herrn für die vielfältigen Gaben, die er in diesem nun zu Ende gehenden Jahr uns geschenkt hat.

2. Ein kurzer Rückblick auf das Jahr 1991 genügt, um das providentielle Eingreifen des Herrn bei den zahlreichen Ereignissen, die die Geschichte der Menschheit geprägt haben, dankbar anzuerkennen. Das Volk Gottes aber bewegt sich getreu dem Evangelium mitten zwischen ihnen und teilt „Freude und Hoffnung, Trauer und Angst der Menschen von heute" (vgl. Pastoralkonstitution *Gaudium et spes,* Nr. 1). Die Kirche möchte nicht hinter ihrer Aufgabe zur Förderung und Bejahung alles dessen zurückbleiben, was sich an Wahrem, Gutem und Positivem auf Erden findet; sie widersetzt sich aber zugleich dem, was von verschiedenen Seiten her das wahre Wohl des Menschen bedroht. Sie „geht ... den Weg mit der ganzen Menschheit gemeinsam und erfährt das gleiche irdische Geschick mit der Welt" (*ebd.*, Nr. 40). Die ihr von Christus übertragene Sendung aber treibt sie an, auf jedem Gebiet menschlichen Schaffens präsent zu sein und das Evangelium als Quelle der integralen, auch sozialen, Befreiung zu verkündigen.

Diesem Auftrag getreu haben die Päpste, vor allem seit Leo XIII. - dem Papst von „*Rerum novarum*" - nicht gezögert, zum Schutz und zur Förderung der Würde der Person ihre Stimme zu erheben. Ihre Stellungnahmen sind ebenso zahlreich wie ausgewogen und haben eine mächtige Bewegung für den Menschen eingeleitet. „Dadurch haben sie in den Wechselfällen der Geschichte zum Aufbau einer gerechteren Gesellschaft beigetragen [oder wenigstens] dem Unrecht eine Grenze gesetzt" (*Centesimus annus*, Nr. 3).

Zum Andenken an die Hundertjahrfeier der Enzyklika von Papst Leo XIII. sollte das Jahr 1991 nach meinem Willen „das Jahr der Soziallehre der Kirche" sein, nicht nur, um das historische Dokument würdig hervorzuheben, sondern auch, um durch eine rechtzeitige Stellungnahme des Lehramtes die spezifischen Probleme zu klären, die sich aus den neuen Verhältnissen der Menschheit heute ergeben, sowie sie mit der Arbeit und der Entwicklung der Völker zu tun haben.

Wie ihr wißt, haben verschiedene Veranstaltungen, Kongresse und Tagungen in vielen Teilen der Welt dieses historische Jubiläum gewürdigt, das mit Interesse aufgegriffen wurde und ein weitreichendes Echo gefunden hat. In diesem Zusammenhang möchte ich an das interdisziplinäre Seminar zur Bestimmung der Erdengüter für alle erinnern sowie an die feierliche Würdigung der Enzyklika Leo XIII. durch den Päpstlichen Rat für Gerechtigkeit und Frieden und die anschließende Eucharistiefeier mit den Arbeitern auf dem Petersplatz, endlich auch an die Seligsprechung von Adolph Kolping, dem Vorläufer und Förderer eines mutigen Apostolates unter der Arbeitern, bei dem der Einsatz im sozialen Bereich beispielhaft mit dem Streben nach Heiligkeit verbunden war.

3. Um die historische Tragweite der Jahrhundertfeier dieser Enzyklika zu betonen, habe ich *Centesimus annus* veröffentlicht, um die Fruchtbarkeit der bereits von meinem Vorgänger formulierten Grundsätze herauszustellen und aus pastoraler Sorge einige Ereignisse der jüngsten Geschichte zu bedenken. Dort war ich mir zwar der Veränderlichkeit und Kompliziertheit der Situation bewußt, habe aber eingeladen, „in die Zukunft zu blicken, wo wir bereits das dritte christliche Jahrtausend ahnend erkennen, das für uns voll von Unbekanntem, aber auch von Hoffnungen ist (*ebd.*, Nr. 3).
Ich muß dem Herrn, von dem alles Gute herkommt, danken für die der Enzyklika von nicht wenigen Staatsmännern, Verantwortlichen für die Wirtschaft und führenden Männern der verschiedenen religiösen Konfessionen geschenkte Aufmerksamkeit. Die UNO hat *Centesimus annus* unter ihre amtlichen Dokumente aufgenommen und die Enzyklika als Verstehenshilfe für den Aufbau einer immer mehr menschlichen und gerechten Gesellschaft verbreitet.
Ich muß dem Herrn auch für die verschiedenen pastoralen Initiativen danken, die viele Diözesen ergriffen haben, um die Soziallehre der Kirche zu vertiefen und sie auf die konkreten Verhältnisse der Gesellschaft anzuwenden. In diesen Rahmen gehört auch das geplante Projekt einer Päpstlichen Akademie für Sozialwissenschaften mit der Aufgabe, dem Apostolischen Stuhl den qualifizierten Beitrag der Forschung zu liefern, damit er auf einem derart wichtigen Gebiet seine Lehre rechtzeitig und zeitgerecht entwickeln kann.
Man kann es nie genug betonen, daß das der Kirche in diesem Bereich entgegengebrachte Interesse ein ständiger Antrieb für sie sein muß, mutig und im Geist echter Dienstbereitschaft auf die Erwartungen des Menschen und die Aufgaben der gegenwärtigen Stunde einzugehen. Die Kirche weiß gut, daß sie sich mit den Bedürfnissen der internationalen Gemeinschaft auseinandersetzen muß, um ihrerseits zur Erweiterung des Aktionsradius der Gerechtigkeit und der Liebe innerhalb einer jeden Nation und in der Beziehungen der Nationen untereinander beizutragen. Sie ist sich ferner bewußt, daß diese Weise von der klaren und ausdrücklichen Verkündigung Christi getrennt werden dürfen, der „der Weg eines jeden Menschen" ist, der Weg, auf dem sich „die Kirche von niemandem aufhalten läßt" (*Redemptor hominis*, Nr. 13).

4. Der Zusammenbruch der kollektivistischen Regierungen in den Ländern Osteuropas zeigt, daß Freiheit und Kreativität der menschlichen Person in den Mittelpunkt auch der wirtschaftlichen Ordnung gestellt werden müssen. Geschieht das nicht, oder wird die Verantwortung eines jeden Menschen nicht gebührend geachtet und entsprechend gewürdigt, so bekommt das ganze soziale Gefüge dies zu spüren und hat darunter zu leiden, und auch die wirtschaftliche Tätigkeit leidet schweren Schaden.

Die freie Wirtschaft muß andererseits auf wichtigen moralischen Tugenden aufbauen wie Arbeitseifer, Aufrichtigkeit und Loyalität in den gegenseitigen Beziehungen, Entschlossenheit, anspruchsvolle Entscheidungen zu fällen, und der Fähigkeit, mutig Belastungen und Risiken auf sich zu nehmen. Es ist wichtig, dies zu betonen in einer Zeit, wo nicht wenige Länder Europas den schwierigen Weg zum Aufbau neuer wirtschaftlicher Strukturen einschlagen, die den Bedürfnissen und Erwartungen der Menschen besser gerecht werden.

Es ist aber ebenso wichtig, daran zu erinnern, daß die wirtschaftliche Freiheit nur ein Aspekt oder eine Dimension der menschlichen Freiheit ist und daher mit den anderen Aspekten koordiniert werden muß, wenn sie nicht selber zum Werkzeug der Unterdrückung werden will. Es gibt Güter, die man nicht auf dem Markt kaufen kann. Grundlegend ist unter diesen die Würde der menschlichen Person. Über die materiellen Bedürfnisse hinaus sind sehr viel höhere geistige Bedürfnisse da, die ihrer Natur nach in selbstlosem Austausch befriedigt werden müssen, wobei die Person um ihrer selbst willen anerkannt und geliebt wird.

Zu überwinden ist daher eine Mentalität rein utilitaristischer Art, die die transzendenten Dimensionen der menschlichen Person mißachtet und diese auf den engen Rahmen von Produktion und Konsum verkürzt. Eine derart aufgefaßte Gesellschaft ist nicht fähig, die Schwächeren und die Armen zu integrieren, sie kann auch dem, was die neuen Generationen erwarten, auch um eine gewisse weit verbreitete Kultur zu überwinden, nicht gerecht werden, die sie auf sich selbst beschränkt, sie künstlich geschaffene Paradiese suchen und vor der Verantwortung für das familiäre und soziale Leben fliehen läßt.

Wir müssen uns für eine neue Gesellschaft einsetzen, in der die Person mehr zählt und an die Stelle des Kampfes die freie Auseinandersetzung, Verantwortung und ein Bündnis zwischen freiem Markt und Solidarität treten, um eine Entwicklung zu fördern, die das Leben schützt, den Menschen, zumal den armen und an den Rand gedrängten verteidigt, endlich die Schöpfung als Werk der Hände Gottes achtet.

Der Durchführung dieses Planes, der realistisch und ohne leichtsinnige Utopie in Angriff zu nehmen ist, darf die Gemeinschaft der Christen ihren eigenen vom Evangelium als Heilsbotschaft für jeden Menschen und für den ganzen Menschen inspirierten Beitrag nicht vorenthalten.

5. „Darum geht zu allen Völkern" (*Mt* 28,19): der Herr hat seinen Jüngern diesen Auftrag hinterlassen, und er behält die Jahrhunderte hindurch seinen Wert. Heute ist er an der Schwelle des Jahrs 2000, angesichts der vielen manchmal nicht ausgesprochenen und zuweilen sogar verleugneten und unterdrücken Bedürfnissen des modernen Menschen, besonders dringend geworden. Es geht darum, dort wieder die Hoffnung zu entflammen, wo Schatten des Todes die innere Freude und sogar das Leben des Menschen bedrohen. Es geht um ein Erkennen der Zeichen der Zeit und die neue Evangelisierung Europas in missionarischem Geist in Angriff zu nehmen. Ich habe diese dringende Notwendigkeit im Verlauf meiner pastoralen Reise betont, die mich in diesem Jahr in verschiedene Länder Europas wie Portugal, Polen und Ungarn geführt haben. Von Fatima bis nach Jasna Góra zeichnet sich die gleiche

„Mission" ab, nämlich im Osten wie im Westen des alten Kontinents die lebendige und lebensspendende Botschaft Christi, des Erlösers aller Menschen, zu verkündigen. Seine transzendente Botschaft muß in jeden Winkel der Erde dringen, weil die Heilserwartung sehr groß ist. Über Europa hinaus denke ich zum Beispiel an Lateinamerika. Bei meinem Besuch in Brasilien habe ich unter gewaltigen Möglichkeiten des Guten und Besorgnis erregenden sozialen Gegensätzen das Verlangen nach Christus und seiner Botschaft der Wahrheit und Befreiung gespürt.
Gerade um diesen geistigen Bedürfnissen zu entsprechen, schicken wir uns an, im nächsten Jahr das fünfte Jahrhundert der Evangelisierung des lateinamerikanischen Kontinents zu feiern. Es werden 1992 auch hundert Jahre seit der Ankunft der Missionare in einigen Nationen Afrikas, während die Synode für diesen Kontinent weiter eifrig vorbereitet wird.
In besonderer Weise durfte ich die Dringlichkeit und zugleich die mögliche Fruchtbarkeit der neuen Evangelisierung am Welttag der Jugend im vergangenen August erleben. Man kann sagen, daß wir beim Heiligtum von Tschenstochau gewissermaßen die neue Wirklichkeit Europas nach dem Fall der ideologischen und politischen Schranken erleben durften. Tausende von Jugendlichen aus Ost-, Mittel- und Westeuropa, Jugendliche aus über 80 Nationen kamen zum erstenmal in Freiheit zum Gebet zusammen und wollten ihren Glauben an Jesus Christus bekennen. Dieses Ereignis war ein Meilenstein der Evangelisierung in unserer Zeit, es lädt zum Nachdenken und Handeln ein. Angesichts einer in raschem Wandel befindlichen Welt, müssen wir die Verkündigung des Evangeliums mit neuem Mut betonen: Christus muß Geist und Herz der neuen Generationen erreichen, damit die Zukunft durch seine Präsenz Licht und Leben empfängt.

6. Der Welttag der Jugend war gleichsam der Auftakt für ein weiteres wichtiges Ereignis, nämlich die außerordentliche Bischofssynode für Europa, die vor zehn Tagen zu Ende ging.
Im April letzten Jahres habe ich ihre Einberufung bei meinem Pastoralbesuch in der Tschechoslowakei, beim berühmten Heiligtum von Velehrad angekündigt. Kurz nach den gewaltigen sozialen Umwälzungen, die damals die politische Gestalt eines erheblichen Teils des europäischen Kontinents, änderten, legte sich mir spontan das Thema der Befreiung nahe. Ich dachte, die äußere Freiheit, nach langer Unterdrükkung zurückgewonnen, braucht unbedingt auch die innere Freiheit: sind die Ketten auf politischem Gebiet beseitigt, müssen wir uns notwendig für die Wiederaufrichtung der ersten und vorrangigen Freiheit einsetzen, für die wahre Freiheit, zu der Christus uns befreit hat (vgl. *Gal* 5,1). Die Gläubigen aber, so dachte ich weiter, sind aufgerufen, ihren Mitmenschen gegenüber Verkünder und Zeugen dieser grundlegenden Freiheit zu sein. So wurde in zugleich subjektiver und objektiver Weise die kürzlich stattgefundene Versammlung Wirklichkeit, die mit Gottes Hilfe ein Beitrag der Kirche für die Völker Europas sein möchte, damit sie ihre gemeinsamen Wurzeln neu erkennen und ihr gemeinsames Haus aufbauen können.
Auch das Symposium vor der Synode, vom Päpstlichen Rat für Kultur im Vatikan organisiert, fügte sich in diesen Rahmen ein und kennzeichnete die fast unmittelbare

Vorbereitung der Synode, denn sie stellte die kulturellen und geistigen Themen von größerem Interesse heraus.
So konnte die kürzlich stattgefundene Synode der Kirchen von Ost-, Mittel- und Westeuropa ihren Weg nehmen. Man darf sie wahrlich als einen providentiellen „kairos" bezeichnen, der den Vertretern der Christen in den europäischen Nationen einen Dialog in brüderlicher Freiheit gestaltete, ein besseres gegenseitiges Kennenlernen, ein Wachsen in der Gemeinschaft endlich, verbunden mit der Erfahrung der wirklichen Kraft des Geistes, der wie immer, heute ebenso wie gestern, zu den Kirchen spricht (vgl. *Off* 2,7). Dank dieser vielfältigen Kontakte kam es zu einem fruchtbaren Austausch der Gaben. Die Synodenväter haben es bei ihrer pastoralen Einstellung nicht unterlassen, sich zu fragen, wie wir auf die Herausforderungen der modernen Welt antworten müssen. Wie könnte man leugnen, daß der Fall atheistischer Regierungen in den Personen und Gruppen eine geistige Leere, Unsicherheit und auch Verwundbarkeit durch die verführerischen Kräfte des theoretischen und praktischen Materialismus geschaffen hat? Ihr wißt, daß man diese Gefahr nicht nur im Osten, sondern auch im Westen spürt, und so zeichnen sich analoge schwerwiegende pastorale Probleme für die Kirche in beiden Bereichen ab. Die neue Evangelisierung ist für alle Gebiete des Kontinents notwendig.
Die Kirche blickt auf das Jahr 2000 und hält sich die christliche Prägung vor Augen, die zahlreiche mutige Zeugen des Glaubens der zweitausendjährigen Geschichte Europas gegeben haben, wobei sie oft, in den Anfängen des Christentums wie auch in unseren Tagen, ihre Treue zum Evangelium mit ihrem Leben bezahlt haben. „Zeugen Christi, der uns frei macht": dieses Thema hilft uns einerseits bei der Beurteilung des sozio-kulturellen Umfeldes, in dem wir leben, und läßt uns andererseits zu den Quellen des Heils hinabsteigen, indem wir die Gestalt Christi, des einzigen Erlösers der Menschen neu entdecken.
Bei der Synode wurde der Wille bekräftigt, das Kreuz Christi als Bekräftigung der Wahrheit über den Menschen zu verkünden, denn seinem Tod ist das unauslöschliche Siegel der Auferstehung und des Lebens aufgeprägt. Die Erklärung zum Abschluß hat als Zentralproblem die Synthese zwischen der Freiheit des Menschen und der Wahrheit, zwischen Wahrheit, Gerechtigkeit und Solidarität herausgestellt. Die Herausforderungen des modernen Fortschritts rufen den Glauben auf den Plan: wir stellen in der heutigen Kultur eine Entwicklung des kritischen Sinns - was als positiv zu bezeichnen ist - fest, der freilich zu einem kulturellen und ethischen Relativismus führen kann. Die neue Evangelisierung muß also die Wahrheit verkünden, die uns mit Hilfe des Dialogs und Hörens auf alle frei macht, wenn wir zugleich den Geist der Unterscheidung und Mut besitzen.

7. Kennzeichnend für die letzte Synode war die Präsenz von Delegierten, Brüdern aus den verschiedenen christlichen Konfessionen, die vollberechtigt an den Arbeiten beteiligt waren. Die gemeinsamen Begegnungen, Gespräche und Gebete - ich erinnere besonders an den ökumenischen Gottesdienst am 7. Dezember in der Vatikanischen Basilika - haben die Notwendigkeit gezeigt, den ökumenischen Dialog weiterzuführen, wobei wir Einheit und Gemeinschaft suchen. Es soll ein geduldiger und

aufrichtiger Dialog im Geist der Wahrheit und der Liebe sein, bei dem wir das Gebot Christi vor Augen haben, „alle sollen eins sein", damit die Welt glaubt (*Joh* 17,21). Ein solcher Ökumenismus im Geist der Wahrheit und Liebe wird die Christen zu glaubwürdigen Propheten der Hoffnung und der Solidarität auch in den Augen der Welt machen.

Die heiligen Patrone Europas, der heilige Benedikt sowie die heiligen Cyrillus und Methodius, mögen uns auf diesem schwierigen Weg helfen. Besonders möge die heilige Brigitte für uns bitten, da wir kürzlich das sechste Jahrhundert seit ihrer Heiligsprechung begangen haben. Dieses Ereignis war besonders bezeichnend und bedeutete einen wichtigen Schritt im ökumenischen Dialog. Das Beispiel dieser Heiligen und die Erinnerung an die von ihr durchgeführte Sendung im Dienst an der Einheit der Kirche geben uns Grund zur Ermunterung für alle, die in der neuen Evangelisierung Europas engagiert sind.

8. In diesem Jahr haben wir ferner das vierte Jahrhundert seit dem Tod eines weiteren europäischen Heiligen, des heiligen Johannes vom Kreuz, begangen. Ich wollte dieses Ereignis durch die Entsendung meines Delegaten zu Beginn und zum Ende der Jubiläumsfeierlichkeiten in Spanien auszeichnen, ferner durch den Apostolischen Brief „Lehrer des Glaubens".

Die bescheidene und strenge Gestalt dieses Karmeliters beginnt in seinen Schriften zu leuchten, die auch heute noch sehr aktuell sind. Sie bedeuten ein großes Licht für das Eindringen ins Geheimnis Gottes und in das Geheimnis des Menschen. Er hatte ein besonderes Gespür für die Transzendenz Gottes und kann unseren Blick in der Stunde der neuen Evangelisierung schärfen. Als unser Lehrer im Glauben und im gottverbundenen Leben hat uns Johannes vom Kreuz die Notwendigkeit unserer Reinigung durch den Geist des Herrn eingeschärft, wenn wir entscheidend und wirksam apostolisch tätig werden wollen. Es besteht ja ein enger Zusammenhang zwischen der Kontemplation und dem Wirken für die Umgestaltung der Welt.

Die Kirche ist sich dessen bewußt und hat daher der Funktion kontemplativer Menschen immer besondere Wichtigkeit beigemessen, weil diese in Sammlung, Gebet und verborgenem Opfern ihr Leben für das Heil ihrer Mitmenschen Gott darbringen. Ich wünsche mir, daß auch heute zahlreiche Menschen hochherzig bereit sind, dem Ruf Gottes zu folgen und in der Einsamkeit eines Karmels oder eines anderen Klosters mit kontemplativen Leben das anspruchsvolle und zugleich begeisternde Abenteuer des ausschließlichen Suchens nach dem Austausch mit Ihm wagen, der Ursprung einer jeden menschlichen Existenz ist.

9. Während die Adventszeit zu Ende geht, sind unsere Herzen bereits vom Glanz der Heiligen Nacht erhellt: der Nacht des Kommens Christi, des Erlösers, im Glauben. „Das Volk, das im Dunkel lebt, sieht ein helles Licht ... du erregst lauten Jubel und schenkst große Freude" (*Jes* 9,1-2). Dieses Licht, das der alte Prophet dem hebräischen Volk verkündete, strahlt vor der Menschheit auch heute noch. „Das Wort ist Fleisch geworden und hat unter uns gewohnt" (*Joh* 1,14). Unter uns weilt der Friedensfürst, der Erlöser des Menschen ist bei uns.

Was ich von Herzen einem jeden wünsche, ist, es möchte sich nie die Kraft dieser Gewißheit abschwächen, die unser aszetisches, pastorales und missionarisches Wirken letztlich begründet.
Es kommt Jesus der Herr! Er kommt zu uns durch die Jungfrau Maria, die Mutter Gottes und unsere Mutter. Ihr, der Jungfrau des Horchens und des Gehorchens vertraue ich einen jeden von euch an und alle Menschen, die euch nahestehen. Ihr vertraue ich das neue schon nahe Jahr an. Sie ist die Morgenröte des Heils und der Stern der neuen Evangelisierung. Sie möge uns leiten, stärken und beschützen.

Ein Sohn ist uns geschenkt

Predigt in der Mitternachtsmesse am 24. Dezember

1. „Ein Kind ist uns geboren, ein Sohn ist uns geschenkt" (vgl. *Jes* 9,5). Zu Mitternacht wird das Kind geboren. Es wird in einem Stall geboren, nahe bei der Stadt Betlehem, auf den Feldern, wo die Hirten bei ihrer Herde Wache hielten (vgl. *Lk* 2,8). Das Kind wird geboren! So viele Kinder werden auf der ganzen, weiten Welt geboren, von Nord bis Süd, von West bis Ost. Das Kind: eines unter Tausenden, die auf der Erde geboren werden, die der Wohnort des Menschen ist. Es erblickt das Licht der Welt, als Mensch von einer Frau geboren wie jedes menschliche Wesen.

2. Dieser Mensch ist ein Geschenk. Der Prophet sagt: „ein Sohn ist uns geschenkt". Er ist nicht nur aus der Jungfrau Maria geboren, seine Geburt stellt vielmehr ein Geschenk dar. Sie hat ihren Ursprung in der ewigen Geburt: er ist der Sohn des ewigen Vaters. Er ist der Zeuge des Geheimnisses der göttlichen Trinität. Ein Sohn ist uns geschenkt. Geboren aus Maria trägt er diese ewige Geburt in sich: Gott von Gott, Licht von Licht. Er kommt, um den Vater zu offenbaren, Gott, der der Vater ist. Er selbst ist die Offenbarung des Vaters. „... Gott hat die Welt so sehr geliebt, daß er seinen einzigen Sohn hingab" (*Joh* 3,16). Ein Sohn ist uns geschenkt. Er ist uns geschenkt, damit er Angeld unserer Kindschaft in Gott werde; damit wir selbst - wir Menschen - Kinder Gottes werden können: Söhne im Sohn, Kinder nach dem Bild des Sohnes. In diesem Jahr sind Jugendliche aus dem Westen und dem Osten, aus ganz Europa und den anderen Kontinenten in Jasna Góra, im Heiligtum von Tschenstochau zusammengekommen, um erneut die Wahrheit dieser Kindschaft zu entdecken, die ihren irdischen Ursprung in der Nacht von Betlehem hat.

3. Die Nacht von Betlehem geht vorüber wie jede andere Nacht. Auf sie folgt der Tag, sodann wiederum die Nacht und darauf der Tag. Sind wir etwa in dieser Dezembernacht, hier wie überall auf der Welt, versammelt, um nur an ein Ereignis zu erinnern, das in die Geschichte eingegangen ist, wie jede Geburt eines Menschen in die Geschichte eingeht und schrittweise zur Erinnerung wird? Ein Sohn ist uns geschenkt: ein Ereignis, das nahezu zweitausend Jahre zählt! Trotzdem kann es nicht als vergangen betrachtet werden. Diese Geburt ist von heute und von morgen,

für immer: „Ein Sohn ist uns geschenkt. Die Herrschaft liegt auf seiner Schulter", sagt der Prophet (*Jes* 9,5).
Dieser Sohn ist Geschenk. Und welche Herrschaft kann auf dieser menschlichen Welt Geschenk sein? Es ist eine von der menschlichen Herrschaft vollkommen verschiedene: derjenigen des Augustus, des römischen Kaisers, des Quirinus, des Stadthalters von Syrien, oder des Herodes, des Königs von Judäa.
Dies ist die Herrschaft des Heiles!
„Fürchtet euch nicht, denn ich verkünde euch eine große Freude ... Heute ist euch in der Stadt Davids der Retter geboren" (*Lk* 2,10-11): der Erlöser der Welt.
Ein Sohn ist uns geschenkt: das Geschenk, das rettet. „Denn Gott hat die Welt so sehr geliebt, daß er seinen einzigen Sohn hingab, damit jeder, der an ihn glaubt, nicht zugrunde geht, sondern das ewige Leben hat" (*Joh* 3,16).
Nur Gott kann dem Menschen das Gute schenken, das nichts Böses kennt; nur Gott kann dem Menschen Leben schenken, das keinen Tod kennt; nur Gott kann erretten: der Sohn Gottes, eines Wesens mit dem Vater, der in der Nacht von Betlehem geboren wird! Nur er hat eine solche Herrschaft. Sie wird sich am Ende seiner irdischen Sendung erweisen: in der österlichen Nacht der Auferstehung, um bis zum Ende der Zeiten zu währen und über die Grenzen der Zeitlichkeit hinaus.

4. Jetzt dauert die Nacht von Betlehem noch an: die ersten Vorbereitungen der Menschheit auf die österliche Nacht. Jetzt ist noch die Nacht von Betlehem. Im Stall, nahe bei der Stadt Betlehem, verharren Maria und Josef noch in der Anbetung des Neugeborenen, der Bräutigam der Jungfrau als Zeuge des Geheimnisses der Geburt Christi. In derselben Nacht kommen die Hirten von den nahen Feldern und bringen ihre Gaben.
In eben dieser Nacht feiern auch wir, in der Basilika von St. Peter zu Rom, dasselbe Geheimnis. Wie wir, so erleben auch andere unserer Brüder und Schwestern an verschiedenen Orten der Erde dieses glückliche Ereignis wieder. Gemeinsam mit Maria und Josef beugen auch wir uns vor dem unaussprechlichen Geheimnis Gottes: „Ein Sohn ist uns geschenkt!".
Empfangen wir erneut dieses Geschenk! Freude durchdringe unsere Herzen und die Lippen stimmen einen Lobgesang an in den Sprachen und Dialekten der ganzen Welt: den Lobgesang von Weihnachten! Den Lobgesang der Freude und des Jubels.
Wahrhaftig: „ein Kind ist uns geboren, ein Sohn ist uns geschenkt" (*Jes* 9,5). „Singt dem Herrn, alle Länder der Erde" (*Ps* 96,1). „Gott hat die Welt ... geliebt" (*Joh* 3,16). Amen.

Die Zeit, die den Menschen vervollkommnet

Botschaft vor dem Segen *Urbi et Orbi* am 25. Dezember

1. „Mein Sohn bist du, heute habe ich dich gezeugt" (*Hebr* 1,5). Die Nacht von Betlehem ist schon vergangen, und gekommen ist die Geburt des Kindes aus der Jungfrau von Nazaret!
Geboren in einem Stall, an der Straße gelegen, „weil in der Herberge kein Platz für sie war" (*Lk* 2,7). Und jetzt, bei hellem Tag, spricht der Ewige Vater: „Mein Sohn bist du, heute habe ich dich gezeugt". Die Worte des Johannesevangeliums erklingen wieder, die Worte über das Wort: „Im Anfang war das Wort, und das Wort war bei Gott ... Alles ist durch das Wort geworden und ohne das Wort wurde nichts, was geworden ist" (*Joh* 1,1.3).
„Das Wort war Gott" (*Joh* 1,1): geboren in dieser Nacht zu Betlehem: der Sohn gleichen Wesens mit dem Vater ist Mensch geworden. „Und das Wort ist Fleisch geworden und hat unter uns gewohnt" (*Joh* 1,14).

2. Im Wort ist die Macht der Gnade und der Wahrheit, die Er allen gibt, die ihn aufnehmen, und sie werden Kinder Gottes (vgl. *Joh* 1,12): Söhne im Sohn.
Welch ein unsagbares Geschenk! Geschenk, das alles Erschaffene übertrifft:
Es überragt den Menschen, der aus Blut und Fleisch geboren wird (vgl. *Joh* 1,13).
Dies ist auch die Zeit, die den Menschen vervollkommnet, ihn zu dem macht, was er von Anfang an sein sollte, ihn zum vollkommenen Sein zurückführt, zum Ebenbild und Gleichnis Gottes.

3. „Alle, die sich vom Geist Gottes leiten lassen, sind Söhne Gottes" (*Röm* 8,14).
Sie empfangen den Geist, der sie zu Kindern Gottes macht, durch den sie rufen können, wie der Sohn: „Abba, Vater!" (*Röm* 8,15).
Dies ist die Wahrheit, die die jungen Pilger aus Europa und aus allen Teilen der Welt aufgenommen haben bei ihrem Treffen im Heiligtum von Jasna Góra. Von da aus haben sie diese in die Welt getragen: „Abba, Vater!".
„So bezeugt der Geist selber unserem Geist, daß wir Kinder Gottes sind" (*Röm* 8,16).
Wir sind Söhne im Sohn, in Dem, der in dieser Nacht geboren wurde, wie einer von uns.
Wir haben nicht einen Geist von Sklaven empfangen, sondern den Geist, der uns zu Kindern Gottes macht (vgl. *Röm* 8,15); in Ihm, geboren aus Maria, der Jungfrau von Nazaret, rufen wir: „Abba, Vater!".

4. Diese Welt ist voll des Leidens, des Leidens verschiedener Arten und Ausmaße. Es ist unmöglich, all das gänzlich zu heilen, wodurch Menschen leiden in den Strukturen ihres Daseins.
Es sind von der Sünde gezeichnete Strukturen, immer von der Sünde des Menschen, von der Sünde, die wächst und vielschichtige Bereiche menschlichen Lebens durchdringt. So kehrt die Sünde als Leid zum Menschen zurück; und, obwohl so viel un-

ternommen wird, um diese Wahrheit aus der Welt zu schaffen, bleibt sie bestehen: es ist die Wirklichkeit.

Aus diesem Grunde - sagt der Apostel - „seufzt die gesamte Schöpfung bis zum heutigen Tag und liegt in Geburtswehen" (vgl. *Röm* 8,22).

Bedeutet das vielleicht, daß die Existenz selbst ein Übel ist? Daß das Dasein von sich aus schon Leiden bedeutet?

5. Du Nacht von Betlehem! Du gibst uns die Antwort: „Denn die ganze Schöpfung wartet sehnsüchtig auf das Offenbarwerden der Söhne Gottes" (*Röm* 8,19). Es wartet die ganze Schöpfung ... Die Welt ist nicht Verzweiflung! „Der Geist nimmt sich unserer Schwachheit an" (vgl. *Röm* 8,26): die Welt ist von dieser Geburt durchdrungen, die im Vater ihren ewigen Ursprung hat und ihren Höhepunkt auf der Erde in dieser Nacht von Betlehem, zu der die Kirche des menschgewordenen Wortes Jahr für Jahr zurückkehrt, um stets aus ihr zu leben. Können die Leiden der gegenwärtigen Zeit vielleicht verglichen werden mit der Herrlichkeit, die an uns offenbar werden soll? (vgl. *Röm* 8,18).

6. Menschgewordenes Wort, offenbare in unserer Welt, die von epochalen Herausforderungen gezeichnet ist, die künftige Herrlichkeit und Glückseligkeit. Stärke den Mut und halte wach den Eifer der Jugendlichen aller Rassen und Nationen: sie brauchen Licht an der Schwelle des dritten Jahrtausends, um sich dem Anspruch des Evangeliums zu stellen, das befreit und rettet.

Das Vermächtnis von Tschenstochau: „Ich bin, ich besinne mich, ich wache", soll der Zukunft der Kirche niemals verlorengehen, ja, es möge die Hoffnung fruchtbar machen, die in jedem einzelnen ist.

Es zieht eine neue missionarische Epoche herauf: die jüngste Synode für Europa hat die Gläubigen erinnert, daß wir alle eingeladen sind, den unter uns lebenden Christus zu verkünden, der solidarisch mit all unserer echten Erwartung und Hoffnung ist.

7. Er ist solidarisch mit den Völkern der Erde, die, einander immer näher, sich in der Wahrheit begegnen wollen.

In Europa, nach dem Fall der Mauern der Trennung und des Unverständnisses wächst das Verlangen, einander besser kennenzulernen und die Sehnsucht nach gegenseitiger Verständigung und Zusammenarbeit.

Verschiedene Nationen suchen nach neuen Formen von Zusammenleben und bemühen sich mit großer Hoffnung, die eigene Geschichte zu versöhnen und die jeweiligen Kulturen in Einklang zu bringen, auch wenn hin und wieder mit Unsicherheiten und befangen durch alte Spannungen und noch nicht überwundenem Groll.

Die Völker des Heiligen Landes, das die Geburt des Erlösers gesehen hat, haben endlich den Weg des Dialogs und des Friedens betreten. In Afrika ist man dabei, in mehreren Nationen als allgemein geteilte und herbeigewünschte Zielsetzung eine wachsende Achtung den Menschenrechten gegenüber zu vertreten.

In Asien, obwohl Spannungen bestehen, zeigen sich zaghafte Anzeichen vom Erwachen des Empfindens für Gerechtigkeit und Frieden. Und Mittelamerika bemüht sich, die selbstmörderische Logik der Gewalt zu verlassen durch immer intensivere gemeinsame Verständigung.

8. Christen aller Kontinente, die Ihr Euch einsetzt auf dem mühsamen aber notwendigen Weg der Einheit und des Friedens, und Ihr Menschen guten Willens, die Ihr mich hört, eilen wir alle als Pilger an die Krippe von Betlehem. Treten wir ein in die Grotte, in der Jesus von Unschuld und Frieden spricht, um solch eine grundlegende Lehre anzuhören.
Eile, zerstreute und furchtsame Menschheit, um den Frieden zu erflehen, Geschenk und Aufgabe für jeden Menschen großmütigen und edlen Empfindens. Schluß mit dem Haß und den Übergriffen! Keinen Krieg mehr in Jugoslawien, keinen Krieg auf der teuren Erde von Kroatien und den benachbarten Gebieten, wo Leidenschaften und Gewalt die Vernunft und gesundes menschliches Empfinden herausfordern.
Keine Gleichgültigkeit und kein Stillschweigen mehr dem gegenüber, der um Verständnis und Solidarität bittet, dessen Schrei gegenüber, der bedroht ist, an Hunger zu sterben inmitten von Verschwendung und Überfluß an Gütern. Wie kann man den Leidenden vergessen, der allein und verlassen ist, traurig und verzagt, der weder Haus noch Arbeit hat, der Opfer von Gewalttätigkeiten und Übergriffen, von den vielfältigen Formen des heutigen Totalitarismus geworden ist.
Wie kann man zulassen, daß wirtschaftliche Interessen die Person zum Mittel von Gewinn herabsetzen, daß noch nicht geborene Geschöpfe gedemütigt und unterdrückt, daß unschuldige Kinder ausgenutzt, Alte und Kranke ausgegrenzt und alleingelassen werden?

9. Du allein, menschgewordenes Wort, geboren aus Maria, kannst uns zu Brüdern machen, Söhne im Sohn, Söhne nach dem Bild des Sohnes. Uns ist die zukünftige Herrlichkeit geoffenbart worden durch Dich, Sohn Mariens, Menschensohn, in dem wir rufen können: „Abba, Vater!". Durch Dich ... Amen.

Missionarische Offenheit

Ansprache bei dem *Te Deum* zum Abschluß des Jahres 1991 am 31. Dezember

1. „Er kam in sein Eigentum, aber die Seinen nahmen ihn nicht auf" (*Joh* 1,11).
Während der liturgischen Feier der Christnacht haben wir vernommen, was der Evangelist Lukas geschrieben hat: „[Es] kam für Maria die Zeit ihrer Niederkunft, und sie gebar ihren Sohn, den Erstgeborenen. Sie wickelte ihn in Windeln und legte ihn in eine Krippe, weil in der Herberge kein Platz für sie war" (*Lk* 2,6-7).
Was Lukas erzählt, bringt der Prolog des Johannesevangeliums, den wir eben vernommen haben, dadurch zum Ausdruck, daß er auf den Anfang zurückgeht. Der Anfang aller Dinge ist in Gott, im Wort, das ewig ist wie der Vater. „Alles ist durch das Wort geworden, und ohne das Wort wurde nichts, was geworden ist" (*Joh* 1,3).
Das Ereignis in der Nacht von Betlehem legt der Evangelist im Zusammenhang mit diesem Anfang dar. So sagt er: „Und das Wort ist Fleisch geworden und hat unter

uns gewohnt" (*Joh* 1,14). So kam es dazu, daß das Wort „in der Welt" (*Joh* 1,10) war - das Wort, durch das alles geworden, durch das die Welt geworden ist. „Aber die Welt erkannte ihn nicht. Er kam in sein Eigentum, aber die Seinen nahmen ihn nicht auf."

2. Auf diese Weise legt der Evangelist nicht nur die Ereignisse der Nacht von Betlehem dar, sondern die gesamte messianische Sendung Christi - sowohl jene, die er durch sein irdisches Leben erfüllt hat, als auch jene, der er weiterhin durch das Wirken der Kirche nachkommt.
Dennoch spricht der Lieblingsjünger unmittelbar nach der Feststellung, daß Christus von den Seinen nicht aufgenommen wurde, von all jenen, „die ihn aufnahmen" (*Joh* 1,12). Das gilt in erster Linie für Maria und Josef in der Nacht von Betlehem, aber auch - weiterhin in der heiligen Nacht - für die Hirten, die der Verkündigung der Engel Folge leisteten und sich mit ihren Geschenken zum Neugeborenen begeben. Das gilt für die Weisen, die, dem Licht eines ungewöhnlichen Sternes folgend, aus dem Morgenland kamen. Und was soll man schließlich über den greisen Simeon und die Prophetin Anna im Tempel von Jerusalem und über die anderen Personen sagen, welche die Evangelien nicht direkt erwähnen?
Das Geheimnis des Weihnachtsfestes, das die Kirche in dieser Oktav lebt, betont beide Wahrheiten: die Wahrheit jener, die das menschgewordene Wort nicht aufnahmen, und die Wahrheit der anderen, die es aufnahmen. Diesen hat er die Macht verliehen, ihm ähnlich und Kinder Gottes zu werden.

3. Während sich die „letzte Stunde" (vgl. *Joh* 2,18) des Jahres nähert, betrachtet die Kirche im Rahmen der Weihnachtsoktav dieses zweifache Geheimnis: die Aufnahme und die Ablehnung des menschgewordenen Wortes. Fast zweitausend Jahre nach der Geburt des Erlösers erstreckt sich diese Betrachtung auch auf die Ereignisse, die jenseits der Vorfälle von Betlehem liegen. Es handelt sich dabei nicht nur um Einzelpersonen oder um Milieus, die im Evangelium ausdrücklich erwähnt werden, sondern um die Menschen - um die Menschen und die Völker - auf dem ganzen Erdkreis, an allen Orten, zu denen die Frohbotschaft von dem aus der Jungfrau Maria geborenen Emanuel gedrungen ist, von dem menschgewordenen Wort, das als wahres Licht jeden Menschen erleuchtet, der in die Welt kommt (vgl. *Joh* 1,9).
Die apostolische Kirche, die in Rom ist, vertieft sich mit besonderer Aufmerksamkeit und innerer Bewegung in diesen für ihre Sendung wesentlichen Aspekt der Aufnahme oder Ablehnung des Worte und des Lichtes, das Gott der Menschheit schenkte - jenes Wortes und Lichtes, das Christus ist.

4. Diese fundamentale Sorge, welche die Kirche von den Aposteln, und die römische Kirche auf besondere Weise von den Heiligen Petrus und Paulus geerbt hat, stellt ihre dauernde und unablässige Aufgabe dar. Diese hat aufgrund der Vorbereitungsarbeiten für die Synode eine einzigartige Intensität angenommen, wobei man bestrebt war, im Lauf dieses Jahres, das nun seinem Ende entgegengeht, so weit als möglich das ganze Volk Gottes, das in der Ewigen Stadt lebt, miteinzubeziehen.

5. Ein besonderes Ereignis waren in diesem Sinn die vorsynodalen Versammlungen in den einzelnen Präfekturen, die in der ersten Hälfte des Jahres stattgefunden haben. Diese waren eine lebendige Eingliederung der Synode in die vielfache Wirklichkeit der römischen Pfarreien und konnten die Teilnahme nicht nur der Priester und Ordensleute, sondern auch einer beachtlichen Zahl von in den verschiedenen Bereichen der Pastoral tätigen Laien verzeichnen. Auch ich habe es nicht versäumt, anläßlich meiner Besuche in verschiedenen Pfarreien der Diözese im Lauf des Jahres meinen Beitrag zu diesen Bemühungen zu leisten. Die auf Diözesanebene bereits geprüften und geordneten Früchte der gemeinsamen Reflexion werden wertvolle Elemente und Anregungen für die Vollversammlungen zum Abschluß der Synode bieten.
Während nun die verantwortungsbewußte Teilnahme der verschiedenen kirchlichen Elemente auf der Ebene der Pfarreien und der Präfekturen in entsprechender Form weitergeführt und zu einer dauerhaften Dimension des Lebens der Diözese werden muß, hat sich in der zweiten Hälfte dieses Jahres die Aufmerksamkeit der Kirche von Rom bereits der Suche nach Mitteln und Wegen zugewandt, die dazu geeignet sein können, alle lebendigen Wirklichkeiten dieser großen Stadt auf eine jeder einzelnen entsprechenden Weise an den Vorgängen der Synode teilnehmen zu lassen. So wird also der erst Teil des neuen Jahres von einer Begegnung der Kirche mit der Stadt gekennzeichnet sein, im Geist solidarischer Sympathie und missionarischer Offenheit für die gesamte, in Rom lebende Menschheit und ihre Werte manchmal dramatischen Probleme.

6. Gleichzeitig wird im Hinblick auf einen konstruktiven und fruchtbaren Dialog das Interesse für die Synode auch bei den in Rom lebenden christlichen Kirchen und Gemeinschaften geweckt werden, die noch nicht in voller Gemeinschaft mit uns stehen, sowie bei der jüdischen Gemeinde und bei den Vertretern der anderen Religionen.
Für die gemeinschaftliche und missionarische Zielsetzung der Synode wird darüber hinaus eine immer konkretere Eingliederung der vielfältigen Ausdrucksformen der katholischen Kirche, die in Rom anzutreffen sind und die, von Rom ausgehend, der Kirche in allen Teilen der Welt dienen, in die Reflexion aber auch in die diözesane Pastoral wertvoll sein.
Somit ist diese einzigartige Wirklichkeit - die Kirche in Rom - also daran, zum Leben und zur Zukunft einer in vieler Hinsicht ebenfalls einzigartigen und einzig dastehenden Stadt, wie sie die unsere ist, einen Beitrag zu leisten, von dem wir hoffen, daß er mit der Gnade des Herrn möglichst gehaltvoll und großmütig sein wird. Während sie sich weiterhin bemüht, ihre Dienste für die nur allzu zahlreichen Armen und Lebenden, die an das Gewissen der Behörden und jedes einzelnen Bürgers eine Anfrage und eine Herausforderung richten, zu intensivieren, ist die Kirche von Rom bestrebt, der Stadt zum Verständnis und zum überzeugten, mutigen, hochherzigen und weitblickenden Leben der Rolle zu verhelfen, die ihr auch heute die göttliche Vorsehung zum Wohl der italienischen Nation, zum Wohl Europas und zum Wohl der gesamten Menschheitsfamilie zuteilt.

Im Zusammenhang mit dieser erneuten Bereitschaft zur Zusammenarbeit mit den verschiedenen öffentlichen Stellen ist es mir eine Freude, die bürgerlichen und politischen Obrigkeiten zu begrüßen, die an dieser Jahresschlußfeier teilnehmen. Mein ergebener Gruß gilt insbesondere dem Präsidenten der Republik Italien, dem ich für seine Teilnahme an dieser Stunde des Gebets zum Dank für die Wohltaten, die uns der Herr im Lauf des Jahres erwiesen hat, verpflichtet bin. Mein Gruß gilt außerdem dem Bürgermeister der Stadt und den Mitgliedern des Gemeinderates. Indem ich ihnen, allen Anwesenden und allen Römern ein glück- und segensreiches neues Jahr wünsche, rufe ich auf ihre Arbeit die ständige Hilfe Gottes für einen nachhaltigen und wirksamen Einsatz im Dienst der Stadt und der gesamten Nation herab.

7. Es ist mir eine Freude, bei dieser Konzelebration Kardinal Camillo Ruini, den Generalvikar für die Stadt Rom an meiner Seite zu haben, der sein erstes Jahr intensiven pastoralen Wirkens in der Ewigen Stadt abschließt. In diesem Augenblick gedenke ich dankbar auch seines Vorgängers, des Kardinals Ugo Poletti, der sich viele Jahre hindurch rückhaltlos einem vorbildlichen pastoralen Dienst gewidmet hat. Auch sind die Weihbischöfe an meiner Seite, die großmütig ihre Energie für diesen privilegierten Teil der Herde Christi einsetzen, der hier durch eine bedeutsame Vertretung anwesend ist. Einen herzlichen Gruß richte ich an Herrn Kardinal Martinez Somalo, Titularbischof dieses Tempels, und an P. Peter-Hans Kolvenbach, der uns gemeinsam mit seinen Mitbrüdern in dieser Kirche empfängt. Am Ende dieses Jahres des Herrn 1991 lade ich alle ein, sich mit mir in Dankbarkeit, Reue und flehender Bitte zum allmächtigen und barmherzigen Gott, dem Ursprung alles Guten zu vereinen.

Wir richten die Psalmworte an ihn:
„Der Himmel freue sich, die Erde frohlocke ... vor dem Herrn, wenn er kommt, um die Erde zu richten. Er richtet den Erdkreis gerecht und die Nationen nach seiner Treue" (*Ps* 96,11.13).
Der Psalm bringt die Freude der Geschöpfe über die Tatsache zum Ausdruck, daß der Her nahe ist: dank seiner irdischen Geburt in einem menschlichen Leib ist er nicht nur dem Menschen, sondern der gesamten Schöpfung nahe gekommen.
„Er kommt, um die Erde zu richten", um sie „gerecht" und „nach seiner Treue" zu richten. Das ist es, was der ewige und unendlich heilige Gott im ewigen Wort verkündet. Das fleischgewordene Wort hat in der „Fülle der Zeiten" diese Wahrheit der Welt geoffenbart.
„Denn Gott hat die Welt so sehr geliebt, daß er seinen einzigen Sohn hingab, damit jeder, der an ihn glaubt, nicht zugrunde geht, sondern das ewige Leben hat. Denn Gott hat seinen Sohn nicht in die Welt gesandt, damit er die Welt richtet, sondern damit die Welt durch ihn gerettet wird" (*Joh* 3,16-17).
Am letzten Abend des an seinem Ende angelangten Jahres, an der Schwelle des neuen Jahres, das um Mitternacht beginnen wird, möge ganz Rom das „Te Deum" beten und so „ihm, der ist und der war und der kommt" (*Offb* 4,8) seine Reue und seinen Dank kundtun, im Namen Jesu Christi seines Sohnes. Amen.

IV.

Ad-Limina-Besuche

Erziehung zum Frieden durch Förderung einer Kultur des Dialogs und der Brüderlichkeit

Ansprache an die Bischöfe von Angola, São Tomé und Príncipe am 5. September

Liebe Brüder im Bischofsamt!

1. Mit tiefer Freude empfange ich euch heute zu dieser kollegialen Begegnung aus Anlaß eures Ad-limina-Besuches. Brüderlich umarme ich einen jeden von euch und danke Herrn Kardinal Alexandre do Nascimento, Präsident der Bischofskonferenz, für die Empfindungen, die er in eurem Namen mir gegenüber zum Ausdruck brachte, wobei er mir zugleich die Probleme und Hoffnungen eurer Diözesen mitteilte. In seinen Worten spürte ich die Sorgen und Ängste nachklingen, die ein jeder von euch, mit der Verkündigung des Evangeliums und der Förderung des christlichen Lebens unter den Männern und Frauen unserer Zeit beauftragt, in seinem Herzen als Hirte spürt.
In euch grüße ich die christlichen Gemeinschaften von Angola und von São Tomé und Príncipe, die nach harten Prüfungen sich nun anschicken, brüderlich den Weg des nationalen Aufbaus einzuschlagen. In meinen herzlichen Gruß möchte ich in besonderer Weise die kürzlich errichtete Diözese Ndalatando sowie diejenige von Mbanza Congo einschließen, die von Trauer getroffen ist wegen des tragischen Vorfalles, der vor einem Monat das Leben einiger ihrer Söhne sowie ihres eifrigen Hirten, unseres lieben Bruders, Bischof Afonso Nteka, hingerafft hat. Ich habe euren Einzelkirchen mein herzlichstes Mitgefühl zum Ausdruck gebracht und sie alle meiner geistlichen Solidarität versichert.
Dieser Ad-limina-Besuch findet im Lauf des Jubiläumsjahres statt, in dem wir auf fünf Jahrhunderte Evangelisierung Angolas zurückblicken. Ich hoffe, so Gott will, die Freude zu erleben, euch zur Schlußfeier dieses kirchlichen Ereignisses besuchen zu können, das einen neuen Aufruf und einen Impuls für das Werk der Evangelisierung darstellt, dem treu zu bleiben ich euch ermuntere, damit der Name Jesu Christi, des Retters und Erlösers, auf den Lippen und in den Herzen aller Einwohner eurer Länder verbleibe.

2. Die Evangelisierung steht heute als eine Grundforderung vor euch: Erziehung zum Frieden durch die Förderung einer wahren Kultur des Dialogs und der Brüderlichkeit. Der Krieg hat Leiden und Tod verursacht und noch tiefere Spaltungen hinterlassen; angesichts des Kreuzwegs des angolanischen Volkes hat der Heilige Stuhl keine Mühen gespart, um die Sache des Friedens zu fördern; und ich möchte euch heute meiner echten und brüderlichen Solidarität hinsichtlich der vor euch liegenden Aufgaben versichern. Wie sollten wir hier nicht an die unermeßliche Zahl von zerrissenen und getrennten Familien denken, an die Tausenden von Waisenkindern und die große Zahl der durch den Krieg Verstümmelten?
Was die Regierenden von São Tomé und Príncipe angeht, so haben sie sich gemäß dem souveränen Willen des Volkes ohne Blutvergießen um den Aufbau eines

Mehrparteienstaates bemüht - in dem lobenswerten Prozeß politischer Reifung, der anderen Völkern des afrikanischen Kontinents als Vorbild und Ansporn gedient hat. Unter den verschiedenen sozialen Gruppen des Landes ist dagegen noch ein Ungleichgewicht der sozialen Integration zu beobachten, dazu der wirtschaftlichen und kulturellen Entwicklung, das derart ausgeprägt ist, daß es die gemeinsame Seele der Nation schädigt.

Wegen ihres universalen Charakters kann die Kirche ein sehr enges Band zwischen den unterschiedlichen Gemeinschaften eurer Nationen knüpfen, zumal sie damit rechnen kann, daß die Führungskräfte ihr „Vertrauen schenken und ihr wahre Freiheit zur Erfüllung dieser ihrer Sendung ehrlich zuerkennen” (*Gaudium et spes*, Nr. 42). Die Kirche ist hauptsächlich darum bemüht, mit dem Glauben das Innerste des menschlichen Gewissens zu erhellen, und trägt damit erheblich zum Wohl der Gesellschaft bei, zumal zahlreiche soziale Probleme, die politischen eingeschlossen, ihre Wurzeln in der moralischen Ordnung haben. Ich wünsche, daß im Rahmen der jüngsten Fortschritte zwischen dem Staat und der Kirche dieser die volle juridische Anerkennung gewährt werde und daß die Grundbedingungen für eine normale und wirksame Entfaltung ihres Evangelisierungsauftrags garantiert werden.

In diesem Kontext, liebe Brüder, ist es von erstrangiger Bedeutung, daß eure Ortskirchen sich den Augen der Welt als Sakrament der Einheit darbieten: sie, die - wie das Zweite Vatikanische Konzil sagte - „den Weg mit der ganzen Menschheit gemeinsam” gehen „und das gleiche irdische Geschick mit der Welt” erfahren und sich daher immer mehr als „der Sauerteig und die Seele der in Christus zu erneuernden und in die Familie Gottes umzugestaltenden menschlichen Gesellschaft” erweisen sollen (*Gaudium et spes*, Nr. 40), damit jeder in seinem Artgenossen nicht einen Gegner sieht, gegen den man kämpfen muß, sondern einen Bruder, mit dem man sich vereinigen kann, um eine gerechtere und solidarischere Welt aufzubauen.

Ermuntert eure Gläubigen zu einer Zusammenarbeit mit allen Bürgern guten Willens für die Wiederherstellung des menschlichen und geistlichen Geflechts der Gesellschaft mit Großherzigkeit und Opfermut. Unterweist die Gläubigen in den dem Gesellschaftsleben eigenen Tugenden. Sucht zugleich, die Berufung christlicher Führungspersönlichkeiten zu wecken und zu tragen, damit sie in den Aktivitäten der Arbeit, des Unternehmertums, der Politik und in allen Sektoren des nationalen Lebens sich das Ziel setzen, die Forderungen der Soziallehre der Kirche zu verwirklichen.

3. Auf der neuen Etappe des Weges der Versöhnung wird eure Bischofskonferenz die gewünschten Ziele nur dann erreichen, wenn sie von einer fortschreitenden und intensiven Gemeinschaft unter allen Mitgliedern getragen ist, derart daß eure Stimme sich einmütig vor euren Gläubigen und der Gesellschaft erhebt. Eure Vereinigung war in der Vergangenheit sehr wertvoll, sie wird es noch mehr in der Zukunft sein.

Als Nachfolger der Apostel, „die ... das Haus des lebendigen Gottes leiten" (*Lumen Gentium*, Nr. 18), überprüft ihr den aktuellen Zustand der euch anvertrauten christlichen Gemeinschaften und erwägt ihre Möglichkeiten und ihre Probleme. Sie sind heute aufgefordert, sich neu zu organisieren, ferner ihrem inneren Leben und ihrer pastoralen Tätigkeit neuen Impuls zu geben. Dazu ist die Erarbeitung eines Gesamtpastoralplans für eure Diözesen nötig, um alle Gemeinschaften der Kirche neu zu beleben und damit dem Evangelisierungsauftrag Christi voller zu entsprechen. Das eigentliche Leben der Kirche hat „nur seinen vollen Sinn, wenn es zum Zeugnis wird, ... zur Predigt wird und die Frohbotschaft verkündet" (*Evangelii nuntiandi*, Nr. 15).

4. Ich schließe mich solidarisch den dringenden Aufrufen für Missionspersonal an, die viele von euch an verschiedene religiöse Kongregationen und Diözesen anderer Nationen gerichtet haben. Wie sehr wünsche und bete ich zum Herrn der Ernte, daß ihr eine hochherzige Antwort erhaltet innerhalb jenes „Austausches der Gaben", der vom Konzil als wesentlich für die „communio Ecclesiarum" erachtet wird (vgl. *Lumen Gentium*, Nr. 13). Um dem schweren Priestermangel zu begegnen, von dem ihr betroffen seid, eröffnen sich neue Wege und Initiativen im Rahmen einer fruchtbaren Zusammenarbeit zwischen euren Diözesen und dem Hl. Stuhl, der sich auf diesem Gebiet „gerufen fühlt, eine Förderungs-, Sensibilisierungs- und Vermittlungsrolle zu spielen. Das müßte den Kontakt zwischen den beiden ‚Polen', Bedarf und Angebot von Hilfe" als katalysierende Kraft erleichtern (Der Präfekt der Kongregation für das katholische Bildungswesen: *Für eine ausgewogenere Verteilung der Priester in der Kirche*, in: *O.R.*, 15.3.91).
Ich ermutige euch, Formen und Weisen der Beteiligung auch im Rahmen eurer Bischofskonferenz zu finden, vor allem was gemeinsame Dienste oder solche der Nothilfe für die am meisten bedürftigen Kirchen angeht, nach dem Beispiel der apostolischen Gemeinden: „Während sie durch große Not geprüft wurden, verwandelten sich ihre übergroße Freude und ihre tiefe Armut in den Reichtum ihres selbstlosen Gebens" (*2 Kor* 8,2). Im Blick auf die gegenwärtigen Bedürfnisse und die Früchte, die aus ihnen erwachsen könnten, erwähne ich drei Bereiche gegenseitiger Zusammenarbeit. Ich beginne mit dem Bereich der sozialen Kommunikationsmittel, die es gestatten, eure Stimme als Kirche zu multiplizieren. Ich wünsche mir, daß der Prozeß der Rückkehr zur Kirche von „Radio Ecclesia" und anderen Strukturen im Dienst der sozialen Kommunikation bald zum Abschluß kommen kann. Denn die Massenmedien bilden den ersten „Areopag der neuen Zeit", wo das Evangelium verkündet werden soll (*Redemptoris missio*, Nr. 37).
Die Erarbeitung eines Katechismus auf nationaler Ebene ist ein Unternehmen, das ihr alle miteinander in die Hand nehmen müßt, damit die kirchlichen Gemeinschaften über einen systematischen, klareren Wegweiser der Katechese für die verschiedenen Lebensabschnitte verfügen können, der eine religiöse und kulturelle Festigung der christlichen Seele des Volkes von São Tomé und Príncipe und von Angola möglich macht. Der heroische Dienst und das Zeugnis zahlreicher Katechisten und Katechistinnen aus dem Laienstand - denen ich hier die verdiente

Ehre erweisen möchte -, der Hunger nach dem Wort Gottes eurer Gläubigen, die in diesen Jahren keine Mühe gescheut haben, ihn zu sättigen, werden eine Anregung und ein Aufruf sein, auf die der Geist Gottes und ihr zu antworten wissen werdet.
Ferner möchte ich euch zu konkreter bischöflicher Solidarität beim Aufbau einer authentischen diözesanen Priesterschaft ermuntern, in der der untadelige und eifrige Priester hervortritt, der in sich das Bild des „Guten Hirten, der sein Leben für seine Schafe hingibt" (vgl. *Joh* 10,11) erneuert. Eine solche Priesterschaft stellt eine der wichtigsten Voraussetzungen dar, wenn man von einer Kirche sprechen will, die in einem bestimmten Teil der Erde durch den Geist Gottes eingepflanzt, inkarniert und gefestigt ist.

5. Obwohl wir derzeit ein tröstliches Aufblühen von Berufungen zum Priester- und Ordensleben beobachten - zugleich mit dem unermeßlichen Bedürfnis in euren Diözesen -, so werdet ihr doch nicht die Berufungspastoral vernachlässigen, noch die Auswahl der Kandidaten und deren angemessene Ausbildung. Das Entdecken, Fördern und Festigen der Berufungen hängt in hohem Maße von dem christlichen Leben und Zeugnis ab, das in den Familien, in der kirchlichen Gemeinde und in den Schulen gegeben wird, welche eben deswegen in den Pastoralplan einbezogen und berücksichtigt werden müssen.
Die Ausbildung des Klerus soll eure absolute Priorität sein. Die Güte der Prüfung des Berufs und der priesterlichen Ausbildung ist danach zu bewerten, wie weit sie dem Seminaristen hilft, sich immer mehr nach dem Bild des Priesters und Hirten Jesus Christus zu formen. Sorgt also dafür, daß das Seminar wirklich eine Erziehungs- und Ausbildungsgemeinschaft ist, die in den Jugendlichen das notwendige Gleichgewicht für die zu treffenden Entscheidungen schafft in der Gewißheit, daß sie ihr menschliches, christliches und priesterliches Sein zugleich reifen lassen. Es soll ein Ort tiefen geistlichen Lebens sein, offen für die Erfordernisse der heutigen Welt, ein Ort, wo man eine Atmosphäre des Evangeliums und echter Brüderlichkeit atmet.
Von grundlegender Bedeutung für euer Wirken ist die Auswahl der Erzieher. Es sollen wahre Männer Gottes und der Kirche sein, gediegen in Lehre und Frömmigkeit, tief verbunden mit der lebendigen Überlieferung der Kirche und zugleich offen für die neuen Wirklichkeiten, die der Geist zu allen Zeiten entstehen läßt. Ich weiß, wie sehr ihr das Fehlen einer ausreichenden Anzahl von Erziehern und geistig und intellektuell gut vorbereiteten Professoren empfindet. Das verpflichtet euch aber nur zu einer noch besseren Betreuung des Seminars und zur Offenheit für brüderliche Hilfe von außen.

6. Doch kann es in der Kirche keine volle Lebenskraft geben ohne den entscheidenden Beitrag der Laien und besonders der christlichen Familie, der Urzelle des kirchlichen Organismus. Auf diesem Gebiet wird es nützlich sein, die Familie von Nazaret als Vorbild und Grundlage eures pastoralen Wirkens hinzustellen. Ich weiß, daß einige Diözesen der Familienpastoral ein vorrangiges Interesse zugewandt haben, um diese zu einem Grundpfeiler der Neuevangelisierung zu machen. Die frohe Beja-

hung des Lebens ist ein Wert, den ihr ziemlich stark empfindet. Daher muß das Leben auch sorgfältig geschützt und gefördert werden. Setzt euch für eine Pastoral ein, die den Gläubigen nahelegt, zu Erbauern einer „Kultur des Lebens" zu werden, welche allen Formen der Gewaltanwendung widerstehen kann, die es auch heute nicht gestatten, die Person in ihrer richtigen Sicht zu betrachten. Setzt in diesem Sinne den Weg, den ihr begonnen habt, fort in dem Wissen, daß die Familie gefördert wird, wenn man im Voraus für ihren angemessenen sozialen, ethischen und geistigen Schutz und für die integrale Heranbildung aller ihrer Mitglieder sorgt und sie vor allem zu einer reifen Glaubenspraxis und zur gegenseitigen Hilfe sowohl innerhalb der Hausmauern als auch unter verschiedenen Ehepaaren erzieht. Es geht darum, eine organische und fortdauernde Familienpastoral ins Leben zu rufen, die notwendigen Mittel dafür bereitzustellen und für diese Aufgabe geeignete pastorale Mitarbeiter unter euren Priestern, Ordensleuten und Familien heranzubilden, die mit einer spezifischen Ausbildung in den hier gefragten Fächern euch helfen, kreativ und wirksam die Rettung der Familie zu erreichen.

7. Meine Gedanken gehen in besonderer Weise nach São Tomé und Príncipe, wo eine ungenügende Evangelisierungstätigkeit und verschiedene historische Ereignisse Vorurteile und Wunden entstehen haben lassen, die zu einer wirklich ehefeindlichen Mentalität geworden sind. Dieses erste Lustrum der ständigen Präsenz eines eigenen Bischofs, des lieben Bruders Abílio Ribas, hat den Beginn einer neuen Evangelisierung möglich gemacht, und ich ermuntere euch, sie starkmütig und im Vertrauen auf den Herrn Jesus weiterzuführen. Wir müssen die Familie von São Tomé wieder als einen heiligen Bund von Personen und zugleich als Zuflucht der Generationen aufbauen. Diese Familie soll ein wahres und verantwortliches Milieu der Liebe und des Lebens sein. Bildet in den Familien den Sinn für Gott und für die gegenseitige Hilfe heran; „entzieht euch nicht der Pflicht, ihnen den ganzen Willen Gottes zu verkünden" (vgl. *Apg* 20,27). Die Zukunft der Kirche in São Tomé und Príncipe sowie das Wohl der Nation hängen großenteils von der Festigung des Institutes Familie ab, gegründet auf der unauflöslichen Ehe.
Eine gesunde Gesellschaft kann in der Tat nur mit gesunden Familien existieren. Nur diese vermögen dem Land eine hoffnungsvolle Jugend zu verschaffen. Fehlt das Familienleben oder ist es zerbrochen, so sind die ersten Opfer die Kinder, welche affektive und geistige Verlassenheit erfahren und daher ihre integrale Entwicklung auch nicht erreichen können. Das bedeutet Desorientierung, Fehlen von Werten und Normen für das Leben, Abneigung gegen die Arbeit und Verwundbarkeit gegenüber einer Umgebung der Vergnügungssucht, der sittlichen Verderbtheit, des Alkoholismus, des Drogenkonsums und der Kriminalität.

8. Liebe Brüder im Bischofsamt, zum Abschluß dieses meines brüderlichen Gesprächs mit euch möchte ich euch erneut meine volle Verbundenheit und Hochachtung aussprechen, die ich für einen jeden von euch hege. Nachdem ich euch einzeln angehört habe und eure Berichte durchgegangen bin, kann ich die Hingabe ermessen, mit der ihr eure Diözesen leitet, kann ich die Gemeinschaft schätzen, die

euch untereinander verbindet. Im längeren Anhören des Wortes Gottes und im Schweigen des Gebetes vermögt ihr die Kraft zu finden, um den Schwierigkeiten des täglichen apostolischen Dienstes gewachsen zu sein, das Licht, um die eurer pastoralen Verantwortung anvertraute Herde zu führen und geistliche Kraft, um eure Brüder im Glauben zu bestärken.
Werdet nicht müde, für eure Gemeinschaften zu beten und sie zur fügsamen Bejahung des Willens Gottes hinzuführen. Seid unter allen Umständen ein lebendiger Sauerteig der Zusammengehörigkeit und Brüderlichkeit und fahrt fort, die Frohbotschaft zu verkünden, um einer von so vielen Formen der Gewaltanwendung zerrissenen Welt Christus als „unseren Frieden" (*Eph* 2,14) zu zeigen. Aus ganzem Herzen erteile ich einem jeden von euch den Apostolischen Segen, den ich ausdehne auf die Priester, die Ordensmänner und Ordensfrauen, die Seminaristen und Katechisten und auf alle geliebten Kinder in Angola sowie in São Tomé und Príncipe, welche dem Herzen des Papstes stets nahestehen. Maria, Mutter der Kirche und Königin des Friedens, möge euer Bemühen unterstützen und ihren Blick auf eure Diözesen wenden, damit ihr dem Evangelium stets treu bleibt und unermüdlich tätig seid im Dienst der Befreiung, Solidarität und Versöhnung der Menschen untereinander und mit Gott.

Die Kirche als Familie erkennen

Ansprache an die Bischöfe Argentiniens beim Ad-limina-Besuch am 18. Januar

Liebe Brüder im Bischofsamt!

1. Mit inniger Freude empfange ich heute euch, die Bischöfe Argentiniens, zu dieser kollegialen Begegnung, in der euer Ad-limina-Besuch gipfelt. Ich möchte Msgr. Estanislao Karlic, dem Erzbischof von Paraná und ersten Vizepräsidenten der argentinischen Bischofskonferenz, meinen Dank für die Grußworte aussprechen, die er als Sprecher von euch allen sowie der Gläubigen eurer Diözesen eben an mich gerichtet hat.
In den persönlichen Gesprächen, die wir in diesen Tagen geführt haben, konnte ich erneut mit Genugtuung die Lebenskraft eurer Einzelkirchen, eure Sorge als Hirten und den Eifer eurer Mitarbeiter im apostolischen Dienst sowie die Treue zum Zentrum der Einheit, nämlich zum Sitz des Petrus, feststellen. Ebenso wie meine Begegnung mit der ersten Gruppe der argentinischen Bischöfe erinnert mich die heutige Begegnung spontan an meine pastoralen Reisen in euer Land, das von seinen Anfängen an durch die Predigt des Evangeliums und das Glück der Taufe gesegnet war und weiter ein unermeßliches Arbeitsfeld darstellt, zu dem ihr gesandt seid und auf dem ihr euren bischöflichen Dienst hingebungsvoll ausübt.
Es kommen mir hier die Worte in den Sinn, die ich in Buenos Aires bei der Eucharistiefeier an die gottgeweihten Menschen und die Mitarbeiter in der Pastoral gerichtet habe: „Kirche in Argentinien, stehe auf und laß dein Licht leuchten!" Diese Auf-

forderung des Papstes fällt mit der Aufgabe einer neuen Evangelisierung zusammen, und zugleich begehen wir das fünfte Jahrhundert seit Beginn der Evangelisierung in Amerika. Der Aufruf wurde bereitwillig und hochherzig aufgegriffen, und die Antwort wird in der Ausarbeitung eines Plans der Gesamtpastoral für die Diözesen Argentiniens konkret, um alle Gemeinschaften der Kirche mit neuem Leben zu erfüllen und so in vollerem Sinn den Auftrag Christi zur Evangelisierung erfüllen zu können, denn wie mein Vorgänger Paul VI. gelehrt hat, gewinnt das eigentliche Leben der Kirche „nur seinen vollen Sinn, wenn es zum Zeugnis wird, ... und zur Umkehr führt, [wenn es] zur Predigt wird und die Frohbotschaft verkündet" (*Evangelii nuntiandi*, Nr. 15).

2. Tatsächlich „ist die pilgernde Kirche ihrem Wesen nach missionarisch" (vgl. *Ad gentes*, Nr. 2); und daher muß notwendig der Geist der Mission in allen ihren Gliedern unermüdlich erneuert werden, angefangen mit der fortschreitenden Erneuerung eines jeden in seinem Taufversprechen. Die Kirche, die in Argentinien pilgernd unterwegs ist, muß in ihrer missionarischen Dynamik zweifellos das Heil aller Bewohner des Landes durch die Treue zu Jesus Christus, unserem einzigen Erlöser, in Glaube und Liebe anstreben.

Doch um eine aktive Beteiligung eines jeden Mitglieds der Kirche bei der Mission zu erreichen, die alle, wenn auch in unterschiedlicher Weise angeht, muß eine besondere Aufmerksamkeit und ein intensives Bemühen jenen Massen von Getauften gelten, die die religiöse Praxis aufgegeben haben oder vielleicht auch nie darin unterwiesen worden sind. Sie müssen ein deutlicheres und ausdrücklicheres Bewußtsein von ihrer katholischen Identität und ihrer Zugehörigkeit zur Kirche gewinnen, eifrig am sakramentalen Leben teilnehmen und sich in die eigenen christlichen Gemeinschaften integrieren. Geduldig und mit der pädagogischen Liebe eines Vaters, durch ständige Katechese, durch Volksmission und andere Formen des Apostolates sollt ihr diesen Gläubigen helfen, in ihrem Bewußtsein der Zugehörigkeit zur Kirche reifer zu werden, die Kirche als ihre Familie zu erkennen, als ihr Heim und als bevorzugten Ort ihrer Begegnung mit Gott.

Es sind gerade diese Massen, die den Glauben ihrer Taufe bewahrt haben, wenn er wahrscheinlich auch durch Unkenntnis der religiösen Wahrheiten und ein gewisses Leben am Rande der Kirche geschwächt ist. Sie sind angesichts der Auswirkungen des Säkularismus und des Proselytentums der Sekten am meisten verwundbar, und ohne volle Integration in das Leben der Kirche und ihre sichtbaren Strukturen, ohne lebendigen Umgang mit dem Wort und den Sakramenten droht ihr Glaube schwach zu werden und kann dann nur schwer dem entsakralisierenden Klima widerstehen, wie es vor allem in den großen Ballungsräumen der Städte herrscht, und das dazu einlädt, Gott beiseite zu lassen und die Wichtigkeit der Religion für das tägliche Leben der Menschen zu verkennen. Die Präsenz der Sekten, die besonders auf diese ungenügend evangelisierten oder der sakramentalen Praxis entfremdeten Menschen einwirken, Menschen, die aber weiter eine religiöse Unruhe in sich tragen, muß für euch eine pastorale Aufgabe werden, auf die ihr notwendig mit neuer missionarischer Dynamik eingehen müßt.

3. Diese Christen, die sich gewöhnlich als Nicht-Praktizierende bezeichnen, bewahren zweifellos viele Ausdrucksformen der Frömmigkeit, die ja ein reiches Erbe eures Volkes wie eurer Brudernationen in Lateinamerika ist. Durch diese Frömmigkeit und vor allem durch ihre Verehrung Mariens und der Heiligen zeigen sie ihre Zugehörigkeit zur Kirche. Diese Ausdrucksformen des religiösen Empfindens müssen Anliegen und Ausgangspunkt einer intensiven „Pädagogik der Evangelisierung" sein (vgl. *Evangelii nuntiandi*, Nr. 48), um zu vermeiden, daß sie sich zu ihrem Schaden mit abergläubischen Elementen vermischen, um die Menschen vielmehr auf die Ebene eines in der Tiefe erneuerten Glaubens zu heben und sie zu einer echten Ausrichtung des Lebens nach dem Evangelium hinzuführen.
Mir ist bereits bekannt, daß seit einiger Zeit missionarische Gruppen bei euch intensiver arbeiten, die hochherzig und opferwillig das Wort Gottes verkünden und das sakramentale Leben anregen, daß sie sich auch für caritative Hilfe und Förderung des Menschen einsetzen, gerade in Bevölkerungskreisen, die der pastoralen Hilfe am meisten bedürfen. Ich möchte daher alle jene, die sich dieser verdienstvollen Arbeit als Kirche widmen, ermuntern, dieses Wirken zum Aufbau der Gemeinschaft zwischen den verschiedenen Diözesen weiter auszubauen. Mit Freude nehme ich ferner zur Kenntnis, daß sich viele Jugendliche berufen fühlen, bei dieser Mission in vorderster Reihe mitzuwirken. Ich bete innig zum Herrn, daß jede kirchliche Gemeinschaft in Argentinien im Vollsinn des Wortes evangelisiert wird und evangelisierend ausstrahlt.
Liebe Brüder, sorgt dafür, daß eure Diözesen und jede einzelne ihrer Gemeinschaften echte missionarische Zentren werden; setzt euch mit neuem Eifer mit dieser Zielsetzung für eine Hebung und Vertiefung der Ausbildung der in der Pastoral Tätigen ein. Möge eure Sorge und euer Einsatz auch eure Priester, die Ordensmänner und Ordensfrauen sowie die Mitglieder der Organisationen und der Bewegungen für das Laienapostolat erfassen. Möge ein jeder den gebieterischen Imperativ empfinden, von dem der hl. Paulus spricht, und sich die Worte des Apostels zu eigen machen: „Weh mir, wenn ich das Evangelium nicht verkünde!" (*1 Kor* 9,16).

4. In den letzten Jahren habt ihr den pastoralen Schwerpunkten Familie und Jugend besondere Aufmerksamkeit geschenkt. Ich wünsche euch Glück dazu und empfehle euch, diese innerlich miteinander verbundenen Themen weiter bei euren apostolischen Initiativen zu berücksichtigen.
Die Zukunft der Kirche in Argentinien sowie zugleich das Wohl eurer Gemeinschaft als Nation hängen großenteils von der Festigung der Institution Familie ab, die sich auf die unauflösliche Ehe gründet, sowie von der Erziehung einer Jugend, die in den Werten und Idealen, wie sie die katholische Tradition eurem Land geschenkt hat, tief verwurzelt ist.
Wenn in eurem Volk auch gewiß glücklicherweise ein gediegener Sinn für die Familie weiterwirkt, das heißt das Bewußtsein von ihrem Wert und ihre Wertschätzung, so ist euch doch zweifellos nicht unbekannt, daß wir in der heutigen Situation auch einige Schatten feststellen müssen, die ich im Apostolischen Schreiben *Familiaris consortio* beschrieben habe, und die zu den negativen Kennzeichen der heuti-

gen Kultur gehören: „die steigende Zahl der Ehescheidungen; das weit verbreitete Übel der Abtreibung; die immer häufigere Sterilisierung; das Aufkommen einer regelrechten empfängnisfeindlichen Mentalität" (Nr. 6). Ja noch mehr: die häufigen Ehetrennungen und die Ehescheidungsmentalität, die aufgrund schlechter Beispiele und des ungünstigen Einflusses der Medien der sozialen Kommunikation noch zunehmen, schwächen in den Jugendlichen die Überzeugung, daß die Ehe ihrer Natur nach und nach dem Willen Christi ein Bund der Treue und für immer ist. So gerät die Zukunft der Institution Familie in Gefahr und zugleich der Zusammenhalt einer gesunden, harmonischen und echt menschlichen Gesellschaft.
Es ist bekannt, daß die Auflösung des Familienlebens sich auf die Kinder zerstörerisch auswirkt, die ihre ersten Opfer sind. Das Phänomen der affektiven und geistigen Ausfallserscheinungen bei den Jugendlichen, die sich tatsächlich ohne Familie fühlen, ist Ursache für weit schlimmere Übel, die die integrale Entwicklung der Jugend eines Landes aufs Spiel setzen: das Fehlen von Werten und Lebenszielen, Orientierungslosigkeit, Arbeitsscheu und Verletzlichkeit angesichts einer Umwelt, die von Vergnügungssucht und moralischer Korruption, Alkoholismus, Drogenabhängigkeit und Kriminalität gekennzeichnet ist.
Die Rettung der Familie muß daher für euch ein ständiges pastorales Anliegen sein. Hier möchte ich euch ermahnen, weiter mit vollem Einsatz die schon in Angriff genommene Aufgabe durchzuführen und sie in konkreten Zielen anzuwenden. Es muß eine organische und beständige Familienpastoral Leben gewinnen, indem man ihr die notwendigen Mittel zuweist und geeignete seelsorgliche Kräfte dafür unter euren Priestern, Ordensleuten und Mitgliedern der Laienschaft vorbereitet. Aufgrund ihrer spezifischen Ausbildung für die Aufgaben in diesem Bereich werden sie euch helfen, kreativ und wirksam der Herausforderung zu entsprechen.
Nicht weniger wichtig für die Förderung dieses pastoralen Anliegens ist die Pflege einer Spiritualität der Familie bei den Ehegatten und im Heim der Familie. So wird die Familie nicht nur evangelisiert, sondern kann zugleich evangelisierend wirken und die erhabene Aufgabe übernehmen, ihre Kinder in einem voll menschlichen und zugleich dem Evangelium entsprechenden Lebensstil heranzubilden.

5. Eine unauslöschliche Erinnerung an meine apostolische Reise nach Argentinien ist weiter die unvergeßliche Begegnung mit den Jugendlichen bei der Feier des Welttags der Jugend am Palmsonntag 1987. Bei dieser Gelegenheit wie auch an anderen Orten, die ich besucht habe, war die Anwesenheit zahlreicher begeisterter Jugendlichen ein beredtes Zeugnis für die Fruchtbarkeit des Pastoralplanes, den ihr unter dem Stichwort „Priorität Jugend" entworfen habt. Ich weiß auch um das religiöse und wahrlich bewundernswerte Ereignis der jährlichen Wallfahrt Hunderttausender von Jugendlichen zum Heiligtum Unserer Lieben Frau von Luján. Ich rühme es ferner, daß zahlreiche Jugendliche an euren Tätigkeiten beteiligt sind und bei kirchlichen Institutionen und Bewegungen mitmachen. Das ist ein Zeichen der Hoffnung für die Kirche in Argentinien, doch zugleich bedeutet es eine große Verantwortung und eine ständige Aufgabe für euch, denn ihr müßt hier den verschiedenen

Initiativen ja neuen Schwung geben, wie ihr kürzlich beim „Nationalkongreß der Verantwortlichen für die Jugendpastoral” festgestellt habt.
In diesem Zusammenhang möchte ich bemerken, daß eine massive und begeisterte Antwort der Jugendlichen nicht genügt. Notwendig ist zugleich, ihnen eine gediegene und anspruchsvolle geistige und menschliche Ausbildung zu verschaffen; eine Ausbildung, die ihnen beim Wachstum im Glauben und bei der immer bewußteren und lebendigeren Verbundenheit mit Jesus Christus und seiner Kirche hilft. Nur so können sie ihre Aufgabe als „aktive Subjekte, Protagonisten der Evangelisierung und Erbauer der sozialen Erneuerung” (*Christifideles laici*, Nr. 46) erfüllen. Wenn ihr diesen heiklen und grundlegenden Aspekt der Jugendpastoral berücksichtigt, leistet ihr einen unschätzbaren Beitrag für die Zukunft der Kirche und der Gesellschaft in Argentinien.

6. Das Bewußtsein von seiner apostolischen Pflicht hat mehr als einmal den ganzen Episkopat veranlaßt, mit geeigneten Weisungen den nicht leichten Weg eurer Gemeinschaft als Nation im Hinblick auf ein gerechteres Zusammenleben und die Sicherung eines echten sozialen Friedens zu erhellen.
Euer Land sieht sich von den Folgen einer andauernden Krise betroffen, deren Auswirkungen sich in allen Bereichen des nationalen Lebens bemerkbar machen. So bitte ich euch, euren Gläubigen meine Sorge und meine echte Solidarität zum Ausdruck zu bringen; sagt ihnen, daß sie in mein Gebet immer eingeschlossen sind.
Liebe Brüder, die Schwierigkeiten unserer heutigen Zeit dürfen euch nicht entmutigen, sondern sollen im Gegenteil in euch neue Hoffnung und unerschütterlichen Starkmut wecken. Oft wurde betont - und jene, die eine objektive und echte Analyse der schwerwiegenden politischen, wirtschaftlichen und sozialen Probleme aufstellen, wissen darum -, daß die Krise moralischer Natur ist. Die Festigkeit der Ordnung im sozialen Zusammenleben, die Geltung von Gerechtigkeit und Billigkeit bei den gegenseitigen Beziehungen, die Achtung vor den Rechten und die Erfüllung der Pflichten, die das Gesetz auferlegt, die Solidarität, ohne die eine Gemeinschaft nicht ihr wahres Wohl sichern kann, sind Werte, die endlich in Geist und Herz der Menschen Gestalt gewinnen müssen.
Als Bischöfe Argentiniens habt ihr einen Beweis der Hoffnung, die euer pastorales Wirken trägt, gegeben. Ihr habt angesichts der Probleme und Schwierigkeiten nicht geschwiegen, sondern allen in dieser langen Zeit der Prüfung, die euer Land durchmacht, Orientierungshilfen angeboten. Ihr stellt jetzt einen Bezugspunkt dar, ihr seid eine moralische Autorität, die mithilft, weitere Entzweiungen der nationalen Gemeinschaft zu vermeiden. „Gott führt bei denen, die ihn lieben, alles zum Guten” (vgl. *Röm* 8,28). Diese Überzeugung des hl. Paulus wird für euch besonders beredt.
Groß sind die pastoralen Aufgaben, vor denen ihr in Argentinien steht. Daher habt ihr mit sicherer Hand die heutige Lage beschrieben und sie als moralische Krise bezeichnet. Tatsächlich bringen Krisen Spaltungen und Gegensätze mit sich; sie sind aber zugleich offene Prozesse, die keineswegs notwendig ein bloß negatives Ende nehmen müssen. Sie können und müssen von innen her gemeistert werden, damit auch all das Gute sichtbar wird, das sie mit sich bringen können.

Die Katholiken Argentiniens wurden aufgeklärt, daß die derzeitigen Aufgaben eine tiefere Verwurzelung im Glauben und eine lebendigere und mehr solidarische Liebe erfordern. Die neue Evangelisierung ist dafür eine günstige Zeit. Die Jungfrau von Luján aber wird gewiß eure Schritte auch weiter lenken. Hört also nicht auf, eure Gläubigen zu ermahnen und sie zur Mitarbeit - in Verbindung mit allen Mitbürgern guten Willens - beim Wiederaufbau der ethischen Struktur der argentinischen Gesellschaft aufzufordern. Sie sollen hochherzig und opferbereit mitarbeiten, und so, wie es ihre Pflicht ist, auf die überreichen Schätze reagieren, mit denen die göttliche Vorsehung euer Land gesegnet hat, und wie es dem Edelmut eurer heimischen Tradition sowie der Berufung eines Volkes entspricht, das im Schatten des Kreuzes Christi und im Schoß der Kirche seine Gestalt gewonnen hat. Weckt und unterstützt ferner die Berufung von Führungskräften aus dem Laienstand, die in der Welt der Arbeit, der Unternehmen und der Politik sowie in allen anderen Bereichen des nationalen Lebens die Forderungen der Soziallehre der Kirche praktisch durchzuführen bereit sind und sich von ihr bei der Erarbeitung von Lösungen und Programmen leiten lassen, wie sie das Land braucht. Sehr wichtig bleibt auch die Schulung der Gläubigen in den Tugenden des sozialen Zusammenlebens; sie müssen Ausdruck der Liebe der Christen zu ihrem Vaterland sein und Zeugnis der Liebe und Ergebenheit, wie sie Kindern geziemt.

7. Zum Abschluß dieser sehr angenehmen Begegnung wiederhole ich das *Gebet*, das ich bei einer Eucharistiefeier in eurem lieben Vaterland formuliert habe: „Aus ganzem Herzen bete ich zu Gott, Argentinien möge im Lichte Christi wandeln" (Buenos Aires am 10.4.1987, 9). Wenn ich diese Bitte jetzt an den Herrn richte, denke ich an alle Einwohner Argentiniens, zumal an eure Priester, die Ordensmänner und Ordensfrauen sowie die Mitglieder der Laienverbände und -bewegungen, endlich an alle Gläubigen. Allen sage ich mit den Worten des hl. Paulus: „Werdet stark durch die Kraft und Macht des Herrn" (*Eph* 6,10). Werdet in eurer Arbeit und in eurem Zeugnis nicht müde, und haltet euch in vollem Vertrauen auf die Gnade Gottes in allen Umständen eures Lebens Christus vor Augen. Dies ist mein Wunsch: „Jesus Christus, unser Herr, und Gott, unser Vater, der uns seine Liebe zugewandt und uns in seiner Gnade ewigen Trost und sichere Hoffnung geschenkt hat, tröste euch und gebe euch Kraft zu jedem guten Werk und Wort" (*2 Thess* 2,16-17).
Liebe Brüder, wenn ihr jetzt in eure Diözesen zurückgeht, so wißt, daß euch mein herzlicher Dank für eure Arbeit begleitet, meine Zuneigung und mein ständiges Gebet und auch der Apostolische Segen, den ich euch von Herzen erteile. Maria, der Mutter des Erlösers, die ihr von Luján aus als Mutter und Patronin der Argentinier anruft, empfehle ich innig euch selbst, eure Einzelkirchen und eure ganze Nation.

Die Katechese ist Hauptweg der Evangelisierung

Ansprache an die Bischofskonferenz der drei Venetien bei ihrem Ad-limina-Besuch am 26. Januar

Herr Kardinal-Patriarch,
verehrte Brüder Erzbischöfe und Bischöfe
der konziliaren Region der drei Venetien!

1. Seid mir bei diesem Ad-limina-Besuch willkommen, der wenige Monate nach der letztjährigen Pastoraltagung der Kirche der nordöstlichen Regionen Italiens in Aquileja und Grado stattfindet.
Am ältesten Patriarchensitz haben sich eure Gemeinschaften versammelt, um über die Ursprünge ihres christlichen Lebens nachzudenken. Von daher wolltet ihr Anregung für den Weg der neuen Evangelisierung gewinnen, die die ganze Kirche des europäischen Kontinents heute und in der nächsten Zukunft unternimmt.
Ich spreche euch, liebe Brüder im Bischofsamt, meine herzlichsten Glückwünsche für die erreichten Ergebnisse aus. Im Bewußtsein der sozialen Wandlungen und der Probleme, die bei euren Volksgruppen aufsteigen, setzt ihr jetzt euer volles Vertrauen auf das ständige Wirken Gottes inmitten seines Volkes, und ihr wollt darauf mit wertvollen Programmen und Vorsätzen für euren hochherzigen Einsatz im Dienst des göttlichen Heilsplanes antworten.

2. Wie ich euch bei dieser Gelegenheit geschrieben habe, konntet ihr erkennen, daß unter der Bevölkerung der drei Venetien weiterhin ein umfangreiches Erbe an christlichen Werten besteht, die Frucht eines jahrhundertelangen eifrigen seelsorglichen Wirkens durch systematische Katechese und mutige soziale Initiativen, unterstützt durch die Hilfe zahlreicher Ordensfamilien, von denen einige gerade in den schwierigsten Stunden eurer Geschichte entstanden sind.
Es kann eurer Aufmerksamkeit auch nicht die Rolle entgangen sein, die Aquileja bei der Befestigung des wahren Glaubens an Christus, den Herrn, den Sohn des lebendigen Gottes (vgl. *Mt* 16,16), gespielt hat. Wenn dank der providentiellen Initiative heiliger Bischöfe in einer für die Kirche nicht leichten Zeit gerade in Aquileja eine Synode stattfand, die im Abendland für den Glauben an Christus von großer Bedeutung war, dann kann das auch heute noch alle eure Kirchen daran erinnern, daß die Verkündigung Christi als Gott und Mensch und die Verkündigung seines Wortes und seines Heilswerkes den Hauptinhalt der Evangelisierung bilden muß.
Die Kirchen der drei Venetien sind sich, da sie an einen Kreuzungspunkt intensiver Begegnung der Völker gestellt sind, ihrer Pluralität auf völkischem, sprachlichem und kulturellem Gebiet bewußt. Sie stellen sich verantwortungsbewußt den Problemen, die sich aus der Präsenz von Einwanderern aus anderen Kulturen und Religionen ergeben. Sie müssen sich aber auch für das dem Evangelium entsprechende Zeugnis und zum Dienst der Liebe aufgerufen wissen, in Erfüllung des Auftrags, Christus, das Wort Gottes und unseren Erlöser, zu predigen, ohne den es kein Heil gibt (vgl. *Apg* 4,12).

3. Der Hauptweg der Evangelisierung bleibt immer die Katechese. Bei euch erfolgt sie seit langer Zeit mit systematischen Programmen für Kinder, Heranwachsende und Jugendliche. Bei der Katechese sind zahlreiche Laien beteiligt, und auch die Familien schalten sich in steigendem Maße in die Ausbildung ihrer Kinder ein.
Ihr steht aber heute vor der dringenden Notwendigkeit einer gründlicheren Katechese für Jugendliche und Erwachsene, denen ihr gediegene Motive für ihren Glauben bieten müßt, indem ihr zugleich ihr christliches Zeugnis im Umfeld der neuen sozialen Verhältnisse begleitet und stützt.
Ihr habt es in diesem Punkt nicht versäumt, in euren Kirchen gute Angebote für Katechese durch besondere Kurse vorzulegen, in denen Jugendverbände und christliche Organisationen von Arbeitern, Freiberuflichen und Unternehmern wie auch Bewegungen des Apostolats, der Caritas und des freiwilligen Einsatzes geschult werden. In jedem Zentrum sind ferner gute Initiativen entstanden, um Jugendliche auf die Eheschließung vorzubereiten.
Dennoch erkennt ihr, daß die Erwachsenenkatechese, um wirksam zu sein, mehr Raum und Beteiligung braucht und bewußter vertieft werden muß. Ich ermuntere euch, bei der Suche nach allem, was hierfür nützlich sein kann, fortzufahren und lade euch zugleich ein, jeden möglichen Vorteil aus einzigartigen Mitteln der Katechese zu ziehen, das den Wortgottesdienst der Sonn- und Werktagsmessen darstellt. In Gebieten wie den euren, wo man noch eine gute Beteiligung an der Eucharistiefeier, zumal an Festtagen, feststellen kann, dürfte sich die Auswertung des reichen Angebotes an biblischen Lesungen, wie die Liturgie sie bietet, als außerordentlich fruchtbar erweisen. Gerade das Lektionar und das Missale sind das beständige, lebendige und vielen vertraute Werkzeug, um den Glauben kennenzulernen, ihn zu stärken und in ihm die Antwort auf die Fragen des Gewissens zu finden. Die Priester müßten den Wert dieses Werkzeugs voll ermessen und daraus mit Hilfe einer entsprechenden Verkündigung und Erklärung Anregung zur Formung starker christlicher Persönlichkeiten finden. Der biblische Text, durch den Christus immer in seiner Kirche präsent ist, „da er selbst spricht, wenn die heiligen Schriften in der Kirche gelesen werden" (Konstitution *Sacrosanctum Concilium*, Nr. 7), weil er das Licht der Wahrheit ist und die Kraft der Gnade, die im Geist das weckt, was sie ausdrückt, und Wegzehrung, die beim Suchen und Wirken im Dienst des Guten Halt gibt.
Das Missale kann daher mit seinem umfangreichen Lektionar als täglicher „Tisch" des Wortes sehr wohl als universales Handbuch der Katechese für das ganze Volk gelten, sei es in der Pfarrei, oder sei es in sonst einer Kirche oder Gemeinschaft.

4. Die sich durchhaltende religiöse Praxis und die bedeutsame Präsenz der Pfarrei im ganzen Gebiet bestätigen die bleibende christliche Seele der Kultur und Mentalität der Menschen in den drei Venetien. Es läßt sich daher vertrauensvoll voraussehen, daß die pastoralen Initiativen, die ihr geplant habt, mit Gottes Gnade glücklichen Erfolg haben werden.
Einen besonderen Grund zur Hoffnung bietet die Präsenz einer Laienschaft, die stark in sozialen Tätigkeiten engagiert ist, dank einer langen Überlieferung bei die-

sem Einsatz, der sich an der Lehre der Kirche orientiert. In dem Maß, wie eure Laien die Gerechtigkeit und Wahrheit des Evangeliums aufzunehmen und zu verkündigen wissen, werden sie zum Sauerteig des Guten und wirksame Arbeiter für die Ausgeglichenheit der Strukturen im Land. Sorgt für ihre Vorbereitung und gründet diese auf das Evangelium. Verwurzelt sie gründlich in der christlichen Überlieferung eures Volkes. Flößt ihnen den Geist des Dienens und eine wirksame Ethik ihrer bürgerlichen Pflichten ein.

Wenn allgemein anerkannt wird, daß in eurem Gebiet hinsichtlich der Entwicklung, des Wohlstandes, der Anerkennung der Rechte der Arbeiter und der Verbreitung der Kultur tröstliche Ergebnisse erreicht worden sind, zum großen Vorteil auch für künftige politische und soziale Perspektiven, so müßt ihr doch auch aufmerksam darüber wachen, daß jede zweideutige Auffassung von Freiheit und Fortschritt überwunden wird, damit nicht jene christliche Sicht der Entwicklung Schaden leidet, die die ethischen Werte in Betracht zieht und ständige Achtung vor der Würde des Menschen fordert, der nach dem Bild Gottes geschaffen ist.

5. Dank sei dem Herrn für die zahlreichen Zeichen der Bereitschaft eurer Kirchen für den Dienst der Evangelisierung in anderen Gebieten. Die Zahl der aus euren Diözesen stammenden Missionaren, die in Afrika, Asien und Lateinamerika arbeiten, ist ansehnlich. Bedeutsam ist ferner die Arbeit, die eure Priester in nicht wenigen Pfarreien Roms leisten. Viele Ordensmänner und weibliche Ordensfrauen, die dem Ruf zur Mission entsprechen, widmen sich der Verbreitung des Evangeliums in allen Teilen der Welt. Diese missionarische Lebenskraft bezeugt euer Bewußtsein, daß „die Kirche Sakrament des Heiles für die ganze Menschheit ist, und ihre Tätigkeit sich nicht auf jene beschränkt, die die Heilsbotschaft annehmen" (vgl. Enzyklika *Redemptoris missio*, Nr. 20).

Im gleichen Geist sind bei euch zahlreiche Initiativen der Caritas und der Aufnahme anderer entstanden. Sie wollen den neuen Armen der modernen Gesellschaft zu Hilfe kommen, aber auch jenen helfen, die aus anderen Teilen der Welt stammen und sich an eure Gemeinschaften wenden, die reicher sind. Solche Initiativen wollen den Migranten aus Osteuropa und anderen Kontinenten, die in eurem Gebiet Arbeit und bessere Lebensbedingungen suchen, menschliche und brüderliche Solidarität anbieten.

Die venezianische Kultur ist seit Jahrhunderten für die Präsenz von Personen unterschiedlicher Herkunft, Überlieferung und Glaubensüberzeugung offen. Heute sieht sich diese humanitäre Einstellung zu neuen Horizonten aufgerufen. Die im Namen Christi erwiesene Liebe im Zeichen jener Nächstenliebe, die zugleich mit der Gottesliebe Grundregel des ganzen „Gesetzes" ist, bildet den einzigen Beweis eurer christlichen Identität für jene, die das Evangelium nicht kennen und dennoch mitten unter euch leben.

Eure Liebe sei hochherzig, beispielhaft und vertrauensvoll, damit jene, die unter euch weilen und wie Brüder aufgenommen werden, „eure guten Werke sehen und euren Vater preisen, der im Himmel ist" (vgl. *Mt* 5,16).

6. Liebe Brüder, ich wünsche euch von ganzem Herzen Glück für alle eure pastoralen Initiativen, zumal für den Plan, die zahlreichen Medien der sozialen Kommunikation zu koordinieren sowie die Bildung der Priester und Laien auch durch entsprechende theologische Institute zu verbessern und auf den heutigen Stand zu bringen. Bleibt in diesem Punkt immer wachsam bei den Programmen der Seminare und Institute, die die Religionslehrer für die Schulen heranbilden.
Flößt der Katholischen Aktion, diesem kostbaren Werkzeug christlichen Wachstums der Laienschaft, neuen Schwung ein, denn sie bleibt ja weiter in euren Diözesen bedeutsam präsent. Sie bildet eine sehr nützliche Form der Organisation des Laienapostolates im kirchlichen Kontext der Diözesen und der Pfarreien, und sie verwirklicht in enger Zusammenarbeit mit dem Dienst der Hirten ein Modell wirksamen Dienstes, das für die Evangelisierung offen ist.

7. Bevor ich mich von euch verabschiede, möchte ich jenen Bischöfen meine herzliche Wertschätzung aussprechen, die vom aktiven Dienst in den Diözesen nach Erreichung der Altersgrenze zurückgetreten sind, wie der *Kodex des kanonischen Rechtes* es vorsieht. Ich weiß gut, daß sie ihre Kirchen weiter lieben und für sie beten. Mir ist ferner bekannt, daß sie sich weiter in vielfältigen Diensten für euch nützlich machen, bereit, auch die Müdigkeit des Alters sowie die gesundheitlichen Grenzen zu überwinden, um euch bei euren pastoralen Pflichten zu helfen. Mit euch zusammen spreche ich ihnen tiefe Dankbarkeit aus. Möge der Herr ihnen alles mit der Fülle seiner Tröstungen vergelten.
Auf euch alle komme mein besonderer Apostolischer Segen herab, den ich auf eure Priester und Mitarbeiter ausdehne, auf die Diakone und die Ordensfamilien, auf die in den verschiedenen Diensten engagierten Laien und die Bevölkerung des ganzen lieben Gebietes der drei Venetien.

Eine konsequente Evangelisierung ist dringend notwendig

Ansprache an die Bischöfe der Lombardei bei ihrem Ad-limina-Besuch am 2. Februar

Liebe Brüder im Bischofsamt!

1. Mit einem reifen Glauben ausgestattet, sind die Jünger des Herrn berufen, in der Welt, die heute von wachsenden Unsicherheiten und Ängsten beherrscht ist, die transzendenten Wirklichkeiten des neuen Lebens in Christus zu verkünden und zu fördern. Gleichzeitig müssen sie sich zu einem aktiven Beitrag für die integrale Förderung des Menschen aufgerufen wissen, zur Verbesserung des Dialogs und des Verständnisses zwischen Menschen und Völkern, zum Fortschritt der Gerechtigkeit und des Friedens. Wie der Brief an Diognet sagt (6,1: vgl. Funk, *Patres Apostolici*, Tubingae 1901, 396), sind die Christen die Seele der Welt.
Möge sich jeder Gläubige erneut bewußt werden, daß er Seele der Welt sein soll! Dies ist eure vorrangige Sorge, liebe Brüder, Hirten der geliebten Ortskirchen der

Lombardei: darauf kommt ihr immer wieder in euren Pastoralplänen zurück, denn ihr seht hier eine anspruchsvolle missionarische Herausforderung, von der sich jede Gemeinschaft ernsthaft angesprochen fühlen muß.
Mir gefällt euer intensives Wirken, das vor allem die Zentralstellung der Pfarrei betont, in der sich das Oratorium, eine typisch lombardische Einrichtung für die Heranbildung der Jugend entfaltet.
Während ich euch meine Anerkennung für diese hochherzige apostolische Arbeit ausspreche, richte ich an einen jeden meinen dankbaren brüderlichen Gruß. Ich danke besonders dem Herrn Kardinal Carlo Maria Martini für die herzlichen Worte, die er in eurem Namen für mich gefunden hat, und ich denke in herzlicher Verbundenheit auch an jene Bischöfe, die sich vom direkten pastoralen Dienst zurückgezogen haben. Der Herr der Ernte, der euch zur Arbeit auf seinem Feld berufen hat, schenke euch allen in Fülle sein Wohlwollen!

2. Es war für den Jünger Christi nie leicht, „Seele" der Welt zu sein; erst recht ist es nicht in der heutigen historischen Stunde leicht, da tiefgreifende kulturelle und soziale Wandlungen vor sich gehen. Bei verschiedenen Gelegenheiten habt ihr als Nachfolger der Apostel, die „das Haus des lebendigen Gottes leiten" (*Lumen Gentium*, Nr. 18), den heutigen Zustand der euch anvertrauten christlichen Gemeinschaften bedacht und ihre Kräfte und Probleme behandelt. Eure Feststellungen heben oft Tatsachen von umfassender Tragweite hervor, die weit über die Grenzen der Lombardei hinausreichen und mit der gesamten Wirklichkeit Europas verbunden sind. Der bedeutende materielle Wohlstand beeinflußt das Familienleben nicht immer positiv - man denke zum Beispiel an den Niedergang der Geburten sowie an die erhebliche Zahl der Ehen in der Krise -, während das Schulwesen, das großenteils schon bis zur höheren Mittelschule reicht und an den Universitäten hohe Zahlen aufweist, zwar unerhörte Möglichkeiten bietet, aber auch neue Schwierigkeiten für die Ausbildung und Katechese der Jugendlichen schafft. Die systematische und jedes Haus erreichende Verbreitung der Medien der sozialen Kommunikation beseitigt oder vermindert doch erheblich den Unterschied zwischen Metropole, Provinzstadt, kleineren Zentren und Dörfern, so daß es zu einer Nivellierung kommt, die zuweilen echtere Formen des Lebens nicht mehr hochkommen läßt. Jüngste Phänomene sind die massenweise Anwesenheit von Einwanderern von außerhalb der europäischen Gemeinschaft und die Bildung der Ligen, die gerade in der Lombardei besonders aktiv sind.
Wir haben einen Stand der Dinge vor uns, den man sich nicht selten unkritisch und ohne zu unterscheiden aneignet in einer Umwelt, in der man, wie man sagt, „zu wenig denkt", und das führt dazu, alles lediglich auf bloße Verschiedenheit zurückzuführen, statt sich ein Urteil zu bilden und das Wahre von dem, was falsch ist, zu unterscheiden. Gerade der Zusammenbruch der Ideologien führt vor allem Jugendliche leicht zum Individualismus, bei dem sie sich in sich selbst oder in kleinen gleichgesinnten Gruppen verschließen, den Konsumismus pflegen und sich nicht mehr für das öffentliche Leben interessieren. Zunehmend entfernen sie sich auch vom Weg eines echten Glaubens. Beunruhigende Zeichen des sozialen Unbehagens

sind unter anderem das Abgleiten von Jugendlichen bis in die Kriminalität, Gewaltanwendung und die Geißel der Droge.
Der Einfluß der Säkularisierung macht sich leider in der gefährlichen Kluft zwischen religiöser Praxis und dem Leben aus dem Glauben bemerkbar. All das erklärt wenigstens zum Teil das Fehlen von Berufungen, das ihr mit Sorge auch in euren Gemeinden feststellt.

3. Verehrte Brüder, trotz dieser großenteils negativen Erscheinungen laßt ihr euch in eurem apostolischen Bemühen nicht entmutigen. Ich bin sicher, daß euch jederzeit das Bewußtsein trägt, Diener des Herrn zu sein, der reich an Gnade und Barmherzigkeit ist. Im übrigen fehlen ja auch nicht ermutigende Zeichen, die mit Vertrauen in die Zukunft blicken lassen. Die Leute haben trotz der herrschenden Mentalität noch ein Empfinden für den religiösen Charakter der grundlegenden Ereignisse im Leben, wie Geburt und Tod.
Die Jugendlichen zeigen sich offener als man meinen könnte, wenn man ihnen Vorschläge macht, die wirksamer ihre Intelligenz und ihr Herz ansprechen. Beweis dafür ist ihre treue Beteiligung an besonderen Angeboten, die Bibel und Spiritualität betreffen, wie sie einige eurer Diözesen unternommen haben.
Auch der Einsatz als Freiwillige hat bei vielen wirklich dem Evangelium entsprechende Motive.
Der Klerus behält seinen traditionellen Arbeitseifer bei: trotz der Schwierigkeiten und eines verbreiteten Klimas des Mißtrauens setzt er sich weiter ein, ohne das notwendige theologische und pastorale Aggiornamento zu vernachlässigen.
Die Formen der Zusammenarbeit zwischen Priestern und Laien erweitern und vervielfältigen sich. Zu betonen ist hier die inzwischen fast überall erfolgte Einsetzung von diözesanen und zonalen Pastoralräten oder von solchen auf Ebene der Dekanate und Pfarreien. Es sei auch nicht das Interesse und die Dauerhaftigkeit vergessen, mit der die Einrichtung von Schulen für soziopolitische Ausbildung als integraler Teil des Weges zur christlichen Reife begrüßt worden ist.

4. Im eben angedeuteten Zusammenhang wird eine neue mutige und konsequente Evangelisierung dringend notwendig. Nur die wirksame Neuentdeckung Christi als gediegener Fels, auf dem man sein Leben und die ganze Gesellschaft aufbauen kann, läßt die Gläubigen Schwierigkeiten und Hindernisse aller Art nicht mehr fürchten. Dieses Haus bricht nicht unter Regengüssen, Überschwemmungen und drohenden Stürmen zusammen, weil es ja auf solidem Felsen gegründet ist (vgl. *Mt* 7,24 ff.).
Wir befinden uns in diesen Jahren wie in einem Advent, der uns auf das Jahr 2000 vorbereitet. Diese Zeit des Wartens und der Bekehrung zu Christus braucht Propheten und Zeugen, die fähig sind, in der Gemeinschaft den Glauben an das Offenbarungswort des Vaters zu festigen, der reich ist an Barmherzigkeit. Zeugen, die fähig sind, im Herzen ihrer Mitmenschen die Liebe zu Christus, dem Erlöser der Menschheit zu wecken, der sein Heilswirken in der Kirche weiterführt durch den Geist, der Herr ist und lebendig macht.

Es ist also die Zeit der neuen Evangelisierung, um junge Generationen von Aposteln vorzubereiten, die nicht davor zurückschrecken, das Evangelium unverkürzt zu verkünden.

5. Notwendig ist vor allem der Übergang von einem, wenn auch wertvollen, Gewohnheitsglauben zu einem Glauben der persönlichen, bewußten, überzeugten und zum Zeugnis bereiten Entscheidung.
Dieser Glaube, in der Liturgie gefeiert und in der Liebe mitgeteilt, nährt und stärkt die Gemeinschaft der Jünger des Herrn und erbaut sie zu einer missionarischen und prophetischen Kirche.
Niemand soll sich von diesem apostolischen Plan ausgeschlossen fühlen! Euer Wirken muß daher auch den zahlreichen Immigranten Rechnung tragen, und eure Seelsorge muß auch ihnen gelten. In meiner Botschaft zum Welttag des Emigranten 1985 habe ich geschrieben: „Die Ortskirchen der Länder mit überwiegend katholischer und christlicher Bevölkerung müssen auch die oft dringliche Aufgabe erfüllen, unter der großen Zahl der nichtchristlichen Emigranten eine erste missionarische Evangelisation zu beginnen. (*DAS* 1985, S. 1475).

6. Bei diesem erneuten Bemühen um Evangelisierung muß das Volk ständig in Kontakt mit der Bibel bleiben. Durch die „Schulen des Wortes" muß die Heilige Schrift immer besser bekannt, in der „lectio divina" innerlich angeeignet und konkret in den Kursen der Vorbereitung auf die Sakramente der Einführung ins Christentum angewendet werden. Auch von diesem Gesichtspunkt aus kann euch die lombardische Tradition der Oratorien von Nutzen sein, die die Bildungsprogramme den verschiedenen Altersstufen anpassen.
1991 ist die Jahrhundertfeier des Todes des hl. Aloisius von Gonzaga. Sie kann euch für die Förderung der Jugend- und Berufungspastoral Gelegenheit bieten, wenn ihr diesen euren Landsmann als Vorbild christlicher Vollkommenheit auch für die Jungen unserer Zeit hinstellt, die Zerstreuungen durch kulturelle Interessen und Moden nachgehen, welche nicht selten auf Abwege führen.
Verbindet mit der Aufmerksamkeit für die Jugendlichen auch eine methodische und sorgfältige Erwachsenenkatechese. Ich weiß, daß man in einigen Pfarreien noch die Katechese an Festtagen pflegt, die allen offensteht, zuweilen verbunden mit dem Beten oder Singen der Vesper. Anderswo wurden zum Ersatz andere Formen eingeführt, die noch weiter entwickelt und verstärkt werden müssen.
Manche Gelegenheiten bieten gute Möglichkeiten, den Glauben der Erwachsenen zu fördern, wie Kurse der Ehevorbereitung, Begegnungen mit Eltern, deren Kinder vor dem Empfang der christlichen Einführungssakramente stehen, die sakramentale Feier der Eheschließung, der christliche Abschied bei den Beerdigungen und die traditionellen örtlichen Feste.
Gewiß darf man Methoden und Weisen der Kommunikation nicht übersehen, die den kulturellen und psychologischen Bedürfnissen des modernen Menschen mehr entsprechen. Geht es um Kinder und Jugendliche, erweist sich eine Methode, die die Gemeinschaft, die Gruppe und den Dialog betont, als außerordentlich wichtig. In

der Erwachsenenkatechese ist es sehr wertvoll, wenn ein Erwachsener die Botschaft übermittelt. Der christliche Erwachsene, der in persönlicher und überzeugter Entscheidung dem Geheimnis Christi anhängt, soll dazu angeleitet werden, daß er anderen die Gründe für seinen Glauben und seine Zugehörigkeit zur Kirche darlegen kann, und er soll aufgefordert werden, sich in christlichem Stil in die Welt der Kultur, in die politischen Strukturen, in die sozialen Verhältnisse und in das politische Leben einzufügen.

7. Die Glaubenden zu einem reifen Glauben hinführen, darin liegt das Hauptanliegen, liebe Brüder, in dem die Bemühungen der Pfarreien eurer Diözesen mit Hilfe eines organischen Pastoralplanes zusammenkommen sollen; dies soll das Ziel der Diözesansynoden und -kongresse sein, die derzeit in den verschiedenen lombardischen Kirchen in Gang oder in Vorbereitung sind.
Alles muß auf den Aufbau des Leibes Christi hinzielen, wobei die Pluralität der Dienste und der providentielle Reichtum der Charismen, die der Heilige Geist weiter in den Gemeinschaften aufblühen läßt, ausgenützt werden sollte.
Die vor euch liegende Aufgabe könnte verwirren.
Aber verliert nicht den Mut! Flößt euren Mitarbeitern und Gläubigen vielmehr Trost ein, eingedenk dessen, daß eine echte Frucht des Glaubens die Hoffnung ist. „Habt Vertrauen; ich habe die Welt überwunden" (vgl. *Joh* 16,33); „Das ist der Sieg, der die Welt überwindet, euer Glaube" (vgl. *1 Joh* 5,4).
Maria, die Mutter der Kirche, möge all euer Bemühen unterstützen und eure apostolische Aufgabe fruchtbar machen.
In herzlicher Verbundenheit segne auch ich euch alle.

Mit Mut und Klarheit auf Fragen der Jugendlichen antworten

Ansprache an die Bischöfe aus Piemont und dem Aosta-Tal bei ihrem Ad-limina-Besuch am 16. Februar

Liebe Erzbischöfe und Bischöfe aus Piemont und dem Aosta-Tal!

1. Nach den Gesprächen, die ich mit einem jeden von euch hatte, freue ich mich über diese kollegiale Begegnung, bei der ich mit euch die Haupthinweise, die sich ergeben haben, weiter bedenken kann, um einige Richtungen aufzuzeigen, in die sich die Gemeinschaften der beiden Regionen bei ihrem künftigen pastoralen Vorgehen bewegen sollten. Doch gestattet mir, daß ich vor allem Erzbischof Giovanni Saldarini lebhaften Dank für die Worte der Verbundenheit ausspreche, die er im Namen aller formuliert hat. Wenn ich dann meinen herzlichen Gruß auf euch, die Hirten, ausdehne, möchte ich dem Herrn für den Reichtum der christlichen Überlieferungen und für die vielen Zeichen religiöser Lebenskraft danken, die sich in euren Gebieten finden. Ich denke an die Priester, Missionare und Missionarinnen, die aus

euren Gemeinschaften hervorgegangen sind und nun der Kirche in den verschiedenen Teilen der Welt eifrig dienen und auch für den Heiligen Stuhl wertvolle Mitarbeiter sind, angefangen bei dem lieben Msgr. Angelo Sodano, den ich kürzlich mit der delikaten Aufgabe eines Pro-Staatssekretärs betraut habe. Ich danke dem Herrn auch für die Erfahrung der Gemeinschaft, die wir heute früh machen dürfen zur gegenseitigen Stärkung in der täglichen Mühe der Verkündigung des Evangeliums.
Gerade dies ist ja bei einem jeden von euch die beherrschende Sorge: wie können wir mit neuer Wirksamkeit der heutigen Welt Christus verkündigen, da sie so tief vom Säkularismus und der Gleichgültigkeit geprägt ist? Wie sollen wir vor allem den Jugendlichen die radikale Botschaft des Evangeliums neu vorlegen, diese Botschaft, in der allein ihrem unruhigen Herzen die voll befriedigende Antwort angeboten ist?
Es sind zwei miteinander verbundene Fragen, die eine hat allgemeinen, die andere spezifischen Charakter. Sie sind nicht leicht zu beantworten, zumal wenn man auch die Unterschiede innerhalb des geographischen und kulturellen Raumes berücksichtigt, in dem euer Dienst sich vollzieht. Euer Gebiet ist nicht homogen, denn es besteht ein erheblicher Unterschied zwischen den großen Stadtgebieten und den zahlreichen kleinen Dörfern im Gebirge, auf den Hügeln oder in der Ebene. Während in der großen und mittleren Pfarrei die Jugendgruppen, mit denen man einen zuverlässigen Glaubensweg einschlagen kann, nicht fehlen, sind in den kleinen Pfarreien mit ihrer starken Entvölkerung und Überalterung oft nicht einmal die Voraussetzungen für eine mögliche Zusammenfassung der Jugendlichen vorhanden. Es scheint ferner, daß sich das Glaubensleben, das früher unter den Jugendlichen der Landpfarreien intensiv war, nun auf die Jugendgruppen der Stadtzentren verlagert, die eine vielversprechende Lebenskraft zeigen. Das bestätigt die Tatsache, daß gerade aus diesen Gruppen nicht wenige männliche und weibliche Berufungen kommen.

2. Angesichts dieser unterschiedlichen Situation habt ihr euch gefragt, wie ihr der Evangelisierung der Jugendlichen und mit den Jugendlichen selbst neuen Elan geben könnt.
Es ist euch ja nicht unbekannt, daß bei einem Teil der heutigen Jugend der ihr eigene Schwung schließlich in Haltungen der Passivität und Frustration endet, weil es ihr nicht gelingt, mit der ersehnten aktiven Gestaltung ihres Lebens jene andere Erfahrung zu überwinden, die sie ihr Leben als „Produkt" der anderen sehen läßt: der Gesellschaft, die ihr Bedingungen stellt, der realen Aussichten, die der Arbeitsmarkt bietet, der Entscheidungen, die bei den Führungskräften liegen, der starren Mechanismen des Wettbewerbs usw. Nicht wenige Jugendliche versuchen daher, solchen Zwängen auszuweichen in eine Ideologie des technologischen Optimismus hinein, der ja von der bedeutsamen industriellen Entwicklung des Gebietes begünstigt wird.
Gerade deswegen braucht es Mut und Klarheit, wenn man unseren Jugendlichen die entscheidende Frage stellt: ob nämlich das Neue, das sie suchen, von der Maschine oder nicht vielmehr vom Menschen kommen muß. Hier hat die Kirche dem Geist

der Jugendlichen entscheidende positive Worte anzubieten. Befaßt sich die Jugend mit dem Kern der christlichen Botschaft, dann kann und muß sie wieder die unerhörte Kunde von Jesus verkünden, dem Wort Gottes, das Mensch wurde, um den Menschen die Möglichkeit zu bieten, schon hier auf Erden als Kinder Gottes zu leben. Einer oft entfremdeten und entfremdenden Gesellschaft stellt Jesus mit seinem Kommen die Familie der Kinder Gottes entgegen, die „ein Herz und eine Seele" sind (*Apg* 4,32). Es ist Aufgabe der Christen, eine Gesellschaft aufzubauen, die weder scheinbar noch in Wirklichkeit etwas Äußerliches oder Befremdendes ist, sondern im Gegenteil innerlich und von tiefem Zusammenhalt ist: eine Gesellschaft, die Gemeinschaft, ja „Communio" ist.

3. Auch in Piemont verbreitet sich leider das Mißverständnis zwischen „Gut" und „Wohlstand", und die im Durchschnitt gut versorgten Jugendlichen können sich im allgemeinen einen erheblichen Konsum leisten. Außerdem werden sie von der erwähnten Bedeutsamkeit der Technik in der heutigen Kultur dazu verleitet, das Gute mit einem vorteilhaften Platz in der Bürokratie der Arbeit zu identifizieren. Als Folge davon suchen viele Jugendliche ihre Selbstverwirklichung im beruflichen Erfolg, im Karrieremachen und im Erreichen einer hohen Stufe auf der sozialen Leiter.

All das genügt freilich nicht, und ihr selbst seid Zeugen für die tiefe Enttäuschung, mit der sie oft reagieren, wenn sie merken, daß dies das Ende ihrer Erwartungen sein soll. Aber geschieht das nicht, weil sie ein echteres Gut hatten erreichen wollen und es im Austausch von Freundschaft, Solidarität und - wenn auch in geringerer Zahl - in einer gemeinschaftlichen Glaubenserfahrung gesucht hätten?

Wir müssen die Jugendlichen, die auf der Suche sind, verstehen lehren, daß nur Jesus mit dem Sauerteig seines Evangeliums in der Lage ist, die menschlichen Werte, die sie anstreben, voll erfüllbar zu machen. Sind die Jugendlichen aber bereits mit der Erfahrung des Christentums vertraut, muß man ihnen klarmachen, wie wichtig es ist, sich gegenseitig anzuerkennen und gemeinsam zu arbeiten, besonders auch wenn sie in Kontakt mit Altersgenossen stehen, die der christlichen Lebenserfahrung ferngeblieben sind oder sie nur am Rand kennengelernt haben.

4. In der Jugend von heute begegnen uns nicht wenige Formen des Kampfgeistes, die man nicht unterschätzen darf: In ihnen kommt nämlich die Tendenz zum Ausdruck, an sich selbst höchste Ansprüche zu stellen, und das ist gewiß ein schätzenswerter Zug bei Menschen, die ihre eigene Zukunft aufbauen.

Man darf freilich nicht vergessen, daß unsere Kultur die Jugendlichen häufig zu einer platten und unbedeutenden Alltäglichkeit zwingt, weil sie gleichsam ein „Leben mit nichts" bedeutet. Leider versuchen sie, auf eine solche Situation mit etwas nicht Alltäglichem und wirklich Bedeutsamen zu reagieren, das sich aber nicht selten als zerstörerisch erweist - wie es der Fall ist, wenn sie sich der zerstörenden Erfahrung der Droge überlassen - oder das zumindest illusorisch ist und entfremdet. Und was geschieht, wenn sie die Erfahrung des Neuen in äußeren Dingen suchen, im neuen Modell des Motorrades oder Autos, in der neuen Beschäftigung, im neuen Haus usw.!

Wir müssen den Mut haben, den Jugendlichen von heute immer wieder das christliche Ideal in seiner unverkürzten Ganzheit vorzulegen. Die Erfahrung zeigt, daß ihr Geist für den Anruf echter Werte offen ist, und sie sind bereit, dafür auch schwere Opfer auf sich zu nehmen, wenn man ihnen hilft, deren Sinn innerhalb der christlichen Logik des Kreuzes zu verstehen.

5. Wie ihr gut wißt, stellen wir heute bei den Jugendlichen Mißtrauen und Mutlosigkeit fest. Ein Zeichen dafür ist zum Beispiel das große Zögern hinsichtlich der Geburtenfreudigkeit, und angesichts des Lebens überhaupt. Nicht wenige Familien bejahen ein einziges Kind mehr deswegen, weil sie ein Objekt für ihre Zuneigung brauchen, als um eine echte Hoffnung für die Zukunft zum Ausdruck zu bringen. Ein anderes Zeichen der Mutlosigkeit ist die verkürzte und negative Sicht der Sexualität, die ihre innere und unzerstörbare Verbindung mit der Liebe und dem Leben ausschließt oder mißachtet.

Wir erleben einen doppelten unnatürlichen Bruch in den ungeniertesten Botschaften der heutigen Kultur: den Bruch zwischen Sexualität und Person sowie den Bruch zwischen Sexualität und Lebensplan. Im Bewußtsein zahlreicher Jugendlicher wird das Empfinden Liebe durch die sich verbreitende Kultur des Vergnügens verfälscht und überspült und nicht mehr als konstitutives Element einer Berufung gesehen, in der Mann und Frau zur Teilhabe an der schöpferischen Liebe Gottes aufgerufen sind. Es wird eher als Antrieb des Instinktes verstanden, dem man ohne Bindung folgen oder in bloß erotisches Vergnügen ausweichen kann.

Glücklicherweise ist es nicht immer so. Viele Jugendliche zeigen keinerlei Zufriedenheit mit einer solchen erniedrigenden Sicht. Sie sind sich des Umfangs der in Gang befindlichen Wandlungen bewußt und wollen sich als Vorkämpfer beim Aufbau von mehr menschlichen Beziehungen verstanden wissen. Sie sind daher bereit, sich den Herausforderungen einer anspruchsvollen Aufgabe zu stellen, wenn sie darin die Möglichkeit sehen, den tiefsten Bestrebungen ihrer Seele gerecht zu werden.

Wir brauchen uns also nicht zu fürchten, ihnen den Radikalismus des Evangeliums vor Augen zu stellen, auch nicht, ihnen die Tugend der christlichen Keuschheit nach der Lehre der Kirche vorzustellen, die ja von der Erfahrung der Heiligen gestützt wird. Der hl. Domenico Savio und der selige Pier Giorgio Frassati, beide Söhne eures Landes, bleiben gültige und nachahmenswerte Beispiele.

6. Nachdem gewisse pseudo-revolutionäre Ideale zerbrochen sind und die Angebote eines allgemein philanthropischen Altruismus abgenommen haben, eröffnen sich der Kirche heute neue Räume, der Hochherzigkeit der Jugendlichen die Botschaft des Evangeliums als gediegene Grundlage zum Aufbau einer von echt christlicher Liebe geprägten Brüderlichkeit anzubieten.

Dazu muß man die Jugendlichen mit der Heiligen Schrift in Berührung bringen und ihnen den Besuch des katholischen Religionsunterrichtes in der Schule, den Besuch

von Kursen in Theologie und religiöser Kultur nahelegen, wie sie innerhalb der Diözese oder der Pfarrei angeboten werden, ferner die Teilnahme an gemeinschaftlichen Erfahrungen mit der „lectio divina" und dem Gebet und sie anregen, von den vielen didaktischen und katechetischen Hilfsmitteln Gebrauch zu machen, die auch in eurer Region in reicher Fülle erarbeitet und verbreitet werden.
In dieser Welt der Maschinen, in der sich der Mensch zu verlieren droht, braucht es notwendig „etwas mehr Seele". Nur die Weisheit von oben kann selbst den bewundernswerten Leistungen der künstlichen Intelligenz, die in unserer Kultur eine so große Bedeutung gewinnt, einen voll menschlichen Sinn geben. Wir müssen zu einem reifen Glauben hinführen, der wie bei den zahlreichen Heiligen und Seligen eurer Region zur missionarischen Leidenschaft wurde und die auch heute noch in guten Initiativen und Einrichtungen zum Ausdruck kommt.
Große Hilfen zu dieser notwendigen Reifung können sein: die geistliche Leitung, der häufige Empfang des Bußsakramentes, auch das erzieherische Bemühen mancher pädagogisch wertvollen Einrichtungen, wie der Katholischen Aktion, der kirchlichen Bewegungen und insbesondere des Oratoriums. Das alles schafft eine Umwelt, die dem Vorbeugen des Bösen ein günstiges Klima bietet und schließlich eine Hinführung zum Glauben wird. In dieser Hinsicht können die ganze Gemeinschaft, die Familie und die Jugendlichen selbst verantwortliche Vorkämpfer werden. Ergebnis dieses Einsatzes wird dann die frohe Entscheidung sein, hinzugehen und Christus als seine Zeugen zu verkünden, auch in der gänzlichen Hingabe für das Reich Gottes als Priester oder im Ordensleben.

7. Das, ehrwürdige Brüder, waren einige Züge der Jugendpastoral, die mir die Gespräche mit euch nahegelegt haben, und ich dachte, es wäre gut, sie euch mitzuteilen, um - falls überhaupt nötig - die tiefe Gemeinschaft zu bekräftigen, die mich mit euch und euren Kirchen verbindet. Ich bitte den Herrn, er möge euch bei den täglichen Mühen eures Dienstes in reichem Maße trösten. Ich vertraue eure Sorgen und Hoffnungen der mütterlichen Aufmerksamkeit der seligsten Jungfrau an, die von den Gläubigen eures Gebietes so sehr verehrt wird. Die Königin der Apostel möge die hochherzigen Wünsche, die euch beseelen, aufnehmen und eurer Arbeit reiche Früchte des Guten sichern. Vom Himmel her mögen euch alle die großen Heiligen beistehen, die aus euren christlichen Gemeinden hervorgegangen sind.
Mit diesen Gedanken und guten Wünschen segne ich euch von Herzen.

Die religiöse Bedeutung des Lebens verkünden

Ansprache beim Ad-limina-Besuch der Bischöfe der italienischen Region Emilia-Romagna am 1. März

Ehrwürdige Brüder im Bischofsamt aus der Region Emilia-Romagna!

1. Ich freue mich, mit diesem kollegialen Treffen eure Ad-limina-Besuche abzuschließen, in deren Verlauf ihr mir erneut die Gemeinschaft zwischen den euch

anvertrauten Kirchen und dem Sitz des Petrus bezeugt habt. Ich danke dem Erzbischof von Bologna, Kardinal Giacomo Biffi für die erlesenen Worte, die er im Namen aller an mich gerichtet hat. Ich habe darin die Sorgen und Hoffnungen mitschwingen hören, die jeder von euch, der als Hirte mit der Verkündigung des Evangeliums und der Förderung des christlichen Lebens bei den Männern und Frauen unserer Zeit beauftragt ist, in seinem Herzen trägt.
Bei meinen Besuchen in der Emilia-Romagna habe ich oft von der Notwendigkeit einer Neuevangelisierung gesprochen, und bei der neuen Inkulturation des Glaubens habe ich auf die vorrangige Aufgabe der christlichen Generation hingewiesen, die dem dritten Jahrtausend entgegensieht.
Das Gespräch mit jedem von euch in diesen Tagen hat mich noch mehr von der Dringlichkeit dieser Aufgabe überzeugt, denn der Prozeß der Säkularisierung, das heißt der Verdrängung der Motivierung und religiösen Zielsetzung jeder Handlung im menschlichen Leben, schreitet rapid fort. Die Perspektive nicht weniger Menschen beschränkt sich auf den engen Horizont des Wohlstandsstrebens. Da dieses aber letzten Endes betrügt, ist es nicht zu verwundern, daß die Ziffer der Lebensverweigerung - Selbstmord, Abtreibung, Euthanasie, Droge - in Emilia-Romagna sehr hoch ist. Manchmal hat man den Eindruck, die Leute bei euch seien der Meinung, sie liebten das Leben, nur wissen sie nicht, welches Leben sie lieben sollen.

2. Diese Situation verweist die Aufgabe der neuen Inkulturation des Glaubens auf einen Hauptinhalt, nämlich darauf, die religiöse Bedeutung des menschlichen Lebens zu verkündigen, das nur in der auf die „unsichtbare Welt" hin offenen Perspektive (vgl. *2 Kor* 4,18) in seinem ihm wesensgemäßen und seiner Natur eigenen persönlichen, familiären und sozialen Dimensionen gelebt werden kann.
Euer Land braucht Wahrheit. Es braucht sie um so mehr, weil es nicht mehr daran interessiert zu sein scheint, sie zu suchen. Eine Aufgabe, auf die ihr Hirten - zusammen mit dem christlichen Volk, und insbesondere mit den Pfarreien, Verbänden, Bewegungen und organisierten Gruppen - nicht verzichten könnt, besteht darin, bei jeder Gelegenheit und in jedem Umfeld die Wahrheit vom Leben zu verkündigen. Christus ist das ursprüngliche und radikale Prinzip des Lebens: „Alles ist durch ihn geworden, und ohne ihn wurde nichts, was geworden ist" (vgl. *Joh* 1,3). Ja, er selbst ist das Leben: „Ich bin das Leben" (vgl. *Joh* 11,25; 14,6).
Der Glaube an den Herrn, den Gott des Lebens - den Gott Abrahams, Isaaks und Jakobs, nicht den Gott der Philosophen -, stellt uns in eine Perspektive freudiger Gewißheit: Das menschliche Leben ist keine bloß biologische Gegebenheit. Vielmehr: „Wer an mich glaubt, wird leben, auch wenn er stirbt" (*Joh* 11,25).
Deshalb mahnt der Herr, „daß der Mensch nicht nur von Brot lebt" (*Dtn* 8,3) nicht nur vom Wohlstand, von Besitzgier, von Ehrgeiz, Macht, Genußsucht und Erotik, von illusorischem Glück. Die innere Dimension des Daseins, dieser demütige und aufrichtige Blick in das eigene Innere, der staunend „die Gabe Gottes" (*Joh* 4,10) wahrnimmt, fehlt nur zu oft am Interessenhorizont des satten und säkularisierten Menschen unserer Zeit. Zu einem solchen Blick eure Gläubigen aufzurufen, dürft ihr nie müde werden, liebe Brüder: Maria, die „alles in ihrem Herzen bewahrte und

darüber nachdachte" (vgl. *Lk* 2,19), über das „Große", das der Mächtige an ihr getan hätte (vgl. *Lk* 1,49), ist dafür ein sicheres Urbild und Vorbild. Wenn die religiöse Dimension des Lebens angenommen wird, dann - und nur dann - bekommt das Leben seinen vollen Sinn im Hinblick auf die Person, die Familie und die Gesellschaft. In der gegenwärtigen Heilsordnung hat Gott nicht zwei Pläne mit dem Menschen, einen natürlichen und einen übernatürlichen, sondern nur einen, und das ist unsere geheimnisvolle aber wirkliche Teilnahme in Christus am Leben der Erkenntnis, der Liebe und der Freude, das der Dreifaltigkeit eigen ist.
Kein menschliches Leben kann daher voll und ganz seine ursprüngliche soziale Berufung verwirklichen, es sei denn innerhalb einer religiösen Perspektive. Nur in ihr wird die Beziehung zu den anderen zum freien Geschenk seiner selbst, erhält Anteil an der Liebe des Vaters, wird geläutert und erhoben in geheimnisvoller Vereinigung mit dem Kreuz Christi.

3. Auf den ersten Blick erscheint der Sozialkörper eurer Region stark und kraftvoll: ein betonter wirtschaftlicher Wohlstand ist in ihm verbreitet, und man erfreut sich einer gewissen bürgerlichen Ruhe, begünstigt durch die Toleranz und die gegenseitige Achtung unter den Bürgern. Die Emilia-Romagna ist reich an angesehenen kulturellen Institutionen und an Stätten aktiven Wirkens. Die Kirche ist bei den Gläubigen beliebt und geachtet bei denen, die sich ihr gegenüber für entfremdet halten.
Aber neben diesen Anzeichen der Kraft machen sich Krankheits- und Todeszeichen bemerkbar. Der Geburtenrückgang, der ein alarmierendes Ausmaß angenommen hat, ferner die Überalterung der Bevölkerung und der Bruch zwischen den Generationen, häufige Ehescheidung und getrenntes Leben der Ehegatten, die Gewöhnung an das Übel der Abtreibung, die das moralische Bewußtsein verkümmern läßt und die Fähigkeit bedroht, Leben zu empfangen und es in jeder Phase zu schützen, die hohe Zahl der Selbstmorde, die erschreckende Verbreitung der Droge, die besorgniserregende Erscheinung der unnötigen Todesfälle auf den Straßen in der Samstagnacht, das Aufkommen von neuen und heimtückischen Formen der Armut, die Ausbreitung von Krankheiten, die in Lebensstilen, welche die Wahrheit über den Menschen leugnen, einen fruchtbaren Boden finden. In diesem Rahmen läuft die Solidarität Gefahr, mehr eine bloße Erklärung als wirklich gelebt zu sein; die Toleranz kann sich in Teilnahmslosigkeit und Gleichgültigkeit verwandeln, die gegenseitige Achtung kann absinken in egoistisches Sich-Verschließen und moralischen Relativismus.
Kultur und Wissenschaft sodann orientieren sich nicht immer an der Wahrheitssuche, sondern neigen dazu, sich ein unabhängiges Fundament zu geben. Das geht so weit, daß alles das schließlich für sittlich erlaubt gehalten wird, was technisch möglich ist. Ich denke insbesondere an das Experimentieren mit menschlichen Embryonen und an genetische Manipulierung. Innerhalb der öffentlichen Strukturen schließlich scheinen nicht wenige einen korrekten weltlichen Bereich zu verwechseln mit einem Agnostizismus hinsichtlich der Werte, indem die Funktion der Norm

herabgesetzt wird zu einer einfachen Registrierung und Regulierung des Gebräuchlichen.
Dringend erforderlich ist also ein pastorales Handeln, das an die tiefsten Wurzeln der persönlichen und sozialen Entscheidungen geht und zur Wiederherstellung der religiösen und sozialen Bewertung des Lebens führt.

4. Das ist tatsächlich der Schlüssel von allem: der Sinn und der Wert, den man dem Leben beimißt. Wenn das Leben ein Geschenk ist, dann sind Mann und Frau nicht seine Gebieter. Sie dürfen es genießen und verwalten es; sie sind berufen, es weiterzugeben und dabei nicht nur seiner natürlichen Dimension Rechnung zu tragen, sondern auch dessen, was es, damit zusammengehend und zusammenwirkend, an übernatürlichen Möglichkeiten in sich schließt, die zu erfüllen und zu entfalten Gott sich vorbehalten hat. Darin besteht die Fruchtbarkeit der Familie als wichtige Zelle der Kirche und der Gesellschaft.
Der Geburtenrückgang, die ungerechtfertigte Weigerung, das empfangene Geschenk hochherzig an andere weiterzugeben, bedeutet in Wirklichkeit eine Ablehnung des göttlichen Geschenkes und Planes. Das Gleiche müssen wir über die Abtreibung sagen, bei der die Sünde aus der Sünde erwächst, die Lüge aus dem Verbrechen. Als Recht hingestellt, von den öffentlichen Gewalten unterstützt, ohne moralische Einschränkungen in den öffentlichen Diensten angeboten, bildet die Abtreibung heute eine dramatische Erscheinung von Involution und Rückschritt in der Auffassung vom wahren und vollen Sinn des Lebens.
In entschlossener Freimütigkeit, gepaart mit Erbarmen und Wohlwollen, dürft ihr nicht müde werden, die Wahrheit des göttlichen Planes über das Leben und die Weitergabe des Lebens zu verkünden. Auch im Hinblick auf dieses Thema ist die Kirche berufen, das Salz zu sein, das Geschmack gibt und vor Fäulnis bewahrt.
Die Neuevangelisierung, auf die hinzuweisen und zu der aufzufordern ich nicht müde werde, muß in dieser frohen Botschaft bestehen: Gott, der Urheber des Lebens, hat für jeden einen ganz besonderen Plan ewigen Glücks. Er verlangt nur, daß wir uns an diesen Plan halten und uns seiner Liebe anvertrauen, daß wir das ganze persönliche und soziale Leben an Ihm orientieren, daß wir Ihn kennen, Ihn lieben und Ihm dienen wollen. Die ganze Kirche der Emilia-Romagna muß unermüdlich den Ruf des Paulus aufgreifen: „Wir bitten an Christi Statt: Laßt euch mit Gott versöhnen!" (*2 Kor* 5,20).

5. Die Kirche der Emilia Romagna muß missionarisch werden. Wenn es dem Hirten, von dem das Gleichnis erzählt, keine Ruhe läßt, weil er ein Prozent seiner Herde verloren hat, dürfen christliche Gemeinden nicht ruhig bleiben, wenn sie sehen, wie so viele ihrer Brüder traurige und todbringende Irrwege gehen und ihrem Leben immer weniger Sinn zu geben wissen.
Die Verkündigung stößt auf Hindernisse: es ist ein Kampf gegen die Welt, jene Welt, die Christus nicht erkannt hat (vgl. *Joh* 1,10), und die ihre ganze Kraft aufbringt, um ihn zurückzuweisen. Christus hat die Welt besiegt. Und „das ist der Sieg, der die Welt besiegt hat: unser Glaube" (*1 Joh* 5,4). Das Gebet und besonders die

Eucharistie, die Quelle, der Gipfel und die Nahrung des christlichen Lebens, seien eure Stärke. Vor allem die Eucharistie, die die christliche Gemeinde am Sonntag feiert, sie soll diesem Tag auch seine ursprüngliche Bedeutung als „Tag des Herrn" wiedergeben, der auch im sozialen Bereich seine Bedeutung hat als Tag der Ruhe und der persönlichen Begegnung.

Im ganzen Dasein des Christen, in allen Situationen, soll die Verkündigung Ausdruck finden. Man soll das Wort verkündigen; ohne es ist der apostolische Wert des guten Handelns geringer oder wird übersehen. Man soll durch Werke der Liebe verkündigen, die ein lebendiges Zeugnis für den Glauben sind, und dabei sollen neben den materiellen nicht die Werke der geistlichen Barmherzigkeit vergessen werden. Aus falsch verstandener Achtung vor der Überzeugung anderer soll man sich nicht scheuen, mit der karitativen Tätigkeit das Wort Christi zu verbinden. Der Liebe wird nicht Genüge geleistet, wenn man die Brüder über die Wahrheit im Dunkeln läßt. Es ist keine volle Nächstenliebe, wenn man den Armen Nahrung gibt oder Kranke besucht und ihnen menschliche Hilfe bringt, das heilende Wort aber vor ihnen verschweigt. „Alles, was ihr in Worten und Werken tut, geschehe im Namen Jesu, des Herrn. Durch ihn dankt Gott, dem Vater!" (*Kol* 3,17).

6. Aber auch der mit großer Hochherzigkeit ausgestreute Same kann von einer unzulänglichen, übelgesinnten Umwelt, von einer feindlichen Kultur erstickt werden. Arbeitet also an der Inkulturation des Glaubens, regt klug jede gelegene Initiative an und leitet sie. In einer Umwelt, in der die Freiheit des Wortes nicht selten als Waffe gebraucht wird, um die Freiheit des Denkens zu schwächen, soll auch katholisches Denken in der Öffentlichkeit freimütig Ausdruck finden.

Präsenz im kulturellen Bereich bedeutet auch Präsenz im zivilen und politischen Bereich. In eurer so sehr komplexen Gesellschaft dringen politische Entscheidungen in jeden Sektor des Lebens vor und tragen oft dazu bei, Lebensstile zu entwickeln, die vom Christlichen weit entfernt sind. Die gebotene Unterscheidung zwischen dem Bereich der Kirche und dem der staatlichen Gewalten darf nicht vergessen lassen, daß die eine wie die anderen sich an den Menschen wenden; und die Kirche, die „Lehrerin der Menschheit", kann nicht darauf verzichten, die Tätigkeiten zu inspirieren, die sich auf das Gemeinwohl richten.

Die Kirche hat nicht die Absicht, sich Aufgaben und Vorrechte der politischen Gewalt anzumaßen; aber sie weiß, daß sie auch der Politik einen bestimmten Beitrag an Inspiration und Orientierung anbieten muß. Ein sozial belangloser Glaube wäre nicht mehr der Glaube, den die Apostelgeschichte und die Schriften des Paulus und des Johannes rühmend verkündigten.

7. Diese unsere Begegnung findet in den gesegneten Tagen der vorösterlichen Bußzeit statt, die uns in der Meditation, im Gebet und in der Buße bereit machen für das Aufstrahlen des österlichen Lichtes. Im Einklang mit der liturgischen Zeit möge in den Gemeinden eurer Region die Einladung des Apostels Johannes ertönen: „Du behauptest: Ich bin reich und wohlhabend, und nichts fehlt mir. Du weißt aber nicht, daß gerade du elend und erbärmlich bist, arm, blind und nackt. Darum rate ich dir:

Kaufe von mir Gold, das im Feuer geläutert ist, damit du reich wirst; und kaufe von mir weiße Kleider, und zieh sie an, damit du nicht nackt dastehst und dich schämen mußt; und kaufe Salbe für deine Augen, damit du sehen kannst" (*Offb* 3,17-18).
Bietet also den Brüdern und Schwestern, die sich über den Sinn des Lebens unklar sind und sich in der Finsternis der Welt zu verirren drohen, das Licht Christi an. Jeder Getaufte soll ein Licht sein, das nicht unter einem Gefäß verborgen, sondern auf den Leuchter gestellt ist und den anwesend macht, der in die Welt gekommen ist, um für sie das Licht zu sein (vgl. *Joh* 12,46).
Mit diesem Wunsch rufe ich über euch und die Gläubigen, die eurer Sorge anvertraut sind, den mütterlichen Schutz der heiligsten Jungfrau herab und erteile allen von Herzen den Apostolischen Segen.

Die Welt braucht mutige Zeugen Gottes

Ansprache an die Bischöfe der Toskana beim Ad-limina-Besuch am 11. März

Verehrte Erzbischöfe und Bischöfe der Kirchen in der Toskana!

1. Voll Freude sehe ich euch erneut hier versammelt nach den persönlichen Gesprächen, die ich in den letzten Tagen mit euch geführt habe. Diese gemeinsame Begegnung bietet nicht nur Gelegenheit zur Bekräftigung des Bandes der Gemeinschaft zwischen den unserer pastoralen Sorge anvertrauten Kirchen, sie ermöglicht auch einen Gesamtblick auf die pastoralen Probleme der Region Toskana, wobei die Aktionsrichtungen für die Arbeit in nächster Zukunft hervortreten sollen.
Ich richte an alle meinen herzlichen Gruß und danke dem Erzbischof von Florenz, dem lieben Kardinal Silvano Piovanelli, für die edlen Worte, mit denen er als euer Sprecher eure aufrichtige Verbundenheit mit dem Nachfolger des Petrus, aber auch die Sorgen und Hoffnungen eurer Herzen als Hirten zum Ausdruck gebracht hat.

2. „Ohne die Toskana sähe die Welt anders aus und würde, menschlich gesprochen, ärmer erscheinen." Mit diesen Worten habe ich mich, ehrwürdige Brüder, beim voraufgehenden *Ad-limina-Besuch* am 2. Juni 1986 an euch gewandt (*Insegnamenti di Giovanni Paolo II*, vol. IX,1, 1986, S. 1816). Tatsächlich ist nicht nur die Geschichte Italiens, sondern die der ganzen Welt durch den literarischen, künstlerischen, wissenschaftlichen und geistlichen Beitrag eures Raumes geprägt worden.
Es gilt, euer kulturelles und religiöses Erbe ständig neu zu betrachten, um seine grundlegenden Werte unversehrt zu bewahren, in Weiterführung der altehrwürdigen bürgerlichen und christlichen Traditionen der Region. Es ist ein überaus reicher Schatz an Genialität des Menschen in seinen verschiedenen Ausdrucksformen. Wir müssen ihn pflegen und vermehren. Wir dürfen uns hier nicht auf eine bloß rückwärts schauende Betrachtung beschränken, sondern darin eine „lebendige Quelle der Inspiration und des Einsatzes" erblicken, um in der Gegenwart die Geistesgröße einer Zeit „neu lebendig zu machen und ihr nachzueifern, über jede Form einer

unfruchtbaren Kritik und des blinden Materialismus hinaus" (vgl. *Insegnamenti*, vol. IX,2, 1986, S. 1079).
Die lange Geschichte eurer Stadt soll euch nicht nur zur Wertschätzung und Pflege der bleibenden Werte des Geistes veranlassen, die in der Literatur und in Kunstwerken niedergelegt sind. Sie soll euch zugleich zu einer ständigen und moralischen Erneuerung anregen, die auf die Quellen der christlichen Botschaft zurückgreift, von der ja das kulturelle und soziale Geflecht der eurer pastoralen Sorge anvertrauten Bevölkerungskreise innerlich durchdrungen ist. Der Herr ruft heute die Christen zu einem neuen missionarischen Eifer für die Evangelisierung und die brüderliche Solidarität auf: Sie sollen in der Welt die unsterblichen Werte aufleuchten lassen, die von euren Heiligen und Großen so lichtvoll verkündet wurden und von den Grabmälern der Kirche Santa Croce in Florenz aus weiterhin die Herzen „zu edlen Dingen" anregen.

3. Ich wiederhole auch vor euch, was ich den jungen Menschen von Florenz bei meinem Pastoralbesuch im Oktober 1986 gesagt habe: „Entlockt euren Ahnen das Geheimnis, alles Schöne, Gute und Wahre zum Aufblühen zu bringen." Wir brauchen nämlich für unsere heutigen schwierigen und zugleich providentiellen Zeiten neue Heilige, neue hochherzige Apostel, die den Abendmahlssaal verlassen und sich vom Geist leiten lassen, aber zugleich die Worte des göttlichen Meisters hören: „Geht hinaus in die ganze Welt!" Dies ist der Auftrag: die ganze Welt, alle Geschöpfe, alle Lebensbereiche und bis an die äußersten Grenzen der Erde!
Die Welt braucht Männer und Frauen, die das geistige Erbe ihrer Vorfahren aufzugreifen wissen und zu mutigen Zeugen eines Gottes werden, der das Herz des Menschen unablässig mit seiner unendlichen Liebe erfüllt. Ja, für die erwünschte neue Evangelisierung brauchen wir moderne Heilige, die auf eurer Erde weiterhin wunderbar aufblühen als Menschen, die die göttliche Vorsehung zu Meisterwerken übernatürlicher Schönheit gestaltet hat. Wir müssen den Menschen da, wo sie leben, in missionarischem Geist entgegengehen und ihnen dort das Evangelium der Hoffnung und der Freude verkünden. Wir müssen notwendig die Türen der kirchlichen Gemeinschaften im Geiste brüderlichen Willkommens und tatkräftiger Hochherzigkeit allen öffnen. Es muß die Wahrheit über den Menschen und über Gott unverkürzt verkündet und übermittelt werden durch eine Katechese, die nicht nur die Grundsätze darlegt, sondern zugleich ebenso leidenschaftlich wie echt die Glaubenserfahrung mitteilt.
An euch aber, den Hirten von Kirchen mit ruhmreicher Vergangenheit, liegt es, mit Wort und Beispiel diesen Weg der Bekehrung zu Christus und der geistigen Erneuerung zu fördern und zu ermuntern. Es ist eure Aufgabe als Lehrer des christlichen Lebens, das Volk auf die Wege der Wahrheit und Gerechtigkeit zu führen. Ihr müßt den Eifer aller stärken und stützen, die die Barmherzgkeit des Herrn eurer bischöflichen Sorge anvertraut hat.

4. Ehrwürdige Hirten der lieben Diözesen der Toskana, eine neue Evangelisierung fordert euch heraus. Auch eure Region ist Missionsland. Kürzliche Erhebungen

haben in der trockenen, aber entwaffnenden Sprache der Zahlen das bestätigt, wovon mehr oder weniger alle schon überzeugt waren: der Prozentsatz der Teilnahme an der heiligen Messe an Sonn- und Festtagen ist auf einen bisher nie erreichten Tiefstand abgesunken; wie fast überall, haben sich der Säkularismus und Konsumismus tiefreichend auf eure Kultur ausgewirkt; in den großen Städten ist der Einfluß von okkulten Gruppen zu bemerken, während sich die Praxis esoterischer Riten ausbreitet; es wächst die Gleichgültigkeit, die häufig in praktischen Atheismus mündet.
Freilich bleiben überall in der Toskana auch Überlieferungen des Glaubenslebens und der Volksfrömmigkeit lebendig. Ja, einem oberflächlichen Beobachter könnte es scheinen, das religiöse Erbe sei im wesentlichen unversehrt erhalten: Die Menschen erbitten weiter die Taufe, gehen zur hl. Kommunion und lassen ihre Kinder firmen; trotz der steigenden Zahl von Ziviltrauungen bittet die große Mehrheit der Heiratswilligen um die Eheschließung in der Kirche; bei Todesfällen möchten fast alle ein religiöses Begräbnis für ihre Lieben.
Prüft man aber über diese äußerlich feststellbaren Dinge hinaus die tatsächliche Auswirkung der christlichen Überlieferungen im Leben der Gläubigen nach, wird einem klar, daß der Glaube oft in den bedeutendsten Stunden nicht sichtbar wird. Er zeigt sich nur episodenhaft und beschränkt sich zuweilen auf die Privat- oder sozusagen Intimsphäre. Die religiöse Praxis ist mehr an die Traditionen und Gebräuche gebunden als an jene heilige Überlieferung, in der die Kirche in ihrer Lehre, ihrem Leben und ihrem Kult den Generationen aller Zeiten alles das erhält und weitergibt, was sie ist, alles das, was sie glaubt (vgl. *Dei Verbum*, Nr. 8). Dringlich ist daher eine neue christliche Prägung der kirchlichen Gemeinschaften, die in eurer Region leben. Das aber wird möglich, wenn die Christen bei sich selbst den Bruch zwischen Evangelium und Leben zu überwinden wissen, wenn sie neu in ihrem täglichen Tun, in der Familie, am Arbeitsplatz und in der Gesellschaft die Einheit eines Lebens zurückgewinnen, das im Evangelium Anregung und Kraft zu voller Durchführung dieser Einheit findet.

5. Ein entscheidender Bereich bei der neuen Evangelisierung ist die Familie. Die Kirche muß ihr mit neuer Freude und Überzeugung die sie betreffende „Frohbotschaft" ausrichten. Die Familie muß immer gründlicher die echten Worte hören, die ihr ihre Identität, ihre inneren Kräfte und die Wichtigkeit ihrer Sendung innerhalb der Stadt der Menschen und der Stadt Gottes aufzeigen. Sie ist berufen, zu einem Raum zu werden, in dem das Evangelium übermittelt wird, und von dem es ausstrahlt.
Dazu soll euch auch die Tatsache antreiben und aufrufen, daß gerade in der Toskana die „Bewegung für das Leben" entstanden ist, die heute auch in anderen Städten Italiens und über seine Grenzen hinaus verbreitet ist. Sie will allen den sakralen Charakter der menschlichen Existenz in Erinnerung rufen, die in der Familie ihre natürliche Wiege hat, um sie in ihrer ganzen natürlichen Reichweite zu fördern und im Gegensatz zu einer Todesmentalität eine Kultur der Solidarität und der Liebe aufzubauen.

Wie könnten wir, wenn wir über die Familie sprechen, die Jugendlichen vergessen, auf denen die Hoffnung der Menschheit für morgen ruht? Wie könnten wir ferner über die Krise der Berufungen nicht in Sorge sein, die in wachsendem Maße eure Gemeinschaften belastet? Eine wirksame Evangelisierung setzt die Präsenz von Jugendlichen voraus, die zu mutigem Zeugnis unter ihren Altersgenossen befähigt sind. Sie setzt vor allem die Präsenz neuer Diener voraus, die sich ausschließlich der Sache des Evangeliums widmen. Es gilt also, gerade von der Familie als der grundlegenden Zelle der Gesellschaft und der Gemeinschaft der Christen ausgehend, eine wirksame Pastoral zur christlichen Bildung der Jugend und zur Förderung eines neuen Aufblühens von Berufungen zum Priestertum und zum gottgeweihten Leben in die Wege zu leiten.

6. Ehrwürdige Brüder, der rasche Überblick über die heutige Situation der Kirchen in der Toskana zeigt, wie dringend notwendig ein ernsthaftes pastorales und katechetisches, liturgisches und karitatives Bemühen ist, um allen Gläubigen, die je eigene unverzichtbare Aufgabe des Zeugnisses für die Neuheit des Evangeliums verantwortlich bewußt zu machen. Es muß euch daher ein Anliegen sein, jeden möglichen Beitrag hoch zu schätzen: Ermuntert und unterstützt die Priester als eure ersten Mitarbeiter im pastoralen Dienst. Liebt sie und steht ihnen als Väter und Brüder nahe. Helft ihnen, die Hoffnung lebendig zu halten: Gott verläßt seine Kirche nicht.

Legt den Jugendlichen die Forderungen des Evangeliums unverkürzt vor und begleitet sie im geistigen Reifwerden. Erzieht sie zum hochherzigen Einsatz für das Reich des Herrn. Unterstützt die katholischen Freiwilligen, die in der Region erheblich präsent sind, und vermittelt ihnen eine entsprechende Ausbildung. Steht den Leidenden, den Kranken und Armen nahe und vergeßt in diesem Zusammenhang nicht die Werke der Barmherzigkeit. Ihr besitzt dafür eigene Bruderschaften, die vor Jahrhunderten schon in fast allen Städten der Toskana zur Hilfeleistung für die Ärmsten entstanden sind und noch heute ihre Aufgabe besonders wirksam wahrnehmen.

Regt besonders in allen kirchlichen Kreisen intensiveres Gebet an, das sich in vollem Vertrauen dem Willen Gottes anheimgibt. Verbreitet um euch her die Freude, die sich vom Glauben und der göttlichen Liebe nährt.

7. Versteht es vor allem, die christlichen Gemeinschaften zu einer ständigen Verkündigung der Wahrheit und zur konkreten Übung der Liebe hinzuführen nach dem Wort des hl. Paulus: „Die Wahrheit in Liebe tun" (vgl. *Eph* 4,15). Die Toskana ist überall als Vorbild eines Humanismus bekannt, der die Spuren des christlichen Glaubens sichtbar an sich trägt. Sie hat daher die Aufgabe, die universale Botschaft von der Schönheit und Güte immer neu zu verkünden, die einmal allen leicht verständlich war: ob es reiche Kaufleute oder bescheidene Handwerker waren, die Großen in den Rathäusern oder arme Arbeiter. Eure Kunstwerke bilden für sich schon ein gewaltiges Angebot an Katechese.

Seid euch selbst dieser Möglichkeiten, die die Vorsehung euch bietet, wohl bewußt. Regt also, von der vielfältigen Überlieferung eurer Region kräftig bestärkt, uner-

schrocken eure Kirchen an, in einer von Gleichgültigkeit versuchten Welt in der lebendigen Sprache der Wahrheit und der Liebe zu sprechen. Damit könnt ihr dazu beitragen, auf jede Weise die „Kultur der Liebe" aufzubauen und könnt den Gemeinschaften, die die Züge einer jahrhundertelangen christlichen Kultur an sich tragen, neuen Schwung geben.
Bei dieser Aufgabe möge euch die Mutter Gottes und Mutter der göttlichen Weisheit als getreue Jüngerin Christi zur Seite stehen.
Ich aber segne euch alle von Herzen.

Der Friede wartet auf seine Baumeister

Ansprache an die Bischöfe Umbriens bei ihrem Ad-limina-Besuch am 16. März

1. „Die Tatsache, in Assisi zusammengekommen zu sein, um zu beten, zu fasten und schweigend ein Stück Weges miteinander zu gehen - und das für den stets zerbrechlichen, den stets und heute mehr denn je bedrohten Frieden -, diese Tatsache war wie ein klares Zeichen der tiefen Einheit, die - trotz der bestehenden Trennungen - unter denen vorhanden ist, die in der Religion geistliche und transzendente Werte als Antwort auf die großen Fragen des menschlichen Herzens suchen."
Mit diesen Worten habe ich vor fünf Jahren in meiner *Weihnachtsansprache an das Kardinalskollegium und die Römische Kurie* die Bedeutung des Welttages des Gebetes für den Frieden zusammengefaßt, der wenige Wochen zuvor in Assisi stattgefunden hatte. Sie kommen mir in diesem Augenblick wieder in den Sinn, da ich die Freude habe, euch hier gemeinsam zu begrüßen, nachdem ich euch einzeln bereits getroffen habe, verehrte Hirten der Kirche in Umbrien, in jenem Land, das von der franziskanischen Botschaft der Versöhnung und des Friedens so tief gezeichnet ist.
Eure an edlen künstlerischen, kulturellen und geistlichen Traditionen reiche Region ist in der ganzen Welt wegen ihrer gleichsam natürlichen Berufung zur Förderung des Friedens bekannt. Man braucht nur an die franziskanischen Stätten und an das Zeugnis des Poverello zu denken, das immer noch im Bewußtsein der Menschheit fortklingt als Aufforderung zur Achtung vor Gott, vor dem Nächsten und vor der Schöpfung im Blick auf den Aufbau einer Welt im Zeichen des Verzeihens und der Liebe. Wie sollte ich, ehrwürdige Brüder im Bischofsamt, mich nicht mit euch freuen über die zahlreichen Initiativen, mit denen ihr, auch während des kürzlichen Konfliktes, unter den euch anvertrauten Gemeinschaften die Fackel der Versöhnung und der Brüderlichkeit wachgehalten habt? Zum Frieden erziehen, das ist für euch ein grundlegendes Erfordernis der Evangelisierung; und so besteht eine fundamentale Aufgabe eures pastoralen Handelns darin, eine echte Kultur des Dialogs und der Brüderlichkeit zu fördern. Es darf keine Gelegenheit versäumt werden, die geeignet sein könnte, das Verlangen nach Eintracht im Gewissen der Menschen zu wecken und in der Hingabe an die Sache der Gerechtigkeit und des Friedens das gegenseitige Einvernehmen zu fördern. Die Seele Umbriens, des Herzens der italienischen

Nation und gewissermaßen des idealen Bezugspunktes für jene, die sich die Botschaft des Franziskus als inspirierende Norm für ihr Leben erwählt haben, scheint sich am wahrsten auszudrücken in dem Wunsch, nach franziskanischer Tradition die Werte der Solidarität wachsen zu sehen und sich für deren Ausbreitung in der Welt einzusetzen.
Das erleichtert einerseits die Sendung eurer Kirchen, andererseits macht es sie anfordernder und anspornender. „Der Friede" - so sagte ich in Assisi am Schluß des Gebetstages für den Frieden - „ist eine Werkstatt, die allen offensteht, nicht nur Fachleuten, Gebildeten und Strategen. Der Friede ist eine universale Verantwortung: Er verwirklicht sich durch Tausende kleiner Handlungen im täglichen Leben. Durch die Art ihres täglichen Zusammenlebens mit anderen entscheiden sich die Menschen für oder gegen den Frieden" (*O.R., dt.*, 31.10.1986, 1).
Der Friede wartet auf seine Propheten und seine Baumeister: Das ist jetzt die Aufgabe der kirchlichen Gemeinschaften, und ihr seid dazu berufen, als Väter darum besorgt zu sein und als Hirten darüber zu wachen.

2. Damit jedoch die Erziehung zum Frieden zum Ferment der Erneuerung der Gesellschaft insgesamt werde, müssen sich die Gläubigen entschieden ihrer apostolischen Berufung bewußt sein. Das setzt bei ihnen einen tiefen persönlichen Kontakt mit Christus, dem Friedensfürsten, voraus. Deshalb ist aktiver Einsatz für eine neue Evangelisierung notwendig, dem Menschen von heute muß die Frohbotschaft vom Heil glaubwürdig und unerschrocken verkündigt werden. Unsere Zeitgenossen haben Hoffnung nötig, sie dürsten nach Liebe, sie suchen nach Wegen, die sie zur Wahrheit führen. Aber werden sie Frieden finden, wenn sie nicht Christus begegnen? Der Aufruf zur Neuevangelisierung, den ihr hört, ist dringend. Ihr wißt, daß Umbrien ein zwar vielversprechendes Land ist, das aber auch aufgrund einer zunehmenden Ausbreitung verweltlichter Wohlstandskultur schwierig geworden ist. Gerade in dieser Phase der Geschichte mit ihrem rapiden Zusammenbruch von Ideologien fragt ihr euch, wie ihr das Evangelium in der Treue zum Auftrag Christi verkünden könnt, der gesagt hat: „Geht zu allen Völkern, und macht alle Menschen zu meinen Jüngern; tauft sie auf den Namen des Vaters und des Sohnes und des Heiligen Geistes, und lehrt sie, alles zu befolgen, was ich euch geboten habe" (*Mt* 28,19-20). Wenn die Aufgabe schwierig und anspruchsvoll ist, ehrwürdige Brüder, dann unterstützt euch aber auch das Versprechen des Erlösers selbst: „Seid gewiß: Ich bin bei euch alle Tage bis zum Ende der Welt" (*ebd.*).

3. Wenn die Menschen bei euch auch von negativen Erfahrungen gezeichnet sind, so sind sie doch weiterhin offen für die menschlichen Werte der Achtung, des Dialogs, der Gastfreundschaft und der Solidarität. Auch das Verlangen nach der christlichen Feier der bedeutendsten Lebensabschnitte hat sich erhalten: nach der Geburt die Taufe, in der Kindheit die Erstkommunion und die Firmung; bei den jungen Leuten, die sich auf die Gründung einer neuen Familie vorbereiten, die kirchliche Eheschließung und schließlich das kirchliche Begräbnis nach dem schweren Augenblick des Todes. Doch, wie ihr übereinstimmend bemerkt habt, scheint diese

Praxis immer ärmer zu werden an echt religiösem Sinn und hat schließlich keinen besonderen Einfluß mehr auf das Leben. Sehr alarmierend ist vor allem die Zahl der gewollten Schwangerschaftsabbrüche, die prozentual höher ist als der nationale Durchschnitt.

Selbst unter solchen Zweideutigkeiten besteht noch eine verbreitete Volksfrömmigkeit, die sich in einer innigen Verehrung der Muttergottes und der Heiligen kundtut, sowie in beständigem, großem Andrang zu Wallfahrten, die die Heiligtümer der Region zum Ziel haben, wenn solche Kundgebungen oft auch die Beziehung zur christologischen und ekklesiologischen Dimension des Glaubens vermissen lassen, dagegen mehr Wert auf individualistische innere Aspekte legen.

In Zusammenfassung zeigt die Analyse der gesamten kirchlichen Situation eine Minorität von Personen, die sich in kirchlichen Gruppen oder Bewegungen und pastoralen Tätigkeiten einsetzen. Die Mehrzahl hält die Verbindung mit der Kirche aufrecht, doch der Glaube ist für sie keine Entscheidung, die das tägliche Leben bedeutend beeinflussen könnte.

4. Wenn ihr die pastoralen Aufgaben betrachtet, die diese Situation nahelegt, so seid ihr der Ansicht, das Bemühen um die Neuevangelisierung müsse in erster Linie auf die Erneuerung der Pfarrei hinzielen als einer „Gemeinschaft, die das Evangelium der Liebe verkündet, feiert und bezeugt". Das ist das Thema, das für den 4. kirchlichen Regionalkongreß wie auch für die 3. Weiterbildungswoche des Diözesanklerus gewählt wurde, die beide für den nächsten Herbst in Assisi geplant sind. Auf dieses Ziel hin wurden die Pfarreien bereits neu strukturiert, wie ich es bei eurem letzten Ad-limina-Besuch angeregt hatte, um eine größere Konzentration der Gläubigen zu ermöglichen. Nun geht das allgemeine Bemühen dahin, ein Modell der Pfarrgemeinschaft zu verwirklichen, die nicht nur ein Ort des Dienstes, des Kultes und gelegentlicher Zusammenkünfte sein soll, sondern konkrete Erfahrung des Glaubens und der Liebe mit missionarischer Dynamik und der Zeugniskraft des Evangeliums. Ein Modell der Pfarrgemeinschaft, in der Priester und Laien, den Charismen und Diensten eines jeden entsprechend, zusammenarbeiten. Das ist sicher die am meisten anfordernde Arbeit, um jene Mentalität zu überwinden, die die Tätigkeiten der Kirche als den Priestern und Ordensleuten vorbehalten betrachtet, während die Laien sich mit der Rolle von Empfängern und Nutznießern zufriedengeben.

Daher die Notwendigkeit, auf die Ausbildung engagierter Laien bedacht zu sein. Wenn das schon durch die göttliche Einrichtung der Kirche erfordert ist, so zeigt sich die Frage in Umbrien noch besonders dringend wegen der Überalterung und der zunehmenden Verminderung der Priester sowie der Aussichten, die die Zahl der Seminaristen bietet. Diese ist zwar etwas im Anstieg, doch nicht so, daß damit den zunehmenden pastoralen Anforderungen entsprochen werden könnte.

Im übrigen werden auch alle Berufungen, insbesondere die zum Priestertum und zur besonderen Weihe an Gott wieder aufblühen, wenn die Pfarrei zur echten und dynamischen Gemeinschaft wird, in der die Laien zusammen mit den Priestern aktiv am pastoralen Leben und den apostolischen Aufgaben teilnehmen.

Abgesehen davon, daß ihr euch bemüht, die Laien in der Teilnahme am kirchlichen Leben zu unterstützen, seid ihr, ehrwürdige Brüder, auch darum besorgt, sie dazu heranzubilden, daß sie noch tiefer und gründlicher ihrer besonderen Berufung entsprechen, die darin besteht, die irdischen Wirklichkeiten mit christlichem Geist zu durchdringen: die Familie, die Schule, das Wohnviertel, die Gewerkschaft, die Politik und die Kultur. Dank dieses ihres unersetzlichen und mehr denn je dringend notwendigen Beitrags wird die ganze Gemeinschaft erneuert. Auf diese Weise wird der Sauerteig des Evangeliums, im Dasein der Gläubigen zur Lebenskraft geworden, die ganze Gesellschaft umformen.

5. Die aktive Mitwirkung aller Gläubigen ist notwendig, um die Pfarrgemeinden zu erneuern, die in erster Linie Gegenstand der Neuevangelisierung sind. Auf ihrem Weg zur Begegnung mit dem Menschen muß die Kirche sich heute eine mutige missionarische Perspektive vorhalten, die fähig ist, auf neue Fragen, die sich aus dem gegenwärtigen sozio-kulturellen Gefüge eurer Religion ergeben, befriedigende Antworten anzubieten. An euch, den Hirten, den erleuchteten und klugen Führern, liegt es, unter Mithilfe der Priester, eurer engsten Mitarbeiter, alles so einzurichten, daß das christliche Volk auf seinem „Pilgerweg zwischen den Verfolgungen der Welt und den Tröstungen Gottes dahinschreitet und das Kreuz und den Tod des Herrn verkündet, bis er wiederkommt" (vgl. *Lumen Gentium*, Nr. 8).
Damit aber der Glaube zur Kultur und daher zum Leben wird, ist es nicht mit einer bloß abstrakten Verkündigung getan. Der Gläubige und die ganze Gemeinschaft müssen es verstehen, dem Menschen, der auf dem Weg der Geschichte unterwegs ist, wirklich Begleiter zu sein. Mit anderen Worten: Die Inkulturation des Glaubens muß im pastoralen Planen der Kirchen Umbriens Priorität haben, auf jeder Ebene und in jedem gesellschaftlichen Milieu, vor allem im sozialen und öffentlichen Bereich. Bei diesem Bemühen kirchlicherseits bleibt die Pfarrei der beständige Bezugspunkt und das Zentrum für Verkündigung, Feier und Zeugnis des Glaubens.

6. Liebe Brüder im Bischofsamt, zum Abschluß dieses brüderlichen Gespräches mit euch möchte ich noch einmal meine ganze Zuneigung und Hochachtung unterstreichen, die ich zu jedem von euch hege. Im persönlichen Gespräch ist mir klargeworden, mit welcher Hingabe ihr eure Diözesen leitet, und ich schätze die Gemeinschaft, die euch untereinander verbindet. In ausgiebigem Hören auf das Gotteswort und im Schweigen des Gebets könnt ihr die Kraft finden, den Schwierigkeiten des täglichen apostolischen Dienstes zu begegnen. Ihr könnt Licht finden, um die eurer Hirtensorge anvertraute Herde zu leiten, und die geistliche Kraft, um eure Brüder im Glauben zu stärken.
Werdet nicht müde, für eure Gemeinschaft zu beten, und leitet sie an, gelehrig dem Willen Gottes anzuhangen. Bei jeder Gelegenheit seid ein kräftiges Ferment zu Zusammenhalt und Brüderlichkeit, und verkündet allen die Freude des Evangeliums. Einer Welt, die durch vielfältige Gewalt zerrissen ist, zeigt Christus, „der unser Friede ist" (vgl. *Eph* 2,14).

Maria, die Königin des Friedens, unterstütze euer Bemühen und schütze stets alle Kirchen eurer Region. Und ich erteile euch von ganzem Herzen meinen Segen und weite ihn aus auf alle Priester, Ordensmänner, Ordensfrauen und Gläubige Umbriens.

Wir brauchen eine neue Evangelisierung, die Hoffnung weckt

Ansprache beim Ad-limina-Besuch der Bischöfe Kampaniens am 2. Mai

Liebe Brüder im Bischofsamt!

1. Nachdem ich euch in den vergangenen Tagen persönlich getroffen habe, freue ich mich jetzt, euch alle gemeinsam begrüßen zu können, und ich danke dem Herrn für diese weitere mir gebotene Gelegenheit, durch euch Personen mit den Gemeinschaften der Christen im lachenden und geliebten Kampanien in Kontakt zu kommen, von denen ich einige zu meiner Freude schon besuchen durfte. In meinem Gedächtnis ist immer noch die Erinnerung an meine kürzliche Pilgerreise in die Diözesen Benevent und dann Neapel, Pozzuoli, Nocera Sarno und Aversa lebendig.
Nun richte ich an alle eurer Seelsorge anvertrauten Einzelkirchen einen herzlichen und aufrichtigen Gruß. Ich richte ihn besonders an die Priester, an die Ordensmänner und Ordensfrauen, an die christliche Laienschaft sowie an die Jugendlichen, die Kranken und alle Mitglieder des Volkes Gottes in eurer Region.
Übermittelt ihnen bitte, liebe Brüder im Bischofsamt, den Ausdruck meiner herzlichen Verbundenheit und versichert sie alle meiner geistlichen Solidarität.
Einen besonderen Dank richte ich dann an den Herrn Kardinal Michele Giordano, Erzbischof von Neapel, für seinen stets edlen Eifer und die Ergebenheitsadresse, die er eben auch in eurem Namen an mich gerichtet hat.

2. Beim letzten Ad-limina-Besuch habe ich euch gesagt: „Ihr seid Bischöfe in einer italienischen Region, die in sehr unmittelbarer und gelegentlich dramatischer Weise die Folgen des gesellschaftlichen Wandels erlebt hat, der die moderne Welt kennzeichnet ... [und] die schnellen Veränderungen in unserer Zeit haben zu schmerzlichen Ungleichgewichten in den Sitten, im Glaubensleben und sogar in der kulturellen Landschaft der kampanischen Bevölkerung geführt" (*Der Apostolische Stuhl* 1986, S. 1788-1789). Ich fügte hinzu: „Es gilt eine Wiederaufnahme der christlichen Verkündigung in ihrer ganzen Fülle und ihrer Lebendigkeit vor einem Volk anzustreben, das deren bedarf. Es geht darum, zu evangelisieren, von neuem zu evangelisieren mit umfassendem und ausdauerndem Engagement, damit alle Kräfte der Kirche daran teilnehmen und allen die Gnade des göttlichen Rufs zuteil werde wie in den Anfängen des Christentums" (vgl. *ebd.*, S. 1789-1790).
Ja, wir brauchen eine neue Evangelisierung, die, wie ich im vergangenen November in Neapel betont habe, Hoffnung weckt. Ja, sie soll für jeden Winkel Kampaniens

die Hoffnung wecken und in Gang bringen und soll dem allgemeinen Verlangen Gestalt geben, das sich auf eine Gesellschaft nach Menschenmaß richtet, eine Gesellschaft, in der Gerechtigkeit und Wahrheit, Loyalität und Solidarität herrschen. Wenn die Kirche im Leben des Volkes inkarniert ist, wenn sie seine Freuden und Erwartungen, seine Traurigkeit und Ängste, zumal die der Armen und Leidenden teilt (vgl. *Gaudium et spes*, Nr. 1), wird sie zu belebendem Sauerteig geistiger Erneuerung; sie wird selbst Familie und Ort der Hoffnung. Dies ist das apostolische Programm, das ihr als eifrige und geduldige Diener des Evangeliums schon übernommen habt: immerfort Herolde und Zeugen, Träger und Propheten der Hoffnung zu sein. Für uns Christen geht es nicht lediglich um einen Wunsch oder bloß um einen ethischen Aufruf. Die Hoffnung ist eine theologale Tugend, die Gewißheit, daß Gott seine Verheißungen erfüllt und seine Kinder nie verläßt. Gott hat uns „neu geboren, damit wir durch die Auferstehung Jesu Christi von den Toten eine lebendige Hoffnung haben" (*1 Petr* 1,3). „Laßt uns [daher] an dem unwandelbaren Bekenntnis der Hoffnung festhalten, denn er, der die Verheißung gegeben hat, ist treu" (*Hebr* 10,23). Im Vertrauen auf ihn hofft der Gläubige über jede menschliche Aussicht hinaus und läßt sich von Schwierigkeiten nicht umwerfen; die Hindernisse, denen er auf seinem Weg begegnet, entmutigen ihn nicht, weil er sich zwar der eigenen Schwachheit bewußt ist, aber sein festes Vertrauen auf den Herrn setzt. In dieser Sicherheit fest gegründet, tretet bei der Leitung eurer Gemeinschaften „mit großem Freimut auf" (vgl. *2 Kor* 3,12), liebe Brüder im Bischofsamt. Legt immer nachdrücklich und mutig die unverkürzte Botschaft des Evangeliums vor, das „ein Licht [ist], das an einem finsteren Ort scheint, bis der Tag anbricht und der Morgenstern aufgeht in eurem Herzen" (*2 Petr* 1,19).

3. Wie ihr selbst bemerkt, zeigen sich in Kampanien zwei grundverschiedene Gesichter - das sozio-ökonomische und das religiöse.
Das sozio-ökonomische Antlitz zeigt auch die Schwere einer Situation, die der italienische Episkopat im Dokument *Die italienische Kirche und der Süden* als „unvollständige, verzerrte, abhängige ... stückwerkhafte Entwicklung" bezeichnet hat (vgl. Nr. 8). Es geht um eine Lage, die wegen ihrer negativen Auswirkungen und vor allem wegen des beunruhigenden Fortdauerns von Erscheinungen sozialer Unordnung und moralischer Entartung Sorge bereitet. Auf dieses Thema bin ich wiederholt bei meinem kürzlichen Pastoralbesuch im vergangenen November eingegangen. Ich habe darüber zu den Intellektuellen, den Verwaltungskräften und Unternehmern, zu den Arbeitern und Jugendlichen gesprochen. Ich habe damit versucht, die Aufmerksamkeit eines jeden zu wecken und alle zu einer entschlossenen geistigen Mobilmachung anzuregen, um ein soziales Bewußtsein zu fördern, das vor dem Gemeinwohl mehr Achtung zeigt.
Ich greife den Ruf des Jesaja auf und möchte euch als Hirten der Einzelkirchen Kampaniens auffordern, nicht zu schweigen und keine Ruhe zu geben, „bis das Recht Gottes aufstrahlt wie ein helles Licht" (vgl. *Jes* 62,1). Euer Wort soll sich kühn zum Schutz des Armen erheben, der oft seiner elementarsten Rechte beraubt wird.

Gegen die Kultur der Feigheit und Illegalität, gegen die Vergötzung des Konsums und des Vergnügens verkündet das Evangelium der Wahrheit, der Gerechtigkeit und des Friedens (vgl. *2 Tim* 4,2-5), das Evangelium der Liebe. Ergebt euch nie!

4. Auch das religiöse Antlitz stellt der heutigen Evangelisierung und eurer pastoralen Sendung nicht wenige Aufgaben. Bei euch herrscht eine lebendige gefühlsbetonte Volksfrömmigkeit mit einigen typischen Zügen, wie Gottvertrauen, unbegrenztes Vertrauen auf den himmlischen Vater und kindliches Zutrauen zur heiligsten Jungfrau, der sorgsamen Mutter der Armen, Verehrung der Heiligen, die als Fürsprecher beim Herrn angerufen werden, weil ja auch sie das allen Menschen Gemeinsame an sich selbst erfahren haben.
Doch dieses kostbare Erbe an Frömmigkeit und Kultur, das jahrhundertelang die Familien in den bleibenden Werten des Christentums solide verankert hat, scheint seit einiger Zeit bedroht durch das Überhandnehmen der Mythen des Konsumdenkens, den Rückgang moralischen Bewußtseins im individuellen und sozialen Verhalten und die Versuchung, das Leben des Glaubens von der Moral des Evangeliums zu trennen. Die Erneuerung im Sinn des Konzils hat die überlieferten Formen der Volksfrömmigkeit mit einem Hauch des Modernen wieder belebt. Diese Erneuerung hat nämlich die Kreativität nicht zum Erlöschen gebracht, sondern war eine Aufforderung, sich des ständigen religiösen Bedürfnisses des Menschen, wie es sich in seinen verschiedenen Ausdrucksformen zeigt, bewußt zu werden, und ständig um seine Reinigung und Höherführung durch die Evangelisierung bemüht zu sein. Es geht also darum, darüber zu wachen, daß solche Äußerungen und Akte der Volksfrömmigkeit gefördert, berichtigt und falls nötig gereinigt werden.
Mein Vorgänger Paul VI. hat in seinem Apostolischen Schreiben *Evangelii nuntiandi* geschrieben: „In der Volksfrömmigkeit kommt der Hunger nach Gott zum Ausdruck, wie ihn nur die Einfachen und Armen kennen. Sie befähigt zur Großmut und zum Opfer, ja zum Heroismus, wenn es gilt, den Glauben zu bekunden. In ihr zeigt sich ein feines Gespür für tiefe Eigenschaften Gottes: seine Vaterschaft, seine Vorsehung, seine ständige, liebende Gegenwart. Sie führt zu inneren Haltungen, die man sonst kaum in diesem Maße findet: Geduld, einen Sinn für das Kreuz im täglichen Leben, Entsagung, Wohlwollen für andere, Ehrfurcht" (vgl. Nr. 48).
Wenn die gesunde Volksfrömmigkeit in ihrem echten Wert wiedergewonnen wird, bedeutet das für jeden eine Anregung, sein Verhältnis zu Gott zu vertiefen und folglich mehr offen zu werden für die konkrete Solidarität mit den Mitmenschen. In einer Gesellschaft, die die eigene geistige Überlieferung unverfälscht und erneuert weiterzugeben weiß, können die Jugendlichen mit größerem Vertrauen in die Zukunft blicken, und sie empfangen Hilfe, auf die zahlreichen Herausforderungen der heutigen Stunde positiv zu reagieren.
Die Jugend! Wieviel wunderbare Erinnerungen habe ich aus der Begegnung mit den Jugendlichen eurer Region mitgenommen! Welchen Reichtum an Aussichten stellen sie für die Kirche dar! Sie sind verfügbar und bereit, ihr Leben den großen Idealen zu weihen, die sie anziehen; sie sind aufgeschlossen und fähig zu außerordentlichen Gesten der Nächstenliebe und Hochherzigkeit; sie scheuen nicht vor dem Opfer

zurück und wissen für die Wahrheit zu kämpfen. Groß ist ihr Verlangen nach Gerechtigkeit und tief ihr Sehnen nach einer weiter verbreiteten sozialen Solidarität. Sie lieben Christus und möchten seinem Evangelium dienen.
Öffnet daher das Herz für ihre Fragen und Probleme, damit sie ihrerseits voll und ganz der Einladung folgen können, die der Herr an sie richtet. Ich vertraue euch ihre Ausbildung an; seid für einen jeden ein liebevoller Vater und sicherer Führer.

5. Öffnet euer Herz ferner für die Familie, den bevorzugten Ort der Verkündigung des Evangeliums. In eurer Region ist glücklicherweise die Familie noch solide gegründet, und einige Diözesen haben ihr in erster Linie Interesse geschenkt und sie zu den Hauptadressaten der neuen Evangelisierung gemacht. Die freudige Annahme des Lebens ist ein Wert, den ihr lebhaft empfindet und daher eifrig verteidigt und ermuntert. Es kann keinen echten Fortschritt geben, wenn der Mensch und seine Existenz dem materiellen Wohlstand geopfert werden. Fördert daher eine Pastoral, die die Gläubigen zu Erbauern einer „Kultur des Lebens" macht, die fähig ist, jene Formen der Gewaltanwendung in Schranken zu halten, die die Person zuweilen nicht in ihrer richtigen Perspektive zu sehen scheinen. Fahrt fort auf dem Weg, den ihr in diesem Sinn schon begonnen habt und seid euch wohl bewußt, daß die Familie nicht nach dem Gesetz der Trägheit gerettet wird, sondern nur, wenn man zu ihrem Schutz jede geeignete soziale, ethische und geistliche Maßnahme ergreift und für eine integrale Bildung eines jeden ihrer Mitglieder sorgt, sie vor allem aber zu einer reifen Glaubenspraxis hinführt.
Helft den Familien, den Sinn für Gott pflegen. Führt sie in das Gebet ein; helft ihnen, hochherzig auf den Ruf zu antworten, den Christus an sie richtet.
Kampanien, das seit den Zeiten der Apostel evangelisiert wurde und dem Sitz des Petrus immer treu geblieben ist, wird durch eine neue Evangelisierung gewiß ein ermutigendes christliches Erwachen erleben. Es wird Zeuge einer unverhofften Mobilisierung der Gewissen gegen die Übel des Egoismus und der Gewaltanwendung sein. Es wird Gerechtigkeit und Frieden aufbauen. Es wird die Hoffnung wekken und voranbringen. Das alles wird geschehen, wenn ihr, die Hirten, vereint mit den Priestern als euren engsten Mitarbeitern, beständig mit Gott im Gebet verbunden seid und euch vertrauensvoll seinem Willen überlaßt. Wenn ihr zugleich mit Leidenschaft und Liebe die Herde führt, die der Herr euch anvertraut hat.

6. Ich kann diese unsere Begegnung nicht schließen, ohne einen Gedanken an Maria am Anfang des ihr geweihten Maimonats. Ich denke an die zahlreichen Heiligtümer in eurem Land, zu denen die Gemeinschaften der Christen gern eine Wallfahrt machen. Ich denke vor allem an die Marienverehrung, die für euer Volk typisch und in jeder Epoche Heilige und heroische Apostel des Evangeliums hervorgebracht hat. Ich rufe mit euch die Königin eurer Kirchen, Maria an. Ihr lege ich eure Pläne und eure Sorgen ans Herz: ihr vertraue ich euch alle an! Führt vereint mit ihr vertrauensvoll eure Aufgabe weiter. Zum Zeichen besonderer Verbundenheit erteile ich euch den Apostolischen Segen, in den ich auch die Priester, Ordensleute und Laien eurer Diözesen einschließe.

Das christliche Gewissen bilden

Ansprache beim Ad-limina-Besuch der Bischofskonferenz der Marken am 6. Juli

Liebe Brüder der Bischofskonferenz der Marken!

1. Ich begrüße euch alle von Herzen mit den Worten des hl. Petrus, des ersten Papstes: „Gnade sei mit euch und Friede in Fülle durch die Erkenntnis Gottes und Jesu, unseres Herrn, die ihr durch die Gerechtigkeit unseres Gottes und Retters Jesus Christus den gleichen kostbaren Glauben erlangt habt wie wir" (vgl. *2 Petr* 1,1-2).

Ihr seid zu dem fünfjährlichen Ad-limina-Besuch nach Rom gekommen und konntet durch die Berichte, die ihr vorgelegt habt, wie auch bei den persönlichen Gesprächen mit mir hinreichend ausführlich eure pastoralen Anliegen und Sorgen darlegen. Die Region der Marken zählt ungefähr anderthalb Millionen Einwohner, aufgeteilt in vier Provinzen und zwölf Diözesen, dazu die Prälatur von Loreto. Sie erstreckt sich vom Mittel-Ost-Teil der Halbinsel bis ins Küstengebiet der Adria und weist besondere soziale und religiöse Eigenarten auf. In den letzten Jahrzehnten nämlich hat es eine ständige Verschiebung der Bevölkerung vom Binnenland zur Küste hin gegeben, die nun das am meisten bevölkerte Gebiet darstellt. So ging eine jahrhundertealte vorwiegend landwirtschaftliche Struktur über in eine verbreitete handwerkliche und unternehmerische Struktur, wobei sich auch der Tourismus erheblich entwickelt hat.

2. Diese neue sozio-kulturelle Lage hat eine Wandlung der Lebensgewohnheiten mit sich gebracht, was sich auf die christliche Praxis erheblich ausgewirkt hat: Während im Binnenland eine gesunde religiöse Tradition erhalten blieb, hat sich im Küstenbereich leider eine besorgniserregende Gleichgültigkeit in Dingen des Glaubens breitgemacht, die sich zumal in der Verminderung der Berufungen zum Priester- und Ordensleben zeigt, in der Krise der Familie und im Rückgang der Geburten, in gewissen Formen entarteter Sitten sowie in der Präsenz von religiösen und pseudoreligiösen Sekten.

All dies macht euch mit Recht Sorgen, denn „der Heilige Geist [hat euch] zu Bischöfen bestellt ..., damit ihr als Hirten für die Kirche Gottes sorgt, die er sich durch das Blut seines eigenen Sohnes erworben hat" (*Apg* 20,28). Wir müssen ja „die Herde weiden, die der Herr uns anvertraut hat, nicht aus Zwang, sondern freiwillig, wie Gott es will" (vgl. *1 Petr* 5,2).

3. Liebe Brüder im Bischofsamt! Ich weiß gut, daß diese pastorale Pflicht und als ihre Grundlage die Liebe zu Christus euch zu einem intensiven und wohlüberlegten Apostolat veranlassen, das diesen neuen Erfordernissen und Bedürfnissen entspricht. Ich fühle mich euch nahe, ich bin bei euch, zuerst um euch im Namen der Kirche für die mit so großem Eifer vollbrachte Arbeit zu danken, und dann, um euch vor allem im Glauben, das heißt auch zu Vertrauen und Zuversicht zu ermuntern.

Mitten in den Schwierigkeiten der modernen Gesellschaft im allgemeinen, und solchen, die in verschiedenen Regionen anzutreffen sind, und zwischen so vielen Ideologien, die zu der von Christus offenbarten Wahrheit und dem Lehramt der Kirche im Gegensatz stehen, gibt es auch immer Gründe zur Hoffnung, die sich gerade mit den derzeitigen pastoralen Bemühungen verbinden. Es ist zum Beispiel in euren Diözesen und Pfarreien tröstlich, daß Jugendgruppen sowie verschiedene aktive und eifrige Bewegungen, zumal der Katholischen Aktion, vorhanden sind. Erheblich ist ferner der Einfluß der katholischen Freiwilligen. Es wächst der Sinn für Solidarität mit den Hilfsbedürftigen, Kranken und Schwachen, für die sich vor allem die diözesane Caritas einsetzt. Tief wirksam ist auch die Marienverehrung, die sich besonders im Zustrom zum Heiligtum von Loreto zeigt, und eine qualifizierte Laienschaft spürt, wie dringend notwendig die christliche Beeinflussung des sozialen, kulturellen und politischen Lebens ist.

4. Zweifellos gibt es auch in eurer Region viel Gutes, das erkannt, geschätzt, entfaltet und mit heiligem Eifer sowie mit unerschrockenem Mut gefördert werden muß. Wie uns der göttliche Meister erinnert, taucht im Verlauf der Geschichte und damit auf dem Gebiet der Diözesen und Pfarreien sowie im Bereich der Familien leider auch das Unkraut auf, sucht sich zu entfalten und erstickt dabei das gute Korn. Irrtum und Böses bieten sich immer an, denn die Freiheit läßt sich auch negativ gebrauchen. Unser Bemühen aber muß vor allem dahin gehen, daß wir selbst „gutes Korn" sind und dann dieses „gute Korn" ausstreuen, die Saat der Wahrheit, der wahren Weisheit und echten Moral, die sich auf den Dekalog und das Evangelium gründen, ferner das gute Korn des Sinns für Gebet und Anbetung sowie des Einsatzes in Zeugnis und Liebe.
Christentum ist schwer, und will man es treu leben, erfordert es nicht selten Heroismus. Und wir müssen heute ohne jede Furcht und in vollem Vertrauen auf die göttliche Gnade den Heroismus predigen und vormachen! Wir müssen heute einer oft vergeßlichen und unaufmerksamen Welt offen erklären, daß wir auf Erden wie in der Verbannung weilen und uns nach dem wahren Glück sehnen, dem ewigen Glück Gottes und bei Gott! So hat der hl. Paulus den Korinthern geschrieben: „Solange wir in diesem Leib zu Hause sind, leben wir fern vom Herrn in der Fremde; denn als Glaubende gehen wir unseren Weg, nicht als Schauende ... Deswegen suchen wir unsere Ehre darin, ihm zu gefallen ... Denn wir alle müssen vor dem Richterstuhl Christi offenbar werden, damit jeder seinen Lohn empfängt für das Gute oder Böse, das er im irdischen Leben getan hat" (vgl. *2 Kor* 5,6-10). Zumal heute müssen wir auf das Wirken der göttlichen Gnade vertrauen, die wie der Same des Gleichnisses im Geheimnis des Gewissens wirkt und sich entfaltet und Frucht bringt, obwohl wir nicht wissen, wie und wann (vgl. *Mk* 4,26-29).

5. Aber was könnt ihr konkret in euren Einzelkirchen tun? Aus der Lektüre der von euch vorbereiteten Berichte und aus der Erfahrung meines Petrusdienstes, der ja die ganze Kirche umfaßt, möchte ich euch brüderlich drei Weisungen mitgeben, die nicht nur für euch, sondern allgemein für alle Hirten gelten.

a) Notwendig ist ein aktiver Einsatz für die neue Evangelisierung, deren absolute Dringlichkeit für die Christen unserer Zeit ich schon seit einiger Zeit betone. Sorgt methodisch und im einzelnen für den Religionsunterricht, den Katechismusunterricht für Kinder und Jugendliche und die volle Ausbildung der Jugendlichen und Erwachsenen. Stellt heraus, welches die unveränderlichen Grundlagen des Glaubens sind: Gott, Jesus Christus, der lebendigmachende Geist und die Kirche; nur Jesus Christus ist die Wahrheit, und nur in der Gnade des Geistes können die Einzelnen und die Gesellschaft wahrhaft das Heil erlangen.
Nur in der Wahrheit Christi finden wir echte Freiheit: „Wenn ihr in meinem Wort bleibt ... werdet ihr die Wahrheit erkennen, und die Wahrheit wird euch frei machen" (vgl. *Joh* 8,31-32), sagt der Meister, und Paulus kommentiert: „Der Herr ... ist der Geist, und wo der Geist des Herrn wirkt, da ist Freiheit"(*2 Kor* 3,17).
Die moderne Gesellschaft, in der zuweilen falsche Auffassungen der Freiheit umgehen, droht zum Opfer einer ideologischen Verwirrung zu werden, des ethischen Subjektivismus, einer hedonistischen und permissiven Mentalität, und das mit allen traurigen und Gewalt verbreitenden Folgen, die uns ja täglich berichtet werden, die uns ängstigen und mit tiefer Furcht erfüllen.
Gegen diese Übel gilt es mit Festigkeit zu reagieren. Wir müssen das Böse und den Irrtum verurteilen, auch weil allzu oft die Unschuldigen davon erfaßt und überwältigt werden. Vor allem müssen wir freilich das christliche Gewissen bilden, feste Überzeugungen vermitteln und keineswegs sichere Hypothesen und Theorien ausmerzen.
b) An zweiter Stelle ist die Sicherung der ständigen Weiterbildung des Klerus und auch des hochherzigeren Teiles der katholischen Laienschaft notwendig. Angesichts der steigenden intellektuellen Anforderungen der modernen Gesellschaft mit der weiten Verbreitung der heutigen Kultur und dem Auftauchen zahlreicher geistiger und religiöser Erscheinungen wird bei dieser Bildung immer unerläßlicher, daß man schrittweise und aufbauend vorgeht, die Probleme, die sich ständig stellen, gut studiert und sichere und überzeugende Lösungen vorlegt. Was gesagt und gedruckt wird, ist daher zu kontrollieren, nicht als ob es um eine neue Inquisition ginge oder etwas bloß unterdrückt werden sollte, sondern einzig um der Hinführung zur Wahrheit willen, die allein Licht, Trost, Gelöstheit, innere Kraft und Mut für die Evangelisierung, die Bekehrung und die Heiligung der Seelen schenkt. Man muß sich immer vor Augen halten, was Jesus zu Pilatus gesagt hat: „Ich bin dazu geboren und dazu in die Welt gekommen, daß ich für die Wahrheit Zeugnis ablege. Jeder, der aus der Wahrheit ist, hört auf meine Stimme" (*Joh* 18,37).
c) Endlich muß notwendig die Haltung des Individualismus überwunden und die Koordinierung gefördert werden, um der Einheit zu dienen, sei es auf sozialem Gebiet zum Wohl der Region, sei es auf religiösem Gebiet zur Festigung der echten Gemeinschaft unter den Gläubigen. In der Geschichte der Kirche war es immer notwendig, aber in unserer Zeit wird es besonders notwendig, im Kampf

gegen das Böse und den Irrtum geeint zu bleiben. Beim Dialog, den wir mit den Menschen von heute lebendig und offen halten wollen, müssen wir liebenswürdig und verständnisvoll sein; Polemik oder harte und gewaltsame Verurteilung nützen wenig; heute ist es vor allem notwendig, ehrlich besorgt den Bruder in der Haltung des guten Samariters anzusprechen: in bescheidenem Hören und einem Stil, der zwar mahnen darf, aber doch Liebe und Verständnis zeigt, um dann helfen und unterstützen zu können, auch wenn das Opfer kostet.

6. Liebe Mitbrüder! Der Herr ruft euch zu einer immer intensiveren und mutigeren Arbeit! Ruft daher die heilige Jungfrau an! Bittet sie und laßt die euch anvertrauten Gläubigen zu ihr beten!

Die Jungfrau von Loreto aber möge von ihrem Heiligtum aus, das nicht so sehr im geographischen, wohl aber im religiösen und geistigen Sinn das Herz eurer schönen Region bildet, euch und eure Diözesen beschützen; sie führe und helfe euch bei euren pastoralen Anliegen!

Begleiten möge euch auch mein Segen, den ich euch gern erteile, und den ich in herzlicher Verbundenheit auch auf eure einzelnen diözesanen Gemeinschaften ausdehne.

Die Sorge um die Priesterausbildung hat einen bevorzugten Rang

Ansprache an die Bischöfe von Latium bei ihrem Ad-limina-Besuch am 8. Juli

1. Ehrwürdige Brüder im Bischofsamt aus der Kirchenprovinz Latium, seid zu diesem eurem Ad-limina-Besuch herzlichst willkommen. Ich grüße jeden von euch mit ganz besonderer Zuneigung, angefangen bei meinem Vikar, dem neugewählten Kardinal Camillo Ruini. Denn wie ich als Nachfolger des Petrus mit den in aller Welt verstreuten Bischöfen die Sorge um alle Kirchen teile, trage ich als Bischof von Rom und Metropolit der Kirchenprovinz Latium mit euch auf ganz besondere Weise, von eben diesem Stuhl Petri aus die Sorge für die Kirchen dieser Region, die in Rom nicht nur ihr geographisches, sondern vor allem ihr kirchliches Zentrum haben.

Im Rahmen unserer pastoralen Verantwortung fordert die jüngste Bischofssynode uns auf, den Priestern, den ersten Mitarbeitern unseres Amtes, ganz besondere Fürsorge und Aufmerksamkeit zu widmen. Daher möchte ich mit euch einige Orientierungslinien entwerfen, auf die wir in den nächsten Jahren bei unserem Einsatz zur Vorbereitung der Seminaristen und zur ständigen Weiterbildung der Priester, wie zugleich einer immer klarer umrissenen Pastoral der Berufungen zum Priesteramt, die sich auf die Familie und die Welt der Jugend stützt, zurückkommen können.

2. Die Sorge um die Priesterausbildung und die Pastoral der Berufungen hat einen bevorzugten Rang in jenem Programm der Neuevangelisierung, das wir gemeinsam

bei eurem vorherigen Besuch, im April 1986, umrissen haben. Ich weiß, wie hart ihr während dieser fünf Jahre gearbeitet habt, um mit vereinter Kraft die verschiedenen kirchlichen Komponenten auf der Suche nach angemessenen Methoden, Ausdrucksweisen und Mitteln für die „Neuevangelisierung" Latiums, zusammenzuführen. Der Ertrag dieser Arbeit, der unsere Hoffnung hebt und uns zu weiterem Einsatz auffordert, ist eine erste Stärkung des Glaubenslebens in unseren Gemeinschaften. So haben sich neben der Aufwertung traditioneller Volksfrömmigkeit, deren Bedeutung heute mehr und mehr Anerkennung findet, Formen persönlicher und gemeinschaftlicher Neuentdeckung echter Glaubenserfahrung entwickelt. Daß sich innerhalb unserer Gemeinschaften eine tiefere Beziehung zum Wort Gottes verbreitet, daß sich Initiativen der Katechese und des Gebets bilden und christliche Solidarität sich neu bezeugt, das ist eine großzügige Aussaat. Mit der Gnade Gottes darf man auch im sozialen und kulturellen Bereich, der jetzt tief durch Verweltlichung gekennzeichnet ist, positive Ergebnisse daraus erhoffen.

3. Es erwarten uns jedoch große Herausforderungen: Der oft zerrissenen und innerlich leeren Welt der Jugendlichen muß lebendig und glaubhaft Inhalt und Stil des Lebens nach dem Evangelium verkündigt werden. Das Gefüge der christlichen Gemeinschaft muß durch die Evangelisation der Familien, die berufen sind, die ersten Überbringer des Evangeliums innerhalb der Pfarrgemeinde zu sein, wieder hergestellt werden. Die soziale, bürgerliche und wirtschaftliche Realität der Werte der Konsequenz, der Gerechtigkeit und der christlichen Nächstenliebe muß durch den apostolischen Einsatz kompetenter Laien, die sich ihrer Möglichkeiten und Verantwortung bewußt sind, gestärkt werden.

Diese dringenden Anliegen erfordern eine entsprechende Anzahl intelligenter, fähiger und bereitwilliger Priester. Sie sollen von echter pastoraler Liebe angeregt, von gediegener Spiritualität gestützt und von einer Liebe zur Kirche beseelt sein, die sich beispielhaft in der Fähigkeit ausdrückt, an ihrem Aufbau mitzuarbeiten. Vollkommene und persönliche Treue zu der von ihnen verkündeten Wahrheit wird sie stärken. Daher unsere vorrangige Aufmerksamkeit für die Priesterausbildung und einen kraftvollen und wirksamen Einsatz in der Berufungspastoral.

4. Ich habe bereits bei anderen Gelegenheiten erwähnt, wie die Synode Stellung genommen hat, um das Thema der Identität des Priesters im Zusammenhang mit seiner Ausbildung zu vertiefen. Diese Äußerungen haben „das Bewußtsein von dem spezifischen ontologischen Band geoffenbart, das den Priester mit Christus, dem Hohenpriester und Guten Hirten, vereint. Diese Identität liegt der Natur der Ausbildung zugrunde, die im Blick auf das Priestertum und dann das ganze Priesterleben lang erteilt werden muß" (*Ansprache zum Abschluß der Synode* 1990).

Liebe Brüder, Bischöfe der Region Latium, dieses grundlegende Prinzip muß jeden Einsatz und alle unsere Initiativen inspirieren - in der Ausbildung der Seminaristen, in der ständigen Weiterbildung der Priester und in der Pastoral der Berufungen. Wir wollen also mit wachsamer Sorge, mit Zuneigung, mit dem Gebet und unserer persönlichen Nähe das Bildungswerk unserer Kleinen und Großen Seminare begleiten und stets bemüht sein, ihnen die Führung und den Dienst beispielhafter Priester zu garantieren, die fähig sind, authentische Erzieher und Vorbild in Gebet und priesterlichem Geist zu sein. Außerdem müssen wir der Qualität der Ausbildung, die den Seminaristen geboten wird, beständig Aufmerksamkeit widmen, damit in ihrer intellektuellen Erziehung stets ein angemessenes wissenschaftliches Niveau mit einem integralen, gewissermaßen „natürlichen" Zusammenhang mit der christlichen Wahrheit bleibt, so wie sie das lebendige Lehramt der Kirche anbietet.

5. Darüber hinaus, wie bereits die letzte Synode bestätigt hat, sind sich alle der Notwendigkeit einer ständigen Weiterbildung der Priester bewußt: „Die Ausbildung wird innerhalb des Presbyteriums erteilt und gelebt, in einem Klima geistlicher Freundschaft und Gemeinschaftlichkeit mit seinem Bischof, als ständiger Prozeß der Reife und der Identifikation mit Christus, dem Priester, ein Prozeß, der den Geistlichen während seines ganzen Lebens begleitet und seine Treue untermauert." (Synode 1990, *Propositionen*, 3.4). Man wird also dafür sorgen müssen, daß diese dauernde Weiterbildung nicht lediglich als einfache Aufforderung zu sicherlich nützlichen und notwendigen theologischen und pastoralen Fortbildungskursen angesehen wird, sondern daß sie, viel umfassender, für jeden Priester einen gemeinschaftlichen Weg mit dem Bischof und dem Presbyterium darstellt, für den geistlichen und intellektuellen Fortschritt eines jeden sowie eine konstante Gegenüberstellung und Weiterentwicklung der pastoralen Arbeitsweise. Dadurch wird der Priester angeregt, in seinem eigenen Leben die Zeichen der Pädagogik zu erkennen, die der Herr bei jedem anwendet, um ihn in der Identifizierung mit Christus, und so in seiner persönlichen Heiligkeit wachsen zu lassen (vgl. *Lumen Gentium*, Nr. 41).
Ehrwürdige Brüder, ich kenne die Schwierigkeiten sehr gut, denen man bei der Förderung der ständigen Weiterbildung der Priester - in diesem ihrem vollen Sinn verstanden - begegnet, aber wir dürfen uns von ihnen nicht entmutigen lassen: Diese Ausbildung bleibt in der Tat eine der wichtigsten Anforderungen der Pastoral und bietet uns Bischöfen eine wertvolle Gelegenheit, jenen wesentlichen Dimensionen unseres Dienstes nachzukommen, die darin bestehen, „Väter, Brüder und Freunde" aller unsere Priester zu sein (Synode 1990, *Botschaft der Synodenväter*, III).

6. Ein weiteres wichtiges Thema unseres Bischofsdienstes ist die Entwicklung einer wirksamen und einschneidenden Pastoral der Priesterberufungen, die in einheitlicher Form in die Diözesanpastoral eingegliedert werden muß. Auch in Latium leiden wir trotz einiger ermutigender Fortschritte der letzten Jahre an Priestermangel, woraus für die einzelnen Priester vermehrt Verantwortung und Arbeitslast entstehen. Die wachsende Mitverantwortung der Laien im Leben und im Apostolat der Kirche erscheint immer notwendiger und wichtiger, aber sie kann dem Priestermangel nicht Abhilfe schaffen; im Gegenteil, sie unterstreicht den Bedarf für dieses spezifische Amt umso deutlicher.
Der pastorale Einsatz für die Priesterberufungen hat seinen natürlichen Raum in der Welt der Kinder, der Jugendlichen und der jungen Erwachsenen, ordnet sich aber in ein allgemeines Erziehungskonzept ein, das das Leben des Christen als Antwort auf

die göttliche Berufung betrachtet. Außerdem erfordert er ein detailliertes Evangelisationswerk, verbunden mit angemessenen Formen der Katechese und der Begleitung in der Berufung. In diesem Zusammenhang erhält die persönliche geistliche Führung wesentliche Bedeutung. Im Evangelium ruft Jesus seine Apostel beim Namen und widmet sich jedem einzelnen mit besonderer Fürsorge. Daher ist es notwendig, alle Priester, vor allem die jüngeren unter ihnen, für diese wichtige Dimension ihres Amtes vorzubereiten und zu interessieren.
Von ebenso vitaler Bedeutung ist die Rolle der Familie in der Berufungspastoral. Wie ich bereits habe anklingen lassen, „hängt die Evangelisation in Zukunft größtenteils von der ‚Hauskirche' ab" (*Ansprache in Puebla, Unterweisungen*, Band II, 1979, 229). Diese muß daher nicht nur Objekt, sondern auch Subjekt der Berufungspastoral sein. In jenen Familien, die wahre „Hauskirchen" sind, erhalten die Kinder nicht nur das Geschenk des Lebens, sondern in der Tat auch die Gabe der Erziehung zum Glauben und lernen durch das Beispiel der Eltern, das eigene Leben als Berufung zu sehen und sich dem Willen Gottes zur Verfügung zu stellen.
Liebe Brüder, der Herr Jesus Christus hat die Gnade der Priesterberufungen an das unablässige Gebet der Kirche binden wollen: „Bittet also den Herrn der Ernte" (*Mt* 9,38). Mögen wir nie müde werden, die uns anvertrauten Gemeinden zu diesem Gebet anzuregen: denn so werden wir der Zukunft unserer Kirchen Sicherheit geben können.

7. Bevor dieses brüderliche Treffen zu Ende geht, möchte ich ganz besonders der Bischöfe gedenken, die den aktiven Dienst in den Diözesen aufgegeben haben. Hiermit bringe ich erneut meine persönliche Dankbarkeit dem Herrn Kardinal Ugo Poletti zum Ausdruck, der lange Jahre bei der pastoralen Führung der römischen Diözese an meiner Seite war.
Möge der Heilige Geist uns alle mit seinem reichen Trost erfüllen. Maria, unsere geliebte Mutter, beschütze uns auf dem Lebensweg und helfe uns in den schwierigen Situationen unseres Dienstes.
Von Herzen erteile ich jedem von euch den Apostolischen Segen. Er gelte auch euren Priestern und Mitarbeitern, euren Seminaristen, Diakonen, Ordensfamilien und engagierten Laien in den verschiedenen Ämtern, sowie der gesamten Bevölkerung dieser geliebten Erde Latiums.

Evangelisierung verlangt Kühnheit und Geduld

Ansprache beim Ad-limina-Besuch der Bischöfe Liguriens am 25. Oktober

Herr Kardinal,
liebe Brüder im Bischofsamt!

1. „Wenn ... jemand in Christus ist, dann ist er eine neue Schöpfung: Das Alte ist vergangen, Neues ist geworden" (*2 Kor* 5,17).
Die Ermunterung, die der hl. Paulus an die Korinther richtet, klingt in meinem Geist wider, wenn ich auch heute zum Abschluß der persönlichen Begegnungen, die ich in diesen Tagen mit jedem von euch hatte, alle zusammen empfange, um mit euch den Reichtum des uns von Christus anvertrauten pastoralen Dienstes zu erleben. Die Aufforderung, die Neuheit des Evangeliums zu verkünden, die in den Worten des Paulus enthalten ist, wird zur greifbaren Ermunterung für einen jeden von uns, die als Nachfolger der Apostel „Gesandte an Christi Statt [sind], und Gott ist es, der durch uns mahnt" (*2 Kor* 5,20). Die Liebe des Erlösers treibt uns, „so daß wir von jetzt an niemanden mehr nur nach menschlichen Maßstäben einschätzen" (vgl. *2 Kor* 5,16), vielmehr allen die Heilsbotschaft verkünden und bezeugen im Namen dessen, „der uns ... den Dienst der Versöhnung aufgetragen hat" (*2 Kor* 5,18).
Stark in diesem Bewußtsein, werden wir nicht müde zu wiederholen: „Wir bitten an Christi Statt: Laßt euch mit Gott versöhnen" (*2 Kor* 5,20).

2. Als ich euch, liebe Brüder, in den vergangenen Tagen persönlich begegnet bin, wurde mir klar, wie tief auch in euch der apostolische Eifer ist, der aus den Worten des Paulus hervortritt. Er ist verbunden mit einer wachsamen Aufmerksamkeit für das christliche Volk eurer Region, an die ich nach den beiden Pastoralbesuchen, die ich in den letzten Jahren auch in Genua, der „Königin des thyrrenischen Meeres", machen durfte, eine dankbare Erinnerung bewahre.
Ich umarme euch, liebe Brüder im Bischofsamt, mit Hochachtung und Zuneigung, insbesondere jene, die die bischöflichen Dienste in den letzten Jahren übernommen haben. Ich danke für die Worte, die in eurem Namen eben Kardinal Giovanni Canestri, Erzbischof der Diözese Genua, an mich gerichtet hat. Dort war lange Jahre der liebe, verstorbene Kardinal Giuseppe Siri ein hochgeschätzter und verehrter Hirte.

3. Als Stellvertreter und Beauftragte Christi seid ihr vor allem Botschafter der Wahrheit und Liebe, die das Herz für die Hoffnung und Solidarität öffnen. Die Neuevangelisierung beginnt mit der klaren und nachdrücklichen Verkündigung des Evangeliums, das sich an jeden Menschen richtet. Es geht um einen Auftrag, der seinen Ursprung gerade in der Gewißheit hat, daß Christus lebt, daß Christus bei uns ist. Von daher ergibt sich die unaufhörliche Aufforderung: „Laßt euch mit Gott versöhnen!"
Eine so anspruchsvolle Aufgabe verlangt Kühnheit, Geduld und Vertrauen. Es ist kein leichtes Unterfangen. Es ist erst recht in unseren Tagen nicht leicht, denn die

moderne Gesellschaft ist, wie ihr selber bemerkt, von einer deutlichen idealen und geistigen Fehlorientierung gekennzeichnet.

4. Die soziologischen Untersuchungen beschreiben Ligurien als ein fortgeschrittenes Gebiet, in dem sich ein bemerkenswerter Wohlstand feststellen läßt. Das Verdienst daran hat mit Recht die ligurische Bevölkerung, die traditionell arbeitsam, aktiv und sparsam ist. Es bleiben dennoch breite Nischen der Armut und des Randdaseins, begleitet von sozialer und wirtschaftlicher Unsicherheit. Wie sollte man nicht zum Beispiel auf die komplexe Frage der Jugend hinweisen oder auf die immer häufiger auftretende Versuchung, einen vorwiegend wirtschaftlichen Fortschritt anzustreben, ohne wirksam moralische und religiöse Werte zu berücksichtigen, die doch das Erbe eurer Überlieferung sind? Und wie sollte man eure Sorge um den, der am Rande steht, ausgebeutet wird oder in seinen Grundrechten verletzt ist, nicht teilen? Ihr werdet nicht müde, vor der Gefahr eines Verlustes des echten Lebenssinnes zu warnen, und ihr ermuntert und unterstützt jede Initiative, die die Würde des Menschen, das Wachsen der Solidarität und den Schutz der Umwelt verteidigt.
Deutlich erscheint daher die Dringlichkeit, die Botschaft des Evangeliums in ihrer ständigen Neuheit und Lebenskraft nachdrücklich zu verkündigen.

5. Eine providentielle Gelegenheit zu einer solchen apostolischen und missionarischen Erneuerung bietet euch die Feier der 500. Wiederkehr der Entdeckung Amerikas.
Dank des Mutes, der Ausdauer und des Glaubens von Christoph Kolumbus - ein Sohn eurer Heimat - konnten vor fünfhundert Jahren die Völker des amerikanischen Kontinents die Verkündigung des Evangeliums empfangen. Von Ligurien sind zahlreiche Priester, Ordensmänner und -frauen und Laien zur Evangelisierung dieser fernen Länder aufgebrochen.
Eine derart ausgeprägte missionarische Tradition darf nicht stillstehen. Kardinal Giovanni Canestri hat gesagt, daß ihr bei den bevorstehenden Jubiläumsfeierlichkeiten nicht nur „Zuschauer von Festen oder Hörer von Gedenkreden” sein dürft. Ja, es liegt an euch, „die Ehre und Last der Verkündigung des Evangeliums” mit Freude und geistlichem Eifer auf euch zu nehmen. Euer Apostolatsfeld ist eine neue und mutige Evangelisierung.

6. Diese neue Evangelisierung muß den christlichen Gemeinschaften in Treue zu ihrer Vergangenheit den Aufbau einer Zukunft gestatten, die auf der Höhe der edlen bürgerlichen und religiösen Geschichte Liguriens steht.
Beim voraufgegangenen Ad-limina-Besuch habe ich an die Notwendigkeit erinnert, daß „die moderne Gesellschaft in Übereinstimmung mit den Grundsätzen des Evangeliums voranschreiten muß, um das Geschenk des Friedens und des wahren Glücks zu erhalten”.
Heute ist es notwendig, in den Gläubigen die volle Verbundenheit mit Christus, dem einzigen Erlöser des Menschen, wieder zu erwecken. Nur von einer persönlichen Begegnung mit Jesus aus kann sich tatsächlich eine wirksame Evangelisierung entfalten. Nur fest im Evangelium verwurzelte Männer und Frauen können solidarische

und wirklich freie Gemeinschaften ins Leben rufen. Die Kirchen mit altem Christentum wie die euren senden weiter Missionare in ferne Länder; sie sind aber zugleich aufgerufen, sich ernsthaft darum zu bemühen, die Heilsbotschaft an alle jene heranzutragen, die daheim dem Glauben fernstehen oder sich von der christlichen Praxis entfernt haben.
Eine neue Evangelisierung eurer Städte ist notwendig, wo der Glaube oft von einer Kultur des Genusses und des Materialismus oder vom verderblichen Einfluß der Massen-Ideologien bedroht ist.

7. Folgt den pastoralen Weisungen des italienischen Episkopates für die 90er Jahre, liebe Brüder, und müht euch um die unerläßliche religiöse Bildung des euch anvertrauten Volkes, besonders der Jugendlichen. Nehmt euch der Armen und Hilfsbedürftigen an; müht euch ständig darum, daß die Anwesenheit und der konsequente Einsatz der Gläubigen im sozialen und politischen Leben nicht abnehmen.
Angebracht ist mehr denn je, die Kräfte und Anstrengungen zu vereinen in einem apostolischen Wirken, das sich auf die Familie konzentriert, denn diese ist die Grundzelle der Gesellschaft und der Gemeinschaft der Kirche.
Die Familienpastoral soll in den kommenden Jahren der Angelpunkt eures Bemühens sein. Bisher habt ihr schon viel geleistet, vor allem bei der Ehevorbereitung und der Teilnahme der Familien an der Pfarrkatechese. Nun gilt es, auf diesem Weg weiterzugehen in dem Bewußtsein, daß „jede Anstrengung ... unternommen werden [muß], damit sich die Familienpastoral durchsetzt und entfaltet; widmet sie sich doch einem wirklich vorrangigen Bereich in der Gewißheit, daß die Evangelisierung in Zukunft großenteils von der Hauskirche abhängen wird" (*Familiaris consortio*, Nr. 65).
Die Familie ist aufgerufen, vier Grundaufgaben zu erfüllen: die Bildung einer Gemeinschaft von Personen, den Dienst am Leben in jedem Augenblick und Abschnitt seiner Entfaltung, die Beteiligung an der Entwicklung einer wahrhaft menschlichen Welt sowie die Beteiligung an der Sendung der Kirche. Von der Liebe gegründet und getragen, wird die Familie vorrangiges Subjekt der wünschenswerten geistigen Erneuerung.
Dank des Hörens auf Gottes Wort, des Gebetes und der beständigen Treue zu Christus bei jeder Entscheidung des Alltags, wird die Familie zur Schule echter Heiligkeit. In ihr entsteht ein günstiges Klima für das Aufblühen von Berufungen zum Priester- und Ordensstand. Durch ihr Zeugnis für das Evangelium dringt sie leichter in jeden Bereich der Gesellschaft ein, um sie von innen her zu erneuern.

8. Bei dieser umfangreichen pastoralen Aufgabe könnt ihr auf die Mitarbeit der Priester bauen, die ihr als „Söhne und Freunde ansehen [sollt], gleichwie Christus seine Jünger nicht mehr Knechte, sondern Freunde nennt" (*Lumen Gentium*, Nr. 28). Alle, die von Gott zu einem Leben besonderer Weihe berufen sind, sollen euch durch ihren tatkräftigen Beitrag eine Stütze sein. Die Laien aber, die ihr heranbildet und betreut, „sind besonders dazu berufen, die Kirche an jenen Stellen und

in den Verhältnissen anwesend und wirksam zu machen, wo die Kirche nur durch sie das Salz der Erde werden kann" (*Lumen Gentium*, Nr. 33).
Wenn eure Ortskirchen in ihrer Sendung zur Evangelisierung mit Eifer ans Werk gehen, werden sie das Feld ihres Apostolates in die universalen Dimensionen der Kirche und der Welt ausweiten.
Liebe Brüder im Bischofsamt, auf diesem Weg zu neuen apostolischen Aufgaben hin geleite euch die Jungfrau Maria, die in eurer Region überall verehrt wird. Die Heiligen, die aus eurer Heimat stammen, sowie die Patrone eurer Ortskirchen mögen euch beistehen. Begleiten soll euch auch mein Apostolischer Segen, den ich gern auf die ganzen Gemeinschaften der Diözesen ausdehne, deren Hirten und Väter ihr seid.

Eine Einheitlichkeit des Handelns fördern

Ansprache an die Bischöfe Rumäniens bei ihrem Ad-Limina-Besuch am 23. März

Liebe Brüder im Bischofsamt!

1. „Seht doch, wie gut und schön ist es, wenn Brüder miteinander in Eintracht wohnen" (*Ps* 133,1).
Von unserer heutigen Begegnung gelten die Worte des Psalms mit Recht, denn groß ist die Freude darüber, daß wir uns nach langen Jahrzehnten des Leidens und der Widerwärtigkeiten treffen können. Gemeinsam mit euch danke ich der göttlichen Vorsehung, die auch für die Kirche in Rumänien Wege der Hoffnung geöffnet hat, und ich heiße euch alle aus ganzem Herzen brüderlich willkommen. Herzlich umarme ich einen jeden von euch und danke Erzbischof Alexandru Todea, dem Präsidenten der Bischofskonferenz, für den Ausdruck der Verbundenheit, die er in eurem Namen mir kundgeben wollte, dazu die Hoffnungen für eure Diözesen bei dieser Begegnung, die wir in mancher Hinsicht historisch nennen dürfen. Es wird gleichsam ein Traum Wirklichkeit, eine lang erwartete Begegnung kam endlich zustande. Aus ganzem Herzen danken wir dafür dem Herrn! In euch grüße ich die Gemeinschaft der Christen der lieben rumänischen Nation, die in den letzten Jahren so hart geprüft wurde. In euch ehre ich die zahllose Menge der Gläubigen, die in der langen Zeit der Prüfung den Glauben bewahrt und zuweilen mit dem Opfer des Lebens die unverbrüchliche Anhänglichkeit an Christus und seine Kirche bezeugt hat.
Ich empfange euch mit den Worten des Apostels Paulus an die Gemeinschaft der Christen in Ephesus: „Gepriesen sei der Gott und Vater unseres Herrn Jesus Christus: Er hat uns mit allem Segen seines Geistes gesegnet durch unsere Gemeinschaft mit Christus im Himmel. Denn in ihm hat er uns erwählt vor der Erschaffung der Welt, damit wir heilig und untadelig leben vor Gott" in Liebe (*Eph* 1,3-4).
Eure Anwesenheit gestattet die Wiederaufnahme der Kontakte mit dem rumänischen Episkopat. Mein Herz ist heute besonders ergriffen, weil dieser euer erster Ad-

Limina-Besuch nach 43 Jahren schweren Leids erfolgt. Tatsächlich begann am 21. Oktober 1948, einem Tag, der tief in eurer Erinnerung lebt, eine schmerzliche Zeit der Einschränkungen und der Isolierung. Doch ist in euren kirchlichen Gemeinschaften nie die Flamme der Treue zum Evangelium erloschen. Heute aber sind wir froh, daß wir dafür alle zusammen Gott die Ehre geben dürfen.

2. Ich möchte hier an die unerschrockenen sechs Bischöfe erinnern, die Ende 1948 inhaftiert wurden und von denen die staatliche Autorität die Verleugnung des katholischen Glaubens und den Abbruch der Beziehungen zum Apostolischen Stuhl gefordert hatte. Sie sind freilich der Wahrheit treu geblieben und haben allen Verlockungen und Versuchungen widerstanden. Drei starben fast unmittelbar danach im Gefängnis; Msgr. Joan Balan starb dann im Jahre 1959; Msgr. Alexandru Rusu im Jahre 1964 und der Letzte, unser verehrter Msgr. Juliu Hossu, starb am 28. Mai 1970 in Caldarusani als erster rumänischer Kardinal, der von meinem Vorgänger Paul VI. im Konsistorium vom 28. April 1969 „in pectore" ernannt und im folgenden Konsistorium vom 5. März 1973 öffentlich bekanntgegeben wurde. „Er war ein bedeutender Diener der Kirche", sagte der Papst von ihm, „hochverdient wegen seiner Treue und seiner langen Leiden und Entbehrungen, die er dafür auf sich nehmen mußte. Er ist ein Symbol und Vertreter der Treue zahlreicher Bischöfe, Priester, Ordensmänner, Ordensfrauen und Gläubigen der rumänischen Kirche des byzantinischen Ritus". Paul VI. seligen Andenkens fügte weiter hinzu: „Er selbst ließ uns, als er von unserer Absicht in Kenntnis gesetzt wurde, seinen dringenden Wunsch wissen, sie nicht öffentlich bekanntzugeben. Er führte Gründe von solcher Würde und derart erbaulicher Loslösung von seiner eigenen Person an und zeigte einen derart ergreifenden Geist der Dienstbereitschaft für seine Kirche, daß wir uns verpflichtet fühlten, seinen Wunsch zu achten, wenigstens in dem Sinn, daß wir damals seine Kardinalsernennung nicht veröffentlicht haben. Da er nun aber diese Welt verlassen hat, die sein Andenken weiterhin ergriffen bewahrt, empfanden wir gleichsam die Pflicht sicherzustellen, daß die ganze Kirche und zumal jene in Rumänien zu ihrer Bestärkung und Ermunterung darum weiß, welches unsere Absicht war, und aus welchen Gründen sie erst heute öffentlich bekanntgemacht wird" (vgl. *AAS* 65[1973]165).
Ich fühle mich heute verpflichtet, das Andenken dieser unerschrockenen Bischöfe zu ehren und zugleich der zahlreichen Priester, Ordensleute und Laien zu gedenken, die in der Zeit der Verfolgung ihren Glauben unverkürzt bewahrt haben.

3. Gewiß bleiben auch heute noch Gründe zur Besorgnis und Schwierigkeiten, doch darf man wohl hoffen, daß sich in Rumänien mit dem eben angebrochenen Morgen ein neuer Tag der Gerechtigkeit, der Freiheit und des Friedens ankündigt. Die großen Wandlungen, von denen in letzter Zeit das weite Gebiet Osteuropas betroffen wurde, haben auch in eurem Land, wenn auch unter vielen Leiden, die Herzen wieder mit Vertrauen erfüllt. Es bieten sich nun der Gemeinschaft der Gläubigen unerwartete apostolische Möglichkeiten in einer heiklen und schwierigen Phase des sozialen Wandels: Es geht um das Angebot eines entscheidenden Beitrags zum Auf-

bau einer versöhnten und solidarischen Gesellschaft. Eure Aufgabe ist daher recht umfangreich. Auf euch wartet vor allem der Einsatz für den Wiederaufbau der Strukturen eurer Diözesen. Ihr müßt ferner an die Ausarbeitung eines gemeinsamen pastoralen Programms denken, damit eure Stimme vor den Gläubigen und der Gesellschaft im Einklang vernehmbar wird.
„Wie du, Vater, in mir bist und ich in dir bin, sollen auch sie in uns sein, damit die Welt glaubt, daß du mich gesandt hast" (*Joh* 17,21). Das Gebet Christi, das wir am Gründonnerstag wieder hören werden, soll ein ständiger Wegweiser für all euer Wirken und Planen sein. Bleibt untereinander eines Sinnes und führt die eurer Sorge anvertrauten Gemeinschaften zu einer immer solideren und konstruktiveren Einheit von Glauben und Leben. Ihr seid euch ja bewußt, daß eure Bischofskonferenz die erhofften Ziele nur erreichen kann, wenn unter allen Bischöfen eine immer intensivere Gemeinschaft wächst. Es muß ein brüderlich gemeinsames Verständnis da sein auf der Grundlage einer ständigen Gemeinschaft unter der Führung des einen Geistes, der der Kirche in der Vielfalt der Sprachen und der Unterschiedlichkeit der Riten Leben schenkt. „Durch den Heiligen Geist können wir ‚in persona Christi' wirken, wenn wir die Eucharistie feiern und den ganzen sakramentalen Dienst zum Heil der anderen vollbringen" (*Schreiben an die Priester zum Gründonnerstag 1991*).

4. Die Einheit untereinander, mit Leben erfüllt durch das Hören des Wortes Gottes und die Teilnahme an der einen Eucharistie als „Sakrament huldvollen Erbarmens, Zeichen der Einheit und Band der Liebe" (vgl. *Sacrosanctum Concilium*, Nr. 47), wird euch durch aufrichtigen Dialog und tatkräftige Zusammenarbeit beim Aufgreifen und Lösen der Probleme, mit denen ihr es zu tun habt, unterstützen. Eure Einheit wird euch ferner helfen - davon bin ich überzeugt -, wenn ihr nach möglichen Lösungen für die Schwierigkeiten mit der orthodoxen Kirche sucht, in gegenseitiger Achtung und im Bemühen um gegenseitiges Verständnis gemäß der bekannten Lehre des Zweiten Vatikanischen Konzils.
Ein besonderes Wort möchte ich dann den orientalischen Gemeinschaften des byzantinisch-katholischen Ritus widmen, die nach den 40 Jahren schmerzhafter Prüfungen sich nun neu organisieren sowie ihrem inneren Leben und ihrer pastoralen Tätigkeit neuen Schwung geben müssen. Das Zweite Vatikanische Konzil bietet klare Hinweise für die Bewahrung der von den Aposteln kommenden Überlieferung, die einen Teil des unteilbaren Erbes der ganzen Kirche bildet. „Unter [den ‚Teilkirchen' oder ‚Riten'] herrscht eine wunderbare Verbundenheit, so daß ihre Vielfalt in der Kirche keinesfalls der Einheit Abbruch tut, sondern im Gegenteil diese Einheit deutlich aufzeigt. Das ist nämlich das Ziel der katholischen Kirche: daß die Überlieferungen jeder einzelnen Teilkirche oder eines jeden Ritus unverletzt erhalten bleiben; zugleich soll sich der Lebensstil dieser Kirchen den verschiedenen zeitlichen und örtlichen Notwendigkeiten anpassen" (*Orientalium Ecclesiarum*, Nr. 2).
Dieser Konzilstext betrifft offensichtlich auch die katholische Kirche des byzantinisch-rumänischen Ritus. Die Evangelisierung war in Rumänien bis ins hohe Mit-

telalter lateinischen Ursprungs, als das rumänische Gebiet unter die Herrschaft Bulgariens kam und mit dem byzantinischen Ritus die slawische Sprache als Sprache der Liturgie eingeführt wurde. Als Teil der bulgarischen Kirche fühlten sich die Rumänen dann tatsächlich im Bannkreis der bereits von Rom getrennten Kirche von Byzanz.

Es hat im Verlauf der Jahrhunderte nicht an Versuchen gefehlt, die alte Einheit wieder aufzurichten bis zur vollen Wiederherstellung der Gemeinschaft auf der Synode in Alba Julia am 7. Oktober 1698. Damals sprach bekanntlich der Bischof Atanasie gemeinsam mit 2270 Priestern das katholische Glaubensbekenntnis. In sieben Jahren wird die Kirche in Rumänien mit der universalen Kirche den 300. Jahrestag dieses glücklichen und gesegneten Ereignisses feiern, ihr aber, liebe Brüder, schickt euch mit dem Klerus und dem Volk Gottes an, diesen Jahrestag in Erinnerung zu rufen. Ich bitte den Herrn, die gemeinsame Vorbereitung möge euch alle zu einer immer noch engeren Zusammenarbeit nach den Hinweisen des letzten Konzils veranlassen, das sagt: „Die Hierarchen der verschiedenen Teilkirchen, die im selben Gebiet ihre Oberhirtengewalt ausüben, [sollen] durch regelmäßige gemeinsame Beratungen dafür sorgen, daß die Einheitlichkeit des Handelns gefördert wird und daß mit vereinten Kräften gemeinsame Unternehmungen zum Segen der Religion und zum wirksameren Schutz der Ordnung innerhalb der Geistlichkeit verwirklicht werden" (*ebd.*, Nr. 4). Ihr werdet erfahren, wie wirksam der Geist eingreift, der auch heute die Wunder des Pfingstfestes erneuert, und es werden in euren Einzelkirchen überreiche Früchte der Gerechtigkeit und der Heiligkeit reifen. Damit das in Fülle geschieht, soll euer Mühen für die euch anvertraute Herde Christi und der Eifer für die Verbreitung und Festigung des Reiches Gottes sich immer am Gebot des Herrn für die Zwölf beim letzten Abendmahl ausrichten: „Daran sollen alle erkennen, daß ihr meine Jünger seid, wenn ihr einander liebt" (vgl. *Joh* 13,34-35).

5. Liebe Brüder im Bischofsamt, seid vor allem im Licht des Liebesgebotes unerschrockene Apostel der Wahrheit, und baut die Liebe konkret auf, indem ihr unablässig auf den Geist hört, der euch mit seiner Salbung geweiht und euch gesandt hat (vgl. *Jes* 61,1), in Barmherzigkeit und Solidarität das göttliche Wohlwollen für alle zu bezeugen. Fühlt euch in ständiger Hilfsbereitschaft als Väter der Priester, eurer ersten und wertvollen Mitarbeiter im Weinberg des Herrn; interessiert euch für ihre materiellen und geistigen Verhältnisse sowie für ihr notwendiges theologisches und pastorales aggiornamento. Sucht einen entsprechenden Lebensunterhalt auch für die alten und kranken Priester sicherzustellen. Das Bemühen um künftige Diener des Altares sei ferner eine Priorität für euch. Vergeßt in der Dankbarkeit gegen den Herrn für das vielversprechende Aufblühen der Berufungen zum priesterlichen Dienst und zum Ordensleben nicht, daß jede Berufung unter Opfern und Hingabe gepflegt werden muß, ohne irgendeinen Aspekt der menschlichen, kulturellen und geistlichen Ausbildung zu vernachlässigen.

Die Präsenz der Institute des gottgeweihten Lebens bildet ein kostbares Geschenk der Vorsehung für eure Diözesen. Es ist daher eure Aufgabe, die Charismen richtig einzuordnen und ihr Zeugnis im Sinn des Evangeliums auf jede mögliche Weise zu

unterstützen, denn „es ist der Kirche zum Nutzen, daß die Institute ihre Eigenart und ihre besondere Aufgabe haben" (*Perfectae caritatis*, Nr. 2).
Dennoch kann es in der Kirche ohne den entscheidenden Beitrag der Laien keine volle Lebenskraft geben. Das gilt vor allem von der christlichen Familie, der wichtigsten Zelle im kirchlichen Organismus. Aus diesem Grund ermuntere ich euch, die Familie von Nazaret als Vorbild und Grundlage eures ganzen missionarischen Wirkens hinzustellen. Der Blick auf die Heilige Familie wird euch für alles das aufmerksamer machen, was die Familie in der Einheit und Liebe wachsen läßt. Die Achtung vor dem Leben und sein Schutz, die Ablehnung der Ehescheidung und der Abtreibung, die Förderung der häuslichen Tugenden, die Erziehung der Kinder als grundlegende Aufgabe der Eltern, das Wachstum der Spiritualität in der Familie sowie der Einsatz der Laien in der Welt bilden ebensoviele Themen für eure Planungen, auf die sich passenderweise euer Nachdenken und euer Pastoralprogramm konzentrieren sollte.

6. Ich möchte diese besonders brüderliche Begegnung nicht ohne einen ausdrücklichen Gruß an die Jugend abschließen, die Hoffnung der Kirche und des rumänischen Volkes. Haben nicht gerade die Jugendlichen in den letzten Jahrzehnten am meisten gelitten? Tragen sie nicht immer noch die Zeichen dieser schmerzlichen Prüfung an sich? Die Zukunft liegt in ihrer Hand, in ihrer Intelligenz, in ihren Herzen. Daher spürt die Kirche als wachsame und vorsorgende Mutter die Pflicht, ihnen den Weg der Wahrheit und des Friedens zu zeigen, ihnen den Weg zu einem reifen und verantwortlichen christlichen Glauben zu weisen, der mutig alle Werte des Evangeliums übernimmt. Es ist ihr Anliegen, den Jugendlichen eine systematische und ständig weitergehende religiöse Bildung anzubieten, die ihren verschiedenen Situationen gut angepaßt ist.
Liebe Brüder im Bischofsamt, ich lege euch die Jugend ans Herz! Führt sie zu Christus, und er wird ihren Durst nach Wahrheit, Gerechtigkeit und Liebe stillen. In ihr ist bereits die Kirche der Zukunft da, die Kirche des dritten christlichen Jahrtausends, auf das wir im gemeinsamen Bemühen um eine neue und intensive Evangelisierung zugehen.
Die Verkündigung des Evangeliums Christi ist die missionarische Aufgabe, die auf euch in den nächsten Jahren wartet! Der Einsatz der modernen Medien der sozialen Kommunikation soll bei euch zum Erreichen eines derart wichtigen Zieles nicht zu kurz kommen. Der Erlöser des Menschen, der euch bis heute geführt hat, wird euch auch in diesem weiteren Abschnitt eurer Geschichte nicht allein lassen.
Ich vertraue Maria, der Mutter der Kirche, die Pläne, Hoffnungen und Schwierigkeiten der jetzigen Stunde an. Ich vertraue ihr euer Vaterland an: unter dem Schutz der himmlischen Königin des Friedens möge Rumänien den wünschenswerten Frühling eines echten sozialen Fortschritts erleben.
Die heutige Stunde ist providentiell für das Aufleuchten des Lichtes und der Kraft des Evangeliums in der ganzen rumänischen Gesellschaft. Helft furchtlos und im Vertrauen auf die Hilfe des Herrn euren Gemeinden, Erbauer der Versöhnung und Solidarität zu sein.

Begleiten soll euch auch mein Apostolischer Segen, den ich von Herzen euch, den Priestern, den Ordensleuten, den Familien und allen kirchlichen Gemeinschaften eurer mir so teuren rumänischen Nation erteile.

Auf das Neuheidentum mit Zeugniskraft reagieren

Ansprache beim Ad-limina-Besuch der 1. Gruppe der spanischen Bischöfe am 23. September

Liebe Brüder im Bischofsamt!

1. Herzlich begrüße ich euch in Christus, liebe Herren Erzbischöfe und Bischöfe der Kirchenprovinzen Valladolid und Valencia, die ihr mit dieser Begegnung euren Ad-Limina-Besuch krönt. Dieser Besuch hat eine tiefreichende kirchliche Bedeutung, weil er eure Gemeinschaft und die der Einzelkirchen, die ihr leitet und weidet, mit dem Nachfolger des Petrus zeigt, dem der Herr den Vorsitz in der Liebe für die ganze Kirche anvertraut hat.
Eure Ortskirchen liegen, geographisch betrachtet, in verschiedenen Gebieten Spaniens, die jeweils ihre eigenen Züge und Traditionen besitzen. Die Diözesen der Kirchenprovinz Valladolid in Altkastilien und León sind Kirchen mit alter christlicher Tradition, die ein hohes Maß an religiöser Praxis aufweisen, auch wenn sie unter einem erheblichen Bevölkerungsrückgang leiden, was sich natürlich auch im Durchschnittsalter des Klerus auswirkt. Die Diözesen der Kirchenprovinz Valencia im Osten Spaniens öffnen sich, abgesehen von Albacete, das zur bekannten Region La Mancha gehört, aufs Mittelmeer. Auch diese Diözesen weisen tiefreichende christliche Wurzeln und Überlieferungen auf, auch wenn die Wellen der Einwanderung und das Phänomen des Tourismus in einem gewissen Maß das Leben der dortigen Menschen beeinflußt haben.

2. Gern nehme ich zur Kenntnis, daß alle eure Kirchen sich derzeit ernstlich und neu der Evangelisierung widmen, und ich weiß, daß ihr euch alle der Notwendigkeit dieses neuen kirchlichen und pastoralen Bemühens, das wir als „neue Evangelisierung" bezeichnet haben, voll bewußt seid. Ihr könnt dabei mit einer beneidenswerten Ausgangslage rechnen, nämlich dem ungewöhnlichen Reichtum und der Lebenskraft der christlichen Überlieferung eurer Volksgruppen.

3. Tatsächlich hat der tief verwurzelte Glaube an Gott in seiner jahrhundertelangen Auswirkung die Lebensauffassung, die Kriterien für das persönliche und soziale Verhalten und die Ausdrucksformen, mit einem Wort, die jeweilige Kultur eurer Regionen geprägt. Das aber ist nicht nur ein Erbe der Vergangenheit ohne aktive Antriebskräfte für die Gegenwart. Ein Großteil der Männer und Frauen eurer Gebiete finden auch weiterhin im Glauben den grundlegenden Sinn ihres Lebens und wenden sich daher in schwierigen Stunden ihres Lebens an Gott. Eine reiche Volksfrömmigkeit übersetzt die großen Wahrheiten und Werte des Evangeliums in

die Sprache der einfachen Menschen, verwurzelt sie in der besonderen Gestalt eurer Kultur und läßt die großen christlichen Symbole zu ebenso vielen Zeichen werden, mit denen sich das Volk identifiziert. Auf der anderen Seite dürfen wir nicht den erheblichen Teil der Christen schweigend übergehen, die immer überzeugter jeden Sonntag zur Eucharistiefeier kommen und häufig die Sakramente empfangen.
Auf diesem fruchtbaren Boden der Religiosität haben eure Kirchen durch Diözesansynoden und -versammlungen bemerkenswerte Bemühungen zur Erneuerung gemacht, und die christliche Bildung ist infolgedessen gründlicher geworden, was sich auch in einer aktiveren Beteiligung zahlreicher gläubigen Laien an den Aufgaben der Kirche auswirkt.

4. Doch alle diese Dinge, die uns, liebe Brüder, mit Hoffnung erfüllen, dürfen uns nicht vergessen lassen, daß leider auch bei euch eine Besorgnis erregende Entchristlichung fortschreitet. Die schwerwiegenden Folgen eines Wandels der Mentalität und der Sitten bleiben eurer Hirtensorge gewiß nicht verborgen. An erster Stelle ist eine Umwelt zu bemerken, in der „der Wohlstand und der Konsumismus ... dazu inspirieren und veranlassen, so zu leben, ‚als wenn es Gott nicht gäbe'" (*Christifideles laici*, Nr. 34). Häufig macht sich im persönlichen und im kollektiven Gewissen religiöse Gleichgültigkeit breit, und für viele hört Gott auf, Ursprung und Ziel, letzter Sinn und Halt des Lebens zu sein. Andrerseits fehlt es nicht an Menschen, die im Namen eines falsch verstandenen Fortschritts die Kirche auf unbewegliche Positionen der Vergangenheit festlegen möchten. Sie haben keine Schwierigkeit, die Kirche als Rest einer alten Kultur zu dulden, halten ihre Botschaft und ihr Wort aber für unwichtig, hören nicht mehr auf sie und stellen sie als etwas bereits Überholtes hin.
Doch die dramatischsten Folgen der Abwesenheit Gottes im menschlichen Horizont zeigen sich auf dem Gebiet des konkreten Verhaltens und in der Moral, wie ihr als Bischöfe Spaniens wiederholt klar dargelegt habt (vgl. die Pastoralinstruktion *Die Wahrheit wird euch frei machen*). Wenn man Gott ausklammert, verwandelt sich die menschliche Freiheit, statt die objektive Wahrheit zu suchen und ihr anzuhangen, häufig in eine autonome und willkürlich entscheidende Instanz, für die das Gute in Funktion egoistischer Einzelinteressen steht. Auf diesem Weg aber verwandelt sich das Freiheitsstreben in eine Quelle der Sklaverei. Tatsächlich führt das Hervorheben von Besitz und Konsum materieller Güter zu einer rein wirtschaftlichen Sicht der Entwicklung, die die Würde und das Sein der menschlichen Person erniedrigt und viele noch ärmer macht, während nur wenige immer noch reicher werden. Im Namen der Menschenrechte, die man häufig einseitig selbstbezogen und hedonistisch auffaßt, fördert man sexuelle Freizügigkeit, Ehescheidung und Abtreibung, endlich auch genetische Manipulation, was alles sich gegen das grundlegendste Recht wendet: das Recht auf Leben. Das ungestüme Suchen nach leicht zu habender Befriedigung führt dazu, daß unzählige Menschen innere Erschütterungen und Wunden davontragen und oft in der Droge, im Alkohol und in der Gewaltanwendung Zuflucht suchen.

5. Dieses kulturelle Klima erfaßt nicht nur die Nichtglaubenden, sondern auch die Christen, die in sich selbst die bedrohliche Spaltung zwischen Herz und Mentalität von Gläubigen und dem Denken, den Strukturen und dem Druck einer Gesellschaft spüren, die sich auf Agnostizismus und Gleichgültigkeit gründet.
Auf dieses Neuheidentum muß die Kirche in Spanien mit neuer Zeugniskraft und dem entschiedenen Bemühen um Evangelisierung antworten, bei der eine neue kulturelle Synthese zu schaffen ist, die „durch die Kraft des Evangeliums die Urteilskriterien, die bestimmenden Werte, die Interessenpunkte, die Denkgewohnheiten, die Quellen der Inspiration und die Lebensmodelle der Menschheit" umwandelt (*Evangelii nuntiandi*, Nr. 19). Mit neuer Energie und Überzeugungskraft müßt ihr verkünden, daß Gott begegnen und ihn bejahen unerläßliche Voraussetzungen zur Entdeckung der Wahrheit über den Menschen sind. Daß die Frohbotschaft vom Heil in Jesus Christus Quelle und Garantie des eigenen Menschentums und ein Schlüssel des Verständnisses für Mensch und Welt sind, zugleich aber Grundlage und Bollwerk der Freiheit und Sicherung für die volle Verwirklichung aller echt menschlichen Fähigkeiten.
Daher werdet ihr euch bemühen, die religiöse Gleichgültigkeit durch eine entschiedene und klare Verkündigung des Evangeliums zu überwinden. Tatsächlich gewinnt der Glaube täglich neue Kraft dank des Wortes Gottes, das der Geist durch Predigt, Unterricht und Katechese vernehmen läßt. Evangelisieren bedeutet vor allem die Verkündigung, „daß in Jesus Christus, dem menschgewordenen, gestorbenen und auferstandenen Sohne Gottes, das Heil einem jeden Menschen angeboten ist als ein Geschenk der Gnade und des Erbarmens Gottes selbst" (*ebd.*, Nr. 27).

6. Das Wort gewinnt freilich seine volle Wirksamkeit und Überzeugungskraft erst, wenn es im Sakramentenempfang zum Heilsereignis wird, das das Leben der Menschen umwandelt und sie zu Zeugen macht. Daher bleibt eine spezifische und unerläßliche Form der christlichen Verkündigung das Zeugnis, das den anderen die Gnade und Freude eines jeden sichtbar macht, der Christus begegnet ist, und zum Eingehen auf diese bereichernde Lebenserfahrung einlädt. Die neue Evangelisierung braucht daher neue Zeugen, das heißt Menschen, die die tatsächliche Umwandlung ihres Lebens in ihrer Begegnung mit Jesus Christus erfahren haben und daher diese Erfahrung anderen weitergeben können. Es braucht ferner neue Gemeinden, in denen „der Glaube seine volle ursprüngliche Bedeutung als persönliche Selbstübereignung an Christus und sein Evangelium, als sakramentale Begegnung und Gemeinschaft mit ihm, als in der Liebe und im Dienst verwirklichte Existenz zum Ausdruck" kommt (*Christifideles laici*, Nr. 34).
Nur Christen, die vom Ideal der Heiligkeit erfüllt sind, werden fähig sein, die Menschheit zu erneuern. Den Laien obliegt besonders die Aufgabe, in ihrem Glauben die kulturelle Schaffenskraft und die notwendige Kraft grundzulegen, um die Institutionen und Sitten, die wirtschaftlichen und sozialen Strukturen, das Denken und das ganze Geflecht der Gesellschaft zu erneuern. Sie müssen, wie wir formuliert haben, „an den privilegierten Orten der Kultur" (*ebd.*, Nr. 44) tätig sein, von denen aus Mentalität und Werte, die dann das soziale Bewußtsein formen, bestimmt und

beeinflußt werden. Die Welt des Denkens, die Zentren der Forschung und der Lehre, die Medien der sozialen Kommunikation, die Organisationen der Wirtschaft, der Arbeit und der Politik und die Familienverbände; das sind die großen Bereiche, in denen die neue kulturelle Synthese, die vom Glauben erleuchtet und beseelt ist, Wirklichkeit werden muß.
Euren Kirchen stellt sich die bedeutsame Herausforderung, eine erneuerte, gerechtere und brüderlichere Gesellschaft aufzubauen, die sich vom Gebot der Liebe leiten läßt und ihre Hoffnung auf Gott setzt, damit sie dann auch tief menschlich sein kann. Dies ist das soziale und historische Anliegen der neuen Evangelisierung, die wir als „Kultur der Liebe oder der Solidarität" bezeichnet haben (vgl. *Sollicitudo rei socialis*, V und VI).

7. Die besorgniserregende Krise der moralischen Werte, auf die ich schon angespielt habe, betrifft besonders das Familienleben. Darauf scheinen Dinge hinzuweisen wie der erhebliche Rückgang der Eheschließungen, das Absinken der Geburtenrate und die Zunahme der Scheidungsmentalität. Diese Symptome weisen auf einen ernsten Rückgang des Wertbewußtseins hin, das bisher der Familie und der Gesellschaft in Spanien Zusammenhalt und Kraft geschenkt hat.
Aus all diesen Gründen ist es notwendig und dringend, den Aufgaben und Forderungen, die diese Lage stellt, durch Förderung einer wirksameren Familienpastoral zu begegnen, die, wie ich bereits im Apostolischen Schreiben *Familiaris consortio* dargelegt habe, die christliche Identität der Ehe und der Familie zurückgewinnen möchte, damit sie wieder eine Personengemeinschaft im Dienst der Weitergabe des menschlichen Lebens und des Glaubens wird, eine Urzelle und Lebensquelle der Gesellschaft, eine Gemeinschaft des Glaubens und der Evangelisierung, eine echte „Hauskirche", ein Zentrum der Gemeinschaft und des Dienstes für die Kirche.
Es muß ferner eine echte Menschlichkeit der Familie geschaffen werden, die das, was wir „Kultur des Lebens und der Liebe" nennen, verstärkt. Diese Menschlichkeit muß sich auf der Achtung vor der Würde der Person in jedem Abschnitt ihres Lebens gründen, da sie ja nach dem Bild Gottes geschaffen und von Jesus Christus erlöst worden ist, ferner auf der Anerkennung des Primats der echt menschlichen Werte, im Gegensatz zu den blinden Ideologien, die die Transzendenz leugnen, und die von der jüngsten Geschichte gezwungen wurden, ihr wahres Antlitz zu zeigen.
Unter diesen Werten ist zumal die Würde der Liebe zwischen Mann und Frau zu betonen; dann die Treue als Grundforderung der ehelichen Liebe, die aus der vollen und ausschließlichen Hingabe der Gatten erwächst; ferner die Achtung vor dem menschlichen Leben als Frucht dieser Liebe der Gatten; endlich die unabweisbare Verantwortung der Eltern in der Ehe und für die Erziehung der Kinder.
Daher ist die Förderung dieser Kultur der Familie dringend, vor allem da sie zur Stärkung der Festigkeit der Ehe beiträgt, die so weithin bedroht und so vielen Gefahren ausgesetzt ist. Sie dient auch den Eltern und Erziehern als Stütze, um ihre Aufgabe erfüllen zu können. Mit Nachdruck müßt ihr das Institut Familie verteidigen als Heiligtum des Lebens, als Raum, der innerhalb der Gesellschaft die

Menschlichkeit fördert, als Ort, der den Dialog zwischen ihren Mitgliedern und mit Gott im gemeinsamen Gebet begünstigt.
Dazu müßt ihr ferner nachdrücklich eure Priester anregen, daß sie ihre besten Kräfte der geistlichen Betreuung und ständigen Weiterbildung der Eheleute, vor allem in ihren Elternpflichten widmen. Sie mögen die verschiedenen Familienbewegungen und -verbände unterstützen und stärken, die die Gatten- und Familienspiritualität pflegen, sowie die christliche Bildung der Familien und die Verteidigung ihrer Werte angesichts des Niedergangs durch die herrschende Kultur. Endlich ist die nachdrücklichere Förderung der Heranbildung von Laien notwendig, die sich für den Schutz der Institution Familie und ihrer Werte auf dem Gebiet der Gesetzgebung, des Schulwesens und bei den Kommunikationsmedien einsetzen. Eine derart neu belebte Familienpastoral wird ihren wohltätigen Einfluß auch auf anderen Gebieten zeigen, besonders in der Jugendpastoral, in der Pastoral der Berufungen und am Ende im Aufblühen eurer Diözesen und der ganzen spanischen Gesellschaft.

8. Zum Schluß dieser Begegnung möchte ich euch erneut meiner brüderlichen Hochachtung versichern und euch bitten, daß ihr in eure Diözesen heimgekehrt, all euren Diözesanen den Gruß des Papstes und seine Verbundenheit mit euch allen aussprecht, zumal den christlichen Familien, den Priestern sowie den Ordensmännern und Ordensfrauen, die mit Hingabe und hochherzigem Eifer die Frohbotschaft vom Heil verkünden und das Zeugnis ihres Dienstes, ihrer Treue und ihres apostolischen Geistes geben.
Auf euch alle und eure Gläubigen rufe ich den mütterlichen Schutz der allerseligsten Jungfrau Maria herab, die unter verschiedenen Titeln in allen und in jeder eurer Diözese verehrt wird, und ich erteile euch meinen Segen.

Es geht um eine neue Weise der Verkündigung

Ansprache an die 2. Gruppe spanischer Bischöfe bei ihrem Ad-limina-Besuch am 7. Oktober

Liebe Brüder im Bischofsamt!

1. Für mich ist es ein Anlaß zu großer Freude, euch heute morgen begegnen zu dürfen, den Hirten der Kirchenprovinzen von Burgos, Pamplona und Zaragoza, die ihr mit eurem Ad-limina-Besuch eure Gemeinschaft mit dem Sitz des Petrus bezeugen wolltet. Wenn ich euch ebenso herzlich wie brüderlich willkommen heiße, möchte ich euch zugleich meinen lebhaften Dank dafür aussprechen, daß ihr mir gestattet habt, in diesen Tagen die Sorgen und Hoffnungen, die Bemühungen und Freuden eures Dienstes „für jene zu teilen, die nach den Worten des hl. Augustinus die in Freiheit gewählte Liebe uns zu betreuen drängt" (*De Trinitate* 1,5).
Durch die von euch eingereichten Fünfjahresberichte und die Gespräche mit einem jeden von euch konnte ich eure kirchlichen Gemeinschaften näher kennenlernen und

von der unermüdlichen apostolischen Arbeit Kenntnis nehmen, die ihr mit Hingabe und bewundernswertem Eifer in nicht immer leichten Verhältnissen leistet.

2. Die Spanische Bischofskonferenz hat in ihrem Pastoralplan für 1987-1990 unter dem Titel „Jesus Christus in unserer Welt in Werk und Wort verkündigen” die Frucht ihrer vorherigen Überlegungen, zumal jene des Dokumentes „Zeugen des lebendigen Gottes”, konkret werden lassen. Hier handelt es sich tatsächlich um einen Plan, der, ohne in die pastorale Zuständigkeit eines jeden Bischofs in der eigenen Diözese einzugreifen, eine wertvolle Hilfe für die Aufgaben der Einzelkirchen anbietet. In dieser Richtung hat die Bischofskonferenz im vergangenen Jahr einen neuen Dreijahresplan für die Pastoral unter dem Titel „Für eine neue Evangelisierung” ausgearbeitet und verabschiedet. Seine spezifischen Ziele werden bereits mit lobenswerten Erfolgen angestrebt.
Für die pastorale Sorge, die in diesen gemeinsamen Initiativen zum Ausdruck kommt, möchte ich euch meine lebhafte Billigung aussprechen, denn die Kraft des Geistes treibt euch an, auf die der Kirche in der heutigen Zeit und in der nächsten Zukunft gestellten Aufgaben zu antworten. Wie ich in der jüngsten Enzyklika *Centesimus annus* bereits betont habe, leben wir in einer Zeit, „die für uns voll Unbekanntem, aber auch von Hoffnungen ist ..., die sich an unsere Vorstellungskraft und Kreativität wenden, indem sie unsere Verantwortung neu erwecken” (vgl. Nr. 3).
Die neuen Zeiten, die sich vor uns entfalten, liebe Brüder, sind vor allem „Zeit Gottes”. Er spricht uns an und öffnet „der Kirche die Horizonte einer Menschheit, die für den Samen des Wortes der Frohbotschaft leichter empfänglich ist” (*Redemptoris missio*, Nr. 3). Bereiche, die bis vor kurzem noch undurchdringlich schienen, öffnen sich und rufen nach Antwort auf die menschlichen Probleme, für die die Ideologien keine Antwort wußten. Auch in den wohlhabenderen Gesellschaften, wo „eine fortschreitende Seelenlosigkeit in Wirtschaft und Technik” unermeßliche Leerräume geschaffen hat, fühlen wir uns zur „Suche nach der Wahrheit über Gott, über den Menschen, über den Sinn des Lebens besonders dringlich” aufgefordert (*ebd.*), und wir dürfen wohl sagen, daß „die Kirche noch nie so wie heute die Möglichkeit hatte, das Evangelium durch das Zeugnis und das Wort allen Menschen und allen Völkern zukommen zu lassen” (vgl. *ebd.*, Nr. 92). „Zeit Gottes” bedeutet heute für die ganze Kirche einen dringenden Aufruf zur Evangelisierung dieser riesigen Räume, die sich uns öffnen. Es sind ohne Zweifel geographische Räume, aber zugleich neue menschliche und soziale Dimensionen, auf die ich mich in der Enzyklika *Redemptoris missio* bezog, wie zum Beispiel die „neuen Areopage” der Kultur und der Massenmedien.

3. In dieser Hinsicht öffnen sich eure Diözesen mit ihrer langen Glaubensüberlieferung und ihrem großen missionarischem Eifer heute dem Wirken des Heiligen Geistes, der sie zu einer tiefreichenden geistlichen und pastoralen Erneuerung antreibt, bei der die Evangelisierung einen besonderen Platz einnimmt. Es geht um eine „neue” Evangelisierung, die das immer gültige Evangelium verkündet, aber in

einer „neuen" Weise. Neu, weil die soziale und kulturelle Umwelt, in der die zu evangelisierenden Menschen leben, oft eine neue Synthese zwischen Glauben und Leben, Glauben und Kultur erfordert. Tatsächlich leben viele Christen heute inmitten von Gleichgültigkeit, Verweltlichung und weit verbreiteten Haltungen des praktischen Atheismus. Dazu kommt eine materialistische Lebensauffassung und eine moralische Nachgiebigkeit, auf die die Spanische Bischofskonferenz in neueren Dokumenten wiederholt Bezug genommen hat.
Um dieser Situation zu begegnen, müssen eure Gläubigen feststellen können, daß ihr persönlich, jeden Tag mehr, die Aufgabe der neuen Evangelisierung in Angriff nehmt. So wird euer Dienst immer mehr Frucht bringen, und dies wird zugleich für die Priester, eure „sorgsamen Mitarbeiter", wie sie das Konzil beschreibt (vgl. *Lumen Gentium*, Nr. 28), neuen Antrieb bedeuten.

4. Steht euren Priestern immer recht nahe und seid ihnen in echter Freundschaft verbunden, teilt ihre Freuden und Schwierigkeiten, und helft ihnen bei ihren Bedürfnissen. Schafft eine feste Gemeinschaft mit ihnen, die ein Beispiel für die Gläubigen und ein solides Fundament der Liebe ist. Da sie die hauptsächlichen Agenten der Evangelisierung sind, müssen die Priester vor allem Männer Gottes sein, tief gläubig, um sich hochherzig in den Dienst ihrer Mitmenschen zu stellen. Diese Haltung muß wie das Echo der intensiven Erfahrung des Lebens im Paschamysterium Christi sein, das schon von den Seminarjahren an zu pflegen und zu vertiefen ist. Der Priester muß ein Vorbild des Betens sein und bei der Liturgiefeier den Vorsitz führen, in der die Gemeinde Gott den Kult der ganzen Kirche darbringt. Dazu habt ihr in euren Berichten eure besondere Aufmerksamkeit für die Liturgiepastoral, die Sakramente der Einführung ins Christentum, die Vorbereitung auf das Ehesakrament und die Eucharistiefeier am Tag des Herrn hervorgehoben.

5. Die Wichtigkeit einer gut gefeierten Liturgie kann man nie genug betonen: sie ist Quelle und Gipfel des christlichen Lebens, wie das Zweite Vatikanische Konzil ausführt, und erfordert „volle und tätige Teilnahme des ganzen Volkes". Daher ist es notwendig, daß jene, die diesen Dienst ausüben, immer besser dafür ausgebildet werden, „ein liturgisches Leben zu führen und es mit den ihnen anvertrauten Gläubigen zu teilen" (vgl. *Sacrosanctum Concilium*, Nr. 14 und Nr. 18). Über die Eucharistiefeier hinaus muß das Brevier für den Priester als Seelsorger Quelle seiner persönlichen Spiritualität und apostolischen Wirksamkeit sein, denn er ist ja von der Kirche beauftragt, für das ganze Volk zu beten. Wer das Brevier treu, täglich und vollständig mit dankbarem Herzen beten soll, weil er es im Namen der ganzen Kirche weit über alle eigenen Verdienste hinaus beten darf, muß das vom Seminar an gelernt haben und es dann sein ganzes priesterliches Leben hindurch eifrig pflegen (vgl. *ebd.*, Nr. 83 ff.).
In diesem Rahmen der Liturgie ist - in enger Verbindung mit der Evangelisierung, der Heranbildung im Glauben und in der Liebestätigkeit - die Wichtigkeit des Dienstes der Versöhnung zu betonen, den der Herr den Priestern anvertraut hat (vgl. *2 Kor* 5,18), und den wir demütig, barmherzig und dankbar ausüben sollten, weil

wir ja auch selbst durch Christus mit Gott versöhnt worden sind, wie es im Apostolischen Schreiben *Reconciliatio et paenitentia* dargelegt ist.

6. Ein Grund zu tiefer Befriedigung liegt in der Feststellung, daß in all euren Diözesen eine intensive Jugendpastoral gepflegt wird, die die Jugendlichen selber zu aktiven Wegbereitern für das Wirken der Kirche machen will.
Zu wünschen bleibt, daß die Gemeinschaft der Christen und alle pastoralen Gruppen der Kirche mit besonderem Interesse jene Initiativen unterstützen, die zur christlichen Formung der Jugendlichen und zu ihrer aktiven Beteiligung am Leben der Kirche beitragen. Hier ist das Wirken der Erzieher an den Schulzentren, die Hingabe der Priester, der Ordensmänner und Ordensfrauen und der in der pastoralen Betreuung der Jugendlichen engagierten Erwachsenen von größter Wichtigkeit.
Die Jugendpastoral erfordert ein ständiges und geduldiges Bemühen, eine ständige Bereitschaft zum Dialog und zur Annahme der anderen. Die echten Werte der neuen Generationen müssen aufgegriffen, Jesus muß als Freund der Jugendlichen dargestellt, und die Botschaft des Evangeliums muß freudig und in ihrer unverkürzten Fülle übermittelt werden. Jeder Jugendliche müßte entdecken, daß Christus die Wahrheit ist, die uns frei macht; daß er für alle „der Weg, die Wahrheit und das Leben" ist (vgl. *Joh* 14,6).
Normalerweise fragt sich jeder christliche Jugendliche nach dem Sinn seines Lebens und nach der Zielrichtung, die er für seine Zukunft einschlagen soll. Dabei muß die Jugendpastoral der Berufungspastoral besondere Aufmerksamkeit schenken und die Nachfolge Christi im Priester- und Ordensleben oder in einer anderen Form besonderer Weihe als Option für die Jugendlichen herausstellen. Viele von ihnen ruft Jesus auch heute noch und sagt ihnen wie dem reichen jungen Mann: „Komm und folge mir nach" (*Mk* 10,21).

7. Liebe Brüder, die Schwierigkeiten der heutigen Zeit dürfen euch nicht entmutigen, sie sollten im Gegenteil in euch neue Dynamik und unerschütterliche Kraft wecken. Ihr habt als spanische Bischöfe ja bereits den Beweis der Hoffnung erbracht, die euer pastorales Wirken trägt. Ihr seid vor den Problemen und Widerständen nicht zurückgewichen, sondern habt immer jene Kriterien und Weisungen angeboten, die die Menschen von eurer moralischen Autorität verlangen.
Ihr habt es ebensowenig unterlassen, Gewaltanwendung und Haß als angebliche Wege zur Gerechtigkeit anzuprangern und zu verurteilen. Angesichts der traurigen Übergriffe des Terrorismus, der an nicht wenigen Orten Spaniens so viel Schmerz und Tod gesät hat, müssen wir zum mindesten energische Ablehnung äußern, weil er die heiligsten Rechte der Personen verletzt, das friedliche Zusammenleben zerstört und das christliche Empfinden eurer Gläubigen beleidigt. Verkündet daher weiter, daß Gewaltanwendung zur Lösung vom Gebrauch der Gewalt nicht gebilligt werden kann und der einzige Weg zur Lösung der Konflikte über die Bekehrung der Herzen und die Anerkennung der Wahrheit führt. Dazu habe ich in der Enzyklika *Centesimus annus* ausgeführt: „Wenn die transzendente Wahrheit nicht anerkannt wird, dann triumphiert die Gewalt der Macht, und jeder trachtet bis zum Äußersten,

von den ihm zur Verfügung stehenden Mitteln Gebrauch zu machen, um ohne Rücksicht auf die Rechte des anderen sein Interesse und seine Meinung durchzusetzen" (Nr. 44).

8. Bevor ich schließe, möchte ich euch erneut meine Dankbarkeit und Verbundenheit aussprechen. Ich bitte den Herrn, daß diese Begegnung eure Einheit untereinander als Hirten der geliebten spanischen Nation festigen und stärken möge. Dadurch gewinnt euer bischöflicher Dienst an Wirksamkeit und Intensität, was sich wieder zum Wohl eurer kirchlichen Gemeinschaften auswirkt.
Ich empfehle euch sowie eure pastoralen Pläne und Zielsetzungen der Fürbitte der allerseligsten Jungfrau, damit ihr die dringende Aufgabe der neuen Evangelisierung weiterführt. Mit diesen lebhaften Wünschen begleite euch mein Gebet und mein Apostolischer Segen, den ihr bitte auch an eure Priester, Ordensmänner und Ordensfrauen und alle gläubigen Laien weitergeben wollt, die dem Herzen des Papstes immer sehr nahe stehen.

Gott sendet sein Wort zur Erde

Ansprache beim Ad-limina-Besuch der Bischöfe der spanischen Kirchenprovinzen Tarragona-Oviedo am 11. November

Liebe Brüder im Bischofsamt!

1. Wenn ich heute mit großer Freude euch, die Oberhirten von Barcelona sowie den Kirchenprovinzen Tarragona und Oviedo empfange, gehen meine herzlichen Gedanken zu allen Diözesen, für die euch der Herr „zu wahren und authentischen Lehrern des Glaubens" bestellt hat (vgl. *Christus Dominus*, Nr. 2).
In eurer Person grüße ich selbstverständlich auch eure Priester, die Ordensmänner und Ordensfrauen und Laien, die mit Hingabe und nicht ohne Opfer zum Aufbau des Reiches Gottes in eurem geliebten Lande beitragen. Ihr wolltet nach Rom, dem Sitz des Petrus, ihre Sorgen und Befürchtungen, ihre Erwartungen und Hoffnungen tragen, um alle im Glauben zu stärken und damit dem Eifer für die Evangelisierung, der sie erfüllt, durch das Beispiel und die Fürbitte der Apostel Petrus und Paulus, der Säulen dieses Zentrums der universalen Gemeinschaft der Kirche, neuen Antrieb zu geben. Zur Verstärkung und Verdeutlichung dieser Bande der Einheit und Brüderlichkeit mit dem Bischof der Kirche von Rom, der „in der Liebe den Vorsitz führt", haben auch die persönlichen Begegnungen mit einem jeden von euch beigetragen, die nun in dieser gemeinsamen Zusammenkunft ihren Höhepunkt finden.
Ich danke für die liebenswürdigen Worte, die der Erzbischof von Oviedo im Namen aller an mich gerichtet hat, und ich möchte meine Dankbarkeit aussprechen für euren Willen und euer Bemühen, die Einheit und Gemeinschaft im Schoße der Kirche und innerhalb eurer Bischofskonferenz aufrechtzuerhalten und zu stärken. Ihr wißt selber um die Wichtigkeit dieses Zeugnisses, das das Volk Gottes erbaut und auf tiefen, übernatürlichen Motiven gründen muß. Das Gebet des Herrn: „Alle

sollen eins sein" (*Joh* 17,21) muß in euren Priestern, in den Ordensgemeinschaften, Pfarreien, Apostolatsgruppen und christlichen Familien Leben gewinnen.

2. In meiner Erinnerung sind noch die Tage lebendig, die ich vor zwei Jahren in Covadogna und Oviedo verbringen durfte, wie auch die unvergeßlichen Begegnungen in Katalonien während meines Pastoralbesuches in Spanien. In Barcelona habe ich meine pastorale Sorge für die Welt der Arbeit zum Ausdruck gebracht, die meinem Herzen immer sehr nahe liegt. In diesem Jahr, das wir der Soziallehre der Kirche gewidmet haben, denke ich an den Aufruf, den ich in Monjuich erhoben habe: „Liebe Arbeiter und Unternehmer, seid solidarisch!" Ich wiederhole diese Worte heute aufs neue, denn ich bin von ihrer weiteren Aktualität überzeugt, ist doch die Solidarität bei der Arbeit eine Solidarität ohne Grenzen, denn sie gründet auf dem Vorrang der menschlichen Person gegenüber den Dingen. Schaut man auf die neuen Bedürfnisse der Welt der Arbeit, so erkennt man mehr denn je die Notwendigkeit, „in der Welt der Arbeit und der Wirtschaft einen neuen Menschen zu schaffen, der Träger einer neuen Kultur der Arbeit sein kann" (*Homilie in Llanera, Asturien*, 20. August 1989, Nr. 6).
In euren Diözesen, liebe Brüder, hat es immer ein starkes soziales Empfinden und das Streben nach mehr Gerechtigkeit gegeben. Konfliktsituationen haben in der Vergangenheit nicht gefehlt, und sie fehlen auch heute nicht infolge der Konjunkturkrisen in Landwirtschaft, Bergbau und auf anderen Gebieten wie auch infolge des Strukturwandels der Industrie. All das bedeutet eine Aufgabe für euch als Hirten, die sich hochherzig in den Dienst ihrer Gläubigen stellen, zumal der Bedürftigsten. Wie ich in der Enzyklika *Redemptoris Mater* aufgezeigt habe, kann man die Wahrheit über Gott, der rettet, nicht vom Ausdruck seiner bevorzugten Liebe zu den Armen und Unterdrückten trennen (vgl. Nr. 27).

3. In diesem Punkt wirkt die Feststellung ermutigend, daß das hilfreiche, karitative Wirken der Kirche in Spanien an Ausdehnung und Tiefe zugenommen hat. Die opferreiche und verschwiegene Arbeit wohlverdienter Ordensgemeinschaften und diözesaner Institutionen wie auch mancher Pfarrvereine, Apostolats- und Freiwilligengruppen, die sich in den Dienst der Kranken, Armen, Kinder, physisch und psychisch Schwerbehinderten stellen, bietet ein beredtes Zeugnis der Bruderliebe und der Treue zum Evangelium. Hier dürfen wir die Arbeit der Caritas nicht vergessen, die die hochherzigen Initiativen und Beiträge von Millionen von Spaniern, die sich finanziell an den Kollekten für die Notleidenden und Geschädigten auf dem Land, gegen das soziale Randdasein der schutzlosesten Gruppen der Bevölkerung, der Arbeitslosen und Drogenabhängigen, in die rechten Bahnen leiten.

4. Die spanischen Bischöfe haben in ihrem gemeinsamen Dokument „Die Wahrheit wird euch frei machen" in Übereinstimmung mit den Weisungen des Zweiten Vatikanischen Konzils erneut das Prinzip der Religionsfreiheit sowie der Autonomie der irdischen Wirklichkeiten behandelt und betont, daß die Kirche die Meinungspluralität achtet und für sich nur die Freiheit beansprucht, ohne Privilegien, aber auch ohne Einschränkungen ihren Evangelisierungsauftrag erfüllen zu können. Diese

Freiheit bei der Erfüllung ihrer Sendung stellt ein notwendiges Recht dar, das vom Wesen der Kirche selber gefordert wird. Als Hirten der christlichen Gemeinschaften, die der Herr euch anvertraut hat, besteht ihr darauf - sei es gelegen oder nicht, wie der hl. Paulus sagt -, das Evangelium zu predigen und die Christen zum Zeugnis in der derzeitigen demokratischen und pluralistischen Situation anzuregen, freilich immer in einer Haltung des Dialogs und der gegenseitigen Achtung. In der Enzyklika *Centesimus annus* habe ich daran erinnert: „Die Kirche weiß das System der Demokratie zu schätzen, insoweit es die Beteiligung der Bürger an den politischen Entscheidungen sicherstellt und den Regierten die Möglichkeit garantiert, sowohl ihre Regierungen zu wählen und zu kontrollieren" (Nr. 46). Hier können wir nur lebhaft die sozialen Errungenschaften begrüßen, die den integralen Fortschritt, die Rechte der Personen als Bürger und Kinder Gottes sowie das harmonische und friedliche Zusammenleben aller Spanier fördern. Hier trägt das erzieherische Bemühen der Kirche, das den Primat der moralischen und transzendenten Werte betont, deutlich zur Verstärkung des Empfindens für Gerechtigkeit, Ehrenhaftigkeit, gegenseitige Achtung und Toleranz als wesentliche Elemente des sozialen Zusammenlebens bei. Die christlichen Grundsätze, die das Leben der spanischen Nation im Verlauf ihrer Geschichte mitgestaltet haben, müssen lebendige Hoffnung und neue Dynamik wecken, so daß die Spaltungen und Gegensätze überwunden, die berechtigten Wünsche nach Fortschritt aber Wirklichkeit werden und eine wachsende Solidarität unter allen gefördert wird.

5. Die pastoralen Ziele, die sich die Spanische Bischofskonferenz gesetzt hat, nämlich eine „neue Evangelisierung anzuregen", sind darauf gerichtet, den Glauben der Christen mit ihrem eigenen Leben und Tun in den konkreten Umfeldern in Übereinstimmung zu bringen, wo sie sich vollziehen: bei der Arbeit, in der Familie, bei den sozialen Beziehungen, in Kultur, Erziehung und Freizeit. Aus dieser Sicht sagt das II. Vatikanische Konzil: „Das Erlösungswerk Christi zielt an sich auf das Heil der Menschen, es umfaßt aber auch den Aufbau der gesamten zeitlichen Ordnung. Darum besteht die Sendung der Kirche nicht nur darin, die Botschaft und Gnade Christi den Menschen nahezubringen, sondern auch darin, die zeitliche Ordnung mit dem Geist des Evangeliums zu durchdringen und zu vervollkommnen" (*Apostolicam actuositatem*, Nr. 5). Daß das christliche Volk nach einem tieferen Kirchenbewußtsein strebt und lebendige Gemeinschaften aufbaut, in denen die Nachfolge Christi konkret wird und sämtliche Dimensionen des Lebens umfaßt, ist die angemessene Antwort auf eine säkularistische Kultur, die die christlichen Grundsätze und zugleich die moralischen Werte der Gesellschaft ernsthaft bedroht.

6. Bei euren Bemühungen, für die Evangelisierung die besten Wege zu finden, schenkt ihr den Medien der sozialen Kommunikation besondere Aufmerksamkeit, denn sie machen es möglich, daß die christliche Botschaft Millionen von Personen gleichzeitig erreicht und die Worte des Psalms Wirklichkeit werden: „Er sendet sein Wort zur Erde, rasch eilt sein Befehl dahin" (*Ps* 147,15).

Daher stellt die sachgerechte Verwendung dieser Medien für die Kirche eine ständige Aufgabe bei ihrer Evangelisierung dar, denn durch sie kann die Botschaft des Evangeliums zu allen Völkern gelangen, „so daß sie immer den einzelnen innerlich zu treffen vermag, sich in das Herz eines jeden einsenkt, als wäre er allein, in seiner ganzen persönlichen Einsamkeit, und ganz persönliche Zustimmung und Einsatzbereitschaft weckt" (*Evangelii nuntiandi*, Nr. 45).
Wir kommen in unseren Tagen nicht an der Feststellung vorbei, daß die Technik das Angesicht der Erde erneuert, und „die Mittel der sozialen Kommunikation", wie ich in der Enzyklika *Redemptoris missio* festgestellt habe, „spielen eine derart wichtige Rolle, daß sie für viele zum Hauptinstrument der Information und Bildung, der Führung und Beratung für individuelles, familiäres und soziales Verhalten geworden sind" (Nr. 37). Daher ergibt sich die Notwendigkeit, daß sich die Pastoralträger mit diesen Mitteln der sozialen Kommunikation vertraut machen und sie entsprechend einsetzen, so daß die christliche Botschaft und die christlichen Werte nicht nur in jenen Sendezeiten zur Geltung kommen, wo religiöse Themen behandelt werden, sondern auch bei anderen Sendungen, die Information, Kultur, Kunst und Unterhaltung vermitteln. Die Erfahrung zeigt, daß die Menschen mit Hilfe der Medien sich leichter aktiv am sozialen Leben beteiligen, doch erfordert das von den Verantwortlichen eine besondere Anleitung, um jede Form der Manipulation der Wahrheit und der ethischen Werte zu vermeiden, die bei Einzelinteressen oder bei fraglichen kulturellen oder künstlerischen Ausdrucksformen die Skala dieser Werte verändern und das innerste Empfinden der Personen verletzen. Man darf nicht vergessen, daß die Bürger bei der Ausübung ihrer Freiheit das Recht haben, in ihren moralischen und religiösen Überzeugungen geachtet zu werden, und zwar auch von den Medien der sozialen Kommunikation, die im Dienste des Gemeinwohls stehen.

7. Die dargelegte Problematik, der die Kirche nie fremd gegenüberstand, zeigt die Angemessenheit einer Befähigung der Pastoralträger im Umgang mit den Medien der sozialen Kommunikation zum Zweck des Apostolats. Das Zweite Vatikanische Konzil und meine Vorgänger haben dazu genaue Weisungen erlassen, vor allem im Gedanken an die Seminarien und die Häuser für religiöse Ausbildung, freilich auch an die Gläubigen allgemein. „Es genügt also nicht, sie nur zur Verbreitung der christlichen Botschaft zu benutzen; sondern die Botschaft selbst muß in diese von der modernen Kommunikation geschaffene ‚neue Kultur' integriert werden" (vgl. *Redemptoris missio*, Nr. 37).
Von den Pastoralträgern und den im Apostolat engagierten Laien ist also nicht nur Fachwissen in den verschiedenen Medien der sozialen Kommunikation gefordert; sie müssen vielmehr nach den Weisungen der Kirche den Empfängern die Kriterien und Grundsätze der christlichen Ethik zu vermitteln wissen, damit sie angesichts der zahlreichen bedeutenden Botschaften, die ihnen durch diese Kommunikationsmedien vermittelt werden, persönlich unterscheiden können.

8. Nun möchte ich auf ein anderes Thema eingehen, dem ihr gewiß besondere pastorale Aufmerksamkeit schenkt und das für die Kirche unserer Tage zugleich

Sorge und Hoffnung bedeutet: ich meine die Seminarien. In ihnen wird die zukünftige diözesane Priesterschaft herangebildet, von der wieder die Zukunft der Einzelkirchen selber großenteils abhängt. Während der Sitzungen der Bischofssynode des letzten Jahres wurden zahlreiche Vorschläge und Gedanken über diese kirchliche Institution vorgebracht. Die Spanische Bischofskonferenz hat ihrerseits ihr besonderes Interesse für dieses Anliegen gezeigt und einen vom Heiligen Stuhl gebilligten Plan für die Priesterausbildung erarbeitet.

Gestattet mir, daß ich unter diesen Umständen meine Aufforderung wiederhole, weiter intensiv die Berufungspastoral zu pflegen, damit die jungen, gläubigen Menschen erkennen können, wie schön die Möglichkeit ist, sich ganz dem Herrn im priesterlichen Dienst oder im gottgeweihten Leben zu weihen. Ebenso wichtig ist es, daß auch die christlichen Familien diese Verantwortung übernehmen und in ihren Kindern eine Antwort auf den Ruf Gottes fördern. Der Bischof muß besonders dafür sorgen, daß das Seminar vor allem eine Schule für echte Hirten ist. Die Priesteramtskandidaten müssen nämlich ihre geistliche, menschliche und intellektuelle Ausbildung so ausrichten, daß sie sich hochherzig dem ganzen Volk Gottes widmen und Gesandte im Namen Christi zur Verkündigung des Evangeliums sind. Das Seminar wird eine intensive Erfahrung des Geheimnisses Gottes anstreben, das in ihnen ein tiefreichendes, geistliches Wachstum bewirkt. Deshalb ist es nötig, erst selber evangelisiert zu werden, bevor man evangelisieren kann, denn die Botschaft, die man predigt, ist nicht nur eine Lehre, sondern eine Person: Christus, der menschgewordene Sohn Gottes, und nur aus einem innigen persönlichen Verhältnis zu ihm heraus können sie seine Heilsbotschaft verkünden.

Endlich ermuntere ich euch, weiter ganz besondere Aufmerksamkeit der Auswahl der Erzieher und Lehrer eurer Seminarien zu schenken. Weil es sich um einen ganz besonders wichtigen Dienst handelt, werdet ihr nicht zögern, sie Priestern anzuvertrauen, die sie als vorrangige Aufgabe erfüllen. Wie sollten wir hier nicht zahlreichen Erziehern im Seminar und so vielen Professoren danken, die durch ihre oft verborgene und opferreiche Arbeit Tag für Tag dazu beigetragen haben, die künftigen Priester umfassend auszubilden. Wie sollten wir sie nicht ermuntern, in dieser Aufgabe, die ihnen die Kirche übertragen hat, eine der schönsten Aufgaben für ihre priesterliche Vaterschaft zu sehen. Wie sollten wir nicht allen Seminaristen unsere Dankbarkeit zeigen, die den Ruf des Meisters gehört haben und sich nun Tag für Tag mühen, dem Guten Hirten ähnlicher zu werden. Sprecht zu ihnen von der Hoffnung, die der Papst auf sie setzt. Bei den Seminaristen von heute liegt die Zukunft der Kirche, die Zukunft der Kirche des dritten Jahrtausends, das den auferstandenen Herrn noch deutlicher als Herrn der Geschichte verkünden und bezeugen muß.

Schließen möchte ich diese Begegnung, liebe Brüder, indem ich euch erneut meinen Dank und meine Wertschätzung ausspreche. Wenn ihr in eure Diözesen zurückkehrt, grüßt bitte herzlich eure Priester und Diakone, die Ordensmänner und Ordensfrauen und die Gläubigen, die meinem Herzen so nahe stehen. Ich weiß, daß in der Kirchenprovinz von Tarragona in diesem Jahr des 9. Jahrhunderts seit der Wiedererrichtung des Erzbischofssitzes gedacht wird. Möge dieses frohe Ereignis

alle mit neuem apostolischem Eifer erfüllen, das Empfinden für die Einheit und die Treue zum Evangelium aber verstärken. Anlaß zur Freude und zugleich eine Aufforderung zum christlichen Zeugnis sollen auch die nächsten Olympischen Spiele sein, die in Barcelona stattfinden werden. Ich wünsche, dieser große Wettkampf möge eine günstige Gelegenheit zur Stärkung der brüderlichen und geistigen Bande unter den Männern und Frauen aus aller Welt werden.
Eure pastoralen Wünsche und Bestrebungen vertraue ich der Fürbitte der allerseligsten Jungfrau an, während ich euch von Herzen den Apostolischen Segen erteile.

Christus, Licht der Völker

Ansprache beim Ad-limina-Besuch der Bischöfe der spanischen Kirchenprovinz Sevilla und Granada am 18. November

Liebe Brüder im Bischofsamt!

1. Wenn ich euch bei dieser Begegnung recht herzlich willkommen heiße, so möchte ich euch zugleich danken für die tiefsinnige Geste der Gemeinschaft im Glauben und in der Liebe, die dieser Ad-limina-Besuch bedeutet, den ihr so sorgfältig vorbereitet habt. Zu den normalen Pflichten eures pastoralen Dienstes gehört auch der periodische Besuch an den Gräbern der Apostel als Ausdruck der brüderlichen Gemeinschaft mit dem Bischof von Rom, der im Namen des Herrn und als Nachfolger des Petrus in der Liebe den Vorsitz führt und Garant der Einheit der katholischen Kirche ist.
Ihr seid aus den sonnigen und schönen Gebieten von Andalusien, Estremadura, Murcia und den Kanaren hergekommen, begleitet von einer stattlichen Zahl von Gläubigen aus einer jeden Diözese, die zugleich ihre Nähe und enge Verbundenheit mit diesem Apostolischen Stuhl zeigen wollten. Ich hatte die Freude, mit ihnen einige Augenblicke im Gebet und Nachdenken in der Petersbasilika zu verweilen.

2. Nach den Plänen Gottes steht ihr an der Spitze ehrwürdiger Kirchen, die Erben sehr alter, christlicher Überlieferungen sind. Die geschichtlichen Daten führen einige von euren Bischofssitzen ins dritte und vierte Jahrhundert zurück. Die Existenz von anderen, heute verschwundenen Sitzen in etlichen von euren Städten bezeugt ebenfalls die Verbreitung des Glaubens und die Organisation der katholischen Kirche in jenen lieben Regionen zu einer Zeit, die gar nicht fern von der der ersten Generationen von Christen liegt. Das sollte für euch Grund zu berechtigter Genugtuung und zugleich Anregung für euren Dienst sein.
Viele Jahrhunderte lang lebten viele von diesen Kirchen friedlich mit anderen nichtchristlichen Religionen zusammen, aber sie wurden auch durch Verfolgungen geprüft, die vielen ihrer Kinder den Ruhm des Martyriums einbrachten. Allen ist der geistige Reichtum eurer kirchlichen Gemeinschaften bekannt, die sich etlicher Vorbilder der Heiligkeit und des apostolischen Eifers rühmen wie unter anderen Johannes von Gott, Juan von Avila, die Seligen Diego von Cadiz und Sr. Angela

vom Kreuz. Zusammen mit ihnen müssen jene Männer und Frauen genannt werden, die in diesen Gebieten heute noch blühende Ordensgemeinschaften gründeten oder ihr Leben als Zeugen des Glaubens hingaben. Eure Gläubigen zeichnen sich durch eine kernige Frömmigkeit aus, der sie mit herrlichen Feiern und volkstümlichen Kundgebungen zu Ehren der heiligsten Eucharistie, des Leidens Christi oder der Jungfrau Maria Ausdruck geben.

3. In den letzten Jahren, liebe Brüder, habt ihr wichtige pastorale Initiativen gefördert, um der vom II. Vatikanischen Konzil sowie von den geistigen und sozialen Verhältnissen eures Landes geforderten Erneuerung des christlichen Lebens Auftrieb zu geben. In einigen Diözesen habt ihr Synoden oder Diözesanversammlungen gehalten mit weitreichender Beteiligung von Priestern, Ordensleuten und Laien. Bei allen wart ihr bestrebt, euren kirchlichen Gemeinschaften neue geistige Kraft zu vermitteln.
Ihr kennt gut die pastoralen Bedürfnisse, die sich heute in euren jeweiligen Räumen mit größerer Dringlichkeit stellen. Die vorherrschende Kultur verbreitet und flößt zumal den Herzen der Jugendlichen und einfachen Leute Ideen und Praktiken ein, die kaum oder gar nicht mit einer christlichen Sicht des Lebens vereinbar sind. Eine irrtümliche Denkweise der modernen Zeit führt häufig dazu, die Bedeutung der Religion und des Glaubens zu mißachten und das Bestehen bzw. den Wert der moralischen Normen zu leugnen, die von Gott geoffenbart oder von der Natur der Dinge selbst nahegelegt worden sind.
Häufig werden unter der Jugend betrügerische Lehren über die Sexualität und die menschliche Liebe verbreitet, die die Grundlagen, die Einheit und den Zusammenhalt der Familie und der Gesellschaft untergraben. Die Vortäuschung eines materiellen Wohlstands und Glücks führt dank des raschen und leichten finanziellen Aufstiegs bei nicht wenigen zu einer Verminderung der Wertschätzung ehrenhafter und verantwortlicher Arbeit. Da es viele Gläubige an einem genügend deutlichen und entschiedenen Zeugnis für die Wahrheit und Schönheit des christlichen Lebens auf sozialem Gebiet fehlen lassen, fördern sie das Wachsen dieser negativen Tendenzen, die in vielen Teilen der Welt vorhanden und leider auch in eurem Lande nicht zu übersehen sind.

4. Angesichts dieser Verhältnisse möchte ich eure pastoralen Bemühungen und die all jener loben, die mit euch in euren Einzelkirchen im Dienst des Evangeliums arbeiten. Die neue Evangelisierung der Personen, Völker und Kulturen, zu der uns die göttliche Vorsehung in unseren Tagen aufruft, muß das pastorale Bemühen aller anregen und vereinigen, die für den kirchlichen Dienst und das Apostolat Verantwortung tragen.
Von dieser Sorge getrieben, möchte ich euch auffordern, besonders die Katechese der Kinder, der Jugendlichen und Erwachsenen als eine der grundlegenden und entscheidenden Aufgaben zu pflegen, indem ihr ihnen die Reichtümer Jesu Christi und die echten Anforderungen aufzeigt, die die Berufung zum Christsein in der Welt von heute stellt. Betreut ferner mit besonderem Interesse das christliche Leben der jun-

gen Familien; begleitet liebevoll all jene Initiativen, die das Erwecken von Berufungen zum priesterlichen Dienst und zum gottgeweihten Leben fördern. Arbeitet vertrauensvoll und nachdrücklich für die pastoralen Anliegen, ohne die Bedürfnisse anderer Schwesterkirchen zu vergessen, unter besonderer Berücksichtigung des Missionsauftrages „ad gentes".
Verbunden mit der Katechese ist es für alle Kinder und Jugendlichen wichtig - deren Eltern es fordern -, auf eine sorgfältige religiöse Ausbildung in den Schulen zu achten. Diese Arbeit muß im gemeinsamen Bemühen der Familien, der Lehrkräfte und der diözesanen Institutionen aufrechterhalten und verbessert werden. Die Schwierigkeiten, die sich gelegentlich ergeben können, dürfen euch bei dieser unerläßlichen Arbeit nicht entmutigen.

5. Tut andrerseits alles, was euch möglich ist, um in euren kirchlichen Gemeinschaften führende Laien heranzuziehen und sie gut auszubilden, damit sie die Grundsätze des Evangeliums und die Soziallehre der Kirche überall zur Geltung bringen: in der öffentlichen Ordnung, in der Entwicklung von Kultur und Wirtschaft, in der Aufmerksamkeit für die völkischen Minderheiten, die bei euch leben, sowie in der Lösung alter sozioökonomischer Probleme, die in euren Regionen schwere Ungerechtigkeiten und schmerzliche Konflikte hervorgerufen haben.
Eine gute christliche Bildung der Gläubigen, zumal der Jugendlichen, erfordert, daß sie die Weisungen der Soziallehre der Kirche kennen, bei denen sie eine kostbare Hilfe zur Förderung des Geistes der Arbeitsamkeit finden, die Wichtigkeit einer gut geleisteten Arbeit entdecken und Produktionsformen finden, die euren Verhältnissen entsprechen und sich von den Idealen der Gerechtigkeit und Solidarität leiten lassen. Auf diese Weise werden die christlichen Jugendlichen im Bewußtsein ihrer Möglichkeiten und im Vertrauen auf ihre persönlichen Fähigkeiten und ihre Arbeit wirksam an der Vorbereitung einer besseren Zukunft für alle ihre Mitmenschen mitarbeiten, zumal für jene, die heute noch unter der Demütigung kultureller und materieller Armut leiden.
Unter den heutigen Verhältnissen ist es wichtig, der Bildung der Laienchristen in der Welt große Aufmerksamkeit zu schenken, indem ihr ihnen den Weg zur aktiven Zusammenarbeit im Leben und in der Sendung der Kirche öffnet. Durch ihr christliches Zeugnis, ihre vielen Initiativen und ihre breite Präsenz in allen Bereichen werden sie die Beziehung der Kirche zur Gesellschaft wie auch ihr apostolisches Wirken in der Stadt und auf dem Lande bereichern.
Aus den Fünfjahresberichten und durch die Einzelgespräche konnte ich feststellen, daß viele von euren Gebieten sich rasch wandeln. Sehr wichtig ist es in einer solchen Zeit, daß alle Menschen und Institutionen der Kirche in gut aufeinander abgestimmter Weise und in enger Beziehung und Zusammenarbeit mit euch evangelisieren und Hilfe leisten, Unsicherheit und Furcht überwinden und wirksam auf die Bedürfnisse der Zeit antworten.

6. Wenn ich an eure Einzelkirchen denke, ist mir auch bewußt, daß bei euch viele religiöse Kongregationen und Gemeinschaften beheimatet sind. Wichtige und zahl-

reiche Werke der Kirche auf dem Gebiet des Schulwesens, der sozialen Betreuung und Aufmerksamkeit für die Armen, Kranken und Randexistenzen werden von Ordensmännern und Ordensfrauen geleitet und getragen. Viele andere arbeiten in den Pfarreien oder in nichtpfarrlichen Einrichtungen. Daher danke ich in eurem Namen und vereint mit euch für die kirchliche Arbeit dieser Ordensmänner und Ordensfrauen im Dienst des geistigen Aufblühens eurer Gemeinschaften. Zugleich ermuntere ich sie, ihre Verfügbarkeit und ihren Geist der Gemeinschaft mit den Bischöfen womöglich zu steigern, indem sie treu euren Weisungen für die Lehre und Seelsorge folgen in dem Bewußtsein, daß das alles ihrem Zeugnis als gottgeweihte Personen neue Kraft geben wird und ihr Apostolat um so wirksamer macht. Hier denke ich mit lebhafter Freude auch an die zahlreichen Klöster kontemplativen Lebens, um ihren gottgeweihten Seelen lebhaft zu danken für ihre liebevolle Fürbitte in allen Anliegen und Bedürfnissen der Kirche und der Welt, und ich möchte sie in ihrem Zeugnis für die übernatürlichen Tugenden ermuntern.
Mit besonderem Interesse denke ich an die Institute im Dienst der heiligen Wissenschaften, die sich in beiden Kirchenprovinzen befinden. In ihnen werden die künftigen Priester etlicher Diözesen und nicht weniger Ordensgemeinschaften intellektuell herangebildet. Ich möchte die hingebungsvolle Arbeit aller ermuntern, die ihre Kraft in diesen Zentren einsetzen, und fordere sie auf, ihre Aufgaben als einen echten Dienst für die Kirche zu erfüllen in inniger Gemeinschaft und Zusammenarbeit mit euch, in Treue zum Lehramt der Kirche und in enger Verbundenheit mit dem realen Leben der Gemeinschaften sowie mit den geistigen Bedürfnissen der christlichen Gläubigen.

7. Mit meiner Liebe und meinem lebhaften Dank an die Priester eurer Diözesen für ihren Dienst möchte ich auch Worte der Ermutigung richten: an die engagierten Laien, die bei den Aufgaben und der Sendung der Kirche mitarbeiten; an die christlichen Familien, die dankbar das Geschenk des Lebens annehmen und ihren Kindern den Glauben und den Geist der Frömmigkeit vermitteln; an die Jugendlichen und Kinder; die Alten und Kranken; an alle Glieder eurer Kirchen; und ich möchte, daß der Gruß und Segen des Papstes sie heute erreicht.
Ich weiß, daß die Erzdiözese Granada im nächsten Jahr die 500-Jahrfeier ihrer Neugründung von 1492 begeht, in deren Zeichen die Diözesansynode ein Programm geistiger und apostolischer Erneuerung begonnen hat. Ich bitte den Herrn, daß dieses frohe Ereignis überreiche kirchliche Früchte zum Wohl dieser Einzelkirche und der ganzen geliebten Gemeinschaft von Andalusien bringt.
Im Hinblick aber auf die 500-Jahrfeier des Beginns der Evangelisierung Amerikas müssen wir unbedingt die großen Veranstaltungen in Erinnerung rufen, die in Andalusien mit viel Eifer und pastoralem Einsatz vorbereitet werden. An erster Stelle nenne ich den Eucharistischen Weltkongreß, der in Sevilla unter dem Motto: „Christus, Licht der Völker" stattfindet; er will eine feierliche Bekräftigung des Glaubens der Kirche an die heilige Eucharistie sein und zugleich ein Zeugnis vor der Welt für jene Universalität, die aus der Liebe entspringt und vor fünfhundert Jahren die spanischen Missionare drängte, sich in das großartige apostolische Abenteuer

der Verkündigung der Heilsbotschaft an die Mitmenschen am anderen Ufer des Ozeans zu stürzen. Ich hoffe, mit Gottes Hilfe bei jenem Eucharistischen Kongreß anwesend zu sein und so in den Dank des Episkopates und der ganzen Kirche Spaniens für die überreichen Früchte einzustimmen, die in diesen fünfhundert Jahren die hochherzige Aussaat des Evangeliums durch zahlreiche Männer und Frauen hervorgebracht hat, die von der Liebe zu Christus und den Mitmenschen angespornt wurden. In diesem Zusammenhang finden auch der XI. mariologische und der XVIII. internationale marianische Kongreß statt, der unter dem Motto „Maria, Stern der Evangelisierung", in Huelva veranstaltet wird, einer Diözese, die mit der Marienverehrung und der Entdeckung Amerikas besonders verknüpft ist.

8. Liebe Brüder, bevor diese Begegnung zu Ende geht, möchte ich den Herrn der Ernte bitten, er möge euren Dienst segnen und euch mit der Freude lebendiger Treue in Brüderlichkeit und Dienstbereitschaft erfüllen. Denken wir hier an die Worte des Herrn: „Habt Mut, ich habe die Welt besiegt" (vgl. *Joh* 16,33). Mit ihm, in der Kraft seiner Gegenwart und seines Geistes müssen wir unseren apostolischen Dienst weiterführen und dabei unsere Hoffnung auf die Macht des barmherzigen Gottes und seiner Gnade setzen.
Mit all dem Vertrauen, das uns die allerseligste Jungfrau einflößt, stelle ich eure Einzelkirchen, die Priester, die Ordensmänner und Ordensfrauen, die christlichen Familien, jung und alt, die Kranken und Armen unter ihren mütterlichen Schutz. Ihr und ihrer liebevollen Fürbitte bei ihrem göttlichen Sohn vertraue ich das Leben und Apostolat eurer Kirchen und von euch allen an, während ich euch von Herzen meinen Segen erteile.

Christliche Erziehung der Jugend sicherstellen

Ansprache an die Bischöfe der spanischen Kirchenprovinzen Toledo, Santiago und Madrid bei ihrem Ad-limina-Besuch am 16. Dezember

Liebe Brüder im Bischofsamt!

1. „Gnade sei euch und Friede von Gott, unserem Vater, und dem Herrn Jesus Christus" (vgl. *Gal* 1,3). Mit diesen Worten des Apostels möchte ich meiner Verbundenheit und frohen Gemeinschaft mit euch, den Hirten der Kirchenprovinzen von Toledo, Santiago de Compostela und Madrid Ausdruck geben. Ihr macht euren Ad-limina-Besuch, um dem Sitz des Petrus die Sorgen und Freuden, die Erwartungen und Hoffnungen mitzuteilen, die euch beim Aufbau der Gemeinschaften beseelen, welche der Herr eurer Hirtensorge anvertraut hat. In diesen Augenblicken der Nähe und kirchlichen Verbundenheit gehen meine Gedanken auch zu allen Diözesen, die ihr vertretet, zu euren Priestern, den Ordensmännern und Ordensfrauen und den Gläubigen.
Lebhaft danke ich für die Worte, die Kardinal Marcelo González Martín im Namen aller an mich gerichtet hat. Tief dankbar bin ich auch für diesen Besuch, den ihr so

sorgfältig vorbereitet habt und der gewiß das innere Band verstärken wird, das uns im Gebet, im Glauben und in der tätigen Liebe verbindet.
In den persönlichen Gesprächen, die wir in diesen Tagen geführt haben, habe ich erneut die Lebenskraft eurer Einzelkirchen schätzen gelernt, eure Hirtensorge und den Eifer eurer Mitarbeiter im Dienstamt sowie die Treue zum Zentrum der Einheit, das der Apostolische Stuhl ist.

2. In meinem Geist wirkt noch lebhaft die Erinnerung an die eindrucksvollen Tage, die ich bei meinen Besuchen in Spanien mit den Gläubigen vieler eurer Diözesen erleben durfte. Vielen von ihnen konnte ich zu meiner Freude bei anderen Gelegenheiten erneut begegnen: zuletzt noch den Jugendlichen aus Spanien, die am VI. Weltjugendtag in Tschenstochau teilgenommen und ihre Begeisterung für diese denkwürdige Begegnung der Freiheit und der Liebe vermittelt haben, die die Feiern beim Heiligtum von Jasna Góra ja waren. Während dieser Tage tief menschlichen und christlichen Zusammenlebens haben die europäischen Jugendlichen gezeigt, daß die Kirche ein Weg der Einheit zwischen den Kulturen und Völkern ist und damit die Wege für die heutigen Generationen aufzeigt, die das neue Europa solidarischer Länder aufbauen wollen. Das ist für euch nichts Ungewöhnliches, weil nicht wenige von euren Kirchen durch den Weg von Santiago geprägt sind, der einer der Bezugspunkte war und ist, wodurch der besondere Zusammenklang von Einheit und Vielfalt erreicht wurde, der die Kultur des christlichen Europa gekennzeichnet hat. Heute muß dieses alte Europa erneut im Evangelium Jesu Christi die lebendigen Wurzeln und die fruchtbare Quelle seines geistigen und moralischen Erbes erkennen. Dieses pastorale Anliegen hat mich veranlaßt, die außerordentliche Bischofssynode einzuberufen, die gerade in Rom stattgefunden und zu der der spanische Episkopat seinen wertvollen Beitrag geleistet hat.

3. Wie sollte ich in diesem Zusammenhang nicht an zwei besondere Ereignisse des Jahres 1989 für eure diözesanen Gemeinschaften und für die ganze Kirche in Spanien denken? In Toledo habt ihr die 1400-Jahrfeier des 3. Konzils von Toledo begangen, das für die Zugehörigkeit all eurer Völker zum katholischen Glauben so entscheidend war. In Santiago de Compostela aber sind auf meinen freundlichen Aufruf hin eine halbe Million Jugendliche als Pilger aus der ganzen Welt zusammengekommen, um „an der Schwelle des Jahres 2000 die apostolischen Wurzeln des Glaubens zu entdecken und sich aktiv für die Evangelisierung unserer heutigen Welt einzusetzen" (*Botschaft* vom 27. März 1988). Andererseits wurde im Juli dieses Jahres zur besseren seelsorglichen Betreuung der Gläubigen die Kirchenprovinz von Madrid errichtet und die neuen Diözesen Alcalá de Henares und Getafe geschaffen.
In der heutigen Stunde eurer Kirche treffen sich also Vergangenheit, Gegenwart und Zukunft gleichsam als Zeichen für den Willen des Herrn, der euch bittet, eure Treue zum Erbe des apostolischen Glaubens, den ihr empfangen habt, zu erneuern und geistig bereit zu sein, das Werk der Evangelisierung mit neuem Eifer, neuen Methoden und neuen Ausdrucksformen voranzubringen. Ihr tut das bereits durch eure

Pastoralprogramme, vor allem freilich durch das Zeugnis und das Apostolat, wodurch ihr in euren Diözesen eine neue Evangelisierung fördert.
Diese neue Evangelisierung, die ihr aufgegriffen habt, muß als erstes das Ziel haben, unter den Gläubigen das Ideal der Heiligkeit lebendig zu machen. Eine Heiligkeit, die sich im Zeugnis für den eigenen Glauben, in der grenzenlosen Nächstenliebe, in der Tag für Tag gelebten, tätigen Liebe äußert. Eine Heiligkeit, zu der alle Christen ohne Ausnahme berufen sind. Hier möchte ich nun mit euch einige Überlegungen über ein für die Zukunft der Kirche lebenswichtiges pastorales Anliegen anstellen: die Beteiligung der christlichen Laien an der Heilssendung Christi und an der Verbreitung des Evangeliums.

4. Die Laien sind kraft ihres Lebens in der Welt aufgerufen, in der Gesellschaft das neue Leben zu entfalten, das sie in der Taufe empfangen haben. Ihnen kommt es zu, „die zeitliche Ordnung mit dem Geist des Evangeliums zu durchdringen und zu vervollkommnen" (*Apostolicam actuositatem*, Nr. 5), indem sie „nach Art des Sauerteigs ihr Apostolat in der Welt ausüben" (vgl. *ebd.*, Nr. 2). In ihren täglichen Pflichten sollen sie „Zeugnis geben vom christlichen Glauben als einziger und wahrer Antwort ... auf die Probleme und Hoffnungen, die das Leben heute für jeden Menschen und für jede Gesellschaft einschließt" (vgl. *Christifideles laici*, Nr. 34). Doch darf ihre Stellung als treue Nachfolger Christi und zugleich als Mitglieder der irdischen Stadt sie nicht zum Irrtum verleiten, gleichsam zwei Parallelexistenzen zu führen: „auf der einen Seite ein sogenanntes ‚spirituelles' Leben mit seinen Werten und Forderungen und auf der anderen Seite das sogenannte ‚welthafte' Leben, das heißt das Familienleben, das Leben in der Arbeit, in den sozialen Beziehungen, im politischen Engagement und in der Kultur" (*ebd.*, Nr. 59). Ich weiß recht gut, daß ihr als Hirten des Volkes Gottes wiederholt auf diese Gefahr hingewiesen habt, die die Gesellschaft der unerläßlichen aktiven Präsenz der Laien in den irdischen Bereichen beraubt.
Die letzte Versammlung eurer Bischofskonferenz hat gerade das Thema Laien studiert. Wie bei früheren Gelegenheiten, so habt ihr dort die Notwendigkeit betont, die Werte des Evangeliums in der Gesellschaft und in den verschiedenen Bereichen präsent zu machen, wo die Identität eines Volkes geprägt wird. In der Gesellschaft Spaniens müssen sich die christlichen Laien aufgrund ihres Glaubens und ihres apostolischen Geistes gedrängt fühlen zur Förderung jeder Art von sozio-kulturellen Alternativen, die jenen anderen gewachsen sind, welche durch Leugnung der Welt des Transzendenten eine Gesellschaft aufbauen wollen, als ob es Gott nicht gäbe (vgl. *ebd.*, Nr. 34) oder als ob er nur etwas Vergangenes wäre.

5. Ihre eigene Berufung verpflichtet die Weltleute, in die irdischen Wirklichkeiten eingefügt als Erbauer des Friedens und der Harmonie zu leben, zugleich aber immer die Kirche als ihre geistige Heimat zu betrachten; als Weltleute sollten sie sich der Kirchlichkeit des Glaubens bewußt sein, aus dem dann wie in anderen Abschnitten eurer Geschichte bewundernswerte Werke entstehen, wo Evangelium und Kultur innerlich eins waren als origineller und schöpferischer Ausdruck der christlichen

Liebe. Die Weltleute, Männer und Frauen, müssen sich aufgerufen fühlen zu einem hochherzigen Beitrag für das Gemeinwohl. Alle müssen in ihrem täglichen Leben sowie im Bereich ihrer konkreten sozialen Verantwortung Gerechtigkeit und Solidarität fördern, aber auch im wirtschaftlichen Handeln, im gewerkschaftlichen oder politischen Vorgehen, in erzieherischer und kultureller Tätigkeit, in den Institutionen für die Gesundheit, den Initiativen zum Dienst an der Familie, in den Projekten zur integralen menschlichen Förderung der Randgruppen der Bevölkerung, in den Medien der sozialen Kommunikation usw.
Ein Bereich, der auf das hochherzige und entschiedene Eingreifen christlicher Laien wartet, ist die Welt derer, die der Kirche fremd gegenüberstehen; auf sie sollten die Laienchristen ohne Furcht und Überheblichkeit zugehen, jedoch in der Überzeugung, daß „alle verschiedenen Lebensbereiche der Laien im Plan Gottes inbegriffen sind. Er will, daß sie der ‚geschichtliche Ort' der Offenbarung und Verwirklichung der Liebe Christi ... werden" (vgl. *Christifideles laici*, Nr. 59). Das ist keine leichte Aufgabe, denn sie setzt eine geduldige und solide Katechese über die Rolle der Laien in Kirche und Welt voraus. In dieser Katechese darf - zumal für die sozial und politisch Engagierten - eine angemessene Kenntnis der katholischen Soziallehre nicht fehlen, die das christliche Verhalten zu einer ständigen Umkehr zu den Werten des Evangeliums anregen muß. Auf diesem geistlichen Weg muß auch das bevorzugte Eintreten für die Armen seinen Platz finden, „ein besonderer Vorrang in der Weise, wie die christliche Liebe ausgeübt wird; eine solche Option wird von der ganzen Tradition der Kirche bezeugt" (*Sollicitudo rei socialis*, Nr. 42). Zugleich ist dies eine Weise, „die Universalität des Seins und der Sendung" der Kirche deutlich zu machen (vgl. *Libertatis conscientia*, Nr. 68).

6. Liebe Brüder, helft dann weiter den christlichen Laien in der Welt, dem hohen und ständigen Anspruch eines Lebens nach dem Evangelium gerecht zu werden. Wir müssen offen verkünden: „Die Heiligkeit ist fundamentale Bedingung und unverzichtbare Voraussetzung für die Erfüllung der Heilssendung der Kirche" (*Christifideles laici*, Nr. 17). Setzt für diese Aufgabe alle eure Kräfte ein. Fördert in euren Gemeinschaften dieses neue Bewußtsein, gesandt zu sein und offen Zeugnis zu geben für die Erhabenheit des christlichen Lebens. Mögen die Pfarreien und Diözesen all jene pastoralen und apostolischen Initiativen aufgreifen und fördern, die die Kirche gebilligt hat und die dem kirchlichen Leben neuen Reichtum bringen. Möchten wir doch alle bereit sein, einer vom anderen zu lernen. Diese hochherzige und aufgeschlossene Haltung ist der beste Weg zu einer angemessenen Antwort auf die neuen Herausforderungen der Geschichte.

7. Die Wirklichkeit der heutigen Lage muß uns die dringende Notwendigkeit erkennen lassen, eine sorgfältige religiöse Bildung der Christen zu fördern. Ihr selbst habt wiederholt eure Sorge angesichts säkularistischer Haltungen zum Ausdruck gebracht, die unverzichtbare Werte des Glaubens eures Volkes ablehnen und die Botschaft des Evangeliums zurückdrängen oder ihren Einfluß abschwächen möchten, so daß sie innerhalb der Gesellschaft nicht mehr ihren erleuchtenden Einfluß

ausübt. Daher gewinnt die religiöse Formung der Christen und zumal der Kinder und Jugendlichen in unserer Zeit eine erstrangige Bedeutung.
Es ist gut bekannt, daß diese Formung der Kinder, der Heranwachsenden und Jugendlichen hauptsächlich in drei Bereichen geschieht: in der Familie, in der Pfarrgemeinde und in der Schule, sei es nun eine katholische oder eine öffentliche oder staatliche Schule, in der Schüler unterrichtet werden, deren Eltern kraft ihres Rechtes für ihre Kinder diese Ausbildung gemäß ihren eigenen Überzeugungen fordern.
In den derzeitigen soziokulturellen Verhältnissen kommt es nicht selten vor, daß Kinder und Jugendliche bei ihrer religiösen und moralischen Ausbildung eine gewisse Hilflosigkeit zeigen. Daher wird eine wirksame Zusammenarbeit der drei erwähnten Erziehungsbereiche in ihrem jeweils ergänzenden Charakter immer notwendiger: da muß einmal die Familie in ihrem Schoß Zeugnis von ihrem Glauben geben und seine Inhalte und die Praxis des christlichen Lebens zu Hause vermitteln; dann muß die Pfarrgemeinde mit einer systematischen Katechese für alle Altersstufen eingreifen; bei dieser Aufgabe wirken auch die christlichen Gruppen und Verbände oder apostolischen Bewegungen mit; endlich erteilt die Schule auf allen Ebenen Religionsunterricht, der zumal auf den Dialog zwischen Glaube und Kultur in Übereinstimmung mit den anderen Wissensbereichen und Fächern vorbereitet.
Dieser Religionsunterricht besitzt seine eigene Identität und seinen unbestreitbaren Wert im Zusammenhang mit der ganzen Schulbildung. Es ist zweifellos zuzugeben, daß er trotz seiner hohen Ansprüche in der spanischen Gesellschaft eine wirksamere soziale Unterstützung angesichts seiner Bedeutung für die gesamtheitliche Bildung des Schülers brauchen würde. Andererseits habt ihr bei verschiedenen Gelegenheiten wiederholt, daß die gesetzlichen Normen für dieses delikate Anliegen nicht zufriedenstellend sind. Alle sind ja verpflichtet, zur wirksamen Beachtung dieses grundlegenden Rechtes der Schüler beizutragen. In diesem Zusammenhang erinnert das II. Vatikanische Konzil die Eltern an ihre schwere Verantwortung, „alles zu veranlassen und auch zu fordern, daß ihre Kinder solcher Hilfeleistung teilhaftig werden und daß mit der profanen auch die christliche Ausbildung gleichen Schritt hält" (*Gravissimum educationis*, Nr. 7).

8. Die katholische Schule stützt sich ihrerseits auf das allgemein anerkannte Recht der physischen und juridischen Personen, Bildungsinstitute zu schaffen und zu leiten. Diese Schule hat bis in unsere Tage der spanischen Gesellschaft einen umfangreichen Dienst geleistet; doch sieht sie sich nun durch gesetzliche und andere Einschränkungen behindert, die sie in eine immer gefährlichere Lage bringen und sogar das Fortbestehen nicht weniger Schulzentren in Frage stellen. Unter den heutigen Verhältnissen und angesichts der Versuchung, diese unerläßliche Pflicht aufzugeben, müssen die Christen zu einer entschiedenen und hochherzigen Zusammenarbeit bereit sein, um diese für die Sendung der Kirche und für die bürgerliche Gesellschaft so wichtigen Erziehungsinstitute beizubehalten.
Daher müssen die Eltern und die verschiedenen Institutionen wie auch die Pfarreien und Diözesen ihr Möglichstes tun, damit das Bemühen der Kirche für die Erziehung und Evangelisierung der Kirche im Schulbereich immer wirksamer wird; ja, das

Bemühen muß desto nachhaltiger werden, je mehr die Schwierigkeiten sich vermehren. Zu wünschen wäre, daß die staatlichen Stellen ihrerseits diese Rechte achten und für eine entsprechende Gesetzgebung und ihre Anwendungsbestimmungen garantieren. Da der Staat nicht konfessionell gebunden ist, darf er diese Rechte im Erziehungsbereich nicht unbeachtet lassen, vor allem wenn man bedenkt, daß ihre gebührende Berücksichtigung zu einem positiven Element für das Gemeinwohl wird, da sie ja zur Heranbildung von Bürgern beitragen, die zum Aufbau einer gerechteren, brüderlicheren und solidarischeren Gesellschaft bereit sind.
Die Bischofskonferenz und andere Instanzen der spanischen Kirche haben wiederholt den Wunsch ausgesprochen, daß das neue Erziehungssystem die Rechte der Schüler und ihrer Eltern in diesem Bereich in vollem Maße achtet, immer im Dienst aller Spanier und „nicht dem Hin und Her politischer Veränderungen unterworfen" (*Vollversammlung* vom 20. Februar 1991). Die geplante Reform des Schulsystems bietet eine historische Gelegenheit, und es wäre bedauerlich, wenn dieser Wunsch aus Mangel an Verständnis vergeblich wäre, denn das würde allen schaden. Es bleibt zu hoffen, daß sich die derzeitige Lage verbessern läßt und damit die genannten Befürchtungen wegfallen.

9. Gegenwart und Zukunft eurer Gemeinschaften erfordern eine besondere Aufmerksamkeit für die Jugend. Laßt in eurem pastoralen Eifer für die Jugendlichen nicht nach, denn von ihnen und dem Maß ihrer Identifizierung mit dem Evangelium hängt großenteils die Zukunft der neuen Evangelisierung ab. Bietet ihnen daher hohe und edle Ideale an, und laßt sie verstehen, daß Christus allein die Anliegen ihrer unruhigen Herzen befriedigen kann. Erst wenn Christus als Mittelpunkt des eigenen Lebens erkannt und geliebt wird, ergibt sich die Möglichkeit, an einen totalen Lebenseinsatz in seinem Dienst zu denken, und das Problem der Berufung angemessen darzulegen. Die Jugendlichen von heute sind ebenso wie jene vergangener Zeiten für die Nachfolge Jesu, der sie ruft, aufgeschlossen und hochherzig. Sie zeigen das, indem sie als Christen in der Pfarrgemeinde oder in besonderen apostolischen Bewegungen leben oder auch indem sie sich im Ordensstand oder im Priestertum Gott weihen und im letzteren Fall die theologische und kirchenrechtliche Verpflichtung zum gottgeweihten Zölibat um des Himmelreiches willen übernehmen. Dieser hat nichts von seiner Aktualität und Gültigkeit für die Kirche von heute verloren, weder innerhalb noch außerhalb der europäischen Länder, wie sich deutlich auf der letzten ordentlichen Bischofssynode gezeigt hat.

10. Als Hirte der besonderen ihm anvertrauten Gruppe des Volkes Gottes macht auch der Militärerzbischof seinen Ad-limina-Besuch. Gemeinsam mit den Priestern, die mit ihm zusammenarbeiten, versieht er die religiöse und pastorale Betreuung der bewaffneten Streitkräfte und der Sicherheitsorgane wie auch die ihrer Familien.
Die Kirche schenkt diesen Dienern ihres Vaterlandes besondere pastorale Aufmerksamkeit und sucht unter ihnen evangelisierend, erzieherisch zu wirken und Hilfen anzubieten, wie es ja den heutigen Bedürfnissen dieses Teils der Gesellschaft entspricht. Es lohnt sich in der Tat, bei den Streit- und Sicherheitskräften Spaniens den

Glauben sowie die geistigen und moralischen Werte zu pflegen, zu denen sie sich gemeinsam mit ihren Familien bekennen. Dieser Glaube und diese Werte sollen zwar nicht wie eitler Ruhm gepflegt werden, wohl aber mit der Ehrenhaftigkeit und Aufrichtigkeit des Hauptmanns, der von unserem Herrn gelobt wird (vgl. *Mt* 8,9-10).
Bei dieser Gelegenheit ermuntere ich die Militärseelsorger zu neuem Einsatz in dieser berechtigten Form des priesterlichen Dienstes, wobei sie immer auf die Hilfe des Herrn bauen sollen, der ihnen diese Aufgabe anvertraut hat. Sie bietet ihnen die Möglichkeit, zahlreichen jungen Menschen, die ihren Militärdienst leisten, wie auch den Berufsoffizieren der Streit- und Sicherheitskräfte und ihren Familien das wahre Antlitz Christi zu zeigen.

11. Liebe Brüder, dies ist die Stunde der christlichen Hoffnung; eine Stunde, in der die Kirche in Spanien den Menschen zeigen muß, daß das Evangelium Jesu seine Kraft behält und diese sich konkret im Leben eines jeden engagierten Christen, der sich seiner Würde als Kind Gottes bewußt ist, zeigt. Es ist die Stunde, in der die Treue zu den Grundsätzen des Evangeliums bei nicht wenigen Gelegenheiten schmerzliches Entsagen und schweigendes Martyrium, wie es einzig Gott bekannt ist, fordert. Es ist die Stunde des Vertrauens, in der der Weizen im Schoß der Erde weiter wächst, damit er eines schönes Tages zu goldenen Ähren voll überreicher Frucht wird. Wenn ihr in eure Diözesen zurückkehrt, bitte ich euch, übermittelt euren Priestern, den Ordensmännern und Ordensfrauen und allen Gläubigen den herzlichen Gruß des Papstes, der an alle denkt und für alle mit großer Zuneigung und fester Hoffnung betet. Ich empfehle eure Personen, eure Anliegen und pastoralen Vorsätze der Fürbitte der seligsten Jungfrau, damit ihr die Aufgabe einer neuen Evangelisierung, die die Herzen für das Kommen des Herrn bereitet, weiterführt.
Ich begleite diese Wünsche für euch mit meinem Gebet und mit meinem Apostolischen Segen.

Die Flüchtlinge sind eine Herausforderung an die internationale Gemeinschaft

Ansprache beim Ad-limina-Besuch der thailändischen Bischöfe am 24. Mai

Eminenz, liebe Brüder im Bischofsamt!

1. Es freut mich, euch anläßlich eures alle fünf Jahre stattfindenden Besuchs an den Grabstätten der heiligen Petrus und Paulus im Vatikan willkommen zu heißen. Als Nachfolger der Apostel, deren Bekenntnis zum auferstandenen Herrn für die Kirche immer und überall die feste Grundlage zur Verkündigung des Evangeliums bildet, seid ihr nach Rom gekommen, um eure Gemeinschaft im Glauben und in der Liebe mit dem Nachfolger Petri zu bestätigen. Durch euch grüße ich alle Katholiken Thailands und mache mir das Gebet des Apostels Paulus zu eigen: „Gnade sei mit

euch und Friede in Fülle durch die Erkenntnis Gottes und Jesu, unseres Herrn" (*2 Petr* 1,2).

Ich danke Bischof George Yod Phimphisan, dem neuen Präsidenten eurer Konferenz, für seine freundlichen Worte. Ich vertraue darauf, daß er, dem Beispiel von Kardinal Kitbunchu folgend, die Arbeit der Konferenz unterstützen und anregen wird, auf die Ziele hin, die ihr euch in dieser auf das dritte christliche Jahrtausend zulaufenden Periode der Evangelisierung gesteckt habt. Die thailändische Kirche, wenn auch „pusillus grex", ist, im Herzen Asiens in einer außergewöhnlich günstigen Lage, um dort für Jesus Christus Zeugnis abzulegen, wo ihn viele noch nicht kennen, sich aber nach den Wahrheiten und den Werten seiner Botschaft sehnen. Vor kurzem habt ihr den 25. Jahrestag der Errichtung der Hierarchie mit der Weihe neuer Priester in Anwesenheit von zahlreichen Gläubigen gefeiert. Das hat gezeigt, wie schnell die Kirche in eurer Mitte heranreift und mehr und mehr als „das von der Einheit des Vaters und des Sohnes und des Heiligen Geistes her geeinte Volk" (vgl. *Lumen Gentium*, Nr. 4) erscheint.

2. Unser heutiges Treffen erinnert an die besondere Freude über die Seligsprechung der sieben thailändischen Märtyrer im Oktober 1989. Ihr Beispiel enthüllt die grenzenlose Macht, mit der Gottes Wort in das Innere jeder menschlichen Kultur vordringt und in der Heiligkeit einzelner Menschen sowie ganzer Gemeinschaften leuchtend zum Ausdruck kommt. Indem sie Jesus Christus im Leben und im Tod nachfolgten, gaben die Märtyrer nicht nur einen überzeugenden Beweis für ihren tiefen Glauben an Gottes Verheißung, sondern sie verdeutlichten durch ihr Opfer auch, daß „das Wort Gottes nicht" an eine bestimmte Sprache oder Kultur „gefesselt" (vgl. *2 Tim* 2,9) ist. Das Licht des Evangeliums ist vielmehr für alle Völker bestimmt und seine Wahrheit reinigt, stärkt und erhebt jede Kultur von innen heraus (vgl. *Lumen Gentium*, Nr. 13). Mit dem Preis ihres Blutes haben die Märtyrer ein vielsagendes Beispiel für die Katholizität der Kirche gegeben, die Christus dazu bestimmt hatte, das universale Sakrament der Verbundenheit mit Gott und der Einheit der ganzen Menschheit (vgl. *Lumen Gentium*, Nr. 1) zu sein. Sie haben die Wahrheit meiner Worte, die ich bei einer anderen Gelegenheit an euch richtete, voll und ganz bestätigt: „Christus, ... der in eurem Volk selbst Thai geworden ist" (*Ansprache an die Bischöfe*, Bangkok, 2. Mai 1984).

3. Ihr habt als Hirten der Kirche die wichtige Aufgabe, die Zeichen der Gnade Gottes in eurem Volk wahrzunehmen, und Wege zu finden, damit seine Gaben Früchte tragen. Ein klares Zeichen der Liebe Gottes ist die steigende Anzahl der Berufungen, sowohl zum Priesteramt wie auch zum Ordensleben. Es ist ermutigend zu sehen, wie sich eure Konferenz um das Nationale Priesterseminar „Lux Mundi" bemüht, wie eng ihr mit dem Lehrkörper und den Studenten verbunden seid und wie ihr euch für ein hohes Niveau einsetzt. Ihr tut all das, um den jungen Männern, die sich in euren Seminaren auf das Priesteramt vorbereiten, eine angemessene Schulung zu ermöglichen; ebenso ist die Formung der Kandidaten für das Ordensleben ein wesentlicher Teil eures Amtes und ein ausgezeichneter Dienst an der christ-

lichen Gemeinschaft. Seit eurem Beginn als Missionskirche macht ihr es euch mehr und mehr bewußt, wie notwendig es ist, eine missionierende Kirche zu werden. Initiativen, wie die Ankündigung eines Evangelisierungsjahrzehnts und die Gründung einer „Thailändischen Missionsgesellschaft" für die Arbeit im Norden des Landes - klein wie das Senfkorn des Evangeliums, aber dazu bestimmt, ein lebenspendender Baum zu werden (vgl. *Mt* 13,31-32) - beweisen die Vitalität, mit der eure Ortskirchen den Eingebungen des Heiligen Geistes folgen. Ich bete für den Erfolg dieser Vorhaben mit der Überzeugung, daß der Herr der Ernte trotz aller Schwierigkeiten, die mit ihnen verbunden sind, eure beharrlichen Bemühungen reich belohnen wird. Vertrauen in die Vorsehung Gottes ist wesentlich für jede missionarische Tätigkeit, denn schließlich wissen wir: „Die Sendung gründet sich nicht auf menschliche Tätigkeit, sondern auf die Macht des auferstandenen Herrn" (vgl. *Redemptoris missio*, Nr. 23). Ihr endgültiger Erfolg wird auf Arten und zu Zeiten, die nur Gott allein kennt, offenbar werden.

4. Ein zentraler Aspekt des Sendungsauftrags der Kirche, der auch für euer eigenes Hirtenamt besondere Bedeutung hat, ist ihre Beziehung zu anderen Religionen. In meiner vor kurzem veröffentlichten Enzyklika *Redemptoris missio* habe ich unterstrichen, daß die Pflicht der Kirche, allen Nationen das Wort Gottes zu predigen, in keiner Weise mangelnden Respekt für die verschiedenen Kulturen bedeutet und für das Gute, das in jeder Religion vorhanden ist (vgl. *Redemptoris missio*, Nr. 55). „Die anderen Religionen stellen eine positive Herausforderung für die Kirche dar; sie regen sie sowohl dazu an, die Zeichen der Gegenwart Christi und des Wirkens des Geistes zu entdecken und anzuerkennen, als auch dazu, die eigene Identität zu vertiefen und die Gesamtheit der Offenbarung zu bezeugen, dessen Wahrerin sie zum Wohle aller ist" (*Redemptoris missio*, Nr. 56). Daher besteht kein Widerspruch zwischen Aufgeschlossenheit gegenüber der Wahrheit Gottes, wo immer sie auch zu finden ist, und dem Bewußtsein, daß Christi Gaben, im geistigen Gut anderer Traditionen vorhanden, dazu bestimmt sind, zu ihm zurückzuführen, da er - mit den Worten des Konzils - der „Ursprung des Heils für die ganze Welt" (*Lumen Gentium*, Nr. 17) bleibt.

Interreligiöse Dialoge werden auf verschiedenen Ebenen geführt. Nicht unbedeutend darunter, besonders in einer Pastoralsituation wie der euren, ist der „Dialog des Lebens", in dem Gläubige klares Zeugnis für geistliche Werte ablegen, sich gegenseitig helfen, die Lehren des Evangeliums zu leben und mit allen Frauen und Männern, die willens sind, eine gerechtere und brüderliche Gesellschaft aufzubauen, zusammenzuarbeiten. Indem ihr euer Volk beharrlich ermuntert, seinen Glauben an Christus durch Solidarität und großherzigen Einsatz für das Wohl der einzelnen Menschen und der Gesellschaft zu zeigen, werdet ihr die Türen zu anderen, mehr formellen Wegen des Dialogs und der Zusammenarbeit öffnen.

5. In euren Berichten über den Zustand eurer Diözesen haben viele unter euch betont, daß die indirekte Evangelisierung das wichtigste Instrument für die missionarische Ausbreitung der Kirche ist. Gläubige Laien spielen in dieser Hinsicht eine

wesentliche Rolle. Wie wichtig ist es doch für das Leben der Kirche, daß sie sich aktiv dafür einsetzen, ihren Glauben, zu dem sie sich in der Taufe bekannt haben, zu leben, indem sie freudig für die Forderungen des Evangeliums Zeugnis ablegen und ständig bereit sind, über die Hoffnung, die sie erfüllt, jedem Rede und Antwort zu stehen (vgl. *1 Petr* 3,15)!

Die gläubigen Laien Thailands haben nun in dem seligen Philip Siphong einen beispielhaften Schutzpatron, denn „wir haben hier einen Laien vor uns, der sich tief bewußt war, durch die Taufe zu Christus, dem Priester, Propheten und König zu gehören und damit persönlich zur Verkündigung des Evangeliums berufen zu sein" (vgl. *Predigt bei der Seligsprechung der thailändischen Märtyrer*, 22. Oktober 1989, Nr. 4).

Ich kann euch zu den lobenswerten Bemühungen eurer Ortskirchen nur ermutigen, die den Laien helfen, ihre christliche Berufung zu erfüllen, besonders auf so kritischen Gebieten wie der angemessenen Vorbereitung junger Menschen auf das Sakrament der Ehe und die Unterweisung zur natürlichen Familienplanung. Die Beratung für Paare, die Mischehen eingehen wollen, stellt eine besondere pastorale Herausforderung für die Kirche Thailands dar, und ich habe das Vertrauen, daß ihr sowohl auf Lokal- als auch auf Diözesanebene immer wirksamer begegnet wird. Die Familie muß weiterhin ein zentrales Anliegen der normalen Pastoraltätigkeit sein; jungen Menschen und ihrem Heranreifen zu verantwortlichen Mitgliedern der Gesellschaft sollte spezielle Aufmerksamkeit gewidmet werden. Der Einsatz eurer Gemeinschaften auf dem Gebiet der Gesundheitsfürsorge, besonders hinsichtlich der Behinderten und der an Lepra und Aids Erkrankten, ihre großherzige Fürsorge für die Armen in den Elendsvierteln, ihre Bemühungen im Kampf gegen die Plage der Drogenabhängigkeit unter den Jugendlichen: all dies entspringt der Liebe im Geist des Evangeliums. Es wird von der Überzeugung geleitet, daß die Würde des Menschen nur durch die Berücksichtigung der Bedürfnisse des menschlichen Geistes gewahrt wird. Der vollkommene Ausdruck dafür ist die selbstlose Hingabe an Gott und den Nächsten. Es freut mich, daß das neugegründete „Zentrum für menschliche Entwicklung" versucht, präzise Antworten auf die vielen Gefahren, die das menschliche Leben in eurer Gesellschaft bedrohen, aufeinander abzustimmen und zu fördern.

6. Wenn ich über die Mitwirkung der Laien am kirchlichen Missionsauftrag spreche, kann ich den hervorragenden Beitrag der Laienkatecheten für das Leben der Kirche Thailands nicht unerwähnt lassen. Ihr „einzigartiger und absolut notwendiger Beitrag zur Verbreitung des Glaubens und der Kirche" (vgl. *Ad gentes*, Nr. 7) besteht besonders darin, anderen zu helfen, die Schätze der Weisheit und der Erkenntnis zu entdecken (vgl. *Kol* 2,3), die sie selbst in Jesus Christus gefunden haben. Ich bitte euch, ihnen meine tiefe persönliche Anerkennung für ihre Arbeit und ihre beispielhafte Hingabe an die Sendung der Kirche zu übermitteln.

Die Tätigkeit der Katecheten ist eine Erweiterung des pastoralen Lehrens der Bischöfe und Priester der Ortskirchen. Für diese kirchliche Aufgabe brauchen sie eine angemessene doktrinelle und pädagogische Ausbildung. Seid auch weiterhin in

dieser Hinsicht bemüht! Euer Entschluß, das Fest des sel. Siphong zum „Nationalen Katechetentag” zu erklären, wird sicherlich denjenigen, die diese schwierige und anspruchsvolle Arbeit ausüben, geistlichen Trost und Ermunterung bringen.
Auch die katholischen Schulen Thailands leisten einen überaus wichtigen Dienst, weil sie die religiöse Erziehung der Jugend sicherstellen und eine engagierte Laienschaft formen, die vom Geist des Evangeliums durchdrungen ist. Das beachtliche Engagement der Kirche hinsichtlich der Gründung und der Unterhaltung dieser Schulen entspricht ihrer Überzeugung, daß das umfassende Wohl von einzelnen Menschen und von ganzen Gemeinschaften durch die Formung des Gewissens und durch die Hochachtung für die Würde und die Freiheit der einzelnen in ihrer Suche nach Wahrheit gefördert wird. Aus katholischer Sicht sind die Eltern die ersten und hauptsächlichsten Erzieher ihrer Kinder (vgl. *Gravissimum educationis*, Nr. 3). Andere Institutionen, einschließlich religiöse und zivile Einrichtungen, haben die Verantwortung, ihnen bei der Erfüllung dieser Pflicht zu helfen, und die freie Ausübung ihrer grundlegenden Rechte auf diesem Gebiet zu sichern (vgl. *Botschaft zum Weltfriedenstag 1991*, III.). Eine zunehmend wirkungsvolle Koordination dieser Verantwortungen, deren Bedeutung in verschiedenen internationalen Erklärungen klar herausgestellt wurde, kann durch einen stetigen Dialog und die Zusammenarbeit aller Beteiligten entstehen.

7. Ich kann nicht schließen, ohne meine Sorge über die Not der Flüchtlinge, die in Thailand eine vorübergehende Bleibe gefunden haben, zum Ausdruck zu bringen. Die menschliche Tragödie, die mit dieser großen Auswanderung einzelner Menschen und ganzer Familien verbunden ist, stellt eine Herausforderung für die gesamte internationale Gemeinschaft dar. Ihre Notlage muß auf weltweiter Ebene behandelt werden, mit entsprechender Aufmerksamkeit für alle sozialen und wirtschaftlichen Faktoren, die beigetragen haben zu dieser „Plage, die typisch und bezeichnend ist für die Ungleichgewichte und Konflikte der heutigen Welt” (*Sollicitudo rei socialis*, Nr. 24).
Die Opferbereitschaft und die Solidaritätserweise der thailändischen Kirche gegenüber den Flüchtlingen entsprechen voll und ganz dem Geist des Evangeliums mit dem Ideal des Guten Samariters. In diesem Zusammenhang bringe ich gerne nochmals die lobenswerten humanitären Bemühungen des „Katholischen Büros für Nothilfe und Flüchtlinge” in Erinnerung. Ich bete mit euch, daß die Verbannten und Heimatlosen, die zur Zeit in eurem Land leben, bald wieder zu einem freien Leben in menschlicher Würde in ihren Heimatländern zurückkehren können.

8. Meine Brüder im Bischofsamt, ich danke Gott, unserem Vater, für den reichen Segen, den er der Kirche Thailands zuteil werden läßt durch das aufrichtige Zeugnis ihrer Priester, Ordensleute und Laien. Spezielle Anerkennung verdient auch das Missionspersonal aus dem Ausland, das in vielen eurer Pastoralprogramme eine große Rolle spielt und eine besondere Verbundenheit mit der Weltkirche darstellt. Ich hoffe, daß es noch zahlreicher wird, damit der gesamten Gesellschaft dieser Dienst zum Nutzen sei.

Laßt uns gemeinsam beten, daß alle Mitglieder der katholischen Gemeinschaft in der Liebe zum Heiland wachsen mögen, in der Wertschätzung ihrer hohen Berufung und Würde als Glieder der Kirche Christi und in ihrem Verlangen, die Freude der Frohbotschaft mit anderen zu teilen. Ich vertraue euch und die Gläubigen eurer Diözesen der Fürsprache Unserer Lieben Frau, der in den Himmel Aufgenommenen, an und erteile euch von Herzen meinen Apostolischen Segen, der euch Trost und Kraft spenden möge in eurem Dienst am Gottesvolk.

Neue Wege der Evangelisierung beschreiten

Ansprache beim Ad-limina-Besuch der Bischöfe aus Myanmar am 27. August

Liebe Brüder im Bischofsamt!

1. Mit besonderer Freude heiße ich euch, die Bischöfe von Myanmar anläßlich eures Ad-limina-Besuchs willkommen, der euch hierherführt, damit ihr an den Gräbern der Apostel Petrus und Paulus betet, den Bischof von Rom trefft und Zeugnis ablegt für den apostolischen Glauben der Weltkirche.

Eure Anwesenheit, die ich mit großem Interesse erwartet habe, ist ein Anlaß zur Freude, denn ihr kommt von einer katholischen Gemeinschaft, die fürwahr ein „pusillus grex" ist und daher meinem Herzen sehr nahe steht. Ich sage Gott ganz besonderen Dank dafür, daß die Bischöfe eures Landes nach fast dreißig Jahren diese gemeinsame Pilgerfahrt haben machen können. Wir preisen unseren Herrn für die vielen Zeichen der Lebendigkeit in der Kirche von Myanmar, insbesondere für die Errichtung der beiden neuen Diözesen Loikaw und Lashio. Ich danke Erzbischof U Than Aung, dem Vorsitzenden eurer Konferenz, für das, was er im Namen eines jeden von euch ausgesprochen hat. Es war nicht nur informativ, sondern hat tiefe Gefühle der Treue und Hingabe zum Ausdruck gebracht. Ich schätze sie sehr.

Es ist meine lebhafte Hoffnung, daß dieser Besuch nicht nur eure Gemeinschaft mit dem Nachfolger Petri, sondern auch die „Gemeinschaft brüderlicher Liebe" (vgl. *Christus Dominus*, Nr. 36) stärke, die alle Mitglieder einer Bischofskonferenz auszeichnen sollte. Nur dann, wenn ihr untereinander durch Bande der Achtung und der Freundschaft geeint seid, wird ein „heiliges Zusammenwirken der Kräfte zum gemeinsamen Wohl der Kirche" (vgl. *ebd.*, Nr. 37) zustandekommen. Es gibt viele Bereiche, in denen die Bischöfe eines bestimmten Landes oder Gebietes „ihren Hirtendienst gemeinsam ausüben" (*ebd.*, Nr. 38) müssen, wenn es heißt, den Herausforderungen wirksam entgegenzutreten, die dem christlichen Glauben und dem christlichen Leben begegnen. Aktiv zum Wirken der Bischofskonferenz beitragen, ist eine ausgezeichnete Art, die tägliche „Sorge für alle Gemeinden" (*2 Kor* 11,28) zum Ausdruck zu bringen, die die heilige Pflicht eines jeden Bischofs ist. Ich ermutige euch daher, stets wie die Gemeinschaft der Urkirche zu sein, die in der *Apostelgeschichte* beschrieben wird: „ein Herz und eine Seele" (4,32). Ich hoffe auch, daß die kürzlich errichtete Apostolische Delegatur, die die ständige Anwesenheit eines päpstlichen Vertreters gewährleistet, helfen wird, weiterhin die Bande zwischen den Diözesen in Myanmar zu stärken und regelmäßige Kontakte zum Apostolischen Stuhl und der Weltkirche herzustellen.

2. Nach einer langen Zeit der Abhängigkeit von auswärtiger Missionshilfe hat sich die Kirche von Myanmar immer mehr auf ihr eigenes Personal und ihre eigenen Quellen verlassen müssen. Auf das bauend, was mutige Missionare in eurem Land für den Glauben getan haben, und mit der hochherzigen Mitarbeit eurer eingeborenen Priester, Ordensleute und Katechisten, seid ihr darum bemüht, eure kirchliche Mission in einer Lage auszuüben, die nicht immer leicht ist. Doch gerade aufgrund der Verhältnisse, in denen eure Kirche lebt, läßt sich in ihnen die Arbeit der Apostel dieser Stadt zurückverfolgen. Sowohl der hl. Petrus als auch der hl. Paulus sind mit bescheidenen Mitteln nach Rom gekommen und es wäre nicht verwunderlich gewesen, wenn ihre Stimmen von der überwältigenden Flut der Kultur übertönt worden wären, die die Frohbotschaft des Heils immer noch nicht vernommen hatte. Nichtsdestotrotz hat das Evangelium gesiegt, für das sie Zeugnis abgelegt haben bis zum Vergießen ihres Blutes. Ich lade euch ein, liebe Brüder, aus diesem Besuch an ihren Gräbern Mut zu schöpfen, denn es ist der Ort, an dem sie in ihrer Schwäche ihre Eroberer eroberten. Möge euer Vertrauen in die Zukunft nicht nur auf euren eigenen Anstrengungen beruhen. So werdet ihr mit den Worten des hl. Paulus sagen können: „Viel lieber also will ich mich meiner Schwachheit rühmen, damit die Kraft Christi auf mich herabkommt ...; denn wenn ich schwach bin, dann bin ich stark" (*2 Kor* 12,9-10).

3. Auf eines der vielen Themen unserer Gespräche zurückkommend, die die Teilkirchen betreffen, denen ihr in Liebe vorsteht, möchte ich euch ermutigen zu euren Bemühungen, die katholische Gemeinschaft in einem Jahrzehnt der Evangelisierung zu leiten, das auf das nächste Jahrtausend vorbereitet. Evangelisierung ist ein außerordentlich reicher Begriff. Wie die letzte Enzyklika *Redemptoris missio* andeutet, ist „Mission ... eine einzige, aber komplexe Wirklichkeit, die sich in verschiedenen Formen entfaltet" (Nr. 41). Während es die fundamentale Funktion der Kirche immer und überall ist, „das Bewußtsein und die Erfahrung der ganzen Menschheit auf das Geheimnis Christi zu lenken" (*Redemptor hominis*, Nr. 10), schließt die Art und Weise, in der dies getan werden muß, eine Unterscheidung der Mittel und Wege ein im Gehorsam gegenüber den Anregungen des Heiligen Geistes. Es liegt in der besonderen Verantwortung der Bischöfe, die richtige Antwort ihrer Gemeinden auf das Gebot Christi zu fördern: „Geht ... und macht Menschen zu Jüngern ... lehrt sie, alles zu befolgen, was ich euch geboten habe" (vgl. *Mt* 28,19-20).
Trotz der Vielschichtigkeit der Evangelisierungsprobleme in eurem Kontinent hat die fünfte Vollversammlung der Föderation Asiatischer Bischofskonferenzen, die im Juli letzten Jahres in Bandung abgehalten wurde, für den Weg der Kirche eine hoffnungsvolle Aussicht geboten. Die Bischöfe stellten fest, daß „mit den Augen des Glaubens betrachtet, diese Schwierigkeiten, zusammen mit den Zeichen der Hoffnung, die sie begleiten, ebensoviele Herausforderungen an die Mission darstellen"

(*Schlußdokument*, III, 3.0). Ich möchte euch ermuntern, dieselbe positive Einstellung zu haben und zu versuchen, die geeigneten Wege zu finden, um jenen das Evangelium nahezubringen, die eurer Sorge anvertraut sind.

4. Es ist unmöglich, über das Leben und die Mission der christlichen Gemeinschaft in eurem Land nachzudenken, ohne sich darüber klarzuwerden, wie wichtig es ist, durch Wort und Tat Zeugnis abzulegen für die wahren Werte des Evangeliums. Die große Mehrheit eurer Mitbürger folgt jener Form des Buddhismus, die „das kleine Fahrzeug" genannt wird, und ihre religiösen Traditionen durchdringen das gesamte Leben der Gesellschaft. Sie sind empfänglich für eine geistige Haltung, die Wert legt auf Verzicht, Hingabe seiner Selbst und friedliche Beziehungen zu allen, Werte, die ihre volle Verwirklichung im Leben unseres Heilands finden. Entäußerte sich unser Herr Jesus Christus nicht, als er wie ein Sklave wurde (vgl *Phil* 2,6)? Ist er nicht vom Vater gesandt worden, „den Armen eine gute Nachricht zu bringen" (vgl. *Lk* 4,18) und „um zu suchen und zu retten, was verloren ist" (*Lk* 19,10)? Ist diese erhabene Botschaft von der demütigen Achtung des göttlichen Willens und der selbstlosen Liebe zum geringsten unserer Brüder und Schwestern nicht in den Seligpreisungen, dem Neuen Gebot in der Bergpredigt zusammengefaßt (vgl. *Mt* 5,3-10)? Wenn ihr in eurer Heimat jenen das Antlitz des Erlösers zeigt, die ihn noch nicht kennen, beschleunigt ihr die Ankunft des Tages, da sie ihn finden werden, nach dem sich ihre Herzen gesehnt haben. Wenn ihr ihnen Christus zeigt, eröffnet ihr ihnen „den Weg, die Wahrheit und das Leben" (vgl. *Joh* 14,6), die alle Gegensätze und Einschränkungen überwinden. Dies geschieht nicht durch Verneinung oder Ausmerzung von Unterschieden, sondern durch die Einheit in der Liebe Gottes, die als freie Gabe des Geistes geschenkt wird. Indem ihr Christus predigt, beschleunigt ihr die Ankunft des Tages, nach dem sich Christus selbst sehnt. Er beruft alle Völker zu seiner Braut, der Kirche, so daß er, der Bräutigam, in weit umfassender liebender Umarmung eine Einheit herstellt, in der die vielen ohne Verlust an Identität eins werden (vgl. *Eph* 5,23-32 und *Lumen Gentium*, Nr. 6 und Nr. 13; vgl. auch Kongregation für die Glaubenslehre, *Brief an die Bischöfe der katholischen Kirche über einige Aspekte der christlichen Meditation*, 12-15).
Dieser großen Herausforderung zur Zusammenarbeit im Werk des Heiligen Geistes, der alle zu Christus leiten will, muß in erster Linie von euch Bischöfen, den Priestern und den Ordensleuten eurer Diözesen entsprochen werden, von jedem in Übereinstimmung mit seiner oder ihrer Berufung in der Kirche. Daher möchte ich euch dazu ermutigen, der Pastoralsorge der Berufungen und der Ausbildung eurer Priester und Ordensleute äußerste Aufmerksamkeit zu schenken. Das Nationale Große Seminar muß eine der Hauptbelange eurer Konferenz sein. Trotz der Einschränkungen, die ihr sehr wohl kennt, müssen kontinuierliche Anstrengungen unternommen werden, um das Niveau der Formation anzuheben. Ich hoffe außerdem, daß den Anwärtern auf das Priesteramt häufiger die Gelegenheit geboten wird, an den kirchlichen Universitäten außerhalb von Myanmar vorbereitet zu werden.

6. Wir erkennen auch, daß den Laien, insbesondere in ihren Familien und am Arbeitsplatz, eine unentbehrliche Rolle zukommt bei der Gestaltung der Gesellschaft in Einklang mit dem Evangelium. Daher benötigen sie die ständige Unterstützung ihrer Hirten. Sie benötigen die Ausbildung im Glauben, damit sie die innere Stärke für das christliche Leben bewahren und die Gründe für die Hoffnung, die in ihnen ist, stets, wie der Verfasser des *1. Petrusbriefes* schreibt, mit Freundlichkeit und Ehrerbietung (vgl. 3,15) bekanntmachen. Ich freue mich, daß ihr viel dafür tut, die katechetische Ausbildung von Laienführern in euren Gemeinden zu sichern, und daß ihr besonderes Augenmerk auf kompetente junge Leute richtet, wie die „Heimmissionare", oder die „kleinen Evangelisierer", die das Wort Gottes auch in weit entfernt liegende Gebiete bringen oder zu ihren Zeitgenossen, die sonst nicht von der Kirche erreicht würden. Eure katholischen Vereinigungen sind zahlreich und eifrig. Für all diese hochherzigen Katholiken bitte ich Gott um Vermehrung der Liebe und um seinen Schutz.

Die Erwähnung der Rolle der Laien in der evangelisierenden Gesellschaft erinnert an die Aussage der kürzlich veröffentlichten Enzyklika *Centesimus annus*, daß „der Soziallehre [der Kirche] die Bedeutung eines Instrumentes der Glaubensverkündigung zukommt" (Nr. 54), gerade weil sie sich mit allem Menschlichen im Licht des Geheimnisses von Gottes Heilsplan für die Welt beschäftigt. „In diesem und nur in diesem Licht befaßt sie [die Kirche] sich mit den anderen Fragen: mit den Menschenrechten jedes einzelnen, insbesondere des ‚Proletariats', mit Familie und Erziehung, mit den Aufgaben des Staates, mit der nationalen und internationalen Ordnung, mit dem Wirtschaftsleben, der Kultur, mit Krieg und Frieden, mit der Achtung des Lebens vom Zeitpunkt der Empfängnis bis zum Tod" (*ebd.*).

Die Kirche lehrt die Forderungen der Gerechtigkeit und sucht die Durchführung der Gerechtigkeit auf jeder Ebene der Gesellschaft, nicht aus irgendeinem rein zeitlichem Beweggrund, sondern zum wahren Wohl der Einzelpersonen im Hinblick auf ihre transzendente Bestimmung. Die Bemühungen der Kirche im Bereich der ganzheitlichen menschlichen Entfaltung ist vor allem ein Werk der Liebe und der Errichtung einer „Kultur der Liebe": der Liebe, mit der Jesus Christus sich selbst für uns hingab (vgl. *Eph* 5,2), der Liebe, die er in seinem irdischen Leben bewies, als er tiefes Mitgefühl für die Menschen empfand (vgl. *Mt* 9,36). Das *Schlußdokument der Versammlung in Bandung* stellt fest, daß die Kirche ausgesandt wurde, „den asiatischen Völkern in ihrer Suche nach Gott und einem besseren menschlichen Leben zu dienen; Asien zu dienen ... wie es Christus selbst getan hat, der nicht gekommen ist, um sich dienen zu lassen, sondern um zu dienen und sein Leben hinzugeben als Lösegeld für viele (*Mk* 10,45), um im Gespräch mit den asiatischen Völkern und der asiatischen Wirklichkeit zu erkennen, welche Taten der Herr erwartet, damit die ganze Welt in Harmonie als eine Familie zusammengeführt wird" (vgl. III 6,3). Ich weiß, daß dies eure Lebensweise ist, daß ihr den Armen und Notleidenden nahe seid. Obschon ihr euch nicht größeren Projekten des Sozialdienstes widmen könnt, steht eure Tür Witwen und Waisen, alten Menschen und Behinderten stets offen, damit das Licht der Liebe Christi auch in ihrem Leben aufleuchten kann.

7. Liebe Brüder im Bischofsamt, wenn ihr zu eurem Volk zurückkehrt, nehmt aufs neue die Überzeugung mit, daß Christus euch als Botschafter und Zeugen aussendet. Mögt ihr selbst „in eurem Geist und Sinn erneuert werden" (vgl. *Eph* 4,23)! Verliert niemals den Mut, welche Schwierigkeiten auch immer euer Amt belasten. Seid eine Quelle der Anregung und der Ermutigung für eure Priester. Unterstützt die Ordensleute, die mit euch gemeinsam Sorge tragen um das Volk Gottes. Seid allen Gläubigen ein Beispiel christlichen Lebens. Und seid versichert, daß ich täglich im Gebet vor dem Herrn an euch denke, damit ihr „vom Geist erfüllt ... Gott, dem Vater, jederzeit Dank sagt für alles im Namen Jesu Christi, unseres Herrn" (vgl. *Eph* 5,18.20).

Möge die Muttergottes auf euch blicken und Fürsprache einlegen für den Frieden und die Versöhnung, die eure Nation braucht. Als Beweis meiner geistigen Nähe erteile ich allen katholischen Gläubigen in Myanmar meinen Apostolischen Segen.

V.

Erklärungen der Kongregationen

Dialog und Verkündigung

Überlegungen und Orientierungen zum Interreligiösen Dialog und zur Verkündigung des Evangeliums Jesu Christi; Päpstlicher Rat für den Interreligiösen Dialog - Kongregation für die Evangelisierung der Völker vom 19. Mai

Einführung

25 Jahre nach „Nostra aetate"

1. Es ist 25 Jahre her, daß *Nostra aetate*, die Erklärung des Zweiten Vatikanischen Konzils über das Verhältnis der Kirche zu den nichtchristlichen Religionen, veröffentlicht wurde. Das Dokument unterstrich die Bedeutung des interreligiösen Dialogs. Gleichzeitig brachte es in Erinnerung, daß die Kirche dazu verpflichtet ist, Christus, den Weg, die Wahrheit und das Leben, in dem alle Menschen ihre Erfüllung finden, unablässig zu verkünden (vgl. *NA* 2).

folgt einem Dokument zu Dialog und Mission

2. Um den Dialog zu fördern, richtete Papst Paul VI. 1964 das Sekretariat für die Nichtchristen ein, das kürzlich umbenannt wurde in „Päpstlicher Rat für den Interreligiösen Dialog". Gemäß dem Beschluß der Vollversammlung von 1984 gab das Sekretariat ein Dokument mit dem Titel: *„Die Haltung der Kirche gegenüber den Anhängern anderer Religionen: Gedanken und Weisungen"* heraus. Dieses Dokument stellt fest, daß der Evangelisierungsauftrag der Kirche eine „einheitliche, aber komplexe und ausgeprägte Wirklichkeit" darstellt. Es weist auf die wesentlichen Elemente dieser Mission hin: Präsenz und Lebenszeugnis; Einsatz im Dienst an sozialer Entwicklung und menschlicher Befreiung; liturgisches Leben, Gebet und Kontemplation; interreligiöser Dialog und schließlich Verkündigung und Katechese.[1] Verkündigung und Dialog werden beide, je an ihrem Ort, als sich ergänzende Elemente und authentische Formen des einen Evangelisierungsauftrages der Kirche betrachtet. Sie wollen beide die Heilswahrheit mitteilen.

ein Dokument über Dialog und Verkündigung.

3. Das vorliegende Dokument stellt weitere Überlegungen zu den eben genannten Elementen an. Es führt zuerst die Charakteristika beider auf und betrachtet dann ihr Verhältnis zueinander. Wenn der Dialog zuerst behandelt wird, geschieht das nicht, weil ihm im Vergleich mit der Mission Priorität zukäme, sondern weil der Dialog das primäre Anliegen des Päpstlichen Rates für den Interreligiösen Dialog ist, der die Erarbeitung dieses Dokuments veranlaßt hat. Tatsächlich wurde das Dokument

1 *Dialog und Mission*: Gedanken und Weisungen über die Haltung der Kirche gegenüber den Anhängern anderer Religionen. In: *O. R. dt.*, 14, 1984, 34/35, S. 10 f. Im folgenden mit *DM* abgekürzt.

schon auf der Vollversammlung des Sekretariats im Jahre 1987 diskutiert. Deren Anmerkungen und weitere Konsultationen führten zu diesem Text, der von der Vollversammlung des Päpstlichen Rates für den Interreligiösen Dialog im April 1990 fertiggestellt und angenommen wurde. Während dieser Phase arbeiteten der Päpstliche Rat für den Interreligiösen Dialog und die Kongregation für die Evangelisierung der Völker eng zusammen, und es sind diese beiden Einrichtungen, die ihre Überlegungen der Gesamtkirche zur Verfügung stellen.

Das Thema ist von Belang

4. Unter den Gründen, die das Verhältnis von Dialog und Verkündigung zu einem relevanten Studienthema machen, sind folgende hervorzuheben:

in einer pluralistischen Welt,

a) In der Welt von heute, die von der Schnelligkeit der Kommunikationsmöglichkeiten, der Mobilität der Menschen und den gegenseitigen Abhängigkeiten geprägt ist, entsteht ein neues Bewußtsein von der Pluralität der Religionen. Religionen existieren nicht bloß oder überleben einfach. In einigen Fällen geben sie ein deutliches Zeichen ihres Wiederauflebens. Sie begeistern und beeinflussen weiterhin das Leben von Millionen ihrer Anhänger. Zumal angesichts des gegenwärtigen religiösen Pluralismus kann die wichtige Rolle, die die religiösen Traditionen spielen, nicht übersehen werden.

in der dem Dialog mit Zurückhaltung begegnet wird

b) Der interreligiöse Dialog zwischen Christen und Anhängern anderer religiöser Traditionen, wie ihn sich das Zweite Vatikanische Konzil vorgestellt hatte, trifft nur allmählich auf entsprechendes Verständnis. Seine konkrete Umsetzung verzögert sich vielerorts. Die Situation ist von Land zu Land verschieden. Sie kann abhängen von der Größe der christlichen Gemeinde, auf die andere religiöse Traditionen einwirken, aber auch von verschiedenen anderen kulturellen, sozialen und politischen Umständen. Eine weitere Untersuchung der Frage könnte dazu beitragen, den Dialog zu beflügeln.

und Fragen gestellt werden.

c) Die konkrete Umsetzung des Dialogs wirft im Bewußtsein vieler Menschen Probleme auf. Da sind auf der einen Seite diejenigen, die irrtümlicherweise scheinen glauben zu wollen, innerhalb der heutigen kirchlichen Mission solle der Dialog einfach die Verkündigung ersetzen. Auf der anderen Seite sehen manche Menschen überhaupt nicht den Wert des interreligiösen Dialogs. Andere wiederum sind verwundert und fragen: Wenn der interreligiöse Dialog so bedeutsam geworden ist, hat dann die Verkündigung der Botschaft des

Evangeliums ihre Dringlichkeit verloren? Ist das Bemühen, Menschen der Gemeinschaft der Kirche zuzuführen, zweitrangig oder sogar überflüssig geworden? Daher bedarf es einer lehramtlichen und pastoralen Orientierungshilfe, zu der dieses Dokument einen Beitrag leisten möchte, ohne den Anspruch erheben zu wollen, die vielen komplexen Fragen, die in diesem Zusammenhang auftauchen, vollständig zu beantworten.

Als sich dieser Text in der Schlußphase der Redaktion befand, wandte sich der Heilige Vater, Papst Johannes Paul II., mit seiner Enzyklika *Redemptoris missio* an die Kirche, worin er diese und andere Fragen ansprach. Das vorliegende Dokument führt die Lehre der Enzyklika über den Dialog und seine Beziehung zur Verkündigung (vgl. *RM* Nr. 55-57) detaillierter aus. Es sollte daher im Licht dieser Enzyklika gelesen werden.

Der Gebetstag um Frieden in Assisi

5. Der Weltgebetstag um Frieden in Assisi, der am 27. Oktober 1986 auf Initiative von Papst Johannes Paul II. stattfand, bildet einen weiteren Anhaltspunkt der Überlegung. Der Heilige Vater erläuterte die Bedeutung der Feier von Assisi sowohl an jenem Tag selbst als auch später, insbesondere in seiner Botschaft an die Kardinäle und die Römische Kurie im Dezember 1986. Er unterstrich die grundlegende Einheit der Menschheit in ihrem Ursprung und ihrer Bestimmung sowie die Rolle der Kirche als ein wirksames Zeichen dieser Einheit. Er stellte eindrucksvoll die Bedeutung des interreligiösen Dialogs heraus, während er gleichzeitig die Pflicht der Kirche, der Welt Jesus Christus zu verkündigen, betonte.[2]

und die Ermutigung durch Papst Johannes Paul II.

6. Im folgenden Jahr erklärte Papst Johannes Paul II. in seiner *Grußbotschaft an die Mitglieder der Vollversammlung des Päpstlichen Rates für den Interreligiösen Dialog*: „Gerade weil der interreligiöse Dialog ein Element der Mission der Kirche darstellt, bildet die Verkündigung vom Heilshandeln Gottes in unserem Herrn Jesus Christus ein weiteres Element ... Es kann daher keine Rede davon sein, das eine zu tun und das andere zu vernachlässigen oder gar abzulehnen."[3] Der Hinweis des Papstes ermutigt uns, dem hier gestellten Thema weitere Aufmerksamkeit zu widmen.

---

2 *Insegnamenti di Giovanni Paolo II*, Vol. IX, 2, 1986, S. 1249-1273; 2019-2029. Vgl. *Bulletin Secretariatus pro non Christianis*, 1987, 1, Nr. 64, in deutscher Sprache finden sich die *Ansprachen des Papstes zum Weltgebetstag für den Frieden in Assisi* in: *O. R. dt.*, 16, 1986, 44 bzw.16, 1986, 45, Beilage XXIX.

3 *Insegnamenti di Giovanni Paolo II*, Vol. X, 1, 1987, S. 1449-1452; vgl. *Bulletin*, 1987, 3, Nr. 66, S. 223-225.

sind weitere Anreize, das Thema aufzugreifen.

7. Dieses Dokument richtet sich an alle Katholiken, besonders an jene, die eine führende Position in der Gesellschaft innehaben oder die in der Bildungsarbeit engagiert sind. Es bietet sich auch jenen Christen zur Erwägung an, die anderen Kirchen oder kirchlich verfaßten Gemeinschaften angehören und die selbst schon über diese vom Dokument angesprochenen Fragen nachgedacht haben.[4] Es ist zu hoffen, daß ihm auch Anhänger anderer religiöser Traditionen Aufmerksamkeit schenken.

Begriffe werden geklärt:

Bevor der weitere Gedankengang entwickelt wird, erscheint es sinnvoll, die Begriffe, die in diesem Dokument gebraucht werden, zu klären.

Evangelisierung,

8. Der Begriff „Evangelisierungsauftrag" oder einfacher „Evangelisierung" bezieht sich auf die Mission der Kirche in ihrer Gesamtheit. In dem Apostolischen Schreiben *Evangelii nuntiandi* wird der Begriff Evangelisierung in verschiedener Weise benutzt. Er bedeutet, „die Frohbotschaft in alle Bereiche der Menschheit zu tragen und sie durch deren Einfluß von innen her umzuwandeln und die Menschheit selbst zu erneuern" (*EN* 18). Durch die Evangelisierung also „sucht die Kirche allein durch die göttliche Kraft der Botschaft, die sie verkündet, zugleich das persönliche und kollektive Bewußtsein der Menschen, die Tätigkeit, in der sie sich engagieren, ihr konkretes Leben und jeweiliges Milieu umzuwandeln" (*ebd.*, 18). Die Kirche vervollständigt ihren Evangelisierungsauftrag durch eine Reihe von Aktivitäten. Es liegt also ein ausführliches Konzept von Evangelisierung vor. Gerade in dem besagten Dokument wird Evangelisierung auch in seiner engeren Bedeutung der „klaren und eindeutigen Verkündigung des Herrn Jesus Christus" (*EN* 22) verstanden. Das Schreiben stellt fest, daß „die Verkündigung - Predigt oder Katechese - in der Evangelisierung einen solchen Platz einnimmt, daß sie oft mit ihr gleichbedeutend geworden ist, während sie tatsächlich nur einer der Aspekte von Evangelisierung ist" (*EN* 22). In dem vorliegenden Dokument wird der Begriff Evangelisierungsauftrag für Evangelisierung im weiteren Sinn gebraucht, während die engere, spezifischere Bedeutung sich in dem Begriff der Verkündigung ausdrückt.

Dialog,

9. Der Dialog kann auf verschiedene Weise verstanden werden. Zunächst meint er auf rein menschlicher Ebene reziproke Kommunikation, die zu einem gemeinsamen

---

4 *Guidelines on Dialogue with people of Living Faiths and Ideologies.* World Council of Churches: Genf, 1979; *Mission and Evangelism – an Ecumenical Affirmation. In: International Review of Mission*, 1982, 71, S. 427-451.

Ziel oder, noch tiefer verstanden, zu zwischenmenschlicher Gemeinschaft führt. Zum zweiten kann Dialog als eine Haltung des Respekts und der Freundschaft aufgefaßt werden, eine Haltung also, die all jene Tätigkeiten durchdringt oder durchdringen sollte, welche den Evangelisierungsauftrag der Kirche wesentlich mittragen.

Diese Haltung kann zu Recht als „Geist des Dialogs" bezeichnet werden. Zum dritten meint Dialog, und dies nun besonders im Kontext eines religiösen Pluralismus, alle „positiven und konstruktiven interreligiösen Beziehungen mit Personen und Gemeinschaften anderen Glaubens, um sich gegenseitig zu verstehen und einander zu bereichern" (*DM* 3), und zwar im Gehorsam gegenüber der Wahrheit und im Respekt vor der Freiheit. Dies beinhaltet sowohl gegenseitige Zeugnisgabe wie auch die Entdeckung der jeweils anderen religiösen Überzeugungen. In dieser dritten Bedeutung benutzt das vorliegende Dokument den Begriff Dialog, um so eines der wesentlichen Elemente des Evangelisierungsauftrages der Kirche zu kennzeichnen.

Verkündigung,

10. Verkündigung ist die Weitergabe der Botschaft des Evangeliums, des Geheimnisses des von Gott für alle in Jesus Christus durch die Kraft des Heiligen Geistes gewirkten Heiles. Sie ist eine Einladung, sich durch den Glauben an Jesus Christus zu binden und durch die Taufe in die Gemeinschaft der Gläubigen, in die Kirche, einzutreten.

Diese Verkündigung kann feierlich und öffentlich geschehen, wie z. B. am Pfingsttag (vgl. *Apg* 2,5-41), oder als eine einfache, privat vollzogene Bekehrung (vgl. *Apg* 8,30-38). Sie führt in jedem Fall zur Katechese, die auf die Vertiefung des Glaubens hinzielt. Die Verkündigung ist Grundlage, Zentrum und Höhepunkt der Evangelisierung (vgl. *EN* 27).

Bekehrung,

11. Die Vorstellung von Bekehrung umfaßt immer eine allgemeine Hinwendung zu Gott, „eine demütige und reuevolle Umkehr des Herzens zu Gott, in dem Verlangen, ihm das eigene Leben hochherziger zu unterstellen" (*DM* 37). Genauer kann sich die Bekehrung auch auf den Wechsel der Religionszugehörigkeit beziehen und noch spezieller die Annahme des christlichen Glaubens meinen. Wird der Begriff in diesem Dokument benutzt, so zeigt der Kontext den beabsichtigten Inhalt an.

Religionen und religiöse Traditionen.

12. Die Begriffe Religionen und religiöse Traditionen sind hier in einem allgemeinen und analogen Sinne verwendet. Sie meinen jene Religionen, welche, wie das Chri-

stentum, gewöhnlicherweise auf den Glauben Abrahams[5] zurückgeführt werden, daneben aber ebenso die religiösen Traditionen Asiens, Afrikas und anderer Regionen.

13. Der interreligiöse Dialog sollte auf alle Religionen und deren Anhänger ausgeweitet werden. Dieses Dokument wird jedoch nicht den Dialog mit den Anhängern neuer religiöser Bewegungen zum Thema haben, und zwar aufgrund der unterschiedlichen Situationen, welche diese Bewegungen erkennen lassen, sowie der notwendigen Unterscheidung von humanen und religiösen Werten, die eine jede dieser Bewegungen beinhaltet.[6]

I. Interreligiöser Dialog

A. Ein christlicher Zugang zu den religiösen Traditionen

Religiöse Traditionen werden positiv gesehen

14. Eine gerechte Würdigung der anderen religiösen Traditionen setzt normalerweise den engen Kontakt mit ihnen voraus. Dies beinhaltet neben der theoretischen Kenntnis praktische Erfahrung im interreligiösen Dialog mit den Anhängern dieser Traditionen.

Nichtsdestoweniger ist es ohne Zweifel richtig, daß eine korrekte theologische Wertung dieser Traditionen, zumindest im großen und ganzen, eine notwendige Voraussetzung des interreligiösen Dialogs darstellt. Diesen Traditionen hat man sich mit großem Einfühlungsvermögen und unter Berücksichtigung der geistlichen und menschlichen Werte, die sie umfassen, zu nähern. Sie fordern unseren Respekt, denn sie geben über die Jahrhunderte hinweg Zeugnis von dem Bemühen, Lösungen zu finden „für die tiefen Rätsel des menschlichen Daseins" (*NA* 1) und sie haben der religiösen Erfahrung und den Belangen von Millionen ihrer Anhänger Ausdruck verliehen und tun es noch heute.

durch das Zweite Vatikanische Konzil,

15. Das Zweite Vatikanische Konzil hat die Richtlinien für eine solch positive Einschätzung gesetzt. Die genaue Bedeutung dessen, was das Konzil bekräftigt, muß sorgfältig und genau sichergestellt werden. Das Konzil bekräftigt die überkommene

---

5 Aufgrund des umfänglichen den Christen und Juden gemeinsamen geistlichen Erbes hat der Dialog zwischen Christen und Juden seine eigenen, besonderen Erfordernisse. Auf sie wird in diesem Dokument nicht eingegangen; des genaueren vgl.: *Richtlinien für die religiösen Beziehungen mit Juden*. 1.12.1974; *Anmerkungen zu einer angemessenen Darstellung der Juden und des Judentums in der katholischen Predigt und Katechese*. 24.6.1985.

6 Die Frage der neuen religiösen Bewegungen wurde in einem kürzlich von den Päpstlichen Räten zur Förderung der Einheit der Christen, für den Interreligiösen Dialog, für den Dialog mit den Nichtglaubenden und für die Kultur gemeinsam veröffentlichten Dokument behandelt. Vgl. für das franz. Original: *La documentation Catholique*. 1.6.1986, 1919.

Lehre der Tradition, gemäß der die Erlösung in Jesus Christus in geheimnisvoller Weise eine Wirklichkeit darstellt, die allen Menschen guten Willens offensteht. Ihren klaren Ausdruck findet diese grundlegende Überzeugung des Zweiten Vatikanischen Konzils in der Konstitution *Gaudium et spes*. Das Konzil lehrt, daß Christus, der Neue Adam, durch das Geheimnis seiner Inkarnation, seines Todes und der Auferstehung, in jedem Menschen am Werk ist, um die innere Erneuerung zu bewerkstelligen.

„Das gilt nicht für die Christgläubigen, sondern für alle Menschen guten Willens, in deren Herzen die Gnade unsichtbar wirkt. Da nämlich Christus für alle gestorben ist, und da es in Wahrheit nur eine letzte Berufung des Menschen gibt, die göttliche, müssen wir festhalten, daß der Heilige Geist allen die Möglichkeit anbietet, diesem österlichen Geheimnis in einer Gott bekannten Weise verbunden zu sein" (*GS* 22).

das in ihnen Spuren der Gnade Gottes findet,

16. Das Konzil geht noch weiter. Indem es sich Sicht und Terminologie einiger früher Kirchenväter zu eigen macht, spricht es in *Nostra aetate* davon, daß diese Religionen „nicht selten einen Strahl jener Wahrheit erkennen lassen, die alle Menschen erleuchtet" (*NA* 2). *Ad gentes* erkennt „Saatkörner des Wortes" an und verweist auf die „Reichtümer, die der freigebige Gott unter den Völkern verteilt hat" (*AG* 11). *Lumen Gentium* wiederum bezieht sich auf den „Samen des Guten" nicht nur „in Herz und Geist", sondern auch „in den Riten und Kulturen der Völker" (*LG* 17).

als Handeln des Heiligen Geistes,

17. Diese wenigen Zitate mögen genügen, um zu zeigen, daß das Konzil ganz offensichtlich nicht nur im religiösen Leben einzelner Gläubiger dieser Religionen positive Werte anerkennt, sondern auch in den religiösen Traditionen selbst, denen sie angehören. Es leitet diese Werte aus der tätigen Gegenwart Gottes in seinem Wort ab, nicht ohne auf das universale Handeln des Geistes hinzuweisen: „Ohne Zweifel", bekräftigt *Ad gentes*, „wirkte der Heilige Geist schon in der Welt, ehe Christus verherrlicht wurde" (*AG* 4). Daraus wird ersichtlich, daß jene Elemente, indem sie gleichsam auf das Evangelium vorbereiten, eine providentielle Rolle innerhalb der göttlichen Heilsökonomie spielten und noch spielen. Diese Erkenntnis zwingt die Kirche zu „Dialog und Zusammenarbeit" (*NA* 2; *GS* 92-93): „Deshalb mahnt sie ihre Söhne, daß sie mit Klugheit und Liebe, durch Gespräch und Zusammenarbeit mit den Bekennern anderer Religionen sowie durch ihr Zeugnis des christlichen Glaubens und Lebens jene geistlichen und sittlichen Güter und auch die sozio-kulturellen Werte, die sich bei ihnen finden, anerkennen, wahren und fördern" (*NA* 2).

und dazu die Rolle kirchlichen Handelns betont.

18. Das Konzil war sich der Notwendigkeit des missionarischen Handelns in der Kirche, das auf die Vervollkommnung dieser Elemente der anderen Religionen in Christus hinzielt, wohl bewußt. Das Konzil stellt sehr deutlich fest: „Was immer aber an Wahrheit und Gnade schon bei den Heiden sich durch eine Art von verborgener Gegenwart Gottes findet, befreit sie von der Ansteckung durch das Böse und gibt es ihrem Urheber Christus zurück, der die Herrschaft des Teufels zerschlägt und die vielfältige Bosheit üblen Tuns in Schranken hält. Was an Gutem in Herz und Sinn der Menschen oder auch in den jeweiligen Riten und Kulturen der Völker keimhaft angelegt sich findet, wird folglich nicht bloß nicht zerstört, sondern gesund gemacht, über sich hinausgehoben und vollendet zur Herrlichkeit Gottes, zur Beschämung des Satans und zur Seligkeit des Menschen" (*AG* 9).

Die Geschichte der göttlichen Heilstaten

19. Das Alte Testament bezeugt, daß von Anbeginn der Schöpfung Gott mit allen Völkern einen Bund schloß (vgl. *Gen* 1-11). Das beweist, daß es nur eine Heilsgeschichte für die ganze Menschheit gibt. Der Bund mit Noah, dem Mann, der „seinen Weg mit Gott" ging (*Gen* 6,9), steht symbolisch für den göttlichen Eingriff in die Geschichte der Völker. Nicht-israelitische Personen des Alten Testamentes werden im Neuen Testament als zu dieser einen Heilsgeschichte gehörend betrachtet. Abel, Henoch und Noah werden als Vorbilder im Glauben herausgestellt (vgl. *Hebr* 11,4-7). Sie wußten um Ihn, sie beteten Ihn an und glaubten an den einen, wahren Gott, der identisch ist mit dem Gott, der sich Abraham und Moses offenbarte. Der heidnische Hohepriester Melchisedek segnet Abraham, den Vater aller Glaubenden (vgl. *Hebr* 7,1-17). Diese Heilsgeschichte sieht in Jesus Christus, in dem der neue und unwiderrufliche Bund für alle Völker geschlossen wurde, ihre endgültige Erfüllung.

dehnt sich über den Kreis des erwählten Volkes aus auf alle Nationen.

20. Das religiöse Bewußtsein Israels wird durch die tiefe Überzeugung von seinem einzigartigen Status als Gottes auserwähltem Volk charakterisiert. Diese Wahl, die begleitet wird von einem Prozeß der Erziehung und der fortwährenden Ermahnung zur Reinerhaltung des Monotheismus, begründet seine Mission. Die Propheten bestehen unaufhörlich auf der vom Glauben getragenen Treue zum einen, wahren Gott und verkünden den prophezeiten Messias. Und gerade diese Propheten eröffnen zumal in der Exilzeit die universale Sicht, in der Gottes Rettung über und durch Israel übergreift auf alle Völker. So prophezeit Jesaia, daß am Ende der Tage die Nationen zum Hause Gottes strömen werden und sagen werden: „Kommt, wir ziehen hinauf zum Berg des Herrn und zum Haus des Gottes Jakobs. Er zeige uns seine Wege, auf seinen Pfaden wollen wir gehen" (*Jes* 2,3). Es wird auch gesagt, „alle

Enden der Erde sehen das Heil unseres Gottes" (*Jes* 52,10). Auch in der Weisheitsliteratur, die vom kulturellen Austausch Israels mit seinen Nachbarn Zeugnis gibt, wird das Handeln Gottes im gesamten Kosmos klar bekräftigt. Es geht über die Grenzen des erwählten Volkes hinaus, um sowohl die Geschichte der Völker als auch das Leben des einzelnen zu berühren.

Jesu universale Sendung

21. Im Neuen Testament bekannte sich Jesus dazu, „zu den verlorenen Schafen des Hauses Israel gesandt" zu sein (*Mt* 15,24), und er verbot seinen Jüngern zunächst, sich den Heiden zuzuwenden. Nichtsdestoweniger entwickelte er eine offene Haltung gegenüber den Männern und Frauen, die nicht zum auserwählten Volk Israel gehörten. Er trat mit ihnen ins Gespräch und anerkannte das Gute in ihnen. Er staunte über die Bereitschaft des römischen Hauptmanns zu glauben und äußerte, daß er bei niemandem in Israel solchen Glauben gefunden habe (vgl. *Mt* 8,5-13). Er wirkte Wunderheilungen an Fremden (vgl. *Mk* 7,24-30) zum Zeichen für das Kommen des Reiches Gottes. Er unterhielt sich mit der Samariterin und sprach zu ihr über eine Zeit, in der die Anbetung Gottes nicht mehr auf einen bestimmten Ort begrenzt sein wird, sondern „die wahren Beter den Vater anbeten werden im Geist und in der Wahrheit" (*Joh* 4,23). Jesus hat uns folglich über der rein örtlichen eine neue Sichtweise eröffnet, hin zu einer gleichermaßen christologischen wie pneumatologischen Universalität. Somit ist der neue Tempel jetzt der Leib des Herrn (vgl. *Joh* 2,21), den der Vater in der Kraft des Geistes auferweckt hat.

kündigte Gottes Herrschaft an,

22. Jesu Botschaft schließlich, die von seinem Leben bezeugt wird, lautet, daß in seiner Person das Reich Gottes in dieser Welt anbrechen wird. Zu Anfang seines öffentlichen Wirkens, in Galiläa, kann er sagen: „Die Zeit ist erfüllt, das Reich Gottes ist nahe." Und er nennt auch die Bedingungen für den Eintritt in dieses Reich: „Kehrt um, und glaubt an das Evangelium!" (*Mk* 1,15). Diese Botschaft ist nicht allein auf jene beschränkt, die zum auserwählten Volk gehören. Jesus kündigte in der Tat ausdrücklich an, daß auch die Heiden in das Reich Gottes (vgl. *Mt* 8,10-11; 11,20-24) eingingen, in ein Reich, das gleichzeitig geschichtlich und endzeitlich zu verstehen ist. Es ist sowohl das Reich des Vaters, für dessen Anbruch gebetet werden muß (vgl. *Mt* 6,10), als auch Jesu eigenes Reich, insofern sich Jesus selbst öffentlich zum König erklärt hat (vgl. *Joh* 18,33-37). So erhalten wir in der Tat in Jesus Christus, dem menschgewordenen Sohn Gottes, die Fülle der Offenbarung und der Rettung und die Erfüllung der Sehnsüchte der Völker.

die alle Völker umfaßt.

23. Zitate aus dem Neuen Testament bezüglich des religiösen Lebens und der religiösen Tradition der Heiden mögen widersprüchlich erscheinen, können aber auch als einander ergänzend angesehen werden. Da ist einerseits das Verdikt des Römerbriefs über jene Menschen, die Gott nicht in seiner Schöpfung erkennen und der Götzenanbetung und sittlichen Verdorbenheit verfallen sind (vgl. *Röm* 1,18-32). Anderseits bezeugt die *Apostelgeschichte* die positive und offene Haltung des Paulus gegenüber den Heiden, und zwar sowohl in seiner Rede an die Leute aus Lykaonien (vgl. *Apg* 14,8-18) wie auch in seiner Areopagrede in Athen, in der er ihren religiösen Geist pries und ihnen den, den sie unwissend als den „unbekannten Gott" verehrten, ankündigte (vgl. *Apg* 17,22-34). Es sollte auch nicht vergessen werden, daß die weisheitliche Tradition im Neuen Testament auf Jesus Christus als der Weisheit Gottes angewandt wird, insofern Christus als das Wort Gottes jeden Menschen erleuchtet (vgl. *Joh* 1,9) und durch seine Inkarnation sein Zelt unter uns aufgeschlagen hat (vgl. *Joh* 1,13).

Die Kirchenväter

24. Auch die nachbiblische Tradition enthält widersprüchliche Hinweise. Negative Urteile über die religiöse Welt ihrer Zeit können leicht aus allen Schriften der Kirchenväter zusammengestellt werden. Dennoch zeigt gerade die frühe Zeit eine bemerkenswerte Offenheit. Eine Reihe der Kirchenväter greift die Tradition der Weisheitsliteratur, die sich im Neuen Testament widerspiegelt, wieder auf. Insbesondere die Autoren des zweiten Jahrhunderts und der ersten Hälfte des dritten Jahrhunderts, wie Justin, Irenäus und Clemens von Alexandrien, sprechen entweder ausdrücklich oder in gleichbedeutender Weise vom „Samen", den das Wort Gottes in die Völker gesät hatte.[7] So kann behauptet werden, daß sich ihrer Meinung nach Gott schon vor und unabhängig von christlichem Zeugnis geoffenbart hat, wenngleich auch in unvollständiger Weise. Diese Offenbarung des Logos ist ein schemenhafter Hinweis auf die volle Offenbarung in Jesus Christus, auf die sie hinzielt.

entwickelten eine Theologie der Geschichte,

25. In der Tat entwickelten die frühen Kirchenväter schon so etwas wie eine Theologie der Geschichte. Geschichte wird zur Heilsgeschichte, insofern sich Gott durch sie stetig offenbart und mit den Menschen ins Gespräch tritt. Dieser Prozeß gött-

---

7 Justin spricht von den „Samenkörnern", die vom Logos in die Religionen gesät sind. Durch die Inkarnation vervollständigt sich die Manifestation des Logos (*1 Apol.* 46,1-4; *2 Apol.* 8,1; 10,1.3; 13,4-6). Für Irenäus hat sich der Sohn, die sichtbare Manifestation des Vaters, der Menschheit von Anbeginn an offenbart; dennoch bringt die Inkarnation etwas vollständig Neues. (*Adv. Haer.*, 4,6,5-7; 4,7,2; 4,20,6-7). Clemens von Alexandrien erklärt, daß die Philosophie den Griechen von Gott wie ein „Vertrag", wie ein „Sprungbrett hin zur Philosophie, die mit Christus übereinstimmt", wie ein „Lehrer", der den hellenistischen Geist zu ihm bringt, gegeben worden sei. (*Stromata* 1,5; 6,8; 7,2).

licher Offenbarung und Kommunikation erreicht seinen Höhepunkt in der Menschwerdung des Gottessohnes in Jesus Christus. Deshalb unterscheidet Irenäus vier „Bundesschlüsse" Gottes mit den Menschen: in Adam, in Noah, in Mose und in Jesus Christus.[8] Derselbe Gedanke der Väterzeit, dessen Bedeutung nicht zu unterschätzen ist, vollendet sich, so kann man sagen, in Augustinus, der in seinem Spätwerk die universale Gegenwart und den Einfluß des Geheimnisses Christi sogar vor der Menschwerdung hervorhob. In Erfüllung seines Heilsplans erreichte Gott in seinem Sohn die ganze Menschheit. Auf diese Weise gab es in gewissem Sinne das Christentum schon „mit dem Beginn der Menschheit".[9]

die vom Lehramt weitergeführt wurde.

26. Auf diese frühchristliche Sichtweise der Geschichte bezog sich das Zweite Vatikanische Konzil. Das Lehramt, besonders unter Papst Johannes Paul II., schritt nach dem Konzil auf diesem Weg voran. Zunächst anerkennt der Papst ausdrücklich die wirksame Gegenwart des Heiligen Geistes im Leben der Mitglieder anderer religiöser Traditionen, so, wenn er in *Redemptor Hominis* von ihrem „festen Glauben" als einer „Wirkung des Geistes der Wahrheit, der über die sichtbaren Grenzen des mystischen Leibes hinaus wirksam ist" (*RH* 6), spricht. In *Dominum et vivificantem* geht er einen Schritt weiter, indem er die Tatsache des universalen Handelns des Geistes in der Welt vor jedem christlichen Zeugnis unterstreicht und an das Wirken dieses Geistes heute, selbst außerhalb des sichtbaren Leibes der Kirche, erinnert (vgl. *DeV* 53).

Papst Johannes Paul II.

27. In seinem *Grußwort an die Römische Kurie nach dem Weltgebetstag für den Frieden in Assisi* unterstrich Papst Johannes Paul II. einmal mehr die universale Gegenwart des Heiligen Geistes, indem er betonte, daß „jedes echte Gebet durch den Heiligen Geist hervorgerufen wird, der im Herzen jedes Menschen geheimnisvoll zugegen ist", sei er nun Christ oder nicht. Aber wieder ging der Papst im weiteren Verlauf seiner Rede über die individuelle Perspektive hinaus und nannte die wichtigsten Gesichtspunkte.

lehrt das Geheimnis der Einheit der Menschheit

28. An erster Stelle steht die Tatsache, daß die gesamte Menschheit aufgrund des gemeinsamen Ursprungs aller Menschen, die von Gott nach seinem Bild geschaffen wurden, eine Familie bildet. Dementsprechend sind alle zu einer gemeinsamen Bestimmung, der Fülle des Lebens in Gott, berufen. Darüber hinaus gibt es nur einen einzigen Heilsplan für die Menschheit, dessen Zentrum Jesus Christus ist, der

---

8 Vgl. *Adv. Haer.*, 3,11,8.

9 *Retract.*, 1,13,3; vgl. *Ennar. in Ps.* 118, (*Sermo* 29,9) 142,3.

sich in seiner „Menschwerdung gewissermaßen mit jedem Menschen vereinigt" (*RH* 13; *GS* 22,2) hat. Schließlich muß die wirkmächtige Gegenwart des Heiligen Geistes im religiösen Leben der Anhänger anderer religiöser Traditionen erwähnt werden. Daraus nun schließt der Papst auf ein „Geheimnis der Einheit", das in Assisi „trotz der Unterschiede in den religiösen Bekenntnissen" augenscheinlich wurde.[10]

und der Einheit des Heils.

29. Aus dem Geheimnis der Einheit folgt, daß alle erlösten Menschen, wenngleich in Verschiedenheit, dennoch an dem einen und selben Geheimnis der Erlösung in Jesus Christus durch den Heiligen Geist teilhaben. Christen wissen das durch ihren Glauben, während anderen unbewußt bleibt, daß Jesus Christus die Quelle ihres Heiles ist. Das Heilsgeheimnis umfaßt auch sie in einer Weise, die nur Gott kennt, und zwar durch die unsichtbare Tätigkeit des Geistes Christi. Konkret heißt das: Die Anhänger anderer Religionen antworten immer dann positiv auf Gottes Einladung und empfangen sein Heil in Jesus Christus, wenn sie in ehrlicher Weise das in ihren religiösen Traditionen enthaltene Gute in die Tat umsetzen und dem Spruch ihres Gewissens folgen. Dies gilt sogar für den Fall, daß sie Jesus Christus nicht als ihren Erlöser erkennen oder anerkennen (vgl. *AG* 3;9;11).

Unterscheidung ist nötig,

30. Die Früchte des Geistes im persönlichen Leben des einzelnen, ob Christ oder nicht, sind leicht voneinander zu unterscheiden (vgl. *Gal* 5,22). Aber in anderen religiösen Traditionen die Spuren der Gnade zu identifizieren, die die Antwort ihrer Anhänger auf Gottes Anruf unterstützt, ist sehr viel schwieriger. Dies verlangt eine Unterscheidung, für die die Kriterien erst erarbeitet werden müssen. Manche aufrichtigen, geisterfüllten Menschen haben sicherlich schon ihren Beitrag zur Entwicklung ihrer jeweiligen religiösen Traditionen beigetragen. Das heißt aber noch nicht, daß alles in ihnen gut ist.

31. Zu sagen, daß andere religiöse Traditionen Spuren der Gnade enthalten, heißt noch nicht, daß alles in ihnen Ergebnis dieser Gnade ist. Da die Sünde in der Welt am Werk ist, spiegeln religiöse Traditionen, ungeachtet ihrer positiven Werte, die Begrenzungen der Menschlichkeit wider und tendieren manchmal zum Bösen. Eine offene und positive Hinwendung zu anderen religiösen Traditionen darf die Widersprüche, die zwischen ihnen und der christlichen Tradition bestehen können, nicht übersehen. Eine solche Hinwendung muß, wenn nötig, erkennen, daß einige grundlegende Aussagen der christlichen Religion und einige Aspekte gewisser Traditionen miteinander unvereinbar sind.

---

[10] *Insegnamenti di Giovanni Paolo II.*, Vol. IX, 2, 1986, S. 2019-2029; s. a. *D.A.S.*, 1986, S. 1670 ff.

und im Dialog sind alle herausgefordert.

32. Dies bedeutet, daß Christen mit einer offenen Einstellung in den Dialog mit den Anhängern anderer Religionen treten und diese im friedvollen Geist immer im Blick auf den Inhalt ihres Glaubens herausfordern sollen. Aber auch Christen müssen sich selbst befragen lassen. Ungeachtet der Erfüllung von Gottes Offenbarung in Jesus Christus mag die Art und Weise, wie Christen manchmal ihre Religion verstehen und praktizieren, der Läuterung bedürfen.

B. Der Ort des interreligiösen Dialogs in der Sendung der Kirche

Die Kirche ist das allumfassende Heilssakrament,

33. Die Kirche ist gottgewollt und von Christus eingesetzt, um in der Fülle der Zeit Zeichen und Werkzeug des göttlichen Heilsplans (vgl. *LG* 1), die Mitte des Geheimnisses Christi zu sein. Sie ist das „allumfassende Heilssakrament" (*LG* 48), sie ist „zum Heile notwendig" (*LG* 14). Der Herr Jesus selbst setzt den Anfang ihrer Mission, „indem er frohe Botschaft verkündigte, die Ankunft nämlich des Reiches Gottes" (*LG* 5).

Same und Beginn des Reiches Gottes,

34. Die Beziehung zwischen der Kirche und dem Reich Gottes ist geheimnisvoll und vielfältig. Wie das Zweite Vatikanische Konzil lehrt, „wird dieses Reich [vor allem] offenbar in der Person Christi selbst". Daher stellt die Kirche, die vom Herrn Jesus Christus den Auftrag zur Verkündigung des Reiches Gottes erhalten hat, „Keim und Anfang dieses Reiches auf Erden" dar. Zugleich „wächst die Kirche allmählich zur Reife heran und streckt sich verlangend aus nach dem vollendeten Reich" (*LG* 5). So „ist das Reich Gottes von der Kirche nicht zu trennen, weil beide von Person und Werk Jesu untrennbar sind. Es ist deshalb unmöglich, die Kirche vom Reich zu trennen, als ob erstere ausschließlich zur unvollkommenen Geschichte gehörte, während zweiteres die eschatologische Erfüllung des göttlichen Heilsplans sei".[11]

und auf sie hin sind alle bezogen.

35. Auf die Kirche als dem Sakrament, in dem das Reich Gottes geheimnisvoll anwesend ist, sind hingeordnet (ordinantur, vgl. *LG* 16) die Anhänger anderer religiöser Traditionen, die, insofern sie auf Gottes Ruf, den sie in ihrem Gewissen empfangen, antworten, in Jesus Christus gerettet werden und somit schon in gewisser Weise an der Wirklichkeit, die Reich genannt wird, teilhaben. Es ist der Auftrag der Kirche, für das „Reich unseres Herrn und seines Gesalbten" (*Offb* 11,15), zu

11 Johannes Paul II., *Discourse to Indian Bishops on „ad limina" visit*, 14.4.1989, AAS 81[1989]1126, und *Bulletin* Nr. 71, 1989, S. 149.

dessen Dienst sie bestellt ist, Sorge zu tragen. Teilweise besteht ihre Aufgabe darin, zu erkennen, daß dieses Reich auch außerhalb der Grenzen der Kirche, wenn auch unvollständig, verwirklicht sein kann, z. B. in den Herzen der Anhänger anderer religiöser Traditionen, insofern sie Werte des Evangeliums leben und für das Wirken des Geistes offen sind. Es soll dennoch daran erinnert werden, daß dies tatsächlich eine unvollständige Verwirklichung ist, die ihrer Ergänzung durch die Anbindung an das Reich Christi bedarf, das schon jetzt in der Kirche gegenwärtig ist und dennoch erst in der künftigen Welt vollständig verwirklicht werden wird.

Die pilgernde Kirche

36. Die Kirche ist auf Erden immer auf Pilgerschaft. Obwohl durch göttliche Einsetzung heilig, sind ihre Glieder nicht vollkommen, sie tragen das Zeichen menschlicher Begrenzungen. Folglich ist ihre Transparenz als Sakrament des Heils beschattet. Das ist der Grund, warum die Kirche selbst, „soweit sie menschliche und irdische Einrichtung ist", und nicht bloß ihre Glieder einer dauernden Reform und Erneuerung bedürfen (*UR* 6).

nähert sich der Fülle der göttlichen Wahrheit

37. Mit Blick auf die göttliche Offenbarung lehrte der Rat, daß „die Tiefe der durch diese Offenbarung über Gott und über das Heil des Menschen erschlossenen Wahrheit uns in Christus aufleuchtet, der zugleich der Mittler und die Fülle der ganzen Offenbarung ist" (*DV* 2). In Treue zum Gebot, das sie von Christus selbst empfangen hatten, gaben die Apostel die Offenbarung weiter. Nun kennt „die apostolische Überlieferung in der Kirche unter dem Beistand des Heiligen Geistes einen Fortschritt: Es wächst das Verständnis der überlieferten Dinge und Worte" (*DV* 8). Dies ereignet sich in Studium und in spiritueller Erfahrung, ebenso wie durch die Unterweisung der Bischöfe, die ein zuverlässiges Charisma der Wahrheit erhalten haben. So geschieht es, daß „die Kirche im Gang der Jahrhunderte ständig der Fülle der göttlichen Wahrheit entgegenstrebt, bis an ihr sich Gottes Worte erfüllen" (*DV* 8). Das widerspricht in keiner Weise der göttlichen Einsetzung der Kirche, noch der Fülle der göttlichen Offenbarung in Jesus Christus, die ihr anvertraut worden ist.

in einem Dialog des Heils

38. Auf diesem Hintergrund fällt es leichter einzusehen, warum und in welchem Sinne der interreligiöse Dialog ein integraler Bestandteil des Evangelisierungsauftrages der Kirche ist. Die Grundlage für den Beitrag der Kirche zum Dialog ist nicht allein und in erster Linie anthropologischer Art, sondern von theologischem Charakter. Gott schenkte und schenkt weiterhin in einem Jahrhunderte währenden Dialog der Menschheit sein Heil. In gläubigem Vertrauen auf das göttliche Handeln muß auch die Kirche in den Heilsdialog mit allen Menschen eintreten.

mit Menschen anderer Religionen,

39. Papst Paul VI. lehrte dies eindeutig in seiner ersten Enzyklika *Ecclesiam suam*. Auch Papst Johannes Paul II. betonte den Auftrag der Kirche zum interreligiösen Dialog und begründete ihn auf dieselbe Weise. Als er sich 1984 an die Vollversammlung des Päpstlichen Rates für den interreligiösen Dialog wandte, erklärte der Papst: „Der [interreligiöse] Dialog ist grundlegend für die Kirche, die mit ihren Möglichkeiten, unter den Menschen zugegen zu sein, ihnen Achtung und Liebe entgegenzubringen, zur Mitarbeit am Plan Gottes aufgerufen ist." Er fuhr fort und richtete die Aufmerksamkeit auf ein Zitat aus *Ad gentes*: „Die Jünger Christi hoffen, durch die enge Verbindung mit den Menschen in ihrem Leben und Arbeiten ein wahres Zeugnis abzulegen und auch da zu deren Heil beizutragen, wo sie Christus nicht ganz verkünden können" (*AG* 12). Dem voran stellte er fest: „Der Dialog hat seinen Platz im Heilsauftrag der Kirche; deshalb ist er ein Heilsdialog".[12]

der zu einem höheren Einsatz

40. In diesem Heilsdialog sind Christen und Nichtchristen dazu aufgerufen, mit dem Geist des Auferstandenen, der allgegenwärtig wirkt, zusammenzuarbeiten. Der interreligiöse Dialog hat nicht nur gegenseitiges Verständnis und freundschaftliche Beziehungen zum Ziel. Er erreicht die viel tiefere Ebene des Geistes, auf der Austausch und Teilhabe im gegenseitigen Glaubenszeugnis und der gemeinsamen Erforschung der jeweiligen religiösen Überzeugung bestehen. Im Dialog sind Christen und Nichtchristen dazu eingeladen, ihren religiösen Einsatz zu vertiefen und mit zunehmender Ernsthaftigkeit auf Gottes persönlichen Anruf und seine gnadenvolle Selbsthingabe, die, wie uns unser Glaube sagt, sich durch die Vermittlung Jesu Christi und das Werk des Geistes ereignet, zu antworten.

und zur Bekehrung zu Gott führen wird.

41. Unter dieser Zielperspektive, nämlich einer tieferen Bekehrung zu Gott hin, besitzt der interreligiöse Dialog seinen eigenen Wert. In diesem Bekehrungsprozeß „kann sich die Entscheidung ergeben, eine frühere geistliche oder religiöse Situation aufzugeben, um sich einer anderen zuzuwenden" (*DM* 37). Aufrichtiger Dialog schließt einerseits die gegenseitige Akzeptanz der Unterschiede oder gar der Widersprüche und andererseits die Achtung vor der freien, persönlichen Entscheidung gemäß dem Spruch des Gewissens mit ein (vgl. *DH* 2). Nichtsdestoweniger muß an die Lehre des Konzils erinnert werden: „Alle Menschen sind ihrerseits verpflichtet, die Wahrheit, besonders in dem, was Gott und seine Kirche angeht, zu suchen und die erkannte Wahrheit aufzunehmen und zu bewahren" (*DH* 1).

---

12 *Insegnamenti di Giovanni Paolo II.*, Vol. VII, 1, 1984, S. 595-599.

C. Arten des Dialogs

Die Arten des Dialogs

42. Es gibt verschiedene Arten des interreligiösen Dialogs. Es mag sinnvoll sein, jene, die das 1984 veröffentlichte Dokument des Päpstlichen Rates für Interreligiösen Dialog erwähnte, in Erinnerung zu rufen. Dieses Dokument sprach von vier Arten des Dialogs, ohne jedoch in Anspruch zu nehmen, eine Rangordnung unter diesen vier Formen aufzustellen.

a) Der Dialog des Lebens, in dem Menschen in einer offenen und nachbarschaftlichen Atmosphäre zusammenleben wollen, indem sie Freud und Leid, ihre menschlichen Probleme und Beschwernisse miteinander teilen.
b) Der Dialog des Handelns, in dem Christen und Nichtchristen für eine umfassende Entwicklung und Befreiung der Menschen zusammenarbeiten.
c) Der Dialog des theologischen Austausches, in dem Spezialisten ihr Verständnis ihres jeweiligen religiösen Erbes vertiefen und die gegenseitigen Werte zu schätzen lernen.
d) Der Dialog der religiösen Erfahrung, in dem Menschen, die in ihrer eigenen religiösen Tradition verwurzelt sind, ihren spirituellen Reichtum teilen, z. B. was Gebet und Betrachtung, Glaube und Suche nach Gott oder dem Absoluten angeht.

sind miteinander verknüpft

43. Man sollte diese Bandbreite der Möglichkeiten des Dialogs nicht aus dem Auge verlieren. Wollte man ihn auf den theologischen Austausch beschränken, dann könnte der Dialog schnell zu einer Art Luxus innerhalb der Sendung der Kirche werden, zu einer Domäne gleichsam, die den Spezialisten vorbehalten ist. Im Gegenteil: Vom Papst und den Bischöfen angeleitet, sind alle Ortskirchen und alle Glieder dieser Kirchen zum Dialog aufgerufen, wenngleich auch nicht alle in der gleichen Weise. Darüber hinaus läßt sich feststellen, daß die verschiedenen Formen des Dialogs miteinander verknüpft sind. Kontakte im täglichen Leben oder angesichts gemeinsamer Handlungsfelder werden normalerweise die Tür zur Zusammenarbeit in der Förderung menschlicher und geistlicher Werte öffnen; sie mögen unter Umständen auch zu einem Dialog der religiösen Erfahrung in Beantwortung der großen Fragen, die die Lebensumstände den Menschen aufgeben, führen (vgl. *NA* 2). Der Austausch auf der Ebene religiöser Erfahrung kann die theologische Diskussion beleben. Diese wiederum kann Erfahrungen beleuchten und zu engeren Kontakten ermutigen.

und betreffen die Befreiung des Menschen

44. Es muß die Bedeutung des Dialogs für eine umfassende Entwicklung, soziale Gerechtigkeit und die Befreiung des Menschen unterstrichen werden. Die Ortskir-

chen sind in der Zeugenschaft Christi dazu aufgerufen, sich in dieser Weise uneigennützig und unvoreingenommen einzusetzen. So ist es notwendig, für die Menschenrechte einzutreten, die Forderung nach Gerechtigkeit zu erheben und die Ungerechtigkeit anzuprangern, und dies nicht nur, wenn die eigenen Mitglieder als Opfer betroffen sind, sondern unabhängig von der religiösen Zugehörigkeit der Opfer dieser Zustände. Es ist ebenso notwendig, gemeinsam die Lösung der großen Probleme in Gesellschaft und Welt ebenso wie in der Erziehung zu Gerechtigkeit und Frieden anzugehen.

und seine Kultur.

45. Ein anderer Bereich, in dem der interreligiöse Dialog heutzutage dringend nötig zu sein scheint, ist jener der Kultur. Der Begriff Kultur ist breiter anzusetzen als derjenige der Religion. Folgt man einem Interpretationsmodell, so kann Religion als die transzendente Dimension der Kultur, gewissermaßen als deren Seele, aufgefaßt werden. Die Religionen haben sicherlich zur Entwicklung der Kultur und zum Aufbau einer menschlicheren Gesellschaft beigetragen. Ebenso hatte jedoch die religiöse Praxis in manchen Fällen auch einen entfremdenden Einfluß auf bestimmte Kulturen. Heutzutage kann eine autonome und säkulare Kultur eine kritische Rolle in Hinsicht auf negative Elemente einzelner Religionen spielen. Die Fragestellung ist jedenfalls komplex, denn mehrere religiöse Traditionen können innerhalb ein und desselben kulturellen Horizontes nebeneinander bestehen, während umgekehrt dieselbe Religion in verschiedenen kulturellen Kontexten ihren Ausdruck finden kann. Außerdem können religiöse Unterschiede dazu beitragen, Kulturen eines Gebietes voneinander zu trennen.

46. Die christliche Botschaft unterstützt viele Werte, die in der Weisheit und dem reichen Erbe der Kulturen begründet sind und gelebt werden, aber sie darf auch kulturell akzeptierte Werte in Frage stellen. Ein aufmerksamer Dialog schließt auch das Erkennen und Anerkennen von kulturellen Werten, welche die Menschenwürde und deren transzendente Bestimmung respektieren, mit ein. Dennoch mag es vorkommen, daß einige Aspekte traditioneller christlicher Kulturen durch lokale Kulturen anderer religiöser Traditionen herausgefordert werden (vgl. *EN* 20). In diesen verschränkten und komplexen Beziehungen zwischen Kultur und Religion erhält der interreligiöse Dialog auf der Ebene der Kultur eine bemerkenswerte Bedeutsamkeit. Sein Ziel muß es sein, Spannungen und Konflikte und mögliche Auseinandersetzungen durch ein besseres Verständnis unter den verschiedenen religiösen Kulturen eines Gebietes abzubauen. Er kann so dazu beitragen, Kulturen von menschenunwürdigen Elementen zu reinigen, so daß er zum Motor der Umwandlung wird. Er kann auch helfen, gewisse traditionelle kulturelle Werte, die von der Moderne und einer allgemeinen, durch eine ununterschiedene Internationalisierung möglicherweise noch geförderte Nivellierung bedroht sind, aufrechtzuerhalten.

D. Voraussetzungen für den interreligiösen Dialog und seine Früchte

Der Dialog verlangt Ausgewogenheit,

47. Der Dialog verlangt sowohl von seiten der Christen als auch von seiten der Anhänger anderer Religionen eine ausgewogene Haltung. Sie sollten weder zu arglos noch zu kritisch sein, aber offen und aufnahmebereit. Selbstlosigkeit und Unparteilichkeit, Annahmebereitschaft von Unterschieden und möglichen Widersprüchen wurden schon erwähnt. Der Wille, gemeinsam zur Wahrheitsfindung beizutragen, und die Bereitschaft, sich selbst durch die Begegnung verwandeln zu lassen, sind weitere erforderliche Voraussetzungen.

religiöse Überzeugung

48. Dies bedeutet nicht, daß die Dialogpartner mit dem Beginn der Begegnung ihre religiöse Überzeugung beiseite legen sollen. Das Gegenteil ist richtig: Die Aufrichtigkeit des interreligiösen Dialogs verlangt, daß jeder mit der ganzen Integrität seines Glaubens in den Dialog eintritt. Während Christen weiterhin von ihrem Glauben, daß in Jesus Christus, dem einzigen Mittler zwischen Gott und dem Menschen (vgl. *1 Tim* 2,4-6), die Offenbarung erfüllt ist, überzeugt bleiben, müssen sie sich auch daran erinnern, daß sich Gott in gewisser Weise auch den Anhängern anderer religiöser Traditionen gezeigt hat. Folglich haben sie sich den Überzeugungen und Werten anderer Menschen mit aufnahmebereitem Sinn zu nähern.

und Offenheit für die Wahrheit,

49. Zudem gibt die in Jesus Christus geschenkte Fülle der Wahrheit nicht jedem einzelnen Christen die Garantie, daß er in deren Vollbesitz sei. Letztendlich wissen wir, daß die Wahrheit nicht einer Sache gleicht, die wir besitzen, sondern eine Person ist, der wir zugestehen müssen, von uns Besitz zu ergreifen. Dies ist ein nicht endender Prozeß. Ohne ihre Identität zu verlieren, müssen Christen dazu bereit sein, von und durch andere Menschen die positiven Werte ihrer Traditionen kennenzulernen und zu empfangen. Der Dialog kann sie dazu bewegen, verwurzelte Vorurteile aufzugeben, vorgefaßte Meinungen zu revidieren und manchmal sogar einer Reinigung ihres Glaubensverständnisses zuzustimmen.

verspricht aber auch reiche Belohnung.

50. Wenn Christen eine solche Offenheit kultivieren und es zulassen, selbst geprüft zu werden, werden sie die Früchte des Dialogs ernten können. Sie werden mit Bewunderung feststellen, daß sich Gottes Handeln durch Jesus Christus in seinem Geist vollendet und noch fortfährt, sich in der Welt und innerhalb der gesamten Menschheit zu vollenden. Weit davon entfernt, ihren eigenen Glauben zu schwä-

chen, wird der echte Dialog ihn vielmehr vertiefen. Sie werden ihre christliche Identität immer mehr verstehen und die unterscheidenden Merkmale der christlichen Botschaft immer klarer wahrnehmen. Ihr Glaube wird neue Dimensionen dazu gewinnen, sobald sie nur die wirkmächtige Gegenwart des Geheimnisses Jesu Christi jenseits der sichtbaren Grenzen der Kirche und der christlichen Gemeinschaft entdecken.

E. Hindernisse des Dialogs

Schwierigkeiten im Dialog können auftreten

51. Schon auf der rein menschlichen Ebene ist es nicht einfach, einen Dialog zu führen. Der interreligiöse Dialog ist noch um einiges schwieriger. Es ist wichtig, sich der möglicherweise auftauchenden Hindernisse bewußt zu sein. Einige betreffen gleichermaßen die Anhänger aller religiösen Traditionen und behindern den Erfolg des Dialogs. Andere können einige religiöse Traditionen besonders betreffen und den Beginn eines Dialogs erschweren. Einige der gewichtigsten Hindernisse sollen hier genannt werden:

aufgrund verschiedener menschlicher Unzulänglichkeiten,

52. a) Ungenügende Verwurzelung im eigenen Glauben.
b) Ungenügende Kenntnis von und fehlendes Verständnis für Glaube und Praxis anderer Religionen, was zu einem Mangel an Wertschätzung für deren Bedeutung und manchmal sogar zu völlig falschen Vorstellungen führt.
c) Kulturelle Differenzen, die von unterschiedlichen Ausbildungsniveaus herrühren mögen oder vom Gebrauch verschiedener Sprachen.
d) Sozio-politische Faktoren oder geschichtsbedingte Belastungen.
e) Falsches Verständnis der Bedeutung von Begriffen wie Bekehrung, Taufe, Dialog usw.
f) Selbstzufriedenheit und Mangel an Offenheit, was zu einer defensiven oder gar aggressiven Haltung führt.
g) Fehlende Überzeugung vom Wert des interreligiösen Dialogs, den manche vielleicht als eine für Spezialisten reservierte Aufgabe betrachten und andere als ein Zeichen von Schwäche oder sogar als Verrat des Glaubens.
h) Mißtrauen gegenüber den Motiven der Dialogpartner.
i) Eine im Ausdrücken religiöser Überzeugungen sich zeigende polemische Gesinnung.
j) Intoleranz, die oft durch die Vermischung mit politischen, wirtschaftlichen, rassischen und ethnischen Faktoren verschlimmert wird; ein Mangel an dialogischer Gegenseitigkeit, der oft zu Enttäuschung führen kann.

k) Gewisse Charakteristika des gegenwärtigen religiösen Klimas, wie z. B. der wachsende Materialismus, religiöse Gleichgültigkeit und die Vielfalt der religiösen Sekten, die Verwirrung stiften und neue Probleme schaffen.

53. Viele dieser Hindernisse entstehen durch einen Mangel an Verständnis vom wahren Wesen und vom Ziel des interreligiösen Dialogs. Diese müssen also ständig wieder erklärt werden. Viel Geduld wird erforderlich sein. Es soll daran erinnert werden, daß der Beitrag der Kirche zum Dialog nicht vom Erfolg abhängt, was das gegenseitige Verständnis und die gegenseitige Bereicherung angeht; vielmehr entspringt er der göttlichen Initiative, mit der Menschheit in Dialog zu treten und dem Beispiel Jesu Christi, dessen Leben, Tod und Auferstehung dem Dialog seinen letztgültigen Ausdruck verliehen hat.

die nie unüberwindlich sind.

54. Sosehr wir auch diesen Hindernissen ausgesetzt sind, sollten sie uns nicht dazu verführen, die Möglichkeiten des Dialogs zu unterschätzen oder die schon erreichten Ergebnisse zu übersehen. Das gegenseitige Verständnis ist gewachsen, und die Zusammenarbeit hat zugenommen. Der Dialog hat bereits einen positiven Einfluß auf die Kirche selbst ausgeübt. Auch andere Religionen wurden durch den Dialog zur Erneuerung und zu größerer Offenheit geführt. Der interreligiöse Dialog hat es der Kirche ermöglicht, die Werte des Evangeliums mit anderen Menschen zu teilen. Daher wird die Kirche ihren Einsatz im Dialog allen Schwierigkeiten zum Trotz unwiderruflich aufrechterhalten.

II. Die Verkündigung Jesu Christi

A. Der Auftrag des auferstandenen Herrn

Jesus sandte seine Jünger aus, das Evangelium zu verkünden,

55. Der Herr gab seinen Jüngern den Auftrag, das Evangelium zu verkünden. Das berichten die Evangelien und auch die Apostelgeschichte, wenngleich mit gewissen feinen Unterschieden. Bei Matthäus sagt Jesus zu seinen Jüngern: „Mir ist alle Macht gegeben im Himmel und auf der Erde. Darum geht zu allen Völkern, und macht alle Menschen zu meinen Jüngern; tauft sie auf den Namen des Vaters und des Sohnes und des Heiligen Geistes, und lehrt sie, alles zu befolgen, was ich euch geboten habe. Seid gewiß: Ich bin bei euch alle Tage bis zum Ende der Welt" (*Mt* 28,18-20).
Markus überliefert uns den Befehl bündiger: „Geht hinaus in die ganze Welt, und verkündet das Evangelium allen Geschöpfen! Wer glaubt und sich taufen läßt, wird gerettet; wer aber nicht glaubt, wird verdammt werden" (*Mk* 16,15 f.).
Lukas drückt sich weniger direkt aus: „Er sagte zu ihnen: So steht es in der Schrift: Der Messias wird leiden und am dritten Tag von den Toten auferstehen, und in

seinem Namen wird man allen Völkern, angefangen in Jerusalem, verkünden, sie sollen umkehren, damit ihre Sünden vergeben werden. Ihr seid Zeugen dafür" (*Lk* 24,46-48).
In der *Apostelgeschichte* wird die umfassende Weite dieser Zeugenschaft noch unterstrichen: „Ihr aber werdet die Kraft des Heiligen Geistes empfangen, der auf euch herabkommen wird; und ihr werdet meine Zeugen sein in Jerusalem und in ganz Judäa und Samarien und bis an die Grenzen der Erde" (*Apg* 1,8).
Bei Johannes finden wir den Sendungsauftrag noch einmal anders ausgedrückt: „Wie Du mich in die Welt gesandt hast, so habe auch ich sie in die Welt gesandt" (*Joh* 17,18); „Wie mich der Vater gesandt hat, so sende ich euch" (*Joh* 20,21). Die Frohe Botschaft allen zu verkünden, Zeugnis zu geben, Jünger zu sammeln, zu taufen und zu lehren, all das sind Aspekte, die zum Evangelisierungsauftrag der Kirche gehören und die jetzt im Licht der von Jesus selbst vollendeten Mission betrachtet werden müssen. Es ist der Missionsauftrag, den er vom Vater erhalten hat.

das er selbst verkündet hatte

56. „Jesus verkündete das Evangelium Gottes: Die Zeit ist erfüllt, das Reich Gottes ist nahe. Kehrt um, und glaubt an das Evangelium!" (*Mk* 1,14 f.). Dieser Satz faßt den Dienst Jesu zusammen. Jesus verkündet die Frohe Botschaft nicht allein durch Worte, sondern durch seine Taten, seine Haltung und seine Meinung, schließlich durch sein ganzes Leben schlechthin und ebenso durch seinen Tod und seine Auferstehung. Seine Gleichnisse, seine Wunder und die von ihm gewirkten Dämonenaustreibungen sind alle auf das Reich Gottes, das er ankündigte, bezogen. Dieses Königreich ist außerdem nicht etwas, was gepredigt wird ohne den Bezug zur eigenen Person. Jesus macht deutlich, daß durch ihn und in ihm die Herrschaft Gottes in der Welt anbricht (vgl. *Lk* 17,20-22), daß in ihm das Reich schon auf uns zugekommen ist, selbst wenn es immer noch zu seiner Fülle hin wachsen muß.[13]

und das er mit seinem Leben bezeugte.

57. Seine Lehre wird durch sein Leben bestätigt. „Aber wenn ich sie vollbringe, dann glaubt wenigstens den Werken, wenn ihr mir nicht glaubt" (*Joh* 10,38). In ähnlicher Weise erklären sich seine Taten durch die Worte, die er im Bewußtsein der Einheit mit dem Vater spricht. „Amen, amen, ich sage euch: Der Sohn kann nichts von sich aus tun, sondern nur, wenn er den Vater etwas tun sieht" (*Joh* 5,19). Im Verhör vor Pilatus sagt Jesus, daß er in die Welt gekommen sei, „um für die Wahrheit Zeugnis abzulegen" (*Joh* 18,37). Auch der Vater legt Zeugnis für ihn ab, sowohl im vom Himmel aus gesprochenen Wort wie auch in machtvollen Taten, und

---

[13] Die frühen Christen identifizierten das Reich Gottes mit der Herrschaft Christi (vgl. *Eph* 5,5). Vgl. Origenes, *In Mt* 14,7; *Hom. in Lc.* 36, wo er Christus autobasileia nennt und Tertullian, *Adv. Marc.* IV, 33,8: „In evangelio est Dei Regnum, Christus ipse".

zwar als Zeichen, die Jesus selbst zu vollbringen ermächtigt ist. Es ist der Geist, der Jesu Zeugnis „besiegelt" und es als wahr beglaubigt (vgl. *Joh* 3,32-35).

B. Die Rolle der Kirche

Die Verkündigung der Kirche

58. Auf diesem Hintergrund muß der Auftrag, den der Auferstandene der Apostolischen Kirche gegeben hat, verstanden werden. Die Sendung der Kirche besteht darin, das Reich Gottes, das auf Erden in Jesus Christus, durch sein Leben, seinen Tod und seine Auferstehung als Gottes endgültiges und allgemeines Heilsangebot an die Welt grundgelegt ist, zu verkünden. Aus diesem Grund „gibt es keine wirkliche Evangelisierung, wenn nicht der Name, die Lehre, das Leben, die Verheißungen, das Reich, das Geheimnis von Jesus von Nazaret, des Sohnes Gottes, verkündet werden" (*EN* 22). Es besteht eine strikte Kontinuität zwischen der Predigt Jesu vom Reich und der Verkündigung des Christusgeheimnisses durch die Kirche.

setzt die Verkündigung Jesu fort.

59. Ausgehend von der Sendung Jesu, ist die Kirche „Same" und „Anfang" des Reiches (*LG* 5). Sie steht im Dienste des Reiches und „gibt Zeugnis" davon. Dies schließt das Zeugnis des Glaubens an Christus, den Heiland, ein, insofern dies die eigentliche Herzmitte des der Kirche eigenen Lebens und Glaubens ist. In der Kirchengeschichte waren alle Apostel „Zeugen" des Lebens, Sterbens und der Auferstehung Christi.[14] Zeugnis wird durch Worte und Werke gegeben, die nicht als Gegensätze gegeneinandergestellt werden können. Das Werk bestätigt das Wort, aber ohne das Wort kann das Werk mißverstanden werden. Das Zeugnis der Apostel, sowohl in Wort wie auch in Zeichen, ist dem Heiligen Geist, der vom Vater gesandt ist, das Zeugnis zu vollenden, untergeordnet.[15]

C. Der Inhalt der Verkündigung

Petrus verkündete den auferstandenen Christus.

60. Am Pfingstmorgen kam in Erfüllung des Versprechens Christi der Heilige Geist auf die Jünger herab. Zu jener Zeit „wohnten in Jerusalem Juden, fromme Männer aus allen Völkern unter dem Himmel" (*Apg* 2,5), deren Aufzählung in der *Apostelgeschichte* die universale Tragweite dieses ersten kirchlichen Ereignisses unterstreicht.
Im Namen der Elf wandte sich Petrus an die Versammelten und verkündete Jesus, der von Gott mit Wundern und Zeichen bestätigt, vom Menschen gekreuzigt, doch

---

14 Vgl. *Apg* 2,32; 3,15; 10,39; 13,31; 23,11.

15 Vgl. *Joh* 15,26 ff.; *1 Joh* 5,7-10; *Apg* 5,32.

von Gott zum Leben wieder erweckt wurde. Schließlich faßte er zusammen: „Mit Gewißheit erkenne also das ganze Haus Israel: Gott hat ihn zum Herrn und Messias gemacht, diesen Jesus, den ihr gekreuzigt habt" (*Apg* 2,36). Daran anschließend forderte er seine Zuhörer auf zu bereuen, in der Taufe auf Jesu Namen zur Vergebung der Sünden seine Jünger zu werden und somit die Gabe des Heiligen Geistes zu empfangen. Nur wenig später legte Petrus vor dem Hohen Rat Zeugnis ab von seinem Glauben an den auferstandenen Christus, indem er bekannte: „Und in keinem anderen ist das Heil zu finden. Denn es ist uns Menschen kein anderer Name unter dem Himmel gegeben, durch den wir gerettet werden sollen" (*Apg* 4,12).
Das universale Wesen der christlichen Heilsbotschaft wird noch einmal mehr deutlich in der Bekehrung des Kornelius. Als Petrus Zeugnis gab vom Leben und Wirken Jesu, von den Anfängen in Galiläa bis zur Auferstehung, „kam der Heilige Geist auf alle herab, die das Wort hörten", so daß die, die mit Petrus gekommen waren, sich wunderten, „daß die Gabe des Heiligen Geistes auch über die Heiden ausgegossen worden war" (*Apg* 10,44-45).

Paulus verkündete das von Ewigkeit her verborgene Geheimnis.

61. Aus diesem Grund bezeichnen sich die Apostel seit dem Pfingstereignis als die Zeugen der Auferstehung Christi (vgl. *Apg* 1,22; 4,33; 5,32-33) oder, kurz und bündig, als seine Zeugen (vgl. *Apg* 3,15; 13,31). Das wird nirgendwo deutlicher als bei Paulus, „berufen zum Apostel, auserwählt, das Evangelium Gottes zu verkündigen" (*Röm* 1,1), der von Jesus Christus „Gnade und Apostelamt empfangen hat, um in seinem Namen alle Heiden zum Gehorsam des Glaubens zu führen" (*Röm* 1,5). Paulus predigt die Frohbotschaft, „die er im voraus durch seine Propheten in den heiligen Schriften verheißen hat" (*Röm* 1,2), das „Evangelium von seinem Sohn" (*Röm* 1,9). Er predigt „Christus als den Gekreuzigten: für Juden ein empörendes Ärgernis, für Heiden eine Torheit" (*1 Kor* 1,23), „denn einen anderen Grund kann niemand legen als den, der gelegt ist" (*1 Kor* 3,11). Paulus' Botschaft ist in seiner feierlichen Erklärung an die Epheser zusammengefaßt: „Mir, dem geringsten unter allen Heiligen, wurde diese Gnade geschenkt: Ich soll den Heiden als Evangelium den unergründlichen Reichtum Christi verkündigen und enthüllen, wie jenes Geheimnis Wirklichkeit geworden ist, das von Ewigkeit her in Gott, dem Schöpfer des Alls, verborgen war. So sollen jetzt die Fürsten und Gewalten des himmlischen Bereichs durch die Kirche Kenntnis erhalten von der vielfältigen Weisheit Gottes, nach seinem ewigen Plan, den er durch Christus Jesus, unseren Herrn, ausgeführt hat" (*Eph* 3,8-11). Derselben Botschaft begegnen wir in den Pastoralbriefen. Gott „will, daß alle Menschen gerettet werden und zur Erkenntnis der Wahrheit gelangen. Denn einer ist Gott und einer ist Mittler zwischen Gott und den Menschen, nämlich der Mensch Christus Jesus, der sich selbst als Lösegeld für alle hingegeben hat" (*1 Tim* 2,4-6). Dieses „Geheimnis unseres Glaubens", das ganz gewiß „groß ist", findet seinen Ausdruck in einem liturgischen Fragment: „Er wurde geoffenbart

im Fleische, gerechtfertigt im Geiste, geschaut von den Engeln, verkündet unter den Heiden, geglaubt in der Welt, aufgenommen in die Herrlichkeit" (*1 Tim* 3,16).

Johannes gab Zeugnis vom Wort des Lebens.

62. Wenn wir uns dem Apostel Johannes zuwenden, müssen wir feststellen, daß er sich selbst vor allem als Zeuge versteht, als jemand, der Jesus gesehen hat und sein Geheimnis entdeckt hat (vgl. *Joh* 13,23.25; 21,24). „Was wir gesehen und gehört haben, das verkündigen wir auch euch" - vom Wort des Lebens - „damit auch ihr Gemeinschaft habt mit uns" (*1 Joh* 1,3). „Und wir haben gesehen und bezeugen, daß der Vater den Sohn gesandt hat als den Retter der Welt" (*1 Joh* 4,14). Die zentrale Botschaft des Johannes ist die Menschwerdung: „Und das Wort ist Fleisch geworden und hat unter uns gewohnt, und wir haben seine Herrlichkeit gesehen, die Herrlichkeit des einzigen Sohnes vom Vater, voll Gnade und Wahrheit" (*Joh* 1,14). Durch Jesus also sehen wir den Vater (vgl. *Joh* 14,9); er ist der Weg zum Vater (vgl. *Joh* 14,6). Am Kreuz erhöht, zieht er alle Völker an sich (vgl. *Joh* 12,32). Er ist „wirklich der Retter der Welt" (*Joh* 4,42).

Das Wort, das die Kirche verkündet, ist voller Macht.

63. „Verkündige das Wort" schreibt Paulus an Timotheus (*2 Tim* 4,2). Der Inhalt dieses Wortes wird auf verschiedene Weise ausgedrückt: Es ist das Reich (vgl. *Apg* 20,25), die Frohe Botschaft vom Reich (vgl. *Mt* 24,14) und die Heilsbotschaft Gottes (vgl. *Mk* 1,14; *1 Thess* 2,9). Doch diese verschiedenen Begriffe meinen alle das gleiche: Jesus zu verkündigen (vgl. *Apg* 9,20; 19,13) und Christus zu verkündigen (vgl. *Apg* 8,5). Ebenso wie Jesus Gottes Wort sprach, so verkündigen die Apostel Gottes Wort, denn Jesus, den sie verkündigen, ist das Wort. Die christliche Botschaft ist deshalb machtvoll und soll aufgenommen werden als das, was sie wirklich ist, „nicht als Menschenwort, sondern als Gottes Wort" (*1 Thess* 2,13). Im Glauben angenommen, wird das Wort voll Leben und voller Kraft und „schärfer als jedes zweischneidige Schwert" (*Hebr* 4,12). Es wird zu einem reinigenden Wort (vgl. *Joh* 15,3), zu einer Quelle befreiender Wahrheit (vgl. *Joh* 8,31-32). Das Wort wird verinnerlicht und gegenwärtig: „Wenn jemand mich liebt, wird er mein Wort festhalten; mein Vater wird ihn lieben, und wir werden zu ihm kommen und bei ihm wohnen" (*Joh* 14,23). Das ist das Wort Gottes, das die Christen verkündigen sollen.

D. Gegenwart und Kraft des Heiligen Geistes

Die Kirche stützt sich auf die Gegenwart

64. Bei der Verkündigung dieses Wortes weiß die Kirche, daß sie sich auf den Heiligen Geist stützen kann, der sowohl die Verkündigung vorantreibt wie auch die Hörerschaft zum Glaubensgehorsam führt.
„Es ist der Heilige Geist, der heute wie in den Anfängen der Kirche in all jenen am Werk ist, die das Evangelium verkünden und sich von ihm ergreifen und führen lassen; er legt ihnen die Worte in den Mund, die sie allein niemals finden könnten, und bereitet zugleich die Seele des Hörers auf den Empfang der Frohbotschaft und der Verkündigung des Gottesreiches vor" (*EN* 75).

und die Kraft des Geistes

65. Die Kraft des Geistes wird durch die Tatsache bezeugt, daß das machtvollste Zeugnis oft genau dann erbracht wird, wenn sich der Jünger besonders hilflos, unfähig zu Wort und Werk erlebt und dennoch vertrauend glaubt. Wie Paulus sagt: „Viel lieber also will ich mich meiner Schwachheit rühmen, damit die Kraft Christi auf mich herabkommt. Deswegen bejahe ich meine Ohnmacht, alle Mißhandlungen und Nöte, Verfolgungen und Ängste, die ich für Christus ertrage; denn wenn ich schwach bin, dann bin ich stark" (*2 Kor* 12,9 f.). Das Zeugnis, durch das der Geist Männer und Frauen zur Kenntnis Jesu als des Herrn führt, ist kein menschliches Verdienst, sondern allein Gottes Werk.

E. Die Dringlichkeit der Verkündigung

zur Erfüllung ihrer Pflicht,

66. Papst Paul VI. sagte in seinem Apostolischen Schreiben *Evangelii nuntiandi*: „Die Verkündigung des Evangeliums ist für die Kirche nicht etwa ein Werk, das in ihrem Belieben stünde. Es ist ihre Pflicht, die ihr durch den Auftrag des Herrn Jesus Christus obliegt, damit die Menschen glauben und gerettet werden können. Diese Botschaft ist in der Tat notwendig. Sie ist einzigartig und unersetzbar. Sie erlaubt weder Gleichgültigkeit noch Vermischungen mit anderen Lehren oder falsche Anpassungen. Es geht hierbei nämlich um das Heil des Menschen" (*EN* 5). Auf die Dringlichkeit wies Paulus hin: „Wie sollen sie nun den anrufen, an den sie nicht glauben? Wie sollen sie an den glauben, von dem sie nichts gehört haben? Wie sollen sie hören, wenn niemand verkündigt? ... So gründet der Glaube in der Botschaft, die Botschaft im Wort Christi" (*Röm* 10,14 ff.).
„Dieses Gesetz, das einst vom Apostel Paulus aufgestellt wurde, behält auch heute noch seine ganze Kraft ... es ist das vernommene Wort, das zum Glauben führt" (*EN* 42). Hier mag es angebracht erscheinen, noch ein anderes Wort des Paulus anzuführen: „Wenn ich nämlich das Evangelium verkünde, kann ich mich deswegen

nicht rühmen; denn ein Zwang liegt auf mir. Weh mir, wenn ich das Evangelium nicht verkünde!" (*1 Kor* 9,16).

das Heil in Jesus zu verkünden.

67. Die Verkündigung ist die Antwort auf das menschliche Streben nach Erlösung. „Überall, wo Gott eine Tür für das Wort auftut, das Geheimnis Christi zu verkünden, da muß allen Menschen mit Freimut und Festigkeit der lebendige Gott verkündet werden und der, den er zum Heil aller gesandt hat, Jesus Christus, auf daß die Nichtchristen glaubend, mit einem Herzen, das ihnen der Heilige Geist geöffnet hat, sich frei zum Herrn bekehren und ihm aufrichtig anhangen, da er als ‚der Weg, die Wahrheit und das Leben' (*Joh* 14,5) all ihr geistliches Sehnen erfüllt, ja es unendlich überragt" (*AG* 13).

F. Die Art der Verkündigung

Die Kirche folgt der Führung des Geistes,

68. Indem sie die Botschaft Gottes in Jesus Christus verkündet, muß sich die evangelisierende Kirche immer bewußt sein, daß sie ihre Aufgabe nicht im luftleeren Raum erfüllt. Denn der Heilige Geist, der Geist Christi, ist zugegen, und er wirkt unter den Hörern der Frohen Botschaft schon bevor die Evangelisierungsbemühungen der Kirche einsetzen (vgl. *RH* 12; *DeV* 53). Sie mögen in vielen Fällen schon implizit auf Gottes Heilsangebot in Jesus Christus geantwortet haben; ein Zeichen dafür mag die aufrichtige Praxis der je eigenen religiösen Traditionen sein, und zwar insofern diese echte religiöse Werte enthalten. Sie mögen schon vom Geist berührt worden sein und in gewisser Weise unbewußt dem österlichen Geheimnis Jesu Christi verbunden sein (vgl. *GS* 22).

die Verkündigung zu erlernen,

69. Eingedenk dessen, was Gott in diesen Adressaten der Evangelisierung bereits vollbracht hat, strebt die Kirche danach, den rechten Weg zur Verkündigung der Frohen Botschaft zu finden. Sie läßt sich dabei von der göttlichen Pädagogik leiten. Das heißt, sie lernt von Jesus selbst und beachtet die Chronologie des Geistes. Jesus offenbarte seinen Hörern nur schrittweise die Bedeutung des Reiches und des göttlichen Heilsplans. Nur schrittweise und mit unendlicher Sorgfalt enthüllte er ihnen die Folgen seiner Botschaft, seiner Identität als Sohn Gottes und des Skandals des Kreuzes. Selbst die Jünger, die ihm am nächsten standen, kamen erst zum vollen Glauben an ihren Meister durch die Ostererfahrung und die Gabe des Heiligen Geistes. Jene, die heute Jesu Jünger werden wollen, werden den gleichen Suchprozeß durchmachen. Demgemäß muß die Verkündigung der Kirche in Geduld weiterentwickelt werden, mit den Hörern der Botschaft Schritt halten, ihre Freiheit und auch die „Schwäche ihres Glaubens" (*EN* 79) achten.

mit Eigenschaften, die aus dem Evangelium abgeleitet sind

70. Noch weitere Eigenschaften müssen kennzeichnend sein für die Verkündigung der Kirche. Es sollten sein:

a) Vertrauen in die Kraft des Geistes und Gehorsam gegenüber dem Auftrag des Herrn.[16]
b) Zuverlässigkeit in der Überlieferung der Lehre, die die Kirche von Christus erhalten und bewahrt hat, insofern sie sich als Hüterin der zu verkündigenden Botschaft (vgl. *EN* 15) betrachtet. „Die Treue gegenüber der Botschaft, deren Diener wir sind, ... ist der Kernpunkt der Verkündigung" (*EN* 4). „Evangelisierung ist niemals das individuelle und isolierte Tun eines einzelnen, es ist vielmehr ein zutiefst kirchliches Tun" (*EN* 60).
c) Demut aus dem Bewußtsein des Geschenkcharakters (vgl. *Eph* 3,2) der Fülle der Offenbarung in Jesus Christus und der Fehlbarkeit der Glaubensboten.
d) Achtung vor der Gegenwart und der Wirkmächtigkeit des Geistes Gottes in den Herzen derer, die die Botschaft hören, und zwar aus der Erkenntnis, daß der Geist der „Erstbeweger der Evangelisierung" (*EN* 75) ist.
e) Dialogfähigkeit, denn vom Hörer des Wortes kann nicht erwartet werden, daß er nur passiv empfängt. Der „Samen des Wortes", der schon in das Herz des Hörers gesät ist, muß zum vollen Verständnis des Heilsgeheimnisses in Jesus Christus wachsen. Die Kirche muß den Prozeß der Läuterung und der Erleuchtung, in dem der Geist Gottes Sinn und Herz des Hörers für den Glauben öffnet, anerkennen.
f) Inkulturation, Inkarnation in die Kultur und die geistliche Tradition der Adressaten der Verkündigung, so daß die Botschaft für sie nicht nur einsichtig ist, sondern als Antwort auf ihr innerstes Streben, als wahrhaft Frohe Botschaft, nach der sie sich gesehnt hatten, angenommen wird (vgl. *EN* 20,62).

in enger Verbundenheit mit Christus.

71. Um diese Eigenschaften zu entwickeln, muß die Kirche nicht nur die Lebensumstände und die religiöse Erfahrung der Adressaten im Auge behalten. Sie muß auch im ständigen Dialog mit ihrem Herrn und Meister durch Gebet und Buße stehen, durch Besinnung und liturgisches Leben, vor allem in der Eucharistiefeier. Nur so werden sowohl die Verkündigung wie auch die Feier der Botschaft des Evangeliums zu vollem Leben gelangen.

---

16 *1 Thess* 2,2; *2 Kor* 3,12; 7,4; *Phil* 1,20; *Eph* 3,12; 6,19 f.; *Apg* 4,13.29.31; 9,27 f. etc.

G. Widerstände der Verkündigung

Die Verkündigung trifft auf Widerstände

72. Die kirchliche Verkündigung der Frohen Botschaft stellt ernsthafte Anfragen an die evangelisierende Kirche und diejenigen ihrer Glieder, die in der Evangelisierung engagiert sind, und schließlich auch an jene, die von Gott zum Glaubensgehorsam berufen sind. Die Aufgabe ist nicht leicht. Einige der hauptsächlichen Widerstände, denen die kirchliche Verkündigung begegnen kann, seien hier aufgezählt:

von seiten der Christen

73. Innere Schwierigkeiten:

a) Es kann passieren, daß sich das christliche Zeugnis nicht immer mit dem Glauben deckt; es besteht dann eine Kluft zwischen Wort und Werk, zwischen der christlichen Botschaft und der christlichen Lebensweise.
b) Christen können scheitern in der Verkündigung des Evangeliums, sei es durch Nachlässigkeit, Unzulänglichkeit oder eine solche Scham, die der heilige Paulus als „Schamesröte für das Evangelium" bezeichnet, oder auch aus falschen Vorstellungen über den göttlichen Heilsplan (vgl. *EN* 80).
c) Christen, denen die Wertschätzung und der Respekt für andere Gläubige und ihre religiösen Traditionen fehlt, sind schlecht auf die Verkündigung des Evangeliums vorbereitet.
d) Die von manchen Christen zur Schau getragene Haltung der Überlegenheit, die sich auf der kulturellen Ebene zeigen kann, kann zu der Vermutung Anlaß geben, daß eine einzelne Kultur mit der christlichen Botschaft verknüpft sei und auf ihre Konvertiten übertragen werden müsse.

und von außerhalb der christlichen Gemeinschaft.

74. Äußere Schwierigkeiten:

a) Die Last der Geschichte macht die Verkündigung dann um so schwieriger, wenn gewisse Methoden der Evangelisierung in der Vergangenheit Angst und Mißtrauen auf seiten der Anhänger anderer Religionen hervorgerufen haben.
b) Die Mitglieder anderer Religionsgemeinschaften könnten befürchten, daß die Evangelisierung der Kirche in der Zerstörung ihrer eigenen Religion und Kultur enden könne.
c) Unterschiedliche Auffassungen von den Menschenrechten oder deren mangelhafte Anwendung in der Realität können in eine Einschränkung der religiösen Freiheit münden.
d) Verfolgung kann die kirchliche Verkündigung besonders erschweren oder nahezu unmöglich machen. Es soll dennoch daran erinnert werden, daß das Kreuz Quelle des Lebens ist; „das Blut der Märtyrer ist der Same der Christen".

e) Die Gleichsetzung einer bestimmten Religion mit einer nationalen Kultur oder einem politischen System schafft ein Klima der Intoleranz.
f) Mancherorts ist die Konversion durch Gesetz verboten, oder es sehen sich die Konvertiten zum Christentum mit ernsthaften Problemen konfrontiert, wie der Verbannung aus der ursprünglichen Religionsgemeinschaft und dem sozialen und kulturellen Umfeld.
g) Im Kontext des Pluralismus, der Gefahr der Nivellierung von Unterschieden, des Relativismus oder des religiösen Synkretismus entstehen Widerstände gegenüber der Verkündigung des Evangeliums.

H. Die Verkündigung als Teil des Evangelisierungsauftrages der Kirche

In der Evangelisierung der Kirche

75. Der Evangelisierungsauftrag der Kirche wurde manchmal einfach als Einladung, Jünger Jesu und der Kirche zu werden, verstanden. Allmählich entwickelte sich eine weitere Sicht der Evangelisierung, in der die Verkündigung des Christusgeheimnisses trotzdem Mittelpunkt blieb. Das Dekret des Zweiten Vatikanischen Konzils über die Missionstätigkeit der Kirche erwähnt in diesem Zusammenhang die gegenseitige Verantwortung, den Dialog und die Zusammenarbeit, bevor es auf das Zeugnis und die Predigt des Evangeliums zu sprechen kommt (vgl. *AG* 11-13). Die Bischofssynode von 1974 und das Apostolische Schreiben *Evangelii nuntiandi*, das ihr folgte, verstanden Evangelisierung in einem weiten Sinne. In die Evangelisierung ist die gesamte Persönlichkeit des Evangelisierenden miteinbezogen, seine Worte, Werke und das Lebenszeugnis (vgl. *EN* 21-22). Somit dehnt sich auch ihre Zielvorstellung aus auf alles, was den Menschen betrifft, insofern sie menschliche Kultur und Kulturen in der Kraft des Evangeliums verändern will (vgl. *EN* 18-20). Schon Papst Paul VI. machte ziemlich deutlich, daß „die Evangelisierung auch immer - als Grundlage, Zentrum und zugleich Höhepunkt ihrer Dynamik - klar wird verkünden müssen, daß in Jesus Christus, dem menschgewordenen, gestorbenen und auferstandenen Sohn Gottes, das Heil einem jeden Menschen angeboten ist als ein Geschenk der Gnade und des Erbarmens Gottes selbst" (*EN* 27). In diesem Sinn hat 1984 der Päpstliche Rat für den Interreligiösen Dialog die Verkündigung unter den verschiedenen Elementen des kirchlichen Evangelisierungsauftrags genannt (vgl. *DM* 13).

ist die Verkündigung eine heilige Pflicht.

76. Es scheint immer noch notwendig zu sein zu wiederholen, daß die Verkündigung des Namens Jesu und die Einladung, sein Jünger zu werden, eine für die Kirche heilige, vorrangige und nicht zu vernachlässigende Pflicht ist. Evangelisierung wäre ohne sie unvollständig (vgl. *EN* 22), so wie ohne diese Herzmitte die anderen Elemente, wenngleich sie auch eigenständiger Ausdruck der kirchlichen

Mission sind, ihren Zusammenhalt und ihre Lebenskraft verlieren würden. Deshalb ist es klar, daß in Situationen, in denen aus politischen oder anderen Gründen die Verkündigung als solche praktisch unmöglich ist, die Kirche ihren Evangelisierungsauftrag nicht nur durch ihre Anwesenheit und ihr Zeugnis ausführt, sondern auch durch ihre Werke, wie die Arbeit an einer umfassenden menschlichen Entwicklung und dem Dialog. Anderseits ist die Kirche in anderen Situationen, wo die Menschen bereit sind, die Botschaft des Evangeliums zu hören und die Möglichkeit haben, darauf zu antworten, an die Pflicht gebunden, auf diese Erwartung zu reagieren.

III. Interreligiöser Dialog und Verkündigung

A. Aufeinander bezogen, aber nicht austauschbar

Die Mission der Kirche

77. Interreligiöser Dialog und Verkündigung finden sich zwar nicht auf derselben Ebene, sind aber doch beide authentische Elemente des kirchlichen Evangelisierungsauftrags. Sie sind eng aufeinander hingeordnet, aber nicht gegeneinander austauschbar: Wahrer interreligiöser Dialog setzt von seiten der Christen den Wunsch voraus, Jesus Christus besser bekannt und anerkannt zu machen und die Liebe zu ihm zu wecken; die Verkündigung Jesu Christi muß im dialogischen Geist des Evangeliums erfolgen. Die beiden Vollzüge bleiben voneinander unterschieden, aber es kann, wie die Erfahrung zeigt, ein und dieselbe Ortskirche, ein und dieselbe Person an beiden in verschiedener Weise beteiligt sein.

muß den Umständen angepaßt sein.

78. Vor Ort hängt die Erfüllung der Mission der Kirche von den jeweiligen Umständen der einzelnen Ortskirche, des jeweiligen Christen ab. Sie beinhaltet immer eine gewisse Einfühlsamkeit in die sozialen, kulturellen, religiösen und politischen Bedingungen der Situation, ebenso wie die Aufmerksamkeit für die „Zeichen der Zeit", durch die der Geist Gottes spricht, lehrt und leitet. Eine solche Einfühlsamkeit und Aufmerksamkeit wird durch eine Spiritualität des Dialogs entwickelt. Diese erfordert eine im Gebet erworbene Einsicht und theologische Reflexion über die Bedeutung des göttlichen Plans mit den verschiedenen religiösen Traditionen und die Erfahrungen mit jenen, die in diesen ihre geistliche Nahrung finden.

B. Die Kirche und die Religionen

Die Mission der Kirche erstreckt sich auf alle

79. In Erfüllung ihres Auftrags kommt die Kirche mit Menschen anderer religiöser Traditionen in Kontakt. Einige werden Jünger Jesu Christi in seiner Kirche nach

einer tiefgreifenden Bekehrung und ihrer eigenen freien Entscheidung. Andere fühlen sich von der Person Jesu und seiner Botschaft angezogen, treten aber aus verschiedensten Gründen seiner Gemeinde nicht bei. Wieder andere zeigen nur wenig oder kein Interesse an Jesus. Wie auch immer, der Auftrag der Kirche erstreckt sich auf alle. Auch in bezug auf die Religionen, denen sie angehören, kann die Kirche im Dialog eine prophetische Rolle erhalten. Indem sie Zeugnis von den Werten des Evangeliums gibt, wirft sie für diese Religionen Fragen auf. Genauso mag sich die Kirche, insofern sie selbst den menschlichen Begrenzungen unterliegt, herausgefordert sehen. Indem sie also diese Werte im Eifer für und der Achtung vor dem Geheimnis Gottes fördern, finden sich die Mitglieder der Kirche und die Anhänger der anderen Religionen gegenseitig als Gefährten auf dem gemeinsamen Weg der Humanität. Am Ende des Gebets- und Fasttages der Pilgerfahrt für den Frieden nach Assisi sagte Papst Johannes Paul II.: „Laßt uns darin eine Vorwegnahme dessen sehen, was Gott von der geschichtlichen Entwicklung der Menschen gern verwirklicht sehen möchte: eine brüderliche Wanderung, auf der wir uns gegenseitig begleiten zum transzendeten Ziel, das er uns gesetzt hat."[17]

im Dialog

80. Die Kirche ermutigt zum interreligiösen Dialog und fördert ihn nicht nur zwischen ihr und den anderen religiösen Traditionen, sondern auch zwischen diesen Traditionen selbst. Das ist eine Art, wie sie ihre Rolle als „Sakrament, d. h. Zeichen und Werkzeug für die innigste Vereinigung mit Gott für die Einheit der ganzen Menschheit" (*LG* 1) erfüllt. Sie ist vom Geist getrieben, allen religiösen Einrichtungen und Bewegungen zu begegnen, mit ihnen in Zusammenarbeit zu treten und sie zu läutern, um Wahrheit und Leben, Heiligkeit, Gerechtigkeit, Liebe und Frieden, jene Auswirkungen des Reiches, das am Ende der Zeiten Christus seinem Vater übergeben wird (vgl. *1 Kor* 15,24), zu fördern. Somit ist der interreligiöse Dialog wahrhaft Teil des von Gott ausgehenden Heilsdialogs.[18]

C. Jesus Christus verkündigen

und der Verkündigung

81. Verkündigung zielt einerseits darauf, die Menschen zu einer genauen Kenntnis dessen, was Gott für alle Menschen in Jesus Christus getan hat, zu führen, und sie dazu einzuladen, Jünger dieses Jesus durch ihre Mitgliedschaft in der Kirche zu werden. Wenn die Kirche im Gehorsam gegenüber dem Gebot des auferstandenen Herrn und den Eingebungen des Geistes ihre Aufgabe der Verkündigung erfüllt, wird sie das oft in einer fortschreitenden Weise tun müssen. Eine Unterscheidung muß gemacht werden je nach der Weise, wie Gott in der persönlichen Geschichte

---

17 *Insegnamenti di Giovanni Paolo II.*, Vol. IX, 2, 1986, S. 1262.

18 Ecclesiam suam, Nr. 3; Insegnamenti di Giovanni Paolo II., Vol. VII, 1, 1984, S. 598.

jedes einzelnen gegenwärtig ist. Die Anhänger anderer Religionen, ebenso wie Christen, mögen entdecken, daß sie schon viele Werte miteinander teilen. Das kann zu einer Herausforderung für die Art des Zeugnisses der christlichen Gemeinschaft oder der persönlichen Glaubenspraxis führen, in welchen die volle Wirklichkeit Jesu demütig bekannt wird. Dann, zum rechten Zeitpunkt, kann Jesu entscheidende Frage gestellt werden. „Wer sagst du, daß ich bin?" Die wahre Antwort auf diese Frage kann nur aus dem Glauben kommen. Die Predigt und das Bekenntnis unter dem Einfluß der Gnade, daß Jesus von Nazaret der Sohn Gottes, des Vaters, der auferstandene Herr und Heiland ist, bedeutet die letzte Stufe der Verkündigung. Jemand, der offen diesen Glauben bekennt, ist eingeladen, Jesu Jünger in seiner Kirche zu werden und seine Verantwortung in ihrem Auftrag zu übernehmen.

D. Die Verpflichtung des Sendungsauftrags

als zwei Weisen des einen Sendungsauftrags.

82. Alle Christen sind dazu aufgerufen, sich an der doppelten Aufgabe der Kirche des einen Sendungsauftrags in Dialog und Verkündigung zu beteiligen. Die Art, in der sie das tun können, wird von den Umständen und vom Grad der Vorbereitung abhängen. Sie müssen dennoch immer im Auge behalten, daß der Dialog, wie bereits gesagt, nicht den gesamten Sendungsauftrag der Kirche umfaßt, daß er nicht einfach die Verkündigung ersetzen kann, sondern immer auf die Verkündigung hin bezogen bleibt, insofern der Prozeß der Evangelisierung der Kirche in ihr seinen Höhepunkt und seine Fülle erreicht. Wenn sie sich im interreligiösen Dialog engagieren, entdecken sie die „Saatkörner des Wortes", die in die Herzen der Menschen ebenso wie in deren religiöse Traditionen gesät sind. Um so mehr sie das Christusmysterium zu würdigen lernen, werden sie befähigt, die positiven Werte in der menschlichen Suche nach dem unbekannten oder unvollständig erkannten Gott zu unterscheiden. Durch die verschiedenen Stadien des Dialogs hindurch spüren die Gesprächspartner die Notwendigkeit des Informationsaustausches, Erklärungen zu geben und zu hören, sich gegenseitig zu befragen. Christen, die sich um den Dialog bemühen, haben die Pflicht, auf die Erwartungen ihrer Gesprächspartner in bezug auf die Inhalte des christlichen Glaubens zu antworten, von diesem Glauben Zeugnis zu geben, sobald dies erforderlich ist, und Rechenschaft abzulegen über die Hoffnung, die in ihnen lebt (vgl. *1 Petr* 3,15). Um sich darauf vorzubereiten, sollten Christen ihren Glauben vertiefen, ihre Haltung läutern, sich einer klaren Sprache bedienen und ihren Gottesdienst immer noch aufrichtiger ausführen.

Liebe will geteilt werden

83. Wie könnte man, bei diesem dialogischen Zugang, nicht hoffen und wünschen, die Freude zu teilen, Jesus Christus, den Herrn und Erlöser zu kennen und ihm zu folgen? Wir stoßen hier auf die Mitte des Geheimnisses der Liebe. Insofern die Kir-

che und die Christen den Herrn Jesus Christus aus tiefem Herzen lieben, liegt der Wunsch, ihn mit anderen zu teilen, nicht einfach im Gebot des Herrn begründet, sondern in dieser Liebe selbst. Es sollte gar nicht überraschen, sondern völlig normal sein, daß die Anhänger der anderen Religionen auch das Bedürfnis haben, ihren Glauben zu teilen. Jeder Dialog schließt Gegenseitigkeit ein und zielt darauf ab, Furcht und Gewalttätigkeit abzubauen.

unter der Führung des Geistes

84. Christen müssen sich des Einflusses des Heiligen Geistes immer bewußt und bereit sein, dorthin zu gehen, wohin auch immer sie der Geist nach Gottes Vorsehung und Bestimmung führen mag. Es ist der Geist, der die Evangelisierung der Kirche leitet. Es ist Sache des Geistes, sowohl die Verkündigung der Kirche als auch den Glaubensgehorsam zu entfachen. Wir haben auf die Eingebungen des Geistes aufmerksam zu achten. Ob Verkündigung möglich sei oder nicht, die Kirche verfolgt ihren Auftrag in voller Achtung vor der Freiheit, im Dialog, in Zeugnis und Mitteilung der Werte des Evangeliums. Auf diese Weise schreiten die Dialogpartner in ihrer Antwort auf den göttlichen Anruf, dessen sie sich bewußt sind, voran. Alle, Christen und die Anhänger anderer religiöser Traditionen, sind von Gott selbst dazu eingeladen, in das Geheimnis seiner Beständigkeit einzudringen, als Menschen nach seinem Licht und seiner Wahrheit zu streben. Nur Gott kennt die Zeiten und Etappen der Vervollkommnung dieser langen, dem Menschen eigenen Suche.

E. Jesus, unser Vorbild

und entsprechend dem Beispiel Jesu,

85. In diesem Zustand der Erwartung und des Hörens betreiben die Kirche und die Christen die Verkündigung und den interreligiösen Dialog getreu dem Geist des Evangeliums. Sie sind sich bewußt, „daß Gott bei denen, die ihn lieben, alles zum Guten führt" (*Röm* 8,28). Durch die Gnade haben sie erfahren, daß er der Vater aller ist und daß er sich in Jesus Christus offenbart hat. Ist nicht Jesus ihr Vorbild und ihre Leitfigur in ihrem Beitrag zu Dialog und Verkündigung? Ist nicht er der Einzige, der auch noch heute zu einem aufrichtig Gläubigen sagen kann: „Du bist nicht fern vom Reich Gottes" (*Mk* 12,34).

der sich für die gesamte Menschheit hingab.

86. Christen wollen Jesus nicht nur nachahmen, sie wollen mit ihm vereint sein. Er lud seine Jünger und Freunde ein, sich ihm in seiner einzigartigen Hingabe für die gesamte Menschheit anzuschließen. Brot und Wein, über die er den Dank sprach, versinnbildlichten die ganze Schöpfung. Sie wurden zu seinem Leib, den er hingab, und zu seinem Blut, das er vergoß, zur Vergebung der Sünden. Durch das Amt der Kirche wird die eine Eucharistie von Jesus in jedem Zeitalter und an jedem Ort seit

der Zeit seines Leidens, Sterbens und der Auferstehung in Jerusalem durch Jesus zum Opfer gebracht. Hier vereinen sich die Christen mit Christus in seinem Opfer zum Heil der ganzen Welt (*IV. Euchar. Hochgebet*). Ein Gebet dieser Art findet Gefallen vor Gott, der will, „daß alle Menschen gerettet werden und zur Erkenntnis der Wahrheit gelangen" (*1 Tim* 2,4). So bringen sie Dank für alles „was immer wahrhaft, edel, recht, was lauter, liebenswert, ansprechend ist, was Tugend heißt und lobenswert ist" (*Phil* 4,8). Hieraus ziehen sie die Gnade der Unterscheidung, die Fähigkeit, die Zeichen der Gegenwart des Geistes zu lesen und den geeigneten Moment und die rechte Weise der Verkündigung Jesu Christi zu erkennen.

Schlußbemerkung

Besondere Aufmerksamkeit für jede Religion

87. Das Ziel dieser Überlegungen zum interreligiösen Dialog und der Verkündigung war, Grundlegendes klarzustellen. Dennoch ist daran zu erinnern, daß sich die verschiedenen Religionen voneinander unterscheiden. Deshalb sollte den Beziehungen zu den Anhängern jeder dieser Religionen je besondere Aufmerksamkeit gewidmet werden.

erfordert Studium

88. Es ist wichtig, daß spezielle Studien über die Beziehung zwischen Dialog und Verkündigung unternommen werden, die jeder Religion innerhalb ihres geographischen Bereiches und soziokulturellen Kontextes Rechnung tragen. Bischofskonferenzen könnten solche Studien den zuständigen Kommissionen und den theologischen und pastoralen Instituten anvertrauen. Aufgrund der Ergebnisse dieser Studien könnten die Institute spezielle Kurse und Studientagungen organisieren, um Mitarbeiter an Dialog und Verkündigung auszubilden. Besondere Aufmerksamkeit sollte man den jungen Menschen zuwenden, die in einer pluralistischen Umgebung leben, wo sie auf Anhänger anderer Religionen in der Schule, bei der Arbeit, in Jugendorganisationen und an deren Vereinigungen und selbst in der eigenen Familie treffen.

und Gebet.

89. Dialog und Verkündigung sind schwierige Aufgaben und noch dazu absolut notwendig. Alle Christen sollten gemäß ihrem Vermögen dazu ermutigt werden, sich selbst zu rüsten, um diese doppelte Aufgabe besser erfüllen zu können. Mehr als zu erfüllende Aufgaben stellen Dialog und Verkündigung Gnadengaben dar, die im Gebet zu suchen sind. Mögen alle beständig die Hilfe des Heiligen Geistes erfle-

hen, so daß er der „entscheidende Inspirator ihrer Pläne, ihrer Initiativen und ihrer Verkündigungstätigkeit” (*EN* 75) sein möge.

Francis Kardinal Arinze
Präsident des Päpstlichen Rats
für den Interreligiösen Dialog

Jozef Kardinal Tomko
Präfekt der Kongregation für
die Evangelisierung der Völker

Pfingsten, 19. Mai 1991

Abkürzungen

AG „Ad gentes”
II. Vat. Konzil: Dekret über die Missionstätigkeit der Kirche

DeV „Dominum et vivificantem”
Johannes Paul II.: Enzyklika über den Heiligen Geist im Leben der Kirche und der Welt

DH „Dignitatis humanae”
II. Vat. Konzil: Erklärung über die Religionsfreiheit

DM „Dialog und Mission”
Päpstliches Sekretariat für die Nichtchristen: Gedanken und Weisungen über die Haltung der Kirche gegenüber den Anhängern anderer Religionen

DV „Dei Verbum”
II. Vat. Konzil: Dogmatische Konstitution über die göttliche Offenbarung

EN „Evangelii nuntiandi”
Paul VI.: Apostolisches Schreiben über die Evangelisierung in der Welt von heute

GS „Gaudium et spes”
II. Vat. Konzil.: Pastoralkonstitution über die Kirche in der Welt von heute

LG „Lumen Gentium”
II. Vat. Konzil: Dogmatische Konstitution über die Kirche

NA „Nostra aetate”
II. Vat. Konzil: Erklärung über das Verhältnis der Kirche zu den nicht-christlichen Religionen

RH „Redemptor Hominis”
Johannes Paul II.: Antrittsenzyklika über die Würde des Menschen in Christus

RM „Redemptoris missio”
Johannes Paul II.: Enzyklika über die fortdauernde Gültigkeit des missionarischen Auftrages

UR „Unitatis redintegratio”
II. Vat. Konzil: Dekret über den Ökumenismus

VI.

Anhang

Der Heilige Stuhl hat die Existenz des Staates Israel nie in Frage gestellt

Erklärung des Vatikanischen Pressesprechers, Dr. Joaquín Navarro-Valls, über die Beziehungen des Hl. Stuhls und des Staates Israel vom 9. Februar

Zu den vielfältigen Äußerungen der Medien über die schwierige Lage in der Golfregion gab der Direktor des Vatikanischen Pressesaals, Dr. Joaquin Navarro-Valls, folgende Erklärung ab:

Schon in der Vergangenheit, aber besonders in diesen Tagen, ist in der öffentlichen Meinung eine gewisse Verwirrung festzustellen in bezug auf die Frage der Beziehungen zwischen dem Hl. Stuhl und dem Staat Israel.
Die erste auffallende Verwechslung ist die zwischen der „Anerkennung" eines Staates und der „Anknüpfung diplomatischer Beziehungen" mit dem genannten Staat.
Diesbezüglich genügte es, eine gute Abhandlung des Internationalen Rechtes zu konsultieren, um den Unterschied festzustellen.

1. Die Tatsache, daß zwischen dem Hl. Stuhl und dem Staat Israel keine diplomatischen Beziehungen bestehen, schließt nicht ein, daß der Hl. Stuhl den Staat Israel nicht anerkennt.

a) Es dürfte klar sein, daß der Hl. Stuhl nie die Existenz des Staates Israel nach der Unabhängigkeitserklärung desselben in Frage gestellt hat.
Beweise dafür sind zum Beispiel:
   - die Einbeziehung der israelischen Delegation in die offiziellen Delegationen, die zum Begräbnis Pius' XII. gesandt wurden sowie zur Eröffnung und zum Abschluß des II. Vatikanischen Konzils, zur Beisetzung von Papst Johannes XXIII. und zur offiziellen Eröffnung des Pontifikats von Papst Johannes Paul II.;
   - die Begegnung Papst Paul VI. mit dem Präsidenten des Staates Israel in Megiddo in Samaria anläßlich der Pilgerreise ins Heilige Land (Januar 1964);
   - die Besuche von israelischen Regierungsvertretern im Vatikan, u. a. von Außenminister Abba Eban (1969), Premierministerin Golda Meir (1973), Außenminister Moshe Dayan (1978), Außenminister I. Shamir (1982) und Premierminister S. Peres (1985);
   - die ständigen Kontakte mit der Israelischen Botschaft in Italien und der Apostolischen Delegation von Jerusalem mit dem Außenminister. Dazu ist zu sagen, daß am 16. Oktober vergangenen Jahres Erzbischof Andrea Cordero Lanza di Montezemolo, Apostolischer Delegat in Jerusalem, bei seinem Amtsantritt dem israelischen Präsidenten Dr. Herzog einen Besuch abgestattet hat;
   - die zahlreichen öffentlichen Hinweise Papst Johannes Paul II. auf den Staat Israel. In den meisten Aussagen des Papstes über die Probleme des Heiligen Landes und des Mittleren Ostens wird der Staat Israel genannt mit Bezug auf

seinen Anspruch auf Sicherheit. Beispielsweise sind hier für einen langen Zeitraum Auszüge zu nennen aus:

- der Predigt des Papstes in Otranto vom 5. Oktober 1980: „Das jüdische Volk hat nach den tragischen Erfahrungen, verbunden mit der Ausrottung so vieler seiner Töchter und Söhne, unter dem Antrieb der Angst nach Sicherheit den Staat Israel ins Leben gerufen ...";
- dem Apostolischen Schreiben *Redemptionis anno* vom 20. April 1984: „Für das jüdische Volk, das im Staat Israel lebt und in jenem Land so kostbare Zeugnisse seiner Geschichte und seines Glaubens bewahrt, müssen wir um die gewünschte Sicherheit und die gerechte Ruhe bitten, die das Vorrecht jedes Volkes und die Voraussetzung für Leben und Fortschritt jeder Gesellschaft sind."
- der Ansprache an die Führungspersönlichkeiten der jüdischen Gemeinden in Miami vom 11. September 1987: „Nach der tragischen Ausrottung der Shoah hat das jüdische Volk eine neue Epoche seiner Geschichte begonnen. Es hat ein Recht auf ein Heimatland, wie es jede Nation gemäß dem internationalen Recht hat. Für das jüdische Volk, das im Staat Israel lebt ...;
- Ansprache an das Diplomatische Korps vom 12. Januar 1991: „... mit dem Ziel, zugleich dem Staat Israel die rechten Bedingungen für seine Sicherheit zu gewährleisten ...";
- Generalaudienz vom 23. Januar 1991: „Insbesondere bringe ich meine Solidarität mit denen im Staat Israel zum Ausdruck, die ... unter den verwerflichen Bombardierungen gelitten haben."

b) Man könnte sagen, es handle sich nur um eine miteinbezogene Anerkennung, aber in der internationalen Praxis ist in den meisten Fällen die Anerkennung eines Staates miteinbezogen und bedarf nicht feierlicher und ausdrücklicher Rechtserklärungen.

2. Die diplomatischen Beziehungen sind eine andere Sache und hängen von den Umständen und Bewertungen insgesamt ab.
Solche Beziehungen sind freiwillig, und wie das Recht bekräftigt, „ist kein Staat dazu verpflichtet, diplomatische konsularische oder andere Beziehungen zu unterhalten" (Balladore Pallieri, „Diritto Internazionale Pubblico", Mailand 1962, S. 338).
Wenn dies für die Staaten gilt, um so mehr gilt es für den Hl. Stuhl, der kein Staat, sondern die zentrale Leitung der katholischen Kirche ist.
Der Hl. Stuhl ist bei der UNO nur als „Beobachter" vertreten, weil er kein Staat ist, aber auch wenn er es wäre, bliebe ihm freigestellt, diplomatischen Beziehungen mit einem bestimmten Staat zu unterhalten oder nicht.
Natürlich ist Israel nicht der einzige Fall, wo es dem Hl. Stuhl angemessen schien zu warten, der Aufnahme formeller diplomatischer Beziehungen zuzustimmen. Zu erinnern ist zum Beispiel an einige bekanntere Fälle, in denen es absurd gewesen wäre oder noch wäre anzunehmen, daß der Hl. Stuhl, obwohl keine diplomatischen Beziehungen bestehen, den Staat anerkennt oder nicht;

- im Fall von Mexiko und den UdSSR, mit denen seit kurzem ein Prozeß zur Aufnahme von formellen diplomatischen Beziehungen begonnen hat;
- bis zum vergangen Jahr war es der Fall bei Polen und den anderen Staaten von Mittelosteuropa;
- selbst mit den Vereinigten Staaten von Amerika bestehen erst seit einigen Jahren diplomatische Beziehungen. Und doch hatte der Hl. Stuhl offensichtlich immer die Vereinigten Staaten anerkannt.

Für jeden dieser Fälle gibt oder gab es besondere, aber für den Hl. Stuhl wesentliche Beweggründe, und was Israel betrifft, handelt es sich gewiß nicht um theologische, sondern um juristische Gründe ...

Dies vorausgesetzt, bestehen bis jetzt juristische Schwierigkeiten für eine offizielle Aufnahme diplomatischer Beziehungen zwischen dem Hl. Stuhl und dem Staat Israel. Es sind die noch nicht geklärten Schwierigkeiten der Präsenz Israels in den besetzten Gebieten und der Beziehungen zu den Palästinensern, der Annexion der Heiligen Stadt Jerusalem sowie der Situation der katholischen Kirche in Israel und in den von ihm verwalteten Gebieten.

Eine dritte Verwechslung, die manchmal auftritt, ist jene zwischen der religiösen Dimension und der politischen Dimension, zwischen den Beziehungen und der Haltung des Hl. Stuhls und der Kirche in bezug auf das Judentum und den Beziehungen zwischen dem Hl. Stuhl und dem Staat Israel.

1. Die interreligiöse Beziehungen bestehen und entfalten sich. Im Dezember vergangenen Jahres wurde bei der Kommission für die religiösen Beziehungen zum Judentum der 25. Jahrestag der Konzilserklärung *Nostra aetate* begangen unter der Teilnahme von Vertretern aller größeren jüdischen Weltvereinigungen.

In diesen Kontext sind der Besuch des Papstes in der römischen Synagoge, seine Begegnungen mit den Gruppen von Juden bei seinen apostolischen Reisen in so viele Länder der Welt und die Verlautbarungen des Hl. Stuhls gegen den Antisemitismus einzureihen.

2. Was den Staat Israel betrifft, besteht von seiten des Hl. Stuhls eine Haltung tiefer Achtung wie gegenüber allen anderen Staaten, ja, er ist der Meinung, daß der Staat Israel in seiner Existenz und Sicherheit geschützt werden muß, besonders durch die Suche nach Punkten des Einvernehmens mit den anderen Staaten der Region.

Der Hl. Stuhl weiß auch, daß die Bindung an das Land der Väter und den Staat Israel für die Juden der ganzen Welt besonders wichtig ist und stark empfunden wird; er versteht und respektiert dies.

Aber er ist der Auffassung, daß der Bereich des religiösen Dialogs und der Achtung vor dem jüdischen Volk und seiner Geschichte klar zu unterscheiden ist vom politischen Bereich. Das kommt klar zum Ausdruck in einem wichtigen Dokument der Kommission für die religiösen Beziehungen zum Judentum von 1985, wo zu lesen ist:

„Die Christen sind dazu aufgefordert, diese religiöse Bindung (der Juden an ihr Land) zu verstehen, die in der biblischen Tradition tief verwurzelt ist ... Was die

Existenz und die politischen Entscheidungen des Staates Israel betrifft, so müssen sie in einer Sichtweise betrachtet werden, die nicht in sich selbst religiös ist, sondern sich auf die allgemeinen Grundsätze des internationalen Rechts beruft" (*Hinweise für eine rechte Darstellung der Juden und des Judentums in Predigt und Katechese der katholischen Kirche* vom 24. Juni 1985).

Es kann keinen heiligen Krieg geben

Kommuniqué zum Abschluß der Beratungen der Patriarchen und Bischöfe des Nahen und Mittleren Ostens vom 5. März

Wir Patriarchen und Bischöfe haben an der von Sr. Heiligkeit, Papst Johannes Paul II. gewünschten Versammlung über die Krise am Golf teilgenommen und möchten nun in Gemeinschaft des Geistes mit ihm nach den tragischen Kriegsereignissen vor allem unsere Solidarität mit allen Völkern der Region aussprechen, uns vor allen Opfern des Konfliktes neigen und für sie und ihre Familienangehörigen beten.

Zum Abschluß der Begegnung empfinden wir die Pflicht, dem Papst für diese Geste pastoraler Sorge unsere tiefe Dankbarkeit auszusprechen. Wir tun dies im eigenen Namen, im Namen der uns anvertrauten Gemeinschaften und der Bischofskonferenzen, die wir vertreten.

Wir haben die Erfahrung des Abendmahlssaales gemacht. Sie war reich und nutzbringend und wird ohne Zweifel eine Quelle der Anregung für die orientalischen katholischen Gemeinschaften wie auch für die verschiedenen Gesellschaften bleiben, denen wir angehören.

Wie der Papst vom ersten Tag des Konfliktes an erklärt hat, sind wir einmütig der Ansicht, daß der Rückgriff auf die Waffengewalt ein „Absinken der Menschheit" bedeutet, eine Niederlage der internationalen Gemeinschaft und ein Attentat auf die allen Religionen heiligsten Werte. „Nie wieder Krieg!", hatte Paul VI. 1965 vor der UNO erklärt.

Dieser Krieg hat mit dem ungerechten Angriff an seinem Beginn und den Zweideutigkeiten, die dahinterstanden, das Herz der Völker tief getroffen und überall eine Krise des Wertbewußtseins ausgelöst, auch wenn sich in unseren Städten und Kirchen im Osten und Westen große Massen von Männern und Frauen und zumal von Jugendlichen für Frieden und Gerechtigkeit in Bewegung gesetzt haben. Unablässig wurde gebetet sowie in unseren Kirchen und bei unseren Völkern Gottes Hilfe angerufen.

Zur Eröffnung der Arbeiten wollte der Papst unter anderem betonen, daß für die Christen des Orients „die Zeit der Bekehrung und Echtheit" gekommen ist, um „ihr Zeugnis und ihren Beitrag für den Aufbau einer brüderlicheren Gesellschaft zu leisten".

Wir Patriarchen und Bischöfe greifen diesen Appell als an die ganze Kirche gerichtet auf und versichern, daß wir uns voll dafür einsetzen werden.

- Wir wollen die Gläubigen unserer Kirchen im Glauben, in der Hoffnung und in der Liebe bestärken und alle Christen im Mittleren Osten darin unterstützen, daß sie sich in diesem Teil der Welt nicht fremd fühlen.
- Wir wollen unseren jüdischen und muslimischen Brüdern versichern, daß wir mit ihnen einen echten gründlichen und ständigen Dialog aufrechterhalten möchten, der von unserem Glauben an den Einen Gott und der gemeinsamen Sorge um die Werte der Gerechtigkeit und der Förderung des Menschen ausgeht und jeder Gemeinschaft echte Religionsfreiheit auf der Grundlage gegenseitiger Achtung und Gegenseitigkeit gestattet.
- Wir wollen jede religiöse Begründung oder Deutung zurückweisen, die dem Golfkrieg hätte gegeben werden können. Man darf in ihm weder einen Konflikt zwischen Osten und Westen sehen und erst recht nicht einen Konflikt zwischen Islam und Christentum. Wie uns der Papst gesagt hat, „kann es keinen ‚heiligen Krieg' geben, weil die Werte der Anbetung, der Brüderlichkeit und des Friedens, die aus dem Glauben an Gott stammen, zur Begegnung und zum Dialog anleiten".

Wir vertrauen darauf, daß Seine Heiligkeit weiter bei den Verantwortlichen der Völker und den internationalen Organisationen sein überzeugendes Wirken fortsetzt, damit es im Mittleren Osten nicht an Gerechtigkeit fehlt und diese mit friedlichen Mitteln angestrebt wird.

Wir wünschen, daß die Verhandlungen für einen gerechten Frieden niemanden demütigen und auch kein Volk bestrafen.

Wir sind der Auffassung, daß es keine Rückkehr zum Frieden im Mittleren Osten geben kann, wenn dort nicht die Gerechtigkeit erfüllt sowie die näheren und entfernteren Ursachen der Konflikte in der Region beseitigt werden. Wir wissen, mit welcher Beharrlichkeit der Papst das Anliegen des palästinensischen und des libanesischen Volkes lebendig zu halten bemüht war. Der Libanon muß im Vollsinn seine Einheit, Unabhängigkeit und Souveränität zurückgewinnen.

Das palästinensische Volk muß seine unveräußerlichen Rechte auf ein Vaterland anerkannt bekommen und dort in Freiheit seine eigene Zukunft bestimmen dürfen, wie auch das Volk Israel in sicheren Grenzen und in Harmonie mit den Nachbarn leben können muß.

Wir möchten ferner unserer Sorge und der unserer Gläubigen angesichts der Befürchtung Ausdruck geben, daß bei den erwünschten internationalen politischen Initiativen für die Probleme des Mittleren Ostens nicht genügend der spezifische und heilige Charakter der Stadt Jerusalem berücksichtigt wird sowie die Besonderheit der religiösen Gemeinschaften, die dort leben, und die heiligen Stätten, die Millionen von jüdischen, christlichen und muslimischen Gläubigen teuer sind.

Wir möchten unsererseits versichern, daß wir weiter bei unseren Gemeinschaften und in unseren Gesellschaften das Mögliche tun werden, damit kein Volk und kein Land der Region vom echten Weg zu Gerechtigkeit und Frieden ausgeschlossen oder in seinen grundlegenden Rechten irgendwie verletzt wird.

Unsere Solidarität im Teilen der geistlichen und materiellen Güter wird Zeichen und Prüfstein unseres Bemühens sein, dahin zu wirken, daß - wie der Papst gesagt hat -

„die Armut und das Fehlen von Zukunftsaussichten" nicht überhandnehmen, und daß alle mithelfen, damit jene Völker des Mittleren Ostens, die am meisten gelitten haben, endlich in die Lage versetzt werden, ihren eigenen Beitrag für die Befriedung der Region und damit der Welt zu leisten.
Wir vertrauen darauf, daß es zu einer gerechteren Neuverteilung der natürlichen Reichtümer der Region kommt und daß Entwicklungspläne zur Unterstützung der am meisten benachteiligten Völker gefördert werden. All das wird durch eine strenge Regelung des Waffenhandels sowie eine substantielle und kontrollierte Abrüstung, die alle einbezieht, erleichtert.
Der Gedankenaustausch dieser beiden Tage hat uns in der Überzeugung bestärkt, daß die Christen - ebenso wie unsere Brüder aus den anderen Religionen - ein Wort zu sagen und eine Rolle dabei zu spielen haben, daß eine Welt der Brüderlichkeit kein bloßer Traum bleibt. Wir sind mit allen Gläubigen überzeugt, daß mit dem Glauben an Gott und dem Vertrauen auf den Menschen, sein Geschöpf, die Welt ein anderes Gesicht bekommen kann.
Unsere Erfahrung der Kollegialität und des gegenseitigen Austausches und diese Begegnung zwischen Osten und Westen sind ein prophetisches Zeichen der Versöhnung.
In tiefer Gemeinschaft mit dem Papst vertrauen wir diese unsere Ansichten der Barmherzigkeit Gottes und der Fürbitte der Königin des Friedens an.
Die Patriarchen der katholischen Kirchen des Mittleren Ostens sowie die Präsidenten der Bischofskonferenzen der mehr unmittelbar am Golfkrieg beteiligten Länder.

Die Organe der römischen Kurie

Stand: April 1991

Johannes Paul II., Bischof von Rom, Statthalter Jesu Christi, Nachfolger des Apostelfürsten, Oberhaupt der Allgemeinen Kirche, Patriarch des Abendlandes, Primas von Italien, Erzbischof und Metropolit der Kirchenprovinz Rom, Souverän des Staates der Vatikanstadt, Diener der Diener Gottes, Karol Wojtyla

Staatssekretariat

- Staatssekretariat:	Erzbischof Angelo Sodano

Erste Sektion: Sektion für die allgemeinen Angelegenheiten:

- Substitut:	Erzbischof Giovanni Battista Re
- Assessor:	Msgr. Crescenzio Sepe

Zweite Sektion: Sektion für die Beziehungen mit den Staaten:

- Sekretär:	Erzbischof Jean-Louis Tauran
- Untersekretär:	Msgr. Claudio Maria Celli

Angegliedert ist das Zentralamt für kirchliche Statistik

Kongregationen

Kongregation für die Glaubenslehre:

- Präfekt:	Kardinal Joseph Ratzinger
- Sekretär:	Erzbischof Alberto Bovone
- Untersekretär:	Msgr. Jozef Zlatňanský

Kongregation für die Orientalischen Kirchen:

- Präfekt:	Kardinal Simon D. Lourdusamy
- Sekretär:	Erzbischof Miroslav Stefan Marusyn
- Untersekretär:	N.N.

Kongregation für den Gottesdienst und die Sakramentenordnung:

- Präfekt:	Kardinal Eduardo Martinez Somalo
- Sekretär:	Erzbischof Lajos Kada
- Untersekretäre:	Msgr. Pere Tena Garriga
	Msgr. Raffaele Melli

Kongregation für die Selig- und Heiligsprechungsprozesse:

- Präfekt:	Kardinal Angelo Felici
- Sekretär:	Erzbischof Edward Nowak
- Untersekretär:	Msgr. Fabijan Veraja

Kongregation für die Bischöfe:
- Präfekt: Kardinal Bernardin Gantin
- Sekretär: Erzbischof Justin Francis Rigali
- Untersekretär Msgr. Silvio Padoin

Der Kongregation für die Bischöfe angeschlossen ist die Päpstliche Kommission für Lateinamerika:
- Präsident: Kardinal Bernardin Gantin
- Vizepräsident: Bischof Cipriano Calderón

Kongregation für die Evangelisierung der Völker:
- Präfekt: Kardinal Jozef Tomko
- Sekretär: Erzbischof José T. Sánchez
- Untersekretär: Rev. Charles Schleck CSC

Kongregation für den Klerus:
- Präfekt: Kardinal Antonio Innocenti
- Sekretär: Erzbischof Gilberto Agustoni
- Untersekretär: Msgr. Milan Simčić

Päpstliche Kommission für die Erhaltung des künstlerischen und geschichtlichen Erbes der Kirche:
- Präsident: Kardinal Antonio Innocenti
- Sekretär: Bischof Francesco Marchisano
- Untersekretär: Msgr. Paolo Rabitti

Kongregation für die Institute des gottgeweihten Lebens und für die Gemeinschaften des apostolischen Lebens:
- Präfekt: Kardinal J. Jérôme Hamer OP
- Sekretär: Erzbischof Francisco Javier Errázurizossa
- Untersekretäre: P. Jesús Torres Llorente CMF
  Msgr. Joseph A. Galante
  Msgr. Juan José Dorronsoro Allo

Kongregation für das Katholische Bildungswesen (für die Seminare und Studieneinrichtungen):
- Pro-Präfekt: Erzbischof Pio Laghi
- Sekretär: Erzbischof José Saraiva Martins CMF
- Untersekretär: Msgr. Ivan Peri

Gerichtshöfe

Apostolische Pönitentiarie:
- Großpönitentiar: Kardinal William Wakefield Baum

Oberster Gerichtshof der Apostolischen Signatur:
- Präfekt: Kardinal Achille Silvestrini

Gericht der Römischen Rota:
- Dekan: Msgr. Ernesto Fiore

Päpstliche Räte:

Päpstlicher Rat für die Laien:
- Präsident: Kardinal Eduardo Francisco Pironio
- Vizepräsident: Bischof Paul Josef Cordes
- Untersekretär: Msgr. Peter Coughlan

Päpstlicher Rat zur Förderung der Einheit der Christen:
- Präsident: Erzbischof Edward Idris Cassidy
- Sekretär: Bischof Pierre Duprey PA
- Untersekretär: Msgr. Francesco Eleuterio Fortino

Päpstlicher Rat für die Familie:
- Präsident: Kardinal Alfonso López Trujillo
- Vizepräsident: Bischof Jean-François Arrighi
- Präsidentenkomitee: Kardinal James Aloysius Hickey
  Kardinal Jean Margéot
  Kardinal Lucas Moreira Neves
  Kardinal Simon D. Lourdusamy
  Erzbischof Salvatore De Giorgi
  Erzbischof Raymond-Marie Tchidimbo CSSP
  Erzbischof Fiorenzo Angelini
  Bischof Jean-François Arrighi
  Bischof Paul Josef Cordes
  Bischof Kazimierz Majdański
- Untersekretär: Rev. Franzisco Gil Hellín

Päpstlicher Rat für Gerechtigkeit und Frieden:
- Präsident: Kardinal Roger Etchegaray
- Vizepräsident: Bischof Jorge Mejia
- Untersekretär: Msgr. Diarmuid Martin

Päpstlicher Rat „Cor Unum"
- Präsident: Kardinal Roger Etchegaray
- Vizepräsident: Bischof Alois Wagner
- Untersekretär: Rev. Iván Marín López

Päpstlicher Rat der Seelsorge für die Migranten und Menschen unterwegs:
- Präsident: Erzbischof Giovanni Cheli
- Sekretär: P. Silvano M. Tomasi CS
- Untersekretär: Msgr. Peter Paul Prabhu

Päpstlicher Rat für die Pastoral im Krankendienst:
- Präsident: Erzbischof Fiorenzo Angelini
- Sekretär: P. José Luis Redrado Marchite OH
- Untersekretär: P. Felice Ruffini MI

Päpstlicher Rat für die Interpretation von Gesetzestexten:
- Präsident: Erzbischof Vincenzo Fagiolo
- Sekretär: Bischof. Julián Herranz Casado
- Untersekretär: Rev. Ivan Žužek SJ

Päpstlicher Rat für den Interreligiösen Dialog:
- Präsident: Kardinal Francis Arinze
- Sekretär: P. Michael Louis Fitzgerald PA
- Untersekretär: Rev. John B. Masayuki Shirieda SDB

Päpstlicher Rat für den Dialog mit den Nichtglaubenden:
- Präsident: Kardinal Paul Poupard
- Sekretär: P. Franc Rodè CM
- Untersekretär: P. José Montero OP

Päpstlicher Rat für die Kultur:
- Präsident: Kardinal Paul Poupard
- Präsidentenkomitee: Kardinal Eugênio de Araújo Sales
  Kardinal Hyacinthe Thiandoum
- Sekretär: Rev. P. Hervé Carrier SJ
- Untersekretär: Rev. Raffaele Farina SDB

Päpstlicher Rat für die sozialen Kommunikationsmittel:
- Präsident: Erzbischof John P. Foley
- Sekretär: Msgr. Pierfranco Pastore
- Untersekretär: N.N.

Büros:

Apostolische Kammer:
- Camerlengo der Hl. Römischen Kirche: Kardinal Sebastiano Baggio
- Vize-Camerlengo: Erzbischof Ettore Cunial

Verwaltung der Güter des Apostolischen Stuhls:
- Präsident: Kardinal Rosalio José Castillo Lara
- Sekretär: Erzbischof Giovanni Lajolo

Präfektur für die wirtschaftlichen Angelegenheiten des Hl. Stuhls:
- Präsident: Kardinal Edmund Casimir Szoka
- Sekretär: Msgr. Luigi Sposito

Weitere Organe der Römischen Kurie (nicht Dikasterien) sind:

Präfektur des Päpstlichen Hauses:
- Präfekt: Bischof Dino Monduzzi

Amt für die liturgischen Feiern des Papstes:
- Zeremonienmeister: Msgr. Piero Marini

Mit dem Hl. Stuhl verbundene Institutionen sind:

Vatikanisches Geheimarchiv:
- Archivar: Kardinal Antonio Maria Javierre Ortas SDB
- Präfekt: P. Josef Metzler OMI
- Vizepräfekt: Msgr. Terzo Natalini

Vatikanische Apostolische Bibliothek:
- Bibliothekar: Kardinal Antonio Maria Javierre Ortas SDB
- Präfekt: P. Leonard E. Boyle OP

Päpstliche Akademie der Wissenschaften:
- Präsident: Prof. Giovanni Battista Marini-Bettòlo Marconi

Vatikanische Polyglott-Druckerei:
- Generaldirektor: Rev. Salvatore De Bonis SDB
- Verwaltungsdirektor: Giacomo Bonassoli SDB
- Technischer Leiter: Giuseppe Canesso SDB

Vatikanische Verlagsbuchhandlung:
- Vorsitzender des Verwaltungsrates: Rev. Renato Dardozzi
- Direktor: Rev. Nicolò Suffi SDB

Osservatore Romano:
- Direktor Prof. Mario Agnes
- Sekretär der Redaktion: Dr. Angelo Scelzo
- Wochenausgaben: in Deutsch: Dr. Karlheinz Schuh
  in Englisch: N.N.
  in Französisch: Dr. Jean-Michel Coulet
  in Portugiesisch: Msgr. Expedito Marcondes
  in Spanisch: P. Arturo Gutiérrez Gómez LC
  eine monatliche Ausgabe in Polnisch:
  P. Adam Boniecki MIC

Radio Vatikan:
- Präsident: P. Roberto Tucci SJ
- Generaldirektor: P. Pasquale Borgomeo SJ

Vatikanisches Fernsehzentrum:
- Präsident: Dr. Emilio Rossi
- Vizepräsident: Dr. Sandro Baldoni

Dombauhütte von St. Peter:
- Präsident: Kardinal Aurelio Sabattani
- Delegat: Erzbischof Virgilio Noè

Päpstlicher Wohltätigkeitsdienst:
- Almosenpfleger: Erzbischof Oscar Rizzato

Übersetzungszentrum:
Zentrales Arbeitsbüro:
- Präsident: Erzbischof Jan P. Schotte CICM
- Assessoren: Prof. Matteo Dell'Olio
  Prof. Gian Carlo Perone

Konsistorium

Kardinalsrat der Vorsitzenden der Dikasterien

Kardinalsrat für das Studium der organisatorischen und wirtschaftlichen Fragen des Hl. Stuhls

Institut für kirchliche Einrichtungen (IOR):
- Generaldirektor: Dr. Giovanni Bodio

Pressesaal:
- Direktor: Dr. Joaquín Navarro-Valls
- Vizedirektor: Msgr. Piero Pennacchini

Aufgabe des Studiums ist nicht nur Wissensvermittlung

Botschaft durch Pro-Staatssekretär Erzbischof Angelo Sodano an Prof. Adriano Bausola, Rector magnificus der Katholischen Herz-Jesu-Universität Mailand, zu deren 70. Jahr des Bestehens vom 9. April

Herr Rektor!

Anläßlich des bevorstehenden Tages der Katholischen Universität, der dieses Jahr mit dem siebzigjährigen Jubiläum der Hochschule der italienischen Katholiken zusammenfällt, möchte der Heilige Vater erneut seine lebhafte Anerkennung für den Dienst, den sie an der Kirche und der Gesellschaft geleistet hat und weiterhin leistet, zum Ausdruck bringen.
In diesen siebzig Jahren hat sich diese Universität durch Kompetenz und ernsthafte Arbeit auf dem Gebiet der Forschung und der Lehrtätigkeit ausgezeichnet. Ebenso konnte sie durch ihren großzügigen Einsatz den Studenten eine solide Ausbildung vermitteln, die sowohl auf erstklassigen wissenschaftlichen und technischen Kennt-

nissen als auch auf einer zur persönlichen Synthese von Kultur und Glaube tendierenden christlichen Bildung beruht. In der Tat sind diese Elemente die notwendige Basis für eine Universität, die ihrem katholischen Namen Ehre machen will.
Auch in der neuen Apostolischen Konstitution *Ex corde ecclesiae* hat der Papst seine Hoffnung zum Ausdruck gebracht, daß die Katholische Universität mehr und mehr zum „Gespräch von einmaliger Fruchtbarkeit mit allen Menschen jedweder Kultur"(Nr. 6) führen möge. Dies wird um so eher möglich sein, wenn alle Mitglieder der Katholischen Universität, angefangen von ihren Dozenten, sich für diese lebendige Ergänzung von Glauben und beruflicher Kompetenz einsetzen. Zwischen authentischer wissenschaftlich-akademischer Berufsausübung und der Bezeugung des Glaubens darf es keine Trennung und keine Alternative geben, denn es ist Aufgabe der Universität, Wissenschaft und Glauben in den Gesichtskreis der Offenbarung Christi zu integrieren.
Heute ist dieser Dialog für die Kirche notwendig, denn groß wäre der Schaden, wenn ihre Antworten nicht den Fragen entsprechen könnten, die sich heute der Mensch auf der Suche nach der Wahrheit stellt.
Deshalb spürt die Kirche die Notwendigkeit, überall dort zugegen zu sein, wo wissenschaftliche Forschung betrieben wird, damit ihr Evangelisationswerk die kulturelle Bildung des Menschen von heute erhellen könne. „Man muß somit alle Anstrengungen machen, um die Kultur, genauer die Kulturen, auf mutige Weise zu evangelisieren", ermahnte Paul VI. (*Evangelii nuntiandi*, Nr. 20).
Aber auch für die Gesellschaft ist dieser Dialog notwendig. Denn wenn die ständige Zunahme der Mittel, der Informationen und der Technologien, die unsere Gesellschaft kennzeichnet, nicht mit der Fähigkeit einherginge, angemessene Maßnahmen für die vollständige Entwicklung des Menschen zu treffen, würde der Wert des menschlichen Lebens eine gefährliche Minderung erleiden. Papst Johannes Paul II. hat in seinem Schreiben *Sollicitudo rei socialis* wiederholt darauf hingewiesen, daß, wenn sich die Entwicklung wirklich mit Achtung des gesamten Menschen und aller Menschen vollziehen soll, sie mit den grundlegenden ethischen und moralischen Werten im Einklang stehen muß. So wird das Studium nicht zum bloßen Wissen um die Mittel, sondern zur Weisheit und zur Fähigkeit, jene Werte zu erkennen und zu fördern, die der Geschichte einen wahrhaft menschlichen Charakter verleihen.
Darin besteht die Motivation der Katholischen Universität, einer Institution, an der das Studium sich mit der integralen Entfaltung des Menschen und der Gesellschaft befaßt. Es kann sich keine wirklich menschliche Entwicklung vollziehen, wenn man die volle Wahrheit über den Menschen vergißt, jene Wahrheit, welche die Kenntnis der Ziele, der Werte und des Sinns einschließt, die der menschlichen Existenz Qualität verleihen.
Der Dienst, den die Katholische Universität in diesen siebzig Jahren für das ganze Land und die italienischen Katholiken geleistet hat, verdient dankbare Anerkennung. Sie war in diesen Jahren, wie ihr verehrter Begründer Pater Agostino Gemelli in seinem Testament schrieb, „ein Werk für die Kirche", ein Werk, das für die Entwick-

lung der gesamten kirchlichen Gemeinschaft, für einen qualifizierten Dienst am ganzen Land bestimmt war.
Der Papst beobachtet mit Freude den derzeitigen Entwicklungsprozeß der Katholischen Herz-Jesu-Universität, sowohl hinsichtlich neuer Fakultäten und Studien- und Diplomkurse als auch hinsichtlich der Forschungsarbeit, die mehr und mehr von Abteilungen, Instituten und Fachzentren ausgeübt wird. Als ganz besonders wichtig erscheint die Einrichtung des neuen Forschungszentrums über die Soziallehre der Kirche, das einen wichtigen Beitrag zur Vertiefung und zur praktischen Anwendung dieser Lehre auf zahlreichen Gebieten des sozialen Lebens leisten wird.
Die Kirche, deren Wunsch es ist, an der Entwicklung unserer Epoche teilzuhaben, kann auf eine Studien- und Bildungseinrichtung, die dem Menschen bei der Entfaltung seiner geistigen, kulturellen und sozialen Bestrebungen hilft, nicht verzichten.
Deshalb empfiehlt der Papst die Katholische Universität erneut der Solidarität der italienischen Katholiken, und auf die gesamte Universitätsgemeinschaft ruft er die Gaben der göttlichen Weisheit herab.
Als Unterpfand für diese Wünsche erteilt er Ihnen, Herr Rektor, den Professoren, den Studenten, den Mitarbeitern und allen Freunden der Katholischen Universität den Apostolischen Segen. Gern verbindet er damit als Zeichen seiner Solidarität und Ermutigung einen persönlichen Beitrag.
Ich nehme mit Freude diese Gelegenheit wahr, um Ihnen meine vorzügliche Hochachtung auszusprechen, und verbleibe Ihr ergebenster

Angelo Sodano
Pro-Staatssekretär

Die Kirche muß mit Wahrheit die Gewissen erschüttern

Kommuniqué zum Abschluß des außerordentlichen Konsistoriums der Kardinäle über die Bedrohung des Lebens vom 4. bis 6. April

Das außerordentliche Konsistorium - das vierte von Johannes Paul II. einberufene -, das vom 4. bis 6. April in der Vatikanstadt stattfand und an dem 112 Kardinäle aus allen Teilen der Welt teilnahmen, ist nicht nur an sich ein bedeutendes Ereignis von großer kirchlicher Tragweite, sondern auch wegen der Wichtigkeit der auf der Tagesordnung stehenden Themen: die Bedrohungen des menschlichen Lebens und die Verkündigung Christi, des einzigen Retters, angesichts der Herausforderung der Sekten.

I. Bei der Erörterung des ersten Themas bestätigte das Kardinalskollegium vor allem seine Übereinstimmung mit dem Papst im Kampf für das Leben und dankte ihm für diesen prophetischen Dienst, den er unermüdlich für die ganze Menschheit leistet. Dabei stellt er nicht nur eine Instanz religiösen Charakters dar, sondern erweist sich als Anwalt der ganzen Menschheitsfamilie.

Bei der darauffolgenden, ins einzelne gehenden Diskussion richtete die Vollversammlung ihre Aufmerksamkeit auf die verschiedenen geographischen und kulturellen Bereiche. Dabei wurde erneut die vielfältige dramatische Aggressivität der heutigen Angriffe auf das menschliche Leben, vor allem das schwächste und ungeschützte Leben, herausgestellt: das ungeheure Anwachsen der Zahl der Abtreibungen, die die Gesetzgebung, statt einzuschränken, begünstigt hat; die jüngsten Versuche, die Euthanasie zu legitimieren; die Ausbeutung der Kinder und Jugendlichen; den Mißbrauch des vorgeburtlichen Lebens im Zusammenhang mit Embryonenexperimenten und den Praktiken künstlicher Befruchtung; Mißbräuche, die oft geplant und manchmal sogar mit verschiedenen Motiven gerechtfertigt werden; Motive, die ebenso Formen des Angriffs auf das Leben darstellen. Sie vergrößern noch den schmerzlichen Verlust an Menschenleben, der durch Unterentwicklung, Hunger, verschiedene Formen von Gewalt und Kriege hervorgerufen wird.
Vom kulturellen Gesichtspunkt aus wurde eine besorgniserregende Rückbildung und Umkehrung der moralischen Sensibilität verzeichnet, bei der die soziale und juristische Legitimierung der Abtreibung einen starken negativen Einfluß entwickelt hat. So kam man von der Nachgiebigkeit gegenüber dem moralisch Schlechten, das gesetzlich zugelassen wurde, unmerklich zu dessen Rechtfertigung. Ja schließlich wurde es in Fällen, in denen die vorherrschende Mentalität den Wert des Lebens, vor allem den eines elenden, behinderten oder schwerkranken Lebens, nicht mehr anerkennt, paradoxerweise sogar als notwendig erklärt. Unsere Epoche sieht also - wie in der Aula geäußert wurde - gleichzeitig die Achtung vor dem Leben und die Prinzipien der natürlichen Vernunft zusammenbrechen. Heute lassen viele Staaten die Abtreibung zu und begünstigen sie, und in einigen anderen ist der Vorschlag zur Legalisierung auch der Euthanasie gemacht worden. Und so ist unter diesen neuen Verhältnissen die Achtung vor dem menschlichen Leben in der Person der Schwächsten und Schutzlosesten nicht nur ein Problem der individuellen Moral, sondern sie wird zu einem Thema der gesellschaftlichen Moral und der politischen Ethik. Die Proklamation der Menschenrechte wird entkräftet; diese selektive Anwendung, die das ethische Fundament einer authentischen Demokratie untergräbt, widerspricht ihr. Wenn auch im kulturellen Panorama unserer Zeit ermutigende Zeichen für ein Erwachen des Gewissens, schätzenswerte Initiativen für eine Mobilisierung zum Schutz des Lebens und auch Beispiele mutiger moralischer Folgerichtigkeit im politischen Bereich nicht fehlen, so fühlt sich doch die Kirche, Hirten und Gläubige, dringend dazu verpflichtet, mit erneuerter Kraft den heiligen und unangreifbaren Wert des menschlichen Lebens von seiner Empfängnis bis zu seinem natürlichen Ende zu verkünden sowie seine Rechte in der Wahrheit und in der Solidarität mit allen Menschen guten Willens zu schützen und zu fördern. Im Hinblick auf das besondere Ausmaß des Problems haben es die Kardinäle für richtig befunden, einen speziellen Appell an das moralische Gewissen der Politiker zu richten - seien sie Christen oder, wie auch immer, um das Schicksal des Menschen besorgt -, damit sie die gesetzlichen und politischen Initiativen mit der unbeugbaren Pflicht in Einklang zu bringen wissen, das menschliche Leben zu respektieren. Auch das Pro-

blem der Bevölkerungsentwicklung, das sich vor allem in einigen weniger entwickelten Ländern stellt, muß konkrete Lösungen finden, die nicht im Gegensatz zum vollen Respekt der Würde der menschlichen Person stehen.
Angesichts eines falschen Feminismus, der die Förderung der Frau nach männlichen Kategorien versteht, erinnerten die Kardinäle daran, daß der Mann nicht das exklusive Modell der menschlichen Person ist, da Gott den Menschen als Mann und Frau geschaffen hat. Daher besteht die Notwendigkeit einer authentischeren Förderung der Frau und der Entwicklung eines wahren Feminismus. Dieser soll der Frau zusammen mit ihrer legitimen Eingliederung in das gesellschaftliche Leben auch ihre besondere Berufung als Hüterin des Lebens zuerkennen.
Die Diskussion dieses ersten Themas auf der Tagesordnung wurde mit einem doppelten einmütigen Antrag abgeschlossen. Vor allem haben die Kardinäle dem Papst den Wunsch vorgetragen, daß er feierlich in einem Dokument (die Mehrzahl der Kardinäle schlug eine Enzyklika vor) die beständige Lehre über den Wert des menschlichen Lebens und seine Unantastbarkeit im Licht der aktuellen Umstände und der es heute bedrohenden Angriffe bekräftigen möge.
Weiter bekräftigten sie, daß sich angesichts der schweren Notsituation alle Hirten vereint mit dem Papst zur mutigen Verkündigung der moralischen Wahrheit, auch wenn diese manchmal gegen die Zeitströmung steht, verpflichtet fühlen müssen sowie zur praktischen Verwirklichung durch ein folgerichtiges Pastoralprogramm auf verschiedenen Ebenen: katechetisch, kulturell, sozial und gesellschaftlich.
Die Kardinäle betonten die Pflicht der Hirten, mit Mut und Kraft die Wahrheit zu verkünden, damit die Gewissen erschüttert werden. Dabei sollen sie sich einer ruhigen, aber bestimmten und klaren Sprache bedienen, die alle respektiert. Die Kirche will niemandem etwas aufzwingen. Aber sie ist es sich selbst schuldig, allen die Dinge in ihrer objektiven Wahrheit darzustellen. Dies ist ein Dienst, dem sich kein Hirte entziehen kann.

II. Das Kardinalskollegium stellte zum zweiten Thema der Tagesordnung: „Die Verkündigung Christi, des einzigen Retters, und die Herausforderung der Sekten", fest, daß die Kirche - die zur Verkündigung der Frohen Botschaft an alle Völker ausgesandt wurde, damit diese an der Fülle des Lebens in Christi teilnehmen mögen - heute nicht nur mit der wesenhaften Aufgabe konfrontiert ist, jene zu erreichen, die noch nie vom Evangelium gehört haben, sondern auch mit dem Phänomen konfrontiert ist, daß zahlreiche Katholiken sich religiösen Gemeinschaften anschließen, die ihrer Tradition fremd und ihrer kirchlichen Zugehörigkeit entgegengesetzt sind. Es handelt sich um das vielfältige Problem der Sekten.
Es ist ein wechselhaftes Phänomen von besorgniserregenden Ausmaßen und fast überall anzutreffen - wenn auch mit verschiedenen Tendenzen und Manifestationen. In Afrika herrscht die Zunahme an „autonomen Kirchen" synkretistischen Typs vor. In Lateinamerika gibt es Gemeinschaften evangelischer, fundamentalistischer und spontaner Art, die sich von den einheitlichen katholischen Traditionen trennen und damit das gesellschaftliche Geflecht zerreißen. Im Westen gibt es vor allem gnostisch inspirierte Gruppen. Auch in Asien sind in einigen Ländern die volkstüm-

lichen katholischen Bereiche einer intensiven sektiererischen Propaganda eines unabhängigen Christentums unterworfen. In allen Fällen gehören zu den von den Sekten bevorzugt angesprochenen Gruppen Jugendliche, Einwanderer und jene, die von der Seelsorge, von einer soliden Ausbildung und von angemessenen kirchlichen Strukturen weniger erreicht werden.

Die Kardinäle sehen hier eine der Hauptherausforderungen, der die Kirche mit evangelischer Nächstenliebe und apostolischem Mut begegnen muß, da es sich um besondere Phänomene unserer Zeit handelt, die sich der Verkündigung der Frohen Botschaft an die heutigen Menschen entgegenstellen. Als Dienerin der göttlichen Wahrheit und im vollen Respekt gegenüber der menschlichen Freiheit ist die Kirche zu einem authentischen Unterscheiden aufgerufen, um die Motive des Phänomens bewerten und abgemessene Antworten finden zu können. Die Kardinäle haben vor allem die Notwendigkeit einer Neuevangelisation als Antwort auf die aktuellen Anforderungen hervorgehoben. Die Christen müssen dabei ihre Identität und die Reichtümer ihres Glaubens an Christus, den einzigen Retter, und die vollkommene Offenbarung des Vaters wiederentdecken.

Die christliche Botschaft, die sich auf den immer lebendigen und in der Kirche anwesenden Jesus Christus konzentriert, muß vollständig, einfach und klar dargestellt werden. Sie ist ein immer neuer Vorschlag, der gewiß auf die Bedürfnisse des menschlichen Geschöpfes antwortet, aber auch immer zur Bekehrung des Herzens zum einzigen und wahren Gott aufruft. Die auf alle mögliche Art und Weise vorzunehmende Verkündigung steht an vorderster Stelle in der globalen Mission der Kirche, in der die Laien mitverantwortlicher Teil sind.

Die Teilnehmer am Konsistorium bekräftigten auch die Notwendigkeit, die Kenntnis der Heiligen Schrift zu fördern. Verwurzelt in der Tradition der Kirche soll die Kenntnis der Hl. Schrift eine authentische Spiritualität und das persönliche Gebet fördern. Es wurde die Bedeutung von aufnahmebereiten kirchlichen Gemeinschaften betont, in denen sich alle gegenseitig respektieren und alle beteiligt sind und bei denen die liturgischen Feiern und die Frömmigkeit zur Teilnahme einladen und dem kulturellen Umfeld angepaßt sind.

Es wird notwendig sein, nicht nur das Studium des Phänomens der Sekten fortzuführen, sondern auch eine gesunde Theologie zu begünstigen, um eine angemessene Seelsorge zu fördern. Der Austausch von Erfahrungen zwischen den verschiedenen Ländern und die ökumenische Zusammenarbeit können eine echte Hilfe sein, wie sie *Redemptoris missio* vorschlägt (Nr. 50) Der Herausforderung durch die Sekten muß mit Mut und Weisheit begegnet werden und in vollem Vertrauen auf den auferstandenen Christus, der die Kirche auf ihrem ganzen Pilgerweg begleitet.

Zusammenfassung des Konsistoriums der Kardinäle über die Bedrohung des Lebens

4. bis 6. April

Die vorliegende Zusammenfassung bezieht sich auf das Konsistorium der Kardinäle, das vom 4. bis 6. April 1991 zu dem Thema der Bedrohungen gegen das Leben stattfand.

Die gebotenen Dokumente sind:

I. Der Text des Referates von Kardinal Joseph Ratzinger.

II. Zusammenfassung der Beiträge für die Kontinente der Herren Kardinäle:
1. Kardinal John Joseph O'Connor.
2. Kardinal Giacomo Biffi.
3. Kardinal José Freire Falcão.
4. Kardinal Christian Wiyghan Tumi.
5. Kardinal Jean Margéot.

III. Zusammenfassung der Arbeitsergebnisse der Sprachgruppen:

Italienisch A:	Moderator A. Casaroli; Relator G. Biffi.
Italienisch B:	Moderator U. Poletti; Relator S. Piovanelli.
Englisch A:	Moderator E. B. Clancy; Relator J. Bernardin.
Englisch B:	Moderator S. U. Pimenta; Relator E. C. Szoka.
Französisch A:	Moderator G. Danneels; Relator A. Decourtray.
Französisch B:	Moderator P. Zoungrana; Relator J. Margéot.
Portugiesisch:	Moderator A. Ribeiro; Relator J. Freire Falcão.
Spanisch:	Moderator R. F. Primatesta; Relator A. López Trujillo.
Deutsch:	Moderator J. Meisner; Relator F. Wetter.

IV. Eine kurze Zusammenfassung der Beiträge in der Aula.
Gesprochen haben die Kardinäle: Hickey, Etchegaray, Thiandoum, López Trujillo, Deskur, Law, Hume, Tzadua, Pimenta, Bernardin, Arinze, Clancy, Casaroli, Meisner, Poletti, González Martín, König, Ekandem, McCann, Lustiger, Gagnon.

I.

Bericht von Kardinal Joseph Ratzinger

I. Biblische Grundlegung

Wollen wir das Problem der Bedrohung des Lebens angemessen aufgreifen und den wirksamsten Weg zum Schutz des menschlichen Lebens vor diesen Bedrohungen finden, so müssen wir vor allem die wesentlichen positiven und negativen Elemente der heutigen anthropologischen Debatte herausstellen.

Wesentlicher Ausgangspunkt dabei ist und bleibt das biblische Menschenbild, wie es beispielhaft in den Schöpfungsberichten formuliert ist. Die Bibel umschreibt das Sein des Menschen und sein Wesen, das jeder Geschichte vorausliegt und sich nie in der Geschichte verliert, mit zwei Hinweisen:

1. Der Mensch ist nach dem Bild und Gleichnis Gottes geschaffen (*Gen* 1,26); der zweite Schöpfungsbericht drückt die gleiche Idee aus, wenn gesagt wird, daß der Mensch, aus Erde geschaffen, in sich den göttlichen Hauch des Lebens trägt; er ist „Gottes fähig" und steht deswegen unter dem persönlichen Schutz Gottes, er hat „sakralen Charakter": „Wer Menschenblut vergießt, dessen Blut wird durch Menschen vergossen. Denn: Als Abbild Gottes hat er den Menschen gemacht" (*Gen* 9,6). Dies ist ein apodiktischer Spruch göttlichen Rechts, der keine Ausnahme duldet: das menschliche Leben ist unantastbar, weil es Eigentum Gottes ist.

2. Alle Menschen bilden einen einzigen Menschen, weil sie von einem einzigen Vater Adam und einer einzigen Mutter Eva herkommen, der „Mutter aller Lebendigen" (*Gen* 3,20). Diese Einzigkeit des Menschenwesens, die die Gleichheit und die gleichen Grundrechte für alle einschließt, wird nach der Sintflut feierlich wiederholt und eingeschärft. Um erneut den gemeinsamen Ursprung aller Menschen zu betonen, wird im 10. Kapitel des Buches Genesis ausführlich die Abstammung des ganzen Menschengeschlechtes von Noach beschrieben: „Diese drei sind die Söhne Noachs; von ihnen stammen alle Völker der Erde ab" (*Gen* 9,19).
Beide Aspekte, die göttliche Würde des Menschenwesens sowie die Einzigkeit seines Ursprungs und seiner Bestimmung, werden endgültig in der Gestalt des zweiten Adams, nämlich Christus, besiegelt: Der Sohn Gottes ist für alle gestorben, um alle im endgültigen Heil als Gotteskinder zu vereinigen. Und so erscheint die gemeinsame Würde aller Menschen mit größter Deutlichkeit: „Es gibt nicht mehr Juden und Griechen, nicht Sklaven und Freie, nicht Mann und Frau; denn ihr alle seid ‚einer' in Christus Jesus" (*Gal* 3,28).
Diese Botschaft der Bibel bildet den Felsengrund der Würde und des Rechtes des Menschen; sie bildet das große Erbe des echten, der Kirche anvertrauten Humanismus, und ihre Pflicht besteht darin, diese Botschaft in allen Kulturen, in allen Sozial- und Verfassungssystemen zu inkarnieren.

II. Die Dialektik der modernen Zeit

Werfen wir nun einen kurzen Blick auf die moderne Zeit, so stehen wir vor einer bis heute andauernden Dialektik. Auf der einen Seite rühmt sich die moderne Zeit, den Gedanken der Menschenrechte, die jedem Menschenwesen innerlich zugehören und Vorrang vor jedem positiven Recht haben, entdeckt und die Rechte auch in feierlichen Erklärungen proklamiert zu haben. Auf der anderen Seite sind diese theoretisch anerkannten Rechte noch nie derart tiefgreifend und radikal auf der praktischen Ebene geleugnet worden. Die Wurzeln dieses Widerspruchs sind auf dem Gipfel der modernen Zeit zu suchen, in den aufklärerischen Theorien des Wissens und der damit verbundenen Sicht der Freiheit, sowie in der Theorie des sozialen Kontraktes mit der Gesellschaftsauffassung, die damit einhergeht.

Das grundlegende Dogma der Aufklärung ist, daß der Mensch über die von der Tradition geerbten Vorurteile den Sieg davontragen muß; er muß den Mut besitzen, sich von jeder Autorität zu befreien, um allein nachdenken zu können, wobei er sich bis in den tiefsten Grund seiner eigenen Vernunft bedient. Von diesem Moment an wird die Suche nach der Wahrheit nicht mehr verstanden als gemeinsame Anstrengung, mit Hilfe derer die in Raum und Zeit eingebundenen Menschen sich gegenseitig helfen, um das besser zu entdecken, was für den einzelnen schwer zu entdecken ist. Wenn die Vernunft von jeder Bindung und jeder Beziehung zum anderen gelöst ist, ist sie einzig auf sich selbst verwiesen. Sie versteht sich damit am Ende als eine geschlossene und unabhängige Instanz. Die Wahrheit ist dann keine objektive Gegebenheit mehr, die sich allen und jedem einzelnen auch durch die anderen zeigt. Sie wird allmählich etwas Äußerliches, das jeder nach seinem eigenen Gesichtspunkt auffaßt, ohne je zu wissen, in welchem Maß seine Sicht der Dinge mit dem, was ein Objekt in sich ist, oder mit dem, was andere davon denken, übereinstimmt.

Die Wahrheit des Guten wird unerreichbar. Der Gedanke des in sich Guten wird in einen Bereich außerhalb der Fassungskraft des Menschen verwiesen. Der einzige Bezugspunkt für den einzelnen wird jetzt das, was er von sich aus als Gut erfassen kann. Freiheit wird infolgedessen nicht mehr positiv als Ausgespanntsein auf das Gute hin verstanden, wie es die von Gemeinschaft und Tradition unterstützte Vernunft erkennt. Sie wird vielmehr als Sich-freimachen von allem verstanden, was einen jeden daran hindern könnte, seiner eigenen Vernunft zu folgen. Sie qualifiziert sich als „Freiheit der Indifferenz".

Solange wenigstens einschlußweise der Bezug auf christliche Werte lebendig bleibt, die die Vernunft des einzelnen auf das Gemeinwohl ausrichten, wird sich die Freiheit im Hinblick auf die soziale Ordnung beschränken und sich als allen zusichernde Freiheit verstehen.

So setzen die großen Theorien über die Freiheit und die demokratischen Institutionen, wie z. B. von Montesquieu, immer die Anerkennung eines von Gott garantierten vorausliegenden Rechtes und allgemeiner Werte voraus, die jene Theorien sich bemühen anzuerkennen, indem sie die individuellen Freiheiten einschränken und so überhaupt erst gestatten, daß man diese ausüben kann. In dieser Dynamik wurden auch die großen Menschenrechtserklärungen erlassen.

Die Theorien zum Sozialkontrakt gründeten auf dem Gedanken eines Rechtes, das dem Willen des einzelnen vorauslag und von diesem respektiert werden mußte. Von dem Augenblick an, als die Religionen sich als unfähig erwiesen, den Frieden zu garantieren, und statt dessen Ursache für Krieg waren, wurden am Ende des 17. Jahrhunderts (vgl. Hobbes) Theorien des „Sozialkontraktes" ausgearbeitet: was dazu beitragen kann, daß die Menschen sich untereinander verstehen, ist ein vernunftmäßig anerkanntes Recht, für dessen Achtung ein aufgeklärter Fürst sorgt, der den allgemeinen Willen verkörpert.

Doch als der gemeinsame Bezug auf die Weite und letzten Endes auf Gott verlorenging, erschien auch hier die Gesellschaft nur noch als eine Gesamtheit von gleichgestellten einzelnen, und der sie verbindende Sozialkontrakt wird notwendig als eine Abmachung zwischen Menschen aufgefaßt, die die Macht besitzen, ihren Willen den anderen aufzuzwingen.
Um einen Aspekt dieser Dialektik zwischen theoretischer Bejahung der Menschenrechte und ihrer praktischen Ablehnung zu erläutern, würde ich gern noch die Verfassung von Weimar, d. h. der ersten deutschen Republik vom 11. August 1919, erwähnen. Diese Verfassung spricht selbstverständlich von Grundrechten, aber fügt sie ein in einen Zusammenhang von Indifferenz gegenüber den Werten und von Relativismus, der den Gesetzgebern als notwendige Konsequenz der Toleranz und damit verpflichtend erschien. Aber gerade diese Verabsolutierung der Toleranz bis hin zum totalen Relativismus hat eben auch die Grundrechte derart relativiert, daß das Nazi-Regime keinerlei Grund gesehen hat, diese Artikel eliminieren zu müssen, deren Fundament zu schwach und zu zweideutig war, um einen außer Zweifel stehenden Schutz gegen seine Aktion der Zerstörung der Menschenrechte zu bieten.
So gelangt man kraft einer der Moderne innerlichen Dialektik von der Bejahung der Rechte auf Freiheit, die dann freilich von jedem objektiven Bezug auf eine gemeinsame Wahrheit losgelöst werden, zur Zerstörung der Grundlagen der Freiheit selber. Der „aufgeklärte Herrscher" der Theoretiker des sozialen Kontraktes ist zum tyrannischen, tatsächlich totalitären Staat geworden, der über das Leben der Schwächeren, vom noch nicht geborenen Kind bis zum alten Menschen im Namen eines öffentlichen Nutzens verfügt, der in Wirklichkeit nicht mehr als das Interesse einiger darstellt.
Gerade dies aber ist das eigentliche Kennzeichen der großen heutigen Entgleisung bei der Achtung vor dem Leben: es geht nicht mehr um die Problematik der sozialen Moral, sobald Staaten und sogar internationale Organisationen die Abtreibung und die Euthanasie sicherstellen und Gesetze verabschieden, die sie gestatten, und dann die ihnen zur Verfügung stehenden Mittel in den Dienst jener stellen, die sie durchführen.

III. Der heutige Krieg gegen das Leben

Wenn wir heute nämlich eine Mobilisierung der Kräfte zum Schutz des menschlichen Lebens bei verschiedenen Bewegungen „für das Leben" beobachten können, was ermutigt und hoffen läßt, so müssen wir doch offen zugeben, daß die Gegenbewegung bis heute stärker ist: es nehmen Gesetze und Praktiken zu, die das menschliche Leben willentlich zerstören, vor allem das Leben der Schwächsten, der noch nicht geborenen Kinder. Wir sind heute Zeugen eines echten Krieges der Mächtigen gegen die Schwachen, eines Krieges, der die Behinderten und alle, die lästig werden, ausmerzen möchte, ja einfach alle, die arm und ihr ganzes Leben lang „unnütz" sind. Unter Mitwirkung der Staaten werden gewaltige Mittel gegen Menschen am Morgen ihres Lebens eingesetzt oder dann, wenn ihr Leben durch einen Unfall oder von einer Krankheit versehrt ist und wenn es kurz vor dem Erlöschen steht.

Man geht gegen das werdende Leben durch Abtreibung vor (in der ganzen Welt sind es zwischen 30 und 40 Millionen im Jahr), und um die Abtreibung zu erleichtern, hat man Milliarden in die Herstellung abtreibender Pillen investiert (RU 486). Weitere Milliarden wurden aufgewandt, um die kontrazeptiven Mittel für die Frau weniger schädlich zu machen, mit dem Ergebnis, daß heute ein Großteil der im Handel befindlichen empfängnisverhütenden Chemikalien tatsächlich in der Hauptsache gegen die Einnistung, das heißt abtreibend wirken, ohne daß die Frauen es wissen. Wer vermag die Zahl der Opfer dieser verborgenen Hekatomben ermessen?
Die von der FIVET unvermeidlicherweise produzierten überzähligen Embryonen werden eingefroren oder beseitigt, wenn sie nicht ihren abgetriebenen kleinen Brüdern beigesellt werden, die man zu Versuchsmaterial macht oder als Grundstoff für die Heilung etwa der Parkinsonschen Krankheit und der Diabetes verwendet. FIVET selber wird häufig zur Gelegenheit für „selektive" Abtreibung (um zum Beispiel das Geschlecht auszuwählen), falls es zu unerwünschten mehrfachen Schwangerschaften gekommen ist.
Die vorgeburtliche Diagnose wird fast routinemäßig bei den sogenannten „gefährdeten" Frauen zur systematischen Beseitigung aller Föten verwandt, die mehr oder weniger mißgestaltet oder krank sein könnten. Alle jene aber, die das Glück haben, bis ans Ende der Schwangerschaft ihrer Mutter zu überleben, aber leider behindert geboren werden, schweben in großer Gefahr, gleich nach der Geburt getötet zu werden, oder man verweigert ihnen die Nahrung und die elementarste Betreuung.
Später werden jene, die eine Krankheit oder ein Unfall in eine „irreversible" Bewußtlosigkeit versetzt hat, oft getötet, um den Wünschen nach Organverpflanzung zu entsprechen, oder sie dienen auch ihrerseits als „warme Leichen" medizinischen Versuchen.
Wenn sich endlich der Tod ankündigt, sind viele versucht, sein Eintreffen durch Euthanasie zu beschleunigen.

IV. Die Motive des Widerstandes gegen das Leben - Die Logik des Todes

Aber wie kommt es zum Sieg einer Gesetzgebung oder Praxis gegen den Menschen gerade in dem Augenblick, da der Gedanke der Menschenrechte universale und bedingungslose Anerkennung zu finden schien? Warum meinen auch Christen, auch moralisch hochstehende Personen, die Norm für das menschliche Leben könne und müsse zur Materie für notwendige politische Kompromisse werden? Warum sind sie nicht mehr in der Lage, die unüberwindlichen Grenzen einer jeden Gesetzgebung, die dieses Namens würdig ist, zu sehen - den Punkt, an dem „Recht" Unrecht und Verbrechen wird?

1. Auf einer ersten Ebene unseres Nachdenkens scheinen mir zwei Motive vorzuliegen, hinter denen sich wahrscheinlich weitere verbergen. Eins scheint mir in der Behauptung zu liegen, man müsse notwendig persönliche ethische Überzeugungen von politischen Bestrebungen trennen, bei denen die Gesetze formuliert werden: hier

solle der einzig zu achtende Wert die völlige Entscheidungsfreiheit des einzelnen in Abhängigkeit von seinen eigenen privaten Meinungen sein.
In einer Welt, in der jede moralische Überzeugung des gemeinsamen Bezuges zur Wahrheit beraubt ist, hat diese Wahrheit keinen anderen Stellenwert als den einer Meinung; es wäre Ausdruck von Intoleranz, anderen diese Meinung durch Gesetze auferlegen und so ihre Freiheit beschränken zu wollen. Das soziale Leben könne sich unmöglich auf irgendeinen objektiven gemeinsamen Bezugspunkt gründen und müsse daher das Ergebnis eines Kompromisses von Interessen werden, um einem jeden möglichst viel Freiheit zuzusichern. In Wirklichkeit aber wird dort, wo das entscheidende Kriterium für die Anerkennung der Rechte die Ansicht der Mehrheit ist, wo das Recht zur Wahrnehmung der eigenen Freiheit das Übergewicht über das Recht einer Minderheit ohne Stimme bekommen kann, die Gewalt zum Kriterium des Rechtes.
Das wird um so deutlicher und dramatisch schwerwiegender, wenn im Namen der Freiheit der Mächtigen und Stimmgewaltigen das fundamentale Recht auf Leben für jene verweigert wird, die keine Möglichkeit haben, sich Gehör zu verschaffen. Tatsächlich muß jede politische Gemeinschaft, die überleben will, wenigstens ein Minimum an objektiv begründeten Rechten, die nicht auf soziale Abmachung zurückgehen, vielmehr jeder politischen Regelung des Rechtes vorausliegen, anerkennen.
Selbst die *allgemeine Anerkennung der Menschenrechte*, die im Jahre 1948 nach der furchtbaren Erfahrung des 2. Weltkrieges von fast allen Ländern der Erde unterzeichnet wurde, verleiht sogar in ihrem Titel voll dem Bewußtsein Ausdruck, daß die Menschenrechte (deren Fundament eben das Recht auf Leben ist) *von Natur aus* zum Menschen gehören, daß der Staat sie *anerkennt*, sie aber nicht zuspricht, daß sie allen Menschen als Menschen und nicht aufgrund zweitrangiger Eigenschaften zustehen, die andere das Recht hätten, nach ihrem Gutdünken zu bestimmen.
Man versteht dann, daß ein Staat, der sich das Recht der Entscheidung darüber anmaßt, welche menschlichen Wesen Subjekte von Rechten sein sollen oder nicht, und der deswegen einigen gestattet, das grundlegende Recht auf das Leben anderer zu verletzen, dem demokratischen Ideal widerspricht, auf das er sich doch weiter beruft, und damit die Grundlagen untergräbt, auf denen er steht. In der Tat, wenn der Staat anerkennt, daß man die Rechte der Schwächeren verletzt, erkennt er auch an, daß das Recht der Gewalt über die Macht des Rechtes siegt. Man erkennt so, daß der Gedanke einer absoluten Duldung der Entscheidungsfreiheit nur für die einen die Grundlage für ein gerechtes Zusammenleben der Menschen zerstört. Die Trennung der Politik von jedem natürlichen Inhalt des Rechts, das unveräußerliches Gut des moralischen Gewissens jedes einzelnen ist, beraubt das soziale Leben seiner ethischen Substanz und läßt es verteidigungslos angesichts der Willkür der Stärkeren.
Man kann sich freilich fragen, wann eine Person zu existieren beginnt, die Subjekt grundlegender und absolut zu achtender Rechte ist. Geht es dabei nicht um ein soziales Zugeständnis, sondern vielmehr um eine Anerkennung, so müssen auch die

Kriterien für diese Festlegung objektiver Natur sein. Wie *Donum Vitae* (I, 1) in Erinnerung gerufen hat, erkennen die neuen Ergebnisse der Biologie des Menschen an, daß „von dem Augenblick an, in dem die Eizelle befruchtet wird, ein neues Leben beginnt, welches weder das des Vaters noch das der Mutter ist, sondern das eines neuen menschlichen Wesens, das sich eigenständig entwickelt". Die Genetik hat gezeigt, „daß schon vom ersten Augenblick an eine feste Struktur dieses Lebewesens vorliegt: eines Menschen nämlich, und zwar dieses konkreten menschlichen Individuums, das schon mit all seinen genau umschriebenen charakteristischen Merkmalen ausgestattet ist. Mit der Befruchtung beginnt das Abenteuer des menschlichen Lebens, dessen einzelne bedeutende Anlagen Zeit brauchen, um richtig entfaltet und zum Handeln bereit zu werden". Die neueren Forschungsergebnisse der Humanbiologie erkennen an, daß „in der aus der Befruchtung hervorgehenden Zygote sich die biologische Identität eines neuen menschlichen Individuums bereits konstituiert hat". Auch wenn kein experimentelles Ergebnis von sich aus genügen kann, eine Geistseele zu erkennen, so verschaffen die Ergebnisse der Wissenschaft über den menschlichen Embryo doch einen kostbaren Hinweis für die vernunftgemäße Anerkennung eines personalen Wesens vom ersten Anfang eines menschlichen Lebens an: wie sollte ein menschliches Individuum nicht eine menschliche Person sein? Auch wenn angesichts dieser Frage das Lehramt sich nicht auf Aussagen philosophischer Natur festgelegt hat, hat es doch beständig bekräftigt, daß vom ersten Augenblick ihrer Existenz an der Frucht des menschlichen Zeugungsvorgangs die bedingungslose Achtung erwiesen werden muß, wie sie dem Menschenwesen in der Gesamtheit seiner körperlichen und geistigen Existenz moralisch geschuldet ist. „Ein menschliches Wesen muß vom Augenblick seiner Empfängnis an als Person geachtet und behandelt werden, und infolgedessen muß man ihm von diesem selben Augenblick an die Rechte der Person zuerkennen und darunter vor allem das unverletzliche Recht jedes unschuldigen menschlichen Wesens auf Leben".

2. Ein zweiter Grund, der die Verbreitung einer gegen das Leben gerichteten Mentalität erklärt, scheint mir mit der heute weit verbreiteten Auffassung von Moral überhaupt zusammenzuhängen. Mit einer individualistischen Sicht der Freiheit, die als absolutes Recht auf Selbstbestimmung aufgrund der eigenen Überzeugungen verstanden wird, verbindet sich oft eine lediglich formale Auffassung des Gewissens. Diese wurzelt nicht mehr in der klassischen Auffassung vom moralischen Gewissen, in dem - wie das II. Vatikanische Konzil feststellt - ein Gesetz hörbar wird, das der Mensch nicht sich selbst gibt, sondern dem er gehorchen muß; eine Stimme ruft ihn immer an zur Liebe, zum Tun des Guten und zur Unterlassung des Bösen und sagt, wo nötig, klar zum Herzen: Tu dies, meide jenes (vgl. *Gaudium et spes*, Nr. 16). Nach dieser von der ganzen christlichen Tradition festgehaltenen Auffassung ist das Gewissen die Fähigkeit, sich dem Anspruch der objektiven, universalen und für alle gleichen Wahrheit zu öffnen, die alle suchen können und müssen. Es ist nicht Isolation, sondern im Gegenteil, Gemeinschaft: „cum scire" in der Wahrheit über das Gute, das die Menschen im Innersten ihrer geistlichen Natur gleichstellt. Eben in dieser Beziehung zur

objektiven und gemeinsamen Wahrheit findet das Gewissen seine Berechtigung und seine Würde. Dies wird immer gewissenhaft sichergestellt durch eine ständige Bildung, was für den Christen ein natürliches „sentire cum Ecclesia" und folglich einen inneren Bezug zum authentischen Lehramt der Kirche mit sich bringt.
In der neuen Auffassung dagegen, die deutlich von Kant herkommt, ist das Gewissen von seinem konstitutiven Bezug zu einem Gehalt an moralischer Wahrheit losgelöst und auf eine lediglich formale Voraussetzung der Moral verkürzt. Seine Empfehlung: „Tu das Gute und meide das Böse" hätte keinen notwendigen und allgemeinen Bezug zur Wahrheit über das Gute, sondern würde sich nur auf die gute subjektive Absicht beziehen. Die konkreten Inhalte des Handelns würden dagegen in ihrer moralischen Qualifizierung von dem immer kulturell und von den Umständen bestimmten Selbstverständnis des Individuums abhängen. Auf diese Weise wird das Gewissen dann nicht weiter als die zum letzten Kriterium des Handelns erhobene Subjektivität. Der grundlegende christliche Gedanke, daß sich keine Instanz dem Gewissen widersetzen darf, hat für den keine ursprüngliche und unverzichtbare Bedeutung mehr, nach dem sich die Wahrheit nur durch sich selber auferlegen, mit anderen Worten das Innere einer Person bestimmen kann. Damit wird aber die Subjektivität vergöttlicht, deren unfehlbarer Sprecher nur das Gewissen ist, das von nichts und von niemandem in Frage gestellt werden darf.

V. Die anthropologischen Dimensionen der Herausforderung

1. Doch wir müssen den Wurzeln dieser Opposition gegen das Leben noch tiefer nachgraben. So finden wir auf einer zweiten Ebene beim Nachdenken über eine mehr personalistische Zugangsweise eine anthropologische Dimension vor, bei der wir notwendig, wenn auch kurz verweilen müssen.
Es ist hier auf einen neuen Dualismus hinzuweisen, der sich in der westlichen Kultur immer mehr durchsetzt und in dem einige kennzeichnende Züge seiner Mentalität zusammenkommen: Der Individualismus, der Materialismus, der Utilitarismus und die Ideologie des Vergnügens, bei der man sich selber von sich selber her verwirklicht. Tatsächlich wird der Leib vom Subjekt nicht mehr spontan als die konkrete Form aller seiner Beziehungen zu Gott, zu den anderen und zur Welt empfunden, als jene Gegebenheit, die es in eine Welt im Aufbau versetzt, in ein weitergehendes Gespräch und in eine sinnvolle Geschichte, an der man sich nicht positiv beteiligen kann, wenn man nicht ihre Regeln und ihre Sprache annimmt. Der Körper erscheint vielmehr als ein Werkzeug im Dienst des angestrebten Wohlbefindens, das von der technischen Vernunft erforscht und erreicht wird, die ihrerseits zu ergründen sucht, wie sie aus ihm den größten Vorteil ziehen kann.
Auch die Sexualität wird auf diese Weise entpersönlicht und mißbraucht. Sie erscheint lediglich als Gelegenheit zum Vergnügen, und nicht mehr als Verwirklichung der Hingabe seiner selbst, auch nicht mehr als Ausdruck einer Liebe, die in dem Maß, wie sie wahr ist, den anderen als Ganzes annimmt und sich dem Reichtum des Lebens öffnet, deren Träger sie ist, seinem Kind, das auch das eigene Kind sein wird. Die beiden Bedeutungen des sexuellen Aktes, Vereinigung und Weiter-

gabe des Lebens, werden getrennt. Damit wird die Vereinigung verarmt, während die Fruchtbarkeit dem Bereich der vernunftmäßigen Berechnung überlassen wird: „Gewiß das Kind, aber wann und wie ich es will".
Es wird damit klar, daß dieser Dualismus zwischen technischer Vernunft und einem Körper, der Objekt geworden ist, dem Menschen die Flucht aus dem Geheimnis des Seins gestattet. Tatsächlich verweisen Geburt und Tod, das Entstehen einer anderen Person und ihr Entschwinden, das Heraufkommen und die Auflösung des Ich das Subjekt direkt auf die Frage nach seinem eigenen Sinn und nach seiner eigenen Existenz. Versucht er vielleicht, um vor dieser beängstigenden Frage zu fliehen, sich eine möglichst vollständige Herrschaft über diese beiden Schlüsselpunkte des Lebens zu verschaffen und sie in den Bereich des Machbaren zu überführen? Der Mensch täuscht sich damit aber einen Selbstbesitz vor und meint nur, sich einer absoluten Freiheit zu erfreuen: Er kann ja nach einer Berechnung hergestellt werden, bei der es nichts Ungewisses, nichts Zufälliges und nichts Geheimnisvolles mehr gibt.

2. Eine Welt, die sich für eine derart absolute Effizienz entscheidet; eine Welt, die die utilitaristische Logik so weit ratifiziert; eine Welt, die auch noch die Freiheit als absolutes Recht des einzelnen und das Gewissen als eine subjektive, völlig isolierte Instanz ansieht, tendiert notwendig dahin, alle menschlichen Beziehungen zu verarmen, um sie am Ende als Beziehungen der Machtverhältnisse aufzufassen und dem schwächeren menschlichen Wesen nicht mehr den ihm gebührenden Platz einzuräumen. Von diesem Gesichtspunkt aus läuft die Ideologie des Nützlichen in die gleiche Richtung wie die typisch „männliche" Mentalität, und der „Feminismus" erscheint als berechtigte Reaktion gegen den Mißbrauch der Frau.
Sehr häufig freilich gründet sich der sogenannte „Feminismus" auf die gleichen utilitaristischen Voraussetzungen wie das typisch „männliche" Denken und ist weit davon entfernt, die Frau zu befreien. Er arbeitet vielmehr mit an ihrer Unterjochung.
Wenn die Frau auf der Linie des oben schon dargestellten Dualismus den eigenen Körper verleugnet und ihn als reines Objekt im Dienst einer Strategie der Gewinnung von Glück durch die Verwirklichung ihrer selbst betrachtet, verleugnet sie zugleich ihr Frausein, ihre eigentliche frauliche Art der Hingabe ihrer selbst und der Annahme des anderen, wofür die Mutterschaft das am meisten typische Zeichen und konkretester Ausdruck ist.
Wenn die Frau sich für die freie Liebe einsetzt und dahin kommt, das Recht auf Abtreibung zu beanspruchen, trägt sie zur Festigung einer Auffassung der menschlichen Beziehungen bei, nach der die Würde eines jeden in den Augen anderer davon abhängt, wieviel er geben kann. In all dem nimmt die Frau Stellung gegen ihr eigenes Frausein und gegen die Werte, deren Träger es ist: gegen die Annahme des Lebens, gegen die für den Schwächeren, und gegen die bedingungslose Hingabe an den, der sie braucht. Ein echter Feminismus dagegen, der sich für die Förderung der Frau in ihrer integralen Wahrheit und für die Befreiung sämtlicher Frauen einsetzt, würde zugleich für die Förderung des ganzen Menschen und für die Befreiung aller menschlichen Wesen arbeiten. Er würde nämlich dafür kämpfen, daß die Person in

der Würde anerkannt wird, die ihr einfach aufgrund der Tatsache ihres Daseins zukommt, weil sie von Gott gewollt und geschaffen ist, und nicht von ihrem Nutzen, ihrer Macht und Schönheit, von ihrer Intelligenz und ihrem Reichtum oder ihrer Gesundheit her. Man würde sich für die Förderung einer Anthropologie einsetzen, die das Wesen der Person als durch die Hingabe seiner selbst und die Annahme durch den anderen entstanden herausstellt, wofür der männliche und der weibliche Körper Zeichen und Werkzeug sind.

Und gerade wenn man eine Anthropologie entwickelt, die den Menschen in seiner personalen und beziehungsmäßigen Ganzheit darstellt, kann man auf ein verbreitetes Argument antworten, nach dem das beste Mittel im Kampf gegen die Abtreibung die Förderung der Empfängnisverhütung wäre. Ein jeder von uns hat diesen gegen die Kirche gerichteten Vorwurf bereits gehört: „Es ist absurd, daß ihr gleichzeitig die Empfängnisverhütung und die Abtreibung verbieten wollt". Den Zugang zur ersteren verhindern bedeutet, die zweite unvermeidbar zu machen. Eine solche These, die auf den ersten Blick durchaus plausibel erscheint, widerspricht aber der Erfahrung; es läßt sich allgemein ein paralleles Ansteigen der Empfängsnisverhütung und der Abtreibung feststellen. Ein Paradox liegt nur scheinbar vor. Tatsächlich muß man sich darüber klar sein, daß Empfängnisverhütung und Abtreibung ihre Wurzeln in jener entpersönlichenden und utilitaristischen Sicht der Sexualität und der Zeugung haben, die von uns eben geschildert wurde, und die ihrerseits auf eine verkürzte Sicht des Menschen und seiner Freiheit zurückgeht.

Hier wird nämlich die eigene Fruchtbarkeit nicht mehr verantwortlich und würdig im Hinblick auf einen hochherzigen Plan gemeistert, der immer für die eventuelle Annahme eines neuen unvorhergesehenen Lebens offen ist.

Man möchte vielmehr eine vollständige Herrschaft über die Zeugung gewinnen, die selbst den Gedanken an ein nicht geplantes Kind ablehnt. So verstanden, führt die Empfängnisverhütung notwendig zur Abtreibung als „Reservelösung". Man kann nicht die empfängnisverhütende Mentalität betonen, ohne gleichzeitig die Ideologie zu betonen, die sie trägt, und folglich in impliziter Weise die Abtreibung zu ermutigen. Nur wenn man nämlich den Gedanken entfaltet, daß sich der Mensch in Fülle selber nur in der hochherzigen Hingabe seiner selbst und in der bedingungslosen Annahme des anderen, einfach weil dieser da ist, finden kann, steht die Abtreibung als absurdes Verbrechen da.

Eine individualistische Anthropologie führt, wie wir gesehen haben, dahin, die objektive Wahrheit als unerreichbar zu betrachten, die Freiheit als Willkür und das Gewissen als eine in sich selbst geschlossene Instanz. Sie führt die Frau nicht nur zum Haß auf die Männer, sondern auch zum Haß ihrer selbst und ihrer eigenen Fraulichkeit, zumal ihrer Mutterschaft.

Eine solche Anthropologie führt den Menschen allgemein zum Haß seiner selbst. Der Mensch verachtet sich selber; er stimmt nicht mehr mit Gott überein, der das Menschenwesen „sehr gut" gefunden hatte (*Gen* 1,31). Im Gegenteil, der Mensch von heute sieht in sich selber den großen Zerstörer der Welt, ein unglückliches Produkt der Evolution. Tatsächlich bleibt der Mensch ja ohne Zugang zum

Unendlichen, zu Gott, ein widersprüchliches Wesen, ein mißglücktes Produkt. Hier scheint die Logik der Sünde auf: Der Mensch will sein wie Gott und strebt absolute Unabhängigkeit an. Um aber sich selbst genügen zu können, muß er unabhängig werden und sich auch von der Liebe frei machen, die immer frei geschenkte Gnade ist, die man weder machen noch herstellen kann. Macht er sich aber von der Liebe unabhängig, trennt sich der Mensch vom wahren Reichtum seines Seins. Er ist leer geworden, und der Widerstand gegen das eigene Sein wird unvermeidlich. „Es ist nicht gut, ein Mensch zu sein", die Logik des Todes gehört zur Logik der Sünde. Der Weg zur Abtreibung, zur Euthanasie und zur Ausbeutung der Schwächeren steht offen.

Zusammenfassend können wir daher sagen: die letzte Wurzel für den Haß gegen das menschliche Leben und für alle Angriffe auf das menschliche Leben liegt im Verlust Gottes. Wo Gott entschwindet, entschwindet zugleich die absolute Würde des menschlichen Lebens. Im Licht der Offenbarung über die Erschaffung des Menschen nach Gottes Ebenbild ist die unantastbare Heiligkeit der menschlichen Person zum Vorschein gekommen. Nur diese göttliche Dimension garantiert die volle Würde der menschlichen Person. Deshalb kann eine ausschließlich auf die Vordergründigkeit des Lebens bedachte Argumentation, wie wir sie oft angewandt sehen (z. B. im Sinne A. Schweitzers), nur ein erster Schritt sein, aber sie bleibt unvollständig und erreicht nicht das gewollte Ziel. Im Kampf um das Leben ist das Reden von Gott unverzichtbar. Nur so kommt das metaphysische Fundament der menschlichen Würde zum Vorschein; nur so kommt der Wert des schwachen Lebens, der behinderten und nicht erwerbsfähigen Personen, der Kranken ohne Hoffnung auf Heilung usw. zum Vorschein; nur so können wir auch den Wert des Leidens wieder erlernen und entdecken; die größte Lehre über die Würde des Menschen bleibt immer das Kreuz Christi; unser Heil hat seinen Ursprung nicht im Handeln, sondern im Leiden des Gottessohnes, und wer nicht zu leiden versteht, versteht auch nicht zu leben.

VI. Mögliche Antworten auf die Herausforderung unserer Zeit

Was soll man in dieser Situation tun, um auf die eben beschriebene Herausforderung zu antworten?

Meinerseits möchte ich mich auf die Möglichkeiten beschränken, die mit der Funktion des Lehramtes zusammenhängen. Es fehlt nicht an Äußerungen des Lehramtes zu diesem Problem in den letzten Jahren. Der Papst betont unermüdlich den Schutz des Lebens als grundlegende Pflicht eines jeden Christen; zahlreiche Bischöfe sprechen darüber mit großer Fachkenntnis und Kraft. Die Kongregation für die Glaubenslehre hat in den letzten Jahren einige wichtige Dokumente über moralische Themen, die mit der dem menschlichen Leben geschuldeten Achtung zusammenhängen, veröffentlicht. Im Jahre 1974 hat sie eine *Erklärung zur vorsätzlichen Abtreibung* herausgegeben; im Jahre 1980 hat sie sich mit der Instruktion *Iura et bona* zu den Problemen der Euthanasie und der Behandlung der Kranken in der Endphase des Lebens geäußert; im Jahr 1987 hat die Instruktion *Donum vitae* im

Zusammenhang der Thematik der medizinisch assistierten Fortpflanzung das Problem der den menschlichen Embryonen geschuldeten Achtung aufgegriffen, sowohl jener sogenannten „überzähligen", erzeugt mittels der FIVET, ihres Einfrierens und ihrer Zerstörung, als auch der selektiven Abtreibung in Folge von vielfachen Übertragungen.
Trotz dieser Stellungnahmen und trotz sehr zahlreicher Äußerungen des Papstes zu einigen dieser Probleme oder einigen ihrer besonderen Aspekte bleibt das Feld weiterhin offen für ein umfassendes Wiederaufgreifen der Lehre, die freilich die tieferen Wurzeln freilegen und die am meisten verderblichen Folgen der „Mentalität des Todes" aufzeigen müßte.
Man könnte daher eventuell an ein Dokument über den Schutz des menschlichen Lebens denken, das meiner Meinung nach gegenüber den bisherigen Dokumenten zwei ursprüngliche Kennzeichen haben müßte. Vor allem dürfte es nicht nur Gedanken zur Individualmoral entfalten, sondern auch Gedanken zur sozialen und politischen Moral. Mehr im einzelnen könnten die verschiedenen Bedrohungen des menschlichen Lebens von fünf Gesichtspunkten aus behandelt werden: vom Standpunkt der Lehre aus, der Kultur, der Gesetzgebung, der Politik und endlich vom praktischen Gesichtspunkt her.
Vom *spezifischen Punkt der Lehre* aus könnte das Lehramt heute eine feierliche Aussage vorschlagen, nach dem „die direkte Tötung eines unschuldigen menschlichen Wesens immer eine schwer schuldhafte Materie ist". Ohne von einer formalen Dogmatisierung sprechen zu wollen, hätte diese Aussage jedenfalls das Gewicht einer Dogmatisierung. Die Schlüsselelemente „direkte Tötung", „unschuldiges menschliches Leben", „schwer schuldhafte Materie" können effektiv präzise definiert werden. Es fehlen weder die biblischen Quellen noch die der Tradition.
Eine solche streng lehramtliche Stellungnahme mit einem hohen Grad an Ansehen kann in einem Augenblick einer weit verbreiteten Verwirrung hinsichtlich der Lehre von äußerster Bedeutung sein. Dies reicht jedoch nicht. Die Vernunft des Glaubens, seine menschliche Klarheit muß im Kontext unserer Zeit deutlich gemacht werden. Von hierher kommt die Notwendigkeit, die Lehre der Kirche zu entwickeln, indem man anderen Gesichtspunkten folgt.
Der *kulturelle Gesichtspunkt* würde erlauben, die gegen das Leben gerichtete Ideologie anzuzeigen, die auf dem Materialismus begründet ist und vom Utilitarismus gerechtfertigt wird.
Der *Gesichtspunkt der Gesetzgebung* könnte ein Schema von verschiedenen Gesetzestypen darstellen, die schon existieren oder in der Materie der Abtreibung, des Embryonenhandels, der Euthanasie usw. als Projekte vorliegen. Dies würde erlauben, die impliziten Voraussetzungen dieser Gesetze ans Licht zu bringen, aufzuzeigen, worin sie in sich unmoralisch sind, und die eigentliche Aufgabe des Zivilgesetzes in seiner Beziehung zum moralischen Gesetz zu präzisieren.
Der *politische Aspekt* könnte eines der wichtigsten Elemente darstellen. Es ginge darum aufzuzeigen, wie die Gesetze immer einen Entwurf von Gesellschaft übertragen und wie der in den Gesetzen gegen das Leben angewandte Entwurf zutiefst

totalitär ist im Inneren der Gesellschaft und imperialistisch von seiten der entwickelten Länder des Westens gegenüber den Ländern der Dritten Welt, die man mit dem Vorwand einer demographischen Politik zu reglementieren versucht, die vor keinem Mittel zurückschreckt.

Vom *praktischen Gesichtspunkt* her könnte man z. B. darauf ausgehen, das Böse bewußt zu machen, das die Vervollkommnung bestimmter abtreibender oder kontrazeptiv-abtreibender Mittel mit sich bringt, jener impliziten Vervollkommnung durch Zustimmung oder Förderung von Vereinigungen, die für das sogenannte „Recht, in Würde zu sterben" eintreten, oder durch die Verbreitung von Schriften, die unterweisen, wie man Selbstmord begeht, usw.

In diesen Zusammenhängen könnte man auch von der Rolle der Massenmedien, der Parteien und der Parlamentarier, der Ärzte und des Krankenpflegepersonals usw. sprechen, immer unter den positiven und negativen Aspekten, indem man einerseits die Komplizenschaft aufzeigt, andererseits die Aktivitäten für das Leben ermutigt, lobt und motiviert.

Damit kommen wir zur zweiten Besonderheit eines eventuellen neuen Dokumentes: auch wenn die Ablehnung darin Raum braucht, so darf sie nicht den Hauptumfang ausmachen. Wir müßten vor allem vor Freude die Botschaft vom unermeßlichen Wert des Menschen und jedes Menschen, wie arm, schwach und leidend er auch sein mag, verkünden; es müßte gesagt werden, wie dieser Wert den Augen von Philosophen erscheinen kann, vor allem aber, wie er nach den Worten der Offenbarung in Gottes Augen dasteht.

Bewundernd müßten die Großtaten des Schöpfers für seine Geschöpfe in Erinnerung gerufen werden, dann das Werk des Erlösers für den, den er aufsuchen und retten wollte. Aufzuzeigen wäre, wie zur Aufnahme des Geistes in sich selber die hochherzige Verfügbarkeit für die Person des anderen und damit die Annahme jedes menschlichen Lebens, angefangen vom Augenblick, da es sich ankündigt, bis zum anderen Augenblick, wo es erlischt, gehört.

Kurz, gegen alle Ideologien und Politiken des Todes steht die christliche Frohbotschaft, die in ihren wesentlichen Punkten in Erinnerung zu rufen ist: Christus hat über alles Leid hinaus den Weg zum Wirken der Gnade geöffnet, den Weg für das Leben unter seinem menschlichen und unter seinem göttlichen Aspekt.

Wichtiger als jedes Dokument wird sein, daß alle Prediger in der Welt getreu und überzeugt die Frohe Botschaft verkünden, um die Klarheit und die Freude des Glaubens wieder aufzubauen und den Gläubigen die Ursache unserer Hoffnung (vgl. *1 Petr* 3,15) aufzuzeigen, die auch die Nichtgläubigen überzeugen können.

II.

Zusammenfassung der Beiträge für die Kontinente

Die Beiträge befaßten sich mit dem besorgniserregenden Problem der Abtreibung, wobei auch dem Thema Euthanasie Raum gewidmet wurde. Einige wiesen mehr oder weniger ausführlich auch auf unterschiedliche Formen physischer und moralischer Bedrohung des Lebens hin: Gewalttätigkeiten, Guerilla, unmenschliche Gefängnisse, entwürdigende Arbeitsbedingungen, Handel mit Kindern, Hunger, Krieg, Tyrannei, Diktatur, Geiselnahmen, Naturkatastrophen, Verkehrsunfälle etc.

Gesetzgebung über die Abtreibung

Im allgemeinen gibt es eine zunehmende Offensive zugunsten einer Gesetzgebung für die Praxis der Abtreibung oder zumindest einer solchen, die die Gesetzwidrigkeit als irrelevant erscheinen läßt. Ausgangspunkt war oft die Einführung der Sterilisation aus therapeutischen, geistigen oder sozioökonomischen Gründen. Eine Gesellschaft, die eine kontrazeptive Geisteshaltung angenommen hat, kann kaum die Legalisierung der Abtreibung zurückweisen, die in der Regel als letztes wirksames Mittel der Geburtenkontrolle aufgefaßt wird, obwohl das der auf der Weltbevölkerungskonferenz (Mexiko 1985) getroffenen Abmachung zuwiderläuft.
Bisher haben nur zwei europäische Länder (Malta und Irland) dieser Offensive widerstanden, die Mehrheit der afrikanischen (6 ausgenommen) sowie die lateinamerikanischen, wenn auch einigen Parlamenten Gesetzesentwürfe vorliegen mit dem Ziel der Legalisierung der Abtreibungspraxis.
In den letzten zehn Jahren ist eine Veränderung des Verhaltens bezüglich der Angriffe auf das Leben in seinen ersten Stadien festzuhalten.
Die Gründe sind unterschiedlich:
- Bevölkerungsexplosion;
- Kampagnen extremer Feministinnen;
- Glaubens- und Religiositätsschwund, wenn nicht sogar die Ablehnung Gottes in den Wohlstandsgesellschaften;
- Übergang von einer *religiös* pluralistischen zu einer *moralisch* pluralistischen Gesellschaft;
- Entstellung der moralischen Kultur;
- Mittäterschaft der Massenmedien.

Zu diesen Gründen kommen manchmal noch Anstöße mächtiger Organisationen, die wirtschaftliche Hilfen anbieten unter der Bedingung, daß die Regierungen für Programme zur Geburtenkontrolle sorgen.

Position der Katholischen Kirche

Die Kirche hat niemals davon abgelassen, auf der Lehre über die Abtreibung zu bestehen. In der Tat haben sich die Bischofskonferenzen durch die Darlegung der Lehre des kirchlichen Amtes der Gesetzgebung über die Abtreibung widersetzt.
Gleichzeitig haben sie Aufrufe an die christliche Gemeinschaft gerichtet zugunsten der Ehepaare und Frauen, die sich in Schwierigkeiten befinden. In vollkommener Treue zur Lehre und zu den Prinzipien des Lehramtes gilt es denjenigen zu helfen, die in Irrtum gefallen und zu schwach sind, um in Übereinstimmung mit der Wahrheit zu leben. Erbarmen mit den Irrenden, nicht mit den Irrtümern.

Konsequenzen aus der Gesetzgebung zur Abtreibung:

- es verbreitet sich eine heimtückische Verwechslung zwischen Gut und Böse (Verdrehung der Werte);
- es gibt einen verheerenden Einfluß auf das Gewissen, verbunden mit einem Groll gegen die Kirche, die darin fortfährt, das Empfinden für die Schuld zu erhalten;
- das Phänomen der heimlichen Abtreibung, die man durch die gesetzliche Zulassung zu beschränken glaubt, weitet sich aus;
- es gibt negative Auswirkungen auf den Glauben und selbst auf die Vernunft: die menschliche Natur steht abseits vom Leben;
- es entsteht eine Welt der Lüge (doppeldeutige Ausdrucksweisen, verfängliche Einstellungen): die Abtreibung hat ihre Ursache wahrhaftig vom Teufel, Mörder von Anbeginn;
- das Recht auf Leben wird an seinen Grundlagen getreten; man gelangt zu der Vermutung, Euthanasie sei verpflichtend, so wie man die Notwendigkeit der Abtreibung herbeitheoretisiert hat;
- das entgegenkommende zivile Recht wird gleichsam zum großen Lehrmeister der Völker. Es gilt mutig zu erkennen, daß es nicht möglich ist, Christ zu sein und alle zufriedenzustellen zu wollen.

Seelsorgliches Handeln der Kirche (einige konkrete Hinweise)

Die erste Forderung an den Dienst der Kirche muß sich der Menschheit gegenüber darin erweisen, für alle die klare Stimme ihres Lehramtes vernehmbar zu machen. Die Schwere eines etwaigen Schweigens - wenn nicht der unmittelbare Widerspruch zur Lehre, wie es von seiten einiger Geistlicher vorkommt - ist offenkundig: es trägt tatsächlich zur Schwächung der Kraft der Wahrheit bei.
Aber um die lehramtlichen Aussagen vermittelbar zu machen, ist es notwendig, Gruppen von Erziehern auszubilden, die die Eheleute begleiten. Es ist daher insbesondere der konkrete Weg der Bildung der Ehepaare durch Bewegungen, Vereinigungen und Familienberater von christlicher Geisteshaltung zu empfehlen.

Grundlinien des Handelns sind:
- Die Eheleute zur Kenntnis der eigenen Anatomie, Physiologie und Psychologie heranzubilden und sie mit Hilfe der Selbstbeobachtung dahin zu führen, den Reichtum zu bewundern, den sie besitzen. So zu handeln ist effektiver als die Förderung des Krieges um einen kontrazeptiven Imperialismus. Es geht nicht um eine Technik, sondern um die Hinführung zu Kenntnis und Ehrfurcht.
- Heranbildung von fähigen Erziehern mit Glaubwürdigkeit. Es können auch Eheleute von einfacher Bildung sein, die aber einen Lebensstil zu vermitteln vermögen. Die natürlichen Methoden können nur dann angewandt werden, wenn die Gatten die interpersonale Dimension der Sexualität entdecken.
- Die eheliche Liebe nicht verkümmern lassen. Die Fruchtbarkeit ist nicht eine Krankheit, sondern ein Reichtum für das Ehepaar: es ist angebracht, einer solchen

Ausdrucksweise zu entgegnen, die das Kind als eine Bedrohung oder ein Risiko darstellt.

- Die jungen Menschen durch eine ernsthafte Erziehung auf die eheliche Liebe vorbereiten. Eine vernünftige Familienseelsorge soll ihnen die verschiedenen Gesichtspunkte der Lehre sowie die konkreten Möglichkeiten zu deren Verwirklichung nahebringen.
- Auf eine geeignete Weise *Humanae Vitae* vorstellen: sie ist ein großer Schutz für die Liebe der Eheleute gewesen, ein prophetischer Ruf der Sorge um die Vertrautheit des Ehepaares und des Protestes gegen die Einmischung des Staates in das Recht auf die Weitergabe des Lebens. Auch die Nichtchristen können sich diese Art von Problemstellung in Bezug auf die Achtung der Eheleute, auf die Bewertung der ehelichen Liebe und auf den Lebensschutz zu eigen machen.

III.

Synthese der Arbeitsergebnisse der „Circuli Monores"

Die Herren Kardinäle haben folgende Fragen erörtert:

1. Frage: **Ist man der Meinung, daß die Situation der schwerwiegenden Bedrohung, der unsere Gesellschaft das fundamentale Lebensgut aussetzt, eine besondere Maßnahme von seiten des kirchlichen Lehramtes erfordert, mit speziellem Bezug auf die Abtreibung?**

Ernst des Phänomens. Die Kardinäle halten die Situation für ernst, wie sie sich heute in der Welt angesichts der Angriffe und Bedrohungen gegenüber dem menschlichen Leben darstellt. Der Ernst des Phänomens ist sowohl durch dessen Umfang als auch durch seine Intensität alarmierend. Es handelt sich in der Tat um eine wirkliche Gewalttätigkeit von seiten gewisser Institutionen, Regierungen und Parlamente, die nichts unversucht lassen, um eine Mentalität gegen das Leben, ja eine Art „Kultur des Todes" zu schaffen. Raffinierte Techniken werden da für den Dienst am Tod aufgeboten. Das Gewissen des herausragenden Geschenkes des Lebens verfinstert sich, und selbst der Sinn für die Sünde ist im Schwinden begriffen. Es bahnt sich der Eindruck einer moralischen Krise an, welche die Folge der Ablehnung Gottes und der Würde des Menschen ist.

Vorschlag einer besonderen Maßnahme. Alle Arbeitskreise sind sich darüber einig, was den Vorschlag einer besonderen Maßnahme des Lehramtes betrifft. Sie wird für dringend, erhellend und prophetisch erachtet. Es bedarf einer mutigen Verteidigung des Lebensrechtes, die das Gewissen aller rührt und bewegt. Die Maßnahme sollte nach der Mehrheit von hohem Rang sein.

Vorgeschlagene literarische Gattung. Nahezu alle Arbeitskreise sprechen sich für eine Enzyklika des Heiligen Vaters aus, die den Schutz des Lebens zum Gegenstand hat. Ein solches feierliches Dokument, das die Unterstützung des gesamten Episkopates genießt, müßte alle Kräfte mobilisieren, um so eine historische Epoche in der

Geschichte der Förderung des Lebensschutzes einzuleiten als eine der zentralen Aufgaben der pastoralen Aktivität der Kirche.

Möglicher Inhalt. Es wird von einigen gewünscht, daß das Dokument in seiner Problemstellung die verschiedenen und vielfältigen Bedrohungen gegen das Leben umfassen soll, wie Not, Krieg etc. Alle halten es für wichtig, daß das zentrale Thema die *Abtreibung* sei. Von manchen ist die Dringlichkeit hervorgehoben worden, auch die Euthanasie besonders herauszustellen, wie auch andere Fragen der (Empfängnisverhütung, Sterilisation, künstliche Befruchtung, FIVET etc.). Andere ziehen es vor, die Fragen um die Euthanasie und die verschiedenen Formen der Befruchtung weiterhin wie bisher wegen der Vielschichtigkeit, die dieser Bereich der Moralmedizin umfaßt, zum Gegenstand von Erklärungen der Glaubenskongregation zu machen.
Es wird auch empfohlen, eine philosophische und theologische Grundlage für die Achtung gegenüber dem menschlichen Leben zu schaffen und anzubieten; es wird weiter die Wichtigkeit unterstrichen, in das Dokument einige Wahrheiten aus *Humanae Vitae* aufzunehmen, vor allem was das Problem der Trennung bezüglich des Sinnes von Vereinigung und Zeugung in der menschlichen Sexualität betrifft.
Die bemerkenswerte Maßnahme wird zur Erleuchtung und Bildung des Gewissens beitragen, das heute so sehr unter dem negativen Einfluß der Umwelt steht.

2. Frage: **Vorausgehende Konsultation des Weltepiskopates oder etwaige Einberufung einer außerordentlichen Synode?**

Auch wenn eine Beratung über die bereits zur Genüge geklärten Lehrfragen nicht für notwendig erachtet wird, so hält die Mehrheit doch eine Erörterung der Phänomenologie der Angriffe gegen das Leben nach den im Referat von Kardinal Ratzinger angeregten Gesichtspunkten für nützlich und angebracht. Die Beratung würde das einigende Band unter den Bischöfen festigen und deren Zustreben auf vollkommene Übereinstimmung fördern, die der Heilige Vater als Haupt des Bischofskollegiums zur Verteidigung des Menschen übernehmen und verkünden könnte.
Zu der möglichen Einberufung einer außerordentlichen Synode zum Zweck der Bestärkung der Autorität des päpstlichen Dokumentes durch den Konsens des Bischofskollegiums haben die Kardinäle unterschiedliche Haltungen eingenommen:
- die Mehrheit hat es aus verschiedenen Gründen für nicht angebracht gehalten: die Dringlichkeit der zu gebenden Antwort; die übermäßige Arbeitsbelastung, der die Bischöfe bereits ausgesetzt sind; eine Materie, die eigentlich nicht zum Themenkreis einer Synode gehört; die Verzögerung, die dadurch für eine kommende ordentliche Synode entstehen würde;
- eine kleine Gruppe von Kardinälen hat die Bildung einer vorhergehenden Arbeitsgruppe gewünscht - mit unterschiedlichen Nuancen - die Einberufung einer außerordentlichen Synode für zweckmäßig erachtet.

3. Frage: **Welche Form von Erklärungen wäre seitens der Bischofskonferenzen angebracht, um das päpstliche Dokument zu unterstützen?**

Alle Kardinäle hielten es für notwendig, gegenüber dem einmal veröffentlichten päpstlichen Dokument von seiten der Bischofskonferenzen die eigene und klare Zustimmung des Episkopates mit Nachdruck und Festigkeit zum Ausdruck zu bringen ohne auch nur die geringsten Abweichungen. Es handelt sich dabei wohlgemerkt nicht um eine theologische Bestätigung, deren das Dokument nicht bedürfte, sondern um ein äußeres Zeichen und kraftvolles Bekunden der Einheit.

Verschiedene Vorschläge wurden über die Mobilisierung einer eigenen gemeinsamen Mitwirkung des Episkopates beim Bekanntmachen des Inhaltes des Dokumentes unterbreitet. Selbstverständlich wäre auch die Geschlossenheit der Theologen wichtig. Deshalb müßten die Bischöfe in diesem entscheidenden Punkt für eine konsequente Lehre der Theologen an den kirchlichen Fakultäten und Seminarien gegenüber den Priestern und Seminaristen sorgen.

Auch bei der Vorbereitung auf das Sakrament der Ehe muß der Würde und dem Schutz des Lebens zentrale Bedeutung eingeräumt werden.

Ein anderer Weg, durch den die Lehre der Enzyklika zugänglich gemacht werden kann, ist die Liturgie: mit Gebeten, Anliegen und Anregungen während der geprägten Zeiten des liturgischen Jahres kann die Achtung vor dem Leben besonders deutlich gemacht werden. Es könnten Vorlagen für die Feier der Woche zum Schutz des Lebens erarbeitet und dabei auch Predigtmaterial zur Verfügung gestellt werden, wie es bereits in einigen Ländern geschieht.

In der Katechese soll mit größerer Beachtung und in breiterem Umfang das Thema der Würde und der Achtung des Lebens behandelt werden. Zu diesem Zweck wird es nützlich sein, katechetische Programme für eine systematische Unterweisung in den verschiedenen Stufen der Ausbildung (Basiskatechese, Pfarrgruppen, Bewegungen) auszuarbeiten.

Von Wichtigkeit wird es auch sein, spezifische Bewegungen „für das Leben" anzuleiten und zu koordinieren, indem Zentren von Hilfe und Schutz für das Leben errichtet werden. In deren Umfeld kann der Beitrag von Fachkräften verwertet werden, die unmittelbar für den dem Lebensschutz eigenen Bereich tätig sind (Ärzte, Juristen, Politiker, Gesetzgeber).

Die Diözesanbischöfe könnten Studientreffen, Gesprächskreise und Gelegenheiten zum Nachdenken fördern, um die Haltung der Kirche verständlicher zu machen. Auch wird es deren Aufgabe sein, unter den weiblichen religiösen Kongregationen zur Bereitschaft für die Initiative der Unterstützung schwangerer Frauen und der Aufnahme künftiger Neugeborener zu ermutigen.

Die Enzyklika muß weiter im erzieherischen Bereich unterstützt werden, indem die vorhandene Unkenntnis und Verwirrung bezüglich der Natur, des Verlaufes und der Wirkung der Abtreibung ausgemerzt werden: im *sozialen Bereich* - soweit möglich - durch Beseitigung der Ursachen, die zur Abtreibung führen; im *politischen Bereich* durch die Förderung von höchstmöglichem Schutz für Ungeborene; im *pastoralen Bereich* durch Anspornen der Achtung der katholischen Gemeinde gegenüber

Frauen, die der Versuchung der Abtreibung ausgesetzt waren oder ihr bereits erlegen sind.

4. Frage: **Welches sind für den Fall eines positiven Bescheides hinsichtlich der Opportunität einer Enzyklika die tragfähigen Hauptlinien und die spezifische Ausrichtung?**

Sie müßte an alle Menschen guten Willens gerichtet sein (wie *Pacem in Terris*), auch wenn die Katholiken die Hauptadressaten sind. Die induktive Methode, wie sie beim II. Vatikanischen Konzil benützt wurde (besonders in *Gaudium et spes*) wäre wohl vorzuziehen.

Das Dokument müßte einen positiven Ansatz haben als Verkündigung des überaus bedeutenden Wertes des Menschen, eines jeden Menschen. Eine kohärente und überzeugende Verkündigung der Frohen Botschaft vom Leben, die globale Negativurteile vermeidet, aber auch mutig mit objektiver Kraft aufzeigen kann, um die Gewissen aufzurütteln. Die Sprache sollte klar und gelassen sein, fest und respektvoll gegenüber allen und in keiner Weise klerikal.

Der Text sollte auf zweifacher Ebene entfaltet werden. Zuallererst müßte man auf *rationaler Ebene argumentieren* (als Voraussetzung für den Dialog mit der ganzen Menschheit), indem man betont, daß die Anschläge auf das menschliche Leben - besonders wenn sie gesetzlich abgestützt sind - unabhängig von der Tatsache, daß sie die Grundrechte der Person leugnen, eine unbestreitbare Niederlage der Vernunft darstellen; und zweitens die *Perspektive des Glaubens*, indem man sich auf die Offenbarung beruft, mit einem akzentuierten Hinweis auf Gott, den Schöpfer des Lebens und dessen Verteidiger, vor allem im Falle der Schwächsten. Der Text sollte sich vor allem im Rahmen der christlichen Anthropologie bewegen (philosophischer und theologischer Aspekt), indem man die volle *Wahrheit über den Menschen* in seiner herausragenden Würde darstellt. Einige Grundlinien sind: das menschliche Leben kann nicht von Gott getrennt werden. Es ist ein heiliges Geschenk Gottes, der freien menschlichen Verfügbarkeit entzogen. Deshalb ist der Angriff gegen das Leben ein Angriff gegen Gott selbst. Der Mensch ist geschaffen nach Gottes Ebenbild und deswegen wesentlich hingeordnet auf Gott. Als Person hat er von Gott eine unantastbare Würde. Dieser Würde widersetzt sich die Instrumentalisierung des Menschen und besonders der Frau, die in besonderer Weise berufen ist, Hüterin des Lebens zu sein. Eine Form der Toleranz, die das Gute und das Böse auf eine Ebene stellt, ist unhaltbar. Auch die Gemeinschaft ist an moralische Werte gebunden, die ihr wie jedem Einzelmenschen gegeben sind. Unter diesen Werten ist auch die Annahme des Leides, dessen Sinn es wiederzuentdecken gilt, um den Schmerz ertragen zu helfen.

Die Enzyklika wird dem bevölkerungspolitischen Problem Rechnung zu tragen haben, wenn dieses kein Vorwand ist, um die Abtreibung zu unterstützen, und sie wird auf wissenschaftlich fundierten Daten gründen müssen unter besonderer Berücksichtigung der Dimension der sozialen Gerechtigkeit, der Kulturen der Völ-

ker und des Milieus. Es könnte auch ein Wort der Ablehnung des Krieges als Mittel der Lösung internationaler Auseinandersetzungen enthalten sein.
Darüber hinaus wird die Enzyklika der Gewissensbildung ein starkes Gewicht beimessen müssen, indem ausdrücklich der Auftrag der Erzieher (Seelsorger und Lehrer) darin aufgenommen werden und eine bessere Vorbereitung der Erzieher selbst (Priester und andere) gefordert werden soll, denen in besonderer Weise die Verbreitung des Inhaltes der Enzyklika anvertraut werden muß.
Ferner dürfte in der Enzyklika ein starker Hinweis auf die Verantwortung von Politikern, Gesetzgebern, Ärzten und bei den Massenmedien Tätigen nicht fehlen, daß sie sich Übereinstimmung mit ihrem eigenen Glauben für die Verteidigung des Lebens im Bereich der authentischen Freiheit und der Achtung eines jeden Menschen einsetzen.

IV.

Synthese der Beiträge in der Aula

- Man bestand darauf, daß die Enzyklika der zentrale Bezugspunkt in der Verteidigung des Lebens werde, als dessen große Beschützerin die Kirche berufen ist.

- Die Enzyklika sollte für das Leben das sein, was *Rerum novarum* für die soziale Frage war.

- Ziel der vorbereitenden Konsultation sollte die Förderung der *communio* mit dem Heiligen Vater sein: die Bischofskonferenzen werden darüber informieren, was sie schon tun, und Vorschläge dazu unterbreiten, was in Zukunft getan werden sollte.

- Es wurde die Bedeutung hervorgehoben, in jedem Land und selbst in jeder Diözese die Einrichtung von Studienzentren über die Familie und das Leben zu fördern. Institute wie das „Johannes Paul II." und andere ähnliche Einrichtungen in Washington, in den Niederlanden, in Mexiko, in Fano ... können den Weg für viele andere aufzeigen. Sie können Stätten der Begegnung sein für Ärzte, Biologen, Genetiker, Theologen, Katecheten ... So wird die Antwort auf den Ruf des Heiligen Vaters wirksam sein.

- Es ist zweckmäßig, in jeder Diözese eine besondere Struktur einzurichten, die sich der Familie und des Lebens annimmt nach dem Modell, das Seine Heiligkeit für die Römische Kurie wollte (Rat für die Familie). Ihr wird es zukommen, im Licht des Lehramtes der Kirche die Werte der Sexualität und des Lebens zusammen mit jenen der Familie zu fördern.

- Nach dem Beispiel der Beziehung und der Anwesenheit des Heiligen Stuhles in internationalen Foren zur Verteidigung des Lebens wird es nützlich sein, auf der Ebene eines jeden Landes die Kontakte mit den christlichen und nichtchristlichen Politikern zu pflegen, um ihnen zu helfen, eine solide Meinungsbildung über diese Argumente zu erwerben.

- Wo Kommissionen für den Dialog mit anderen Christen oder Andersglaubenden bestehen, kann man gemeinsame Aktionen zur Verteidigung des Lebens und zur Verurteilung der Abtreibung fördern.

- Es wurde auch betont, daß es von Vorteil sei, einen *Welttag für das Leben* einzurichten.

- In jenen Ländern, in denen die Gewissensfreiheit von Medizinstudenten nicht respektiert und ihnen folglich die Möglichkeit der Spezialisierung in Gynäkologie verwehrt wird, wird es von Nutzen sein, ihnen Alternativen anzubieten, um ihr Studium fortsetzen zu können.

- In Anbetracht der pastoralen Obliegenheiten, die jene Einrichtungen zum Besten der Personen und zum Zeugnis für den Schutz des Lebens haben, die darauf ausgerichtet sind, die Frauen und all jene, die verantwortlich für Abtreibungen waren (Projekt Rachel), aufzunehmen, zu versöhnen und zu heilen, wird man davon ausgehen müssen, die Zahl dieser Einrichtungen zu vermehren und die bestehenden auszubauen.

- Die Frauen spielen eine überragende Rolle bei der Verteidigung der Position der Kirche, die übrigens von einem extremen Feminismus bestritten wird. Man wird also den Einsatz für das Zeugnis koordinieren müssen. In gleicher Weise wird man sich für die Gewissensbildung von Journalisten, Politikern, Ärzten und Pflegepersonal verwenden müssen, damit sie Argumente in Händen haben für das Zeugnis und den Schutz des Lebens in der täglichen Ausübung ihres Berufes.

- Damit das Lehramt die Gläubigen in der Verkündigung und in der Katechese klarer und umfangreicher erreicht, wird es auf die Ausbildung der Priester ankommen. Das Bußsakrament, das ein bedeutendes Instrument zur Gewissensbildung darstellt und heute vernachlässigt wird, muß wiedergewonnen werden zur Orientierung der Gläubigen.

- Oberste Verpflichtung ist, darüber zu wachen, daß die Lehre der Professoren der Moraltheologie in den Seminarien mit dem Lehramt übereinstimmt.

- Ferner wird man die Bewegungen zum Schutz des Lebens (pro life) orientieren, leiten und koordinieren müssen, damit sie tatsächlich auch Wirkung erzielen. In diesem Sinn wird man auch die schon bestehenden religiösen Kongregationen ermutigen oder die Entstehung von neuen Gemeinschaften fördern müssen, die als Zielsetzung die Achtung vor und den Dienst am Leben haben.

Zum Inhalt der Enzyklika

- Außer der Tatsache, daß sie eine spezifische Lehre für die „Diener des Glaubens" darstellen soll, möge sie an jeden Menschen guten Willens gerichtet werden. Zu ihrer Unterstützung mögen die Bischöfe pastorale Erklärungen abgeben.

- Die Verantwortung der Politiker und der Gesetzgeber für die Abtreibungsgesetze möge mit Entschlossenheit dargelegt werden: sie können sich nicht immer und überall in die Unterscheidung zwischen „rechtlich" und „moralisch" flüchten.

- Man wird eine ernsthafte Familienpolitik fördern müssen, um zu vermeiden, daß die Mutter angesichts eines Kindes sich „gezwungen" sieht abzutreiben.

- Es ist dringend, das Gewissen über die Euthanasie zu erleuchten, denn eine Verzögerung kann zu künftigen Auseinandersetzungen führen. Diesbezüglich ist auch zu klären, was die „ordentlichen" und „außerordentlichen" Techniken für den Erhalt des Lebens sind und wann es erlaubt ist, die Inanspruchnahme von sehr teuren und außerordentlichen Mitteln zu vermeiden, um das Leben unter allen Umständen zu erhalten.

- Die Argumentationsweise gegen die Abtreibung wird sich außer auf Glaubensinhalte auf Gründe der natürlichen Ordnung stützen müssen, wie das Konzept des „Menschenrechts" und jenes der „sozialen Gerechtigkeit".

- Man wird die Stellung der Kirche zur Bevölkerungsentwicklung darlegen müssen, indem man eine wissenschaftliche Kritik am Mythos der Überbevölkerung entwikkelt. Ebenso muß in angemessener Weise die verantwortete Vaterschaft dargelegt werden, indem man den Sinn der natürlichen Methoden erläutert, deren Wert nicht einfach an die Übertragung oder Nichtübertragung des physischen Lebens gebunden ist, sondern an die volle Achtung der Person des Ehegatten in all seinen Dimensionen.

- Das lobenswerte Verhalten der Ärzte, des Krankenpflegepersonals und aller, die unter Überwindung mancher Schwierigkeiten die konkrete Achtung vor dem Leben fördern, wird zu betonen sein. Ebenso muß die Mentalität der Achtung vor dem Leben, die einigen Kulturen von Völkern eigen ist, lobend hervorgehoben werden.

- Schließlich wird man die Aktivität sehr mächtiger Organisationen entlarven und anzeigen müssen, die mit ungeheuren Strukturen und finanziellen Mitteln die Völker und Regierungen zu überzeugen versuchen, daß die Menschheit einem Desaster entgegengeht, um auf diese Weise mit dem Versprechen finanzieller Hilfen den Widerstand gegen die verschiedenen Formen der „Geburtenkontrolle" und der Abtreibung zu brechen.

Von der Vergangenheit zur Zukunft

Botschaft der delegierten Präsidenten namens der Sonder-Bischofssynode für Europa an alle Regierungen des Kontinents vom 8. Dezember

Die Gläubigen, deren Hirten wir sind, gehören allen Ländern Europas an. Ihre Ängste und Hoffnungen sind auch unsere. Wir kennen auch die Bürde der schweren Verantwortungen, die auf Ihnen, den politisch Verantwortlichen, lasten, da Sie dafür arbeiten, neue Wege für ein erneuertes Europa zu öffnen. Wir richten diese Botschaft der Freundschaft und Achtung im Namen unseres pastoralen Amtes an Sie. Jeder von Ihnen möge sie als eine Geste menschlicher und christlicher Solidarität wohlgefällig aufnehmen.

Die in diesen Tagen ausgetauschten Erfahrungen lassen uns einmal mehr den Reichtum und die Traurigkeit der Vergangenheit Europas verspüren. Ideologische, politische und militärische Barrieren haben die Völker gespalten, haben zwei Weltkriege verursacht; sie haben unsägliche Leiden und schreckliche Zerstörungen, die unseren Kontinent entstellt haben, verursacht.

Doch wir wurden auch dazu veranlaßt, Gott Dank zu sagen für all das, was wir Europäer getan haben, was unsere Kirchen verwirklichen konnten, was die Christen für ihre Brüder beigetragen haben. Ihre Märtyrer haben überall den Weg für die Freiheit geöffnet; mit meist kärglichen Mitteln, doch stets mutig trachteten sie danach, das gemeinsame Leben der Völker Europas immer mehr der Würde der menschlichen Person und der Sendung, zu der Gott die Völker ruft, entsprechen zu lassen.

Vereint mit den unserer Sorge anvertrauten Gläubigen blicken wir nun der Zukunft dieses Europas entgegen, in dem einige eben erst aus der Lüge der Totalitarismen herausgekommen sind. Alle wollen dem Recht und der Wahrheit Macht verleihen. Sie wollen die Liebe über den Haß triumphieren lassen, damit sich das Gemeinwohl in allen Gegebenheiten durchsetzt.

Christen und Bürger ...

Heute wie gestern wissen die Christen dieses Kontinents vom Christentum geprägter Kulturen, welche Aufgabe sie erwartet, was auch immer ihre Konfession sei. In Achtung vor der Religionsfreiheit für alle wie auch vor der Verschiedenheit geistlicher und weltlicher Macht wollen wir uns, die geistlichen Energien unserer Kirchen, ihre Kraft der Gemeinschaft, der Solidarität und der Universalität in den Dienst aller stellen.

... für die politische Zukunft Europas

Mehr denn je ersehnen die Völker Europas die Einheit und warten darauf, sich in neuen, politischen Strukturen zusammenzuschließen, an denen einige von Ihnen in Fortsetzung des vor langer Zeit begonnenen Ausbaus in diesen Tagen arbeiten werden. Wir versichern Ihnen, daß die Christen mehr denn je Diener und Zeugen der Einheit sein wollen.

Ein grausamer Konflikt

In diesem Geist geben wir den Appell der europäischen Völker wieder, die sich heute wieder mit der Gewalt und dem Krieg auseinandersetzen müssen. Wir denken ohne Ausnahme an alle unsere Brüder und Schwestern in Jugoslawien. Ihre Bischöfe haben uns an ihren Leiden und ihren Sorgen teilhaben lassen. Unter Ihnen befindet sich das kroatische Volk im Todeskampf. Die Heftigkeit der Kämpfe, die Verwüstungen des Hasses zwischen Völkern, die die geographische Lage und die Geschichte zu Nachbarn gemacht hat, die Grausamkeiten, deren Opfer die wehrlose Zivilbevölkerung ist, die systematische Zerstörung ihres kulturellen und religiösen

Erbes, all dies entehrt „unser" Europa und unterminiert das Vertrauen, das die Völker auf es setzen.
Wir wollen Ihnen unsere Entrüstung mitteilen und Sie vor allem ermutigen, Ihre Bemühungen um den Frieden dank einer politischen Lösung zu intensivieren. Möge das Recht siegen! Möge es überall und unter allen Umständen in der gleichen Weise angewandt werden! Mögen die berechtigten Erwartungen der Völker gehört werden, die sich frei und demokratisch äußern. Die Völker Kroatiens und Sloweniens haben ihr Recht auf Selbstbestimmung ausgeübt. Angesichts dieser Situation und der Gewalt des gegenwärtig tobenden Krieges ist es das Gebot der Stunde, daran zu erinnern, daß der internationale Verhaltenskodex, nämlich die zehn Prinzipien der *Schlußakte der Konferenz über Sicherheit und Zusammenarbeit in Europa (KSZE)*, die 1975 in Helsinki unterzeichnet und 1990 in der Charta von Puebla wiederholt wurden, den Nationen des demokratischen Europas Rechte und Pflichten auferlegen.
Nehmen Sie dieses Zeugnis des Vertrauens in Ihr Verantwortungsbewußtsein im Dienst Europas und der Völker, die es bilden, auf. Auf unserem Platz und mit allen unseren Gläubigen wollen wir zum Aufbau einer Zivilisation der Gerechtigkeit, des Verzeihens und der Liebe beitragen.
Mit unseren orthodoxen, protestantischen und anglikanischen Brüdern haben wir für die Völker Europas gebetet und über die Gnade nachgedacht und meditiert, die uns erwiesen wurde, in ihrer Mitte „Zeugen Christi zu sein, der uns befreit hat" (vgl. *Gal* 5,1; *Apg* 1,8), damit jeder Mensch die Freiheit der Kinder Gottes empfangen möge.

Aus dem Vatikan, am 8. Dezember 1991.

Jean-Marie Kardinal Lustiger
Erzbischof von Paris

Józef Kardinal Glemp
Primas von Polen

Eduardo Kardinal Martinez Somalo

Seien wir Zeugen Christi, der uns befreit hat

Erklärung der Sonder-Bischofssynode für Europa vom 13. Dezember

Vorwort

Während das dritte Jahrtausend nunmehr naht, erlebt Europa außergewöhnliche Ereignisse, in welchen wir gleichsam die Hände der Liebe und Barmherzigkeit Gottes des Vaters zu allen Menschen, seinen Töchtern und Söhnen, berühren. Der Hl. Vater Johannes Paul II. wollte deshalb diese besondere Bischofssynode über Europa zusammenrufen, damit die Bischöfe Ost-, Mittel- und Westeuropas in kollegialer Gemeinschaft mit ihm und untereinander nach so vielen Jahren gewaltsamer Trennung über die Bedeutung und Folgen dieser für Europa und die Kirche historischen Stunde nachdenken können[1].

Dankbar für diese Aufgabe und voll Freude sind wir beim Nachfolger Petri zusammengekommen, um Gott die Ehre zu geben und die Großtaten zu erzählen, die er selbst, der stets in der Geschichte gegenwärtig und wirksam ist, für uns vollbracht hat. Im Namen der Kirche Europas, die reich ist an so vielen neuen Märtyrern und Bekennern, von denen einige unter uns gegenwärtig waren, haben wir Gott dem Vater Dank gesagt für die Macht und Weisheit des gekreuzigten Herrn (vgl. *1 Kor* 1,24), der uns während dieser Jahre in den Prüfungen der Verfolgung durch den Trost und Beistand des Heiligen Geistes aufrechterhalten hat und für den neuen Freiheitsraum, den jetzt viele Völker in Europa genießen. Wir haben uns auch über die Anwesenheit der „brüderlichen Delegierten" anderer christlicher Kirchen und Gemeinschaften gefreut, die an unserem Gebet und unserer Arbeit teilgenommen haben. Für die synodale Versammlung war auch das Symposion über Christentum und Kultur sehr nützlich[2].

Wir sind auch hierhergekommen, um von Gott und unseren Brüdern Verzeihung für unsere Schuld und unsere Fehler zu erbitten, zugleich sind wir bereit, unsererseits Vergebung zu gewähren. In dieser Eintracht und wechselseitigen Gemeinschaft, die aus dem Leben der allerheiligsten Dreifaltigkeit hervorgehen, konnten wir uns gegenseitig sehr viele Schätze der Weisheit und Erfahrung darbieten, durch welche Gott unsere Teilkirchen bereichern wollte, damit sie diese in der einzigen und allumfassenden Kirche Jesu Christi allen anderen schenken. Nach so vielen Jahren des auferlegten Schweigens konnten die Kirchen des Ostens endlich ihr häufig tapferes Lebenszeugnis darbieten. Die Kirchen des Westens aber haben den Samen einer erneuerten Lebendigkeit und neue Erfahrungen beigebracht, die in den Erprobungen gewachsen sind, deren auch sie nicht entbehrten. Deswegen haben wir das Ereignis der Synode als Frucht des Heiligen Geistes erfahren.

---

[1] Vgl. die erste Ankündigung der Synode am 22. April 1990 in der Stadt Velehrad (CSFR), wo das Begräbnis des hl. Methodius stattfand.

[2] Vgl. *Cristianesimo e Cultura in Europa*. Memoria, coscienza, progetto. Atti del simposio presinodale (Vatikan, 28.-31. Oktober), Forlì 1991.

In Christi Namen vereint (vgl. *Mt* 18,20), haben wir darum gebetet, daß wir hören können, was der Geist heute den Kirchen Europas sagt (vgl. *Offb* 2,7.11.17), und daß die Kirchen es verstehen, die Wege für die Neu-Evangelisierung unseres Kontinents zu erkennen. Wir sind uns der ungeheuren Herausforderungen der gegenwärtigen Stunde bewußt, aber auch ihrer großen Chancen, und wir wollen im Dialog und in herzlicher Zusammenarbeit mit unseren Schwestern und Brüdern in Europa und in der Welt unseren Beitrag zum Aufbau eines neuen Europas leisten, „damit wir Zeugen Christi sind, der uns befreit hat" (vgl. *Apg* 1,8; *Gal* 5,1). Wir verstehen unsere Synode als ersten Schritt auf einem Weg, den wir unermüdlich weitergehen wollen.

I. Die Bedeutung der gegenwärtigen Stunde für den christlichen Glauben und die Geschichte Europas

1. Die gegenwärtige historische Stunde Europas

Unsere Sonder-Versammlung der Bischofssynode hat zwei Jahre nach dem Beginn des so plötzlichen und in der Tat außerordentlichen Zusammenbruchs des kommunistischen Systems stattgefunden, an dem das mutige Zeugnis der christlichen Kirchen einen großen Anteil hatte. Auch zahlreiche Nichtglaubende haben diese Ereignisse als ein „Wunder" betrachtet. Im Licht des Glaubens und unter dem Antrieb des Heiligen Geistes wollen wir in dieser Stunde wahre Zeichen der Gegenwart Gottes und seine Ratschlüsse erkennen[3]. Für die Christen offenbart sich in diesen Ereignissen ein echter „Kairos" der Heilsgeschichte und eine ungeheure Herausforderung zur Fortsetzung des Erneuerungswerkes Gottes, von dem schließlich das Schicksal der Nationen abhängt.

Zweifelsohne hatte der Untergang der totalitären Herrschaftssysteme Mittel- und Osteuropas ökonomische, soziale und politische Ursachen. Gleichwohl besaß er von innen her einen ethischen, anthropologischen und schließlich spirituellen Grund. Denn dem ganzen Marxismus liegt ein Irrtum „anthropologischer Art"[4] zugrunde, insofern nämlich in diesem System der Mensch auf den rein materiellen und ökonomischen Gesichtspunkt verkürzt wird. Aus einer solch falschen und verkürzten Anthropologie ergaben sich notwendigerweise ökonomische und politische Konsequenzen, die ganz und gar ungerecht, mit dem Menschen unvereinbar und deshalb folgerichtig zum Untergang bestimmt sind. Das eigentliche, ja sogar innere Element dieser Lehre und deshalb auch des ganzen kommunistischen Systems war der verordnete Zwangs-Atheismus im täglichen Leben.

Heute ist in Europa der Kommunismus als System untergegangen, doch seine Wunden und sein Erbe verbleiben in den Herzen der Menschen und in den neu entstehenden Gesellschaften. Die Menschen stehen vor Schwierigkeiten im rechten

3 Vgl. II. Vatikanisches Konzil, Pastoralkonstitution *Gaudium et spes*, Nr. 11.

4 Vgl. Johannes Paul II., Enzyklika *Centesimus annus*, Nr. 13.

Gebrauch der Freiheit und der Demokratie; die zuinnerst verdorbenen sittlichen Werte müssen erneuert werden. Zugleich hat die Kirche, arm geworden an Strukturen und Mitteln, tiefer gelernt, auf Gott allein zu vertrauen.

Der Zusammenbruch des Kommunismus ruft zu einem kritischen Nachdenken über den ganzen kulturellen, sozialen und politischen Weg des europäischen Humanismus auf, soweit er durch den Atheismus, nicht nur im Blick auf das Ergebnis des Marxismus, gekennzeichnet ist, und beweist, daß es faktisch, und nicht nur prinzipiell, nicht angeht, die Sache Gottes von der Sache der Menschen zu trennen.

Bei der Betrachtung der religiösen, sozialen und kulturellen Situation der demokratischen Nationen Westeuropas können Licht und Schatten wahrgenommen werden. Innerhalb des politischen und institutionellen Bereichs der Demokratie und der Freiheit haben sich viele Früchte des wissenschaftlichen, technischen, sozialen und ökonomischen Fortschritts ergeben. Die Kirche selbst zeigt eine erneuerte Lebendigkeit, besonders in der biblischen und liturgischen Erneuerung sowie in der aktiven Teilnahme der Gläubigen am Leben der Pfarrei, in neuen gemeinschaftlichen Erfahrungen, in der wiederentdeckten Bedeutung des Gebets und des kontemplativen Lebens sowie in vielfältigen Formen selbstlosen Dienstes an Armen und Ausgegrenzten.

Auf der anderen Seite verbreiten sich eine gewisse Gesinnung und ein gewisser Lebensstil, die nur darauf achten, daß die nächstliegenden Wünsche eines jeden befriedigt und ebenso die wirtschaftlichen Vorteile gefördert werden; zugleich wird in falscher Weise die Freiheit der einzelnen zu etwas Absolutem und jeder Vergleich mit der Wahrheit und den Gütern geleugnet, die den eigenen Horizont und Bereich des einzelnen oder einer Gruppe überschreiten. Obwohl der gewaltsam aufgezwungene Marxismus zusammengebrochen ist, ist der praktische Materialismus in ganz Europa sehr verbreitet. Wenn dieser auch nicht gewaltsam aufgezwungen wird, ja auch nicht ausdrücklich empfohlen wird, führt er dennoch die Menschen dazu, daß sie denken und handeln, „als ob es Gott nicht gäbe".

Zugleich bleibt die Sehnsucht nach religiöser Erfahrung, mag sie auch in einer Fülle von Formen da sein, die schwerlich miteinander vereinbar sind und häufig vom echten christlichen Glauben weit weg führen. Besonders die Jugendlichen suchen ihr Glück in vielen Zeichen, Bildern und auch vagen Entwürfen und neigen so leichter zu neuen religiösen Formen und Sekten verschiedenen Ursprungs. In der Tat befindet sich ganz Europa heute vor der Herausforderung, eine neue Entscheidung für Gott zu treffen.

2. Der christliche Glaube und die kulturellen sowie geistigen Grundlagen Europas

Die europäische Kultur ist aus vielen Wurzeln zusammengewachsen. Der Geist Griechenlands und die Romanitas, die Errungenschaften der lateinischen, keltischen, germanischen, slawischen und ugro-finnischen Völker, die hebräische Kultur und die islamischen Einflüsse gehören zu diesem komplexen Ganzen. Niemand kann aber leugnen, daß der christliche Glaube entscheidend zum beständigen und grundlegenden Fundament Europas gehört. In diesem Sinne sprechen wir von den „christlichen Wurzeln Europas", nicht aber um damit unterschwellig zu behaupten, daß Europa und das Christentum schlechthin zusammenfielen.

Man kann sagen, daß die christliche Religion Europa ein eigenes Gesicht gegeben hat, indem sie in das gemeinsame europäische Bewußtsein einige fundamentale Prinzipien der Humanität einfügte: besonders den Begriff des transzendenten Gottes, der in höchster Weise frei ist und für immer aus Liebe in das Leben der Menschen eingetreten ist durch die Menschwerdung und das Paschageheimnis seines Sohnes; eine neue und besondere Kennzeichnung der Person und der menschlichen Würde; eine ursprüngliche Geschwisterlichkeit der Menschen als Prinzip solidarischen Zusammenlebens in der Verschiedenheit der Menschen und Völker.

Dieses gemeinsame Erbe menschlicher Kultur Europas hat im Laufe der Zeit schwere Wunden und Veränderungen erlitten. Was die westlichen und mittleren Teile Europas betrifft, so hat es sich seit den Religionskriegen nach der zerbrochenen Einheit der Kirche im 16./17. Jahrhundert ergeben, daß besonders das öffentliche und soziale Leben anders verstanden oder ausschließlich von der menschlichen Vernunft allein her begriffen wurde. Dennoch sind nicht alle Werte direkt in Zweifel gezogen worden, die ihren Ursprung im christlichen Glauben hatten; ja, man hat sich sogar Mühe gegeben, sie zu bewahren, so daß sie auf einem neuen und eigenen Fundament gründen. Die Schwäche eines solchen Fundamentes ist erst in diesem Jahrhundert wirklich deutlich geworden, und daraus folgte, daß sowohl im allgemeinen Bewußtsein vieler als auch in den zivilen Gesetzgebungen jene Werte umstritten waren.

Europa kann heute nicht schlechthin auf sein vorgegebenes christliches Erbe hinweisen: Es geht nämlich darum, zu der Fähigkeit zu gelangen, erneut über die Zukunft Europas zu entscheiden in der Begegnung mit der Person und der Botschaft Jesu Christi.

II. Die lebendige Mitte und die vielen Wege der Neu-Evangelisierung

3. Die Bedeutung der Neu-Evangelisierung Europas

In einer solchen Lage hängt sehr viel vom glaubwürdigen Zeugnis des verkündeten und gelebten Evangeliums ab. Die Situation ist sicher in den verschiedenen Gebieten unterschiedlich: In einigen Teilen des Kontinents, besonders aber in den neuen Staaten, ist der christliche Glaube fast unbekannt wegen der andauernden Verbreitung des Atheismus, oder der Prozeß der Säkularisierung ist schon so weit fortgeschritten, daß die Evangelisierung fast „von neuem" wieder beginnen muß. Wo die Kirche bisher zwar noch stark vertreten ist, nimmt dennoch nur ein geringerer Teil voll am kirchlichen Leben teil, während ein tiefes Auseinanderklaffen - allgemein gesprochen - zwischen Glaube und Kultur, Glaube und Leben festgestellt werden kann.

In dieser Situation ist es eine drängende Aufgabe für die Kirche, die befreiende Botschaft des Evangeliums erneut den Menschen Europas zu bringen. Nichts anderes war auch die Absicht des II. Vatikanischen Konzils und aller folgenden Versuche einer Erneuerung, nämlich „daß die Kirche des 20. Jahrhunderts immer mehr fähig wird, den Menschen eben dieses Jahrhunderts das Evangelium zu verkünden"[5]. Die Neu-Evangelisierung ist kein Programm zu einer sogenannten „Restauration" einer vergangenen Zeit Europas, sondern sie verhilft dazu, die eigenen christlichen Wurzeln zu entdecken und eine tiefere Zivilisation zu begründen, die zugleich christlicher und so auch menschlich reicher ist. Diese „Neu-Evangelisierung" lebt aus dem unerschöpflichen Schatz der ein für allemal in Jesus Christus erfolgten Offenbarung. Es gibt kein „anderes Evangelium". Mit Bedacht wird sie Neu-Evangelisierung genannt, weil der Heilige Geist stets die Neuheit des Wortes Gottes hervorbringt und beständig die Menschen geistig und geistlich aufweckt[6]. Diese Evangelisierung ist auch deshalb neu, weil sie nicht unabänderlich an eine bestimmte Zivilisation gebunden ist, da das Evangelium Jesu Christi in allen Kulturen aufleuchten kann[7].

Der Kern dieser Evangelisierung lautet: „Gott liebt dich. Christus ist für dich gekommen."[8] Wenn die Kirche diesen Gott verkündet, dann spricht sie nicht von irgendeinem unbekannten Gott, sondern von dem Gott, der uns so geliebt hat, daß sein Sohn für uns Mensch geworden ist. Gott, der uns nahekommt, sich uns mitteilt, sich mit uns vereinigt, ist der wahre „Emmanuel" (*Mt* 1,23). Diese Gemeinschaft hat der Herr nicht nur für dieses Leben verheißen (vgl. *Mt* 28,20), sondern besonders als Sieg über Sünde und Tod durch die Teilnahme an seiner Auferstehung (vgl. *Röm* 6,5; *1 Kor* 15,22) und als Freundschaft ohne Ende mit Gott von Angesicht zu Angesicht (vgl. *1 Kor* 13,12). Ohne diese Hoffnung auf das ewige Leben, in dem alle Schmerzen und Mängel überwunden werden, ist der Mensch schwer verstümmelt. Die dem Menschen geschenkte Gewißheit der Hoffnung, daß er in Ewigkeit mit Gott leben wird, mindert nicht die Verpflichtung zu seinen irdischen Aufgaben, sondern verleiht ihm ihre wahre Kraft und Bedeutung. Deshalb müssen wir mit großer Zuversicht von der unsterblichen Seele und der Auferstehung des Fleisches sprechen. Diese Freude darf niemals bei der Neu-Evangelisierung fehlen.

Für eine wahre Evangelisierung genügt es also nicht, sich um die Verbreitung der „Werte des Evangeliums" wie Gerechtigkeit und Frieden zu bemühen. Wir kommen nur dann zu einer wirklich christlichen Evangelisierung, wenn die Person Jesu

---

5 Vgl. Paul VI., Apostolisches Schreiben *Evangelii nuntiandi* (8. Dezember 1975), Nr. 2.

6 Vgl. II. Vatikanisches Konzil, Pastoralkonstitution *Gaudium et spes*, Nr. 41; Johannes Paul II., *Homilie bei der Eröffnung der Synode* (28. November 1991), in: L'Osservatore Romano, 29. November 1991, S. 4-5.

7 Vgl. Paul VI., Apostolisches Schreiben *Evangelii nuntiandi*, Nr. 19.

8 Vgl. Johannes Paul II., Apostolisches Schreiben *Christifideles laici*, Nr. 34.

Christi verkündet wird[9]. Denn die Werte des Evangeliums können nicht getrennt werden von Christus selbst, der ihre Quelle, ihr Fundament sowie die Mitte der ganzen Botschaft des Evangeliums ist. Ihrem Wesen nach strebt die Evangelisierung zur Gründung der Kirche, welche in der Verkündigung des Wortes und in den Sakramenten der Initiation ihren Anfang nimmt. Denn sie ist ursprünglich begründet im Auftrag des Herrn, der gesagt hat: „Geht zu allen Völkern, und macht alle Menschen zu meinen Jüngern; tauft sie auf den Namen des Vaters und des Sohnes und des Heiligen Geistes" (*Mt* 28,19).

Wer den lebendigen und wahren Gott nicht kennt, kennt deshalb auch den Menschen nicht wirklich. In diesem Sinn sagt der hl. Irenäus: „Die Glorie Gottes ist der lebendige Mensch, das Leben des Menschen aber ist die Anschauung Gottes"[10]. Denn der heutige Mensch meint bisweilen, der Glaube erhöhe nur die Herrlichkeit und Ehre Gottes, erniedrige aber das Bild vom Menschen. Die Sache Gottes steht hingegen keineswegs im Gegensatz zur Sache des Menschen. Es sind vielmehr die rein irdischen Versprechungen, welche - wie die jüngste Geschichte gezeigt hat - schließlich die Menschen auf totalitäre Weise unterjochen.

Die Erneuerung Europas muß ihren Ausgangspunkt nehmen vom Dialog mit dem Evangelium. Dieser Dialog, der vom II. Vatikanischen Konzil gefördert worden ist, darf die Klarheit der Positionen nicht schmälern und muß zugleich in gegenseitiger Achtung unter den Jüngern Christi und ihren Schwestern und Brüdern geführt werden, die anderen Überzeugungen anhängen[11]. So wird es möglich sein, zu einer „wahren Begegnung zwischen dem Wort des Lebens und den Kulturen Europas"[12] zu gelangen. Denn die Evangelisierung soll nicht nur einzelne Menschen, sondern auch die Kulturen erreichen. Die Evangelisierung der Kultur bedeutet aber die „Inkulturation" des Evangeliums. Die Aufgabe der Inkulturation des Evangeliums in einer neuen kulturellen Situation Europas, die nicht nur von der Moderne, sondern auch von der sogenannten „Postmoderne" geprägt ist, beinhaltet eine Herausforderung, der wir nach Kräften entsprechen müssen: Dazu ist der Beitrag von Menschen, die sich in der Kultur auskennen, erforderlich und von Theologen, die von Herzen mit der Kirche übereinstimmen.

4. Die Früchte des Evangeliums: Wahrheit, Freiheit und Gemeinschaft

Christus, der menschgewordene Gott, ist selbst die Wahrheit (vgl. *Joh* 14,6), die uns frei macht (vgl. *Joh* 8,32) durch die Gabe des Heiligen Geistes (vgl. *2 Kor* 3,17; *Röm* 5,5; *Gal* 4,6) und zur vollen Gemeinschaft mit Gott und unter den Menschen führt (vgl. *Joh* 17,21; *1 Joh* 1,3). In der Tat ist das Suchen nach Freiheit, Wahrheit

---

9 Vgl. Paul VI., Apostolisches Schreiben *Evangelii nuntiandi*, Nr. 22; Johannes Paul II., Enzyklika *Redemptoris missio*, Nr. 5-6; 17-19.

10 Adv. Haer. IV, 20,7.

11 Vgl. Johannes Paul II., *Ansprache beim Präsynodalen Symposion*, Nr. 3 (31. Oktober 1991), in: L'Osservatore Romano, 1. November 1991, S. 4.

12 *Ebd.*, Nr. 5.

und Gemeinschaft das höchste, älteste und dauerhafteste Verlangen des europäischen Humanismus, welches auch in der gegenwärtigen Zeit weiterwirkt. Deswegen steht das Vorhaben einer Neu-Evangelisierung keineswegs dem Verlangen dieses Humanismus im Weg, vielmehr reinigt und kräftigt er ihn, da er - besonders in unserer Zeit - in der Gefahr steht, seine Identität und seine Zukunftshoffnung infolge irrationaler Einflüsse und eines Neuheidentums zu verlieren.

Deshalb scheint die Frage nach der Verbindung von Freiheit und Wahrheit besonders wichtig zu sein, welche die moderne europäische Kultur sehr häufig als Gegensätze aufgefaßt hat, während in der Tat Freiheit und Wahrheit in einer solchen Weise aufeinander hingeordnet sind, daß das eine ohne das andere nicht erreicht werden kann. Ebenfalls ist es von höchster Bedeutung, einen anderen Gegensatz zu überwinden, der übrigens mit dem vorhergehenden verbunden ist, nämlich von Freiheit und Gerechtigkeit, Freiheit und Solidarität, Freiheit und wechselseitiger Gemeinschaft. Denn die Person, deren höchste Würde in der Freiheit besteht, vollendet sich nicht dadurch, daß sie sich auf sich selbst zurückzieht, sondern sich schenkt (vgl. *Lk* 17,33)[13].

Während der Unterdrückung durch den Totalitarismus konnten nur jene die Freiheit des Herzens und des Bekenntnisses bewahren, die sich intensiver mit Gott verbunden hatten. Glaube, Anbetung und Liebe stehen in tiefer Beziehung zur menschlichen Freiheit. Auf seine Weise gibt es auch in den „freien Gesellschaften" subtile Zwänge, die, gleichsam als geheime Verführer, unseren Geist besetzen, unser Fühlen manipulieren und unser Verhalten lenken wollen. Wer im Geist der Anbetung des einzigen wahren Gottes allein vor diesem Herrn seine Knie beugt, kann leichter die vielfältigen, faszinierenden Idole zurückweisen.

Kreuz und Auferstehung Jesu Christi offenbaren und schenken durch die Gnade des Heiligen Geistes jene Freiheit, die in Wahrheit diesen Namen verdient. In der Geschichte des Lebens und des Todes des Herrn wird offenbar, daß der Gipfel der Freiheit in der vollkommen freien Hingabe an den Willen des Vaters und für das Leben der Welt besteht. Im Vergleich mit dem Vollmaß dieser Hingabe wird erst offenkundig, wie sehr der Mensch Knecht seiner selbst werden und sich Mächten ausliefern kann, die ihn versklaven.

Da die Freiheit sich nicht im „Haben" erschöpft, sind Besitz und dessen Genuß keine letzten Werte (vgl. *1 Kor* 7,29-31). Wenn nämlich der Christ das Eigentum, welches stets in seiner Verpflichtung zum Gemeinwohl zu betrachten ist, und die Freude an den Gütern dieser Welt bejaht, so weiß er dennoch, daß sie nicht zu den letzten Dingen gehören. Der von der Liebe geprägte evangeliumsgemäße Verzicht nimmt uns die Güter nicht, sondern gibt sie uns in ihrer Ursprünglichkeit erst. Das

[13] Vgl. II. Vatikanisches Konzil, Pastoralkonstitution *Gaudium et spes*, Nr. 24.

ist zur Wahrung der Freiheit in einer vom Konsumismus geprägten Gesellschaft von hoher Bedeutung.

Hier kommt nunmehr zur Sprache, wie wahre Gemeinschaft gefunden werden kann. Sie ist nur möglich, wenn jeder die personale und menschliche Würde der anderen respektiert. Es gibt keine Gemeinschaft, wenn die Menschen durch Zwang zu einem Kollektiv gemacht werden. Eine wahre Verpflichtung den anderen gegenüber kommt aber auch nicht zustande, wenn die einen gleichgültig neben den anderen leben und nur ihren eigenen Vorteil suchen. Wahre Gemeinschaft entsteht nur dann, wenn ein jeder die dem Nächsten eigene Würde und die Unterschiede als Reichtum wahrnimmt, ihm dieselbe Würde ohne Gleichmacherei zuerkennt und bereit ist, die eigenen Fähigkeiten und Gaben mitzuteilen.

Um uns des göttlichen Lebens teilhaftig zu machen (vgl. *2 Petr* 1,4), hat Christus Jesus sich selbst entäußert, indem er bei der Menschwerdung die Gestalt eines Sklaven annahm und gehorsam wurde bis zum Tod am Kreuz (vgl. *Phil* 2,7 f.). Das göttliche Leben besteht in der Gemeinschaft von drei Personen. Von Ewigkeit her zeugt der Vater den Sohn, der gleichen Wesens ist, und die gegenseitige Liebe beider ist der Heilige Geist. Deshalb ist der christliche Gott kein einsamer Gott, sondern ein Gott, der in der Gemeinschaft der Liebe von Vater und Sohn und Heiligem Geist lebt. Diese Liebe hat sich auf höchste Weise in der Entäußerung des Sohnes geoffenbart. Deswegen gehören Gemeinschaft der Liebe und Entäußerung zum Kern des Evangeliums, das Europa und der ganzen Welt verkündet werden muß, damit eine neue Begegnung zwischen dem Wort des Lebens und den verschiedenen Kulturen geschehen kann.

Diese Synthese von Wahrheit, Freiheit und Gemeinschaft, geschöpft aus dem Zeugnis des Lebens und des Paschageheimnisses Jesu Christi, wo der eine und dreifaltige Gott uns geoffenbart wird, bildet Sinn und Fundament des ganzen christlichen Lebens und des christlichen Ethos, welches entgegen einer weitverbreiteten Meinung der Freiheit nicht entgegengesetzt ist - da das neue Gesetz die Gnade des Heiligen Geistes ist[14] -, sondern zugleich ihre Bedingung und ihre Frucht ist. Aus diesen Quellen kann eine Kultur gegenseitigen Schenkens und wechselseitiger Gemeinschaft entstehen, die auch im Opfer und in der täglichen Bemühung für das Gemeinwohl vollendet wird.

5. Die Träger der Evangelisierung und die vielen Wege einer Neu-Evangelisierung

Die Neu-Evangelisierung Europas ist nur möglich, wenn wir alle Christen aufrufen, ihrer prophetischen Berufung entsprechend diese Aufgabe in Angriff zu nehmen. Mit den Bischöfen sind freilich zunächst die Priester und Diakone die Träger der Evangelisierung. Sie tragen die Last der täglichen Pastoral in den christlichen Gemeinden. Die Ordensleute, denen zu einem großen Teil die Erst-Evangelisierung zu verdanken ist, und ihre Kommunitäten können in ganz Europa das Zeugnis eines

14 Vgl. Thomas v. Aquin, *STh* I-II, 106, 1.

radikalen Lebens nach dem Evangelium ablegen, wenn sie ein stärkeres Augenmerk auf das richten, was für das geweihte Leben wesentlich ist. Von ihnen können einige Aufgaben mit besonderer Wirksamkeit übernommen werden, etwa im Bereich der Erziehung oder der inspirierenden Begleitung und Belebung verschiedener Gruppen. Wie das Schreiben *Christifideles laici* nachhaltig herausgestellt hat, müssen auf jeden Fall auch die Laien zum Einsatz für die Neu-Evangelisierung Europas aufgerufen werden. Sie, die über eine eigene Berufung verfügen, nehmen auf eigene Weise am prophetischen Amt Jesu Christi teil[15] und haben Zugang zu Bereichen, in welche Bischöfe und Priester nicht gelangen können: Nur durch sie können die Evangelisierung und der Aufbau des neuen Europas konkret möglich werden. Auf besondere Weise ruft diese Synode die jungen Menschen auf, Träger einer Evangelisierung der künftigen Generation Europas zu werden.

Um wirkliche Apostel zu werden, brauchen wir selbst eine beständige Evangelisierung: durch beharrliches Gebet und die Betrachtung des Wortes Gottes, die uns zur persönlichen Begegnung mit dem lebendigen Gott führen, wie auch durch den täglichen Versuch, all dies in die Praxis umzusetzen. Dafür hat uns die selige Jungfrau Maria ein einzigartiges Beispiel gegeben. Nur durch die Nahrung mit dem Worte Gottes, dem eucharistischen Brot und dem häufigen Empfang des Bußsakramentes vollziehen sich in uns die ständige Umkehr und persönliche Umwandlung, durch die das Phänomen einer subjektiven Engführung des Glaubens überwunden werden kann. Diese besteht darin, daß das Wort Christi und der Kirche nur soweit aufgenommen wird, als es den persönlichen Bedürfnissen und Erwartungen entspricht. Zugleich findet sich hier auch der Weg, der Schwierigkeiten Herr zu werden, die es - auch in der Kirche selbst - mit der kirchlichen Lehre besonders im Bereich der Moraltheologie gibt. Je tiefer nämlich in den Menschen die Erfahrung der Liebe Gottes verwurzelt ist, die durch das Wort vermittelt und in geschwisterlicher Gemeinschaft empfangen wurde, desto mehr wächst in ihnen die Fähigkeit und die Bereitschaft, alle Forderungen der Botschaft Christi anzunehmen.

Um der Kirche vitale Kraft zu verleihen, kommt den Pfarrgemeinden besondere Bedeutung zu. Sie bleiben die grundlegenden Instanzen des Lebens und der Mission der Kirche, die der Erneuerung und Stärkung durch das Licht des Evangeliums bedürfen. Besondere Bedeutung haben aber auch die Verbände und die neuen Gemeinschaften von Laien[16], die besonders seit dem Konzil aufblühen. Großes Vertrauen setzen wir auf eine neue Pastoral der Familie als „Hauskirche"[17] wie auch auf die Vermehrung kleiner Gemeinschaften, die in verschiedenen Bereichen der Gesellschaft ein christliches Leben führen. Eine Katechese, die zur Ausprägung des christlichen Lebens geeignet ist, muß nicht nur Kindern und Heranwachsenden,

15 Vgl. II. Vatikanisches Konzil, Dogmatische Konstitution *Lumen Gentium*, Nr. 35.

16 Vgl. Johannes Paul II., Apostolisches Schreiben *Christifideles laici*, Nr. 29.

17 II. Vatikanisches Konzil, Dogmatische Konstitution *Lumen Gentium*, Nr. 11; Johannes Paul II., Apostolisches Schreiben *Familiaris consortio*, Nr. 53-76.

sondern auch jungen Leuten und Erwachsenen ständig angeboten werden[18]. Der künftige Allgemeine Katechismus wird mit großer Hoffnung erwartet: Eine zusammenhängende Darstellung der gesamten katholischen Lehre im wahren Geist des II. Vatikanischen Konzils wird eine Hilfe im Blick auf die Sorge sein, zu der gewisse theologische Tendenzen Anlaß geben. Da nämlich eine Theologie, die im Wort Gottes verwurzelt und dem Lehramt der Kirche verbunden ist, einen großen Nutzen für die Aufgabe der Evangelisierung hat, muß man einen theologischen „Dissens" als Hindernis für die Durchführung der Evangelisierung betrachten - besonders jener Evangelisierung, die in der Kirche selbst ständig vollzogen werden muß[19].

Alle Menschen sind eingeladen, das Evangelium Jesu Christi anzunehmen. Die Neu-Evangelisierung muß deshalb zutiefst missionarisch sein, so daß sie nicht nur die Personen und Personenkreise erreicht, die schon im Herzen der Kirche verwurzelt sind, sondern auch jene, die eher von ferne auf sie schauen - und dies nicht selten mit Skepsis oder gar Verachtung.

Damit die Europäer von heute, die besonders allem, was man sehen und mit den Händen greifen kann, einen Wert beimessen, das Evangelium annehmen, muß das Zeugnis einzelner und der Gemeinden die Verkündigung des Wortes Gottes ständig begleiten und bestärken, indem es seine Wahrheit und göttliche Kraft offenbar macht. Dieses Zeugnis muß - aus Gründen der Treue zu so vielen neuen Märtyrern unserer Zeit - durch sichtbare Heiligkeit hervorstechen und das Geheimnis der Einheit mit Gott und unter den Menschen, das die Kirche in der Eucharistie begeht, im Leben vollziehen.
Außerordentlich wichtig ist das Zeugnis der kirchlichen Diakonie, d. h. der Liebe zu allen, besonders aber zu denen, die materiell oder geistlich die jeweils Bedürftigeren sind. Ein solches Zeugnis macht, wenn es von allen verstanden wird, die Liebe Gottes zu den Menschen sichtbar und öffnet diese für das Hören des Evangeliums.

Im Erfahrungsaustausch unserer Kirchen haben wir erkannt, wie nötig es für die Evangelisierung ist, den einzelnen gesellschaftlichen Bereichen einen Wert beizumessen, die unserem Zugang offenstehen. Hier sind vor allem der Religionsunterricht auch an öffentlichen Schulen, die Erwachsenenbildung, die Pastoral in der Welt der Arbeit, der Wissenschaft, der Kultur und der Kunst sowie in allen Kommunikationsmedien zu nennen. Letztere formen immer stärker das moderne Leben und verdienen eine größere Aufmerksamkeit der Kirche. In den Nationen, die vor kurzem vom Kommunismus befreit wurden, herrscht eine dringende Notwendigkeit, katholische Universitäten und Schulen zu gründen. Aber auch in all diesen Bereichen sind - heute wie immer - das persönliche Zeugnis und die großherzige Beziehung von Mensch zu Mensch sehr wichtig.

---

18 Vgl. Johannes Paul II., Apostolisches Schreiben *Catechesi tradendae*, Nr. 19 f.

19 Vgl. Kongregation für die Glaubenslehre, *Instruktion über die kirchliche Berufung des Theologen*, Nr. 21-44, bes. 32.

Besonders in unserer Zeit gibt es einen Weg der Evangelisierung, der unter allen herausragt: Die Zeugnisse aus den Kirchen, die jüngst vom Kommunismus befreit wurden, haben uns die Fruchtbarkeit des Geheimnisses von Kreuz und Auferstehung Jesu Christi fast mit den Händen greifen lassen. Wenn wir uns um eine Neu-Evangelisierung Europas bemühen - in Gemeinschaft mit allen christlichen Schwestern und Brüdern -, dann spüren wir die Notwendigkeit wieder neu, Ihn zu wählen, mit dem wir in der Taufe gestorben und zu neuem Leben auferstanden sind (vgl. *Röm* 6,3-5; *Gal* 2,19-20): In Ihm verankert und gegründet, wollen wir Europa Zeugen des Glaubens sein.

6. Kirchliche Gemeinschaft und Sendung im Austausch der Gaben

Alle Evangelisierung entspringt der Person und dem Werk Jesu Christi und führt wieder hin zu Ihm. In Ihm ist die Kirche ein Leib aus vielen Gliedern (vgl. *1 Kor* 12,12), „das Sakrament, das heißt Zeichen und Werkzeug für die innigste Einigung mit Gott wie für die Einheit des ganzen Menschengeschlechts"[20]. Aus diesem Geheimnis strömen Einheit und Katholizität der Kirche Gottes, die als ein einziges Volk, das „von der Einheit des Vaters, des Sohnes und des Heiligen Geistes"[21] geeint ist, unter allen Völkern der Erde Wohnung nimmt und den Reichtum der Nationen zum wechselseitigen Austausch führt[22].

Diese Synode hat die Verschiedenheit und Einheit unserer Teilkirchen und den Austausch ihrer Gaben täglich erfahren: im brüderlichen Anhören, das die wahren Erfahrungen der anderen Kirchen mit Freude und herzlicher Anteilnahme in sich aufnahm. Die Kirche in der Unterdrückung hat vom Herrn Gaben empfangen, von denen nun alle auf besondere Weise Kenntnis erlangen: das Zeugnis lebendigen Glaubens, Treue in Schmerzen und im Leiden, einträchtige Gemeinschaft mit dem Apostolischen Stuhl. Heute bringt eine große Anzahl von Berufungen zum Priestertum oder zum Ordensleben in vielen dieser Gebiete einen geistlichen Reichtum zutage, der bisher verborgen war.

Infolge der Freiheit, deren sie sich über lange Zeit erfreut haben, sind die westlichen Teilkirchen zu einer pastoralen Praxis unter den Bedingungen einer komplexen und säkularisierten Gesellschaft gelangt. Sie vermochten viele Konsequenzen des II. Vatikanischen Konzils zu entwickeln, die nun in Demut und in kluger Unterscheidung der Werte mitgeteilt werden können. Wir müssen die Zusammenarbeit unserer Kirchen wirklich verstärken, vor allem im Blick auf die Neu-Evangelisierung Europas. Dazu sind materielle Mittel wie auch personelle Hilfen nötig, die zum Aufbau des Leibes Christi dienen und den Prioritäten der Empfängerkirchen entsprechend geleistet werden müssen.

---

20 Vgl. II. Vatikanisches Konzil, Dogmatische Konstitution *Lumen Gentium*, Nr. 1.

21 Vgl. *ebd.*, Nr. 4.

22 Vgl. *ebd.*, Nr. 13.

Die kollegiale Verbundenheit der Bischöfe mit dem Nachfolger Petri und untereinander, die während dieser Synode noch erstarkte, sollte durch persönliche Besuche und Freundschaft gefördert werden. In voller Beachtung des Bandes der Einheit mit dem Hl. Stuhl und der Aufgaben der einzelnen Bischöfe und Bischofskonferenzen aus den verschiedenen Nationen legt es die pastorale Sorge auf unserem Kontinent, der den Weg zur Einheit beschreitet, nahe, daß mit Hilfe des Rates der Europäischen Bischofskonferenzen eine Abstimmung und gemeinsame Anstrengung für die Evangelisierung und den Ökumenismus unternommen und Wege für andere Formen der Zusammenarbeit zwischen den Teilkirchen des Kontinents gesucht werden. Darüber hinaus verlangt es die Notwendigkeit einer Präsenz der Kirche bei den europäischen Institutionen, daß - in Einheit mit dem Hl. Stuhl und seinem Gesandten - die Tätigkeiten des Rates der Europäischen Bischofskonferenzen (CCEE) und der Kommission der Bischofskonferenzen der Europäischen Gemeinschaft (ComECE) gestärkt und enger miteinander verbunden werden. Beide haben sich in den vergangenen Jahren schon sehr verdient gemacht.

In Einheit mit dem Apostolischen Stuhl müssen die Kirchen Europas auch die eigene Zusammenarbeit mit den Teilkirchen der übrigen Kontinente verstärken. Anlässe, die besonders wichtig sind, wie die 500-Jahr-Feier der Evangelisierung Amerikas, die bevorstehende Vollversammlung des lateinamerikanischen Bischofsrates und die Spezialversammlungen der Bischofssynode für Afrika und für den Libanon bilden günstige Gelegenheiten zum Austausch von Gaben und schließlich dazu, den gemeinsamen Heilsdienst aller Kirchen der ganzen Welt zu erweitern.

In diesem Dienst ist besonders der missionarische Impuls „zu den Völkern" enthalten, der in der Tat zur Geschichte und zur christlichen Gestalt Europas gehört und in dessen Identität enthalten ist. Auch wenn sich das Werk der Missionare bisweilen nicht losgelöst von der kolonialen Erweiterung der europäischen Nationen und mit dem Stachel der Trennung zwischen den Christen vollzogen hat, haben doch die Teilkirchen Europas mit der Gnade Gottes bei der Verkündigung des Heils Christi an die Völker und bei der Einpflanzung der Kirche an allen Orten eine sehr gute Rolle gespielt. Auch heute darf sich die Kirche in keiner Region in sich selbst verschließen, selbst wenn sie von Schwierigkeiten und inneren Nöten bedrängt wird, zu denen besonders die Verminderung der Priester- und Ordensberufe gehört. Vielmehr ist es nötig, daß sie ihren Horizont erweitert und auf die Verheißung des Herrn vertraut: „Gebt, dann wird auch euch gegeben" (*Lk* 6,38). Denn „der Glaube wird im Geben gestärkt. Die Neu-Evangelisierung der christlichen Völker wird ihren Antrieb und ihre Stütze finden im Dienst der universalen Missionierung"[23]. Deshalb muß der Missionseifer den Dienst in Seelsorge und Bildung nähren und durchdringen, so daß die Priester, Ordensleute und Laien mehr und mehr bereit sind zum täglichen Neuaufbruch, wo auch immer die Kirche ihren Einsatz für die Evangelisierung und den menschlichen Fortschritt nötig hat. Voller Vertrauen bitten

23 Vgl. Johannes Paul II., Enzyklika *Redemptoris missio*, Nr. 2.

wir den Herrn der Ernte, daß er Arbeiter in seinen Weinberg sendet, indem er vor allem junge Menschen zu Priestertum und Ordensleben beruft.

III. Die Notwendigkeit des Dialogs und der Zusammenarbeit mit den anderen Christen, mit den Juden und mit allen, die an Gott glauben

7. Die enge Zusammenarbeit mit den anderen Kirchen und kirchlichen Gemeinschaften

In der Synode haben wir erfahren, wie sehr die Neu-Evangelisierung Europas das gemeinsame Werk aller Christen ist und wie sehr davon die Glaubwürdigkeit der Kirche im neuen Europa abhängt.

Immer wieder haben wir entdeckt, wie reich Europa durch die einander sich ergänzenden, im Wesentlichen gleichen Traditionen des Christentums ist, nämlich die westliche und die östliche Überlieferung mit ihren entsprechenden theologischen, liturgischen, geistlichen und kanonischen Besonderheiten. Immer wieder wurde das Bild von „der einen Seele, die mit zwei Lungen atmet", genannt, das diese kirchliche Wirklichkeit beschreiben will. Auch hier haben wir gesehen, wie die besonderen Gaben der jeweiligen Tradition die andere Überlieferung bereichern und auch korrigieren können[24]. Genauso haben wir erfahren, wie auch heute noch die Trennungen unter den Christen leidvolle Wirkungen haben.

Auf die Forderungen des Evangeliums nach Wahrheit und Liebe wollen wir antworten, wie es vom Nachfolger Petri im Ökumenischen Gebetsgottesdienst am 7. Dezember 1991 dargelegt wurde: „Diese Anforderungen setzen die treue Anerkennung der Fakten, die Bereitschaft zur Vergebung und zur Wiedergutmachung der vergangenen eigenen Fehler voraus. Sie verhindern, daß man sich in Vorurteilen verschließt, die oft Quelle von Bitterkeit und sterilen gegenseitigen Vorwürfen sind; sie führen dazu, daß man keine unbegründeten Beschuldigungen gegen den Bruder erhebt und ihm Absichten und Vorsätze unterstellt, die er nicht hat. Wenn man so vom Wunsch erfüllt ist, die Positionen der anderen wirklich zu verstehen, gleichen sich die Widersprüche durch einen aufrichtigen Dialog unter der Führung des Heiligen Geistes, des Trösters, aus"[25].

Im Blick auf die Ostkirchen müssen wir uns fragen, ob der seit dem II. Vatikanischen Konzil geführte Dialog der Liebe gerade angesichts der neuerdings wieder aufgebrochenen Schwierigkeiten wirklich immer gut geführt wird. Es hat uns leid getan, daß einige orthodoxe Kirchen glaubten, die Einladung zu unserer Versammlung nicht annehmen zu können. Wir haben bei unseren Überlegungen und

---

24 Vgl. II. Vatikanisches Konzil, Dekret *Unitatis redintegratio*, Nr. 4.

25 Johannes Paul II., *Ansprache während des Ökumenischen Gottesdienstes* (7. Dezember 1991), in: L'Osservatore Romano, 9./10. Dezember 1991, S. 6.

im Gespräch mit den anwesenden "brüderlichen Delegierten" die Überzeugung gewonnen, daß der bisher schon so fruchtbare Dialog, allein schon wegen des Gebotes des Herrn, mit allen Kräften fortgesetzt und vertieft werden muß. Wir möchten unsere orthodoxen Schwesterkirchen zu einem solchen Dialog von Herzen einladen und sie an unsere gemeinsame Verantwortung für das Zeugnis des Evangeliums vor der Welt und besonders vor dem Herrn der Kirche erinnern: Das Ziel dieses Dialogs ist es, uns zur Einheit zu führen (vgl. *Joh* 17,21). Wir wissen, daß es dabei viel Geduld und viel Verständnis braucht. Diejenigen unter uns, die zu den katholischen Ostkirchen gehören, befinden sich in dieser Hinsicht in einer ganz besonderen Schwierigkeit. Doch sehen wir alle in ihnen ein konstruktives Element zu Förderung des ökumenischen Dialogs zwischen der katholischen Kirche und der orthodoxen Kirche. Wir können auch nicht übersehen, daß gerade diese Kirchen in der Bedrängnis des Kommunismus für uns alle ein eindringliches Zeugnis standfesten Glaubens gegeben haben und heute noch geben. Ebensowenig wollen wir das mutige Glaubenszeugnis vergessen, das Orthodoxe und Protestanten gegeben haben. Die gemeinsame Erfahrung der Verfolgung möge zur neuen Basis eines tieferen ökumenischen Verständnisses und eines gerechten Friedens werden.

Mit den Kirchen aus den reformatorischen Traditionen haben wir in den vielfältigen Dialogen seit dem II. Vatikanischen Konzil und in vielen geglückten Anstrengungen zu gemeinsamem Bekenntnis und christlichem Dienst viele Mißverständnisse ausräumen und große Annäherungen erzielen können. Wir wissen aber auch, daß uns nicht zuletzt im Verständnis der Kirche, besonders auch des geistlichen Amtes, noch manches schmerzlich trennt. Man darf nicht von den Problemen der Lehre absehen, wenn wir nicht Gefahr laufen wollen, das Evangelium widersprüchlich zu verkünden. Da wir aber wissen und wieder erfahren haben, wie viele Menschen an dieser noch fortbestehenden Trennung Anstoß nehmen, wollen wir diesen so fruchtbar geführten Dialog mit allen Kräften fortsetzen.

Auf der Grundlage der gemeinsamen Ehrfurcht vor der Hl. Schrift hat das Bibelapostolat zur Förderung des Ökumenismus eine große Bedeutung. Zur Aufgabe der Ökumene gehört auch die Sorge für die Menschen und Völker, vor allem für die Bedürftigen, und besonders in unseren Tagen das gemeinsame Bemühen für den Aufbau einer wahrhaften Gemeinschaft der Völker Europas.

8. Die besondere Beziehung zum Judentum

Beim Aufbau einer neuen Ordnung in Europa und in der Welt ist das Gespräch zwischen den Religionen von größter Bedeutung, besonders mit den „älteren Brüdern", den Juden, deren Glaube und Kultur ein konstitutiver Teil der Entwicklung der europäischen Humanität sind.

Nach dem schrecklichen Holocaust in unserem Jahrhundert, den die Kirche aus tiefstem Herzen bedauert, sind neue Anstrengungen zu einem tieferen Kennenlernen des Judentums zu unternehmen und alle Formen des Antisemitismus, die sämtlich entweder im Gegensatz zum Evangelium oder zum Naturrecht stehen, zurückzuweisen. Auch werden jene Hilfen besonders empfohlen, die im Geist des II. Vatikanischen Konzils[26] die guten Beziehungen mit dem jüdischen Volk in der Verkündigung und durch den Bildungs- und Erziehungsauftrag der Kirche angemessen unterstützen.

Die gemeinsamen Wurzeln von Christentum und jüdischem Volk sind besonders zu würdigen: Jesus selbst hat im Rahmen der israelitischen Religion die Anfänge seiner Kirche gelegt. Eingedenk des geistigen Vermächtnisses, besonders der Heiligen Schrift, die sie mit dem Judentum verbindet, möchte die Kirche in der gegenwärtigen Lage in Europa dazu beitragen, daß in den gegenseitigen Beziehungen ein neuer Frühling aufbricht. Denn die gemeinsame Bemühung von Christen und Juden in verschiedenen Bereichen, unter Beachtung der Unterschiede und eigenen Lehren beider Religionen, kann höchste Bedeutung haben, die für die religiöse und gesellschaftliche Zukunft Europas und für Europas Aufgabe im Blick auf den übrigen Teil der Welt zu beachten ist.

9. Die gemeinsame Verantwortung aller, die an Gott glauben

Auch die Beziehungen zu den Muslimen sind sehr wichtig für das Christentum und die europäische Kultur, nicht nur wegen vergangener Ereignisse, sondern auch im Blick auf unsere Zukunft, zumal eine starke Wanderungsbewegung aus den islamischen Nationen stattfindet und auch sonst enge Beziehungen mit ihnen bestehen. Trotz der bekannten Schwierigkeiten hat sich der Dialog mit ihnen als besonders notwendig erwiesen; er muß jedoch auf kluge Weise geführt werden, mit klaren Vorstellungen im Blick auf seine Möglichkeiten und Grenzen sowie mit Vertrauen in den Heilsratschluß Gottes für alle. Um einer aufrichtigen gegenseitigen Solidarität willen ist die Wechselseitigkeit der Beziehungen notwendig, besonders was den Umfang der Religionsfreiheit anbelangt: Sie ist ein in der Würde der menschlichen Person selbst begründetes Recht[27] und muß überall auf der Erde herrschen.

Die anwachsenden Wanderungsbewegungen in unserer Zeit erfordern es, daß wir die anderen Religionen besser kennen, daß wir ein brüderliches Gespräch mit jenen Menschen beginnen, die sich zu diesen Religionen bekennen und die unter uns leben. Wir wollen mit ihnen in gleicher Weise die soziale Gerechtigkeit, gute Verhaltensweisen und gewiß auch Frieden und Freiheit für alle schützen und fördern; gemeinsam müssen wir auch die Schöpfung, die Gott allen Menschen, zumal unseren Nachkommen geschenkt hat, erhalten.

Auf der anderen Seite freilich darf die Beachtung der Freiheit und das rechte Bewußtsein der Werte, die in anderen Religionen zu finden sind, nicht zum Relativismus führen und auch nicht das Bewußtsein von der Notwendigkeit und

[26] Vgl. II. Vatikanisches Konzil, Erklärung *Nostra aetate*, Nr. 4.
[27] Vgl. II. Vatikanisches Konzil, Erklärung *Dignitatis humanae*, Nr. 2.

Dringlichkeit des Auftrags Christi zur Verkündigung mindern. Im Kontext des Pluralismus wünscht die Kirche nicht den Relativismus, sondern den aufrichtigen und klugen Dialog, der „den Glauben nicht schwächt, sondern ihn vielmehr stärkt"[28]. Die Neu-Evangelisierung erfordert in der Tat eine Ausbildung der Priester, Ordensleute und Laien, die tief im Boden des Glaubens verwurzelt und darum fähig sind, in einen vielgestaltigen Dialog einzutreten.

IV. Die Aufgabe der Kirche beim Aufbau eines zu universaler Solidarität offenen Europas

10. Die Aufgabe der Kirche beim Aufbau eines neuen Europas

In der Neu-Evangelisierung liegt nicht nur eine Herausforderung für die einzelnen Christen und Gemeinden, sondern auch für die Staaten, die auf humanere Weise aufgebaut werden müssen. Die Kirche hat nämlich die Sendung, das in Jesus Christus zum Heil geoffenbarte Geheimnis zu enthüllen, das alle Dimensionen des menschlichen Lebens betrifft. Wenn also die Kirche das Evangelium verkündet und lebt, dient sie der Menschheit[29]. Wenn auch diese Sendung allen Christen zukommt, so haben die Laien - Männer wie Frauen, Erwachsene wie Jugendliche - und ihre verschiedenen Zusammenschlüsse aufgrund ihres „Weltcharakters" eine besondere Sendung. Das Apostolische Schreiben *Christifideles laici* hat diese Sendung, zu der die Laien auch in besonderer Weise auszubilden sind, genauer beschrieben. Für den Beitrag der Laien zum Aufbau eines neuen Europas sind besonders wichtig: Förderung der Würde des Menschen, Ehrfurcht vor dem unantastbaren Recht auf Leben, Recht auf Gewissens- und Religionsfreiheit, Ehe und Familie als primärer Ort des sozialen Engagements und der „Humanisierung", caritativer Dienst der Liebe und Werke der Barmherzigkeit, Sorge um das Gemeinwohl und Engagement in der Politik, Verantwortung in der Wirtschaft, Sorge um die Bewahrung der Schöpfung, Evangelisierung im Bereich der Kultur, der Bildung und Erziehung sowie der Kommunikationsmittel[30].

Die Kirche darf also auf die Wahrnehmung eines eigenen öffentlichen Auftrags nicht verzichten. Sie muß sich auch hüten, bei der Erfüllung ihres Grundauftrages an frühere überholte Formen anzuknüpfen, die heute für die Kirche schädlich wären. Durch den Anstoß der christlichen Offenbarung und durch langfristige geschichtliche Veränderungen hat die Zivilisation Europas die Unterscheidung, wenn auch nicht die Trennung von religiöser und politischer Ordnung entdeckt, die sehr zum menschlichen Fortschritt beiträgt. Die Kirche fördert durchaus eine recht

---

28 Päpstlicher Rat für den Interreligiösen Dialog - Kongregation für die Evangelisierung der Völker, *Dialog und Verkündigung*, Nr. 50.

29 Vgl. II. Vatikanisches Konzil, Pastoralkonstitution *Gaudium et spes*, Nr. 40 und 42; Johannes Paul II., Apostolisches Schreiben *Christifideles laici*, Nr. 36.

30 Vgl. Johannes Paul II., Apostolisches Schreiben *Christifideles laici*, Nr. 37-44.

verstandene Demokratie[31], ist jedoch an kein politisches System gebunden[32]. Sie hat aber ihre eigene Verantwortung für die Gestaltung der Gesellschaft, die sie nicht zurückweisen kann und die sie besonders in ihrer Soziallehre, die sich auf die Aufgabe der Neu-Evangelisierung erstreckt[33], erfüllt.

Die Prinzipien der Würde der menschlichen Person, die ihr als Fundamentalrechte vor jeder sozialen Anerkennung zukommen und nicht - nicht einmal durch Mehrheitsbeschlüsse - verneint oder aufgehoben werden können, wie auch der Subsidiarität, welche die Rechte und Zuständigkeiten aller Gemeinschaften auf allen Ebenen berücksichtigt sowie der Solidarität, welche ein Gleichgewicht zwischen Bedürftigen und Stärkeren fordert, können gleichsam die Säulen einer neuen Gesellschaft beim Aufbau Europas bilden. Deshalb ist die Kenntnis der Soziallehre für alle, die in christlichem Geist an der Erbauung des neuen Europas teilnehmen wollen, notwendig. Die Studienordnung in den theologischen Hochschulen muß die Ausbildung in der Soziallehre und der caritativen Diakonie berücksichtigen[34].

Die Erprobung der Nützlichkeit der Marktwirtschaft sowie des freien Handels und ihre Einführung auch bei den Nationen Mittel- und Osteuropas müssen nach einem klaren und klugen Konzept erfolgen. Man muß sie auf das Gemeinwohl hin ausrichten und die berechtigten Bemühungen der Arbeitnehmer unterstützen, eine volle Respektierung ihrer Würde und eine größere Partizipation an den Wirtschaftsunternehmen zu erlangen, in denen sie arbeiten[35]. Der Beginn des "Gemeinsamen Europäischen Marktes" ist für uns ein Anruf und eine Herausforderung: Besonders dringlich ist eine Kultur der Solidarität, damit für die alten und neuen Formen der Armut gerechte Lösungswege gefunden werden.

In der gegenwärtigen europäischen Situation hat die Frauenfrage eine große Bedeutung[36]. Nur ein neues Verhältnis von Mann und Frau, das den Veränderungen Rechnung trägt, kann die legitimen Anliegen der Frauen auf den rechten Weg bringen. Wir appellieren an die Bürger und die politisch Verantwortlichen, daß sie von der immer wieder zum Ausdruck gebrachten und notwendigen rechtlichen Gleichstellung auch zu ihrer tatsächlichen Verwirklichung gelangen. Die Eingliederung der Frauen in das Berufsleben darf nicht von der Alternative Beruf oder Familie bestimmt sein, sondern bedarf einer geordneten Verbindung mit ihrer eigenen Aufgabe in der Familie und bei der Weitergabe des Lebens. Unter diesen Bedingungen könnten die Frauen ihre ganze Kraft dem kulturellen Aufbau und einer Sozialordnung widmen, die eher mit der vollständigen, personalen und sozialen Wahrheit über den Menschen übereinstimmt.

---

31 Vgl. Johannes Paul II., Enzyklika *Centesimus annus*, Nr. 46-47.

32 Vgl. II. Vatikanisches Konzil, Pastoralkonstitution *Gaudium et spes*, Nr. 76.

33 Vgl. Johannes Paul II., Enzyklika *Centesimus annus*, Nr. 5.

34 Vgl. Kongregation für das katholische Bildungswesen, *Leitlinien für das Studium und den Unterricht der Soziallehre der Kirche in der Priesterausbildung.*

35 Vgl. Johannes Paul II., Enzyklika *Centesimus annus*, Nr. 42-43.

36 Vgl. Johannes Paul II., Apostolisches Schreiben *Mulieris dignitatem.*

Weil das Recht auf Leben in vielen Nationen des heutigen Europas sowohl im Westen als auch im Osten sehr mit Füßen getreten wird, besonders im Fall der Abtreibung und der Euthanasie, empfiehlt unsere Synode den einzelnen Kirchen und besonders den Bischofskonferenzen, jährlich einen „Tag" oder eine „Woche für das Leben" in allen Gemeinschaften und Pfarreien zu begehen und im Lauf der Zeit diesen Tag oder diese Woche auch gemeinsam festzulegen.

Das Recht auf Erhaltung der Gesundheit oder nach Möglichkeit auf ihre Wiederherstellung muß ganz und gar geschützt werden; die Bemühung der ganzen Gesellschaft und die pastorale Sorge der Kirche müssen sich auf alle erstrecken, die an Krankheiten leiden, besonders an den Krankheiten dieser Zeit. Alle, die im Dienst an der Gesundheit stehen, sollen eine Ausbildung in Ethik und in Bioethik erhalten.

Die Kirche hat Hochachtung vor dem beständigen Wert der Familie, die in der Ehe gegründet ist, denn sie ist eine Einrichtung des Schöpfers und ein Baustein für Kirche und Gesellschaft. Sie bittet deshalb alle, besonders jene, die in der Gesellschaft, im politischen und gesetzgeberischen, im administrativen, sozialen und ökonomischen Bereich Verantwortung tragen, die Familie zu schützen und in ihren Rechten zu fördern. So legt die Synode noch einmal den Regierungen die *Charta über die Rechte der Familie* zur Beachtung vor, die der Hl. Stuhl 1983 vorbereitet hat, auch im Blick auf das kommende Weltjahr der Familie (1994). Die Sozialpolitik, die auf die schwächeren Teile der Bevölkerung ausgerichtet sein soll, muß konzentriert und verstärkt werden, auch durch eine aktive und verantwortliche Teilnahme der Familien selbst und der Familienverbände. Große Bedeutung haben nämlich die Organisationen und Verbände für die Familien in Europa von seiten der Laien. Wer sich um den Schutz und die Förderung von Ehe und Familie bemüht, erwirbt sich sehr große Verdienste um das künftige Schicksal Europas.
In einer gemeinsamen konzertierten Aktion mit Unterstützung der Regierung sollte all das beseitigt werden, was der menschlichen Würde widerspricht und in der Tat auch schädlich ist, wie z. B. Pornographie, Handel mit Drogen und ihr Gebrauch sowie organisierte Gewalt.

Der Einigungsprozeß in Europa und in besonderer Weise die europäischen Einrichtungen sowie die Konferenz für Sicherheit und Zusammenarbeit in Europa bringen eine große Verantwortung der Kirchen mit sich. Denn das gemeinsame europäische Haus wird auf sicheren Fundamenten erbaut, wenn es nicht nur aus ökonomischen Gründen entsteht. Das neue Europa setzt bei seinem Aufbau stets den Konsens und die Anerkennung fundamentaler Werte voraus und fordert ein wirkliches Ideal. Unter diesem Gesichtspunkt ist der Beitrag der Kirche für das neue Europa keineswegs etwas Zweitrangiges; er muß die Bemühungen der christlichen Laien, die im sozialen und politischen Bereich tätig sind, begleiten.

Während der Weg zur europäischen Einheit beschritten wird, stellt sich jetzt wiederum in mehreren Teilen Europas akut das Problem der Beziehungen zwischen den

Nationen. Die Nationen sind lebendige kulturelle Ausformungen, die den Reichtum Europas zum Ausdruck bringen. Die nationalen Differenzierungen sollen also nicht verschwinden, sondern vielmehr beibehalten und gepflegt werden als historisch gewachsenes Fundament der europäischen Solidarität. Nachdem aber das marxistische Herrschaftssystem zugrunde gegangen ist, welches mit erzwungener Gleichförmigkeit der Völker und Unterdrückung kleiner Nationen gekoppelt war, taucht nun nicht selten die Gefahr auf, daß die Völker Europas in Ost und West wiederum zu alten nationalistischen Konstellationen zurückkehren.

Die nationale Identität wird aber nur in der Öffnung auf andere Völker hin und in Solidarität mit ihnen vollendet. Konflikte müssen durch Gespräche und Verhandlungen gelöst werden, nicht aber durch den Gebrauch von Gewalt, in welcher Form auch immer, zur Unterdrückung des anderen. Nach dem Zeugnis der kroatischen Bischöfe hört auch während der Synode diese Gewalt nicht auf, ihr Vaterland zu zerstören. Man darf die Rechte von Minderheiten nicht vergessen, vielmehr müssen die Traditionen eines jeden Volkes gewahrt und gefördert werden. Die katholische Kirche anerkennt und bejaht den Wert der Nationen. Als eine Gemeinschaft aus mehreren Völkern übersteigt sie zugleich alle Partikularismen. Die enge Verbindung mit der Gesamtkirche - mit und unter Petrus - hat die Teilkirchen oft auf wunderbare Weise davor bewahrt, von den einzelnen Systemen einer nationalen Herrschaft aufgesogen zu werden. Auch in der heutigen Situation behält dieses Prinzip der Katholizität ganz und gar seine Geltung.

11. Notwendigkeit einer Öffnung Europas zu weltweiter Solidarität

Allen Teilen der Welt hat Europa zahlreiche kulturelle und technische Güter mitgeteilt, die heute das Erbe der weltweiten Zivilisation bilden. Die Geschichte Europas hat aber auch viele Schattenseiten, unter denen man den Imperialismus und die Unterdrückung vieler Völker, verbunden mit der Ausbeutung ihrer Güter, nennen muß. Ein gewisser „Eurozentrismus", dessen Folgen wir heute besser wahrnehmen können, muß zurückgewiesen werden.

In Folge der Überwindung des Konfliktes zwischen Ost und West ist heutzutage die Zukunft Europas derart offen, wie sie es seit langer Zeit nicht gewesen ist. Mag auch der Aufbau neuer Staaten in vielen Gebieten Mittel- und Osteuropas sich schwieriger gestalten, als man erwarten konnte, und das Zusammenspiel aller Kräfte erfordern, so ergibt sich für Europa die dringende Notwendigkeit, über die eigenen Grenzen und das eigene Interesse hinauszublicken. Der Schrei des leidenden Christus erreicht uns heute mit besonderer Stärke aus den südlichen Weltteilen, wo die ärmsten Völker wagnisbereite und wirksame Solidarität fordern gegen Hunger, vielfältige Schwierigkeiten und Unrecht, die sie bedrängen. Diesen Schrei muß man mit konkreten Entscheidungen beantworten, die sich auf die Unterbindung des Waffenhandels, die Öffnung unserer Märkte, eine gerechtere Lösung der internationalen Verschuldung beziehen; zugleich geht es um alles, was in diesen Regionen das Wachstum der Kultur und der Wirtschaft zugleich mit demokratischen

Lebensformen fördern kann. Im übrigen schöpft Europa selbst aus den Schätzen anderer Völker und Kulturen großen Reichtum.

Notlagen zeigen sich nicht nur in den Armutsregionen, sondern sie betreffen auch mit dem Anwachsen der Migration mehr und mehr das Gebiet Europas. Gerechtigkeit und Liebe drängen dazu, daß möglichst viele Menschen in ihren eigenen Ländern Brot, Arbeit und die Achtung ihrer menschlichen Würde finden können und nicht aus ihrer Heimat in ein unbekanntes Exil fliehen müssen. Zugleich muß man an die Notwendigkeit einer größeren Aufnahmebereitschaft erinnern; dazu muß eine geeignete Geisteshaltung gefördert werden, zusammen mit konkreten und frühzeitigen Plänen. Sie sollen die Schwierigkeiten verringern und die Möglichkeit zur Integration - unter Beibehaltung der legitimen eigenen Identität - jener fördern, die durch die Migration zu uns kommen. Im übrigen kann man nicht ganz mit Schweigen übergehen, daß häufig die Nationen, die Zuwanderer aufnehmen, sie für ihren eigenen Fortschritt notwendig haben.

Die vielfältige Not und das große Leid der Welt rufen uns die endzeitlichen Verheißungen Gottes ins Gedächtnis, die in dieser Welt nicht verwirklicht werden können. Durch Solidarität und Liebe können wir jedoch inmitten einer gespaltenen und zerrissenen Menschheit Anstöße geben und Samenkörner pflanzen für die zukünftige Erfüllung der ewigen Vollendung.

Schluß

Der heilige Paulus kam während seiner zweiten Missionsreise (vgl. *Apg* 15,36-18,22) zum ersten Mal nach Europa. In Troas hatte er in der Nacht eine Zukunftsvision: „Ein Mazedonier stand da und bat ihn: Komm herüber nach Mazedonien, und hilf uns! Auf diese Vision hin wollten wir sofort nach Mazedonien abfahren; denn wir waren überzeugt, daß uns Gott dazu berufen hatte, dort das Evangelium zu verkünden” (*Apg* 16,9-10). So vollzog sich der Übergang nach Europa: Der Geist Gottes selbst hat den Weg des Evangeliums nach Europa geöffnet.

Es ist bemerkenswert, daß bereits an diesem ersten Beginn des Glaubens in Europa jenes Wort vorkommt, nämlich Evangelisierung, das für uns heute zu einem Schlüsselwort für unser christliches Leben und unsere Sendung geworden ist. Durch den Mazedonier erklärte sich Europa bereit, das Evangelium aufzunehmen. Wir wissen freilich auch, wie mühsam die Verkündigung des Evangeliums durch Paulus besonders in Athen und Korinth geworden ist (vgl. *Apg* 17,16-34; 18,1-17). Das Beispiel und der unbesiegbare Glaube des Apostels ermutigen uns, das Wagnis einer Neu-Evangelisierung anzugehen.

In diesen Tagen des Advents, in denen wir uns darauf vorbereiten, den Herrn aufzunehmen, bitten wir Gott den Vater auf die Fürsprache der heiligen Benedikt, Cyrill und Methodius, daß die Menschen in Europa ihre wahre, tiefere Bedürftigkeit wahrnehmen, daß sie um jene Hilfe bitten, die wirklich rettet, und - wie der Mazedonier - Jesus Christus selbst und seine Boten einladen mit den Worten: „Komm herüber ..., und hilf uns!"

Maria, die Mutter des Herrn und Ursache unserer Hoffnung, lehrt uns, offen zu sein für die Winke Gottes und das Heil demütig zu erwarten, indem wir das Wort Gottes in uns aufnehmen und es mit ganzem Herzen umfassen: „Seine Mutter bewahrte alles, was geschehen war, in ihrem Herzen" (*Lk* 2,51). So hat sie an der Seite ihres Sohnes von Anfang an die Evangelisierung begleitet. Auch heute bleibt sie „einmütig im Gebet", wie vor Pfingsten (vgl. *Apg* 1,14), inmitten der Kirche und bittet mit uns um das Kommen des Heiligen Geistes. „Möge sie der Leitstern einer sich selbst stets erneuernden Evangelisierung sein!"[37] Sie geht uns voran als Wegführerin, die den Weg weist zu Jesus Christus und zur vollen Einheit unter seinen Jüngern, „damit die Welt glaube" (vgl. *Joh* 17,21). So wird sie uns auch in diesen Tagen als gütige Mutter an die Hand nehmen und zu dem Kind an der Krippe führen, das zugleich der Herr und der Erlöser der Welt ist, während das große himmlische Heer Gott lobt (vgl. *Lk* 2,14):
„Ehre sei Gott in der Höhe,
und auf Erden Friede
den Menschen seiner Gnade."

---

37 Paul VI., Apostolisches Schreiben *Evangelii nuntiandi*, Nr. 82.

Wortregister

Personenregister

Organe und Mitglieder der Römischen Kurie, Personenverzeichnis siehe Seite 1533 bis 1538

Länder- und Ortsregister

Zitierte Bibelstellen

Der erste Brief an die Korinther